Lexikon
der
Weltarchitektur

Nikolaus Pevsner
Hugh Honour · John Fleming

Lexikon der Weltarchitektur

Mit einer umfassenden Bibliographie
und einem
Ortsregister der Abbildungen

Prestel

Die Autoren

Prof. Dr. Erich Bachmann †	E. B.
Andreas Bienert, Marburg	A. B.
Dr. Thomas v. Bogyay, München	T. v. B.
Prof. Dr. Klaus Borchard, Bonn	K. B.
Dr. Dietrich Brandenburg, Berlin	D. B.
Dr. Joachim Brech, Frankfurt/Main	J. B.
Heidi Conrad, Hamburg	H. C.
David Buxton, Cambridge	D. B.
Dr.-Ing. Manuel Cuadra, Frankfurt/M.	M. C.
Dr. Helmut Domke †	H. D.
Olge Dommer M. A.	O. D.
Prof. Dr. Kerstin Dörhöfer, Berlin	K. D.
Uwe Drepper, Berlin	U. D.
Prof. Dr. Marc Dubois, Gent	M. D.
Prof. Dr. Dietz Otto Edzard, München	D. O. E.
Prof. Dr. Annemarie Fiedermutz, Münster	A. F.
Prof. Dr. Volker Fischer, Frankfurt/Main	V. F.
Dr. Gjergj Frasheri, Bonn	G. F.
Dr.-Ing. Klaus Gallas, München	K. G.
Dr. Martin Gärtner, Berlin	M. G.
Dipl.-Ing. Gerhard Gickelhorn, München	Ge. G.
Dr. Andrea Gleiniger, Frankfurt/Main	A. Gl.
Prof. Dr. Roger Goepper, Köln	R. G.
Alan Gowans	A. G.
Prof. Dr. Günther Grundmann †	G. G.
Dr.-Ing. habil. Sonja Günther, Berlin	S. G.
Dr. Jens Guthoff, Stuttgart	J. G.
Dr. Ingrid Heermann, Stuttgart	J. H.
Dr. Robert Hillenbrand, Edinburgh	R. H.
Cornelia Hilpert M. A., München	C. H.
Dr. Hans-Christoph Hoffmann, Darmstadt	H.-Ch. H.
Dr. Tessa Hofmann, Berlin	T. H.
Paul Holberton, London	P. H.
Dipl.-Ing. (arch.) Falk Jaeger, Berlin	F. J.
Prof. Dr. Jürgen Joedicke, Stuttgart	J. J.
Otto Kapfinger, Wien	O. K.
Dr. Klaus Klemp, Frankfurt/Main	K. K.
Prof. Dr. Heinrich Klotz, Karlsruhe	H. K.
Dr. Ulrich Krings, Köln	U. K.
Prof. Dr. Wolfgang Lindig, Bad Homburg	W. L.
Dr. Mario-Andreas v. Lüttichau	M.-A. v. L.
Dr. Alfred Mallwitz †	A. M.
Gerhard Matzig, München	G. M.
Arno Mersmann, Köln	A. M.
Dr. Christoph Mohr, Frankfurt/Main	C. M.
Dr. Ákos Moravánszky, München	Á. M.
Wolfgang Müller M. A., Neuanspach	W. M.
Prof. Dr. Wilfried Nerdinger, München	W. N.
Prof. Dr.-Ing. Dietrich Neumann, Providence/Rhode Island	D. N.
Dr. habil. Anna Nippa, Berlin	A. N.
Irma Noseda, Zürich	I. N.
Dr. Klaus Pander, Trier	K. P.
Dr. Wolfgang Pehnt, Köln	W. P.
Dr. Walfried Pohl, Bonn	Wa. P.
Dipl.-Ing. Christoph Randl, München	C. R.
Dr. Alexander Frhr. v. Reitzenstein †	A. v. R.
Alfred Renz, Rottach	A. R.
Prof. Dr. Marcell Restle, München	M. R.
Dr. Walter Romstoeck, München	W. R.
Luminita A. Sabau, Frankfurt/Main	L. S.
Dr. Gabriele Schickel, München	G. Sch.
Helmut Schneider, München	H. Sch.
Dr. Hans-Peter Schwarz, Frankfurt/Main	H.-P. S.
Dr.-Ing. Vladimir Šlapeta, Prag	V. Š.
Mag.arch. Dietmar Steiner, Wien	D. S.
Henri Stierlin, Genf	H. S.
Wolfgang Jean Stock, München	W. J. S.
Dr. Rainer Stommer, Marburg	R. S.
Dr. Heinrich Strauß, Jerusalem	H. St.
Prof. Dr. László Vajda, München	L. V.
Dr. Ulya Vogt-Göknil, Zürich	U. V.-G.
Dr. Andreas Volwahsen, Cambridge, Mass.	A. V.
Dr. Uli Walter	U. Wa.
Dr.-Ing. Myra Warhaftig, Berlin	M. W.
Prof. Dr. Klaus Wessel †	K. W.
Dr. Ulrich Wiesner, Köln	U. W.
Prof. Dr. Dietrich Wildung, München	D. W.
Prof. Dr. Otto Zerries, München	O. Z.
Dr. Walter Zschokke, Wien	W. Z.

In den Beiträgen und der Illustrierung dritte, umfassend erweiterte deutsche Ausgabe des ›Penguin Dictionary of Architecture‹, Penguin Books Ltd., Harmondsworth 1966

Photonachweis siehe S. 872

Redaktion: Dr. Walter Romstoeck und Dr. Peter Stepan
Bildredaktion der ›Nachträge‹ unter Mitarbeit von Andrea Jeitschko M. A.
Entwurf des Schutzumschlags: KMS-Team, München

Frontispiz: *Seldchukische Türben in Alt-Van, Ostanatolien, Türkei.*

Die Deutsche Bibliothek – CIP-Einheitsaufnahme

Lexikon der Weltarchitektur:
Mit einer umfassenden Bibliographie und einem Ortsregister der Abbildungen.
Nikolaus Pevsner; Hugh Honour; John Fleming. 3., aktualisierte und erw. Aufl.
München: Prestel, 1992.
Einheitssacht.: Penguin Dictionary of Architecture ⟨dt.⟩
NE: Pevsner, Nikolaus; Honour, Hugh; Fleming, John; EST

Prestel-Verlag, Mandlstraße 26, D-8000 München 40
Telefon (089) 38 17 09-0, Telefax 38 17 09 35

Lithographie: FBS Findel, Baumann und Semmler GmbH, München,
und Repro Karl Dörfel GmbH, München
Satz: Passavia Druckerei GmbH Passau
Druck und Bindung: Gorenjski tisk, Kranj
Schrift: Times Roman Monotype

ISBN 3-7913-2095-5

Verzeichnis der Länderartikel

Vorwort des Verlags

Mit dieser dritten Ausgabe wird abermals eine erweiterte Form des ›Lexikons der Weltarchitektur‹ vorgelegt, in der – diesmal in einem eigenen Nachtragsteil (Seite 705-805) – zahlreiche neue Stichwörter Aufnahme gefunden haben. Aber auch der bisherige Bestand ist einer gründlichen Aktualisierung, insbesondere auch im Hinblick auf neueste bibliographische Referenzen, unterzogen worden. Jüngsten Veränderungen in der politischen Geographie mußte die Konzeption der Länderartikel (siehe vorherige Seite) in besonderer Weise Rechnung tragen. Eine Vielzahl von Ländern und Kulturregionen wurde als Stichwörter neu aufgenommen und architekturgeschichtlich bearbeitet. Insbesondere die lateinamerikanischen Staaten, aber auch der afrikanische Kontinent, die Himalaya-Länder und die Südsee sind damit lexikalisch erschlossen worden. Daß dabei die Bautraditionen der Stammesgesellschaften verstärkt in das Blickfeld gerückt sind, entspricht der allgemeinen Bereitschaft, die aus der Antike in die abendländische Kunstgeschichte übernommene Auffassung von Architektur einer Revision zu unterziehen. »Nicht nur die meist kleinen Dimensionen der Hütten und Häuser, etwa im afrikanischen Raum, sondern auch die Tatsache, daß ihr Baumaterial überwiegend aus vegetabilischen, vergänglichen Stoffen besteht, ließen Zweifel aufkommen, ob sie – über eine Funktion als Schutz vor Witterungseinflüssen hinaus – auch als ›Baukunst‹ aufzufassen seien. Es wurde jedoch deutlich, daß Bauten von Stammesvölkern über ihre Zweckgebundenheit hinaus nicht nur in hervorragender Weise die technische Bewältigung des verfügbaren Baumaterials repräsentieren, sondern zugleich die sozialen und politischen Ordnungen sowie religiöse Vorstellungen symbolisieren« (Annemarie Fiedermutz). Dem Begriff und Anspruch von ›Weltarchitektur‹ ist erst über eine entsprechende architekturgeographische ›Grenzöffnung‹ und Horizonterweiterung in vollem Maße gerecht zu werden. Für die Bearbeitung der dem völkerkundlichen Bereich zugehörigen Stichwörter – Indianer und Eskimo Nordamerikas, die Indianer Mittel- und Südamerikas, Afrika, Südsee, aber auch Begriffe wie Männerhaus, Baumhaus, Gebärhütte oder Windschirm – konnten namhafte architektonisch spezialisierte Ethnologen gewonnen werden. Der ›klassische‹ Bereich der Weltarchitektur, die anerkannte Domäne des ›Lexikons der Weltarchitektur‹, wurde gleichfalls von ausgewiesenen Kennern der zahlreichen Spezialgebiete innerhalb der Architektur bearbeitet. Die neuen Stichwörter in den ›Nachträgen‹ der vorliegenden Neuausgabe umfassen neben Namen wichtiger Vertreter der älteren und besonders der zeitgenössischen Baukunst (hierbei auch eine Reihe von Architektinnen) zahlreiche Begriffe aus dem materialkundlichen Bereich (Aluminium, Blech, Glasbaustein u. a.), der Stilgeschichte (Dekonstruktivismus, Kubistische Architektur u. a.) sowie aus der Gebäudetypologie (Filmtheater, Hotel, Untergrundbahn, Volkshaus u. a.), Architektursoziologie (Architekturpreis, Baugenossenschaften, Baurecht u. a.) und geisteswissenschaftlichen Grenzbereichen (z. B. Symbolik der Architektur).

Vorwort der zweiten Auflage

Seit seinem erstmaligen Erscheinen im Jahre 1971 ist das ›Lexikon der Weltarchitektur‹ ein weltweit anerkanntes Standardwerk und von der Kritik als beste Übersicht zur Architektur von ihren Anfängen bis zur Gegenwart in lexikalischer Form bezeichnet worden. Die Architektur hat in dieser Zeit – ebenso wie ihre Betrachtung – faszinierend neue Wege genommen. Damals noch unbekannte Namen sind wichtig geworden, neue Begriffe in den Vordergrund getreten. Auch die internationale Neubewertung des 19. Jahrhunderts hat Bewegung in die Architekturszene gebracht. Die hier vorliegende, grundlegend überarbeitete Neuauflage trägt dieser jüngsten Architekturentwicklung und -diskussion Rechnung; darüber hinaus sind auch die Daten zur älteren Architektur auf den neuesten Stand gebracht worden. Die Länderartikel, die einen historischen Abriß der Architekturentwicklung in wichtigen Kulturregionen der Erde geben, wurden aktualisiert und um eine Reihe neuer Länder erweitert. Zu den Stichworten, die neu aufgenommen wurden, gehören u.a.: ›Bahnhofsarchitektur‹, ›Denkmalpflege‹, ›High Tech‹, ›Ingenieurbaukunst‹, ›Passagen‹, ›Satellitenstadt‹ oder ›Postmoderne‹. Neue Begriffe wie ›Fußgängerzone‹, ›Holzbauweise‹, ›Lichtarchitektur‹, ›Ökologisches Bauen‹, ›Organische Architektur‹ oder ›Phantastische Architektur‹ spiegeln das neue Bewußtsein für menschengerechtes Bauen.

Die Entscheidung, in der Neuauflage nicht nur Fachausdrücke, Stilbegriffe und Länderartikel, sondern auch die Stichworte zu den Architekten zu illustrieren, führte zur ungewöhnlich hohen Zahl von Abbildungen – Bauaufnahmen, Grundrissen, Skizzen, Isometrien u.a. –, die für ein lexikalisches Werk dieser Art einzigartig ist. Der durch die Fülle neuen Materials und neuer Illustrationen erweiterte Umfang, zu dem auch eine grundlegende Bibliographie sowie ein Ortsregister der Abbildungen beitragen, machte schließlich das größere Buchformat notwendig.

Das ›Lexikon der Weltarchitektur‹ richtet sich an die Fachwelt – Architekten, Dozenten und Studenten der Architektur und Kunstgeschichte – wie auch an den interessierten Laien. Der Kenner wird durch den Blick auf die Architektur anderer Kontinente und bestimmter Epochen seine Spezialkenntnisse ebenso erweitern wie der an Kunst und Architektur allgemeiner Interessierte, der Bauwerke bewußter wahrnehmen will.

Der Dank des Verlages gilt den Herausgebern, den Autoren der neuen wie der alten Artikel, und all jenen, die mit Sachkenntnis und Rat zur Seite standen, schließlich den Archiven, die uns Abbildungen zur Verfügung stellten.

Vorwort der ersten Auflage

Dieses Buch begann seinen Weg als Penguin-Taschenbuch in England und mußte daher in möglichst geraffter und konzentrierter Form angelegt werden. Die vorliegende Ausgabe wurde stark vermehrt, einmal durch Aufnahme einer Reihe neuer Artikel, zum anderen durch die Erweiterung bereits vorhandener. So ist das Lexikon in seiner neuen Gestalt weit umfassender. Die Artikel behandeln vier Grundthemen: Sachstichwörter, Architektenbiographien, Einführungen in die Architekturgeschichte der Länder und Erläuterungen der Baustile. Um Wiederholungen zu vermeiden, haben wir größeres Gewicht auf die Länderartikel und die Biographien gelegt als auf die Stilerklärungen; letztere dienen vor allem der Ergänzung der beiden anderen Gruppen. Die vielen Querverweise sollen dem Benutzer helfen.

Die bibliographischen Angaben wurden ebenfalls neu aufgenommen. Sie sind auf neuere Literatur oder die Standardwerke zu den einzelnen Begriffen beschränkt und erheben keinen Anspruch auf Vollständigkeit. Sie wollen demjenigen Leser, der sich über bestimmte Themen weiter und gründlicher informieren möchte, nur als Hinweis dienen.

Die Taschenbuchausgabe war das Werk dreier Autoren: Sir Nikolaus Pevsner verfaßte die Artikel über die Baumeister des Mittelalters und die Architekten des 19. und 20. Jahrhunderts sowie die meisten der Stil- und der historischen Länderartikel. John Fleming und Hugh Honour schrieben das übrige. Der größere Teil der neuen Stichwörter in der vorliegenden Ausgabe wurde von Orientalisten, Byzantinisten und anderen Fachgelehrten beigesteuert. Jeder dieser Artikel ist mit den Initialen seines Autors gezeichnet. Außerdem wurde eine große Anzahl der Sachstichwörter von Dr. Hans-Christoph Hoffmann überarbeitet oder neu geschrieben.

Wir möchten dem Prestel-Verlag für die große Sorgfalt, mit der die neue Ausgabe vorbereitet wurde, danken. Besonderen Dank schulden wir Dr. Walter Romstoeck, Heidi Conrad und Heinrich Dechamps. Außerdem möchten wir allen denen danken, die die Verbesserungen der Original-Ausgabe angeregt haben, besonders H. M. Colvin, Prof. L. D. Ettlinger, John Harris und Sir John Summerson. Unser Dank gilt ferner allen Fachgelehrten, die dazu beigetragen haben, dieses Buch zu einem Kompendium der Weltarchitektur zu machen.

Sir Nikolaus Pevsner
John Fleming
Hugh Honour

Hinweise zur Benutzung

Das ›Lexikon der Weltarchitektur‹ umfaßt Architektenmonographien, Stilbegriffe, Länderartikel, Fachausdrücke und Gebäudetypen. → bedeutet einen Querverweis auf ein anderes Stichwort. Abb. → einen Verweis auf eine Abbildung an anderer Stelle. Im Anhang sind sämtliche Abbildungen nach Orten erfaßt (siehe Seite 862). Zu den Literaturhinweisen, die jeweils am Schluß der Artikel abgekürzt erscheinen, finden sich in der Bibliographie (siehe Seite 807) die vollständigen Angaben.

Abkürzungen

arab.	arabisch	klass.	klassisch
asym.	asymmetrisch	klassiz.	klassizistisch
att.	attisch	künstler.	künstlerisch
bayr.	bayrisch	lat.	lateinisch
beg.	begonnen	lombard.	lombardisch
belg.	belgisch	MA.	Mittelalter
bras.	brasilianisch	ma.	mittelalterlich
brit.	britisch	manier.	manieristisch
ca.	circa	maur.	maurisch
chin.	chinesisch	mod.	modern
dor.	dorisch	N.	Norden
dt.	deutsch	nördl.	nördlich
ebda.	ebenda	nord.	nordisch
ehem.	ehemals, ehemalig	norman.	normannisch
erb.	erbaut	O.	Osten
erzbisch.	erzbischöflich	öffentl.	öffentlich
ev.	evangelisch	östl.	östlich
expression.	expressionistisch	otton.	ottonisch
ff.	und folgende	palladian.	palladianisch
fläm.	flämisch	Pl.	Plural
frz.	französisch	prot.	protestantisch
geb.	geboren	rational.	rationalistisch
geom.	geometrisch	röm.	römisch
georgian.	georgianisch	roman.	romanisch
german.	germanisch	russ.	russisch
gest.	gestorben	S.	Süden
gew.	geweiht	schott.	schottisch
got.	gotisch	sog.	sogenannt
gr., griech.	griechisch	span.	spanisch
H.	Hälfte	südl.	südlich
hl.	heilige(r, s)	sym.	symmetrisch
hrsg.	herausgegeben	syr.	syrisch
Hrsg.	Herausgeber	teilw.	teilweise
ion.	ionisch	V.	Viertel
ital.	italienisch	veröff.	veröffentlicht
jap.	japanisch	viktor.	viktorianisch
Jh.	Jahrhundert	voll.	vollendete
Jt.	Jahrtausend	W.	Westen
kath.	katholisch	westl.	westlich
kgl.	königlich	zerst.	zerstört

A

Aalto, (Hugo) Alvar (Henrik) (1898-1976). Einer der wichtigsten Architekten des 20. Jhs. und sicher überragend in seiner Bedeutung für → Finnland. Baute anfänglich in einem typisch skandinav. → Neoklassizismus (1923-25), wandte sich aber mit der Bibliothek in Viipuri (1927-35, Abb. → Finnland) bereits dem → Internationalen Stil zu, in dem auch das Sanatorium in Paimio (1929-33) und eine Fabrikanlage mit zugehöriger Arbeiterwohnsiedlung in Sunila (1936-39; umfangreiche Erweiterung 1951-57) gehalten sind. Da er ein ausgeprägtes Empfinden für die Eigenarten der Baustoffe hatte, verwendete er im waldreichen Finnland vor allem Holz. 1932 entwickelte er auch Möbel aus gebogenem Sperrholz (Artek-Möbel). Desgleichen spielt Holz in seinem finnischen Pavillon für die Weltausstellung in Paris 1937 und in der Villa Mairea in Noormarkku (1938) eine große Rolle. Seine eigenständigsten Werke entstanden nach dem Zweiten Weltkrieg. Er hatte jetzt seine eigene Formensprache gefunden, die nichts mit den landläufigen Klischees zu tun hatte, aber durch die kraftvolle Entfaltung geschwungener Wände und einseitig ansteigender Dächer, durch ihr Spiel mit Ziegeln und Holz, durchaus in Einklang stand mit der internationalen Tendenz zu plastisch ausdrucksvolleren ›ensembles‹. Zu seinen Hauptwerken gehören das Studentenwohnheim des Massachusetts Institute of Technology, Cambridge (1947-49) mit einer geschwungenen Front und außen an der Mauer diagonal hochgeführten Treppen, das Rathaus in Säynätsalo (1950-52), die Volkspensionsanstalt in Helsinki (1952-57), ein einfacherer Bau, die Kirche in Vuoksenniska bei Imatra (1952-58), das Kulturhaus in Helsinki (1955-58) und die Technische Hochschule in Otaniemi (1955-64). Im Westberliner Hansaviertel schuf A. ein Wohnhaus für die Interbau (1955-57); ein zweites Hochhaus errichtete er in Deutschland in Bremens Satellitenstadt Neue Vahr (1959-63, Entwurf 1958, Abb. → Deutschland). 1959 gewann er den Wettbewerb für die neue Oper in Essen (1959). Das Kulturzentrum (1958-62) und zwei Kirchen in Wolfsburg, die letzte 1968 in seiner Anwesenheit geweiht, sowie die Kongreß- und Konzerthalle in Helsinki (1962-71) sind neben dem Museum in Aalborg in Dänemark (1969-73) weitere Bauten. A. arbeitete viel im Ausland, auch im Orient (Kunstmuseum Schiras, 1970); seit 1960 war er für die Gesamtplanung des Stadtzentrums von Helsinki verantwortlich. Abb. → Industriebau.

Lit.: Aalto '70, '83²; Neuenschwander '54; Benevolo '60; Fleig '63; '71, '78; Mosso '65; Ray, S. '65; De Seta '67; Baird '70; Cresti '75; Pearson '78; Dunster '79; Rubino '80; Porpyrios '81; Quantrill '83; Hatje '63; GA 10, 16, 18, 24; Schildt '84, '86; D. N. Schmidt '88; Aalto I-III.

Kulturhaus, Helsinki, von → Aalto, 1955-58.

Kirche in Vuoksenniska, von → Aalto, 1952-58.

Abadie, Paul (1812-84) → Vaudremer; → Frankreich.

Abakus, der (gr.-lat.: Tischplatte, Spielbrett). In der Regel quadrat. Deckplatte als Abschluß des → Kapitells. Der A. hat in der dor., ion., korinth. und röm. Ordnung (→ Säulenordnungen) jeweils eine andere Ausbildung erfahren; er wird in der frühchristl.-byzant. Baukunst häufig durch einen → Kämpferaufsatz ersetzt und kann in der ma. Baukunst ganz entfallen.

Abakus. Poseidontempel, Paestum, 5. Jh. v. Chr.

Abaton, das (gr.: das Unbetretbare). In orthodoxen Kirchen das Allerheiligste (→ Adyton) hinter der → Ikonostasis.

Abel, Adolf (1882-1968). Schüler von Th. → Fischer und → Bonatz. 1925-30 Stadtplaner in Köln, bis 1963 zahlreiche öffentliche Bauten im süddt. Raum.

Lit.: München '85.

Abendländische Architektur, d.h. europäische Architektur, Architecture of the Western World. Trotz
vieler Übernahmen aus der → Römischen und
→ Griechischen Architektur entwickelten sich
nördlich der Alpen zuerst in der → Gotik, später
im europäischen → Barock und → Rokoko eigene
Formen, während die → Karolingische und die
→ Romanische Baukunst, die → Renaissance, der
→ Klassizismus und die → Postmoderne bewußt
das Erbe der Antike einbezogen. Durch die Besiedlung zahlreicher Länder in Übersee gelangten europäische Baustile zunächst als → Kolonialstil auf andere Kontinente, wobei dort oft Mischformen mit
spezifischen Eigenarten entstehen. Seit der weltweiten Verbreitung des → Internationalen Stils kam es
in Ländern wie z.B. den → USA, → Japan oder
→ Mexiko zu landeseigenen Entwicklungen, die nur
noch bedingt zur abendländischen A. gerechnet
werden können.

In der → Glasarchitektur des 19. und 20. Jhs. wurde
der auf eine Durchdringung von Innenwelt und Au
ßenwelt angelegte Charakter der europäischen Architektur vielleicht am sichtbarsten verwirklicht.

*Abendländische Architektur. Ste-Chapelle, Paris, um
1250.*

*Abendländische Architektur. Kaufmann House, Palm
Springs, Cal., von → Neutra, 1946-47.*

Die edelsteinleuchtenden Wände der großen Kathedralen, die das Diesseits mit dem Jenseits verbanden, der Kristallpalast in London, der hohe Bäume
und die wandernden Wolken des Himmels einbezog, die gläsernen Hochhäuser und Hotelpaläste
unserer Tage sind zwar jeweils spezifischer Ausdruck ihrer Zeit, doch im Gegensatz zu den meisten
Bauten außereuropäischer Kulturen schließen sie
das Licht, seine Transparenz und seine Effekte bewußt in die Architektur mit ein. Im Schloß- und
Wohnbau nimmt die Zahl der Fenster immer mehr
zu – bis in den Häusern von → Johnson und → Neutra Innenraum und Außenraum kaum mehr zu trennen sind. Geht man von diesen auffälligen Merkmalen aus, so könnte man die abendländische A. eine
›Fensterarchitektur‹ nennen, so wie man vielleicht
die japanische A. als eine ›Dacharchitektur‹ bezeichnen kann. Im Barock und Rokoko wird das

mystische Licht des MA. in den Kirchen durch die
Lichteffekte des Sonnenlichts (z.B. Kloster Weltenburg) ersetzt, auf den Altären funkeln die Sonnenmonstranzen, während in den Schlössern Spiegelsäle und Spiegelgalerien entstehen, orientiert am
Hof und Schloß des ›Sonnenkönigs‹ in Versailles,
vorausweisend auf die ›Lichtstadt‹ an der Seine und
die von künstlichem Licht erfüllten nächtlichen Metropolen unserer Zeit. Auch die Weiterentwicklung
des Bauens mit → Beton ermöglicht neue Quellen
des Lichts, Leuchtstoffröhren wie in → Nervis Ausstellungshalle in Turin, oder, wiederum mystisch,
wie in → Le Corbusiers Klosterkirche in La-Tourette oder in seiner Wallfahrtskirche Notre Dame
du Haut in Ronchamp, in der auf die Altäre das
Licht des Himmels fällt, weißes Licht vom Boden
aufscheint, während an den Wänden unregelmäßig
angeordnete, tief liegende farbige Fenster leuchten.
Auch die neuen Meister der → Postmoderne wie
z.B. → Hollein (Österreichisches Verkehrsbüro,
Wien) oder Charles → Moore (Kresge College,
Santa Cruz; Piazza d'Italia, New Orleans) beziehen
das Licht als integralen Bestandteil ihrer Architektur mit ein, es ist für sie mehr als nur Beleuchtung.
→ Bühnenarchitektur; → Lichtarchitektur. W.R.

Lit.: Pevsner '78; Raenburn '82; Grassnick-Hofrichter '82;
Koch, W. '82; Amsoneit '91.

Abercrombie, Sir Patrick → *Nachträge.*

Abfasen. Abschrägen oder Abkanten von Bauteilen, wobei eine abgeschrägte Kante, die → Fase
oder Schmiege, entsteht.

Abgewendet. Ein adjektiv. Ausdruck, der für zwei
Rücken an Rücken stehende Figuren, meist Tiere,
an → Kapitellen, → Pfeilern und anderen Bauteilen,
gebraucht wird.

Abhängling. 1. Herabhängender Knauf am Schnittpunkt der Gewölberippen als verlängerter echter
oder unechter → Schlußstein, besonders bei spätgot. → Gewölben und an frz. und engl. Gewölben
des 16. und 17. Jhs. vorkommend. – **2.** Das zapfenförmig herabhängende Ende von Hängesäulen oder

*Abendländische Architektur.
Chor der Klosterkirche Weltenburg, von Cosmas Damian und
Egid Quirin → Asam, 1717-21.*

*Abgewendet. Parkfiguren,
Schloßterrasse Fulda, Anf. 18. Jh.*

Abhängling. Pfarrkirche Needham Market, England, 15. Jh.

Abhängling. Pfarrkirche zur Schönen Unseren Frauen, Ingolstadt, beg. 1407.

der Stuhlsäule bei offenen Dachstühlen (→ Dachkonstruktion). – **3.** Die Knäufe an den Kreuzungsstellen der Deckenbalken von Renaissanceprunkdecken. Die A.e sind häufig prunkvoll gestaltet.

Ablauf (gr. apophyge). Konkave Krümmung als Überleitung zwischen einem zurückspringenden unteren und einem vorspringenden oberen Bauglied, z. B. der Übergang vom Säulenschaft zum Kapitell.

Aborigines → *Nachträge.*

Abraham, Raimund (geb. 1933). Nach anfänglicher Zusammenarbeit mit → Pichler in Wien (1960-64, dort Architektur- und Designstudio) Übersiedlung nach New York, Lehrtätigkeit mit → Hejduk an der Cooper Union School und Architekturbüro. Nach 1970 Bruch mit Zeichnungen technischer Utopien und Hinwendung zu poetischen Phantasien: ›Haus der Vorhänge‹ (1971), ›Nine Houses‹ (1972-76),

›Haus der Vorhänge‹, von → Abraham, 1971.

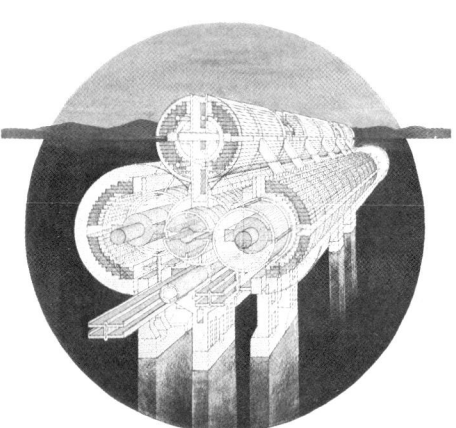

›Megabridge‹, von → Abraham, 1965.

›The Cosmology of the House‹ (1974) u. a. »Architektur muß zuerst Idee sein, und dann wird die Idee verwirklicht … Eine Möglichkeit ist die Zeichnung … Es ist einer der größten Fehler zu meinen, man könne die Zeichnung als Zwischenprodukt einstufen. Wenn die Zeichnung wirklich als fertige Architekturidee zustande kommt, ist sie das Endprodukt.« (Abraham) A. steht damit in einer Tradition, die die → Architekturzeichnung bestimmt hat.

Lit.: Abraham '73; Baeza u. a. '83; Klotz '84; CA '87.   W. R.

Abramovitz, Max (geb. 1908). Studium an der University of Illinois in Champaign-Urbana, der Columbia University in New York und der → Ecole

Abstrakte Architektur. ›Suprematistisches Architekton‹, von → Malewitsch, um 1926.

des Beaux Arts, Paris. 1941 Eintritt in das Büro von → Harrison. Er baute u. a. zusammen mit → Le Corbusier und → Harrison 1947-50 das United Nations Headquarter und 1962 die Philharmonie des Lincoln Center in New York. Abb. → Harrison.

Lit.: Abramovitz '63.

Abseite → Seitenschiff.

Absolute Architektur → Pichler.

Abstrakte Architektur. Zweckfreie Architektur, die wie die Musik Zeit (Strawinsky), wie die abstrakte Plastik Raum (Heidegger) fixiert, d. h. erfahrbar macht. Kandinsky wurde in den Jahren vor dem Ersten Weltkrieg zum Vorkämpfer einer abstrakten Malerei, die zunächst noch stark expressionistische Züge aufweist, wie der Merzbau (beg. 1923) von Kurt Schwitters (1887-1948). 1916 kreiert Constantin Brancusi (1876-1957) seine ›Endlose Säule‹ (zunächst als Holzplastik, 1937 aus Stahl, vergoldet),

Abstrakte Architektur. ›Merzbau‹, von Kurt Schwitters, beg. 1923.

1960 → Kiesler das ›Endlose Haus‹, die einer erneuten Hinwendung zum Raum als Höhle und den gleichzeitigen ›Soft sculptures‹ von Claes Oldenburg entsprechen. Endlose Architektur wird zum ersten Mal im Barock (Infinitesimalrechnung von Leibniz, 1673-84), bei den Bühnenbildern der Galli → Bibiena, den → Architekturphantasien, später in den ›Carceri‹ → Piranesis sichtbar. Die Hinwendung zur Geometrie Anfang der 20er Jahre führt in Rußland zu Modellen einer → Suprematistischen

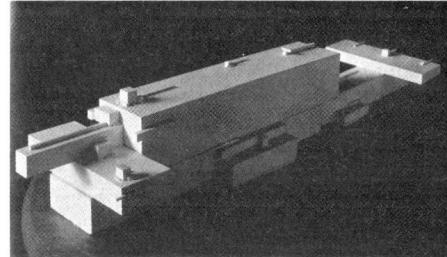

Abstrakte Architektur. Suprematistische Architektur, von → Malewitsch, 1920-22.

Abstrakte Architektur. Environment, Fort Belvedere, Florenz, 1978.

Architektur, die durch → Malewitsch, El → Lissitzky, → Tatlin u. a. vorbereitet war; in den → Niederlanden zur → De Stijl-Bewegung, an die die Architekten der → Postmoderne, wie → Eisenman, → Meier, → Hejduk u. a. anknüpfen; durch → Garnier, → Loos, → Gropius, → Le Corbusier u. a. entsteht der → Internationale Stil, eine ›Box

Abstrakte Architektur. Aluminium and Zinc Plane, von Carl André, 1970.

Architecture‹ (Charles Moore), die durch den europäischen → Klassizismus, durch → Gilly und → Schinkel und die → Revolutionsarchitektur vorbereitet war. Schon Le Corbusier hatte in ›Vers une Architecture‹ (1923) an die Grundformen der Architektur erinnert, → Ungers variiert im Deutschen Architekturmuseum in Frankfurt a. Main 1984 in seinem ›Haus im Haus‹ die Grundform des Quadrats, die Künstler der ›minimal art‹, wie Carl André (geb. 1935) und Sol LeWitt (geb. 1928), zu ihren

Abstrakte Architektur. ›Modular Structure‹, von Sol LeWitt, 1972.

abstrakten Plastiken (oder Architektur?) angeregt hatte. Sie beeinflussen dadurch Architekten wie → Isozaki.

Den umgekehrten Weg schlägt → Venturi (ebenso John Rauch und viele andere) ein, wenn er in seinem Franklin Court, Philadelphia (1972) bereits vorhandene gebaute Architektur abstrahiert wie Picasso seinen Stier.

A. kann man auch im Werk von → Environment-Künstlern wie Dani Karavan (geb. 1930) oder in manchen zur Meditation geschaffenen Anlagen von → Barragán (Las Arboledas, Mexico City, ca. 1958-61) sehen. A. sind auch die an → Meßarchitektur erinnernden Anlagen von Beverly Pepper (geb. 1924), wie etwa seine ›Amphibische Plastik‹, 1974.

W. R.

Lit.: Kandinsky '12, '26; Le Corbusier '23; Strawinsky '49; Heidegger '54, '69; Giedion-Welcker '55; Oldenburg '62; Kassel '77; Friedman, M. '82; Schmalenbach '84; Klotz '84; Restany '92.

Abtei → Kloster.

Abwalmen eines Daches. → Dachformen 5.

Abweichstein, Abweisstein → Prellstein.

Abwicklung. Form einer → Architekturdarstellung, bei der die Ansichten von Räumen, Bauten, Straßenzügen oder Plätzen wie bei einem Ausschneidebogen in die Horizontale geklappt werden.

Achämenidische Architektur. → Iranische Architektur.

Achse (lat. axis). In der Baukunst eine gedachte Gerade, die der Länge (Längsa.) oder der Breite (Quera.) nach durch einen Baukörper oder Bauteil gezogen werden kann und als Gestaltungsmittel benutzt wird. Die mittlere Achse wird bei gleichartiger Ausbildung beider Seiten Mittela.- oder Symmetriea. genannt. Liegen die Fenster mehrerer Geschosse mit ihren Mittela. übereinander, spricht man von Fenstera.

Lit.: Rave, W. '29.

Achsenbrechung. Knickung der Mittelachse (→ Achse) eines Bauwerks. Sie ist bedingt durch Gegebenheiten, die dem jeweiligen Bau eigentümlich sind, wie das Einbeziehen vor – bzw. Ausweichen vor – älteren Bauteilen oder Kultstätten sowie Ungenauigkeiten beim Bauen und Schwierigkeiten, die sich durch das Gelände und bei der Fundamentierung ergeben.

Lit.: Lurçat '53-55; Rauda '56; Pahl '63.

Achsenverschiebung. Die A. kann durch die örtlichen Gegebenheiten bedingt sein, sie kann aber auch eine bewußte Abkehr von der Symmetrie (→ Achse) sein wie beim Hôtel de Matignon (→ Barock).

Achteck → Oktogon.

Ackermann, Kurt (geb. 1928). Nach Studium in München seit 1974 Prof. für Konstruktion und Design an der TH in Stuttgart. Beeinflußt von der Logik der techn. Konstruktion, der Transparenz und Schönheit der Bauten von → Mies van der Rohe (Institute of Technology, Chicago) und den frühen Einzelhäusern → Eiermanns in den 30er Jahren. Herausragende Werke: Wohnanlage Moll in München (1966-70), Forum der Universität Regensburg (1969-74), Haus Gartner, Gundelfingen (1970-72), Bundesverwaltungsgericht, München

Abstrakte Architektur. ›Haus im Haus‹ im Deutschen Architekturmuseum, Frankfurt am Main, von → Ungers, 1984.

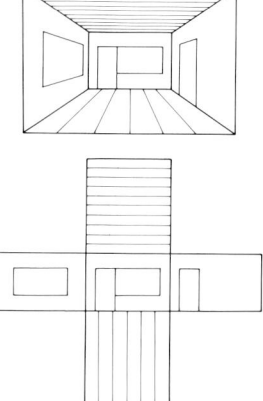

Abwicklung.

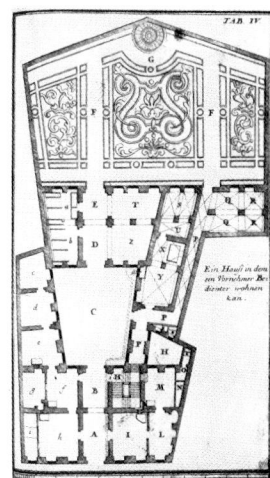

Achsenverschiebung. Grundriß aus ›Vollständige Anweisung alle Arten von Wohn-Häusern ...‹, von Leonhard Christoph Sturm, 1721.

(1973-76), Verwaltungsgebäude der Firma Wüstenrot in München (1973-76), Offiziersschule der Luftwaffe in Fürstenfeldbruck (1977) sowie die Überdachung des Eisstadions im Münchner Olympiagelände (1982/83). Neuere Arbeiten sind das ›Gut Marienhof‹, das Klärwerk München II in Dietersheim (voll. 1988), die Wohnanlage am Gottfried-Böhm-Ring in München (voll. 1988) oder die Eislaufhalle in München (voll. 1991).
In Planung: Gesamthochschule Kassel, Technikgebäude III/2 (seit 1989).   M.-A. V. L.
Lit.: Ackermann, K. '78, CA '80, '87.

Adam, James (1732-94) → Adam, Robert.

Adam, John (1721-92) → Adam, Robert.

Adam, Robert (1728-92). Der größte brit. Architekt des späten 18.Jhs.; als Innenarchitekt und Möbelentwerfer, Designer etc. vielleicht noch bedeutender, denn hier ist sein Name noch heute ein fester Stilbegriff. In seiner klaren, unsinnlichen Eleganz ist er seinem frz. Zeitgenossen → Soufflot vergleichbar, doch liegt ihm die kalte Feierlichkeit Soufflots fern. A. war ein echter Schotte, nüchtern, besonnen und unbändig ehrgeizig, aber nicht ohne zarte romantischere Charakterzüge. Beide Seiten seines Wesens spiegeln sich in seinem Werk, das zwischen einem malerischen → Klassizismus und einer klassisch verhaltenen → Neugotik schwankt. Seine Arbeiten haben die Haltung ungezwungenen Anstands, unpedantischer Gelehrtheit und unauffälligen Wohlstands, eben der kultivierten Welt seiner Auftraggeber. Da er empfand, daß es weder gesittet

James Adam.

*Haus in Adelphi, London,
von Robert und James → Adam,
1768-72.*

noch klug sei, bestehende Traditionen zu brechen, schuf er einen klassiz. Stil, der graziöser und auf heiterere Weise eleganter war, als jener der Anhänger des → Palladianismus, die ihm vorausgingen, oder der Anhänger des → Greek Revival, die auf ihn folgten. Er vermied so überraschende Neuerungen wie die Anwendung der dor. Ordnung (→ Säulenordnungen) an klassischen Bauten oder der malerischen Asymmetrie an gotischen. A. erfüllte das damals herrschende Verlangen nach einem neuen Klassizismus, indem er den dekorativen Formenschatz erweiterte und phantasievoll kontrastreiche Raumanordnungen, die unverkennbar auf die Thermen der röm. Kaiserzeit zurückgehen, verwandte. Durch die geschickte Variation von Raumformen, durch seine Vorliebe für Nischen und verschleiernde Säulenstellungen, die dem Raum etwas Geheimnisvolles geben, ferner durch seine neugot. Burgen mit romantisch-wuchtigem Außenbau und behaglich klassiz. Innenräumen entsprach er dem Zeitgeschmack für das Malerische. Er wurde der Architekt par excellence des Zeitalters der Empfindsamkeit. Sein Einfluß verbreitete sich rasch über England hinaus und reichte sogar bis nach Rußland und Amerika. Seine Arbeitsleistung war gewaltig, aber seine unglücklich ausgegangene Im-

*Kedleston Hall, Derbyshire, von Robert → Adam,
um 1759ff.*

mobilien-Spekulation mit dem Londoner Adelphi-Projekt brachte ihn um die Früchte seines Fleißes.
Sein Vater *William Adam* (1689-1748) war in seiner Zeit der führende Architekt in Schottland. Er entwickelte einen kraftvollen, persönlichen, auf → Vanbrugh, → Gibbs und die Vertreter des engl. Palladianismus zurückgehenden Stil und schuf z. B. Hopetoun House (1721 ff.) in der Nähe Edinburghs und Duff House (1730-39) in Banff, Schottland. Roberts Brüder *John Adam* (1721-92) und *James Adam* (1732-94) waren ebenfalls Architekten, beide im Architektenbüro ihres Vaters in Edinburgh ausgebildet; Robert und James besuchten außerdem die Universität Edinburgh. Robert A.s Frühwerke, z. B. Dumfries House (1750-54 entworfen) zeigen nur eine geschulte Hand. Sein Genie offenbarte sich erst nach seinem Studienaufenthalt auf dem Kontinent (1754-58), den er zum größten Teil in Rom unter → Clérisseau mit dem Studium der Architektur der Kaiserzeit verbrachte. Mit Clérisseau vermaß Robert A. auch den Diokletianspalast in Split; die Ergebnisse wurden 1764 von ihm unter dem Titel ›Ruins of Spalato‹ veröffentlicht.
1758 ließ Robert A. sich in London nieder, wo sich ihm sein Bruder James anschloß, nachdem er 1760-63 ebenfalls eine Bildungsreise durch Europa zu Clérisseau gemacht hatte. Der Säulengang der Admiralität in London (1759-60) zeigte sogleich sein

Können und seine Originalität, aber die meisten Aufträge seiner Frühzeit galten der Umgestaltung alter Häuser oder der Fertigstellung von anderen Architekten begonnener Gebäude. Dennoch gelangte Robert A. schnell zu einem persönlichen Stil; Harewood House (1758-71), Kedleston Hall (1759ff.), Syon House (1760-69, Abb. → Klassizismus), Osterley Park (1761-80, Abb. → Großbritannien), Luton Hoo (1766-70), Newby Hall (1767-85) und Kenwood (1767-69) zeigen seine Meisterschaft in der Innenarchitektur. Seine gewissenhafte Gestaltung der Details zeigt die preziöse Perfektion der gemalten Dekorationen und der nur flach aufliegenden Stukkaturen wie auch die Sorgfalt, die er auf jeden Teil eines Raumes – von den Teppichen bis zu den Schlüssellochbeschlägen – verwendete. Kein Architekt vor ihm hatte so umfassende Pläne für die Innenraumgestaltung ausgearbeitet. Noch die kleinsten Dekorationsmotive wurden mit solchem Geschick mit dem Ganzen verwoben, daß eine Wirkung von äußerster Anmut entsteht, und

Haus in der John-Adam-Street (Royal Society of Arts), London, von Robert → Adam, 1772-74.

Bibliothek in Kenwood, London, von Robert → Adam, nach 1767-69.

obschon sich doch in jedem Raum dieselbe künstler. Persönlichkeit ausdrückt, entsteht bei seinen Zimmerfluchten niemals der Eindruck der Monotonie. Sie veranschaulichen vollkommen die Eigenschaften, die Robert und James in der Einleitung ihrer ›Works of Architecture‹ (1773; 2. Band 1779; 3. Band 1822) bewundernd aufzeigen, nämlich die Bewegung oder »das Fallen und Steigen, das Vor- und Zurückspringen und andere Variationen der Form«, ferner »eine Vielfalt von zart abgestuften Profilen«. Beispiele für den klassiz. Stil Robert A.s sind Syon House, das durch verschiedene geom. Formen bestimmt wird (basilikale Halle, Rotunde, zentrale Halbkuppel usw.), und die Südfront von Kedleston in der Form eines röm. Triumphbogens. Robert A.s Originalität, sein Einfallsreichtum sprechen aus den genialen Entwürfen für Londoner Stadthäuser, die er in den 70er Jahren schuf, so

z. B. St. James's Square Nr. 20 und Portman Square Nr. 20. In diesen Bauten wurden allerdings die Dekorationen zunehmend flach und linear und neigten zu der glatten Zierlichkeit, die man ihm gegen Ende seines Lebens vorwarf. Zwischen 1768 und 1772 begannen Robert und James ihr ehrgeizigstes Unternehmen, nämlich den Bau des Adelphi (1928 abgebrochen), einer Gruppe von Luxusmiethäusern am Themseufer. Unglücklicherweise schlug diese Spekulation fehl, und die beiden Brüder wurden nur durch eine Lotterie und durch Darlehen von ihrem älteren Bruder John in Edingburgh vor dem Bankrott bewahrt. Nicht zuletzt durch diesen Fehlschlag sank nach 1775 die Qualität der Arbeiten Robert A.s, doch gaben ihm große Aufträge in Edinburgh während seines letzten Lebensjahrzehnts noch einmal die alte Kraft zurück. Hier schuf er die Universität (beg. 1789, von W. H. → Playfair nach abgeänderten Entwürfen 1815-34 voll., die Kuppel 1887 von R. R. Anderson, 1834-1921, voll.) und den Charlotte Square (1791 entworfen). Die Hauptfassade der Universität ist Robert A.s monumentalster und vielleicht auch sein architekton. vollendetster Bau. Dieser späten Schaffensperiode gehören die meisten seiner Schloßbauten an, z. B. Culzean Castle (1777-90) und Seton Castle (1789-91), die ihrer Zeit weit voraus waren. Seine früheren neugot. Bauten (z. B. die Einrichtung von Alnwick Castle, ca. 1770, heute zerst.) zeigten eine raffinierte Eleganz wie seine klassiz. Bauten. Nun aber entwickelte er einen kühneren Stil. Bei Culzean

Diokletianspalast, Split, Jugoslawien, um 300, nach Robert → Adam.

Robert Adam.

Adelphi, London, von Robert → Adam, 1768-72.

Ädikula. S. Ignazio, Rom, von Orazio Grassi, 1627-85.

Agraffe.

Adlerkapitell. Palastkirche Zwarthnotz, Georgien, Mitte 7. Jh.

Castle nützte er die hochromantische Lage in der Ayrshire-Küste zur Anlage dräuender Türme und Zinnen, die aber Räume von zartester Eleganz umschlossen, ein Paradebeispiel der Zeit der Empfindsamkeit. Abb. → Großbritannien; → Schottische Architektur; → Walpole.

Lit.: Adam, R. 1764; Adam, R. und J. 1773, 1778, 1822; Bolton '22; Lees-Milne '47; Fleming, J. '62; Stillman '66; Beard '78; Adam & Adam '80; Rykwert '87; Gifford '89; King '91.

Adelcrantz, Carl Frederick (1716-1796) → Skandinavien

Ädikula, die (lat. aedicula: Häuschen). Ursprünglich der eine Statue umrahmende Aufbau in Form einer Tempelfront aus zwei → Säulen, → Gebälk und → Giebel. Im übertragenen Sinn die Rahmung einer Tür, eines Fensters oder einer anderen Maueröffnung oder Nische mittels zweier Säulen, → Pfeiler oder → Pilaster, die ein Gebälk und einen Giebel in Dreieck- oder Segmentform tragen.

Adler, Dankmar (1844-1900) → Sullivan.

Adlerkapitell. → Kapitell der roman. Architektur mit vier Adlern an den Ecken.

Adobe, der (span.). Ungebrannter, luftgetrockneter Lehmziegel, in Spanien, Portugal und Lateinamerika für den Häuserbau verwendet. → Lehmarchitektur.

Lit.: Davey, N. '65.

Adyton, das (gr.: Allerheiligstes). Das Allerheiligste des griech. Tempels, das das Kultbild enthält und nur von der Priesterschaft oder von bevorrechtigten Laien und nur zu bestimmten Zeiten betreten werden durfte. Das A. konnte auch Ort des Orakels sein. Außer der → Cella und Einbauten in der Cella galt in manchen griech. Tempeln der → Opisthodom als A.

Lit.: Dinsmoor '50³.

Afrika → *Nachträge;* → Ägyptische Architektur, → Nordafrikanische Länder, → Äthiopien, → Südafrika, → Islamische Architektur.

Agadir → Nordafrikanische Länder.

Ägäische Architektur. Baukunst des östl. Mittelmeerraums in der vorgriech. Zeit. → Minoische Architektur.

Agora, die (gr.: Markt). Platz einer griech. oder röm. Stadt zur Abhaltung von Märkten und Versammlungen; in der Regel viereckig wie ein → Forum, von Säulenhallen (→ Stoa) umgeben und mit Altären versehen. Besonders ausgeprägte Anlagen besaßen die hellenist. Städte Priene und Milet.

Lit.: von Gerkan '24; Dörpfeld '37; Krischen '38; Martin, R. '52, '56; Thompson, H. A. '54; Morini '63.

Agostino di Duccio (di Guccio, 1418-81). Bildhauer und Architekt. A. wurde durch einen Irrtum → Vasaris ursprünglich zur della Robbia-Familie gezählt, da er neben Marmorskulpturen auch Terrakotta-Arbeiten in der Art der Robbia geschaffen hatte. Seine frühesten Arbeiten sind vier kleine Flachreliefs an der Fassade der Kathedrale von Modena. Ab 1446 in Venedig, ab 1447-57 von → Alberti für die Innenausstattung des Tempio Malatestiano nach Rimini berufen. Von 1457 an hauptsächlich in Perugia nachweisbar, wo er u.a. die Fassade von S. Bernardino, in Anlehnung an Alberti, mit reichem Figurenschmuck ausführte, und später die monumentale Porta S.Pietro schuf. Weitere Wirkungsstätte war Florenz, wo der Taber-nakel der Kirche Ognissanti und eine Auferstehung Christi in Terrakotta für eine Kapelle der Annunziata-Kirche für ihn zurückgehen. In Rom schuf er den Tabernakel von S. Agostino.   M.-A. v. L.

Lit.: Venturi, A. VIII; Bode '02; Pointner '09; Milani '38; Toesca, P. '51; Heydenreich-Lotz '74.

Tempio Malatestiano, Rimini, von → Alberti und → Agostino di Duccio, 1447-57.

Agraffe (frz.). → Volutenartige Klammer, die den Scheitel eines Rundbogens (→ Bogen) mit einem darüber laufenden → Gesims verbindet.

Ägyptische Architektur. Der altägypt. Profanbau ist durch praktische Erfordernisse, der Grab- und Sakralbau durch religiös-magische Vorstellungen formal und funktional bis ins Detail festgelegt.

Die wichtigsten Baumaterialien sind zunächst der ungebrannte Nilschlammziegel und leichte pflanzliche Stoffe (selten Holz); Stein wird seit 3000 v. Chr. vereinzelt, seit König Djoser (ca. 2600 v. Chr.) bevorzugt im Grab- und Sakralbau verwendet (→ Grab). Zur Bearbeitung von Kalkstein, Granit und einer Vielzahl anderer Gesteine dienen Stein- und Kupferwerkzeuge, erst spät treten Eisen und Bronze als Material für Werkzeuge auf.

Die Bauplanung beruht auf einer entwickelten Mathematik und Astronomie (Orientierung der Bauten); im Bauverfahren der Monumentalarchitektur spielen Rampen als Transportwege, Schlitten und Rollen als Transportmittel eine wesentliche Rolle; Schwerlasttransporte werden auf dem Wasserweg (Nil und Kanäle) abgewickelt. Die wichtigsten Faktoren sind jedoch nahezu unbegrenzte Arbeitskräfte und ein Überfluß an Zeit.

Die frühen Architekturformen (3000-2600 v. Chr.) orientieren sich an den Gegebenheiten des Materials (pflanzliche Stoffe, Lehmziegel); die älteste Steinarchitektur ahmt dieses Vorbild nach (Stufenpyramide von Saqqâra, ca. 2650 v. Chr., Abb. → Grab), um dann rasch zu abstrakten geom. Formen zu finden (→ Pyramiden von Dahschûr und Gîse, seit 2570 v. Chr., Abb. → Gewölbe). Das

Ägyptische Architektur. Arbeiterstadt von Deir el-Medineh, um 1300 v. Chr.

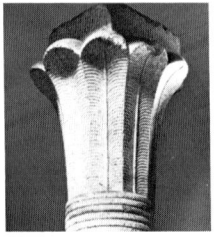   

Ägyptische Kapitellformen (von links nach rechts):

1. *Palmblattk. Granitsäule, Totentempel Sahure, 2500 bis 2350 v. Chr.*
2. *Offenes Papyrusk., Luxor, um 1450 v. Chr.*
3. *Kompositk., Edfu, 300-150 v. Chr.*
4. *Korbk., Edfu, 300-150 v. Chr.*

pflanzliche Vorbild bleibt in den Architektur-elementen lebendig: in Pflanzensäulen (Papyrus-bündel-, Lotos-, Palmstamm-, Komposit-Säulen), → Hohlkehle und → Rundstab sowie Bauornamen-ten; die ursprüngliche Lehmziegelbauweise (→ Lehmarchitektur) lebt im Steinbau z. B. in den geböschten Wänden (→ Pylone) und unverhältnis-mäßig starken Mauern fort.

Aufgrund ihrer leichten Bauweise und der vergäng-lichen Materialien sind die Profanbauten des alten Ägypten nur selten erhalten. Dennoch kennen wir neben der vorgeschichtlichen Rundhütte und der Villa des Neuen Reiches (seit 1600 v. Chr.) mit Vor-halle, Garten und Teich auch Paläste (Malkata, Me-dinet Habu, Bubastis) und ausgedehnte, streng geom. angelegte Stadtsiedlungen (Illahun, Amarna, Deir el-Medîneh), und wir wissen von der Existenz mehrgeschossiger Mietshäuser.

Festungsbauten treten zunächst als kreisrund oder rechteckig angelegte Stadtmauern mit Nischenglie-derung auf. Aus Ziegeln errichtet, werden sie im Mittleren Reich von Forts mit wellenförmig verlau-fenden Mauern abgelöst, die besonders die Süd-grenze Ägyptens sichern und in sich geschlossene Stadtsiedlungen mit Palast und Tempel bergen.

Die Grabbauten sind sowohl Wohnhaus für den Toten als auch Abbild der jenseitigen Welt, in der sich der Verstorbene zurechtfinden soll. Sie gliedern sich äußerlich in das Haus des Toten, das eigentliche Grab, und in die Anlagen, die der Versorgung des Toten dienen. Als dauerhafte Umsetzung des Dies-seits sind sie aus Stein erbaut.

Die kgl. Grabanlage des Alten und Mittleren Rei-ches (2660-1700 v. Chr.) ist die Pyramide mit Tal-tempel, Aufweg (Prozessionsstraße) und Totentem-pel. Sie bildet eine Synthese aus Haus- und Hügel-

grab (besonders deutlich bei den frühen Stufenpyra-miden, z. B. Saqqâra, und der Mischform der Knickpyramide von Dahschûr, Abb. → Gewölbe) und ist gleichzeitig Wohnung des toten Königs und Symbol seiner dem Sonnenlauf gleichenden ewigen Existenz (→ Obelisken als Sonnenmäler). Die In-nenräume sind aus dem massiven Baukörper ausge-spart oder in den gewachsenen Felsen des Unter-grundes gehauen. Seit dem Neuen Reich wird dieser Grabtypus vom Felsengrab abgelöst, dessen oft

Haus von Nakht, Neues Reich (1580-1085 v. Chr.)

Stirnseite einer Kapelle in Saqqâra, 2600 v. Chr.

zahlreiche Räume Hunderte von Metern in den Fel-sen dringen und gleichzeitig den Palast und das Jenseits abbilden. Sie liegen getrennt von den Kult-anlagen (Totentempel) in einsamen Wüstentälern (Tal der Könige in Theben), nur selten innerhalb

 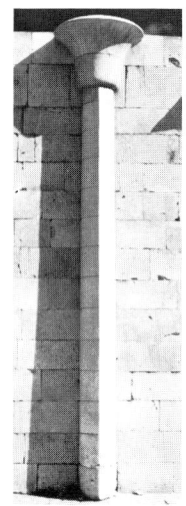 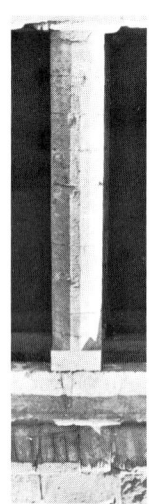   

Ägyptische Säulenformen (von links nach rechts):

1. *Schilfbündelsäule, Saqqâra, um 2675 v. Chr.*
2. *Vorgelagerte Papyrussäule, Saqqâra, um 2675 v. Chr.*
3. *Protodorische Säule, Tempel der Hatschepsut, Theben (Deir el-bahri), um 1500 v. Chr.*
4. *Papyrusbündelsäule, Tempel des Reichsgottes Amon, Karnak, um 1500 v. Chr.*
5. *Sistrum-Säule, Hathortempel, Dendera, ca. 1. Jh. v. Chr.*

Pyramidenfeld von Gîse zur Zeit des Alten Reiches, um 2500 v. Chr.

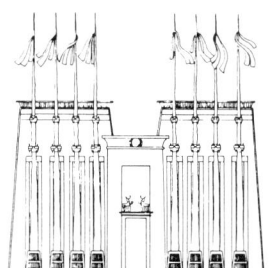

Pylon von Herihor am Tempel von Khonsu, Karnak, Neues Reich (1580-1085 v. Chr.).

von Tempelbezirken (Tanis). Die Totentempel orientieren sich am Vorbild der Göttertempel (s. u.) oder wandeln alte kgl. Tempeltypen ab (Deir el-bahri). Die Privatgräber einfachster Form sind Gruben, in die der Tote in einer Mattenumhüllung gelegt wird. Der wohlhabende Privatmann läßt sich im Alten Reich (2600-2200 v. Chr.) in einem der wohl organisierten Friedhöfe in einer sog. → Mastaba bestatten; ein massiver steinerner Oberbau in Quaderform mit geböschten Wänden enthält eine Kultnische mit Scheintür und Opferplatte, später reliefgeschmückte Innenräume und Höfe. Von ihm führt ein senkrechter Schacht zur Sargkammer tief unter der Erdoberfläche. Seit dem Mittleren Reich (ca. 2000 v. Chr.) herrscht der Typus des Felsengrabes vor. Kult- und Sargkammer sind aus dem Felsen gehauen; die Grabfassade wird mit Pfeilerhallen geschmückt, ein breiter ummauerter Hof bildet den oft steil ansteigenden Vorplatz (Theben, Assuan, Mittelägypten). Über dem Felsengrab erhebt sich im Neuen Reich eine kleine spitze Pyramide (Deir el-Medîneh); bei Spätzeitgräbern kann ein Pylon den Grabeingang betonen (Montemhêt, Theben). Im Sakralbau gewinnt der Kosmos (Unterwelt, Erde, Himmel) als Wohnung der Götter dauernde

Kapelle der Hatschepsut, Theben (Deir el-bahri), 1511-1480 v. Chr.

Gestalt. Die Entwicklung führt von den matten- und fellbehängten Kapellen der göttlichen Tiermächte der Vor- und Frühzeit (bis 2700 v. Chr.) über die Sonnenheiligtümer des Alten Reiches (um 2400 v. Chr.; Obelisk als Mal des Sonnengottes) zu den Tempelhäusern des Mittleren und Neuen Reiches. Neben die kosmische Konzeption – Tempelboden als Erde, Säulen als Himmelsstützen und sternenbe-

Kleiner Tempel, Abu Simbel, um 1250 v. Chr.

Amon-Mut-Chôns Tempel, Luxor, beg. unter Amenophis III., 1402-1364 v. Chr.

Sarkophagraum des Grabmals Ramses VI., Tal der Könige, Theben, um 1130 v. Chr.

ganze Bauwerk in den gewachsenen Felsen. Das Bauvolumen eines Tempels wird erweitert durch die stets vorgesehene Anlage eines Heiligen Sees, eine Anlegestelle am Nil oder einem Seitenkanal und eine diesen Kai mit dem Eingangspylon verbindende Sphinxallee.

Den vollständigsten Eindruck der sakralen Architektur des alten Ägypten vermitteln heute die ptolemäischen Tempel von Dendera, Edfu und Philae (300 v. Chr. – 150 n. Chr.), die – dem Bauschema des Göttertempels des Neuen Reiches entsprechend – den ursprünglichen Raumeindruck bewahrt haben und das ausgewogene Nebeneinander von Monumentalität und graziöser Leichtigkeit im Großen wie im Detail spüren lassen. Unter Beibehaltung ältester Bauformen schafft die ptolemäische Architektur neue Architekturelemente, z. B. das Komposit- und Korbkapitell (→ Kapitell), die in die → Koptische Architektur hineinwirken.   D. W

Felsengrab Sarenputs II., Assuan, 1798-89 v. Chr.

setzte Decke als Himmel – tritt die kultische Funktion des Tempels als Berührungspunkt des irdischen und göttlichen Bereiches: Der Boden steigt vom Eingang zum Allerheiligsten langsam an, während die Decken der Räume allmählich niederer werden, so daß sich Erde und Himmel am Sitz des Götterbildes treffen. Die weiten Höfe und Säulensäle (→ Hypostyle) der Tempel (Karnak, Luxor) sind nicht Stätten des Gebets, sondern von der Außenwelt klar abgeschlossene Räume für Prozessionen. Neben die rein religiöse Funktion der Göttertempel, wie sie sich vor allem in den strengen Reliefzyklen der Wände äußert, tritt aber auch ihre Rolle als Manifestation der kgl. Macht, die in Schlachtendarstellungen der Außenwände und Pylone und in den Kolossalstatuen am Tempeleingang propagandistisch zum Ausdruck kommt.

Den Grundtypus des Göttertempels des Neuen Reiches finden wir im Amun-Tempel von Karnak verwirklicht: Doppeltürmiger Pylon als Tempeleingang – Hof mit Kolonnaden – Säulensaal in basilikaler dreischiffiger Grundordnung (Abb. → Säulensaal) – Vorräume – Allerheiligstes. Die nubischen Felsentempel (Abu Simbel, Bêt el-Wâli) entsprechen diesem Schema und verlegen lediglich das

Pfeilersaal, Taltempel des Königs Chephren, Gîse, Zeit der 4. Dynastie (Chephren).

Moschee des Mehemet Ali, sog. Alabastermoschee, Kairo, 1824-57.

Akanthus. Korinthisches Modell-kapitell Polyklets d.J., Epidauros, Mitte 4.Jh. v.Chr.

Akanthus. Zeichnung von → Ruskin.

Ährenwerk.

Die Ägyptische Architektur der Neuzeit wurde vorwiegend durch die türkische Oberhoheit (16. Jh. – 1914), an die die englische Herrschaft anschloß, geprägt. Die Baukunst der öffentlichen Gebäude übernimmt islamische Anregungen und später solche aus dem engl. Kolonialstil, während die Eigenständigkeit der Volksbauten (→ Lehmarchitektur) sich behauptet. Zu den führenden ägypt. Architekten zählt Hassan → Fathy, der sich besondere Verdienste um die Wiederbelebung der Lehmarchitektur erworben hat. Vgl. → Islamische Architektur; → Nordafrikanische Länder.

Lit.: Capart '22; Ehrmann-Ranke '23; Clarke-Engelbach '30; Edwards '47; Grinsell '47; Vandier '52-64; Badawy '54-68; Müller, H.W. in EUA; Nims-Swaan '65; Smith, W.S. '65; Donadoni '66; Schwaller de Lubisz '78; Gillispie '87; Golvin/Goyon '90; Stadelmann '91.

Ägyptischer Saal. Dreischiffiger Säulensaal in der → hellenist. Baukunst mit basilikalem Querschnitt und Belichtung in den → Obergadenwänden des Mittelschiffs. Der griech. → Hypostylon genannte Saal erhielt die Bezeichnung Ä.S. von → Vitruv (6. Buch III, 9). Neubelebung dieser Saalform in der profanen Architektur durch die Vitruv-Bearbeiter der Renaissance, besonders → Palladio, über den wiederum diese Saalform in die engl. Baukunst übernommen wurde (→ Burlington).

Ägyptizismus → Egyptian Revival.

Ahrbom, Nils (geb. 1905) → Skandinavien.

Ahrends, Burton und Koralek → Großbritannien; → Irland.

Ährenwerk (lat. opus spicatum). Antiker → Mauerverband, bei dem die Steine der übereinanderliegenden Schichten schräg zueinander gesetzt sind, so daß ein Ähren- bzw. Fischgratmuster, ein sog. Fischgrätenverband, entsteht. → Opus.

Aichel, Giovanni Santini → Santin-Aichel.

Aida, Takefumi (geb. 1937) → Japan.

Aillaud, Emile (geb. 1902). In Mexiko geborener und nach dem Zweiten Weltkrieg vornehmlich in Frankreich bauender Architekt. Sein Interesse gilt dem rationalisierten Bauverfahren im Bereich des → Städtebaus. Bezeichnend für A. ist dabei die Vermeidung monotoner Zeilenarchitektur zu Gunsten von Architekturlandschaften, in die Häusergruppierungen (mehrstöckige, einen Bogen beschreibende, unterschiedlich aneinandergereihte Zeilenhäuser oder in einem Kreis angeordnete Punkthochhäuser) in verschiedenen Variationen eingebettet werden. Bedeutende Beispiele sind die Siedlungen Les Courtilières in Pantin (1955-60), L'Abrenvoir in Bobigny oder La Grande Broné in

Les Courtilières, Pantin, von → Aillaud, 1955-60.

Grigny (1964-71). Extravagant ist besonders die Kirche im Bereich der Siedlung Wiesberg in Forbach, einem Schneckenhaus ähnliches Gebilde, dessen seitlicher Zugang sich spiralförmig verjüngt, um sich dann in den durch Oberlichter erhellten fast ovalen Raum zu öffnen (1961). M.-A. v. L.

Lit.: Habasque '63; Joly '68; Dhuys '83.

Akanthus, der (gr.-lat.). Eine im Mittelmeergebiet verbreitete Distelart mit großen, ausgezackten und an der Spitze leicht eingerollten Blättern. Diese Form findet sich seit dem 5. Jh. in der griech. Kunst als Ornament zum Abschluß von Grabreliefs. In der Architektur erfährt das A.motiv reichste Ausbildung am korinth. → Kapitell (Apollotempel in Phigalia). Es liegt ferner fast allen Formen röm. und byzant. Kapitelle zugrunde und findet sich, bis zur Unkenntlichkeit umstilisiert, an vielen roman. Kapitellen. Als Flächenornament wurde das A.motiv auch vom Kunstgewerbe aufgegriffen.

Lit.: Kempter '34; Gropengiesser '61.

Akkadische Architektur → Sumerische und akkadische Architektur.

Akropolis, die (gr.: Oberstadt). Eine auf dem höchstgelegenen Teil einer griech. Stadt erbaute Festung. Ihre urspr. Bedeutung als Wehranlage wich der eines Kultplatzes mit den für die Stadt besonders wichtigen Heiligtümern. Am bekanntesten ist die A. von Athen, die in mykenischer Zeit als Königsburg entstanden ist und später zentraler Kultplatz, bes. der Athena Parthenos, wurde.

Lit.: Krischen '38; Martienssen '56; Martin, R. '56; Scullard '57; Lugli, P.M. '65; Giuliano '66.

Akroter. Zwei geflügelte Siegesgöttinnen, Taras, um 500 v.Chr.

Akroter, das (gr.: höchster Teil). Bekrönung von Giebelfirst und Giebelecken griech. und röm. → Tempel, auch kleineren Denkmälern wie Grabstelen. Anfänglich große bemalte Tonscheibe, später zunehmend plastisch ausgebildet unter Verwendung pflanzlicher (→ Akanthus, → Palmette) und tierischer (Fabeltiere Greif und Sphinx) Motive, aber auch als Dreifüße und Vasen.

Lit.: Praschniker '29; Gropengiesser '61; Åkerström '66.

Alanus von Walsingham (14. Jh.). Sakristan der Kathedrale von Ely in England in den Jahren des Baubeginns der neuen Marienkapelle (1321) und des Einsturzes des Vierungsturms (1322), an dessen Stelle dann das berühmte → Oktogon trat. Aus den Dokumenten kann man fast mit Sicherheit schließen, daß A. die kühne Idee gehabt hat, den quadrat. roman. Vierungsturm durch ein größeres Oktogon zu ersetzen. Abb. → Oktogon.

Lit.: Evans, J. '49; Harvey, J. '84.

Álava, Juan de → Juan de Álava.

Albanien → *Nachträge.*

Alberti, Leon Battista (1404-72). Sowohl Dramatiker, Musiker, Maler, Mathematiker, Naturwissenschaftler, Sportler wie auch Architekt und → Architekturtheoretiker, kam er dem Renaissanceideal vom vollkommenen Menschen äußerst nah. A. hatte ein aristokratisches Wesen; er war der erste große Amateur-Architekt. Er beschränkte sich auf das Entwerfen und kümmerte sich kaum um die praktische Ausführung seiner Bauten: es sind nur wenige, aber lauter Meisterwerke. Seine Schrift ›De re aedificatoria‹ (1452, vollständiger Text 1485) ist die erste Abhandlung zur Architektur in der → Renaissance. Sie gab den geläufigen Vorstellungen über Proportionen, → Säulenordnungen und ideale (symbolische) Grundrisse feste Form. Aber

S. Sebastiano, Mantua, von → Alberti, beg. 1460.

A. war der illegitime Sohn eines im Exil lebenden Florentiners und wurde wahrscheinlich in Genua geboren. Erzogen in der humanist. Atmosphäre von Padua, studierte er später an der Universität von Bologna die Rechte. 1428 besuchte er erstmals Florenz. 1431 ging er nach Rom, wo er in den päpstl. Dienst trat, der ihm offensichtlich reichlich Zeit ließ, um Reisen zu machen und seine Talente zu vervollkommnen. Als päpstl. Inspektor der röm. Baudenkmäler (1447-55) restaurierte er die im 5. Jh. entstandene Rundkirche S. Stefano Rotondo in Rom, die er dabei vollkommen veränderte. A.s erstes selbständiges Werk war die Fassade des Palazzo Rucellai in Florenz (1446-51), ausgeführt durch Bernardo → Rossellino. Mit den rustizierten (→ Rustika), durch drei übereinandergestellte Pilasterordnungen (die ion. und korinth. Ordnung dabei sehr frei interpretiert) gegliederten Wände, ist sie von Brunelleschis Palazzo di Parte Guelfa abhängig. Sie zeigt aber gewisse Neuerungen, z. B. viereckige Türrahmen, breite Gesimse an Stelle von Regentraufen, und Doppelfenster mit Pilastern und einer Mittelsäule, die unter dem Rundbogenfeld einen Architrav stützt. Die äußerst fein abgewogenen Proportionen unterscheiden den Palast von jenem, den Rossellino im Wettstreit mit ihm in Pienza

S. Sebastiano, Mantua. Rekonstruktion des Plans von → Alberti, 1460.

S. Maria Novella, Florenz, Fassade 14. Jh., wiederhergestellt nach Entwurf von → Alberti, 1456-70.

obwohl A. von der Theorie ausging, sind seine Bauwerke überraschend großzügig und undogmatisch. Seine Entwürfe drückten anfangs A.s Sehnsucht nach der Antike aus, entwickelten aber bald kühne, experimentelle Formen. Vielleicht erlaubte ihm sein Status als Amateur größere Freiheit als den Berufsarchitekten seiner Zeit. A. entwarf nur sechs Bauwerke, und zu seinen Lebzeiten wurden nur drei vollendet. Bis zu einem gewissen Grad war er → Brunelleschi verpflichtet, den er persönlich kannte und dem er (neben anderen) seine Abhandlung ›Della pittura‹ (1436) widmete. Während Brunelleschis Bauten elegant-linear waren, waren A.s plastisch-massiv. Die Schönheit der Architektur definierte er als Harmonie und Zusammenklang aller Teile, die dort erreicht wird, wo nichts zugefügt, nichts weggenommen und nichts verändert werden kann, ohne daß das Ganze Schaden leidet. Das Ornament nannte er »eine Art zusätzlichen Glanzes und Erhöhung der Schönheit«. Dabei verstand er unter Ornament den klass. Kanon der Ordnungen (Säulenordnungen): → Säulen, → Pilaster und → Architrave. Er benutzte ihn immer korrekt, aber häufig ohne Zusammenhang mit dem Bauwerk, z. B. tragen seine Säulen immer Architrave (keine Bögen), sind aber oft nur dekorativ und ohne konstruktiven Sinn. A.s bemerkenswerteste und einflußreichste Leistung war die Anpassung klass. Elemente an die Wandarchitektur der Renaissance.

S. Maria Novella, Florenz, Detail der Fassade. Wiederhergestellt nach Entwurf von → Alberti, 1456-70.

Palazzo Rucellai, Florenz, entworfen von → Alberti, erbaut von → Rosselino, 1446-51.

*Leon Battista Alberti. Bronze-
medaille von Pisanello und
Matteo de'Pasti.*

gebaut hat. 1447 wurde A. beauftragt, die got. Kir-
che S. Francesco in Rimini zu einer Gedenkstätte für
den dortigen Despoten Sigismondo Malatesta und
seine Gemahlin und Höflinge umzuwandeln (Abb.
→ Renaissance). Das Bauwerk bekam später die Bezeichnung Tempio Malatestiano. A. entwarf eine
Marmorverkleidung, die die alte Kirche umschloß.
Die Fassade zeigt die freie Nachahmung eines röm.
Triumphbogens (um den Triumph über den Tod zu
symbolisieren), die Seitenwände werden von tiefen
Bogennischen für die Sarkophage unterbrochen.
Die Fassade blieb unvollendet, und es fällt schwer
sich vorzustellen, wie A. den oberen Teil der alten
got. Fassade verkleiden wollte. So wie sie heute da-
steht, ist sie ein großartiges Fragment, eine der
edelsten und ergreifendsten Beschwörungen der
Größe, ›gravitas‹ und Würde röm. Baukunst. A.s
nächstes Werk war ebenfalls ein Umbau einer got.

*Tempio Malatestiano, Rimini, von → Alberti und
→ Agostino di Duccio, beg. 1446. Detail der ersten
Seitenkapelle rechts.*

Kirche, nämlich die Vollendung der Fassade von S.
Maria Novella in Florenz (1456-70). Sie ist ganz
mit vielfarbigen Marmorintarsien verkleidet und
verdankt der im 11. und 12.Jh. erbauten Kirche S.
Miniato in Florenz ebensoviel wie röm. Bauwerken.
Der ganze Entwurf beruht auf einer rein geom.
Anordnung von Quadraten, er ist das erste Beispiel
in der Renaissance für die → Harmonische Proportion in der Architektur. Das Fassadenoberteil hat
die Form einer Tempel-Giebelfront mit großen
→ Voluten auf beiden Seiten, die in der Folge oft
nachgeahmt werden sollten. Den Auftrag zu dieser
Fassade erteilte ihm Giovanni Rucellai, dessen
Name quer über das obere Gesims geschrieben steht
– Zeugnis des Selbstbewußtseins des Renaissance-
menschen. Für denselben Auftraggeber entwarf A.
den marmorverkleideten, kassettenartigen Schrein
des Heiligen Grabes (1467) und vielleicht auch die
Cappella Rucellai in San Pancrazio in Florenz, wo
der Schrein steht.
S. Sebastiano (1460) und S. Andrea (1470), beide
in Mantua, sind die einzigen Bauten, die A. in allen
Einzelheiten selbst entwarf. Für S. Sebastiano
wählte er die Zentralbauform eines griech. → Kreuzes und entwarf die eindringlich ernste Fassade als
eine von Pilastern gegliederte Tempelfront über
breiten Treppen. Das Gebälk ist jedoch von einem
Rundbogenfenster unterbrochen (Vorbild ist der
röm. Tiberiusbogen in Orange, ca. 30 v.Chr.). Die

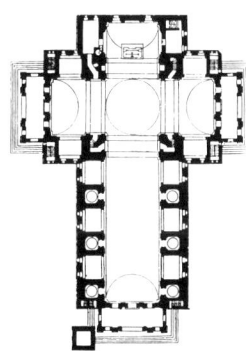

S. Andrea, Mantua.

*S. Francesco (Tempio Malatestiano), Rimini, von
→ Alberti, beg. 1446.*

Strenge der Fassade wurde später durch die Verminderung der Pilaster von sechs auf vier noch gesteigert. Diese von ihm selbst angeordnete Änderung
und der vollständige Verzicht auf Säulen kennzeichnet A.s wachsende Neigung, sich von der antiken
Tradition zu lösen und eine stärker logisch bestimmte Wandarchitektur zu schaffen. Die Kirche
wurde, mit weiteren Änderungen, nach seinem Tode
fertiggestellt. In S. Andrea wurden seine Pläne gewissenhafter befolgt, obwohl die von ihm entworfene Vierungskuppel niemals ausgeführt wurde.
Hier zeigt die Fassade eine Verbindung von Tempelfront und → Triumphbogen, mit flachen Pilastern
statt Säulen; eine tiefe Mittelnische rahmt das
Hauptportal. Im Innenraum gab A. die traditionelle basilikale Bauweise zugunsten eines tonnengewölbten Raumes mit anstoßenden Seitenkapellen
auf. Äußeres und Inneres sind sorgfältig aufeinander abgestimmt. Die Seiten des Mittelschiffes wiederholen mit ihrem Wechsel von pilastergeglieder-
ten Wandflächen und Bogenöffnungen maßstabge-
recht den Flächenrhythmus und den Triumphbogen
der Fassade. S. Sebastiano und S. Andrea zeigen

*S. Andrea, Mantua, Fassade entworfen von → Alberti,
erbaut von L. Fancelli, beg. 1470.*

Alberti 22

eine neue und freiere Haltung gegenüber der Antike. Sie weisen von der Frührenaissance hin zur Hochrenaissance und sogar schon darüber hinaus. Abb. → Renaissance.

Lit.: Alberti 1485; Behn ʼ11; Flemming ʼ16; Santinello ʼ26; Schlosser ʼ29; Michel ʼ30; Gengaro ʼ39; Wittkower ʼ49; Brandi ʼ56b; De Zurko ʼ57a; Zevi In EUA; Ricci, C. o.J.; Portoghesi ʼ65; Gadol ʼ69; Dezzi Bardeschi ʼ70b; Heydenreich-Lotz ʼ74; Borsi ʼ75, ʼ81; Alberti ʼ75; Calzona ʼ79; Mühlmann ʼ81; Wittkower ʼ88; Borsi ʼ89.

Albini, Franco (1905-77). Ital. Architekt, studierte in Mailand. Ab 1930 dort eigenes Büro, von 1963-77 Professor am Polytechnikum in Mailand; Mitglied der → CIAM. Seinen internationalen Ruf als Spezialist für → Ausstellungsarchitektur und Innenraumgestaltung begründeten Projekte in Genua, das Museo di Palazzo Bianco und das Museo del Tesoro di San Lorenzo (1950-52) sowie die Restaurierung und Neugliederung des Palazzo Rosso (1952-61) – als auch in Rom der Bau eines Verkaufsgebäudes der Warenhauskette ›la Rinascente‹ (1957-61). Hervorzuheben ist sein feines Gespür für die Verbindung alter und moderner Bausubstanz. Neben zahlreichen Aufträgen für die Mailänder Triennale, Umgestaltung öffentlicher Gebäude in Mailand, Cervinia, Parma und Genua, sind seine Bahnhöfe der Mailänder Untergrundbahn erwähnenswert. M.-A.V.L.

Lit.: Sartoris ʼ48-54; Samonà ʼ58; Kubler-Soria ʼ59; Fossati ʼ72; Tafuri ʼ75; Helg ʼ79; Albini ʼ79; Hatje ʼ63; Leet ʼ90.

Verkaufsgebäude der Warenhauskette ›la Rinascente‹, Rom, von → Albini, 1957-61.

Aldrich, Henry (1648-1710). Dekan der Christchurch zu Oxford und Architekt. Lange Reisen in Italien, dort Bekanntschaften mit hervorragenden Männern, mit Architekten und Musikern. Sein architekton. Werk ist nicht eindeutig nachweisbar. Nur zwei Gebäude sind im Entwurf mit Sicherheit vollständig oder zumindest größtenteils ihm zuzuschreiben: All Saints, Oxford (1701-10) – der Spitzturm ist von Hawksmoor (1717-20) – und drei Gebäudeseiten von Peckwater Court, ein sehr frühes Beispiel des engl. → Palladianismus. Die Christchurch selber wurde von → Townsend (1707-14) gebaut. Weiterhin erstellte A. die Pläne für das Gebäude der Christchurch Bibliothek (1717-38), die

Peckwater Court, Christ Church, Oxford, von → Aldrich, 1705-06.

jedoch nach seinem Tod von George Clark (1661-1736) vollständig erneuert wurde. Das Fellows' Building im Corpus Christi College (1706-12) wird A. ebenfalls zugeschrieben, weiterhin, jedoch mit geringerer Wahrscheinlichkeit, die Trinity College Kapelle (1691-94) sowie die Queen's College Bibliothek (1693-94). Auch als → Architekturtheoretiker tat sich A. hervor: 1789 wurde posthum eine Abhandlung zu den Architekten → Vitruv und → Palladio veröffentlicht: ›Elementa architecturae civilis, ad Vitruvii veterumque disciplinam‹, Oxon 1789. 8°

Lit.: Aldrich 1750; Colvin ʼ54; Taylor, H.M. ʼ41.

Aleijadinho (António Francisco Lisboa, gen. A., 1738-1814). Bras. Architekt und Bildhauer, illegitimer Sohn eines port. Architekten und einer farbigen Mutter, baute in der reichen Goldgräberprovinz von Minas Gerais, verbindet in seinem Werk barbarisch reiche, plastische Dekorationen samt gewundenen Säulen mit den würdevolleren architekton. Formen traditioneller port. Kirchen. Schwer leprakrank arbeitete er an seinen Figuren bis zur letzten Erschöpfung. Seine Hauptwerke sind São Francisco in Ouro Preto (1766-94) und die monumentale, bühnenartige Treppenanlage vor der Fassade von Bom Jesus de Matozinhos in Conghonhas do Campo (beg. 1777, Abb. → Brasilien).

Lit.: Mann ʼ58; Kubler-Soria ʼ59.

Aleotti, Giovanni Battista, gen. L'Argenta (1546-1636). Architekt des Frühbarock, diente 1575-97 als Ingenieur unter Alfonso II. d'Este in Ferrara. Aus dieser Zeit stammen seine Schriften über Hydraulik und Architektur (letztere unveröffentl., datiert 1581). Sein erster bedeutender Bau war S. Maria del Quartiere in Parma über sechseckigem Grundriß (1604). In Ferrara entwarf er das Theater für die Accademia degli Intrepidi (1606, 1679 zerst.), außerdem die Fassade der Universität (1610) und die ellipsenförmige Kirche S. Carlo (1623). Sein Hauptwerk jedoch, das Teatro Farnese

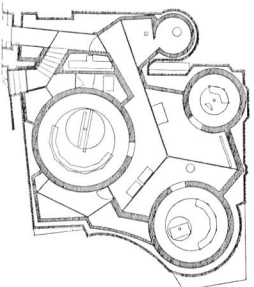

Museo del Tesoro di San Lorenzo, Genua, von → Albini, 1950-52.

›Christus unter dem Kreuz‹, von Aleijadinho.

›Scaenae frons‹ des Teatro Farnese, Parma, von → Aleotti, 1618-28.

in Parma, begann er erst im Alter von mehr als 70 Jahren (1618-28; im Zweiten Weltkrieg zerst., doch wieder aufgebaut). Es sollte → Palladios Teatro Olimpico, Vicenza, an Größe und Pracht übertreffen; seine offenen, rechteckigen Proszeniumsbögen und sein U-förmiges Auditorium, für das es keine Vorläufer gibt, kündigen die spätere Entwicklung des Theaterbaus im Barock an.

Lit.: Venturi XI; Quintavalle '53; Coffin '62.

Alessi, Galeazzo (ca. 1512-72). Der führende Architekt in Genua zur Zeit der Hochrenaissance. Geb. in Perugia, Schüler des Architekten u. Malers → Caporali, von 1532-48 weitere Ausbildung in Rom, dort stark von → Michelangelo beeinflußt, seit 1548 in Genua ansässig. Es gelang ihm meisterhaft, abschüssiges Gelände vorteilhaft zu nutzen, und er liebte das Spiel mit monumentalen Treppenanlagen, Kolonnaden und auf verschiedenen Ebenen liegenden Höfen. Seine zahlreichen Paläste, vor allem Villa Cambiaso (1548), Palazzo Cambiaso (1565, heute Banca d'Italia), Villa Grimaldi (1555) und Palazzo Parodi (1567) wurden zum Vorbild der genues. Wohnarchitektur. A. erbaute auch die eindrucksvolle Kirche S. Maria di Carignano in Genua (1552), die auf → Bramantes Entwurf für St. Peter in Rom zurückgeht. Neben Genua war Mailand eine weitere große Wirkungsstätte. Von 1553-58 erstellte er dort den Palazzo Marino, jetzt Municipio, mit seinem schönen Innenhof und dem

Hof des Palazzo Marino, Mailand, von → Alessi, 1553-58.

eindrucksvollen Großen Saal (salone maggiore), der 1943 zwar stark beschädigt, jedoch wieder restauriert wurde. Weitere Werke in Mailand sind SS. Paolo e Barnaba (1561-67) und die Fassade von S. Maria presso S. Celso, von Martino Bassi nach dem Weggang A.'s 1569 aus Mailand vollendet.

Lit.: Kühn, G. '29; De Negri '57; Labò in DBI; Alessi '65; Tafuri '66; Peroni '67; Poleggi '68; Vagnetti '68; Houghton Brown '80.

Alexander, Christopher (geb. 1936). Studium der Mathematik und Architektur in Wien, lehrt seit 1970 an der Universität von Kalifornien in Berkeley. Entwicklung von mathematischen Verfahren zur Lösung von Entwurfs- und Planungsproblemen durch Grundmuster (patterns). 1967 dort Gründung des Center for Environmental Structure (CES).

Lit.: Chermayeff-Alexander '66.

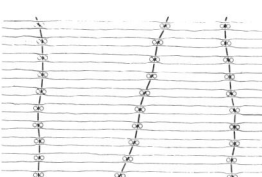

Ideales Straßengrundmuster, auf 9 Parametern beruhend, von → Alexander.

Alfieri, Benedetto Innocente (1700-67). Piemontesischer Adeliger, in Rom geb., Onkel des Dichters Vittorio A. War Jurist, wandte sich dann der Architektur zu und wurde → Juvarras Nachfolger als kgl. Architekt in Turin (1739). Er war weitgehend damit beschäftigt, Juvarras Arbeiten – im Palazzo Reale in Turin und auch anderwärts – zu vollenden. Sein wichtigstes eigenes Werk ist die weiträumige Kirche in Carignano (1757-64), mit einer strengen Fassade und reicher Innenarchitektur; der eigenwillige Grundriß ist nierenförmig.

Lit.: Chevalley, G. '16; Brinckmann '31; Rosci '53; Carboneri '63; Pommer '67; Bellini '78; Cancro '80.

Villa Doria-Pamphili, Rom, von → Algardi, 1644-52.

Algardi, Alessandro (1595-1654). Geb. in Bologna, lebte aber in Rom. War vor allem Bildhauer. Im Gegensatz zu → Bernini vertrat er in seinem Stil die Nüchternheit der Bologneser Renaissance. Sein Ruf als Architekt gründet sich vor allem auf den Bau der Villa Doria-Pamphili in Rom, dem er als Intendant vorstand (1644-52); der Entwurf für die Villa stammt wahrscheinlich von G. F. Grimaldi (1606-80).

Lit.: Pollack '10-11; Passari '34; Wittkower '65; Portoghesi '66b; Montagu '85.

Algarotti, Francesco (1712-64) → Lodoli.

Alkazar, der (arab. alqasr: Palast). Span. Bezeichnung für Schloß, besonders arab.-maur. Ursprungs (Sevilla, Toledo).

Alkoven, der (arab. al kubbe: das Hohle). Fensterloser Nebenraum, der durch eine große Wandöffnung mit dem Hauptraum verbunden ist; dient meist als Schlafgemach.

Allio, Domenico d' (gest. 1563) → Österreich.

Allio, Donato Felice → Österreich.

Allio, Johann Baptista (tätig Ende 17. Jh.) → Tschechoslowakei.

Alliprandi (Aliprandi, Alibrandi), Giovanni Battista (ca. 1665 - ca. 1720) → Tschechoslowakei.

Almeida, Eduardo de (geb. 1933) → Brasilien.

Almosenhaus, Almosenkammer, Almosenzimmer. Gebäude oder Raum des → Klosters zur Austeilung der Almosen an die Armen.

Lit.: Bailey '88.

Almqvist, Osvald (1884-1950). Im Gegensatz zu seinen Lehrern Carl Bergsten, Ragnar Östberg, Ivar Tengbom, Carl Westman und → Asplund, erster Verfechter des → Rationalismus in Schweden (→ Skandinavien).

Lit.: Linn '67.

Altan, der (it. *altana*). Eine → Loggia auf einem Hause oder eine Dachterrasse zum Kleidertrocknen; im Gegensatz zum → Balkon vom Erdboden an unterbaut. Der A. findet sich besonders in Venedig.

Altar (lat. *alta ara*: erhöhte Opferstätte). Opfertisch, urspr. unabhängig von einer zugehörigen Baulichkeit (Tempel), an heiligem Ort errichtet. Deshalb und weil der → Tempel in der Antike als das Haus des Gottes verstanden wurde (nicht als das Haus der Gemeinde), stand der A. stets außerhalb des Tempels auf einem Vorplatz; der Gottesdienst wurde im Freien durch das auf dem A. dargebrachte Opfer gefeiert. Entsprechend den ursprünglichen Formen des Opfers (Tier-, Brand-, Rauchopfer) war der A. der Antike ein Steinblock. Seine Ecken waren oft verziert mit stilisierten Stierhörnern, Tierschädeln (→ Bukranion) oder ornamentalen Formen; den Unterbau schmückten Girlanden oder – besonders in der Spätzeit – figürliche Reliefs. Seit dem → Hellenismus gibt es den A. mit zugehöriger Architektureinfassung aus Stufenunterbau, Säulenhallen und reliefgeschmückten

Zeus-Altar, Pergamon, 3. Jh. v. Chr.

Schranken, so der Zeusaltar in Pergamon (Berlin, Pergamonmuseum) oder in Rom die Ara pacis Augustae. – Der christl. A. als Stätte des eucharistischen Mahles wurde im Inneren der Kirche aufgestellt und besteht beim *Tischaltar* in der Regel aus einer steinernen A.platte (Mensa) und den Trägern (Stipes). In der A.platte befindet sich das Sepulcrum, eine Reliquiengruft. Neben der Tischform gibt es die Blockform, die seit karoling. Zeit als *Kastenaltar* einen Hohlraum zur Aufnahme von Reliquien oder A.gerät hat. Seit dem 6. Jh. entwikkelte sich in Italien ein A.überbau, das → Ciborium. Ferner gab es den beweglichen *Tragaltar,* das Portatile. Im Barock kam in der kath. Kirche der *Sarkophagaltar* hinzu, während es in manchen ev. Kirchen den *Kanzelaltar* gibt, bei dem A., Kanzel und in besonderen Fällen die Orgel übereinander angeordnet sind. Der Haupta. (oder Hocha., als A. des Herrn im Gegensatz zu Heiligen geweihten Nebenaltären) stand in altchristl. Basiliken vor der

Sarkophagaltar.

→ Apsis und rückte erst später in diese hinein. Häufig steht der Hauptaltar über einem Märtyrergrab (→ Altargrab). Künstlerischer Ausstattung begegnen wir am ma. A. an der A.bekleidung, dem → Antependium, später am A.aufsatz, dem → Altarretabel.

Lit.: Altmann '05; Wieland '06-12; Dieulafoy '13; Braun, J. '24; Galling '25; Wiener '28; Braun-Eggert in RDK '24; Baldwin Smith '56; Gerkan '57; Heitz '63.

Altaraufsatz → Altarretabel.

Altargrab. Begräbnisstätte von Märtyrern, die mit einem Altar verbunden ist. Es gibt drei Formen: das Bodengrab unter dem Altar (auch in einer → Krypta), das Stipesgrab, bei dem die Reliquie in den Stipes (→ Altar) untergebracht ist und das Mensagrab im Sepulcrum (→ Altar).

Altarretabel, das (lat. *retabulum*: Rückwand). Seit dem 11. Jh. belegter Altaraufsatz, der entweder auf dem hinteren Teil der Mensa (→ Altar) aufgesetzt ist (besonders im MA.) oder auf eigenem Sockel hinter dem Altar (Renaissance, Barock) steht. Das roman. A. war aus Stein oder Stuck (mit Reliefdarstellungen), Metall (Relief oder Email) oder Holz (bemalt) und hatte einen geraden, halbrunden oder in der Mitte halbrund überhöhten Abschluß. Aus dem gemalten A. entwickelte sich – speziell in Mitteleuropa – der Flügelaltar mit einem festen Altarschrein aus Holz oder Stein und mit einem oder mehreren (Wandelaltar) beweglichen Holzflügeln mit geschnitzten oder gemalten Darstellungen. Seit dem 15. Jh. steht das A. auf einer Predella, einem

Kanzelaltar. Fuggerkapelle in St. Anna, Augsburg, 1509-12.

Altarretabel. Gotischer Flügelaltar, Pfarrkirche St. Sigmund, Pustertal, um 1430.

Untersatz von etwa einem Drittel der Schreinhöhe, um die Flügel des A.s bewegen zu können, ohne die Mensa abräumen zu müssen. In der Spätgotik wurde das A. mit einem besonderen architekton. Rahmen aus → Pfeilern, → Wimpergen und → Fialen (Gesprenge) versehen. Seit dem 16. Jh. und endgültig im Barock setzte sich die in Italien übliche Form des festen A.s auch in Mitteleuropa durch, wobei auf Flügel verzichtet wurde und das Altarblatt eine architekton. Umrahmung in Form einer → Ädikula erhielt, begleitet von Assistenzfiguren. Im süddt. Rokoko wurde dabei eine Einbindung des A.s in die gesamte künstler. Ausstattung des

Alternative Architektur. ›Magier mit Hohepriesterin‹ aus dem Giardino dei Tarocchi, Toskana, von Niki de Saint Phalle, seit 1979.

Kircheninneren erstrebt im Sinne eines Gesamtkunstwerks (St. Johann Nepomuk in München von den Brüdern → Asam).

Lit.: → Altar; Wegner '41; Paatz '63.

Altarschranken. Brüstung aus Stein, Holz oder Metall zur Abgrenzung des den Priestern vorbehaltenen Altarbereichs von dem den Laien zugänglichen Kirchenraum, hervorgegangen aus den → Cancelli der Basilika (→ Chorschranken).

Lit.: → Altar.

Alternative Architektur. Sammelbegriff für Baumethoden und Häuser von Architekten, die mit den gängigen Vorstellungen von Architektur und den Methoden der Bauindustrie nicht einverstanden sind. Zunächst waren es Einzelgänger, die eine Abkehr von der funktionellen und dem rechten Winkel

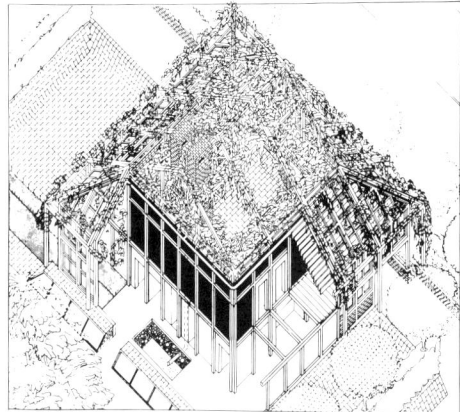

Alternative Architektur. Melkerei Landstuhl, von Institut für Bau-, Umwelt- und Solartechnik, mit → Ungers, 1979-80.

ergebenen Architektur forderten und gegen → Rationalismus und Wohnmaschine (→ Le Corbusier) aufbegehrten, wie → Steiner (→ Anthroposophische Architektur). → Fuller, → Goff, → Greene, → Fahti und die Verfechter einer neuen → Lehmarchitektur, → Otto oder → Ungers (Institut für Bau-, Umwelt- und Solartechnik) unterstützten die Bestrebungen, eine → Ökologische Architektur zu schaffen und Materialien wie Gras (Reetdach), Erde, Holz und Natursteine zu verwenden, durch Einbeziehung der Sonnenwärme energiesparend zu bauen. Der → Beton, der ja bekanntlich die kosmische Strahlung absorbiert, wird abgelehnt. Dies ist weitgehend auch bei den auf wissenschaftlichen Grundlagen errichteten Bauten von → Herzog der Fall.

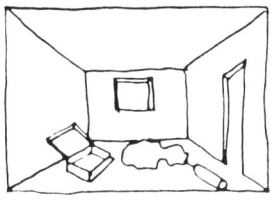

Alternative Architektur. Aufblasbare Wohnungseinrichtung, Zeichnung von → Hollein, 1965.

Alternative Architektur. Balcomb Residence, Santa Fé, USA, von William Lumpkins, 1978.

Alternative Architektur. Drop City, Arizona. Geodätische Kuppeln aus Blechen von Schrottwagen, 1966.

Zur A. gehören aber auch jene Höhlenhäuser wie das von → Kiesler, André Bloc oder der TAO Design Group und die aufblasbaren Wohnungen (→ Pneumatische Architektur) von → Hollein, → Haus-Rucker Co, → COOP Himmelblau sowie den → Archigram-Architekten. A. ist die Architektur der Aussteiger und Nichtangepaßten, in der Psychotherapie vergleichbar den Bekanntmachungen von Nantes 1967 oder der Primärtherapie von Arthur Janov, der Musik von John Cage u. a., der

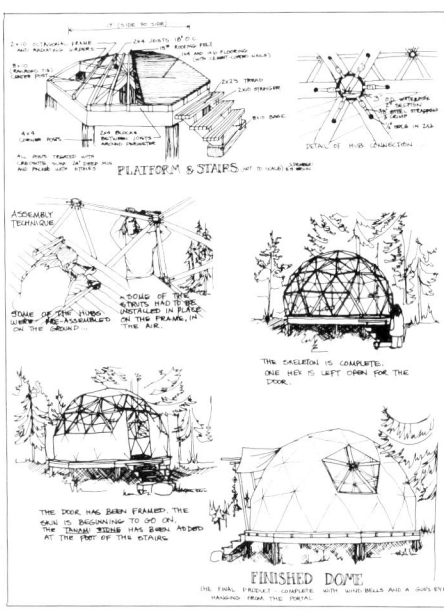

Alternative Architektur. Montage-Anleitung für eine Kuppel im Selbstbau von → Fuller, 1960-70.

Plastik und dem Kunstbegriff von Joseph Beuys, der seinerseits wieder auf Rudolf Steiner zurückgeht. Aus der kleinen Gruppe der Leute vom Monte Verità in der Schweiz wurde eine weltweite Bewegung. Im Bereich des → Städtebaus seien hier nur die Gründung von Auroville in → Indien und → Eyck erwähnt. → Organische Architektur; → Phantastische Architektur.   W. R.

Lit.: Cohn-Bendit '68; Cage '69; Janov '72; Pehnt '83.

Aluminium → *Nachträge.*

Alvares, Alfonso (tätig 1551-1575), Balthazar (tätig 1580-1600) → Portugal.

Alvarez, Augusto → Mexiko.

Alvarez, Mario Roberto → *Nachträge.*

Amadeo, Giovanni Antonio (1447-1522). Geb. in Pavia, in erster Linie Bildhauer, arbeitete an der Certosa von Pavia (Abb. → Italien), an → Miche-

Cappella Colleoni, Bergamo, von → Amadeo, 1472-76.

lozzos Cappella Portinari in S. Eustorgio in Mailand, wo er mit der Frührenaissance (→ Renaissance) bekannt wurde. Das unmittelbare Ergebnis war die Cappella Colleoni neben S. Maria Maggiore in Bergamo (1472-76) – ausgehend von der Cappella Portinari, aber, wie beim unteren Geschoß der Fassade der Certosa von Pavia (1474), mit einer geradezu got. Fülle von Renaissanceschmuck überzogen. Ab 1481 arbeitete er am Mailänder Dom (in retardierendem got. Stil). Zur gleichen Zeit war A. mit der Planung und dem Bau des großen Krankenhauses beauftragt (1481-95).

Lit.: Venturi VIII; Malaguzzi-Valeri '04; Arslan, E. '60; Heydenreich/Lotz '74.

Ambo mit Osterleuchter, S. Pietro, Sessa Arunca bei Neapel, um 1250.

Ambo, der (gr. anabainein: hinaufgehen). Ein um mehrere Stufen erhöhtes Podium in altchristl. und frühma. Basiliken zur Verlesung der Epistel und des Evangeliums. Waren zwei Ambonen vorhanden, so war der nördl. mit zwei Treppen, einem Podest mit Pult und dem steinernen Osterleuchter der Evangelien-A., der kleinere südliche der Epistel-A. Im 14. Jh. wurden die Ambonen in den → Lettner eingebaut, bzw. durch die → Kanzel ersetzt.

Lit.: Rademacher '21; Grossi-Gondi '23; Reygers '37.

Amerika → Brasilien, → Mesoamerikanische Hochkulturen, → Mexiko, → USA, → Zentralandine Hochkulturen.

Ammanati, Bartolomeo (1511-92). In erster Linie Bildhauer des Manierismus. Schüler von → Bandinelli in Florenz und → Sangallo in Venedig. Sein architekton. Hauptwerk ist der sehr anmutige Ponte S. Trinità in Florenz (1567-70; 1944 zerst., wiederaufgebaut). Zusammen mit → Vignola und → Vasari hatte er einigen Anteil am Entwurf der Villa Giulia (für die das → Nymphäum im Hof charakteristisch ist, Abb. → Vasari) in Rom (1551-55). Er führte im Palazzo Pitti, Florenz (1558-70), Veränderungen und Erweiterungen durch und erbaute die in fast grotesker Weise mit → Bossenwerk überzogene Gartenfront (Abb. → Rustika). Ein weiteres wichtiges Werk A.s ist der Neptunbrunnen auf der Piazza della Signoria in Florenz. In Lucca entwarf er einen Teil des Palazzo Provinciale (1578) mit einer hübschen Loggia. Seine Bedeutung für die frühbarocke Architektur wird bes. an der Fassade des Collegio Romano in Rom (1581-85) evident. A. verfaßte auch einen um 1550 in Florenz erschienenen ›Trattato di Architettura‹.

Lit.: Stegmann-Geymüller-Wildmann 1885-1908; Venturi XI; Ricci, C. '23; Ghidiglia Quintavalle '32; Giovannoni '35; Becherucci '36; Vodoz '42; Michelangelo '64; Tafuri '66; Fossi '67; Heydenreich/Lotz '74.

Amphiprostylos, der. Griech-ion. Tempel, dessen Schmalseiten je eine Säulenhalle vorgestellt ist, dessen Längsseiten aber säulenlos sind (→ Tempelformen).

Amphitheater (gr. amphi: um-herum, Rund-Theater). Röm. Theatertyp (→ Röm. Architektur) mit elliptischer → Arena für Tierhetzen, Gladiatorenkämpfe und, sofern die Anlagen dafür vorhanden waren, Seeschlachten (Naumachien). Im Gegensatz zu den Theatern mit Skene (→ Theaterbau) hatte das A. Sitzreihen, die um die ganze Spielfläche herumgeführt waren. Bei den frühen Anlagen waren diese Sitzreihen in natürliche Mulden gelegt oder durch Aufschüttung von Erdwällen gebildet. Später wurden diese Mulden durch Steinbauten ersetzt, wobei konzentrische Gänge mit Ringtonnenwölbung (→ Gewölbe III 2) und radiale Stichgänge mit Treppenhäusern zu den Sitzplätzen für eine außerordentlich günstige Erschließung sorgten. Der äußere Aufbau war zwei- bis viergeschossig und durch Bogenstellungen zwischen → Säulen oder → Pilastern gebildet. Die A. konnten ganz oder teilweise durch Sonnensegel abgedeckt werden, die an Masten, deren Verankerung in der oberen Umfassungsmauer lag, aufgezogen wurden, ähnlich wie dies → Otto in Bad Hersfeld macht. Das größte A. war das Kolosseum in Rom (72 n.Chr. unter Vespasian errichtet) mit einem Fassungsvermögen von etwa 85000 Zuschauern. Im A. von Verona werden noch heute im Sommer Opern aufgeführt. – Als A. werden seit dem späten 19. Jh. die Balkon- und Galerie-

Hofseite des Palazzo Pitti, Florenz, von → Ammanati, 1558-70.

Amphitheater. Bewegliches Dach der Stiftsruine Bad Hersfeld, von → Otto, 1968.

Anfänger. S. Maria Maggiore, Ferentino, 14. Jh.

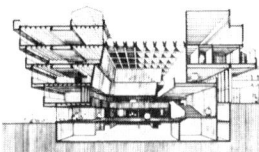

Scarborough College. Querschnitt.

Scarborough College, Scarborough, Ontario, von → Andrews, 1963-69.

reihen im Zuschauerraum eines modernen Theaters bezeichnet, wenn die Sitzreihen amphitheatralisch angeordnet sind, gleichmäßig ansteigen und nicht durch Logen unterbrochen werden.

Lit.: Platner-Ashby '29; Bieber '39; Crema '59; Neppi-Modona '60; Golvin/Landes '90.

Amsterdamer Schule. Architektengruppe des → Expressionismus in den → Niederlanden, deren charakteristische → Backsteinbauten sich sowohl von → Mendelsohn wie auch dem gleichzeitigen → De Stijl abheben. Wichtigste Vertreter: → de Klerk, Piet → Kramer, → van der Mey.

Lit.: de Wit '86; Derwig/Mattie '91.

Anderson, Sir Robert Rowand (1834-1921) → Adam, Robert.

Koshino Residence, Ashiga, von → Ando, 1981.

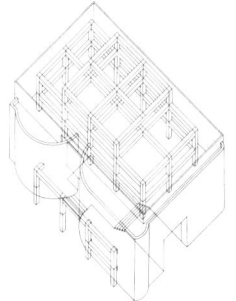

Sun Place, Takannatsu, Japan, von → Ando, 1982.

Ando, Tadao (geb. 1941). Japaner, 1962-70 Studium der Architektur durch Reisen in Afrika, Europa und den USA, 1970 eigenes Architekturbüro in Osaka. 1976 Row House Sumiyoshi (Azuma House) und Tezukayama Tower Place, 1978 Glass Block House, alle in Osaka. Daran anknüpfend in den Urban Studies New York Ausstellung ›A New Wave of Japanese Architecture‹, weitere Ausstellungen in Budapest, Chicago, Madrid, Amsterdam und Paris folgen. Das japanische Wohnhaus und auch der Katsura-Palast (→ Japan) gehen von Grundmaßen aus, die nach ihrer Festlegung kompromißlos addiert und variiert werden. A. überträgt dieses Prinzip auf Beton- und Glaswände, wobei er das wechselnde Tageslicht entscheidend miteinbezieht. Die Grundstrukturen erinnern an Werke von Sol LeWitt, doch sind diese später, etwa beim Sun Place (1982), Takannatsu, gegenüber den Außenwänden zurückgesetzt, an einer Seite von halbrunden, vorgesetzten Stellwänden flankiert. Die Hangsiedlung Roko in Kobe (1983) erinnert an → Kahns Laborgebäude des Jonas Salk Institute, La Jolla, Cal. Neuere Werke: Raika-Modehaus, Osaka (1986-89), Kapelle auf dem Wasser, Tomamu, Hokkaido (1985-88), Kindermuseum Himeji, Hyogo (1987-89), Kapelle mit dem Licht, Ibaraki, Osaka (1987-89), Literaturmuseum Himeji, Hyogo (1988-91), Haus Ito, Tokio (1991), Seminarhaus am Kindermuseum (voll. 1992). W.R.

Lit.: Frampton '84; Ando '85; Futagawa '88; Blaser '90; Fields '90; Ando '90; Ishido '91.

Andrea di Cione → Orcagna.

Andreaskreuz → Kreuz.

Andrews, John (geb. 1933). Studium an der Universität von Sydney und an der Harvard University in Cambridge unter → Sert, beeinflußt von → Mies van der Rohe. 1962 eigenes Büro in Toronto, 1972 auch in Sydney. Als sein Hauptwerk gilt das Scarborough College in Scarborough, Ontario, 1963-69, das deutlich Züge des → Brutalismus zeigt. Im Hin-

Amphitheater. Kolosseum, Rom, 70-80 n. Chr.

blick auf die Härte des kanadischen Winters verbindet ein in der Mitte des Baus verlaufender breiter' Gang alle Einrichtungen des College. Von A. s weiteren Bauten seien hier genannt der Seaport Passenger Terminal im Hafen von Miami, Flor., 1967; die Graduate School of Design der Harvard University, 1968; in Australien 1976 der Cameron Office Block in Belconnen, Canberra, und der King George Tower in Sydney mit seinen drei verschieden strukturierten Glasfassaden, 1977 der Canadian National Tower in Toronto. Neuere Werke: Sydney Convention Centre, Sydney (1989), Hyatt Hotel and Convention Centre, Adelaide (1988), World Congress Centre, Melbourne (1989). W.R.

Lit.: Drew '72; CA '87.

Anfänger. Der erste Stein eines → Bogens oder → Gewölbes, der auf dem → Kämpfer ruht (auch Kämpferstein genannt).

Aula des Scarborough College.

Angelsächsische Baukunst → Großbritannien

Angkor → Süostasiatische Baukunst.

Anker. Eine Vorrichtung zur zugsicheren Verbindung von Bauteilen oder zur Aufnahme von Zugspannungen, die bei Schub entstehen. *Balkenanker* dienen zur Verankerung von Holzbalken im Mauerwerk; die außen sichtbaren Ankersplinte sind an Bauten des MA. und der Renaissance oft kunstvoll gestaltet. *Zuganker* nehmen die Schub-

Bigi Atelier Building, Tokio, von → Ando, 1983.

Zuganker.

Ankersplint.

Balkenanker. SS. Giovanni e Paolo, Venedig.

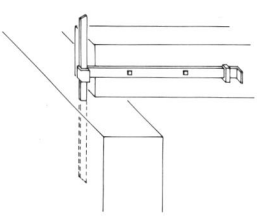

Verankerung.

wirkung gemauerter Bögen und Gewölbe auf, es gibt sie auch als hölzerne *Ankerbalken* in ma. Kirchen; *Ringanker* aus Holz oder Eisen nehmen die bei Kuppeln oder Klostergewölben (→ Gewölbe III 12) auftretenden Ringkräfte auf, soweit diese nicht von der Mauerkonstruktion abgefangen werden können.

Anlauf. Umkehrung von → Ablauf insofern, als der A. zwischen einem vorspringenden unteren und einem zurückspringenden oberen Bauteil vermittelt, z. B. von der → Basis einer Säule zum Säulenschaft (→ Schaft).

Annequin de Egas → Egas, Enrique de.

Anonyme Architektur. ›Architecture without Architects‹, wie die berühmt gewordene Wanderausstellung von Bernhard Rudolfsky für das Museum of Modern Art in New York, 1964, hieß. In der Regel jene Architektur, die bis weit ins 19. Jh. von ortsansässigen Maurermeistern oder Bauunternehmern gebaut wurde, vor allem die Wohn- und Nutzbauten auf dem Lande, bis zum ersten Drittel des vergangenen Jahrhunderts im Abendland von erstaunlicher

Qualität, weshalb viele solcher Bauten heute unter Denkmalschutz gestellt werden. Die Geschlossenheit, mit der sich solche Siedlungen und Burganlagen in die sie umgebende Natur einordnen, hat viele Architekten der 2. H. des 20. Jhs. nachhaltig beeindruckt und zu einer → Anpassungsarchitektur beigetragen, die das Umfeld des Neubaus wesentlich miteinbezieht. Die malerische Schönheit vieler alter Städte des MA. entstand nicht zufällig, sondern durch den Gemeinsinn der Bürger, die darin eine Aufgabe sahen, die der Architekt heute nur noch vor den zuständigen Bauämtern, seinen Auftraggebern und sich selbst verantworten muß, auch dann, wenn Wettbewerbe vorausgegangen sind. Eine Perversion unserer Zeit sind die zahlreichen → Hochhäuser, meist des → Internationalen Stils, die nur mit guten Statikern gebaut wurden. Für monumentale Bauten der Frühzeit, deren Architekten man ebenfalls nicht kennt, wird dieser Ausdruck in der Regel nicht verwendet. Zur A. A. außerhalb Europas und der Naturvölker vgl. Länderartikel. W. R.

Lit.: Ebert '24-'32; Ferrari '25; Wolf, P. '26; Pagano Pogatschnig, Daniel '36; Deonna '40; Patroni '41; Hutchinson '53; Dollfus '54; Moholy-Nagy, S. '57; Buti '62; Giedion '62-64; Norberg-Schulz '63; Rudofsky '64, '77; Soeder '64; Grottanelli '65; Leroi-Gourhan '65; Bordes '68; Guidoni in DAU ›etnologiche culture‹ '75; Guidoni-Vigliardi Micheli in DAU ›preistoria‹; Stringher-Finelli in DAU ›poppolare architettura e urbanistica‹; Nicoletti '80; Rudofsky '89.

Anpassungsarchitektur. Ein Ausdruck, der heute vielfach auf Bauten angewandt wird, die unter Berücksichtigung eines historisch gewachsenen Baubestandes Lücken durch Einfügung von Neubauten schließen, ohne die Harmonie des Ganzen zu zerstören. In der Calwer Passage (1974-78) in Stuttgart von → Kammerer, Belz & Partner verwenden die neuen Häuser zwar Stahl und Glas statt Fachwerk, doch Giebelform und Höhe der Altbauten wird eingehalten, so daß sie die alte Häuserreihe weder unterbrechen noch beeinträchtigen und sich harmonisch einfügen.

Auch die Ergänzung bestehender historischer Bauten, wie z. B. beim Albergo Corso (1959/60) in Mailand von Pasquali & Galimberti, die Einfügung moderner Neubauten in eine historisch gewachsene Umwelt, wie z. B. bei der Chase Manhattan-Bank (1969) in Mailand von → B. B. P. R., dem Rathaus in Bensberg (1963-69) von Gottfried → Böhm oder ›Mutters Haus‹ in Amsterdam, die Erneuerung alter Stadtteile, wie in Bologna (seit 1969), die Reihenhaussiedlung Zwolle (1977) von → Eyck in den Niederlanden oder die Stadthaussiedlung Ratingen (1972) bei Düsseldorf von Volkamer & Wetzel kann als A. bezeichnet werden. Oft werden auch moderne Betonbauten so verkleidet, daß sie den Charakter

Anpassungsarchitektur. Fußgängerzone ›Calwer Straße‹ mit dem ›Kupferhaus‹, Stuttgart, von → Kammerer, Belz & Partner, 1974-78.

Anonyme Architektur. Bergstadt Mojacar, Provinz Ameria, Spanien.

Anpassungsarchitektur. Erweiterungsbau des Rathauses Göteborg, von → Asplund, 1934-37.

Antefix mit Mäandergesicht, etrusk., um 500 v. Chr.

ihrer Umgebung annehmen, wie etwa die sandstein-verkleidete Siedlung Shmuel Hanavi in Jerusalem oder, so alten Orten angepaßt, der Ferienort Port Grimaud (1964) bei St. Tropez. Diese Art der A. kann auch als Teil eines neuen Regionalismus oder postmodernen → Historismus (Neuhistorismus) verstanden werden.

A. gibt es im Abendland schon seit der Renaissance, ohne daß man diese Bezeichnung dafür gebrauchte. Die Aufgabe stellte sich, und daran hat sich bis heute wenig geändert, allen Architekten, die in Ländern bauen, die selbst eine hohe eigene Bautradition

Anpassungsarchitektur. Chase Manhattan Bank, Mailand, von → B.B.P.R., 1969-70.

Verkündigungsengel aus dem Baptisterium Parma, von → Antelami.

besitzen. Nachdem Iwan III. d. Gr. die nach dem Fall von Konstantinopel im röm. Exil lebende Tochter des letzten byzant. Kaisers, die Prinzessin Zoë geheiratet hatte, holte diese ital. Architekten nach Moskau. Bevor diese jedoch im Kreml bauen durften, mußten sie auf langen Reisen eingehend die russ. Architektur studieren (→ Sowjetunion). Trotz seiner unindischen Schwere und Monumentalität drückt → Luytens Palast für den Vizekönig von → Indien in New Delhi (1913) doch etwas vom Geist dieses Landes aus, so daß er 1947 fast über-gangslos zum Sitz der indischen Zentralregierung werden konnte. Heute sind weltbekannte Architek-ten – vor allem in den arab. Ländern – mit den Forderungen und Problemen einer A. in diesem Sinne konfrontiert.   W. R.

Lit.: Pehnt '83; Lasdun '84.

Anse de panier, die (frz.). → Bogen II 4.

Ante, die (lat.: vor). Verlängerung der Cellaseiten-wände (→ Cella). Die A.n bilden die Vor- und gege-benenfalls Rückhalle des Tempels. Die Antenstirn ist zum A.pfeiler verstärkt, der von einem → Ka-pitell (A.kapitell) bekrönt ist.

Lit.: Martin '65.

Antefix, das (lat.: vorne befestigt). Mit Palmetten-ornament oder Figuren bemalte Tonplatten der → griech. (besonders großgriech.) und → etrusk. Baukunst, mit denen die → Traufe verkleidet war; möglicherweise aus dem Holzbau übernommen, wo sie das Gebälk gegen Feuchtigkeit schützten.

Lit.: Vitruv IV, 6, 7; van Buren '23, '26; Andrén '40; Åkerström '66.

Anpassungsarchitektur. Moderne Umrahmung des Albergo Corso, Mailand, von Pasquali & Galimberti, 1959-60.

Antelami, Benedetto (ca. 1150- ca. 1230). Ital. Bild-hauer und Architekt. Ihm werden das Baptisterium in Parma (beg. 1196), der Dom von Borgo San Donnino (Fidenza) (1179ff.; 1214-18) und S. An-drea in Vercelli (1219-27) zugeschrieben. Der letzt-genannte Bau zeigt bereits auf die frz. → Gotik hinweisende Züge. In A.s Skulpturen zeigt sich deutlich der Übergang von der roman. (→ Ro-manik) zur got. Kunst.

Lit.: Toesca, P. '27, '60; de Francovich '52; Rosati in EUA; Forster '61.

Antentempel. Griech. Tempel ohne Säulenumgang mit in der Regel zwei Säulen zwischen den → Anten, die einen → Pronaos und beim Doppelantentempel auch einen → Opisthodom einschließen. → Tempel-formen.

Antentempel. Schatzhaus der Athener in Delphi, um 500 v. Chr.

Antependium, das (lat.). Bekleidung des → Altars, urspr. ein von der Mensa herabhängender Stoffbe-hang, dann aber auch eine Umkleidung der → Sti-pes aus Holz oder Edelmetall, seit dem 9.Jh. nur noch auf der Frontseite des Altars (Frontale). Die A. aus Edelmetall und Email sind oft von außerge-wöhnlichem künstlerischen Rang wie das A. von San Ambrogio in Mailand (um 850) und das gol-dene A. aus dem Baseler Münster (1020; Paris, Mus. Cluny).

Lit.: → Altar; v. Sydow '12.

Anthemion.

Anthemion, das (gr. anthos: Blume). Griech. Ornament aus Palmetten und Lotosblüten; es findet sich sowohl in der Malerei wie auch als plastischer → Fries in der dor., später in der röm. Baukunst.

Anthemios von Tralles (Tralleis). Griech. Bildhauer und Architekt, vor allem aber Mathematiker und Gelehrter (Statik und Kinetik, projektive Geometrie). Geburts- und Todesjahr des Künstlers sind unbekannt; er wurde in Tralleis in Lydien geboren und stammt aus einer Arztfamilie. Mit Sicherheit kann man ihm nur ein Bauwerk zuschreiben, dieses gehört jedoch zu den größten und schönsten der Welt: die Hagia Sophia in Konstantinopel (532-37, Abb. → Byzantinische Baukunst). Justinian berief A. 532 für den Neubau, dessen Vorgänger bei Unruhen in Brand gesteckt worden war. Das gewaltige Unternehmen wurde in der unglaublich kurzen Zeit von 5 Jahren vollendet, zur Genugtuung Justinians, der sich rühmte, Salomon übertroffen zu haben. A. bezeichnete die Architektur als »die Anwendung der Geometrie auf feste Materie«, und in der Tat ist dieser Bau mit seiner Kuppel von 32 m Durchmesser und einer Scheitelhöhe von 55 m eine außergewöhnliche technische Leistung. Aber er ist mehr als das; durch die geschickte Anordnung von durch Arkaden verdeckten Seitenschiffen und Galerien um den Zentralraum der Kirche wußte A. die Stützpfeiler der Kuppel so zu verbergen, daß diese über dem Gebäude zu schweben scheint, und hierdurch eine geheimnisvolle Stimmung zu schaffen, die durch den Gegensatz zwischen lichtem Zentralraum und dunklen Seitenräumen noch erhöht wird. Mitarbeiter war → Isidor von Milet. SS. Sergios und Bakchos in Konstantinopel (ca. 525) wurde A. zugeschrieben, es gibt jedoch keine historischen Beweise.

Lit.: Zalociecky '36; Zevi '48 c, '72; Huxley '59; Krautheimer '65; Carpenter '70; Mainstone '88.

Anthropomorphe Architektur. Bei einzelnen Stämmen Brasiliens – das 1936 im Mato Grosso von Lévi-Strauss entdeckte Bororo-Dorf Kejara am Rio Vermelho – und Afrikas spiegeln die Dorfanlage und das Haus die kosmische, soziale und leibliche Ordnung. Die ovale Dorfanlage mit Öffnung nach einer Seite bei den Dogon in Mali gleicht dem Weltenei oder der Ur-Plazenta nach dem Aufplatzen. Im Dogondorf ist die Schmiede der Kopf; eine Anzahl bestimmter Schreine (oder Altäre) sind die Füße; die Hütten, die von den Frauen während ihrer Menstruationszeit bewohnt werden und im Osten und Westen liegen, sind die Hände; die großfamiliären Wohneinheiten, die aus patrilinearen, patrilokalen, exogamen Clangruppen bestehen, bilden die Brust, genauer den Körper. Die Paar(ungs)-struktur der Gesamtanlage wird durch einen Gründerschrein in Form eines Kegels (männl. Geschlechtsorgan) und einen ausgehöhlten Stein (weibl. Geschlechtsorgan) ausgedrückt. So gelten ganze Dörfer als Paare, sie spiegeln die Einheit von Himmel und Erde (Nommo und Yurughu). Diese

Struktur wiederholt sich auf allen nur erdenklichen räumlichen Ebenen: in einzelnen Teilen des Dorfes, der Anordnung der Felder, der Aufteilung der Distrikte und in den familiären Wohneinheiten. Demgegenüber weisen die doppelgeschlechtlichen Konstruktionen → Pichlers »sadomasochistische Züge« (Werner Hofmann) auf. Die in der Frühzeit des Menschen noch intakten und lebendigen natür-

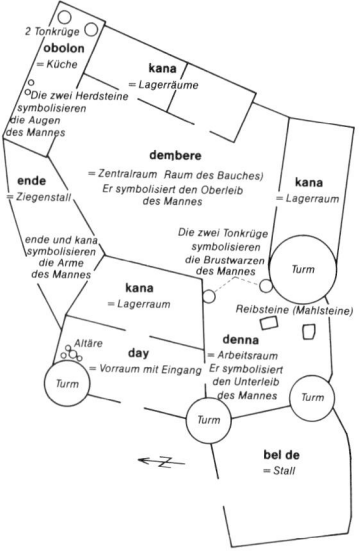

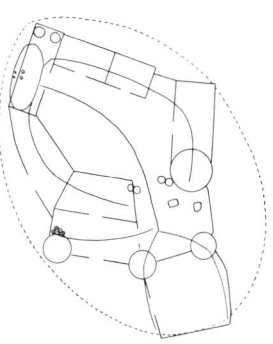

Anthropomorphe Architektur. Bororo-Dorf Kejara am Rio Vermelho, Brasilien.

lichen und kosmischen Beziehungen werden bei Pichler in rituelle Handlungen und Vehikel, in unterirdische Städte verbannt. W. R.

Lit.: Lévi-Strauss '36; Oppitz '70.

Anthroposophische Architektur. Für → Steiner (1861-1925), den Begründer der A., war Architektur die Projektion eines schauenden Bewußtseins, nicht das Ergebnis rationaler Überlegung, eines aus dem

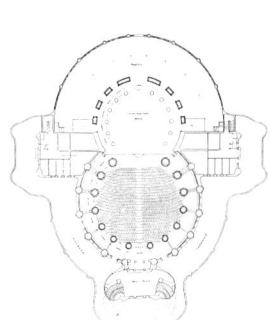

Erstes Goetheanum.

Anthroposophische Architektur. Erstes Goetheanum, Dornach, erbaut nach dem Modell → Steiners, 1913-22.

Kalkül geborenen → Funktionalismus. Anknüpfend an Goethes Vorstellungen von der Metamorphose der Pflanzen versuchte er im ersten Goetheanum in Dornach jenes dort geschilderte »innere Formschaffen der Natur« in Architektur umzusetzen. Auf einem Betonsockel, »an die Felsenform erinnernd«, erhob sich ein Holzbau mit zwei Kuppeln, der in erster Linie Geborgenheit vermitteln sollte, wie die Leibeshöhle der Mutter, die für Steiner das »Urhaus« war, das keinen rechten Winkel kennt. So war dann im Innern alles gerundet und in Holz geschnitzt. Obwohl als Mittelpunkt der neuen Glaubensgemeinschaft gedacht, sollte es doch kein Tempel sein, sondern »ein Ort, an dem sich Menschen zusammenfanden, um übersinnliche Erkenntnisse entgegenzunehmen«. Nach Steiner war diese

Goetheanum, Dornach. Siebte Säule des großen Kuppelraums (vorne Werkgerüste).

*Anthroposophische Architektur,
Haus Duldeck, Dornach, von
→ Steiner, 1915-16.*

Architektur Ergebnis eines »gegenständlichen Denkens«, in demselben Sinn, in dem Goethe seine Art zu schreiben, ein »gegenständliches Dichten« genannt hatte. Das Dach aus vossischem norwegischem Schiefer wölbte sich schützend, »wie das Himmelsgewölbe«, über dem Bau, wie die Schädeldecke das Gehirn des Menschen oder die Schale

Anthroposophische Architektur. Goetheanum, Dornach, von → Steiner, 1923-28.

den Kern der Nuß schützt und behütet. Steiner verwies mit Stolz darauf, daß sich nachträglich herausgestellt habe, daß die geschnitzten Treppenaufgänge den Gehörgängen des Menschen entsprechen. A. ist also ihrem Wesen nach organhaftes Bauen (→ Organische Architektur) im wörtlichen Sinne, wobei jede Zeit ihren eigenen Ausdruck dafür zu finden habe. War Steiners erstes Goetheanum, 1913-22 nach seinem Modell errichtet, formal noch stark dem → Jugendstil (→ Gaudí, → Olbrich) verpflichtet, so war der zweite Bau, den er 1923, nachdem der erste Bau in Flammen aufgegangen war, entwarf, ein Meisterwerk des → Expressionismus, »eine der großartigsten architekturplastischen Erfindungen, die das 20. Jh. aufzuweisen hat«. (Pehnt) Heute gibt es A. in vielen Teilen der Welt in sehr verschiedenen Formen, doch immer den Grundgedanken Steiners verpflichtet, d. h. mit organischen Rundungen, bzw. abgeschrägten Ebenen, hinzu kommt eine Liebe zu handwerklichen Variationen im Detail.   W. R.

Lit.: Goethe 1790; Steiner '32, '82; Pehnt '73, '92; Bachmann, W. '81; Zimmer '85²; Pehnt/Dix '91.

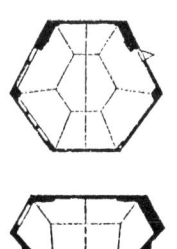

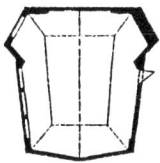

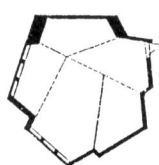

*Anthroposophische Architektur.
Waldorfschule Heidenheim.
Grundrißschemen der Klassenräume.*

Anthroposophische Architektur. Rudolf Steinerseminariet, Järna, Schweden, von Eric Asmussen

Antik. 1. Der griech.-röm. Kunst (der Antike) zugehörig. Zur Zeit der Renaissance verstand man darunter auch weitgehend die frühchristl. und byzant. Kunst. Nach Mitte des 18. Jhs. wurde dieser Begriff unter dem Einfluß von Johann Joachim Winckelmann auf den Zeitabschnitt zwischen dem 5. Jh. v. Chr. und der Regierungszeit des byzant. Kaisers Phokas (gest. 610 n. Chr.) beschränkt – **2.** Im Kunsthandel soviel wie ›nicht gegenwärtige Kunst‹ (z. B. Kunstgewerbe des Rokoko).

Antis, in (lat.-ital.) In → architekturtheoretischen Schriften anzutreffender Ausdruck für → Portikus bei → Tempeln oder tempelähnlichen Fronten.

Antoine, Jacques-Denis (1733-1801). Einer der führenden Architekten Frankreichs unter Ludwig XVI. Sein Hauptwerk ist die Münze in Paris (entw. 1768, beg. 1771), ein großer, ernster, sehr römisch wirkender Bau, obwohl A. Italien nicht vor 1777 besucht hat. Das → Peristyl der Kapelle des Hôpital de la Charité in Paris (ca. 1785) gestaltete A. im dor. Stil von Paestum; seine anderen Werke sind weniger streng → klassiz.

Lit.: Hautecœur '52 (IV).

Antonelli, Alessandro (1798-1888). Ital. Ingenieur und Architekt. 1836-57 Prof. für Architektur in Turin. Seine Hauptwerke sind die seltsame Kuppel von S. Gaudenzio in Novara (beg. 1841), die zwei ineinandergreifende Tamboure hat und durch eine Turmspitze mit drei Risaliten erhöht wird, sowie die sehr hohen, innen durch Eisenkonstruktionen

Mole Antonelliana, Turin, von → Antonelli, 1863-80.

gestützten, → klassiz. Türme der sog. Mole Antonelliana in Turin (urspr. als Synagoge geplant, 167,5 m hoch, beg. 1863) und der Umbau des Domes von Novara (1854-69).

Lit.: Portoghesi in DBI; Gabetti '62; Meeks '66; Rosso '75, '76, '89.

Antrittstufe. Erste Stufe eines → Treppenlaufs.

Antunes, João (1683-1734) → Portugal.

Anuli, die (lat.: Ringe). Scharf eingeschnittene Ringe am unteren Teil des → Echinus als unteren Abschluß des dor. → Kapitells am Übergang zum Säulenschaft.

Äolisches Kapitell. Eine in der Äolis (nord-westl. Kleinasien) und auf Lesbos gefundene → Kapitellform aus dem 7. Jh. v. Chr. Sie besteht aus einem Blattring, aus dem zwei große, weit ausladende → Voluten hervorspringen, zwischen denen eine Palmettenform herauswächst. Das äol. Kapitell ist eine Sonder- bzw. Vorform des ion. Kapitells.

Lit.: Dinsmoor '50[3]; Akurgal '60; Ciasca '62.

Apadana, Apadhana, das (pers.). Im alten Persien freistehender Säulensaal (→ Hypostylon), der wahrscheinlich die Funktion eines Thronsaales hatte. Berühmt wurde das unter Xerxes I. erbaute hundertsäulige A. (→ Iran) in Persepolis. Oft hatte das A. eine Vorhalle, es war meistens quadr. angelegt.

Lit.: → Iran; Glück '22; Schmidt, E. F. '57.

A. P. A. O. (Associazione Per l'Architettura Organica, 1945-50) → Italien.

Apollodorus von Damaskus (tätig 97-130 n. Chr.). In Syrien geb., ging nach Rom und erhielt dort das Amt eines Architekten Trajans (97-117). Er begleitete den Kaiser auf seinen Feldzügen und entwarf oder beeinflußte alle unter Trajan errichteten Bauten. Sein erstes nachweisbares Bauwerk ist die große Donaubrücke aus Holz und Stein am Eisernen Tor (›pontes Trajani‹, 104 n. Chr.). Seine Hauptwerke entstanden in Rom: ein Odeum (→ Odeion) mit rundem Grundriß (möglicherweise jenes, das Domitian auf dem Marsfeld bauen ließ), die Trajans-

Mercatus Trajani, Rom, von → Apollodorus von Damaskus, ca. 112.

Thermen und das Trajans-Forum (ca. 112 n. Chr.). Dieses veranschaulicht mit seinem eindrucksvollen axialen Grundriß und dem subtilen Spiel der Symmetrie den Stil A.s: ein glanzvoller Kompromiß zwischen → hellenist. und rein → röm. Tradition. A. plante den Markt am äußersten Rande des Quirinalhügels; wahrscheinlich war er an den Arbeiten am Hafen von Rom (Fiumicino) und in Civitavecchia beteiligt. Auch die Triumphbögen in Ancona und Benevent werden ihm zugeschrieben. Obwohl er sich mit Kaiser Hadrian weniger gut verstand als mit Trajan, hat er mit diesem doch wenigstens noch an einem Projekt zusammengearbeitet; er widmete ihm auch seine ›Poliorcetica‹, eine Schrift über den Bau von Kriegsmaschinen. Aber nach Dio Cassius verbannte Hadrian ihn um

Apadana. Xerxes' Saal der Hundert Säulen, Persepolis, beg. 518 v. Chr. Rekonstruktion.

130 n. Chr. aus Rom und verurteilte ihn später wegen einer abfälligen Kritik an dem vom Kaiser selbst entworfenen Venus- und Romatempel zum Tode.

Lit.: Platner-Ashby '29; Mac Donald '65; Lugli, G. '70a, b; Boëthius-Ward-Perkins '70.

Apophyge, die (gr.: Befreiung, Fluchtpunkt). → Ablauf; → Anlauf.

Apotropaion → Hausamulett.

Appartement, das (frz.; Apartment, engl.). Zusammengehörige Raumgruppe, urspr. in Schlössern, dann auch in → Hôtels (seit Anfang des 17. Jhs. die Bezeichnung des städt. Wohnsitzes für den frz. Adel). Heute auch gebräuchlich für Kleinwohnungen Apartmenthaus) bzw. Hotelapartments.

Äolisches Kapitell, Larissa, 1. Hälfte 6. Jh. v. Chr.

Apsidiolen, die. Kleine Apsiden (→ Apsis), die einer Hauptapsis oder einem → Chorumgang radial vorgelegt sind und den → Kapellenkranz bilden.

Lit.: Conant '59.

Apsis, Apside, die (gr.: Rundung, Bogen). Aus dem römischen Sakral- und Profanbau abgeleitete, meist halbrunde, mit Halbkuppel überdeckte Raumform, die einem Hauptraum, zu dem sie sich öffnet, ein- oder angefügt ist. In der altchristl. → Basilika war in der A. der Platz der Geistlichen und Presbyter (→ Presbyterium) und des Bischofs; oftmals erhöht, mit Durchgang unter der Sitzanordnung (Konstantinopel, Hagia Eirene). Seit dem 9. Jh. schob sich zwischen die A. und das → Querschiff ein → Chorquadrat, wodurch die A. zu einem Teilraum des → Chores wurde und an Selbständigkeit einbüßte. Das → Seitenschiff konnte Nebenapsiden haben, ebenso das Querschiff. An den Chor konnten sich → Apsidiolen legen. Bei doppelchörigen Anlagen konnte eine Westa. hinzukommen. Seit dem 12. Jh.

Apollodorus von Damaskus.

Apsis mit Umgang und → Kapellenkranz. St-Etienne, Nevers, 1063-97.

wird der polygonal gebrochene Chor häufiger; die
→ Gotik mit ihrem Streben nach Raumvereinheitlichung hob schließlich die Unterscheidung zwischen
Chorquadrat und A. zugunsten eines tiefen, polygonal geschlossenen Chores auf. → Konche;
→ Exedra.

Lit.: → Altar; → Basilika; Choisy 1873; Dehio-v. Bezold 1887-1901; Frankl, P. '26.

Apteraltempel. Antiker Tempel, der nur an den
Schmalseiten Säulen, also keinen → Peridromos·
hat, z. B. → Antentempel, → Prostylos. → Tempelformen.

Aquädukt, der (lat. aquae ductus: Wasserleitung).
Von den Römern erfundener künstlicher Wasserkanal, oft auf mehrstöckigen Bogenbrücken, durch
den das Quellwasser bei gleichbleibend leichtem
Gefälle über weite Strecken (bis zu 90 km) über
Täler und Ebenen hinweg in die Städte geführt werden konnte. Sie gehören zu den bedeutendsten
Zeugnissen röm. Bautechnik und sind z. T. heute
noch benutzbar. Sehr gut erhalten ist der dreistökkige Pont du Gard bei Nîmes.

Lit.: Choisy 1873; Feldhaus '31; Deman '34; Ashby-Richmond '35.

St. Paul, Deptford, von → Archer, 1712-30.

Aquädukt. Pont du Gard bei Nîmes, 14 v. Chr.

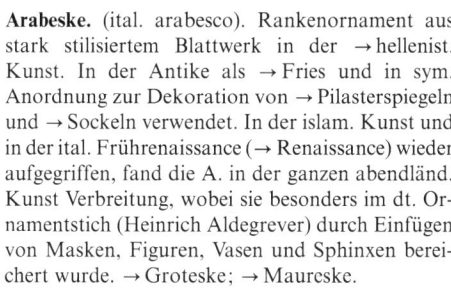

Arabeske. Ara Pacis, Rom, 13-9 v. Chr.

Arabeske. (ital. arabesco). Rankenornament aus
stark stilisiertem Blattwerk in der → hellenist.
Kunst. In der Antike als → Fries und in sym.
Anordnung zur Dekoration von → Pilasterspiegeln
und → Sockeln verwendet. In der islam. Kunst und
in der ital. Frührenaissance (→ Renaissance) wieder
aufgegriffen, fand die A. in der ganzen abendländ.
Kunst Verbreitung, wobei sie besonders im dt. Ornamentstich (Heinrich Aldegrever) durch Einfügen
von Masken, Figuren, Vasen und Sphinxen bereichert wurde. → Groteske; → Maureske.

Lit.: Kühnel '49a; Piel '62.

Arabische Architektur → *Nachträge;* → Islamische
Architektur.

ARAU. Atelier de Recherche et d'Action Urbaine,
1968 von Maurice Culot in Brüssel gegründet,
kämpft für die Wiederherstellung der Lebensqualitäten, die die alten Städte früher durch ›Straße,
Platz, Quartier‹ hatten. → Niederlande.   W. R.

Lit.: Culot '78.

Aräostylos, der → Interkolumnium.

Arbeitersiedlung → Siedlungsarchitektur.

Archer, John Lee (1791-1852) → Australische Architektur.

Archer, Thomas (1668-1743). A. ist der einzige engl.
Architekt des Barock, der diesen Stil auf dem Kontinent selbst studiert hat. Seine Bauwerke bilden für
England einen Ausnahmefall, da sie eine intime
Kenntnis der Werke → Berninis und → Borrominis
spiegeln. A. stammte aus angesehener Familie und
unternahm nach Abschluß seiner Studien in Oxford

eine vier Jahre währende Kavalierstour; 1693
kehrte er nach England zurück. Als Anhänger der
herrschenden Whig-Partei war er bei Hof erfolgreich und erlangte 1703 ein lukratives Amt. Seine
Bauwerke entstanden zwischen 1703 und 1715;
dann gab er die Architektur für ein noch einträglicheres Amt als Zollkontrolleur in Newcastle auf.
Unter seinen erhaltenen Profanbauten ragen die
Nordfront des Landsitzes Chatsworth (1704-05) in
Derbyshire und der Gartenpavillon in Wrest Park
in Bedfordshire (1711-12) hervor, sein Ruhm beruht
jedoch vor allem auf seinen drei Kirchen: der Kathedrale von Birmingham (1710-15), St. Paul in
Deptford in London (1712-30) und St. John, Smith
Square in London (1714-28), deren aufsehenerregende Türme viel gescholten wurden.

Lit.: Whiffen '50; Whinney-Millar '57; Downes '66.

*ARAU. Rekonstruktionsvorschlag für das Viertel
Ste-Gudule, Brüssel, von Maurice Culot, 1976.*

Archigram (Abkürzung für ›architectural tele-
gram‹). Name einer Zeitschrift, die 1961-70 von
sechs jungen Architekten in London herausgegeben
wurde: Warren Chalk, Peter Cook, Dennis Crompton, David Greene, Ron Herron und Mike Webb.
Zwanzig Jahre nach dem erfolgreichen Film
›Things to Come‹ (1936) eröffnete Richard Hamilton in der Whitechapel Art Gallery, London, seine
Ausstellung ›This is tomorrow‹ (1956), die der Pop
art den Namen gab. Damit war der Aufbruch in
ein neues Zeitalter eingeleitet. 1961 überwand der
Sputnik zum ersten Mal die Schwerkraft der Erde,
1969 landeten die Amerikaner auf dem Mond.
Während Jean Tinguely von 1960 an seine sich
selbst zerstörenden Maschinen vorführte (1966
›Hommage à New York‹ im Garten des Museums
of Modern Art, N. Y.), schuf Claes Oldenburg seine

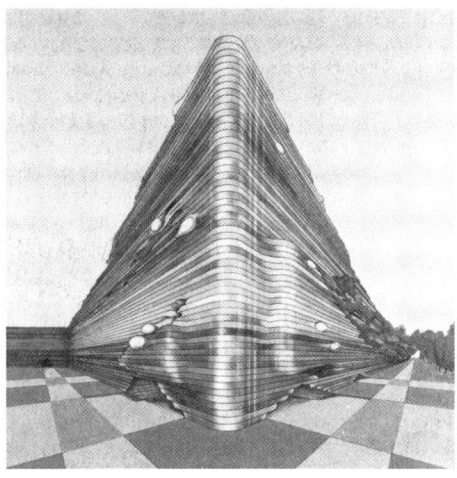

*Archigram. ›Arcadia Town‹, Projekt. ›Sleek-House-
Corner‹, von Peter Cook, 1978.*

*Archigram. Galerieprojekt für Bornemouth, von Ron
Herron, 1968. Collage.*

Architektur in Perfektion. 1964 entwarf Chalk einen ›Plug-in Tower‹, Herron seine ›Wandernde
Stadt‹, ein dem Maschinenzeitalter entstammender
riesiger Käfer, 1964-66 sein ›Plug-in-City Project‹.
1968, dem Jahr von Kubricks Science-fiction-Film
›Odyssey 2001‹, entstanden David Greens ›Inflatable Suit Home‹, 1969 Herrons ›Instant City‹ und
das Projekt eines ›Monaco Entertainments Centre‹
für Monte Carlo.
1927, in dem Jahr des ›Metropolis‹-Films von Fritz

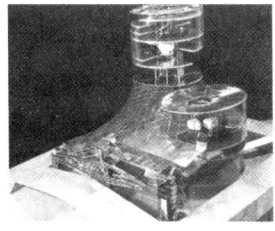

*Archigram. Sin Centre
von Mike Webb, 1959-62.*

›soft sculptures‹ (1962), Konrad Klapheck sein Bild
›Patriarchat‹ (1963), das die magische Seite der
Technik sichtbar machte, der 1964 auch Mister
›Goldfinger‹ (James Bond 007) erlag. 1959 hat
→ Kikutake zusammen mit → Isozaki Entwürfe für
eine ›Schwimmende Stadt‹ (Abb. → Kikutake) gezeichnet, 1961 Wilhelm Holzbauer sein ›Hub-
schrauberbürohochhaus‹ (→ Utopische Architektur), → Abraham seine ›Cities‹. 1959-62 entwarf
Mike Webb sein ›Sin Centre Entertainments Palace
for Leicester Square‹, 1963 Herron und Chalk das
›Interchange Project‹ und Peter Cook seinen ›Montreal Tower‹, als englischer Pavillon für die Weltausstellung 1967 gedacht, gezeichnete → High-tech

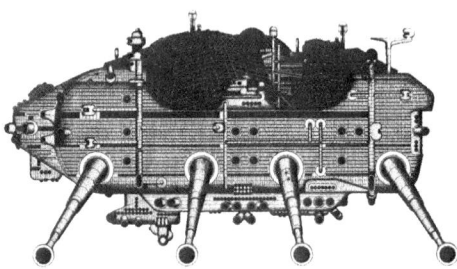

*Archigram. Walking City, Projekt von Ron Herron,
1964.*

Lang, der bereits die bedrohlichen Aspekte der
Technik zeigte, schuf → Fuller sein ›Dymaxion
House‹ (Abb. → Fuller), die ›Wohnmaschine‹, die

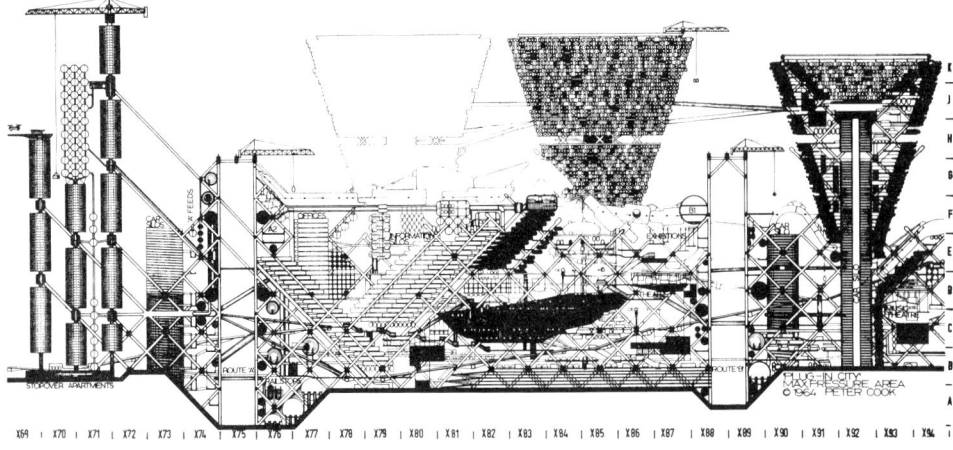

Archigram. Plug-in-City, Projekt von Peter Cook, 1964-66.

*Archigram. Montreal Tower,
Projekt von Peter Cook,
1963-67.*

*Architektur. Anthropometrischer Kirchengrundriß, von
Pietro Catano, aus: L'Architettura (1567).*

→ Le Corbusier gefordert hatte. Bei den Entwürfen von A. ist man versucht, von ›Stadtmaschinen‹ zu sprechen, die durch Röhren verbunden sind. Gezeichnete Science-fiction-Architektur also, Utopie wie die Illustrationen zu Jules Vernes Romanen? Inzwischen hat die von diesem 1865 erdachte Reise zum Mond stattgefunden, es gibt Weltraumstationen; möglicherweise braucht man in Zukunft auch High-tech-Städte für fremde Planeten oder eine verwüstete Erde. Abb. → Utopische Architektur.W. R.

Lit.: Archigram '61-'70; Cook, P. '67, '70; Tafuri '68; Banham '76; Cook u. a. '90.

The Architects' Collaborative → Gropius.

Architects' Co-Partnership. Eine Gruppe engl. Architekten der Generation um 1915-17. Zu ihren Hauptwerken gehören eine Fabrik in Bryn Mawr in Wales (1949), eine Reihe von Studentenwohnheimen für das St. John's College in Oxford (1956-59) und für das King's College in Cambridge (1960-62),

*Studentenhaus, Durham, von
→ Architects' Co-Partnership
1964.*

eine Schule in Riplex in Derbyshire (1958-60) und weitere Schulbauten, eine Wohnsiedlung in Ikoyi bei Lagos (1957-59) und das Biochemische Institut des Imperial College in London (1961-64). Ungefähr zur gleichen Zeit entsteht das Studentenhaus in Durham (1964) und die Planung der Universität von Essex.

Lit.: Webb, M. '69; Maxwell '72.

Architectural Association → *Nachträge.*

Architektur (lat. architectura). Nach → Vitruv umfaßte diese Bezeichnung die Baukunst und die Technik, d. h. die Kunst des Baumeisters und des Ingenieurs. Beiden liegen die Proportionslehre Platons und der Kanon des Polyklet zugrunde, die ihrerseits wieder die Kenntnis der Mathematik (→ Anthemios von Tralleis und → Isidor von Milet) und der Geometrie voraussetzten. Platon, ebenso wie Pythagoras, war nicht nur ein großer Philosoph, sondern auch ein bedeutender Mathematiker. Die Römer hatten die Bezeichnung ›architectura‹ von den Griechen übernommen, von ›architekton‹; ›tektosyne‹ war die ›Zimmermannskunst‹. Vermutlich kamen die sogen. ›Seevölker‹, die das mykenische Reich eroberten, aus dem waldreichen Norden, wo die Holzbaukunst heimisch war. Es waren die Schiffszimmerleute, die in christlicher Zeit die kunstvollen Dachstühle der Kirchen schufen (→ Abhängling). Die → Griechen hatten, wie die → Chinesen und → Japaner, eine → Gebälkarchitektur entwickelt, die sie in ihren Tempeln durch Stein ersetzten, wobei sie die Grundstruktur aber beibehielten.

Da die Erbauung von Burgen, Städten und Schlössern mit ihren Befestigungsanlagen, deren Wehrmauern und Schutzwällen einherging, deren Errich-

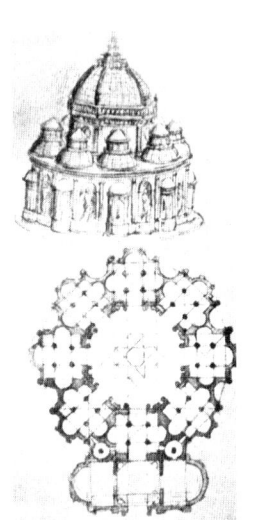

*Architektur. Skizze eines Zentralbaus, von → Leonardo da
Vinci.*

tung wiederum die Kenntnis der Angriffswaffen möglicher Gegner voraussetzte, so war ein ›baumeister‹ für alle drei Aufgaben zuständig. → Leonardo da Vinci entwarf Kirchen, Verteidigungsanlagen und Kriegsgerät, Baumeister wie → Sinan oder → Neumann u. a. kamen aus dem Waffenhandwerk. Das erste deutsche Lehrbuch zur Festungsbaukunst verfaßte 1527 Albrecht Dürer ›Etliche vnderricht/zu befestigung der Stett/Schlosz/und flecken‹. Seit dem frühen 17. Jh. nannte man die Baumeister, die sich vorzugsweise mit der Erbauung von Wehranlagen und der Erfindung neuer Angriffswaffen befaßten, ›Ingenieure‹ (→ In-

*Architektur. Montieren eines Geschützes, von
→ Leonardo da Vinci.*

genieurbaukunst). Ihre Erfindungsgabe zielte nicht auf die Errichtung schöner neuer Gebäude, sondern auf neue Lösungen technischer Probleme. Den Griechen galt Daidalos als der Techniker schlechthin, er schuf bewegliche Tiere (Pasiphaes Stier), das → Labyrinth, und – wie Wieland der Schmied – künstliche Flügel, die den Menschen befähigen soll-

*Architektur. Ägyptischer Fries, die Herstellung von luft-
getrockneten Ziegeln und ihre Verarbeitung darstellend.*

ten zu fliegen. Von ihm aus führt über viele Etappen
der Weg zu den heutigen Drachenfliegern und zur
Raumfahrt. Andererseits sind auch heute noch die
Architekten teilweise selbst Ingenieure – wie die
Architekten des → Archigram und der → High-
Tech-Architektur – oder bei Großprojekten auf die
Hilfe von ›Technikern‹, wie z. B. → Candela,
→ Arup Ass. oder → Otto angewiesen.   W. R.

Architekturausstellung. Bürgerstolz führte schon
früh zur Anfertigung naturgetreuer Stadtmodelle,
in der Regel aus Holz, in verkleinertem Maßstab,
die zunächst in Rathäusern, später in Heimatmu-
seen oder Nationalmuseen (Stadtmodell von München 1572 und anderen bayerischen Städten) aufgestellt wurden, oder, wie die → Phellogenplastiken
berühmter Gebäude, in den Kabinetten der Fürsten. Das seit der 2. H. des 18. Jhs. allgemein zunehmende Geschichtsbewußtsein und die städtebaulichen Veränderungen in der Zeit der Säkularisation
riefen Sammler auf den Plan, die Teile abgerissener
Kirchen und Bürgerhäuser sammelten, sie später
→ Museen stifteten oder zu neuen Architekturen-
sembles zusammenfügten wie William-Ellis (→ Anpassungsarchitektur). Später beginnt man auch
Bauernhäuser vor dem Verfall zu retten, indem man
Freilichtmuseen anlegt: A.en, die das Bewahrens-
werte naturgetreu überliefern. Was hier auf regionaler Ebene geschah, vollzog sich seit dem 18. Jh. auf
dem Gebiet der wachsenden Verehrung der Alten
Welt, so konnte man in London die Elgin marbles
bewundern, in Berlin den Pergamonaltar und das
Ischtartor von Babylon.

*Architekturbild. Wandbild aus Boscoreale, Italien,
40 v. Chr.*

Im 20. Jh. entstanden A.en, die bestimmte Trends,
die man als vorbildlich empfand, einer breiteren
Öffentlichkeit provokativ ins Bewußtsein rufen
sollten, wie die Ausstellungen des → Deutschen
Werkbundes (Köln 1914) oder die von ihm organisierten Mustersiedlungen in Stuttgart (1927) und
Wien (1932) (→ Ausstellungsarchitektur). Ähnlichen Zwecken dienten die A.en ›Esposizione Italiana per l'Architettura Razionale‹ (MIAR) in Rom
und Mailand (1928 und 1929), die von Henry-Rus-
sel Hitchcock und → Johnson 1932 im Museum of
Modern Art in New York gezeigte ›International
Exhibition of Modern Architecture‹, die als Wanderausstellung sechs Jahre durch die USA reiste
und den Begriff ›International style‹ prägte, oder
die erste Deutsche Architektur- und Kunsthand-
werkausstellung im Haus der Deutschen Kunst in
München (1938). Auch die A. im Museum of Modern Art in New York ›Architecture without Architects‹ von 1964 (→ Anonyme Architektur) hatte
programmatischen Charakter; ebenso die von
→ Rossi 1973 auf der XV. Triennale in Mailand
gezeigte A. ›Architettura razionale‹. 1980 organisierte → Portoghesi auf der Biennale in Venedig die
›Mostra Internazionale di Architettura‹ mit einer
›Novissima Strada‹ im Arsenal, 1984 wurde das
Deutsche Architekturmuseum (DAM) in Frankfurt
am Main eröffnet.
Wie andere Architektursammlungen in der Welt
bewahrt es wie und präsentiert Originalentwürfe und
Modelle, wie sie heute weltweit für Architekturwettbewerbe geschaffen werden. Den Rahmen einer
musealen Ausstellung sprengte die Internationale
Bauausstellung Berlin (IBA, 1957-62), deren Expo-
nate aus sogleich gebauter Architektur bestehen –
meist ganzen Komplexen – die städtebaulichen Vorbildcharakter besitzen.

Lit.: Pehnt ’83; Klotz ’84.

*Architekturausstellung. ›Strada
Novissima‹ der Ausstellung ›Die
Gegenwart der Vergangenheit‹,
Venedig 1980. Architekturmodell
von → Hollein.*

*Architekturausstellung. Wohn-
block Kochstraße, IBA-Berlin
1980, von → Eisenman.*

*Architekturbild. Allegorie des
guten Regiments im Palazzo
Pubblico, Siena, von Ambrogio
Lorenzetti, 1337-40, Ausschnitt.*

Architekturbild. Die malerische Darstellung von
Bauwerken um ihrer selbst willen mit Menschen,
Gegenständen und Landschaft als erläuternder
Staffage. Die ältesten bekannten A.er finden sich in
den Wandmalereien von Pompeji und Boscoreale,
die auch als → Architekturphantasien angesehen
werden können. Architekturdarstellungen in den

illuminierten Handschriften und in der ma. Malerei dienten dem Schmuck oder der Veranschaulichung des dargestellten Gegenstandes, waren also keine A.er im engeren Sinne, ebenso wie die detaillierteren Darstellungen von Baulichkeiten in der ital. Malerei seit dem 14. Jh. (Wandgemälde des Ambrogio Lorenzetti im Palazzo Pubblico in Siena) und nördl. der Alpen im 15. Jh. (Jan van Eyck, die Gebrüder Limburg, Jean Fouquet, Konrad Witz u. a.). Sie hatten mehr topographischen Charakter. Die Entdeckung der → Perspektive in der Renaissance schuf dann eine wesentliche Grundlage für das A., das sich in den Niederlanden seit dem 16. Jh. als eigenständige Bildgattung entwickelte. Wegbereiter war hier der Baumeister und Maler de → Vries mit seinen Architekturstichen. Sonderformen des A.es sind das → Interieur von Kirchen, wie es die Hollän-

Architekturbild. Inneres der Antwerpener Kathedrale, Gemälde von Hendrik van Steenwyck d. Ä., um 1556-1605.

der im 17. Jh. pflegten (Emanuel de Witte) und die → Vedute als topographische Stadtansicht, wie sie von Matthias Merian im 17. Jh. (›Theatrum Euopaeum‹, 19 Bde.) entwickelt und von den beiden Canaletto im 18. Jh. geübt wurde.

Lit.: Jantzen ’10; Held in RDK ’37.

Architekturbild. Ansicht von Köln aus der Schedelschen Weltchronik, 1493.

Architekturdarstellung. Die Wiedergabe von Bauwerken, ihren Teilen und Innenräumen durch malerische und graphische Mittel oder dreidimensionale Modelle zum Zwecke theoretischer Überlegungen (→ Architekturtheorie), der Entwurfsentwicklung durch den Architekten (*Architekturskizze*), des Gesprächs mit dem Bauherrn und der Baudurchführung (*Architekturriß*, Bauzeichnung, Planzeichnung). Während für die beiden erstgenannten Zwecke ein → Maßstab nicht erforderlich ist, werden die Entwurfs- und Bauzeichnungen fast durchweg in einem auf der Zeichnung angegebenen Maßstab ausgeführt. Für die Baudurchführung sind heute erforderlich: Ein Lageplan, aus dem die Lage des Bauwerks im Verhältnis zu den benachbarten Bauten und dem Grundstück ersichtlich ist, die → Grundrisse, → Schnitte und die → Aufrisse bzw.

Architekturbild. Kalenderbild des Monats Oktober aus dem Stundenbuch des Herzogs von Berry, von den Brüdern von Limburg, um 1416.

Ansichten der Fassaden sowie aller Details, die aus dem ortsüblichen Rahmen fallen, bzw. mit deren Durchführungsart der entwerfende Architekt bestimmte Vorstellungen verbindet. Die Vervielfältigung von A.en erfolgte bis etwa 1800 ausschließlich durch Abzeichnen der Originalvorlage, danach wurden Baupläne für größere Bauobjekte auf lithographischem Wege vervielfältigt; seit dem letzten Drittel des vorigen Jhs. werden Lichtpausverfahren eingesetzt.

Ein zusätzliches Mittel neben der Entwurfszeichnung, den Bauherrn ins Bild zu setzen, ist das Baumodell, das bei allen größeren Projekten, Ausschreibungen und Wettbewerben angefertigt wird. Heute wird vielfach bei Architektur-Großfirmen und Großprojekten das Modell durch ein simuliertes Computermodell ersetzt. Modelle aus Ton oder Holz von Häusern und Tempeln gibt es in vielen früheren Kulturen, ohne daß wir genau wissen, welche Funktion sie hatten. Die Römer machten Entwurfsmodelle von Bauten, die man plante, in Ein-

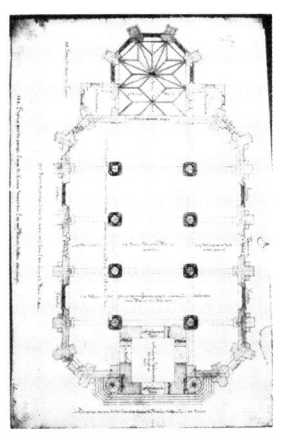

Architekturdarstellung. Entwurf zur Dreieinigkeitskirche, Regensburg, von Carl Johann, 1626/27.

Architekturdarstellung. Holzmodell der Dreieinigkeitskirche, Regensburg, 1627.

Architekturphantasie. Ideale Stadtlandschaft, von Cosimo Rosselli (?), 2. Hälfte 15. Jh.

zelfällen auch das MA. Für den Bau des Florentiner Doms sind solche für die Jahre 1356, 1367, 1379, 1382 literarisch oder im Original überliefert, in Deutschland für den Luginslandturm in Augsburg (1515). Im → Barock erreichte das Entwurfsmodell eine Blütezeit, im → Klassizismus das Studienmodell (→ Phellogenplastik), das wie die Studiensammlung von Abgüssen antiker Statuen dem Verständnis künftiger Architekten und Bildhauer dienen sollte. Die inzwischen an vielen Universitäten eingerichteten Architektursammlungen und die Architekturmuseen sammeln neben Architekturzeichnungen auch die Originalentwurfsmodelle berühmter Architekten. Vgl. → CAD.

Lit.: Linfert '31; de Tolnay '43; Fletcher, D.A. '47; Grassi, L. '47; Portoghesi '60; Vagnetti '65; Ching '78; Jacoby '81; Jannsen '81; Lampugnani '82; Cejka '90.

Architekturphantasie. Capriccio con i cavalli di San Marco, von Canaletto (1697-1768).

Architekturkritik. → Architekturtheorie.

Architekturmalerei. → Fassadenmalerei, → Quadraturmalerei.

Architekturphantasie. In der Antike war die A. häufig dekoratives Element von Wohnräumen, wie die erhaltenen Wandmalereien in Pompeji (→ Architekturbild) zeigen. In der byzant. und frühen islam. Architektur schmückten Mosaiken mit A.en Kirchen (Hagios Georgios, Thessaloniki, Ende 4. Jh.) und Moscheen (Omayyadenmoschee in Damaskus, 8. Jh.). Danach spielt die A. vorzugsweise in den illuminierten Prachthandschriften eine Rolle. Von der → Renaissance bis zum → Barock nimmt die A. immer größeren Raum ein; vom Überschuß künstlerischer Vitalität profitieren die → Festarchitektur, das Bühnenbild bzw. die → Bühnenarchitektur und

die sogen. Capprichios (frz. Caprice), kleine Phantasiestücke, wie sie Bellotto sehr liebte. In der Mitte des 18. Jhs. wandelt sich die Raumauffassung durch → Piranesi zur monumentalen A., wie sie die Zeichnungen der sogen. → Revolutionsarchitekten zeigen. Im 20. Jh. wird die A. weitgehend vom neuen

Architekturphantasie. ›Troya‹, aus der Schedelschen Weltchronik, 1493.

Architekturphantasie, von → Juvarra, 1728.

Zeitalter der Industrie bestimmt (→ Saint' Elia, → Chiattone, → Mendelsohn, Jacob → Tschernikow u.a.) oder von romantischen Träumen, in denen der Kristall, das Licht und die Pflanzenwelt triumphieren (→ Finsterlin, Bruno → Taut, → Scharoun). Zu einer neuen Blüte der A. kommt es

Architekturphantasie. Haus, von → Hollein, 1959.

Architekturphantasie. Liebesgarten, von Johann Wilhelm Baur, 1. Hälfte 17. Jh.

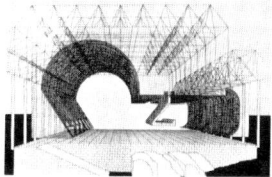

*Architekturphantasie. ›Das
magische Haus‹, von Friedrich
Sankt Florian, 1972.*

Architekturphantasie, von Saul Steinberg, 1955.

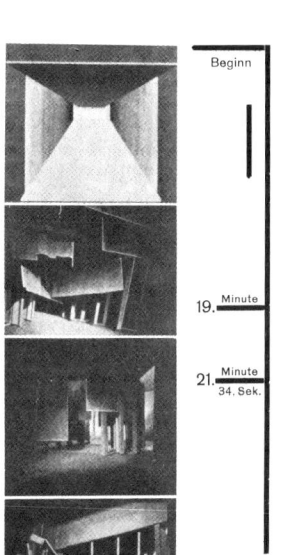

dann in der → Postmodernen Architektur (→ Abraham, → Hollein, → Pichler, Massimo Solari und vielen anderen Architekten, sowie bei → Archigram und anderen Teams).   W. R.

Lit.: Reudenbach ’79.

Architekturphotographie → *Nachträge.*

Architekturpreis → *Nachträge.*

Architekturschauspiele. Theateraufführungen, bei denen → Bühnenarchitektur eine wichtige oder sogar die Hauptrolle übernimmt. Über Paris hinaus waren im 18. Jh. die A. von → Servandoni bekannt. Im 20. Jh. hat der Schweizer Adolphe Appia (1862-1928) die Architektur in das Zentrum seiner Bühnenentwürfe gestellt, sie zum Partner des Menschen gemacht. Der Engländer Edward Gordon Craig (1869-1947) verwendete in seinen Bühnenbildentwürfen die Architektur symbolisierend, manchmal in diesem Sinne die Handlung begleitend. Reines Architekturschauspiel machte in den 20er Jahren → Kiesler und Enrico Prampolini, in den 60er Jahren Gaetano Pesce.   W. R.

Lit.: Craig, E. G. ’05, ’11, ’21; Appia ’21; Wien ’24; Volbach ’60; Pesce ’72.

Architekturschauspiele. ›Scène‹, von E. G. Craig, 1907.

*Architekturschauspiele. Bühnenbild, von Enrico
Prampolini, 1924.*

Architekturtheorie. Betrachtung und Abwägung der der Baukunst zugrundeliegenden Gesetze, mit dem Versuch, diese Gesetze normativ zu erfassen. Die A. entwickelte sich einerseits aus den für die Baupraxis formulierten Bauvorschriften (u. a. auch Handha-

bung religiöser Symbolinterpretationen, von Zahlensymbolik, empirisch ermittelten Konstruktions- und Proportionswerten), andererseits aus dem Bereich der Philosophie und Ästhetik. Die Theorien haben dabei oft unterschiedliche Ausgangspunkte und Ziele, die aber stets die Absicht verfolgen, jeweils die verschiedenen Ideen der Architektur in Gesetzmäßigkeiten zu fassen. So nannte Plato das ›Ebenmaß räumlicher Vorstellungen‹ als ein Kriterium des Schönen und Aristoteles das ›anschauliche Ganze mit gesetzmäßiger Ordnung der Teile‹ als Merkmal der Kunst. Beide Philosophen formulierten jedoch noch keine Theorie. Erst im Verlauf der Antike entwickelten sich Begriff und Inhalt einer A., die → Vitruv (Abb. → Interkolumnium), der viele theoretische und praktische Erfahrungen des Bauens zusammentrug, in seiner ›De architectura‹

Architekturschauspiele. 6 Momentaufnahmen vom Spielablauf einer mechanischen Raumszenerie, von → Kiesler, Berlin, 1923.

Viuitur ingenio, cætera mortis erunt.

Aurum probatur igni, ingenium uero Mathematicis.

Architekturtheorie. Frontispiz der deutschen Vitruv-ausgabe, 1548.

nachträglich konkretisierte. Kein Nachfolgewerk bis zum 19. Jhs., das sich mit der Lehre der Architektur auseinandersetzt, ist ohne Vitruv und seine zehn Bücher denkbar. Die erste illustr. Vitruvausgabe veröffentlichte 1511 → Giocondo, die erste dt. 1544 Georg Messerschmidt in Straßburg, die zweite Walter Ryff (Gualterius Rivius) 1548 in Nürnberg. Von Einhard sind Architekturstudien für die Zeit der → Karolinger belegt. Die Baukunst der → Romanik und der → Gotik bezog sich auf Quadraturverhältnisse (→ Quadratischer Schematismus, → Gebundenes System) sowie auf religiös unterlegte Zahlensymbolik (→ Bausymbolik). Nach einer langen Lücke ohne schriftliche Zeugnisse setzte in der → Renaissance die eigentliche Blüte der A. ein. → Albertis ›De re aedificatoria‹ (1485 posthum erschienen) war dabei nicht nur eine Voraussetzung für die Kunst der Renaissance, sondern wurde auch Vorbild für die zahlreichen folgenden Architekturtraktate. Grundsätzlich unterscheidet sie sich von der A. der vorausgehenden Jahrhunderte nicht allein durch das Fehlen einer religiössymbolischen Bindung, sondern zusätzlich in ihrer Verankerung und Besinnung auf die Antike: so in der Zahl (numerus), in der Beziehung (finitio) und Anordnung (collocatio), die schließlich zu einem Ebenmaß (concinnitas) zusammenklingen. Die Proportion des menschlichen Körpers wird wieder zur Maßeinheit der Architektur und die Größenverhältnisse in der Baukunst an Hand einer Morphologie der Säulenordnung dargestellt. Auf Alberti stützten sich in der Folgezeit bes. → Vignola, → Serlio und → Palladio, die führenden Architekturtheoretiker

der Spätrenaissance. Sie übten mit ihren Gedanken und ihrem Formengut langandauernden Einfluß bis zum Ende des 18. Jhs. auf Bauhistoriker wie Architekten aus (→ Lodoli, Francesco Milizia). In Frankreich waren, italienisch geschult, zunächst → Delorme und Jacques Ier Androuet → Du Cerceau prägend für die A. Die wichtigsten Vertreter im Zeitalter des Absolutismus und Ludwigs XIV. sind u. a. → Perrault, François → Blondel d. Ä., → Boffrand, → Briseux sowie der Theoretiker → Laugier und der Architekturlehrer Jacques-François → Blondel an der Wende zum → Klassizismus. Die in Deutschland entstandenen A. beriefen sich vornehmlich auf die frz. Werke, hin und wieder sind Rückgriffe auch auf ital. Traktate festzustellen. Zu den bedeutenden Theoretikern zählen u. a. → Dietterlin, → Furtenbach, Nikolai Goldmann, Joachim v. Sandrart, → Sturm, sowie Paul Decker und Friedrich Penther. Ihren Bemühungen, der Gesellschaft des Absolutismus ein System kanonischer Architekturregeln zu geben, folgte im Zeitalter der Aufklärung und des beginnenden Klassizismus ein neuer Standpunkt, in dem auch der philosophische Aspekt in der Architektur, z. B. durch Kant und Hegel, eingebettet war. Kants Vorstellungen von »angehängter« Schönheit in der Architektur förderten das im → Historismus und → Eklektizismus offen gepriesene Auseinanderfallen von Konstruktion und Dekoration. Hegel beschrieb die Architektur direkt als eine »Kunst am Äußerlichen« und sah in ihr dazu den Anfang der Künste. Seine Interpretation beinhaltet bereits eine Vorahnung von den dialektischen Auseinandersetzungen über die geistigen und materiellen Aussagen in der Kunst, im besonderen in der Architektur, die in der Formulierung bei → Semper in der Mitte des 19. Jhs. ihre erste Umsetzung in die Praxis erfuhr. Riegls Versuch, Sempers Theorie mit dem Aspekt des ›Kunstwollens‹ zu korrigieren, ihr damit auch Abstraktion und Einfühlung zu attestieren, kann letztendlich den Wechsel zu einer funktionalistischen und rationalistischen Architektur und damit gleichzeitig das

Bildnis eines vornehmen Architekten, von Ludger Tom Ring d. Ä., 1. Hälfte 16. Jh.

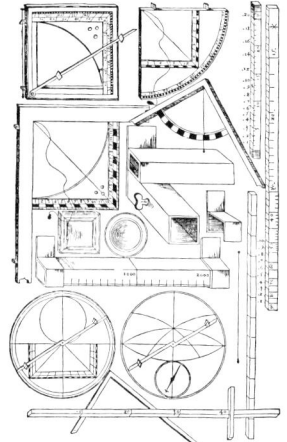

Architekturtheorie. ›Von der geometrischen Messung‹, Instrumentarium, 1547.

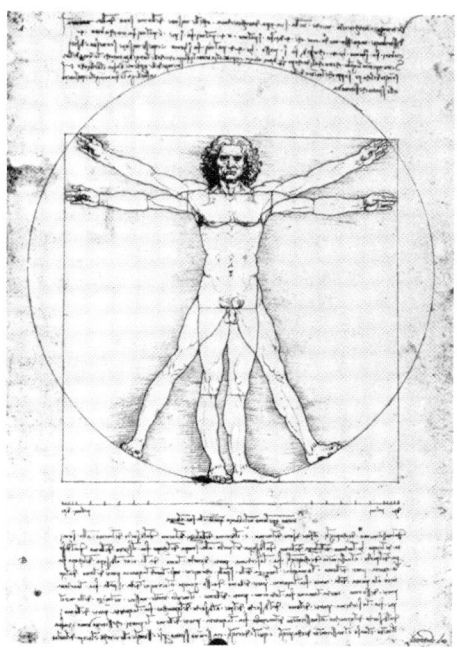

Architekturtheorie. Proportionsstudie von → Leonardo da Vinci.

Architekturtheorie. Il Gesù, Rom. Innenraum von → Vignola, Fassade von → Porta, nach J. von Sandrart.

Ende des Vitruvianismus in der A. nicht mehr aufhalten. Das Ende des über vier Jahrhunderte prägenden Prinzips der klass. A. hatte schon im Zeitalter der Revolutionsarchitekten wie z.B. bei → Durand oder → Boullée zu bröckeln begonnen. Das mehrbändige architektonische Lehrbuch des Klassizisten → Weinbrenner (1810-20 veröffentlicht) erscheint schon fast wie eine Hommage am Beginn einer auf Inhalte und deren Form bezogenen Architektur, deren Theorien sich künftig aus dem Bereich der Kritik an Konstruktion und Dekoration entwickeln. Die seit der Mitte des 19. Jhs. im Bauwesen neu angewandten Werkstoffe wie Eisen, Glas und Beton und die Berücksichtigung sozialer Hintergründe und Bedürfnisse bei Wohnbauten und in der Städteplanung führten zu neuen Synthesen von technischen und ästhetischen Ansprüchen. Für die A. und damit auch für die architektonische Gestaltung bleiben weiterhin die Proportion, Symmetrie und Reihung, das Zusammenwirken von Bausubstanz und Umgebung bzw. die Gestaltung des umschlossenen Raums, deren Ordnung und inneres Verhältnis, sowie die anschauliche Behandlung des Materials bestimmend. Alle Theorien und Kritiken berücksichtigen das der Forschung zugrundeliegende empirische Material, greifen auf historische Bauwerke und Bauformen zurück.

Mitte des 19. Jhs. und bes. mit Beginn des 20. Jhs. treten aufgrund der Kenntnisse über Anwendungsmöglichkeiten neuer Werkstoffe eine Fülle neuer Architekturvorstellungen ins Bewußtsein. Wie Architektur aussehen sollte oder was darunter zu verstehen ist, wird durch Architekten und Konstrukteure, vereinigt in Verbänden oder Schulen (Schule von → Chicago, → Bauhaus), postuliert und mehr durch exemplarische Musterbauten (→ Sullivan, → Skelettbauweise, Weißenhofsiedlung in Stuttgart, Werkbundsiedlung in Wien), als durch Traktate bzw. durch Architekturbücher im Sinne von Lehrbüchern vorgestellt (→ Bauhausschriften). Die

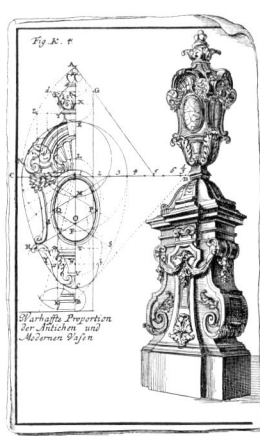

Architekturtheorie. Proportionsstudie aus Schüblers ›Perspectiva‹, 1719.

Tendenzen neuen Bauens, die gleichzeitig als Kritik der althergebrachten Konstruktionen zu verstehen sind, werden in Streitschriften und Manifesten von radikalen Gruppen wie u.a. → Futuristen, → Konstruktivisten, → Utopisten und → Rationalisten niedergelegt. Ihr Versuch, die formulierten Forderungen an Raum und Inhalt in die Realität umzusetzen, bleibt bis auf wenige Beispiele bereits im Ansatz stecken. Einzelgänger wie → Loos, → Wright, → Le Corbusier oder → Gropius, letzterer im Zusammenhang mit dem Bauhaus, sehen ihre Möglichkeit der Kritik nicht nur im Bereich der Theorie, sondern vor allem in der Umsetzung tatsächlichen konstruktiven Bauens, das durch Innovation und Konsequenz beeinflußend und trendbildend wirkt. Monographische Schriften zu Architekturerscheinungen, bzw. zum → Internationalen Stil (1932) von H.-R. Hitchcock und → Johnson oder → Venturis ›Komplexität und Kontradiktion in der Architektur‹ (1966), wirken nicht nur rekapitulierend sondern auch vorausschauend. Die → Postmoderne wurde in ihrer derzeitigen Entwicklung – die Herkunft und gewissermaßen auch ihre Grenzen – schon von Venturi formuliert, im Prinzip ein Anknüpfen an das, was Semper und Weinbrenner als den Beginn einer auf Inhalte und Form bezogenen Architektur voraussahen.   M.-A. V. L.

Lit.: Dürer 1527; Kant '48; Riegl '27, '77; Schlosser '24; Hitchcock '32; Venturi, L. '36; Wieninger '51; Conrads '64; Venturi, R. '66; Tafuri '68, '70; Hegel '70; Aristoteles '72; Hernandez '72; Semper, G. '77; Germann '82; Wolfenbüttel '84; Kruft '85; Schütte '86.

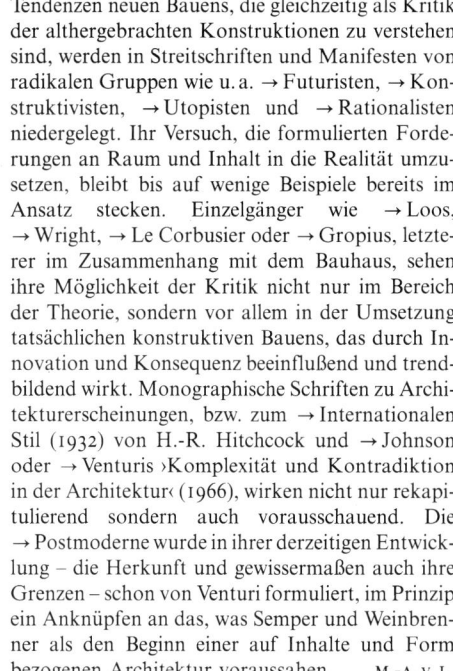

Architekturzeichnung. Kenotaph Newtons, von → Boullée, 1784.

Architekturwettbewerb → *Nachträge.*

Architekturzeichnung. Über die A. der Antike wissen wir wenig, aus dem frühen MA ist der Klosterplan St. Gallen (→ Kloster), aus dem späten MA sind Musterbücher (→ Villard de Honnecourt) und Vorlagen zur Durchführung von Bauten (Straßburger Münster, Riß B; Ulmer Münster, Ulrich von Ensingens Riß des Turms) überliefert (→ Bauhütte). Doch erst in der → Renaissance, seit → Alberti, → Bramante, Leonardo da Vinci (→ Architektur), → Raffael und → Michelangelo wird die Zeichnung

Architekturzeichnung. Kristallpalast, London, von → Paxton, 1850-51.

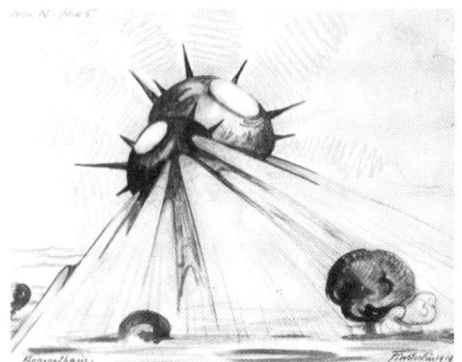

Architekturzeichnung. Entwurf von → Finsterlin, 1919.

sowohl Vorlage für später zu realisierende Bauten, als auch eine Möglichkeit, Ideen zu vermitteln. Im → Manierismus und → Barock kommt es dann zu → Architekturphantasien, die zu Stichwerken wie → Fischer von Erlachs ›Historischer Architektur‹ (1721) führen. Doch erst durch → Piranesi wird Architektur zum Bild, das fast ausschließlich der Ideenvermittlung dient. Die gezeichneten Stichwerke von → Ledoux, → Boullée u.a., ebenso bestimmte Zeichnungen → Schinkels, → Sempers, von → Mendelsohn und → Finsterlin, von → Le Corbusier und → Mies van der Rohe u.a. setzten diese Tradition fort. Bei den Architekten der → Postmoderne, die ihre Ideen lange Zeit nur mit dem Zeichenstift realisieren konnten, kommt es zu atmosphärelosen linearen → Isometrien, die oft farbig angelegt werden und bei denen eine Realisierung

Architekturzeichnung. Gartenpavillon Luckenwalde, von → Mendelsohn, 1920.

auch kaum möglich wäre, wie etwa bei den Häusern von → Abraham, den frühen Entwürfen von → Hollein vom Anfang der 60er Jahre, dem ›Wassereck‹ (1976) von → Haus-Rucker-Co, den Zeichnungen der → Archigram-Architekten, von → OMA, Massimo Solari oder Will Insley. In diesen Fällen ist oft die Zeichnung das Endprodukt. Dies gilt natürlich auch für die A.en von Künstlern wie Agnes Denes (Pyramidenserie) oder Christo (Texas Mastaba, Projekt für 125000 geschichtete Ölbehälter). W.R.
Lit.: Reudenbach '79; Klotz '84 a u. b; Nerdinger '86; Knauer '90.

Architekturzeichnung. Rathaus Marl, von van den Broek und → Bakema, 1958-62.

Architext → Azuma.

Architrav, der (gr.-lat.: Hauptbalken). In der → griech.→ röm. Baukunst und den in ihrer Nachfolge stehenden Baustilen der den Oberbau tragende Hauptbalken. In der griech. Baukunst meist auf Säulen ruhend, in der röm. und der abendländ. Architektur auch über der Pfeiler- und Bogenstellung liegend. Architraviert sind Türen und Fenster, wenn sie in der Art ion. und korinth. A.e mit Profilleisten (→ Faszien) umzogen sind. → Tempel.

Archivolten. Fürstentor, Bamberger Dom, 1. Hälfte 13. Jh.

Archivolte, die (ital.: Vorderbogen). Eine dem Bogenlauf an der Bogenstirn und der Bogenlaibung (→ Bogen 1) folgende Profilierung in der Antike, Romanik und Renaissance. Auch der Bogenlauf im

Archizoom → Italien.

Arcosolium, das. → Nischengrab.

Arena (lat.: Sand). Kampf- und Spielplatz im röm. → Amphitheater.

Argentinien → *Nachträge.*

Ariss, John (18. Jh.). Der erste Berufsarchitekt in Nordamerika, wanderte 1751 oder kurz vorher aus England ein; er inserierte in der Maryland Gazette, daß er »kürzlich aus Großbritannien« gekommen und bereit sei, »Bauwerke aller Art und Größe ... sowohl in der antiken wie in der modernen Ordnung von → Gibbs auszuführen.« Unglücklicherweise wird von seinem Werk nichts berichtet, doch wurden einige geglückte Landsitze in Virginia, z.B. Mount Airey in Richmond County (1755-58), wahrscheinlich von ihm entworfen. Sie sind im Stil des engl. → Palladianismus gehalten, wobei sich Anklänge an den Stil von Gibbs finden.
Lit.: Morrison '52.

Arkade (lat. arcus: Bogen). Bogenstellung über Pfeilern oder Säulen; in fortlaufender Reihe im Plural Arkaden gebräuchlich; auch Bezeichnung für einen einseitig durch A.nstellung geöffneten Gang (Bogengang). Der A. begegnet man in der

Architekturzeichnung. Studie von → Tschernikow, um 1930.

Architrav. Poseidontempel, Paestum, 5. Jh. v. Chr.

Architraviert. Archaisches Tempeltor, Sto Palati, Naxos.

Arkadenfenster. Kaiserpfalz, Goslar, 11. Jh.

Armenische Architektur. Hripsime-Kirche, Etschmiadsin, 618.

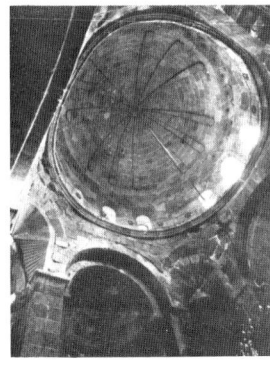

Armenische Architektur. Hripsime-Kirche, Etschmiadsin, 618.

gehobenen Steinbaukunst immer wieder. Eine erste Blüte erlebte sie in der röm. Baukunst, sodann in der des MAs., wo sie zu einem grundlegenden Gestaltungselement der → Basilika wurde, in der sie das hohe → Mittelschiff von den niedrigeren → Seitenschiffen schied, ohne die Räume zu trennen. Im Städtebau wurden A.n sowohl aus ästhetischen Gründen (einheitliches Straßenbild) als auch praktischer Zwecke wegen (Straßenverkauf) erbaut. → Blendarkaden dienen zur dekorativen Gliederung einer geschlossenen Wand; Zwergarkaden als Ziermotiv unter einem Hauptgesims (Romanik), ihre Reihung nennt man → Zwerggalerie.

Arkadenfenster. Ein Fenster, das durch eine fortlaufende Reihe von → Arkaden regelmäßig unterteilt ist, häufig in staufischen → Pfalzen und in Kreuzgängen (→ Kloster).

Arkadenhof. Innenhof mit meist mehrgeschossiger Arkadenstellung (→ Arkade). Zu finden in der islam. Baukunst in → Medresen und → Karawansereien, in der abendländ. Architektur im Schloßbau der → Renaissance, seltener bei großen Bürgerhäusern; die Wohnräume sind in jedem Fall vom Arkaden- oder Laubengang (→ Laube) her erschlossen.

Armarium, das (lat.: Waffenschrank). Wandschrank in Kirche oder → Sakristei zur Aufnahme heiliger Geräte und Bücher.

Armenische Architektur. Armen. Baudenkmäler finden sich im gesamten, einst von Transkaukasien und dem Iranischen Hochland bis an das östl. Mittelmeer reichenden Siedlungsgebiet (Armen. Hochland, Kleinarmenien, Kilikien). Die Ausrottung und Vertreibung der 2,5 Mio. Armenier unter türkischer Herrschaft (1915-1922) schränkte den Siedlungsraum auf die Republik Armenien (dort allein 40000 Bau- bzw. Kulturdenkmäler) und Karabach (arm.: Arzach), beide in Transkaukasien, ein. Eine gezielte Pflege armen. Baudenkmäler findet nur in der Republik Armenien statt bzw. wird im Iran geduldet.

König Trdat III. erhob 301 das Christentum zur Staatsreligion, so daß A. als ältester noch bestehender christl. Staat gilt. Die von Kappadokien und Nordmesopotamien (Syrien) ausgehende Christianisierung wurde zum machtvollen Kulturimpuls, den A. seinerseits an das nördl. bzw. östl. benachbarte Ost-Georgien (Iberien) sowie Albanien (im heutigen Nord-Aserbeidschan) weitergab. Bis Anfang des 7. Jhs. bildeten diese drei Länder unter Führung der armen.-apostolischen Kirche eine enge Glaubens- und Kulturgemeinschaft gegen Unterwerfungs- und Bekehrungsversuche durch den zoroastrischen Iran sowie Ostrom (Byzanz). Die

Gajane-Kirche, Etschmiadsin, 630-41.

Arkadenhof. Casa de Pilatus, Sevilla. 15.-16. Jh.

vom Konzil von Chalcedon (451) ausgelöste Kirchenspaltung in Mono- bzw. Dyophysiten führte freilich an der Wende vom 6. zum 7. Jh. auch zum armen.-georg. Schisma. Das transkaukasische Albanien hingegen überdauerte nicht die während der Araberherrschaft (7.-9. Jh.) eingeleitete Islamisierung des östl. Transkaukasus.

Wie auch bei den benachbarten christl. Kulturen Kleinasiens und des Mittelmeerraums dominierten in der armen.-christl. Sakralbaukunst anfangs die Longitudinalbauten nach dem Vorbild der röm. Gemeindehalle; einschiffige, tonnengewölbte → Saalkirchen mit fensterlosen, oft wie in syr. Kirchen hufeisenförmigen → Apsiden und mit offenen Galerien an den Längsseiten sowie dreischiffige → Basiliken des orientalisch-kleinasiatischen Typus (aus vorarab. Zeit: Dwin, Jereruk, Jerward, Aschtarak, Kassach, Arz; 5.-7. Jh.). Von den antiken → Tempelbauweise wurden die drei- bis siebenstufigen Fundamente (→ Stylobate) übernommen. In Verbindung mit der bereits im 5. Jh. eingeführten Zentralkuppel entstanden Mischformen wie Kuppelbasiliken bzw. längsgerichtete → Kreuzkuppelkirchen mit vier zentralen Kuppelstützen (z. B. Odsun, 6. oder 7. Jh.; Talin, Bagawan, Mren; alle 7. Jh.), doch wurden nach dem Ende der Araberherrschaft im 9. Jh. basilikale Strukturen bis zum 17. Jh. aufgegeben.

Wie in allen ostkirchlichen Kulturen setzte sich auch in A. der → Zentral(kuppel)bau durch. Seine schon im 5. Jh. fast zeitgleich mit den Längsbauten einsetzende Entwicklung stützt sich sowohl auf autochthone Traditionen als auch auf die als überkuppelte Zentralbauten ausgeführten Feuertempel des → Iran. Der antiken röm.-griech. Architektur entnahm Armenien ebenso Beispiele für kleine Zentralbauten (z. B. den kreuzförmigen Monokonchos vorchristl. Mausoleen), wie der frühchristl. (Tetrakonchen bei Martyria und Baptisterien; Trikonchen als Martyrien bzw. ›cellae trichorae‹). Bevor im 7. Jh. mit dem Einfall der Araber das ›Goldene Zeitalter‹ und die erste Blütezeit der armen. Baukunst endeten, war fast der gesamte Katalog denkbarer großer und kleiner Zentralbauten entwickelt. Dabei galt als Regel, daß der östliche Kreuzarm zur hufeisenförmigen, polygonalen, meist aber halbrunden Altarapsis ausgebildet wurde.

Bei komplizierteren Vierpaßanlagen wurden ab dem 7. Jh. in den Winkeln zwischen den Kreuzarmen meist dreiviertelrunde Eckstrebennischen errichtet, die zu den Eckräumen überleiten (z. B. Kathedrale von Awan/Jerewan, um 600; Hripsime/Etschmiadsin, 618; Sissian, um 673). Diese auch bei anderen Bauformen auftretenden Nebenräume besitzen die allgemein in der frühchristl. Sakralarchitektur üblichen Funktionen: die östlichen dienen als Pastophorien, also als Prothesis (Voraltar zur Vorbereitung des Meßopfers) und Diakonikon (Sakristei), die beiden westlichen zum Aufenthalt der Vorbeter, des Adels oder als Frauenräume.

Der → Tetrakonchos über einem Quadrat taucht bereits 484 beim Umbau der Klosterkathedrale Etschmiadsin auf. Als komplizierte Nebenform des ummantelten Tetrakonchos mit vier Zentralpfeilern erscheinen ab dem 7. Jh. sog. Rundkirchen mit freiem Umgang. Strahlenförmige Zentralbauten (Sechs- und Achtkonchen) sind, obwohl in der Memorial- und Grabmalarchitektur des benachbarten Byzanz und Anatoliens sehr beliebt, in Armenien in vorarab. Zeit nur spärlich vertreten.

Nach dem Ende des arab. Kalifats in Transkaukasien erlangte A. zwar wieder relative Unabhängigkeit, ohne jedoch die polit. Stärke zu einem zentralisierten Staat aufzubringen. Es zerfiel in ein nördliches Königreich mit der Hauptstadt Ani unter der Herrschaft der Bagratiden nebst kleineren Vasallenkönigtümern in Kars und Taschir (Gugark) sowie in das südostarmen. Königreich Waspurakan unter der Herrschaft der Arzruni, deren Residenz Gagik Arzruni auf der Wansee-Insel Achtamar prunkvoll ausbauen ließ. Kunst- und baugeschichtlich drückte sich dieser Zustand in ausgeprägten Regionalstilen aus, personifiziert in den beiden überlieferten Hofbaumeistern des 10. Jhs., → Trdat (Schule von Ani) und Manwel (Achtamar/Waspurakan). Im Norden blühte die strategisch günstig auf einer Felszunge gelegene Zitadelle Ani zur wirtschaftlich und kulturell bedeutenden Stadt der › 1001 Kirchen ‹ auf.

Im Schatten des georg. Reiches erlebte Nordostarmenien nach der Befreiung von den Seldschuken (Ende 12. Jh.) eine bis in das 14. Jh. anhaltende zweite Renaissance. Ihre Träger waren die damals etwa 2000 Klöster. Im Zuge der ausgedehnten Neu- und Umbauten jener Periode wurden ab dem 10. Jh. vielen Kloster- und Wallfahrtskirchen westlich Vorhallen (gawit oder schamatun) vorgesetzt, die weder den byzantin. → Narthexbauten noch den europäischen → Portiken vergleichbar sind und als Versammlungsraum der Mönche, später auch als Gerichts- oder Unterrichtsräume bzw. als Beisetzungsstätte (schamatun) für Stifter, Äbte u. a. dienten.

Im Hochmittelalter machte sich ab der 2. Hälfte des 10. Jhs. (z. B. Bauten von → Trdat, mit Abb., und der Schule von Ani), verstärkt aber während der Mongolenherrschaft im 13. und 14. Jh. eine im Wesen der europäischen Gotik vergleichbare Betonung der Vertikalität bemerkbar, die u. a. zur Erhöhung der Kuppeltamboure, bei gleichzeitiger Verringe-

rung des Durchmessers, führte (z. B. Surb Marine/Aschtarak, 1281; Spitakawor, 1321). Es entstanden mehrgeschossige Mausoleumskirchen (z. B. Muttergotteskirchen in Jerward, 1321, und im Kloster Norawank/Amaru, 1331-1339), Klosterkirchen mit Doppelkapellen in zweigeschossigen Nebenräumen (z. B. Muttergotteskirche in Maritschawank; 1201), Klosterbibliotheken (Goschawank) und Glockentürme (Sanahin, vor 1236; Harpat; 1245).

Die Hauptleistung der in ihrem Grundcharakter konservativen armen. Sakralbaukunst bestand nach J.-M. Thierry weniger in der Innovation neuer Bauformen als vielmehr darin, bekannte Verfahren schon im 7. Jh. für den Bau großer Kirchen nutzbar gemacht zu haben. Weiterentwicklungen ab dem 10. Jh. erfolgten eher an der Außenbau-Gliederung und Dekoration als in der Erweiterung des ursprünglichen Formenbestands. Auch die nationalen Eigentümlichkeiten zeigen sich vor allem in den Details (beidseitig mit Hausteinen verschalte Gußmauertechnik ohne Betonung der Mörtelfugen; Kuppelkalotten nur im Kircheninneren erkennbar; kegelförmige oder schirmartige Kuppelhauben auf polygonalen Tambouren, prismatische Nischen in den Außenfassaden).

Surb Nschan, Achtamar. Relief des hl. Theodor.

Surb Nschan (Hl. Kreuz), Residenz- und Klosterkirche von Achtamar, 915-921. Ansicht von Nordosten.

Der großen Formenvielfalt armen. Sakralbauten entspricht die Mannigfaltigkeit der Innenraumgestaltung. Durchgängig sind allerdings die Ostung sowie die Erhöhung des Altarbereichs (Bema und Exedra), der im Unterschied zur byzant. Tradition durch keine Bilderwand (→ Ikonostase), Altarschranke oder Lettner vom Gemeinderaum getrennt wurde. Der Haupteingang liegt in der Regel dem Altar westlich gegenüber, seltener nach syr. Vorbild im Süden. Syr. Vorbild entsprach auch der sparsame Einsatz von Bauschmuck, der in Armenien mit Ausnahme von Stifterbildnissen meist als ornamentales Flachrelief ausgeführt wurde und sich anfangs auf Friese, Türen und Fenster beschränkte, ab dem 9./10. Jh. auch die Tamboure und Fassaden einbezog, deren Blendbogengliederung in der Schule von Ani fast obligatorisch wurde. Das berühmteste Beispiel armen. Bauskulptur bildet die Kirche Surb Nschan (Heiliges Zeichen bzw. Kreuz) von Achtamar (915-921). Als höfischer Prestigebau war sie allseitig mit Reliefs geschmückt, wobei die dominierenden alttestamentarischen Sujets im

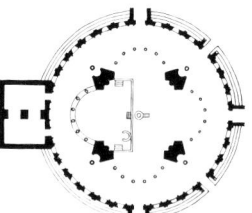

Kathedrale Zwartnoz, Mitte 7. Jh.

Kathedrale Ani, von Trdat, 989-1001.

Kathedrale Ani.

Armenische Architektur. Kreuz-stein des Meisters Pawros, Gaschawank bei Bilidschan, 1291.

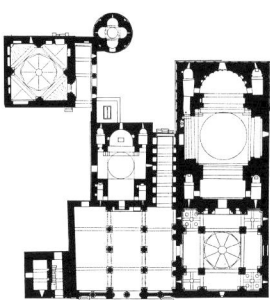

Armenische Architektur. Kloster Sanahin, 10.-13. Jh.

Hauptregister und deren stilistische Ausführung eine Beteiligung islam. (arabischer) Meister vermuten lassen. Wie alle Ostkirchen kannte die armen. zunächst keine Glocken bzw. Glockentürme. Ab dem 10. Jh. wurden kleine Glocken in offenen Dachaufsätzen über dem Eingang bzw. der Vorhalle oder dem Vorraum angebracht.

Die an keine kanonischen Regeln gebundene armen. Profanarchitektur (Wohn-, Handels-, Badehäuser, Gasthöfe, Mühlen, Quell- und Brunnenhäuser, Brücken) war naturgemäß für Einflüsse auch der islam. Nachbarvölker offener bzw. war stärker von regionalen Gemeinsamkeiten geprägt. So zeigt etwa die dreischiffige → Karawanserei (1332) auf dem Selimpaß eine starke Ähnlichkeit mit seldschukischen Gasthöfen. Umgekehrt hat die armen. Kegelhaube unverkennbar den seldschukischen → Mausoleumsbau (z. B. Türben bei Achlat/Ahlat am Wansee) sowie die Kegelbedeckung türkisch-osmanischer → Minarette beeinflußt.

Nach dem Anschluß Ostarmeniens an das Russ. Reich (1828) setzten sich im neuzeitlichen armen. Städtebau europäische Elemente und Verfahren durch: Stadtplanung nach strategisch-administrativen Kriterien, teilweise mehrgeschossige Häuser in Steinbauweise, ferner Banken, Hotels und Handelszentren anstelle orientalischer Karawansereien, Bäder und → Basare. Erst nach der Sowjetisierung Armeniens entwickelte sich in den 20er Jahren eine eigenständige Bauschule, vor allem unter Alexander Tamanjan, zunächst als ›armenischer Historismus‹ mit altarmen. Bauformen und -elementen, die später zunehmend mit Elementen moderner Architektur verbunden wurden (z. B. Handschriftenarchiv und Forschungsinstitut ›Matenadaran‹, Jerewan 1958; Volkskundemuseum Sardarapat, 1977; Haus der Kammermusik, Jerewan, 1977/78).

Ab den späten 60er Jahren setzte sich ein betonter → Funktionalismus durch, zum anderen avantgardistische und experimentelle Tendenzen, die die ma. Traditionen nur noch als schmückendes Detail verwenden. Im Zuge der polit. National-Renaissance entstehen Memorialbauten zur nationalen Geschichte und Mythologie mit einer eindringlichen und originellen Symbolsprache (z. B. Völkermord-Mahnmal ›Jerern‹, Jerewan 1967; Gedenkstätten zum Sieg über die Türkei 1918 in Sardarapat und Aparan, 1968). Namhaftester Vertreter dieser Richtung war → Israeljan. Vgl. → Byzant. Baukunst; → Islamische Architektur.   T.H.

Lit.: Strzygowski '18; Tombos '72; Nickel '74; Neubauer '76; Thierry/Donabédian '88; Documenti di archit. armena.

Armierung. → Bewehrung des Stahlbetons (→ Beton) durch Eiseneinlagen nach statischer Berechnung.
Lit.: Casc-Delporte '63.

Arneberg, Arnstein (1882-1961) → Skandinavien.

Arnold von Westfalen (15. Jh.). Architekt und wichtiger Vertreter der späten → Gotik. 1470 wurde A. an den Wettiner Hof in Meissen gerufen. Dort zunächst Mitarbeiter von H. v. Schleinitz, später Oberlandbaumeister von Sachsen. Sein wichtigstes und den spätgotischen Stil repräsentierendes Bauwerk ist die Albrechtsburg in Meissen (ab 1471) mit ihren reichen und fantasievollen Steinmetzarbeiten und der mannigfaltigen Gestaltung der Decken in den einzelnen Räumen. Von einzigartiger Bedeutung ist der Wendelstein, ein im Burghof außen angebrachter → Treppenturm. Von A. stammen

weitere wichtige Bauten in Sachsen: u. a. der Westflügel des Residenzschlosses in Dresden (1471-76), Rathaus und Kathedrale (1472-76), beide in Meissen.
Lit.: Cemper '72.

Arnolfo di Cambio. Florent. Bildhauer und Baumeister des späten 13. Jhs. (gest. 1302?), der unter dem Einfluß der frz. → Gotik und Kathedralplastik Skulpturenschmuck und Architektur zu einer harmonischen Einheit verband, wobei er auch typisch got. Details wie genaste → Kleeblattbögen verwandte. 1266 Gehilfe des Niccolò → Pisano (mit Abb.) beim Bau der Sieneser Kanzel, dann im Dienste Karls von Anjou in Rom, 1277 ›subtilissismus magister‹ genannt. Obwohl die in Rom entstandenen Werke signiert sind (Tabernakel von S. Paolo fuori le Mura, 1285, und das von S. Cecilia, 1293; Grabmal für Papst Bonifaz IV. in Alt-St. Peter, 1301), handelt es sich wahrscheinlich um Werkstattarbeiten. Sicher können ihm das Grabmal des Kardinals de Braye in S. Domenico, Orvieto (nach 1281), und erhaltene Skulpturfragmente von der Fassade des Doms in Florenz, dessen Bauleitung ihm 1286 übertragen worden war, zugeschrieben werden. A.s Entwurf ist im Mittelschiff und in den Seitenschiffen des Doms erkennbar, der heutige zentralisierende Ostabschluß mit seinen drei polygonalen Apsiden (→ Apsis) ist jedoch Talentis (um 1300-69) Werk, obschon der heutige Zustand, vielleicht unter dem Einfluß des Kölner Dombaues, bloß eine Erweiterung und beträchtliche Verlängerung nach Osten des von A. beabsichtigten Ostabschlusses darstellt. Es ist merkwürdig, daß A. in der ersten Quelle, die sich auf ihn bezieht (obgleich erst 1520), als Deutscher bezeichnet wird. Es wurden ihm noch mehrere andere Bauwerke zugeschrieben, darunter mit überzeugenden Argumenten S. Croce in Florenz (beg. 1294).
Lit.: Boito 1880; Keller '34; Paatz '37, '40-54; Metz '38; Salmi in EUA; Braunfels '64; Saalman '64; White, J. '66; Romanini '69.

d'Aronco, Raimondo (1857-1932). Wohl einer der bedeutendsten und originellsten Architekten des → Jugendstils in Italien; auch stark beeinflußt von der Wiener Sezession um → Wagner. A. studierte in Venedig bei Giacomo Franco und vertrat zunächst

S. Maria del Fiore (Dom), Florenz, von → Arnolfo di Cambio und Francesco Talenti, Ende 13. Jh.

Hauptgebäude auf der Kunstgewerbeausstellung Turin, von → Aronco, 1902.

eine noch dem → Neoklassizismus nahestehende Architekturauffassung, wie an den Entwürfen anläßlich einer Ausstellung in Turin 1890 oder den Entwürfen für die Maria-Teresa-Brücke in Turin 1893 zu erkennen ist. 1893 ging A. für längere Zeit, mit Unterbrechungen, nach Konstantinopel und trat in den Dienst des Sultans Abd ul-Hamid. Seine wichtigsten Projekte in der Türkei waren u. a. die kleine Moschee von Galata (1903), das Haus Botter in Konstantinopel (1907)und das Gebäude der ital. Botschaft in Therapia am Bosporus (1905). Auffallend für seinen Stil ist die abwechslungsreiche Gliederung der Fassaden mit immer neuen Effekten, sei es durch die Wahl des Materials oder durch Betonung von Ornamenten. Bemerkenswert sind auch seine Beiträge zu den Ausstellungen d'Arte Decorativa Moderna in Turin (1902) bzw. der Landesausstellung in Udine (1903). In Udine ließ er sich nach seiner Rückkehr aus der Türkei (1908) auch nieder und baute den auf den → Klassizismus zurückgreifenden Palazzo Communale (1908-17). Quasi als Abschluß seiner Karriere ist die Villa Tamburlini (1923-24) zu sehen, eine eher zurückhaltende, jedoch von der Poesie des Jugendstils bestimmte Architektur. → Sommaruga; → Italien.
Lit.: Nicoletti '55, '82; d'Aronco '80, '82.

Arquitectonica → *Nachträge.*

Arruda, Diogo de (tätig 1508-31). Führender Baumeister des → Emanuelstils in Portugal. Seine Hauptwerke sind das Mittelschiff und das Kapitelhaus der Klosterkirche in Tomar (1510-14) mit ih-

Art Deco. Diele des Hauses Adolf Sommerfeld, Berlin-Steglitz, von → Gropius, 1921-22.

rem fast surrealistisch zu nennenden plastischen Schmuck: Tafelwerk als Rahmung der Rundfenster, aufgefädelte Schwimmkorken als Profile, Strebepfeiler, die mit Korallen und Tang besetzt sind. – Sein Bruder *Francisco Arruda* (tätig 1510-47) war hauptsächlich Festungsbaumeister, errichtete jedoch auch den exotisch anmutenden Turm in Belém (1515-20) in einem fast ind. zu nennenden Stil.
Lit.: Chueca Goitia '53; Kubler-Soria '59.

Arsenal → Zeughaus.

Art Deco, der. Modischer Stil, insbes. auf dem Gebiet des Design, der Inneneinrichtung und der Architektur, gleichzeitig mit dem → Internationalen Stil der 20er und 30er Jahre, stark beeinflußt von → Kubismus, → Futurismus und → Expressionismus. Der Name leitet sich von der gleichnamigen Pariser Ausstellung dekorativer und industrieller Kunst ›Exposition internationale des arts décoratifs et industriels modernes‹ im Jahre 1925 ab (→ Ausstellungsarchitektur). Der Stil ist u. a. von einer Art ›nichtfunktionellem Modernismus‹, z.B. Stromlinienführung in der Architektur, gekennzeichnet. Der frz. Architekt → Mallet-Stevens (1886-1945) war einer der Hauptvertreter des Art Deco in der europ. Architektur (bes. das Wohnhaus an der Rue Mallet-Stevens in Paris, 1926/27). In den → USA fand der Stil seine ausgeprägtesten Formen in der Innen- und Außendekoration von Wolkenkratzern. Erste Ansätze des neuen Stils lassen

Art Deco. Wohnhaus, Paris, von → Mallet-Stevens, 1926-27.

sich schon in dem Wettbewerbsbeitrag von Eliel → Saarinen für den Tribune Tower, Chicago (1922) finden, der nicht verwirklicht, aber im Panhellenic Hotel (1927-30) von A. John Howell in enger Anlehnung zitiert wird. In New York entstehen in der Zeit von 1923-39 ca. 120 mehr oder weniger aufwendig im Art Deco-Stil dekorierte Hochhäuser oder Wolkenkratzer (Chrysler Building 1928-30 von van Alen, Western Union Building 1928-30 von Sugarmen & Berger, Empire State Building 1930/31 von Shreve, Lamb & Harmon, Fuller Building 1928/29 von Walter & Gillette, Park Avenue Building 1927 von Ely Jacques Kahn, Kinos und weitere öffentliche Gebäude, z. B. Radio Music Hall, Rockefeller Center). Der Art Deco zeigt sich bes. in dekorativer polychromer Fassadengestaltung, unter der sich die modernen Konstruktionstechniken der → Skelettbauweise verbergen. M.-A. V.L.
Lit.: → Italien; Hillier '68, '72³; Richards-Pevsner '73; Robinson-Haag '75, Massobrio-Porthogesi '76; Deshouilières '80.

Art Nouveau, frz. und engl. Bezeichnung für → Jugendstil.

Fenster am Kapitelhaus in Tomar, Portugal, von Diogo → Arruda, 1510-14.

Art Deco. Lifttür im Chrysler Building, New York, von William van Alen, 1928-30.

Art Deco. Chrysler Building, von William van Alen, 1928-30.

Arts and Crafts. Titelblatt von ›Wrens City Churches‹, von → Mackmurdo, 1883.

Arts and Crafts. Die auf Grund der Kunst und Kunsttheorie von William → Morris gegründete Bewegung, die auf eine Wiedervereinigung von Kunst und Kunsthandwerk, d. h. auf die schöpferische Vollwertigkeit des Kunsthandwerks abzielt. So benannt nach der 1888 gegründeten Arts and Crafts Exhibition Society. Die wichtigsten Vertreter waren Walter Crane, → Mackmurdo, → Voysey, → Ashbee und → Lethaby, der die Londoner Central School of Arts and Crafts im Sinne der Bewegung reformierte (Lehrwerkstätten). Die Künstler des A. a. C. beeinflußten viele → Jugendstilarchitekten, vor allem van de → Velde; in Deutschland machte → Muthesius ihre Gedanken bekannt. Ihr Vorbild führte zur Gründung des → Deutschen Werkbundes.

Lit.: Pevsner '37, '68; Posener, '64; Naylor '71; Kornwolf '72; Anscombe Gere '78; Davey '80; Richardson '83; Hatje '63; Stansky '88.

Arup, Ove (Nyquist) (geb. 1895). Engl. Ingenieur und Architekt dän. Abstammung. 1916-22 Studium der Mathematik und Philosophie, dann des Bauingenieurwesens in Kopenhagen. 1922-34 Designer und Ingenieur bei Christiani & Nilson in Hamburg und London; 1934 Chefingenieur von J. L. Kier and Company, London; 1938 zus. mit seinem Vetter Arup and Arup Ltd., London und Gründungsmitglied von MARS (Modern Architectural Research); Berater von → Lubetkin (Pinguin-Bassin des Londoner Zoos, Abb. → Tecton); 1949 Eröffnung eines eigenen Büros in London; bis 1954 Berater von Alison und Peter → Smithson (Hunstanton School, Abb. → Brutalismus); 1956-80 von → Utzon (Oper in Sydney); 1956-80 Mitwirkung an The Barbican, London; 1971 am Centre Pompidou in Paris (Abb. → Piano; Richard → Rogers); 1973-75 an der Mehrzweckhalle von Mutschler u. a. auf der Bundesgartenschau in Mannheim beteiligt (Abb. → Gitterschale). A. hatte 1963, in dem Jahr, in dem er die Fußgängerbrücke über den Wear in Durham baute, zusammen mit Philip Dowson die interdisziplinäre Weltfirma Arup Associates mit über 2600 Mitarbeitern gegründet.   W. R.

Lit.: Arup Associates '77; Arup '79; Brawne '82; Arup '87.

Asam, Cosmas Damian (1689-1739) und Egid Quirin **Asam** (1692-1750). Söhne des bayr. Öl- und Freskomalers Hans Georg A. Beide gingen über ihr eigentliches Fach hinaus – Cosmas Damian war Öl- und vor allem Freskomaler, Egid Quirin Bildhauer und Stukkateur. Sie schufen nicht nur in beispielhafter Weise in ihrer häufigen kongenialen Zusammenarbeit kirchliche Innenräume im Sinne des barocken Gesamtkunstwerks mit seiner inhaltlichen und formalen Einheit von Raum und Ausstattung durch Malerei, Stuck und Plastik, sondern waren selbst mehrfach als Architekten tätig. Nach ihrem Studium in Rom 1711-14 entwickelten sie unter dem Eindruck des röm. Hochbarock und vor allem der pathetischen Kunst → Berninis einen eigenen bayerischen Ausstattungsstil, dem sie auch gegenüber den in den 1730er Jahren in Süddeutschland aufkommenden Tendenzen des → Rokoko treu blieben. In Szenen wie der Himmelfahrt Mariens auf dem Hochaltar in Rohr ist der Einfluß Berninis deutlich erkennbar.

Unter den großen Architektenpersönlichkeiten des 18. Jhs. in Süddeutschland, speziell in Bayern, verkörpern sie – neben den aus dem Bauhandwerk her-

vorgegangenen Architekten Johann Michael → Fischer und → Zimmermann – den im 18. Jh. häufiger anzutreffenden Typus des Maler-Architekten, der die theatralische Gesamtwirkung zum obersten Prinzip macht. Damit stehen sie, entwicklungsgeschichtlich gesehen, freilich wieder in vorderster Linie, denn so erfüllen sie – obwohl sie das formale Kriterium des Rokoko, die Rocaille, nicht übernehmen – die Forderungen dieser Stilrichtungen nach Bildhaftigkeit des Innenraums. Mit ihrer illusionistischen Kunst, die die reale und transzendentale Welt, Sein und Schein, zu einem geschlossenen ›Raumbild‹ verschmelzen läßt, schufen sie im Sinne eines ›Theatrum Sacrum‹ prunkvolle und sinnenberauschende Kirchenräume, die die religiöse Ekstase und himmlische Vision des Gläubigen evozieren wollen und als dramatische Schauplätze für die kultischen Handlungen dienen.

St. Johann Nepomuk, München, von den Brüdern → Asam, 1733 ff.

Die Mittel, die sie einsetzen, sind vor allem Bühnenaltäre mit plastischen Figurengruppen und monumentale Pfeiler- und Säulengliederungen mit → Oratorien, → Logen und → Brüstungen, die den Gemeinderaum in ein barockes Theaterproszenium verwandeln, virtuos abgestimmter, farbiger Stuckmarmor in Kombination mit Gold und Silber und farbsatte Fresken, deren Darstellungen die Grenzen leugnen und irreale Räume vorspiegeln, dazu eine raffinierte, oft indirekte Lichtführung, die die Trennung von Innen und Außen vergessen läßt. Sie alle zusammen erzeugen eine höchst effektvolle, ins Mystische spielende Raumstimmung, die trotz der rein theatralischen Elemente den hoheitsvollen und ernsten Charakter dieser Sakralräume erstehen läßt.

Vorwiegend zur Ausstattung von Kirchenbauten anderer Architekten berufen sind die wichtigsten gemeinsamen Ausstattungen Michelfeld, 1717; Weltenburg, ca. 1718-20 (Abb. → Abendländische Architektur) und 1735-36; Aldersbach, ca. 1720; Innsbruck, St. Jacob, 1722-23; Freising, Dom, 1723-24; Fürstenfeldbruck, 1723 und 1731; Maria Einsiedeln/Schweiz (Abb. → Schweiz), 1725-26; München, Heiliggeistkirche, 1727 (Schwere Zerstörungen im Zweiten Weltkrieg, wieder aufgebaut und

St. Johann Nepomuk mit Asamhaus, München, von den Brüdern → Asam, 1733 ff.

restauriert); Bruchsal, Hofkirche, 1728-29; Osterhofen, 1730-31; Regensburg, St. Emmeram, 1732-33; München, Johann Nepomuk-Kirche, 1733 ff.; Straubing, Ursulinen-Kirche, 1738. Sie waren auch selbst, teils jeder für sich, teils gemeinsam, als Planer und Architekten tätig. *Gemeinsame Architekturen:* Weihenstephan, Korbinians-Kapelle, 1720 (zerst.); Straubing, Ursulinen-Kirche, 1738. *C. D. Asam* allein zuzuschreiben ist Weltenburg, Rohbau 1718; Thalkirchen/München, Maria Einsiedeln (›Asam-Schlößchen‹ mit Kapelle, zerst.), um 1730; Ingolstadt, Bürgersaalkirche St. Maria Viktoria, 1732 (die Autorschaft an der Bauplanung fraglich). *E. Q. Asam:* Rohr, 1717-1725; München, Johann Nepomuk-Kirche (Asam-Kirche), 1733 ff. (das im 2. Weltkrieg zerst. Innere wurde inzwischen wieder renoviert). Sie ist eine private Stiftung E. Q. A.s, samt Priesterhaus, sein eigenes Wohnhaus ist ebenfalls direkt benachbart. – Hier haben beide Brüder in inniger Zusammenarbeit bei der Ausstattung ihr Bestes gegeben. Trotz der zeit- und kriegsbedingten Beeinträchtigungen ist diese Kirche noch heute ein beispielhaftes und in seiner Art einzigartiges Meisterwerk in der Gestaltung eines

Stadtbücherei Stockholm, von → Asplund, 1921 und 1924-28.

wegen des Grundstückes denkbar ungeeigneten Raumes, allein durch die Mittel einer durchdachten Ausstattung mit Stuck und Malerei, die das Licht als wesentlichen Gestaltungsfaktor hinzunimmt.

Mit den Brüdern A., die die bis dahin unbestrittene Herrschaft der ital. Wanderkünstler in Süddeutschland brechen halfen, begann die barocke Kunst Bayerns ihren eigentlichen Aufstieg zu einem epochalen Rang, den sie dann in der Spätphase, dem Rokoko, unbestritten behaupten konnte.   F. M.

Lit.: Feulner '32; Hanfstaengl '55; Hitchcock '68 b; Rupprecht '80; Rupprecht/v. d. Mülbe '85; Bushart/Rupprecht '86.

Aschieri, Pietro (1889-1952) → Italien.

Ashbee, Charles Robert (1863-1942). Mehr Sozialreformer und Designer als Architekt. A.s Vorbild war William → Morris. 1888 gründete er seine Werkstätten für Kunsthandwerk. Die ›Guild‹ siedelte 1902 in das Dorf Chipping Campden in den Cotswolds um; sie mußte später infolge des Ersten Weltkrieges schließen. Seine bedeutendste archit. Leistung sind zwei Wohnhäuser am Cheyne Walk in London (1899).

Lit.: Wright '11; Pevsner '36; Schmutzler '62; Teodori '67; Service '77; MacCarthy '81; Crawford '85.

Asplund, Gunnar (1885-1940). Einer der bedeutendsten schwed. Architekten des 20. Jhs. Ging aus von dem ursprünglich in Dänemark entwickelten skandinav. → Neoklassizismus; sein Hauptwerk in diesem Stil ist die Stadtbibliothek von Stockholm (1924-28) mit ihrem hohen, runden Lesesaal, der sich wie eine große Trommel über dem Bau erhebt. Mit seinen Arbeiten für die Stockholmer Ausstellung 1930 wandte er sich der mod. mitteleurop. Architektur zu; er griff aber nicht auf die damals bevorzugte recht massive Spielart dieses Stils zurück, sondern lockerte ihre Schwere mit Hilfe leichter Metallbauteile, viel Glas und freierer Dachfor-

Krematorium in Enskede, Stockholm, von → Asplund, 1939.

men auf und erzielte damit eine Anmut und Durchsichtigkeit, die international anregend wirkte (→ Ausstellungsarchitektur). A. war niemals demonstrativ oder aggressiv in seinen Stilmitteln; seine Bauten bewahren immer eine edle Verhaltenheit. Zu seinen schönsten Werken gehört der Ausbau des Rathauses von Göteborg (1934-37; Abb. → Anpassungsarchitektur) mit dem herrlichen, lichten Hof; ferner das Stockholmer Krematorium, vielleicht das vollendetste Beispiel einer wirklich dem 20. Jh. entsprechenen religiösen Architektur und Monumentalität. Abb. → Ausstellungsarchitektur.

Lit.: Holmdahl-Lind-Odeen '43 '81²; Zevi '48 a; Capobianco '59; Wrede '80; GA '62; Caldenby/Hultin '85; D. Cruikshank (Hrsg.) '88; John-Wilson '88.

Cosmas Damian Asam.

Egid Quirin Asam.

Häuser in Chelsea, London, von → Ashbee, 1904.

Asprucci, Antonio (1723-1808). Röm. Architekt des Frühklassiz. Sein Hauptwerk ist die Innenausstattung der Villa Borghese in Rom (1777-84); außerdem errichtete er im Garten der Villa die eleganten Tempel, Scheinruinen und andere Spielereien.

Lit.: De Rinaldis '48; Chiarini, M. in DBI; Meeks '66.

Assyrische Architektur → Sumerische und akkadische Architektur.

Astragal, der (gr. astragalos: Sprungbein). Antiker Würfel aus den Gelenkknochen von Schafen, auch beliebte Grabbeigabe. In der Baukunst ein halbrunder, als → Perlschnur gebildeter Stab zur Betonung der Grenzlinie zwischen Bau- und Ornamentgliedern, besonders in der ion. Ordnung (→ Säulenordnungen) zwischen Säulenschaft und → Kapitell sowie am ion. → Kyma.

Astwerk. Dekorationsmotiv der Spätgotik (→ Gotik) aus knorrigen, mit abgebrochenen Stümpfen besetzten, laublosen Ästen. Zunächst nur dekorativ anstelle von → Maßwerk, wurde es später an → Baldachinen, Taufbecken, → Kanzeln und → Sakramentshäusern auch konstruktiv eingesetzt. Vereinzelt findet es sich auch an Gewölberippen (→ Rippe). Seine Hauptverbreitung fand dieses naturalistische Element zwischen 1480 und 1525 in Deutschland, Frankreich und Spanien.

Lit.: Braun-Reichenbacher '66.

Astylos, der (gr.: säulenlos). Ein Bauwerk ohne Säulenstellung; die Bezeichnung ist hauptsächlich für Tempel ohne Säulenstellung (→ Tempelformen) gebräuchlich.

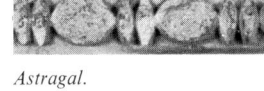

Astragal.

Astwerk. Spätgotisches Südportal der Stiftskirche, Leoben-Göss, um 1520.

Attika. Palazzo Madama, Turin, von → Juvarra, 1718-21.

Äthiopien → *Nachträge.*

Atlant, der. Eine meist überlebensgroße, männliche Steinfigur, die anstelle von → Säulen oder → Pfeilern ein → Gebälk oder → Gewölbe (→ Barockbaukunst) stützt (ihnen entsprechen die weiblichen → Karyatiden), benannt nach dem Titanensohn Atlas aus der griech. Mythologie, der dazu verurteilt war, das Himmelsgewölbe zu tragen. In der → röm. Baukunst ›Telamon‹ genannt, waren die Atlanten nach → Vitruv Sinnbild der unterjochten Feinde (Rom, Forum Augusteum). Auf diese Deutung zurückgehend finden sich in den Barockschlössern (→ Schloß) des frühen 18. Jhs. (→ Fischer von Erlach, → Hildebrandt) häufig Atlanten, die wie Türken aussehen. Das späte 19. Jh. griff in seinen barockisierenden Bauwerken (→ Historismus) dieses Motiv auf. Abb. → Fischer von Erlach.

Atrium, das (lat.: Innenhof). Innerer Wohnhof des röm. Privathauses (→ röm. Architektur), um den die Kammern und Wohngemächer angeordnet waren. Urspr. der Wohnraum mit dem Herdfeuer (da-

Atrium. Haus des Menander, Pompeji, 2. Jh. v. Chr.

Villa Borghese, Rom, von → Asprucci, 1777-84.

her auch der Raum für den Ahnenkult), entwickelte es sich zum säulenumstandenen Repräsentationsraum. In der → frühchristl. und ma. Baukunst ein der Westseite der Kirche vorgelagerter, meist viereckiger, von nach innen offenen Säulenhallen umschlossener Hof, auch Paradies genannt, mit einem Brunnen (→ Kantharos) für die rituellen Waschungen.

Lit.: Vitruv IV. 3; Reinhardt in RDK; Patroni '41; Crema '59.

Attika 1. Griech. Landschaft um Athen. **2.** In der Baukunst ein niedriger geschlossener Mauerstreifen über dem Hauptgesims (→ Gesims) einer → Säulen- oder → Pilasterordnung, häufig um das Dach zu verdecken. Die A. kann auch aus → Balustern gebildet oder mit Statuen besetzt sein. Sie findet sich bereits in der → röm. Baukunst (Stadttor, → Triumphbogen), aber auch in der → Renaissance und im → Barock bis hin zum → Klassizismus. → Polnische Brüstung.

Attikageschoß. Im frz. barocken Schloßbau (→ Schloß) entwickeltes niedriges Geschoß über dem Hauptgesims (→ Gesims) an Stelle der → Attika, das aber, wie in Versailles (Abb. → Hardouin-Mansart), darüber eine zusätzliche Attika aufweisen kann.

Atlant. Eingangshalle des Stiegenhauses im Oberen Belvedere, Wien, von → Hildebrandt, 1714-24.

Attische Basis. Attische Sonderform der ion. → Basis, bestehend aus einer → Hohlkehle zwischen zwei Wülsten, ohne → Plinthe; der obere Wulst ist niedriger und weniger ausladend. Die A. B. fand in der → karoling. und → roman. Baukunst häufig Anwendung, in letzterer mit → Eckblatt.

Auflager. Die Fläche, auf der ein tragendes Bauteil (Balken, Decke, Bogen) aufliegt; bei → Bogen und → Gewölbe ist der → Kämpfer das A.

Aufriß. → Architekturdarstellung der Außenansicht eines Bauwerks oder eines charakteristischen Wandausschnittes im Innenraum, der dessen Gliederung zeigt, in Normalprojektion (→ Projektion) und in verkleinertem → Maßstab.

Aufzug. Lasten- und Personenaufzüge gab es schon im Altertum, bei der Errichtung höherer Bauwerke, beim Be- und Entladen von Schiffen, im Theater als ›Götterlift‹ für den deus ex machina, im Kolosseum in Rom zur Beförderung von Tieren und Gladiatoren auf das Niveau der → Arena. Das Abendland beschränkte sich lange Zeit auf den Bereich von Seil und Winde. Erst der rasche techn. Fortschritt des 19. Jhs. veränderte das Bild. Zwar wurde der Fahrstuhl 1680 zum erstenmal in Frankreich realisiert, doch darf der Jenaer Erhard Weigel (1625-90) als Erfinder des neuzeitlichen Fahrstuhls gelten. 1857 baut man in New York das erste Geschäftshaus mit Personenaufzügen, das E. V. Haughwout Building. Es leitet eine Entwicklung ein, die inzwischen mit den ›Aussichtskabinen‹ John Portmans u. a. einen Höhepunkt erreichte. Den hydraulischen Aufzügen des 19. Jhs. folgen die elektrischen (seit 1880, von Siemens auf der Mannheimer Industrieausstellung gezeigt). Sie bilden die Voraussetzung für den Bau von → Hochhäusern und Wolkenkratzern, die das Bild der Städte entscheidend verändern sollten.

Benutzte man beim Eiffelturm in Paris (Abb. → Ausstellungsarchitektur) Schrägaufzüge, so tragen beim Centre Pompidou in Paris (Abb. → Rogers) in schrägen Röhren Rolltreppen den Besucher empor, ähnlich denen, die der USA-Pavillon auf der Weltausstellung 1900 in Paris zeigte.

Dem Wunsch nach dem Panoramablick trugen die Panoramalifte Mönchsbergaufzug in Salzburg (1890), Hammetschwandaufzug auf den Bürgenstock (1904) u. a. Rechnung, dem Drang nach Bequemlichkeit die Stadtteil-Lifte, wie z. B. der Straßenaufzug in Lausanne (1844) oder der Elevador do Carmo in Lissabon (1901-02) und in vielen anderen Städten.

Die ursprünglich im Theater entwickelte Hebebühne wird 1730 zur ›Vertrauenstafel‹, auf der Herrschaften ohne Personal unter vier Augen tafeln und Gespräche führen konnten. Sie findet später in Eisenbahnhebewerken z. B. der österreich. und ital. Staatsbahnen mit Tiefbahnhöfen, sowie Schiffshebewerken (Niederfinow, 1934) ihre Fortsetzung.

Lit.: Simmen-Drepper '84.   W. R.

Aufzug. Hydraulische Aufzugsanlage für die Weltausstellung Paris, von Léon Edoux, 1867.

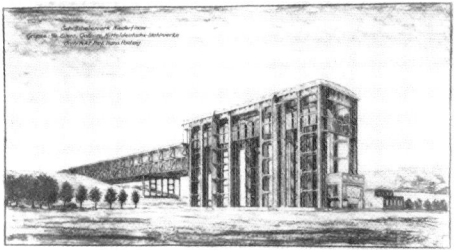

Aufzug. Entwurf für das Schiffshebewerk Niederfinow, von → Poelzig, 1934.

Aula (gr.-lat.: Hof). In der Baukunst der röm. Kaiserzeit der Palast; darauf zurückführend werden in der frühma. Baukunst → Pfalz und → Königshalle häufig auch ›Aula regia‹ genannt. Seit der Renaissance ist A. die Bezeichnung für den Festsaal einer Schule oder Universität.

Aulenti, Gae(tana) (geb. 1927). Nach Studium am Polytechnikum in Mailand Lehrtätigkeit dort und in Venedig. Gehört mit → Sottsass, Joe Colombo, Marco Zanuso und Richard Sapper zu den bekannten Namen des ital. Industrial-Design. A. ist auch Bühnenbildnerin und Architektin: Innenarchitektur des Musée d'Orsay, Paris (1978-86), des Museu d'Art de Catalunya, Barcelona (1985-92; mit Enric Steegmann). Vorliebe für Stufen und Treppen, dem postmodernen → Rationalismus nahestehend. → Frankreich.

Lit.: Ambasz '72; Aulenti '79; Lingotto '84; Zardini '87.

Aufzug. Hammetschwand-Aufzug auf dem Bürgenstock, Schweiz, 1904.

Auroville → Indien.

Ausfalltor. Ein in → Festungen nur zu Ausfällen gegen die Belagerer oder zur Verbindung mit Außenwerken dienendes kleines Tor.

Ausfugung. Im → Backsteinbau das letzte und saubere Ausfüllen der → Fugen an den sichtbaren Bauteilen mit festem Mörtel.

Ausgeschiedene Vierung. → Quadratischer Schematismus.

Auslucht, die. Erkerartiger, rechteckiger oder polygonaler Vorbau in der niedersächsischen Renaissancebaukunst, der sich im Gegensatz zum → Erker vom Erdboden aus erhebt und über ein oder mehrere Geschosse reicht.

Auslucht. Rathausapotheke, Lemgo, von Hermann und Johann Roleff, 1612.

Attische Basis.

Außenkanzel. Wallfahrtskirche Notre-Dame du Haut, Ronchamp, von → Le Corbusier. 1950-55.

Außenkanzel. Vom Kircheninnern oder durch eine Außentreppe zugängliche → Kanzel an der Außenwand einer Kirche (meist Wallfahrtskirche) zur Vorweisung von Reliquien und zur Predigt.

Außentreppe → Treppe.

Aussichtsturm → Turm.

Ausstellungsarchitektur. Neben den seit dem 18. Jh. errichteten Museumsbauten werden ab dem 19. Jh. Bauten für eine einmalige Verwendung oder für regelmäßig wiederkehrende Handelsmessen oder Kunstausstellungen (Biennale, Venedig u. a.) errichtet, nach dem Vorbild des Londoner Kristallpalastes (→ Glasarchitektur) Mehrzweckhallen, wie z. B. der Münchner Glaspalast von v. → Voit, 1854, oder das Palais d'Industrie von F. Cendrier und A. Barrault (Entwurf 1852) für die Pariser Weltausstellung 1855, in dem ständig Ausstellungen stattfanden, bis es dem Grand-Palais der Weltausstellung von 1900 weichen mußte, das auch heute noch als A. verwendet wird. Beeinflußt von der englischen → Gewächshausarchitektur ist auch die riesige → Rotunde (Durchmesser 102 m) im Prater von

Kristallpalast, London, von → Paxton, 1851.

Wien, 1873 von → Russel anläßlich der Weltausstellung errichtet, oder die Jahrhunderthalle in Breslau, 1913 von → Berg. A. dieser Art, wie z. B. die Messehalle in Frankfurt a. M. von → Thiersch (1907-09) oder die von Hans Alfred Richter in Witzleben (1914) werden bis heute auf Messegeländen errichtet, so etwa die Haupthalle des Turiner Ausstellungsgeländes von → Nervi oder das Messehaus 4 in Frankfurt a. M. von Groethuysen, Maurer,

Messehaus 4, Frankfurt a. M., von Groethuysen, Maurer, Otzmann und Wirsing, 1982-83.

Otzmann und Wirsing. Vereinzelt errichten auch Firmen der Werbung dienende A., wie den Pavillon der INA auf der Mustermesse in Mailand (1935) von → Albini oder A. von → Baldessari.
Neben den → Museen entsteht auch A. für wechselnde Kunstausstellungen wie z. B. das Gebäude

Eiffelturm, Paris, von → Eiffel, 1889.

der Wiener Sezession 1897/98 von → Olbrich (Abb. → Österreich) oder 1937 das Haus der Deutschen Kunst in München von → Troost (Abb. → Deutschland).
A. als Spiegel gesellschaftlicher und geistiger Strukturveränderungen ist in ihrer, in erster Linie der Demonstration dienenden Freiheit eine Architekturgeschichte in Zeitraffung. Seit London 1851 den Reigen der Weltausstellungen eröffnete, gab es in der A. dieser stets hoch gesponserten und der nationalen Werbung dienenden internationalen Reprä-

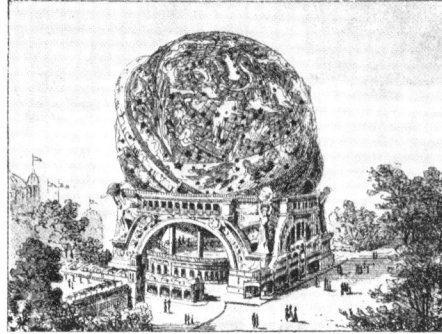

›Globe céleste‹, Paris, von Galeron, 1900.

sentationen eine Reihe von Bauwerken, die die Architektur der Welt beeinflußten, wie der Crystal Palace, London, von → Paxton der neuen Glasarchitektur zum Durchbruch verhalfen, oder A., die Signale setzte, wie 1889 der Eiffelturm (→ Eiffel) in Paris, ein gigantischer Dampfhammer als Symbol technischen Fortschritts errichtet, zukunftsweisend durch seine Höhe (300 m), die erst von den Wolkenkratzern Manhattans übertroffen wurde; die Galerie des Machines (Innenraum 115 x 420 m) von Dutert, Contamin und Pierron in Paris; 1900 der Himmelsglobus (Globe céleste) von Galeron in Paris, auf die zunehmende Beschäftigung mit dem All vorausweisend (1923 in Jena erstes Projektionsplaneta-

Haupthalle des Turiner Ausstellungsgeländes, von → Nervi, 1961.

Galerie des Machines, Paris, von Dutert, Contamin & Pierron, 1889.

Fabrik auf der Werkbundausstellung Köln 1914, von → Gropius und → Meyer.

Studie für das Ausstellungshaus auf der Mathildenhöhe, Darmstadt, von → Olbrich, 1905.

Theater auf der Werkbundausstellung Köln 1914, von van de → Velde.

Das Glashaus auf der Werkbundausstellung Köln 1914, von Bruno → Taut.

Exposition internationale des arts décoratifs et industriels modernes, Paris, 1925:

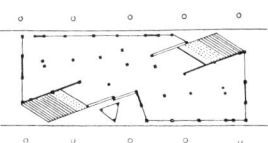

Pavillon de l'Esprit Nouveau, von → Le Corbusier.

Österreichischer Pavillon, von → Kiesler.

Sowjetischer Pavillon, von → Melnikoff.

Grundriß des sowjetischen Pavillons.

Deutscher Pavillon auf der Internationalen Ausstellung in Barcelona, 1929, von → Mies van der Rohe.

Mit Grundriß.

Restaurant auf der Stockholm Uställlingen, von → Asplund, 1930.

Weltausstellung Paris 1937:

Sowjetischer Pavillon von B. M. Iofan.

Musée d'Art Moderne von Dondel, Aubert, Viard, Dastugne.

Deutscher Pavillon von → Speer.

Breda-Pavillon auf der Mailänder Messe 1952, von → Baldessari. Mit Grundriß.

Atrium der IX. Triennale in Mailand, von → Baldessari, M. Grisotti, Lucio Fontana und U. Milani, Fußboden von → Rossi, 1951.

Messegebäude auf der ersten Deutschen Verkehrsausstellung, München 1953, von Horst Döhnert.

Atomium auf der Weltausstellung Brüssel 1958, von A. und J. Pollak.

Philips-Pavillon auf der Weltausstellung Brüssel 1958, ›Le poème électronique‹, von → Le Corbusier.

›Habitat flats‹, Weltausstellung Montreal 1967, von → Safdie.

Deutscher Pavillon auf der Weltausstellung Montreal 1967, von → Otto und → Gutbrod.

Pavillon der USA auf der Weltausstellung Montreal 1967, von → Fuller.

Themenpavillon auf der Weltausstellung Osaka 1970, von → Tange.

rium von Zeiss mit der ersten Stahlbetonkuppel, 40 m Durchmesser, Schalendicke 6 cm), 1958 in Brüssel das Atomium, das Atomzeitalter symbolisierend, und das hyperboloide Dreispitzenzelt aus dünnen Betonschalen des Philips-Pavillons von → Le Corbusier, ein ›elektronisches Gedicht‹ aus Bildern, Klängen, Licht und Farben mit der Musik von Edgar Varese und einem musikalischen Interludium von Janis Xenakis, optisch und akustisch die Besucher überfordernd.

In dieser Art gab es immer wieder Einzelbauten, die Zeitgeist demonstrierten, wie der sowjet. und dt. Pavillon (von einer internat. Jury neben den frz. Bauten preisgekrönt) auf der Weltausstellung in Paris 1937; gleichzeitig dort der Pavillon der Spanischen Republik von → Sert mit dem Quecksilberbrunnen von Alexander Calder, mit Picassos Guernica-Bild und davor der Plastik Montserrat von Julio Gonzales. Auf Veränderungen der Weltarchitektur verweisen 1967 in Montreal die Geodätische

Kuppel des USA-Pavillons von → Fuller, die an nomadische Traditionen anknüpfenden Zeltdächer des dt. Pavillons von → Otto und → Gutbrod, die ›Habitat‹ von → Safdie (mit Abb.), der nicht gebaute Montreal-Tower von Peter Cook (→ Archigram, mit Abb.); 1970 in Osaka der Themenpavillon von → Tange und der kanadische und japanische Vorbilder integrierende Pavillon von → Erickson (mit Abb.).

Neben dieser A. der World Fairs gab es berühmte Ausstellungen, die den Geist der Zeit durch A. dokumentierten, so 1925 in Paris die ›Exposition internationale des arts décoratifs et industriels modernes‹ (→ Art Deco) mit Le Corbusiers ›Pavillon de l'Esprit Nouveau‹, dem sowjet. Pavillon von → Melnikoff, dem österr. von → Kiesler. Auch die Ausstellungen des → Deutschen Werkbundes, 1914 in Köln mit dem Theater von van de → Velde, der Musterfabrik von → Gropius und → Meyer und dem Glaspavillon von Bruno → Taut, die A. der Weißenhofsiedlung 1927 in Stuttgart (Gesamtplanung von → Mies van der Rohe unter Beteiligung von 16 Architekten aus 5 europäischen Ländern) und in Wien 1933 (Gesamtplanung → Rietveld, Teilnahme von 34, z. T. international bekannten Ar-

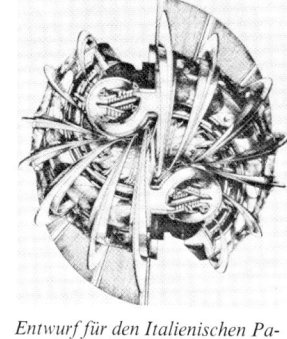

Entwurf für den Italienischen Pavillon auf der Weltausstellung Osaka 1970, von Sacripanti.

Französischer Pavillon auf der Biennale Venedig 1970, von Claude Parent.

Kanadischer Pavillon auf der Weltausstellung Osaka 1970, von → Erickson.

chitekten). 1957 versuchte man im Hansaviertel in Berlin eine ähnliche Mustersiedlung international bekannter Architekten zu schaffen, 1983/84 übertrug man diesen Gedanken auf die gesamte Neugestaltung der Stadt durch die Internationale Bauausstellung (IBA). 1930 veranstaltete der Schwedische Werkbund unter Leitung von → Asplund die Stockholm Utställingen, die zu einem Signal für die Durchsetzung des → Internationalen Stils in Skandinavien wurde.

1929/30 schuf Mies van der Rohe mit dem dt. Pavillon auf der Internationalen Ausstellung in Barcelona ein in seiner rationalen Klarheit glanzvolles Siegesmal des Internationalen Stils, das weltweit, vor allem aber in den USA (→ Architekturausstellung) und Lateinamerika (→ Mexiko) verstanden wurde, alle Lehren der neuen Ästhetik wie in einer Formel zusammenfassend: Glas und hochpolierter Edelstahl, ergänzt durch Leder (Barcelona-Sessel) und eine glänzende, schimmernde Onyxwand – all diese Materialien in ihrem Eigenwert zur Wirkung gebracht und doch zu einer Einheit verbunden durch die Spiegelungen des Lichts, das die Natur, gleichsam als Partnerin des Bauwerks, in lebendigem Wechsel und verschwenderischer Fülle einließ. Bemerkenswert nach dem Zweiten Weltkrieg war – neben den oben erwähnten – die A. des Atriums

Expo Tower auf der Weltausstellung Osaka 1970, von → Kikutake.

Ausstellungsarchitektur. Galleria der Frankfurter Messe, von → Ungers, 1983.

Ausstellungsarchitektur. Kuppel des Deutschen Ausstellungspavillons auf der Expo '70, Osaka. Entwurf S. Bornemann und Ingenieurgruppe M. Mengeringhausen.

und des ›Salon d'onore‹ der IX. Triennale in Mailand 1951 durch → Baldessari, M. Grisotti, Lucio Fontana, U. Milani und → Rossi, sowie der Breda-Pavillon der Mailänder Messe 1952, ebenfalls von Baldessari und die A. der Ersten Deutschen Verkehrsausstellung in München 1953 von Horst Döhnert. Die Tendenz zur Bewegung, zur Raumdurchdringung und -auflösung, die viele Bauten der Weltausstellung in Osaka (1970) zeigen, kennzeichnet auch die Gestaltung des frz. Pavillons auf der Biennale 1970 in Venedig. Die weitere Entwicklung versuchte zehn Jahre später → Portoghesi auf der Biennale in Venedig zu dokumentieren. (→ Architekturausstellung).   W. R.

Lit.: Distel '29; Luckhurst '51; Friebe '83.

Austin, Henry (1804-91) → USA

Australische Architektur. Die australische A. der Kolonialzeit (1788-1850) ist eine Fortsetzung der englisch-georgianischen A. (→ Großbritannien). Zu den ersten führenden Architekten gehörten → Greenway in New South Wales und John Lee Archer (1791-1852) Schüler von → Rennie in Tasmanien, der dort u.a. eine große Anzahl bemerkenswerter Kirchen erbaute; des weiteren John Verge (1782-1861) mit einigen herausragenden Land- und Stadthäusern, bemerkenswert u.a. Camden Park, N.S.W. (1831) und Elisabeth Bay House, Sydney (1832).

Das Klima, im Überfluß vorhandenes Bauland, für Steinmetzarbeiten verfügbare Sträflinge und der Geschmack der Kolonialoffiziere, die zumeist in Indien gedient hatten und in Australien Siedler geworden waren, begünstigten den Bau geräumiger einstöckiger Wohnhäuser mit oft breiten Veranden und Herrensitze mit → Portikus (z.B. Pan Shangar,

Australische Architektur Throsby Park in Boural. New South Wales, 1834.

Tasmanien, ca. 1838). Charakteristisch sind die in der Regel dorischen, oft sehr schlanken Säulen sowie die Einbindung des Dachs. Im öffentl. Bauen bedingten die Aufgaben und Bedürfnisse einer Strafkolonie den Vorrang bestimmter Gebäudetypen: Kasernen, Kirchen, Gefängnisse, Gerichte, Krankenhäuser, Zollämter, Docks und Lagerhäuser, die mit bemerkenswertem Geschmack erbaut

Australische Architektur. Pan Shangar, Tasmanien, um 1838.

wurden. Verglichen mit dieser späten kolonialen Blüte der Georgian Architecture waren die ersten Beispiele der → Neugotik schlicht: meist einschiffige Backsteinkirchen mit massiven, dachlosen Türmen oder einstöckige Cottages mit einem halbrunden Radfenster über der Eingangstür. Die Beliebtheit von Veranden selbst bei den städtischen Reihenhäusern führte zu einer steigenden Verwendung eleganter Gußeisengitter. Auffallend an vielen austral. Bauten ist der Einbau hoher und schmaler Fenster, die oft zu Zwillings- und Drillingsfenstern verbunden wurden.

Die Städte entwickelten sich von den Hauptstraßen aus, was auch heute noch für kleinere austral. Orte charakteristisch ist. Ein Markstein in der Geschichte der Stadtplanung ist Adelaide, 1837 von Oberst Light angelegt. Die Idee, neuzugründenden Städten einen Grüngürtel von durchschnittlich ei-

Australische Architektur. Wohnhäuser in Sydney, von Freeland, um 1860.

ner Meile Tiefe zu geben, bereits 1832 von T.J. Mazlen u.a. in England befürwortet, wurde hier erstmals im großen Maßstab umgesetzt.

Der Beginn der victorian. Ära (1851-1900) fiel mit der Auffindung von Gold und der schnellen Ausdehnung der Weidewirtschaft zusammen. Der neue Reichtum fand seinen Ausdruck in einer Flut von Regierungsgebäuden, Kathedralen, Banken und zahlreichen Rathäusern mit eindrucksvollem Portikus und hohen Türmen. Beispiele sind das Regierungsgebäude in Melbourne (1872-76) von William Wardell (1823-99), der dort auch die große St. Patricks-Kathedrale entwarf (beg. 1863); die anglikan. St. Pauls-Kathedrale daselbst (beg. 1877) entstand nach Plänen von → Butterfield. Die Verbindung zur Heimat blieb weiterhin lebendig. Die → Kuppel des Gerichtshofs in Melbourne (1877-82) wurde der des Gerichtshofs in Dublin von → Gandon nachgebildet; die kath. Kathedrale von

Guernsey House, Port Melbourne, von J. B. Grut, 1886.

Geometrie durch einen unregelmäßigen und beherrschenden See im Zentrum aufgelockert wurde. Ebenfalls bemerkenswert sind Griffins Capitol-Theater in Melbourne und die Wohnanlage Castlecrag in Sydney.

Der führende Architekt nach dem Zweiten Weltkrieg wurde Sir Roy Grounds, der u. a. 1958/59 zusammen mit Boyd und Romberg in Canberra die Akademie der Wissenschaften, die Nationalgalerie in Victoria(1962-67) und das Kunstzentrum in Melbourne erbaute. In Sydney errichtete Harry Seidler (geb. 1923), Schüler von → Gropius und → Breuer in Harvard, etliche Bauten für Industrie und Handel, so u. a. den Turm am Australia-Platz (1967). Auch international bekannte Architekten wurden herangezogen, wie z. B. → Pei, der in Melbourne am Collins-Platz zwei Hochhäuser (1970) errichtete. In jüngerer Zeit hat der austral. Architekt John → Andrews (geb. 1933), nachdem er sich in Kanada und den U.S.A. einen Namen gemacht hatte

St. Mark's Church of England, Darling Point, New South Wales, von E. T. Blacket, 1848.

Adelaide, St. Franz Xaver (beg. 1870), geht vermutlich auf einen Entwurf von → Pugin zurück. Der führende viktorian. Architekt in Sydney war Edmund T. Blacket (1837-83); seine Universität dort (1854-60) ist in der Formensprache gotisch, der Grundriß → palladianisch. Wie in Westeuropa dominiert ein eklektischer → Historismus.

Das Ende des Grundstücksbooms 1892/93, die beiden Weltkriege und die dazwischen liegende Depression verlangsamten die Bautätigkeit. Die austral. → Jugendstilarchitektur kam hauptsächlich noch aus England, obwohl der amerikan. Einfluß ständig wuchs. Er fand seinen ersten Höhepunkt in dem Wettbewerb für den Entwurfsplan von Canberra, gewonnen von Walter Griffin (1876-1937), einem früheren Partner von → Wright in Chicago, der 1913 nach Australien kam und bis 1935 blieb. Indem er jegliche Bautätigkeit auf den umliegenden Hügeln von Canberra untersagte und die Zentren des städtischen Wachstums weiträumig verteilte, schuf er einen grandiosen Landschaftsplan, dessen

Villa St. Ann's Hill in Chertsey, von Mac Grath, 1936.

(→ Kanadische A.), viel in Canberra gebaut, so u. a. Studentenheime für die Universität (1971-74) und das College für Höhere Bildung (1973-75), in Sydney den Hooker-Tower (1971-74), in Brisbane das Gebäude für das Chemietechnikinstitut der Universität von Queensland (1973-75). Das berühmteste moderne Gebäude jedoch ist die Oper von Sydney,

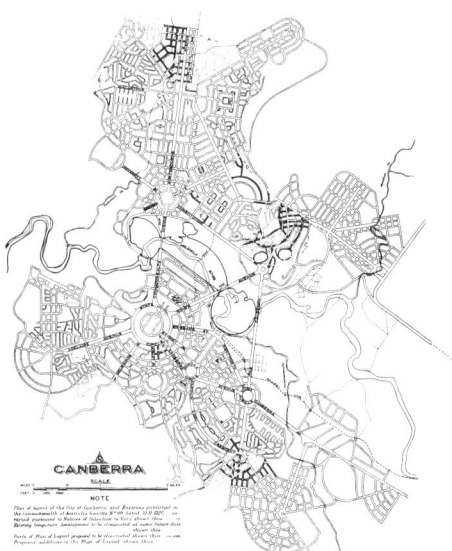

Entwurfsplan für Canberra, von Walter Griffin. Fassung von 1925.

Oper, Sydney, nach einem Entwurf von → Utzon, 1957, voll. 1972.

Australische Architektur. Australia Square Tower, Sydney, von Harry Seidler & Ass., 1967.

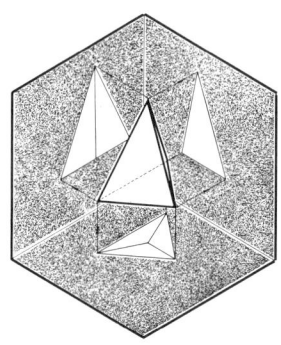

Axonometrische Projektion.

entworfen von dem dänischen Architekten → Utzon, der 1957 den Wettbewerb für die neue Oper gewonnen hatte. Obwohl die Oper nicht nach seinem Entwurf vollendet wurde, zeigt sie doch den Triumph der Idee über praktische, politische und bürokratische Schwierigkeiten.

Lit.: Wilson, H. '23; Beiers '48; Herman '54; Robertson, E.G. '67; Freeland '68; Australien '69; Cox-Lucas '78; Johanson '80; Austr. Arch. '81; Sharp, W.W. '83; Taylor '90.

Autonome Architektur. A. des autonomen Menschen. → Rationalismus.

Lit.: Haftmann '60; Bohning '81; E. Kaufmann '33/'85.

Axonometrie. Eine geometrische Zeichnung, die ein Bauwerk in drei Dimensionen zeigt, wobei der Grundriß maßstabsgetreu in einem beliebigen Winkel zur Horizontalen aufgetragen wird und die Vertikalen maßstäblich projiziert werden, mit dem Ergebnis, daß alle Linien, die in einer horizontalen Fläche liegen und alle Vertikalen maßgetreu bleiben, die Diagonalen und Kurven in einer vertikalen Fläche aber verzerrt wiedergegeben sind.

Lit.: Shick '59.

Aymonino, Carlo (geb. 1926). Vertreter des neuen ital. → Rationalismus. 1967-73 Mitarbeit am Wohnkomplex Gallaratese in der Mailänder Siedlung Monte Amiata; 1970 TH G. Marconi in Pesaro; gleichzeitig Beteiligung an der Stadtplanung mehrerer ital. Städte. A. entwickelte die Baustruktur aus geometr. Grundelementen, wobei die Bedürfnisse der Bewohner berücksichtigt werden und der Zweck des Baues klar erkennbar bleiben soll.

Lit.: Aymonino '65, '75, '77; Nicolin '79; Conforti '80, '81; Priori '91; Aymonino '91.

Technische Hochschule Pesaro, von → Aymonino, 1970.

Aztekische Architektur → Mesoamerikanische Hochkulturen.

Azulejos, die (Pl.; span.-arab.: blau). Glasierte, für gewöhnlich in hellen Farben mit Blumen und anderen Mustern bemalte Wandfliesen (→ Fliese), häufig zur Außen- und Innendekoration span., port. und ibero-amerik. Bauten verwendet.

Lit.: Migeon '27; Ainaud de Lasarte '52.

Azuma, Takamitsu (geb. 1933). Studium der Architektur in Osaka von 1952-57. Anschließend Mitarbeiter im Architekturbüro von → Sakakura in Osaka und Tokio bis 1967. Gründungsmitglied der Architektenvereinigung Architext 1971 (eine Gruppe, die sich gegen jegliche Doktrin im Bereich der Architektur wendet und für Individualität plä-

Australische Architektur. Oper, Sydney, nach einem Entwurf von → Utzon, 1957, voll. 1972.

diert) u.a. mit Mayumi Miyawaki, Makoto Suzuki und Takeyama. Erstmals Aufsehen erregte A. mit der Planung und Ausführung des Kindergartens Satsuki in Osaka (1969-73), einer in den Ebenen variationsreich gegliederten Atriumsarchitektur mit glatten, eine unregelmäßige Befensterung aufweisenden Wänden.

Lit.: Ross, M.F. '77; Ishii-Suzuki '77; CA '80, '87.

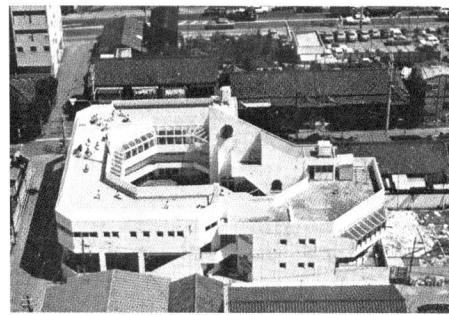

Satsuki Kindergarten, Osaka, von → Azuma, 1969-73.

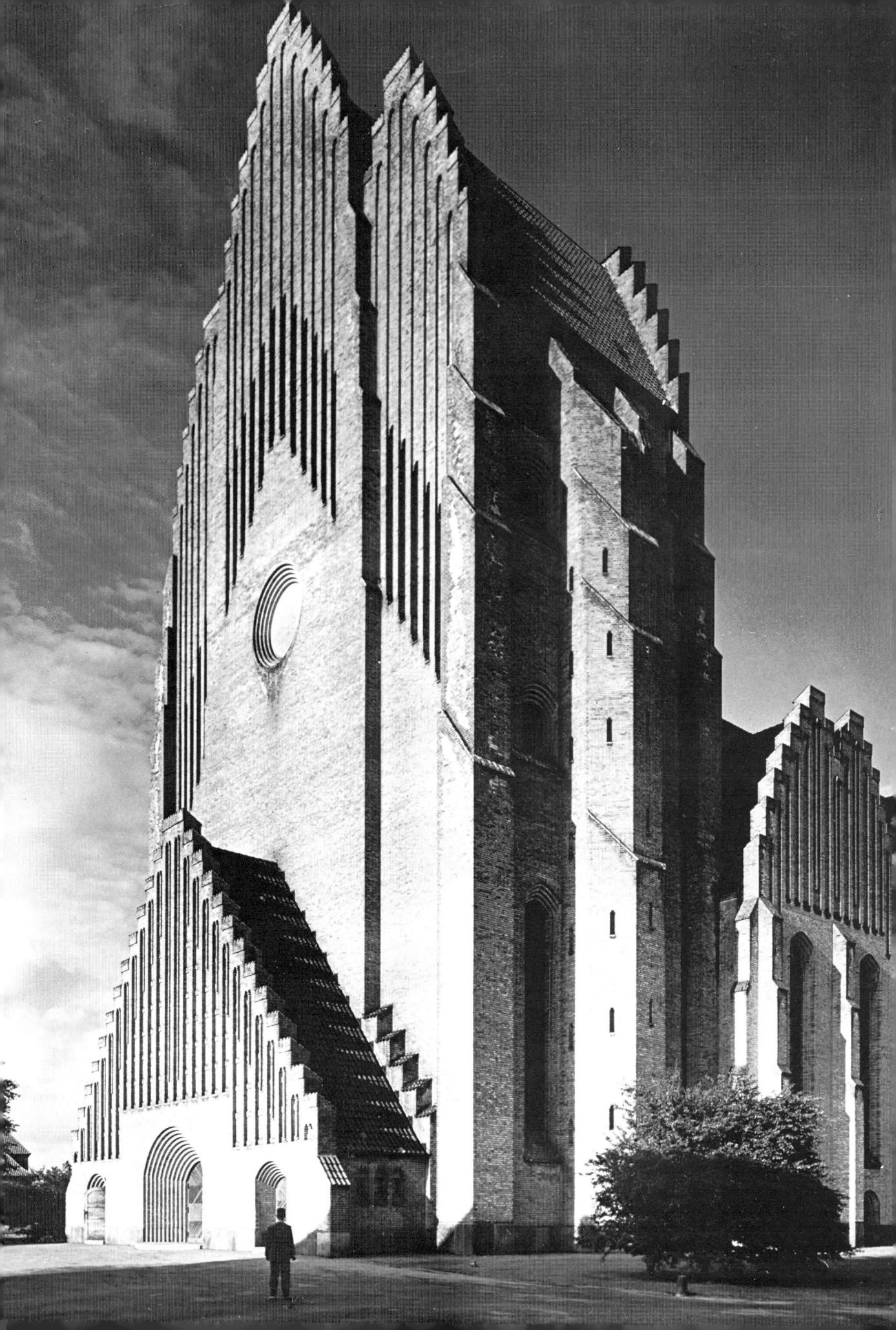

B

Babylonische Architektur → Sumerische und akkadische Architektur.

Backstein (Ziegel). Einer der ältesten künstlichen Baustoffe, aus Ton oder Lehm geformt und im Unterschied zum luftgetrockneten Lehmziegel (→ Adobe) durch Brennen wetterfest gemacht. → Klinker. (Die Maße des dt. Normalziegels: 24 x 11,5 x 5,2 [7,1] cm). → Lehmarchitektur; → Bausteine.
Lit.: Davey '65.

Backsteinbau. Unverkleidete Backsteine in verschiedenen → Mauerverbänden. Erste B.ten finden sich in der babylon. Kunst im 6. Jh. v. Chr., in der auch farbige Glasurziegel (Ischtartor von Babylon, heute Pergamon-Mus., Berlin) zur Verwendung kamen. Vergleichbaren Reichtum in der Dekoration zeigen später der sassanid. und der islam. B. In Ägypten spielt der B., abgesehen von einer prädynastischen Frühperiode, keine Rolle. Griechenland kennt ihn wohl, ignoriert ihn aber nahezu ganz. Tragender Baustoff, und das im Sinne des Wortes, ist er in Rom und im Umkreis röm. Zivilisation, vor allem (aber nicht ausschließlich) im Zweckbau (Stadtmauer, → Aquädukt, → Thermen). Minderen Ansehens muß er sich meist Verkleidung mit Werkstein (→ Haustein) oder, zum wenigsten, Putz gefallen lassen.
Erst die frühchristl. Baukunst in Byzanz und Ravenna läßt den Backstein wieder sichtbar sein, oft auch im Wechsel mit Werksteinen. Von den ravennatischen Bauten angeregt, entwickelte sich im 10. und 11. Jh. in der Lombardei eine bedeutende kirchl. und profane B.kunst, die dann die Architektur im norddt. Raum und den angrenzenden Gebieten (→ Backsteingotik) entscheidend beeinflußt hat. Gleichzeitig findet sich der B. in monumentaler Form auch in Südwestfrankreich. In der Renaissance geringere Verbreitung, doch dekorative Bereicherung durch → Terrakotta (im MA. durch Formsteine und Glasuren). Im Barock halten Holland und Norddeutschland am B. fest, mit Einkreuzung von Hausteinteilen (→ Schlaun), er floriert auch noch im 17./18. Jh. in Piemont. Weitere Verbreitung erfährt der B. erst wieder im romantischen → Historismus des 19. Jhs. als Ausdruck materialgerechten Bauens (Bauakademie in Berlin von → Schinkel) und nach 1900, ebenfalls als Ausdruck der Materialgerechtigkeit (→ Höger und → Schumacher in Bremen und Hamburg). → Lehmarchitektur; → Baukeramik.
Lit.: Street 1855; Gruner 1867; Lacroux-Detain 1884; Runge 1884; Sarre 1890; Diehl '25-26; Roccatelli-Verdoni '29; Clarke-Engelbach, '30; Wentzel in RDK; Bettini '40; Wachsmuth '42; Bazzoni '58; Benedetti '59; Panazza '62; Davey '65.

Backsteingotik. Sonderform der → Gotik, die sich vornehmlich in werksteinarmen (→ Haustein) Gebieten entfaltet hat, wie den Ländern an der Nord- und Ostseeküste. Die durch das Wesen des → Backsteins erzwungene Reduktion komplizierter Steinformen wurde ausgeglichen durch den Einsatz von → Formsteinen und → Baukeramik. Die B. entwickelte mit diesen Mitteln eine besondere Formensprache, welche die dem Material eigenen Möglichkeiten voll zur Geltung brachte, vor allem in der Gestaltung geschlossener Wände, die durch verschiedenfarbige Steine, stellenweises Tünchen und durch → Ausfugung aufgelockert wurden. Auch entstand eine Sonderform, der → Staffelgiebel, und eine besonders reiche Ausbildung der Stern- und Netzgewölbe (→ Gewölbe III, 8, 9). Im 20. Jh. hat die B. durch → Klint eine eindrucksvolle Fortsetzung gefunden. Abb. → Gotik.
Lit.: → Gotik; Thurm '35; Burmeister '38².

Backstrøm, Sven (geb. 1903) → Skandinavien.

Bacon, Henry → Neoklassizismus.

Badeanstalt → *Nachträge.*

Badia, die. Ital. Bezeichnung für → Abtei(kirche). In der Form Badija (Bâdiya) gebräuchlich für arab. Wüstenschlösser von großem Reichtum und Luxus, wie sie in den Geschichten von Tausendundeiner Nacht vorkommen; ein Beispiel ist al-Mschatta, Jordanien. → Islamische Architektur.
Lit.: Herzfeld '21; Creswell '32; Hoag '63.

Backsteinbau. Grundtvigskirche, Kopenhagen, von → Klint, entworfen 1913, beg. 1919.

Backstein. Ischtartor, Babylon, 6. Jh. v. Chr.

Bahnhofsarchitektur. Entstehungszeit und Aufgabenstellung der B. lassen sich wie bei kaum einer anderen Bauaufgabe exakt bestimmen: 1830 wurde in Liverpool die Crown Street Station eröffnet. Sie diente der Abfertigung der Reisenden auf der ersten Eisenbahnstrecke für den Personenverkehr, der Strecke Liverpool–Manchester. Ein Jahr zuvor hatte die Lokomotive ›Rocket‹ im englischen Rain-

Sächsisch-Bayerischer Bahnhof, Leipzig, von Eduard Pötzsch, 1842-45.

hill auf derselben Strecke den Sieg in einem Wettstreit mit drei anderen beweglichen Dampfmaschinen davongetragen. Sie war das ingeniöse Werk von George Stephenson (1781-1848); ihm und seinem Sohn Robert (1803-59) ist ein wesentlicher Anteil an der Gestaltung der ersten Bahnhöfe zuzuschreiben. Die Eisenbahn für den Personen- und Güterverkehr verbreitete sich mit ihren Bauwerken in den 30er Jahren des 19. Jh. auf dem europäischen Kontinent (Nürnberg–Fürth 1835), in den USA und im weiteren Verlauf des 19. und im frühen 20. Jh. in den Regionen der Erde, die von den europäischen Kolonialmächten erschlossen wurden.

In Liverpool war 1830 ein Funktions- und Gebäudemuster erfunden worden, das bis auf den heutigen Tag, ungeachtet aller stilistischen und dimensionsspezifischen Metamorphosen, eine große Zahl von Bahnhofsbauten in aller Welt zu prägen vermag: der Typ der *Durchgangsstation*. Hier liegt das Stations- oder Empfangsgebäude, das die Abfertigungs- und Warteräume aufzunehmen hat, parallel zum ein- oder mehrgleisigen Bahnkörper. Es vermittelt wie eine Schleuse zwischen dem Bereich des Stadt- oder Landverkehrs auf der einen und dem Bereich des Schienenverkehrs auf der anderen Seite. Dort liegt dann der Bahnsteig oder Perron, der von einer Art Veranda-Dach überdeckt wird. In Liverpool und in der Folge in unzähligen Beispielen überall auf der Welt spannt sich, ausgehend vom Veranda-Dach, quer über die weiteren Gleise und Bahnsteige eine zusätzliche Überdeckung, die als raumbildende Halle bezeichnet werden kann. Ihre Längenausdehnung wird in der Regel durch die jeweils übliche Länge der Züge bestimmt, ihre konstruktive Ausbildung läßt das Bemühen um möglichst umfängliche Stützenfreiheit erkennen, die ein unbehindertes Funktionieren aller bahnspezifischen Bewegungsabläufe ermöglichen soll.

Im Urbahnhof war somit die Zweipoligkeit von Empfangsgebäude und Halle schon angelegt, die konstitutiv werden sollte für die Mehrzahl aller Bahnhofsbauten. Unmittelbares Vorbild für diese Disposition waren die Posthöfe, die Zoll- oder Mautstationen des vorindustriellen Reisezeitalters.

Endbahnhöfe werden als Kopf- oder Sackbahnhöfe bezeichnet. Die Gleise enden hier; das Empfangsgebäude oder Teile von ihm umschließen ein- oder mehrseitig den Gleis-›Kopf‹ mit seinen Prellböcken oder Drehscheiben. Von Belang für die Herausbildung einer spezifischen B. war, historisch gesehen, außerdem noch der Typ des *Insel-* oder *Verbundbahnhofs*, bei dem das Empfangsgebäude inselartig ganz oder teilweise zwischen den Gleiskörpern lag, die sich hier trennten oder einander kreuzten.

Das anfänglich meist heterogene und ungeordnete Bauten-Ensemble eines Bahnhofs wurde schon im ersten Jahrzehnt seiner Entwicklung Anlaß zu bewußten Gestaltungsbemühungen der Ingenieure und/oder der Architekten. Für die große Masse der Durchgangsbahnhöfe an den sich allmählich zu Netzen verknüpfenden Teilstrecken wurden Typenbauten entwickelt, deren gestaltgebende Vorbilder in der europäischen Villenarchitektur (bis hin zum einfachen Gutswohnhaus) zu suchen sind. Loggien und Veranden waren hier seit je üblich und konnten somit stilkonform adaptiert werden. Für anspruchsvollere Standorte in der Nähe städtischer Zentren griffen die Baumeister der Bahn auf das Vorbild des Palazzo- oder Schloßbaus zurück.

Vorbildliche und charakteristische Lösungen der Bauaufgabe ›Bahnhof‹, wie von der Fachliteratur seit der Mitte des 19. Jhs. gefordert, waren eine Reihe großstädtischer Kopfbahnhöfe. Das funktionale Verhältnis von (ein- oder mehrschiffiger) Perronhalle und (ein- oder mehrflügeligem) Empfangsgebäude war dafür die Grundlage. Der anfänglichen Zweiteilung der Anlage in Abfahrt- und Ankunftsseite folgte in den 60er, 70er und 80er Jahren des 19. Jhs. die funktionale Betonung des alle Zungenbahnsteige zwischen den Gleisen verbindenden Kopfbahnsteigs, der kombiniert wurde mit einer alle Zu- und Abgänge bündelnden, die Abfertigungs- und Warteräumlichkeiten zentrierenden Schalter- und Wandelhalle. In der architektoni-

Crown Street Station, Liverpool, um 1830.

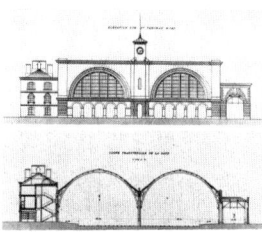

King's Cross Station, London, von Lewis Cubitt, 1852.

Gare de l'Est, Paris, von François Duquesney, 1847-52.

schen Durchgestaltung dieser drei Hauptverkehrszonen des Großstadtbahnhofs: der Gleis- oder Perronhalle, des Kopfbahnsteigs und der Schalterhalle sowie ihrer gegenseitigen Verflechtungszonen sahen die kreativsten Architekten und Ingenieure besonders der 2. Hälfte des 19. Jhs. eine Herausforderung, die sie zu epochemachenden und vorbildprägenden Lösungen inspiriert hat.

Die auch hier der Baugeschichte entlehnten Grundriß-, Querschnitt- und Fassadenmuster wurden äußerst originell variiert. Die Cour d'honneur des ab-

Stettiner Bahnhof, Berlin, von Theodor August Stein, 1874-76.

Hauptbahnhof, Köln, 1891-94. Wartesaalgebäude von Jacobsthal, 1894.

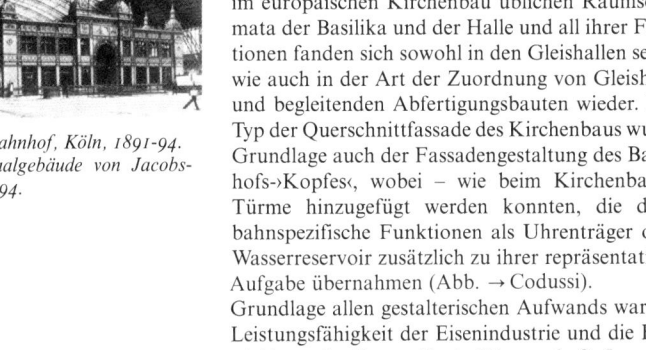

Bahnhof Friedrichstraße der Stadtbahn, Berlin, 1878-82.

Hauptbahnhof, Frankfurt am Main, von Hermann Eggert, 1883-88.

Paddington Station II, London, 1854.

solutistischen Schloßbaus wurde gleichsam mit der Gleishalle gefüllt; ihr Areal wurde von ein- oder mehrschiffigen Eisen-Glas-Hallen überwölbt. Die im europäischen Kirchenbau üblichen Raumschemata der Basilika und der Halle und all ihrer Filiationen fanden sich sowohl in den Gleishallen selbst wie auch in der Art der Zuordnung von Gleishalle und begleitenden Abfertigungsbauten wieder. Der Typ der Querschnittfassade des Kirchenbaus wurde Grundlage auch der Fassadengestaltung des Bahnhofs-›Kopfes‹, wobei – wie beim Kirchenbau – Türme hinzugefügt werden konnten, die dann bahnspezifische Funktionen als Uhrenträger oder Wasserreservoir zusätzlich zu ihrer repräsentativen Aufgabe übernahmen (Abb. → Codussi).

Grundlage allen gestalterischen Aufwands war die Leistungsfähigkeit der Eisenindustrie und die Entwicklung der Baustatik als Wissenschaft. In wenigen Jahren wuchsen die Dimensionen der Perronhallen um ein Vielfaches der ursprünglichen Spannweiten, verdrängten immer raffiniertere Eisenkonstruktionen die schwerfälligen Holzbinder der Pionierzeit, wurden die Hallendächer und Außenwände durch die Fortschritte der Glastechnik transparenter. War die einschiffige Halle zunächst häufig von steinernen Wänden an zwei oder drei Seiten getragen und umfaßt (nach dem Vorbild der Passagen), so fanden sich seit den 60er und 70er Jahren des 19. Jhs. immer öfter mehrschiffige Hallenkomplexe von großer Breite, bei denen die steinernen Ummantelungen letztlich verzichtbar wurden. Die immer sachlicher werdenden, d. h. vom konstruktiven Denken auch ästhetisch geprägten Ingenieursschöpfungen bestimmten im frühen 20. Jh. zunehmend auch die von den Architekten entworfenen Empfangsgebäude.

Einzelne Motive – Uhr, helle, verglaste Schalterhalle oder Turm – begegnen an den Empfangsgebäuden auch noch nach dem 1. Weltkrieg. Das Ziel der gestalterischen Interdependenz von Halle und Empfangsgebäude ist jedoch aufgegeben. Beide Teile werden additiv nebeneinandergestellt, wobei auf raumschließende Hallen aus vielen Gründen (bes. Materialeinsparung) zunehmend verzichtet wird.

Eine völlig neue B. entwickelte sich in den Jahren nach dem Zweiten Weltkrieg im Untergrund der Großstädte: Nach dem Vorbild der Einrichtungen der Stationen unterirdischer Nahverkehrslinien wurden jetzt auch große Knotenpunkte für den überregionalen Eisenbahnverkehr angelegt, deren oberirdische Bauteile keinen spezifischen Gestaltungsmustern der Bahnhofsgeschichte mehr folgen. Fielen in den 40er, 50er und 60er Jahren des 20. Jhs. viele historische Bahnhofsbauten den Kriegszerstörungen, den funktionalen Innovationen oder schlicht dem gewandelten Zeitgeschmack zum Opfer, so findet seit den 70er Jahren, unterstützt von einer generellen Neubewertung der Kunst des 19. Jhs. eine Revision in der Betrachtung auch dieser Baugattung des Industriezeitalters statt, die sich

in der denkmalpflegerischen Bewahrung und einer Erneuerung zahlreicher Beispiele manifestiert.

Zu den bedeutendsten Schöpfungen der B. gehören neben einzelnen hervorragenden Leistungen der Pionierzeit (London, Euston Station, 1835-39, Abb. → Hardwick; Leipzig, Sächsisch-bayerischer Bahnhof, 1842-45; Berlin, Hamburger Bahnhof, 1845-

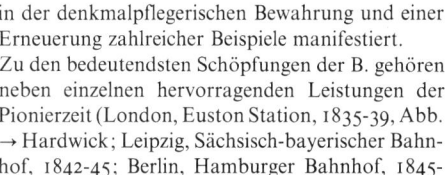

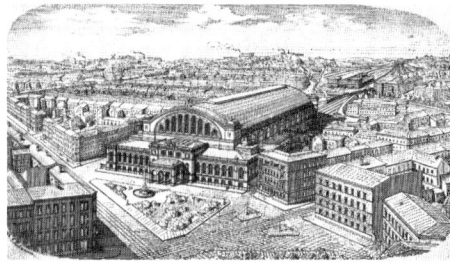

Anhalter Bahnhof, Berlin, von Franz Schwechten, 1872-80.

47; London, King's Cross Station, 1852) vor allem einige Bahnhöfe von Paris (Gare de l'Est, 1847-52; Gare du Nord, 1861-65) und Berlin (Stettiner Bahnhof, 1874-76; Anhalter Bahnhof, 1872-80); letztgenannte wurden vorbildlich für eine ganze Reihe von Nachfolgebauten. Sind die Pariser Beispiele für Bahnhofsbauten in Frankreich, Spanien, Italien und Österreich-Ungarn prägend geworden, so konnten die Berliner Baukörper- und Fassadenlösungen besonders die Gestaltung des vielgleisigen Zentralbahnhofstyps Deutschlands (Frankfurt am Main, Bremen, Köln, Dresden, Leipzig, Stuttgart, Abb. → Bonatz), der Schweiz, Skandinaviens (Abb. → Finnland), Rußlands, der USA und einiger Kolonialländer inspirieren. London und Berlin wurden auch für die Entwicklung von Stadtbahnanlagen und ihrer spezifisch zweigeschossigen Stationsbauten vorbildlich (Bahnhöfe Friedrichstraße und Alexanderplatz, 1882 eröffnet). Das Geburtsland der Eisenbahn, England, war außer bei den erwähnten Londoner Beispielen weniger in der Herausbildung von charakteristischen Baukörper- und Fassadengestaltungen führend (hier fanden sich oft Hotel- und Verwaltungsbauten der Hallenstirn vorgelagert), als vielmehr in der Erfindung von Hallenkonstruktionen und daraus sich ergebender phantasiereicher Raumkompositionen (London, St. Pancras Station, 1866-68, Abb. → Ingenieurbaukunst; Paddington Station, 1854; Bahnhof in York, 1877; Manchester, Central Station, 1880).   U.K.

Lit.: Meeks '66; Kubinszky '69; Schivelbusch '77; Le Temps des Gares '78/81; Berger '80; Steinberg-Föhl '84; Krings '85; Zug der Zeit '85; Gottschalk '91.

Hauptbahnhof, Frankfurt am Main, von Hermann Eggert, 1883-88. Wartesaal 1. Klasse.

Frauenkirche, Dresden, von → Bähr, 1726-43.

Bähr, Georg (1666-1738). Führender protestantischer Barockarchitekt in Dresden. Er begann als Zimmermann und wurde 1705 Ratszimmermeister (oberster Zimmermann der Stadt) in Dresden. Nebenher studierte er Mechanik (er erfand eine ›camera obscura‹ und eine mechanische Orgel). 1705 begann er mit seinem ersten Bau, der Pfarrkirche von Dresden-Loschwitz (1705-08), auf langgestrecktem, achteckigem Grundriß. Den beiden folgenden Kirchen, in Schmiedeberg (1713-16) und Forchheim (1719-26) – beide im Erzgebirge – legte er die Form eines griech. → Kreuzes zugrunde. Sein Hauptwerk war die Frauenkirche in Dresden (1726-43; 1944 zerst.), die größte protestant. Kirche in Deutschland. Sein erster Entwurf für diese Kirche datiert bereits von 1722 und hat wieder die Form eines griech. Kreuzes mit achteckigen → Emporen; deutlich ist der Einfluß von → Viscardis Mariahilfkirche in Freystadt (1700-08). 1726 änderte B. diesen Plan; der Entwurf zeigte nun einen quadrat. Grundriß mit kreisförmiger Pfeileranordnung. Die → Kuppel, die er steiler gestaltete, wurde von vier Ecktürmen flankiert; so entstand eine kühne Silhouette. Das Innere, mit seinen geschwungenen Emporen und der reich geschmückten Orgel (von Gottfried Silbermann, 1732-36) erinnert an ein als → Zentralbau angelegtes Theater. Von 1732-39 beaufsichtigte B. den Bau der urspr. von → Pöppelmann entworfenen Dreikönigskirche in Dresden-Neustadt.

Lit.: Möllering '38; Löffler '55; Hempel '65.

Groote Schur, ehem. Wohnhaus von Cecil Rhodes,
Südafrika, von → Baker, 1890.

Bakema, Jacob Berend (1914-81). Niederländ. Architekt und Städteplaner, der in Groningen (1932-37) und Amsterdam (1937-41) studierte und danach u. a. in den Büros von Car van Eesteren in Amsterdam und Willem van Tijen in Maaskant (1941) arbeitete. 1947 trat B. der Architektenvereinigung → CIAM bei; später schloß er sich auch noch dem Team X an (eine Gruppe von Architekten, → Candilis, → Eyck, → Smithson, die sich bemühten, die CIAM von antiquierten Formen zu befreien). Ab 1963 Lehrtätigkeit an der Universität für Technologie in Delft, ab 1965 Prof. an der Staatl. Hochschule für Bildende Künste in Hamburg. 1948 begann die lange und fruchtbare Partnerschaft mit Johannes Hendrik van den Broek (1898-1978), wie B. Architekt und Städteplaner. (Broek studierte bis 1924 in Delft.) Nach einem Besuch mit W. van Tijen bei → May in Frankfurt am Main, 1928, bekannte sich B. zur modernen Architektur und nannte sich selbst einen Funktionalisten; in seinen Bauwerken sollte die Konstruktion hervorgehoben werden. Ein gutes Beispiel seiner Vorkriegsplanungen ist das Wohnhaus in Rotterdam von 1933. Nach 1937 kurze Zusammenarbeit mit dem schon vom Tode gezeichneten → Brinckmann; durch ihn verstärkter Einfluß der Gruppe → De Stijl. Auch nach dem Kriege waren B. und van den Broek den Idealen der De Stijl-Gruppe verbunden, besonders gut sichtbar an den Wohnhäusern Wieringa (Middelharnis, 1956/57) oder van Buchem (Rotterdam, 1960/61). Von ihren zahlreichen Entwürfen, Planungen und Projekten seien nur wenige exemplarische Werke erwähnt: Das Einkaufszentrum in Rotterdam Lijbaan, 1952-54; die Großbausiedlungen ›Pampusplan‹, 1964, und ›Buikslotermeer‹, 1962, in Amsterdam; das Rathaus in Terneuzen, 1963-72; der niederländische Pavillon ›Osaka Tower‹ in Osaka, 1970, oder das futuristisch ins Meer hinausragende Privathaus ›Zeckendorf‹ auf den Bahamas, 1973. → Niederlande; Abb. → Architekturzeichnung.   M.-A. V. L.

Lit.: Joedicke '63; Bakema '81; Gubitosi-Izzo '76c; van den Broek-Bakema '76, '81; Smithson '91.

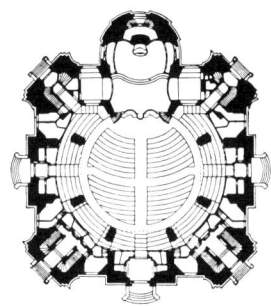

Frauenkirche, Dresden.

Hörsaalzentrum der TH Delft, von → Bakema, 1961.
Modell.

Baker, Sir Herbert (1862-1946). Engl. Architekt, der 1892 nach → Südafrika ging. Dort entstanden seine interessantesten Werke. Er fand das Vertrauen Cecil Rhodes und baute für ihn 1890 ›Groote Schur‹ im traditionellen holländ. Kolonialstil, später Wohnhäuser in Johannesburg im Stil der → Arts and Crafts-Bewegung; einige von diesen sind sehr gelungen (Stonehouse, 1902). Seine bekanntesten Bauten sind das Government House und die Union Buildings in Pretoria (ab 1905 und 1910-13). Zusammen mit seinem Freund → Lutyens wurde er nach Neu Delhi berufen und baute dort die ›Secretariat Buildings‹ und das Parlamentsgebäude (1912 ff.). Sein Stil ist ebenso wie der von Lutyens

Pressepavillon auf der v. Triennale, Mailand, von → Baldessari, 1933.

Breda-Pavillon auf der Mailänder Messe, von → Baldessari, 1955.

Baldachin über dem Fürstentor, Bamberger Dom, 1. Hälfte 13. Jh.

eine imperiale Art von → Neoklassizismus, aber weniger eigenständig. Das wird vor allem an seinen späteren Londoner Bauten deutlich (Bank von England, 1921; India House, 1925; South Africa House, 1930), als er in einem schlichteren Stil arbeiten und eine reiche Auswahl von Baumaterialien zur Entfaltung bringen konnte. Auch das War Memorial Cloister in Winchester College (1922-24) gehört zu seinen erfolgreichen Bauwerken.

Lit.: Baker, H. '44; Greig '70; Irving '81.

Baldachin. Urspr. ein aus Bagdad eingeführter kostbarer Seidenstoff; im übertragenen Sinn der von vier Stangen gehaltene Traghimmel; in der Baukunst der fest eingebaute Prunkhimmel über Thron, Bischofsstuhl, Altar (→ Ciborium), → Kanzel, → Katafalk, auch die Überdachung über got. Statuen in Holz und Stein. Abb. → Bernini.

Baldachingrab. Grabmal, bei dem die Grabtumba von einem steinernen → Baldachin überdacht ist; es findet sich sowohl im Inneren von Kirchen (Marburg, Elisabethkirche) als auch im Freien (Verona, Skaligergräber). → Türbe.

Baldessari, Luciano (1896-1982). Zunächst Maler und Bühnenbildner, später auch Architekt: Verwaltungsgebäude der Fa. De Angli Frua (zus. mit G. Pollini), 1931-32, und der Komplex der Schokoladenfabrik ›Italcima‹ (zus. mit → Ponti), 1934-36, beide in Mailand. Beeinflußt von → Gropius und → Mies van der Rohe vertritt B. in diesen Jahren den → Internationalen Stil; auch der Pavillon der Firma Vesta auf der Mailänder Messe, 1933, und der gleichzeitige Pressepavillon der v. Triennale in Mailand zeigen dies deutlich. B. hatte 1928 und 1929 an den programmatischen Ausstellungen des ital. → Rationalismus teilgenommen, blieb aber einer seiner unkonventionellsten Vertreter. Am bekanntesten wurde B. als Ausstellungsarchitekt, u.a. durch seine Pavillons für die Fa. Breda auf der Mailänder Messe, vor allem die von 1953 unter Mitwirkung von Lucio Fontana (Abb. → Ausstellungsarchitektur). In seinem Wohnhochhaus für das Berliner Hansaviertel, 1956-57, kehrt er zum Internationalen Stil zurück (mit leichter Krümmung der

Außenflächen) wie im Istituto Tecnico ›F. Ili Fontana‹ in seiner Heimatstadt Rovereto, 1961-73.

Lit.: Veronesi '57, '60; Fagone '82.   W. R.

Bali → Südostasiatische Baukunst.

Balken. Tragendes, horizontales Bauelement aus Holz, Stein oder Eisen (→ Träger), das bei vertikaler Belastung vertikale Auflagerdrücke erzeugt, also keine Schubkräfte (→ Schub).

Lit.: Colonnetti '57.

Balkenkopf. Der auf der Mauer aufliegende oder über diese hinausstehende Teil des → Balkens. Im Fachwerkbau (→ Fachwerk) ist der B. meist durch Bemalung oder Schnitzerei verziert.

Baldachin über einer Heiligenstatue bei Göllersdorf, Niederösterreich, von → Hildebrandt, 1740-41.

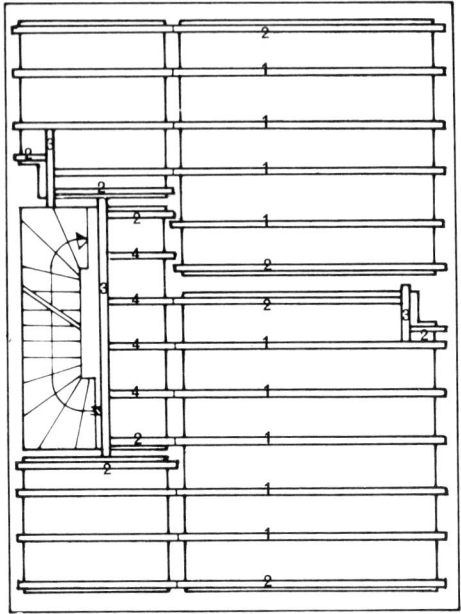

Balkenlage. ı. *Ortbalken.* 2. *Streichbalken.*
3. *Wechsel(-balken).* 4. *Stichbalken.*

Balkenlage (auch Belkenlage). Die → Balken in einer waagrechten Ebene. Üblicherweise besteht eine B. aus Ort- oder Giebelbalken, Vollbalken, Streich- oder Streifbalken entlang einer Mauer, Wechselbalken (auch nur Wechsel genannt), um in der B. eine Öffnung – z. B. für eine Treppe – auszusparen oder eine Verstärkung einzubauen, und Stichbalken, die mit dem einen Ende auf einer Mauer aufliegen und mit dem anderen in einem weiteren Balken verankert sind.

Balkenstein. Aus der Wand vorspringender Stein, der einen → Balken oder ein anderes horizontales Bauglied trägt.

Eglise de la Trinité, Paris, von → Ballu, 1863-67.

Balkon. Eine aus einem oberen Geschoß eines Bauwerks vorspringende und durch → Brüstung oder → Geländer begrenzte Platte. Der dadurch gebildete Austritt kann überdacht sein. Wird die Kragplatte durch Säulen oder Pfeiler vom Boden aus unterstützt, spricht man von einem → Altan oder → Söller.
Lit.: Meyer, H. '62.

Ballagh, Josef (1781-1869) → Tschechoslowakei.

Ballenblume. Eine im ersten V. des 14. Jhs. besonders in England gebräuchliche plastische Ornamentform in der → Hohlkehle eines → Gesimses. Die B. ist eine runde, dreiblättrige Blüte, die eine kleine Kugel umschließt.

Ballistrarium, das (gr.-lat. ballistra: Wurfmaschine). Bei ma. → Burgen die kreuzförmige → Schießscharte für Armbrustschützen.

Balloon framing (engl.). Eine in den USA und in den nordeurop. Ländern häufige Form des Fachwerkbaus (→ Fachwerk), bei dem die → Ständer oder → Pfosten von der → Schwelle bis zum oberen Rahmenholz durchgehen und die horizontalen Glieder an die Ständer genagelt sind.
Lit.: Giedion '41; Condit '60, '68; Giordano '64.

Ballu, Théodore (1817-85). Frz. Architekt; sein bekanntestes Werk ist die Eglise de la Trinité in Paris (1863-67) im Stil der ital.-frz. Frührenaissance (→ Historismus).
Lit.: Sédille 1886; Hitchcock '58.

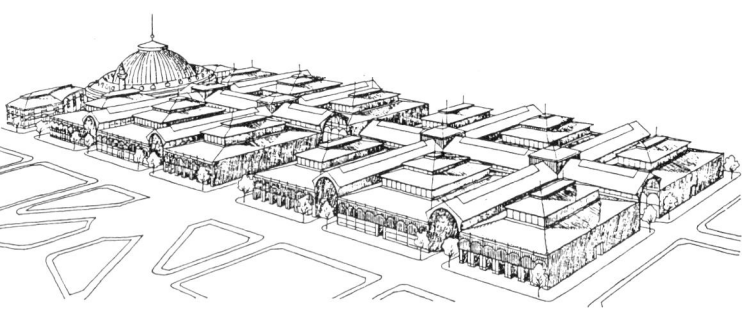

Baltard, Louis-Pierre (1764-1846). Frz. Architekt, Maler u. Kupferstecher. Er hinterließ eine große Anzahl ital. Ortsansichten u. Landschaften, zahlreiche Rekonstruktionen antiker Baudenkmäler, sowie eine umfangreiche Liste seiner Architekturtraktate. In Lyon baute er u.a. das Palais de Justice (1836-41), das mit seiner langen korinth. Säulenhalle ein verspäteter Vertreter vornehmer → Empire-Architektur ist. B. lehrte zuerst an der Ecole Polytechnique, dann an der → Ecole des Beaux-Arts in Paris.
Lit.: Kaufmann '55a.

Baltard, Victor (1805-74), Sohn u. Schüler von Louis-Pierre B. Frz. Architekt; berühmt durch die Zentralmarkthallen in Paris, ›Les Halles‹ (beg. 1852-59, in Gemeinschaft mit Callet; abger. 1969; Abb. → Markthalle), frühe Glas-Eisen-Bauten. Auch seine Kirche St-Augustin (1862-68), die außen einer Kuppelkirche der frühen frz. Renaissance (→ Historismus) gleicht, zeigt im Innenraum unverhüllt eine kühne Eisenkonstruktion. 1870 wurde B. zum Inspecteur général des bâtiments civils er-

Balkon. Rathaus Bamberg, 1744-56.

Ballenblume.

Halles centrales, Paris, von Victor → Baltard und Felix Emmanuel Callet, beg. 1852-59.

nannt. Von seinen Pariser Bauten sind u.a. noch erwähnenswert: die Flügelbauten des Hôtel de Ville, das Hôtel de Tambie, Kapelle u. Presbyterium der Kirchen St-Etienne du Mont und St-Leu, sowie ein Monument für den Prinzen Eugen (1863).

Lit.: Baltard 1863; Zola 1873; Decouchy 1875; Hautecœur VII; Hitchcock '58; Benevolo '60.

Baluster, der (gr. balaustrion: Granatapfel). Kleines, untersetztes und stark profiliertes Stützglied aus Holz oder Stein an einem → Geländer oder einer → Brüstung.

Balustrade. (ital. balaustrata: Geländer). Ein durch Nebeneinanderreihen von → Balustern gebildetes → Geländer, das mit Vorliebe in der Renaissance und im Barock für Treppengeländer, Balkone und Dachabschlüsse verwendet wurde.

Baluster.

Bandelwerk. Ein sym. Ziermotiv aus geschwungenen Bändern, die rankenähnliche Ornamente bilden; mitunter werden sie auch mit figürlichen Motiven bereichert. Das B. kam gegen Ende des 17. Jhs. in Frankreich auf und verbreitete sich im ersten Drittel des 18. Jhs. als beliebtestes Schmuckmotiv der Régencezeit über ganz Europa.

Lit.: Schwarz, H. '37.

Bandgeflecht → Flechtband.

Bandrippe. Rippe eines frühen Kreuzrippengewölbes (12. Jh.) in Form eines flachen, rechteckigen Bandes (→ Gewölbe III, 5).

Banesa → *Nachträge.*

Bangladesh → Indien, Sri Lanka, Pakistan.

Bankgrab → Grab; → Mastaba.

Bandelwerk. Benediktinerkirche Banz, von Johann → Dientzenhofer, 1710-19.

Bandrippe. Arco del Vescovo, Rieti, 1298.

Banksockel. Eine in der ital. Früh→renaissance ausgebildete Form des Gebäudesockels als umlaufende Steinbank (z. B. Florenz, Palazzo Rucellai, Palazzo Strozzi).

Bankwange → Wange.

Baptisterium (lat. von gr. baptisterion: Schwimmbecken). Selbständiges, seit dem 4. Jh. kirchliches Bauwerk zum Vollzug des Taufaktes, daher meist Johannes d. Täufer geweiht. Da in frühchristl. Zeit

Baptisterium. S. Giovanni, Lenno, 12. Jh.

die Taufe durch völliges Untertauchen vollzogen wurde, haben die Baptisterien ein meist in den Boden versenktes Wasserbassin (Piscina). Die Baptisterien gehören stets zu einer größeren Kirche (Bischofskirche) und liegen meist westlich von dieser. Vorzugsweise sind sie → Zentralbauten über quadratischem, polygonalem (besonders achteckigem) oder rundem Grundriß. Frühchristl. Beispiele auf europ. Boden u.a. in Ravenna (B. der Orthodoxen, B. der Arianer) u. in Rom (Lateran-B., Abb. → Frühchristl. Architektur). Berühmte Beispiele aus dem MA. in Florenz, Parma und Pisa.

Lit.: Boniver '37; Khatchatrian '62; Heitz '63.

Barabino, Carlo Francesco (1768-1835) → Italien.

Barbakane, die (frz., aus arab. barbacane). Meist kreissegmentförmiges Außenwerk einer → Burg oder ma. Stadtbefestigung zur Abwehr von Angriffen auf den Zugang.

Barbakane. Reimlinger Mauer, Nördlingen, von C. Walberger, ab 1541.

Barbara, Giovanni (1660-1730) → Malta.

Barelli, Agostino (1627-79). Barockarchitekt; errichtete in seiner Vaterstadt Bologna (ab 1676 Ratsbaumeister) die Theatinerkirche S. Bartolomeo (1653) sowie die Vorhalle von S. Madonna del Barracano. Sein größtes Verdienst besteht darin, den ital. Barock nach Bayern gebracht zu haben: Von der kunstsinnigen Kurfürstin Henriette Adelaide von Savoyen, Gemahlin Kurfürst Ferdinand Marias von Bayern, die die einheimischen Kräfte als »più idioti nell'edificare« empfand, berufen, schuf B. mit einem Trupp ital. Bauleute ab 1663 die Theatinerkirche St. Kajetan in München, einen Votivbau des Hofes aus Anlaß der Geburt des Thronfolgers Max Emanuel 1662 (Abb. → Barock; → Kuppel). Vorbild war die röm. Theatinerkirche S. Andrea della Valle von → Maderno, die aber von dem Münchner Bau im Innern an barocker Kraft übertroffen wird. Als Prototyp der monumentalen Kuppelkirche wurde St. Kajetan beispielgebend für die bayr. kirchl. Barockarchitektur, so wie die ital.

Barock. Theatinerkirche St. Kajetan, München, beg. von Agostino → Barelli und Enrico → Zuccalli, 1663; voll. von → Cuvilliés, 1767.

Stuckzier des Innern auf die → Wessobrunner Schule anregend wirkte. 1674 wurde B. wegen Baufehler von E. → Zuccalli abgelöst, der den Rohbau 1675 vollendete, die Kuppel (voll. 1688) veränderte und vor allem die Türme (1690 voll.) hinzufügte, deren Abschlüsse (Schneckenvoluten) zum Originellsten des Barock in Deutschland gehören (Fassade erst 1765-68 unter → Cuvilliés, Vater und Sohn). Von B. stammen auch Schloß Nymphenburg, dessen urspr. einfache kubusförm. ital. Villa (1675 von Zuccalli voll.) zum Mitteltrakt der im 18. Jh. unter Max Emanuel (→ Viscardi 1702-04 u. → Effner 1714-28) großzügig erweiterten Anlage wurde, und die sog. Päpstlichen Zimmer der Münchner Residenz.

Lit.: Lieb '41, '71; Peroni '58.

Barock. Palazzo Farnese, Caprarola, von → Vignola, voll. 1550.

Barock. Vestibül Schloß Maisons-Laffitte, Ile-de-France, von → Mansart, 1642-50.

Barock. Oberes Belvedere, Wien, von → Hildebrandt, 1700-23.

Barock. Schloß Blenheim, England, beg. von → Vanbrugh, 1705-24.

Barock, das oder der. Stil der abendländ. Kunst im Zeitalter des Absolutismus vom Ende der → Renaissance bzw. des → Manierismus bis zum → Klassizismus (ca. 1600 bis ca. 1770). Der Name kommt aus dem Goldschmiedehandwerk, wo ›barocco‹ (port.: Steinchen) ursprünglich eine schiefrunde Perle bezeichnete; in der Sprache der Klassizisten des ausgehenden 18. Jh. wird ›barock‹ zum abwertenden Ausdruck für alles Schwülstige und Absonderliche. Die Bezeichnung B. ist nicht für alle europ. Länder in gleichem Maße anwendbar, da die durch die Renaissance wiederaufgenommene Verwendung antiker Bauformen und Baugedanken in → Frankreich im 17. Jh. (→ Le Vau, Versailles), in → Italien im 18. Jh. (→ Fontana, → Juvarra), in England vom frühen 17. Jh. (→ Jones) bis zum frühen 18. Jh. (→ Wren, → Hawksmoor, → Vanbrugh) und im Norden Europas eine Fortentwicklung erfuhr, die man als *barocken Klassizismus* bezeichnen könnte.

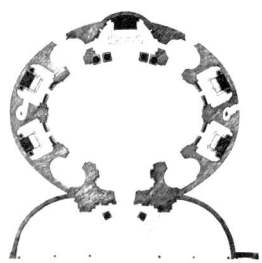

Barock. S. Andrea al Quirinale, Rom, von → Bernini, 1668-78.

Treppenhaus Schloß Brühl, entworfen von → Neumann, 1740.

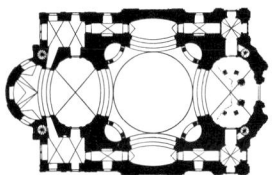

St. Laurenz, Deutsch-Gabel (Jablonné u. Podještědí), von → Hildebrandt, 1699.

Hauptkennzeichen des B. sind bewegte, kraftvolle plastische Formen, Vorliebe für geschwungene Linien (auch im Grundriß) und komplexe Raumkompositionen, Hervorhebung der Haupträume durch → Kuppeln, Einbeziehung des Lichtes, der Skulptur, der Malerei und des → Stucks in die Gesamtplanung und ihre Verschmelzung zu einem Gesamtkunstwerk, oft mit stark theatralischen Akzenten; Freude an Prachtentfaltung durch Verwendung von wertvollen Materialien wie glatt poliertem oder imitiertem Marmor, Gold oder Silber bei Stuck und Altargerät, Erzeugung von Lichtreflexen durch raffiniert angeordnete Fenster; im Schloßbau, der im B. eine mit dem Kirchenbau gleichrangige Bedeu-

tung erlangte, durch Spiegel und spiegelndes Parkett.

Die → Schloßanlage entspricht dem Repräsentationsbedürfnis des Absolutismus: Betonung des Haupttraktes durch Mittelrisalit (→ Risalit) und eine großräumige → Treppenanlage, die zum im I. Stock befindlichen Festsaal führt, der sich nach vorn meist zum → Ehrenhof, nach rückwärts in eine weiträumige, geom. Muster bildende Gartenanlage (→ Le Nôtre, → Gartenbaukunst), nach den Seiten in eine → Enfilade öffnet.

Der B. verbreitete sich, von → Italien (→ Michelangelo, → Bernini) ausgehend über ganz Europa, wobei in der ersten Phase *(Frühbarock)* überall

Theatinerkirche St. Kajetan, München.

Würzburger Residenz, von → Neumann, 1719-44.

*Klosterkirche Weingarten, entworfen vermutlich von
→ Frisoni, 1717-19. Blick in die Kuppel.*

ital. Baumeister und Handwerker bestimmend waren. In der zweiten Phase *(Hochbarock)* kam es unter dem Einfluß einheimischer Künstler zu nationalen Sonderformen (→ Deutschland, → Österreich, → Tschechoslowakei, → Spanien, → Portugal, → Frankreich, → Großbritannien, → Ungarn). Italien und später Deutschland und Österreich wurden für den Kirchenbau, Frankreich für den Schloßbau (Versailles) zum Vorbild. Aus der Abwendung des frz. Adels von den Prinzipien des Ab-

*St. Niklas auf der Kleinseite, Prag, von Christoph und
Kilian → Dientzenhofer, 1703-59.*

solutismus noch zu Lebzeiten Ludwigs XIV. entstand in Paris eine neue Form des Stadtpalastes, das sog. → Hôtel (Hôtel Lambert, 1642; Hôtel de Matignon, beg. 1721, etc.) mit einer Vielzahl gleichberechtigter, intimer kleiner Räume, die mit verschwenderischer Eleganz ausgestattet wurden.

Lit.: Wölfflin 1888, '15; Schmarsow 1897; Brinckmann '15; Panofsky '24; Weisbach '24; Focillon '33; D'Ors '36; Hausenstein '56; Labò in EUA; Argan '60, '64; Battisti '60; Millon '61; Charpentrat '64; Hempel '65; Hager '68; Norberg-Schulz '71a; Gasparini '72; Blunt-De Seta '78; Hansmann '83. Bauer, H.-Rupprecht '76f.; Foerster '81; Harries '83; Lieb '83.

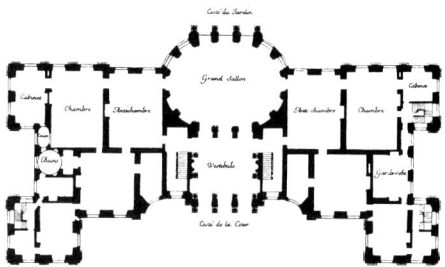

Schloß Vaux-le-Vicomte, von → Le Vau, beg. 1657.

Barragán, Luis (geb. 1902). Mexikaner, Ausbildung als Ingenieur, danach Reisen in Spanien (1924 Besuch von Granada und der Alhambra) und Frankreich, wo er die Bücher von Ferdinand Bac, einem frz. Maler und Landschaftsarchitekten, entdeckt, den er später (1931) auch persönlich kennenlernt. Durch ihn und durch die → Maurische Baukunst wird für B. der Garten zu einem Ort der Freude, des Nachdenkens und des Träumens. Beeindruckt von → Le Corbusier und dem → Internationalen Stil, sowie von der einfachen ländlichen Architektur seiner Heimat, baut er, vorwiegend in seinem Geburtsort Guadalajara und in Mexico, D. F., in den 30er Jahren Villen und Apartmenthäuser. Durch die Freundschaft mit dem aus Danzig stammenden Bildhauer Mathias Goeritz und mit Rosa und Miguel Covarrubias findet B. um 1940 zu einem eigenen persönlichen Stil, der alte Traditionen seines Landes auf eine sehr moderne Weise wiederaufnimmt.

1940 gestaltet B. vier geschlossene Privatgärten, 1944 drei weitere, die später zu dem riesigen, von Mauern umgebenen Felsenareal des »Parque Residencial Jardines del Pedregal de San Angel«, am Rande von Mexico, D. F., gehören werden, dessen Gesamtgestaltung von 1945-50 in seinen Händen liegt und in dem dann jene Luxusvillen gebaut werden, die die Lehren des Barcelona-Pavillons von → Mies van der Rohe, 1929 (Abb. → Ausstellungs-

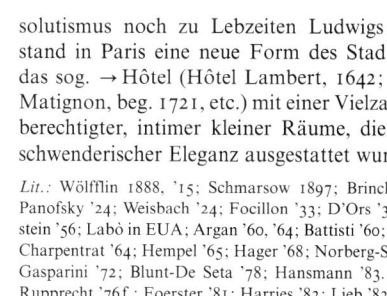

*Perspektivische Untersicht in eine
Kuppel und schematischer Schnitt
mit Grundriß, von → Pozzo, 1702.*

*Haus Christo, Guadalajara, von
→ Barragán.*

*Schloß Versailles. Ansicht von
der Stadtseite.*

Luis Barragán.

architektur), beherzigen und wirkungsvoll ins Mexikanische transponieren. Das eigene Haus baut B. 1947 in Tacubaya, Mexico, D.F., mit einem Patio, dessen Mauern so hoch sind, das sie nur den Blick auf den Himmel freigeben, mit Treppen ohne Geländer als architekton. Motiv. Franziskanische Einfachheit und geschwisterliche Verbundenheit mit der Natur zeigt die von goldenem Licht erfüllte Kapelle für die Capuchinas Sacramentarias del Purísimo Corazón de Maria mit dem lapidaren Altar und dem Kreuz von Goeritz, Tlalpan, Mexico, D.F., 1952-55; denselben Geist zeigen aber auch jene Gehöfte und Anlagen für Reiter und Zuchtpferde, die B.s Ruf begründeten. Einfache, verputzte, ornamentlose Mauern, durch eine sehr durchdachte intensive Farbigkeit eindrucksvoll gesteigert, verbinden sich mit Wasser und Vegetation

Las Arboledas, von → Barragán, 1958-61.

zu Abfolgen lichtdurchfluteter und doch wiederum in sich geschlossener Räume: Las Arboledas (1958-61), Los Clubes (1963-64) und dessen Eingangstor (1968-69), das dazugehörige San Cristobal (1967-68, in Zusammenarbeit mit Andrés Casillas). Am bekanntesten wurde B. durch die 1957 in Zusam-

menarbeit mit Mathias Goeritz entstandenen fünf dreieckigen Türme an der Autobahn (Queretaro Highway) zur nördlichen Satellitenstadt von Mexico City. Abb. → Mexiko; → Patio.   W.R.

Lit.: Ambasz '76; GA '48; de Anda Alanis '89; Barragan '89, '91; Arets/v.d. Bergh '90.

Los Clubes, von → Barragán, 1963-64.

Barrault, Alexis (1812-67) → Ausstellungsarchitektur.

Barry, Sir Charles (1795-1860). Vielseitigster der frühviktorianischen Architekten in London, außerdem ein hervorragender Planer und ein energischer, zäher, fleißiger Mann. Mit Hilfe einer kleinen Erbschaft bereiste er 1817-20 Frankreich, Italien, Griechenland, die Türkei, Ägypten und Palästina, studierte Bauwerke und machte vorzügliche Skizzen. 1823 gewann er den Wettbewerb für St. Peter in Brighton und entwarf eine Zeitlang → neugot. Kirchen in einer mehr schöpferischen als korrekten Stilinterpretation. 1824 entwarf er die Royal Institution of Fine Arts in Manchester in einem der griech. Klassik angenäherten Stil, darauf das Manchester Athenaeum (1836). Der Travellers' Club in London (1829-31) ist ein *palazzetto* im Stil des ital. Quattrocento, für England der Beginn der Neurenaissance (→ Historismus). 1837 folgte der Reform Club in London im Stil des Cinquecento und 1847 Bridgewater House in einem freien, um nicht zu sagen verfälschten, Cinquecento. Diese Entwicklung vom Zurückhaltenden zum Spektakulären, vom Flach- zum Hochrelief durchzieht sein ganzes künstler. Schaffen; man verfolgt die Entwicklung seiner nord. Renaissance-Spielart von Highclere

Travellers' Club, London, von → Barry, 1829-31.

Houses of Parliament, London, von → Barry, voll. 1852.

Reform Club, London, von → Barry, 1829.

(1837), schon viel aufwendiger als seine früheren Werke, bis hin zum Stilmischmasch des asym. angelegten Rathauses von Halifax (1859-62), vollendet von seinem Sohn *Edward M. Barry* (1830-80), der in London das Charing Cross Hotel und das Cannon Street Hotel baute.

B.s Hauptwerk ist das Parlamentsgebäude im neugot. Stil in London. Er gewann den Wettbewerb 1835/36, begann den Bau 1839; 1852 wurde es feierlich eröffnet. Der Grundriß ist nach funktionellen Gesichtspunkten gestaltet. Die der Themse zugewandte Fassade noch im Sinn des Georgian Architecture (→ Großbritannien), die Silhouette der Gebäudegruppe aber entschieden asym. und doch wundervoll ausgewogen mit Hauptturm und zwei konstrastierenden Türmen. Die meisten streng im Perpendikularstil (→ Großbritannien) gehaltenen Details und fast die ganze Innenausstattung sind von → Pugin, den B. selber mit dieser Aufgabe betraut hatte. Abb. → Historismus.

Lit.: Barry 1867; Summerson '53; Colvin '54; Hitchcock '54, '58; Benevolo '60.

Barthélemi, Jacques Eugène (1799–1868) → Frankreich.

Bartning, Otto (1883-1959). Architekt und Theoretiker. Er studierte an den Technischen Hochschulen in Karlsruhe und Berlin (1904-08), anschließend freischaffend in Berlin. Mit → Gropius entwickelte er Pläne zur Gründung des späteren Bauhauses, die aber dann ohne ihn vor sich ging. Nach der Einrichtung des → Bauhauses in Dessau wurde B. Direktor der neugegründeten Bauhochschule in Weimar (1926-30). Weltruhm fiel ihm durch die zweitürmige Stahlkirche auf der in Köln stattfin-

denden Ausstellung ›Pressa‹, 1928, zu, die anschließend als Melanchton-Kirche in Essen wiederaufgebaut wurde (1943 zerst.). Nach 1930 vorwiegend in Berlin tätig und Mitgliedschaft in der Architektenvereinigung ›Der → Ring‹. Nach dem Krieg 1946 Vorsitzender des wiedergegründeten → Deutschen Werkbundes, ab 1951 auch Präsident des Bundes Deutscher Architekten. Wichtige Werke B.s sind das in Anlehnung an den Kubismus gebaute Privathaus Wylerberg in Kleve (1921-24), der Entwurf für eine vierzehnstrahlige Sternkirche (1921), Siedlungsbau in Berlin-Schöneberg (1926-28), der deutsche Pavillon für die Mailänder Messe 1926, eine weitere Großbausiedlung in Berlin-Jungfernheide (1927-30) sowie Bauten in Berlin-Haselhorst (1932-33). 1946 entstand unter seiner Leitung eine Versuchssiedlung in Neckarsteinach in Lehmbauweise. Nach dem Krieg entwickelte B. Notkirchen aus vorgefertigten Teilen, von denen zwischen 1948 und 1950 nicht weniger als 49 verwirklicht wurden.

M.-A. V. L.

Lit.: Pollack '26; Mayer '51; Bredow-Lerch '83; Bredow/Lerch '83.

Stahlkirche auf der ›Pressa‹, Köln, von → Bartning, 1928.

Schneiderbasar in Isfahan.

Basar. Das persische Wort bedeutet ›Markt‹. (Seine arab. Entsprechung lautet ›suq‹.) Einheitlich geplante B.e zeigen in den verschiedenen Ländern des Islam voneinander abweichende Konzeptionen. Meist stellt sich jedoch der B. als ein Labyrinth überdeckter Gassen dar, von denen noch engere

Haus Wylerberg, Zyflich bei Kleve, von → Bartning, 1921-24.

Entwurf für eine Sternkirche, von → Bartning, 1921.

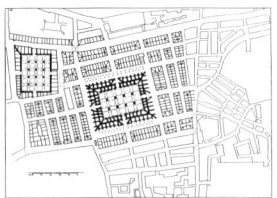

Großer Basar in Istanbul.

Wassily Iwanowitsch Baschenow.

Gäßlein abzweigen. Mancherorts (Aleppo) bilden antike Kolonnadenstraßen den Kern des B.s; Teile ma. B.e sind in Tunis, Granada u. a. Orten erhalten. – Der B. ist von jeher Fahrzeugen verschlossen. Die Gassen entlang reihen sich kleine Läden (dukkan), in denen der Kaufmann oder Handwerker auf einem Podium (mastaba) sitzt. Der B. ist nach Gewerben und Warenangebot durch nachts verschlossene Tore in verschiedene Quartiere getrennt, die wie die Stadtviertel auch eigene Moscheen, Brunnen und vor allem Karawansereien besitzen. Der B. bildet in der Regel einen Bereich innerhalb der Stadt, ist meist im Zentrum gelegen und der Hauptmoschee benachbart. In kleineren Orten finden sich auch ungedeckte B.e, die der größeren Städte sind jedoch überwölbt, wobei Kuppeln die Schnittpunkte markieren. Eindrucksvolle Beispiele sind im Iran Kaschan und Kirman. Vgl. → Arabische Architektur, → Islamische Architektur.   R. H.

Lit.: Marçais '54; Scharabi '85.

Baschenow, Wassily Iwanowitsch (1738-99). Wahrscheinlich der visionärste russ. Architekt, Klassizist. Sein Werk umfaßt ein halbes Dutzend Gebäude und mehrere Entwürfe. B. war zunächst Schüler von Uchtomsky in Moskau und Schewakinsky in St. Petersburg, studierte später in Paris und in Italien (Anfang 1760). 1767 beauftragte ihn Katharina II. mit dem Bau eines großen Palastes, der die schon vorhandenen Baudenkmäler des Moskauer Kreml einschließen sollte. Der Bau wurde nur bis zur Errichtung der Grundmauern ausgeführt, aber die Pläne und das maßstabsgerechte Modell zeigen seine monumentalen Absichten: Über einem strengen → Bossenwerk verbinden großartige ionische → Kolonnaden die oberen Stockwerke. Auch sein nächster Auftrag, der Umbau von Katharinas Palast und Park in Zarizyn bei Moskau im pseudo-got. Stil unter Verwendung klass. und altruss. Elemente, wurde nicht ausgeführt. Der Palast wurde kurz vor seiner Vollendung abgerissen und der Auftrag Kasakow übergeben. Unter seinen anderen Versuchen im ›got.‹ Stil ist die Kirche von Tscherkizowo-Starki wegen ihrer Originalität und frühen Datums (1759

gegründet) besonders erwähnenswert. Nicht mehr in der Gunst des Hofes, wandte sich B. privaten Moskauer Auftraggebern zu und baute das Pashkow-Haus (1784), den runden Glockenturm der Skorbyaschenskaja-Kirche und das Juschkow-Haus, das er mit abgerundeten und mit Kolonnaden versehenen Ecken ausstattete. Unter dem Zar Paul führte B. seinen wohl spektakulärsten Auftrag aus: die ›Sankt Michaelsfestung‹ in St. Petersburg, eine → neoklass. Festung mit Burggraben, ein wenig einnehmendes, jedoch faszinierendes Gebäude, dessen strenge Form durch zusätzliches Dekor von Vincenzo Brenna (1745-1820) aufgelockert wurde. Ihre großen freistehenden Pavillons sind B.s letztes Meisterwerk.   R. R. M-G.

Lit.: Mihajlov '51; Hamilton '54.

Basevi, George (1794-1845). Engl. Architekt. B. lernte bei → Soane. 1816-19 Aufenthalte in Italien und Griechenland. Seine ersten Bauten errichtete er im Stil der griech. Antike (→ Greek Revival). Sein bekanntestes Werk, das Fitzwilliam Museum im Cambridge (beg. 1836) zeigt eine Neigung zur Auflösung der klass. Harmonie: Die Bündel → kolossaler Säulen und das schwere → Attikageschoß wirken dramatisch, ja geradezu barock. Dies ist die gleiche Tendenz, die den Stil der → Ecole des Beaux-Arts in Frankreich vom → Empirestil unterscheidet. Zu Beginn seiner Laufbahn, um 1825, entwarf B. den Belgrave Square in London (ohne die Eckhäuser) und eine Reihe von Landsitzen in verschiedenen Stilimitationen.

Lit.: Colvin '54.

Basile, Ernesto (1857-1932). B. wurde eine führende Persönlichkeit in der modernen Architektur Italiens. Bis 1878 studierte er in Palermo, wurde anschl. Assistent bei seinem Vater, Giovanni B. F. Basile (1825-91), dessen begonnenes Projekt, das Theatro Massimo in Palermo, er fertigstellte (1890-97). Sein Architekturstil wechselte von einem strengen klass. Eklektizismus zu einem floralen Stil, bes. am Kiosk Ribaudo in Palermo (1894), dem Beginn des ital. → Jugendstils. Weitere Bauten im Jugendstil folgten, u. a. das Hotel Villa Igiea (1899-1900)

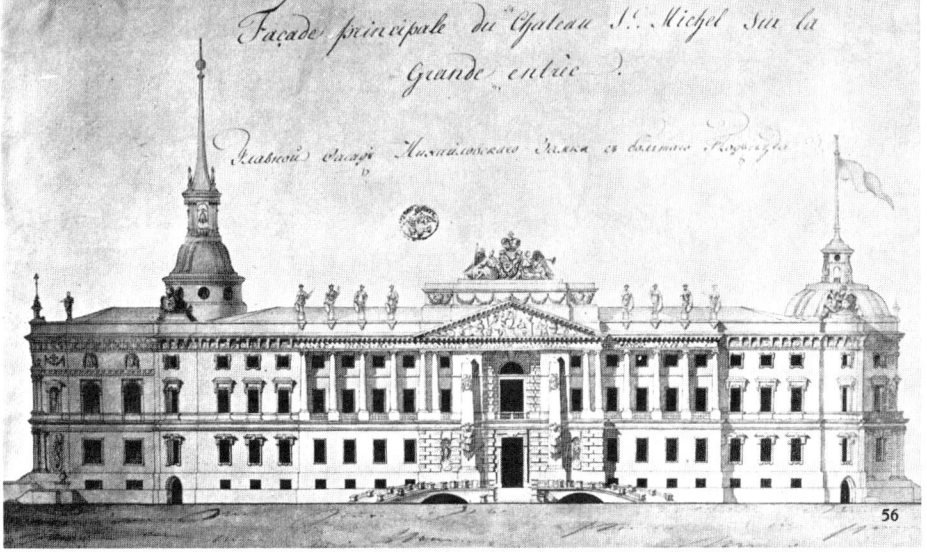

St. Michaelsfestung, St. Petersburg. Entworfen von → Baschenow, 1800-01.

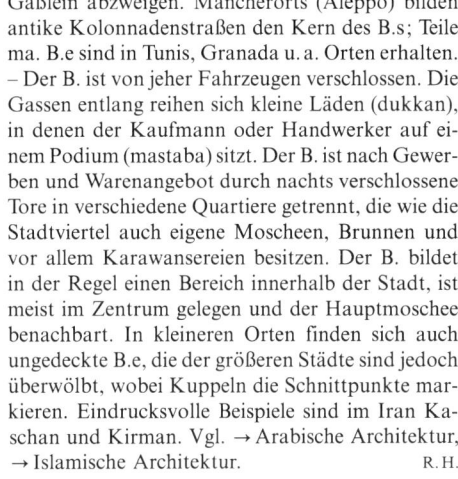

St. Michaelsfestung.

Villino Florio, Palermo, von → Basile, 1899-1903.

und die Villa Fassini (1903), beide in Palermo. Später verarbeitete B. wieder mehr klass. Zitate, mit stärkerer Betonung auf floraler Dekoration, wie am Verwaltungsgebäude einer venezianischen Versicherung (1914) in Palermo. Seine wohl größte architekton. Leistung ist die Erweiterung und Umgestaltung des Palastes Montecitorio in Rom (1902-27), urspr. von → Bernini, als Sitz für das Parlament.

Lit.: Zevi '50; Tafuri '66; DBI; Meeks '66; Pirrone '71, '76, Nicoletti '78a; Basile '80; Sciarra Borzi '82.

Basilika (gr.: Königshalle). **1.** In der röm. Baukunst eine mehrschiffige überdeckte Halle, deren → Mittelschiff breiter und höher sein kann, damit der Bau durch Fenster im → Obergaden mehr Licht bekommt. In der Spätzeit wurden → Emporen und Apsiden (→ Apsis) hinzugefügt. Diese röm. B. diente in erster Linie Marktzwecken, nur gelegentlich als Gerichtshalle. – **2.** Die röm. B. wurde von

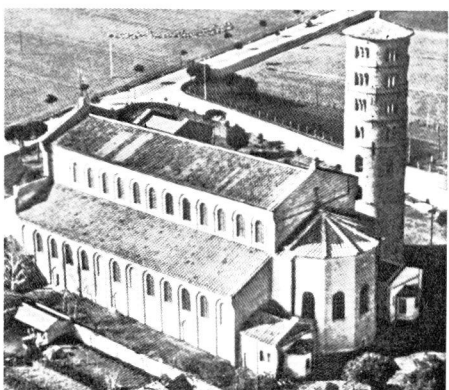

Basilika. S. Apollinare in Classe bei Ravenna, 1. Hälfte 5. Jh.

den Christen als Versammlungsraum übernommen. Sie besteht aus drei, fünf oder mehr → Schiffen, die in der Höhe gestaffelt sein können (Staffelbasilika). Die Wände des Obergadens können auf Säulen (Säulenbasilika), Pfeilern (Pfeilerbasilika) oder beiden abwechselnd (→ Stützenwechsel) ruhen. An der östlichen Schmalseite mündet das Mittelschiff in die Apsis mit dem → Altar, der → Kathedra und manchmal einem → Presbyterium. Unter der Apsis kann eine → Krypta liegen. Den Seitenschiffen waren, besonders in der Ostkirche, die → Pastophorien neben der Apsis angefügt, ein Raum für die Kleriker (→ Diakonikon) und einer für die Opfergaben

(→ Prothesis). Entscheidende Umgestaltungen erfuhr der basilikale Typ im 4. Jh. in Rom durch das Einschieben eines → Querschiffes zwischen Apsis und → Langhaus und im 9. Jh. durch die Einfügung des → Chorquadrats zwischen Querschiff und Apsis. Aus dem quadrat. Raum, der durch die Durchdringung von Langhaus und Querhaus entstand, entwickelte sich die → Vierung, die Maßeinheit für das → Gebundene System. Bis in das 11. Jh. war der B.raum mit einem offenen oder verbretterten Dachstuhl überdeckt, danach wurde er immer häufiger überwölbt (→ Gewölbe). – Der frühchristl. B. waren entweder ein → Atrium (Paradies) mit → Peristyl und → Kantharos vorgelagert oder ein querrechteckiger → Narthex, in seltenen Fällen auch beide Vorraumformen. – Der in der Grundform einfache basilikale Typ erfuhr in der abendländ. Baukunst immer wieder neue Ausgestaltungen, und zwar sowohl am Außenbau als auch im Innenraum (→ Turm, → Westwerk, → Triforium).

Lit.: Dehio - van Bezold '69f; Giovannoni '25; Schultze, R. '28; Riegl '29; Krautheimer '37-80, '57, '65; Kitschelt '38; Lehmann, E. '49; Marchetti Bevilacqua '50; Réau '50; Davies '52; Dyggve '59.

Basis. (gr.: Schritt, Fuß). Der Fuß einer Säule oder eines Pfeilers, der den Übergang zwischen dem vertikalen Säulenschaft (→ Schaft) und der waagerechten Fußplatte (→ Plinthe) ästhetisch vermittelt. In der Bildhauerei der Standblock einer Plastik.

Lit.: Wurz '25; Serida '37.

Bastei → Bastion.

Bastille (frz.). Urspr. im MA. eine → Barbakane, besonders bei Stadtbefestigungen, später die zum Eigennamen gewordene Bezeichnung des Vorwerkes am Tor St-Antoine von Paris, 1369-83 gegen die Engländer errichtet; seit dem 17. Jh. Gefängnis und am 14. Juli 1789 von den frz. Revolutionären erstürmt und geschleift.

Bastion (frz.). Urspr. der vorspringende Bauteil einer → Festung, von welchem aus die Besatzung das Verteidigungsfeld besser überblicken und Angreifer von den Flanken abweisen konnte. Aus ehem. runden, dann winkelförmigen Vorsprüngen entwickelte

Bastion. Feste Rosenberg, Kronach, 1656-1700.

Villino Florio.

Basilika. S. Apollinare in Classe bei Ravenna, 1. Hälfte 5. Jh.

Basilika. Pompeji, ca. 100 v. Chr.

St-Jean-de-Montmartre, Paris,
von → Baudot, 1894-1902.

Bauhaus. ›Kathedrale des
Sozialismus‹, auf dem Umschlag
des Bauhausmanifestes 1919, von
Lyonel Feininger.

sich ein Typ mit zwei spitz zulaufenden Frontlinien und eingezogenen Flanken. – Der Bau solcher Bastionen kam in der Renaissance auf, z. B. durch → Leonardo da Vinci; in Deutschland wurde er durch Dürers Befestigungslehre bekannt, seine Vollendung erfuhr er in Frankreich durch → Vauban.

Lit.: → Wehrbau; Jähn 1889-91; Taylor, F. L. '21; Morini '63; Cassi-Ramelli '64; Waetzoldt, o. J.

Bauabschnitt. Ein innerhalb einer zeitlichen oder räumlichen Grenze fertiggestellter Teil eines Baues. Ein B. kann bei großen Bauvorhaben eingeplant oder – und das ist meist der Fall – durch äußere Einwirkungen erzwungen sein. Er kann erkennbar sein an einer → Baunaht.

Bauachse. Die Mittelachse eines Bauwerks. → Achse; → Achsenbrechung; → Achsenverschiebung.

Bauaufnahme. → Architekturdarstellung eines bestehenden Baues oder eines Teiles desselben zum Zweck eines Umbaues oder der Inventarisation von Baudenkmälern durch die → Denkmalpflege.

Lit.: Reimers '11; Hörmann '38.

Baudot, Anatole de (1834-1915). Frz. Architekt; Schüler von → Labrouste und → Viollet-le-Duc. Seine Kirche St-Jean-de-Montmartre in Paris (1894-1902) ist das erste Bauwerk, bei dem alle tragenden Elemente, einschließlich der Gewölberippen, aus unverkleidetem Stahlbeton (→ Beton) bestehen. Dennoch bleibt der Stil gotisch. Eines der gelungensten Beispiele der Verbindung von Neuem und Altem, wie sie Viollet-le-Duc in seinen ›Entretiens‹ forderte.

Lit.: Baudot '16 a,b; Hitchcock '58; Hautecœur VII; Collins, P. '65.

Baugenossenschaften → *Nachträge.*

Bauhaus. Der Großherzog von Sachsen-Weimar hatte 1906 in Weimar eine Kunstgewerbeschule gegründet, als deren Leiter er van de → Velde berief, der zuvor schon mehr in Werkstätten als in Ateliers richtungsweisend gewirkt und gelehrt hatte. Als dieser Deutschland verließ, schlug er → Gropius als seinen Nachfolger vor, der diese Stelle 1919 antrat.

St-Jean-de-Montmartre, Paris, von → Baudot,
1894-1902.

Unter seiner Leitung wurde die Schule reorganisiert und B. benannt. Nach dem Manifest von 1919 sollte das B. eine Handwerkerschule werden, in der alle Künstler, Architekten, Bildhauer, Maler usw. auf das große Ziel, »den neuen Bau der Zukunft«, hinarbeiteten. Das Manifest war in von hoher Begeisterung getragener Sprache gehalten und zeigte auf dem Umschlag den expressionistischen Holzschnitt einer Kathedrale von Feininger. Die erste Phase, die sich auf Ideen von William → Morris stützte und von der expressiven Stimmung jener revolutionären Nachkriegszeit im Deutschland der frühen 20er Jahre beflügelt wurde, war bald zu Ende. Die Gestaltung des Industrieproduktes wurde zum Ziel, und strenge kubische Formen lösten den Expressionismus ab. Dieser Umschwung, der durch Vorträge van → Doesburgs im Jahre 1922 noch beschleunigt wurde, fand entscheidenden Ausdruck in der Berufung von Moholy-Nagy (1923) und in einem Memo-

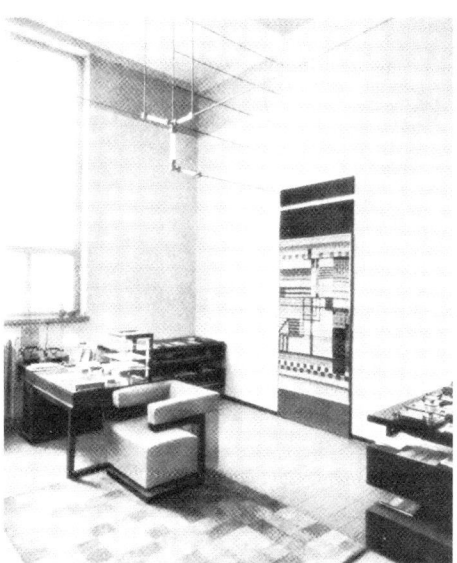

Zimmer der Direktion des Staatl. Bauhauses in Weimar,
von → Gropius, 1923.

Bauhaus. Hörsaal, von → Gropius, 1923. Bestuhlung von
→ Breuer, Leuchtkörper von Max Krajewsky.

Bauhaus in Dessau, von → Gropius, 1925-26 (links Werkstattflügel, Mitte Kantine, rechts Studentenhaus).

randum von Gropius vom Jahre 1924 (›Kunst und Technik, eine neue Einheit‹). Im gleichen Jahr erzwangen politische Veränderungen in Weimar die Auflösung des B.es. Der Bürgermeister von Dessau (und sein Kulturreferent Ludwig Grote) ermöglichte die Verlagerung der Schule in seine Stadt. 1925/ 26 Errichtung des B.gebäudes nach Entwürfen von Gropius, 1926 Anerkennung als Staatliche Hochschule von Anhalt und damit Aussicht auf gesicherte Entwicklung. Jetzt auch Aufbau einer Architekturabteilung; 1927 wurde Hannes → Meyer ihr Leiter. 1928 trat Gropius von der Leitung des B.es zurück und schlug Meyer als Nachfolger vor. Meyer war politisch viel stärker engagiert als Gropius; er baute die Architekturabteilung aus, wurde aber schon 1930 aus politischen Gründen entlassen. Ihm folgte → Mies van der Rohe, der infolge des wachsenden Nationalsozialismus ebenfalls bald entlassen wurde. Er hoffte die Schule durch einen fachlich-wissenschaftlichen Standpunkt aus den politischen Wirren herauszuhalten. Auf Druck der Nationalsozialisten beschloß das Stadtparlament von Dessau 1932 die Schließung des B.es; Mies van der Rohe versuchte mit geringem Erfolg die Fortführung als Privatinstitut in Berlin, mußte aber 1933 aufgeben.

Das B. ist die wichtigste Kunstschule des 20. Jhs. Ihre Bedeutung lag darin, daß Künstler und Handwerker und zum Schluß auch Architekten zusammenarbeiteten. Anfangs waren im Vorkurs von Johannes Itten alle zu einer Gemeinschaft zusammengeschlossen; Absicht des Kurses war die Ausbildung eines theoretisch fundierten Form- und Farbsinnes, den jeder Handwerker und Künstler

besitzen sollte. Etwas später wurde das B. zur einzigen Kunstschule, in der Vorbilder für Industrie-Produkte entwickelt wurden. Außerdem wurde Gropius' Architekturstil – zu Recht – zum Symbol des Schulprogrammes. Mit seiner strengen Sachlichkeit, den kubisch klaren, weißen Flächen bestimmte er den → Internationalen Stil maßgeblich. Das Eindrucksvollste am B. war jedoch, daß Gropius' persönliche Ausstrahlungskraft und seine pädagogische Begabung es ermöglichten, daß Männer wie Kandinsky, Feininger, Klee, Schlemmer zusammenarbeiten konnten. Abb. → Deutschland; → Internationaler Stil; → Gläserne Kette.

Lit.: Gropius '23 a, b, '25 b, '30, '35; Meyer, A. '25; Bauhaus '25-30; Bayer-Gropius '39; Argan '50; Zevi '53; Benevolo '60; Wingler '62; Itten '63; Schmidt, D. '66; Franciscono '71; Itten '76; Humblet '80; Wingler '75, '81; Bauhaus '82; Hatje '63; Fleischmann '84; Wolfe '82; Bauh.-Utopien '88; Engelmann/ Schädlich '91; Westphal '91.

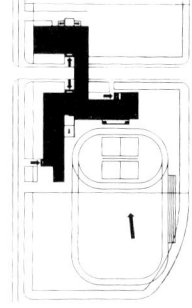

Bauhaus in Dessau.

Mitteltrakt des Bauhauses in Dessau.

Bauhütte. Bezeichnung für den Werkstattverband der an größeren Bauvorhaben des MA. tätigen Bauleute. Die B.n bestanden neben den Zünften und hatten eigene Hüttenordnungen, die in den Haupthütten – z. B. Straßburg, Köln, Wien – schriftlich niedergelegt waren. Sie übernahmen die Durchführung geplanter Bauwerke und schulten die in ihnen tätigen Steinmetzen als Baumeister und Bildhauer, so daß diese vom Entwurf bis zur Ausführung die Einheit von Architektur und → Bauplastik sichern konnten. Diese Schulung – sie bestand weitgehend in der Vermittlung geom. Gesetze – war geheim, weshalb nur weniges überliefert ist, wie das ›Büchlein von der Fialen Gerechtigkeit‹ von M. → Roritzer, 1486 hrsg. v. F. Geldner (Neudruck 1965) oder das Skizzenbuch des → Villard de Honnecourt (um 1230). Die B.n waren im MA. übernational – wie ursprünglich auch die europäischen Universitäten – und sie besaßen ›Fördernde Mitglieder‹, die

Wohnhaus Gropius in der Baumeistersiedlung, Dessau, von → Gropius, 1925-26.

Bauhütte. Illustration aus der ›Bibel von Noailles‹, 12. Jh.

Bauhütte. ›Christus als der Architekt des Universums‹, aus einer Bible moralisée, Wien.

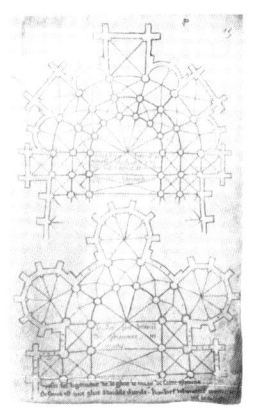

Bauhütte. Seite aus dem Skizzenbuch des → Villard de Honnecourt, um 1230.

Geld spendeten, jedoch der Bruderschaft der Steinmetzen angehörten, die seit dem 13. Jh. bestand. Diese ›accepted masons‹ schlossen sich 1716 und 1717 in London und Westminster zu Freimaurerlogen unter dem Vorsitz eines Großmeisters (sayer) zusammen. – Als die große Bautätigkeit an den got. Kathedralen im 16. Jh. erlahmte und die B.n von den Zünften verdrängt wurden, blieben dennoch einige B.n bestehen, um ständig für die großen Bauwerke zu sorgen. Von diesen Hütten sind oft erhebliche Planbestände erhalten (Wien, Straßburg).

Lit.: Jüttner ’35; Booz ’56.

Baukastensystem-Bauweise. Neben dem Ausschneidebogen, aus dem sich Kinder papierne Burgen und Fertighäuser kleben konnten, war der Baukasten mit hölzernen, später steinernen Architekturteilen, dann der mit genormten und verschraubbaren Metallschienen (Märklin, 1901), später der mit ineinandersteckbaren Plastikteilen (Lego, 1957) ein beliebtes Kinderspielzeug. Betrachtet man offizielle Bauwerke des 19. Jhs., z. B. die Pariser Oper von → Garnier (Abb. → Frankreich; → Garnier) oder der 30er Jahre des 20. Jhs. wie in München das ›Haus der Kunst‹ oder die Bauten der NSDAP am Königsplatz (→ Neoklassizismus), so fällt auf, daß gewisse Einzelteile (Treppen, Geländer u. a.) wie in der B. weggenommen oder hinzugefügt werden können.

In der Mitte des 19. Jhs., d. h. in der Zeit der Montage des Kristallpalastes (→ Glasarchitektur, → Präfabrikation), fügten die Präraffaeliten ihre Bilder aus Details zusammen, die sie an verschiedenen Orten gemalt hatten, was → Ruskin sofort bemerkte. Im 20. Jh. wird Miró seine in der Natur gemachten Funde, mit dem Zeichenstift kurz notiert, in seinem Atelier zu dort zu malenden Bildern zusammensetzen. Das Drehen völlig verschiedener, nicht aufeinander folgender Filmszenen an jeweils gleichen Standorten ist heute in der Filmpraxis normal.

Zur Montage tritt die Addition gleichbleibender Teile, seit dem 19. Jh. der Kasernenstil in der Architektur, im 20. Jh. die fortlaufende blitzschnelle Addition von Punkten auf der Fernsehscheibe, das ›bit-system‹ der Computer. S. Giedion fand dafür

Bauhütte. ›Bau des Tempels von Jerusalem‹, von Jean Fouquet, 15. Jh.

Bauhütte. Fassadenplan des Kölner Doms z. Zt. des dritten Dombaumeisters Johannes (1308-30).

den treffenden Ausdruck ›Mechanization Takes Command‹ (1949). Serienfabrikation und Fließband (Ford-Auto, Detroit 1908) bestimmen in den USA seit 1915, in Europa etwa seit 1922 große Teile der industriellen Fabrikation. Selbst in seiner Kleidung, einst handgeschneidert, trägt der Mensch diesem unaufhaltsamen Trend Rechnung: Nach dem heute weltweit getragenen ›europäischen Anzug‹ des 19. Jhs., seit dem Triumph der → Warenhäuser als ›Konfektion‹ angeboten, folgen in den 20er Jahren des 20. Jhs. die ›Latzhosen‹, zunächst an Tankstellen, die Pullover (bei den Surrealisten durch Breton ›Pflichtuniform‹), nach dem Zweiten Weltkrieg die Jeans.

Auch die Architektur wird von diesem Vorgang ergriffen: Seit Anfang der 20er Jahre wird der Bauvorgang durch Kräne, Bagger, Transportbänder und Mischtrommel zunehmend mechanisiert und durch → Präfabrikation und Fertigbauweise industrialisiert. Zunächst waren im Übergang zum 20. Jh. nach dem Vorbild der → Gartenstadtbewegung familienfreundliche Reihenhaussiedlungen, örtliche Traditionen aufnehmend (→ Tessenow, → Riemerschmid, → Schmitthenner) entstanden; dann folgten in den wachsenden Großstädten Wohnblöcke (→ Mietshaus), oft mit Grünanlagen verbunden, und Wohnhochhäuser (→ Hochhaus),

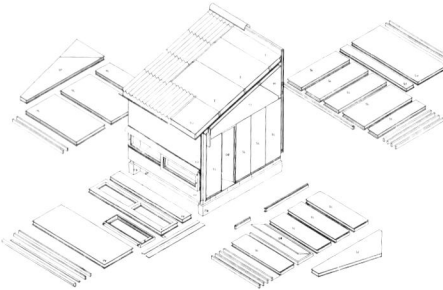

Baukastensystem-Bauweise. Fassadenelemente, Türen und Fenster, von → Utzon.

die nach dem Zweiten Weltkrieg an den Stadträndern oder in den sog. → Satellitenstädten in immer stärkerem Maße zu familienfeindlichen vertikalen Mietskasernen pervertierten, der tiefere Grund, weshalb verantwortungsbewußte Architekten letztendlich nur noch Apartmenthochhäuser bauten. Eng damit verbunden die Präfabrikation und Fertigbauweise für die Massen, für die ›Lonely Crowd‹, die das ›Massenzeitalter‹ des 20. Jhs. bestimmt; für den Bürger entstanden auch weiterhin Reihenhaussiedlungen und in Japan, Deutschland, Skandinavien und Großbritannien Fertighäuser, zunächst in Holz, dann industriell gefertigt in Leichtmetall und Plastik (Italien); die → Villa vom ›berühmten‹ Architekten für die Erfolgreichen.

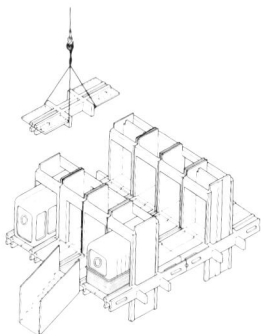

Baukastensystem-Bauweise. Schema der Montage vorgefertigter Teile, von → Kurokawa, 1962.

Diese scheinbar vorprogrammierte Entwicklung, die schon für William → Morris und seine Nachfolger eine Herausforderung war, rief zahlreiche Gegenkräfte auf den Plan. Zuerst waren es Einzelgänger (heute unter dem Schlagwort → Alternative Architektur subsummiert), die nach menschlicherer zeitgemäßen Lösungen suchten, die neuesten Erkenntnisse der Wissenschaft und Technik (vorwiegend der Soziologie, Biologie und Physik) einbeziehend, auch alte Einsichten (→ Lehmarchitektur), die vor allem aber auch den persönlichen Einsatz und die Kreativität des Bauherrn in den Bauvorgang zu integrieren versuchten. Dabei zeigte sich, daß auch billig hergestellte vorfabrizierte Teile lebendiger individueller Nutzung zugänglich gemacht werden können (Aldo van → Eyck). Ziel war eine nicht bis ins Detail vorgeplante bezugsfertige Architektur: der Zufall und das Spielerische sollte erhalten bleiben wie im Free Jazz oder dem Versuch, durch ›Aleatorik‹ (Boulez) die serielle Musik wieder aufzulockern oder sie auf eine ganz neue unkonventionelle Basis zu stellen (Cage u. a.).
Sieht man von den Gefahren mangelnder eigener Kreativität ab, die ein neuer → Historismus in sich birgt, so entspringen der Regionalismus und

→ Neoklassizismus der 30er Jahre und die → Postmoderne (Rückkehr der Säule und → Rationalismus) sowie die schon seit den Anfängen der Gartenstadtbewegung praktizierte → Anpassungsarchitektur der Sehnsucht, Tradition, Atmosphäre eines Ortes oder einer Landschaft vor der zunehmend ins Banale abgleitenden Egalisierung des → Internationalen Stils zu bewahren, dessen ›Purismus‹ sich als Gegenbewegung zum → Jugendstil verstanden hatte. Die Postmoderne, auch ein Subsummierungsbegriff, proklamierte den Stilpluralismus als Bejahung des ›Sowohl als auch‹ (Venturi), um den Formenreichtum einer in Jahrtausenden gewachsenen Architektur vor formaler Verarmung zu retten. Ebenso wichtig jedoch sind heute die Anstrengungen jener Ingenieurarchitekten wie → Nervi, → Otto oder → Wachsmann u. a., die ganz neue Formen der Architektur geschaffen haben oder weiterentwickelten (→ High-Tech).　　W. R.

Lit.: Giedion '48; Jacobs '61; Venturi '66; Cage '69; Pevsner '71; Klotz '84.

Baukeramik (auch: Terrakotta = gebrannter Ton). Als Verwandte des → Backsteins eines der ältesten Baumaterialien überhaupt. Glasierte Tonkacheln lassen sich bereits 2700 v. Chr. in der Grabstätte des Djoser-Komplexes in Saqqara, Ägypten, nachweisen (→ Ägypt. Archit.). Frühe Höhepunkte der B. bilden die Verkleidungen der Stadttore und -mauern von Babylon (Ischtartor, um 575 v. Chr.) und die keramischen Dekorationen in der persischen (→ Iranische Architektur) und → islam. Baukunst. Durch sie wurde diese Dekorationsform nach Spanien übertragen (→ Azulejos). In der klassischen Antike wurde Keramik als Witterungsschutz von Holzgebälken oder zur Massenherstellung von Antefixen an → Tempeln benutzt. In der Architektur des europäischen Mittelalters finden wir B. unter anderem in Form farbig glasierter Dachziegel an bedeutenden Kirchen (Wien, Stephansdom; Agram; Colmar) sowie im norddt. → Backsteinbau, der vielfach mit glasierten → Formsteinen arbeitet. Fassaden und Türbogenfelder in der ital. → Renaissance wurden oft mit keramischer Bauornamentik (z. B. aus der Manufaktur der della Robbia) versehen. Nach einer Periode von geringerem Interesse in der Barockzeit wurde im Laufe des 19. Jhs. die B. in Mitteleuropa wiederentdeckt. Zunächst nur zur einfacheren Herstellung figürlichen Schmucks verwendet (→ Schinkel, Haus für den Terrakottafabrikanten Feilner, 1828/29, und Bauakademie Berlin, 1831-36), wurde sie ab 1852 etwa von

Baukastensystem-Bauweise. Radio-Phono-Kombination, von Dieter Rams.

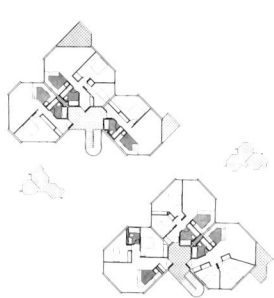

Baukastensystem-Bauweise. Grundriß-Variationen für Fertighäuser, von → Catalano.

Baukeramik. Albertinischer Hallenchor des Stephansdoms, Wien, voll. 1340.

Baukeramik. Außenfassade des Thronsaals des Nebukadnezar in Babylon, 1. Hälfte 6. Jh. v. Chr.

Baukeramik, Glasurziegelrelief,
achämenidisch, 1. Hälfte 5. Jh.
v. Chr.

→ Bürklein in großem Umfang in der Münchner
Maximilianstraße zur Verkleidung von Gebäude-
fassaden herangezogen. Gleichzeitig ermöglichte in
England die Aufhebung der Ziegelsteuer (1850) die
Anwendung von Terrakottaornamentik. Glasierte
Kacheln boten außerdem eine Oberfläche, die der
Luftverschmutzung im industrialisierten England
standhalten konnte. Ab 1860 setzte dort die Verwendung von Keramik auf breiter Ebene ein.
→ Waterhouse' Natural History Museum in London (1873-81) war das erste englische Gebäude, das
vollständig mit Terrakotta verkleidet war. Unter
britischem Einfluß begann in den Vereinigten Staaten die Anwendung von Terrakotta als Schmuckelement mit dem Museum of Fine Arts in Boston
(1870-76) und wurde bald unter dem Eindruck der
verheerenden Brände in Chicago 1871 und Boston
1872 zur Verkleidung der Konstruktionsteile von
Stahlskelettbauten angewandt. Gleichzeitig wurden
feuersichere Deckenkonstruktionen aus Formzie-
geln entwickelt und Keramik in wachsendem Umfang für Leitungsrohre eingesetzt. → Sullivan
schöpfte die Möglichkeiten plastischer Oberflä-
chenbearbeitung und der Massenherstellung von
Terrakotta voll aus. Sein Guaranty Building in Buffalo (1894) und das Bayard Building in New York
(1898) dokumentieren außerdem die Entwicklung
von den ursprünglich meist braunroten Farbtönen
zu farbigeren Glasuren um die Jahrhundertwende.
In Mitteleuropa nutzten Architekten des → Jugendstils und des → Expressionismus die Möglichkeiten
farbiger B. (→ Wagner, Majolikahaus in Wien,
1898; → Perret, Rue Franklin 25, 1902; → Höger,
Chilehaus Hamburg, 1922-24). Nach einem letzten
Höhepunkt in der Anwendung von farbiger Terrakotta in den 20er und 30er Jahren in den USA
(→ Art Deco) wurde ornamentale B. von der Formensprache der Moderne und dem Aufkommen
neuer Feuerschutzmethoden für → Skelettbauten
weitgehend verdrängt.   D. N.

Lit.: Geer '20; Darling '79; Elliott '92.

Baukörper. Das über einem Terrain sich erhebende
Gesamtvolumen eines Bauwerkes.
Lit.: Klamt '35.

Baumeister. Berufsbezeichnung im Baugewerbe.
Der Tätigkeitsbereich des B.s war urspr. umfassender als der des Architekten, da der B. sowohl den

Bauplastik. Die Korenhalle des
Erechtheions auf der Akropolis
von Athen, um 420 v. Chr.

Entwurf lieferte als auch am Bau selbst mitarbei-
tete, also sowohl am theoretischen Teil der Architekturschöpfung beteiligt war.
Im 19. Jh. konnte B. auch als Titel in Bayern verlie-
hen werden. Heute wird die Bezeichnung B. meistens auf den Baupraktiker, also Bauleiter oder Unternehmer, beschränkt.
Lit.: Alberti 1485; Stein, H. '11; Pevsner '31; Knoop-Jones '49;
Booz '56; Lasch '62; Gerstenberg '66; Ricken '90.

Baumeister, Willi (1889-1955) → Meyer, Adolf.

Baumeisterbildnis → *Nachträge*.

Baumodell → Architekturdarstellung.

Baumwohnung → *Nachträge*.

Baunaht. Stelle, an der zwei verschieden alte Teile
eines Bauwerks sichtbar aneinanderstoßen. Man
findet solche Stellen an Bauwerken, an denen lange
und oft mit Unterbrechungen gearbeitet wurde, was
technische Änderungen und stilistische Unterschiede zur Folge haben konnte. Eine B. ergibt sich
auch bei vorher eingeplanten → Bauabschnitten.

Bauordnung. Verordnung, die den Bauherren bzw.
den Baumeister anhält, bestimmte Regelungen und
Vorschriften bei der Errichtung eines Baus einzuhal-
ten. Die Vorschriften betreffen Standsicherheit,
Konstruktion, Feuersicherheit, → Bauwich und
-linie, Anzahl und Höhe der Geschosse, → Dachformen.

Bauornament. Säulen mit Stiftmosaik, Uruk,
2. Hälfte 4. Jt. v. Chr.

Bauornament. Allgemein jedes Schmuck- oder Zierglied (Ornament) im Bereich der Baukunst. Man
unterscheidet zwei Gruppen: **1.** B., das ausschließlich oder überwiegend an der Außenarchitektur
vorkommt, bzw. sich dort entwickelt hat (z. B.
→ Maßwerk). – **2.** B., das auch in anderen Kunstgattungen (u. a. Goldschmiedekunst, Möbel, etc.)
gebräuchlich ist und neben der Funktion des
Schmückens auch die des Gliederns haben kann.
Das B. ist in der Regel plastisch, kann auch gemalt
sein (→ Polychromie) oder aus in die Fläche einge-
legtem verschiedenfarbigem Material bestehen
(→ Inkrustation). – **3.** B. in Form illusionistischer
Malerei (Blindfenster); Architektonischer Gliederungen; → Lüftlmalerei (Alpenländer); Graffiti;
bemalter Hauswände mit vorgetäuschter Architektur (→ Scheinarchitektur) oder Landschaft in den
USA oder Europa nach dem Zweiten Weltkrieg.
Lit.: Loos '31; Strauss '48; Brolin '82; Rykwert '83.

Bauplastik. Für ein Bauwerk geschaffene und mit
diesem fest verbundene Plastik mit dekorativem,
erläuterndem oder symbolhaftem Charakter. Die

Bauplastik. Reiterzug vom Nordfries des Parthenon, Athen, um 435 v.Chr.

B. kann in das architekt. System eingebunden sein (→ Metopen), kann konstruktiver Teil der Architektur sein (→ Atlanten, → Karyatiden) oder, sich vom Bau lösend, das Architektursystem plastisch fortsetzen (Spätgotik). – Die B. entwickelte sich mit der monumentalen Baukunst und Plastik in den Hochkulturen am Nil und im Zweistromland, wo auch schon sehr früh → Baukeramik verwendet wurde. Eine erste Hochblüte erlebte die B. an den griech. Tempeln (→ Griech. Architektur), deren

Bauplastik. Relief an der Außenmauer der Heilig-Kreuz-Kirche, Insel Achtamar, 915-20.

Metopenfriese und Giebelfelder, in der ion. Ordnung (→ Säulenordnungen) auch die durchlaufenden → Friese, mit Relief und Vollplastik geschmückt wurden, wobei Architekt und Bildhauer eng zusammenarbeiteten, oder oft auch eine Person waren, wie in der europ. Baukunst des MA. (→ Bauhütte). In der röm. Baukunst spielt die B. keine bedeutende Rolle, ebensowenig in der altchristl. und byzant. Architektur. Im MA. setzt die B. in größerem Umfang erst im 11./12.Jh. im christl. Spanien, in Südfrankreich und in Burgund ein. Frankreich ist auch das Ursprungsland der → got. B. (Chartres-West), die sich in Form von Portalplastik und der → Königsgalerie fast ganz auf den Außenbau beschränkt. Der dt. Beitrag zur got. B. erfolgt im Innenraum an architekturplastischen Einbauten wie → Lettner und → Sakramentshaus. – Seit dem 15.Jh. verselbständigt sich die Plastik; die B. beschränkt sich auf die konstruktiv bedingten Atlanten und Karyatiden, sonst taucht sie nur gelegentlich als Dekorum auf. Die so reduzierte B. vereinigte sich mit der → Stukkatur zur barocken In-

nendekoration. Doch gab es in der → Renaissance bedeutende Architekten, die zugleich die B. besorgten wie z.B. → Alberti oder → Michelangelo. Dies war auch noch im → Barock (→ Bernini, → Borromini u.a.) und im → Rokoko (→ Asam) der Fall, obwohl in dieser Zeit in der Regel die → Stukkateure die Innenraumgestaltung übernahmen. Vgl. →›Kunst am Bau‹.
Lit.: Appel '44; Boeck '61.

Baurecht → *Nachträge.*

Bauriß → Architekturdarstellung.

Baurscheidt, Jan Pieter d.J. (1699-1768) → Niederlande.

Bausteine → *Nachträge.*

Bausymbolik → Symbolik der Architektur.

Bautastein (isländ.). Zum prähistorischen Totenkult gehörende rechteckige, zubehauene Steine (Höhe von 1-5 m), die den späteren jungsteinzeitl. Menhiren (→ Megalith) ähneln.

Bautista, Francisco (1594-1679). Span. Jesuitenpater, der für seinen Orden in Madrid und Toledo Kirchen baute. Am interessantesten ist S. Isidor el Real (beg. 1629) in Madrid, von Il Gesù in Rom abhängig, mit etwas strengerer Fassade, deren Mittelteil sich an den Längsseiten wiederholt. Die Kirche übte in Spanien beträchtlichen Einfluß aus.
Lit.: Kubler '57; Kubler-Soria '59.

Bauwich, der. Abstand der Häuser zu den seitlichen Grundstücksgrenzen, gefordert aus Gründen des Feuerschutzes und zur Ableitung des Regenwassers.

Bayer, Paul Ignaz (1650-1733) → Tschechoslowakei.

B.B.P.R., Abkürzung für Gian Luigi Banfi (1910-45), Ludovico Belgiojoso (geb. 1900), Enrico Peressutti (1900-74) und Ernesto Nathan Rogers (1900-69), die 1932 eine Architektengemeinschaft gründeten, welche die Richtung des → Rationalismus in der Architektur für Europa propagierte. In ihren ersten Entwürfen (z.B. Casa del Sabato, 1933) lehnten sie sich stark an die moderne Architekturauffassung von → Gropius, → Mies van der Rohe, → Le Corbusier und später Ende der 30er Jahre auch an

Bauplastik. Königsportal der Kathedrale von Chartres, beg. 1145.

Torre Velasca, Mailand, von → B.B.P.R., 1956-58.

St. Lorenz, Kempten, von Michael →Beer, 1652.

→ Aalto an. B.B.P.R. waren von Anfang an stark interessiert an der Gestaltung von Wohnungseinrichtung und Ausstellungspavillons, sowie vor allem nach dem 2. Weltkrieg in allen Fragen des modernen Städtebaus (Mitglied der → CIAM seit 1936) engagiert. Bedeutende Bauwerke entstanden u. a. in New York, so ein Ausstellungsgebäude für Olivetti (1954), ein Zusammenspiel ländlicher Bauart mit technologischer Perfektion, von strenger Architektur mit figuraler Kunst. Spektakulär waren in Mailand die Restaurierungen des Castello Sforzesco (1956) und die Erbauung des Torre Velasca (1956-58) – die Suche nach einer poetischen Architektur, die auf Tradition und lokale Atmosphäre Rücksicht nimmt (→ Italien; → Historismus). 1965 folgte ein weiterer Auftrag für Olivetti in Spanien/Barcelona sowie die Chase Manhattan Bank (1969) in Mailand an der Piazzale Meda (Abb. → Anpassungsarchitektur), wo die Gemeinschaft es verstand, antike Zitate mit typisch modernen Materialien auszudrücken. → Anpassungsarchitektur.   M.-A. V. L.

Lit.: BBPR '36; Paci '59; Bonfanti-Porta '73; CA '80; Piva '82; Fiori '82.

Beaudouin, Eugène (geb. 1898) → Frankreich.

Beaux-Arts → Ecole des Beaux-Arts; Abb. → Lods.

Beer. Architektenfamilie. Ihr wichtigster Vertreter ist *Michael Beer* (gest. 1666), einer der Begründer der → Vorarlberger Bauschule, der neben der Familie Beer auch die →Mosbruggers und → Thumbs angehörten. (Später heirateten die Thumbs und die Beers untereinander.) Belegt ist Michael B.s Arbeit an der Klosterkirche von Kempten bis 1654; von ihm stammt wohl der Entwurf, in dem versucht wird, eine Langhaus- mit einer Zentralbau-Anlage zu verbinden, die die Form eines → Oktogons mit hoher Kuppel hat, die sich zwischen Schiff und Chor schiebt. Sein Sohn *Franz Beer* (1660-1726) wurde zu einem der führenden Architekten der Vorarlberger Schule. Er begann an der Klosterkirche von Obermarchtal, wo er nach dem Tod Michael → Thumbs 1690 zusammen mit Christian Thumb den Bau weiterführte. Auch bei seinem nächsten Werk, Kloster Irsee (1699-1704), läßt sich noch der Einfluß der Thumbs erkennen.

Progymnasium, Lorch/Württemberg, von → Behnisch & Partner, 1972-73.

Seinen eigenen, sehr eleganten und leichten Stil entfaltete er erst an der Klosterkirche zu Rheinau in der Schweiz (1704-11), wo er die Vertikalen betonte, indem er die → Emporen, die die vorspringenden Wandzungen zu Kapellen verbinden, weit zurücknahm (→ Vorarlberger Schema). Die Vorderseiten der Wandzungen sind mit → Pilastern verblendet. Dieser Stil fand seinen Höhepunkt in der Kirche des Zisterzienserklosters St. Urban im Kanton Luzern (1711-15) und in der Kirche des Benediktinerklosters Weingarten (1715-23, Abb. → Kanzel); wieweit Franz B. an den Arbeiten in Weingarten beteiligt war, steht nicht fest. (Franz B. lehnte die Bauleitung ab, arbeitete aber wahrscheinlich zusammen mit Johann Jakob → Herkommer und vielleicht auch Caspar → Mosbrugger am Entwurf.) 1717 leitete er den Neubau der Kirche des Prämonstratenserklosters Weissenau bei Ravensburg. Zwei unausgeführte Entwürfe für die Klosterkirche von Einsiedeln werden ihm zugeschrieben. Seine älteste Tochter heiratete Peter Thumb. Von *Johann Michael Beer* (1696-1780) stammt der Entwurf für den Chor und die Ostfassade der Klosterkirche St. Gallen (1761-68, Abb. → Schweiz) und auf *Ferdinand Beer* (1732-89) gehen die Wirtschaftsgebäude des Klosters St. Gallen zurück. Abb. → Schweiz; → Vorarlberger Schema.

Lit.: Lieb-Dieth '60, '83; Oechslin '78.

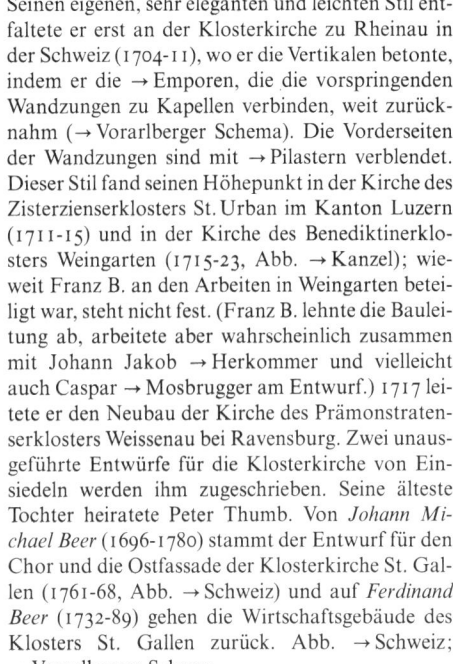

›Neues Lusthaus‹, Stuttgart, von Georg → Beer, 1580-93.

Beer, Georg (gest. 1600). Baumeister des Herzogs Ludwig von Württemberg, seit 1575. Seine Hauptschöpfung, das ›Neue Lusthaus‹ im Schloßpark von Stuttgart (1581-93), ist ein bedeutender Beitrag zur dt. → Renaissancebaukunst (1845 teilweise abgerissen und stark verändert, 1902 abgebrannt, Ruine noch vorhanden, durch eine sorgfältige Dokumentation erhalten). Erwähnenswert sind weiterhin u. a. das Lust- und Jagdschloß in Hirsau (1592-95, heute Ruine), sowie das ›Collegium illustre‹ in Tübingen (1588-92), heute kath. Konvikt Wilhelmstift.

Lit.: Dehio '26-33; Wasmuth '29; Th-B '32ff.

Beffroi, Beffroy, frz. Bezeichnung für → Belfried.

Behnisch, Günter (geb. 1922). Studierte in Stuttgart an der TH Architektur. Mit Bruno Lambart gründete er 1952 ein Architekturbüro, das er ab 1956 alleine weiterführte (Behnisch & Partner). Über Deutschland hinaus bekannt wurde er durch die mit → Otto ausgeführten Bauten anläßl. der Olympischen Spiele 1972 in München mit ihrer imposanten Zeltdachkonstruktion. In den 70er und beginnenden 80er Jahren plante und verwirklichte B. u. a.

Olympiazelt, München, von → Behnisch & Partner und → Otto & Partner, 1968-72.

die Neugestaltung des Schloßplatzes und der Königsstraße in Stuttgart (1973-80), das Hysolar-Institut der Univ. Stuttgart (1987; Abb. → Dekonstruktivismus) sowie zahlreiche Projekte im Bonner Regierungsviertel (1973-81). Neuere Werke: Kindergarten Stuttgart-Luginsland (1990), Dt. Postmuseum, Frankfurt a. M. (1990), Plenarsaal des Dt. Bundestags, Bonn (1992).

Lit.: Hatje '63; Klotz '77, '81¹; CA '80; Behnisch '87; a + u '90.

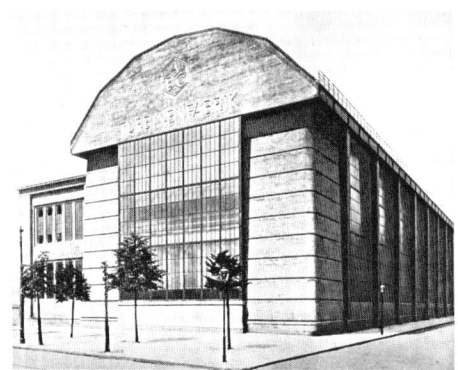

Turbinenfabrik der AEG, Berlin, von → Behrens. 1909.

Behrens, Peter (1868-1940). War zuerst Maler, wurde aber nach 1890 unter dem direkten oder indirekten Einfluß von William → Morris stärker vom Design und angewandter Kunst angezogen. Er entwarf neue Druckschriften, gehörte zu den Begründern der ›Vereinigten Werkstätten‹ in München und gestaltete für sie Tafelgläser und anderes. 1900 rief ihn Großherzog Ernst Ludwig von Hessen nach Darmstadt (→ Olbrich). Dort entwarf er 1901 für sich selbst ein Haus in einem eigenständigen, kraftvollen, unbekümmerten Stil. 1907 wurde er Architekt und künstler. Berater der AEG (Allgemeine Elektrizitätsgesellschaft) in Berlin. Er entwarf für sie Fabriken, die architekton. keine Anleihen bei

den vorhergehenden Zeitstilen aufweisen. Seine klare, vereinfachende Bauweise wurde richtunggebend für die Gestaltung großer Zweckbauten. Beim Entwurf des Grundrisses stellte er die Betriebsorganisation allem voran. Neben seinen Aufgaben als Architekt suchte er für die Produkte der AEG »Typen zu gewinnen und eine sauber konstruierte, materialgerechte und anmutige Schönheit zu erstreben«, wie er erklärte. Für repräsentative Bauten entwickelte er einen leicht vom → Klassizismus geprägten Stil (Verwaltungsgebäude für Mannesmann in Düsseldorf, 1911; Dt. Botschaft in St. Petersburg, 1911-12). Nach dem Ersten Weltkrieg ließ er sich von dem herrschenden → Expressionismus einfangen (Verwaltungsgebäude für I.G. Farben in Höchst, 1920-24), ehe er sich dem → Internationalen Stil (Lagerhaus für die Staatliche Österreichische Tabak-Regie in Linz, 1930) zuwandte. Abb. → Viadukt.

Lit.: Hueber '13; Platz '27; Cremers '28; Behrens '66-'67; Borsi-Koenig '67; Kaddatz '77; Buddensieg-Rogge '79; Hoepfner '79; Behrens '80; Windsor '81; Hatje '83; Windsor '84; Behrens '85; Buderath '90.

Beinhaus → Karner.

Haus auf der Mathildenhöhe, Darmstadt, von → Behrens, 1901.

AEG-Pavillon auf der Deutschen Schiffbau-Ausstellung, Berlin, 1908, von → Behrens.

Beischlag. Eine auf der Straßenseite liegende, etwas erhöhte, von einem Geländer oder einer Brüstung umgrenzte Terrasse vor einem Bürgerhaus. Den B. gibt es fast nur im Ostseeraum.

Lit.: Oberg '35.

Bekrönung. Schmückender Aufbau oder obere Begrenzung eines Bauteils (→ Fensterverdachung, → Wimperg, → Baldachin, → Stirnziegel, → Fialen an got. Strebepfeilern u. a. m.).

Bélanger, François-Joseph (1744-1818). Der eleganteste der Architekten des → Louis-seize-Stils und einer der führenden frz. Landschaftsgärtner. Empfing seine Ausbildung in Paris, reiste 1766 nach England. 1777 entwarf er sein Hauptwerk, das exquisite, klassizist. Gartenschlößchen Bagatelle im Bois de Boulogne in Paris, das er in nur 46 Tagen für den Bruder des Königs errichtete, der dadurch eine Wette mit Königin Marie-Antoinette gewann. Der Garten, angelegt 1778-80, war der berühmteste ›jardin anglais‹ (→ Gartenbaukunst) der Epoche. 1784 folgte ein ›jardin anglo-chinois‹ für einen seiner anderen Pavillons, die Folie Saint-Jacues in Neuilly, und 1786 der letzte seiner großen Land-

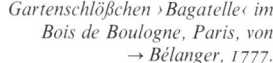

Gartenschlößchen ›Bagatelle‹ im Bois de Boulogne, Paris, von → Bélanger, 1777.

schaftsparks, Méréville, südwestl. Étampes. Er entwarf auch den schönen Pavillon im Garten des Hôtel de Brancas, Paris (1771) und Inneneinrichtungen von hoher Eleganz, wie im Hôtel de Mlle. Desvieux, Paris (1778). 1803 gestaltete er die bedeutende Glas-Eisen-Kuppel für die Halle aux Blés in Paris, die die Glas-Holz-Kuppel von → Legrand und → Molinos (1782) ersetzte.

Lit.: Stern, J. '30; Wiebenson '73; Deming '84.

Beletage, die (frz.: schönes Geschoß). Das Hauptgeschoß eines Gebäudes (ital. piano nobile), meist das erste Stockwerk über dem Erdgeschoß (→ Geschoß) mit den Repräsentationsräumen.

Lit.: Giovannoni '35.

Belvedere. ›Große Neugierde‹, Schloßpark Klein-Glienicke, von → Schinkel, 1836.

Beischlag. Frauengasse, Danzig.

Belfried der ›Hallen‹, Brügge, 2. Hälfte 13. Jh.

Beleuchtung → Lichtarchitektur.

Belfried, der (frz. beffroi). Glockenturm spätma. flandrischer Rathäuser, manchmal freistehend. – Der Ausdruck ist auch gebräuchlich für den → Bergfried ma. Burgen.

Lit.: Choisy 1899.

Belgien → Niederlande.

Belluschi, Pietro (geb. 1899) → Nervi.

Belvedere, das (ital.: schöner Ausblick; frz. Bellevue). Ein architekton. gestalteter Aussichtsplatz, der in einem Park (Pavillon, Gartentempel) oder als Terrasse auf dem Dach eines Wohngebäudes liegen kann. Auch mehrere besonders schön gelegene Schloßanlagen tragen den Namen B. Am bekanntesten ist das B. von → Hildebrandt in Wien.

Lit.: Rave '48.

Bema, das (gr.: Felsensitz, Richterstuhl). **1.** Erhöhte Bühne der Presbyter in der → Apsis frühchristl. Kirchen. – **2.** Ausdruck für → Ambo. – **3.** In der Ostkirche der erhöht liegende, von der → Ikonostase abgeschlossene Altarraum. – **4.** In → Synagogen die erhöhte → Kanzel zur Verlesung des Pentateuch. Dieses B. hat keinen bestimmten Platz im Kultraum: von einigen Gelehrten wird es in die Mitte des Raumes gesetzt, während andere keinen bestimmten Standplatz nennen. Heute steht es meist in der Nähe der Arche, in der die Hl. Bücher verwahrt werden, ist aus Holz und hat eine rechteckige Standfläche mit zuweilen geschwungener Vorder- und Rückwand.

Lit.: RDK.

Benedetto da Maiano (1442-97). Ital. Architekt, jüngerer Bruder von → Giuliano da Maiano, mit dem er an der Cappella di S. Fina in der Collegiata zu S. Gimignano zusammenarbeitete (1468). Obwohl er in erster Linie Bildhauer war, stammen zwei

Altar in der Kapelle der hl. Fina im Dom von S. Gimignano, von → Benedetto da Maiano, 1475.

Hauptwerke der frühen → Renaissance-Architektur von seiner Hand: der Palazzo Strozzi in Florenz (unter Mitarbeit Cronacas, 1489 beg.) und die Säulenhalle von S. Maria delle Grazie in Arezzo (1490-91). Der Palazzo Strozzi, ein ungeheurer Baublock mit schwerer Rustizierung (→ Rustika) bis hinauf zu dem gewaltig vorkragenden Gesims, geht auf → Michelozzos Palazzo Medici-Riccardi zurück. Er wurde von Cronaca (Simone del Pollaiuolo 1454-1508), der auch den prächtigen Hof entwarf, vollendet. Die Säulenhalle der S. Maria delle Grazie in Arezzo zeigt in ihrem überaus eleganten, leichten und beweglichen Stil einen völlig anderen Charakter als der Palazzo Strozzi.

Lit.: Venturi VI, VIII; Dussler '23; Céndali '26; Pampaloni '63.

Beneš, A. → Tschechoslowakei.

Bentley, John Francis (1839-1902). Engl. Architekt, begann seine Laufbahn mit dem Wiederaufbau der 1853 abgebrannten St. Georges Parish Church in Doncaster. 1855 kam er nach London, arbeitete dort für die Architekten Winsland und Holland und später im Atelier von Henry Clutton (1819-93). Nach einigen Jahren, die mit Entwürfen für Kirchenausstattungen, Aus- und Umbauten angefüllt waren, baute er ab 1868 das Kloster vom Heiligen Herzen in Hammersmith, London, in skrupulöser Schlichtheit, fast Nacktheit; die Reihe der Schornsteine ist besonders eindrucksvoll. Größerer Erfolg ließ auf sich warten. Zu seinen besten Bauten gehören die → neugot. Kirche Holy Rood in Watford (1887ff.), durchdacht in der Gliederung und kraftvoll im Stil, und St. Francis in Bocking, Essex (1893). 1894 erhielt er den Auftrag für die kath. Westminster-Kathedrale in London. Hier ist der Stil byzant. (→ Historismus), das Material → Backstein mit reichlich Sandsteinverkleidung und → Beton für die Kuppel, aber kein Eisen. Eisen nannte B. »den Fluch modernen Bauens«. Der asym. gestellte Glockenturm ist der höchste Londons. Das Kircheninnere ist wunderbar weiträumig und von

größter Sparsamkeit im architekton. Detail, dabei wollte B. es urspr. mit → Mosaiken und verschiedenfarbigen Marmorplatten auskleiden. Im Winter 1894/95 bereiste er Italien und besuchte Paris. 1898 führte ihn ein zu erstellendes Gutachten über die Kathedrale von Brooklyn nach Nordamerika. Weitere von B. gebaute Kirchen in Brixton und Chelsea, sowie besonders das Beamont Training College in Windsor/Yorkshire trugen zu seiner internat. Anerkennung bei.

Lit.: Scott-Moncrieff '24.

Berapp, der. Grober Mörtelüberzug der Außenwand. Bei diesem Verputz wird die Wand zweimal mit Mörtel und Sand beworfen, die beim zweiten Mal mit Kieseln oder zerquetschten Steinen untermischt sind. Auch Rauhputz genannt.

Berecci, Bartolomeo (gest. 1537) → Polen.

Berg, Max (1870-1947). Studium an der TH in Berlin, Stadtbaurat in Breslau. Berühmt durch die Breslauer Jahrhunderthalle (1910-13), sein bedeutendstes Werk. Hier wurde zum erstenmal Beton für große Spannweiten ohne Rückgriffe auf einen der Zeitstile verwendet. Die Kuppel hat eine Grundfläche, die dreimal so groß ist wie die der Peterskirche in Rom, aber sie wiegt nur halb soviel.

Jahrhunderthalle, Breslau, von → Berg, 1910-13.

Weitere öffentliche Bauten in Breslau folgten bis 1925 (Krankenhaus und Schulen). B. spielte eine wichtige Rolle in der Hochhausdiskussion Anfang der 20er Jahre in Deutschland.

Lit.: Berg '21-22; Konwierz '26; Pevsner '36; Balg '53.

Bergfried, der (auch Belfried; frz. Donjon, engl. Keep). Hauptturm einer → Burg, der in Zeiten der Belagerung als letzte Zuflucht der Burgbewohner diente. Im Gegensatz zum frz. → Donjon war der B. nicht zum Wohnen eingerichtet. → Belfried.

Lit.: → Burg.

Bering. Mantelmauer einer → Burg.

Berlage, Hendrik Petrus (1856-1934). Studierte am Zürcher Polytechnikum und arbeitete anschließend unter → Cuypers. Das Gebäude, das ihn berühmt machte und das wirklich in der Geschichte der holländ. Architektur einen Meilenstein setzt, da es vom → Historismus des 19. Jhs. fortführt, ist die Amsterdamer Börse (beg. 1897). Es kommt hier nicht zu einem abrupten Bruch mit der Vergangenheit, aber die von der → Romanik und vom Stil des 16. Jhs. abgeleiteten Formen sind so frei behandelt, die einzelnen Details so eigenständig, daß dieser Bau zu einem Symbol unabhängigen Fortschritts wurde. Besonders charakteristisch sind gewisse

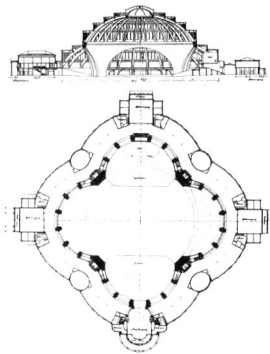

Jahrhunderthalle, Breslau.

Börse, Amsterdam, von → Berlage, beg. 1897.

Gianlorenzo Bernini.

schwerfällige, fast archaisch wirkende Elemente neben fast expressionistischen. B.s Stil bereitete der Amsterdamer Schule (→ Oud) den Weg. Sein letztes bedeutendes Werk, das Städtische Museum in Den Haag (1919-34), ist in einem weniger persönlichen Stil errichtet und erinnert an → Dudok.

Lit.: Berlage '05, '24; Eisler '21; Gratama '25; Oud '26; Giedion '41; Singelenberg '72; Ausstellung '75; Polano '88; Berlage '91.

Berlepsch-Valendas, Hans Eduard von (1894-1921). Nach Architekturstudium in Zürich, 1873-75 Architekt in Frankfurt/M., 1875 Studium der Malerei in München, seit 1897 Designer und Vorkämpfer der → Gartenstadtbewegung (Bebauungsplan von München-Perlach).

Bernardes, Sergio (Wladimir) (geb. 1919) → Brasilien.

Bernini, Gianlorenzo (1598-1680). Die dominierende Gestalt des röm. → Barock. Wie → Michelangelo in erster Linie Bildhauer, bewies er eine ähnlich

Baldachin in St. Peter, Rom, von → Bernini, 1624-33.

geniale Vielseitigkeit als Maler, Dichter und Architekt. Geb. in Neapel als Sohn eines Florentiner Bildhauers, Pietro Bernini, eines der weniger bedeutenden Manieristen, und einer Neapolitanerin. Um 1605 zog die Familie nach Rom. Dort blieb B. während seiner ganzen Schaffenszeit, und kaum eine andere Stadt trägt so stark den Stempel der künstler. Persönlichkeit eines Mannes, wie B. ihn Rom aufprägte. Seine Bauten und Skulpturen bringen die ganze Großartigkeit, Bewegtheit und Gefühlsbetontheit der Gegenreformation zum Ausdruck. B. war bereits mit 20 Jahren als Bildhauer berühmt, seine lange, stets erfolgreiche Laufbahn als Architekt begann erst 1624 mit der Wahl Urbans VIII. Barberini zum Papst. Fünf Jahre später wurde ihm die Bauleitung von St. Peter übertragen. Die

Palazzo Chigi-Odescalchi, Rom, von → Bernini, 1664-66.

meisten seiner großen Bauten schuf er aber in seiner reiferen Zeit, während des Pontifikats Alexanders VII. Chigi (1655-67). Inzwischen war sein Ruhm so groß, daß Ludwig XIV. ihn bat, zur Erweiterung des Louvre nach Paris zu kommen. Anders als sein überempfindlicher Rivale → Borromini war B. von ausgeglichener, extrovertierter Wesensart und sicher und gewandt in seinem Auftreten. Dabei war er tief religiös, ein glühender Anhänger der Jesuiten und unterzog sich regelmäßig den Exerzitien des hl. Ignatius. B. verband auf vielleicht einmalige Weise revolutionäres künstler. Genie mit der Führungskunst eines Mannes von Welt.

Seine ersten Aufträge waren die Renovierung von S. Bibiena (1624) und der → Baldachin in der Peterskirche. S. Bibiena ist eigentlich nur ein interessanter Versuch; hier fehlt die für B. charakteristische Sicherheit des Entwurfs. Dagegen zeigt der Baldachin (1624-33) in der Vierung der Peterskirche unter Michelangelos Kuppel kühne Phantasie. Mit seinen kolossalen gewundenen Bronzesäulen, den heiter-lebendigen Voluten, den dynamischen Skulpturen ist dieses prunkvolle Meisterwerk ein echtes Symbol der Epoche: ihrer Großartigkeit, Prachtentfaltung und Überschwenglichkeit. Mit dem Motiv der gewundenen Säulen, wie sie schon in der

S. Andrea al Quirinale, Rom, von → Bernini, 1658-70.

S. Andrea al Quirinale, Blick in die Kuppel.

zunächst in Castelgandolfo (1658-61), dann in Ariccia (1662-64) und schließlich am großartigsten in S. Andrea al Quirinale in Rom (1658-70, Abb. → Barock). Hier verwirklichte er vollkommen seine Vorstellung von der Kirche als architekton. Ort für das Geheimnis der Messe, das durch den skulpturalen Schmuck angedeutet wird.

Von seinen beiden großen Profanbauten in Rom ist der Palazzo Chigi-Odeschalchi (1664 ff.) sicher bedeutender als der Palazzo Montecitorio (1650 ff.); er bezeichnet einen entschiedenen Bruch B.s mit der röm. Tradition. Der dreigeschossige Mitteltrakt des Bauwerks wurde in den beiden oberen Geschossen von durchgehenden, von Kompositkapitellen (→ Kapitell) gekrönten → Pilastern gegliedert und in sieben hohe, schmale Felder geteilt, während die beiden zurückweichenden Seitenflügel je drei solcher Felder aufweisen. Die rhythmische Gliederung der beiden Obergeschosse mit Hilfe durchgehender Pilaster erzeugte einen Eindruck von Geschlossenheit und Würde, während das Zurückweichen der Seitenflügel den Hauptteil hervorhob. Dieser Palast übte großen Einfluß aus; er wurde in ganz Europa zum Vorbild für Adelspaläste. Unglücklicherweise wurde er durch spätere Änderungen und Erweiterungen verdorben. – B.s Begabung für das Monumentale und Kolossale findet ihren höchsten Ausdruck im Petersplatz (1656 beg.). Seine Konzeption ist höchst einfach und höchst originell: ein riesiges Oval wird von → Kolonnaden freistehender Säulen, die ein gerades Gebälk tragen, umgeben (Abb. → Italien). Er hebt nicht nur die Fehler der Fassade Madernos auf, indem er diese höher erscheinen läßt, sondern bringt mit überwältigender Autorität die Würde, Größe und erhabene Ruhe der Mutter Kirche zum Ausdruck. B. verglich seine Kolonnaden mit dem mütterlichen Armen der Kirche, »welche die Katholiken umfangen, um sie im Glauben zu stärken«. Der Petersplatz sollte von einem dritten Arm, der nie gebaut wurde, umschlossen werden. Die Anlage der

Konstantinsbasilika und nach der Überlieferung auch im Tempel von Jerusalem verwendet worden waren, feierte B. die stete Dauer der Kirche und ihren Triumph über die Reformation.

Zahlreiche andere Aufträge folgten: Fassade und Treppe des Palazzo Barberini, Neugestaltung der Porta del Popolo, die Cornaro-Kapelle in S. Maria della Vittoria. Hier sind polychromer Marmor, übertriebene Perspektive und alle Kunstmittel der Bühnenillusion und der Beleuchtung eingesetzt, um die dramatische Wirkung der Marmorgruppe ›Die Ekstase der hl. Theresia‹, die wie hinter einem Proszenium auf dem Altar agiert, zu steigern. Aber erst im Alter von 60 Jahren bot sich ihm die Gelegenheit, seine Fähigkeiten im Kirchenbau zu beweisen:

Cornaro-Kapelle in S. Maria della Vittoria, Rom, von → Bernini, 1645-52.

St. Petersplatz, Rom. Kuppel von → Michelangelo und della → Porta; Front des Langhauses von → Maderno; Kolonnaden von → Bernini, beg. 1656.

Scala Regia, Vatikan, von → Bernini, 1663-66.

Scala Regia, Vatikan.

breiten Via della Conciliazione hat 1937 unsinniger-
weise die von B. vorgesehene Wirkung der Überra-
schung und freudigen Erregung beim Durchschrei-
ten der Kolonnaden zerstört. Die freistehenden Kolonnaden wurden oft nachgeahmt, von Greenwich
bis Leningrad.
B.s letztes großes Werk, die Scala Regia im Vatikan
(1663-66) faßt alle Merkmale seiner Kunst noch
einmal zusammen: seinen Sinn für Maß und Bewegung, sein Geschick, eine ungünstige Lage in einen
Vorzug zu verkehren, seine meisterliche Handhabung szenischer Effekte (optische Täuschungen,
übertriebene Perspektive, verborgener Lichteinfall)
und seine Fähigkeit, Skulpturen zur Dramatisie-
rung der Höhepunkte seiner Komposition sicher
einzusetzen. Mit dem Bau der Scala Regia gelang
B. die vollkommene Verschmelzung der einzelnen
Künste im Sinne des Barock. Abb. → Kathedra;
→ Perspektive.
Lit.: Brauer-Wittkower '31; Pane '53; Wittkower '55, '65; Argan
'57a; Borsi '58, '67a; Fagiolo dell'Arco '66; Portoghesi in EUA
66b; Borsi '80, '83; Fallani '81; Birindelli '80; Gould '81.

Bertotti-Scamozzi, Ottavio (1719-90). Führender
Architekt des Neo→palladianismus in Italien, erbaute in und um Vicenza viele Häuser, erwähnenswert vor allem die Palazzi Pagello-Beltrame (1780)
und Franceschini (1770, heute die Questura), deutlich klassiz. Varianten von → Palladios Stil. Seine
eigentliche Bedeutung erlangte B. als Herausgeber
von Palladios Werken: ›Le fabbriche e i disegni di
Andrea Palladio raccolti e illustrati‹ (1776-83) und
›Le terme dei Romani, disegnate da A. Palladio‹
(1797).
Lit.: Bertotti-Scamozzi 1776-83, 1797; Barbieri '62, '72; Meeks
'66; Olivato '76; Kamm-Kyburz '83.

Beschlagwerk. Auf → Vries zurückgehende, nach
1570 aufgekommene Ornament- und Zierform der
dt. und niederländ. → Renaissance, bei der wie gestanzt wirkende Band- und Leistenfiguren meist
sym. auf der zu schmückenden Fläche in Stein, Holz
und Stuck (Vertäfelung, Säulenschäfte) angebracht
sind, wobei häufig auch Nagelköpfe vorgetäuscht
werden. Tritt das B. in Verbindung mit → Voluten
oder ähnlich dynamischen Ornamenten auf, so

spricht man von Schweifwerk. Heben sich die Enden der Bänder durch Einrollen vom Grund ab,
spricht man von → Rollwerk.
Lit.: → Vries; → Ornament; Jessen '20.

Beton (frz.). Gußgestein, das in einer Schalung aus
Mauerung, Holzbohlen oder neuerdings Stahlble-
chen gegossen wird. Als → opus incertum war der
B. schon den Römern bekannt. B. wird aus Zu-
schlagstoffen (Sand und Kies), einem Bindemittel
(meist → Zement) und Wasser gemischt. Je nach
Beschaffenheit dieser Bestandteile und ihrem Men-
genverhältnis zueinander erhält man verschieden-
wertigen B. Für alle auf Zug belasteten Teile ist
eine → Bewehrung erforderlich, so daß man von
Stahlbeton oder auch → Spannbeton spricht. Bei
Stahlbeton werden die auftretenden Zugspannungen von der in der Zugzone des belasteten Querschnitts liegenden Bewehrung übernommen, während die Druckkräfte fast ausschließlich vom
B.querschnitt aufgenommen werden. Die Druckbe-
lastbarkeit kann besonders bei Stützen erhöht wer-

*Beton. Garage Rue de Ponthieu, Paris, von
→ Perret, 1905.*

den durch spezielle Druck- und Knickbewehrung.
Höhere Belastbarkeit hat Spannbeton, dessen Bewehrung vor der Belastung des Betonquerschnitts
gespannt wird. – Im Abendland griff man erst im
späten 17. Jh. wieder auf das Gußgestein zurück
(Louvre-Kolonnaden von → Perrault, 1665-80). Im
18. Jh. (Portikus der Kirche Ste-Geneviève bzw.
Panthéon von → Soufflot, 1757-90) und im 19. Jh.
(F. Cointereau und → Lebrun, → Loudon, → Monier) wurde das Bauen mit Beton in Frankreich
weiterentwickelt, doch der entscheidende Fortschritt kam aus Großbritannien: 1824 erfand J.
Aspin in Leeds den sogen. Portland-Zement, mit
dem man eine viel größere Härte erzielen konnte;

*Beschlagwerk. St. Luzen,
Hechingen, 1586-89.*

Beton. Stadion, Raleigh, North Carolina, von → Nowitzki und W. H. Dietrich, 1950-53.

ab 1845 erfolgte die industrielle Produktion. In Frankreich errichtete François Coignet 1864 die Außenmauern der Kirche von Le-Vésinet aus Beton, in den 70er Jahren wurden in den USA (→ Ward, T. Hyatt) und in Deutschland (→ Wayss, Koenen) wissenschaftliche Berechnungen zur Perfektionierung des Verfahrens angestellt, aber der entscheidende Durchbruch erfolgte erst 1895, als → Hennebique Fabriken mit Mauern aus eisenverstärktem Beton zu bauen begann und weitere Aufträge erhielt. Hennebiques amerikan. Kollegen waren → Ransome (1884-1911) und Albert Kahn (1869-1942) aus Detroit, der (nach 1905) als Erster industrielle Methoden der Standardisierung und des ›team design‹ in seinen Fabriken für die Ford Motor Company, General Motors und andere Konzerne einführte. Unverkleideter Beton (Béton brut, → Sichtbeton) oder vielmehr verstärkter Zement und mit Stahlstäben durchbohrte Ziegel wurden erstmals von → Baudot, einem Schüler von → Viollet-le-Duc, in der Kirche St-Jean-de-Montmartre in Paris (1894-97, Abb. → Baudot) verwendet. Den nächsten Schritt in der Entwicklung unternahm 1906 → Maillart. Er erkannte die Möglichkeit, Beton für → Brücken zu verwenden, soweit sie eine Bogenkonstruktion aufwiesen (Bogen und Straße bilden eine strukturelle Einheit). 1910-13 konstruierte → Berg die grandiose → Kuppel der Jahrhunderthalle in Breslau aus verstärktem Beton. 1918 errichtete → Perret den großen Arbeitsraum der Konfektionsschneiderei Esder in Paris mit eleganten schlanken Querbögen (Abb. → Perret). Die Einheit von Stützpfeiler und Gewölbe konnte je-

doch auch von einer sog. → Pilzdecke erreicht werden. Diese wurde 1910 von → Maillart in der Schweiz und gleichzeitig in Amerika entwickelt. Stahlbeton ermöglichte den Bau weit herausragender Schutzdächer (z. B. → Garniers Entwürfe für eine Industriestadt, ca. 1916). 1916 konstruierte → Freyssinet seine Luftschiffhallen in Orly aus Parabelbögen mit quergerippter Oberfläche. – Da man B. in jeder beliebigen Form gießen kann, wobei nur die Bewehrung Bedingungen auferlegt, ergeben sich ganz materialspezifische Gestaltungsmöglichkeiten, zu denen besonders → Le Corbusier, → Nervi, → Candela u. a. wichtige Beiträge geleistet haben.

Lit.: Baudot '16a; Hilberseimer '28a; Billig '55; Gabetti '55; Collins P. '59; Cestelli Guidi '60; Graf, O. '60; Glatz '62; Davey '65; Pacenti '66; Libby '71.

Béton brut (frz.). → Sichtbeton.

Bettelordenskirche. Bezeichnung für die Kirchen bes. der Franziskaner und Dominikaner, der sog. Bettelorden. Die vor allem im 13. u. 14. Jh. erbauten B.n liegen in Städten, haben kein → Querschiff, keinen → Turm, höchstens einen → Dachreiter mit Glocke und verzichten auch im Inneren auf jede nicht unbedingt erforderliche Gliederung von Wand und Stützen (z. B. keine → Triforien, meist nur kleine Hochschiffenster). Die reduzierende Bettelordensbaukunst bildet eine eigene Gruppe in der got. Architektur, da sie sich stärker auf das strukturell Notwendige besann. Die Bettelorden gehören zu den Wegbereitern der → Gotik in Europa, insbesondere der weiträumigen → Hallenkirche.

Lit.: Krautheimer '25; Schürenberg '34; Donin '35; Wagner-Rieger '56-57; Branner '63.

Bewehrung. Rundeiseneinlagen in Stahlbeton (→ Beton). Art und Umfang der B. (oder Armierung) wird durch statische Berechnung für jeden einzelnen Bauteil ermittelt (→ Statik). Der normal belastete Stahlbeton hat eine sog. schlaffe B. Für Sonderfälle gibt es Druck-, Knick- und Torsionsb., für sehr hohe Beanspruchung vorgespannte B.

Lit.: → Beton.

Bianchi, Pietro (1817-46) → Italien.

Bianco (Bianchi), Bartolomeo (ca. 1590-1657). Einer der führenden Barockarchitekten und Festungsbaumeister in Genua (Palazzi Balbi Senarega und Durazzo-Pallavicini, beg. 1619). Das beste seiner Bauwerke, in der Art eines Jesuiten-Kollegs, ist die Universität (1630-36), wo er das jäh abfallende Gelände sehr vorteilhaft nutzte und so ein Meisterwerk szenischer Gestaltung schuf: auf vier Terras-

Beton. Villa Savoye, Poissy, von → Le Corbusier, 1928-30.

Bettelordenskirche. S. Maria Novella, Florenz, 1278-1360.

Beton. Kohlensilo des Techn. Instituts für Betonkonstruktion, Costillares, Madrid, von → Torroja, 1951.

sen, die er mit bühnenmäßigen Treppenanlagen verband, legte er von Säulengängen umgebene Höfe an. Zugeschrieben werden ihm ferner die Villa Paradiso bei Genua, sowie die Vollendung des von → Scamozzi begonnenen Palazzo Ravaschieri-Negroni zu Bergamo.

Lit.: Labò '14; Profumo-Mueller '68; Wittkower '73.

Biberschwanz. Einfacher flacher Dachziegel (→ Dachdeckung).

Bibiena, Galli da. Ital. Familie, die in der Quadraturmalerei (→ Scheinarchitektur) und Bühnenbildnerei (→ Bühnenarchitektur) während des frühen 18. Jhs. führend war. Sie stammte aus Bibiena bei Bologna. Mehrere Familienmitglieder waren geistvolle Zeichner und Meister gemalter Scheinarchitekturen, einige auch Architekten. *Ferdinando* (1657-1743) errichtete die Kirche S. Antonio Abbate in Parma (1712-16) mit ihrer wirkungsvollen Doppelkuppel. Einer seiner Söhne, *Giuseppe* (1696-1757), arbeitete als Bühnenbildner in Wien und in Dresden; 1748 entwarf er die reiche Innenraumge-

Blick in das markgräfl. Opernhaus zu Bayreuth, von Giuseppe Galli da → Bibiena, 1748.

staltung des Theaters Bayreuth. Ein anderer, *Antonio* (1700-74), baute mehrere Theatergebäude in Italien, von denen nur vier erhalten sind: Teatro Dei Rinnovati, Siena (1753), Teatro Communale in Bologna (1756-63), Teatro Scientifico im Palazzo dell'Accademia Virgiliana in Mantua (1767 beg.) und Teatro Lauro Rossi, Marcerata (von C. Morelli ausgef.). Ein dritter Sohn, *Alessandro* (1687-1769), wurde kurpfälzischer Hofarchitekt in Mannheim. Er erbaute dort die Oper (1737 zerst.) und begann den Bau der schönen Jesuitenkirche (1738-56). Von Mitgliedern dieser Familie geschaffene kunstvolle Bühnenentwürfe haben sowohl → Juvarra als auch → Piranesi beeinflußt. Abb. → Bühnenarchitektur.

Lit.: Galli da Bibiena 1711, 1731; Ricci, C. '15; Mayor '45, '64; Hadamowsky '62; Hempel '65.

Bibliothek (gr.: Büchergestell). Bezeichnung sowohl für eine Sammlung von Büchern, Schriftrollen etc., wie auch für den Raum oder das Gebäude, in dem die Sammlung aufbewahrt wird. Die älteste nachweisbare B. (mit Tontafeln) war im Tempel Nippur (heute Irak), 3. Jh. v. Chr., untergebracht. Als die bedeutendsten B.en im Altertum sind die B.en von Alexandria (47 v. Chr. zerst.) und Pergamon zu nennen. Aus dem hellenist. Bereich gelangt das B.swe-

Biblioteca Malatestiana, Cesena, von Matteo Nuti, 1447-52.

Bibliothek. Lesesaal der Biblioteca Laurenziana, Florenz, entworfen von → Michelangelo, 1524.

sen nach Rom, wo im 4. Jh. 28 öffentl. B.en existierten. Trajan soll die größte damals bestehende Privatb. besessen haben. Im MA., nach dem Untergang der antiken Kultur, können sich in Byzanz und in islamischen Ländern die B.en erhalten. Im frühen Abendland sind bald die Klosterb.en Bildungs- und Überlieferungsträger. Bedeutende B.en entstehen in St. Gallen, auf der Insel Reichenau, in Cluny und Bamberg. Der Idealplan einer Klosteranlage in St. Gallen sieht sogar ein eigenes Gebäude innerhalb der Klosteranlage vor. Eine festgelegte Anordnung der B. gab es nicht, sie kann aber häufig mit der Schreibstube, der Sakristei oder mit dem Kreuzgang in Verbindung gebracht werden. Im späten MA. entstehen im Zuge der Universitätsgründungen auch dazugehörige B.en (Sorbonne, 1257; Prag, 2. H. des 14. Jhs.) und im Zeitalter des Humanismus zusätzlich neben den Stifts-, Dom- und fürstlichen B.en die Rats- und Stadtb.en (Augsburg, 1537; Stralsund, 1560).

Erst ab der → Renaissance kann man von einer B.s-Architektur sprechen, die im → Barock sogar ikonographische Züge, was Dekoration und Anordnung betrifft, erhält. Erhaltene Beispiele aus der Renaissance sind in Florenz Kloster San Marco

Bibliothek. Hofbibliothek, Wien, von Johann Bernhard und Josef Emanuel → Fischer von Erlach, 1722-26.

von → Michelozzo, 1441, oder die B. von San Lorenzo, vorwiegend von → Michelangelo, 1524; in Venedig die Libreria → Sansovinos, ab 1537. Charakteristisch für die Inneneinrichtung sind flach geneigte Pulte in den Seitenschiffen pseudobasilikaler Räume (Cesena, B. Malatestiana; Florenz, B. San Marco) oder geschlossene Bücherschränke an den Wänden (B. des Federico da Montefeltro in Urbino, 1470).

Mit der Saalbibliothek im Barockzeitalter entstand eine größere Möglichkeit der künstler. Gestaltung (Escorial 1563, B. Ambrosiana in Mailand 1603) mit dem fast expliziten B.s-entwurf → Borrominis für die Universitätsb. in Rom, 1661. Herausragende Barockb.en mit reichem Dekorationsrepertoire entstehen vornehmlich in süddt. und österr. Klöstern und Stiften sowie Hofhaltungen (Amorbach, Admont, Benediktbeuren, St. Florian, St. Gallen, Melk, Schussenried, Wiblingen u.a; Abb. → Munggenast). Die B.en nehmen nun öfters ganze Flügel, oder zumindest Stockwerke der Anlagen ein. Architekton. gegliedert sind die Räume entweder durch Wandpfeiler (z.B. Hofbibliothek in Wien von → Fischer von Erlach, 1722-26) mit einzelnen Emporen und Umgängen, oder, in der wohl am meisten verbreiteten Art durch mit mehrfach geschwungenen und reich ornamentierten Brüstungen versehene Galerien auf vorgestellten Säulen (Wiblingen,

Bibliothek des Klosters Wiblingen bei Ulm, von Chr. und J. Widenmann, 1738-50.

Schussenried). Eine Eigenart stellen die Rotunde der fürstl. B. in Wolfenbüttel (1706-10) oder auch die mit einem rechteckigen Grundriß und zwei Galerien versehenen B.en, wie im Schloß von Mannheim (1720-29) oder Amorbach (1790-99), dar. Die beginnende Bücherflut am Ende des 18. Jh.s, die dadurch notwendige Magazinierung der Bestände, bedeutete eine um diese Zeit einsetzende Absage an den dekorativen Bibliothekssaal. Bedingungen, wie Büchermagazine, Verwaltungs- und Katalogräume, gesonderte Lesesäle für den Benutzer, lassen, wie ein Idealentwurf Leopold della Santas von 1816 zeigt, gesonderte und unabhängige Gebäude entste-

Bibliothek des Trinity College, Dublin, von Thomas Burgh, 1712-32.

hen, so z. B. die Staatsb. in München von → Gärtner (1833-45, nach Zerstörung von → Ruf neu aufgebaut) oder die B. Ste-Geneviève von → Labrouste in Paris (1843-50).

Der neuzeitl. B.s-Typus entstand ein Jahrzehnt später im Zuge der B.s-erweiterung des Britischen Museums in London, 1854: Hohe kahle Räume wurden durch rostartige Zwischenböden in Reichhöhe horizontal geteilt und mit im freien Raum aufgestellten doppelseitigen Regalzeilen gegliedert.

Lit.: Adriani '35; Müller '48; Lehmann '57; Fühlrott '83; Hölder '83.

Bierpalast → *Nachträge.*

Bill, Max (geb. 1908) → Schweiz; → Deutschland.

Billing, Hermann (1867-1946). Studium und Lehrtätigkeit in Karlsruhe. 1907 Erbauung der Kunsthalle Mannheim.

Binder. 1. Im → Backsteinbau ein in seiner Länge in die Mauer einbindender Stein, so daß also nur seine Schmalseite sichtbar ist. – **2.** Das Tragwerk des Dachstuhles, das die Sparren oder Pfetten aufnimmt (→ Dachkonstruktion).

Bindesbøll, Gottlieb Birkner (1800-56). Dän. Architekt, erlangte Berühmtheit als Baumeister des Thorvaldsens Museums in Kopenhagen, das er 1839-48 in einer äußerst originell gehandhabten griech. Stilart errichtete, ohne in die üblichen Klischees zu verfallen. Bei anderen Bauten brachte er dän. Motive der Baukunst des MA.s zur Anwendung (Kirche in Hobro, 1850-52) und entwickelte auch eine ungekünstelte, funktionelle Formensprache. Sein Sohn *Thorvald* (1846-1908) ist, obwohl er auch Architekt war, wegen seiner erstaunlich kühnen und derben Tonwaren, die er in den 90er Jahren schuf, bekanntgeworden.

Lit.: Koch, M. '48; Millech '60.

Blendarkade. S. Giovanni Fuorcivitas, Pistoia, Ende 12. Jh.

Thorvaldsens Museum, Kopenhagen, von → Bindesbøll, 1839-48.

*Blattmaske. Kapitelhaus South-
well, um 1275.*

*Blendgiebel. Dominikaner-
kirche, Wien, 1631-34.*

Birnstab. Schmuckmotiv der Gotik, verwendet für
→ Rippen und → Dienste, mit birnenförmigem
Profil.

Blacket, Edmund T. (1837-83) → Australische Architektur.

Blatt. In einem sphärischen Dreieck oder Quadrat
ausgesparte spitzbogige Blattform (Dreib., Vierb.
etc.), Teil der Füllung des got. → Maßwerks.

Blattfries. Ein → Fries, der aus mehr oder minder
stilisierten Blättern gebildet wird. (→ Kyma).

Blattkapitell → Kapitell 15.

Blattmaske. Ein in der Antike, Gotik und Frührenaissance verwendetes Ziermotiv, bei dem ein
menschliches Gesicht aus Blättern gebildet wird;
manchmal auch nur die Umrahmung eines Gesich-
tes durch Blätter.

Blattwelle. Aus Blättern gebildetes Bauornament
der griech. Antike. → Kyma.

Blech → *Nachträge.*

Bleirute. Metallstreifen, mit dem die Einzelscheiben
großer Glasgemälde, aber auch Butzenscheiben, gefaßt sind.

Blendarkade. Eine → Arkade, die einer geschlossenen Wand als Gliederung aufgelegt ist. Die B. wurde
besonders häufig in der roman. und got. Baukunst
angewandt. Das Einzeljoch der B. ist auch als
Blendbogen zu bezeichnen.

Blendbogen → Blendarkade.

Blendfassade. Eine → Fassade, die einem unschönen oder verschiedenartig zusammengestückten
Baukörper vorgestellt ist, um diesem ein
ästhetischeres, einheitliches Aussehen zu geben. Die
B. ist meist größer als das Bauwerk, dem sie vorgelagert ist, und hat häufig aus Gründen der Symmetrie
→ Blendfenster.

Blendfenster. Ein Fenster, das einer geschlossenen
Wand vorgeblendet ist, d. h. keine dahinterliegende
Fensteröffnung hat. Meist handelt es sich nur um

Blendfenster. Kilianskirche, Höxter, 1. Hälfte 12. Jh.

das Fenstergewände (→ Gewände), doch wird, bes.
im → Barock, auch die Fensterfläche selbst durch
Malerei oder Spiegelglas vorgetäuscht.

Blendgiebel. Vorgeblendeter Ziergiebel zur Gliederung der → Traufseite. Giebel einer → Blendfassade. → Zwerchgiebel.

Blendmaßwerk. Auf eine geschlossene Wand aufge-
legtes → Maßwerk, häufig in Verbindung mit anderen Blendformen. Das B. findet sich in der frühen
→ Gotik und auch im 19. Jh. häufig als Verzierung
von Holzvertäfelungen.

Blendstein. Ein Stein zur Verkleidung der Sichtflä-
che einer in einfachem Material ausgeführten
Mauer, um diese schöner oder haltbarer zu machen.
Als B. eignen sich → Backstein, → Klinker und
→ Haustein.

Blockbau. Eine Holzbauweise in holzreichen Gegenden, bei der die Wand aus waagerecht überein-
andergelegten Stämmen gebildet wird, deren Enden
sich an den Ecken überkreuzen und durch Einker-
bungen verfugt werden. In der einfachsten Form
werden runde Stämme aufeinander geschichtet und

*Blendfassade. Blick auf das
Historische Museum, Moskau.*

*Porte Saint-Denis, Paris, von Nicolas-François
→ Blondel, 1671-73.*

die dabei entstehenden Fugen mit Lehm und Moos
abgedichtet. Eine Weiterentwicklung stellt das Be-
hauen der Stämme dar, damit Fläche auf Fläche zu
liegen kommt, wodurch die so gebildete Wand an
Festigkeit gewinnt und die Fugen dichter werden.
Vgl. → Indianer.

Lit.: Phleps '42.

Blockverband → Mauerverband 3.

Blom, Piet (geb. 1934) → Niederlande; → Ökologisches Bauen.

Blondel, Jacques-François (1705-74). Nicht verwandt mit (Nicolas)-François → Blondel, als ausführender Architekt von geringer Bedeutung, aber
sehr einflußreich als Autor und Theoretiker. 1743

gründete er eine eigene Architekturschule in Paris,
ehe er 1762 Prof. an der Académie Royale de l'Architecture wurde. B.s Geschmack war konservativ;
er pries die Tradition, wie sie von → Mansart und
→ Perrault vertreten wurde, und bereitete den Weg
zum → Klassizismus vor. Er veröffentlichte u. a. ›De
la Distribution des Maisons...‹ (1738), ›L'Architecture française‹ (1752-56), bekannt als der ›Große
Blondel‹, von dessen geplanten 8 Bänden nur 4 erschienen sind, ›Discours sur la nécessité de l'étude
de l'architecture‹ (1754) und ›Cours d'architecture‹
(1771-77). Dieses Werk enthält seine Vorlesungen
und das Wesentliche seiner Lehre. Die letzten beiden Bände wurden erst nach seinem Tode veröffentlicht. Außer drei Seiten der Place d'Armes in Metz
überlebten keine seiner Bauten.

Lit.: Blondel, J.-F. 1737-38, 1752-56, 1754, 1771-77; Venitz '21;
Polaczek '28; Schlosser '24; Hautecœur III, IV, V, VII; Kaufmann
'23-24; Middelton '59; Herrmann '62; Pérouse de Montclos '69.

Blondel, (Nicolas)-François (1617-86). Frz. Naturwissenschaftler und Mathematiker, war vor allem
→ Architekturtheoretiker. Er legte in seiner Schrift
›Cours d'architecture‹ (1675, erweiterte Ausgabe
1698) die streng klassiz. und rational. Lehren der
Akademie aus. Es galt als maßgebliches Lehrbuch
für Architekten und folgte → Perraults Auffassungen. Seit 1669 Leiter der öffentl. Bauten in Paris,
1672 Direktor der Académie d'architecture. Von
noch erhaltenen Bauwerken ist die Porte St-Denis
(1671-73) in Paris erwähnenswert.

Lit.: Blondel, (N.)-F. 1675-83; Schlosser '24; Hautecœur II, III;
Blunt '53; Kaufmann '23-24.

Blütenkapitell → Kapitell.

Blum, Hans. Baumeister und Holzschneider aus
Lohr am Main, um 1550 in Zürich tätig. Hauptsächlich bekannt als Herausgeber einer Abhandlung über die → Säulenordnungen: ›Quinque Columnarum exacta descriptio atque delineatio, cum
symmetrica eorum distributione‹ (Zürich 1550), die

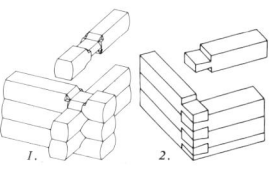

Blockbau.

1. *Viertelblatt-*
   verband
   für Rundholz
   mit Vorkopf.

2. *Schwalben-*
   schwanz-
   verband
   ohne Vorkopf.

*Blockbau. Auf einem Stein
lastender Stützpfosten eines
Speichers im norwegischen Volks-
museum, Oslo-Bygdøy.*

Vue Perspective du dedans de l'Eglise, de la cour et des batimens de la Sorbonne

*Kirche der Sorbonne, Paris, von
→ Lemercier, 1635-42. Nach dem
Stichwerk von Jacques-François
→ Blondel.*

Blockbau. Viertürige, gemein-schaftliche Sennhütte, Vorder-gnadenalm in Untertauern, Lungau.

erste Grammatik der klass. architekton. Formspra-che für dt. Baumeister. Sie basierte auf → Serlio und erlebte viele Neuauflagen. Spätere Schriften ›Ein kunstrych Buch von allerley Antiquîteten ...‹ (Zü-rich ca. 1560) und ›Warhafte Contrafacturen etlich alt und schoner Gebauden ...‹ (Zürich 1562), ent-halten Entwürfe von B. für Kirchen, Triumphbögen etc.

Lit.: Blum 1550; Th-B '32 ff.

Bo, Jørgen → Skandinavien.

Böblinger. Süddt. Baumeisterfamilie, deren zwei be-deutendste Mitglieder *Hans d. Ä.* und *Matthäus* wa-ren. *Hans* (gest. 1482) war 1435 Maurergeselle in Konstanz, wurde dann Polier unter Matthäus → Ensinger an der Frauenkirche in Esslingen und 1440 selber Baumeister dieser Kirche. *Matthäus* (gest. 1505) war einer der Söhne von *Hans* und hat seine Ausbildung wahrscheinlich in Köln erhalten. Er arbeitete später mit seinem Vater in Eßlingen zusammen und war anschließend in Ulm tätig, wo er nach drei Jahren als Nachfolger von Ulrich und Matthäus Ensinger die Bauleitung des Münsters übernahm (1480). Er ersetzte Ulrich Ensingers Plan für die Spitze des Westturms durch einen eigenen Entwurf (erst 1881-90 ausgeführt, seitdem mit

Frauenkirche, Esslingen. Oktogon und Helm von Hans → Böblinger d. Ä., voll. 1478.

Ulmer Münster. Westturm nach Entwurf von Matthäus → Böblinger, 1480, ausgeführt 1881-90.

161 m der höchste Kirchturm Europas). Als sich in den Turmmauern Sprünge bemerkbar machten, mußte *Matthäus* als Baumeister zurücktreten und die Stadt verlassen. Er wurde an viele andere Orte berufen, um Gutachten abzugeben, Pläne zu ent-werfen oder die Leitung eines Baus zu übernehmen. – Die Literatur nennt noch acht weitere Mitglieder dieser Familie.

Lit.: Th-B '32 ff.; EA '82.

Bodley, George Frederick (1827-1907). Schott. Ab-stammung, erster Schüler (1845-ca. 1850) von Ge-orge Gilbert → Scott, baute hauptsächlich Kirchen im → neugotischen Stil. Bei seinen frühen Bauten ließ er sich von der frz. Architektur des 13. Jhs., später von engl. Vorbildern anregen. Sein Stil ist kenntnisreich und sicher wie der Scotts und zeichnet sich durch unfehlbaren Geschmack, Einfachheit und große Sorgfalt im Detail aus; so wählte er selbst

die Künstler für die Ausstattung. Er förderte als einer der ersten William → Morris. Zu B.s Frühwer-ken gehören St. Michael in Brighton (1859-61), St. Martin in Scarborough (1861-62) und All Saints, Cambridge (1863-64). 1869 tat er sich mit Thomas Garner (1839-1906), einem anderen Schüler Scotts, zusammen. Die Partnerschaft dauerte bis 1898, wo-bei sie nach 1884 auch einzeln arbeiteten. Zu ihren üppigsten Werken gehört Holy Angels in Hoar Cross, Staffordshire (1871-77); die Kirche St. Au-gustine in Pendlebury (1874) dagegen ist monumen-tal durch Schlichtheit. Die vielleicht schönste von B. gebaute Kirche ist die auf dem Landsitz Clumber (1886-89), im Park des zerst. Herrenhauses. Von B. stammt auch die Kapelle für das Queens' College (1890-91) und Gebäude für das King's College (1893), beide in Cambridge. Zu seinen Schülern gehörten → Ashbee und Sir Ninian Comper.

Lit.: Clarke '38; Hitchcock '54, '58.

Bodt, Jean de (1670-1745). Hugenotte, verließ 1685 nach der Aufhebung des Ediktes von Nantes Frank-reich. In Holland zum Architekten ausgebildet, ar-beitete er eine Zeitlang in England und ließ sich schließlich 1698 in Berlin nieder. Dort wurde er bald zum bedeutendsten Architekten Preußens nach → Schlüter. 1701 baute er das Fortuna-Portal des Potsdamer Stadtschlosses (das → Knobelsdorff 1744 in seinen Neubau einbezog). In Berlin vollen-dete er → Nerings Zeughaus (etwa 1706; Abb. → Zeughaus) und die Parochialkirche (Abb. → Ne-ring), wobei er die Pläne leicht abänderte. Um 1710 ließ der Graf von Strafford (1706 bis 1711 engl. Gesandter am preußischen Hof) die Ostfront seines Schlosses Wentworth Castle in Yorkshire nach Plä-nen B.s bauen. 1728 trat B. als Generalintendant in sächs. Dienste und zog nach Dresden, wo er die Aufsicht über die Bauarbeiten an → Pöppelmanns Japanischem Palais erhielt. Keines seiner eigenen anspruchsvollen Bauprojekte, die er für Dresden und andere Orte in Sachsen plante, wurde je ausge-führt.

Lit.: Hautecœur II, III; Löffler '55; Hempel '65.

Boffrand, Gabriel Germain (1667-1754). Der größte frz. Architekt des → Rokoko, begann als Bildhauer, studierte unter → Girardon in Paris (1681), wandte sich jedoch bald der Architektur zu, wurde Schüler, später Mitarbeiter von → Hardouin-Mansart. 1711 avancierte er zum premier architecte des Herzogs von Lothringen, für den er das Schloß von Lunéville (1702-06) erbaute. B. war sehr aktiv und erwarb sein großes Vermögen vor allem durch den spekulativen Bau von Pariser → Hôtels (z.B. der Hôtels de Montmorency 1712, Petit Luxembourg 1709-11, de Seignelay 1713; de Torcy 1714, de Soubise 1736-39, Abb. → Hôtel), verlor aber den größten Teil davon wieder in John Laws geplatztem Mississippi-Unternehmen von 1720. B. übte ähnlich wie sein Zeitgenosse de → Cotte außerhalb Frankreichs großen Einfluß aus, besonders in Deutschland (z.B. auf die Würzburger Residenz und den Architekten → Neumann). Seine Virtuosität zeigt sich besonders im Hôtel Amelot in Paris (1712), wo er um den ovalen Hof Räume verschiedener Größe und Gestalt gruppierte, darunter auch ein Fünfeck. Die Aufrisse sind, wie immer bei B., von besonderer Einfachheit und Zurückhaltung, die Innenräume dagegen äußerst luxuriös. Seine vielleicht schönsten → Interieurs finden sich in dem Pavillon, den er dem Hôtel

Schloß von Lunéville, von → Boffrand, 1702-06.

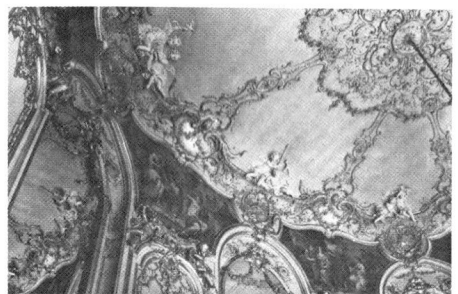

Salon de la Princesse, Hôtel de Soubise, Paris, von → Boffrand, 1736-39.

de Soubise (heute Archives Nationales) in Paris angliederte (1736-39). Seine Vorstellung vom Rokoko, geprägt von zwangloser Eleganz und raffinierter Einfachheit, verwirklichte er im Château de Saint-Ouen, einer glänzenden, sehr originellen Schöpfung: in einem geräumigen Hof, der von Gästeappartements, Wirtschaftsgebäuden und Stallungen umgeben ist, setzte er einen winzigen, dem Trianon nachempfundenen Pavillon mit drei Räumen. B. veröffentlichte 1745 sein ›Livre d'architecture contenant les principes généraux de cet art‹.

Lit.: Boffrand 1745; Kaufmann '23-24; Kimball '43; Hautecœur III, IV; Graf Kalnein-Levey '73; Gallet '86.

Hôtel Amelot de Gournay, Paris, von → Boffrand, 1712.

Bofill (Levi), Riccardo (geb. 1939). 1955-60 Studium an der Technischen Hochschule für Architektur in Barcelona und an der Universität in Genf. 1963 Gründung von Taller de Arquitectura, einer Ideen-Gemeinschaft von Architekten und Künstlern. In Bewunderung für Antoni → Gaudí entsteht 1964-67 in dessen Heimatstadt Reus (Tarragona) die Wohnstadt ›Barrio Gaudí‹ mit 2000 Wohneinheiten, die von einer geometrischen Grundformel ausgehend, die horizontal und vertikal addiert wird, ein Zeugnis des neuen → Rationalismus ist, wie die

Apartmenthäuser › Walden Seven‹, Sant Just Devern, von → Bofill, 1970.

Feriensiedlung ›La Muralla Roja‹ (1967-68) bei Calpe (Alicante), der die Grundformen des Quadrats und des Kreuzes zugrunde liegen. 1970 folgen die 16geschossigen Apartmenthäuser ›Walden Seven‹ von Sant Just Devern bei Barcelona, in deren Zentrum eine zum ›Kulturzentrum‹ umgebaute ehemalige Zementfabrik steht. In der monumentalen äußeren Form ist das Vorbild des → Brutalismus (z.B. von Crawford Manor, New Haven, (1962-66) von Paul → Rudolph) unverkennbar. Andererseits spielen für B. die Wohnumfeldqualitäten und die individuellen Chancen für ein ›Sich-zu-Hause-Fühlen‹ eine primäre Rolle, parallel zur Entwicklung in

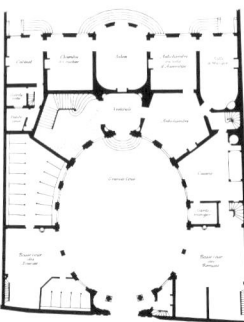

Hôtel Amelot de Gournay.

Les Arcades du Lac, Saint-Quentin-en-Yvelines, von → Bofill, 1978-82.

Barrio Gaudí, Reus, von → Bofill, 1964-67.

den Niederlanden (Aldo van → Eyck u. a.) und dem neuen Regionalismus in den → USA. B. hat seine Ansichten 1967 in ›Hacia una formalización de la Ciudad en el Espacio‹ dargelegt. 1974/75 hat B. der frz. Regierung ein Projekt für die Neubebauung des Geländes der ehem. Hallen in Paris vorgeschlagen, das aber an interner Opposition scheiterte. Es zeigt bereits B.s Hinwendung zur → Postmoderne. 1976 hat B. mit der Pyramide-Le-Perthus an der Grenze zwischen Frankreich und Katalonien seinem Nationalgefühl ein Denkmal gesetzt. 1978-82 entstand in Saint-Quentin-en-Yvelines der Palacio Abraxas (Abb. → Frankreich), ein ›Versailles für das Volk‹, wie es Peter Hodgkinson vom Taller de Arquitectura formulierte, aus klassizistisch dekorierten präfabrizierten Betonplatten, mit einem kreisrunden Platz und ›Les Arcades du Lac‹, die sich in einem künstlichen See spiegeln. Damit nimmt B. den Gedanken des Mietspalastes wieder auf, der von Bath und Potsdam nach Moskau führte. Neuere Werke: Umbau des Arsenals von Metz (1989), Wohnquartier ›Les Echelles du Baroque‹, Paris (1990), Alice Pratt Brown Hall, Rice University, Houston, Texas (1991). W. R.

Lit.: Bofill '67, '78, '81; Goytisolo '79; Norberg-Schulz '85; Futagawa '85; d'Huart '85; James '88.

Bogardus, James (1800-74). Geistreicher Mechaniker und vielseitiger Erfinder. Nach geringer Schulausbildung lernte B. das Uhrmacherhandwerk. Erst 1848 fand B. den Weg zur Architektur, als er durch Daniel Badger den Zugang zur Fertigung von Gußeisen erhielt. In diesem Jahr stellte er in seiner in New York gegründeten Gießerei Baukonstruktionsteile wie Säulen und Tragebalken her und fertigte wichtige Elemente für den Bau und die Fassadengestaltung. 1849 konnte B. ein Patent für ein fast vollständig aus Gußeisen konstruiertes Bauwerk anmelden. Die ersten Beispiele für den Einsatz

Gußeisenfabrik, New York, von → Bogardus, 1848.

dieses die Architektur revolutionierenden neuen Materials waren das ›Laining House‹ und sein eigenes Fabrikgebäude (beide 1848/49) in New York. Ein anderes auf seiner Konstruktionsidee basierendes Bauwerk war ein Feuer-Alarm-Turm, der 1851 errichtet wurde und dem bis 1855 zwei weitere in New York folgten. Großes Aufsehen erregte B. mit seinem Entwurf für einen Pavillon zur New Yorker Ausstellung 1853. Nach dem Prinzip einer Hängebrücke ist dabei die Dachkonstruktion an einem zentralen Turm aufgehängt. Seine Ideen und Konstruktionen veröffentlichte B. in seinem 1856 in New York erschienenen Buch: ›Cast-Iron Buildings, Their Construction and Advantages‹. → Glasarchitektur. → Präfabrikation. M.-A. v. L.

Lit.: Bogardus 1856; Zevi '50 b; Benevolo '60; Condit '60; Weismann '33; Kahn '76.

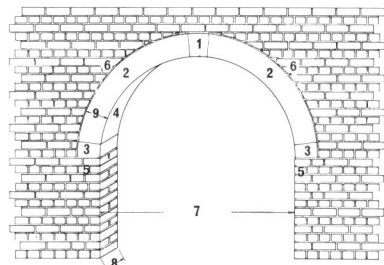

Bogen: **1.** *Schlußstein* **2.** *Haupt, Stirn* **3.** *Anfänger* **4.** *Laibung* **5.** *Widerlager, Kämpfer* **6.** *Rücken* **7.** *Lichte Weite* **8.** *Bogentiefe* **9.** *Bogenstärke.*

Bogen. I. Konstruktion und Anwendung. Der B. ist konstruktiv die einzige Möglichkeit, um im Steinbau größere Spannweiten zu überbrücken, wobei die in ihm vermauerten Steine, zwischen zwei → Widerlagern eingespannt, auf Druck belastet werden. Die Fugen des echten B.s müssen dabei auf den Krümmungsmittelpunkt gerichtet sein; die Steine können keilförmig geschnitten oder rechteckig sein. Beim unechten B. werden dagegen die Steine gegenseitig vorgekragt, bis die Öffnung überbrückt ist, wobei die Fugen wie im normalen → Mauerverband waagerecht und senkrecht verlaufen. – Die Bogenlinie beginnt in den Kämpferpunkten. Diese können durch Kämpfersteine (→ Kämpfer) markiert sein. Der B. beginnt mit einem → Anfänger (dieser kann der Kämpferstein sein) und hat im höchsten Punkt, dem → Scheitel, einen → Schlußstein. Die Ansichtsfläche des B.s ist die B.stirn, die Innenfläche (häufig identisch mit der Mauerstärke) die B.laibung. – Die Anwendung des B.s erstreckt sich von der einfachen Überspannung von Öffnungen bei Fenstern, Türen, Brücken u. a. über verschiedene konstruktive Bereiche (→ B. II, 13 bis 15) bis zum Dekorativen (→ Blendarkaden).

II. Bogenformen. Die meisten B.formen sind aus dem Kreis oder mehreren Kreissegmenten entwickkelt und entsprechen nur selten dem tatsächlichen Kräfteverlauf. Die bekanntesten B.formen sind:
1. Der Rundbogen, der als Halbkreisbogen oder als Flach-, Stich- und Segmentbogen auftreten kann. **2.** Der gestelzte Rund- oder Spitzbogen hat an beiden B.schenkeln über der → Kämpferlinie einen geraden → Anlauf. **3.** Der Hufeisenbogen ist unten eingezogen, da er über den Halbkreis hinausgeht; ihn findet man in der islam. und westgot. Baukunst und in jüngerer Zeit im Jugendstil. **4.** Der Korbbogen (Korbhenkelb., Anse de panier) ist aus mehreren Kreisbogenstücken zusammengesetzt und erscheint elipsenähnlich (ist aber geom. anders zusammengesetzt). **5.** Der Spitzbogen wird aus zwei Kreisb. konstruiert. In der Grundform entspricht die Länge der Kreisradien der B.spannweite (B.mittelpunke = Kämpferpunkte). Von diesem gleichseitigen Spitzb. weicht **6.** der gedrückte Spitzbogen ab, dessen Kreisradien kleiner als die B.spannweite sind (B.mittelpunkte zwischen den Kämpferpunkten) und **7.** der Lanzettbogen, dessen Kreisradien größer als die B.spannweite sind (B.mittelpunkte außerhalb der Kämpferpunkte). **8.** Der Tudorbogen ist aus vier Kreisb. mit zwei sehr verschieden großen Kreisradien zusammengesetzt und findet sich besonders häufig in der spätma. Baukunst Englands. **9.** Auch der Kielbogen oder Eselsrücken ist aus vier Kreisbogenstücken zusammengesetzt: die Mittelpunkte zweier Kreisbögen liegen innerhalb, die der anderen außerhalb des B.feldes. Es entsteht dadurch eine erst konvex, dann konkav verlaufende Kurvenlinie. Diese um 1300 aufgekommene B.form war wie der Tudorb. ein besonders in England beliebtes Motiv. **10.** Der Schulter- oder Kragsturzbogen hat einen durch Kragsteine mit den Widerlagern verbundenen waagrechten Sturz; **11.** der scheitrechte Bogen ist schließlich ein echter B. mit waagerechter Untersicht, dessen Steine so gesetzt sind, daß die Fugen auf einen fiktiven Mittelpunkt gerichtet sind. Konstruktionsb. sind: **12.** der Entlastungsbogen, der eingesetzt wird, um das Gewicht eines aufgehenden Mauerwerks an einer konstruktiv schwachen Stelle (Öffnung, schlechter Bau-

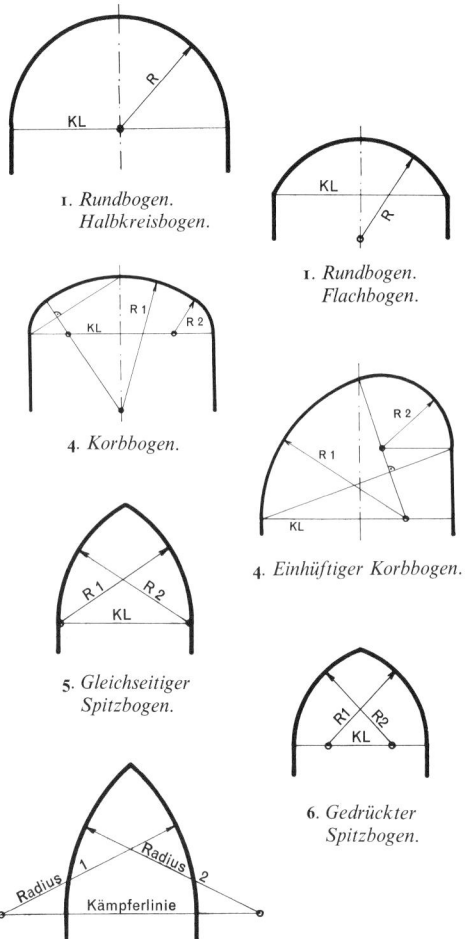

1. Rundbogen.
Halbkreisbogen.

1. Rundbogen.
Flachbogen.

2. Gestelzter Rundbogen.

4. Korbbogen.

4. Einhüftiger Korbbogen.

5. Gleichseitiger
Spitzbogen.

6. Gedrückter
Spitzbogen.

3. Hufeisenbogen. Santiago de
Peñalba.

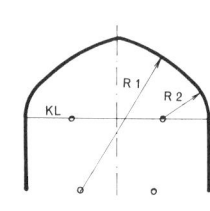

7. Lanzettbogen.
Überhöhter Spitzbogen.

8. Tudorbogen.

9. Kielbogen, Eselsrücken.

7. Überhöhter Spitzbogen. Dom
zu Magdeburg, beg. 1209.

10. Schulterbogen.
Paray-le-Monial.

15. Strebebogen. Kiew.

Kleeblattbogen, Kathedrale,
Reims.

Zackenbogen, Córdoba.

grund) umzuleiten, **13.** der Spannbogen, der zur Aussteifung hoher Hallenwände, besonders in Kirchen, anzutreffen ist und **14.** der Schwibbogen, auch der → Strebebogen, der Horizontalschübe, wie sie am got. Kirchenbau durch die Wölbung auftreten, aufnehmen und ableiten soll.

Lit.: Erdmann '29; Bettini '46; Goethals '47; Straub '49; Colonetti '57; Lugli, G. '57; Castelfranchi '65.

Bogenarchitektur. Eine Baukunst, deren charakteristisches Konstruktionselement der → Bogen oder das Prinzip des Bogenbaues ist (röm. Baukunst, im Gegensatz zur Gebälkarchitektur der Griechen).

Bogenfeld → Tympanon.

Bogenfries. Ein → Fries, der aus einer Reihung kleiner Blendbögen (→ Blendarkade) besteht. Der B. ist ein häufig verwendetes Ziermotiv der Hochromanik (→ Romanik), d. h. des späten 10. und frühen 11. Jhs., kommt aber in Deutschland auch später noch vor.

Bogenfries. Johanneskirche Schwäbisch Gmünd, um 1210-30.

Bogenlaibung → Bogen 1.

Bogenstirn → Bogen 1.

Boghem, Lodewijk van (1470-1540) → Niederlande.

Bohigas Guardiola, Oriol → *Nachträge.*

Böhm, Dominikus (1880-1955). Einer der bedeutendsten dt. Kirchenbauer des 20. Jhs. Schüler von Theodor → Fischer. Er baute u. a. die Kirche von Mainz-Bischoffsheim (1926), St. Engelbert in Köln-Riehl (1930) und St. Maria Königin in Köln-Marienburg, 1954.

Lit.: Hoff-Muck-Thoma '62; Schnell '72.

Taufkapelle St. Maria Königin, Köln, von Dominikus → Böhm, 1954.

Rathaus Bensberg, von Gottfried → Böhm, 1963-69.

Böhm, Gottfried (geb. 1920). Nach dem Studium der Architektur an der TH und der Bildhauerei an der Akademie in München tritt er 1947 in das Architekturbüro seines Vaters Dominikus → Böhm ein, das er nach dessen Tod selbständig weiterführt. Wie dieser baute er viele Kirchen, insgesamt über vierzig, die meisten davon im Rheinland, einige auch in Brasilien, Formosa und Italien, wo man ihn 1984 zum Wettbewerb für den Umbau des Lingotto der Fiat-Werke in Turin auffordert. B. baute zunächst vorwiegend in → Beton und gelangte zu sehr persönlichen Lösungen, wie z. B. bei der Kirche St. Gertrud in Köln (entw. 1962, fertiggest. 1965). B. fand mit der Wallfahrtskirche in Neviges (1963-68) zu einem eindrucksvollen plastischen → Expressionismus, der die vorgegebene natürliche Hanglage geschickt ausnützt und steigert. In seinem Bensberger Rathaus (1963-69) versuchte B. die vorhandene ma. Architektur mit dem Neubau zu einem Gesamtensemble, einer Art Stadt, zu vereinen. In der Siedlung Köln-Chorweiler (1969-75) verband er den → Sichtbeton, der zum Teil in kräftigen Farben bemalt ist, mit bunten Gestängebalkonen; im Paderborner Diözesanmuseum errichtete er eine

Wallfahrtskirche Neviges, mit Nebengebäuden, von Gottfried → Böhm, 1963-68.

Gemeindezentrum Rheinberg, von Gottfried → Böhm, 1977-80.

→ Glasarchitektur mit Ausstellungsmöglichkeiten auf elf verschiedenen Ebenen; in seinem Gemeindezentrum in Rheinberg (1977-80) ist der Wechsel zur → Postmodernen Architektur evident. Neuere Werke: Verwaltungsgebäude der Züblin-AG, Stuttgart (1982-84), Rekonstruktion Schloß Saarbrükken (1989), Bibliotheks- u. Hörsaalgebäude in Mannheim (1989). Nicht nur wegen der Vielzahl seiner Bauten, sondern vor allem wegen seiner Originalität darf B. als einer der bedeutendsten Architekten der deutschen Nachkriegszeit angesehen werden.   W.R.

Lit.: Schnell '72; Berlin '76; Benevolo '78ª; Bode '78; Drexler '79ª; CA '80; Raèv '81; Lingotto '84; Klotz '84; Darius '88; Böhm '88; Raèv '88.

Böhmische Kappe → Kuppel.

Boileau, Louis-Auguste (1812-96). Einer der ersten, die Eisenkonstruktionen in Kirchenbauten verwendeten. Am bekanntesten wurde St-Eugène in Paris (1854-55), die noch vor → Baltards Kirche St-Augustin in Paris und vor → Viollet-le-Ducs Rechtfertigung der Eisenkonstruktion in den ›Entretiens‹ entstand. Sie hatte jedoch einen Vorläufer in → Labroustes Bibliothek Ste-Geneviève in Paris. B. verfaßte eine Schrift über die Verwendung von Eisen in der Baukunst. Abb. → Warenhaus.

Lit.: Boileau 1853; Hitchcock '58; Beutler '65; Behnisch/Hartung '82.

Brücken und Lichthof, Magasins du Bon-Marché, Paris, von → Boileau und → Eiffel, 1876.

Boiserie, die. Frz. Bezeichnung für Wandverkleidungen oder Täfelungen, im engeren Sinne jedoch die kunstvoll mit Flachrelief geschmückten Täfelungen des 17. und 18. Jhs. → Tafelwerk.

Bolivien → *Nachträge.*

Bollwerk. Eine provisorische Verteidigungsstellung in Form eines bohlenbewehrten Erdwalls. Später jede Art von vorgelagerter Verteidigungsanlage. → Festung; → Barbakane.

Bonatz, Paul (1877-1956). Schüler und Nachfolger Th. → Fischers an der Technischen Hochschule Stuttgart. Der Stuttgarter Hauptbahnhof, den er zusammen mit F. E. Scholer (1912) entworfen hat und neben den er später den Zeppelinbau stellte (1929-31), ist ein kompaktes, monumentales Gebäude. Mit seinen kubischen Formen und dem großen Portalbogen ist es nicht mehr historisch (→ Historismus, → Bahnhofsarchitektur), steht aber auch dem → Internationalen Stil fern. B.s bestes Frühwerk: die Tübinger Universitätsbibliothek (1910-12). Von den Spätwerken verdient das Kunstmuseum Basel (1931-36) Erwähnung. Seit 1943 baute B. in Ankara (z. B. das Opernhaus, 1947-48); 1946-54 hatte er eine Professur in Istanbul. B. hat auch beachtliche Ingenieurbauten errichtet (Nekkardämme, 1926-28, und Autobahnbrücken; Abb. → Nationalsozialistische Architektur). Zu B.s letzten Aufträgen gehörte die Rekonstruktion der Düsseldorfer Oper (1956).

Lit.: Bonatz '50, '57; Tamms '37; Hitchcock '58; Benevolo '60; Borsi-Koenig '67; Bongartz '77; Roser '91.

Bonnici, Giuseppe (1707-80) → Malta.

Stuttgarter Hauptbahnhof, von → Bonatz, 1912-31.

Bori, die. Mörtel- und fensterlose Steinhütten aus gefundenen Kalksteinen in der Provence (Gordes). Wahrscheinlich urzeitliche Hirtenhütten. Abb. → Mauerwerk.

Born, Bunge y → Industriebau.

Borromini, Francesco, eigentl. Francesco Castelli (1599-1667). Genialer, eigenwilliger röm. Architekt des Hoch→barock und eifersüchtiger Rivale des um ein Jahr älteren → Bernini. B. war ein spätreifer Künstler, einsam, gehemmt und überempfindlich; er endete möglicherweise durch Selbstmord. Der Sohn eines Maurers aus Bissone am Luganer See begann seine Laufbahn bescheiden als Steinmetz und ging als Zwanzigjähriger nach Rom, wo er sein weiteres Leben verbrachte. → Maderno, ein entfernter Verwandter, verschaffte ihm eine Anstellung als Steinmetz beim Bau der Peterskirche, wo er hauptsächlich dekorative Putten, → Festons u. ä.

Gottfried Böhm.

Paul Bonatz.

Francesco Borromini.

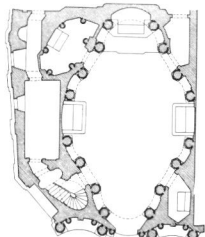

S. Carlo alle quattro fontane.

Laterne von Ivo della Sapienza, Rom, von → Borromini.

arbeitete. Nach dem Tode Madernos behielt er seine Stellung auch unter Bernini bei, dessen wichtigster Mitarbeiter er später wurde und dem er gelegentlich bei den Entwürfen für St. Peter und den Palazzo Barberini half. Das Verhältnis zwischen den beiden Künstlern war allerdings meist gespannt; den ausgezeichneten Handwerker Borromini ärgerte Berninis praktisches Ungeschick und dessen Erfolge schmerzten ihn. Sie trennten sich für immer, als B. 1634 mit dem Auftrag für S. Carlo alle Quattro Fontane seine große Chance erhielt. S. Carlo (1638-41) ist trotz seines geringen Ausmaßes eine der genialsten Raumkompositionen, die je geschaffen wurden, und offenbart B.s künstler. Meisterschaft und revolutionäre Verachtung der Tradition. Der durch die wabenförmige → Kuppel noch betonte ovale Grundriß beruht auf geom. Einheiten (gleichseitigen Dreiecken), aber Rhythmus und plastische

S. Carlo alle quattro fontane, Rom, von → Borromini, 1638-41.

Wirkung der aus- und einschwingenden Wände und der ruhelosen, verschlungenen Schmuckelemente erzeugen einen fast erregenden Sinnenreiz. Die konkav-konvex-konkav gestaltete Fassade wurde 1665 hinzugefügt. Auf S. Carlo folgte rasch S. Ivo della Sapienza (1642-60, Abb. → Italien). B.s System, den Grundrissen Dreiecke zugrunde zu legen, ergab hier ein sternförmiges Sechseck, dem er im Aufriß dynamische Wirkung verlieh. Die Kuppel gipfelt in einer ausgefallenen, an die → Zikkurat erinnernden Spiralform.
B.s Stil fand in S. Ivo seinen Höhepunkt. Spätere Bauwerke sind entweder unvollendet oder durch ungünstiges Terrain wie auch durch die Tatsache, daß B. öfter ältere Pläne übernehmen mußte, beeinträchtigt. Unvollendet blieb z. B. S. Maria dei Sette Dolori (1642-47), die Neugestaltung des Innenraumes von S. Giovanni in Laterano (1646-49), dessen geplante Einwölbung noch immer aussteht, und S. Andrea delle Fratte (1653-65), deren Kuppel immer noch die Laterne fehlt, obwohl der → Tambour und der dreistöckige Glockenturm auch S. Ivo noch an Phantasie übertreffen. Den von C. → Rainaldi begonnenen Bau der Kirche S. Agnese auf der Piazza Navona führte B. ab 1653 weiter. Er verwandelte dabei den Innenraum durch scheinbar geringfügige

S. Ivo della Sapienza, Rom, von → Borromini, 1642-60.

Änderungen und entwarf eine neue, konkav geschwungene Fassade. Die dramatische Gruppierung von Kuppel über hohem Tambour und eleganten Türmen daneben ist geglückt und sehr charakteristisch für ihn, jedoch wurde ihm der Auftrag vor Vollendung der Kirche wieder entzogen. Das Oratorio dei Filippini (1637-50) erhielt eine Fassade, die einen Doppelzweck erfüllt: sie faßt Kapellen und Klostergebäude zu einer räumlichen Einheit zusammen. Hier wurde die Entfaltung seiner Kunst durch die ungünstige Lage des Klosters behindert. Im Profanbau boten sich ihm nur Teilaufgaben, die er aber großartig zu lösen wußte: die → Trompe-l'œil-Kolonnade im Palazzo Spada, die dem Tiber zugewandte Front und Loggia des Palazzo Falconieri, der großartige ›salone‹ im Palazzo Pamphili, die Bibliothek der Sapienza, die Vorbild vieler großer Bibliotheken des 18. Jhs. wurde.
B. löste sich immer mehr von den Konventionen: sein letzter Bau, das Collegio di Propaganda Fide (1646-66), zeigt einen erstaunlichen Stilwandel, eine Tendenz zu Monumentalität und schmuckloser Strenge: z. B. sind die → Kapitelle auf wenige Linien reduziert. Die schwere, alptraumartige Fassade in der Via di Propaganda ähnelt keinem seiner

Oratorio dei Filippini, Rom, von → Borromini, 1637-50.

früheren Werke. – B. wurde zu seinen Lebzeiten der Vorwurf gemacht, die Grundlagen der Baukunst angegriffen zu haben, und er übte, abgesehen von einer rein oberflächlichen Nachahmung seiner Ornamentik, in Italien wenig unmittelbaren Einfluß aus. (Seine revolutionären Raumvorstellungen wurden erst später in Mitteleuropa voll erkannt.) Sein Stil war zu persönlich und zu exzentrisch, vor allem in der Verbindung got. und manier., bzw. barocker Elemente. Seine Neigung für die Gotik stellten bereits Kritiker seiner Zeit, wie Baldinucci, fest. Sie ging in der Tat über die bloße Vorliebe für Details ma. Ursprungs hinaus; sein geom. Grundrißsystem und seine Betonung des dynamischen Konstruktionsgerüsts brachten ihn in die Nähe got. Bauprinzipien. Dennoch entspringt seine Fähigkeit, Architektur und Skulptur miteinander zu verbinden und Raum und Massen gleichsam zu modellieren, durchaus der ital. Tradition, deren Maß stets der Mensch war. Abb. → Italien; → Feston.

Lit.: Borromini 1735; Hempel '24b; Sedlmayr '30a; Argan '52; Portoghesi in EUA '64, '67; Wittkower '65, '70-72; Thelen '67; Zevi '67; Del Piazzo '68; Steinberg '77; Portoghesi '77; Bruschi '78; Blunt '79; Connors '80; Portoghesi '82, '90.

Böschung (Adj. abgeböscht). Schräge Abdachung einer Mauer in einem jeweils verschiedenen Winkel, dem Böschungswinkel.

Bosse. Kathedrale von Gloucester, um 1335.

Bosse, die **1.** Ein → Werkstein mit nur roh bearbeiteter, buckliger Vorderseite (→ Mauerwerk). – **2.** Ein roh bearbeiteter Werksteinblock, aus dem die eigentliche plastische Form, z. B. eines → Kapitells, noch herausgemeißelt werden muß. – **3.** (engl.) Bukkel, Knauf an Decken oder Gewölben, um den Schnittpunkt der Rippen zu verdecken, meist geschmückt mit plastisch gestalteten Blättern. → Schlußstein.

Lit.: Thiele '57.

Bossenstein → Haustein, → Bausteine.

Bossenwerk → Rustika; → Bosse; → Mauerwerk.

Bossi, Giuseppe Antonio (ca. 1705-ca. 1765) → Deutschland.

Botanischer Garten. B.G. gab es schon im Altertum (Theophrastos, 370 vor Chr.); die europäischen gingen aus den ma. Klostergärten und den öffentlichen medizinischen Gärten hervor (Salerno 1310, Vene-

Botanischer Garten, Padua, 1533.

dig 1333 usw.). Im 16. Jh. erhielten viele Universitäten des Abendlandes B.G.: Padua 1533, Pisa 1544, Bologna 1568, Leiden 1577, Leipzig 1580, Paris und Heidelberg 1597, Montpellier 1598, Gießen 1610, Jena 1626 usw. Nach dem Aufkommen der → Orangerien im 17. Jh. fügte man auch den B.G. → Gewächshäuser hinzu, um die halbtropischen und tropischen Pflanzen ebenfalls studieren zu können. Goethe, an den »Urphänomenen« und an der Botanik sehr interessiert, war in Padua besonders von dem B.G. beeindruckt. In Großbritannien, das im 19. Jh. in der → Glasarchitektur führend wurde, entstanden die ersten B.G. in Kew (1856) und Edinburgh (1858). Nachdem sich die Botanik als selbständige Wissenschaft von der Medizin getrennt hatte, entstanden weltweit B.G., in Deutschland die ersten bedeutenden in Berlin-Dahlem und München.   W.R.

Lit.: Howard '63; Schosser '69.

Botta, Mario (geb. 1943). Innerhalb der modernen Architektur der → Schweiz, zusammen mit → Reichlin (geb. 1941) und → Reinhart (geb. 1942) einer der wichtigsten Vertreter der → Tessiner Schule. 1958-61 Lehre als techn. Zeichner, danach Studium am Istituto Universitario di Architettura in Venedig, Mitarbeit bei → Le Corbusier und → Kahn, 1970 eigenes Büro in Lugano. Aufmerk-

Einfamilienhaus, Pressagona, von → Botta, 1979.

Einfamilienhaus, Riva San Vitale, von → Botta, 1972-73.

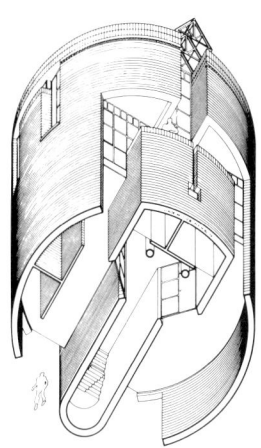

*Isometrie der Casa rotonda,
Stabio, von → Botta, 1965-67.*

sam für die topographischen Bedingungen und für
regionale Traditionen, auch in der Wahl des Baumaterials und seiner Verarbeitung, baute er seit 1961
zahlreiche Villen im Tessin, u.a. in Cadenazzo
(1970/71), Riva San Vitale (1972/73), Ligornetto
(1975/76). Für die Casa rotonda in Stabio (1965-
67) wählte er als Grundform einen Zylinder aus
Backsteinmauerwerk, nur nach der Talseite geöffnet, für Ligornetto einen viereckigen Turm, vom
oberen Teil des Hanges durch einen Metallsteg be-
tretbar. B. baute 1972-77 aus → Sichtbetonelemen-
ten eine Schule in Morbio Inferiore, Tessin; 1977-
82 das Gebäude der Staatsbank in Fribourg, das
vor allem durch seine klare, farbig betonte Innen-
raumgliederung besticht. Neuere Werke: Theater
u. Kulturzentrum in Chambéry-le-Bas (1982-87),
Banca del Gottardo in Lugano (1982-88), Haus
der Medien in Villeurbanne (1984-88), Wohn- u.
Bürogebäude in Lugano (1986-90). Vgl. Abb.
→ Tessiner Schule. W. R.

Lit.: Botta '79; Klotz '84; Nicolin '84; a + u '86; Nakamura
'86; Felley/Kaeser '89; Pizzi '91; Botta '89, '91; Oechslin '91.

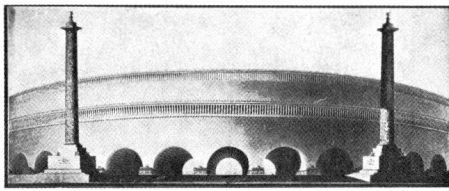

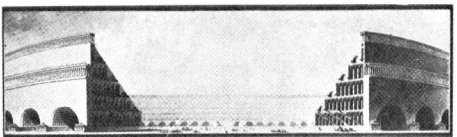

*Entwurf eines Stadions, von
→ Boullée, ca. 1783.*

Boulevard (frz., von dt. Bollwerk). Bes. in Frankreich seit dem 18. Jh. verwendete Bezeichnung für
eine breite, von aufwendigen Geschäfts-, Restau-
rant-, Theater- und Wohnbauten flankierte Straße.
Der B. folgte u. U. den ehemaligen Wallinien einer
Stadtbefestigung, die abgetragen bzw. aufgeschüt-
tet wurden.

Boullée, Etienne-Louis (1728-99). Führender frz.
Architekt des romantisch beeinflußten → Klassizismus; übte, obwohl er nur wenige Bauten errichtete
(das Hôtel Neuville Alexandre in Paris, 1766-68, ist
das interessanteste unter seinen erhaltenen Bauwerken) und obwohl seine Abhandlung über die Baukunst erst 1953 veröffentlicht wurde, einen größeren Einfluß aus als selbst → Ledoux, da er viele
bedeutende Schüler hatte wie → Durand, der die
einflußreichste Abhandlung zur Architektur während des 1. Kaiserreichs schrieb. – B. schuf seine
besten Entwürfe zwischen 1780 und 1800; in ihrem
Verlangen nach Größe übertrafen sie noch die Maß-
losigkeit Ledoux', so sein Monument für Newton
in Form einer mehr als 150 Meter hohen Kugel
(Abb. → Architekturzeichnung). Wie die Bauten
von Ledoux sind auch seine Werke expressiv oder
›parlante‹, ungeachtet ihrer scheinbar abstrakten, geom. Einfachheit. In seiner Schrift setzte B.
sich für eine erfüllte, nicht erdachte Baukunst ein,
für Charakter, Größe und Magie. Abb. → Egyptian
Revival; → Megalomanie; → Revolutionsarchitektur.

Lit.: Boullée 1799; Hautecœur IV, V; Kaufmann '52, '55a; Pérouse de Montclos '69; Vogt, A. M. '69; Lankheit '68; Rosenau
'76; Boullée '87; Madec '89.

Boumann, J. (1706-1776) → Knobelsdorff.

Bourgeau, Victor (1809-88) → Kanadische Architektur.

Boytac, Diogo (vor 1490-ca. 1528) → Portugal.

Bramante, Donato, eigentl. Donato di Pascuccio
d'Antonio (1444-1514). Der erste große Architekt
der Hoch→renaissance; stand anfangs im Schatten
von → Alberti und → Michelozzo und wurde von
→ Leonardo da Vinci, dessen Vorliebe für den
→ Zentralbau er übernahm, stark beeinflußt. In
Rom entwickelte B. einen klass. Stil von großartiger
Monumentalität, der eine tiefe und nachhaltige
Wirkung auf die weitere Entwicklung der ital. Architektur ausüben sollte. → Palladio erklärte: »Er
war der erste, der gute Architektur ans Licht
brachte.« B. wurde in der Nähe von Urbino geb.,
wo er möglicherweise mit den Künstlern am Hofe
von Federigo da Montefeltro, mit Piero della Francesca und → Francesco di Giorgio Martini, dem
er wahrscheinlich sein Interesse an Problemen der
→ Perspektive verdankte, zusammentraf. Erste Erwähnung 1477 mit perspektivischer Fassadenmalerei am Palazzo del Podestà in Bergamo; aus dem
Jahre 1481 stammt eine Zeichnung, die als perspektivische Malvorlage in Kupfer gestochen wurde.
Um 1479 trat er in die Dienste des Herzogs Ludovico Sforza, für den er in Vigevano sowohl als Dekorationsmaler als auch als Architekt arbeitete.
Sein erstes bedeutendes Werk ist S. Maria presso
S. Satiro in Mailand (beg. 1479, Abb. → Renaissance). Für die kleine Cappella della Pietà (aus dem
9. Jh.) schuf B. die von Nischen und schlanken
→ Pilastern gegliederte, mit einem etwas klotzigen
→ Oktogon gekrönte Ummantelung. Für die Kirche selbst plante er einen Grundriß in Form eines
lat. → Kreuzes und eine Vierungs→kuppel. → Albertis Einfluß zeigt sich in dem Entwurf für die

*S. Maria presso S. Satiro, Mailand, von → Bramante,
beg. 1479.*

S. Maria presso S. Satiro, Mailand, von → Bramante, beg. 1479.

→ Kreuzgang des Chorherrnstifts (1492, nur ein Flügel erb.) und später eine weitere Anlage von vier Kreuzgängen (1497, zwei wurden 1576 nach seinen Plänen fertiggestellt). Im Kreuzgang des Chorherrnstifts verwendet er schlanke korinth. Säulen (→ Säulenordnungen) mit kühn vorkragenden → Kämpferblöcken, und vier Säulen sind als Baumstämme, an denen Stümpfe abgesägter Zweige plastisch hervortreten, gestaltet.

Der frz. Einfall in der Lombardei und der Sturz der Sforza zwangen B. 1499 nach Rom, dem damaligen künstler. Zentrum Italiens, zu fliehen. Sein erstes Werk dort war, von einigen Fresken abgesehen, der Kreuzgang von S. Maria della Pace (1504), der sich von all seinen früheren Entwürfen stark unterscheidet. Das Erdgeschoß des Kreuzganges weist von starken Pfeilern – denen ion. Pilaster vorgeblendet sind – getragene → Arkaden auf und im Obergeschoß eine offene → Galerie mit abwechselnd Säulen und Pfeilern, die keine Bogen, sondern einen → Architrav tragen. Es ist ein typisch röm. Bau, der eine ruhige Würde ausstrahlt. Noch strenger und römischer ist sein nächstes Werk, der Tempietto von S. Pietro in Montorio (1502) in Rom, das erste bedeutende Bauwerk der Hochrenaissance, dessen majestätische Feierlichkeit seine kleinen Ausmaße

Donato Bramante.

unvollendet gebliebene Fassade, in der Verwendung flacher Pilaster an den Seitenwänden und in dem Tonnengewölbe des Schiffes. Da für einen Chor kein Raum war, täuschte B. ihn mit Hilfe von Scheinmalerei und Reliefs vor (vom richtigen Standpunkt aus betrachtet, ist die Illusion vollkommen). Über dem → Altar errichtete er die erste nachröm. Kassetten-Kuppel (→ Kassettierung). Auch die oktogonale Sakristei ist ein Werk B.s, sie enthält äußerst reichen plastischen Schmuck. 1488 wurde B. als Berater für den Bau des Domes in Pavia berufen, doch wurde nur die → Krypta nach seinen Vorschlägen ausgeführt. Für die got. Kirche S. Maria delle Grazie in Mailand (beg. 1492, Abb. → Solari) entwarf er einen zentral angelegten Ostabschluß, der innen weiträumig und licht ist, während die Außenwände der Apsiden (→ Apsis) und des sechzehneckigen → Tambours, der die Kuppel trägt, verschwenderisch mit eleganter, aber ziemlich kleinteiliger Bauplastik geschmückt sind (doch scheint es, daß viele der Ornamente in B.s Entwürfen nicht vorgesehen waren). Für die → Basilika von S. Ambrogio in Mailand entwarf er den

Kreuzgang von S. Maria della Pace, Rom, von → Bramante, 1504.

vergessen läßt. Im Erdgeschoß wird er von einem Säulengang toskan.-dor. Ordnung mit streng klass. → Gebälk umgeben. Außer den → Metopen und den Muschelkronen der Nischen zeigt der ganze Außenbau keinerlei Schmuck. Ursprünglich war der Tempietto als Mittelpunkt eines kreisförmigen → Peristyls gedacht, der diesem körperhaften Bau die angemessene räumliche Fassung gegeben hätte, denn wie ein griech. Tempel ist er eher als Plastik denn als Hülle eines Innenraumes empfunden. Hier kam die Renaissance dem Geist der Antike näher als in irgendeinem anderen Bauwerk.

Die Wahl des Papstes Julius II. im Jahre 1503 gab B. einen neuen, ihm ganz kongenialen Bauherrn, der ihn mit der Entwicklung eines Gesamtplanes für den Vatikan und St. Peter betraute. Ein später in den Cortile di S. Damaso aufgegangener Gebäudekomplex mit drei Reihen übereinandergesetzter Arkaden wurde sofort in Angriff genommen. Diese Anlage war relativ bescheiden im Vergleich zu dem Plan für den Cortile del Belvedere, einen riesigen, etwa 310 m langen und 70 m breiten Hof mit drei Terrassen verschiedenen Niveaus, von Arkadenbauten flankiert, mit einem Theater am tiefer gelegenen Hofende und einem Antiquarium, das mit

S. Maria delle Grazie, Mailand, von → Bramante, beg. 1492.

Wendeltreppe in einem Turm des Belvedere, Vatikan, von → Bramante, ca. 1505.

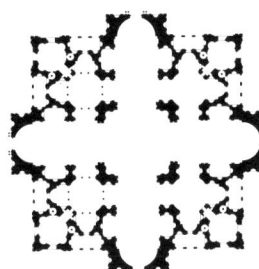

*Entwurf für St. Peter, Rom, von
→ Bramante.*

einer großen → Exedra den oberen Hofraum abschließt (Abb. → Italien; → Pinienzapfen). Die Arbeiten wurden zuerst am oberen Hofende, wo das
Antiquarium steht, aufgenommen, es wurde jedoch
nur das erste Geschoß nach B.s Entwürfen fertiggestellt (in späterer Zeit stark verändert). Die schöne
Wendeltreppe in einem Turm des Belvedere (ca.
1505) ist das einzige unversehrt erhaltene Werk B.s
im Vatikan. Sein Entwurf für St. Peter sah eine Kirche vor, die ein idealer Zentralbau gewesen wäre.
Der Grundriß hatte die Gestalt eines griech.
→ Kreuzes mit halbrund geschlossenen Kreuzarmen, zwischen denen vier kleinere überkuppelte

*Cortile del Belvedere, Vatikan, entworfen von
→ Bramante, 1503.*

*Tempietto von S. Pietro in Montorio, Rom, von
→ Bramante, 1502.*

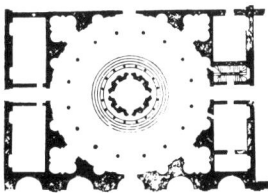

*Ursprünglicher Plan zu S. Pietro
in Montorio, Rom. Nach → Serlio.*

griech. Kreuze das Ganze zu einem Quadrat ergänzen sollten. Die riesige Zentralkuppel sollte in ihrer
Spannweite der Pantheon-Kuppel entsprechen. An
den Endpunkten der Diagonalachsen waren Ecktürme vorgesehen. Das ganze Bauwerk sollte isoliert auf einem ungeheuer weiten Platz stehen. Im
Jahre 1506 wurde der Grundstein gelegt, die Bauarbeiten schritten aber nur zögernd voran, bis mit
dem Tode Julius' II. 1513 alles zum Stillstand kam.
Ein anderes Werk B.s, die Kirche S. Maria del Popolo in Rom (1505-09), ist klein in den Ausmaßen,

aber großartig in der Auffassung. Das Gewölbe ist
stark kassettiert, die Apsis hat einen Muschelab-
schluß. B. fertigte auch den Entwurf für den Palazzo
Caprini und begann mit den Bauarbeiten (1514, im
17. Jh. abgerissen). Das Erdgeschoß hatte schweres
Bossenwerk, das Obergeschoß fünf Giebelfenster
zwischen paarweise angeordneten Halbsäulen, eine
oft nachgeahmte Anordnung. Das Haus wurde
1517 von → Raffael erworben, der B.s Erbe als führender Architekt in Rom antrat. Abb. → Renaissance; → Perspektive.

Lit.: Pungileoni 1836; Beltrami 'oi; Venturi VIII, IX; Frey '15;
Hofmann, Th. '28; Argan '34; Giovannoni '35; Baroni, C. '44;
Ackerman '54; Chierici '54; Förster, O. H. '56 u. in EUA; Bonelli
'60; Bruschi '69; Heydenreich-Lotz '74; Tiberi '74; Patetta '87;
Borsi '89.

Branca, Alexander, Freiherr von (geb. 1919). Nach
Studium in München und Zürich unterhält v. B. seit
1951 ein eigenes Architekturbüro in München. Zu
seinem auffälligen Architekturrepertoir gehören
bewegte Aneinanderreihungen von Baukuben,
großflächige Wände mit eigenwilliger Durchfenste-
rung, Verblendungen mit Natursteinen (Zentralbibliothek der Universität Regensburg, 1969-74). Bemerkenswerte Lösungen von Bauaufgaben sind
u. a. die Hl. Kreuzkirche in Weissenburg (1962 vollendet) und die Dreifaltigkeitskirche mit Kindergarten, Schwesternheim und Pfarramt in Nürnberg-
Langwasser (1962-64). Eine ungewöhnliche Konstruktion weist die Anbetungskirche des Säkularin-
stituts der Schönstätter Marienschwestern in Val-
lendar bei Koblenz auf (1963-68), die sich von den
üblichen Grundriß- und Kirchenschemata gänzlich
unterscheidet und wie eine von 3 Türmen flankierte
ruinenhafte Burg aus Natursteinmauern erscheint.
In Form einer auf einem Felsen stehenden Burg
zeigt sich das Pfarrzentrum St. Thomas-Morus in
Neusäss (1970-72).
Weitere wichtige Projekte neben dem nicht unum-
strittenen Museumsbau der Neuen Pinakothek in
München (Wettbewerb und Fertigstellung 1966-
81), sind die Mensa der Universität Würzburg sowie
das Bildungs- und Seelsorgezentrum in Augsburg
(1971-75). Das Deutsche Botschaftsgebäude im Va-
tikanstaat in Rom wurde 1984 bezogen. Im Pla-
nungsstadium, bzw. in Ausführung ist seit 1977 das
Projekt einer Wallfahrtskirche in Syrakus mit einem
quadratischen Grundriß, in den das klass. Schema
einer gleicharmigen Kreuzkirche einbeschrieben
ist; in den Ecken → Atrien. 1991 Stadthalle Ettlin-
gen.

Lit.: Branca '79.

*Neue Pinakothek, München, von
→ Branca, 1966-81.*

Bom Jesus de Matozinhos, Conghonas do Campo, von → Aleijadinho, beg. 1777.

Brasilien wurde im frühen 16. Jh. von den Portugiesen besiedelt und blieb bis zum Jahre 1807 Kolonie. 1822 wurde das Land unabhängiges Kaiserreich, 1889 Republik.

Die Baukunst war während der Jahrhunderte kolonialer Herrschaft von Portugal abhängig. Eine der frühesten Barockkirchen ist S. Bento in Rio de Janeiro aus dem Jahre 1652. Die Zentren des → Barock sind jedoch São Salvador de Bahia und die Städte des Minas Gerais, wo im späten 17. Jh. Gold gefunden wurde. Die Terceiros-Kirche (1702-03) in São Salvador ist ebenso wie die dortige Kirche S. Francisco (beg. 1708) mit den Formen des → Churriguerismus überladen. Der Höhepunkt der bras. Barockbaukunst manifestiert sich in vielen Kirchen in Ouro Preto bei Belo Horizonte aus der 2. Hälfte des 18. Jhs., die zumeist eine Zweiturmfassade ha-

ben und dem Langhaus angenäherte Zentralbauten sind. Von ihnen sei die Kirche Bom Jesus (beg. 1777) erwähnt, deren Skulpturenschmuck wie der einiger anderer Kirchen in Ouro Preto von → Aleijadinho stammt.

Die Abkehr vom Barock vollzog sich erst in den Jahren nach 1815. Es wanderten frz. Künstler ein, unter anderem A. H. V. Grandjean de Montigny (1776-1850), der 1820 das Zollgebäude in Rio fertigstellte. Etwas späteren Datums, aber immer noch dem frz. → Klassizismus zugehörig, ist das von Louis Vauthier (ca. 1810-77) erbaute Theater in Recife, ferner das eher vom amerik. → Colonial Style geprägte Theater in Belém de Pará (1868-78) mit seinem hohen schlanken → Portikus. Der Neubarock (→ Historismus) ist am besten durch die Oper in Manáus (1890-96) vertreten.

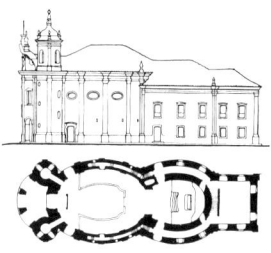

Rosenkranzkapelle, Ouro Preto, 1784.

São Francisco, São Salvador de Bahia, beg. 1708.

São Francisco de Asis, Ouro Preto, 1766-94.

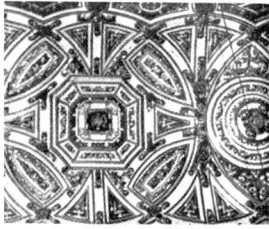

São Francisco, São Salvador de Bahia. Deckendetail, um 1735.

Ministerium für Erziehung und Gesundheit, Rio de Janeiro, von → Costa, → Niemeyer u. a., Berater → Le Corbusier. 1937-43.

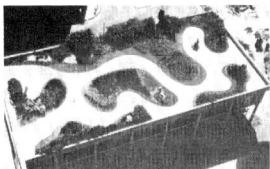

Dachgarten des Ministeriums für Erziehung und Gesundheit, Rio de Janeiro, von Roberto Burle Marx, 1937.

Offizierskasino, Brasilia, von → Niemeyer.

Nach dem Zweiten Weltkrieg wurde B., bis dahin am Rande aller architekton. Entwicklungen, in der Baukunst eines der führenden Zentren der Welt. Den Anstoß brachte die ›Regionalistische Bewegung‹ (1926), die sich vor allem zum Ziel setzte, fremde Einflüsse auszumerzen. Ab 1928 entstanden in São Paulo die ersten weißen kubischen Häuser von Gregori → Warchavchik (1896-1972, aus Odessa stammend), der 1925 sein Manifest der funktionalen Architektur publiziert hatte. 1936 wurde → Le Corbusier als Berater für den Entwurf des Ministeriums für Erziehung und Gesundheit und für die geplante Universität in Rio de Janeiro hinzugezogen. Seine Ideen fielen auf fruchtbaren Boden und hatten entscheidenden Einfluß auf die weitere architekton. Entwicklung. 1937 wurde das Ministerium nach einem von einer Gruppe junger bras. Architekten neu ausgearbeiteten Entwurf errichtet. Roberto Burle-Marx (geb. 1909), der am → Botanischen Garten Berlins in Dahlem erste Anregung und Ausbildung erfuhr, und dessen tropische Gärten ihn über B. hinaus bekannt machten, entwarf den Dachgarten.

Zu dieser Gruppe gehörten Lúcio → Costa und Oscar → Niemeyer, die wohl berühmtesten bras. Architekten. Niemeyers frühe Werke in Pampulha, ein Jachtklub, ein Tanzlokal und ein Kasino aus dem Jahre 1942 und eine 1943 errichtete Kirche, sind die

Villa in São Paulo, von → Warchavchik, nach 1928.

ersten Bauwerke überhaupt, die sich entschieden und kühn von dem internat. Rationalismus (→ Internationaler Stil), der damals gerade von fortschrittlichen Fachleuten und Auftraggebern in den meisten Ländern bejaht wurde, abwandten. Niemeyer führte im Aufriß paraboloide Kurven ein, baute einen Turm mit sich verjüngenden Seiten,

Palast der Morgenröte, Brasilia, von → Niemeyer, 1958.

→ Passagen unter baldachinartigen Dächern, die sich von einem Gebäude zum anderen winden, paarig gegenübergestellte Dächer, die mit den flacher verlaufenden Seiten zusammenstoßen und nach außen steil abfallen. Lúcio Costa wurde über Nacht weltbekannt, als er 1957 den Wettbewerb für den Plan von Brasilia, der neuen Hauptstadt Brasiliens, wann; doch alle wichtigen Gebäude wurden von Niemeyer entworfen: das Hotel, der hervorragende Palast der Morgenröte (Palacio do Alvorado), Sitz des Präsidenten, das Parlament mit der Halbkugel des Senats und der Schale des Abgeordnetenhauses, die Ministerien, die Kathedrale. Weitere bekannte Architekten sind Rino Levi (1901-65) mit dem Art Palacio Cinéma (1936), dem Stadtzentrum von Santo André (1965); Henrique (Ephim) Mindlin (1911-71), der 1956 das wichtige Buch ›Modern Architecture in Brazil‹ schrieb; die Architekten Roberto (1933), Marcello (1904-65), Milton (1914-55) und Mauricio, die 1936 in Rio de Janeiro den Hauptsitz der bras. Presse bauten (ABI), 1977 in São Paulo die Bank von Brasilien; ferner Sergio (Wladimir) Bernardes (geb. 1919) mit seinen zahlreichen Bauten nach dem Zweiten Weltkrieg und → Reidy (geb. 1909) mit der Siedlung Pedregulho (1950-52, Abb. → Reidy) und dem Museum für Moderne Kunst (beg. 1954, 1978 abgebrannt, wiederaufgebaut), beide in Rio.

Ein neuer Abschnitt der bras. Architektur beginnt mit Paulo Mendes da Rocha (geb. 1928), Calux Kindergarten São Bernardo do Campo, São Paulo, 1978; mit Fabio (Moura) Penteado (geb. 1929), der oft mit anderen Architekten zusammenarbeitete

Senat, Oberste Verwaltungsbehörde und Parlament, Brasilia, 1958-60.

Brasilien. Museum für Moderne Kunst, Rio de Janeiro, von → Reidy, beg. 1954, abgebrannt 1978, wiederaufgebaut.

(am meisten mit Teru Tamaki, mit dem er 1974 den durch Segmentbögen charakterisierten Neubau des 1607 gegründeten Santa Casa Hospital am Ufer des Tietê in São Paulo schuf) und der regelmäßig für die Visao Paulo schreibt; mit João Filgueiras Lima (geb. 1932), der in den 70er Jahren mit seinen Neubauten in Brasilia und Salvador (Bahia) neue Wege zu gehen versuchte; mit Joaquim Guedes (geb. 1932), dessen Villen, sein eigenes Haus in São Paulo und daselbst die Villen Beer (1976), Moreau (1978) u. a. sowie die seit 1976 entstehende Stadt Caraiba (Bahia) ihn bereits klar der → Postmoderne zuordnen; dasselbe gilt für die ›Holzhäuser‹ von Severiano Mario Porto (geb. 1930), wie z. B. sein eigenes Haus in Manáus, Amazonas, (1971) oder die Villen von Eduardo de Almeida (geb. 1933) in São Paulo, die den → Internationalen Stil spielerisch und vegetativ aufzulockern versuchen.

Lit.: de Pierrefeu-Le Corbusier '42; Hitchcock '55, '58; Bardi '56, '64; Mindlin '56; Bracco '67; Bullrich '69; Evenson '73; Lemos '79, Process Architecture '80; Fils '88.

Brauttür. Ein vorwiegend an der Nordseite ma. Kirchen gelegenes, mit einer Vorhalle versehenes Portal, vor dem die Trauung durch den Priester vollzogen wurde. Die Dekoration der B. im Bogenfeld (→ Tympanon) und in den → Gewänden nimmt gern Bezug auf die Eheschließung, etwa durch Darstellung des Gleichnisses von den Klugen und Törichten Jungfrauen.

Bravo, Jorge → Mexiko.

Brechbühler, H. → Schweiz.

Breuer, Marcel (Laiko) (1902-81). Gebürtiger Ungar (Pécs), studierte seit 1920 am → Bauhaus, übernahm dort 1925 die Holzwerkstatt und entwarf im gleichen Jahr seinen ersten Stahlrohrstuhl. 1928 ging B. nach Berlin, 1935 nach London, 1937 auf Einladung von → Gropius nach Harvard; sie arbeiteten dort zusammen. B. war außerdem sein Partner in Cambridge, Mass. (1937-41). 1941 eigenes Büro, Bau von Einfamilienhäusern; 1952 mit → Nervi und → Zehrfuss Auftrag zur Erbauung des UNESCO-Gebäudes in Paris, 1953-57 (zus. mit A. Elzas) Bijenkorf-Kaufhaus in Rotterdam (→ Niederlande). B.s Stil folgte im allgemeinen der nicht streng rationalen Richtung des → Internationalen Stils, die den regionalen Gegebenheiten Rechnung trug: in seinen Privathäusern (in der Schweiz) und seinen öffentlichen Bauten, in der Abtei St. John und Universität in Collegeville, Minnesota (1953-70, mit H. Smith), der Lecture Hall der New York University auf den University Heights, Bronx, New York (1956-61), dem Forschungszentrum von IBM in La Gaude, Var, Frankreich (1960-69, mit R. F. Gatje), dem Whitney Museum of American Art, New York (1963-66), oder dem Kunstmuseum von Cleveland, Ohio.

Lit.: Breuer '56; Blake, P. '49; Argan '57 b; Benevolo '60; Cranston Jones '63; GA. 43; Wilk '82.

Brisesoleil. Erweiterungsbau des Hunter College auf den University Heights, Bronx, New York, von → Breuer, 1956-61.

Tabakfabrik van Nelle, Rotterdam, von → Brinkman, 1926-30.

Brinkman, Johannes Andreas (1902-49). Niederl. Architekt, der seinen Ruhm mit der Errichtung der Tabakfabrik van Nelle in Rotterdam unter der Mitwirkung von Mart → Stam erworben hat (1926-30). Ein programmatisch sachliches Bauwerk mit teilweise gläsernen Fassaden, das zu einem der bedeutendsten Industriebauten des 20. Jhs. wurde und das einzige, den Idealen des → Konstruktivismus entsprechend verwirklichte Bauwerk darstellt. Erwähnenswert ist auch sein mit Leonhart Cornelius van der Vlugt, mit dem eine langjährige Arbeitsgemeinschaft bestand (1926-37), und Willem van Tijen ausgeführtes Wohnhaus Bergpolder in Rotterdam. Eine zweite Partnerschaft verband den zunehmend kränkelnden B. mit Johannes Hendrik van den Broek (1937-48) (→ Bakema; → Niederlande), der viele seiner Bauten im Sinne B.s zur Vollendung brachte und auch seine Architekturauffassung pflegte.

Lit.: Brinkman '75; CA '80.

Whitney Museum of American Art, New York, von → Breuer, 1963-66.

Brisesoleil. Hunter College, New York.

Brisesoleil, der. Außenarchitektonische Wandelemente zum Schutz gegen Sonnenstrahlungen. Meist Betonblenden, mit vertikalen und horizontalen Strukturen, die der Fassade, bzw. den Fenstern vorgesetzt sind. Form und Ausführung sind von den klimatischen Verhältnissen abhängig. Entwickelt wurde dieser Sonnenschutz von → Le Corbusier im Jahre 1933 und am Gebäude des Ministeriums für Erziehung und Gesundheit in Rio de Janeiro 1936 erstmals angewandt (Abb. → Brasilien).

Briseux, Charles Etienne (1660-1754). Frz. Architekt und Theoretiker. B. baute in Paris (Quartier Montmartre) das Palais des Generalsteuerbevollmächtigten d'Augny. Seine Bedeutung verdankt B. seinen Architekturtraktaten: ›L'Architecture moderne…‹ 2 Bde., Paris 1728 (1754²); ›L'Art de bâtir des maisons de campagne…‹ 2 Bde., Paris 1743; ›Traité du beau essentiel dans les arts…‹ Paris 1752.
Lit.: Schlosser '24; Kaufmann '23-24; Hautecœur III.

Börse, Paris, von → Brongniart, beg. 1807, verändert und erweitert 1895.

Brodrick, Cuthbert (1822-1905). Architekt aus der engl. Grafschaft Yorkshire; sein Hauptwerk ist das Rathaus von Leeds (1853-58). Bei diesem großartigen Bau mit seiner säulengetragenen → Kuppel zeigt sich deutlich der Einfluß → Cockerells und selbstverständlich → Wrens. Unabhängig ist die Kornbörse in Leeds (1851-53), sehr zurückhaltend über elliptischem Grundriß in ital. Renaissance-Stil (→ Historismus) errichtet. Von B. erbaut wurden auch das düstere Grand Hotel in Scarborough (1863-67) im Stil der damals Mode gewordenen frz. Neurenaissance und das Rathaus von Hull (1862-66). Nach einem Aufenthalt in London ohne nennenswerte Bauaufgaben ging B. schließlich nach Frankreich, zog sich von der Architektur zurück und starb Jahre später in Jersey.
Lit.: Wilson, T. B. '37.

Broek, Johannes Hendrik van den (1898-1978) → Bakema; → Niederlande.

Brongniart, Alexandre-Théodore (1739-1813). Berühmter frz. Architekt des → Klassizismus. Geb. in Paris, Schüler von J.-F. → Blondel. Er machte sich 1765 selbständig, war bald erfolgreich, baute das Theater in Caen (zerst.) und das Hôtel de Montesson in Paris. Für seine Wohnbauten wählte er einen anmutigen, unpedantischen klassiz. Stil, der in der Architektur das Gegenstück zu den Plastiken Clodions, der von B. oft für Dekorationen herangezogen wurde, darstellt (z. B. das ehemalige Hôtel de Condé, Paris, 1781). Das Kapuzinerkloster an der Chaussée d'Antin (1789, heute Lycée Condorcet, Umbau der Fassade 1864), zeigt eine strengere Auf-

Hôtel de Condé, Paris, von → Brongniart, 1781.

fassung; der Kreuzgang ist eine → Kolonnade mit dor. Säulen nach dem Vorbild Paestums. Sein letztes bedeutendes Werk war die Pariser Börse, ein angemessen großartiger Bau im korinth. Stil des kaiserl. Rom (beg. 1807, 1895 verändert u. erweitert). 1804 wurde B. mit der Anlage des Pariser Friedhofs Père-Lachaise betraut; die Ausführung im Stil eines Englischen Gartens (→ Gartenbaukunst) gewann großen Einfluß.
Lit.: de Sacy '40; Kaufmann '55a; Hitchcock '58; Graf Kalnein-Levey '73; Brongniart '85.

Brosse, Salomon de (ca. 1571-1626). Geb. in Verneuil, wo Jacques Androuet → Du Cerceau, sein Großvater mütterlicherseits, das Schloß erbaut hatte. Auch sein Vater war Architekt. Um 1598 ließ sich B. in Paris nieder; er wurde 1608 zum Baumeister der Krone ernannt. Anders als seine Verwandten Du Cerceau und sein Vorläufer → Bullant faßte er die Baukunst als Gestaltung von plastischen Körpern auf, nicht nur als Oberflächendekoration. Dieser Sinn für Körperlichkeit kommt klar in dem von ihm erbauten Palais du Luxembourg (1613/14, im 19. Jh. erweitert u. verändert) und in den Schlössern von Coulommiers (1613) und Blérancourt, seinem wohl schönsten Bauwerk (1619) zum Ausdruck. Blérancourt erregte zu seiner Zeit großes Aufsehen als freistehender, ringsum sichtbarer sym. Block. 1618 begann B. mit dem Bau des Palais du Parlement in Rennes (heute Justizpalast, Abb. → Frankreich), dem er durch sein Gefühl für klar bestimmte Massen und für die Feinheiten klass. Details große Vornehmheit verlieh. Die Fassade von St-Gervais-St-Protais in Paris (1616-21) stellt den Inbegriff des frz. barocken Klassizismus (→ Barock) dar; in ihm verbindet sich das Schema → Vignolas von Il Gesù mit dem Stil des Mittelrisalits (→ Risalit) von Schloß Anet von → Delorme. B. war der bedeutendste Vorläufer von François → Mansart, dessen Stil er teilweise vorweggenommen hat.
Lit.: Panier '11; Hautecœur I, II, III, V, VII; Beunt '53; Lynton '62; Coope '72.

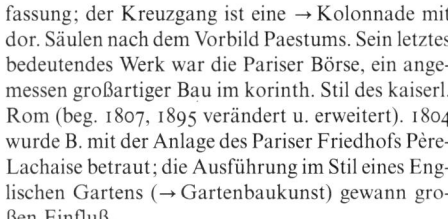

Kornbörse, Leeds, von → Brodrick, 1851-53.

Brown, Lancelot (gen. ›Capability-Brown‹, 1716-83). Engl. Landschaftsgärtner. Entwarf mehrere Herrenhäuser im neupalladian. Stil (→ Palladianismus), wie etwa Croome Court (1751-52) und Claremont House (1770-72), erlangte aber als Landschaftsgärtner viel größere Bedeutung. 1740 wurde er Gärtner in Stowe, wo er an → Kents großer Parkanlage mitarbeitete, und 1749 wurde er beratender Landschaftsgärtner. B. entwickelte bald einen eigenen Stil kunstvoller Regellosigkeit (→ Gartenbaukunst). Seine zahlreichen Parks mit ihren weiten Rasenflächen, Baumgruppen und geschlängelten Seen bildeten den richtigen Rahmen für die palladian. Herrenhäuser der Epoche. Bei ihm wurde die Natur nicht vergewaltigt, wie in den geom. Gärten von → Le Nôtre, sondern gezähmt. Reichlicher Baumbestand sollte nicht nur die Grenzen des idyllischen Parks verhüllen, sondern ihn auch gegen das offene Land abschirmen. Einen Ausspruch, den man ihm möglicherweise nur in den Mund gelegt hat, über seinen See im Park von Blenheim: »Themse, Themse, das wirst du mir nie vergeben«,

Park des Schlosses Blenheim, Woodstock, von → Brown, 1765.

faßt seine Einstellung gut zusammen. Seine Parkanlagen sind dennoch weniger eine Alternative zu den geom. Gärten als zur Natur; sie erwiesen sich auf dem Kontinent bald als ebenso verlockend wie in England. Unter seinen noch bestehenden Parkanlagen sind die von Warwick Castle (um 1750), Croome Court, Worcester (1751), Bowood (1761), Blenheim Palace, Woodstock (1765, stark verändert), Ashburnham, London (1767), Dodington Park, Chiping Sodbury (1764) und Nuneham Courtenay bei Oxford (1778) am besten gelungen. Abb. → Gartenbaukunst.
Lit.: Stroud '57; Clifford '62; v. Buttlar '82.

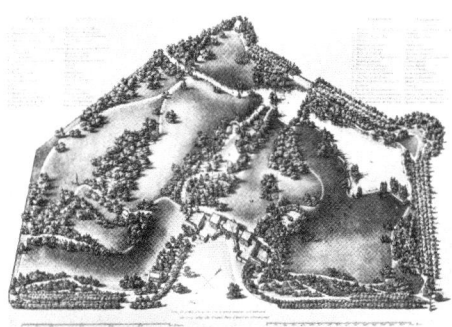

Stowe, Buckshire, von → Brown. Plan des Zustands von 1750.

St-Gervais-St-Protais, Paris, von → Brosse, 1616-21.

Brown, George (1811-85) → Kanadische Architektur.

Bruant, Libéral (ca. 1635-97). Erbaute das Hôtel des Invalides in Paris (1670-77), das wegen der röm. Würde seiner → Arkadenhöfe hervorragt, ferner die höchst originelle Chapelle de la Salpêtrière in Paris (um 1670-79) sowie die Kirche St-Louis des Invalides (1670-79). Kuppel und Nordportal wurden von J. H. → Mansart vollendet. 1662 lieferte B. einen Entwurf für Schloß Richmond in England. Auch der von Mansart völlig veränderte erste Entwurf zur Place Vendôme stammte von B., Er war ein hochbegabter Architekt, der niemals den verdienten Erfolg erlangte.
Lit.: Hautecœur II; Blunt '53.

Chapelle de la Salpêtrière, Paris, von → Bruant, 1670-79.

Bruce, Sir William (1630-1710). Brachte den barokken Klassizismus (→ Barock) nach Schottland. Er erlangte nach der Restauration der Stuarts in England, für die er sich kräftig betätigt hatte, Ansehen, erhielt als Entschädigung für politische Dienste 1660 ein einträgliches Hofamt und wurde 1671 zum kgl. Bauinspektor und Hofbaumeister für Schottland ernannt. Seine in Holyroodhouse in Edinburgh ausgeführten Erweiterungen (1671 ff.) zeigen frz. Einflüsse, aber noch fehlte die geschulte Hand. Kinross House (1685) und Hopetoun House (1698-1702) in der Art von → Pratt sind besser gelungen.
Lit.: Summerson '53; Dunbar '71.

Hängebrücke der Inkas.

Schwebebrücke im Himalaja-gebiet.

Zugbrücke in Ostfriesland.

Bruchstein. Roher, unbearbeiteter Stein oder Findling, der zur Vermauerung nicht oder kaum bearbeitet wird. → Mauerwerk, → Bausteine.

Brücke. Ein Bauwerk, mit dessen Hilfe man ein Gewässer, ein Tal oder eine Straße, bzw. einen Schienenweg, überqueren kann, ohne den darunterliegenden Weg bzw. Raum zu blockieren.
I. Man unterscheidet B.n nach ihrer *Funktion:* 1. → Aquädukt, 2. → Viadukt, Straßenb.n, 3. Eisenbahnb.n, 4. Fußgängerb.n; nach ihrem *Material:* 1. Holzb.n, 2. Steinb.n, 3. Eisenb.n, 4. Stahlb.n, 5. Beton- und Stahlbetonb.n, 6. Leichtmetallb.n; nach der *Konstruktion und Form:* 1. Balkenb.n mit → Spreng- oder Hängewerk; bei der Balkenb. werden vom Tragwerk bei Belastung Auflagerdrucke ausgeübt; 2. Bogenb.n, bei denen Bogen oder Bogengewölbe die Hauptträger bilden, 3. Hängeb.n, bei denen das Tragwerk an hohen Masten (→ Pylonen) aufgehängt ist, 4. selbsttragende B.n, deren Tragwerk meistens aus eisernen (stählernen) Fachwerk- oder Gitterträgern konstruiert wird; sie können, wie auch die modernen Betonb.n, weiteste Entfernungen überspannen, 5. bewegliche B.n, deren bekannteste Form die Zugb. ist; daneben gibt es z. B. Hub- und Drehb.n.
II. Bestandteile: Die B. braucht Fundamente; ihre freistehenden Träger heißen Pfeiler oder Piers; Landpfeiler sind anders konstruiert als Flußpfeiler, da diese der Strömung Widerstand entgegensetzen müssen; Bogenb.n haben außerdem → Widerlager. Die Vorköpfe der der Strömung zugewandten Seite der Flußpfeiler heißen Wellenbrecher. Das Tragwerk hält den Oberbau der B. mit B.bahn und den bes. im MA. und in der Renaissance häufigen Aufbauten, wie Überdachung, B.kapellen, B.türme; im MA. waren die B.n außerdem durch eine Schanze, den B.nkopf, befestigt.

Gedeckte Holzbrücke in Osttirol.

III. Historische Entwicklung. In der Bronzezeit entstanden die ersten Holzb.n (4000 v. Chr.) zur gleichen Zeit, als die Siedler am Bodensee ihre Pfahlbauten errichteten. Gleichzeitig entstanden in Asien und Afrika die ersten primitiven Hängeb.n; die ersten entwicklungsfähigen Hänge- und freitragenden B.n wurden in Indien errichtet. In Mesopotamien entstand die Bogenb.; von hier aus gelangte sie nach Ägypten (3600 v. Chr.), Babylon (2100 v. Chr.), Griechenland (450 v. Chr.) und Rom (200 v. Chr.). Pontonb.n oder Bootsb.n gehören zum ältesten B.typus überhaupt; die Perserkönige Cyrus, Darius und Xerxes benutzten sie für militärische Operationen (537-480 v. Chr.); sie blieben bis heute wichtiger Bestandteil militärischer Ausrüstung. – In

Istanbul wurde noch 1939 eine Stahlbetonb. über das Goldene Horn gelegt; eine Betonpontonb. führt seit 1944 über den Derwent bei Hobart in Tasmanien (über 1000 m lang).
Römische Brücken. Die erste Römerb., von der wir wissen, ist die Holzb. über den Tiber (pons Sublicius, 691 v. Chr.). Diese B. wurde von der Priesterschaft erhalten, sie blieb 900 Jahre in Gebrauch.

Selbsttragende Holzbrücke, Tirana, Albanien.

Selbsttragende Brücke über den Firth of Forth, Schottland, von John Fowler und Benjamin Baker, 1882-89.

Selbsttragende Stahlbrücke, St-André de Cubzac, Frankreich, von → Eiffel, 1882.

Caesar und Hannibal errichteten Pontonb.n der gleichen Art wie Xerxes; Caesar hinterließ die erste detaillierte Beschreibung eines B.baues, nämlich seiner B. über den Rhein (55 v. Chr.). Trajans histor. Donaub. in Ungarn (die von → Apollodorus von Damaskus errichteten ›pontes Trajani‹, 104 n. Chr.) bestand aus mehreren halbkreisförmigen Holzbögen, die auf steinernen Pfeilern ruhten; ihre Spannweite von ca. 60 m wurde erst 12 Jahrhunderte später wieder erreicht. – Über den Tiber schlugen die Römer schöne Steinb.n; sechs der zwischen 200 v. Chr.-260 n. Chr. errichteten B.n standen noch in unserem Jh., so der berühmte Ponte Santo Angelo. – Die bedeutendste Römerb. außerhalb Roms war der Ponte di Tiberio in Rimini (ca. 5 v. Chr.); die älteste uns erhaltene B. ist die von Martorell in Spanien (ca. 219 v. Chr.) aus zugehauenen Steinen mit 40 m Spannweite des Mittelbogens; weiter sind zu nennen: der → Aquädukt bei Segovia (813 m lang, 75 einfache und 43 Doppelbögen führen das Wasser in die Stadt), der Puente Alcantara (98 n. Chr.) über den Tajo mit sechs Halbkreisbögen aus Granit und der Pont du Gard bei Nîmes, der längste Aquädukt (14 n. Chr.). Alle röm. Bogenb.n hatten halbkreisförmige Bogen; die einzelnen Pfeiler waren so stabil, daß der Bruch eines Pfeilers nie zur Zerstörung der ganzen B. führen konnte.

Mittelalter. Im MA. wurde der B.bau Aufgabe des Klerus; die Kirche bewahrte die röm. Kenntnisse; es entstanden mehrere Orden, die sich ganz dem B.bau widmeten. Die beiden schönsten ma. B.n, die Bogenb. bei Avignon (1178-88) von S-Bénezèt und die London Bridge über die Themse (1176-1209) mit ihren 19 Bögen von Peter von Colechurch, die bis 1831 in Gebrauch blieb, wurde von Mönchen erbaut. Luzern hat zwei hübsche gedeckte ma. Holzb.n, die Kapellenbrücke (1333) und die Totentanzbrücke (1408). Der schöne Ponte Vecchio in Florenz führte den Segmentbogen ein (1345); und die Karlsbrücke bei Prag (1348-1507) leitet mit ihren Türmen bereits in die Renaissance über.

Renaissance. In der → Renaissance wurde der B.bau als urbane Aufgabe verstanden. B.bauer mußten gleichzeitig Künstler und Ingenieure sein. → Palladio forderte, eine B. solle bequem, schön und

Engelsbrücke über den Tiber, Rom, Mittelteil 136 n. Chr. erbaut. Auf Vorschlag → Berninis mit Engelsstatuen geschmückt.

Ponte Vecchio über den Arno, Florenz, 1345.

dauerhaft sein. Eine der schönsten B.n ist denn auch die Rialtobrücke über den Canale Grande in Venedig: ein flacher Segmentbogen, mit sechs → Arkaden an jeder Seite des B.nbogens, die ein Dach tragen, 1587-91 von Antonio da Ponte errich-

Gedeckte Bogenbrücke. Rialtobrücke, Venedig, von A. da Ponte, 1587-91.

tet. Noch harmonischer ist der Ponte S. Trinità über den Arno in Florenz mit seinen drei schöngeschwungenen weißen Marmorbögen (1567-69). In Paris wurden die B.n zu einer der wichtigsten Bauaufgaben der Renaissance: die erste Steinb. über die Seine, der Pont-Notre-Dame, entstand 1505; der Pont-Neuf, die älteste erhaltene Steinb. in Paris (1575-1606), blieb über 300 Jahre in Gebrauch.

18. Jahrhundert. War die B. in der Renaissance als Ingenieursaufgabe erkannt worden, so wurde diese Idee im 18. Jh., dem Zeitalter der Vernunft, wissen-

schaftlich untermauert. Hubert Gautier schrieb 1714 die erste theoretische Abhandlung über den B.bau; 1716 wurde bereits das Corps des Ponts et Chaussées gegründet, und 1747 entstand die erste Ingenieursschule der Welt in Paris, die berühmte Ecole des Ponts et Chaussées. Ihr erster Lehrer war Jean Perronet, der ›Vater des modernen Brückenbaus‹. Seine bedeutendsten B.n sind der Pont-Sainte-Maxence über die Oise und der Pont-de-la-Concorde (1787-91) in Paris, beides steinerne Bogenb.n von großer Spannweite. In England baute John → Rennie die Waterloo Bridge über die Themse (erneuert 1945), im Gegensatz zu Perronets elliptischen B.bögen mit Halbkreisbögen, und die von seinem Sohn vollendete neue London Bridge (1831).

Gedeckte Holzbrücken finden sich in allen waldreichen Ländern; in der Schweiz bauten Johannes und Hans-Ulrich Grubenmann bemerkenswerte B.n dieser Art, so die Rheinbrücken bei Schaffhausen (1756-58) und Reichenau (1756-57) und eine B. über die Limmat bei Wettingen (1746-66). In den USA errichtete Enoch Hale die erste künstler. bedeutende Holzb. bei den Bellowfällen über den Connecticut River, Vt. (1785). Der erste, der in den USA darauf bestand, Holzb.n zum Schutz gegen Witterungsschäden zu decken, war Timothy Palmer; er baute 1804-06 die Permanent Bridge bei Philadelphia. Neue → Sprengwerk-Techniken führten Theodore Burr und Ithiel Town ein. 1840 ließ sich William → Howe ein Sprengwerk patentieren, für das Holz und Eisen verwandt wurde.

Die erste Gußeisenb. war die Coalbrookdale Bridge über den Severn in England, 1779 von Abraham Darby und John Wilkinson errichtet, mit über 30 m Spannweite (Abb. → Eisenarchitektur). Der erste Gebrauch von Gußeisen im europ. B.bau überhaupt wurde bereits 1741 bei der Wynach Bridge gemacht, einer Hängebrücke über den Tee in England.

19. und 20. Jahrhundert. Im 19. und 20. Jh. erhielt der B.bau durch die wirtschaftl. und technische Entwicklung neuen Auftrieb; er mußte völlig neue Aufgaben erfüllen: Eisenbahnb.n beherrschten die 2. H. des 19. Jhs. (→ Eiffel; Isambard Kingdom und Marc → Brunel), Autobahnb.n das 20. Jh. – Die

Gedeckte Holzbrücke über die Donau, 1. Jh.

Coalbrookdale Bridge über den Severn, England, von Abraham Darby und John Wilkinson, 1779.

Stahlbogenbrücke. Viadukt über die Truyère, Frankreich, von → Eiffel, 1884.

Entfernungen, die überspannt werden sollten, wurden immer gewaltiger, ständig größere Lasten mußten über die B.n geleitet werden. Dem entsprechen neue Methoden im B.bau und die Erprobung neuer Materialien bei der Konstruktion der B.n. 1819-26 baute Thomas → Telford seine Menai Strait Bridge in Wales, eine Hängebrücke mit Gußeisenketten; sie stand noch Mitte des 20. Jhs. Die erste eiserne Eisenbahnb. wurde 1823 für die Stockton and Darlington Railway in England von George Stephenson gebaut; berühmter wurde Robert Stephensons Britannia Tubular Bridge (1846-50) über die Menai Strait. Von 1840-90 dominierten Eisentragwerke im B.bau; dann wurde Stahl als Material wichtiger.

Die erste reine Stahlb. war die Missouri-Brücke bei Glasgow, South Dakota (1878). Die erste mod. selbsttragende B. war die Mainbrücke bei Hassfurt von Heinrich Gerber (1867) mit ca. 140 m Spannweite; die erste B. dieses Typs in den USA war der Kentucky River Viadukt von C.S. Smith (1876). Bis ins zweite Jahrzehnt des 20. Jhs. blieb die riesige Firth of Forth Bridge in Schottland (1882-89) von Sir John Fowler und Sir Benjamin Baker die bedeutendste Brücke dieser Art; sie wurde in der Spannweite erst 1917 durch die Quebec Bridge über den St. Lawrence Strom in Kanada übertroffen; bald danach wurde diese B.form von der Hängeb. verdrängt.

Einer der bedeutendsten Brückenbauer der USA war John A. Roebling; seine großen Brücken bestimmten weitgehend die Entwicklung der Hängebrücken: die Niagara Railway Bridge (1851-55), die noch benutzte große Hängeb. über den Ohio (1856-57), vor allem aber seine von der Welt bestaunte Brooklyn Bridge über den East River in New York (1883, voll. von seinem Sohn Washington Roebling, Abb. → Industriebau).

Der Typ vergitterter Hängeb.n, wie ihn Robert Stephenson für die Menai Strait entwickelt hatte, wurde vor allem in Deutschland und den USA weiter ausgebaut; die längsten B.n dieser Art sind die beiden nach dem Zweiten Weltkrieg errichteten B.n über den Rhein in Bonn-Beuel (1949) und in Köln (1948); die Elbbrücken in Hamburg wurden schon 1936 erbaut.

Chinesische Hängebrücke über den Min-Fluß, Prov. Sichuan.

1937 entstand die längste Hängeb., die Golden Gate Bridge in San Francisco, Calif.; 1926 in Südamerika die Hängeb. vom brasilian. Festland zur Insel Florianopolis, von Robinson und Steinmann nach einer von ihnen entwickelten Methode aus teilweise vorfabrizierten Teilen konstruiert. In Deutschland sind noch die Rheinbrücken bei Köln-Mühlheim (1929) und Rodenkirchen (1941, 1944 zerst., 1954 wiedererr., längste Hängebrücke Europas) zu nennen. 1970 wurde in Duisburg die derzeit weltlängste Schrägseilbrücke mit stählernem Mittelträger (778 m, Stromöffnung 350 m) eingeweiht. Die größte mod. Steinbrücke steht ebenfalls in Deutschland; sie wurde 1903 bei Plauen gebaut und schloß die Entwicklung der monumentalen Steinb.n ab. Große Betonb.n entstanden in Frankreich (Brücke Albert-Louppe, Plougastel bei Brest, 1929 von E. → Freyssinet, 1944 zerst.) und in Schweden (die

Hängebrücke. Golden Gate Bridge, San Francisco, von Joseph B. Strauß, 1937.

Stahlbetonbrücke. Salginatobelbrücke, Schweiz, von → Maillart, 1928-30.

Sandøbrücke über den Fluß Angerman-Elf, 1943). Die erste Stahlbetonb. baute → Hennebique 1894 in Viggen in der Schweiz; dort entstanden auch → Maillarts berühmte Stahlbetonb.n, wie die Salginatobel-Brücke (1928-30). H. C.

Lit.: Zucker '21; Schau '28; Chetto-Adam '38; Jacoby-Davis '41; Person '48; Mock '49; Johnstone-Taylor '51; Albenga '53; Cestelli Guidi '60; Condit '60; Gazzola '63; De Sivo '65; McCullough '72; Ruddock '79; Jurecka '79; Birkner '82; Leonhardt '82; Leupold '82; Botwinick '83; Bundesverk.min. '88; Marrey '90; Brücken '91.

Betonbogenbrücke. Sandøbrücke über den Angerman-Elf, Schweden, 1943.

Brunel, Isambard Kingdom (1806-59). Engl. Ingenieur aus frz. Familie. Sohn des aus der Normandie gebürtigen Sir Marc Isambard Brunel (1769-1849), der in der frz. Flotte diente, als Ingenieur in New York tätig war und sich 1799 in England niederließ; sein berühmtestes Werk in England ist der Themse-Tunnel von Wapping nach Rotherhithe (1824-43). B. wurde in Paris erzogen und erhielt dann seine Ausbildung bei seinem Vater. 1829 entwarf er die Clifton-Brücke in Bristol, eine der schönsten engl. Hängebrücken. Er leitete den Bau der Eisenbahn von London nach Bristol, der berühmten Great Western, mit dem Box-Tunnel; seine bekannteste Brücke ist die 1859 eingeweihte Saltash Bridge. B. baute auch Schiffe, wie die ›Great Western‹ (die für die Atlantiküberquerung nur 15 Tage brauchte) und die noch gewaltigere ›Great Eastern‹ (1858), sowie Docks in Bristol und Monkwearmouth.

Lit.: Zevi '50b; Hitchcock '54, '58; Rolt '57; Benevolo '60; Davey '65; Pugsley '80.

Brücke über den Avon bei Bristol, von → Brunel, 1836.

Brunelleschi, Filippo (1377-1446). Einer der Begründer der ital. → Renaissancearchitektur. Im Gegensatz zu seinen Nachfolgern → Alberti und → Michelozzo, ging es ihm weniger um eine Erneuerung der Antike als um Fragen der Baupraxis und der Raumbewältigung. Er hat mehr als irgendein anderer für die Formulierung der Gesetze der Linearperspektive (→ Perspektive) geleistet, und die Bemühung um die lineare Bewältigung des Raums hat auch sein Bauen geprägt.

In Florenz geb., begann B. dort seine Laufbahn als Goldschmied und Bildhauer, wurde 1398 Mitglied der Arte della Seta, arbeitete dann für einen Goldschmied in Pistoia (Silberaltar im Dom von Pistoia, ca. 1399) und beteiligte sich 1401-02 am Wettbewerb für die zweite Bronzepforte des Baptisteriums in Florenz, aus dem aber Ghiberti, wenn auch nur mit knappem Vorsprung, siegreich hervorging. Kurz nach 1402 besuchte B. mit Donatello erstmals Rom, um antike Skulpturen zu studieren, arbeitete auch noch eine Zeitlang als Bildhauer weiter, richtete aber allmählich seine Aufmerksamkeit ausschließlich auf die Baukunst. 1404 wurde er in die Goldschmiedezunft als Meister aufgenommen; im selben Jahr wurde er um ein Urteil über einen Strebepfeiler im Dom von Florenz gebeten. 1415 setzte er den Ponte al Mare in Pisa wieder instand; 1417 gab er ein Gutachten über die geplante → Kuppel des Doms von Florenz ab. 1418 beginnt die Kette seiner großen Werke in Florenz: eine Kapelle mit Kuppel in S. Jacopo sopr'Arno (zerst.), die Barbadori-Kapelle in S. Felicità (teilw. zerst.), der Palazzo die Parte Guelfa (stark verändert, das Urbild des Frührenaissance-Palastes) und S. Lorenzo. Während diese Bauten voranschritten, nahm er 1420 den Bau seines Meisterwerkes, der Domkuppel, in Angriff und 1421 den Bau des Findelhauses. In S. Lorenzo begann B. zuerst mit der Alten Sakristei (1428 voll.), einem Raumkubus, der von einer eleganten Kuppel mit schmalen, von der Laterne ausstrahlenden → Rippen überwölbt wird. Er nannte dieses Schirmgewölbe ›a creste e vele‹, eine treffende Charakterisierung, da die Decke den Eindruck aufgespannter Segel erweckt (→ Gewölbe III 11). Der Innenraum ist weiß gehalten, die wichtigen Bauteile sind durch klare Bänder grauer ›pietra serena‹ nachgezeichnet, ein sehr eindrucksvolles, hier erstmals angewendetes Dekorationsprinzip. Die Kirche selbst entwarf B. als Basilika mit kurzen Querschiffen und sich zu den Seitenschiffen hin öffnenden Kapellen. Seine Vorbilder suchte er weniger im Rom der Kaiserzeit als in der toskan. Romanik des 11.-12. Jhs., der sogenannten Protorenaissance (→ Italien).

Den Bau der Domkuppel sollte er urspr. wohl gemeinsam mit Ghiberti durchführen, der sich jedoch nach und nach zurückzog. Die Kuppel mit den elegant geschwungenen hellen Rippen, die steil dem Mittelpunkt in der Höhe zustreben, zeigt noch got. Züge, aber bautechnisch gehört sie mit dem röm. → Fischgrätenverband der Renaissance an. Der Rohbau wurde 1436 fertiggestellt und ein weiterer Wettbewerb für die → Laterne ausgeschrieben, den diesmal B. allein gewann (Abb. → Laterne). Sein Vorschlag war das herrliche Marmoroktogon (→ Oktogon), wohl im doppelten Sinne die Krönung der ganzen Komposition. 1438 fertigte er dann noch die Entwürfe für die halbkreisförmigen

Filippo Brunelleschi.

Isambard Kingdom Brunel.

*›Die Opferung Isaaks‹, Entwurf
für die zweite Bronzetüre des
Baptisteriums, Florenz, von
→ Brunelleschi, 1401-02.*

Anbauten innerhalb des → Tambours mit korinth.
Doppelsäulen und Nischen mit muschelförmigem
Abschluß (Abb. → Architekturwettbewerb).
Das Findelhaus in Florenz (1419 entworfen, 1421-
44 erb.) wird häufig als das erste im Renaissancestil
errichtete Bauwerk bezeichnet. Die Fassade zeigt
im Erdgeschoß einen offenen → Arkadengang mit
sehr schlanken korinth. → Säulen und blau-weiß
glasierte Terrakotta-Medaillons in den Bogen-
zwickeln (→ Zwickel); im Obergeschoß Giebelfenster jeweils über dem Scheitelpunkt einer Arkade.
Die weiten Säulenabstände weisen auf toskan. Bauwerke des 11.-12. Jhs. hin, die Einzelheiten jedoch
sind eher römisch. Der Eindruck eines von der Antike inspirierten Gebäudes wäre wohl noch stärker,
wenn nach B.s Wünschen ähnliche Gebäude auch
an den anderen beiden Seiten des Platzes errichtet
worden wären, so daß sich vor SS. Annunziata ein
Forum gebildet hätte.
1429 begann B. mit dem Bau der Pazzi-Kapelle im
Klosterhof von S. Croce in Florenz (Abb. → Italien). Der Grundriß ist komplexer als der der Alten
Sakristei von S. Lorenzo; eine Vorhalle im Verhältnis 1 : 3, der Hauptraum im Verhältnis 2 : 3, ein quadrat. Chor. Die Innendekoration ist hier entschiede-
ner als in San Lorenzo, mit kräftigen Halbkreisbögen in ›pietra serena‹, korinth. → Pilastern und
glasierten Terrakottareliefs in den Gewölbezwik-

Domkuppel, Florenz, von → Brunelleschi, 1436.

*Findelhaus, Florenz, von Brunelleschi, entworfen 1419,
erb. 1421-44.*

keln. Die merkwürdige Fassade erinnert mehr an
die Tribuna einer röm. → Basilika als an den
→ Portikus eines röm. Tempels: schlanke korinth.
Säulen tragen ein niederes Obergeschoß, das durch
kreuzartig gegliederte Felder zwischen Doppelpila-
stern belebt wird. Anscheinend sollte diese von der
Seite her betrachtet zu leicht wirkende Konstruktion urspr. ringsum geführt werden.
1433 ging B. erneut zum Studium der Antike nach
Rom. Die unmittelbare Auswirkung zeigt S. Maria
degli Angeli in Florenz, die von all seinen Bauten
der Antike am stärksten verpflichtet ist, wenn auch
unglücklicherweise die Arbeiten nach dreijähriger
Bauzeit eingestellt wurden und nur die Mauern des
Erdgeschosses erhalten sind. S. Maria degli Angeli
ist die erste Kirche der Renaissance mit völlig zentraler Komposition, mit einem von acht Kapellen
umschlossenen oktogonalen Zentralraum und einer
sechzehnseitigen Außenwand, an der die Flächen mit
Nischen alternierend. Für S. Spirito (beg. 1436) in
Florenz kehrte B. zum basilikalen Grundriß in
Form eines lat. → Kreuzes zurück, betonte aber
durch die umgangartige Führung der Seitenschiffe
um drei Seiten (der westliche Teil wurde nicht fertiggestellt) die Raummitte. Auch hier herrschen klare
Proportionen, eine Anordnung von Würfeln und

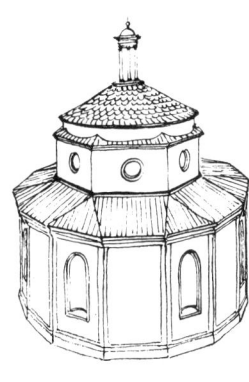

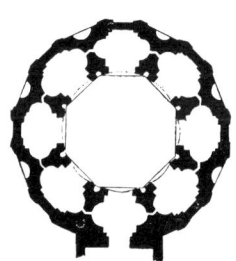

*S. Maria degli Angeli, Florenz,
von → Brunelleschi, nach 1434.*

Doppelwürfeln, die das Gefühl ruhiger Ausgewogenheit erzeugt, das den Renaissancearchitekten so
sehr am Herzen lag. Die klass. Ornamentierung
ist korrekt und kraftvoll, wenn auch manchmal in
unorthodoxer Weise durchgeführt. Von den B. zugeschriebenen Bauten sei besonders der Mittelteil des
Palazzo Pitti in Florenz erwähnt, den er kurz vor
seinem Tod entworfen haben könnte. Obwohl säulenlos, ist er deutlich ein Frührenaissancebau mit
seiner schweren Rustizierung (→ Rustika) nach
röm. Vorbild und den auf einfachen Zahlenverhält-
nissen beruhenden Proportionen.
B. wurde fast zufällig der erste Renaissancearchi-
tekt. Sein Interesse an der röm. Baukunst entsprang
mehr technischen als ästhetischen Erwägungen. Er
war ein Praktiker, der instinktiv Ideen aufgriff, die
dann von seinen Nachfolgern weiterentwickelt wur-

*Pazzikapelle im Klosterhof von S. Croce, Florenz, von
→ Brunelleschi, beg. 1429.*

den. Vielleicht ist es sein größtes Verdienst, daß er die Baukunst der Frührenaissance davor bewahrt hat, sich in gelehrter Pedanterie und Nachahmung zu erschöpfen.

Lit.: Quatremère de Quincy 1788; Stegman-Geymüller-Wildmann 1885-1908; Manetti 1887; Dvořák '27-29; Wittkower '53; Argan '55a; Gori-Montanelli '57; Saalman '58; Sanpaolesi in EUA und '62; Luporini '64; Prager-Scalia '70; Michelucci '72; Zevi '73a; Heydenreich-Lotz '74; Capolei-Sartogo '77; Di Pasquale '77; Ragghianti '77; Battisti '78, '79; Rossi '82; Battisti '89; Klotz '90; Pizzigoni '91; Brunelleschi '91.

Brunnen. Eingefaßte Wasserschöpfstelle zur öffentlichen Wasserversorgung; erst verhältnismäßig spät baute man B. nur zur Zierde. Die einfachste Form des B.s ist der Ziehb., aus dem man im allgemeinen nur Grundwasser schöpfen kann. Alle anderen B.formen werden durch eine Wasserleitung gespeist (bereits in den Städten des frühen Altertums). – Aus der großen Bedeutung, die der Wasserversorgung immer zukam, resultiert der architekton. und künstler. Aufwand, mit dem der B. ausgeführt wurden. Die griech. Städte hatten öffentliche, oft mit einem B.haus oder einem → Nymphäum verbundene B.

Brunnenkapelle im Kloster Maulbronn, 13.Jh.

Die röm. Wasserleitungen endeten gleichfalls in solchen, oft sehr aufwendigen Nymphäen. Daneben hatte das röm. Haus oft im → Peristyl einen kleinen Zierbrunnen. Diese Tradition lebte weiter im → Kantharos des frühchristl. → Atriums und dem Brunnenhaus der ma. → Klöster mit ihren schönen, oft mehrschaligen B. (Maulbronn, 13.Jh.). Mit dem Erblühen der Städte im späten MA. wurden die B. wieder öffentl. Bauaufgabe und gaben den Straßen und Plätzen ihr Gepräge. Mit ihren → got. Turmpyramiden, mit reichem Figurenschmuck und schmiedeeisernen Gittern waren sie Prunkstücke der Städte (Nürnberg, Schöner Brunnen). In der → Renaissance kam der Bronzeb. mit einer bekrönenden, symbolischen Hauptfigur auf, während der → Barock Brunnen mit üppig strömendem Wasser aus sowohl architekton. als auch mit Figuren reich ausgestatteten Anlagen oder → Kaskaden in Gartenanlagen bevorzugte (Rom, Vierströme-Brunnen

S. Spirito, Florenz, von → Brunelleschi, beg. 1436.

von → Bernini). Im späten → Rokoko und beginnenden → Klassizismus waren Springb. bzw. Röhrenb. mit hohen Säulen (Eichstätt) in der Trogmitte beliebt. Im 19. Jh. griff man auf die verschiedensten B.-typen der Vergangenheit zurück: so bes. auf die mit mythologischen Figurengruppen versehenen Barockb. Daneben entstanden auch selbständige Leistungen wie der Wittelsbacher Brunnen des Adolf von Hildenbrandt (1895) in München. Im Osten spielte der B. eine überragende Rolle als Reinigungsb. im Paradies byzant. Kirchen und in den Vorhöfen der Moscheen, → Islam. Architektur.

Lit.: Volkmann, '11; Guidi '17; Colasanti '26a; D'Onofrio '57; Kiewert '59; Masson '61; Grewe.

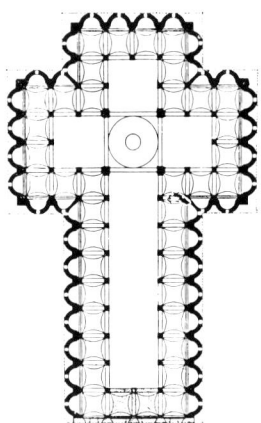

S. Spirito, Florenz.

Brüstung. Eine Sicherung an → Fenstern, → Terrassen, → Balkonen und an Öffnungen oder hochgelegten Austritten; meist waagerecht, urspr. brusthoch, heute selten über hüfthoch. Die B. kann, je nachdem wie sie durch Brüstungsgesimse und Reliefs abgesetzt ist, die Architektur eines Baues sehr wesentlich bestimmen. → Balustrade; → Geländer.

Brustwehr. Eine Schutzmauer für die Besatzung einer → Burg, → Festung oder Stadt, von der aus die Verteidiger kämpfen konnten.

Brutalismus. Schon in seinen beiden Häusern in der Weissenhofsiedlung in Stuttgart (1927) hatte → Le Corbusier die Installationen nicht unter Verputz

Brutalismus. Hunstanton School, Norfolk, von → Smithson, 1949-54.

Brutalismus. Yale School of Art and Architecture, von → Rudolph, 1961-63.

verborgen, sondern sichtbar geführt, in seiner Unité d'Habitation in Marseille (1945-52) bewußt béton brut, → Sichtbeton, verwendet, in seiner Wallfahrtskirche Notre-Dame du Haut, Ronchamp (1950-7) beides. 1949-54 baute das Ehepaar Alison und Peter → Smithson die Hunstanton School in Norfolk, ein Stahltragwerk mit Ziegeln und Glas in der Art von → Mies van der Rohe, um das Technologische unserer Zeit zu betonen, mit freiliegender Installation. Von da an sprach man von New Brutalism; da Alison ihren Mann stets Brutus nannte, in England also von Brutalismus in doppelter Hinsicht. Wie das Beispiel zeigt, ist beim B. nicht die Verwendung von béton brut das Entscheidende, sondern, wie in

Brutalismus. Hochschule für Wirtschafts- und Sozialwissenschaften, St. Gallen, von W. M. Förderer, R. G. Otto und H. Zwimpfer, 1957-59.

der art brut, die innere Einstellung des Architekten, der kompromißlos Konstruktion und Material sichtbar macht, auch als »Backsteinbrutalist« (Reyner Banham). 1951-3 baute → Kahn zus. mit Douglas Orr den Erweiterungsbau der Yale University in New Haven (Conn.); 1957-9 entstehen in Mailand das Istituto Marchiondi von → Viganò (Abb. → Italien), in St. Gallen die Hochschule für Wirtschafts- und Sozialwissenschaften von Förderer, Otto und Zwimpfer. Der B. war also in den 50er Jahren eine weltweite Bewegung, die auch noch später Architekten von Rang, wie → Rudolph (Kunst- und Architekturabteilung der Yale University, 1961-63), → Tange und → Stirling beeinflußte.

W. R.

Lit.: Banham '66; Brutalismus '66; Pehnt '83; Klotz '84.

Bryggmann, Erik (geb. 1891) → Finnland.

Bühnenarchitektur. Das Swan-Theater, London.

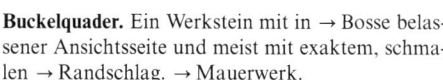

Buckelquader. Ein Werkstein mit in → Bosse belassener Ansichtsseite und meist mit exaktem, schmalen → Randschlag. → Mauerwerk.

Buckelstein → Haustein.

Buddhistische Architektur → Indien, Sri Lanka, Pakistan; → Südostasiatische Baukunst; → Tibet; → Nepal; → Ladakh; → China; → Japan.

Bühne. 1. Die Spielebene im → Theaterbau.
2. Volkstümliche Bezeichnung (süddt.) für den Dachboden eines Hauses.

Brutalismus. Hayward Gallery, London, vom Architektenteam des Greater London Council, voll. 1968.

Bühnenarchitektur. Schon das griech. Theater (→ Theaterbau) kannte die B. in Form der ›skene‹, ein provisorisch errichteter hölzerner Bau für die Schauspieler und zum Aufbewahren der Requisiten, den Zuschauern gegenüber eine Wand mit drei Türen als Abschluß der Bühne, je nach Stück wahrscheinlich mit gemalter Leinwand, die vermutlich schon bei Sophokles (496-406 v. Chr.) gemalte Illusionsarchitektur (→ Architekturbild) zeigte, ähnlich den Wandmalereien von Pompeji und Boscoreale. Im römischen Theater war die Bühne Teil der Gesamtarchitektur, eine Wand mit Türen wie z. B. im Theater des Marcellus in Rom (13 v. Chr.), in Aspendos (2. Jh.) oder Sabratha (200 n. Chr.).
Das Theater des Abendlandes spielte zunächst in der Vierung romanischer Kirchen (Osterspiel, Dreikönigsspiel), nach dem 12. Jh. auf den Stufen der Eingangsfront, wobei die Kirchenfassade als B.

Bühnenarchitektur. Scena einer Komödie von → Serlio, 1545.

›scaenae frons‹ von → Scamozzi im Teatro Olimpico, Vicenza, von → Palladio entworfen 1580, von Scamozzi voll. 1583.

diente (wie heute noch bei den Aufführungen des ›Jedermann‹ in Salzburg); dann auf den Marktplätzen mit gekennzeichneten Einzelbauten, die auch auf Wägen montiert sein konnten wie in Spanien und England oder nebeneinander auf einem Bühnengerüst wie in Frankreich, wie sie die Bühne von

Entwurf zu einem Bühnenbild von Giovanni Maria Galli da → Bibiena.

Valenciennes (1547) zeigt (im Spätmittelalter wurde die Aufführung der Passionsspiele vor die Tore der Stadt verlegt).

In der → Renaissance knüpfte man wieder an die Antike mit ihrem Spiel vor einer Rückwand an, die Schauspieler agierten auf einer flachen Bühne vor einer gemalten Architektur, die mehrere Auftrittsmöglichkeiten bot, wie bei → Serlio, oder auf Bühnen inmitten eines Rundtheaters, wie in England zur Zeit Shakespeares. Der → Manierismus schuf dann eine in die Tiefe führende, divergierende B.,

Bühnenbild zu ›Die Jungfrau von Orléans‹, von → Schinkel, 1817.

wie die ›frons scaenae‹ von → Scamozzi im Teatro Olimpico von Vicenza, das → Palladio entworfen hatte (→ Theaterbau), oder bei den ›intermezzi‹ von → Buontalenti in Florenz. Im → Barock wurde B. zu einer großräumigen Phantasiearchitektur, zuerst zentralperspektivisch wie bei Giacomo Torelli (1608-78) und seinen Nachfolgern, dann als Ausschnitt einer Architektur der Diagonalachsen, wie sie Ferdinando Galli da → Bibiena (1657-1743) erfunden hatte, von Palästen und Kerkern, wie z. B.

Bühnenbild zu ›Il Bellerofonte‹, von Torelli, 1642.

bei → Juvarra (→ Architekturphantasie), der Familie Galli da Bibiena u. a. In dem 1764-66 erbauten Hoftheater von Drottningholm (→ Skandinavien) sind die Kulissen noch ganz erhalten.

Im → Klassizismus und der Romantik sind die Kulissen vom neuen Geschichtsbewußtsein und vom → Historismus geprägt wie das Bühnenbild zu Schillers ›Jungfrau von Orleans‹ von → Schinkel. Ende des 19.Jhs. und zu Anfang des 20.Jhs. versuchten Adolphe Appia (1862-1928) und Edward Gordon Craig (1872-1919) eine neue symbolische

Bühnenbild zu ›Orpheus und Euridike‹, von Adolphe Appia.

Bühnenkonstruktion zu Shakespeares ›Hamlet‹, von Norman Bel-Geddes, 1931.

B. zu schaffen, die das Licht als dramatisches Mittel einbezieht, wie später der Amerikaner Norman Bel-Geddes (geb. 1893). Im Theater der 20er Jahre bei Leopold Jessner im Preußischen Staatstheater Berlin wird die Treppe als symbolische B. benützt (Shakespeare ›Richard III‹), im Theater Meyerholds in Moskau kommt es zu einer konstruktivistischen B. mit Spielgerüsten und schwebenden Plattformen, auch gelegentlich zu expressionistischer B. bei Freilichtaufführungen, wie in Leningrad die B. von Annenkow bei der Inszenierung der ›Erstürmung des Winterpalais‹, 1920. In den 30er Jahren werden in Deutschland nach alten Vorbildern Freilichttheater, so in Heidelberg oder auf dem Reichssportfeld,

Rekonstruktion des Bühnenbildes zu Chestertons ›Der Mann, der Donnerstag war‹, von → Wesnin, 1923.

Berlin, errichtet, in Italien und Griechenland werden die noch erhaltenen antiken Theater Schauplatz neuer Aufführungen, nach dem Zweiten Weltkrieg ehemalige Fabrikhallen oder zu Raumbühnen umfunktionierte Baulichkeiten mit Raumabfolgen wie bei einzelnen Inszenierungen von Peter Stein in Berlin.

In China und Japan ist in der Regel die B. vom Theaterbau nicht zu trennen, in Indien und Südostasien dienen vielfach auch heute noch die Tempel als B.   W. R.

Lit.: Kindermann '57ff.

Bühnenarchitektur. Bühnenbild zu ›Hoffmanns Erzählungen‹, von Laszlo Moholy-Nagy, 1929.

Bukranion, das (gr.: Rinderschädel). Das auf das Stieropfer anspielende Dekorationsmotiv des Stierschädels an → Altären, Gräbern und → Metopen in der hellenist. und röm. Kunst. Verbunden durch Girlanden bildet es den Bukranionfries (→ Fries), der in der → Renaissance wieder aufgegriffen wurde.

Lit.: Napp '30.

Bulfinch, Charles (1763-1844). Amerik. Architekt aus wohlhabender, kultivierter Bostoner Familie, promovierte in Harvard und machte auf Empfehlung → Jeffersons 1785 eine Studienreise nach Europa. Seine Hauptwerke sind das Beacon Monument in Boston (1789) in Form einer 18 m hohen dor. Säule; das State House in Hertford, Conn.

Bukranion.

Schloß in Ecouen, von → Bullant, 1530-51.

Bühnenarchitektur. Nô-Bühne im alten Japan.

(1792), das State House (1793-1800) und Court House (1810) in Boston. Es waren wohl die würdigsten öffentl. Gebäude jener Zeit in Amerika. In Boston wurde außerdem unter B.s Leitung ein ausgedehntes Straßennetz geplant und nach Londoner Muster Häuserreihen mit einheitlicher Fassade gebaut. Seine Bostoner Sakralbauten (Holy Cross, 1805; New South Church, 1814) wurden durch → Wren, seine Profanbauten durch → Chambers und → Adam beeinflußt. 1817-30 war er mit Arbeiten für das Kapitol in Washington betraut.

Lit.: Place '25-27; Hamlin '26; Whitehall '63; Kirker '69.

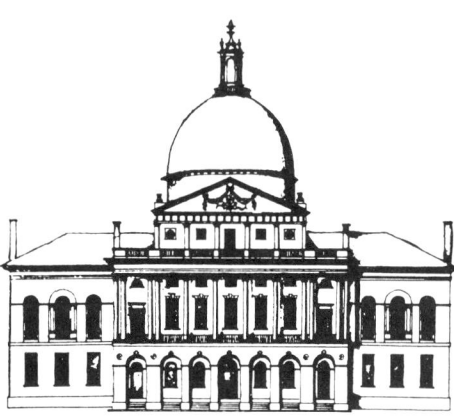

State House, Boston, von → Bulfinch, 1793-1800.

Bulgarien. Früh unter den Einfluß von Byzanz geraten, blieb B. bei seinen Sakralbauten auch in der Zeit der türk. Herrschaft (1396-1878) weiter unter dem Einfluß der → byzant. Architektur. Einiges von den Resten der röm., byzant. und islam. Architektur wurde inzwischen restauriert oder, wie das Rila-Kloster (9.Jh./19.Jh.), nach alten Vorbildern neu erbaut. In jüngster Zeit gelangte die Sportarchitektur (S. Georgeva, Tennishalle in Sofia, 1980) zu eigenständigen Lösungen; auch erhielten bulgar. Architekten Aufträge im Ausland, vor allem in islam. Ländern.

Bullant, Jean (ca. 1510/15-78). Frz. Architekt und Theoretiker, arbeitete anfangs in einem klass. Stil in Anlehnung an → Delorme und die Antike (er hatte Rom ca. 1535-37 besucht), eignete sich dann aber schnell die komplexere Formensprache des → Manierismus an und zeigte in seinem Spätwerk für Katharina de'Medici eine Phantasie, die sich mit der seines Rivalen → Du Cerceau vergleichen läßt. Viele seiner Werke wurden zerstört. Eine seiner

frühen Arbeiten, neben dem Schloß Fère-en-Tarde-
nois (ca. 1537-40) der Ausbau des Schlosses in
Ecouen, zeigt die ihm eigene Sorgfalt in den klass.
Details und sein ebenso typisches Mißverstehen ihres Sinnes, wie z. B. die im höchsten Maße unklass.
Anwendung kolossaler Säulenordnungen (→ Kolossalordnung) → Manier. Züge von überzeugender
Wirkung finden sich in seiner → Galerie, die auf
einem → Viadukt errichtet ist (in Fère-en-Tarde-
nois, 1552-62) und im Petit Château von Chantilly
(um 1560). Von seinen für Katharina de'Medici ausgeführten Arbeiten haben nur die Anbauten von
Chenonceaux überlebt (1560) – der Westflügel des
Vorhofs und die Grande Galerie auf der Brücke
(um 1576). Heinrich II. betraute B. 1571-74 mit den
Bauten von Fontainebleau und Chambord, 1574-
78 mit der Kapelle Vincennes, 1572-78 mit der Weiterführung der Grabkapelle der Valois, gen. Nôtre-
Dame-la-Ponele in Saint-Denis.
B. verfaßte die Schriften ›Rèigle générale d'Architecture‹ (1563) und ›Petit Traicté de Géométrie‹
(1564).

Lit.: Bullant 1563; Hautecœur II; Blunt '53.

Hôtel d'Evreux, Paris, von → Bullet, 1707.

Bullet, Pierre (1639-1716). Schüler von F.
→ Blondel d.Ä., arbeitete anfangs in der klass.-
akademischen Tradition und entfaltete erst gegen
Ende seiner Laufbahn in den Hôtels de Crozat und
d'Evreux (heute Hôtel Riz) an der Place Vendôme
in Paris (1699-1707) einen persönlichen Stil. Die
auf unregelmäßigen Eckplätzen errichteten Bauten
lassen in Form und Anordnung der Räume bereits
die Zwanglosigkeit und Phantasie des beginnenden
→ Rokoko ahnen. Von seinen zahlreichen Adelspa-
lästen seien noch das Hôtel Jabach (1669), Hôtel
Pelletier de Saint Fargeau (1686), beide in Paris,
sowie das Schloß Issy (1698, 1870 zerst.) genannt.
Als Theoretiker verfaßte B. die Schriften: ›Traité sur
l'usage du pantomètre‹ (1675) und ›L'Architecture
practique‹ (1691), beide in Paris erschienen.

Lit.: Bullet 1691; Blunt '53.

Bündelpfeiler. In der Spätromanik (→ Romanik)
und → Gotik ein → Pfeiler, der rundum von verschieden starken Dreiviertelsäulen, den alten und
jungen → Diensten, umgeben ist. Diese Reihung
kann in der Hochgotik so dicht werden, daß der
eigentliche Pfeilerkern kaum mehr zu erkennen ist.

Bungalow. Einstöckiges Haus. Der Name entstand
aus einem verballhornten ind. Wort und diente
urspr. als Bezeichnung für die leichten Wohnbauten
mit Veranden der brit. Verwaltungsbeamten in
Asien. Heute weit verbreitete Hausform.

Lit.: Pott '77; King '84; Lancaster '85.

*Ca'd'Oro, Venedig, von den Brüdern → Buon und
M. Raverti, 1427-34.*

Bunning, James Bunstone (1802-63) → Labrouste;
→ Großbritannien; → Präfabrikation.

Bunshaft, Gordon (geb. 1909) → Skidmore,
Owings & Merrill.

Buon (Bon, Bono, Buono), Giovanni di Bertuccio
(ca. 1382-1442) und *Bartolomeo di Giovanni Buon*
(gest. 1464). Vater und Sohn, die führenden Bildhauer und Baumeister des frühen 15. Jhs. in Venedig. Von ihnen ist bekannt, daß sie u.a. an der
Kirche Madonna dell'Orto (1392), an der Ca'd'Oro
(1427-34), am Palazzo Barbero a S. Stefano und
an der Kirche und Scuola Grande von S. Maria di
Misericordia gearbeitet haben. Ab ca. 1426 wurden
sie zu großen Umbaumaßnahmen am Dogenpalast
herangezogen, so an der Porta della Carta (1438 bis
42). Bartolomeo war vermutlich allein mit Pantale-
one am Bau des Arco Foscari beteiligt; wahrscheinlich haben sie sowohl die Pläne als auch die Bildhau-
erarbeiten ausgeführt.

Lit.: Paoletti 1893; Gallo '62; White '66; McAndrew '80.

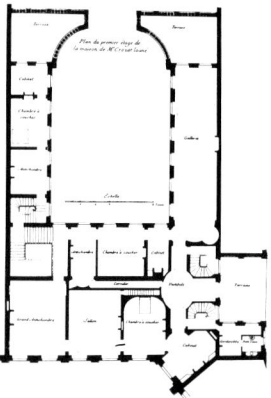

Hôtel d'Evreux, Paris.

Bündelpfeiler. Kapitelsaal, Casamari, 12. Jh.

Villa di Artimino, Signa, von → Buontalenti, 1594.

Porta delle Suppliche in den Uffizien, Florenz, von → Buontalenti, ca. 1580.

Burg Karlstein, Böhmen, 1348-65/70.

Buontalenti, Bernardo (ca. 1536-1608). Florent. Architekt, Maler und Bildhauer des → Manierismus, hatte auch die künstlerische Leitung über Maskenspiele, Feuerwerke (daher sein Spitzname ›della Girandole‹) und andere Lustbarkeiten am großherzoglich-toskan. Hof. Sein Stil ist verfeinerter und eleganter als der seines Zeitgenossen → Ammanati, es sei z. B. auf die phantastischen ›trompe-l'œil‹-Stufen zum Chor in S. Stefano (1574-76), die höchst originell gestaltete ›Porta delle Suppliche‹ in den Uffizien (ca. 1580) und die Grotten in den Boboli-Gärten (1583-88), alle in Florenz, verwiesen. In seinen größeren Werken mußte er freilich seine Phantasie und seine übertriebene Formensprache zügeln; hierher gehören vor allem die Villa di Artimino in Signa (1594), die Villa della Magia in Tizzana bei Pistoia, die Galleria und Tribuna der Uffizien (ca. 1580), die Fassade von S. Trinità (1593-94) und die Fortezza del Belvedere (1590-95) in Florenz, ferner die Logge dei Banchi in Pisa (beg. 1605). B. machte auch einen bizarren Entwurf für die Fassade des Doms von Florenz (1587) und führte zahlreiche Ingenieurarbeiten für den Großherzog aus, so am Hafen von Livorno und am Kanal Livorno–Pisa.

Lit.: Venturi XI; Silvani '32; Berti '50, '67; Morini '57; Nudi '59; Gori-Montanelli '61; Heikamp '65; Tafuri '66; Botto '68; Buontalenti '90; Fara '90.

Burg. Eine in erster Linie zur Verteidigung eingerichtete und in geschichtlicher Zeit ständig bewohnte Wehranlage, die zu diesem Zweck entweder auf einem schwer zugänglichen Berggipfel mit guter Rundsicht (Höhenb.) oder in der Ebene (Niederb.) lag, oft von Wasser umgeben (Wasserb.). Die B. als Ganzes gehört nicht in den Bereich höherer Architektur, wohl aber einzelne Teile von ihr. Umgeben ist die B. von einem Graben (Halsgraben), der mit Wasser gefüllt sein kann, und einer starken Ringmauer (Bering, Mantelmauer, Zingel); eine an besonders gefährdeter Stelle hochgeführte verstärkte Mauer ist eine Schildmauer. Der Mauerzug kann vor allem im Bereich der Tore durch Türme zusätzlich gesichert, die B. durch mehrere Mauerzüge mit dazwischenliegendem → Zwinger zusätzlich geschützt sein. Für Verteidigungszwecke haben die Mauern innen einen → Wehrgang, der nach außen in Form von → Zinnen in Erscheinung tritt und auch mit → Maschikulis vorkragen kann; ferner an dazu geeigneten Stellen → Schießscharten. Das Burgtor war durch → Zugbrücke und → Fallgatter geschützt. – Die Bauten im Inneren der B. lehnten sich alle an die Ringmauer an, nur der noch einmal verteidigungsfähige → Bergfried (Belfried, Keep) konnte frei im Hof stehen. In frz. B.en war der Bergfried, dort → Donjon genannt, so groß, daß er auch die Wohnräume enthielt; in England gibt es

diesen Typ vereinzelt unter der Bezeichnung ›hallkeep‹ (z. B. der Tower in London). Das Übliche war aber, daß der Bergfried als stark ummauerter Wehrturm nur die nötigsten Räume für eine letzte Zuflucht barg und die Wohnräume im → Palas lagen. Dieser war aus sorgfältig behauenen Steinen gebaut, hatte mehrere Geschosse und meistens auch reich umrahmte und unterteilte Fenster in der Ringmauer, womit er neben der B.kapelle der einzige Bauteil mit reicherem künstlerischem Schmuck war. In diesem Bau lag im ersten Geschoß der Rittersaal (der nur manchmal beheizbar war) und auf gleicher Ebene oder darüber die heizbaren Räume wie die → Kemenate (als eigener Bau im späten MA. → Dürnitz). Ferner gab es, meist in Verbindung mit dem Palas, die B.kapelle, die oft als

Stufen zum Chor in S. Stefano, Florenz, von → Buontalenti, 1574-76.

→ Doppelkapelle angelegt war. Die Nutzbauten für Gesinde, Wirtschaft und Vieh waren Fachwerkhäuser, angelehnt an die geschlossene Ringmauer. Wichtig für jede Höhenb. war der Brunnen, der oft bis zu 70 m tief gebohrt werden mußte. – Eine Sonderform bildeten die B.en des Dt. Ordens im Gebiet der Weichselmündung bis zum Kurischen Haff (→ Ordensburg). Diese nach röm. Vorbild entwickelte Form der regelmäßigen B.anlage mit Ecktürmen und einem Torhaus in der Mitte einer Seite findet sich seit dem 13. Jh. auch in Italien und Frankreich und später unter Eduard I. in England. Das Ende der B.en kam mit der Ausbreitung schwerer Feuerwaffen, die andere Formen der Verteidigung notwendig machten, was zur → Festung führte. – Der Bau von B.en war von großer Bedeutung für die europ. Siedlungsgeschichte, da ihnen die Aufgabe der Grenz-, Gebiets- und Geleitsicherung (entlang den Handelsstraßen) zufiel. Im Schutz von B.en bildeten sich gern Städte, die ihrerseits auch wieder befestigt wurden.

Lit.: Ebhardt '09-27; Schultze, P. N. '10; D'Auvergne '11; Saint-Saveur '26-30; Hautecœur '27; Deschamps '34; Rados '39; Leask '41; Sarthou Carreres '43; Braun, H. '48; Brown, R. R. '54; Nebbia '55; Toulae '58; Tillmann '58-61; Cruden '60; Sitwell '61; Gobelin '62; Hotz '65; Perogalli-Ichino-Bazzi '79.

Bürgerbauten. Außer den Wohnhäusern der Stadtbürger (Bürgerhaus), wurden besonders alle öffentl., den Gemeinschaftsinteressen einer Stadtbevölkerung dienenden Gebäude als Bürgerbauten bezeichnet, so das → Rathaus, → Zeughaus, Gewandhaus, Hospital, die Festhäuser (Ball-, Hochzeitshaus) usw.

Lit.: Junghanns '56.

Burgee, John → Johnson, Philip.

Burges, William (1827-81). Engl. Architekt, arbeitete nach Abschluß seiner Ingenieurausbildung in den Büros von Blore und M.D. → Wyatt, reiste in Frankreich, Deutschland und Italien. Er studierte und verwandte in gleicher Weise frz. wie engl. Formen der → Gotik. 1856 gewann er mit Henry Clutton (1819-93) den Wettbewerb für die Kathedrale von Lille, doch wurde der Auftrag nicht an sie vergeben. 1859 baute er den Ostabschluß von Waltham Abbey, wo sich zum erstenmal die ungewöhnliche Massivität und Schwerfälligkeit seiner Details zeigte. Er liebte überreiche Bauplastik und zeigte weniger Interesse an Sakralbauten als die anderen führenden Architekten des → Gothic Revival. Seine Hauptwerke sind die Kathedrale von Cork (1862-76), in reiner Nachahmung frz. Hochgotik; der große Erweiterungsbau für Cardiff Castle (1865); die Neugestaltung von Castle Coch bei Cardiff (ca. 1875); die → Aula von Harrow School (1872) und sein eigenes Haus in der Melbury Road in Kensington, London (1875-80). Auch das Hertford College, Connecticut, wurde nach seinen Plänen erbaut (1873-80).
Lit.: Pullen 1883-87; Hitchcock '58; Girouard '71; Crook '81.

Burghausen, Hans von → Stethaimer.

Bürklein, Friedrich (1813-72). Schüler → Gärtners, Erbauer der Münchener Maximiliansstraße (1852-75) sowie des ersten Münchner Bahnhofes (1847-49; → Bahnhofsarchitektur).

Burle-Marx, Roberto (geb. 1909) → Brasilien.

Assembly Rooms, York, von → Burlington, 1731-32.

Burlington, Richard Boyle, dritter Earl of (1694-1753). Förderer und Hauptverfechter des engl. → Palladianismus, dabei selbst begabter Architekt. 1714-15 war er zum erstenmal in Italien, doch wandte er sich erst nach seiner Rückkehr in London → Palladio zu, und zwar gleichzeitig mit der Veröffentlichung von → Campbells ›Vitruvius Britannicus‹ und → Leonis Edition von Palladios ›Four Books of Architecture‹. Lord B. ersetzte den bisherigen Architekten für Burlington House, → Gibbs, sofort durch Campbell und reiste noch einmal nach Italien, um Palladios Bauten an Ort und Stelle zu studieren. 1719 kehrte er mit seinem Schützling → Kent nach England zurück und beherrschte fortan dreißig Jahre die engl. Architektur. Die brit. Vorliebe für Palladio ist vor allem seinem Einfluß zu verdanken. Er subventionierte Kents ›Designs of Inigo Jones‹ (1727) und veröffentlichte 1730 Palladios Zeichnungen der röm. Thermen. Es besteht jedoch ein bedeutender Unterschied zwischen seiner eigenen Auffassung von Palladio und der seiner

Chiswick House, London, von → Burlington, beg. ca. 1720.

Nachfolger. Für ihn bedeutet der Palladianismus die Rückkehr zur Architektur der Antike, wie sie von Palladio erklärt und erläutert worden war, er vermied aber die nicht-klass. und manier. Züge im Stil Palladios, während seine Nachfolger sie blindlings übernahmen. Kühl, intellektuell und aristokratisch, wurde Lord B. von Pope als ›positiver‹ Mensch bezeichnet, und Kraft wie Schwäche des Palladianismus haben ihren Ursprung in B.s Puritanismus, seinem Streben nach der absolut reinen klass. Form, seinen ›rechten und edlen‹ Regeln, die nach Pope »das halbe Land mit imitierenden Narren füllen werden«. Sein Charakter prägte auch seine Bauwerke, die zunehmend trockener und pedantischer wurden; sie verraten den Formalisten. Sein Œuvre scheint sich auf mehr als ein Dutzend Bauwerke zu belaufen, zumeist für sich selbst oder seine Freunde errichtet, beginnend 1717 mit dem Bagno, einem Gartenpavillon in Chiswick, wo er dann auch seinen bekanntesten Bau schuf, eine ornamental aufgefaßte Villa, nach Palladios Villa Rotonda. Die einzigen anderen erhaltenen Werke von Bedeutung sind das Dormitorium der Westminster School in London (1722-30, 1947 wiederaufgebaut) und die Assembly Rooms in York (erb. 1731-32, neue Fassade 1828), eine genaue Nachbildung von Palladios → Ägypt. Saal, die auf → Vitruv zurückgeht. Neben seinen eigenen Werken muß Lord B. noch großer Anteil an verschiedenen Bauten Kents zugeschrieben werden. Dies gilt vor allem für Holkam Hall (Abb. → Kent).
Lit.: Burlington 1730; Pevsner '42; Wittkower '45; Kaufmann '55a; Summerson '53; Wittkower '74; Summerson '83; Carré '85.

Burma → Südostasiatische Baukunst.

Burn, William (1789-1870) → Shaw.

Burnacini, Lodovico Ottavio (1636-1707) → Österreich.

Burnham, Daniel Hudson (1846-1912). Nordamerik. Architekt aus alteingesessener Familie in Massachusetts. Sein Vater zog nach Chicago, wo der Sohn nach einigen Versuchen in anderen Berufen in einem Architekturbüro arbeitete. Dort lernte er → Root kennen, mit dem er sich zu einer Architektengemeinschaft zusammenschloß. Sie waren ein ideales Team, Root poetisch und vielseitig, B. praktisch und geschäftsgewandt. Burnham und Root haben bedeutenden Anteil an der Entwicklung der Schule von → Chicago. Ihre bekanntesten Bauten sind: das Monadnock Building (1889-91), bei dem noch die Mauern die tragenden Elemente sind, das aber im Entwurf bereits eine strenge Gradlinigkeit zeigt und auf alle Ornamente verzichtet, der Masonic Temple (1891), der damals mit seinen 22 Stockwerken das höchste Bauwerk der Welt war und

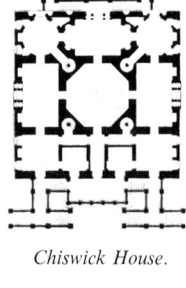

Chiswick House.

Monadnock Building, Chicago, von → Burnham und → Root, 1889-91.

ein Stahlgerüst hat (kurz zuvor von → Holabird & Roche erstmals angewandt), das Flatiron Building (1902), der erste New Yorker Wolkenkratzer (→ Hochhaus) und wiederum der höchste Bau seiner Zeit (ca. 180 m). 1893 wurde B. Chefarchitekt der World's Columbian Exposition in Chicago. Die Bauten dieser Ausstellung wurden von → Hunt, → McKim, → Post, → Sullivan u. a. entworfen, und die wichtigsten waren → neoklassiz. Säulenbauten; dieser Triumph des → Historismus gab der Schule

Reliance Building, Chicago, von → Burnham und → Root, 1890.

von Chicago den Todesstoß. Bes. deutlich wird der Hang zum Historismus am Beispiel der Union Station von Washington (1903-07). Später richtete B. seine Aufmerksamkeit immer mehr auf den → Städtebau; seine Entwürfe für den District of Columbia (1901-02) sind der Beginn einer intensiven Stadtplanung in den USA; ihnen folgten Pläne für Chicago (1906-09) und andere Städte.

Lit.: Moore, Ch. '21; Burnham '33; Condit '64; Hines '74; Zukowsky '87.

Burton, Decimus (1800-81). Engl. Architekt, Sohn von James Burton (1761-1837), einem erfolgreichen Londoner Bauunternehmer. Schon 1823 entwarf B. das Kolosseum im Regent's Park, mit einem dor. → Portikus und einer → Kuppel, welche die der St. Paul's Kathedrale in London an Größe übertraf. Es beherbergte ein Panorama von London. 1825 begann er mit den Verschönerungsbauten für den Hyde Park, unter ihnen Hyde Park Corner Screen. Er baute auch verschiedene Wohnsiedlungen (z. B. in Tunbridge Wells, 1828 ff.), die Stadt Fleetwood (1835 ff.), die großen Palmenhäuser in den Parks von Chatsworth (zusammen mit → Paxton) und Temperate House in Kew (1845-48, zusammen mit R. Turner), viele Villen (mehrere in Regent's Park), den Athenaeum Club in London (1829-30) und eine Anzahl von Landhäusern.

Lit.: Colvin '54; Hitchcock '54, '58; Miller '81; G. R. Williams '84.

Athenaeum Club, London, von → Burton, 1829-30.

Busch, Joachim (tätig 1765-85) → Deutschland.

Buschhüter, Karl → *Nachträge*.

Busung (Adj. busig, gebust). Wenn die → Kappen eines → Gewölbes so ansteigen, daß ihr Schnittpunkt höher als der Scheitelpunkt der → Gurt- und → Schildbögen liegt, nennt man das B.

Butterfield, William (1814-1900). Engl. Architekt des → Gothic Revival. Die eigentümliche Aggressivität seiner miteinander disharmonierenden Formen und Farben (Sandstein und bunte, streifenförmig oder in geom. Mustern angeordnete Backsteine) wurde sogar von den Puristen der Cambridge Camden Bewegung toleriert. Seine erste Kirche (mit Pfarrhaus) von Bedeutung war Coalpit Heath (1844). Es folgte St. Augustine's College in Canterbury, ruhiger als seine übrigen Bauten. Den Durchbruch seines persönlichen Stils und seine Anerkennung brachte All Saints, in Margaret Street, London (1849-59), eine kühne Gruppierung von Kirche und Nebengebäuden um die drei Seiten eines kleinen Hofes, alles Backsteinbauten, der feine Kirchturm im Stil norddt. → Backsteingotik ist asym. angeordnet.

1850-52 folgte St. Matthias, Stoke Newington in London in gelbem Backstein; 1863 St. Alban's, Holborn in London; 1867-75 Keble College, Oxford; 1870-86 die Gebäude für Rugby School. Er baute, abgesehen von den College-Gebäuden und Schulen, fast nur Kirchen. Eine Ausnahme bildet der robuste Zweckbau des Landeskrankenhauses in Winchester (1863). Auch seine frühen Einfamilienhäuser (ca. 1848-50) sind auffallend frei von jedem → Historismus. Sie waren das Vorbild für → Webbs ›Red House‹.

Lit.: Summerson '45; Hitchcock '54, '58; Thompson, P. '71.

Butzenscheibe. Eine kleine Scheibe aus meist grünlichem Glas mit einer Verdickung in der Mitte (Butzen); mit → Bleiruten wurden solche Scheiben im 15. und 16. Jh. zu Fensterverglasungen zusammengesetzt; sie wurden im 19. Jahrhundert wieder nachgeahmt und werden auch heute noch ›antik‹ geliefert.

All Saints, Margaret Street, London, von → Butterfield, 1849-59.

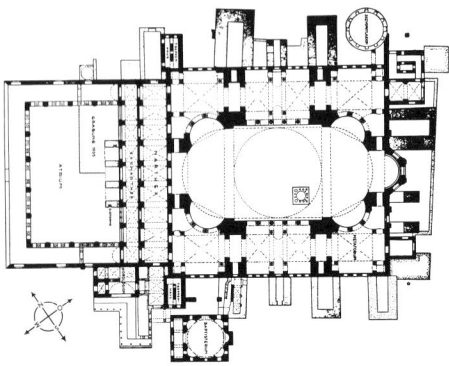

Hagia Sophia, Konstantinopel.

Byzantinische Baukunst. Das Byzant. (oström.) Reich, entstanden durch die röm. Reichsteilung 395, erlebt seine größte Ausdehnung unter Justinian I. (527-65), der Nordafrika, Italien und Teile Spaniens erobert. Im 7. Jh. gehen Syrien, Palästina, Ägypten und Nordafrika an den Islam verloren. Der Bilderstreit (726-80 und 813-42) unterbricht die künstler. Entwicklung teilweise, nicht die architektonische. Erneute Expansion seit dem 8. Jh. (in arabische und, auf dem Balkan, in slavische und bulgarische Gebiete) führt zu neuem Höhepunkt unter Basileios II. (976-1025), danach rascher Verfall, der erst mit dem Machtantritt der komnenischen Dynastie (1081) aufgehalten wird. Überforderung der eigenen Möglichkeiten, innere Auseinandersetzungen und die Verquickung mit der Kreuzzugs-Politik des Abendlandes führen 1204 zur Zerschlagung des Reiches im 4. Kreuzzug (Gründung des Lat. Kaiserreichs in Konstantinopel und fränkischer Lehnsstaaten in Griechenland). 1261 vom Restreich Nikaia aus restituiert, wird Byzanz unter Michael VIII. noch einmal Großmacht, sinkt dann aber rasch zur Bedeutungslosigkeit herab, schrumpft durch serbische und bulgarische sowie türk. Eroberungen immer weiter zusammen, wird türk. Vasallenstaat und endet 1453 mit der Einnahme Konstantinopels durch die Türken.

Hagia Sophia, Konstantinopel.

Die byzant. Baukunst wächst geradlinig aus der → frühchristl. Baukunst im Osten des Röm. Reiches. Die zeitliche Abgrenzung beider ist schwierig und immer willkürlich. Gewohnheitsmäßig wird die Zeit Justinians I. (527-565) als letzte Kulmination der frühchristl. und zugleich als Wurzelboden der byzant. B. angesehen. Die Architektur erlebt in dieser Zeit unter starker kaiserl. Förderung (vgl. Prokop v. Kaisereia ›De aedificis‹) eine erstaunliche Blüte, die kaiserl. Stiftungen reichen von Stadtmauern und umfangreichen Verwaltungsbauten bis zu einer Unzahl Klöstern und Kirchen. Spätere byzant. Kaiser sind diesem Vorbild so weit als möglich gefolgt.

Wichtige Bauten Justinians sind: **1.** In Konstantinopel ab 526 H. Sergios u. Bakchos (unregelmäßiges, dem Quadrat genähertes Viereck mit inneren Ecknischen, eingestelltem → Pfeiler-Achteck, das die Schirmkuppel (Abb. → Kuppel) trägt, Verbindung der Pfeiler parallel zu den Wänden durch → Arkaden, in den Diagonalen → Exedren auf Arkaden, → Emporen, ausgeschiedenes → Sanctuarium mit halbrunder, außen polygonaler → Apsis, etwas schmalerer → Narthex); **2.** ebd. ab 532 H. Eirene, eine später mehrfach umgebaute Kuppelbasilika (→ Basilika) mit Emporen; **3.** ebd. ab 532 H. Sophia, von vier Pfeilern getragene Kompartimentkuppel, nach 557 verändert erneuert, im O und W von je einer Halbkuppel abgefangen, an die sich je zwei kleinere Halbkuppeln diagonal anschieben, um den Schub in der Längsrichtung abzuleiten; im O angefügt ein Sanctuarium mit eingezogener Apsis, außen polygonal, im Westen ein zweigeschossiger Narthex vorgelegt; den Seitenschub tragen die breiten Pfeiler, die zwischen und neben die kreuzgewölbten Räume in zwei Geschossen eingespannt und durch Durchgänge in den Pfeilern verbunden sind, die Seitenschiffe mit Emporen bilden; vor dem Narthex ein →Atrium; einmaliger Sondertyp der Kuppelbasilika; die H. Sophia war der größte Kirchenbau der christlichen Antike und des MA.s; sie ist in byzant. Zeit nie nachgebaut worden, erst türk. Architekten, vor allem → Sinan, haben zahlreiche Variationen ihres Typus geschaffen; **4.** ebd. die Apostelkirche, 536-46, zerst. (kreuzförmiger Bau mit fünf Kuppeln, wohl für S. Marco, Venedig, zum Vorbild gewählt); **5.** Johannes-Kirche in Ephesos (kreuzförmiger Bau mit längerem Westarm und Atrium, vier Kuppeln über dem Längsbau, die beiden westlichen queroval, zwei über den Kreuzarmen, Emporen); **6.** Kirche des Katharinen-Klosters auf dem Sinai (dreischiffige Arkaden-Basilika mit großen → Pastophorien, Längsseiten von Kapellen begleitet, Narthex). Baumeister sind nur für die H. Sophia bekannt: → Anthemios von Tralleis und → Isidoros von Milet; die Wiederherstellung der Kuppel nach 557 leitete Isidoros d. J.

Bezeichnend für die justinianische Periode ist die Art ihrer Architekturplastik: scharf und hart geschnittenes, flaches, vegetabiles Ornament mit tiefen Schatten und spitzenartiger Wirkung schmückt →Architrave u. ä., die → Kapitelle zeigen eine ähnliche Ornamentik, die weitgehend vom dunkel bemalten Kern des Kapitells gelöst ist und sich als eine diaphane Schicht mit starkem Tiefendunkel von ihm abhebt; Kapitelle dieser Art wurden ins Reich als Fertigprodukte exportiert (z. B. nach Ravenna, Nordafrika usw.). Vorherrschende Bautypen

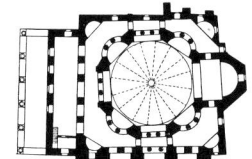

Hagioi Sergios und Bakchos, Konstantinopel, 526-37 (1).

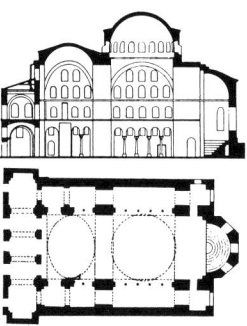

Hagia Eirene, Konstantinopel, 532 (2).

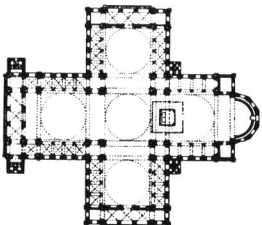

Apostelkirche, Konstantinopel 536-46 (4).

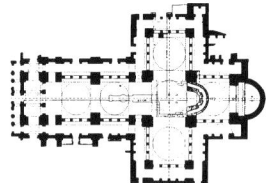

Hagios Johannes, Ephesos, Mitte 6. Jh. (5).

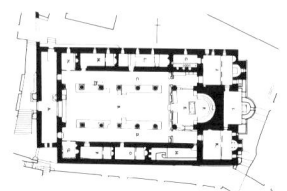

Klosterkirche der hl. Katharina auf dem Berg Sinai, 561-65 (6).

Hagia Sophia, Konstantinopel,
von → Anthemios von Tralleis und
Isidoros von Milet, 532-37.

seit justinianischer Zeit sind: die Basilika, die später etwas zurücktritt, die Kuppelbasilika, die → Kreuzkuppelkirche, der Achtstützenbau, der kubische Raum mit → Kuppel, Trikonchos (→ Dreikonchenanlage) und Tetrakonchos (vier punktsym. angeordnete Konchen), Kuppelsaal und die Kombination von Basilika und Kreuzkuppelkirche (sog. Mistra-Typus).

Die Basilika tritt in verschiedenen Formen auf. Dreischiffige, holzgedeckte Basiliken finden sich z. B. in Resafa (Sergiupolis, Mesopotamien; Basilika A, vor 520: → Stützenwechsel, → Lisenen vor den Pfeilern, übergreifende Bögen), Caricin Grad (Justiniana Prima, Kathedrale, Mitte 6. Jh.), Grado (S. Eufemia, 571/86; S. Maria, etwa gleichzeitig umgebaut: beide mit Lisenen innen im Obergaden

Basilika Euphrasiana, Parenzo (heute Poreć, Jugoslawien), um 540.

über jeder 2. Säule = Vorstufe der Jochbildung), Poreć (Parenzo, um 540), Belovo (Ende 6.Jh.: Pfeiler als Stützen), Sybritos (Kreta, nach 674), H. Achilleios (Prespa-See, 9., 10. oder 11.Jh.: Pfeiler als Stützen), Verria (Alte Metropolis, 11./12.Jh.), Arta (H. Theodora, Mitte 13.Jh.), Mistra (Metropolis, Bauzustand von 1291), Medzena (Achaia, 13./14.Jh.: → Stützenwechsel). Seltener ist die Basilika mit Emporen, z.B. in Mesembria (Nessebar, alte Metropolis, 6.Jh.: Pfeiler als Stützen in beiden Geschossen), Aboba (Pliska, Residenz der bulgarischen Zaren, nach 864: Stützenwechsel) und Serres (Metropolis, 11./12.Jh.). Querhäuser kommen nur in frühbyzant. Zeit vor, z.B. in Nikopolis (Basilika A, 6.Jh.: ausgeschiedene → Vierung, Narthex, Atrium), Tropaeum (Rumänien, 6.Jh.) und Thessaloniki (H. Demetrios, Wiederaufbau 629/34 mit geringer Änderung des Planes des 5.Jhs.: Stützenwechsel, Emporen). Häufiger ist die Einwölbung der Schiffe mit Tonnen → Gewölbe III, 1), erstmals in Binbirkilisse (Lykaonien) bei allen Basiliken (seit dem 6.Jh.) nachweisbar (Basilika 1 mit Doppelturmfassade, im 7.Jh. Einbau von Pfeilern zur Entlastung, wodurch übergreifende Bögen entstehen;

Basilika 32 mit ausgeschiedener Vierung, Emporen und Türmen seitlich der Vorhalle); H. Anna in Trapezunt (884/85), H. Stephanos in Mesembria (Neue Metropolis, 10./11.Jh.), H. Anargyroi (10./11.Jh.), H. Taxiarchoi (11.Jh.) und H. Stephanos (11./12.Jh.) in Kastoria, Koimesis-Kirche in Zaraphona (11./12.Jh.), sowie Koimesis-Kirche in Kalambaka (Stagi, erster Bauzustand, 14.Jh.) seien als Beispiele für die spätere Zeit genannt, dazu Sv. Nikola in Monastir (1095), wo nur das Mittelschiff gewölbt ist. Manche dieser gewölbten Basiliken nähern sich in der Form weitgehend der dreischiffigen Halle mit leicht überhöhtem Mittelschiff (z.B. Koimesis-Kirche in Zaraphona).

Die schon in frühchristl. Zeit aufgekommene Verbindung der Basilika mit der Kuppel setzt sich in byzant. Zeit fort. Es handelt sich dabei stets um Kuppeln auf → Pendentifs, eine Form der Überleitung vom Quadrat der vier Stützen, die zuerst in Gerasa (Jordanien) in den West-Bädern des 2.Jhs. begegnet und im frühen 5.Jh. in einigen Türmen der Landmauern von Konstantinopel verwendet wurde. Sie stammt aus der röm. Profanarchitektur und kann nicht, wie es oft geschieht, als oriental. Element angesehen werden.

Die H. Sophia hat keine Nachfolge gefunden, der Typus der H. Eirene in ihrer ursprünglichen Gestalt setzt erst wieder im 8. oder 9.Jh. ein. Die Kuppelbasiliken der justinianischen oder unmittelbar folgenden Zeit hingegen setzen meist die Kuppel über ein Querhaus: Basilika B in Philippi (kurz vor 540: Emporen, Querhaus fluchtet nicht über die Außenmauern der Seitenschiffe), Sofienkirche in Sofia (spätes 6.Jh.: Emporen, Querhaus greift über Breite des Langhauses aus), wahrscheinlich auch Basilika 32 in Binbirkilisse (s.o.). Komplizierter war die Lösung bei der Hekatompylai auf Paros (nach 550): in die querrechteckige Vierung einer Querhausbasilika mit umlaufenden Seitenschiffen sind an den

Hagia Sophia, Konstantinopel. Arkatur.

Basilika Hagios Demetrios, Thessaloniki, 6.Jh.

Kreuzkuppelkirche. Nea, Konstantinopel, 9. Jh. Aus den Homilien des Kokkinhoha, 12. Jh.

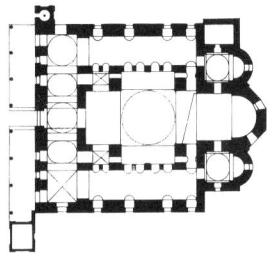

Kuppelbasilika. Hagia Sophia, Thessaloniki, 8. Jh.

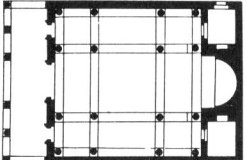

Prätorium, Musmiyeh, Syrien, wahrscheinlich 2. Jh. (römisch).

Ecken T-förmige Pfeiler gesetzt, die die ovale Kuppel tragen (Emporen, → Chorquadrat zwischen Vierung und Apsis). Dieser Typus wird in H. Titos in Gortyn (Kreta, spätes 6. oder 7. Jh.) abgewandelt: Seitenschiffe laufen nicht mehr um, Emporen enden am Querschiff, das beiderseits in Apsiden ausläuft, als Chor dient ein Trikonchos. Erst in mittelbyzant. Zeit findet die Kuppel wieder ihren Platz über der Mitte des Mittelschiffes: H. Nikolaos in Myra (8. Jh.? Mittelschiff fast quadratisch), Dere Ahsi (Lykien, Ende 9. Jh.). Im 10. Jh. nimmt die Basilika des hl. Nikon in Sparta altertümliche Formen wieder auf (Kuppel über dem Sanctuarium, Schiffe ungewölbt). Spätere Beispiele der Kuppelbasilika sind die Sv. Sofija in Ohrid (Mitte 11. Jh.; Kuppel zerst.) und die Metropolis in Trapezunt (1204/22). Ein Nachleben erfuhr dieser Typus in den latino-byzant. Kirchen Zyperns. Aus der Kuppelbasilika mit der Kuppel über der Mitte des Mittelschiffs entsteht ein Sondertypus im 8. Jh. dadurch, daß die Tragebögen der Kuppel verbreitert werden und so ein griech. → Kreuz bilden. Sie ruhen auf sehr wuchtigen Pfeilern, und die Arkaden, die das Mittelschiff von den Seitenschiffen trennen, werden an die Außenkanten der Pfeiler gerückt, so daß der kreuzförmige Kuppelraum im Mittelschiff deutlich in Erscheinung tritt (H. Sophia in Thessaloniki, um 720; Koimesis-Kirche in Nikaia, frühes 8. Jh.; H. Klemens in Ankara, 9. Jh.; Akataleptos-Kirche in Konstantinopel, Mitte 9. Jh.). Einen Sondertyp der Querhausbasilika mit Vierungskuppel stellt die Kirche von Skripu (Boiotien; 873/74) dar: das Querhaus durchschneidet die dreischiffige Kirche (Schiffe miteinander nur durch Türen verbunden: église cloisonnée) fast genau in der Mitte, so daß Mittelschiff und Querschiff ein griech. Kreuz bilden (alle Schiffe tonnengewölbt).

An Häufigkeit und Bedeutung treten alle basilikalen Typen weit hinter jenem Typus zurück, den man als den Normaltyp der mittelbyzant. Zeit bezeich-

nen kann: der Kreuzkuppel-Kirche (église à croix inscrite; Quincunx). Den eigentlichen gottesdienstlichen Raum (→ Naos) bildet ein Quadrat, in das ein Quadrat aus vier Stützen eingestellt ist, die die Pendentivkuppel (mit → Tambour) tragen; von den Außenmauern her schieben sich vier Tonnen, deren Durchmesser dem Abstand der Stützen entspricht, so gegen sie, daß sie mit dem Kuppelquadrat zusammen ein griech. Kreuz bilden; die niedriger gehaltenen Eckräume können verschiedenartig überwölbt sein (Kreuzgewölbe, Flachkuppeln o. ä.); im O schließt sich das dreiteilige Sanctuarium (→ Bema) an, bestehend aus der Apsis (oft mit Chor) und den Nebenräumen (Pastophorien); im Westen liegt ein Narthex davor, der gelegentlich zweigeschossig sein kann (z. B. Theotokos der Kupferschmiede in Thessaloniki, 1028). Im Außenbau werden die verschiedenen Raumteile deutlich sichtbar gemacht durch verschiedene Höhe der Bedachung oder durch Betonung der Raumgrenzen durch Wandvorlagen. Die Kreuzkuppelkirche wandert von Byzanz in alle orthodoxen Länder und wird auch heute noch häufig nachgebaut.

Die Ableitung dieses Typus vom iran. Feuertempel ist sicher falsch, da bei den sehr seltenen Beispielen ähnlichen Grundrisses das Kuppelquadrat von vier Tonnen, parallel zu den Außenmauern, umzogen

Kreuzkuppelkirche. S. Marco, Venedig, 1063-95.

ist, so daß im Raumgefüge kein Kreuz erscheint. Die Vorstufen liegen vielmehr in der röm. Profanarchitektur (z. B. Prätorium von Musmiyeh, Syrien, wohl 2. Jh., wahrscheinlich noch ohne Kuppel über dem mittleren Quadrat; Audienzsaal in Resafa-Sergiupolis in Mesopotamien, um 560, bereits voll ausgebildet), von der bereits im gratianischen Umbau des Trierer Domes für den neuen Osttteil die Grundform übernommen wird. Ältestes kirchliches Beispiel ist die Kirche H. David in Thessaloniki (5. Jh.?; stark verändert).

Dieser Bautypus wurde für die (nur aus Beschreibungen bekannte) neue Palastkirche Basileios I. (867-886) in Konstantinopel (die Nea) verwendet und nahm von da ab einen ungeahnten Aufschwung. Die ältesten erhaltenen Beispiele in Konstantinopel sind die um 930 erbaute Kirche des Myrelaion (Budrum Camii) und die etwa gleichzeitige ältere Kirche des Lips-Klosters. Sie unterscheiden sich durch die Form der Stützen: die Budrum Camii hat Pfeiler, die Lips-Kirche Säulen als Träger von Tambour und Kuppel. Beide Möglichkeiten werden gleicherweise gepflegt: Säulen haben z. B. das Katholikon von H. Meletios (11. Jh.), die Theotokos-Kirche von H. Lukas (um 1040) und das Katholikon von H. Johannes Theologos (am Hymettos, um 1120), Pfeiler die Kaisariani (am Hymettos, spätes 11. Jh.) und die Çankilisse (bei Konya, Türkei, 11. Jh.). Daneben gibt es verkürzte und vereinfachte Formen, z. B. H. Asomatoi (Maina, Peloponnes, um 900: statt Narthex nur kleine Vorhalle, das östliche Pfeilerpaar fällt mit den Trennwänden des dreiteiligen Bemas zusammen) oder H. Strategos in Burlarioi (Peloponnes, 11. Jh.: Ostlösung wie H. Asomatoi, Eckräume nicht mehr quadratisch, sondern längsrechteckig; Tendenz zum Richtungsbau). Der Typus von H. Asomatoi begegnet oft, z. B. in den beiden Residenzen des ersten Bulgarischen Reiches, Pliska und Preslav, in zahlreichen kleinen Kirchen.

Pantanassa-Kirche, Mistra, 1. Hälfte 15. Jh.

Eine ähnliche Tendenz zum Richtungsbau wie H. Strategos in Burlarioi zeigt die im 10. oder 11. Jh. errichtete Kirche Johannes des Täufers in Mesembria (westl. Eckräume längsrechteckig, östl. mit dem Bema verschmolzen, auch längsrechteckig, alle vier tonnengewölbt). Diese Tendenz kommt in spätbyzant. Zeit wieder zum Vorschein: z. B. H. Sophia in Trapezunt (vor 1260: verlängerter Westteil), Peribleptos und H. Sophia in Mistra (um Mitte 14. Jh.: starke Verlängerung des Westteils). Andererseits kann der zentrale Charakter dieses Bautyps unterstrichen werden, indem die Kreuzkuppelkirche an drei Seiten von niedrigeren Raumfolgen umfangen wird, deren Ecken von Kuppeln auf Tambouren betont werden, z. B. H. Aikatherina und H. Apostoloi in Thessaloniki (Ende 13. und Anfang 14. Jh.). Die reichste Ausstattung einer Kreuzkuppelkirche stellt wohl H. Johannes Aleiturgetos in Mesembria dar (14. Jh.): Narthex mit mittlerer Flachkuppel, Flachkuppeln über den Eckräumen, den Pastophorien und dem stark nach Osten verlängerten Bema, reiche Außengliederung durch Blendnischen, Rundbogenfriese (→ Fries) und → Baukeramik.

Achtstützentyp. Kuppel der Panhagia Paragoritissa, Arta, Epiros, Ende 13. Jh.

Aus der Tendenz zum Richtungsbau erklärt sich wohl auch die Entstehung des Mistra-Typus (so genannt, weil er zuerst bei drei Kirchen in Mistra beobachtet wurde). Es handelt sich um eine eigenartige Verbindung von Basilika und Kreuzkuppelkirche: das untere Geschoß hat den Charakter einer dreischiffigen Basilika, das Emporengeschoß den einer Kreuzkuppelkirche. Diese Kombination scheint zum ersten Male bei der Wiederherstellung der H. Eirene in Konstantinopel nach dem Erdbeben von 740 verwendet worden zu sein. Sie findet sich wieder in H. Nikolaos, einer Nebenkirche der Kathedrale von Paros (nicht vor dem 10. Jh.) und dann in der Hodegetria-Kirche des Brontochion-Klosters in Mistra (Aphentikon, frühes 14. Jh., ursprünglich als reine Kreuzkuppelkirche geplant), der Pantanassa ebd. (gegen Mitte des 15. Jhs. fertiggestellt, Kopie des Aphentikon), der Metropolis ebd. (Umbau aus einer Basilika im 15. Jh.) und in H. Apostoloi in Leontarion (Peloponnes, wohl 14. Jh.). Entstanden ist dieser Typus aus der Notwendigkeit, eine Kreuzkuppelkirche dreiseitig mit Emporen zu versehen; er stellt also keine bewußte Kombination zweier heterogener Bautypen dar.

Scharf von der Kreuzkuppelkirche zu trennen ist der Achtstützentyp. Bei ihm sind acht Stützen an den Seiten eines Quadrates gleichmäßig angeordnet, zu ihnen treten die Pfeiler an den Quadratecken; je zwei Stützen beiderseits der Quadratecken und diese selbst sind horizontal miteinander verbunden und tragen eine Trompe (→ Kuppel), vermittels derer zum Rund übergeleitet wird. In Reindarstellung findet sich dieser Typus im Katholikon der Nea Mone auf Chios (1042/56; Wandvorlagen als Stützen, dreiteiliges Bema, Narthex und → Exonarthex). Üblicher ist die Erweiterung der Anlage durch Anfügen von tonnengewölbten hohen Kreuzarmen, die sich auf die Pfeilerpaare der Quadratseiten stützen; sie werden von Nebenräumen eingefaßt und so der Grundriß zum Rechteck erweitert. Diese Nebenräume können Gruppen von kreuzgewölbten, miteinander und mit dem Naos verbundenen kleinen Räumen sein (so in Hosios

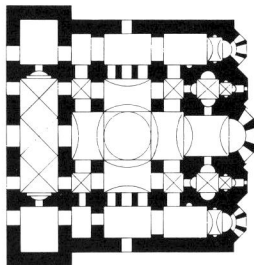

Nordkirche des Lips-Klosters, Konstantinopel (heute Fenari-Issa Dschami), 10. Jh.

Lukas, um 1020: Emporen) oder selbständige Kapellen (so z. B. in Daphni, Ende 11.Jh.). Die Gruppe dieser Kirchen ist klein, außer den genannten gehören dazu die Panagia Lykodemu in Athen (stark restauriert), die Kathedrale (Verklärungskirche) von Christianu (Peloponnes, spätes 11.Jh.: Ovalkuppeln über den seitlichen Kreuzarmen, sonstige Umfassung des Naos völlig einmalig), die H. Sophia in Monembassia (Ende 13.Jh.), die Paragoritissa in Arta (Epiros, Ende 13.Jh.), H. Theodoroi in Mistra (Ende 13.Jh.) und H. Nikolaos am Kopaïs-See (um 1300). Von diesen Kirchen gehören sechs zu Klöstern, zwei sind Bischofskirchen (Christianu und Monembassia) und eine Hofkirche (Arta). Die der byzant. Baukunst fremde Trompe ist ein iran. Motiv, ihre Übernahme für diese kleine Gruppe von Bauten ist ebenso ungeklärt wie die Genesis des Typs, der mit seinen ältesten Vertretern fertig entwickelt da ist.

Koimesis-Kirche, Daphni, Attika, Mitte 11.Jh.

Der Kuppelsaal wird meist als bescheidene Sonderform der Kuppelbasilika angesehen. Er besteht aus einem langgestreckten Saal mit östl. Apsis, über dessen Mitte etwa sich eine Pendentivkuppel erhebt, an die sich im Osten wie im Westen Tonnengewölbe anschließen. Er findet sich in größerer Zahl in Bulgarien (z. B. Festungskirche in Stanimaka, Obergeschoß nach 1218; Erzengelkirche im Kloster Bačkovo usw.) und in Serbien (z. B. Sv. Nikolaj in Kursumlija und Djurdjevi Stupovi bei Novi Pasar, beide zwischen 1168 und 1195; Žiča, 1207/20; Mileševo, 1234, usw.), begegnet aber auch häufig im eigentlich byzant. Bereich, z. B. das Parekklesion der Chora-Kirche in Konstantinopel (frühes 14.Jh.) und die Kirchen dieses Typs in Mesembria aus dem 14.Jh. (Kirche der Erzengel Michael und Gabriel, H. Paraskeve; Mesembria wechselte im 14.Jh. mehrfach zwischen dem bulgar. und dem byzant. Reich und wird meist der bulgar. Baugeschichte zugerechnet, die Stadt aber war vornehmlich griech. bewohnt und kulturell völlig byzant. bestimmt).
Von der kaum übersehbaren Variationsbreite sonstiger Zentralbau-Typen, die hier nicht alle aufgezählt werden können, seien als bedeutsam und über Byzanz hinaus ausstrahlend genannt: der alte Typus der reinen Kreuzkirche (vier tonnengewölbte Kreuzarme, Vierungskuppel) hat nur ein sehr begrenztes Nachleben, als Beispiel steht H. Petros in Pyrgos (Peloponnes, 10.Jh.); der quadratische Raum mit Kuppel und Bema ist vergleichsweise häufiger, er findet sich z. B. in Vunitsa (um 950),

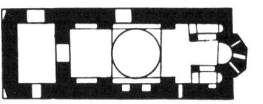

Kuppelsaal. Asen-Kirche, Stanimaka (heute Assenowgrad, Bulgarien), nach 1218.

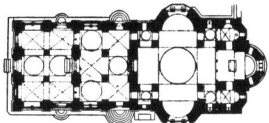

Trikonchos. Kirche des Klosters Chilandar auf dem Berg Athos, um 1302.

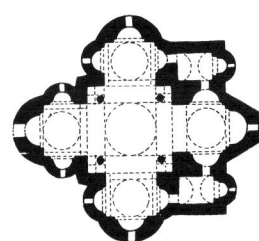

Tetrakonchos. Kirche von Peristera, Griechenland, 870-71.

Patleina (907?), Kumani (10.Jh.), Plataniti (nach 1000) usw. Bei diesen beiden Typen handelt es sich stets um kleine Kirchen. Auch in den Bereich der großen Kirchenbaukunst greift hingegen der Typus der polykonchen Kirchen hinüber, der meist in Gestalt des Trikonchos begegnet, wie er bereits in der röm. Baukunst für Mausoleen entwickelt worden war. Bei vielen Trikonchoi der byzant. Baukunst handelt es sich um Kleinkirchen oder Kapellen, so z. B. Sv. Panteleimon in Ohrid (frühes 10.Jh.), die Kubidilike in Kastoria (frühes 11.Jh.), H. Nikolaos in Methana und H. Nikolaos in Platani (beide Peloponnes, spätbyzant.). Seit der Megiste Lavra auf dem Athos aber (frühes 11.Jh.) dringt der Typ, durch zahlreiche Anbauten (Narthizes, Kapellen usw.) kompliziert, in die Großarchitektur ein, wobei er gerne mit dem Typ der Kreuzkuppelkirche so kombiniert wird, daß das in der Megiste Lavra noch einheitliche mittlere Kuppelquadrat zur Kreuzkuppelkirche ausgestaltet wird, die dann durch die Konchen erweitert wird (z. B. Iberon, Vatopedi, Chilandar, Kutlumusiu usw.), eine Bauweise, die sich lange in metabyzant. Zeit für repräsentative Klosterkirchen hält. Als reiner, monumentaler Trikonchos mit Vorhalle hingegen stellt sich H. Elias in Thessaloniki dar (um 1360, ursprüngl. Katholikon der Nea Mone der Stadt). In der serb. Baukunst ist der monumentalere Trikonchos ebenfalls beliebt gewesen, als Beispiele seien angeführt: Krusevać (um 1380: Kuppelsaal mit seitlichen Konchen am Kuppelquadrat) und Ravanica (1375-77: gestreckte Kreuzkuppelkirche, bei der die seitlichen Kreuzarme in Konchen umgestaltet sind).
Der Tetrakonchos ist seltener. In schlichtester Form begegnet er z. B. in Veljussa (1080), während die zeitlich vorausgehende Kirche von Peristera (870/71) um eine Kreuzkuppelkirche mit sehr kurzen Kreuzarmen vier trikonch gestaltete quadratische Kuppelräume anordnet, bei denen jeweils die der inneren Quadratseite entsprechende Konche größer ist. Eine schlichtere Kombination von Kreuzkuppelkirche und Trikonchos begegnet z. B. in H. Apostoloi in Athen (um 1020): alle vier Kreuzarme münden in Konchen, die Kreuzwinkelräume sind zu Dreiecken mit kleinen, nach außen gerichteten Konchen reduziert, der Westteil wird von einem Narthex umfangen.
Zeigt so die kirchliche Baukunst in Byzanz das Bild einer reichen Variationsbreite, innerhalb derer mit Bau- und Raumformen experimentiert wird, so ist unsere Kenntnis der Profanarchitektur sehr gering.

Kuppelsaal. Kirche des hl. Johannes Aleiturgetos, Nessebar, Bulgarien, 14.Jh.

Von der großen Palastarchitektur Konstantinopels ist sehr wenig erhalten, die späte Ruine des Tekfur Saray gibt in ihren bescheidenen Ausmaßen kaum eine Vorstellung von den Palastvierteln, die einst bestanden. Hier sind wir auf die literarische Überlieferung angewiesen. Der Despoten-Palast in Mistra, der vor seiner Zerstörung mit seiner Schaufront dem Dogenpalast in Venedig geähnelt hat (große Bogenöffnungen im Erdgeschoß, Fenster nach oben immer kleiner werdend), wächst nicht aus der hauptstädtischen Tradition, sondern hat mehr schloßähnlichen Charakter. Paläste und Amtsgebäude von Provinzstatthaltern o. ä. sind nur aus Grabungen erschlossen, sie folgten weithin antiken oder spätantiken Vorbildern. Andere öffentliche Bauten sind kaum bekannt. Die byzant. Bäder, die aus dem röm. Thermenwesen erwuchsen, sind,

Trikonchos. Klosterkirche von Dealu, Rumänien, voll. 1499.

soweit erhalten, fast durchweg in türk. Zeit umgebaut und verändert worden; das Badewesen war gegenüber der röm. Zeit nicht wesentlich reduziert. Wohnbauten sind aus frühbyzant. Zeit archäologisch erschlossen, sie folgten weitestgehend den röm. Vorbildern, so gab es auch mehrstöckige → Mietshäuser (z. B. in Ephesos gut ergraben). Aus spätbyzant. Zeit sind in großem Maße Wohnbauten in Mistra erhalten, es ist aber fraglich, ob sie als typisch gelten können, da die Stadt eine fränkische Gründung ist. Besser bekannt sind Klosterbauten, die üblicherweise aus einem großen Gebäudeviereck um einen Hof herum bestehen, in dessen Mitte das Katholikon steht; alle Räumlichkeiten (Zellen, Refektorium, Gastzimmer usw.) sind an die Außenmauern angelehnt (gutes Beispiel: H. Meletios in der Nähe von Megara. Dieser Standardtypus wird auch bei Bergklöstern (Meteoren, Athos) so gut wie möglich verwendet (häufig durch spätere Zubauten und Umbauten stark verändert).

Die byzant. Bautechnik folgt weitgehend der spätrömischen. In Konstantinopel und großen Teilen Kleinasiens ist von Anfang an der Materialwechsel

bei der → Polychromie der Mauern beliebt: breiten Schichten von Quadermauerwerk folgen Schichten aus Ziegeln, üblicherweise ziemlich dünne, große Platten mit breiten Mörtelschichten dazwischen; anstelle der Quadern können grob behauene Feldsteine treten (nur in provinziellen Bauten). In mittelbyzant. Zeit steigert sich diese Polychromie: der Wechsel von → Haustein und Ziegel (→ Backstein) wird rascher, z. B. im Rhythmus eine Quaderschicht, zwei Ziegelschichten, wobei dann die einzelnen Quadern durch senkrecht gestellte Ziegel voneinander getrennt werden (Ohrid, Sv. Sofija; Daphni usw.); hinzutreten kann die Einfügung von zu Ornamenten zusammengestellten Ziegeln zwischen den Quadern (z. B. H. Anargyroi in Kastoria) oder von Bändern auf die Spitze gestellter verschiedenfarbiger Fliesen, die den → Obergaden umziehen (H. Basileios in Kastoria) usw. In spätbyzant. Zeit steigert sich diese allein durch das Baumaterial erreichte Polychromie und Ornamentierung der Außenmauern noch durch weitere Komplizierung (Südkirche der Fenari Isa Cami in Konstantinopel 1282-1304; H. Johannes Aleiturgetos in Mesembria, 14. Jh.; Paragoritissa in Arta, 1282/89; H. Apostoloi in Tessaloniki usw.); auch kleine farbige Keramik kann zur Steigerung der Polychromie eingefügt werden (z. B. H. Johannes Aleiturgetos in Mesembria). Die Ruine des Tekfur Saray zeigt, daß diese Technik sich nicht auf kirchliche Bauten beschränkte. Verputzt war solches Mauerwerk selbstverständlich nicht. Anders dürfte es gewesen sein bei Kirchen, die wohl aus Sparsamkeitsgründen aus Bruchsteinmauerwerk errichtet wurden, wie z. B. einige Kirchen in Mistra. Was Wölbetechnik u. ä. anlangt, steht die byzant. Baukunst ganz auf den Schultern der röm., neue Methoden hat sie nicht entwickelt.

Die byzant. Kirchen waren, abgesehen von der Zeit des Bilderstreites, stets mit einem umfangreichen Bildprogramm in Mosaik oder Wandmalerei ausgeschmückt. Dieses Bildprogramm soll die Kirche als

Hagioi Anargyroi, Kastoria, Griechenland, 1. Hälfte 11. Jh.

Trikonchos. Muttergotteskirche, Kalenić, Jugoslawien, um 1410.

Abbild des von Christus regierten Kosmos vor Augen führen; so nimmt Christus als Pantokrator (Herrscher des Alls) üblicherweise den Zenit der Kuppel ein, Maria die Apsiswölbung; in der Kuppel finden sich meist Engel, im Tambour Propheten, in den Pendentifs die Evangelisten (beim Achtstützentypus sind die Trompen mit Szenen aus dem Zwölffeste-Zyklus geschmückt), im Halbzylinder der Apsis die Apostelkommunion und darunter die Kirchenväter und andere Heilige; die übrigen Bilder können sehr verschieden an Zahl und Inhalt sein (der Zyklus der zwölf Hauptfeste des Kirchenjahres, häufig, vor allem in spätbyzant. Zeit, erweitert durch zyklische Darstellungen aus dem Leben und der Passion Christi), stets aber bilden den untersten Rang der Malereien Ganzfiguren von Heiligen. An der inneren Westwand oder im Narthex findet sich häufig das Jüngste Gericht, im Narthex auch oft Szenen aus Heiligenviten. Die weitgehende Überziehung der inneren Wandflächen mit Malerei oder Mosaik bedingt den Verzicht auf plastische Durchgestaltung der Wände und das absolute Vorherrschen wenig gegliederter Flächen.

Zur inneren Ausstattung gehört auch notwendig die Abtrennung des Altarraumes (→ Adyton) vom Gemeinderaum (→ Naos), urspr. durch Schranken mit einer Art Pergola, die durch Vorhänge undurchsichtig gemacht werden konnte (so z. B. erhalten in Hosios Lukas); daraus entwickelt sich das → Templon (die Entstehungszeit ist noch umstritten), aus diesem die Bilderwand (→ Ikonostasis) mit drei Türen.

Mit dem Christentum orthodoxer Prägung übernahmen die Bulgaren, Serben, Rumänen und vor allem die Russen (→ Sowjetunion) auch die byzantinischen Formen des Kirchenbaus (anfangs nicht selten von byzant. Baumeistern ausgeführt, z. B. Sophienkirche in Kiew) und die Prinzipien ihrer Ausschmückung. Die innere Aneignung der byzant. Kunst ging auf dem Balkan so weit, daß nach 1204

sich die Weiterentwicklung der byzant. Kunst aus den lat. beherrschten Gebieten in das aufstrebende serb. Reich verlagern konnte. Auch die Baukunst der christl. Völker des Kaukasus (→ Armenien, → Georgien) hat von Byzanz reiche Anregungen aufgenommen. Byzant. Bauten finden sich außerdem in Süditalien (→ Italien), das bis zur norman. Eroberung byzant. Besitz war, vor allem in Kalabrien und Apulien. Die ältere venez. Architektur ist von Byzanz abhängig (Venedig war ein byzant. Dukat). Starke Einflüsse wurden auf die südfrz. Architektur ausgeübt (→ Frankreich), vor allem in der Zeit der Kreuzzüge. Um die Bedeutung der byzant. Baukunst und ihre Nachwirkung noch an einem Beispiel zu verdeutlichen, sei schließlich darauf hingewiesen, daß → Bramantes Entwurf für St. Peter in Rom die klass. Gestalt der byzant. Kreuzkuppelkirche in die Formensprache der ital. Renaissance übertrug.   K. W.

Lit.: Choisy 1883; Riegl '01; De Beylié '02; Holtzinger 1908; Strzygowski '20; Diehl '25-26; Bettini '37, '40, '78; Krautheimer '37-80, '65; Talbot-Rice '47, '59; Michélis '55; Verzone in EUA; MacDonald '62; Rice '64; Grabar '66a; Jantzen '67; Chatzidakis '71; Hotz '71; Sanpaolesi '78; Mango '86; Mainstone '88; Ducellier '90; Kazhdan '91.

C

Cachia, Domenico (1710-90) → Malta.

CAD (Computer Aided Design) → *Nachträge*.

Cagnola, Marchese Luigi (1762-1833). Führender ital. Architekt des → Klassizismus, spielte zur Zeit Napoleons eine bedeutende Rolle bei der Umgestaltung Mailands. Er entwarf die streng ion. Porta Ticinese (1801-14) und den reicher gestalteten Arco della Pace (1806-38), ferner eine dem Pantheon nachempfundene Pfarrkirche in Ghisalba (um 1830), einen etwas bizarren Campanile, der von einer durch → Kanephoren gestützten Kuppel gekrönt ist (Urgnano, 1820), und seine eigene, stilistisch der griech. Antike nachempfundene, säulenreiche Villa Inverigo (beg. 1813).

Lit.: Lavagnino '56; Meeks '66; Mezzanotte, G. '66.

Caisson, der (frz.: Kasten). **1.** Wasserdichter Senkkasten für Unterwasserarbeiten. Im Baugewerbe für Unterwassergründungen eingesetzt. Der C. wird schwimmend in die richtige Lage gebracht und versenkt; der Arbeitsraum wird durch Preßluft trockengehalten. Bei einer anderen Methode hat der C. keinen Boden und statt dessen den Anfang des Fundamentes, das durch ständiges Nachfüllen von Beton in die Tiefe versenkt wird. – **2.** Die eingelassenen Flächen einer → Kassettendecke.

Caitya-Halle. Die C. ist die dreischiffige, basilikaähnliche Gebetshalle der Höhlentempel Indiens. In ihrer Apsis steht der Reliquienbehälter, Caitya oder → Stupa genannt, wie in Karli (2. Jh.) oder Ajanta (2. Jh. v. Chr. bis 7. Jh. n. Chr.). → Indien, Sri Lanka, Pakistan; → Südostasiatische Architektur.

Calatrava Valls, Santiago → *Nachträge*.

Caldarium, das (lat.: Warmbad). → Thermen.

Calderini, Guglielmo (1837-1916) → Italien.

Calefactorium, das (lat. calefactare: erwärmen). Wärmestube in ma. → Klöstern, hauptsächlich in Zisterzienserklöstern, meist östl. des Refektoriums gelegen und vielfach der einzige heizbare Raum des Klosters.

Camarin, der (span.: Heiligennische). Eine kleine Kapelle hinter oder über dem Hochaltar span. Kirchen; für gewöhnlich vom → Langhaus aus sichtbar. Der früheste C. findet sich in der Capilla de Nuestra Señora de los Desamparados in Valencia (1647-67).

Cameron, Charles (ca. 1746-1812). Geb. in Schottland, besuchte um 1768 Rom und veröffentl. 1772 ›The Baths of the Romans‹. Über die folgenden Jahre ist nichts bekannt, bis er 1779 von Katharina der Großen nach Rußland gerufen wurde, wo er dann bis zum Ende seines Lebens blieb. Für die Zarin richtete er einige Räume in dem von → Ra-

strelli entworfenen Palast in Zarskoje Selo (jetzt Puschkin) bei St.Petersburg ein (1780-85; Abb. → Palladianismus; → Rußland); dort errichtete er auch den Achat-Pavillon und die Cameron-Galerie. Für den Großfürsten Paul baute er den Palast in Pawlowsk (1782-96) und den runden, von dor. Säulen umgebenen Tempel der Freundschaft im ersten nach engl. Muster angelegten Park (→ Gartenbaukunst) Rußlands (zerst.). Etwa 1787 wurde er von seinem Schüler Brenna als leitender Architekt verdrängt und 1796 nach dem Tod Katharinas aus dem kaiserl. Dienst entlassen. Er blieb aber in Rußland und arbeitete für private Auftraggeber; z. B. schuf er den Rasumowski-Palast in Batourin in der Ukraine (1799-1802, unvoll.).

Lit.: Loukomsky '43; Talbot-Rice-Tait '67-68.

Campanile, der (ital. campana: Glocke). Der freistehende Glockenturm, meist in Ländern anzutreffen, in denen der Turm nicht Teil der Fassadengliederung ist, wie bes. bei ital. Kirchen. Seine typische, isolierte Stellung wurde bis in die Renaissance beibehalten. Berühmt sind der C. des Domes in Florenz, der von San Marco in Venedig sowie der Schiefe Turm zu Pisa.

Lit.: de Béthune '58.

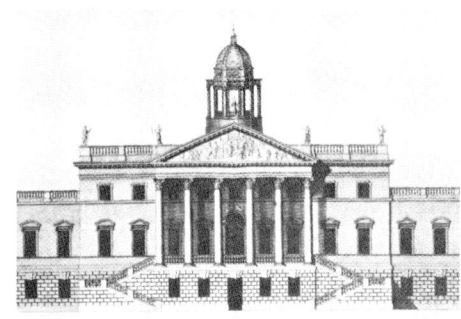

Wanstead House, London, von → Campbell, beg. 1715.

Campbell, Colen (1676-1729). Engl. Architekt. Von C.s Anfängen ist nur wenig bekannt. 1715 veröffentl. er den ersten Band seines ›Vitruvius Britannicus‹ und errichtete das Wanstead House (heute zerst.), das vorbildlich für die Landhäuser des → Palladianismus wurde. Wahrscheinlich war er es, der Lord → Burlington für den Palladianismus begeisterte. Jedenfalls erhielt er an der Stelle von → Gibbs den Auftrag, das Burlington House in London (1718/19) umzugestalten. Mereworth Castle (1722-25) ist wohl die beste engl. Variation

Campanile. Abteikirche S. Maria di Pomposa, Ferrara. Campanile 1036.

von → Palladios Villa Rotonda, Vicenza (mit Abb.). Houghton Hall (1721, von Ripley mit Abänderungen ausgeführt), ist riesengroß und beeindruckend, Compton Place in Eastbourne in London (1726-27) dagegen eleganter und feiner.

Lit.: Campbell, C. 1715-25; Summerson '53, Downes '66; Stutchbury '67.

Campen, Jacob van (1595-1657). Ein wohlhabender und gebildeter Maler-Architekt, führender Vertreter des holländ. → Palladianismus, einer schlichten, gemäßigten und sparsamen Variante des barocken Klassizismus (→ Barock), die durch die Verwendung von → Backsteinen in Verbindung mit Natursteinen und einfache, fast graphisch wirkende → Pilaster charakterisiert wird. C. studierte in Italien, wo er wahrscheinlich → Scamozzi kennenlernte,

Mauritshuis, Den Haag, von van → Campen, 1633-35.

dessen Stil auf ihn sichtlich großen Einfluß ausübte, auf jeden Fall einen größeren als der → Palladios. C.s Bauweise kommt in seinem Hauptwerk, dem Mauritshuis in Den Haag (1633-35), voll zur Entfaltung. Es ist in der Anlage ganz palladianisch mit ion. Pilastern in → Kolossalordnung über niedrigem Erdgeschoß und mit Giebel, aber das Dach ist ein typisch holländ. Walmdach (→ Dachformen 5), das von der Dachtraufe in leicht konkav geschwungener Linie aufsteigt. Das von ihm ganz aus Sandstein erbaute Rathaus in Amsterdam (heute Kgl. Palast, 1648-55) ist schwerfälliger, jedoch einer der großartigsten Rathausbauten. Die Nieuwe Kerk in Haarlem (1645) hat als Grundriß ein in ein Quadrat eingeschriebenes griech. → Kreuz. C. entwarf auch das Coymans Huis an der Keizersgracht in Amsterdam (1625), das Noordeinde Palais, Den Haag (1640), das Accijnhuis und das Theater in Amsterdam (1637). Zusammen mit Christian Huygens entwickelte er das Dekorationsprogramm für → Posts Huis ten Bosch, das Jordaens und andere ausführten. Der Stil von C.s Profanbauten übte durch seine Nachfolger Post, → s'Gravesande und → Vingboons großen Einfluß aus.

Lit.: Weissmann '02; Pevsner '42; Fremantle '59; Swillens '61; ter Kuile '66.

Campi, Mario → *Nachträge.*

Campo Santo, der (ital.: hl. Feld). Ital. Terminus für Friedhof. Unter C.S. versteht man meistens die regelmäßigen, von hohen Mauern umgebenen Anlagen, wie z. B. den C.S. zu Pisa (1278-83) mit seinen kreuzgangähnlichen Umgängen.

Cancelli, die (lat.: Gitter, Schranken). In der frühchristl. → Basilika die Gitter oder Schranken, die den Sängerchor vom übrigen Gemeinderaum trennten. Mit den C. waren die Ambonen (→ Ambo) verbunden.

Candela, Félix (geb. 1910). Lebt nach seiner Emigration während des Span. Bürgerkrieges in Mexiko. Er ist einer der einfallsreichsten Betonbau-Ingenieure unserer Zeit, aber auch ein bedeutender Architekt. Anfangs war er von → Torroja beeinflußt, mit dem er eine sehr ökonomische Methode der → Schalenbauweise für → hyperbolische Paraboloide entwickelte. Zu seinen wichtigsten Bauten gehören die deutlich von → Gaudí beeinflußte Kirche der Wundertätigen Jungfrau in Mexiko-City (1955-57), ein extremes Beispiel des → Expressionismus der Jahrhundertmitte, und das Institut für kosmische Strahlenforschung in Mexiko-City (1954). Das Strahleninstitut hat er in Partnerschaft mit Jorge Gonzales Reyna errichtet, es wirkt wie ein zierlicher, auf vier Stützen ruhender Pavillon und trägt ein Paraboloid-Dach, das am Rand nur 3 cm stark ist (Abb. → Mexiko).

Kirche der Wundertätigen Jungfrau, Mexico-City, von → Candela, 1955-57.

Spätere Bauten von C. sind die Kapelle der Missionare des Hl. Geistes in Coyoacán (1956, gemeinsam mit Enrique de la Mora) mit einem einfachen, überstehenden Satteldach (→ Dachformen 3) und rauhen Steinmauern, das Restaurant in Xochimilco (1958, gemeinsam mit Joaquin Alvares Ordóñez), das wie eine achtblättrige Blüte aus Paraboloiden in die Wassergärten gesetzt ist und die Markthalle von Coyoacán (1956, gemeinsam mit Pedro Ramírez Vásquez und Rafael Mijares) mit den pilzförmigen Schirmen, die C. beim John Lewis-Kaufhaus in Stevenage in England (1963, gemeinsam mit Yorke, Rosenberg und Mardall) wieder verwendet hat. Sein bisher letztes großangelegtes Projekt ist der olymp. Sportpalast in Mexico City (1968 mit E. Castañeda und A. Peyri, Abb. → Mexiko). 1971-78 setzte er seine in Mexiko begonnene Lehrtätigkeit (1953-70) an der University of Illinois in Chicago fort.

Lit.: Pevsner '42; Graham '57; Cetto '61; Faber, C. '63; Bamford Smith '67; Candela '92.

Nachtclub in Acapulco, von → Candela und Juan Sordo Madaleno, 1957.

Candid, Peter (auch Pieter de Wit oder de Witte, 1548-1628). In Brügge geb., Maler und Architekt des → Manierismus, Sohn des fläm. Bildhauers Elias de Witte, mit dem er um 1573 nach Florenz ging. Er studierte in Italien Malerei, möglicherweise unter → Vasari, und war als Maler in Florenz und Rom tätig. 1586 ließ er sich in München nieder und arbeitete hier für Herzog Wilhelm V. und Herzog Maximilian I., die schon Friedrich → Sustris und den manier. Bildhauer Hubert Gerhard berufen hatten. Vielleicht war C. als Architekt am Bau der Münchner Residenz beteiligt; Sicheres ist darüber nicht bekannt.

Lit.: Steinbart '37; Knüttel '67; Volk-Knüttel '76.

Candilis, Georges (geb. 1913 in Baku). Architekt griechischer Abstammung. Studium in Athen. Arbeitete von 1945-48 bei → Le Corbusier in Paris und Marseille (Mitwirkung am Projekt Unité d'Habitation). Anschließend Partnerschaft mit Shadrach → Woods (1948-50). 1950 gründete C. mit anderen

Le Mirail, Toulouse, von → Candilis, Alexis Josic, → Woods, 1962-77.

Architekten das ›Atelier des Bâtisseurs‹ (ATBAT) in Tanger, und baute mit dieser Gruppe zahlreiche Wohnanlagen und Privathäuser in Nordafrika. 1955 schloß sich der Jugoslawe Alexis Josic (geb. 1922) der Gruppe an; bis 1963 firmierten sie gemeinsam. Die wichtigsten Planungen von neuen Städten mit Josic und Woods waren Bagnols-sur-Cèze (1956-61) und Toulouse, Le Mirail (1962, Beginn der Planung, – 1977). Nach dem Weggang von Josic Weiterführung des Unternehmens mit Woods bis 1967, anschließend eigenes Büro in Paris. In den 60er Jahren erhielt die Partnerschaft zahlreiche Prämierungen für Wettbewerbe: 1962 für ein zu bauendes Projekt der Universität Bochum, 1963 Entwurf für das Stadtzentrum in Frankfurt am Main. Der 1963 geplante und in den Jahren 1967 bis 79 ausgeführte Neubau für die Universität Berlin, ganz in den Richtlinien und Forderungen der → CIAM verankert, wurde in seiner urbanistischen Organisation für andere Architekten und weitere Projekte dieser Art zum Vorbild. C. hat wichtige Gedanken zur Verbindung von Architektur und Raum oder zum Thema → Städtebau in Entwurfsplänen wie ›Artikulation öffentl. und privater Bereiche‹ oder ›Artikulation von Raum und Masse‹ geäußert. Abb. → Woods.   M.-A. V. L.

Lit.: Piccinato, G. '65; Candilis '67, '74, '76, '77, '78; Josic-Woods '68; CA '87.

Dom, Passau, von → Lurago, beg. 1668. Innenausstattung von Giovanni Battista und Carlo Antonio → Carlone.

Canevale, Isidorus Marcellus Amandus (1730-86) → Österreich; → Ungarn.

Canevale, Marcantonio (1652-1711) → Tschechoslowakei.

Canova, Antonio (1757-1822) → Italien.

Canterbury → Michael of Canterbury.

Caporali, Giovan Battista (1476-1560). Maler und Architekt, von → Vasari fälschlicherweise Benedetto genannt. Nach Vasari etwa ab 1509 Schüler von Perugino in Rom. Weitere Architekturstudien möglicherweise bei → Bramante, → Peruzzi oder auch Giuliano → Sangallo. Die Villa Passerini bei Cortona ist vermutlich das einzig gesicherte Bauwerk C.s. Bedeutender für die Architekturgeschichte ist C. durch seine 1536 herausgegebene und übersetzte Ausgabe der Architekturbücher → Vitruvs, die auf der 1521 entstandenen Version von Cesare Cesarino basierte. Als Maler stand C. vornehmlich unter dem Einfluß → Michelangelos und → Giulio Romanos. Sein bekanntester Architekturschüler war → Alessi.

Lit.: EA '82.

Capriccio → Architekturphantasie.

Caratti, Francesco (gest. 1677/79). Geb. in Bissone bei Como, ging 1652 nach Prag und wurde dort einer der führenden Architekten. Sein Hauptwerk ist das Czernin-Palais in Prag (1669-92), dessen gewaltige Fassade durch eine Reihe von 29 der Wand vorgeblendeten → Kolossalsäulen bestimmt wird. Sie ruhen auf den Vorsprüngen des → diamantierten Rustika-Sockels (→ Rustika). Das durch die stark plastische Gliederung verursachte Spiel von Licht und Schatten macht die Fassade zu einer der spannungsreichsten ihrer Zeit. C. erbaute auch die Maria-Magdalenen-Kirche in Prag (beg. 1656) und den Ostflügel des Schlosses in Raudnitz (Roudnice n. L., 1652-65).

Lit.: Morper '40; Franz, H.G. '62; Knox '62; Hempel '65.

Palais Czernin, Prag, von → Caratti, 1669-92.

Carlone, Carlo Antonio (gest. 1704 als Stiftsbaumeister von St. Nicola bei Passau). Ital. Architekt aus Scaria/Intelvi und bedeutendstes Mitglied einer Künstlerfamilie, bestehend aus Architekten, Bildhauern, Stukkateuren und Freskanten, die in Österreich und Süddeutschland arbeiteten. Unter → Lurago wirkte C. vermutlich am Wiederaufbau des durch Brand zerstörten Doms zu Passau (1668-77) mit und scheint sich bereits dort wesentliche Auffassungen seiner Raumbildung – einer streng gebundenen Abfolge von Kuppelbaldachinen –, die auch in seinen weiteren Bauten prägend wirkt, erworben zu haben. Die unter seinem Vater *Pietro*

Stiftskirche St. Florian, von Carlo A. → Carlone, beg. 1686.

Francesco C. begonnenen Stiftskirchen zu Garsten und Schlierbach, beide Oberösterreich, vollendete C. 1680-81 bzw. 1680-83. Auch der Entwurf für die Stiftskirche in Pöllau/Steiermark, 1684 beg., zeigt die Handschrift C.s, der, inzwischen auch mit der Planung der in starken Zügen an die Jesuitenkirchen in Passau erinnernden Wallfahrtskirche Frauenberg/Steiermark, 1683-87, betraut, zu einem bevorzugten Baumeister der Oberösterreichischen Stifte im ausgehenden 17. Jh. wurde. Von seinen Arbeiten im Dienste der Augustiner Chorherren des Stifts St. Florian/Oberösterreich (von 1686 bis zu seinem Tode 1704), deren grandiosen Stiftsumbau er leitete, ist die Kirche, ein schlichter großartiger Raum ohne ausgeprägte → Vierung mit vier flachen Kapellen im Langhaus und einem in den Achteckseiten geschlossenen Chor, besonders herausragend. Die Fassade ist in ihrer barocken Gliederfülle sichtlich von der Passauer Domfront geprägt. Vollendet wurde die Stiftsanlage und das große, durch → Arkaden zum Freiraum geöffnete Treppenhaus von seinem engsten Mitarbeiter und Nachfolger → Prandtauer.

Lit.: Marangoni '25; Morpurgo '62; Guldan '64; Hempel '65; Sturm '69.

Carlone, Diego (1647-1750) → Deutschland.

Carr, John (1723-1807). Ein später, provinzieller Vertreter des → Palladianismus in England, arbeitete hauptsächlich in Yorkshire. Er begann als Steinmetz im Steinbruch seines Vaters bei Wakefield. Noch nicht dreißig Jahre alt, baute er nach dem Entwurf von → Burlington und Roger → Morris Kirby Hall, später zusammen mit Robert → Adam Harewood House (beg. 1758). Seitdem entwarf und baute er viele große Landsitze. Sein Stil hat nichts Originelles, aber viele seiner Werke, wie Denton Park (um 1778) und Farnley Hall (um 1786), sind auf eine stille Art anmutig und würdevoll. Sein größtes und vielleicht sein bestes Bauwerk ist das → Crescent in Buxton (1779-84). Er verband

hier überaus erfolgreich die von → Wood d. J. entwickelte Idee des monumentalen halbkreisförmigen Wohnblocks mit einem durch → Arkaden gegliederten Erdgeschoß und einem Obergeschoß mit → Pilastern in → Kolossalordnung nach dem Vorbild von Inigo → Jones' Covent Garden in London.

Lit.: Summerson '53; Colvin, H. M. '54; Wragg '59; Carr '73; Hale, I. '73.

Casa y Novoa → Spanien.

Cassar, Girolamo (1520-36) → Malta.

Cassar, Vittorio (1550-1610) → Malta.

Casson, Sir Hugh → Großbritannien.

Castaneda, Enrique → Mexiko.

Castellamonte, Amedeo (1610-83) → Castellamonte, Carlo.

Castellamonte, Carlo (ca. 1560-1641). Ausgebildet in Rom, wurde er 1615 Architekt des Herzogs von Savoyen und spielte in der Stadtplanung von Turin eine große Rolle. Er entwarf hier die Piazza S. Carlo (1637) und verschiedene Kirchen. 1633 begann er mit dem Bau des Castello del Valentino in Turin, das von seinem ihm als Hofarchitekt nachfolgenden Sohn *Amedeo* (1610-83) in frz. Stil mit einem hohen Walmdach (→ Dachformen 5) vollendet wurde.

Lit.: Boggio 1896; Brinckmann '31; Carboneri '63; Brino '66; Pommer '67.

The Crescent, Buxton, Derbyshire, von → Carr, 1779-84.

Plan der Wallfahrtskirche Madonna delle Lacrime, Syrakus, von → Castiglioni, 1957.

Castiglioni, Enrico (geb. 1914). Ingenieurstudium in Mailand und Busto Arsizio (1937), Dozent für Kompositionslehre und → Städteplanung. Für C.s mitunter futuristisch (→ Futurismus) anmutende Architektur ist das Licht ein entscheidendes Moment – das Material, meist filigrane Betonkonstruktionen, Form und Farbe sind diesem untergeordnet. Seine ausgeführten Planungen befinden sich vorwiegend in Busto Arsizio, so das dortige Kulturzentrum, einer seiner ersten Bauten (1953). Bemerkenswert ist die elegante Fassade des Restaurants in Lisanza in der Nähe von Monte Rosa am Lago Maggiore (1958; Abb. → Italien). 1957 konnte C. das imposante und spektakuläre, an → Gaudí und die weichen Formen des → Jugendstils anschließende Projekt für die Wallfahrtskirche Madonna delle Lacrime in Syrakus verwirklichen. Typisch für C.s Architektur ist z. B. die Konstruktion für die Grundschule in Busto Arsizio (1957-58 mit Dante Brigatti): dünnwandiger Sichtbeton wird mit einer Stahl-Glaskonstruktion verbunden.

Lit.: Conrads-Sperlich '60; Habasque '62.

cast-iron → Metall.

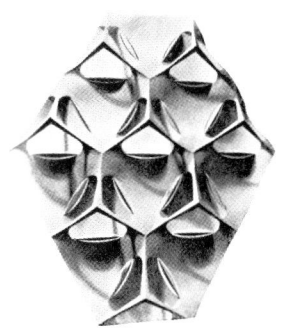

Überdachung eines Bahnsteigs. Das Modell zeigt 8 Stützpunkte (Sicht von unten), von → Castiglioni, Bongioanni und Sianesi, 1956.

Castle (Cassels), Richard (ca. 1690-1751). Ein Deutscher, der sich um 1720 in Irland niederließ und der führende Architekt Dublins wurde. Der Stil seiner heute noch erhaltenen Bauten stimmt mit dem engl. → Palladianismus vollkommen überein: Tyrone House (1740-45) und Leinster House (1745) in Dublin und seine beiden Landhäuser, Carton (1739) und Russborough (1741). Abb. → Irland.
Lit.: Summerson '53; Colvin '54; Colvin-Harris '70.

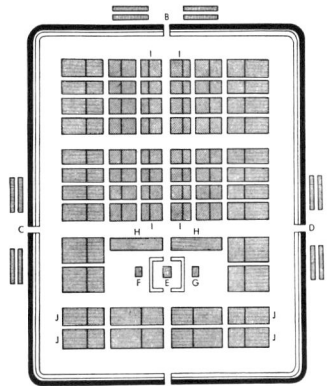

Castrum. Römisches Lager.
A *Porta Praetoria.*
B *Porta decumana.*
C *Porta principalis dextra.*
D *Porta principalis sinistra.*
E *Praetorium.*
F *Forum.*
G *Quaestorium.*
H *Tribunal.*
I *Römische Reiter.*
J *Hilfstruppen*
(nach Pierre Grimal).

Castrum, das (lat. meist in der Mz. castra: befestigter Platz, Lager). Lager der röm. Truppen. Der Typ dieser rechteckigen Anlage findet sich überall im Gebiet des ehemaligen Römerreiches. Das C. ist umgeben von einem Wall und einer Mauer mit Türmen und erschlossen durch die beiden Hauptstraßen Cardo und Decumanus, die zu den vier Toren führen (Porta praetoria, Porta dextra, Porta sinistra und Porta decumana). Im Schnittpunkt der Achsen liegt die Kommandantur (Praetorium), in den vier Quartieren, getrennt durch die Straßen, liegen die Kasernen, das Zeughaus und andere für das Militär wichtige Gebäude. – Große Bedeutung hatten die Lager als Grenzsicherung entlang des Limes.
Lit.: Lorenz '36; Heydendorff '47; Matthews '63; Swoboda, E. '64.

Catalano, Eduardo (geb. 1917). Argent. Architekt, der nach Abschluß seiner Ausbildung (1940) in seiner Heimat Buenos Aires bei → Gropius in Harvard, auf Einladung des British Council in London, und bei → Le Corbusier in Chandigarh (Indien) arbeitete. 1954 wurde er nach Raleigh, der Universität von North Carolina, berufen, in den 70er Jahren lehrte er am Institute of Technology (M.I.T.) in Cambridge (Mass.).
C. entwickelte nicht nur Systeme aus vorgefertigten Betonteilen (→ Präfabrikation, Abb. → Baukastensystem-Bauweise), sondern wie → Nervi, → Torroja und → Candela vor allem neue Formen → hyperboloider und paraboloider Konstruktionen. Sie sind mit der Riemannschen und Lobatschewski-

Dach, zusammengesetzt aus 18 hyperbolischen Paraboloiden, von → Catalano, 1953.

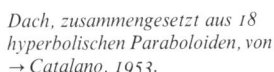

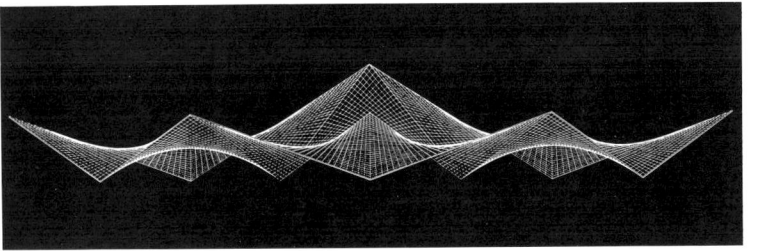

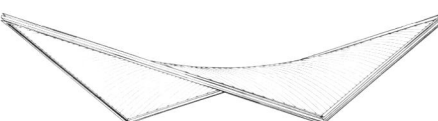

Dach von → Catalanos Privathaus, Raleigh, North Carolina, 1953-55.

schen Geometrie verschwistert, wie die klass. Architektur mit der von Euklid (Sigfried Giedion). Auch im Schiffsbau (Transatlantik-Passagierdampfer, 1957) und in der Stadtplanung (Sprinfield Civic Center (Mass.), 1969) suchte C. neue Wege. Von seinen Bauten, viele davon in Buenos Aires, seien hier nur das M.I.T. Studentenzentrum Julius Statton, Cambridge (Mass.), 1962, und die Musikschule Juilliard im Lincoln Center, New York, 1968, genannt.   W.R.
Lit.: Catalano '51, '55, '58; Giedion '56.

Caulicolus → Helices.

Caus (Caux), Isaac de (tätig um 1650) → Jones.

Cella (lat.: Kammer). Der Hauptraum des antiken → Tempels; er war fensterlos und empfing sein Licht nur von der Tür. Von den Griechen als → Naos bezeichnet. Der Ausdruck C. wurde in christl. Zeit auf die Kammer des Mönches im Kloster, die Zelle, übertragen.

Cenaculum (Coenaculum), das (von lat. cena: Mahl). Speisezimmer des röm. Wohnhauses.

Cendrier, F. → Ausstellungsarchitektur.

Certosa, die (ital.) → Kartause.

Ceylon → Indien, Sri Lanka, Pakistan.

Chaitya → Caitya.

Chalet, das (frz.). Aus Holz erbaute Schweizer Senn- oder Berghütte. Der Terminus wird heute im weiteren Sinn auf jedes, auch luxuriöse, Landhaus, das im Stil solcher Schweizer Häuser erbaut ist, angewandt.

Collège de France, Paris, von → Chalgrin, um 1780. Hauptfassade.

Chalgrin, Jean-François-Thérèse (1739-1811). Frz. Architekt, Schüler von → Boullée; Romstipendiat (1758-63). Er begann in dem damals üblichen, weichlichen → klassiz. Stil zu bauen (→ Soufflot). In seiner Kirche St-Philippe-du-Roule in Paris (vor 1765 entw., 1772-84 erb.) brachte er das basilikale Schema (→ Basilika) erneut zur Geltung und übte damit einen großen Einfluß aus. Sein Hauptwerk, der Arc de Triomphe in Paris (1806-35), ein Symbol kaiserl. Macht von überdimensionaler Größe, ist im romantisch-klassiz. Stil Boullées gehalten (Abb. → Triumphbogen). C. starb vor Vollendung dieses Bauwerkes; der Skulpturenschmuck von Rude u. a. gibt ihm deutlich das Gepräge des 19. Jhs.

Lit.: Hautecœur IV; Hitchcock '58; Gaethgens '74.

Chalk, Warren (geb. 1927) → Archigram.

Chamberlin, Powell & Bon. Londoner Architektengemeinschaft, deren Mitglieder alle um 1920 geb. sind. 1952 gewann diese Gruppe einen von der Stadt London ausgeschriebenen Wettbewerb für eine Wohnsiedlung rund um Golden Lane, ein umfassendes Projekt, dessen Verwirklichung sich über Jahre erstreckte. In Witham in Essex bauten sie ein Lagerhaus (1953-55) und in London eine hervorragend gestaltete Schule (Bousfield School, 1952-56). Der Bau für New Hall in Cambridge (1965-66) ist outriert in den Formen und spielt mit dem → Historismus. Ihre bisher größte Aufgabe wurde ihnen von der Universität in Leeds übertragen (1975).

Lit.: Maxwell '72.

New Hall, Cambridge, von → Chamberlin, Powell & Bon, 1965-66.

Chambers, Sir William (1723-96). Der größte Architekt öffentlicher Bauten seiner Zeit. Er wurde als Sohn eines schott. Kaufmanns in Göteborg in Schweden geb. Mit 16 Jahren nahm er Dienste bei der Schwedischen Ostindien-Kompanie und reiste während der folgenden Jahre in ihrem Auftrag mehrfach nach Indien und China. 1749 begann seine Ausbildung als Architekt bei J.-F. → Blondel, 1750-55 setzte er seine Studien in Italien fort und ließ sich dann in London nieder, wo er sofort Erfolg hatte. Er trat als architekt. Berater in den Dienst des Prinzen von Wales, was ihm die Gunst des Hofes sicherte. Bald darauf wurde er zusammen mit Robert → Adam ›Kgl. Architekt‹ (1760), dann Aufseher (1769) und schließlich Generalinspektor (1782) der kgl. Bauten.

C.s Laufbahn war die eines äußerst erfolgreichen Hofarchitekten, seine anspruchsvolle Ornamentik und die sichere Anwendung der Ordnungen (→ Säulenordnungen) spricht für seine fundierten architekton. Kenntnisse; doch sind seine Bauten trotz seiner berühmten Pagode in Kew Gardens ziemlich akademisch und nicht so großartig wie die seines Rivalen Robert Adam. C.s Stil ist gelehrt, aber eklektisch (→ Historismus); er ging vom engl. → Palladianismus aus, den er im Sinne des → Klassizismus von → Soufflot und seinen Zeitgenossen, die er in Paris kennengelernt hatte, glättete und verfeinerte. C. leistete sein Bestes in seinen kleinen Bauten. Sein Eklektizismus kommt besonders glücklich in zwei Frühwerken zum Ausdruck, dem Gartenhaus in Marino, Dublin (1757-69), und der

Pagode von Kew (1757-62). Die von ihm errichteten Landhäuser, wie Lord Bessboroughs Villa in Roehampton (ca. 1760, heute Schule) und Duddingston House in Edinburgh (1762-64), sind in Anlage und Komposition neupalladian. Bauten, während die dem Strand zugekehrte Fassade seines Somerset House in London (1776-86) eine bewußte Nachbildung einer palladian. Komposition von Inigo → Jones am gleichen Ort ist. Bei den Höfen und der Themsefassade von Somerset House entfaltete C. größere Lebendigkeit und Individualität; einige seiner Innendekorationen erreichen die Adams an Eleganz. Obwohl C. nie wie Adam dem modischen Geschmack entsprach, übte er doch durch seine Stellung und seine vielen Schüler großen Einfluß aus. Sein ›Treatise on Civil Architecture‹ (1759) wurde ein Standardwerk.

Lit.: Chambers 1759; Pevsner '42; Kaufmann '55a; Summerson '62; Clifford '62; Harris '70; v. Buttlar '82.

Chan, Han (pers.: Haus). Orientalische Herberge für Pilger und Karawanen. → Karawanserei.

Chareau, Pierre (1883-1950) → Frankreich; → High Tech.

Charta von Athen. Von der → CIAM 1928 aufgestellte Forderungen bezügl. der Gestaltung von Großstädten in den Lebensbereichen Arbeit und Wohnen wurden 1933 in der Ch. v. A. manifestiert.

Lit.: Le Corbusier '41.

Chattra (Chattri). Schirmförmiger Aufbau im Scheitelpunkt der Kuppel des ind. → Stupa, der in → China zur mehrstöckigen → Pagode wird.

Chermayeff, Serge (geb. 1910) → Mendelsohn.

Chersiphron (um 560 v. Chr.). Kretischer Architekt, angeblich aus Knossos. Zusammen mit seinem Sohn Metagenes baute er um 560 v. Chr. den Artemistempel zu Ephesos, dessen Baukosten zum Teil Kroisos von Lydien trug. Dieser → Tempel gehört zusammen mit dem Rhoikostempel des Heraheiligtums auf Samos zu den ersten großen griech. Tempelbauten (→ Griech. Architektur); sie sind auch die ersten, an denen sich die Stilmerkmale der ion. Ordnung (→ Säulenordnungen) zeigen. 356 v. Chr. brannte der Artemistempel nieder, doch blieben Fragmente erhalten, die im darauffolgenden Neubau wiederverwendet wurden; durch diese Fragmente und eine Schrift von C. und Metagenes über den Tempelbau, die zwar verloren ist, aber → Vitruv noch bekannt war, wissen wir etwas von diesem Bauwerk.

Lit.: EAA.

Chevet, der. Frz. Ausdruck für das Chorhaupt einer Kirche, d. h. für deren Ostabschluß mit → Apsis und → Chorumgang.

Chiattone, Mario (1891-1957). Ital. Architekt. Zusammen mit → Sant'Elia stellte er 1914 in Mailand Entwürfe für eine Stadt der Zukunft aus. → Futurismus (mit Abb.).

Lit.: Veronesi '65.

Chiaveri, Gaetano (1689-1770). Architekt des Spätbarock (→ Barock), geb. in Rom, arbeitete hauptsächlich in Nordeuropa, so 1717-27 in St. Petersburg (Leningrad) und in Warschau und Dresden (ca. 1737-48). Sein Hauptwerk ist die kath. Hofkirche in Dresden (beg. 1739, 1944 schwer beschädigt),

Die Pagode in Kew Gardens, Surrey, von → Chambers, 1757-62.

Casino Marino, Dublin, von → Chambers, 1757-69.

Blick auf Chicago, 1958.

Chicago-Fenster. Kaufhaus Carson, Pirie & Scott, Chicago, von → Sullivan, 1899-1904.

die mit der Großartigkeit der von → Bähr geschaffenen protest. Frauenkirche wetteifern sollte. Sie hat einen äußerst eleganten Turm mit durchbrochenem Helm, der sich von der Geschlossenheit der Bährschen Kuppel ebenso gründlich abhebt, wie sich der bewegte, statuenbesetzte Außenbau der Kirche von Bährs kompaktem Zentralbau unterscheidet. Von C. stammen auch die Pläne für die Weichselfassade des kgl. Schlosses in Warschau (1740, nur z. T. aus-

Kath. Hofkirche, Dresden, von → Chiaveri, 1739-55.

geführt) und leicht theatralische Entwürfe für ein kgl. Schloß in Dresden (ca. 1748, nicht ausgeführt). Er veröffentlichte ein Stichwerk ›Ornamenti diversi di porte e fenestre‹ (1743-44).

Lit.: Chiaveri 1743-44; Lo Gatto '35-43; Hempel '55, '65; Golzio '50; Löffler, E. '55.

Chicago, Schule von. Die Bezeichnung Sch. v. Ch. bezieht sich im allg. auf eine Architektengruppe, die vorwiegend im letzten Viertel des 19. Jhs. in Chicago die Stahlskelettkonstruktion im Hochbau für Geschäfts- und Bürohäuser (→ Skelettbau) entwickelte und anwendete. → Hochhaus; → Burnham; → Holabird & Roche; → Jenney; → Root; → Sullivan; → USA.

Lit.: Sullivan '24a; Giedion '41; Zevi '50b; Mumford '55a; Condit-Duncan-Webster '60; Schuyler '61; Condit '64; Peisch '64-65; Siegel, A. '65, '77; Hatje '83; Zukowsky '87.

Chicago-Fenster. Ein Fenster, das die ganze Breite eines Rasterjoches einnimmt und in ein sehr breites feststehendes Mittelteil und zwei schmale Schiebefenster unterteilt ist. Das Ch.-F. verdankt seine Bezeichnung der Anwendung an einer Gruppe von Bauten in Chigaco von Louis H. → Sullivan (Warenhaus Carson, Pirie & Scott, 1899 bis 1904).

Lit.: Schule von → Chicago; Randall '49.

Chicago Seven. 1976 durch die Initiative → Tigermans und Thomas Beebys in Chicago gegründete Architektengruppe, zu der u.a. Stuart Cohen, Anders Norheim, Peter Pran und Frederick Read gehörten und die bis 1978 die Zahl von elf Mitgliedern erreichte. Ihr Ziel war die Erneuerung des alten ›Giebel an Giebel‹-Stadthauses. Gefördert von der Graham Foundation kam es 1978 zu einem Wettbewerb, an dem Architekten und Architekturstudenten teilnehmen konnten und aus dem 169 Modelle hervorgingen.

Lit.: Chicago '78; Klotz '84a.

Chile → *Nachträge.*

*Blick in den oberen Teil der Kuan-yin-ko des Tempels
Tu-lo-szu, I-hsien, 984.*

China. Außer ganz wenigen Beispielen ist von der
frühen chin. Architektur so gut wie nichts erhalten
geblieben. Sie war zum überwiegenden Teil in Holzbauweise aufgeführt und ist in vielen wechselvollen
Kriegen untergegangen.

Seit der Chou-Zeit sind die Gräber von Herrschern
und Adligen von z. T. gewaltigen Hügelaufschüt-
tungen überdeckt, das des Ch'in-Kaisers Shih-
huang-ti (246-210 v. Chr.) hat die Gestalt einer quadrat., flachen → Pyramide mit gekappter Spitze.
Ein von Steinfiguren gesäumter Geisterweg (shen-
tao) führt auf den Grabbezirk zu, dessen Eingang
von zwei Steintürmen (ch'üeh) flankiert wird. Nahe
dem Grab standen zwei kleine anspruchslose
Schreine, gelegentl. aus Stein, eine Opferhalle und
ein Raum für die Gewänder des Toten.

Grundelement chin. Bauens war von Anfang an die
mehr oder minder große, vom Wohnhaus abgeleitete Halle (t'ang, tien). Ausgrabungen bei An-yang
in Nord-Honan haben ergeben, daß schon im 14.
bis 12. Jh. v. Chr. auf gestampftem
Lehm in Holzbauweise Hallen mit Säulen auf unregelmäßigen Basissteinen und mit dem für die weitere Entwicklung charakteristischen Eingang an der
Breitseite errichtet wurden.

Der klass. chin. Hallentyp, der in ähnlichen Formen
für Palastanlagen und für Tempel verwendet wurde,
wird optisch durch das schwere, spätestens seit der
Han-Dynastie (206 v. Chr.-220 n. Chr.) mit Ziegeln
gedeckte Dach und die es tragende Stützkonstruktion bestimmt, deren Funktion stets durchschaubar
bleibt. Die Halle ist im wesentlichen eingeschossig,
wirkt jedoch von außen durch die manchmal unter
dem Hauptdach über den Veranden an allen vier
Seiten eingezogenen Pultdächer (→ Dachformen 2)
zweigeschossig. Das obere Scheinstockwerk wird
dann innen durch die Stützkonstruktion für das
Hauptdach ausgefüllt oder durch Anhebung der
Kassettendecke im Inneren in die Höhe des Haupt-
raumes einbezogen.

Die wichtigsten → Dachformen sind in Ch.: 1. Sat-
tel- oder Giebeldach (hsüan-shan, herabhängender
Berg), oft mit über die Dachfläche hochgezogenen
Giebelmauern. 2. Walmdach (wu-tien, überdachte
Veranden). 3. Sattelwalmdach (hsieh-shan, ange-
schnittener Berg oder chiu-chi, neun Grate) mit
Fußwalmen an den Giebelseiten. Schon früh beginnt man, die Eintönigkeit der Horizontalen an
dem schwer lastenden Dach durch das Hochziehen
der Traufen an den Dachecken und manchmal auch
der beiden Firstenden aufzulockern, so daß das
Dach seine Schwere verliert und einen schwebenden
Charakter erhält. Dies wird erzielt durch Knickung
der aus mehreren Teilen zusammengesetzten Sparren und die Benutzung von Aufschieblingen für die
Konstruktion nahe den Traufen. Die Balkenkon-
struktion unter der Dachfläche überträgt das Gewicht auf das Rahmenwerk und die Säulen. Um
den Innenraum großflächig zu halten, wird auf Säulen, die unmittelbar den First tragen, möglichst verzichtet.

Die das Dach tragende Konstruktion ist fachwerk-
ähnlich in Holz ausgeführt. Die kräftigen Säulen
oder Pfeiler (chu) sind horizontal durch Rahmen
und Riegel verbunden, wobei klare rechtwinklige
Strukturen vorherrschen; lediglich in der
→ ›Architrav‹-Zone gibt es gelegentlich schräge
Streben. Zwischen dem weit vorkragenden Dach
und der Säulen- und Wandschicht vermittelt die
Architrav-Zone mit den hölzernen → ›Konsolen‹
(tou-kung oder kua-tzu), die den Druck der vorspringenden Dachtraufe nach innen auf die Säulen
übertragen. Die ›Konsolen‹ oder ›Kapitelle‹ beste-

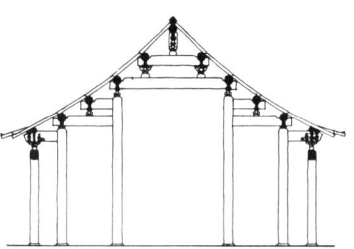

Chinesische Halle.

Sattel- oder Giebeldach (hsüan-shan).

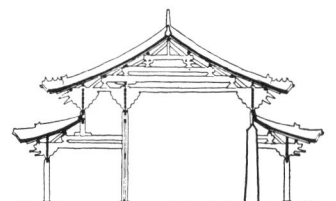

Chinesische Halle mit Seitendächern.

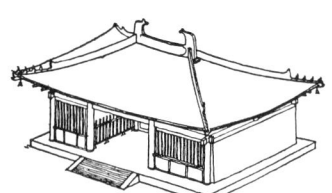

Walmdach (wu-tien).

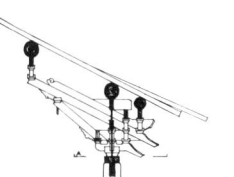

*Chinesische Halle. Architravzone
(ang, tou, kung).*

Sattelwalmdach (hsieh-shan).

Haupthalle (cheng-tien) des Tempels Fo-kuang-szu auf dem Wu-t'ai-shan, Prov. Shansi, Mitte 9. Jh.

Pagode im Garten Li-yüan am Ufer des Sees Li-hu, Wusih, Prov. Kiangsu.

hen aus einem oft komplizierten System von Trageblöcken (tou) und Sattelhölzern (kung), welche die verschiedenen Lagen des Rahmenwerks, die Sparren und die charakteristischen, parallel mit einigem Abstand zu den Sparren unter der Traufzone verlaufenden und nach innen ausgleichend vorstoßenden Waagebalken (ang) tragen. Die sowohl parallel zur Wand wie auch rechtwinklig nach außen und innen oder an den Dachecken schräg ausgreifenden Stufen (t'iao), die in Schichten übereinandergelegt werden, bilden das einfache strukturelle Stützprinzip. Das schon mindestens seit der Han-Dynastie in einfacher Form ausgebildete System wird später immer reicher und dichter, bleibt aber im wesentlichen unverändert. Hauptsächlich an der Komplizierung dieses Stützsystems läßt sich eine Stilentwicklung der chin. Architektur ablesen.

Die Außen- und Innenwände des Baus sind zwischen Säulen und Rahmenwerk eingezogen und haben keine statische Funktion. Meistens bestehen sie aus Ziegeln oder Holz. Fenster und Türen sind ebenfalls sekundär in die tragende Struktur eingesetzt und nehmen meistens die Breite eines → ›Interkolumniums‹ (chien) ein.

Auch die farbige Behandlung des Hallenbaus akzentuiert die Klarheit seiner Konstruktion. Die unifarbene Glasur der Dachziegel weist je nach ihrem Farbton gleichsam den ›sozialen‹ Rang des Bauwerks aus; Säulen und Rahmenwerk sind traditionellerweise leuchtend rot gestrichen oder lackiert, Balkenköpfe und Architravzone mit den anderen Grundfarben relativ grell bemalt. Die verputzten

Kuan-yin-ko im Tempel Tu-lo-szu, I-hsien, 984.

Wände leuchten im Kontrast dazu in reinem Weiß. Bei der Konzeption des Halleninnenraumes gewann man durch Weglassen der Säulen unter dem Firstbalken einen vergrößerten rechtwinkligen Kernraum als eigentlichen Repräsentationsraum. Seine Größe wird nach der Zahl der Interkolumnien nach der Breite und Tiefe bemessen. Nach oben wird dieser Kernraum meist durch eine von ›Konsolen‹ getragene und auf dem Rahmen aufsitzende oder erhöht eingezogene Kassettendecke, die häufig Baldachincharakter hat, abgeschlossen. Der Raum kann längs und quer durch zwischen die Säulen gespannte Trennwände in Schiffe unterteilt sein. Um diesen Kern legt sich ein Hüll- oder Mantelraum in Form des verandaartigen Umgangs unter der vorkragenden Dachtraufe, der nach innen und außen oder nur nach einer Seite hin durch Wände abgeschlossen ist. Auch in diesem Bereich, der sich rings um den Kernraum herumziehen kann, aber manchmal auch nur einer Seite vorgelagert ist, gibt entweder eine Kassettendecke den oberen Abschluß, oder man blickt direkt in die Sparren und das Stützwerk der Dachtraufe.

Inneres einer chinesischen Halle mit Buddhafiguren.

Die Halle mit ihrem Kern- und Hüllenraum ist letzten Endes ein zu besonderer Größendimension gesteigertes Wohnhaus, das selbst bei gewaltigen Ausmaßen seinen unmittelbaren Bezug zur Größe des sich darin aufhaltenden Menschen nicht verliert. Der chin. Innenraum hat nie so komplizierte Strukturen angenommen wie der der abendländischen Architektur. Er bleibt im wesentlichen Behältnis oder ›Schrein‹ für die Kultfigur, die ihn gelegentlich fast gänzlich ausfüllt (Kuan-yin-ko des Tempels Tu-lo-szu, I-hsien, von 984), oder für den Altar mit seiner Figurenkonstellation; oder aber die Halle wird zum Aufenthalts- und Repräsentationsraum für den Herrscher, der, von seinem engsten Gefolge umgeben, darin thront. Die Menge, sei es die der anbetenden Gläubigen oder die der zur Audienz versammelten Würdenträger, steht im Freien, im Hof vor der Halle.

Die Anfänge des eben beschriebenen Hallensystems findet man schon in den Tonmodellen von Häusern ausgebildet, die während der Han-Dynastie den vornehmen Toten ins Grab mitgegeben wurden. Voll entwickelt war es während der T'ang-Dynastie

(618-906), wie man an der Steingravierung an der Großen Wildgans-Pagode (Ta-yen-t'a) aus der Zeit um 700 in Sian-fu sehen kann. Die ältesten tatsächlich erhaltenen Beispiele sind die Haupthalle (Cheng-tien) des Tempels Fo-kuang-szu auf dem Wu-t'ai-shan in Shansi aus der Mitte des 9. Jhs. und die eben genannte Kuan-yin-ko im Tempel Tu-lo-szu zu I-hsien östl. von Peking (984).

Die größere Wohnanlage, der Palast und der Tempel konstituieren sich im Normalfall aus einer Flucht von Hallen, die entlang der Mittelachse in Höfen hintereinander aufgereiht sind. Aus kosmologischen Gründen sind die Anlagen meistens nach Süden orientiert, und aus den gleichen Gründen ist der Weg vom Eingangstor bis zur hintersten Haupthalle eigentlich als ein Weg nach oben zu denken. Die Höfe werden von Wandelgängen umzogen oder von

›Viertor-Pagode‹ (Szu-men-t'a) des Shen-t'ung-szu, 544.

Herrschers, die ›Halle des Lichts‹ (Ming-t'ang). Eine Erinnerung an diesen Typ lebt in der Mo-ni-tien des Tempels Yung-hsing-szu zu Cheng-ting in Hopei (10. Jh.) weiter.

Das vollkommenste Beispiel eines runden Zentralbaus ist die ›Halle der Jahreszeitengebete‹ (Ch'i-nien-tien) im sog. Himmelstempel zu Peking, die auf einer dreistufigen Steinterrasse zum letztenmal 1890 nach dem Original von 1540 wiedererrichtet wurde.

Auch die chin. Turmbauten stehen unter der Dominanz der Hallenvorstellung. Schon die frühgeschichtlichen Wachttürme und später die mehrgeschossigen ›Pavillons‹ (lou, ko) bestehen eigentlich aus einer Übereinanderschichtung von ›Hallen‹ in sich nach oben zu verkleinernden Maßen. Häufig sind bei Garten- und Lustpavillons in den oberen Stockwerken zwischen den Säulen keine Wände gezogen.

Buddhistische Ziegelpagode des Sung-yüeh-szu, Honan, 523.

›Große-Wildgans-Pagode‹ (Ta-yen-t'a) des Tzu-en-szu, Sian-fu, um 700.

Nebengebäuden flankiert, Landschaftsgärten als ›gebaute‹ Natur und Teiche vervollständigen den Komplex. Fast alle diese Elemente waren schon voll-ausgebildet in dem 1976 ausgegrabenen früh-chou-zeitlichen Palastkomplex von Feng-ch'u-tsun, Ch'i-shan, Provinz Shensi, der aus der Zeit um 1000 v. Chr. stammt.

Schon früh wurde die Halle zum runden, quadrat. oder polygonalen → Zentralbau umgestaltet und mit einem Pyramiden- oder Kegeldach (→ Dachformen 11, 16) versehen. Um den Zentralbau herum können nach den Himmelsrichtungen orientierte Anbauten (pao-hsia) gruppiert werden, wodurch der ganze Komplex zum Abbild der nach den Kardinalpunkten ausgerichteten Erde oder des ›Reiches der Mitte‹ wird. Dies gilt besonders für die nur aus literarischen Quellen bekannte Ahnenhalle des

Vorstellungen aus verschiedenen geistigen Bereichen und künstler. Traditionen kreuzen sich in der buddhistischen → Pagode (t'a) Chinas. Im ältesten Beispiel, der zwölfeckigen Ziegelpagode des Sung-yüeh-szu von 523 in Honan, spiegelt sich unübersehbar das Vorbild des ind. Tempelturmes der Gupta-Zeit, während der bis ins 8. Jh. beliebte Typ der Viertor-Pagode (Szu-men-t'a) mit quadrat. Grundriß und kubischem Unterbau anscheinend aus Khotan stammt und Mandala-Vorstellungen in Architektur umsetzt.

Bekanntestes Beispiel der typisch chin. steinernen Stockwerkpagode von quadrat. Grundriß und einfacher Außenstruktur ist die Große Wildgans-Pagode (Ta-yen-t'a) aus der Zeit um 700 zu Sian-fu. Der tantristische Buddhismus liebt achteckige Steinpagoden, der Lamaismus bringt, vor allem un-

Tantristische Pagode des T'ien-ning-szu bei Peking, beg. 12. Jh.

Tschorten-Pagode des Miao-ying-szu, Peking, 1271.

ter der Ch'ing-Dynastie (1644-1911), den tibetischen Pagodentypus des Tschorten (mc'od-rten) nach Ch., der sich formal stärker auf die Tumulusgestalt der ind. Urform, des → Stupa, bezieht. Frühe Holzpagoden, die den jap. Typ besonders angeregt haben, sind in Ch. nicht mehr erhalten.

Die Steinbauweise greift in Ch. gern auf die strukturellen Elemente des Holzbaus zurück, verwendet sie aber als reine Ziermotive losgelöst von ihrer Funktion. Für Grabanlagen, also unterirdische Bauten, und Stadtmauern mit ihren Festungstürmen und Brücken bediente man sich aus naheliegenden Gründen vor allem des Steinbaus. Echtes und Kraggewölbe werden seit der Han-Dynastie (206 v. Chr.-220 n. Chr.) nebeneinander angewandt. Im Gefolge des Buddhismus übernahm man aus Indien über Zentralasien nach Ch. die Technik der Anlage von in den lebenden Fels der Berge gemeißelten Höhlentempeln, die sich aus Nischen und Kapellen für den Kult sowie Mönchszellen zusammensetzen. Sie wurden vor allem unter nichtchin. Dynastien in den nördl. Provinzen seit der Mitte des 5. Jhs. geschaffen, ein zweiter Höhepunkt liegt

Buddhistisches Höhlenkloster Mai-chi-shan, 5. Jh.

in der T'ang-Dynastie (618-906). An den Eingangsfassaden außen und in der Deckenzone im Innern imitiert man nicht selten in Stein das Dachstützensystem der Holzbauweise. Die Kammern sind mit Malerei und Plastik geschmückt, die entweder aus dem lebenden Fels gehauen oder in Lehmstuck aufgebaut wurden. Die bekanntesten Anlagen sind die von Yün-kang (seit 460), Lung-men (seit etwa 495), Mai-chi-shan (1952 wiederentdeckt) und Tunhuang.

Das größte Festungsbauwerk, die sog. Chinesische Mauer, entstand 221-10 v. Chr. unter Kaiser Ch'inshih-huang-ti (oder Shih-huang-ti) aus schon bestehenden älteren Erdwällen, erhielt aber erst in der Zeit der Ming-Dynastie (1368-1644) ihre heutige Form (Länge 2450 km, Breite 6-8 m, Höhe 11 bis 16 m).

Nach der republikanischen Revolution von 1911 trat ein tiefgreifender Wandel ein. Die europ. Stilarten wurden übernommen; so baute man z. B. den Hörsaal der Universität Nanking in einer primitiven Abart des engl. Stils des 18. Jhs. In den 20er Jahren gab es als Gegenbewegung eine sog. Chin.

Chinesische Mauer, beg. 221-10 v. Chr., voll. 1368-1644.

Renaissance. Die nach europ. Muster errichteten Bauten wurden mit dekorativen Motiven der chin. Kunst geschmückt: das Verwaltungsgebäude der Regierung in Shanghai (1930), ist dafür eines der schlechtesten, das Chung Sheng Krankenhaus, ebenfalls in Shanghai (1937), eines der besten Beispiele. Seit 1949 hat der → Internationale Stil größere Bedeutung erlangt. Die Vorliebe für einstöckige Häuser wurde zugunsten hoher Häuserblocks

◁ *› Halle der Jahreszeitengebete‹ (Ch'i-nien-tien) im sog. Himmelstempel, Peking, 1890 nach dem Original von 1540 wiedererrichtet.*

aufgegeben, doch blieb deren Höhe in Peking aus ästhetischen Gründen auf neun Stockwerke begrenzt. Nach einer Periode der Stagnation unter der Kulturrevolution widmet sich die Regierung der VR China heute in verstärktem Maße der Konservierung und Restaurierung historischer Baudenkmäler, darunter auch der buddhistischen Tempel.

R. G.

Lit.: Bushell 1905; Boerschmann '11-31, '25; Deneville '25; Newton Hayes '29; Wang '43, Sirén '49; Mizuno-Nagahiro '52; Sickman/Soper '57. Chuang-kuo-chien-chu '57. Willets '58; Boyd, A. C. H. '62; Wu '63; Gin-Dih Su '64; von Erdberg-Consten '68; Gavinelli Gibelli '76; China '74; Thilo '77; Blaser '79, '84; Dunzhen '80; Meyer-Weigelin '81; Fairbank '84; Zhuoyun '84; Chin. Arch.akademie '90.

Chinoiserie. Porzellankabinett im Schloß Charlottenburg, Berlin, voll. 1706.

Chinoiserie. Europ. Nachbildungen und freie Interpretationen chin. Kunst, die im 17. Jh. erstmals auftraten, im 18. Jh. vor allem in Frankreich, den Niederlanden, Deutschland, England und Italien sehr

Villa im Prager Stadtteil Vyšehrad, von → Chochol, 1911-13.

Chinoiserie. Chinesischer Pavillon, Potsdam, 1754-57.

beliebt waren und noch im 19. Jh. gepflegt wurden. Die Ch. drückte sich in der Innenausstattung der Räume des → Rokoko durch zarte, das Leben der Chinesen idealisierende Szenen aus, wobei die chin. Techniken der Lackmalerei und der Seidenstickerei angewandt wurden. Auch stellte man chin. Porzellan in Spiegelkabinetten auf. In der Baukunst fand die Ch. ihren Ausdruck in zahllosen → Pagoden, bei denen vor allem die chin. Dachform nachgebildet wurde. Bedeutende Chn.: Wasserpalais Pillnitz in Dresden, (1720/21); der Pavillon im Park von Potsdam (1754-57); der Pavillon von Drottningholm in Schweden (1763-69); die Palazzina Cinese im Parco della Favorita in Palermo (1799). Auch manche Innenräume des Royal Pavilion in Brighton (1802-21) zeigen Ch.n.

Lit.: Reichwein '25; Yamada '35; Erdberg '36; Honour '61; Connor '79.

Chochol, Josef (1880-1956). Nachdem C. zunächst kurze Zeit unter dem Einfluß der Wiener → Sezession und Otto → Wagners gestanden war, schuf er in den Jahren 1911-13 im Prager Stadtteil Vyšehrad Beispiele kubistisch-expressionistischer Architektur (→ Tschechoslowakei). Nach dem Ersten Weltkrieg reduzierte er die zuvor expressive Gliederung seiner Fassaden zu elementaren Formen, deren Charakter nun auch wegweisend für den Purismus in der tschechischen Architektur wurde. Auch die sowjetische Architektur (→ Sowjetunion) in den 20er Jahren verdankt ihm Anregungen. Vgl. Abb. → Kubistische Architektur.

Lit.: Chochol '13; EA '82.

Chor. Urspr. der für den gemeinsamen Gottesdienst und das Chorgebet des Klerus reservierte Platz vor dem Hochaltar von Kloster-, Stifts- und Domkirchen; erst seit dem 14. Jh. Bezeichnung für den Hochaltarraum jeder Kirche. Aussonderung eines Ch.es erfolgte erst in karoling. Zeit (8./9. Jh.) durch Einschieben eines → Ch.quadrates zwischen → Querhaus und → Apsis (St. Gallener Idealplan, um 820; Abb. → Kloster). Der Ch. ist gegenüber dem Niveau der Gemeindekirche um mehrere Stufen erhöht (wenn eine → Krypta unter dem Ch. liegt, kann diese Erhöhung bedeutend sein) und durch → Ch.schranken, seit dem 13./14. Jh. durch → Lettner, im Barock durch → Ch.gitter und → Doxale gegen den übrigen Kirchenraum abgetrennt. Der Ch. kann für Prozessionen (durch Weiterführen der → Seitenschiffe um den Ch.) von einem von ihm durch offene Bogenstellungen geschiedenen Ch.umgang umgeben sein. An diesen können halbrunde oder polygonale Ch.kapellen (→ Kapel-

Chinoiserie. Chinesischer Pavillon, Potsdam, südöstliche Vorhalle von Johann Peter Benckert und Matthias Gottlieb Heymüller, 1754-57.

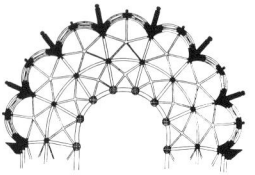

Chor. St-Denis, Paris, 1140-44.

einer Bildhauerfamilie in Barcelona, die sich auf reich geschnitzte → Altarretabel spezialisiert hatte, und setzten anfangs diese Tradition fort. Dies ist einer der Gründe für ihren eigentümlichen Architekturstil, der durch eine überreiche Flächenornamentik gekennzeichnet und heute als → Churriguerismus bekannt ist. Einige mehr fantastische und fremdartige Stilmerkmale sind wohl von der Eingeborenenkunst Mittel- und Südamerikas beeinflußt worden. *José Benito* ließ sich früh in Madrid als Retabelschnitzer nieder (z. B. der Sagrario in der Kathedrale von Segovia) und wandte sich erst 1709 der Architektur zu, als er die Pläne für die Stadt Nuevo Baztán entwarf, damals die großzügigste Stadtplanung in Spanien. Die Hauptwerke seines Bruders *Joaquín* stammen aus dem nächsten Jahrzehnt, z. B. das Colegio de Anaya und das Colegio de Calatrava in Salamanca. Der jüngste Bruder, *Alberto,* hatte das größte Talent, trat aber erst nach dem Tod der beiden älteren als selbständiger Architekt hervor. Sein erstes Werk ist die Plaza Mayor in Salamanca (beg. 1729). 1731 folgte die Kirche San Sebastián in Salamanca. Sieben Jahre später gab er seine Stellung als leitender Architekt auf und verließ

Chorschranken. Kathedrale Albi, beg. 1282.

Chörlein am Sebalder Pfarrhof, Nürnberg, nach 1361.

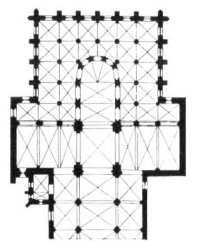

Chorquadrat. Zisterzienserkirche Lilienfeld, gew. 1230.

lenkranz) angefügt sein, eine Lösung, die seit St. Martin in Tours im 10. Jh. ein Merkmal der frz. → Romanik wurde, während die dt. Romanik in den großen Domen die doppelchörige Anlage mit Ost- und Westchor kennt, in der der Dualismus von Reich und Kirche in Deutschland zum Ausdruck kommt. In der → Gotik wird der Ch. bedeutend vergrößert, und die Trennung von Ch. und Apsis entfällt ganz.
Lit.: Cabrol-Leclerq '16; Dehio-von Bezold '69 f.

Chorgitter. Seit dem 17. Jh. häufig Abschluß des → Chores gegen den Gemeinderaum durch ein kunstvoll gestaltetes Gitter, das den → Lettner ersetzt. Das Ch. gibt im Gegensatz zum Lettner den Blick zum → Altar frei.

Chörlein. Erkerartiger Anbau an ma. dt. Burgen, Rathäusern und Wohnbauten, der der Andacht diente, oft mit einem kleinen Altar versehen.

Chorquadrat. 1. Ein quadrat. → Chor. – **2.** Ein quadrat. → Joch zwischen → Vierung und polygonalem oder halbkreisförmigem Chorabschluß bzw. → Apsis.

Chorschranken. Schranken, die den für den Klerus bestimmten Platz vor dem Hochaltar, später den → Chor, von dem den Laien zugänglichen Kirchenraum abteilen. Die Ch. sind meist aus Stein und umziehen bei Chören mit → Chorumgang als mannshohe und höhere Abschlüsse den Chor.

Chörten, der; auch: Tschorten. Symbolische Reliquienschreine des tibetischen Buddhismus in Tumulusform. → Stupa, → Tibet, → Nepal.

Chorturm. Turm über dem → Chorquadrat oder ein Turmpaar zu beiden Seiten des → Chores, wodurch eine dem → Westwerk entsprechende Baugruppe im Osten entsteht.

Chorumgang. → Chor.

Churriguera, José Benito (1665-1725). Der älteste von drei Brüdern, die alle Architekten waren; die anderen: *Joaquín Churriguera* (1674-1726) und *Alberto Churriguera* (1676-1750). Sie stammten aus

Churriguerismus. Sakristei der Cartuja von Granada, beg. 1727.

Salamanca. Seine letzten Arbeiten sind zwar klein, gehören aber zu seinen besten, z. B. die Pfarrkirche in Orgáz (1738) und Portal und Fassade der Kirche Maria Himmelfahrt in Rueda (1738-47).
Lit.: Kubler '57; Kubler-Soria '59.

Churriguerismus. Der verschwenderische, überladene Stil, wie ihn die Familie der → Churrigueras prägte; bezeichnet jedoch häufig die gesamte, üppiger dekorierte spätbarocke Architektur Spaniens und Lateinamerikas (insbesondere → Mexikos). In Spanien fand dieser Stil besonders in Kastilien Verbreitung; seine besten Vertreter waren hier → Ribera und → Tomé.
Lit.: Pla Dalman '51.

CIAM (Congrès Internationaux d'Architecture Moderne). Nach dem Erfolg der Weissenhof-Ausstellung Stuttgart (1927) auf Anregung von Hélène de Mandrot, Siegfried Giedion und → Le Corbusier auf Schloß La Sarraz in der Schweiz gegründete Vereinigung international angesehener Architekten, die durch einen jährlichen Gedankenaustausch aktuelle Probleme der modernen Architektur zeitgemäßen Lösungen näherbringen wollten. Insbes. wurden neue Möglichkeiten der Stadtbaukunst diskutiert und in Manifesten formuliert, darunter die → Charta von Athen, 1933.
Lit.: Hatje '63; Steinmann '79.

Ciborium (Ziborium), das (lat.). **1.** Ein steinerner, auf Säulen ruhender, runder, quadratischer oder polygonaler Altarüberbau in Form eines → Baldachins, urspr. nur über solchen → Altären, die über einem Heiligengrab errichtet wurden, später jedoch allg. zur Hervorhebung eines Altars oder auch einer → Lettner→kanzel. Zwischen den Säulen hingen in frühchristl. Kirchen Vorhänge herab. Sehr berühmt ist das C. über dem Hochaltar und der Confessio (→ Krypta) von St. Peter in Rom von → Bernini. – **2.** C. wird auch der Deckelkelch für die geweihte Hostie genannt. → Tabernakel.

Cimborio, das. Span. Terminus für eine → Laterne über dem Vierungsturm (→ Vierung) oder eine andere Turmkonstruktion über dem Dach, durch die Licht in den Kirchenraum fällt.
Lit.: Cabrol-Leclerq '16; Braun-Eggert in RD 24, ›Altar‹.

Cino, Giuseppe (1644-1722). Ital. Architekt und Geschichtsschreiber aus Lecce. C. erbaute dort die barocken Kirchen Madonna del Carmine (1711) und S. Chiara (1687-91) und gestaltete die Fassade von SS. Nicola e Cataldo (1716). → Zimbalo.
Lit.: Argan '57a; Wittkower '58; Calvesi-Manieri Elia '66.

Cinquecento, das (ital.: 500, Abkürz. für 1500). Das 16. Jh. in → Italien. Kunstgeschichtl. Terminus für die ital. Kunst der Hochrenaissance.

Circus. 1. → Zirkus. – **2.** In der engl. Baukunst des 18. Jhs. eine ganz oder annähernd kreisförmig angeordnete, einheitlich gestaltete Häuserreihe, die einen Platz umschließt, wie The Circus von J. → Wood d. Ä. in Bath (1754f., Abb. → Crescent). In der heutigen engl. Stadtplanung ein runder Platz.
Lit.: Green '04; Ison '48; Summerson '49b.

Ciriani, Henri → *Nachträge.*

Clason, Isak Gustaf (1856-1930) → Skandinavien.

Classical Style. In Großbritannien geläufige Beziehung für den Stil von Bauwerken, die im Ausdruck oder in Details an die Antike anknüpfen; auch dort, wo man in Deutschland von karolingischer, ottonischer Renaissance, Protorenaissance usw. spricht, nicht bei Gebäuden, die dem → Klassizismus zuzurechnen sind.

Clérisseau, Charles-Louis (1721-1820). Frz. Zeichner und Architekt des → Klassizismus, übte durch seine Schüler und Gönner, wie → Chambers, Robert und James → Adam und Jefferson großen Einfluß aus. Er fertigte auch Entwürfe (nicht ausgeführt) für Katharina d. Gr. an. Seine Bauten, z. B. der Justizpalast in Metz (1776-89), wirken einfallslos.
Lit.: Hautecœur '12, VI; Graf Kalnein-Levey '73.

Clerk, Simon (gest. ca. 1489). Seit spätestens 1445 Baumeister von St. Edmunds Abbey in Bury, des Eton College ca. 1455-60 (als Nachfolger seines Bruders *John Clerk*) und von King's College Chapel in Cambridge 1477-85. Von seinen Bauten in Bury ist nichts erhalten geblieben. In Eton und Cambridge führte C. schon begonnene Werke weiter, plante also nichts selbst. Er sei hier als Beispiel dafür angeführt, daß vorzüglichen Baumeistern die Leitung von Bauten an verschiedenen Orten übertragen werden konnte.
Lit.: Evans, J. '49; Harvey, J. '54.

Cluny. 910 in Burgund gegründetes Kloster (→ Frankreich). Von hier ging die Reform des Benediktinerordens und, während des 11. Jhs., die militante Politik der Kirche aus. So war Papst Urban II., der Europa zum Ersten Kreuzzug aufrief, Mönch im Kloster Cluny, das auch noch weitere Päpste, wie z. B. Gregor VII. und Paschalis II. stellte. Im frühen 12. Jh. war die Klosterkirche von Cluny, von der wenig erhalten geblieben ist, die größte in ganz Europa. Sie war im typisch burgundischen Stil erbaut. Doch dieser Stil war nicht, wie im Falle von Cîteaux (→ Zisterzienserbaukunst), verpflichtend für die Ablegerklöster; diese zeigten je nach Land und Region eine ganz eigenständige Bauweise. Zu den bekanntesten Kluniazenserbauten gehören La-Charité-sur-Loire, Vézelay, St-Martial in Limoges, Moissac und St-Martin-des-Champs in Paris. In England war Lewes das Hauptkloster, in der Schweiz Romainmôtier und Payerne, in Deutschland war das Zentrum → Hirsau. Um 1200 hatte der Orden etwa 1500 Niederlassungen.
Lit.: Oursel '28; Evans, J. '38; Conant '59; Eschapasse '63.

Clutton, Henry (1819-93) → Bentley; → Burges.

Coade Stone (engl.). Ein künstlich hergestellter Gußstein, der im 18. Jh. von einer engl. Firma erfunden und mit viel Erfolg auf den Markt gebracht wurde. Die Steine dieser Firma – Coade & Sealy in London – wurden bis in das 19. Jh. in England für alle Ornamentarten verwendet; auf dem Kontinent fand das Verfahren Nachahmung.
Lit.: Davey '65.

Ciborium. San Juan de Duero, Soria, Spanien, 2. Hälfte 12. Jh.

Cluny III, 12. Jh. Rekonstruktion.

Cluny III, 12. Jh. Rekonstruktion.

Landsitz Sezincote, Gloucester-shire, von Samuel Pepys → Cockerell, 1803.

Coates, Wells → Wells, Coates.

Cockerell, Charles Robert (1788-1863). C. wurde als Sohn S.P. → Cockerells in London geboren, lernte bei seinem Vater und wurde Mitarbeiter von Sir Robert → Smirke. Von 1810-17 war er auf Reisen, zuerst in Griechenland, Kleinasien und Sizilien, später in Italien. Er zeigte lebhaftes Interesse an der Archäologie und beherrschte einige klass. und mod. Sprachen. In Griechenland war er bei den Ausgrabungen von Ägina und Bassai tätig. C. verband seine Leidenschaft für das griech. Altertum mit echter Bewunderung für → Wren; das Ergebnis zeigt sich in seinem Stil, der ein engl. Gegenstück zum Stil der Ecole des Beaux-Arts in Paris um 1840 ist: großartiger als die Bauweise der vorhergehenden Jahre, mit einer Vorliebe für → Kolossalordnungen und gelegentlichen Verstößen gegen die Tradition, doch noch absolut diszipliniert. C. war ein ›architects architect‹, und → Pugin haßte ihn leidenschaftlich. Nur auf wenige seiner vielen Bauten kann hier verwiesen werden: die Universitätsbibliothek (heute Law Library) von Cambridge (1836-42) mit schön kassettiertem Tonnengewölbe, das Taylorian (heute Ashmolean) Institute in Oxford (1841-45), Gebäude für mehrere Zweigstellen der Bank von England, deren Hausarchitekt C. 1833 wurde, ferner eine Reihe von Versicherungsbauten. C. war Prof. für Architektur an der Royal Academy in London, erster Träger der Goldmedaille des Royal Institute of British Architects und Mitglied der Akademien von Paris, Rom, München, Kopenhagen etc. Er verfaßte auch eine Schrift über die Ikonographie der Westfassade der Kathedrale von Wells.

Lit.: Summerson ’53; Colvin ’54; Hitchcock ’54; Mordaunt Crook ’72 b; Watkin ’74.

Cockerell, Samuel Pepys (1754-1827). Begann zusammen mit → Nash in → Taylors Architektenbüro. C. wurde leitender Architekt vieler großer Bauvorhaben, so bei Bauten der East India Company, der Admiralität, an der St. Pauls Kathedrale und dem Findelhaus in London; berühmt machte

San Michele in Isola, Venedig, von → Codussi, voll. 1480.

ihn jedoch sein phantasievoller Landsitz Sezincote (1803), das erste Bauwerk im ind. Stil in England. In anderen Bauten zeigen sich frz. Einflüsse, die aber in selbständiger Weise weiterentwickelt wurden, wie bei dem Westturm von St. Anne, Soho in London. 1792 stellte er die Kirche in Tickincote im norman. Stil (→ Großbritannien) wieder her und nahm damit den Restaurierungsgedanken des 19. Jhs. vorweg.

Lit.: Summerson ’53; Colvin ’54.

Codussi (Coducci), Mauro di Martino (ca. 1440 bis 1504). Führender venez. Architekt des späten 15. Jhs. Geb. in Lenna bei Bergamo, ließ sich gegen 1469 in Venedig nieder und vereinigte in seinen Werken (wie sein Rivale → Lombardo, aber weniger erfolgreich) den venez.-byzant. Stil, der durch reiche Flächendekoration und geheimnisvolle Raumwirkungen gekennzeichnet ist, mit der → Renaissance. Sein erstes bekanntes Werk ist S. Michele in Isola (ca. 1468-80), die erste Renaissance-Kirche Venedigs. Ihre Fassade geht auf → Albertis Tempio Malatestiano zurück, schließt aber mit einem halbkreisförmigen Giebel venez.-byzant. Herkunft ab. Zwischen 1480 und 1500 vollendete C. die Kirche

San Zaccaria, Venedig, voll. von → Codussi, zwischen 1480 und 1500.

S. Zaccaria, gegliedert von zahlreichen Geschossen mit Säulen und Nischen und antikisierender Ornamentik in höchst unklass. Überfülle. S. Giovanni Crisostomo (1497-1504), die erste Kirche mit zentriertem Grundriß in Venedig, ist verhaltener. C.s bedeutendster Profanbau ist der Palazzo Vendramin-Calergi (ca. 1500) mit Rundbogenfenstern und reicher Marmorverkleidung. Abb. → Lombardo; → Renaissance; → Treppe.

Lit.: Willich-Zucker ’29; Lorenzetti ’26; Angelini ’45, ’54; Carboneri ’64; Puppi, L. ’77, ’80; McAndrew ’80.

Coemeterium, das (lat.: Schlafkammer). Zunächst die frühchristl. Begräbnisstätte in einer → Katakombe, später allg. für Friedhof.

Coignet, François → Beton.

Merzschule, von COOP Himmelblau, 1981 ff.

Cointeraux, François (geb. 1740) → Lehmarchitektur.

Cola di Mateuccio da Caprarola (tätig 1494-1548) → Leonardo da Vinci.

Colonia, Juan, Simón, Francisco → Simón de Colonia.

Colonial Style (Kolonialstil). Ein hauptsächlich von England und Holland beeinflußter Architekturstil in den → USA, der in der Zeit zwischen der Gründung der ersten europ. Niederlassungen und dem Unabhängigkeitskrieg die nordamerik. Baukunst prägte.
Lit.: Kimball '22, '28; Hamlin '44; Morrison '52, Whiffen '69; Pierson '70.

Colonial Style. Straße in Nantucket, Mass., USA.

Columna Rostrata, die (lat.: geschnäbelte Säule). In der röm. Baukunst eine bei Feiern von Seesiegen aufgestellte Gedenksäule, die mit den Schiffsschnäbeln gekaperter feindlicher Schiffe geschmückt war. Das 19. Jh. hat diese Säulenform für seinen Denkmalskult wieder aufgegriffen (Tegetthoff-Denkmal in Wien).

Conder, Josiah (1852-1920) → Japan.

Constant d'Ivry, Pierre (1698-1777) → Vignon.

Contamin, Victor (1840-98) → Ausstellungsarchitektur.

Cook, Peter (geb. 1936) → Archigram.

COOP Himmelblau. 1968 gegründetes Team der Architekten Wolf D. Prix (geb. 1942), Helmut Swizinsky (geb. 1944), Rainer Michael Holzer (ausgeschieden 1971). Parallel zu → Haus-Rucker-Co., zu → Archigram, den jap. → Metabolisten und den Studenten der Revolte von 1967/68 schufen sie unter dem Einfluß von → Hollein in den 60er Jahren aufblasbare → pneumatische Apparate (Wolke, Villa Rosa, Raum im Koffer u. a.), die aus der ›Un-

wirtlichkeit der Städte‹ (Mitscherlich) herausführen und ein neues Lebensgefühl vermitteln sollten, schwebend, leicht und veränderbar wie eine Wolke im Blau des Himmels. In den 70er Jahren wandte sich ihr Zorn gegen das neue Biedermeier der → Postmoderne, und sie schufen demonstrative, brennende Projekte (Reissbar, Flammenflügel, Hot Flat u. a.). Neuere Werke: Studio Kon'yo Shen te, Tokio 1986; Direktionsetage Iso-Holding AG 1986, Bar Roter Engel 1980/81, Passage Wahliss 1986, Dachausbau Falkestraße 1984-89 (Abb. → Dekonstruktivismus) – alle in Wien; Funderwerk III, St. Veit 1988.   W. R.
Lit.: COOP Himmelblau '80, '83, '90; Prix/Swiczinsky '90; Feuerstein u. a. '91.

›Villa Rosa II‹, von → COOP Himmelblau, um 1965.

Corazzi, Antonio (1792-1877) → Polen.

Corbel Table (engl.). Auf Kragsteinen ruhender Mauervorsprung. An norman. Bauten häufig anzutreffende Reihe von Kragsteinen (Corbels), die direkt unter der Traufleiste (→ Traufe) verläuft.

Cordemoy, J. L. de (17./18. Jh.). Frz. Theoretiker des frühen → Klassizismus. Man weiß von ihm nur, daß er Priester (Prior von St-Nicolas in La-Ferté-sous-Jouarre) war. Er ist nicht, wie manchmal behauptet wird, mit L. G. de Cordemoy (1651-1722) identisch. In seinem ›Nouveau traité de toute l'architecture‹ (1706) vertrat er als erster die Ansicht, daß in der Architektur Gediegenheit und Einfachheit zu herrschen haben, und betonte besonders, daß die Bestimmung eines Gebäudes in der Form zum Ausdruck kommen müsse (Bienséance). Er nahm Ideen von → Laugier und → Lodoli, die er wahrscheinlich beeinflußte, vorweg.
Lit.: Cordemoy 1706; Kaufmann '23-24; Schlosser '24; Herrmann '62; Middleton '62.

Columna Rostrata.

Colonial Style. Haus Page, Annfield, Berryville, Virginia, 1790.

Coro, der. → Trascoro.

Corps de logis, das (frz.). Das auch baulich gegenüber den Seitenflügeln und Pavillons hervorgehobene Hauptgebäude des barocken → Schlosses.

Correa, Charles Mark (geb. 1930) → Indien, Sri Lanka, Pakistan; Abb. → Städtebau.

Cortile, der (ital.: Hof). Meist ein von Arkaden umgebener Innenhof.
Lit.: Delmann '27; de Ruyt '48.

Cortona, Pietro da, eigentl. Pietro Berrettini (1596 bis 1669). Maler und Architekt, wurde in der Baukunst des röm. → Barock nur von → Bernini übertroffen. Geb. in Cortona als Sohn eines Steinmetzen, lernte bei dem wenig bekannten Maler Commodi, ging mit ihm um 1612 nach Rom und ließ sich dort nieder. Er kann in der Architektur allenfalls eine oberflächliche Ausbildung erhalten haben. Zuerst wurde er von der Familie Sacchetti gefördert, für die er die Villa del Pigneto (1626 bis 36, heute zerst.) – ein Markstein im Villenbau – entwarf, dann von Kardinal Francesco Barberini und dessem kultiviertem Kreis. Von nun an erhielt er Aufträge für Bauten mitsamt Ausmalung. Sein erstes bedeutendes Bauwerk, SS. Martina e Luca in Rom (1635-50) ist auch die erste große, sehr persönliche und vollkommen homogene Barockkirche. Sie ist ein einheitlicher, plastisch durchgestalteter Organismus mit einem einzigen dynamischen, alles durchdringenden Grundthema. Besonders bemerkenswert ist die lebendige Wirkung der großen Wandflächen, die von → kolossalen Säulen aufgelockert werden. Diese Säulen sollen nicht, wie in der → Renaissance, Seitenaltäre umrahmen oder den Raum klar gliedern, sondern die Plastizität des Raumes erhöhen. Die Dekoration ist überreich, manchmal exzentrisch (z.B. die wildgeschwungenen Formen der Kassettierung der Kuppel), hie und da vom florent. → Manierismus beeinflußt. Im Gegensatz zu → Bernini verzichtet C. ganz auf Figurenschmuck und Farben, seine Innenräume sind mit Ausnahme der Deckenmalereien weiß.

Die konkaven und konvexen Formen der Fassade von S. Maria della Pace in Rom (1656-57) sind typisch barock. Individueller ist seine szenische Gestaltung der Piazza vor der Kirche, die er wie den Zuschauerraum eines Theaters behandelt hat: die Seitenportale der Kirche sind wie Bühnentüren, die den Platz flankierenden Häuser die Logen. Die allmähliche Ausschaltung manier. Stilelemente und das Streben nach röm. Einfachheit, Würde, Monumentalität werden in der Fassade von S. Maria in via Lata in Rom (1658-62) sichtbar. Ein Vergleich zwischen seinen Früh- und Spätwerken veranschaulicht seine Entwicklung vom Exzentrischen und Komplizierten, von überschäumender Dekorationslust zu ruhiger klass. Großartigkeit, wie sie besonders an der Kuppel von S. Carlo al Corso in Rom (beg. 1668) zum Ausdruck kommt. Die meisten seiner größeren, ehrgeizigeren Entwürfe wurden nicht verwirklicht (Chiesa Nuova di S. Filippo in Florenz; Palazzo Chigi in Rom; Louvre in Paris). Obwohl er als Architekt ebenso bedeutend war wie als Maler, betrachtete er selbst die Architektur nur als Zeitvertreib.
Lit.: Muñoz '21; v. Below '32; Argan '57a; Wittkower '58; Portoghesi '66b; Cortona '78.

SS. Martina e Luca, Rom, von → Cortona, 1635-50.

S. Maria della Pace, Rom, von → Cortona, 1656-57.

Cosmatenarbeit. Dekorative Marmoreinlegearbeit, zuweilen unter Verwendung von Mosaiksteinen, Glas, Goldauflagen u.a. in der ital. Baukunst des 12.-14. Jhs., vornehmlich bei Tabernakeln, Kanzeln, Chorschranken, Altären u.a., besonders in den Städten Rom und Neapel und deren Umgebung. Der Name wurde von röm. Künstlern jener Zeit, bei denen der Vorname Cosmas sehr häufig vorkam und die deshalb unter dem Sammelnamen ›Cosmaten‹ bekanntgeworden sind, auf deren Marmorarbeiten übertragen.
Lit.: Hutton '50.

Cosmatenarbeit. Basilica di San Lorenzo fuori le mura, Rom.

Costa, Lúcio (geb. 1902). Brasilianischer Architekt und Stadtplaner, 1930-31 Zusammenarbeit mit → Warchavchik, Mitarbeit am Ministerium für Erziehung und Gesundheit, Rio de Janeiro, 1937-43. Ein Beispiel seiner ausgezeichneten Bauweise sind die Wohnblöcke im Eduardo Guinle Park in Rio de Janeiro (1948-54). Als Stadtplaner wurde C. über Nacht berühmt, als er 1957 den Wettbewerb für Brasilia, die neue Hauptstadt von Brasilien, gewann. Der Plan gleicht in seiner Form einem Pfeil mit Bogen, oder einem Vogel, wobei der Platz mit

Wohnblock am Guinle-Park, Rio de Janeiro, von → Costa, 1948.

den beiden Parlamentsgebäuden den Kopf bildet, der Bahnhof mit dem Industrieviertel den Schwanz. Dort, wo die gerade Achse vom Regierungsviertel zum Bahnhofsviertel sich mit der Flügelachse schneidet, liegen die großen Hotels, die Banken und auch das Kulturzentrum. Die langen geschwungenen Flügel sind für die Wohnsiedlungen bestimmt; sie sind in große Quadrate, ›superquadre‹ genannt, aufgeteilt, deren jedes in lockerer Anordnung hohe Mietsblöcke, Schulen, Kirchen usw. umfaßt. → Idealstadt; → Niemeyer; Abb. → Brasilien.

Lit.: Godwin, Ph. '43; Zevi '50b; Mindlin '57; Gazaneo-Scarone '59; Benevolo '60; Bracco '67; Bullrich '69; CA '80.

Cottage, das (frz./engl.: Landhaus). Seit der 2. Hälfte des 19. Jhs. gebräuchlich als Bezeichnung für Landhäuser; auch für Villen im Vorstadtbereich.

Lit.: Papworth 1818-32; Downing 1842, 1849, 1850; Allen '19.

Cottage orné. Blaise Hamlet, von → Nash, 1811.

Cottage orné, das (frz./engl.). Ein künstlich rustikal gestaltetes Landhaus, meist asym. angelegt mit Rieddach, dekorativer Holzverschalung und roh bearbeiteten Holzsäulen. Das C. o. entstand in England während des späten 18. und frühen 19. Jhs.

aufgrund der Begeisterung für das Malerische. In Blaise Hamlet schuf → Nash ein ganzes Dorf mit solchen Häusern (1811). Das C. o. diente oft nur zur Verschönerung eines Parks, als Pförtner- oder Landarbeiterhaus; einige Adlige ließen sich solche Häuser jedoch auch in großem Stil errichten. In Papworths ›Designs for Rural Residences‹ (1818) finden sich zahlreiche Beispiele.

Lit.: Papworth 1818-32.

Cotte, Robert de (1656-1735). Frz. Architekt des frühen → Rokoko, maßgeblich beteiligt an der Ausbreitung des frz. Architektur- und Dekorationsstils (Régence), besonders in Deutschland. Er begann unter seinem Schwager J. → Hardouin-Mansart, der ihm seine Stellung begründen half und dessen Nachfolge als ›premier architecte du Roy‹ er 1709 antrat. Von 1700 an baute er viele Pariser → Hôtels, deren wichtigste erhalten sind: das Hôtel de Bouvallisa (ca. 1717) und das von ihm umgebaute Hôtel de la Vrillière (urspr. von François → Mansart), dessen → Galerie (etwa 1719) ein Meisterwerk des Rokoko ist. Er arbeitete auch viel außerhalb von Paris (z. B. Palais Rohan in Straßburg) und wurde häufig von dt. Bauherrn um Rat gebeten, z. B. bei der Erweiterung des Bonner Schlosses und des Schlosses Clemensruhe in Bonn-Poppelsdorf, doch wurden nicht alle seine Entwürfe und Ratschläge akzeptiert (z. B. beim Schloß Brühl, Schloß Schleißheim und bei der Würzburger Residenz).

Lit.: Kimball '43; Hautecœur II; Graf Kalnein-Levey '73; Neumann, R. M. '80.

Cour d'honneur, der. Frz. Ausdruck für → Ehrenhof.

Couture, Guillaume-Martin (1732-99) → Vignon.

Covarrubias, Alonso de (1488-1570). Span. Bildhauer und Baumeister, arbeitete als Bildhauer in einem klaren Frührenaissancestil (→ Renaissance), bei konstruktiv bedingten Bauteilen hielt er jedoch an der → got. Tradition fest. Tritt erstmals 1512 als einer der neun Gutachter für die Kathedrale von Salamanca in Erscheinung, was beweist, daß er schon früh anerkannt war. Seit 1515 arbeitete er an der Ausstattung der Kathedrale von Sigüenza. Von der Piedad-Kirche in Guadalajara (1526) stehen nur noch Ruinen, doch die Capilla de Reyes Nuevos in der Kathedrale von Toledo (1531-34), ein reizvolles Werk, ist vollkommen erhalten. Etwa um 1530 errichtete er die schöne Treppenanlage des Erzbischöfl. Palastes in Alcalá und die Sakristei in Sigüenza (1532-34) mit einem reichgestalteten Tonnengewölbe (→ Gewölbe I). Er war Baumeister der Kathedrale von Toledo und Architekt der kgl.

Lúcio Costa.

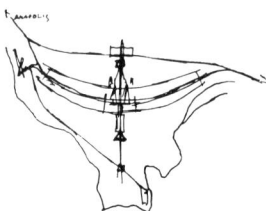

Entwurf für Brasilia, von Costa, 1957.

Wanddekoration der Goldenen Galerie des Hôtels de Toulouse (heute Banque de France), Paris, von de → Cotte, 1714-19.

Santa Eufemia aus dem Retabel der Santa Librada, Kathedrale Sigüenza, von → Covarrubias, 1515-18.

Kloster San Juán de los Reyes, Toledo, von → Covarrubias.

Luftaufnahme von Bath mit dem Circus von → Wood d.Ä., beg. 1754, und dem Royal Crescent von → Wood d.J., 1767-75.

Royal Crescent, Bath, von → Wood d.J., 1767-75.

Schlösser (1537 ff.), führte auch Erweiterungsarbeiten am Alcazár in Toledo durch.

Lit.: Chueca Goitia '53; Kubler-Soria '59.

Cram, Ralph Adams (1863-1942). Amerikanischer Architekt, auf dessen Betreiben hin der → got. Baustil wieder vermehrt für Kirchenbauten Verwendung fand. C. studierte in Boston und war dort Architekturkritiker und Verfasser von Aufsätzen: u. a. ›Impressions of Japanese Architecture‹ (1906), ›The Gothic Quest‹ (1907). 1888 Gründung seines Architektenbüros und Partnerschaft mit *Wentworth*, später mit *Goodhuc*. C. ist auf Grund seiner kirchl. Bauten erwähnenswert. Sein bedeutendster Kirchenbau ist die Bostoner Kathedrale St. John the Divine (1915-41).

Lit.: Cram '17, '30; Daniel '80; Muccigrosso '80; EA '82.

Crescent (engl.: Halbmond). Bezeichnung für eine halbkreisförmig angeordnete, einheitlich gestaltete Häuserreihe. Im Gegensatz zum → Circus 2 bildet der C. eine Platzwand, die sich zur Landschaft hin

öffnet. Für ihn findet sich ein hervorragendes Beispiel in Bath im Royal Crescent, erbaut von J. → Wood d.J. (1761-5). → Mietshaus.

Lit.: Green '04; Ison '48; Summerson '63.

Cret, Paul (1876-1945). Frz.-amerik. Architekt und – in der Tradition der → Ecole des Beaux-Arts stehend – Lehrer an der University of Pennsylvania,

Palazzo Strozzi, Florenz, von → Cronaca, 1497-1507.

wo → Kahn sein bedeutendster Schüler wird. Von seinen Bauten seien hier nur der mit tropischen Pflanzen geschmückte Patio der Pan American Union, Washington, erwähnt.

Crompton, Dennis (geb. 1935) → Archigram.

Cronaca, eigentl. Simone del Pollaiuolo (1457 bis 1508). Geb. in Florenz, studierte er von ca. 1475-85 in Rom, bes. antike Bauwerke. Ab 1495 war er Dombaumeister in Florenz. Am Palazzo Strozzi, einem Hauptwerk → Benedettos da Maiano, war C. von Anfang an beteiligt (beg. 1489, fortgeführt von C. ab 1497). Das mächtige, die Fassade bestimmende Hauptgesims, sowie die majestätische Hofgestaltung sind Arbeiten von C. nach dem Tode Benedettos (um 1500). Als sein Hauptwerk gelten jedoch S. Salvatore, bzw. S. Francesco al Monte, das schon von → Michelangelo wegen seiner edlen Proportionen gerühmt wurde (1504 voll.). C. war ein Vertreter der von → Brunelleschi eingeschlagenen Richtung der → Renaissance, wie z. B. auch Giuliano da → Sangallo.

Lit.: Venturi VIII; Paatz '54; Pampaloni '63; Heydenreich-Lotz '74.

Wohnblock, Bromley, Kent, von → Cullinan, 1974-79.

cubiculum (lat.), Grabkammer in röm. → Katakomben für mehrere Mitglieder einer Familie, der abendld. Familiengruft entsprechend.

Cullinan, Edward (geb. 1931) → Großbritannien.

Culot, Maurice → ARAU.

Cumberland, W. Frederick (1821-81) → Kanadische Architektur.

Curjel, Robert (1859-1925) → Schweiz.

Curtain Wall, die (engl.: Vorhangfassade). Terminus technicus für eine nichttragende Wand, die dem tragenden Gerüst eines → Skelettbaues vorgehängt wird, um das Gebäude zu verkleiden. Es gibt für die C. W. viele Möglichkeiten, sowohl vom Material her – Aluminium, Stahl, Glas, Kunststoffe – als auch von der Montage her – Zusammenbau an der Baustelle bzw. Montage von geschoßhohen und variabel breiten Plattenelementen (→ Präfabrikation).
Lit.: Dudley Hunt '58; Schaal '61; Gockell '64.

Curtain Wall. Hallidie Building, San Francisco, von Willis Jefferson Polk, 1915-18.

Cuvilliés, François d. Ä. (1695-1768). Einer der hervorragendsten süddt. Rokoko-Architekten. Empfing zwar vom frz. → Rokoko Anregungen, doch sind seine Dekorationen viel lebendiger und reicher. Die Amalienburg im Nymphenburger Park in München (1734-39), kann man in ihrer leichten Eleganz, ihrer verfeinerten Anmut als das Meisterwerk der Profanbaukunst des Rokoko bezeichnen. C. wurde in Soignies-en-Hainaut (Hennegau, Belgien) geb., trat 1708 in die Dienste des im Exil lebenden Kurfürsten Max Emanuel von Bayern, reiste mit ihm als Hofzwerg durch Frankreich und begleitete ihn 1714 bei seiner Rückkehr nach München. Er begann seine Laufbahn als Militärarchitekt und zeigte so viel Talent, daß er 1720-24 nach Paris geschickt wurde, um dort Architektur zu studieren. 1725 wurde er zusammen mit → Effner als Hofarchitekt in München angestellt. An Stelle von

Mittelsaal der Amalienburg, München, Deckenstück.

Amalienburg, München, von → Cuvilliés d. Ä., 1734-39. Mittelsaal, Ausstattung von Joh. Baptist Zimmermann und Joachim Dietrich.

→ Schlaun wurde er 1728 vom Kurfürsten Clemens-August von Köln, dem Sohn Max Emanuels, als Architekt für das Schloß Brühl bei Köln berufen, wo er u. a. den schönen Pavillon Falkenlust entwarf. Sein erstes Werk in Bayern waren die unter Max Emanuel von Effner 1726 begonnen, 1729 durch einen Brand teilweise zerst. Dekorationen der ›Reichen Zimmer‹ in der Münchner Residenz (1729-37, 1944/45 teilweise zerst.). 1733 lieferte er Entwürfe für die Abteikirche von Schäftlarn (nicht ausgeführt) und für das Palais Holnstein (heute Erzbischöfl. Palais) in München. Die Amalienburg entstand 1734-39, ein eingeschossiges Bauwerk mit einem großen, kreisförmigen Saal, dessen konvexes Herausschwingen die elegante Linie der Gartenfassade bewirkt. Die versilberten Dekorationen aus geschnitztem Holz und Stuck (Joh. Baptist → Zimmermann, Joachim Dietrich) in den Haupträumen sind von anmutiger Zartheit; die subtilen Farbklänge – milchblau im Mittelsaal, zitronengelb in einem Seitenraum, strohgelb in dem anderen – sind sorgsam aufeinander abgestimmt (Pasqualin Moretti). 1747 lieferte C. Pläne für Schloß und Garten Wilhelmstal bei Kassel (von S. L. → Du Ry erb.). Das Residenztheater in München (1751-53; 1944 demontiert, 1958 an anderer Stelle der Residenz mit der Bezeichnung Cuvilliés-Theater wiederaufgebaut), eine der letzten sorglosen Schöpfungen verfeinerter Rokokokunst, war auch sein letztes größeres Werk. Vorzüglich gestaltete Putten, → Karyatiden, → Girlanden, → Trophäen mit Musikinstrumenten und überschäumende → Kartuschen charakterisieren den ungezwungenen Stil dieses

Amalienburg, München, von → Cuvilliés d. Ä., 1734-39.

Bauwerks. In den Jahren 1755/56 zweiter Parisaufenthalt und Besuch der Architektenschule von J. F. → Blondel. 1767 vollendete C. die Fassade der Theatinerkirche St. Kajetan in München unter der Mitwirkung seines Sohnes, François → Cuvilliés d. J.

Altes Residenztheater (Cuvilliés-Theater), München, von → Cuvilliés d. Ä., 1751-53.

(→ Barelli). Er veröffentl. 1738 ein ›Livre de cartouches‹ und gab mit seinem Sohn, François Cuvilliés d. J. die ›Ecole d'Architecture Bavaroise‹ heraus (1731-77). Abb. → Rokoko; → Zimmermann.
Lit.: Cuvilliés 1738, 1745; Braunfels '38; Hempel '65; Wolf, F. '67; Braunfels '86.

Cuvilliés, François d. J. (1731-77). Architekt und Theoretiker im Dienste des bayer. Hofes. Nach dem Tod seines Vaters entstand 1768-77 C.s wichtiges Traktat: ›Von den architectonischen Ordnungen‹, worin er eine klare, vom → Klassizismus beeinflußte Stellung vertritt. Dem Architekten C. werden u. a. die Pläne zur Benediktinerkirche in Asbach (Niederbayern), sowie Fassadengestaltungen in München zugeschrieben (z. B. am Rindermarkt).
Lit.: Schnell '61; Wörner '79.

Cuypers, Petrus Josephus Hubertus (1827-1921). Der bedeutendste holländ. Architekt des 19. Jhs., studierte an der Antwerpener Akademie, wurde 1850 Stadtarchitekt in Roermond und gründete hier 1852 eine Werkstatt für christl. Kunst. 1865 ging er nach Amsterdam, wo er seine berühmtesten Bau-

werke errichtete: das Rijksmuseum (1877-85) und den Hauptbahnhof (1881-89). Beide Backsteinbauten gehen auf die in den Niederlanden heimische nord. → Renaissance zurück, sind aber im Gegensatz zu anderen in diesem Stil gebauten Werken maßvoll und frei von Übertreibungen. C. baute viele Kirchen im → neugot. Stil, einige seien hier aufgeführt: St. Katharina in Eindhoven (1859), St. Willibrord und die Herz-Jesu-Kirche in Amsterdam (1864-66 und 1873-80), St. Bonifatius in Leeuwarden (1881), St. Vitus in Hilversum (1890-92) und die Kirche in Steenbergen (1903). Er restaurierte und erweiterte auch die Burg von Haarzuylen (1894-96) und erbaute den neuromanischen Ostturm des Mainzer Domes an der Stelle des baufälligen gotischen.
Lit.: Cuypers '17; Hitchcock '58.

Grüne Galerie in der Münchner Residenz, von Cuvilliés d. Ä., 1733-34.

D

Dach. Als oberer Abschluß eines Gebäudes hat das D. die Aufgabe, gegen Witterungseinflüsse zu schützen. Als nie fehlender Bestandteil des benützbaren Gebäudes ist es ein wesentliches Gestaltungselement der Baukunst (→ Dachformen), abhängig von klimatischen Bedingungen, örtlich gegebenen Baustoffen (→ Dachdeckung) sowie Stilen und Moden.

Auch religiöse Vorstellungen können die Form des D.s bestimmen wie etwa in → China, wo die Dachenden nach oben ausgebogen sind, um die imaginären Fäden anzuzeigen, die es vom Himmel herabgesenkt haben. Dasselbe gilt für die → Kuppel, die bis zur Säkularisation, d.h. vom Pantheon (→ Röm. Architektur), über St. Peter in Rom bis zu Ste-Geneviève in Paris, deutlich sakralen Charakter besitzt, ist sie doch Abbild des Himmelsgewölbes. Wie man bei der → Byzantinischen Baukunst, der russischen (→ Sowjetunion) und osmanischen (→ Türkei) geradezu von einer ›Kuppelarchitektur‹ sprechen kann, so bei manchen Ländern Asiens wie → Japan, Thailand oder Indonesien (→ Südostasiat. Architektur) oder bei der frühen Holzarchitektur → Skandinaviens von einer ›Dacharchitektur‹.

In den Ländern mit viel Regen und Schnee kommt es vielfach zu tief herabgezogenen (Schwarzwaldhaus u.a.) oder überkragenden Dächern (oft mit Umgang wie in den Alpenländern), in Ländern mit langanhaltenden Regenzeiten zu Vordächern. In regenarmen Gegenden oder auf Inseln, die über keine Quellen verfügen, entstehen Flachdächer, die am Rande erhöht sind und einen Abfluß haben, um das kostbare Naß in eine unter dem Haus befindliche Zisterne abzuleiten, wie im röm. → Atriumhaus das nach innen geneigte D. das Regenwasser ins → Impluvium fließen ließ. In heißen Ländern dient das Flachd. zum Trocknen von Früchten (→ Solarium) oder dem Aufenthalt der Frauen. In Anknüpfung an die Antike (→ Villa) wird in Italien durch die Renaissance das Flachd. Mode, kann sich aber aus Klimagründen nördlich der Alpen nicht durchsetzen (Paradebeispiel: die Villen des Lukas von → Hildebrandt für den österr. Adel). Während man in einzelnen Innstädten ital. Flachdächer durch → Blendfassaden vortäuscht, krönt man später in Italien den Abschluß mit einer → Attika. Im 20. Jh. gewinnt das Flachd. durch den → Internationalen Stil erneut an Bedeutung. In diesem Jh. werden in Europa neue D.formen entwickelt, wie das Hänged. (→ Dachformen 18), das → Hyperbolischparaboloide D. (Dachformen 10), das neuartige Shedd. (Dachformen 2), die → Gitterschale und das → Zeltd. (→ Otto). In den 60er Jahren kommt es

Dach. Stabkirche von Borgund, Norwegen, um 1150.

Dach. Wohnhügel, Marl, von Hermann Schroeder, Roland Frey, Peter Faller, Claus Schmidt, 1965-68.

vielfach zu Bauten, bei denen das D. den Charakter ganzer Bauwerke bestimmt (Wohnhügel in Marl von Hermann Schroeder, Roland Frey, Peter Faller und Claus Schmidt, 1965-68; Jorba Laboratorien, Madrid, von Miguel Fisac, 1965-67, u.a.) W. R.

Lit.: Ostendorf '08; Hess '48; Eckert '57; Trevor Hodge '60; Sachse '75; Grützmacher '81; Mannes '81; Schattke '81; Fingerhut '82; Heene '83; Binding '91.

Dach. Jorba Laboratorien, Madrid, von Miguel Fisac, 1965-67.

Dachboden. Der durch die → Dachkonstruktion umschlossene Raum.

Dachdeckung. Die auf die → Dachkonstruktion gelegte, witterungsbeständige Dachhaut, jedoch nicht die Dichtung des → Flachdaches. Die einfachsten Möglichkeiten sind **1.** das Steinplattendach (Mittelmeergebiet), **2.** das mit Steinen beschwerte Holzbretterdach (Alpenländer) und **3.** das Stroh- und Reetdach (altertümlich). Landschaftsgebunden sind **4.** das Schindeldach (→ Schindel; z.B. im Schwarzwald) und **G** die Schieferdeckung (z.B. Mittelrhein, England) mit sehr reichen Gestaltungsmöglichkeiten. Die häufigste D. ist das Ziegeldach

(→ Ziegel). Dessen einfachste Form ist **6.** die Biberschwanzdeckung aus Flachziegeln, die mit einer Nase auf ihrer Unterseite einfach in die Dachlattung (→ Dachkonstruktion) eingehängt werden, wobei durch Versatz, Unterlegen von Holzspänen oder Doppeldeckung größere Dichte und verschiedene Muster erzielt werden können. **7.** Beim Pfannendach gliedert die einfache Pfanne mit S-Form das Dach in sanfte Wellen. **8.** Für das Klosterdach

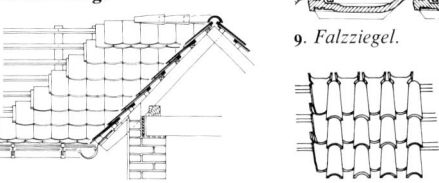
Dachdeckung.

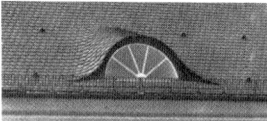
9. Falzziegel.

6. Biberschwanzdeckung. **8.** *Mönch-Nonnen-Deckung.*

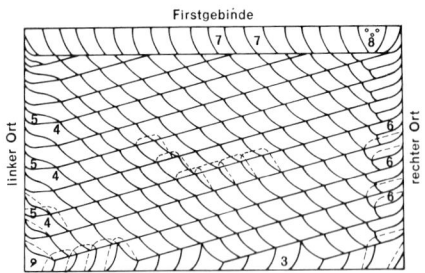

5. Altdeutsche Schieferdeckung:
1. Deckstein. 2. Anfangfußstein. 3. Fußstein.
4. Anfangortstein. 5. Anfangortstichstein.
6. Endortstein. 7. Firststein. 8. Schlußstein.

benutzt man zwei halbzylindrische Ziegelformen, ›Mönch und Nonne‹ genannt, die abwechselnd mit der Höhlung nach oben und unten ineinandergreifend verlegt werden und das Dach sehr stark gliedern (vielfach in Spanien). **9.** Beim Falzziegeldach haben die einzelnen Ziegel mehrere Falze, mit denen sie fest ineinandergreifen. – An Sonderdeckungen gibt es die Metalldeckung aus Kupfer, das bei günstigen Luftverhältnissen schön grün patiniert, Aluminium (Industriebau), Kunststoffen und auch Blechen und Teerpappe.

Lit.: → Dach.

Dacherker. → Dachfenster 4.

Dachfenster. Ein Fenster zur Belüftung und Belichtung des → Dachbodens oder einer Dachwohnung. Es gibt liegende D. und stehende, die aus dem Dachkörper vortreten. **1.** Das Froschmaul bildet nur eine Erhebung in der Dachfläche. **2.** Die Schleppgaube hat außer der senkrechten Fensterwand schon senkrechte Seitenwände, die Dachhaut (→ Dachdeckung) wird aber nur gering angehoben. **3.** Größere D. heißen Gauben (Gaupen) und haben ein eigenes Dach. **4.** Tritt eine solche Gaube als geschoßhoher Ausbau an der Hausflucht vor, so spricht man von Dacherker, Lukarne oder Zwerchhaus.

Lit.: → Dach.

Dachformen. Die D. bestimmen weitgehend den Charakter von Gebäuden und das Gesamtbild von Ansiedlungen, die durch Gleichförmigkeit der D. ein einheitliches Aussehen gewinnen können. Die Hauptformen sind: **1.** Das → Flachdach. **2.** Das Pultdach mit nur einer schrägen Dachfläche. **3.** Das Sattel- oder Giebeldach aus zwei schräg gegeneinandergestellten Dachflächen und zwei → Giebeln; diese Dachform ist die häufigste. **4.** Das Säge- oder Sheddach aus einer Reihung von asym. Satteldächern, wobei der annähernd senkrecht stehende Teil oft verglast ist. **5.** Das Walmdach erhält man, wenn die Giebel des Satteldaches durch schräge Dachflächen ersetzt werden. Statt des ganzen Giebels kann – seltener – nur die Giebelspitze abgewalmt sein. Diese Dachform heißt **6.** Krüppelwalmdach; wenn nur der Giebelfuß abgewalmt ist, ergibt sich das **7.** Fußwalmdach (engl. gambrel-roof). **8.** Das Mansarddach (benannt nach François → Mansart) ist ein Knickdach, dessen unterer Teil steiler ist als der obere. Dadurch läßt sich der Dachraum leichter für Wohnzwecke ausbauen; auch zu dieser Dachform gibt es die den Nummern 3 und 5–7 entsprechenden Varianten. **9.** Das Schleppdach ist in Fortsetzung der Hauptdachfläche über einen Anbau herabgezogen. **10.** Das einfache Tonnendach in der Form eines Tonnengewölbes ist selten, häufiger ist **11.** das → hyperbolisch-paraboloide Dach. – Für Türme gibt es aus den genannten D. abgeleitete Sonderformen: **12.** Das einfache Pyramidendach (Zeltdach) hat vier gleiche Dreieckflächen. **13.** Das Kreuzdach hat vier bis zum → First hochgezogene Giebel, die Firste überkreuzen sich dabei. **14.** Das Helm- oder Rhombendach hat vier niedrigere Giebel, von denen → Grate zu einer Spitze aufsteigen. **15.** Beim Faltdach ist die rhombische Fläche des vorigen nach innen gebrochen, es entsteht eine zusätzliche → Kehle. **16.** Das Zwiebeldach, auch → Welsche Haube, setzt konkav an, holt dann in weitem Schwung konvex aus, um konkav in die Spitze auszulaufen; sie kann im Grundriß rund, quadratisch oder polygonal ausgeführt sein (Süddeutschland). Über runden Türmen gibt es **17.** das Kegeldach und **18.** das Glockendach. – Eine neue Dach-

Dachfenster. 1. Froschmaul- oder Fledermausgaube.

Dachfenster. 3. Gauben, Bamberg.

Dachfenster. 4. Lukarne, Danzig.

Dachformen.
1. Flachdach (ohne Abb.).
2. Pultdach.
3. Sattel- oder Giebeldach.
4. Säge- oder Sheddach.
5. Walmdach.
6. Krüppelwalmdach.
7. Fußwalmdach.
8. Mansarddach.
9. Schleppdach.
10. Tonnendach.
11. Abb. → hyperbolisch-paraboloides Dach.
12. Pyramiden- oder Zeltdach.
13. Kreuzdach.
14. Helm- oder Rhombendach.
15. Faltdach.
16. Zwiebeldach, Welsche Haube.
17. Kegeldach.
18. Glockendach.
19. Abb. → Gitterschale.
20. Hängedach.

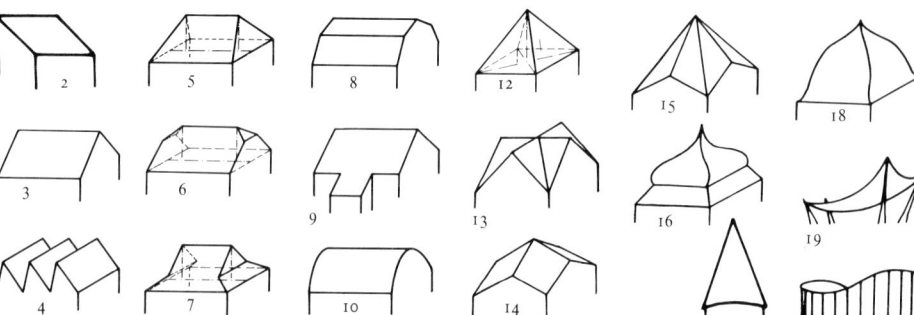

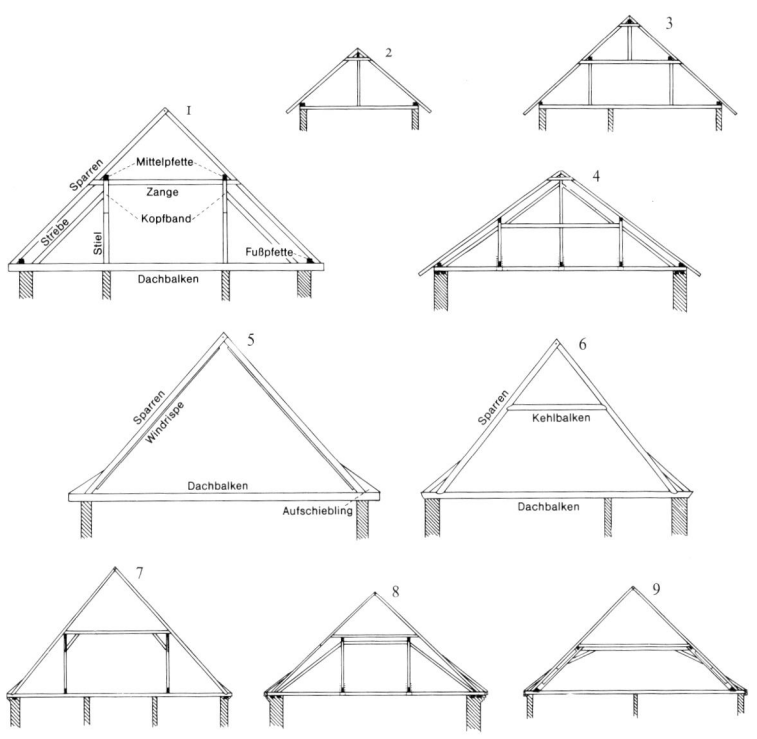

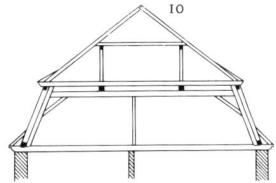

Dachkonstruktion.

Pfettendach.
1. *Pfettendach.*
2. *Einfaches Pfettendach mit Mittelsäule.*
3. *Doppeltes Pfettendach.*
4. *Pfettendach mit Sprengwerk.*

Sparrendach.
5. *Sparrendach.*
6. *Sparrendach mit Kehlbalken.*
7. *Sparrendach mit stehendem Stuhl.*
8. *Sparrendach mit Sprengwerk.*
9. *Sparrendach mit liegendem Stuhl.*
10. *Mansarddach.*

form ist **19.** die → Gitterschale, **20.** das Hängedach, bei dem Decken- und Dachkonstruktion und Dachdeckung eine durchhängende, auf Zug beanspruchte Fläche bilden, Zeltdach (→ Otto).
Lit.: → Dach.

Dachgaube (-gaupe), die. → Dachfenster 3.

Dachkonstruktion. Traggerüst des Dachstuhls, vorwiegend aus Holz konstruiert; Stahl- und Stahlbetonkonstruktionen werden meist für große Hallen etc. verwendet. Konstruktionsmäßig unterscheidet man zwei Arten von D.en aus Holz: Das Sparrendach und das Pfettendach.

1. Das Pfettendach geht auf die einfache horizontale Balkenlage zurück; hebt man das eine Auflager etwas an, so ergibt sich das einfachste Pfettendach in Form eines Pultdaches (→ Dachformen 2), wobei die Sparren mit den (Fuß-)Pfetten, die auf den Außenmauern liegen, zugfest verbunden sind. Das Pfettendach kann bei allen Dachformen zur Anwendung kommen, im Gegensatz zum Sparren- und Kehlbalkendach, das nur für das Satteldach (→ Dachformen 3) genutzt werden kann. Beim einfachsten Pfettendach liegen die Sparren in einem Abstand von ca. 80 cm auf den Fuß- und Mittelpfetten auf, über die Mittelpfetten hinaus und kragen aus. Die Mittelpfetten werden ca. alle 4,50 m durch Stiele – oder eine Wand – unterstützt und nur dann wird mit Sparren, Stiel und Zange ein Gespärre gebildet.
Bei größeren Spannweiten wird im First noch eine Firstpfette angeordnet, die ebenfalls alle 4,50 m von einem Stiel unterstützt wird. Die an die Stiele übertragenen Lasten werden oftmals noch über Streben teilweise direkt in das Außenmauerwerk geleitet. Pfettendächer mit zwei lotrechten Stielen und seitlich angeordneten Streben bezeichnet man als zweifach stehenden Dachstuhl mit Sprengwerk; wenn noch eine Firstpfette mit Stiel und Streben

hinzukommt, spricht man von einem dreifach stehenden Dachstuhl mit Sprengwerk. Fallen Streben und Stiele zusammen und liegen parallel zum Sparren, so handelt es sich um einen liegenden Dachstuhl.
2. Das Sparrendach. Zwei Sparren werden mit dem Dachbalken zu einem unverschiebbaren Dreieck – Gespärre – zusammengefügt; statisch gesehen entspricht das Gespärre einem selbständigen Fachwerkträger. Die Längsverbindung der Gespärre wird durch Windrispen gewährleistet, die schräg unter die Sparren genagelt werden. Die Gespärre werden in einem Abstand von ca. 80 cm angeordnet. Das Sparrendach ist nur für Dächer mit geringer Gebäudetiefe anzuwenden, da infolge der Durchbiegung der Sparren eine Länge von ca. 4,50 m nicht überschritten werden sollte.
3. Das Sparrendach mit Kehlbalken (Kehlbalkendach): Wird die Sparrenlänge von ca. 4,50 m überschritten, so muß der Sparren – nach Möglichkeit in der Mitte – zusätzlich unterstützt werden. Dies erfolgt mittels eines Kehlbalkens, der in die Ebene des Gespärres gelegt wird. Bei ausgebauten Dachgeschossen muß der Kehlbalken der entsprechenden Kopfhöhe nach verlegt werden, muß folglich von der Mitte weiter nach oben verschoben werden, wobei jedoch die untere Sparrenlänge 4,50 m und die obere Sparrenlänge 2,50 m nicht überschreiten sollte.
Lit.: → Dach.

Dachpfanne (Pfanne). Ein Dachziegel von S-förmigem Querschnitt. → Dachdeckung 7.

Dachreiter. Ein schlankes, meist aus Holz konstruiertes Türmchen auf dem → First eines Daches. Der D. fand besonders Verbreitung durch den Zisterzienser-Orden (→ Zisterzienserbaukunst), dessen Vorschriften den Bau von Türmen in Verbindung mit den Ordenskirchen untersagten; so brachte man die Glocke in einem D. unter. Im profanen Bau fand der D. überall dort Eingang, wo für Uhr und Glocke ein kleiner Turm erwünscht war.

Dachstuhl → Dachkonstruktion.

Dachtraufe → Traufe.

Dagum, das (lat.). Erhöhter Platz an der Schmalseite einer ma. Halle, wo der Hausherr im Kreise der Familie speiste.

Dahlerup, Jens Vilhelm (1836-1907) → Skandinavien.

Dance, George (1741-1825). Architekt des Mansion House in London (1739-52). Seine Frühwerke sind ebenso selbständig wie fortschrittlich und deuten die Möglichkeit an, daß D. Kenntnis von den avantgardistischen Entwürfen seiner frz. Zeitgenossen → Ledoux und → Boullée hatte, da er wie sie die architekton. Elemente eher als ein Ausdrucksmittel denn als Glieder einer abstrakt-geom. Komposition auffaßte. Nach seiner Rückkehr baute er zuerst in einem äußerst strengen und gedämpften → Klassizismus die Kirche All Hallows, London Wall (1765-67). Darauf folgte sein kühner, phantasievoller Entwurf für Newgate Prison in London (1769-78, zerst.), der selbständigste und dramatischste Bau dieser Epoche in England. Einige seiner Spätwerke nehmen bereits den Stil von → Soane vorweg, so z. B. die Council Chamber der Londoner Guildhall

(1777, zerst.), deren Kuppel mit den von der verglasten Mittelöffnung strahlenförmig ausgehenden feinen Linien einem offenen Fallschirm glich; oder die Bibliothek in Lansdowne House in London (1792, von → Smirke voll.) mit einer indirekten Lichtführung durch Fenster, die in den mit Halbkuppeln (→ Kuppel) überwölbten Exedren (→ Exedra) an den Enden des langen flachgewölbten Raumes verborgen waren. Nach der Jahrhundertwende wurde sein Stil in wachsendem Maße strenger, und Stratton Park und das College of Surgeons in London (1806-13) weisen bereits auf das → Greek Revival von Smirke und → Wilkins hin. Sein eigentlicher Nachfolger war jedoch sein Schüler Soane.

Lit.: Colvin '54; Hugo-Brunt '55; Summerson '63; Stroud '71; Teyssot '74.

Dänemark → Skandinavien.

Daneri, Luigi Carlo (1900-72) → Italien.

Dansker, der (Danzker, Danzk). Bezeichnung unbekannter Herkunft für Abortanlagen ma. Burgen und Klöster. Als gesonderter, im Wasser stehender Turmbau, der nur durch einen Brückengang mit der Burg in Verbindung steht, findet er sich an den → Ordensburgen (Marienburg).

Lit.: Huber '50.

Dauthe, Joh. Fr. Carl (1749-1816) → Deutschland.

Davis, Alexander Jackson (1803-92). Amerikan. Architekt, geb. in New York, arbeitete als Zeichner bei Ithiel Town (1784-1844), dessen Partner er 1829 wurde. Schon 1827 baute er das Connecticut State Capitol mit einem dor. → Portikus. Die beiden entwarfen gemeinsam Parlamentsgebäude desselben Typus für weitere Bundesstaaten (Indiana, 1831; North Carolina, 1831; Illinois, 1837; Ohio, 1839). Sie gehören zu den eindrucksvollsten amerik. Bauwerken des → Greek Revival. D. konnte auch im → got. Stil der engl. Universitäten (die Universität von New York, Washington Square, 1832) und an-

Colonnade Row, New York, von → Davis, 1836.

deren got. Versionen bauen und war gewandt im Villenbau. Gleichzeitig war er sehr an modernen Baustoffen interessiert und errichtete schon 1835 eine eiserne Ladenfassade. D. gehörte zu den Gründern des American Institute of Architects und des Villenviertels Llewellyn Park, New Jersey (1857).

Lit.: Newton '42; Hitchcock '58.

Davut (Davud), Ağa (gest. 1598/99). Osmanischer Architekt der 2. H. des 16. Jhs. D. war über viele Jahre neben → Mehmet Ağa Schüler, Mitarbeiter und für kurze Zeit auch Nachfolger des berühmten türkischen Architekten → Sinan. Bis 1585 kann seine Tätigkeit parallel zu der von Sinan angenommen werden, u.a. die Mitwirkung an der großen Selimiye-Moschee in Edirne. Mit der Errichtung der Moschee und des Mausoleums von Kizlar Ağasi Mehmed in Istanbul-Charshamba, 1585, beginnt seine selbständige Bautätigkeit. Besonders hervorzuheben sind der Audienzsaal (Arz Odasi) im Topkapı Serail, 1585, und die Kioske (Perlenkiosk) in Istanbul 1592/93 (zerst.) und Moscheeanlagen mit Mausoleen, u.a. für Sinan Pascha und Nishanji Mehemed Pascha, 1593, die Yeni Valide, beg. 1594, oder die Türbe für Sultan Murad III., 1598.

Lit.: Goodwin '71; EA '82.

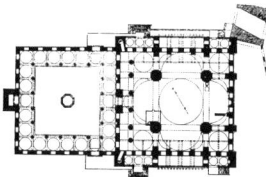

Yeni Valide Camii, Istanbul, von → Davut, beg. 1594.

Deambulatorium, das (lat.: Chorumgang). → Chor.

Deane, Sir Thomas (1792-1871) → Irland.

De Carlo, Giancarlo (geb. 1919). Nach Studium in Mailand und Venedig seit 1950 Architekt in Mailand. Als Mitglied von → CIAM fordert D.C. eine neue Architektur, die sich den örtlichen und sozialen Gegebenheiten besser anpaßt. Seit 1965 entstand das neue Universitätszentrum Cappucini bei Urbino, die Hügel der Landschaft sinnvoll einbeziehend; seit 1970 zusammen mit Fausto Colombo und Valeria Foscati die Arbeitersiedlung Matteotti in Terni, bei der die späteren Bewohner Mitspracherecht haben, eine Siedlung von dreigeschossigen Häusern mit Gärten, Gartenterrassen, wechselnden Grundrissen und einem ausgeklügelten Wegesystem.

Lit.: De Carlo '65; De Carlo '66; Lampugnani '80; Lasdun '84; Rossi '88; Sharp '91; Zucchi '91.

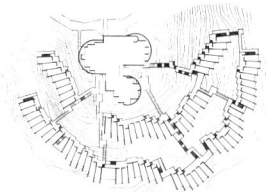

Studentenheim, Urbino, von → De Carlo, 1962-66.

Decke. Oberer Abschluß eines Raumes. Die oft kunstvoll gestaltete Untersicht der D. ist nicht immer identisch mit der Geschoßd., da D.n untergehängt werden können. Eine D. besteht aus der Trag- und Aussteifschicht, der Gehschicht (evtl. mit Dämmung) und evtl. einer Untersichtschicht (Verputz). Nach dem Material der Tragschicht unter-

Council Chamber der Guildhall, London, von → Dance, 1777.

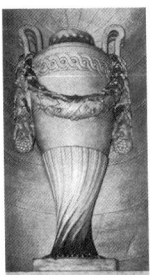

Vase im Vestibül des Hôtel Delbarre, Paris, von → Delafosse, 1776-83.

scheidet man zwischen Holz-, Stein-, Stahlbeton- und Stahld., nach der Konstruktionsart zwischen Balken-, Plattenbalken- und Plattend. Bei der Balkend. bilden Balken eine tragfähige Fläche, bei der Plattenbalkend. sind Balken und D.fläche streifenweise konstruktive Einheiten, bei der Plattend. gibt es keine Balken (Unterzüge). Liegen die Balken kreuzweise, so daß quadratische oder rechteckige D.felder entstehen, spricht man von Kassettend. (→ Kassettierung). – Es gibt eine Vielzahl von konstruktiv bedingten Mischformen. – Im Innenausbau kann die D. stumpf auf den Wänden aufliegen oder durch D.gesims oder -kehle abgesetzt sein. Das D.feld oder der D.spiegel kann stukkiert (→ Stukkatur) oder (und) bemalt sein.

Lit.: Colasanti '26b; Knobloch '78².

Entwurf eines königlichen Palastes, von → Decker. Stich aus der ›Fürstlichen Architektur‹, 1723.

Decker, Paul (1677-1713). Deutscher Architekt des → Barock, der durch sein Stichwerk: ›Fürstlicher Baumeister oder Architectus civilis‹ (1711, 2. Auflage mit ergänzenden Stichen 1716) berühmt wurde. Seit 1699 arbeitete er in Berlin unter → Schlüter, ließ sich später in Nürnberg nieder und 1712 schließlich in Bayreuth. Es sind nur wenige Bauten von ihm bekannt, aber seine großartigen und phantasievollen Entwürfe, die die überschwenglichste Spielart der Barockkunst und -Dekoration (letztere über Schlüter auf Jean Bérain, 1637-1711, zurückgehend) veranschaulichen, übten einen beträchtlichen Einfluß auf die spätere dt. und österr. Baukunst, z.B. auf → Fischer von Erlach, aus. D.s posthum veröffentl. ›Architectura Theoretica-Practica‹ (1720) ist ein Handbuch der Ornamentkunst.

Lit.: Decker, P. 1711-16, 1720; Schneider, E. '37.

Decorated Style (engl.). Gotischer Stil in England vom späten 13. bis zum späten 14. Jh. → Großbritannien.

Deinokrates (4. Jh. v. Chr.). Hellenist. Architekt aus Makedonien, lebte zur Zeit Alexanders d. Gr., scheint zusammen mit Paionios der Architekt des Artemistempels in Ephesus (ca. 356 v. Chr.) gewesen zu sein. Man weist ihm auch den Stadtplan von Alexandria zu. Einige ihm zugeschriebene Projekte waren ziemlich phantastisch, so z.B. das Vorhaben, den Berg Athos in eine Riesenstatue Alexanders zu verwandeln, und zwar mit einer Stadt in der einen Hand und einer Schale, in der sich die Gewässer des Berges sammeln und dann ins Meer ergießen sollten, in der anderen. Für Alexanders Freund Hephaistion errichtete er in Babylon den ›Scheiterhaufen‹, einen mit Schmuck überladenen Riesenbau von 180 x 180 m Grundfläche und 60 m Höhe.

Lit.: Vitruvius II; Fischer v. Erlach 1721; Martin '56; EAA.

Deitrick, William H. (geb. 1895) → Le Corbusier.

Dekastylos, der (gr.: zehnsäulig). Griech. Tempel mit zehn Frontsäulen. → Tempelformen.

Dekonstruktivismus → *Nachträge.*

Dekoration (lat. decorare: schmücken). Bezeichnung für alle Arten von Ausschmückungen an Bauwerken, bes. von Innenräumen, im Gegensatz zum → Ornament, das als singuläres Schmuckmotiv ein Detail der Dekoration ist. Man spricht von Fassaden-D. (→ Lüftlmalerei), Flächen-D., Bühnen-D., Innen-D., etc.

Lit.: Gombrich '82.

Delafosse (De la Fosse), Jean-Charles (1734-91). Frz. Architekt, hauptsächlich durch seine Dekorationsentwürfe in einem etwas groben → Louis-seize-Stil bekannt, verwendete häufig schwerfällige Girlanden und griech. → Mäander. Von seinen Pariser Stadthäusern haben sich zwei erhalten: Hôtel Titon und Hôtel Goix (58 und 60 rue du Faubourg-Poissonnière, 1776-80); beide Bauten sind zurückhaltend in dem von ihm bevorzugten Ornamentstil dekoriert.

Lit.: Hautecœur IV, V; Kaufmann '55a.

Della Porta, Giacomo → Porta.

Delorme (de l'Orme), Philibert (1500/15 bis 1570). Frz. Architekt, geb. in Lyon als Sohn eines Maurermeisters, ging für drei Jahre, wahrscheinlich 1533

Torbau, Anet, von → Delorme, um 1552.

bis 36, nach Rom, wo er sich in Kreisen humanistisch gebildeter Diplomaten bewegte. D. erfaßte aber die entscheidende Eigenart der ital. Architektur nicht. Er war in hohem Maße erfindungsreich und wie sein Freund und Bewunderer Rabelais durch und durch Franzose. Seine Bauwerke waren vor allem wegen ihres Einfallsreichtums und ihrer manchmal geradezu herausfordernden Experimentierlust bemerkenswert. Es ist davon so gut wie nichts erhalten außer einigen Gebäudeteilen von Anet (dem Schloß der Diane de Poitiers) und dem Grabmal für König Franz I. in St-Denis (beg. 1547). Die Giebelfront von Schloß Anet (beg. vor 1550, jetzt in der Ecole des Beaux Arts, Paris) ist ein gutes Beispiel für D.s persönlichen Stil: korrekt im Detail und monumentaler als der Stil von → Lescot. Die Kapelle (1549-52) und der Torbau von Anet (um 1552) sind noch am alten Ort erhalten. D. übte großen Einfluß auf die weitere Entwicklung der frz.

Blick in die Kuppel der Kapelle von Anet, von → Delorme, 1549-52.

Architektur aus, teilweise auch durch seine Bücher
›Nouvelles Inventions‹ (1561) und ›Architecture‹
(1567), der brauchbarsten Architekturabhandlung
der → Renaissance mit einer Anleitung für den
Hausbau. Auch der dekorative Teil des → Lettners
von St-Etienne du Mont in Paris mit den spitz zulaufenden → Balustraden und der Wendeltreppe
(um 1545) ist möglicherweise sein Werk.
Lit.: Delorme, Ph. 1567-68, 1648; Blunt '58; Brion-Guerry '65;
Tafuri '66.

Demmler, Georg, Adolph (1804-86) → Stüler; Abb.
→ Historismus.

*Denkmal. Cestius-Pyramide, Rom, 12 v.Chr. Stich von
→ Piranesi.*

Denkmal. 1. Zur Erinnerung an eine Persönlichkeit
oder ein historisches Ereignis errichtetes Bauwerk.
Die frühesten, einer Person gewidmeten Denkmäler
hingen mit dem Grabkult zusammen. Neben diesen Frühformen (→ Pyramide) entwickelte die
griech. und röm. Antike auch Formen für profane
Denkmäler: → Mausoleum, → Triumphbogen und
→ Triumphsäule, Reiterd. und Standbild, ferner
den → Kenotaph und den monumentalen Rundbau
(Mausoleum der Familie Kaiser Hadrians, 135-139,
seit → Bernini ›Engelsburg‹ genannt, oder das
Grabmal Theoderichs, 1.V. 6.Jh., Abb. → Grab).
Nach der Antike griff erst die ital. → Renaissance
wieder das freistehende D. auf, mit den Reiterstand-
bildern des Gattamelata in Padua und des Colleoni
in Venedig. Das → Barock und der → Klassizismus
pflegten neben dem Triumphbogen das Reiterd.
Nach dem Sieg der frz. Revolutionäre und der damit verbundenen Säkularisation wurde aus der Kirche Ste-Geneviève in Paris von → Soufflot das ›Panthéon‹, eine Ruhmeshalle großer Männer. 1830-43
erbaute → Klenze bei Regensburg die Walhalla.
1785, noch vor der Frz. Revolution, hatte
→ Boullée seine Entwürfe für ein Denkmal für
Newton (Abb. → Architekturzeichnung) geschaffen, 1797 → Gilly seinen Entwurf für ein Denkmal
Friedrichs d. Gr. Das 19.Jh. schließlich übernahm
alle bis dahin bekannten D.formen. Der Personen-
kreis, der Anlaß zu einem Denkmal gab – im Barock
im wesentlichen noch auf Fürsten und Feldherrn
beschränkt – weitere sich auf jede Persönlichkeit
von Bedeutung aus (Erfinder, Wissenschaftler,
Künstler, etc.). Neben den zahllosen Denkmälern
für berühmte Männer entsteht eine Denkmalsarchitektur für die ›Helden der Nation‹, in Deutschland
u. a. das Hermannsdenkmal im Teutoburger Wald
(1838-75), Barbarossa im Kyffhäuser von Bruno
→ Schmitz (1896) und zahlreiche Bismarcktürme,
in Italien u. a. das Monument für Vittorio Emanu-

ele II. (beg. 1885) in Rom an der Piazza Venezia,
später bezeichnenderweise ›Altar des Vaterlandes‹
genannt. Gleichzeitig entstehen Entwürfe und
Denkmäler für neue Ideale, wie der ›Tour de Travail‹
von Rodin, Paris 1898, oder Meuniers ›Monument
au Travail‹, Brüssel 1930. **2.** Übertragen: jeder Gegenstand von kunstgeschichtl., kulturgeschichtl.
oder historischer Bedeutung. Denkmäler dieser Art
werden vom ›Denkmalschutz‹, den Museen und
sonstigen Sammlungen (Bibliotheken) und Vereini-
gungen usw. betreut.
Lit.: Riegl '03; Brinckmann '23; Dehio '26-33; Schlosser '27;
Mittig-Plagemann '72; Westfehling '77; Mai/Schmirber '89; Plagemann '89; Grasskamp '89.

*Denkmal. Walhalla bei Regens-
burg, von → Klenze, 1830-43.*

*Denkmal. ›Tour de Travail‹, von
Auguste Rodin, um 1898. Modell.*

Denkmalpflege. Unter Denkmalpflege versteht man
alle Bestrebungen, Kulturdenkmäler zu schützen,
zu erhalten und zu pflegen. Es herrscht Einigkeit
darüber, daß auch die jeweils letzte ›abgeschlossene‹
Kulturepoche dem Augenmerk der Denkmalpflege
unterliegt; z. Zt. ist dies die Epoche des ersten Wiederaufbaus der fünfziger Jahre nach dem 2. Weltkrieg. Kulturdenkmäler können neben den großen
Werken der Bau- und Kunstgeschichte auch anonyme Produkte ländlicher und städtischer Architektur sein. Eine Gruppe baulicher Anlagen (Alt-
stadtkern, Gründerzeitwohnviertel, Arbeitersiedlung) kann als Gesamtanlage Kulturdenkmal sein.
Seit jüngerer Zeit setzt sich die Gartendenkmal-
pflege für die Erhaltung historischer Gärten und
Parks ein. Von England ausgehend entstand als
neuer Zweig die Industriedenkmalpflege (industrial
archeology), die die baulichen Zeugen der Wirt-
schafts- und Sozialgeschichte, vornehmlich des 19.
und 20. Jahrhunderts, zum Gegenstand ihres Bemü-
hens macht.
Die Praxis der Denkmalpflege beginnt mit der
Denkmälererfassung, der Auflistung und systematischen Inventarisation der Kulturdenkmäler. Die
meisten europäischen Staaten haben in den letzten
hundert Jahren ihren Denkmalbestand erfaßt und
in Inventarwerken veröffentlicht. Weitere Grundlage denkmalpflegerischer Arbeit ist die zeichnerische und photographische Bauaufnahme, anhand
derer wichtige Erkenntnisse über die Baugeschichte
eines Objekts gewonnen werden. Da das Kultur-

*Entwurf eines Denkmals für
Friedrich den Großen,
von → Gilly, 1797.*

*Denkmalpflege. St. Sebald,
Nürnberg. Detail eines erneuerten
Strebepfeilers.*

Paradiesvorhalle des Doms, Lübeck. Rekonstruktion. Nach einer Lithographie von 1830/31.

Holstentor, Lübeck. Zeichnerische Aufnahme 1854.

Holstentor, Lübeck. Restauriert 1863-71.

denkmal im Laufe der Zeit Spuren verschiedenster Epochen angesammelt hat, muß durch Befunderhebung die Schichtenfolge von Putzen, Anstrichen, Malereien, Wand- und Bodenbelägen festgestellt werden. Der lange Zeit übliche denkmalpflegerische Wunsch, die ursprüngliche Außen- und Innenerscheinung des Denkmals zur Zeit seiner Entstehung freizulegen, hat viele spätere Schichten, die zum Dokumentarwert des Denkmals gehören, zerstört. Als authentischer Zeuge der Vergangenheit überliefert das Denkmal jedoch Spuren verschiedener früherer Zustände, die die sog. analytische Denkmalpflege am Objekt freizulegte, z. B. ein mittelalterliches, ehemals überputztes Fenstergewände in einem barock überformten Bau. Diese Methode wird gelegentlich auch heute noch angewandt.

Die Bauaufnahme und Befunderhebung, im besonderen Fall auch die monographische Bauforschung sind Voraussetzung für eingreifende Baumaßnahmen am Kulturdenkmal. Die *Instandsetzung* bezeichnet in der Regel die Reparatur von einzelnen Schäden und Mängeln am Baudenkmal, ohne die Substanz jedoch grundlegend zu erneuern. Unter *Sanierung* wird eine grundlegende Erneuerung eines Objektes bezeichnet, besonders unter Berücksichtigung der Aspekte neuer Nutzung, z. B. Einbau von Bädern oder Heizungsanlagen zur Wohnnutzung, aber auch die Trockenlegung von Fundamenten oder die Bekämpfung von organischen Schädlingen am Bau. Sanierung kann auch die erhaltende Erneuerung eines ganzen historischen Stadtviertels sein. *Restaurierung* ist der zentrale Begriff in der Tätigkeit der Denkmalpflege. Im Gegensatz zur Auffassung des 19. Jahrhunderts bedeutet Restaurierung heute nicht das Entfernen späterer Zustände und die Schaffung eines gedachten, ursprünglichen Idealbildes des Kulturdenkmales zur Zeit seiner Schöpfung. Im heutigen Sinne umfaßt es – unter kritischer Analyse der Baugeschichte, der historischen Befunde und des bauphysikalischen Zustandes – eine den historischen Quellenwert des Kulturdenkmals und seine ästhetische Gesamterscheinung gleichermaßen berücksichtigende behutsame Erneuerung des Objekts und seiner Ausstattung.

Eine weitere wichtige Kategorie ist die des *Konservierens,* des reinen Erhaltens eines geschichtlich überkommenen Zustandes. Das eindringlichste Beispiel dieser Methode, allein die überkommene originale Substanz zu erhalten und ohne weitere Zutaten den vorgefundenen Zustand ›einzufrieren‹, ist die Ruine. Es ist hier der Akt der Zerstörung als historisches Faktum, das beeindruckt; die Denkmalbedeutung wird symbolisch überhöht (mittelalterliche Burgruine, Gedächtniskirche Berlin). Die Erhaltung der Originalsubstanz des Kulturdenkmals als konservierende Maßnahme ist die methodisch reinste Kategorie denkmalpflegerischer Tätigkeit, die sich jedoch selten allein anwenden läßt. Neben diesen Verfahrensweisen, die alle die Forderung nach möglichst schonendem Umgang mit historischer Substanz in sich tragen und die materielle Beibehaltung des Kulturdenkmales in situ voraussetzen, gibt es Sonderfälle, wo die Denkmalpflege nach totalem Verlust eines Kulturdenkmales auf das drängende öffentliche Interesse nach Wiederherstellung des alten Zustandes reagieren muß oder aus Gründen der Erhaltung gefährdeter originaler

Der Kölner Dom in antizipierter Vollendung. Ölgemälde von Carl Georg Hasenpflug 1834-36.

Ausstattung mit Ersatz arbeiten muß. Der Ersatz originaler Bauplastik oder Gartenskulpturen durch Kopien, d. h. Nachschöpfungen oder Abgüsse, und die Bergung der gefährdeten Originale in Innenräumen, ist angesichts der ansteigenden Luftverschmutzung mittlerweile leider eine gängige denkmalpflegerische Methode geworden. Der Begriff der Kopie setzt die Weiterexistenz des zu schützenden Originals voraus. Die Rekonstruktion eines verlorenen Originals ist die unter Historikern und Denkmalpflegern umstrittenste Methode, da die Grundkategorie des Denkmalbegriffs fehlt, nämlich die der vergangenen Zeit, aus der das Objekt mit seinen Altersspuren in die Gegenwart hineinragt. Solche Maßnahmen sind manchmal auch Resultat politischer Entscheidungen gegen die Denkmalpflege (Goethehaus und Römerberg in Frankfurt am Main).

Entscheidend für die Beurteilung einer Rekonstruktion ist auch der Zeitpunkt. Beeindruckend der Wiederaufbau Warschaus auf den noch rauchenden Trümmern des 2. Weltkrieges als bewußter Akt der Selbstbehauptung eines Volkes, dessen Identität ausgelöscht werden sollte. Weniger beeindruckend die gegenwärtige Rekonstruktionswelle, die 40 Jahre nach Kriegsende Geschichte korrigieren und die verlorengegangene Attraktivität der Innenstädte durch die Wiedererschaffung alter Zustände

Das erhaltene Stadtbild von Bamberg.

zurückgewinnen will. Die Methode der Rekonstruktion heute ist sozusagen ein Teil des Stilpluralismus der → Postmoderne.

Seit der Antike sind Bestrebungen überliefert, ältere Bauten oder Kunstwerke aus religiösen oder politischen Gründen vor Zerstörung oder Verunstaltung zu schützen. Die Anfänge wissenschaftlicher Beschäftigung mit Monumenten liegen jedoch in der italienischen Hochrenaissance. 1516 ernennt Papst Leo x. → Raffael zum Leiter der römischen Ausgrabungen. Papst Paul III. erläßt 1534 ein Breve mit dem Ziel, eine Zentralkommission zur Erhaltung antiker Denkmäler einzusetzen. Die eigentlichen Ursprünge moderner Denkmalpflege liegen jedoch in der Zeit nach der Französischen Revolution. Unter dem Eindruck der Zerstörungen wurden die antiquités nationales zum allgemeinen Besitz erklärt und die ersten Denkmallisten angelegt. Der Reichsdeputationshauptschluß von 1803 führte zu dem Verlust bedeutender sakraler Bauwerke und dem Ausverkauf der Ausstattungsstücke und damit in Deutschland zu einem gesteigerten Bewußtsein für die ideellen Werte vor allem der nationalen Monumente (Marienburg, Kölner Dom). → Schinkel formulierte 1815 eine Eingabe an die preußische Baudeputation mit dem Ziel der Schaffung einer organisierten staatlichen Denkmalpflege. Er entwarf in

Denkmalpflege. Blick von St. Petri auf die Petri-Garage, Lübeck.

erstaunlicher Voraussicht und Modernität ein theoretisches Gerüst für Organisation und Methode der Denkmalpflege, welches in der Praxis erst in der zweiten Jahrunderthälfte, lange nach seinem Tod, ausgefüllt wurde. Schinkel tat den entscheidenden Schritt, indem er die Kulturdenkmäler als öffentliches Gut interpretierte, dessen Erhaltung deshalb auch im öffentlichen Interesse liegen müsse. In seinem Memorandum ist auch eine wieder der Zeit vorauseilende Formulierung des Denkmalbegriffs enthalten. Kriterium der Schutzwürdigkeit ist ihm nicht allein der künstlerische Wert, sondern auch die Bedeutung für Geschichte, Wissenschaft und Technik, ähnlich den Kriterien heutiger moderner Denkmalschutzgesetze. 1830 wurde in Frankreich das erste Denkmalpflegeamt eingerichtet, die Inspection Générale des Monuments Historiques, an der die kulturelle Elite der Zeit wie Prosper Merimée und Victor Hugo beteiligt waren. Die zweite Hälfte des 19. Jahrhunderts sieht unter der Frage ›Restaurieren oder Konservieren?‹ die Denkmalpflege auf der Suche nach Positionen und Methoden in einer Zeit, als der → Historismus dominiert, dem sie willkommener Lieferant von Vorlagenmaterial ist. Die Vervollständigung und Wiedergewinnung vermeintlicher Originalzustände ist das

Thema dieser Zeit. Die rekonstruierende Restaurierung von Kulturdenkmälern und die Restauration politischer Zustände sind parallele Phänomene. Das französische Vorbild von → Viollet-le-Duc führte zur Kritik am ›vandalisme restaurateur‹, die zuerst von → Ruskin in England erhoben wurde. In dieser Zeit ist auch von der Originalität des Kunstwerks die Rede, dessen Altersspuren man nicht tilgen dürfe. Nach Ruskins und William → Morris' Vorbild, das 1877 zur Gründung der Society for the Protection of Ancient Buildings führte, wurde diese Debatte erst Ende des Jahrhunderts in Deutschland nachgeholt. Mit dem neuen Jahrhundert setzte die theoretische Diskussion der Kunstwissenschaft über den Denkmalbegriff ein. Alois Riegl bestimmte 1902 den Denkmalwert aus der Bedeutung des Monuments für die Gegenwart, also aus der Rezeption. Max Dvořák formulierte 1918 einen noch heute gültigen Katechismus der Denkmalpflege.

Die deutsche Denkmalpflege nach dem Kriege ist geprägt von dem Verlust eines großen Teils des Denkmalbestands und der Diskussion um den Wiederaufbau bedeutender Einzelbauwerke oder Ensembles (romanische Kirchen Kölns, Prinzipalmarkt in Münster). Weitere bedeutende Denkmalverluste brachte die ›zweite Zerstörung‹ deutscher Städte infolge rücksichtsloser Verkehrsplanungen und Bodenspekulation. Als Reaktion darauf wurden in allen Bundesländern Denkmalschutzgesetze erlassen. Das wachsende Interesse für das historische Erbe manifestierte sich im Europäischen Denkmalschutzjahr 1975. Auf internationaler, europäischer Ebene organisiert der Europarat Symposien und formuliert gemeinsame Probleme und Ziele denkmalpflegerischer Arbeit (Europäische Denkmalschutz-Charta von 1975). Die UNESCO betreibt die Erhaltung des Weltkulturerbes (World Heritage Convention 1972) und regte die Gründung des International Council for Monuments and Sites (ICOMOS) an. C. M.

Lit.: Dvořák '18; Riegl '29; Clemen '33; Maier '76; Gebeßler/Eberl '80; Huse '84; Kiesow '89.

Denkmalpflege. Gartenfigur, Schloß Overhagen, Kr. Lippstadt.

Denkmalpflege. Abbruch des Löwensteinschen Palais, Frankfurt am Main.

Deprez, Jean-Louis (1743-1804) → Skandinavien.

Dereham, Elias von → Elias von Dereham.

De Renzi, Mario (1897-1967) → Italien.

De Sanctis, Francesco (1693-1731). Erbaute die Spanische Treppe in Rom (1723-25), eine Freitreppe von eleganter, geschwungener Form. Sie führt von der Piazza di Spagna zu S. Trinità dei Monti hinauf und ist ein Meisterwerk szenischer Stadtplanung.

Lit.: Hempel '24a; Wittkower '65; Portoghesi '66b; Lotz '69; Mallory '78.

Spanische Treppe, Rom, von → De Sanctis, 1723-25.

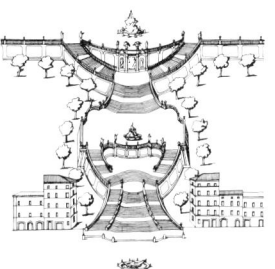

Spanische Treppe, Rom.

Umschlag der Zeitschrift ›De Stijl‹.

De Stijl. Studien für ein Wohnhaus, von van → Doesburg und van → Eesteren, 1923.

De Stijl. Tanzcafé Aubette, Straßburg, von van → Doesburg, 1926-28.

Desornamentadostil. (span. desornamentado: schmucklos). Eine strenge Version der italienischen → Renaissance, die unter Philipp II. (1555-98) in Spanien Eingang fand. Am klarsten ausgeprägt in den Werken von Juan de → Herrera.

De Stijl. Eine 1917 in Holland gegründete Künstlergruppe, die einen von ihr als → Neoplastizismus bezeichneten Stil entwickelte und vertrat. Die von dem Maler Piet Mondrian 1913-17 aufgestellten wichtigen Grundsätze der Flächenteilung wurden

De Stijl. Wohnhaus Henny, Huis-ter-Heide, von Robert van t'Hoft, 1916.

von Theo van → Doesburg zu einer umfassenden Theorie ausgebaut. Dabei sollen die primären Elemente der Architektur, die Flächen, vom Zwang der von außen festgelegten Form befreit werden und in ein freies Spiel gegenseitiger Durchdringung eintreten. Van Doesburg und van → Eesteren verwirklichten in den Jahren 1920-23 die Theorie in

De Stijl. Wohnhaus Schröder, Utrecht, von → Rietveld, 1924.

architekton. Kompositionen und Modellen. Der Architekturkörper wird dabei nach den Bedürfnissen der einzelnen Räume gestaltet (Raumplan bei A. → Loos), ohne durch die Nachbarräume vorbestimmt zu werden. → Rietveld gelingt 1924 mit dem kleinen Wohnhaus ›Schröder‹ in Utrecht die erste Realisierung dieses Prinzips. Die Gruppe übte Einfluß auf andere avantgardistische Architekten aus, wie z.B. → Wright oder → Mies van der Rohe. → Bauhaus; → Suprematismus.

Lit.: Mondrian '20, '47; van Doesburg '21, '25 b; Oud '26, '60; Zevi '50 b, '53, '82; Jaffé '56, '82; Overy '69; Troy '83; Pehnt '83; Fanelli '85; Jaffé '86; Overy '91.

Deutsche Renaissance (Mitte 16. Jh. - Mitte 17. Jh.) → Deutschland.

Deutsche Sondergotik (ca. 1350 - 1. Hälfte 16. Jh.). → Deutschland.

Desornamentadostil. Escorial bei Madrid, von → Toledo und → Herrera, beg. 1563.

Deutscher Werkbund. Der D.W. entstand 1907 in München als Vereinigung von Künstlern, Handwerkern und Industriellen, die sich um eine bessere Formgebung von Gebrauchsgegenständen des Alltags bemühten; zu den Gründern gehörten u.a. → Muthesius, van de → Velde, Th. → Fischer, → Schumacher, → Riemerschmid; Theodor Heuss war einer seiner ersten Geschäftsführer. Der D.W., der auf Ideen von → Morris aufbaute und ähnliche Wege ging wie die → Arts and Crafts in England, wirkte vor allem durch Ausstellungen (Köln 1914, → Gropius, Br. → Taut; Stuttgart 1927, Weißenhofsiedlung, Abb. → Deutschland), Publikationen und pädagogische Arbeit. Entsprechend dem dt. Vorbild entstand 1912 der Österreichische W., 1913 der Schweizerische W.

Bei der Jahresversammlung 1914 kam es zu einem Zusammenstoß zwischen van de Velde, der das Handwerk und die persönliche, schöpferische Haltung des Künstlers, und Muthesius, der die Industrie und die Rolle des Designers in der Entwicklung von Standardprodukten vertrat. Die Muthesius-Richtung setzte sich durch. 1933 lösten die Nationalsozialisten den D.W. auf. Zum ersten Vorsitzenden nach dem Kriege wurde 1946 → Scharoun in Berlin gewählt. 1947 wurde er mit Sitz in Düsseldorf neu gegründet, ohne jedoch die Bedeutung wiederzuerlangen, die er vor 1933 innehatte. → Ausstellungsarchitektur, mit Abb.

Lit.: Pevsner '40; Deutscher Werkbund '58; Benevolo '60; Posener '64; Savi-Zangheri '77; Burckhardt, L. '78; Campbell, J. '78; Junghanns '70; Hatje '63; O. Hoffmann '87.

Deutsches Band. Bezeichnung für einen → Fries, der speziell im → Backsteinbau vorkommt und aus einer Schicht übereckgelegter Steine gebildet wird,

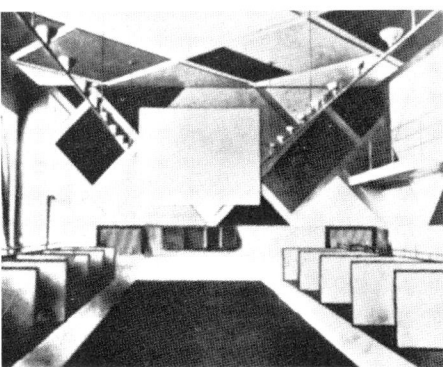

De Stijl. Tanzcafé Aubette, Straßburg, von van → Doesburg, 1926-28.

wobei die Vorderkanten der Steine nicht über die Mauerfläche vorstehen. Auch Zahnfries oder Zickzackfries genannt.

Lit.: Stiehl '08, '23.

Deutschland. Die Anfänge des Kirchenbaus in Deutschland sind in den letzten dreißig Jahren viel klarer geworden. Vor dem letzten Krieg galten als die beiden vorkaroling. Hauptbauten die Marienkirche auf der Feste Würzburg, ein Rundbau mit Nischen nach röm.-frühchristl. Vorbild, und die erste Fuldaer Abtei-Kirche, eine kleine frühchristl. → Basilika mit → Seitenschiffen und → Apsis. Nun wissen wir von vielen rechteckigen → Saalkirchen mit rechteckigem → Chor; Apsiden sind seltener. Dagegen gab es offenbar, was die engl. Literatur Porticus nennt, d. h. räumlich nicht mit dem Hauptbau verbundene Nebenräume an den Langseiten, vielleicht zur feierlichen Aufbahrung der Toten, als → Prothesis und → Diakonikon, vielleicht auch als Grabstätten.

Die Baukunst der Zeit Karls des Großen und seiner Nachfolger bestätigt die Berechtigung, von einer karoling. Renaissance (→ Karolingische Architektur) zu sprechen. Es ist ein Glücksfall, daß die Aachener Pfalzkapelle (jetzt Dom), die zu Karls späterem Lieblingspalast gehörte und 805 geweiht wurde, erhalten ist. Hier ist alles von höchster Qualität und alles beweist des Kaisers Absicht, röm., kaiserlich und christlich zu bauen: Säulen aus Italien, die edlen Bronzegitter und vor allem der Plan, der in seinen wesentlichsten Bestandteilen auf S. Vitale in Ravenna zurückgeht. Hier, wie in der Schrift, der Buchmalerei und der lat. Dichtung ist die bewußte Renaissance der Spätantike evident. Einer der elegantesten Hofdichter war Bischof Theodulf von Orléans, für den Germigny-des-Près, geweiht 806, mit seinem byzant. Grundriß gebaut wurde. Antikes Beispiel muß auch die großartige Axialität von Kapelle und Kaiserhalle in Aachen inspiriert haben. In Ingelheim, einer anderen und

Empore der Pfalzkapelle (heute Dom) mit Thron Karls d. Gr., Aachen, gew. 805.

früheren Lieblingspfalz (→ Pfalz) des Kaisers, weist die große → Exedra am Ostende der Anlage ebenfalls auf Rom zurück. Die kleine Torhalle des Klosters Lorsch ist das einzige weltliche Denkmal, das uns aus dieser Zeit wohl erhalten blieb. Auch hier sind die röm. Einflüsse unverkennbar. Der große Neubau von Fulda (beg. 791) hat ein weitausgreifendes West → querschiff in unmittelbarer Nachahmung von Konstanins Petersbasilika in Rom. Andere Bauten sind einfacher und weniger rein (Steinbach), aber gerade darin auf die Zukunft verweisend. Denn wir haben, meistens nur in Grundrissen und Rekonstruktionsversuchen, andere karoling. Bauten, die mehr dem MA. als der Spätantike angehören. Die wichtigsten sind Centula (St-Riquier) in der Picardie und St. Gallen in der Schweiz. St. Gallen, ein, dem Kloster anscheinend von einem hochgestellten Kölner Geistlichen vorgeschlager Plan, hat eine West- und eine Ostapsis und zwei isolierte runde Westtürme wie ital. → Campanili. Alles das sind neue Motive, und da der Plan von ca. 820 stammt, sind die Türme die ältesten datierbaren Kirchtürme, ebenso wie das

St. Michael, Hildesheim, 1001-33.

Arrangement der → Klosteranlage mit Kreuzgang, Dormitorium, Refektorium und Lagerräumen das älteste mit den wesentlichen ma. Bestandteilen in der korrekten Position ist. Centula, 799 gew., hatte einen → Vierungsturm, ein → Westwerk mit einer Verbreiterung, die von außen wie ein zweites Querschiff aussah, und einen zweiten Turm, der eine Wiederholung des Vierungsturmes war. Ein solches Äußeres, zudem bereichert mit vier runden → Treppentürmchen, war eine völlige Neuerung. Die Abdinghof-Kirche in Paderborn, auch 799 geweiht, hatte eine Ost- und eine Westapsis wie St. Gallen und zwei runde Treppentürme wie Centula, und in Corvey, allerdings erst 873-85, ist ein Westwerk erhalten, das ganz dem Typ von Centula entspricht. Wir wissen auch von anderen Westwerken, teils aus frz. und dt. Quellen und teils, weil die Bauten, z. B. in Werden (875 ff.), noch existieren.

Nach der dunklen Zeit des Zerfalls des Karolingerreiches folgte die Errichtung des Heiligen Römischen Reiches unter den Ottonen. Die Stärkung der Kaisermacht und die Verschiebung des Zentrums vom Rhein nach Sachsen findet in Bauten der *ottonischen Architektur* Ausdruck. Gernrode (961 ff.) hat westl. Rundtürme und → Stützenwechsel, St. Michael in Hildesheim (ca. 1001-33) hat zwei ausgeschiedene Vierungen mit Türmen, und das Langhaus mit Stützenwechsel ist nach dem → Gebundenen System drei Vierungsquadrate lang. Die

Deutsches Band über Spitzbogenfries. Zisterzienser-Abteikirche Mogila bei Krakau, 13. Jh.

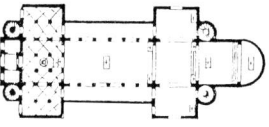

Centula (St-Riquier), Picardie, 790-99.

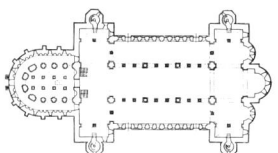

St. Michael, Hildesheim.

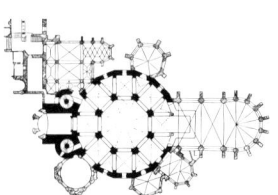

Pfalzkapelle, Aachen (mit späteren Erweiterungsbauten).

Kirche hat zudem zwei Chöre und vier Treppentürme. Diese reiche Außengruppierung, die von hier aus im ganzen Reich ausschlaggebend wurde, ist eine Fortsetzung von Centula, hält also an den Voraussetzungen des 8.-10. Jhs. fest, die bis ins frühe 13. Jh. gültig blieben. Nicht so wirkungsvoll wie St. Michael, der Schöpfungsbau des ›Gebundenen Systems‹, aber dennoch bedeutend, ist das Westwerk von St. Pantaleon in Köln, geweiht 980 (Abb. → Westwerk). Auch hier finden sich die runden Treppentürmchen und zugleich die Rundbogenfriese (→ Fries), die aus ital. Vorformen (Ravenna) entstanden. St. Pantaleon und St. Michael haben auch Würfelkapitelle (→ Kapitell 10) in ihrer kompromißlosen, einfachen und logischen Form.

Der Höhepunkt der kaiserl. Macht wurde in der Zeit der Salier erreicht. Mit ihr beginnt die → Romanik. Um die Mitte des 11. Jhs. sind die dt. Bauten grandioser und stilgeschichtlich wichtiger als die französischen. Das gilt im weltlichen wie im kirchlichen Bereich. Kein anderes Land hat der Kaiserhalle Heinrichs III. in Goslar, um etwa 1050, etwas Gleichartiges an die Seite zu stellen. Im Kirchenbau ist der älteste der Hauptbauten Limburg an der Haardt (1025-45), auf der salischen Stammburg errichtet. Das Gebundene System und das Würfelkapitell herrschen auch hier. Der → Chor schließt gerade ab und hat, ebenso wie das Querschiff, innen große → Blendarkaden um die unteren Fenster. Dieses Motiv war von der röm. Basilika in Trier übernommen, ein Zeichen dafür, in welche Richtung die stolze Salierzeit blickte. Dasselbe Motiv, aber nun kühner, sowohl die → Arkaden als auch die Lichtgadenfenster (→ Obergaden) umfassend, charakterisiert den Bau Konrads II. in Speyer (beg. um 1030). Limburg war 73 m lang, die Länge von Speyer ist 133 m. Der überwältigend einfache Rhythmus des Baues ist durch die spätere Einwölbung gestört. Aber er hat sich in der mächtigen → Krypta mit ihrem Wald von kurzen Säulen und den Würfelkapitellen erhalten. Eine zweite derartige Krypta besteht in St. Maria im Kapitol in Köln, einer anderen salischen Kirche von internationaler

Westwerk von St. Pantaleon, Köln, gew. 980.

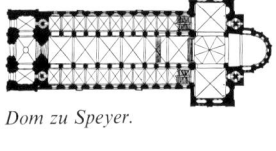

Dom zu Speyer.

Dom zu Speyer, 11.-12. Jh.

Bedeutung. Sie wurde 1065 gew. und hat als ihr bezeichnendstes Motiv die drei gewaltigen → Konchen oder Apsiden mit Umgängen nach Osten, Norden und Süden. Das Motiv, das ohne unmittelbare Vorläufer ist, steht am Beginn der Kölner roman. Schule. Noch ungewöhnlicher ist der Grundriß des Domes von Trier, der um 1030 bis 40 begonnen wurde. Er entwickelte auf teilweise röm. Grundmauern ein System, das die Rhythmische Travée (→ Joch) der → Renaissance ankündigt. Die Fassade hat eine Apsis und zwei Treppentürmchen und als ein neues, zukunftsreiches Element eine → Zwerggalerie. Die Zwerggalerie wurde in Italien beliebt und kehrte mit der lombardischen Bauplastik nach Deutschland zurück, als in Speyer der Chor unter Heinrich IV. ausgebaut wurde. Italiener müssen auch an anderen Orten gearbeitet haben, z. B. in Königslutter und bis hinauf nach Lund in Schweden. Unter Heinrich IV. erhielt Speyer auch sein Kreuzgewölbe (um 1080-90), das erste große → Gewölbe in D. In dieser Beziehung stand D. hinter Frankreich zurück, wo Tonnengewölbe ihren Siegeszug schon im frühen 11. Jh. begonnen hatten.

Benediktiner-Klosterkirche Maria Laach, 12.-13. Jh.

In Durham war zudem 1093 schon das erste Kreuzrippengewölbe entworfen worden. In D. begannen Rippengewölbe erst im 2. V. des 12. Jhs. (Murbach). Die Hauptzentren der um die Mitte des 12. Jhs. einsetzenden, gegen Ende des Jhs. und in den ersten Jahrzehnten des 13. Jhs. unter den Kaisern Heinrich VI. und Friedrich II. ihre Höhe und Reife gewinnenden Stauferzeit liegen entlang dem Rhein, vom Elsaß bis nach Köln, und noch abwärts bis ins Niederland. Mainz (1081 ff.), Maria Laach (1093 ff.) und Worms (ca. 1175 ff.) bauten die großartigsten Dome im Mittelrheingebiet. In ihnen findet der Typ von Centula seine Vollendung, zu einer Zeit, als Frankreich sich schon lange ganz anderen und neueren Raumformen zugewandt und auch bereits aus dem Romanischen ins → Gotische hinübergewechselt hatte. Am Niederrhein war jetzt Köln, das ›heilige Köln‹, außerordentlich fruchtbar. Die → Dreikonchenanlage von St. Maria im Kapitol lebte unverbraucht wieder auf in St. Aposteln, in Groß-St. Martin, auch in St. Quirin, Neuß, und noch in St. Elisabeth, Marburg. Der Höhepunkt dieser Entwicklung lag erst im 13. Jh. Die Bauten haben nach wie vor reich und phantasievoll gruppierte Türme (die Dome von Bamberg und Naumburg sind vier-, die von Mainz und Worms sechstürmig, die Stiftskirche von Limburg/Lahn ist siebentürmig), sie besitzen Zwerggalerien und viel → Bauplastik.

Der Reichtum der Bauzier nimmt barocke Formen an (Westchor in Worms, Neuß), wenig beeinflußt durch die frz. Kathedralgotik, die eben jetzt in Chartres, Reims und Amiens ihrer vollen, klassischen Entfaltung entgegengeht.

Domchor, Magdeburg, beg. 1209.

Got. Formen waren damals keineswegs unbekannt in D. Spitzbögen gab es schon im Braunschweiger Dom (1173 ff.), und Köln benutzte fast überall Rippengewölbe. Einfluß von Laon findet sich in Limburg/Lahn und Gelnhausen um 1230. Doch die Turmgruppen in Limburg und die plastische Üppigkeit der Bauglieder auch im Inneren lassen diese Bauten trotzdem romanisch erscheinen. Gelnhausen hat übrigens auch die üppigste staufische Pfalz. In Opposition zu diesen Bauten der Macht stehen die der Kluniazenser, deren Zentrum in D. Hirsau (→ Hirsauer Bauschule) war. Hier wurde die Hauptkirche seit 1082 neugebaut. Sie hatte keine Turmgruppen, nur zwei schlanke Türme über den Ostjochen der Seitenschiffe, keine Bündelpfeiler, sondern einfache Säulen, meist mit Würfelkapitellen, und die → Vorkirche (denn es war mehr als eine Vorhalle) mit zwei Westtürmen nach burgundisch-kluniazensischem Vorbild. Unter den Hirsauer Kirchen sind vielleicht die eindrucksvollsten Alpirsbach in Schwaben (Chorweihe 1099, voll. bis ca. 1125) und Paulinzella in Thüringen (1112-1132). Der Einfluß von Hirsau läßt sich bis tief ins Österreichische verfolgen. Neben diesen roman. Hauptentwicklungslinien entstanden der Ziegelbau Norddeutschlands (Jerichow, 1139 ff.), die Hallenkirchen von Westfalen (Kirchlinde, ca. 1175) und – davon unabhängig – von Bayern (Waldersbach ca. 1175) und die Zisterzienserbauten (→ Zisterzienserbaukunst).

Auch die Zisterzienser kamen ursprünglich wie die Kluniazenser aus Burgund, aber im Gegensatz zu diesen propagierten sie einen einheitlichen Stil in allen Ländern Europas. Einfachheit, besonders Fehlen der Türme, und ausgezeichnete Steinmetzarbeit, gerade abschließende Chöre und Ostkapel-

len der Querschiffe kennzeichnen ihn. Maulbronn, gegründet 1147, hat im Chor die ersten Rippengewölbe östl. des Rheins; die Vorhalle (Paradies) und der Kreuzgang, beide reich gegliedert, stammen aus den 20er Jahren des 13. Jhs., das zweischiffige, monumentale Herrenrefektorium, straffer, ›gotischer‹, ist kaum viel jünger. Maulbronner Ordensbauleute wanderten nach Walkenried (1219 ff.). In Norddeutschland bedienten sie sich des → Backsteins, den sie so meisterlich beherrschten wie anderwärts den → Haustein (Lehnin, Chorin).

In Burgund fiel den Zisterziensern die Entwicklung vom spitzbogigen roman. zum got. Stil leicht. Auch in D. waren sie Träger der frühen Gotik. Der Durchbruch der frz. Kathedralgotik, vorbereitet im Westchor des Bamberger Domes (um 1230-35), in der Elisabethkirche in Marburg (seit 1236), der Liebfrauenkirche in Trier (seit etwa 1242), vollzieht sich in den Neubauten des Kölner Domes (seit 1248; Abb. → Bauhütte, → Gotik, → Denkmalpflege) und des (in den Ostteilen noch frühgot.) Straßburger Münsters (um 1250). Köln, das so lange an den roman. Traditionen festhielt, schließt sich jetzt engstens an die Kathedralen von Amiens und Beauvais an und kann nur mit diesen zusammen genannt werden. Aber durchaus eigentümlich ist die (im MA. nur in den unteren Teilen des Südturmes ausgeführte) Fassade, die in einer Frankreich fremden Weise von den beiden Turmriesen beherrscht wird. Rein gotisch in allen ihren Formen, den kon-

Elisabeth-Kirche, Marburg, beg. 1236.

›Uta‹, Dom zu Naumburg, um 1250.

Zisterzienserkirche Altenberg, beg. 1255.

struktiven ebenso wie auch den dekorativen, ist auch die nur wenig ältere Marburger Elisabethkirche, aber der Dreikonchenschluß der Ostteile hängt noch an den rheinischen (roman.) Überlieferungen, und der Hallenquerschnitt der Schiffe folgt westfälischen und also auch älteren heimischen Anregungen. Eine trotz des hier ebenfalls vollendet beherrschten frz. got. Vokabulars individuelle, originelle Schöpfung ist die Trierer Liebfrauenkirche: eine zentrale Anlage über griechischem → Kreuz.

Von hier an ist dt. Gotik die Gotik der → Hallenkirche. Südostdt. roman. Hallenkirchen existierten be-

Chor der Hl.-Kreuz-Kirche, Schwäbisch-Gmünd, beg. 1351.

Münsterturm, Freiburg, von Heinrich Müller, voll. um 1350.

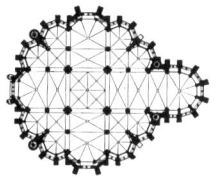

Liebfrauenkirche, Trier, beg. um 1240.

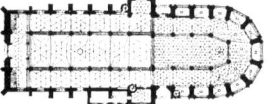

Hl.-Kreuz-Kirche, Schwäbisch Gmünd, beg. ca. 1330.

St. Martin, Landshut, beg. von → Stethaimer, 1387.

reits, und aus ihnen formen sich die got. Hallenchöre von Lilienfeld (gew. 1230), Heiligenkreuz (gew. 1295) und Zwettl (1343 ff.). Zugleich fährt Westfalen fort, Hallen zu bauen, nun aber got. Hallen (Osnabrück, 1256-92; Münster, Langhaus, ca. 1267 ff.). Es finden sich auch Hallen im Nordosten (Marienkirche in Greifswald, ca. 1250 ff.), im mittleren Osten (Marienstern, 1248 ff.) und vor allem bei den → Bettelorden. Hier war das Programm Einfachheit und Weiträumigkeit. Ein frühes Beispiel ist die Dominikanerkirche in Frankfurt (ca. 1240). Wie die Hallenkirche die Anzahl der Bauglider im Aufriß reduziert, so findet sich dasselbe bei der Basilika im Weglassen des → Triforiums oder der → Empore (Halberstadt), in anderen Fällen in der Knappheit der hohen, schlanken, einheitlichen Fenster (Wiesenkirche in Soest, Chor in Aachen, auch Zwettl) und im Grundriß im Weglassen des Umganges (Regensburg). Der einflußreichste Bau aus dem 2. Drittel des 14. Jhs. ist die Heiligkreuzkirche in Schwäbisch-Gmünd, schon auf der Grenze zur Spätgotik (Langhaus ca. 1330, Chor 1351 beg.). Hier gibt es schlanke Rundpfeiler, Kapellen zwischen den eingezogenen Strebepfeilern und eine gelagerte Breite im Außenbau, betont durch das zweistöckigen Fenster. Die → Parler-Familie ist mit dem Bau verbunden. Sie ist die erfolgreichste Sippe von Baumeistern im dt. Raum.

Überhaupt ist es für die Zeit typisch, daß nun mehr Namen und sogar persönliche Schicksale bekannt sind – Heinrich Parler z. B., der nach Mailand berufen wird, aber bald wegen einheimischer Opposition demissioniert. Auch Hüttenordnungen kennen wir, und so ist der Baubetrieb des späten MA. viel lebendiger für uns als der der früheren Jahrhunderte. Peter Parler wurde 1353 an den Prager Dom berufen. Die Gewölbe der Seitenkapellen, die er zwischen 1360 und 1370 ausgeklügelt haben muß, und die Gewölbe des Hochchores, um etwa 1375, stehen am Anfang des figurierten Gewölbes in D. Sogar fliegende → Rippen hat Parler schon benutzt. Beziehungen zu den erheblich früheren figurierten Gewölben von England sind sicher, lassen sich aber schwer fassen. Beziehungen zum dt. Nordosten sind auch vorgeschlagen worden (Pelplin). Jedenfalls entwickelte sich von den Gmünder und Prager Chören her ein Nationalstil der Spätgotik, den man mit Recht als *deutsche Sondergotik* bezeichnet hat. Im 15. und frühen 16. Jh. hat er herrliche Blüten getrieben. Was ihn charakterisiert ist einfaches Äußeres mit großen Dächern, schlanke Pfeiler, die ohne Kapitelle in die phantastisch reichen und komplizierten Rippengewölbe übergehen und mannigfache diagonale Durchblicke durch den Raum, der sich damit als eine Einheit darbietet, während er noch im 13. Jh. in eine Anzahl paralleler Einheiten aufgeteilt war.

Einer der großen, wohl in Böhmen, im Parlerkreis geschulten Meister des 14./15. Jhs. war Hans → Stethaimer, Schöpfer so mächtiger Hallenkirchen wie der Stadtpfarrkirchen in Landshut und Straubing und des Chors der Salzburger Franziskanerkirche. Andere große Kirchen des Jhs. sind Nördlingen (1427 ff.), Dinkelsbühl (1448 ff.), Amberg (1421 ff.), der Lorenzchor in Nürnberg (1445 ff.) und die Münchner Frauenkirche (1468 ff.). Die Frauenkirche hat noch die zwei traditionellen Westtürme, aber die Leidenschaft der

Spätgotik in den meisten Ländern war der Einzelturm, so hoch und so kühn wie man ihn riskieren und sich leisten konnte. Der bezaubernd durchbrochene Turmhelm von Freiburg war schon ca. 1330 aufgesetzt worden, die Entscheidung, in Straßburg dem Unterbau für Doppeltürme einen Einzelturm

Mittelteil der Westfassade des Straßburger Münsters, Ende 13. Jh.

aufzusetzen, datiert vom späteren 14. Jh., und der Ulmer Turm, in seiner im 19. Jh. vollendeten Gestalt der höchste Kirchturm der Welt (161 m), war 1377 entworfen worden.

Die Mehrzahl der in diesem Absatz genannten Kirchen – auch Ulm – waren Stadtpfarrkirchen, und auch das ist charakteristisch für die Spätgotik. Im norddt. Backsteingebiet sind die wichtigsten die Marienkirche in Lübeck und die Marienkirche in Danzig. Aber was den internationalen Ruhm der

Marienkirche, Danzig, 1343-1502.

preußischen Baukunst des MA. mehr als alles andere bestimmt hat, sind die Bauten des Deutschen Ordens, die Marienburg, Marienwerder, und in diesem Zusammenhang auch das Thorner Rathaus, eines der monumentalsten Rathäuser seiner Zeit in Europa.

Rathaus, Leipzig, von → Lotter, 1556.

Andere bedeutende spätma. Rathäuser sind die in Stralsund (mit dem schönen Spiel der Ziegeldekoration), Braunschweig und Köln (der Gürzenich, d. h. ein städtischer Saalbau). In Lübeck hat sich außer dem Rathaus des späten 13. und frühen 14. Jhs. das monumentale Heiliggeist-Spital (1276-86) erhalten. Bürgerhäuser haben wir in vielen Städten. Die bekanntesten sind → Fachwerkbauten. Der Übergang von der → Burg zum → Schloß vollzog sich aus politischen Gründen langsam. Er läßt sich am besten auf einzelnen großen Burgen verfolgen, so in Meißen (1471-83) und in Prag. Der Wladislawsaal in Prag von → Rieth wurde 1493 begonnen. Er hat Rippen in kurvigem Verlauf, eine letzte Verfeine-

Säulenhof der Residenz, Landshut, 1536-43.

rung, die später in Kuttenberg und Brüx und jenseits des Erzgebirges in Annaberg und Pirna übernommen wurde.

Aber der Wladislawsaal zeigt auch ital. Renaissancemotive (→ Renaissance), unvollkommen verstanden, aber doch ein Zeichen der kommenden Abkehr

von der Gotik. In Ungarn, Polen und Böhmen erscheinen sie zuerst. In D. ist die Fuggerkapelle in Augsburg der erste ital. (venez.) gemeinte Bau (1509ff.). Gleichzeitig brachte Dürer aus Venedig die Vorliebe für Renaissancezierformen mit. In der Baudekoration sind es mehr noch als venezianische die lombardischen Frührenaissance-Bauten des frühen 16. Jhs., die mit Entzücken angesehen und nachgeahmt wurden (Sakristeitür in Breslau, 1517; Georgentor in Dresden, 1534). Mehr als solche Nachahmungen von Zierformen gibt es selten. Eine Ausnahme bildet die Residenz in Landshut. Hier wurde seit 1536 von Italienern der Stil → Giulio Romanos, d. h. der Hochrenaissance auf der Schwelle zum → Manierismus, nach D. übertragen. Doch konnte solche Reinheit und Zurückhaltung noch auf lange keinen Anklang finden. Statt dessen war es die manieristische Dekoration der → Niederlande, die sich einbürgerte, selten in so einheitlicher

Schloß Aschaffenburg, von → Ridinger, 1605-14.

Essighaus, Bremen, 1618.

und monumentaler Form präsentiert wie im Ottheinrichsbau in Heidelberg (1556-66), wo auch frz. und ital. Inspiration am Werk war. Kirchenneubauten sind selten, doch muß an die Innsbrucker Hofkirche (1553-63) und an Marienberg in Sachsen (1558ff.) erinnert werden.

Ein eigentlich dt. Stil – zu Unrecht *Deutsche Renaissance* genannt – bildet sich um die Mitte des 16. Jhs. aus. Die Proportion wird stämmig, die Dekoration deftig. Die Rathäuser von Leipzig (1556ff.) und Rothenburg (1572), das vormalige Lusthaus in Stuttgart (1578ff., Abb. → Beer) eine Anzahl westfäl. Wasserschlösser (Horst, 1558ff.) und so prunkhafte Bürgerhäuser wie das Hexenbürgermeisterhaus in Lemgo (1571), der ›Ritter‹ in Heidelberg (1592) und das Pellerhaus in Nürnberg (1605, Abb. → Wolff) sind Beispiele. Höhepunkte sind das Danziger Zeughaus (1602ff.) und der Heidelberger Friedrichsbau (1601ff., Abb. → Schock).

Eine ernstlichere Auseinandersetzung mit Italien bringt erst das frühe 17. Jh. Eine Ausnahme bilden die Bauten Wilhelms v. von Bayern, vor allem das Antiquarium in der Residenz (1569ff., Abb. → Museumsarchitektur) und die Michaelskirche (1582ff.) in München (Abb. → Sustris), beide mit Tonnengewölben, wenn auch unverkennbar nicht italienisch. Reinheit ohne Imitation kam schließlich mit dem Augsburger Rathaus (1615-20 von → Holl, mit Abb.) und dem Nürnberger Rathaus (1616-22 von → Wolff). Im Kirchenbau stehen die wesentlichen dt.-protest. Kirchen → Franckes in Wolfenbüttel (1604-15) und Bückeburg (1613ff.) den halb-ital., kath. der Universität in Würzburg (1583ff.) und der Jesuiten in Neuburg (1607ff.) gegenüber. Aber auch die kath. Bauten sind durchaus selbständig.

St. Michael, München, von Wolfgang Miller und → Sustris, 1582-97.

Rathaus, Augsburg, von → Holl, 1615-20.

Risalit der Südfront des Berliner Schlosses, von → Schlüter, umgebaut 1698-1706.

Wie die Dinge sich von hier weiterentwickelt haben würden, wenn der Dreißigjährige Krieg nicht gekommen wäre, können wir nicht sagen. Nach Überwindung der ersten harten Nachkriegsjahre findet man jedenfalls einen Neubeginn: ital. (und böhm.) → Barock befruchtet den kath. Süden, holländ.-frz. → Klassizismus den protestant. Norden. Die Unterscheidung von Süd und Nord, von katholisch und protestantisch ist eine Notwendigkeit, wenn man die Stile verstehen will. Ebenso muß man sich immer vor Augen halten, daß das, was wir Deutschland (und Österreich) nennen, aus über tausend so gut wie völlig unabhängigen politischen Einheiten bestand, wenn auch nicht immer eine Identität zwischen geographischen und politisch-religiösen Kriterien festgestellt werden kann.

Sachsen illustriert diese Komplikation. Im selben Dresden baute → Pöppelmann, der aus dem gemischt protestant.-kath. Westfalen kam, den Zwinger (1711 ff.) in einem überzeugt ital.-südostdt. Stil (Abb. → Pöppelmann), → Bähr die protestant. Frauenkirche (1725 ff.) als norddt.-zentrale Predigtkirche, jedoch mit einem südl. Schwung der

Wallpavillon im Zwinger, Dresden, von → Pöppelmann, 1711-22.

Konturen (Abb. → Bähr), und → Chiaveri die kath. Hofkirche (1738-56) in röm. Barock, aber im Innern nicht ohne Beeinflussung durch die Schloßkapelle in Versailles (Abb. → Chiaveri). In Schlesien wird der kath.-protestant. Gegensatz von Grüssau (1728 ff.) auf der einen, der Gnadenkirche in Hirschberg (1709 ff.) auf der anderen Seite doku-

mentiert. Brandenburg-Preußen gehört ganz dem nach Westen orientierten Norden an. → Nering sah nach den Niederlanden, → Schlüter nach Paris, aber zugleich auf → Bernini und seine röm. Pläne für den Louvre, de → Bodt nach Paris. Sanssouci (1745-47), selbst konzipiert von Friedrich dem Großen, ist eine frz. ›maison de plaisance‹, aber in der Form mit seinen → Atlanten und → Karyatiden unmittelbar vom Zwinger inspiriert (Abb. → Knobelsdorff). Das → Rokoko der Dekoration hier und in anderen friderizianischen Bauten darf man als deutsch bezeichnen, wenn auch ursprünglich die → Rocaille in Paris erfunden worden war. Aber Friedrich war ein Eklektiker und auf seinen Wunsch wurden in Potsdam auch der Palazzo Barberini in Rom, → Palladio und Castle Howard imitiert, und

Treppenhaus im Schloß Pommersfelden, von Johann → Dientzenhofer, 1711-18.

das Nauener Tor von 1755 ist ein sehr früher Fall imitierten MA.s, offenbar unter engl. Einfluß. Mitteldeutschland, westl. von Sachsen, spielt eine verhältnismäßig kleine Rolle. Das Rheinland war natürlich nach Frankreich gewandt. Robert de → Cotte entwarf Poppelsdorf (1715) für den Kurfürsten von Köln, → Pigage Schloß Benrath (1755) für den Kurfürsten von der Pfalz (Abb. → Pigage). Andrerseits spielen in die Geschichte von Ludwigsburg der Italiener → Frisoni und der brillante ital. Stukkateur Diego Carlone hinein.

Noch komplizierter ist die Mischung in der Würzburger Residenz. Aber aus Franken muß zuerst → Petrinis Stiftskirche Haug (1670 ff.) erwähnt werden, die wesentlich ital. Barock ist (Abb. → Petrini), und die Kirche des Klosters Banz (1710 ff.) von Johann → Dientzenhofer, die durch ihre dreidimensionalen Bögen mit den Bauten der böhmischen Dientzenhofer zusammenhängt (Abb. → Dientzenhofer) und durch sie mit denen → Guarinis.

In Joh. Dientzenhofers Pommersfelden aber machen sich infolge der Bauherren, der Schönborn-

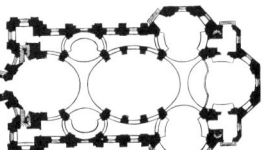

Wallfahrtskirche Vierzehnheiligen.

Wallfahrtskirche Vierzehnheiligen, Oberfranken, von → Neumann, 1743-72.

Familie, auch Einwirkungen von → Welsch, d. h. von Mainz, und von → Hildebrandt, d. h. von Wien, bemerkbar (Abb. → Dientzenhofer). Die Mischung in der Würzburger Residenz (Abb. → Barock) ist besonders faszinierend, um so mehr, als es → Neumann am Ende triumphal gelang, sich das Gesamtbauwerk zu eigen zu machen. In den ersten Jahren – Baubeginn 1720 – wurden Welsch, de → Cotte und mehr noch → Boffrand konsultiert. Dann aber

Residenz, Würzburg, von → Hildebrandt und → Neumann, 1720-54. Gartenseite.

schlug Bischof Friedrich Carl von Schönborn die Hauptverbindung nach außen, zu Hildebrandt aus Wien. Hildebrandt war, wie die Böhmen, von der raumvereinenden Energie der dreidimensionalen Bögen Guarinis überzeugt, und es muß offen bleiben, ob sie die Hofkirche (1734-41) via Hildebrandt oder via Welsch und Neumanns früher Schönbornkapelle am Dom (1723 ff.) erreichten. Trotz allem Einfluß von Hildebrandts Wiener Belvedere ist die Residenz eine Einheit, in die sich auch das großartige → Rokoko Tiepolos und des Bildhauers und Stukkateurs Antonio Bossi einfügt. Welche Höhen Neumann auf sich selbst gestellt erklimmen konnte, zeigt das Bruchsaler Treppenhaus (1731-32), räumlich bedeutsamer als das spätere und dekorativ unerreichte Brühler Treppenhaus (1743-48, Abb. → Barock), und zeigen vor allem die beiden Meisterkirchen der 40er Jahre: Vierzehnheiligen (beg.

1743) und Neresheim (beg. 1745, Abb. → Neumann). Vierzehnheiligen ist eine geniale Komposition sich berührender und überschneidender Ovale, Neresheim – vielleicht weil es in dem weniger dynamischen Schwaben liegt – arbeitet mehr mit Kreisen.

Der schwäbische Typ ist die → Wandpfeilerkirche. Die Beispiele gehen von Ellwangen (1682 ff.) über Obermarchtal (1686 ff., Abb. → Thumb) und Friedrichshafen (1695 ff.) zu dem ungewöhnlich großen Weingarten (1715, Abb. → Barock). Die Architekten gehören den Vorarlberger Familien → Thumb und → Beer (→ Vorarlberger Bauschule) an. Später ging die Führung von ihnen auf den Bayern Johann Michael → Fischer über.

In Bayern war die Situation kompliziert. Das letzte Drittel des 17. Jhs. begann – wie in anderen Landschaften – mit ital. Barockbauten von ital. Architekten (→ Barelli, → Zuccalli, → Viscardi). Die Hauptwerke sind die Theatinerkirche in München (1663-75, Abb. → Barock) und der Passauer Dom (von → Lurago, 1668 ff., Abb. → Lurago). Der Stil wurde bis ins 18. Jh. hinein beibehalten. Dann aber wechselte Kurfürst Max Emanuel, der lange Jahre in Frankreich verbracht hatte, die Richtung. → Effner, sein ›premier architecte‹, war in Paris unter → Boffrand ausgebildet worden, und Effners Nachfolger wurde der Franzose → Cuvilliés. Das erklärt die ›maisons de plaisance‹ im Nymphenburger Park in München (Badenburg, 1718; Amalienburg, 1734, Abb. → Cuvilliés). Es erklärt auch die Rokoko-Ornamentik, wenngleich ihre Üppigkeit und Phantasie weit über alles Französische hinausgehen und Cuvilliés als Wahldeutschen ausweisen. Zugleich waren die Brüder → Asam in derselben Richtung räumlich-dekorativ tätig (Weltenburg, Rohbau 1718; Rohr, 1717-25 (Abb. → Asam); St. Johann Nepomuk in München, 1733 ff., Abb. → Asam). Beinahe aufs Jahr stimmen die Geburtsdaten von Dominikus → Zimmermann und Johann Michael Fischer mit denen der Brüder Asam überein, doch ist das Weiß und Gold und die hellere Farbe der Zimmermann- (Steinhausen, 1727 ff.; Wies, 1745 ff., Abb. → Rokoko) und Fischer-Kirchen (Diessen, 1732 ff., Abb. Johann Michael → Fischer; Ottobeuren, 1744 ff.; Zwiefalten,

Wieskirche, Oberbayern, von → Zimmermann, 1745-54.

Benediktiner-Abteikirche Ottobeuren, beg. 1737, voll. von Joh. Michael → Fischer, 1744-66.

*Schloß Wörlitz, Schlafzimmer
des Prinzen Georg, von
→ Erdmannsdorf, 1769.*

*Schloß Benrath, Düsseldorf, von
→ Pigage, 1755-69.*

*Entwurf zu einem National-
theater für Berlin, von → Gilly,
1798.*

*Neue Wache, Berlin, von
→ Schinkel, 1816.*

*Bauakademie, Berlin, von
→ Schinkel, 1832-35.*

1738ff.; Rott, 1759) stilgeschichtlich später als das Braun und Gold, das die Asams bevorzugten. Zimmermanns Ovale und Fischers Synthese von → Langhaus und → Zentralbau entsprechen Neumanns Raumschöpfungen.

Zopf ist der dt. Name für den *Louis-seize-Stil* (→ Frankreich). Er ist gekennzeichnet durch einfachere Grundrisse (z. B. Kreise statt Ovale), geschlossenere Konturen (z. B. Tempelfassaden als Zentren, mit und ohne Giebel), schlichtere und sparsamer verteilte Dekoration und oftmals Betonung guten Steinschnitts. Die Quellen liegen im Wohnbau in England (→ Großbritannien), aber auch Frankreich spielte eine wichtige Rolle. Beispiele gibt es in ganz D.: im Kirchenbau des Südwestens Ulm-Wiblingen (von Specht, 1772-81) als Abwandlung des spätbarocken Kirchenschemas und St. Blasien (von → Ixnard, 1771ff., mit Abb.) als radikalere Lösung, in Mittel- und Norddeutschland das Innere der Nikolaikirche in Leipzig (von J. F. K. Dauthe, 1784) und die Kirche in Ludwigslust (von J. J. Busch, 1765-70). Im Schloßbau sind offensichtlich besonders gern engl. Bauten zum Vorbild genommen worden: gute Beispiele sind das Wörlitzer

Schloß (von → Erdmannsdorf, der England gut kannte, 1769, Abb. → Erdmannsdorf) und der runde Englische Pavillon in Pillnitz (von → Weinlig, 1789, mit Abb.). Das Schloß in Benrath (1755-69) und die Solitude bei Stuttgart (1763-67) liegen noch früher und repräsentieren die Entwicklung ins frz. Louis-seize (→ Pigage, → Guépière, beide Architekten Franzosen). Einen Schritt weiter führt das Kurfürstliche Schloß von Koblenz in rein frz. Louis-seize (von A. F. → Peyre, 1777-86, stark verändert), weiter in Mitteldeutschland das Kasseler Museum Fridericianum (1769-76) und Schloß Wilhelmshöhe bei Kassel (1786f.), beide von Simon-Louis → Du Ry (Abb. → Du Ry) oder das Weimarer Schloß von Gentz. In und um Berlin sind die beiden Kirchen auf dem Gendarmenmarkt (von Gontard, 1780-85) und das Marmorpalais in Potsdam (von Gontard und → Langhans, 1786-90) zu nennen. Aber Langhans weist schon in das kommende Jh. voraus, ebenso wie das schon erwähnte Nauener Tor in Potsdam (1755). Wo sonst ma. Formen vor 1800 auftreten, sind sie noch spielerisch, fast rokokomäßig verwandt, so in der Neudekorierung der Klosterkirche Salem (1766-93), in dem Vierungsturm des Mainzer Domes (1768-74) von F. J. Neumann und im Gotischen Haus in Wörlitz (1784-86). Der Umschwung zu tieferer und begeisterter Würdigung der Gotik wurde in Goethes Essay über das Straßburger Münster schon 1772 angebahnt, aber von den Architekten erst viele Jahrzehnte später aufgenommen; → Gillys Lithographien der Marienburg (1799) und dann → Schinkels

Grabmalentwurf für Königin Luise (1810) müssen hier genannt werden (Abb. → Schinkel).

Wichtiger wurden Gilly und Schinkel aber für die Hinwendung zum → Klassizismus. Gilly trieb den Stil in den wenigen Jahren, die es ihm vergönnt war zu schaffen, fast bis zur Vollendung. Vorbereitet war er in Langhans' revolutionärem Brandenburger Tor von 1788 (Abb. → Klassizismus). Gilly entwickelte aus der Dorik als der mächtigsten → Säulenordnung und aus den Ideen und Formen → Ledoux' in seinem Entwurf für ein Nationaldenkmal für

Schauspielhaus, Berlin, von → Schinkel, 1820.

Friedrich den Großen und in den Plänen für das Nationaltheater extrem kubische Formen ohne alle Anlehnung an vergangene Zeitstile, so wie sie erst → Messel nach 1900 wieder wagte. Er beeinflußte Schinkel und auch die Anfänge → Klenzes in München. Weder Schinkel noch Klenze aber waren so kühn wie er und Ledoux. Rein klassizistisch sind das Werk → Weinbrenners in Karlsruhe (seit 1800, weitgehend zerst.), das Danziger Stadttheater (1798-1801) von Held und das Würzburger Frauenzuchthaus (1810, von Speeth; Abb. → Gefängnis). Schinkel war ohne Frage der bedeutendste Architekt des Klassizismus, nicht nur in Preußen, ja nicht nur in D. Neben seiner Neuen Wache, seinem Alten Museum und seinem Schauspielhaus, alle in Berlin (Abb. → Schinkel), stehen aber auch anglogot. Bauten wie die Werdersche Kirche (Abb. → Schinkel) und Neubabelsberg, die denkwürdigen Kirchenentwürfe seiner Spätjahre in einem frei behandelten → Rundbogenstil und die vom Historismus sich völlig freihaltenden Bauten wie die Bauakademie (abgerissen) (Abb. → Schinkel).

Klenzes → Historismus ist bestimmt umrissen: er umfasst die frühchristlich-ital.-romanische Allerheiligen-Hofkirche (1826ff.), das Leuchtenberg Palais (1816) und den Königsbau der Residenz (1826), alle in München, in entschiedenem Quattrocento (→ Italien), obwohl er mit der strengsten perikleischen Dorik noch bis in die 30er Jahre operierte (Walhalla, Regensburg; Abb. → Denkmalsarchitektur).

Damit war alles bereit für den Stil, der von den 30er Jahren bis zum Anfang des 20. Jhs. herrschte. Es ist der Stil des Eisenbahnzeitalters, der Historismus, d. h. das Nachahmen von mehr als zwei Stilen der Vergangenheit gleichzeitig, entweder gemäß gewissen evokativen oder assoziativen Kriterien oder einfach gemäß den Wünschen der Bauherren. Chronologisch folgen aufeinander: Dorik (→ Klassizismus), → Neugotik, ital. Neurenaissance, zum üppigen Cinquecento (→ Italien) sich steigernd und dann in noch üppigeren Neubarock einmündend; gleichzeitig gelten frz. Renaissance (gelegentlich; im Schweriner Schloß von 1844ff. auffallend früh, Abb. → Historismus) und dt. Renaissance (vor allem seit

1870) als Vorbild. Beispiele könnten wieder aus allen Teilen D.s zusammengetragen werden.

Der Rundbogenstil hielt durch die Mitte des 19. Jhs. an. Er kann frühchristl. oder ital.-roman. sein, verschmilzt aber auch mit dem Quattrocento und dem frei asymmetrischen sog. ital. Villenstil, den → Barry in England eingeführt hatte. Zum ersten

Oper, Dresden, von → Semper, 1834-41.

Typ gehören → Gärtners Ludwigskirche in München (1829 ff.) und → Persius' Kirche in Sakrow bei Potsdam (1841 ff., Abb. → Rundbogenstil), aber auch – kurioserweise – eine Anzahl von Bahnhöfen, z. B. Karlsruhe (1842) und München (1847-49) von → Bürklein (→ Bahnhofsarchitektur). Der Thüringer Bahnhof in Leipzig (1856) jedoch hatte die typischen Villentürme. Dieser Villenstil sagte Friedrich Wilhelm IV. zu, und er verwandte ihn für die Orangerie bei Potsdam und den Pfingstberg.

Karlsruhe wurde, dank → Hübsch eine Hochburg des Rundbogenstils (z. B. die Technische Hochschule, 1833 ff.). In Hannover hielt sich dieser Stil bis tief in die 2. Hälfte des Jhs.

Die Entwicklung von der zurückhaltenden Neurenaissance des frühen Neoquattrocento zum üppigeren Stil des späteren Neocinquecento ist schon angespielt in derjenigen von Klenzes Königsbau von 1826 zu seinem Festsaalbau der Münchner Residenz von 1832. Sie ist besonders schlagend dokumentiert in → Sempers erstem und seinem zweiten Dresdner Operbau, d. h. 1834-41 und 1871-78 (Abb. → Semper). Zwischen dem freien Cinquecento und

Thronsaal auf Schloß Neuschwanstein, Oberbayern, Plan von Julius Hofmann, 1884.

dem Neubarock fluktuiert die Grenze. Jedenfalls sind noch auf der Cinquecentoseite die Technischen Hochschulen von Dresden (1872 ff.) und Charlottenburg (1878 ff., heute Technische Universität), ist auf der Grenze zum Barock die Börse in Frankfurt (1874 ff.), und sind voll-barock Paul → Wallots Reichstag von 1884 ff. und → Raschdorffs Berliner Dom von 1894 ff. Mit dem Reichsgericht in Leipzig von Hoffmann setzt schon 1887 ff. eine Wendung zu größerer Zurückhaltung ein.

Für Kirchen bleibt die Gotik vorherrschend. Die Entwicklungslinien seit etwa 1850 müssen von der Forschung noch gezogen werden. Berlin hat im späten 19. Jh. interessante protestant. Grundrisse. Roman. Bauten werden im Wilhelminischen wieder propagiert (Kaiser-Wilhelm-Gedächtniskirche von Schwechten, 1895 ff.). Im Profanbau tritt die Gotik mehr und mehr zurück, obwohl Rathäuser ihr noch anhängen (Berlin, 1861 ff., von Waesemann, sehr zurückhaltend; München, 1867 ff., von Hauberisser, niederländisch-üppig; und Wien). Die norddt.-niederländ. Renaissance löst die Gotik ab (Gerichtsgebäude Köln, 1869 ff; Rathaus Bielefeld, 1902 ff.). Andere Stile sind seltener, so etwa der

→ Perraults in → Hitzigs Berliner Börse von 1859-63 und der von Versailles in Herrenchiemsee von 1878 ff. Die Bauten Ludwigs II. von Bayern (Neuschwanstein, beg. 1869) gehören zu jenem europäischen Historismus, der in Frankreich unter Napoleon III. zur Erbauung des Schlosses Pierrefonds (1848-70), in D. zur Wiedererrichtung der Hohenzollernburg (1844-67), der Burg Lichtenstein (1837-42) oder des Rheinschlosses Stolzenfels (beg. 1836) führte (Abb. → Neugotik).

Weniger als zehn Jahre nach dem Tod König Ludwigs II. begann in Berlin ›Pan‹ zu erscheinen, die Luxuszeitschrift, die den → Jugendstil in D. verbreitete. Schon etwas früher hatte Hermann Obrist in München die gleiche radikale Abwendung vom Historismus vollzogen. In der Fassadenarchitektur demonstriert sie → Endell mit dem faszinierenden Fabeltier-Ornament des Ateliers Elvira in München (1898, Abb. → Endell). Sehr viel solider und entscheidender vorwärtsweisend waren → Olbrichs Bauten auf der Mathildenhöhe in Darmstadt (1901, 1907, Abb. → Ausstellungsarchitektur). Hier begann sich ein Sinn für die unmodellierte Fläche durchzusetzen, der in den nächsten Jahren den Sieg davontragen sollte. D. war dabei etwas weniger revolutionär als Wien mit → Wagner, → Hoffmann und → Loos.

Für die, die den Historismus noch nicht aufgeben bereit waren, wurde ›Um 1800‹ das Kennwort, d. h. Schinkel und das Biedermeier und der bescheidene Stil der Landschlößchen und Gutshäuser. Das gilt

Burg Hohenzollern, voll. 1867.

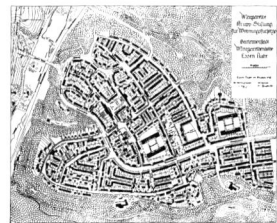

Margarethenhöhe, Essen, 1906 ff.

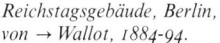

Reichstagsgebäude, Berlin, von → Wallot, 1884-94.

Warenhaus Wertheim, Berlin, von → Messel, 1896-87 und 1901-04.

Faguswerke, Alfeld, von → Gropius und Adolf → Meyer, 1910-14.

Weißenhofsiedlung, Stuttgart.

Telchow-Haus, Berlin, von H. und W. → Luckhardt, 1929.

für → Messel, für → Tessenow, auch für die Anfänge von → Mies van der Rohe. Aber Messels berühmtestes Werk ist das Kaufhaus Wertheim in Berlin (Abb. → Hessel). Das Bürohaus und das Warenhaus hatten im Laufe des 19. Jhs., noch im Rahmen des Historismus, mehr und mehr die Fassade als ein System von Steinvertikalen, Steinhorizontalen und Glas ausgebildet. In diese Entwicklung, unter Absage an den Historismus, fügt sich Wertheim ein. Das Kaufhaus Tietz in Berlin von Sehring und Lachmann (1900) hatte schon zu diesem Zeitpunkt eine fast nur aus Glas bestehende Wand (→ Curtain Wall) verwirklicht.

Im Wohnbau auf der Schwelle zum Stil des 20. Jhs. war England das Vorbild, vermittelt von Hermann

Weißenhofsiedlung Stuttgart, 1927.

→ Muthesius, der um 1900 mehrere Jahre zum Studium des Domestic Revival (→ Großbritannien) in London verbracht hatte. → Gartenvorstädte entstanden: die Margarethenhöhe in Essen (1906 ff.) und Hellerau bei Dresden (1906 ff.).

Den direktesten Weg ins 20. Jh. aber nahm Peter → Behrens, der schon 1901 auf der Mathildenhöhe weniger dem Jugendstil verpflichtet war als die anderen (Abb. → Behrens), der 1904 zu einem strikt kubischen Stil vorstieß, 1906 von der AEG in Berlin als Architekt und Berater berufen wurde und für sie sowohl Produkte wie Bauten entwarf, die international zu den Spitzenleistungen gehörten, vor allem die Turbinenfabrik in Berlin von 1909 (Abb. → Behrens). Seine Schüler waren → Gropius und Mies van der Rohe; Gropius' Fabrikgebäude der Faguswerke in Alfeld von 1910 ist noch radikaler als die Turbinenfabrik und in der Verwendung von Stahl und Glas in der Tat von einer Kompromißlosigkeit, die vierzig Jahre später noch ebenso aktuell gewesen wäre.

Zu den Pionierbauten der Jahre vor dem Ersten Weltkrieg muß auch die Breslauer Jahrhunderthalle (1912-13) von Max → Berg gezählt werden. Was das Fabrikgebäude der Faguswerke für die Entwicklung des Bauens in Stahl und Glas sind, das ist Bergs großartige Halle für den Eisenbetonbau (→ Beton, Abb. → Berg). Die Möglichkeit kühner monolithischer Formen ist hier (und in → Maillarts Brücken) zum ersten Mal erkannt, und es dauerte viele Jahre, bis Berg Nachfolger fand (→ Nervi).

In der Stimmung des verlorenen Krieges und der Revolution und unter dem Einfluß des Expressionismus in Malerei und Graphik kam es um 1919 zu einem → Expressionismus auch in der Baukunst. Er

hielt nur wenige Jahre an, aber in diesen Jahren brachten ihm sogar Behrens, Gropius und Mies van der Rohe ihre Opfer dar. Die Hauptwerke dieses Expressionismus sind → Mendelsohns Einsteinturm in Potsdam (1920, Abb. → Meßarchitektur), → Poelzigs Großes Schauspielhaus in Berlin (1919, Abb. → Expressionismus; → Poelzig), → Högers Chilehaus in Hamburg (1922-23, Abb. → Expressionismus), und → Härings Gut Garkau (1922, 1924-25, Abb. → Häring). Noch beredter sind die Phantasien, die auf dem Papier blieben: von → Finsterlin, von Bruno → Taut (Die Stadtkrone), von Poelzig (Salzburger Festspielhaus, Abb. → Poelzig).

Als die Hektik der ersten Nachkriegsjahre nachließ, kehrte das fortschrittliche Deutschland resolut und überzeugt zu dem Stil von Behrens und dem frühen Gropius zurück. Gropius' → Bauhaus in Dessau (1925-26) ist das berühmteste Monument dieser Jahre (Abb. → Bauhaus), in denen D. internat. die Führung hatte. Wieder ist es schwer, eine Auswahl zu treffen. Mendelsohns Schocken-Warenhäuser (1926 und 1928, Abb. → Mendelsohn) und sein Columbushaus in Berlin (1929-30), Mies van der Rohes Deutscher Ausstellungspavillon in Barcelona (1929, Abb. → Ausstellungsarchitektur) und sein

Siedlung Britz, Berlin, von Bruno → Taut und Martin Wagner, 1925-30.

Mietshaus in der Stuttgarter Weißenhof-Siedlung (1927) gehören zu den besten Beispielen. Die Weißenhof-Siedlung mit ihren vielen Einfamilienhäusern von dt. und ausländischen Architekten war ein erstes Siegeszeichen des → Internationalen Stils. Schon vorher hatten Siedlungen des sozialen Wohnungsbaues, von Gemeinden oder Genossenschaften errichtet, wichtige Beiträge geleistet: so Britz und Onkel Toms Hütte von Bruno Taut bei Berlin

Haus der Kunst, München, von → Troost, 1933-37.

und die Frankfurter Siedlungen von Ernst → May. Von öffentlichen Bauten müssen die Krankenhäuser von Döcker und die Schulen, z. B. von → Haesler in Celle, genannt werden, von Kirchen → Bartnings Stahlkirche in Köln (1928, Abb. → Bartning). Mit der Machtergreifung der Nationalsozialisten (1933) brach der Internationale Stil in D.ab: Gropius, Mendelsohn, Mies van der Rohe emigrierten. Der offizielle Stil wurde nun ein dehumanisierter Klassizismus. Die begünstigten Architekten waren → Troost und der von den frz. Revolutionsarchitekten beeinflußte → Speer, die Hauptwerke die Parteibauten und das Haus der Kunst in München (Abb. → Troost), die Regierungsbauten und das Olympiastadion von → March (mit Abb.) in Berlin (→ Nationalsozialistische Architektur).

Nach dem Ende des Zweiten Weltkrieges dauerte es mehrere Jahre, ehe eine Bautätigkeit hoher Qualität wieder möglich wurde. D. hatte zudem die Jahre versäumt, in denen der Internationale Stil in anderen Ländern weiterentwickelt worden war. Die

Deutscher Pavillon, Weltausstellung Brüssel, von → Eiermann und → Ruf, 1958.

Hochschule für Gestaltung in Ulm, 1953-55, von Max Bill sollte die Tradition des Bauhauses neu begründen. Bereits der Deutsche Pavillon von → Eiermann und → Ruf auf der Weltausstellung in Brüssel 1958 und das Verwaltungsgebäude der Phoenix-Rheinrohr AG (Thyssenhaus) von → Hentrich-Petschnigg & Partner (1957-60) in Düsseldorf zeigte, welch hohes Niveau der Internationale Stil auch in D. wieder erreicht hatte. Leider war im Wohnungsbau der Kahlschlag durch die Vernichtungsangriffe der letzten Kriegsmonate so groß, daß man froh war, wenn die Bauindustrie soviel Wohnraum wie möglich beschaffte, auch wenn der einzige Schmuck vieler solcher Bauten in

den zerstörten Städten nur Balkone mit ›Strapsgittern‹ waren, auch vor ›Märkischen Vierteln‹ jeder Art schreckte man nicht zurück. Mehr Mühe gab man sich bei einzelnen → Satellitenstädten, wie z. B. bei der ›Neuen Vahr‹ (1957-62) in Bremen, oder dem Hansaviertel der ›Interbau‹ (1957-62) in Berlin, eine Mustersiedlung zu der man international bekannte Architekten eingeladen und verpflichtet hatte (Abb. → Städtebau).

Im Osten Berlins entstand die an die ›Achsentradition‹ anknüpfende, von → Henselmann geplante Stalin-Allee (1952-58), mit vorgefertigten Bauteilen (1959-65) vollendet, später in Karl-Marx-Allee umbenannt, 1962-64 das Staatsratgebäude, 1973-76 der Palast der Republik von Heinz Graffunder. Am südlichen Tiergarten, einander benachbart, baute 1960-63 → Scharoun seine Philharmonie (Abb. → Scharoun), deren Innenraum inzwischen für viele Konzerthäuser der Welt vorbildlich gewor-

Wohnhochhaus der Siedlung Neue Vahr, Bremen, von → Aalto, 1962.

Philharmonie, Berlin, von → Scharoun, 1963.

Philharmonie, Berlin.

den ist (z. B. Gewandhaus in Leipzig, 1981), 1962-68 Mies van der Rohe die Neue Staatsgalerie (Abb. → Mies van der Rohe), 1967-78 Scharoun und seine Nachfolger die Staatsbibliothek. Mehrere Projekte im Geiste der → Postmoderne, preußische Traditionen lebendig aufnehmend, verwirklichte → Kleihues.

1948 hatte die Bundesregierung → Schwippert für ihre Bonner Neubauten berufen, auch das eine Demonstration des neuen Geistes. 1950 erließ die DDR das Aufbaugesetz ›Grundsätze des Städtebaus‹, das für den Neuanfang vieler ostdeutscher Städte wie Eisenhüttenstadt, Hoyerswerda, Schwerdt, Halle, Rostock u. a. maßgebend wurde. Im → Städtebau des Westens gab es kühne und erfolgreiche Unternehmungen großen Stils (Hannover: → Hillebrecht; Hamburg: Werner Hebebrand) wie auch begrenzten Umfangs (Kassel, Treppenweg vom Bahnhof in die Innenstadt). Es gibt ausgezeichnete Kirchen, z. B. von Dominikus und Gottfried → Böhm und → Krahn; Bürohochhäu-

Hauptwerkstatt der Stadtreinigung, Berlin, von → Kleihues, 1969, 1972-83.

Universität Konstanz, von E. Schneble, 1975.

Hochhaus Phönix Rheinrohr (heute Thyssen-Haus),
Düsseldorf, von → Hentrich und Petschnigg, 1957-60.

ser, vortreffliche Gruppen von Verwaltungsgebäuden, vorbildlich in Gärten oder doch zwischen
Bäume gesetzt; neue Theater wie das von → Weber
in Mannheim, das von Hardt-Waltherr-Hämer in
Ingolstadt oder von → Pfau in Düsseldorf; eine
große Anzahl von Universitätsbauten, z. B. in Hamburg, Karlsruhe, Bochum, Konstanz, Regensburg
u. a. Orten entstand, neue Sportanlagen wurden gebaut wie die ausdrucksvollen Olympiabauten 1967-
72 von → Behnisch und → Otto in München (Abb.
→ Behnisch), die von weit geschwungenen Zeltdä-
chern überspannt werden. Neben diesem Wiederaufbau, der den neuen Gegebenheiten Rechnung
trug und oft Technik und Konstruktion forderte
(Stuttgarter Fernsehturm von → Leonhardt, 1954-
56, mit Abb.), eine Vielzahl moderner Schrägseil-

Flughafen Berlin-Tegel, von
Gerkan, Marg und Nickels,
1974.

Schauspielhaus, Düsseldorf, von → Pfau, 1960-69.

brücken, der Flughafen Berlin-Tegel, 1974, von
Gerkan, Marg und Nickels entworfen mit seinem
Raumgittertragwerk oder das 1979 erbaute Internationale Kongreßzentrum in Berlin von Schüler und
Schüler-Witte), besann man sich auch auf das historische Erbe.
Zum Wiederaufbau berühmter Stätten wie dem Dü-
rer-Haus in Nürnberg, dem Goethe-Haus in Frankfurt u. a. kam die Wiederherstellung zerstörter
Schlösser wie Mannheim oder der Münchner Residenz, fürstlicher Anlagen wie des Zwingers in Dresden oder die traditionsreicher Opernhäuser, u. a.
in München oder Dresden. Daneben kam es zur
Wiederherstellung ganzer Städte, wie Rothenburg
ob der Tauber, oder – im Zeichen der → Postmoderne – zu einer → Anpassungsarchitektur, zur Renovierung des erhaltenen Bestandes im Namen des
→ Denkmalschutzes, zu neuen Stadthäusern, die
örtlichen Traditionen Rechnung tragen. Ergänzt
wird dieser parallel laufende Prozeß durch eine
große Zahl moderner → Museen, oft von international berühmten Architekten erbaut (Mönchengladbach, Stuttgart, Köln, Frankfurt a. M., Düsseldorf u. a.), die das kulturelle Erbe und die Kunst
der Welt und der Gegenwart bewahren und lebendig vermitteln (→ Hollein, → Stirling, → Ungers,
→ Meier, → Peichl, → Kleihues, → Behnisch).

Lit.: Dehio '21-31, '26-33, '45; Hagemann '30; Landsberger '31;
Herrmann '32-33; RDK '37ff.; Hempel '49, '65; Gall '49f.;
Rave '49; Dött '55; du Colombier '56; Wedepohl, E. '61; Westek-
ker '62; Koenig '65; von Reitzenstein '67; Feuerstein '68; Miller
Lane '68; Speer '69; Pehnt '70; Petsch '73; Piccinato, G. '74;
Müller-Wulckow '75; Teut '67; Nestler-Bode '76; Behr '79; Pose-
ner '79; Geist '82; Hitchcock '81; Schreiber '85; Jaeger '85, '91;
Durth '87; Lampugnani '90; Glaser u. a. '90; BDA u. a. '90; Dal
Co '90; v. Beyme '91.

Kunstsammlung Nordrhein-Westfalen, Düsseldorf, von
Hans Dissing und Otto Weitling, 1985.

Deutschordensburg → Ordensburg.

Devey, George (1820-86) → Voysey.

Diakonikon, das (gr.: das Behilfliche). Ein neben
der → Apsis gelegener Raum der frühchristl. → Basilika (das Gegenstück zur → Prothesis), der zum
Aufenthalt der Diakone, zur Entgegennahme der
von den Gläubigen gespendeten Gaben, als Klei-
derkammer, Archiv und Bibliothek diente.
Lit.: Cabrol-Leclerq '16; Egger '54; Testini '58.

Diamantierung. Ornamentform der Spätromanik,
bei der Bauglieder durch Reihen kleiner facettierter
Steine (Diamantfries) verziert werden.

Diamantquader. Ein → Quader, dessen → Bosse dem Facettenschliff eines Diamanten ähnlich bearbeitet ist. Der D. kam in der ital. → Rènaissance auf (Palazzo dei Diamanti in Ferrara) und fand auch nördl. der Alpen, besonders für die Sockelgestaltung, Verwendung, wobei die D. auch oft nur durch Malerei vorgetäuscht wurden. → Mauerwerk.

Lit.: v. Bogyay '54.

Diastylos, der (gr.: weitsäulig). D. wird nach → Vitruv ein Säulentempel genannt, bei dem das → Interkolumnium drei untere Säulendurchmesser beträgt.

Lit.: Vitruv III 2.

Dielenkopf. Dt. für → Mutulus.

Dienst. Langes, dünnes Viertel- bis Dreiviertelsäulchen der got. Baukunst, das als Teil eines → Bündelpfeilers oder Wandpfeilers die → Gurte und → Rippen des Kreuzrippengewölbes (→ Gewölbe III 5) aufnimmt. Die D.e treten meistens in Bündeln auf; hierbei stützen die stärkeren ›alten Dienste‹ die Quer- und Längsgurte und die schwächeren ›jungen Dienste‹ wiederum die Gewölberippen.

Lit.: RDK; Jantzen '57; Moulinier '65.

Chor der Klosterkirche Banz, von Johann → Dientzenhofer, 1710-19.

Dientzenhofer, Christoph (1655-1722). Geb. in Hof am Guggenberg; mit seinem Bruder Johann → Dientzenhofer in Franken und seinem Sohn Kilian Ignaz → Dientzenhofer in Prag der bedeutendste dieser weitverzweigten oberbayr. Baumeisterdynastie. Christoph D., dessen Werke zumeist nur auf stilkritischem Weg zugeschrieben werden können und nur in Ausnahmen archivalisch gesichert sind, gehört mit dem (nur ein Jahr jüngeren) → Fischer von Erlach zu den Vätern des dt. Spätbarock. Anders jedoch als dieser konzipierte er seine Sakralbauten nach dem Baldachinprinzip, indem er eine Synthese zwischen den guaresken (→ Guarini)

Raum- und Gewölbeverschneidungen und dem altbayr. → Wandpfeilersystem vollzog und damit (zusammen mit seinem Bruder Johann) die Voraussetzungen für die letzte Phase der dt. Sakralarchitektur des 18. Jhs. schuf, die ihren Höhepunkt in den Sakralbauten seines Sohnes Kilian Ignaz D. in Böhmen und → Neumanns aus Eger in Deutschland fand; eine Entwicklung, an der die Österreich dann nur noch am Rande teilnehmen sollte.

Zu den frühen Werken Christoph D.s zählen: die Skalkakapelle, eine Gnadenkapelle bei Mníšek (1692-93) die Schloßkapelle in Smiřice (1699, Abb. → Tschechoslowakei) und (allerdings nicht ohne gewisse Vorbehalte) die Wallfahrtskirche Maria Kulm bei Eger (1690-1712); 1702-12 folgt die Paulinerkirche Obořiště, 1703 bis 11 das Langhaus der Kleinseitner Niklaskirche in Prag (Abb. → Barock; → Tschechoslowakei), 1707-11 St. Klara in Eger und schließlich 1708-15 Břevnov bei Prag (Abb. → Tschechoslowakei).   E. B.

Lit.: Weigmann '01; Menzel '34; Franz '42, '62; Knox '62; Norberg-Schulz '68; Vilimkova/Brucker '89.

Dientzenhofer, Georg (1643-89). Das älteste Mitglied der bayr. Barockbaumeister-Familie. Georgs Hauptwerke sind die Zisterzienserabteikirche in Waldsassen (1685-1704, zusammen mit A. Leuthner); die in der Nähe von Waldsassen gelegene Wallfahrtskirche von Kappel (1685-89), die er über dem ungewöhnlichen Grundriß eines Dreipasses (→ Pass) mit drei minarettähnlichen Türmen errichtete – die Dreizahl symbolisiert die Heilige Dreifaltigkeit – und die Fassade von St. Martin in Bamberg (1686-91).

Lit.: Franz '62; Knox '62; Kömstedt '63; Vilimkova/Brucker '89.

Dientzenhofer, Johann (1663-1726). Sohn von Georg → Dientzenhofer und Bruder des Christoph → Dientzenhofer, studierte zuerst in Prag, dann in Italien (1699-1700). Sein ital. beeinflußter Dom in Fulda (1704-12) spiegelt → Borrominis Umgestaltung von S. Giovanni in Laterano wider. Sein eindrucksvollster Sakralbau ist die Benediktiner-Abteikirche in Banz (1710-19, Abb.; → Guarineske), wo sein Bruder *Leonhard* (1660-1707) die Konventsgebäude errichtet hatte. Der Grundriß der Kirche setzt sich aus mehreren sich überschneidenden Ovalen zusammen und geht wahrscheinlich auf → Guarini zurück. Sein Hauptwerk ist Schloß Pommersfelden, eines der schönsten und größten dt. Barockschlösser (Abb. → Deutschland). D. errichtete es in der erstaunlich kurzen Bauzeit von sieben Jahren (1711-18). Es hat ein weites, imponierendes Treppenhaus (für dessen Entwurf der Bauherr Lothar Franz von Schönborn Rat bei → Hildebrandt einholte und auch selber Ideen entwickelte, Abb. → Treppe), ferner einen Marmorsaal, eine Galerie, einen Spiegelsaal und viele reich stukkierte Räume. Abb. → Sala terrena.

Lit.: Freeden '49; Franz '62; Knox '62; Kömstedt '63; Hempel '65; Norberg-Schulz '68; Vilimkova/Brucker '89.

Dientzenhofer, Kilian Ignaz (1689-1751). Einer der führenden Architekten des dt. Spätbarock. Die Grundlage seiner Kunst verdankte der in Prag geb. Kilian Ignaz D. seinem Vater Christoph → Dientzenhofer und → Hildebrandt, bei dem er in Wien lernte, doch hat er sich auch mit der frz. Sakralarchitektur auseinandergesetzt (Val-de-Grâce, St-

Diamantquader. Palazzo dei Diamanti, Ferrara, 1403.

Dienst. St. Augustine, Kilburn, London, von → Pearson, 1870.

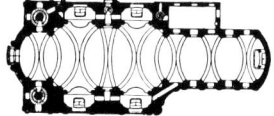

Klosterkirche Banz.

St. Johann am Felsen, Prag, von Kilian Ignaz → Dientzenhofer, nach 1730.

Ursulinerinnenkirche, Kutten-berg, von Kilian Ignaz → Dientzenhofer. 1. Entwurf, 1734.

Dipteros. Zeus-Tempel (Olympieion), Athen ca. 170 v. Chr., voll. 124-132.

Theo van Doesburg.

Louis des Invalides, beide Paris). Zwar gibt es von Kilian Ignaz D. eine ganze Anzahl Profanbauten (in Prag die Villa Amerika, 1730, die Villa Portheim-Buquoy, 1735, und das Palais Sylva-Tarouca, 1749), doch liegt das künstler. Schwergewicht seines Schaffens zweifellos auf der Sakralarchitektur. Anders als bei seinem Vater ist sein Hauptthema nicht der Lang-, sondern der → Zentralbau, den er mit den Mitteln der Guarineske (→ Guarini) und des Baldachin- und → Wandpfeilerprinzips doppelschalig zu organisieren versucht. Nichtsdestoweniger hat er, ganz abgesehen von seinen frühen Bauten, auch einige der Kuppelkirchen (Prag, St. Niklas i. d. Altstadt, 1732-37, St. Niklas auf der Kleinseite, 1737-59, Abb. → Barock; → Tschechoslowakei) weiterhin im konventionellen Schema errichtet. Virulent wird die Guarineske vor allem in dem geistvoll doppeltürmigen Zentralbau von St. Johann am Felsen in Prag, den eine ganze Anzahl verwandter Entwürfe und Bauten umspielen (Vodolka, Wahlstatt, Wiesen, Počaply, Vorentwurf für Karlsbad). Am konsequentesten setzt er das Werk seines Vaters in den Entwürfen für die Kuttenberger Ursulinerinnenkirche fort, ferner in den ausgeführten Kirchen in Opařany (1732-35), Wahlstatt in Schlesien (1727-31) und Karlsbad (1732-35). In der Karlsbader Magdalenenkirche legt er an die Kuppelschale in den Hauptachsen bikonkave Gewölbesegel und ermöglicht so die Kombination intakter Kuppelschalen ohne komplizierte Verschneidungen. Die Konsequenzen daraus zog → Neumann, der Kuppelbaldachine auf solchen Jochen wie auf Böcken reiten ließ (Neresheim, Vierzehnheiligen). Abb. → Tschechoslowakei. E. B.

Lit.: Menzel '34; Franz '42, '62; Knox '62; Hempel '65; Norberg-Schulz '68; Vilimkova/Brucker '89.

Dientzenhofer, Leonhard (1660-1707) → Dientzenhofer, Johann.

Dietterlin, Wendel (eigentl. Wendelin Grapp; ca. 1550-99). Lebte als Architekt, Maler und Radierer in Straßburg und übte durch die bizarre, unheimliche Phantastik der Kupferstiche seines Musterbuches ›Architectura‹ (Nürnberg 1591) großen Einfluß aus. Viele Architekten der dt. → Renaissance, bzw. des nord. → Manierismus und Frühbarocks (→ Barock), sind von ihm zu einem ornamentalen und figürlichen Horror vacui des Dekors in der Art des Vredeman de → Vries angeregt worden.

Lit.: Dietterlin 1591; Pirr '40; Martin, K. '54; Førssman '56; Hempel '65; Tafuri '66.

Dietze, Marcus Conrad (17./18. Jh.) → Pöppelmann.

Diglyph, der (gr.: Zweischlitz). Eine bes. von → Vignola entwickelte Abart der → Triglyphe, die in der ital. → Renaissance aufkam.

Diokletianisches Fenster → Thermenfenster.

Dipteros, der (gr.: der Zweigeflügelte). Griech. Tempel mit doppelter Säulenstellung um die → Cella. → Tempelformen.

Dirnitz, der. → Dürnitz.

Distylos in Antis, der (gr.: zweisäulig). In der antiken Architektur ein Gebäude (z. B. Anten- bzw. Doppelantentempel, → Tempelformen) mit zwei Säulen zwischen den vorgezogenen → Anten.

Lit.: Vitruv III 2.

Entwurf zu einem Gartenportal, von → Dietterlin, 1591.

Dixon, Jeramy (geb. 1939) → Großbritannien.

Dobson, John (1787-1863). Ein für die frühe viktorianische Zeit nicht unbedeutender Architekt. Nach Reisen in England und Frankreich beschränkt sich sein Wirkungskreis vorwiegend auf Nordengland. Er ließ sich in New Castle nieder, wo er zahlreiche öffentliche Bauwerke errichten konnte, so u. a. die Royal Arcade (1832), die Markthallen (New Markets, 1835-39) oder den Hauptbahnhof (1847-53). Auch in anderen nordenglischen Städten, wie Durham, Northumberland, sind wichtige Zeugnisse seiner Baukunst anzutreffen. Besondere Erfolge erzielte D. auch durch Kirchenrestaurierungen. Ebenso ist die Wiederbelebung des gotischen Baustils (→ Neugotik) in England teilweise auf seine Initiativen zurückzuführen. Sein bedeutendes Beispiel ist die Ottoburn Kirche (1855-57) in Northumberland. Drei bedeutende Landsitze wurden von D. entworfen: Unthank Hall, Lambton Castle und Seaton Devland. Letzterer Entwurf war, nebenbei erwähnt, 1818 die erste in der Royal Academy in London ausgestellte farbige Zeichnung eines rein architektonischen Sujets. M.-A. v. L.

Lit.: Wilkes '80; EA '82; Faulkner/Greg '87.

Docke, die. 1. Kurze, bauchige Säule, meist aus Holz, als Stütze bes. hölzerner Geländer (→ Baluster). – 2. → Wange am Kirchen- oder Chorgestühl.

Döcker, Richard (geb. 1894) → Deutschland.

Dodekastylos, der (gr.: zwölfsäulig). Griech. Tempel mit zwölf Säulen an der Giebelseite. → Tempelformen.

Doesburg, Theo van, eigentl. Christian Emil Marie Küpper (1883-1931). D. begann seine Laufbahn als Maler, setzte sich mit W. Kandinsky auseinander und nahm Kontakte zu P. Mondrian auf. Anhänger des → Neoplastizismus (ein von Mondrian geprägter Terminus). Mit → Oud erste Versuche, die von

Mondrian vertretene konstruktivistische Malerei (ornamentale Aneinanderreihung von geometrischen Formen) in die Architektur zu übertragen. Seine konsequenteste Verwirklichung ist der Umbau des Tanzcafés Aubette in Straßburg (1926-28, zus. mit Hans Arp und dessen Frau, Abb. → De Stijl). 1917 gründete D. mit anderen Künstlern und Architekten die Gruppe → De Stijl, die in ihren Postulaten und Verwirklichungen auch im Zusammenhang mit dem Dessauer → Bauhaus zu sehen ist. In den 20er Jahren hielt sich D. vorwiegend in Paris auf. Von Bedeutung ist dort sein Atelier (Mendon Val-Fleury, 1929/30). Nach seinem Tod, 1931, löste sich die Gruppe De Stijl auf. M.-A. V. L.

Lit.: → De Stijl; van Doesburg '21, '25 a, b; Amsterdam '51; Nürnberg '68; Balieu '74; Hatje '63.

Döhnert, Horst → Ausstellungsarchitektur.

D'Olivo, Marcello (geb. 1921) → Italien.

Döllgast, Hans (1891-1974). Mitarbeit im Architekturbüro von → Riemerschmid 1919-22, von → Behrens 1922-26. Seit 1927 freier Architekt, Zusammenarbeit mit Michael Kurz. 1952-55 Wiederaufbau der Alten Pinakothek und von St. Bonifaz in München, zugleich Lehrtätigkeit an der dortigen TU.

Lit.: München '85; Döllgast '87.

Dollmann, Georg von (1830-95). Schüler von → Klenze, Baumeister Ludwigs II. von Bayern. Entwarf das Schlößchen Linderhof (1870-86), beg. im Stil des frz. → Rokoko, und das von Versailles inspirierte Schloß Herrenchiemsee (beg. 1878); sein Mitarbeiter war hier Julius Hofmann (1840-96). 1872 übernahm er die Bauleitung der Burg Neuschwanstein (beg. 1869).

Lit.: Evers '70; Bachmayer '77; Baumgartner '81; Russ '83.

Dom (lat. domus: Haus). Bezeichnung für eine Bischofskirche. Der Ausdruck ist in Deutschland auch für andere hervorragende Kirchen gebräuchlich.

Domènech i Montaner, Lluis (1850-1923). Katalane. Bis 1873 Studium in Barcelona und Madrid; ab

Schloß Linderhof, von → Dollmann, 1870-86.

Palau della Música Catalana, Barcelona, von → Domènech i Montaner, 1905-08.

1875 Professor, später Leiter der Hochschule für Architektur in Barcelona. Anläßlich der Weltausstellung in Barcelona 1887/88 erhielt D. den Auftrag, das Hotel Paseo de Colon (zerst.) sowie das Café-Restaurant Castillo de los Tres Dragones zu bauen, was ihm den ersten internationalen Ruhm einbrachte. Aus D.s eigenwilligem historisierendem → Eklektizismus wird dann ein sehr katalanischer → Jugendstil. 1900-10 baute er das Hospital de San Pablo, 1905-08 die Konzerthalle Palau de la Música Catalana, 1905 La Casa Cléo Morera und La Casa Fuster, alle in Barcelona. M.-A. V. L.

Lit.: Domènech i Montaner 1878; Bohigas '70, '73; Borràs '70; Buqueras '75; CA '80; EA '82.

Domenig, Günther (geb. 1934). Österr. Architekt und Designer. Studium an der TH in Graz (bis 1958). Anschließend in Wien und in Deutschland in verschiedenen Architekturbüros tätig. 1960-75 Partnerschaft mit Eilfried Huth. Prägender Einfluß auf die Grazer Schule (u. a. Klaus Kada, Heidulf Gerngroß). Aufmerksamkeit erregte D. erstmals mit seinen Projekten: Pädagogische Akademie der Diözese Graz-Seckau und Kirchenzentrum Oberwart (1965 bis 69, beide mit E. Huth). Als Reaktion gegen die Glas-Stahl-Konstruktionen der → Mies van der Rohe-Schule entstanden Gebäudegruppen aufgrund ihrer Funktionen in Sichtbeton mit expressiven Formen. Charakteristisch für seinen Architekturstil ist der Versuch, eine organisch-skulpturale Architektur zu verwirklichen. Ein Beispiel ist die animalisch anmutende, in Spritzbeton ausgeführte Mensa der Schulschwestern in Graz (1973-77). Seine emotionale Formenwelt, logisch weitergeführt, findet sich an der Fassade der Zentralsparkasse Wien, Filiale Favoritenstraße (1975-79), wieder. Seit 1986 Steinhaus Steindorf, Kärnten.

M.-A. V. L.

Lit.: Achleitner '80; Noever '88; Zukowsky/Wardropper '91; Domenig '91.

Domikalgewölbe → Gewölbe II, 6.

Domus (lat.: Haus). Bezeichnung für Stadthaus. → Röm. Architektur.

Donjon, (frz. aus lat. domus dominiationis: Haus der Herrschaft). Bezeichnung des zentralen wehrhaften Hauptturms bes. frz. Burgen, der dem

Treppenhaus der wiederaufgebauten Alten Pinakothek, München, von → Döllgast, 1952-55.

Zentralsparkasse, Wien, von → Domenig, 1975-79.

Donjon der Burg Langeais,
Frankreich, um 992.

Doric Revival. Gartentempel in
Hagly, von → Stuart, 1758.

Wohn- und Geschäftshaus, Düs-
seldorf, von → Döring, 1980-84.

→ Bergfried deutscher Burgen entspricht, im Gegensatz zu diesem jedoch zum dauernden Wohnen als Wohnturm ausgebaut ist.

Doppelarkade. Zwei → Arkaden, die durch einen gemeinsam überspannenden → Blendbogen oder sichtbaren Entlastungsbogen zu einer Einheit zusammengefaßt sind.

Doppelchörige Anlage. Kirche mit einem Ost- und einem Westchor; bes. in der → karoling. und → otton. Baukunst, meist auch mit einer Verdoppelung des → Querhauses gekoppelt (z. B. St. Michael in Hildesheim, Abb. → Deutschland).
Lit.: Schmidt, A. '50.

Doppelkapelle. Kapelle mit unterem und oberem Raum. Die beiden Kapellen sind meist durch eine zentrale Öffnung miteinander verbunden. Diese Kapellenform des 10. und 11. Jhs. findet sich vor allem in → Burgen und → Pfalzen; die obere Kapelle war für die Herrschaft und ihr Gefolge bestimmt, die untere für das Gesinde.
Lit.: Schürer '29.

Dorf → *Nachträge.*

Doric Revival. Die Wiederentdeckung der dorischen Säule im frühen → Klassizismus. Der dorischen Säule, mit der jonischen die älteste der fünf → Säulenordnungen, galt in den → Architekturtheorien des 15.-18. Jhs. besondere Aufmerksamkeit, wobei vor allem das Für und Wider einer → Basis sowie die Problematik bei der Aufteilung der → Metopen und → Triglyphen diskutiert wurde. → Vitruv stand mit seiner Auffassung ›unkanneliert, → Entasis und mit Basis‹ gegen → Palladios ›kanneliert, konisch und ohne Basis‹. Um die Mitte des 18. Jhs. wird die dorische Säule erneut zum Gegenstand leidenschaftlicher Kontroversen. Als das reinste Vorbild gilt die dorische Säule des Parthenon, wie sie eine Zeichnung des Ciriaco de Ancona bekannt gemacht hat. Doch ist die Wiederentdeckung der griechisch-dorischen Ordnung mehr mit Paestum und Sizilien verknüpft. Erste Vermessungen in Paestum nahm in Begleitung Madame Pompadours und ihres Bruders Marigny sowie des Archäologen Ch. N. Cochin d. J. der Architekt → Soufflot, der spätere Erbauer des Pariser Panthéon, vor. Erste Publikationen über Paestum folgten in den 60er Jahren des 18. Jhs. (Mazzochi, Th. Major u. a. m.). Zur gleichen Zeit wird auch Griechenland ›neu‹ entdeckt. James → Stuart und Revett sind die ersten Reisenden, die sich den unmittelbaren Eindrücken öffnen. Ihrer Publikation ›Antiquities of Athens‹ kommt der frz. Griechenlandbesucher Le Roy 1758 mit ›Les Ruines des plus beaux Monuments de la Grèce‹ zuvor. An Hand von Zeichnungen und nahezu überall erhältlichen Stichen können nun die Akropolis, Agrigent und Paestum studiert werden. Die dorische Säule wird nun Thema kritischer Auseinandersetzungen und Stilkontroversen zwischen der griechischen und der römischen Auffassung. Letztere befürwortet die toskanische Säule (→ Säulenordnungen 4), eine auf der dorischen Säule basierende Abänderung, die sich schon bei den → Etruskern nachweisen läßt. Piranesi verwendet eine dorische Säule in den ›Carceri‹, 1761, die nicht zufällig die für ihn düstere und gedrungene Form mit den kahlen und öden

Wänden eines Gefängnisses in Verbindung setzt. Die ursprüngliche griechische Form setzt sich schließlich durch, obwohl der dorische Klassizismus in den 80er und 90er Jahren nur wenige exemplarische Anwendungen hervorbrachte (Gartentempel in Shugborough um 1768 von Stuart oder der Gartentempel von Gotha, 1792/93, auf I. A. Arens zurückgehend u. a. m.). So beginnt die eigentliche Geschichte des Klassizismus mit der Wiederbelebung einer echten ästhetischen Begeisterung für Griechenland. War es bei Stuart und Revett mehr ein archäologisches Interesse gewesen, so verfolgten die eigentlichen Vertreter um 1800, J.-L. David, → Ledoux, Christian Genelli oder auch → Gilly und → Schinkel, die Manifestation eines leidenschaftlichen Ideals.   M.-A. V. L.
Lit.: Pevsner '71.

Doric Revival. Tempel der Ceres aus Dumonts
›Les Ruines de Paestum‹, 1769.

Döring, Wolfgang (geb. 1934). Nach Studium an der TH in München und Karlsruhe im Büro → Eiermann, → Wachsmann, Max Bill und → Schneider-Esleben. 1964 eigenes Büro in Düsseldorf. D. entwickelte Bauverfahren offener und geschlossener Systeme, mit denen Wohnungen, Schulen, Institute, Kindergärten und Verwaltungsgebäude geplant und erstellt werden können. D.s Bauten, wie z. B. die 1980-84 in histor. Umgebung am Mainufer in Frankfurt errichteten, Hotel u. Restaurant Rolandsburg, Düsseldorf, oder sein Wohnhaus in Bonn (1983/84), ordnen ihn der → Postmoderne zu.
Lit.: Frankfurt '85; München '86; Döring '73, '89.

Dorische Ordnung → Säulenordnungen 1.

Dormitorium, das (lat.: Schlafsaal). → Kloster.

Dorsman, Adriaan (ca. 1625-1682) → Niederlande.

Doshi, Balkrishna Vithaldas (geb. 1927) → Indien, Sri Lanka, Pakistan.

Dotti, Carlo Francesco (ca. 1670-1759). Ein führender Architekt des späten → Barock in Bologna. Das von ihm erbaute Sanktuarium der Madonna di S. Luca in Bologna (1723-57) ist ein Meisterwerk dramatischer Gestaltung. Die kuppelüberwölbte Kirche erhebt sich über einem elliptischen Grundriß, kühn schwingt eine → Kolonnade zu seiten der Hauptfassade wellenförmig aus.

Lit.: Golzio '50; Wittkower '65; Matteucci '69.

Downing, Andrew Jackson (1815-52). Amerik. Architekt. Sohn eines Baumschulenbesitzers, früh begeistert für Natur und Pflanzenwelt, wurde Amerikas führender Theoretiker der Landschaftsgärtnerei, des Villen- und Landhausbaues. Er war Amerikas → Repton oder → Loudon. Seine wichtigen Publikationen sind: ›A Treatise on the Theory and Practice of Landscape Gardening‹, 1841; ›Cottage Residences‹, 1842; ›Notes about Buildings in the Country‹, 1849; ›The Architecture of Country Houses‹, 1850. Bei Bauaufträgen arbeitete er mit Calvert Vaux (1824-95) zusammen.

Lit.: Downing 1841, 1842, 1849, 1850; Hitchcock '58.

Doxale, das. Schranke am Westende des → Chores, z. B. ein → Lettner, aber auch Bezeichnung für die Sängerbühne oder Orgelempore.

Dravida-Stil → Indien, Sri Lanka, Pakistan.

Château de Madrid, Stich von Jacques I. Androuet → Du Cerceau.

Dreikonchenanlage. Kreuzförmig angelegter Sakralbau, dessen Querschiffarme ebenso wie der → Chor in Apsiden (→ Apsis) endigen, so daß die Gestalt eines regelmäßigen Kleeblattes entsteht, das um die → Vierung einen → Zentralbau bildet, dem sich im Westen ein → Langhaus anschließt. Die Form wurde in der → byzant. Baukunst entwickelt und erfuhr ihre bedeutendste Ausbildung in der Kölner Schule (St. Maria im Kapitol, 11.Jh., St. Aposteln und Groß-St. Martin, 13.Jh.). Auch quadratische Zentralbauten oder Chöre können als D.n ausgebildet sein.

Dreipaß, der. Aus drei Kreisbogen zusammengesetzte Figur des → Maßwerks. → Paß.

Dreischlitz. Dt. für → Triglyphe. → Säulenordnung.

Dreischneuß. Aus drei Fischblasen (→ Schneuß) zusammengestelltes Kreismotiv, das oft im → Maßwerk des Decorated Style (→ Großbritannien) und des → Flamboyant vorkommt.

Dreistrahlgewölbe → Gewölbe III, 7.

Dreiviertelsäule. Eine Säule, deren → Schaft zu Dreiviertel aus der Wand oder einem Pfeilerkern hervortritt.

Dschami. Kurzform von Mesdschid il Dschuma oder Mesdschid al-Dschami: Freitagsmoschee. → Islam. Architektur.

Du Cerceau (Ducerceau), Frz. Architekten- und Dekorateursfamilie. *Jacques I. Androuet* (ca. 1520-ca. 1584) war der Begründer dieser Künstlerdynastie. Er war von jeher mehr durch seine Stiche als durch seine Bauwerke, von denen keines erhalten ist, berühmt. Die Schlösser in Verneuil und Charleval (beide unvoll.) waren wahrscheinlich seine besten Bauten. Mehr ein Meister des Ornaments als Architekt, schwelgte er in ausschweifenden und maßlos übersteigerten Entwürfen, meist im spätmanierist. Stil (→ Manierismus). Sein erstes ›Livre d'architecture‹ (Paris 1559) zeigt den ihm eigenen Phantasiereichtum, aber auch den Mangel an Verfeinerung. Das Buch hatte großen Einfluß, und einige der brauchbaren Entwürfe mögen auch ausgeführt worden sein. Am bekanntesten war sein Buch ›Les plus excellents bastiments de France‹ (2 Bde., 1576-79). Sein Sohn *Jean-Baptiste Androuet* (ca. 1545-ca. 1590) löste → Lescot als Baumeister des Louvre ab. 1584 wurde er in den Stab der Hofarchitekten aufgenommen, mußte aber, da er Hugenotte war, schon im folgenden Jahr Paris als Flüchtling verlassen. Er entwarf in Paris (1578) Pläne für den Pont-Neuf und vielleicht auch für das Hôtel d'Angoulême oder de Lamoignon, ebenfalls in Paris (1584). Sein jüngster Bruder *Jacques II. Androuet* (ca. 1550-1614) war neben Louis → Métezeau bevorzugter Architekt Heinrichs IV. 1594 wurde er kgl. Architekt und entwarf vermutlich den Pavillon der Place des Vosges in Paris. Baptistes Sohn *Jean I. Androuet* (ca. 1590 bis nach 1649) wurde 1617 zu einem der Hofarchitekten ernannt. Er baute die Hufeisentreppe, ›Escalier en fer de cheval‹, in Fontainebleau (1634) und entwarf zwei der typischen Pariser Hôtels im Louis-treize-Stil (→ Frankreich): das Hôtel de Sully (1625-27) und das Hôtel de Bretonvilliers (1637-43, zerst.). Beide sind bemerkenswert wegen der Pracht ihres bildhauerischen Schmuckes: Skulpturenfriese (→ Fries), Giebelfenster mit → Voluten und Masken, in den Nischen allegorische Figuren.

Lit.: Du Cerceau 1576; de Geymüller 1887; Hautecœur I, II, III; Coope '72; Chevalley, D.A. '73.

Dudok, Willem Marinus (1884-1974). Holl. Architekt, seit 1916 Stadtarchitekt von Hilversum nahe Amsterdam. D. entwarf viele Schulen und andere öffentl. Gebäude. Sein Stil war anscheinend schon 1921 ausgereift. Bauten aus dieser Zeit sind die Dr.-

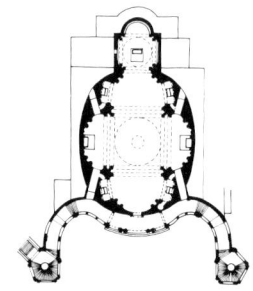

Sanktuarium der Madonna di S. Luca, Bologna, von → Dotti, 1723-57.

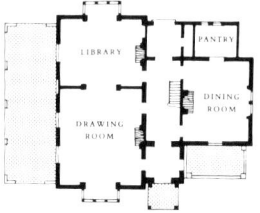

Hausplan, von → Downing, 1842.

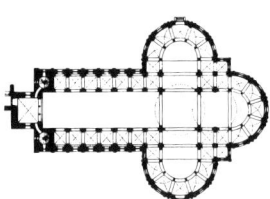

Dreikonchenanlage. St. Maria im Kapitol, Köln, um 1060.

Hôtel de Sully, Paris, von Jean I. Androuet → Du Cerceau, 1625-27.

Rathaus Hilversum.

Bavinck-Schule und das Hallenbad in Hilversum.
Kennzeichen für seine Bauweise sind unverputzter
→ Backstein, asym. Kompositionen aus rechteckigen Blöcken, zu denen meistens ein Turm gehört,
und lange Bänder niedriger Fenster. D.s 1928-30
erbautes Rathaus in Hilversum wurde zu einem
der international einflußreichsten Bauwerke seiner
Zeit. Von D.s späteren Bauten sind das Theater in
Utrecht (1938-41) und die Kgl. Holländ. Stahl-
werke in Velsen (IJmuiden, 1948) erwähnenswert.
Abb. → Niederlande.

Lit.: Zevi '53; Magnée '54; Canella '57; Benevolo '60; Cramer
'81; Bergeijk '91.

Duiker, Johannes (1890-1935) → Konstruktivismus.

Dülfer, Martin → *Nachträge.*

Durand, Jean-Nicolas-Louis (1760-1834). Frz. Architekt, Theoretiker und Lehrer. Schüler von
→ Boullée. Student der → Ecole des Beaux Arts,
Rompreisträger. Sein wohl einzig bedeutendes Bauwerk war das Hôtel la Thuille in Paris (1788, im
19. Jh. zerst.). Von 1795-1830 lehrte D. auf dem
Polytechnikum in Paris und veröffentlichte während dieser Zeit zahlreiche architekturtheoretische
Schriften; u. a. ›Recueil et parallèle des Edifices anciens et modernes‹ (1800); ›Précis des Leçons d'architecture‹ (1802-05). → Klenze; → Frankreich.

Lit.: Durand, J.-N.-L. 1800, 1802-05; Hautecœur v; Kaufmann
'55a; Hitchcock '58; Benevolo '60; Szambien '84; Villari '87.

Durham, Elias von   → Elias von Dereham.

Dürnitz (Dirnitz, Jürnitz), der. Der heizbare Teil
oder Raum einer → Burg, im späten MA. einen
eigenen Bau innerhalb der Burganlage bildend.

Lit.: → Burg.

Du Ry. Frz. Architektenfamilie. Ihr bedeutendstes
Mitglied ist *Paul Du Ry* (1640-1714), Enkel von
Charles Du Ry (Hauptschaffenszeit 1611-36), Sohn
von *Mathurin Du Ry* (Haupttätigkeit 1639) und
Neffe von de → Brosse. Nach der Aufhebung des
Ediktes von Nantes 1685 verließ er als Hugenotte
Frankreich und ging nach Kassel, wo er die Ober-
neustadt baute, die weitere Hugenottenflüchtlinge
aufnehmen sollte. Diese klar geplante Stadtanlage
schloß die einfache, auf zentralem Grundriß ent-
worfene Karlskirche mit ein (1698-1710; schwer
zerst., doch wiederhergestellt). Sein Nachfolger als
Oberbaumeister in Kassel wurde sein Sohn *Charles-
Louis Du Ry* (1692-1757), der die Münze und das
Militärkasino baute (beide zerst.). Von größerer Bedeutung war dessen Sohn *Simon-Louis Du Ry*
(1726-99); er begann die Ausbildung bei seinem
Vater und lernte dann 1746-48 bei dem schwedi-

Rathaus Hilversum, von → Dudok, 1928-30.

schen Hofarchitekten → Hårleman in Stockholm
und bei Jacques-François → Blondel in Paris. Es
folgte eine Studienreise nach Italien, von der er 1756
zurückkehrte. Er war an der Vollendung von Schloß
Wilhelmstal bei Kassel, das nach Entwürfen von
→ Cuvilliés begonnen worden war, beteiligt; die
beiden strengen kleinen Torhäuser (1756-58) stammen von ihm. In Kassel plante er den weiten, rechteckigen Friedrichsplatz und entwarf das ernste, von
→ Palladio inspirierte Fridericianum, das als das
erste Gebäude, welches bereits in der Planung als
eine Verbindung von Museum und Bibliothek angelegt war, von großer Bedeutung ist. In Wilhelmshöhe, außerhalb von Kassel, baute er Nord- und
Südflügel des weitläufigen klassiz. Schlosses (1786-
90), das später von → Jussow vollendet wurde; von
ihm stammen wohl auch einige der Spielereien im
Park (etwa der ›Mulang‹, ein chines. Dorf, und das
›Felseneck‹). Weiter entwarf er mehrere Gebäude in
Kassel, von denen die meisten 1943 zerstört worden
sind.

Lit.: Gerland 1891-99; Boehlke '80; Hautecœur v; Kaufmann
'55a; Hempel '65.

Dutert, Charles L. F. (1845-1906) → Ausstellungsarchitektur.

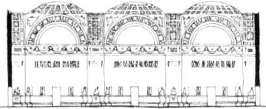

Galerien, von → Durand.

*Museum Fridericianum, Kassel,
von Simon Louis → Du Ry,
1769-76.*

E

Eames, Charles (1907-78). E. war ein vielseitiger, an der Universität von Washington ausgebildeter Künstler, der zus. mit seiner Frau Ray als Architekt und Designer arbeitete. Er entwarf Möbel wie die berühmten ›Eames Chairs‹ (1940-41), die er mit → Saarinen im Auftrag des Museum of Modern Art in New York entwickelte, drehte Filme (u. a. ›Blacktop‹, 1950), konstruierte Spielzeug, organisierte Ausstellungen und verwirklichte mit seinem eigenen Haus 1949 in Pacific Palisades, Santa Monica in Kalifornien, ein bemerkenswertes Konzept, das beispielhaft wurde und viele Nachahmer fand. Die dabei verwendeten Stahlfensterrahmen und Türfassungen waren → präfabrizierte Standardelemente, nach Katalog bestellt; mit ihnen erreichte E. eine leichte, gitterartige Struktur von japanischer Zartheit. Die Metallrahmen sind entweder mit durchsichtigem oder durchscheinendem Glas, bzw. mit Stuckpaneelen gefüllt. Einer der von seinem Büro ausgeführten Aufträge war die Innenausstattung des Time & Life Gebäudes in New York (1959-60). In den 60er und 70er Jahren entwickelte E. bes. für die Firma IBM Ausstellungskonzepte. Im Auftrag der amerik. Regierung gestaltete er anläßlich der Zweihundertjahrfeier Amerikas (1975/76) die an verschiedenen Orten in Amerika und Europa (Paris, Warschau) gezeigte Ausstellung ›Die Welt von Franklin und Jefferson‹. Abb. → High Tech.

Lit.: Eames '66, '77; Drexler '73; Rubino '81.

Early English. Bezeichnung für die Engl. Frühgotik (Ende 12.Jh.-2.H. 13.Jh.) → Großbritannien.

Echal, der (hebr.). Im jüdischen Ritus der oft aus Holz gearbeitete Schrein, der die Lade für die Gesetzesrollen enthält. Ein kunstvoll gearbeiteter E. in Form eines dreiteiligen Retabels (→ Altarretabel) aus dem 18.Jh. befindet sich in der Bevis Marks Synagoge in London.

Echinus mit → Anuli eines dorischen → Kapitells. Hephaisteion, Athen, 450-40 v.Chr.

Echinus, der (gr.-lat.: Seeigel). Kissenartiger Wulst, Teil des dor. → Kapitells (→ Säulenordnungen), der zwischen dem Säulenschaft und dem → Abakus vermittelt. Die Trennung des E. vom Säulenschaft wird durch meist drei → Anuli (Ringe) betont.

Wohnhaus des Architekten, Santa Monica, Kalifornien, von → Eames, 1949.

Eckblatt (auch Eckknolle, Ecknase oder Ecksporn). Blatt-, knollen- oder spornartiges Motiv der frühma. Baukunst, das die unschönen Zwickel am Übergang zwischen der quadrat. → Plinthe (Fußplatte) und der runden Säulenbasis überspielt. In der → Romanik kommen anstelle der botanischen Formen auch Fabelwesen vor.

Eckknolle → Eckblatt.

Eckkonflikt → Triglyphenkonflikt.

Eckkontraktion. Die Verkürzung der Säulenabstände an den Eckjochen (→ Joch) des dor. Tempels zur Lösung des → Triglyphenkonfliktes.

Ecknase → Eckblatt.

Eckquadern, die (Mz.). Werksteine (→ Haustein) an den Ecken von Bauwerken, die meist so gelegt sind, daß Breit- und Schmalseiten abwechselnd übereinander erscheinen.

Ecksäule. Eine in die Ecke eines → Pfeilers, eines Raumes, einer Fensterlaibung eingesetzte Säule, sofern sie kein → Dienst ist.

Eckquader. Gela, Sizilien, um 339 v.Chr.

Treppenhaus im Schloß Schleißheim bei München, von → Effner, 1719-27.

Treppenhaus im Palais Preysing, München, von → Effner, 1723-28.

Ecksporn → Eckblatt.

Ecole des Beaux-Arts. Die wohl einflußreichste Schule für Architektur und bildende Kunst in Frankreich im 18. und 19.Jh. Die Pariser Schule geht auf eine Gründung Jean Baptiste Colberts im Jahre 1671 (Académie Royale d'Architecture) zurück und ist auch heute noch eine Autorität in der Vermittlung klassischer Gestaltungslehren. Seit 1720 vergibt die Schule den ›Grand Prix de Rome‹, der den Absolventen einen Studienaufenthalt in Rom ermöglicht. 1762 integrierte Jacques-François → Blondel seine private Architekturschule in die Académie Royale d'Architecture und war dann einer der Professoren. Der Name Ecole des Beaux-Arts gilt seit 1823. Die Festlegung auf die Proportionen der Klassik hat ihr den Vorwurf reaktionärer Architekturauffassung seitens der Architekten der Moderne eingebracht, obwohl ein Einfluß auf den um 1900 beginnenden → Rationalismus festgestellt werden kann (vgl. → Perret und Ch. → Garnier). Die → Postmoderne zeigt in mancher Hinsicht eine spürbare Auseinandersetzung mit den Postulaten der Pariser Schule. Bedeutende Schüler im 19.Jh.: Ch. → Percier, H. → Labrouste, Ch. Garnier, L. Voudoyer, → Hunt, → Baltard.
Lit.: Drexler '75; Krier '80; Egbert '80; Middelton '82.

Ecuador → *Nachträge.*

Eesteren, Cornelius van (geb. 1897). Mitglied der Künstlergruppe → De Stijl. Zusammenarbeit mit van → Doesburg bei Wohnhausprojekten 1920-23. Langjähriger Präsident der Architektenvereinigung → CIAM (1930-47). Anschließend Professor für Stadtplanung an der TU in Delft/Niederlande (1947-67).
Lit.: Jaffé '56; Blijstra '71.

Effner, Josef (1687-1745). Dt. Barockarchitekt. Geb. in Dachau als Sohn des Hofgärtners des Kurfürsten Max Emanuel von Bayern, der ihn 1706 zur Ausbildung zu → Boffrand nach Paris schickte. 1715 kehrte E. aus Paris zurück und wurde als Hofbaumeister angestellt. Erste Arbeiten waren der

Umbau des Schlosses in Dachau (1715) – aus dieser Zeit das Treppenhaus und die Gartenfassade – und das leider stark veränderte Jagdschlößchen Fürstenried in München (1715-17). Bereits 1715 übernahm E. gemeinsam mit Dominique Girard die Leitung für die Erweiterung des Gartens von Schloß Nymphenburg in München zu einem der bedeutendsten barocken Parks; seit 1716 leitete er auch den Ausbau des von → Barelli beg. Schlosses in Nymphenburg; er verwandelte dabei Barellis ital. Villa in ein dt. Barockschloß. 1718 reiste er nach Italien; zwischen 1719 und 1727 führte er den von → Zuccalli beg. Bau von Schloß Schleißheim weiter und entwarf u.a. das imposante, großzügige Treppenhaus, das allerdings erst unter Ludwig I. nach seinen Plänen und unter Verwendung der noch vorhandenen Marmorwerkstücke vollendet wurde. Der Bau des neuen Schlosses ruhte seit 1727; E. hatte für ihn die bedeutendsten Künstler seiner Zeit, Charles Debut, Johann Baptist Zimmermann, Johann Georg Bader für die Stuck- und Kistlerarbeiten, sowie Cosmas Damian → Asam, Franz Joachim Beich, Jacobo Amigoni für die malerische Ausstattung herangezogen, um mit ihnen gemeinsam, im Sinne des barocken Gesamtkunstwerks, die Interieurs zu gestalten; viele der Pläne wurden nie verwirklicht. Beim Ausbau von Nymphenburg konnte E. seine Ideen in größerem Maße durchführen; in Barellis Mittelbau fügte er den zentral gelegenen, durch drei Etagen reichenden Festsaal ein; die Fassaden wurden kraftvoll durch → Pilaster und Fensterrahmungen gegliedert. Im Vorzimmer des nördl. Apartments konnte sich die für E. so typische Dekorationskunst, das → Bandelwerk der → Régence-Zeit erhalten (Wandvertäfelung von Johann Adam Pichler). Die Nebengebäude, wie Orangerie, Komödiensaal, Kavalierswohnungen und Wirtschaftsgebäude, wurden in rechteckigen Flügelbauten, die mit dem Haupttrakt durch offene Galerien verbunden waren, untergebracht. Hervorzuheben sind die von E. im Park von Nymphenburg errichteten Pavillons: die Pagodenburg im ›ostasiatischen Geschmack‹ (1717-19, im Innern → Chinoiserien), die von der frz. Architektur angeregte, idyllische Badenburg (1718) mit dem ersten heizbaren Hallenbad seit der Römerzeit in Europa, und die für jene Zeit ungewöhnlich malerische Magdalenenkapelle und Klause (1723-28, 1944 stark zerst., wiederhergestellt).
In München war E. seit 1715 mit der Neugestaltung des Grottenhofs der Münchner Residenz beauf-

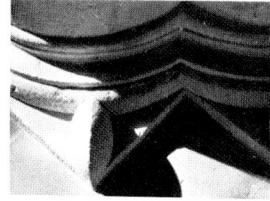

Eckblatt. St. Michael, Altenstadt/Obb., vor 1200.

Pagodenburg im Park von Schloß Nymphenburg, München, von → Effner, 1717-19.

Schloß Nymphenburg, München, von → Effner, ab 1716.

Egyptian Revival. Entwurf für einen Kenotaph, von → Boullée.

trägt; hier richtete er auch die ›Reichen Zimmer‹ ein (Neugestaltung nach dem Brand 1729 durch → Cuvilliés), vermutlich stammen auch die Pläne für die Ahnengalerie von ihm. Er wurde nach dem Tode Max Emanuels 1726 durch Cuvilliés als Hofbaumeister abgelöst. Von seinen späteren Bauten ist das Palais des Grafen Preysing in der Residenzstraße in München (1723-28, 1944 stark zerst., wiederhergestellt) erwähnenswert. Abb. → Zimmermann.

Lit.: Hauttmann '13; Wolf, F. '63; Lieb '41; Hempel '65; Vits '73; Schmid '80; Stadler '87.

Egas, Enrique de (ca. 1455-1534). Span. Baumeister, möglicherweise Sohn des Anequín de Egas von Brüssel, der die oberen Turmabschnitte der Kathedrale von Toledo und das Löwenportal (1460) schuf. 1497 wurde E. Baumeister der Kathedrale von Plasencia; die Arbeit kam jedoch bald zum Erliegen und wurde später von → Juan de Álava, Juan,

Treppe im Hospital zum Heiligen Kreuz, Toledo, von → Egas, 1504-15.

Simón und Francisco de Colonia (→ Simón de Colonia) fortgeführt. 1498 wurde E. zum Baumeister der Kathedrale von Toledo ernannt. In seinen Hauptwerken, den → Hospitälern von Santiago (1501-11), Toledo (1504-15) und Granada (beg. 1504; der Bau wurde bald eingestellt) setzte er sich mit der Frührenaissance (→ Renaissance) Norditaliens in ihrer frühesten und vollkommensten Form auseinander. E. wurde 1500 als Gutachter für die Kathedrale von Saragossa und in den Jahren 1512, 1523, 1529 und 1534 für die Kathedrale von Sevilla berufen. Er hatte seine Hand auch in den Plänen für die kgl. Kapelle in Granada (ca. 1504) und entwarf die Kathedrale von Granada (1523 beg.). Sein Nachfolger Diego de → Siloe baute jedoch die im got. Stil entworfene Kathedrale im Renaissancestil weiter.

Lit.: Chueca Goitia '53; Kubler-Soria '59.

Egyptian Revival – die Wiederentdeckung Ägyptens in der Architektur. Die Stilepoche des → Klassizismus besaß im allgemeinen nicht die schöpferische Kraft früherer Epochen und nahm dafür Elemente aus dem Formenschatz verschiedenster vergange-

ner Kulturen auf. Das zunächst idealistische Streben nach der Vollkommenheit der Antike (→ Doric Revival) ließ den Romantiker in seiner Sehnsucht nach Weite und Unendlichkeit bald auf die → Gotik (→ Gothic Revival), den → Renaissancestil, den → romanischen oder altchristlichen Baustil und schließlich auch auf das ägyptische Vorbild (→ Ägypten) zurückgreifen. Einzelne ägyptische

Egyptian Revival. Dekoration für das Caffè Inglese, Rom, von → Piranesi, 1760.

Motive hatte schon die barocke Baukunst verwandt – über den Obelisken hinaus, der sich in den Denkmälern des kaiserzeitlichen Rom erhalten hatte. Die Pyramide als Grabmal und Monument, Sphingen als Wächter oder auf Treppenwangen barocker Schlösser kamen auf. In → Fischer von Erlachs ›Versuch einer historischen Architektur‹ von 1721 finden sich viele Zitate von Pyramiden bis zu Figuren, → Piranesis ägyptische Entwürfe, nach 1760 veröffentl., und schließlich Hubert Roberts Ägyptisches Capriccio, 1760 in Rom entstanden, lassen ein allgemein verfügbares Repertoire ägyptischer Formen feststellen. Die Napoleonischen Feldzüge nach Ägypten (1798/99) endlich machten ägyptische Motive besonders im Bereich des Kunstgewerbes populär und zur ›Mode‹.

Seit den 70er Jahren des 18. Jh. werden vermehrt Architektureindrücke des Nillandes veröffentlicht, die in den Jahren 1800-40 die mitteleuropäische und auch amerikanische Architektur beeinflußten. Die Pyramide ist – in der klassischen Form – geknickt oder gestuft und in der ursprünglichen Form mehrfach Variationen unterworfen. Beispiele sind etwa die Entwürfe → Gillys für eine Grabpyramide Friedrichs d. Gr. von 1804, in Frankreich zur Zeit der → Revolutionsarchitektur → Boullées Entwurf für einen Kenotaph aus den 80er Jahren des 18. Jhs. (Abb. → Revolutionsarchitektur) oder schließlich der berühmte Plan → Ledoux' für eine Gewehrfabrik in Chaux (vor 1804), wo in allen Entwürfen die Form der Pyramide den Charakter der Bauwerke prägte. Ägyptische Elemente spielen in dem Beitrag → Haller von Hallerstein zu dem Wettbewerb für die Münchner Glyptothek von 1814 eine wichtige Rolle. In England, dessen Baukunst sich mehr der Antike und Gotik zuwandte, sind größere Bauten nicht bekannt. In Frankreich hat sich das Vestibül des Hôtel Beauharnais in Paris (1805) nach Plänen von Kléber erhalten. In Amerika fand das E. R. Anfang des 19. Jhs. größeren Anklang und verwunderlicherweise besonders bei Gefängnisbauten. Außer der Synagoge von Philadelphia, 1822-28 von → Strickland, weist das dortige Gefängnis von T. U. Walter, 1833-35, ägyptische Stilelemente auf. Weitere Beispiele sind das Staatsgefängnis von New Jersey in Trento, 1836-38, und das berühmte New

Egyptian Revival. Capriccio mit ägyptischen Motiven, Zeichnung von Hubert Robert, 1760.

Yorker Zuchthaus ›The Tombs‹, 1836-38, die von → Haviland geplant wurden. M.-A. V. L.

Lit.: Vogel, H. '37; Pevsner '71; Carrott '78; Curl '82; Pehnt '89.

Ehn, Karl (1884-1917) → Österreich.

Ehrenhof, der (frz.: Cour d'honneur). Der vom → Corps de logis und den Nebengebäuden (Communs) umschlossene Empfangshof des Barockschlosses, in dem die Wagen vorfuhren. Abb. → Barock (Schloß Versailes).

Ehrenmal, Nürnberg, von Fritz Mayer und Michael und Leonhard Held, 1927-28.

Ehrenmal. Mahnmal zur Erinnerung an die auf dem ›Feld der Ehre‹ Gefallenen. Im 20.Jh. die in vielen Ländern entstandenen ›Grabmäler des Unbekannten Soldaten‹; manchmal kombiniert mit dem Andenken an eine große Schlacht (Verdun, Douaumont, 1932), an eine bestimmte Waffengattung

Ehrenmal. Tannenberg-Denkmal, Hohenstein, von Johannes und Walter Krüger, 1925, 1927, umgebaut 1935.

(Marine-Ehrenmal Laboe, 1927-36) oder große Heerführer (Hindenburg: Tannenberg-Denkmal, 1925-27, 1935 zum ›Reichsehrenmal‹ umgebaut). Vgl. → Denkmal.

Ehrenpforte → Triumphbogen.

Verwaltungsgebäude der Fa. Olivetti, Frankfurt am Main, von → Eiermann, 1968-72.

Ehrensäule → Triumphsäule.

Eiermann, Egon (1904-70). Dt. Architekt, Schüler von → Poelzig. Neben Wohnbauten und Landvillen (u.a. sein eig. Wohnhaus in Baden-Baden, 1959-62) spezialisierte sich E. auf Industrie- und Verwaltungsbauten, in denen er die Grundgedanken des → Internationalen Stils weiterentwickelte (Togalwerke Apolda, 1938/39, Taschentuchweberei Blumberg, 1951).

Internationalen Ruhm erlangte er mit dem Dt. Pavillon auf der Weltausstellung in Brüssel 1958, den er gemeinsam mit → Ruf geplant hat (Abb. → Deutschland). Hier war es ihm gelungen, eine Gruppe von transparenten Würfeln in einen landschaftlichen Rahmen einzufügen. 1959-62 mußte er den Neubau der Kaiser-Wilhelm-Gedächtniskirche in Berlin mit ihrer dramatisch wirkenden, neuroman. Ruine (→ Historismus) verbinden; seine Lösung dieser Aufgabenstellung blieb umstritten. Andere Bauten von Bedeutung, die E. geschaffen hat, sind u.a. das Versandhaus Neckermann in Frankfurt am Main (1958-61), das Kanzleigebäude der Dt. Botschaft in Washington (1961-63), die Hauptverwaltung von IBM in Böblingen (1065-66) und das Abgeordneten-Hochhaus in Bonn (1965-68). 1967 wurde E. zum Vorsitzenden der Jury für die Olympia-Bauten in München gewählt. 1968-72 entwarf er und baute für die ital. Industriefirma Olivetti einen Verwaltungsbau in Frankfurt am Main. Ein zweigeschossiger Hallenbau nimmt großzügig die Bereiche von Verkauf, Rechenzentrum, Ausbildungsräumen und Cafeteria auf und wird von einem Gästehaus und der Verwaltung (neun Stockwerke) flankiert. Eine neue Konstruktionsart, das ›Kelchhaus‹ ermöglichte es, den Gebäudekern direkt über dem Flachbau, praktisch an einem Turm hängend, zu installieren. Ein zweiter Versorgungsturm mit Fahrstuhl etc. ist an den ›Kelch‹ angeschuht. 1970 wurde er Mitglied des Ordens Pour le mérite.

Lit.: Koenig '65; CA '80; Schirmer '84; Wichmann '85.

Eierstab (auch ion. → Kyma). Ein → Viertelstab, auf dem sich eiförmige mit pfeilspitzenartigen Reliefformen abwechseln, mitunter auch unten und oben von einem → Astragal begleitet. Der E., der als Schmuckleiste in der ion. Baukunst (→ Säulenordnungen) vielfach verwendet wurde, wurde von jeder sich an dieser orientierenden Baukunst übernommen.

Eiffel, Gustave (1832-1923). Frz. Ingenieur und Unternehmer, berühmt durch den nach ihm benannten Eiffelturm (Abb. → Ausstellungsarchitektur; → Frankreich) den er für die Weltausstellung 1889 in Paris erbaute und der mit seinen 300 m Höhe bis zum Bau des Chrysler Building und dann des Empire State Building (1930) beide in New York, das höchste Bauwerk der Welt war. Der Eiffelturm, der zu einem der wesentlichen Elemente des Pariser Stadtbildes wurde, setzte das Metall, in diesem Falle Eisen, endgültig als architekton. Gestaltungsmittel durch. E.s Eisenbrücken sind technisch und ästhetisch gesehen ebenso wichtig wie der Eiffelturm (Douro-Brücke bei Porto, Portugal 1876-77; Garabit-Viadukt über die Truyère, Frankreich, 1880-84, Abb. → Boileau; → Brücke). E. war auch als Ingenieur beim Bau des Pariser Warenhau-

Marine-Ehrenmal, Laboe, von G.A. Munzer, 1927-36.

Versandhaus Neckermann, Frankfurt am Main, von → Eiermann, 1958-61.

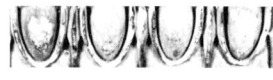

Eierstab.

Gustave Eiffel.

Schloß Amalienborg und Frederikskirche, Kopenhagen, von → Eigtved, 1750-54.

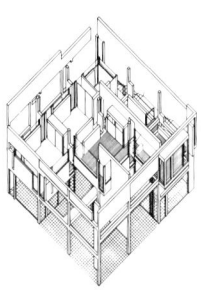

House II, Vermont, von → Eisenman, 1969-70. Diagramm.

House III, Lakeville, Connecticut, von → Eisenman, 1969-70.

ses Bon Marché (1876) und der Freiheitsstatue in New York (1885) beteiligt, die beide im Innern bemerkenswerte Eisenkonstruktionen zeigen.

Lit.: Eiffel 1900; Prevost '29; Luckhurst '51; Cordat '55; Besset '57; Igot '61; Tagliaventi '62; Lemoine '84; Loyrette '85.

Eigtved, Nils (1701-54). Dänischer Architekt des → Rokoko. Schloß Amalienborg in Kopenhagen (1750-54), die schönste städtebauliche Anlage des 18. Jhs. außerhalb Frankreichs, begründete seinen Ruhm. Er studierte in Dresden bei → Pöppelmann und machte Reisen nach Paris und Rom, ehe er sich 1735 in Kopenhagen niederließ. Als Hofbaumeister legte er ein ganz neues Stadtviertel an, dessen Zentrum das → Oktogon der Amalienborg mit vier diagonal gesetzten Palastbauten bildet. Er entwarf auch die Frederikskirche, doch wurden seine Pläne bei der Ausführung großenteils verändert. Seine Rokoko-Innendekorationen im kgl. Schloß Christiansborg (ab 1734) wurden 1794 zerstört.

Lit.: Munthe af Morgenstierna '24; Hirschfeld '35; Paulsson '58; Voss '71.

Eingeblendete Säule. Eine in eine nischenartige Wandvertiefung eingestellte Säule. Verdoppelt findet sich dieses Motiv in Florenz im Treppenhaus der Biblioteca Laurenziana von → Michelangelo.

Eingebundene Säule. Einer Wand oder einem Pfeiler verbundene, nur teilweise vortretende Säule. → Dreiviertels.; → Halbs.; → Viertels.

Einhaus. Ein Bauernhaus, in dem Wohnräume, Stallungen, Scheune etc. nicht auf mehrere Gebäude verteilt, sondern unter einem Dach vereinigt sind. Das E. findet sich z. B. in alemannisch-bayr. Gebieten Süddeutschlands.

Einhüftig (Adj.). 1. Ein Gebäude, in dem alle Räume auf einer Seite eines Korridors liegen. 2. Eine Bogenform, deren Kämpfer nicht auf gleicher Höhe liegen, so daß die eine Seite steiler ansteigt als die andere.

Einkaufszentrum. Gruppierung von Einkaufsstätten verschiedener Geschäfts- und Warenhäuser, Restaurants und Hotels in einem Gebäude oder komplexen Anlagen zusammengeschlossen. Einbezug und Planung von E.n wurden zu einem bedeutenden Bestandteil des modernen → Städtebau. Häufig sind E.n mit → Fußgängerzonen oder fahrzeugfreien Anlagen verbunden. Einen eigenen Typ bildet die Shopping mall. Vgl. auch → Warenhaus.

Lit.: Wild-Pawlik '72; Nagel-Linke '73; Hoyt '78; Grunsky '79; Marrey '79; Mang '79.

Einschüchterungsarchitektur → Megalomanie.

Eisbrecher. Keilförmiger Vorbau eines Brückenpfeilers, der diesen gegen Wellengang und Treibeis schützt.

Eisen → *Nachträge.*

Eisenman, Peter (geb. 1932). Studium an der Cornell University in Ithaca, der Columbia University in New York und in Cambridge, England; danach Lehrtätigkeit an verschiedenen amerik. Universitäten. Mitglied der Architektengruppe The → New York Five. E.s Bauten, von → De Stijl (van → Doesburg) und dem ital. Rationalismus → Terraginis beeinflußt, sind das Ergebnis geometrischer Überlegungen, eine Art absoluter bzw. autonomer Architektur. Mit komplizierten zeichnerischen Planungsdiagrammen – bei denen E. konsequent die an den Real-Bedingungen des Objekts orientierte → axo-

House III, Lakeville, Connecticut, von → Eisenman, 1969-70.

nometrische Darstellung einsetzt – arbeitet er Transformationsstufen heraus. Sie suggerieren eine Notwendigkeit, die vom Objekt erzwungen wird, wenn sie auch nicht unbedingt mathematisch schlüssig sein muß. Bei dem Formfindungsprozeß wird die Funktion (wie etwa die Bedürfnisse der Bewohner) dem Formwillen radikal untergeordnet. Hauptwerke: das Haus Falk in Hardwick, Vermont (House II, 1969/70), Haus Miller in Lakeville (House III, 1969/70), die Frank Residence in Cornwall mit der ›nutzlosen‹ roten Treppe (House VI, 1972) und Bloomfield in Hills, Michigan (House X, 1975/78). Unter den neueren Werken wichtig vor allem das Wexner Center for the Visual Arts, Ohio State University, Columbus (1985-89; Abb. → Dekonstruktivismus), das Biozentrum der Universität Frankfurt a. M. (1987-89; Abb. → Dekonstr.) und das Kaizumi-Gebäude, Tokio (1989).

Lit.: Frampton '72, '75; Eisenman '78, '86, '89; Nakamura '86; a + u '88; Graafland '89; Kipnis '90.

Eklektizismus. Bezeichnung für das Zitieren von Stilelementen der Architektur mehrerer vergangener Epochen an einem Bauwerk. Der E. ist besonders in der Baukunst des 19. Jhs. (→ Historismus) und heute wieder in der → Postmodernen Architektur zu sehen.

Lit.: → Historismus.

Elamitische Architektur → Iranische Architektur.

Elias von Dereham oder **Durham** (gest. 1245). Domherr von Salisbury und Wells (England). Er war bei der Unterzeichnung der Magna Charta und 1220 bei der Überführung der Gebeine Thomas Beckets zugegen. Er war außerdem Bauleiter der kgl. Bauten für das Schloß von Winchester und den Clarendon-Palast und ›a prima fundatione rector‹ der Kathedrale von Salisbury. ›Rector‹ läßt eher an administrative als an künstler. Aufgaben denken, aber E. wurde auch für eine Schale, die er für Salisbury gemacht hat, bezahlt, und in Verbindung mit dem neuen Schrein des Thomas Becket wird er ›artifex‹ genannt. Sicher war er in gewisser Weise ein Künstler, und es ist wahrscheinlich, daß er, wie → Alanus von Walsingham hundert Jahre später, Bauwerke entwerfen und mit den Baumeistern Einzelheiten der Konstruktion besprechen konnte.

Lit.: Harvey '54.

Elisabethanischer Stil, der (2. H. 16. Jh.). → Großbritannien.

El Lissitzky → Lissitzky.

Elmes, Harvey Lonsdale (1813-47). Engl. Architekt, Sohn *James Elmes'* (1782-1862), des Architekten und Gelehrten, der für die Erwerbung der Parthenonskulpturen durch den Staat kämpfte. James E. schrieb über die Reform des Strafvollzugs und gab 1823 ein Buch über Leben und Werk → Wrens heraus.

Harvey L. war ein Schüler seines Vaters; er gewann 1836 den Wettbewerb für St. George's Hall in Liverpool. Obwohl bei dem Bau in der Gruppierung und Ballung der Säulen die griech. Klarheit aufgegeben ist, bleibt er doch überzeugend klassiz. im Stil. Nach dem frühen Tod E.s – er starb an Schwindsucht – wurde der Bau durch → Cockerell vollendet.
Lit.: Colvin '54; Ferriday '63.

Ely → Reginald of Ely.

Emanuelstil (manuelinischer Stil). Baustil zur Regierungszeit König Emanuels des Glücklichen (1495-1521). → Portugal.

Empire (frz.: Kaiserreich). Streng genommen der hauptsächlich von → Percier und → Fontaine unter Napoleon I. (1804-15) entwickelte Stil. Spielart des → Klassizismus in Frankreich, stark von der Architektur des röm. Kaiserreichs beeinflußt. Durch Napoleons Feldzug nach Ägypten zuweilen auch Stilmerkmale der ägypt. Baukunst. Bauwerke und Kunstgewerbe in diesem Stil gab es im ganzen napoleonischen Reich und in allen von Napoleon eroberten Ländern; das E. hielt sich auch noch einige Jahrzehnte nach dem Sturze des Kaisers.
Lit.: Fontaine-Percier 1798, 1812; Bourgeois '30; Francastel '39; Hautecœur '53; Biver '64.

Empore. Ein galerie- oder tribünenartiger Einbau in einen Innenraum, in den er sich auch öffnet. In Kirchen hat die E. die Funktion, für Gottesdienstbesucher zusätzlichen Raum zu schaffen oder bestimmte Gruppen – Frauen, Angehörige des Hofes – abzusondern. Für die verschiedenen Grundformen des Kirchenbaus wurden bes. E.formen entwickelt: im → Zentralbau ist die E. über dem Umgang, in der → Basilika über den Seitenschiffen, dem Westjoch, seltener im Querschiff, in → Hallen- oder Saalkirchen haben die E.n ein eigenes steinernes oder hölzernes Gerüst. Die E. ist primär von baugeschichtlichen und zweckbestimmten Voraussetzungen abhängig, so im altchrist. → byzant. Kirchenbau (Hagia Sophia in Konstantinopel), in der → karoling. Architektur (Aachen) als Kaiserempore, in Nonnenklosterkirchen als Nonnenchor (→ Kloster). Die Weste. diente vor allem als Aufstellungsplatz der Orgel und als Sängerbühne.
Lit.: Rave '24.

Hauptplatz mit Kathedrale, Helsinki, von → Engel, 1830-40.

Endell, August (1871-1925). Dt. Architekt und Designer. Wie viele Architekten des → Jugendstils war E. Autodidakt. Sein wichtigstes und berühmtestes Werk war das Photoatelier Elvira in München (1897) mit einem sich über die ganze Fassade aus-

Photo-Atelier Elvira, München, von → Endell, 1897.

breitenden Ornament, das aus pflanzlichen, tierischen (Drachen) und phantastischen Elementen (Schaumkronen) zusammengesetzt und im Sinne von Hermann Obrist gestaltet war. Sein zweites Hauptwerk war die Dekoration von Wolzogens ›Überbrettl‹ in der Rosentaler Straße in Berlin (1901) und die Trabrennbahn in Mariendorf bei Berlin (1912). Neben seinen architekton. Arbeiten entwarf er auch Möbel, Tapeten und Geschirr. Ab 1900 Direktor der Kunstgewerbeschule in Breslau.
Lit.: Zevi '50b; Schmutzler '62.

Enfilade, die (frz.: Aufreihung). Eine Folge von Räumen, deren Türen alle in einer Achse liegen, so daß man, wenn sie geöffnet sind, einen Durchblick durch mehrere Zimmer – im Idealfall durch ein ganzes Stockwerk – hat. Diese Anordnung, die um 1650 in Frankreich entwickelt wurde, ist ein typisches Gestaltungsmerkmal der → barocken → Schloßbaukunst.

Empore. Ehem. Abteikirche Zwiefalten, von Johann Michael → Fischer, beg. 1739, voll. 1741-65.

Engel, Carl Ludwig (1778-1840). Dt. Architekt, der ab 1815 in Finnland arbeitete. Aus zwei Quellen – der Kenntnis von → Schinkels Werk (den er persönlich kannte) und einem mehrjährigen Aufenthalt in St. Petersburg – schöpfte er Anregungen für seinen klassiz. Stil (→ Klassizismus). Seine bedeutendsten Bauten für die Stadt Helsinki, deren Stadtzentrum er neu konzipierte, sind das Senatsgebäude (1818-22), die Alte Kirche (1826), die Universität (1818-32), die Kathedrale (1830-40) und die Universitätsbibliothek (1836-44). Die Kathedrale ist ein streng gestalteter Zentralbau, ihr Grundriß hat die Form eines griech. → Kreuzes. Das Äußere wird durch vier → Portikusvorhallen bestimmt, während sich im Inneren die Vierpaßform (→ Paß) entfaltet. Über der Mitte erhebt sich eine herrliche Kuppel. Die Universitätsbibliothek hat zwei oblonge Lesesäle mit freistehenden Säulen an allen vier Seiten.
Lit.: Meissner, '37; Neumann '42; Epp '43; Ray, S. '65; Richards '66; Wickberg '70.

England → Großbritannien.

Englischer Garten → Gartenbaukunst.

Englischer Verband → Mauerverband 7.

Empire. Zeichnung für ein Bett, von → Percier und → Fontaine, 1801.

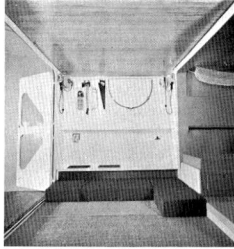

›Mobile Environment‹ (Aufbau und Innenansicht), von → Marco Zanuso und Richard Sapper.

Ensinger (Ensingen). Süddt. Baumeisterfamilie; ihre beiden bedeutendsten Mitglieder sind *Ulrich von E.* und *Matthäus von E.* Ulrich von E. (gest. 1419 in Straßburg) war immerhin so bekannt, daß um 1391 die Dombaubehörde in Mailand sein Gutachten wünschte; er lehnte die Einladung ab. 1392 wurde er zum Baumeister des Ulmer Münsters ernannt (Baubeginn 1377). Er änderte kühn Grund- und Aufriß und entwarf den Westturm mit seinem großartigen Portal; die oberen Abschnitte des Turms wurden nach einer Planänderung durch Matthäus → Böblinger aufgeführt. 1394 ging Ulrich von E. doch nach Mailand, aber sein Rat wurde nicht angenommen. 1399 wurde er zusätzlich zu seiner Arbeit in Ulm mit der Weiterführung des Westturms des Straßburger Münsters beauftragt. Hier begann Ulrich von E. mit dem Bau eines Einzelturmes anstelle der beiden urspr. vorgesehenen Türme und zog ihn bis zu dem überaus reizvollen, oktogonalen Turmgeschoß hoch. Der Turmhelm stammt von seinem Nachfolger → Hültz. Ulrich von E. arbeitete seit etwa 1400 auch in Eßlingen, wo er wahrscheinlich den Westturm der Frauenkirche, den Hans → Böblinger ausführte (vielleicht mit Abänderungen), entwarf. Ulrich von E. hatte drei Söhne, die alle den Beruf ihres Vaters ergriffen. Einer von ihnen, *Matthäus von E.* (gest. 1463), arbeitete zuerst unter seinem Vater in Straßburg und wurde dann Baumeister in Bern, wo er 1420-21 das neue Münster St. Vinzenz entwarf. Von Bern aus leitete er auch den Bau in Eßlingen, wurde aber 1440 von Hans Böblinger als Baumeister abgelöst. Von 1446 an war er Baumeister in Ulm. Drei seiner Söhne wurden ebenfalls Baumeister.
Lit.: Kletzl '33; Frankl '62; Mojon '67; Wortmann '77.

Entasis, die (gr.: Anspannung). Die sanfte Schwellung des Säulenschaftes, die diesem sein starres Aussehen nimmt und den Anschein erweckt, die Säule leiste dem auf ihr lastenden Druck Widerstand. Entwickelt in der griech. Baukunst; die E. hatte in archaischer Zeit eine stark gebauchte Kontur (Apollo-Tempel in Korinth), die später immer straffer und knapper gehalten wurde.
Lit.: Robertson, D.S. '43; EAA '58-63.

Entlastungsbogen → Bogen II, 13.

Entresol, das (frz.). Niedriges Zwischengeschoß. → Mezzanin.

Environment. Bis zum → Rokoko war die Innenausstattung der Räume Teil der Aufgabe des Architekten, wenn es auch schon damals zu einer Trennung kam und die Innenausstattung begabten → Stukkateuren übertragen wurde. Im 19. Jh. wird die Innenraumgestaltung weitgehend Sache des Haus- bzw. Wohnungseigentümers. Die → Arts and Craft und ihre Nachfolger bemühten sich wieder um Einheit von Außen- und Innenraum, beide sollten wieder aus der Hand eines Architekten hervorgehen, wie z.B. im Barcelona-Pavillon von → Mies van der Rohe (Abb. → Ausstellungsarchitektur). In der Regel bleibt jedoch die im 19. Jh. eingetretene Trennung bestehen, im privaten Bereich übernahmen Einrichtungshäuser diese Aufgabe, die auf ein großes Angebot aus dem ›Industrial Design‹ zurückgreifen konnten. Mit zunehmender → Präfabrikation werden auch komplette Inneneinrichtungen angeboten, industriell hergestellte ›House Environ-

ments‹ (→ Aulenti, Ettore Sottsass, Joe Colombo u.a.) und ›Mobile Environments‹ (Alberto Rosselli, Marco Zanuso und Richard Sapper, Mario Bellini u.a.), eine Entwicklung, die mit der Herstellung formschöner und zugleich praktischer Wohnwagen parallel verläuft. Daneben sehen Künstler wie Schwitters (›Merzbau‹, Hannover, 1924, Abb. → Abstrakte Arch., und Little Langdale, England, 1945-47), Fontana (›Ambiente Spaziale‹, Mailand,

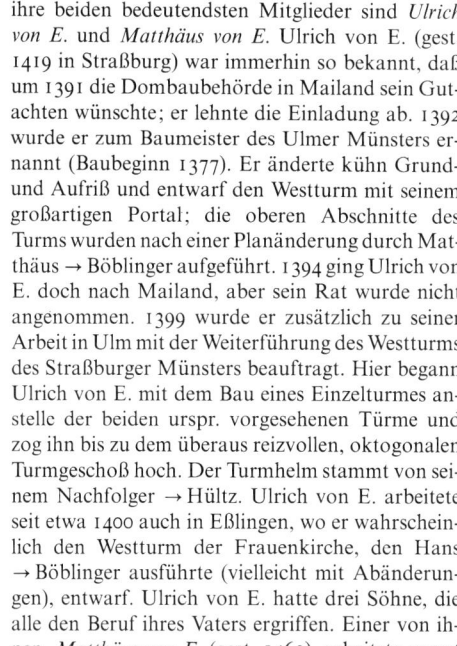

Environment. ›Roxy's‹, von Edward Kienholz (USA), 1966.

1949), Kienholz (›Roxy's‹, 1966, ›The State Hospital‹, 1968, u.a.), George Segal (›Ruth in her kitchen‹, 1964), Beuys (›dernier espace avec introspecteur‹, Stuttgart, u.a.), Gerhard Richter (›Zwei Skulpturen für einen Raum von Blinky Palermo‹, 1971) u.a. in der Herstellung eines Environments eine von der Architektur unabhängige künstlerische Aufgabe, die auch durch Verfremdung (Walter de Maria, ›Earth Show‹, München, 1968), durch Installationen (Giovanni Anselmo, Dani Karavan, Dan Flavin und durch gezielte Verletzung bereits bestehender Architektur (Gordon Matta-Clark) gelöst werden kann. W.R.
Lit.: Pevsner '36; Ambasz '72; Glozer '81; Fontana '83.

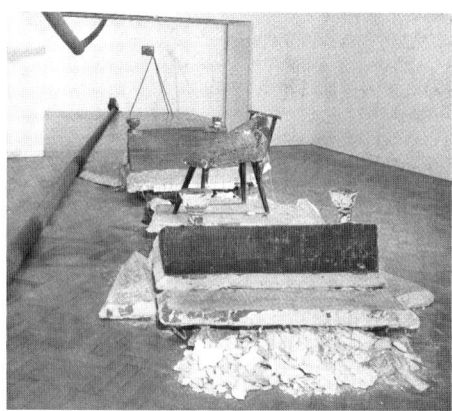

Environment. ›dernier espace avec introspecteur‹, Stuttgart, von Joseph Beuys.

Eosander, Johann Friedrich Frh. von (gen. E. von Göthe; 1670-1729). Barockarchitekt, geb. in Riga (?), der vor allem durch seine Bauten in Berlin bekannt wurde. Er lernte bei → Tessin und trat offenbar im Jahre 1692 in die Dienste des Kurfürsten von Brandenburg, des späteren Königs Friedrich I. in Preußen. Nach Reisen in Italien und Frankreich war er ab 1699 Hauptmann und Hofarchitekt in Berlin. Anfangs mit Festdekorationen beauftragt,

Environment. ›Cuts‹, Antwerpen, von Gordon Matta-Clark, 1977.

Mittelbau des Charlottenburger Schlosses, Berlin, von → Eosander, 1702-13.

begann er mit dem Mittelbau des Schlosses der Gräfin Wartenberg, später Monbijou genannt (im späten 18. Jh. stark verändert; im Zweiten Weltkrieg zerst.; wieder aufgebaut). Danach übertrug ihm die Königin Innen- und Außenarbeiten an dem von → Nering begonnenen Charlottenburger Schloß; dessen markantesten Teil, den mittleren, kuppelgekrönten Turm, baute er jedoch erst nach ihrem Tode. Auch die Fertigstellung des prunkvollsten Raums im Mittelbau, des Porzellankabinetts (1706-08), hat die Auftraggeberin nicht mehr erlebt (Abb. → Chinoiserie). Nachdem → Schlüter infolge des Einsturzes des Münzturms in Ungnade gefallen war, erhielt E. die Aufsicht über den Bau des kgl. Schlosses in Berlin (1708). Er erweiterte den großen Hof (indem er Schlüters Fassade wiederholte) und schuf ein eindrucksvolles Portal in Form eines Triumphbogens, der einen hohen Turm tragen sollte (1945 zerst.). Nach dem Tode Friedrichs I. wurde E. entlassen. 1722 zog er nach Dresden, wo er für Graf Fleming das Schlößchen Übigau an der Elbe baute (1724-26).

Lit.: Biederstedt '61; Hempel '65.

Epistelseite. Bei Blickrichtung auf den Altar die rechte Seite des Kircheninnern. Auf dieser Seite werden in kath. Kirchen die Episteln verlesen. → Evangelienseite.

Epistyl, das (gr.: das auf den Säulen Liegende). Synonym für → Architrav.

Epitaph, das (gr.: Grabschrift, öffentl. Grabrede). Erinnerungsmal für einen Verstorbenen, eingelassen oder aufgehängt an der Innen- oder Außenwand von Kirchen und in Kreuzgängen. Das E. kann drei Formen haben: eine schlichte Tafel mit Inschrift, die Form eines Grabsteines mit der Gestalt des Verstorbenen, obwohl das E. meist nicht in Zusammenhang mit einem Grab steht, oder eine mehrfigurige Szene (der Verstorbene, oft mit seiner Familie, bittflehend zu Füßen Christi). In der → Renaissance und besonders im → Barock wird das E. immer reicher, in Anlehnung an einen Altaraufbau mehrgeschossig, und ist meist von einem prunkvollen Rahmen umgeben.

Lit.: Weckwerth '65.

Erdmannsdorff, Friedrich Wilhelm Frh. von (1736 bis 1800). Dt. Architekt des Frühklassizismus (→ Klassizismus), wurde aber mehr durch den engl. → Palladianismus, der gerade zu jener Zeit im Potsdam Friedrichs des Großen geschätzt wurde, als durch → Palladio selbst beeinflußt. Während einer Englandreise 1763 beschloß er, Architekt zu werden. Sein Stil ist elegant und gefällig und unterscheidet sich vollkommen vom radikalen und strengen Klassizismus des zur gleichen Zeit tätigen → Ledoux. 1765/66 reiste E. mit dem Fürsten Franz von Anhalt-Dessau nach Italien; sie trafen dort mit → Winckelmann und → Clérisseau zusammen. Nach seiner Rückkehr nach Dessau erbaute E. das neopalld. Schloß Wörlitz (1769-73, Abb. → Deutschland). Seine Spätwerke in Dessau, das Schloßtheater (1777), Schloß Georgium (ca. 1780) sowie Marstall und Reitbahn (1790-91) wurden alle zerstört.

Lit.: Riesenfeld '03; Harksen '73; v. Buttlar '82; Erdmannsdorff '86; Kadatz '86.

Holzerker. Erzbischöfliches Palais, Lima, Peru, 18. Jh.

Schloß Wörlitz, Dessau, von → Erdmannsdorff, 1769-73.

Eremitage (frz.: Einsiedelei). Eine sich ländlich gebende Hütte in den Gartenanlagen des 18. Jhs., aber auch Bezeichnung für ein kleines Schloß, dessen Abgeschiedenheit unterstrichen werden soll (Bayreuth).

Lit.: Bachmann '84.

Erickson, Arthur (Charles, geb. 1924). Kanad. Architekt. Nach Studium in Vancouver und Montreal (1942-50) in verschiedenen Partnerschaften tätig, von denen die wohl wichtigste die Zusammenarbeit mit Geoffry Massey von 1963-72 war. Ab 1972 eigenes Architekturbüro. Von sich reden machte E. durch die Planung der Simon-Fraser-Universität bei Vancouver (1963, mit Massey), den Büroturm für McMillan Bloedel in Vancouver (1968/69), die Ausführung des kanad. Pavillons auf der Expo '70 in Osaka (Abb. → Ausstellungsarchitektur) sowie das Justizgebäude in Vancouver (1973-79). Neuere Bauten: Kanadische Botschaft, Washington (1988), San Diego Convention Center (1990).

Lit.: Erickson '75, '88; CA '80; Iglauer '81; CA '87.

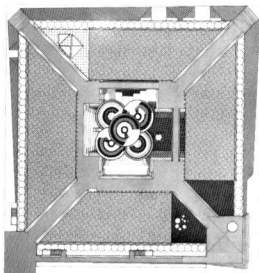

Kanadischer Pavillon auf der Expo 1970, Osaka, von → Erickson.

Simon-Fraser-Universität, bei Vancouver, Kanada, von → Erickson und Massey, 1963.

Estrade. Grünes Zimmer im Schloß Blatna, Tschechoslowakei, um 1490.

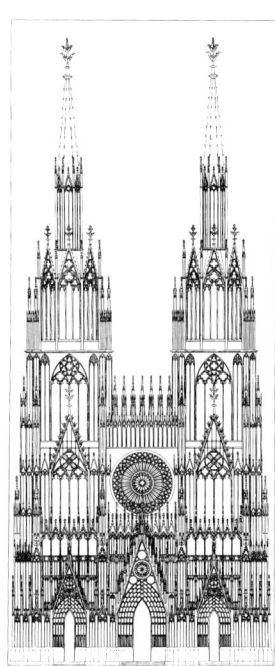

Straßburger Münster, sog. ›Riß B‹, von → Erwin von Steinbach, um 1275.

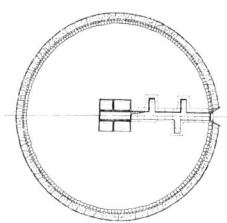

Etruskische Architektur. Grab in einem Tumulus. S. Cerbone di Populonia.

Eriksson, Nils Einar (geb. 1899) → Skandinavien.

Erker. Ein ein- oder mehrgeschossiger Vorbau an einem Haus, der im Gegensatz zu → Altan und → Auslucht nicht vom Erdboden aufsteigt, sondern aus einem höheren Geschoß vorkragt. Der E. dient im Innern als Erweiterung des Wohnraumes (Stubene. im Fassadenfeld) und als Auslug (Ausluge. an Hausecken), im Außenbau zur Gliederung und Belebung von Fassaden bei Bürgerhäusern und Schloßbauten.

Lit.: Haubenreisser '60; Keller, B. '81.

Erskine, Ralph (geb. 1914). Nach dem Studium am Regent Street Polytechnikum in London (1932-37) ging E. 1939 nach Schweden, das zu jener Zeit (Hand in Hand mit einer neuen Sozialpolitik) einer für Skandinavien typischen, modernen Architektur neue Möglichkeiten eröffnete. Zusammen mit seinem Partner Aage Rosenvold entwarf E. mehr als 80 Projekte (Wohnhäuser, Fabriken, Planung von Stadtbezirken), wovon die Wohnanlage in Byker, Newcastle, England (1969-80), das Prinzip seiner bewußt humanen Arbeit am besten verdeutlicht: den engen Kontakt zu den späteren Bewohnern seiner Bauten, die Berücksichtigung individueller Wünsche, Einrichtungen für Behinderte sowie eine ökonomische und energiebewußte Bauweise. Hier z.B. richtete er in einem ungenutzten Bau in der Mitte der Wohnanlage sein Büro ein, wo die zukünftigen Mieter ihre Bitten und Vorstellungen vortragen und zuschauen konnten, wie ihre Häuser nach vorheriger Diskussion entworfen wurden. Hervorzuheben sind weiterhin unter seinen variantenreichen Bauten u. a. die Projekte in Storvik und Gästrike-Hammarby (1947-48), die Siedlungen in Sandviken (1951) und in Avesta sowie die dortige Fabrik (1950-53), alle in Schweden. Interessant sind auch E.s Lösungen für extreme Klimaverhältnisse, etwa der Wohnkomplex in Svappavara, nördlich des Polarkreises (1963), oder das Zentrum Resolute Bay in der kanadischen Arktis (1976), wo E. speziell auf die Wohngewohnheiten der Eskimos Rücksicht nahm. Neuere Bauten: Lilla-Bommen-Bürogebäude, Göteborg (1987-89), Bürogebäude ›Arche‹, London (1991), World Trade Centre, Stockholm (1989).

Lit.: Egelius '77; CA '80; Collymore '82; Lasdun '84; Collymore '83; Egelius '88, '90.

Erwin von Steinbach (gest. 1318). Einer der Baumeister des Straßburger Münsters; er ist vor allem weithin bekannt geworden durch Goethes Abhandlung ›Von deutscher Baukunst‹ (1773, ein Aufsatz über das Straßburger Münster). Nach einer alten, nicht erhaltenen Inschrift (deren überlieferte Form bedingte Zweifel zuläßt) begann E. 1277 mit dem Bau der Fassade. Urkundlich wird er in den Jahren 1284 (?), 1293 und 1316 erwähnt. Doch auch während dieser Zeit war der Turmhelm noch nicht erreicht, und sogar der untere Abschnitt der Fassade läßt zwei Planänderungen vermuten. Es ist aber sehr wahrscheinlich, daß die glücklicherweise erhaltene Zeichnung für die Fassade, der sog. ›Riß B‹, von E. stammt.

Lit.: Goethe 1773; Dehio '22; Jantzen '33; Hamann-Weigert '42; Rieger '58.

Eselsrücken → Bogen II, 9.

Eselsturm. Bezeichnung für jene Türme → roman. Dome, in denen statt einer Wendeltreppe eine von Eseln begehbare spiralige Rampe hinaufführt, auf

der das Baumaterial von den Tieren befördert werden konnte. Diese E.e gehören zu den frühesten Bauteilen roman. Dome, z.B. in Regensburg, Speyer, Worms.

Esonarthex, der (gr.). Das Herumführen der Emporen um die westl. Schmalseite führte bei byzant. Kirchen des MA. zur Entstehung eines E., einer inneren Vorhalle, und einer äußeren, dem eigentlichen Kirchenraum vorgelagerten Halle, dem Exonarthex. → Narthex.

Estilo Florido, der (span.: blühender Stil). Stilform der Spätgotik in → Spanien.

Estípite, der (span.: Türpfosten). Ein sich nach unten verjüngender → Pilaster, häufig in der span. Baukunst der Spätrenaissance und des Frühbarock.

Lit.: Villegas '56.

Wohnanlage in Byker, Newcastle, England, von → Erskine, 1969-80.

Estrade (lat. stratum: Pflaster). Fußbodenerhebung in einer Raumnische oder einem Raumteil, um einen bevorzugten Sitz (Thron) oder eine Sitzgruppe (Chorgestühl) oder den Altar hervorzuheben. → Dagum.

Estrich (lat. astricus: Pflaster). Fugenloser, sich erhärtender Fußbodenbelag aus Lehm, Asphalt oder Mörtel.

Etage → Geschoß.

Etruskische Architektur. Die ersten uns erhaltenen Zeugnisse der etruskischen Baukunst – dieses Volk war zwischen 1000 und 800 v.Chr. nach Mittelitalien eingewandert – stammen aus dem 7.Jh. (Grabbauten), am Ende dieses Jhs. entwickelt sich auch

Etruskische Architektur. Großer Tumulus II mit Zugang zu unterirdischen Kammergräbern, Cerveteri, 7.-5.Jh. v.Chr.

der Tempelbau. Als Baustoffe dienten hauptsächlich Holz, Bruchsteine und Lehm, der manchmal gebrannt wurde. Steine wurden nur für Fundamente von Tempeln und Profanbauten, für Befestigungsanlagen und Gräber verwendet. Da die Römer ängstlich darauf bedacht waren, die Erinnerung an die Etrusker auszulöschen, haben sich von den etrusk. Bauwerken fast nur Fundamente erhalten. Die Stadtmauern aus dem 6.-4. Jh. v. Chr. von Tarquinia, Chiusi, Cortona u. a. Städten sind die bemerkenswerten erhaltenen Zeugnisse etrusk. Ar-

Etruskische Architektur. Tomba dei Volumni, bei Perugia, 2. Jh. v. Chr.

Etruskische Architektur. Tomba dei Relievi, Cerveteri, 3. Jh. v. Chr.

chitektur. Die stattlichen, ziemlich wuchtig überwölbten Tore wurden jedoch meist in späterer Zeit errichtet (z. B. Falerii Novi, ca. 250 v. Chr.; Perugia, ca. 100 v. Chr.). Die Tempelform ist im Grundriß von der → griech. Architektur beeinflußt, jedoch ist der etrusk. Tempel im Gegensatz zum griech. ein Fassadenbau; er entwickelt sich zum Podiumtempel mit repräsentativem Treppenaufgang an der Frontseite. Die weiträumig gesetzten, stämmigen, unkannelierten Säulen auf Rundbasen und das Gebälk bestanden aus Holz. Die Tempel trugen reichen, farbigen Terrakottaschmuck und → Akroterien aus Ton. Die unterirdischen Gräber der Etrusker waren gewöhnlich aus dem gewachsenen Felsen herausgehauen, ihre Innenwände waren kunstvoll bemalt und manchmal mit Stuckreliefs geschmückt (z. B. Tomba dei Relievi in Cerveteri, 3. Jh. v. Chr.).

Lit.: Durm, E. '05; von Duhn '24; Åkerström '34; Gargana '34; Giglioli '35; Andrén '40; Patroni '41; Polacco '52; Pallottino '55; Scullard '57; Banti '60; Boëthius-Gjerstad-Wetter-Fries-Hannell-Poulsen '62; von Matt-Moretti '69; Boëthius-Ward-Perkins '70; Bianchi Bandinelli-Giuliano '73; Steingräber '81; Sprenger/Bartoloni '90.

Eustylos (gr.: schönsäulig) → Interkolumnium.

Euthynterie (gr. euthynein: gerade machen). Oberste, sorgfältig geglättete und ausgeglichene, aus dem

Etruskische Architektur. Tempel der Minerva, Veji, 5. Jh. v. Chr. Modell.

Boden ragende Kante des Quaderfundamentes des griech. Tempels (→ Stereobat), Unterlage für die → Krepis.

Lit.: Berve-Gruben-Hirmer '61.

Evangelienseite. Gegenseite zur → Epistelseite, bei Blickrichtung vom Schiff auf den Altar linker Hand; so bezeichnet, da an dem auf dieser Seite stehenden → Ambo die Evangelien verlesen werden.

Exedra (gr.: abgelegener Sitz). In der antiken Baukunst eine halbrunde oder rechteckige Nische mit erhöhten Sitzplätzen, z. B. in Wohnhäusern, Säulengängen und an öffentl. Plätzen; später wurde diese Bezeichnung auf die → Apsis der christl. Kirche übertragen, schließlich auf jede Nische oder jeden apsidialen Abschluß eines – auch profanen – Raums.

Exonarthex → Esonarthex; → Narthex.

Expressionismus, der. Kunststil in den nördl. Ländern Europas (ca. 1910-25), der auf dem Gebiet der Architektur zum Teil aus dem → Jugendstil hervor-

Etruskische Architektur. Arco di Augusto, Perugia, 3.-2. Jh. v. Chr.

Etruskische Architektur. Terrakottaschmuck eines Tempelgiebels, Falerii Veteres, um 250 v. Chr.

Expressionismus. Großes Schauspielhaus, Berlin, von → Poelzig, 1919.

Expressionismus. Einsteinturm, Potsdam, von → Mendelsohn, 1920.

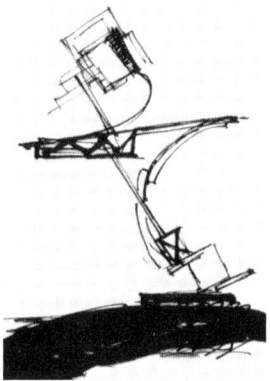

Expressionismus. Entwurf für eine Rednertribüne, von El → Lissitzki, 1920.

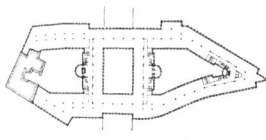

Chilehaus, Hamburg.

Städt. Waisenhaus, Amsterdam, von van → Eyck, 1958-60.

ging und in den 50er Jahren seine Fortsetzung im → Plastischen Stil (Neoexpressionismus) fand. Über das rein Funktionelle (→ Funktionalismus) hinausgehend, sollen die Bauten den Eindruck freigeformter, abstrakter, monumentaler Plastik vermitteln. Dies gilt vor allem für die Bauten von → Poelzig (Fabrik in Luban, 1911-12; Wasserturm Posen, 1911). Alle diese Bauten bevorzugen rundplastische Formen, und dies gilt auch noch für → Mendelsohns Einsteinturm in Potsdam 1920 (Abb. → Mendelsohn) (→ Meßarchitektur), aber gegen Ende des Krieges macht sich eine immer stärkere Vorliebe für spitze Winkel, oft auch eine Überbetonung der Vertikalen bemerkbar. Zeigen Mendelsohns Hutfabrik Luckenwalde (1921-23) und Poelzigs Großes Schauspielhaus in Berlin (1919, Abb. → Poelzig) noch den Übergang, so wird im Entwurf → Mies van der Rohes für ein Bürogebäude in der Friedrichstraße, Berlin (1921, Abb. → Mies van der Rohe) und in → Högers (1877-

Expressionismus. Chilehaus, Hamburg, von → Höger, 1922-23.

1949) Chilehaus in Hamburg (1922-23) der Höhepunkt erreicht. Zum E. müssen auch die Grundtvigkirche in Kopenhagen (1913-26) von → Klint mit Nachklängen der → Neugotik (Abb. → Backsteinbau), die Wohnbauten ›Eigen Haard‹ (1921) von → Klerk (1884-1923, Abb. → Niederlande) und van der → Meys ›Scheepvarthuis‹ (1911-16), beide in Amsterdam, gerechnet werden. Mitte der 20er Jahre wird der E. vom → Internationalen Stil abgelöst. Vgl. → Amsterdamer Schule.

Lit.: Bahr '16; Taut, B. '29; Edschmid '57; Gregotti '61; Hatje '63; Chiarini, P. '64; Steffen '65; Sharp '66; Borsi-Koenig '67; Borsi '68; Willet '71; Pehnt '73, '83; Bletter '79; de Wit '85.

Eyck, Aldo van (geb. 1918). Der in Holland geborene Architekt studierte an der Eidgenössischen TH in Zürich (1939-43). Vor seiner Niederlassung als freischaffender Architekt arbeitete E. in Amsterdam im öffentlichen Dienst. Seit 1971 besteht die Partnergemeinschaft mit Theo Bosch. E. beschäftigte sich in besonderem Maß mit den Archetypen des Hauses und entwickelte dabei eine Architekturform und Grundrißgestaltung, die von dem Architekturkritiker Arnulf Lüchinger als Form des

Expressionismus. Scheepvarthuis, Amsterdam, von van der Mey, 1911-16.

→ Strukturalismus bezeichnet wurde. Diese Bauidee wurde besonders in der Architekturzeitschrift ›Forum‹ publiziert, deren Herausgeber und Mitbegründer E. war. Der Strukturalismus in der Architektur ist im Prinzip ein ›individualisierter‹ → Rationalismus, der sich enger mit der Funktionalität und den Aufgabenbereichen der Architektur auseinandersetzt und eine allzu starke Vereinheitlichung und Willkür ablehnt. Bestes und wohl bekanntestes Beispiel ist das von E. in Amsterdam errichtete Städtische Waisenhaus (1957-60), wo die verschieden großen und kleinen Kompartimente als Grundlage und Ausgangspunkt ein gleichgroßes quadratisches Raster erhielten, aber innerhalb desselben individuell gestaltet sind. Weitere wichtige Bauten in dieser Richtung sind das sog. Hubertusheim (1975/79) in Amsterdam (Unterkunft für alleinerziehende Eltern) sowie der Skulpturenpavillon in Arnheim von 1966. 1990 wurden Restaurant, Bibliothek und Konferenzgebäude für ESTEC, Nordwijk, fertiggestellt.

Lit.: Giedion '54; Jencks '73; Lüchinger '80; Eyck '81, '82, '83, '86.

Städt. Waisenhaus, Amsterdam, von van → Eyck, 1958-60.

F

Fabiani, Max (1865-1962). Österr. Architekt. Studium in Wien und Graz. Zahlreiche Auslandsreisen. 1894-96 bei → Wagner tätig. Später Professor an der TH in Wien für Ornamentik und Innendekoration. F. war ein vielbeschäftigter Architekt; er baute Villen und Geschäftshäuser, die zunächst stark von dem Einfluß Wagners geprägt waren.

Lit.: Pozzetto '66; Nicoletti '78a.

Fächerfenster. Eine seltene Fensterform der rheinischen Spätromanik (→ Romanik), deren einzelne, nach unten schmäler werdende Fenster unter einem Fächerbogen zusammengefaßt sind.

Fächergewölbe → Gewölbe III, 10.

Fächerrosette, die. Ziermotiv an → Fachwerkbauten der dt. → Renaissance; die F. besteht aus einer Halbkreisscheibe, die mit einer halben Rosette mit fächerförmiger Innengliederung gefüllt ist.

Fachwerk. Gerüst-, Skelettbau in Holz, die Füllung der Gefache durch Flechtwerk unter Lehm, meist verputzt, auch durch Ziegel- oder (selten) Bruchsteinmauerung. Das Gerüst setzt sich zusammen aus: Ständern (Pfosten, Säulen), Schwellen, Rahmen (das Rähm), Riegeln, Streben, Bändern, Knaggen. Die Hölzer bis ins 15. Jh. verblattet, dann ver-

Fachwerk. Coupesarte, Normandie, 16. Jh.

zapft. Im Pfostenbau der Vor- und Frühgeschichte wurzelnd (erst im frühen MA. werden die urspr. in den Boden gerammten Pfosten auf Schwellen gestellt) tritt der F.bau engen, geläufigen Sinnes im 15. Jh. in die Periode seiner reifen Entfaltung, die bis ins mittlere 17. Jh. anhält. Früheste unter den erhaltenen Bauten: das Kürschnerhaus in Nördlingen (beg. 1415), das Alte Rathaus in Eßlingen (1430). Keineswegs auf die Länder dt. Zunge beschränkt – England und Frankreich (Normandie) ragen hervor –, fand diese uralte, wahrhaft bodenwüchsige Holzbauweise doch hier ihre weiteste Verbreitung und auch ihre reichste Entwicklung. Das Hauptverbreitungsgebiet deckt sich mit den Kerngebieten des Eichenhochwaldes. Nach kategorischen Merkmalen lassen sich unterscheiden: das fränkische, das schwäbische (alemannische), das norddeutsche F.: das letzte durch verhältnismäßig eng gestellte Ständer, die häufig gemusterten Ziegelausfachungen, die Fensterreihen (›Laternen‹), das zweite und vor allem das erste durch weitere Abstände und insbesondere durch die häufig die Erscheinung bestimmenden, gern geschweiften Streben charakterisiert. Entlehnungen typischer Steinbauformen (Profile) schon im SpätMA., gesteigert in der → Renaissance, die dem einmal geprägten F. zwar keinen neuen, an das Grundsätzliche, Strukturelle greifenden Stil, aber einen das Strukturelle überwuchernden Dekor bringt. Beispiele einer Nonplusultra-Schmückung, die nun auch Tischler

Fachwerk. Little Moreton Hall, Cheshire, 16. Jh.

Fachwerk. Rathaus Melsungen, Hessen.

Loggia Cornaro, Padua, von → Falconetto, 1524.

und Bildschnitzer beisteuern: das Haus Kammerzell in Straßburg (1589), das Salzhaus in Frankfurt (um 1600). Städte, die durch das F. bestimmt sind (oder waren): die im und am Harz: Hildesheim, Goslar, Halberstadt, Braunschweig, Wolfenbüttel, Celle; die fränkischen: Rothenburg, Dinkelsbühl, Miltenberg; die hessischen: Fritzlar, Alsfeld; die schwäbischen: Markgröningen, Eßlingen, Geislingen, Marbach. Zur Gänze erhaltene F.dörfer in der Rheinpfalz (Langenkandel). Stößt das F. in breiterer Front östlich nur bis zur Elbe vor, so bieten doch auch Städte wie Danzig und Königsberg in ihren Speichervierteln beachtliche, in ihrer schlichten Zweckerfüllung schöne Beispiele. Daß das vom Bauernhaus auf das Bürgerhaus übertragene F. gelegentlich auch auf das fürstliche Schloß übertragen werden konnte, steht in Coburg und Herzberg vor Augen. Ganze Städte, deren Bild heute noch vom F. geprägt wird, kann man noch in England finden (Chester, Stratford-upon-Avon, York). Vereinzelt findet man F. auch in Norditalien (wahrscheinl. langobard. Einfluß). A. v. R.
Lit.: Fiedler '02; Vreim '47; Phleps '51; Rümann '64; Bruyère-Inwood '82; Binding u. a. '89; Klöckner 90; Weiss '91.

Fachwerkbinder. → Träger oder → Binder einer → Dachkonstruktion aus stabförmigen Konstruktionselementen. Der F. hat seine Anfänge zwar in der Zimmermannstechnik des Holzbaus, wird jedoch häufiger in Eisen und Stahl und auch mit der diesen Materialien eigenen Statik ausgeführt.

Fahrenkamp, Emil (1885-1966). Ausbildung an der TH in Aachen und bei → Kreis in Düsseldorf; seit 1919 Lehrer an der Düsseldorfer Kunstakademie, 1939 dort Direktor. Baute als Architekt vorwiegend für die Industrie (z. B. für die Rheinstahl AG), Fabriken und Verwaltungsbauten (Shellhaus Berlin,

Kathreiners Malzkaffee Verwaltungsgebäude, Berlin, von → Fahrenkamp, 1927.

1930-32). Er liebte geometrisch klar gegliederte Baukörper, als Werkstoff bevorzugte er den unverputzten Backstein.
Lit.: Hoff '28.

Falconetto (Falconetti), Gian Maria (um 1458 bis um 1540). Maler und Architekt, stammt aus einer Veroneser Künstlerfamilie. Bis 1524 war F. als Maler tätig, baute aber dann für A. Cornaro eine bemerkenswerte → Loggia, heute ein Teil des Giustinianischen Palastes in Padua. Es folgten 1528 dort die Porta S. Giovanni, 1530 die Porta Savonarola. Charakteristisch für seine Architektur ist die römisch-klassische Schulung, die Näherung an die römische Antike gegenüber der venezianischen Frührenaissance (→ Renaissance).
Lit.: Venturi XI; Fiocco '65; Ray '76.

Fallgatter. Ein Eisengitter oder ein mit Eisen beschlagenes Holzgitter, die senkrechten Streben unten zugespitzt, über einem Torzugang, das in senkrechten Führungen mittels einer Kette bewegt wurde, um so im Belagerungsfall das Stadt- oder Burgtor rasch sperren zu können.
Lit.: Viollet-le-Duc 1854-68.

Faltdach → Dachformen 14.

Faltenkapitell → Kapitell 8.

Faltkuppel → Kuppel.

Faltwerk. 1. Konstruktiv eine Bauweise aus gefalteten, wechselweise nach oben und unten gerichteten Elementen, z. B. in der osman. Baukunst (→ Türkei, Brussa); heute im Spannbetonbau als Tragwerk bei Überspannung sehr großer Räume, da das F. durch die räumliche Ausbildung bei relativ geringem Gewicht größere Biegesteifheit besitzt (Unesco-Gebäude in Paris). – **2.** Geschnitztes oder gemaltes Ornament für Flächenfüllungen an Möbeln und Wandverkleidungen, um die Wirkung von gefalteten Textilien zu erzielen.
Lit.: Born '62.

Falzziegeldach → Dachdeckung 9.

Fanzago (Fansago), Cosimo (1591-1678). Ital. Architekt, ließ sich 1608 in Neapel nieder, wo er der führende Barockarchitekt wurde. F. war als Bildhauer ausgebildet, vermutlich in Rom bei → Bernini, dessen Entwurf für S. Andrea al Quirinale in Rom als Vorbild für F.s Kirche S. Maria Egiziaca a Pizzofalcone (1657-1717) diente, ein Zentralbau mit hoher Kuppel und Vierkonchenanlage (→ Konche). Er arbeitete aber auch als Dekorateur und Maler und war weniger an der Planung eines Baues als an der Dekoration interessiert. Sein überschwenglicher Stil kommt in der fantastischen Turmspitze S. Gennaros (1631-60) und in den überreich geschmückten Fassaden, wie bei S. Maria della Sapienza (1638-41), S. Giuseppe dei Vecchi (1617-69) oder dem riesigen, unvollendet gebliebenen Palazzo di Donn'Anna (1642-44) zum Ausdruck. Seine früheren Bauten sind zurückhaltender und feiner, so die → Arkaden der Certosa di S. Martino (1623-31) oberhalb Neapels.
Lit.: Pane '39; Fogaccia '45; Wittkower '65; Blunt '75.

Farbigkeit der Architektur → Nachträge.

Farrell, Terry (geb. 1938) → Großbritannien.

Fase, die. Fläche, die durch Abschrägen (gewöhnlich im Winkel von 45° zu den anderen Flächen)

Fachwerkbau, 1531.

Fachwerk. Fächerrosette, Höxter, Nordrhein-Westfalen.

Faltwerk. Moschee Selimiye, Edirne, von → Sinan, um 1569-75.

Kreuzgang von S. Martino, Neapel, von → Fanzago, um 1630.

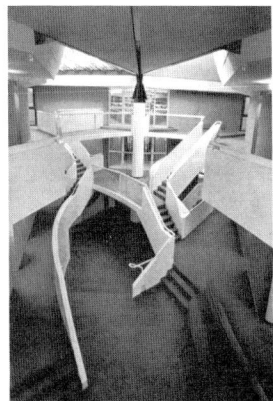

Bibliothek im Hauptquartier der ESO, Garching bei München, von → Fehling und Gogel, 1976-80.

der scharfen → Kante eines Werkstückes entsteht; man spricht von einer gekehlten F., wenn die abgefaste Fläche konkav ist.

Fassade. (lat. facies: äußere Erscheinung). Schauseite eines Bauwerks, meist die Haupteingangsseite, bei Kirchen gewöhnlich die Westfront. Bei einigen Bautypen kommen Nebenf.n vor, wie z.B. bei der got. Kathedrale an den Querhausenden, oder gleichwertige Zweitf.n, wie beim Barockschloß, dessen Gartenf. nicht weniger repräsentativ gestaltet ist als die Eingangsseite. Eine F. kann die Gliederung des dahinterliegenden Baues widerspiegeln oder sie verschleiern (→ Blendfassade), die ovale oder runde Raumform kann sich im Vor- und Zurückschwingen der F. ausprägen (südd. Barock) oder negiert werden durch einen eigenständigen F.vorbau. Viele Gestaltungsmöglichkeiten der F. ergeben sich vom verwendeten Material her, z.B. kostbare Marmorinkrustationen. Gegliedert wird die F. durch die Fenstergruppierung, Portale (oft mit Vorbauten) und die → Säulenordnungen sowie durch → Bauplastik.

Lit.: Wölfflin 1888; Riegl '01; Schmarsow '05; Pevsner '40, '42; Zevi '48c; Mumford '55b; Panofsky '55a; Brandi '56a; Lynch '60; Giedion '62-64; Norberg-Schulz '63; Finelli in DAU ›esterno‹; Rossi, G.M., in DAU ›Facciata‹.

Fassadenmalerei. Bemalung der → Fassade mit Darstellungen, meist in Form einer architekton. Gliederung, oft verbunden mit religiösen oder historischen Szenen. Diese Art der Dekoration war in Süddeutschland, der Schweiz und in Oberitalien heimisch. → Bauornament; → Lüftlmalerei.

Lit.: Baur-Heinhold '52; Thiem '64.

Faszie, die (lat. fascia: Band; meist im Pl.: Faszien, gebräuchlich). Die drei (selten zwei) übereinanderliegenden, zweimal stufenartig vorspringenden Streifen, die den → Architrav der ion. und der korinth. Ordnung (→ Säulenordnungen) in horizont. Bänder unterteilen.

Fathy, Hassan (geb. 1899). Ägyptischer Architekt, Philosoph, Künstler und Poet. Professor für Kunst und Leiter der Hochschule für Architektur in Kairo. F.s Hauptaugenmerk galt der Reaktivierung in Vergessenheit geratener, örtliche Gegebenheiten berücksichtigender Bauweisen, besonders des traditionellen Lehmbaues in Gegenden armer Bevölkerung, → Lehmarchitektur. Bedeutendes Beispiel ist

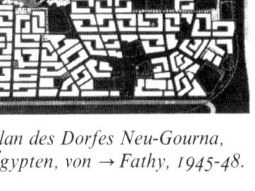

Plan des Dorfes Neu-Gourna, Ägypten, von → Fathy, 1945-48.

Gebäude einer landwirtschaftl. Genossenschaft, Bariz, Oase Kharga, Ägypten, von → Fathy, 1964.

das allerdings unter Realisierungsproblemen sozialer und gesellschaftlicher Art leidende und auch umstrittene Dorfprojekt ›Neu-Gourna‹ (1945-48) in der Nähe von Theben und Luxor. Weitere Planungen dieser Art sollten folgen bzw. wurden teilweise

verwirklicht, wie z.B. ›Sidi Crier‹ (1971) an der Mittelmeerküste oder das Dorf ›Bariz‹ (1964) in der Oase von Kharga.   M.-A. v. L.

Lit.: Fathy '73; Dethier '81; EA '82; Rastorfer '85; Steele '88.

Fehling & Gogel. Berliner Architektengemeinschaft seit 1953. **Fehling,** Hermann (geb. 1909). Nach dem Gymnasium Zimmermannslehre und Studium an der Baugewerksschule Hamburg. Praxis bei → Mendelsohn und Werner Issel (→ Industriebau), dann aus polit. Gründen wechselnde Aufenthalte. Nach 1945 freischaffender Architekt. **Gogel,** Daniel (geb. 1927). Nach dem Gymnasium Kriegsdienst bei der Marine, dann Maurer und Werftarbeiter; Studium der Architektur an der Hochschule für Bildende Künste Berlin; seit 1950 dort freischaffender Architekt.

Wohnhaus Schatz, bei Baden-Baden, von → Fehling und Gogel, 1965-68.

F. und G. wurden über Deutschlands Grenzen hinaus bekannt durch den Bau des Hauptquartiers der ESO (European Southern Observatory) in Garching bei München (1976-80). Schon zuvor hatten sie sich neben zahlreichen Wohnbauten, einer Kirche (Berlin-Schöneberg, 1960-63), einer Friedhofskapelle (Berlin-Tegel, 1968-73), vor allem durch Bauten für die Forschung einen Namen gemacht: Max-Planck-Institut für Bildungsforschung, Berlin-Dahlem, 1965-74; Institut für Hygiene und med. Mikrobiologie der Freien Universität Berlin, 1966 bis 74; Max-Planck-Institut für Astrophysik, Garching bei München, 1975-79.

Gleichzeitig mit dem Berlin-Pavillon für die Interbau 1957 bauten F. und G. den Pavillon der Deutschen Glasindustrie, durch den sie zum ersten Mal zu ihrer eigenen Form fanden. Überzeugend verwirklicht haben sie diese im Wohnhaus Schatz oberhalb von Baden-Baden, das sie für ein Musikerehepaar 1965-68, etwa gleichzeitig mit dem Institut für Bildungsforschung in Berlin, erbauten. Um ein Zentrum, ein durchschaubares, viele Schichten ermöglichendes Treppenhaus, das bei dem Wohnhaus in Baden-Baden von einem zeltartigen Dach überdeckt wird, gruppieren sich die Räume, ein rhythmisch überaus bewegtes, einprägsames Labyrinth bildend, das jedoch stets den zwingenden Gesetzen eines organischen Funktionalismus (→ Häring) und einer ausgeklügelten Lichtführung folgt. So entsteht eine Gesamtraumkomposition, die aus einer inneren musikalischen Symmetrie heraus Harmonie und ein wohltuendes ausbalanciertes Gleichgewicht auf mehreren Ebenen bewirkt. Dies ist erstaunlich, wenn man weiß, daß dieses neuartige Raumgefühl – scheinbar ganz von selbst – aus einer intensiven Arbeit am Grundriß entsteht. Neben der Gestaltung des zentralen Mehrzweckfoyers legen die beiden Architekten besonderen Wert auf die detaillierte Durchformung der Lichtöffnungen, die – wie bei → Aalto – so wichtig für den Gesamteindruck sind. 1990 wurde das Institut für Meteorologie der FU Berlin fertiggestellt.   W.R.

Lit.: Bucciarelli '81; Fehling & Gogel '86, '88; CA '87.

Fellner, Jakob (tätig 2. H. 18. Jh.) → Ungarn.

Felsarchitektur, die. Architektonisch gestaltete natürliche oder künstlich geschaffene Höhlen. Dem Typ nach unterscheidet man: nicht freistehende, z. B. Höhlentempel, und freistehende, z. B. Monolith-Tempel, sowie Mischformen kultischer und profaner Anlagen (Felskirchen → Armenische Architektur, → Äthiopien; Felsgräber → Ägyptische Architektur; → Katakomben; Felsburgen, Felswohnungen). F. zählt zu den ältesten Architekturformen deren Vorkommen vorwiegend in Asien (→ Caitya-Halle, → Vihara, → China), Vorderasien (→ Iranische Architektur), Nordafrika und Südamerika (→ Zentralandine Hochkulturen) ist. → Höhlenarchitektur.

Lit.: Jessen, O. '30; Brandenburg '26, '30, '31; Brunner '36; Akurgal '61; Plaeschke '83.

Fenster. Öffnung in einer Mauer zur Belichtung und Belüftung eines geschlossenen Raumes. Größe, Form und Einfassung des einzelnen F.s, sowie Lage und Gruppierung mehrerer F. sind grundlegende Mittel der → Fassadengestaltung; ebenso bedeutend ist die Art und Lage der F. und damit der Lichtführung für das Innere eines Gebäudes. – Die einfachste F.begrenzung ist die senkrecht in die Mauer eingeschnittene Öffnung; durch Abschrägen von → Laibung und → Sohlbank nach außen und innen kann der Lichteinfall vergrößert und die Dicke der Mauer verdeutlicht werden. Die Laibung oder das rahmende → Gewände kann glatt oder profiliert sein; ein großes F. kann durch Stab- und → Maßwerk unterteilt werden, wodurch die einzelne Glasfläche verringert, die gesamte F.fläche aber vergrößert werden kann. Diese F. wurden in → Gotik und → Renaissance gern mit Glasmalerei gefüllt. Zur Steigerung der Fassadenwirkung kann das F. einzeln oder in Gruppen umrahmt und mit → Gesimsen oder → Giebeln bekrönt werden (Fensterverdachung). – Neben dem einfachen Viereckf. hat das Rundbogenf. weiteste Verbreitung gefunden. Es kann durch eingestellte Säulen geteilt sein (Zwillings-, Drillingsf.); F.gruppen können durch Blenden zusammengefaßt sein. Das Rundf. gibt es mit speichenförmig angeordneten Stäben als Radf., mit Maßwerk gefüllt als Fensterrose (→ Rose) (über dem Portal got. Kathedralen). Eine Sonderform ist das lange, schmale Lanzettf. (das engl. Frühgotik, das oft zu Gruppen zusammengefaßt ist. Neben den von den verschiedenen Bogenformen (→ Bogen) begrenzten F.n gibt es seltene Figurationen, wie etwa das Schlüssellochf. (spätroman.). Das F.band der heutigen Architektur nimmt dem einzelnen F. die Eigenform und ordnet es dem funktionalen Gefüge des Baues unter.

Lit.: McGrath-Frost '37; Völkers '39; Zoeller '61.

Fenstergaden, der. → Obergaden.

Fensterkreuz. Unterteilung eines → Fensters durch Mittelpfosten (senkrecht) und → Kämpfer (waagrecht); ist das F. aus Holz, spricht man von Setz- und Querholz, beim F. aus Stein (frz. Renaissance) von → Trumeau und Kämpfer.

Fensterrose. → Fenster; → Rose.

Fensterverdachung → Fenster.

Fernandes, Matheus (gest. 1514/15) → Portugal.

Fernsehturm → Funkturm.

Ferstel, Heinrich von (1828-83). Österreich. Architekt des → Historismus, Schüler von van der → Nüll und von Sicardsburg (1813-68), bekannt durch seine Monumentalbauten in Wien an der Ringstraße, die → neugot. Votivkirche (1856-79), die ehemalige Österr.-Ungar. Bank (Herrengasse, 1860), das Österreichische Museum für angewandte Kunst (1868-71) und die im Stil der Hochrenaissance erbaute Universität (1873-84) mit ihrer prachtvollen Treppenanlage.

Lit.: Wibiral '53; Wagner-Rieger '69.

Fertigbauweise → Präfabrikation.

Feston, das. Ein meist plastisch gestaltetes Dekorationsmotiv in Form einer durchhängenden Girlande aus Zweigen, Früchten und Blumen, die oft mit Bändern umwunden und an beiden Enden an Schleifen aufgehängt ist. Das F. erscheint seltener als Einzelform denn als durchlaufender → Fries oder in Feldern in rhythmischer Folge.

Lit.: Napp '30.

Festarchitektur. Festdekoration im weiteren Sinn, vermischt mit Theaterkulissen. F. wurde aus weniger dauerhaften Materialien hergestellt, wie Holz, Leinwand, Gips, Stuck, Laubwerk, Blumen etc. Anlässe zu F. boten sich bei Einzügen (Ehrenpforten, Triumphbögen), Fürstenhochzeiten, Krönungen, Garten- und Patronatsfesten, Theateraufführungen (Kulissen in → Theaterbauten; Heckentheater im Freien; Ergänzungen zu Ruinentheatern). F., Gartenarchitekturen (→ Belvedere, Teehäuser, Tempel etc.), Gartenanlagen und Vergnügungspark gehen oft ineinander über. Darstellungen dieser Architekturen lassen sich auf Ornamentstichen des 18. Jhs. entdecken.

Ihren Höhepunkt erreicht die F. im → Barock. Ludwig XIV ließ in Versailles glanzvolle Gartenfeste inszenieren, die reiche Nachfolge fanden. Die einzelnen Programmabschnitte eines solchen Festes (Diner, Schauspiel, Ballett, Oper, Konzert, Ringstechen, Karussell, Feuerwerk, etc.) wurden mit passenden Architekturen und Ausstattungen künstlerisch hinterfangen. Eines der aufsehenerregendsten Schauspiele dieser Art waren die dreitägigen ›Plaisirs de l'Isle enchantée‹ im Jahre 1664 im Park von Versailles.

Selten wurden F. aus Stein und damit auf Dauer gebaut. Berühmtestes Beispiel ist der → Zwinger in Dresden (1711-28, Abb. → Deutschland), erbaut von → Pöppelmann mit Plastiken von Balthasar Permoser. Am sächs. Hof unter August d. Starken erlebte die Festtradition ihre höchste künstlerische Blüte und Verfeinerung. Die Architektur des Zwingers ist ohne die Verbindung mit buntem Volksleben, wechselvollen Umzügen der Stadtbewohner, Turnieren in alten Rüstungen oder Karussellspielen nicht vorzustellen.

Auch das Feuerwerk war verbunden mit einer Form barocker F. Bei den vielaktigen Schauspielen verbarg die kulissenhafte Bühnenarchitektur zugleich die Raketenbatterien. Bekannte Planungen dieser Art stammten schon von Josef → Furttenbach d. Ä., der in seiner ›Architectura universalis‹, 1635, genaue Anweisungen gab.

Lit.: Hempel '61; Stopfel '64; Knop '65; Fähler '74.

Votivkirche, Wien, von → Ferstel, 1856-79.

Fenster mit Rahmen, Gesims und Verdachung, Bamberg.

Fenster. Radfenster von S. Maria Maggiore, Tuscania, 12. Jh.

Festarchitektur. Gründonnerstag auf der Piazzetta, Venedig. Zeichnung von Canaletto.

Feston. Palazzo Carpegna, Rom, 17. Jh. Zugeschrieben della → Porta, voll. von → Borromini.

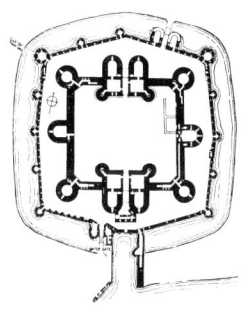

Festung. Beaumaris, Wales, 1295-1330.

Festung, die. Allgemeiner Begriff für eine Wehranlage (als solcher auch der → Burg übergeordnet). Im besonderen versteht man unter F. eine weitläufige Verteidigungsanlage, die aus einander untergeordneten, dennoch voneinander mehr oder weniger unabhängigen Anlagen besteht. Abgesehen von Stadtf.en des Altertums und des MA.s, also Städten, die außer durch ihre Stadtmauer durch Abschnittsmauern und durch ein besonders gut befestigtes Zentrum, die Zitadelle, geschützt waren, wird die F. zum Schutz gegen Feuerwaffen errichtet.

Die führenden Länder auf dem Gebiet des F.sbaues waren zunächst Italien und Frankreich, die auch die Nomenklatur dieses Baugebietes bestimmten. Bedeutende F.en gab es später auch in Deutschland. In England spielte der F.sbau keine Rolle. Höhepunkte erlebte er unter Ludwig xiv. und dessen Baumeister → Vauban in Frankreich und im 19. Jh. (Ingolstadt, Mainz, Ehrenbreitstein). Gegen Ende des 19. Jhs. löste sich das System einzelner F.en auf zugunsten der Gruppenf. mit Forts. Die Erfahrungen des Ersten Weltkrieges zeigten, daß auch diese F.en nicht zu halten waren. So entstand die F.sfront (Maginotlinie, Westwall), in die alte F.en eingegliedert wurden, verbunden durch ein System weitgehend unterirdischer Bunkerf.en. Durch die Luftwaffe wurde auch dieses Verteidigungssystem fragwürdig.

Die Form der historischen F.: Um die Annäherung des Feindes zu erschweren und ihn mit seinen schweren Schußwaffen möglichst auf Distanz zu halten, wurde um die F. ein flaches, unbebautes, von der F. leicht abfallendes Gelände, das Glacis, angelegt. Dieses freie Gelände erlaubte den gezielten Beschuß des Vorfeldes durch die Verteidiger. Damit leicht jeder Teil der F.smauer mit Feuerwaffen bestrichen werden konnte, wurde es notwendig, die Umfassungsmauer so zu brechen, daß man von dem vorspringenden Teil (der → Bastion) aus den anschließenden Mauerabschnitt schützen konnte.

So entstand zunächst ein Typ mit vorgezogenen Eckbastionen (bastionisierter Grundriß, entworfen z. B. von → Alberti), später der sternförmige (tenaillierte) Typ, der dann im frz. F.sbau durch stärkere Betonung der Bastionen variiert wurde. In der Bastion und meist auch hinter der Umfassungsmauer lagen die Kasematten, überwölbte und zusätzlich durch Erdaufschüttung geschützte Bunker zur Unterbringung von F.sbesatzung, Kanonen und Munition. Solche Kasematten konnten je nach Gelände auch mehrgeschossig angelegt sein. Durch die Erdaufschüttung wurden erhöhte Plattformen (Kavaliere) zu Beobachtungszwecken und zur Aufstellung von Kanonen gewonnen. Die Außenseite der F.sumwallung oder -ummauerung heißt Eskarpe. Sie ist bei einer Hauptf. immer gemauert. Die Gegenseite des an die Umwallung anschließenden Grabens heißt Kontereskarpe; auch sie war fast immer gemauert. Der Wall zwischen zwei Bastionen heißt Kurtine.

Zur weiteren Sicherung des Vorgeländes (Glacis) konnten Außenwerke verschiedener Größe angelegt werden, wie → Ravelin (Verkleinerungsform Redan, Verdeutschung: Halbmond) und Hornwerk. Sie wurden der Kurtine vorgelagert und waren Teile der Hauptf. Die Entwicklung der Kriegs- und Waffentechnik machte es aber erforderlich, den Feind in immer größerer Entfernung von der Hauptf., die die Rolle des zentralen Sammelplatzes übernahm, zu stellen. So entstand die Schanze als kleines geschlossenes F.swerk mit Bastionen (als kleines trapezförmiges Vorwerk auch Redoute genannt); eine größere, von der Zentrale unabhängigere Schanze ist dann ein Fort. Solche Werke lagen bei den späteren F.en oft 20 km vor dem Kernf. – Im Inneren einer F. gibt es eine Zitadelle als Innenbefestigung, für den Fall, daß es dem Feind gelingt, in die F. einzudringen, oder wenigstens ein Réduit (Versteck, Rückzugswerk).

Lit.: Newton Hayes '29; Sidney '55; Förster, O. W. '60; Cassi-Ramelli '64; Marconi-Fiore '78.

Fiale (gr. phiale: Gefäß). Schlankes, spitz auslaufendes Türmchen auf → Strebepfeilern oder zu Seiten von → Wimpergen → got. Bauwerke. Ihr unterer Teil, der vier- oder achtseitige ›Leib‹, ist mit → Maßwerk verziert und an jeder Seite mit einem Giebel abgeschlossen. Darüber erhebt sich der sich nach oben verjüngende, von → Krabben besetzte und mit einer → Kreuzblume bekrönte Helm oder ›Riese‹.

Lit.: Roriczer '65.

Figini, Luigi (geb. 1903) und Gino Pollini (geb. 1903). Figini & Pollini gründeten 1926 gemeinsam mit Giuseppe → Terragni und einigen anderen Architekten des → ›Gruppo Sette‹ die früheste ital. Architektengruppe mit modernem Programm, deren erster wichtiger Auftrag, die Casa Elettrica, auf der Triennale in Monza, 1930, zu sehen war. Später arbeitete F. mit den ›Architetti di Quadrante‹ und weiter mit Gino Pollini zusammen. Ihr bekanntestes Werk, das Verwaltungsgebäude der Fa. Olivetti in Ivrea, entstand 1948-50. Die Kirche Madonna dei Poveri in Mailand (1952-56) zeigt die Entwicklung vom streng rationalen → Internationalen Stil der 30er Jahre zu den freieren Formen dieses Stils in der 2. Hälfte des 20. Jhs. Spätere Bauten sind die Keramischen Werke in Sparanise (1960-63) und die Kirche SS. Giovanni e Paolo (beg. 1966) in Mailand. Abb. → Razionalismo.

Lit.: Polin '30; Gentili Tedeschi '59; Blasi '63; Savi '80, '90; CA '80.

Wohnhaus des Architekten, Mailand, von → Figini, 1935.

Figueroa, Leonardo da (ca. 1650-1730). Schöpfer des Sevillan. → Barocks, faßte hier als erster Backsteinbauten mit weißem oder gelbem → Bruchstein ein, wie es für diese Stadt typisch wurde. Sein Stil ist durch reichlichen Gebrauch von Glasurziegeln, gedrehten und ornament. Säulen, → Estípites usw. geprägt. Alle seine Bauten stehen in Sevilla, z. B. Hospital de Venerables Sacerdotes (1687-97), Magdalenenkirche (1691-1709), Salvator-Kirche (1696 bis 1711), Westeingang zu S. Telmo (1724-34). S. Luis, die schönste Barockkirche der Stadt (1699 bis 1731) wird ihm zugeschrieben. Sein Sohn *Ambrosio* (1700 bis 75) führte seinen Stil in Sevilla fort (S. Catalina, 1752-58, Sakramentskapelle in El Arahal, 1763-66), sein Enkel *Antonio Matias* (ca. 1734-96) ging zum → Klassizismus über; er baute den eleganten → Campanile in La Palma del Condado (1780).

Lit.: Corbacho '52; Kubler-Soria '59.

Filarete, eigentl. Antonio Averlino (ca. 1400-69). Baute wenig, spielte aber bei der Verbreitung der Frührenaissance (→ Renaissance) eine bedeutende Rolle. Geb. in Florenz, nahm erst ziemlich spät den griech. Namen ›Filarete‹ (Freund der Tugend) an. Er begann als Bildhauer und schuf 1443 eine Bron-

zetür für die Peterskirche in Rom. 1451 erhielt er von Francesco Sforza den Auftrag, das Ospedale Maggiore in Mailand zu bauen, für das er einen sehr kunstvollen sym. Entwurf entwickelte. F. baute aber nur das wuchtige Sockelgeschoß des Mitteltraktes mit einer eleganten → Arkade im Stil → Brunelleschis. Während seines Aufenthaltes in Mailand vollendete er seinen ›Trattato d'architettura‹, von dem → Vasari behauptete, es sei das absurdeste Buch, das je geschrieben wurde; es fand in Abschriften weite Verbreitung, wurde aber erst im 19. Jh. gedruckt. Teilweise geht es auf → Alberti zurück und ist hauptsächlich durch die Entwürfe hoffnungslos unbrauchbarer Idealbauten und einen sorgfältig ausgearbeiteten Plan für die → Idealstadt

Fiale. Dom zu Regensburg, 13./14. Jh.

Ospedale Maggiore, Mailand, von → Filarete, 1456.

›Sforzinda‹ interessant (Abb. → Idealstadt). Sforzinda sollte jegliche Annehmlichkeit haben, unter anderem war ein zehngeschossiger ›Turm der Tugend und des Lasters‹ vorgesehen, mit einem Bordell im Erdgeschoß und einer Sternwarte als Bekrönung.

Lit.: Filarete 1454-64; Vasari 1550; von Oettingen 1888; Lazzaroni-Muñoz '08; Romanini '56; Tigler '63; Bauer, H. '65; De Fusco '68; Sinisi '71; Patetta '87.

Filmtheater → *Nachträge.*

Finnland. Obwohl F. zwischen Schweden und Rußland liegt, wurden bis zum Beginn des 19. Jhs. nur vereinzelt Anregungen aus dem Osten aufgegriffen. Im Laufe der Jahrhunderte beeinflußten hauptsächlich Schweden und Norddeutschland die finnische Architektur. Aus der Zeit vor dem 13. Jh. hat sich kein Bauwerk erhalten, die frühesten noch existierenden Bauten sind Dorfkirchen. Neben Holz wurde bald auch → Backstein als Baumaterial verwandt. In den frühen Dorfkirchen sind die Details von elementarer Einfachheit. Die wenigen Burgen (Viborg und Turku, um 1300) sind von großartiger Strenge. Der einzige große Sakralbau des MA.s ist die Domkirche von Turku (Abo) aus dem 14. Jh. Die Sterngewölbe und verzierten Backsteingiebel zeigen deutschen, die alleinstehenden Türme aus Holz (die es auch in England gibt) und die äußerst reichen Wandmalereien dagegen schwed. Einfluß. Die → Gotik blieb sehr lange der bestimmende Stil, und es gibt keine Dekoration in der Art der Frührenaissance (→ Renaissance). Erst im 17. Jh. vollzog sich unter schwed. Einfluß die Hinwendung zu einem an der Antike und der Renaissance orientierten Stil. Das beste Beispiel ist der 1619 errichtete Landsitz von Sarvlax, dessen kolossale → Pilaster den → Klassizismus ankündigen. Im späten 17. Jh. wurden bei den Kirchen – die alle protestantisch sind

Tempel für ›Sforzinda‹, von → Filarete.

Finnland. Glockenturm der Kirche von Ruokalahti.

Domkirche von Turku, 14. Jh.

Stadtbibliothek, Viipuri, von → Aalto, 1927, 1930-35.

Friedhofskapelle, Turku, von Erik Bryggman, 1938-41.

–, die Grundrißform des griech. → Kreuzes sowie andere Zentralbauformen (→ Zentralbau) bevorzugt; auch hier ist der schwed. Einfluß unverkennbar (St. Katherina in Stockholm). Vorzüglich bleibt Holz dabei weiterhin das Baumaterial.

Der erste Höhepunkt der finnischen Architektur liegt unmittelbar nach der politischen Vereinigung des Landes mit Rußland im Jahre 1809. 1812 wurde Helsinki finnische Hauptstadt, 1817 schuf J. A. Ehrenström einen Plan für die Gestaltung der Innenstadt. Das neue Helsinki ist daher eine auf dem Reißbrett entstandene Stadt, die sich durch einen zentralen Platz und durch Straßen, die so breit wie jene in den russischen Provinzen sind, auszeichnet. Sämtliche Hauptgebäude dieses Platzes, die durch eine klassizistische Bauweise gekennzeichnet sind, schuf → Engel, der hier → Schinkels Formensprache mit den Stilelementen der Petersburger Architektur (→ Sowjetunion) verband. Hervorzuheben ist die 1830 begonnene Kathedrale (Abb. → Engel). Der zweite Höhepunkt der finnischen Baukunst fällt in die Jahre zwischen ca. 1850 und 1910. Es ist die Zeit einer nationalen Romantik. In Finnland schöpfte man, ebenso wie in Schweden, Rußland und Ungarn, Anregungen aus der romantisch verklärten, äußerst wechselreichen Geschichte. Die wichtigsten Bauten sind das Nationalmuseum, das → Saarinen, Lindgren & Gesellius (1901 ff) schufen und die Kathedrale in Tampere (Abb. → Historismus), die 1902-07 von Lars Sonck (1870-1956) errichtet wurde. Diese Bauten sind malerisch im Kontur, stilist. Motive der Vergangenheit werden in einer sehr freien Weise verwendet und die Baustoffe des Landes kühn zur Geltung gebracht. 1904 gewann Eliel → Saarinen den für den Bahnhof in Helsinki (1910-14) ausgeschriebenen Wettbewerb. Es gelang ihm, geschwungene und rechteckige Formen

Hauptbahnhof, Helsinki, von Eliel → Saarinen, 1910-14.

harmonisch zu einem Ganzen zu fügen. Saarinen kommt darin der Ausdrucksweise nahe, die → Behrens und → Olbrich in diesen Jahren eigen war.

F. erreichte schließlich 1917 seine Unabhängigkeit. Damals war → Aalto 19 und der wenig bekannte Erik Bryggman (1891-1955) 26 Jahre alt. In den 20er Jahren bestimmte ein zur Monumentalität neigender → Neoklassizismus (Warenhaus Stockmann, 1924-30, von S. Frosterus) die finn. Architektur, bis sie durch Aalto mit dem Sanatorium von Paimio (1928-33) und der Bibliothek in Viipuri (1927-35) internationalen Ruhm erreichte. In den 30er Jahren gaben der → Internationale Stil und

Börse, Helsinki, von Lars Sonck, 1910-11.

weiterhin Aalto den Ton an. Aaltos starke Persönlichkeit hatte sich schon um 1937 endgültig durchgesetzt. Aufgrund seiner Werke, die er seit 1947 schuf, gehört er zu den führenden Künstlern einer Stilrichtung, bei der freischwingende Kurven, unerwartete Umrißlinien und kühne rhythmische Gliederungen von Glaswänden und fensterlosen Mauern vorherrschen. Aalto bevorzugt als Baumaterial Holz und roten → Klinker. Neben ihm arbeiten eine Reihe von Architekten, von denen zuerst Bryggman zu erwähnen ist, dessen Friedhofskapelle in Turku (1938-41) sich an Kühnheit und Neuartigkeit mit jedem Werk von Aalto messen kann. Die jüngere Generation von Architekten wurde von Viljo Rovell (1910-64), der 1958 bis 63 das Rathaus von Toronto erbaute (→ Kanada), angeführt.

Zu den besten finnischen Architekten zählen heute Aarne Ervi (geb. 1910), der die → Gartenstadt bzw. Waldstadt Tapiola (1954-69) schuf, und sein Schüler Timo Pentillä, (Stadttheater Helsinki, 1964-67), das Ehepaar Kaija (geb. 1920) und Heikki (geb. 1918) → Sirén (Sohn des Architekten Johan Sigfrid Sirén), zu deren bekanntesten Werken die Kapelle der TH in Otaniemi (1957) und die Reihenhausanlage Otsonpesä (1959) in Tapiola gehören. In den 60er Jahren kam es zu einer Kontroverse zwischen den Schülern von Aulis Blomstedt (geb. 1906), der wie viele

Stadttheater, Helsinki, von Timo Penttilä, 1964-67.

*Finnland. Kapelle der Technischen Hochschule,
Otaniemi, von K. und H. → Sirén, 1957.*

andere (Universität von Tampere, 1962 von T. Kor-
honen und J. Laapotti; Stadthalle Kouvola, 1969
von Saarnio und Leiviskä) mehr dem → Rationalismus zuneigte, und Reima Pietilä (geb. 1923), der
sich mehr dem Stil Aaltos verpflichtet fühlte (Ka-
vela Kirche in Tampere, 1966) und nach individuellen Lösungen strebte. In den 70er Jahren kommt
es auch hier zum Widerstreit der Prinzipien des
→ Internationalen Stils, der Materialtreue und der
→ Postmoderne, die aber auch verschmelzen
können.

Lit.: Lindberg '39; Wickberg '59; Richards '66, '78; Suhonen
'80; Helsinki '82; Hatje '83.

Finsterlin, Hermann (1887-1973). F. studierte Medizin, Physik und Chemie, anschließend noch Philosophie und Malerei in München. Der Theosophie
nahestehend, entwarf er vorwiegend → phantastische Architektur, die er 1919 in Berlin bei einer von
→ Gropius arrangierten ›Ausstellung für unbekannte Architekten‹ vorstellen konnte. Prägen-

*Entwurf für ein Kunstzentrum, von → Finsterlin,
um 1919.*

der Korrespondent der von Bruno → Taut ins Leben
gerufenen, utopische Briefe wechselnden Gruppe
›Gläserne Kette‹ (Deckname: Prometh). Schon
nach 1922 zog sich F. aus dem Kreis der Architekten zurück und widmete sich der Malerei und
Schriftstellerei. Aus dem Jahre 1924 stammt ein
erwähnenswerter Briefwechsel mit → Gaudí. 1926
schließlich Übersiedlung nach Stuttgart, wo 1928
auch die erste Gesamtausstellung seiner Aquarelle,
Tusch- und Architekturzeichnungen zu sehen war.
Abb. → Architekturzeichnung.   M.-A. V. L.

Lit.: Kultermann '59; Conrads '60; Conrad-Sperlich '60; Sharp
'66; Borsi-Koenig '67; Borsi '68; Hard of Segerstad '69; Liene-
mann-Weidner o. J.; Döhl '88.

Fioravanti, Aristotele (1415?-1486?) → Sowjetunion.

First. Die Linie, an der die Dachflächen eines Gebäudes in einem Winkel zusammenstoßen bzw. sich
schneiden.

Lit.: Mariacher '58.

Firstkamm (Firstzier). Schmückende Bekrönung
des → Firstes.

Fischblase → Schneuß.

Fischer, Alfred (1881-1950). Studium der Architektur bei Theodor → Fischer in Stuttgart. Regierungsbaumeister und Architekturlehrer in Düsseldorf
(1909-11), anschließend Lehrauftrag an der neugegründeten Handwerker- und Kunstgewerbeschule
in Essen (seit 1928 mit der Folkwangschule für Gestaltung zusammengefaßt). Nennenswerte Bauten:
Drei-König-Kirche in Essen, Industrieanlagen der
Zechen ›Königsborn‹ und ›Sachsen‹, Hans-Sachs-
Haus, alle in Gelsenkirchen. 1933 wurde F. beur-
laubt, 1934 seine vorzeitige Pensionierung ausgesprochen. Die Folkwangschule unter F. und die
darin gelehrte Idee von einem Gesamtkunstwerk
kann als direkter Vorläufer des → Bauhauses angesehen werden.

Lit.: Fischer '50; Klein '65.

Fischer, Georg (1768-1828) → Tschechoslowakei.

Fischer, Johann Michael (1692-1766). Münchner
Stadt- und kurkölnischer Hofbaumeister. Der Umfang seines Lebenswerkes ermißt sich aus den Angaben seiner Grabtafel in der Münchner Frauenkirche: 22 Klöster, 32 Kirchen. Bedeutendste Werke
(Kloster-, Stifts-, Wallfahrts- und Pfarrkirchen sowie Kapellen): München, Sankt Anna im Lehel,
Osterhofen (1727 ff.), München, Berg am Laim
(1737 ff.), Aufhausen, Zwiefalten (1745-65, Abb.
→ Empore), Fürstenzell (1738 ff.), Ottobeuren
(1748-67, Abb. → Deutschland), Rott am Inn
(1759), Altomünster (1763 ff.). Nicht alle sind ihm
ganz zuzuschreiben. So hatte er sich in Dießen an
gelegte Fundamente zu halten, und auch die mächtigste und reichste aller süddeutschen Barockkirchen, Ottobeuren, fand er schon zu zwei Dritteln
vor. Aber auch dieser konnte er noch den Stempel
seines raumkünstlerischen Genies aufprägen. Das
Ziel seines Planes war von früh auf und blieb bis
zuletzt eine auf eine herrschende Mitte bezogene,
dabei doch die liturgisch geforderte Längsachse in
sich aufnehmende Raumfügung; dies wird erreicht
durch die rhythmische Gruppierung der achsial ge-
reihten Raumeinheiten, die mit gleitenden Grenzen
schmiegsam ineinander übergehen, beherrscht
durch eine zentrale Ausweitung, eine sammelnde
Rotunde (Berg am Laim, Rott). Die
aus dem Achteck entwickelte Rotunde ist am Anstoß der Diagonalen von Kapellen und Emporen
umstellt, die eine Hüllzone indirekten Lichtes schaffen. Auch den durch den Zug der Tiefenachse bestimmten, durch die Abfolge der Wandpfeiler geführten Longitudinalräumen wußte er durch das
Motiv der konvex-konkav schwingenden Emporen
eine starke, die Gerade durch die Kurve brechende
Bewegung zu geben. Wesentlicher, schon in die bau-
meisterliche Konzeption einbezogener Koeffizient
ist die Dekoration: Stuck, Fresko, Mobiliar (das
nur in einem äußeren Sinne mobil, tatsächlich im-

*Hans-Sachs-Haus, Gelsen-
kirchen, von Alfred → Fischer,
1926.*

Hermann Finsterlin.

mobil ist). Fähigste Meister ihrer Kunst standen ihm als Helfer zur Verfügung: die Wessobrunner Feichtmayr, Übelher, Rauch (Stuck), Cosmas D. → Asam, M. Günther, Bergmüller, J. J. Zeiller, J. B. Zimmermann (Fresko), E. Qu. → Asam, J. Straub, Ignaz Günther, Math. Götz (Altäre). In seinen Spätwerken (Rott, Altomünster) nähert sich dieser Vollender des bayr.-schwäb. → Barock schon spürbar dem heraufkommenden → Klassizismus, ohne doch je die Schwelle zu überschreiten.

Lit.: Feulner '20; Lieb '41; Hagen-Dempf '54; Hempel '65; Hitchcock '68 b; Lieb '81; Lieb/v. d. Mülbe '82.

Karl von Fischer.

Fischer, Karl von (1782-1820). Geb. in Mannheim, zählt zu den bedeutendsten Künstlern des Münchner → Klassizismus unter König Maximilian I. 1796-99 Lehre bei dem Münchner Hofarchitekten Verschaffelt, anschließend bis 1806 an der Wiener Akademie tätig; 1806 bis 1809 Reisen nach Florenz und Rom zum Studium der → Renaissance-Architektur; 1809 Professor an der Münchner Akademie und bis zu seinem Tod Baurat. Seine wichtigsten Bauten sind: das Prinz-Karl-Palais (1803 beg.), das Nationaltheater (1811-19, zerst., 1823-25 von → Klenze wieder aufgebaut, im Zweiten Weltkrieg wieder zerst. und wieder aufgebaut), beide in München. Ab 1810 weitere umfangreiche Bauten in München: Paläste für Törring, Hompesch, Degenfeld-Pappenheim, Frhr. v. Zentner; Pläne für Residenz, Marstall, Glyptothek.

Lit.: Hederer '60; Fischer '82; Springorum-Kleiner '82.

Prinz-Karl-Palais, München, von Karl von → Fischer, beg. 1803.

Fischer, Theodor (1862-1938). Schüler von → Thiersch und Assistent von → Wallot. Lehrte erst in Stuttgart (1901-07), dann in München (1908-29), wo er den Generalbauplan der Stadt entwarf, der bis zum Zweiten Weltkrieg Gültigkeit hatte. F. gehörte der Übergangsgeneration zwischen → Historismus und → Internationalem Stil an. Sein Hauptwerk ist die massige evang. Garnisonskirche in Ulm (1908-12). Bemerkenswert sind ferner die Jenaer Universität (1905-08) und die Chirurgische Klinik in München, die Museen in Kassel (1909-12) und Wiesbaden (1912-15) und das Rathaus in Worms (1908-11). Abb. → Volkshaus, → Zeilenbau.

Lit.: Karlinger '32; Fischer, Th. '34; Nerdinger '88.

Treppenhaus im Stadtpalais Prinz Eugen, Wien, von → Fischer von Erlach, 1695.

Fischer von Erlach, Johann Bernhard (1656-1723). Neben → Hildebrandt der führende → Barock-Architekt in Österreich; war zurückhaltender und viel mehr Verstandesmensch als sein Rivale Hildebrandt, auch höfischer und mehr an Konventionen gebunden. F. wurde in der Nähe von Graz geb., begann als Bildhauer und Stukkateur, ging vermutlich 1674 nach Italien und wurde etwa seit 1682-85 bei Carlo → Fontana in Rom als Architekt ausgebildet. 1685 ließ er sich in Wien nieder, wo er schließlich 1704 Hofarchitekt wurde. Sein erstes bedeutendes Werk ist Schloß Frain in Mähren (ca. 1690) mit dem eindrucksvollen ovalen Ahnensaal. Ital. Einfluß, besonders der → Borrominis, prägt seine drei Salzburger Kirchen: Dreifaltigkeitskirche (1694-1702), Kollegienkirche (1696-1707) und Ursulinenkirche (1699-1705). Sein Meisterwerk, die Karlskirche in Wien (beg. 1716) ist als Entwurf einzigartig, aber auch hier gibt es Anklänge an Rom, so in dem ›Eröffnungsthema‹ der Vorhalle, die an den → Portikus des Pantheon erinnert und von zwei ›Trajanssäulen‹, Ausdruck bewußten Strebens nach kaiserl. Größe, flankiert wird (Abb. → Österreich). Von F.s Profanbauten sind u. a. zu nennen: die → Fassade und das von → Atlanten geschmückte monumentale Treppenhaus des Stadtpalais des Prinzen Eugen in Wien (1695-98), das Palais Batthyány-Schönborn in Wien (1699-1706), das Palais Clam-Gallas in Prag (1707-12), das Trautson-Palais in Wien (1710-16) und schließlich die Nationalbibliothek in der Wiener Hofburg, die F. in seinem Todesjahr (1723) begann und die von

Stiftskirche, Dießen am Ammersee, von Johann Michael → Fischer, 1732-39.

Dreifaltigkeitskirche, Salzburg, von → Fischer von Erlach, 1694-1702.

Kollegienkirche, Salzburg, von → Fischer von Erlach, 1696-1707.

seinem Sohn *Joseph Emanuel* (1693-1742) vollendet wurde (Abb. → Bibliothek). Der Bibliotheksraum ist einer der eindrucksvollsten Innenräume in Europa und zeigt am besten und großartigsten das Pathos seines Stils, der von dem Wunsch getragen wurde, die Idee des Kaisertums sichtbar zu machen. Als F. vom Kaiser geadelt wurde, nahm er den Titel ›von Erlach‹ an. F.s umfassende Bildung zeigt sich in dem ›Entwurf einer historischen Architektur‹ (1721 in Wien veröffentlicht). Es war die erste Abhandlung zur Architektur, die auch ägypt. und chin. Bauwerke einbezog und abbildete und dadurch großen Einfluß auf verschiedene an exotische Formen angelehnte Bauten ausübte. Abb. → Spiegelgalerie.

Lit.: Fischer von Erlach 1721; Frey, D. '23a; Hager '42; Sedlmayer '56, '76; Zacharias '60; Aurenhammer '73; Keller '78; Lorenz '92.

Fischgrat, Fischgrätenverband → Ährenwerk; → Opus spicatum.

Fisker, Kay (1893-1965) → Skandinavien; → Neoklassizismus.

Flachbogen → Bogen II, 12.

Flachdach. Der obere Hausabschluß, wenn er keine oder nur sehr geringe Neigung hat. Wird das F. aus ästhetischen Gründen verwendet, liegt seine formale Bedeutung eben darin, daß es nicht als eigener Bauteil hervortritt. – Die Unterkonstruktion ist meist mit der obersten Geschoßdecke identisch, über die in mehreren Schichten Isolierungen und Dichtungen gelegt werden. Dabei gibt es zwei Grundsysteme: das Warmdach, bei dem die Dichtung unmittelbar auf der Isolierung aufliegt, und das Kaltdach, bei dem zwischen Dichtung und Isolierung eine belüftete Schicht eingeschoben ist. Ferner ist beim F. neben der Außenentwässerung auch eine Innenentwässerung möglich. → Dach.

Lit.: → Dach; Gropius '26; Henn '62.

Flagg, Ernst (1857-1947). Amerikanischer Architekt, Absolvent der → Ecole des Beaux-Arts in Paris. F. gilt als einer der glühenden Vertreter der

›Französischen Schule‹ in Amerika zu Beginn des 20. Jhs. Sein Architekturstil, dem → Historismus stark angenähert, zeigt sich am Beispiel des Saint Luke's Hospital (1892-96) in New York. Auch an seinem wohl bedeutendsten Bauwerk, dem Singer Building (1906-08) in New York, ist der Einfluß und die Verwendung frz. Dekors unübersehbar. Der Turm vervollständigt den von F. für den Industriellen Singer in den Jahren 1899-1904 gebauten Verwaltungs- und Bürokomplex. 1908 galt der in der → Skelettbauweise hochgezogene Singer-Tower mit seinen 47 Stockwerken (→ Hochhaus) als das höchste Gebäude der Welt. Weitere, aber nicht mehr derart Aufsehen erregende Bauwerke folgten in New York (Scribner Building, 1913-14) oder in Cincinati (Gwynne Building, 1917). In den letzten Jahren seiner Architektenlaufbahn beschäftigte F. sich u. a. mit griechischer Proportionslehre und deren Umsetzung in kleinere Wohnhäuser; 1922 veröffentlichte er hierüber einen Essay: ›Small Houses. Their Economic, Design and Construction‹.

Lit.: Mardges '78.   M.-A. V. L.

Flamboyant (frz.: flammend). Bezeichnung für die letzte Stilstufe der Spätgotik (→ Gotik) in Frankreich. Beim Flamboyant sind die Schneußformen (→ Schneuß) des → Maßwerks in die Länge gezogen und werden daher als Flamme gedeutet.

Lit.: De Lasteyrie '26-27; Behling '37; Focillon '38; Baltrušaitis '55b.

Flechtband. Ein aus mehreren Bändern geflochtenes Ornament. Das F. hat es zwar in vorgeschichtl. Zeit und in der antiken Kunst schon vielfach gegeben, aber erst im MA. (6.-10. Jh.) wurde es zu einem beherrschenden Ornamentmotiv in Architektur, Kunstgewerbe, Buchmalerei etc. Das F. entwickelte sich hier zu einem fortlaufenden, kunstvoll bis zur Unentwirrbarkeit der einzelnen Flechten zusammengesetzten Band.

Lit.: Åberg '31; Paulus '56.

Flechtwerk. Bezeichnung für eine Flächenfüllung oder Umhüllung eines Bauelementes (Kapitell, Säulenschaft u. a. m.) mit Flechtdekoration. → Flechtband; Abb. → Kapitell.

Lit.: Åberg '31; Ginhart '42; Paulus '56.

Fleur-de-Lis (frz.). Bezeichnung der stilisierten Lilie im Wappen der Könige von Frankreich; häufiges Ornamentmotiv.

Flitcroft, Henry (1697-1769). In England Schützling Lord → Burlingtons, mit dessen Hilfe er verschiedene öffentl. Ämter im Bauwesen erlangte; er wurde schließlich Nachfolger → Kents im kgl. Bauamt. F. wurde ›Burlington Harry‹ genannt, er war ein fähiger, aber ideenarmer Architekt und stand kaum über den »imitierenden Narren«, wie Pope die kritiklosen Nacheiferer der klaren, edlen Regeln Burlingtons genannt hatte. Die riesige Westfassade von Wentworth Woodhouse (beg. 1733), die längste in England, und Woburn Abbey (ca. 1747) zeigen, wie der → Palladianismus in leeren Prunk abglitt. F.s

Flamboyant. Rose der Kathedrale von Amiens, 16. Jh.

Singer Building, New York, von → Flagg, 1906-08.

Wentworth Woodhouse, Yorkshire, von → Flitcroft, beg. 1733.

Tabernakel in St-Léonard, Léau, Belgien, von → Floris, 1550-52.

San Marcello al Corso, Rom, von Carlo → Fontana, 1682-83.

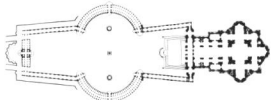

Entwurf für den Abschluß des Petersplatzes, Rom, von Domenico → Fontana.

Stadthäuser, besonders No. 10 St. James's Square in London (1734), sind besser geglückt. St. Giles in the Fields (1731-33) ist eine unrühmliche Nachahmung von → Gibbs' St. Martin in the Fields, beide in London.

Lit.: Colvin '54; Summerson '63.

Flores, Salvator Ortega → Mexiko.

Floris (eigentl. de Vriendt), Cornelis (1514/20-75). In erster Linie Bildhauer und Dekorateur, aber auch führender Architekt des → Manierismus in den südl. Niederlanden. Er besuchte Rom um 1538. Seine Hauptwerke sind das breit hingelagerte, feierliche Rathaus in Antwerpen (1561-66) mit seinen antikisierenden Details (Abb. → Niederlande) und der ›Doksaal‹ in der Kathedrale von Tournai (1571-74). Sein Stil wurde durch die Stiche von Hans Vredeman de → Vries weit verbreitet (und verfälscht). F's. Bedeutung lag vor allem auf dem Gebiet der Ornamentik: Mit der Verbindung des niederländischen figürlichen und pflanzlichen Ornaments der ersten Hälfte des 16. Jhs. mit dem überwiegend anzutreffenden Band- und Rollwerk der → Renaissance, kreierte F. eine neue Dekorationsform, die bis Ende des 17. Jhs. Anwendung fand.

Lit.: Hedicke '13; Jessen '20; Baltrušaitis '57; Gerson-ter Kuile '60; Tafuri '66.

Flötner (Flettner), Peter (ca. 1485-1546). Deutscher → Renaissancebaumeister sowie Bildhauer, Goldschmied und einflußreicher Ornamentzeichner. Er veröffentlichte in Nürnberg zahllose Stiche für Möbel, Arabesken etc., war 1518 an der Fuggerkapelle St. Anna in Augsburg tätig, reiste nach Italien und ließ sich 1522 in Nürnberg nieder. Seine phantasievolle Spielart des Renaissancestils kann man am Marktbrunnen in Mainz (1526) bewundern; sein architekton. Hauptwerk war der Hirschvogelsaal in Nürnberg (1534, zerst.), das erste und vielleicht das vollendetste Beispiel der Renaissance-Wohnbaukunst in Deutschland.

Lit.: Sponsel '25; Bange '36; Flötner '47; Angerer '83.

Flowing Tracery, das (engl.). Maßwerk des → Decorated Style (spät. 13. Jh. bis spät. 14. Jh.). → Großbritannien.

Flügel. 1. Ein Baukörper, der direkt oder mit Zwischengelenk (gedeckter Gang, Pergola) an einen Hauptbau angefügt ist, wie z. B. zu Seiten des → Corps de Logis um den → Ehrenhof. – **2.** Die durch Angeln beweglich gemachten Teile von → Türen (Türblatt), → Fenstern, → Altarretabeln.

Flügelaltar. → Altarretabel.

Fontaine, Pierre François Léonard (1762-1853). Schüler der Pariser → Ecole des Beaux-Arts, wurde Lieblingsarchitekt Napoleons I. und war gemeinsam mit → Percier am Entstehen des → Empire beteiligt. Studierte unter → Peyre in Paris, dann 1786 bis 90 in Rom. 1791 verband er sich in Paris mit Percier und blieb mit ihm bis 1814 zusammen. Ihr dekorativer Stil zeigt sich gut in Schloß Malmaison, wo sie seit 1802 für Napoleon tätig waren; Josephines zeltförmiges Schlafgemach wurde 1812 vollendet. Sie erweiterten den Nordflügel des Louvre nach den Tuilerien hin und errichteten den klar gegliederten Arc du Carrousel (1806-07) zwischen Tuilerien und Grande Galerie. Zu ihrem gemeinsamen Werk

Rathaus (und Zunfthäuser), Antwerpen, von → Floris, 1561-66.

gehörte die Rue de Rivoli (1801) und der Brunnen auf der Place Dauphine in Paris (1802), ferner viele Umbauten und Dekorationen an den kgl. Schlössern (Fontainebleau, Saint-Cloud, Compiègne, Versailles) und im Louvre, wo sie den Karyatiden-Saal umgestalteten. Ihr Einfluß war bald in ganz Europa spürbar, auch durch ihre Publikationen ›Palais, maisons, etc. à Rome‹ (1798) und vor allem ›Recueil de décorations intérieures‹ (1801). Zu den besten Arbeiten F.s gehören die Restaurierung des Palais Royal in Paris (einschließlich der Galerie d'Orléans, 1814-31) und das Hôtel-Dieu in Pontoise (1837-47). Abb. → Empire.

Lit.: Fontaine-Percier 1798, 1812; Fouché '05; Hautecœur '27; Biver '63, '64.

Fontana, Carlo (1638-1714). Wurde in der Nähe von Como geb., ließ sich um 1655 in Rom nieder, arbeitete zuerst unter → Cortona und → Rainaldi, dann unter → Bernini, bei dem er 10 Jahre blieb. Sein voll ausgebildeter, aber abhängiger Stil zeigt sich am klarsten an der Fassade von S. Marcello al Corso in Rom (1682-83) und seinen vielen röm. Kirchenkapellen, wie der Cappella Cibo in S. Maria del Popolo (1683-87) und der Taufkapelle in der Peterskirche (1692-98). Weniger geglückt sind die Jesuitenkirche und das Jesuitenkolleg in Loyola, Spanien. F. restaurierte unter großen Umbauten SS. Apostoli in Rom (1702) und vollendete Berninis Palazzo di Montecitorio in Rom (1694-97). Seine Profanbauten wie der Palazzo Spreti in Ravenna (1700) und das Ospizio di S. Michele in Rom (1700-03) finden nicht soviel Anklang. Durch Fleiß und Ausdauer wurde F. der unbestrittene Führer der röm. Architekten und war weitgehend für den antikisierenden und akademischen Stil, in den der Barock abglitt, verantwortlich. F. übte durch seine vielen Schüler in ganz Europa bedeutenden Einfluß aus: durch → Fischer von Erlach und → Hildebrandt in Österreich, durch → Gibbs in England und durch → Pöppelmann in Deutschland.

Lit.: Coudenhove-Erthal '30; Wittkower '65; Portoghesi '66b; Borsi '67a; Braham, Hager '78.

Fontana, Domenico (1543-1607). In der Nähe von
Lugano geb. Er ging um 1563 nach Rom und wurde
Architekt von Sixtus V. (1585-90). Sein Hauptwerk
ist der Lateranspalast in Rom (1586), in dem sich
die Trockenheit und Monotonie seines Stils zeigen.
F. half Giacomo della → Porta beim Bau der von
→ Michelangelo begonnenen Kuppel des Petersdo-
mes. Großen Ruhm erwarb er sich durch die Auf-
richtung des → Obelisken auf dem Petersplatz. 1592
ließ er sich in Neapel nieder, wurde dort zum kgl.
Hofingenieur ernannt, erhielt zahlreiche Aufträge
und wurde mit dem Bau des Kgl. Palastes betraut
(1600-02).
Lit.: Pane ’37, ’39; Muñoz ’44; Argan ’57a; Portoghesi ’66b.

Fontana, Giacomo (1710-91) → Polen.

Formstein. Ein Stein, der in eine besondere Form
gebracht ist, um an spezieller Stelle – als Kämpfer-,
Bogen-, Gesims- oder auch Schmuckstein – eingebaut zu werden. So gibt es F.e aus bearbeitetem
→ Haustein oder aus vorgeformtem künstl. Stein,
wie → Backstein oder → Beton.

Förster, Christian Friedrich Ludwig von (1797
bis 1863). Architekt und Publizist, Begründer der
›Allgemeinen Bauzeitung‹ (1836). F. erarbeitete die
Pläne für die Wiener Ringstraße, mit deren Bau
nach langer Vorbereitung 1858 begonnen wurde.
Abb. → Zeughaus.
Lit.: Hitchcock ’58; Benevolo ’60; Wagner-Rieger ’69.

Fort (frz.) → Festung.

Forum (lat.). Marktplatz der röm. Stadt, entsprechend der griech. → Agora. Meist als gestrecktes
Rechteck angelegt und von öffentl. Gebäuden um-
standen. Später wurden diese Gebäude noch durch
→ Kolonnaden zusammengefaßt. – Während die
kleineren Provinzstädte jeweils nur ein F. besaßen,
hatten große Städte wie Rom mehrere Fora. Unter
diesen bildete das ›Forum Romanum‹ den politischen und religiösen Mittelpunkt Roms und des
ganzen Imperiums; es soll bis in die Gründungszeit
Roms zurückreichen und war eine gewachsene Anlage. An dieses republikanische F. schlossen sich
später die durchgeplanten, dem Kaiserkult dienenden ›Kaiserfora‹ an.
Lit.: De Ruggiero ’12; Gurlitt ’20; Hülsen ’26; Romanelli ’51;
Crema ’59; Lugli, G. ’70b.

Foster, Norman Robert (geb. 1935). Nach dem Studium in Manchester und an der Yale University in
New Haven, Conn., 1963 Architekturbüro ›Team 4‹
in London, zus. mit seiner späteren Frau Wendy
und Su und Richard → Rogers; 1967 Erweiterung
zu Foster Associates. Ingenieurarchitekt, der die
Prinzipien des Industrial Design und der → High
Technology bewußt zur Grundlage seines Bauens
macht: Zweckbauten, die sich einer vorgegebenen
landschaftlichen oder städtebaulichen Situation

*Sainsbury Centre for the Visual Arts, University of East
Anglia, Norwich, von → Foster, 1974-78.*

Lateranspalast, Rom, von Domenico → Fontana, 1586.

einfügen, ohne den Anspruch zu erheben, in klass.
Sinne Kunst oder Architektur zu sein. Zu seinen
wichtigsten Bauten gehören u. a. das Verwaltungs-
gebäude der Versicherungsgesellschaft Willis,
Faber & Dumas in Ipswich, Suffolk (1975, Abb.
→ Großbritannien), das Sainsbury Centre for the
Visual Arts in Norwich (1974-78) und das Gebäude
der Hongkong und Shanghai Banking Corporation
(1980-85) in Hongkong. Neuere Bauten: B 3 Stock-
ley Park, Heathrow (1989), Sackler Galleries, Royal
Academy, London (1985-91), Stansted Airport,
London (1991), Century Tower, Tokio (1991), Fernmeldeturm, Barcelona (1992).
Lit.: CA. ’80; L’architettura ’83; Lasdun ’84; Klotz ’86; Chaslin
u.a. ’86; Sudjic ’86; Nakamura ’87; a + u ’88; Lambot ’89ff.;
’92; Benedetti ’90.

Foyer (frz.). Vestibül oder Eingangshalle eines
Theaters, bzw. die vom Theaterpublikum in den
Pausen benützten Räumlichkeiten.

Francesco di Giorgio Martini (1439-1501/02). Führender Theoretiker der Frührenaissance (→ Renaissance). F. wurde in Siena als Sohn eines Geflügel-
händlers geb. und als Bildhauer und Maler ausgebildet. Vor 1477 ging F. nach Urbino und trat als
Medailleur und Kriegsingenieur in die Dienste des
Herzogs Federigo da Montefeltro. Sein von 1477
bis 82 geschriebener ›Trattato dell’architettura civile e militare‹ (erst im 19. Jh. gedruckt) übte großen
Einfluß vor allem auf → Leonardo da Vinci aus,
der eine Abschrift benutzte und mit Marginalien
versehen hat. F. bezog sich zum Teil auf → Vitruv
(den er übersetzte oder übersetzen ließ) und auf
→ Alberti, wobei er aber eine mehr praktische Einstellung zum architekton. Symbolismus zeigt
(→ Symbolische Architektur). Vieles davon bezieht
sich auf den Kirchenbau: er zeigt die symbolische
Folgerichtigkeit des Kirchengrundrisses mit langem Schiff und zentralisiertem Ostabschluß, und er
befaßt sich auch mit der Lage des Altars in einem
→ Zentralbau. Für ihn symbolisiert die zentrale
Lage den Ort Gottes im Weltall, die periphere Lage
seinen unendlichen Abstand vom Menschen.
F.s architekton. Werk ist urkundlich nur ungenü-
gend belegt. Er trug möglicherweise zum Plan für
den Palazzo Ducale in Urbino bei (vielleicht ist die
prachtvolle Loggia mit dem Ausblick auf die Hügel
der Umgebung sein Werk). 1484 fertigte er das Modell für die Kirche Madonna del Calcinaio in Cortona (1515 voll.), an Klarheit, Harmonie und Ausgewogenheit ein Meisterwerk der Frührenaissance.
F. lieferte auch einen Entwurf für den strengen Palazzo del Commune in Jesi (1486, aber stark verändert). Viele andere Werke wurden ihm zugeschrie-

*Seitenfront der Marienkirche,
Wolfenbüttel, von → Francke,
1608-23.*

*Madonna del Calcinaio, Cortona,
von → Francesco, voll. 1515.*

*Sainsbury Centre for the Visual
Arts.*

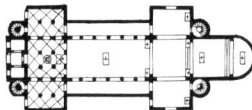

Centula (St-Riquier), Picardie, 790-99.

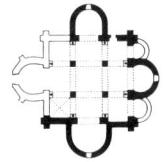

Germigny-des-Prés.

Germigny-des-Prés, bei Orléans, gew. 806.

Ste-Trinité, Caen.

ben: S. Maria degli Angeli in Siena, S. Bernardino in Urbino, der Palazzo Ducale in Gubbio. F. war auch berühmt als Festungsbaumeister und Erfinder von Kriegsmaschinen.

Lit.: Martini 1841; Stegmann-Geymüller-Wildmann 1885 bis 1908; Venturi VIII; Schlosser '24; Brinton '34; Weller '43; Papini '46; Rotondi '50-51; Millon '58; Stoppini '60; Fiore '78.

Francisco de Colonia (16. Jh.) → Simón de Colonia.

Francke, Paul (1538-1615). → Renaissance-Architekt Niedersachsens. Über seine Herkunft und Ausbildung weiß man nichts. Er reiste 1575 mit dem Festungsbaumeister Wilhelm de Raedt nach Antwerpen, um dort Befestigungsarbeiten durchzuführen. Seine Hauptwerke sind der Hörsaal und andere Bauten für die ehem. Universität in Helmstedt (1592-1613) und die Marienkirche in Wolfenbüttel (1608-23).

Lit.: Stange '26; Horst '28.

Frank, Josef → *Nachträge.*

Frankfurter Küche → *Nachträge.*

Frankreich. Die *frühesten christl. Bauten* in Frankreich, wie die → Baptisterien von Fréjus, Mélas, Aix und die Kathedrale in Marseille, alle 5. Jh., gehören zum selben Typus wie die Baptisterien dieses Jhs. in Italien und anderen Mittelmeerländern. Die verschiedenen Grundrißarten gehen auf die römische Kaiserzeit zurück.

Die beiden interessantesten Bauwerke der *merowingischen Zeit* sind das Baptisterium von St-Jean in Poitiers und die sogen. → Krypta von Jouarre bei Meaux, die urspr. keine Krypta, sondern ein Anbau an eine Kirche war. Sie wurde im 11. und 12. Jh. stark umgestaltet, die Säulen und die roh bearbeiteten nachröm. → Kapitelle jedoch stammen wahrscheinlich aus dem späten 7. Jh. – Auch St-Jean ist im wesentlichen im 7. Jh. entstanden; es besitzt noch einen → Giebel spätröm. Herkunft und eine Reihe seltsam geformter, dreieckiger oder halbkreisförmiger Fenster. Alte Chroniken berichten uns von künstler. stärker durchgeformten, mehr den frühchristl. Bauten Italiens nahestehenden Kirchen (Tours, Clermont-Ferrand, beide 5. Jh.) mit → Seitenschiffen, → Säulen, → Querschiffen und → Apsi-

St-Etienne, Caen, beg. ca. 1060-65.

den. Solche Bauten müssen auch in karoling. Zeit weiterhin errichtet worden sein. Aus dieser Zeit sind jedoch keine größeren Werke erhalten. Germigny-des-Prés bei Orléans (gew. 806) ist ein kleiner Kult-

St-Philibert, Tournus, 2. Viertel des 11. und Anfang des 12. Jhs.

raum über dem Grundriß eines einbeschriebenen griech. → Kreuzes mit hoher Mittelkuppel, tonnengewölbten Kreuzarmen und vier niedrigen Eckbauten sowie drei hufeisenförmigen Apsiden, die zweifellos auf span. Einfluß zurückgehen. Die Ausgrabungen in St-Denis (gew. 775) haben gezeigt, daß hier eine Kirche nach frühchristl. Vorbild mit → Abseiten, Querschiff und mit einer Apside gestanden hat. Alles, was wir über Centula (St-Riquier, 790-99 erbaut) wissen, wurde durch schriftliche Zeugnisse und aufgrund von Vergleichen mit anderen Werken zusammengetragen. Dadurch läßt sich zumindest soviel sagen, daß diese Kirche ein → Westwerk, ein Langhaus mit Abseiten, Querschiffe, einen → Chor und sowohl über der westl. als auch östl. → Vierung bis in die Details gleichgestaltete Türme hatte, vielleicht aus Holz, und daß beide Vierungen von runden Treppentürmen flankiert wurden. Diese Anordnung war für die Gestaltung des Grund- und Aufrisses revolutionierend. Es muß ein großartiger und stolzer Bau gewesen sein.

Ste-Trinité, Caen, beg. 1062.

St-Savin-sur-Gartempe, ca. 1060-1115.

frz. Kirchen hatten bis ins späte 11.Jh. als oberen Raumabschluß immer noch Balkendecken (St-Remi in Reims, 1005-49; Jumièges in der Normandie, ca. 1040-67; St-Etienne und Ste-Trinité in Caen, beg. ca. 1060/65). Eine großartige Ausnahme ist die faszinierende Kirche von Tournus in Burgund, deren Gewölbe im frühen 11.Jh. errichtet wurden. Es treten hier so viele Gewölbeformen (längs- und quergerichtete Tonnengewölbe, Halbtonnengewölbe, Kreuzgratgewölbe (→ Gewölbe III, 4) auf ganz verschiedene Weise in Erscheinung, daß diese Kirche wie eine Versuchswerkstatt des Gewölbebaus wirkt.

Tournus hat einen eigenen, drei Joche tiefen → Narthex mit zwei Geschossen und Abseiten. Ein solcher Narthex war bei Pilgerkirchen allgemein und bei den burgundischen im besonderen üblich. Schon Cluny besaß eine, allerdings nur eingeschossige Vorkirche, die auch bei dem abermaligen Neubau der Abteikirche 1088 (›Cluny III‹) wieder errichtet wurde. Dieser Bau (in der frz. Revolution abgebrochen) war mit seiner Vorkirche und seinen beiden Querschiffen die größte Kirche Europas (ca. 200 m lang). Im Aufriß unterschied sie sich von dem Typus der Kirchen von Toulouse und Tours: sie hatte ein Blendtriforium (→ Triforium), einen

St-Lazare, Autun, frühes 12.Jh.

Die → *Romanik* setzte im 10.Jh. ein, als zwei neue Grundrißformen entwickelt wurden, die beide für die ganze Epoche Gültigkeit behielten; sie zielten darauf ab, Raum für eine größere Anzahl von Altären zu schaffen. Die eine Grundrißform, deren charakterist. Merkmal der → Staffelchor ist, steht in Verbindung mit dem Bau der zweiten Kirche der Abtei von Cluny (›Cluny II‹, gew. 981), dem Zentrum der notwendig gewordenen Klosterreform. Ihre Seitenschiffe sind über den Chor weitergeführt und werden durch Nebenapsiden abgeschlossen; überdies befinden sich an der Ostseite der beiden Querschiffarme weitere apsidiale Kapellen. – Die andere neue Grundrißform betrifft ebenfalls die Gestaltung des Ostabschlusses; hier wurde – im Gegensatz zum Staffelchor – ein Umgang um den Binnenchor herumgeführt, an den sich ein Kranz radial ausgerichteter Kapellen anschloß. Diese → Kapellenkränze hatten ihren Ursprung anscheinend in solchen Krypten wie der von St-Pierre-le-Vif in Sens; sie fanden im 10.Jh., spätestens aber um das Jahr 1000, allgemeine Verbreitung. In St-Philibert in Tournus und in Notre-Dame-de-la-Couture in Le Mans schuf man schon früh solche Ostabschlüsse, und durch St-Martin in Tours scheinen sie im ganzen heutigen Frankreich bekannt geworden zu sein. Von da an wurden sie eines der typischen Merkmale einer kleinen, aber bedeutenden Gruppe von frz. Kirchen des späten 11. und frühen 12.Jhs., zu der St-Martial in Limoges, St-Sernin in Toulouse und in geringerem Maße St-Foy in Conques gehören oder gehörten. Andere charakteristische Kennzeichen dieser Kirchen sind Emporen, Querschiffe mit Abseiten und Tonnengewölbe (→ Gewölbe III, 1).

Die Einwölbung der Haupträume einer Kirche war sowohl praktisch als auch ästhetisch begründet; denn ein Gewölbe erhöht die Feuersicherheit und schafft zugleich eine räumliche Einheit, wie sie durch eine Holzbalkendecke, die auf Steinwänden ruht, niemals erreicht werden kann. Die meisten

Ste-Madeleine, Vézelay, frühes 12.Jh.

Der hl. Michael an der
Westfassade der Abteikirche,
St-Gilles-du-Gard,
1. Viertel des 12. Jhs.

Lichtgaden (→ Obergaden) und ein spitzbogiges Tonnengewölbe. (Der Spitzbogen ist keineswegs eine Erfindung got. Baumeister.) Die Details in Cluny und andere burgundischen Kirchen zeugen von der Wertschätzung, die man den röm. Ruinen dieses Gebietes entgegenbrachte. – St-Lazare in Autun (1132 gew.) hat viel mit Cluny gemeinsam. Die Madeleine in Vézelay dagegen wurde vielleicht mehr von den rheinischen Kirchenbauten beeinflußt. So hat sie weder eine → Empore noch ein Triforium und wird von einem Kreuzgratgewölbe anstelle eines Tonnengewölbes überfangen.

Das Tonnengewölbe ist die häufigste Gewölbeform des roman. F., und in den Gebieten, denen wir uns jetzt zuwenden, zur Norm geworden. Die Kirchen der Auvergne (Clermont-Ferrand, Issoire) zeigen in ihrer Gestaltung leichte Ähnlichkeit mit jenen der Gruppe von Tours und Toulouse, sind aber im Detail gröber und aus dem in dieser Landschaft vorkommenden vulkanischen Gestein errichtet. Im

Chor der Basilika St-Denis, Saint-Denis, 1140-44.

dafür aber auf den festen Außenwänden der Kirche → Kuppeln über → Pendentifs. Cahors, Angoulême und Périgueux sind die berühmtesten Beispiele. Auch die Kathedrale von Angers, mit deren Bau ca. 1145 begonnen wurde, gehört zu dieser Gruppe, doch ist sie in den Details deutlich von der Gotik geprägt; einer Gotik allerdings, die sich bewußt von der der Kathedralen des frz. Kronlandes (›Königskathedralen‹), mit dem Anjou verfeindet war, unterschied.

Der Stil des frz. Kronlandes, d.h. die → Gotik in der Form, wie sie später in ganz Europa Verbreitung fand, nahm um 1140 in St-Denis und Sens ihren Anfang. Er wird durch die Verbindung des Spitzbogens mit dem Rippengewölbe zu einem System von hoher visueller Logik und struktureller Kühnheit. In St-Denis sind Chorumgang und Kapellenkranz zu solcher Einheit verschmolzen, daß alle roman. Ostabschlüsse daneben als elementares Zusammenfügen einzelner Teile erscheinen. Sowohl St-Denis

Kathedrale, Laon, 1170-1225.

Poitou wurden vor allem → Hallenkirchen mit hohen und engen Schiffen und Seitenschiffen gebaut (das bei weitem schönste Beispiel ist St-Savin). Auch in der Provence sind die Kirchen hoch und eng (Arles, St-Paul-trois-Châteaux), haben aber einen Lichtgaden. Oft fehlen die Seitenschiffe; wenn sie jedoch vorkommen, werden sie mit Kreuzgrat- oder Halbtonnengewölben überfangen.

Eine Ausnahme von diesem Bautypus machen die Normandie sowie Angoumois und Périgord. In der Normandie setzte sich der Bau größerer Gewölbe nur langsam durch. Nach der norman. Eroberung Englands verlagerte sich der Hauptakzent des Tatendrangs und Ehrgeizes der Normannen auf die Britischen Inseln, und hier kam, gegen Ende des 11. Jhs., erstmals das Kreuzrippengewölbe (→ Gewölbe III, 5), eine dem Kreuzgratgewölbe überlegene Wölbungstechnik, zur Anwendung (Durham). Um 1115-20 wurde es in den Kirchen von Caen als sechsteilige Gewölbeform übernommen. Im Angoumois und Périgord dagegen bevorzugte man eine ganz andere Art der Gewölbekonstruktion, die, wie es scheint, entweder direkt oder aber über Venedig von der → Byzant. Baukunst beeinflußt war: Es wurden keine Seitenschiffe errichtet,

Kathedrale, Laon, 1170-1225.

Kathedrale, Chartres, 1194-1220.

als auch Sens haben eine Doppelturmfassade. Dieses Motiv, das in der Gotik zur Norm wurde, geht auf norman. Bauten wie St-Etienne in Caen zurück, ebenso wie auch das Rippengewölbe von St-Denis mit seinen verfeinerten Profilen. In St-Denis befand sich das erste got. Figurenportal mit Säulenfiguren mit gestreckten Beinen. Diese Figuren sind nicht erhalten, wohl aber die um 1145-50 entstandenen am Westportal von Chartres.

Die großen *frühgot. Kathedralen* F.s sind Sens (ca. 1140 ff.), Noyon (ca. 1150 ff.), Laon (ca. 1170 ff.), Paris (1163 ff.). Sie alle haben das sechsteilige Gewölbe von Caen und lassen eine Entwicklung zu größerer Höhe, schlankeren Baugliedern, breiteren Wandöffnungen und zur Reduzierung der Wandmassen erkennen. In Noyon und Laon finden sich Knospenkapitelle (→ Kapitell 9), die die frische Kraft des frühgot. Stils veranschaulichen. In diesen beiden Kathedralen sind die Wände viergeschossig, d. h., zwischen Empore und Lichtgaden schiebt sich ein Triforium. Dadurch wird die Wand noch weiter eliminiert und aufgelockert und überdies der Rhythmus intensiviert.

Mit dem Wiederaufbau der Kathedrale von Chartres (seit 1194) wich die Frühgotik der *Hochgotik*. Die vierteiligen Rippengewölbe, hohen → Arkaden, die großen Fenster des Lichtgadens, → Strebebögen und die niedrigen Triforien, die nun an die Stelle der Emporen getreten sind: alles vermittelt das Gefühl stärkerer Einheitlichkeit, eines noch lebhafteren Rhythmus und einer noch weitergehenden Auflösung der Wandflächen. Das in Chartres entwickelte

System wurde bei den Neubauten der Kathedralen zu Reims (1211 ff.) und Amiens (1220 ff.) und der Abteikirche von St-Denis übernommen, es findet seinen Höhepunkt in der Kathedrale von Beauvais mit ihrem 48 m hohen Chor.

In Reims finden sich Anfänge des Fenstermaßwerks (→ Maßwerk) und des naturalistisch gestalteten Blattwerks – eine überzeugende Begleiterscheinung hochgot. Stilempfindens. Von den größeren Kathedralen dieser Jahre unterscheidet sich nur die von Bourges in der Grundgestaltung. Sie zeigt eine äußerst individuelle Synthese von frühgot. Stilelementen mit den kühnsten Formen der Hochgotik. Die äußerste Durchsichtigkeit aber wurde dann in St-Urbain in Troyes (ca. 1262 ff.) erzielt, doch zeigt sich in dieser Kirche bereits die erste Abwendung von der Klarheit der Hochgotik. Die Kathedralen des späten 13. Jhs., die als ein Zeichen des erstarkten frz. Königtums nun auch in Süd- und Westf. errichtet wurden, folgten dem Vorbild von Reims und Amiens. Nur einige wenige Provinzen konnten ihre eigenständigen regionalen Merkmale bewahren. So wurden im Poitou und ebenso in Anjou weiterhin Hallenkirchen errichtet, wenn auch die Proportionen und die Raumauffassung von der got. Strö-

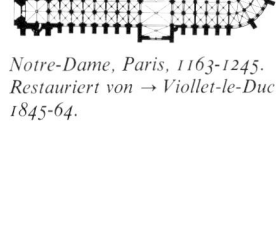

Notre-Dame, Paris, 1163-1245. Restauriert von → Viollet-le-Duc 1845-64.

Kathedrale, Reims, 1211 ff.

St-Urbain, Troyes, ca. 1262 ff.

mung geprägt wurden. Im Süden setzte sich ein eigener Kirchentyp durch, der wahrscheinlich auf katalanische Beispiele zurückgeht. Die hohen Innenräume haben an Stelle der Seitenschiffe Kapellen zwischen Wandpfeilern erhalten (Albi, 1282 ff.) Das 14. Jh. zeigt zum größten Teil wenig Entwicklung. Dies ändert sich erst um 1375, als sich das Maßwerk des → Flamboyant durchzusetzen beginnt (während in England die → flowing tracery schon zwei Generationen früher zur Norm geworden war). Das *Flamboyant*, d. h. die frz. Spätgotik, gewann erst im 15. Jh. größere Bedeutung, obwohl selbst dann mehr die Dekoration als die Gestaltung des Grund- und Aufrisses davon berührt wurde. Die Normandie ist von allen Provinzen am reichsten an Baudenkmälern der frz. Spätgotik (Caudebec-en-

Caux, St-Maclou in Rouen, Pont-Audemer). Weitere bedeutende Werke dieser Stilstufe sind: Abbeville, Notre-Dame-de-l'Epine bei Châlons-sur-Marne, der Chor von Moulins in Burgund, die Dreifaltigkeitskirche in Vendôme, St-Niclas-du-Port in Lothringen und das Querschiff der Kathedrale von Sens.

Im ma. Burgenbau (→ Burg) F.s war das charakterist. Merkmal zuerst der bewohnbare → Donjon, dessen quadrat. oder rechteckiger Grundriß sehr bald dem runden oder abgerundeten wich. Als Folge der Erfahrungen, die man während der Kreuzzüge mit Befestigungsanlagen des Ostens gemacht hatte, wurde der Donjon gegen 1200 aufgegeben. Statt dessen wurden Verteidigungssysteme entlang der ganzen Burgmauer – die manchmal verdoppelt wurde und oft viele Türme hatte – entworfen. Kurz nach 1200 (Louvre, Dourdan) wurde dieses neue System gelegentlich in eine regelmäßige und sym. Form gebracht. Im Laufe des 15. Jhs. begannen der Herrensitz und das Landschloß (Plessis-lès-Tours, 1463-72) die Burg zu verdrängen. Es wurden in den Städten viele großartige und reich verzierte öffentl. und private Bauten im Flamboyant errichtet, so der Justizpalast in Rouen (1499-1509) oder das schönste aller Privathäuser, das Hôtel Jacques-Cœur in Bourges (1443-53).

Hôtel Jacques-Cœur, Bourges, 1443-53.

Justizpalast Rouen, 1499-1509.

Schloß Fontainebleau, beg. 1528.

Die → *Renaissance* machte sich in F. früh bemerkbar, doch kann man nicht von planmäßiger Ausbreitung sprechen. Ital. Künstler arbeiteten 1475-81 in Marseille. Bestimmte Quattrocento-Details (→ Italien) kommen in der Malerei schon früh vor, etwas später finden sie sich auch in der Bauplastik

Schloß Chambord, beg. 1519.

(Grablegung Christi in Solesmes, 1496). Gaillon (1508) ist das früheste Beispiel systematischer Anwendung von Quattrocento-→ Pilastern in mehreren → Säulenordnungen. Das → Schloß in Blois (1515ff.) und andere Loire-Schlösser lassen erkennen, daß es zur Zeit Franz' I. zu einer umfassenden Übernahme von Renaissancemotiven gekommen war. Von ihnen ist das sym. angelegte Schloß Chambord (1519ff.) am monumentalsten. Im Zentrum des im Grundriß quadrat. Hauptgebäudes findet sich eine genial konstruierte Wendeltreppe mit einer Doppelspirale. Die nach Norden, Süden, Westen und Osten führenden Gänge sind von Tonnengewölben überfangen. Fontainebleau ist das größte

der für Franz I. erbauten Schlösser (1528ff.). Die Innenraumgestaltung (Galerie Franz I., 1532ff.) zeigt, daß hier der → Manierismus in seiner aktuellsten ital. Form nach F. gelangte. Um die Mitte des 16. Jhs. hatte F. dann einen eigenen Renaissancestil entwickelt. Die Architekten waren nun Franzosen, die die frz. Eigenheiten voll zur Geltung brachten. Die bedeutendsten waren → Lescot, der 1546 mit dem Neubau des Louvre begann und → Delorme, der den Kuppelbau wieder einführte und sich als erfindungsreicher Techniker wie auch als Schöpfer großer Kompositionen (Schloß Anet, ca. 1547ff., Abb. → Delorme) erwies. → Bullant zeigt sich in Ecouen (ca. 1555ff., Abb. → Bullant) Delorme ebenbürtig. Die → Kolossalordnung, die er, internat. gesehen, sehr früh anwandte, übte großen Einfluß auf die frz. Baukunst aus.

In den Religionskriegen, die F. erschütterten, konnten nur wenige große Bauwerke errichtet werden. Die Bauarbeiten für das Schloß in Verneuil (beg. ca. 1565) kamen nur schleppend voran, während man die Arbeiten am Schloß in Charleval (beg. 1573) bald ganz einstellte. Beide sind von Jacques I Androuet → Du Cerceau d. Ä. entworfen und zeigen mit unruhigen und phantastischen Details überladene Fassaden und die typisch frz. Pavillondächer. Ein weiteres Beispiel dieser Zeit ist das Rathaus in Arras (1572).

Schloß Blois, Treppenturm mit Wendeltreppe im Trakt Franz' I., 1515-ca. 25.

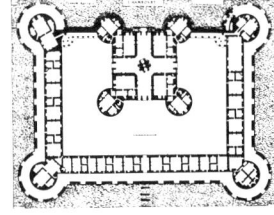

Schloß Chambord, beg. 1519.

Südflügel des Louvre, Hofseite, Paris, von → Lescot, beg. 1546.

Fontainebleau. Escalier du Roi,
Stuckumrahmung von
→ Primaticcio, um 1550.

Unter Heinrich IV. festigte sich die politische Lage. Er leistete seinen Hauptbeitrag zur Baukunst durch Aufträge für die Anlage von Plätzen in Paris, d.h. er förderte die Städteplanung stärker als den Palastbau. Die Place des Vosges (1605ff.) ist vollständig, die Place Dauphine nur bruchstückhaft erhalten; der Entwurf für die Place de France, die erste Platzanlage mit sternförmig ausstrahlenden Straßen (ein Gedanke, der schon unter Sixtus V. in Rom gefaßt wurde), ist niemals ausgeführt worden. Die Gebäude an den Plätzen sind bzw. waren gewöhnlich Backsteinbauten mit dekorativen Sandsteindetails, ein Stil, der bis um 1630 (s. den ältesten Teil von Versailles 1624) gültig blieb. Die Idee Heinrichs IV., daß die Plätze Brennpunkte monumentaler Städteplanung seien, wurde von Ludwig XIV. (Place des Victoires, Place Vendôme, die Anlage von Versailles) und Ludwig XV. begeistert aufgegriffen und erreichte im Paris Napoleons III. ihren Höhepunkt.

Zu Beginn der Regierungszeit Ludwigs XIV. waren François → Mansart und → Le Vau die führenden Architekten, dann folgten → Perrault und Jules → Hardouin-Mansart. François Mansart leitete in

Pavillon de la Reine, Place des Vosges, Paris, 1605-12.

Bedeutung gewesen. Im Sakralbau hatte Brosse mit ital. Säulen überladene Fassaden bevorzugt (St-Gervais, 1616-21, Abb. → Brosse). Mansart dämpfte die Formen und näherte seine Fassaden dem römischen Vorbild von Il Gesù an. Durch ihn wurde auch die Kuppel zum Merkmal der großen Pariser Kirchen (Visitation, 1632; Minimes, 1636).

Justizpalast, Rennes, von → Brosse, beg. 1618.

F. (wie Corneille in der Literatur und Poussin in der Malerei) auf dem Gebiete der Baukunst den barocken → Klassizismus ein, dem es bis nach 1800 treu blieb, doch sieht es so aus, als ob de → Brosse, der führende Architekt unter Ludwig XIII., in seinem letzten Werk, dem Justizpalast in Rennes (beg. 1618) für Mansart ein Vorbild geliefert habe. Mansarts Werke sind für den Schloßbau (Blois, Orléans-Flügel, beg. 1635; Maisons-Laffitte, 1642-50, Abb. → Barock), für die Stadtpaläste (Hôtel de la Vrillière, 1635ff.; Hôtel Carnavalet, 1655, beide in Paris) und für den Kirchenbau von grundlegender

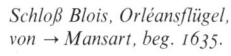

Schloß Blois, Orléansflügel,
von → Mansart, beg. 1635.

Vaux-le-Vicomte, von → Le Vau, 1657-61.

Sein größter Kirchenbau ist Val-de-Grâce (1645 beg., fortgeführt von Gabriel Le Duc), doch hatte er auf diesem Gebiet einen Vorläufer in → Le Vau. → Lemerciers Kirche der Sorbonne mit ihrem besonders frühen Kolossalportikus mit freistehenden Säulen wurde 1635 begonnen. Le Vau war stärker als Mansart dem eigentlichen → Barock verhaftet, das zeigt sich in seiner Vorliebe für geschwungene, besonders ovale Formen, die er sowohl im Außen- wie im Innenbau verwendete. Sein erster Stadtpalast in Paris war das Hôtel Lambert (1639-44), sein erstes Landschloß Vaux-le-Vicomte (1657-61, Abb. → Barock) mit ovalem, überkuppeltem Mittelsaal. Hier arbeiteten Le Vau, der Maler Lebrun und → Le Nôtre erstmals zusammen; später waren sie oft gemeinsam für Ludwig XIV. tätig.

1665 rief Ludwig XIV. → Bernini nach Paris, um ihn der Vollendung des Louvre wegen zu Rate zu ziehen. Berninis großartige Barockentwürfe wurden

jedoch zugunsten der Entwürfe → Perraults aufgegeben, die eine elegante, typisch frz. Fassade mit
schlanken Säulenpaaren und geradem Gebälk vor
einer langen Loggia (1667-74) vorsahen. Während
der letzten Regierungszeit des Königs war Hardouin-Mansart kgl. Architekt. Zwar war er nicht so
bedeutend wie die zuvor genannten Architekten,
doch besaß er ein hervorragendes Organisationstalent. Ihm fiel vor allem die Aufgabe zu, Versailles
zu vergrößern (1678 ff.). Er ließ Innenräume von
großartiger Pracht entstehen; seine Orangerie aber
und das nicht strikt symmetrische Grand Trianon
(1687) sind von vornehmer Einfachheit. Er entwarf
außerdem den wahrhaft monumentalen Bau des

Ostfassade des Louvre, Paris, von → Perrault, beg. 1667.

flot): die großartige Kuppel (wohl von → Wrens
St. Paul's Cathedral in London beeinflußt) ruht auf
Stützen, die den Vergleich mit dem Wagemut got.
Konstruktionen erlauben. Der Grundriß hat die
Form eines griech. → Kreuzes, um dessen Kreuzarme enge Abseiten oder Umgänge geführt werden,
vom Hauptraum getrennt durch Säulen, die ein gerades Gebälk tragen. Im letzten Viertel des 18. Jhs.
wurden sogar noch ernsthaftere Bemühungen um
eine Reform der Architektur im Sinne des *Klassizismus* gemacht. An ihr arbeiteten zumeist junge Architekten, die von der frz. Akademie in Rom zurückgekehrt waren. Dort hatten sie nicht nur in den
Bauwerken der Antike Anregung gefunden, sondern mehr noch in deren faszinierender Interpretation durch → Piranesi. Einer dieser Architekten war
M. J. → Peyre (1730-88), dessen ›Œuvres d'Architecture‹ (1765 veröffentl.) große Beachtung fanden.
Der einflußreichste Architekt dieser Richtung aber
war nicht in Rom gewesen; es war → Boullée. Sein
Hôtel de Brunoy (1772) gehört zu den ersten Beispielen einer neuen, den rechten Winkel bevorzu-
genden Einfachheit. Weitere Bauten dieser Richtung sind → Antoines Münze (1771-77), das Hôtel

*Grand Trianon, Versailles, von
→ Hardouin-Mansart, 1687.*

*Dôme des Invalides, Paris, von → Hardouin-Mansart,
1680-91.*

Dôme des Invalides (1680-91). In seinem Atelier
wurde um 1710-15 von jungen Künstlern (→ Lepautre) das → Rokoko entwickelt, das vor allem im
Stil der Innenraumgestaltung wurde. Die → Hôtels
und Landsitze des 18. Jhs. unterscheiden sich von
denen des 17. Jhs. vor allem durch größere Eleganz
und Zartheit der Details, durch eine ausgeklügeltere
Anordnung von Neben- und Hauptgemächern, wie
auch durch eine Verminderung des Maßstabs. Die
Neugestaltung des Stadtzentrums von Nancy durch
→ Héré ist vielleicht das eindrucksvollste der um-
fangreicheren Bauvorhaben um die Jahrhundertmitte.
Seit der Mitte des 18. Jhs. wandte sich F. dem
→ Klassizismus zu, der zuerst durch theoretische
Schriften verbreitet wurde (Cochin, 1750; → Laugier, 1753), aber kurz darauf auch in die Architektur
selbst Eingang fand. Eine gemäßigt klassiz. Stilart,
noch sehr elegant, herrscht in dem Werk von
→ Gabriel vor (Place de la Concorde 1755 ff., Petit
Trianon in Versailles 1761 ff., Abb. → Gabriel). Ent-
schiedener äußert sich der neue Stil in → Soufflots
Ste-Geneviève (Panthéon, 1755-92, Abb. → Souf-

*Ste-Geneviève (Panthéon), Paris, von → Soufflot,
1755-92.*

de Salm (1782) von Pierre Rousseau (ca. 1750-1801)
und → Chalgrins großartige Kirche St-Philippe du
Roule (1772-84). Boullées Einfluß beruhte jedoch
weniger auf seinen eigenen Bauten als auf seinen
Zeichnungen, die er für ein geplantes Buch geschaffen hat. Diese Illustrationen sowie → Ledoux' Bauten (in Arc-et-Senans und Paris, Abb. → Ledoux)
und Entwürfe (veröffentl.) vertraten einen neuen
formalen Radikalismus und brachten gleichzeitig
megalomanische Maßstäbe. Boullées wichtigster

*Salinen, Arc-et-Senans, von
→ Ledoux, beg. 1773.*

Nachfolger war → Durand (1760 bis 1834), und auch dessen Einfluß beruhte nicht auf seinen Bauten, sondern auf seinen anläßlich seiner Vorlesungen an der Ecole Polytechnique entstandenen Schriften (veröffentl. 1800, 1802-05), auf die sowohl im Ausland als auch in F. selbst zurückgegriffen wurde (→ Schinkel). Die erfolgreichsten Architekten zur Zeit Napoleons I. waren → Percier und → Fontaine. In ihren Werken, aber auch in Bauten wie der Börse von → Brongniart (beg. 1807, mit Abb.), der Fassade des Palais Bourbon (1803-07) von B. Poyet (1742-1824), der Madeleine (1806-42) von → Vignon (mit Abb.) wandelte sich der von Boullée und Ledoux geprägte Stil, verlor an Klarheit, wurde dafür aber feierlicher und gefälliger zugleich. Nach Napoleon Buonapartes Ägyptenfeldzug hatte er auch ägyptische Stilelemente in sich aufgenommen. Heute wird diese Bauweise meist als → Empire bezeichnet. Als Dekorationsstil fand er in ganz Europa Verbreitung.

Parallel zu dieser Entwicklung des Klassizismus seit der Revolutionszeit zum Empire verläuft die Entwicklung der *Romantik,* die besonders durch die Form des engl. Landschaftsgartens und seiner Staffagebauten zum Ausdruck kommt. Als Beispiel sei das Lustschlößchen Bagatelle von → Bélanger (1778, mit Abb.) angeführt und der Teil von Versailles, wo → Mique (1782-86, mit Abb.) für Marie-Antoinette ein ›Hameau‹ erbaute.

Pierrefonds bei Soissons, 19. Jh.

Während des 19. Jhs. spielten Klassizismus und → Neugotik gleichzeitig eine Rolle. Die großartige Kapelle Ludwigs XVIII. in Dreux wurde 1816-22 im klassiz. Stil geschaffen, 1839 aber im got. Stil erweitert. Ste-Clotilde in Paris (1846ff.). von → Gau und Notre-Dame-de-Bon-Secours bei Rouen (1840-47) von J. E. Barthélemy (1799-1868) zeigen, daß man sich ernsthaft mit der Gotik auseinandersetzte, und in den 40er Jahren des 19. Jhs. begann → Viollet-le-Duc seine auf gründlichen Kenntnissen beruhenden, aber doch viel zu rigorosen Restaurierungen durchzuführen. Mit seinen Publikationen fand die Erforschung der ma. Baukunst ihren Höhepunkt. Unterdessen war → Hittorf beim Bau von St-Vincent-de-Paul in Paris vom klassiz. zum neu-frühchristl. Stil (→ Historismus) übergegangen. Für seine späteren Arbeiten bediente er sich freier ital. Formen. Seine beiden Cirques in Paris (1839 und 1851) haben Glas- und Eisenkuppeln. Das Verständnis der Architekten für die fast unbeschränkten Möglichkeiten der Eisenkonstruktionen ist in F. damals größer gewesen als im übrigen Europa. → Labroustes Bibliothek Ste-Geneviève (1843-50,

Detail der Fassade eines Hauses in der Rue Linnois, Nancy, von Lucien Weissenburger, 1903-04.

Abb. → Labrouste), äußerlich von reiner, verfeinerter ital. Formensprache, zeigt im Innern ihr eisernes Rahmenwerk. Viollet-le-Duc setzte sich in seinen ›Entretiens‹ für Eisenkonstruktionen ein, aber bereits vor Veröffentl. dieses Werks hatte → Boileau seine Kirche St-Eugène in Paris (1854-55) im wesentlichen aus Eisen errichtet.

Oper, Paris, von Charles → Garnier, 1871-75.

Damals wurde auch die frz. Renaissance, soweit sie mehr die Fassadengestaltung als den Bau selber betraf, in das Stilrepertoire des Historismus aufgenommen. Den Anfang machten dabei Louis Visconti (1791-1853) und → Lefuel mit den Erweiterungsbauten zum Louvre (1852ff.); → Baltard folgte mit der Fassade der Kirche St-Augustin, für deren Konstruktion im Innern wiederum Eisen verwendet wurde. Bald darauf feierte der Neubarock in Charles → Garniers Pariser Oper (1871-75) erste Triumphe. Jene Architekten, die keinen Sinn für die Entfaltung prunkhafter Formen hatten, entdeckten gleichzeitig die Romanik wieder, so → Vaudremer, 1865ff. und Paul Abadie (1812-84) in seinem Sacré-Cœur (1876ff.). Diese Strömung beeinflußte u. a. → Richardson stark und löste damit den raschen Aufstieg der Architektur in den → USA aus.

Während Paris in der Entwicklung von Eisen- und Stahlkonstruktionen führend blieb (Halles des Machines und Tour Eiffel (Abb. → Ausstellungsarchi-

Eiffelturm, Paris, von → Eiffel, 1889.

tektur), beide für die Weltausstellung von 1889 in Paris), ereignete sich auf dem Gebiet der Baukunst stilistisch nichts, was mit der Wiederbelebung des Wohnhausbaues in England (dem sogen. ›Domestic Revival‹) oder den Bauten der Schule von → Chicago vergleichbar wäre. F. fand erst um 1900 mit dem *Art Nouveau* (→ Jugendstil) von → Guimard und den bahnbrechenden Entwürfen von → Perret und Tony → Garnier einen neuen architekton. Aufschwung.

Nach dem Intermezzo des Jugendstils hatte sich → Le Corbusier, obwohl Schweizer, zum führenden Vertreter des Stils der jüngeren Generation in F., der sich durch eine Art Kubismus und durch weißgetünchte Wände auszeichnet, entwickelt. Er verfocht diesen Stil neben → Lurcat (1892 bis 1966), → Mallet-Stevens (1886-1945), Eugène Beaudouin (geb. 1898) und → Lods (geb. 1891), doch dauerte es ziemlich lange, bis er sich durchgesetzt hatte. Erfolgreicher waren zuerst die gefälligeren → Neu-

›Maison de verre‹, Paris, von Pierre Chareau, 1931-32.

klassizisten wie Michael Roux-Spitz (1888-1957). Parallel zu den jüngeren Architekten und ihrer kühnen Formensprache vollzogen sich die noch kühneren Neuerungen von Ingenieuren wie → Maillart in der Schweiz und → Freyssinet, der seine Luftschiffhallen in Orly 1916 aus Stahlbetonbögen errichtete, in denen die Tragkonstruktion und die formbildende Wandung eine Einheit bildeten. Der führende Architekt, der sein Denken und Handeln nach technologischen Gesichtspunkten ausgerichtet hat, ist → Prouvé. Anfang der 30er Jahre setzten → Le Corbusiers ›Villa Savoye‹ in Poissy bei Paris (1928-30, Abb. → Le Corbusier) und Pierre Chareaus ›Maison de verre‹ (1931-32) neue Akzente.

Der Wiederaufbau in Frankreich nach dem Zweiten Weltkrieg war eine bittere Enttäuschung; → Perrets Le Havre zeigt am besten den sterilen klassizistischen Formalismus, in den fast alle damals führenden Architekten außer Le Corbusier verfielen. Am Rande von Paris entstanden die sich schlängelnden Wohnsiedlungen von → Aillaud in der Cité de l'Abreuvoir und der Cité des Courtilières (1959) und die spröde, sym. angelegte Siedlung in Marly-les-Grandes-Terres (1958) von M. Lods und J.J. Honegger. In den gleichen Jahren entsteht das Zentrum für Industrie und Technik (CNIT) von Camelot, De

Wallfahrtskirche Notre-Dame du Haut, Ronchamp, von → Le Corbusier, 1950-55.

_Notre-Dame du Raincy, Paris, von → Perret, 1922-23.

Mailly und → Zehrfuss mit einem → hyperbolisch-paraboloiden Dach (1956). Der Pariser Regionalplan (1964) enthält das mutige Projekt einer Folge von neuen Städten entlang dem Seine-Tal. Einige vielversprechende Siedlungen hat auch Le Corbusiers Schüler → Candilis entworfen, und zwar zuerst in Nordafrika mit dem ATBAT-Team und dann zusammen mit Josic und Woods neue Städte in Bagnols-sur-Cèze und Toulouse-le-Mirail (beg. 1960, Abb. → Candilis). Die frz. Tradition des konstruktiven Experiments lebt in den vorfabrizierten Bauten von Prouvé, den experimentellen Plastikhäusern von Ionel Schein und den Ingenieurarbeiten von Sarf und Sarger fort. Im Kirchenbau gelang Le Corbusier mit seiner Wallfahrtskirche Notre-Dame du Haut bei Ronchamp (1950-55, Abb. → Le Corbusier) eine wirkliche Neuschöpfung, während die Kirche von Guillaume Gillet und René Sarger in Royan (1958) bereits auf den kommenden Neoexpressionismus der 70er Jahre hinweist; vorausgegangen waren der der Neuen Sachlichkeit der 20er Jahre zugehörenden Kirchen in Raincy (1922-23) von → Perret (mit Abb.) und in Moreuil von Duval und Gose. In der Nachkriegszeit entstanden

Chapelle-du-Rosaire, Vence, entworfen und ausgestattet von Henri Matisse, 1951

auch jene kleineren Kirchen, die ihre Bedeutung der Mitwirkung bekannter Künstler der Ecole de Paris verdanken, wie Assy am Mont-Blanc-Massiv (1944-47, mit Fenstern und Plastiken von Matisse, Rouault, Braque, Lipchitz, Richier und Lurçat), Sacré-Cœur in Audincourt (1950/51, Mosaiken und Glasfenster von Jean Bazaine und Fernand Léger), die Chapelle-du-Rosaire in Vence (1951) von Henri Matisse und Sacré-Cœur in Mülhausen (1959) von André le Donné.

Neben der schon erwähnten bisher einzigartigen Kirche von Ronchamp erbaute Le Corbusier in den 50er Jahren seine ›Unités d'Habitation‹ in Marseille (1952), Nantes (1953, Abb. → Le Corbusier), Brieyen-Forêt (1959), die dem → Internationalen Stil

Villa Savoye, Poissy, von → Le Corbusier, 1928-30.

Centre National des Industries et Techniques, Paris, von Camelot, De Mailly und → Zehrfuss, 1958.

Matignon-Haus, Paris, von Vittorio Mazzucconi, 1973-76.

Altstadtsanierungen im Ilot Riquet, Paris, von Martin S. van Treck, 1972-77.

Les Arènes de Picasso, Marne-la-Vallée, von Manolo Nuñez-Yanowsky, 1985.

neue Akzente gaben und ebenso wie das Kloster ›La Tourette‹ (1956-60, Abb. → Kloster) weltweit in leicht veränderter Form (Rathaus Boston, u. a.) nachgeahmt wurden.

Im Zuge der Pariser Regionalplanung (1964) entstanden im Westen von Paris die Bürostadt ›La Défense‹ und die neue Universitätsstadt Nanterre mit den farbigen Hochhäusern von → Aillaud u. a. (1969-78). Der Regionalplanung folgte das großangelegte staatliche Bauprogramm ›Les Grands Projets Presidentiels‹. Im Westen der Stadt entwickelt sich ›La Défense‹ zum ›Klein-Manhattan‹ von Paris weiter. Neben riesigen Plastiken international renommierter Künstler und spiegelnden Wolkenkratzern (›Tour Manhattan‹ von Michael Herbert und Michael Proux, 1975) entstand 1989 der 110 m hohe Triumphbogen ›Arche La Défense‹ von Johann O. v. Spreckelsen, der als Kommunikationszentrum genutzt wird. Bis 1995 wird hier das höchste Hochhaus Europas, ›La Tour sans Fins‹ (426 m) von → Nouvel, entstehen. Im Osten der Stadt, in Marne-la-Vallée, wurden große Sozialwohnsiedlungen des Katalanen → Bofill (Palacio d'Abraxas, 1978-82) und die dazugehörigen öffentlichen Bauten von Manolo Nuñez-Yanowsky (Les Arènes de Picasso, 1985) errichtet. In der Innenstadt entstanden durch Abriß und Schließung von Baulücken im Bereich der ehemaligen Hallen (→ Baltard) das Mehrzweckgebäude des Centre National d'Art et de la Culture G. Pompidou im Marais (1971-77) von → Piano (mit Abb.) und → Rogers (mit Abb.) und an der Bastille die von dem Kanadier Carlos Ott gebaute Opera de la Bastille (1989). Im Norden, auf dem Gelände des ehemaligen Schlachthofes in La Villette, wurde der ›Parc de la Villette‹ von dem Schweizer → Tschumi errichtet. Bemerkenswert sind die knallroten Pavillons (Folies) und das Wissenschaftsmuseum von Adrien Fainsilber (1986), das als größtes Technologiemuseum der Welt u. a. auch das Omnimax-Kino ›Le Géode‹ beherbergt. Auf demselben Gelände baute → Portzamparc die ›Cité de la Musique‹ (1990-1992). Der Stilpluralis-

Tour Manhattan, Paris, La Défense, von Michael Herbert und Michael Proux, 1975.

mus der → Postmoderne bescherte Paris einen Neo-expressionismus, z. B. mit den Bauten von Jean Renaudie im Centre d'Ivry bei Paris (1969-72) und den Altstadtsanierungen im Ilot Riquet (1972-77) von Martin S. van Treck (Abb.). Durch den Umbau des alten Bahnhofs, dem Gare d'Orsay von → Aulenti, entstand das der Kunst des 19. Jhs. gewidmete Musée d'Orsay (1989). Gleichzeitig expandierte der Louvre nach dem Auszug des Finanzministeriums aus dem Louvre Palais in das neue Gebäude über der Seine (von Chemetov und Huidobro, 1984-89) und dem Bau des neuen, zentralen Eingangs unter

Kugelkino ›La Géode‹ im Parc de la Villette, Paris, von Adrien Fainsilber, 1986.

der Pyramide von → Pei (1989) im Innenhof zum größten Kunstmuseum der Welt. Im Rahmen der politischen Dezentralisierung entstanden landesweit wichtige urbanistische Projekte wie in Lille (Centre des Gares von → OMA, in Planung), Nîmes (Axe Foster, von → Foster, 1993) und Bordeaux (Hafengebiet, in Planung).   L.S. (60er-90er Jahre)

Lit.: Blomfield '11-12; Enlart '19-32; Kaufmann '23-24, '52, '55a; De Lasteyrie '26-27; Adhémar '39; Francastel '39; Plat '39; Aubert '41-43, '47; Kimball '43, '56; Hautecœur I-VII; Lavedan '44; Blunt '53; Hitchcock '58; Boinet '58-64; Conant '59; Samonà '60; Frankl '62; Gallet '64; Piccinato, G. '65; Schein '70; Basdevant '71; Amouroux-Crettol-Monnet '72; Vogt, A. M. '74; Graf Kalnein-Levey '73; Bracco '76; Borsi '79; Cuisenier '77-83; Grenier '79a, '79b; Braham '80; Fils '80; Lemoine '80; Kimpel '82; Jullian '84; Kecks '84; Thomson '84; Vellay '84; Lucan '89; Pérouse de Montclos '89; Lesnikowski '91; Monnier '90, '91; Oursel '91; Peters '92.

Palacio d'Abraxas, Marne-la-Vallée, Paris, von → Bofill, 1978-82.

›Ville spatiale‹, Entwurf von → Friedman, um 1960.

Freyssinet, Eugène (1879-1962). Geb. in Objat, Südwest-Frankreich, einer der bedeutendsten Architekten seiner Generation auf dem Gebiet des Stahlbetonbaus (→ Beton). Sein Ruhm beruht hauptsächlich auf den beiden Luftschiffhallen in Orly (1916), deren Betonrippen Parabelbögen bildeten und eine Höhe von 62,50 Meter erreichten (1944 zerst.). F. entwarf auch Stahlbetonbrücken (→ Brücke), u.a. fünf Brücken über die Marne (1947-51), sowie die Brücke bei Orly (Flughafenautobahn, 1958) und die Saint-Michel-Brücke in Toulouse, 1962.

Lit.: Hitchcock '54; Billig '55; Cowan '56; Collins, P. '59; Davey '65; Fernandez '78.

Friedman, Yona (geb. 1923). Der in Budapest geborene, 1945 nach Frankreich emigrierte Architekt (Ausbildung in Budapest und Haifa), ist mehr als Theoretiker denn als Praktiker einzuordnen, dem aber aufgrund seiner Überlegungen und Entwürfe eine einflußreiche Stellung in der modernen Architektur des 20. Jhs. zukommt.

Der ›Beweglichkeit‹ in der Architekturplanung gilt sein besonderes Anliegen, nachdem als Voraussetzung für funktionales Planen eines Bauwerks letztlich die Benutzer und Besitzer ausschlaggebend sind. Realisiert hat F. diese Idee während der Planung des Verwaltungsgebäudes von C.D.C. in Evry, Frankreich, 1976, wo mehr als 300 Personen, nach kurzer theoretischer Einführung, an ihrem zukünftigen Arbeitsplatz mitplanten. Aufsehen erregte F. mit der Gründung der GEAM (Group d'Etude d'Architecture Mobile) 1958 in Paris, deren erste große programmatische urbanistische Phantasien sich im Projekt ›Raum-Stadt‹ von 1958/59 äußerten (Abb. → Megastruktur). Es folgten so spektakuläre Planungen wie die Brückenstadt über den Englischen Kanal (1963) oder der Alternativplan für die Place Beaubourg in Paris (1971). Seine Ideen und Entwürfe, eine gewisse Weiterentwicklung der

→ Futuristen um Marinetti in Mailand, Anfang des Jhs., wurden 1960 mit Unterstützung → Tanges in Japan publiziert, bzw. beeinflußten Architekten wie u.a. → Safdie in seinen Planungen. F.s Buch ›Pour une Architecture Scientifique‹, Paris 1971, wurde schon als gedankliche Weiterführung von → Le Corbusiers ›Vers une Architecture‹, Paris 1923, apostrophiert. M.-A. V. L.

Lit.: Piccinato, G. '65; Friedman '70, '71; Banham '76; CA '80; EA '82; CA '87.

Fries, der. Allgemein jeder schmale Streifen zur Um- und Abgrenzung, Gliederung und Dekorierung von Architekturteilen – glatt, plastisch oder gemalt. Man unterscheidet pflanzliche und abstrakte *Ornamentf.e* und *Figurenf.e.* Die Grundformen sind: **1.** Akanthusf. (→Akanthus), **2.** → Anthemion, **3.** Palmettenf. (→ Palmette), **4.** got. → Blattf., **5.** → Mäander (Sonderform → Laufender Hund), **6.** → Eierstab, **7.** → Kyma, **8.** → Rautenf., **9.** Schachbrett- oder → Würfelf., **10.** → Diamantf., **11.** Zickzackf., auch → Deutsches Band gen., **12.** → Plattenf., **13.** → Bogen- und Kreuzbogenf. Figurenf.e waren fast nur bei Tempelbauten der Antike (→ Säulenordnungen) und wieder in der Renaissance gebräuchlich. Neben den Grundformen gab es immer auch aus mehreren dieser Formen zusammengesetzte Friese.

Lit.: Meurer '09; Rodenwaldt '23; Kenner '46.

Frigidarium, das (lat.: Raum zum Kaltbaden). → Thermen.

Frisoni, Donato Giuseppe (1683-1735). Ital. Architekt, geb. in Laino, zwischen Como und Lugano. Begann als Stukkateur und war in dieser Eigenschaft 1709 beim Bau des großen Schlosses in Ludwigsburg tätig. 1714 übernahm er als Nachfolger → Nettes die Bauleitung und gab dem Schloß die endgültige Form. F. entwarf auch das elegante Lustschlößchen Favorite auf dem Hügelzug gegenüber dem Schloß (beg. 1718). Vielleicht ist seine größte Leistung die Gestaltung des Stadtplans von Ludwigsburg, der durch die Eingliederung von Schloß und Schloßgarten in ein regelmäßiges Straßensystem besticht. Abb. → Barock.

Lit.: Fleischhauer '58; Hempel '65.

Frontale, das (lat.). → Antependium.

Frontispiz, das. Der Frontgiebel, meist über dem Mittelrisalit (→ Risalit) errichtet und daher manchmal fälschlicherweise auch als Ausdruck für die Schaufront eines Mittelrisalits angewandt, ist ebenfalls über Türen oder Fenstern möglich, dann oft Fronton (frz.) genannt.

Froschmaul → Dachfenster 1.

Flugzeughallen, Orly, bei Paris, von → Freyssinet, 1921.

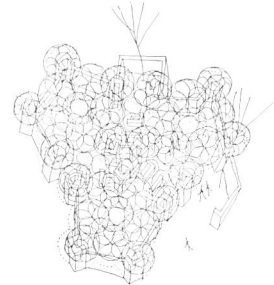

Museum für alternative Architektur, Madras, Indien. Entwurfsskizze der Dachkonstruktion, von → Friedman, 1961, 1983-85.

Schloß Ludwigsburg. Aufsatzgeschoß mit Mansarddach, 1719, von → Frisoni.

Frontispiz. Palazzo Reale, Caserta, von → Vanvitelli, voll. 1774.

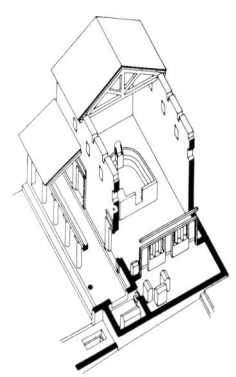

Saalkirche in Kirk Bize, Nord-syrien, 4. Jh.

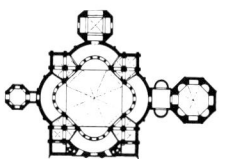

S. Lorenzo, Mailand, um 370.

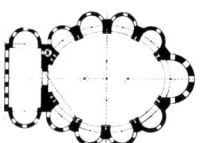

St. Gereon, Köln, um 380.

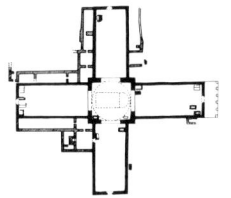

St. Babylas, Antiochia-Kaoussié, beg. 379 oder 380.

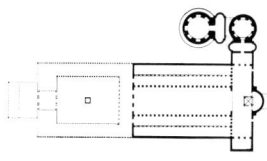

Alt-St. Peter im Mittelalter, Rom.

Frühchristliche Architektur. Eine eigene Form des christl. Kirchengebäudes und demnach eine eigentlich christl. Architektur entstand erst relativ spät nach der Verbreitung des Christentums. Lange genügten für die Bedürfnisse des Kultes (Predigt und Heiliges Mahl) geräumige Privatwohnungen, wie die Apostelgeschichte (28, 30-31) berichtet: »Er (Paulus) blieb volle zwei Jahre in seiner Mietwohnung und nahm alle auf, die zu ihm kamen. Mit allem Freimut und ungehindert verkündigte er das Reich Gottes und die Lehre des Herrn Jesus Christus.« Hauskirchen dieser Art sind weit ins 3. und 4. Jh. hinein gebräuchlich. Die Grabungen in Dura Europos haben uns eine solche Hauskirche (vor 256) bekannt gemacht. Die wichtigsten Räume sind ein kleiner Saal (mit einer → Estrade als Platz des Bischofs) für Predigt und Heiliges Mahl und ein kleinerer Raum (Wasserbecken mit Baldachin an einer Schmalseite) für die Taufe. Dazu treten Nebenräume für Wohltätigkeitszwecke, Kleiderkammern sowie Wohnungen für Priester und Gemeindeangestellte.

Auch die in Aquileia und Trier gefundenen → Saalkirchen gehen letztlich auf den einfachen Saaltyp zurück, nur daß hier die Größe der Räume (ca. 37 x 17,5 m in Aquileia) zur Einführung von Stützen für das Dach zwang. Kleiner, dafür aber mit Ausnahme des Daches fast vollständig erhalten ist eine Saalkirche ohne Innenstützen in Kirk Bize (Nordsyrien), die zu einer Villa des frühen 4. Jhs. gehörte. Auch hier handelt es sich um einen einfachen, rechteckigen Saal mit Dachstuhl, Satteldach (→ Dachformen 3) und einer Estrade, der sich sonst in nichts von der daneben liegenden Villa unterscheidet. Bis zum 6. Jh. sind dann im Laufe der Zeit mehrere Einbauten vorgenommen worden (→ Triumphbogen am Beginn der Estrade, Einbau einer Stufe, Abtrennung durch Schranken und Vorhänge, Aufstellung von Reliquienschreinen, Dreiteilung des ›Chores‹, Anbau einer separaten Märtyrerkapelle), die die ursprüngl. Hauskirche des frühen 4. Jhs. späteren Formen angeglichen haben.

Als das Christentum unter Konstantin d. Gr. (306 bis 337, ab 324 Alleinherrscher) in die Öffentlichkeit getreten war und vom Kaiser deutlich begünstigt wurde, bedurfte es repräsentativer Kultbauten. Man übernahm dafür den Typus der röm. Marktbasilika (→ Basilika) und wandelte ihn liturgischen

Alt-St. Peter im Mittelalter, Rom. Rekonstruktion nach Schüller-Piroli.

und lokalen Bedürfnissen entsprechend ab. Vom langen, durch hoch in der Wand liegende Fenster beleuchteten → Mittelschiff wurden mit Säulenreihen rechts und links → Seitenschiffe abgetrennt. Über dem Mittelschiff lag ein Satteldach; die niedri-

S. Giovanni in Laterano, Rom, 4. Jh., Fresko in S. Martino ai Monti, Rom.

geren Seitenschiffe schlossen mit Pultdächern (→ Dachformen 2) an die Hochwand über den Säulen des Mittelschiffes an. Vor der westl. Schmalseite lag ein hallenumsäumter Hof. Nach Osten endete der Bau mit einer → Apsis, wodurch er deutlich längsgerichtet erscheint. Die konstant. Bauten halten sich im wesentlichen an dieses basilikale Grundschema: Alt-St. Peter in Rom (Abb. → Italien), Lateranbasilika in Rom. Die Seitenschiffe konnten bei Großbauten verdoppelt werden; vor die Apsis legte sich manchmal, mit dem Mittelschiff durch einen sogen. → Triumphbogen verbunden, ein → Querschiff (St. Peter in Rom). An die Stelle der Apsis tritt gelegentlich ein zentralisierender Raumabschluß (konstant. Geburtskirche in Bethlehem mit → Oktogon und Grabeskirche in Jerusalem, wahrscheinlich mit → Rotunde). Neben der basilikalen Bauweise werden bereits in konstant. Zeit zentrale Bautypen verwendet, wie etwa bei dem nach seinem vergoldeten Dach benannten ›Goldenen Oktogon‹ in Antiochia, dessen Rekonstruktion nur auf Grund von nicht ganz deutlichen Schriftquellen vorgenommen werden kann. Überwiegend bleiben jedoch weiterhin zentrale Bauformen Märtyrergedächtniskirchen (S. Lorenzo in Mailand, ca. 370; St. Gereon in Köln, ca. 380; → Martyrien), Grabbauten und → Baptisterien vorbehalten. Kreuzförmige Bauten, auch sie in der Regel Martyrien, kamen ebenfalls noch im ausgehenden 4. Jh. in Gebrauch (S. Babylas in Antiochia, beg. 379 od. 380; Apostelkirche in Mailand, beg. 382). Während in der konstant. Zeit die Bautätigkeit sich vorwiegend auf die großen Zentren beschränkte, änderte sich die Situation unter Theodosios I. (379-95) und seinen Nachfolgern im 5. Jh. völlig. Das Christentum war 391 durch Verbot aller heidnischen Kulte zur allg. Staatsreligion des Römerreiches geworden. Die Tempel wurden geschlossen, häufig in Kirchen umgewandelt (Parthenon, Erechtheion und Hephaisteion in Athen; Augustustempel in Ankyra u. a.). Neben die Vollendung und Weiterführung der konstant. Projekte in den Metropolen trat eine intensive Bautätigkeit überall in den Provinzen, wo sich die Basilikaform jeweils eigenständig weiterentwickelte bzw. ausprägte.

S. Paolo fuori le mura, 385-ca. 400. Stich von → Piranesi.

In Konstantinopel, dem führenden Kunstzentrum des Reichs, wurde die Hauptkirche der Stadt, die Hagia Sophia, die bei den schweren Unruhen um den Patriarchen Johannes Chrysostomos 404 beschädigt worden war, erneuert und erhielt eine glanzvolle Vorhalle in der Art eines antiken → Propylons (415 eingeweiht). Kleinere Bauten (Chalkoprateia, Basilika des Studios-Klosters, um 460) halten sich generell noch an das basilikale Schema (→ Emporen wie schon die konstant. Grabeskirche in Jerusalem), beschneiden aber die Längsausdehnung zugunsten einer breiteren Proportionierung des Mittelschiffes.

Die Architektur Roms blieb konservativer und stärker an die konstant. Vorbilder gebunden. S. Paolo

fuori le mura (385 - ca. 400) war als Kopie von St. Peter beabsichtigt. Bei S. Maria Maggiore (unter Sixtus III., 432-40) setzte sich dann die Tendenz zur Breite und Weiträumigkeit des Mittelschiffes stärker durch (Ravenna → Italien).

In Thessaloniki, der damals wichtigsten Stadt Griechenlands, entstand beim Grab des Hl. Demetrios (letztes V. 5. Jh.) eine fünfschiffige Basilika, die ebenfalls ein überaus breites Mittelschiff samt Emporen besitzt. Der → Stützenwechsel (wenn auch erst aus dem Umbau, I. H. 7. Jh.) ist ein Novum in der Basilika-Architektur, das Querschiff scheint röm. Erinnerungen wachzurufen (Thessaloniki unterstand damals kirchenpolitisch dem röm. Kirchensprengel). Die Acheiropoietos-Basilika (um 470, dreischiffig, breites, relativ kurzes Mittelschiff, Emporen) entspricht mehr dem damals im ägäischen Bereich üblichen Basilikentyp, für den Griechenland uns eine Reihe von Beispielen bietet (Epidauros, um 400, noch fünfschiffig, u.a.). Ungewöhnlich in jeder Beziehung ist die Basilika des Hl. Leonidas in Lechaion, dem Hafenviertel Korinths. Mit ihrer Länge von 186 m (Atrium einbezogen) erreicht sie die Ausmaße des größten altchristl. Baues, der konstant. Peters-Basilika in Rom. Zwar ist das Mittelschiff auch hier breiter als beide Seitenschiffe zusammen, doch bleibt die überaus langgestreckte Form außergewöhnlich. Das Querschiff erinnert an Hagios Demetrios in Thessaloniki, doch ist der mittlere, quadratische Abschnitt bereits als regelrechte → Vierung ausgebildet (wie bei der Ilissos-Basilika in Athen) und mag in irgendeiner Form zentral gedeckt gewesen sein. (Datierung noch nicht ganz gesichert: 450-60 od. 518-27 unter Verwendung alter Bauglieder.)

Die Architektur Kleinasiens ist seinen verschiedenen Landschaften entsprechend vielgestaltig. Die Küstenländer unterscheiden sich sehr stark vom Inneren des Landes, von dem uns allerdings frühe datierte Kirchenbauten nicht erhalten geblieben sind. In den Städten der Westküste entstanden ver-

Lateran-Baptisterium, Rom, 4. und 5. Jh.

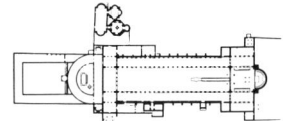

St. Leonidas, Korinth-Lechaion, 450-60 oder 518-27.

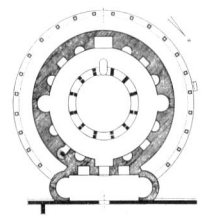

S. Costanza, Rom, Anfang 4. Jh.

S. Costanza, Rom, Anfang 4. Jh.

Hagios Georgios, Thessaloniki. Detail vom Mosaikfries der Kuppel, Ende 4. Jh.

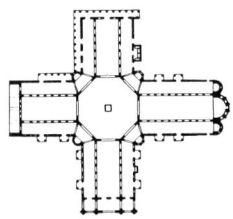

Martyrium, Kalat Seman.

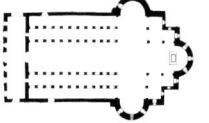

Geburtskirche, Bethlehem, Ende 5. Jh.

hältnismäßig klass. Basiliken wie etwa die Marienkirche in Ephesos (vor 431), jedoch mit Emporen und Nebenräumen rechts und links der Hauptapsis. Ein Sonderfall ist das Johannesmartyrium in Ephesos, bei dem vier basilikale Kreuzarme an den zentralen Vierungsbau über dem Apostelgrab angeschoben wurden (ähnlich ein Bau in Salona und die Propheten- und Apostelkirche in Gerasa, Jordanien, 464-65). Auch das Querschiff war in der Küstenarchitektur Kleinasiens nicht unbekannt (Basiliken in Perge an der Südküste; unausgegrabene Basilika in Laodikeia am Lykos). In Meryamlik (bei Seleukeia an der Südküste) scheint bereits unter Kaiser Zenon (474-91) eine → Kuppel in das bis dahin unumschränkt herrschende basilikale Schema eingefügt worden zu sein.

Syrien gibt durch seinen Denkmälerreichtum ein vorzügliches Bild der Architekturentwicklung der frühchristl. Zeit bis ins 7. Jh. hinein. Nicht nur in Nordsyrien (Kirk Bize, s. o.), sondern auch in Südsyrien wurden repräsentative Profanbautypen (Halle mit → Schwibbögen – bei Überbreite mit intermittierenden Pfeilern abgestützt und so eine Art Pseudo-Dreischiffigkeit bildend – und Steinbalkendeckung, sog. Kaysariye und ›Basilika‹ in Chaqqa) für Hauskirchen (Julianoskirche in Umm idj Djemal mit Nebenräumen um den Südhof, 344) verwendet. Elemente der Basilika, wie Apsis u. a., wurden angefügt. In Nordsyrien tauchte bereits im 4. Jh. ein vielleicht unter dem Einfluß Antiochias entstandener, eigenständiger Basilikatyp auf, mit sorgfältiger Quadertechnik, dreischiffig, mit Säulenarkaden (→ Arkade) und fast immer dreiteiliger Ostpartie (Apsis mit zwei rechteckigen Nebenräumen, die südl. meist als Martyrium mit Reliquiaren identifizierbar; eventuell von röm.-syr. Tempeln wie Qanawat oder Es Sanamein abhängig). Der erste datierte Bau ist die Basilika von Fafertin aus dem Jahre 372. Zu dieser Gruppe gehören auch die Basiliken von Kharab Shems und Ruweha-Süd. Diese nordsyr. Basilika wurde im 5. Jh. zwar nicht in der Substanz, wohl aber im Charakter verändert: Die → Interkolumnia vergrößern sich, das Mittelschiff wird im Verhältnis zu den Seitenschiffen breiter; das Raumempfinden entwickelt sich also in Richtung auf größere, wenn auch immer noch unterteilte Einheiten; die Baudekoration wird üppiger. Man kann diese Entwicklung an den Werken des Baumeisters Markianos Kyris und seiner Werkstatt ab-

lesen: Babiska-Ost, 390-407; Ksedjbe-Ost, 414; Dar Kita, Paulus-und-Moses-Kirche, 418; Kasr el Benat, um 420. Diese Tendenz zur Weiträumigkeit und gegenseitigen Durchdringung von Mittel- und Seitenschiff setzt sich im 5. und 6. Jh. fort. An die Stelle der Säulenreihen treten wenige → Pfeiler mit weitgespannten Arkaden (Kalb Lauze, um 500). Im Außenbau fällt nicht nur die zunehmende Bedeutung der Fassadengliederung (um Fenster und Mauerecken laufende Gesimsbänder) auf, sondern auch die Kontrapunktierung des nackten Basilika-Baukörpers durch im Dach abgesetzte Ostteile, West- und Südvorhallen, sowie besonders durch West- und Osttürme (Kalb Lauze, um 500; Ruweha, Anfang 6. Jh.; El Hosn bei El Bara, um 400, u. a.). Das Martyrium von Kalat Seman (zwischen 475 und 491/92, Oktogon mit Holzzeltdach über der Säule des Hl. Symeon Stilites und drei basilikalen Kreuzarmen) ist wiederum ein Sonderfall syr. Architektur, in dem sich einheimische syr. Tendenzen mit antiochenischen und z. T. auch Konstantinopeler Elementen mischen und den wohl bedeutendsten Bau des 5. Jh. entstehen lassen. In Südsyrien, im

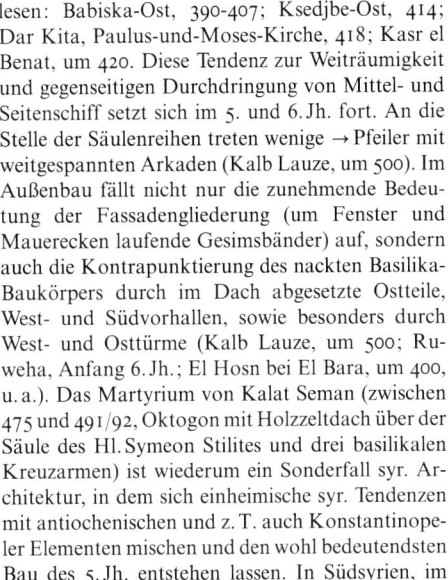

Martyrium, Kalat Seman, 475-491/92.

Hauran, werden danach oktogonale und kreuzförmige Bauten mit Kuppeln aus Gußmauerwerk überwölbt (Kathedrale Hagios Sergios und Bakchos in Bosra, 512/13; Georgskirche in Ezra, 515/16; Eliaskirche in Ezra, 542). Die Wölbetechnik – mit einer durch das beigemischte vulkanische Gestein besonders leichten Gußmörtelmasse – geht auf einheimische röm. Vorstufen, wie das Philippeion in Shehba (Familientempel des Philippus Arabs, 244-49), zurück.

In Palästina verlief die Entwicklung zum weiträumigen basilikalen Bau ähnlich wie in den übrigen Reichsprovinzen. Die Verbreiterung des Mittelschiffes im Verhältnis zu den Seitenschiffen und die Vergrößerung des Interkolumniums ist bei den Bauten von Gerasa deutlich zu erkennen (Kathedrale, 3. V. 4. Jh.; Theodorkirche 494-96). Gelegentlich zeigt sich Konstantinopeler Einfluß (polygonal ummantelte Apsiden in Emmaus, wohl 5. Jh., sicher nicht 4. Jh.). Die Geburtskirche in Bethlehem wird im ausgehenden 5. Jh. (die Datierung in justinianische Zeit entbehrt jeder ernsten Grundlage) neu gebaut und der Ostteil durch eine trikonchale (→ Dreikonchenanlage) Lösung vergrößert.

Auch in Ägypten werden Großbauten im 5. Jh. nach ähnlichen Mustern mit kaiserlichem Geld und z. T. mit importierten Werkstücken errichtet. So die Basilika des Hl. Menas südwestlich von Alexandria (Neubau mit Querschiff nach sicherem Ausweis eines Münzfundes frühestens unter Anastasios I.,

*Frühchristliche Architektur. Mensa Cypriani. Grab-
kirche Bischof Cyprians (gest. 258) bei Karthago.*

491-518, nicht wie die Quellen behaupten unter Zenon, 474-91) oder die Basilika in Hermupolis (mit
trikonchalem Ostteil wie Bethlehem), → Koptische
Architektur. In Nordafrika ist die Basilika in ganz
eigenständiger Weise abgewandelt worden: Die
Schiffe werden häufig durch paarweise versetzte
Säulen abgetrennt, gegenüber der Ost-Apsis wird
oft eine West-Apsis eingeführt (Märtyrer- oder Bi-
schofsgräber), und die Basiliken zeichnen sich gelegentlich durch eine Vielzahl von Schiffen aus (in
der Damus el Karita in Karthago insgesamt neun).
Der früheste datierte Bau ist die Basilika von Orlé-
ansville, Algerien, aus dem Jahr 324 (die zweite
Apsis im 5. Jh. angefügt). Aus dem 4. Jh. stammt
auch noch die Grundanlage von Tebessa, Algerien
(mit Nebenräumen rechts und links der Apsis wie
in Syrien). Nach der Rückeroberung der Provinz
Africa von den Vandalen durch Belisar, den Feldherrn Justinians (527-565), setzte eine rege Bautätigkeit ein (Festungen gegen die Bedrohungen
durch die Berber im rechteckigen Kastellschema
mit mächtigen Mauern und Türmen). Die Kirchen
wurden wieder instand gesetzt und z. T. neu gebaut.
Dabei traten byzant.-justinianische Baugedanken –
Zentralisierung der Basilika mit Hilfe einer Vierung, darüber Zeltdach (→ Dachformen 11) oder
sogar Kuppel – immer stärker in den Vordergrund
(Basilica maiorum und Damus el Karita [Umbau]
in Karthago; Sylvanus- und Fortunatuskirche in
Sbeitla; justinianische Basilika Nr. 2 in Sabratha;
Basilika B in Yunka). Mit solchen Bestrebungen
zur Vereinheitlichung und Zentralisierung des Raumes im gesamten röm. Reichsgebiet hat die frühchristl. Architektur die Voraussetzungen für die
→ Byzant. Architektur geschaffen.   M. R.

S. Maria Maggiore, Rom, von → Fuga, 1741-43.

Lit.: → Italien; → Byzant. Baukunst; → Katakombe; → Marty-
rium; Holtzinger '08; Cabrol-Leclercq '16; Strzygowski '20; Ar-
gan '36; Krautheimer '37-80, '65; Bettini '46; RACH '50-62;
Davies '52; Baldwin Smith '56; Testini '58; Khatchatrian '62;
MacDonald '62; Grabar '66 b; Huber-Porcher-Valbach '67;
Krautheimer '88.

Fry, Edwin Maxwell (geb. 1899). Engl. Architekt,
einer der Wegbereiter des → Internationalen Stils
der 30er Jahre in England. Seine Frühwerke sind
Privathäuser (seit 1934). Von 1934 bis 1936 arbeitete
er mit → Gropius zusammen; das bedeutendste Ergebnis dieser Partnerschaft ist Impington Village
College bei Cambridge (1936). Zu den Nachkriegs-
werken seines Architekturbüros (heute Fry, Drew &
Partners) zählen die Universität und andere Bauten
für Nigeria (Ibadan University College; Co-opera-
tive Bank in Ibadan, 1947-61) und Ghana, Wohnviertel in Chandigarh im Pandschab, Indien (1951-
54) und die neuen Verwaltungsgebäude für die Fa.
Pilkington in St. Helens (1961-64). F. war von 1951-
54 Chefarchitekt für Chandigarh. In England baute
er u. a. Schulen, Krankenhäuser und Wohnsiedlungen für Arbeiter. 1973 zog sich F. ins Privatleben
zurück.

Lit.: Zevi '50 b; Hitchcock '58; Webb, M. '69; Maxwell '72.

Wohnhaus in Hampstead, London, von → Fry, 1936.

Fuchs, Bohuslav → *Nachträge.*

Fuga, Ferdinando (1699-1782). Ital. Architekt.
Seine Hauptwerke entstanden alle in Rom, darunter der Palazzo della Consulta (1734), die Fassade von S. Maria Maggiore (1741-43) und der
Palazzo Corsini (1732), in dem sich F.s verfeinerter
spätbarocker Stil (→ Barock) von der elegantesten
Seite zeigt. 1751 ließ er sich in Neapel nieder und
erhielt dort mehrere wichtige Aufträge (Albergo
dei Poveri, Chiesa dei Gerolamini), doch war seine
frühere Virtuosität zu einem langweiligen → Klassizismus verblaßt.

Lit.: Pane '39, '56; Matthiae '51; Bianchi '55; Portoghesi '66 b;
Kieren '88.

Fuller, Thomas (1822-98) → Kanadische Architektur.

Fuller, Richard Buckminster (1895-1983). Begann
sich 1922, nachdem er bei verschiedenen Industrie-
firmen gearbeitet hatte, mit Konstruktionen zu beschäftigen, die vor äußeren Einwirkungen Schutz
bieten sollten, dabei möglichst schnell und billig zu
errichten waren, große Räume überspannen konnten, aber kaum Gewicht haben sollten. Seine erste
Konstruktion dieser Art war das Modell Dymaxion
House (1927), eine Art Wohnmaschine, bestehend
aus einer Kombination von technischer Einrichtung und Wohneinheiten. Das Ergebnis waren die
→ Geodätischen Kuppeln (→ Ausstellungsarchitektur), die F. nach dem Zweiten Weltkrieg entwik-

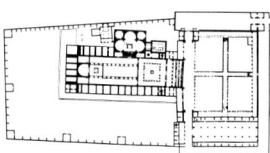

*Frühchristliche Architektur.
Kirche und Kloster Tebessa,
Algerien, 5. Jh.*

Richard Buckminster Fuller.

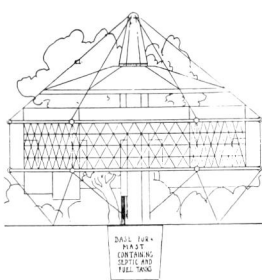

Dymaxion House, von → Fuller, 1927. Modell.

kelte. Er konstruierte sie nach dem Prinzip des → räumlichen Tragwerks aus verschiedenen Baustoffen, wie Holz, Sperrholz, Aluminium, Pappe, Spannbeton und aus Bambus. Mit seiner größten Kuppel hat er 1967 den amerikanischen Pavillon auf der Weltausstellung in Montreal überspannt (Abb. → Ausstellungsarchitektur). Diese imponierende und strahlende ›Kugel‹ aus Plexiglas und Stahl empfand F. auch als ein mögliches Modell für seine sogenannten Klimakuppeln, die einst ganze Städte überwölben und vor der Unbilden der Witterung schützen könnten. Weitere Beispiele von F.s Kuppelkonstruktionen sind die Union-Tank-Car-Reparaturwerkstätte in Baton Rouge, Louisiana (1938, mit einem Durchmesser von 117 m), und das Climatron in St. Louis (1960). F. ist eigentlich kein Architekt, sondern ein umfassender Denker, ein Ingenieur-Erfinder, der nach komplexen Lösungen zur Bewältigung von Umweltproblemen sucht. Seine Sprache und seine Gedanken sind so originell, daß man ihn nach Harvard berief – als Professor für Poesie. Abb. → Alternative Architektur.

Lit.: Fuller '72; Marks '60, '73; McHale '62; Manieri Elia '66; Otto, F. '67; Miller '70; Cetica '79; Fuller '72, '74; Ward (Hrsg.) '85; Grimaldi '90; Pawley '90.

Geodätische Kuppel, Honolulu, von → Fuller, 1957.

Fundament. Der Unterbau eines Gebäudes im Erdreich, auf welchem das aufgehende Mauerwerk des Hauses steht. Das F. kann eine Mauer sein, die im Erdreich steckt, aber auch ein Pfahlrost. Für die Baugeschichtsforschung ist von Bedeutung, daß die F.e eines zerstörten Baues sehr oft ganz oder in Teilen über Jahrhunderte hinweg erhalten bleiben (→ Substruktion).

Lit.: Jawby '41; Terzaghi-Peck '61; Cestelli Guidi '64; Carsop '65; Petrignani '67.

Fünfpaß → Paß.

Funk- und Fernsehturm. Bauten zur Übertragung von Funk- und Fernsehsendungen. Funktürme sind vorwiegend freistehende, nach oben sich verjüngende Stahlkonstruktionen (z. B. der von Straumer (1924-26) gebaute Berliner Funkturm, 138 m Höhe). In der 2. H. des 20. Jhs. wurde der Fernsehturm entwickelt. Ein Prototyp der Konstruktion ist der Stuttgarter F. von → Leonhardt (1954-56), 217 m hoch: eine Stahlbetonkonstruktion aus einer sich nach oben verjüngenden Röhre, deren oberes Ende korb- oder kugelartig auskragt, worin die techn., oft auch gastronom. Einrichtungen untergebracht sind. Dem Prinzip des Stuttgarter F.s folgten weitere F.e, die an Höhe (1961: Moskau 520 m) zunahmen. Eine erste Änderung der gerundeten Konstruktionsform zeigt der Entwurf von H. Bergström und B. Lindroos für den Stockholmer F. (1963-67): den Übergang zum Quadrat für Schaft und Korb.

Lit.: Leonhardt '56.

Provident Life and Trust Company, Philadelphia, von → Furness, 1871-79.

Projekt einer Kuppel über dem Zentrum von Manhattan, New York, von → Fuller, Anfang 60er Jahre.

Funktionalismus. Stilrichtung der mod. Architektur, die die Erscheinungsform ganz aus der Funktion eines Bauwerks abzuleiten versucht oder diese besonders betont. Die Bezeichnung stammt von einem vielzitierten Satz Dankmar-Adlers: »Form follows function«, den → Sullivan in dem Aufsatz ›The Tall Office Building Artistically Considered‹ 1896 schrieb, der für die moderne Architektur (→ Internationaler Stil) zu einem Leitmotiv wurde. → Konstruktivismus.

Lit.: Cordemoy 1706; Le Clerc 1714; Ercolani 1744; Boffrand 1745; Laugier 1753-55; Gallacini 1767; Pini 1770; Boullée 1799; Durand J.N.L. 1802-05; Marulli 1806; Milizia 1826-27; Memmo 1824; Behne '26; Sartoris '32; Sfaellos '52; Richards '58; Banham '60; Posener '64; Collins, P. '65; Grassi, L. '66a; Grassi, G. '67; Hatje '83.

Furness, Frank (1839-1912). Amerik. Architekt, dessen erfinderische Kraft in seinen etwa 400 vorwiegend öffentl. Gebäuden in und um Philadelphia im späten 19. Jh. auf nationaler Ebene Einfluß ausübte. F. studierte neben H. von Brunt bei dem Ecole des Beaux-Arts-Schüler → Hunt in den Jahren 1859-64. Angeregt wurde er in den 60er Jahren von den Schriften → Ruskins und → Viollet-le-Ducs, dessen Umgang mit Eisenkonstruktionen in F.s späteren Werken des öfteren auftauchen. Sein erster großer Auftrag war die Pennsylvania Academy of Fine Arts (1871-76), zusammen mit Georg W. Hewitt, die sich an dem Bibliotheksabschnitt des Louvre in Paris orientiert. Gleichzeitig entstanden weitere Großprojekte wie die Continental Bank (1876), die Kensington National Bank (1877) oder die Provident Life and Trust Company (1871-79). Inzwischen war Allen Evans sein Partner geworden (ab 1871), mit dem die Philadelphia Passenger Station (1886-88) zu einem Vorbild für die Bahnhofsbauten um 1900 wurde. Die Konzeption der Bibliothek der Universität von Pennsylvania (1889-91) war ein Höhepunkt seiner Laufbahn. Am Beginn des 20. Jhs. schloß sich F. mit den Architekten McKim, Mead und White zusammen. Als bes. erwähnenswert ging das West End Trust Building in Philadelphia (1905-07) aus dieser Partnerschaft hervor.

Lit.: Gorman '73; Myers '76; EA '82; Thomas u.a. '91.

Furttenbach, Josef (1591-1667). Dt. Architekt und Architekturtheoretiker. Er lebte zehn Jahre als Kaufmann in Italien, wo er sich seine architekturtheoretischen Kenntnisse erwarb. 1621 ließ er sich in Ulm nieder, wo er gegen 1631 das Amt des Stadtbaumeisters bekleidete. Von seinen Bauten in Ulm und Süddeutschland ist nichts erhalten. Sie waren auch weniger bedeutend als seine Schriften, durch

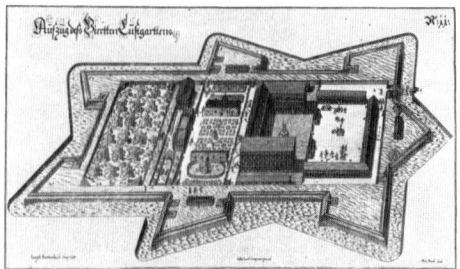

Entwurf eines Lustgartens, von → Furttenbach, 1640.

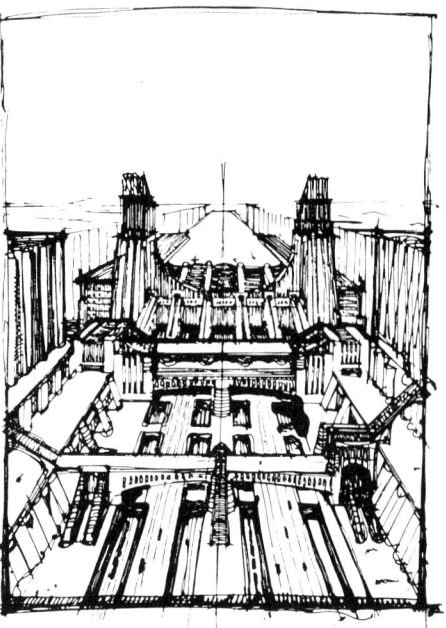

Josef Furttenbach.

welche er die theoretischen und praktischen Er-kenntnisse der ital. Architektur in Deutschland be-kannt machte. Sein erstes Buch ›Newes Itinerarium Italiae‹ entstand 1621; seine anderen Schriften, in denen nach und nach alle Zweige der Bautechnik behandelt wurden, folgten in kurzen Abständen: ›Architectura civilis‹ (1628), ›Architectura navalis‹ (1629), ›Architectura martialis‹ (1630), ›Architec-tura universalis‹ (1635).

Lit.: Furttenbach 1626, 1628, 1630, 1635, 1640, 1662; Bertholdt '52; Hempel '65; Reinking '84.

Fußgängerzone, São Paolo, Brasilien.

Fußgängerzone. Vom Fahrzeugverkehr befreite, multifunktional nutzbare Bereiche, heute meist im Zentrum moderner Großstädte, sind eine Reaktion auf die Überbetonung der Anforderungen des mo-torisierten Verkehrs (›autogerechte Stadt‹), auf fort-schreitende Entmischungen städtebaulicher Funk-tionen (›Charta von Athen‹), auf die Maßstabs- und Identifikationsverluste der gebauten Umwelt, aber auch auf die wachsende Konkurrenz um Kaufkraft-potentiale sowohl unter den Städten als auch zwi-schen der City, Nebenzentren, Verbrauchermärkten und Einkaufszentren an den Stadträndern.

Frühe Vorläufer waren die → Basare, z. B. vor ca. 5000 Jahren in den Hochkulturen des Orients als geschlossene, ausschließlich den promenierenden oder einkaufenden Fußgängern vorbehaltene, zu-gleich kommunikativen Bedürfnissen dienende Marktbereiche mit teilweise äußerer Anlieferung, in der Antike der ›Merkatus‹, der eigentliche Markt, und das ›Forum‹, sozial-kommunikativer Mittel-punkt, auf dem auch größere Handelsgeschäfte ab-geschlossen wurden, im Mittelalter Brücken-Ein-

kaufsstraßen (Florenz: Ponte Vecchio, 14. Jh.; Vene-dig: Rialtobrücke, 16. Jh.), in neuerer Zeit → Passa-gen (London: Christal Palace, 1854/57 u. a.) und Boulevards (Kurfürstendamm, Berlin; Champs-Elysées, Paris). Seit den vermutlich ersten planmä-ßig angelegten F.n in Deutschland (Bremen: Bött-cherstraße, 1926; Essen: Limbecker Straße, 1927; Köln: Hohe Straße, 1929) sind gegen Ende der 50er Jahre (Stockholmer Trabantenstadt Vällingby, 1953-59) und vor allem nach 1970 in zahlreichen Haupt- und Nebenzentren in vielen Ländern der Erde immer weitläufigere F.n entstanden. Dabei kam es oft zu Umgestaltungen, wie z. B. zur Auf-gabe der Trennung von Gehweg und Fahrbahn durch Aufpflasterungen, Möblierungen mit Sitz-gruppen, Straßencafes, Brunnen, Plastiken, durch Beleuchtungen und Begrünung mit Pflanzen und Bäumen, Anlage von Ruhezonen.

Neben den für den Autoverkehr ganz gesperrten, nur zeitweise dem Anlieferverkehr offenstehenden reinen F.n werden zunehmend auch ›verkehrsberu-higte Zonen‹ mit Geschwindigkeitsbegrenzungen angelegt, nicht nur in Groß- und Kleinstadtkernen, sondern auch in Wohn- und Mischgebieten, nicht allein in Längsausdehnung, sondern zunehmend als flächenhafte, netzförmige Anlagen mit Fußwegver-bindungen zu den umliegenden Wohnanlagen und Versorgungseinrichtungen. Gleichzeitig entstanden an Verkehrsknotenpunkten (Bahnhöfen etc.) ausge-dehnte, nur dem Fußgänger dienende Ladenstraßen unter der Erde, klimageschützt (wichtig z. B. für Länder wie Kanada), die Erinnerungen an die Pas-sagen des 19. Jhs. wachrufen. K.B.

Lit.: Geist '69; Peters '77; Bundesminister '79, '85; Monheim '80.

Fußwalmdach. → Dachformen 7.

Futtermauer. Eine meist geböschte Wand, die einen seitlich wirkenden Erddruck aufnimmt; auch Stütz-mauer genannt.

Futurismus. Kurzlebige Stilrichtung der modernen Kunst, die vorwiegend in → Italien zuerst für die Dichtung, dann auch für die Malerei proklamiert

Futurismus. Entwurf eines Bahnhofs und Flugplatzes, von → Sant'Elia, 1913-14.

Entwurf einer modernen Großstadt, von → Chiattone, 1914.

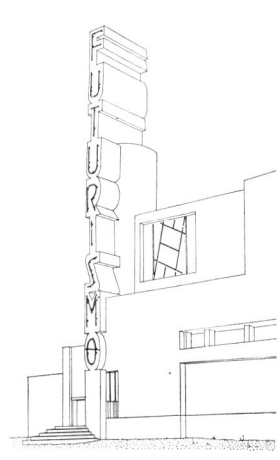

Entwurf eines futuristischen Pavillons, Turin, von E. Prampolini, 1928.

nen, futuristische Villen, → Ausstellungsarchitektur für Werbe- und Repräsentationszwecke auf der anderen Seite. Einen vorläufigen Abschluß der futuristischen Ästhetik setzte die ›Mostra delle Revoluzione Facista‹ 1932 in Rom, die einzige Manifestation faschistischer Kunst, die eine historische Verbindung zum übrigen Europa aufwies und mit einer Form des → Expressionismus in Zusammenhang gebracht werden kann. In den Postulaten wie plastischer Dynamismus, Simultaneität, Geschwindigkeit etc. setzten sich Prinzipien des ›Novecento‹ von → Piacentini u. a. durch, eine auch vom Faschismus anerkannte und getragene Ausdrucksform der Zeit. → Razionalismo   M.-A. v. L.

Lit.: manifesti '14; Marchi '24, '31; Prampolini '26; Fillia '31; Marinetti '32; Boccioni '46, '72; Giani '50; Zevi '50b; Drudi Gambillo-Fiori '58-62; Falqui '59; Taylor, J.C. '61; Bartolucci '69; Crispolti '69; Apollonio '70, '72; Calvesi '71; De Micheli-Crispolti-De Fusco-Quilici-Patetta-Vercelloni-Portoghesi-Verdone '71; Fossati '77; Crispolti '79; Chan-Magomedow '83; Hatje '83; Hulten '86.

wurde und die, von der Technik begeistert, die Bewegung und die Geschwindigkeit in der Kunst forderte. 1914 erfuhr der Begriff F. durch die Ausstellung ›Città Nuova‹ in Mailand, Zeichnungen und Pläne zu einer ›neuen Stadt‹, der Architekten → Sant'Elia und → Chiattone seine Erweiterung auf die Architektur. Eine konkrete Umsetzung der Ideen zur Stadtplanung (→ Städtebau) blieb zunächst aus. Ein Höhepunkt dieser Bewegung wurde das 1914 von dem Schriftsteller F. T. Marinetti, Sant'Elia u. a. ausgearbeitete ›Manifesto dell'Architettura Futurista‹, das die ital. Architekturszene an die moderne Entwicklung der Architektur Europas Anschluß finden ließ. Durch einen Besuch Marinettis in Moskau und St. Petersburg (Leningrad) wurde die russ. Avantgarde mit Gedankengut des F. bekannt und fand nach der Revolution von 1917 in der sowjet. Kunst einen eigenen Ausdruck (→ Lissitzky, → Tatlin, → Ginzburg u. a.). In Italien selbst vergingen weitere 14 Jahre ohne nennenswerte Bauten, bis 1928 die durch den Maler Fillia (Luigi Colombo) inszenierte ›Mostra di Architettura Futurista‹ in Turin neue Impulse vermittelte: Futuristische Baukunst als faschistische Staatsarchitektur auf der ei-

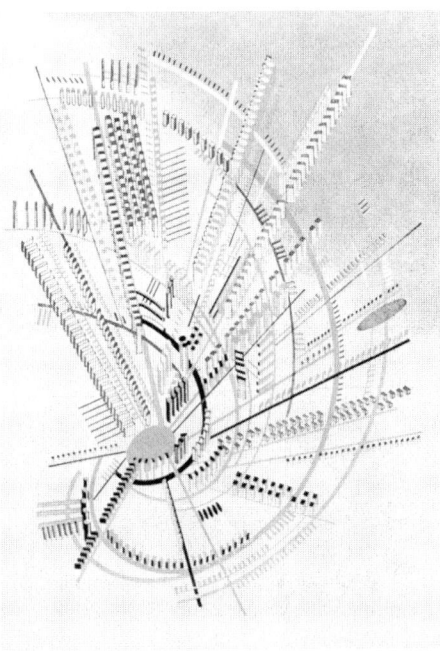

Entwurf eines Industriekomplexes, von → Tschernikow, 1933.

Entwurf ›La ville nouvelle‹, von → Sant'Elia, 1914.

G

Gabetti, Roberto (geb. 1925). Ital. Architekt. Einer der bedeutendsten Vertreter des besonders in Italien verbreiteten → Neoliberty, einem aus dem → Rationalismus unter der Wiederaufnahme des → Jugendstils abgeleiteten Architekturstils. Bekannt wurde G. mit dem Turiner Bibliotheksgebäude ›Bottega di Erasmo‹ (1953-56), das er, wie das Residential Hotel, Sestrière (1981), zusammen mit Aimoaro d'Isola erbaute, der wie G. aus dem Piemont stammt. 1989 Karmeliterkloster in Quart, Aosta. G. ist auch als Autor, ›Le Corbusier e l'Esprit Nouveau‹, 1975, und zudem als Ausstellungsveranstalter mit Architekturthemen in Turin hervorgetreten. Abb. S. 224. M.-A. V. L.

Lit.: Gabetti '55, '62; Gabetti-Olmo '75; Zevi '50 b; Portoghesi '58; Tentori '61; Rom '81; Lingotto '84; Cellini/d'Amato '85.

Gabriel, Jacques-Ange (1698-1782). Der größte frz. Architekt des 18. Jhs. Eher konservativ als revolutionär, setzte er die Tradition des frz. barocken → Klassizismus von François → Mansart fort und führte sie zu höchster Vollendung, indem er das → Rokoko sozusagen umging. Er glich in seinem sicheren, unaufdringlich geschmackvollen Stil, der sich am einnehmendsten in kleinen, intimen Bauten wie der Eremitage (oder Pavillon de Pompadour) in Fontainebleau (beg. 1749) und dem Petit Trianon im Park von Versailles (1762-68) darstellt, dem Maler Chardin. G. wurde in Paris bei seinem Vater, Jacques Gabriel (1667-1742), ausgebildet, der ein erfolgreicher Architekt war, einige schöne → Hôtels in Paris baute – besonders erwähnenswert Hôtel Peyrene de Moras und die Place Royale in Bordeaux (beg. 1728), ein Meisterwerk des Städtebaus des Rokoko – und 1735 de → Cotte als Hofbaumeister und Direktor der Akademie folgte. G. kam nie nach Italien; er arbeitete unter seinem Vater und mit ihm gemeinsam und wurde später sein Nachfolger als Hofbaumeister. In dieser Position war er ausschließlich für Ludwig XV. und Madame de Pompadour tätig. Der größte Teil seiner Zeit wurde durch Um- und Anbauten zu den kgl. Schlössern – Fontainebleau, Compiègne, Versailles – in Anspruch genommen; es fehlt ihnen an Ausdruck, obwohl die Oper und die projektierte Neuerrichtung des Marmorhofes in Versailles äußerst elegant sind. Seine größten Aufträge außerhalb von Versailles waren die Ecole Militaire (1751-88) und die Place de la Concorde in Paris (1755 ff.). Die Fassaden der beiden großen Paläste – Hôtel Crillon und Marineministerium (1757-75) –, die seine Rue Royale flankieren, haben im 1. Stockwerk Loggien, wie sie → Perrault für die große Ostfassade des Louvre verwendet hatte. Der Pavillon Français in Versailles (1750), die kleinen Jagdhütten oder Pavillons de

Ecole Militaire, Paris, von → Gabriel, 1751-60. Hauptfront.

Petit Trianon, Versailles, von → Gabriel, 1762-68.

Butard und de la Muette (1753-54), ferner das Petit Château in Choisy (1754-56) lassen etwas von der kultivierten Intimität seines Hauptwerkes ahnen: das Petit Trianon. Es mag dem engl. → Palladianismus verpflichtet sein, doch die Eleganz und Vornehmheit dieser vollkommen harmonischen, würfelförmigen Komposition ist absolut französisch in seiner unerreichten Leichtigkeit, Heiterkeit und Vornehmheit.

Lit.: de Fels '11; Gromort '33; Kimball '43; Lulan '50; Bottineau '62; Graf Kalnein-Levey '73; Tadgell '78; Gallet-Bottineau '82.

Gaden → Obergaden.

Gafà, Lorenzo (1630-1704) → Malta.

Galerie. Nach einer Seite offener, langgestreckter Gang. – **1.** Verbindungsgang, auch Festsaal im → Schloßbau der → Renaissance und des → Barock (Fontainebleau, Versailles). Da in diesen G.n häufig Bilder aufgehängt wurden, übertrug man die Bezeichnung auch auf Gemäldesammlungen. – **2.** Laufgang mit offenen → Arkaden an einer Fassade, auch nur als Zierform (→ Zwergg., → Königsg.). – **3.** Laufgang über den → Seitenschiffen von Kirchen mit Säulenstellung zum Hauptschiff. – **4.** Obere Ränge in einem Theater, bzw. → Empore eines Saales.

Lit.: Mengoni 1863; Schlosser '08; De Lasteyrie '29; Huth '51; Taylor, F. H. '54; Testini '58; Prinz '70.

Galilei, Alessandro (1691-1737). Ital. Architekt. Geb. in Florenz, wo er auch seine Ausbildung empfing. Ging 1714 nach England, doch gelang es ihm hier nicht, Aufträge zu erhalten. 1731 gewann er den Wettbewerb für die Fassade von S. Giovanni in Laterano, Rom, mit einem fast verkrampft strengen, klass. Entwurf (ausgeführt 1733-36). Auch die

Pläne für die elegante Cappella Corsini in S. Giovanni in Laterano (1732-35) und die Fassade von S. Giovanni dei Fiorentini in Rom (1734) sind sein Werk.

Lit.: De Rinaldis '48; Golzio '50; Toesca, J. '52; Argan '57; Wittkower '65; Portoghesi '66 b.

Galli da Bibiena → Bibiena.

Gameren, Tylman van (vor 1630-1706). Niederländ. Architekt, der hauptsächlich für die Einführung des → Barock in → Polen, wo er sich 1665 niedergelassen hatte, verantwortlich war. Seine drei als Zentralbauten gestalteten Kirchen in Warschau, die Sakramentskirche (1688-89), St. Kasimir (1688-89) und St. Bonifaz (1690-92), zeigen ihn als einen etwas einfallslosen Baumeister des barocken → Klassizismus, bei denen sich holländ. bzw. ital. Architekturauffassungen hart begegnen bzw. überschneiden. St. Anna in Krakau (1689-1705) ist lebendiger gestaltet, was vielleicht auf die Mitarbeit von Baldassare Fontana zurückzuführen ist. T. baute auch den Palast des Prinzen Sanguszko in Warschau (im 18. Jh. erweitert) wieder auf, entwarf die Burg Nieborów (1680-83) und vollendete das Krasinski-Palais in Warschau (1682-94).

Lit.: Hempel '65; Mossakowski '73.

Wohnquartier aus der ›Cité Industrielle‹ von Tony → Garnier, 1904.

Gandon, James (1743-1823). Führender Architekt in Dublin zur Zeit des → Klassizismus; G. stammte aus einer frz. Hugenottenfamilie und war Schüler von → Chambers. Seine Werke sind manchmal überraschend fortschrittlich und stehen denen der frz. Avantgarde jener Zeit nahe, wie das Rathaus von Nottingham (1770-72), dessen Fassade sich erhalten hat. 1781 ging G. nach Dublin, um den Bau des Custom House am Liffey zu überwachen (1791 voll., Inneres 1921 zerst.). Sein Hauptwerk sind die Four Courts (Gerichtshöfe), ebenfalls am Liffey, deren Bau er von T. Cooley übernahm (1776-96, Inneres 1922 zerst.). In Dublin schuf G. außerdem den → Portikus der Bank von Irland (1785) und die King's Inns (beg. 1795, später erweitert) in Zusammenarbeit mit H. A. Baker. Die massive, auf einem Säulenring ruhende Kuppel zeigt den Einfluß von → Wren und atmet den Geist jener frz. Architekten, die eine neue Monumentalität anstrebten, wie → Boullée oder → Chalgrin. Zusammen mit John Woolfe veröffentlichte er 1769 und 1771 zwei Ergänzungsbände zum ›Vitruvius Britannicus‹.

Lit.: Craig, M. '52; Colvin, M. '54; McParland '85.

García, José Villagrán (geb. 1901) → Mexiko.

Garner, Thomas (1839-1906) → Bodley.

Garnier, Charles (Jean-Louis-Charles) (1825-98). Frz. Architekt, gewann 1848 den Rompreis der Akademie in Paris, reiste im selben Jahr nach Rom und 1852 nach Athen, kehrte 1854 nach Paris zurück und arbeitete hier unter → Ballu. 1861 gewann er den Wettbewerb für die neue Pariser Oper (1875 voll., Abb. → Frankreich; → Historismus). Diese erhielt ihren Platz an bevorzugter Stelle, an einem der vielen von → Haussmann angelegten ›points de vue‹ und ist die glanzvollste Verkörperung des Zweiten Kaiserreiches. Das Äußere, die weite Treppenanlage, das glitzernde Foyer, sind offenkundig dem → Barock verpflichtet; sie streben unverhohlen danach, das Barock mit seinen eigenen Mitteln zu schlagen. Zu jener Zeit hätten Meyerbeer, Wagner und Verdi in keiner angemesseneren Umgebung gehört werden können; denn das Bauwerk ist sehr durchdacht auf seinen besonderen Zweck hin angelegt, gleichzeitig Rahmen eines Bühnen- wie eines gesellschaftlichen Ereignisses zu sein. Das Gleiche gilt auch für das Casino von Monte Carlo (1878), in seiner besonderen, bewußt trügerischen Art, das einen universalen Einfluß auf mondäne Gebäude in den roman. Ländern ausübte. G.s eigene Villa in Bordighera (1872) mit dem asym. plazierten Turm ist in einem italianisierenden Stil erbaut.

Lit.: Garnier, Ch. 1876-81; Hautecœur IV, VI, VII; Benevolo '60; Revel '63; Steinhauser '70; Kahane u.a. '89; Mead '91.

Garnier, Tony (1869-1948). Gewann 1899 den Rompreis. Er verbrachte seine Zeit in Rom nicht mit dem Studium antiker Bauwerke, sondern arbeitete an Entwürfen für eine ›Cité Industrielle‹ (→ Industriebau; Abb. → Internationaler Stil). Diese Pläne wurden 1904 vorgelegt und ausgestellt und schließlich 1917 veröffentlicht. Sie stellen einen vollkommen neuen Versuch der → Stadtplanung dar und stehen in krassem Gegensatz zu deren akademischen Prinzipien, wie sie an der → Ecole des Beaux-Arts in Paris gelehrt wurden, den Prinzipien der Symmetrie und Monumentalität. G. wählte sich ein imaginäres Gelände, das doch auch realistisch war, da es der Landschaft in der Nähe seiner Geburtsstadt Lyon glich. Er beschloß, daß seine Stadt 35000 Einwohner, Lokalindustrie, einen Bahnhof, ein Stadtzentrum und eine Wohnsiedlung haben solle, und ordnete die Bauten zweckmäßig zueinander an. Darüber hinaus beabsichtigte er, alle Gebäude im wesentlichen aus → Beton herzustellen. Er entwarf kleine Häuser von neuartiger kubischer Einfachheit und setzte sie zwischen Baumgruppen, verband sie mit verkehrsfreien Fußgängerwegen, schuf aber auch Entwürfe für größere Gebäude, die sich durch weit ausladende Vordächer aus dem gerade aufgekommenen Stahlbeton, durch Glas- und Betondächer auszeichnen. 1905 wurde G. von dem neugewählten Bürgermeister, Edouard Herriot, als Stadtarchitekt nach Lyon berufen. 1909 bis 13 errichtete er dort den Schlachthof, 1913-16 das Stadion. G's letztes und auch wichtigstes Werk, das ›Hôtel de Ville‹ (mit J. H. A. Debat-Pousan) in Boulogne-Billancourt, demonstriert imponierend sein Verständnis, massiven Beton in ausgewogener Konstruktion in Szene zu setzen.

Lit.: Garnier, T. '17, '19; Pevsner '36, '68; Badovici-Morancé '38; Veronesi '48 b; Zevi '50 b; Rosenau '59; Benevolo '60; Pawlowski '67; Wiebenson '69 b; Jullian '87; Piessat '88; Garnier '90.

Bottega di Erasmo, Turin, von → Gabetti, 1953-56.

›The Four Courts‹, Dublin, von → Gandon, 1776-96.

Treppenhaus der Pariser Oper, von Charles → Garnier, 1875.

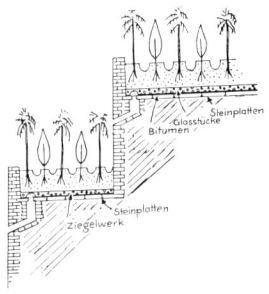

Babylon, die hängenden Gärten der Semiramis. Rekonstruktions-zeichnung von J. Lacam, 1949.

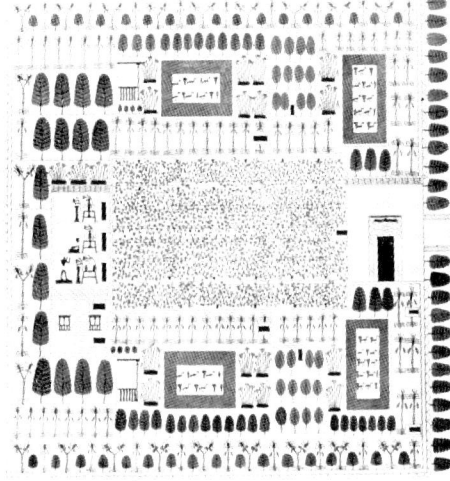

Garten eines hohen Beamten Pharaos Amenhotep III., Theben, um 1400 v.Chr.

Arabischer Garten. Patio de la Ria, Granada, um 750.

Italienischer Renaissancegarten mit Spalieren, an denen Rosen, Jasmin und andere Kletter-gewächse hochgezogen sind. Aus der ›Hypnerotomachia Poliphili‹, 1499.

Gartenbaukunst. Ein Garten ist ein künstlich be-pflanzter, gut begehbarer, meist umschlossener Na-turbereich in Verbindung mit dem Wohnbereich. Die G. geht von zwei Grundformen aus: regelmä-ßige, architekton. ausgerichtete und unregelmä-ßige, natürliche Anlagen. Die zweite Form ist selte-ner. Sie wurde von den Chinesen gepflegt, die auf engstem Raum Ideallandschaften mit Hügeln, Bä-chen, Brücken, Grotten etc. zu verwirklichen such-ten (Naturgarten); in Japan wurde der sog. Stein-garten ausgebildet, der, im Idealfall ausschließlich aus Steinen bestehend, eine Abstraktion des Natur-gartens darstellt, wie der berühmte Hauptgarten des Tempels Ryoan in Kioto, den So-Ami (1472-1525) anlegte, ein Meister des Zen-Buddhismus. – Demgegenüber sind fast alle europ. Gärten regel-mäßig gestaltet. Zu den frühesten künstlich ange-legten Gärten gehören die Terrassengärten, wie z.B.

Japanischer Garten. Katsura-Palast bei Kioto, 1620-47.

die Hängenden Gärten der Königin Semiramis in Babylon. Prachtvolle Anlagen schufen die Römer in ihren Villengärten mit Terrassen, fließenden Was-sern, Grotten, Bau- und Bildwerken (Villa Hadri-ana bei Tivoli). Ähnlich märchenhaften Reichtum kannte auch die islam. G. in → Spanien (Granada), dem → Iran (Isfahan) und → Indien (Agra). – Nach der bescheidenen G. im MA. (in den Klöstern meist nur der Arzneimittelgarten) entfaltete sich die G. erst wieder in der Renaissance; Italien war zunächst auch hier das führende Land (Fiesole, Villa Me-dici). Die von der röm. G. inspirierte regelmäßige Anlagenform kulminierte im frz. Barockpark (Französischer Garten), einem formal streng ange-legten, weitläufigen Park mit sym. zu einer vom

Schloß ausgehenden Hauptachse verlaufenden Al-leen, Kanälen und einem → Gartenparterre. Die Baum- und Heckenbepflanzung dieser Anlagen wurde in geom. Formen gestutzt. Außer dem Hauptzentrum entwickelten sich Nebenzentren (Park von Versailles mit Grand Trianon und Petit Trianon). Dieser Gartentyp wurde im 17. Jh. von → Le Nôtre entwickelt und fand weite Verbreitung in ganz Europa; gut erhaltene Anlagen dieser Art finden sich in Wien (Schönbrunn, Belvedere), Mün-chen (Schleißheim, Nymphenburg), Hannover (Herrenhausen) u.a. – Diesen vom Geist des Abso-lutismus durchdrungenen Gärten setzte England den ursprünglicheren Landschaftsgarten (Engli-scher Garten) entgegen, einen gepflegten, aber der Natur angenäherten Park mit Bauten und Denkmä-lern, die bestimmte Gefühlswerte ausdrücken sollen (künstliche Ruinen, Einsiedeleien, exotische Bau-ten). Dieser im frühen 18. Jh. nach chinesischem

Chinesischer Garten. Nach Yuen-Ming Yuen ›Der Garten der Gärten‹, 18. Jh.

Vorbild entwickelte Garten wurde von → Kent für Lord → Burlington ersonnen und von L. → Brown entwickelt. → Pagoden durften darin nicht fehlen, auch andere chines. anmutende Bauten waren be-liebt, wie z.B. im Englischen Garten von München. In Frankreich wurde diese Anlagenform nach der Mitte des 18. Jhs. als ›Jardin Anglo-Chinois‹ über-nommen, wenig später in Deutschland (Muskau, → Pückler-Muskau, Weimar, Wörlitz), und gegen Ende des Jhs. auch in Italien. Das 19./20. Jh. va-riierte die entwickelten Lösungen und richtet das Augenmerk auf die Öffnung des Wohnbereichs zur Landschaft bzw. zum Garten. Ballungszentren und moderner Städtebau erhöhten die Notwendigkeit,

Französischer Garten in der Art des 16. Jhs., Villandry.

*Englischer Landschaftsgarten in der Art von → Brown.
Mitte 18. Jh.*

Erholungsgebiete inner- oder außerhalb der Städte
zu schaffen. In Deutschland führend auf diesem
Gebiet wurde Peter Joseph Lenné (1789-1866), der
aus Berlin eine grüne Stadt machte. Auch Ausstellungen werden vermehrt mit Gartenlandschaften
bereichert oder werden, wie z. B. im Fall der Bundesgartenschau, selbst zur Ausstellung.

Lit.: Colonna 1499; Langley 1728; Chambers 1757, 1772; What-
ley 1771; Mason 1772; Hirschfeld, Ch. 1775-85; Repton 1803;
Loudon 1812; v. Sckell 1819; Morris, R. 1824; Pückler-Muskau
1834; Baillie-Scott '06; Gothein '14; Crisp '24; Dami '24; Erdberg '36; Grimal '43; Clark, H. F. '48; Marie '49; Sirén '49;
Seifert '50; Borchardt, R. '51; Giedion-Burle Marx '56; Hoffmann, I. '57; Crowe '58a; Yoshida '57; Hautecœur '59; Beretta
'59; Fiorani '60; Jünger '60; Jellicoe, J. A. '60-70; Fariello '61;
Masson '61; Hennebo-Hoffmann '62-'65; Charegeat '62; Meyer,
H. '62; Clifford '62; de Casa Valdés '73; Keswick '78; Fleming,
L.-Gore '79; Schaarschmidt-Richter '79; v. Buttlar '82; Hadfield
'80; v. Arnim '81; McLean '81; Hepper '82; Hansmann '83;
Wiese '84; Bazin '90; Hammerschmidt/Wilke '90; Enge/Schöer
'90; Bazin '90; Lazzaro '90; J. Brown '91; Mader/Neubert-M.
'92; Hannwacker '92.

*Gartenparterre. Umgebautes mittelalterliches Wasser-
schloß Middachten bei De Steeg, Niederlande, 17. Jh.*

Gartenparterre. Eine ebene Gartenfläche, die im
Französischen Park unmittelbar an das Haus oder
Schloß anschließt und sich auf seine Architektur
bezieht, mit sym. ornamental gestalteten Beeten.
→ Gartenbaukunst.

Gartenstadt. In ländlicher Umgebung neu geschaffene, durch Grünflächen aufgelockerte Stadt von
begrenzter Größe mit eigener (möglichst rauchlo-
ser) Industrie und entsprechenden Arbeits- und Ein-

kaufsmöglichkeiten. Die Idee der G. wurde von
→ Howard in seinem Buch ›Garden Cities of Tomorrow‹ (1902; urspr. unter dem Titel ›Tomorrow‹
1898 erschienen) entwickelt und von → Unwin und
B. Parker seit 1903 in Letchworth verwirklicht. Eine
dt. G. ist u. a. Hellerau bei Dresden (1910) von
→ Riemerschmid, eine österreichische die G. Puchenau bei Linz (1969; 1978) von → Rainer.
→ Städtebau, → Siedlungsarchitektur, → Zeilenbau.

Lit.: Howard E. '02; Benoit-Levy '04; Unwin '05; Baillie Scott
'06; Doglio '74; Muthesius, St. '74; Affleck Greeves '75; Posener
'79; Posch '81.

Gartenvorstadt. Dieser Terminus wurde als Analo-
gon zur → Gartenstadt gebildet. Die Bebauung
gleicht zwar bei der G. jener der Gartenstadt, doch
ist sie im Gegensatz zu dieser für alle Dienstleistun-
gen und Berufsmöglichkeiten von einer nahen City
oder einem Industriezentrum abhängig. Die ersten
engl. Gartenvorstädte waren Port Sunlight in Cheshire, für die Firma Lever Brothers geschaffen, und
Bournville bei Manchester, für die Firma Cadbury
erbaut (1888 ff. und 1895 ff.), doch kommen früher
entstandene, durchgrünte Vororte, wie Bedford
Park, Middlesex der von → Shaw errichtet wurde
(1880), den Gartenvorstädten nahe. In Deutschland
ist eine der bekanntesten G.e Margarethenhöhe, für
die Fa. Krupp in Essen geschaffen (1900).

Gärtner, Friedrich von (1792-1847). Dt. Architekt,
geb. als Sohn eines Architekten in Koblenz, studierte an der Münchner Akademie, anschließend
für kurze Zeit bei → Weinbrenner in Karlsruhe und
danach bei → Percier und → Fontaine in Paris.
1815-17 reiste er in Italien, 1819-20 in Holland und
England. Nach diesen Reisen erhielt er einen Lehrstuhl an der Akademie in München. Auf einer zweiten Reise nach Italien 1828 wurde er König Ludwig I. von Bayern vorgestellt; G. wurde neben
→ Klenze, mit dem er wetteiferte, der Lieblingsarchitekt des Königs. G. bevorzugte besonders den
→ Rundbogenstil, der auf die ital. → Romanik und
auf das Quattrocento (→ Italien) zurückgeht; es
heißt, daß eigentlich Ludwig I. mehr als G. selbst
diesen nachklassiz. Stil bevorzugte. In München
baute G. die Ludwigskirche (1829-40), die Staatsbibliothek (1831-40, Abb. → Historismus), die Universität (1835-40), alle drei in der Ludwigstraße,
und als südl. Begrenzung der Ludwigstraße die
Feldherrnhalle, eine Nachbildung der Loggia dei
Lanzi in Florenz, ein Versuch im Stil toskan. Gotik
(1840-44). Der nördl. Abschluß der Ludwigstraße
ist das Siegestor (1843-50), eine Nachahmung des
Konstantinbogens in Rom. 1835/36 hielt sich G. in
Athen auf, wo er das Schloß für den neuen König
von Griechenland, Otto I., einen Sohn Ludwigs I.
von Bayern, entwarf.

Lit.: Hitchcock '58; Eggert '63; Hederer '75.

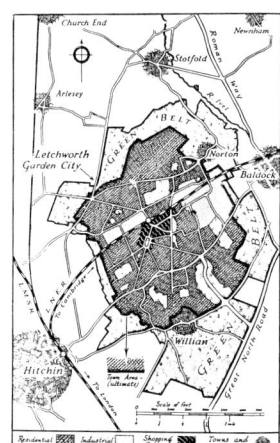

*Gartenstadt. Plan von
Letchworth in Herfordshire,
von → Unwin und B. Parker,
beg. 1903.*

*Haupttreppe der Bayerischen
Staatsbibliothek, München, von
→ Gärtner, 1831-40.*

Universität, München, von → Gärtner, 1835-40.

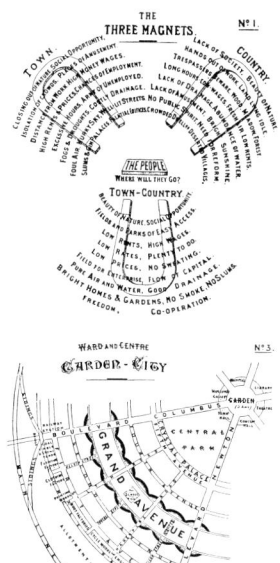

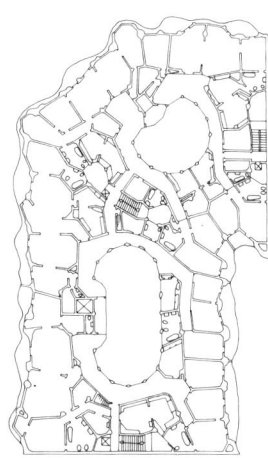

Gartenstadt. Zwei schematische Darstellungen aus ›Tomorrow‹, von → Howard, 1898.

Casa Milà, Barcelona, von → Gaudí, beg. 1905.

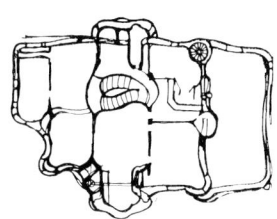

Casa Battló, Barcelona, von → Gaudí, beg. 1905.

Gau, Franz Christian (1790-1853). Geb. in Köln, ging 1810 nach Paris und 1815 mit Hilfe eines Stipendiums nach Rom, wo er sich mit den Nazarenern (Overbeck, Cornelius u. a.) befreundete. 1818-20 unternahm er Reisen nach Ägypten und Palästina und kehrte 1821 nach Paris zurück. G. war zu Lebzeiten vor allem als Ägyptologe und Archäologe bekannt, weniger als Architekt. Seine Ste-Clotilde (1846-57, voll. von → Ballu) ist jedoch die einzige hervorragende → neugot. Kirche in Paris. Ihr Stil steht in seinem Reichtum der Hochgotik (→ Gotik) nah, die Fassade hat zwei Türme mit spitzen Helmen, wie früher St-Nicaise in Reims; ihre Dachkonstruktion ist aus Eisen.

Lit.: Hautecœur VI, VII; Hitchcock '58.

Gaube (Gaupe) → Dachfenster 3.

Gaudí (Gaudí y Cornet), Antoni (1852-1926). Geb. in Reus (Tarragona) als Sohn eines Kupfer- und Kesselschmieds. Da er von Jugend an mit Metallen vertraut war, ist es nicht verwunderlich, daß seine ungestümen ornamentalen Ideen zuerst in Metallgittern und -toren zum Ausdruck kamen. Auch war der Stil des Bauwerks, für welches er diese Arbeiten entwarf, die Casa Vicens in Barcelona, keineswegs zahm oder imitierend im Sinn des → Historismus des 19.Jhs. Das Haus (1878-80) ist ein geradezu alptraumartiges Gemisch maur. und got. Elemente; und das Maurische und Gotische, daneben auch das Marokkanische, sind tatsächlich die Quellen von G.s Stil. Auf die Casa Vicens folgte 1883-85 El Capricho, ein Haus im nordspan. Comillas, das ebenso irrational wie die Casa Vicens und noch unabhängiger von historischen Stilen ist.
1883 wurde G. beauftragt, den Bau einer großen Kirche in Barcelona, der Sagrada Familia, die man als → neugot. Bauwerk begonnen hatte, fortzuführen. 1884-91 baute er die Krypta, 1891 begann er die Querschiffassade (Abb. →Spanien). Damals war er bereits von Graf Güell entdeckt worden, einem Industriellen, der sein treuer Mäzen blieb. Dessen Stadthaus, den Palacio Güell, baute G. 1885-89, und hier erscheinen erstmals die parabolischen Bögen und wilden Dachauswüchse, die von nun an einen Teil seines Formenschatzes bilden sollten. Die Pläne für die Capilla Sta. Coloma de Cervelló in der Nähe einer Fabrik des Grafen Güell (beg. 1898, unvoll.) sind von so zügelloser Extravaganz wie kaum ein früher geschaffenes Bauwerk (Abb. → Jugendstil). Sie hat einen vollkommen frei gestalteten, asym. gezackten Grundriß mit über Eck gesetzten Pfeilern, unregelmäßig gekrümmten Gewölben, ostentativ roh gearbeiteten Bänken; unbeschreibbar ist das Wechselspiel zwischen Innerem und Außenbau. Für den Parque Güell (beg. 1900), einen Park in Barcelona, verwendete G. ähnliche Motive, außerdem eine schlangenförmig gewundene Rückenlehne für eine lange Bank um einen offenen Platz mit kühnen Ton- und Glasscherbenmosaiken, so wirkungsvoll wie die Keramik von Picasso (der gerade damals, 1901-04, in Barcelona lebte).
1903 begann G. den oberen Abschnitt der Querschiffe der Sagrada Familia. Der untere Teil hatte inzwischen eine immer freiere Interpretation got. Motive erfahren, aber die feinen schlanken Türme lassen keinen Vergleich mehr mit irgendeinem Bauwerk der Vergangenheit oder der Gegenwart zu, dagegen drängt sich unwillkürlich ein Vergleich mit Termitenhügeln oder Krustentieren auf. Die keramische Verkleidung nimmt Art und Motive der im Parque Güell eingesetzten Mosaiken auf.

Fassade der Casa Battlò, Barcelona, von → Gaudí, beg. 1905.

Ästhetisch gesehen ebenso überraschend und soziologisch noch überraschender sind G.s beide Blöcke mit Luxuswohnungen, die Casa Battlò und die Casa Milà (beide 1905 beg., Abb. →Jugendstil); denn sie zeigen, daß G.s bahnbrechender Stil von der wohlhabenden Schicht Barcelonas akzeptiert wurde. Die wellenförmigen Fassaden steigen auf und ab und sind mit unbeschreiblichen Dachauswüchsen und scharfen, stachligen, aggressiven Schmiedeeisen-Balkons verziert. Sogar die Innenräume haben weder gerade Wände noch rechte Winkel. Die Prinzipien des → Jugendstils (→ Horta, → Mackintosh, → Mackmurdo, van de → Velde), die gewöhnlich auf Dekoration, und zwar auf Flächendekoration beschränkt blieben, wären nicht weiter zu steigern gewesen.

Lit.: Rafols-Folguera '28; Pevsner '42, '68; Cirlot '50; Martinell '54; Hitchcock '57; Vallés '58; Collins, G. R. '60; Sweeney-Sert '60; Pane '64; Giedion-Welcker '66; Casanelles '67; Bohigas '68; Descharnes-Prévost '69; Masini '69; Pujols '71; Salvi-Foggi '79; Collins, G. R. '83; Torii '83.

Gebälk. 1. Alle zu einer Decken- oder → Dachkonstruktion gehörenden Balken. – **2.** Der obere Teil einer antiken → Säulenordnung, bestehend aus → Architrav (Epistyl), → Fries und Kranzgesims (Geison; → Gesims).

Lit.: → Dachkonstruktion; → Säulenordnung.

Gebälkarchitektur. Baukunst, die wie z. B. die griech. auf dem Prinzip des Tragens und Lastens beim Balkenbau beruht, im Gegensatz zur Bogenarch.

Gebälkarchitektur. Hera-Tempel 1, Paestum, nach Mitte des 6. Jhs. v. Chr.

Gebärhütte → *Nachträge.*

Gebundenes System. Ein Grundrißschema der → roman. → Basilika mit einer für alle Teile des Grundrisses bindenden Maßeinheit, dem Vierungsquadrat (→ Quadratischer Schematismus). Einem quadrat. Mittelschiffjoch entsprechen in den Seitenschiffen je zwei quadrat. Joche von halber Seitenlänge; das Chorquadrat und die Querschiffarme haben ebenfalls die gleiche Seitenlänge wie das Vierungsquadrat. Durch dieses regelmäßige System der Jochbildung können alle Gurt- und Schildbögen (→ Gewölbe) halbkreisförmig ausgebildet werden. Die Hauptstützen des Mittelschiffes wechseln beim G. S. mit Nebenstützen ab (→ Stützenwechsel). Das erste Beispiel in Deutschland ist St. Michael in Hildesheim. Abb. → Deutschland.
Lit.: Frankl '26.

Geddes, Patrick (1854-1932). Engl. Stadtplaner. War → Unwin in England auf dem Gebiet der Stadtplanung (→ Städtebau) der größte Praktiker seiner Zeit, so war G. ihr bedeutendster Theoretiker. Er begründete sie theoretisch in ihrem heutigen, ausgeweiteten Wortsinn und legte dabei die Betonung auf die Notwendigkeit von Voruntersuchungen, eine ›Diagnose vor der Behandlung‹, und auf die Abhängigkeit akzeptabler Stadtplanungen von soziologischen Forschungen an der Grenze biologischer Untersuchungsmethoden. G. hatte Biologie und Zoologie studiert, erwarb aber keinen akademischen Grad. Von 1899-1918 war er Prof. der Botanik in Dundee und 1920-23 Prof. für Soziologie in Bombay. ›City Development‹ (1904) ist sein Hauptwerk über den Städtebau.
Lit.: Geddes '04, '15; Mumford '38; Briggs '63; Choay '65; Blumenfeld '67; Stalley '72; Boardman '78.

Gedrehtes Tau. Ein → roman. Friesornament (→ Fries), gegeneinander gedrehten Tauen gleichend, besonders häufig in der norman. Baukunst.

Gedrückter Spitzbogen → Bogen II, 6.

Gefängnis → *Nachträge.*

Gehrung. Eckverbindung von zwei Bauteilen, wobei jedes Stück im gleichen Winkel (meist 45°) angeschnitten wird. Durch diese Abschrägung an beiden Enden können Profile über die Ecke hinweggeführt werden. Der Anwendungsbereich der G. erstreckt sich über Holz- und Steinbau auch auf Innenausbau (Möbel, Bilderrahmen).

Gehry, Frank (geb. 1929). Nach Studium an der Universität von Kalifornien und in Cambridge, Mass., 1962 eigenes Architekturbüro in Los Angeles. G. demonstrierte seine Absichten in seinem eigenen Haus in Santa Monica, Kalifornien, 1977 bis 79, bei dem ein vorhandenes kleines Walmdachhaus von einer scheinbar konfusen Agglomeration aus Billigmaterialien umfangen wird, die bewußt ›Zufälligkeit‹ und Offenheit für Veränderungen suggeriert und damit in bewußtem Widerspruch zu perfektem Bauen steht. Abb. → USA. Zu Inkunabeln des → Dekonstruktivismus wurden das California Aerospace Museum, Santa Monica (1985), und das Vitra Design-Museum in Weil am Rhein (1987-89; Abb. → Dekonstr.). G. gestaltete ferner die Loyola Law School, Los Angeles (1981-84), Haus Schnabel, Brentwood, California (1989), das Fishdance-Restaurant, Kobe, Japan (1984), sowie das Jale Psychiatric Institute, New Haven, Conn. (1989).

1989 wurde ihm der Pritzker → Architekturpreis verliehen.   W. R.
Lit.: Klotz '84a, '84b; Rubino '84; Arnell '85; Gehry '86/'89; Pastier '87; Gehry '90, '91; Filler/Boissière '90.

Geison, das (gr.). Je nach der Ordnung verschieden gestaltetes Kranzgesims (→ Gesims) des griech. und röm. Tempels entlang der → Traufe. Das die Giebelschräge begleitende G. (→ Ortgang) wird Schräggeison genannt.

Gekuppelt (gekoppelt). Bezeichnung für die Verbindung gleichartiger Bauteile durch ein gemeinsames Bauglied. So kann eine Gruppierung mehrerer Säulen durch ein ihnen gemeinsames → Gebälk hervorgehoben werden, zwei Fenster können gekuppelt werden durch eine Reduzierung des sie trennenden Wandstückes zu einem eingestellten Mittelpfosten bzw. einer Säule (Zwillingsfenster).

Geländer. Eine bis auf Brüstungshöhe geführte Sicherung aus Stein, Holz oder Metall an freistehenden oder vorkragenden Bauteilen wie → Treppenläufen, → Balkonen, → Altanen, → Türmen etc. Das G. ist meist stärker durchbrochen als eine → Brüstung.

Genelli, Hans Christian (1763-1823) → Gilly.

Genga, Girolamo (ca. 1476-1551). Maler, Bildhauer und Architekt. Laut Vasari zunächst Schüler und Mitarbeiter von Signorelli (ab 1494), später ab ca. 1500 neben → Raffael Schüler bei Perugino. 1502 Übersiedlung nach Florenz; G. wird durch seine anatomischen und perspektivischen Studien zu einem der einflußreichen Künstler der toskanischen → Renaissance. Nach seinem Romaufenthalt um 1519 (Zusammentreffen mit → Bramante, Raffael und → Giulio Romano), beginnt seine Tätigkeit als Baumeister im Auftrag des Herzogs von Urbino mit dem Wiederaufbau und der Erweiterung des alten Kastellpalastes ›Villa Imperiale‹ der Sforza bei Pesaro (ab 1522). Mit P. da Viterbo festigte er die Stadtmauer Pesaros (ab 1529); in Pesaro wurde nach seinem Entwurf auch die Kirche S. Giovanni Battista (ab ca. 1534) begonnen.   M.-A. v. L.
Lit.: Gronau '04-06; Patzak '08; Serra '29-'34; Masson '59; Tafuri '66; Pinelli-Rossi '71; Groblewski '76.

Genossenschaften → Baugenossenschaften.

Geoffrey de Noiers (tätig um 1200). Wurde als ›constructor‹ des St. Hugh-Chores der Kathedrale von Lincoln (beg. 1192), bezeichnet. Der Terminus bedeutet vielleicht nur ›Bauleiter‹, doch ist es wahrscheinlicher, daß er der Schöpfer dieses epochalen Bauwerks war. Obwohl der Name G.s französisch klingt, ist der Entwurf nicht nur in den Proportionen und der ungewöhnlichen Anlage der Ostkapellen typisch englisch, sondern vor allem in seinem → Gewölbe: das erste Gewölbe, dessen → Rippen kaum noch Ausdruck einer Funktion sind, sondern ein – verspieltes – Muster bilden sollen.
Lit.: Boase '53; Pevsner '63b.

Georgian Architecture: Georgianischer Stil (2. Hälfte 17. Jh. – 1. Drittel 19. Jh.). → Großbritannien.

Georgische Architektur. Anders als dem südl. benachbarten → Armenien gelang es Georgien, den größten Teil seines historischen Siedlungsgebietes als Nationalstaat in die Neuzeit zu retten. Die Ausdehnung georg. Herrschaft über den eigentlichen Siedlungsraum hinaus führte im 9.-13. Jh. außerdem zu einer Reihe georg. Kirchen im Nordkauka-

Wohnhaus des Architekten in Santa Monica, Kalifornien, von → Gehry , 1977-79.

Geison. Tempel C, Selinunt, um 550 v. Chr.

Gekuppelt. Zwillingssäule aus St. Adalbert, Koscielec, Polen, 1. Hälfte 13. Jh.

Gedrehtes Tau. Fachwerkdetail, Fritzlar.

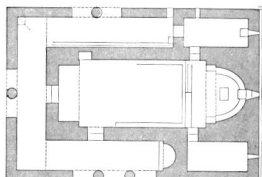

Segani, Dreikirchenbasilika, um 600.

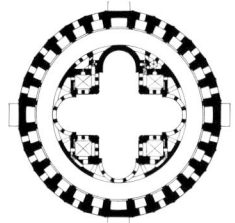

Bana, Kirche, Mitte 7. Jh.

Sweti-Zchoweli, Mzcheta, 1010-29. Ansicht von Südost.

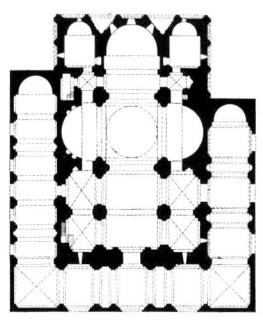

Alawerdi, Kathedrale, Anfang 11. Jh.

Alawerdi, Kathedrale, Ansicht von Südost, Anfang 11. Jh. Kuppel im 15. Jh. erneuert.

sus (z. B. Ossetien; Dreikirchenbasilika von Tchola-Erdi/Inguschetien; Saalkirche von Datuna/Daghestan). Geogr., polit. und kult. wurde G. durch seine deutliche Ost-West-Sonderung geprägt. Während Ost-G. bis 1801 unter der Vorherrschaft bzw. dem Einfluß des Iran stand, befand sich Westgeorgien unter byzant. Vorherrschaft bzw. Einfluß. Schon 337 nahm Ost-G. das über Armenien bzw. durch syr. Missionare vermittelte Christentum als Staatsreligion an, Westgeorgien erst Anfang des 6. Jhs. Die Entwicklung der christl. Sakralarchitektur ähnelt, vor allem in Ost-G., zeitlich wie typologisch der Armeniens, ohne daß hieraus eine Überlegenheit des einen oder anderen Landes ableitbar wäre, wie dies eine ›patriotisch‹ inspirierte Kunstgeschichtsschreibung immer wieder versuchte. Vielmehr ist von einer übernationalen Kultureinheit des christl. Transkaukasus mit nationalen Akzenten auszugehen, die noch durch dynast. Verbindungen über die in Armenien und in Ostgeorgien bis zum frühen 5. Jh. herrschenden Arschakiden sowie die Bagratiden, ferner durch die bis zum Schisma von 607 bestehende Kircheneinheit gefestigt wurde.

So folgt auch G. in der Frühphase (4.-7. Jh.) dem gesamtchristlichen Schema der Longitudinalbauweise, seit dem 4. Jh. Saalkirchen mit vorwiegend halbrunder, bisweilen hufeisenförmiger Apsis, bis zum 10. Jh. gelegentlich auch mit rechteckigem Altarteil wie Klikis-Dschwari (7./8. Jh.). An die byz. Pareklesie (Nebenkapelle) erinnern die heute nur in zentral- und ostgeorg. Klöstern anzutreffenden Dreialtarkirchen. Bei diesem vom 6. bis 11. Jh. entwickelten basilikalen Typus sind die drei Raumteile (›Schiffe‹) einzig durch Türen verbunden, so daß die nebeneinanderliegenden Apsiden als eigenständige Kapellen genutzt werden konnten (z. B. Kwemo-Bolnissi, 6. Jh.; Hauptkirche ›Maria Entschlafen‹ des Klosters Nekrissi, 6./7. Jh.).

Wie in Armenien beruht die sich in G. parallel zu den Longitudinalbauten entwickelnde und ab dem 7. Jh. dominierende → Zentralkuppelbauweise auf uralten profanen Techniken hölzerner oder steinerner Kuppelüberdachungen (gwirgwini). Diese schon von → Vitruv (1. Jh. v. Chr.) beschriebenen ›Turmdächer‹ der pontischen Kolcher (Westgeorgier) haben sich im Darbassi-Wohnhaustypus bis in das 20. Jh. erhalten.

Tonnen-, Kreuz- und Kuppelgewölbe bilden seit ihren Anfängen feste Bestandteile der georg. Baukunst. Die ersten kleinen überkuppelten Zentralbauten datieren bereits in das 4. Jh. (Kuppelkirche des Mirian im Kloster Samtawro/Mzcheta). Bis zum 7. Jh. wurde eine Vielzahl von techn. vollendeten Zentralbauformen entwickelt. Schon im 5. Jh. treten → Tetrakonchen mit und ohne Nebenräume auf (z. B. Dsweli-Gawasi, 1. Hälfte 6. Jh. mit hufeisenförmigen → Apsiden; Manglissi, 5. Jh., mit Apsidiolen im Westteil), wobei mit der Kathedrale von

Dschwari-Kirche, Mzcheta, etwa 586-605.

Ninozminda (6. Jh.) der erste große Zentralbau entstand. Sie bildete den Ausgangspunkt für die Entwicklung komplizierterer tetrakonchaler Formen mit kreuzgewölbten Winkelräumen und leicht verlängerten Ost-West-Achsen, wie sie wegweisend bei der großen Wallfahrtskirche Dschwari bei Mzcheta (586-605) erscheinen, die bautypologisch der nur wenig jüngeren armenischen Hripsime-Kirche (618) von Etschmiadsin ähnelt. Eine andere Entwicklungslinie des Tetrakonchos führte zur Kreuzkuppelkirche (→ Kreuzkuppelbasilika) mit vier freien Kuppelpfeilern (erstmals Zromi, 626-634).

Die byzant.-arab. Vormachtkämpfe sowie die Teilung Georgiens (7.-9. Jh.) beeinträchtigten eine einheitliche Bauentwicklung. Regionalstile zeigen sich u. a. deutlich in der unterschiedlichen Mauertechnik. Nach dem Ende des arab. Kalifats in Transkaukasien setzte Ende des 9. Jhs. ein von West-G. ausgehender Vereinigungsprozeß ein: Eine Vielzahl repräsentativer weltlicher Bauten und religiöser Stiftungen entsteht. Zwei Jahrhunderte nach Armenien gab auch G. ab dem 11. Jh. die basilikalen Formen (dreischiffige bzw. Dreialtarkirchen) auf. Bei den Zentralbauten dominierte ab den 1030er Jahren die in ein Rechteck eingeschriebene Kreuzkuppelkirche mit der Kuppel auf zwei Stützen sowie auf den Ecken der Chorseitenwände und einer von den Pastophorien (Prothesis und Diakonikon) flankierten Apsis (z. B. Samtawissi). Relativ selten und erst ab Mitte des 10. Jhs. treten radial oder axial angeordnete Sechs- (Botschorma, Kazchi, Gogiuba, Kiagmis-Alti, Oltissi; die axial angeordnete Sechskonchenanlage von Kumurdo, 964; Nikorzminda, 1010-1014) und ein Achtkonchenbau (Nadschischewi, Ende 10. Jh.) auf.

Die → Bauplastik Georgiens zeichnet sich durch eine besondere Lebendigkeit aus. Bis zum 11. Jh. flächig-graphisch ausgeführt, dominieren florale und geometrische Motive. Ihren Höhepunkt erreichte die hochmittelalterliche Steinplastik von G. bei den Kathedralen Nikorzminda, Samtawro (Mzcheta) und Samtawissi sowie bei den Altarschranken von Chowle, Sapara und Urtchwi. T. H.

Lit.: Tombos/Gink '75; Neubauer '76; Alpago-Novello u. a. '80; Beridse/Neubauer '80; Mepisaschwili/Zinzadse '87.

Gerbier, Sir Balthazar (1592-1663). Ein in Holland geb. Hugenotte, der sich 1616 in England niederließ. G. war Höfling, Diplomat, Miniaturmaler, Pamphletist und Architekt. Er entwarf wahrscheinlich das York Water Gate, Victoria Embankment Gardens, London (1626-27). Weitere Werke von ihm sind nicht erhalten.

Lit.: Williamson '49.

Geschlechtertürme. San Gimignano bei Siena.

Geschlechterturm. Teilweise befestigter Wohnturm einer adligen Familie innerhalb einer Stadt. Den G. gab es hauptsächlich in Oberitalien (S. Gimignano), in Deutschland nur in Regensburg.

Geschoß (auch Etage, Stockwerk). Die durch einge-zogene → Decken abgeteilte horizontale Raum-schicht in einem Gebäude. Es gibt allgemein Keller-geschoß (Unterg., Souterrain), Erdgeschoß (Par-terre, Sockelg.), Obergeschosse, Dachgeschoß (Mansardg., → Attikag.). Sondergeschosse sind das → Mezzanin (Halbg.) und die → Beletage als Hauptg. (auch Piano Nobile). Die Geschosse wer-den zwischen Erdg. und Kranzgesims gezählt, also ohne Kellerg. und Dachg., Stockwerke erst ober-halb des Erdgeschosses.

Gesims am Forstershaus, Augsburg, von Franz J. Kreuter, um 1845.

Gesims, Sims. Ein waagrecht aus einer Mauer vor-tretender Streifen, der die horizontalen Abschnitte eines Gebäudes (→ Sockel, → Geschosse, → Dach) gegeneinander absetzt und zusammen mit den verti-kalen Architekturteilen (→ Pilaster, → Säulen) den Bau gliedert. Nach ihrer Lage am Bau heißen die G.e: **1.** Fuß- oder Sockelg.; **2.** Gurt-, Stockwerk-oder Kordong.; zwischen den Geschossen **3.** Fen-ster- oder Brüstungsg. Das den Bau abschließende G. ist das **4.** Dach-, Haupt- oder Kranzg. Eine Sonderform ist das unter den Fenstern verlaufende **5.** Kaffg. der → Gotik mit Wassernase und Hohl-

Gewölbe. Blick in ein Kraggewölbe innerhalb der Knickpyramide von Dahschûr, um 2570 v. Chr. Höhe 19 m, jede Lage 15 cm vorkragend.

kehle zur Wasserabweisung, dessen vorkragende Deckplatte abgeschrägt ist; die Unterseite ist profi-liert. – Bedeutung und Detailausbildung der G.e sind starken Wechseln unterworfen, die formalen Möglichkeiten so weit gespannt wie bei den → Frie-sen. Vorrangig war stets das am weitesten vorkra-gende Hauptg., das häufig durch Kragsteine (→ Konsolen) gestützt wird. Die große Abdeck-platte, die die Oberglieder von den Untergliedern scheidet, ist an einer Schmalseite mit einer Tropf-leiste (Wassernase) versehen.

Gespärre, das. → Dachkonstruktion 2.

Gestelzter Rundbogen. → Bogen 11, 12.

Gewächshaus im Park Hohenheim, Stuttgart, 1789 (?).

Gewächshaus (auch Treibhaus). Ein meist lang-gestrecktes Gebäude mit vorwiegend flachem, ver-glastem Satteldach und niedrigen Glaswänden. Das G. soll den Kulturpflanzen optimale Bedingungen unabhängig von den Witterungsverhältnissen ge-ben. Eine Sonderstellung nimmt die → Orangerie ein, die als Vorläufer im Schloßbaubereich des 17./ 18. Jhs. anzutreffen ist (ein frühes Beispiel des Oran-geriebau in Versailles 1684-86). Die Gewächshaus-architektur entwickelte sich annähernd gleichzeitig in England, Frankreich und Deutschland Anfang des 19. Jhs., → Glasarchitektur; → Paxton; → Bur-ton; → Wintergarten.   M.-A. v. L.

Lit.: Kohlmaier-v. Sartory '80; Koppelmann '83.

Gewände, das. Die schräg geführten Einschnittflä-chen in einer Mauer bei Fenstern und → Portalen. Das G. kann profiliert sein oder beim sog. Gewän-deportal (→ Stufenportal) mit eingestellten Säulen und G.-Figuren geschmückt sein.

Gewendelte Stufe → Treppe 9.

Gewölbe. 1. Konstruktion: Eine gekrümmte Raum-decke aus Natur- oder Backstein. Wie beim → Bo-gen müssen die Fugen zwischen den Steinen auf den (oder die) Mittelpunkt(e) ausgerichtet sein. G. mit horizontalen Fugen, die durch Vorkragen der ein-zelnen Steinschichten gebildet werden *(Kragge-wölbe),* sind unechte G. (z. B. Schatzhaus des At-treus in Mykene, → Mykenische Architektur); zu den unechten G. zählen auch G. aus Holz oder Stuck. – Ein G. kann aus einer tragenden G.schale bestehen, es können die Lasten aber auch von → Rippen übernommen werden, die ein Traggerüst bilden, zwischen das die lastende G.schale als Mem-bran (Kappe) gespannt ist. Solche G. heißen *Rip-peng.* Bei G.n mit besonders reichen Rippenfigura-tionen sind die Rippen jedoch häufig unter die tra-gende G.schale untergeblendet (spätgot.). Das übliche, got. G.feld eines Rippeng.s besteht aus dem

Kaffgesims. Hausgiebel in Lübeck.

Blick in das Innere des Gewächs-hauses des → Botanischen Gartens, Padua, von → Piermarini und L. Canonica, 1776-80.

Gewände. Schottenkirche St. Jakob, Regensburg, um 1152-84.

Tonnengewölbe. Lagerhäuser beim Totentempel Ramses' II., 13. Jh. v. Chr.

Römisches Tonnengewölbe. Basilika von Porta Maggiore, Rom, 1. Jh.

Römisches Kreuzgewölbe. Maxentius-Basilika in Rom (voll. 315). Rekonstruktion von G. Gatteschi und A. Trabacchi.

Gurtbogen (Transversalbogen), der die einzelnen Joche trennt, den Scheid-(Schild)bögen als Begrenzung in der Längsrichtung, den Diagonalbögen (-rippen), und wenn aus dem dadurch gebildeten vierteiligen G. ein sechs- oder achtteiliges G. werden soll, ein oder zwei Scheitelrippen. Fächer- und Netzg. (→ III., 9-10) haben außerdem noch Tiercerons, das sind vom → Kämpfer ausgehende Nebenrippen, und Lierne, das sind Nebenrippen, die weder von einem Kämpfer, noch von einem zentralen Schlußstein ausgehen. – II. Anwendung: Bis zur Erfindung des Stahlbetons (→ Beton) war das G. die einzige Möglichkeit, große Räume« massiv zu überdecken, da man aus Natur- oder Backstein keine flachen Massivdecken bauen kann. Das technisch schon den Ägyptern geläufige Verfahren reifte bei den Römern zu höchster Perfektion (Rom, Konstantinsbasilika, Mittelschiff 25 m). Während das westl. Abendland in frühchristl. Zeit den großen G.bau mied, schuf der byzant. Osten die bedeutendsten G. (Konstantinopel, Hagia Sophia, Durchmesser der Kuppel 32 m). Von Ausläufern dieser Wölbkunst abgesehen (Aachen, Münster, vor 800) ging der abendländ. Kirchenbau erst Ende des 11. Jhs. wieder zur Wölbung großer Kirchenräume über, später in Profanbauten. Für 800 Jahre blieb dann das G. eines der wesentlichsten Mittel der Raumbildung in der Baukunst. – III. Formen: 1. Die einfachste Form eines G.s ist das Tonnengewölbe mit halbkreis-, segment- oder spitzbogenförmigem Querschnitt. 2. Das um einen Zentralraum gelegte Tonneng. heißt Ringtonne. 3. Ein langes Tonneng. kann durch Gurtbögen in → Joche unterteilt werden und ist dann ein Gurtg. 4. Die Durchdringung von zwei Tonneng.n gleicher Größe ergibt ein Kreuzg.; wegen der dabei entstehenden → Grate heißt diese Form auch Kreuzgratg. 5. Sind die Grate durch Rippen verstärkt, die die Lasten des G.s aufnehmen, hat man ein Kreuzrippeng. 6. Ist der Scheitelpunkt eines kreuzförmigen G.s höher

Kreuzrippengewölbe. Palazzo dei Consoli, Bevagna, um 1270.

als Gurt- und Scheidbögen, so entsteht eine Busung (gebustes G., Domikalg.). 7. Für die Konstruktion des got. Chorumgangs ist das Dreistrahlg. mit drei Kappen über dreieckigem Grundriß wichtig. 8. Beim Sterng. bilden die Rippen sternförmige Figurationen, wobei die Jochteilung erhalten bleibt. 9. Diese geht verloren beim Netzg., bei welchem die Rippen des ganzen G.s ein zusammenhängendes Netz bilden. 10. Ähnlich ist das Fächerg., bei wel-

Spitztonnengewölbe. S. Maria, Bominaco, 1263.

Ringtonne. Reduit Tilly, Ingolstadt, 1. Hälfte 19. Jh.

Kreuzgratgewölbe. Ehem. Abteikirche Corvey, Westwerk, Halle im Untergeschoß, 1146-59.

chem allerdings eine Vielzahl von Rippen von einem Kämpferpunkt fächerförmig ausstrahlt. 11. Ein Schirmg. ist über kreisförmigem Grundriß errichtet und durch Grate und Rippen in segmentförmig geschwungene und gekrümmte Kappen gegliedert; es steht der → Kuppel nahe. 12. Das Klosterg. kann konstruktiv auch als Kuppel bezeichnet werden; es besteht aus gekrümmten Flächen (→ Wangen), die durch Grate voneinander getrennt sind und unmittelbar auf den Umfassungsmauern aufsitzen. 13. Das Muldeng. ist dagegen eine Tonne mit gewölbten Enden; 14. ist der Scheitel von 13. abgeschnitten, so entsteht ein Spiegelg. mit flachem

Schirmgewölbe (Palmbaumgewölbe). Chor der Jako-binerkirche, Toulouse, 2. Hälfte 13. Jh. und 14. Jh.

Sterngewölbe. Klosterkirche Bebenhausen, um 1500.

Spiegelgewölbe, außen und innen. Mausoleum des Itimad-ud-daula, Agra, 1628.

Deckenspiegel. **15.** Eine islam. Sonderform ist das Stalaktiteng. mit Tropfsteinfigurationen. **16.** Lehmziegelgewölbe, die noch heute in Afrika und Arabien nach uralten Techniken ohne Holzverschalung errichtet werden.

Lit.: Choisy 1873; Colasanti '26b; Cozzo '28; Giovannoni '30; Glück '33; Goethals '47; Clasen '58; Virdis '60; Fichten '61; Salvadori-Heller '64; Hart '65.

Netzgewölbe. St. Georg, Nördlingen, 1427-1505.

Ghorfa → Nordafrikanische Länder.

Gibberd, Frederick (1908-84). Einer der ersten engl. Architekten, der den → Internationalen Stil der 30er Jahre übernahm (Pulman Court, Streatham, London, 1934-35). Seine bekanntesten Werke nach dem Zweiten Weltkrieg sind die Entwürfe für die New Town von Harlow und einige ihrer Hauptgebäude (1947 ff.), ferner der Lansbury Market in Poplar, London (1950-51) und die Gebäude für den Londoner Flughafen (1950 ff.). 1959 begann er mit der Planung der Neustadt von Santa Teresa in Venezuela; 1966 gewann er den Wettbewerb für die Metropolitan Cathedral of Christ the King in Liverpool. Seit 1967 ist G. Chefplaner der Memorial-Universität in Neufundland.

Lit.: Webb, M. '69; Maxwell '72.

Gibbs, James (1682-1754). Einflußreichster Kirchenbauer Londons im frühen 18. Jh. Im Gegensatz zu seinen überwiegend der liberalen Whig-Partei und dem Neopalladianismus (→ Palladianismus) anhängenden Zeitgenossen war er Schotte, Katholik, ein konservativer Tory mit Sympathien für den vertriebenen Stuartkönig, und er hatte den einzigartigen Vorteil, von einem führenden ital. Architekten, Carlo → Fontana, ausgebildet worden zu sein. G. wurde in Aberdeen geb., ging um 1703 nach Rom, um sich für das Priesteramt vorzubereiten, verließ aber nach einem Jahr das Scots College. Er blieb bis 1709 in Rom und hat anscheinend Malerei studiert, ehe er sich der Architektur zuwandte. Sein erstes Bauwerk, St. Mary-le-Strand in London (1714-17), zeigt eine Mischung von → Wren und ital. → Manierismus mit Barockelementen (→ Barock). Überraschenderweise nahm sich danach Lord → Burlington seiner an, jedoch nur, um ihn zugunsten von → Campbell fallen zu lassen, der ihn als Architekt des Burlington House verdrängte. G. hatte später keine Kontakte mehr zu den Londoner Vertretern des neopalladian. Stils und blieb Wren und seinen ital. Meistern treu, obwohl er einige palladian. Details in seinen eklektischen Stil aufnahm. St. Martin-in-the-Fields in London (1722-26) ist sein Hauptwerk und wurde häufig nachgeahmt, besonders die Kombination von Tempelfassade und sich oberhalb des Firstes erhebendem spitzem Kirchturm (Abb. → Palladianismus). Die monumental gegliederten Längsseiten mit vorgeblendeten → Kolossalsäulen und → Pilastern haben Fenster mit einer für G. charakteristischen Umrahmung. Seine besten noch erhaltenen Profanbauten stehen außerhalb Londons: das Oktogon, Twickenham (1720); Sudbroke Park, Petersham (ca. 1720); Ditchley House (1722-30) und King's College Fel-

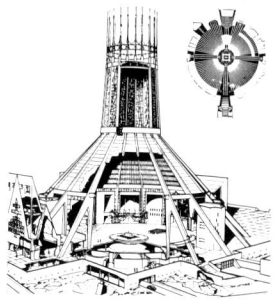

Metropolitan Cathedral of Christ the King, Liverpool, von → Gibberd, 1966.

Nubisches Lehmziegelgewölbe.

Stalaktitengewölbe. Moschee des Schah, Isfahan, 1612-38.

Giebel. Häuser mit geschweiften und getreppten Giebeln in Lübeck.

Giebel. Gesprengter und verkröpfter Giebel über dem Eingangsportal, überkrönt von einem Fenster mit Rundgiebel. Über den Seitenfenstern Dreiecksgiebel.

lows' Building in Cambridge (1724-49). Einige von ihnen zeigen seinen überschwänglichen ital. Barockstil in der Innendekoration in prunkhafter Vollendung. Sein letzter und originellster Bau, die Radcliffe Library in Oxford (1737-49), ist in England einzigartig, da er den Einfluß des ital. Manierismus zeigt. G. übte in England und Amerika mit seinem ›Book of Architecture‹ (1728) großen Einfluß aus, eine der darin enthaltenen Tafeln regte vermutlich den Entwurf für das Weiße Haus in Washington an.

Lit.: Gibbs 1728; Kaufmann '55a; Little '55; Downes '66; Summerson '63; Friedman, T. '84.

Giebel. Der abschließende dreieckige Wandteil eines Gebäudes mit Satteldach, als Zierform auch über Türen, Fenstern, Wandnischen etc. Befindet sich der G. über dem Mittelrisalit (→ Risalit) eines Baues, so spricht man von → Frontispiz. Die Gestalt des G.s kann von der Grundform des Dreiecks abweichen: **1.** Treppen-, Staffel- oder Stufeng. mit abgetreppten G.schrägen (dt. Spätgotik); **2.** Rundgiebel, halbkreisförmig im Umriß; **3.** Segmentg. mit segmentförmigem Abschluß; **4.** Knickg. mit in mehreren Winkeln entsprechend der Dachform gebrochener G.-schräge; **5.** G. mit geschweiftem Umriß. – Ist der Mittelteil eines G.s ausgespart, so spricht man von gesprengtem G., tritt der Mittelteil gegenüber den Seitenteilen vor oder zurück, nennt man das verkröpfter G. Das G.feld kann bauplastischen Schmuck tragen (→ Tympanon) oder durch weitere Architekturteile, → Maßwerk, → Voluten (Voluteng.), gegliedert sein. G. werden auch manchmal als Blendg., z. B. → Zwerchg., gebraucht, wenn ihrer Form das dahinterliegende Dach nicht entspricht.

Lit.: Viollet-le-Duc '79; Andren '40; Lapalus '47; Crema '59.

Giebeldach → Dachformen 3.

Giebelfeld → Tympanon.

Gilbert, Cass (1859-1934). Hauptsächlich bekannt durch sein 60geschossiges Woolworth Building in New York (1913), bis 1930 das höchste Gebäude in Amerika (ca. 260 m); es ist noch im Sinn des → Historismus reich mit got. Details geschmückt. Ein zweites, im Stil ähnliches aber aus Blöcken komponiertes Hochhaus, das Verwaltungsgebäude einer New Yorker Lebensversicherung, konstruierte G. 1925-28.

Lit.: Torbert '58; Weisman '70; EA '82.

Gil de Hontañón, Juan (gest. 1526) und Rodrigo (gest. 1577), Vater und Sohn. Juan G. d. H. entwarf die beiden letzten → got. Kathedralen Spaniens, die von Salamanca (Abb. → Spanien) und Segovia. In Salamanca wurde er 1512 (mit 8 anderen Architekten) zu Beratungen hinzugezogen und dann zum Baumeister ernannt, in Segovia begann er 1525 mit dem Neubau. Der Kreuzgang der Kathedrale in Palencia (beg. 1505) ist ein frühes Werk von ihm. 1513 konsultierte man ihn beim Bau der Kathedrale von Sevilla, er entwarf u.a. die neue → Laterne (1517-19), noch im got. Stil. Rodrigo G. d. H. erscheint erstmals 1521 in Santiago, wahrscheinlich

St. Martin-in-the-Fields, London, von → Gibbs, 1722-26.

als Mitarbeiter von → Juan de Álava. 1526 gehörte er einer Gruppe von 5 Architekten für das Projekt der großen Kollegienkirche in Valladolid an; die anderen waren: sein Vater, sein Meister, Francisco de Colonia (→ Simón de Colonia) und Riaño. Rodrigo G. d. H. wurde Baumeister der Kathedrale in Astorga (1530ff.), deren Schiff er baute, und der Kathedrale in Salamanca (1537ff.), deren Querschiffarme von ihm sein müssen; beim Kreuzgang der Kathedrale von Santiago (1538ff.), wo er Juan de Álava als Baumeister ablöste; der Kathedrale von Plasencia (1537 oder 1544), bei der der Anteil der verschiedenen Baumeister nicht unterschieden werden kann, und der Kathedrale von Segovia (1563ff.), dort ist der Ostabschluß von ihm. Sein edelster Profanbau ist die Fassade der Universität von Alcalá (1514-53) im → Platereskenstil. Er verfaßte auch ein Buch über Architektur.

Lit.: Chueca Goitia '53; Kubler-Soria '59.

Gill, Irving John (1870-1936). Amerik. Architekt, arbeitete zuerst in → Sullivans Büro in Chicago und ging dann nach Kalifornien, 1896 machte er sich in San Diego selbständig. Seine frühen Bauten gehören dem → Shingle Style (Schindel-Stil) an, doch entwickelte er etwa ab 1906 einen ganz eigenständigen kubischen Stil, dessen charakteristische weiße Betonblöcke von der span. Missionsarchitektur in Kalifornien angeregt sind, der aber auch der fortschrittlichsten europ. Architektur dieser Jahre eng verwandt ist. Als Beispiel kann das Dodge House in Los Angeles (1916) dienen.

Lit.: McCoy '60a; Gebhard-Winter '65; Manieri Elia '66.

Gilly, David (1748-1808) → Gilly, Friedrich.

Gilly, Friedrich (1772-1800). Geb. in Altdamm bei Stettin, entstammte einer frz. Hugenottenfamilie, die 1689 nach Berlin übergesiedelt war; sein Vater war der spätere Oberbaurat David Gilly (1748 bis 1808). Ungeachtet seiner klassizist. Überzeugun-

Dom von Florenz mit dem Campanile von → Giotto. Nach einer Federzeichnung aus dem ›Codex Rustici‹, 1448.

gen, Studium bei → Langhans und → Erdmannsdorff, begann G. als → Gotik-Enthusiast mit Zeichnungen der Marienburg (1794). Friedrich Wilhelm II. von Preußen erwarb eine dieser Skizzen und gewährte dem jungen G. ein Reisestipendium, das er aber wegen der Revolutionskriege nicht antrat. – 1796 wurde die Idee eines National-Denkmals für Friedrich d. Gr. wiederbelebt. Friedrich war 1786 gest., und im Jahr darauf hatte man erstmals ein Monument geplant. Damals legte Christian Genelli spontan den Entwurf eines dor. Tempels vor, ein frühes Beispiel des Vertrauens in griech. Ideale (vgl. → Ledoux und → Soane). G. entwarf jetzt einen weiten, einem → Temenos ähnlichen Komplex und in dessen Zentrum einen viel größeren, sich über einer hohen Plattform erhebenden dor. Tempel – ein Parthenon für den König von Preußen (Abb. → Denkmal). Der ›Temenos‹ ist erstaunlich originell und formstreng. Es ist richtig, daß G. sich auf die neuesten Arbeiten junger Pariser Architekten und ihr Vorbild → Piranesi stützen konnte (z. B. bei seinem tonnengewölbten → Triumphbogen), aber die ganz schlichten, kubischen Formen sind sein ausschließliches Eigentum.

Im folgenden Jahr trat er sein Stipendium an, aber statt nach Italien ging er nach Frankreich und England. Seine Pariser Skizzen zeigen die bereits bei dem Denkmalsentwurf hervorgetretenen Sympathien. Nach seiner Rückkehr 1798 wurde G. Lehrer an der von seinem Vater gegründeten Berliner Bauakademie. Im gleichen Jahr entstanden seine Pläne für ein Nationaltheater in Berlin; ungeachtet einiger von Paris beeinflußter Motive ist es vielleicht der eigenständigste Entwurf dieser Zeit (Abb. → Deutschland). Es scheint leichter, von diesen klaren geom. Formen eine Verbindung zum 20. Jh. herzustellen, als zu allem, was zwischen G. und 1890 entstand. Die Funktionen der verschiedenen Teile des Gebäudes werden ganz deutlich, und die halbkreisförmige Fassade, die er von Jacques Legrands (1743-1808) und Jacques Molinos (1743-1813) Théâtre Feydeau (das er in Paris zeichnete) übernahm, regte → Moller an (Theater in Mainz, 1833) und über diesen → Semper.

Lit.: Oncken '35, '81²; Rietdorf '40; Pevsner '71; Kaufmann '55a; Lammert '64; Reelfs/Frössli '84.

Ginzburg, Moissej J. → *Nachträge.*

Giocondo, Fra (Giovanni da Verona; 1433-1515). In Verona geb. Architekt, Dominikaner. Sein architekton. Werk ist nicht sicher nachweisbar; als sein Hauptwerk gilt die Loggia del Consiglio in Verona (1476-93) mit ihren eleganten → Renaissance-Arkaden und den nach → got. Art über die Säulen gesetzten Zwillingsfenstern im ersten Stock. 1495-1505 war er in Paris, 1511 veröffentl. er die erste illustrierte → Vitruv-Ausgabe. Zusammen mit → Raffael wurde er 1514 zum Baumeister von St. Peter in Rom ernannt; von seinem Entwurf für den Petersdom (1505-12) gelangte jedoch nichts zur Ausführung.

Lit.: Venturi XI; Biadego '17; Brenzoni '60; Ray, S. '76; Fontana '88.

Giotto di Bondone (ca. 1266-1337). Ital. Maler und Baumeister. Wurde aufgrund seines Ruhms als Maler 1334 zum Dom- und Stadtbaumeister von Florenz ernannt. Sein architekton. Werk blieb auf den Campanile des Doms beschränkt, den er im selben Jahr begann. Der Plan wurde später abgeändert.

Lit.: Braunfels '48; Gioseffi '63; Trachtenberg '71.

Universität von Alcalá de Henares, von Rodrigo → Gil de Hontañón, 1514-43.

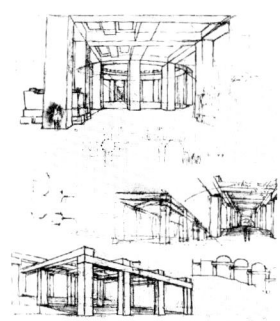

Entwurf für ein Mausoleum, von → Gilly, um 1798.

Wohnhaus in Santa Monica, Kalifornien, von → Gill.

Neue Kathedrale von Salamanca, von Juan → Gil de Hontañón, beg. 1512.

Dorischer Tempel. Aus der Vitruv-Ausgabe von → Giocondo, Paris 1511.

Detail der Eingangsfront des Palazzo del Tè, Mantua, von → Giulio Romano, 1525-35.

Giovanni d'Agostino (1. Hälfte 14. Jh.). Architekt und Bildhauer aus Siena. Arbeitete als Gehilfe seines Vaters Agostino di Giovanni bei der Ausführung zweier Kapellen in Arezzo (Dom und Pieve di S. Maria Assunta). Nach 1336 und 1340 erscheint G. als Dombaumeister in Siena. Auch am Dom von Orvieto soll G. in gleicher Eigenschaft tätig gewesen sein. G. ist wohl der bedeutendste Vertreter der Sieneser Gotik.   M.-A. V. L.
Lit.: Toesca '51.

Giovanni da Bologna (Giambologna) (1529-1608) → Krumpper.

Girlande → Feston.

Girolamo da Carpi, eigentl. Sellari, od. de Livizzani (1501-56). Architekt und Maler aus Ferrara. Zunächst Schüler seines Vaters Tommaso, später von Benvenuto Tisi, beeinflußt auch von Dosso Dossi. Studierte vermutlich in Rom antike Bauwerke und traf dort mit → Bramante und → Peruzzi zusammen. Seine Bauaufträge erhielt G. wieder in Ferrara: 1537 entstand der streng → klassizistische Palazzo Crispi, 1540 im Auftrag des Herzogs d'Este sein Hauptwerk der Palazzo Belvedere, der jedoch bereits 1599 wieder abgetragen wurde. Ab 1554 ist G. mit der Restaurierung des Kastells in Ferrara betraut. Laut Vasari soll G. noch eine Anzahl Pläne und Entwürfe für Privathäuser in Ferrara und Umgebung geschaffen haben.   M.-A. V. L.
Lit.: Serafini '15; Venturi XI.

Gitterschale. Anfang der 70er Jahre von → Otto und → Arup entwickeltes Tragwerkgerüst für die Multihalle der Mannheimer Gartenbauausstellung von Carlfried Mutschler und Joachim Langner. Otto hatte ein Kettennetzwerk entworfen, Arups Büro ein Lattengerüst, das am Schluß aufgenagelt wurde.
Lit.: Benevolo '77; Klotz '86.

Gitterschale. Multihalle der Bundesgartenschau, Mannheim, von Carlfried Mutschler & Partner, → Otto u. a., 1975.

Giudice, Carlo Giovanni Francesco (1747-1819) → Niederlande.

Giuliano da Maiano (1432-90). Florentiner Baumeister und Bildhauer, älterer Bruder → Benedettos da Maiano. Begann als Holzschnitzer (Chorgestühl im Dom zu Pisa, Schränke in der neuen Sakristei des Domes zu Florenz, 1463-65), arbeitete später jedoch hauptsächlich als Architekt. Von 1477 bis zu seinem Tode war er Dombaumeister von Florenz. Er trug dazu bei, den Stil der frühen → Renaissance

→ Brunelleschis und → Michelozzos über die gesamte Toskana hinaus bis in die Marche und nach Neapel zu verbreiten. Er entwarf die Cappella di S. Fina in der Collegiata zu San Gimignano (1468), den Palazzo Spannocchi in Siena (1470) und das → Portal von S. Domenico in Recanati. Sein Hauptwerk ist der Dom von Faenza (1474-86). In Neapel entwarf er die Villa di Poggioreale (1487, zerst.) und die quadrat. Porta Capuana (um 1485); wahrscheinlich auch die Kapellen Piccolomini, Terranova und Tolosa in der Kirche von Monteoliveto. Gemeinsam mit seinem Bruder Benedetto arbeitete er an der großen Wallfahrtskirche von Loreto.
Lit.: Venturi VIII; Céndali '26; Pane '37.

Fresko in der ›Sala dei Giganti‹, Palazzo del Tè, Mantua, von → Giulio Romano, 1525-35.

Giulio Romano (Giulio Pippi, auch Giulio Giannuzzi; 1492/99-1546). Geb. in Rom, begann als Maler wie als Architekt unter dem Einfluß von → Raffael, entwickelte aber bald einen eigenwilligen, dramatisch-manier. Stil (→ Manierismus). Sein erstes Bauwerk, der Palazzo Cicciaporci-Senni in Rom (1521-22) setzt die Tradition von → Bramante und Raffael fort, zeigt aber auch schon bedeutende Neuerungen; so ruhen die Säulen z. B. auf einem kühnen Gesims, das die Basen verschluckt zu haben scheint; ferner treten → Lisenen an die Stelle von → Pilastern. 1524 trat G. in Mantua in die Dienste Federigo Gonzagas; dort errichtete er seine wichtigsten Bauten. Der Palazzo del Tè (1525-35) wurde für Federigos Flitterwochen und als Sommervilla entworfen (Abb. → Italien). Das eingeschossige Bauwerk umrahmt einen weiträumigen Hof und gewährt Ausblick auf einen Garten, der in einer halbrunden → Kolonnade endet. Viele Teile des Planes gehen über Raffaels Villa Madama auf die röm. Baukunst der Antike zurück, neu jedoch ist die Wechselbeziehung zwischen Bauwerk und Garten-

Gartenseite des Palazzo del Tè, Mantua, von → Giulio Romano, 1525-35.

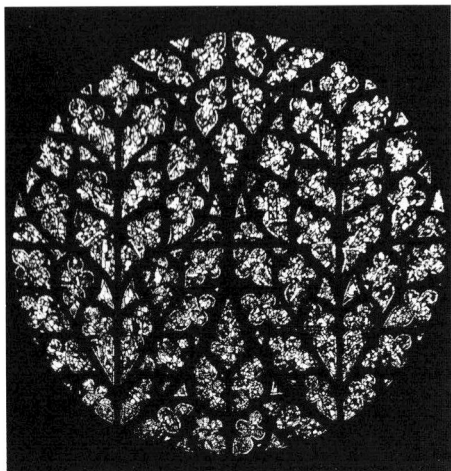

Glasmalerei. ›The bishop's eye‹, Kathedrale, Lincoln, um 1325.

anlage. Noch revolutionärer ist die Fassadengestaltung: die eine der Fassaden ist glatt und wiederholt das → Palladiomotiv als Blendarkade zum Garten hin; die anderen, mit unregelmäßigem → Bossenwerk, toskan. Säulen, mächtigen Schlußsteinen und absichtlich regelwidrig verwendeten antiken Details erscheinen rauh, fast ungestalt. Die Innenräume stattete G. mit Fresken aus, denen meist erotische Themen zugrunde liegen. Die ›Sala dei Giganti‹ gibt uns einen Schlüssel zu seiner eigenartigen Persönlichkeit: Sie hat nur eine Tür, keine Fenster; Wände und Decken sind so mit Fresken, die den Sturz der Titanen darstellen, bedeckt, daß die Form des Raumes vollkommen aufgelöst scheint und der Besucher in eine Kaskade von Steinblöcken und riesigen nackten Figuren (von denen einige fast 4 m groß sind) direkt miteinbezogen wird. Auch für die Fassade seines eigenen Hauses in Mantua (um 1544) verwendete G. antike Details in unorthodoxer Weise, aber diesmal in anderer Absicht: die Fassade wirkt nicht niederdrückend und beunruhigend, sondern überlegen-zurückhaltend, fast abweisend (Abb. → Manierismus). Für den Palazzo Ducale in Mantua entwarf er einen Hof, den Cortile della Cavallerizza (um 1544) mit gewundenen Doppelsäulen im ersten Geschoß und einem Flügel, der von bogenförmigen und quadrat. Fenstern durch-

brochen ist, um den Blick auf den nahen See freizugeben. G. entwarf auch den Dom zu Mantua (nach 1545), dessen doppelte Seitenschiffe von stämmigen korinth. Säulen – ihr monoton sich wiederholender Rhythmus zieht den Eintretenden zum Hochaltar hin – gestützt werden (Abb. → Manierismus). Die Gestaltung des Domes zeigt wiederum, daß es G. eher auf die Wirkung ankam, die ein Bauwerk ausüben soll, als auf seine vollendete Form. Man kann sagen, daß mit ihm die expressionistische Formensprache in die Architektur Einlaß fand. Abb. → Raffael.

Lit.: Lukomskij '32; Pevsner '46, '66²; Hartt '58; Tafuri '66; Heydenreich-Lotz '74; Verheyen '77; Frommel u. a. '89.

Glacis → Festung.

Glas, Glasmalerei. Die Glasherstellung (Materialien sind u. a. Quarzsand [Kieselsäure], Soda, Pottasche, kohlensaurer Kalk) reicht weit in das Altertum zurück. Glasprodukte sind bereits Ägyptern (ca. 3300 v. Chr.) und den Phöniziern bekannt. Fenster aus etwa zwei Millimeter starkem grünlichweißem undurchsichtigen Glas fand man bei den Ausgrabungen in Pompeji. Byzanz löste Rom nach dessen Untergang als Glasmetropole im frühen MA. ab, begründete u. a. die Glastradition von Murano/Venedig und die Glasmacherkunst der arab. Länder. Zu einem Massenprodukt wird Glas seit der künstlichen Herstellung von Soda im Jahre 1791. Die Anwendung von buntem Fensterglas und Glasmalereien sind erst aus der → Karolingerzeit bezeugt, und zwar für die Abteikirche Werden/Essen. Um 1000 gab es nach Berichten bemalte Fenster u. a. in den Klöstern zu Monte Cassino, Hildesheim, Tegernsee; im Augsburger Dom sind sie noch heute erhalten. Ihren Höhepunkt erreichte die Glasmalerei in der → Gotik, die von → Frankreich ihren Ausgang nimmt. Seit der Abteikirche von St-Denis bei Paris (1141-51) und der Westfassade von Chartres, 1150, erlangten die Glasfenster immer größere Bedeutung: Sie wurden zu farbig leuchtenden Wänden und verdrängten zunehmend die mit Malereien geschmückten steinernen Wände der → Romanik. Zahlreiche Beispiele dafür finden sich u. a. in französischen Kathedralen (Chartres, Sens, Paris, Reims, Beauvais und Bourges); englische (Canterbury, Lincoln und York) und deutsche Beispiele (Straßburg, Freiburg, Erfurt und Stendal) sind letzten Endes in der Nachfolge des französischen Vor-

Glasmalerei. ›Prophet Daniel‹, Dom zu Augsburg, um 1100.

Glasarchitektur. Palmenhaus im Park des Schlosses Nymphenburg, München, von → Sckell, um 1820.

Glasmalerei. ›Der Lebensbaum‹,
Chapelle du Rosaire, Vence, von
Henri Matisse, 1948.

Glasarchitektur. Halle des
Potsdamer Bahnhofes in Berlin,
von Döbner und Sillich,
1868-72.

Glasarchitektur. Kristallpalast,
London, Sydenham, von
→ Paxton, 1852-54.

bildes zu sehen. Einen Höhepunkt dieser Tradition bildet die Ste-Chapelle in Paris und die spätgot. Kirchen von Rouen. Die → Renaissance und die Zeit des → Barock bevorzugte die helle Verglasung, die dem Sonnenlicht unverändert Einlaß gewährt. Die im 15. Jh. aufkommende Verglasung vor allem der Profanbauten des Bürgertums durch gefärbte → Butzenscheiben konnten den Niedergang der Glasmalerei nach dem Ende der Gotik nicht aufhalten. Erst im 19. Jh., in der Zeit der Romantik und des → Historismus erhielt die Glasmalerei erneuten Aufschwung, die aber durch Einsatz moderner Glasprodukte – sog. Kathedralglas – an Spannung verlor, jedoch an Buntfarbigkeit zunahm. Im 20. Jh. wurden besonders schöne Glasfenster von Künstlern wie Rouault, Matisse, Léger und Chagall entworfen, oder, wie am Beispiel der Fenster von Ronchamps, von → Le Corbusier. Vgl. → Glasbaustein, → Prismatisches Glas.   M.-A. v. L.

Lit.: Kisa ’08; Grodecki, L. ’39; Ainaud de Lasarte 52; Davey, N. ’65; Schack ’78; Nölle ’79; Weiß, G. ’79.

Glasarchitektur. Bauten, bei denen vorwiegend Glas Verwendung findet. Nach der Gotik finden sich die ersten weitgehend in Glas aufgelösten Fassaden bei den → Orangerien des 18. Jhs. Die Fortschritte in der Glas- und Eisenindustrie führten Anfang des 19. Jhs. (z. B. Gewächs- und Palmenhaus im Nymphenburger Park, München, 1807 und 1820 von L. → Sckell) zu neuen architekton. Bauaufgaben. So steht die Galerie d'Orléans, von → Fontaine 1829 in Paris errichtet, am Anfang zahlreich folgender verglaster → Fußgängerzonen (→ Passagen). Große → Gewächshäuser aus Eisen-Glaskonstruktion von ungewöhnlichen Ausmaßen in strenger Funktionalität entstanden ab den 1830er Jahren besonders in England (Gewächshaus in Chatsworth von → Paxton, 1836-40, oder das Palmenhaus in

Kew von → Burton und Richard Turner, 1844), bzw. in Frankreich (Gewächshaus im Jardin des Plantes in Paris von → Rohault, 1833). Die erste Anwendung einer Glas-Eisenkonstruktion für eine → Ausstellungsarchitektur zeigte Paxton mit seinem Kristallpalast (Abb. → Ausstellungsarchitektur; → Großbritannien), anläßlich der Weltausstellung in London, 1851. Seine beeindruckende Handhabung der unterschiedlichen Materialien und Werkstoffe ließ eine ganze Generation von Hallen (Halles Centrales in Paris von → Baltard, 1853), → Bahnhöfen (Paddington Station in London von Burnal und → Wyatt, 1854), oder Ausstellungspavillons (Glaspalast von → Voit in München, 1853/54 folgen. Das Gußeisen, schon lange Zeit für Bereiche der Innenarchitektur angewendet, beginnt nicht zuletzt durch die Bemühungen von → Bogardus langsam das Mauerwerk bei bestimmten Bauaufgaben zu ersetzen. Durch die → Skelettbauweise (Schule von → Chicago), zunächst in Gußeisen, später auch in Stahl (→ Jenney), erweitern sich auch die üblichen Fenster zu Fensterfronten (Schaufenster bei Läden), nehmen die Fassaden immer mehr die Form einer dichten, durchgehenden Verglasung an (Carson, Pirie & Scott Department-Store [Abb. → Chicago-Fenster] von → Sullivan, 1899), das → Chicago-Fenster war geboren. → Horta verwendete diesen Fenstertypus bereits am Maison du Peuple in Brüssel, 1896-99, und → Behrens verlieh dem AEG-Werk in Berlin (1908-09) dadurch sein charakteristisches Aussehen (Abb. → Behrens); ähnlich auch die Verwendung am Faguswerk in Alfeld (Abb. → Deutschland), von → Gropius (1911). Durch den → Expressionismus erhielt die G. eine zweite Entwicklungsrichtung, die auch die Farbigkeit mit einbezog. Bruno → Taut, literarisch unterstützt von → Scheerbart, erregte mit seinem ›Glashaus‹ auf der Werkbundausstellung 1914 in

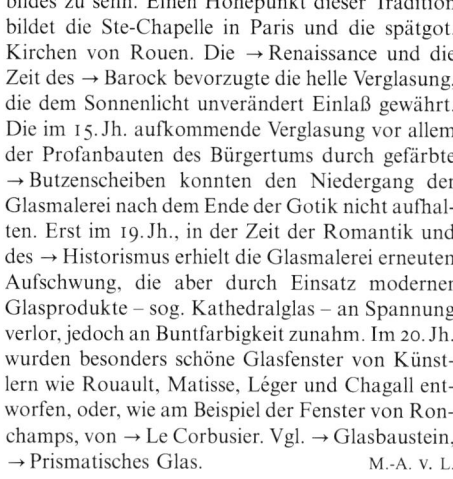

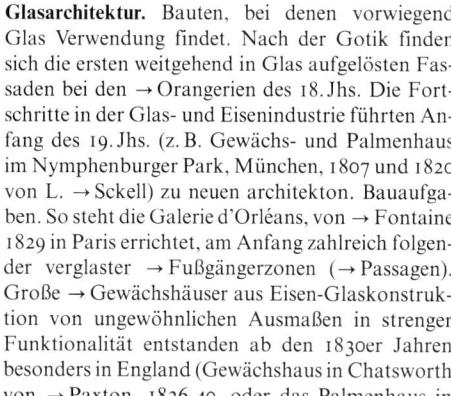

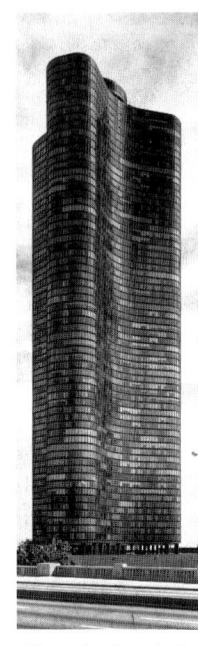

Glasarchitektur. Modell eines Bürohochhauses, Friedrichstraße, Berlin, von → Mies van der Rohe, 1921.

Glasarchitektur. Lake Point Tower, Chicago, von Schipporeit und Heinrich, 1964-68.

Glasarchitektur. Community Church, Garden Grove, von → Johnson, 1980.

Köln Aufsehen (Abb. → Ausstellungsarchitektur), doch erst die Neue Sachlichkeit des Dessauer Bauhauses 1925/26 (Abb. → Bauhaus) und zuvor schon → Mies van der Rohes Geschäftshausentwurf Berlin Friedrichstraße, 1919, mit erstmals durchlaufendem Fensterband, machen das Glas zum wesentlichen Element der Architektur eines → Hochhauses (Abb. → Mies van der Rohe). Mit dem Bau des Asyls der Heilsarmee in Paris von → Le Corbusier, 1932 oder dem Sekretariats-Gebäude der UN in New York, 1947-50, von → Harrison, dem Lever House in New York, 1952 (Abb. → Harrison), wird die Glasstahlkonstruktion schließlich zum bestimmenden Element der Fassade. In den 60er und 70er Jahren entstehen Bauten mit vollkommen verglaster Hülle, die jetzt das tragende Skelett wie Haut überzieht (→ Curtain Wall). Dabei wird das Glas oft eingefärbt wie bei den Offices for Willis Faber & Dumas Ltd., Ipswich, England, 1970-75, wodurch der Spiegeleffekt bei dunklem Glas gesteigert wird; die letzte Konsequenz ist die Verwendung von Spiegelglas. → Pellis Pacific Design Center, West Hollywood, Kalifornien, 1971-76, erhielt wegen seiner Farbe von der Bevölkerung den Namen ›Blauer Wal‹. Vgl. → Glasbaustein, → Prismatisches Glas.

M.-A. V. L.

Lit.: Völkers '39; Scheerbart '72; Drexler '79; Blaser '80; Hütsch '80; Hix '81; Kohlmaier-v. Sartory '81, '88; Behnisch-Hartung '82; Koppelkamm '88.

Glasbaustein → *Nachträge.*

Gläserne Kette. Vereinigung von 13 Architekten (u. a. → Finsterlin, → Gropius, die → Luckhardts, → Scharoun) unter Führung von Bruno → Taut (1919), der von → Scheerbart beeinflußt war. Diese Architekten, von denen später einige dem → Ring beitraten, suchten ihre Vorbilder in der Natur, u. a. im Kristall, in den Pflanzenformen, in Muskeln u. ä. Ihre Zeitschrift hieß ›Frühlicht‹.

Lit.: Taut '63; Whyte/Schneider '86.

Gleichseitiger Spitzbogen → Bogen 11, 5.

Glockendach → Dachformen 17.

Glockengiebel. Ein von einer oder mehreren Öffnungen durchbrochener Aufbau mit Satteldach (→ Dachformen 3) (und damit einem Giebelabschluß) auf einem Bauwerk, in dem Glocken aufgehängt sind.

Glockenstuhl. Das Holzgerüst, an dem die Glocken hängen.

Glockenturm. Ein Turm, in dem Glocken aufgehängt sind. Die meisten abendl. Kirchen haben Glockentürme – Ausnahme: die Kirchen der Zisterzienser (→ Zisterzienserbaukunst) und die → Bettelordenskirchen. Während nördl. der Alpen der G. meist mit der Kirche verbunden ist,)steht er im Süden häufig frei (→ Campanile).

Gloriette. Ein auf einer Anhöhe in einem Park errichteter Pavillon oder Tempel, der gern als Blickpunkt (point de vue) einer Landschaftsachse errichtet wurde. Besonders bekannt ist die G. im Park von Schloß Schönbrunn in Wien.

Glockengiebel. Franziskanerkirche San Martino, Texmallucan, Prov. San Diego, Mexiko.

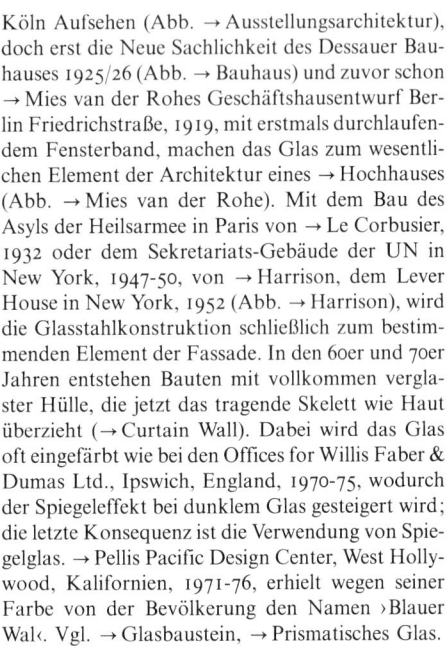

Gloriette. Schloßpark Schönbrunn, Wien, von Ferdinand von Hohenberg, 1775.

Gočár, Josef (1880-1945). Tschech. Architekt. Studierte in Prag bei → Kotěra, war dessen bedeutendster Schüler und späterer Mitarbeiter. 1912 gründete er zus. mit Pawel Janák die Prager Werkstätten. 1924 Prof. für Architektur, 1928 Rektor der Akademie der bild. Künste in Prag. 1925 erhielt er den Ersten Preis für den tschech. Pavillon auf der Ausst. f. Dekorative Kunst in Paris. Neben der Städtepla-

Legiobank, Prag, von → Gočár, 1921-23.

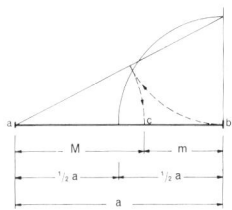

Skizze zu Bavinger House in der Nähe von Norman, Oklahoma, von → Goff, 1949-55.

nung widmete G. sich vor allem der Villenarchitektur und Innenausstattung. Typisch für G.'s Schaffen sind das kubistische Haus ›Zur schwarzen Mutter Gottes‹, Prag 1911/12 (Abb. → Kubistische Architektur), das Kurhaus in Bad Bohdaneč, 1910/13, die Legio-Bank, 1921-23, und die St. Wenzelskirche 1928/29, beide in Prag. Abb. → Tschechoslowakei.

M.-A. v. L.

Lit.: Dostál '67; CA '80.

Godefroy, Maximilien (1765-1840?). Architekt, emigrierte aus Frankreich und machte die Ideale des frz. → Klassizismus in den USA bekannt. Alle seine Hauptwerke stehen in Baltimore, wie die klassiz. Unitarian Church (1807, Innenraum verändert) und das Gebäude der Commercial and Farmer's Bank (1810), von dem nur das → Portal erhalten ist. Sein Meisterwerk ist das Battle Monument (1810 entworfen, 1824-27 erbaut), das erste große Staatsdenkmal in den USA. G.s klassiz. Ideale hinderten ihn jedoch nicht, auch in anderen Stilen (z. B. dem → neugotischen) zu bauen.

Lit.: Hitchcock '58; Alexander, R. L. '74.

Goeritz, Mathias → Mexiko.

Goff, Bruce Alonzo (1904-84). Amerikan. Architekt, Nonkonformist, von → Wright beeinflußt. Eigene Büros 1935-42 in Chicago, 1945/46 in Berkeley (Californien), 1956-64 in Bartlesville (Oklahoma), 1964-69 in Kansas City, 1970-82 in Tyler (Texas). 1948-55 Leiter der School of Architecture der Universität von Oklahoma. Seine Wohnhäuser sind exzentrisch und elegant zugleich, vereinen oft gegensätzliche Formen und Materialien, fließende freie Kurven mit komplizierten geom. Figuren, organische Baustoffe mit vorfabrizierten Standardteilen zu einer – oft eklektizistisch wirkenden – Einheit.

Ecole de Chirurgie, Paris von → Gondouin, 1771-76

Goldener Schnitt.

Durch seine schon früh einsetzende Ablehnung des → Internat. Stils wurde er zu einem Anreger → alternativen Bauens. Bemerkenswert sind das Ford House, Aurora, Illinois (1948), das als radial geteilter Kreis geplant, aus gebogenen Stahlrippen und Quonset hut, d. h. aus Baracken-Einheitsteilen erbaut wurde; das Bavinger House in Norman, Oklahoma (1949-55), eine fortlaufende schneckenhausartige, an einem Stahlmast mit Kabeln aufgehängte Spirale offener Räume; das aus ineinander verzahnten Polygonen bestehende Price House, Bartlesville, Oklahoma (1956-76) und die Barby II Residence in Tuscon, Arizona, (1974-76).

W. R.

Lit.: Zevi '72; Burchard '61; Manieri Elia-Moris '66; Gilson DeLong '77, '88; Cook J. '78; GA 33; Fiocchetto '90.

Goldberg, Bertrand (geb. 1913) → USA.

Goldener Schnitt. Ein irrationales Zahlenverhältnis, was wahrscheinlich schon den alten Griechen (vielleicht Euklid) bekannt war und von den Theoretikern der Renaissance – vornehmlich Luca Pacioli, ›De divina proportione‹, 1479, veröffentlicht 1509 – für göttlich gehalten wurde. Es kann als Linie bezeichnet werden, die man so aufteilt, daß sich der kleinere Abschnitt zum größeren verhält wie der größere zum Ganzen. Dies kann nicht mathematisch errechnet, sondern nur mit dem Zirkel konstruiert werden, daher seine Faszination. Annähernd wäre es 5:8.

Lit.: Le Corbusier '23, '48-50; Ghyka '31, '38; Hautecœur '37; Michel '50; Borissavliévitch '52; Hagemeier '77.

Golosow, Ilja A. → *Nachträge.*

Gondouin (Gondoin), Jacques (1737-1818). Architekt des frz. → Klassizismus, studierte bei J.-F. → Blondel und an der frz. Akademie in Rom (1761-64), unternahm anschließend Reisen nach den Niederlanden und England. Sein Meisterwerk ist die Ecole de Chirurgie in Paris (1771-76), die er als Tempel des Äskulap entwarf, mit einer Fassade in Form einer ionischen → Kolonnade (mit korrekten griechischen Details). Im Mitteltrakt, durch ein → Triumphbogen-Motiv bes. hervorgehoben, findet sich der Zugang zu einem quadrat. Hof, an der gegenüberliegenden Seite eine korinth. Tempelfront. Sie dient als → Portikus für die halbkreisförmig vorspringende Anatomie, die von einer flachen Halbkuppel überfangen wird. Das Gebäude schließt ein kleines Krankenhaus, eine Bibliothek, Laboratorien usw. ein. Monumental in der Auffassung und funktionell in der Anlage gehört es zu den schönsten und fortschrittlichsten Bauten seiner Zeit.

Das Anatomietheater wurde zum Vorbild für die Abgeordnetenkammer im Palais Bourbon (1795-97, 1828-33 umgebaut) und für viele andere Parlamentsgebäude, u. a. für → Latrobes Repräsentantenhaus im Kapitol in Washington. G. gründete ein eigenes, erfolgreiches Architekturbüro, wurde jedoch durch die Revolution ruiniert und tauchte bis zum Beginn des Kaiserreichs unter. Während der Regierungszeit Napoleons I. entwarf er die Säule auf der Place Vendome in Paris (1810 vollendet), die erste der riesigen Säulen, die im frühen 19. Jh. von Baltimore bis St. Petersburg (Leningrad) errichtet wurden.

Lit.: Kaufmann '23-24; Gallet '64 ff.

Gontard, Karl Philipp Christian (1731-91) → Deutschland.

Gopuram. Madurai, Indien, 16./18. Jh.

Gopura[m], das (sanskr.). Der kunstvoll gestaltete Torturm der südind. Tempel, charakteristisch für Hindu-Architektur (→ Indien, Sri Lanka, Pakistan; → Südostasiat. Baukunst).
Lit.: Brown P. '56a.

Gothic Revival, das (engl.: 2. Hälfte 18. Jh.-19. Jh.). → Großbritannien, → Neugotik.
Lit.: Pevsner '71f.

Gotik. Stil der abendl. Kunst vom 12.-16. Jh. Hat ihren Namen von → Vasari, der damit seiner Verachtung gegenüber der Kunst des Nordens (Goten) Ausdruck gab. Entstand in → Frankreich, im Kronland des frz. Königreichs (Ile-de-France), aus der Verschmelzung norman. und burgund. Architekturelemente und verbreitete sich von hier aus über ganz Europa. Mit *Frühgotik* bezeichnet man die Zeit vom Baubeginn von St-Denis (ca. 1135) bis zum Ende des 12. Jhs. (Kathedralen von Sens, Senlis, Noyon, Laon, Paris), mit *Hochgotik* die Zeit vom 1194 be-

Hochgotik. Kathedrale von Reims, 13. Jh.

gonnenen Wiederaufbau der Kathedrale von Chartres bis zum Ende des 13. Jhs. (Kathedralen von Chartres, Soissons, Reims, Amiens, Beauvais, Köln).

Die *Spätgotik* führte in vielen europäischen Ländern zu nationalen Ausprägungen, die zum Teil durch eigene kunstgeschichtliche Termini bezeichnet werden. In → Frankreich und in den → Niederlanden spricht man vom → Flamboyant-Stil, in → Deutschland versteht man unter Spätg. die *Deutsche Sondergotik*, d. h. jenen Stil, der seit 1350 von der Familie → Parler verbreitet wurde (→ Tschechoslowakei, → Italien). In England, wo die Gotik sich zu einer Art von Nationalstil entwickelte, hat sich ein eigenes System der Bezeichnungen entwickelt: *Early English* (Ende des 12. Jhs. bis 2. H. 13. Jh.) – *Decorated Style* (spätes 13. Jh. bis spä-

tes 14. Jh.) – *Perpendicular Style* (ca. 1330-1560), → Großbritannien. Auch in → Portugal hatte die Spätg. ihren eigenen Namen, den → Emanuelstil. Hauptkennzeichen der G. sind: das Verschleifen von Langhaus, Querhaus und Chor zu einem einheitlichen Raum, die Überwindung des → Gebundenen Systems der → Romanik durch queroblonge Joche, denen im Seitenschiff quadratische entsprechen, die eine schnellere Abfolge der Intervalle ermöglichen und so die Längstendenz betonen, der Spitzbogen in allen seinen Varianten (→ Bogen II 2), das Kreuzrippengewölbe (→ Gewölbe III 5), das von den von den → Pfeilern ausgesandten → Diensten getragen wird, und die verschiedenen sich von ihm ableitenden Gewölbe; Auflockerung des Außenbaues durch Strebebogen und Strebepfeiler, im Innenraum durch weiträumig gesetzte → Arkaden, die die Schiffe gegeneinander nur wenig abgrenzen, und die Auflösung der Wände durch → Emporen, → Triforien, → Obergaden mit großen, maßwerkgefüllten (→ Maßwerk) farbigen Glasfenstern. Die Verwendung dieser den Raummantel auflösenden Elemente führte im Verlauf der Entwicklung von der Frühgotik zur Hoch- und Spätgotik durch Reduzierung des Mauerwerkes zu immer kühneren Skelettkonstruktionen. Aufgabe des basilikalen Schemas (→ Hallenkirche, → Staffelkirche). Hochaufragende, spitze und sich oft in Filigranwerk auf-

Backsteingotik. Chor der Marienkirche zu Prenzlau, Brandenburg, 13.-15. Jh.

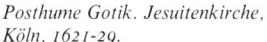

Posthume Gotik. Jesuitenkirche, Köln, 1621-29.

Hochgotik. Kathedrale, Noyon, Mitte 12. Jh.

*Hochgotik. Westfassade des
Kölner Doms, beg. 1248,
voll. im 19. Jh.*

Felsgrab Dareios' I., Naqsh-i-Rustam, Ende 6.,
Anfang 5. Jh. v. Chr.

lösende Türme (Straßburg, Freiburg i. B., Butter-
turm der Kathedrale von Rouen), fliegende Rippen,
Netz- und Fächergewölbe (→ Gewölbe III) und ein
Überwuchern des Maßwerkes kennzeichnen die
letzte Phase. Im Profanbau kommt es zu bedeutenden Leistungen, vor allem in den Niederlanden
(Tuchhalle Ypern, Rathaus Brügge u. a.), im ehem.
dt. Osten (Rathaus Thorn und Breslau) und in Italien (Rathaus Siena, Dogenpalast Venedig).
Im 15.-16. Jh. löst die → Renaissance die Gotik ab,
doch wird in Einzelfällen noch bis ins 17. Jh. gotisch
gebaut *(Posthume Gotik)*. Im 16. Jh. kommt es zu
einem Wiederaufleben des got. Stils (→ Gothic Revival), der im 19. Jh. in der → Neugotik einen Höhepunkt findet. Neben der Kathedralgotik, die von
ihren Anfängen an die Plastik und die Malerei
(→ Altarretabel) stark in die Konzeption mit einbezog, gab es noch die nach Nüchternheit und
Einfachheit strebende G. der Zisterzienser (→ Zisterzienserbaukunst) und der Bettelorden (→ Bettelordenskirche), die turmlose, querschifflose Hallenkirchen mit reduziertem → Strebewerk bevorzugten, oft jedoch die ersten Sendboten der
Spätgotik waren (→ Großbritannien, → Italien).

Lit.: Viollet-le-Duc 1854-68; Hasak '02; Stein, H. '11; Schlosser
'23; Gall '25; De Lasteyrie '26-27; Worringer '28; Clasen '30;
Focillon '38; Pevsner '42; Hempel '49; Panofsky '51, '60; Webb
'56; Harvey, J. '57; Jantzen '57, '61; Busch, Lohse, Gerstenberg
'58; Assunto '61; Frank, P. '60, '62; von Simson '62; Branner
'63; White '66; Grodecki '76; Panofsky '76; Sedlmayr '76; Jaxtheimer '81; Kimpel/Suckale '85; Erlande-Brandenburg '88;
Chatelet/Brecht '89; Sauerländer '90; W. Müller '90; Wilson '90.

Grab des Theoderich, Ravenna, 1. Viertel 6. Jh.

Gotischer Verband → Mauerverband 5.

Gowan, Sir James (geb. 1923) → Kanada;
→ Stirling.

Grab (Grabmal, Grabbau). Die größten und bekanntesten Grabmäler sind in Ägypten die → Pyramiden des Alten Reiches (Gîse, 4. Dyn., ca. 2500
v. Chr.). Sie waren aus der → Mastaba entwickelt,
wobei mehrere solcher Anlagen übereinander eine
Stufenpyramide bildeten (Saqqâra, Stufenpyramide des Djoser von → Imhotep, 3. Dyn.). Das
Mittlere Reich gab den weithin sichtbaren Malbau
auf, da er schon im Alten Reich Ziel räuberischer
Unternehmungen war. So bestattete man die Toten
in versteckt angelegte *Fels-* und *Ganggräbern,* von
denen das des Tut-ench-Amun fast unversehrt erhalten blieb und uns, da der vornehme Tote in allen
alten Kulturen mit seinem Hausrat bestattet wurde,
einen tiefen Einblick in Kunst, Kultur und Zivilisation Ägyptens in der Mitte des Neuen Reiches (um
1350 v. Chr.) gewährt. In der Spätzeit errichtete man

Grab. Eingang zum Tempelgrab
in Knossos, 1450-1400 v. Chr.

steinerne Kapellenbauten mit unterirdischen Kammern. → Iran und einige felsenreiche Gegenden
Kleinasiens (Lykien) kannten das Felsengrab mit
aus dem Fels gehauener Blendfassade. Daneben
gab es auf hohem Stufenunterbau stehende *Haus-
sarkophage* (G. des Kyros) und das griech. Bauformen verbundene *Turmgrab* mit pyramidalem
Abschluß. Beim → Mausoleum von Halikarnassos
(um 350 v. Chr., Baumeister Pytheos von Priene und
Satyros von Paros) sind alle diese Formen in einem
Bau verarbeitet, dessen Größe und Aufwendigkeit
ihn in die Reihe der Sieben Weltwunder stellte. –
Die griech. Kultur kannte zunächst die *Schacht-*
und → *Kuppelgräber,* beide in Mykene vertreten,
wobei jedoch die Kuppel des sog. Schatzhauses des
Atreus keine echte Kuppel ist (→ Kuppel). Das
griech. Mutterland entwickelte aus den Erdhügeln
Grabtische, die mit → Stelen, Gefäßen und (Fabel-)
Tierplastiken geschmückt waren. – Felsgräber gab
es wieder in der → etrusk. Kultur; sie hatten mehrere Räume und waren innen mit Architekturdarstellungen geschmückt. Daneben gab es das gebaute
G., das aus einem kubischen Unterbau mit pyrami-
denförmiger Spitze (Cippus) bestand. Besonders
diese Form findet sich im größeren G. der Römer
wieder (G. der Cäcilia Metella in Rom) und wurde
zum → Zentralbau weiter entwickelt (G. im Diokletianspalast in Split, G. des Theoderich in Ravenna).
Daneben finden sich im röm. Grabkult aber auch
alle anderen Formen, die für das G. in Griechenland, im Orient und in Ägypten ausgebildet worden
waren (Cestiuspyramide, Rom, und Gräberstraßen,
Pompeji). Ferner gab es das → Kolumbarium

Grab. Sarkophag, San Francesco,
Ravenna, um 400.

Grabmal von Lorenzo de' Medici, S. Lorenzo, Florenz. Von → Michelangelo, 1530-34.

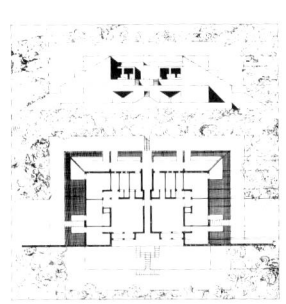

Haus Lancillotto, Porto Ercole, Italien, von → G. R. A. U., 1964.

Projekt für das Laboratorium U. Basile Paullo, Mailand, von → Grassi, 1968.

zur Aufstellung von Aschenurnen. Diesen Anlagen, die schon Friedhofscharakter haben, sind auch die → Katakomben zuzurechnen. – In nachantiker Zeit gab es kaum noch besondere Grabbauten. Zwar wurden Kirchen oder Moscheen über Grabplätzen von Heiligen errichtet, doch folgen sie im Typus weitgehend den üblichen Bauten dieser Art. Um so bedeutender wurde der bildhauerische Anteil am G.bau: Renaissance und 19.Jh. versuchten zwar noch einmal, das G. als gebaute Architektur zu behandeln, doch wiederholten sie nur das von der Antike her Bekannte oder verwendeten die Sakralform des Tempels.(– Eine andere Entwicklung weisen die Grabbauten → Indiens und → Chinas auf,

Grab. Christl. Gräber nahe Palazzolo Akreide, Sizilien. › Templi Feriali‹, 3.Jh. n. Ch.

die, wie die Grabbauten der islam. Mogulkaiser in Indien (Tadsch Mahal) oft von märchenhafter Pracht und Größe sind. → Denkmal; → Türbe.

Lit.: Ferrari '17; Fuhrmann '23; Panofsky '64; Auzelle '65.

Grandjean de Montigny, A.H.V. (gest. um 1777) → Brasilien.

Grapp, Wendelin (Wendeling) → Dietterlin.

Grassi, Giorgio (geb. 1937 in Mailand). Studium dort am Polytechnikum, seit 1965 in Mailand und in Pescara Lehrauftrag. G. zählt neben Aldo → Rossi zu den führenden Vertretern der ital. → Postmoderne und eines neuen → Rationalismus. Zu seinen ersten bedeutenderen Aufgaben gehörte die Planung der Wohnanlage ›San Rocco‹ in Monza (1966, zus. mit Rossi). G. sucht Klarheit und Strenge, wie sie Bauernhöfe der Lombardei kennzeichnen oder das Werk von → Tessenow und → Hilberseimer. Einen herausragenden Beitrag zur ital. Postmoderne leistete G. mit der Gestaltung des Studentenheims in Chieti (beg. 1976, zus. mit Antonio Monestiroli). Das von G. verwendete, den Bau charakterisierende Motiv der bis zum Dach hochgreifenden → Pfeilerkolonnaden (→ Kolonnade), die der mehrstöckigen Fassade vorgestellt sind, verwiesen neben dem Rückgriff auf die → neoklassiz. Architektur der 30er Jahre auf einen von → Weinbrenner nicht zur Ausführung gelangten Entwurf einer ›Langen Straße‹ (um 1808/10) für Karlsruhe. Mit dem 1967 erschienenen Buch ›La costruzione logica dell'architettura‹ und dem 1980 erschienenen ›L'architettura come mestiere e altri scritti‹ machte sich G. auch als → Architekturtheoretiker einen Namen.   W. R.

Lit.: Grassi '81, '83, '88; Klotz '84a und b.

Grabmal des Humayun, Delhi, 2. Hälfte 16. Jh.

Grat. Eine scharfe Kante, die beim Zusammentreffen zweier Flächenteile entsteht, so besonders **1.** die Schnittkante zweier Dachflächen, deren innerer Winkel kleiner ist als 180° (bei größerem Winkel als 180° → Kehle); **2.** die Schnittstelle zweier → Gewölbe.

Gratsparren. Der diagonal von der Ecke der → Traufe zum → First verlaufende Sparren eines Walmdaches (→ Dachkonstruktion, → Dachformen 5-7). Die Oberseite des Gs. ist der Neigung der beiden hier zusammenstoßenden Dachflächen angepaßt.

G.R.A.U. (Gruppo Romano Architetti Urbanisti). 1964 unter der Leitung von Sandro Anselmi gegründete röm. Architektengruppe (Chiatante, Eroli, Mariotti), deren → postmoderner → Historismus dem → Klassizismus und der Geometrie verpflichtet ist. Als Beispiele seien hier das Haus Lancillotto von Eroli und Mariotti (1964), das Projekt für den Blumenmarkt von San Remo (1971) und die Bauten von Santa Severina (1981) von Anselmi aufgeführt.
                                                                                W. R.

Snyderman House, Fort Wayne, Indiana, von → Graves, 1972.

Graves, Michael (geb. 1934). Nach dem Studium in Cincinnati und Cambridge, Mass. zwei Jahre an der Akademie in Rom, 1964 eigenes Büro in Princeton, New Jersey, 1972 dort Lehrer an der Universität und Publikation von → New York Five. Anknüpfend an die frühen → Le Corbusier sind das Hanselmann House, Fort Wayne, Indiana (1967), das Benacerraf House, Princeton, New Jersey (1969), und das Snyderman House, Fort Wayne, Indiana (1972), noch dem ›weißen‹ → Internationalen Stil und der → De Stijl-Bewegung verpflichtet, doch besitzen sie bereits in die Räume hineinkomponierte Wandbilder, die an den Kubismus von Braque und Gris erinnern. Das auf ein Achsenkreuz aufbauende Gerüst und die Wandbegrenzungen des Snyderman House scheinen sich zu einer abstrakten Raumskulptur verselbständigt zu haben. Schon 1971 hatte G. bei der HNO-Klinik, Fort Wayne, Indiana, die Farbe mit einbezogen; sein weiteres

Public Service Building, Portland, von → Graves, 1980-83.

Michael Graves.

Mode zu werden. Zu den ersten Architekten, die die Einfachheit und Würde der griech. Architektur des 5. Jhs. positiv beurteilten, gehören → Ledoux und → Soane. Das G. R. erlebte seinen Höhepunkt in vielen Ländern während der 20er und 30er Jahre des 19. Jhs. → Schinkel, → Smirke, → Wilkins, → Strickland. → Doric Revival.

Lit.: Hamlin '44; Saxl-Wittkower '48; Collins, P. '65; Wiebenson '69a; Pevsner '71; Mordaunt Crook '72; Kennedy '89.

Green, David (geb. 1937) → Archigram.

Greene, Herb(ert) (geb. 1929). Studium zunächst in New York, danach in Oklahoma unter → Goff, für den er auch in den Jahren 1950-53 arbeitete. G. versuchte, Bauformen zu entwickeln, die sich der Savannenlandschaft des Staates Oklahoma anpassen. In Amerika gilt G. neben Goff als bedeutender Vertreter der → Organischen Architektur. Sein bemerkenswerter Beitrag zu dieser Architekturform ist sein Eigenheim, das ›Prairie House‹ in Norman, Okla. (1961), eine Abkehr von allem Rationalen, von der Technik, auf rein persönliche Belange zugeschnitten, die Geborgenheit vermitteln. Ähnlich wie bei Goff führt sein Individualismus zu expressionistischen Lösungen.　M.-A. v. L.

Lit.: Borchardt, H. '65; Jencks '73.

›Prairie House‹, Norman, Oklahoma, von Herb → Greene, 1961.

Schaffen wird von einer zum Pastell hin gebrochenen, ›postmodernen‹ Farbigkeit, von Symbolik und Poesie geprägt. Der Umbau des Schulman House, Princeton, New Jersey (1976), läßt an Magritte denken, die Fargo-Moorhead Cultural Center Bridge zwischen North Dakota und Minnesota (1977) an → Ledoux; das gleichzeitige Plocek House, Warren Township, New Jersey, und die der Werbung dienenden Bauten der Jahre 1978/79 (Sunar Furniture Showroom u. a.) weisen bereits voraus auf jenen manieristischen → Historismus, der → Art-Deco-Elemente mit Erinnerungszitaten aus seinen röm. Jahren zu neuartigen → postmodernen Formen verbindet, so z. B. im monumentalen Public Service Building, Portland (1980-83). Neuere Bauten von G. sind der Aventine-Gebäudekomplex, La Jolla, Kalifornien (1990) und das Disney-World Dolphin Hotel in Orlando, Florida (1991).　W. R.

Lit.: Frampton '72; Graves '81, '82, '84, '89; Jencks '83; Klotz '84a, '84b; Scully '85; Nichols u.a. '89; Burke u.a. '90.

s' **Gravesande,** Arent van (ca. 1600-1662). Ein Nachfolger von → Campen und führender Vertreter des niederländ. barocken → Klassizismus. Sein Stil war schon bei seinem frühesten uns bekannten Bauwerk, dem Sebastiaansdoelen in Den Haag (1636), klar entwickelt. Seine reifen Arbeiten entstanden alle in Leiden, wo er Stadtarchitekt war: die Tuchhalle (1639), die Thysius-Bibliothek und sein Hauptwerk, die Marekerk (1639), eine oktogonale Kirche mit ion. Säulen, die den → Tambour der Kuppel tragen. Später begann er die Oostkirche in Middelburg (1646), eine Variante der Marekerk.

Lit.: ter Kuile '66.

Gray, Eileen → *Nachträge.*

Greef, Jan de (1784-1834) → Niederlande.

Greek Revival. Die griech. Architektur wurde im Gegensatz zur röm. in Europa erst wieder um 1750-60 bekannt. Sie wurde anfangs für barbarisch gehalten und nur von wenigen Architekten nachgeahmt. Das früheste Beispiel ist der Gartentempel in Hagley (1758) von → Stuart, doch erst um 1780 begann der griech. Stil voll verstanden und dann sogar

Greene & Greene. Charles Sumner Greene (1868 bis 1957) und Henry Arthur Greene (1870 bis 1954). Die südkalifornischen Architekten spezialisierten sich auf massive Holzkonstruktionen und folgten der → Arts and Crafts Bewegung, indem sie die Fugen nicht verdeckten. Sie bauten fast ausschließlich Wohnhäuser. Ihre niedriggezogenen Dächer erinnern an → Wright und den Prairiestil. Sie bevorzugten das Nebeneinander von Holz und Stein. Beispiele ihres Werkes sind das J. H. Cuthbertson House (1902), das Blacker House (1907) und das Gamble House (1908/09), alle in Pasadena, Californien, sowie das Pratt House (1909), Ojai, Californien.　M.-A. v. L.

Lit.: McCoy '60a; Strand '74; Makinson '78/'79; Greene & Greene '77, '85.

Charles S. Greene House, Pasadena, Kalifornien, von → Greene & Greene, 1902-06.

Haus David B. Gamble, Pasadena, Kalifornien, von → Greene & Greene, 1908-09.

Skizze von → Graves.

Vittorio Gregotti.

Greenway, Francis Howard (1777-1837). Als Schüler von Nash war G. zunächst in Bristol und Clifton tätig, wo er die Assembly Rooms (1806, von Joseph Kay voll.) entwarf. 1811 zahlungsunfähig erklärt, wurde er 1812 der Fälschung angeklagt und zum Tode verurteilt, statt dessen aber nach Australien deportiert. Der Urteilsspruch lautete zwar auf vierzehn Jahre, aber durch die sofortige Empfehlung eines pensionierten Admirals an Gouverneur Macquarie konnte er sehr bald Gebäude in und um Sydney entwerfen. 1816 wurde er ›Acting Civilian Architect‹. Seine bedeutendsten Bauten entstanden im Zeitraum von nur sechs Jahren: der Leuchtturm und Macquarie Tower; die Kirchen von St. Matthew in Windsor, St. Luke in Liverpool und St. James und das Government House in Sydney, The Hight Park Barracks und das Liverpool Hospital, auch in Sydney. Sein Stil scheint zuerst spätgeorgianisch zu sein; aber individuelle Motive sind überall vorhanden, besonders in St. Matthew.   M.-A. V. L.

Lit.: Ellis '66²; Herman '54; EA '82.

Spinnerei Bossi, Cameri, von → Gregotti, 1968.

Gregotti, Vittorio (geb. 1927). Studium am Politecnico in Mailand, seit 1964 dort Lehrer, seit 1978 zugleich Lehrtätigkeit am Istituto Universitario di Architettura in Venedig. Zunächst Verfechter des ital. → Neoliberty (Wohngebäude der Fa. Bossi in Cameri bei Novara, 1956/57). Für sein späteres Werk wurden topographische Gegebenheiten und ein zunehmender → Rationalismus bestimmend: 1962-67 Stadtplan für Novara, 1970 ff. Projekte für die Universität und das Quartiere Zen in Palermo, 1971 Neubauten für die Universität von Florenz, 1972 ff. Universität von Kalabrien bei Cosenza (zus. mit anderen).

Lit.: Gregotti '66; Berlin '76; Tafuri '82; Oechslin '90.

Universität von Kalabrien, bei Cosenza, von → Gregotti, beg. 1972.

Grenander, Alfred Frederik Elias (1863-1931). In Schweden geborener, aber hauptsächlich in Berlin praktizierender Architekt. Studium an der TH in Stockholm und Berlin. 1888-97 Mitarbeiter bei den Architekten → Messel und → Wallot (Reichstagsgebäude, Abb. → Deutschland) in Berlin. Ab 1896 als selbständiger Architekt tätig. 1900-30 Hochbauten für die Berliner Hoch- und Untergrundbahnges., Verwaltungsgebäude und Fabrikanlagen für die Firmen: Loewe AG, Guthmann, Knorr in den Jahren 1907-17; weiterhin Beamtenwohnhäuser, Umformwerke sowie Landhäuser und Villen in Berliner Vororten.

Lit.: Posener '79

Griechische Architektur. Als Gliederbauweise unterscheidet sie sich grundlegend von der röm. und ma., da jedes Bauglied vom Quader bis zum Gebälk zum Ganzen proportional in Beziehung gesetzt wird. Dem entspricht der Verzicht auf Mörtel als Bindemittel. Dieses Prinzip setzt sich bald nach 600 v. Chr. mit dem Übergang zum Steinbau durch.

Die seitdem kanonisch (→ Kanon) zu nennende Architektur entwickelte sich am Tempelbau (→ Tempel, → Tempelformen), dessen wichtigster Typ der → Peripteraltempel ist. Sie bleibt auffallend variationsarm bei intensiver Ausformung der einzelnen Glieder. Ihre stereometrischen Grundformen werden gemildert. So erfährt die → Säule durch leichte Schwellung ihres Schaftes (→ Entasis) einen Impuls von Kraft, am Parthenon und Zeustempel bekommt der Bau durch eine Aufwärtskrümmung (→ Kurvatur), die von den → Stylobatstufen bis zum Gebälk durchgeht, eine atmende Gespanntheit.

Es haben sich zwei Ordnungen (→ Säulenordnungen) ausgebildet, die ionische im Osten, die dorische im Mutterland und Westen. Ihrer Formensprache liegen wahrscheinlich konstruktive Holzformen zu Grunde. Im dor. Bereich sind hölzerne Säulenschäfte am Heraion von Olympia (600 v. Chr.) nachweisbar, in Thermos und Delphi auch hölzerne → Architrave. Die → Triglyphe erklärt → Vitruv als die Verbreiterung eines Balkenkopfes auf dem Architrav. Die → Metope ist – ihrem Wortsinn nach – der offene Zwischenraum zweier Triglyphen. Nur in Thermos und Kalydon haben sich vom Gebälk früher Tempel (7. Jh.) Metopenplatten aus Ton erhalten. Die → Mutuli an der Unterseite der → Geisa sind als ausladende Sparrenenden zu verstehen; die an ihnen in 3 x 6 Reihen haftenden → Guttae waren wohl urspr. Nagelköpfe aus Holz, nicht aus Metall.

In der ion. Ordnung geht ebenfalls die Säule auf den Holzschaft zurück, ebenso das → Kapitell, dessen Doppelvoluten sich aus dem Sattelholz entwickelt haben dürften. Über dem in drei → Faszien gegliederten Architrav liegt der → Zahnschnitt, der wohl seiner Herkunft nach das ausladende Ende einer Decke horizontal verlegter Vierkantbalken war. Er wird am Schatzhaus von Syphnos (Delphi) gegen einen figürlichen → Fries ausgetauscht, ein Motiv, das an den ion. Bauten Attikas im 5. Jh. aufgenommen wird (Ilissos-, Niketempel, u. a., Athen).

Auch in der Grundrißlösung unterscheiden sich beide Ordnungen. Der dor. Peripteraltempel kennt aus Symmetriegründen nicht nur eine dem Hauptraum vorgelagerte Halle (→ Pronaos), sondern

Unter der Hochbahnbrücke in der Schönhauser Allee, Berlin, von → Grenander, nach 1905.

Tempelmodell aus Ton.

auch eine auf seiner Rückseite (→ Opisthodom), die mit der → Cella durch eine Tür verbunden ist. Das Verhältnis der Cella zur Peristase ist differenziert. Die seitlichen Umgänge sind schmaler als die an den Fronten. In klass. Zeit gewinnt das dem Pronaos vorgelagerte → Pteron durch auffallende Tiefe den Vorrang (Bassai, Tegea). Im Hephaisteion in Athen und Apollotempel von Sunion wird dieses Pteron durch einen umlaufenden Fries auf der Innenseite des Triglyphons als eigener Raum betont.

Demgegenüber werden Peristase und Cella am ion. Tempel streng dem gleichen Raster unterworfen. Allein die Eingangsseite, die Wegrichtung zur Cella, zum → Adyton, wird durch ein verbreitertes Mitteljoch hervorgehoben. Bezeichnend sind für Ionien die riesigen → Dipteroi mit doppelter Säulenreihe auf jeder Seite und Fortsetzung der Frontsäulen weit in den Pronaos hinein, die den Eindruck eines Säulenwaldes hervorrufen (Samos, Ephesos, Didyma, Sardes). Figürlicher Schmuck findet in Ionien auch an Säulen (Columnae celatae) und in Friesform an Cellawänden oder Architrav (Didyma) Verwendung. An dor. Tempeln bleibt der Schmuck auf das Giebeldreieck und die Metopen beschränkt. Eine Ausnahme davon machen der Parthenon, um dessen Cella außen ringsum ein Relieffries lief, und der Apollontempel in Bassai, wo

Polygonalmauerwerk. Stützmauer des Apollo-Tempels, Delphi, spätarchaisch.

in der Cella ein umlaufender Fries von ion. Halbsäulen getragen wurde.

Sieht man von Sizilien ab, wo auch im 6. Jh. Riesentempel begonnen wurden (Tempel G von Selinunt, Olympieion von Akragas), so bleiben in der archaischen Zeit die Tempel des Mutterlandes (z. B. Korinth, Delphi, Athen) im Vergleich zu den ion. klein. Seine Vollendung findet der dor. Tempel in dem des Zeus von Olympia (456 v. Chr.), dessen kraftvolle Formen mit der Strenge und Geschlossenheit des Gesamtbaues zu einer unübertrefflichen Einheit verschmelzen. In ihm kommen die Tendenzen der archaischen Zeit zum Abschluß.

Dagegen weisen die nur wenig jüngeren Bauten auf der Akropolis von Athen weit in die Zukunft. Die Säulen des Parthenon werden schlanker, das Kapitell knapper, die Verbreiterung der Front von 6 auf 8 Säulen nimmt dem Bau die Schwere, die noch im Zeustempel liegt. In der Cella kündigt sich ein neues Bewußtsein für den Innenraum an. Basis und Gebälk der ion. Bauten (s. oben) werden in Athen abgewandelt, unter denen das Erechtheion das im Grundriß und Aufriß komplizierteste, im Schmuck (Korenhalle) reichste Bauwerk ist.

Die am Tempel entwickelten Ordnungen finden seit dem 5. Jh. zunehmend Verwendung an anderen Bauaufgaben: Brunnenhäuser, Tore, Theater, Buleuterien (Rathäuser), → Palästren, Grabbauten und vor allem an Hallen, die in hellenistischer Zeit auch zweigeschossig werden können. Seit dem späteren 5. Jh. (Bassai) setzt sich das vegetabilische Ornament mit dem korinth. Kapitell auch an der Säule durch. Das 4. Jh. greift verstärkt den peripteralen Rundbau auf (Delphi, Epidauros, Olympia) und bringt die Entwicklung der architektonischen Glieder zum Abschluß. Die daraus hervorgehende → hellenistische Architektur verfügt damit über einen reichen Kanon von Bauelementen, mit dem sich alle architektonischen Probleme eines Bauwerks lösen lassen. Säulen und dazugehörige Gebälke, → Anten, → Pfeiler, → Halbsäulen und → Pi-

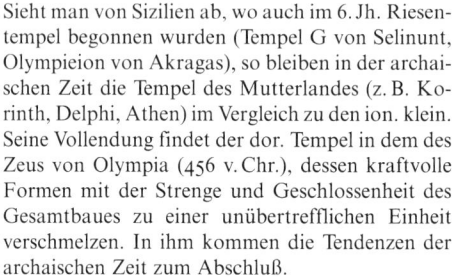

Zeus-Tempel, Olympia. Querschnitt.

Zeus-Tempel, Olympia, zwischen 470 und 456 v. Chr.

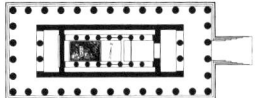

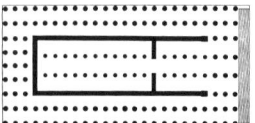

Der polykratische Dipteros (Hera-Tempel IV), Samos, nach 538 v. Chr.

*Metopen vom Tempel C, Selinunt,
heute im Nationalmuseum
Palermo, 6. Jh. v. Chr.*

laster, → Sockel und → Profile, die jetzt von ihrer
urspr. Ordnung unabhängig verwandt werden können, gehen als unentbehrliche Gestaltungsmittel in
die → römische Architektur ein, über die sie in die
Architektur der Renaissance und des Barock gelangen. A. M.

Lit.: Daremberg-Saglio 1873-1914; Reder 16; von Gerkan '24;
Navarre '25; Weickert '29; Doxiadis '37; Robertson, D. S. '43;
Anti '47; Dinsmoor '50; Bairati '52; Martienssen '56; Martin
'56, '65, '72 Lawrence '57; Berve-Gruben-Hirmer '61; Giuliano
'66; Lavedan '66; Charbonneaux-Martin-Villard '68, '69, '70;
Gruben '80; Krauss, F. '78; Scully '79; Knell '68, '79; Papageorgis-Venetas '81; Gruben '86⁴; W. Müller '89; Polewoi '91; Heth-
ington '91.

*Athena Nike-Tempel, Athen, von → Kallikrates,
427-26 v. Chr.*

Griechisches Kreuz → Kreuz.

Griffin, Walter (1876-1937) → Australische Architektur.

Grimaldi, Giovanni Francesco (1606-80) → Algardi.

Groethuysen, Herbert (geb. 1921) → Ausstellungsarchitektur.

Gromann, Nikolaus (Nickel) (tätig 1537-74). Fähiger dt. Renaissance-Architekt und Militäringenieur. Sein Hauptwerk ist das Rathaus in
Altenburg/Thüringen (1562-64). Er wird auch als
Steinmetz beim Bau des Schlosses Augustusburg
bei Zwickau genannt; die Bauleitung hatte
→ Lotter, dem er möglicherweise assistierte. Mit
größerer Sicherheit sind ihm der N-Flügel und die
Kapelle von Schloß Hartenfels zuzuschreiben
(1543-44). Die Kapelle ist nach dem Zeugnis Lu-
thers der erste protest. Kirchenbau. G. war auch
auf der Wartburg tätig und erbaute 1549 das Cra-
nachhaus in Weimar. Zwischen 1553 und 1558 hatte
er die Oberleitung über den Ausbau der Veste Coburg inne, 1553 arbeitete er an den Befestigungsanlagen in Gotha mit. 1560-64 erbaute er den Neuen
(oder Französischen) Bau der Feste Heldburg.

Lit.: Stange '26; Horst '28.

Gropius, Walter (1883-1969). Studierte an den Technischen Hochschulen von Berlin und München. Er
wurde im Architekturbüro von → Behrens, der es
für die Pflicht eines Architekten hielt, auch Fabriken und Gebrauchsgüter zu gestalten, in die Probleme der Baukunst des 20. Jhs. eingeführt. G. ar-

*Älteres Artemision, Ephesos,
Mitte 6. Jh. v. Chr.*

*Heiligtum der Athena Pronaia: der Tholos, Delphi,
Anfang 4. Jh. v. Chr.*

beitete von 1907-10 bei Behrens. Als er sich 1910
selbständig machte, legte er einem einflußreichen,
vermögenden Kunden seine Erfahrungen dieser
Zeit in einem Memorandum über die Massenproduktion von Häusern und Einrichtungen vor. Ein
Jahr später baute er zusammen mit Adolf → Meyer
(1881-1929) die Faguswerke in Alfeld (Abb.
→ Deutschland), einer der frühesten Bauten überhaupt, bei denen die architekt. Elemente, die den
→ Internationalen Stil bestimmen sollten, bereits
voll beherrscht wurden: Gläserne → Curtain Walls,
klare kubische Blöcke, keine sichtbaren Träger an
den Ecken. Für die Ausstellung des → Dt. Werk-
bundes in Köln 1914 errichtete G. zusammen mit
Meyer eine Musterfabrik samt Bürogebäude, genauso radikal in der Betonung neuer Prinzipien
(Abb. → Ausstellungsarchitektur; → Meyer). Neben Behrens wurde nun → Wright eine Quelle der
Inspiration für G., denn zwei Publikationen waren
über diesen 1910 und 1911 in Berlin erschienen. Auf
Grund des für die Werkbundausstellung errichteten
Gebäudes riet van de → Velde, damals Direktor der
Kunstgewerbeschule in Weimar, dem Großherzog,
G. zu seinem Nachfolger zu machen. G. nahm an
und ließ sich nach dem Ersten Weltkrieg in Weimar
nieder mit der Absicht, diese Schule von Grund
auf zu reorganisieren. Er prägte für sie den Begriff
→ Bauhaus. Der Name spielt auf G.s Überzeugun-
gen an, daß, wie in den Bauhütten der ma. Dome,
das Bauwerk der Treffpunkt aller künstlerischen
und handwerklichen Lehre sein müsse. Er glaubte
auch, daß alle Künstler mit den Handwerken vertraut sein sollten und die Grundausbildung von
Künstlern und Handwerkern die gleiche sein sollte:
eine Einführung in Form, Farbe und Beschaffenheit
des Materials. Dieser Teil des Lehrprogramms, der
zuerst von Johannes Itten ausgearbeitet wurde, bildete den ›Vorkurs‹.
G. wurde in den ersten Jahren des Bauhauses teils
von den Ideen William → Morris' angeregt, teils ist
auch eine Beeinflussung durch den Enthusiasmus
der → Expressionisten festzustellen. Es gibt tatsächlich Werke von ihm aus dieser Zeit, deren Stil durchaus expressionistisch ist, vor allem das Beton-Denk-
mal für den Märzaufstand (1921) mit seinen ausgezackten Formen und das große Blockhaus für den
Holzfabrikanten Adolf Sommerfeld (1921-22), das
von Lehrern und Studenten des Bauhauses eingerichtet wurde. Aber 1923, angeregt durch Kontakte
mit der holländ. Künstlergruppe → De Stijl, kehrte
G. dann zu den Idealen seiner Frühzeit zurück. Das
Bauhaus verlegte die Betonung vom Handwerklichen auf die industrielle Formgebung, und G.s

Siemensstadt, Berlin, von → Gropius, 1929.

eigener Stil folgte noch einmal der gleichen Linie wie bei den Faguswerken. Das Hauptwerk dieses Wandels ist der Neubau des Bauhauses in Dessau (1925-26), funktionell geplant und funktionell in den Details (Abb. → Bauhaus, → Neue Sachlichkeit). Andere bedeutende Entwürfe dieser Blütezeit in Deutschland sind die für ein Totaltheater (1926, Abb. → Theaterbau) und die langen Blöcke ›rationaler‹ Wohnsiedlungen für die Siemensstadt in Berlin (1929).

Der zunehmende Druck des Nationalsozialismus führte 1933 zur Zerschlagung des Bauhauses, aber G. war bereits 1928 zurückgetreten. Nach der Machtergreifung Hitlers verließ G. Deutschland, und nach dem kurzen Zwischenspiel einer Partnerschaft mit → Fry in London (1934-37), deren einflußreichstes Ergebnis das Impington Village College bei Cambridge war, ging er nach Harvard, Mass. Das Impington College ist das erste eines neuen Typus von zwanglos gruppierten Schulgebäuden, der nach dem Zweiten Weltkrieg die internationale Aufmerksamkeit auf England lenkte. An der Harvard-Universität widmete sich G. hauptsächlich wieder der Lehre. Im Einklang mit seinem Glauben an die Teamarbeit eröffnete er seine eigene Firma, ›The Architects' Collaborative‹, eine Gruppe jüngerer Architekten, die mit ihm in voller Freiheit zusammenarbeiteten. Von den Leistungen dieser Gemeinschaft seien das Harvard Graduate Center (1949) und ein Wohnblock für das Hansa-Viertel in Berlin (Interbau-Ausstellung, 1957) erwähnt. G.s bedeutendstes Werk der Spätzeit ist

wohl die US-Botschaft in Athen (1957-61). Zu seinen letzten Entwürfen gehörte die Porzellanfabrik ›Rosenthal am Rotbühl‹ in Selb (1964).

Lit.: Bauhaus; Gropius '19, '23a, b, '25a, b, '26, '30, '35, '55, '65, '67; May-Gropius '30; Pevsner '42; Argan '50; Giedion '54; Rogers in EUA; Benevolo '60; Fitch '61; Weber '61; TAC '66; Franciscono '71; Busignani '72; Gropius, J.-Fitch '72; Wilhelm '83; Isaaks '84; Berdini '84; Herbert '85; Nerdinger '85; Probst/ Schädlich '86-'87; Isaacs '91.

Grosch, Christian Hendrik (1801-65) → Skandinavien.

Großblockbauweise → Präfabrikation.

Harvard Graduate Center, von → Gropius, 1949.

Großbritannien. Die Römer haben etwa um 410 die Britischen Inseln verlassen; von den Bauten der nachröm. Zeit bis ins beginnende 7. Jh. ist nichts erhalten geblieben. Doch haben Ausgrabungen an so weit auseinanderliegenden Orten wie Tintagel oder Llantwit Major in Cornwall und Whitby in Yorkshire bewiesen, daß die frühchristl. Klostersiedlungen wie jene der ägypt. Zönobiten angelegt waren: einzelne Hütten gruppierten sich zwanglos um ein Zentrum mit der Kirche und wahrscheinlich einem Refektorium. In → Irland finden wir Überreste einer derartigen Klosteranlage z.B. in County Down bei Nendrum, und von Irland aus erreichte diese Form wahrscheinlich England; so muß es in Abingdon in Oxfordshire eine solche Niederlassung gegeben haben. – Ebenfalls aus dem 7. Jh. stammen die ersten erhaltenen Kirchenbauten. Sie lassen sich in zwei Gruppen gliedern: in die südöstl., durch → Apsiden und eine Dreierarkade (→ Arkade), die den → Chor vom → Langhaus trennt, charakterisiert, und eine nördl., durch ein langes, hohes und enges → Schiff und geraden Chorabschluß bestimmt. Zur ersten Gruppe gehören z.B. St. Pancras und St. Martin in Canterbury, Reculver und Bradwell-on-Sea, zur zweiten Monkwearmouth, Jarrow und Escomb. Anstelle von → Seitenschiffen haben diese Kirchen Seitenräume, die man ›Porticus‹ nennt. Türme gibt es nicht; im Westen waren geschlossene Vorhallen angebaut. Eine vermittelnde Stellung zwischen diesen beiden Gruppen nehmen die Kirche in Brixworth in Northampton, die größer ist als die anderen und Seitenschiffe hat, und die in Bradford-on-Avon in Wiltshire ein. Das typisch angelsächs. Schmuckwerk der Kirche von Bradford mit ihren → Lisenen, flachen → Blendbögen und Dreiecken anstelle von Rundbögen – gehandhabt wie das Balkenwerk eines → Fachwerkbaus – gehört schon dem 10. Jh. an. Diese Art der Dekoration ist das auffälligste Stilmerkmal der spät-*angelsächs.* Baukunst. Ebenfalls im 10. Jh. scheinen Turmbauten, die entweder am Westende der Kirche oder aber zentral, also zwischen Langhaus und Chor stehen, aufgekommen zu sein. Als Beispiele

Walter Gropius.

Escomb, Durham, 1. Hälfte des 7. Jhs. (angelsächsisch).

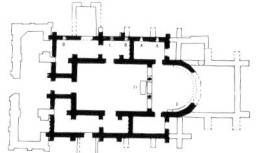

Reculver, Kent, 669 (angelsächsisch).

Steinfachwerk (long-and-short work), Earls Barton, 10. oder frühes 11. Jh. (angelsächsisch).

Brixworth, Northamptonshire, Ende 7. Jh. (angelsächsisch).

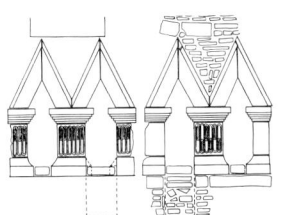

*Fensterreihe in Deerhurst,
Gloucestershire, frühes 9. Jh.
(angelsächsisch).*

seien hier nur die Kirchen in Earls Barton und in
Barton-on-Humber, mit voll ausgebildetem ›Steinfachwerk‹, dem sogenannten ›long-and-short-
work‹, genannt. Auch → Querschiffe finden sich
jetzt, und Seitenschiffe werden etwas häufiger. Die
Tatsache, daß immer noch, wie in den frühesten
Jahrhunderten, Holzkirchen errichtet wurden, ist
durch die Kirche von Greensted in Essex (ca. 1013)
erwiesen. Zahlreiche Kirchen des späten 11. Jhs. zeigen neben angelsächsischen auch norman. Motive,
eine Stilüberlagerung, die als sächsisch-norman.
Mischstil bezeichnet wird.

In England versteht man unter Normannischer Architektur die von Wilhelm dem Eroberer (1066-
87) aus der Normandie nach England gebrachte
Bauweise, d. h. jenen Stil, der auf dem Festland
→ Romanik heißt. Genau genommen beginnt der
norman. Stil in England bereits kurz vor der Eroberung der Insel durch die Normannen, nämlich mit

dem Neubau der Westminster Abbey (ca. 1050-65)
durch Eduard den Bekenner, der lange Zeit als
Flüchtling in der Normandie gelebt hatte. Sie zeigt
die gleichen Merkmale wie die roman. Kirchen von
Jumièges (1037-67), Mont-St.-Michel (1024-84)
und Caen (beg. 1062 und 64): im Innern Arkaden,
eine → Empore (weiträumig oder klein, mit großen
oder unterteilten Öffnungen zum Mittelschiff hin),
einen Lichtgaden und einen offenen Dachstuhl, außen eine Zweiturmfassade und einen Vierungsturm
über quadrat. Grundriß (Canterbury, Southwell).
Das Ausmaß der Bautätigkeit war gewaltig; fast
alle Kathedralen und Abteikirchen wurden neu errichtet. Die meisten Bischöfe und Äbte stammten
aus norman. Adel, dennoch gibt es neben dem norman. Stil zahlreiche andere Varianten der Romanik: der mächtige einzelne Westturm der Kathedrale von Ely und die riesigen Nischen der Fassaden
der Kirche in Tewkesbury und der Kathedrale in

*Kathedrale,
Durham, 1093-1130
(normannisch).*

Lincoln sind dt. Ursprungs, die unter der Arkade eingebaute Empore (Jedburgh) und die gewaltigen Rundpfeiler (Tewkesbury und Gloucester) dürften burgund. Vorbilder haben (St-Philibert in Tournus). Das geom. Ornament wiegt vor (Zickzack-, Zinnen-, Ketten-, Rollenmuster und ähnliche Motive). Figurenschmuck ist in England – im Gegensatz zum frz. Kronland – selten und auf die → Portale konzentriert (York, Kapitelhaus von St. Mary's Abbey), und eher durch Westfrankreich und die Lombardei beeinflußt als durch die nordfrz. Königskirchen.

Nur einmal scheint England in der Epoche der europ. Romanik die Führung übernommen zu haben: in den → Gewölben der Kathedrale von Durham. Denn während es in England keine Parallelen zu den mächtigen Tonnengewölben (→ Gewölbe III, 1) so vieler frz. u. zu den Kreuzgratgewölben (→ Gewölbe III, 4) so vieler dt. Kirchen gibt, war Durham von Anfang an (1093) mit Kreuzrippengewölben (→ Gewölbe III, 5) überfangen, und es scheint, daß es nicht nur das erste in Nordeuropa, sondern möglicherweise das erste in Europa überhaupt war. Vielleicht mögen einige der unentwickelten Rippengewölbe der Lombardei früheren Datums sein, aber

Kathedrale von Ely, 12. Jh. (normannisch).

jenes von Durham ist zweifellos unendlich vollendeter, und es führte mit seinen Nachfahren in Caen und St-Etienne in Beauvais zu einer triumphalen Übernahme der Kreuzrippengewölbe im got. Stil, zuerst in Frankreich und dann überall.

Die → Gotik erreichte England zunächst über den Zisterzienserorden. Ihre ersten engl. Bauten von etwa 1130-60 haben, obwohl mit Spitzbogen ausgestattet, ihren Ursprung sicher in der burgund. → Zisterzienserbaukunst roman. Prägung, und wo zuerst Kreuzrippengewölbe erschienen, gehen sie eher auf Durham denn auf Frankreich zurück. Die Zisterzienserkirchen werden erst 1160-80 (Roche) ganz allmählich gotisch, und an dieser Entwicklung nehmen auch einige nicht zum Orden gehörige Kirchen teil (Ripon). Denn der wirkliche, einzig überzeugende Beginn der got. Baukunst in England ist der Ostabschluß der Kathedrale in Canterbury, beg. 1175 von → William of Sens und 1185 von Wil-

Kathedrale, Lincoln, Westfront, 13. Jh. (Early English).

liam the Englishman vollendet; die Kathedralen von Paris und Sens sind hier die Vorläufer. Der → Retrochor in Chichester und das Schiff der Temple Church in London folgten unmittelbar, ebenso auch der Retrochor in Winchester Cathedral, ein Hallenchor nach dem Vorbild der Kirche von Anjou. Diese Form gefiel in England und wurde in der Kathedrale von Salisbury, in der Temple Church und in Barking Abbey wiederholt.

Aber die eigentlich engl. Gotik, d.h., das *Early English,* setzte mit Wells (ca. 1180) und Lincoln (1192) ein. Es findet sich hier eine stärkere Betonung der Horizontalen als bei den frz. Kirchen, der Chor ist gerade geschlossen (kein → Kapellenkranz), auch weichen die Details von der Entwicklung der Gotik in der Ile-de-France ab. Besonders der Chor von Lincoln mit seinem ungewöhnlichen Gewölbe hat keine frz. Parallele. Hier liegt der Beginn einer bemerkenswerten Reihe dekorativ gestalteter Gewölbe, die denen anderer Länder (→ Parler) vorangehen. Die ersten Sterngewölbe (→ Gewölbe III, 8) finden sich im Langhaus von Lincoln, und der Höhepunkt dieses Systems wird im späten 13. Jh. in Exeter erreicht. Weniger eigenständig, doch genauso eindrucksvoll sind die Kathedrale von Salisbury (1220 - ca. 1270) und der östl. Querschiffarm von Durham Cathedral.

Obwohl die engl. → Burgen meistens einen → Bergfried (›Keep‹) in der Form der frz. → Donjons hatten (Tower in London, Colchester, Colchester u.a.), der normalerweise nicht zum Wohnen verwendet wurde, errichtete man auch Burgen mit großen Hallen, Kapellen usw. Durch die Kreuzzüge fand in England, wie etwas früher auch in Frankreich, eine Reform des Befestigungssystems statt. Das Hauptgewicht lag jetzt nicht mehr auf der Verteidigung eines Turmes, sondern der ganzen, durch viele

Krypta der Kathedrale von Canterbury, um 1110-30 (normannisch).

The White Tower, London, spätes 11. Jh. Umgeben von Mauern aus dem 13. Jh.

Kathedrale von Exeter, Mittelschiff, 1300-1350
(Decorated).

Kathedrale von Bristol, Seitenchor, 1298-1332
(Decorated).

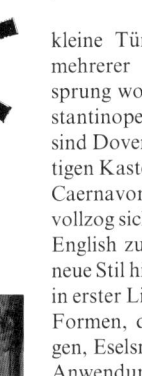

Kapitelhaus, York, um 1290.

Kathedrale von Southwell,
Eingang zum Kapitelhaus,
Ende 13.Jh. (Decorated).

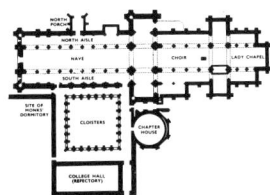

Kathedrale von Worchester,
11.-14.Jh.

kleine Türme verstärkten Burgmauer, oft sogar
mehrerer konzentrischer Mauern, die ihren Ursprung wohl in den Befestigungsmauern von Konstantinopel haben. Solcherart befestigte Burgen
sind Dover, der Tower von London und die großartigen Kastelle des späten 13.Jhs. in Wales (Conway,
Caernavon, Harlech, Beaumaris). Im Sakralbau
vollzog sich im späten 13.Jh. der Wechsel vom Early
English zum phantasievollen *Decorated Style*; der
neue Stil hielt sich bis in die 2. H. des 14.Jhs. Er wird
in erster Linie durch konvex-konkav geschwungene
Formen, die hauptsächlich bei → Bogen (Kielbogen, Eselsrücken) und → Maßwerk der Fenster zur
Anwendung kamen, charakterisiert. Das zweite bedeutende Stilmerkmal ist die Fülle der Dekoration,
die Flächen, Bögen und → Wimperge usw. überzieht (Blattmuster); die nicht naturalistischen, sondern stilisierten Blätter erinnern in ihren edlen Formen oft an Seegras. Bei der Raumbildung wird
im Decorated Style der unerwartete Durchblick,
besonders in diagonalen Richtungen, bevorzugt.
Hauptwerke sind die Chöre der Kathedralen von
Bristol (beg. 1298) und Wells (ca. 1290 - ca. 1340),
die Lady Chapel (→ Marienkapelle) und das berühmte Vierungs-Oktogon (→ Oktogon) in Ely
(1321-53), ferner → Chorschranken (Lincoln Cathedral), Grabdenkmäler (Edwards II. Grab in
Gloucester Cathedral, ›Percy Tomb‹ in der Kirche
in Beverley), Bischofsthron (Kathedrale von Exeter) u.a.

Der *Perpendicular Style*, der in London etwa 1330
beginnt und in dem Chor der Kathedrale von Gloucester (1337 - ca. 57) seinen ersten Höhepunkt findet, steht ganz im Gegensatz zur Überschwenglichkeit des Decorated Style. Er wird durch die Betonung von Vertikalen und Horizontalen sowie durch
schlanke Stützen und große, senkrecht unterteilte
Fenster mit recht phantasielosen Maßwerkformen
charakterisiert. Leitmotiv ist ein rechteckiges Feld
mit einbeschriebenem, genastem Spitzbogen, das
endlos an- und übereinandergereiht wird; es er-

scheint nicht nur überall im Maßwerk, sondern
auch bei vorgeblendeten Wanddekorationen. – Im
Gewölbebau bevorzugte man im Perpendicular zuerst Netz- und Sterngewölbe (→ Gewölbe III, 9) wie
im Decorated Style, später Fächergewölbe (→ Gewölbe III, 10), die entweder im Kreuzgang von
Gloucester Cathedral oder im Kapitelhaus von
Herford um 1350-60 erstmals angewendet wurden.
Das bedeutendste Werk des frühen Perpendicular
ist der Chor der Kathedrale in Gloucester. Für die
Zeit um 1400 sind die Schiffe der Kathedralen von
Canterbury (ca. 1375ff.) und Winchester (ca.
1360ff., stärkste Bautätigkeit 1394ff.), King's College Chapel in Cambridge (1446ff. und 1508-15)

Kathedrale von Gloucester, Kreuzgang, nach 1375
(Perpendicular).

Kapelle Heinrichs VII., Westminster Abbey, London, beg. 1503 (Perpendicular).

und die Kapelle Heinrichs VII. in der Westminster Abbey (beg. 1503, ihr Vorläufer das Chorgewölbe von Oxford Cathedral ca. 1478 ff.) zu nennen. Ebenso wichtig wurden aber jetzt die Pfarrkirchen. Die großartigsten befinden sich in den Grafschaften Suffolk und Norfolk, in Somerset (bes. die Türme!) und im Cotswolds-Gebirge; sie demonstrieren den Reichtum, den sich das Bürgertum, der Mittelstand, durch den Woll- und Tuchhandel erworben hatte. Der Perpendicular Style hielt sich, nachdem er sich einmal durchgesetzt hatte, über 200 Jahre, und es läßt sich durchaus die Ansicht vertreten, daß noch der Elizabethanische Stil in England mehr dem Perpendicular als der → Renaissance angehört. Die Spätgotik war noch für das ganze 16. Jh. bestimmend (*Tudorstil*), wenn auch Elemente der Renaissance aufgenommen oder gotische Formen in ihrem Geiste verändert wurden (Tudorbogen; → Bogen II, 8).

Die ersten in England geschaffenen Werke im Stil der ital. → Renaissance finden sich in der Kapelle Heinrichs VII. – jenes Königs, mit dem das Haus Tudor (1485-1603) die Herrschaft antrat – in der Westminster Abbey: die Grabdenkmäler von Lady Margaret und Heinrich VII., ausgeführt 1511 ff. von

Hardwick Hall, Derbyshire, 1591-97 (Elizabethan).

dem aus Florenz stammenden Pietro Torrigiani. Auch Heinrich VIII. (1509-47) und sein Hof bevorzugten den neuen Stil, der auf eindrucksvollste Weise – durch Holbeins Dekorationsentwürfe – von den Dekorateuren und Möbeltischlern aufgegriffen wurde. Aber die Renaissance blieb in England bis gegen 1550 auf Inneneinrichtungen beschränkt und wurde vergröbert, sowie sich einheimische Künstler ihr zuwandten. Der Protektor Somerset war mit seinem Somerset House der erste, der ein besseres Verständnis der Grundgedanken der ital. Renaissance, bzw. zu jener Zeit bereits der frz. Renaissance, zeigte, und von Somerset House nahm der

Elizabethanische Stil (Königin Elizabeth I., 1558 bis 1603) seinen Ausgang. Er verbindet die in der Renaissance gelehrte Symmetrie der Fassaden und Renaissancedetails mit niederländ. Ornamentik (→ Rollwerk) und der Vorliebe des Perpendicular für sehr große Fenster, die durch steinerne Fensterkreuze unterteilt wurden.

Longleat House bei Warminster (Hauptbauzeit 1568 ff.) ist das erste vollkommene Beispiel für diesen Stil, andere sind Burghley House bei Stamford (1560-80), Montacute House bei Yeovil (1590 ff.), Wollaton Hall bei Nottingham (1580-88) und Hardwick Hall bei Chesterfield (1591-97). Die ersten fünfzehn Regierungsjahre Jakobs I. brachten keinen Stilwechsel. Zu den wichtigsten Bauten dieser Zeit gehören Hatfield House in Hatfield (1608-12) und

King's College Chapel, Cambridge, 1446-1515 (Perpendicular).

Audley End bei Saffron Walden (1603 ff.) sowie Bramshill (1605-12). Die Häuser haben oft einen E-oder H-förmigen Grundriß, oder, die größten von ihnen, Innenhöfe. Die Fenster sind gewöhnlich sehr groß und dominieren bei der Wandgestaltung. Gerade oder nach niederländ. Vorbild geschwungene → Giebel sind häufig, Holz- und Stuckdekorationen reich und ausgefallen. Die Sakralbaukunst war fast zum Stillstand gekommen; sogar die vielen, dem Augenschein nach zur Zeit Jakobs I. gestalteten Kircheneinrichtungen sind meistens in den 1630er Jahren entstanden.

The Triangular Lodge, Rushton, von Thomas Tresham, 1595.

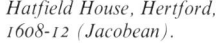

Hatfield House, Hertford, 1608-12 (Jacobean).

Queen's House, Greenwich, von → Jones, 1616.

Eltham Lodge, von → May, 1663-65 (Wren-Typ).

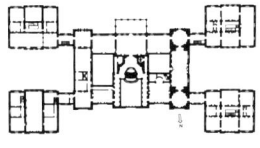

Holkham Hall, Norfolk, von → Kent, beg. 1734.

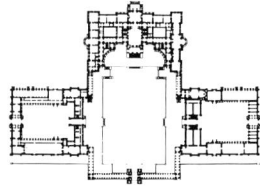

Blenheim Palace, Oxfordshire, von → Vanbrugh, beg. 1705.

Damals hatte die größte Revolution in der engl. Baukunst, durchgeführt von → Jones, bereits stattgefunden. Jones' Queen's House in Greenwich wurde 1616, sein Banqueting House in Whitehall, beide in London, 1619 begonnen. Sein kühler, strenger → Palladianismus wurde von John → Webb, → Pratt und Hugh → May fortgeführt. Ein weiterer Stilfaktor kam durch die holländ. Profanbaukunst hinzu, die mit ihren Giebeln die engl. Architektur beeinflußte. Die von Jones eingeschlagene Stilrichtung war jedoch zu nobel und klar, um außerhalb kultiviertester Kreise unmittelbar Anklang zu finden. Erst zur Zeit → Wrens wurde die klassische Formensprache allgemein akzeptiert. Der sogenannte ›Wren-Typ‹ im Wohnhausbau – einfache ganz schlichte Häuser mit Türgiebel, Walmdach (→ Dachformen 5) und einem zentralen → Portikus mit Giebelfeld – ist jedoch nicht von Wren entwickelt worden.

In der 1. Hälfte des 17. Jhs. wurden nur wenige Kirchen gebaut; sie wurden erst zur Zeit Wrens häufiger, und zwar vor allem als Ergebnis des Großen Brandes von London 1666. Ihre Grundrißformen

Royal Hospital, London, von → Wren, ab 1682.

variieren stark, es gibt Langbauten und Zentralbauten, aber auch Kirchen, bei denen beide Formen verschmelzen – doch auch die Aufrisse, besonders durch die mannigfach gestalteten Türme, weichen voneinander ab. Die Vielfalt der Formensprache Wrens ist erstaunlich; sie reicht von der edlen, klassischen Einfachheit der Kuppel von St. Paul's Cathedral über den dramatischen → Barock ihrer Westtürme und der Bauten in Greenwich, über die Pläne für Hampton Court oder die Backstein-Wohnlichkeit des Kensington Palastes bis zum *Gothic Revival* einiger seiner Stadtkirchen (alles in London). → Hawksmoor, sein Lieblingsschüler,

Castle Howard, Yorkshire, von → Vanbrugh, 1699-1726.

Lindsey House, Lincoln's Inn Fields, London, von → Jones, 1640.

und der hochtalentierte → Vanbrugh folgten Wrens Beispiel, auf eine Synthese von Barock und Gotik, bzw. einen allgemeinen ma. Stil, hinzuarbeiten. Die Entstehung des ›malerischen Landschaftsgartens‹ in England um 1715-20 war eng mit dieser Vorliebe für das MA., hier stärker als in jedem anderen Land, verknüpft. Die Tatsache, daß die Generation nach Vanbrugh und Hawksmoor wieder zum Palladianismus zurückkehrte, ist nur auf den ersten Blick ein Widerspruch: Palladian. Häuser und malerische Parkanlagen müssen als zwei Seiten des gleichen Stilempfindens verstanden werden. Die Hauptvertreter des *Neopalladianismus* sind → Campbell, Lord → Burlington und, obwohl auch von Vanbrugh beeinflußt, → Kent. → Gibbs führte wohl eher die Wrensche Tradition fort; er muß hauptsächlich wegen seiner Kirchen, die in Amerika wie auch in England selbst großen Einfluß ausübten, genannt werden. Der Palladianismus bzw. Neopalladianismus, blieb vorherrschend, bis er von Robert → Adam modifiziert und dessen eigenem, eleganteren und abwechslungsreicheren Stil angepaßt

Prior Park bei Bath, Somerset, von → Wood d. Ä., 1735-45.

wurde. Dennoch behielt die palladian. Tradition bis in die 1820er Jahre Gültigkeit (→ Nash, Regent's Park terraces).

Georgian Architecture bezeichnet die Baukunst zur Zeit der Hannoveraner. Von Vanbrugh bis Nash ist sie bei ihren Repräsentationsbauten um Klassizität bemüht, pflegt jedoch in den kleineren Wohnbauten die ›vernünftige‹ Einfachheit des *Queen Anne Style* weiter, jenes Stils, der sich unter dem Königspaar

Osterley Park, Middlesex, von Robert → Adam, um 1766-73.

Wilhelm II. von Oranien (1689-1702) und Maria II. (1689-94) und unter Königin Anne (1702-14) herausgebildet hatte. Diese Bauten sind im Innern üppiger gestaltet als im Außenbau; auch hier war wohl anfangs der Palladianismus richtungweisend, doch wurde er mit größerer Freiheit und Lebendigkeit gehandhabt. Um die Mitte des 18. Jhs. folgte eine kurze Phase, in der das → Rokoko beliebt war, später fanden Robert Adams Dekorationen allgemeinen Beifall. Bis gegen 1820 waren rein klassiz. (→ Klassizismus) Innenraumgestaltungen selten, statt dessen kündeten sich in einigen Interieurs bereits der üppige Reichtum und die Überschwenglichkeit der viktor. Epoche an (Brighton, Royal Pavilion von Nash, Abb. → Historismus). Aber

nicht immer ist die *Viktorianische Architektur* (so genannt nach Königin Victoria, 1837-1901) üppig und regellos. Es lebt in ihr auch Ehrfurcht vor der Vergangenheit, ein → Historismus, der als Ausdruck religiöser und sozialer Verantwortung sehr ernst genommen wurde. Regellosigkeit herrscht gewöhnlich im Profanbau, Würde und Strenge dagegen im Sakralbau vor. Das bedeutet nicht, daß der → Eklektizismus nicht auch im Profanbau dominiert hätte, doch wurden hier weniger hohe Ansprüche an ihn gestellt. Der viktor. Kirchenbau ist fast ausschließlich von der → Neugotik geprägt, obwohl es in den 1840er Jahren auch eine flüchtige Vorliebe für den norman., den frühchristl. und den roman. Stil gab (T. H. → Wyatt, Kirche in Wilton). Die

Westwell House, Tenderden, Kent (Queen Anne Style).

Boodle's Club, St. James's Street, London, von J. Grunden, 1775 (Georgian).

Sir → Soane's House, Lincoln's Inn Fields, London, 1812-13.

Fonthill Abbey, Wiltshire, von James → Wyatt, 1796-1807 (abgebrochen, Gothic Revival).

Holbein Chamber, Strawberry Hill bei Twickenham, Middlesex, von → Walpole, um 1750-70.

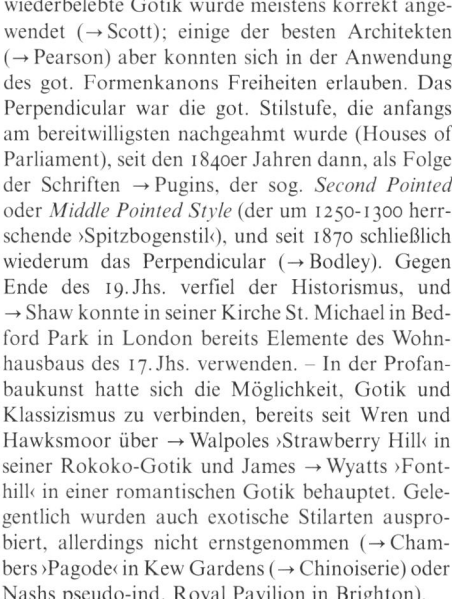

Cumberland Terrace, Regent's Park, London, von → Nash, beg. 1811.

wiederbelebte Gotik wurde meistens korrekt angewendet (→ Scott); einige der besten Architekten (→ Pearson) aber konnten sich in der Anwendung des got. Formenkanons Freiheiten erlauben. Das Perpendicular war die got. Stilstufe, die anfangs am bereitwilligsten nachgeahmt wurde (Houses of Parliament), seit den 1840er Jahren dann, als Folge der Schriften → Pugins, der sog. *Second Pointed* oder *Middle Pointed Style* (der um 1250-1300 herrschende ›Spitzbogenstil‹), und seit 1870 schließlich wiederum das Perpendicular (→ Bodley). Gegen Ende des 19. Jhs. verfiel der Historismus, und → Shaw konnte in seiner Kirche St. Michael in Bedford Park in London bereits Elemente des Wohnhausbaus des 17. Jhs. verwenden. – In der Profanbaukunst hatte sich die Möglichkeit, Gotik und Klassizismus zu verbinden, bereits seit Wren und Hawksmoor über → Walpoles ›Strawberry Hill‹ in seiner Rokoko-Gotik und James →Wyatts ›Fonthill‹ in einer romantischen Gotik behauptet. Gelegentlich wurden auch exotische Stilarten ausprobiert, allerdings nicht ernstgenommen (→ Chambers ›Pagode‹ in Kew Gardens (→ Chinoiserie) oder Nashs pseudo-ind. Royal Pavilion in Brighton).

Universitätsmuseum Oxford, 1860 (Victorian.).

Die Gotik aber erhielt mit → Barry's Houses of Parliament (1835 ff.) dieselbe Bedeutung für die Öffentlichkeit wie der Klassizismus. Gleichzeitig führte Barry den Stil des Quattrocento (→ Italien) (Travellers' Club in London), des Cinquecento (→ Italien; Reform Club in London) und der elizabethanischen Zeit (Highclere, 1837) wieder ein. So kam es, daß um 1840 eine große Reihe von histor. Stilarten akzeptiert und möglich waren. Hinzu kam in den 50er Jahren noch die französische Renaissance mit ihren Pavillondächern.

Von diesen Stilströmungen ganz unberührt vollzog sich die Entwicklung der → Ingenieurbaukunst. England war das Land, in dem die Industrielle Revolution zuerst stattfand. Die Größe der neuen Landschlösser sowie Größe und Zahl der neuen Kirchenbauten bezeugen Englands industriellen und kommerziellen Aufschwung. Hier wurden die

Kristallpalast, London, von → Paxton, 1851.

ersten Eisenbrücken (→ Telford, → Brunel) und die größten Eisen- und Glasbauten (→ Paxton, [Abb. → Ausstellungsarchitektur], → Burton) errichtet. Mit James Bunstone Bunnings (1802-63) Coal Exchange (Kohlenbörse) in London (1846-49) erhob erstmals eine Eisen- und Glaskonstruktion den Anspruch, als Werk der Baukunst zu gelten. Nur zwei Jahre später schuf Paxton den Kristallpalast für die Weltausstellung in London, 300 m lang und nur aus Glas- und Eisenteilen. Dennoch blieben diese beiden Baustoffe in der engl. Baukunst auf Ausstellungsgebäude, Bahnsteigüberdachungen, Kaufhäuser und Verwaltungsgebäude beschränkt (→ Glas-, → Eisenarchitektur, → Markthalle, → Bahnhofsarchitektur).

Die strenge Zweckmäßigkeit dieser neuen Baustoffe und die Vermeidung von übermäßiger Dekoration, die ihre folgerichtige Anwendung erforderte, ließ sie bei den Architekten der viktor. Zeit nicht beliebt werden, obwohl William → Morris seit 1877 in der Öffentlichkeit für Einfachheit, unverfälschte Baumaterialien und gegen übermäßige Dekoration kämpfte. Morris verfocht seine Ziele aber in einem militant gegen fabrikmäßige Herstellung gerichteten Geist. Daher waren die überzeugten Anhänger von Morris' Lehre wenig an einer Verbindung zu Industrie und Handel interessiert, sie suchten vielmehr die von Morris entwickelten, auf das menschliche Maß bezogenen Prinzipien im Wohnhausbau zu verwirklichen. Die führenden Architekten waren Morris' Freund Philip → Webb und der begabtere → Shaw. Von den 60er Jahren an bauten sie Häuser für eine kleine Gruppe des Mittelstandes, die frischer und künstler. gesehen wagemutiger waren als die meisten Wohnhäuser dieser Zeit. Andererseits blieben die Arbeitersiedlungen, d. h. die von Fabrikbesitzern und dann von karitativen Organisationen errichteten Mietshäuser auch weiterhin finster und häßlich, und erst als man begann, → Howards Ideal der → Gartenstadt auch auf Fabrikarbeitersiedlungen anzuwenden, wurden menschenwürdigere Verhältnisse geschaffen (Port Sunlight und Bourneville). Noch um 1900 war England sowohl in der Planung von Gartenvorstädten als auch in der Erneuerung der Wohnhausarchitektur führend. Diese Strömung (das sog. ›Domestic Revival‹), die sich im Werk von → Voysey und im Frühwerk von → Lutyens zeigt, führte allmählich zu einer größeren Unabhängigkeit gegenüber stilgeschichtl. Motiven und zu jener Einfachheit und

Haus in Puttenham, Surrey, von → Voysey, 1900.

Klarheit, die in der Architektur von Verwaltungsgebäuden, Büro- und Kaufhäusern schon von der Schule von → Chicago erreicht worden war.

Sobald jedoch die Forderung nach einer grundlegenden Erneuerung der Architektur gestellt wurde, hielt sich England zurück. Diese lag nun an in den Händen frz., dt. und österr. Architekten. England fand erst wieder in den späten 1920er Jahren Anschluß an die progressiven Kräfte, ernsthafter in den 30er Jahren (→ Fry, → Yorke, → Gibberd, → Tecton), ganz aber erst nach dem Zweiten Weltkrieg.

Zwei Stilrichtungen müssen in diesen Nachkriegsjahren unterschieden werden, die Fortführung des → Internationalen Stils und die Opposition gegen ihn. Der → Internationale Stil bestimmt vor allem den Wohnungsbau – wobei die engl. Tradition der Gartenstädte einen solchen Höhepunkt wie Roe-

Landhaus in Haslemere, Surrey, 1932.

hampton (von → Martin und dem Architekten-Team des Greater London Council) möglich machte –, aber auch den Schulbau, wo präfabrizierte Teile (→ Präfabrikation) zusammengesetzt und mit wachem Sinn für die Landschaft in die Umgebung eingeordnet werden. Dieser Sinn für die Landschaft, der auf das ›Malerische‹ des engl. Parks im 18. Jh. zurückgeht, die lockere, anti-axiale Gruppierung von Bauten verschiedener Epochen wie in Oxford und Cambridge, oder denen einer Epoche wie in Bath, wurde von der ›Architectural Review‹ propagiert und zum ersten Male in wirklichen Bauten und den sie verbindenden Details auf dem Festival

Red House, Bexley Heath, von William → Morris und Philip → Webb, 1859.

of Britain 1951 dokumentiert (koordinierender Architekt Sir Hugh Casson).

Ihre reifste Ausprägung haben die Prinzipien des Malerischen (→ Pittoreske) in den neuen Universitäten gefunden, die nach dem Krieg errichtet wurden, – im Gegensatz z. B. zu Bochum – (Sussex von → Spence & Partners, 1960; York von → Matthew & Partners, 1963; Essex von der → Architects' Co-partnership, 1964 ff.; Lancester u. a.). Ein frühes Zeichen des Übergangs von den Kuben des Internationalen Stils zu freieren Formen war die Kathedrale von Coventry von Sir Basil Spence (beg. 1951) mit ihren Zickzackwänden und ihren got. Anklängen in dem Scheingewölbe. Aber auch von da war es noch ein großer Schritt zu der kath. Kathedrale von Liverpool von Sir Frederick Gibberd (beg. 1959), wo die Opposition gegen die Internatio-

Wohnblocks, Roehampton, von → Martin u. a., 1952-59.

nale Moderne ihren eigenen Stil, nämlich den sog. → Brutalismus, gefunden hat.

Die Ursprünge dieses typischen Stils der 50er und 60er Jahre sind auf den späten → Le Corbusier zurückzuführen. Hauptvertreter und Hauptbeispiele in England sind → Lasdun (Royal College of Physi-

Old Swan House, Chelsea, London, von → Shaw, 1876.

Universität Sussex, Studentenwohnheim, von → Spence, 1960.

Engineering Department, Leicester University, von → Stirling, 1959-63.

Bibliothek der Historischen Fakultät, Cambridge, von → Stirling, 1964-67.

Wohnbebauung St. Mark's Road, Westbourne Grove, London, von Jeremy Dixon, 1976-79.

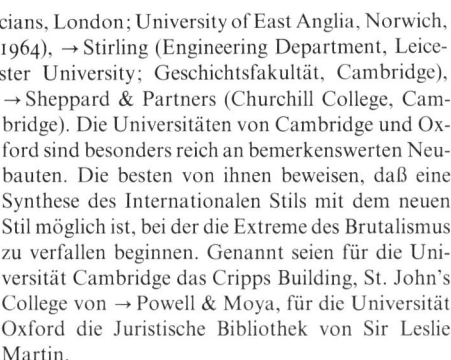

cians, London; University of East Anglia, Norwich, 1964), → Stirling (Engineering Department, Leicester University; Geschichtsfakultät, Cambridge), → Sheppard & Partners (Churchill College, Cambridge). Die Universitäten von Cambridge und Oxford sind besonders reich an bemerkenswerten Neubauten. Die besten von ihnen beweisen, daß eine Synthese des Internationalen Stils mit dem neuen Stil möglich ist, bei der die Extreme des Brutalismus zu verfallen beginnen. Genannt seien für die Universität Cambridge das Cripps Building, St. John's College von → Powell & Moya, für die Universität Oxford die Juristische Bibliothek von Sir Leslie Martin.

Die 1970er Jahre sahen einen ständigen Niedergang des Internationalen Stils – trotz der geschickten Übernahme seiner Grundideen durch Firmen wie Ahrends, Burton und Koralek (Bibliothek des Trinity College in Dublin, 1975) und – als Gegenreaktion – → High-Tech und → Postmoderne. Eine Verbindung zu fortgeschrittener Technologie charakterisiert das Werk von Richard → Rogers und das von → Foster, den führenden → High-Tech-Architekten Großbritanniens. Rogers wurde mit dem Centre Pompidou in Paris international bekannt (1977, zus. mit → Piano und → Arup, Abb. → Piano; → Rogers). Sein Bau der Hauptverwaltung von Lloyds-London in London (1985) und der Inmos-Bau in Swindon (1982) zeigen den gleichen Stil. Foster wurde durch das Willis, Faber & Dumas County Head Office in Ipswich (1975) bekannt.

Verwaltungsgebäude der Versicherungsgesellschaft Willis, Faber & Dumas, Ipswich, von → Foster, 1975.

1978 folgten das Sainsbury Centre für bildende Künste in Norwich sowie die Hongkong und Shanghai-Bank in Kowloon, Hongkong (1985). Die führenden Exponenten der → Postmoderne sind Terry Farrell (geb. 1938), bekannt für seine polychrome Verwandlung alter Bauten wie der Fernseh-Studios AM in Camden, London (1982), und Jeremy Dixon (geb. 1939), dessen wichtigstes Werk ein Wohnhauskomplex in St. Mark's Rd., Westbourne Grove, London (1979), ist. Andere engl. postmoderne Architekten sind zurückhaltend im Vergleich zu den Amerikanern, z. B. die Bauten Quinlan Terrys. Die allgemeine Reaktion auf den allgegenwärtigen Modernismus der 60er Jahre brachte gleichzeitig einen neuen Realismus hervor, eine erfindungsreiche, sich auf örtliche Traditionen stützende Architektur, deren wichtigstes Beispiel das Hillingdon-Bürgerzentrum in Uxbridge, London, von → Matthew, Johnson-Marshall & Partners (1971-76) ist, obwohl als der einflußreichste Vertreter des Stils Edward Cullinan (geb. 1931) gilt, dessen letzter Bau die St. Mary's Church in Barnes, London (1984), ist. → Schottland.

Hillingdon Civic Centre Offices, Uxbridge, London, von → Matthew, Johnson-Marshall & Partners, 1971-76.

Lit.: Blomfield 1897; Prior '22; Pevsner '42, '51-74, '56, '67; Evans, J. '49; Wünsten '51; Boase '53; Summerson '53; Harvey, J. '54; Hitchcock '54, '58; Hoskins '55; Webb, G. '56; Brieger '57; Mercer '62; Kidson - Murray - Thompson '65; Johns '65; Downes '66; Jordan '66; Teodori '67; Webb, M. '69; Braun, H. '72; Dixon - Muthesius '78; Taylor, H.M. '78; Fedden '79; Girouard '79; Watkin '79; Muthesius '79; Cobb '80; Stamp-Amery '80; Gradige '80; Fenton '81; Cunningham '81; v. Buttlar '82; Evans '82; Richardson '82; Cook, O. '83; Fernie '83; Gray, A. St. '83; Lloyd '83; Schäfke '83; Lasdun '84; Murray '90; Summerson '91.

Groteske. Phantasievolles gemaltes oder stuckiertes Ornamentmotiv in der Art einer → Arabeske oder → Maureske mit Menschen- und Tierfiguren, Fabelwesen und Blattwerk in dünnem Geranke. Die Römer schmückten die Wände ihrer Räume mit solchen Ornamenten; als diese Räume dann in der Renaissance entdeckt und ausgegraben wurden, entstand, nach ihrem grottenähnlichen Platz unter

Groteske. Stuckdekorationen in der Villa Madama, Rom, von Giovanni da Udine und → Giulio Romano, 1. Hälfte 16. Jh.

der Erde wohl, für diese Ornamentform der Name ›Groteske‹. → Raffael steht am Beginn ihrer Verbreitung; sie behauptet sich bis ins 19. Jh.

Lit.: Chastel '61; Piel '62; Dacos '71; Werner '70; Warncke '79-80; Chastel '88.

Grotte. Eine künstliche Höhle, gewöhnlich mit Brunnen und anderen Wasserspielen, mit Fels- und Muschelwerk dekoriert. Die G. gehört zur → Gartenbaukunst der → Renaissance und des → Barock und erlebte im 17./18. Jh. ihre Blütezeit.

Lit.: Jones, B. '55.

Grounds, Sir Roy → Australische Architektur.

Gründerzeit. Im 19. Jh. hatte die Architektur an der wirtschaftlichen Blüte durch Bauaufträge Anteil, die aus Industrie und Technik (Fabrik- und Eisenbahnbau), Handel (Warenhäuser, Banken), Öffentlichkeit (Theater, Regierungsgebäude) und aus Privatkreisen (Villen) kamen. Die Bauten, die auf diese Weise entstanden, zeichnen sich durch eine demonstrativ zur Schau getragene Überdekoration aus. Der Stil der G. war der → Historismus. – Die ›Gründerjahre‹ liegen in den einzelnen europ. Ländern verschieden: in Frankreich und England vor, in Deutschland nach 1870.

Grundriß. Ein waagerechter Schnitt durch ein Bauwerk. Der Schnitt liegt meist in Fensterhöhe und zeigt Lage und Größe der Räume eines → Geschosses sowie Anzahl und Breite der Türen, Treppen etc., jedoch keinerlei Höhen.

Lit.: Panofsky '27; Kline '56.

Gruppo Sette. Zusammenschluß von sieben, vorw. Mailänder Architekten: → Figini, Guido Frette, Sebastiano Larco, Adalberto Libera, Gino Pollini (→ Figini), Carlo Erico Rava und → Terragni. Ordnung, Logik, Klarheit und Aufrichtigkeit in Konstruktion und Funktion waren die Leitlinien bei ihren Bauten. Es war gleichzeitig der Versuch, eine spezifisch ital. Tradition der modernen Baukunst zu begründen und zu vertreten.

Lit.: Argan - Levi - Marangoni - Pacchioni - Pagano - Pasquali - Pica - Venturi '35; Rava '35; Bontempelli '38; Pica '41, '59b; Veronesi '53a; Belli '59; Persico '64.

Guarineske. Bauform des Spätbarock (→ Barock) und → Rokoko, die von dem oberitalienischen Architekten → Guarini ausging. Anders als etwa bei → Borromini ist der Akzent von der Wand auf die Wölbung verlagert. Die Innenräume konstituieren sich aus imaginären Raumkörpern, die einander

durchdringen und sich in den Gewölbeschalen verschneiden. Die G. bildete die Grundlage für den süddt. Sakralbau im Spätbarock und Rokoko, vor allem in den böhmischen Ländern und in Franken, weniger in Österreich. Die wichtigsten Vertreter sind von → Hildebrandt (Deutsch-Gabel, Maria Treu in Wien), Ch. → Dientzenhofer und dessen Sohn K. I. → Dientzenhofer in Böhmen sowie J. → Dientzenhofer in Franken, ein Bruder des Christoph, und schließlich → Neumann, mit dessen Bauten die G. in Mitteleuropa kulminiert und endet.   E. B.

Lit.: Brinckmann '32; Anderegg Tille '62; Guarini '70.

Guarini, Guarino (1624-83). Geb. in Modena, Theatinerpater, weit bekannt als Philosoph und Mathematiker. (G. entwickelte die euklidische Geometrie weiter und nahm in seiner gelehrten ›Placita philosophica‹, 1665, sogar Ideen von Gaspard Monge vorweg.) Da er in erster Linie Mathematiker und erst danach Architekt war, sind seine komplizierten Raumkompositionen oft kaum mit dem Auge allein zu verstehen, aber sie sind intellektuell und künstlerisch in gleicher Weise aufregend. Alle seine bedeutenden erhaltenen Bauwerke stehen in Turin, wo er die letzten siebzehn Jahre seines Lebens verbrachte. Seine Bewunderung für → Borromini wird sehr deutlich beim Palazzo Carignano (1679) mit seinem ovalen Saal und der geschwungenen Fassade im Stil von S. Carlo alle Quattro Fontane in Rom. Borrominis kleine Kirche zu einem protzigen Palast abzuwandeln, ist kühn genug, doch seine Originalität hatte ihn bereits bei der Cappella della SS. Sindone am Dom (1668-94) und der Kirche S. Lorenzo

Palazzo Carignano, Turin, von → Guarini, 1679.

(1667-87) darüber hinausgeführt. Beide Kirchen werden gekrönt von phantastischen, völlig beispiellosen konischen → Kuppeln. Jene von SS. Sindone wird von übereinandergesetzten Segmentbögen, deren Spannweiten sich nach oben hin verringern, gebildet; die abstrakte geom. Poesie dieser freien Konstruktion wird betont von dem diaphanen, durch das Netzwerk der Bögen gefilterten Licht. Die Kuppel von S. Lorenzo ist ebenso ungewöhnlich: über einem runden Tambour bilden herüber- und hinüberschwingende Halbkreisbögen ein → Oktogon. Die Anregung für diese eigenartige Gestaltung geht wohl auf die span.-maurische Baukunst, vielleicht auf die ähnliche Kuppel der Großen Moschee in Córdoba (965) zurück. G.s Einfallsreichtum der Konstruktion beschränkte sich nicht

Grotte. Garten der Villa d'Este, Tivoli, beg. 1560.

Groteske. Detail eines Pfeilers, von → Raffael.

Palazzo Carignano, Haupttreppe, Turin, von → Guarini, 1679.

Blick in die Kuppel von S. Lorenzo, Turin, von → Guarini, 1667-79.

Grundrißentwurf für S. Maria da Divina Providencia, Lissabon, von → Guarini.

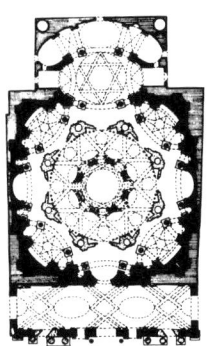

Guarineske. Wallfahrtskirche Vierzehnheiligen, von → Neumann, 1743-72.

S. Lorenzo, Turin, von → Guarini, 1667-79.

S. Lorenzo, Turin.

auf Kuppeln. In seinen Langhauskirchen in Lissabon und Prag wurden sogar die → Gurtbögen von der Bewegung ergriffen: in windschiefen, d. h. dreidimensionalen Bogen greifen sie aufwärts- und vorwärtsgeschwungen in den Raum aus. Diese Konstruktion sollte später in Deutschland und Österreich überaus einflußreich sein. Keines von G.s bedeutenden Werken außerhalb Turins hat überlebt; weder SS.Annunziata und das Theatiner-Palais in Messina (1660) noch Ste-Anne-la-Royale in Paris (1662 ff.), Hl. Maria von Altötting in Prag (1679) oder S. Maria da Divina Providencia in Lissabon. Sein Einfluß nahm durch seine Schrift ›Architettura civile‹ (1737 posthum veröffentl.) stark zu; Stiche daraus waren seit 1668 bekannt.

Lit.: Guarini 1674, 1737; Brinckmann '31, '32; Portoghesi '56; Carboneri '63; Passanti '63; Argan '64; Wittkower '65; De Bernardi Ferrero '66; Griseri '67; Guarini '70; Meek '88.

Guas, Juan (gest. 1496). Span. Steinmetz frz. Abstammung, vielleicht der Entwerfer von S. Juan de los Reyes in Toledo (1476 ff.). Gegen Ende seines Lebens war er Baumeister der Kathedralen von Segovia und Toledo. Es ist wahrscheinlich, daß die ungezügelt spätgot. Fassade des Colegio de S. Gregorio in Valladolid (1487-96) von ihm ist.

Lit.: Torres Balbás '52 a; Kubler-Soria '59; Frankl, P. '62.

Guatemala → Mesoamerikanische Hochkulturen.

Gucewicz, Wawrzyniec (1753-98) → Polen.

Guedes, Joaquim (geb. 1932) → Brasilien.

Guêpière, Pierre-Louis-Philippe de la (ca. 1715-73). Frz. Architekt, der, wie → Pigage, den → Louisseize-Stil und seine Grundlagen in Deutschland bekanntmachte. Um 1752 veröffentlichte er ›Recueil des différents projets d'architecture‹. Um diese Zeit wurde er nach Stuttgart gerufen, wo er als Nachfolger Leopold Rettis (1751 gest.) zum Baudirektor ernannt wurde; sein Anteil am Neuen Schloß sind neben Stadtflügel, Portikus und Kuppel vor allem der Innenausbau (bis 1768). Als seine Hauptwerke gelten jedoch das meisterlich gestaltete Lustschloß

Mittelpavillon des Schlosses Solitude, bei Stuttgart, von → Guêpière, 1763-67.

Solitude bei Stuttgart (1763-67) und das Schlößchen Monrepos bei Ludwigsburg (1764-67, 1804 von Thouret teilweise klassizistisch umgebaut). 1768 kehrte G. in seine Heimat zurück. Seine Entwürfe für das Rathaus in Montbéliard wurden nach seinem Tod mit beträchtlichen Abänderungen ausgeführt. 1760 erschien sein ›Recueil d'esquisses d'architecture‹.

Lit.: La Guêpière 1760; Fleischhauer '58; Klaiber '59; Wörner '79.

Guilloche, die (frz. guillochage). Ein Muster aus Bändern, die ein plastisches Geflecht bilden und zur Verzierung u. a. von → Profilen dienen.

Guimard, Hector (1867-1942). Studium an der Ecole des Arts Décoratifs sowie der Ecole des Beaux-Arts in Paris. Anschließend Reisen nach England und Belgien, wo er in Brüssel mit → Horta zusammentraf. Hortas gerade fertiggestelltes Hôtel Tassel (1892-93, Abb. → Jugendstil), ein den Jugendstil prägendes Gebäude, übte sicher starken Einfluß auf G.s ersten bedeutenden Bauauftrag, das

Castel Béranger, Paris, von → Guimard, 1894-95.

Castel Béranger in Paris (1894-95; vgl. Abb. → Glasbaustein) aus. Zwar noch dem → Eklektizismus bei der Gestaltung der Fassade anhängend, wird hier auch in Anlehnung an → Viollet-le-Duc die eigentliche Bedeutung G.s für die florale und organische Ornamentik offensichtlich, die sich bald danach bes. in seiner Gestaltung der Eingänge der Pariser Metro (1900-13) zeigt (Abb. → Untergrundbahn). Nicht anders verhält es sich mit der Fassade des extravaganten Castel Henriette (1899-1900, 1969 zerst.) in Sèvres, oder auch dem Hôtel Orgeval (1905) in Paris. G. war ebenso herausragend als Innenarchitekt und Dekorateur, Designer von zahlreichen Möbeln, Geländern und Brüstungen tätig. Bemerkenswerte Beispiele sind u.a. die Inneneinrichtung des Hauses von Coilliot, einem Keramikhändler in Paris (1898-1900) mit einer einzigartigen, nie endenden Bewegung. In den 30er Jahren wanderte G. nach Amerika aus und starb dort, ohne an seine Erfolge in Paris anknüpfen zu können, relativ unbekannt. M.-A.v.L.

Lit.: Schmutzler, J. '62; Lanier Graham '70; Cantacuzino '73; Pevsner, Richards '73; Dunster '78a; Naylor '78; Rheims/Vigne '88.

Castel Béranger, Paris, von → Guimard, 1894-95.

Gumpp, Johann Martin d.Ä. (1643-1729). Das bedeutendste Mitglied einer in Innsbruck tätigen Baumeisterfamilie. G. war hier Hofkammerbaumeister und ein Bahnbrecher des → Barock. Seine Hauptwerke sind das Palais Fugger (später Taxis, 1679-80, 1784 z.T. umgebaut), die Umgestaltung des Alten Regierungsgebäudes (1690-92) und die Spitalkirche (1700-01, geweiht 1705), alle in Innsbruck. Sein Sohn *Georg Anton G.* (1682-1754) folgte ihm als Hofbaumeister im Amt; er entwarf die reizvolle kleine St. Johannis-Kirche am Innrain (1729-33, geweiht 1735), das kühn und unkonventionell gestaltete ›Landhaus‹ (1725-28) in Innsbruck und die tiefgestaffelte Vorhalle der Wiltener Stiftskirche (1713-19).

Lit.: Tritscheller '35; Krapf '79.

Gunnløgson, Halldor → Skandinavien.

Gurtbogen (Gurt). Verstärkungsbogen, der zugleich die Gliederung eines Gewölbes in → Joche betont. Er verläuft quer zur Hauptrichtung eines Gewölbes, beim → Stützenwechsel ist er von Pfeiler zu Pfeiler gespannt. Am häufigsten beim Tonnengewölbe und Kreuzgewölbe (→ Gewölbe III, 3 und 4). Längsgurt nennt man den Schildbogen (→ Gewölbe I), der das Joch seitlich begrenzt.

Gurtgewölbe → Gewölbe III, 3.

Gußeisen, das. → Metall.

Konzerthaus Stuttgarter Liederhalle, von Adolf Abel, → Gutbrod u.a., voll. 1956.

Gutbrod, Rolf (geb. 1910). Studierte in Stuttgart und Berlin. Zu seinen Hauptwerken zählen die Dt. Botschaft in Wien (1959-65) und das Dorland-Haus in Berlin (1964-66). 1961 erhielt er eine Professur an der TH in Stuttgart. Dort baute er auch das Funk- und Fernsehstudio (›Villa Weber‹, gemeinsam mit Prof. Witzmann und Prof. Weber) und die Liederhalle (gemeinsam mit Prof. Abel); sie ist der erste asym. Konzertsaal. In Köln entwarf er das Universitätsforum. Mit → Otto konzipierte G. für die Weltausstellung 1967 in Montreal den dt. Pavillon (Abb. → Ausstellungsarchitektur). Weitere großangelegte Projekte, wie z.B. das Hotel- und Konferenzzentrum, Mekka, Saudi-Arabien (1974) entstanden in Zusammenarbeit mit Otto oder Wolfgang Henning. 1985 wurde das Kunstgewerbemuseum in Berlin, Teil umfassender Neuplanungen für ein ›Kulturforum‹, eröffnet.

Lit.: Pollert '56; Drew '72; CA '80, '87.

Wiltener Stiftskirche, Innsbruck, von Georg Anton → Gumpp, 1713-19.

Palais Fugger-Taxis, Innsbruck, von Johann Martin → Gumpp, 1679-80.

Guttae. Dorischer Tempel, Megara Hyblaea.

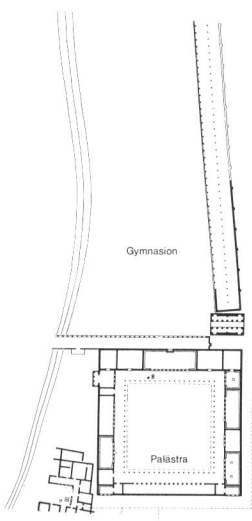

Gymnasion und → Palästra in Olympia, Griechenland.

Guttae, die (Pl.; lat.: Tropfen). Nagelkopfähnliche Gebilde am Gebälk der dorischen Ordnung (→ Griechische Architektur; → Säulenordnungen). Sie sind unter den Mutuli (→ Mutulus) in 3 Reihen zu je 6, an den Regulae (→ Regula) in einer Reihe zu 6 angebracht. Die G. leiten sich wahrscheinlich vom urspr. Holzbau des griech. Tempels her, wo sie einen konstruktiven Zweck erfüllten.

Lit.: Vitruv IV 3.

Guyer, Lux Louise → *Nachträge.*

Gymnasion, das (gr. gymnos: nackt). Im alten Griechenland urspr. ein Platz für Spiele und sportl. Übungen, zur Unterrichtung und Ausbildung der Knaben und Jünglinge. Dem G. wurden bald eine Säulenhalle, Bäder, Ringerschulen (→ Palästra), Laufbahnen (→ Stadion) und Räume zur Unterhaltung, die sich dann zu Auditorien erweiterten, angegliedert. Das G. erlebte seine Blütezeit nach den Perserkriegen, als in Athen gleichzeitig drei G. bestanden: die Akademie, das Lykeion, das Kynosarges. Ein großes G. lag bei Priene; noch teilweise erhalten sind die G. in Pergamon und Olympia.

Lit.: Vitruv II, VI; Delorme, J. '60.

Gwathmey, Charles (geb. 1938). Im → Internationalen Stil bauender amerikan. Architekt, der besonders auf die kubischen Formen von → Le Corbusier der 20er Jahre zurückgreift. G. studierte 1956-59 bei → Kahn, → Venturi und Thomas Viceland (1956-59) in Philadelphia, sowie anschließend bis 1962 bei → Rudolph, → Stirling und → Woods in New Haven, Conn. 1964-77 Prof. für Architektur und Design an verschiedenen Hochschulen u. a. in New York und Los Angeles, Partnerschaften mit Richard Henderson und Robert Siegel. Architektonisches Aufsehen erregte G. mit seinem eigenen Wohnhaus, gleichzeitig Büro, in New York, Amagansett (1967). Die Zusammensetzung und Verwendung kubischer Motive in G.s Entwürfen erinnern auch an Arbeiten von → Hejduk (z.B. Wohnhaus Kislevitz, New York 1977), bzw. der Architektengruppe ›The → New York Five‹ (Mitglieder sind neben Hejduk: → Eisenman, → Graves, → Meier), die Ende der 60er Jahre von sich Reden machte.

Gurtbogen. Saint-Sernin, Toulouse, frühes 12. Jh.

Neuere Bauten: Taft Residence, Cincinnati, Ohio (1977), International Design Center, New York City (1984/85). Seit 1988 in Planung befindet sich die umstrittene Erweiterung des Guggenheim-Museums, New York. M.-A. V. L.

Lit.: Frampton '72; Abercombie '81; CA '80; Tafuri '81; Arnell/Bickford '84; Gwathmey ... '89.

Gwathmey House, Amagansett, New York, von → Gwathmey und Henderson, 1965-67.

H

Hadfield, George (1763-1826). Geb. in Livorno, ausgebildet an der Royal Academy in London, gewann dort 1784 die Goldmedaille und studierte 1790-91 in Italien. Um 1795 ging er nach Amerika; im gleichen Jahr wurde er mit der Bauleitung des neuen Kapitols in Washington an Stelle Stephen Hallets beauftragt. Er lehnte sowohl den Entwurf von → Thornton als auch Hallets Korrekturen ab. Seine radikalen Änderungsvorschläge wurden aber nicht gebilligt; 1798 wurde er entlassen. Er arbeitete jedoch weiterhin in Washington und baute in der neuen Stadt im → klassizistischen Stil die City Hall (1820, jetzt das District of Columbia Courthouse), die United States Bank (1824), Fuller's Hotel, Gadsby's Hotel, ein Grabmal für Van Nees (1826) und das imposante ›Paestum portico‹ von Arlington House (1818), eines der schönsten Beispiele des → Greek Revival in Amerika.　　　M.-A. v. L.

Lit.: Hamlin '44; Summerson '53; Colvin '54.

Hadid, Zaha M. → *Nachträge.*

Haesler, Otto (1880-1962). Als Maurer zunächst Mitarbeiter von Ludwig Bernoully in Frankfurt, dann von Hermann → Billing in Karlsruhe. 1906 ließ er sich in Celle/Niedersachsen mit einem eigenen Baubüro nieder; Ende der 20er Jahre entstanden hier seine bekanntesten Bauwerke: Wohnhäuser und Schulen (Abb. → Neue Sachlichkeit). Bei seinen Bauten bevorzugte er als einer der ersten das → Flachdach und verfolgte konsequent den Zeilenbau (in Nord-Süd-Richtung). H. trat besonders für die Industrialisierung des Wohnungsbaues ein – 1926 schloß er sich der Architekturvereinigung ›Der → Ring‹ an. Mit verschiedenen Architekten verwirklichte H. Großbausiedlungen, so mit Karl Völker die Siedlung ›Italienischer Garten‹ (1924) und mit → Migge die Siedlung ›Georgsgarten‹ (1925), beide in Celle. Die bekannte ›Dammerstocksiedlung‹ in Karlsruhe (1927 bis 29) plante er an der Seite von → Gropius. Nach 1934 zog sich H. aus politischen Gründen als Gartenarchitekt nach Eutin zurück und beteiligte sich nach dem Zweiten Weltkrieg maßgeblich am Wiederaufbau Rathenows.　　　M.-A. v. L.

Lit.: Haesler '57; Schumacher '82.

Haffenecker, Thomas → Tschechoslowakei.

Hagioskop, das (gr. hagios: heilig; skopein: sehen). Kleine, fensterartige Öffnung in der Wand des Kirchenschiffs, insbesondere bei vielen engl. Kirchen südl. am Anfang des Chors angebracht, die den Blick auf den Altar von außen erlaubt (engl.: speculatory squint).

Halbgeschoß → Mezzanin.

Halbkreisbogen → Bogen II, I.

Halbkuppel → Kuppel; → Konche.

Halbsäule. Eine Säule, deren Schaft nur zur Hälfte aus der Wand oder einem Pfeilerkern hervortritt.

Altenheim, Kassel, von → Haesler, 1932.

Halfpenny, William (Michael Hoare, gest. 1755). Die Kirche Holy Trinity in Leeds (1722-27) ist sein einziges erhaltenes Bauwerk von Bedeutung. Er entwarf auch die Redland Chapel in Bristol (1740-43). H. veröffentl. für Liebhaberarchitekten und Baumeister etwa 20 Handbücher zur Architektur, mit denen er ungeheuren Erfolg hatte und großen Einfluß ausübte. Seine Entwürfe sind meistens dem → Palladianismus verpflichtet. Er unternahm aber auch ziemlich dilettantische Versuche in einem gekünstelten → Rokoko, in → Chinoiserien, in der → Neugotik usw. Zu seinen besten Büchern gehören ›A New and Compleat System of Architecture‹ (1749) und ›Rural Architecture in the Chinese Taste‹ (um 1750).

Lit.: Halfpenny 1749, 1750; Kaufmann '23-24; Summerson '53; Colvin '54.

Hallenkirche. Ein Kirchentyp, dessen → Schiffe ganz oder annähernd gleich hoch sind. Dabei entfällt die selbständige Belichtung eines jeden Kirchenschiffes, das Licht dringt vielmehr durch die entsprechend größeren Fenster der Seitenschiffe. Die Weiträumigkeit, die den entwickelten Beispielen dieses Bautypes eigen ist, führt durch den Fortfall des der → Basilika eigenen, auf das Sanktuarium gerichteten Tiefenzuges in letzter Konsequenz zum Fortfall von → Querschiff und → Choraussonderung. Dem speziellen Problem der Dachausbildung bei der H. über einem einheitlich hohen, aber mehrschiffigen Baukörper entspricht die Vielfalt der Lösungen mit monumentalem Dach oder Paralleldächern über jedem Schiff der Halle und Unterteilung in Mittelschiffdach und jochweise angeordnete Zwerchdächer. Nach frühen Einzelbeispielen

Hallenkirche. St. Lorenz, Nürnberg. Entwurf des Chors von → Heinzelmann, voll. von → Roritzer, 1445-72.

Hallenkirche. Mariä Himmelfahrt, Brüx, Tschechoslowakei, 1517-44.

(erstes Vorkommen 11. Jh., Bartholomäuskapelle in Paderborn) erreichte dieser Kirchentyp seine wohl schönste Entfaltung in den Kirchen von → Stethaimer im späten 14. Jh.

Lit.: Gerstenberg '13; Rosemann '24; Finck '34; Krönig '38; Weise '53; Thümmler '58.

Hallenkrypta. Eine → Krypta, die durch eingestellte → Säulen oder → Pfeiler in → Schiffe unterteilt ist, die die gleiche Höhe aufweisen.

Lit.: → Krypta.

Theseion, Athen. Zeichnung von → Haller von Hallerstein.

Haller von Hallerstein, Carl Freiherr von (1774 bis 1817). Studierte Baukunst unter David Gilly (Friedrich → Gilly) in Berlin. Er wanderte 1810 nach Griechenland aus. Seine Phantasieentwürfe griech. Tempelarchitekturen auf Anhöhen inspirierten Ludwig I. von Bayern wie → Klenze und fanden ihr Echo in Klenzes Walhalla. H. v. H. arbeitete mit → Cockerell an den Ausgrabungen in Ägina und erwarb für Kronprinz Ludwig von Bayern die Giebelfiguren des Aphaia-Tempels als Grundstock für die Glyptothek in München.

Lit.: Fräßle '71; Bankel '86.

Hallet, Stephen (18. Jh.) → Hadfield; → Thornton.

Hämer, Hardt-Walther (geb. 1922) → Deutschland.

Hammām, der (arab.: Bad). Öffentl. Badeanlage mit einem meist überkuppelten → Zentralbau und beigeordneten, ebenfalls überkuppelten Nebenräumen; in der → Türkei oft Teil des Moscheekomplexes. → Islamische Architektur.

Hängedach → Dachformen 20.

Hängewerk. Eine Holz- oder Stahlkonstruktion zur Überspannung großer Weiten, wie bei → Dachkonstruktionen oder → Brücken. Die waagerechten Hängebalken werden zwischen den Auflagern durch eine oder mehrere Hängesäulen gehalten, so daß sie nicht durchbiegen.

Lit.: Lueger '14; Perucca '54; Bairati '61; Giordano '64.

Hängezapfen → Abhängling.

Hans von Burghausen → Stethaimer.

Hans von Tirol (1505/06-75/76) → Tschechoslowakei.

Hansen, Hans Christian (1803-83). Bruder von Theophilus von → Hansen. Dänischer Architekt des → Historismus. Baute die Universität in Athen (1837-42) im griechischen Stil mit ionischer Säulenvorhalle, das Kommunal-Krankenhaus in Kopenhagen (1859-63) im → Rundbogenstil; ferner das Naturhistorische Museum (1863-69) in Kopenhagen.

Lit.: Russack '42.

Hansen, Christian Frederik (1756-1845) → Skandinavien.

Hansen, Theophilus Edvard Freiherr von (1813 bis 91). Bruder von H. Ch. → Hansen. Dän. Architekt des → Historismus. Ging 1840 nach Athen, 1861 errichtete er dort die Akademie der Wissenschaften. 1846 ließ er sich in Wien nieder; hier baute er in der Ringstraße die Akademie der Künste (1872-76) im Cinquecento-Stil (→ Italien), das Parlament (1873 bis 83) in verspätetem → Klassizismus und die Börse (1874-77) wieder in freier Hochrenaissance (→ Renaissance). Mit seinem monumentalen Mietshof Heinrichshof (1861-63, 1945 zerst.) beeinflußte H. die weitere Entwicklung Wiens. Abb. → Österreich, → Zeughaus.

Lit.: Niemann-von Feldegg 1893; Fischer-Hölzl '46; Paulsson '58; Travlos '67; Wagner-Rieger '69, '77.

Hanssen, Bernhard (1843-1911) → Industriebau.

Arsenal, Waffenmuseum, Wien, von Theophilus von → Hansen, 1850-56.

Hardouin-Mansart, Jules (1646-1708). Großneffe von François → Mansart, bei dem er wohl ausgebildet wurde, obwohl er stärker von → Le Vau beeinflußt war; zusammen mit Lebrun führte er in der Spiegelgalerie von Versailles Le Vaus grandiose Planung zur Vollendung. H.-M. verstand es, sich vollkommen in die künstlerischen Bedürfnisse des Hofes Ludwigs XIV. einzufühlen, und trat bald, da er sachverständig, flink und anpassungsfähig war, als Hofarchitekt hervor (1675 wurde er kgl. Architekt, 1685 erster Hofarchitekt und 1699 Oberhofbaumeister). Seine glänzende Karriere erregte Neid,

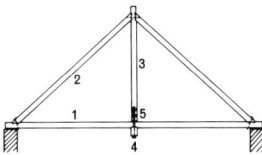

Hängewerk.
1. *Hängebalken*
2. *Streben*
3. *Hängesäule*
4. *Unterzug*
5. *Spannschloß.*

›Säulen des Apollontempels auf dem Berghügel der antiken Stadt Aegina‹. Zeichnung von → Haller von Hallerstein.

Großer Saal des Musikvereinsgebäudes, Wien, von Theophilus von → Hansen, 1867-69.

Schloß Versailles, Nordwestecke der Gartenfront, von → Hardouin-Mansart, 1684.

und Saint-Simon beschuldigte ihn, sich in einem Hinterraum willige Architekten zu halten, die für ihn alle Arbeit erledigten. Ohne Zweifel konnte er sich glücklich schätzen, so tüchtige Mitarbeiter wie Lassurance und → Lepautre zu haben, doch besaß er auch selbst eine große Begabung und klares Empfinden für die Forderung des Hofes: einen glanzvollen Hintergrund für das Schauspiel des königlichen Zeremoniells zu schaffen. Ab 1678 war er mit der Erweiterung von Versailles beschäftigt (Abb. → Gesims). Seine Tätigkeit wirkte sich auf die äußere Gestalt des Schlosses unheilvoll aus, weil er die Mittelterrasse von Le Vaus Gartenfassade einebnete und durch den Anbau der Seitenflügel die Gartenfront um das Dreifache verlängerte. Dennoch ist diese vielleicht einförmige Front überwältigend in ihrer Ausdehnung und ihrer Ausgewogenheit. Der Marstall, die Orangerie, das Grand Trianon (Abb. → Frankreich) und die Schloßkirche gelangen ihm besser.

Seine stilistische Gestaltungskraft im Sinne eines barocken → Klassizismus erreichte im Invalidendom in Paris (1680-91, Abb. → Frankreich) ihren Höhepunkt, während die Place Vendôme (1698 ff.) seine schöpferische Begabung bei der Lösung städteplanerischer Aufgaben großen Stils veranschaulicht. Gegen Ende seines Lebens wandte sich H.-M. vom barocken Pomp ab. Das zeigt sich deutlich in einer Reihe von Zimmern in Versailles, im Grand Trianon und in Marly, die unter seiner Leitung in den 90er Jahren neu ausgestattet wurden. H.-M. tendierte in diesen Spätwerken zu einem leichteren und eleganteren Dekorationsstil, der den ersten Schritt in Richtung → Rokoko bedeutete.

Lit.: D'Ors '36; Adhémar-Danis-Cain-Lavedan '46; Blunt '53; Cattani-Bourget '56; Braham '66, '70, '80.

Schloß Versailles, Königliche Kapelle, von → Hardouin-Mansart, 1698-1710.

Hardwick, Philip (1792-1870). Sein Gesamtwerk, das sich durch Qualität und Mannigfaltigkeit auszeichnet, scheint nicht besonders umfangreich gewesen zu sein, da er in den 1840er Jahren seinen Beruf, den auch sein Sohn und sein Enkel ergriffen, aufgab. 1815 hielt sich H. in Paris auf, 1818/19 lebte er in Italien. Der Euston-Bahnhof in London (1836 bis 39), dessen majestätische, im dor. Stil geschaffenen → Propyläen Berühmtheit erlangten, als die Britische Transport-Behörde sie beschämenderweise abbrechen ließ, gilt heute als sein bestes

Bauwerk. Das Bahnhofsgebäude selbst war ganz unabhängig von den Propyläen, deren Aufgabe es lediglich war, auf das Wunder menschlicher Erfindungskraft, nämlich die Eisenbahnlinie London–Birmingham, vorzubereiten (→ Bahnhofsarchitektur).

H. standen eine Reihe stilistischer Möglichkeiten offen, die er alle bemerkenswert gut beherrschte. So errichtete er die Lagerhäuser am St. Katherine's Dock, London (1827-28) als Backsteinbauten mit toskan. → Säulen in einem streng utilitaristischen → Klassizismus von monumentaler Schlichtheit, die Goldsmiths' Hall (1829-35) in einem für jene Zeit ungewöhnlich zurückhaltenden Neubarock (→ Historismus), Babraham Hall in Cambridgeshire (1831) im → Jacobean Style und Lincoln's Inn Hall mit der Bibliothek in London (1842-45) in klarem, ungekünsteltem → Tudorstil. Bei diesem Bauwerk arbeitete → Pearson als H.s Assistent an der Gestaltung mit, und es ist möglich, daß die elegante Lösung der Detailbehandlung sein Verdienst ist. Wie dem auch sei, der Bau überzeugt und ist nicht mit den Imitationen im romantischen Pseudo-Tudor des frühen 19. Jh. zu vergleichen.

Lit.: Colvin '54; Meeks '56; Smithson '68.

Euston Bahnhof, London, von → Hardwick, 1836-39.

Häring, Hugo (1882-1958). Dt. Architekt. Studium bei Th. → Fischer in Stuttgart, bei → Wallot und → Schuhmacher in Dresden. Von 1904-14 als selbst. Architekt in Hamburg, anschließend bis 1921 in Allenburg. Seine Hauptwerke entstanden in Berlin, u. a. Reihenhäuser der Waldsiedlung Berlin-Zehlendorf (1926/27) und Wohnbauten in Berlin-Siemensstadt (1928-31). Anschließend zog H. nach Biberach, wo er für die Brüder Guido und Werner Schmitz erwähnenswerte Einfamilienhäuser mit Innenausstattung errichtete (1950).

H. war 1925 Sekretär der Architektenvereinigung ›Der → Ring‹, 1928 Mitbegründer der → CIAM. Neben → Scharoun ist H. der bedeutendste dt. Vertreter der → organ. Architektur, die eine Entwicklung der Architekturform aus der Funktion heraus postulierte.

Lit.: Häring '25, '51; Joedicke '65, '82; Lauterbach-Joedicke '65; Borsi-Koenig '67; Bucciarelli '80; Kremer '85.

Gut Garkau, Holstein, von → Häring, 1922, 1924-25.

Sekretariat der Vereinten Nationen, New York, von Wallace → Harrison, 1949-53.

Hårleman, Carl Frh. v. (1700-52). Schwed. Architekt, Schüler von G.G. Adelcrantz und → Tessin d.J. Nach Reisen in Italien und Frankreich ab 1741 Oberintendant und Schloßarchitekt, als der er mit → Tessin d.Ä. den Bau des köngl. Schlosses in Stockholm leitete, mit Schwerpunkt auf der Innendekoration. Auch für den Ausbau des Schlosses Drottningholm (1746-54) zeichnete H. verantwortlich. Die Verbreitung des → Rokokostils in Schweden ist auf ihn zurückzuführen. Seine profanen Bauten zeigen deutlichen Anschluß an die frz. Architekturauffassung, während er sich für kirchliche Bauten eher an den ital. → Barock anlehnte. Abb. → Skandinavien.   M.-A. V. L.

Lit.: Stavenow '27; EA '82.

Harmonische Proportion. Ein System von Maßverhältnissen, das die Architektur mit der Musik in Verbindung setzt. Die Antike entdeckte, daß bei zwei angezupften Saiten der Unterschied der Tonhöhe eine Oktave beträgt, wenn die eine halb so lang ist wie die andere, eine Quinte, wenn sie zwei Drittel, eine Quarte, wenn sie drei Viertel der anderen Länge beträgt. Es wurde deshalb angenommen, daß Räume oder ganze Gebäude, deren Maße den Verhältnissen 1:2, 2:3 oder 3:4 folgten, harmonisch seien. Die Architekten der Frührenaissance (→ Renaissance), besonders → Alberti, betrachteten diese Entdeckung als den Schlüssel zur Schönheit der röm. und auch zur Harmonie des Weltalls. Diese Vorstellung wurde von → Palladio weiterentwickelt, der mit Hilfe venezianischer Musiktheoretiker eine weit umfassendere Stufenleiter von Proportionen aufbaute, die auf der großen und kleinen Terz, dem Verhältnis 4:5 und 5:6, basiert. → Proportion.

Lit.: Wittkower '49.

Harrison, Peter (1716-75). Der einzige Architekt von Rang im Nordamerika vor der Unabhängigkeitserklärung. Geb. in England, wanderte er 1740 aus und ließ sich in Newport, Rhode Island, als Kaufmann nieder. H. brachte sich die Grundbegriffe der Architektur vermutlich selbst bei und eignete sich rasch den neupalladianischen Stil (→ Palladianismus) an. Dies zeigt bereits sein erstes Werk, die Redwood Bibliothek in Newport (1746-50), ein Gebäude aus Holz, das steinernes Bossenwerk vortäuscht. Bei anderen Bauten machte sich der Einfluß von → Gibbs bemerkbar: King's Chapel in Boston (1749-58) und die Synagoge in Newport (1759-63). Bei späteren Werken läßt sich H. wieder von → Jones Bauweise und vom Neupalla-

dianismus inspirieren: Brick Market in Newport (1761-72) und Christ Church in Cambridge, Mass. (1760). 1761 ließ er sich in New Haven, Conn., nieder und wurde dort 1768 Zollinspektor. Als königstreuer Staatsbeamter war er im Alter zur Zeit der beginnenden Unabhängigkeitsbewegung einigen Verfolgungen ausgesetzt.

Lit.: Bridenbaugh '49.

Harrison, Wallace Kirkmann (1895-1982). Amerik. Architekt, studierte u. a. an der → Ecole des Beaux-Arts in Paris (1923/24). H. ging im Laufe seiner Karriere zwei bedeutende Partnerschaften ein, die jeweils mindestens ein großartiges Projekt hervorbrachten: Zunächst war H. (1931-40) mit William H. MacMurry und Harvey Wiley Corbett (dessen Schüler H. in den Jahren 1916/17 auch war) maßgebend an der Planung des Rockefeller-Center in New York (1931-40) beteiligt. Mit der daran anschließenden Partnerschaft mit André Fouilhoux (1941-45)

Lincoln Center, New York, von Wallace → Harrison, → Abramovitz, → Johnson und Eero → Saarinen, 1962-66.

und → Abramowitz hatte sich eines der erfolgreichsten Architektenteams nach dem Zweiten Weltkrieg in den → USA gebildet. Als herausragend ist hier die Konzeption des UN-Gebäudes zu nennen, die 1949-53 unter der Mitwirkung von → Le Corbusier und → Niemeyer entstand – das wohl erste → Hochhaus in → Skelettbauweise mit vollständiger Glashaut (→ Curtain Wall). Eigenwillig und singulär in H.s Werk in Grundriß und Fassade ist die Kirche für die Presbyter-Gemeinde in Stanford, Conn. (1956). Schließlich sind noch das New York State Capitol, Albany N.Y. (heute Nelson A. Rockefeller Plaza) und das Lincoln Center mit der Metropolitan Opera, hochgestelzte Arkaden vor einer durchgehenden Glasfassade, in New York (1962-66) genannt.   M.-A. V. L.

Lit.: Hamlin '53; Krinsky '78; Young '80; CA '80; Harrison '81; Newhouse '89.

Harsdorff, Caspar Frederik (1735-99) → Skandinavien.

Hasenauer, Karl Frh. v. (1833-94). Studium an der Wiener Akademie bei van der → Nüll und von Sicardsburg. H. war bedeutendster Vertreter des → Historismus in Österreich/Ungarn; verwendete vorwiegend Architekturmotive der Hochrenaissance und des Hochbarock. Hauptwerke sind u.a. das Natur- und Kunstmuseum in Wien (1872-81), der Entwurf für einen Gesamtplan mit Museen, Hofburg und Schauspielhaus, zusammen mit Gottfried → Semper (beteiligt an der Ausführung bis 1876). Gemeinsam mit Semper entstanden auch die Pläne für das Burgtheater (1879-88).

Lit.: Eggert '63; Czeike '63-64; EA '82.

Hauberrisser, Georg Joseph Ritter von (1841-1922) → Deutschland.

Hausamulett → *Nachträge.*

Redwood Library, Newport, Rhode Island, von Peter → Harrison, 1746-50.

Treppenhaus des Burgtheaters, Wien, von → Semper und → Hasenauer, 1873-88.

Architekturvision, von → Haus-Rucker-Co., 1969.

Haus-Rucker-Co. Vom Zukunftselan der 60er Jahre erfüllte Architektengruppe, die wie → COOP Himmelblau, → Archigram u. a. 1967 von Laurids Ortner, Günter Zemp-Kelp und Manfred Ortner gegründet, zunächst in Wien, dann in Düsseldorf und in New York Aktionen durchführte, die eine Erweiterung des Körpergefühls bewirken sollten (Ballon für Zwei, 1967; Gelbes Herz, 1968; Grüne Lunge, 1972; → Pneumatische Architektur), andererseits durch Demonstrationsobjekte auf die zunehmende Umweltverschmutzung (Sauerstoffquelle, 1970; Eingeweckte Natur, 1973) und den Repräsentationsverlust symbolischer Architektur, → Triumphbogen und → Obelisk (Provisorium der Macht, Neuenkirchen 1976; Nike von Samothrake, Linz 1977) u. a. hinwies. Die zunehmende Mobilität (→ Sekundärarchitektur) und die Raumfahrt mit ihren Raumkapseln, Raumanzügen, dem Aufenthalt im Weltraum, dem Überleben auf fremden Sternen dienend, ließen in ihren Augen die auf Ewigkeitswerte angelegte Architektur aus Stein als veraltet erscheinen. Abb. → Architekturzeichnung.

Lit.: Ortner '76; Klotz '84. W. R.

Häusser, Elias David (1687-1765) → Skandinavien.

Haussmann, Baron Georges-Eugène (1809-91). Aus dem Elsaß stammender prot. Richter und Verwaltungsbeamter, ein rücksichtsloser, listenreicher, hartnäckiger Mann. Napoleon III. ernannte ihn 1853 zum Präfekten des Département de la Seine und vertraute ihm seine weitreichenden Pläne für die Umgestaltung des Pariser Stadtbildes an. H. blieb bis 1870 im Amt, und er erfüllte, ja übertraf alle Erwartungen des Kaisers. Bei der Durchführung dieser Pläne folgte H. den herkömmlichen Prinzipien frz. → Stadtplanung, wie sie von Heinrich IV. festgelegt und von Ludwig XIV. weiterentwickelt worden waren und die in H.s direktem Vorbild, dem ›Plan der Künstler‹ von 1797, gipfelten: Lange, gerade Boulevards, die in runden Plätzen sternartig zusammentreffen, sind das Leitmotiv. Es ist oftmals behauptet worden, daß H. diese Boulevards anlegen ließ, damit im Falle einer Revolution Schußfelder für die Regierungstruppen vorhanden wären, doch wurde er sicher ebenso stark von verkehrstechnischen Überlegungen geleitet (z. B. die Boulevards als Verbindungen zwischen den verschiedenen Bahnhöfen). Außerdem setzte er sich für ihre Anlage aus ästhetischen Gründen ein, da sie großartige Durchblicke auf monumentale Bau-

›Grüne Lunge‹, von → Haus-Rucker-Co., 1972.

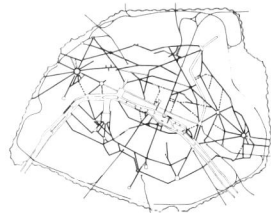

Schema der von → Haussmann veranlaßten Durchbrüche in Paris.

werke, wie auf den Arc de Triomphe oder auf die Oper, gewähren.

Lit.: Haussmann 1890-93; Laroze '32; Réau-Lavedan '54; Lameyre '58; Pinkney '58; Benevolo '60, '63; Samonà '59; Saalman '71.

Haustein. Der vor der Verwendung allseits regelmäßig bearbeitete Naturstein, im Gegensatz zum → Bruchstein, der ohne weitere Bearbeitung zum Bauen verwendet wird. Der H. kann je nach technischen oder künstlerischen Anforderungen verschieden bearbeitet werden: **1.** der nach einem Versatzplan mit bestimmtem Fugenschnitt (→ Steinschnitt) gearbeitete H. heißt Werkstein; **2.** ein H. mit unbearbeiteter Sichtfläche heißt Bossenstein; **3.** ein Bossenstein mit Randschlag heißt Buckelstein (-quader). Durch Bearbeiten der Sichtfläche mit verschiedenen Werkzeugen – Stockhammer, Flächenhammer, Kröneleisen (→ Steinbearbeitung) – lassen sich ganz verschiedene Effekte herausarbeiten, die eine wertvolle Datierungshilfe für die Baugeschichtsforschung sind. → Bausteine.

Lit.: Thiele '57.

Haven, Lambert von (1630-95) → Skandinavien.

Haviland, John (1792-1852). Lernte bei James → Elmes und ging 1816 nach Philadelphia. In den Jahren 1818-19 veröffentl. er ›The Builders' Assistant‹, das erste amerik. Buch, das → Säulenordnungen abbildet. Sein bekanntester Bau ist ein Gefängnis, das Eastern State Penitentiary in Cherry Hill (1821-29), das in Europa starke Bewunderung fand und viel nachgeahmt wurde. Es war mit Zinnen versehen. H.s Taubstummenasyl (1824) dagegen zeigt klassiz. Züge, und das New Yorker Gerichtsgebäude The Tombs (1836-38) war in einem ägyptisierenden Stil erbaut.

Lit.: Pevsner '36; Condit '60; Gilchrist '61; Baigell '66.

Havlíček, Josef (geb. 1899) → Tschechoslowakei.

Hawksmoor, Nicholas (1661-1736). Nach → Vanbrugh der individuellste engl. Architekt des → Barock. H. stammte aus einer Bauernfamilie in Nottinghamshire. Im Alter von 18 Jahren kam er zu → Wren und arbeitete unter dessen direkter Leitung beim Bau des Greenwich Hospital und auch bei anderen Aufgaben bis zu Wrens Tod. Danach holte ihn 1690 Vanbrugh, der in ihm einen fähigen Mitarbeiter erkannt hatte. Dieser setzte ihn vor allem beim Bau von Castle Howard (Abb. →Großbritannien) und Blenheim Palace (Abb. → Barock, →Großbritannien) ein. Er war beiden, Wren wie Vanbrugh, mehr als ein bloßer Assistent, doch kann

Place de l'Etoile mit dem Arc de Triomphe, Paris. Stadtplanung von → Haussmann.

Easton Neston, Northamptonshire, von → Hawksmoor, beg. 1702.

zelne Kirche ist ein kleines Meisterwerk für sich: St. Anne's, Limehouse (1712-24) mit ma. Spitzturm in klass. Verkleidung, St. Mary Woolnoth (1726/27) mit quadrat. Grundriß, St. George, Bloomsbury (1720-30), H.s größtes und maßvollstes Werk ist Christchurch, Spitalfields (1723-39), das sich an Eigenwilligkeit und Übertreibung mit Vanbrughs Werken messen kann. Den Innenhof und den Speisesaal von All Souls' College in Oxford sowie die Westtürme der Westminster Abbey (1734) gestaltete H. in seinem → neugot. Stil. Für den ernsten und strengen Rundbau des Mausoleums in Castle Howard (1729) ließ er sich noch einmal von der → röm. Baukunst und → Bramante anregen.

Lit.: Colvin '54; Downes '59.

St. Mary Woolnoth, London, von → Hawksmoor, 1726-27.

heute nicht mehr im einzelnen festgestellt werden, wieviel sie ihm verdanken. Seine eigenen Bauten zeigen seine Originalität. Aber durch seinen störrischen, eigenwilligen Charakter und seinen Mangel an Tatkraft blieben ihm große Chancen und gesellschaftlicher Erfolg versagt. Kraftvoll, gelehrt-exzentrisch und außerordentlich plastisch ist sein Stil eine ganz persönliche Variante des Barock, in der Elemente des Stils Wrens, der röm. Antike und der Gotik verschmolzen sind. Seine Leidenschaft galt – und darin folgte er nicht Wren, sondern Vanbrugh – dramatischer Gestaltung von Massen: Kritiker meinen jedoch, daß seine Bauten dadurch zu schwer wurden. Er machte sich etwa 1702 selbständig, als er Easton Neston begann. Er schuf hier einen festgefügten, rechteckigen Bau, rings von kolossalen Säulen umgeben. Easton Neston vereinigt in sich die Grandezza und Urbanität Wrens und deutet in einigen Details auf Vanbrugh.

Als das Parlament 1711 beschloß, 50 neue Kirchen zu errichten, wurde H. leitender Architekt des Vorhabens. Die sechs von ihm selbst entworfenen Kirchen stehen im Zentrum seines Œuvres. Jede ein-

Christchurch, Spitalfields, von → Hawksmoor, 1723-39.

Hayberger, J. Gotthard (1699-1764) → Hueber.

Haylmann (Heilmann), Jakob (gest. vor 1526) → Tschechoslowakei.

Hebebrand, Werner (1899-1966) → Deutschland.

Hedquist, Paul (geb. 1895) → Skandinavien.

Hefele, Melchior (1716-99) → Ungarn.

Heideloff, Carl Alexander von (1789-1865). Bekannt vor allem als Restaurator: Dom in Bamberg, Veste Coburg, Kreuzkirche in Rottweil, Frauenkirche in München, St. Sebald u. St. Lorenz in Nürnberg, Stiftskirche in Stuttgart, St. Georg in Dinkelsbühl und viele andere. Er veröffentlichte ›Die Ornamentik des Mittelalters‹ (1838-52), ›Die Bauhütte des Mittelalters‹ (1844) u.a. Als Architekt bevorzugte H. den → neugot. Stil.

Lit.: Boeck '58.

Heiliges Grab. Das Grab Christi vor den Toren Jerusalems, das unter Konstantin (um 330) mit einem Rundbau umgeben wurde. In Nachahmung dieser heiligen Stätte wurden in den folgenden Jahrhunderten in oder bei Kirchen H.e G.er in Form von Rund- oder Polygonbauten errichtet (im Münster zu Konstanz, um 1280; Görlitz, im Freien stehend, vor 1500). Außerdem gibt es das H.G. als

Heiliges Grab. Münster zu Konstanz, spätes 13.Jh.

Castle Howard, Mausoleum, von → Hawksmoor, beg. 1729.

Helices.

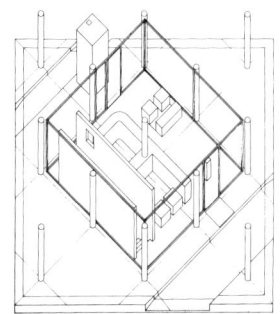

Diamond-House-Project, House A. Isometrie des Erdgeschosses, von → Hejduk.

Grabtumba, in die zur Osterfeier ein Bildwerk des Leichnams Christi hineingelegt wird. Diese Form wurde auch mit großen plastischen Gruppen (Leichnam Christi, Wächter, die drei Frauen am Grabe, Engel) in Verbindung gesetzt (Mainzer Dom, vor 1500). Sie ist in England häufig, in Frankreich und Italien wenig bekannt.

Lit.: Heisenberg '08; Brooks, N.C. '21; Dollmann '22; Schwarzweber '40; Halm '64-65.

Heinrich von Gmünd, gen. Henrico parlér da Gamodia (14. Jh.) → Parler.

Heinzelmann, Konrad (gest. 1454). Er war um 1420 in Ulm tätig, wurde 1428 als Baumeister nach Rothenburg gerufen, um die Jakobskirche zu entwerfen und zu bauen, und 1428 nach Nördlingen, um den Bau der Georgskirche zu leiten. 1439 ging er nach Nürnberg, wo er den Entwurf für den schönen Chor von St. Lorenz machte und den Beginn der Ausführung überwachte. Abb. → S. 264.

Lit.: Clasen '30; Frankl, P. '62.

Hejduk, John (geb. 1929). Nach dem Studium Mitarbeiter u.a. bei → Pei (1956-58). Seit 1965 in New York selbständig, mitunter Lehraufträge. Sein architekton. Œuvre ist nicht sehr umfangreich, so u.a. das Demlin House auf Long Island, Locust Vally (1960) oder das Hommel Apartment (1969), beide in New York. Erwähnenswert ist auch die Restaurierung des Foundation Building der Cooper Union (1975).
Der Schwerpunkt von H.s Tätigkeit liegt auf dem Feld der Theorie, des ästhetischen Verhältnisses zwischen Architektur und Raum. Eine größere Anzahl der hieraus entstandenen Projekte konnte er 1972 in einer Ausstellung der Le Corbusier-Stiftung Paris, ›Design of the Projects – John Hejduk‹, vorstellen. Mit → Graves, → Eisenman, → Meier und → Gwathmey, unter dem Namen → New York Five bekanntgeworden, zählt H. zu den führenden Theoretikern der 70er Jahre in Amerika.   M.-A.V.L.

Lit.: Frampton-Rowe '72; Shkapich '84; Klotz '84.

Hellenistische Architektur. Apollotempel von Didyma, beg. um 300 v.Chr.

Held, Stadtbaumeister Danzig (tätig um 1800) → Deutschland.

Helices, die (Pl.; lat.: Schlingpflanzen). Die zwischen den → Akanthusblättern des korinth. → Kapitells aus geriefelten Blatthülsen (cauliculus) herauswachsenden und in einer → Volute endenden Stengel.

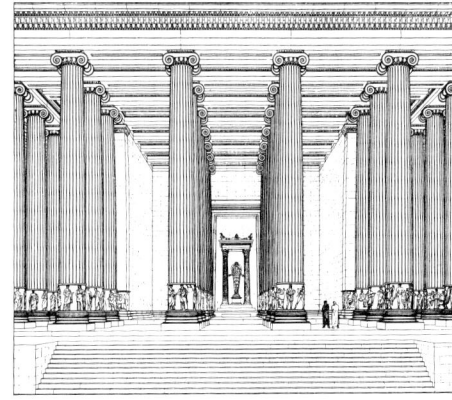

Hellenistische Architektur. Jüngeres Artemision von Ephesos, Westfront mit Einblick in Pronaos und Sekos, 1. Hälfte 3. Jh. v. Chr.

Hellenistische Architektur. Beginnt mit dem späten 4. Jh. und geht im 1. Jh. v. Chr. ohne deutliche Zäsur in die → röm. Architektur über. Sie führt die Bauideen der Hochklassik der → griech. Architektur fort mit deutlicher Abwendung vom architekton. Detail zugunsten großer baulicher Zusammenhänge. Für sie wird die Säulenhalle zum wichtigsten Gestaltungsmittel. Diese dient als Begrenzung alter Heiligtümer (Olympia, Delos) oder alter Marktplätze (Athen, Korinth). Charakteristisch ist die Folge verschieden großer, rechtwinkliger Platzanlagen in Milet, die von Hallen umschlossen waren. Die Säulenhalle kehrte an → Palästren, Gymnasien (→ Gymnasion; Priene, Pergamon), am → Heroon (Kalydron, Milet) und am Wohnhaus (→ Peristyl-Haus) wieder, das erst im Hellenismus mit Mosaiken und Wandgemälden seine Blüte erfährt (Pella, Delos). Selbst Tempel, wie die des Zeus in Dodona, Megalopolis und Priene, werden Teil einer Peristylanlage.
Typisch für diese Epoche ist auch die Verbindung von Sockel und Halle. Die ion. → Dipteroi (→ Tempelformen; Sardes, Ephesos, Didyma) erheben sich über einem vielstufigen Unterbau. Das Mausoleum von Halikarnassos (Abb. → Mausoleum), von Belevi und ta marmara (bei Milet) sind peripterale Grabtempel auf hohem Quadersockel, die ausdrücklich auf ihre monumentale Wirkung berechnet sind. Ebenso werden Altäre gern auf Sockel gestellt und von Hallen eingeschlossen wie in Pergamon, Magnesia, Priene und auf Kos. Zu ihnen führt eine monumentale Freitreppe (→ Treppe) – ebenfalls ein vielfach herangezogenes Gestaltungsmittel des Hellenismus –, die besonders großzügig für das Athena-Heiligtum von Lindos und das Asklepios-Heiligtum von Kos in Verbindung mit Hallen angewandt wurde. Beide Anlagen sind streng → achsial. Neben den seit klassischer Zeit üblichen Tempelformen werden der → Pseudodipteros (Magnesia, Messa) und neben der dor. und ion. Ordnung die

korinth. beliebt (Olympieion in Athen). Weitere Bauaufgaben im Hellenismus sind das Theater (→ Theaterbau) – mit Säulenhalle vor dem Bühnenhaus –, Rathäuser, unter denen das Buleuterion von Milet wegen des ihm vorgelagerten Peristyls und → Propylons als besonders reich hervorzuheben ist, Stadien mit steinernen Sitzreihen und Palästren, während Bäder (Gortys in Arkadien, Olympia, Eretria) architekton. gegenüber der späteren Entwicklung in der → röm. Architektur noch bescheiden bleiben. Weiter entstehen aufwendige Befestigungsanlagen (Herakleia am Latmos, Milet, Ephesos usw.) mit starkem Wechsel von Kurtinen (→ Festung) und vorgestellten Türmen als Schutz gegen die in der Diadochenzeit weiterentwickelte Belagerungstechnik.

Bautechnisch kommen der Keilstemmbogen und das Tonnengewölbe (→ Gewölbe III, 1) hinzu. Letzteres wird häufiger für Grabbauten (Leukadion, Pergamon, Milet), selten für Substruktionen (Delphi, Attaloshalle) und Durchgänge (Stadioneingang Olympia) benutzt. A. M.

Lit.: Worringer '28; Fyfe '36; Zschietzschmann '39; Robertson, D. S. '43; Dinsmoor '50³; Plommer '56; Lawrence, A. W. '57; Havelock '72.

Hellenistische Architektur. Stoa des Attalos, Athen, 2. Jh. v. Chr., wiederaufgebaut.

Helmdach → Dachformen 13.

Henderson, Richard → Gwathmey.

Hennebique, François (1842-1921). Einer der Wegbereiter der Betonbauweise (→ Beton), der 1879 erstmals Stahlbeton verwendete. Seine wichtigsten Patente meldete er 1892 an. 1894 errichtete er in Viggen, Schweiz, die erste Stahlbetonbrücke, 1895 in Roubaix den ersten Getreidesilo aus Beton. In den von ihm gegründeten Beton- und Glasfabriken wurde 1894 die Arbeit aufgenommen. Für eine Ausstellung in Genf 1896 schuf er eine weitausladende

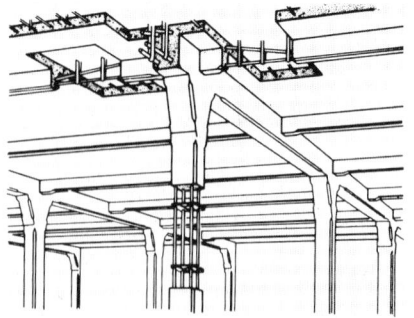

Stahlbetonkonstruktion nach → Hennebique, 1892.

Hellenistische Architektur. Zeus-Altar, Pergamon, 180-60 v. Chr.

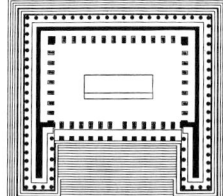

Zeus-Altar, Pergamon.

Betontreppe, für ein Theater in Morges 1899 weit vorspringende Ränge. Seine eigene, ausgefallen gestaltete Beton-Villa in Bourg-la-Reine entstand 1904.

Lit.: Gabetti '55; Collins, P. '59; Pevsner '68.

Henrici, Karl F. W. → *Nachträge.*

Henri-deux-Stil (frz.). Der Renaissance-Stil unter Heinrich II. von Frankreich (1519-59).

Henry of Reyns. 1243 Meister der kgl. Bauhütte von Schloß Windsor, später kgl. Dombaumeister von Westminster Abbey in London. Anscheinend hat er 1253 nicht mehr gelebt. Da er zu Baubeginn der Westminster Abbey dort Baumeister war, hatte er möglicherweise den Entwurf für die Abbey geliefert. Sein Zuname Reyns ist klangmäßig mit dem Ortsnamen Reims verwandt; tatsächlich gehen manche Details von Westminster Abbey – Maßwerk, Laufgänge in den Ostkapellen – im Stil auf die Kathedrale in Reims, aber auch auf Amiens und die Sainte-Chapelle in Paris zurück, die bei Baubeginn vollendet waren. Andere Elemente wiederum stehen ganz in der engl. Tradition, wie die große Empore und das Gewölbe mit Scheitelrippe. So kann man vielleicht schließen, daß H. von Geburt Engländer war und in Reims gearbeitet hatte. Dem Stil nach könnte auch King's Chapel in Windsor von H. entworfen sein (um 1240).

Lit.: Harvey '54; Webb, G. '56.

Henselmann, Hermann → *Nachträge.*

Hentrich, Helmut (geb. 1905). Studium in Freiburg, Wien und Berlin, Examen und Staatspreis 1929. Bürogründung 1933. 1935 Bürogemeinschaft mit Hans Heuser. Nach Heusers Tod (1953) Arbeitsgemeinschaft mit Hubert Petschnigg. 1969 Erweiterung des Büros in: HPP Hentrich-Petschnigg & Partner. Die Gesamtleitung wird 1974 mit den langjährigen Partnern Hans-Joachim Stutz und Rüdiger Thoma als persönlich haftende Gesellschafter erweitert. Seit 1986 ist auch Michael Zotter Mitglied der Gesamtleitung. Wichtige Bauten: das Thyssenhaus (Dreischeibenhaus) in Düsseldorf (1957-1960, Abb. Deutschland), das Aweta-Haus in Ludwigshafen (1960-63), das Klöckner-Humboldt-Haus in

Hellenistische Architektur. Korinthische Säulen des Olympieions, Athen, um 170 v. Chr.

Hellenistische Architektur. Basis einer Säule des Apollo-Tempels, Didyma, beg. um 300 v. Chr.

Benediktinerklosterkirche St. Mang, Füssen, von → Herkommer, 1701-15.

Tor des alten Botanischen Gartens, München, von → Herigoyen, 1812.

Köln-Deutz (1960-63), die Bonhoeffer-Kirche in Düsseldorf (1964-65), die Ruhr-Universität in Bochum (1961-70), das Standard Bank Centre in Johannesburg und die Tonhalle in Düsseldorf, die 1979 mit dem Europa-Nostra-Preis ausgezeichnet wurde. Sein Finnlandhaus an der Esplanade in Hamburg (gemeinsam mit Petschnigg) ist das erste Hochhaus in Hängekonstruktion in Europa (1966).
Lit.: Hitchcock '73; HPP '85, '86, '91; CA '87.

Héré de Corny, Emmanuel (1705-63). Der Architekt arbeitete im → Louis-quinze-Stil und wurde durch seine Place Stanislas (Place Royale) in Nancy, eines der schönsten Beispiele für die Stadtplanung zur Zeit des → Rokoko, berühmt. Er erhielt seine Ausbildung bei → Boffrand in Paris, war dann ab 1740 in Nancy Architekt von Stanislas Leszczynski, dem

Place Stanislas, Nancy, von → Héré de Corny, 1752-56.

Exkönig von Polen. Für ihn führte er seine Bauten aus: das Hôtel des Missions Royales (1741-43), das Château de Malgrangé (1743), die Place Stanislas (1752-56) und die Place d'Alliance, alle in Nancy. Die Mauerecken der Place Stanislas sind mit schönen schmiedeeisernen Gittern von Jean Lamour geschmückt. H. veröffentl. ›Recueil des plans etc.‹ (1750) und ›Plans et élévations de la Place Royale de Nancy‹ (1753).
Lit.: Hautecœur III, IV; Rau, J. '73; France-Lanord '84.

Herholdt, Johan Daniel (1818-1902). H.s Werk beeinflußte die dänische Architektur der 2. H. d. 19. Jhs. Sein bedeutendster Auftrag war die Errichtung der Universitätsbibliothek in Kopenhagen im → Rundbogenstil (1855-61), deren mit Ziegelsteinen verblendete Fassade viel nachgeahmt wurde. → Skandinavien.
Lit.: Faber, T. '67.

Herigoyen, Emanuel Joseph von (1746-1817). In Portugal geb., aber vorwiegend im südtt. Raum beschäftigter Architekt und Geometer. 1767-69 Studium in Paris. Ab 1774-1804 vorwiegend für den Mainzer Kurfürsten Carl Frh. von Erthal tätig. 1804 Übersiedlung nach Regensburg, dort Stadt- und Landbaumeister, 1810 Ernennung zum Bayer. Oberbaukommissar in München. Seine wichtigsten Arbeiten: Umbaumaßnahmen an der Johannisburg in Aschaffenburg (1774-84), Schloß und Parkanlage Schönbusch bei Aschaffenburg (1772-82), Frühstückspavillon im Schloßbereich Aschaffenburg (1782), Frz. Gesandtschaft in Regensburg (1805), Umbau des Palais Montgelas (1811-13), Tor zum alten Botanischen Garten (1812), beide in München. Seine Architekturauffassung ist oft abhängig von dem Architekturtheoretiker Robert → Morris.
Lit.: Reidel '82.   M.-A. V. L.

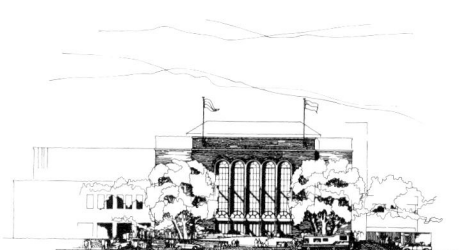

Stadthalle Rheydt, von → Hentrich, 1981-84.

Herkommer, Johann Jakob (1648–1717). Architekt des → Barock, der sich → Mosbrugger und anderen Mitgliedern der → Vorarlberger Bauschule angeschlossen hatte, obwohl er nicht in dieser Gegend geb. war und im Gegensatz zu ihnen die Architektur Italiens aus eigener Anschauung kannte. Von 1686 bis 94 lebte er in Venedig. In Sameister bei Roßhaupten baute er 1685-86 eine Kapelle mit kreuzförmigem Grundriß, Kuppel und Laterne, eine für diese Gegend ungewöhnliche Komposition. Er baute die Kirche des St. Mang-Klosters in Füssen wieder auf (1701-15), entwarf St. Jakob in Innsbruck (1712, erb. 1717) und erneuerte die Heiligkreuzkirche in Augsburg (1716-19), wo er die spätgot. Pfeiler zu korinth. Säulen umformte und den Chorraum mit einer Kuppel überwölbte. Wahrscheinlich hat er einen bedeutenden Beitrag beim Bau des Hauptwerkes der Vorarlberger Bauschule, der Abteikirche von Weingarten (1715-23), geleistet.
Lit.: Trautwein '41; Lieb '83.

Herland, Hugh (gest. ca. 1405). War seit etwa 1350 Zimmermeister im Dienste des engl. Königs. 1375, als *William Herland,* wahrscheinlich H.s Vater, starb, wurde er Leiter der kgl. Zimmermannswerkstätten. Sein ›opus magnum‹ ist die Stichbalkendecke von Westminster Hall, die in den 1390er Jahren geschaffen wurde; sie hat eine Spannweite von

Westminster Hall, London, um 1808. Stichbalkendecke von → Herland, um 1390.

etwa 22 Metern. H. arbeitete auch (zusammen mit → William of Wynford) für den engl. Kanzler und Bischof von Winchester William of Wykeham am Bau von New College in Oxford und wahrscheinlich auch am Winchester College, Winchester.

Lit.: Harvey '54.

Herme (gr.). Ursprünglich ein nach unten häufig schmaler zulaufender rechteckiger Schaft mit meist bärtigem Kopf, an der Frontseite der Phallos. Diese Form der H. besaß bei den Griechen unheilabweisende Bedeutung. Später ist die H. nur noch Träger von Porträtköpfen mit Inschrift. In der Renaissance, im Manierismus und Barock wurden H.n zu dekorativen Zwecken frei aufgestellt oder in der Architektur als figürl. Gebälkträger wie → Atlanten verwendet (Zwinger zu Dresden).

Escorial, von → Toledo und → Herrera, 1559-84.

Hermkes, Bernhard (geb. 1903). Stammt aus Limmern/Trier, seit 1955 Prof. an der TH Berlin, 1968-71 Vizepräsident der Akademie der Künste in Berlin. 1955 stellte er den Bebauungsplan für den Ernst-Reuter-Platz in Berlin auf; seine mächtigsten Bauten entstanden jedoch in Hamburg: die Neue Lombardsbrücke (1952, heute John-F.-Kennedy-Brücke), das Auditorium Maximum der Universität (1957-59) mit einer Schalenkuppel, der Komplex der Albert-Schweitzer-Schule, die zwölf Grindelhochhäuser (1956-62, zusammen mit der Architekturgemeinschaft Grindelberg) und das Kraftwerk Wedel bei Hamburg (1958-64). Für die Internationale Gartenbauausstellung in Hamburg 1953 errichtete er den Philippsturm und das Große Pflanzenschutzhaus, für die IGA 1963 in Hamburg dann alle Pflanzenschutzhallen.

Lit.: Voelckers '29.

Hermogenes (2. Jh. v. Chr.). H. stammt vielleicht aus Alabanda. Nach → Vitruv hat er den Dionysos-Tempel von Teos und den großen Tempel der Artemis Leukophryene von Magnesia am Mäander gebaut und über beide geschrieben. Möglicherweise ist er auch verantwortlich für die Hallen, den Altar und den Tempel des Zeus Sosipolis in der gleichen Stadt. H. gab der → Hellenist. Architektur entscheidende Impulse, indem er statt des Dipteraltempels den → Pseudodipteros anwendete, bei dem die innere Säulenreihe der Peristase entfällt (→ Tempelformen). Dadurch werden die Umgänge doppelt so licht wie am normalen → Peripteros. Nach Vitruv geht auf ihn auch der Schönsäuler, der Eustylos (→ Interkolumnium), zurück. H. verwendete außer der attisch-ion. → Basis auch den Figurenfries (→ Fries) über dem → Architrav, der ebenfalls att., nicht ion. Herkunft ist. Ob H. unbedingt der ›Erfin-

der‹ der nachklassischen Pseudodipteroi ist, wie Vitruv behauptet, bleibt unsicher, solange die Tempel von Messa und Chryse nicht datiert sind. Nach Vitruv ging die Ablehnung H.s' gegen die dor. Ordnung (→ Säulenordnungen) so weit, daß er die dor. Bauglieder für einen Dionysostempel in ion. umarbeiten ließ.   A. M.

Lit.: von Gerkan '28; Schlikker '40; Dinsmoor '50³; Lawrence, A. W. '57; EAA '58-63; Hoepfner '68.

Heroon, das (gr. heros: Held, Halbgott). Heiligtum eines Halbgotts.

Herrera, Juan de (ca. 1530-97). Span. Architekt, arbeitete 1547-59 außerhalb Spaniens, hauptsächlich in Italien. 1563 übernahm er als Nachfolger von Juan Bautista de → Toledo die Bauleitung des Escorial (Abb. → Desornamentadostil). Erst nach 1572 entwarf er einige Ergänzungen; sein Hauptbeitrag zu diesem Baukomplex sind das Hospital und die Kapelle (1544 bis 82). Sein majestätischer, von ital. Bauten angeregter Stil kommt am besten zum Ausdruck im Palast von Aranjuez (1569, Abb. → Spanien) und in der Börse von Sevilla (1582). Seine Entwürfe für die Kathedrale von Valladolid (beg. 1585) wurden nur teilweise ausgeführt, übten aber weitreichenden Einfluß aus, z. B. auf die Kathedralen in Salamanca, Mexico City, Puebla und Lima.

Lit.: Calzada '49; Chueca Goitia '53; Kubler-Soria '59; Kubler '82.

Herron, Ron (geb. 1930) → Archigram.

Hertzberger, Herman → Nachträge.

Herzog, Thomas (geb. 1941). 1965 Diplom der TU München, 1970 Studienreise über Rußland nach Japan, 1972 Diss. (Construzione pneumatiche) an der Universität Rom. Seit 1971 eigenes Büro mit wechselnden Partnern sowie Lehrtätigkeit in Stuttgart, Kassel und Lausanne. Auftragsarbeiten der EG und der ITALENERGIE und Zusammenarbeit mit

Wohnanlage Richter, München, von → Herzog, 1979-82.

namhaften Großfirmen bei der Weiterentwicklung der Solartechnik und pneumatischer Konstruktionen sowie in der Bauteilentwicklung neuer Elemente und Systeme, die zur industriellen Fertigung (→ Präfabrikation) geeignet sind. Weltweit bekannt wurde H. durch das Wohnhaus Burghardt in Regensburg (1977-79, Abb. → Holzbauweise; → Öko-

Hermen. Wallpavillon des Dresdner Zwingers, von → Pöppelmann und Balthasar Permoser, 1711-18.

Philippsturm, Hamburg, von → Hermkes, 1953.

Wohnhaus Burghardt, Regensburg, von → Herzog, 1977-79.

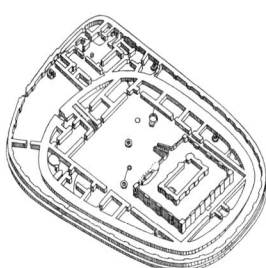

Hafāǧa, Irak, Ovaler Tempel, 3. Jh. v. Chr. Axonometrische Rekonstruktion.

Hattusa, Türkei. Überwölbter Gang.

logisches Bauen; → Präfabrikation) und die Wohnanlage Richter (zus. mit B. Schilling) in München (1981-82), deren Konstruktionen, aus wissenschaftlichen Erkenntnissen entwickelt, nicht nur energiesparend und kosteneffektiv sind, sondern darüber hinaus in der Verbindung von → Gewächshausvorstellungen mit den thermodynamischen Prinzipien eines ›Hauses im Haus‹ ein völlig neues naturnahes Wohngefühl erzeugen. Die zu → Neutra hinführende Entwicklung (→ Abendländische Architektur) wurde so um einen zukunftsträchtigen Typ bereichert, dessen Idee den gleichzeitig entstehenden ersten skandinavischen Öko-Häusern von Bengt Warm (1977) (→ Ökologisches Bauen) zugrunde lag.   W. R.

Lit.: Herzog '92.

Königliches Tor von Alacahöyuk, Türkei, 15.-13. Jh. v. Chr.

Hethitische Architektur. Die Hauptstadt Hattusa nahe dem heutigen türkischen Dorf Boğazköy wurde um 1600 v. Chr. auf den verkohlten Ruinen einer früheren, zum Teil assyrischen Ansiedlung gegründet, die um 1700 v. Chr. zerstört worden war. Seit ihrer Entstehung scheint die Stadt über einen axial ausgerichteten Grundriß sowie über regelmäßige, rechteckige Gebäude verfügt zu haben, die durch gepflasterte Wege voneinander getrennt waren. Die Grundmauern von fünf Tempeln sind gefunden worden. Jeder hatte einen inneren Hof, der von vielen kleinen Räumen mit Fenstern an den Außenwänden umgeben war. Der Gesamteindruck muß sich daher sehr von den abweisenden, nach innen gerichteten Tempeln Mesopotamiens und Ägyptens unterschieden haben. Die eindrucksvollsten Überreste in Boğazköy und anderen hethitischen Stätten sind jedoch die um 1400 v. Chr. erbauten massiven, grob gehaltenen Mauern mit ihrer Bruchsteinfüllung und oberen Lagen aus sonnengetrockneten Ziegeln, die die Kasematten und Brustwehrgänge ausbildeten. Die Wehrbauten sind in mancher Hinsicht mit der Befestigung von Mykene und Tiryns vergleichbar. In Boğazköy umgab eine ebenso massive innere Mauer die Zitadelle, die auf einer Felsanhöhe die Stadt beherrschte. Die Verteidigung stand im Vordergrund. Lange unterirdische Gänge führten vom Stadtzentrum zu den Ausfalltoren, von denen aus eine Belagerungsarmee angegriffen werden konnte. Außerdem besaßen die Befestigungsanlagen auch symbolische Merkmale. Parabolisch gekurvte Monolithe faßten die Haupttore ein. Dem Eintretenden bot sich der Anblick von Löwen oder Sphingen, die im Hochrelief aus dem Steinblock der Torpfosten gemeißelt waren. Sie sind weit stärker in das Bauwerk eingegliedert als

Hattusa, Türkei. Tempel des Sturmgottes, 14. Jh. v. Chr.

die Wächterfiguren Altägyptens und Mesopotamiens. Diese halb freistehenden Skulpturen haben keinerlei Vorläufer, und wenn sie später ähnlich in der Architektur Assyriens auftreten, so dürfte dies auf das Vorbild hethitischer Bauten zurückgehen. Das Relief des äußeren Pfostens des ›Königlichen Tores‹ von Alacahöyuk nähert sich so stark dem Vollplastischen, daß die massive Gestalt Teschubs, des Wettergottes, fast als Halbstatue hervortritt. Der stark vom Reliefgrund gelöste Kopf gibt mehr als nur die Profilansicht. In ähnlicher Weise sind auch reliefierte Orthostaten (aufrecht gestellte Steinplatten an der Basis einer Mauer) bei der hethitischen Architektur erstmalig überliefert, und auch sie wurden später von den Assyrern übernommen und von ihnen verfeinert.

Hexastylos, der (gr.). Griech. Tempel mit sechs Säulen an der Giebelseite. → Tempelformen; → Portikus.

High Tech

In nur unscharfer Abgrenzung zum → Konstruktivismus, ist H. T. in den letzten Jahren zum Sammelbegriff einer Architekturauffassung geworden, die Symbolsprache aus den ästhetischen Möglichkeiten der industriellen Technologie zu gewinnen versucht. Dabei ist der Zugriff der H.-T.-Architekten auf die technologische Ästhetik grundsätzlich unterschieden von den Ingenieurbauten des 19. Jhs. ebenso wie von den konstruktivistischen Konzepten des frühen 20. Jhs. Während jene Herleitung der ästhetischen Form aus den Bedingungen der Baukonstruktion versuchten (Eiffelturm 1887-89, Kristallpalast von Paxton, 1859; Abb. → Architekturzeichnung; → Ausstellungsarchitektur; → Glasarchitektur; → Großbritannien; → Präfabrikation) und die sozialpolitisch motivierten Konstruktivisten die Öffnung einer bisher hermetisch-formalistischen Architekturkunst zur Gesellschaft hin propagierten, stellt die H.-T.-Ästhetik so etwas wie eine ›Privatisierung‹ des industriellen Formenvokabulars, d. h. eine Art Vergegenwärtigung der öffentlichen Produktionssphäre im privaten Lebensbereich dar. Daher kommt es nicht von ungefähr, daß H. T. v. a. im Bereich des Design besonders bereitwillig aufgenommen und verbreitet wurde. Die wohl erste begriffsprägende Publikation war das 1978 in New York erschienene Buch ›High-Tech. The Industrial Style and Source Book for the Home‹ von Joan Kron und Susan Slesin, ein fast enzyklopädisches Kompendium von Gegenständen aus dem industriellen Produktionsbereich, die für Wohneinrichtun-

Kristallhaus, Chicago, von George Fred Keck, 1934.

gen zweckentfremdet wurden und gerade durch diesen Verfremdungsprozeß ihre innovatorische Bedeutung erhielten: eine Art Säkularisierung von Duchamps' ›objets trouvées‹. Vom Zahnarztstuhl als Fernsehsessel bis zur Flugzeugkombüse im Einzelapartment reichten die mit ausführlichen Bezugsquellen versehenen Vorschläge jener neuen Einrichtungskultur, die – laut Definition von Kron/Slesin – aus der Verbindung von High-Style und Technologie gewonnen und als H. T. zum Inbegriff avancierten Designs wurden.

Als unmittelbare Gründungsbauten einer H.-T.-Architektur können sowohl die 1928-31 in Paris errichtete Maison de Verre (Abb. → Frankreich) von Pierre Chareau (einem Ingenieur und Innenarchitekten) und Bernard Bijvoet als auch das 1934 von George Fred Keck in Chicago erbaute ›Kristallhaus‹ gelten; außerdem → Fullers allerdings Projekt gebliebenes Dymaxion-Haus (1927, Abb. → Fuller) oder die in den 30er Jahren entwickelten Hausprojekte von → Prouvé. Alle diese Bauten weisen schon die wesentlichen Charakteristika der H.-T.-Ästhetik auf: eine besondere Betonung konstruktiver Details wie der Gelenkverbindungen, Schrauben, Muttern, Nieten etc., die teilweise durch eine Überdimensionierung ihre ästhetische Wirkung entfalten, der Einsatz von teilweise vorfabrizierten und für ganz andere Produktionsbereiche entwickelten Fertigteilen u. a. m. (→ Präfabrikation). Doch während es sich bei den Privathäusern von Chareau/Bijvoet und Keck wohl eher um luxuriöse Einzelstücke handelte, verband v. a. Prouvé, aber auch Fuller (mit seinen Hauskonstruktionen) damit die Absicht, Prototypen für eine global anwendbare und auf industriellen Fertigungsmethoden basierende Hausproduktion zu entwickeln.

Waren diese frühen Bauten noch weitgehend dem konstruktivistischen Ethos und seiner Technikeuphorie verpflichtet, so sind bei dem 1949 in Santa Monica/Cal. errichteten Haus von Charles und Ray → Eames (mit Abb.) die Spezifika der H.-T.-Architektur schon deutlicher artikuliert, besteht es doch schon programmatisch vollständig aus vorfabrizierten, auch damals schon über Baukataloge beziehbaren Fertigteilen. Eine Renaissance erlebten diese H.-T.-Eigenheime in den 70er Jahren durch die Bauten von Michael Hopkin in England und Helmut Schulitz in Kalifornien.

Obwohl im Privatbereich entstanden, hat die H.-T.-Architektur ihren populärsten Bau im öffentlichen Raum hervorgebracht: das Centre Pompidou in Paris von → Piano und → Rogers (1977-81, mit Abb.). Ästhetisch vorbereitet durch die experimentellen Projekte der engl. Gruppe → Archigram (mit Abb., vgl. Sin Palace v. Michael Webb, 1959-62, oder den Montreal-Tower v. Peter Cook, 1963-67) und den Fun Palace (1961) von Cedric Price hat hier die spezifische Technikbegeisterung der 60er Jahre Gestalt gewonnen: die naive Freude am spielerischen Umgang mit der vorgeblich nur nützlichen Form, der Disfunktionalität des scheinbar Funktionalen. Was in den H.-T.-Strukturen der Stadtplanungen eines → Friedman (Ville spatiale, 1959 ff.) oder → Jonas (Trichterhäuser, 1960, mit Abb.) sozial motivierte, aber soziologisch verfehlte Utopie war, hier ist es – allerdings spielerisch gebrochene – Realität. In seiner Form und Konstruktion vermittelt das Centre Pompidou indes auch schon den Widerspruch, der die Entwicklung der H.-T.-Architektur bestimmen sollte: Die konstruktiven Elemente erwecken nurmehr den Anschein, vorfabriziert zu sein. In Wirklichkeit sind sie sorgsam hergestellte Artefakte, so daß sich der Bau strukturell nicht von den Erzeugnissen vorindustrieller Bautechnologie unterscheidet. Im Gegenteil: Aus heutiger Sicht wirkt er fast wie eine Manifestation der Selbstversicherung gegen die Auswirkungen der realen High-Technology: jener Mikrochip- und Gentechnik, deren Wirkungsweise unsichtbar bleibt, und deren Produktion keineswegs der sichtbaren Kraftdemonstrationen stählerner Raumfachwerke, überdimensionaler Röhrenlabyrinthe und gläserner Transportbänder bedarf.

Einer je nach dem Blickwinkel nostalgischen oder skeptischen Technologiesymbolik sind auch die Bauten verpflichtet, die Mitte der 80er Jahre vor allem in Japan und England zu einer Art Wiederentdeckung der H.-T.-Architektur geführt haben. Das Dentallabor des Japaners Shin Takamatsu, dessen Äußeres an eine Dampfmaschine aus dem frühen 19. Jh. erinnert, steht ebenso für diese Auffassung wie → Fosters spektakuläres Bankgebäude in Hongkong (1985) oder Richard Rogers Verwaltungsgebäude für Lloyds in London (Abb. → Rogers). Foster, der sich nach eigener Aussage sehr stark auf das Vorbild eines Jean Prouvé bezieht, hat mit dem Renault-Center in Swindon, Wilts (1981-83) eine Entwicklung zu einem gewissen Höhepunkt gebracht, die symptomatisch für die subtile Differenz zwischen H.-T.- und Ingenieurbauten ist: die Wiedereinführung der H.-T.-Architektur in den In-

Wohnhaus des Architekten, Santa Monica, Kalifornien, von → Eames, 1949.

Spartana-Stuhl, von Hans Coray, 1938.

Haus des Architekten, Hampstead, England, von Michael Hopkin, 1975.

St. Laurentius, Deutsch-Gabel, von → Hildebrandt, 1699.

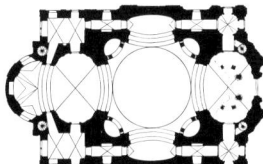

St. Laurentius, Deutsch-Gabel.

dustriebau. Die leuchtend gelben Lochstreifen des Tragwerksystems sind keine unmittelbaren Ergebnisse des industriellen Produktionsprozesses oder gar konstruktiv bedingt, sondern populistisch-nostalgische Symbolik. So gesehen ist eines der hervorstechendsten Merkmale der gegenwärtigen Tendenzen der H.-T.-Architektur, daß sie sich keineswegs mit der avanciertesten Technologie auseinandersetzt oder gar einer technologischen Zukunft formalen Ausdruck zu verleihen sucht, wie dies die Konstruktivisten der 20er Jahre getan hatten. Sie ist vielmehr der Versuch, einer postindustriellen Gesellschaft geeignete Repräsentationsgesten zu schaffen, deren ästhetisches Vokabular sich auf die schon obsolet gewordene heroische Phase der industriellen Gesellschaft bezieht. Daß dabei auch durchaus kritische oder zumindest poetische Formen entstehen können, zeigen die Arbeiten von Architekten wie → Peichl oder der österreichischen Gruppe → COOP Himmelblau.   H.-P.S.

Lit.: Davies '88.

Hilberseimer, Ludwig (1885-1967). Studierte zunächst in Karlsruhe, wechselte anschließend 1910 nach Berlin. 1926 wurde H. Mitglied der Architektenvereinigung ›Der → Ring‹. H. befaßte sich vorwiegend mit städtebaulichen Aufgaben, mit dem Ziel, den Verbrauch an Baugrund möglichst gering zu halten. Dies führte ihn 1924 zum Projekt einer Hochhausstadt, worin er die Überlegungen von → Le Corbusier zur ›Ville Contemporaine‹ (1922), noch radikaler als dieser, weiterentwickelte. 1928 bis 32 Lehrtätigkeit am → Bauhaus in Dessau. Von H. stammen nur wenige, aber programmatische Bauten: Ein Haus in der Weissenhofsiedlung in Stuttgart (1927), einzelne Wohnhäuser in Berlin (u.a. Am Rupenhorn 9). 1938 erhielt H. einen Ruf nach Amerika; dort Prof. für Stadt- und Regionalplanung am Illinois Institute of Technology in Chicago. Dort auch Zusammenarbeit mit dem befreundeten → Mies van der Rohe.

Lit.: Hilberseimer '27, '28a, b ('78²), '56, '63; Banham '60; CA '80; Pommer '88.

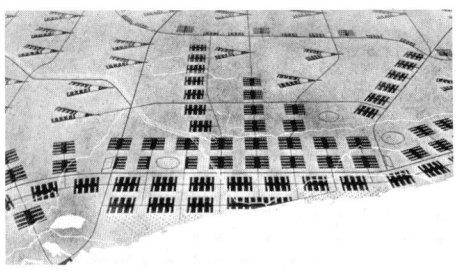

Neuplanung von Chicago, von → Hilberseimer. Im Vordergrund der Michigan-See.

Hild, Joseph (1789-1867) → Ungarn.

Hildebrandt, Franz Anton (1719-97) → Ungarn.

Hildebrandt, Johann Lukas von (1668-1745). Neben → Fischer von Erlach der führende Architekt des österr. → Barock. Geb. in Genua als Sohn einer ital. Mutter und eines österr. Hauptmanns. Bevor er sich in Wien niederließ, hatte er bei Carlo → Fontana in Rom studiert. 1701 wurde er zum Hofbaumeister in Wien ernannt, 1720 vom Kaiser geadelt. 1723 löste er Fischer von Erlach als Erster Hofbaumeister ab. Der ital. beeinflußte Stil ist von typischem Wiener Charme, unbeschwerter als jener von → Schlüter, kraftvoller und eleganter als jener von Fischer. Sein Frühwerk, St. Laurentius in Deutsch-Gabel, Nordböhmen (1699, Abb. → Barock; → Tschechoslowakei), zeigt seine Bewunderung für → Guarini, dessen charakteristische dreidimensional-bewegte Bögen er übernahm, und von dem er sich auch für den komplizierten, phantasievollen Gesamtentwurf anregen ließ (konvexe Balkone verbergen konkave Ecken usw.). → Borro-

Oberes Belvedere, Treppenhaus, Wien, von → Hildebrandt, 1721-23.

minis Einfluß ist in dem plastischen Schmuck seines Meisterwerkes spürbar, dem Unteren Belvedere (1714/15 voll.) und Oberen Belvedere (beg. 1721) in Wien (Abb. → Atlant; → Barock; → Österreich), das er für Prinz Eugen erbaute. Seine Profanbauten sind besonders wegen ihrer ovalen und oktogonalen Räume – Palais Schwarzenberg in Wien (beg. 1697), Schloß Ráckeve, Ungarn (1701-02), Palais Starhemberg-Schönburg in Wien (1705-06) – und wegen ihrer phantasiereichen und feierlichen Treppenaufgänge bemerkenswert, wie im Palais Kinsky in Wien (1713-16) und dem Pavillon für das Palais Harrach in Wien (1727-35). 1711 wurde er um ein Gutachten für die großartige Treppenanlage in dem von Johann → Dientzenhofer entworfenen Schloß Pommersfel-

Oberes Belvedere, Ehrenhofseite, Wien, von → Hildebrandt, 1721-23.

den gebeten, wo er die dreistöckige Galerie baute. Von 1721-27 veränderte er Schloß Mirabell in Salzburg (1818 teilweise abgebrannt). Von 1720-23 und wieder von 1729-44 arbeitete er beim Neubau der Würzburger Residenz mit → Neumann zusammen (Abb. → Deutschland), lieferte Entwürfe für den äußerst reich dekorierten oberen Teil der Gartenfassade des Mittelpavillons und für die Innenraumgestaltung des Kaisersaals und der Kapelle. H. entwarf vor allem Profanbauten, schuf aber auch verschiedene Kirchen, u. a. die Priesterseminarkirche (ehem. Deutschorden skirche Hl. Kreuz) in Linz (1718-25) mit ihrer kühn bewegten Fassade, die Pfarrkirche von Göllersdorf (1740 bis 41) und wahrscheinlich auch die Piaristenkirche in Wien (Plan dat. 1698, beg. 1716, später aber von K. I. → Dientzenhofer modifiziert), die sich durch einen → oktogonalen Grundriß und einen hellen, rhythmisch gegliederten, von Borromini beeinflußten Innenraum auszeichnet. Abb. → Baldachin; → Österreich.

Lit.: Grimschitz '59; Millon '61; Hempel '65; EA '82.

Hillebrand, Lucy → *Nachträge.*

Hillebrecht, Rudolf → *Nachträge.*

Hinduistische Architektur → Indien, Sri Lanka, Pakistan.

Hinterindien → Südostasiatische Baukunst.

Hintermauerung. Ausfüllung der Hohlräume zwischen der äußeren Schale aus besserem Material und dem aufgehenden Mauerwerk.

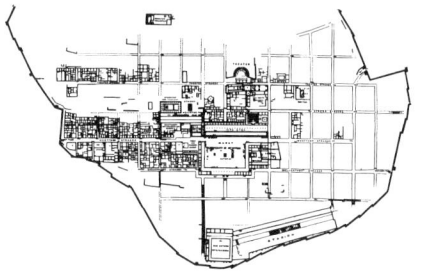

Hippodamisches System. Plan der Stadt Priene, Kleinasien.

Hippodamisches System. Die Anlage einer Stadt nach einem regelmäßigen, netzförmigen Plan mit Straßen von gleicher Breite und Häuserblöcken, die annähernd gleiche Ausmaße haben. Dieses System scheint seinen Ursprung in den hethitischen, assyrischen und babylonischen Städten zu haben. Es wurde im 7. Jh. v. Chr. in Ionien aufgenommen, wo es in der Anlage der kleinasiatischen Stadt Milet seine bekannteste Ausformung erlebte; andere Beispiele in der Antike sind Cyrene in Libyen (gegründet 630/24 v. Chr.) und Paestum in Unteritalien (6. Jh. v. Chr.). Da → Hippodamos den Plan von Milet entworfen hat, wird ihm die Erfindung des Systems zugesprochen. → Städtebau.

Lit.: von Gerkan '24; Martin '52, '56; Castagnoli '56; Egli '59-67; Giuliano '66; Lavedan '66; Coppa '68.

Hippodamos von Milet (geb. ca. 510 v. Chr.). Der berühmteste Städtebauer des Altertums, der den Piräus, die Hafenstadt Athens, und Thuroi in Unteritalien, die Nachfolgerin des zerstörten Sybaris, plante. Die Stadt Rhodos, die erst 408/407 v. Chr. angelegt wurde, kann dagegen kaum sein Werk sein. Obwohl das System sich rechtwinklig kreuzender

Straßenzüge als → Hippodamisches System schon im Altertum auf ihn zurückgeführt wurde, ist H. sicher nicht der Erfinder dieser Art von Stadtaufteilung gewesen. H. hat sich in einer Schrift, die verlorengegangen ist, über → Stadtplanung und auch über die beste Staatsform geäußert. Diese Schrift wurde von Aristoteles (Politica II, 8) stark angegriffen. Nach ihm war H.s Grundgedanke für eine Idealstadt von 10000 Bürgern eine soziologische Dreiteilung der Klassen in Gewerbetreibende, Bauern und Krieger. Ebenfalls dreigegliedert dachte sich den Grundbesitz in je einen öffentl., privaten und sakralen Anteil. H. hat sich nach seiner Athener Tätigkeit in Thuroi, einer panhellenischen Gründung um 443 v. Chr., niedergelassen. Dies erklärt vielleicht seine Beziehungen zu der pythagoräischen Schule Unteritaliens, die ihn zu den ihren rechnete. Das Hippodamische System hat sich in der Antike als die ideale Form der Stadtplanung durchgesetzt, wie Neugründungen von Priene, Rhodos, Olynth, Alexandria u. a. beweisen. Es wurde bewußt wieder bei der Anlage neuer Städte im mod. Griechenland angewandt (Sparta, Megalopolis, Laurion u. a.). A. M.

Lit.: von Gerkan '24; Castagnoli '56; Martin '56.

Hippodrom, der od. das (gr.). Pferderennbahn, ursprünglich U-förmig, später dem → Stadion ähnlich. Das H. gehörte zu jedem großen griech. Heiligtum (Olympia, Delphi), auch hatten einzelne Städte, wie Athen, ein eigenes H.

Hirsauer Bauschule. Eine Sonderform der dt. → Romanik, zurückgehend auf das Kloster St. Peter und Paul in Hirsau im Schwarzwald (1082-91, zerst.), das sich der vom Kloster → Cluny ausgehenden Reform des Benediktinerordens und damit auch dem trotz einiger Abweichungen vorbildlichen Bau von Cluny II anschloß. Die alle Bauten dieser Gruppe verbindende Idee ist die Vereinfachung des Kirchenbaues und eine Verringerung der Dekoration. Sie äußert sich in der Form der flachgedeckten → Säulenbasilika ohne → Krypta und → Emporen, der Anlage eines langen → Chores mit zu ihm geöff-

Hirsauer Bauschule. Ehem. Benediktinerklosterkirche Allerheiligen, voll. 1103-04.

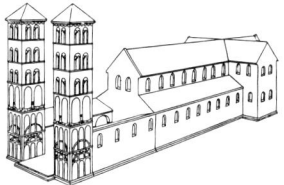

Hirsau. Klosterkirche, 1082-91. (Rekonstruktion nach Dehio).

Hirsauer Bauschule. Benediktinerklosterkirche Alpirsbach, beg. 1095.

neten Nebenchören, Verwendung der → Vierung als
›chorus maior‹ oder ›chorus psalmantium‹ für die
Mönche und des ersten Langhausjoches als ›chorus
minor‹ für alte und kranke Mönche. Über diesen
letztgenannten Teil, häufig durch → Pfeiler ausgesondert, konnten sich Türme erheben (Paulinzella,
1112-32, zerst.), während an der Westfassade auf
Türme verzichtet wird. Die bedeutendsten erhaltenen Kirchen dieses Types sind die Allerheiligenkir-
che in Schaffhausen (ab 1087) und die Klosterkirche
Alpirsbach (Chorweihe 1099, voll. bis ca. 1125).

Lit.: Hoffmann, W. B. '50.

*Historismus (Neurenaissance). Schweriner Schloß, von
Georg Adolph Demmler und → Stüler, beg. 1844.*

Historismus. Stil der abendländischen Kunst vom
Ende des → Klassizismus bis zum → Jugendstil (ca.
1820-1920). Sein Hauptkennzeichen ist die Nachahmung historischer Baustile. Seine Anfänge liegen
noch in der Zeit des → Rokoko, in der es zu vereinzelten Nachahmungen des gotischen (→ Neugotik)

*Historismus (orientalisierend). Königlicher Pavillon,
Brighton, von → Nash, 1815-18.*

und des griechischen Stils (→ Greek Revival und
→ Klassizismus) kam. In der Zeit der Romantik
nach 1800 versuchten Architekten des ausgesprochenen Klassizismus wie → Schinkel in Deutschland oder → Nash in England bereits, in mehreren
Stilarten der europ. Vergangenheit zu bauen, doch
erst in den 30er Jahren des 19. Jhs. kam die gleichzeitige Nachahmung mehrerer vergangener Stilformen auf, so daß in manchen vom H. geprägten
Städten geradezu eine Art von überdimensionalem
Architekturmuseum entstand, wie z. B. in München
oder Wien (Bauten der → Ringstraße) → Gründerzeit.
Die Anfänge der *Neurenaissance* liegen in Frankreich schon bei → Ledoux und im → Empire, nach
1830 beginnt man die eigene frz. → Renaissance

*Historismus (Neugotik).
Schloß Schadau, Wendeltreppe,
von Josef Hubert Verbunt.*

*Historismus (romanisierend). Ludwigskirche und
Staatsbibliothek, München, von → Gärtner, 1829-44
und 1831-42.*

nachzuahmen (Restauration des Rathauses von Paris). In England baute schon Nash eine Villa im
ital. Stil (Cronkhill, 1802), dann folgen → Barrys
Travellers' Club (1829) und Reform Club (1837),
beide in London (Abb. → Barry). Mode wird der
Stil aber erst in den 60er und 70er Jahren des 19. Jhs.
– In Deutschland bezeichnet → Klenzes Palais
Leuchtenberg im Stil der Renaissance in München
(1816) den Beginn, dem hier dann eine ganze Reihe
von Bauten folgten, z. B. die Staatsbibliothek (von
→ Gärtner, 1831-42), die Residenz (von Klenze,
beg. 1826), die Feldherrnhalle (von Gärtner, 1841-
44) u. a. Der erste Bau in Dresden ist → Sempers
Opernhaus in der ersten Fassung (1838, Abb.
→ Deutschland) und die Gemäldegalerie (1843), im
Schloßbau beginnt G. A. Demmlers und F. A.
→ Stülers Schweriner Schloß (1844) mit der Nachahmung der frz. Renaissance. Nach dem Krieg von
1870/71 kommt es in Deutschland dann zu häufigen
Nachahmungen der sog. dt. Renaissance, vor allem
bei Wohnbauten. In dieser Zeit können sämtliche
bekannte Stilarten oft gleichzeitig (→ Eklektizismus) an einem einzigen Bauwerk auftreten.
Ansätze zu einer freien Gestaltung mit Stilelementen der → Romanik finden sich schon zu Ende des
18. Jhs. bei → Soane und → Gilly. Der → Rundbogenstil läßt sich nur sehr bedingt als *Neuromanik*
bezeichnen. Zwar kommt es im Verlaufe des 19. Jhs.
zu reinen Stilnachahmungen, auch gewinnt das
Kraftvolle und Monumentale der Romanik an Bedeutung, doch tritt die Nachahmung meist zugunsten einer freien Interpretation zurück. Dies gilt
ebenso für amerik. Architekten wie → Richardson
(Marshall Field Warehouse in Chicago), der von
→ Vaudremer abhängt, wie auch noch für → Bonatz
(Stuttgarter Hauptbahnhof, Abb. → Bonatz). Der

*Historismus (Neuromanik). Kathedrale von Tampere,
Finnland, 1902-07.*

Neubarock bestimmt vorwiegend das Ende des 19. Jhs. (Wilhelminischer Stil, Edwardian Style). Seine Anfänge liegen im Frankreich Napoleons III., und er gipfelt in Charles → Garniers Pariser Oper (1861-75) und → Poelaerts Brüsseler Justizpalast (1866-83). In Deutschland ist das beste Beispiel dafür → Wallots Reichstag (1884-94) in Berlin, in Italien das Denkmal für Vittorio Emanuele II. in Rom (beg. 1884) (Abb. → Sacconi).

Seit den 30er Jahren des 20. Jhs. läßt sich eine Bewegung beobachten, die man *Neohistorismus* genannt hat. Sie orientierte sich anfangs hauptsächlich am Klassizismus (→ Neoklassizismus), seit den 50er Jahren aber auch an den Stilen, die im 1. Viertel d. 20. Jhs. geboren wurden, so den verschiedenen Spielarten des → Jugendstils: Neojugendstil, Neo-De Stijl, Neo-Gaudí etc., und am dt. → Expressionismus: Neoexpressionismus. Auch die sog. → Postmoderne zeigt neohistorische Tendenzen, worauf schon Pevsner in ›Architektur und Design‹ hingewiesen hat. → Orientalisierende Architektur.

Lit.: Pevsner '65; Grote '68; Wagner-Rieger '75; Döhmer '76; Jencks '78; Pelt '91.

Historismus (Neubarock). Treppenhaus der Pariser Oper, von Charles → Garnier, voll. 1875.

Hittorf, Jakob Ignaz (1792-1867). Architekt und Archäologe. Geb. in Köln, ging 1810 mit → Gau nach Paris, wo er im Architektenbüro → Perciers arbeitete, und war dann für F. J. Bélanger tätig, als er gerade mit dem Bau der Glas- und Eisenkuppel der Halle au Blé beschäftigt war. 1819-23 unternahm H. Reisen durch Deutschland, England und Italien. Wieder in Paris, wurde er zum kgl. Architekten ernannt; er bekleidete dieses Amt bis 1848. Seinen ersten bedeutenden Bau, St-Vincent-de-Paul (1824-44), führte er gemeinsam mit seinem Schwiegervater Jean-Baptiste Lepère (1761-1844) aus. Dabei verwendete H. noch einen ion. → Portikus; in der Innenraumgestaltung, die von 2 übereinandergesetzten Ordnungen (→ Säulenordnungen) und durch das offene Dach bestimmt wird, folgte er eher frühchristl. Vorbildern als einem streng → klassiz.

Historismus (hellenisierend). Justizpalast Brüssel, von → Poelaert, 1866-83.

Stil. Der Außenbau zeigt schon den Wandel vom rein klassiz. zu dem neuen großartigeren, stärker rhetorischen Stil der → Ecole des Beaux-Arts, der in H.s Gare du Nord (1861-65) seinen Höhepunkt findet. H. schuf auch viele dekorative Arbeiten; er legte die Place de la Concorde in ihrer heutigen Form an (1838-40); er errichtete den Cirque des Champs-Elysées (1839) und den Cirque Napoléon (1851) mit Kuppeln aus Glas und Eisen; zusammen mit Rohaut de Fleury (1777-1859) und Pellechet das Grand Hôtel du Louvre. Alle diese Werke zeigen sein Interesse für neue Konstruktionsformen und neue Baumaterialien. H. machte sich auch als Archäologe einen Namen, und zwar hauptsächlich durch die Entdeckung der → Polychromie in der griech. Architektur (1830). Die wichtigsten Schriften H.s sind: ›Architecture antique de la Sicile‹ (1826-30); ›Architecture moderne de la Sicile‹ (1826-35); ›L'Architecture polychrome chez les Grecs‹ (1830); ›Restitution du temple d'Empédocle à Selinunte‹ (1851).

Lit.: Hitchcock '58; Hammer '68; Schneider, D. D. '77; Hittorf '87.

St-Vincent-de-Paul, Paris, von → Hittorf, 1824-44.

Hitzig, Friedrich (1811-81). Schüler von → Schinkel. Seine Hauptwerke sind die Börse (1859-63) und die Reichsbank (1869-76) in Berlin. Er entwarf auch schöne Villen im alten Berliner Westen, malerisch im Entwurf wie auch die Börse, spätklassiz. in der Gestalt.

Lit.: Hitzig 1850.

Hoban, James (ca. 1762-1831). Geb. in Irland, wanderte nach dem Freiheitskrieg der nordamerik. Kolonien dorthin aus, annoncierte 1785 in Philadelphia, ließ sich aber in Süd-Carolina nieder, wo er bis 1792 blieb. Er entwarf das State Capitol in Columbia (1791 voll., 1865 abgebrannt), das auf Entwürfe von → L'Enfant für die Federal Hall in New

Weißes Haus, Washington, von → Hoban, 1793-1801.

Hochhaus. South Ferry Plaza, New York, von Helmut Jahn (→ Murphy & Jahn). Projektzeichnung, 1985.

Hochhaus. Wohnturm in einer Idealstadt, von Jacques Perret. Aus ›Des Fortifications et Artifices …‹, Paris 1601.

York zurückgeht. Berühmt wurde H. als Architekt des Weißen Hauses in Washington (1793-1801). Für die Fassade ließ er sich von einem Stich in → Gibbs ›Book of Architecture‹ anregen. Auch das Leinster House in Dublin könnte er zum Vorbild genommen haben, doch ist das Weiße Haus nicht, wie man angenommen hat, nur eine Kopie. Nach dem Brand von 1814 überwachte H. auch den Wiederaufbau (voll. 1829). H. entwarf und erbaute das Grand Hotel (1793-95) und die Gebäude für das Außen- und das Kriegsministerium (beg. 1818), alle in Washington.
Lit.: Andrews '47; Summerson '53, '64, '83; Ryan/Guinness '80.

Hochaltar → Altar.

Hocheder, Karl → *Nachträge.*

Hochhaus. Die Typologie des H.s entwickelte sich bis auf wenige Ausnahmen zwischen etwa 1870 und 1950 in den → USA mit den Schwerpunkten in den konkurrierenden Städten New York und Chicago. Die ersten mehrstöckigen Gebäude mit Aufzügen entstanden um 1870 in New York, während die brandsichere → Skelettbauweise von der 1. Schule von → Chicago nach dem Brand der Stadt im Jahr 1871 entwickelt und für Verwaltungs- und Bürohochhäuser angewandt wurde. Chicagoer Architekten wie → Sullivan, → Burnham, → Root u.a. nahmen sich in praktischer wie theoretischer Weise der Konstruktionsprobleme an. 1886-87 wurde in Chicago das Tacoma Building von den Architekten → Holabird & Roche (mit Abb.) mit 12 Stockwerken in Stahlskelettbauweise errichtet. Seit der Jahrhundertwende entstanden in New York alle nur erdenklichen Typen von H.ern oder Wolkenkratzern, wie sie dort genannt werden; teils in Blöcken gestaffelt, teils gerade aufsteigende, vielgeschossige Türme mit historistischer oder auch stilisierter Fassadenverblendung. 1920 veröffentlichte → Hood Pläne von Wohntürmen auf kleiner Grundfläche. 1922 stellte → Le Corbusier seinen Plan ›Voisin de Paris‹ vor: der Anfang der europäischen Hochhausplanungen.
Wohn-H.er entwickeln sich erst Anfang der 30er Jahre, wobei sich zwei Grundtypen unterscheiden lassen: das Turmhaus, in dem die einzelnen Wohnungen über Gänge erreicht werden, und das Punkthaus, in dem die Wohnparzellen von der Mitte aus erschlossen werden. Beispielhafte Wohntürme entwarfen die französischen Architekten E. Beaudoin und → Lods in Drancy im Rahmen der Planung der Cité de la Muette, 1933; ferner seien erwähnt das 3 Jahre zuvor errichtete 13geschossige Wohnhaus Schikade von H. van den Broek (→ Bakema) oder die 1943-45 auf den Danviksklippen in Stockholm erbauten Punkthäuser von Backström und Reinius. Nach dem Zweiten Weltkrieg nimmt der Bau von Wohn-H.ern relativ schnell zu.
Neben den Einzel-H.ern spielt ihre Gruppierung innerhalb der Städteplanung eine immer wichtigere Rolle. Erste Beispiele ersann Le Corbusier für seine → Idealstadt Ville Radieuse, die ein neues Überdenken der bisherigen Stadtplanung zur Folge hatte, um der Zersiedlung der Natur entgegenzuwirken. Bei diesem Projekt ging Le Corbusier von einer Wohndichte von 1000 Einwohnern pro Hektar aus. Gleiche Bestrebungen verfolgten der schon erwähnte Lods und der Architekt → Candilis mit seiner Trabantenstadt in Toulouse, bei der Wohn-H. locker zwischen Gemeinschaftsanlagen und niedrige Wohnzeilen plaziert wurden. Le Corbusier

Hochhäuser in São Paulo, Brasilien.

plante Anfang der 30er Jahre auch die gigantisch anmutende Unité d'Habitation in Marseille, was zahlreiche ähnliche Projekte nach sich zog. Das Wohnh. im Verband mit Verwaltungs- und Büro-H.ern, dazwischen liegenden Gebäuden, Gartenanlagen und Kinderspielplätzen hat bis heute große Verbreitung gefunden. → Satellitenstadt, → Siedlungsarchitektur, → Zeilenbau, → Städtebau.
M.-A. V. L.

Lit.: Mujica '30; Schultz-Simmons '59; Benevolo '60; Condit '64; Robinson '75; Baroni, D. '79; Jencko '80; Muja '80; Goldberger '81, '84; Zukowsky '87; Neumann '88; Stommer '90; J. N. Schmidt '90.

Hoetger, Bernhard → *Nachträge.*

Hof. Ein ganz oder großteils umbauter, freier Raum. Ein Innenh. (→ Atrium), manchmal als Lichtspender, ist von einem einzigen Gebäudekomplex umgeben. Vorh. und Hinterh. liegen vor bzw. hinter einem Gebäude. Bei den Wohnblockbebauungen des 19. Jhs. folgen z.B. mehrere Höfe hintereinander. Das Barockschloß hat einen nach vorn offenen H., den → Ehrenhof. Man unterscheidet nach formalen Kriterien den → Arkaden- oder Laubenh., den Säulenh., den Gartenh.; der oft nur als Schacht ausgebildete Lichth. kann ein Glasdach haben.
Lit.: Delmann '27; de Ruyt '48.

Hoffmann, Josef (1870-1956). Schüler von Otto → Wagner in Wien, einer der Gründer der Wiener Werkstätten (1903, wurden 1933 von ihm geschlossen). Seine Prinzipien gehen auf William → Morris'

Speisesaal des Palais Stoclet, Brüssel, von → Hoffmann, 1905-11.

Palais Stoclet, Brüssel, von → Hoffmann, 1905-11.

Überzeugung zurück, wonach ein harmonisches Zusammenwirken von Architekt und Handwerker entscheidend ist. Sein Stil entwickelte sich aus dem → Jugendstil; er wandte sich dann aber harten, rechteckigen Formen zu, man sprach vom ›Quadratl-Hoffmann‹. Diese Stiländerung verrät den Einfluß von → Mackintosh, dessen Möbel 1900 von der Wiener Sezession (→ Olbrich) ausgestellt worden waren. Das von H. entworfene Sanatorium in Purkersdorf bei Wien (1903) ist eines der kühnsten Bauwerke seiner Zeit; rechteckige Formen herrschen vor, aber zugleich besitzt es jene Eleganz und Verfeinerung des Details, die Wiener Erbe sind. H. bewies mit seinem Palais Stoclet in Brüssel (1905 bis 11), daß die vollkommen neue, durch keinen historischen Stil beeinflußte Bauweise mit ihren großzügigen Formen durch die Wahl des Materials – in diesem Falle weißer Marmor in Bronzerahmen am Außenbau, Mosaiken von Gustav Klimt in den Innenräumen – auch einen prachtvollen und monumentalen Eindruck erwecken kann. In den folgenden Jahren baute H. viele Prunkvillen, ferner einige österr. Ausstellungs-Pavillons (so 1934 für die Biennale in Venedig) und viele Wohnhäuser in einem puristischen Stil, ähnlich wie Bauten von → Neutra, → Loos oder → Rietveld. Seine entscheidende Bedeutung aber liegt in seinen frühen Werken. Ein leicht anachronistischer Zug in seiner Architekturauffassung rückte seine Arbeit an den Rand der Entwicklung, während die Kreise um die Gruppen → De Stijl und → Bauhaus und um → Le Corbusier an Einfluß gewannen.

Lit.: Weiser ’30; Rochowanski ’50; Zevi ’50b; Veronesi ’56; Sekler ’82; Hoffmann ’84.

Hoffmann, Ludwig → *Nachträge.*

Höhlenheiligtum der Madonna del Parto, ehemals etruskisches Hypogäum, Sutri.

Hofmann, Julius (1840-96) → Dollmann.

Hofmann, Nikolaus (tätig 1540-89). Dt. Baumeister der → Renaissance, der in Halle arbeitete. Er hatte die grundlegenden Ideen der Renaissancebaukunst besser begriffen als die meisten seiner Zeitgenossen und übte in Deutschland besonders auf den Rathausbau starken Einfluß aus. Sein Meisterwerk ist das Rathaus in Schweinfurt (1569-72). Sein Entwurf für den südl. Bauabschnitt des Rathauses in Merseburg blieb erhalten. Das Rathaus in Hof, Oberfranken (1563-66), wurde durch einen Umbau 1823 grundlegend verändert. In Halle entwarf H. wahrscheinlich die Marktkirche (1550-54) und die Anlage des Friedhofes in Martinsberg (1558-94). Er arbeitete auch am Schloß Hartenfels bei Torgau, wo er 1540 als Baumeister auf → Krebs folgte.

Lit.: Gurlitt 1890; Griesbach ’07; Hildebrand ’14; Stange ’26; Horst ’28.

Hogan → Indianer & Eskimo Nordamerikas.

Höger, Fritz (Johann Friedrich) (1877-1949). H. gehört zu den repräsentativen Vertretern der → expressionistischen Architektur. Seine norddeutsche Herkunft machte sich u.a. in seiner Vorliebe für Klinkersteine, glasiert oder unglasiert, bemerkbar. Nach dem Studium in Hamburg an der Bauwerkschule (1897-99) arbeitete H. 1901-05 bei den Architekten Lund und Kallmorgen und machte sich 1907 selbständig. In Hamburg errichtete er eine Anzahl von Kontorhäusern, die zu einer Wiederaufnahme der norddeutschen → Backsteinbauweise führte, u.a. das sog. Chilehaus, 1922/23 (Abb. → Expressionismus) und das bedeutende Sprinkenhof-Kontorhaus, 1930/32, ein Hauptwerk des dt. Expressionismus. Nicht unerwähnt sollten sein das Rathaus in Rustringen (1928/29) und zuvor das Anzeigenhochhaus in Hannover (1927/28).

Lit.: Gebhard ’52; Borsi-Koenig ’67; Kamphausen ’72; Pehnt ’73; Bucciarelli ’91.

Hohenberg, Johann Ferdinand von (1732-1816) → Gloriette; → Österreich.

Höhlenarchitektur. Sculpture-habitacle, Meudon bei Paris, von André Bloc, 1962.

Höhlenarchitektur. Bezeichnung für architektonisch gestaltete Räume aus vorgegebenen oder künstlichen Höhlen. Man unterscheidet Höhlentempel, in den Felsen gehaute Tempel (→ Caitya-Halle), Höhlenkirchen (Armenien; Göreme, Türkei), Höhlenwohnungen, Höhlengräber. → Hypogäum; → Felsarchitektur; → Katakombe; → Malta; → Indien, Sri Lanka, Pakistan; → Äthiopien.

Hohlkehle. Ein konkaves Bauglied, das meist in Verbindung mit anderen Zierprofilen vorkommt, z.B. an einem → Gesims, und das Gegenstück zum → Rundstab ist.

Josef Hoffmann.

Rathaus Schweinfurt, von Nikolaus → Hofmann, 1569-72.

Höhlenarchitektur. Felsenkirche in Göreme, Kappadokien.

Holabird & Roche. William Holabird (1854-1923) war 1873-75 in West-Point, ging 1875 nach Chicago und war dort als Bauingenieur im Büro von → Jenney tätig. Ab 1880 arbeitete er mit Martin Roche als Partner zusammen. Bei dem Tacoma Building (1886-87, 12 Stockwerke), angeregt durch das Home Insurance-Gebäude von Jenney, dessen Ideen sie entscheidend weiterentwickelten, führten sie die Stahlskelett-Konstruktion (→ Skelettbau) im → Hochhausbau ein und begründeten damit den Stil der Schule von → Chicago. Ihr Marquette Building (1894), das stilistisch ebenso bedeutungsvoll ist wie konstruktionsmäßig das Tacoma Building, zeigt mit seinen breiten Fenstern und seinen klaren, schlichten Simsen den Weg ins 20. Jh. → Hochhaus. Vgl. Abb. → Hotel.

Lit.: Schultz-Simmons '59; Condit '60, '64; Burchard-Bush-Brown '61; Zukowsky '87; Bruegman '91.

Holden, Charles (1875-1960). Architekt der Londoner U-Bahn-Stationen 1915-37; Pionier der Moderne in England.

Lit.: Pevsner '71; Karol/Allibone '88.

Holford, Sir William (1907-75). Er war der führende Städteplaner Englands und fand auch außerhalb Großbritanniens Gehör, wie sein Gutachten über die Entwicklung von Canberra (1957/58) und seine Zugehörigkeit zur Jury für Brasilia (1957) deutlich gemacht haben. Die Entwürfe für die Neugestaltung der Umgebung der St. Paul's Kathedrale in

Tacoma Building, Chicago, von → Holabird & Roche, 1886-87.

Umgebung der St. Paul's Kathedrale, London, Neuplanung, von → Holford, 1955-56. Modell.

London (1955-56) stellen seinen wichtigsten Beitrag zur Stadtgestaltung in England dar. Diese Entwürfe wurden unglücklicherweise leicht abgeändert. H. war auch für die Umgestaltung der City von London (1946/47, zusammen mit Charles Holden) nach dem Zweiten Weltkrieg verantwortlich.

Lit.: Teodori '67; Maxwell '72; Cherry '85.

Holl, Elias (1573-1646). Führender Architekt der 1. Hälfte des 17. Jhs. in Deutschland. Seine historische Stellung in Deutschland entspricht der von → Jones in England und von de → Brosse in Frankreich sowie der des wenig jüngeren van → Campen in Holland. H. stammte aus einer Augsburger Baumeisterfamilie, die sich unter den Fuggern einen Namen gemacht hatte. Er reiste nach Italien, besuchte 1600-01 Venedig und studierte vermutlich die Werke → Palladios und anderer ital. Architekten. 1602 wurde er Stadtbaumeister in Augsburg, wo er für ein großes Bauprogramm verantwortlich war: er entwarf Wohn-, Speicher- und Zunfthäuser, Markthallen für die verschiedenen Gewerbe und Schulen, Tore und Türme für die Stadtbefestigung, Zeughaus (1602-07; Abb. → Zeughaus) und Rathaus. Als Protestant litt er in den Religionskriegen unter Benachteiligung; 1630-32 war er seines Amtes enthoben, 1835 schließlich entlassen worden. H. schätzte Symmetrie und die klass. Proportionen. Ein gutes Beispiel für seinen Stil ist die St. Anna-

Elias Holl.

Schule (1613) mit ihrer regelmäßigen Fensteranordnung und der Betonung der Horizontalen. Bemerkenswert ist die durchdachte Gestaltung der von zwei Seiten her beleuchteten Klassenräume. Die hohen → Arkaden des Heilig-Geist-Spitals (1626-30) umschließen einen runden Hof. H.s Meisterwerk ist zweifelsohne das Rathaus (1615-20, im Zweiten Weltkrieg zerst., aber wieder aufgebaut), ein einfach und streng gestalteter, stattlicher Bau (Abb. → Deutschland). H. sagte, daß es sein Ziel sei, ›ein kühneres, mehr heroisches Aussehen zu erreichen‹, und er war selbst der Ansicht, daß der Bau gut proportioniert sei. Sein erster, nicht ausgeführter Entwurf war stilistisch fortschrittlicher als der errichtete Bau und zeigte bei den Fenstern eine leb-

Rathaus Augsburg, Rückseite, von → Holl, 1615-20.

hafte Entfaltung des → Palladiomotivs, etwa wie bei dessen Basilika in Vicenza (Abb. → Palladio). In der endgültigen Ausführung äußert sich dann aber entschieden das dt. Formgefühl in der Betonung der Senkrechten, was vor allem im Mittelrisalit (→ Risalit), der sich von den Seitenflügeln überraschend abhebt, in Erscheinung tritt. H.s Arbeiten außerhalb Augsburgs waren von geringerer Bedeutung; zu ihnen gehören Erweiterungsbauten für die Willibaldsburg in Eichstätt und wahrscheinlich auch die Entwürfe (1632-49) für das Schloß in Preßburg (Bratislava).

Lit.: Baum '08; Hieber '23; Ingeborg '37; Schürer '38; Hempel '49, '65; Roeck '85.

Städtisches Museum Abteiberg, Mönchengladbach, von → Hollein, 1972-82.

Holland → Niederlande.

Holland, Henry (1745-1806). Beg. seine Ausbildung bei seinem Vater, einem Baumeister in Fulham, und wurde anschließend Mitarbeiter von ›Capability‹ → Brown, dessen Tochter er heiratete. Seine erste selbständige Arbeit war der Brooks's Club in London (1776-78); unmittelbar darauf folgte sein großartigstes Werk, das Carlton House in London, das er für den Prinzen von Wales, den späteren König Georg IV., erweiterte und umgestaltete (1783-85, zerst.). Auch den Marine Pavilion in Brighton (1786-87), den → Nash später in den Royal Pavilion umwandelte, schuf er für den Prinzen von Wales. Sein Stil ist sowohl von → Chambers als auch von → Adam beeinflußt. H. hat auch verschiedene Stilelemente des → Louis-seize übernommen. Obwohl er nicht besonders schöpferisch war, zeigt sich bei seinen Innenraumgestaltungen, die von ›erhabener Einfachheit‹ sind und an Eleganz den Werken des frz. Klassizismus nahekommen, sein überaus feines Kunstempfinden. Seine besten Landhäuser sind Southill (1795), Berrington Hall (1778) und Hans Town in Chelsea (1771 ff., stark verändert).

Lit.: Kaufmann '55a; Stroud '66.

Holländischer Verband → Mauerverband 6.

Hollein, Hans (geb. 1934). Studium in Wien bei → Holzmeister und in den USA, seit 1964 eigenes Büro in Wien. Der österreich. Pavillon für die Trien-

nale in Mailand (1968) machte H. international bekannt. – Ist seit 1965 Redakteur der Zeitschrift ›Bau‹; 1967-76 Leiter einer Klasse für Architektur in Düsseldorf; seit 1976 Prof. an der Hochschule für angewandte Kunst in Wien. Seine Bauten zeichnen sich durch die Verwendung teurer Materialien und eine perfekte, suggestive Detailkultur aus. Bes. hervorzuheben sind die Ausstattung und Fassadengestaltung der Geschäfte Retti (1964/65) und Schullin (1972-74), beide in Wien, sowie die Innenausstattung für die Siemens AG in München (1970-75), bzw. die schon vorangegangene Einrichtung der Richard Feigen Galerie in New York (1967-69). Aber nicht nur Umbauten und Interieurs, sondern auch großräumige Planungen löst H. in seiner eigenwilligen Mischung von Kunst, Design und Architektur. 1972-82 plante und baute H. das Städt. Museum Abteiberg in Mönchengladbach, 1983-91 das Museum für Moderne Kunst in Frankfurt; in Wien das Haas-Haus, 1985-90, Schule Köhlergasse, 1977-90. Für das Guggenheim-Museum projektierte er – preisgekrönt – ein Museum im Salzburger Mönchsberg (1990). Abb. → Alternative Architektur; → Phantastische Architektur; → Postmoderne.

Lit.: Hollein '63, '76; Frampton '82; a + u '85.

Holmgren, Herman Theodor (geb. 1842) → Skandinavien.

Holzbauer, Wilhelm → *Nachträge.*

Holzbauweise. Wichtige Konstruktionsarten der H. sind: 1. *Blockbau:* aus horizontalen Rund- oder Kanthölzern; Verbindungen durch Vorstoß, Überplattung, Zapfen, Nuten und Zinken; wegen Schwund des Holzes Setzen der Wand. 2. → *Fachwerkbau:* das Tragwerk besteht aus Stützen (Stiele, Pfosten, Ständer), horiz. Haupt- und Nebenträgern (Balken, Schwelle, Bohlen) und diagonaler Windaussteifung (Kopf- und Fußbänder, Streben); Anschlüsse sind durch Zapfen und Versatz zusammengebunden, Wandfüllungen durch Lehm und Ziegel. 3. *Moderne Fachwerkkonstruktion:* Aussteifung durch diagonale Holzschalung oder Platten. 4. *Skelettbau:* unterschiedliche Tragwerke (Träger auf Stütze, Konstruktion mit Riegel, Zangen oder geteilter Stütze) mit teilweise oder ganz vorgefertigten Ausbauelementen nach einer modularischen Ordnung; bes. Merkmale: Stützenraster, Knoten- und

Holzbauweise. Dorf Bok a.d. Save, Posavina, Jugoslawien.

Elementanschlüsse. 5. *Rippenbau:* schmale Wandrippen und Deckenträger, die Verbindung erfolgt über Nägel oder Nagelverbinder, zur Aussteifung ein- oder beidseitige Beplankung, ursprüngl. in Nordamerika als Baloon- und Plattformsystem angewendet. 6. *Tafelbau:* vorgefertigte Wand- und Deckenelemente; Rationalisierung durch Herstellung in der Werkstatt oder Fabrik; Endmontage mittels einfacher Verbindungstechnik. (Bei H. 3-H. 6 Wärmedämmung der Ausbauteile mit Kork oder Fasern aus Holz, Koks oder Mineral- und

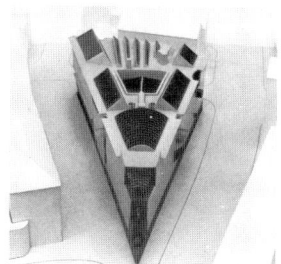

Museum für moderne Kunst, Frankfurt/M. Modell, von → Hollein, 1983-91.

Juweliergeschäft Schullin, Wien, von → Hollein, 1972-74.

Holzbauweise. Speicher des Tōshōdei-ji, Nara, Japan.

Holzbauweise. Wohnhaus Burghardt, Regensburg, Räume zwischen drinnen und draußen, von → Herzog, 1977-79.

Kunststoffen; sorgfältige Detailarbeit für Holz-, Schall-, Feuchte- und Wärmeschutz notwendig.) 7. *Natürliche H.:* Wände, Decken und Dach ausschließlich aus Holz und natürlichem Material erstellt, ohne zusätzl. Baustoffe, die sich negativ auf das Wohlbefinden der Bewohner auswirken könnten. Die H. erfordert geringen Energieeinsatz; der Baustoff kann später wieder verwendet werden (ökologischer Kreislauf).   Ge. G.

Holzer, Rainer Michael → COOP Himmelblau.

Holzmeister, Clemens (1886-1983). Studierte in Wien an der TH, an der er von 1954-57 auch unterrichtete. Von 1914-38 längere Aufenthalte in der Türkei. Neben verschiedenen Regierungsgebäuden in Ankara zählt die Kirche St. Albert in Berlin (1933) zu seinen bedeutendsten Bauten. Viele herausragende Architekten Österreichs sind seine Schüler gewesen: → Hollein und → Holzbauer. → Österreich mit Abb.
Lit.: Franchetti Pardo '67; Muck '76, '78; Holzmeister '82.

Honduras → Mesoamerikanische Hochkulturen.

Honegger, J. J. → Frankreich.

Hood, Raymond (1881-1934). Das Chicago Tribune Building, das H. 1923-25 zusammen mit John M. Howells erbaute, ist in der Auffassung noch gotisierend. Sein McGraw Hill Building in New York (1931) ist, nicht mehr historisierend, einer der ersten Wolkenkratzer (→ Hochhaus) im → Internationalen Stil neben → Howes Philadelphia Savings Fund Society Building (1932). In dem Daily News Building in New York (1930) betonte er die Vertikalgliederung; es beeinflußte darin das Rockefeller Center (1931 beg.).
Lit.: North '31; Zevi '50b; Burchard-Bush-Brown '61; Kilham '73; Stern '81.

Horta, Baron Victor (1861-1947). Belg. Architekt, studierte 1878-80 in Paris und dann an der Brüsseler Akademie unter Balat. Mit seinem Hôtel Tassel in Brüssel (entw. 1892) reihte er sich unter die damalige Avantgarde der europ. Architekten ein. (In eben diesem Jahr schuf van de → Velde seine ersten Arbeiten auf dem Gebiet der Buchgestaltung und Typographie im → Jugendstil.) Im Außenbau ziemlich zurückhaltend, ist das Hôtel Tassel in erster Linie wegen seines Grundrisses berühmt: ein oktogonales Vestibül mit großer Treppe, die zu den in verschiedenen Niveauhöhen angeordneten Räumen führt. Diese Gliederung bricht mit der herkömmlichen Verteilung der Räume auf einheitliche Geschoßflächen und nimmt damit ein Prinzip des von → Loos entwickelten Raumplans vorweg. Das Treppenhaus mit seinen freigestellten Eisenträgern, den Blumenornamenten der Eisengitter und zahlreichen linearen Wanddekorationen gehört zu den kühnsten Schöpfungen der Jugendstilarchitektur (Abb. → Jugendstil).
Auf das Hôtel Tassel folgten in Brüssel das besonders luxuriös gestaltete Hôtel Solvay (1895-1900), die Maison du Peuple (1896-99; Abb. → Volkshaus) mit einer geschwungenen Glas- und Eisenfassade, für dessen große Halle reichlich Eisen zu Konstruktions- wie zu Dekorationszwecken verwendet wurde, dann das Kaufhaus L'Innovation (1901) und verschiedene Privathäuser. In späterer Zeit nach

Theatersaal der Maison du Peuple Brüssel, von → Horta, 1896-99.

einem Amerikaaufenthalt (1916-19) wandte H. sich einem konventionellen → Neoklassizismus zu: Palais des Beaux-Arts (1922-28) und Bahnhof (1936-41), beide auch Brüssel.
Lit.: Pevsner '36; Giedion '41; Zevi '50b; Tschudi Madsen '56; Delevoy '58; Puttemans '68; Borsi-Portoghesi '69, '91; Borsi-Wiener '71; Paris '71; GA '42.

Hospital (lat. hospitalis: gastlich). Krankenhaus, Altersheim, manchmal auch Herberge in ma. Städten und Klöstern. Das H. bestand aus getrennten Sälen für Männer und Frauen, die mit einer zuweilen doppelgeschossigen Kirche in Verbindung standen. Später werden in die Säle Kojen eingebaut, die oben offen bleiben (noch in Lübeck).
Lit.: Craemer '63.

Hospital. Hôtel-Dieu, Beaune, 1443-51.

Hotel → *Nachträge.*

Hôtel, das (frz., von lat. hospitalis: gastlich). In Frankreich seit dem 17. Jh. das Stadthaus der Adeligen, dessen Grundform auf → Serlios ›Grand Ferrare‹ in Fontainebleau (1544-46) zurückgeht, d. h. ein → Corps de logis bildet mit schmaleren Flügeln einen Hof, der zur Straße hin von einer Wand, einem Stall- oder Küchengebäude, in dessen Mitte sich das Eingangstor befindet, abgeschlossen wird. Das am besten erhaltene frühe Beispiel ist das Hôtel Carnavalet in Paris von → Lescot (um 1545). Hinter dem Hauptbau, der im ersten Stock oft eine Galerie hatte, lag für gewöhnlich ein kleiner Garten. Mit dem von – Mansart 1648 im Hôtel du Jars in Paris zum ersten Mal angewandte Dispositionsprinzip des → Appartement double (zwei in etwa symmetrisch durch eine zentrale Treppenanlage getrennte bzw. verbundene Raumfluchten) entstand

Chicago Tribune Tower, Chicago, von → Hood und John M. Howells, 1923-25.

Daily News Building, New York, von → Hood und John M. Howells, 1930.

Hôtel de Rohan-Soubise, Paris, von Pierre-Alexis Delamair, beg. 1705-09.

ein sowohl für den Schloßbau als auch für das in der 1. H. des 18. Jhs. Hôtel als Stadtpalais geltendes Prinzip der Grundrißgestaltung. Die eigens dafür geschaffenen Innenausstattungen und Dekorationsformen gelten als Vorläufer für das → Rokoko.
Lit.: Pillement '45.

Howard, Sir Ebenezer (1850-1928). Beg. in London als Büroangestellter in der City, bildete sich zu einem begehrten Stenotypisten aus und übte fast bis zu seinem Lebensende diesen Beruf aus. Während eines Aufenthalts in Amerika (1872-77), wo er die Dichter W. Whitman und R. W. Emerson kennen und bewundern lernte, begann er über ein besseres Leben und dessen Verwirklichung nachzudenken. 1898 las er Edward Bellamys Utopie ›Looking Backward‹, deren Lektüre sein weiteres Leben bestimmen sollte: sie regte ihn zu der Idee der → Gartenstadt an. Nach seinen Vorstellungen sollte dies eine unabhängige Stadt und nicht – das ist von entscheidender Bedeutung – ein Vorort sein. Sie liegt nach seiner Konzeption mitten im Grünen und soll sowohl ländliche Wohnsiedlungen als auch Fabriken und alle kulturellen Annehmlichkeiten beherbergen. H.s Buch ›Tomorrow‹ wurde 1898 veröffentlicht (Abb. → Gartenstadt), 1899 wurde die Garden City Association gegründet. 1902 erschien die Neuauflage seines Buches unter dem Titel ›Garden Cities of Tomorrow‹. 1903 begann man nach Entwürfen von B. Parker (1867-1941) und → Unwin mit der Anlage von Letchworth, der frühesten Gartenstadt, welche nach dem Ersten Weltkrieg die Trabantenstädte Englands stark beeinflußt hat (Abb. → Gartenstadt). H. wurde 1927 zum Ritter geschlagen.
Lit.: Howard, E. '02; Macfayden '33; Mumford '38, '61; Giedion '41; Giordani '69; Purdom '63; Andriello '64; Beevers '88.

Howe, George (1886-1955). Studium an der → Ecole des Beaux-Arts in Paris. Baute zusammen mit William Lescaze (1896-1969) das Philadelphia Savings Fund Society Building (1932), einen der ersten Wolkenkratzer (→ Hochhaus) im → Internationalen Stil neben → Hoods McGraw Hill Building in New York (1931). 1941 Zusammenarbeit mit → Kahn.
Lit.: Burchard-Bush-Brown '61; Jordy '72; Stern, R. '75.

Hueber, Joseph (1716-87). Baumeister des späten → Rokoko, war in der Steiermark tätig. H. war der Sohn eines Wiener Maurers und begann seine Laufbahn als wandernder Handwerksgeselle. Er arbeitete als Maurer in Böhmen, Sachsen, Mittel- und Süddeutschland. 1740 wurde er der Nachfolger von Giuseppe Carlone in Graz, nachdem er dessen Witwe geheiratet hatte. Er erbaute die stattlichen Zwillingstürme der Mariahilfkirche in Graz (1742 bis 44), die Wallfahrtskirche in Weizberg (Steiermark), deren Innenraum sich durch eine kunstvolle bühnenmäßige Gestaltung auszeichnet (1757-76) und vollendete 1774 die großartige Bibliothek, die Gotthard Hayberger (1699-1764) für die Abtei in Admont entworfen hatte.
Lit.: Hempel '49, '56²; Koschatzky '51.

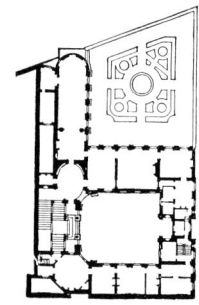

Hôtel Lambert, Paris, von → Le Vau, 1642-44.

Salon de la Princesse im Hôtel de Soubise, Paris, von → Boffrand, 1735-40.

Hübsch, Heinrich (1795–1863). Badischer Regierungsbaumeister und Prof. an der TH Karlsruhe. Ein weitgereister Architekt, auch als Restaurator tätig (Dom in Speyer 1854-58, die Westfront in ihrer heutigen Form). H. bevorzugte in seinen Bauten in Karlsruhe – Finanzministerium, Polytechnikum und Akademie – den → Rundbogenstil und brachte in seiner Schrift ›In welchem Stil sollen wir bauen‹ (1828) schon sehr früh Argumente für ihn vor.
Lit.: Valdenaire '26.

Hufeisenbogen → Bogen II, 13.

Huguet (gest. 1437/38) → Portugal.

Hültz, Johann (gest. 1449). Baumeister am Straßburger Münster, entwarf den spitzenartig durchbrochenen Turmhelm mit seinen berühmten Spiraltreppen. Die Arbeit wurde 1439 vollendet. H. war der Nachfolger von Ulrich von → Ensingen.
Lit.: Hamann-Weigert '42; Rieger '58; Frankl '62.

Hundszahn. Ornament der engl. Frühgotik aus einer Reihe vierzackiger Sternchen, die auf der Spitze stehen und pyramidenförmig aufliegen. In England ›dogtooth‹.

Hunt, Richard Morris (1827-95). Stammte aus einer wohlhabenden engl. Familie, die in der frühen Kolonialzeit nach Amerika gegangen war und 1843 nach Paris übersiedelte. In Paris empfing H. seine entscheidenden Eindrücke durch → Lefuel, die Ecole des Beaux-Arts, den Maler Couture und den Bildhauer Barye, unter denen er arbeitete. H. unternahm große Reisen, ehe er 1854 unter Lefuel am Louvre mitarbeitete. 1855 kehrte er nach Amerika zurück und verpflanzte den Stil, dessen Aufleben er in Frankreich miterlebt hatte, die Neurenaissance (→ Historismus), nach New York. Er ließ sich nieder und eröffnete ein Atelier nach Pariser Vorbild. In den 1860er Jahren reiste er wieder nach Europa;

Philadelphia Savings Fund Society Building, Philadelphia, von → Howe und William Lescaze, 1932.

Tribune Building, New York, von → Hunt, 1873-75.

Projekt einer hyperbolisch-paraboloiden Kuppel, von Günter Güntschel, 1957.

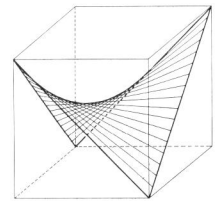

Konstruktionsschema eines hyperbolisch-paraboloiden Daches.

erst ab 1868 blieb er endgültig in Amerika. Er entwarf das Tribune Building in New York (1873, eines der ersten mit Fahrstühlen ausgestatteten Gebäude) und baute Wohnsitze für reiche Leute in Newport, New York (1878 ff., W. K. Vanderbilt, 1893, J. J. Astor) und in anderen Städten (1890, Biltmore, Ashville, N. C.). Die Neurenaissance frz. Prägung blieb auch weiterhin sein Lieblingsstil. H. entwarf das Verwaltungsgebäude der Ausstellung von 1893 in Chicago und die Fassade des Metropolitan Museums in New York (erbaut 1900-02). Er gehörte zu den Gründern des American Institute of Architects.
Lit.: Burnham '52; Schuyler '61; Hitchcock '58; Baker, P. R. '80; Stein '86.

Hurtado Izquierdo, Francisco (1669-1725). Einer der großen span. Architekten des → Barock; sein Stil ist durch überschäumenden Einfallsreichtum gekennzeichnet. H.s Arbeiten beschränken sich auf phantasievolle Innenraumgestaltungen, die in Europa nicht ihresgleichen finden. Er wurde in Córdoba geb. und erzogen, erlangte die Stellung eines Hauptmanns in der Armee und hielt sich möglicherweise für kürzere Zeit in Sizilien auf. Vielleicht hat er in der kleinen Kirche Nuestra Señora de la Victoria in Málaga den → Camarín über dem Grabmal der Grafen von Buenavista (1691-93) entworfen. Die meisten seiner Werke stehen in Granada, wo er auch die im Verhältnis zu seinen anderen Werken ziemlich einfache Sakramentskapelle für die Kathedrale (1704-05) schuf. Die Sakramentskapelle der Cartuja (Kartäuserkloster) in Granada (1702-20), deren Wände mit Marmor, Jaspis und Porphyr verkleidet sind und deren Marmortabernakel von roten und schwarzen → Salomónicas gestützt wird, ist ein Meisterwerk polychromer Schwelgerei. Er selbst nannte es sein ›kostbares Juwel‹, auch rühmte er sich, daß dieser Kapelle in Europa nichts gleichkomme. 1718 entwarf er den sehr kompliziert gestalteten Camarín für die Cartuja El Paular in Segovia, der mit grauem und korallenrotem Marmor und Lapislazuli geschmückt ist. Auch die noch bizarrer und reicher dekorierte Sakristei der Cartuja in Granada wurde H. zugeschrieben (1730-47). Hier hat seine Neigung, die Struktur in einem Ornamentgewoge zu verhüllen, das Extrem erreicht.
Lit.: Taylor, R. C. '50; Kubler '57; Kubler-Soria '59.

Hurzel, die. Ein fehlerhaft zugehauener → Quader.

Huslij, Jacob Otten (1735-95) → Niederlande.

Huvé, Jean-Jacques (1783-1852) → Vignon.

Hypäthralräume (gr. hypaithros: unter freiem Himmel). Räume, die sich nach oben hin in den Freiraum oder in den ›Himmel‹ zu öffnen scheinen, entweder durch illusionistische Deckengemälde oder durch die struktive Gliederung. Konstitutiv für den Raumeindruck sind daher vor allem die Wände, nicht wie im MA. die Decken oder die Gewölbe. Charakteristisch sind H. vor allem für die → Barockarchitektur, jedoch keineswegs für alle Komponenten und Strömungen; so nicht für den → Palladianismus und die → Guarineske.　　E. B.
Lit.: → Hypäthros.

Hypäthros (Hypäthraltempel) der (gr. hypaithros: unter freiem Himmel). Ein griech. Tempel, dessen → Cella nicht überdeckt ist. → Tempelformen.
Lit.: Vitruv IV 6; Dörpfeld '13.

Vanderbilt House, Fifth Avenue, New York, von → Hunt, 1878-80.

Hyperbolisch-paraboloides Dach. Sonderform einer zweifach gekrümmten Schale, deren Fläche von Geraden aufgespannt wird und die dadurch relativ leicht zu konstruieren ist: man entwickelt aus einem Parabelbogen, der in einer gegebenen Richtung liegt, fortlaufend eine Fläche zu einer ähnlichen umgekehrten und in anderer Richtung liegenden Parabel.
Lit.: Lockwood '61.

Hypogäum, das (gr.: unter der Erde). Ein unterirdischer Raum oder ein unterirdisches Gewölbe für den Grabkult (z. B. bei den Etruskern oder das einzigartige H. auf der Insel → Malta, ein unterirdisches Labyrinth, das nicht nur dem Grabkult, sondern auch anderen kultischen Zwecken diente, ca. 3000 v. Chr.). → Höhlenarchitektur; → Felsarchitektur; → Katakombe.
Lit.: Santangelo '61; Evans '63; Tetzlaff '77.

Hypokausten, die (Pl., gr. hypo: unter; kausis: Hitze). Die unter dem Fußboden sich befindenden Räume oder Kanäle des röm. Warmluftheizsystems (→ Thermen).
Lit.: Vitruv V 10; von Gerkan-Krischen '28.

Hypostylon, das (gr.: unter den Säulen). Ein Saal, dessen Dach von Säulenreihen getragen wird, wie etwa ein → Ägyptischer Saal.
Lit.: Vitruv III, IV; Leroux '13.

I

›Ansicht einer idealen Stadt‹, Gemälde von Piero della Francesca (Umkreis), Mitte 15. Jh.

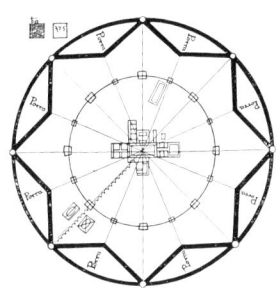

›Sforzinda‹, die → Idealstadt von → Filarete, um 1465.

Idealstadt. Vorstellungen einer Stadtanlage, in der alle in einer bestimmten Epoche an eine Stadt gestellten materiellen und ästhetischen Forderungen berücksichtigt sind. Hauptmerkmal ist die Regelmäßigkeit der Anlage, der bes. bei einer Neugründung Genüge geleistet werden konnte. I.e wurden bereits im Altertum erdacht, so von Plato und später u. a. von → Vitruv, dessen radiale Anlage mit Zentrum zum Vorbild wurde. Im MA. entstanden eine Reihe regelmäßig angelegter Stadtanlagen, z. B. das 1144 gegründete südfrz. Montauban. Eine Sonderform bilden die Gründungen des Dt. Ritterordens im 13./14. Jh., dessen Städte oft als Nachempfindung des himmlischen Jerusalem verstanden und organisiert wurden; in ihnen war das Rechteck bestimmend. Nach der Wiederentdeckung der Werke Vitruvs Anfang des 15. Jhs. dachten besonders die ital. → Architekturtheoretiker über I.-Projekte nach, u. a. → Alberti, → Filarete, → Leonardo, Antonio da → Sangallo, → Scamozzi. Eine der bekanntesten I.-Planungen Filaretes, Sforzinda, hatte als Grundriß ein regelmäßiges Achteck, eine Form, die wegen der fortifikatorischen Zweckmäßigkeit ihrer polygonalen Ummauerung große Bedeutung gewann. Dürers Befestigungslehre z. B. bezog sich auf Filarete, auch wenn sein Idealplan einer Residenzstadt (1527) noch das Rechteck aufwies.

Die wichtigste noch erhaltene Anlage ist Palmanova bei Udine, ab 1593 von Scamozzi erbaut. Im

Idealstadt. Palmanova bei Udine, Pläne von → Scamozzi, 1593.

Papyrus-Halbsäulen am Nordpalast in Saqqâra, von → Imhotep, um 2650 v. Chr.

17./18. Jh. wurden europäische Stadtneugründungen nach Idealplänen angelegt, so Mannheim (1607) und Karlsruhe (1715) oder die Planungen lagen auch – wie im Falle von Turin – um einen alten Stadtkern herum. Im 19. Jh. wurde der Begriff

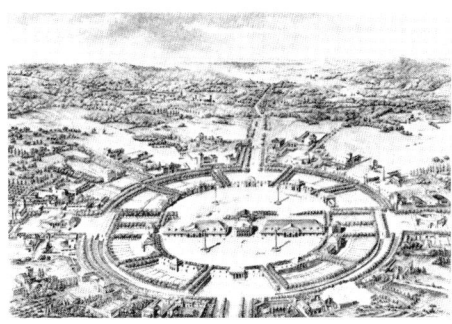

Gesamtansicht der Idealstadt Chaux, von → Ledoux, 1785-89.

I. mit Planungen für → Gartenstädte erweitert. Zu Beginn des 20. Jhs., mit wachsendem Verkehrsaufkommen und Ballungen der Bevölkerung, entstehen neue Formen der I. Frühe Beispiele planten die → Futuristen, → Sant'Elia (Città Nova, 1914), denen Entwürfe von Bruno → Taut, von → Le Corbusier (Ville Radieuse, 1922; später Chandigarh,

Stadtplan von Brasilia.

1947), → Hilberseimer, → Neutra (Rush-City-Project 1923-35), → Wright (Brodacre-Project, 1934) bis zu → Aaltos Versuchsstadtentwurf von 1940 folgten. Eine der letzten Verwirklichungen einer I. ist die von → Costa und → Niemeyer entworfene neue Hauptstadt Brasiliens Brasilia, 1960.

M.-A. v. L.

Lit.: Brinckmann '20; Braunfels '59, '76; Müller, W. '61; Stäubli '65; Bauer '65; Bacon '68; Berlin '82; Rosenau '83; Confurius '85; Kruft '89; Tönnesmann '90; Holl u. a. '90.

Iglu → Indianer und Eskimo Nordamerikas.

Ikonostasis, die (gr.: Standplatz des Bildes). Eine Schranke, die in byzant. Kirchen den → Chor vom → Schiff trennt und von drei Türen durchbrochen wird; ursprüngl. eine Art von aus Säulen gebildetem

Ikonostasis im Metamorphosis-Kloster, Meteora, Griechenland, 1356-72.

Gitterwerk, das von einer verzierten → Brüstung und einem → Gesims begleitet wurde; seit dem 14. bis 15. Jh. eine Holz- oder Steinwand. Die Nischen zwischen den Säulen sind mit Ikonen ausgefüllt, die der Schranke den Namen geben.

Lit.: Schweinfurth ’53; Felicetti-Liebenfels ’56.

Iktinos (tätig 2. Hälfte 5. Jh. v. Chr.). Führender Architekt im perikleischen Athen, wird von mehreren antiken Autoren als Erbauer des Parthenon genannt, an dem dor. und ion. Elemente zu einer neuen Einheit verschmolzen sind (Abb. → Griech. Architektur). Seine weiträumige → Cella, in der das Kultbild auf drei Seiten von Säulenreihen umgeben

Parthenon, Athen, von → Iktinos, um 447-38 v. Chr.

wurde, ist einer der ersten bedeutenden Innenräume im mod. Sinne. Zusammen mit Karpion (vielleicht → Kallikrates?) verfaßte I. nach → Vitruv eine Schrift über den Parthenon. Nach Strabo war er von Perikles auch mit der Neugestaltung des Telesterions, der Mysterienhalle von Eleusis, beauftragt, wo viele Menschen als Zeugen der Mysterienhandlung unter einem Dach vereinigt werden sollten. Der großzügige, kühne Bau mit wenigen Innenstützen war von Metagenes (um 560 v. Chr.) und von Xenokles verändert und vollendet worden. Ob I. auch der Erbauer des perikleischen → Odeions in

Athen ist, bleibt Vermutung. Laut Pausanias ist er der Architekt des dor. Tempels des Apollon Epikurios in Bassai, in dessen Cella erstmals ion. und korinth. Architekturelemente (→ Säulenordnungen) gleichzeitig verwendet wurden. Da die Bauformen im Inneren zweifellos nicht attisch, sondern peloponnesisch sind, kann I. hier nur der entwerfende, nicht aber der ausführende Architekt gewesen sein.

Lit.: Dinsmoor ’50[3]; EAA ’58-63; EUA ’58-67; Martin ’65; Knell ’68; Carpenter ’70.

Illusionsmalerei → Scheinarchitektur.

Imbrex, der (lat.: Hohlziegel zur Ableitung des Regenwassers; imber: Regen). In der griech.-röm. Baukunst ein konvex liegender Hohlziegel, der den Stoß zwischen zwei Flachziegeln überdeckt.

Lit.: Davey ’65.

Imhotep (ca. 2600 v. Chr.). Altägypt. Künstler sind nur selten als Persönlichkeiten greifbar; um so außergewöhnlicher ist es, daß wir den Architekten der Stufenpyramide (→ Pyramide) von Saqqâra (um 2600 v. Chr.), des ältesten monumentalen Steinbaus der Architekturgeschichte, mit Namen kennen (Abb. → Grab). Es ist I., griech. Imuthes, dessen Name mit seinen Titeln ›Kanzler, Fürst, Oberpriester von Heliopolis, Bildhauer‹ auf einer Statue seines Königs Djoser und auf der Umfassungsmauer der Pyramide von dessen Nachfolger zeitgenössisch belegt ist.

Er hat den riesigen Komplex der Stufenpyramide mit ihren Scheinbauten entworfen und seine technische Realisierung vorbereitet, die die zivilisatorischen Erfahrungen der Vor- und Frühgeschichte Ägyptens zusammenfaßt, und hat damit die Voraussetzungen für die → Ägyptische Baukunst der nächsten zweieinhalb Jahrtausende geschaffen.

Wegen dieser kulturellen Leistung, vor allem aber wohl in seiner Eigenschaft als oberster direkter Dienstherr aller am Bau Tätigen, also einer sehr großen Bevölkerungsgruppe, wird er nach seinem Tode zunächst zum Berufspatron der profanen Intelligenz, d.h. aller Schriftkundigen mit Ausnahme der Priester, und schließlich zum Kulturheros und populären Heilgott, den die Griechen mit ihrem Asklepios (Aesculap) gleichsetzen. Die ägypt. Monumentalarchitektur hat in der Person ihres genialen Schöpfers als eine der großen Leistungen des Pharaonenreiches die Jahrtausende überdauert.

D. W.

Lit.: Bonnet ’52; Lauer, J. Ph. ’56; Douadoni in EUA ’58-67.

Impluvium. Der viereckige, von dem Säulengang des → Atriums umschlossene, ungedeckte Raum. Abb. → Atrium.

Indianer und Eskimo Nordamerikas → *Nachträge.*

Indianer Mittel- und Südamerikas → *Nachträge.*

Stufenpyramide des Königs Djoser, Saqqâra, von → Imhotep, um 2650 v. Chr.

Indien, Sri Lanka, Pakistan. Die Geschichte der
Baukunst Indiens läßt sich in folgende große Epochen gliedern: 1. die Indus-Kultur (etwa 2500-1500
v.Chr.), 2. die buddhistische, hinduistische und
jainistische Architektur (etwa 250 v.Chr.-1500
n.Chr.), 3. die indo-islam. Architektur (etwa 1000
bis 1750 n.Chr.), 4. die europ. beeinflußte Baukunst
(etwa ab 1800).

1. Indus-Kultur. Von den Städten dieser vorgeschichtlichen Hochkultur sind bisher nur wenige
ausgegraben. Mohenjo Daro und Harappa, die beiden Zentren, sind schachbrettartige Planungen. In
einem weiten Abstand durchzieht das primäre Ver-
teilernetz der Hauptverkehrsstraßen den Stadtbe-
reich. Ein engeres, sekundäres Verkehrsnetz für den
Fußgängerverkehr unterteilt die nahezu quadratischen Stadtteile. Die großzügige Bemessung der
gleichförmigen Bürgerhäuser, ein kompliziertes Be-
und Entwässerungssystem und verschiedene Gemeinschaftseinrichtungen weisen auf ein hohes zivi-
lisatorisches Niveau der Bewohner. Der Ursprung
der Indus-Kultur ist ebenso ungeklärt wie ihr Untergang. Eine Verbindung mit der sumerischen
Stadtkultur (→ Sumerische u. akkadische Architektur) scheint möglich.

2. Die buddhistische, hinduistische und jainistische
Architektur. Die Architektur dieser drei wichtigsten
religiösen Bekenntnisse Indiens zeichnet sich durch
den Zusammenfluß unterschiedlicher Gestaltungsprinzipien aus. Tier- und Pflanzensymbole
und → megalithische Bauweisen entspringen alten
einheimischen Kulturen und Traditionen. Ihnen gegenüber steht die strenge Geometrie der kosmischen
Symbolik der eingewanderten Arier. Sie bestimmt
schließlich die Struktur des vedischen Feueraltars
und später den Grundriß der buddhistischen → Stupas und der hinduistischen Tempel.

Aus der ersten Blütezeit der buddhistischen Architektur zur Zeit Ashokas (3.Jh. v.Chr.) sind nur
einige Stupas und Höhlentempel erhalten. Der

*Caitya-Halle, Bhaya, Indien,
50 v.Chr.*

Buddhistische Caitya-Halle, Karli, 2.Jh.

Stupa war ursprünglich ein geweihter Grabhügel.
Buddha wies seine Schüler an, solche Erdhügel als
Mal an den Wegkreuzungen zu errichten. Der Stupa
nahm in Indien die Form einer Halbkugel an, aus-
gesteift durch Schotten, die in die Himmelsrichtungen weisen. Seine Form symbolisiert das Universum, seine vertikale Achse die Achse der Welt. In
Anlehnung an vorbuddhistische Umwandlungsri-
ten umgab man den Stupa mit einem Ringpfad,
einer kreisförmigen Umzäunung und Toren in den
Himmelsrichtungen. Die größten Stupas sind in
dem Heiligtum von Sanchi erhalten; ihre reich mit
Figuren geschmückten Tore stammen aus dem 1.Jh.
v.Chr.

In den Höhlenklöstern des Mahayana-Buddhismus
nimmt der Stupa ab 500 n.Chr. gelegentlich Eiform
an, in Hinterindien Glockenform. Dort und in
China verselbständigte sich ein Teil des Stupa, und
zwar der mehrstöckige schirmartige Aufbau
(→ Chattra) in seinem Scheitelpunkt und wurde zur
mehrstöckigen → Pagode.

Stupa im buddhistischen Heiligtum von Sanchi, 1.Jh. v.Chr.

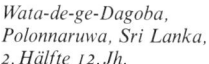

Die gesamte Palast- und Sakralarchitektur der früh-
buddhistischen Zeit wurde in Holz ausgeführt, so
daß nicht einmal Reste erhalten blieben. Ihre Bauformen und Details übernahm man jedoch für die
Ausschmückung der Höhlentempel, die man zur
Zeit Ashokas in kleinen Abmessungen, seit dem
2. Jh. n. Chr. aber als Monumentalbauten in Fels-
wände schlug. Beispiele sind Karli (2. Jh. n. Chr.),

*Hinduistischer Tempel Mukteshwara in Bhubaneswar,
8.-13. Jh. (Nagara-Stil).*

Ajanta (2. Jh. v. Chr.-7. Jh. n. Chr.) und Ellora. In
diesen Klostersiedlungen trifft man auf zwei Bautypen, den quadratischen → Vihara und die Gebets-
oder → Caitya-Halle. Im Vihara bildete man den
Klosterhof, dessen angrenzende Säulenhallen und
den umliegenden Zellenkranz monolithisch nach,
als ob es sich um einen traditionellen Holzbau han-
dele. Die Caitya-Hallen sind getreue Kopien der
vorangehenden Sakralbauten. Sie ähneln in Grund-
und Aufriß einer dreischiffigen → Basilika.
Bereits zur Zeit Ashokas drang der Buddhismus
nach *Sri Lanka* vor, wo er bis heute in der Hina-
yana-Form (Theravada) die Entwicklung der singhalesischen Baukunst bestimmt. Die vom Festland
übernommene Gestalt des Stupa – hier Dagoba
genannt – erfuhr verschiedene Wandlungen. Gele-

gentlich wurde der Stupa mit einem hölzernen Kuppelbau umgeben. Die frühesten Monumentalbauten (Thuparama-Dagoba, 3. Jh. v. Chr.; Ruwanwe-
li-Dagoba, 1. Jh. v. Chr.) liegen in der Residenzstadt
Anuradhapura. Nach einer kurzfristigen Eroberung Sri Lankas durch südind. Hindus beginnt im
12. Jh. n. Chr. unter Mitwirkung burmesischer
Mönche eine neue Blütezeit der buddhistischen
Kultur in der Stadt Polonnaruwa (Wata-da-ge-Da-
goba und Gal Vihara, 12. Jh. n. Chr.). Die Klosteranlage Gal Vihara enthält die bedeutendsten monolithischen Skulpturen Sri Lankas; ein sitzender, ein
stehender und ein liegender Buddha (Länge 14 m)
sind direkt aus einer Felswand gehauen. Sie waren
ursprünglich bemalt und befanden sich im Inneren
großräumiger hölzerner Umbauungen.
Die Hindus verwendeten bis in die ersten Jahrhunderte n. Chr. ausschließlich Holz und andere schnell
verrottende Baumaterialien. Wie von der buddhistischen Architektur sind deshalb auch von der hinduistischen erst von jenem Zeitpunkt an Zeugnisse

*Monumentale Buddhastatue
im Tempel von Gal Vihara,
Sri Lanka, 12. Jh.*

*Sonnentempel, Konarak, Sockeldetail, 13. Jh. (Nagara-
Stil).*

Detail eines der Gopura von Madurai, 17. Jh. (Dravida-Stil).

dem Mandapa und einer Vorhalle zusammen. In der Cella steht das Lingam, das phallische Symbol Shivas. Gelegentlich ordnete man nach dem sogenannten Panch-ratna-System vier kleine Cellae in den Diagonalen des Hauptbaues an.

Der *Dravida-Stil* geht von einigen kleinen, monolithisch gearbeiteten Tempelmodellen, den Rathas (Wagen) von Mahaballipuram bei Madras (8. Jh.) aus und gipfelt im 11. Jh. in der monumentalen Stufenpyramide des Tempelturmes von Tanjore. Die größten Anlagen im Dravida-Stil entstanden als weitläufige Tempelstädte während der dekadenten Phase des Dravida-Stils bis in das 17. Jh. – Kennzeichen der südind. Tempelstädte sind ein kleiner Schrein im Zentrum, ringförmige Mauern und Straßen, die diesen konzentrisch umschließen, und hohe

erhalten, zu dem man begann, die Holztempel aus dem Felsen zu hauen. Seit etwa dem 8. Jh. zeichneten sich drei Stilrichtungen ab. 1. Der Nagara-Stil in den Tempeln des Nordens, 2. der Vesara-Stil in den Tempeln des zentralen Hochlandes und 3. der Dravida-Stil in den Tempeln des Südens. Zu den bedeutendsten Tempeln des *Nagara-Stils* zählen die von Bhubaneswar und Konarak aus dem 8.-13. Jh. und die etwa dreißig Tempel in Khajuraho (10. bis 11. Jh.), die durch den augenfällig erotischen Charakter ihres reichen Figurenschmuckes berühmt wurden. Die Tempel des Nordens setzen sich in der Regel aus dem Shikhara (dem Turm über der Cella),

Säulengang in der südindischen Tempelstadt Madurai, 17. Jh. (Dravida-Stil).

Tortürme (→ Gopura), die die Schnittpunkte der beiden Tempelachsen mit den Ringmauern markieren. Beispiele sind Madurai, Srirangam und Ramesvaram.

Die Entwicklung des *Vesara-Stils* läßt sich in den Bauten des frühen und späten Chaluka-Reiches (6. bis 12. Jh.) bis zu den Tempeln von Somnathpur, Belur und Halebid (12.-13. Jh.) verfolgen, deren Grundrisse in Sternformen aufgelöst wurden.

Der Jainismus, der wie der Buddhismus aus dem Hinduismus hervorging, ließ in der Landschaft Gudscherat zahlreiche Tempel entstehen, die keiner der drei genannten Stilrichtungen zugeordnet werden können. So zum Beispiel die Tempel auf dem Mount Abu, die sich durch ihr kostbares Material – aus großer Entfernung herbeigeschafften Marmor – auszeichnen, wie auch durch dessen feine Verarbeitung zu plastisch gestalteten steinernen Netzwerken (11.-13. Jh.).

Nahezu alle hinduistischen Sakralbauten sind nicht als Versammlungsräume für die Gläubigen konzipiert, sondern als immanente Manifestationen einer transzendenten Ordnung. Sie sollen in erster Linie das Abbild einer kosmischen Ordnung sein. Die Architekten legten dem Entwurf des Bauwerkes deshalb eine graphische Darstellung dieser Ordnung, ein sogenanntes Mandala oder Yantra,

Hinduistischer Kesvaha-Tempel in Somnathpur, 12.-13. Jh. (Vesara-Stil).

zugrunde. Dieses Zeichen, gelegentlich als Psycho-Kosmogramm bezeichnet, kann als Quaternitäts-symbol quadratisch oder als Trinitätssymbol drei-eckig aufgebaut sein. Seinen Punkten und Feldern wurden in der alt-ind. → Architekturtheorie be-stimmte mythische Bedeutungen beigemessen. Die Felder waren meist der Sitz bestimmter Gottheiten. Das Mandala oder Yantra und die mit ihm verbun-dene Proportionslehre legten die Form und die Ab-messungen aller Bauteile fest. Der Ablauf der Bauarbeiten wurde von Priestern überwacht. Sie waren für den Einklang des Menschenwerkes mit dem Makrokosmos verantwortlich. Astrologische Erwägungen kamen deshalb häufig ins Spiel.

3. Muslimische Völker aus den Ländern westl. von Indien, die bereits mehrfach zu Raubzügen in die fruchtbaren Niederungen des Industales eingedrun-gen waren, ließen sich während des 12. Jhs. in Nord-indien nieder und gründeten mehrere Sultanate, deren wichtigstes das von Delhi war. Mit den Er-oberern gelangten die architekton. Ideen der → Isla-mischen Architektur nach Indien. Wie in anderen von muslimischen Stämmen eroberten Ländern be-gannen die neuen Herrscher, die Tempel der Un-gläubigen in Moscheen umzuwandeln. In Ajmer begnügte man sich damit, einem Tempel eine flä-chige Fassade nach persischem Vorbild vorzublen-den (12. Jh.). In der Residenzstadt Delhi errichtete man aus den → Spolien zerstörter Hindutempel die riesige Moschee Quwwat-al-Islam (Sieg des Islam). Ihr → Minarett, der Qutub (Achse), sollte den Mit-telpunkt eines neuen islam. Imperiums symboli-sieren.

Moschee von Gulbarga, 1367.

In den Provinzhauptstädten des sich stetig erwei-ternden Reiches entstanden eine Reihe von Mo-scheen, die noch deutlich den Einfluß der einheimi-schen, hinduistischen Handwerker auf die Bauge-stalt zeigen, so zum Beispiel die → Dschami-Mesdschid im Jaunpur (1407) und die Dschami-Mesdschid in Ahmedabad (1423). Erst mit der Dy-nastie der Moguln, ab 1526, begann die Entwick-lung jenes prunkvollen indo-islam. Baustils, neben dem die eigenständige Entwicklung neuer Baufor-men in den südind. Sultanaten verblaßte. Die Architektur der Moguln zeichnet sich durch die Ver-bindung islam., insbesondere persischer, Raumvor-stellungen mit einheimischen, hinduistischen Bautechniken aus. Als islam. Elemente seien die durch flächiges Mauerwerk begrenzten Innen-räume und Hofräume sowie der Kielbogen (Bogen 119) und die Zwiebelkuppel erwähnt, als hinduisti-sche Elemente die Ausführung der Mauern und

Verkleidungen aus Stein sowie der stetige Versuch der einheimischen Baumeister, die nur als Raumbe-grenzung gedachte Mauerscheibe der islam. Archi-tektur durch dreidimensionale Mauermassen zu er-setzen. In dieser Tendenz klingt die traditionelle Monolith-Bauweise der Hindus an, in welcher der körperhaften Materialmasse zumindest die gleiche formale Bedeutung zukam wie dem umschlossenen Hohlraum.

In den Städten und Einzelbauten des frühen *Mogul-stils* wählte man als Baumaterial, oder zumindest für die Verkleidung, roten Sandstein. Einlegearbei-ten fügte man aus weißem Marmor ein. Im späten Mogulstil kehrt sich das Verhältnis der dunklen zu den hellen Flächen um, da man die gesamte Verklei-dung nun in weißem Marmor ausführte und → In-krustationen aus dunklen Halbedelsteinen einfügte. Die Blüte des frühen Mogulstils fällt in die Regie-rungszeit des Großmoguls Akbar (1556-1605). Er baute innerhalb weniger Jahre die Palast-Stadt Fa-

Blick in die Kuppel eines Tempels auf dem Mount Abu, 11.-13. Jh. (Jainismus).

Perlenmoschee in Agra, 1647-54.

Rotes Fort in Delhi,
Blick in einen Palasthof,
2. Hälfte 17. Jh.

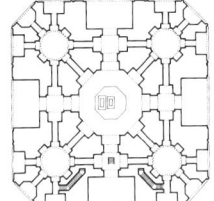

Tadsch Mahal.

Tadsch Mahal in Agra, 1632-52.

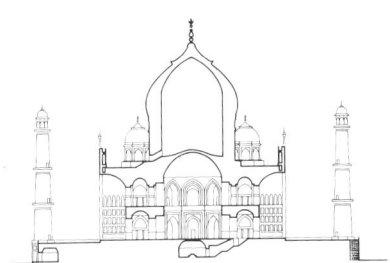

Tadsch Mahal, Querschnitt.

thepur Sikri, eine der bedeutendsten Stadtplanungen Asiens. Der Palastbezirk setzt sich im wesentlichen aus aneinandergereihten Hofräumen zusammen. Entlang ihrer Mauern errichtete man ohne starres Schema je nach Bedarf ein- oder mehrgeschossige offene Pavillons. Nur selten weicht die lockere Verbindung der Höfe einer axialen, monumentalen Komposition; Straßen-Räume gibt es nicht.

Von der großen Zahl der Einzelbauwerke aus der Zeit Akbars sei das Grabmal des Humayun in Delhi erwähnt, ein typisches Beispiel für die Umsetzung einer persischen Ziegelfassade in den örtlichen roten Sandstein und weißen Marmor. Wegweisend für die weitere Entwicklung der Mogularchitektur ist hier auch die Verbindung der Bauten mit abgegrenzten, architekton. gestalteten Gartenanlagen. Bunte Blumenbeete, von erhöhten Kanälen und Wegen aus weißem Marmor durchzogen, harmonieren mit der gleichartigen Struktur der Fassaden.

Schah Dschahan (1628-1666), Enkel Akbars, führte den späten Mogulstil zur Vollendung. Städtebauliche Entwürfe, so z. B. die Gestaltung der Residenz des Schahs, des Roten Forts in Delhi, unterscheiden sich von Fathepur Sikri durch eine axiale Zuordnung der verschiedenen Palasthöfe und durch die Einbeziehung geom. gegliederter Gärten in den Palastbereich. Die Paläste, Moscheen und Grabmäler jener Zeit begründeten den Ruhm vom märchenhaften Reichtum der Großmoguln. In der Palastarchitektur herrschen eingeschossige Säulenhallen vor, eingebettet in Wasser- und Blumenflächen, durchzogen von schmalen Wasserkanälen und gelegentlich gekühlt durch den feinen Sprühregen aus Wasserspeiern im Dach. Die in weißem Marmor schimmernden Paläste und Mausoleen dienten der Verherrlichung weltlicher Macht (Abb. → Gewölbe); die Moscheen dagegen verkündeten den Sieg des Islams in Indien. Beispiele für die höfische Architektur Schah Dschahans sind Audienz- und Wohnhallen in den Festungen von Delhi und Agra, für den Sakralbau die Dschami-Mesdschid in Delhi (1644-58), die Perlenmoschee in der Feste Agra (1647-54) und die Dschami-Mesdschid in Lahore. Aber alle werden an Schönheit und Kostbarkeit vom Tadsch Mahal in Agra (1632-52), dem Grabmal für Schah Dschahans Frau Mumtaz Mahal, übertroffen. Die Raumfolgen in diesem Grabbau sind nach dem beliebtesten Grundriß-Diagramm der Mogulzeit – einem Quadrat und einem Kreuz, die sich durchdringen – entworfen. Im Mittelpunkt, in den Eckpunkten und in den Schnittpunkten dieses Zeichens liegen die Raumvolumen, dazwischen befinden sich nach altind. und im Unterschied zu persischen Vorbildern gleichwertige Mauervolumen. Das einfache System von Innenraum, trennender Scheibe und Außenraum wurde auch im Aufriß aufgegeben. Die Zwiebelkuppel bildet ein eigenes Schein-Volumen. Ihr Hohlraum ist der größte Raum des Bauwerks und dennoch nicht genutzt. Die widerstreitenden islam. und hinduistischen Architekturtheorien führten zu diesem Kompromiß.

Zur gleichen Zeit als die besten Baumeister und Handwerker Nordindiens in Agra am Tadsch Mahal bauten, realisierte in Südindien der Sultan von Bidschapur ein ebenso gigantisches Bauprojekt. Der sog. Gol Gumbaz (mit runder Kuppel), sein Grabmal, ist der größte Kuppelbau Asiens. Die Kuppel wird nur noch von der des Pantheons und der der Peterskirche in Rom übertroffen. Eigentümlich ist, daß die drittgrößte Kuppel der Welt in Indien gebaut wurde, einem Land, dessen einheimische Handwerker den Bogen und die Kuppel aus theologischen Gründen ablehnten, bis die Macht der muslimischen Herrscher ihnen diese Formen aufzwang. Die islam. Architektur Südindiens weist wenig Gemeinsamkeiten mit der Mogularchitektur auf. Sie übertrifft diese gelegentlich in der Klarheit des Raumkonzepts – so z.B. in der Moschee von Gulbarga –, läßt aber die Schönheit des Materials und die Feinheit des Details vermissen.

Unter Schah Dschahans Nachfolger, Großmogul Aurangzeb (1658-1707), erlosch der Baueifer der Moguldynastie. Die Architekten wanderten an die Höfe der Provinzgouverneure und der Maharadschas ab. Während der Kaiserhof verfiel, erlebte die indo-islam. Architektur in diesen Residenzen eine letzte Blüte.

So baute der hinduistische Maharadscha Dschai Singh II. (1686-1743) eine prächtige Residenzstadt mit einem rechtwinkligen Straßensystem, in deren Zentrum einen prächtigen Palast, in dem sich hinduist. Raumvorstellungen mit islam. vereinen, und in einem der Höfe des Palastes eine gigantische Sternwarte. Die Stadt nannte er Jaipur (Stadt des Sieges), die Sternwarte Yantra Mantra (magisches Instrument). Dschai Singh baute insgesamt fünf solcher Sternwarten in Nordindien. Wenngleich er selbst den Bau großer, steinerner Meßbauten mit der Ungenauigkeit der herkömmlichen, kleinen Metallinstrumente begründete, so besteht doch kein Zweifel, daß diese geom. Bauformen nicht nur als Instrumentarium gedacht waren, sondern als kosmische Symbole, als Abbilder der zeitgenössischen Kosmologie. Die einheimische Architektur Indiens schließt also mit eben jener Bemühung um eine Übereinstimmung von Menschenwerk und Universum ab, die schon ihre ersten Werke gekennzeichnet hatte.

Observatorium Yantra Mantra, Jaipur, Rājasthān, um 1734.

4. Mit der Eroberung Indiens durch die Engländer und Portugiesen lösen europ. Baugedanken die hinduist. und die indo-islam. Architekturtheorie ab. Der engl. Kolonialstil prägt die Architektur Nordindiens, der iberische → Barock den Sakralbau in Goa.

Zu Beginn des 20. Jhs. entschlossen sich die Engländer, die Residenz des Vizekönigs zu einer Metropole auszubauen. Nach den Plänen von → Luytens und → Baker entstehen New Delhi, eine → klassiz. Stadt mit sternförmigen Plätzen, die durch breite Avenuen verbunden sind. Zu den Bewunderern dieser Planung, in der sich rechtwinklige und hexagonale Strukturen mischen, zählte auch → Le Corbusier. Er entwarf 1951 die Stadt Chandigarh als Landeshauptstadt für den Pandschab.

Der Einfluß von Chandigarh und den Bauten Le Corbusiers und → Kahns in Ahmedabad war bestimmend für alle folgende ind. Architektur. Balkrishna Vithaldas Doshi (geb. 1927), der Le Corbusiers erster Zeichner war und die rechte Hand Kahns in Indien (1692-72), fuhr fort, deren späten Stil mit der östlichen Tradition in verschiedenen, in großem Maßstab angelegten Wohnanlagen (so für den Electronic-Konzern in Hyderabad, 1972) unter Einsatz örtlicher Materialien und Handwerker zu verschmelzen. In gleicher Art, aber dramatischer, sind die von Uttar Chand Jain (geb. 1934) während der 70er Jahre für die Universitäten in Jodhpur und Udaipur entworfenen Bauten. Selbständiger und durchgebildeter ist das Werk von Charles Mark Correa (geb. 1930), der seinen Namen mit dem Kunstzentrum (1977) und dem Parlament (1984) in Bhopal international bekannt machte.   A. V.

Salvacao Church, Bombay, von Charles Correa, 1974-77.

Lit.: Smith, E. W. 1894-98; Fergusson 1880, '10; Sohrman '06; Havill '13, '27; Reuther, O. '25; Coomoraswany '27; Yazdani '30-55; Ray, N. R. '45; Kramrisch '46; Piggot '50; Rowland, B. '53; Kramrisch '53; Zimmer, H. '55; Brown, P. '56 a, b; Gordon '58; Cappieri '60; Wheeler '61; Wu '63; Bussagli '66; Nilsson, S. '68; Volwahsen '68; Gutschow-Pieper '78; Michell '79; Nou '80; Irving '81; Merklinger '81; Morris, J. '82; Meister '83; Meister/Dhaky '86-'88; Tadgell '90; E. Koch '91; Bhatt/Scriver '91; Michell '91; Penguin Guide; Vistara '91.

Induskultur → Indien, Sri Lanka, Pakistan.

Industriebau. Ein Bereich der Architektur, der sich seit dem Beginn der Industriellen Revolution in der 2. H. des 18. Jhs. zunächst in England, im 19. Jh.

Justizpalast Chandigarh, von → Le Corbusier, 1956-65.

*Dampfhammer, von Creusot,
Weltausstellung Paris 1878.*

*Doppelstrebengerüst auf der
Zeche Zollverein,
Essen-Katernberg, 1896.*

über ganz Europa und Nordamerika verbreitete.
Die Handwerksbetriebe (Gießereien, kleinere Manufakturen) wurden anfangs noch in Gebäuden
überlieferter Bautechniken (Fachwerk, Natursteinmauern) untergebracht, doch durch die technologische Entwicklung der Produktionszweige, die Mechanisierung und die Vermehrung von Arbeitskräften war man bald gezwungen, die Anlagen zu
vergrößern. Ältere Baukomplexe wurden zu diesem
Zweck meist nicht erweitert, sondern durch Neubauten ersetzt.

Im 18. Jh. existierten bereits große Manufakturen,
deren Grundriß und Anlage, wie z. B. die der Pa-
piermanufaktur von Montargis, Frankreich, um
1750, der höfischen Palastbauarchitektur entlehnt

Zeche Helene, Essen-Altenessen.

waren und über die eigentliche Funktion nach
außen hin noch keine Aussage enthielten. Es war
eine gegenüber den Anforderungen eines techn.
Produktionsablaufs unzulänglich konzipierte Architektur alten Stils. Nicht anders verhielt es sich
bei → Ledoux' Entwurf für die Salinenstadt Chaux,
um 1773. Bereits 1779 wurde jegliche Bauausführung eingestellt, nur das geplante Haus für den Direktor, stark an eine Tempelanlage erinnernd,
wurde 1775-79 verwirklicht. Ihm entspricht ein Entwurf Ledoux' für eine Waffenfabrik, ebenfalls für

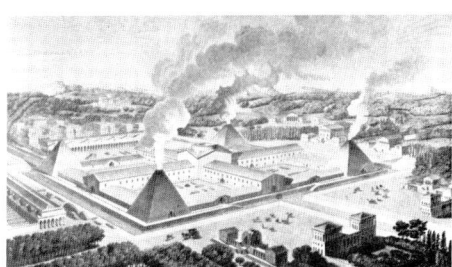

Kanonenschmiede, von → Ledoux.

Chaux geplant (1775-80), mit vier an den Ecken des
kastellartigen, künstlich erhöhten Areals befindlichen Schmelzöfen in Form von ägyptischen Pyramiden, die zur Mitte hin, einem dort geplanten tempelartigen Zentralgebäude, mit Produktionshallen
verbunden sein sollten.

Frühe Beispiele des I.s sind die mit Wasserkraft
betriebenen Eisenhämmer (Hebelhämmer), denen
im 19. Jh. die vertikalen Rahmenhämmer folgten,
wie die Bohrtürme zur Erdölförderung in den USA
für → Eiffel Symbole technischen Fortschritts
(→ Ausstellungsarchitektur). Mit der Erfindung
von Watts Dampfmaschine (seit 1785 in Gebrauch)
waren der mechanischen Industrialisierung kaum
mehr Grenzen gesetzt. Standort, klimatische Abhängigkeit und Verschleiß wurden berechenbar.
1839 erfand der Engländer Nasmuth den Dampfhammer, 1842 zum ersten Mal realisiert bei Creuzot
in Frankreich. Auch die Maschinenhäuser, bereits
Ende des 18. Jhs. weiterentwickelt (Saline Königsborn in Unna-Afferde, 1798-99), veränderten sich
im 19. Jh. durch die Erfindung der Dampfmaschine
mit ihren Transmissionsanlagen und des Generators
zur Erzeugung elektrischen Stroms (Werner v. Siemens). Das Kraftwerk mit seinem Staudamm
wurde eine neue Aufgabe des I.s des späten 19. und
des 20. Jhs., ebenso wie die Anlagen zur Nutzung
der Kernenergie.

*Förderturm Merthyr Vale-Colliery, Schacht 2,
Aberavan, Südwales, 1873.*

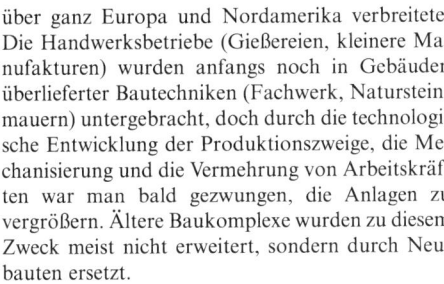

Förderturm Zeche Julius Philipp, Bochum, 1877.

Derselben bautechnischen Entwicklung wie die Maschinenhallen folgten im 19. Jh. die Fördertürme der Kohlenzechen. Dabei ersetzte die Stahlkonstruktion, der sog. engl. Bock (Methyr-Tydfil, 1864), zunehmend die noch mit herkömmlichem Mauerwerk hochgezogenen sog. Malakow-Türme, z. B. die der Zeche Julius Phillipp, 1877 in Bochum, oder der Zeche Hannibal, um 1870 in Wanne-Eikkel. Gegen Ende des 19. Jhs. wurde im Ruhrgebiet das Doppelstrebengerüst entwickelt.

Mit der Industrialisierung ist unauflöslich die Weiterentwicklung der Metallurgie verbunden. Bes. die

Gasbehälter bei Manchester, 1886.

Eisenverhüttung und -verarbeitung machten seit Beginn des 19. Jhs. erhebliche Fortschritte, bald erreichten die Schachtöfen eine durchschnittliche Höhe von 30-40 Metern und wurden daher Hochöfen genannt. Die neuen Hüttenwerke erzwangen neue architekton. Lösungen. Erste Vorschläge entstehen bereits Ende des 18. Jhs. (→ Gillys Skizze für eine Eisenhütte). Die noch nach künstlerischen Gesichtspunkten gestalteten und untereinander nach harmonischen Prinzipien angeordneten Bauwerke (z. B. Gießhaus der Bergischen Eisengießerei, 1837 in Berlin), konnten aus ökonomischen Gründen und durch die notwendig werdenden Werkserweiterungen auf die Dauer nicht aufrecht erhalten

Wasserturm Mannheim, 1887.

St. Katherine's Docks, London, von → Telford, 1824-28.

werden. Die Zuordnung der einzelnen Arbeitsabläufe bestimmt von nun an die Gestalt des Baukörpers. Dasselbe trifft auf die mit der Umstellung auf Massenfertigung benötigten Bauten der Manufakturen zu, die mehr nach pragmatischen als ästhetischen Gesichtspunkten ausgerichtet waren.

Das Gußeisen als Stützsystem in Verbindung mit Glas (→ Glasarchitektur) eröffnet neue Möglichkeiten für den I. James → Bogardus, ein amerik. Ingenieur und Erfinder entwickelte den Gußeisenbau aus Fertigteilen so weit, daß die Errichtung eines Fabrikationsgebäudes aus Eisen- und Glaselementen im Bereich des Möglichen schien. Es blieb jedoch zunächst bei der Planung seines eigenen Fabrikgebäudes.

Torhaus der AEG, Ackerstraße, Berlin, von Franz Schwechten, 1896.

Mitte des 19. Jhs. entstehen zahllose Fabrikgebäude und Hallen, teilweise in herkömmlicher Ziegelbauweise mit historischen Fassadenverblendungen. Dies gilt zunächst auch für die Lager- und Speicherbauten, wie z. B. für den Kaiserspeicher von B. Hanssen & E. Meerwein 1878-79 in Hamburg, der durch Überhöhung der Sockel und in die Höhe gezogene Fassaden Erinnerungen an Bauten der Backsteingotik hervorruft. Früheste Beispiele dieser Art entstanden in London und Liverpool: Lagerhaus S. Katherine's Docks, 1824-28 in London von → Telford, Speicherhaus New Quey, 1835 in Liverpool, bzw. der Kornsilo von Bunge y Born, um 1900, in Buenos Aires. In den USA entwickelte der I. monumentale Formen, die auf die Entwicklung der Architektur starken Einfluß ausüben. Grundformen der Baukunst, auf die schon der → Klassizismus verwiesen hatte (Gilly) werden hier ins Gigantische gesteigert, der → Megalomanie entsprechend, die schon die Entwürfe der → Revolutionsarchitekten kennzeichnete.

Mit Zunahme und Vergrößerung der Industriegebäude entstand der spezielle Verwaltungsbau, der bes. im letzten Viertel des 19. Jhs. an repräsentati-

Hutfabrik Friedrich Steinberg, Herrmann und Co., Luckenwalde, von → Mendelsohn, 1921-23.

Gasanstalt Tegel, Berlin, von Ludwig Hoffmann.

ven Stellen innerhalb des Werksgeländes errichtet wurde und nicht selten mit Fassaden, die an Bauten der niederl. Renaissance oder des Manierismus erinnern, versehen wird. Ein bedeutendes Beispiel ist das von dem Holländer Beltmann 1893 entworfene Verwaltungsgebäude der Spinnerei Gebr. Laurenz in Ochtrup. Damit war man wieder in einem Bereich der Industriearchitektur, der in der Frühzeit des I.s (Ledoux u. a.) eine wichtige Rolle spielte, der mit dem eigentlichen Produktionsvorgang wenig zu tun hatte, aber zur architektonischen Geschlossenheit der Anlagen beitrug. → Werktore (Borsig-Werke, 1895 in Berlin-Tegel von K. Reimer und Fried. Körte, oder das AEG-Tor in Berlin-Wedding von Franz Schwechten) sowie Werkssiedlungen, Arbeiterwohnblocks und schließlich die → Villa des Unternehmers (z. B. Villa Hügel von Krupp, 1869-73 in Essen).

Zellulosefabrik Sunila, Finnland, von → Aalto, 1936-39, 1951-54.

Der I. nimmt in der modernen Architektur des 20. Jhs. eine Schlüsselstellung ein. Viele ihrer Prinzipien werden beim Bau industrieller Anlagen erstmalig oder besonders konsequent angewandt. Auch die Forderung nach einer → Organischen Architektur, die sich als Hülle dem Produktionsprozeß anpassen sollte, findet Verwirklichung (z. B. Hutfabrik Steinberg, Herrmann & Co, Berlin-Luckenwalde, 1921-23 von → Mendelsohn). Die Kombination von Gebäuden und Transportanlagen führt in aller Welt zur gleichen Typologie: freistehende technische Apparaturen treten mit den Fabrikationshallen in kontrastierende Wechselwirkungen, z. B. in Zechenanlagen mit den dazugehörigen Fördertürmen sowie den Bauten, die der Gesamtanlage integriert sind: Kohlenwäsche, Preßlufthaus, Kesselhaus, Rohrbrücken, Schienen und Wasserwege der Zechenbahnhöfe. Zwei Beispiele unter vielen: Die Zechen ›Helene‹ in Essen-Altenessen oder ›Zollverein XII‹ in Essen von Fritz Schupp und Martin Kremmer, 1927-32.

→ Behrens beabsichtigte, mit der Turbinenfabrik für die AEG (1909) den I. in den Rang einer repräsentativen Architektur zu erheben und dabei ein ebenso funktionales wie ästhetisch hochrangiges

Gebäude zu schaffen. Zwei Jahre später errichtet → Gropius die Faguswerke in Alfeld (Abb. → Deutschland) und schafft dadurch in entscheidender Abwandlung Behrensscher Gedanken ein erstes Beispiel einer neuen rationalen Architektur, die sich am Ende der 20er Jahre als → Internationaler Stil durchsetzen wird. Die sich schon bei Behrens anbahnende Transparenz, das sich Öffnen und Schließen zwischen den Dreigelenksrahmen und den die Ecken beschreibenden, festgemauerten Pylonen, verhilft Gropius durch stützenfreie Ecken, durch Auflösung der Gebäudeecken in eine Glas-

Forschungsreaktor in Garching bei München, von → Weber, 1960.

wand zur weiteren Transparenz und leitet damit die Epoche der klass. Industriearchitektur, der verglasten → Skelettbauweise, ein, die in der Schule von → Chicago einen ersten Höhepunkt in Errichtung von → Warenhäusern erreicht hat. Form und Schönheit, nicht nur als Selbstzweck, sondern als wichtige Komponenten des Arbeitsprozesses, werden zu einer Bedingung der Bauprogramme mit genau entsprechenden Lösungen, die zugleich die Funktion der Konstruktionselemente zeichnen. Während die Ölraffinerien und die neue chemische Industrie in ihrem Aussehen von den Notwendigkeiten der Technik bestimmt werden, versuchten

Wasserkraftwerk Dnepropetrowsk, von W. Wasnin, N. Kolli, G. Orlow, S. Andrijewski, 1929-31.

Fiatwerke, Turin. Spiralförmige Zufahrt zur Teststrecke auf dem Dach, von Matté Trucco, 1927.

Industriebau. Amerikanische Wasserhochbehälter aus Stahl. **1**. *Kugelbehälter* **2**. *sphärischer Behälter«* **3**. *elliptischer Behälter* **4**. *Obloidal Behälter* **5**. *Horton-Behälter* **6**. *torisphärischer Behälter.*

Architekten wie → Aalto (Zellulosefabrik Sunila, 1936-39, 1951-54) oder → Nervi (Planung der Papierfabrik Burgo in Mantua, 1961/62), den I. als zeitgemäße Aufgabe auch ästhetisch aufzufassen.

Die zunehmende Größe der Städte und Industrieanlagen machte die Errichtung von Wassertürmen notwendig. Während noch im 16. Jh. das hochgepumpte Wasser den Pumpstößen folgend herablief (Blausternwerk Nürnberg, 1580), verwendete man mit beginnender Industrialisierung große Wasserbehälter, die einen gleichmäßigen Wasserdruck gewährleisteten. Solche Wassertürme, manchmal im Zentrum einer Stadt errichtet, wie in Mannheim, bildeten eine reizvolle architektonische Aufgabe, die heute nach Gesichtspunkten optimalen Nutzens auch die Form bestimmt (Wasserturm Öretro, Schweden, 1957). Abb. → SIAL.

Auch die Gasanstalten der Städte mit ihren typischen Gasbehältern wurden zunächst noch historisch verbrämt, bis man die großen Zylinder – wie die amerikan. Silos – als eindrucksvolle I.ten empfand. Andere städt. Einrichtungen werden heute als repräsentative architekton. Aufgabe angesehen (Hauptwerkstatt der Berliner Stadtreinigung, Berlin-Tempelhof, 1969-76, von → Kleihues).   W. R.

Lit.: Giedion '48; Drebusch '76; Becher '71; Grenier '79; Schupp '81; Vorsteher '83; Ruppert '83; Ackermann '84; Banham '89; Sommer '91.

Ingenieurbau. Claudianischer Aquädukt bei Rom, 1. Jh.

Ingenieurbaukunst. Ursprünglich war der → Baumeister sowohl für die ›Architectura civilis‹ als auch für die ›Architectura militaris‹ zuständig. Wenn man heute von I. spricht, denkt man in erster Linie

an Bauwerke, die besondere techn. Kenntnisse erfordern. Mehr als die Pyramiden bewunderte Herodot die Anlagen des Moeri-Sees, in den die ägyptischen Ingenieure das Wasser des Nils ableiten und stauen konnten, so daß keine Überschwemmungen entstanden. Sobald das Wasser sank, ließ man es je nach Bedarf in den Nil zurücklaufen. Im 9. und 10. Jh. verstanden es die Khmer (→ Südostasiat. Baukunst), die Wasserflut der Regenzeit durch die Anlage künstlicher Seen landwirtschaftlich zu nutzen. Heute sind es die großen Stauseen zur Gewinnung von Elektrizität, die als bedeutende Leistungen der I. angesehen werden können.

Schon im 3. Jt. und im 7. Jh. v. Chr. wurden in Palästina unterirdische Wasserleitungen angelegt. Unter Polykrates (ca. 537-22 v. Chr.) baute der Architekt und Ingenieur Eupalinos auf Samos einen etwa 1000 m langen Tunnel. Die von den Römern errichtete Entwässerungsanlage (Emissar) des Albaner-sees ist ein 1800 m langer, 1-2 m hoher und 1 m breiter Tunnel, der noch heute funktioniert; der 52 n. Chr. von Kaiser Claudius befohlene unterirdische Kanal zur Entwässerung des Fucinosees hat eine

Ingenieurbau. Brooklyn-Brücke, New York, von Johann August Roebling, beg. 1869, voll. von dessen Sohn 1883.

Länge von 5640 m. Erst im 20. Jh. kam es zum Bau der großen Eisenbahntunnel, wie des Simplon-Tunnels, Schweiz, 1906, noch heute mit 19,8 km der längste der Welt.

Die Kunst der Wölbung, schon den Ägyptern bekannt, erreichte im Bau des Pantheon in Rom (27 v. Chr., 120-24 n. Chr.) mit einer Kuppel von 43 m Durchmesser einen ersten Höhepunkt (Abb. → Römische Architektur). Bei der von Kaiser Justinian in Konstantinopel erbauten, 537 eingeweihten Hagia Sophia (→ Byzant. Baukunst) ist das Gewicht der Kuppel (Durchmesser 32 m, Scheitelhöhe 55 m) ganz auf die Wände abgeleitet (Abb. → By-

Ingenieurbau. Kuppel von St. Peter, Rom, entworfen von → Michelangelo, 1558-60, ausgeführt von → Porta, 1588-89.

Ingenieurbau. Eiffelturm, Paris, von → Eiffel, 1889.

Ingenieurbau. St. Pancras Station, London, von W. H. Barlow, R. M. Ordish und George Gilbert → Scott, 1863-76.

Inkrustation. Baptisterium, Florenz, 11.-12. Jh.

Ingenieurbau. Migöelou-Damm, Frankreich, von Coyne und Bellier, 1958.

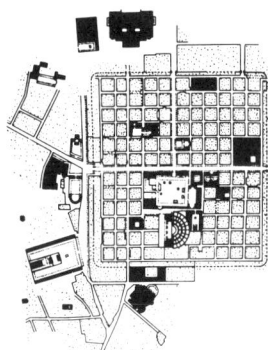

Insula. Timgad, Algerien.

zant. Baukunst), während bei der Kuppel von St. Peter in Rom (Durchmesser 42 m, Scheitelhöhe 132,50 m) das Gewicht auf vier mächtigen Pfeilern lastet (Abb. → Porta). Michelangelo wollte, wie er sagte, »das Pantheon auf die Diokletiansthermen« setzen.

Die Römer waren berühmt für ihre → Brücken und → Aquädukte, die – wie ihre großen Getreideschiffe – erst im 19. Jh. durch die I. der Konstrukteure → Brunel, → Paxton, → Eiffel u. a. oder tatkräftiger Unternehmer wie Ferdinand Vicomte de Lesseps (1805-94), der Erbauer des Suezkanals (1859-69, 161 km lang, 12 m tief), übertroffen wurden.

Im 20. Jh. haben eine ganze Reihe von ›Ingenieur-Architekten‹ wie → Nervi, → Candela, → Wachsmann, → Otto u. a. oder Weltfirmen wie → Arup Ass. neue Wege der I. beschritten. → High-Tech.

Lit.: Ziesel '89; Mislin '90; Straub '91. W. R.

Inka-Architektur → Zentralandine Hochkulturen.

Inkrustation. Verkleidung von Innen- und Außenwänden mit verschiedenfarbigen, meist edlen Verblendsteinen (Marmor) in Einlegearbeit; in Holz heißt diese Technik → Intarsia. I.en werden rein ornamental verwendet, oft betonen sie konstruktive

Intarsia. Ausschnitt aus einer Vertäfelung im Lübecker Rathaus, 1594-1613 (zerstört).

Ingenieurbau. Stadion Split, Jugoslawien, von B. Magas.

Motive, wie Pilaster, Bögen usw., oder ahmen sie optisch nach. I.en gab es in fast allen Epochen der Baukunst. Vgl. auch → Pietra dura.

Lit.: Rupp '12; Hutton '50.

In situ, (lat.). In ursprünglicher Lage, am ursprünglichen Ort.

Ingenieurbau. Projekt einer künstlichen Insel in der Bucht von Monaco, von Eduard Albert und Jacques Cousteau.

Insula, die (lat.: Insel). **1.** Mietsblock in der → Römischen Architektur. **2.** Bezeichnung für den antiken Häuserblock des → Hippodamischen Systems. Er umfaßt in dem Netz von rechtwinklig verlaufenden Straßen mehrere Wohnhäuser. Beispiele solcher Blöcke sind bekannt aus Milet, Priene, Ostia Antica, Herculaneum.

Lit.: Calza '15; EAA '58-63 ›insula‹, ›casa‹; Crema '59.

Intarsia, die (lat. – ital.: eingelegte Arbeit). Dekorationstechnik, bei der verschiedenfarbige Hölzer mosaikartig in Holz eingelegt werden, wobei Ornamente (pflanzlich, geom., tierisch) oder ganze Bilder (Beispiel: Urbino, Schloß-Bibliothek) entstehen können. Populär im 15.-16. Jh. in Italien vor allem für Studierzimmer und kleine Räume in Palästen und für den Chorraum in Kirchen; erlebte im 18. Jh. einen Höhepunkt in den Arbeiten der Neuwieder Kunstmöbeltischler-Familie Roentgen. – Kommen neben Holz auch andere Materialien wie Elfenbein, Edelsteine, Schildpatt oder Perlmutt zur Anwendung, spricht man von Marketerie.

Lit.: Rupp '12; Huth '28; Hutton '50; Kossatz '54.

Interieur, das (frz.). **1.** In der Malerei die bildhafte Darstellung des Innenraums. – **2.** Auf die Baukunst übertragen versteht man unter I. die stileinheitliche Gestaltung eines Innenraumes.

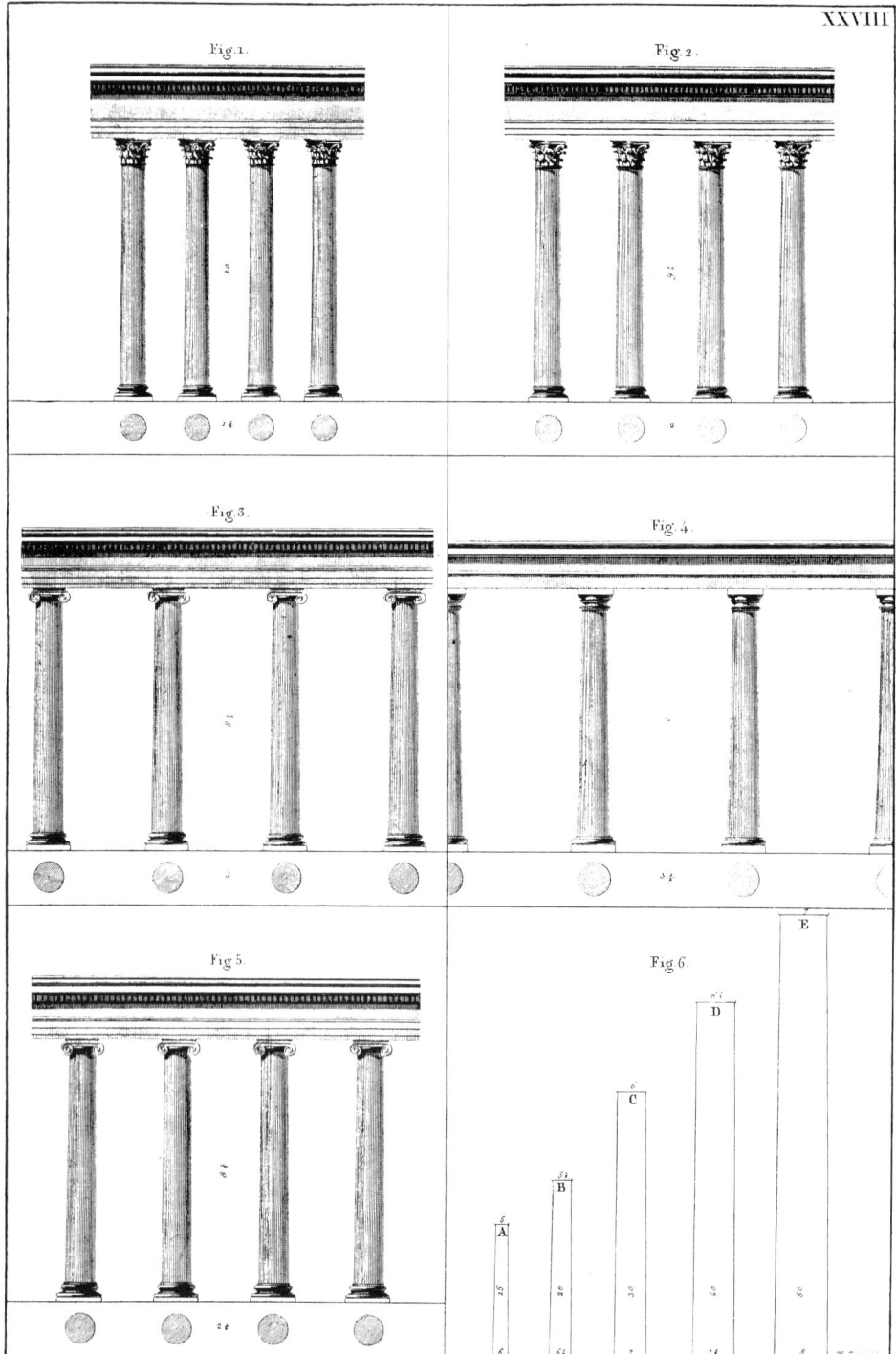

Interkolumnium. Aus Vitruvs
›De Architectura‹, Seite XVIII:
Fig. 1. Pycnostylos,
  2. Systylos,
  3. Diastylos,
  4. Araeostylos,
  5. Eustylos.

Interkolumnium. Der in Säulendurchmessern ange-
gebene Abstand von Säule zu Säule. → Vitruv hat
für diesen Abstand fünf Maße festgelegt: **1.** pyknostylos = engsäulig mit 1 ½ Säulendurchmessern; **2.**
systylos = gedehnt mit 2 Durchmessern; **3.** eustylos = schönsäulig mit 2 ¼ Durchmessern; **4.** diastylos = weitsäulig mit 3 Durchmessern und **5.** araio-
stylos = lichtsäulig mit 3 ½ bis 4 Durchmessern;
von diesen ist der Eustylos am gebräuchlichsten.
→ Architekturtheorie.

Lit.: Vitruv III 3, 1-6; Robertson, D. S. '43; Dinsmoor '50.

Internationaler Stil. Ein in Amerika durch das 1932
in New York erschienene Buch ›The International
Style, Architecture since 1922‹ von Henry-Russell
Hitchcock und → Johnson geprägter Begriff, der
den neuen Architekturstil des 2. V. des 20. Jhs. bezeichnet. Der I.S. wurde vor dem Ersten Weltkrieg
von Architekten wie → Wright, Tony → Garnier,
→ Loos, → Gropius (→ Bauhaus) u. a. geschaffen
und zumindest in fortschrittlichen Kreisen während
der 20er Jahre zuerst in Mitteleuropa und einige
Jahre später in den anderen Ländern Europas und

*Internationaler Stil. Reihenwohn-
haus in Taschkent, 1967.*

in Amerika angenommen. Der Stil wird durch
asym. Komposition, einfache kubische Hauptformen, durch weite, oft in horizontalen Streifen angeordnete Fensterfronten, durch eine Vorliebe für weißen Verputz und durch das Fehlen von Ornament
und Profilierung gekennzeichnet. Die Reaktion
kam allmählich, zunächst mit dem bildhauerischen,
antirationalen Spätstil von → Le Corbusier und
ähnlich ausdrucksstarken Werken von Architekten
wie Eero → Saarinen, → Tange u. a. (→ Brutalismus, → Plastischer Stil), gefolgt von dem sich

*Internationaler Stil. Entwurf einer → Gartenstadt
(Cité Industrielle), von Tony → Garnier, 1901-04.*

*Internationaler Stil. Wohnhaus des Architekten, Wien,
von → Loos, 1910.*

*Internationaler Stil. Poliklinik
in Alessandria, von Ignazio
Gardella, 1935-38.*

selbstbewußter artikulierenden Spätmodernismus
der 70er Jahre, hauptsächlich in den USA. Wichtige
Vertreter dieser Bewegung sind → Johnson und
→ Venturi sowie → Moore (geb. 1925), → Stern
(geb. 1939) und → Tigerman (geb. 1930). Moores
Piazza d'Italia, New Orleans (1976 mit William
Hersey, Abb. → Moore), und Tigermans ›phallisch‹
entworfenes Daisy House in Indiana (1967) verkör-
pern den Inbegriff überspitzter Künstlichkeit der
Bewegung. → Rationalismus, → Postmoderne.
Lit.: Hitchcock '32/85; Hatje '63; Giedion '65; Jencks '80.

Inwood, Henry William (1794-1843). Sohn des Architekten *William Inwood* (ca. 1771-1843), mit dem
zusammen er sein einziges bedeutendes Werk, die
massive und exzentrische St. Pancras Church in

*Internationaler Stil. Weißenhofsiedlung, Stuttgart, 1927.
Häuser von → Mies van der Rohe.*

London (1819-22) als sehr freie Abwandlung des
Erechteions auf der Akropolis in Athen, eines der
großen Baudenkmäler des → Greek Revival in England, baute. Jedes Detail ist sorgfältig solchen des
Erechtheions, des Turms der Winde, des Lysikrates-
Denkmals und anderer berühmter athenischer Bauten nachgebildet. Manchmal ist sein archäologisches Material abwegig, aber er benutzt es immer
mit Einfühlung.
Lit.: Summerson '63; Colvin '54; Mordaunt Crook '72 b.

Ionische Ordnung → Säulenordnungen.

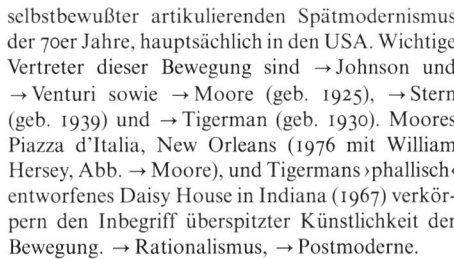

New St. Pancras, London, von
→ Inwood, 1822.

Internationaler Stil. Doppelhäuser der Bauhausmeister, Dessau, 1925. Haus Moholy Nagy, Blick von Osten.

Iranische Architektur. Nur wenige Grenzen haben sich im Lauf der Geschichte so häufig geändert wie die iranischen; daher kommt es, daß heute sogar ehemalige iranische Hauptstädte zu anderen Staaten gehören, wie Ctesiphon und Samarra zum Irak, Herat zu Afghanistan und Merv, Bakhara und Samarkand zur UdSSR. So müssen hier auch Bauwerke behandelt werden, die heute nicht im Iran liegen.

Die Elamiten (14.-7. Jh. v. Chr.). Im Südwesten des Landes, im Delta des Ab-e-Diz (Nebenfluß des Schatt-el-Arab) haben sich die ersten großen iranischen Zivilisationen entwickelt. In dieser unermeßlichen angeschwemmten Ebene trat die → Backsteinarchitektur bereits im 4. Jt. v. Chr. auf. Das Städteleben, dem des nachbarlichen Niedermesopotamien gleich, entfaltete sich in Susiana, wo die Städte Susa und Tschoga Zambil die Mittelpunkte des Elamitenreiches bildeten.

Tschoga Zambil, das von seinem Gründer niemals vollendet wurde, ist vor allem durch seine → Zikkurat berühmt geworden, welche die bestkonservierte des ganzen Mittelorients ist. Diese fünfstöckige Pyramide, 1250 v. Chr. erbaut, weist eine dreifache Umfassungsmauer auf; der Umkreis ihrer äußersten Mauer mißt nicht weniger als 4 km. Die eigentliche Zikkurat, vergleichbar einer Stufenpyramide (→ Pyramide), mit viereckigem Grundriß und 120 m Seitenlänge an der Basis, hatte wohl eine Höhe von 50 m. Rohe Ziegelsteine verwendete man als Füllsteine, Backsteine hingegen für die Außenseiten der Mauern. Das Gebäude enthält einen unteren Tempel und 34 durch Überkragung gewölbte Räume sowie axial angelegte Treppen, teilweise überdeckt, über die das obere Sanktuarium zugänglich war, von denen jedoch nichts erhalten geblieben ist. Außer der Zikkurat besaß Tschoga Zambil auch einen Palast mit gewölbten Grüften sowie zahlreiche Tempel, die jedoch außerhalb des Temenos

Grabmal Cyros' des Großen (529 v. Chr. gest.), Pasargades (achämenidisch).

(→ Peribolos) lagen. Diese Gebäude sind das Wesentlichste, was wir von der elamitischen Baukunst kennen, die sehr stark durch mesopotamischen Einfluß gekennzeichnet ist. Aus Mangel an systematischen Ausgrabungen ist die Architektur der folgenden Periode, als neo-elamitische (9.-7. Jh. v. Chr.) bezeichnet, nicht bekannt. Auch die medischen Städte – besonders Ekbatana, dessen Ruinen heute von der modernen Stadt Hamadan überdeckt werden – sind noch nicht ausgegraben.

Die Achämeniden (6.-4. Jh. v. Chr.). Aus der Zeit Cyrus' des Großen (559-529) kennen wir das Grabmal dieses ersten großen Königs der Dynastie in Pasargades. Das aus mächtigen Quadern gefügte rechteckige Grabmal, dessen Dachform vermutlich von den Giebeldächern nordischer Eindringlinge übernommen wurde, krönt einen aus sechs hohen Stufen geformten Sockel. Von der Stadt selbst existieren nur noch einige Spuren und ein monumentales Portal, ähnlich denjenigen von Persepolis und Susa.

In Susa, dessen Ausgrabungen die Geschichte bis in das 5. Jt. v. Chr. verfolgen lassen, erhielt sich aus

Susa, Säulenbasis mit Lotosmotiv.

Palast von Persepolis, beg. 518 v. Chr. (achämenidisch).

Detail eines stierköpfigen Kapitells der → Apadana von Persepolis, frühes 5. Jh.

Architekturdarstellung auf einer Platte in der Festung Takht-i-Sulayman.

Lebensbaumrelief vom zentralen → Liwan, Taq-i-Bustan.

der achämenidischen Epoche ein Palast, der Darius I. als Winterresidenz gedient hat. Die auf einem viereckigen Grundriß aufgebaute → Apadana weist 36 Säulen, jeweils 6 Säulen pro Joch, auf. Auf drei Seiten öffnen sich gegen die Außenseite Säulengänge mit doppelten Säulenreihen. An den Winkeln sichern viereckige Strukturen die Festigkeit des Bauwerkes. Die sehr schlanken Steinsäulen kündigen bereits jene von Persepolis an. Ihre → Kapitelle weisen doppelte schneckenartige Verzierungen auf, überragt von der doppelten Halbbüste eines knienden Stieres. Sie trugen eine flache Decke mit Gebälk aus libanesischem Zedernholz. Eine Reihe von Flachreliefs aus vielfarbigen glasierten Backsteinen schmückt diesen Palast.

Die achämenidische Baukunst findet jedoch erst in Persepolis ihre höchste Ausdruckskraft. Diese Stadt, Mittelpunkt des riesigen, von den Achämeniden gegründeten Reiches, in der Meder und Perser die verschiedensten Einflüsse – Ergebnisse ihrer fernen Eroberungen – verschmolzen, dieses Persepolis ist eine politisch-religiöse Schöpfung, die die Macht des großen Königs verherrlichen soll. Die Terrassen überragen die hohen Umfassungsmauern aus Quaderwerk. Sie tragen die Apadana des Darius und Xerxes, die von unzähligen Wohnsälen, Magazinen, Schatzkammern und Palästen umgeben ist. Der prunkvolle Baukomplex, nach einem peinlich genauen, rechtwinkligen Plan errichtet, öffnet sich in eine imposante Vorhalle. Zwei monumentale doppelläufige Treppen vereinigen sich majestätisch vor dem Tor des Xerxes, das zwei mit Flügeln und menschlichen Köpfen versehene Stierstatuen schmücken, ähnlich denen, die am Eingang der assyrischen (→ Sumerische u. akkadische Architektur) Paläste Wache halten. Auf der rechten Seite entspricht die Apadana des Darius und Xerxes genau derjenigen von Susa, jedoch in größerem Maßstab (75 x 75 m). Auf der Terrasse, zu der im N und O breite, von Flachreliefs eingefaßte Treppen führen, erhebt sich ein von Säulen getragener Bau, auf drei Seiten von doppelten Säulenreihen begleitet. An den vier Ecken liegen die Wachräume, die wie Türme das leichte Gefüge der → Kolonnaden beschirmen. Die 19 m hohen Säulenschäfte, die kein Stein-, sondern Holzgebälk trugen, streben mit einer selbst in der griech. Baukunst nicht wieder erreichten Anmut und Feinheit in die Höhe. Die achämenidischen Säulen weisen übrigens typische Merkmale der ion. Kunst auf; es waren ion. Steinmetze, die die Schneckenverzierungen, die feinen → Kanneluren der Schäfte und die geschmückten Sockel geschaffen haben. Doch erfüllen sie hier keineswegs die gleiche Aufgabe wie in den griech. Tempeln. Statt einen Säulengang zu bilden, der eine verhältnismäßig kleine → Cella umgibt, ermöglichen sie einen weiten Innenraum (über 3600 qm, die Entfernung zwischen den Säulen größer als 8 m) von großer Unbeschwertheit und Anmut.

Um die Einheit des Reiches zu verherrlichen, haben die Achämeniden entlang den Aufgangstreppen in unvergleichlich schönen Flachreliefs die unterworfenen Völker, wie sie dem großen König ihren Tribut zollen, darstellen lassen. Stilistisch ähneln sie den assyr. Flachreliefs, was auch für die Backsteintafeln in Susa zutrifft. In einigen Sälen befinden sich Monumentaltore, die mit einer typisch ägypt. Hohlkehle (→ Ägyptische Architektur) versehen

sind. Diese Architektur zeigt also Einflüsse der künstler. hochentwickelten Zivilisationen, die von den Achämeniden unterworfen worden waren: Säulenhallen wie in Ägypten, jedoch schwereloser, Tore mit ägypt. Hohlkehlen, assyr.-babylon. Flachreliefs, Säulen ion. Ursprungs. Und dennoch ist diese Architektur originell und unverwechselbar, da sie weite, bewohnbare Innenräume aus leichten und beschwingten Elementen geschaffen hat. Überdies wurde der Übergang zwischen Außen- und Innenraum äußerst geschickt durch Gänge mit doppelten Säulenreihen gestaltet; sie flankieren den großen Thronsaal. Besonderes Gewicht wurde auf die Erschließung der Räume gelegt. Davon zeugen die monumentalen Treppenanlagen, deren sanftes Gefälle die Treppenfluchten fast wie Rampen erscheinen läßt.

Aufgang zum Thronsaal des Darius und Xerxes, Persepolis, beg. 518 v. Chr. (achämenidisch).

Für die großen, in die Felsen von Persepolis und Naqsh-i-Rustam hineingetriebenen Grablegen haben sich die Achämeniden einer originellen und einheitlichen Form bedient: eine kreuzförmige Fassade, deren Mittelpunkt eine in den Fels gehauene Palast-Kolonnade bildet, in deren Zentrum eine Tür in die Grabkammer führt (Abb. → Grab).

Parther und Sassaniden (2. Jh. v. Chr.-7. Jh.). Die ganz auf die Verherrlichung des Königshauses ausgerichtete achämenid. Kunst wurde durch Alexander den Großen zerstört. Von der parthischen und sassanidischen Periode an ist die Säule nicht mehr Hauptelement der Architektur, sie verschwindet. Nun setzt sich vor allem die Backsteinwölbung durch, die seit jeher beim Bau von Wohnhäusern in Susiana und auf dem Hochplateau eine wichtige Rolle gespielt hat. Strohlehmkuppeln (→ Lehmarchitektur) treten übrigens bereits seit der prähistor. Periode auf.

Die gewölbten, um einen Innenhof angeordneten → Liwane werden erstmals in der parthischen Epoche (150 v. Chr.) festgestellt. Diese urspr. volkstümliche Bauform wird in der Folge für die sassanidischen Paläste übernommen. Im Grunde genommen gehen alle Entwicklungsformen von Wölbungen und Kuppeln, die fortan die Bedeutung der iranischen Architektur ausmachen, aus den Feuertempeln des Mazdaismus hervor. Die Trompen-Kuppel (→ Kuppel) auf vier durch Bogen vereinigten Pfeilern ist der Schlüssel weiterer Forschungen. Die verschiedenen Lösungen des Problems, die Dachbedeckung von dem viereckigen Grundriß zu der kreisförmigen Kuppel überzuleiten, gehen sowohl von nationalen Traditionen als auch von röm. Einflüssen aus.

Fassade des Palastes von Ctesiphon, 3. oder 6. Jh. (sassanidisch).

Kaiser Valerians Legionäre – im Jahre 260 von Schapur I. besiegt – arbeiteten im Iran und errichteten Brücken, Staudämme und andere Bauwerke. Wie wir wissen, hat die → röm. Architektur im 3. Jh. ihren Höhepunkt erreicht, und es gab kaum eine Technik der Dachdeckung, die ihr unbekannt war. Schapur I. war der Erbauer des Palastes von Bischapur in den Bergen des Südiran. Der Palast enthält einen kreuzförmigen Saal, dessen Liwane mit → Mosaiken geschmückt sind. Eine mit einem Tonnengewölbe überdeckte Treppe führt zum Feuertempel hinab.

In die sassanidische Epoche gehört eines der erstaunlichsten Backsteinbauwerke des Altertums, der große Palast von Ctesiphon (im Irak). Er hat ein elliptisches Gewölbe von 36 m Höhe ohne Fassadenwiderlager (→ Widerlager). Einige Historiker schreiben ihn dem 3. Jh. zu (Zeit Schapurs I.). Es ist jedoch wahrscheinlicher, daß er aus dem 6. Jh. stammt und unter Khosrau I. (531-39) erbaut wurde, dem Zeitabschnitt, in dem das Reich seine höchste Blüte erreichte. Übrigens hatten die Sassaniden in dieser Epoche engste Beziehungen zu Byzanz, wo damals die Hagia Sophia entstand.

Iranischer Feuertempel bei Neisar, ca. 2. Jh. (restauriert).

Die Seldschuken und Timuriden (11. bis 15. Jh.). In dieser Epoche beginnt der Liwan die Rolle zu spielen, die er während der ganzen islam. Periode im Iran beibehalten sollte. Als die Araber im Jahre 637 Ctesiphon und das iranische Hochplateau eroberten, führten sie einen → Moscheentyp nach omajjadischem Plan ein, der bald von den einheimischen Traditionen verdrängt wurde. Diese beruhten vor allem auf einem Grundriß mit Innenhof, der auf einer oder auch mehreren Seiten mit weiten, gewölbten Liwanen versehen war. Es besteht also anfangs eine Koexistenz der großen Säulenhallen der Moschee omajjadischen Typs – in Samarra und Abu Dolaf (Mitte des 9. Jhs., abbassidische Epoche) – und der ersten Schöpfungen iranischen Stils, wobei der → Kiosk vom mazdaischen Feueraltar und der Liwan vom Versammlungssaal der Sassaniden abgeleitet ist. Diese verschiedenen Bauformen wurden in der Folge in den Plan der iran. Moschee aufgenommen. Der charakteristische iranische Plan entwickelte sich jedoch erst durch den Palastbau und die → Medresen. Zu Beginn wies die Moschee einen einzigen Liwan auf, der eine Art riesigen → Mihrab verkörperte, vor dem die Gläubigen beteten. Der Palast und später die Medrese enthielten aber bald einen quadrat. Hof, der auf allen vier Seiten von Liwanen flankiert war. Dieser eigenartige Grundriß ist kennzeichnend für die islam.-iranische Baukunst. Er kommt während der seldschukischen Periode auf, seit der Herrschaft von Malik Schah im 11. Jh. In Isfahan, das schon unter den Seldschuken iranische Hauptstadt wurde, und wieder unter den Safawiden, ist es möglich, die Entwicklung der islam.-iran. Architektur zwischen dem 11. und 18. Jh. lückenlos zu verfolgen. So können wir z. B. in der Freitags-Moschee (Mesdschid il-Dschuma), einem Gebäude mit vier Liwanen, Bauelemente aus verschiedenen Epochen feststellen. Die beiden mit Trompen-Kuppeln überdeckten Säle im N und S datieren aus der Zeit des Malik Schah. Sie sind beachtenswert durch die meisterhaft gehandhabte Ausschmückung, die in einer Reliefierung der Backsteinstruktur, die Nervüren (Geäder) und Schriftzeichen bildet, besteht. Ebenfalls aus dem 11. Jh. ein Säulensaal, dessen Stützen über den Kielbögen (→ Bogen III) Kuppeln verschiedenster Art tragen – Zeugen des hohen Könnens der damaligen Architekten. Die Timuriden oder Mongolen (15. Jh.) haben den unvergleichlichen Wintersaal erbaut, der aus mächtigen gebrochenen Bögen besteht, die bis auf den Boden herunterreichen. Ferner errichteten sie zwei große Zellenliwane. Die → Zellengewölbe sind in einem großflächigeren Rhythmus angeordnet als die safawidischen Stalaktitengewölbe und lassen eine meisterhafte Kenntnis der Struktur der Deckenbogen- und Zapfentechnik von beachtenswerter Originalität erkennen.

Die Safawiden (16.-18. Jh.). Mit der Thronbesteigung von Schah Abbas I. (1587-1628), der die Safawidendynastie zur höchsten Blüte brachte, wurde Isfahan wieder Hauptstadt des Iran. Bemerkenswerte städtebauliche Arbeiten wurden unter diesem baufreudigen Regenten begonnen. Er gründete im Zentrum der Stadt einen riesigen Platz, den Meidan-e Schah. Am Rande desselben – gegenüber seinem Palast – ließ er die Lotfallah-Moschee errichten. Das Bauwerk besteht aus einer einzigen quadrat. Gebetshalle, überwölbt von einer Kuppel mit

Türbe von Gunbad-i-Qabus, 1006-07.

Grabmal des Ismail Samanid, Bokhara, 907.

*Stadtmauern, Yazd, Iran,
12.-14. Jh.*

*Freitags-Moschee, Isfahan.
Westecke des Innenraums.*

einem → Tambour, durch dessen 16 Fenster der
Raum sein Licht erhält. Diese Moschee gibt der
iran. Baukunst eine besondere Richtung: von ihrer
stalaktitengewölbten Vorhalle und dem nicht in der
Achse liegenden Eingang führt ein gewölbter Gang
zur Halle mit der halbkugelförmigen Kuppel. Dieser Raum zeichnet sich hauptsächlich durch seine
Schlichtheit und seinen reinen Stil aus, möglicherweise von der türk.-osmanischen Baukunst beeinflußt.

Den Höhepunkt erreichte die Architektur der Safawiden jedoch erst mit der Erbauung der großen
Moschee des Schah (1612-38, Abb. → Gewölbe).
Sie schließt im Südwesten den Meidan-Platz durch
einen riesigen Stalaktiten-Liwan ab, der als Eingangsportal dient, flankiert von zwei → Minaretten.
Die Moschee selbst liegt zum Meidan-Platz nicht
parallel, sondern in einer Achse, die zu dem Platz
einen spitzen Winkel bildet. Der Übergang ist genial durch einen Kuppelraum hergestellt worden.
Diese ziemlich ungewöhnliche Lösung war bedingt
durch die vom Kult geforderte Orientierung der
→ Qibla und des Mihrab gegen Mekka, die durch
den bereits festgelegten Grundriß des Meidan-Plat-
zes erschwert wurde. Im Zentrum des Bauwerkes
liegt der große Hof mit seinen vier Liwanen. Der
wichtigste Liwan, ebenfalls durch Minarette zu seinen Seiten hervorgehoben, befindet sich vor dem
eigentlichen Heiligtum, das eine riesige Zwiebelkuppel trägt. Diesem Raum, in dem sich der Mihrab befindet, sind links und rechts mit kleinen Kup-

peln bedeckte Säulenhallen eingefügt. Der ganze
Bau vermittelt einen unbeschreiblich majestätischen Eindruck, einesteils durch seine Ausmaße,
andererseits durch seine Polychromie, die überdies
noch von den zu rituellen Waschungen dienenden
Wasserbecken widergespiegelt wird.
Die Kenntnis der doppelschaligen Gewölbetechnik,
die man von der Timuridenkunst übernahm (vor
allem von der Moschee Gur Emir in Samarkand,

Freitags-Moschee, Isfahan, 11.-18. Jh.

1434), ist hier besonders glänzend angewandt. Diese
Technik, die darin besteht, zwei übereinandergela-
gerte Kuppeln zu errichten, zwischen denen ein un-
zugänglicher Raum liegt, scheint von Grabbauten
herzustammen, deren obere Kammer zur Aufbewahrung des Sarkophages diente. Der Ursprung
dieser antiken Tradition führt teils auf Rom und
Palmyra, teils auf die Nomaden Zentralasiens zurück. Ein ausgezeichnetes Beispiel im Iran ist das
Grabmal des Kabus in Gurgan (11. Jh.), wo der

*Moschee des Schah,
Isfahan, 1612-38.*

Sarg angeblich in der Kuppel des 51 m hohen Turmes aufgehängt war. Diese Art Grabbau ist übrigens auch charakterist. für die → Türben der Seldschuken.

In der Timuriden- und Safawidenkunst scheint diese Bauart jedoch nur noch rein ästhetische Bedeutung zu haben, denn die äußere Ansicht der Kuppel entspricht keineswegs ihrer inneren Gestalt. Die Außenschale ist eher hoch und schlank, oft zwiebelförmig, während die innere gedrückt ist. Bei den Moguln, die diese Bautechnik in Indien übernahmen, wird sie beinahe flach.

Diese Architektur, die wie die von Persepolis vor allem eine Prunkkunst ist, zeigt indessen eine schwache Stelle: niemals konnten die Timuriden- und Safawidenbaumeister eine zufriedenstellende Lösung des Problems finden, wie die Verbindung herzustellen sei zwischen der recht dünnen Fassadenmauer der Liwane und der Kuppel, der sie vorgeblendet ist. Die Art ›Triumphbogen‹, die den Liwan rahmt, ist in Wirklichkeit nur eine Dekoration; eine Art von Fassade, errichtet, um die Form des Liwan zu verbergen.

Kuppel der Moschee des Schah, Isfahan, 1612-38.

Goldener Liwan des Ali Shir Nawai, Mausoleum des Imam Reza, Mashhad, spätes 15. Jh.

Schah Abbas I., eilig, sein grandioses Werk zu vollenden, verzichtete bei den Verkleidungsarbeiten seiner Moschee auf die wunderbaren Keramikmosaiken, die er bei der Lotfullah-Moschee und im Stalaktitenvorhof der Mesdschid-i-Schah verwendete. Er befahl, die winzig kleinen Farbsteinchen, die nach oft höchst komplizierten, kurvenreichen Vorzeichnungen von Hand zugehauen wurden, durch Keramikplatten zu ersetzen, die er jeweils mit den gewünschten Motiven bemalen ließ. Die Folge war ein rascher Fortschritt der Arbeiten. Seither wurden die Dekorationen der Safawiden meist mittels dieser Technik ausgeführt. Erst gegen Ende der Dynastie finden wir wieder die Verwendung von echtem Mosaik, z. B. in der Medrese der Mutter des Schahs

und in der → Karawanserei, die ihr angefügt ist. Die Mosaiktechnik ist hier jedoch sehr vereinfacht, da die Grundformen nur unkomplizierte, sozusagen genormte geom. Elemente sind, wie Quadrat, Rechteck und Dreieck.

Auffallend in der Safawidenkunst ist die Vorliebe für geom. Formen und die Kombination unendlich variierter Typen von Hänge- und Stalaktitengewölben, deren Gefüge auf der Teilung des Bogens beruht, bald auf 45°, bald auf 30°, um sich wiederum in eine unendliche Anzahl von Facetten zu zergliedern. Diese Kunst zeugt von einer so betäubenden Virtuosität, daß die überaus raffinierten Strukturen, die der Dekor vermuten läßt, manchmal nichts mehr mit Architektonik zu tun haben. Dies trifft besonders für die Stalaktiten zu, die – entsprungen aus den hängenden Bogenzapfen oder Hohlzellen, die anfangs aus rein technischen Gründen benötigt wurden – schließlich nur noch als Zierwerk dienten. Erwähnt werden sollten noch die Paläste und Pavillons der Safawidenepoche, die gleichzeitig den Lebensstil und den Prunk des Königshofes schildern. Der Pavillon des Ali Kapu, am Meidan-Platz liegend, bildet ein monumentales Portal, das direkt zum Königspalast führt. Der erste Stock ist mit einer breiten Terrasse versehen, von der aus der Herrscher die auf dem Platz stattfindenden Polospiele verfolgen konnte. Wie beim Palast der Vierzig

Moschee des Schah, Isfahan, 1612-38. Blick in den Innenhof.

Palast der vierzig Säulen (Chihil Sutan), Isfahan, um 1600.

Säulen (in Wirklichkeit besitzt er nur zwanzig, die sich jedoch in einem Wasserbecken wiederspiegeln) wird das die Terrasse bedeckende Dach von hohen Holzpfeilern getragen. Hinter der Terrasse des ›Chihil Sutan‹ (Vierzig Säulen) führt ein mit Spiegelmosaiken geschmückter Liwan zu den Fest- oder Empfangssälen.

Als ferne Nachfahren der sassanidischen Brücken und Staudämme sollten wir die safawidischen Brükken nicht vergessen, die von großer Schönheit sind. Als beste Beispiele können die Kadschuh-Brücke über den Zayandeh-Rud von 160 m Länge mit ihren 33 Bogen und der Brückenstaudamm von Kadschu mit seiner doppelten Gewölbereihe angeführt werden.   H. S.

Lit.: Pope '39, '65, '76; Wilber '55; Monneret de Villard '54; Schmidt, E. F. '57; Ghirshman '62, '63; Godard '65; Ardalan '75; Golombek/Wieber '88.

Irland. Die stärkste und eigenständigste Phase der irischen Baukunst lag vor der norman. Eroberung, die Phase der Klostersiedlungen, in denen die Zönobiten in durch Überkragung gewölbten runden oder quadrat. Steinhütten lebten. Es gab mehrere Kapellen in diesen Ansiedlungen, sich nach oben verjüngende Rundtürme und die herrlichen Hochkreuze. Die berühmtesten Klosterorte waren Skellig Michael, Nendrum, Glendalough, Clonmacnois und

Rundturm, Ardmore.   Hochkreuz von Moone, Kildare, 9. Jh.

St. Kevin, Glendalough, 7. Jh.

Betkammer des Heiligen Gallarus, Halbinsel Dingle, 7. Jh.

Monasterboice; die meisten Gebäude sind 10. und 11. Jh. Das dramatischste Denkmal im irisch-roman. Stil ist Cormac's Chapel in Cashel (dat. 1134) mit einem tonnengewölbten Schiff und einem Chor mit Rippengewölbe. Es gibt viele Baudenkmäler im norman. Stil mit nur schwachen charakteristisch-irischen Merkmalen. Die → Zisterzienser kamen in den 1140er Jahren, und der Ostabschluß von Christchurch Cathedral in Dublin (im 19. Jh. stark restauriert) zeigt ihren Einfluß. Reine → Gotik völlig engl. Prägung erscheint im Schiff von Christchurch Cathedral (verwandt mit den Kathedralen von Wells und St. David) und in der (stark restaurierten) S. Patrick's Cathedral in Dublin, der größten Kirche Irlands. Der hervorragendste Beitrag Irlands zur got. Architektur sind die → Bettelorden-Klöster, die meisten in ländlicher Umgebung; ihre Kirchen haben den Turm zwischen Schiff und Chor, was auch für die engl. Bettelorden-Klöster typisch ist.

Die Architektur des MA.s reichte bis ins 17. Jh. Die Engländer förderten solche neuen Städte wie Londonderry (heute Derry) mit der got. Kathedrale von 1628-33 und das Entstehen von Landhäusern wie Carrick-on-Suir und Straffords Jigginstown, beide aus den 1630er Jahren. Allmählich macht die Gotik Walmdächern oder Brüstungen Platz, und Bauten wie Beaulieu und Kilmainham Hospital (1679) sind ganz engl. im Stil. Auch der → Palladianismus brachte in Irland reiche Ernte; die bedeutendsten Architekten waren Sir Edward Lovett Pearce, R. Cassels und → Gandon. Beispiele sind: Castletown House in Celbridge bei Dublin (1722); Dáil Eireann, das ehemalige Parlamentsgebäude (heute Bank of Ireland) in Dublin von Pearce; Powerscourt House bei Dublin (1731) von Cassels;

Westportal der Kathedrale von Clonfert, Galway, 12. Jh.

Irland. Castletown House, Celbridge, von Richard Cassels, 1722.

das Custom House (Zollamt) und die Four Courts (Gerichtshöfe) in Dublin von Gandon; das Rektorat von Trinity College in Caledon von → Nash. Irland ist vor allem außerordentlich reich an großen georgianischen Häusern, obwohl sie rasch an Zahl abnehmen, da sie keinen Zweck mehr erfüllen. In Dublin sind sehr viele noch erhalten, es kann sich rühmen, die schönste georgian. Großstadt der brit. Inseln zu sein. Wenn irgendwelche viktorian. Bauten hervorzuheben sind, so wiederum die durchaus engl. wirkenden: die Cork Cathedral von → Burges; Queen's University in Belfast von Lanyon und Trinity College Museum in Dublin von Deane & Woodward, alle → neugotisch. Ein wichtiger zeitgenössischer Architekt ist Michael Scott (geb.1905), z.B. mit seinem Abbey Theatre in Dublin (1959) und der Bank of Ireland (1973). Hervorzuheben ist auch die neue Bibliothek des Trinity College in Dublin von Ahrends, Burton & Koralek (1963-67).

Lit.: Kearns '38; Leask '41, '55-60; de Breffny-Ffolliott '75; Craig, M. '78; Craby '91.

Islamische Architektur. Moschee Sidi Oqba, Qairouan, Tunesien, um 836. Blick vom Hof in die Gebetshalle.

Isidoros von Milet (6. Jh. n. Chr.). Mitarbeiter des → Anthemios von Tralles beim Bau der Hagia Sophia in Konstantinopel (532-37, Abb. → Byzant. Baukunst). Wie dieser war er zuerst Geometer, bevor er sich der Architektur zuwandte. Er darf nicht mit dem jüngeren Isidoros verwechselt werden, der die Kuppel der Hagia Sophia 558 n. Chr. um etwa 7 m erhöhte.

Lit.: Krautheimer '65; Jantzen '67.

Islamische Architektur. *Anfänge:* Die Vorform des ersten, wirklich islamisch zu nennenden Gebäudes – der → Moschee – war ein weiter Hof in Medina.

An einer Seite befanden sich die Wohnräume der Familie des Propheten Mohammed und an zwei anderen Seiten überdachte Lauben. In diesem Hof versammelten sich die Mitglieder der ersten Gemeinde zu Besprechungen, aber auch zum regelmäßigen Gebet. Mohammed wurde in einem seiner Wohnräume bestattet. Auch nach seinem Tod wurde die Anlage weiterhin als Gebetsplatz benutzt, galt als älteste Moschee und wurde im Laufe der Jahrhunderte immer wieder aus- und umgebaut. Der Ursprung der Moschee aus einem Versammlungshof blieb nicht ohne Einfluß auf die grundsätzliche Konzeption der älteren Kultbauten des westl. Islam, und zwar in doppelter Hinsicht: Die islam. Architekten übernahmen erstens das Prinzip der Hofanlage, zweitens die zunächst einfache, ungegliederte und nur spärlich von Fenstern durchbrochene Fassade; denn der Mohammedaner trennt die äußere Welt von seiner Häuslichkeit. Nur die sog. Lagermoschee und die außerhalb der Stadtmauern errichteten Moscheen erhielten eine fortifikatorisch gestaltete Fassade (Samarra-Moscheen, el-Hakim-Moschee in Kairo). Erst verhältnismäßig spät sollte sich ein islam. Fassadenstil entwickeln; die Mauerflächen wurden durch Gesimsstreifen und Friese gegliedert, erhielten einen Zinnenbesatz, wurden von Nischen mit kunstvoll vergitterten Lichtöffnungen und fensterlosen Blendnischen unterbrochen, mit Stuckornamenten, Marmorskulpturen, Marmormosaiken oder, besonders in der → Türkei und den Ländern des östl. Islam, mit Fayencefliesen und -mosaiken verkleidet, in → Indien später mit → Inkrustationen (→ Pietra dura); stets gab die dekorative Ausgestaltung der äußeren Anlage den Akzent.

Die ältesten islam. Kultbauten hatten noch kein → Minarett (Madna); die islamische Überlieferung berichtet, daß Mohammed einen Schwarzen, der sich schon in Mekka der Gemeinde angeschlossen hatte, als ersten dazu bestimmte, in Medina die Gläubigen zum Gebet zu rufen. Die ersten Minarette sind anscheinend in Syrien, unter der ersten Kalifen-Dynastie, den Omajjaden (661-750), aufgekommen. Der Grundriß des Minaretts war anfangs quadratisch (Sidi Oqba-Moschee in Qairouan, Kutubijja in Marrakesch, Giralda in Sevilla, Hassan-Turm in Rabat), später teilweise oder ganz rund und der Bau dann in mehrere Etagen gegliedert; dabei sind auch regionale Unterschiede ausschlaggebend. Durch die Expansion des Islam stießen die Heerzüge der Kalifen bald nach Mohammeds Tod auf die syro-byzant. Kultur im NO; die Berührung dieser beiden Richtungen wurde für die Entwicklung der frühen islam. Architektur bedeutungsvoll.

D. B.

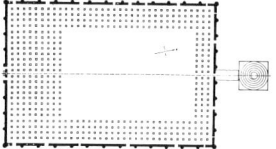

Islamische Architektur. Große Moschee von Samarra.

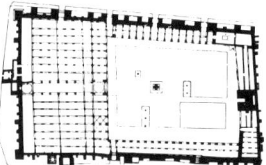

Islamische Architektur. Moschee Sidi Oqba, Qairouan.

Islamische Architektur. Moschee des Ibn Tulun, Kairo, 876-79.

Moschee des Ibn Tulun, Kairo.
Fassadendetail der
Hofgalerie.

Die klassische islam. Architektur: Die klassische Periode islam. Baukunst fällt in das 8. und 9. Jh. Unter der Herrschaft der omajjadischen und abbasidischen Kalifen fand die mohammedanische Architektur ihre charakterist. Sprache. Die omajjadische Moschee ist das eigenwilligste islam. Bauwerk. Sie besteht aus drei Grundelementen: dem Sanktuarium, das hier eine rechteckige Gebetshalle bildet, meist breiter als lang, dem daran anschließenden Hof und dem diesen Hof an den drei übrigen Seiten umschließenden Säulengang. Wenn auch der Ursprung dieser verschiedenen archit. Elemente in der röm. und sassanidischen Kunst zu suchen ist, wäre es verfehlt, daraus auf eine einfache Nachahmung zu schließen. Äußere Formgestaltung sowie Innenraum sind neuartig und verbinden sich bei der klassischen Moschee zu vollkommener Einheit.

Die genaue Betrachtung der Bauwerke aus den ersten Jahrzehnten der Hedschra (die Omar-Moschee [Felsendom] in Jerusalem, die Große Moschee in Damaskus, die 'Amr-Moschee in Fostat, die Moscheen von Córdoba, Qairouan, von Samarra und Ibn Tulun in Kairo) zeigt die Fortschritte der islam. Architektur, die im 9. Jh. die Fülle ihrer echtesten Ausdrucksmöglichkeiten entwickelte. Die 876 errichtete Ibn Tulun-Moschee – so genannt nach dem ägypt. Gouverneur Ahmed Ibn Tulun – bildet ein Quadrat mit einer Seitenlänge von 162 m und wird von 160 Pfeilern getragen, die in hohe Spitzbogen auslaufen. Diese ähneln leicht den maurischen, sind seitlich jedoch kaum merkbar ausgebuchtet. Die Wiederverwendung gebrauchter Baumaterialien fällt hier weg, und die Einführung von Ziegelsteinen zeigt eine Anlehnung an die irakische Tradition.

Es gibt zwei Arten klassischer Moscheen: bei der einen verlaufen die Schiffe der Gebetshalle quer nach dem Vorbild von Medina (Damaskus und Ibn Tulun), die andere zeichnet sich durch mehrere parallel verlaufende Längsschiffe aus ('Amr, Qairouan, Córdoba und Abu Dulaf).

Obwohl die Innenräume dieser beiden Typen eine gewisse Ähnlichkeit aufweisen, begegnen wir hier dennoch zwei verschiedenen Möglichkeiten der Raumgestaltung. Die Gebetshalle mit Querschiffen ist eine Flucht einheitlicher, miteinander verbundener Räume, während die Gebetshalle mit Längsschiffen eher als einziger großer Raum empfunden wird, unterbrochen durch einen Wald von Pfeilern. In beiden Fällen aber gestatten die Räume Durchblicke in alle Richtungen. Der Besucher dieser Moscheen hat den Eindruck unbegrenzter Weite, in der er sich zwischen den Säulen kreuz und quer ungehindert bewegen oder seinen Blick schweifen lassen kann. Dieser beabsichtigte Eindruck entspricht völlig dem Nomadencharakter der Araber. Es wird hier versucht, die Unendlichkeit des Horizontes auszudrücken. Tatsächlich ist es schwierig, die Begrenzungen dieser Gebetshallen wahrzunehmen, da sich dem Blick immer zahlreiche Säulen entgegensetzen. Diese Form der Moschee ist die Verkörperung unbegrenzter, dynamischer Raumvorstellung, wie sie für die frühe arab. Kultur charakteristisch ist.

Da die Raumbegrenzung nicht hervorgehoben wird, verliert auch die Fassade ihre Bedeutung. Die Hauptfassade der Gebetshalle, die Horizontale betonend, ist von Arkaden unterbrochen und schafft dadurch keine abrupte Trennung zwischen Innen- und Außenraum; solche ineinanderübergehenden Räume sind kennzeichnend für alle klassischen Moscheen.

Die häufige Verwendung von querverlaufenden Hallen sowie die breite, horizontale Anlage der Gebäude ist ebenso typisch arabisch: in Massen sich fortbewegende Nomaden in der Wüste gruppieren sich nicht in Zügen, sie sind nicht gezwungen, auf Straßen zu marschieren, sondern sie bilden eine breite Front. Die Araber hatten sich daran gewöhnt, sich auf großen Flächen auszubreiten. Diese Angewohnheit wurde auch bei der Anordnung der

Moschee von Córdoba, 786-990.

Gläubigen während der Ausführung ihres Gebetes beibehalten und entsprechend auf die Architektur der Moschee übertragen.

Mit der Baukunst der Fatimiden (970-1170 in Ägypten und Syrien) und der Seldschuken (1050 bis 1250 in Vorderasien) sowie der Mamluken (1250 bis 1520 in Ägypten und Syrien) sind unter dem späteren Islam diese architekt. Formen verschwunden, der beste Beweis dafür, daß diese Art der Raumvorstellung aus dem Überleben nomadischen Geistes hervorging. H. St.

Weitere Entwicklung: Mit den Kreuzfahrern gelangten Formen der zeitgenössischen abendländ. Architektur nach Syrien und Ägypten. Offenbar verdanken bereits die Mosaiken in der Omajjaden-Moschee zu Damaskus und im Felsendom zu Jerusalem ihre Existenz den Entwürfen christl. Kunsthandwerker. Die mit den gewaltigen islam. Eroberungen im Westen einhergehenden Städtegründungen führten zur Errichtung gigantischer Kultbauten, die in größter Eile mit dem vorhandenen Bau-, insbesondere Säulenmaterial antiker Tempel und frühchristl. Kirchen erbaut wurden.

Insbesondere übte die kühne Kuppelkonstruktion der Hagia Sophia nach der Eroberung Konstantinopels durch die Osmanen unter Mohammed II. auf die spätere türk. Baukunst (→ Türkei) starken Einfluß aus.

Omar-Moschee in Jerusalem, 691-92.

In Zentralasien waren islam. Eroberer mit der ind. und ostasiat., besonders der buddhistischen Zivilisation Chinas in Berührung gekommen, und in Indien traf Babur auf die Tempel und Klöster der Hindu und Jainas, deren Stil nicht ohne Einfluß auf die Architektur des östl. Islam blieb (→ Indien, Sri Lanka, Pakistan). Viele solcher Einflüsse sind vom Islam aufgenommen, gleichsam assimiliert und zum Teil auch wieder ausgeschieden worden; sie alle haben dazu beigetragen, die Merkmale jener eklektischen Bauweise zu prägen, die für die dominierend regionale Stilentwicklung der späteren islam. Kunst charakteristisch ist.

Entscheidend dazu beigetragen hat die ›Leiturgie‹, d. h. die Dienstverpflichtung vieler Architekten und Kunsthandwerker aus verschiedenen Ländern des islam. Weltreiches. Nur auf diese Weise war es möglich, auch der ungeheuerlichsten Bauprojekte organisatorisch Herr zu werden, so bereits der inneren Ausstattung der Omajjaden-Moschee in Damaskus, der Neugründung der Abbasiden-Residenz Samarra am Tigris und ihrer Nachfolger in West-Turkestan (besonders in Samarkand und Bukhara), in Afghanistan und im Iran, bis zum Grabmal des I'timad-ad-daula und zum Tadsch Mahal zu Agra (Abb. → Indien, Sri Lanka, Pakistan). Dieser Bau, an dem nach zeitgenössischer Überlieferung 20000 Künstler und Arbeiter mitgewirkt haben, gilt heute

Blick auf die Omajjadenmoschee von Damaskus von Nordwesten, 706-715.

noch als Höhepunkt der Timuriden-Baukunst. Die Baukunst des westl. Islam ist immer wieder mit der des östl. Islam in Berührung gekommen, und durch eine großartige Synthese sind aus dem Aufeinandertreffen verschiedener Stilmerkmale jene Bauten hervorgegangen, die sich in fast allen Ländern des islam. Kulturkreises als künstler. Höhepunkte abzeichnen.

Selbst in ihrer einfachsten Form verfügte die zu Lebzeiten Mohammeds (später auch für Festgottesdienste) unter freiem Himmel errichtete Gebetsstätte (Musalla oder pers. Namasgah) bereits über das ›Richtzeichen‹ nach Mekka als charakterist. Merkmal; es zeigt die Gebetsrichtung (→ Qibla) an. Die späteren monumentalen Anlagen zeigen stattdessen im Innern die Gebetsnische (→ Mihrab), deren Achse noch vor der Baulegung mit großer Genauigkeit von Astronomen festgelegt werden muß. Eine ›Freitagsmoschee‹ enthält auch eine Kanzel (→ Mimbar), die der Freitagspredigt dient. Da der Koran stets zur Qibla, also der von den Versammelten abgewandten Seite, verlesen wird, findet sich in größeren Moscheen eine Estrade oder Plattform (Dikka), von der die Gehilfen des Geistlichen die Worte und Gesten des Ritualgebets für die Gemeinde hörbar und sichtbar wiederholen. Ein weiteres Inventar des Sanktuariums, d. h., des in der Richtung nach Mekka angelegten, tieferen und breiteren Qibla-Liwan, ist das Koran-Pult (Kursi), auf dem eine besonders schöne, meist kostbar illuminierte, oft der Moschee gestiftete Handschrift des Koran aufgeschlagen liegt. In der Mitte des Innenhofes (Sahn) der arab. Moschee oder der des

Hofarkaden der Omajjaden-Moschee, Damaskus, um 715.

Selimiye-Moschee, Edirne, von → Sinan, 1569-75.

Perlmoschee des Aurangzeb im Roten Fort, Delhi, 1662.

Vorhofes (Haram) der türk. Moschee steht der Reinigungsbrunnen für die rituelle Waschung (Fiskija oder türk. Sadirvan). Alle diese Einrichtungsgegenstände, wie auch die Lampen und der Fußboden, sind in der Regel kunstvoll gestaltet. – Die dem Freitagsgebet dienende Moschee heißt abgekürzt ›Dschami‹, eigentl. ›Mesdschid al-Dschami‹ oder ›Mesdschid il-Dschuma‹ (= Freitagsmoschee).

Zu den Kultbauten gehören ferner: die Koran-Schulen (Kuttab oder Maktab) und die theologischen Hochschulen oder → Medresen (Madrasa), deren erste, allen vier Riten des Islam (Hanfiten, Malikiten, Shafi'iten und Hanbaliten) zugeeignete universale Rechtsschule die restaurierte abbasidische Medrese el-Mustansirijje zu Bagdad ist, weiter die Grabbauten oder → Türben (Turba), die Klöster (Tekija oder pers. Khanka), die frommen Stiftungen (Wakfs), u.a. öffentl. Trinkbrunnen (Sebil), Hospitäler (Bimaristan) und manchmal öffentl. Bäder (Hamam), dann → Karawansereien (Karavansarai), Armenküchen (Imaret) und Märkte, vor allem in der Türkei, wo sie meist keine selbständigen Bauten, sondern Teil des Moscheekomplexes sind.

Durch das Bilderverbot des Islam (Koran V, 91) mußten sich die islam. Architekten und Kunsthandwerker ganz auf das dekorative Ornament beschränken. Doch hat diese Beschränkung auf die → Arabeske, das geom. Ornament und auf die Kalligraphie, insbesondere aber die Verbindung dieser drei, in der Ausstattung des Inneren sowohl der Kult- und Grabbauten als auch der Paläste (Alhambra in Granada) zu unvergleichlicher Meisterschaft auf diesem Gebiet geführt. Wie die christl. Architektur, hat auch die Baukunst des Islam, die sich über drei Kontinente verteilt, zahlreiche Regionalstile und Stilepochen hervorgebracht.

Fast hundert Jahre sah es so aus, als hätte man von einem Ende der islam. Architektur zu sprechen. Religiöse Bauten wurden bestenfalls instand gehalten, die meisten frommen Stiftungen verfielen. Mit dem Einsetzen einer modernen, europäisch beeinflußten Verwaltung wurden viele kommunale Einrichtungen, die früher von den Stiftungen unterhalten wurden, verstaatlicht, so daß sich die Gläubigen nicht länger verantwortlich fühlen konnten. Die

Weiße Moschee von Sherefudin, Brunnenhof, Visoko, Bosnien-Herzegovina, von Zlatko Ugljen und D. Malkin, 1980 (Aga Khan Preis 1983).

Blaue Moschee, Istanbul, 1609-16. Vorhof mit Reinigungsbrunnen.

neuen Regierungen gaben fast nur säkulare und staatlich-repräsentative Bauten in Auftrag. In den letzten 15 Jahren findet die sakrale Architektur neue Beachtung; sicher aufgrund einer generellen Rückkehr der Menschen zur Religion und eines vermehrt politisch einflußreichen Fundamentalismus. Richtungweisend bei der Erneuerung der islam. Architektur ist eine 1977 ins Leben gerufene Stiftung: der alle drei Jahre verliehene ›Aga Khan Preis für Architektur‹. Eine halbe Million US-Dollar steht als Dotierung zur Verfügung (1980: 15; 1983: 11; 1986: 6; 1989: 11). Dieser → Architekturpreis soll der Förderung der islam. Kultur in ihrer architekt. Form dienen und betrifft Entwurf wie Ausführung, sozialen Wohnungsbau wie kommunale Einrichtungen, Instandhaltung und Wiederbelebung alter Anlagen sowie Landschafts- und Umweltgestaltung. Da die Aga Khan Stiftung in der gesamten islam. Welt bekannt ist, wirken die mit dem Preis ausgezeichneten Projekte wie Vorbilder. Der Preis kann an Architekten, Planer, Handwerker und Baukonstrukteure ebenso gehen wie an Auftraggeber oder Kollektive – letztere die Grundlage jeder traditionellen Architektur. Das Künstlerindividuum ist in der islam. Architektur nie so entscheidend gewesen wie eine von der Gemeinschaft der Gläubigen vertretene Vorstellung von dem, was islamisch und damit auch schön ist. Vgl. auch → Arabische Architektur; → Mittelasien; → Nordafrikanische Länder; → Afrika – Traditionelle Architektur; → Albanien.   D.B.

Lit.: Diez '23; Creswell '32, '52, '58; Terrasse '32, '58; Torres Balbás '52 b; Marçais '54; Unsal '59; Kühnel '62, '74; Monneret de Villard '62, '66; Hoag '63; Otto-Dorn '64; Pope '65; Brandenburg, D. '66, '77, '78; Aslanapa '71; Branca '79; Stierlin '79; Paccard '80, '84; Grabar '81, '82; Sauermost '81; Franz, H.G. '83; Hillenbrand '83; Ettinghausen/Grabar '88, E. Koch '91; Bianca '91; Brentjes '91.

Isometrie (gr.: gleiches Maß). Eine geom. Zeichnung, um ein Bauwerk in drei Dimensionen zu zeigen. Der Grundriß wird in gleiche Winkel (gewöhnlich ca. 30°) zu einer Horizontalen gesetzt, während die Vertikalen vertikal und maßstabsgerecht bleiben. Auf diese Weise entsteht eine realistischere Wirkung als bei der → Axonometrie, aber Diagonalen und Kurven sind verzerrt. Abb. → Botta.

City in the Air, von → Isozaki, 1962.

Isozaki, Arata (geb. 1931). Jap. Architekt, der zu den profiliertesten und kreativsten zeitgenössischen jap. Baukünstlern zu zählen ist. Nach Abschluß seiner Studien in Tokio, 1954, arbeitete er bei → Tange bis 1963, anschließend selbständiges Büro. Das Charakteristische seiner Bauten liegt oft in ihrer zweideutigen Natur. Er selbst meint zu seiner Architektur: »Architektur ist eine Maschine, um

Fujimi Country Club House, Oita City, von Atelier → Isozaki, 1974.

Bedeutung zu erzeugen.« Um darin zu einem Ergebnis zu gelangen, geht er während eines Planungsprozesses von Darstellung und Zitaten früherer architektonischer Lösungen aus und beabsichtigt damit, in der Architektur eine Vielschichtigkeit zu erreichen. Zu seinen wichtigsten Bauten sind zu zählen: die Saga Branch der Fukuoka Mutual Bank, Saga City (1973), das Gunma Prefectural Museum of Fine Art, Takasaki City (1971-74, Abb. → Japan), das Rathaus von Kamioka (1977). Neuere Werke: Museum of Contemporary Art, Los Angeles (1981-86), Sporthalle Sant Jordi, Barcelona (1983-90), Disney Building, Lake Buena Vista, Florida (1987-90). Vgl. Abb. → Metabolismus.

Lit.: Drew, P. '82; Baratucci '83; Isozaki '89, '91; Futagawa '91/92.

Israel. In dem 1948 gegründeten Staat Israel ist die Entwicklung der Architektur von der 3000jährigen Geschichte des jüdischen Volkes als einer politischen Einheit bestimmt, deren wechselvoller Verlauf die auffallend unterschiedlichen Bauten aus den verschiedenen Zeiten und Kulturen geprägt hat. So sind die erst jüngst in der Jerusalemer Altstadt entdeckten monumentalen Gräber aus der Zeit des Herodes (um 40 v. Chr.) im hellenistischen Stil gestaltet, während in dem fast quadratischen Grundriß der Jerusalemer Altstadt trotz ihrer verwinkelten engen Gassen noch immer die Anlage eines Römerlagers zu erkennen ist, das dort zur Zeit der römischen Herrschaft 135-324 n. Chr. entstanden war. Die größte römische Siedlung jener Zeit bezeugen die eindrucksvollen Ruinen von Caesarea, das damals Hauptstadt der Provinz war.
Unter dem griech.-röm. Einfluß entwickelte sich eine Kultur orientalischen Charakters, die zwischen Bekämpfung und Anpassung hin und her schwankte. Ihre Religion und Tradition behielten jedoch die Juden wie auch die anderen orientalischen Ansässigen bei. Nachdem 70 n. Chr. das na-

tionale Zentrum der Juden, der Tempel, zerstört worden war, wurden Hunderte von → Synagogen und Studienstätten errichtet. Neben dem oft verwandten Stil der röm. Architekten Syriens entwickelte sich nun eine neue Baukultur, die sich nach der jüdischen Religion richtete, erkennbar in einer neuen Ordnung des Innenraums, der Orientierung nach Jerusalem und der eigenen Ausschmückung. Als 324 Konstantin d. Gr. das Land eroberte, wurde Palästina mit der christlichen Religion konfrontiert. Während der byzantinischen Zeit (324-640) wurden nicht nur Kirchen im ganzen Land errichtet, sondern auch Klöster, Hospize und Altenheime für Tausende von Pilgern.
Das älteste noch erhaltene Baudenkmal des Islam ist der Jerusalemer ›Felsendom‹ mit seinem reichen Mosaikschmuck, der in der Zeit der moslemischen Herrschaft (691-92, Abb. → Islam) nach byzantinischem Vorbild errichtet wurde. In vielen arabischen Städten wurden die während der Epoche der Kreuzzüge (11.-14. Jh.) im romanischen Stil erbauten Kirchen der Kreuzfahrer in moslemische Gebetsstätten verwandelt. Den Kreuzfahrern folgten sowohl europäische Baumeister als auch orientalische und byzantinische Kunsthandwerker. Die byzantinischen Mauern um Konstantinopel wurden zum Vorbild für Stadtbefestigungen, deren Überreste noch in Akko, Caesarea und Safed zu sehen sind. Die mit abwechselnden Reihen roter und weißer Steine gemauerten Bauwerke, in die jeweils → Friese mit Zitaten aus dem Koran eingesetzt sind, stammen aus der Zeit der Mamluken-Herrschaft im 14.-16. Jahrhundert. Mit dem Wechsel zur osmanischen Herrschaft, die 400 Jahre andauerte, breitete sich die orientalische Kultur im Land aus. Zeugnis dafür sind die durch Spitzbögen geschützten und mit Reliefarabesken verzierten Trinkbrunnen in der Altstadt von Jerusalem. Armenische Kunsthandwerker brachten die grau-blauen Fayencefliesen ins Land. In der Stadt Akko sind mit der → Moschee und ihren schlanken → Minaretten bis heute Beispiele der osmanischen Baukultur erhalten.
Im 17. Jahrhundert bildete sich in den Städten Tiberias und Safed im Norden des Landes ein wichtiges Zentrum jüdischer Gelehrter aus Osteuropa und Spanien heraus, wobei die Synagogenbauten die unterschiedlichen Formen der weit voneinander entfernten Kulturen widerspiegeln. Die für Rußland typischen Zwiebeltürme an den Hospizen in Jerusalem und Nazareth bezeugen die Epoche, als Tausende von Pilgern aus dem Zarenreich ins Land kamen, während die katholischen Kirchen Jerusalems aus der gleichen Zeit ein Erbe französischer Pilger sind. Auf deutsche Protestanten gehen die Siedlungen der Templer mit ihren roten Ziegeldächern und den gepflegten Gärten sowie der wilhelminisch-massive Bau des Augusta-Viktoria-Hospitals in Jerusalem von dem deutschen Architekten Conrad Schick zurück.

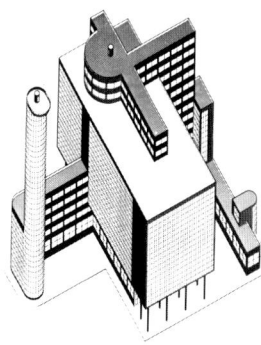

Isometrie. Kathedrale von Acciaio, von Alberto Sartoris, 1931/72.

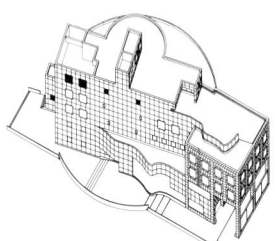

Rathaus in Kamioka, Japan, von → Isozaki, 1978.

Plan eines typischen Kibbuz.

Technion, Haifa, von Alexander Baerwald, 1914-24

Entwurf für ein terrassiertes Wohnhaus, Haifa, von Adolf Rading, 1936.

Israel-Museum, Jerusalem, von Alfred Mansfeld und Dora Gad, 60er Jahre. Der zentrale Pavillon.

Arbeiterwohnungen in Tel Aviv, von Arieh Sharon, 1935-39.

Städtisches Krankenhaus in Haifa, von → Mendelsohn, 1937.

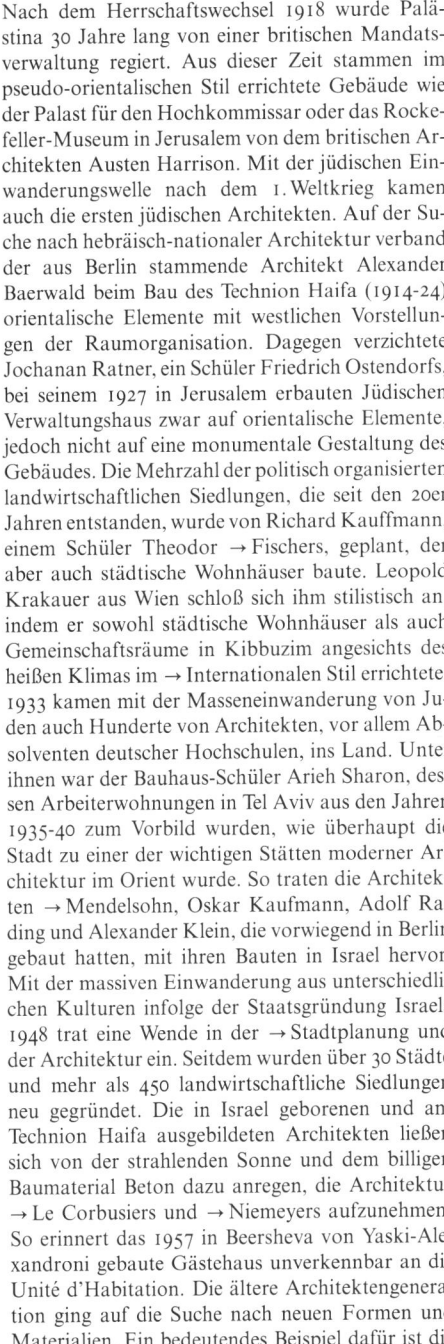

Vortragssaal und Gemeindezentrum in Haifa, von Alfred Mansfeld und Daniel Havkin, 1974.

Nach dem Herrschaftswechsel 1918 wurde Palästina 30 Jahre lang von einer britischen Mandatsverwaltung regiert. Aus dieser Zeit stammen im pseudo-orientalischen Stil errichtete Gebäude wie der Palast für den Hochkommissar oder das Rockefeller-Museum in Jerusalem von dem britischen Architekten Austen Harrison. Mit der jüdischen Einwanderungswelle nach dem 1. Weltkrieg kamen auch die ersten jüdischen Architekten. Auf der Suche nach hebräisch-nationaler Architektur verband der aus Berlin stammende Architekt Alexander Baerwald beim Bau des Technion Haifa (1914-24) orientalische Elemente mit westlichen Vorstellungen der Raumorganisation. Dagegen verzichtete Jochanan Ratner, ein Schüler Friedrich Ostendorfs, bei seinem 1927 in Jerusalem erbauten Jüdischen Verwaltungshaus zwar auf orientalische Elemente, jedoch nicht auf eine monumentale Gestaltung des Gebäudes. Die Mehrzahl der politisch organisierten landwirtschaftlichen Siedlungen, die seit den 20er Jahren entstanden, wurde von Richard Kauffmann, einem Schüler Theodor → Fischers, geplant, der aber auch städtische Wohnhäuser baute. Leopold Krakauer aus Wien schloß sich ihm stilistisch an, indem er sowohl städtische Wohnhäuser als auch Gemeinschaftsräume in Kibbuzim angesichts des heißen Klimas im → Internationalen Stil errichtete. 1933 kamen mit der Masseneinwanderung von Juden auch Hunderte von Architekten, vor allem Absolventen deutscher Hochschulen, ins Land. Unter ihnen war der Bauhaus-Schüler Arieh Sharon, dessen Arbeiterwohnungen in Tel Aviv aus den Jahren 1935-40 zum Vorbild wurden, wie überhaupt die Stadt zu einer der wichtigen Stätten moderner Architektur im Orient wurde. So traten die Architekten → Mendelsohn, Oskar Kaufmann, Adolf Rading und Alexander Klein, die vorwiegend in Berlin gebaut hatten, mit ihren Bauten in Israel hervor. Mit der massiven Einwanderung aus unterschiedlichen Kulturen infolge der Staatsgründung Israels 1948 trat eine Wende in der → Stadtplanung und der Architektur ein. Seitdem wurden über 30 Städte und mehr als 450 landwirtschaftliche Siedlungen neu gegründet. Die in Israel geborenen und am Technion Haifa ausgebildeten Architekten ließen sich von der strahlenden Sonne und dem billigen Baumaterial Beton dazu anregen, die Architektur → Le Corbusiers und Niemeyers aufzunehmen. So erinnert das 1957 in Beersheva von Yaski-Alexandroni gebaute Gästehaus unverkennbar an die Unité d'Habitation. Die ältere Architektengeneration ging auf die Suche nach neuen Formen und Materialien. Ein bedeutendes Beispiel dafür ist die gewölbte Synagoge der Jerusalemer Universität, die 1957 von dem früheren Berliner Architekten Heinz Rau gebaut wurde.

Die politische Entwicklung des Landes beeinflußte die Planung der Wohnbauten. 1967 bestimmte die topographische und strategische Situation eines

Das Kennedy Memorial bei Jerusalem, von Daniel Reznik, 1966.

Hügels im oberen Nazareth die Anlage der Wohnsiedlung Casbah von A. Ventura. Ebenfalls in dieser Zeit entstanden das Israel-Museum in Jerusalem von A. Mansfeld und D. Gad – ein Experiment mit neuer Konstruktion und neuen Materialien – und der Atomreaktor in Rehovot von → Johnson (Abb. → Plastischer Stil).

Entscheidend für die Planung in diesem Land sind einerseits das Mittelmeer-Klima, das begrenzte Vorkommen von Baumaterialien und die ständigen Sparmaßnahmen sowie andererseits die differierenden Formen des Zusammenlebens, die Religion und die Landschaft, vor allem aber die Geschichte des Volkes und seine Zukunft.   M. W.

Lit.: Posener '38; Avi-Jonah '73; Harlap '82.

Campus-Synagoge der Hebräischen Universität Jerusalem, von Heinz Rau und David Reznik, 1957.

Israjeljan, Rafajel (1908-1973). Namhafter Architekt im → Armenien der Nachkriegsperiode; sowjet. Staatspreisträger (1951), Träger des Ehrentitels ›Volksarchitekt der UdSSR‹ (1970). I. vereinte einen funktionalistischen Baustil mit klaren Baugliedern und Umrissen mit Elementen traditionellen armenischen Baudekors. Nach seinen Entwürfen wurden über 150 öffentliche Gebäude, Wohnhäuser, Produktionsstätten, Denkmäler und Skulpturen ausgeführt. Wichtigste Bauten: Lagerhallen der Winzervereinigung ›Ararat‹ (1937-68, Jerewan; mit G. Kotschar u. a.), der Aquädukt über den Hrasdan-Fluß (Jerewan, 1950; Ingenieur G. Erojan), das Siegesmahnmal von Sardarapat (1968; Bildhauer A. Harutjunjan, S. Manasjan, A. Schahinjan) und das Volkskundemuseum (posthum 1977; beides bei Hoktemberjan; Abb. → Sowjet. Arch.). I.s Originalität zeigte sich besonders in kleineren Gedenkbauten, so z. B. Erinnerungsbrunnen für die Gefallenen des 2. Weltkrieges (1942-1955 in Parakar, Korbi, Sissian, Stepanawan u. a.), dem Bogen zur Erinnerung an den Dichter Jerische Tscharenz (1957, bei Garni), die Denkmal-Wegweiser von Swartnoz (1957) und Gerard (1958) sowie die Eingangstore im Norden und Süden Jerewans (1964-66; Bildhauer A. Harutjunjan).   T. H.

Lit.: Hajkakan … '78.

Italien. Die Grundform der → frühchristl. Kirchen in Italien war die → Basilika; das Mittelschiff war von den → Seitenschiffen durch Säulen, die entweder Bögen oder ein gerades Gebälk tragen, getrennt, die Ostseite wird von einer → Apsis, die zuweilen von Nebenräumen flankiert wird, abgeschlossen. Die am besten erhaltene Kirche dieser Art in Rom ist die ca. 425-30 erbaute Kirche S. Sabina. → Querschiffe kommen selten vor, treten aber gerade bei den monumentalsten Kirchen in Erscheinung, so bei Alt-St. Peter (324-49, mit verdoppelten Seitenschiffen; nicht erhalten), S. Paolo fuori le mura (spätes 5. Jh., ebenfalls fünfschiffig; Wiederaufbau nach einem Brand im Jahre 1823) und S. Maria Maggiore (ca. 430-40), deren Säulen ein gerades Gebälk tragen, obwohl im allgemeinen Bögen gebräuchlicher waren (Abb. → Frühchristl. Architektur). Auch → Zentralbauten finden wir in dieser Zeit, vorwiegend → Baptisterien, deren Funktion diese Form entgegenkommt (S. Giovanni in Laterano, Mitte 5. Jh., mit oktogonalem Grundriß, Abb. → Frühchristl. Architektur). Ein anderer Typ ist S. Costanza (1. H. 4. Jh.), ein Rundbau mit Um-

Alt-St. Peter, Fresko in S. Martino ai Monti, Rom.

(ca. 450) sowie die beiden oktogonalen Baptisterien der Arianer und Orthodoxen. Mit ihren schimmernden → Mosaiken und ihren kunstvollen → Kapitellen sind sie völlig byzantinisch.

Das Grabmal des Goten Theoderich besteht aus massivem Naturstein (Abb. → Grab), während die anderen Bauwerke Ravennas Backsteinbauten sind. Letztere haben am Außenbau als charakteristisches Merkmal → Blendarkaden oder → Lisenen, die miteinander durch einen kleinen → Fries von Blendbögen (→ Blendarkade) verbunden sind, ein Motiv, das später kennzeichnend für die norditaliz. → Romanik wurde. Auch die ersten heute noch erhaltenen ital. → Campanili treten in Ravenna in Erscheinung. Sie haben einen kreisförmigen Grundriß und wurden wahrscheinlich im 9. Jh. neben den Kirchen errichtet. Der früheste Campanile, von dem wir Kenntnis haben, war der von Alt-St. Peter in Rom; er hatte einen quadrat. Grundriß und wurde um die Mitte des 8. Jhs. erbaut (Abb. → Frühchristl. Architektur).

Es müssen zumindest noch zwei Kirchen erwähnt werden, die weder in Rom noch in Ravenna stehen: S. Salvatore in Spoleto (spätes 4. Jh.) mit einer vollständigen Fassade, deren Details (wie auch die Details im Innern) noch spätröm. sind. Die ovale Kuppel über dem Chor jedoch verrät syrischen bzw. kleinasiat. Einfluß. Dann S. Lorenzo in Mailand, das im 16. Jh. weitgehend umgestaltet wurde, im

Detail am Hauptportal von S. Salvatore, Spoleto, 2. Hälfte 4. Jh.

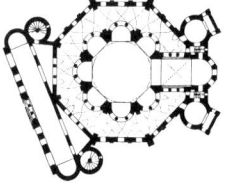

S. Vitale, Ravenna.

S. Vitale, Ravenna, voll. 547.

gang, eines der schönsten erhaltenen Bauwerke aus dieser Zeit. Es wurde als → Mausoleum errichtet und steht in der altröm. Tradition für Grabbauten, für die die Rundform gebräuchlich war (Abb. → Frühchristl. Architektur).

Nach Rom war Ravenna das bedeutendste Zentrum der frühen christl. Baukunst in Italien. Ravenna wurde 404 weström. Hauptstadt; 476 wurde es Odoakers und 493 Theoderichs Residenzstadt; seit 540 war es byzant. Brückenkopf. Auch hier sind die Mehrzahl der Kirchen Basiliken, so z. B. S. Apollinare Nuovo (ca. 510-20) und S. Apollinare in Classe (ca. 550). Eigenständiger und formenreicher sind die Zentralbauten: S. Vitale (voll. 547) mit dem genialen → oktogonalen Grundriß und seiner verfeinerten Raumdisposition; das Mausoleum der Galla Placidia in der Form eines griech. Kreuzes

S. Sabina, Rom, 425.

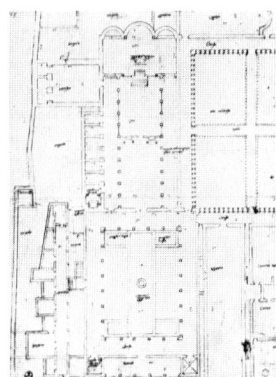

Abtei Montecassino, 529.
Plan von Antonio da
→ Sangallo, 16. Jh.

wesentlichen aber doch dem späten 5. Jh. angehört. Seine subtile Raumgestaltung ist ebenso erregend wie die von S. Vitale in Ravenna. Mailand besitzt mehr zumindest in wesentlichen Teilen erhaltene Kirchen der Frühzeit, als bis vor kurzem bekannt war.

Der Übergang von der frühchristl. zur frühma. Baukunst vollzieht sich in Italien unmerklich. So zeigt S. Agnese in Rom (ca. 630) noch vollkommen den frühchristl. Stil; aber auch die im frühen 9. Jh. errichteten Kirchen S. Maria in Domnica und S. Maria in Cosmedin sind im Grund- und Aufriß nicht wesentlich anders gestaltet. Dasselbe gilt für S. Prassede, obwohl sie wie Fulda ein Querschiff hat; vielleicht ein selbstbewußtes Wiederanknüpfen an die konstantinische Größe. S. Maria in Cosmedin hat eine → Hallenkrypta, eine der ersten, die wir kennen. S. Maria in Cosmedin wie auch S. Maria in Domnica haben einen Chorabschluß mit drei parallelen Apsiden – eine Form, die auch bei den meisten bedeutenden Kirchen Norditaliens, z. B. S. Pietro in Agliate (ca. 875) und S. Vincenzo

Querschiff der Kathedrale von Salerno, um 1077.

in Mailand, anzutreffen ist. Im großen und ganzen aber führen diese und auch andere nordital. Kirchen die Tradition des frühchristl. Kirchenbaus weiter (Brescia, S. Salvatore, 8. Jh., Abteikirche Pomposa, 8.-9. Jh.). Neuerungen sind die quadratischen Pfeiler, wie z. B. in Bagnacavallo, und die kleinen Tonnengewölbe von S. Maria in Valle in Cividale (die auch die schönsten frühma. Skulpturen Italiens hat). Ihr Grundriß ist ebenso außergewöhnlich wie jener der interessanten, etwa 780-90 errichteten Kirche S. Maria in Cassino in Süditalien, die den byzant. Grundriß des einem Quadrat einbeschriebenen griech. → Kreuzes besitzt; sie weist überdies Kreuzgrat- und Tonnengewölbe (→ Gewölbe III, 1) und als Chorabschluß drei parallele Apsiden auf.

Es ist nicht leicht zu entscheiden, wann man damit beginnen soll, den Terminus → Romanik in der ital. Baukunst zu verwenden. Der basilikale Grundriß, die Säulen der Arkaden, die Apsis, die sich direkt an das Langhaus ohne Querschiff anschließt, bleiben im 11. und auch noch im 12. Jh. die Norm. Die wesentlichen neuen Formen des Grundrisses, die sich in Frankreich und Deutschland im späten 10. und frühen 11. Jh. entwickelten, wurden in Italien nur langsam angenommen und blieben auch später noch Ausnahmen. So kommen zum Beispiel selten Chorumgänge mit → Kapellenkranz vor (S. Antimo in Mittel- und Aversa in Süditalien), obwohl Frühformen von Chorumgängen bereits in sehr alter Zeit vorgebildet sind (S. Stefano in Verona, Dom

S. Lorenzo, Mailand, spätes 5. Jh. (im 16. Jh. umgestaltet).

von Ivrea). Die neuen Elemente, die während des 11. Jhs. aufkamen, scheinen ihren Ursprung in der Baukunst des röm. Kaiserreichs zu haben. Die Klosterkirche von Montecassino (beg. 1066) hatte zwar ein Querschiff, doch sprangen dessen Arme nicht über die Mauern des Langhauses vor, ihr Chor war durch die drei parallelen, typisch ital. Apsiden geprägt. Beim Dom von Salerno (gew. 1084) sind die Querschiffarme über die Mauern der Seitenschiffe verlängert. S. Nicola in Bari, das bedeutendste Bauwerk des Südens (beg. kurz nach 1087), ist durch Querschiffe, → Stützenwechsel im Langhaus, eine → Empore, zwei Westtürme, die nach norman. Art außerhalb der Fluchtlinien der Seitenschiffe stehen, sowie durch die zwei Stümpfe der Osttürme gekennzeichnet. Osttürme hat auch S. Abbondio in Como (gew. 1095), doch hier sind sie ganz offensichtlich unter dt. Einfluß entstanden. S. Fedele in Como (3. V. 12. Jh.) zeigt durch ihre → Dreikonchenanlage, daß auch sie von Deutschland, und zwar von Köln, beeinflußt wurde. S. Abbondio hat kein Querschiff, dagegen der Dom von Aquileia (ca. 1020-30); alles andere folgt der frühchristl. Tradition.

S. Nicola, Bari, beg. kurz nach 1087. Westfront.

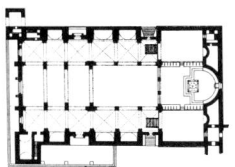

S. Nicola, Bari.

S. Nicola, Bari, beg. kurz nach 1087.

S. Ambrogio, Mailand, 1. Hälfte 12. Jh.

Einen kurzen Überblick über die ital. Baukunst des 12. und frühen 13. Jhs. zu geben, bereitet gewisse Schwierigkeiten, da sich, zumindest bei der Gestaltung der Grund- und Aufrisse, nur geringe regionale Eigenheiten entwickelt haben. Nur die Dekorationsmotive unterscheiden sich von Landschaft zu Landschaft beträchtlich. Die großartigen, im 12. Jh. erbauten Dome der nordital. Ebene kann man im wahrsten Sinne des Wortes roman. nennen, doch zeigen sich auch hier in vieler Hinsicht Verschiedenheiten. Der Innenraum wird zumeist durch Stützenwechsel und Emporen bestimmt, am Außenbau finden sich sog. → Zwerggalerien. Auch herrscht bei diesen Kirchen die ital. Form des Glockenturmes, des → Campanile, der nicht in den Baukörper der Kirche einbezogen ist, vor. Der Dom von Modena (beg. 1099) ist der erste dieser Bauten; er wird durch ein nicht über die Fluchtlinien der Außenmauern vorspringendes Querschiff und durch die drei traditionellen parallelen Apsiden bestimmt; ebenso S. Ambrogio in Mailand (1. H. 12. Jh.) mit seiner feierlichen, ernsten Fassade und seinem schönen → Atrium. Das wichtigste an S. Ambrogio sind jedoch die Rippengewölbe (→ Gewölbe III) – massive Rippen, rechteckiges Profil – eine Wölbungsform, die sich auch in Südfrankreich

findet. Die verschiedenen lombardischen Beispiele stammen wahrscheinlich alle aus dem 12. Jh., sind also später anzusetzen als das viel raffiniertere Rippengewölbe in Durham. Weitere wichtige nordital. Dome sind: Parma (nach 1117) mit einem Grundriß, der von Deutschland beeinflußt wurde – weit vorragende Querschiffarme mit Apsiden und nur eine Ostapsis – sowie Piacenza (ca. 1120), Cremona (1129-41) und Ferrara (beg. 1133). Eine besondere Eigenart der nordital. Dome sind die ihnen zugehörigen großartigen, freistehenden oktogonalen Baptisterien. Die berühmtesten befinden sich jedoch in Mittelitalien, in Florenz und Pisa. Der Dom von Pisa (beg. 1063 von Buscheto) ist nicht nur außerordentlich groß, sondern auch in anderer Hinsicht außergewöhnlich: die von den Abseiten begleiteten

S. Marco, Venedig, beg. 1063.

Querschiffarme enden in Apsiden, das Langhaus ist fünfschiffig, das Mittelschiff wird nicht von einem Gewölbe, sondern von einer Flachdecke überspannt. Der 1173 beg. Campanile, der sog. ›Schiefe Turm von Pisa‹, zeichnet sich wie die Fassade des Doms durch viele → Arkadenreihen aus; dieselbe Vorliebe findet sich bei S. Martino (Dom) und S. Michele in Lucca.

Florenz nimmt eine eigene Stellung ein. Hier vollzog sich schon im späten 11. Jh. eine Entwicklung,

Dom von Modena, frühes 12. Jh., Einwölbung später.

Dom und Baptisterium, Pisa. Dom beg. 1063, voll. 12. und 13. Jh.

S. Miniato al Monte,
Florenz, 11. und 12. Jh.

die man zu Recht als *Protorenaissance* (→ Renaissance) bezeichnet hat: eine Bevorzugung altröm. Motive und eine anmutige Eleganz, die im roman. Europa einzigartig ist. Hauptbeispiele dieser Stilströmung sind: das Baptisterium (gew. 1059), S. Miniato (11. u. 12. Jh.), SS. Apostoli und die Badia di Fiesole; alle nicht genau datierbar. Ein vergleichbares Interesse an röm. Antike entsteht am Beginn des 13. Jhs. in Rom und in dessen Umgebung: die Fassade von S. Lorenzo fuori le mura von Vassalletto (1220) und des Domes von Civita Castellana (1210). Eine Ausnahme in Mittelitalien bildet die Kirche von Chienti bei Macerata, die über dem byzant. Grundriß des einbeschriebenen griech. Kreuzes errichtet ist. Die Beziehungen zwischen der ital. Romanik und der → byzant. Architektur sind vielfältig und sehr interessant. Das bedeutendste byzantinisierende Bauwerk aus dieser Zeit ist

S. Marco, Venedig (1063 ff.), ein Zentralbau mit fünf Kuppeln, Ausdruck der engen wirtschaftlichen und kulturellen Beziehungen Venedigs zu Konstantinopel (Byzanz). – Kuppeln über den Mittelschiffen gibt es auch bei einigen größeren südital. Kirchen (Dom von Canosa, 1071 ff.; Dom von Molfetta, ca. 1160); zuweilen kommt in Süditalien, z. B. in Stilo, Otranto (S. Pietro) und Trani (S. Andrea) auch der Grundriß des einbeschriebenen Kreuzes vor. – In Sizilien sind die byzant. Formen von sarazenischen (→ Islamische Architektur) Stilelementen und → Norman. Architektur überlagert, da die Insel seit dem 6. Jh. unter byzant., seit 827 unter islam. und seit 1061 unter norman. Herrschaft stand. Ihre Blüte erreicht die sizilianische Baukunst unter der Herrschaft der staufischen Kaiser im 12. und 13. Jh. in der Kathedrale von Cefalù (1131 ff.) und dem Dom von Monreale (beg. 1174), wobei die deutlich sichtbaren norman. Bauelemente nach wie vor fremdartig erscheinen. La Martorana in Palermo (beg. 1143) ist dagegen über dem bzyant. Grundriß des einbeschriebenen Kreuzes errichtet, und S. Cataldo in Palermo hat ein vollkommen arab. Aussehen. Dies gilt noch in größerem Maße von den königlichen Palästen und Pavillons wie La Zisa, La Cuba (1180) und La Piccola Cuba in Palermo.

In Italien hat sich eine große Anzahl von roman. Profanbauten erhalten, doch kann in diesem Zusammenhang nur auf wenige hingewiesen werden, so auf die venezianischen, im byzant. Stil gehaltenen Paläste (besonders Fondaco dei Turchi), auf den ebenfalls von Byzanz beeinflußten Palazzo della Ragione in Pomposa (11.Jh.), ferner auf die

Zisterzienserkirche Fossanova, um 1187-1208.

schlanken → Geschlechtertürme, von denen jene von San Gimignano und die beiden im Stadtzentrum von Bologna besonders berühmt sind, sowie auf die Rathäuser von Como (1216), Orvieto und Massa Marittima. All diese Bauten entstanden im 13.Jh.

Zu jener Zeit gewann in Italien schon der → got. Stil Einfluß. Ausgehend von Frankreich wurde er wie in den meisten Ländern durch die Zisterzienser

Castel del Monte, Süditalien, um 1240.

(→ Zisterzienserbaukunst) eingeführt: Fossanova (ca. 1187-1208) und Casamari (beg. 1217) mit Rippengewölben, beide in Latium; S. Galgano (beg. 1203) in der Toskana. Die Kollegiatskirche S. Andrea in Vercelli (beg. ca. 1220) zeigt den Übergang von der ital. Romanik zur frz. Gotik. S. Francesco in Assisi ist das eigenständigste der frühgot. Bauwerke Italiens. Diese Kirche, mit deren Bau 1228 begonnen worden war, wurde seltsamerweise von Westfrankreich, d. h. höchstwahrscheinlich von Angers, beeinflußt. Ebenso erklärt der Einfluß der frz. (burgundischen) Frühgotik die großartigen Ka-

Mailänder Dom, beg. 1386.

stelle Friedrichs II. in Süditalien und Sizilien (Augusta, Maniace in Syrakus, Ursino in Catania, Lagopesole), besonders von Castel del Monte (beg. ca. 1240), wo gotische Konzeption mit antikem Detail im Sinne der Renaissance zu einer Einheit verschmolzen ist. Alle diese Burgen zeigen eine regelmäßige Anlage, die Ecken werden durch Türme betont. Diese Bauweise kam zur selben Zeit in Frankreich auf und bestimmte lange Zeit den Burgenbau in beiden Ländern (z.B. Ferrara, 1385ff.). Italien ist reich an bemerkenswerten Profanbauten des 13. und 14.Jhs., z.B. die noch in der roman. Tradition stehenden Rathäuser von Genua, Orvieto und Piacenza (alle 13.Jh.), die etwas später erbauten, durch ihre Geschlossenheit beeindruckenden Rathäuser von Perugia (ca. 1280-90), Siena (1297 bis 1310) und Florenz (Palazzo Vecchio, 1298ff.); ebda. die Loggia dei Lanzi (1374ff.) mit ihren eigenartigen, nicht der Gotik entsprechenden Rundbögen; der in Größe und Komposition einzigartige Dogenpalast in Venedig (1309ff.); einige Paläste des 14.Jhs. in Florenz und Siena, wie auch in Venedig, z.B. die spätgotische Ca' d'Oro (1421-40). Die Details der norditaI. Spätgotik haben mehr dekorativen Charakter und sind mehr dem Norden verpflichtet als jene des Südens (Porta della Carta im Dogenpalast, ca. 1440). Dieses nordische, transalpine Wesen kommt noch viel stärker beim Mailänder Dom (beg. ca. 1386) zum Ausdruck. Er war das Werk von Baumeistern, die aus der Lombardei, aus Deutschland und Frankreich stammten und untereinander rivalisierten. Die Größenverhältnisse dieses Domes regten zum Bau ähnlich großer Werke an: so entstand die Certosa von Pavia (1396ff., deren Bau sich über einen sehr langen Zeitraum erstreckte) und San Petronio, die größte Pfarrkirche von Bologna (1390ff.). Während des 13. und frühen

Dom von Cefalù, Sizilien, 1131-1200.

S. Cataldo, Palermo, vor 1161?.

Palazzo della Ragione, Padua, um 1300.

S. Maria Novella, Florenz, 1278-1360.

14. Jhs. hatte sich der got. Stil in ganz Italien durchgesetzt. In Bologna begann man die Klosterkirche S. Francesco (1236 ff.) mit einem frz. Chorumgang und mit Kranzkapellen zu bauen. Im übrigen ließen die → Bettelorden sehr viele Bauten errichten, ohne sich im Grund- und Aufriß auf ein festes System festzulegen. S. Francesco in Siena (1326 ff.) hat keine Seitenschiffe und kein Gewölbe; die Franziskanerkirche S. Croce in Florenz (1294 ff., von → Arnolfo di Cambio) hat Seitenschiffe, aber keine Gewölbe, und die Ostabschlüsse der beiden Kirchen sind nach zisterziensischer Tradition gestaltet. Die Frari-Kirche (Franziskanerkirche) und SS. Giovanni e Paolo (Dominikanerkirche) in Venedig, beide im wesentlichen 14. Jh., haben Seitenschiffe, hohe Rundpfeiler und Rippengewölbe. Die lichte Weiträumigkeit dieser beiden Kirchen ist grundlegend von dem Raumgefühl der frz. Gotik verschieden. Dieses Italienische in der ital. Gotik kommt sehr stark in S. Maria Novella in Florenz (Dominikanerkirche, 1278 ff.) und im Florentiner Dom (von Arnolfo di Cambio 1296 beg.) zum Ausdruck (Abb. → Arnolfo di Cambio). Die Arkaden sind viel stärker geöffnet als in Frankreich, so daß das Mittelschiff und die Abseiten als Teile eines Raumes und nicht als drei parallellaufende Kirchenschiffe erscheinen. Die mittlere Jochbreite beträgt hier etwa 20 m, in Amiens dagegen nur 8 m. Der Campanile des Florentiner Domes (von → Giotto) ist der schönste aller ital. Campanili der Gotik. Die großartigsten got. Fassaden finden sich in Siena (1284 ff. von Giovanni Pisano, gest. ca. 1314, → Pisano, Nicola) und Orvieto (ca. 1310 ff.). Im Gegensatz zu Florenz trug Rom nur wenig zur ital. Gotik bei. Die bedeutendste gotische Kirche ist hier S. Maria sopra Minerva, mit deren Bau etwa 1280 begonnen wurde.

S. Maria Gloriosa dei Frari, Venedig, beg. 1330, voll. vor Mitte 15. Jh.

Für den Beginn der → Renaissance kommt Florenz ebenfalls eine größere Bedeutung zu als der Ewigen Stadt, obwohl viele Architekten der Renaissance dem antiken Rom verpflichtet waren; diese Bindung ist jedoch geringer, als die Forscher des 19. Jhs. allgemein angenommen haben. Zweifellos war → Brunelleschi bei seinen Kirchen mehr von der toskan. Protorenaissance beeinflußt als von der Baukunst des kaiserl. Rom. In Florenz liegt der Beginn der Renaissance etwa um 1420, in Venedig, Mailand und auch Rom wird der neue Baustil eine Generation später aufgegriffen. Für Rom ist → Alberti, der bei seinen Bauten mehr als irgendein anderer Architekt den altröm. Charakter betonte,

Pazzi-Kapelle bei S. Croce, Florenz, von → Brunelleschi, 1429-46.

bei der Annahme des neuen Stils von entscheidender Bedeutung, obwohl er wahrscheinlich nicht in Beziehung zu setzen ist mit dem Hof des ca. 1470 geschaffenen Palazzo Venezia, bei dem zum erstenmal das wuchtige Motiv der Ordnungen von → Halbsäulen, die den Stützen der Arkadenöffnungen vorgeblendet sind, in Erscheinung tritt – ein Motiv, das in der röm. Antike beim Theater des Marcellus und beim Kolosseum vorkommt. Im großen und ganzen sind im *Quattrocento* Arkaden mit schlanken Säulen, d. h. zarte Bauglieder, sowie anmutige und lebhaft wirkende Dekorationen beliebt.

Hof des Palazzo Venezia, Rom, um 1465.

Palazzo Venezia, Detail.

Kolosseum, Rom, 72-80.

Hof des Palazzo Ducale, Urbino, 1470-75.

Beispiele sind Brunelleschis Fassade des Findelhauses (1419ff., Abb. → Brunelleschi), der Innenhof von → Michelozzos Palazzo Medici (1444ff.), beide in Florenz, und der des Palazzo Ducale in Urbino (1460ff.), der eine der schönsten Quattrocento-Dekorationen besitzt. – Die Palastfassaden setzen anfangs noch die Tradition des *Trecento* fort; sie geben sich, bes. in der Toskana, abweisend; schwere → Rustika war beliebt (Palazzi Medici, Abb. → Michelozzo, und Strozzi, Abb. → Cronaca, Florenz). Alberti dagegen gliederte die Fassade des Palazzo Rucellai (1446ff.) in Florenz durch sehr anmutige Pilasterreihen (Abb. → Alberti). Diese Art der Gliederung wurde bei der Cancelleria in Rom übernommen (ca. 1485-95). Die Grundrisse der Kirchen sind für gewöhnlich längsgerichtet: Brunelleschi setzte zwischen das Mittelschiff und die Seitenschiffe schlanke Arkaden, Alberti ersetzte in S. Andrea in Mantua die Seitenschiffe durch Seitenkapellen, eine Anordnung mit großer Zukunft (Abb. → Alberti). Aber Brunelleschi und Alberti sowie auch andere Architekten (Giuliano da → Sangallo) bevorzugten → Zentralbauten und entwickelten sie auf verschie-

Palazzo Comunale, Brescia, um 1490-1510, 1550-60.

dene Weise: Brunelleschi, S. Maria degli Angeli in Florenz, beg. 1434 (Abb. → Brunelleschi); Alberti, S. Sebastiano in Mantua, 1460ff. (Abb. → Alberti); G. da Sangallo, S. Maria delle Carceri in Prato, 1485-91. Mittelital. Architekten (z.B. → Michelozzo, → Filarete) hatten gegen 1450 Mailand mit dem Renaissancestil, der zur selben Zeit auch in Venedig (Portal des Arsenals, 1457-60) in Erscheinung trat, bekannt gemacht. Im Gegensatz zu Mittelitalien jedoch ist die Dekoration der Fassaden

und der Innenräume in Norditalien wesentlich lebhafter (Rathäuser von Verona und Brescia; Kartause von Pavia; Dom in Como, Langhaus dat. 1396, Dekoration von 1470 - Anf. 16.Jh., Vollendung der Kuppel 1744). Diese Fassaden übten einen beträchtlichen Einfluß auf die Frührenaissance in den Ländern nördl. der Alpen aus. Sogar → Bramantes Dekorationen an seinen Frühwerken in Mailand waren reich und verspielt; bei dem Bau von S. Maria presso S. Satiro wurde er von Alberti (in Mantua) angeregt (Abb. → Bramante). Bramante lebte gleichzeitig mit → Leonardo da Vinci in Mailand, doch weiß man nicht, in welchem Verhältnis sie zueinander standen. Leonardo schuf Architekturskizzen, führte aber keine Bauten aus. Fast

Certosa di Pavia, Fassade nach 1473.

alle seine Entwürfe für Kirchen zeigen Zentralbauten von einer bis dahin unbekannten Vielfalt. Zweifellos fühlte sich auch Bramante zu den Problemen, die sich aus dem Zentralbau ergeben, hingezogen; doch können ihm keine Kirchen dieses Typs in der Lombardei (Lodi, Crema) mit Sicherheit zugeschrieben werden.

Bramantes Übersiedlung von Mailand nach Rom 1499 bezeichnet den Beginn des *Cinquecento*. Seine Bauwerke sind von nun an von größerer Würde und damit römischer in Form und Charakter (St. Peter, Belvederehof im Vatikan, Abb. → Bramante; Palazzo Caprini). → Raffael (Villa Madama, Abb. → Raffael), → Peruzzi (Villa Farnesina, Abb. → Peruzzi) und → Giulio Romano wurden Bramantes Nachfolger in Rom, die beiden letzteren wandten sich jedoch vom klass. Formenkanon der Antike ab. Die Verstöße gegen die klass. Regeln an Giulios Palazzo del Tè (1525ff., Abb. → Giulio Romano) in Mantua und an seinem Mantuaner Wohnhaus (1544) sind Ausdruck eines neuen Formgefühls, sie zeigen überzeugend die Merkmale jenes Stils, den wir heute → Manierismus nennen. Wir finden ähnliches bei → Michelangelo: Medici-Kapelle und Biblioteca Laurenziana in Florenz (1520ff., Abb. → Manierismus), Außenbau von St. Peter (1546ff., Abb. → Michelangelo) und Porta Pia in Rom

Palazzo Ducale, Urbino, von → Laurana, 1470-75.

Hof des Palazzo della Cancelleria, Rom, um 1485-95.

Palazzo del Tè, Mantua, von → Giulio Romano, beg. 1525.

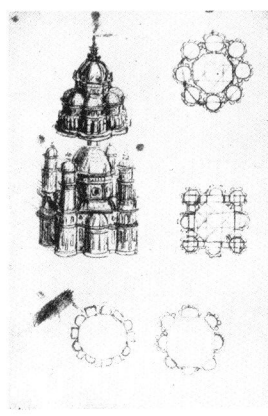

Zentralbauentwürfe
von → Leonardo da Vinci.

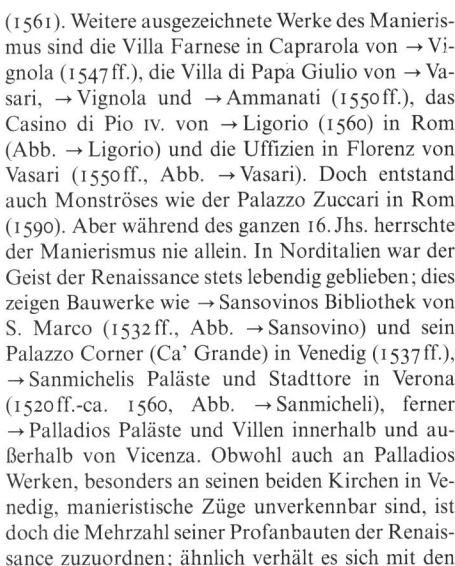

Villa Foscari oder
della Malcontenta, Mira,
von → Palladio, 1560.

Kolonnade auf dem Petersplatz,
Rom, von → Bernini, 1656-67.

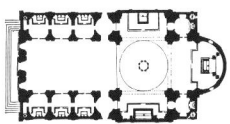

Il Gesù, Rom.

(1561). Weitere ausgezeichnete Werke des Manierismus sind die Villa Farnese in Caprarola von → Vignola (1547 ff.), die Villa di Papa Giulio von → Vasari, → Vignola und → Ammanati (1550 ff.), das Casino di Pio IV. von → Ligorio (1560) in Rom (Abb. → Ligorio) und die Uffizien in Florenz von Vasari (1550 ff., Abb. → Vasari). Doch entstand auch Monströses wie der Palazzo Zuccari in Rom (1590). Aber während des ganzen 16. Jhs. herrschte der Manierismus nie allein. In Norditalien war der Geist der Renaissance stets lebendig geblieben; dies zeigen Bauwerke wie → Sansovinos Bibliothek von S. Marco (1532 ff., Abb. → Sansovino) und sein Palazzo Corner (Ca' Grande) in Venedig (1537 ff.), → Sanmichelis Paläste und Stadttore in Verona (1520 ff.-ca. 1560, Abb. → Sanmicheli), ferner → Palladios Paläste und Villen innerhalb und außerhalb von Vicenza. Obwohl auch an Palladios Werken, besonders an seinen beiden Kirchen in Venedig, manieristische Züge unverkennbar sind, ist doch die Mehrzahl seiner Profanbauten der Renaissance zuzuordnen; ähnlich verhält es sich mit den

Bauten Vignolas in Rom. Während aber die nicht dem Manierismus angehörenden Werke von Palladio auf die Antike zurückweisen, kündigt sich in den nichtmanieristischen Werken von Vignola bereits das → Barock an.

Vignola schuf mit Il Gesù (beg. 1568, Abb. → Vignola) in Rom einen Kanon für die Grund- und Aufrisse barocker Kirchen: Kapellen treten nun an die Stelle der Seitenschiffe, zwischen Chor und Langhaus schiebt sich ein kurzes Querschiff, die Vierung wird mit einer Kuppel überwölbt (S. Andrea della Valle, S. Carlo al Corso, usw.). → Maderno, der St. Peter vollendete, fügte der als Zentralbau begonnenen Kirche ein Langhaus hinzu. Die interessantesten ital. → Barockkirchen sind reine oder dem Langbau angenäherte Zentralbauten. Vignola legte schon 1573 einem seiner Zentralbauten die Ovalform zugrunde, aber erst im 17. Jh. finden wir eine unerschöpfliche Fülle von Variationen dieses Motivs, das besonders → Bernini und → Borromini immer wieder aufgriffen. Berninis S. Andrea al Quirinale in Rom (1658 bis 78) hat ein Längsoval zum Grundriß (Abb. → Bernini). Die konkav gestaltete Zweiturmfassade dieser Kirche stammt von → Rainaldi. Borrominis Fassade von S. Carlo alle Quattro Fontane (beg. 1633) ist noch mehr durch den Wechsel von konkaven und konvexen Formen bestimmt; auch der Innenraum zeigt ein in Rom einzigartiges Wechselspiel von konvexen und konkaven Linien, wie es auch bei S. Ivo della

S. Ivo della Sapienza, von → Borromini, 1660.

Sapienza zu beobachten ist. Nur → Guarini erreichte in Turin (S. Lorenzo, beg. 1666) noch kompliziertere Raumdurchdringungen (Abb. → Guarini). In Rom schuf Bernini für St. Peter den durch seine Größe und Bewegtheit beeindruckenden Baldachin und die Cathedra Petri; sein Spätwerk ist die Gestaltung des Petersplatzes vor Madernos Fassade (1607-um 1615). Die → Kolonnaden (beg. 1656), die in einer Ellipse um den Platz angeordnet sind und sich schräg zur Fassadenfront hin erweitern, lösen die gestellte Aufgabe, den Platz mit der Fassade zu verbinden, auf hervorragende Weise (Abb. → Bernini).

Auf dem Gebiet der Städteplanung (→ Städtebau) hat Rom schon im späten 16. Jh. mit der Anlage der langen Straßen, die strahlenförmig von der Piazza del Popolo ausgehen, die Führung übernommen (ca. 1600). Die Profanarchitektur ist in Rom nur von geringer Bedeutung, großen Einfluß übten allerdings die offene Fassade des Palazzo Barberini (beg. 1628 von Maderno) und die → Kolossalordnung von Berninis Palazzo Odescalchi aus. Was Barockpaläste anbelangt, ist Genua die interessanteste Stadt (Bianco, R. Lurago), wo → Alessis Bauten (16. Jh.) zahlreiche Nachfolge fanden.

Il Gesù, Rom, von → Vignola, 1568-76.

Villa Reale di Stupinigi, von → Juvarra, beg. 1729.

Doch schon um 1700 begann Italien die Überschwenglichkeit des Barock zu dämpfen (Carlo → Fontana, dann → Juvarra in Turin: Superga, 1717ff., Abb. → Juvarra; Palazzo Madama, 1718ff.; Jagdschloß in Stupinigi, 1729ff.). In Venetien begann der → Palladianismus wieder aufzuleben (Scalfarottos S. Simeone in Venedig, 1718ff.; Pretis Villa Pisani in Strà, 1735ff.).

Galleria Vittorio Emanuele, Mailand, von → Mengoni, 1865-67.

Die ital. Architektur des 19. Jhs. ist interessanter als allgemein angenommen wird. Es entstanden zahlreiche hervorragende Werke im → klassiz. Stil. Zuweilen wird auch frz. Einfluß offenbar (Theater S. Carlo in Neapel von Antonio Niccolini, 1810-44). Die monumentalste Kirche ist S. Francesco di Paola in Neapel von Pietro Bianchi (1817-28). Als Meisterwerke des klassiz. Stils sind zu nennen: → Japellis Caffè Pedrocchi, Padua (1816-31), der Marmortempel in Possagno von Antonio Canova (1819-30), das Theater Carlo Felice in Genua (1827ff.), der Friedhof von Staglieno (1835) von C. Barabino und endlich der Cisternone in Livorno

(1829ff.) von P. Poccianti. Ein seltsamer Anachronismus ist die klass. Formensprache → Antonellis bei zwei riesigen Türmen, Mole Antonelliana in Turin (1863-90, Abb. → Antonelli), und S. Gaudenzio in Novara (1841-78). In den 60er Jahren traten an die Stelle des Klassizismus auch andere Stilarten, so der übersteigerte Renaissancestil von → Mengonis Galleria in Mailand (1865-1867, Abb. → Mengoni), lombardische Gotik beim Mailänder Friedhofsgebäude von C. Maciacchini (1863ff.) und anderem. Wie in den übrigen europ. Ländern wurde die Neurenaissance vom Neobarock (→ Historismus) abgelöst (Justizgebäude in Rom, von G. Calderini, 1888 bis 1910; Universität in Neapel von P. P. Quaglia, 1897ff.), auf den der → Jugendstil folgte. In dem Werk von → Aronco (Hauptgebäude des Ausstellungspalastes Turin, 1902, Abb. → Aronco) zeigt sich der Einfluß von Wien auf den ital. Jugendstil, den die Italiener Liberty nennen. In Sizilien schuf, noch von der normann. Baukunst beeinflußt, → Basile Bauten dieses Stils. Eigenständiger ist das Werk von → Sommaruga (Palazzo Castiglioni in Mailand, 1901). Die Formensprache des 20. Jhs. kündigt sich mit der Aufrüttelung durch den → Futurismus und → Sant'Elias phantastischen Entwürfen für Wolkenkratzer (→ Hochhaus) an. Der anschließende → Razionalismo gewinnt erst 1926 mit dem → Gruppo Sette an Profil, auf den der bald wieder aufgelöste → M.I.A.R. folgt. Architekten wie → Terragni (Casa del Fascio, Como, beg. 1932, Abb. → Terragni), Libera (Villa Malaparte, Capri, 1940) und → Michelucci bleiben weitgehend ohne größere Wirkung (1936 Bahnhof in Florenz, im selben Jahr entsteht die Tuberkuloseklinik in Alessandria von Gardella). Mehr Erfolg hat die Richtung ›Novecento‹, die klassische Grundformen mit sparsamer dekorativer Ausgestaltung verbindet (Aschieri; Muzio; → Ponti). Der → Neoklassizismus war auch der von den Faschisten offiziell bevorzugte Stil. Führend war → Piacentini, der u. a. das Rektoratsgebäude der Universität in Rom (1930-35) erbaute. Gegen ihn richteten sich die Architekten des → Razionalismo, deren führende Zeitschrift ›Casabella‹, 1943 verboten wurde. Den bedeutendsten Beitrag zur Technik und Ästhetik der Konstruktionen mit großen Spannweiten leistet → Nervi (1930-32 Stadion von Florenz, 1938 Flugzeughallen in Orbetello). → Morandi und Musmeci wetteifern mit ihm um Bedeutung. Nach dem Krieg war die Richtung des → Rationalismus vorherrschend. Aber die ersten Reaktionen auf die Verbreitung des → Internationalen Stils setzten bereits 1945

Institut Marchiondi, Mailand-Baggio, von → Viganò, 1959.

Teatro San Carlo, Neapel, 1810-44.

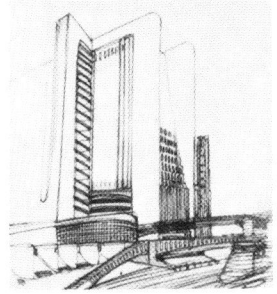

Entwurfszeichnung für eine Stadt, von → Sant'Elia.

Casa del Fascio, Como, von → Terragni, 1932-36.

323

Restaurant in Lisanza, von → Castiglioni, 1958.

Modell für das Hotel Agip, Rom, von Mario Ridolfi, 1971.

Projekt für den Blumenmarkt, San Remo, von → G.R.A.U.

Benediktiner-Klosterkirche St. Blasien, von → Ixnard, 1771-83.

ein (A.P.A.O.) – inspiriert von → Wright und dem skandinavischen Neo-Empirismus. Von den führenden Architekten des Auslands bauten nur → Aalto und → Tange in Italien, die Projekte von Wright (Haus am Canal Grande in Venedig, 1954) und → Le Corbusier (Krankenhaus, Venedig 1965) gelangen nicht zur Ausführung. B. Zevi trägt mit seiner ›Storia dell'architettura moderna‹ wesentlich dazu bei, die italienische Architektur nach dem Krieg aus der provinziellen Enge herauszuführen. Bedeutende Werke sind in Rom die Stirnseite der Stazione Termini (Calini, Montuori, Castelazzi, Fadigatti 1950, Abb. → Plastischer Stil) und das eindrucksvolle Mausoleum an den Fosse Ardeatine (Fiorentino u.a., 1945). Die verschiedenen Tendenzen mischen sich in vielfältiger Weise: zuerst beim Neorealismus (Michelucci; → Aymonino; Quaroni; Ridolfi), dann z.B. beim Neo-Liberty-Stil und dem → Brutalismus. Es gibt zahlreiche interessante Projekte (→ Megastruktur, Sacripanti) und nicht wenige Zeugnisse einer Durchdringung verschiedener Einflüsse (Mehrzweckbau der Architekten Pasarelli 1963-65 in Rom), so daß man von ›italienischem Manierismus‹ spricht. Von den angeführten Strömungen mehr oder weniger unabhängig sind → Castiglioni, Daneri, D'Olivo, Pellegrin, Ricci, Samonà, Savioli. Zu einem Sammelpunkt → postmoderner Architektur wurde die Gruppe → G.R.A.U., der vierzehn römische Architekten

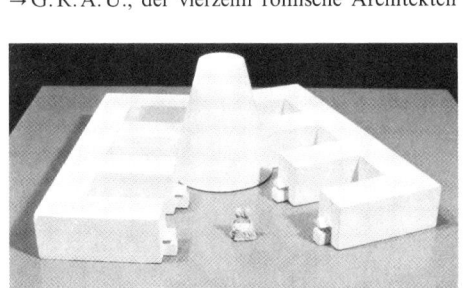

Modell für das Rathaus in Muggio, von Aldo → Rossi, 1972.

angehören (gegr. 1964). Fast zum Symbol der Postmoderne wurde die → Architekturausstellung ›The Presence of the Past‹ auf der Biennale in Venedig (1980), auf der das breite Spektrum gegenwärtigen Bauens, vor allem die → historisierenden Spielarten, vorgestellt wurden. Führende italienische Architekten der Postmoderne sind u.a. Mario Ridolfi (Pläne für Termini), Massimo Scolari, Roberto Gabetti, Oreglia d'Isola, Guido Canella, Sandro Anselmi (Gründer von G.R.A.U.), Franco Purini, Roberto P. Biroli (Rathaus Venzone, 1982), Aurelio

Cartesi, Portoghesi, Gregotti, Aymonino. → Rossi, → Grassi und Adolfo Natalini (für den Frankfurter Römerberg entwickelte er zahlreiche Entwürfe, 1979) vertreten die → rationalistische Richtung. Weltbedeutung erlangte das italienische Industrial Design (vgl. → Sottsass). Vgl. → Scarpa, → Pesce.

Lit.: Pagano '36, Biasutti '40, Salmi '41-57; Nangeroni '46; Zevi '50b; Storai de Rocchi '50; Nestler '54; Kidder-Smith '55; Pagani '55; Chastel '56; Portoghesi '58; Pica '59a; Nasi '60; Sereni '61; Tentori '61; Insolera '62; Lugli, P.M. '67; Argan '67, 70; Ferrara '68; Gregotti '69; Accasto-Fraticelli '71; Krautheimer '73; Conforto '77; Kubelik '77; Coffin '79; Guidoni '80; Murray '80; Rom '81; Huse/Wolters '86; Dal Co/Polano '88; Muratore u.a. '88; Tafuri '88; White '88; Hetzer '90; Paolano '91; Ciucci '91; Etlin '91.

Palazzetto dello Sport, Rom, von → Nervi und A. Vitellozzi, 1956-57.

Itten, Johannes (1888-1967) → Gropius.

Iwan, der. → Liwan.

Ixnard, Pierre Michel d' (1723-95). Frz. Architekt des frühen → Klassizismus unter Einfluß von Fr. → Blondel d.J. und → Servandoni, arbeitete hauptsächlich im Südwesten Deutschlands. Geb. in Nîmes, ausgebildet in Paris, wurde er 1763 an den Stuttgarter Hof gerufen, 1764 Baudirektor in Hechingen, später Architekt des Kurfürsten von Trier. Sein Hauptwerk ist die weiträumige, strenge und ziemlich massig wirkende Abteikirche des Klosters St. Blasien im Schwarzwald (1773-83) mit dor. Außenbau und einer feierlichen Rotunde in Anlehnung an die korinth. → Säulenordnung. I. plante den Neubau des Koblenzer Schlosses (1777-86), des ersten bedeutenden frühklassizistischen Baues im Rheinland, der nach seiner Rückkehr nach Frankreich (1780) von A.F. → Peyre reduziert fertiggestellt wurde. Weitere Werke in Colmar, Ellingen und Straßburg.

Lit.: Vossnack '38; Kaufmann '55a; du Colombier '56; Wörner '79; Franz '85.

J

Jacobean Style, auch ›Good King James's Gothic‹ genannt. Stil der Zeit Jakobs I. (James I., 1603-25). → Großbritannien.

Jacobsen, Arne (1902-71). Dän. Architekt, der den → Internationalen Stil in einer höchst verfeinerten und äußerst konsequenten Form präsentiert, wurde zuerst durch → Asplunds Bauten für die Stockholmer Ausstellung von 1930 beeinflußt und trat 1931 mit eigenen Arbeiten im Internationalen Stil hervor, zu einer Zeit, als Kopenhagen den Höhepunkt des → Neoklassizismus erreichte, der auf seine Art ebenso kultiviert und formstreng war wie J.s Architektur. Er baute bis kurz vor dem Zweiten Weltkrieg vor allem Privathäuser und Wohnsiedlungen. Das eindrucksvolle Rathaus in Aarhus (1938-42, zusammen mit Erik Moller) hat einen Turm mit Betonskelett. Sollerud, ein Kopenhagener Vorort, erhielt 1938-42 ein Rathaus von J.; die Munkegard Schule in Gentofte (1952-56), einem anderen Kopenhagener Vorort, wird charakterisiert durch die vielen kleinen Spielhöfe zwischen den Klassenzimmern. Das Rathaus von Rødovre bei Kopenhagen (1955 bis 56) ist eines der hervorragendsten Werke des Architekten aus diesen Jahren, völlig unmaniert, ohne Klischees und Spielereien, zeigt es wirklich

Kettenhäuser, Søholm, von → Jacobsen, 1950.

nichts als den formalen Apparat des Internationalen Stils der 30er Jahre, aber gehandhabt mit unvergleichlicher Präzision und Eleganz. Das gilt auch von seiner Zylinderbohrfabrik in Aalborg (1957, Abb. → Plastischer Stil) und dem S.A.S.-Hotel in Kopenhagen (1960, ein Turmblock über einem Unterbau wie beim Lever House von → Skidmore, Owings & Merrill, mit Abb.). 1960 wurde das St. Catherine's College in Oxford nach J.s Plänen vollendet. In den 60er Jahren erhielt J. zahlreiche Aufträge, u.a. die Mainzer Stadthalle (1970-74), die er mit seinem Partner Otto Weitling ausführte. Sein letztes Werk war der Bau des aus drei gewaltigen Hochhausscheiben zusammengefügten Verwal-

Seitenflügel der Phönix-Halle, Hôôdô des Byôdô-in, Uji bei Nara, Japan, 1053.

tungsgebäudes der Hamburgischen Elektrizitätswerke in der City-Nord, Hamburg. Während der 50er Jahre betätigte sich J. auch als Designer und machte Entwürfe für formschöne, eigenwillige Möbel und Eßbestecke.

Lit.: Pedersen '57; Faber, T. '64; Ray, S. '65; CA '80; Rubino '80; Solaguren-Beascoa de Corral '89.

Jadot de Ville-Issey, Jean-Nicolas (1710-61). Ausgebildet in Frankreich, trat in jungen Jahren in die Dienste des Erzherzogs Franz I. von Lothringen, der ihn auch nach seiner Heirat mit Maria Theresia in Wien bei sich behielt. J. erbaute in Wien die Akademie der Wissenschaften (1753) und die Menagerie in Schönbrunn (1752), beide im Louis-quinze-Stil (→ Rokoko). Wahrscheinlich schuf er auch den Plan für die kgl. Burg in Budapest (1749, im 19. Jh. weitgehend umgebaut). J. entwarf den Arco di S. Gallo in Florenz, der zur Erinnerung an die Eroberung des Großherzogtums Toskana durch den Erzherzog 1739 errichtet wurde.

Lit.: Schmidt, J.'29.

Jagdschloß → Schloß.

Jahn, Helmut → Murphy & Jahn.

Jain, Uttar Chand (geb. 1934) → Indien, Sri Lanka, Pakistan.

James, John (ca. 1672-1746). Baute die Kirche St. George am Hanover Square in London (1712-25) mit einem sechssäuligen → Portikus in → Kolossalordnung mit Giebel. Diese Konzeption wurde sofort von → Hawksmoor (St. George, Bloomsbury in London) und → Gibbs (St. Martin-in-the-Fields in London) aufgenommen. Wricklemarsh in Blackheath war sein Hauptwerk (1721), aber es wurde zerstört, wie fast alle seine Werke.

Lit.: Pozzo 1693-1702, Colvin '54.

Japan. Über die frühgeschichtliche Architektur Japans geben Motive auf einer Bronzeglocke des 2. bis 3. Jhs. und auf Spiegeln, wie auch die Tonmodelle (haniwa) aus den Hügelgräbern des 5.-7. Jhs. Auskunft. Die einfachen Häuser waren Pfahlbauten mit steilem Satteldach, das weit über die Giebelwand vorkragte und hier durch einen vor der Wand stehenden Pfeiler gestützt wurde. Die Schilfdeckung wurde durch aufgenagelte Bretter und über den First gelegte kurze Querbalken (katsuogi) gehalten. Diese urtümliche Bauweise lebt weiter in der Architektur der jap. National- und Naturreligion des Shintô, dessen betont einfache *Schreinhallen* (jinja) sich durch Klarheit der Struktur und Sauberkeit der Ausführung auszeichnen. Die kultische Reinheit wird durch die Sitte betont, die Schreinbauten in einem gewissen Zeitrhythmus, meistens zwanzig Jahren, abzureißen und neu aufzubauen. Hierdurch hat sich der alte Stil relativ unverändert über Jahrtausende erhalten können. Der älteste Schreintyp (ôyashiro-zukuri) hatte die Tür rechts vom mächtigen Zentralpfeiler der Giebelwand, später wurde sie in die Mitte gelegt. Der Stil der Bauten von Ise (shimmei-zukuri) hat, wahrscheinlich unter dem Einfluß der Palastarchitektur, die Schreine quergestellt und den Eingang auf die Längsseite gezogen. Querbalken auf dem First (katsuogi) und gekreuzte

Ise Naiku, Shoden.

Giebelbretter (chigi) sind Charakteristika der Shintô-Schreine, die aus frühgeschichtlicher Zeit stammen, aber meist nur noch Schmuckfunktion haben. Die eigentlichen Kultbauten, die nur von Priestern betreten werden, liegen innerhalb einer Umzäunung. Den Zugang zum Schreinbezirk markieren die *Torii*, einfache, trapezförmige Tore aus Balken mit nach außen verlängertem Sturz.

Der seit dem 17. Jh. für repräsentative Schreine bevorzugte Spätstil (gongen-zukuri) bildet unter Zusammenziehung mehrerer Bauteile komplexe Raum- und Dachformen und läßt deutlich den Einfluß buddhistischer Bauweise erkennen. Beispiele sind die Bauten von Nikkô.

Mit dem Eindringen chin. Kultur seit der Mitte des 6. Jhs. kommen auch die Bautypen festländischer, vor allem buddhistischer Architektur nach Japan. Wie in → China ist das Hauptelement der Tempelanlage (tera, ji) die Halle (dô), die auf einer mit Steinplatten verkleideten Plattform (kidan) ruht, später aber über einer verputzten Aufschüttung (kamebara, Schildkrötenrücken) auf Pfählen angehoben steht. Tragende Elemente sind die Holzsäulen (hashira) mit dazwischen eingezogenen leichten Wänden und Türen oder Fenstern. Über dem Rahmen liegt die Zone des Stützwerkes (kumimono) für das Dach, das mit seinen Trageblöcken (masu, to) und Sattelhölzern (hijiki), in einer oder mehreren Stufen aus der Wand ausgreift und die Traufe trägt. Das Dach (yane) ist mit Ziegeln oder einer dicken Schicht feiner Zypressenschindeln gedeckt und hat die aus China übernommenen Grundformen: 1. Satteldach (kirizuma-zukuri), 2. Walmdach (yosemune-z.), 3. Sattelwalmdach (irimoya-z.) mit Fußwalmen an den Giebelseiten, 4. Zeltdach (hôgyô-z.) (→ Dachformen 11). Die Anhebung der Traufen an den Ecken erreicht niemals die extreme Kurve wie bei manchen südchin. Beispielen.

Im Inneren kann der Blick entweder ungehindert in die sichtbare Konstruktion bis zu den Sparren (taruki) vordringen, oder es wird eine Kassettendecke (tenjô) eingezogen. Der Innenraum der Halle gliedert sich in den von den Hauptsäulen für das Dach umgrenzten Kern- oder ›Mutter‹-Raum (moya) und den darum herum gelegten Hüllraum der Gänge (hisashi) der Veranden, der gelegentlich von einem weiteren Außenraum (mokoshi) umgeben sein kann (Haupthalle des Hôryû-ji zu Nara, wahrscheinl. nach 670). Die Grundfläche einer Halle wird nach dem schon etwa im 10. Jh. bekannten System Kemmen-kihô nach der Zahl der → Interkolumnien (ken), der Breite des Kernraumes und nach den Seiten (men) der Halle, die eine hisashi haben, berechnet.

Älteste Hallenformen sind die Haupthalle (kondô: Goldene H.) und die Lehrhalle (kôdô) der Nara-Zeit (646-794). Das moya dient als inneres Sanktuarium (naijin), der Hüllraum als äußeres Sanktuarium (gejin) für die rituelle Umwandlung der Kultbilder. Die kondô hat meistens dreistufig ausgreifendes (mite-saki) Stützwerk fürs Dach, die kôdô ein einfacheres System, beide entsprechen weitgehend dem T'ang-Stil Chinas (618-907), werden aber in Japan als Wa-yô, ›japanisches System‹, bezeichnet.

In der Heian-Zeit (794-1185) werden die Funktionen von kondô und kôdô in einer Halle vereinigt, der ›Haupthalle‹ (hondô), die fast quadrat. Grundriß besitzen kann und quer in ein inneres und äußeres Sanktuarium unterteilt ist, wobei letzteres für die größere Gemeinde der esoterischen Sekten eine wesentlich tiefere Grundfläche erhält.

Haupthalle (kondô) des Tôshôdei-ji, Nara, spätes 8. Jh.

Der Kult des Buddha Amida schuf gleichfalls in der Heian-Zeit die sog. Amida-Hallen oder ›Hallen für immerwährende Umwandlung‹ (jôgyô-dô), mit einem relativ kleinen inneren Sanktuarium (naijin) und einem auf zwei Interkolumnien verbreiterten, ringsum laufenden Mantelraum (gejin). Solche Hallen können sich in der Form einem Palast nähern und sind dann in Architektur übersetzte Paradiesabbilder (Phönix-Halle, Hôôdô, des Byôdô-in zu Uji, 1053). Daneben gibt es noch andere Hallenformen mit zum Teil kompliziertem Grundriß, wie die Halle für Sekten- oder Tempelgründer (kaisan-dô, miei-dô), das schon im Hôryû-ji als Doppelhalle (narabi-dô) ausgebildete Refektorium usw.

Nach der Kulthalle ist die → *Pagode* (tô) als Reliquienmonument das wichtigste Element des Tempels. In Japan bevorzugt man stets die in Holzbauweise errichtete Stockwerkpagode, die in Aussehen und Struktur weitgehend einer Übereinanderschichtung von horizontal orientierten Baugliedern

Grab des Kaisers Nintoku bei Osaka, Tumulus-Periode (250-552).

Hausmodell aus Keramik, Tumulus-Periode (5.-6. Jh.).

Haupthalle (kondô) des Tôshôdei-ji, Nara.

Ostpagode des Yakushi-ji, Nara, 730 oder etwas später.

Phönix-Halle, Hôôdô des Byôdô-in, Uji bei Nara 1053.

Detail der Hôôdô des Byôdô-in, Uji bei Nara, 1053.

Innenansicht der Hôôdô des Byôdô-in, Uji bei Nara. Mit dem Buddha Amida.

mit jeweils eigenen Dächern nahekommt. Allerdings ist nur das Erdgeschoß als nutzbarer kapellenartiger Kultraum ausgebaut, die Obergeschosse werden nicht genutzt.

Der ganze Bau gliedert sich um den mächtigen, alle Stockwerke durchstoßenden Zentralpfeiler (shimbashira), der über dem Hauptdach aufragend schirmartige Schmuckscheiben oder Ringe trägt. Häufig ist die Struktur der Stockwerke nicht mit dem Zentralpfeiler verbunden, so daß bei Erdbeben keine Spannung entsteht und der Bau nicht zerstört wird. Unter dem Basisstein dieses Pfeilers sind die Reliquien in den Boden versenkt. Die Ausstattung der vier Kapellen des quadrat. Erdgeschosses und das zur Umwandlung dienende mokoshi deuten gelegentlich darauf hin, daß die Pagode ein in Architektur übertragenes Mandala darstellt (Pagode des Daigo-ji bei Kioto, 951). Das Stützsystem (kumimono) für die Dächer ist weitgehend mit dem der Hallen identisch.

Die Zahl der Stockwerke ist immer ungerade, während der Nara-Zeit drei (Hokki-ji) oder fünf (Hôryû-ji), später meist sieben, sie kann aber bis auf dreizehn gesteigert werden (Tanzan-Schrein, 1532). Durch Einziehung von Schein-Zwischengeschossen (mokoshi) kann der rhythmische Reiz erhöht werden (Yakushi-ji, 730 oder etwas später). Die seit dem Ende der Heian-Zeit beliebte Sonderform der

Tahô-tô hat über dem quadrat. Dach des Erdgeschosses einen kurzen zylindrischen Baukörper, der in eine → Stupa-artige Kuppel (in Holzbau) übergeht. Darüber ruht auf kompliziertem Stützsystem das wiederum quadrat. Zeltdach (Ishiyamadera, 1194).

Daneben konstituiert sich ein größerer Tempel aus Wandelgängen um den Hof, Toren verschiedenen Typs (chûmon, sammon), Glockenturm, Bibliothek (kyôzô), Wirtschaftsgebäuden und Mönchsquartieren.

Die während der Asuka- (594-644) und Nara-Zeit (645-784) nach festländischen Vorbildern strenge und sym. Tempelanlage wurde später aufgelockert, so daß sich die einzelnen Gebäude frei in die Landschaft eingliedern können.

Auch in Japan wie in China konzentriert sich die Stilentwicklung der Architektur vor allem auf das Stützsystem des Daches. Nach dem klass. ›japanischen‹ Stil (Wa-yô) der Nara-Zeit wird im 12. bis 13. Jh. der aus der Gegend von Hangchou stammende ›chinesische‹ Stil (Kara-yô) mit seinem dichten Stützsystem *(tsume-gumi)* übernommen. Etwa zur gleichen Zeit kommt aus südchin. Küstenprovinzen der sog. ›indische‹ Stil (Tenjiku-yô) mit bis zu zehnstufig ausgreifenden Traufstützen.

Die jap. *Palastarchitektur* benutzt bei ihren Hallen im wesentlichen die gleichen Strukturprinzipien wie

Ituskushina-jinja, Shintô-Schrein bei Hiroshima, Bauten aus den Jahren 1241 und 1571.

Schloß von Himmeji, Hyôgo-Präfektur, 1609.

der Tempelbau, allerdings in entschieden einfacheren Formen. Die Anlagen sind erheblich schlichter
als in China oder Europa. Der Kaiserpalast der
Heian-Zeit wurde im 19. Jh. in Kioto rekonstruiert.
Einzelhallen sind um und in Höfen gruppiert und
durch überdachte Korridore verbunden. Die aufs
Notwendigste reduzierte dachtragende Konstruktion ist betont einschaubar, die Innenräume sind
entweder durch bewegliche Stellschirme oder durch
eingesetzte Schiebetüren unterteilt und über die
ganz zu öffnenden Veranden (hisashi) stark auf Hof
und Garten bezogen.

*Empfangshalle, ô-hiroma, des Nigo-Schlosses, Kioto,
frühes 17. Jh.*

Der Stil der *Adelswohnsitze* (shinden-zukuri) der
Heian-Periode ist ganz ähnlich, doch wird die
Anordnung der Bauten lockerer und variabler. Vom
Hauptbau (shinden) gehen Korridore (watadono)
zu den Nebentrakten (tai-no-ya), zu Lustpavillons
an künstlichen Teichen und zu den Wirtschaftsgebäuden. Die Innenräume sind mit Schilfmatten (tatami) ausgelegt, haben kein festes Mobilar, und der
Schmuck der Malerei ist auf bewegliche Elemente
(Schiebetüren, Stellschirme) beschränkt. Original-
beispiele dieses Stiles sind nicht erhalten, man kennt
ihn aus Bildrollen und Texten.
Nach dem noch schlichteren Stil der Ritteranwesen
(buke-zukuri) der Kamakura-Zeit (1185-1333)
schaffte sich der Adel im 15. Jh. einen aufwendige-
ren Wohnstil im sog. ›Studiosystem‹ (shoin-zukuri).
Die Stirnwand der Repräsentationsräume hat eingebaute Bildnischen (toko-no-ma) und versetzte
Regalbretter (chigai-dana) zum Ausstellen von
Kunstwerken. Die nicht selten mit Blattgold beleg-
ten Wände und Schiebetüren sind mit kräftig farbigen Motiven bemalt (Beispiele: Empfangshalle des
Nishi-Hongan-ji und des Nijô-Schlosses in Kioto).
Mit dem Eindringen europ. Feuerwaffen begann
man den Bau von *befestigten Schlössern* (shiro) in

Japan. Seit dem späten 16. Jh. baute man sie inmitten von Städten als Verwaltungszentren der Feudal-
fürstentümer und als Festungen. Sie besaßen Wassergräben und steil ansteigende hohe Fundament-
mauern. Kernpunkt der Anlage war der mehrstök-
kige Hauptturm (tenju) mit Schießscharten in den
oft verputzten Holzwänden (Schloß von Himeji)
und mit einem komplizierten Dachsystem.
Äußerster Gegensatz zur Repräsentationsarchitektur ist das *Teehaus* (chashitsu) für den ästhetischen
Kult des Teetrinkens. Sein einer ländlichen Hütte
angenäherter Stil verkörpert den Geist der Einfachheit und Natürlichkeit des Zen-Buddhismus. Durch

Teehaus Jo-an, Oiso, 1618.

Katsura-Palast, Kioto, 1620-47. Blick in den Garten.

den niedrigen Eingang (nijiri-guchi) muß man fast
kriechen, der Innenraum ist klein, nur wenige Matten (tatami) groß. Die Wände sind grau verputzt,
Holz und Bambus werden gerne im Naturzustand
verwendet. Die Bildnische (toko-no-ma) dient zur
Präsentation eines einzigen isolierten Kunstgegen-
standes.   R. G.

*Silberpavillon, Gingaku, des
Jishô-ji, Kioto, 1498.*

Zen-Garten, Ryoan-ji.

In der Regierungszeit von Kaiser Meiji (seit 1868)
gab J. die Isolierung auf und öffnete sich westl.
Einflüssen. Der engl. Architekt Josiah Conder,
Schüler von → Burges, gründete die Hochschule für
Architektur an der Universität von Tokio (1874).
Umgekehrt zeigte sich der Einfluß traditionell jap.
Bauweise auf amerik. Architekten an → Wrights
Imperial Hotel in Tokio (1916-20; die Bearbeitung
der sauberen, gelbbraunen Ziegel und der groben
Bruchsteine erinnert allerdings eher an die Kunst
der Maya, als an die der Japaner). Wrights tschechi-
scher Mitarbeiter, → Raymond (1890-1976), ließ
sich nach Vollendung dieses Baus in Tokio nieder.
Seine ersten größeren Bauten sind weitgehend von

*Haus Kusakabe, Takayama,
1881.*

Sogo-Kaufhaus, Osaka, von → Murano, voll. 1936.

Rathaus von Hajima, von → Sakakura, 1959.

Metropolitan Festival Hall, Tokio, von → Mayekawa, 1959-61.

→ Perret beeinflußt: das St. Lukas-Krankenhaus (1928) und die Kapelle der christl. Frauenhochschule (1934), beide in Tokio. Das Sogo-Kaufhaus in Osaka, mit Rippen vertikal gegliedert, wurde 1936 von → Murano (geb. 1891) vollendet. Es ist der erste große Bau eines jap. Architekten im → Internationalen Stil.

Ende der 50er Jahre gewann die jap. Architektur ebenso plötzlich internationale Bedeutung, wie fünfzehn Jahre früher die Architektur Brasiliens – und wie dort kam der entscheidende Anstoß von → Le Corbusier. Von den führenden Architekten hatten einige in seinem Büro gearbeitet: → Mayekawa (geb. 1905) von 1928-30; → Sakakura (1904 bis 74) von 1929-37, der in dieser Zeit den jap. Pavillon für die Pariser Weltausstellung 1937 entwarf; → Yoshizaka (geb. 1917) in den Jahren 1950 bis 53, d. h. in der Zeit, als Le Corbusier den Plan für Chandigarh ausarbeitete. Diese drei Architekten führten Le Corbusiers Entwurf für das National Museum of Western Art in Tokio aus (1955-59). Doch der erste bedeutende Bau nach dem Zweiten Weltkrieg ist wiederum von Raymond: das Bürogebäude für Readers' Digest in Tokio (1949), eine eingeschossige Platte, die auf Stahlbeton-Stützen gehoben ist. Eine ähnliche Form verwendete → Tange (geb. 1913), ehemaliger Mitarbeiter von Mayekawa, für das Friedenszentrum in Hiroshima (1950). Sakakuras Kunstmuseum in Kamakura (1952) und Mayekawas Konzerthalle und Bibliothek in Yokohama (1954, Abb. → Mayakawa) hielten an einer relativ lebhaften Geometrie fest; Tanges Rathaus in Shimizu (1954), ebenso wie sein Rathaus in Tokio (1956), wurden in → Skelettbauweise mit Glaswänden ausgeführt. In einem zehnstöckigen Block aus flachen Platten in Harumi, Tokio (1957 bis 58), verfocht hingegen Mayekawa entschieden die Schroffheit des → Brutalismus mit Balkonvorsprüngen und grober Betonoberfläche. Mayekawas Metropolitan Festival Hall in Tokio (1961) und Kioto (1961) teilen sich in einzelne Glieder auf: im Erdgeschoß freistehende Betonsäulen, horizontal gegliederte Büroräume im ersten Stock (mit aufwärtsschwingenden Ecken), aus denen verschiedene geom. Blöcke größerer Volumina hervorstoßen. Weitere bemerkenswerte Bauten von Mayekawa sind die Gakashuin-Universität in Tokio (1961) und das Gemeinschaftszentrum von Setagaya in Tokio (1959). Sakakuras Architektur ist glatter im Detail: die Rathäuser von Hajima (1959, Abb. → Sakakura), Kure (1962) und Hiraoka (1964), die phar-

Kaisei High School, Nagasaki, von → Yoshizaka, 1958.

mazeutischen Laboratorien in Osaka (1961), das Seiden-Zentrum in Yokohama (1959) und ein Distrikt-Kaufhaus, kombiniert mit einer Eisenbahnstation, in Shibuya, Tokio (1961). → Yoshizakas Abhängigkeit von Le Corbusier zeigte sich noch in seiner Kaisei High School (1958), doch sein Hauptwerk ist das Rathaus von Gotzu (1961). An Le Corbusier knüpft auch Yonji → Watanabe (geb. 1923) an.

Der Führer der jungen jap. Architektur jedoch ist zweifellos → Tange, dessen Olympiastadion in Tokio (1963-64) noch heute zu den eindrucksvollsten Bauten des 20. Jhs. gehört. Die meisten seiner späteren Werke sind Betonbauten; der Beton wird so rauh wie möglich belassen und ist von äußerst dramatischer Wirkung. Sein Einfluß auf jüngere Architekten wirkte sich im Hochbau ebenso stark aus wie in der Stadtplanung, wo er eine teilweise Überbauung der Bucht von Tokio vorsah (Entwurf 1960). Als seine Anhänger darin können die Architekten der → Metabolismus-Gruppe (gegr. 1961) angesehen werden. Von ihnen ist → Kikutake (geb. 1928) der weitaus produktivste. Er hat logische, doch zugleich phantastische Extremformen strukturellen Ausdrucks entwickelt: sein eigenes Haus in Sternform (1958), von vier Säulen getragen; das Schatzhaus am großen Heiligtum von Izumo (1963) mit schräggestellten Seitenwänden, die in einer Richtung eine Strecke von ca. 50 m abschirmen; das Hotel Tokoen in Kaika Spa (1965), dessen Gästezimmer wie eine Brücke von freistehenden Säulen getragen werden; die Stadthalle in Miyakonojo (1966) mit einem radförmigen Überbau aus Stahl auf einem Betonsockel (Abb. → Kikutake) und das Pacific Hotel in Chigasaki (1967), in dem zylindrische Service-Türme von unterschiedlich hohen und

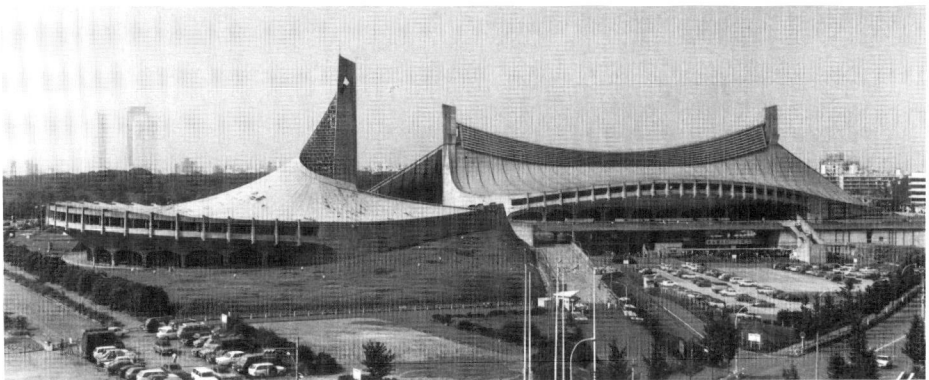

Olympia-Sporthalle, Tokio, von → Tange, 1963-64.

Hotel Tokoen, Kaika Spa, von → Kikutake, 1965.

breiten Fensterbändern umhüllt sind, zwischendurch von ›clip-on‹ Baderaum-Gruppen unterbrochen. Die anderen Gründungsmitglieder der Metabolisten-Gruppe waren → Maki (geb. 1928): Auditorien der Nagoya Universität (1961) und der Chiba Universität (1965); → Kurokawa: Stahlrahmenbau der Nitto Shokuiu Fabrik in Sagae (1965); und → Otaka (geb. 1923): das Präfektur-Kultur-Zentrum von Chiba (1967), die kooperativen Anbauzentren in Hananzumi (1966) und Yamanouchi (1967) und ein Siedlungsprojekt für die Stadt Sakaide (1965), in dem er auf einfache und wirkungsvolle Weise den Verkehr auf verschiedene Ebenen absondert. Zu Tanges vielversprechenden ehemaligen Mitarbeitern gehören → Otani: Internationales Konferenz-Zentrum, Kioto (1966, Abb. → Otani), religiöses Zentrum der Tenso Kotai Jingu-Sekte,

Gunma Prefectorial-Museum, Takasaki, von → Isozaki, 1974.

Tabuse (1966); und → Isozaki: Mädchenhochschule und Zentral-Bibliothek in Oita (1965-66) und das Gunma Prefectorial-Museum of Fine Art, Takasaki (1974). In jüngerer Zeit haben die Architekten Ku-

Stadtbücherei, Komaik, von → Team Zoo, 1977.

rokawa (geb. 1934; z.B. Nakagin Capsule Building in Tokio, 1972, Abb. → Kurokawa; Verwaltungsgebäude der Fukuoka-Bank, Fukuoka 1975) und → Takeyama (geb. 1934) durch sein Nibanken-Kaufhaus in Tokio (1970, 1977 neugestaltet) und das Hotel Beverley Tom bei Hokkaido (1973) internationale Anerkennung gefunden. Zu diesen in den 30er Jahren geborenen → postmodernen Architekten gehören auch → Azuma und Takefumi Aida (geb. 1937), dessen Werke, z.B. das Nirvana-Haus, Fujisawa, Kanagawa, das Annihilation Haus, Mutsuura, Kanagawa (beide 1972), oder der hinter Erd-

Verwaltungsgebäude der Fukuoka-Bank, Fukuoka, von → Kurokawa, 1975.

mauern sich verbergende Kindergarten in Osaka (1974) einen eigenen originellen Stil verraten. Ein Stil, der mit dem Begriff Postmodernismus nur wenig charakterisiert ist und überleitet zu neuen eigenwilligen Architekturauffassungen, wie sie → Ando, → Monta oder das → Team Zoo zeigen, alles Architekten, die Ende der 30er oder in den 40er Jahren geboren wurden.

Lit.: Taut, B. '35; Sadler '41; Soper '42; Carver '55; Drexler '55; Paine-Soper '55; Yoshida '55, '57; Ota '57, '66; Kultermann '60; Kikutake-Kawazoe-Otaka-Maki-Kurokawa '60; Gropius '60; Kirby '62; Alex '63; Engel '64; Speiser '64; Tafuri '64a; Kawazoe '65; von Erdberg-Consten '68; Boyd, R. '68; Yanagi-Leach '72; Kurokawa '77; Ross '78; Itoh-Futagawa '78; Seike '79; Fawcett '80; Buisson '80; Speidel '85; Banham/Suzuki '86; Stewart '87; Blaser '88; Taut/Speidel '90ff.; Bognar '91.

Japelli (Jappelli), Giuseppe (1783-1852). Führender ital. Architekt und Landschaftsgärtner zur Zeit der Romantik, ein echter Eklektiker – ein in Italien seltener Typ –, der mühelos in den verschiedensten Stilen arbeiten konnte. Mit dem Caffè Pedrocchi in Padua (1816-31, 37) begann er in einer sehr ernsten → klassiz. Version, wandte sich dann einer noch strengeren Form zu, abgeleitet von den säulenlosen Rückfronten → palladian. Paläste (z.B. bei der Villa Vigodarzere, Saonara, 1817) zu einem kühnen griech.-dor. Stil für das Schlachthaus in Padua (1821, heute Istituto d'Arte). Nach einer Reise durch Frankreich und England baute er einen neugot. Flügel an das Caffè Pedrocchi an (1837) und errichtete schließlich das Teatro Verdi in Padua in einem Gemisch von → Rokoko und → Neugotik (1847). Seine Landschaftsparks

Verwaltungsgebäude der Fukuoka-Bank, Fukuoka, von → Kurokawa, 1975.

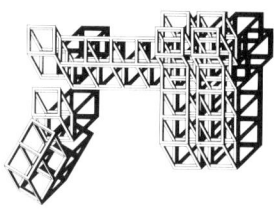

Gunma Prefectorial Museum. Strukturskizze.

Anti-Dwelling Box, Kushiro, von → Monta, 1971.

Caffè Pedrocchi, Padua, von → Japelli, 1816-31, 37.

Monticello, Albermale County, von → Jefferson, 1769-1826.

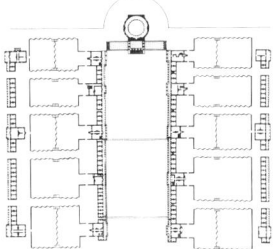

Universität von Virginia.

Universität von Virginia, Charlottesville, von → Jefferson, 1817-1826.

sind im großen und ganzen engl. Typs (→ Gartenarchitektur), die meisten liegen in Venetien (z. B. Saonara und Ca'Minotto, Rosà), aber einer der schönsten war der der Villa Torlonia in Rom (1840).

Lit.: Carta-Mantiglia '55; Gallimberti '63; Meeks '66; Mazza '78; Puppi '80.

Jardin, Nicolas-Henri (1720-99) → Skandinavien.

Jauch, Joachim Daniel von (gest. 1754) → Polen.

Java → Südostasiat. Baukunst.

Jean de Chelles (13.Jh.). Baumeister des südl. Querschiffes von Notre-Dame in Paris (beg. 1258), starb bald nach der Vollendung dieses Werks. Hervorzuheben ist der von J. neugeschaffene, für die → Gotik bezeichnende → Portaltypus, dessen → Gewände den → Archivolten entsprechend gestaltet wurde und dadurch von dünnen Rundstäben getrennte Nischen erhielt. Die bisher üblichen Säulenfiguren stehen nunmehr frei auf Sockeln und werden in → Kämpferhöhe von → Baldachinen bekrönt. Darüber folgen die Archivoltenfiguren. Sein Nachfolger *Pierre de Chelles*, wahrscheinlich sein Sohn, war noch 1316 tätig, als er nach Chartres eingeladen wurde, um ein Gutachten über den Bau der Kathedrale abzugeben.

Lit.: Frankl '62; Branner '65.

Jean d'Orbais (13.Jh.). Wie aus Kopien des 18.Jhs. ersichtlich ist, wurden die Namen der vier ersten Baumeister der Kathedrale Notre-Dame von Reims auf einem Bodenlabyrinth festgehalten: Ihre Reihenfolge war vermutlich Jean d'Orbais, Jean Le Loup, Gaucher de Reims und Bernard de Soissons. Jean d'Orbais leitete den Bau von ca. 1211-29, Le Loup von ca. 1229-45, Gaucher von ca. 1245-53 und Bernard de Soissons bis ca. 1290. Der erste Gesamtplan stammt also von Jean d'Orbais.

M.-A. V. L.

Lit.: Panofsky '27; Jantzen '57; Branner '61; Frankl '62.

Jefferson, Thomas (1743-1826). Gesetzgeber, Nationalökonom, Gelehrter und dritter Präsident der USA (1801-09), war auch ein begabter und außerordentlich einflußreicher Architekt. Sohn eines Landvermessers, erbte er einen ansehnlichen Besitz in Albermarle County, wo er 1769 für sein eigenes Haus ›Monticello‹ eine überaus romantische Lage wählte. Er leitete den Plan dafür aus Robert → Morris' ›Select Architecture‹ ab, modifizierte ihn aber unter Bezugnahme auf → Gibbs und auf → Leonis → Palladio-Ausgabe. ›Monticello‹ hatte sowohl an der Vorder- wie an der Rückfront einen

Notre-Dame, Paris, mit südlichem Querschiff von → Jean de Chelles, beg. 1258.

→ Portikus und einen großen Vorhof mit → oktogonalen Pavillons in den Ecken und quadr. Pavillons als Abschluß der Gebäudeflügel. Die Anlage, deren Planung J. selbst streng überwachte, und die Einbeziehung palladian. Elemente waren äußerst sorgfältig durchdacht. J. war an Palladio hauptsächlich wegen seiner Interpretation der röm. Villenarchitektur interessiert. 1785 wurde J., der gerade in Europa war, gebeten, das Parlamentsgebäude des Staates Virginia in Richmond zu entwerfen. Mit Hilfe von → Clérisseau entwarf er einen Tempel, der auf der Maison Carrée (16 v. Chr.) in Nîmes basiert, aber mit korinth. statt ion. Ordnung (→ Säulenordnungen) und mit → Pilastern statt → Halbsäulen an den Längsseiten und der Rückfront (Abb. → Klassizismus). Das Virginia State Capitol (1796 vollendet unter Mitwirkung von → Latrobe) wurde in den USA zum Vorbild für öffentl. Gebäude. J. spielte als Minister unter George Washington ab 1792 bei der Planung der neuen Hauptstadt Washington eine bedeutende Rolle. Als er selbst Präsident geworden war, betraute er Latrobe mit der Aufgabe, das neue Kapitol in Washington (1803, 1814 abgebr.) zu vollenden (Abb. → Thornton). Latrobe war auch sein Mitarbeiter beim Bau der Universität von Virginia in Charlottesville (1817-26): eine Gruppe von Häusern mit Portikus (jedes mit einer Professorenwohnung und einem Hörsaal), verbunden durch → Kolonnaden in traditioneller Form, an denen die Studentenzimmer liegen, mit einem großen Pantheon an einem Ende der oblongen Komposition. Abb. → USA.

Lit.: Kimball '16; Mumford '41; Nichols '61; Guinness-Trousdale Sadler '73; W. H. Adams '76, '83.

Jencks, Charles → Postmoderne.

Jenney, William Le Baron (1832-1907). Geb. in Massachusetts, studierte an der Ecole Centrale des Arts et Manufactures in Paris, war im Bürgerkrieg Ingenieur und eröffnete 1868 in Chicago ein Architektur- und Ingenieurbüro. 1869 veröffentl. er ›Principles and Practices of Architecture‹. Sein bei weitem bedeutendstes Bauwerk war das Home Life Insurance Building (1883-85), da seine Eisensäulen, Eisenstürze, Eisenträger und stählernen Balken den Weg für die → Skelettbauweise der Schule von → Chicago freimachten. Schon bei J.s folgendem Projekt (zweites Leiter Building, 1891, heute: Sears, Roebuck and Co.) wurde die Fassade auf leichte nichttragende Wände reduziert, die von einem eisernen Rahmenwerk im Innern des Bauwerks getragen wurden. Das folgende Manhattan-Building (1890, New York) erreichte durch diese Konstruktionsweise bereits eine Höhe von 16 Stockwerken.

Home Life Insurance Building, Chicago, von → Jenney, 1883-85.

Neben → Root und → Sullivan ist J. zu den Wegbereitern des modernen → Funktionalismus zu zählen. → Hochhaus.

Lit.: Condit '60, '64; Schuyler '61; Turak '86.

Jensen, Albert Christian (1847-1913) → Skandinavien.

Joch, das (frz.: travée). Ein Gewölbefeld innerhalb einer Folge gleichartiger Gewölbefelder; auch Bezeichnung für den einem Gewölbeabschnitt entsprechenden Raumteil (→ Gewölbe). Unter ›Rhythmisches Travée‹ versteht man einen Raumabschnitt, der, etwa durch einen → Stützenwechsel, in sich rhythmisch gegliedert ist. – J. nennt man ferner den einzelnen Brückenbogen, Travée ein in sich abgeschlossenes, meist einachsiges Fassadenfeld. – In der Antike bezeichnet J. den Säulenabstand von Achse zu Achse. → Interkolumnium.

Johansen, John M(ac Lane) (geb. 1916). Amerik. Architekt. Studium an der Harvard University unter → Gropius und → Breuer. Zunächst arbeitete J. bei Breuer, später bei der Architektengemeinschaft → SOM. 1948-70 selbständiges Büro in New Canaan, Connecticut; mehrmals Zusammenarbeit mit anderen Architekten, mit John McVitty (1960), Alexander Kouzmanoff, Victor Christ-Janer

Mummers Theater, Oklahoma, von → Johansen, 1966-70.

(1966), George Rockwise (1969) und mit Ashok Bhavnani (1970, 1971, 1975). J. baute die amerik. Gesandtschaft in Dublin (1964), das Theater im Charles Center in Baltimore (1967), die Bibliothek der Clark University (1968) in Worchester, Mass., das Theater-Center in Oklahoma (1970 voll.). Seit 1976 ist J. Prof. am Pratt-Institut in New York. J. sieht in der Einbeziehung der kinetischen Kunst in die Architektur eine der wichtigsten Aufgaben.

Lit.: Manieri Elia '66; Popper '75; CA '80.

John of Ramsey → William of Ramsey.

Johnson, Philip Cortelyou (geb. 1906). Amerik. Architekt, lebt in Connecticut. Durch den Architekturkritiker H.-R. Hitchcock wurde sein Interesse für die moderne Architektur geweckt. 1930-36 Direktor der Abteilung für Architektur am Museum of Modern Art in New York. Zusammen mit Hitchcock veröffentlichte J. den Katalog zur New Yorker Ausstellung ›The International Style‹ (1932), die prägend für den Begriff und die damit verbundene Architektur im 20. Jh. wirkte (→ Internationaler Stil). Wechsel zum Beruf des Architekten, 1940-43 Studium der Architektur bei → Gropius und → Breuer an der Harvard University. Sein Ruhm verbreitete sich zuerst durch das ›Glass House‹, das er sich in New Canaan baute (1949) – ein Kubus mit ausschließlich gläsernen Außenwänden in romantischer Lage. In dem dazugehörigen Gästehaus (1952) beginnen durch → Soane inspirierte Gewölbe zu erscheinen, und die Synagoge in Port

›Glass House‹, New Canaan, von → Johnson, 1949.

Chester in New York (1956) machte es klar, daß J. nach Vielfalt, unerwarteten Effekten und Eleganz strebte, wobei er verhältnismäßig oft mit anderen Architekten zusammenarbeitete, seit 1967 mit John Burgee als Partner. Gebäude aus den letzten Jahren sind das Amon Carter Museum in Fort Worth, Texas (1961), die Kunstgalerie für die Universität von Nebraska in Lincoln (1962), das New York State Theater für das Lincoln Centre in New York (1962-64), der Atomreaktor in Revohot (1960; → Industriebau, Abb. → Plastischer Stil), die Kunsthalle in Bielefeld (1968) und der Pennzoil Palace in Houston (1976, mit John Burgee, Wilson, Morris, Crain und Anderson). 1980 wurde sein Entwurf für die American Telephone and Telegraph Headquarters, New York, zum ersten Monumentalbau der → Postmoderne, ein eklektizistisches Hochhaus mit »Chippendale-Aufsatz« (Klotz). Abb. → Glasarchitektur; → Harrison; → USA.

Lit.: GA '12; Johnson, Ph. '47, '79 a-b; Zevi '50 b; Benevolo '60; Jacobus '62; Hitchcock '66; Miller, N. '79; CA '80; Klotz '84.

American Telephone and Telegraph Headquarters, New York, von → Johnson, 1980. Entwurf.

Pennzoil Palace, Houston, von → Johnson, 1976.

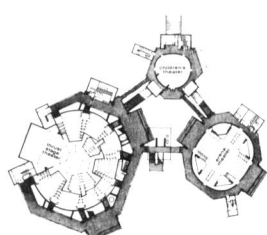

Mummers Theater.

Jonas, Walter (1910-79). In der Schweiz aufgewachsener deutscher Maler, Radierer und Fernsehkommentator. 1958 Entwicklung einer Trichterstadt, die J. als ›Intrapolis-Projekt‹ in São Paulo, Brasilien, erfolgreich ausstellt und 1962 unter dem Titel ›Das Intra-Haus – Vision einer Stadt‹ in Zürich als Buch bekanntmacht, das in Deutschland bis in die 70er Jahre ernsthaft diskutiert wird. Um einen 70-120 m messenden Platz steigen die Ringe der Wohneinheiten bis zu einem Durchmesser von 150-230 m arenaartig auf und fassen ca. 6000 Bewohner, die einen Blick auf ›Innenstadt‹ und Landschaft haben. 1965 wird J. Mitbegründer und Vizepräsident der GIAP (Groupe International d'Architecture Prospective), 1967 entwickelt er ein Projekt für ein schwimmendes Kulturzentrum, 1971 schwimmende Inselstädte.

Lit.: Jonas '62; Klotz '86.

Intra-Raumstadt, Projekt.
Modell eines Trichterhauses, von → Jonas, 1960.

land einzigartige Kenntnis der antiken röm. Baudenkmäler erworben; in Venedig war er mit → Scamozzi zusammengetroffen.

Von 1615 an, als er Inspektor der kgl. Bauten geworden war, arbeitete er bis zum Bürgerkrieg 1642 an den verschiedenen kgl. Schlössern. Unmittelbar nach seiner Ernennung schuf er drei überraschend neuartige Bauwerke, in denen er kompromißlos mit dem → Jacobean Style brach: Queen's House in Greenwich (1616-18 und 1629-35, Abb. → Großbritannien), Prince's Lodging in Newmarket (1619-22, zerst.) und das Banqueting House in Whitehall in London (1619-22). Queen's House ist das erste strengklass. Renaissance-Bauwerk in England, obwohl die Bauarbeiten lange ruhten (Fundament 1616 gelegt, aber der Bau selbst und die Innenräume entstanden 1632-35). Das in den Ausmaßen bescheidene Prince's Lodging wurde das Vorbild für jene roten Backsteinhäuser mit Eckquadern und Walmdach mit Dachgaube, die im Lauf des Jhs. so populär wurden. Das Banqueting House ist J.s Hauptwerk: es drückt vollkommen seine Konzeption der Baukunst aus, »körperhaft, proportional den Regeln entsprechend, männlich und ungekünstelt«, und seine Bewunderung für Palladio. Aber obwohl jedes einzelne Detail im → palladian. Stil entworfen wurde, ist dieses Werk keineswegs eine bloße Nachahmung. Alles wurde subtil umgesetzt, und das Ergebnis ist unmißverständlich englisch: verläßlich, eigenwillig, und ziemlich phlegmatisch.

Entwurf für Prince's Lodging, Newmarket, von → Jones, 1619-22.

Jones, Inigo (1573-1652). Ein Genie, den engl. Architekten seiner Zeit weit voraus, brachte den klass. ital. → Renaissancestil in den noch immer halbgot. Norden und führte die plötzliche Blüte der engl. Renaissancearchitektur herbei. J. wurde in London als Sohn eines Tuchmachers geb. und scheint schon vor 1603, als er noch ein ›picture-maker‹, ein Maler, war, Italien besucht zu haben. Erst nach 1608 hört man von ihm als Architekten (Entwurf für die Neue Börse in London); seine ersten bekannten Bauwerke entstanden noch später. In der Zwischenzeit war er als Bühnenbildner, der auch in verschwenderischer, prunkvoller ital. Manier Maskenspiele ausstattete, eine berühmte Persönlichkeit am Hof. Eine große Anzahl seiner Entwürfe sind noch erhalten, Zeichnungen von phantastischen Barockkostümen und von kaum weniger phantastischen Architekturkulissen, die er in einem freien, spontanen Zeichenstil, den er sich vermutlich in Italien angeeignet hatte, ausführte. 1613 reiste er wieder, diesmal mit dem großen Kunstsammler Lord Arundel, für neunzehn Monate nach Italien. Als er zurückkehrte, bewunderte er → Palladio maßlos; auch hatte er sich durch eigene Anschauung eine in Eng-

Banqueting House, Whitehall, London, von → Jones, 1619-22.

Queen's Chapel in St. James' Palace in London (1623-27) war auch absolut neu für England: eine Renaissance-Kirche ohne Seitenschiffe, errichtet über einem Parallelogramm, mit kassettiertem → Segmentgewölbe, Giebelfront und einem großen venez. Fenster (→ Palladio-Motiv). Ebenso verblüffend neuartig, aber ausdrucksvoller war der bramanteske Tempelentwurf für den Katafalk König Jakobs I. (1625).

J.s bedeutende Bauten für König Karl I. von England sind zerstört bis auf Queen's House in Greenwich. Darin bildete er eine ital. Villa nach, deren

Wilton House, Wiltshire, von → Jones, ca. 1649.

Schlichtheit und Schmucklosigkeit kühn und eigenwillig gewirkt haben muß. Die Loggia im Obergeschoß ist ganz palladianisch, ebenso wie die zweiläufige, geschwungene offene Treppe zur Terrasse, doch nichts ist bloße Kopie. Die Proportionen sind leicht verändert, und der allgemeine Eindruck ist der eines langen, niedrigen und in keiner Weise ital. Bauwerks. Der Saal im Innern ist würfelförmig, und die Symmetrie herrscht überall vor. In den 1630er Jahren entstanden auch J.s großartiger korinth. → Portikus für die Kirche Old St. Paul's, der diese ma. Kathedrale in das ›römischste‹ Bauwerk Englands verwandelte, und Covent Garden, der erste Londoner ›square‹, von dem die Kirche und ein weiterer Teil (wieder aufgebaut) erhalten sind. Der Square war als einheitliche Komposition geplant: die Häuser hatten gleichförmige Fassaden mit → Arkaden im Erdgeschoß, über denen sich kolossale → Pilaster erhoben (vielleicht beeinflußt durch die Place des Vosges, Paris). Um 1638 machte J. sorgfältige Entwürfe für einen riesigen kgl. Palast in Whitehall. Sie zeigen seine Grenzen, und es ist vielleicht für seinen Ruhm von Vorteil, daß sie niemals ausgeführt wurden.

1642 brachte mit der puritanischen Revolution das Ende seiner glänzenden Hofkarriere. Er war mit König Karl I. in Beverley, doch dann hörte man nichts mehr von ihm bis 1645. Zwar war sein Vermögen während des Bürgerkriegs konfisziert worden, doch wurde er 1646 begnadigt und erhielt seine Besitzung zurück. Anscheinend hat er sich damals

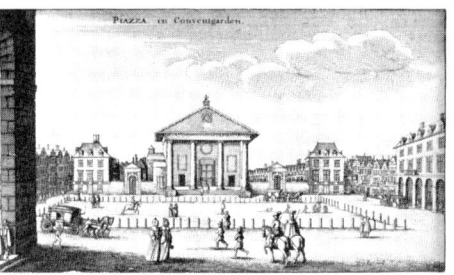

Covent Garden, London, von → Jones, um 1630.

von der herrschenden politischen Strömung glücklich tragen lassen, für Lord Pembroke, ein Parlamentsmitglied, arbeitend. Lange Zeit glaubte man, daß die Gartenfassade von Wilton House in dieser Zeit von ihm erbaut wurde; heute ist bekannt, daß sein Mitarbeiter Isaac de Caus sie entworfen hat (um 1632). Etwa 1647 wurde sie durch eine Feuersbrunst schwer beschädigt, und die berühmten Staatsgemächer in Wilton House müssen also auf ca. 1649 datiert werden. Damals aber war J. schon zu alt, um sich selber viel um den Bau zu kümmern; er übergab ihn seinem Schüler und angeheirateten Neffen John → Webb. Dennoch atmet der berühmte Doppelwürfel-Saal, der vielleicht schönste Einzelraum in England, seinen Stil der Innenraumgestaltung: Feierlichkeit und Ausgewogenheit verbunden mit einer Schwelgerei in schweren Details im Stil des frz. barocken Klassizismus. Zahllose Bauten sind J. zugeschrieben worden, von denen einige, wie die Pavillons im Stoke Bruerne Park (1629-35), mit ihm in Zusammenhang gebracht werden können. Sein unmittelbarer Einfluß war stark, blieb jedoch auf die Hofkreise beschränkt. Im frühen 18. Jh. inspirierte er → Burlington und → Kent zur Wiederbelebung des Palladianismus.

Lit.: Gotch '28; Webb in EUA '58-67; Summerson '66; Harris-Orgel-Strong '73; Harris/Higgot '89.

Juan de Álava (gest. 1537). Span. Baumeister an der Wende von der späten → Gotik zur → Renaissance, erscheint erstmals als Berater beim Bau der Kathedrale von Salamanca (1512, neben acht anderen) und Segovia (1513, neben drei anderen), und im gleichen Jahr auch als Baumeister für die Wiederaufnahme der Bauarbeiten an der Kathedrale in Plasencia, anfangs gemeinsam mit Francisco de Colonia (→ Simón de Colonia), mit dem er aber bald in Streit geriet. Seit 1521 war er entwerfender Meister des Kreuzgangs der Kathedrale in Santiago und schließlich, nach dem Tode von Juan → Gil de Hontañón (1526), Baumeister der Kathedrale in Salamanca, wo er auch S. Esteban (seit 1524) errich-

Jugendstil. Villa Majorelle, Nancy, von Sauvage, 1898-1900.

Jugendstil. The Willow Tea-Rooms, Glasgow, von → Mackintosh, 1904.

Jugendstil. Hotel Tassel, Brüssel, von → Horta, 1892-93.

Jugendstil. Kapelle Sta. Colonna de Cervello, Colonia Güell, Barcelona, von → Gaudí, 1898-1914.

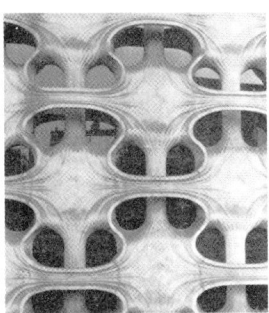

Neojugendstil. Chorschranke, Upton Chapel, Christ Church, London, von Darvall, 1959.

tete. In dieser Kirche und den Arbeiten rund um die Vierung der Kathedrale in Plasencia gab er wohl sein Bestes.

Lit.: Chueca Goitia '53; Kubler-Soria '59.

Juan de Colonia→ Simón de Colonia.

Jugendstil (Art Nouveau , Modern style, Stile Liberty, Modernismo). Stil der abendländischen Kunst (ca. 1890-1910), der sich gegen den → Historismus wendet, seinerseits vom → Expressionismus, → Funktionalismus und vom → Internationalen Stil abgelöst wird. Die dt. Benennung leitet sich von der Münchner Zeitschrift ›Jugend‹ (seit 1896) ab. ›Art Nouveau‹ war ursprünglich der Name eines Geschäftes, das 1895 in Paris mit der Absicht eröffnet wurde, im Gegensatz zu den damals üblichen Stilimitationen nur Gegenstände modernen Stils zu verkaufen. Die Abwendung von der Nachahmung

Jugendstil. Laden der Habana-Compagnie, Berlin, von van de → Velde, 1899.

historischer Stile hatte sich zuerst in den 80er Jahren des 19. Jhs. auf den Gebieten der Buch- und Textilherstellung in England (→ Mackmurdo) vollzogen und erfaßte um 1890 auch Möbel (Vereinigte Werkstätten, München) und andere Einrichtungsgegenstände. Stilistisch gehen die Anfänge dieser Bewegung auf die Entwurfzeichnungen von William → Morris und auf → Arts and Crafts zurück. Seit 1892 war Brüssel eines der Hauptzentren (→ Hortas Hôtel Tassel; van de → Velde). In Frankreich waren Paris (Hector → Guimard) und Nancy führend, wo Emile Gallé schon in den 80er Jahren moderne Gläser hergestellt hat, die man heute dem J. zurechnet. Der Hauptvertreter in Amerika war Louis C. Tiffany (1848-1933). Hauptkennzeichen des Jugendstils sind vegetabile Formen, gekurvte Linien, die an Wellen, Flammen, Blumenranken oder wehende Haare erinnern, auch bewegte abstrakte Formen; vor allem Ornamente dieser Art finden reiche Ver-

Jugendstil. Mietshaus Linke Wienzeile 40, Wien, von Otto → Wagner, 1898-99.

Jugendstil. Carson, Pirie & Scott Store, Chicago, von → Sullivan, 1899-1904.

wendung; selbst die Wolkenkratzer Chicagos waren mit J.ornamenten geschmückt. Auch das Plastische spielt sowohl bei Innenräumen (→ Pankok) wie auch in der Durchformung großer Baukörper (→ Gaudí; → Domènech i Montaner) eine große Rolle. Man hat daher den Stil der 50er Jahre des 20. Jhs., der teilweise hier anknüpft, *Neojugendstil* genannt.

In Deutschland sind bes. Hermann Obrist (1863-1927), → Endell (München, Atelier Elvira 1897-98,

Jugendstil. Casa Milà, Barcelona, von → Gaudí, 1905-10.

Abb. → Endell) und Josef Maria → Olbrich (Darmstädter Mathildenhöhe, Abb. → Olbrich), in Italien → Basile (Palermo), → Aronco (Hauptgebäude der Turiner Kunstgewerbeausstellung, 1902, Abb. → Aronco) und → Sommaruga (Mailand) zu erwähnen. Die bedeutendsten Architekten des J.s waren der Spanier → Gaudí in Barcelona und der Schotte → Mackintosh in Glasgow. In Mackintoshs Bau- und Dekorationsstil verbanden sich harmonisch sanft geschwungene Linien und zart schimmernde Farben mit wieder verfestigten rechteckigen Formen und dem reinen, strengen Weiß des Rahmenwerks. Wiener Architekten übernahmen

Jugendstil. Villa Ruggeri, Pesaro, von Giuseppe Brega, 1902-07.

diese neuen Prinzipien und entwickelten daraus die dem 20. Jh. eigene Formensprache, die das Quadrat und den Kubus betont (→ Hoffmann; → Loos; Otto → Wagner). Hauptvertreter des russischen J.s ist → Schechtel.

Lit.: Pevsner '42; Lenning '51; Grady '55; Tschudi Madsen '56; Selz-Constantine '59; Schmutzler '62; Borsi-Wiener '71; Benton-Muthesius-Wilkins '75; Borsi-Godoli '76; Masini '76; Loyet '79; Russel '79; Borisowa/Sternin '88; Miyake '92.

Jugoslawien. Mutter Gottes-Kirche, Studenica, 1190 und 1. Hälfte des 13. Jhs.

Jugoslawien. Jahrhunderte war das Gebiet des heutigen J.s, wie der übrige Balkan, Teil des römischen Reiches. Der Diokletianspalast in Split (293-305), dessen Fensterreihen bereits das → Palladiomotiv zeigen, erinnert noch daran. Nach der Verlegung der Hauptstadt von Rom nach Konstantinopel im 4. Jh. wurde dieses zum ausstrahlenden Kunstzentrum. Dies dokumentieren bis heute die Zeugnisse der → Bzyantinischen Baukunst in J.

Von den frühen Basiliken hat sich noch Poreč (um 540) erhalten. Aus der Vielzahl der im MA entstandenen, meist mit Fresken geschmückten Kirchen seien hier nur folgende genannt: die Kirchen des Erzbistums Ohrid (10. und 11. Jh.), die Kirche des hl. Panteleimon im Kloster von Nerezi bei Skopje (ein Fünfkuppelbau, 1164), die roman. Muttergotteskirche von Studenica (12./13. Jh., Raška-Bauschule), die Mariä-Verkündigungskirche in Gračanica (1321), das Kloster Dečani (1327-35), die Christi-Himmelfahrtskirche in Ravanica (um 1377) und die Mutter-Gotteskirche in Kalenič (um 1490), das

klass. Bauwerk der Morava-Schule (eine einschiffige, einkuppelige Dreipaßkirche mit Apsis, außen mit polychromen Inkrustationen).

Alle diese Bauwerke, insbesondere durch ihre Malereien berühmt, liegen in Makedonien und Serbien, das 1459 von den Türken unterworfen wurde. Damals wurden, wie in Byzanz, viele der Kirchen in Moscheen umgewandelt, neue Moscheen, z. B. in Sarajevo, errichtet. An der Dalmatinischen Küste setzte sich hingegen der Einfluß der Venezianer stärker durch.

Nachdem Rußland und Österreich die Türken vom Balkan verdrängt hatten, entstanden auf dem Gebiet des heutigen J.s, z. T. im Rahmen des Habsburger Reiches, neue Staaten und Staatengebilde. Nach dem Ersten Weltkrieg schlossen sich Serben, Slowenen und Kroaten zum Königreich J. zusammen.

Jugoslawien. Mariä-Verkündigungskirche, Gračanica, 1321.

Jugoslawien. Stadion von Split-Poljud, von Boris Magas, 1979.

Nach dem Zweiten Weltkrieg wurde unter Einbeziehung von Bosnien, der Herzegowina, Montenegros und Teilen Makedoniens die Volksrepublik J. gegründet.

War in den nördlichen Landesteilen die Architektur J.s stark von Wien beeinflußt (Josef → Plečnik), so zeigte der Pavillon J.s auf der Weltausstellung 1958 in Brüssel, daß J. den Anschluß an den → Internationalen Stil gefunden hatte (Edvard Ravnikar, Milan Mihelič in Novi Sad, u. a.). In den 70er Jahren werden auch hier wie in → Japan vorbildliche Entwürfe → Le Corbusiers (Ante Svarčić in Split, Studio 7, u. a.) und der → Postmoderne den eigenen Vorstellungen und Bedürfnissen angepaßt (Radosar Zekovic in Titograd, Boris Magas und Radovan Tajder in Zagreb); manchmal sehr spielerisch wie in Aleksander Dokič's Transformatorenstation in Belgrad (1977-79) oder Janko Konstantinov's Fernmeldeamt in Skopje (1981) oder in Andrija Mutnja-

Jugoslawien. Verwaltungszentrum der Republik Montenegro, Titograd, von Radosar Zeković, 1965-68.

Jugoslawien. National- und Universitätsbibliothek, Priština, von Andrija Mutnjaković, 1980.

Jugoslawien. Fernmeldeamt, Skopje, von Janko Konstantinov, 1981.

*Jugoslawien. Transformatoren-
station, Belgrad, von Aleksander
Dokić, 1977-79.*

ković's National- und Universitätsbibliothek in Priština (1980).

Lit.: → Byzant. Baukunst; Kultermann '85.

Jurkovič, Dušan → *Nachträge.*

Jussow, Heinrich Christoph (1754-1825). Geb. in
Kassel, empfing eine humanist. Erziehung, studierte in Marburg a.d. Lahn und in Göttingen die
Rechte. 1778 erhielt er eine Stellung beim landgräfl.
Baudepartement unter Simon Louis → Du Ry. Später studierte er unter → Wailly in Paris Architektur
und unternahm 1784-88 Reisen nach Italien und
England. Er vollendete Du Rys Schloß Wilhelmshöhe bei Kassel und schuf für den Park zahlreiche
Zierbauten in röm., chin. und got. Stil, darunter
sein Meisterwerk, die pittoreske Löwenburg (1793
bis 1801), die stark von der engl. → Neugotik beeinflußt wurde und im 18. Jh. der kunstvollste Beitrag
dieser Art auf dem Kontinent war. Sie erhebt sich
bühnenbildähnlich mit zahlreichen Wehrmauern
und Türmen auf einem Hügelabhang; den Zugang
bildet eine Zugbrücke, die über den Burggraben
führt.

Lit.: Vogel '58-59; Bien '65.

Villa Reale, Stupinigi, von → Juvarra, beg. 1729.

Juvarra (Juvara), Filippo (1678-1736). Größter ital.
Architekt des 18. Jhs., zugleich ein hervorragender
Zeichner. Seine eleganten und verfeinerten, spätbarocken Werke sind ebenso vollendet und für diese
Zeit bezeichnend wie Tiepolos Malereien; sie besitzen die Heiterkeit und den Phantasiereichtum einer
Mozartschen Komposition. J., der aus einer Silber-
schmiedfamilie stammt, wurde in Messina geb. In
Rom bei Carlo → Fontana ausgebildet, erlangte er
zuerst als Bühnenbildner Ruhm, und diese Theater-
erfahrung prägte fast alle seine späteren Arbeiten.
1714 wurde er von König Victor Amadeus II. von
Savoyen nach Turin gerufen und zum Ersten Hofarchitekten ernannt. Abgesehen von einer Reise nach
Portugal, London und Paris 1719 bis 1720 blieb J.
in den folgenden 20 Jahren in Turin. Seine Arbeitsleistung war riesig, er baute Kirchen, Paläste, Landvillen, Jagdhütten, legte vollkommen neue Stadtviertel (→ Idealstadt) in Turin an, nicht zu sprechen
von seinen Entwürfen für Innenräume, Möbel und
Einrichtungsgegenstände. Von seinen Kirchen sind
die Superga (1717-31) und die Kapelle von Venaria
Reale (1716-21), beide in der Nähe von Turin, sensa-
tionell. Die Superga ist die bei weitem großartigste
aller ital. Stiftskirchen, auf einem Hügel über der
Stadt gelegen, vergleichbar mit Melk und Einsiedeln. Seine Turiner Kirchen, S. Filippo Neri (1715),
S. Croce (1718ff.) und die Chiesa del Carmine
(1732-35, das Innere im Zweiten Weltkrieg zerst.),
sind alle erlesen. Zu den von ihm erbauten Stadtpalästen in Turin gehören: Palazzo Birago della Valle
(1716), Palazzo Richa di Covasolo (1730), Palazzo

Löwenburg bei Kassel, von → Jussow, 1793-1801.

d'Ormea (1730), während von den für den König
errichteten Gebäuden die vier großen Paläste und
Villen in oder bei Turin: Venaria Reale (1714-26),
Palazzo Madama (1718-21, Abb. → Attika), Castello di Rivoli (1718-21) und sein Meisterwerk,
Schloß Stupinigi (ab 1729, Abb. → Italien), Bewunderung verdienen. In all diesen Werken assistierten
ihm zahlreiche und gewandte Maler, Bildhauer und
Handwerker, die aus allen Teilen Italiens zusam-
mengeströmt waren, um seine Entwürfe auszuführen. Obwohl in seinem Stil, der mehr auf einer bril-
lanten Verschmelzung der herrschenden Ideen denn
auf eigener Erfindungsgabe beruht, kaum eine Entwicklung erkennbar ist, erreichte dieser doch in Stupinigi seine schönste Blüte, besonders in dem großen Mittelsaal, dessen szenische Eigenart und Skelettstruktur einen Einfluß von nördl. der Alpen
vermuten läßt. 1735 wurde J. von Philipp V. nach
Spanien berufen. Er entwarf für ihn die Gartenfassade des Schlosses Ildefonso bei Segovia und den
neuen kgl. Palast in Madrid, der nach J.s Tod von
→ Sacchetti mit Abänderungen errichtet wurde.
Abb. → Architekturphantasie.

Lit.: Brinckmann '31; Rovere-Viale-Brinckmann '37; Argan
'57a; Bernardi '58; Carboneri '63; Viale '66; Griseri '67; Pommer '67; Boscarnino '73; Millon '84.

Superga, nahe Turin, von → Juvarra, 1717-31.

Filippo Juvarra.

K

Kabinett (frz.). **1.** Kleines abgeschlossenes Neben-
zimmer für intime Besprechungen (von Fürsten,
Politikern etc.). Auch Ort zur Aufbewahrung kleiner Kunstgegenstände, daher Münzk., Kupfer-
stichk. u. ä. **2.** Besonders kunstvoll gearbeiteter
Schrank mit Tischgestell und vielen Schüben und
Fächern zur Aufbewahrung von Dokumenten und
kleinen Kunstgegenständen (Münzen, Graphik).

Kaffgesims → Gesims 5.

Kahn, Albert (1869-1942) → Beton.

Kahn, Louis (1901-74). Studium in Philadelphia.
1941 schloß K. sich mit → Howe (1886-1955) zu
einer Architektengemeinschaft zusammen; unter
Mitarbeit von Oscar Stonorov Tätigkeit für das
Siedlungsprojekt Carver Court War in Coatsville,
Pennsylvania (1942-43). K. fand erstmals internat.
Anerkennung durch den Bau der Yale University
Art Gallery in New Haven (1952-54), dann durch
das Richards Medical Research Building der University of Pennsylvania in Philadelphia (1957-64).
Die Art Gallery steht beispielhaft für K.s Interesse
am Elementaren und Archetypischen. Beim Medical Research Building sind die ganzen Versorgungs-
elemente in mehreren glatten, rechteckigen Türmen, die den Außenwänden vorstehen und sie

*Laborgebäude des Jonas Salk Institute, La Jolla,
Kalifornien, von → Kahn, 1959-65.*

überragen, zusammengefaßt. Angeblich sind
funktionelle Gründe ausschlaggebend gewesen,
doch ist die erstaunlich dramatische, fast aggressive
Wirkung bewußt angestrebt. Es ist eine der frühesten Ausprägungen des → Brutalismus, der in diesen Jahren aktuell wurde. K.s Werke haben in ihren
elementar geometrischen Formen und großen ungebrochenen Flächen eine unverwechselbare Majestät
und Strenge. Zu seinen bedeutendsten späteren
Bauten gehören die Erste Unitarische Kirche in
Rochester, New York (1962), ein Studentinnenheim
des Bryn Mawr College, Pennsylvania (1965), die

*Richards Medical Research
Building der University of
Pennsylvania, Philadelphia,
von → Kahn, 1957-64.*

*Kalenderbauten. Observatorium Yantra Mantra, Jaipur,
Rājasthān, um 1734.*

Salk Institute-Laboratorien in La Jolla, Kalifornien
(1959-65), die Planungen für Dacca (1962-74), die
neue Hauptstadt von Bangladesh und das Indian
Institute of Management in Ahmedabad (1963), bei
denen zentralisierende Grundrisse (wie schon bei
der Unitarierkirche und dem Studentinnenheim)
neben der bewußt eingesetzten Wirkung von Licht
und Schatten eine wichtige Rolle spielen (→ Indien,
Sri Lanka, Pakistan), das Kimbell Art Museum in
Fort Worth (1967-72) und das Paul Mellon Center
for British Studies in Yale (1969-77).

Lit.: Scully '62; Angrisani '63; Manieri Elia '66; Ronner '77;
Giurgola '75; Lobell '79; Kahn '78; Norberg-Schulz-Digerud
'80; CA '80; GA 5, 35; Kahn '91; Brownlee '91.

Kaiserpfalz → Pfalz.

Kaiserstiel. Die mittlere Stuhlsäule einer Zelt- oder
Helmdachkonstruktion, auch im Dachstuhl eines
polygonalen Chorschlusses gebräuchlich. → Dachformen; → Dachkonstruktion.

Kalefaktorium (lat.: Wärmestube). → Kloster.

Kalenderbauten. Bauwerke, die der Zeitmessung
und Beobachtung der Gestirne dienen, wie sie in
Altamerika (→ Mesoamerikanische Hochkulturen), in Asien (→ Indien) und in neuerer Zeit als
Sternwarten errichtet wurden. → Meßarchitektur.

Lit.: Kern '76; Werkner '92.

Kallikrates. Architekt und Bauunternehmer im
5. Jh. v. Chr. in Athen. Urkundlich bezeugt als Plan-
verfasser von Tempel und Altar auf dem Nikepyr-
gos der Akropolis (Abb. → Griech. Architektur);
bei Plutarch (Perikles 13) noch vor → Iktinos als
Baumeister des Parthenon erwähnt. Außerdem
wirkte er wahrscheinlich als Bauunternehmer an
der langen Mauer mit, die Athen mit dem Piräus
verband, vielleicht war er auch an den Ausbesse-

Athena Nike-Tempel auf der Akropolis, Athen, von → Kallikrates, nach 448-421 v. Chr.

rungsarbeiten der Burgmauer beteiligt. Sicher faßbar als Architekt ist er nur am Niketempel, dessen ion. Säulenbasen und → Kapitelle (→ Säulenordnungen) für einen Baubeginn bald nach 448 v. Chr. sprechen. Beendet wurde der Bau, wahrscheinlich ohne Mitwirkung von K. im Nikiasfrieden (421 v. Chr.). Wegen einiger Übereinstimmungen im Grundriß und im Detail werden K. der Tempel am Ilissos (ion.) und der 3. Apollontempel von Delos (dor.) – beide ebenfalls → Amphiprostyloi – zugeschrieben (Dinsmoor). Dagegen bleibt es fraglich, ob K. auch als Erbauer des Parthenon II und der attischen Peripteraltempel (→ Peripteros), wie des Hephaisteions in Athen, des Poseidontempels von Sunion u. a. gelten darf.   A. M.

Lit.: Dinsmoor '50; Shear '63; Carpenter '70.

Kaltdach → Flachdach.

Kambodscha → Südostasiatische Baukunst.

Kamin, der. **1.** → Schornstein – **2.** Offene Feuerstelle in einem Raum. Sie muß, damit das Feuer unter Kontrolle gehalten werden und der Rauch durch den Schornstein (Schlot) abziehen kann, eingefaßt werden durch Seitenwangen, Sturz- und Abschluß-

Kamin. Palazzo Ducale, Urbino, Mitte des 15. Jhs.

platte und schräge Ummantelung des Abzugschachtes zum Schornstein (Kaminmantel). Diese Einfassung war schon sehr früh Gegenstand architekton. Gestaltung; erhalten sind K.e aus dem Ende des 12. Jhs. (Gelnhausen, Kaiserpfalz); besonders reiche Formen entwickelten Italiener und Franzosen seit der Renaissance.

Lit.: Mariacher '58.

Kammerer & Belz. Stuttgarter Architekturbüro seit 1962, zuvor mit Rolf Gutbier (1955-62). Hans Kammerer (geb. 1922) studierte und lehrte in Stuttgart, war Gast in England (1952/53) und den USA (Berkeley 1978); Walter Belz (geb. 1927) studierte und lehrte ebenfalls in Stuttgart. Zahlreiche Verwaltungsbauten in Anknüpfung an den → Internationalen Stil und die → Postmoderne. Mit dem Bau der Calwer Passage in Stuttgart (1974-78) wurden sie auch über Stuttgart hinaus bekannt (Abb. → Anpassungsarchitektur).

Lit.: Kammerer '85.

Kämpfer. 1. Die Steinlage, auf der ein → Bogen oder ein → Gewölbe ansetzt. Auch Kurzbezeichnung für → Kämpferaufsatz, K.gesims, K.kapitell, K.stein (→ Anfänger). **2.** Querunterteilung aus Stein oder Holz bei → Fenster und Tür (Losholz).

Kämpferaufsatz, der. Ein in der Höhe des → Kämpfers zwischen einem Säulenkapitell (→ Kapitell) und einem → Bogen eingeschobener Block von würfelähnlicher oder trapezoider Form. Der K. ist als Rest eines über einer Säulenreihe verlaufenden Gebälkes (→ Architrav) zu verstehen.

Kämpferhöhe. Die Höhe des → Kämpfers über dem Fußboden.

Kämpferkapitell → Kapitell 8.

Kämpferlinie. Verbindungslinie zwischen den oberen Endpunkten der → Kämpfer, an denen die Wölbung ansetzt.

Kampmann, Hack (1856-1920) → Skandinavien; → Neoklassizismus.

Kamsetzer, Jan Baptist (1753-95) → Polen.

Kanadische Architektur. Das Zusammenwirken von Geschichte und geographischer Lage haben Kanada zu einer Kolonie zunächst Frankreichs und dann Englands gemacht, schließlich zu einer Nation, deren Fortbestand weitgehend von den Streitkräften einer wohlwollenden benachbarten Macht abhängt. All dies läßt sich an Hand der kanad. Architekturgeschichte vor Augen führen. So stellt z. B. die Pfarrkirchenarchitektur des mittleren 17. Jhs. in Französisch-Kanada eine Verschmelzung romanischer Traditionen mit gewissen Barock-Details aus dem 17. Jh. dar. Es finden sich zwar einige Parallelen dazu in Frankreich, in Gegenden, deren Gegebenheiten denen Quebecs ähneln, doch handelt es sich bei diesen kanad. Bauten nicht um eine einfache Nachahmung frz. Vorbilder. Eine Vielzahl von Beispielen ist uns aus alten Photographien und Zeichnungen bekannt, u. a. die Pfarrkirche von St-Laurent, Ile d'Orléans, begonnen 1695, Fassade 1708 von Jean Maillou (1668-1753), Kgl. Architekt von Neufrankreich, neuerbaut, 1864 zerst.; Ste-Anne-de-Beaupré (1689) von Claude Baillif, 1878 zerst.; die alte Pfarrkirche von Les-Trois-Rivières mit → Louis-Quinze-Interieur (1710, 1908 ausgebr.). Das beste noch erhaltene Beispiel ist die

Kämpferkapitell. S. Vitale, Ravenna, 6. Jh.

Hauptverwaltung der EVS, Stuttgart, von → Kammerer & Belz, 1974-78.

Kanadische Architektur. Pfarrkirche von Les-Trois-Rivières, Quebec, 1710.

Ste-Anne-de-Beaupré, von Claude Baillif, 1689.

Saint-Joseph-de-Deschambault, 1834-38.

Altes Pfarrhaus von Saint-Joseph-de-Deschambault, 1815.

Kapelle im Zisterzienserkloster La Trappe, Oka, 1881.

Kapelle des Ursulinenklosters in Quebec mit ihrem wunderbaren Altaraufsatz, der 1734-39 von Noël Lavasseur (1690-1770) geschaffen wurde. Dieser Kirchentypus war so ausgeprägt, daß er nach dem Sieg der Engländer (1763) als Symbol des frz. Widerstandes gegen die Anpassung wiederbelebt wurde. Abbé Pierre Conefroy (1753-1816) verwendete ihn für seinen Modellplan, der bei über 30 Pfarrkirchen im Umkreis von Montreal verwirklicht wurde. Gute Beispiele für diesen Typus sind die Kirchen von Lacadie (1801) und St-Mathias in Rouville (1813). Conefroys eigene Kirche in Boucherville (1813) wurde leider durch spätere Anbauten beträchtlich verändert. Diese Gruppe von Kirchen gehört zu den frühesten Beispielen eines gesellschaftlichen Eklektizismus der Architektur des 19.Jhs., in dem die Pfarrgemeinde die wichtigste Institution war, die das Überleben einer ausgeprägten frz. Kultur in Nordamerika sicherte. Ihre bemerkenswertesten Bauten sind die Pfarrkirchen in und um Quebec (1791-95) von Thomas Baillairgé, wenn auch seine angestrengte Spitzenleistung, die Fassade der Basilika von Quebec (1844-46) mißlang. St-Joseph Lauzon (1830-32, 1954 durch Einbau eines zusätzlichen →Jochs in das Hauptschiff vergrößert) ist ein repräsentatives Beispiel für Baillairgés eintürmigen Kirchentypus. Dagegen sind zweitürmige Fassaden für Deschambault (1834-38) charakteristisch. Dieses Modell nimmt bewußt Bezug auf die anglik. Kathedrale (1803) und die Jesuitenkirche von Quebec (1666-1807). Einzigartig ist der dreitürmige Bau von Ste-Famille, Ile d'Orléans, entstanden aus Baillairgés Hinzufügung eines Mittelturmes (1843), um für die Jahrhundertfeier des ursprünglich zweitürmigen Baues aus dem Jahr 1743 ein Zeichen zu setzen. Die zwei größten Kirchen Montreals aus dem 19.Jh. sind wichtige Beispiele für eklekt. Symbolismus. Nôtre-Dame, die Pfarrkirche, 1722 von Sulpizianern erbaut, wurde 1824-29 durch eine der frühesten und größten neugot. Kirchen des amerik. Kontinents, entworfen von einem Iren aus Brooklyn, James O'Donnel (1774-1830), ersetzt. Diese hatte offensichtlich die

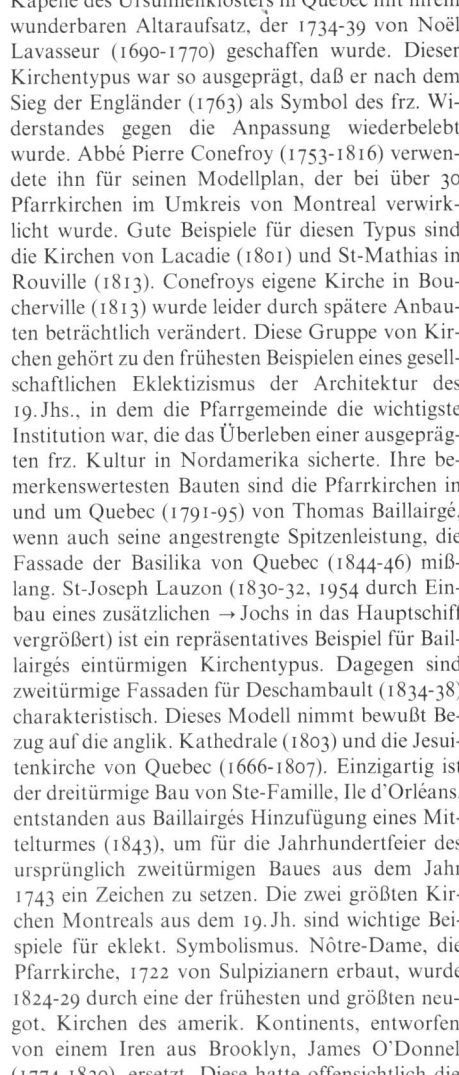

Victoria Hall, Cobourg, von Kivus Tully, 1856-60.

Aufgabe, die Anwesenheit frz. Katholiken in dem engl.-protestant. Stadtteil von Montreal hervorzuheben, an die Kathedrale von Paris zu erinnern. Das ganze Konzept bezog sich auf die bourbonische Restauration und die Wiederbelebung der Gotik in Frankreich (1815-35). Die spätere neue Kathedrale von St-Jacques dagegen verdankt ihre Gestalt einem Besuch des Diözesanarchitekten Victor Bourgeau (1809-88) in Rom (1870) im Auftrag des Bi-

Ste-Famille, Ile d'Orléans, 1834, Mittelturm von Baillairgé, 1843.

schofs von Montreal, Ignace Bourget, zum Zweck einer Nachbildung von St. Peter in verkleinertem Maßstab. St-Jacques wurde 1875-85 von Joseph Michaud (1822-1902) unter Mitwirkung von Bourgeau erbaut.

Der Großteil der engl.-kanad. Architektur zeigt die Merkmale späterer Stile. 1750 erschien in Halifax eine typische Variante von → Gibbs' Pfarrkirchentypus mit → palladian. Details. Beispielhaft dafür St. Paul, aus in Boston vorgefertigten Bauteilen errichtet, jedoch 1812 u. 1867 fast völlig umgestaltet. Die Mehrzahl dieser Kirchen stammt aus der Loyalistenzeit, d.h. nach 1783, dem Jahr der Unabhängigkeit der Vereinigten Staaten. Typische Beispiele sind St. Mary, Auburn, N.S. (1790), St. Stephen, Chester, N.S. (1795) in der Diözese des antiamerikan. Bischofs Charles Inglis, Holy Trinity in Quebec, 1803 gestiftet von Major William Rose, Vertreter einer typischen Soldaten- und Beamtenfamilie des Empire, und St. George in Kingston, Ontario, 1859 von George Browne aus Belfast entworfen. Das → Barock des 18.Jhs. lebte fort in den öffentl. Bauten des früheren Ober-Kanada als Symbol der Ergebenheit an das alte Empire, z.B. das Rathaus von Kingston (1843) von George Browne; Victoria Hall, Cobourg (1856-60) von Kivus Tully aus Belfast; Osgoode-Gerichtshof, Toronto (1829 u. später), ursprünglicher Entwurf von John Ewart, und schließlich St. Lawrence Hall, Toronto (1850)

Victoria Hall, Cobourg, von Kivus Tully, 1856-60.

Casa Loma, Toronto, von Edward Lennox, 1911-14.

von William Thomas. Von etwa 1840 an löste in Englisch-Kanada eine späte Wiederbelebung des got. Stils den → georgian. ab, wurde seit ca. 1860 von italianisierenden Tendenzen überschattet und spaltete sich danach in pittoresker Vielfalt auf. Kirchenbauspezialisten entwarfen Kathedralen für St. John's auf Neufundland (1846-85 von den beiden Gilbert → Scott und Fredericton, 1843 im wesentlichen nach Entwürfen von → Butterfield ergänzt). Die eindrucksvollsten Beispiele für die malerischen Stilarten des mittleren 19. Jhs. sind im südl. Ontario zu finden. Hier zeigt eine Anzahl von Bauernhäusern (1870-90) mit verschiedenfarbigen Ziegeln besondere Dekorationsmerkmale aus verschiedenen engl. Quellen: wiedererweckte Hochgotik mit ma. → Polychromie durch → Pugin, Butterfield und → Ruskin, dazu charakteristische Industrie- und Geschäftsbauten des freikirchl. Bürgertums sowie Wohnhäuser und bescheidene Ladenfronten aus den Midlands, Ulster und Südschottland. Ebenso überlebte der spätviktorian. Stil in Kanada mehr als eine Generation, nachdem er in England seine Vorherrschaft eingebüßt hatte. So repräsentiert z. B. Edward Lennox' Casa Loma in Toronto (1911) den ›Schottischen Baronialstil‹, wie ihn Sir James Gowan bei seinen Häusern in Edinburgh in den 70er und 80er Jahren angewandt hatte, von Balmoral Castle ganz abgesehen.

Ähnliches gilt für die öffentlichen Bauten. Das University College, beherrschendes und lange Zeit einziges Gebäude der Universität von Toronto, 1856 von W. Frederick Cumberland (1821-81, Studienkamerad und Freund von John Ruskin in Oxford), entworfen, wurde mit dem Museum von Oxford verglichen, das nach Ruskinschen Richtlinien von Deane und Woodward konzipiert worden war. Das University College ist auch ein Musterbeispiel für den hochviktorian., pittoresken und eklekt. Stil, wie auch für die typische hochviktorian. Blockform mit Mittel- und Ecktürmen. Die Gestaltung des Dominion Parliament Building in Ottawa (1859, voll. 1866, mit Ausnahme der Bibliothek, die 1916 durch Brand zerst. und in bescheidener Form wiederhergestellt wurde von Thomas Fuller [1822-98]) folgte deutlich der Bauweise des University College, übernahm aber in den Einzelheiten die got. Züge von Westminster Palace, um so die traditionelle Bindung zwischen Altengland und Neukanada auszudrücken. Mit diesem Bau wurde ein kanad. Nationalstil ins Leben gerufen, der dann bei vielen Regie-

rungsgebäuden im ganzen Lande angewandt wurde; am auffallendsten bei der Gestaltung der Hotels, die von der Canadian Pacific Railroad und ihren Konkurrenten zwischen 1880 und 1930 im ›Châteaustil‹ errichtet wurden. Repräsentativste Beispiele hierfür sind das Château Frontenac in Quebec und das Empress in Victoria, beide um die Jahrhundertwende erbaut. Mit ihren an schott. Schlösser erinnernden Einzelzügen dokumentieren sie Kanadas Status als ›schottische Kolonie‹ in dieser Zeit, als Kanadas Politik, Wirtschaft, Verkehr, Presse und Landwirtschaft sehr entscheidend von schott. Einwanderern bestimmt wurden. Bemerkenswert ist auch die Wohnarchitektur von Samuel Maclure aus Victoria (1867-1929), die der gesellschaftlichen Situation in der Hauptstadt Britisch-Kolumbiens zwischen 1890 und 1930 entspricht. Damals zog sich die herrschende Klasse von der Beschäftigung mit praktischen Dingen zurück, um in einer Idealwelt der Ruhe und gepflegten Muße zu leben. Für diese Schicht schuf Maclure eine Reihe ausgefallener Häuser, zumeist mit Tudorzügen, die vorzüglich die Wertvorstellungen und den Lebensstil einer entwurzelten brit. Aristokratie versinnbildlichen. Typische Beispiele sind die Häuser von Biggarstaff Wilson und John J. Shallcross in Victoria (1905-06; 1907) und das Haus von Hon. Walter C. Nicol in Sidney (1925). Mit seinem Partner Cecil Croker Fox entwarf Maclure auch eine Reihe von Wohnhäusern und öffentl. Gebäuden für Magnaten im aufblühenden Vancouver, z.B. die Boys' Residential School, jetzt R.C.M.P. Hauptquartier (1914).

Nach dem Zweiten Weltkrieg kam es zu eindrucksvollen Restaurierungen, vornehmlich an Fort Louisbourg, Cape Breton Island, N.S., und an der Houdson's Bay-Station in Lower Fort Garry, Manitoba. Wichtiger aber als dieser ›Denkmalschutz‹ ist die Hinwendung zum → Internationalen Stil und zu einer modernen kanad. Architektur, die nicht unbeeinflußt von den U.S.A. bleiben konnte. Wichtige Beispiele für die heutige avantgard. Bauweise sind John B. Parkins Malton International Airport und Viljo Rewells Rathaus in Toronto (1958 beg.), die Simon Fraser Universität in Burnaby, B.C. (1963-65); die Lethbridge Universität in Alberta

Unterirdische Ladenstraßen, Shopping Center Complex Desjardins, Montreal.

Flughafen Mirabel bei Montreal, von Guy Gérin Lajoie, 1970-75.

Toronto, Ontario.

Kanadische Architektur. City Hall, Toronto, von Viljo Rewell, 1958-65.

Kapitelhaus. Kathedrale in Wells, frühes 14. Jh.

Kanneluren. Palazzo Ducale, Urbino, Mitte des 15. Jhs.

(1971) von Arthur → Erickson; das Scarborough College, Ontario (1964-69, 1972 ergänzt, Abb. → Andrews) und der Studentenwohnkomplex der Guelph-Universität, Ontario (1965-68) von → Andrews. Andrews' Gund Hall der Harvard-Universität (1969-72) wurde von → Johnson als »eine der sechs bedeutendsten Bauten des 20. Jahrhunderts« bezeichnet. Alle größeren kanad. Städte weisen Vorbilder für moderne → Städteplanung und Umweltgestaltung auf; bekannte Beispiele sind die Place Ville-Marie in Montreal (1960) von → Pei und das Dominion Centre in Toronto (1963-69) von → Mies van der Rohe. Internationale Anerkennung fand, im Anschluß an die Expo 1967, → Safdies ›Habitat‹, ein zukunftweisendes Muster für Großwohnbau (Abb. → Ausstellungsarchitektur). Anzumerken sind auch die riesigen unterirdischen Ladenstraßen, die in den letzten Jahren in vielen kanad. Städten entstanden.   A. G.

Lit.: Gowans '67; Ritchie '68; Mayrand-Bland '71; Bernstein '83; Krämer '87.

Kanephore, die (gr.: Korbträgerin). → Karyatide.

Kánka, Franz Maximilian (1674-1766) → Tschechoslowakei.

Kanneluren, die (Pl.; lat. canna: Rohr). Die senkrechten, konkav eingeschnittenen Vertiefungen an → Säulen klassischer Ordnungen, → Pfeilern oder → Pilastern. Die K. können scharfkantig aneinanderstoßen (dor.) oder durch Stege getrennt sein (ion.) (→ Säulenordnungen); in späteren Ausformungen sind sie oft durch sog. Pfeifen (kleine Rundstäbe) gefüllt.

Kanon (gr.: Stab). Richtschnur; übertragen: eine klassische Maßordnung. → Proportion.

Kante. Schnittlinie zweier Flächen. → Randschlag.

Kantharos, der (gr.: Kanne). Reinigungsbrunnen im → Atrium der frühchristl. → Basilika.

Kanzel (lat. cancelli: Schranken). Der erhöhte Standort des Predigers in einer christl. Kirche. Die K. entwickelte sich im 13. Jh. aus → Ambo und

→ Lettner und ist im allgemeinen weiter nach Westen in das Kirchenschiff vorgeschoben. – Die K. wird von einer oder mehreren Stützen (K.fuß) getragen; diese können, besonders in der ital. Spätgotik und Frührenaissance, plastisch verziert sein (Pistoia, Pisa). Auf dem K.fuß sitzt der K.korb mit Brüstung; beide sind wiederum Träger figürlichen und ornamentalen Schmuckes. Dem K.korb ist noch ein K.deckel, der sog. Schalldeckel, zugeordnet, der ebenfalls Objekt reicher Ausgestaltung war (K.deckel von St. Stephan in Wien von → Pilgram). – Eine Eigenentwicklung zeigen K.n in manchen ev. Kirchen Sachsens und Norddeutschlands, indem sie mit dem → Altar zum K.altar – oft noch unter Einschluß der Orgel – zusammengeordnet wurden. – Außenk.n kommen an Wallfahrtskirchen für die Predigt im Freien vor.

Lit.: Rademacher '21; Mayer, H. '32; Strobl '54.

Kanzel. Abteikirche Weingarten, 1762-65.

Kapelle (lat. capella, abgeleitet von dem Raum in der fränk. Königspfalz, in dem bereits seit dem 7. Jh. die eine Hälfte der geteilten ›cappa‹ – Mantel – des hl. Martin aufbewahrt wurde). Kleiner, selbständiger Kultraum als An- oder Einbau in Kirchen, Klöstern, Palästen usw., auch Kirchen ohne eigene Pfarrrechte. → Oratorium. Dieser Ausdruck wird auch auf An- und Einbauten ägyptischer Tempel (→ ägyptische Architektur) angewandt.

Lit.: Cabrol-Leclercq '16; McAndrew '65.

Kapellenkranz. Um einen halbrunden oder polygonalen → Chor angeordnete Reihe von radialen → Kapellen.

Kapitelhaus (engl.: Chapter house). Nur in England vorkommende Form des Kapitelsaales (→ Kloster). Das K. ist ein polygonaler Bau, mit dem Kreuzgang einer Domkirche durch einen Gang verbunden. Als Besonderheit haben fast alle diese K.er eine Mittelstütze und ein Schirmgewölbe (→ Gewölbe III, 11).

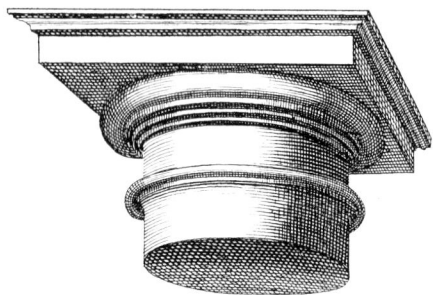

2. Dorisches Kapitell.

4. Ionisches Kapitell.

5. Korinthisches Kapitell.

6. Komposit-Kapitell.

Kapitell (lat.: Köpfchen). Kopfstück einer → Säule oder eines → Pfeilers mit ornamentaler, pflanzlicher oder figürlicher Ausformung, die bauplastischen Charakter annehmen kann (→ Bauplastik). – **1.** Älteste Formen finden sich in der → ägypt. Baukunst in den abgeschnürten Säulenköpfen, die aus Lotos- und Papyrosformen entwickelt waren (→ Säule 1; Abb. → Ägyptische Architektur). Die griech. Baukunst hat drei K.formen entwickelt: das **2.** dor. K. mit wulstartigem → Echinus unter einem einfachen quadrat. → Abakus (Abb. → Echinus). Gleichzeitig mit diesem entstand aus dem **3.** → äolischen Kapitell das **4.** ion. K., zusammengesetzt aus einem → Eierstab und einem an beiden Seiten schnecken- förmig eingerollten Polster, den → Voluten; der Abakus dieses K.s ist von einem Blattstab einge- faßt. Da dieses K. allein auf Frontansicht entwick- kelt ist, ist das Eckk. als eine besondere Ausfor- mung entwickelt worden, wobei die Volute diagonal übereck gesetzt ist. Eine Variante dieses K.s ist das **5.** korinthische K., bei dem zwei bis drei Akanthus- blattkränze (→ Akanthus) um das runde Säulen- haupt gelegt sind; die oberen Ecken sind mit diago- nal gestellten Voluten besetzt, der profilierte Aba- kus ist durch eine Abakusblume geschmückt. Dieses K. fand in der hellenist. und röm. Architek- tur die größte Verbreitung und wurde in der röm. Architektur durch stärkere Betonung seiner ion. Teile zum **6.** Kompositk. entwickelt. Eine spätan- tike K.form ist das **7.** Protomai-K., bei der an den Ecken des K.s Halbfiguren (meist Tiere) vorsprin- gen. – Die byzant. Architektur brachte das **8.** → Kämpferk. in Trapezform (Trapezk.; auch gefal- tet, dann Faltenk.) und in Korbform (Korbk.) (Abb. → Koptische Baukunst). – Die christl. abend- länd. Architektur übernahm zunächst nur das ko- rinth. K. in allerdings sehr vergröberter Form. Dar- aus entwickelte sich u. a. das frühgot. **9.** Knospen- oder Knollenk., dessen stilisierte Blätter an den En- den überhängen und wie kleine Voluten eingerollt sind. Im 10. Jh. wurde das **10.** Würfelk. als Durch- dringung von Würfel und Kugel entwickelt. Seine kubische Form mit klar umgrenzten Schildfronten entsprach dem Architekturempfinden der Roma- nik, das sich um deutliches Scheiden der Bau- und Raumteile bemühte; die Schildflächen waren meist ornamental (heraldisch) behandelt. Der meist sehr wuchtig erscheinende Würfel konnte später unter- teilt werden zu einem Doppelwürfelk., auch konnte durch Herausarbeiten der Schilde und ihre kegel- stumpfförmige Verlängerung ein Faltenk. entste- hen. Spätere Formen roman. K.e sind das **11.** Glok- kenk., das einer umgekehrten Glocke ähnlich und mit reicher Ornamentik überzogen ist und das **12.** Kelchk., das mit Akanthus verziert zu einem Akan- thusk. werden konnte. Daneben gibt es in dieser Zeit über verschiedenen Grundformen das **13.** Figu- renk., bei dem die architekton. Grundform hinter der plastischen Schmuckform zurücktritt; solche K.e finden sich besonders in Südfrankreich und Burgund im 11./12. Jh.; unter diesen fand das **14.** Adlerk., dessen vier Ecken heraldisch von Adlern besetzt sind, weitere Verbreitung. Neben dem Knos- penk. (9) entwickelte die Gotik das **15.** Blattk., bei dem die Grundform – etwa ein Korb – von mehre- ren fein gearbeiteten Blattkränzen umzogen ist, wo- bei nun einheimische Blattformen bevorzugt wur- den, die später aber auch wieder stilisiert werden.

Flechtband-Kapitell. St. Bertrand-de-Comminges, Anfang 12. Jh.

13. Figurenkapitell. San Juan de la Peña, Provinz Aragon, Spanien, nach Mitte 12. Jh.

7. Achämenidisches Doppel- protomaikapitell, Ende 6. bis Anfang 5. Jh. v. Chr.

Studie für ein imaginäres Kapitell, von Gerd Neumann, 1980.

15. Blattkapitell. Kathedrale Southwell, Ende des 13. Jhs.

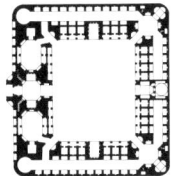

Karawanserei. Nishapur, Iran.

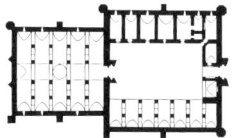

Karawanserei. Sari Kâhn an der Straße Ürgüp-Avanosa, Anatolien, 1238.

Karawanserei. Chelesieh, Iran.

In der Spätgotik tritt das K. zurück zugunsten eines ungegliederten, absatzlosen Aufsteigens der Bauglieder (z. B. in den Kirchen von → Stethaimer). – In der Renaissance wurde wieder nach den antiken Vorlagen gegriffen, die in vielen Formen variiert bis ins 19. Jh. Verwendung fanden. → Säulenordnungen.

Lit.: Puchstein 1887; Groote '05; Homolle '10; Gütschow '21; Patroni '21; Kautzsch '36; Akurgal '60; Boëthius '62; Ciasca '62; Hoepfner '68; Groszmann '80.

Kapitelsaal → Kloster.

Kappe. 1. Das Teilstück des Kreuzgewölbes (→ Gewölbe III, 4-7) zwischen 2 Graten bzw. Kreuzrippen; ein rechtwinklig zur Achse geführter Einschnitt in ein Gewölbe heißt Stichkappe. – In der → Romanik wurden die K.n aus → Bruchstein, der mit Mörtel gebunden wurde, gemauert, in der Gotik aus sorgfältig behauenen oder geformten Steinen (→ Steinschnitt). Die älteste bekannte K. findet sich in St-Denis (1140-44). – **2.** Preußische K. nennt man die Deckenkonstruktion, bei der flache Tonnensegmente von Eisen- bzw. Stahlträgern gehalten und aneinander gereiht werden. – **3.** Böhmische K. → Kuppel.

Karawanserei, die (pers. Kārwān-sarāy: Haus der Karawanen, auch Khan [Han], Ribat oder Funduq genannt). In der islamischen Welt eine Raststätte für Karawanen. K.en wurden sowohl in Städten wie im offenen Land errichtet. In den städtischen Herbergen (oft sehr zahlreich: Isfahan, Persien, besaß im 17. Jh. beinahe 2000) fanden die Reisenden nicht nur Unterkunft und Verpflegung, sie dienten auch dem Handel als Stapelhäuser mit speziellen Gütern und als Zentren für besondere Gruppen von Kaufleuten. Manche städt. K.en erfüllen noch immer solche Funktionen, andere sind zu bloßen Märkten geworden (Khan al-Gumruk, Aleppo). K.en im freien Land wurden oft im Abstand von Tagesetappen (etwa 25 km) entlang der wichtigsten Handelsstraßen angelegt. Gewöhnlich befestigt, mit einem reich verzierten, vorspringenden Tor versehen, waren sie besonders in Syrien, in der Türkei und im Iran beliebt. Im 13. Jh. entstand in der Türkei eine eigene Plangestalt mit einem offenen Hof,

Stichkappen. Chorgewölbe, Sedlec, Tschechoslowakei, von Santin-Aichel, 1703-07.

der an zwei Seiten Unterkunftsräume und Stallungen, an der 3. Seite einen Eingangstrakt, oft mit einem Betraum versehen, enthielt. An der gegenüberliegenden 4. Seite bildete ein geschmücktes Portal den Zugang in eine mehrschiffige gewölbte Halle mit zentraler Kuppel. Die Reisenden und ihr Gepäck waren auf hohen Podien seitlich des Mittelschiffs untergebracht, die Tiere in den Seitenschiffen. Brunnen, Bäder und Küchen gehörten zur Ausstattung der größeren K.en (Sultan Han bei Aksaray und bei Kayseri). Die Kombination von offenem Hof und überdachter Halle, die sich in verschiedener Proportionierung findet, ist eine speziell türkische Gestaltung, während im Iran die meisten K.en dem ›4-Iwan-Plan‹ der → Moscheen und → Medresen folgen (Ribat Mahi; die meisten K.en des 17. Jhs.), obwohl es auch oktogonale und runde Bauten gibt. Die K.en Syriens entstanden erst nach dem 13. Jh. und zeigen einen mehrstöckigen Arkadenhof, dessen untere Räume für Tiere und Güter bestimmt waren, während die Reisenden in den oberen Stockwerken wohnten. Der Eingang war so hoch, daß ihn ein beladenes Kamel passieren konnte. In der Hofmitte fehlte nie der Brunnen, in den Ecken waren Küchen untergebracht. → Arabische Architektur; → Islamische Architektur.   R.H.

Lit.: Müller, K. '20; Pauty '44; Siroux '49; Erdmann '61.

Karcher, Johann Friedrich (1650-1726). Urspr. Gartenarchitekt im Dienste der Kurfürsten von Sachsen. K. lernte angeblich bei → Le Nôtre, dessen Einfluß auf sein Werk nicht zu leugnen ist. 1648 wurde er zum Obergärtner des Großen Gartens in Dresden ernannt, für den er einige kleine Gebäude entwarf. 1690 berief ihn König August der Starke als Oberlandbaumeister für Polen und Sachsen an den Hof nach Warschau. K. lieferte Entwürfe für die Erweiterung des kgl. Schlosses in Warschau (nicht ausgeführt), und war wohl auch als Mitarbeiter → Pöppelmanns beim Bau des Taschenbergpalais in Dresden tätig, das für die Gräfin Cosel, eine Favoritin des Königs, errichtet wurde (1705-15). 1718 war er an der Planung des Gartens für das Jap. Palais in Dresden beteiligt. Er lieferte auch Entwürfe für Schloß Wilhelmshöhe bei Kassel und Schloß Weißenfels (beide nicht ausgeführt).

Lit.: Löffler '55.

Karigi → Indianer & Eskimo Nordamerikas.

Karolingische Architektur. Corvey, Westwerk der Stiftskirche, 873-85.

Karner. Beinhaus. Eine meist als → Zentralbau ausgeführte Friedhofskapelle, in deren Untergeschoß beim Wiederbelegen von alten Grabstellen aufgefundene Gebeine verwahrt wurden. Besonders reich ausgestaltete K. gibt es in Österreich (u. a. Pulkau, Tulln, Mödling, Hartberg, alle spätroman.).

Lit.: Capra '26; Derwein '31; RDK.

Karnies, der (gr. koronis: gekrümmt). Ein Zierglied, das aus einem konkaven und einem konvexen Teil besteht, also ein S-förmiges Profil hat. Bei einem stehenden oder steigenden K. als Zwischenglied an einem → Gesims oder → Pfeiler ist der obere Teil konkav und der untere Teil konvex, bei einem fallenden der obere Teil konvex und der untere konkav.

Karolingische Architektur. Torhalle, Lorsch, 774.

Karolingische Architektur. Die nach Karl d. Gr. (768-814) und seinem Geschlecht benannte Baukunst, die sich zeitl. vom späten 8. bis ins 10. Jh. und räumlich über das von Karl d. Gr. gegründete Reich erstreckte. Der karoling. Baustil ist die Verschmelzung verschiedener Entwicklungen in den Jahrhunderten, in denen die abendländ. Kultur Gestalt annahm. Karl d. Gr. knüpfte bewußt an die röm.-konstant. Kultur an (Karolingische Renaissance). In Dichtung, Schrift und Buchmalerei wurden die röm. Kaiserurkunden und die antiken Klassiker Vorbild, im Bereich der Architektur folgten die Kirchen den Grund- und Aufrissen röm. und frühchristl. Bauten (St-Denis, Fulda usw.), wobei manchmal auch Bauteile antiker Bauwerke, z. B. Säulen und Kapitelle (→ Spolien), wieder verwendet wurden (Aachen). Wird auch die ausgewogene Proportionierung und feierliche Strenge der Antike selten erreicht, so doch eine gewisse repräsentative Monumentalität. Einzelne für die karoling. Baukunst charakteristische Merkmale weisen schon auf die → Romanik hin: das additive Raumsystem, der → basilikale Aufbau mit Querschiff und Drei-Apsiden-Abschluß (→ Apsis), hoch aufragende Türme über der → Vierung, dem → Westwerk und seitlich

Karolingische Architektur. Unterer Rundgang im Dom zu Aachen, gew. 805.

des Chores, stark betonte West- und Ostabschlüsse (Centula, St. Gallener Klosterplan, Abb. → Kloster), schwere, massive Bauglieder. Die Pfalzkapelle in Aachen (790-806) ist das großartigste Bauwerk, das uns aus dieser Zeit erhalten ist (Abb. → Deutschland); ein anderes wichtiges Beispiel auf dt. Boden ist die Torhalle des Klosters Lorsch. → Deutschland, → Frankreich, → Niederlande.

Lit.: Conant '59; EUA; Heitz '63; Hubert-Porcher-Valbach '68; Fillitz o. J.; Oswald/Jacobsen u. a. '90/'91.

Karpiński, Zbigniew (geb. 1906) → Polen.

Karpion (um 450 v. Chr.) → Iktinos.

Kartause (ital.: certosa). Eine von Kartäusermönchen entwickelte Sonderform des → Klosters. An

Karner. Jak, Ungarn, Mitte des 13. Jhs.

Steigender Karnies.

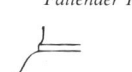 

1. bekrönend,   2. stützend,

Fallender Karnies.

3. auslaufend,   4. fußend.

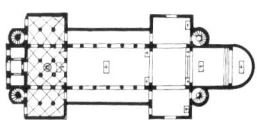

Karolingische Architektur. Centula (St-Riquier bei Abbeville), um 790-99. Schematische Rekonstruktion und Grundriß.

*Karyatide. Koren am
Erechtheion, Athen, um
421-406 v. Chr.*

*Kartusche. Villa Palagonia in
Bagheria bei Palermo, 1715.*

*Katakombe SS. Marcellino
e Pietro, Rom. Malereien
3. und 4. Jh.*

dem Kreuzgang liegen hier einzelne Häuschen mit kleinen Gärten, die von jeweils nur einem Mönch bewohnt und bewirtschaftet werden. Gemeinsam haben sie den Kapitelsaal und die Kirche. Abts- und Gästehaus liegen außerhalb der → Klausur. Bekannte K.n sind die von Pavia (Abb. → Italien), Grenoble und Mauerbach.
Lit.: Braunfels '69.

Kartusche. Eine barocke Zierform, die mit einem aus → Roll- und → Knorpelwerk gebildeten Rahmen eine glatte Fläche für Inschriften oder Wappen umschließt.
Lit.: Cuvilliés 1738; Jessen '20; Wazbinski '63.

Karyatide (gr.: Tänzerin aus Karyai; auch Kore, Kanephore genannt). Eine Mädchengestalt, die – als Gegenstück zum männlichen → Atlanten – als Gebälkträgerin dient. Während der Atlant sich jedoch der Kraft entgegenstemmt, steht die K. ohne jede sichtbare Anstrengung aufrecht da. Sie trägt auf dem Kopf ein korbähnliches Polster. Die K. ist hauptsächlich in der griech. Baukunst entwickelt; die Korenhalle des Erechtheions auf der Akropolis in Athen ist das berühmteste Beispiel. – Fälschlich wird der Ausdruck auch für alle Trägerfiguren (Atlant, → Herme, → Terme) gebraucht.
Lit.: EAA; Hentze '65.

Kasachstan → Mittelasien.

Kasematte → Festung.

Kasino (ital. casino: kleines Haus). **1.** Ein Pavillon oder kleines Haus im ital. Renaissancegarten. – **2.** Seit dem 18.Jh. ein Tanz- oder Gesellschaftssaal (Spielkasino). – **3.** Speisesaal der Offiziere.

Kaskade (ital. cascare: fallen). Künstlich abgetreppter Wasserfall, vorwiegend in Parkanlagen der → Renaissance und des → Barock. Bekannte K.en sind in Tivoli (Villa d'Este), Caserta bei Neapel, Kassel-Wilhelmshöhe, St-Cloud und Marly-le-Roy bei Paris. → Brunnen.
Lit.: → Gartenbaukunst.

Kassette (frz.). **1.** Kästchen, kleiner Kasten. – **2.** Vertieftes Feld in einer flachen oder gewölbten Decke oder in einer Bogenlaibung. Die K. kann ein Konstruktionselement sein, dann sind die K.nrahmen Verstärkungsgurte der Decke, oder rein dekorativ verwendet werden (aus Holz, Stuck o.ä.). Ihr Inneres ist meist mit Ornamenten (Rosetten, Bemalung u.a.) geschmückt; auch können die Grundformen der K. variieren, so daß ein vielfältiges Deckenmuster entsteht. – K.n kommen an den Umgängen griech. Tempel, in der röm. Baukunst und wieder seit der Renaissance vor.

Kassettierung. Die Gestaltung einer flachen oder gewölbten Decke durch → Kassetten.

Kastell (lat. castellum: befestigter Platz). Befestigtes Schloß. → Burg, → Festung.

Kastengrab. Kastenförmiger Steinsarg; im MA. die gebräuchlichste Form des Grabdenkmals.

Katakombe, die (gr.). Im allg. unterirdische oder in Felsen gehauene Grabanlage; im besonderen die Begräbnisstätten der ersten Christen in Italien und Nordafrika. Die ital. Anlagen werden als Coemeterien bezeichnet. Die bedeutendsten Anlagen entstanden im 2.-4.Jh. in Rom. Sie bestehen aus einem System von Haupt- und Nebengängen, die auch in

Kassettendecke. Tholos, Epidauros, 360-20 v. Chr.

mehreren Geschossen übereinander liegen können. Die Gräber liegen in den Wänden parallel zum Gang neben- und übereinander; es sind rechteckige Grabnischen (loculi), die durch Steinplatten verschlossen waren, welche die Namen der Verstorbenen trugen. – Die K.n wurden ausgemalt; hier finden sich die ältesten, noch aus heidnischer Tradition entwickelten christl. Wandmalereien. → Kolumbarium.
Lit.: de Rossi 1864-67; Marucchi '33; Styger '33; Hertling-Kirschbaum '49; Ferrua '58; Bovini in EUA; Testini '58; Bock-Goebel '64; Krautheimer '65.

Kathedra. St. Peter, Rom, Entwurf von → Bernini.

Kathedra (gr.: Sitz). Der Bischofsstuhl in der → Kathedrale. Der Platz der K. war urspr. hinter dem Hauptaltar an der Wandrundung in der Mittelachse der → Apsis. Später rückte sie vor den Altar auf die → Evangelienseite.
Lit.: Cabrol-Leclercq '16; Instinsky '55; Bovini '57; Stommel '58.

Kathedrale. Von → Kathedra abgeleitete Bezeichnung der Bischofskirche. → Dom.
Lit.: Marchetti-Bevilacqua '50; Sedlmayr '50; Davies '52; du Colombier '53; Gall '55; Nebbia '55; Jantzen '57, '61; Lesser '57; Fitchen '61; Gimpel '61; von Simson '62; Swaan '65; Braun, H. '72; Duby '80.

Kaufhaus → Warenhaus.

Kavalier (ital. cavallo: Pferd). → Festung.

Eingangshalle Holkham Hall, Norfolk, von → Kent, beg. 1734.

Kazakow, Matwej Fjodorowitsch (1738-1813). Russ. Architekt des → Klassizismus, der fast ausschließlich im Umkreis von Moskau arbeitete. (Er studierte weder an der Petersburger Akademie, noch reiste er ins Ausland.) Einer unbemittelten Familie entstammend wurde er von Ukhtomsky ausgebildet. Sein Durchbruch als Architekt erfolgte, als er Mitglied des Planungsstabes wurde, der Twer (heute Kalinin) nach dem Brand von 1763 wieder aufbaute. Hier wichen bereits in seinem ersten selbständigen Bau barocke Elemente dem Klassizismus. In der Zusammenarbeit mit → Baschkenow an den Plänen für den Kremlpalast (1767-74) fand er zu seinem reifen Stil, der dann in dem üppigen, doch maßvoll gestalteten Senatsgebäude im Kreml (1776, heute Amtssitz des Ministerrats der UdSSR) in Erscheinung trat. Sein Werk umfaßt Privathäuser (so für die Familien Demidow, Gubin, Razumowsky), gekennzeichnet durch Hauptfassaden mit → Portikus, zurückgesetzt zwischen sym. Seitenflügeln, ferner öffentl. Auftragsbauten (Galitzin-Spital, 1796), die Alte Universität von Moskau (1786; 1817 von Zhilyardi umgebaut) und die

Lettner, Kathedrale Gloucester, von → Kent, 1742 (abgebaut).

Rundkirche St. Philipp (1777). Seine Anleihen bei der Pseudogotik (Petrowsky-Palast, 1775, und Palast in Zarizyn, 1786) sind weniger überzeugend als die Baschkenows. K.s Stil neigt zu Schlichtheit und einem gewissen → Palladianismus, ohne dabei puristisch zu wirken. Ihn faszinierten zu jeder Zeit Kuppeln und ihr Fensterwerk. Er schuf auch reizvolle Interieurs, so u. a. die Säulenhalle im Adelsklub (1784). K. begründete die Moskauer Tradition klassiz. Architektur, die dann in D. I. Zhilyardi oder Gigliardi (1788-1845) ihren Höhepunkt fand.

Lit.: Hamilton '54.   R. R. M.-G.

Kehlbalkendach → Dachkonstruktion 3.

Kehle. 1. Der durch das Zusammentreffen zweier Dachschrägen entstehende, einspringende Winkel (> 180°). – **2.** → Hohlkehle.

Keller → Geschoß.

Kemenate. Ein heizbarer Wohnraum in einer → Burg; meist von den Frauen bewohnt, daher auch als Frauengemach bezeichnet.

Kenotaph, das (gr.: leeres Grab). Grabmal für (einen oder) mehrere Tote, die an anderer Stelle beigesetzt sind; es wird meist für gefallene Soldaten errichtet, deren Gebeine nicht überführt werden konnten.

Kenotaph für einen Krieger, von → Boullée, Zeichnung.

Holkham Hall, Norfolk, von → Kent, beg. 1734.

Kent, William (1685-1748). Maler, Dekorateur, Landschaftsgärtner und Architekt; aus kleinen Verhältnissen stammend, gelang es ihm dennoch, zehn Jahre in Rom Malerei zu studieren. 1719 ermöglichte ihm Lord → Burlington, dessen Freund und Protégé er sein Leben lang blieb, die Rückkehr nach London. K. hatte ein launenhaftes und impulsives Wesen; zudem war er im Gegensatz zu seinem Gönner geradezu ungebildet zu nennen. Obwohl er ebenso gern im neugot. wie im klass. Stil arbeitete, ließ er sich von Lord Burlington immer wieder dazu verleiten, sich bei allen größeren Aufgaben den Regeln des → Palladianismus zu unterwerfen oder anzupassen. Seine Innenraumgestaltungen zeigen einen persönlichen Stil. Die Dekorationen sind ebenso wie die von ihm entworfenen Möbel verschwenderisch reich mit plastischem Schmuck verziert und vergoldet; sie gehen im Stil teils auf ital. Barockmöbel, teils auf Entwürfe von → Jones, dessen ›Designs‹ K. 1727 herausgab, zurück.
K. wandte sich erst im Alter von 45 Jahren, also nach 1730, der Architektur zu. Die Entwürfe zu seinem Hauptwerk Holkham Hall (beg. 1734, ausgeführt von Brettingham, Abb. → Großbritannien) stammen mit ziemlicher Wahrscheinlichkeit zum größten Teil von Burlington, dessen Hand sich in dem stakkatohaften Charakter des Außenbaus und in so bezeichnenden und sich selbst isolierenden

Zuiderkerk, Amsterdam, von → Keyser, 1606-14.

Zwerchgiebel der Fleischhalle, Haarlem, von → Key, 1602-03.

›Endloses Haus‹, von → Kiesler, 1950. Modell.

Elementen wie dem → Palladiomotiv des Fensters, das von einem Entlastungsbogen überfangen wird, zeigt. Die apsidiale Eingangshalle aus Marmor, die auf der Verbindung einer röm. → Basilika mit der → ägypt. Halle des → Vitruv beruht, ist mit ihren Säulen, ihrer → Kassettendecke und ihrem großartigen Treppenaufgang, der zum → Piano nobile hinaufführt, einer der eindrucksvollsten Räume in England. Seine überreich vergoldeten, mit Damast ausgeschlagenen Prunkzimmer, die kunstvoll gestalteten Türrahmungen, die jeweils einen → Giebel tragen, die schweren Kranzgesimse (→ Gesims 4) und die Nischen für antike Marmorfiguren zeigen deutlich, wie sehr in England röm. Großartigkeit bewundert wurde. Das Schatzamt (1734), die Bauten Nr. 17 Arlington Street (1741) und Nr. 44 Berkeley Square (1742-44), alle in London, sind hauptsächlich wegen ihrer Innenräume bemerkenswert. Das Haus am Berkeley Square vor allem zeichnet sich durch einen Treppenaufgang aus, dessen räumliche Anlage als die eindrucksvollste in London gelten kann.

K.s letztes Bauwerk, die Horse Guards in London (1750-58) ist eine Wiederholung von Holkham, doch wurde leider nach dem Tode von K. ein Glockenturm hinzugefügt, den → Vardy errichtete.

K. ist vielleicht bedeutender als Gartengestalter denn als Architekt. Er war der Schöpfer des engl. Landschaftsgartens (→ Gartenbaukunst) und der »Erste, der über den Zaun sprang und sah, daß die ganze Natur ein einziger Garten ist«. Dadurch wurde das Verhältnis zwischen Haus und Landschaft von Grund auf verändert. Die Fassaden verloren an Wucht und Dramatik. Seit dieser Zeit bemühte man sich, das Herrenhaus mit der Umgebung, die nun nicht mehr vom Bauwerk beherrscht und bestimmt wurde, in Einklang zu bringen.

Lit.: Wittkower '45; Jourdain '48; Colvin '54; Wilson '84; Dixon Hunt '87.

Key, Lieven de (ca. 1560-1627). Der erste bedeutende Architekt der Niederlande, der im sog. ›holländ.‹ Renaissancestil (→ Niederlande 3) baute. Er arbeitete einige Jahre in England, ehe er 1593 Stadtbaumeister in Haarlem wurde. Dort führte er die charakteristische, farbenfrohe Belebung des Backsteinbaus durch Natursteine ein: horizontale Bänder aus Naturstein, → Wölbsteine, die vereinzelt im Backsteinverband (→ Mauerwerk) über Fenster gesetzt werden usw. Seine Hauptwerke sind Pläne für die Fassade des Rathauses in Leiden (1593-94), die Stadtwaage (1598), die Fleischhalle (1602-03) und der Turm der Nieuwe Kerk (1613), alle in Haarlem.

Lit.: Andreae-ter Kuile-Ozinga '57-58; ter Kuile '66.

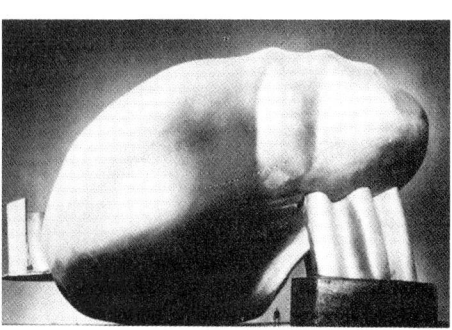

Das ›Universale Theater‹, von → Kiesler, 1961. Modell.

Keyser, Hendrik de (1565-1621). Der führende Architekt seiner Zeit in Amsterdam, wo er 1594 zum Stadtbaumeister und -bildhauer ernannt wurde. Seine von nüchterner Zweckmäßigkeit bestimmten Kirchen übten in den Niederlanden und in Deutschland einen großen Einfluß auf den protest. Kirchenbau aus, vor allem sein letzter Bau, die Westerkerk in Amsterdam (1620), die sich über einem Grundriß in Form eines griech. → Kreuzes erhebt. Seine bedeutendsten Profanbauten sind die Amsterdamer Börse (1608) und die Delfter Rathausfassade (1618). Bei seinen Wohnbauten nahm er das herkömmliche hohe Amsterdamer Giebelhaus zum Vorbild, vereinfachte es und näherte es den Vorstellungen der antiken Architektur an, indem er → Säulenordnungen einführte und die Zahl der Stufen an den Giebeln verringerte. Seine Bauten wurden gestochen und von Salomon de Bray unter dem Titel ›Architectura Moderna‹ 1631 veröffentlicht.

Lit.: Neurdenburg '29; Ozinga '29; ter Kuile '66.

Khan → Arabische Architektur.

Khmer → Südostasiatische Baukunst.

Kibla → Qibla.

Kielbogen, auch Eselsrücken. → Bogen 9.

Kiesler, Frederick, John (1890-1965). Architekt, Maler, Bühnenbildner, Bildhauer, Visionär. Nach Studium an der TH und der Akademie der bildenden Künste in Wien (1911-14) Kriegsdienst. Anschluß an die Gruppe → De Stijl, Chefarchitekt der Internat. Theaterfestwochen Wien 1924, Bau des ersten ›Endlosen Theaters‹ aus zwei ineinandergefügten Glasschalen sowie Aufführung eines → Architekturschauspiels. Für die Ausstellung ›Exposition Internationale des Arts Décoratifs et Industriels Modernes‹, 1925 in Paris, war K. Ausstellungsplaner und Leiter für den österr. Beitrag

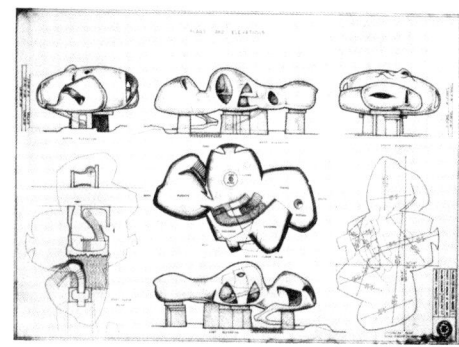

›Endloses Haus‹, von → Kiesler, 1958-59. Plan.

(→ Ausstellungsarchitektur). 1926 Auswanderung in die USA. Als Mitarbeiter eines Architekturbüros entwarf er Büros, Kinos, Theater, Galerien, nahm Lehrtätigkeiten an amerik. Universitäten wahr und widmete sich der Bildhauerei. 1931 Space Theater, Woodstock. 1947 Mitgestaltung der Surrealistenausstellung in Paris. 1950 erstes Modell des ›Endlosen Hauses‹, das nach Erweiterung und Veränderung 1960 im Museum of Modern Art in New York ausgestellt wird. 1955 Theater der Ellenviller Festwochen in New York. 1961 Universaltheater. 1963 Meditationsgrotte in New Harmony, Indiana, Michigan. 1959-65 entsteht in Zusammenarbeit mit Armand Bartos der Shrine of the Book in Jerusa-

Schrein des Buches, Jerusalem, von → Kiesler, 1959.

lem, ein Aufbewahrungs- und Aufstellungsort für die Schriftrollen vom Toten Meer.

K. fühlte sich als Vorkämpfer einer neuen Gesellschaft und als Prophet einer neuen Epoche. Das ›Urhaus‹ war für ihn das Ei, das Licht betrachtete er als integralen Bestandteil von Architektur (→ Lichtarchitektur) und forderte die Schaffung einer neuen Biotechnik im Einklang mit dem Menschen. →Le Corbusier oder Frank Lloyd → Wright verdanken ihm manche Anregung. Zu seinen Publikationen zählen ›Debacle of the Modern Theater‹, New York 1926, und ›Inside the Endless House, Art, People and Architecture‹, New York 1966.

Lit.: Conrads '64; Kiesler '75; CA '80; Philipps '89.

Kikutake, Kiyonori (geb. 1928). 1946-50 erhielt K. seine Ausbildung an der Waseda-Universität in Tokio. Seit 1953 eigenes Architekturbüro, Gründungsmitglied der → Metabolisten. K. gehört zu den konsequentesten und phantasievollsten Vertretern dieser → futuristischen Bewegung: zahlreiche Projekte und Planungen beschäftigen sich seit 1960 mit der Aufgabe, durch künstliche Inseln dem Meer Wohnraum abzugewinnen (›Floating City‹-Projekte in Japan 1960-76 (Abb. → Metabolismus), ebenso

City Hall, Miyakonojo, von → Kikutake, 1966.

ein Projekt auf Hawaii). Zur Ausführung gelangte jedoch nur ›Aquapolis‹, ein Pavillon anläßlich der Internat. Ocean Exposition 1975 in Okinawa, Japan. Eindrucksvoll versteht K., seine metabolistischen Ideen mit konventioneller Architektur zu verbinden. Ein wichtiges Beispiel ist das Tokoen-Hotel in Yonago, Japan, von 1972 (Abb. → Japan) sowie der Wettbewerbsentwurf für das Konferenzzentrum in Kioto (1963), ausgeführt durch → Otani). Abb. → Ausstellungsarchitektur; → Metabolismus; → Räumliches Tragwerk.

Lit.: Kultermann '60; Tafuri '64a; CA '80, '87.

Kim, Sugun (geb. 1931) → Korea.

Kino → Filmtheater.

Kiosk (pers.). Ein eleganter offener Pavillon oder ein Sommerhaus in den Parks oder Hofgärten der Türkei, Persiens und Indiens, manchmal auch nur ein erkerartiger Vorbau an Gartenmauern. In Europa wurde diese Bauform zunächst ebenfalls in Gärten und als Musikpavillon verwendet; heute bezeichnet man damit einen kleinen Verkaufsstand.

Lit.: Wilber '62.

Schrein des Buches, Jerusalem, von → Kiesler, 1959.

Kirchenbau (Kirche gr. kyriake: dem Herrn gehöriges Haus). Die Lehre Christi hat keinen spezifischen Kultraum geschaffen. Die frühen christlichen Gemeinden kamen in Privathäusern, in der Zeit der Verfolgung in Grabbauten (→ Katakomben) zusammen. Erst nachdem sich das Christentum im 4. Jh. durchsetzte, entwickelten sich auch repräsentative Kultbauten (→ Frühchristliche Architektur; → Byzantinische Architektur). Die → Basilika, ein rechteckig gestreckter Raum, wurde in Mitteleuropa zur Grundform des Ks. mit den verschiedenen Abwandlungen, die sich in den Baustilen der → Romanik, → Gotik und der → Renaissance entwickelten. Der → Barock bediente sich vorzugsweise des → Zentralbaus, der sich in unterschiedlichster Form an den Seiten erweitern ließ. Seit Mitte des 18. Jhs. begann mit → Klassizismus und → Romantik eine neue Epoche des K.s, der sich im Gegensatz zu früheren Stilepochen weniger innovativ zeigte und sich historischer Formen bediente (→ Historismus).

Erst im 20. Jh. entstehen neuere Formen des K.s, die nicht zuletzt von Material und Konstruktion ausgehen – Eisenkonstruktionen, Stahlbetonbauten. Durchaus althergebrachte, gotisierende und antikisierende Stilelemente werden übernommen, jedoch bis ins Detail verfremdet. Der Grundriß ist im Prinzip noch der Langraum. Das Fehlen verbindlicher liturgischer Auffassungen, die Freiheit der Konstruktionen, die Vielfalt der neuen Materialien führt jedoch zu Kirchenräumen, die mehr von der künstlerischen Gestaltung der Baumeister als

Aquapolis für die Expo '75 Okinawa, von → Kikutake, 1975.

Frederick Kiesler.

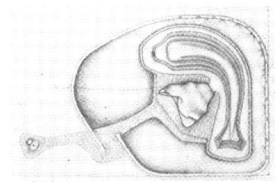

Plan für die ›Meditationsgrotte‹, New Harmony, Indiana, von → Kiesler, 1963.

von den liturgischen Belangen bestimmt sind. (→ Le
Corbusier, Dominikus und Gottfried → Böhm).
Nach dem Zweiten Weltkrieg und besonders nach
dem Zweiten Vatikanischen Konzil 1962 wurde die
Kirche zum Versammlungsraum, um die sich Kindergarten, Jugendräume, Bibliotheken, Veranstal-
tungsräume gruppierten. Die Form der Kirchen
wurde zum Quadrat, Vieleck oder Kreis – der Altar
im Chor wurde zur Mensa, die Kanzel zum Lesepult; Nebenaltäre sind nicht mehr vorhanden. Die
liturgischen Verschiedenheiten der beiden christlichen Konfessionen haben sich angeglichen.
Man unterscheidet je nach dem Rang der Kirchen:
Bischofskirchen (→ Dom, → Kathedrale), Pfarrkirche, Filialkirche, → Klosterkirche, → Stiftskirche,
Kollegiatskirche, → Wallfahrtskirche. Kleinere Kirchen werden → Kapellen genannt.

Lit.: Bartning '19; Strzygowski '20; Hautecœur '54; Deichmann
'58; Testini '58; Biéler '61; Heitz '63; Ciampani '65; McAndrews
'65; Orefice '67; Monheim '91.

Kirchenburg. Eine Kirche, die zu Verteidigungszwecken mit entsprechenden Einrichtungen versehen ist. Es gibt verschiedene Formen der K.: **1.** ein
befestigter Turm mit Wehrgang als Zuflucht für die
Dorfbevölkerung; **2.** befestigter Turm und befestigtes Kirchenschiff (→ Wehrkirche); **3.** Kirche mit
befestigter Umwallung des Kirchplatzes (Friedhof).
– K.en finden sich hauptsächlich in Siebenbürgen,
Niederösterreich und Westfrankreich.

Lit.: v. Erffa '38; Oprescu-Daniel '61.

*Klassizismus. Brandenburger Tor, Berlin, von
→ Langhans, 1789-91.*

*Klassizismus. Downtown Castle,
Herefordshire, von → Knight,
1773-78.*

Klassizismus. In Deutschland allg. gebräuchliche
Bezeichnung für jene Stilstufe der abendl. Kunst,
die in der 2. H. des 18. Jhs. als Gegenbewegung zum
→ Barock und → Rokoko entsteht und in der 1. H.
des 19. Jhs. vom → Historismus abgelöst wird. Die
im 20. Jh. an diesen K. anknüpfende Bewegung
heißt in Deutschland → Neoklassizismus. In den
westl. und nördl. Ländern entstand in Weiterführung der Gedanken der → Renaissance im 17. Jh.
ein Stil, für den die Merkmale des → Barock nur
bedingt gelten und der in der internationalen
Kunstwissenschaft klass. Stil (architecture classique; classical architecture) und bei uns barocker
Klassizismus genannt wird. Die Stilstufe, die hier-
auf folgt und die man in Deutschland K. nennt,
heißt daher in *diesen* Ländern Neuklassizismus
(Neo-classicism).
Der Ausdruck ›klassisch‹ bezeichnet ganz allgemein
jene Form, die sich an ›klassischen‹ Vorbildern der
röm.-griech. Antike orientiert, d.h. auch die
→ karoling. und ital. Renaissance. Im MA. umfaßte

*Klassizismus. Gebälkdetail von der Umfassungsmauer
des Nervaforums, Rom. Studienblatt von
Georg Ludwig Friedrich Laves, 1806.*

er die gesamte griech. und röm. Literatur und bildende Kunst, immer im Sinne von ›anerkannter
Autorität‹. Die verschiedenen Versuche, zu den Gesetzen und Ordnungen der röm. Kunst zurückzukehren, waren fast immer mit der Absicht verbunden, den Ruhm und den Glanz des antiken Rom zu
erneuern oder wiederzugewinnen.
Vom 16. Jh. an gewann die Renaissanceinterpreta-
tion der Antike fast ebensoviel Gewicht wie die
Antike selbst. Zur Zeit der Renaissance erschienen
die ersten Schriften, in denen eine klass. → Architekturtheorie entwickelt wurde. Sie beruhten in erster Linie auf der wirren und verwirrenden Abhandlung → Vitruvs, die 1414 wiederentdeckt worden
war. Während des 17. Jhs. hielt man sich im wesentlichen an diese klass. Architekturtheorie, obwohl
die Werke vieler Architekten davon nur wenig erkennen lassen. Im → Frankreich des späten 17. Jhs.

Syon House, Middlesex, von Robert → Adam, 1762-63.

kehrte man jedoch sowohl in der Praxis wie in der Theorie zu den klass. Regeln zurück (besonders deutlich in den Werken → Perraults und → Mansarts), und im England des frühen 18. Jhs. waren Architekten wie → Burlington und → Kent Wegbereiter eines K., der sich an → Jones und → Palladio orientierte. Manche Forscher sehen in diesem → Palladianismus die erste Phase der klassiz. Bewegung des späten 18. Jhs.

Die Bewegung begann in den 50er Jahren des 18. Jhs. als Reaktion auf den späten Barock und das Rokoko; in ihr spiegelt sich das allgemeine Verlangen dieser Zeit nach festen Regeln, die das Ergebnis aus Naturgesetz und rationalen Überlegungen sein sollten. Für Kunst und Architektur

Monopteros im Nymphenburger Schloßpark, München, nach Ideen von → Klenze, 1865.

bedeuten sie eine Rückkehr zu »edler Einfalt und stiller Größe«, die Winckelmann als Grundzug der → griech. Kunst ansah. So richtete man von neuem die Aufmerksamkeit auf antike Bauten in Europa und Kleinasien, und → Piranesis Stiche, in denen formale und räumliche Aspekte so stark betont werden, schufen ein ganz neues Bild der → römischen Architektur. Man lehnte jetzt ›unrichtige‹ Motive ab und verwendete nur die, die sich archäologisch als richtig erwiesen hatten. Dennoch führte dies nur selten dazu, daß man griech. oder röm. Gebäude

Tempio Canoviano, Possagno, von → Selva und Antonio Diedo (zugeschrieben), 1819-20.

einfach kopierte, was auch in den theoretischen Schriften nie empfohlen wurde. Theoretiker wie → Laugier und → Lodoli forderten eine rationale Architektur, beruhend auf Regeln, die auch der römischen Architektur zugrunde lagen.

Mit diesen neuen Vorstellungen verband sich in zunehmendem Maße ein Hang zum Ursprünglichen (Rousseau); man glaubte, Kunst wie Gesellschaft seien in ihrer einfachsten Form am reinsten und

Altes Museum, Berlin-Ost, von → Schinkel, 1823-30.

besten gewesen. So lernte man die Strenge griech.-dor. Bauten schätzen, die durch die Publikationen von → Stuart u. a. wie auch durch die Entdeckung der frühen dor. Tempel in Sizilien und Paestum der Öffentlichkeit bekannt gemacht wurden. Diese Sehnsucht nach Einfachheit führte auch zur Entwicklung einer Architektur aus rein geom. Formen – Kubus, Pyramide, Zylinder und Kugel –, die ihre klarste Ausprägung in den Entwürfen von → Boullée, → Ledoux und Gilly und in den Bauten von → Soane in England, von → Latrobe in den USA und von → Sacharow in Rußland fand.

Stilmerkmale: Klassiz. Bauten sind in der Regel von strenger Monumentalität. Dekor, auch klass., wird sparsam verwendet, manchmal wird ganz auf ihn verzichtet. Die → Säulenordnungen sind meist konstruktiv bedingt und nicht mehr reines Dekorationselement, sie tragen Gebälke und dienen nicht nur als Wandverkleidung. Ungebrochene Konturen betonen und verdeutlichen innen wie außen die räumliche Ordnung. Das zum Gesamtkunstwerk tendierende organische Bauprinzip des Barock, das durch ein zwangloses Ineinandergreifen der einzelnen Teile eine Einheit entstehen ließ, wird nun ersetzt durch eine blockhafte Baugliederung, die die einzelnen geom. konzipierten Bauteile streng umreißt und sie additiv, manchmal unvermittelt, nebeneinander anordnet.

Im frühen 19. Jh. wichen diese strengen Prinzipien einer mehr malerischen und auf Eleganz angelegten Baukunst; das Dekor wird reicher, das Verhältnis zur Vergangenheit literarischer. In Frankreich orientiert man sich jetzt am reichen, luxuriösen und ausdrucksstarken Stil der römischen Kaiserzeit; nach Napoleons Feldzug werden auch ägypt. Motive übernommen. In England kommt es nach den Meisterwerken Robert → Adams zu dem eleganten, gefälligen Klassizismus von → Nash. Im Verlaufe der Entwicklung wird der K. in Europa, den USA und in verschiedenen europ. Kolonien immer mehr zu einer reinen Wiederbelebung von griech., röm. und Renaissanceelementen. Zwar entstehen weiterhin zahlreiche ausgezeichnete Bauten (→ Schinkel, → Klenze, → Weinbrenner, → Hansen, → Smirke,

Geometrische Körper, von Joshua Kirby, 1754.

Zeichnung für ein Gefängnis in Aix-en-Provence, von → Ledoux, 1787.

Kleeblattbogen. Kathedrale Chartres, um 1225.

Hochhaus Kantdreieck, von → Kleihues, 1985, Modellansicht.

Befreiungshalle, Kelheim, von → Klenze, 1849-63.

→ Strickland u. a.), doch gibt es keine Fortentwicklung mehr. Wie sehr der K. zu dieser Zeit bereits seine prägende Kraft verloren hat, läßt sich daran erkennen, daß führende Architekten wie Schinkel oder Nash gleichzeitig Bauwerke in anderen europäischen Stilarten entwerfen und damit den → Historismus einleiten.   → Neoklassizismus, → Postmoderne.

Lit.: Wölfflin '15, '40; Kaufmann '23-24; Valéry '24; Haskins '27; Worringer '28; Dvořák '28; Jäger '31; Adhémar '39; Weise '39; Deonna '40; Hamann-MacLean '49-50; Hauser '51; Baldwin-Smith '56; Kimball '56; Battisti in EUA; Panofsky '60; Summerson '63; Pevsner '71; Middleton-Watkin '80; Rykwert '80; Forssmann '84; H. Günther '88; Mellinghoff/Watkin '89; A. M. Stern '90; Köster '90; Dolgner '91.

Klausur, die (lat.: Verschluß). Der nur für Mönche zugängliche Klosterbereich (→ Kloster), bestehend aus den Wohngebäuden der Mönche und dem Kreuzgang.

Lit.: → Kloster.

Kleeblattbogen. Abb. → Bogen.

Kleihues, Josef Paul (geb. 1933). Studierte in Stuttgart und Berlin sowie an der → Ecole des Beaux-Arts in Paris. Anschließend, 1960-62, Projektleiter bei → Poelzig in Berlin (Neubau der Kopfklinik Westend in Berlin-Dahlem, 1960-64). Ab 1962-67 Partnerschaft mit Hans Heinrich Moldenschardt (Fußgängerstraße in Berlin-Gropiusstadt, 1963-66). Zu K.' herausragendsten und ausgeführten Bauten gehört die Hauptwerkstatt der Berliner Stadtreinigung, 1969-76 (Abb. → Deutschland).

Landesgalerie Nordrhein-Westfalen, Düsseldorf, von → Kleihues, 1975.

Seine dabei angewandte Architektursprache ist eine Mischung aus funktionalem → Rationalismus und Zitaten und Elementen des preußischen → Klassizismus der Schinckelzeit. Weiterhin sind zu nennen der ›Block 270‹ in Berlin-Wedding (1972-76), zusammen mit M. Schonlau, ein typischer Berliner Backsteinbau, das Krankenhaus in Berlin-Neukölln (1973-81) sowie die beiden wichtigen Wettbewerbsbeiträge für die Museumsprojekte Düsseldorf, Landesgalerie Nordrhein-Westfalen (1975), und Hannover, Sprengel-Museum (1972). In Solingen konnte K. das Gebäude für das Stahlmuseum verwirklichen (1978-82), in Frankfurt a. M. das Museum für Vor- und Frühgeschichte (1982-89).

Lit.: Deilmann '83; CA '80; O'Regan '83; Kleihues '83; Costanzo/Giorgi '91.

Klengel, Wolf Caspar von (1630-91). Obwohl in erster Linie Militäringenieur, muß er doch als Begründer des Dresdner → Barock gelten. Er begann seine Laufbahn als Artillerieoffizier. Auf Reisen in die Niederlande, nach Paris (1647) und Italien (1651-55) zeichnete er zahlreiche neuentstandene Bauten (Württemberg. Landesbibl., Stuttgart). In Rom traf er mit → Bernini und → Borromini zusammen, in Venedig machte er die Bekanntschaft → Longhenas. 1656 wurde er von Kurfürst Johann Georg II. von Sachsen nach Dresden berufen und

Zuschauerraum des Opern- und Komödienhauses am Taschenberg, Dresden, von → Klengel, 1664-67.

zum ›Oberlandbaumeister‹ bestellt. 1658 entwarf er ein gewaltiges Mausoleum für die Dynastie der Wettiner (nicht ausgeführt) und erhielt den Auftrag, die Schloßkapellen von Moritzburg und Dresden umzubauen. Seine Hauptwerke entstanden im Umkreis des Dresdner Schlosses: das prächtige Komödienhaus in ital. Stil (1664-67, bald danach zerst.), das neue Ballhaus (1668-69) und das Schießhaus (1672-73). 1672 wurde er zum Oberinspektor für die Festungen und öffentl. Gebäude ernannt. In den folgenden Jahren baute er nur noch wenig; zu nennen sind der obere Teil des Turmes des Dresdner Schlosses in einem dt.-niederländ. Barock, der sich von seinem gewohnten ital. inspirierten Stil deutlich unterscheidet (1674-78, zerst.), und der Turm der Stadtkirche von Dippoldiswalde (1685-86). Nach dem Brand von 1685, der ›Alten-Dreßden‹ zerstörte, entwarf er einen grandiosen, von der röm. Antike beeinflußten Plan für die zukünftige Neustadt. Die Straßen gehen strahlenförmig vom Brückenkopf an der Elbe aus, eine breite Allee bildet die Mittelachse.

Lit.: Löffler '55; Hempel '65.

›Ideale Ansicht der Stadt Athen‹, Ölgemälde von → Klenze, 1846.

Klenze, Leo von (1784-1864). Bedeutender Architekt des → Klassizismus. 1800-1803 Studium der Kameralbauwissenschaft bei D. Gilly und A. Hirt, Berlin. Im höheren Baufach Autodidakt, setzte er sich 1803 in Paris mit der Entwurfslehre → Durands auseinander. 1808 Berufung als Hofarchitekt zu König Jérôme Bonaparte nach Kassel, wo er bis 1813 tätig war. 1816 trat er in den Dienst des damaligen Kronprinzen, späteren Königs Ludwig I. in München, wurde 1818 Hofbauintendant, über-

nahm aber gleichzeitig bis 1843 die Leitung der
Obersten Baubehörde und war Mitglied im 1829-
30 gegründeten Baukunstausschuß. Ursprünglich
von der napoleonischen Staatsarchitektur geprägt,
wandte sich K. unter dem Einfluß Ludwigs I. dem
›hellenischen‹ → Klassizismus zu, als dessen bedeutendster Vertreter in Süddeutschland er gilt. Darüber hinaus nahm er als erster Architekt Deutsch-
schlands in seinen Bauten Stilformen des italienischen Mittelalters und der → Renaissance (Leuch-
tenbergpalais, 1816-21) auf. Unter Protektion des
bayer. Königs, seit etwa 1829 in Rivalität zu
→ Gärtner, bestimmte K. die Neugestaltung Münchens in der I. H. des 19. Jhs. mit Werken von euro-
päischem Rang. Bestimmend für das neue Münchener Stadtbild wurden im Rahmen der Stadterweiterung einheitlich konzipierte städtebauliche Ensembles wie der Königs- und Wittelsbacherplatz,
die Ludwigstraße und die Bauten der erweiterten
Residenz mit dem Marstall- und dem Max-Josephs-
Platz sowie der Hofgartenumbauung. Der Königsplatz mit zwei Hauptwerken K.s – der Glyptothek

*Die Propyläen von Westen, München, von → Klenze,
beg. 1846.*

*Äginetensaal der Glyptothek, München, von → Klenze,
1816-34.*

(1816-34) mit ionischer und den Propyläen (1846-
60) mit dorischer Säulenordnung – war durch umgebende Gartenanlagen in einen Naturzusammen-
hang eingebunden. Bei der Grundkonzeption der
Ludwigstraße und ihren südlichen Bauten (Odeon,
1826-28; Kriegsministerium, 1827-30) entschied
sich K. für eine geschlossene Bebauung im Stil der
italienischen Renaissance. Den Residenzbereich
wertete er durch den florentinisch inspirierten Kö-

*Ruhmeshalle und Bavaria, München, von → Klenze,
um 1834, Entwurf.*

nigsbau (1823-32), den römischen Festsaalbau
(1832-42) und die romanisch-byzantinische Allerheiligen-Hofkirche (1826-37) auf. Die Alte Pinakothek (1826-36) wurde als der monumentalste Gale-
riebau seiner Zeit in ganz Europa bewundert. 1816-
42 errichtete K. die Walhalla nach dem Vorbild des
Parthenon, 1833-53 die ebenfalls dorische Ruhmes-

halle und 1849-63, mit Rücksicht auf Gärtners Fundamentierung, die Befreiungshalle bei Kehlheim.
1839-51 erarbeitete er eine neue städtebauliche
Konzeption für Athen und errichtete dort 1853 die
Dionysoskirche. 1839-51 wurde nach seinen Plänen
die Eremitage in Petersburg erbaut. Von seiner breiten, humanistisch-fundierten Bildung zeugt seine
Tätigkeit als Archäologe und Landschaftsmaler.

                                                                G. Sch.

Lit.: Klenze 1822, 1830; Lieb-Hufnagel '79; Vierneisel/Leinz
'80; Nerdinger '80, '85, '87; Hederer '81; Hufnagl '83.

Klerk, Michel de → *Nachträge.*

Klinker. Ein → Backstein, dessen Oberfläche sich
durch starke Hitzeeinwirkung mit einer Glasur-
schicht überzogen hat (sintern), die hierbei dunkel-
rot bis blauschwarz wird. Der K. ist besonders
widerstandsfähig. → Bausteine.

Lit.: Perucca '54.

Klint, Peder Vilhelm Jensen (1853-1930). Wurde vor
allem durch seine Grundtvigs-Kirche in Kopenhagen berühmt (Abb. →Backsteinbau). 1913 gewann
er den Wettbewerb für diese Kirche, begann aber
erst 1921, nachdem er seine Pläne weiterentwickelt
hatte, mit dem Bau. Der Außenbau wird durch
spitzwinkelige Treppengiebel, die an Orgelpro-
spekte erinnern, gekennzeichnet, das Kircheninnere
ist got. aufgefaßt. So vermittelt das Bauwerk zwischen dem → Historismus des 19. Jhs. und dem
→ Expressionismus von 1920. Es ist in gewisser
Hinsicht eine Parallele zu → Berlages etwas früher
errichteter Amsterdamer Börse (Abb. → Berlage).
Die umliegenden Häuser, die mit der Kirche ein

*Nordfassade der Alten
Pinakothek, München, von
→ Klenze, 1826-36.*

*Loggien des ersten Stockes der
Alten Pinakothek, München.*

Glyptothek, München, von → Klenze, 1816-34.

Grundtvigskirche, Kopenhagen, von → Klint, 1913-26.

Klosterplan St. Gallen, um 820.

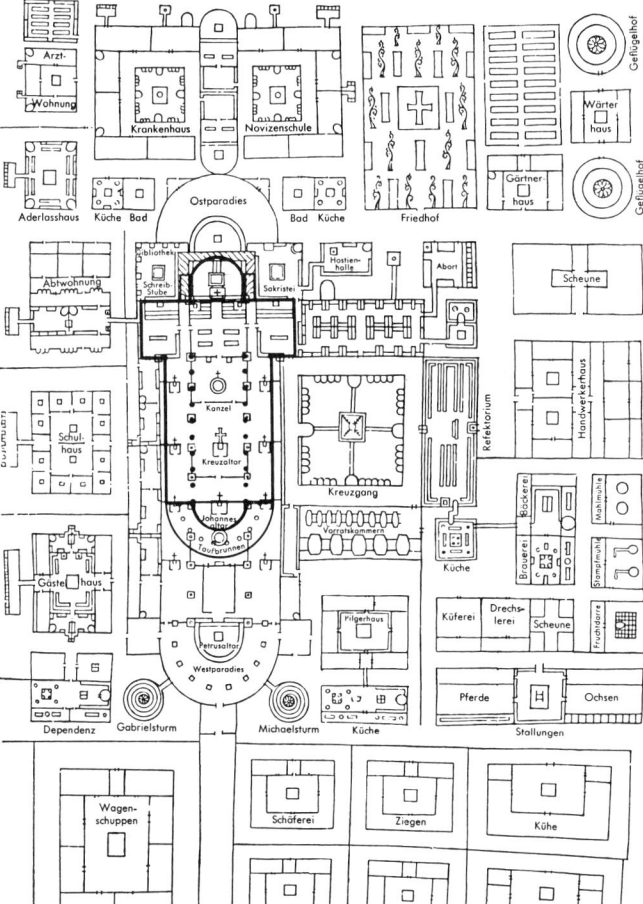

einheitliches Ganzes bilden, wurden 1924-26 erbaut. K.s Sohn *Kaare Klint* (geb. 1888) ist einer der profiliertesten unter den hervorragenden dänischen Möbelentwerfern.

Lit.: Fisher-Yerbury '27; Millech-Fischer '51; Lund-Millech '63.

Kloster (lat. claustrum: das Verschlossene). **1.** Geschichte: Das christl. Mönchtum beginnt mit den einzeln lebenden Eremiten in Ägypten. St. Pachomius (346) schuf als erster eine Art Mönchsgemeinschaft, bei der die Mönche weiterhin als Eremiten, jedoch so nahe beieinander lebten, daß sie sich in einer gemeinsamen Kapelle und einem gemeinsamen Refektorium versammeln konnten. Diese Mönche nannte man Zönobiten. Über Südfrankreich gelangte diese Form des Mönchtums nach Europa, wo sie sich besonders in Irland festsetzte (Skellig Michael). Das ma. Kloster wurde dagegen vom Geiste der Ordensregeln bestimmt, die im 6. Jh. vom hl. Benedikt in Monte Cassino verfaßt wurden; diese Regeln bleiben ungeachtet mannigfacher Änderungen durch die Reformorden bis heute Grundlage des europ. Mönchtums. – Im St. Gallener Klosterplan (um 820) findet sich die ma. K.anlage bereits so ideal entwickelt, daß dieses Schema für mehrere Jahrhunderte nun verpflichtend blieb. Während die Gebäude der Zönobiten zufällig angeordnet sind, wurden die ma. K.anlagen nach einem

Benediktinerkloster Weingarten, Idealplan. Stich von 1723 (?), Inschrift von 1741.

bestimmten, von Geist und Funktion gebildeten Schema einander zugeordnet. Je nach der Aufgabenstellung des Ordens und Lage des K.s bildeten sich später Varianten. So ist das Stadtk. eines Bettelordens auf gedrängterem Raum untergebracht als das K. der Landwirtschaft betreibenden Zisterzienser; eine weitere Sonderform bildeten die Kartäuser aus durch die Unterbringung der Mönche in Einzelhäusern (→ Kartause), und wieder eine andere Form schufen die Deutschordensritter mit ihren → Ordensburgen. Von diesen Klöstern unterscheiden sich grundsätzlich die barocken K.residenzen, die im Idealfall vollständig sym. um die Kirche angelegt wurden, mit Suiten von Prunkräumen, die teilweise gar nicht mehr für die Mönche bestimmt waren (Idealplan von Weingarten). Nachdem das Mönchtum infolge der Aufklärung am Ende des 18. Jhs. fast gänzlich ausgelöscht wurde, entwickelte es seit der Mitte des 19. Jhs. neue Formen, die etwa im Kloster ›La Tourette‹, Eveux bei Lyon, von → Le Corbusier ihren Niederschlag finden. – **2.** Anlageform und Räume: Der nur den Mönchen zugängliche Bereich, die → Klausur, schließt im Normalfall an die Südseite der Klosterkirche an. Die Klausur umfaßt den quadrat. oder rechteckigen Kreuzgang – ein Hof (Gärtchen) mit Brunnen und einem überdeckten Umgang –, dessen freie Seiten nach festen Regeln von den Haupträumen des K.s besetzt sind: in Verlängerung des südl. Querschiffes der K.kirche liegt auf der Ostseite des Kreuzganges der → Kapitelsaal, ein oft zweischiffiger Versammlungsraum der Mönche, und im Obergeschoß der Schlafsaal (Dormitorium), urspr. ein großer gemeinsamer Schlafraum, der später in Zellen unterteilt wurde; die Südseite des Kreuzganges nimmt der Speisesaal

(Refektorium) ein; er kann unterteilt sein in einen
für die Mönche mit den höheren Weihen (Herrenrefektorium) und einen für die Laienmönche, ferner
in ein prächtiges Sommer- und ein kleines Winterrefektorium. Nahe bei diesen kann sich ein Kalefaktorium (Wärmestube) befinden, das auch als Parlatorium (Sprechraum) dienen kann. Die Westseite
des Kreuzganges wird von Wirtschaftsgebäuden besetzt. Das Haus des Abtes, die Schule, das Krankenhaus (Infirmerie) und die vielfältigen Wirtschafts-
betriebe liegen außerhalb der Klausur. – Zu diesem
festen Kern des K.s können hinzukommen: ein Almosenhaus für die Armenspeisung im Westteil des
K.s, nahe dabei ein Hospital (Gasthaus), ein Parla-

*Kloster. Kreuzgang auf dem Mont Saint-Michel,
Normandie, 1203-28.*

torium und im Barock eine Bibliothek für die Mönche. – Die K.kirche variiert im Typ je nach den
Forderungen des Ordens. Im allgemeinen hat sie
einen tiefen → Chor und, sofern sie Laien zugänglich ist, eine strenge Scheidung zwischen Mönchschor und Laienschiff. Im Nonnenk. wohnen die
Nonnen dem Gottesdienst auf einer Empore, dem
Nonnenchor (-empore), bei. – Bau-, kunst- und kulturgeschichtlich waren die Klöster des Abendlandes
immer wieder bedeutende Anreger.

Lit.: Reinhardt '37; Gimpel '61; Eschapasse '63; Braunfels '69;
Bazin '80; Legler '89.

Klosterdach → Dachdeckung 8.

Klostergewölbe → Gewölbe III, 12.

Knight, Richard Payne (1750-1824). Landedelmann, befaßte sich als Amateur mit der Theorie des
Landschaftsgartens (→ Gartenbaukunst) und begann 1773 mit der Errichtung seines eigenen Hauses
Downton Castle (Abb. → Klassizismus). Der unregelmäßige, rauhe Außenbau (der Grundriß ist eher

*Kloster La Tourette, Eveux bei Lyon, von
→ Le Corbusier, 1956-60.*

antisymmetrisch als asymmetrisch zu nennen) erweckt den Eindruck einer starken Burg des MAs.
Die Innenräume dagegen sind in einem geglätteten,
eleganten, → klassiz. Stil gestaltet. Dieses Haus
wurde zum Prototyp der pittoresken, burghaften
Landsitze, die dann ein halbes Jahrhundert lang so
beliebt waren. 1794 veröffentl. K. ›The Landscape
– a Didactic Poem‹, eine Schrift, in der er → Browns
gekünstelten Landschaftsgartenstil angriff. Diese
Abhandlung war → Price gewidmet, der eine lang-
atmige Erwiderung, die sich in einzelnen Punkten
von K.s Abhandlung unterscheidet, verfaßte. K.s
wesentlich umfassendere Schrift ›Analytical Enquiry into the Principles of Taste‹ (1805) ist eine philosophische Untersuchung des Phänomens des → Pittoresken.

Lit.: Pevsner '49, '68.

Knobelsdorff, Georg Wenzeslaus von (1699-1753).
Hofbaumeister Friedrichs des Großen, mit dem ihn
eine enge Freundschaft verband und dessen eklektischen Geschmack sein Werk getreu widerspiegelt.
K. stammte aus preußischem Adel, er begann seine
Laufbahn beim Heer. 1729 nahm er seinen Ab-
schied als Hauptmann, um sich der Malerei zu wid-

*Stadtschloß Potsdam, Fassade am Lustgarten,
von → Knobelsdorff, 1744-51.*

*Schloß Sanssouci, Potsdam, von → Knobelsdorff,
1745-47. Gartenfront.*

men. Schon um 1733 war er mit Friedrich II. (da-
mals noch Kronprinz) freundschaftlich verbunden.
Er errichtete für ihn in dessen Garten in der Garni-
sonsstadt Neu-Ruppin einen Apollotempel in Form
eines Rundbaus. Friedrich ermöglichte ihm daraufhin eine Italienreise und beauftragte ihn nach der
Rückkehr mit Erweiterungsbauten für Schloß
Rheinsberg (1737). Unmittelbar nach Friedrichs
Thronbesteigung im Jahre 1740 wurde K. nach
Dresden und Paris gesandt, um sich auf größere
Projekte vorzubereiten. Für die Königinmutter
schuf er einen neuen Gebäudeflügel für ihr Schlöß-
chen Monbijou in Berlin (1740-42) und im Auftrage
des Königs einen Erweiterungsbau für Schloß
Charlottenburg mit großartigen, reich dekorierten

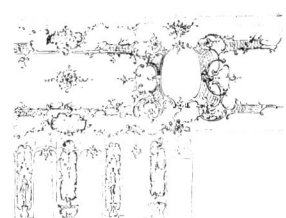

*Entwurfsskizze für die
Goldene Galerie im Schloß
Charlottenburg, Berlin, von
→ Knobelsdorff (?), um 1740-45.*

Festsaal des Brühlschen Palais, Dresden, von → Knöffel, beg. 1737.

Knorpelwerk. Kanne und Schale, von Johannes Lutma, 1647.

Knotensäule. Pieve di San Pietro, Gropina.

und farbenfrohen Innenräumen, die im Stil des → Rokoko stuckiert sind (1742-46, im Zweiten Weltkrieg teilweise zerstört). 1741 begann er, das Berliner Opernhaus (ausgebr. 1843, renoviert von → Langhans, im Zweiten Weltkrieg schwer beschädigt, wieder aufgebaut) mit einer etwas sparsameren Innenraumgestaltung und mit einem strengen Außenbau, bei dem er den engl. neu-→palladian. Vorbildern verpflichtet ist, zu errichten. Während die Arbeiten hier weiter fortschritten, wurde er zum Oberaufseher der kgl. Schlösser und Gärten, zum Oberintendanten aller Bauten der kgl. Provinzen und zum Mitglied des preuß. Ministerrats ernannt. 1744 begann er mit dem Umbau des Stadtschlosses in Potsdam, dessen → klassiz. Äußeres in Gegensatz zu der reichen Innenraumdekoration stand (zerst.). 1745 begann er, in enger Zusammenarbeit mit dem König (der den Hauptplan entwarf; Friedrichs Skizze ist erhalten), Schloß Sanssouci in Potsdam zu errichten. 1746 verscherzte er sich die Gunst des Königs durch einen Streit und wurde entlassen. Sein skizzierter Entwurf zu einem Schloß unter den Linden in Berlin für Prinz Heinrich wurde von J. Boumann ausgeführt (1748-66; die heutige Humboldt-Universität in Ostberlin).
Lit.: Streichhahn '32; Hempel '65; Eggeling '80; Kadatz '83.

Knöffel, Johann Christoph (1686-1752). War gleichzeitig mit → Chiaveri und → Longuelune in Dresden tätig. Der frz. barocke Klassizismus (→ Barock) Longuelunes hat ihn stark beeinflußt. Das Wackerbarth-Palais (1723-28, 1945 zerst.) und das Kurländer-Palais (1728-29, 1945 zerst.), beide in Dresden, können als Beispiel für seine eleganten, zurückhaltenden, durch → Pilaster gegliederten Stadtbauten dienen. 1734 zum sächs. Oberlandbaumeister in Dresden ernannt, begann er 1737 mit seinem Hauptwerk, dem Brühlschen Palais (1899 zerst.). Zwischen 1743 und 1751 baute er das große Jagdschloß Hubertusburg bei Oschatz wieder auf und vollendete, nachdem sein Konkurrent Chiaveri 1748 nach Rom zurückgekehrt war, die Hofkirche in Dresden, die dieser begonnen hatte.
Lit.: Löffler '55; Hempel '65; Hentschel-May '73.

Knorpelwerk. Ein frühbarockes Ornament, das sich aus knorpel- oder muskelartigen Gebilden zusammensetzt und besonders in Deutschland und den Niederlanden verbreitet war, wo es mit dem Kwabornament (→ Ohrmuschelstil) eng verwandt ist. Besonders bemerkenswerte Ausdrucksformen finden sich in den holländ. Silberarbeiten der Familie Vianen und des Johannes Lutma; häufig scheint das K. die fließenden Formen des → Jugendstils vorwegzunehmen.
Lit.: Zülch '32; v. Graevenitz '71.

Knotensäule. In der → Romanik vorkommende Säulenform, bei der die Säulenschäfte → gekuppelter Säulen (meist 2 oder 4) in der Mitte durch einen Knoten untereinander verschlungen sind (z. B. Lucca, San Michele, Außensäulen der Fassadenarkaden).

Kôdô. (jap.) ›Lehrhalle‹, ein Kultbau, meist hinter der Haupthalle (auf der Mittelachse des Tempelkomplexes) gelegen. → Japan.

Kohn Pederson Fox Ass. → *Nachträge.*

Kollegiatkirche → Stiftskirche.

Kolumbarium des Pomponius Hylas in den Gärten der Scipionen, Rom, 1. Jh.

Kolonialstil. Ursprünglich Bezeichnung für die in englischen Kolonien im →palladianischen oder → klassiz. Stil errichteten Bauten. Heute allgemein gebräuchliche Benennung der in landfremden Stilen gebauten Architektur in den ehemaligen bzw. noch existierenden Kolonien. Zwei Gruppen von K.en lassen sich unterscheiden: Der späte → Renaissance- und → barocke Stil der spanisch und portugiesisch sprechenden Länder sowie der vorwiegend → palladianisch-→ klassiz., mitunter auch → neogot. Stil der englisch und niederländisch sprechenden Länder. → Colonial Style.   M.-A. v. L.

Kolonnade. Eine Säulenreihe, die einen → Architrav trägt, im Gegensatz zur Bogenreihung der → Arkade. Bekanntes Beispiel: die K.n vor St. Peter in Rom von → Bernini. Abb. → Bernini.

Kolossalordnung. Jede → Säulenordnung, deren Säulen oder → Pilaster über mehrere Geschosse reichen und diese dadurch zusammenfassen. Die K. wird in der Spät-→ renaissance durch → Michelangelo, → Palladio u. a. entwickelt und feiert ihre größten Triumphe im → Barock.

Kolumbarium, das (lat.: Taubenhaus). Frühchristl., unterirdische Begräbnisstätte (→ Katakomben) mit mehreren übereinanderliegenden Nischenreihen zur Aufstellung von Aschenurnen.

Kolumbien → *Nachträge.*

Kommunehaus → *Nachträge.*

Kommunizierende Nebenchöre. Bezeichnung der Nebenchöre (→ Chor), die mit dem Hauptchor in Verbindung stehen. Die K. N. sind romanisch (Murbach im Elsaß).
Lit.: Kautzsch '44.

Kompositordnung → Säulenordnungen.

Kolossalordnung. Fassade von St. Peter, Rom, von → Maderno, voll. 1626.

Konsole. Ein vorkragender Tragstein im Steinbau, der als Basis für → Dienste, → Bögen, → Gesimse u. a. dient. Als auffallendes Konstruktionsglied war die K. Gegenstand der ornamentalen Baukunst.

Konsole. Stall im Palastbezirk von Fathepur Sikri, Indien.

Konsolgesims. Ein → Gesims, das wegen seiner starken Auskragung von → Konsolen gestützt werden muß. Es kommt meist als Kranzgesims in Holz und Stein vor.

Konstruktivismus, der. Die unter dieser Bezeichnung bekannte Bewegung einer zunächst kleinen Gruppe von Architekten mit der Tendenz zu einem radikalen Technizismus entstand kurz nach dem Ersten Weltkrieg in Moskau. Die Ziele dieser Bewegung sind im ›Realistischen Manifest‹ der Bildhauer Naum Gabo und Antoine Pevsner dargelegt und wurden von zahlreichen Künstlern und Architekten unterstützt. Sie fordern darin den Abbruch aller

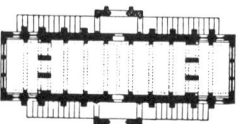

Königshalle. Aula Regia Ramiros I., Narancoberg, Oviedo, Spanien, um 850.

Königshalle. Aula Regia Ramiros I., Narancoberg, Oviedo, Spanien, um 850.

Konstruktivismus. Wohnkomplex ›Tschekisten-städtchen‹, Swerdlowsk, von J. Antonow, W. Sokolow, A. Tumbassow, 1931-32.

Konche. Halbkreisförmige Nische mit Halbkuppel; auch eine derart geformte → Apsis.

Kondô (jap.). Ausdruck für die Haupthalle mit dem Kultbild der Buddhastatue in einem Kloster. → Japan.

Konfessio (Confessio), die (lat.: Bekenntnis). Das Märtyrergrab oder das Grab des Titelheiligen oder Kirchengründers, das unter dem Hauptaltar (→ Altar) liegt. Seit dem 8. Jh. wird die K. oft von einem im Halbkreis geführten Prozessionsweg umzogen, der eine unmittelbarere Verehrung ermöglicht. Die K. ist eine der frühen Formen der → Krypta.
Lit.: Wieland '06-12; Testini '58.

Königsgalerie. Notre-Dame, Paris.

Königsgalerie. An frz. Kathedralfassaden der → Gotik eine Galerie von Statuen, die in Nischen oder unter Baldachinen stehen. Dargestellt wurden biblische, sagenhafte oder auch historische Königsgestalten.
Lit.: v. Hohenzollern '65.

Königshalle. Germ. Typ einer Versammlungshalle. In den erhaltenen Beispielen (Aula regia Ramiros I., Narancoberg, Oviedo; Abb. → Spanien, um 850) liegt die Halle im Obergeschoß. An ihren Stirnseiten hat sie offene Loggien, die Treppen liegen entlang den beiden Seiten, wobei die Eingänge in der Mitte der Seiten liegen. Die K. wurde im → Palas der Kaiserpfalzen (→ Pfalz) weitergeführt.
Lit.: Swoboda '19.

Traditionen in den bildenden Künsten und den Aufbau einer neuen Wirklichkeit in einem traditionsleeren, von → Malewitsch (→ Suprematismus) als ›Wüste‹ bezeichneten Raum. Von den zwei Hauptgruppen dieser Bewegung sieht die OSA-Gruppe (Vereinigung Moderner Architekten, Wladimir Wesnin, Ginzburg) die Erfüllung eines Gebäudes im sachlichen Zweck und lehnt gleichzeitig alle künstler. Prinzipien als Formalismus ab. Ein erstes daraus entwickeltes Beispiel ihrer baulichen Syntax erfährt man an Hand ihres Entwurfs für das Prawda-Gebäude in Moskau, 1924. Die ASNOWA-Gruppe (Vereinigung Neuer Architekten um El → Lissitzky, → Tatlin und Ladowskij) will neue künstler. Prinzipien für die Baukunst aus der Tech-

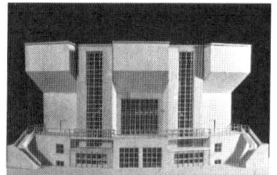

Konstruktivismus. Arbeiterclub, Moskau, von → Melnikoff, 1927/28.

Die erste Konferenz der OSA (Konstruktivisten), 1928.

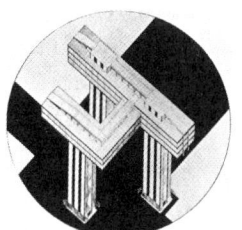

Konstruktivismus. ›Wolken-bügel‹, Moskau. Axonometrische Aufsicht.

Konstruktivismus. Gebäude der Moskauer Filiale der ›Leningradskaja Prawda‹, Wettbewerbsentwurf von A. und W. → Wesnin, 1924.

Konstruktivismus. Haus der Kongresse der UdSSR, von R. Smolenskaja, 1928.

Konstruktivismus. ›Wolkenbügel‹ für Moskau, von → Lissitzky, 1923-25. Perspektivische Ansicht.

Konstruktivismus. Wohnhaus auf der Malaga Bronnaja, Moskau, von M. Ginsburg, 1926-27.

359

Koptische Baukunst

nik ableiten, die allgemein als Symbol des revolutionären Fortschritts beschworen werden sollte. Tatlin's Entwurf für ein Denkmal der Dritten Internationalen von 1920 kann als erster, wenn auch nicht kompromißloser Ansatz (vgl. Eiffelturm in Paris) dieser von Lissitzky geforderten Idee gewertet werden.

1922 gründete Lissitzky in Berlin eine konstruktivistische Internationale, der auch der Niederländer → Doesburg angehörte und dadurch die durch Mondrian beeinflußte → funktionalistische → De Stijl-Gruppe in die Nähe des K. brachte (Car van Eesteren, → Rietveld). Mit → Stam entwarf Lissitzky das vielleicht bekannteste Projekt dieser Bewegung, das Wolkenbügel-Projekt, 1923-25, ein Bürogebäude, dessen auskragende Stahlkonstruktion

auf drei riesigen Stützen weit über dem Straßenniveau ruht. Die technische und formale Konsequenz verändert die gewohnte Typologie eines Bürokomplexes in ein umgekehrtes Verhältnis von Stütze und Last. Der K. konzentrierte sich in Rußland vornehmlich auf zwei Hauptthemen: Einmal auf die Verwirklichung einer den sozialistischen Postulaten entsprechenden → Idealstadt, zum anderen auf eine den Bedürfnissen der Gesellschaft verbundene Bautätigkeit in Form von Bürohäusern, Warenhäusern, Sanatorien, Fabriken, Begegnungshäusern für Arbeiter etc. Der Einfluß der konstruktivistischen Strömung im übrigen Europa ist vornehmlich auf die Niederlande, die De Stijl-Gruppe oder auch Stam und Johannes Duiker bzw. in Deutschland auf → Gropius (→ Bauhaus, Dessau 1925-26) und Adolf → Meyer (zus. mit Hans Wittwer für den Entwurf für den Völkerbundpalast, Genf, 1927) beschränkt. Der vermutlich überzeugendste konstruktivistische Bau ist die Tabakfabrik Van Nelle von Johannes Andreas → Brinkman und Cornelius van der Vlugt in Rotterdam, 1926-30 (Abb. → Brinkman). Vgl. → Ginzburg, → Golosow, → WChUTEMAS, → Dekonstruktivismus.

M.-A. v. L.

Lit.: Malewitsch '27, Lissitzky '30; Gray '62; De Feo '63; Lissitzky-Küppers '66; Kopp '67; Quilici '69; Bologna '72; Shvidovsky '71; Nakov '73; Ginzburg '77; Kopp '82; Chan-Magomedow '86; Arch. Design Prof. 94; The Avantgarde '91; Graefe '91.

Konterescarpe, die (frz.). → Festung.

Konvexbogen → Bogen II, 9.

Koolhaas, Rem (geb. 1944) → OMA.

Koptische Baukunst. Die Kopten, christl. Nachkommen der alten Ägypter, trennten sich nach dem Konzil von Chalkedon (451) als Monophysiten (Anhänger der Lehre von der einen gottmenschlichen Natur Christi) von der Orthodoxie. Als sie im 6. Jh. eine eigene Hierarchie aufbauten, führten sie einen erbitterten, mit sozialen und nationalen Ressentiments verquickten Kampf mit der byzant. Reichskirche. Im 7. Jh. schlugen sie sich auf die Seite der Araber und bewahrten sich so trotz starker Verluste durch Konversion zum Islam und häufig schwerem Druck seitens der mohammedanischen Landesherren bis heute ihre kirchliche Existenz und ihr Volkstum (Patriarchat Alexandria mit Sitz in Alt-Kairo). Enge kirchliche Beziehungen bestanden zum christl. Königreich Nubien. Die abessinische Kirche war bis nach dem Zweiten Weltkrieg von der koptischen abhängig, ihr Abbuna, vom koptischen Patriarchen eingesetzt, war meist ein koptischer Mönch.

Giebelnische, Bawit, 6. Jh.

Die K. B. ist noch wenig erforscht: der Profanbau ist kaum bekannt, planmäßigen Städtebau scheint es ebensowenig gegeben zu haben wie einen allgemeinen Haustyp. Die kirchliche Baukunst ist zwar aus vielen erhaltenen Denkmälern bekannt, aber diese sind meist undatiert und dazu häufig mehrfach umgestaltet. Ein Entwicklungsschema des koptischen Kirchenbaues ist noch nicht aufzustellen; es muß bei der gewaltigen Länge des Niltales mit lokalen Baugewohnheiten gerechnet werden, die in den einzelnen Zentren verschiedene Bauformen hervorbrachten. So kann hier nur auf einige hervorstechende Typen hingewiesen werden, die sich häufiger finden:

1. Die sog. Sohag-Gruppe entstand schon vor Trennung der koptischen von der byzant. Kirche (Deir el-Abyâd, Deir el-Ahmar, Dendera) und zeigt dreischiffige → Basiliken (vielleicht mit offenen Mittelschiffen?), an die sich, von Anfang an stark gegen sie abgeschnürt, trikonche (kleeblattförmige) → Chöre mit sehr reicher Innengliederung durch Säulen, Nischen mit → Ädikula-Rahmung sowie mit zahlreichen kleinen Nebenräumen angliedern (heute nur noch in den beiden Klosterkirchen von Sohag in Benutzung); die Klosterkirchen (um 440 vom Reformator des ägyptischen Mönchtums, Apa Schenuta, gebaut – für Dendera fehlt ein Datum) zeigen Erinnerungen an altägyptische Architektur: geböschte Mauern, an Tempel erinnernde → Gesimse u. a.

2. Die schlichte dreischiffige Basilika mit meist dreiteiligem Ostabschluß (rechteckige oder halbrunde → Apsis mit beiderseitigen Nebenräumen) kommt aus der → frühchristlichen Architektur und setzt sich bis ins MA. fort, wenn auch nach der arabischen Eroberung anscheinend nur noch sehr wenige Neubauten möglich waren. Erst im 11./12. Jh. kommt es zu bedeutender Bautätigkeit mit Wiederherstellung älterer Bauten, wobei an die Stelle der

hölzernen Dachstühle → Gewölbe treten, das tragende Mauerwerk verstärkt und die → Säulen von massiven gemauerten → Pfeilern ersetzt oder umfangen werden. Die Wölbungen sind entweder durchgehende Tonnen oder Folgen von Ziegelkuppeln; → Emporen kommen vor. Bezeichnende Beispiele sind die Kirchen von Alt-Kairo, bei denen z. T. die ältesten Anlagen heute Unterkirchen sind.

3. In diese Bauzeit etwa fällt auch die Entstehung eines ganz andersartigen, eigenständigen Kirchentyps; treibend war offenbar der Wunsch nach Vermehrung der Altäre, der vorher schon dazu geführt hatte, die Nebenräume der Apsis mit Altären auszustatten und Nebenkapellen mit weiteren Altären seitlich anzubauen. Nun entsteht eine Breithaus-Kirche, die augenscheinlich für Klosteranlagen bevorzugt wurde: drei bis sechs Altarräume (Haikal) gleicher Größe sind nebeneinander gereiht, vor ihnen lagern sich durch Gurtbögen in Raumteile von gleicher Breite wie die Altarräume unterteilte Querschiffe (eines oder mehrere); alle einzelnen Raumteile sind mit Pendentif-Kuppeln (→ Kuppel) überwölbt. In Oberägypten weitverbreitet, finden sich solche Breithaus-Kirchen z. B. in Medinet Habu, Medamud, Deir Naga'a ed-Deir, Klöster bei Akhmim usw. (eine zeitliche Ordnung ist noch nicht möglich).

Die älteren Klöster (Kellia – Apollon-Kloster in Bawit, Jeremias-Kloster in Saqqâra) sind unregelmäßige, wie Wildwucherungen wirkende Anhäufungen einzelner Zellenbauten (wegen ihrer ausgemalten Betnischen meist Kapellen genannt; teilweise käuflich erwerbbarer Eigenbesitz der

Korbkapitell, Bawit, 6. Jh.

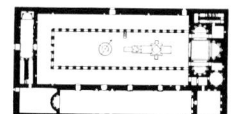

Kirche Deir el-Abyâd, um 440.

Basilika Henchir-el-Atench bei Setif.

Weißes Kloster, Sohag, um 440.

Mönche) um die basilikale Klosterkirche (in den Kellia noch nicht ergraben). Die steigende Beunruhigung Ägyptens durch nubische Nomaden und später durch islamische Räuber führt dann zur Entstehung geschlossener, festungsartiger Klosteranlagen sehr variationsreicher Typik, wie sie heute noch z. B. im Wâdi'n-Natrun in Benutzung sind. Auch in diesem Falle steht noch eine genaue Bestandsaufnahme und die Erkenntnis der Typenentwicklung aus. K. W.

Lit.: Müller-Wiener '63; Du Bourguet '64; Krautheimer '65; Gerster '68.

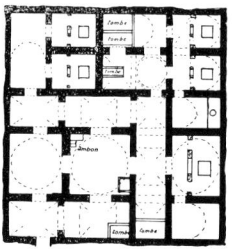

Breithauskirche Deir el-Schuhada bei Achmin.

Korb, Hermann (1656-1735). Begann als Zimmermann und wurde von Herzog Anton-Ulrich von Braunschweig-Wolfenbüttel zum Architekten ernannt. 1691 besuchte er Italien, überwachte dann den Bau des Schlosses in Salzdahlum (1690-94), das Johann Balthasar Lauterbach entworfen hatte. Dieses große Bauwerk nimmt in der Gestaltung Johann → Dientzenhofers Pommersfelden und → Hildebrandts Oberes Belvedere in Wien vorweg. Es ist ein Fachwerkbau, der Steinformen nachahmt (1813 abgerissen). K. verwendete Holz auch für die Herzog-August-Bibliothek in Wolfenbüttel (1706-10; 1887 abgebrochen), die auf Rat von Leibniz als

Deir el-Schuhada, Kloster der Märtyrer, nach der Überlieferung von 330, vorgefundene Bauten 10.-11. Jh.

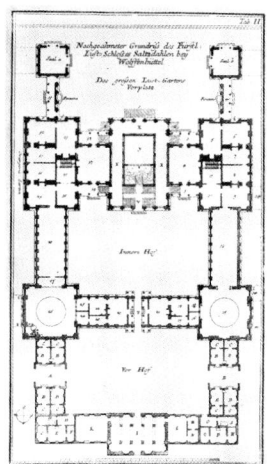

Schloß Salzdahlum, von → Korb, voll. 1694.

Chum Sung Dai, Observatorium, Kyongju, 632.

→ Zentralbau gestaltet wurde. Der ovale viergeschoßige Innenraum erhielt Licht durch die Fenster in der Kuppel. K. s einziges erhaltenes Bauwerk von Bedeutung ist die Trinitatiskirche in Wolfenbüttel (1705-19), deren beide Galerien einen oktogonalen Zentralraum umfangen.

Lit.: v. Alvensleben '37; Hempel '65; Gerkens '74.

Korbbogen (Korbhenkelbogen) → Bogen II, 4.

Kore, die (gr.: Mädchen). In der Architektur andere Bezeichnung für → Karyatide.

Korea. Bis in die frühgeschichtliche Zeit hinein sind Grabanlagen die einzigen erhaltenen Zeugnisse koreanischer Architektur. Schon in der Bronzezeit (ca. 1000-300 v. Chr.) sind lokale Typen erkennbar. Neben Erdhügelgräbern gibt es Steinhaufen wie in Nordost-Asien, Steinkisten wie bei den tungusischen Völkern, aber auch Bestattungen in tönernen Urnen. Auch die Dolmen (chisök-myo), unter denen man einen nördlichen Typus mit oberirdischen Steinplattenkammern und einen südlichen mit in die Erde versenkten Kammern unterscheidet, weisen Beziehungen zum nördlichen asiatischen Kontinent auf. Im Bereich der chinesischen Militärkolonien von Lo-lang (kor. Nangnang, 108 v. Chr.) gab es neben weltlicher Architektur im chinesischen Stil vor allem Holzkammergräber.
Während der Drei Königreiche (57 v. Chr.-668 n. Chr.) zeigt die Grabarchitektur weiterhin lokale Unterschiede. Im nördlichen Staat Koguryŏ baute man nach chinesischem Vorbild (→ China) Steinkammern unter der Erde und überwölbte sie mit einem Grabhügel (mehr als 1000 Beispiele in der Gegend von T'ung-kou, seit 427 bei der neuen Hauptstadt Pyŏngyang). Die Wände der oft doppelten Steinkammern waren verputzt und trugen Wandmalereien von typisch koreanischem Gepräge, teilweise mit kosmologischer Bedeutung. Unechte → Gewölbe bildeten die Decken. Im Staat Paekche gab es mehrere Grabtypen, charakteristisch ist das von Mittelchina beeinflußte Ziegelkammergewölbe mit Tonnengewölbe (Grab des Königs Munyŏng, gest. 523, bei Gongju). Im südöstlichen Staat Silla setzte man die Toten in hölzernen Kammern bei, die von einem oft mächtigen Erdhügel überdeckt wurden (Doppelhügel des Hwangnamdaech'ong Nr. 98 in Kyŏngju mit 120 m Länge). Der niedrige tambourförmige Unterteil konnte außen mit Steinplatten mit Reliefs der 12 Tierkreiszeichen verkleidet sein (Grab des Kim Yusin, gest. 673). Wie in China gab es als Zugang zum Grabhü-

Namdae-mun, Südtor, Seoul, 1398, erneuert 1448.

Kyŏng Hoi Roo im Kyŏngbok-gung, Seoul, 1397.

gel Alleen mit großen steinernen Wächterfiguren. Mit Variationen hat sich dieser Typus bis in die Chosŏn-Periode (1392-1910) gehalten.
Ausgrabungen in Kyŏngju erlauben eine Rekonstruktion früher Palastanlagen wenigstens im Grundriß, so des schon 101 n. Chr. begonnenen Wŏlsŏng (›Mondfestung‹, auf halbmondförmiger Geländeerhöhung errichtet) und des erst in den letzten Jahren erforschten Repräsentationspalastes Imhae-jŏn (›Halle am Meer‹) am Teich An'ap-chi, der sich aus nicht streng axial angeordneten hölzernen Hallen mit Ziegeldächern auf Steinfundamenten zusammensetzte (672 erbaut) und einem künstlich angelegten Landschaftsgarten gegenüberlag. Auch die späten Palastanlagen der Chosŏn-Zeit folgen zum Teil einer nicht streng axialen Anordnung der Hallenbauten um oder in Höfen (Kyŏngbok-gung in Seoul, nach Zerstörung durch die Japaner erst 1865 wieder aufgebaut), teils aber auch der aus

König Michus Gräber, Silla Dynastie, Kyŏngju, 6. Jh.

China übernommenen axialen Ordnung von Tor und Hallen in einem gepflasterten Hof (Dŏksugung in Seoul). Die Palastanlagen breiteten sich innerhalb der Residenzstädte aus, doch war ihre Lage nicht streng fixiert. Manche Städte, wie Kyŏngju als Hauptstadt des Silla-Staates, wurden nach dem chinesischen Schachbrettmuster der Straßenzüge geordnet und hatten Befestigungsanlagen. Seoul besitzt noch zwei Stadttore seiner alten Befestigung, so das 1448 erbaute Südtor Namdae-mun mit mächtigem Steinunterbau, tonnengewölbtem Durchgang und zweistöckigem hölzernem, hallenähnlichem Aufsatz.
Der von China seit dem 4. Jh. nach Korea vordringende Buddhismus prägt die dortige Architektur entscheidend. Zwar sind keine frühen Tempel erhalten, doch gestatten Ausgrabungen die Rekonstruktion von Tempelanlagen, die z. T. gewaltige Aus-

maße hatten (Hwangnyŏng-sa in Kyŏngju). Haupt-
bestandteile des Tempels (sa) sind Hallen (tang oder
chŏn) auf einer erhöhten steinernen Basis (kidan).
Strukturell sind sie Ständerbauten mit hölzernen
Säulen (chu), einem Rahmen und komplexem
→ Architravsystem (gongp'o oder pojak), das
die Last des vorkragenden schweren Ziegeldaches
trägt. Das Architravsystem besteht wie auch in
China und → Japan aus kapitellartigen → Konsolen
(chudu oder soro) und Sattelhölzern (chumcha),
welche die Dachpfetten (dori) tragen. Das Stützsystem greift in zwei Schritten (i-chulmok) oder in
dreien (sam-chulmok) aus der Wand aus. Es gibt
zwei Grundtypen des Systems: erstens die Konsolen
sitzen nur direkt über den Säulen (chusim-p'o),
zweitens auch in den Säulenzwischenräumen gibt
es Konsolen auf den horizontalen Rahmenbalken
(ta-p'o). Die stilistische und strukturelle Entwicklung der Hallenarchitektur spielt sich im wesentlichen in der Architravzone ab und besteht in zunehmender Komplizierung und Verunklärung des
Dachstützsystems. Im Extremfall nehmen die Konsolen überhaupt keine Rücksicht mehr auf die Stellung der Säulen (Pogwang-jŏn des Simwŏn-sa).
Maßeinheit für Außenbau und Grundriß der Halle
ist wie überall im ostasiatischen Kulturbereich das
→ Interkolumnium (kan).

*Pulguk-sa, Kyôngju, Steinerner Unterbau, Mitte des
8. Jhs., Holzkonstruktion 1392-1910.*

*Pulguk-sa, Kyŏngju, Steinerner Unterbau, Mitte des
8. Jhs., Holzkonstruktion 1392-1910.*

Wegen der verheerenden Kriegszüge der Japaner
unter Toyotomi Hideyoshi nach Korea gegen Ende
des 16. Jhs. sind kaum alte Holzbauten erhalten.
Den älteren Chusim-p'o-Stil zeigen die Muryangsu-
chŏn im Pusŏk-sa (12.-13. Jh.), die kleine Chosa-
dang von 1377 im gleichen Tempel und die Tae-ung-
chŏn von 1308 im Sudŏk-sa. Den komplexeren Ta-
p'o-Stil verkörpern die Miruk-chŏn von 1635 des
Kŭmsan-sa und die 1703 erbaute große Kakhwang-
jŏn des Hwa'om-sa.
Ein weiterer charakteristischer, von China über-
nommener Bautypus der buddhistischen Architektur ist die → Pagode (t'ab). Selbst die frühen Stein-
Pagoden (sok-t'ab), deren älteste aus dem 7. Jh.
stammen, ahmen strukturelle Züge der Holzarchitektur in Stein nach (Miruk-sa und Chŏngnim-sa)
besonders an den vorkragenden Schichten der
Dachtraufen (patchim) der vielstöckigen Pagoden.
Neben den geläufigen Typen (Kam'ŭn-sa, 2. H.
7. Jh.) gibt es ungewöhnliche Sonderformen wie die
mit Steintüren und Wächterfiguren ausgestattete
Pagode des Punhwang-sa von 634 und die an einen
hölzernen oder metallenen Reliquienschrein erinnernde Tabo-t'ab des Pulguk-sa (Mitte 8. Jh.). Übrigens zeigt die hohe steinerne Basis des letzteren

Tempels mit ihren Geländern und tonnengewölbten
Treppenbrücken gleichfalls den dominierenden
Einfluß der Holzbauweise.
Frühe Pagoden in Holzbauweise haben sich nicht
erhalten, doch gibt es Modelle aus Bronze aus dem
11.-12. Jh. (National Museum von Korea, Seoul).
Außerdem haben manche Tempelhallen die Mehr-
stöckigkeit von Pagoden übernommen, wie die
Tae'ung-jŏn des Sangbong-sa und die außen fünfge-
schossige, innen aber nur zweistöckige P'alsang-jŏn
des Pŏbchu-sa von 1624.
Der auf einem Berg bei Kyŏngju gelegene Höhlentempel des Sokkuram (2. H. 8. Jh.), dessen Vorhalle
und Hauptkuppelraum aus Steinplatten aufgebaut
und dann mit Erde überdeckt wurden, ist im Stil
der Skulpturen deutlich vom China der T'ang-Zeit
abhängig, strukturell ist der Typus jedoch einzigartig.
Der von China übernommene klassische Tempel-
plan zeigt eine axiale Hintereinanderreihung der
Hauptbauten in einem von Wandelgängen (hoe-
rang) umzogenen Hof. Sie sind: **1.** großes Zugang-
stor (chungmun), **2.** Pagode (t'ab), **3.** Haupthalle
(kumdang) mit den Kultbildern, **4.** Predigt- oder
Lehrhalle (kangdang oder musŏl-jŏn). Ursprünglich lag nur eine Pagode auf dieser Achse (ilt'ab-
karam), später flankierten zwei freistehende Pagoden die Mittelachse (sangt'ab-karam). Seit den
Mongoleneinfällen im 13. Jh. ging man immer mehr
dazu über, die buddhistischen Klöster aus den Städten hinaus in waldige Gebirgstäler zu verlegen. Die
Anordnung der Bauten mußte folglich den Gegebenheiten des Geländes folgen, so daß die streng
axiale Ordnung nicht mehr eingehalten wurde (z. B.
Songgwang-sa, T'ongdo-sa).

Bankethalle im Keifuku-Palast, Seoul.

Bup-Joo-sa, Bo-un, 550.

Werkstattgebäude der Firma Rollei, Braunschweig, von → Kraemer 1953-54.

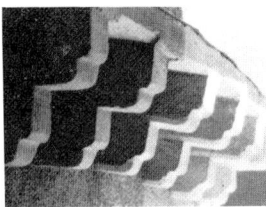

Kragstein.

Krabbe.

Adam Kraft. Selbstporträt vom Sakramentshaus in der Lorenzkirche, Nürnberg.

Die moderne Architektur Koreas seit 1910 steht anfangs ganz unter westlichem Einfluß, oft vermittelt durch die damalige Kolonialmacht Japan. Zeugen des charakteristischen Eklektizismus sind die Gebäude der Chosŏn Bank von 1912 und des Hauptbahnhofs von Seoul (1925). Manche Regierungsbauten wurden von japanischen Architekten entworfen. In den 30er Jahren bildete sich eine national orientierte Gruppe koreanischer Architekten mit Pak Kilyong (gest. 1943) als zentraler Figur. Das Jahrzehnt nach der Befreiung von japanischer Oberhoheit (1945) war eine Zeit der nationalen Unsicherheit und erst nach 1955 setzt eine moderne und im eigentlichen Sinne koreanische Architektur ein. 1957 wurde das Korea Institute for Architectural Artists gegründet und in den 60er Jahren profilierten sich mehrere koreanische Architekten mit z. T. ausgeprägtem individualistischem Stil, den sie an repräsentativen Bauten entwickelten: Französische Botschaft des Kim Chung'op (1961), Freedom Center von Kim Sugun (1964), das umstrittene Nationalmuseum des Kang Pongjin (1966-70), das gegenwärtig wieder aufgegeben wird, das archaische Bauformen phantasievoll variierende Puyo-National-Museum von Kim Sugun (1967) oder der von einem Architektenkonsortium entworfene Yoido Apartmentkomplex (1971). Gegenwärtig herrscht ein Stilpluralismus moderner Prägung, in dem sich typisch koreanische Züge nur schwer ausmachen lassen.   R. G.

Lit.: National Museum of Korea '55; McCune '62; Kim Wŏnyong '63; Kim Chewon '67; BCP '67, '76, '82; Chŏng In'guk '72; Adams '74; Kim Chongki '75; Han Tongyŏl '75; Hwang Suyong '76; Shin Yonghun '77; Yi Heasŏn '82.

Korinthische Ordnung → Säulenordnungen.

Kornährenverband → Ährenwerk; → Opus (7).

Körte, Friedrich (geb. 1854) → Industriebau.

Kotěra, Jan (1871-1923). Er gilt als der Begründer der modernen tschech. Architektur. 1894-98 Schüler und Mitarbeiter von Otto → Wagner an der Wiener Akademie d. Künste, anschließend Prof. an der Kunstgewerbeschule in Prag, später dort an der Akademie der Bildenden Künste (1910-13). Zu seinen wichtigsten Schülern gehörten P. Janák und → Gočár. K. bemühte sich, den → Historismus in der Architektur zu überwinden und die formale und dekorative Architekturauffassung der → Sezession zu interpretieren (→ Jugendstil). Er gelangte sehr früh zu → funktionellen Grundrissen und verfolgte in der Gestaltung des Volumens die konsequente Zweckmäßigkeit. Ansprechend war seine eigenwillige Entfaltung eines neuen Empfindens von Disposition, Raum, Konstruktion und Form, Gedanken, die ihn mit Werken Wagners, → Loos', → Berlages, van de → Veldes, → Behrens' und Tony → Garniers verbinden. Seine wohl bedeutendste Bauaufgabe ist das noch zur Sezession zu zählende Museum in Königgrätz (1906-12). Weitere Bauten: Das Mozarteum in Prag (1912/13), Palais Lemberger in Wien (1913-15), Haus Laichter und sein eigenes Wohnhaus (1908/09), beide in Prag.

Lit.: EA '82.

Krabbe. Got. Ornament, das in Form eines plastischen Blattes an Kanten von → Fialen, → Wimpergen u. a. Bauteilen angebracht ist.

Kraemer, Friedrich Wilhelm (geb. 1907). Er studierte an den TH Braunschweig und Wien und ist seit 1946 Prof. an der TH Braunschweig. Zu seinen wichtigsten Bauten zählen eine große Wohnsiedlung in Hannover (1951), die Gestaltung des Stadtkerns von Rheinhausen, die Zentralbank in Düsseldorf (1958-65), die Jahrhunderthalle in Höchst (1960-62) und die Stadtsparkasse in Düsseldorf (1960-64). Mit dem Verwaltungsgebäude der Versicherungszentrale der DKV in Köln (1966-72) entwickelte K. ein neues Konzept für Bürohäuser, bestehend aus verschieden großen Baukuben, die zu einer variationsreichen, durch die verglaste Fassade viele optische Effekte bietenden Architekturlandschaft zusammengesetzt werden. Weitere Großaufträge für Verwaltungsbauten erhielt er von der Deutschen Bank in Düsseldorf und dem Thyssenkonzern in Duisburg, beide 1976.

Lit.: CA '80.

Bezirkshaus in Königgrätz, von → Kotěra, 1903/04.

Kraft, Adam (ca. 1455-1508/09). Hervorragender spätgotischer Bildhauer, der nur in Nürnberg tätig war. Er war dort mit Peter Vischer d. Ä. und dem Silberschmied Sebastian Lindenast befreundet. K. schuf in erster Linie Reliefs, aber sein Hauptwerk, das gewaltige, 20 m hohe Sakramentshaus (1493 bis 96) in der Lorenzkirche zu Nürnberg zeigt, wie meisterhaft er auch die architekton. Aufgaben beherrschte. Dieser Bau in Form eines got. Turmes, mit Statuen und Passionsdarstellungen geschmückt, ruht auf lebensgroßen Porträtstatuen von K. und zweien seiner Gesellen und wird von einer gekrümmten → Fiale gekrönt. In seinen letzten Lebensjahren war K. als Berater beim Wiederaufbau des Michaelschörleins in der Frauenkirche in Nürnberg tätig (1506-08, später umgebaut).

Lit.: Stern, D. '16; Schwemmer '58.

Kraftwerk → Industriebau.

Kragstein → Konsole; → Balkenstein.

Krahn, Johannes → *Nachträge.*

Kramer, Ferdinand → *Nachträge.*

Kramer, Piet → *Nachträge.*

Kranner, Josef Andreas (1801-78) → Tschechoslowakei.

Kratzputz → Sgraffito.

Krebs, Conrad (1492-1540). Erster Renaissancebaumeister in Sachsen. Ursprünglich war K. einfacher Steinmetz, dessen Zeichen sich an mehreren spätgot. Gebäuden fand, so an der Stadtkirche in Dippoldiswalde (begonnen 1506), der Annakirche in Annaberg (1507-09), der Kirche von Crimmitschau (1513), den Fenstern der Schloßkirche zu Wittenberg und der Moritzkirche in Coburg (um 1522). Als Architekt arbeitete er 1532 in Schloß Hartenfels bei Torgau, wo er den Südflügel mit seinem eindrucksvollen, freistehenden Wendeltreppenhaus erbaute (das offensichtlich vom Schloß in Blois und dem ebenfalls sich von dort herleitenden Treppenhaus Johannes Binders im Johannesbau von Schloß Dessau inspiriert war); auch ein Teil des Westflügels geht auf K.' Entwürfe zurück, doch neigt man dazu, die → Renaissanceelemente an diesem Bau → Flötner zuzuschreiben.

K. machte Entwürfe für einen Brunnen in Coburg (1534) und für das Zeughaus in Gotha (1538); man schrieb ihm auch das offene Treppenhaus des Berliner Schlosses (1537-40, zerst.) zu, doch ist bekannt, daß er sich 1537 nur fünf Wochen in Berlin aufhielt. K. hinterließ ein Modell für das Berliner Schloß.

Lit.: Haupt '16; Stange '26; Horst '28.

Bismarck-Nationaldenkmal, Bingerbrück, von → Kreis, 1910. Entwurf.

Kreis, Wilhelm (1873-1955). Assistent von → Wallot, lehrte später in Düsseldorf (1902-08) Raumkunst an der Kunstgewerbeschule. Dort von 1909-20 Nachfolger von → Behrens. 1920-26 Prof. für Architektur in Dresden. 1927 Präsident der Reichskammer der bildenden Künste. K. wurde zuerst durch seine preisgekrönten Denkmalsentwürfe bekannt, ein Genre, das im Dritten Reich bei ihm eine Hochkonjunktur erleben sollte: Völkerschlachtdenkmal in Leipzig (1896-97), Bismarck-Türme (1899), Bismarck-Nationaldenkmal in Bingen (1911).

Der Hang zum Monumentalen blieb für ihn charakteristisch: das Warenhaus Tietz in Köln (1912-14), Wilhelm Marx-Haus (1922-24) sowie die Reichsbank (1923-25) in Düsseldorf und das Dresdner Hygiene-Museum (1927-30), das mit seiner modernen Gestaltung eine Hinwendung zur neuen Sachlichkeit zeigt.

Lit.: Meissner '25; Stephan '44; Mai/Schmirber '89.

Krejcar, Jaromir → *Nachträge.*

Kreml, der (russ.). Mit Mauer und Wall umgebener befestigter Stadtteil; am bekanntesten ist der K. in Moskau (14.-19. Jh.).

Lit.: Voyce '55.

Krenelieren. Mit → Zinnen versehen.

Krepis, die (gr.). Eine K. ist der meist dreistufige Unterbau des griech. Tempels, d.h. der über der Erde liegende Teil des → Stereobats.

Kreta → Minoische Architektur.

Kreuz. Uralte Zier- und Symbolform. In der Architektur fand das K. als Grundriß und als Ornament (→ K.blume) Verwendung. Das lat. K. beherrschte den Sakralbau des abendl. MA.s, das griech. K. die → Byzant. Baukunst (→ Zentralbau, → K.kuppelkirche). Die wichtigsten Formen zeigt die Abbildung.

Lit.: Guyer '50.

Kreuzblume. Als Blume mit kreuzförmig angeordneten Blättern gestaltetes plast. Ornament an der Spitze von → Fialen, → Wimpergen oder anderen spitzen Enden → got. Bauteile.

Kreuzgang → Kloster.

Kreuzgewölbe → Gewölbe III, 4.

Kreuzgratgewölbe → Gewölbe III, 4.

Kreuzkuppelkirche. Eine Kirche, deren Grundrißfigur ein griech. → Kreuz darstellt und deren Hauptraum von einer → Kuppel überdeckt ist. Die kreuzförmig anschließenden Arme können ebenfalls mit gleich großen oder kleineren Kuppeln (S. Marco, Venedig) oder mit Tonnengewölben (→ Gewölbe III, 1) überwölbt sein. Durch Nebenräume in den Kreuzecken kann der Grundriß nach außen auch quadratisch werden. → Byzant. Baukunst.

Lit.: Bettini '36; Mavrodinov '40; Krautheimer '65.

Kreuzrippengewölbe → Gewölbe III, 5.

Kreuzverband → Mauerverband 4.

Kriechblume → Krabbe.

Krier, Leon (geb. 1946). Bruder von *Rob* → *Krier;* arbeitete u.a. mit → Stirling (1968-70) und → Kleihues (1973-74) zusammen; seit 1974 selbständig. K. ist einer der wichtigsten Vertreter der neo → rationalistischen Architektur, vor allem durch seine provokanten theoretischen Beiträge zum Thema Städtebau und Stadtplanung.

Er postuliert eine Abkehr von den kapitalistisch stigmatisierten Bauweisen hin zu einer wieder handwerklich orientierten, künstlerischen Architekturvorstellung. Seine meist als reine Idealentwürfe formulierten großräumigen Stadtplanungen werden dabei immer weniger von den typologischen, bzw. morphologischen Planungsmethoden der Neorationalisten (→ Ungers, → Rossi u.a.) bestimmt, sondern von einem → Neoklassizismus, der als bewußte Polemik gegen die moderne ›Stadtlandschaft‹ US-amerikanischer Prägung an der europäischen Stadt des 18. und 19. Jhs. geschult ist (→ Städtebau). Im besten Sinne → utopische Architektur ist K.s Atlantis-Projekt für Teneriffa (1987).

A. Gl.

Lit.: Krier, L. '75, '80, '88; Klotz '84 b; CA '87; Atlantis ... '89.

Skizze zum Wiederaufbau des Prager Platzes, Berlin, von Rob → Krier, 1977.

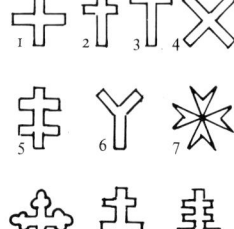

Kreuz.

1. *Griechisches Kreuz,*
2. *Lateinisches Kreuz,*
3. *Antonius-Kreuz,*
4. *Andreas-Kreuz,*
5. *Doppelkreuz,*
6. *Gabelkreuz,*
7. *Malteser-, Johannes-Kreuz,*
8. *Kleeblattkreuz,*
9. *Lothringisches Kreuz,*
10. *Päpstliches Kreuz.*

Griechisches Kreuz. Kirche Bēta Giyorgis. Äthiopien, wahrscheinlich 13.-14. Jh.

Kreuzblume.

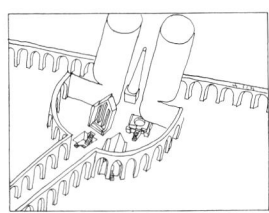

Skizze für den Stuttgarter Charlottenplatz, von Rob → Krier, 1975.

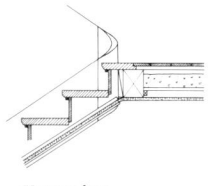

Krümmling.

Das Landhaus, Dresden, von → Krubsacius, 1775.

Krier, Rob (geb. 1938). Nach dem Architekturstudium in Echternach/Luxemburg (1951-59) und München (1959-64) Mitarbeiter von → Ungers (1965-66) und → Otto (1967-70). Lehrte in Stuttgart und Lausanne, seit 1975 Professor in Wien.

1975 erschien sein Buch ›Stadtraum in Theorie und Praxis‹, das unter dem Stichwort ›Stadtreparatur‹ die urbanistischen Alternativen zur Flächensanierung vorstellt. Anknüpfend an eine Fülle historischer Vorbilder und archetypischer Grundmuster (→ Städtebau) entwickelt er hier sogen. Typologien von Straßen- und Platzräumen, Haustypen und städtebaul. Details (z. B. Eckhäuser und Hausekken). Als konkrete Planungsanweisungen fanden diese typologischen Reihen erstmals in seinen Vorschlägen für die Umgestaltung der Stuttgarter Innenstadt (1973-74) Anwendung.

Anders als sein Bruder *Leon Krier* realisierte K. neben einigen frühen Einfamilienhäusern eine Vielzahl städtebaulicher Planungen und (groß-)städtischer Wohnbebauungen: so im Rahmen der IBA in Berlin (Ritterstraße, 1977-80, Abb. → Postmoderne; Rauchstraße, 1980-85) und in Wien.

A. Gl.

Lit.: Krier, R. '75, '82a, '82b, '88/'89; Klotz '84b; CA '87.

Kroll, Lucien (geb. 1927 in Brüssel). K. studierte in Brüssel und arbeitete danach mit dem Architekten Charles Vandenhoven zusammen (1951-57). Seit 1970 ist er Lehrer an der Ecole Saint-Luc de Saint Gilles. K. bezieht die Kreativität des Menschen von Anfang an bewußt in sein Bauen ein (Prinzip der Partizipation). Bekannt wurde u. a. sein Studentenwohnheim von Louvain (Woluve Saint Lambert) der Katholischen Universität in Brüssel (1970-77).

Lit.: Kroll '83, '87; CA '87. W. R.

Krubsacius, Friedrich August (1718-89). Architekt und Architekturtheoretiker, Autor der Schrift ›Kurze Untersuchung des Ursprungs der Verzierungen, der Veränderung und des Wachsthums derselben bis zu ihrem itzigen Verfalle‹, worin er für die Nachempfindung der Natur im Bereich der Bauornamentik und gegen die Ausartung des Ornaments, dem »genre pittoresque«, polemisierte. K. war ein Schüler von → Longuelune, → Knöffel und → Schwarze. 1740 Kondukteur im Oberbauamt Dresden, 1755 Hofbaumeister, 1764 Prof. für Architektur an der Kunstakademie in Dresden. K. leistete durch seine kunsttheoretischen Schriften einen wesentlichen Beitrag zur Entwicklung des deutschen → Klassizismus. Bedeutendster Schüler war → Weinlig. K. ist der Formenwelt der Antike nachgegangen und beschäftigte sich, unter dem Einfluß des frz. Frühklassizismus (1756-59 Parisaufenthalt) auch mit archäologischen Fragen: So mit der Rekonstruktion des bei Plinius beschriebenen Langhauses. Obwohl er in seinen Anschauungen den frz. Theoretikern, vor allem → Laugier, verpflichtet war, hielt er wenig von der frz. Baukunst. In seinen eigenen Bauwerken blieb er seltsamerweise dem → Barock treu wie im Fall des bemerkenswerten Neuen Schlosses von Neschwitz (1766-76), bei dem K. es verstand, barocke Baukunst im Grundriß und Treppenhaus mit der Innenausstattung und Portalgestaltung im frühklassiz. Stil zu verbinden (im Kriege zerst., heute Museum für Geschichte der Stadt Dresden).

Lit.: Krubsacius 1759; Schumann 1885; Löffler '55; Hentschel '73; v. Lüttichau '83.

Haus Dickes, Bridell, Luxemburg, von Rob → Krier, 1974-76. Modell.

Krümmling, der. Im Bauhandwerk das gebogene Verbindungsstück zweier die Richtung wechselnden Treppenwangen. → Treppe.

Krumpper, Hans (ca. 1570-1635). Begann als Bildhauer bei Hubert Gerhard in München (1587); eine Italienreise brachte ihn nach Venedig und Florenz, wo er sich vielleicht einige Zeit bei Giovanni da Bologna (1529-1608) aufhielt. Nach seiner Rückkehr nach München heiratete er die Tochter von → Sustris (1592) und wurde 1599 dessen Nachfolger als Privatarchitekt und Kunstintendant Wilhelms V., später Maximilians I. von Bayern. In dieser Eigenschaft war er am Bau der Münchner Residenz beteiligt; vermutlich hat er Pläne für die Vierflügelanlage um den Kaiserhof geliefert (erb. um 1612-18). Von seiner Hand stammen wohl die Stuckdekoration und der Altar der Hofkapelle; es ist nicht ausgeschlossen, daß er an allen Bauten, die Maximilian errichten ließ, mitarbeitete. Als Architekt trat er besonders mit der Paulanerkirche in München hervor (1621-23, 1902 abgerissen). Der neue Turm der ehem. Stiftskirche Polling (1604-11, Bau eingestellt) wurde bis auf den achteckigen Abschluß von ihm entworfen. 1612 lieferte er vermutlich Entwürfe für den Neubau der Jesuitenkirche in Köln und beteiligte sich 1621-24 an den Plä-

Das Landhaus, Dresden, von → Krubsacius, 1775. Treppenhaus.

Portal der Münchner Residenz, Residenzstraße, München, von → Krumpper, um 1615.

nen für den Umbau des Domes von Freising. Keines dieser Projekte wurde ausgeführt; wohl aber seine Entwürfe für Altäre in Freising, im Stil der späten → Renaissance.

Lit.: Feulner '22; Thoma, H. '38; Knüttel '67.

Krypta, die (gr. kryptein: verbergen). Ein unterirdischer Raum, meist unter dem Ostabschluß einer Kirche, in der dt. → Romanik manchmal auch unter dem Westchor gelegen. In der K. wurden seit dem frühen MA. Reliquien aufbewahrt, bzw. man bestattete dort Märtyrer und Heilige, in späteren Jh.en auch weltl. Würdenträger. Den Gläubigen wurde diese Grabstätte unter dem Altar (→ Konfessio) durch einen Gang erschlossen. Die frühesten Krypten waren unterirdische Stollen (Stollenk.), die sich kreuzen und mehrere Grabkammern berühren konnten. Dem Verlauf der → Apsis folgend, konnte der Stollen auch ringförmig verlaufen (erste Ringk. in Alt-St. Peter, Rom, ca. 590). Die Außenk. entstand als bes. Anraum zur Ringk., in der sich geistl. Würdenträger bes. gerne bestatten ließen, so daß eine Erweiterung mit Altären für Gedenkgottesdienste nötig wurde (erste Außenk. in Brixworth, England, frühes 8. Jh.). Daraus entwickelte sich im MA. die Hallenk. (Speyrer Dom, beg. um 1030; Gurker Dom), meist mit mehreren Schiffen und eingewölbter Decke. Sie reichte in ihrer Ausdehnung oft bis unter das Querschiff und war häufig so hoch, daß der Fußboden des → Chores beträchtlich angehoben werden mußte, was dann zu schönen Treppenanlagen im Kircheninnern führte (Hochchor; z. B. Baseler Dom, Kathedrale von Canterbury). Die K. fand ihre vollkommenste Ausbildung in der Romanik, fehlt jedoch in der → Hirsauer Bauschule.

Lit.: Hoferdt '05; Cabrol-Leclercq '16; Wallrath '40, '50; Claussen '50; Degani '58; Testini '58; Lemper '62.

Kryptoportikus (gr.-lat.). Eingang zu einer Gruft durch einen unterirdischen oder gedeckten Gang,

Krypta. St-Benigne, Dijon, 1281-1325.

dessen Wände ins Freie führende Öffnungen haben, so z. B. der Gang zur Sibyllengrotte, Cuma, Italien.

Lit.: Crema '59.

Ksar → Nordafrikanische Länder.

Kubistische Architektur → *Nachträge.*

Kühnel, Paul von (gest. 1824) → Ungarn.

Kulla → *Nachträge.*

Künigl, Graf von (18. Jh.) → Tschechoslowakei.

›**Kunst am Bau**‹ → *Nachträge.*

Kuppel. Eine Wölbform, die in regelmäßiger Krümmung über einer kreisrunden (seltener ovalen) Basis errichtet ist. Dem Aufriß nach unterscheidet man Flachk. (Kugelsegment), Halbkugelk., Spitzk. und Zwiebelk. Nach der Grundform des überwölbenden Raumkompartiments ergeben sich verschiedene Möglichkeiten, den Übergang zur K. zu vollziehen. Bei kreisrunder (oder ovaler) Basis entstehen keine Probleme; hier kann zur Überhöhung des Raumes ein zylindrischer → Tambour (Trommel), der oft durchfenstert ist, eingeschaltet werden. Bei quadrat. Grundriß bieten sich drei Möglichkeiten: Bei der ›Hängek.‹ oder ›Böhmischen Kappe‹ bildet die Basis der K. ein gedachter Kreis, der das Grundrißquadrat umschreibt. Die über das Quadrat hinausgehenden seitlichen Kugelsegmente sind als zugespitzt vorzustellen. Ist der Basiskreis der K. dem Quadrat des Grundrisses eingeschrieben, entstehen über den Ecken Raum›reste‹, die in harmonischer und konstruktiv tragbarer Weise überbrückt werden müssen. Bei der ›Trompenk.‹ werden die Ecken des Grundrißquadrats so gekappt, daß ein Oktogon entsteht. Diese Ecken werden mit umgekehrten, halb-hohlkegelförmigen Baugliedern, den ›Trompen,‹ übermauert. Die ›Pendentifk.‹ ist so zu denken, daß eine Hängek. über den Bögen horizontal abgeschnitten und die so entstandene Kreisfläche mit einer Halbkugel überwölbt wird. Die dabei entstehenden sphärischen Dreiecke nennt man → Pendentifs oder Hängezwickel. Die K. selbst kann aus statischen Gründen in verschiedener Technik aufgeführt sein: Neben der ›Massivk.‹ gibt es die ›Rippenk.,‹ die ›Faltk.‹ (besonders beliebt in der zentralasiatischen, islamischen Architektur) und die ›Schalenk.,‹ die aus zwei durch Stege miteinander verbundenen Schalen besteht. Die K. kann zur Belichtung des Inneren eine Öffnung im Scheitel haben (→ Opaion); oft ist eine → Laterne, die ihrerseits überkuppelt ist, aufgesetzt.

Die frühesten K.bauten waren die kret.-mykenischen Gräber (→ Kuppelgrab), die jedoch nur eine ›Scheink.‹ besitzen. Große Bedeutung hatte die K. für die röm. Baukunst (Thermen); als bedeutendstes Zeugnis ist das Pantheon in Rom mit massiver Schalenkuppel erhalten geblieben. Eine entscheidende Rolle spielt die K. in der byzant. Baukunst, vor allem bei der → Kreuzkuppelkirche. → Brunelleschis Domk. in Florenz und die K. der Peterskirche markieren den Siegeszug der K. in der Neuzeit. → Gewölbe.

Lit.: Choisy 1873; Giovannoni '25; De Angelis d'Ossat '40; Goethals '47; Smith, E. B. '50; Hautecœur '54; Rumpler '56; Lugli, G. '57; Fink '58; Rohlfs '63; Wittkower '64; Hart '65.

Kuppelgrab. Ein über kreisförmigem Grundriß errichteter Bau, dessen einzelne horizontale Steinlagen immer enger werden, so daß eine → Kuppel (Scheinkuppel) entsteht. Das bekannteste K. ist das

Pendentifkuppel. Theatinerkirche, München, beg. von → Barelli, 1663; voll. von → Zuccalli, 1690.

Trompenkuppel. S. Giovanni degli Eremiti, Palermo, 1132.

Spitzkuppel. Bicton Gardens, Budleigh Salterton, Devon, von D. und E. Bailey, um 1843.

Zwiebelkuppel. Kapelle in Cabo Espichel, Portugal.

*Gerippte Schirmkuppel.
Kathedrale Zamora, Spanien,
1151-1174.*

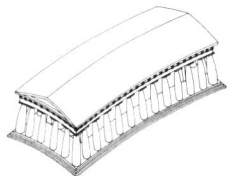

*Kurvatur. Diagramm, die
optischen Verfeinerungen eines
dorischen Tempels aufzeigend.*

1. Dorisches Kyma.

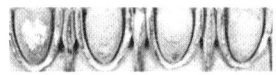

2. Ionisches Kyma.

3. Lesbisches Kyma.

*Nakagin Kapsel-Hochhaus,
Tokio, Japan, von → Kurokawa,
1970-72.*

›Schatzhaus des Atreus‹ in Mykene (→ Mykenische Architektur, mit Abb.). Beispiel prähistorischer K.er, mit massiver Schalenk., wurden in Sardinien gefunden; in Irland und Schottland sind solche Konstruktionen aus jüngerer Zeit erhalten. – In Südostitalien (Apulien) werden Bauten, die nach dem Prinzip des K.es errichtet und → Trulli genannt werden, noch heute bewohnt.

Lit.: Marinatos '59; Soeder '64.

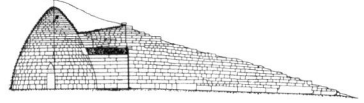

Kuppelgrab. Grab des Agamemnon (sog. Schatzhaus des Atreus), Mykene, 14.-13. Jh. v. Chr.

Kuppelmoschee → Türkei.

Kurokawa, Kisho (Noriaki), geb. 1924. Nach dem Studium in Kioto und Tokio Mitarbeiter von → Tange. 1961 eigenes Büro und aktives Mitglied der Gruppe der → Metabolisten. Auseinandersetzung mit den Traditionen der japan. Architektur, zugleich Befürworter dynamischer Veränderungen (Metamorphosen), von → High Tech und → Präfabrikation; bestes Beispiel für diese Entwicklung ist das Nakagin-Hotel in Tokio, bei dem komplette Wohneinheiten (Kapseln) an einen Turm montiert werden (Abb. → Megastruktur; → Präfabrikation). Die innere Konzeption dieser Wohneinheiten folgt japan. Vorbildern des 17. Jhs., doch ist die Idee der Kapseln eng mit der technischen Entwicklung unserer Zeit, z. B. der Raumkapsel der Raumfahrt, verbunden, wie die Space Capsule Discotheque (1968) beweist. Tanges Plan zur Überbauung der Bucht von Tokio regte auch K. zu zahlreichen Projekten an, zu seiner ›Agricultural City‹ (1960), seiner ›Floating City‹, Kasumigaura (1961), und der gleichzeitigen ›Helix City‹, der Linear City ›Metamorphosis‹ (1965), den neuen Stadtprojekten ›Hishino‹ (1966), Fujisawa (1968), der Floating Factory ›Metabonate‹ (1969) und vielen anderen. Höhe- und Endpunkt dieser Hoffnungen der 60er Jahre bildete die Expo '70 in Osaka (Takara Beautilion, Abb. → Präfabrikation).

Originalität, mathematische Präzision und konstruktive Klarheit waren von Anfang an bestimmend für das Werk K.s.. Hervorzuheben sind die Fabrikhalle für die Nitto Shokuiu Food Company Cannery (1965), der Zentralbau für das National Children's Land und das Hans Christian Anderson Gedächtnis Museum (beide 1965) oder später Big Box Seibu (1974) und der Sony-Turm in Osaka (1975). Abb. → Japan; → Metabolismus. 1988 entstand das Museum für zeitgenössische Kunst, Hiroshima. W. R.

Lit.: Kurokawa '60, '70, '72, '75, '77, '83, '88, '89; Drew '72; Klotz '86; CA '87; Chaslin '88; Kurokawa '88, '91.

Kurtine, die. → Festung.

Kurvatur, die. Bezeichnung für die sehr geringe, für den optischen Gesamteindruck jedoch bedeutsame Krümmung der Horizontalen von → Stylobat und → Gebälk des griech. Tempels.

Kwabornament → Knorpelwerk.

Kyklopenmauerwerk → Megalith, → Mauerwerk.

Kyma (Kymation), das (gr.: Welle). Profilleiste zur Abgrenzung einzelner Bauteile. Man unterscheidet

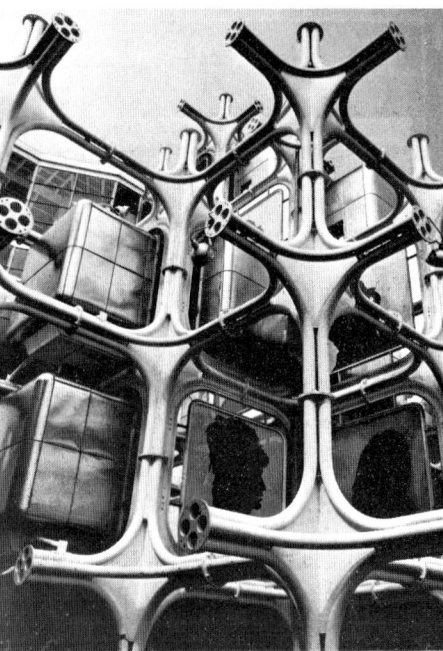

Takara Beautilion, Expo '70 Osaka, Japan, von → Kurokawa, 1970.

drei Grundformen: **1.** Das dor. K. als unterschnittene (konkave) Profilleiste, die häufig bemalt war, **2.** das ion. K., bei dem Ovalformen (→ Eierstab) durch schmale Hohlstege getrennt sind und **3.** das lesbische K., bei dem herzförmige Blätter und Zwischenspitzen ein konvex-konkaves Profil bilden. – Aus diesen Grundformen haben sich Kymatien mit → Akanthus, → Palmetten und mehrere andere Dekorationsformen entwickelt.

Lit.: Weickert '13; Krischen '31.

Kyrgystan → Mittelasien.

Kapsel-Hotel, Osaka, Japan, von → Kurokawa, 1979.

L

Labrouste, Henri (1801-75). L. war Schüler von
→ Vaudoyer und Jean Baptiste Le Bas (1782-1867),
gewann den großen Rompreis 1824 und war darauf
von 1824-30 in Rom. Nach seiner Rückkehr eröffnete er in Paris ein Ausbildungsatelier, das zum
Zentrum rationaler Ideen in Frankreich wurde. L.s
Rationalismus zeigt sich am ausgeprägtesten bei
der Innenausstattung seines einzigen berühmt gewordenen Werkes, der Bibliothek von Ste-Geneviève beim Panthéon in Paris (1838-50). Eisen wird
hier ohne Scheu in Säulen und Gewölbeteilen vor-
geführt, und zwar unter Betonung ganz schlanker
Formen, die gerade dieses Material, anders als
Stein, ermöglicht. L.s Bibliothek ist das erste öffentl. monumentale Bauwerk, für dessen architekt.
Gestaltung Eisen so konsequent verwendet wurde.
Die Fassade folgt im Stil einem vornehm verhaltenen Cinquecento (→ Italien). Im Vergleich zu den
Prunkstilen des → Historismus, etwa verfälschter
ital. Renaissance oder Neobarock, die gerade damals aufkamen, stand L. auf der Seite der Vernunft.
Der Londoner Architekt J.B. Bunning (1802-63)
war in seinem Entwurf für die Kohlenbörse (Coal
Exchange), die leider in unserer Zeit abgerissen
wurde, ebenso kühn in der Verwendung von Eisen,
aber im Vergleich mit L. fehlte es ihm als Architekt
an Geschmack wie auch an Disziplin. Auf L. gehen
auch Pläne für ein Seminargebäude in Rennes
(1853-72; nur z.T. ausgeführt), das Projekt einer
Kirche für Toulouse (um 1860) sowie der Lesesaal
und das Büchermagazin der Bibliothèque Nationale in Paris (1858-68) zurück, wobei er wiederum
die Eisenkonstruktion zur Geltung brachte (Abb.
→ Bibliothek).

Lit.: Labrouste '28; Giedion '41, '60a; Hautecœur VI, VII; Labrouste '53; Saddy '67.

*Labyrinth. Plan der Höhle von
Gortyna, Kreta.*

*Das Ägyptische Labyrinth. Rekonstruktion von
Athanasius Kircher (1602-1680).*

*Lesesaal der Bibliothèque
Nationale, Paris, von
→ Labrouste, 1861-69.
Detail.*

Labyrinth. Plan des Palastes zu Knossos, Kreta.

Labyrinth. Nach der gängigsten Theorie leitet sich
der Name von vorgriech. labrys: Doppelaxt, dem
Kultsymbol des minoischen Kreta, her und bezeichnete urspr. den Palast zu Knossos (›Haus der Doppelaxt‹), später auch andere Gebäude mit ähnlich
unübersichtlichem Grundriß. Plinius erwähnt neben diesem kretischen L. u.a. auch das ägyptische
L., eines der sieben Weltwunder (Riesentempel
Amenemhets III. vor der Pyramide bei Hamâra in
der Nähe von Medinet el Fayum, Ende 3.Jt.
v.Chr.). Der Name wurde auf alle architektonischen, gartenkünstlerischen, ornamentalen und
auch figuralen wie abstrakten künstlerischen Gebilde übertragen, die das Motiv des Irrganges mit
vielen sich kreuzenden oder verschlingenden Wegen
und nur mühsam aufzufindenden Ausgängen, oft
gar nur einem Ausgang, verwenden, wobei sich eine
kaum übersehbare Fülle von Variationsmöglichkei-
ten, Formen und Typen ergibt. Gerade Zeiten und
Kulturen mit Hang zu Zahlensymbolik und geometrischen Formspielen wenden sich mit Vorliebe dem
Motiv des Labyrinths zu: Altägypten, Hellenismus,
→ Gotik (Kathedralen von Chartres, Sens und
Amiens), → Manierismus und → Barock, auch die
Moderne. Neben den verhältnismäßig seltenen Beispielen wirklich gebauter Architektur mit labyrin-
thischem Grundriß (Irrgang im Tholos von Epidauros, Treppenanlage am Apollotempel in Didyma)
gibt es zahlreiche irreale Architekturphantasien von
Baumeistern, Malern und Graphikern (→ Ledoux,
→ Gaudí, → Poelzig, → Scharoun, → Piranesi, Clerici u.a.). Gegenüber den meist symmetrischen,
nach komplizierten Verschlingungen jedoch sicher
zu einem Ausgang führenden L.mustern der Antike
und des MA.s führte erst der Manierismus die Mög-

Kathedrale von Chartres, Mittelschiff mit Labyrinth, gew. 1260.

lichkeit der Weggabelung, des toten Ganges und damit der echten Verwirrung oder gar Ausweglosigkeit ein. Größter Beliebtheit erfreute sich das L. in der Gartenkunst des Manierismus und Barock: kaum eine Parkschöpfung, die nicht in einem der vielen Boskets ein L. aufwies.

Lit.: Hocke '57; Cagiano de Azevedo '58; Ladendorf '63, '66; Santarcangeli '67; Kern '82; Pieper '86.

Ladakh → *Nachträge.*

Ladowski, Nikolaj Aleksandrowitsch (1881-1941) → Sowjetunion.

Lafever, Minard (1798-1854). Amerik. Architekt, Autodidakt mit ausgeprägtem Hang zum → Historismus. Je nach geforderter Bauaufgabe baute L. entweder im → got. Stil, wandte sich englischen Trends zu (Regency- oder frühem Victorian-Style), nahm griech. Stil oder Motive der ital. → Renaissance in Anspruch. Um 1828 übersiedelte L. nach New York und gehörte neben → Upjohn oder → Renwick u. a. zu den meistbeschäftigten Architekten des New Yorker Baubooms der 1. H. des 19. Jhs. Sein größtes Augenmerk galt der sakralen Architektur. Er entwarf über 40 Kirchen, meist im got. Stil. Über die Hälfte wurde auch so verwirklicht, so z. B. die besonders erwähnenswerte → neugot. Dreifaltigkeitskirche in Brooklyn, New York (1844-47), oder die Whaler-Kirche (1843-44) in Sag Haber auf Long Island unter Verwendung ägyptischer Architekturmotive, oder die Reformiertenkirche in Brooklyn-Heights (1850-51, 1936 zerst.) unter → palladianischem Einfluß. Im profanen Bereich erregten die Brooklyn Savings Bank (1846/47) im ital. Renaissancestil und besonders sein nicht verwirklichter Entwurf für ein George Washington Monument große Aufmerksamkeit. Nicht unerwähnt sollen L.s Schriften zur Architektur bleiben: 1833 ›The Modern Building Guide‹; 1835 ›The Beauties of Modern Architecture‹; 1856 ›The Architectural Instructor‹.　　M.-A. v. L.

Lit.: Landy '70; EA '82.

Laibung. Die senkrechte Schnittfläche in einer Mauer an Tür- und Fensteröffnungen.

Laienrefektorium (lat. refectorium: Speisesaal) → Kloster.

Lajta, Béla (1875-1920) → Ungarn.

Lamaistische Architektur → Tibet.

Lambrequin, der. Nach Art eines kurzen Vorhangs gearbeitete Leiste aus Holz oder Metall, die am Außenfenster die darunterliegende Jalousie verdeckt.

Landschaftsgarten → Gartenbaukunst.

Längengurt → Schildbogen; → Gewölbe.

Langhans, Carl Gotthard (1732-1808). Dt. Architekt des frühen → Klassizismus in Preußen. Von seinem umfangreichen Werk, das zumeist in Schlesien lag, ist nur wenig erhalten, glücklicherweise aber sein berühmtester Bau, das 1788-91 errichtete Brandenburger Tor in Berlin (Abb. → Klassizismus). Es ist das erste der für Staatsfeiern errichteten Tore in dor. Ordnung, wie sie dann im frühen 19. Jh. in ganz Europa gebaut wurden. In seinen eleganten Proportionen und der Ausbildung der hellenisierenden Details an den Säulen und dem Fries ist es das bedeutendste Werk des dt. → Greek Revival. Die späteren Bauten von L., etwa das Schauspielhaus in Potsdam, waren von dem viel jüngeren → Gilly beeinflußt; sie sind daher kubischer in der Formgebung.

L.' Sohn, *Karl Ferdinand Langhans* (1782-1869), war Schüler → Schinkels und ein berühmter Theaterarchitekt, der in Berlin das Viktoriatheater entwarf. Es hatte zwei Säle, die beiderseits einer zentralen Doppelbühne zu einem Amphitheater mit Mittelbühne vereinigt werden konnten (1859 von E. Titz erb.). Er baute auch das Theater in Breslau (1843) und zeichnete für den Umbau des kgl. Opernhauses in Berlin (1845) verantwortlich. Sein Hauptwerk ist das von Schinkel beeinflußte Stadttheater in Leipzig (1864-67).

Lit.: Hinrichs '09.

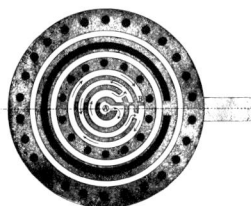

Tholos von Epidauros, Mitte 4. Jh. v. Chr.

Labyrinth der Kathedrale von Chartres, nach → Villard de Honnecourt.

Labyrinth von Hieronymus Wierix (1553?-1619). Kupferstich.

Laterne. Dom zu Florenz, von → Brunelleschi, voll. 1461.

Laufender Hund.

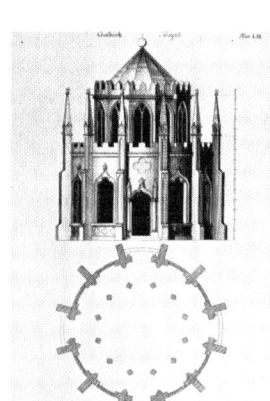

›Gotischer Tempel‹, von Batty und Thomas → Langley, 1741.

Laube. Rathaus Lübeck, 1200-1600.

Langhaus. Bei einer nicht zentral angelegten Kirche (→ Zentralbau) der langgestreckte Bauteil zwischen → Fassade und → Vierung oder → Chor. Das L. kann ein- oder mehrschiffig, basilikal oder als Halle ausgebildet sein.

Langley, Batty (1696-1751). Sohn eines Gärtners aus Twickenham, veröffentl. etwa 20 Bücher über Architektur, meist Handbücher für Provinzbaumeister und Kunsthandwerker, wie ›A Sure Guide to Builders‹ (1729), ›The Builder's Compleat Assistant‹ (1738). Sein Ruhm beruht jedoch auf seiner Schrift ›Gothic Architecture Restored and Improved‹ (1741), in der er → Kents → Neugotik zu Regeln präzisierte. Nichts von dem wenigen, was L. selbst erbaute, ist erhalten.

Lit.: Langley 1728, 1729, 1738, 1741, 1747; Summerson '63.

Lanzettbogen → Bogen II, 7.

Laparelli da Cortona, Francesco (1519-76) → Malta.

The National Theatre, London, von → Lasdun, 1967-76.

Larsen, Hennink → *Nachträge.*

Lasdun, Denys (geb. 1914). L. arbeitete von 1935 bis 37 mit → Wells zusammen, 1938-48 war er Mitglied der Architektengruppe → Tecton. Seine kraftvolle, schöpferische Phantasie machte ihn zu einem der international bedeutendsten Architekten der Nachkriegszeit. Er schuf u. a. in London Wohnbauten in Bethnal Green (1956-59), Luxuswohnungen am St. James's Place (1957-61), das Royal College of Physicians in Regent's Park (1960-64); außerdem das Fitzwilliam College in Cambridge (beg. 1959) und die Bauten für die University of East Anglia in Norwich (beg. 1963). Danach folgte sein wohl größtes Projekt: das Nationaltheater in London (1967 bis 76), eine klare und augenfällige Demonstration einer idealen Anpassung an eine Stadtlandschaft.

Lit.: Zevi '50 b; Maxwell '72; Lasdun '84.

Lassus, Jean-Baptiste-Antoine (1807-57) → Viollet-le-Duc.

Lateinisches Kreuz → Kreuz.

Laterne. Ein kleiner runder oder polygonaler, durchfensterter Aufbau über einer Decken- oder Gewölbeöffnung, meist über der Scheitelöffnung einer → Kuppel.

Latrobe, Benjamin (1764-1820). Amerik. Architekt, Sohn eines Geistlichen der Mährischen Brüder in England, verbrachte seine Kindheit abwechselnd in England und Deutschland. In England arbeitete er später als Architekt unter → Cockerell, als Ingenieur unter Smeaton. Er war stark von → Soanes

Werk beeinflußt. 1793 wanderte L. nach Amerika aus, wo er von → Jefferson gefördert wurde; die äußere Gestaltung des Parlaments in Richmond, Virginia, ist L.s Werk. 1798 ging L. nach Philadelphia und erbaute dort die Bank von Pennsylvania und die Wasserwerke (1800). Beide Bauten waren entschieden → klassiz., unter Bevorzugung ion. Ordnungen (→ Säulenordnungen). Sie sind die ersten Beispiele des → Greek Revival in Amerika. 1799 baute er für Sedgeley das erste Haus in Amerika im Stil der → Neugotik. 1803 wurde L. nach Washington gerufen, um dort den Bau des Kapitols zu Ende zu führen. Er schuf hier einige seiner vornehmsten Innenräume, viele davon mit Steingewölben (1803-11). Nach der Feuersbrunst von 1814 zu einem Großteil erneuert, gehören die Räume in ihrer heutigen Gestalt zu seinen reifsten Werken. Als sein Hauptwerk muß man wohl die Kathedrale von Baltimore (1804-18) ansehen. Besonders das Innere dieses leicht gestreckten Zentralbaus mit seinem flachen Tonnengewölbe und der flachen Mittelkuppel kann sich an Schönheit mit jedem anderen klassiz. Kirchenraum messen. L. hatte Entwürfe im neugot. und im klassiz. Stil vorgelegt (Abb. → USA). Weitere Bauwerke sind die Börse in Baltimore (1816-20, zerst. 1904), der alte Westbau des Dickinson College in Carlisle, Pennsylvania (nach 1811), und die Staatsbank von Lousiana in New Orleans (beg. 1819).

Lit.: Hamlin '55; Hitchcock '58; EA '82.

University of East Anglia, Norwich, von → Lasdun, 1963-72.

Laube. 1. Ein meist überwölbter Bogengang an der Front eines Gebäudes, entweder dem Haus vorgestellt oder mit diesem eine Einheit bildend. Die L.n waren auch in der → Renaissance der nördl. Länder, vor allem in Polen, beliebt als Außenhalle an Rathäusern (Gerichtsl.), aber auch an Wohnbauten, wo sie, mit den benachbarten zusammengeschlossen, vielfach das Bild der Bürgerstadt prägten. Sie bestimmten ebenfalls den Charakter alpenländischer Städte wie z. B. Meran oder Bern. – **2.** Kleines hölzernes Gartenhaus, im 19. Jh. so beliebt, daß eine der populärsten Zeitschriften ›Gartenlaube‹ hieß. → Ökologische Architektur.

Lit.: Kulke '39.

Laubenganghaus → *Nachträge.*

Laufender Hund. Abgewandelter → Mäander, dessen Linien nicht rechtwinklig gebrochen sind, sondern in Form eines wellenförmigen Spiralbandes verlaufen.

Läufer. Im → Backsteinbau ein mit seiner Langseite parallel zur Mauerflucht gesetzter Stein; es ist also die Langseite sichtbar. → Mauerverband.

Riddarhuset, Stockholm, von → La Vallée und → Vingboons, 1652-65.

Laugier, Marc-Antoine (1713-69). Frz. Jesuiten-pater und überragender Theoretiker des → Klassizismus. Sein rationalistischer ›Essai sur l'architecture‹ (1753) sieht in der antiken Baukunst den unverfälschten Ausdruck des menschlichen Grundbedürfnisses nach einem schützenden Dach; die ›rustikale Hütte‹ des Primitiven bildet die hypothetische Basis seiner Ideen. Das Idealgebäude L.s sollte freistehende Säulen haben. Er verwarf → Pilaster und Sockel und alle Renaissance- und Postrenaissance-Elemente. Sein Buch forderte Klassizismus in nuce und hatte großen Einfluß, z. B. auf → Soufflot.
Lit.: Laugier 1753-55; Schlosser '24; Kaufmann '52, '55a; Herrmann '62; Laugier '88.

Palazzo Ducale, Urbino, von → Laurana, 1470-75.

Laurana, Luciano (ca. 1420-79). Geb. in Dalmatien, vermutlicher Kontakt zu → Alberti in Mantua (1465), kam um 1466 nach Urbino an den humanist. Hof des Federigo da Montefeltre, an dem auch Piero della Francesca und später → Francesco di Giorgio lebten. L. wurde zum Architekten des 1447 beg. Palazzo Ducale (1470-75) bestellt, für den er zahlreiche Kamine, Türrahmen usw. von größter Subtilität und Anmut entwarf, die die Eleganz des 18. Jhs. vorwegnahmen und manchmal sogar übertrafen. Sein Meisterwerk ist der im Stil der florent. → Renaissance errichtete Hof des Palazzo Ducale mit lichten, elastisch wirkenden → Arkaden, deren korinth. Säulen in flachen → Pilastern zwischen den Fenstern des oberen Geschosses ihr Gegenstück finden. L. war vermutlich schon einmal von 1451-55 in Neapel und kann mit dem Schloß Poggio Reale in Verbindung gebracht werden; sicher ist dort sein Aufenthalt ab 1472 nachweisbar. 1476 begann L. die Burganlage von Pesaro zu planen und zu bauen.
Lit.: Venturi VIII; Salmi '45; Papini '46; Rotondi '50-51; Marchini '58; Maltese in EUA; De Carlo '66.

Lauterbach, Johann Balthasar (1660-94) → Korb.

La Vallée, Jean de (1620-96) → La Vallée, Simon.

La Vallée, Simon de (gest. 1642). Sohn eines frz. Architekten, ließ sich 1637 in Schweden nieder und wurde dort 1639 kgl. Architekt. Er entwarf das Riddarhuset in Stockholm (1641-42), dessen Stil von → Brosses Palais du Luxembourg in Paris beeinflußt ist (Abb. →Skandinavien). Sein Sohn *Jean de La Vallée* (1620-96), der von 1646-49 studienhalber nach Frankreich, Italien und Holland reiste, wurde sein Nachfolger als kgl. Architekt. Jean de L. V. vollendete das von seinem Vater begonnene Riddarhuset und erbaute den Oxenstierna-Palast, Stockholm (1650), der Schweden mit dem Stil des röm. Palastbaus bekanntmachte. Seine Katherinenkirche in Stockholm (1656), ein Zentralbau, ist wahrscheinlich von de → Keyser beeinflußt. Weiter errichtete Jean de L. V. Paläste in Stockholm (so für Reichsmarschall Wrangel) und Landhäuser (Schloß Skokloster, Abb. → Skandinavien).
Lit.: Vermeulen '33; Paulsson '58; Nordberg '70.

Lavasseur, Noël (1690-1770) → Kanadische Arch.

Laves, Georg Ludwig Friedrich (1789-1864). Neffe und Schüler von → Jussow in Kassel. Ließ sich nach Reisen durch Italien, Frankreich und England 1814 in Hannover (Hofbaudirektor) nieder. Seine hier entstandenen Bauten, der kleine Leibniz-Rundtempel (1790), die Waterloo-Säule (1816), die Fassade des Leineschlosses (1826-30), das Wangenheim-Palais (beg. 1827, noch ganz im Stil des → Klassizismus), sind Meisterwerke. Im Außenbau des Opernhauses in Hannover (entworfen 1843-45) zeichnet sich L.s Hinwendung zur Neurenaissance (→ Historismus) ab; sein nobles Foyer ist jedoch noch rein klassizistisch. Mit verschiedenen Projekten versuchte L. die verwinkelte Altstadt in eine Metropole mit Boulevards, Sternplätzen und architektonischen Blickpunkten umzuwandeln. Bemerkenswert sind auch seine bautechnischen Untersuchungen (›Laves-Träger‹). 1851 nahm er am Wettbewerb für den Londoner Glaspalast teil, der auf der Verwendung von vorgefertigten Eisenbahnschienen basierte.
Lit.: Hoeltje '64.

Lazo, Carlos (1914-55) → Mexiko.

Le Bas, Jean-Baptiste (1782-1867) → Labrouste.

Le Blond, Jean-Baptiste Alexandre (1679-1719). Pariser Architekt, der nur dadurch einige Bedeutung erlangte, daß er das frz. → Rokoko in Rußland bekanntmachte. Sein Meisterwerk ist das weitläufige Schloß Peterhof bei St. Petersburg (1716, später erweitert) von typisch frz. Eleganz und vornehmer Zurückhaltung in der Dekoration. In Paris werden ihm → Hôtels und Adelspaläste zugeschrieben.
Lit.: Hamilton '54; Gibellino Krasceninnicova '63.

Le Breton, Gilles (1553 gest.). Baumeister, der für Franz I. von Frankreich Erweiterungsbauten am Schloß von Fontainebleau ausführte, die vermutlich auf eigene Entwürfe zurückgehen. Erhalten sind von seinen Werken die Porte Dorée, die Nordseite der Cour du Cheval Blanc und das heute stark verstümmelte → Portikus und das Treppenhaus in der Cour Ovale (beg. 1531). Le Bretons schlichter, ernster Spätstil läuft mit → Serlio parallel und beeinflußte die frz. Architekten der folgenden Generation, besonders → Lescot.
Lit.: Hautecœur I; Blunt '53; Vanaise '66; Grodecki '74.

Frontispiz der 2. Ausgabe des ›Essai sur l'architecture‹, von → Laugier.

Schloß Peterhof bei St. Petersburg, von → Le Blond, 1716, später erweitert.

Museum für Kunstgewerbe, Budapest, entworfen von → Lechner und Gyula Pártos, 1893-96.

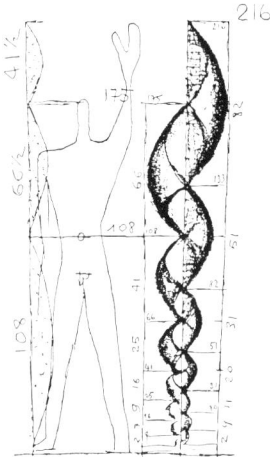

Darstellung des Modulor, von → Le Corbusier.

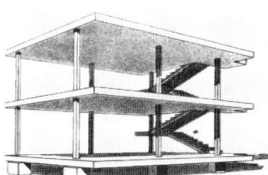

Dom-ino, Wohnhaus, von → Le Corbusier, 1914. Konstruktionsschema.

Lechner, Ödön (1845-1914). Einer der interessantesten Vertreter des → Jugendstils in Ungarn. Er begann wie → Gaudí in einem von got. Formen inspirierten Stil zu arbeiten (Rathaus in Kecskemét, 1892, und das Kunstgewerbemuseum in Budapest, 1893-96), entwickelte aber immer mehr einen ganz selbständigen, phantastischen Stil mit geschwungenen Giebeln, wobei Anklänge an die maurische Baukunst wie an die ungar. Volkskunst zu finden sind (Postsparkasse in Budapest, 1899-1902, Abb. → Ungarn).

Lit.: Kismarty-Lechner '61; Bakonyi-Kubinszky '81.

Le Corbusier, eigentl. Charles-Édouard Jeanneret (1887-1965). Geb. in La-Chaux-de-Fonds in der frz. Schweiz, arbeitete 1908-09 in Paris bei → Perret, anschließend kurze Zeit bei → Behrens in Berlin. L. C. war der einflußreichste und hervorragendste Architekt des 20. Jhs., dessen Einfallsreichtum bzw. formale Erfindungskraft nur mit der schöpferischen Begabung von Picasso verglichen werden kann; er war ein rastloser und unermüdlicher Mensch, der ständig um die Verbreitung seiner Ideen bemüht war. Für das Verständnis seiner Gedanken und seines Werkes ist es wichtig zu wissen, daß L. C. auch malte, und daß seine Bilder, die in etwa mit denen von Léger verglichen werden können, überwiegend abstrakt sind.

In L. C.s frühem Werk lassen sich 3 Strömungen, die beständig aufeinander einwirken, verfolgen: Einmal die Massenproduktion von Wohnhäusern (Dom-ino 1914-15; Citrohan Haus in Stuttgart, 1927; die niemals vollendete Wohnsiedlung in Pessac, 1925). Dann der → Städtebau: L. C. veröffentl. eine Reihe von Gesamtplänen für Städte, deren Zentren von gleichgroßen und gleichgestalteten Wolkenkratzern (→ Hochhaus), die sym. in einer Parkanlage angeordnet sind, gebildet werden. Dazwischen sind niedrigere Gebäude und ein Netz von Verkehrsstraßen gruppiert. Diese Entwürfe sind nicht so realistisch wie Tony → Garniers 1904 entworfene ›Cité Industrielle‹, aber wesentlich eindrucksvoller (Ville Contemporaine, 1922; Plan Voisin, 1925; Ville Radieuse, 1935; Plan für Algier, 1938). Schließlich das Streben nach einem neuen Wohnhaustyp: ein weißer kubischer Bau, dessen Innenräume ineinander übergehen und der ganz oder teilweise auf → Piloten ruht. Das früheste Werk dieses Typs ist die Villa in Vaucresson (1922); ihr folgten noch viele dieser Art, unter anderem der Pavillon de l'Esprit Nouveau auf der Weltausstellung 1925 in Paris (Abb. → Ausstellungsarchitektur), bei dem ein Baum mitten durch das Gebäude wächst. Die Villen in Garches (1927) und Poissy

Villa Stein, Garches, von → Le Corbusier, 1927.

(1929-31, Abb. → Beton; → Frankreich) wirkten am anregendsten. In denselben Jahren schuf L. C. auch Entwürfe für Großbauten: für den Völkerbund in Genf (1927, nicht ausgeführt) und den Centrosojus in Moskau (1928). Diese Entwürfe übten auf die Avantgarde in allen Ländern starken Einfluß aus. Von den Großbauten, die zur Ausführung gelangten, soll auf zwei hingewiesen werden: das Nachtasyl der Heilsarmee in Paris (beg. 1929) mit seiner langen → Curtain Wall, ferner das Schweizer

Studie für den Stadtplan von São Paulo, Brasilien, von → Le Corbusier, 1929.

Haus der Cité Universitaire, Paris (1930-32), mit einer Wand, bei der roher, kaum bearbeiteter Bruchstein mit weißem Beton und Verputz wirkungsvoll kontrastiert (Abb. → Pilote). 1936 wurde L. C. als Berater beim Neubau des Erziehungsministeriums nach Rio de Janeiro gerufen (Abb. → Brasilien). Dieses Bauwerk wurde dann von → Costa und → Niemeyer, → Reidy u.a. ausgeführt. Man kann jedoch ihren Beitrag nicht klar von dem L. C.s abgrenzen. 1947 gehörte L. C. der Architektengruppe an, die den Entwurf für die UNO in New York entwickeln sollte. Das Sekretariatsgebäude, ein gläsernes Hochhaus, an dessen

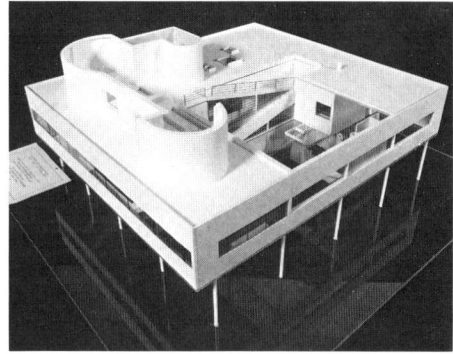

Villa Savoye, Poissy bei Paris, von → Le Corbusier, 1929-31. Modell.

Schmalseiten fensterlos durchgehende Wände hochgezogen sind, entstand im wesentlichen nach L. C.s Entwurf.

Zur selben Zeit begann L. C. jedoch, diesen rationalen, flächigen Glas- und Metallstil, dessen Verbreitung er bis dahin gefördert hatte, aufzugeben; jetzt wandte er sich einem neuen antirationalen, stark → Plastischen Stil zu, der rasch Verbreitung fand. Das erste Beispiel ist die Unité d'Habitation in Marseille (1947-52) mit ihren wuchtigen Betongliedern und der phantastischen Dachgestaltung. Die Proportionen sind nach einem von L. C. entwickelten

und von ihm vertretenen komplizierten System,
→ Modulor genannt, erarbeitet (Abb. → Modulor).
In Nantes baute er von 1953-55 eine weitere Unité
(Abb. → Sichtbeton) und eine dritte in Berlin für
die Interbau-Ausstellung (1956-58). L. C.s revolu-
tionärstes Werk in diesem Stil ist die Wallfahrtskirche von Ronchamp, unweit von Belfort (1950-54,
Abb. → Frankreich; → Außenkanzel). Mit ihrem
silo-ähnlichen Turm, dem braunen, pilzhut-
artigen Dach und ihren Wänden, die von kleinen,
willkürlich geformten Fenstern durchstoßen werden, ist sie ungewöhnlich expressiv. Sein neuer Stil
zeigt sich auch in den Jaoul-Häusern in Neuilly

*Unité d'Habitation, Nantes, von → Le Corbusier,
1953-55.*

(1954-56), deren flache Betongewölbe bald internat.
nachgeahmt wurden. Dem Philips-Pavillon auf der
Brüsseler Weltausstellung 1958 (Abb. → Ausstellungsarchitektur) gab er ein →hyperbolisch-
paraboloides Dach, eine Form, der →Nowitzki
und der Ingenieur William H. Deitrick (geb. 1895)
mit dem Stadion in Raleigh, North Carolina (1950-
53), den Weg geebnet hatten (Abb. → Beton). Chandigarh in Indien wurde nach den Plänen von L. C.

*Kapitol-Gruppe, Chandigarh, Indien, von
→ Le Corbusier, 1951-56. Modell.*

angelegt. Die Gerichtshöfe (Abb. → Indien, Sri
Lanka, Ceylon) und das Sekretariatsgebäude (1951-
56), die er hier errichtete, sollten vor allem die Baukunst in Japan stark beeinflussen. 1954-56 erbaute
er einige Häuser in Ahmedabad, die ähnlich den
Bauten in Chandigarh schwere Betonglieder aufweisen. 1957 entwarf L. C. das Museum für Moderne Kunst in Tokio und das Dominikanerkloster
La Tourette in Eveux bei Lyon (1957-60), einen

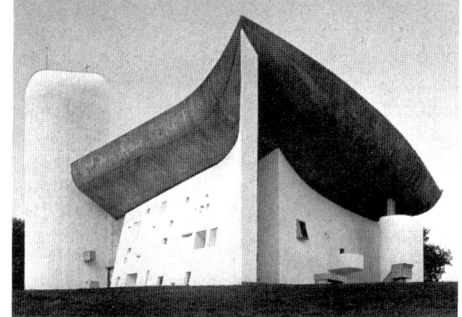

*Wallfahrtskirche Ronchamp, von → Le Corbusier,
1950-54.*

gewaltigen, strengen Block (Abb. → Kloster). Sein
letztes bedeutendes Bauwerk war das Carpenter Art
Center in Harvard, USA (1963). Abb. → Sichtbeton.

Lit.: GA 11, 30, 32; Le Corbusier '23 ff.; Giedion '41; Zevi '50 b;
Benevolo '60; Blake, P. '60; Choay '60; Tentori '65; Rogers
'66; v. Moos '68; Cresti '69; Hervé '70; Petit '70; Jencks '73 a;
Gabetti-Olmo '75; Serenyi '75; Turner '77; Walden '77; Boesiger
'70; Le Corbusier '81-82; Brooks, H. A. '82; Bad. Kunstv. '86;
Curtis '87.

Ledoux, Claude-Nicolas (1736-1806). Begann als
Modearchitekt des →Louis-seize, von Madame
Dubarry gefördert, und entwickelte sich dann zum
kühnsten und extremsten Vertreter des frühen
→Klassizismus in Frankreich. Von seinen Zeitgenossen kam ihm an Schöpferkraft und Eigenständigkeit nur →Boullée gleich; die meisten Entwürfe
Boullées aber wurden im Gegensatz zu den seinen
nicht ausgeführt. Beide Künstler wurden erst in
letzter Zeit wiederentdeckt. Trotz der fast geom.
Einfachheit sind ihre Arbeiten keineswegs abstrakt,
sondern ausdrucksvoll oder ›parlant‹. L. wurde in
Dormans geb. und studierte unter J.-F. → Blondel
in Paris. Obwohl er nie in Italien war, hat ihn die
ital. Baukunst doch durch → Piranesis phantasiereichen Stiche, auf denen gigantische Bauwerke dargestellt sind, tief beeinflußt. Trotz seines exzentrischen
und streitsüchtigen Wesens war L. sehr erfolgreich,
es fehlte ihm nie an Aufträgen. Seine ersten Bauwerke waren das Hôtel d'Halwyll in Paris (1766),
das Château de Benouville (1770-77) und das Hôtel
de Montmorency in Paris (1770-72). In den auf
eine Diagonalachse bezogenen, kreisförmigen oder
ovalen Räumen entfaltete er seine Originalität.
1771 begann er für Madame Dubarry zu arbeiten,
und im folgenden Jahr vollendete er den Pavillon
de Louveciennes, der einen Meilenstein in der Geschichte des frz. Geschmacks setzt, vollkommen im
klassiz. Stil dekoriert und eingerichtet. Die architekton. Behandlung der Innenräume beschränkte
sich auf flache → Pilaster, klassiz. Flachreliefs und
elegante → Kassettierungen in Wabenmuster. 1776

*Hoffassade des Hôtel d'Uzès, Paris, von → Ledoux,
1764-67.*

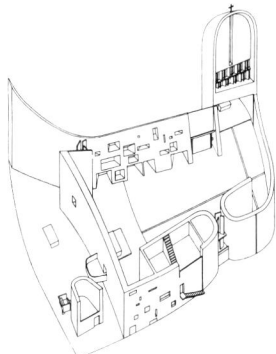

Wallfahrtskirche Ronchamp.

*Wallfahrtskirche Ronchamp,
südlicher Teil des Inneren.*

*Justizpalast in Chandigarh,
Indien, von → Le Corbusier,
1956.*

beg. L. das Hôtel Thélusson (zerst.) in Paris, zu dem ein riesiger → Triumphbogen, der in einen engl. Landschaftsgarten führte, den Zugang bildete. Diese typisch romantische Auffassung des Klassizismus, bei der die ungezwungene Gestaltung des Gartens die sachliche Einfachheit und die geom. Formen des Bauwerks betonte, wiederholte sich in stärkerem Maße bei einer Gruppe von 15 Häusern, die er für die Westind. Gesandtschaft in Paris (1792) erbaute; auch sie wurden zwanglos in einen Landschaftsgarten gesetzt. Erfolg und öffentliche Anerkennung scheinen L.s Erfindungskraft noch angeregt zu haben, denn seine sichersten und eigenständigsten Werke stammen aus der Zeit nach seiner Ernennung zum Mitglied der Akademie (1773) und zum Hofarchitekten. Meisterwerke sind das massige, streng kubische Theater in Besançon (1775-84, 1957 ausgebr.), dessen ion. → Portikus kein Giebelfeld trägt und dessen halbrunder Zuschauerraum

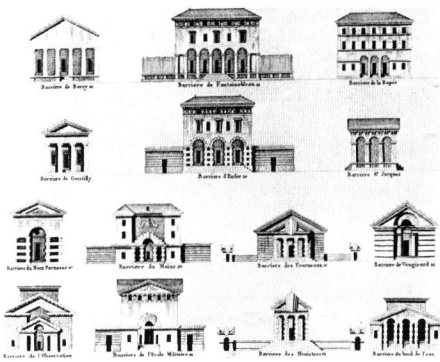

Entwürfe für Zollhäuser, von → Ledoux, 1785-89.

Barrière de la Villette, Paris, von → Ledoux, 1784-89.

mit aufsteigenden Sitzreihen von einer → Kolonnade im dor. Stil überragt wird. Noch eigentümlicher sind die von ihm erbauten Salinen in Arc-et-Senans (1775-79, Abb. → Frankreich), von denen einiges als Fragment erhalten ist. Hier kommt sein Gespür für die Romantik des Elementaren und Ursprünglichen auf hervorragende Weise zum Ausdruck: Der dunkle Portikus täuscht die Aushöhlung natürlichen Felsgesteins vor, scheinbar ›strömt‹ aus ihm salzhaltiges Wasser; es ist in Wirklichkeit aber ebenso aus Stein wie der ganze Bau. Noch extremer waren die Entwürfe für seine → Idealstadt Chaux: ein Gebäude sollte aus einer freistehenden Kugel bestehen, ein anderes aus einem horizontalen Zylinder (Abb. → Idealstadt).

Die von ihm in den Jahren 1785-89 in Paris erbauten Zollhäuser sind gemäßigt in der Gestaltung, aber sie beweisen seine stilistische Spannweite. Das interessanteste der noch erhaltenen ist die Barrière de St-Martin an der heutigen Place de Stalingrad: ein hoher Zylinder ragt aus einem rechteckigen Komplex hervor, der mit einer Fülle von inkonsequent verwendeten Motiven geschmückt ist. 1783 baute L. einen Salzspeicher in Compiègne, von dem nur die schwerfällige Fassade heute noch steht, und 1786 zeichnete er Entwürfe für einen Justizpalast und ein Gefängnis in Aix-en-Provence (Abb. → Klassizismus), die jedoch nicht nach seinen Plänen ausgeführt wurden. L.s Laufbahn wurde durch die Revolution beendet (er war während der 90er Jahre des 18. Jhs. in Haft). Seine letzten Lebensjahre verbrachte er damit, seine Entwürfe für die Veröf-

Entwurf für ein Haus der Flußdirektion in der Idealstadt Chaux, von → Ledoux, um 1785.

fentlichung vorzubereiten: ›L'Architecture considérée sous le rapport de l'art, des mœurs et de la législation‹ (1804). → Industriebau.

Lit.: Ledoux 1804; Hautecœur II; Raval-Moreux '45; Kaufmann '52, '55a; Benevolo '60; Langner '55; Stoloff '77; Gallet '79, '83; Benton '84; Vidler '88, '90; Gallet '92.

Le Duc, Gabriel (ca. 1625/30-1704) → Frankreich.

Lefuel, Hector-Martin (1810-80). Gewann 1839 den Großen Rompreis und reiste im selben Jahre nach Rom. Wurde 1854 unmittelbar nach dem Tode von Louis Visconti (1791-1853) leitender Architekt des Louvre, den vollenden zu lassen Napoleon III. sich 1851 entschlossen hatte. Es sollten langgestreckte Seitenflügel im Stil der bestehenden Komplexe errichtet werden, um eine Verbindung zu den Tuilerien zu schaffen. Hier hat die Wiederbelebung der frz. Renaissance (→ Historismus), die bald international Mode wurde, ihren Ursprung (→ Hunt). L. entwarf auch den Palast für die Pariser Weltausstellung von 1855.

Lit.: Delaborde 1882; Christ '56; Hitchcock '58.

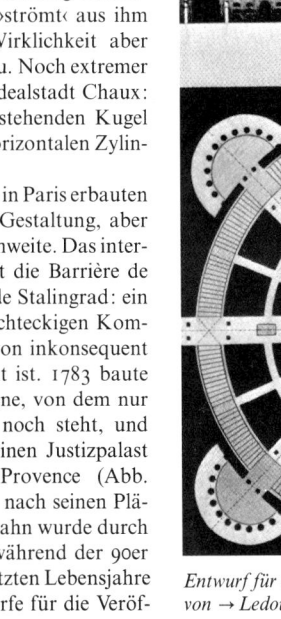

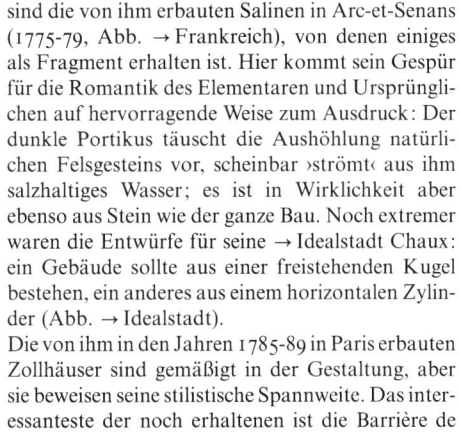

Entwurf für ein Friedhofsgebäude der Idealstadt Chaux, von → Ledoux, 1806.

Legorreta, Vilchis Ricardo (geb. 1931). Mexik. Architekt, der am Beginn seiner Laufbahn im → Internation. Stil baute (Fabrikhalle der Chrysler-Werke
in Mexiko-City, 1963) und sich gegen Ende der
60er Jahre an den Stil → Baragáns anlehnte: die
Betonung der in der mexik. Bautradition veranker-
ten, mitunter farbig gestalteten Wand. L. ist bes.
als Erfinder der sog. Camino Real Hotels bekannt
geworden, die sich durch die den mexikan. Hazien-
das und Klöstern nachempfundene, nach innen gerichtete Bauweise mit großzügigem Komfort und
sensible Anpassung an die Landschaft auszeichnen
(u. a. 1968 in Mexiko-City; 1972 in Baja California
und 1975 in Quintana Roo). Mit dem Bürokomplex
für IBM in Mexiko-City, 1975, gelang es L., durch
die Verwendung strenger, in grau gehaltener Mauern eindrucksvoll die Wand in Form und Funktion
als Stilmittel in der Architektur einzusetzen und sie
mit der Landschaft und der Einfachheit der Innenraumgestaltung in Übereinstimmung zu bringen.
Neuere Werke: Renault-Fabrik, Gómez Palacio,
Durango (1984), Kunstmuseum Monterrey, Mexiko (1991).
Lit.: CA '80, '87; Legorreta '90; Attoe '90.

Legrand, Jacques-Guillaume (1743-1808) → Bélanger; → Gilly.

Lehmarchitektur. Sanaa, Nordjemen.

Lehmarchitektur. Eine der frühesten Formen
menschlichen Bauens kannte bereits den Lehm als
Material, und die Archäologen vermitteln uns
Kenntnisse von ganzen Städten, errichtet in Lehmbauweise (Jericho, Palästina; Catal Hüyük, Türkei;
Babylon, Irak). Heute lebt noch mehr als ein Drittel
der Erdbevölkerung in Lehmbauten, von Afrika
über Vorderasien bis China, und durch die Spanische Eroberung ist ihre Kenntnis auch nach Mittelamerika gelangt. Etwa 20 traditionelle, regional
verschiedene Methoden sind bekannt, aus denen
aber zwei Hauptgruppen leicht auszuscheiden sind:
Das Bauen mit Stampferde (pisé de terre, Terminus
seit 1562) – jeweils ein Stück Mauer von mindestens
einem halben Meter Höhe entsteht durch das Fest-
stampfen des Lehms zwischen zwei Schalungen.
Und die Verwendung von → Adoben, d. h. von in

Lehmarchitektur. Kasbah in Dadès-Tal, Marokko.

der Sonne getrockneten Lehmziegeln, die dann in
der herkömmlichen Weise für das Aufziehen von
Wänden, Gewölben usw. verwandt werden. Diese
Lehmziegel bestehen in der Regel aus Lehm, Wasser
und fein zerkleinerten Pflanzenfasern (etwa Stroh-
halmen). Da die Lehmbauweise stark erosionsan-
fällig ist, beginnt man früh, dem entgegenzuwirken:
weitvorkragende Dächer schützten die Hauswände
vor Regen, die Einmischung von wasserabstoßen-
den Bitumenprodukten erhöht die Haltbarkeit der
Ziegel, ein steinernes Fundament beugt aufsteigen-
der Feuchtigkeit vor.

Lehmarchitektur. Pisé-Technik.

In Europa hat sich die Praxis der Lehmbauweise in
den Städten (z. B. in Lyon, Frankreich) bis Ende
des 19. Jhs. erhalten. Zu verdanken ist dies vor allem
dem Architekten François Cointeraux (geb. 1740),
dessen Schriften das Interesse für die Lehmarchitektur wieder geweckt hatten. 1789 erfand er eine
mechanische Vorrichtung, mit der die Ziegel rationeller produziert werden konnten. Ähnliche Bedeutung kommt heute dem Ägypter → Fathy zu, der

Lehmarchitektur. Adobe-Technik.

Lehmarchitektur. Siedlung im Draa-Tal, Marokko.

Lehmarchitektur. Meditationsraum im Kommunikationszentrum ›Lama Foundation‹, New Mexico, USA, 1973.

Lehmarchitektur. Wohn- und Geschäftshaus in Pisé-Technik, Weilburg, von Metzler und Wimpf, 1828-29.

Kirche der Sorbonne, Paris, von → Lemercier, beg. 1635.

versucht, die Methoden der L. neu zu beleben und sie den Ansprüchen der modernen Architektur anzugleichen. Abb. → Organische Architektur; → Wohnbau; → Afrika – Traditionelle Architektur; → Arabische Architektur; → Ökologische Architektur. M.-A. V. L.

Lit.: Gardi ’73; Lander-Niermann ’80; Galdieri ’82; Dethier ’81; Wichmann ’85; Bourgeois ’89; Lemke ’91.

Lehrgerüst. Eine hölzerne Tragkonstruktion beim Bau von → Bogen und → Gewölben, die nach Härtung des Mörtels weggenommen wird.

Lemercier, Jacques (ca. 1585-1654). Frz. Architekt, Sohn eines Baumeisters, der an der Kirche St-Eustache in Paris mitgearbeitet hat. Jacques L. war etwa von 1607-14 in Rom und eignete sich dort den akademischen Stil von → Porta an, bevor er nach Paris zurückkehrte. Obwohl es ihm niemals ganz gelang, diesen Stil mit der frz. Tradition in Einklang zu bringen, steht er doch in der frz. Baukunst → Mansart und → Le Vau nur wenig nach. Wenn auch kaum genial, war er doch ein tüchtiger Könner. 1624 wurde er von Ludwig XIII. beauftragt, Erweiterungsbauten für den Louvre zu entwerfen; der Pavillon de l'Horloge ist der schönste unter den von ihm errichteten Anbauten und harmoniert mit → Lescots Arbeiten aus dem vorangegangenen Jh. L.s besonderer Gönner war Kardinal Richelieu, für den er das Palais Cardinal (beg. 1633, heute Palais-Royal) und die Sorbonne (beg. 1626), beide in Paris, errichtete; weiter entwarf er für ihn das Schloß und die Kirche von Rueil wie auch Château und Stadt Richelieu (beg. 1631). Von dem riesigen Château Richelieu ist nur ein kleiner, kuppelüberwölbter Pavillon bei den Dienstgebäuden erhalten; die Stadt jedoch mit ihrem regelmäßigen Straßennetz und ihren gleichförmigen Backsteinhäusern, deren Ecken durch Winkelsteine betont sind, steht heute noch so, wie sie von L. angelegt wurde. L.s Entwürfe für → Hôtels zeichnen sich durch Erfindungsreichtum aus; die Lösung, die er für das Hôtel de Liancourt in Paris fand (1623), wurde zum Prototyp. Vielleicht ist sein schönstes Werk die Kirche der Sorbonne (beg. 1635), die eine der ersten Sakralbauten des barocken Klassizismus (→ Barock) in Frankreich ist (Abb. → Blondel). Auch die von ihm erbaute Kuppel der Chapelle du Val-de-Grâce in Paris, deren Bau er 1646 von → Mansart übernommen hatte, ist sehr dramatisch in der Wirkung.

Lit.: Blunt ’53; Babelon ’65.

Le Muet, Pierre (1591-1669). Architekt, der verspätet im → manier. Stil arbeitete. Er veröff. ›Manière de bien bastir pour toutes sortes de personnes‹ (1623), eine seiner Zeit angepaßte Version von → Du Cerceaus erstem ›Livre d'architecture‹ mit Entwürfen für die verschiedenen Einkommensklas-

sen; L. berücksichtigte dabei besonders sozial schwächere Stände. Sein bester erhaltener Bau ist das Hôtel Duret de Chevrey in Paris (1635), das heute ein Teil der Bibliothèque Nationale ist. Seine späteren Bauwerke, z. B. das Hôtel Tubeuf in Paris (1649), nähern sich mehr dem barocken Klassizismus (→ Barock) des 17. Jhs., doch sind sie nie ganz frei von manier. Zügen.

Lit.: Le Muet 1623; Hautecœur II; Schlosser ’24; Blunt ’53.

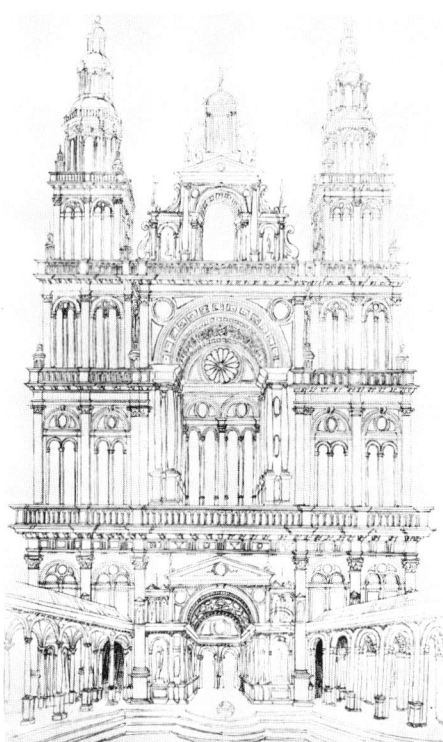

Entwurf für die Fassade von St-Eustache, Paris, von → Lemercier.

L'Enfant, Pierre-Charles (1754-1825). Frz. Architekt und Ingenieur, diente während des Unabhängigkeitskrieges im Range eines Majors als Freiwilliger in der amerik. Armee und befreundete sich mit George Washington. Er entwarf das alte Rathaus von New York und das Bundeshaus in Philadelphia. Bekannt wurde er durch seine Landvermessung und durch seinen Entwurf für die neue Hauptstadt Washington. Dieser grandios aufgefaßte Plan geht in

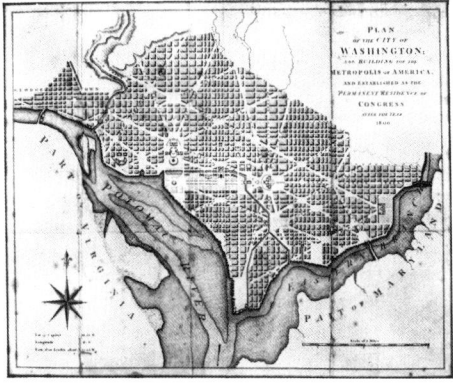

Stadtplanung für Washington, von → L'Enfant, 1791.

manchem auf Versailles zurück. L. hätte wahrscheinlich auch den Auftrag für das Kapitol und
andere Gebäude in Washington erhalten, wäre er
nicht so völlig unkontrolliert und schwer lenkbar
gewesen.

Lit.: Caemmerer '50; Morrison '52; Schuyler '61.

Lenné, Peter Josef (1789-1866). Dt. Gartenarchitekt. Nach Lehrjahren in Frankreich war er seit
1816 in Potsdam und Berlin tätig; dort arbeitete er
sich allmählich zum Generaldirektor empor. Die
meisten Landschaftsgärten in dieser Gegend gehen
in ihrer heutigen Form auf ihn zurück, so der Berliner Tiergarten, der Charlottenburger Schloßpark,
die Parkanlagen von Klein-Glienicke und viele andere. Sein Hauptwerk ist die Umgestaltung des
Parks von Sanssouci in einen Landschaftsgarten
mit vielfältigen Bezirken.

Lit.: Wiepking '66; Hinz '77.

Lennox, Edward (1854-1933) → Kanadische Architektur.

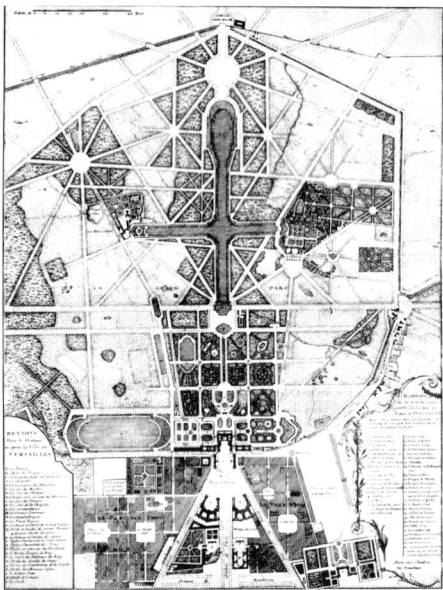

Gartenplan für Versailles, von → Le Notre, 1661-90.

Le Nôtre, André, (Le Nostre, 1613-1700). Franzose,
einer der größten Gartenbauarchitekten; er gilt als
der bedeutendste Meister der geom. Gartenanlage
(→ Gartenbaukunst). L. war der Sohn eines kgl.
Gartenbaumeisters, studierte Malerei, Baukunst
und Gartenarchitektur und wurde 1657 als ›Contrô-
leur Général des Bâtiments du Roi‹ angestellt. L.s
erstes Werk war der Park für das Schloß Vaux-le-
Vicomte (1656-61) von → Le Vau, später arbeitete
er unter anderem in St-Cloud, Fontainebleau, Cla-
gny und Marly. Sein Hauptauftraggeber war Ludwig XIV. Der riesige Park von Versailles (1661-90)
mit seinen weiten Blumenbeeten, Springbrunnen,
Wasserflächen und von verschiedenen Punkten ausstrahlenden Wegen ist sein Meisterwerk. In diesem
Park übertrug L. die Symmetrie von Le Vaus Bau
auf die umgebende Landschaft und schuf so den
angemessenen Rahmen für das Schloß.

Lit.: Devillers '59; Fox '62; De Ganay '62; Hamilton-Huzlehurst
'80.

Leo, Ludwig → *Nachträge.*

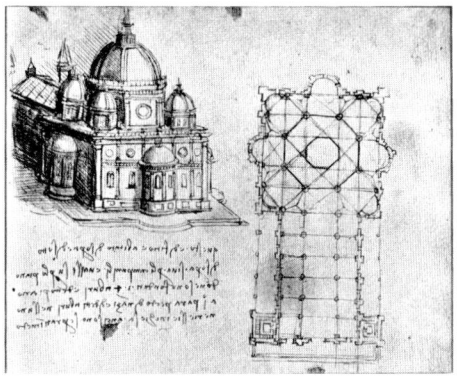

Entwurf zu einer Kirche, von → Leonardo da Vinci.

Leonardo da Vinci, (1452-1519). L. war der vielleicht größte Künstler und Denker der → Renaissance. Sein vielseitiges Genie befaßte sich nicht nur
mit Malerei, Bildhauerei und naturwissenschaftl.
Problemen, sondern auch mit Architektur. L. hat
wahrscheinlich keinen einzigen Bau selber errichtet,
aber er lieferte u. a. ein Modell für die Kuppel des
Mailänder Doms (1487, nicht ausgeführt) und schuf
während seiner letzten Jahre in Frankreich einen
umfassenden Entwurf für eine neue Stadt und ein
kgl. Schloß in Romorantin (nicht ausgeführt). L.
hatte auf → Bramante, der sein Interesse für → Zentralbauten übernahm, Einfluß. Die von Cola di
Matteuccio da Caprarola (1494-1548) begonnene
Kirche S. Maria della Consolazione in Todi (1508,
Abb. → Renaissance) geht wahrscheinlich über
Bramante auf einen Entwurf L.s zurück. Abb.
→ Architektur; → Architekturtheorie; → Italien.

Lit.: Leonardo 1894ff.; Pacioli 1509; Baroni, C. '39; Chierci
'39; Sartoris '52; Heydenreich '54; Firpo '63; Bruschi '69; Gille
'72; Pedretti '73; Carpiceci '74; Heydenreich-Lotz '74; Pedretti
'81.

Leonhardt, Fritz (geb. 1909). Studium in Stuttgart
in den Jahren 1927-31; danach spezialisierte er sich
auf → Brückenbau. Von 1934-38 war er für die
Brücken der in → Deutschland gebauten Autobahnen verantwortlich. Die Hängebrücke über den
Rhein in Köln-Rodenkirchen 1938-41 kann als vorbildliche Konstruktion für die über dreißig nach
dem Zweiten Weltkrieg von ihm geplanten Brücken
angesehen werden. Auch in dem Bereich. der
→ Funk- und Fernsehtürme ist der von ihm gebaute
Stuttgarter Fernsehturm (1955/56) in seiner Konstruktion als Prototyp zu werten, dem bis auf den
heutigen Tag in geringen Abweichungen alle anderen folgen sollten. Bes. Beachtung fand der deutsche

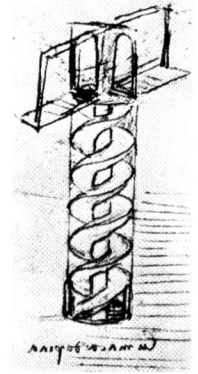

*Entwurf für eine doppelläufige
Treppe, von → Leonardo da
Vinci.*

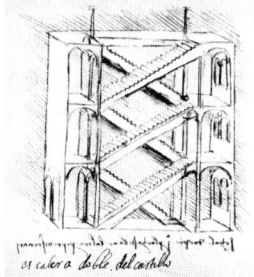

*Entwurf für eine doppelläufige
Treppe, von → Leonardo da
Vinci.*

Park von Vaux-le-Vicomte, von → Le Notre, 1656-61.

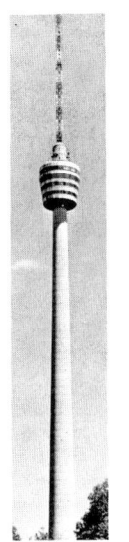

*Fernsehturm Stuttgart,
von → Leonhardt,
1955-56.*

Pavillon auf der Weltausstellung Montreal 1967 (mit → Otto und → Gutbrod; Abb. → Ausstellungsarchitektur).

Lit.: CA '80; Leonhardt '81.

Leoni, Giacomo (ca. 1686-1746). Geb. in Venedig, ließ sich vor 1715 in England nieder, nachdem er kurpfälz. Hofarchitekt gewesen war. Er war ein eifriger Verfechter des → Palladianismus, veröffentl. die erste engl. Ausgabe von → Palladios Werken und schuf mit dem Queensberry House in London (1721, wiederhergestellt 1792) das Vorbild für die engl. Stadthäuser des Neopalladianismus. Von seinen Bauwerken haben sich unter anderem erhalten: Lyme Hall, Cheshire (1720-30); Argyll House in London (1723); Clandon Park, Surrey (1731-35).

Lit.: Leoni 1715-16, 1726; Colvin '54; Summerson '63.

Leonidow, Iwan I. → *Nachträge.*

Le Pautre (Lepautre), Antoine (1621-82). Entwarf das Hôtel de Beauvais in Paris (1655). Berücksichtigt man die schwierige Lage des Bauplatzes, so liegt diesem Werk der sinnreichste Plan aller Pariser → Hôtels zugrunde. L. P. ist jedoch vor allem wegen seiner in Kupfer gestochenen Entwürfe berühmt, die in seinen ›Œuvres‹ (1652; zuerst erschienen als ›Dessins de plusieurs palais‹) enthalten sind. Die hier publizierten Pläne weiträumiger, phantasievoller Stadtpaläste und Landhäuser übertreffen in ihrer barocken Überschwenglichkeit selbst die von → Le Vau. L. P.s Einfluß zeigt sich u. a. im Werk von → Wren und → Schlüter.

Lit.: Hautecœur II; Kimball '43; Berger '69.

*Salon de l'Œuil de Bœuf,
Versailles, von Pierre
→ Le Pautre, 1701.*

*Hôtel de Beauvais, Paris, von
Antoine → Le Pautre, 1655.*

Lepautre (Le Pautre), Pierre (1660-1744). Frz. Bildhauer, Kupferstecher und Radierer. Sohn des *Jean L. P.* (1618-82), Neffe von *Antoine → L. P.* 1683 erhielt er den Preis der Akademie in Paris (→ Ecole des Beaux-Arts) und war anschließend Pensionär der Académie de France in Rom. Von 1696-1701 erneuter Aufenthalt in Paris, ›Dessinateur et Graveur du Roi‹, ›Sculpteur des Bâtiments du Roi‹ und ›Recteur perpétuel‹ der Lukasgilde in Rom. L. war wie → Cotte maßgeblich an der Entwicklung des → Rokoko beteiligt. Dekorationen und Raumausstattungen entwarf er für Versailles (Trianon), Marly, Mendon und La Muette. Für → Hardouin-Mansart stach L. Architektur- und Ornamentzeichnungen.

Lit.: Guilmard 1880/81; Kimball '43.

Lepère, Jean-Baptiste (1761-1844) → Hittorf.

Le Queu (Lequeu), Jean-Jacques (1757 bis nach 1825). Frz. Architekt des → Klassizismus mit einer nahezu neurotischen Phantasie. Geb. in Rouen, besuchte er Italien in den Jahren bald nach 1780;

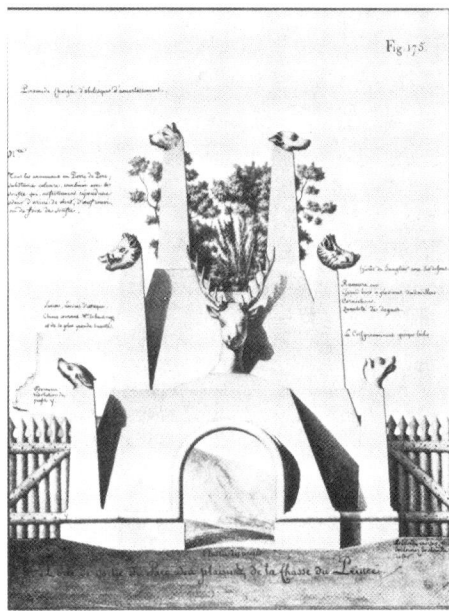

*›Ausgang des fürstlichen Jagdreviers‹, Zeichnung von
→ Le Queu.*

bis zur Revolution arbeitete er hauptsächlich als Architekturzeichner, später als Kartograph. Von seinen wenigen Bauten hat kein einziger überlebt. L. Q.s Ruhm beruht auf seinen Zeichnungen (heute in der Bibl. Nationale, Paris), in denen die Ideen und Entwürfe von → Boullée und → Ledoux in verzerrter Form wiederkehren: Ein Monument für Priapus, gigantische Türme, eine Molkerei, die in der Form einer Kuh errichtet werden sollte, Häuser, in deren Entwürfen sich got. Motive mit klassiz. mischen usw., reichliche Verwendung vor allem phallischer Symbole. In diesen Entwürfen brach L. Q. mit allen Konventionen der Symmetrie, der Stilreinheit, der Proportionslehre und des guten Geschmacks.

Lit.: Rosenau '49; Kaufmann '52, '55a; Guillerme '65; Metken '65; Duboy '86.

Lescaze, William (1896-1969) → Howe, William.

Lescot, Pierre (ca. 1510/15-78). Frz. Architekt. Sein einziges einigermaßen unverändert erhaltenes Werk ist die Hoffront der Cour Carrée im Louvre (1546-51, Abb. → Frankreich). L. schuf mit diesem Bauwerk die Grundlage für den frz. barocken Klassizismus (→ Barock). Den im wesentlichen dekorativen, spezifisch frz. Formen fehlt jene Monumentalität,

Entwurf eines Schlosses, von → Lepautre.

die den Werken seiner ital. Zeitgenossen eigen ist. Da L. das Glück hatte, mit dem Bildhauer Jean Goujon zusammenzuarbeiten, konnte er Ornamente von hoher Eleganz und Schönheit entwerfen. Von dem Hôtel Carnavalet in Paris (ca. 1545-50, weitgehend umgebaut) sind noch Teile, die auf L.s Entwurf zurückgehen, erhalten. Ebenfalls zusammen mit Goujon schuf er die ›Fontaine des Innocents‹ (1547-49) in Paris.

Lit.: Hautecœur '27; Blunt '53; Tafuri '66.

Lettner. Kirche in Laubenbach bei Offenburg, Ende 15. Jh.

Lesene → Lisene.

Lethaby, William Richard (1857-1931). L. arbeitete ab 1877 in → Shaws Architektenbüro in London und wurde Shaws erster Assistent und Vertrauter. 1889 machte er sich selbständig, wobei Shaw ihm half. Als Künstler war L. jedoch mehr → Morris und → Webb als Shaw verpflichtet. L. war gleich groß als Lehrer und Wissenschaftler wie als Architekt. Er schuf nur wenige Bauten, die interessantesten sind wohl Avon Tyrell in Hampshire (1891) und Melsetter auf einer der Orkneyinseln (1898); weiter die Kirche von Brockhampton in Herefordshire (1900-2), deren Entwurf einer der originellsten jener Zeit überhaupt ist, und das Versicherungsgebäude der Eagle Insurance in Birmingham (1899), ebenfalls von erstaunlicher Originalität, obwohl Einflüsse Webbs spürbar sind. L. war der Hauptförderer und erste Direktor der Londoner Central School of → Arts and Crafts, die 1894 nach den Prinzipien von W. Morris gegründet wurde. Sie war die erste Architekturschule mit Lehrwerkstätten für die einzelnen Handwerkszweige. Im selben Jahr veröffentlichte L. zusammen mit Swainson eine Untersuchung über die Hagia Sophia in Konstantinopel, 1904 ein grundlegendes, tiefempfundenes Werk über die Kunst des MA.s, 1906 und 1925 publ. er

Institut de France, Paris, von → Le Vau, beg. 1661.

zwei gelehrte Abhandlungen über die Westminster Abbey, 1922 eine Slg. zukunftsweisender Essays unter dem Titel ›Form in Civilisation‹.

Lit.: Hitchcock '58; Brown, C. V. '74; Rubens '78; Bakemeyer-Gronberg '84.

Lettner (lat. lectorium: Lesepult). Eine aus den → Chorschranken entwickelte Trennwand zwischen → Chor und → Mittelschiff bei Dom-, Kloster- und Stiftskirchen. Der L. schied in diesen Kirchen den Raum der Priesterschaft (Kollegium, Mönche) von dem der Laien; er hatte einen oder zwei Durchgänge und eine über Treppen zugängliche Bühne zur Verlesung des Evangeliums (Funktion des → Ambo), auf seiner Westseite stand meist der Laienaltar. Der L. entwickelte sich in der Spät→ romanik (Klosterkirche Maulbronn), erreichte seine größte Entfaltung in der → Gotik und wich dann der → Kanzel. Dabei wurden viele der älteren L. abgetragen und durch transparentere Abschlüsse (Chorgitter) ersetzt. Bedeutende L. haben sich u. a. in Marburg a. d. Lahn (Elisabeth-Kirche), in Naumburg (Dom) und Halberstadt (Dom) erhalten.

Lit.: Kirchner-Doberer '46; Magin '46.

Le Vau (Levau), Louis (1612-70). Führender Architekt des → Barock in Frankreich. L. V. war nicht so intelligent, sein Stil war nicht so verfeinert wie der seines Zeitgenossen → Mansart, aber sein Charakter war auch nicht so schwierig wie der des Rivalen. Er leitete eine Gruppe von ausgezeichneten Malern, Bildhauern, Stukkateuren und Gartenbauarchitekten; mit diesen schuf er in Versailles den Stil → Louis-quatorze. L. war ein großer *metteur en scène* und konnte durch die typisch barocke Verschmelzung der einzelnen Kunstgattungen eindrucksvolle Gesamtwirkungen erzielen. Geb. in Paris als Sohn eines Baumeisters, bei dem er seine Ausbildung erhielt, zeigte er erstmals beim Bau des

Vaux-le-Vicomte, von → Le Vau, 1658.

Hôtel Lambert, Paris, von → Le Vau, beg. 1642-44. Hof.

Hôtel Lambert in Paris (1642-44) seine hervorragenden Fähigkeiten (Abb. → Hôtel). Er nutzte die ungünstige Lage des Bauplatzes geschickt aus und schuf seine ersten Innenräume, großartig und farbenfroh. 1656-57 baute er das Hôtel Lauzun in Paris, und 1657 beauftragte ihn der Finanzminister Fouquet, ihm das Landschloß Vaux-le-Vicomte zu entwerfen (Abb. → Barock; Frankreich). Mit diesem Bau schuf L. V. sein Meisterwerk. In einem der schönsten Schlösser Frankreichs sind Pracht und Eleganz in typisch frz. Weise verbunden, keine Ausgaben wurden gescheut (Bauzeit ungefähr ein Jahr). Die von Lebrun, Guérin u. a. verschwenderisch aus-

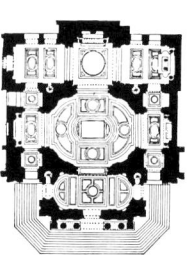

Institut de France.

Melsetter House, Hoy, Orkney, von → Lethaby, 1898.

gestatteten Innenräume und die von → Le Nôtre angelegten Gärten wurden gegen 1661 fertiggestellt. Im gleichen Jahr wurde Fouquet wegen Unterschlagungen in Haft genommen; sein Rivale Colbert übernahm den Architekten L. V. mit seiner ganzen Künstlergruppe in den Dienst des Königs.

L. V. wurde mit dem Wiederaufbau der Galérie d'Apollon im Louvre beauftragt (1661-62); 1669 wurde mit der Umgestaltung von Versailles begonnen. L. V. wuchs mit diesen Aufgaben; sein Gespür für Würde kam in der Gartenfassade zum Ausdruck, die unglücklicherweise einige Jahre danach durch → Hardouin-Mansarts Erweiterungsbauten zerstört wurde; auch von den durch L. V. und Lebrun ausgestalteten Innenräumen blieb nichts erhalten. Zu seinen großartigsten Raumlösungen gehört der Escalier des Ambassadeurs. Im Collège des Quatres Nations in Paris (beg. 1661, heute Institut de France), das Kardinal Mazarin von L. V. erbauen ließ, näherte er sich mehr als je ein Franzose der Feurigkeit und Virtuosität der großen ital. Barockarchitekten. Die Hauptfront zur Seine hin ist konkav gestaltet: die beiden Flügel schwingen vom Mitteltrakt her nach vorne aus und enden in Pavillons.

Lit.: Hautecœur '27, '43-57 II; Pevsner '42; Blunt '53; Francastel '59; Whiteley '64; Berger '70.

›Das leuchtende Kristallhaus in abendlich rotem Bühnenlicht‹, aus dem ›Weltbaumeister‹, von Bruno → Taut, 1920.

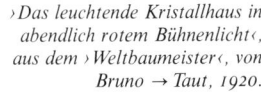

Entwurf eines Lichttempels, von Iwan Wyschnegradski, 1943-44.

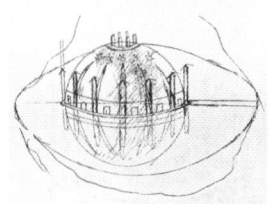

›Tempel zur Zelebrierung des Mystère‹, aus den ›Carnets‹ von Alexander Skrjabin, um 1914.

Leverton, Thomas (1743-1824). Sohn eines Bauunternehmers aus Essex. L. war zu seiner Zeit nicht besonders angesehen, obwohl er einige der schönsten Innenräume in London entwarf, z. B. in den Häusern Nr. 1 und Nr. 13 Bedford Square (1780). Seine ›etruskische‹ Halle und andere Räume in Woodhall Park (1778) sind sehr interessant.

Lit.: Summerson '53.

Levi, Rino (1901-65) → Brasilien.

Levittown → Nachträge.

Libera, Adalberto (1903-63) → Italien; → M. I. A. R.

Libergier, Hugues (gest. 1263). Frz. Baumeister der Hochgotik. Seine Grabplatte befindet sich heute in der Kathedrale von Reims; er wird darauf ›Maistre‹ genannt und mit dem Modell der Pfarrkirche Ste-Nicaise in Reims abgebildet (beg. 1231, nach der Revolution 1789 abgebrochen), die von ihm entworfen wurde. Als weitere Attribute seiner Profession sind ihm ein Lineal, ein Winkeleisen und ein Zirkel beigegeben.

Lit.: Viollet-le-Duc III; Frankl '62.

Liberty (Stile Liberty oder Stile floreale) → Jugendstil.

›Architektur-Idee‹, von Johannes Molzahn, 1918.

Lichtarchitektur. Wir wissen nicht, wann Licht als Ereignis, so wie es die Schöpfungsmythen berichten, zum ersten Mal die Architektur beeinflußte. Vermutlich war das Licht in der → Megalithbaukunst (Sonnenwagen von Trundholm, 2. Hälfte 2. Jt. v. Chr.), in den → Zentralanden (Sonnentor von Tihuanaco, Abb.) und → Mesoamerikanischen Hochkulturen (Sonnenpyramide von Teotihuacan) mehr als nur ein Anlaß für die Kalenderberechnung und für Meßzwecke (→ Meßarchitektur, → Kalenderbauten). Jene Menschen in vorgeschichtlicher Zeit, die sich bei Gefahr und bei Zusammenkünften in Höhlen (meist unterirdischen Flußläufen der Eiszeiten) zurückzogen, benutzten Fackeln verschiedener Art und Öllämpchen. Die Pyramide des Cheops war mit blankpoliertem Stein verkleidet, und die vier Seitenflächen zeigten zur Mitte hin eine geringe Vertiefung, so daß sie Sonnenlicht wie riesige Parabolspiegel zurückstrahlten. Bevor man die ägyptischen Gräber verschloß, wurde Licht hineingespiegelt. Das Außenlicht erhielten die ägyptischen Tempel durch einen schmalen Schlitz zwischen Dach und Wand. Damals waren die Spitzen der → Obelisken vergoldet und leuchteten weithin sichtbar (wie später die Kuppeln byzantinischer Kirchen, wie viele → Pagoden Südostasiens). Fenster aus dünn geschliffenen Alabasterscheiben dämpften in Ravenna das Außenlicht, während die Innenräume mit goldleuchtenden Mosaiken bedeckt waren, die den flackernden Schein der vielen Kerzen reflektierten. (»Aut lux nata est aut capta hic libera regnat«, kann man in der Erzbischöflichen Kapelle lesen.) Der im 3. Jh. lebende Plotin beeinflußte die Idee der großen Kathedralen in Frankreich, deren Fenster zu edelsteinleuchtenden Wänden wurden.

Mit der abnehmenden Wehrhaftigkeit der Städte und Bauten, später mit der Aufgabe der → Massivbauweise zugunsten der → Skelettbauweise öffneten sich die Innenräume dem Licht. Schon die mit normierten Gußelementen und Glas arbeitende Architektur der Glaspaläste und Bahnhöfe (→ Glas-

Lichtarchitektur, von Bruno → Taut, 1920.

architektur, → Bahnhofsarchitektur, → Paxton) reduzierte die lichtschluckende Wandmasse im Verhältnis zum umbauten Raum auf ein Minimum. Gleichzeitig sorgte die Erfindung des Gaslichts und des elektrischen Lichts für die Durchlichtung der Bauten von innen.

Die Architektur der Wohnsiedlungen, später des sozialen Wohnungsbaus (vgl. → Gartenstadt) suchte die Menschen aus dem Dunkel der Slums zu holen und ihnen eine lichte und humane Umgebung zu schaffen. → Le Corbusiers Unité d'Habitation in Marseille mit Kinderspielplatz und Schwimmbecken auf dem flachen Dach wurde zur Pionierleistung einer sozial orientierten Architektur im Zeichen von Hygiene, Luft und Funktionalität.

Mehr um das geistige Fluidum im Sinne Platons ging es den → expressionistischen Architekten der → Gläsernen Kette, wenn sie von Licht sprachen. Von → Taut stammt der Entwurf eines ›Heiligtums zur Aufsaugung der Sonnenenergie‹ (»... mit Glasplatten und Brennlinsen und -spiegeln. Anstauung in Lichttürmen ...«: Die Idee der Sonnenkollektoren ist erst in unserer Zeit verwirklicht worden).

→ Kiesler suchte das Sonnenlicht in seinem ›Endlosen Haus‹ (Abb. → Kiesler) auf praktische Weise zu integrieren. Eine dünne Membran filtert aus dem Spektrum rote, blaue und weiße Räume; bei einsetzender Dämmerung folgt Kunstlicht, durch Selenzellen ausgelöst, der Person, die sich im Hause aufhält.

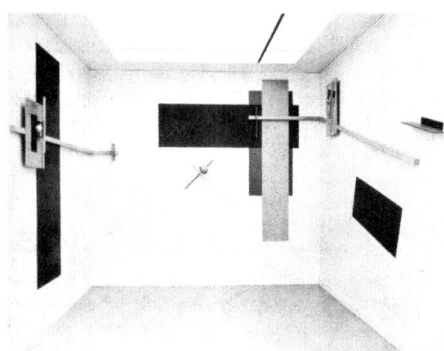

Prounen-Raum, von → Lissitzky, 1923.

Wie ein Mysterium hätte das Licht in zahlreichen Lichttempeln zelebriert werden sollen, so von Alexander Skrjabin und Iwan Wyschnegradsky, die jedoch über das Entwurfsstadium nicht hinauskamen. Die Innenseite der riesigen Kuppeln war als Projektionsfläche gewaltiger Projektionen von farbigem Licht gedacht, das bei Skrjabin mit den Elementen von Wort, Klang, Bewegung und Düften zu einem Gesamtkunstwerk verschmelzen sollte. Die → Filmtheater, wie sie später verwirklicht wurden, können nur einen schwachen Abglanz dieser Lichttempel vermitteln.

Die Kräfte des Lichts durch eine geeignete Architektur dem Menschen nutzbar zu machen, ist vor allem ein Anliegen der → ökologischen Architektur. → Alternative Architektur; → Fuller; → Herzog.

Lit.: Heilmeyer/Hoepfner '90; Flagge '91; Schivelbusch '92.

Lichtgaden (Fenstergaden), der. → Obergaden.

Lichtspieltheater → Filmtheater.

Liegender Stuhl, der. → Dachkonstruktion.

Lierne, die. → Gewölbe I.

Ligorio, Pirro (1510-83). Maler, Archäologe und Architekt, errichtete 1565 die Villa d'Este in Tivoli und legte ihre wunderbaren, streng geformten Gärten mit kunstvollen Quellen, Zier- und Springbrunnen an. Sein Meisterwerk ist das kleine Casino di Pio IV. in den Vatikanischen Gärten in Rom (1559-62), eines der elegantesten manier. Bauwerke (→ Manierismus). Die → Exedra in → Bramantes Cortile del Belvedere im Vatikan gestaltete er in eine tiefe Nische um (Abb. → Italien).

Lit.: Castagnoli '52; Coffin '66; Lamb '66; Smith, G. '77.

Linstow, Frants (1787-1851) → Skandinavien.

Lisboa, António Francisco → Aleijadinho.

Lisene, die (frz. lisière: Rand). Ein nur wenig aus der Mauerfläche vorstehender, senkrechter Wandstreifen, einem → Pilaster ähnlich, jedoch ohne → Basis und → Kapitell und hauptsächlich an roman. Bauten (→ Romanik) vorkommend. Obwohl die L.n. durch → Rundbogenfriese untereinander verbunden, in den meisten Fällen als Mittel der Fassadengliederung verwendet wurden, weisen einige angelsächsische Bauten darauf hin, daß diese Wandstreifen in erster Linie funktionsgebunden waren; sie dienten im dünnen Mauerwerk als haltgebende Mauerschicht (Breamore, England).

Lissitzky (Lisitskij), Eliezer Markowitsch, gen. El L. (1890-1941). Russ. Maler, Typograph, Designer und Theoretiker wie auch Architekt, der Wegbereiter des → Konstruktivismus in Westeuropa in den 20er Jahren des 20.Jhs. Er studierte 1904-14 an der TH Darmstadt. 1919 wurde er Professor für

Lisene. Baptisterium der Orthodoxen, Ravenna, 450-52.

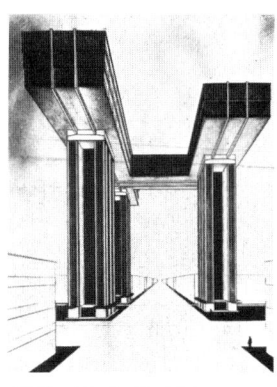

›Wolkenbügel‹, Projekt von → Lissitzky und → Stam, 1923-25.

Casino di Pio IV., Vatikanische Gärten, Rom, von → Ligorio, 1559-62.

*Lenin-Tribüne, von → Lissitzky,
1920-24.*

Architektur in Witebsk, wo er seine Proun-Idee
(programmat. Schlagwort: ›Für die Neue Kunst‹)
entwickelte, die er als einen »Umsteigebahnhof«
zwischen Malerei und Architektur beschrieb, ein
Zusammenspiel des Malerischen und des Strukturellen. Er verdankt manches in seinen Ideen
→ Malewitsch und → Tatlin, der damals durch seinen Entwurf von 1920 für ein spiralförmiges Denkmal der Dritten Internationale berühmt war. 1920
entwarf L. seine Lenin-Tribüne, die bereits das erste
Gebäude des Konstruktivismus, das Leningrad-
Prawda-Gebäude der Brüder → Wesnin (1923, Abb.
→ Konstruktivismus), vorwegnahm. Von 1922-31
war L. im Westen, wo er die Gruppe → De Stijl und
andere Avantgardisten, auch → Mies van der Rohe,
kannte und beeinflußte. Sein ›Proun-Kabinett‹ für
die Berliner Ausstellung 1923 ist in Eindhoven (Stedelijk Van Abbe Museum) rekonstruiert worden
und sein ›Abstraktes Kabinett‹, 1926 für Dresden

*Verlagsgebäude der Prawda, Moskau, von → Lissitzky,
1930. Modell.*

und 1927 für Hannover entworfen, das der »abstrakten Kunst erlauben sollte, ihrer eigenen Dynamik gerecht zu werden«, ist jetzt im Sprengel-Museum in Hannover wieder rekonstruiert. Sein kühn-
ster und zukunftsweisendster Entwurf ist das ›Wolkenbügel-Projekt‹ von 1924 (mit Mart → Stam), ein
riesiger Bürohaus-Block auf verschiedenförmigen
Stützen für Moskau, der jedoch nie über das Reißbrett hinausgelangte (Abb. → Konstruktivismus).
1939 machte er die Pläne für das Restaurant des
Sowjetischen Pavillons auf der Weltausstellung in
New York.
Lit.: Lissitzky ’30; Richter ’58; Gray ’62; Lissitzky-Küppers
’91⁴; Quilici ’69; Lissitzky ’90, ’91; Bürkle/Oechslin ’91; Bürkle
’91.

Littmann, Max (1862-1931). Studierte in Dresden.
Reise nach Italien (1887/88); anschließend ließ er
sich in München nieder und arbeitete mit J. Heilmann (1897-1908) als Theaterbauspezialist erfolgreich zusammen. L. gehörte zu denen, die den Lo-
genbau durch die strengere amphitheatralische
Anordnung der Sitzreihen zu ersetzen suchten
(→ Theaterbau). Beispiele für seinen Theaterstil
sind das Prinzregententheater in München (1900
bis 01), das Schillertheater in Berlin (1903-06) und
das Weimarer Hoftheater (1906-08). Weiterhin sind
erwähnenswert das Schauspielhaus (1900/01) und
beide Hoftheater in Stuttgart (1908-12). Eine andere Gebäudesparte bildeten die Kurhäuser (Bad
Reichenhall, Bad Kissingen) sowie weitere Gebäude in München für Banken, Gaststätten (Hof-
bräuhaus), Verlage, Warenhäuser (Oberpollinger)
und die Preußische Gesandtschaft mit der Schack-
galerie in der Prinzregentenstraße. → Riemerschmid.
Lit.: Wolf, G.J. ’31; Weiss-Vossenkuhl ’83.

Liwan (Iwan), der. Die überwölbte Halle des alt-
arab. Wohnhauses, die sich zum Hof hin öffnet. Die
prinzipiell gleichartige Grundform findet sich im

*Loggia. Villa Medicea,
Poggio a Caiano, 1480.*

*Liwan. Freitags-Moschee,
Isfahan, um 1150, Mosaiken
aus dem 15.Jh., restauriert
um 1800.*

*Inneneinrichtung der Wohneinheit Typ F., von
→ Lissitzky, 1929. Modell.*

islam. Kultbau (→ Moschee) als Eingangs-Liwan
(pers. auch Pishtak) sowie im Vierhallenschema der
traditionellen Hofanlage (mit Innenhof). Bei der
→ Medrese dagegen nimmt der große Bogen des
Liwan nicht die gesamte Breite der jeweiligen Hoffassade ein, sondern wird von den in mehreren Etagen angelegten Wohnzellen der Studenten flankiert.
Lit.: → Islamische Architektur.

Locci, August (gest. um 1694) → Polen.

Lodoli, Carlo (1690-1761). Venez. Geistlicher und
→ Architekturtheoretiker. Seine klassiz. und funktionalistischen Ideen wurden nach seinem Tod von
A. Memmo unter dem Titel ›Elementi d’architettura lodoliana‹ (1786) veröffentlicht; sie waren jedoch schon Jahre vorher verbreitet und hatten großen Einfluß ausgeübt, so etwa auf Francesco Alga-
rottis ›Saggio sopra l’architettura‹ (1753).
Lit.: Algarotti 1742-63, 1753; Lodoli 1786; Memmo 1824;
Schlosser ’24; Ragghianti ’46; Kaufmann ’55 b; Semenzato ’57;
Grassi, L. ’66 a.

*Volkshaus Clichy, Hauts-de-Seine, von → Lods und
Eugène Beaudoin, 1937-39.*

Lods, Marcel Gabriel (geb. 1891). Studium bis 1923
an der Ecole Nationale Supérieure des Arts Décoratifs und der → Ecole des Beaux-Arts in Paris. Mitglied der Gruppe der → CIAM. Seine erfolgreichsten Bauten stammen aus der Partnerschaft mit Eugène Beaudouin 1925-40 (→ Frankreich). Mit ihm
zusammen entwickelte er einen Haustyp aus vorgefertigten Teilen, der bes. in der Cité de la Muette
in Drancy 1934 zur Ausführung kam. In gleicher
Konstruktionsweise entstand 1935 die in der Leichtigkeit der einzelnen Elemente bestechende ›open
air‹-Schule in Suresnes.
Lit.: CA ’80.

Loge. Zu einem Innenraum geöffneter, abgesonder-
ter Teil einer → Empore in Kirchen, Saal- und Hallenbauten und vor allem Theatern. → Theaterbau.
Lit.: Bucher ’79.

Loggia (ital.). Offene und gewölbte Bogenhalle in
oder vor einem Gebäude. Die L. ist der → Laube

verwandt, kann aber auch als eigenständige Bogenhalle (Loggia dei Lanzi in Florenz) bestehen. Die L. ist ein häufiger Bestandteil des ital. Palastbaues der → Renaissance. Im heutigen Wohnungsbau bezeichnet eine L. einen Freiraum, der im Gegensatz zum → Balkon innerhalb der Bauflucht liegt.

Lombardo, Pietro (ca. 1435-1515). Ein führender Bildhauer und Architekt in Venedig während des späten 15. Jhs. Er war ein hochsensibler Künstler,

S. Maria dei Miracoli, Venedig, von → Lombardo, 1481-89.

stand aber abseits der allgemeinen Entwicklung der Architektur der → Renaissance. L. wurde in Carona in der Lombardei geb. und erhielt seinen Namen nach dieser Landschaft. Er scheint schon vor 1464 Florenz besucht zu haben; erstmals wird er in Padua als Bildhauer erwähnt. Zwischen 1471 und 1485 entwarf er den bildhauerischen Schmuck für den Chor von S. Giobbe in Venedig und führte die Arbeiten auch selber aus; sie sind stark von dem damals in Florenz herrschenden Stil beeinflußt. L.s nächstes und bedeutendstes Werk war S. Maria dei Miracoli in Venedig (1481-89). Hier verband er äußerst erfolgreich die venez.-byzant. Bauweise mit dem Stil der Renaissance. Er verkleidete Innen- wie Außenbau mit Marmor und gab der Kirche, die

Palazzo Pesaro, Venedig, von → Longhena, beg. 1676.

lebendige Renaissance-Ornamente zeigt, eine byzant. Kuppel. Um die Illusion größerer Dimensionen zu erwecken, griff er auf das Mittel der optischen Täuschung zurück. Dieses Verfahren wiederholte er auch an der Fassade der Scuola di S. Marco in Venedig in größerem Maßstab (1488-90, obere Stockwerke von → Codussi vollendet), aber mit weniger Erfolg. L. führte in Venedig das große architekton. Grabdenkmal mit antikisierendem Beiwerk und einer Überfülle von Skulpturen ein, die durch Plastiken der klass. Zeit inspiriert sind. In diesen Arbeiten wurde er von seinen Söhnen *Antonio Lombardo* (ca. 1485-1516) und *Tullio Lombardo* (ca. 1455-1532) unterstützt. Mehrere Paläste in Venedig, darunter der Palazzo Dario (ca. 1487), wurden L. zugeschrieben.

Lit.: Planscig '21; Semenzato '64; Heydenreich-Lotz '74; McAndrew '80; Luciani '87.

Palazzo Dario, Venedig, von → Lombardo (?), um 1487.

Treppenhaus des Klosters S. Giorgio Maggiore, Venedig, von → Longhena, 1643-45.

Longhena, Baldassare (1598-1682). Der einzig wirklich große Architekt des → Barock in Venedig. L. stammt aus einer Steinmetzfamilie, wurde in Venedig geb. und von → Scamozzi ausgebildet. 1630 gewann er den Wettbewerb für den Entwurf der Votivkirche S. Maria della Salute in Venedig, an der er mit Unterbrechungen sein ganzes Leben arbeitete (sie wurde erst 1687 geweiht). Sie hat eine sehr schöne Lage an der Einfahrt zum Canal Grande und ist das Musterbeispiel eines szenisch aufgefaßten Entwurfs. Die große, glatte → Kuppel wird durch riesige barocke → Voluten mit dem → oktogonalen → Tambour verbunden. Durch den Haupteingang der vielgestaltigen Fassade wird das Auge auf den Hochaltar geleitet. Der Innenraum ist als eine Abfolge dramatischer Durchblicke angelegt; sie strahlen vom Zentrum des oktogona-

Scuola dei Carmini, Venedig, von → Longhena, 1668.

len Schiffes aus. L. verwirklichte einen ähnlich theatralisch wirksamen Entwurf in seiner doppelläufi-
gen, großen Treppenanlage für das Kloster S. Giorgio Maggiore in Venedig (1643-45), die großen
Einfluß auf spätere Architekten hatte; seine Profanbauten sind weniger kühn. Der Palazzo Rezzonico
(um 1667; das oberste Geschoß wurde 1752-56
durch Giorgio Massari, 1686-1766, erbaut) und der
Palazzo Pesaro (beg. 1676) am Canal Grande –
beide wurden erst nach seinem Tode vollendet –
sind mit dem schweren Bossenwerk ihrer Sockelgeschosse, dem Reichtum an plastischem Schmuck
und den Wandvertiefungen, die die Außenmauern
in Licht- und Schattenmuster aufzulösen scheinen,
barocke Variationen von → Sansovinos Palazzo
Corner. Die bewußte Übertreibung plastischer Details erreicht einen phantastischen Höhepunkt in
der kleinen Kirche des Ospedaletto (1670-78), deren
Fassade mit Atlanten, riesigen Köpfen und Löwen-
masken überladen ist. L. wurden auch zahlreiche
Villen auf dem Festland zugeschrieben.

Lit.: Semenzato '54; Wittkower '58; Bassi, E. '62; Cristinelli
'72; Puppi-Romanelli '82.

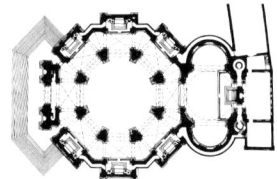

*S. Maria della Salute, Venedig,
von → Longhena, 1631-56.*

*S. Maria della Salute, Venedig, von → Longhena,
1631-56.*

*S. Maria della Salute, Venedig, von → Longhena,
1631-56.*

nach Polen und Dänemark beträchtlichen Einfluß
aus. Von ihm stammen der frz. Garten in Groß-
Sedlitz (1726), Anbauten zum Japanischen Palais
in Dresden (ab 1729) und das Barockhaus am Ende
der Hauptstraße in Dresden-Neustadt (1731), das
durch zwei zusätzliche Stockwerke, die an Stelle der
ursprünglichen krönenden Pyramide traten, traurig
entstellt wurde. Sein bedeutendster Schüler war
→ Krubsacius.

Lit.: Franz '53; du Colombier '56.

Loos, Adolf (1870-1933). Geb. in Brünn in Mähren,
studierte in Dresden und hielt sich dann 3 Jahre in
den USA auf (1893-96). Diese Zeit war für seine
weitere Arbeit entscheidend. L. ließ sich schließlich

*SS. Vincenzo ed Anastasio, Rom,
von → Longhi, 1646-50.*

Longhi (16.-17. Jh.). Architektenfamilie, die vor allem in Rom wirkte. *Martino d. J. Longhi* (1602-60)
der Sohn von *Onorio Longhi* (1569-1619) und Enkel
von *Martino d. Ä. Longhi* (gest. 1591), war das
bedeutendste Mitglied dieser Familie. Er setzte die
Arbeit seines Vaters an S. Carlo al Corso in Rom
fort und begann mit dem Bau von S. Antonio dei
Portoghesi (1638). Sein Hauptwerk ist die Fassade
von SS. Vincenzo ed Anastasio in Rom (1646-50),
eine dramatische, säulenreiche Komposition von
großer Kraft. → Manieristische Elemente geben ihr
die überwältigende hochbarocke Wirkung.

Lit.: Venturi XI; Moschini '56; Salerno '61; Wittkower '65; Portoghesi '66 b.

Longuelune, Zacharias (1689-1748). Maler und Architekt frz. Herkunft. Seine Ausbildung erfolgte in
Paris bei → Lepautre. Er vertrat die klassische Richtung des frz. → Barock. Seit 1696 in Berlin als Kondukteur (Bauführer) unter → Bodt tätig. 1710 in
Italien, ab 1715 in Dresden und ab 1728 in Warschau zusammen mit → Pöppelmann an den Entwürfen für das große neue Sachsenschloß. Wenige
seiner eigenen Entwürfe wurden ausgeführt, doch
seine großartigen Planungen ganz im Geist des frz.
barocken Klassizismus übten in Sachsen und bis hin

Haus Duschnitz, Wien, von → Loos, 1915.

Haus Michaelerplatz, Wien, von → Loos, 1910.

in Wien nieder, wo er von der Theorie, die Otto → Wagner gerade in dieser Zeit entwickelte, stark beeinflußt wurde. Schon bei seinen ersten Entwürfen, z. B. der Ladengestaltung für Goldmann & Salatier in Wien (1898), weigerte er sich, dekoratlve Elemente oder geschwungene Formen zu verwenden. Seine bedeutendsten Werke sind die Wohnbauten, die er zwischen 1904 (Villa Karma am Genfer See) und 1910 (Haus Steiner in Wien) schuf. Sie werden durch klare kubische Formen, durch völliges Fehlen von Ornamenten und durch L.s Vorliebe für kostbare Baumaterialien bestimmt. In seinen theoretischen, besser gesagt, journalistischen Arbeiten wandte sich L. in heftiger Form gegen die Anwendung von Ornamentik und folgerichtig auch gegen → Hoffmann und die Wiener Werkstätten. Er stand auf Seiten der Ingenieure und Installateure. Sein berühmter Artikel ›Ornament und Verbrechen‹ erschien 1908. Als Architekt war L. jedoch

schwankend in seiner Haltung. Das von ihm errichtete Geschäftshaus am Michaelerplatz in Wien (1910) hat tosk. Säulen, und sein Entwurf für den Chicago Tribune-Wettbewerb (1922) ist eine einzige, riesige dor. Säule, von eng gesetzten Fensterreihen gegliedert. Bei kleineren Wohnbauten aber, zum Beispiel bei dem Haus für den Dadaisten Tristan Tzara in Paris (1926), blieb L. dem Geist von 1904-10 treu. – L. baute vorwiegend private Villen und übte z. B. durch seinen ›Raumplan‹ (die Verteilung der Räume über dem Grundriß, in Größe und Volumen ihrer Funktion entsprechend) auf einige der Avantgardisten in Europa Einfluß aus. Abb. → Internationaler Stil.

Lit.: Loos ’21, ’31, ’62; Kulka ’31; Zevi ’50 b; Hitchcock ’58; Banham ’60; Benevolo ’60; Conrads ’64; Münz-Künstler ’64; Kubinsky ’70; Perugini ’70; Amendolagine-Cacciari ’75; Czech-Mistelbauer ’77; Worbs ’79; Gravagnuolo ’82; Rukschcio-Schachel ’82; Loos ’83, ’83/84, ’86; Worbs ’85; Risselada ’88; Loos ’90; Opel/Valdez ’90.

Lora, Francesco della (gest. vor 1531) → Polen.

Lorago (Loraghi) → Lurago, Carlo.

Lorbeerblattgirlande. Antikes Ornament, das zur Verzierung des → Torus u. ä. Teile verwendet wird.

Losholz → Kämpfer 2.

Lotossäule → Ägypten.

Lotter, Hieronymus (1495-1580). Bürgermeister von Leipzig und vorzüglicher Amateurarchitekt. Er wurde vielleicht von → Gromann beeinflußt, dessen Hilfe er wohl bei den Entwürfen für sein Meisterwerk, das Schloß Augustusburg bei Zwickau (1568-73, von Rochus v. Lynar voll.), in Anspruch genommen hat. Der quadrat. angelegte Bau mit den Ecktürmen stand stilistisch jedoch hinter → Ridingers Schloß Aschaffenburg an Kühnheit zurück (Abb. → Ridinger). Das alte Rathaus in Leipzig (1556) mit seinen Laubengängen wurde nach seinen Plänen auf got. Fundamenten neu errichtet (Abb. → Deutschland).

Lit.: Wustmann 1875.

Lotto, Lorenzo (1480-1556) → Raffael.

Loudon, John Claudius (1783-1843). Selbstkritischer Autodidakt. Ging bei einem Landschaftsgärtner in Schottland in die Lehre, ließ sich 1803 in London nieder und begann über Garten- und Akkerbau zu schreiben. Er versuchte sich in der Landwirtschaft, erwarb ein Vermögen und verlor es, unternahm anschließend Reisen durch Europa, 1814 besuchte er sogar Moskau, 1819-20 Frankreich und Italien. Seine ›Encyclopaedia of Gardening‹ erschien 1822, seine ›Encyclopaedia of Agriculture‹ 1825, seine ›Encyclopaedia of Plants‹ 1829 und die für Architekten bestimmte ›Encyclopaedia of Cottage, Farm and Villa Architecture‹ 1833. Wenn man sich über die Abfolge der wechselnden Stile und Ideale, denen das engl. Landhaus um 1840 unterworfen war, orientieren will, ist sie das Standardwerk. L. war auch der Gründer und Herausgeber des ›Gardener’s Magazine‹ (1826 ff.) und des kurzlebigen ›Architectural Magazine‹ (1834).

Lit.: Clifford ’62; v. Buttlar ’82; MacDugall ’80; Simo ’88.

Louis, Victor (1731- ca. 1800). Architekt des frz. → Klassizismus, arbeitete in einem etwas überschwenglichen Stil, den er aus der Bauweise des antiken Rom und der Stadtpaläste → Palladios ent-

Treppenhaus des Grand Théâtre, Bordeaux, von → Louis, 1775-80.

The Chicago Tribune Column, von → Loos, 1922. Entwurf.

Haus Michaelerplatz, Wien, von → Loos, 1910. Fenster des Sockelgeschosses.

Adolf Loos.

Arkaden des Palais Royal, Paris, von → Louis, 1780-85.

Grand Théâtre, Bordeaux, von → Louis, 1775-80.

wickelte. L. wurde in Paris geb., erhielt seine Ausbildung hier und an der frz. Akademie in Rom; 1765 wurde er von König Stanislas August nach Warschau berufen. L. kehrte bereits ein Jahr danach wieder nach Frankreich zurück, ohne in Polen irgendein Bauwerk geschaffen zu haben. Seine erste bedeutende Leistung, das Theater in Bordeaux (1775-80), ein schwerer Bau mit einem 12säuligen → Portikus, der sich über die ganze Hauptfassade ohne Giebel hinzieht, ist zugleich sein Hauptwerk. Hervorzuheben sind die Größe der Bühne, der wirkungsvoll gestaltete Zuschauerraum und das Treppenhaus mit seinem ungewöhnlich monumentalen Foyer. L. schuf noch andere Bauten in Bordeaux und Umgebung, z. B. das Hôtel Saige, heute Präfektur, und das Schloß von Bouihl. In Paris kann man wohl die → Kolonnaden des Palais-Royal (1780-85) und das benachbarte Théâtre de la Comédie-Française (1786-90, restauriert 1902) als seine schönsten Arbeiten bezeichnen. (Die Comédie hatte ursprünglich ein Eisen- und Hohlziegeldach, das die Feuersgefahr verringern sollte).

Lit.: Maronneau 1881; Prudent-Guadet '03; Graf Kalnein-Levey '73; Pariset '80.

Louis-quatorze-Stil. Der unter Ludwig XIV. (1643 bis 1715) in Frankreich entwickelte Stil. → Frankreich.

Louis-quinze-Stil. Der unter Ludwig XV. (1723-74) in Frankreich herrschende Stil, in Deutschland → Rokoko genannt. → Frankreich.

Louis-seize-Stil. Der unter Ludwig XVI. (1774-92) in Frankreich vorherrschende Übergangsstil zwischen → Rokoko und → Klassizismus. → Frankreich.

Louis-treize-Stil. Der unter Ludwig XIII. (1614-43) in Frankreich vorherrschende Stil. → Frankreich.

Lubetkin, Berthold (geb. 1901) → Tecton.

Luchese, Giovanni (gest. 1581) → Tschechoslowakei.

Landhaus Kluge, Berlin-Ruppenhorn, von Hans und Wassili → Luckhardt und Alfons Anker, 1929.

Luckhardt, Hans (1890-1954). Studium an der Hochschule in Karlsruhe; arbeitete ab 1921 zusammen mit seinem Bruder *Wassili* → *Luckhardt.* Er war u. a. Mitglied der 1918 in Berlin gegründeten ›Novembergruppe‹, einer Vereinigung von avantgardistischen Künstlern und Architekten, die mit → futuristischen, später auch → expressionistischen Projektideen gegen die bisherigen architekton. Ausdrucksformen polemisierten. Korrespondent der →›Gläsernen Kette‹ (Deckname Angkor) um Bruno → Taut. Abb. → Deutschland; → Städtebau.

Denkmal der Arbeit ›An die Freude‹, von Wassili → Luckhardt, 1919-20. Gouache.

Luckhardt, Wassili (1889-1972). Studierte in Berlin. Wassili war wie sein Bruder *Hans* → *Luckhardt* ebenfalls Mitglied der ›Novembergruppe‹ und Korrespondent der ›Gläsernen Kette‹ (Deckname Zacker). Seine ersten visionären Entwürfe, etwa eine Festhalle aus Glas (1919) stehen noch unter dem Einfluß → Tauts. Erstes gemeinsames Projekt mit Bruder Hans ist der dem → Futurismus verhaftete Entwurf des Hygienemuseums in Dresden von 1921. Weitere Wettbewerbsentwürfe galten dem Hochhaus Friedrichstraße (1922/23) und der Werkzeugfabrik Norma (1923), beide in Berlin. 1924 Beginn der Bürogemeinschaft mit Alfons Anker. 1925-27 Stahlgerippekonstruktion für die Versuchssiedlung Schorlemer Allee in Berlin. Bis 1933 folgen Siedlungsbauten und Einfamilienhäuser. Während

›Kristall auf der Kugel‹, Kultbau, von Wassili → Luckhardt, 1920.

der Nazizeit Stagnation, die bis 1951 anhält. Zu den wichtigsten gemeinsamen Nachkriegsbauten der Brüder gehören der Berlin-Pavillon auf der Constructa in Hannover 1951, eine Stahl-Glaskonstruktion, deren nur halbhohe Wände eine lichtdurchflutete Transparenz gewährleisteten, sowie das Landesversorgungsamt Bayern in München (1954-57). Nach dem Tod von Hans L. folgte das Apartmentgebäude am Cottbuser Tor (1956), Berlin, dessen Balkone in die Fassade integriert wurden und → Loggien bildeten. Diese Lösung regte viele zeitgenössische Architekten zur Nachahmung an. Aus den 60er Jahren sind schließlich Institutsbauten für die Freie Universität Berlin zu nennen (Institut für Pflanzenphysiologie und Veterinärmedizin). Abb. → Deutschland; → Städtebau.

Lit.: Kultermann '58; Kliemann '73; Luckhardt/Anker '90.

Ludovice, João Frederico (Johann Friedrich Ludwig, 1673-1752). Der führende Architekt des späten → Barock in Portugal. Geb. in Honhardt bei Schwäbisch Hall als Sohn eines Forstbeamten, übte er zuerst in Rom (1697-1701) und dann in Lissabon den Beruf eines Goldschmiedes aus. Gegen 1711

Dom zu Passau, von → Lurago, ab 1668.

beauftragte ihn der König von Portugal mit dem Bau eines kleinen Klosters in Mafra. Allmählich erweiterte man das Projekt, bis daraus schließlich eine der größten Klosteranlagen in Europa (Bauzeit 1717-70) wurde. Die Anlage umfaßte einen kgl. Palast, eine große Kirche und Klostergebäude für 300 Mönche. Mafra ist vor allem vom röm. Hochbarock geprägt, es zeigen sich aber auch süddt. und portug. Stilelemente. Die freigebig mit ital. Statuen geschmückte Kirche ist sehr eindrucksvoll. Von L.s anderen Bauten sind nur die Bibliothek der Universität in Coimbra (1717-23) mit abwechslungsreich gestalteter Fassade und die → Apsis der Kathedrale in Evora (1716-46) zu erwähnen.
Lit.: Kubler-Soria '59; de Carvalho '62; Kellenbenz '62.

Lukarne → Dachfenster 4.

Lünette (frz. lunette: kleiner Mond). **1.** Halbkreisförmiges, oft dekoriertes Feld über einer Wandöffnung (Tür, Fenster). – **2.** Im Festungsbau ein Werk, dessen Grundriß einwärts drei stumpfe Winkel zeigt. – **3.** Der Ausdruck wird auch für jede halbkreisförmige Fläche verwendet.

Lüftlmalerei. Fresken an den Außenwänden von Bauernhäusern, die manchmal → Scheinarchitekturen aufweisen. Eingeführt wurde sie von Franz Se-

Haus von Frau Bertrand und Herrn Huggier, Cité Seurat, Paris, von → Lurçat.

raph Zwinck, der in dem Haus ›Zum Lüftl‹ in Oberammergau wohnte. Heute gängiger Begriff für volkstümliche → Fassadenmalerei an Bauernhöfen.

Lunghi → Longhi.

Lurago, Carlo (ca. 1618-84). Geb. in Laino im Val d'Intelvi in Italien, zog 1638 nach Prag; dort wurde er zu einem der führenden Architekten seiner Zeit. Von 1638-48 arbeitete er an seinem ersten Auftrag, der Stuckdekoration der got. Salvatorkirche in Prag. Zusammen mit *Martino Lurago* (gest. 1683), baute er die Jesuitenkirche und das Kollegienhaus in Breznitz (1640-42), auch die Friedhofskapelle von St. Prokop entstand nach seinem Entwurf (1643). Von ihm stammen in Prag das Collegium Clementinum (1654-58), Umbauten in St. Johann am Felsen (1657), die ›Steinernen Vogelhäuser‹ in der Eisengasse (1658) und das Kloster ›im Waldl‹ zu Kladno (1663-68). Seine bedeutendsten Werke aber finden sich außerhalb Böhmens. In Passau leitete er den Neubau von Mittelschiff, Kuppel und Westfassade des durch Feuer zerstörten Domes (ab 1668) und schuf die besonders schöne Innenausstattung mit ihren reichen Stuckdekorationen zusammen mit den Brüdern Giovanni Battista und Antonio → Carlone (Abb. → Carlone). Hier treten offenbar zum ersten Mal in Deutschland flache, elliptische Kuppeln über → Pendentifs zwischen den Querbögen des Schiffes auf; diese Art der Wölbung sollte häufig wiederholt werden und beträchtlichen Einfluß auf die Entwicklung der Deckenmalerei ausüben. An der Wallfahrtskirche Maria Taferl bei Poggstal folgte L. 1671 als Architekt auf Georg Gerstenbrand; sein Nachfolger wurde → Prandtauer.
Lit.: Duras '33; Franz '54.

Lurçat, André (1892-1970). Studium an der → Ecole des Beaux-Arts. Er gehörte 1928 zu den Gründungsmitgliedern der → CIAM. Anhänger der funktionalistischen Doktrinen eines → Le Corbusier oder → Loos, baute er in den späten 20er Jahren mehrere Villen in der Cité Seurat in Paris.

Das wichtigste Beispiel für den → Rationalismus in Frankreich ist seine Karl Marx-Schule in Villejuif bei Paris (1930-33). Gleichzeitig war L. einer der Architekten der von → Rietveld geplanten Werkbundsiedlung in Wien (1932; → Ausstellungsarchitektur). 1934 wurde er nach Moskau eingeladen, wo er drei Jahre blieb, ohne ein nennenswertes Bauwerk zu errichten. Nach dem Krieg trat L. weniger durch Bauten als mit seiner theoretischen Abhandlung ›Formes, Composition et Lois d'Harmonie, élements d'une science de l'esthétique architecturale‹ in den Vordergrund.   M.-A. v. L.
Lit.: Lurçat '28, '53-55, '67; Zevi '50 b; Benevolo '60; Piccinato, G. '65; Tafuri '76.

Lünette. Schloßkapelle Ussé, Frankreich, gew. 1538.

Lüftlmalerei an einem Bauernhaus in Oberammergau.

Haus Hefferlin, Ville d'Avray, Hauts-de-Seine, von → Lurçat, 1931-32.

Deanery Garden, Sonning,
England, von → Lutyens, 1901.

Lustschloß, das → Schloß.

Lutyens, Sir Edwin (1869-1944). Eröffnete bereits mit 20 Jahren ein eigenes Architektenbüro, nachdem er kurze Zeit für George & Peto in London gearbeitet hatte. 1896 entwarf er für Gertrude Jekyll, eine Garten-Designerin, die ihm in seiner Karriere vorwärtshalf, Munstead Wood. Es folgten eine Reihe schöner Landsitze im Stil der → Arts and Crafts, wie Deanery Garden, Sonning (1899), Orchards in Godalming (1901), Tigbourne Court (1899) und Folly Farm in Sulhampstead (1905 und 1912), die L.' Fähigkeit, verschiedene Formen zu einer Einheit zu verschmelzen, zeigen. L. fühlte sich früh von Stilen angezogen, die in irgendeiner Form der Baukunst der klass. Antike angenähert sind; er arbeitete u. a. im Stil der Zeit von Königin Mary und König William von England (Liberal Club in Farnham, 1894; Crooksbury, Ostseite, 1899; Hestercombe Orangery, 1905), wandte sich anschließend dem gewichtigeren Neo-Georgian Style (→ Großbritannien) zu (Nashdom in Taplow, 1905) und schließlich einem Stil, in dem engl., palladian. (→ Palladianismus) und barocke Elemente mit → Wrens persönlicher Bauweise vermischt erscheinen. L. teilte die ›folie de grandeur‹ der Zeit Edwards VII. und wurde so zum idealen Architekten für die letzte Blütezeit des engl. Landhauses großen Stils (Lindisfarne Castle 1903, Castle Drogo 1910-30) und für die Großbauten von Neu Delhi. Der Palast für den Vizekönig in Neu Delhi ist von echter Monumentalität und zeigt jenen Sinn für Repräsentation, den Entwürfe → Bakers für diese Stadt nie erreichten. Seine Vorliebe für → klassiz. Stilvarianten wurde L. schließlich zum Hemmnis. Er verwandte größte Sorgfalt auf Details und Proportionen, aber durch die strenge Imitation klassiz. Elemente, die an Stelle seiner früheren Originalität trat – wie z. B. in seinen spät entworfenen Bankgebäuden, dem Britannic House (1920 ff.) und der Midland Bank in London (1924 ff.) – steht L. außerhalb der großen europ. Entwicklung. Seine früheren Bauten, wie die Kirche St. Jude's in der Gartenvorstadt Hampstead (1909-11), zeigen dagegen sein Gespür für Massenverhältnisse und seine Eigenständigkeit, beides Wesenszüge, die man in der Sakralbaukunst dieser Zeit nicht oft feststellen kann.

Lit.: Butler '50; Hussey '50; Lutyens '70, '81-82; Inskip '79; Dunster '80; O'Neill '80; Amery u. a. '81; Irving '82; Butler '89.

Tigbourne Court, Witley, Surrey, von → Lutyens, 1899.

Lyming, Robert (17. Jh.). Zimmermann, Baumeister und Architekt, entwarf → Loggia und Giebelfront von Hatfield House (1611). Mit Blickling Hall (ca. 1625) schuf er das letzte der großen und auf

Palast für den Vizekönig, Neu Delhi, von → Lutyens,
1920-31.

Großartigkeit bedachten Häuser der Epoche König Jakobs I. (→ Großbritannien). Hier sind fläm. Ornamentik und asym. Gestaltung bruchlos anglisiert worden.

Lit.: Summerson '63.

Marshcourt, Kings Somborne bei Stockbridge,
Hampshire, von → Lutyens, 1901-04.

M

Mäander, der (gr.). Rechtwinklig gebrochenes Zierband, dessen Name sich von dem vielfach sich windenden kleinasiatischen Fluß Maiandros ableitet. – Der M. ist bereits in vorgeschichtl. Kulturen verbreitet, fand seine klassische Ausformung aber erst in der geom. Kunst Griechenlands, wobei er auch Sonderformen (z. B. → Laufender Hund) entwickelte.

Lit.: Künkel ’25.

Maciacchini, Carlo (1818-99) → Italien.

Machuca, Pedro (gest. 1550). Urspr. span. Maler, arbeitete eine Zeit in Italien und kehrte 1520 nach Spanien zurück. Sein Meisterwerk, der Palast Karls V. in der Alhambra in Granada (1527-68), ist stark von der ital. Baukunst, und zwar vor allem von → Raffael und → Giulio Romano, beeinflußt. Man kann sagen, daß dieser Palast an Größe und Vollkommenheit alle Palazzi von → Bramante in Italien übertrifft. In M.s Entwürfe schlichen sich verschiedene span. Eigenheiten ein, Merkmale des → Platereskenstils, wie etwa die mit Girlanden versehenen Fensterrahmungen.

Lit.: Chueca-Goitia ’53; Kubler-Soria ’59; Rosenthal ’85.

Hill House, Helensburgh bei Glasgow, von → Mackintosh, 1905.

Mackintosh, Charles Rennie (1868-1928). Studierte an der Kunstakademie in Glasgow zur Zeit, als die Glasgower Malerschule sich aus ihrer provinziellen Beschränktheit gelöst hatte und zu neuen Formen vorstieß, die in England und auf dem Kontinent großes Interesse erweckten. 1893 und in den Jahren darauf schufen M., sein Freund McNair und die Schwestern Margaret (die spätere Frau Mackintosh’, 1865-1933) und Frances (die spätere Frau McNairs) Macdonald Graphiken und in Metall getriebene Arbeiten in einer den → Jugendstil vorwegnehmenden Manier. Sie empfingen ihre Anregungen von *The Studio* (1893 in London gegründet), speziell von dem Holländer Jan Toorop. 1896 gewann M. den Wettbewerb für den Neubau der Glasgower Kunstschule. Dieser Bau steht ganz auf der

The Glasgow School of Art, von → Mackintosh, 1897-99, 1907-09.

Mäander. Ara pacis Augustae, Rom, gew. 9. v. Chr.

Höhe seiner Zeit. Die wichtigsten Formen des Außenbaus (z. B. die Studio-Fenster) sind ebenso klar und rational gestaltet wie der Grundriß. Der Mittelteil, bei dem Einflüsse von → Voysey, dem schottischen Schloßbau und sogar der damaligen → Wren-Renaissance feststellbar sind, beweist seinen Phantasiereichtum und seine persönliche Gestaltungskraft. In den Metallarbeiten der Fassade und einem Großteil der Innenausstattung verbinden sich klare eckige Formen mit den langen, zarten, sanft geschwungenen Linien des Jugendstils. In dieser einzigartigen Harmonie liegt M.’s Größe; sie erklärt auch den tiefen Eindruck, den seine Innenausstattungen und Möbel auf die österr. Architekten ausübten, als sie durch *The Studio* und eine Ausstellung im Wiener Sezessionsgebäude (→ Olbrich) im Jahr 1900 mit seinem Stil bekannt wurden. Sein Einfluß mäßigte den Wiener Jugendstil und führte zu klareren Formen. M.’s Einrichtungsstil war um 1899 voll entwickelt – seine weiß lackierten Stühle und Schränke, deren gerade, elegant und klar gegliederte Formen sich harmonisch mit zart geschwungenen Einlegearbeiten aus Metall und rosa, lila oder perlmuttfarbenem Email verbinden. Kein anderer Künstler vermochte rationale und expressive Elemente so faszinierend zu verbinden. M.’s Hauptwerke in Glasgow sind die Cranston-Teestuben (Buchanan Street, 1897 ff.; Argyle Street, 1897 und

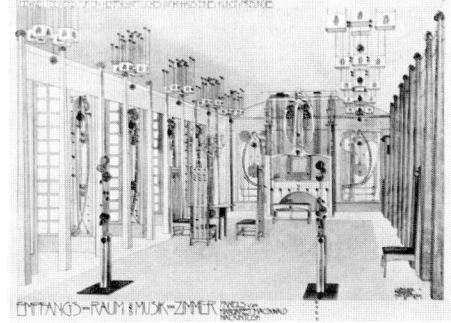

Entwurf eines Musikzimmers im ›Haus eines Kunstfreundes‹ von Margaret Macdonald → Mackintosh, 1901.

Entwurf für das Gebäude des Glasgow Herald, von → Mackintosh, 1894.

1905; Sauchiehall Street, 1904; Ingram Street, 1901, ca. 1906, und ca. 1911, heute fast alle zerst. oder zweckentfremdet), zwei Wohnhäuser (Windyhill in Kilmacolm, 1899-1901; Hill House in Helensburgh, 1902-03), eine Schule (Scotland Street, 1906) und die Bibliothek der Kunstschule (1907-09) in Glasgow mit klaren, hohen Außenwänden und differenziert gestaltetem Innenraum. 1901 beteiligte sich M. an einem Wettbewerb des dt. Verlegers Alexander Koch für das Haus eines Kunstliebhabers und gewann den 2. Preis (den ersten erhielt Baillie → Scott), durch den er auch außerhalb Englands seinen Ruf festigte.

The Glasgow School of Art, Bibliothek, von → Mackintosh, 1907-09.

1913 verließ M., ein schwieriger Mensch, seine Firma (Honeyman & Keppie), bei der er seit 1904 Teilhaber war; in den folgenden Jahren widmete er sich fast ausschließlich der Malerei oder Möbel- und Stoffentwürfen. Abb. → Jugendstil.

Lit.: Pevsner '36, '50, '68; Howarth '52; Hitchcock '58; MacLeod '69; Mackintosh '69; Alison '73 a, b; Walker '73; Billcliffe '77, '79; Cooper '78, '83; GA 49; Nuttgens (Hg.) '88; Glasgow School ... '89; Laganà '90; Moffat/Baxter '90; Robertson '90; Brett '91.

Mackmurdo, Arthur H. (1851-1942). Stammte aus wohlhabender Familie und hatte genügend Muße, seinen persönlichen Stil zu entwickeln. 1874 reiste er zusammen mit → Ruskin nach Italien. Um 1873 scheint er seine ersten Häuser gebaut zu haben. 1882 gründete er die Century Guild, in der sich Architekten, Künstler und Designer zusammenschlossen, die von → Ruskins und William → Morris' Ideen angeregt waren. Sie begann 1884 die Zeitschrift ›The Hobby Horse‹ herauszugeben. Schon 1883 verwendete M. in seinem Entwurf für die Titelseite eines Buches über → Wrens Stadtkirchen erstmals jene langgezogenen, flammen- oder rankenähnlich geschwungenen Linien, die fast zehn Jahre später, besonders von den belg. Künstlern, als Grundelement des → Jugendstils aufgegriffen wurden. Während M. in seinen an die Fläche gebundenen Entwürfen – er schuf auch eine Anzahl Textilentwürfe (ca. 1884) – der Hauptwegbereiter des Jugendstils ist, zeigte er sich bei der Gestaltung von Möbeln, die er seit 1886 entwarf, und bei einem

Haus in Enfield, von → Mackmurdo, um 1873.

Stand für eine Ausstellung in Liverpool, ebenfalls 1886, durch die Klarheit der Struktur, Eleganz und Eigenständigkeit als Vorläufer von → Voysey. Besonders charakteristisch sind die langen, sich verjüngenden Pfosten des Ausstellungsstandes, die von einem weit ausladenden flachen Kranzgesims überfangen werden. 1904 gab M. die Architektur auf und beschäftigte sich hauptsächlich mit Wirtschaftsfragen und Sozialpolitik.

Lit.: Pevsner '68; Pond '73; Lambourne '80; Stansky '85.

Maclure, Samuel (1867-1929) → Kanadische Architektur.

Maczynski, Franziszek → Polen.

Madaleno, Juan Sordo → Mexiko.

Maderno, Carlo (1556-1629). Geb. in Capolago am Luganer See, ließ sich 1588 in Rom nieder. Er begann seine Laufbahn als Mitarbeiter seines Onkels Domenico → Fontana. 1603 wurde er zum leitenden Architekten von St. Peter in Rom bestellt. Im selben Jahr vollendete er die Fassade von S. Susanna in Rom. Mit diesem revolutionären Entwurf

Charles Rennie Mackintosh.

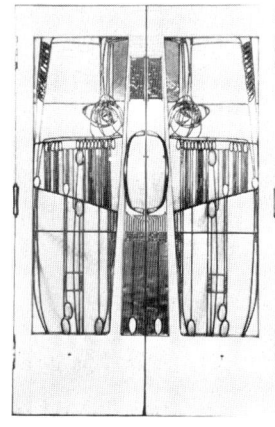

Türen zum ›Room de Luxe‹ der Willow Tea Rooms, Glasgow, von → Mackintosh, 1904.

Stoff ›Single Flower‹, von → Mackmurdo, 1884.

wandte er sich entschieden von dem damals üblichen, gefälligen akademischen → Manierismus ab und entwickelte seinen eigenen, klaren, stark bewegten Stil. S. Susanna und die majestätische Kuppel von S. Andrea della Valle in Rom gehören zu seinen wichtigsten Werken; berühmt wurde M. jedoch vor allem wegen seiner Arbeiten an St. Peter, wo ihm die wenig beneidenswerte Aufgabe zufiel, → Michelangelos Zentralbau ein Längsschiff (Abb. → Michelangelo) und auch eine Fassade hinzuzufügen. Die Arbeiten wurden 1607 aufgenommen, die Fassade 1626 vollendet (Abb. → Bernini; → Kolossalordnung). Ihre übermäßige Breite wird durch den späteren Anbau der Türme, die nur im unteren Abschnitt vollendet sind und dadurch als Teil der Fassade erscheinen, verursacht. Die von M. erbaute → Konfessio vor dem Hochaltar und der von ihm geschaffene elegante Springbrunnen auf der Piazza S. Pietro (rechts vom Obelisk) sind besser geglückt. Zu M.s Profanbauten gehören u. a. der Palazzo Mattei in Rom (1598-1618) und der Palazzo Barberini in Rom (beg. 1628), der jedoch erst nach seinem Tode von → Bernini nach verschiedenen Entwurfsänderungen, besonders an der Hauptfassade, ausgeführt wurde. Abb. → Rainaldi.

Lit.: Caflisch '34; Argan '57a; Donati '57; Portoghesi '66b; Hibbard '70.

St. Peter, Rom, Langhaus, von → Maderno, 1607-17.

Maiano → Benedetto da Maiano; → Giuliano da Maiano.

Maillart, Robert (1872-1940). Schweizer Bauingenieur, studierte an der TH in Zürich (1890-94), war in verschiedenen Ingenieurbüros tätig und machte sich 1902 selbständig. Er arbeitete an den noch nicht erforschten Möglichkeiten des Stahlbetonbaus (→ Beton), und es gelang ihm, dem Beton einen neuen ästhetischen Reiz abzugewinnen, indem er ihn zum Spannen von großen Bögen nutzte, also nicht nur als ein weiteres Mittel für Rahmenkonstruktionen. Seine Rheinbrücke bei Tavanasa in Graubünden (1905; zerst. 1927) war die erste Brücke, bei der die Straße mit dem Brückenbogen eine organische Einheit bildete. M. baute in der Folgezeit noch viele Brücken, vorwiegend in der Schweiz, die sich alle durch ihre schwungvolle Eleganz auszeichnen; seine Salginatobel-Brücke besitzt eine Spannweite von 90 m (1929-30, bei Schiers in Graubünden, Abb. → Brücke). 1908 begann M. mit der Konstruktion von Betonpilzdecken zu experimentieren, zu einer Zeit, als man sich unabhängig von ihm in den USA mit dem gleichen Problem befaßte. Das Prinzip dieser Technik besteht darin, daß sich eine Betonstütze oben in Form eines Pilzes

Tavanasabrücke über den Rhein, Graubünden, von → Maillart, 1905.

›Zementhalle‹, Schweizer Landesausstellung Zürich 1939, von → Maillart.

spreizt, Stütze und Decke sind eine Einheit. M. wandte diese neue Erfindung zum ersten Mal bei einem Züricher Warenhaus an (1910). Sein wohl angesehenstes Bauwerk, die Zementhalle in Zürich, gebaut anläßlich der Schweizer Landesausstellung 1939, besteht aus einer bahnbrechenden Schalenkonstruktion, deren Rippen eine Spannweite von über 15 m aufweisen und die darauf ruhende, weitvorspringende Betonschale nur eine Stärke von ca. 6 cm hat.

Lit.: Giedion '41; Bill '49a; Benevolo '60; Billington '79; Maillart '90.

Maillon, Jean (1668-1753) → Kanadische Architektur.

Maitani, Lorenzo (ca. 1270-1330). Sieneser Bildhauer und Architekt. 1310 wurde er als Berater an die Bauhütte des Domes von Orvieto berufen und bei dieser Gelegenheit als ›universalis caputmagister‹ bezeichnet, was für seine Berühmtheit als Ar-

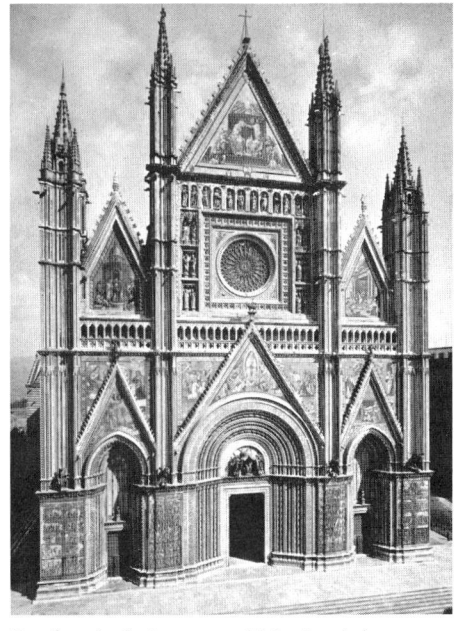

Domfassade, Orvieto, von → Maitani, zwischen 1310-1330.

Kanazawa Ward Office and Community Center, Yokohama, von → Maki and Associates, 1971.

chitekt spricht. Von diesem Zeitpunkt an bis zu seinem Tod unterstanden alle Arbeiten an der Fassade des Domes von Orvieto seiner direkten Aufsicht, auch die Ausführung des Skulpturenschmukkes, von dem er einiges möglicherweise selber gearbeitet hat. Zwei Entwurfszeichnungen für die Fassade sind erhalten; wahrscheinlich ist die zweite (heute: Opera del Duomo, Orvieto) M. zuzuschreiben. 1317 wird er im Zusammenhang mit Arbeiten an einem Brunnen in Perugia erwähnt, 1322 wurde er mit dem Bau des neuen Baptisteriums des Sieneser Domes beauftragt.

Lit.: Carli '47; Bonelli '52; Pope-Hennessy '55; White '66.

Maki, Fumihiko (geb. 1928). Studium in Tokio, in den USA an der Academy of Art in Bloomfield Hills, Mich., und an der Harvard University in Cambridge, Mass. Bis zu seinem eigenen Büro, 1965 in Tokio, waren die prägendsten Mitarbeiterstationen im New Yorker Büro von → SOM und bei → Sert in Cambridge, Mass., 1954-56. M. ist zu den Gründungsmitgliedern der → Metabolisten Anfang der 60er Jahre zu zählen, jedoch ohne den Hang, Spektakuläres zu planen. Seine Architektur zeichnet sich hingegen durch eine rationalistische, stark plastische und präzise Formensprache aus, die mit-

Wohnhaus an der Rue Mallet-Stevens, Paris, von → Mallet-Stevens, 1926-27.

unter an Arbeiten von → Sert erinnert. Hervorzuheben sind die Grundschule von Namazu (1972) sowie The National Museum of Modern Art in Kioto (1983-86). Weitere Bauten: Gymnasium u. Sporthalle in Fujisawa (1980-84), Büro- und Geschäftshaus ›Spirale‹, Tokio (1985), Tepia-Pavillon, Wissenschafts-Museum, Tokio (1989). In Planung: Büro- u. Dienstleistungszentrum für Frankfurt a. M.

Lit.: CA '80, '87; Salat '89; Pinchon '90; Maki '91.

Malewitsch, Kasimir (1878-1935). Russ. Maler und geistiger Vater des → Suprematismus. M. wandte sich ab ca. 1920 zusammen mit den Mitgliedern der Gruppe ›Unowis‹ dem Bau mustergültiger architekton. Modelle zu. Diese nannte er ›Arkhitektoniki‹ oder ›Planiti‹ (→ Abstrakte Architektur). Obgleich sein ästhetisches Ideal antiutilitaristisch und daher dem → Konstruktivismus genau entgegengesetzt war, übte er grundlegenden Einfluß auf die moderne Generation, z. B. auf → Lissitzky und das → Bauhaus der 20er Jahre aus. Abb. → Abstrakte Architektur. R. R. M.-G.

Lit.: Malewitsch '27; Shadowa '82; Crone/Moos '91.

Suprematistischer Architekturkomplex Gotha 2, von → Malewitsch, um 1926.

Mallet-Stevens, Robert (1886-1945). Ein wichtiger Vertreter des → Art Deco in Frankreich, beeinflußt von → Mackintosh und → Hoffmann. Ausgebildet an der Ecole Spéciale d'Architecture in Paris arbeitete er bes. im Bereich der Innendekoration. 1924 gründete M. die Union des Artistes Modernes und leistete mit dem Pavillon für Touristik einen bedeutenden Beitrag zur ›Exposition internationale des arts décoratifs‹ 1925 in Paris. Von seinen zahlreichen Wohnhäusern in Paris mit ausgeprägten kubischen Formen ist das Wohnhaus in der Rue Mallet-Stevens von 1926/27 exemplarisch für seinen Stil.

Lit.: Vago '79; Mallet-Stevens '80; Jeannot-Deshouslières '82.

Malta. Insel der Gräber und Tempel, die von Homer ›Nabel des Meeres‹ genannt wurde. Von Sizilien knapp 100 km entfernt gelegen, entwickelte sich bei Bezügen zum übrigen Europa eine → Megalithkultur, die durchaus Eigenes und erstaunlich Großartiges hervorbrachte. Sie war, aus noch ungeklärten Gründen, erloschen, als seetüchtige Schiffe das Mittelmeer zu befahren begannen und die strategische Lage Maltas und seiner Nachbarinsel Gozo durch ihre zahlreichen natürlichen Häfen an Wichtigkeit gewann. Funde aus der punischen Zeit, Reste einer

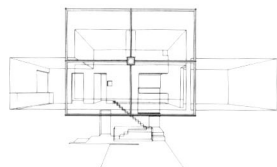

Wohnhaus des Architekten, von → Maki, 1978.

Suprematistische Architektur, von → Malewitsch, 1920-22.

Malta. Halle im Hypogäum von Hal Saflieni, Pawla, vermutlich 2400-2200 v. Chr.

Tempelanlagen von Ggantija, 3. Jh. v. Chr. Modell.

Trilith-Tor der Tempelanlagen von Mnajdra, um 2200-2000 v. Chr.

Johannes-Kathedrale, La Valletta.

röm. Villa, arabische Inschriften und Normannisches (sog. Normannentür am Dom von Mdina, 1090) haben sich in kaum sichtbaren Spuren erhalten. Als Geschenk Karls V. wurde 1530 der von Rhodos vertriebene Johanniterorden mit der Insel belehnt, und die nun Malteserritter Genannten bauten die unfruchtbare und felsige Inselgruppe zu einem Bollwerk der Christenheit gegen den andrängenden Islam aus. Bis 1799 schufen sie Bauten der Hochrenaissance (→ Renaissance) und des → Barock, errichteten Befestigungen, Kirchen und Paläste im Sinn einer fürstlichen Repräsentation.

Älteste Funde, wie der Skorba-Tempel, lassen sich um 4000 v. Chr., vielleicht noch etwas älter, ansetzen und in ihrer Art eng an die sizilianische Stentinello-Kultur anschließen. Dieser die maltesische Kultur prägende Tempelbau unter Verwendung eines merkwürdigen unregelmäßigen kleeblattähnlichen Grundrisses ohne jede Kantigkeit, der sich später auch zu einer Art fünfblättrigen Zweiges entwickelte, läßt sich allenfalls aus den Formen der Felsengräber und dem damit verbundenen Totenkult ableiten. Die meisten Tempelanlagen bestehen aus mehreren Bauten. Große Anlagen, wie in Mgarr, Kardin oder Scorba, weisen deutliche halbrunde Räume auf, die sich auf einen Hof hin öffnen. Bei anderen Anlagen erweitert sich der Grundriß der halbrunden Räume jeweils in zwei gegenüberliegende Apsiden (Ggantija auf Gozo, Hagar Quim, Mnajdra und Hal Tarxien). Die Bauweise der Tempel beruht auf einem Zusammensetzen und Ineinan-

Johannes-Kathedrale, La Valletta, von Girolamo Cassar, beg. 1573.

derpassen der oft riesigen Blöcke und Platten aus Globigerinkalk (läßt sich wie Tuffstein im frischen Zustand leicht, sogar mit der Axt bearbeiten, und härtet erst langsam an der Luft) ohne jedes Bindemittel. An kultisch bedeutenden Stellen, wie z. B. für Altäre, wurde auch der rötliche Korallenkalk verwendet. Etwa ein Dutzend Stätten und Bauwerke dieser Art zeigen heute noch nennenswerte Gebäudereste, etwa dreißig ließen sich rekonstruieren, die sich auf Flächen von wenigen Quadratmetern bis zu über 5000 Quadratmetern (Hal Tarxien, bedeutendste Anlage neben Ggantija auf Gozo) erstrecken. Eine Sonderstellung, weil in Europa einzigartig, nimmt das in einem Vorort von La

Zugang zum Allerheiligsten im Westtempel von Tarxien, um 2200-2000 v. Chr.

Valletta gelegene → Hypogäum Hal Saflieni ein: eine riesige, über drei Stockwerke in einen natürlichen Hügel getriebene labyrinthische Katakombe mit zahlreichen Kammern und Nischen, vermutlich aus dem 3. Jt. v. Chr.

Das bauhistorische Zentrum Maltas in der Neuzeit ist die Stadt La Valletta, deren Grundstein ein Jahr nach der Belagerung durch die Türken von 1565 gelegt wurde. Francesco Laparelli da Cortona (1519-1576), ein Schüler → Michelangelos, entwarf auf dem Reißbrett eine Stadt mit umfassenden Festungsanlagen auf dem Monte Sciberas und der anschließenden Landzunge St. Elmo. Die Bauüberwachung übernahm als leitender Architekt des Ordens alsbald Girolamo Cassar (1520-86). In der Zeit von 1568-72 schuf er allein sieben ›Auberges‹ im Stil röm. Stadtpaläste, noch sehr der → Renaissance verhaftet (Auberges sind die Paläste der Landesvertretungen, die nach ›Zungen‹ geordnet waren), baute den Großmeisterpalast und begann die Johannes-Kathedrale, die bereits 1577 beendet werden konnte. Für den Großmeister Jean de la Cassière, der die Kirche und den Stadtpalast finanzierte, erbaute Cassar den betrachtenswerten Sommersitz bei Rabat, den Verdala-Palast, 1586 beendet. Von der regen Bautätigkeit haben sich aber neben den letztgenannten Bauwerken nur die Au-

Malta. Dom von Mdina, von Lorenzo Gafà, voll. 1697.

berge de Provence, heute Nationalmuseum, und die von Aragon erhalten. Die verbleibenden Stadtpaläste wurden entweder im 17. u. 18. Jh. umgebaut oder fielen dem letzten Krieg zum Opfer. Sein Sohn Vittorio C. (1550-1610) trat die Nachfolge des erfolgreichen Vaters an. Von ihm ist als bedeutenderes Bauwerk nur die Pfarrkirche von Birkirkara, St. Maria, zu nennen. Mit Lorenzo Gafà (1630-1704), der die Kathedrale von Mdina schuf (1697 voll.), setzt sich das → Barock auf Malta durch; außer Gafà wirkten auch noch Giovanni Barbara (1660-1730) und Giuseppe Bonnici (1707-80).

Neben ital. Einflüssen setzte sich nach dem Wechsel der Großmeister im 18. Jh. – Spanier und Portugiesen – der iberische Stil bei Neubauten durch. Bedeutendster Vertreter dieses Architekturstils war Domenico Cachia (1710-90). Der Selmun-Palast sowie die Auberge von Kastilien am Stadtrand von La Valletta bezeugen sein meisterhaftes Können. Mit der Übergabe der Insel an Napoleon und dem gleichzeitigen Niedergang des Ordens, 1798, kam auch das Ende weiterer Palastbauten. Im Jahre 1800 bereits eroberten die Engländer die Insel und blie-

ben ihre Herren bis zum Jahre 1964. Außer Bauten im historistischen → Kolonialstil des 19. Jhs. (in geringem Ausmaß) ist neben der üblichen mediterranen Bauweise keine überzeugende Architektur mehr entstanden. M.-A. v. L.

Lit.: Evens, D. '63; Hughes, Q. '67; Trump '73; Tetzlaff '77; v. Reden '78.

Mandorla (ital.: Mandel). Mandelförmige Aureole, die die Figur des thronenden Christus als Weltenrichter (Pantokrator) umgibt, hauptsächlich in der ma. Kunst vorkommend, aber auch – mit Maria und dem Christuskind – in der Frührenaissance (→ Renaissance).

Lit.: Brendel '64.

Manierismus (ital. maniera: Manier). Der Stil der abendländischen Kunst vom Ende der → Renaissance bis zum Beginn des → Barock (ca. 1530-1610). Er bezeichnet die Abwendung vom klassischen Ideal einer glücklich ausgewogenen Harmonie zu einem in höchstem Maße künstlichen System, in dem die elementaren Gesetze der organischen Funktionen ihre Bedeutung verlieren: das Lastende hat kein Gewicht, das Stützende trägt nicht. Durch Einengung entsteht Bewegung, es entsteht Tiefe, die

Malta. Mosta (Rotunda), von George Grougnet de Vassé, 1833.

Manierismus. Biblioteca Laurenziana, Florenz, von → Michelangelo, 1524-26.

ansaugt, an deren Ende aber nicht wie später im Barock ein point de vue steht, sondern das Nichts, eine räumliche Unbestimmbarkeit. Oft divergiert die Fluchtung, Figuren und vertikale Bauglieder werden überlängt, bewußte Dissonanzen durch kühle Ratio in einem größeren Ganzen in schwebendes Gleichgewicht gebracht, in eine Balance, die Stabilität nur vortäuscht, in Wahrheit aber beunruhigt. Die bedeutendsten Beispiele sind → Michelangelos Medici-Kapelle (1521-34) und seine Biblioteca Laurenziana (entw. 1524), Florenz (Abb. → Michelangelo), → Giulio Romanos Bauten in Mantua (Abb. → Giulio Romano), → Vasaris Uffizien (beg. 1560) in Florenz (Abb. → Vasari), ferner die Werke von → Ligorio (mit Abb.), → Ammanati (mit Abb.), → Buontalenti (mit Abb.) u. a. → Palladios Werke gehören dem M. nur bedingt an (Il Redentore, S. Giorgio Maggiore, beide in Venedig, Abb. → Palladio). In Spanien kann u. a. der Esco-

Mandorla. San Pedro, Moarbes, Palencia, Spanien, 2. Hälfte 12. Jh.

Manierismus. Wohnhaus des → Giulio Romano, Mantua, um 1544.

Manierismus. Palazzo Massimo alle Colonne, von → Peruzzi, beg. 1535.

Manierismus. Il Redentore, Venedig, nach Entwurf von → Palladio, 1577-92.

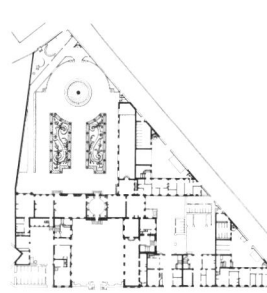

Hotel de la Vrillière, Paris, von → Mansart, beg. 1635.

rial (Überdimensionierung der Flügel; Abb. → Desornamentadostil; → Herrera), in Frankreich das Werk von → Delorme und seinen Schülern mit gewissen Einschränkungen zum M. gerechnet werden. Inwieweit die Baukunst der 2. H. des 16. Jhs. in den Ländern nördlich der Alpen dem M. oder wie bisher der Renaissance zugerechnet werden muß, ist noch umstritten.

Lit.: Panofsky '24; Hoffmann, H. '38; Pevsner '46; Haydn '50; Hocke '57; Becherucci in EUA ›Maniera e manieristi‹; Battisti '60, '62, '67; Hauser '64; Tafuri '66, '67, in DAU ›Rinascimento‹; Shearman '67.

Manierismus. ›Auffindung der Leiche des hl. Markus‹, Gemälde von Tintoretto um 1562-64.

Männerhaus → *Nachträge.*

Manor House, das (engl.). Ein Haus auf dem Lande oder in einem Dorf als Mittelpunkt eines Lehngutes. In der Architekturfachsprache wird in England mit ›manor house‹ ein unbefestigtes, mittelgroßes Haus des späten MA.s bezeichnet. In abgeflachter Bedeutung wird der Begriff heute auf engl. Herrenhäuser oder Gutshöfe allgemein angewandt.

Lit.: Wood '65; Cook-Smith '83.

Mansarddach → Dachformen 8.

Mansart, François (1598-1666). Der erste große Protagonist des frz. barocken Klassizismus (→ Barock), vergleichbar der Stellung Poussins in der Malerei oder Corneilles auf dem Gebiet des Dramas. M. war wohl nie in Italien; sein Stil ist in seiner Eleganz, Klarheit und kühlen Zurückhaltung ganz und gar französisch. Im Gegensatz zu seiner übertriebenen Gewissenhaftigkeit auf künstler. Gebiet war er im geschäftlichen Umgang leider arrogant und unzuverlässig. Seine Unfähigkeit, einen endgültigen Plan zu entwerfen und sich dann auch an ihn zu halten, verärgerte seine Bauherren, so daß er viele Aufträge verlor. Während seines letzten Lebensjahrzehnts war er so gut wie unbeschäftigt. Selten nur wurde er von der Krone, nie von Hochadel gefördert. Seine Auftraggeber gehörten vor allem dem neureichen Bürgertum an, das Verständnis und Geld für seine verfeinerten und luxuriösen Bauten hatte.
M. wurde in Paris als Sohn eines Tischlermeisters geb., begann wahrscheinlich unter de → Brosse in Coulommiers zu arbeiten und ließ sich schon 1624 als bereits berühmter Architekt in der Hauptstadt nieder. Seine Frühwerke sind von de Brosse abhän-

Manierismus. Dom zu Mantua, von → Giulio Romano, nach 1545.

gig und zeigen → manier. Anklänge im Stil von → Du Cerceau. Sein individueller Stil begann im Château de Balleroy (1626) klare Formen anzunehmen. Die ausgewogene Anordnung großer Baublöcke bewirkt den Eindruck nüchterner Monumentalität. Sein erstes Meisterwerk, der Orléans-Flügel des Schlosses in Blois (1635-38, Abb. → Frankreich), wäre im Falle seiner Vollendung eine Art großartiges und monumentaleres Palais du Luxembourg geworden, doch wurden nur der Mitteltrakt und die → Kolonnaden fertig; aber sie zeigen sehr deutlich den begabten Entwurf, die klare Gliederung der Anlage, die Reinheit und Subtilität des Details. Für diesen Bau erfand er ein durchlaufend gebrochenes Dach, dessen unterer Teil steiler abfällt als der verhältnismäßig flache und kurze obere Abschnitt; diese → Dachform trägt M.s Namen.
Den Höhepunkt seines Schaffens bildet Schloß Maisons bei Paris (1642-50, Abb. → Barock), das er für den steinreichen Präsidenten René de Longueil, der ihm offensichtlich vollkommen freie Hand ließ,

Val-de-Grâce, Paris, von → Mansart, 1645-67.

Schloß Maisons (Seine-et-Oise), von → Mansart, 1642-50. Eingangsseite.

baute. (M. riß während der Bauarbeiten einen Teil der schon errichteten Mauern wieder ein, um seinen Entwurf zu verbessern!). Es ist das am vollständigsten erhaltene seiner Werke und gibt einen guten Eindruck von seiner genialen Begabung. Die ovalen Räume in den Seitenflügeln und das Vestibül, ausgeführt in Stein und ohne jede Vergoldung oder Farbe, zeigen eine angenehme Strenge und kultivierte Zurückhaltung in der Dekoration. Sein Entwurf für Val-de-Grâce in Paris (beg. 1645) fällt in die gleiche Zeit wie der Bau von Maisons-Laffitte, doch wurde er 1646, als der Bau bis zum Gebälk des Langhauses und zum unteren Stockwerk der Fassade gediehen war, als Architekt entlassen und durch → Lemercier ersetzt. M.s Planung scheint auf → Palladios Redentore zurückgegangen zu sein. Andere bedeutende Bauten von ihm sind: Ste-Marie-de-la-Visitation in Paris (beg. 1635, stark beschädigt, wiederhergestellt); Hôtel de la Vrillière in Paris (1635-45), ein ganz sym. Bau, das Vorbild für den klassischen Typ des Pariser → Hôtel; das Hôtel du Jars in Paris (beg. 1648, zerst.), in dem er eine

Schloß Maisons (Seine-et-Oise), von → Mansart, 1642-46. Frontispiz.

freiere, lebendigere Anordnung der Räume entwickelte. Diese Gestaltungsweise sollte in der Folge großen Einfluß ausüben. Seine letzte erhaltene Arbeit ist die Neugestaltung des Hôtel Carnavalet in Paris (1655). In den 60er Jahren wurde er im Zusam-

menhang mit dem Bau des Louvre und einer kgl. Kapelle in St-Denis von Colbert um Rat gebeten, doch wurden seine Entwürfe nicht ausgeführt.

Lit.: Blunt '41, '53; Bourget-Cattani '56; Braham-Smith '73.

Mansart, Jules Hardouin → Hardouin-Mansart, Jules.

Mantelpiece, das. (engl.). Kamineinfassung aus Holz, Ziegel, Stein oder Marmor; sie kann mitunter auch einen Kaminüberbau mit Spiegel einbeziehen (Kaminstück). → Kamin.

Manuelinischer Stil → Emanuelstil.

Maqsura (arab.). Urspr. der für den Kalifen abgeschirmte Betplatz vor dem → Mihrab einer → Moschee; später jeder abgeschlossene Betplatz.

Olympiastadion Berlin, von → March, 1936.

March, Werner (1894-1976). Sohn des Berliner Architekten *Otto March* (1845-1913; 1872-74 Mitarbeiter von Heinrich von → Ferstel in Wien. In Berlin baute er Wohnhäuser im engl. Wohnhausstil, beeinflußt von → Muthesius, Geschäfts- und Miethäuser, 1906-09 das Gebäude der Rennbahn Grunewald und das dazugehörige Stadion (1912). 1910 Initiator der Allgemeinen Städtebau-Ausstellung in Berlin.) – Nach Studium an der TH Charlottenburg und Dresden, 1922 an der Berliner Akademie eröffnete Werner M. 1925 sein eigenes Büro. Neben Bauaufträgen (Wohnsiedlungen der Reichsbank in Berlin-Schmargendorf, 1925-26) zahlreiche Entwürfe, u.a. Reichssportfeld in Berlin mit Olympiastadion und Waldbühne (ausgeführt 1934-36); 1927-29 Bürohaus und Montagehalle der Rourbachwerke in Berlin-Wedding. 1954 Prof. für Städtebau und Siedlungswesen an der TU Charlottenburg.

Lit.: Troost '41; Posener '79; Th. Schmidt '92.

Marchionni, Carlo (1702-1786) Bedeutender Architekt des ital. Settecento. Schüler von Filippo Barigioni (1660-1753). Aufmerksam auf die Begabung M.s wurde man durch den von der Akademie San Luca in Rom ausgeschriebenen Concorso Clementino, 1728. Unter den Bewunderern war auch der Archäologe und Kardinal Alessandro Albani, mit dem sich eine dauerhafte Freundschaft entwickelte. 1738 war bereits die Villa in Porto Anzio, 1740 die Villa in Castel Gandolfo beendet; beide sind ohne Einfluß → Borrominis kaum vorstellbar. In den folgenden Jahren arbeitete M. an den ersten kleineren Bauaufgaben für die Villa Albani, denen dann, in den architekton. Prinzipien nunmehr gefestigt, 1755-62 die bedeutenden Bauabschnitte wie Casino, Kaffeehaus, Tempel und Fontäne folgten. Mit → Piranesi führte M. die Restaurierung des Chores von S. Giovanni in Laterano durch (um 1750). Die

Schloß Maisons (Seine-et-Oise), von → Mansart, 1642-46. Vestibül.

Villa Albani, Rom. Tempelruine, von → Marchionni, um 1760.

Villa Albani vor der Porta Salaria, Rom, von → Marchionni, 1755-62. Stich von → Piranesi.

Mietshaus in Stockholm, von → Markelius.

Audienzsaal im Binnenhof, Den Haag, von → Marot, 1695-98.

Fassade der Königlichen Bibliothek (früher Hôtel Hugnetan), Den Haag, von → Marot, 1734.

dabei gezeigte Leistung schien Papst Benedikt XIV. derart zufriedenzustellen, daß M. ab 1753 auch für die Bauhütte St. Peter verpflichtet wurde – auch sein Lehrer war dort tätig – und kurz darauf als päpstlicher Architekt. 1766 erhielt er den Auftrag, die Portalwand des Museo Profano im Bramante-Flügel des Vatikans neu zu gestalten; 1776 beauftragte ihn Pius VI. mit dem Neubau einer Sakristei in St. Peter. Auch als Ingenieur für Wasser- und Hafenanlagen war M. erfolgreich. 1756, im Dienste des Königs von Spanien, konnte er das Hafenprojekt von Ancona mit L. Vanvitelli, als dessen Nachfolger im Amt des Architekten und Ingenieurs er von der päpstlichen Kongregation benannt wurde, weiter ausbauen. Erwähnenswert sind zwei weitere für den Papst gebaute Kirchen: S. Maddalena de Cassinesi in Messina (ab 1765) und S. Domenico in Ancona (ab 1763). M.-A. V. L.

Lit.: Berliner '58; Gaus '67; Debenedetti (Hg.) '88.

Marienkapelle. Eine der Hl. Jungfrau Maria geweihte Kapelle östlich des Altars. In England hat die M. – dort Lady Chapel genannt – meist einen rechteckigen Grundriß und ist stärker ausgesondert als bei der → Kathedrale frz. Typs, bei der die M. die → Scheitelkapelle des → Kapellenkranzes ist.

Marigny, Marquis de (eigentl. Abel-François Poisson de Vandières, 1727-1781). Jüngerer Bruder der Madame de Pompadour, Generalbaudirektor Ludwigs XV. in den Jahren 1751-53, ohne selbständige Bautätigkeiten. Bedeutend waren seine Bemühungen, nicht nur die Kunstströmungen sondern auch die Tradition frz. Architekturauffassung neu zu de-

finieren. An die Theorien des 17. Jhs. anknüpfend gilt er u. a. als Begründer des sog. → Doric Revival um 1750 in Europa neben dem Architekten → Soufflot, Charles Nicolas Cochin (Stecher und Kunstkritiker) und → Gabriel. Während seiner Amtszeit wurden für den → Klassizismus so exemplarische Bauwerke erstellt wie der Louvreabschnitt von Gabriel, Soufflots Ste-Geneviève (heute Panthéon), die Ecole Militaire von Gabriel und das Théâtre Français (heute Théâtre de l'Odéon) von → Wailly und → Peyre.

Lit.: Marquiset '18; Tavernier '83.

Markelius, Sven Gottfried (1889-1972). Schwed. Architekt und Stadtplaner; wurde bekannt durch sein Konzerthaus in Helsingborg (1932). 1944-1954 war M. Leiter des Stadtplanungsamtes von Stockholm. Er entwarf die neue Vorstadt Vällingby (1953-59): hohe Wohnblocks und kleine Einzelhäuser ringsum.

Lit.: Kidder-Smith '57, '61; Ray, S. '65, '69.

Konzerthaus von Helsingborg, von → Markelius, 1932.

Marketerie (Marqueterie, frz.: eingelegte Arbeit). → Intarsia.

Markise (frz.). Ein textiles Sonnendach über Fenstern, Balkonen usw., das sich aufrollen läßt.

Markthalle → *Nachträge.*

Marmor. Ein harter, körnig-kristalliner Kalkstein, der in seiner reinsten Form völlig weiß ist (parischer M. in Griechenland); je nach den Mineral-Beimengungen (besonders von Eisenoxyden) kann er die verschiedensten Farben haben. Wegen seiner guten Bearbeitbarkeit ist der M. seit der griech. Antike ein geschätzter Werkstoff in Baukunst und Bildhauerei.

Lit.: Kopp, H. F. '39; Davey '65; Mannoni '80.

Marot, Daniel (ca. 1660-1752). Hugenotte, der nach Holland auswanderte und bald darauf von Wilhelm von Oranien als Architekt angestellt wurde. M. entwickelte einen komplizierten Ornamentstil, der dem von Jean Berain ähnlich ist (vgl. seine ›Nouvelles cheminées à panneaux de la manière de France‹). Er war unter anderem mit dem Entwurf des Audienzsaales (Trêveszal) im Binnenhof, Den Haag (1695-98) und mit der Innenraumgestaltung und der Anlage des Gartens in Het Loo beauftragt. Mit dem Oranier ging er nach London. Dort entwarf er die Gärten und vielleicht auch die Innenausstattung sowie einige Möbelstücke für Hampton Court. Obwohl er sich selbst in späterer Zeit ›kgl. Architekt‹ nannte, können ihm in England keine Bauwerke zugeschrieben werden. Der Entwurf des Schomberg House in London (ca. 1698) scheint stark durch ihn beeinflußt zu sein. Erst nach 1715 veröffentl. M. seine ›Œuvres‹ in Amsterdam; seine wichtigsten

Bauten stammen fast alle aus späterer Zeit und befinden sich in Den Haag: Die deutsche Gesandtschaft (1715), das Stadthaus von Wassenaar und die Fassade der Kgl. Bibliothek (1734, Flügel von Pieter de Swat 1761).

Lit.: Marot, J. '1644; Schlosser '24; Ozinga '38; Mauban '44; ter Kuile '66.

Martin, Sir John Leslie (geb. 1908). Von 1953-56 Architekt des London County Council (L.C.C.) als Nachfolger von Sir Robert → Matthew; war Prof. für Architektur an der Universität Cambridge. Unter M. wurde die schönste aller L.C.C.-Wohnsiedlungen, nämlich die in Roehampton (für fast 10000 Menschen), errichtet (Abb. → Großbritannien). Einige der besten Architekten der jüngeren Generation in England arbeiteten zu jener Zeit im L.C.C.-Architekturbüro unter M.s Führung, der ihrem Einfallsreichtum größtmöglichen Spielraum ließ. Im Lauf der Ausführung wandelte sich der Stil des Projekts, der zuerst durch schwed. Vorbilder beeinflußt war, unter dem Eindruck von → Le Corbusiers Entwurf für Chandigarh. Auch M.s eigene Arbeiten, die er in Zusammenarbeit mit C.A.St.J. Wilson schuf, zeigen den Stilwechsel. Das wird z.B. in seinem Gebäude für das Caius College in Cambridge (1960-62) deutlich. Zu seinen neueren Arbeiten gehören ferner: Die College Hall der Universität in Leicester (1958-61) und die neuen Bibliotheken in Oxford (1961-64). Weiterhin sind zu erwähnen: Das Institut der Zoologie und Psychologie in Oxford (1966-70), das Kulturzentrum in Glasgow (1972-78, in Zusammenarbeit mit Colen Lumley) und schließlich die neue Musikhochschule der Universität Cambridge (1978, ebenfalls mit Colen Lumley und Ivor Richards). Spätwerke: Glasgow Royal Concert Hall (1989), Fundacao Calouste Gulbenkian, Centro de Arte Moderne, Lissabon.

Lit.: Maxwell '72; CA '87.

Martinelli, Domenico (1650-1718). → Quadraturmaler und weitgereister Wanderarchitekt; spielte bei der Verbreitung des ital. → Barock nördl. der

Alpen eine bedeutende Rolle. M. wurde in Lucca geb., dort auch zum Priester geweiht. Sein Beruf hinderte ihn aber nicht daran, als Wanderkünstler tätig zu sein. Sein Hauptwerk ist das Stadtpalais Liechtenstein in Wien (1692-1705), in dem er erstmals eines der herrlich gestalteten, triumphalen Treppenhäuser, die später so charakteristisch für die Wiener Palastarchitektur wurden, schuf. Er entwarf außerdem das große, aber schlichtere Gartenpalais Liechtenstein in Wien (1698-1711) und möglicherweise auch das Palais Harrach (ca. 1690). Ein Haus für den Grafen Kaunitz entstand in Austerlitz. M. soll auch in Warschau, Prag und Holland gearbeitet haben.

Lit.: Tietze '22; Sedlmayr '56; Hubala '57; Lorenz '89.

Stadtpalais Liechtenstein, Wien, von → *Martinelli, 1692-1705.*

Martyrium. Grab oder Kirche eines Märtyrers. → Frühchristliche Architektur.

Lit.: Grabar '46.

Maschikulis, die (Pl.; frz.). Ausgußöffnungen für heißes Pech und Öl im Boden der an Burgmauern und -türmen auf → Konsolen vorkragenden → Wehrgänge (Pechnasenkranz); als erkerartiger Ausguß, meist über dem Burgtor, auch Pechnase genannt.

Massari, Giorgio (1687-1766). Neben Andrea Tirali (1657-1737) und Domenico Rossi (1657-1737) einer der bedeutenden Architekten im Venedig der 2. H. des 18.Jhs., von → Longhenas Architektur beeinflußt. Sein Hauptwerk, die Kirche Dei Gesuati (1726-43), besitzt eine kraftvolle Tempelfassade in Anlehnung an → Palladios Fassade von S. Giorgio Maggiore. Nicht minder herausragend zeigt sich der Palazzo Grassi (1718-49) am Canal Grande, der neben einer feinen und zurückhaltenden Fassadengliederung eine vorzügliche spätbarocke Raumfolge besitzt (heute ›Centro delle Arti e Costume‹). M. war an zahlreichen Bauten und Umbauten in Venedig beteiligt.

Lit.: Bassi, E. '62; Massari, A. '71; Barbieri '72.

Massivbau. Eine Bauweise, bei der Raumabschluß und Konstruktion identisch sind, im Gegensatz zum → Skelettbau.

Stadtpalais Liechtenstein, Wien, von → *Martinelli, 1692-1705.*

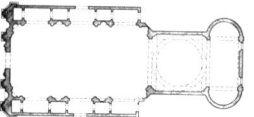

Chiesa dei Gesuati, Venedig, von → *Massari, 1726-43.*

Maßwerk. Dom, Mailand, 15. Jh.

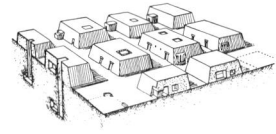

Mastaba.

Maßstab. Die Angabe, in welchem Verhältnis eine → Architekturdarstellung gegenüber der Wirklichkeit verkleinert (oder vergrößert) ist. Die heute üblichen Maßstäbe sind: für Details 1:1, 1:5 (1 cm der Zeichnung gleich 5 cm der wirkl. Länge), 1:10, 1:20; für Baurisse 1:50, 1:100, 1:200; für Lageskizzen 1:500; Lagepläne 1:500, 1:1000, 1:2500, 1:5000; Meßtischblatt 1:10000.

Maßwerk. Geom. konstruiertes Bauornament der → Gotik. Urspr. nur zur Aufteilung der Bogenspitze großer Fenster entwickelt, wurde es später auch zur Gliederung von Wandflächen, → Giebeln usw., als Blende und für → Brüstungen als durchbrochenes M. verwendet. – Das M. entwickelte sich noch in der → roman. Zeit aus der Aufgabe, das Bogenfeld über zwei unter einem gemeinsamen Bogen zusammengefaßten Fenstern zu gliedern. Eine andere Quelle für die Entstehung des M.s ist das Rundfenster, das sich von einer gestanzten Lochaufteilung über das Speichenrad zur Fensterrose entwickelte (→ Rose). Die Grundformen des M.s sind der → Paß, das → Blatt und der → Schneuß, die alle in Gruppenzusammensetzung (Drei..., Vier ..., Fünf..., Viel...) auftreten. Unter der → Kämpferlinie setzt sich das M. als Stabwerk zur Unterteilung und Gliederung der Fensterfläche fort; diese Form wurde speziell in der engl. Gotik dominant (Lancelot Style, → Perpendicular Style). Die vielfältigsten Gestaltungsmöglichkeiten wurden in den Hauptländern der Gotik – Frankreich, England, Deutschland – bis zur völligen Auflösung der rationalen Form durchschritten.
Lit.: Behling '44; Binding '89.

Mastaba, die (arab.: Bank). Fachausdruck für die Form des ägypt. Privatgrabes des Alten Reiches (ca. 2660-2150 v. Chr.): Über rechteckigem Grundriß erhebt sich ein massiver Ziegel- oder Steinhügel mit geböschten (→ Böschung) Wänden; ein senkrechter Schacht führt durch ihn und den Felsgrund tief in die Erde zur Sargkammer. Eine Opferstelle an der Ostseite der M. entwickelte sich zur Kultkammer im Inneren des Baukörpers, schließlich zu einem hausähnlichen System von reliefgeschmückten und bemalten Höfen, Gängen und Zimmern, in denen vor Statuen des Toten der Kult vollzogen wurde.
Lit.: → Ägyptische Architektur.   D. W.

Mastenkirche → Stabkirche.

Mateo, Meister (tätig 1168-1192) → Spanien.

Mathey, Jean-Baptiste (Mathieu, Mathäus Burgundus; ca. 1630-95). Seine Geburtsstadt ist wahrscheinlich Dijon. M. wurde als Maler ausgebildet und 1675 von Erzbischof Johann Friedrich Graf von Waldstein als Architekt nach Prag gerufen. Er begann, trotz lokalen Widerstandes, in einem Stil zu arbeiten, der vom frz. barocken Klassizismus (→ Barock) geprägt ist. Diese Bauweise unterscheidet sich stark von dem ital. Barock, das F. → Caratti u. a. in Prag gepflegt hatten. M. errichtete das Lustschloß Troja bei Prag (1679-97), in Prag das vornehme, stattliche Palais Toskana (1689-90) und in einer etwas überschwenglicheren Formensprache zwei Kirchen, die dann → Fischer von Erlach beeinflußten, nämlich die Kreuzherrenkirche St. Franziskus (1679-88) und die Klosterkirche St. Joseph auf der Kleinseite.
Lit.: Morper '27; Swoboda '64.

Mathias von Arras (gest. 1352) → Tschechoslowakei.

Mattarnovi Georg Johann, (gest. 1719) → Sowjetunion.

Matthew, Sir Robert Hogg (1906-75). 1946-53 Architekt des London County Council (L. C. C.). In diesen Jahren begann London mit seinem beispielhaften Wohn- und Schulbauprogramm. M. wirkte entscheidend beim Durchbruch des fortschrittlichen Stils dieser Bauwerke mit. Das Prinzip der L. C. C.-Wohnsiedlungen, die Anordnung der Gebäude zu variieren, Flachbauten mit Hochbauten abwechseln zu lassen und sie geschickt der Landschaft anzupassen, hat sie zum Vorbild in Europa

Commonwealth Institute, London, von → Matthew, Johnson-Marshall & Partners, 1959-62.

werden lassen. Von M.s neueren Bauten in London, die von der Firma Robert Matthew, Johnson-Marshall & Partners ausgeführt wurden, ist das New Zealand House (1958-63) das schönste; das Commonwealth Institute (1959-62) zeichnet sich durch ein modernes, → hyperbolisch-paraboloides Dach aus.
Lit.: Teodori '67; Webb, M. '69.

Mauer. Eine aufrechtstehende, massive Konstruktion aus natürlichem oder künstlichem Stein (luftgetrockneter Ziegel, Backstein, Beton, Werkstein u. a.). Es gibt tragende M.n, die Lasten anderer Bauteile aufnehmen, und nichttragende Zwischen- oder Trennm.n; Brandm.n oder Feuerm.n, in die kein Holz (Decken- und Dachkonstruktion) einbinden darf, schützen vor dem Übergreifen von Bränden; Stützm.n verhindern das Abrutschen von Erdreich (Terrassierung); Strebem.n dienen als Widerlager gegen Gewölbeschub (→ Strebepfeiler). → Mauerverband.
Lit.: Scranton '41; Minnucci '57; Belluzzi '61-63; Brigaux '63; Arosio '65; Davey '65.

Schloß Troja bei Prag, von → Mathey, 1679-97.

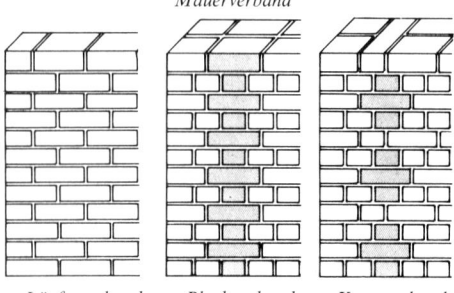

Mauerverband

1. *Läuferverband,*   3. *Blockverband,*   4. *Kreuzverband.*

Mauerverband. Die Art, wie die Steine beim Aufbau einer Mauer versetzt werden. → Läufer und → Binder sind die konstruktiven und dekorativen Mittel, um verschiedene Strukturen und Festigkeiten zu erzielen. Die wichtigsten Mauerverbände sind: **1.** Läuferverband, nur aus Läufern bestehend; **2.** Binderverband, nur aus Bindern bestehend; **3.** Blockverband, bestehend aus abwechselnd einer Läufer- und einer Binderschicht, wobei die Schichtenreihen regelmäßig übereinanderliegen; **4.** beim Kreuzverband wechseln ebenfalls Läufer- und Binderschichten, doch ist jede zweite Läuferschicht um einen halben Stein versetzt; **5.** beim gotischen Verband wechselt in jeder Schicht Binder und Läufer; **6.** der holländische Verband schiebt in den got. Verband jeweils eine Binderschicht ein, **7.** der engl. Verband dagegen setzt auf eine Binderschicht mehrere Läuferschichten. Als rein dekorativ sind eingeschobene Rollschichten aus hochkant gestellten Bindern zu betrachten; diese ergeben schräg gestellt den **8.** Sägeverband. – Römisches Mauerwerk → Opus.

Lit.: Staufenbiel '53.

Mauerwerk. Das aus natürlichen oder künstlichen Steinen bestehende Gefüge, das meist unter Zuhilfenahme von Mörtel fest zusammengefügt wird. Wichtige Arten von M. sind: **1.** Bruchsteinm. aus rohen unbearbeiteten Steinen als unregelmäßiges

Mausoleum. Grabmal des Königs Mausolos, Halikarnassos, Kleinasien, Mitte des 4.Jhs. v.Chr. Rekonstruktion.

oder wildes M. oder, wenn ein ungefähr regelmäßiges Fugennetz vorhanden ist, als lagerhaftes M. **2.** Quaderm. aus regelmäßig behauenen, allseitig glatten → Werksteinen. **3.** Bossenm., auch → Rustika, aus massiven → Quadern mit tiefer liegenden Fugen; dieses M. wurde verwendet, um Wänden ein natürlich-rustikales Aussehen zu geben, blieb aber meist auf die Sockelzone beschränkt; es kann bestehen aus zyklopischen Quadern, aus roh behauenen Blöcken (direkt vom Steinbruch, sonst wird dieser Eindruck künstlich erzeugt), → Diamantquadern (in Form eines Diamantschliffes behauene Stirnseiten), glatten Quadern und geäderten Quadern; schließlich wurde das Bossenm. auch in Putz nachgeahmt (bei → Palladio und häufig im 19.Jh.). **4.** Polygonalm. besteht aus an der Stirnseite geglätteten, vieleckigen (polygonalen) Steinen, **5.** → Zyklopenm. aus gewaltigen, unregelmäßigen, aber sorgfältig geschichteten Blöcken. Häufiger als Vollmauerwerke dieser Strukturen sind Mischtechniken wie Backsteinm. (→ Backsteinbau, → Mauerverband) mit Werksteinverstärkungen (Lang- und Kurzwerk an Ecken, → Gewände) oder Verkleidungen aus M. **2** und **3.** Eine weitere Technik ist das Gußm. hinter Vormauerung aus künstlichen oder natürlichen Steinen. → Armenische Architektur; → Griech. Architektur; → Röm. Architektur; → Opus.

Maurer, Hans (geb. 1926) → Ausstellungsarchitektur.

Mauereske, die. Ein streng stilisiertes Pflanzenornament, das in der islam. Kunst aus hellenist. Vorbildern entwickelt und von der → Renaissance wieder aufgegriffen wurde. Im Gegensatz zu der naturalistischeren → Arabeske ist die M. ein schematisches Linienspiel aus stilisierten Pflanzen.

Lit.: Kühnel '24; Terrasse '32; Marçais '54; Piel '62.

Maurische Architektur → Islam. Architektur.

Mausoleum. Ein prächtig ausgestattetes, monumentales Grabmal. Die Bezeichnung leitet sich vom Grabmal des Königs Mausolos in Halikarnassos (um 350 v.Chr.) ab. Dieses Monument war ca. 50 m hoch, hatte einen hohen, würfelartigen Unterbau auf einem mehrstufigen Sockel, darüber lag, von ion. Säulen umgeben, die eigentl. Grabkammer. Die Säulen trugen ein Pyramidendach, das von einer → Quadriga gekrönt wurde. Es gehörte zu den sieben Weltwundern der Antike. An weiteren Mausoleen sind aus dem Altertum besonders die des Augustus und des Hadrian (Engelsburg) in Rom, aus der Neuzeit das Lenin-Mausoleum in Moskau bekannt geworden. → Denkmal. → Pyramide.

Lit.: Buschor '56; Defranciscis '57.

May, Ernst (1886-1970). Einer der größten dt. Städtebauer des 20.Jhs. Studierte in München bei → Thiersch und Th. → Fischer, war 1925-30 Dezernent des Hochbau- und Siedlungsamtes der Stadt Frankfurt a.M., deren hervorragende Vorortsiedlungen auf seine Initiative zurückgehen (Abb. → Siedlungsarchitektur, → Zeilenbau). 1930-33 lebte er als Städteplaner in Rußland, 1934-54 als Farmer und Architekt in Afrika. Seit 1954 war er in Deutschland als Stadtplaner am Wiederaufbau der zerstörten Städte maßgeblich beteiligt. Er leitete von 1954-61 die Planungsabt. der gemeinnütz. Wohnungs- und Siedlungsges. ›Neue Heimat‹ in

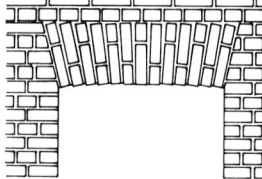

Gemauerter Türsturz.

Bruchsteinmauerwerk. Bori aus der Nähe von Gordes, Provence.

Mauerwerk an der Ostseite der Ahuacpinta-Straße, Peru.

Mauereske von Hans Rudolf Manuel Deutsch, um 1549.

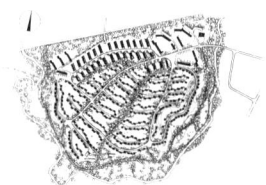

Siedlung Aumühle bei Hamburg, von Ernst → May, 1955.

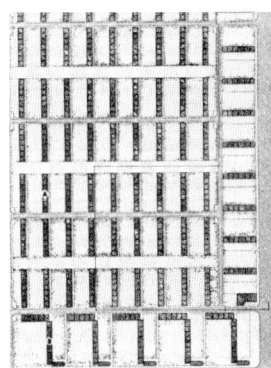

Bebauungsplan der Siedlung Frankfurt-Westhausen, Zeilenbauweise, von Ernst → May.

Hamburg, wo u. a. Neualtona nach seinen Plänen errichtet wurde. 1961 wurde er Planungsbeauftragter für die Stadt Wiesbaden; nebenher übernahm er die Generalplanung in Bremerhaven und Mainz. Er lehrte an der TH Darmstadt. – M. hat die Montagebauweise für Großbauvorhaben in Deutschland eingeführt.

Lit.: Platz '27; May-Gropius '30; Buekschmitt '63; Preisich '83; Dt. Archit.mus. '86.

May, Hugh (1622-84). Sohn eines Landedelmannes aus Sussex. Er erfreute sich zur Zeit der Restauration unter den Stuarts in England größter Beliebtheit und führte den verhaltenen holländ. → Palladianismus in die engl. Architektur ein. Gemeinsam mit → Pratt machte er jenen Häusertypus populär, der später irrtümlich nach → Wren benannt wurde. Eltham Lodge in London (1663-64), ein im Grundriß rechteckiges Backsteinhaus mit einem durch Naturstein-Pilaster (→ Pilaster) und Giebel gegliederten Mittelrisalit (→ Risalit) ist sein einziges erhaltenes Werk (Abb. → Großbritannien). M. hat wahrscheinlich auch das Holme Lacy House in Hereford (beg. 1673-74) entworfen.

Lit.: Colvin '54; Summerson '63.

First Church of Christian Scientist, Berkeley, Kalifornien, von → Maybeck, 1910.

Maya-Architektur → Mesoamerikanische Hochkulturen.

Maybeck, Bernard Ralph (1862-1957). Absolvent der → Ecole des Beaux-Arts in Paris. Bis zu seiner Selbständigkeit 1894 arbeitete er u. a. für Thomas Hastings (1886-1957) in New York und für A. Page Brown in San Francisco (1891-94). Seine Verwendung von Architekturstilen von → Richardson bis

Bibliothek und Konzerthalle Yokohama, von → Mayekawa, 1954.

Siedlung Praunheim, Frankfurt, von Ernst → May, 1927-29.

zum → Neoklassizismus war außerordentlich variantenreich und er wurde zu einem bedeutenden Vertreter des für Kalifornien (bes. in San Francisco und Berkeley) so typischen eklektizistischen, vor allem fernöstliche Motive verwendenden Baustils. Dabei bediente er sich der zeitgenössischen Techniken und Materialien (u. a. vorgefertigter Teile) und verband ausdrucksvolle dekorative Fertigkeit mit historischer Vorstellung. Von seinen annähernd 150 Bauwerken, meist Wohnhäuser, sind bes. sein Beitrag zur internationalen ›Panama-Pacific‹-Ausstellung, 1915 in San Francisco, sowie das Kirchengebäude der ›Christian Scientists‹-Glaubensgemeinschaft in Berkeley, 1910, als typisch für seine Architektur zu nennen. 1940 beendete er seine Bautätigkeit.

Lit.: Bangs '48; McCoy '60a; Burchard-Bush-Brown '61; Cardwell '86²; Longstreth '83.

Mayekawa, Kunio (geb. 1905). M. gehört zu den Begründern und einflußreichsten Architekten der modernen Architektur in Japan. Nach dem Studium in Tokio Mitarbeit bei → Le Corbusier in Paris (u. a. Beteiligung an der Villa Savoye und dem Schweizer Pavillon, 1928-30), anschließend bis 1935 bei → Raymond, einem Schüler Frank Lloyd → Wrights. Während dieser Assistenten-Zeit setzte

Kulturzentrum in Fukushima, von → Mayekawa, 1964.

sich M. bes. mit dem → Internationalen Stil und den Konstruktionsmöglichkeiten des Stahlbetons (→ Beton) auseinander. Mit dem Harumi-Apartmentkomplex in Tokio (1958), der sich an → Le Courbusiers berühmter Unité d'Habitation in Marseille orientiert, verwirklicht er wohl das erste Mal in Japan das sog. ›Skip-floor-apartment‹ in Verbindung mit Stahlbeton, ein Konzept, an dem M. schon vor dem Zweiten Weltkrieg experimentierte. Dabei entwickelte M. eine stark plastische Formensprache, die sich besonders bei der Gakushuin Universität in Tokio (1960 und 1963) oder der Metropolitan Festival Hall (1961, ebenfalls Tokio), seinem sicher bedeutendsten und einflußreichsten Bauwerk, zeigen (Abb. → Japan). In den 70er Jahren erhielt er verschiedene Aufträge für Museumsbauten, wovon das Metropolitan Art Museum in Tokio (1975) oder das Museum für Ostasiatische Kunst in Köln (1977) erwähnenswert sind. M.s starke Ausstrahlung und Persönlichkeit beeinflußten nahezu die ganze Generation moderner Architekten in Japan, angefangen mit → Tange, der in den Jahren 1938-42 bei ihm arbeitete und sein berühmtester Schüler wurde.   W. R.

Lit.: Altherr '68; CA '80; EA '82.

Mayerhoffer, Andreas (tätig 1. H. des 18. Jhs.) → Ungarn.

McIntire, Samuel (1757-1811). Ein sehr begabter Architekt, Autodidakt, der wie die meisten amerik. Architekten dieser Zeit vom Handwerk herkam. M. war urspr. von Beruf Holzschnitzer und lebte in Salem, Mass. Seine meisten Bauten entstanden nach 1783, dem Ende des Unabhängigkeitskrieges. Mit Hilfe der von → Langley herausgegebenen Bücher eignete er sich den neupalladian. Stil (→ Palladianismus) an, in dem er seine ersten Häuser, z. B. Pierce-Nichols House (1782) in Salem, errichtete. Sein anspruchsvollstes Bauwerk war das Salem Court House (1785, zerst.) mit Geschoßgliederung nach dem Schema der → Säulenordnungen und einer Kuppel. In den 90er Jahren des 18. Jhs. wurde M. von → Bulfinch beeinflußt und über diesen durch Robert → Adams, unter dessen Eindruck er seine späteren, schönsten Häuser erbaute (weitgehend zerst., einige Zimmer befinden sich jedoch in den Museen von Boston und Philadelphia).

Lit.: Kimball '40; Summerson '63.

Public Library Boston, von → McKim, Mead & White, 1888-92.

McKim, Charles Follen (1847-1909). Studierte zuerst Ingenieurswissenschaften an der Harvard-Universität, anschließend von 1867-70 Architektur an der École des Beaux-Arts in Paris. Unmittelbar nach seiner Rückkehr in die USA trat er in das Architektenbüro von → Richardson ein und machte sich schließlich zusammen mit W. R. Mead und → White selbständig. 1878 entwickelten alle drei Architekten ein damals noch ungewöhnliches Interesse am → Colonial Style, hinzu kam eine Vorliebe für die ital. Neurenaissance (→ Historismus), für die wohl zuerst Joseph Merrill Wells (gest. 1890) eintrat, der sich 1879 ihrem Büro anschloß. Dabei verstand diese Architektengemeinschaft unter ital. Renaissance die Hochrenaissance, nicht, wie damals üblich, eine barocke Überfülle antikisierender Motive. Die Gruppe der Villard Houses an der Madison Avenue in New York (1882) ist das erste Zeugnis dieser neuen, maßvollen Richtung. Als weiteres Beispiel ist die Bostoner Stadtbibliothek

Rhode Island State House, Providence, Rhode Island, von → McKim, Mead & White, 1891-1904.

(1888-92) anzuführen, deren von M. entworfene Fassade auf → Labroustes Bibliothek Ste-Geneviève zurückgeht. M. hatte eine Vorliebe für reiche Innenraumdekoration, und es gelang ihm, für die Ausmalung der Bibliothek Sargent und Puvis de Chavannes zu gewinnen. Für die Weltausstellung in Chicago im Jahre 1893 schuf M. das Agricultural Building.

Zu seinen späteren Aufträgen gehören: der Germantown Cricket Club (1891), der entschieden vom amerik. Colonial Style geprägt ist; der großzügig angelegte Madison Square Garden (1891) mit unverkennbar span. Zügen (der große Turm erinnert an die Giralda in Sevilla); der Triumphbogen auf dem Washington Square in New York im Stil des Arc de Triomphe in Paris; die Columbia Universität in New York, deren Bibliothek (1893), eine Rotunde, vom Pantheon in Rom und von → Jeffersons Universität in Charlottesville (1817-26) beeinflußt ist; die Morgan Library in New York (1902-06); ferner die Pennsylvania Station in New York (1904-10), deren grandioser Entwurf von den Thermen der röm. Kaiserzeit inspiriert war.

Lit.: McKim-Mead-White '15-25; Reilly '24; Moore, G. '29; Andrews '51; Reps '51; Roth, L. M. '78, '84; Wilson, G. R. '83.

Mead, William Rutherford (1846-1928) → McKim.

Medaillon (frz.). In der Baukunst eine runde Schmuckform mit flachem Relief aus Stein, → Terrakotta oder → Stuck.

Medrese (Medersa), die (arab.-pers.-türk. madrasa; Pl. madâris von arab. dárasa: lehren). Bezeichnet die islam. Moscheehochschule oder theologische Lehranstalt, die Schul- und Beträume in sich vereinigt. Die religiösen Vorschriften des Islam haben

Pierpont Morgan Library, New York, von → McKim, Mead & White, 1902-06. Eingang 1908.

University Club, New York, von → McKim, Mead & White, 1899-1900.

Isaac Bell Jr. House, Newport, Rhode Island, von → McKim, Mead & White, 1881-82.

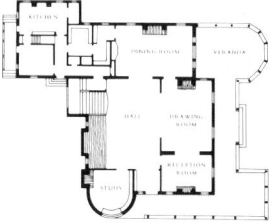

Isaac Bell Jr. House, Newport.

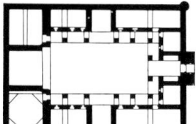

Medrese Sâhibiye, Kayseri, 1267.

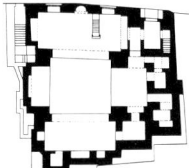

Medrese Ye-Malak el-Gukandar, 1319.

sich in vier Hauptriten und Rechtsschulen ausgebil-det. Für den Unterricht in diesen Riten, zugleich auch für die Ausbildung des großen Beamtenkör-pers der Verwaltung, wurde von Seldschukensulta-nen im 11. Jh. die ›madrasa‹ eingerichtet. Medresen finden sich in nahezu allen Städten mit überwiegend moslemischer Bevölkerung. Die schönste unter den ältesten Anlagen in Syrien ist die Madrasa al-Fir-daus bei Aleppo (1235). Die Medresen des 11. und 12. Jhs. dienten dem Unterricht in jeweils nur einem Ritus; als erste ›universale‹, d. h. für alle vier Riten gebaute Rechtsschule gilt die Medrese el-Mustansi-rijje in Bagdad (1233-1234). Dieser Bestimmungs-wandel brachte eine Umgestaltung der baulichen Anlage mit sich, da nun auch vier große Lehrsäle erforderlich wurden.

Von besonderem baugeschichtl. Interesse sind Me-dresen mit kreuzförmigem Grundriß, der 1263 zu-erst in Ägypten ausgebildet wurde. Äußerlich glei-chen auch diese Anlagen weitgehend den → Mo-scheen (→ Islamische Architektur), die Aufteilung des Inneren ist jedoch eine grundsätzlich andere. Diese innere Form hat sich aus der einfachen Hof-anlage der Moschee in der Weise entwickelt, daß in die vier Ecken des äußeren Rechtecks Studierräume bzw. Wohnzellen für die Studenten, meist in zwei Etagen, eingebaut wurden. Die zum Hof offenen → Liwane (Iwane), die als Lehrsäle benutzt wurden, bildeten die vier Arme eines Kreuzes und waren in der Regel mit Tonnengewölben (→ Gewölbe III, 1) oder Kuppeln gedeckt. Gut erhaltene Beispiele mit kreuzförmigem Grundriß sind die Medresen des Barkuk (14. Jh.) und des Kâit Bai (15. Jh.) in Kairo.

D. B.

Lit.: → Islamische Architektur; Pedersen '41; Brandenburg '78.

Meerwein, Emil (1844-1927) → Industriebau.

Megalith. Großsteingrab (Dolmen) aus Granitfelsen bei Sönderholm, Jütland.

Megalith. Monolithe in Carnac, Bretagne.

Megalith, der (gr.). Großer Steinquader oder -block von unregelmäßiger Form, nur sehr oberflächlich bearbeitet oder im ursprünglichen Zustand belas-sen. Prähistorische M.überreste, vornehmlich in Nordeuropa, werden heute auf ca. 4000-1000 v. Chr. zurückdatiert. Dabei lassen sich mehrere Gruppen unterscheiden: **1.** die Menhire der Jünge-ren Steinzeit und der Bronzezeit, allein stehende ca. 3–5 m hohe, kaum bearbeitete Einzelsteine; **2.** Menhire als Feld, alleenartig aneinandergereiht und bis zu 6 m hoch wie z. B. bei Carnac in der Bretagne; stärker bearbeitet und überdacht bilden sie **3.** → Trilithe oder **4.** Cromlechs: im Kreis ange-ordnet wie in Stonehenge (ca. 1800 v. Chr.); **5.** Dol-men (Steintische), zum Grabkult gehörend wie die

Abdullah-Khan-Medrese, Buchara, 1588-90.

Hünengräber, Ganggräber u. a., die ursprünglich wohl alle mit Gras überdeckt waren wie die frühen Bauwerke auf → Malta (Mnajdra, ca. 2800–1900 v. Chr.). Bauwerke dieser Art gab es auch in Ost-asien (→ Korea). Es finden sich auch Steine mit runden Löchern wie in Cornwall und Indien.

Das Bauen mit großen Steinen gab es auch in Grie-chenland, als → Zyklopenmauerwerk (→ Mykene, Tiryns, Delos) und bei den → Hethitern.

Lit.: Ceschi '39; Daniel, A. '58; Biesantz-Wiesner '63; Rudofsky '77; v. Reden '78; Teichmann '83; Mohen '89; La civiltà nuragica '90.

Megalith. Stonehenge, Salisbury-Ebene, England, um 2100-2000 v. Chr.

Megalomanie. Eine von dem Kunsthistoriker Hans Sedlmayr in seinem Buch ›Verlust der Mitte‹ (Salz-burg 1948) gebrauchte Bezeichnung für die meist unausgeführt gebliebenen Projekte der → Revolu-tionsarchitektur. Entwürfe zu Bauwerken dieser Größenordnung finden sich bereits bei → Fischer von Erlach in seiner 1721 erschienenen ›Histori-schen Architektur‹ (z. B. erstes Projekt für Schön-brunn, um 1690), im späten Rom (Circus Maximus, Kolosseum) und in der Frühzeit der Hochkulturen; in → Ägypten, in → China, in den → Mesoamerika-nischen sowie den → Zentralandinen Hochkulturen

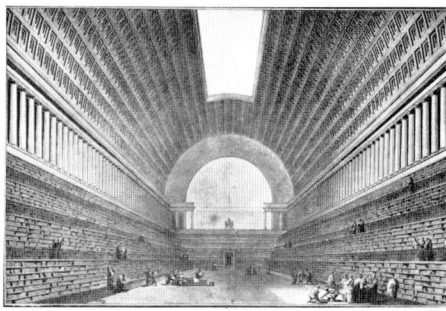

Megalomanie. Entwurf eines Lesesaals als Erweiterung der Bibliothèque Nationale, Paris, von → Boullée.

Megalomanie. Entwurf einer ›Kathedrale der Hauptstadt‹, von → Boullée.

kommt es zu ähnlichen Erscheinungen. Sie alle korrespondieren mit großen Menschenmassen. Im Gegensatz dazu steht die Monumentalität der Bauwerke aus ›großen Steinen‹ (→ Megalithbaukunst)

Megalomanie. Kathedrale Beauvais, 13. und 14. Jh.

oder die ›Landart‹ vorgeschichtlicher Zeiten. Die Architektur des → Nationalsozialismus suchte die historischen Vorbilder noch zu übertreffen (→ Speer). Der Terminus M. prangert die ›Großmannssucht‹ an, die bewußt die menschliche Dimension mißachtet – im Gegensatz etwa zur Renaissancebaukunst, die den Menschen zum Maßstab aller Dinge macht (→ Architekturtheorie).

Lit.: Sedlmayr '48; Reudenbach '79.   W. R.

Megastruktur. Fußgängerübergang, Detroit, von Smith, Hinchman & Grylls Associates.

Megaron, das (gr.: das Geräumige). Der Hauptraum des griech. Hauses mit Vorhalle und Herd, speziell der Thronsaal in den kretisch-mykenischen Burgen. Diese Form des M. ist eine der Vorstufen des griech. Tempels, da die → Cella vom M. abgeleitet ist. Das M. ist jedoch nicht griech. oder mittelmeerischer Herkunft, sondern es findet sich in Mittel- und Osteuropa schon in der Steinzeit.

Lit.: Glück '22; Ölmann '27; EAA '58-63.

Megastruktur (gr.: Großstruktur). Schon in vorgeschichtlicher Zeit (→ Megalith), in der Antike (z. B. Die sieben Weltwunder), in der Gotik (Beauvais), in der Renaissance (→ Michelangelo) und im 18. und 19. Jh. kommt es vereinzelt zu Bauten und Ent-

Megastruktur. Blick in das Innere einer Raumstadt, von → Friedman, 1958-59.

würfen, denen eine Größenordnung zugrundeliegt, die menschliches Maß übersteigt (→ Megalomanie). Die Hypertrophie beginnt mit der → Revolutionsarchitektur und geht bis zu → Speer und → Yamasaki, in ihren Stadtplanungen von der → Idealstadt bis zu Metropolis.

Erst die → Ingenieurarchitekten von → Brunel bis zu → Archigram und den → Metabolisten träumen, beflügelt vom technischen Fortschritt und dem rapid zunehmenden Wachstum der Erdbevölkerung, von Städten und Wohnformen völlig neuer Art, für die sich die Termini ›megastructure‹ und ›superstructure‹ eingebürgert haben (→ Utopische Architektur). Es waren die neuen → räumlichen Tragwerke von → Wachsmann u. a., die → Friedmann zu seinen Raumstädten inspirierten; die Bohrinseln, die → Tange, → Kurokawa, E. Albert und Jacques Costeau, → Domenig und Eilfried Huth u. a. zu ihren schwimmenden Städten oder Unterwasserstädten anregten. Der ›fallout‹ in der ›rush hour‹

Megastruktur. Autobahnkreuz bei Los Angeles.

Megastruktur. Nakagin Kapsel-Hochhaus, Tokio, von → Kurokawa, 1972.

Megastruktur. Hochhausprojekt von → Döring, 1964.

Museum für Kunsthandwerk, Frankfurt/Main, von → Meier, 1979-85.

der großen Städte, für den ehemalige berühmte Verkehrsknotenpunkte, wie z.B. Trafalgar Square in London, die Ursache waren, regte die neuen Städtebauer und Verkehrsplaner an, das Knäuelsystem der mehrspurigen Highways, die schon lange Größenordnungen sichtbar machten, die zuvor unbekannt waren, zum Ausgangspunkt ihrer ausgeklügelten Projekte zu machen. Die in den 60er Jahren gebauten Abschußbasen für Satelliten und Raumfahrzeuge, die Sears Towers in Chicago von F. Kahn und M. Goldsmith, die Fußgänger-Röhren in Detroit von Smith, Hinchmann & Grylls zeigen eine Dimension, die die utopischen Entwürfe von → Superstudio (Adolfo Natalini) und → Soleri verständlicher macht. Schon in den 50er Jahren megalomanisierte Claes Oldenburg Gebrauchsgegenstände, machte → Hollein seine Montagen. Inzwischen gibt es Atomkraftwerke mit Kühltürmen, die fast doppelt so hoch sind wie die Kathedralen – das Raumlabor wird bereits gebaut.   W. R.

Lit.: Burns '71; ›du‹ '72; Banham '76; Klotz '86.

Mehmet, Ağa (1540 bis nach 1614). Osmanischer Hofarchitekt unter Sultan Murad III. Sein Hauptwerk ist die Moschee des Sultans Ahmed I., die sog. ›Blaue‹ (1608-14) am Atmeidanplatz in Istanbul. Die mit sechs Minaretts versehene Moschee bedeutet einen Höhepunkt in der baulichen Enwicklung der Kuppelmoschee (→ Türkei, → Moschee).

Lit.: Godwin, G. '71.

Mehmet, Tahir Ağa (Agha), (18. Jh.). Osmanischer Architekt in der 2. H. des 18. Jhs., vorwiegend in Istanbul tätig. In den Jahren 1664-67 war M. der offizielle Architekt Sultan Mahmuts III. M. war einer der ersten türkischen Baumeister, der den Stil des europäischen → Barock und → Rokoko in die türkische Architektur integrierte. → Türkei.

Lit.: Godwin, G. '71.

Meier, Richard (geb. 1934). M. zählt wohl zu den populärsten zeitgenössischen Architekten Amerikas. Nach dem Studium an der Cornell Universität in Ithaca, N.Y., 1953-57, arbeitete M. 1958 für ein Jahr im New Yorker Büro von → Skidmore, Owings & Merrill, anschließend bis zu seiner Selbständigkeit im Jahre 1963 bei → Breuer. Im Verlauf der 60er Jahre baute M. vorwiegend Einfamilienhäuser. Nach mehrfacher Beteiligung an Wettbewerben in den 70er Jahren konnte M. mit dem Bronx-Development-Center (1970-76) seinen ersten großangelegten Gebäudekomplex realisieren. Seinen weltweiten Ruf erhielt M. nicht zuletzt durch die Publikation ›The → New York Five‹, 1972, worin neben M. die Architekten und Designer → Eisenman, → Graves, → Gwathmey und → Hejduk vorgestellt werden. Ausstellungen und weitere Veröffentlichungen unter diesem Titel folgten. Eine dominierende Rolle in M's → postmoderner Archi-

Haus Saltzmann, East Hampton, Long Island, von → Meier, 1967-69.

Megastruktur. Aus dem Zyklus ›Monumento Continuo‹, von Adolfo Natalini, New York, 1969.

tektursprache spielt die weiße Farbe, mit der er seine Architektur expressiv überzieht, um damit die Oberflächenstruktur gegenüber den in der Natur zu findenden amorphen Formen und Farben in einer gesteigerten Relation abzusetzen. Einen besonderen Schwerpunkt in M.s Œuvre bilden seine Museumsbauten: The Atheneum, New Harmony, Indiana (1975-79; Abb. → USA), Museum für Kunsthandwerk, Frankfurt a.M. (1979-85), High Museum of Art, Atlanta, Georgia (1980-83), Des Moines Art Center Erweiterungsbau, Des Moines, Iowa, (1982-85); in Planung seit 1984: J. Paul Getty Center, Los Angeles.

Lit.: GA 22, 34, 60; Frampton '72; CA '80, '87; Hatje '83; Rykwert '83; R. Meier '84, '91; Huse '85; Vaudou '86; Blaser '90; Frampton u.a. '90.

Meisterzeichen. → Steinmetzzeichen.

Meldal, Ferdinand (1827-1908) → Skandinavien.

Melnikow, Konstantin Stepanowitsch (1890-1974). M. erhielt seine Ausbildung an der Staatlichen Kunstschule in Moskau bis 1917. 1920 wurde er Professor an den Staatl. Kunstwerkstätten WChUTEMAS, der sowjet. Parallele zum → Bauhaus, an der auch → Tatlin unterrichtete. Unter dem Einfluß

Pavillon der Weltausstellung Paris 1928, von → Melnikow.

der → Konstruktivisten entwarf M. 1923 einen Pavillon für die landwirtschaftliche Ausstellung in Moskau. Der von M. konzipierte sowjet. Pavillon auf der Pariser Kunstgewerbeausstellung 1925, Exposition des arts décoratifs (Abb. → Ausstellungsarchitektur), ist wohl einer der bedeutendsten Beiträge dieser Architekturbewegung. Eine tragende Holzkonstruktion (anstelle des in westl. Ländern verwendeten Betons und Stahlskeletts, → Curtain Wall) ermöglichte eine Trennung von tragenden und nichttragenden Elementen. Die Außenwände wurden ganz in Glas aufgelöst; dadurch entstand ein

Baukörper von schwebender Leichtigkeit und Transparenz. Unter dem → suprematistischen Einfluß → Malewitschs steht ein weiteres wichtiges Hauptwerk: das aus blockartigen Kuben zusammengesetzte Gebäude des Arbeiterclubs in Moskau (1928, Abb. → Konstruktivismus). Aus politischen Gründen wurde die Tätigkeit M.s in den 30er Jahren eingeengt. Vereinzelte Wettbewerbe, u. a. für den sowjet. Pavillon zur Weltausstellung in Montreal (1964) zeigen einen Versuch, sich gegen die Kollektivierung der Architekten zu wenden.

Lit.: Starr '78; Melnikov '90.

Mendelsohn, Erich (1887-1953). M.s kühne Vision einer bildhauerisch aufgefaßten Architektur zeigte sich schon früh in vielen kleinen Skizzen für Bauten, deren Funktion unbestimmt ist, deren stromlinienartige Formen aber höchst ausdrucksvoll sind. In

Warenhaus Schocken (später Merkur), Stuttgart, von → Mendelsohn, 1926-28.

den Jahren des dt. → Expressionismus, während des Ersten Weltkrieges und in der Zeit danach hatte er nur einmal eine Möglichkeit, seine Vorstellungen zu verwirklichen: im Einstein-Turm in Potsdam (1919-20). Kraftvolle Rundungen, die an Stelle der Ecken treten, kennzeichnen jedoch auch seine Neugestaltung des Mosse-Hauses in Berlin und bestimmen, gemäßigt durch den Einfluß des mehr rationalen → Internationalen Stils, auch noch seine Kaufhausentwürfe für Schocken in Stuttgart (1926-28) und Chemnitz (1928). Ebenso ausdrucksvoll wie der Einsteinturm ist das Fabrikgebäude in Luckenwalde (1923), das jedoch nicht durch Rundungen,

Galleria Vittorio Emanuele, Mailand, von → Mengoni, 1864-67.

Einstein-Turm, Potsdam, von → Mendelsohn, 1919-20.

sondern durch vieleckige Dachformen bestimmt wird (Abb. → Industriebau). 1924 besuchte M. die USA, wo ihn die Wolkenkratzer und Industriebauten beeindruckten. Später baute er u. a. in Berlin das Hauptverwaltungsgebäude der Metallgewerkschaft (1929) und das Columbus-Haus (1929-30). 1933 ging M. nach London, wo er mit Serge Chermayeff zusammenarbeitete. Gemeinsam bauten sie ein Kurhaus in Bexhill-on-Sea (1935-36). 1934 übersiedelte M. nach Israel und ließ sich schließlich 1941 in den USA nieder. In Israel schuf er u. a. das Medizin. Institut der Hadassah Universität in Jerusalem (1936-38), in den USA das Maimonides-Hospital in San Francisco (1946-50). Vgl. Abb. → Filmtheater.

Lit.: Mendelsohn '26, '29, '61; Behne '26; Whittick '40; Roggero '52; von Eckardt '60; Sharp '66; Borsi-Koenig '67; Teodori '67; Zevi '70, '83; Mendelsohn '90.

Mendes da Rocha, Paulo (geb. 1928) → Brasilien.

Mengoni, Giuseppe (1829-77). Architekt der Galleria Vittorio Emanuele in Mailand, mit deren Bau er 1861 beauftragt wurde. Er errichtete diese größte, höchste und aufwendigste aller Passagen in den Jahren 1864-67. Sie hat Kreuzform und ist ganz im Neurenaissancestil (→ Historismus) gehalten. Die Ausstattung war allerdings erst 1877 vollendet. Besonders eindrucksvoll ist die der Piazza del Duomo zugewandte Fassade.

Lit.: Mengoni 1863; Ricci, G. '30; Bandmann '66; Marchetti '67; Pica '67; Geist '69.

Mensa, die (lat.: Tisch). → Altar.

Mensagrab, das. → Nischengrab.

Meritis, Felix → Niederlande.

Merlini, Domenico (1731-97) → Polen.

Merrill, John O. (geb. 1896) → Skidmore, Owings & Merrill.

Mesoamerikanische Hochkulturen. Unter Mesoamerika versteht man in der amerik. Archäologie das in vorkolumbischer Zeit von den Nahua und Maya bewohnte Gebiet in Mittelamerika. Es reicht von der Linie Rio Panuco–Rio Lerma–Rio Sinaloa (Mexiko) im Norden bis zum Rio Uloa (Honduras) und dem Rio Jiboia (El Salvador) im Süden und umfaßt große Teile des heutigen Mexiko, ganz Guatemala, Belize (ehemalig Britisch Honduras), einen Teil von El Salvador und das westl. (span.) Honduras.

›Tokkata von Bach‹, von → Mendelsohn, 1920.

Silo über einem Hafen, von → Mendelsohn, 1914.

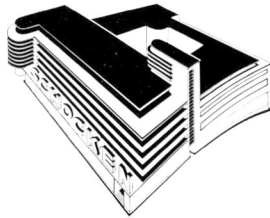

Warenhaus Schocken, Stuttgart, von → Mendelsohn, 1926-28.

Einstein-Turm, Potsdam, von → Mendelsohn, Detail.

Das alte Mexiko wird allgemein in sechs Kulturprovinzen eingeteilt: die südöstl. Golfküste, das Wohngebiet der Olmec-Xicalanca zur Zeit der span. Eroberung, die mittl. Golfküste, die von den Totonaken, und die nördl. Golfküste, die von den Huaxteken, sowie der Westen und Nordwesten, der von den Tarasken zur Conquistazeit besiedelt war. Die Hochtäler von Mexiko und Puebla brachten nacheinander die Hochkulturen von Teotihuacan, der Tolteken von Tula sowie der Chichimeken und Azteken hervor. Das Hochland von Oaxaca im Süden wurde von den Kulturvölkern der Zapoteken und Mixteken eingenommen.

Das Gebiet der Maya läßt sich in folgende drei archäologische Regionen aufgliedern: einmal das Hochland von Guatemala und die angrenzenden gebirgigen Teile von El Salvador im Süden, zum anderen das nördl. und nordwestl. zum Hochland gelegene Zentralgebiet im Tiefland, dessen Kern den Petén-Distrikt von Guatemala sowie angrenzende Teile von Belize und den mexikanischen Bundesstaat Chiapas umfaßt; das Nordgebiet besteht aus der Halbinsel Yukatan, dem größten Teil von Campeche und dem Territorium von Quintana Roo.

Die Perioden der Hochkulturen in Mesoamerika sind folgende: **1.** die präklassische Periode, auch formative Periode oder Archaikum genannt, die von 2000 v.Chr.-300 n.Chr. angesetzt wird; **2.** die klassische Periode von 300-900 n.Chr. und **3.** die nachklassische Periode von 900- ca. 1520 n.Chr. Jede der drei Perioden wird in eine frühe und eine späte, bisweilen noch in eine mittlere Phase der Blüte unterteilt.

Das charakteristische Bauwerk der mesoamerik. wie der präkolumbischen Architektur Amerikas überhaupt ist die → Pyramide, die sich in Zweck und Form von der ägyptischen unterscheidet. Es sind gestufte Pyramidenstümpfe ohne Spitze; auf ihrer obersten Plattform standen Tempel und Altäre, die z.T. verschwunden sind, weil sie entweder aus vergänglichem Material errichtet oder von den span. Eroberern zerstört wurden. Nur vereinzelt dienten Pyramiden zugleich als Grabstätten, jedoch war dies nicht ihr urspr. Zweck wie im Alten Reich Ägyptens. Sie traten vielmehr an die Stelle natürlicher Erhebungen – ihr Grundriß war dementsprechend zunächst rund oder oval und erst in späteren Zeiten rechteckig – und waren Nachbildungen des als Berg gedachten Himmels, des Wohnsitzes der Götter – ähnlich der → Zikkurat Altmesopotamiens. Den Hauptschmuck der heiligen Stelle auf den Plattformen der aztekischen Pyramiden bildete daher folgerichtig der ›Sternhimmelfries‹: mehrere

Tempelmodell, aztekisch, 14.-frühes 16.Jh.

Ballspielplatz, Yagul (zwischen Monte Albán und Mitla), 11.-15.Jh.

Reihen halbkugeliger weißgetünchter Steinzapfen, die in ein vertieftes, dunkelgefärbtes, rechteckiges Feld des Dachgeschosses eingelassen waren. Typisch für die mesoamerik. Pyramide ist ferner das Prinzip der Überbauung, d.h. in regelmäßigen Abständen von meist 52 Jahren, zum Datum der nach dem Zeremonialkalender festgelegten Welterneuerung, wurde die ältere Tempelpyramide mit einem neuen Sakralbau überdeckt.

Eine weitere Hauptform der mesoamerik. Architektur sind die mit den Pyramiden oftmals eng verbundenen sakralen Ballspielplätze; rechteckige, vertiefte oder von Mauern umgebene Anlagen, an deren Längsseiten Wälle oder Plattformen nach innen vorsprangen, so daß in der Mitte ein schmaler Gang übrigblieb und das Spielfeld, von oben gesehen, der röm. Ziffer I oder einem doppelten T glich. Bei den Maya, Zapoteken und Totonaken fielen die Seitenwälle nach innen schräg ab; bei den Tolteken, Mixteken und Azteken waren sie senkrecht und trugen in der Mitte große, vertikal in das Mauerwerk eingelassene Steinringe, die der Ball bei einem Hauptwurf passieren mußte. Das Ballspiel war kein bloßer Sport, sondern ein Kultakt voller religiöser Symbolik.

Zur Siedlungsform wäre zu bemerken, daß es sich bei fast allen hier besprochenen architekt. Komplexen um Kult- und/oder Verwaltungszentren handelt, die von einem engeren oder weiteren Gürtel von Wohnbauten umgeben waren, auf die hier nicht eingegangen wird.

Villahermosa, Monolith-Altar aus Basalt, 8.-4.Jh. v.Chr., Museum La Venta.

Bereits zu Beginn des I.Jts. v.Chr. gab es im Tiefland des Petén (Guatemala) Randpyramiden aus Flußsteinen und in der mittleren vorklassischen, bzw. präklassischen Periode Mesoamerikas zwischen 1200-600 v.Chr. zeigt *La Venta* an der südöstl. mexikanischen Golfküste erstmalig die Konstruktion und die Ausmaße eines Zeremonialzentrums, in dessen Mittelpunkt eine 35 m hohe Pyramide in Form eines Vulkans aus Erde und → Adoben von annähernd kreisrundem Grundriß steht. Der nördl. dieser Hauptpyramide gelegene Platz weist eine rechteckige Einfriedung (50 x 60 m) von dicht nebeneinander stehenden natürlichen Basaltsäulen auf. An der Öffnung dieses Steinzaunes auf der Südseite befindet sich auf dem Grund einer Grube das aus aneinandergepaßten Serpentinplatten gebildete Gesicht eines Jaguars. Hier äußert sich erstmalig der in Mesoamerika in monumentalen Steinplastiken sichtbar werdende Jaguarkult, dem auch La

Venta zugehörte. Kolossale Altäre und Stelen mit Reliefs, rundplastische Menschenfiguren und, als erstaunliche Besonderheit, einzelne Riesenhäupter auf steinernen Fundamenten stehen auf den Plätzen zwischen den Erdpyramiden. Die Kultur von La Venta, mit der die hochkulturelle Periode in Mesoamerika beginnt, hat dort allenthalben einen tiefgreifenden Einfluß ausgeübt und wird in eine gewisse, allerdings nicht gesicherte Verbindung mit dem Volk der *Olmeken* gebracht. Olmec bedeutet im Nahuatl, der Sprache der Azteken, ›Gummi-Leute‹. Damit wurden die Bewohner der südl. Golfküste bezeichnet. Ob die Olmec-Xicalanca, die zur Zeit der spanischen Eroberung in dieser Gegend siedelten, mit den Olmeken der La Venta-Kultur identisch sind, ist mehr als fraglich.

Die olmekische Kultur wird heute unterteilt in Olmec I, ca. 1500-1200 v. Chr., für die Anfangszeit, und in Olmec II, etwa 1200-600 v. Chr., für die Blütezeit, in der La Venta entstand.

Unklar ist auch, wie weit die historischen *Totonaken* an der mittleren Golfküste mit der Kultur von *El Tajin* verbunden sind, die nach ihrer bedeutendsten Ruinenstätte bei der Stadt Papantla benannt wird. Der Tajin (totonakisch: Blitz) im engeren Sinne ist eine siebenstufige Pyramide mit quadrat. Grundriß (25 x 35 m, 25 m hoch). Das Besondere dieses Baues besteht darin, daß die Außenmauern aus Platten eines Sedimentgesteines aufgeschichtet sind und der senkrechte Oberteil der Absätze mit insgesamt 364 kleinen quadrat. Nischen geschmückt ist, über deren Reihen ein Gesims aus überkragenden Steinplatten vorspringt. Der Mittelteil der breiten Treppe wird von fünf übereinanderliegenden erkerartigen Vorsprüngen mit je drei Nischen unterbrochen.

El Tajin, Teil des Zeremonialkomplexes, 7. Jh.

Die Tempelbauten der übrigens zum Maya-Sprachstamm gehörenden *Huaxteken* der nördl. Golfküste unterscheiden sich von den anderen mexik. durch ihre von Anbeginn bis zur Spätzeit vorwiegend runde Gestalt. Als huaxtekischer Einfluß findet der Rundstil um die Wende vom 1. zum 2. Jt. n. Chr. im übrigen Mexiko und bei den Maya-Völkern Eingang. Er wird mit dem aufkommenden Kult des huaxtekischen Windgottes in Verbindung gebracht, dessen Rundtempel u. a. in Cempoala, dem Zentrum der jüngeren totonakischen Kultur (13. bis 15. Jh.), ausgegraben wurde. Er besitzt einen rechteckigen Vorbau, der auch die Treppe trägt.

Nischen-Pyramide von El Tajin, 7. Jh.

Die Architektur des westl. Mexiko ist ebenfalls durch Tempelpyramiden gekennzeichnet, die sich aus einem runden und einem rechteckigen Baukörper zusammensetzen. Ihr Kern bestand aus lose übereinandergeschichteten Steinen und wurde mit einem Mantel aus mit Lehm verbundenen vulkanischen Steinplatten verkleidet. Die Außenseiten dieser Yácatas wirken nicht wie stufenförmig übereinandergesetzte Terrassen, sondern wie eine steile Wand, die nur von schmalen Absätzen unterbrochen wird. Die obere, rechteckige Plattform war sehr schmal, ein kleiner, turmartiger Tempel fand allenfalls auf dem hinteren runden Teil der Yácatas Platz.

Kolossalkopf von La Venta.

Im Hochland von Mexiko ragt aus dem Lavafeld des Pedregal das älteste, etwa um 300 v. Chr. datierbare, größere sakrale Bauwerk des mexik. Hochlandes, die fast kreisrunde vierstufige Pyramide von *Cuicuilco*. Sie hat eine urspr. Höhe von etwa 20 m und einen Durchmesser von 135 m. Sie ist aus gestampftem Lehm in konzentrischen Ringen mit einer Verblendung aus vulkanischen Rollsteinen errichtet. Eine breite Rampe führt auf ihren Gipfel zu einem mehrfach überhöhten Altar mit rechtwinkligem Mauerwerk.

Die Kultur von *Teotihuacan* besitzt ihren Mittelpunkt in der gleichnamigen, ausgedehnten Pyramidenstätte 50 km nordwestl. der Hauptstadt Mexiko-Tenochtitlan und wurzelt in ihren Anfängen noch in der präklassischen Periode des Hochtales, wie aus Funden am Fuße der dortigen großen Sonnenpyramide (3. Jh. n. Chr.) ersichtlich ist. Diese ist das größte in einem Zuge errichtete Bauwerk Mesoamerikas (65 m Höhe, 220 m Seitenlänge und 1 Million m² Rauminhalt aus luftgetrockneten Ziegeln). Die angebliche Sonnenpyramide – ihr Name geht ebenfalls auf die Azteken zurück – wird durch fünf aufeinandergestellte, nach gleichem Winkel

Pyramide von Cuicuilco, um 300 v. Chr.

Sonnenpyramide von Teotihuacan, 3. Jh.

Teotihuacan. Detail der Pyramidenfassade des Quetzalcoatl: Tlaloc und die ›Gefiederte Schlange‹

Teotihuacan. Palast des Quetzalpapalotl, Pfeilerrelief im Innenhof.

abgeschrägte Pyramidenstümpfe gebildet. Wie die sog. Mondpyramide (120 x 150 m, 45 m hoch) besitzt sie einen aus mehreren Terrassen bestehenden Vorbau. Die vom ›Weg der Toten‹ aufsteigende, entsprechend den Pyramidenabsätzen unterbrochene Treppe ist nach Westen orientiert. Von dem einstigen Tempel auf der obersten Plattform, der vermutlich dem Regengott Tlaloc gewidmet war, sind keine Reste mehr vorhanden. Das seiner Zeit von den Spaniern irrtümlich Zitadelle genannte Wallgeviert (Größe 400 x 400 m) liegt am Südende des ›Totenweges‹. Auf ihm erheben sich 15 kleine, mit Plattformen gekrönte Pyramiden in regelmäßigen Abständen. Im Osten des Geviertes erstreckt sich von Norden nach Süden eine Plattform, an die der Haupttempel angelehnt ist. Diesem sechsstufigen Tempelberg war eine kleinere Pyramide mit vier Absätzen vorgebaut, die in neuerer Zeit z. T. abgetragen wurde, um die großartige Fassade des älteren Tempels freizulegen. Seine Friese und Sockel sind mit fortlaufenden Reliefs gefiederter Schlangen bedeckt, deren rundplastische Steinköpfe zwischen den ebenfalls vollplastischen Köpfen des Regengottes Tlaloc vorspringen. Einst besaßen alle vier Seiten der Pyramide diesen Schmuck; einschließlich der zwölf Köpfe, die von den Balustraden der Treppe vorspringen, sahen einst insgesamt 366 Schlangen- und Götterköpfe auf den Beschauer herab. Der Kopf des Regengottes Tlaloc ist durch ein Jaguarmaul und Augenringe, die auf sein Attribut, den mythischen Schmetterling, Bezug nehmen,

Teotihuacan. ›Straße der Toten‹ mit Mond- und Sonnenpyramide.

gekennzeichnet. Man neigt dazu, in den Trägern der Teotihuacankultur Einwanderer von der mexik. Golfküste, vor allem aus dem Gebiet der Kultur von La Venta, zu erblicken.

Zu Beginn des 9. Jhs. wird das klass. Teotihuacan durch Brand zerstört, ein Ereignis, das mit dem Auftreten der *Tolteken* im Hochtal von Mexiko im Zusammenhang steht, welche nun etwa 300 Jahre lang politisch und kulturell führend werden. Sie besaßen ihr Machtzentrum in *Tula*, wo sich die Verehrung des Gottes Quetzalcoatl, der gefiederten Schlange, mit einer historischen Persönlichkeit ver-

Innenhof in Teotihuacan.

band, dem Priesterkönig Ce acatl topiltzin (geb. 947). Ihm schreibt die Legende das Schicksal der Vertreibung nach Osten zu, was durch die Bauten der toltekischen Periode in Yukatan seine Bestätigung findet. Die Pyramide des Morgensterntempels von Tula, dem legendären Tollan im heutigen mexik. Staat Hidalgo, erhebt sich in fünf Absätzen von je etwa 2 m Höhe über einer fast quadrat. Basis (43 x 43 m). Jeder Absatz bestand aus einem geböschten Sockel und einem senkrechten Fries von Reliefplatten, der noch in Resten erhalten ist. Er zeigt eine ununterbrochene Reihe einherschreitender Jaguare und Pumas – dazwischen Adler und Geier – sowie das Bild eines aus dem Maul eines Drachen herausschauenden Menschenantlitzes: die Darstellung des Morgensterngottes Quetzalcoatl. Eine breite Treppe führt von einer ausgedehnten Säulenhalle am Fuße der Pyramide zu deren Plattform, wo sich nach Restaurierung der Anlage wieder vier steinerne Atlanten von fast 5 m Höhe in Gestalt toltekischer Krieger erheben, die zusammen mit den hinteren vier reliefierten Pfeilern einst das Dachgebälk trugen. Den breiten Eingang zur Vorhalle hielten zwei Rundsäulen in Gestalt gefiederter

Schlangen. Der Nord- und Westseite des Tempels lief in geringer Entfernung von der Pyramidenbasis eine monumentale Mauer parallel, die zu den hervorragendsten Leistungen der toltekischen Baukunst gehört und z.T. noch erhalten ist. Sie trägt auf beiden Seiten einen dreiteiligen, künstler. vollendeten Relieffries und wird von einer dekorativen Zinnenreihe gekrönt. Der Mittelteil des Frieses zeigt eine Anzahl Schlangen mit teils nach Osten, teils nach Westen gewendeten Köpfen, aus deren Rachen menschliche Skelettfiguren hervorsehen: die symbolische Darstellung des Planeten Venus, der nach seiner Unterweltsfahrt – daher seine Skelettierung – am Himmel als Morgen- oder Abendstern aufgeht. Zur Anlage von Tula gehören auch zwei Ballspielplätze; der nördl. des Morgensterntempels gelegene ähnelt mit dem von flachen Böschungen eingefaßten Mittelfeld, über denen sich senkrechte Wälle erheben, den entsprechenden Anlagen in Monte Albán und in Xochicalco. Gegen Ende des 12. Jhs. wurde Tula von den Chichimeken zerstört und verbrannt.

Xochicalco, der ›Ort des Blumenhauses‹ liegt etwa 32 km südwestl. Cuernavaca auf einer Abdachung der Mesa Central. Zeitlich ist er zwischen dem Ende von Teotihuacan (8. Jh.) und dem Anfang von Tula (10. Jh.) anzusetzen und kann als zweites toltekisches Zentrum angesehen werden. Ein 130 m hoher Hügel wurde durch fünf künstliche Stufenterrassen in eine Kultstätte (350 x 200 m) verwandelt. Das Hauptheiligtum erhebt sich auf einem rechteckigen, von anderen Bauten umgebenen Platz und besteht aus einer Plattform, auf der die unteren Teile der Tempelwände noch erhalten sind. Diese öffnen sich auf der Westseite, wo die breite Treppe zur Plattform heraufführt. Der Unterbau der Pyramide, im Kern aus Steinen und Erde errichtet, weist einen hohen gebösten Sockel und einen niederen senkrechten oberen Teil auf und ist mit genau zugehauenen und sorgfältig aneinandergepaßten Reliefplatten aus Andesit verkleidet. Um die untere Böschung

Xochicalco. ›Quetzalcoatl-Pyramide‹, mit Federschlangenfries.

winden sich acht gefiederte Schlangen, deren Köpfe den Ecken der Plattform zugekehrt sind und deren Leiber abwechselnd Hieroglyphenkartuschen und Menschenfiguren umrahmen, die mit untergeschlagenen Beinen dasitzen und große Tierköpfe als Helmmasken tragen. Der senkrechte Fries zeigt sitzende Priester, der Sockel der Tempelhalle Kriegerfiguren in gleicher Haltung, beide mit Kalenderdaten verbunden, deren Schreibweise teils der zapotekischen, teils der der Maya ähnelt. Auch in den figürlichen Reliefs von Xochicalco ist der Mayaeinfluß deutlich spürbar.

Tula. Pyramide des Morgensterntempels, um 900.

Zwischen 1200 und 1300 n. Chr. wurde die erste, nur 31 x 12 m Grundfläche und 8 m Höhe messende Pyramide von *Tenayuca*, dem ältesten Zentrum der *Chichimeken*, die wie die Azteken zu den Nahuasprechenden Stämmen gehörten, am ehem. Nordufer des Sees von Tetzcoco (Texcoco) erbaut. Über ihr wurden wie Zwiebelschalen nach und nach – vermutlich alle 52 Jahre – mindestens fünf weitere Pyramiden errichtet. Dabei blieb der Grundplan mit zwei Haupttreppen und zwei Heiligtümern auf der Plattform in allen Bauphasen konstant, was darauf schließen läßt, daß alle Pyramiden vom gleichen Nahua-Stamm erbaut wurden. Beim letzten Umbau im Jahre 1507 wurde die Pyramide von

Tula. Morgensterntempel, Pfeiler in Gestalt von Adlerkriegern.

Tenayuca. Doppelpyramide, beg. im 13. Jh. Querschnitt.

Tenayuca an ihrer Basis, die jetzt bereits eine Fläche von 61 x 50 m bedeckte, während die Höhe bis zur Plattform fast 19 m betrug, mit einer niedrigen Steinbank umgeben, auf der 138 dicht aneinandergedrängte Schlangenfiguren liegen, deren gewundene Leiber aus Mauerwerk bestehen, während die über die Bank vorspringenden Köpfe aus Stein gehauen sind. An der Nord- und Südseite der Pyramide, deren Front nach Westen gekehrt ist, stehen zwei niedrige Altäre, vor denen jeweils eine solche ›Türkisschlange‹ gleicher Bauart zusammengerollt

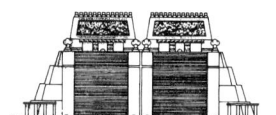

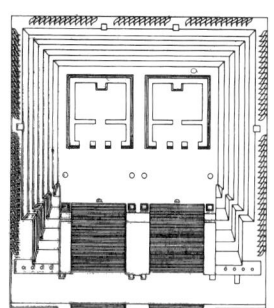

Tenayuca. Doppelpyramide. Aufriß und Grundriß.

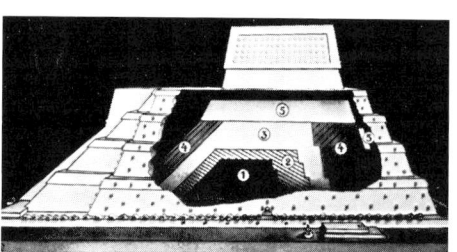

Tenayuca. Doppelpyramide, beg. im 13. Jh.

Tenayuca, Zusammengerollte Steinschlange, 13.-16. Jh.

liegt. Die sog. Türkisschlangen sind Verkörperungen des lichten Taghimmels, der die Sonne umfängt und trägt. Auch aus anderen Anzeichen geht deutlich hervor, daß die Pyramide von Tenayuca dem Sonnenkult diente.

Ihre besondere Bedeutung besteht jedoch darin, daß sie, abgesehen von der geringeren Größe, ein zuverlässiges Bild von der Beschaffenheit des aztekischen Haupttempels von Tenochtitlan (Mexiko City) vermittelt, der von den Spaniern bei der Einnahme der Stadt im Jahre 1521 dem Erdboden gleichgemacht wurde. Auch er besaß zwei Treppen,

Tenayuca. Pyramide von St. Cecilia, 14.-15. Jh.

700 m langen und 250 m breiten Tempelstadt gehen auf olmekische Einflüsse von der südöstl. Golfküste (La Venta) der letzten Jahrhunderte vor unserer Zeitrechnung zurück. Dies erweist sich vor allem aus der Verkleidung der Basis des ältesten Bauwerkes, einer später von einer Plattform mit drei Tempeln überbauten Erdpyramide, mit Reliefplatten, die Menschenfiguren olmekischen Typs, vermutlich Priester im ekstatischen Tanz, zeigen, weshalb sie als ›Danzantes‹ bezeichnet werden. Die Tempel von Monte Albán nehmen einen planierten, tiefgelegenen Platz zwischen zwei riesigen erhöhten Plattformen im Norden und Süden ein. Die nördl. Plattform besitzt eine Höhe von 12 m, die über eine

Tenochtitlán. Haupttempel.

Zentrum von Tlatelolco. Rekonstruktion.

die zu den beiden Tempeln, einmal des Regengottes Tlaloc, zum anderen des Stammesgottes Huitzilopochtli, der auch den Aspekt eines Sonnengottes hatte, führten. Auch diesen Tempel umgab eine Schlangenmauer, deren Reste man ebenso entdeckte, wie zwei gewaltige steinerne Türkisschlangenhäupter nördl. und südl. des Areals, das der Tempel von Tenochtitlán einst bedeckte.

Im Hochland von Oaxaca konzentriert sich die Kultur der *Zapoteken* auf dem Rücken eines von den Spaniern *Monte Albán* genannten Berges, der sich 400 m über die Talsohle erhebt, in der auch unweit die Stadt Oaxaca selbst liegt. Die Anfänge der

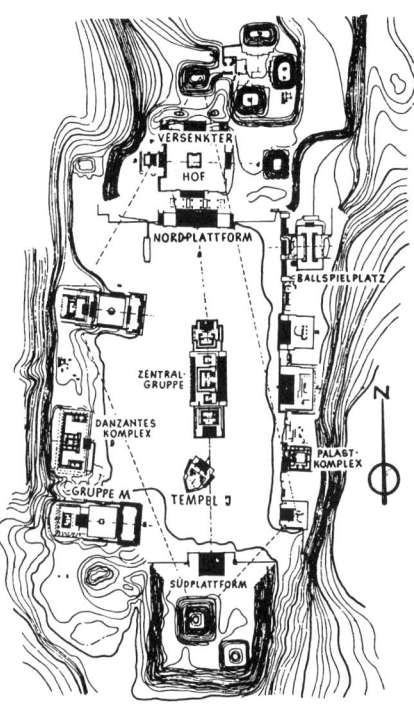

Monte Albán. Plan der Ruinen, 6.-9. Jh.

imposante Freitreppe erreicht wird. Durch ein Vestibül mit den Stümpfen von zwölf gemauerten Rundsäulen gelangt man in einen um 3 m vertieften Hof. Ähnliche Anlagen sind den beiden quadrat. Tempelpyramiden vorgebaut, die den Danzantes-Komplex auf der Westseite des Platzes flankieren. Das stufenförmig verlaufende Doppelgesims gibt den Wänden und Treppenbalustraden dieser wie der meisten anderen Bauten von Monte Albán ihr charakteristisches Profil. In der Längsachse des großen Tempelplatzes erstrecken sich 100 m weit

Monte Albán. Tempel ›M‹, 6.-9. Jh.

Tikal. Tempel Nr. 1, 6.-8. Jh.

von Norden nach Süden drei aneinanderstoßende Pyramiden, deren mittlere wiederum drei Tempel und eine breite Treppe auf der Ostseite aufweist. Im Süden dieses Komplexes findet sich als Unikum der altmexik. Architektur ein schiffbugförmig endender, von der Nordrichtung um 45° nach Osten abweichender Tempelbau, der vielleicht der Himmelsbeobachtung gedient hat. Ein Ballspielplatz vom Maya-Typus schließt sich auf der Westseite an die Nordplattform an. Um die Wende des 1. Jts. n. Chr. verlagerte sich der Schwerpunkt der zapotekischen Kultur in das Tal; der Monte Albán, ursprünglich zapotekische Grabanlage, wurde für die Mixteken zur → Nekropole. Sie bestatteten ihre Toten mit wertvollen Grabbeigaben in kunstvoll ausgestatteten Gräbern.

Nach dem Verlassen des Monte Albán blühte am Ostende des Tales von Oaxaca in *Mitla* ein neues Zentrum zapotekischer Kultur auf, der Sitz des Priesterkönigs oder Uija-tao. Dabei handelt es sich um fünf isolierte Palastkomplexe, von denen drei einander sehr ähnliche noch leidlich gut erhalten geblieben sind. Sie bestehen aus drei aneinanderstoßenden Teilen von quadratischem Grundriß, einem abgeschlossenen Innenhof und zwei auf einer Seite offenen Außenhöfen. Alle drei Höfe sind gepflastert und von langgestreckten Hallen umgeben, die sich auf niedrigen Plattformen erheben und sich mit drei Mitteltüren auf die Höfe zu öffnen. Die Türen sind von riesigen Steinbalken eingefaßt. Der bedeutendste der Paläste ist der sog. Säulenpalast, so benannt nach dem als Empfangsraum dienenden Vorraum, in dem sechs dicke runde Steinsäulen ohne Sockel und Kapitell einstmals eine flache Balkendecke getragen haben. Man betritt ihn über eine niedere Treppe auf der Nordseite des mittleren offenen Haupthofes. Ein enger, winkeliger Gang führt von der Säulenhalle in den von vier Kammern umgebenen Innenhof – vermutlich die Wohnung des Uija-tao selbst. Die Wände des Säulenpalastes waren mit rund 100 000 genauestens aneinandergepaßten

Steinplatten (Trachyt) verkleidet, aus denen man zuvor eine große Zahl wechselnder geom. Muster exakt herausgemeißelt hatte. Diese Motive sind auf den Außenwänden und in den Höfen durch vorspringende Doppelgesimse getrennt, die in zwei übereinanderliegenden Ebenen verlaufen und die rechteckigen Felder des Frieses abwechselnd oben und unten umranden.

Abgesehen von den rund 200 aus Lehmziegeln und Erde errichteten Tempel-Grabpyramiden von Kaminaljuyu am Rande von Guatemala City hat die präklassische Periode im Hochlandgebiet der *Maya* (1500 v. Chr.-300 n. Chr.) keine nennenswerten Bauwerke hinterlassen. Das schönste erhalten gebliebene Bauwerk der späten präklassischen Periode des zentralen Tieflandes ist die Pyramide von Uaxactún im Gebiet des Petén. Der viereckige Pyramidenstumpf, der einst einen Tempel aus vergänglichem Material trug, ist nur 8 m hoch, besitzt jedoch kunstvolle Treppen, die von 16 riesigen Masken einer Jaguargottheit flankiert werden. Die gesamte Oberfläche der Pyramide ist mit einem gelbweißen Stuck überzogen, wie es übrigens auch bei allen späteren Maya-Bauten üblich war. Unweit von Uaxactún befindet sich die einst größte Maya-Stadt *Tikal*, deren Anfänge in die präklassische Periode zurückreichen. Ihre Blüte aber fällt in die klass. Periode (300-900 n. Chr.). Zwischen zwei langgestreckten Höhenrücken erstreckt sich ein rechteckiger Zeremonialhof als kultisches Zentrum eines etwa 16 km² umfassenden bebauten Areals. Auf seiner West- und Ostseite erheben sich, einander zugewandt, zwei der fünf bis zu 70 m hohen steilen Pyramiden des Zentrums von Tikal. Sie tragen oben auf ihrer Plattform Tempel mit dicken Steinmauern, die in ihrem Innern nur kleine, mit Kraggewölben abgeschlossene Kultkammern beherbergen. Mächtige Ziergiebel sind neben dem falschen → Gewölbe ein weiteres Kennzeichen der klass. Maya-Architektur des Tieflandes. Eine Anzahl kleinerer Pyramiden, hinter- und nebeneinander gereiht, säumen als ›Akropolis‹ die Nordseite des großen Platzes von Tikal, dessen Südseite von vielzimmerigen, niedrigen Gebäuden, sog. Palästen, eingenommen wird. Vor der flachen Monumentaltreppe am Fuße der Akropolis, welche die beiden turmartigen Pyramiden verbindet, sind rund 20 → Stelen aufgereiht, wie sie für die klass. Periode der Maya-Kultur charakteristisch sind. Sie zeigen in Flachrelief menschliche Figuren mit Hieroglyphen, die (nur zum Teil entziffert) u. a. auch das Weihedatum, d. h. den Zeitpunkt der Errichtung angeben.

Kopf aus Stuck. Klassische Maya-Kultur.

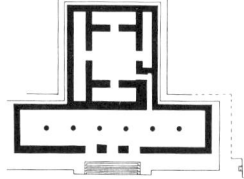

Mitla. Der große Säulenpalast, 15. Jh.

Mitla. Mosaik des großen Säulenpalastes.

Mitla. Steinornamente im Säulenpalast.

Copán. Dämonische Skulptur, Maya-Kultur.

Das Wahrzeichen von *Palenque* (span.: Palisaden-ort), der großen Zentrale der klass. Maya-Periode in Chiapas, ist ein dreistöckiger Turm mit quadrat. Grundriß, der zu einer Gruppe von Palästen gehört, die vier Innenhöfe umschließen, wobei durch Reihen von Pfeilern Arkaden gebildet werden. Stuckreliefs und skulptierte Steinplatten mit Kultszenen zieren die Wände der Paläste und auch das Innere der Tempel auf den Stufenpyramiden. Zwei Reihen von parallelen Längskammern in den Gebäuden sind fast durchweg von einem Mauerkern geteilt, der, durch den Ziergiebel beschwert, die Hauptlast des Gebäudes trägt. Die Außenmauern konnten daher leichter als in anderen Maya-Städten gebaut werden, und die Dächer erhielten so eine mansardendachartige (→ Dachformen 8) Flächenbrechung. Das bedeutendste dieser Bauwerke ist der Tempel der Inschriften, von dessen Innerem eine Treppe bis unter die Fundamente der Pyramide zu einer reich ausgestatteten Grabkammer führt. Auch in Tikal wurden Beispiele einer solchen Kombination von Grab und Tempel gefunden.

Palenque. Pyramide der Inschriften, 7.-8. Jh.

Der östliche Vorposten der Maya-Kultur, *Copán* in Honduras, war das in der astronomischen Wissenschaft führende Zentrum. In seiner Architektur ist die Hieroglyphentreppe eine einmalige Leistung. Sie steigt bis zu einer Höhe von 26 m über das Niveau des Hofes an. Die Steigung jeder der 63 Stufen ist mit sorgfältig eingemeißelten Hieroglyphen verziert, deren Gesamtzahl über 2000 liegt. In bestimmten Abständen thronen fünf überlebensgroße sitzende Figuren von Göttern oder Priestern in der Mitte der Treppe, die durch mit Reliefs verzierte Schmuckrampen zu beiden Seiten eine Breite von 10 m erreicht. Von dem Tempel auf dem Gipfel der Pyramide sind jedoch nur Fragmente erhalten. Der Ballspielplatz von Copán mit Skulpturen in Gestalt steinerner Papageien – der Sonnenvögel – auf den Seitenwänden war einer der schönsten des ganzen Maya-Gebietes. Architekton. Mittelpunkt von Copán ist die ›Akropolis‹, ein sich viele Meter über der Stadt erhebender Komplex von Pyramiden, Terrassen und Tempeln.
Unweit von Yaxchilan, im Gebiet des Rio Usumacinta, fand man in den vierziger Jahren auf einem terrassierten Hügel etwa elf Bauten, die im Dschungel untergegangen waren. Ein Gebäude enthielt in seinen drei Kammern Wandgemälde von einmaliger Großartigkeit: Kampfszenen mit Unterwerfung Gefangener, Paradezeremonien und sich schmückende Fürsten. Man taufte den Ort Bonampak (Bemalte Mauer).

Fragment eines Reliefs aus Kalkstein, klassische Maya-Kultur.

Palenque. Krypta der Pyramide der Inschriften, 7.-8. Jh.

In der nachklassischen Periode, etwa 900-1540, besonders in der ersten Hälfte, erreicht die Baukunst der Maya ihren Höhepunkt im Norden der Halbinsel Yucatan unter mexik. Einfluß. Das nördl. Yukatan ist eine wasserarme, mit Buschwald bestandene Kalksteintafel ohne Flüsse und Seen, auf der Ansiedlungen nur da möglich sind, wo Einbruchtrichter, sog. Dolinen, das Grundwasser zugänglich machen. In der Maya-Sprache heißen solche Dolinen – neben ›ch'en‹ (Brunnen) – auch tz'onot, woraus im Spanischen zenote wurde. Um die Wende vom 1. zum 2. Jt. n. Chr. erschien dort an der Spitze einer Kriegerschar ein politischer und religiöser Führer, den die Maya Kukulcan (Quetzalcoatl) nannten. Er führte seinen Stamm, die *Itzá*, zu einer damals schon bestehenden Kultstätte, die dem Regengott der Maya, ›Chac‹, geweiht war, der auf dem Grund des dortigen hl. Zenote hausend gedacht wurde. Die neu aufblühende Wallfahrtsstätte (es handelt sich um zeremoniale und nicht um urbane Städte) erhielt den Namen *Chichén Itzá*, d.h. ›Am Brunnen der Itzá‹. Die gewaltigen Bauten, die sie hier im Laufe der nächsten 200 Jahre ausführten, erinnern in vie-

Copán. Hieroglyphentreppe, 7.-8. Jh.

Chichén Itzá. Sog. ›Castillo‹, 11.-12. Jh.

Kahba. Palast der Masken (gew. dem Regengott Chac), 10.-11. Jh.

Norden, sein breites Portal wird durch zwei Säulen in Gestalt einer gefiederten Schlange geteilt, wie sie von Tula her bekannt sind. Das Innere dieser Tempelpyramide barg völlig unversehrt einen älteren Tempel des Kukulcan, bei dessen Errichtung der alte Maya-Stil noch weitgehend Pate stand.

Das älteste Gebäude der toltekischen Epoche Chichén Itzás ist der massige Rundbau des Caracol, der seinen Namen (span.: Schnecke) von einer schmalen ›Wendelrampe‹ (es handelt sich mehr um eine Rampe und keine Wendeltreppe) im Kerngemäuer des Inneren erhalten hat. Der Caracol ist

Chichén Itzá. ›Caracol‹, sog. Observatorium, um 1000 v. Chr.

lerlei Hinsicht eindeutig an die Architektur von Tula im Hochland von Mexiko. Der ›Tempel der Krieger‹, der zum Kulturzentrum von Chichén Itzá gehört, ist ein weithin getreues Abbild des Morgensterntempels von Tula, sowohl was die Gesamtanlage als auch was eine Reihe von Einzelheiten angeht. Auch hier bilden zwei Säulen in Form von kopfstehenden gefiederten Schlangen den Eingang zum Tempel. Wie in Tula erhebt sich die Kriegerpyramide hinter einer Säulenhalle, durch welche die Treppe zur Tempelplattform führt. Eine schnurgerade, gepflasterte Prozessionsstraße von 300 m Länge verbindet den hl. Zenote mit dem Haupttempel Chichén Itzás, der noch von Kukulcan selbst errichtet worden sein soll und in seiner ganzen Anlage auf die klass. mexikanische Tempelpyramide zurückgeht, vor allem auch, was deren kosmische Symbolik angeht. Die neun Absätze der ca. 30 m hohen Stufenpyramide, die von den Spaniern fälschlicherweise ›Castillo‹ (Schloß) getauft wurde, verkörpern die neun Himmel der altmexik. Überlieferung; auf allen vier Seiten, die in etwa den Himmelsrichtungen entsprechen, führen Treppen mit insgesamt 364 Stufen empor. Einschließlich des Untersatzes auf der Plattform sind es deren 365 – also sämtliche Tage des Jahres verkörpernd, an denen die Sonne sie ersteigt. Der Haupteingang zur Cella, dem Tempelraum oben auf der Plattform, liegt im

ein zweigeschoßiger Turm auf einer zweistufigen Plattform. Die sieben schmalen, rechteckigen Öffnungen in den sehr dicken Wänden des stark zerstörten Obergeschosses sind nach den vier Himmelsrichtungen und anderen astronomisch wichtigen Punkten ausgerichtet. Es besteht kein Zweifel, daß der Caracol als Observatorium zur Himmelsbeobachtung diente. Er enthält noch viele Elemente der alten Maya-Architektur, wie z. B. das sog. falsche Gewölbe, mit dem die Korridore oben abschließen, verkörpert jedoch als Rundbau einen den Maya bisher fremden Bautypus mexik. Herkunft. Den Höhepunkt toltekischer Baukunst in Chichén Itzá bildet nach Ansicht mancher Forscher der sa-

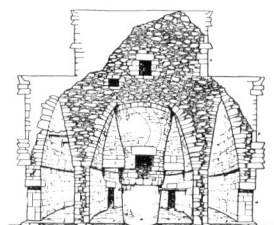

Observatorium.

Chichén Itzá, Tempel des Kriegers, 11.-12. Jh.

Uxmal. Sog. Palast des Gouverneurs, 10.-11. Jh.

Uxmal. Detail der Ostfassade im Hof des sog. Klosters, 9.-11. Jh.

krale Ballspielplatz mit monumentalen senkrechten Seitenmauern. Auf dem verbreiterten Südende der östl. Mauer erhebt sich ein Tempel mit reich verzierten Außenwänden, die u. a. einen Fries schreitender Jaguare tragen, wonach dieser Bau den Namen Jaguartempel erhalten hat. Auf seiner Rückseite befindet sich eine ebenerdige Kapelle mit einem einzigen kleinen Innenraum, der aber bis zum Gewölbeabschluß mit kulturgeschichtlich bedeutsamen Reliefs rein toltekischen Stils bedeckt ist.

Es gibt jedoch in Yukatan auch steinerne Zeugen aus der älteren klass. Zeit der Maya vor dem Auftreten der Tolteken. So zeigt *Uxmal* noch den spätklass. Maya-Stil des sog. *Puuc,* d. h. ›des Landes der niedrigen Hügelketten‹ (Südwest-Yukatan). Für ihn ist u. a. die Furniermauerung, d. h. das Einschalen grober Mauerfüllungen mit feinbehauenen Mantelsteinen, charakteristisch. Diese Art der Fassadengestaltung wie auch die Anlage von Bauten des Palast-Typus in rechteckigen Höfen mit offenen Ecken weisen Parallelen mit dem zapotekischen Mitla auf. Ein gutes Beispiel hierfür ist das sog. ›Nonnenviereck‹ (77 x 64 m), dessen Erbauung in das 9.-11. Jh. fällt. Häufig taucht in den Fassaden die steinerne Maske des Maya-Regengottes Chac mit aufgebogener Rüsselnase in endloser Wiederholung auf, so auch in der Fassade des Tempels im Stil des *Chenes,* d. h. des ›Landes der Weiher‹ (Nord-Campeche). Dieser Tempel v ist einer der ansehnl. Kultbauten auf dem Gipfel der sog. ›Pyramide des Wahrsagers‹ (Höhe 32 m), die in reinem Puuc-Stil gestaltet sind. Im Kontrast dazu steht der Tempel iv, dessen Fassade in Form eines riesigen Rachens einer Schlange oder eines Erdmonsters durch den Chenes-Stil stark beeinflußt ist. Eine steile Treppe, flankiert von zwei Stufenreihen mit übereinandergesetzten Masken des Regengottes, führt zum Chenestempel empor, dessen Dach vor dem obersten Tempel eine Plattform bildet. Das Innere der im Grundriß elliptischen Wahrsagerpyramide enthält nochmals drei fast unverändert erhalten gebliebene ältere Tempel, so daß sich an ihr fünf aufeinanderfolgende Bauperioden ablesen lassen, die zwischen dem 6. und 10. Jh. datiert werden können.

Zweihundert Meter südl. der Wahrsagerpyramide liegt der sog. ›Gouverneurspalast‹ in dreifacher Gliederung, die durch zweimaliges Zurücktreten der Fassade und zwei keilförmige Öffnungen bewirkt wird, auf einem 90 m langen Unterbau mit monumentaler Treppe vor dem Mitteltrakt. Der 3 m hohe Fries besteht aus 20000 Mosaikelementen. Elf Tore im Sockel des Palastes führen in die doppelreihigen Kammern.　　　　　　　　　　O. Z.

Lit.: Thompson, J. E. S. '54; Lehmann, H. in EUA ›Mesoamericana protostoria‹; Pina Chan '60; Kubler '62; v. Hagen '63; Marquina '64; Krickeberg '56; Disselhoff '67; Trimborn-Haberland '69; Hohmann-Vogrin '82; Stierlin '83; Ferguson u. a. '91.

Mesopotamien → Sumerische und akkadische (babylonische, assyrische) Architektur.

Meßarchitektur. Ursprünglich war wohl alle Architektur → Grabarchitektur oder M., manchmal vielleicht beides wie im Alten → Ägypten. Das zuvor berechnete Erscheinen des Lichtes der Sonne (z. B. an den Sonnwendtagen) oder bestimmter Sterne (des Sirius etc.) prägte wohl auch den Charakter der → Megalitharchitektur und der → Lichtarchitektur. Wir wissen, daß das Zweistromland (→ Sumerische Architektur) von den frühen Indern nicht nur die Zahlen (die bei uns ›arabischen‹ heißen), sondern auch die Berechnung der Bewegungen des Sternenhimmels übernommen hatte. Sie wurden – integriert in das Wissen der Antike – zur Grundlage der abendländischen Seefahrt und auch unserer Astronomie. Eine bemerkenswerte M. ergab sich daraus nicht, sieht man von den → Kalenderbauten der Römer, meist zu öffentlichen Plätzen erweiterte Sonnenuhren, ab. Ähnlich verhält es sich mit den

Meßarchitektur. Der Turm des Tšou Kung in Kao-tšěng, China, 1276.

›Sternwarten‹ (Caracol in Chichén Itzá u.a.) der → Mesoamerikanischen Hochkulturen, den Anlagen Ulugh Begs in Samarkand (15.Jh.) oder der Inder (Jantar Mantar, Jaipur, 18.Jh., Abb. → Indien). Erst das 19. und 20.Jh. haben eine weiterführende M. heraufgeführt. Zu den ›klassischen‹ Sternwarten traten im 20.Jh. die Planetarien, Sonnenob-

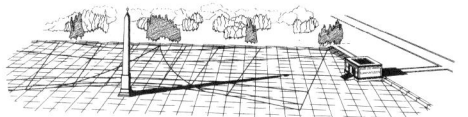

Meßarchitektur. Rekonstruktion der Sonnenuhr des Kaisers Augustus auf dem Marsfeld in Rom.

Meßarchitektur. Erdfunkstelle Aflenz, Steiermark, 1980.

servatorien (z.B. Einsteinturm von → Mendelsohn in Potsdam), Strahleninstitute (→ Candela) und Radioteleskope. Hinzu kommen die der Satellitenastronomie dienenden Anlagen, sei es auf der Erde oder im Weltraum. Ohne Störung durch die Erdatmosphäre haben sie eine ganz neue Sicht des Weltraums eröffnet, die die Ergebnisse der immer moderner werdenden klassischen Anlagen (wie z.B. auf dem Mount Palomar) wirksam ergänzen. W.R.

Messel, Alfred (1853-1909). Architekt des → Neoklassizismus des ausgehenden 19.Jhs., eines äußerst verfeinerten Stils, der auf die Wiederentdeckung → Gillys und → Schinkels zurückgeht. M.s wichtigstes Werk ist das Kaufhaus Wertheim in Berlin (1896-97 und 1901-04), das das Motiv langer, schmaler Fensterbahnen mit starker Betonung der Vertikalen in den Geschäftshausbau einführte

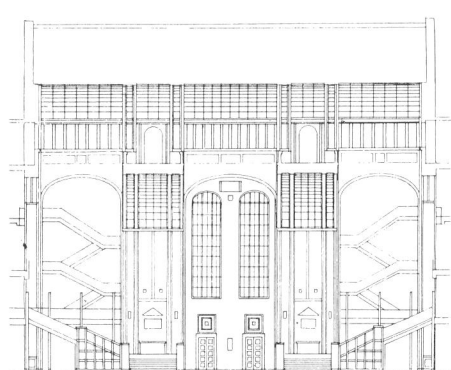

Warenhaus Wertheim, Berlin, von → Messel, 1896-97 und 1901-04. Längsschnitt durch den Lichthof.

(Abb. → Deutschland; → Warenhaus). → Olbrich nahm das Motiv 1908 im Kaufhaus Tietz in Düsseldorf auf, und seitdem ist es in mehreren Ländern an vielen Bauten verwendet worden. M. erbaute auch das Landesmuseum in Darmstadt (1892-1905).
Lit.: Messel '05, '11, '12; Behrendt '11.

Metabolismus (gr.: Veränderung, Umwandlung). Als Metabolisten bezeichnete sich eine Gruppe junger japanischer Architekten und Städteplaner, die sich anläßlich eines Design-Kongresses in Tokio

1960 mit einer Ausstellung unter dem Titel ›Metabolism‹ vorstellten. Zur gleichen Zeit erschien ein Manifest ›Metabolism 1960 – The Proposal for Urbanism‹. Die Metabolisten verstehen die Gesellschaft als einen lebendigen Prozeß, dessen metabolische Entwicklung sie durch geeignete Projekte fördern wollen. Drei Grundgedanken bestimmen ihre Vorstellungen: **1.** Die Gesellschaft ist einem dauernden Wandel unterworfen. **2.** Die meist autoritären Entscheidungen im ›Master Planning‹ werden durch das angepaßte ›System Planning‹ ersetzt. **3.** Die zugrundegelegten Systeme müssen zukünftiges

Meßarchitektur. Sonnen-Observatorium Kitt Peak, Arizona, von → Skidmore, Owings & Merrill, 1962.

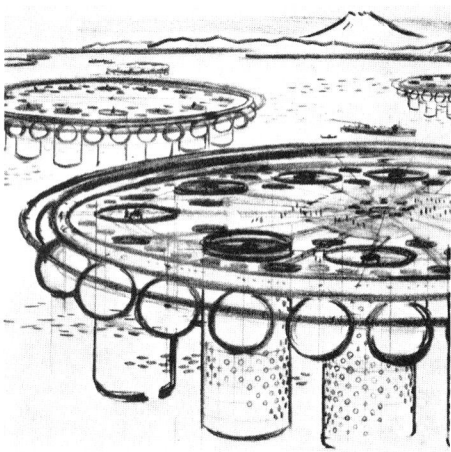

Metabolismus. Schwimmende Stadt auf dem Meer, von → Kikutake, 1959.

Wachstum berücksichtigen. Zu dieser Gruppe gehörten u.a. die Architekten → Otaka, → Kikutake, → Maki, → Kurokawa sowie der Architekturkritiker Noboin Kawazoe. 1964 schlossen sich → Tange (Pressezentrum Yamanashi in Kioto, 1966-67) und sein Schüler → Isozaki den Metabolisten an. Ziel des M. wurde die Lösung urbanistischer Aufgaben,

Metabolismus. Projekt für einen Stadtteil von Tokio, von → Isozaki, 1960.

Metabolismus. The Tanu Headquarters Building, Tansania, von → Kurokawa. Projekt 1972.

*Metabolismus. Mova-Block,
Projekt, von → Kikutake.*

hervorgerufen u. a. durch die ansteigende Verdichtung japanischer Großstädte. Hervorzuhebende
Projekte sind die ›Turmstadt‹ und ›Schwimmstadt‹,
beide von Kikutake (1959, Abb. → Kikutake), bzw.
das Projekt Tanges, Tokio ins Meer hinaus zu erwei-
tern. → Megastruktur.   M.-A. V. L.

Lit.: Kikutake '60; Nitschke '64; Banham '76; Kurokawa '77;
Benevolo '78.

Metagenes (um 560 v.Chr.) → Iktinos, → Chersiphron.

Metall, Bauen mit. Die Verwendung von Metall
als Baumaterial wurde erstmals von dem venezian.
Theoretiker F. Venanziano in seiner ›Machinae No-
vae‹ (1617) erörtert, aber erst im späten 18.Jh. beim
Bau von → Brücken und den ersten Gußeisenbau-
ten in England in die Praxis umgesetzt (→ Präfabrikation). Pionier der Bauweise unter Verwendung
von Metall für die Totalkonstruktion (außerhalb
des Brückenbaus) → Schinkel (Gußeisenmonument
in Berlin-Kreuzberg, 1818). Als weitere Architekten, die sich frühzeitig des Metalls als Baumaterial

Sunderland-Brücke, England, 1793-96.

bedienten, meist in Verbindung mit Glas, sind aufzuführen: → Baltard, → Bélanger, → Bogardus,
→ Fontaine, → Labrouste, → Paxton. 1843-44
wurde von John Walker am Calaba River, Zentral-
afrika, ein vorgefertigtes Haus aus Eisen aufgestellt.
Metall war natürlich auch der wesentliche Bestandteil bei der Entwicklung des Wolkenkratzers
(→ Hochhaus) und der → Curtain Wall. In Europa
wurde Metall weitgehend durch preisgünstigeres
Eisenbeton (→ Beton) ersetzt; es findet jedoch in
den → USA und in → Japan weiterhin als Außen-
element Verwendung. → Aluminium; → Blech;
→ Eisen.

Lit.: Ashton '24; Blunck '36; Gloag-Bridgewater '48; Mock '49;
Johannsen '53; Mondin '56; Zignoli '56; De Sivo '65; Condit
'60, '68; Roisecco-Jodice-Badaloni-Vanelli '72-73; Gayle-Gillon
'74; Behnisch-Hartung '82.

Métezeau, (Jacques) Clément (1581-1652) → Métezeau, Louis.

Métezeau, Louis (1559/72-1615). Arbeitete als Architekt eng mit den → Du Cerceaus zusammen, die
unter Heinrich IV. in Paris bauten. Dabei sind vor
allem die Place des Vosges (ab 1603) zu erwähnen
und die Arbeiten am Louvre: wahrscheinlich hat
M. die Süd-Fassade der Großen Galerie entworfen
und auch an der Innenausstattung der Kleinen Galerie, des Antikensaales und der Großen Galerie
(1601-08) mitgewirkt. In Zusammenarbeit mit Du-
pérac gestaltete er die Innenausstattung des Hôtel
de Jean de Fourcy, Paris (1601).
Louis M.s Bruder *Clément* oder *Jacques Clément
Métezeau* (1581-1652) war vielleicht der bedeuten-

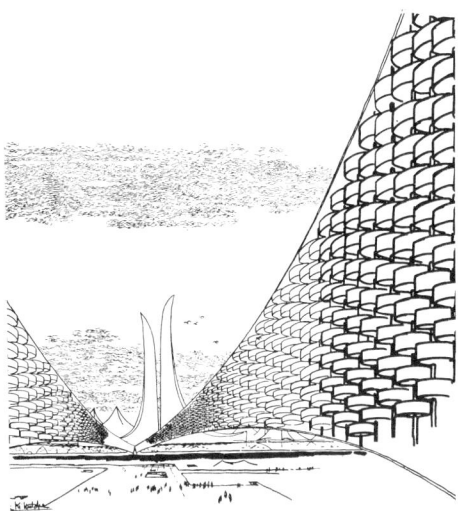

*Metabolismus. Koordination von Mova-Blöcken zu einer
metabolischen Stadt, von → Kikutake, 1960.*

dere Architekt. Stilistisch steht er zwischen de
→ Brosse und → Le Vau; er entwarf die Place Du-
cale in Charleville (1610), das Portal von Saint-
Gervais, Paris (1616), die Orangerie des Louvre
(1617), das Hôtel de Brienne (1630-32) und das
Château de la Meilleraye (ca. 1630). Um 1615 arbei-
tete er mit de Brosse am Palais du Luxembourg in
Paris; schon 1611 war er von Maria de' Medici nach
Florenz geschickt worden, wo er, wahrscheinlich
für die Vorbereitung dieses Baus, Zeichnungen vom
Palazzo Pitti machte; allerdings hat es nicht den
Anschein, als habe de Brosse diese Zeichnungen
verwendet.

Lit.: Hautecœur IV; Blunt '53; Babelon '65.

Metope (gr.). Annähernd quadrat. Feld zwischen
zwei → Triglyphen im Gebälk des dor. → Tempels
(→ Säulenordnungen). Die M.n sind häufig mit Reliefs geschmückt (Parthenon in Athen, Zeustempel
in Olympia).

Lit.: Vitruv IV 2; Kähler '49.

*Metope vom Hera-Tempel 1,
Paestum, Ende 6. Jh. v. Chr.*

*Kontorhaus aus Eisen, New York, von D. D. Badger,
um 1850.*

Kirche in Ocotlán, 18. Jh.

Mexiko. Nach der Zerstörung der → mesoamerikanischen Hochkulturen durch die Spanier war die
mexikan. Architektur bis zur 1. H. des 16. Jhs. zunächst durch die → Gotik (San Miguel de Actopan
u. a.) und die span. Renaissance geprägt (→ Herrera); wie in → Spanien vollzog sich in der 2. H. des
16. Jhs. und Anfang des 17. Jhs. der Übergang zum
→ Barock, in dem der → Churriguerismus wie auch
in den anderen Gebieten Mittel- und Südamerikas
seine größten Triumphe feierte. Er blühte vor allem
auf dem Lande, während die großen Kathedralen
der Städte (Mexiko City 1573 bis 1667, Puebla

*Wallfahrtskirche El Pocito, Guadelupe bei Mexiko-
Stadt, 18. Jh.*

1551-1664) stärker die Vorbilder des europäischen
Barock erkennen lassen. Die nachfolgende klassiz.
Bewegung (→ Klassizismus) zu Ende des 18. Jhs.
hat vieles davon wieder zerstört und nur in wenigen
Kirchen in Tepotzotlán, Taxco, Ocotlán und Valen-
ciana blieb die barocke Ausstattung vollständig
erhalten; für den Profanbau ist die Casa d'Alfeñi-
que in Puebla ein gutes Beispiel. Eine in Mexiko
besonders beliebte Form des → Pilasters ist der
→ Estípite, eine auf dem Kopf stehende langgestreckte Pyramide, der nach einem Zwischenglied
ein Würfel aufgesetzt ist. Sie findet sich an der Kirche des Jesuitenkollegs in Tepotzotlán, an Santa
Rosa in Queretaro und anderen Kirchen.

Was die mexikan. Architektur von der spanischen
unterscheidet, ist der stärkere Anteil maur. Elemente im Dekor, die Übernahme vorkolumbischer
Formen und die Übertreibung gewisser span. Eigentümlichkeiten, vor allem in dem bewußten Kontrast zwischen äußerster Einfachheit und einem
vom horror vacui beherrschten Churriguerismus.
Wie schon in der span. Spätgotik (San Pablo, Valladolid) sind die Westtürme oft betont einfach und
kubisch gehalten, während der Mittelteil der Fassade (Imafronte), und oft auch der vom Dach an
aufragende Teil der Türme, überreich geschmückt
und in Abschnitte gegliedert sind. Maur. Einfluß
(→ Mudéjarstil) zeigt sich in der Vorliebe für abge-
flachte, scheinbar von einem Kranz von Fenstern
getragene Kuppeln, die sich oft auf einen achteckigen → Tambour stützen und über die sich ebenfalls
oktogonale → Laternen erheben; vor allem aber in
der Verwendung farbiger glasierter Fliesen und im
Stuck, der oft die ganzen Wände und Wölbungen
ornamental überzieht. In der Stukkierung herrscht
Weiß, oft verbunden mit Gold, doch kommt es
manchmal zu naiver wilder Farbigkeit, die indian.
und span. Erbe ist, und die an den Universitätsbauten des 20. Jhs. in Mexiko City neue Triumphe feiern
wird. Die farbigen Fliesen (→ Azulejos) brachten
die Araber nach Spanien, und Spanien machte sie
der Neuen Welt zum Geschenk. Als ein Beispiel
unter vielen sei hier die Casa de los Azulejos (2. H.
des 18. Jhs.) in Mexiko City erwähnt. Angemerkt
sei auch, daß die große Kathedrale von Mexiko City
sich unmittelbar über dem Fundament des alten
Aztekentempels von Tenochtitlan (→ Mesoamerikanische Hochkulturen) erhebt, und daß die größte
Pyramide Altmexikos in Cholula (sie ist nur zum
Teil freigelegt) auf ihrer Spitze eine christl. Wallfahrtskirche trägt.

Im 20. Jh. hat sich die mexikan. Architektur bewußt
wieder an vorkolumbischen Formen orientiert und
zugleich die in Europa entwickelten Baugedanken
übernommen und weitergeführt. Die von → Mies
van der Rohe 1929 am Deutschen Pavillon der Internationalen Ausstellung in Barcelona gezeigten
Möglichkeiten, kostbare Materialien nebeneinander modern zu verwenden, hat in der Folge viele
mexikan. Architekten beeinflußt (bis hin zu → Bar-
ragáns Luxusvillen der 40er Jahre). Die Revolution
einer schlichten Form gegen die Nachklänge barokken Überschwangs trat in Mexiko früher auf als im
übrigen Lateinamerika. Ein produktiver Vertreter
des → Internationalen Stils ist seit der Mitte der
zwanziger Jahre José Villagrán García (geb. 1901);
von seinen Schülern sind Juan O'Gorman (geb.
1905; Privathäuser in San Angel, 1929-30, und ei-

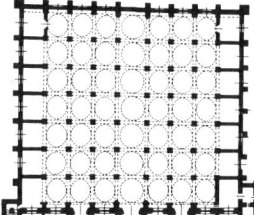

*Capilla Real, Franziskaner-
kloster Cholula, 16. Jh.*

*Gewölbezwickel in S. Domingo,
Puebla, 18. Jh.*

nige Schulen) und → Legorreta (Arbeiterhäuser in
Mexiko City, 1934) zu nennen. Seit 1936 erfährt die
moderne Architektur offizielle Anerkennung, doch
erst nach dem Zweiten Weltkrieg erlangt sie internationale Bedeutung. Die neue Universitätsstadt an
den Lavahängen des Pedregal südl. der Hauptstadt
entstand 1950-1953 unter der Leitung von Carlos
Lazo nach den Plänen von → Pani und Enrique del
Moral; für 20 000 Studenten geplant, war diese bis
heute beispielhafte Anlage das größte Unternehmen der modernen Architektur unmittelbar nach
dem Zweiten Weltkrieg. Asym. Pavillons sind lok-
ker um grasbewachsene Höfe arrangiert; die meisten Bauten folgen ganz allgemein dem Internationalen Stil: die Hochschule für Architektur und das
Kunstmuseum von Villagrán García u. a., das Geo-
logische Institut von Juan Sordo Madaleno u. a.,
die chemischen Institute von Enrique Yánez u. a.
und die medizinische Hochschule von Pedro Ramírez Vásquez u. a. Der fünfzehnstöckige zentrale Verwaltungsbau von Mario Pani, Enrique del Moral
und Salvador Ortega Flores dagegen zeigt neue Elemente: mannigfaltige und vielfarbige Materialien
wie glasierte Fliesen, Carrara-Glas, Onyx, plastische Kunststoffe und Beton. In dem erstaunlichen

Bibliotheksgebäude verherrlicht Juan O'Gorman,
zugleich Maler, Bildhauer und Architekt, in einer
Fülle von glänzend kolorierten Mosaiken Themen
der vor-span. Geschichte; sie bedecken die gesamte
Mauerfläche des fensterlosen, zwölf Stockwerke
umfassenden Bücherdepots. Nicht weit davon entfernt liegt O'Gormans eigenes Haus, 1956 erbaut.
Es ist einer Naturgrotte eingebaut und regellos in
Bruchsteinen, Mosaiken und Reliefs aufgeführt.
Das Universitäts-Stadion wird von einer riesigen
versenkten Schale gebildet, die keine Treppenanlage
benötigt (Augusto Pérez Palacios, Raúl Salinas,
Jorge Bravo), im Gegensatz zu dem hochaufragenden Aztekenstadion für 95 000 Zuschauer, das anläßlich der Olympiade 1968 errichtet wurde (Pedro
Ramírez Vásquez, Rafael Mijares, Louis Martinez
del Campo). Der Pavillon zur Erforschung kosmischer Strahlen der Universität (Jorge Gonzáles
Reyna) wurde in seiner technischen Struktur von
dem Ingenieur, Architekten und Unternehmer
→ Candela entwickelt. Seine Bauten sind alle von
internationaler Bedeutung. In der Baustruktur von
seinem Werk abhängig sind die Markthallen San
Lucas (1956, von Villagrán García) und von Mer-
ced (1967, von Enrique del Moral), beide in Mexiko

Fábricas Automex, Toluca, von → Legorreta.

City. Zur Olympiade 1968 schuf Candela zusammen mit Enrique Castañeda und Antonio Peyri den grandiosen Kuppelbau des Palacio de los Deportes (Sportpalast).

Ramírez Vásquez leitete als Vorsitzender des Bundesausschusses für Bildungsplanung ein beachtenswertes Programm, das Dorfschulen in Massenproduktion fertigte. Grundsätzlich wurde mit Beton gearbeitet, an den Wänden glasierte Fliesen, die Dächer auf freitragenden Stahlgerüsten. Die Fertig-Bauweise (→ Präfabrikation) spielte dabei eine immer größere Rolle. In Mexiko City gibt es eine Reihe ausgefallener Bürobauten in → Skelettbauweise: das Ministerium für Wasserversorgung

Hotel Camino Real, Mexiko-Stadt, von → Legorreta, 1968.

(1950) von Mario Pani und Enrique del Moral; das Ministerium für Arbeit und Soziale Fürsorge (1953) von Pedro Ramírez Vásquez und Rafael Mijares; Bürogebäude in der Calle Lieja (1956) von Juan

Olympisches Stadion, Universitätsstadt Mexiko, von A. Pérez Palacios, R. Salinas und J. Bravo, voll. 1968.

Sordo Madaleno und die Banco del Valle de Mexico (1957) von Augusto Alvarez. Mario Pani leitete auch den Bau mehrerer ausgedehnter, öffentlicher Wohnsiedlungen rund um Mexiko City. Die bedeutendste ist Nonoalco-Tlateloco (1964-66), die ein beachtliches Satellitenstadt-Zentrum hat mit einem wirkungsvollen dreieckigen Büro-Turm. Gleich daneben liegt das Außenministerium (1966) von Vás-

quez und Mijares, das in denselben, streng monumentalen Platten aufgeführt ist wie der Justizpalast (1966) von Madaleno. Weitaus gelungener ist das Anthropologische Museum (1963-64) von Vásquez und Mijares, das weltweite Beachtung fand wegen seiner zurückhaltenden, dabei effektvollen Art, alte Kunst zu präsentieren. Erwähnenswert sind auch die Automex-Werke in Toluca von → Legorreta und die massigen Türme des Bildhauers Mathias Goeritz (1957-58) am Eingang zur Satellitenstadt (Cuidad Satélite) am nördl. Rand der Hauptstadt.

Lit.: Myers '52; Krickeberg '59; Cetto '61; Armstrong Baird '62; Katzman '63; Bamford Smith '67; Greene Kirby '72; Demm '91; Toca/Figueroa '91.

Pavillon für kosmische Strahlenforschung, Universitätsstadt Mexiko, 1953, Architekt: J.G. Reyna, Konstruktion: F. → Candela.

Mey, Johan Melchior van der → *Nachträge.*

Meyer, Adolf (1881-1929). Deutscher Architekt. M. lernte Tischlerei und besuchte die Kunstgewerbeschule in Düsseldorf unter → Behrens, in dessen Atelier er gemeinsam mit → Gropius und → Mies van der Rohe arbeitete (1907/08). Anschließend Mitarbeiter von → Paul in Berlin. 1911-25 war M. engster Mitarbeiter von Gropius und 1919-25 auch Lehrer für Architektur am → Bauhaus in Weimar. Nach dessen Schließung übersiedelte M. nach Frankfurt/Main und wurde dort Stadtbaurat. M. war an Gropius' wichtigsten Bauten beteiligt (u. a. Fagus-Werke in Alfeld 1910-11, Abb. → Deutschland) und versuchte die äußere Form eines Bauwerks unmittelbar aus der Konstruktion zu entwickeln. Seine eigenständigen Bauten in den Jahren 1925-29 zeigen eine klare, mitunter herbe Architektur mit reich gegliederter Sichtbetonstruktur. (Jugendheim Frankfurt/Westend; Gaswerke Frankfurt). 1928 gründete M. mit → Stam, J. Gartner und → Baumeister u.a. die ›Frankfurter Oktobergruppe‹. Abb. → Ausstellungsarchitektur.

Lit.: Meyer, A. '25, '28.

Verwaltungsgebäude eines mittleren Betriebes auf der Werkbundausstellung 1914, Köln, von → Gropius und Adolf → Meyer.

Palacio de los Deportes, Mexiko-Stadt, 1968, von → Candela, E. Castaneda und A. Peyri.

Der Platz der fünf Türme, Mexiko-Stadt, von Mathias Goeritz, → Barragán und → Pani, 1957-58.

Bürogebäude für die Chicago Tribune, von → Gropius und Adolf → Meyer, 1922. Entwurf.

Meyer, Hannes (1889-1954). Schweizer Architekt von internat. Rang. Nach seiner Ausbildung an der Gewerbeschule in Basel (1905-09) und Kunstgewerbeschule in Berlin (1909-12) schloß er sich der Bodenreform- und Genossenschaftsbewegung an und baute die Mustersiedlung Freidorf bei Basel (1919-21; → Baugenossenschaften). In den Jahren 1927-30 zunächst als Lehrer, dann als Direktor und Nachfolger auf Empfehlung von → Gropius am → Bauhaus. Es entstanden (mit Hans Wittwer) das Projekt für den Völkerbundpalast in Genf (1926/27) sowie die Schule des Gewerkschaftsbundes in Bernau (1928-30); M.s wohl wichtigste Beiträge sind die zur Auseinandersetzung um den → Rationalismus in der Architektur. In den Jahren 1930-34 hielt sich M. in Rußland auf, wo seine Projekte und Planungen, vorwiegend im Bereich des → Städtebaus, nur teilweise verwirklicht wurden. Nach kurzer Tätigkeit in der Schweiz übernahm M. die Leitung der Städtplanung in Mexiko City und bekleidete bis 1949 Ämter in Architekturorganisationen. Erneut in der Schweiz, widmete er sich bis zu seinem Tod der → Architekturtheorie und schloß sich Architektengruppen an (→ CIAM; Der → Ring). Vgl. Abb. → Laubenganghaus.
Lit.: Schnaidt '65; Dt. Arch.mus./Bauh.Arch. '89; Winkler '89; Kieren '90.

Häuser der Siedlung Freidorf bei Basel, von Hannes → Meyer, 1919-21.

Mezzanin, das (ital.). Halb- oder Zwischengeschoß (→ Geschoß), liegt meist zwischen Erd- und Hauptgeschoß, eine Eingangshalle in Höhe von zwei Geschossen ermöglichend, oder über dem Hauptgeschoß (z. B. Attikageschoß im Schloßbau). Seiner Funktion nach ist es ein Ausgleichsgeschoß.

M.I.A.R. (Movimento Italiano per l'Architettura Razionale). Kurzzeitige (1928-31) Bewegung des ital. → Rationalismus, die ihren Ausgangspunkt in der von Adalberto Libera und dem Architekturkritiker Gaetano Minnucci organisierten ›Esposizione dell'architettura razionale‹, 1928 in Rom, fand. Die Vereinigung, der neben → Baldessari und → Ridolfi auch die → Gruppo Sette angehörte, verstand sich, neben der Manifestierung der rationalistischen Architektur, als Gegner der faschistischen Architekturauffassung Mussolinis, gegen die sie mit der zweiten ›Esposizione dell'architettura razionale‹, 1931 erneut in Rom, und bes. mit der Veröffentlichung des ›Manifesto per l'architettura razionale‹ polemisierten, was zum Eklat und zur Auflösung der Bewegung führte.
Lit.: Bardi '31; Pica '41; Zevi '50b; Cennamo '76.

Michaelskapelle. Eine dem Erzengel Michael geweihte → Kapelle. Die M. findet sich, sofern es sich nicht um einen eigenen Bau handelt, im Westen und über dem Eingang großer Klöster (Torhalle Lorsch) oder Dome, wo sie, im Bereich des Westwerkes gelegen, auch als Kapelle für den Kaiser diente.
Lit.: Renner '27.

Musterfabrik auf der Werkbundausstellung 1914, Köln, von → Gropius und Adolf → Meyer.

Michael of Canterbury. Baumeister, um 1300 tätig; zuerst an der Kathedrale von Canterbury und dann als erster Baumeister an der St. Stephen's Chapel (beg. 1292) im Westminster Palace in London, deren Entwurf vermutlich von ihm stammt. Ein *Walter of Canterbury* leitete 1322 Arbeiten am Palast. Ein *Thomas of Canterbury* arbeitete 1324 unter ihm und wurde, vermutlich nach M.s Tod, 1331 mit der Leitung der Arbeiten an der St. Stephen's Chapel betraut. Thomas ist wahrscheinlich 1336 gestorben.
Lit.: Harvey '54.

Lehrerhäuser der Bundesschule des Allgemeinen Deutschen Gewerkschaftsbundes, Bernau, von Hannes → Meyer, 1928-30.

Michaud, Joseph (1822-1902) → Kanadische Architektur.

Michelangelo Buonarroti (1475-1564). Bildhauer, Maler, Dichter und einer der größten Architekten aller Zeiten, Inbegriff des genialen Künstlers – ungesellig, mißtrauisch, unordentlich, von seiner Arbeit besessen und krankhaft stolz. Er war das genaue Gegenteil des Frührenaissance-Ideals vom vollkommenen Menschen, das so großartig von → Alberti und → Leonardo verkörpert wurde. M. war von einem tiefen, mystischen Glauben erfüllt, rang aber mit den Konflikten und Zweifeln, die die Gegenreformation hervorrief. Wie in seinem Leben, so lehnte er auch in seiner Kunst alle Postulate der → Renaissance ab und gestaltete alles von Grund aus um, womit er in Berührung kam. Auf keinem Gebiet übte er einen so tiefen und langandauernden Einfluß aus wie in der Baukunst. Er fand eine neue Formensprache der Ornamentik, neue

Prinzipien einer dynamischen Bauanordnung und ein völlig neues Verhältnis zum Raum. Seine wenigen theoretischen Aufzeichnungen und seine Zeichnungen zeigen, daß er ein Bauwerk als etwas organisch Gewachsenes auffaßte, das in Beziehung zu der Bewegung des Betrachters stehen muß. Er arbeitete lieber nach Tonmodellen als nach perspektivischen Zeichnungen und scheint überhaupt vor dem ausgefeilten Entwurf zurückgescheut zu sein, der so hätte ausgelegt werden können, als habe der Baumeister seine Planung beendet. Während das Bauwerk hochgeführt wurde, nahm er gewöhnlich beträchtliche Abänderungen seines ursprünglichen Planes vor; aus diesem Grunde läßt sich heute überhaupt nichts Genaues mehr darüber sagen, wie seine vielen unvollendeten Werke ausgesehen hätten, wenn sie von ihm zu Ende geführt worden wären, oder welche endgültige Gestalt er jenen Ent-

Innenhof des Palazzo Farnese, Rom. Oberstes Geschoß von → Michelangelo, 1548.

Palazzo Farnese, Rom, von → Michelangelo, nach 1546. Mittelteil der Hauptfront.

würfen gegeben hätte, die im Stadium der Zeichnung steckengeblieben sind, wie die Fassade von S. Lorenzo in Florenz (1516) oder die als Zentralbau geplante Kirche S. Giovanni dei Fiorentini in Rom (1556-60).

M.s erstes Werk als Architekt ist die Fassade der Kapelle Leos X. in der Engelsburg in Rom (1514). Seinen ersten größeren Auftrag erhielt er 1515 mit der Fassade für → Brunelleschis S. Lorenzo in Florenz; er faßte sie als einen kunstvollen Rahmen für überlebensgroße Skulpturen auf. 1520, noch bevor sein Entwurf für S. Lorenzo endgültig aufgegeben wurde, erhielt er den Auftrag, die Grabkapelle der Familie Medici in der Neuen Sakristei derselben Kirche, von der schon große Teile standen, zu vollenden (Abb. → Grab). Er lieferte einen kühnen Entwurf, in dem zum ersten Mal mit der absoluten Herrschaft der antiken Ordnungen vollkommen gebrochen wurde. Aber das Neue seines Entwurfes wird weniger in den groben Verstößen gegen die von der antiken Baukunst abgeleiteten Regeln als

vielmehr in der revolutionären architekt. Auffassung, die zu diesem Verstoß führte, offenbar. Er betrachtete die Wand nicht als träge, inaktive Fläche, deren Oberfläche mit Ornamenten geschmückt werden muß, sondern als lebendigen, vielschichtigen Organismus; dies ist der Grund für die außergewöhnliche Form der Nischengliederung mit ihren merkwürdigen Aussparungen und Rücksprüngen. Die Tatsache, daß M. diese Details erst während der Bauarbeiten an der Sakristei entwickelte, erklärt die vielen Widersprüche.

Die Arbeiten wurden 1534 fortgesetzt, der Bau wurde aber nie vollendet und zeigt noch heute im großen und ganzen den damaligen Zustand.

1524 erhielt M. den Auftrag, eine Bibliothek für S. Lorenzo – die berühmte Biblioteca Laurenziana (Entwurf des Lesesaals 1525, des Vorraums 1526) – zu errichten (Abb. →Bibliothek; → Manierismus). Die Lage des Baus und statische Gründe bestimmten die ungewöhnliche Form der Bibliothek und setzten der Wandstärke Grenzen. M. wandelte diese Beschränkungen in einen Vorteil, indem er Funktion und Dekoration zu vorher nie erreichter oder auch nur vorstellbarer Einheit verschmolz. Er benutzte → Pilaster, die bis dahin als rein dekorative Elemente der konstruktiv tragenden Wand vorgeblendet worden waren, als Stützen für die Decke.

Neue Sakristei von S. Lorenzo, Florenz, von → Michelangelo, beg. 1520.

Biblioteca Laurenziana, von → Michelangelo, beg. 1524.

Kapitolsplatz, Rom, von → Michelangelo, entworfen 1537.

Michelangelo Buonarroti.

*St. Peter, Rom, Detail vom
Zentralbau des → Michelangelo.*

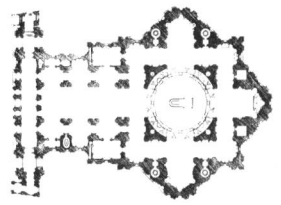

*St. Peter, Rom, mit dem Westbau
→ Michelangelos und dem
Langhaus → Madernos.
Nach Sandrart.*

*Architekturzeichnung, von
→ Michelangelo.*

Die von den Pilastern getragenen Querbalken der Decke werden in Mosaik auf dem Boden wiederholt, so daß das Auge durch perspektivisch sich verkürzende, querrechteckige Felder in die Tiefe des langen Raumes gezogen wird. M. schuf im Vorraum, wo er die Senkrechte betonte, bewußt einen Gegenpol zu diesem langgestreckten Büchersaal. Die Säulen sind im Vorraum wie Statuen in Nischen gesetzt, so daß sie rein dekorativ wirken, obwohl sie in Wirklichkeit das Dach tragen. Andere Motive sind nicht weniger regelwidrig: blinden Fenstern ist eine → Ädikula-Rahmung, deren Pilaster sich zur Basis hin verjüngen, vorgeblendet; die → Konsolen tragen nichts, die Treppe fällt gegen jede Regel in einer gleitenden Bewegung von der Bibliothek zum Niveau des Eingangs ab. Figurenschmuck fehlt, doch ist der ganze Raum so plastisch behandelt, als wäre er eine Skulptur.

Von 1528-29 wurde M. mit Arbeiten an den Befestigungsanlagen von Florenz betraut, die mehr wie Angriffswerke als wie Verteidigungsbauten wirken, eine für ihn höchst bezeichnende Umkehrung. 1534 verließ er Florenz und ging für immer nach Rom. Sein erster Auftrag dort war die Neugestaltung des Kapitols. Die Aufgabe bestand darin, einen angemessenen Rahmen für das antike Reiterstandbild des Kaisers Marc Aurel und einen imposanten Platz für Zeremonien im Freien zu schaffen (beg. 1539). Er schrieb dem Platz ein Oval ein, eine in der Renaissance hier erstmals angewandte Grundform, und entwarf neue Fassaden für den Konservatoren- und den Senatorenpalast (beide erst nach seinem Tod vollendet). Diese Entwürfe waren überraschend neuartig. So verwendete er z. B. eine zwei Stockwerke umfassende → Kolossalordnung, eine Gestaltungsform, die bald Allgemeingut werden sollte.

1546 wurde M. beauftragt, den von Antonio da → Sangallo begonnenen Palazzo Farnese zu vollenden (Abb. → Sangallo). Er machte aus der unfertigen Fassade eine der eindrucksvollsten Roms, entwarf die oberen Geschosse des Hofes ganz neu und plante einen großen Garten, der die Verbindung zwischen dem Palast und der Villa Farnesina am gegenüberliegenden Tiberufer herstellen sollte (nicht ausgeführt). Mit dem Plan dieser großartigen Sichtachse und mit seinem Entwurf für die Porta Pia (1561-65) am Ende einer vom Quirinal kommenden neuen Straße nahm er die Prinzipien barocker Stadtplanung vorweg.

Sein bedeutendster Auftrag in Rom war natürlich die Vollendung der Peterskirche (1546-64). Hier stand er vor der Aufgabe, ein von → Bramante begonnenes und von Antonio de → Sangallo weitergeführtes Bauwerk fertigzustellen. Er griff auf Bramantes Zentralbau-Plan zurück, gestaltete ihn aber kühner und kraftvoller und ließ einen Teil von Sangallos Anbauten abreißen. Am Außenbau ist M.s Werk nur am Nord- und Südquerschiff und am → Tambour der → Kuppel (Abb. → Bernini; → Ingenieurbaukunst) zu erkennen. (Die Kuppel selbst stammt von della → Porta und unterscheidet sich grundlegend von M.s Modell.) Das Innere wurde im 17. Jh. vollkommen verkleidet. Obwohl M.s Entwürfe vielfach abgeändert wurden, ist die Kirche in ihrer heutigen Form von M. stärker als von irgendeinem der anderen Architekten geprägt. In seinen letzten Lebensjahren entwarf M. die Cappella

Sforza in S. Maria Maggiore, Rom (ca. 1560), die über einem kunstvollen, durchdachten Grundriß nach seinem Tod im großen und ganzen entsprechend seinem Entwurf ausgeführt wurde; er lieferte auch Entwürfe für die Umgestaltung der Mittelhalle der Diokletiansthermen zur Kirche S. Maria degli Angeli (1561, Abb. → Römische Architektur); aber hier wurde sein Werk im 18. Jh. völlig überarbeitet.

M.s Laufbahn als Architekt ist voller Enttäuschungen gewesen. Bei seinem Tode war keines seiner großen Werke vollendet, dennoch war sein Einfluß ungeheuer. Die Architekten des → Manierismus übernahmen von ihm dekorative Details, die allmählich europ. Allgemeingut wurden. Doch erst im 17. Jh. waren die Architekten fähig, seine dynamische, dreidimensionale Behandlung großer Wandflächen zu verstehen und ihm nachzueifern. Es ist bezeichnend, daß sein wahrer Erbe wieder ein Bildhauer-Architekt war, nämlich → Bernini. Abb. → Italien; → Manierismus.

Lit.: Stegmann-Geymüller 1885-1908; Wölfflin 1888; Riegl '08-12; Frey, D. '23b; Hofman, Th. '28; Panofsky '39; de Tolnay '51; de Broglie '53; Norberg-Schulz '58; Ackerman '59, '86²; Gioseffi '60; Michelangelo '64a, b; Wittkower '64; De Angelis d'Ossat '65; Benevolo '68; Manetti '82; Thies '82; De Vecchi '84; Millon/Smyth '88; Argan/Contardi '90.

Michelozzo di Bartolommeo (1396-1472). Ital. Bildhauer und Architekt. Sein Stil zeichnet sich durch äußerste Eleganz und Anmut aus, wenn auch seine Begabung nicht an die seiner großen Zeitgenossen → Donatello und → Brunelleschi heranreicht. Er wurde in Florenz als Sohn des aus Burgund stammenden Bartolommeo di Gherardo geboren, war 1417-1424 Mitarbeiter von → Ghiberti und teilte sich 1425-33 mit Donatello eine Werkstatt. Um 1435 begann er, sich mit der Baukunst zu beschäftigen und wurde 1446 Nachfolger Brunelleschis als Dombaumeister von Florenz. Seine ersten bedeutenden Werke schuf er für die Familie Medici. Um 1433 baute er den schönen Innenhof und die Loggia ihrer burgartigen Villa in Careggi. Elf Jahre später

*Cappella Portinari, S. Eustorgio, Mailand, von
→ Michelozzo, 1462-68.*

Palazzo Medici-Riccardi, Florenz, von → Michelozzo, 1444-um 64.

begann er den Palazzo Medici-Riccardi in Florenz, den ersten Palastbau der → Renaissance (Abb. → Renaissance). Über einem derb rustizierten Sokkelgeschoß erheben sich 2 Stockwerke, deren Rustikaquader mehr geglättet sind. Gekrönt wird das Bauwerk von einem weit ausladenden Kranzgesims (→ Gesims). Hinter dieser abweisenden, beinahe festungsartigen Front verbirgt sich ein → Arkadenhof, dessen Anlage auf Brunelleschis Ospedale degli Innocenti in Florenz zurückgeht (Abb. → Brunelleschi). M.s Villa Medici in Cafaggiolo (1451) zeigt wiederum festungsartige Züge; ganz anders die Villa Medici in Fiesole (1458-61), ein Bau von hoher Anmut und Eleganz.

1437 begann er am Kloster S. Marco zu arbeiten, für das er die → Sakristei (1437-43), den Kreuzgang und die wohlausgewogene Bibliothek (1441) schuf. Zwischen 1444 und 1455 entwarf er den Rundchor und die Sakristei von SS. Annunziata in Florenz. Der Rundbau, von → Alberti vollendet, ist zweifellos von Brunelleschis S. Maria degli Angeli beeinflußt, aber noch stärker hat ein altröm. Bau, der Tempel der Minerva Medica, auf sie gewirkt. M.s Rundbau ist der erste wirklich ausgeführte → Zentralbau der Renaissance und entspricht dem Verlan-

gen nach der Wiederholung einer Bauform der Antike wie auch der Vorliebe für den Kreis als das Symbol des Universums und der Ewigkeit. In Pistoia errichtete M. die kleine Kirche S. Maria delle Grazie (1452); hier griff er auf die frühchristl. und byzant. Form des über einem quadratischen Grundriß errichteten Baues mit zentraler → Kuppel zurück, um die sich an den vier Ecken die Kuppeln der Nebenkapellen gruppieren. Um 1462 hielt sich M. in Mailand auf, wo er wahrscheinlich mit Arbeiten für die Medici-Bank betraut war. Er errichtete auch die Portinari-Kapelle in S. Eustorgio in Mailand (ca. 1462), die Brunelleschis Sakristei von S. Lorenzo in Florenz stark verpflichtet ist. Mit dieser Kapelle machte M. den Stil der Renaissance in der Lombardei bekannt. Von 1462-63 hielt er sich in Dubrovnik auf, wo er den Rektorenpalast entwarf.

Lit.: Venturi VIII; Heydenreich '38; Morisani '51; Gori-Montanelli '57; Heydenreich-Lotz '74; McNeal Caplow '77; Ferrara/Quintero '84.

Michelucci, Giovanni (geb. 1891). Ausbildung an der Architekturschule zu Pistoia (1908-11) und der Akademie der Bildenden Künste in Florenz (1911-

14). Miterbauer des Bahnhofs S. Maria Novella in Florenz (1933-36), eines der bedeutendsten Großbauten des ital. → Rationalismus, in der Kompaktheit gekennzeichnet von klarer Linearität unter Verwendung von aufwendigen Materialien (Marmorverkleidung). M.s Architektur zeichnet sich durch Experimentierfreudigkeit aus, wobei er versucht,

durch Gegenüberstellung und Verbindung die unterschiedlichen Materialien zu neuartiger Wirkung zu führen. Die Autobahnkapelle bei Florenz (1964) zählt zu seinen extravagantesten Bauten.

Lit.: Borsi '66; Naldi '78; Michelucci '81, '91; Bellucci/Conforti '87.

Mies van der Rohe, Ludwig (1886-1969). Er arbeitete unter → Paul und 1908-11 im Architekturbüro von → Behrens in Berlin. Seine ersten unabhängigen Entwürfe sind von → Schinkel und von der Schinkel-Renaissance des frühen 20. Jhs. beeinflußt, wie das Haus Kröller in Den Haag (1912). Gegen Ende des Ersten Weltkrieges war M., ebenso wie → Gropius, von heftiger Begeisterung für den → Expressionismus ergriffen. Zu dieser Zeit entwarf er seine revolutionären Glas-Hochhäuser (1921, Abb. → Glasarchitektur). Als Deutschland zum rationalen → Internationalen Stil der späten 20er und frühen 30er Jahre gefunden hatte, leistete

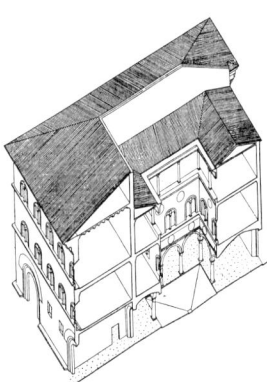

Palazzo Medici-Riccardi, Florenz, von → Michelozzo, 1444-um 64.

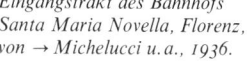

Chiesa dell'Autostrada, Florenz, von → Michelucci, 1964.

Eingangstrakt des Bahnhofs Santa Maria Novella, Florenz, von → Michelucci u.a., 1936.

Apartment-Häuser der Weißenhofsiedlung, Stuttgart, von → Mies van der Rohe, 1927.

Treppenhaus des Art Club of Chicago, von → Mies van der Rohe, 1951.

Ludwig Mies van der Rohe.

Entwurf für ein Glashochhaus, Friedrichstraße Berlin, von → Mies van der Rohe, 1921.

Minerals and Metals Research Building, Illinois Institute of Technology, Chicago, von → Mies van der Rohe und Holabird and Root Ass., 1942-43.

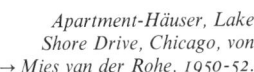

Apartment-Häuser, Lake Shore Drive, Chicago, von → Mies van der Rohe, 1950-52.

M. auch in diesem Stil Hervorragendes (Häuserblocks in Berlin und Stuttgart, 1925-27, Abb. → Internationaler Stil). Seine wirkliche Größe als Architekt zeigte sich jedoch erstmals im Dt. Pavillon auf der Internationalen Ausstellung in Barcelona 1929 (Abb. → Ausstellungsarchitektur). Die offene Anlage, die meisterhaft gestaltete räumliche Anordnung und die Verwendung kostbarer Baustoffe – Marmor, Travertin, Onyx, verchromter Stahl und flaschengrünes Glas – zeigen M.s Streben nach größter Vollendung und höchster Qualität. Im Haus Tugendhat (1930), einem Privathaus in Brünn, wurden die Gestaltungsprinzipien des Pavillons von Barcelona für Wohnbauten erprobt. 1930-33 leitete M. das → Bauhaus, zuerst in Dessau, dann bis zur Auflösung durch die Nationalsozialisten in Berlin. 1938 erhielt er einen Ruf als Prof. für Architektur an das Armour Institute (heute Illinois Institute) of Technology in Chicago. 1939 entwarf er ein vollkommen neues Hochschulgelände für das Institut (Crown Hall), dessen Anlage sich mittlerweile weiterentwickelt hat (Abb. → Skelettbau). Es sind einfache Kuben, bloße Hüllen, die sich ohne weiteres den verschiedenen Erfordernissen der einzelnen Institute anpassen: aber die perfekte Präzision der Details weist jedem einzelnen Glied seine eindeutige Bestimmung zu. Diese Eigenschaften lassen sich im gesamten Schaffen von M. verfolgen. »Ich will nicht interessant sein; ich will gut sein«, sagte er in einem Interview. Bis zum Ende des Zweiten Weltkriegs schuf er auffallend wenig Bauten, seitdem aber ist sein Werk beträchtlich angewachsen. Von seinen Privathäusern müssen das Farnsworth House in Fox River, Ill. (1950), von seinen Wohnblocks die Promontory Apartments (1947), die auf dem System des Betonskeletts (→ Skelettbau), und die Lake Shore Drive Apartments in Chicago (1950-52), die auf einer Stahlskelettkonstruktion aufbauen, erwähnt werden. Von seinen Verwaltungsgebäuden ist das Seagram Building in New York (1956-59) mit seinen Bronze- und Marmorflächen das wichtigste. Außerdem entstanden neben dem Lafayette Park (1955-63) und den Battery Park Apartments, New York (entworfen 1957-58), die Neue Nationalgalerie in Berlin (1962-68) und das Toronto Dominion Centre in Toronto (1963-68). All diese Bauten sind ein letzter großer Triumph jenes

Haus Farnsworth, Fox River, Illinois, von → Mies van der Rohe, 1949-51.

Stils, der im frühen 20. Jh. geschaffen und in den 30er Jahren allmählich durchgesetzt wurde; mit dem Stil der letzten zehn oder fünfzehn Jahre haben sie nichts zu tun.

Lit.: GA 14, 27; Johnson, Ph. '47; Bill '55; Hilberseimer '56; Blake, P. '60; Drexler '60a; Blaser '65, '77, '81; Speyer-Koeper '68; Pawley '70b; Carter '74; Bonta '75; Papi '75; Glaser '77; Johnson, P. '67; Tegethoff '81; Spaeth '84; F. Schulze '86; Zukowsky (Hg.) '86; ders./Schwarz '87; Frankfurt '87; Schink '90.

Neue Nationalgalerie, Berlin, von → Mies van der Rohe, 1962-68.

Mietshaus. Schon in der Antike gibt es, um der Wohnungsnot in den damaligen Weltstädten Herr zu werden, den Typus des M.es mit geschlossenen Etagenwohnungen, das bereits damals bis zu 30 m Höhe erreichte. In späteren Zeiten formen die M.er die Plätze und Straßen entgegen der Tradition des bisherigen → Städtebaus. So werden in der → Renaissance bedeutende Platzanlagen geschaffen. So gilt die Piazza Ducale in Vigevano (1493-95), ein geschlossener Platz mit durchlaufenden Arkaden und einheitlicher Fassade, als Prototyp für die später im Absolutismus folgenden platzvenedartigen Platzanlagen mit umschließenden repräsentativen Wohngebäuden. Schon bestehende individuelle Gebäude werden bei Reihung gleicher Elemente zu einem einheitlichen Gesamteindruck verbunden. Auf Initiative Heinrichs IV. von Frankreich entsteht 1605-12 in Paris die Place des Vosges als Promenadeplatz mit einheitlicher Bebauung (ein Geviert von je 140 m Seitenlänge; dreigeschossige Wohnhäuser mit ausgebauten Dächern). Ursprünglich für die Arbeiter der königl. Brokatmanufaktur vorgesehen, wird diese Wohnanlage zu einem bevorzugten Wohnsitz der Aristokraten und des gehobenen Bürgertums. Die Zentralisierung von Wohnhäusern um Plätze, die Tendenz zur Verbindung von Bauwerken und Gartenlandschaften führen zu neuen Strukturen des Städtebaues (z. B. der Achse ›Paris – Versailles‹ oder in Rom ›Engelsburg – Peterskirche‹). In England bietet die großangelegte Erweiterung des mondänen Badeortes Bath zu einem Wohnort für die großbürgerliche Gesellschaft ein neues Beispiel. Der Architekt → Wood d. Ä. und sein Sohn

Mietshäuser in Ostia bei Rom. Rekonstruktion.

waren zunächst in London die entscheidenden Planer am Anfang einer Reihe ähnlicher Projekte, die mit dem Bau von M.ern Straßen und Plätze vereinheitlichten. 1728 entstand der ›Queen's Square‹ mit schloßähnlichen Wohnblöcken, 1754 der ›Circus‹, ein kreisrunder Wohnkomplex mit Promenadeplatz. John Wood d. J. gab mit dem ›Royal Cresent‹ (1767-75) in Bath die Geschlossenheit des noch vom Vater gebauten Square preis und stellte die in einem Halbkreis zu einer Fassade zusammengezogenen

Mietshaus in Berlin. Aufnahme 1910.

Reihenhäuser einer parkähnlichen Rasenfläche gegenüber. Das Prinzip der zu einer einzigen palastartigen Fassade vereinheitlichten M.er verwendete auch Robert → Adam bei dem von ihm an der Themse mit Luxuswohnungen ausgestatteten Komplex ›Adelphi‹ (1768-72, 1928 abgebrochen).
Zu Beginn des 19. Jhs. entstand unter Napoleon in Paris der weitverbreitete Typ des Boulevardhauses,

Mietshaus. Sprengung von Wohnblocks des Pruitt-Igoe Komplexes, St. Louis, 1972. Architekt → Yamasaki, 1952-55.

ein Mietshaustyp in gleichartiger Bauweise an breiten Straßen und Plätzen, der in regionalen Variationen das Straßenbild europ. Großstädte bestimmt (z. B. Rue de Rivoli nach Plänen von → Fontaine und → Percier). Das Erdgeschoß nimmt dabei, zu-

Royal Crescent in Bath, von → Wood d. J., 1767-75.

weilen unter Arkaden, Ladenlokale mit Schaufenstern auf, darüber zugehörige Büros und Lager, in den folgenden Etagen, meist drei oder vier, über eine zentrale Treppenanlage erreichbar die geschlossenen Etagenwohnungen.
Im 20. Jh. schaffen gesetzliche Bestimmungen zur Besiedlungsdichte in Stadtgebieten (→ CIAM, → Charta von Athen) eine Trennung von Verkehr, Gewerbe- und Wohnviertel. Dem Höhendrang der Büro- und Verwaltungsgebäude folgen die Wohnhochhäuser (→ Hochhaus) und die in den → USA entwickelten Apartmenthäuser und begründen eine neue Form des städtischen Wohnens. → Loos' Überlegungen zum sozialen Wohnungsbau in Wien Anfang der 20er Jahre, → Gropius' lineare, auf klare, wiederkehrende Baukuben beschränkte Wohnhochhäuser (ab 1928) führen zur Abkehr von Fassaden des → Historismus und begründen den langgestreckten → Zeilenbau (1929, Siedlung Dammerstock bei Karlsruhe von Gropius und → Haesler, Römerstadt in Frankfurt von Ernst → May), der schließlich in der Unité d'Habitation in Mar-

Mietshaus. Karl-Marx-Hof, Wien, von Karl Ehm, 1926-29.

seille von → Le Corbusier kulminiert 1946-52). Der Leitgedanke, der zu solch großen Baukuben führte, besteht darin, ein ganzes Stadtviertel durch wenige Großbauten zu ersetzen, um den sich stark ausbreitenden Flächenstädten entgegenzuwirken (→ Siedlungsarchitektur). Hieraus folgt die Entwicklung der Trabantenstädte wie Beaumont Leys bei Leicester (England, 1966) von W. G. Smigielski für ca. 40 000 Einwohner, bei der die Idee der → Gartenstadt als Grundmaxime Berücksichtigung findet. Bes. japan. Architekten zeigten auf dem Gebiet der Großmietshäuser, nicht zuletzt durch den Einfluß der → Metabolisten, beeindruckende Lösungen (→ Otani, → Tange, → Kikutake). M.-A. v. L.
Lit.: Geist-Kürvers '81, '85, '89.

Migge, Leberecht → *Nachträge.*

Mietspalast in Moskau.

Mietshäuser im Martinsviertel, Köln, von Joachim und Margot Schürmann, 1981.

Mihrab (Mihrāb), der (arab. marba: Lanze). Die nach Mekka gerichtete Gebetsnische gegenüber dem Eingang einer → Moschee. Der M. ist häufig durch ein Stalaktitengewölbe nach oben abgeschlossen, die Wände mit → Azulejos verkleidet (→ Gewölbe III 15). Er tritt seit dem frühen 8. Jh. in Erscheinung.

Lit.: → Islamische Architektur; Monneret de Villard '66.

Mijares, Rafael → Mexiko.

Mills, Robert (1781-1855). Schott. Abstammung, wurde von → Jefferson entdeckt, ging bei → Latrobe in die Lehre, bei dem er von 1803-08 tätig war. 1808 begann er in Philadelphia selbständig zu arbeiten. Washington Hall, einer seiner frühen Bauten, ist vielleicht von → Ledoux beeinflußt. 1810 entwarf er das ehemalige State House in Harrisburg mit halbkreisförmigem → Portikus und → Kuppel. 1804 hatte er bereits eine Kirche mit kreisförmigem Grundriß in Charleston geschaffen; 1811-13 erbaute er in Philadelphia eine oktogonale (→ Oktogon) Kirche und eine große Rundkirche mit 4000 Sitzplätzen. 1814-29 errichtete er das Washington-Denkmal in Baltimore, eine nicht kannelierte dor. Säule. Seine in späterer Zeit entstandenen Hauptwerke sind → klassiz. Regierungsgebäude in Washington, wie das Schatzamt (1836-09), das Patentamt (1836-40), die Postverwaltung (1839 ff.). Berühmt wurde M. vor allem durch sein Washington-Denkmal in Washington, für das er 1836 den Wettbewerb gewann; es wurde erst 1884 vollendet. Den fast 155 m hohen Obelisken sollte ursprünglich eine dor. Rotunde tragen. – M. schuf auch Ingenieurbauten und errichtete mehrere Krankenhäuser. Das Columbia Lunatic Asylum (1822) mit seinem dor. Portikus hat nichts mehr von der Trostlosigkeit früherer Heilanstalten; das Haus ist feuersicher gebaut, hat einen Dachgarten, und alle Krankenzimmer gehen nach Süden.

Lit.: Pierce Gallagher '35; Burchard-Bush-Brown '61; Liscombe '85.

Mimbar (Minbar), der (arab.: Sitz, Sessel). Der hochliegende Predigtstuhl (→ Kanzel) in einer → Moschee, der sich rechts neben dem → Mihrab

Mihrab. Mašhad al-Guyuši, Kairo, um 1085.

an der → Qiblawand befindet. Erreichbar von vorne über eine Treppe mit kunstvoll durchbrochenem Geländer. Der M. diente früher auch als Herrscher- oder Richtersitz und war schon zu Mohammeds Zeiten eingeführt. Seit dem 8. Jh. reiner Predigersitz. Der älteste erhaltene M. befindet sich in der Moschee zu Qairouan (Ende 9. Jh.).

Lit.: → Islamische Architektur; Monneret de Villard '66.

Mimbar. Blaue Moschee, Istanbul, 1609-16.

Minarett, das (Diminutiv von Minar, eine Italianisierung des arab. Wortes menara: Leuchtturm). Man nimmt an, daß der Pharos, jener im Altertum als eines der Sieben Weltwunder bestaunte Leuchtturm bei Alexandria, den Arabern so imponiert hat, daß sich dieses Wort einbürgerte. Die Bedeutung war primär eine praktische, nämlich dem Gebetsrufer (Muezzin) als erhöhter Standplatz zu dienen, später zunehmend eine dekorative. Die dekorative Bedeutung kommt in der Zahl, der Anordnung, der architekt. und ornamentalen Gestaltung der M.e zum Ausdruck. Für die türk. Moscheen wird später die Vierzahl charakteristisch, aber auch fünf (Al-Azhar in Kairo), sechs (Ahmadiya in Istanbul), sieben (Heilige Moschee in Mekka) und acht Minarette (Bîbî Khanûm in Samarkand) kommen vor. Für die ältesten Formen scheinen altorientalische Vorbilder maßgebend gewesen zu sein, für die mit rundem Querschnitt möglicherweise die babylon. Stufentürme (→ Zikkurat), für die mit quadrat. Grundriß vielleicht auch der persische Feuerturm. Die türk., pers., afghan. und ind. M.e haben den runden Querschnitt in der Regel beibehalten, während der quadratische Grundriß auch bei späteren Bauten noch in Nordafrika vertreten ist. In Ägypten und Syrien manifestiert sich eine besondere Verfeinerung in der Gliederung in drei Etagen, wobei die untere quadrat., die mittlere achteckigen, die obere runden Querschnitt aufzuweisen hat (Mamluken-Moscheen in Kairo und Damaskus). Wie die Oberfläche der Kuppeln wird die Außenseite der

Minarette der Süleyman-Moschee, Istanbul, von → Sinan, 1550-56.

Minarette meist ornamental, in geom. oder Arabesken-Dekor, von Friesen, Schriftbändern und Stalaktiten-Galerien unterbrochen, ausgestaltet. In den Ländern des östl. Islam dagegen herrscht im allgemeinen die Verkleidung mit Fayencefliesen und -mosaiken vor. D. B.

Lit.: → Islamische Architektur; Monneret de Villard '66; Bloom '90.

Mindlin, Henrique (Ephim) (1911-71) → Brasilien.

Minoische Architektur. Alter Palast in Festos, Kreta, 1700-1650 v. Chr.

Minoische Architektur. Die Architektur auf Kreta während der ägäischen Bronzezeit des 3./2. vorchristlichen Jahrtausends. Die Forschung benennt dieses Zeitalter Kretas nach dem sagenhaften König Minos Minoische Epoche; während dieser Zeit entwickelt sich die erste europäische Hochkultur überhaupt, die innerhalb der absoluten Chronologie in folgende Epochen mit je drei Zeitabschnitten (I, II, III) unterteilt wird: Frühminoisch (FM) 3000-2050, Mittelminoisch (MM) 2050-1550, Spätminoisch (SM) 1550-1100. Während der FM-Epoche kennen wir in FM II (2600-2200) und in FM III (2200-2050) nur wenig nennenswerte Architektur:

Minoische Architektur. Theater und Propyläen in Festos, Kreta.

in Furnu Korifı/Ierapetra liegt eine FM-Siedlung, die aus mehr als 90 Räumen bestand, die etwa 100-120 Menschen Lebensraum bot; die Hausgrundrisse sind meist schiefwinklig oder additiv nach bestimmten Funktionsbereichen um einen Hof gereiht. In Pyrgos (Myrtos)/Ierapetra kennen wir eine Siedlung aus FM III, die dann als Herrenhaus eine Kontinuität bis in SM I b (um 1450) zeigt. Die minoische Palastarchitektur setzt mit den ›Alten Palästen‹ ein (MM I-MM II b, um 1950-1700), die nach ihrer Zerstörung sofort wieder aufgebaut werden; diese ›Neuen Paläste‹ (MM II b-SM I b, 1700-1450)

Minoische Architektur. Megaron der Königin im Palast zu Knossos, Kreta. Rekonstruktion von Evans.

und mit ihnen die gesamte minoische Kultur werden ›indirekt‹ nach einer Zeitverzögerung von ca. 50 Jahren durch den Vulkanausbruch von Santorin zerstört: möglicherweise vernichtete eine Flutwelle die für die kretische Export-Wirtschaft existentiell wichtige Flotte, und (Vulkan-)Aschenregen brachte noch Jahre später Mißernten mit sich, so daß Kreta und die Minoer – nach Schwächung des inneren sozialen Friedens nun von den Festlandgriechen, den Mykenern (→ Mykenische Architektur), erobert werden konnten.
Die M.A. ist stark funktionsgebunden und läßt sich an Gipfelheiligtümern und Grabbauten sowie an Palästen, Städten und Landhäusern (Herrenhäusern) darstellen: *Gipfelheiligtümer:* Über ihr Aussehen haben wir hauptsächlich nur bildliche Darstellungen von Siegeln, Gemmen und Vasen. Das Kultrhyton von Kato Zakros (SM I, um 1500) läßt eine von symbolischen Stierhörnern bekrönte Temenosmauer erkennen; in dem Hof stehen drei Altäre, von hier aus führen Stufen zu einem Heiligtum mit einer dreiteiligen ›Kultfassade‹ hinauf; Architekturreste solcher Bauten kennen wir u. a. von Knossos, Wathypetro und neuerdings auch von Anemospilia (wobei der Ausgräber dieses Gebäude als den ersten im minoischen Kreta gefundenen Tempel bezeichnet, MM II, um 1700). *Grabbauten:* Seit FM I (um 2600) kennt man auf Kreta Rundgräber (Tholoi), die vorwiegend in der Messara gefunden wurden. Der lichte Durchmesser der Gräber kann bei Wandstärken von ca. 2,5 m bis zu 13 m betragen. Die bienenkorbförmige Kuppel bestand aus einem Skelett von Rundhölzern, dessen Zwischenräume mit Schilfrohr und Lehm ausgefacht waren, das Fundament war ein etwa 1 m hoher Steinsockel (z. B. Platanos). Spätere Kuppelgräber zeigen bereits die ›Wölbetechnik‹ mit vorkragenden Steinen und sind Vorläufer der mykenischen Kuppelgräber, wie wir sie von Archanes (SM III a, 1400-1300) und Mykene (›Grab des Agamemnon‹, 1350-1325) kennen. Die Bauform dieser Kuppelgräber lebt auf Kreta heute noch in den Mitata-Hirtenhütten auf der Nidha-Hochebene weiter. *Paläste:* Anlagen von ›Alten Pa-

Minoische Architektur. Die ›Königliche Straße‹ zum Palast von Knossos, Kreta.

Minoische Architektur. Rundtempelchen aus Archanes, Kreta, um 1100-1000 v. Chr.

Der Palast von Zakros, Kreta, 1600-1450 v. Chr.

Rhyton aus Zakros, Kreta, mit der Darstellung eines minoischen Bergheiligtums.

lästen‹ kennen wir von Knossos (Abb. → Labyrinth) und Festos (neuerdings hat man auch in Kato Zakros Reste gefunden). ›Neue Paläste‹ entstanden in Knossos und Festos sowie in Mallia und Kato Zakros; die neuesten Grabungsergebnisse (Stand 1986) von Archánes und Chaniá lassen erkennen, daß auch hier Paläste errichtet waren; alle Paläste waren Kult- und Wirtschaftszentren zugleich.

Nur in Festos sind große Teile des Alten Palastes erhalten. Deutlich wird, daß die Ordnungsprinzipien der uns labyrinthartig erscheinenden M.A. bereits bei den ›Alten Palästen‹ bewußt geplant waren. Diese Baulogik wiederholt sich bei den ›Neuen Palästen‹ fast schablonenhaft. Immer bildet ein rechteckiger Zentralhof den Kern der Anlagen. Die Maße dieser Zentralhöfe bewegen sich in der Größenordnung von rund 50×25 m, nur der von Kato Zakros ist deutlich kleiner. Ferner ist die Längsachse der Höfe meist nur wenig aus der NS-Richtung nach W verschoben. Westlich der Zentralhöfe sind stets Magazine angeordnet, so benannt, weil sich in ihnen mannshohe tönerne Gefäße (Pithoi) fanden; darüber hinaus gab es im Erdgeschoß des Westflügels Kulträume und im Obergeschoß Säle repräsentativen Charakters. Außerhalb der zweigeschossigen Westflügel sind mit Ausnahme von Kato Zakros großräumige, gepflasterte Höfe mit leicht erhöhten, diagonal verlaufenden Prozessionswegen angelegt. Die M.A. kennt unsere heutigen – in der griechisch-römischen Antike wurzelnden – Gestaltungsprinzipien nicht. Völlig unbekümmert ließ man die Außenfronten vor- und zurückspringen, so wie es die Funktion und die Anlage der Innenräume erforderte. Überall in den Palästen sind Werkstätten integriert, die meist eigene Bezirke bilden. Im Osten der Zentralhöfe liegen Gebäudekomplexe (in Knossos mindestens viergeschossig), die ebenfalls in zwei Funktionsbereiche unterteilt sind: nördlich die Palastwerkstätten und die Magazine sowie südlich davon die Wohnquartiere. Konstruktiv bestanden die Paläste aus einer Art Holz-Fachwerkbauweise mit Steinfüllungen, daneben gab es gutes Quadermauerwerk; Säulen bestanden aus Holz und verjüngten sich nach unten. In den Untergeschossen wurden die Säulen von Stützen oder Wandscheiben abgefangen.

Es sieht so aus, als hätten die Minoer in der Palastarchitektur ein Grundmuster entwickelt, das sie mehr als 500 Jahre beibehielten; einen Entwurf, der nur nach den jeweiligen regionalen Gegebenheiten flexibel angepaßt werden mußte. Die Paläste gehorchen einem additiv akkumulierenden Prinzip, bei dem die vielen verschiedenen Räume meist nur jeweils durch den vorhergehenden zu betreten sind; sie sind rechtwinklig zueinander verschoben, was eine Orientierung erschwert, so daß ein scheinbares Labyrinth entsteht.

Städte: Die großen bronzezeitlichen Wirtschaftszentren des minoischen Kreta waren bereits in der Zeit der Alten Paläste von großen Städten umgeben, wobei kein Respektabstand Palast und Wohnarchitektur voneinander trennte, letztere ist oft so dicht herangebaut, daß man manchmal nur schwer zu sagen vermag, wo der Palast anfängt und die Stadt aufhört. Auch waren weder Palast noch Stadt in irgendeiner Hinsicht befestigt, und zwar weder zum Schutz vor einem inneren Feind (keine Palastbefestigung) noch vor einem äußeren Feind (keine Stadtmauer). Daraus schließen wir auf einen starken sozialen Frieden und auf eine gewinnbringende Handelsflotte, die im Zusammenhang mit der Insellage genügend Schutz vor Feinden von außen bot. Die Straßen der Städte sind teils enge Gassen, die zu (Wohn-)Plätzen zusammenliefen, teils sind sie als Treppenstraßen angelegt. Größere Wohnhäuser sind, wie die Paläste selbst, aus behauenen Steinen oder stabilisierenden Holzbalken nach Art der → Fachwerkbauweise errichtet, wie es uns ganz anschaulich das ›Stadtmosaik von Knossos‹ zeigt. Einfache Häuser baute man aus luftgetrockneten → Lehmziegeln.

Die bedeutendsten Beispiele minoischer Stadtanlagen sind: 1. Alte Palastzeit – Festos. 2. Neue Palastzeit – Mallia, Kato Zakros und Gournia, das jedoch in keinem Zusammenhang mit einem Palast, wohl aber mit einem kleinen Wirtschafts- und Verwaltungszentrum stand. Schließlich sei noch auf die minoische Stadt bei Akrotiri auf der Insel Santorin hingewiesen. Die teilweise noch zweigeschossig erhaltenen Außenwände, die lebensfrohen Fresken der Innenräume und die intimen Stadträume verraten etwas von der verfeinerten Wohn- und Lebensqualität der Minoer.

Landhäuser (Herrenhäuser): auf ganz Kreta liegen weit verstreut zahlreiche Landhäuser; meist sind es kleine Wirtschaftszentren, von denen aus das umliegende Ackerland kultiviert und bebaut wurde.

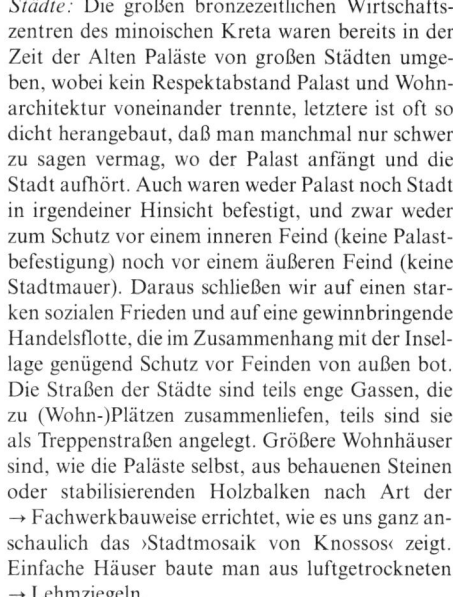

Thronraum im Großen Palast von Knossos, Kreta.

Hierbei handelt es sich nicht selten um große, bis zu dreigeschossige Gebäudekomplexe mit Werkstätten und Magazinen, Arbeitsräumen und repräsentativen Wohntrakten; immer sind auch Kulträume vorhanden. Die bedeutendsten minoischen Landhäuser sind das Weingut von Wathypetro und die drei Villen von Tylissos.   K.G.

Lit.: Evans, A.J. '21-36; Pendlebury '39; Hutchinson '62; Sinos '71; Gesell '85; Hallager '85; Spyridon-Marinatos '86; Gallas '87.

Hameau du Petit Trianon, Mühle, Versailles, von → Mique, um 1780.

Mique, Richard (1728-94). Führender Architekt des Louis-seize (→ Rokoko) und der letzte Hofarchitekt, der in Versailles gearbeitet hat. M. erhielt seine Ausbildung unter J.F. → Blondel in Paris und war dann für König Stanislaus Leszczynski in Nancy tätig, der ihn in den Adelsstand erhob. Nach dem Tode von Stanislaus 1766 Rückkehr nach Paris. 1767-72 Bau des Ursulinenklosters in Versailles, heute Lycée Hoche. Die Klostergebäude zeigen einen zurückhaltend-eleganten Stil, die Kirche ist sichtlich von → Palladios Villa Rotonda (Abb. S. 472) angeregt. 1775 schuf M. die Karmeliterkirche in Saint-Denis (heute Justice de Paix) mit einem ion. → Portikus und einer kleinen → Kuppel. Im selben Jahr wurde er → Gabriels Nachfolger als Erster Architekt Ludwigs XVI. und leitete zahlreiche kleinere Bauvorhaben in Versailles, wie die Ausstattung der Petits Appartements für Marie Antoinette im Schloß, den Bau des Theaters beim Petit Trianon und des eleganten Temple de l'Amour, des Belvédère und des Hameau, des Dörfchens der Königin, das als Schauplatz des sentimentalen späten Rokoko sein bekanntestes Werk wurde (Abb. → Ökologisches Bauen). M. starb auf der Guillotine.

Lit.: Morey 1868, Hautecœur IV.

Mithräum, das. Kultstätte für den iran. Weltheiland Mithras. Infolge der auffallenden Analogie zum christl. Glauben (Mithras wurde am 25.Dez. von einer Jungfrau geboren) ist die Anlage christl. Kultstätten über einem M. nicht ungewöhnlich (Rom, S. Clemente). Die Grundanlage des M.s mit Seitenschiffen und Kultnische mag frühe basilikale Anlagen beeinflußt haben. Mithräen waren besonders in röm. Provinzen anzutreffen. Auch bei Wien (Carnuntum) und im heutigen Hessen (Dieburg) sind sie nachgewiesen.

Mittelasien → *Nachträge.*

Mittelschiff, das. Der mittlere, von → Seitenschiffen flankierte Raum eines mehrschiffigen → Langhauses.

Mnesikles (5.Jh. v.Chr.). Berühmter Architekt im perikleischen Athen, von dem die → Propyläen (mit Abb.) auf der Akropolis (437-32 v.Chr.) stammen.
Lit.: Bungaard '57; Tiberi '64.

Mocker, Josef (1835-99) → Tschechoslowakei.

Modillon, der (gr.). **1.** Der meist verzierte Sparrenkopf, speziell beim Pfettendach (→ Dachkonstruktion 1). **2.** In den korinth. und röm. → Säulenordnungen eine Reihe kleiner → Konsolen, die das obere Glied des Kranzgesimses (→ Gesims) stützt.

Modillon am sog. Tempel des Clitumnus zwischen Spoleto und Foligno.

Modul, der (lat. modulus: kleines Maß, Model). **1.** In der Baukunst der Antike und der Renaissance der halbe untere Durchmesser einer Säule als Verhältnismaß für den zu errichtenden Bau; der M. war in 30 ›partes‹ unterteilt. **2.** In der modernen Architektur genormte Maßeinheit, die die → Präfabrikation erleichtert; geht auf → Le Corbusiers → Modulor zurück.
Lit.: Quatremère de Quincy 1788; Kepes '66.

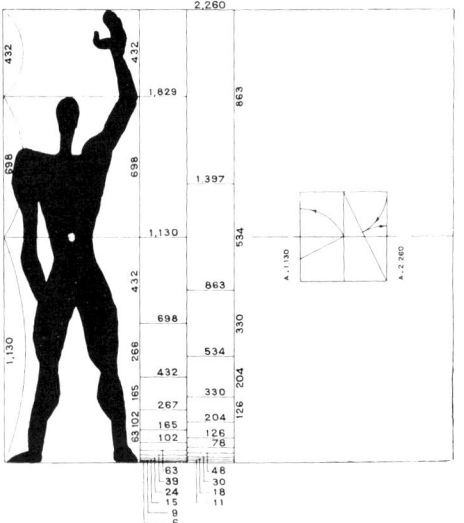

Modulor. Proportionssystem von → Le Corbusier, 1951.

Modulor, der. Das von → Le Corbusier in seiner Schrift ›Le Modulor‹ (1951) auf dem → Goldenen Schnitt aufgebaute Proportionssystem. Es beruht auf der menschlichen Figur. Le Corbusier hat dabei für die Körpergröße von 1,83 und von 1,75 m Maßreihen errechnet, die er den Proportionen seiner vier ›Unités‹ (Unité d'Habitation in Marseille, Nantes, Meaux, Berlin) zugrunde legte.
Lit.: Le Corbusier '48-50, '85³.

Mogulstil → Indien, Sri Lanka, Pakistan.

Mohammedanische Architektur → Islamische Architektur.

Möhring, Bruno (1863-1929). Studierte in Berlin und wurde (seit der Jahrhundertwende) für seine Bauten der Berliner Stadtbahn (Hochbauten und Stahlbrücken) bekannt. Sein Architekturstil vertrat eher die konservative Richtung des herrschenden → Neoklassizismus, die aufkommende Sachlichkeit im Stahlbau lehnte er ab. M. war sehr in der Berliner Stadtplanung engagiert (Projekt für die Bebauung des Südgeländes in Berlin-Schöneberg, 1909; Generalbebauungsplan Großberlin, 1910, zus. mit Rudolf Eberstadt und Richard Petersen; Gesamtorga-

Straßenüberführung der Hochbahn, Berlin, von → Möhring.

Piazza d'Italia, New Orleans, von → Moore, 1976-79.

St. Ludwig, Darmstadt, von → Moller, 1822-27.

Sea Ranch, von → Moore (MLTW), 1963-64.

nisation für den Dt. Pavillon zur Weltausstellung in St. Louis, 1904). Nach dem Ersten Weltkrieg folgten vorwiegend größer angelegte Mietshäuserkomplexe, zuletzt an der Sonnenallee (1927) oder Ostenderstr., Berlin-Wedding (1928/29).
Lit.: Günter-Herzog '75.

Moldenschardt, Heinrich (1839-91) → Kleihues.

Molinos, Jacques (1743-1813) → Gilly; → Bélanger.

Moller, Georg (1784-1852). Schüler von → Weinbrenner, war hauptsächlich in Darmstadt tätig; er entwarf dort eine klassiz. (→ Klassizismus) Kirche, St. Ludwig (1822-27), und das später ausgebrannte Hoftheater (1819-20). Sein Theater in Mainz (1833) war einflußreich wegen seiner halbkreisförmigen Fassade, die bald darauf von → Semper in Dresden aufgenommen wurde. M.s ›Denkmäler der dt. Baukunst‹ (1815-31) wurden auch im Ausland vielbeachtet.
Lit.: Fröhlich-Sperlich '59; Duchhardt-Bösken '75.

Møller, Carl August (1805-65) → Skandinavien.

Mollino, Carlo (1905-57) → Italien.

Molnár, Farkas (1897-1945) → Ungarn.

Mönch und Nonne → Dachdeckung 8.

Mönchschor. Der Chor der Mönche in einer Klosterkirche, meist mit dem → Chor identisch, in Sonderfällen aber auch ein hinter dem Hochaltar liegender Raum.

Moneo, José Rafael → *Nachträge.*

Monier, Joseph → *Nachträge.*

Monolith (gr.: Einzelstein). Denkmal, Bauteil oder Bauform aus einem einzigen Stein, wie etwa ein → Obelisk, häufig auch → Säulen u.a.

Monopteros, der (gr.). Ein Rundtempel mit Säulenkranz, jedoch ohne → Cella. Dieser Typ wurde im → Barock und → Klassizismus gern als Gartentempelchen verwendet.
Lit.: Vitruv IV 8, VII 12; → Gartenbaukunst.

Montferrand, Auguste Ricard de (1786-1858). Schüler von → Percier und → Fontaine; wirkte als Assistent von → Vignon am Bau der Madeleine in Paris mit. Ab 1816 in Rußland tätig, wo er zusammen mit → Rossi und → Stasow zu den führenden Architekten gehörte. Sein Meisterwerk ist die Isaaks-Kathedrale in St. Petersburg (1817-57), deren Kuppel (ca. 1842) von einem eisernen Rahmen getragen wird und damit zu den frühesten Beispielen der → Metallbauweise gehört; M. schuf auch die eindrucksvolle Alexandersäule aus Granit vor dem Winterpalais in St. Petersburg (1829).
Lit.: Hautecœur IV, VII; Hamilton '54; Réau '54; Butikov '80.

Montuori, Eugenio (geb. 1907) → Italien; Abb. → Razionalismo.

Monument (lat.). → Denkmal.

Moore, Charles Willard (geb. 1925). Zu seinen wichtigsten Lehrern an verschiedenen amerikan. Universitäten gehören Enrico Paressutti und → Kahn an der Princeton Universität in New Jersey (1954-57). 1962 gründete er mit Dolyn Lyndon, William Turnbull und Richard Whitaker die Partnerschaft MLTW, die er ab 1965-70 mit Turnbull in New Haven und San Francisco alleine weiterführte. Danach begründete M. ein Büro in Essex, Conn., und gehörte weiteren Arbeitsgemeinschaften an. Seine Wohnhäuser zeichnen sich durch ein bes. subtiles und differenziertes Raumgefüge aus, so z.B. innerhalb der aus verschiedenen Haustypen bestehenden Wohnanlage Sea Ranch in Kalifornien (Ende der 60er Jahre) und nicht zuletzt in seinem eigenen Haus in Orinda in Kalifornien (1962, Abb. → Postmoderne), deren Konstruktionsweise weitere Projekte des Massenwohnungsbaus in den 70er Jahren folgten. Eine Wiederaufnahme der mitteleuropäischen Architekturtheorien der 20er Jahre, bes. soweit sie den Wohnungsbau betreffen, ist unverkennbar. Auch sein Trend, manieristisch, bisweilen auch eklektizistisch zu bauen, läßt ihn als frühen Vertreter der → Postmoderne erscheinen. Bes. deutlich wird dies am St. Josephs Brunnen der Piazza d'Italia in New Orleans (1975-78) und schon zuvor am Kresge College der Universität von Kalifornien in Santa Cruz (1973/74), wo er bühnenartige Elemente, die an den Maler de Chirico denken lassen, wirksam in Szene setzt, dabei versteht, die regionalen Gegebenheiten mitzubedenken.
Lit.: Moore '74; Futagawa '75; Allen '81; Littlejohn '84; Frankfurt '87; CA '87.

Kresge College, Santa Cruz, Kalifornien, von → Moore (MLTW), 1973, mit Telefonzelle und Rednertribüne.

Moosbrugger → Mosbrugger, Caspar.

Moral, Enrique de (geb. 1906) → Mexiko.

Morandi, Antonio di Bernardino, gen. Terriblia (gest. 1568). Architekt aus Bologna. M. war beeinflußt von → Palladio, → Michelangelo und → Vignola. Ab 1540 Dombaumeister in Mailand, seit 1559 Architekt von S. Petronio in Bologna (beg. 1517). In Bologna entstanden weitere Werke, etwa die Klosterkirche von S. Giovanni in Monte (1543/44).
Lit.: Zucchini '33.

Morandi, Riccardo (geb. 1902). Nach dem Ingenieurstudium in Rom seit 1931 selbständig. M. gilt als internation. Spezialist für → Brücken von großer Spannweite und großräumige Hallenbauten in

Stahl- und Betonkonstruktion. Zu seinen herausragenden Werken zählen der unterirdische Autosalon in Turin (1959) mit einer plastisch expressiven Architektur aus → Sichtbeton oder die subtil wirkende Stahlgerüstkonstruktion für die Flugzeughalle des röm. Flughafens Fiumicino (1970). Von seinen zahlreichen Brücken in Europa, Nord- und Südamerika, Nordafrika und Arabien seien die Brücke über den Columbia River in Kanada (1960), die Wadi Kuf-Brücke in Libyen (1966) oder die Brücke über den Magdalenenfluß in Kolumbien (1970) erwähnt, die sich alle durch einen einfühlsamen Landschaftsbezug auszeichnen.

Lit.: Boaga-Boui '62; Masini '74; Morandi '91.

Autosalon, Turin, von R. → Morandi, 1959.

Moretti, Gaetano (1860-1938). M. gehörte zu den Vertretern des → Eklektizismus in der ital. Architektur. Für das Parlamentsgebäude in Rom (1889) verwendete er Zitate der Renaissancearchitektur, die er mit romanesken Baudetails verquickte. Ebenso gehören orientalische Formen, etwa am Crespi-Mausoleum von 1896 in Rom, zu seinem Repertoire. Um die Jahrhundertwende nahm die → Jugendstilbewegung Einfluß auf M. Seine wichtigsten Werke dieser Periode sind der Bahnhof Trezzo d'Adda (1906) und sein eigenes Haus in Mailand (1911).

Lit.: Beltrami '12; Annoni '50, '52; Perogalli '56; Calzavara '58; Nicoletti '78a.

Moretti, Luigi (1907-1973). M. war einer der signifikantesten Vertreter des extremen → Neoklassizismus und der modernen Architektur in Italien, sowohl während der Diktatur Mussolinis als auch nach dem Krieg. M. studierte in Rom von 1931-34. Seine Architektur stand dem → Rationalismus nahe, ohne dessen rigorose Sprache zu übernehmen. Bereits mit seinem ersten Bau, dem Haus der Jugend in Littorio, 1933, und der folgenden Casa delle Armi (Forum Mussolini, 1934) prägte M. seinen persönlichen Stil: plastische und großzügig übergreifende Bausegmente, klare Marmorfassaden von eleganter Monumentalität. Sein Projekt für die Piazza Imperiale (1938) in Rom ist eine Referenz an die klass. griech. Architektur. Nach dem Krieg,

Casa delle Armi auf dem Forum Mussolini, Rom, von Luigi → Moretti, 1934.

Wettbewerbsentwurf für den Palazzo Civiltà Italiana, Rom, von Luigi → Moretti, 1938.

ab 1947, arbeitete M. abwechselnd in Mailand und Rom, wo er eine Anzahl von privaten und öffentlichen Bauten verwirklichen konnte. Sein wohl bekanntestes Gebäude ist der Watergate-Komplex in Washington (1960-63). Zusammen mit → Nervi entstand in Montreal der Stock Exchange Tower (1967).

Lit.: Pevsner '42; Pagani '55; Pica '59a; Kidder-Smith '61; Ungaretti '68; Bonelli '75.

Morgan, Julia → *Nachträge.*

Morris, Robert (1701-54). Verwandter von Roger → Morris, Architekturtheoretiker. Er schrieb u. a. ›An Essay in Defence of Ancient Architecture‹ (1728), ›Lectures on Architecture‹ (1734) und das nachgelassene Werk ›Select Architecture‹ (1755), das großen Einfluß ausübte, z. B. auf → Jeffersons (mit Abb.) Landhaus Monticello oder auf den deutschen Klassizisten → Herigoyen.

Lit.: Morris, R. 1728, 1734-36, 1750; Colvin '54; Kaufmann '55a; Summerson '63.

Palladian Bridge, Wilton House, Wiltshire, von Henry Herbert, 9. Earl of Pembroke und Roger → Morris, 1736-37.

Morris, Roger (1695-1749). Einer der begabtesten und eigenständigsten Vertreter des → Palladianismus, gehörte jedoch mehr zur Schule von → Campbell als zu der von → Burlington. Seine meisten Werke schuf er gemeinsam mit dem 9. Earl of Pembroke, einem Amateurarchitekten, dessen Anteil an den Entwürfen schwer bestimmbar ist. Zu M.' Werken gehören Marble Hill in Twickenham (1728) und die ornamental aufgefaßte neupallad. Brücke in Wilton (1736). Gegen Ende seines Lebens wandte M. sich der → Neugotik zu, so bei einem Entwurf für Inveraray Castle in Schottland (1746ff.).

Lit.: Colvin '54; Kaufmann '55a; Summerson '63.

Morris, William (1834-96). Morris war kein Architekt, da er aber großen Einfluß auf Architekten ausübte, muß er in ein Architekturlexikon unbedingt aufgenommen werden. M. hatte mit einem Theologiestudium begonnen, wandte sich aber bald der Architektur zu und arbeitete in Oxford im Ar-

William Morris.

Tapete ›Chrysanthemum‹, von William → Morris, 1877. Entwurf.

Klosterkirche Einsiedeln, Entwurf von → Mosbrugger, beg. 1719.

chitektenbüro von → Street. Dann studierte er völlig ohne Methode Malerei bei Rossetti. Als M. in London seine Wohnung einrichtete und besonders, als er nach seiner Heirat ein Haus brauchte, stellte er fest, daß Baustil und Einrichtungsstil seiner Zeit nicht seinem Geschmack entsprachen. Er brachte seinen Freund Philip → Webb dazu, für ihn das wegweisende ›Red House‹ zu entwerfen, ein ganz auf seinen Bewohner zugeschnittenes, schlichtes Haus aus rotem Backstein (Abb. → Großbritannien; → Webb). Auf Grund der ergebnislosen Suche nach zufriedenstellenden Möbeln gründete M. 1861 zusammen mit einigen Freunden die Firma Morris, Marshall & Faulkner (später Morris & Co.) und entwarf selbst Tapeten, die ornamentalen Teile (gelegentlich auch Figürliches) für Glasfenster, Chintze (bedruckte Stoffe) und später auch Teppiche, Tapisserien und gewebte Möbelstoffe für sein Unternehmen. Zuletzt druckte er auch Bücher und entwarf für diese die Drucktypen und den Schmuck (Kelmscott Press, 1890-96). Alle seine Entwürfe werden von stilisierten Formen, die an die Fläche gebunden bleiben und zum damals herrschenden Naturalismus im Gegensatz stehen, bestimmt; dennoch zeigt sich in ihnen ein tiefes Naturverständnis, durch das M. wiederum in Gegensatz zu den ornamentalen Arbeiten einiger älterer engl. Reformer (→ Pugin; Owen Jones) steht. M.' Stil wirkte prägend auf die jüngeren Architekten um → Shaw, vor allem, weil M. nicht nur durch seine Entwürfe, sondern von 1877 bis zu seinem Tod auch durch seine Vorträge starken Einfluß ausübte. In den Vorträgen trat er nicht nur leidenschaftlich für bessere, sinnvollere Gestaltung ein, sondern kämpfte auch gegen die Häßlichkeit der Städte, der einzelnen Bauwerke und ihrer Einrichtung, und außerdem für die Reform einer Gesellschaft, die für diese Städte, Häuser und Produkte die Verantwortung trug. M. war Sozialist; daß er auch Dichter war, würde hier nicht zu erörtern sein, wenn nicht seine Dichtungen ebenfalls seinen Weg von einer schwärmerischen Liebe zum MA. zur selbstgewählten sozialen Verantwortung für die Gegenwart spiegelten. M.' Begeisterung für das MA. lebt in seinen Dichtungen, seinen Entwürfen und selbst in seinen gesellschaftlichen Theorien; er faßte den Sozialismus als eine bewußte Rückkehr zu einer Lebensweise auf, in der Arbeit in der Form von Handwerk die Arbeitenden selber befriedigt. M. glaubte fest – auch hier griff er wieder auf das MA. zurück –, daß alle Kunst »vom Volk für das Volk« zu schaffen sei; aber er konnte das Dilemma, daß Handarbeit mehr kostet als Maschinenarbeit und aus diesem Grunde die Erzeugnisse seiner Firma ›für das Volk‹ unerschwinglich waren, nicht lösen. Es bedurfte einer weiteren Reform und einer Revision der wesentlichen Lehrmeinungen von M., ehe man zu der Lösung des 20. Jhs. gelangte, wo Architekten und Künstler Entwürfe für industrielle Gebrauchsgüter schaffen und dadurch allen, nicht nur dem wohlhabenden Kenner, dienen. Aber M. leitete diese Bewegung ein und auf ihn ist es zurückzuführen, daß Künstler wie van de → Velde oder → Behrens und Architekten wie → Voysey sich der Formgebung von Industrieprodukten zuwandten. Ihm ist es nicht zuletzt zu danken, daß die Flächenkunst die Bedeutung gewann, die sie seitdem innehat. Das gilt auch für Webbs Möbelentwürfe für M., die ein neues Formgefühl einleiteten.

Lit.: Morris, W. 1891, '10-15, '47; De Carlo '47; Mackail '50; Thompson, E. P. '55; Goldzamt '67; Henderson '67; Thompson, P. '67; Manieri Elia '76; Kirsch '83; Stansky '84.

Mosaik. Geom. oder figürliche Flächendekoration für Wände, Kuppeln oder Fußböden aus kleinen bunten Glas-, Stein- oder Marmorstücken, die in einem Mörtelbett aneinandergelegt werden. Die M.kunst erreichte in der röm. und byzant. Epoche ihren Höhepunkt.

Lit.: Antony '35; Argan '59; Portoghesi '59.

Mosaik. Sant'Apollinare Nuovo, Ravenna, Anfang 6. Jh. Aus dem Mosaikfries des Langhauses.

Mosbrugger (Moosbrugger), Caspar (1656-1723). Geb. in Au im Bregenzerwald, dem Zentrum der Vorarlberger Steinmetzgilde, wurde zum Mitbegründer der → Vorarlberger Schule, der neben ihm auch die Familien → Beer und → Thumb angehörten. Nach einer Steinmetzlehre trat er 1682 als Novize in das Benediktinerkloster von Einsiedeln ein, wo er sein weiteres Leben als Laienbruder verbrachte. Er wurde der größte Schweizer Barockarchitekt (→ Barock). Bereits 1684 suchte man seinen Rat für das Kloster Weingarten (mit dem Bau wurde erst viele Jahre später begonnen). M.s Hauptwerk ist die Benediktiner-Klosterabtei Einsiedeln (beg. 1719), eine selbst für einen Barockarchitekten ungewöhnlich komplizierte Raumkomposition, deren Fertigstellung M. nicht mehr erlebte (Abb. → Schweiz; Abb. → Solari). Von 1694-98 entwarf er die Klosterkirche von Muri. Wahrscheinlich war er auch, wenigstens als Berater, an der Planung der großen Kirche des Benediktinerklosters in Weingarten beteiligt, deren Fassade stark an Einsiedeln erinnert, und vielleicht stammt auch die Klosterkirche in Disentis von seiner Hand (1696-1712).

Lit.: Birchler '24; Hempel '65; Donin '52; Lieb-Dieth '60, '83²; Oechslin '73.

Moschee. Sie repräsentiert den Prototyp des islam. Kultbaues. Die arab. Bezeichnungen, Dschami: Freitagsmoschee und Mesdschid: Alltagsmoschee, sind von allen Landessprachen des islam. Kulturkreises übernommen worden; sie finden sich im Türkischen und Persischen wie auch in Urdu und Paschtu. Weder Koran noch Hadith enthalten Hinweise oder Richtlinien, wie M.n gebaut werden sollen. Von Anfang an waren die Kultbedürfnisse des Islam einfach; die Moslems benutzten die M.n zum gemeinsamen Gebet, jedoch auch zu anderen religiösen und gesellschaftlichen Zwecken. Keine besondere Zeremonie ist notwendig, um die M.n zu weihen und sie dem Gottesdienst zu widmen, wie für Tempel und Kirchen. Den Prototyp bildete der von Mohammed 622 eingerichtete Gebetsplatz in seinem Haus in Medina, ein quadrat., ummauerter und teilweise überdachter Bezirk. Im Zuge der Ausbreitung des Islam bildeten sich daneben Typen,

Zen-Tempel, Tokio, von → Mozuna, 1979.

die sich an vorhandene Kultbauten anlehnten (die Omajjaden-M. in Damaskus ist dreischiffig). – Die frühen M.n waren fast immer Hofm.n (Lager-, Freitagsm.), die aus einem weiträumigen Arkadenhof und dem oft vielsäuligen Betsaal (Haram) bestehen. Das gegen Mekka gerichtete Schiff ist breiter und häufig durch eine oder mehrere Kuppeln hervorgehoben. In der nach Mekka weisenden Quiblawand ist die Gebetsnische (→ Mihrab), daneben steht der → Mimbar. Ferner gehört zur M. das → Minarett. – Die Omajjaden bereicherten diesen Typ der M., indem sie das Mittelschiff stärker akzentuierten und den freien Hofraum einengten zugunsten überdeckter Hallen. Eine Ausnahme bildet die sog. Omar-M. in Jerusalem im ehem. jüdischen Tempelbezirk (691-92, Abb. → Islamische Architektur). – Neue Impulse kamen im 11.Jh. aus dem Iran in Form der Liwan-M. (→ Liwan), deren weiter, von doppelgeschossigen Bauten umstandener Hof vier große, nach dem Hof offene und überwölbte Liwane aufweist. Dieser Typ ist von der → Medrese beeinflußt, die auch häufig mit der M. in einem Komplex zusammengelegt wird. – Im 14.Jh. entwickelte sich unter den Osmanen in der Türkei die Kuppelm., die in den großartigen M.n des Baumeisters → Sinan ihren Höhepunkt erfuhr. → Islamische Architektur; → Iranische Architektur; → Indien, Sri Lanka, Pakistan; → Türkei.   H.Ch.H.

Lit.: → Islamische Architektur; Kühnel ’49 b; Golvin ’60; Vogt-Göknil ’78, ’81; Sauermost ’81.

Moser, Karl (1860-1936) → Schweiz.

Mothe, Vallin de la (1729-1800) → Sowjetunion.

Moya, John Hidalgo (geb. 1920) → Powell & Moya; → Nervi.

Mozarabischer Stil. Von Christen unter maur. Einfluß geprägter Stil, vom Anfang des 9. bis zum frühen 11.Jh. in → Spanien; bestes Beispiel ist San Miguel de Escalada bei León (913 gew.). Dieser vom Geist her christl. Stil (basilikaler Aufbau) zeigt viele islam. Züge, etwa den Hufeisenbogen (→ Bogen II 3), der auch im Grundriß vorkommt, untektonisches Denken (schwere Mauermassen ruhen auf verhältnismäßig dünnen Säulen), Streben nach mystischem Dunkel; die gebräuchlichsten Wölbungsarten sind Tonnen und kuppelige Kreuzgewölbe (→ Gewölbe III, 1 u. 4); in der Dekoration mischen sich byzant. und maurische Stilelemente (→ Islamische Architektur). Mozarabische Kirchen sind im allgemeinen klein und stehen in der freien Landschaft; sie bilden die größte und besterhaltene Gruppe vorroman. Bauten in Europa.

Lit.: Gómez Moreno ’19; Arenas ’72.

Mozuna, Monta (Kiko) (geb. 1941). Studium und Lehrtätigkeit an der Universität Kobe. M. greift auf alte buddhistische und japan. Vorstellungen zurück, auf den von Amitaba prophezeiten ›Nirvana-Tempel‹ Maitreya oder die Zeichen *ken* und *kon* aus dem I-Ging. Auch Mandalaformen, die schon in der tibet. Architektur eine Rolle gespielt hatten (→ Tibet), oder die als elliptisch verstandene Struktur eines gekrümmten Weltalls (Weltenei) setzte er um. Die Relationen zwischen menschlicher Körperform und Architektur (→ Anthroposophische Architektur), die Zwillingsform *(sodo),* die auch als Spiegelform verstanden werden kann, und die Prinzipien Ying und Yang studierte er eingehend. Der Schrein im Schrein *(sayado)* konnte in der ›Anti-dwelling-box‹ in Kushiro (1971/72, Abb. → Japan) zum ›Würfel im Würfel‹ oder beim Zen-Tempel in Tokio (1979) zum ›Haus im Haus‹ bzw. zum Tabernakel werden. In der Saitama-Präfektur Niiza (1980) führen die Stufen aufwärts durch eine Spiegelhalle, durch einen schmalen Schlitz bis zum Dach. Neuere Werke: Städt. Museum, Kushiro, Hokkaido (1980-84), Higashi Junior High School, Kushiro, Hokkaido (1983-86), Unoki Grundschule, Akita (1988).   W.R.

Lit.: CA ’80, ’87; Mozuna ’91.

Mudéjar-Stil. Span. christl. Architektur in rein mohammedanischem Stil. Der Ausdruck bezog sich eigentlich auf Mohammedaner, die nach der Wiedereroberung Spaniens unter christl. Herrschaft zurückblieben, und in der Tat wurde dieser Stil von Mohammedanern in Spanien oder von Christen, die in span.-mohammedanischer Tradition arbeiteten, entwickelt. Bedeutende Beispiele sind die Kapelle Alfonsos VIII. im Kloster von Las Huelgas bei Burgos aus dem frühen 13.Jh. und der Alkazar von Sevilla aus dem 14.Jh. mit seinen kufischen Lobpreisungen christl. Herrscher. Motive des Mudéjar-Stils drangen in die Architektur der span. → Gotik ein und lassen sich selbst noch im 16.Jh. in Bauten des → Platereskenstils erkennen.

Lit.: Gómez Moreno ’06; Kühnel ’24; King ’27; Camano Martinez ’44.

Zen-Tempel, Tokio, von → Mozuna, 1979.

Mozarabischer Stil. S. Miguel de Escalada, bei León, Spanien, geweiht 913.

Mudéjar. Patio de las Doncellas,
Alkazar, Sevilla, 14. Jh.

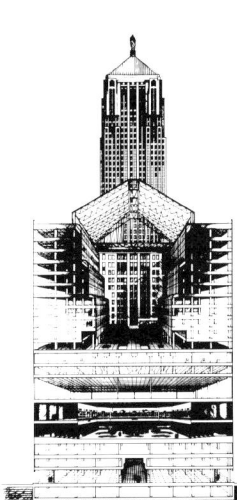

Erweiterungsbau des Board of
Trade Building, Chicago, von
→ Murphy & Jahn, 1978-82.
Schnittperspektive des Anbaus
vor dem Hauptbau.

Munggenast, Josef (1680-1741). Ein Vetter und Schüler von → Prandtauer, für den er als Polier gearbeitet hat und dessen Nachfolger er in Melk wurde. In Zusammenarbeit mit dem Bildhauer, Ingenieur und Architekten → Steinl erbaute M. die ehemalige Augustinerstiftskirche in Dürnstein, die sich durch kühn bewegte Innenraumgestaltung und einen hochoriginellen Turm auszeichnet (1721-27, Abb. → Österreich). M.s Originalität wird in seinem Hauptwerk, dem Umbau des Benediktinerstifts Altenburg, sichtbar. Hier warf er der got. Kirche ein überschwengliches, farbenfrohes Barockgewand über und schuf eine der schönsten Bibliotheken des Barock (1731-42).
Lit.: Wagner, G. '40; Lieb-Dieth '60; Munggenast '63; Hempel '65.

Münster (lat. monasterium: Kloster). Urspr. der Name für jede klösterl. Niederlassung, später hauptsächlich in Süddeutschland gebräuchlicher Ausdruck für größere (got.) Kirchen, auch wenn sie weder Kloster- noch Kathedralkirchen waren (Ulm, Freiburg, Straßburg).

Murano, Tohgo (1891-1984). M. ist einer der Pioniere der modernen Architektur Japans. An der Waseda Universität in Tokio ausgebildet, war er Mitarbeiter von → Watanabe in Osaka in den Jah-

Bibliothek des Benediktinerstifts Altenburg, von
→ Munggenast, 1731-42.

ren 1918-29. Ab 1929 selbständig, baute er 1936 in Osaka das Warenhaus ›Sogo‹, das als sein erstes in der Konstruktion modernes Gebäude für die folgenden richtungweisend wurde, eine subtile Mischung aus westlicher Architektur und japan. Bautradition (Abb. → Japan). Nicht weniger Beachtung erhielten seine beiden Theatergebäude: das Kabuki Theater in Osaka (1958) und das Nissei Theater im Stadtteil Hibiya, Tokio (1963). Zu seinen hervorragenden Bauwerken gehört auch das Verwaltungsgebäude der Versicherung Chiyoda-Seimi in Tokio (1965), wo er es verstand, – wie auch in den Großbauten der 70er Jahre, z. B. dem Keizo Koyama Art Museum (1976) –, die enorme Größe an umbautem Raum in ihrer Massigkeit durch delikate Gliederung in eine Architekturlandschaft zu reduzieren.
Lit.: Murano '63; CA '80.

Neues Kabuki-Theater, Minami Ward, Osaka, von
→ Murano, 1958.

Murphy & Jahn. Zu einer der herausragendsten Persönlichkeiten in dem Chicagoer Architekturbüro Murphy Associates war 1981 nach 14 Jahren der Zusammenarbeit Helmut Jahn geworden, woraufhin das Büro nun auch Murphy & Jahn firmierte. Jahn (geb. 1940) war nach dem Studium an der Technischen Universität München Mitarbeiter am Illinois Institute of Technology, Chicago, bei → Mies van der Rohe. 1977 Mitglied von → Chicago Seven. J.s romantisch-historisierende Hochhausarchitektur (Romantic High-Tech), die an den Stil der frühen Wolkenkratzer anknüpft, charakterisiert seine Arbeiten. Seine Doppelbegabung als Techniker und Architekt ließ ihn rasch zu einem führenden Architekten der → Postmoderne und des neuen → Konstruktivismus werden. Neuere Bauten: State of Illinois Center, Chicago (1979-85; Abb. → USA), O'Hare-Flughafen, Chicago (1980-90), Messeturm, Frankfurt am Main (1984-88). Seit 1983 ist Jahn Alleininhaber des Büros Murphy & Jahn.   W.R.
Lit.: Murphy '80; Nakamura '86; N. Miller '86; Joedicke '86; Glibota '87.

Muschel. Halbkuppel (→ Kuppel) in Form einer Muschel, häufig über einer → Konche oder → Apsis, auch über → Nischen.

Muschelwerk. Dekoration aus muschelähnlichen Formen, vom 16.-18. Jh. gebräuchlich; besonders typisch bei der Ausstattung von → Grotten.
Lit.: Bauer, H. '62; Griseri '67.

Museumsarchitektur. Kunstmuseen sind eine Erscheinung der europäischen Kultur und andernorts erst in neuerer Zeit unter dem Einfluß von Europäern entstanden. Vorbedingung für ihre Entwicklung war die ästhetische Distanz zwischen Betrachter und dem Werk, der ›Sündenfall‹ der Kunst: die

Museumsarchitektur. Antiquarium der Residenz München, von Wilhelm Egkl, 1571.

Entdeckung der Kunst als Kunst (im Gegensatz zur Anbetung des Bildwerks durch den Gläubigen oder seiner geistigen Versenkung und Identifikation mit dem Dargestellten).

Magisch-mythische Vorbedingung ist auch die numinose Faszination, die von einem Schatz, Hort ausgeht (von dem geglaubt wird, daß sich dessen Macht auf den Besitzer überträgt).

Die Pyramiden Ägyptens und die Gräber → Mykenes waren Schatzkammern für die Verstorbenen. Noch weit davon entfernt, Museum zu sein, wurden auch in den griechischen Tempeln und Schatzhäusern (z. B. Schatzhaus der Athener in Delphi, Abb. → Antentempel) Kunstwerke als kostbare Weihe- und Opfergaben verwahrt. Die Hera-Tempel in Olympia oder auf Samos waren Skulpturensammlungen, die → Pinakothek von Sikyon bewahrte Werke einheimischer Malerei (4. Jh. v. Chr.). Die Kunstsammlungen der hellenistischen Könige oder Kaiser Hadrians Villa in Tivoli (Abb. → Römische Architektur) sind wichtige Etappen der Säkularisation der Kunst in antiker Zeit.

Kirchenschätze und Heiltumssammlungen sind die mittelalterlichen Erscheinungsformen von ›Kunstsammlungen‹, die indes – analog zur vorklassischen Zeit Griechenlands – keine Museen waren. Seit dem 14. Jh. entstehen die fürstlichen Kunst- und Wunderkammern. Jean Duc de Berry hortete neben Reliquien, Prachthandschriften, Goldschmiedearbeiten auch Straußeneier, präparierte Fische oder ›Seeungeheuer‹. Die Trennung von Kunst- und Naturalienkabinetten ist neueren Datums. Auch die italienischen Herzöge, Fürsten und Päpste legten große Kunstsammlungen an. Eine der ersten architektonischen Manifestationen frühen Sammelns ist das Antiquarium der Münchner Residenz (1569-1600), das die Antikensammlungen der bayerischen Herzöge beherbergte. Im Zeitalter des Absolutismus füllten die Kunstsammlungen die Schlösser und waren dem Hofstaat vorbehalten. Eine der ersten, dem Publikum geöffneten Fürstensammlungen ist die im Auftrag Friedrichs II. erbaute Galerie von Sanssouci. Unter Joseph II. wurden die Wiener Sammlungen öffentlich.

Das erste moderne Museum ist das nicht auf fürstliche Sammlungen zurückgehende, 1753 gegründete Britische Museum in London. Das Museum löste sich jetzt aus dem Schloßkomplex heraus und wurde zu einer eigenständigen Gebäudegattung. Neben den Schauräumen wurden Depots, Räume für Ver-

waltung, Restaurierung und Bibliothek verbindlich. Pionierbauten wurden Klenzes Münchner Glyptothek (1816-34) und dessen Alte Pinakothek (1826-36) – neuartig u. a. die Oberlichter für die Mittelsäle des Obergeschosses –, der die Galerien in Dresden, Kassel und Braunschweig folgten.

Den monumentalen Anlagen des 19. Jhs., denen in vielen Fällen die Aufgabe nationaler Repräsentation zukam (Museumsinsel Berlin u. a.) entspricht die im 20. Jahrhundert zunehmende Tendenz zum Zweckbau – am extremsten vielleicht im Gebäude des Centre Pompidou, Paris, verkörpert (Abb. → Piano; → Rogers). Die Konkurrenz der Nationen wird von der Konkurrenz der Städte abgelöst: Los Angeles sucht New York zu übertreffen, Frankfurt die Städte am Rhein. Gerade in Deutschland sind M.bauten – als die derzeit größten Bauaufgaben – zu ›Kathedralen‹ des 20. Jahrhunderts geworden. Im Zeichen der → Postmoderne erlebt der Repräsentationscharakter der M. einen neuen Aufschwung, der nicht selten mit den praktischen Erfordernissen in Streit gerät. Die Museen, die im 19. Jh. als Stätten der Bildung konzipiert waren, sind heute zu Kulturzentren mit vielfältigem Angebot geworden. Abb. → Branca; → Deutschland; → Döllgast; → Hollein; → Pei; → Piano; Postmoderne; → Smirke; → Stirling; → Ungers; → USA; → Wright.   W. R.

Lit.: Mundt '74; Deneke/Kahsnitz '77; Frankfurt '85; Montaner '87, '90 (m. Olivares); Lampugnani '90.

Mushrabije (arab.). Das hölz. Gitterwerk der Fenster arab. Häuser oder Paläste.

Mushrabije.

Musmeci, Sergio (1926-81) → Italien.

Haus Mohrbutter, Berlin-Schlachtensee, von → Muthesius, 1912.

Muthesius, Hermann (1861-1927). Als Architekt folgte M. den Grundsätzen, die von der engl. Bewegung des ›Domestic Revival‹ formuliert worden waren, doch beruht sein Haupteinfluß darauf, daß er die Ideen, die hinter dieser Richtung und der engl. → Arts and Crafts Bewegung standen, in Deutschland bekannt machte und ihnen Geltung verschaffte. 1896-1903 gehörte er der dt. Botschaft in London an. Er studierte engl. Architektur und engl. Design. M.' Buch ›Das engl. Haus‹ (1904) ist zum Standardwerk geworden. 1907 wurde er im Landesgewerbeamt Berlin Referent für die preußischen Kunstgewerbeschulen. Er gehörte zu den Gründern des → Deutschen Werkbundes. Abb. → Vernacular.

Lit.: Muthesius, H. '01-02, '02, '04-05; Schmitz '27; Pevsner '36; Banham '60; van de Velde '62; Posener '64; Muthesius, St. '74; Muthesius '90.

Mutulus, der (lat.: Dielenkopf). Eine rechteckige Steinplatte an der Unterseite des → Geisons der dor. → Säulenordnung. Diese Platte hängt jeweils über einer → Metope und einer → Triglyphe und ist mit drei Reihen von je 6 runden Tropfen (→ Guttae) besetzt. Abb. → Griechenland.

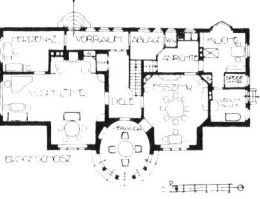

Haus Kuscynski, Berlin-Schlachtensee, von → Muthesius, 1914.

Muzio, Giovanni (geb. 1893) → Italien.

Das Löwentor, Mykene, um 1450 v. Chr.

Nordwestecke der Wehrmauer von Mykene, um 1400-1350 v. Chr.

›Grab des Agamemnon‹ (sog. ›Schatzhaus des Atreus‹), Mykene, 14.-13. Jh. v. Chr.

Megaron im Palast von Pylos, Messenien. Rekonstruktion.

Mykenische Architektur. Die mykenische Architektur – Zentrum ist die Peloponnes mit der Argolis – ist sowohl in der Grabarchitektur als auch bei der Errichtung von Fürstenburgen stark von den Minoern (→ Minoische Architektur) beeinflußt worden. Doch im Gegensatz zu dem verfeinerten Lebens- und Wohngefühl der Minoer, das sich in ihren unbefestigten Palästen mit vielen kleinen, intimen Räumen ausdrückt, errichteten die kriegerischen Helladen trotzige, abwehrende Fürstenburgen (Mykene, Tiryns). Übernommen werden nur der unregelmäßige Verlauf der Außenfront, die Grundrißtypen, die Bauformen, die um Höfe gruppierte additive Bauweise; sonst werden fast alle minoischen Architekturprinzipien umgedeutet. Das mykenische → Megaron, der Kern der Anlage, wird nun als völlig selbständiger, klar artikulierter Baukörper verstanden. Es entstehen monumentale Bauwerke, deren Wegführung vom Burgeingang zum

Burg von Tiryns, Blick aus der sog. Großen Kasematte gegen Süden, um 1300 v. Chr.

Megaron eine sich steigernde, eindrucksvolle Abfolge darstellt und mit den labyrinthischen, plötzlich abbrechenden minoischen Gängen und Korridoren nicht mehr vergleichbar ist. Doch konnte sich die mykenische Architektur nie ganz von den Einflüssen der minoischen lösen und gelangte so nie zu wirklicher Eigenständigkeit.

Das mykenische Kuppelgrab (→ Grab), dessen Vorläufer wohl das Schachtgrab und das zeitlich etwas jüngere Kammergrab, ein »unterirdisches Haus der

Toten« (Gruben), sind, kann ebenfalls auf minoische Einflüsse zurückgeführt werden. Dem großartigsten mykenischen Kuppelgrab, dem sog. ›Schatzhaus des Atreus‹, auch ›Grab des Agamemnon‹ genannt (um 1350 v. Chr., Abb. → Kuppelgrab), steht das um 350 Jahre ältere, in der Nähe von Knossos gefundene minoische Kuppelgrab gegenüber, das ihm sowohl in der Konstruktion als auch im Entwurf sehr ähnlich ist (Archanes Tholos A).   K. G.

Lit.: Fimmen '24; Poëte '29; Karo '30-33; Wace '49; Lawrence '57; Mylonas '57; Rau, H. '57; Platon in EUA ›Cretesemiceneo‹; Hutchinson '62.

›Grab des Agamemnon‹ (sog. ›Schatzhaus des Atreus‹), Mykene, 14.-13. Jh. v. Chr.

Mylne, Robert (1734-1811). Rivale von Robert → Adam, stammte aus einer alten schott. Baumeisterfamilie. Er ging nach einer Lehre bei seinem Vater in Edinburgh 1754 nach Paris und 1755-58 nach Rom, wo er 1758 den 1. Preis der Accademia di S. Luca erhielt. 1759 ließ er sich in London nieder. Sein erstes Werk in London, die Blackfriars' Bridge (1760-69, zerst.), bei der er elliptische Bögen einführte, war sein schönster Bau. Später arbeitete er sowohl als Architekt als auch als Ingenieur. Das größte der von ihm entworfenen Landhäuser, Tusmore (1766-69, von W. Burn 1858 verändert), errichtete er im neupalladian. Stil (→ Palladianismus). Eleganter und eigenständiger ist The Wick in Richmond (1775), während die von ihm entworfene Fassade der Stationers' Hall in London (1800) streng → klassiz. ist.

Lit.: Mylne 1893; Summerson '53; Richardson, A. E. '55.

Die Burg von Mykene. Rekonstruktionszeichnung.

N

Naga, die (sanskr.: Schlange). Religiöses Motiv der buddhist. Kunst; in der Architektur z. B. als Nagabalustraden (→ Balustrade).

Nagara, der (ind.: Sikhara). Ein über der → Cella eines indischen Tempels sich erhebender Turm mit einem dem Quadrat angenäherten Grundriß.

Nagara-Stil → Indien, Sri Lanka, Pakistan.

Nagelkopf. Zierstreifen aus kleinen aneinandergereihten Pyramiden in der → roman. Ornamentik (→ Diamantierung).

Naos, der (gr.: Wohnung). **1.** Innenraum des griech. → Tempels, in dem das Götterbild aufgestellt war, auch → Cella. **2.** In der → byzant. Architektur hießen Chor und Allerheiligstes einer zentral geplanten Kirche N., d. h. die Teile, die der Liturgie dienten.
Lit.: → Byzant. Architektur; → Tempel; Testini '58.

Narthex, der (gr.). In den byzantinischen Kirchen der vom → Langhaus durch Säulen, Gitter oder eine Wand abgetrennte und für Büßer, Täuflinge und Katechumenen bestimmte Vorraum; der N. ist nicht zu verwechseln mit dem Portalvorbau, der sich zur Straße hin öffnet. – Im MA. dann ganz allgemein eine abgeschlossene Vorhalle hinter dem Haupteingang; wenn er quer zur Ostwestrichtung liegt, ist er mehrere Joche tief.
Lit.: → Byzant. Architektur; Deichmann '48; Testini '58.

Nase. Vorspringende Spitze, die durch das Zusammentreffen zweier Pässe (→ Paß) beim got. → Maßwerk gebildet wird.

Nash, John (1752-1835). Londons einziger, wirklich schöpferischer Städteplaner, der größte Architekt des pittoresken Stils (→ Pittoreske, das). Im Gegensatz zu seinem Zeitgenossen → Soane war er selbstbewußt und anpassungsfähig, erfolgreich in der Gesellschaft und konservativ in seinen Entwürfen. Details behandelte er oberflächlich und nachlässig, erreichte jedoch mühelos meisterhafte Wirkungen. Ihm lag, wieder im Gegensatz zu Soane, mehr an der Gestaltung des Außenbaus als der Interieurs. N. war der Sohn eines Mühlenbauers in Lambeth, wurde von → Taylor ausgebildet, machte sich aber schon früh selbständig und baute um 1780 Häuser mit Stuckfassaden, damals eine Neuheit in London. 1783 mußte er seinen Bankrott erklären, zog sich nach Wales zurück und entdeckte den Gartenarchitekten → Repton. Gemeinsam bauten sie vornehme Landhäuser. N.s. Ideenreichtum war sehr groß, er arbeitete in jedem nur möglichen Stil: Klassiz. (Rockingham, 1810), ital. Landhausstil (Cronkhill, ca. 1802), im Stil got. Burgen (Ravensworth Castle,

1808; Caerhays Castle, 1808); er ließ sich sogar von ind. und chin. Details anregen (Royal Pavilion, Brighton, 1815, Abb. → Historismus), errichtete Landhäuser mit Strohdächern (Blaise Hamlet, 1811, Abb. → Cottage orné). Sein ›Maskenball‹ der Stile, die Asymmetrie der Grundrisse und Silhouetten seiner Entwürfe vertreten auf vollkommene Weise den malerischen Stil in der Baukunst. Diese malerische Verbindung von freier Gestaltung und stilistischer Gebundenheit kennzeichnet vor allem sein großartigstes Werk, die Anlagen von Regent's Park und Regent Street in London (beg. 1811), eine

Chester Terrace, Regent's Park, London, von → Nash, 1811.

phantasievolle Komposition, die den Gedanken der Gartenstadt vorwegnimmt. Obwohl N. bei Baubeginn schon 60 Jahre war, besaß er noch den Enthusiasmus und das Organisationstalent, dieses Projekt zu verwirklichen. Der Park, in dem verstreut Villen liegen, wird von langen Häuserreihen und von einem Halbkreis palastartiger Privathäuser (→ Crescent) mit großartigen Stuckfassaden umgeben (Abb. → Großbritannien). N. schuf auch Reihen von Landhäusern und Schein-Dörfer mit Villen im ital. Stil und solchen mit → Windbrettern. Von seinen Fassaden an der Regent Street ist nur noch der Blickfang, All Souls, Langham Place (1822-25), erhalten. Während der 1820er Jahre plante N. auch den Trafalgar Square, die Suffolk Street und den Suffolk Place, errichtete das Clarence House und die Carlton House Terrace und begann mit dem Bau des Buckingham Palace, alle in London. Als die Popularität seines Auftraggebers Georg IV. ins Wanken geriet, war auch N.s Stellung erschüttert. Er wurde unreeller Geschäfte verdächtigt und seine Laufbahn fand mit dem Tod des Königs 1830 ein jähes Ende. N. wurde als Architekt des Buckingham Palace (von Edward Blore voll.) und auch als einer

Cumberland Terrace, Regent's Park, London, von → Nash, 1826.

der Generalinspektoren der Baubehörde – ein Amt, das er seit 1813 innegehabt hatte – entlassen. Sein Ruf litt mehr als 50 Jahre unter dieser Affäre.

Lit.: Summerson '35; Pevsner '42; Davis, T. '60; EA '82; Mansbridge '91.

Nasoni (Nazzoni), Niccolò (gest. 1773). Geb. in der Nähe von Florenz, ließ er sich 1731 in Portugal nieder, wo er einer der führenden Architekten des → Barock wurde. Sein Hauptwerk ist São Pedro dos Clérigos in Oporto (1732-50), eine große, eindrucksvolle Kirche, über einem ovalen Grundriß errichtet, deren reich dekorierte Fassade von kühnen Treppenläufen umfaßt wird.

Lit.: Kubler-Soria '59; Smith, R.C. '66.

Nationalsozialistische Architektur → *Nachträge.*

Nekropole (gr.: Totenstadt). Größere Begräbnisanlagen des Altertums und der christl. (islam.) Frühzeit in Ägypten, Italien (Etrusker) u. a.

Lit.: Pagenstecher '19; Poëte '29; Polacco '52; Pallottino '55.

Neoklassizismus. Palast des Zentralkomitees der Kommunistischen Partei, Kiew, 1936-41.

Neoklassizismus (Neuklassizismus). 1. In den nordwestl. Ländern Europas Bezeichnung für die Stilstufe der abendländ. Kunst, die in Deutschland → Klassizismus genannt wird. 2. Bezeichnung für gewisse Tendenzen in der Baukunst des 20.Jhs. Diese können von viererlei Art sein: Erstens ein Wiederaufleben des Neubarock (→ Historismus) mit → Kolossalordnungen, wie er im späten 19.Jh. und später noch auf Weltausstellungen herrschte; so auch bis zur Mitte des Jhs. in der Sowjetunion (Haus der Sowjets in Leningrad 1936-41; Palast der Kommunistischen Partei in Kiew 1936-41, Lomonossow-Universität, Moskau 1949-53; → Stalinistische Architektur). Zweitens können die Kompositionen und Elemente klassizistisch sein, die Dekoration aber vermieden. Dieses Prinzip wurde von den Nationalsozialisten und Mussolini vertreten

Neoklassizismus. Foro Italico, Rom, von Enrico Del Debbio, 1932.

Neoklassizismus. Eduskuntatalo, Helsinki, 1927-31.

(→ Nationalsozialistische Architektur; → Razionalismo), aber auch von dem späteren → Perret und in sehr viel sensiblerer Art anzutreffen in den Bauten der Kampmann-Fisker-Generation (→ Skandinavien). Selbst → Asplunds schönes Stockholmer Krematorium kann man dazu zählen (Abb. → Asplund). Drittens haben manche Kritiker den → Internationalen Stil, wenn er auf Symmetrie und Monumentalität zielte, neuklassizistisch nennen, d. h. → Mies van der Rohe einschließen wollen. Viertens bedient sich die → Postmoderne der 70er und 80er Jahre vorzugsweise neoklassischer Stilelemente bei stark rationalistischer Verarbeitung.

Lit.: Taut '29; Troost, G. '41; Posener '72, '79; Larsson '78; Lampugnani '83.

Neoliberty, das. Stil besonders italienischer Nachkriegsarchitekten, die auf geometrische Formen des → Jugendstils zurückgriffen und unter Einbeziehung des → Rationalismus neu interpretierten. Erwähnenswertes Beispiel ist die Bibliothek ›Bottega di Erasmo‹ von → Gabetti (1953-56, mit Abb.) in Turin. Weitere Beispiele dieses Architekturstils sind in Mailand und Novara zu finden.

Lit.: Portoghesi '58; Banham '59; Neoliberty '77.

Neoklassizismus. Lincoln Memorial, Washington, von Henry Bacon, 1917. Entwurf.

The Anzac Memorial, Melbourne, Australien, von Sodersteen und Crust.

Neoklassizismus. Werkbundausstellung Köln, 1914. Die Festhalle von → Behrens.

Neoplastizismus. Ein von dem Philosophen und Mathematiker M. H. J. Schoenmaekers inspirierter und von dem Maler Piet Mondrian nach 1914 in die Malerei integrierter Begriff, dessen Kernaussage ein dreidimensionales Volumen auf die Fläche zurückführen will. Mit ›De Nieuwe Beelding in de Schilderkunst‹ schrieb Mondrian über den N. den grundlegenden theoretischen Text, der in der ersten Ausgabe der Zeitschrift der Künstlergruppe → De Stijl 1917 erschien und die neoplastische Ästhetik auf die Architektur übertrug. Van → Doesburg.

Lit.: Mondrian '17.

Nepal → *Nachträge.*

Nering, Johann Arnold (1659-95). Preuß. Architekt, der trotz seines frühen Todes die Grundlagen

Turm der Parochialkirche, Berlin, von → Nering, 1695.

für die architekt. Entwicklung Berlins im 18.Jh. schuf. Nach einer Ausbildung als Festungsbaumeister wurde er nach Italien gesandt, 1680 zum Oberingenieur und später zum Oberbaudirektor ernannt. Er war vor allem Städtebauer, errichtete in Berlin das Leipziger Tor (1683), die Ladenarkaden auf dem Mühlendamm und den Vorort Friedrichstadt (beg. 1688) mit 300 zweistöckigen Häusern, die alle in militärischer Ordnung ausgerichtet sind. Er erweiterte die Burgkirche in Königsberg nach dem Vorbild der Nieuwe Kerk in Den Haag (vor 1687), gab dem Schloß Oranienburg sein gegenwärtiges Aussehen (1689-95), beg. in Berlin den Bau des Schlosses Charlottenburg, des Zeughauses (1695, voll. durch → Schlüter und de → Bodt; Abb. → Zeughaus) und der reformierten Parochialkirche, die er über einem vierpaßförmigen Grundriß errichtete (alle in Berlin). N.s Stil ist von den holländ. Vertretern des Neupalladianismus (→ Palladianismus) beeinflußt.
Lit.: Hirzel '24.

Nervi, Pier Luigi (1891-1979). Erwarb sein Ingenieursdiplom 1913; seit 1946 Lehrstuhlinhaber für Technologie und Konstruktionstechnik an der Universität Rom. N. war ein brillanter, schöpferischer Konstrukteur und ein sensibler Architekt; neben seiner Lehrtätigkeit leitete er mit Umsicht ein eigenes Büro.
Sein Stadion in Florenz (1930-32) faßt 35000 Zuschauer; es hat ein überstehendes Dach und eine fliegende, weit ausschwingende Wendeltreppe (Abb. → Treppe). 1935 hatte N. bei einem Wettbewerb für Flugzeughangars den Einfall, Gewölbe aus diagonal sich kreuzenden Betonträgern mit sehr massiven, strebebogenartigen Eckstützen zu errichten. In Orbetello wurden von 1936 an Flugzeughallen nach diesen Entwürfen gebaut. Ein weiterer Typ mit einem Gerüst aus vorgeformten Betonelementen wurde 1939-41 in Orbetello ausgeführt. 1948 entstand N.s erste große Ausstellungshalle für Turin; die Betonelemente sind diesmal gerippt, eine Idee, die auf Experimente von 1943-44 zurückgeht. Die zweite Halle folgte 1950, wiederum mit einem diagonal verstrebten Tragwerk. Der Festsaal in dem ital. Kurort Chianciano Terme (1950-52) ist rund und hat ein netzartiges Gewölbe. Zu dieser Zeit war

Palazzetto dello Sport, Rom, von → Nervi und Annibale Vitellozzi, 1956-57.

Audienzhalle des Vatikan, von → Nervi, 1971.

N.s Ruf als Betonkonstrukteur bereits so gefestigt, daß er für die Errichtung des Unesco-Gebäudes in Paris herangezogen wurde (1953-57). Auch die großartige Konstruktion des Pirelli-Hochhauses in Mailand (1955-58; → Ponti) geht auf N. zurück: zwei schiffsbugartige Betonstützen bilden die Schmalseiten und tragen die Stockwerke des Wolkenkratzers. Für die riesige Ausstellungshalle am Rond-point de la Défense in Paris (1958) war N. gemeinsam mit → Prouvé verantwortlich; über einem triangulären Grundriß mit 230 m Seitenlänge steigt ein weitgespanntes, segelförmiges Betondach bis zu einer Höhe von 50 m.

Flugzeughalle Orbetello, von → Nervi, 1939-41.

Zu N.s bedeutenden Bauten der späten 50er und 60er Jahre gehören der runde Palazzetto dello Sport in Rom, den er 1956-57 gemeinsam mit Annibale Vitellozzi errichtete (Abb. → Italien, V-förmige Stützen tragen das Kuppeldach); der Palazzo dello Sport, ebenfalls in Rom (1960) und mit einer Spannweite von etwa 100 m, faßt 16000 Menschen; eine weitere Ausstellungshalle in Turin (1961, Abb. → Ausstellungsarchitektur) auf quadrat. Grundriß mit einer Seitenlänge von 270 m, die auf 16 gewaltigen, kreuzförmigen Stützen ruht.
Seine eindrucksvolle Konstruktion für die Papierfabrik Burgo in Mantua (1962) war Vorbild für zahlreich nachfolgende Produktionshallen anderer Architekten. In den 70er Jahren folgten weitere großangelegte Projekte, die er mit bekannten Architekten, u.a. → Moretti, Marcel Bega, Pietro Belluschi, Powell & Moya oder → Breuer, durchführte. Abb. → Italien.
Lit.: Nervi '45, '55, '63; Argan '55b; Billig '55; Joedicke '55; Collins, P. '59; Huxtable '60, '65; Pica '69; Banham '76; Desideri '82; Gestalten in Beton ... '89.

Neugotik. ›Mittelalterliche Stadt an einem Fluß‹, Gemälde von → Schinkel, 1815.

Nesfield, Eden (1835-88) → Shaw.

Nette, Johann Friedrich (1672-1714). Architekt und Ingenieuroffizier in den Diensten des Herzogs Eberhard Ludwig von Württemberg. Über seine Studien und Herkunft ist so gut wie nichts zu erfahren. Als Nachfolger des Oberbaudirektors Ph. J. Jentsch (1671-1736) übernahm N. die Bauleitung des Schlosses Ludwigsburg. (1709 wurde er auch zum Bauinspektor des Stuttgarter Bauamtes befördert.) Nach seinen Plänen wurden, unter Beibehaltung des Grundrisses von Jentsch, das 1. und 2. Obergeschoß des alten Corps de Logis und die daran anschließenden Flügelbauten errichtet. Aus dem Jahr 1709 sind Pläne für eine Gesamtbebauung der Stadt Ludwigsburg überliefert. Für das ehemalige Stuttgarter Lusthaus (heute Ruine, Abb. → Beer) lieferte N. Dekorationsentwürfe. → Frisoni.

Posthume Gotik. St-Eustache, Paris, 1532-1637.

Netzgewölbe → Gewölbe (9).

Neubarock (Neobarock) → Historismus.

Neue Sachlichkeit → *Nachträge.*

Neue Wohnformen → *Nachträge.*

Neugotik (Neogotik). Die hauptsächlich dem 18. und dem 19. Jh. angehörende Stilströmung, die die

got. Formensprache wieder aufnahm. Bei Bauten, die vor Mitte des 18. Jhs. im got. Stil errichtet wurden, muß man zwischen Neugotik und ›posthumer Gotik‹ unterscheiden. Unter posthumer Gotik versteht man das kontinuierliche Weiterwirken gotischer Formen. So wurden z. B. St-Eustache in Paris (Abb. → Lemercier) und die Kapelle von Lincoln's Inn in London erst im 17. Jh. vollendet. Schon damals zeigt sich die für die N. charakteristische Geisteshaltung: Man wählt den gotischen Stil in bewußtem Gegensatz zum Zeitstil. Zuerst allerdings vollendete man got. Bauwerke im Stil der Gotik, um eine Stileinheit zu schaffen (Turmspitze des Mailänder Domes; Fassadenentwürfe von S. Petronio in Bologna), doch wurden bald auch neue Bauten in got. Stil errichtet, selten jedoch vor ca.

Neugotik. Zimmer der Prinzessin von Preußen im Schloß Babelsberg, nach Plänen → Schinkels, 1835-49.

1720. Von diesem Zeitpunkt an wurden, vor allem in England (→ Großbritannien), gelegentlich neugot. Bauten geschaffen (→ Hawksmoor). Mit → Walpoles Strawberry Hill (ca. 1750-70) wurde das → Gothic Revival (Rokokogotik) Mode. Im späten 18. Jh. fand diese Stilrichtung in → Frankreich und → Deutschland Nachfolger: Nauener Tor in Potsdam 1755; Goethes Verherrlichung des Straßburger Münsters 1772; → Schinkels Werdersche Kirche in Berlin 1821-31; Vollendung des Kölner Doms 1842 ff. (war jedoch schon unmittelbar nach den Befreiungskriegen geplant, Abb. → Gotik); kurz darauf wurde sie auch in → Italien, → Rußland und

Neugotik. Burg Stolzenfels am Rhein, seit 1825 nach Plänen → Schinkels ausgebaut.

Neugotik. Grafensaal in der Hohenzollernburg, Württemberg, von → Stüler, 1850-67.

Neugotik. Blick in den Burghof von Stolzenfels.

→ USA angewandt. Mit dem zunehmenden Wissen von der Baukunst des MA.s wurde die gotische Formensprache immer fachkundiger gebraucht, doch gingen damit auch die Frische und Naivität der Anfänge verloren, so daß gegen Ende des 19. Jhs. eine gewisse Erstarrung eintrat. Für Kirchen, zu deren bekanntesten Ste-Clotilde von → Gau und die Votivkirche in Wien (1856-79) von → Ferstel (mit Abb.) gehören, blieb die Neugotik bis in das 20. Jh. beliebt. Besonders ernst wurde die N. im Kirchenbau in England genommen und energisch fortentwickelt. Von den öffentlichen Bauten war das Parlamentsgebäude in London (1835 ff., Abb. → Barry) epochemachend; weitere Beispiele sind u. a. das Parlament in Budapest (1885-1905, Abb. → Ungarn), der Justizpalast in London (1874-82), die Universität in Glasgow (1866) und die Rathäuser von München (beg. 1867) und Wien (beg. 1872, Abb. → Schmidt).

Lit.: Clark, K. '28; Kamphausen '52; Frankl, P. '60; Stanton '68; Pevsner '71; Germann '73; Andrews '75; Baur '81; McCarthy '87.

Neumann, Johann Balthasar (1687-1753). Bedeutender dt. Architekt des → Rokoko, ein Meister eleganter und sich kunstvoll durchdringender Raumkompositionen, die zugleich erdgebunden sinnhaft und intellektuell differenziert, feierlich und verspielt sein können. N.s Kirchen und Schloßbauten spiegeln die Lebens- und Glaubenshaltung der Mitte des 18. Jhs. wider. Obwohl seine Bauten bei oberflächlicher Betrachtung alles andere als mathematisch trocken konstruiert erscheinen, sind nur wenige Werke der Architektur sorgfältiger durchdacht worden.

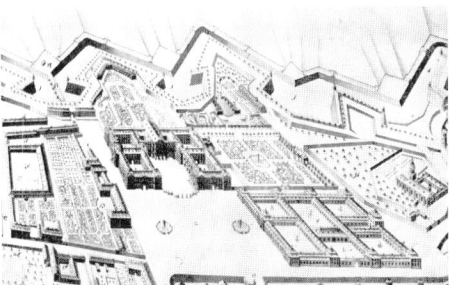

Perspektivische Ansicht der Würzburger Residenz, von → Neumann, Rohbau 1744 fertiggestellt.

Geb. in Eger in Böhmen als Sohn eines Tuchhändlers, erlernte N. zunächst das Stückgießergewerbe, trat in die bischöflich-fränkische Artillerie ein und wurde vom Fürstbischof bald als Baumeister beschäftigt, dann zum Hofarchitekten ernannt. Studienreisen nach Paris und Wien (1717-18); bald nach seiner Rückkehr Baubeginn der neuen fürstbischöfl. Residenz in Würzburg (Abb. → Barock; → Deutschland), die ihn bis zu seinem Tod in Anspruch nahm. Für seine Entwürfe holte er sich Rat bei → Hildebrandt in Wien und bei de → Cotte und → Boffrand in Paris, außerdem Mitarbeit von → Welsch. Der Einfluß Hildebrandts auf den Bau ist deutlich zu erkennen. (Bauzeit 60 Jahre unter der Regierung von 5 Bischöfen, Rohbau ca. 1744 fertiggestellt). Von höchster künstlerischer Vollendung sind die Hofkirche (1732-41, Anregungen für die Dekoration von Hildebrandt) und das großartige, zum Kaisersaal führende, zweiläufige Treppenhaus (1735 entworfen, Deckenfresko von Tiepolo

Hofkirche Würzburg, von → Neumann, 1732-41.

Posthume Gotik. Bibliothek des St. John's College, Cambridge, 1624.

1752-53, Abb. → Rokoko), das N.s kunstvollem Treppenhaus in Bruchsal (1731-32, im Zweiten Weltkrieg zerst., wiederaufgebaut) nur um weniges nachsteht. 1743-48 entstand das imposante Treppenhaus in Schloß Brühl bei Köln (Abb. → Barock). Diese glanzvollen Treppenanlagen sind Meisterwerke in der technischen Erfindung und gleichzeitig heiter gelöste Raumkompositionen. Beim Bau des Schlosses Werneck in Unterfranken (Planung ab 1733, 1744 fast voll.) arbeitete N. wiederum

Treppenhaus der Würzburger Residenz, von → Neumann, entw. 1735.

mit Hildebrandt zusammen. Dieses Mal zeigen jedoch alle Teile des Baus ausgeprägt N.s persönlichen Stil. Keineswegs Beschränkung auf den
Schloßbau, u.a. Beschäftigung mit Stadtplanung
und Konzeption ganzer Straßenfluchten, z.B.
Theatinerstr. in Würzburg. Sein eigenes Haus in der
Kapuzinergasse Nr. 7 in Würzburg beweist seine
Fähigkeit, auch in kleinerem Maßstab zu arbeiten.
N. war ebenso als Kirchenbaumeister tätig. Er errichtete die Pfarrkirche in Wiesentheid (1727-32),
die Pfarr- und Wallfahrtskirche in Gößweinstein
(1730-39), die St. Paulinkirche in Trier (beg. 1734),
die Kirche von Heusenstamm bei Offenbach (1739-
40), die Kreuzkapelle in Etwashausen (1741) und
erweiterte St. Peter in Bruchsal (1738) sowie die Dominikanerkirche in Würzburg (1741).

Entwurf für St. Peter, Bruchsal, von → Neumann, 1738.

Johann Balthasar Neumann.

In der größeren Abteikirche von Neresheim (beg.
1745) hatte N. freiere Hand; obwohl er auch diesen
Bau über ovalen Grundrißformen errichtete, ist sein
Plan wesentlich einfacher. Durch die überaus
schlanken, freistehenden Säulen, die die große Mittelkuppel tragen, erreichte er einen Eindruck völli-
ger Schwerelosigkeit. Kleiner ist sein letztes bedeutendes Werk, die Wallfahrtskirche Maria Limbach
(1751-55) bei Haßfurt (Ufr.). Hier ist der Außenbau
ebenso kunstvoll gegliedert und gestaltet wie der
Innenraum, was man sonst bei N. selten findet.

Lit.: Brinckmann '32; von Freeden '50; EUA '58-67; Reuther,
H. '60, '83; Millon '61; Hempel '65; Griseri '67; Hitchcock '68 b;
Otto, C.F. '79; Holst '81; Hotz '81; EA '82; Korth/Poeschke
'87; Hubala '87/88; B. Schütz '88³; Manitz '91; Norberg-Schulz
'92.

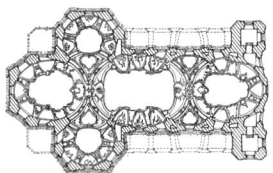

Wallfahrtskirche Vierzehnheiligen.

Neupalladianismus → Palladianismus.

Neurenaissance (Neorenaissance) → Historismus.

Neureuther, Gottfried von → *Nachträge.*

Neuromanik (Neoromanik) → Historismus.

Neutra, Richard (1892-1970). Österr. Architekt.
1912-14 arbeitete N. unter →Loos, 1921-23 mit
→ Mendelsohn in Berlin. 1923 wanderte er in die
USA aus, wandte sich zunächst nach Chicago und
ließ sich dann 1925 in Los Angeles nieder. N. wurde
einer der Hauptvertreter des mod. → Internationalen Stils in den USA; er baute hauptsächlich
großzügige Villen und Privathäuser. Seine Stärke

*Wallfahrtskirche Vierzehnheiligen, von → Neumann,
1743-72. Blick ins nördl. Querhaus.*

1743 begann er mit dem Bau seines Meisterwerkes,
der großartigen Wallfahrtskirche Vierzehnheiligen,
deren Grundmauern aber von dem Baumeister
Gottfried Heinrich Krohne eigenmächtig verändert
wurden (Abb. → Deutschland; → Guarineske). N.s
Aufgabe bestand nun darin, seine eigenen Vorstellungen dem etwas unglücklichen Grundriß
anzupassen; dieses Problem spornte seine schöpferische Phantasie an. Er arbeitete einen überaus
komplizierten Plan aus, der auf der Anordnung
unterschiedlich großer Ovale, die das Bauwerk sowohl in der Gewölbezone als auch im Grundriß
bestimmen, beruht. Die irrationale, überirdische
Raumwirkung wird noch durch die überschwengliche, sprühende Rokokodekoration gesteigert. Nirgends kam die tänzerische Bewegtheit der Roko-
koarchitektur besser zum Ausdruck als in dieser
Kirche. Der zentral gelegene Altar, die Kanzel und
große Teile der Stukkaturen wurden erst nach N.s
Tod vollendet.

*Klosterkirche Neresheim, von
→ Neumann, beg. 1745.*

*Wallfahrtskirche
Vierzehnheiligen,
von → Neumann, 1743-72.*

*Singleton House, Los Angeles,
Kalifornien, von → Neutra, 1960.*

*Singleton House
von → Neutra.*

war die Eingliederung der Häuser in die Landschaft und die Verbindung von Gebäude und Natur. Seine Häuser sind viel weiträumiger und größer, als man es in Europa gewohnt ist (Lovell House, Los Angeles, 1929; Desert House, Colorado, 1946; Kaufmann House, Palm Springs, 1947, Abb. → Abendländische Architektur; sein eigenes Haus am Silverlake, Los Angeles, 1933, umgebaut 1964). N. entwarf außerdem in Zusammenarbeit mit Robert E. Alexander (1949-64) einige ausgezeichnete Schulgebäude (Grundschule in Lemoore, Cal., 1964), Kirchen (Rivera Methodisten-Kirche in Redondo Beach, Cal., 1958) sowie Geschäftshäuser und Museumsbauten (Lincoln Memorial Museum, Gettysburg, Pa., 1963). Weitere Projekte der späten 60er Jahre entstanden u. a. mit seinem Sohn Dino.

Lit.: Neutra '50, '56, '59, '66; Bardi '50; Zevi '54; Boesiger '59; McCoy '60b; Manieri Elia '66; Spade '71d; Drexler '82; Hines '82; GA 8; Sack '92.

New Brutalism → Brutalismus.

New York Five. 1972 findet in New York die Ausstellung ›Five Architects‹ der Architekten Peter → Eisenman, → Graves, → Gwathmey, → Hejduk und Richard → Meier statt, die an die Architektur des → Rationalismus der 20er Jahre anknüpfen.

Lit.: Klotz '84b.

Niccolini, Antonio (1772-1850) → Italien.

*Niederlande. St. Gertrudis,
Nivelles, geweiht 1046.*

Niederlande. I. Die niederländ. Provinzen bis ins 17. Jh. – Erst 1579 wurde der Verband der niederl. ›Provinzen‹ auseinandergesprengt und durch die Atrechter (Arras) wie Utrechter Union in einen vorwiegend prot. Nordteil (Holland) und einen kath. Süden (später Belgien) gespalten. Bis dahin lebten die Gebiete zwischen Rhein, Maas, Ärmelkanal und Jadebusen in einer gewissen Gemeinsamkeit. Einige Gebiete entfalteten früh eine kulturelle Hochblüte. Flandern wurde westlich der Schelde, seit der Teilung von Verdun (843) Frankreich verbunden, stark vom südl. Nachbarn beeinflußt, hingegen standen die Maaslande in reger Wechselwirkung mit dt. Reichsgebieten, vornehmlich Aachen und dem Rheinland. Erst mit dem Beginn des 17. Jhs. bahnt sich die Sonderentwicklung des Süd- und Nordteils an.

*Niederlande. Westwerk der Liebfrauenkirche,
Maastricht, 11. Jh.*

Aus *röm. Zeit* blieben in den gesamten N.n nur Reste erhalten (Tongern, Tournai u. a.), aus der *karoling.* ebenfalls nur wenige Zeugnisse, so das → Westwerk von St. Maria in Maastricht und die Valkhofkapelle in Nijmegen, die von der Palastkapelle zu Aachen inspiriert wurde. Stärker traten die Maaslande in *otton.* und *salischer Zeit* hervor, vollends seit Notger aus St. Gallen 972 Bischof von Lüttich wurde, und eine reiche Bautätigkeit anhob. Ein erster Bau Notgers entstand 983, St. Jan in Lüttich, von dem das Westwerk erhalten blieb. Aber nur ein bedeutsamer frühroman. Bau überstand die Wirren der Geschichte als Ganzes: die Abtei und spätere Kapitelkirche von St. Gertrudis zu Nijvel oder Nivelles. Äbtissin Adelheid, verwandt mit Kaiser Otto III., hatte den Bau um 1000 auf merowingischen Fundamenten begonnen (gew. 1046). Die Anlage besaß Ähnlichkeit mit der verlorenen karoling. St. Ursmarus-Kirche zu Lobbes. Erst 1160 beschloß ein ›rheinisches‹ Westwerk St. Gertrudis. Wie im Maasland des 11. und 12. Jhs. üblich, waren die Querschiffe niedriger als das Hauptschiff,

Kathedrale von Tournai, 12. Jh.

die Seitenschiffswände durch → Blendarkaden gegliedert. Die Kathedrale St. Lambert zu Lüttich (gew. 1015 und vergleichbar den rheinischen Domen) gehörte zu einem nahe verwandten Bautyp. Bis zur Mitte des 11. Jhs. verlief die Entwicklung parallel zu der des Rheinlandes. Immerhin gibt es Geschwisterkirchen der alten Kathedrale, so St. Lebuinus zu Deventer (beg. ca. 1040 von Bischof Bernulfus), die Benediktinerkirche St. Truiden (gew. 1034), St. Servatius in Maastricht (gew. 1039) mit einem bedeut. Westwerk und die Abteikirche von Stablo oder Stavelot (beg. um 1030), ungefähr gleichzeitig mit Maria im Kapitol zu Köln entstanden und ihr im Grundriß des Chores verwandt. Die Letzgebauten dieser Kirchen sind St. Peter in Utrecht (gew. 1043) und die Abteikirche Susteren (ab 1060) mit starken Anklängen an Werden und Essen.

Seit der Mitte des 11. Jhs. wandelte sich der Charakter der *maasroman. Bauschule:* Abteikirche von Rolduk (Kerkrade; beg. 1130), von der die örtliche Chronik berichtete, sie sei »scemate longobardino« aufgeführt; die Chorpartie zeigt Kleeblattform wie eine Reihe Kirchen im Kölner Gebiet. Das Innere gliedert sich nach dem → Gebundenen System des Rheinlandes. Rolduk wurde zum Vorbild von O. L. Vrouw in Maastricht, der ehem. St. Marie in Utrecht und der berühmten Abtei Roermond (beg. um 1220). Typisch für das Maasgebiet bleibt in dieser Epoche ein schwerer Westblock, das Charakteristikum spätroman. Zeit. Das Meisterwerk dieser Art: der Westbau von St. Servatius (3. Viertel 12. Jh.) in Maastricht.

Andere Tendenzen verfolgte die *roman. Schule im Scheldegebiet.* Schon 937 wurde in Gent die uralte Abtei St. Bavo erneuert, sodann vergrößert (im

Kathedrale von Tournai, Apsis des Querschiffes, beg. vor 1141.

Krypta der Abteikirche Rolduc (Kerkrade), beg. 1130.

Dom von Utrecht, beg. 1254.

16. Jh. durch Karl v. in eine Zitadelle verwandelt; sie darf nicht mit der späteren Kirche gleichen Namens in Gent verwechselt werden, die anfangs St. Jan hieß). Es lassen sich im Scheldegebiet zwei große Bauperioden unterscheiden. Die erste dauerte bis ungefähr 1125 und arbeitete mit den vorkommenden Materialien, wobei Architekturformen aus Nordost-Frankreich übernommen wurden, so in der → Hallenkrypta der Salvator-Kirche Harelbeke (10. Jh.). Man wagte sich bereits wieder an Turmkomplexe, wie sie an der Abtei St. Bavo zu Gent (neun Türme!) und St. Vincentius in Zinnik (beide 10. Jh.) entstanden waren oder nachher in

Meersen, Veurne, St. Pieter zu Kassel, der Abteikirche von Affligem und in St. Hermes (alle nicht genau datierbar) entwickelt wurden. Das allen gemeinsame Vorbild dürfte die Abteikirche St-Riquier an der Somme (zwischen 790 und 799) geliefert haben. Nach der großen Wandlung im Scheldegebiet begann der Wiederaufbau der Kathedrale zu Tournai (vor 1141 beg.) im schwarzen Kalkstein der örtlichen Brüche. Sieben Türme krönten das Bauwerk. Der Aufriß der Mittelschiffswand wurde vierfach gegliedert, wobei man die Seitenschiffe mit → Emporen überfing; darüber erhebt sich ein Scheintriforium (→ Triforium), abermals höher steigen → Obergaden. Deutlich verschmelzen hier Anregungen der nordfrz. und normann. Architektur, aber auch Elemente der Ile de France, Champagne und von St-Martin zu Tours. Tournai übte einen beherrschenden Einfluß auf die sich entwickelnde → Gotik aus; in den N.n meist auf Turmanlagen kleinerer Kirchen.

Während das Maasgebiet wenig roman. Profanbauten besitzt, alle nur in Resten, blieben im Scheldegebiet bedeutsame Monumente erhalten. So die roman. Häuser zu Tournai und Gent, deren horizontale Komposition mit den Tournai-Kirchen um 1150 verwandt ist; der Gravensteen in Gent (dat. 1188), der gleichzeitige, kleinere ›Steen‹ der Grafen von Flandern, die kreisförmigen Befestigungen von Leiden, Egmont, Teilingen (spätes 11. und 12. Jh.).

Der großartigste solcher Profanbauten im heutigen Holland bleibt indessen immer der Rittersaal oder ›Binnenhof‹ des Schlosses zu Den Haag (2. H. 13. Jh.), eher mit Westminster Hall als mit den großen Hallen des Festlandes verwandt.

Die *Gotik* hinterließ hier reichere Zeugnisse, als gemeinhin bekannt ist. Die → Zisterzienserbaukunst zählt wiederum zu ihren Wegbereitern. Die bedeutendste Anlage bleibt dabei die Abtei Orval (1180 bis Anf. 13. Jh.) nahe Villers-devant-Orval, deren Kirche noch den Übergang von der Romanik zur Gotik erkennen läßt. Gleichzeitig wird der Einfluß von Nordfrankreich mächtig, besonders der von St-Denis, Amiens und Beauvais, unter deren Patronanz die hochgot. Chöre der Kathedralen von Tournai und Utrecht entstanden. Von Tournai leitet sich (Quintinus-Kirche; vor 1200) die *Scheldegotik* her. Im Gefolge von St. Quintinus erbaute man St. Niklaas zu Gent (1200-25), St. Salvator in Brügge (13.-15. Jh.) u. a. Sie löste die frühere Sonderentwicklung der Scheldearchitektur ab und setzte sich selbst in Dorfkirchen durch. Ausnahmen bilden nur der hochgot. Chor (1300-43) der St. Bavo-Kathedrale (ehem. St. Jan) in Gent und die Kathedralen von Ypern (1231-80) und Mecheln (1335-43), die dem Einfluß von Soissons unterliegen.

Die Festigung der frz. Hegemonie verhalf der Scheldegotik zum Durchbruch. Kirchen, Hospitäler, Stadthäuser und Hallen entstanden allenthalben. Charakteristisch ist die Verschmelzung von Einflüssen der Champagne mit der Entwicklung eigener, typischer Auffassungen in den Kirchen. Dazu gehört der Außenlaufgang längs der Obergaden und das geradlinig nach oben beschlossene Pfeilertriforium. Wieder nach Frankreich, nach St-Yved in Braisne bei Soissons, verweisen übereck plazierte Querschiffskapellen, ein → Vierungsturm mit acht-

Der Rittersaal, Den Haag, um 1280.

Die Lakenhalle, Ypern, beg. 1260.

teiligem Gewölbe, Wände mit Triforium und Binnenlaufgang. Der Vierungsturm trägt seither vier Ecktürmchen, ein Motiv, das typisch für die Scheldegotik wurde. Erste Meisterwerke dieser Schule neben St. Niklaas zu Gent sind St. Jacob (1. Viertel 13. Jh.) in Tournai, O. L. Vrouw in Lissewege (1225-50), O. L. Vrouw in Damme (1220-50). Sie und andere sind mit ihren gewaltig auffahrenden Türmen charakteristisch für die Scheldelandschaft. Zum weiteren Formenvorrat der Scheldegotik rechnen Rundpfeiler (→ Pfeiler) mit Knospenkapitellen (→ Kapitell 9), der Wechsel von Pfeilern und Säulchen am Triforium, schließlich Außenlaufgänge und → Dreipaßfenster. O. L. Vrouw van Pamele zu Oudenaarde (beg. 1234) ist mittelgroß und besitzt einen Chorumgang ohne Kapellen; der Wandaufbau vollzieht sich in jenen gedrungenen Proportionen, die für die Scheldegotik typisch bleiben. Über der Vierung erhebt sich ein achteckiger Turm, der das Fortwirken regionaler vorroman. und roman. Tradition im Turmbau beweist. Dieser Kirche ähnelt der Backsteinbau von O. L. Vrouw (beg. ca. 1230) in Brügge und der erst nach dem Schiff entstandene Chor (1225-35) von St. Niklaas in Gent.

Wohl ließen es die bürgerlichen Bauten gegenüber dem Sakralbau an Vielfalt fehlen, doch die Laken- oder Tuchhallen gewannen riesige Ausmaße, wenn sie auch im Kastengrundriß befangen blieben. Die Lakenhalle von Ypern (beg. 1260) mit dem → Belfried, der nämliche Bau in Brügge (1281-14. Jh., Abb. → Belfried) und schließlich das nach Brügger Vorbild entstandene Tuchhaus von Mecheln (1320) sind die machtvollsten, schönsten Beispiele dieser Art, zu denen meist der ragende Turm als Kennzeichen bürgerlichen Selbstbewußtseins gehört. Ähnlich die Türme von Douai, Béthune, Kortrijk und Gent. Der älteste von ihnen dürfte wieder in Tournai stehen (beg. 1188).

Daneben darf nicht übersehen werden, daß es auch eine ›Gotik der Küstenstrecke‹ gab. Ihre Hauptzeugnisse waren die Zisterzienserabteien ›ter Duinen‹ (1214-62) und ›ter Doest‹ (ca. 1270), beide in Westflandern gelegen und nur als Ruinen erhalten. Man bediente sich für das Mauerwerk bestimmter → Backsteine, ›Moefen‹ genannt und aus dem Schlick der Ufergebiete geformt, da → Haustein an der Küste nicht vorkam. Als architekt. Schema wird eine Art von → Hallenkirche bevorzugt. Deutliches Kennzeichen dieser selten erhaltenen Sonderform bleiben das hölzerne, fast in den → First hinaufreichende Tonnengewölbe (→ Gewölbe III 1), dessen

Rathaus Middelburg, nach 1452

Rathaus Brügge, Ende 14. Jh.

leichteren Gewichtes man sich ob des unsicheren Bodens bedienen mußte, und der karge Turm. In den nördl. N.n wurde aus dieser Bauweise bald ein regelrechter Backsteinstil (→ Backsteingotik). Er wanderte nach Friesland und Groningen, nach Norddeutschland und Skandinavien. Grundriß wie Aufbau gehen auf die frz. Gotik von Soissons zurück. So in der Kathedrale von Utrecht (beg. 1254), deren Gewölbe im Chorumgang und in den Kranzkapellen (→ Kapellenkranz) klare Abhängigkeit von Frankreich bekunden. Im 15. Jh. entstand die Nieuwe Kerk in Amsterdam. Die Gotteshäuser dieses Typs besitzen einen Chorumgang, doch der Kapellenkranz fehlt meist; Querschiffe werden stets weiträumig empfunden; Schmuckformen bleiben allerdings selten. Einzig St. Jan (beg. 1280) in s'Hertogenbosch wurde sowohl außen wie innen reich ornamentiert. Im allgemeinen suchte man dekorative Wirkungen nur durch Wechsel verschiedenfarbiger Ziegel zu erreichen. Das Vorlegen spätgot. Westtürme mit anmutigen, spitzenartig durchbrochenen Details gehört zu den typischen Merkmalen

Rathaus Gent, 15. Jh.

holländ. Gotik (Dom v. Utrecht, 14.Jh.; Zierikzee, 1553ff.; Amersfort, 15.Jh.; Rhenen nach 1492ff.). Die *Brabantische Schule* (seit dem 14.Jh.) besitzt das Verdienst, den Geist der klass. frz. Gotik bewahrt zu haben, kam also dem Kathedraltypus am nächsten; gewiß ohne europ. Rang zu erreichen, dennoch auf immer überwältigende, das Land prägende Weise. Vielleicht erklärt dies ihren Erfolg auch außerhalb des Herzogtums.

Die Brüsseler Gruppe spielt dabei eine wichtige Rolle. Der niedere Umgang vor den Chorfenstern, eine Eigenart dieser Architektur, wurde charakteristisch für die spätere Kathedrale St.Michiel en St.Goedele zu Brüssel (beg. vor 1226), die im Aufbau des Mittelschiffs genau der Einteilung der Kathedralen von Reims und Cambrai folgt. Indessen umzieht nach burgund. Brauch ein oberer Laufgang die Obergadenfenster. Dieser Beginn macht in der brabant. Gotik Schule. Ein Abbild von St.Gudula ist im Chor von O.L.Vrouw zu Halle (1397-1409) zu finden und auf verschiedenen Bildern mit Kircheninterieurs früher fläm. Meister.

Später setzte sich überall die ›internationale‹ frz. Gotik durch, so in O.L.Vrouw in Aarschot (Anf. 14.Jh.), St.Sulpitius in Diest (Chor 1321), schließlich im Chor der Kathedrale St.Rombout in Mecheln (beg. ca. 1335). Unzweifelhaft ist der letzte Bau der wichtigste, wegen einer Reihe von Elementen, die die weitere Entwicklung der brabant. Gotik charakterisiert. Der Chor mit Umgang und Kapellen folgt ebenso dem klass. Vorbild wie die Mittelschiffswand; eigentlich brabantisch muten daher nur die Ausstattung und das Dekor an. Der Kathedrale zu Antwerpen (beg. 1352) gebührt in dieser Abfolge besondere Aufmerksamkeit; hier ist das Triforium durch einen Binnenlaufgang mit einer Art hochgezogener Brustwehr ersetzt, wodurch sich die Mauerflächen vergrößern; möglicherweise sollten sie von vornherein dekorativer Ausschmückung dienen, heute jedenfalls hängen darauf u.a. Rubens' ›Kreuzaufrichtung‹ und ›-abnahme‹. Die Konstruktion läßt Verwandtschaft mit Kirchen erkennen, wie sie im 13.Jh. in der Normandie, Burgund und Lothringen entstanden.

Hof des ehem. Bischöfl. Palastes in Lüttich, 1526.

In der Folgezeit sollten Antwerpen und Mecheln Ausgangspunkte neuer Entwicklungen werden. Die erste Befruchtung ging von Antwerpen über die Sandkirche (1390-1409) zu Brüssel, St.Michiel (ab 1440) in Gent weiter zu O.L.Vrouw-over-de-Dijle (1435-70) in Mecheln und O.L.Vrouw von Dordrecht (1467) bis zur Grabeskirche von Brou (1513 bis 1532) bei Bourg-en-Bresse von dem brabantischen Meister Lodewijk van Boghem. Mecheln andererseits wirkte auf s'Hertogenbosch und St.Pieter in Löwen (beide Ende 14.Jh.), St.Waltrudis zu Bergen (1450), St.Gummarus in Lier (1460), endlich St.Maartens (1481-1589) in Aalst ein. Stets haben bei diesen Kirchen die Türme eine besondere Rolle gespielt.

Rathaus Nijmegen, von Herman van Herengrave, 1554-55. Restauriert.

Weniger bedeutsam sind gewisse *Sondergrupen der niederl. Gotik* wie die kempische mit ihrer immerhin schönen Raumwirkung der tonnengewölbten Schiffe, die sich an der Vierung ohne sondernde Bögen durchdringen. Auch die hennegauische Gruppe und die Maasgotik, die sich erst im 16.Jh. vornehmlich unter dt. Einfluß entwickelte, können nur lokales Interesse erwecken.

Der Architekturbereich, in dem die N. in der europ. Architektur stets führend blieben, waren die Stapel- und Zunfthäuser der reichen Städte. In den südl. wie nördl. N.n haben sich außerdem unendlich viele alte Wohnbauten erhalten; die roman. in Haustein, die got. aus Backstein. Letztere besitzen häufig mit Kriechblumen (→ Krabbe) besetzte → Giebel (bereits 13.Jh.); charakter. bleiben jedoch die horizontalen, queren Giebelabschlüsse. Der Typus des schmalen, hohen Hauses herrscht vor. Der knapp bemessene Raum der oft an Flußmündungen gelegenen oder gar auf frisch dem Meer entrissenen Boden entstandenen Städte zwang zum Zusammenrücken.

Die → Renaissance macht sich in den südl. N.n in der Malerei gelegentlich schon um 1500 bemerkbar. Nach 1510 gewann sie an Einfluß, vor allem als höfische Kunst. 1517 ließ die Statthalterin Margarete von Österreich an ihrem Palast in Mecheln

Anbauten im Renaissance-Stil ausführen, deren Klarheit gegenüber anderen Gebäuden außergewöhnlich ist. Späterhin vermischte man unbekümmert traditionelle Motive mit solchen der Renaissance: manchmal sehr maßvoll (Zunfthaus der Fischer zum ›Salm‹ in Mecheln, 1530-34), meist aber verschwenderisch (am ›Greffe‹ in Brügge, 1535-37; außerdem der Hcf des ehe.mal. Bischöfl. Palastes in Lüttich, 1526). Bei Sakralbauten beschränkte sich der neue Stil vorerst auf Details. So blieb die Heilig-Blut-Kapelle in Brügge (1513-20 mit Obergeschoß und Fassade versehen) gotisch. Auch die Maßverhältnisse und Gewölbe wurden übernommen

Rathaus Antwerpen, von → Floris, 1561-65.

(St. Jacques in Lüttich, 1513-38). Ein neues Element architekt. Dekoration, das in Nordeuropa weite Verbreitung fand, wurde um 1540 in Antwerpen entwickelt: das → Rollwerk, von Fontainebleau und durch → Grotesken beeinflußt. Cornelis → Floris (gest. 1604) und später Hans Vredeman de → Vries haben das Ornament besonders zur Geltung gebracht. Floris entwarf das Rathaus in Antwerpen (1561-65), das in seinen Motiven, ausgenommen nur den großen dominierenden Giebel im Stilempfinden des Nordens, auf → Bramante und → Serlio, mithin die ital. und frz. Baukunst des 16. Jhs. zurückgeht, wie auch das ehem. Palais Granvella in Brüssel (ca. 1550).
Dagegen blieb der Kirchenbau der Jesuiten bis ins 17. Jh. der Gotik treu. Eine Ausnahme bildet lediglich St. Karl Borromäus in Antwerpen (1615-21) mit breiter, manieristischer (→ Manierismus) Fas-

sade und Tonnengewölbe. Auch die nördl. N. besitzen schöne Bauten der Frührenaissance, um 1530 von Italienern angelegt; so der Turm der Kirche von Ijsselstejn (1532-35 v. Alessandro Pasqualini) und der Hof des Schlosses zu Breda (1536ff. v. Thomas Vincidor). Bauwerke wie das Rathaus von Nijmegen (1554-55, Abb. S. 451) und Den Haag (1564-65) zeigen, daß die neuen Renaissance-Motive bald von einheimischen Traditionen absorbiert werden.

2. Belgien.
Mit Beginn des 17. Jhs. trennt sich die Entwicklung des niederl. Nordens von dem unter span. Vorherrschaft bleibenden Süden. Die Baukunst in den südl. N.n, dem späteren Belgien, steht unter dem Einfluß von Italien und Frankreich (Kuppelkirchen, z. B. Notre-Dame in Montaigu, 1609ff.; St. Peter in Gent, 1629ff.; Notre-Dame de Hanswijk in Mecheln, 1663ff.). Nach 1650 entwickelte sich der weitgehend von Rubens bestimmte belg. → Barock. Die Kirchen haben keine Türme mehr, jedoch verschwenderische Fassaden-Dekorationen (St. Michael in Löwen, 1650-66; St-Jean-Baptiste-au-Béguinage in Brüssel, 1657-77; St-Pierre-et-St-Paul in Mecheln, 1670-1709). Kennzeichnend für die Situation um 1700 sind die nach der Beschießung von 1695 neu erbauten Häuser rund um die Grand' Place in Brüssel, noch immer mit traditionellen Giebeln.
Über die Baukunst des 18. und frühen 19. Jhs. braucht nur wenig gesagt zu werden, sie wurde vom barocken frz. Klassizismus (→ Barock) beherrscht (Kgl. Bibliothek, ca. 1750, Palais des Académies, 1823-26, beide in Brüssel). Im späten 19. Jh. wandte sich Belgien dem Neobarock (→ Historismus) zu. → Poelaerts riesiger Justizpalast in Brüssel (1866ff., Abb. → Historismus; → Poelaert) ist eines der bedeutendsten neubarocken Bauwerke in Europa. Poelaert vermochte auch in einem ungestümen neugot. Stil (→ Neugotik) zu bauen (Kirche in Laeken, 1844ff.). Eine Generation später war Belgien erstmals in der europ. Baukunst führend, und zwar im → Jugendstil. Einer der bedeutendsten Architekten dieser Bewegung war → Horta in Brüssel, dessen wichtigste Werke das Hôtel Tassel (1892 entw., Abb.

Herv. Kerk, Ijsselstejn (Utrecht). Turm voll. 1535.

Häuser an der Herengracht, Amsterdam, spätes 16. Jh.

Häuser an der Grand' Place, Brüssel, nach 1697.

Rathaus Leiden, entw. von Lieven de → Key, beg. von Lüder von Bentheim, 1594.

→ Jugendstil), das Hôtel Solvay (1895 ff.) und die Maison du Peuple (1896 ff., Abb. → Horta) sind, in denen sich das wellenförmige Linienornament des Jugendstils entfaltet. Sie zeigen innen wie außen kühne, dekorativ gestaltete Eisenkonstruktionen. H. van de → Velde, obwohl Belgier, gehört mehr einer internat. als belgischen Richtung des Jugendstils an (Bibliotheksturm der Universität Gent, 1935).   H. D.

Nach dem Zweiten Weltkrieg wurde aus der Hauptstadt Belgiens die Stadt der NATO und EWG, 1958 war sie Ort der Weltausstellung mit dem Atomium als ihrem Wahrzeichen. Die zahlreichen neuen Behörden, die in Brüssel einzogen, benötigten ebenso wie internationale Konzerne neue Bauten, und viele Viertel der alten Stadt gerieten in Gefahr. Für Straßen, Plätze und Wohnquartiere aber kämpfte Maurice Culot mit seinem ›Atelier de Recherche et d'Action Urbain‹ (A.R.A.U., gegr. 1968) mit zum Teil großem Erfolg, so daß zwischen Moderne und → Postmoderne in Brüssel manchmal akzeptable Lösungen entstanden. Wie im Nachbarland Holland setzte man sich auch hier für eine Mitbeteiligung der Bewohner ein, z. B. beim Bau der Katholischen Universität in Brüssel (1970-77, → Kroll). Das bereits vorhandene Museum der Kunst (Musées Royaux) erweiterte man aus Platzmangel in die Tiefe.

3. Holland.

In den nördl. N.n, dem heutigen Holland, entstand aus der Freude an der Mannigfaltigkeit der Renaissancemotive bald ein heiterer, überschwenglicher Nationalstil, der sich besonders an den Giebeln zeigt; gleichzeitig entfaltet sich ein lebhaftes Spiel mit Natur- und Backstein. Diese Entwicklung findet im Werk von de → Key in Haarlem (Fleischhalle, 1602-03). Turm der Nieuwe Kerk, 1613) und in Leiden (Rathaus, beg. 1594) sowie in den Kirchen von de → Keyser in Amsterdam, wichtig als zentralisierende prot. Kirchenbauten, ihren Höhepunkt. Dieser Stil, beispielhaft Gestalt geworden in dem Kloveniersdoelen (ca. 1607-10) in Middelburg, übte, verbreitet durch niederländische Architekten, entlang der dt. Küste bis Danzig und auf die dänische Baukunst ungeheuren Einfluß aus.

Bauten der medizinischen Universität Löwen, von → Kroll u. a., 1969-74.

Rathaus Leeuwarden, 18. Jh.

Koninklijke Bibliotheek, Den Haag, entw. von → Marot, 1734-36. Mittelteil der Fassade.

In Holland wich diese überschwengliche Bauweise gleichzeitig wie in England und Frankreich einem an → Palladio anknüpfenden Stil. Erste Anzeichen dieses Wechsels sind die Landsitze Honselersdijk (1621- ca. 1630) und Rijswijk (1630) für den Statthalter, beide frz. beeinflußt. Gleichzeitig begann → Campen seine Werke, die zu den bedeutendsten palladian. (→ Palladianismus) Bauten Hollands rechnen. Sein erster Bau war das Coymans Haus in Amsterdam (1624). In den Folgejahrzehnten entstanden seine Hauptwerke, das Mauritshuis in Den Haag (1633-44), das Amsterdamer Rathaus, heute Kgl. Schloß (1648 ff.) und die Nieuwe Kerk in Haarlem (1645). Auch andere Architekten bauten in diesem nobel-zurückhaltenden Stil: → Post schuf die Stadtwaage in Leiden (1658) und das Rathaus von Maastricht (1658-64), ausgezeichnet durch seine Eingangshalle, während van s'→ Gravesande die oktogonale Mare Kerk in Leiden (1638-48) entwarf, Adriaan Dorsman den Rundbau der Lutherkirche in Amsterdam (1668-71) schuf und → Vingboons das prunkvolle Trippenhuis in Amsterdam (1662) aufführte. Keine andere Stadt Europas ist so reich an schönen Privathäusern wie Amsterdam.

Ende des 17. Jhs. wurde der frz. Einfluß in der Baukunst vorherrschend. Die herausragendsten Beispiele sind Wilhelm von Oraniens ›Het Loo‹ (ca. 1685-87) von J. Roman und dem Refugié → Marot, das schöne Rathaus in Enkhuizen (1686-88) von S. Vennecol, endlich so bemerkenswerte Privatbauten wie die heutige Stadtbibliothek von Middelburg (1733) von J. P. van Baurscheidt d. J. aus Antwerpen, die Kgl. Bibliothek in Den Haag (1734-36) von Marot und das Palais Felix Meritis in Amsterdam (1778) von J. Otten Husly, das bereits den Weg zum → Klassizismus einschlägt. Der Pavillon in Haarlem für den Bankier Henry Hope entstand 1785-88. Die beste klassiz. Kirche ist St. Rosalia in Rotterdam (1777-79 v. Giudice), die auf die Versailler Schloßkapelle zurückgeht. Der Ballsaal in Schloß Knuiterdijk in Den Haag (1820, von Jan de Greef) dagegen hat die → ägyptische Halle → Vitruvs und deren Nachahmungen in England zum Vorbild.

Wohnblock Eigen Haard, von Michel de Klerk, 1921.

Im 1. Drittel des 19.Jhs. wurde die holländ. Architektur vom Klassizismus geprägt (Pavillon in Scheveningen, 1826; Justizgebäude Leeuwarden, 1846). Um 1840 begann etwas verspätet die → Neugotik (kath. Kirche in Harmelen, 1838; got. Halle unter Schloß Knuiterdijk, Den Haag, 1840; Reitschule, Den Haag, 1845; ehem. Bahnhof in Rotterdam, 1847). Gleichzeitig wurde, wenn auch seltener, im neuroman. Stil (→ Historismus) gebaut (Coolsingel Krankenhaus in Rotterdam, 1842 ff.). Wie anderwärts wandelt sich auch in Holland die Neugotik bald von romantischer Auffassung zu kunsthist. Genauigkeit. Die besten Beispiele für diese Bemühung sind die von → Cuypers geschaffenen Kirchen. Sein Ruhm beruht allerdings auf seinen im Stil des 16.Jhs. gehaltenen Bauwerken, die sich durch klare Disposition und phantasiereiche Details auszeichnen (Rijksmuseum und Bahnhof in Amsterdam, 1877ff. und 1881 ff.).
Der großartige sehr holländische Architekt → Berlage eröffnet in den N.n die Baukunst des 20.Jhs. Die von ihm geschaffene Börse in Amsterdam (1897ff.) zeigt einen Übergangsstil, der zwischen

Freilichttheater Nijmegen, von → Otto, 1960-61.

dem → Historismus und der Architektur des 20.Jhs. vermittelt. Von Berlage, der in Details oft zum Kunsthandwerklichen und Seltsamen neigte, läßt sich eine Linie zu J.M. van der Meys phantastischem Schiffahrtsgebäude in Amsterdam (1911-16) und zum → Expressionismus von Piet → Kramer und → de Klerk ziehen. Eine andere Entwicklung führt zum Rationalismus des → Internationalen Stils. Das 1924 von → Rietveld geschaffene Schröderhaus in Utrecht (Abb. → De Stijl) ist kubistisch und zugleich phantastisch, während die sehr geschickt gruppierten Bauten von → Dudok (mit Abb.) kubistisch und rational sind. → Ouds während des Zweiten Weltkrieges und in der Zeit danach entstandenen Werke veranschaulichen die

auch in anderen Ländern zu beobachtende Abwendung vom → Rationalismus. Die bemerkenswerteste Leistung der holländ. Architektur nach dem Zweiten Weltkrieg war der Wiederaufbau der Innenstadt von Rotterdam, an dem die Architekten J.H. van den Broek und → Bakema entscheidenden Anteil hatten. H.D.
Zusammen mit Bakema gehörte → van Eyck zum ›team X‹, das die Zeitschrift ›Forum‹ herausgab. 1957-60 baute er das Städtische Waisenhaus in Amsterdam, ein Raumcluster, der sich additiv aus Grundeinheiten zusammenfügt. Wie → Kroll im Nachbarland, so befürwortete Nicolaas Haboaken eine Mitbeteiligung der künftigen Mieter an der Entstehung der Bauten. 1964 wurde ›Stiching Architecten Research‹ (SAR) gegründet. 1968-72 löste → Hertzberger im Rückgebäude der Versicherung

Kaufhaus de Bijenkorf, Rotterdam, von → Dudok, 1929-31.

Centraal Beheer die Höhe des Innenraums in kleine Arbeitseinheiten (Balkone) auf. Fast gleichzeitig, 1965-78, entsteht die ›Kasbah‹ in Hengelo von Piet Blom, der durch seine ›Baumhäuser‹ in Helmond bekannt wurde. In zunehmendem Maße suchte man in Holland das Humane, wobei es, vor allem in der Altstadtsanierung, zu Lösungen kam, die an Bestehendes anknüpften. Zusammen mit Theo Bosch baute van Eyck 1977 in der Provinzstadt Zwolle eine Stadthaussiedlung, die das alte holländische Wohnhaus mit abgekapptem Giebel, wenn auch modern verändert, wieder zu Ehren bringt. Im Gegensatz zu diesem Trend hatte der 1965 nach den USA emigrierte Rem Koolhaas (Office of Metropolitan Architecture: → OMA) stets das → Hochhaus als optimale Lösung der Zukunftsprobleme angese-

Hochhaus Motto Herfst, von Michel de Klerk, 1915. Entwurf.

Evoluon, Eindhoven, von C. Kalff und L.L.Y. de Bever, 1966.

Verwaltungsgebäude Centraal Beheer, Apeldoorn, von → Hertzberger, 1968-72.

hen. Zusammen mit → Hadid erweiterte er das Parlament. In den 8oer Jahren gewannen seine dem → Rationalismus verpflichteten Theorien immer mehr an Bedeutung.   W.R. (20.Jh.)

Lit.: Niederlande: Behne '22; Oud '26; Vermeulen '28-41; Andreae-ter Kuile-Ozinga '57-58; Vriend '59; Blijstra '60; ter Kuile '66; Fanelli '68 b, '78; Fuhring-Eggink '81; Rebel '83.
Belgien: Parent '26; Braem '45; Bakaert-Strauven '51; Gersonter Kuile '60; van de Walle '72; Borsi '74; Puttemans '74; Groenengijk/Vollard '87.

Niemeyer, Oscar (geb. 1907). Studierte in seiner Heimatstadt Rio de Janeiro, arbeitete anschließend im Architekturbüro von → Costa und erhielt 1934 sein Diplom. 1936 gehörte er zum Team bras. Architekten, die mit → Le Corbusier am Neubau des Erziehungsministeriums in Rio arbeiteten (Abb. → Brasilien). N. erbaute 1939 mit Costa den Bras. Pavillon für die Weltausstellung in New York, fand aber erst mit dem Casino, dem Yachtklub und der Kirche São Francisco in Pampulha bei Belo Horizonte seinen eigenen Stil (1942-43). Hier zeigt sich eine völlig neue Einstellung zur Architektur. Die parabolischen Dächer, die schrägen Wände und das Vorhallendach mit seiner freien, doppelt geschwungenen Form vermeiden den rechten Winkel. »Mich zieht nicht die gerade Linie an, die hart, unbiegsam und vom Menschen gemacht ist. Mich ziehen vielmehr die weichen und sinnlichen Rundungen an, die Kurven der Berge meines Landes, der verschlungenen Biegungen unserer Flüsse, der Wolken des Himmels, des schönen weiblichen Körpers.« 1946

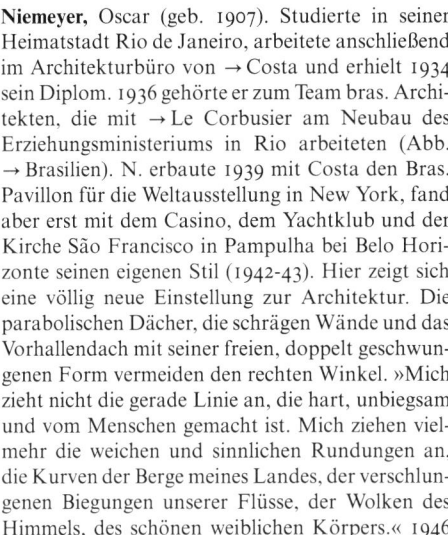

São Francisco, Pampulha bei Belo Horizonte, Brasilien, von → Niemeyer, 1942-43.

baut N. die Boavista-Bank in Rio de Janeiro, 1954 den Palast der Industrie im Ibiraquera-Park in São Paulo. Der Stil dieser Gebäude entspricht Brasilien mit seiner von barocker Überfülle gekennzeichneten Vergangenheit. Diese nationale Tradition mag nicht zuletzt die Abwendung vom → Rationalismus bewirkt haben, die prinzipiell alle Bauten Le Corbusiers nach dem Zweiten Weltkrieg auszeichnet. N. wurde 1957 architekt. Berater und Chefarchitekt der Nova Cap (die Organisation, die zur Gründung

Ausstellungspark Iberaquera, São Paulo, von → Niemeyer, 1951-54. Industriehalle.

Speelhuis (Kindergarten) von Helmond, von Piet Blom, 1972-76.

von Brasilia, der neuen Hauptstadt Brasiliens, ins Leben gerufen wurde). 1958 entwarf er für Brasilia das Tourist Palace Hotel und den Palast der Morgenröte, bei dem eine Reihe freistehender und äußerst origineller Stützen vor eine Glasfassade gesetzt sind (Abb. → Brasilien). N. variiert dieses

Auditorium der Universität Constantine, Algerien, von → Niemeyer, 1969-77.

Thema beim Obersten Gerichtshof und beim Planalto-Palast. Den Höhepunkt der architekt. Anlage der neuen Hauptstadt bildet der Platz der Drei Gewalten mit dem Kongreßgebäude, dem Senat mit einer Kuppel und der Abgeordnetenkammer mit einer sich nach oben öffnenden Schale; dazwischen, dicht nebeneinander, die beiden Wolkenkratzer der Verwaltung. N.s Gestaltungsweise geht stets von der geistigen Funktion eines Bauwerkes aus. So ist

Außenministerium (Itamarati-Palast), Brasilia, von → Niemeyer, 1964-70.

die Kathedrale von Brasilia mit ihrem kreisförmigen Grundriß, unter der Erde liegend und das Licht durch gebündelte Betonrippen einlassend, die an eine Dornenkrone erinnern, Ausdruck religiöser Vorstellungen. N.s eigenes Haus außerhalb von Rio (1953) lebt aus der Wechselbeziehung zwischen Natur und Architektur. 1967 baut N. das Zentrum der KPF in Paris, 1968 die Hauptverwaltung von Mondadori in Mailand, 1969 die von Renault in

Oscar Niemeyer.

Paris, gleichzeitig die Universität Constantine in Algerien, 1972-78 das Arbeitszentrum Bobigny bei Paris.

Lit.: Niemeyer '63, '75; Godwin '43; Papadaki '50, '56; Bullrich '69; Spade '71 b; Hornig '81; Fils '82.

Nische. Eine einseitig offene Vertiefung in einer Mauer.

Nischengrab. Ein in eine → Nische eingelassenes Wandgrab, meist gebräuchlich in → Katakomben. Das rechteckige N. heißt *Mensagrab*, das mit Bogenabschluß *Arcosolium*. → Grab.

Nobile, Pietro (Peter, 1774-1854). Architekt des → Klassizismus von fast archäologischer Genauigkeit, studierte in Rom, seit 1807 Baudirektor in Wien, wo er den Theseustempel (1820-23), eine verkleinerte Ausgabe des Theseions in Athen, als Rahmen für eine Statue von Antonio Canova und das Burgtor (voll. 1824) auf dem Heldenplatz baute (Abb. → Österreich). In Triest ist die Kirche S. Antonio (1826-49) sein Werk.

Lit.: Piazzo '35; Köchert '52; Hitchcock '58.

Normannische Architektur. SS. Pietro e Paolo, Scifì, 1170-72. Südfassade.

Nonnenempore. Emporenraum über den Seitenschiffen von Nonnenstiftskirchen (z.B. Gernrode 10.Jh.). In dreischiffigen besonders niedrigen Anlagen befinden sich zuweilen im Westen der Schmalseite → Emporen, der sog. *Nonnenchor.* → Kloster.

Nordafrikanische Länder → *Nachträge.*

Normannische Architektur. Die Architektur auf Sizilien (teilweise auch in Süditalien) während der Normannenherrschaft von 1091-94 und während der normannisch-staufischen Herrschaft von 1194-1266. Die N.A. ist eine Staatskunst (Cefalù – Zeichen königlicher Macht) und die Legitimation eines politischen Anspruches, der auf dem Gedanken eines institutionellen Gottesstaates (Monreale – Benediktinerkonvent) gründet. Wesentliches Merkmal des normannischen Architekturtypus ist das selbständige Nebeneinander von heterogenen Elementen byzantinischer, arabisch/islamischer und normannischer Architekturtraditionen, verbunden mit signifikanten Bauformen und Baugliedern, die ganz einzigartig und unverwechselbar zu einer architektonischen Einheit mit fast märchenhaften Effekten verschmelzen.

Normannische Architektur. Dom von Monreale, 1174-89. Choransicht.

So greifen die Grundrisse der norman. Sakralarchitektur zumeist Beispiele des westlich-lateinischen Kirchenbaus auf (Säulen/Pfeiler-Basilika wie in Cefalù, 1131 - 1.V. 12.Jh. und Monreale 1174-89), während sich die dominante → Zweiturmfassade und der → Staffelchor (ebenfalls Cefalù und Monreale) von der seit der Jahrtausendwende südlich der Loire entwickelten Architektur ableiten läßt. Byzantinische Mosaiken schmücken hingegen die Wände der Kirchenräume und arabisch/islamische Stalaktitgewölbe (Cappella Palatina in Palermo, 1131-43) überspannen das Kirchenschiff; doch zumeist kennt die N.A. offene Dachstühle mit farbenprächtigem Dekor (Monreale).

Von ganz besonderem Reiz sind die kleineren Sakralbauten mit vielfältigen byzantinischen Kuppelvariationen (S. Cataldo, Palermo, Mitte 12.Jh.), wie sie in Apulien bereits seit dem 11.Jh. bekannt sind (Canosa di Pughia); wie überhaupt die norman. Kuppelbauten zu den großen Leistungen der frühen Wölbkunst gehören (Scifi).

Sowohl die Fassaden (SS. Pietro e Paolo, Scifi, 1170-72) als auch der Staffelchor (Monreale) sind

Normannische Architektur. S. Cataldo, Palermo, vor 1161 (?).

Normannische Architektur. Cappella Palatina, Palermo, 1131-43.

mit arabischen, spitzbogig verflochtenen Blendarkaden gegliedert und mit farbigen Inkrustationen
geschmückt. Zu erwähnen sind hierbei auch die
Türumrahmungen mit phantasievollen arabischen
Einlege-Ornamenten, die wie in Monreale die 1186
von Bonanno Pisano geschaffene Bronzetür ein-
faßt.   K.G.

Lit.: König '65; Basile '75; Gallas '87.

Normannischer Stil, der (2.H. 11.Jh.-1.H. 12.Jh.).
→ Großbritannien.

Norwegen → Skandinavien.

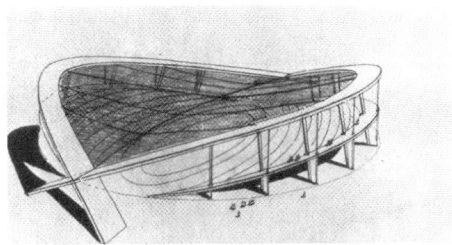

Arena, Dorton, von → Nowitzky, 1948. Erste Planung.

Nouvel, Jean (geb. 1945). Frz. Architekt, studierte
1965-71 an der Ecole des Beaux-Arts in Paris. An
einem seiner ersten Bauten (Haus Dick in Troyes,
1978) versucht N. mit drastischen optischen Mitteln
das Diktat der Bauvorschriften sichtbar zu machen.
Auf dem tatsächlich errichteten Bau werden die
Konturen des abgelehnten Entwurfs markiert. Später legt N. diese explizite Sprache ab, um einer
verfeinerten, symbolträchtigen Architektur Platz zu
machen. Zur Umsetzung dieser Symbolik verwendet N. uneingeschränkt die neuesten Technologien
und verleiht so seinen Bauten eine besonders starke
Individualität. Zu seinen wichtigsten realisierten
Projekten zählen: die Erweiterung des Theaters in
Belfort (1983), die Sozialwohnungsbauten ›Nemau-
sus‹ in Nîmes (1987) und das Institut du Monde
Arabe in Paris (1987; Abb. → Architekturpreis).
                                                             L.S.
Lit.: Nouvel '90; Goulet '90; Boissière '92.

Nowitzky, Maciej (Matthew). 1910 in Chita (Sowjetunion) als Sohn polnischer Eltern geboren,
1951 bei einem Flugzeugunfall in Ägypten tödlich
verunglückt. N. studierte am Polytechnikum in
Warschau, machte 1936 sein Examen und war anschließend dort Lehrer. 1945 polnischer Kulturatta-
ché in Chicago, 1948 Mitarbeit am Projekt der Vereinten Nationen mit → Harrison (mit Abb.). 1950
Lehrer an der School of Design von North Carolina. Zusammen mit William Henry Deitrick entwarf er ab 1948 das Paraboleum der Dorton Arena
(erbaut 1950-53), die Staatsbibliothek und das Museum in Raleigh (North Carolina). 1949 ff. vorberei-
tende Studien für Chandigarh.

Lit.: Schafer '73; Barucki '80.

Nüll, Eduard van der (1812-68). Wie August Sicard
von Sicardsburg (Siccardsburg, 1813-68) prägte er
entscheidend das Wiener Stadtbild des 19.Jhs. 1846
errichteten sie das Sophienbad, 1847 das Karlsthea-
ter, 1848 erhielten sie den Auftrag für das Wiener
Arsenal (Abb. → Zeughaus). Ihr wohl berühmtestes
Bauwerk ist die Wiener Oper (1861-69) in einer
freien Variante der frz. → Renaissance.

*Wandelgang der Wiener Oper,
von → Nüll und August Siccardsburg, 1861-69.*

*Nurage du Idili, Isili, Sardinien,
1200-900 v.Chr.*

*Zentrum für internationale Kommunikation und
Ministerium für Städtebau und Wohnungswesen, Paris,
von → Nouvel, 1983. Projekt.*

Nuragen. Kegelförmige Bauten der Jungsteinzeit
und Bronzezeit mit unechtem → Gewölbe (Scheingewölbe) in Sardinien, Korsika und Süditalien
(→ Trulli). → Kuppelgrab.

Lit.: La civiltà nuragica '90.

Nymphaeum (gr.). Ein den Nymphen geweihtes
Quellheiligtum (Tempel). Der Begriff wurde auch
auf mehrgeschossige Säulenarchitekturen mit Nischen und Wasserbecken übertragen, die an der
Mündung einer künstl. Wasserleitung in der Stadt
angelegt waren. – In der röm. Baukunst prunkvolles
Lusthaus mit Brunnen und Statuen. Im 16.Jh.
wurde die Tradition des N. in Rom wieder wach:
→ Ammanati, → Vasari und → Vignola in der Villa
di Papa Giulio, 1550-55, Fontana di Trevi, 1762
voll. In Deutschland verband man Nymphenbäder
häufig mit Lustschlössern und entsprechenden
Parkanlagen: so in Potsdam, Sanssouci; Dresden,
→ Zwinger; Bayreuth, Eremitage. Im engl. Landschaftsgarten (→ Gartenbaukunst) gewinnt in der
2.H. d. 18.Jhs. das N. neben antiken Tempeln und
Lustpavillons erneut an Bedeutung (N. von 1768
im Park von Wörlitz).

Lit.: Neuburg '65.

Nyrop, Martin (1849-1921) → Skandinavien.

*Nymphäum der Villa Giulia, Rom, von → Vignola,
1550-55.*

O

Obbergen, Antoni von (gest. 1611). Holländ. Architekt, der in Dänemark und Danzig, wo er den → Manierismus von → Vries bekanntmachte, arbeitete. 1586 wurde er in Danzig Stadtbaumeister. Seine Hauptwerke sind Schloß Kronborg am Sund (1574-85, in Zusammenarbeit mit Hans von Paescher, tätig um 1580), in Danzig das Rathaus in der Altstadt (1587-89) und das Zeughaus (1600-05).
Lit.: Carl '43.

Obelisk (gr.: kleiner Spieß). Im alten → Ägypten Symbol des aus dem Urwasser aufsteigenden Urhügels und der aufgehenden Sonne, steht fast stets paarweise vor Grab- (im Alten Reich, ca. 2660-2150 v. Chr.) und Tempeleingängen (seit dem Mittleren Reich, ca. 2000 v. Chr.), vereinzelt auch als zentrales Kultmal in Sonnenheiligtümern (Abu Gurôb, Karnak-Ost). Meist aus Granit gehauener Monolith (maximale Höhe 30 m) auf quadrat. Grundfläche; Kanten zur pyramidenförmigen (einst vergoldeten) Spitze zu konvergierend. – In Ägypten sind heute nur noch vier O. ›in situ‹; über 30 sind, oft schon im Altertum, geraubt und nach Europa gebracht worden; → Renaissance, → Barock und 19. Jh. bedienten sich der markanten Form des O. als selbständiger Denkmalsform oder als Dekorationselement von → Giebeln, → Attiken etc. D. W.
Lit.: Engelbach '23; D'Onofrio '65; Habaši '82.

Obergaden, Lichtgaden, Fenstergaden, Gaden. Der über die Bogenstellung des Mittelschiffs einer → Basilika sich erhebende Wandabschnitt mit den Hochschiffenstern.

Oberlicht. Eine hochliegende, im allgemeinen in die Decke eingelassene Fensteröffnung.

Obrist, Hermann (1863-1927) → Endell; → Deutschland; → Jugendstil.

Ochsenauge (frz.: œil-de-bœuf). Ein rundes oder elliptisches Fenster. Die Form war im → Barock und → Rokoko besonders beliebt; es war oft mit einem Rechteckfenster darunter kombiniert.

Odeion, das (gr.; lat.: odeon). Das antike Konzerthaus, das dem röm. Theater verwandt, aber häufig ganz oder teilweise überdeckt war. Das erste O. ist nachweisbar in der Zeit des Perikles (ca. 445 v. Chr.) in Athen errichtet worden. Noch gut erhalten zeigt sich das O. des Herodes Atticus aus dem 2. Jh. n. Chr. am südwestl. Abhang der Akropolis. Im 19. Jh. ist die Bezeichnung O. für Theaterbauten wieder aufgegriffen worden. Bekannte Beispiele sind das O. von → Klenze in München (beg. 1826) oder das Théâtre de l'Odéon in Paris (1872).
Lit.: Bieber '39; Anti '47; Neppi-Modona '60.

Obelisken, Karnak, Oberägypten, 1500-1200 v. Chr.

O'Donnel, James (1774-1830) → Kanadische Architektur.

Oelsner, Gustav (1879-1956). Als königl. preuß. Regierungsbauführer u. a. am Bau des Reichstages (→ Wallot) beteiligt. Seit 1904 Regierungsbaumeister und Bauleiter der TH in Breslau. 1911-22 Stadtbaurat in Kattowitz. Berufung zum Stadtbaurat, bzw. Bausenator nach Altona (1924), wo er mit → Schumacher einen Generalsiedlungsplan, vorbildliche Grünanlagen und Wohnbauten verwirklichte. Seine sachlichen, fein detaillierten, der norddeutschen Backsteintradition verpflichteten Wohnblocks und Zeilenbauten (Luruper Chaussee, 1925-26, Bunsenstr., 1926-27, Lunapark, 1929-30 u. a.), sowie das Arbeitsamt (1927) und das Haus der Jugend (1929/30) in Altona dokumentieren das Werk eines aufgeklärten, zu verhaltener Modernität neigenden Traditionalisten, der neben Schumacher, den Gebr. Frank, F. Ostermeyer u. a. maßgeblich die spezifisch norddeutsche Großstadtarchitektur der 20er Jahre prägte. 1933 Entlassung, längerer Aufenthalt in den USA und Professor für Städtebau an der TH in Istanbul. 1949 Rückkehr nach Hamburg, wo er noch drei Jahre als Leiter der Wiederaufbauplanung tätig ist. A. G.-N.
Lit.: Fischer, M. '82.

Oesterlen, Dieter (geb. 1911). O. studierte an den TH in Stuttgart und Berlin und war Schüler von → Poelzig. Später Prof. an der TH Braunschweig. Nach seinem Diplom 1936 wurde O. vom nationalsozialistischen Regime mit Städteplanungen beauf-

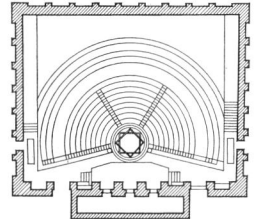

Odeion des Herodes Atticus, Athen, voll. 161 n. Chr.

Schloß Kronborg, Helsingør, von → Obbergen, 1574-85.

Historisches Museum, Hannover, von → Oesterlen, 1960-66.

tragt. Erst nach dem Zweiten Weltkrieg war es ihm möglich, unabhängig zu arbeiten. Nach 1955 verwirklichte O. u.a. bedeutende Sakralbauten, die von angemessener Einfachheit und bildhafter Anschaulichkeit geprägt sind. Zu seinen wichtigsten Werken gehören St. Martin in Hannover-Linden (1955-57), die Christuskirche in Bochum (1956-59), die Umgestaltung des Braunschweiger Schlosses (erb. 1817-42) zum Landesparlament (1954-62), weiter das Gymnasium bei St. Michael in Hildesheim (1959-62), die Jesus-Christus-Kirche in Sennestadt (1960-66), das Historische Museum in Hannover (1960-66) und die Zwölf-Apostel-Kirche in Hildesheim (1962-67). Erwähnenswerte Bauten aus den 70er Jahren sind das Rathaus in Greven (1971 bis 73) sowie die städt. Kunsthalle in Herford (1975). Vgl. Abb. → Filmtheater.

Lit.: Körber '55; Oesterlen '92.

Ogive, die. Frz. Ausdruck für Spitzbogen; daher ›architecture ogivale‹ – Architektur der Gotik, besonders der französischen.

Lit.: Viollet-le-Duc 1854f.; Focillon '39.

O'Gorman, Juan (geb. 1905) → Mexiko.

Ohlmüller, Joseph Daniel (1791-1839). Architekt des frühen → Historismus. 1811-15 Ausbildung bei K. v. → Fischer an der Münchner Akademie. Vor einem 4jährigen Italienaufenthalt wurde O. durch

Ohrmuschelstil. Türe zur Güldenkammer mit Stadtwappen, Rathaus Bremen, um 1616.

→ Klenze zur Bauleitung der Glyptothek nach München berufen. Ab 1832 war er Zivilbauinspektor und wie Klenze, → Gärtner und → Ziebland Mitglied im Staatlichen Baukunstausschuß, seit 1835 Regierungsbaurat. Obwohl er 1824 ›Ideen zu Grabdenkmälern‹ im klassizist. Stil veröffentlichte, wurde O. vor allem als Protagonist der → Neugotik im Königreich Bayern bekannt. Entsprechende Entwürfe bereits 1815 zum Walhalla-Wettbewerb und erneut 1833-34 für die Ruhmeshalle. O.s Hauptwerk, die 1831-39 errichtete Maria-Hilf-Kirche in München/Au (1944 schwer beschädigt), für die er auch die gesamte Ausstattung bis hin zum liturgischen Gerät entwarf, war im Rahmen der christlich-nationalen Restauration die erste neugotische Kirche im süddeutschen Raum. Mit den berühmten, von Ludwig I. gestifteten Glasmalereien erlangte ihr Innenraum als sog. ›romantischer Farbraum‹ überregionale Bedeutung. Bedingt durch seinen frühen Tod und die Bevorzugung von Klenze und Gärtner durch Ludwig I., beschränkt sich O.s ausgeführtes Werk im übrigen auf wenige kleinere Bauten: Nationaldenkmal in Oberwittelsbach (1829-34), Theresienkirche in Hallbergmoos (1832-34), Kuranlagen in Bad Steben (1833-39), König-Otto-Kapelle in Kiefersfelden (1834-36). Seit 1837 war O. mit der Restaurierung von Hohenschwangau nach Plänen von D. Quaglio befaßt.   G.SCH.

Lit.: Marggraff 1839; Nerdinger '87.

Ohr. Oben seitlich überstehende Teile bei Tür- oder Fensterumrahmungen.

Ohrmuschelstil (engl.: Auricular style; holl.: Kwabornament). Ein im 16./17. Jh. in den Niederlanden und in Deutschland vorkommender Dekorationsstil, der stark an das → Knorpelwerk erinnert und seinen Namen von einem in diesem Stil immer wiederkehrenden Motiv erhalten hat, das einer Ohrmuschel ähnelt. Im O. finden sich Elemente der → Groteske; er empfing auch Anregungen aus der Spätgotik.

Lit.: Zülch '32; v. Graevenitz '71.

Okada, Shin'ichi (geb. 1928). Studierte bis 1957 in Tokio und besuchte 1962/63 die Yale Universität (Graduate School of Art and Architecture). 1964/65 als Designer und Mitarbeiter bei → Skidmore, Owings & Merrill, New York, tätig. Anschließend Chefdesigner bei der Kajima Corporation in Japan und ab 1969 eigenes Büro in Tokio. Sein architekt. Durchbruch gelang ihm mit der Planung und Ausführung des Jap. Gerichtshofes in Tokio (1969-74). Zwar noch in Anlehnung an Vorbilder seiner Lehrer an der Yale-Universität → Rudolph und → Kahn (einfache geometrische, mitunter massig auftretende Baukuben), zeigt O. Mut und Sinn für technische Details und außergewöhnliches Design in der Behandlung von Fassaden, die von einer eigenwilligen Lichtführung durchbrochen sind. Auch die von ihm gebaute Universität für Zahnmedizin im Norden Japans (Nippon Dental College, 1972) besteht aus untereinander abgestuften Blöcken mit einer schrägen, gewächshausähnlichen Verglasung, die wegen des rauhen Klimas neben der ästhetischen auch eine thermotechnische Lösung notwendig machte. 1988 entstand nach seinen Plänen das Okayama Prefectural Museum of Art.   M.-A. v. L.

Lit.: Ross '78; CA '80, '87.

Entwurf zur Walhalla von → Ohlmüller, 1815.

Ohr. Türrahmung mit Ohren, Tomba della Casa, Nekropole Bauditaccia, Cerveteri, 7. Jh. v. Chr.

Der japanische Oberste Gerichtshof, Tokio, von → Okada, 1969-74.

Apparat zur Ausnutzung der Sonnenenergie auf der Weltausstellung Paris 1878, von A. Mouchot.

Ökologisches Bauen. Seit Jean-Jacques Rousseau (1712-78) die Rückkehr zur Natur gefordert hatte, fehlte es nicht an romantischen Vorstellungen über den Ursprung der Architektur. Aus → Laugiers ›Urhütte‹ entwickelte sich die → Laube, die Laubenkolonie, die Licht- und Lufthütten der Lebensreformer auf dem Monte Verità im Tessin (um 1904), die Zeitschrift ›Gartenlaube‹, schließlich die Stadtlaube (Freiburg i. Brsg., 1984); aus dem Gartenhaus entstand die Idee der → Gartenstadt, der → Gartenvorstadt und der Begrünung der Großstädte durch Einbeziehung von Parkanlagen (Hyde Park, London; Bois de Boulogne, Paris 1852 ff.; Central Park, New York, 1858 ff. u. a.) sowie durch baumbestandene Alleen im Zentrum.

Pavillon beim Huis ten Bosch. Ölgemälde von Jan van der Heyde (1637-1712).

Das Erscheinen des ›Schweizerischen Robinson‹ von Joh. David Wyss (entst. um 1792-98) weckte, begünstigt durch die Theorien von Charles Darwin (1809-82), Urerinnerungen an die Vorfahren Tarzans und unser früheres Leben auf Bäumen (vgl. → Baumwohnung), architekton. nachlebend in den Baumhäusern von Piet Blom in Helmond (Abb. → Niederlande, 1957-58) und in den Projekten der Wiener Gruppe Missing Link. Der Begrünung von verputzten Häusern im 19. und 20. Jh. mit wildem Wein folgte die von → Sichtbeton mit Efeu (Hochschule von St. Gallen, 1957-63) und das Verschwinden von Glas hinter einem grünen Wall (Heckenhaus, Beverly Hills, 1965).

Schon in der zweiten Hälfte des 19. Jhs. war die Vegetation durch die Tapeten → Morris' in das Innere der Häuser eingedrungen, der nachfolgende → Jugendstil erwuchs aus einem neuen Lebensgefühl, das dem Wasser (Aufblühen der Seebäder) und der Vegetation zugewandt war, bald alle Künste prägte und in der Architektur den Maskenball vergangener Stile verdrängte (→ Historismus).

Die Weiterentwicklung des → Gewächshauses führte nicht nur zu großen Anlagen in den → Botanischen Gärten, sondern auch zur Entstehung von Palmenhäusern und → Wintergärten. Anläßlich der

Haus aus Weidenstecklingen, von Rudolf Doernach, um 1970.

Wohnhaus Burghardt, Regensburg, von → Herzog, 1977-79.

Hameau de la Reine im Trianon, Versailles, von → Mique, beg. 1783.

Internationalen Bauausstellung, Berlin 1932, forderte der Worpsweder Gartenbauarchitekt Leberecht Migge Häuser, die nach biologischen Gesetzen wachsen, wie dies Arthur Wischula schon 1925 beschrieben hatte. Der Berliner Stadtbaurat Martin Wagner schlug das Prinzip einer neuen Öko-Architektur vor: eine gläserne Hülle, die das Sonnenlicht aufnimmt und zugleich als Energiespender und Temperaturregulator (thermischer Puffer) dient; zum Gesamtbau sollte auch ein Gewächshaus gehören. Nach diesem Prinzip entstand 1977 in Stockholm das ›Naturhuset‹ von Bengt Warne und das Wohnhaus Burghardt in Regensburg von → Her-

Plan für ein Baumhaus (›Falkenhorst‹).

zog. Im gleichen Jahr forderte → Otto, das natürliche Haus als Aufgabe unserer Zeit zu betrachten. 1979 rief dieser Architekt nach Stuttgart zu einem Symposion über ›Natürliches Bauen‹. Für die IBA in Berlin entwarf Otto ein ›Baumhaus‹ und ›Gartengrundstücke auf der Etage‹, zu denen inzwischen die Kreuzberg-Projekte in Berlin (Gruppe Oekotop) hinzukamen sowie zahlreiche Siedlungen in der Bundesrepublik, die der Erforschung natürlicher und energiesparender Baumethoden dienen (Ham-

Ausstellung in Darmstadt 1901. Gebäude für Flächenkunst, von → Olbrich.

burg-Allermöhe, Hannover-Laher-Wiesen oder die Bio-Siedlung des ›Biotekten‹ Rudolf Doernach auf dem Schafsberg bei Tübingen; Doernach war ehemals Mitarbeiter von → Fuller). Wichtig für die Weiterentwicklung eines neuen Ö.B. in der Bundesrepublik wurden Ottos ›Institut für leichte Flächentragwerke‹ in Stuttgart, die Gesamthochschule in Kassel, an der Herzog, Vladimir Nicolic (geb. 1941) und Gernot Minke (geb. 1937) arbeiten, und → Ungers' Institut IBUS (→ Alternative Architektur), mit dem z.B. Bernd G. Faskel (geb. 1943) zusammenwirkt. In den USA entstand als Vorbild für Ö.B. das ›Integral Urban House‹, das alle Möglichkeiten eines natürlichen Hauses erprobte. Eine ähnliche ›Arche‹ erbauten die New Alchemists 1976 auf dem kanadischen Prince Edward Island. Sieht man vom experimentierfreudigen Kalifornien ab, finden alle diese Neuerungen vorwiegend in Bereichen eines verhältnismäßig kühlen Klimas statt; in den heißen Zonen Afrikas steht die neue → Lehmarchitektur für ein verändertes ökologisches Bewußtsein. Das Ö.B. ist in Zusammenhang zu sehen mit

der immer lauter werdenden Forderung nach einer Abkehr von der Überfremdung durch die Technik, nach Demut gegenüber der Natur und dem Kosmos (New Age). W.R.

Lit.: Viollet-le-Duc 1875; Wiechula '25; Rykwert '72; Minke '80; Doernach '82; Pehnt '83; Sartory '84; Klotz '85; Archit.solaires '91; Crowther '91; B. u. R. Vale '91.

Oktastylos, der (gr.). Griech. Tempel mit acht Frontsäulen. → Tempelformen.

Oktogon, das (gr.: Achteck). Eine der wichtigsten geom. Figuren in der Baukunst, und zwar sowohl für die Grundrißbildung bei → Zentralbauten als auch für die Bildung von Ornamentfiguren.

Olbrich, Joseph Maria (1867-1908). Studierte an der Akademie in Wien, gewann 1893 den Rompreis, kehrte nach Wien zurück, um unter Otto → Wagner zu arbeiten, und erbaute 1897-98 das Haus der Wiener → Sezession, einer Vereinigung fortschrittlicher Künstler in Österreich (Abb. → Österreich). Dieses kleine Ausstellungsgebäude brachte O. weiterhin hohes Ansehen ein. Es ist mit seinen streng kubischen Wänden und der durchbrochenen Metallkup-

Joseph Maria Olbrich.

Ernst-Ludwig-Haus, Darmstadt, von → Olbrich, 1901.

pel klar in den Grundformen, aber zugleich phantasiereich in den Details.

Diese ungewöhnliche Verbindung gefiel Großherzog Ernst Ludwig von Hessen, der O. 1899 nach Darmstadt berief. Dort baute O. auf der Mathildenhöhe das Atelierhaus (Ernst-Ludwig-Haus), ferner einige Wohnhäuser, u. a. sein eigenes. Ein Teil dieser Häusergruppe wurde von anderen Mitgliedern der Darmstädter Künstlergruppe (z. B. → Behrens) geschaffen. Als die Bauten bis in die Ausstattung fertiggestellt waren, wurden sie 1901 als ›Ausstellung‹ – die erste dieser Art – der Öffentlichkeit zugänglich gemacht. Später fügte O. dem Komplex ein Ausstellungsgebäude (Abb. → Ausstellungsarchitektur) und den Hochzeitsturm hinzu (1907). – Sein letztes größeres Werk war das Kaufhaus Tietz in Düsseldorf. Die eng aneinandergesetzten senkrechten Stützen der Fassade, die auf → Messels Kaufhaus Wertheim in Berlin zurückgehen, machten Schule. Historisch gesehen gehört O. zu den Architekten, die die Vorliebe des → Jugendstils für labile und vegetabile Formen durch ein stabileres, rechtwinkliges Koordinatensystem überwanden. Die führenden Architekten dieser Richtung waren → Hoffmann und → Mackintosh. Mackintosh und O. behielten den Phantasiereichtum geschwungener Jugendstilformen auch in dieser neuen, exakten Bauweise bei, im Gegensatz zu Hoffmann und Behrens.

Lit.: Olbrich 1900, '02-14; Veronesi '48 a; Zevi '50 b; Clark, R.J. '67; Girardi '70; Schreyl '72; Lathan '81; Haiko/Krimmel '89.

Oktogon. Baptisterium der Orthodoxen, Ravenna, gew. um 458.

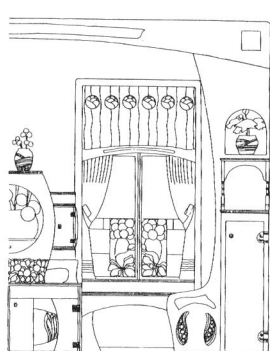

Detail der Innendekoration im Haus Stift, Wien, von → Olbrich, 1900.

Oktogon. Vierung der Kathedrale von Ely, 1323 - um 1330.

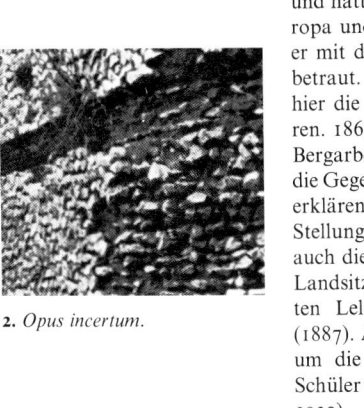

2. *Opus incertum.*

5. *Opus reticulatum.*

7. *Opus spicatum.*

Olmsted, Frederick Law (1822-1903). Der bedeutendste Gartenarchitekt (→ Gartenbaukunst) der USA nach → Downings Tod, führend in der Gestaltung von Parks. O. war als Ingenieur ausgebildet und hatte ausgedehnte Reisen durch Amerika, Europa und sogar China unternommen. 1857 wurde er mit der Anlage des Central Park in New York betraut. 1859 besuchte O. Europa abermals, um hier die Anlage von Landschaftsgärten zu studieren. 1863-65 beaufsichtigte er die Gestaltung einer Bergarbeitersiedlung in Kalifornien und schlug vor, die Gegend des Yosemite-Tals zum Nationalpark zu erklären. 1865 übernahm er wieder seine frühere Stellung als Direktor des Central Park. O. entwarf auch die Parkanlagen von Boston (1878), mehrere Landsitze und die Gesamtanlage der neu gegründeten Leland Stanford Universität in Palo Alto (1887). Außerdem plante er das Naturschutzgebiet um die Niagarafälle (1888). Sein bedeutendster Schüler war sein Neffe *John Charles Olmsted* (1852-1920).
Lit.: Mitchell '24; Condit '60; Fein '67; Olmsted-Kimball '73; Wood Roper '73, '83²; McLaughlin (Hg.) '83 ff.

OMA → *Nachträge.*

Opaion, das (gr.: Rauchloch; lat.: opaeum). Runde Öffnung im Scheitel einer → Kuppel.

Opernarchitektur → Theaterbau.

Opisthodom (-os), der (gr.: Hinterhaus). Der an die Rückwand der → Cella eines griech. Doppelantentempels anschließende Raum. Doppelstück zum → Pronaos; der O. wurde manchmal als Schatzkammer verwendet. → Tempelformen.

Opus, das (lat.: Werk). Sammelbegriff für die Arbeitstechniken der röm. Antike auf den Gebieten → Mauerwerk, → Mauerverband, Verputz, Verkleidung und Fußbodenbelag. Häufig wiederkehrende Begriffe sind: **1.** o. alexandrinum, ein ornamentales Fußbodenmosaik aus farbigen, zu geom. Mustern geordneten Marmorsteinen, besonders in Verbindung von Mosaik und o. sectile (→ 6.) in verschlungenen Formen. **2.** o. incertum, ein röm. Mauerwerk, bei dem der Raum zwischen zwei Mauerschalen mit einem Gemisch aus Bruchstein und Gußmörtel gefüllt wird. **3.** o. listatum und o. mixtum, ein Mauerwerk, bei welchem Schichten kleiner Natursteinblöcke mit Ziegelsteinen wechseln. **4.** o. quadratum, ein röm. Ausdruck für Quadermauerwerk (→ Mauerwerk 2). **5.** o. reticulatum, ein Gußmauerwerk, das mit pyramidenförmig zugeschnittenen Steinen mit der quadrat. Seite nach außen verblen-

Orangerie. Endsleigh am Tamar, von → Repton, 2. Hälfte 18. Jh.

Tabernakel in Orsanmichele, Florenz, von → Orcagna, 1359.

det ist; die Fugen laufen diagonal. **6.** o. sectile, eine Wandbekleidung oder ein Fußbodenbelag aus kleinen Marmorplatten, die in geom. oder anderen Formen geschnitten sind. **7.** o. spicatum, ein Mauerwerk, bei dem Steine ein Ähren- oder Fischgrätmuster bilden. **8.** o. tesselatum, ein Bodenmosaik, das aus verschiedenfarbigen Steinwürfeln besteht.

Lit.: Giovannoni '30; Crema '59.

Orangerie (frz.). Einstöckiges Gebäude mit großen verglasten Südfenstern zur Orangenzucht in den nördl. Ländern, allg. jedes größere → Gewächshaus für nicht winterharte (südl.) Pflanzen. Die O. gehörte im 17./18. Jh. zur Ausstattung der barocken Schloß- und Parkanlage und konnte in dieser frei stehen oder baulich mit dem Schloß verbunden sein.

Lit.: Tschira '39; Koppelmann '83; Woods/Warren '88.

Oratorium (lat.). Eine kleine Privatkapelle. Das O. kann eine durch ein Fenster mit dem → Chor in Verbindung stehende Kapelle im Emporengeschoß für höhere Würdenträger sein. – Später auch ein der Öffentlichkeit zugänglicher Betraum.

Orcagna, Andrea di Cione, gen. (ca. 1308-68 oder 76/77). Er war in erster Linie Maler, der bedeutendste in Florenz nach → Giottos Tod, aber auch Bildhauer und Architekt. 1343/44 wurde er in die Zunft der Maler, 1352 in die Zunft der Steinmetzen aufgenommen. 1356 wurde er zum ›capomaestro‹ von Orsanmichele (Tabernakel von 1359) in Florenz ernannt, 1358 für den Dom von Orvieto, wo er bis 1362 häufig erwähnt wird, allerdings hauptsächlich in Verbindung mit der Restaurierung von Fassaden-Mosaiken. 1356 wurde er Berater für den Bau des Florentiner Domes, und bis 1366 gehörte er als führendes Mitglied verschiedenen Kommissionen für den Dombau an, auch jener, die die endgültigen Baupläne entwickelte.

Lit.: Steinweg '29; Toesca '51; White '66.

Orchard, William (gest. 1504). Baumeister. Wahrscheinlich hat er für Bischof Waynflete das Magdalen College in Oxford (beg. 1474) entworfen. Die Initialen ›W.O.‹ in dem kunstvoll gestalteten Gewölbe der Divinity School in Oxford, das in den 1480er Jahren vollendet wurde, ermöglichen diese Zuschreibung. Die Ähnlichkeit des Gewölbes der Divinity School mit dem Chor der Oxforder Kathedrale deutet darauf hin, daß O. auch dieses noch kunstvollere Gewölbe geschaffen hat. Beide Gewölbe werden durch → Abhänglinge charakterisiert, die wie → Kämpfer aussehen, die auf nicht existierenden Pfeilern zwischen Hauptschiff und Seitenschiffen zu ruhen scheinen. Dies ist technich eine wagemutige, höchst eigenständige und visuell eine geheimnisvoll anmutende Lösung.

Lit.: Harvey '54; Webb '56.

Magdalen College, Oxford, von → Orchard, beg. 1474.

Orchestra (gr.). Runder Tanzplatz in der Mitte des griech. Theaters. → Theaterbau (mit Abb.).

Lit.: Bieber '39; Anti '47.

Ordensburg. Sonderform einer → Burg für die Deutschordensritter in Preußen und Livland. Dieser Burgtyp vereint → Kloster und Burg miteinander. Die meist in → Backstein errichteten Burgen bilden ein regelmäßiges Viereck mit vier Flügeln

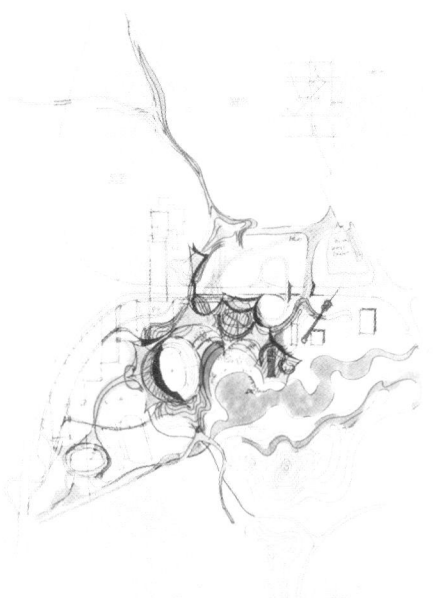

Organische Architektur. Olympiazelt München, von → Behnisch und Partner, → Otto und Partner, 1968-72.

Marienburg, heute Wojwodschaft Gdansk (Danzig), voll. 1398.

und starker Turmbewehrung. Ungewöhnlich reiche Ausbildung erfuhren in diesen Burgen die Versammlungssäle der Ritter, der Kapitelsaal (→ Kloster) und der → Remter. Die O. entwickelte sich in der 2.H. des 13.Jhs.; um 1300 gab es bereits 23 Ordensburgen, deren größte und bedeutendste die Marienburg in Westpreußen, Sitz des Hochmeisters, war.

Lit.: Schmidt, B. '38-40; Hofmann, H.H. '64; Borchert '87.

Ordnung → Säulenordnungen.

Organische Architektur. Die O.A., die sich seit dem Ende des 19.Jhs. (H. Greenough, → Sullivan, → Wright) zu einer vieldiskutierten und immer wieder aktuellen Position entwickelte, läßt sich ebensowenig wie das organizistische Leitbild im Städtebau auf eine einheitliche theoretische Grundlage zurückführen. Eher ein facettenreich schillerndes ideologisches Phänomen als eine elaborierte Theorie, wird die Bezeichnung ›organisch‹ für ein überaus heterogenes Spektrum von Konzepten und Bauwerken in Anspruch genommen. Im allgemeinsten Sinn bezeichnet O.A. den Versuch einer formalen und räumlichen Integration von Bauwerk und

Villa d'Anières, Genf, von Daniel Grataloup, 1970-72.

Landschaft, die allerdings in so gegensätzlichen Beispielen wie den ›offenen Grundrissen‹ und ›fließenden Räumen‹ eines → Mies van der Rohe und den plastischen Modulationen eines → Häring oder → Scharoun zum Ausdruck kommt.

Innerhalb des ›Neuen Bauens‹ indessen versuchten sich die maßgeblichen Vertreter einer O.A. (Häring, Scharoun, → Aalto, → Mendelsohn u.a.) gegenüber dem geometrisch-orthogonalen Funktionalismus rationalistischer Prägung (→ Gropius, Mies van der Rohe, → Le Corbusier) durch einen naturanalogen Wachstums- und Strukturprinzipien sowie auch regionalen Merkmalen verpflichteten anthropozentrischen Funktionalismusbegriff abzugrenzen.

Ein ›von innen nach außen‹ gerichteter Entwurfsprozeß sowie das von Wright inspirierte Postulat vom Bauwerk als einer übergeordneten Einheit (Organismus), in der die Vielfalt der Materialien und

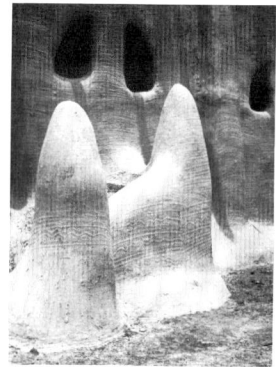

Detailansicht des plastischen Architekturschmucks rund um die Freitagsmoschee San, Mali.

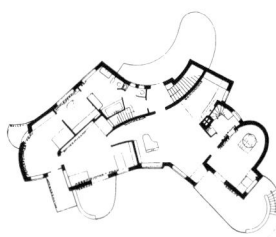

*Organische Architektur. Entwurf
für ein Wohnhaus, von → Häring,
1922-23.*

*Blick durch eine Phantasie-
architektur auf die Wilhelma,
Stuttgart-Bad Cannstatt,
von Wilhelm Zanth, 1842-46,
zerstört.*

individuell charakterisierten Funktionsbereiche harmonisch und wie naturhaft gewachsen zusammengefaßt sind, gelten als wesentliche Merkmale der O.A. Sie reichen allerdings kaum aus, um die weitere Entwicklung zu charakterisieren. Diese reicht von den theosophisch begründeten Architekturformationen des Goetheanums (1924-28, Abb. → Anthroposophische Architektur), über den naturmimetischen Symbolismus eines Eero → Saarinen bis zu den an organ. ›Bauweisen‹ (Spinnweben, Zellen, Schalen etc.) orientierten → High-Tech-Strukturen eines → Otto. Diese dokumentieren den Vorbildcharakter, den die Natur gegenwärtig für die Entwicklung avanciertester Konstruktionstechnologien gewonnen hat. Anknüpfend an Wright und dessen organisch-demokratisches Stadt- und Gesellschaftsmodell (Broadacre City, 1934), setzte sich vor allem in der Nachkriegszeit das Leitbild eines organischen, d.h. aufgelockerten und durchgrünten Städtebaus durch, das zum Inbegriff demokratischer Stadtplanung wurde. In jüngster Zeit haben die Bemühungen um ein → ökologisches Bauen der O.A. eine weitere Facette hinzugefügt.   A.Gl.
Lit.: Wright, F.Ll. '50; Zevi, B. '51; Lauterbach '65; Lampugnani '80.

Orientalisierende Architektur. Schon das 18.Jh. kannte eine China- und Japanmode (→ Chinoiserie) sowie eine durch Napoleons Expedition nach Ägypten hervorgerufene Ägyptenmode (→ Egyptian Revival). Im Zusammenhang mit dem → Historismus kam es zu zahlreichen orientalisierenden Bauten adliger Bauherren, von denen die des Königs Ludwig II. von Bayern besonders hervorzuheben sind.
Lit.: Biehn '70; Koppelkamm '87.

*Speisezimmer in der Wilhelma, Stuttgart-Bad Cannstatt,
von Wilhelm Zanth, 1842-46, zerstört.*

Orientierung → Ostung.

Orsi de Orsini (Orsy, Orsolini), Johann Domenico (gest. 1679) → Tschechoslowakei.

Ortgang. Der Abschluß der Dachdeckung an der Giebelseite durch ein Brett oder einen Ortgangziegel; am griech. Tempel ist der O. das Schräggeison (→ Geison).

Orthostat, der (gr.). Die großen, meist aufrecht stehenden Steinblöcke der untersten Lage eines Mauerwerks, z.B. Sockel der Cella eines griech. Tempels.

Osmanische Architektur → Türkei.

Østberg, Ragnar (1866-1945). Studierte in Stockholm (1884-91), unternahm Reisen durch ganz Europa und Amerika (1893-99) und war 1922-32 Prof. an der Kunsthochschule in Stockholm. Sein internationaler Ruhm beruht auf dem Stockholmer Rathaus (beg. 1909, voll. 1923), das, ähnlich wie → Berlages und → Klints Bauten, zwischen dem Historismus des 19.Jhs. und dem Stilempfinden des 20.Jhs. vermittelt. Ø. verarbeitete sehr geschickt Elemente der schwed. → Romanik und → Renaissance in seinem Entwurf. Die herrliche Lage des Rathauses am Meer regte ihn an, auch Motive des Dogenpalastes in Venedig zu übernehmen. Diese Entlehnungen sind jedoch eigenwillig abgewandelt und harmonisch miteinander verschmolzen. Die dekorativen Details, stark stilisiert und abgeschwächt, entsprechen dem durch die engl. → Arts and Crafts Bewegung beeinflußten Dekorationsstil in Österreich und Deutschland, ganz allg. in Mitteleuropa, um 1920. Auf England übte Ø.s Bau in den 20er Jahren großen Einfluß aus.
Lit.: Østberg '28; Ahlberg '25; Zevi '50b; Hitchcock '58; Ray, S. '65; Cornell '72.

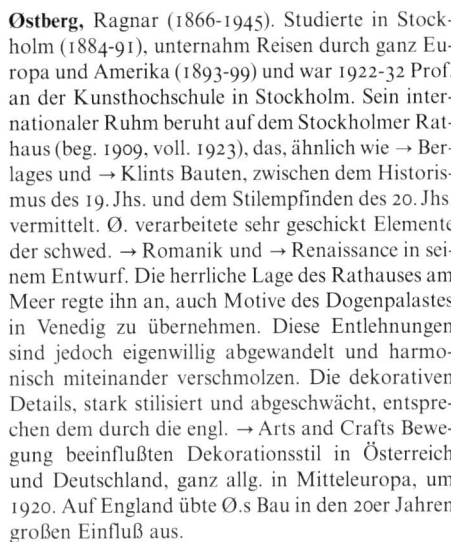

*Orientalisierende Architektur. Pavillon de l'Empereur,
Weltausstellung Paris 1867.*

Österreich. Entstand 803 aus der Ostmark, die Karl d.Gr. nach der Unterwerfung der Bayern 788 gegründet hatte. Nachdem 955 dem Einfall der Ungarn Einhalt geboten war, wurde die Ostmark erneuert und kam 976 bis 1246 in den Besitz der Babenberger. 1156 zum Herzogtum mit bedeutenden Sonderrechten erhöht, ging Österreich, noch ohne Oberösterreich, Steiermark, Kärnten, Tirol, die erst im Laufe des MA.s zufielen, 1282 an Habsburg. – Das seit rund 700 bestehende, 798 zum Erzbistum (der bayer. Kirchenprovinz) erhobene Bistum Salzburg bestand als reichsunmittelbares Stift bis 1803, erst seither ist es österreichisch. Gründungen der Salzburger Erzbischöfe sind die Bistü-

Dom von Gurk, etwa 1140-1200.

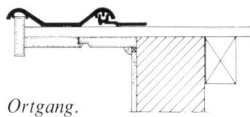

Ortgang.

Stephansdom, Wien, Mitte 12.Jh.-15.Jh.

mer Gurk (1072), Seckau (1218) und Chiemsee (1215, dieses in Bayern). Sehr spät kam es zur Gründung des Bistums Wien (1479). Bis dahin unterstand das Kerngebiet der Ostmark (Niederösterreich) dem Bistum Passau. Von vorroman. Baukunst ist in Österreich wenig erhalten. Der erste Salzburger Dom (767-74) war den Ausgrabungen zufolge nach dem Typus der dreischiffigen frühchristl. → Basilika mit einer → Apsis erbaut. Die beträchtliche Länge dieses Baues betrug 66 m.
Die → Romanik zeigt eine Mischung bayr. und lombard. Elemente, doch waren auch Westdeutschland (besonders Hirsau als Zentrum cluniazensischer Architektur in Deutschland, → Hirsauer Bauschule)

und Frankreich für die österr. Baukunst dieser Zeit von Bedeutung. Von Hirsau beeinflußt ist der Grundriß mit → Querschiff von St. Paul im Lavantal. Der bayr. Einfluß bringt querschifflose Pfeilerbasiliken, deren drei Schiffe durch Apsiden geschlossen sind. Die Lombardei war überwiegend Quelle für die Dekoration. Man kann dies in Klosterneuburg (1114-36), Gurk (etwa 1140-1200, Krypta mit 100 Marmorsäulen), Millstatt (Abteikirche und Kreuzgang) und sogar am Portal von St. Peter in Salzburg (1244-45) feststellen. Eine andere Quelle der Ornamentkunst war die Normandie mit Zickzackmustern u. a., die über Worms, Bamberg und Regensburg die österr. Baukunst erreichte (vgl. die Portale von St. Stephan in Wien; Dom in Wiener Neustadt und den Karner in Tulln). Die größte Kirche des 12. Jhs. war der in den Jahren nach 1181 vollkommen umgebaute Salzburger Dom, der mit 122 m Länge so lang war wie Alt-St. Peter in Rom. Er war eine fünfschiffige Basilika mit Querschiff und oktogonalem → Vierungsturm, runden Flankentürmen über den Querschiffapsiden, einem → Chorquadrat mit halbrunder Apsis und einer → Hallenkrypta unter Chor und Vierung. Die W-Türme (1106-47) waren von dem älteren Bau übernommen.

Langhausgewölbe der Filialkirche Laas, 1510-18.

Abtei Kremsmünster, Fischbassins, von Carlo Antonio Carlone, beg. 1690.

Sehr starke Impulse erfuhr die österr. Baukunst durch die Zisterzienser (→ Zisterzienserbaukunst). Viktring, eine frühe Tochtergründung (1142-1202), folgt getreu dem Vorbild von Fontenay, dem ältesten erhaltenen Zisterzienserkloster Frankreichs, es hat wie dieses eine Spitztonne (→ Gewölbe III). Heiligenkreuz (beg. ca. 1135-36) dagegen besitzt ein Kreuzrippengewölbe mit lombardischen → Bandrippen. 1295 erhielt Heiligenkreuz einen rein got. Hallenchor. Die Anregung gab die Umgangshalle des 1202-30 erbauten Chors des Zisterzienserklosters Lilienfeld. Dieser ganz von der → Gotik geprägte Chor ist ein frühes Beispiel für das Hallenschema und beweist, daß Österreich als eine der Quellen für die dt. → Hallenkirchen zu gelten hat. Zwettl, wieder ein Zisterzienserkloster, erhielt seinen großartigen Hallenchor mit Chorumgang und niedrigem → Kapellenkranz wesentlich später (1343-83); er beeinflußt Süd- und Südwestdeutschland, etwa die in Schwäbisch Gmünd tätigen → Parler. Die Bettelorden, die aktivsten Orden des 13./14. Jhs., erbauten ebenfalls vornehmlich Hallenkirchen (Imbach, Minoritenkirche in Wien).

Pfarrkirche Unserer Lieben Frau, Kötschach, von Barthlmä Firtaler, 1518-27.

Kornmesserhaus, Bruck a. d. Mur, 1499-1505.

Das obere Belvedere, Wien, von → Hildebrandt, 1714-24.

Kirche des Augustiner-Chorherrenstifts Dürnstein, von → Munggenast und → Steinl, 1721-27.

Die Hauptleistung des 14./15.Jhs. ist St.Stephan in Wien, das urspr. keine Bischofskirche war. Der Hallenchor wurde 1304-40, der mächtige Südturm 1359-1439 erbaut. Im frühen 14.Jh. bestanden auch intensive Beziehungen zu Böhmen (Prag) und Bayern (Franziskanerkirche in Salzburg ab 1408 von Hans von Burghausen, → Stethaimer). Im späten 15. und frühen 16.Jh. war die Entwicklung in der Architektur ebenso bedeutend wie in der Bildhauerei. Komplizierte Gewölbeformen, die aus Stern-, Netz- oder Rosettenmotiven gebildet werden, sind charakteristisch für diese Zeit. Sie erreichen ihren Höhepunkt in den Stuckrippen mit vegetabilen Details, wie sie uns in den Kirchen von Laas (1510-18) und Kötschach (1518-27) in Kärnten begegnen. Die Stützen können gewundene Pfeilerbündel (Salzburg, Festung Hohensalzburg, 1502) oder baumstammartig (Burg Bechin/Bechyně, ČSSR) sein. Die ersten wichtigen Profanbauten gehören dieser Spätzeit an: das ›Bummerlhaus‹ in Steyr (1497), das ›Goldene Dacherl‹ in Innsbruck (voll. 1500) und das Kornmesserhaus in Bruck an der Mur (1499 bis 1505), dessen Arkadengestaltung venez. Einfluß verrät.
Bald aber brachte der ital. Einfluß Formen nach Österreich, die sich von der Gotik des Kornmesserhauses vollkommen unterscheiden. Das Portal der Salvatorkapelle in Wien (nach 1515) ist ganz von der lombard. → Renaissance abhängig. An ähnlichen Werken, besonders an Grabdenkmälern, werden die neuen Formen unverzüglich aufgegriffen. Als nächste Beispiele in der Baukunst sind zu nennen: das Zeughaus in Wiener Neustadt (1524,

Karlskirche, Wien, von → Fischer von Erlach, 1716-37.

zerst.) und der elegante Hof von Schloß Salamanca-Porcia in Spittal a. d. Drau (ab 1527). Ein Vergleich dieses Hofes mit dem mehr wuchtig wirkenden Hof des Landhauses in Graz (1557-65 von Domenico d'Allio) zeigt eine charakteristische Entwicklung, deren nächste Phase durch den mit → Karyatiden geschmückten Hof der Schallaburg bei Melk (1572 bis 1600) vertreten ist. Im ganzen gesehen besitzt Österreich aber weniger Baudenkmäler der Renaissance als Böhmen. Die in den Jahren 1553-63 erbaute Hofkirche in Innsbruck ist eine got. Hallenkirche mit schlanken Säulen statt Pfeilern. Der einzige rein ital. Kirchenbau ist der Salzburger Dom, der von → Solari mit zwei Westtürmen und einer Vierungskuppel in den Jahren 1614-28 und nach 1648 erbaut wurde. Der Dom, die Franziskanerkirche und das Residenz-Neugebäude in Salzburg bieten vollkommene Beispiele für eine italienisierende Stuckdekoration des 17.Jhs.
In Wien wurde eine Anzahl von Kirchen erbaut oder nach den beiden großen Türkenstürmen wiederaufgebaut, doch erscheinen sie gegenüber den Glanzleistungen des österr. → Barocks zwischen 1690-1730 unbedeutend. Als große Baumeister der Zeit wären zu nennen: der Bühnenbildner und Ingenieur Lodovico Ottavio Burnacini (1636-1707), der 1682 die Dreifaltigkeitssäule am Graben in Wien mitentwarf, ferner → Martinelli, der die beiden Palais Liechtenstein in Wien um die Wende zum 18.Jh. erbaute, schließlich → Fischer von Erlach und → Hildebrandt. Kurz zu erwähnen sind hier Fischers bedeutende Pläne für die zentralisierenden Kirchen in Salzburg (Dreifaltigkeitskirche 1694-1702 (Abb. → Fischer von Erlach), Kollegienkirche

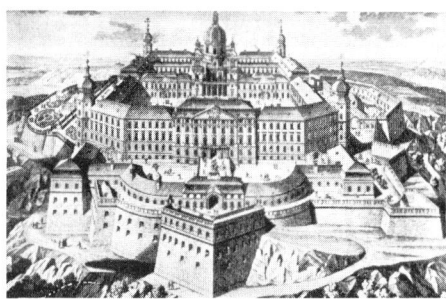

Benediktinerstift Göttweig, von → Hildebrandt, beg. 1719. Stich des Entwurfs von Salomon Kleiner.

1694-1707), denen J.C. → Zuccallis Erhartskirche in Salzburg (1685-89) voranging; die Karlskirche in Wien mit ihren beiden ›Trajanssäulen‹ und einer verhaltenen, antikisierenden Dekorationsweise sowie weiter Hildebrandts optisch sich steigernde Raumverbindungen und malerische Dekorationsweise, wie sie das Obere Belvedere in Wien (1714-24) zeigt (Abb. → Hildebrandt). In dieser Zeit waren auch die großen Stifte und Abteien des Landes, wie die Städte und der Adel, von fieberhaftem Baueifer erfaßt. So entstanden: ab 1686 das Stift St.Florian nach Entwürfen von → Carlone und → Prandtauer, ab 1702 Melk von Prandtauer, ab 1719 der Neubau von Stift Göttweig von Hildebrandt und ab 1730 Klosterneuburg nach Plänen von Donato Felice Allio, wobei Fischer von Erlach entscheidenden Einfluß nahm. Besonders prunkvoll sind in diesen Abteien die Bibliotheken ausgestattet, wie in Altenburg, 1740, und in Admont, 1745.

Schloß Anif bei Salzburg, umgebaut 1838-48.

Das → Louis-seize des späten 18.Jhs. ist in Wien
durch die Akademie der Wissenschaften (1753 von
→ Jadot de Ville-Issey) und das Josephinum (1783-
85 von Isidor Canevale) vertreten. Die Gloriette,
mächtiger Blickfang im Park von Schönbrunn von
Ferdinand von Hohenberg, ist ein zu ihrer Zeit
(1775) noch ungewöhnlicher Rückgriff auf die Renaissance des 16.Jhs. (Abb. → Gloriette). In äußerst
strengem → Klassizismus sind der Theseustempel
(1820-23) und das Burgtor (voll. 1824), beide vor
der Hofburg, von → Nobile errichtet (letzteres
urspr. von → Cagnola entworfen).

*Treppenhaus des Burgtheaters, Wien, von → Semper und
→ Hasenauer, 1873-88.*

Der → Historismus des 19.Jhs. findet seine volle
Entfaltung in dem vorzüglich erhaltenen Schloß
Anif bei Salzburg (1838-48), in der Altlerchenfelder
Kirche in Wien (1848-61 nach Entwurf von Georg
Müller, Innenausbau von → Nüll) und in dem Arsenal (1850-56 von van der Nüll und Sicardsburg,
→ Förster, Theophilus → Hansen [mit Abb.] u.a.),
die letzteren in einer romantischen Neuromanik erbaut. Wenig später begründete Wien seine Stellung
als eines der großen Zentren des Historismus durch
den Bau der →,Ringstraße nach Schleifung der Be-

festigung (beg. 1857). Auf dem Gelände des Glacis
wurden eine Reihe öffentlicher Prachtbauten in verschiedenen Stilformen errichtet: die → neugot. Votivkirche (1856-79 von → Ferstel, mit Abb.), die
Oper (1861-69 von van der Nüll und Sicardsburg)
mit Elementen der ital. und frz. Frührenaissance,
das niederländisch-gotisierende Rathaus (1872-82
von → Schmidt, mit Abb.) und die Akademie (1872-
76 von Th. Hansen) im Stil der Renaissance, dagegen das Parlament (1873-83, auch von Hansen) in
griech.-röm. Stil, das Burgtheater (1873-88 von
→ Semper und → Hasenauer, mit Abb.) im Stil der
Spätrenaissance und des Barock, die Universität
(1873-84 von Ferstel) als Werk reinster Hochrenaissance gedacht, jedoch auch frz. Stilelemente ein-

*Theseustempel, Wien, von → Nobile, 1820-23. Im Hin-
tergrund das neugotische Rathaus von → Schmidt.*

schließend, und schließlich die nie vollendete Neue
Hofburg (1891-1913 nach dem Projekt Sempers von
Hasenauer u.a. ausgeführt), wieder im Renaissancestil gehalten. Dazu kommen nicht minder
prachtvolle Adelspaläste, Zinshäuser und Gesellschaftsbauten (Kunstverein, Musikverein, Abb.
Theophilus → Hansen). Zusammengehalten wird
diese heterogen erscheinende Anlage durch das
großzügige Straßennetz, das auch für ausgedehnte
Parks Raum ließ, und durch die den angegebenen
Wahlstilen zugrundeliegende Stileinheitlichkeit, die
auch kleinste Details im Straßenraum, an und in
den Gebäuden erfaßt.
Otto → Wagners Berufung an die Akademie (1894)
und die Erneuerung seiner an → Schinkel, Semper
und van der Nüll geschulten Baukunst in der Arbeit
an städtebaulichen und ingenieurtechnischen Aufgaben (Stadtbahn 1894-1901, Wehranlagen am Do-
naukanal) führten zur Überwindung des Historismus. Wagner und seine Schüler oder Mitarbeiter
wie M. Fabiani (Haus Portois & Fix, 1899; Haus
Artaria, 1900), → Olbrich (Sezession, 1898),
→ Plečnik (Zacherlhaus 1903, Pfarrkirche Schmelz
1910) und → Hoffmann prägten die ›Naissance‹ der
Wiener Moderne, die in F. Ohmann (ab 1899 Aus-

*Ruhmeshalle des Arsenals, Wien,
von Theophilus → Hansen,
1850-56.*

*Wienflußverkleidung im
Stadtpark, Wien, von Friedrich
Ohmann, 1906.*

Krematorium, Wien, von → Holzmeister, 1923-27.

bau der Hofburg) einen traditionalistischen Gegenspieler und in → Loos einen kritisch-distanzierten Mitstreiter fand.

Auch nach dem Ersten Weltkrieg leistete Wien seinen Beitrag zur europäischen Architektur. Bei dem in die Sozialpolitik der Stadtgemeinde eingebundenen Wohnbauprogramm kamen sowohl die großstädtisch-monumentalen als auch die romantisch-expressionistischen und kubistischen Tendenzen der Wagner-Schüler (H. Gessner, E. Hoppe, O. Schönthal, K. Ehn, R. Perco u.a.) zum Ausdruck. Der Karl Marx-Hof, Reumann-Hof, Sandleiten-Hof und K. Seitz-Hof sind die bekanntesten der ab 1924 entstandenen großen Wohnblocks. Aus der Wiener Siedler- und → Gartenstadtbewegung, in der neben Loos auch F. Schuster, O. Strnad und → Frank wirkten, ging die Wiener Werkbundsiedlung (1930-32) hervor, die unter internationaler Beteiligung die heimische Avantgarde fast vollzählig zu einem modellhaften Manifest vereinigte.

Franks Haus Beer (1929) ist als Beispiel der Wienerischen Distanz zum ›Neuen Bauen‹, → Plischkes

Österreichisches Verkehrsbüro, Wien, von → Hollein, 1978.

Kirche der Hl. Dreieinigkeit, Wien, von Fritz Wotruba, 1965-76.

Arbeitsamt (1930) und Haus Gamerith (1936, Attersee) als eigenständige Reaktion auf internationale Formtendenzen hervorzuheben. Nach 1933-34 wurde → Holzmeisters expressiver Realismus tonangebend (Festspielbauten in Salzburg ab 1926, Funkhaus Wien 1935); → Welzenbacher schuf mit den Häusern Rosenauer (Linz, 1929) und Heyrovsky (1932) exemplarische Interpretationen landschaftlich exponierter Bauplätze.

Nach 1945 gaben → Rainer durch Stadt- und Siedlungsplanungen (Wien-Mauerberg 1961, Linz-Puchenau ab 1965, Stadthalle Wien) und die Holzmeister-Schüler → Holzbauer, F. Kurrent, → Spalt (Arbeitsgruppe 4) mit neuen räumlich-konstrukti-

Forschungs- und Rechenzentrum der Voest-Alpine-AG, Leoben, von Eilfried Huth, 1973.

(Die Bildunterschrift links oben:)

Kirche Völs, Innsbruck, von Josef Lackner, 1967.

Haus der Wiener Sezession, von → Olbrich, 1897-98.

ven Synthesen Impulse (Kolleg St. Josef/Aigen 1961, Seelsorgezentrum Steyr 1958). Wichtige neuere Leistungen bedeuten ferner → Peichls ORF-Landesstudios (ab 1968), Holzbauers Bauten in Wien (ab 1971 U-Bahnstationen), Bregenz (Landhaus, ab 1975) und Salzburg (Universität, ab 1978) und → Holleins Läden in Wien (1964 Retti, Schullin I/II). Regionale Entwicklungen verkörpern in Tirol die Schul- und Kirchenbauten von J. Lackner, in der Steiermark → Domenig und E. Huth (Voest-Alpine-AG, Leoben, 1973) als Proponenten der ›Grazer Schule‹ sowie H. Purin und R. Wäger in Vorarlberg. In der gegenwärtigen Szene sind in Wien u.a. L. Blau, H. Czech, A. Krischanitz, H. Richter, B. Podrecca, H. Tesar, die Gruppen → COOP Himmelblau und Igirien zu nennen, in Graz V. Giencke, K. Kada und das Duo Szyszkowitz/Kowalski, in Bregenz Eberle/Baumschlager und Koch/Loudon.   O.K. (20. Jh.)

Lit.: Riehl '24, '30; Sedlmayr '30b; Dehio '45; Hempel '49, '65; Buchowiecki '52; Lieb '60; Franchetti Pardo '67; Mang '79; Achleitner '80; Bode-Peichl '80; Hautmann, H. '80; Fanelli '81; Posch '81; Brucher '83; Tafuri, M. '83; Achleitner; Moravánszky '88; Krischanitz/Kapfinger '89; Brucher '90; Zukowsky/Wardropper '91.

Ostung (Orientierung). Die Längsachse der Kirche verläuft bei ›geosteten‹ Kirchen in Ost-West-Richtung, wobei der Altarraum den Ostabschluß bildet. Die O. herrschte im abendländischen Kirchenbau vor, doch gibt es viele bedeutende Ausnahmen, z.B. St. Peter in Rom, dessen Hauptaltar im Westen liegt.

Otaka, Masato (geb. 1923). Studium in Tokio. In den Jahren 1949-61 Mitarbeiter von → Mayekawa (Mitwirkung an dem Apartmentkomplex Harumi, 1958, und der Metropolitan Festival Hall, 1961, beide in Tokio), anschließend eigenes Büro. O. gehört zu den Gründungsmitgliedern der → Metabolisten. Während der zeitweisen Zusammenarbeit mit → Maki legte O. das Gewicht der Planung auf die sog. ›Group Form‹ – Projektierung von autarken Ballungszentren –, den für ihn einzig möglichen Weg des modernen Städtebaus. Ähnlich wie → Tange versuchte er, Schwimmstädte ins Meer zu bauen, doch blieben sie unverwirklicht. Die wich-

tigsten Bauten O.s sind eine Reihe von Apartment-
häusern in Hiroshima (1973), die Bibliothek der TH
in Nihon (1974) sowie das Kunstmuseum in Chiba
(1977), alle in Japan.   M.-A. v. L.

Lit.: CA '80, '87.

Otani, Sachio (geb. 1924). Bis 1946 Studium an
der Universität von Tokio, bis 1960 Schüler von
→ Mayekawa und Mitarbeiter im Architekturbüro
von → Tange. In dieser Zeit (1955-64) erhielt er
Lehraufträge an verschiedenen Architekturschulen.
Ab 1971 Assistent und schließlich Professor für
Städteplanung an der Universität von Tokio.

*Internationales Konferenzzentrum, Kioto, von → Otani,
voll. 1966.*

1961 begann O. mit der Planung des Tokioer Kul-
turzentrums für Kinder seine unabhängige Karriere, und mit der Entwurfspresentation und Ausführung des Internationalen Konferenzzentrums
von Kioto gelang ihm der Durchbruch. Große Bewunderung fand seine Anwendung und Umsetzung
der traditionellen Holzkonstruktion ›gassho-zu-
kuri‹ in eine moderne Technologie. So bestimmt das
Trapez in verschiedenen Größen die kräftig durch-
gegliederte Konstruktion aus Beton. Der Gruppe
der → Metabolisten nahestehend, versucht auch O.,
die Probleme der Ballungszentren möglichst human
zu lösen. Ein hierfür typisches Projekt ist die Indu-
striesektion Kawasaki (Kawaramachi) zwischen

*Zeltdach des Olympiastadions, München, von → Otto,
1972.*

*Gunma Prefectorial Museum of History, Gumma-no-
mori, Jwahana-cho, Takasaki City, von → Otaka, 1979.*

Tokio und Yokohama, bei dem als Wohndichte 1000
Menschen je Hektar aufgegeben war. Charakteristisch für sein erneut expressives Design in der Konstruktion ist die Verwendung der Form eines auf
dem Kopf stehenden ›Y‹ für die Wohnblöcke. In
den Jahren 1969, 1976 und 1982 entstanden Bauten
für die Techn. Hochschule Kanazawa. O. ist weithin
bekannt als Lehrer und Theoretiker der Städteplanung, seit 1972 veröffentlichte er zahlreiche Aufsätze zu diesem Themenkreis.   M.-A. v. L.

Lit.: Ross '78, CA '80, '87.

Ottmer, Carl Theodor (1800-43). Geb. in Braunschweig, Schüler von → Schinkel in Berlin; erbaute
nach dessen Plänen (1825-27) die Berliner Singaka-
demie. Architekt des Schlosses (1831-38) und des
Bahnhofes (1843-44) in Braunschweig. O. arbeitete
in einem Stil, in dem sich → Klassizismus und Elemente der Neurenaissance (→ Historismus) zu einer
Einheit verbinden.

Lit.: Lehmann, R. '53.

*Projekt ›Unter einer pneumatischen Hülle liegt eine
arktische Stadt‹, von → Otto und → Tange, 1970/71.*

Otto, Frei (geb. 1925). Pionier auf dem Gebiet der
Hängedachkonstruktion (Dachformen 18). Sein Vater und auch bereits sein Großvater waren Bildhauer.
1948-52 studierte er an der TH Berlin, promovierte dort über Hängedächer. Nach einer Gastpro-
fessur in den USA erhielt er 1964 einen Lehrstuhl
an der TH Stuttgart. Er errichtete Ausstellungsbauten
für die Gartenschauen in Kassel (1955), Köln (1957)
und Hamburg (1963), für die Interbau in Berlin
(1957) und die Expo in Lausanne (1964). Sein erstes
internat. bekannteres Werk ist der zeltartige Deutsche Pavillon für die Weltausstellung in Montreal
(1967, mit → Gutbrod, Abb. → Ausstellungsarchitektur). Er bestand aus einem Stahlnetz mit daran
verankerter Dachhaut aus einem lichtdurchlässigen
Spezialpolyestergewebe; das Netz war an acht Masten aufgehängt. Eine großartige Erweiterung dieses Systems konnte O. bei der Überdachung der
Münchner Olympiaanlagen (1972 mit → Behnisch,
mit Abb.) verwirklichen. Weitere große Projekte
baute O. mit Gutbrod in Saudi Arabien (Hotel und
Konferenz-Zentrum in Mecca, 1974; Ministerrats-

*Wohnhochhaus, von → Otto,
1967. Projekt.*

Jakobus Johannes Pieter Oud.

gebäude in Riad, 1978-82). Neuere Bauten sind die Produktionspavillons für Wiekhahn, Bad Münder (1987) und das Ökohaus in Berlin (1990). Bisher unverwirklicht sind die von O. entwickelten Projekte für den → Wohnbau, darunter Mast- und Hängehochhäuser. 1954 veröffentl. er ›Das hängende Dach‹ und gemeinsam mit Rud. Trostel und F. K. Schleyer ›Zugbeanspruchte Konstruktionen‹. Abb. → Amphitheater; → Gitterschale; → Niederlande; → Ingenieurbaukunst; → Organische Architektur.

Lit.: Otto, F. '54/'90, '67; Roland '70, Glaeser '72; Klotz '77; Drew '83; Sachs '84; K. Wilhelm '85; CA '87; Arcus 4.

Ottonische Baukunst (2. H. 10 Jh.) → Deutschland.

Otzen, Johannes (1839-1911). Dt. Architekt, einer der maßgebenden Vertreter des protestantischen Kirchenbaus der Gründerzeit. Studierte bis 1862 in Hannover; 1879 Prof. an der TH in Berlin. Neben Kirchen baute O. auch Schulen und großangelegte Mietshäuser, vereinzelt auch Villen in Berlin und Schleswig-Holstein. Erwähnenswerte Kirchen u. a. Friedenskirche in Hamburg (1881-85) und Lutherkirche in Berlin (1891-94). Seine wohl bedeutendste sakrale Schöpfung ist die Ringkirche in Wiesbaden (1892-94), eine Form der Predigerkirche, bei der Altar, Kanzel und Orgel übereinander angeordnet sind. → Kanzelaltar; → Altar.

Lit.: Bahns '71.

Otzmann, Peter (geb. 1938) → Ausstellungsarchitektur.

Oud, Jacobus Johannes Pieter (1890-1963). Arbeitete 1911 kurze Zeit unter Theodor → Fischer in München, lernte 1915 → Doesburg kennen, gehört mit ihm und → Rietveld zusammen zu den Hauptmeistern der Gruppe → De Stijl. In der Architektur vertrat diese Gruppe einen abstrakten Kubismus, im Gegensatz zur phantasievollen ›Schule von Amsterdam‹, die eine expression. Formgebung (→ Expressionismus) bevorzugte (de Klerk, Piet Kramer).

Zwillings-Reihenhäuser, Hoek van Holland, von → Oud, 1924.

Schon 1917 und 1919 entwarf O. Bauten in streng kubischen Formen. 1918 wurde er zum Stadtarchitekten von Rotterdam ernannt; er leitete hier den Wohnungsbau. Diese Stellung hatte er bis 1927 inne. Seine bedeutendsten Wohnsiedlungen entstanden in Hoek van Holland (1924-27) und Rotterdam, Kiefhoek (1925-27), sowie in Stuttgart (eine Gruppe von Arbeiterhäusern in der Weißenhofsiedlung, 1927). Später wandelte sich sein Stil, er gab die Strenge seiner früheren Entwürfe auf und half mit, jene spielerische, merkwürdig dekorative holländ. Bauweise zu entwickeln, die man bisweilen

Wohnsiedlung in Rotterdam, von → Oud.

scherzhaft ›Betonrokoko‹ genannt hat; das bekannteste Beispiel ist das Shell-Gebäude in Den Haag (1938-42). Nach dem Zweiten Weltkrieg folgten Gebäude mit im Grundriß und der äußeren Form neu gewonnener Klarheit, z. B. das Freisinnig-Christl. Lyzeum in Den Haag (1950-56) oder das Bio-Ferienheim bei Arnheim (1952-60, hier vermitteln, Pavillons und sonstige Gebäude, um eine große Rasenfläche gruppiert, sowohl Freiraum wie Geschlossenheit). Sein letzter Entwurf galt dem Kongreßgebäude in Den Haag (1956-66).

Lit.: Oud '26, '35, '60, '62; Minnucci '26; Platz '27; Rietveld '32; Zevi '50b; de Gruyter '51; Veronesi '53b; Jaffé '56; Fischer, W. '65; Wiekart '65; Stamm '78, '84²; Barbieri '89.

Owings, Nathaniel A. (geb. 1903) → Skidmore, Owings & Merrill.

Café de Unie, Rotterdam, von → Oud, 1925.

P

Pacassi, Nikolaus Franz Leonhard Frhr. von (1716-90) → Tschechoslowakei.

Paescher, Hans von (tätig um 1580) → Obbergen.

Pagode. Kultbau in Form eines quadrat. oder polygonalen Stockwerkbaues (Turmes), der sich aus dem schirmförmigen Kuppelaufbau des → Stupa der buddhist. Baukunst Ostasiens entwickelt hat, meist mit kunstvoll gestalteten, vorschwingenden Dächern über jedem Geschoß. Die P. kann als umschreitbares Heiligtum für sich allein stehen, aber auch mit anderen Bauten innerhalb einer Tempelanlage. Als → Chinoiserie fand die P. im 18. Jh. in europ. Gärten Nachahmung. → China. → Japan.

Lit.: Franz '78.

Pai-lou, das. Chin. Ehrentor, auch Triumphbogen, meist aus Stein erbaut, am Anfang eines Prozessionsweges zu einer Tempel- oder Grabanlage oder einer Feststraße, die zu einem Palast führt. Das P. hat eine ungerade Zahl von Öffnungen und wird von geschwungenen, nach der Mitte zu ansteigenden Dächern bekrönt.

Lit.: → China.

Paine, James (1717-89). Geb. in London, wo er auch lebte, tätig aber hauptsächlich in Mittel- und Nordengland als Landhaus-Architekt. Er baute konservativ und führte die Tradition von → Burlington und → Kent weiter. Man sagte von ihm und → Taylor, sie hätten um die Mitte des 18. Jhs. »fast sämtliche Aufträge untereinander aufgeteilt«. P.'s Häuser sind praktisch angelegt und sehr gut gebaut. Von außen wirken sie konventionell, während die Innenräume mit hervorragenden Stuckarbeiten im Stil des Rokoko geschmückt sind (Nostell Priory, beg. ca. 1733; Mansion House, Doncaster, 1745-

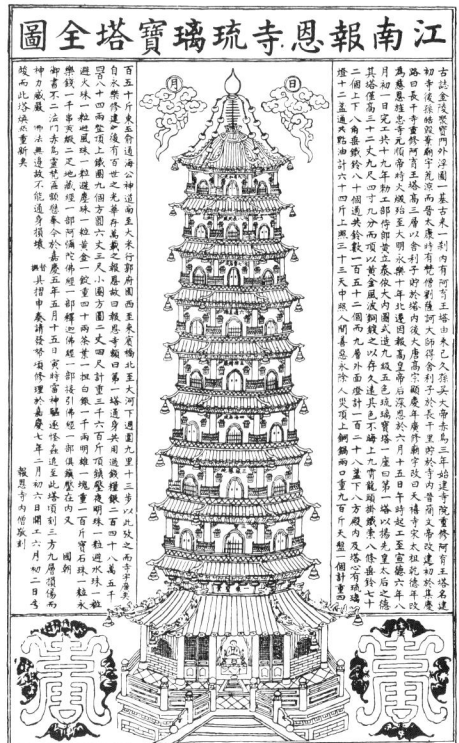

Porzellanpagode von Nanking, um 1880.

48). Seine späteren Bauten zeigen mehr Originalität. In Kedleston (beg. 1761, voll. von Robert → Adam) hatte er die glänzende Idee, eine Halle in Form einer antiken Basilika und einen runden, pantheonähnlichen Salon hintereinander anzuordnen. In Worksop Manor (beg. 1763, aber nur zu einem Drittel erb.) plante er einen riesigen Saal in ägyptisierendem Stil und für Wardour Castle (1770-76) entwarf er eine großartige Wendeltreppe unter einer dem Pantheon (Abb. → Röm. Architektur) nachempfundenen Kuppel. Doch zu dieser Zeit war sein Ruhm schon von dem Robert Adams überflügelt, und bald fand er kaum noch Auftraggeber. Häusliche Misere trieb ihn während seiner letzten Jahre nach Frankreich. Die meisten seiner Bauten sind in seinem zweibändigen Werk ›Plans, Elevations and Sections of Noblemen's and Gentlemen's Houses‹ (1767 und 1783) abgebildet.

Lit.: Colvin '54; Summerson '63; Leach '88.

Pakistan → Indien, Sri Lanka und Pakistan.

Palacios, Augusto Pérez (geb. 1909) → Mexiko.

Villa Barbaro, Maser, Treviso, von → Palladio, 1557-58.

Pai-lou des Chang Ling aus der Zeit der Ming-Dynastie (1368-1644).

Palladianismus. Villa von der Heydt, Berlin, von G. Linke, 1860-61.

Palas, der (lat.: palatium). Wohn- oder Saalbau der ma. → Burg, bzw. Saalbau der → Pfalz, entwickelt aus der german. → Königshalle.

Palast. Fürstlicher Wohnsitz. Der Name leitet sich ab von den Wohn- und Repräsentationsanlagen, die die röm. Kaiser auf dem Palatin-Hügel in Rom erbaut haben. Neben dem → Sakralbau war der P. bis ins 18. Jh. die vornehmste Bauaufgabe der Architektur, in der sich die jeweilige Geisteshaltung und das kulturelle und zivilisatorische Niveau einer Zeit deutlicher als in anderen Bauaufgaben widerspiegelt.

Lit.: D'Auvergne '11; de Nolhae '11-'18; Colasanti '12; Patzak '13; Swoboda '19; Haupt '22; Talbot-Rice '47; Chiolini '50; Chierici '57, '64; Rau, H. '57; Rodolico-Marchini '63; Bascapè-Perogalli '64; Schlag '69; Wolter '91.

Palästra (Palaistra), die (gr.). Ringerschule in Griechenland, meist zu einem → Gymnasion gehörig. Die in Delphi, Olympia u. a. Orten erhaltenen Anlagen mit Peristylhof (→ Peristyl) sind schon hellenistisch.

Palazzo, der (it.) → Palast.

Palladianismus. Das grüne Eßzimmer im Katharinen-Palast, Zarskoje Selo (heute Puschkin), von → Cameron, 1780-85.

Paling Stijl (nach dem fläm. Wort paling = Aal) → Jugendstil.

Palladianismus. Eine Stilrichtung, die auf die Bauwerke und Publikationen von → Palladio zurückgeht. Der erste Vertreter des Palladianismus war → Jones, der anhand von Palladios ›Le antichità di Roma‹ (1554) röm. Ruinen, aber auch Palladios Bauten in und um Vicenza (1613-14) studierte und dann diesen Stil in England einführte (→ Großbritannien). Auch in den anderen Ländern des nördl. Europa, besonders in den Niederlanden (van → Campen) und in Deutschland (→ Holl), treten an Bauwerken palladianische Motive in Erscheinung, z. B. Vorbauten in Form von Tempelfronten und

Palladianismus. Wohnhaus Nagel, Wesseling, von Heinz Bienefeld, 1968.

das → Palladiomotiv; doch war in diesen beiden Ländern der Einfluß → Scamozzis stärker als der Palladios. Im frühen 18. Jh. wurde in Italien und England der P. wiederentdeckt (Neopalladianismus). In Italien blieb er auf Venetien beschränkt,

Palladianismus. St. Martin in the Fields, London, von → Gibbs, 1722-26. Modell.

wirkte sich aber sowohl auf die Sakral- als auch auf die Profanbaukunst aus, während er in England nur in der Profanbaukunst Anwendung fand. Die Wiederentdeckung Palladios in England durch → Campbell und → Burlington war zugleich eine Wiederentdeckung von Jones. Unter der Ägide von Lord Burlington wurde eine Anzahl Bücher veröffentlicht, welche Regeln und Musterbeispiele lieferten, die bis zum späten 18. Jh. in England Richtschnur der Baukunst blieben. Von England und Venetien griff die Strömung des P. auf Deutschland (→ Knobelsdorff) und Rußland (→ Cameron und → Quarenghi) über. In Potsdam entstanden in den 50er Jahren des 18. Jh. auf Initiative Friedrichs des Großen und des paduanischen Grafen Algarotti (→ Lodoli) Nachbildungen der Vicentiner Paläste Valmarana und Thiene. Über England kam um

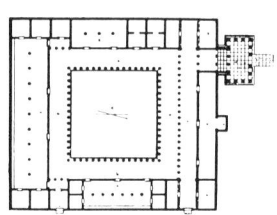

Palästra, Epidauros, 3. Jh. v. Chr.

Andrea Palladio.

Palazzo da Porto-Festa, Vicenza, von Palladio, beg. um 1549-50. Detail der unteren Fenster.

Palazzo Porto Barbaran, Vicenza, von → Palladio, nach 1571.

1760 der P. auch in die Vereinigten Staaten (→ Jefferson). Außerhalb Italiens war das Wiederaufleben des P. im wesentlichen mit der Anwendung dekorativer Elemente verbunden. Palladios Gesetz der → Harmonischen Proportion in der Architektur fand nur wenig Beachtung, außer in Italien, wo Ideen über dieses Thema von → Bertotti-Scamozzi geprüft und von einem unbedeutenderen Architekten, → Preti (1701-74), sorgfältig ausgearbeitet wurden.

Lit.: Reynolds '48; Pevsner '57; Krákálová '64; Forssman '65; Barbieri '72; Azzi-Visentini '76; Harris '81; Tavernor '91.

Palladio, Andrea (1508-80). Sehr einflußreicher, bedeutender ital. Architekt (→ Palladianismus), ein gewandter, gebildeter Geist, der verschiedenen Renaissance-Ideen greifbare Gestalt gab; so brachte er besonders die röm., sym. Gestaltungsweise und die → Harmonische Proportion zur Geltung. P., der sich gründlich in der Baukunst des antiken Rom auskannte, wollte den Glanz der Antike wiedererwecken, doch blieb er auch nicht unbeeinflußt von seinen unmittelbaren Vorgängern, besonders von → Bramante, → Michelangelo, → Raffael, → Giulio Romano, → Sanmicheli und → Sansovino, und bis zu einem gewissen Grad auch von der byzant. Architektur Venedigs. In seinen Werken ist der → Manierismus spürbar, weshalb die Architekten und Theoretiker des → Klassizismus seinen Stil als ›unrein‹ empfanden.

P. wurde als Sohn des Piero della Gondola in Padua geb., begann als Steinmetz und wurde 1524 in die Maurer- und Steinmetzzunft von Vicenza aufgenommen. Um 1536 nahm sich der Dichter, Philosoph, Mathematiker und Amateurarchitekt Giangiorgio Trissino seiner an, ermutigte ihn, Mathematik, Musik und lat. Literatur, besonders aber → Vitruv zu studieren, und gab ihm seinen Zunamen Palladio (in Anspielung auf die Göttin der Weisheit und auf eine Figur in einem epischen Gedicht, das er damals gerade schrieb). Trissino nahm ihn 1545 mit nach Rom, wo P. sich zwei Jahre lang intensiv mit den Ruinen der antiken Architektur beschäftigte. Kurz nach seiner Rückkehr nach Vicenza gewann P. einen Wettbewerb für die Umgestaltung des in der Frührenaissance errichteten Palazzo della Ragione, der sog. Basilica; 1549 wurden die Arbeiten aufgenommen. Er umgab dieses Bauwerk in beiden Geschossen mit → Arkadenreihen und verwendete dabei ein Motiv, das seitdem → P.-Motiv genannt wird, obwohl es auf → Serlio zurückgeht. Die Säulen dieser Arkadenreihen verleihen der wuchtigen Masse des alten Bauwerks eine durchaus röm. ›grandezza‹ und zugleich die leichte Eleganz, die für P.s ganzes Werk bezeichnend ist. Dieser Bau machte ihn berühmt, und von 1550 an wurde er mit Aufträgen für Paläste, Villen und Kirchen förmlich überschüttet.

Der erste seiner Paläste in Vicenza, der Palazzo Thiene (1542 wohl auf der Grundlage einer Zeichnung von → Giulio Romano begonnen, aber unvollendet), erweckt den Eindruck wuchtiger Kraft, der durch die → Rustizierung der ganzen Wandfläche noch betont wird. Die rustizierten ion. Säulen zu beiden Seiten der Fenster treten kaum aus dem wuchtigen Bossenwerk hervor, aber die schweren Eckquader und Wölbsteine bilden einen Kontrast zu den glatten korinth. → Pilastern. Im Grundriß gruppierte er ähnlich wie in röm. → Thermen

Basilica, Vicenza, von → Palladio, 1549-1614.

rechteckige Räume mit einem langen Saal mit apsidialen Abschlüssen und mit kleinen achteckigen Räumen. Der Palazzo Porto (beg. um 1548-52) geht in seinem Grundriß auf das antike Rom zurück, in seiner Fassade auf Raffael und Bramante, die aber reich und plastisch ornamentiert ist. Dann folgte der einfallsreiche Palazzo Chiericati (erst im späten 17. Jh. voll.), der nicht in einer engen Straße, sondern an einem weiten Platz liegt. P. stellte ihn sich als Flankenbau eines röm. Forums vor und gab ihm eine doppelgeschossige Fassade mit Arkaden von einer luftigen Eleganz, wie das 16. Jh. sie noch nicht kannte.

Für das Kloster der Carità in Venedig (Pläne von 1561, nur teilweise ausgeführt) entwarf er ein Bauwerk, das er und seine Zeitgenossen für die genaue Nachbildung eines altröm. Hauses hielten. Es erhielt auch eine freitragende Wendeltreppe (→ Treppe 8), die erste ihrer Art. Während P. in seiner Grundrißgestaltung der Antike immer näher

Palazzo Chiericati, Vicenza, von → Palladio, beg. 1550.

zu kommen suchte, löste er sich in den Fassaden von der klass. Tradition und wandte sich dem → Manierismus zu. Grund hierfür könnte eine Romreise im Jahr 1554 gewesen sein. Der Palazzo Valmarana in Vicenza (beg. 1565) zeigt noch augenfälliger manier. Stilmerkmale: Eine Masse von mehrschichtigen Pilastern und anderen Elementen verdeckt die Wandfläche fast vollständig. Die seitlichen Achsen sind – sicherlich ganz bewußt – beunruhigend schwach ausgebildet. Aber nur in der Loggia del Capitaniato (1571) verwendete P. die → Säulenordnungen willkürlich. Die Loggia ist sein weitaus üppigster Bau mit ihrem alle Wandteile füllenden Reliefschmuck. Sein letztes Bauwerk in Vicenza war das Teatro Olimpico (beg. 1580, von → Scamozzi voll.), eine kunstvolle Rekonstruktion eines röm. Theaters. Abb. → Bühnenarchitektur.

Seine Villen zeigen eine andere Entwicklung. Um 1550 schuf er den Grundtyp für eine ideale → Villa: ein vollkommen sym. Kernbau, den ein → Portikus auszeichnet, mit anschließenden Flügeln für die

Il Redentore, Venedig, von → Palladio, 1567.

von Albertis S. Andrea in Mantua inspiriert sind und sich alle in Venedig befinden. Er erbaute die Fassade von S. Francesco della Vigna (1562) und die Kirchen S. Giorgio Maggiore (beg. 1566) und Il Redentore (beg. 1576, Abb. → Manierismus). Im Innern scheinen beide Kirchen einfache Basiliken zu sein, nähert man sich aber dem Hochaltar, so öffnet sich der Raum; die abgerundeten Querschiffarme und die Kuppel über dem Beschauer geben ein Gefühl von Weite und Erhabenheit. In beiden Kirchen wird der Chor vom übrigen Kirchenraum durch Arkaden abgetrennt; so wird der kühlen, klass. Logik des Grundrisses etwas von der geheimnisvollen Atmosphäre byzantinischer Kirchen mitgegeben.

P. veröffentlichte 1554 ›Le antichità di Roma‹, ein Buch, das 200 Jahre der Romführer der Gebildeten blieb, und ›Descrizione delle chiese … di Roma‹, er illustrierte 1556 Barbaros ›Vitruvius‹ und gab 1570 seine ›Quattro libri dell' architettura‹ heraus, in denen er seine Theorie darlegte, seine Leistungen sprechen ließ und seine Werke vorstellte. Seine Zeichnungen von den röm. Thermen wurden erst 1730 von → Burlington veröffentlicht.

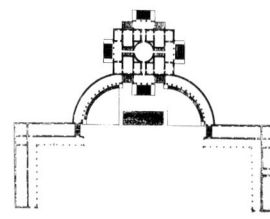

Villa Trissino, Meledo, von → Palladio. Nach dem Stichwerk von Bertotti Scamozzi.

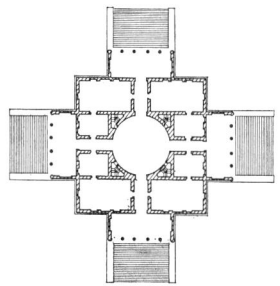

La Rotonda, Vicenza, von → Palladio, 1567.

Wirtschaftsgebäude, manchmal gerade angeordnet oder, wie in La Badoera (ca. 1550-60), viertelkreisförmig nach vorne schwingend und so die Villa mit der Landschaft verbindend. Zu diesem Thema erfand er zahlreiche Variationen, angefangen bei der äußerst streng komponierten Villa Poiana (ca. 1540ff.), die anstelle der Säulen unverzierte Schäfte aufweist, über die einfache Malcontenta (1559-61; Abb. → Italien) und Villa Emo in Fanzolo (1560-65), die auf jede Fensterrahmung verzichten und einzig der Hauptfassade einen Portikus als Schmuck zubilligen, bis hin zur Villa Rotonda (1567), bei der den vier Fronten je ein sechssäuliger Portikus vorgelagert ist. Die Übertragung des Tempel-Portikus auf Wohnbauten war neuartig (P. vermutete zu Unrecht, daß er schon an röm. Wohnbauten vorkam). Er verwendete ihn gelegentlich freistehend, meist aber mauerverbunden, und in Quinto (ca. 1550) und Maser (vor 1560, Abb. S. 472) gestaltete er die Fassade des ganzen Mittelbaues als Tempelfront. Das Verhältnis des Portikus zum übrigen Bau und die Maße der Räume im Innern wurden durch Regeln der Harmonischen Proportion bestimmt.

Tempelfronten und Harmonische Proportion spielen auch bei seinen Kirchen eine große Rolle, die

Villa Emo, Fanzolo, von → Palladio, 1560-65.

P. war der erste große Berufsarchitekt. Anders als seine bedeutenden Zeitgenossen Michelangelo und Giulio Romano war er nur Architekt und hat sich auf keinem anderen Gebiet der Kunst betätigt. Obwohl er ein großes archäolog. Wissen besaß und von komplizierten Proportionsproblemen fasziniert war, sind seine Bauten überraschenderweise weder pompös noch pedantisch. Die Regeln, die er aus dem Studium der antiken Baukunst entwickelte und die er in seinen eigenen Werken häufig genug außer acht ließ, sollten in der Folgezeit vielfach fast blindlings als klass. Kanon befolgt werden.

Lit.: Palladio 1554a., b., 1570; Barbaro 1556; Burlington 1730; Muttoni 1740-61; Bertotti-Scamozzi 1776-83, 1797; Bürger '09; Schlosser '24; Argan '30, '56b; Becherucci '36; Pée '41; Pane '48; Reynolds '48; Wittkower '49; Mazzotti, G. '54; Zevi '50b; Zorzi '59, '64, '67; Bettini '61; Puppi '63, '73; Forssman '65; Ackerman '66; Spielmann '66; Barbieri '68; Corpus Palladianum '68-73; Semenzato '68; Timofiewitsch '69; Venditti '69; Bassi, E. '71; Berger, U. '78; Palladio '80; Bentmann-Müller '79; Ackerman '80; Constant '87; Palladio '88; Holberton '90.

Palladiomotiv, auch ›Venezianisches Fenster‹. Ein wahrscheinlich von → Bramante entwickeltes, von → Serlio in seiner ›Architettura‹ publiziertes und von → Palladio häufig verwendetes Fenster-Motiv, bei dem ein mittlerer breiter Bogen von zwei schmalen Öffnungen flankiert wird, die von einem Gebälk in Höhe des Bogenkämpfers abgeschlossen werden. Das bekannteste Beispiel findet sich in Palladios Basilica in Vicenza (Abb. → Palladio). – Während

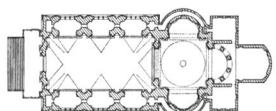

S. Giorgio Maggiore, Venedig, von → Palladio, beg. 1566.

S. Giorgio Maggiore, Venedig, entworfen von → Palladio, beg. 1566.

Villa Cornaro, Piombino Dese, von → Palladio, 1553.

Palmettenfries.

in Deutschland der Ausdruck P. üblich ist, wird diese Bogenanordnung in England als Serliana oder Serliomotiv bezeichnet. Abb. → Adam.

Lit.: → Palladio; → Serlio.

Palmenhaus → Glasarchitektur.

Palmette, die (frz.: Palmbäumchen). Abstrakt vegetabilisches Ornament mit fächerförmig angeordneten Blättern, die an Palmwedel erinnern. Das Motiv ist antik; es findet sich in der → Romanik und im → Klassizismus.

Lit.: → Fries.

Palmstedt, Erik (1741-1803) → Skandinavien.

Pambic, Juan Maria del → Tschechoslowakei.

Paneel, das. Brusthohe, hölzerne Wandbekleidung aus einzelnen Feldern.

Lit.: Billig '55.

Pani, Mario (geb. 1911). In Europa aufgewachsener und an der Ecole des Beaux-Arts ausgebildeter mexik. Architekt. 1935 ging P. zurück nach Mexiko. Mit dem Problem der wachsenden Bevölkerung seines Landes konfrontiert, widmete sich P. verstärkt der → städtebaulichen Planung. In den 50er und 60er Jahren haben seine überdimensionierten Apartmenthäuser das Stadtbild von Mexico-City mitgeprägt. Dem ersten Apartmenthaus mit 1000 Einheiten (1956) folgte 1964 der John F. Kennedy-Komplex mit nahezu 5400 Apartments. Den vorläufigen Höhepunkt erreichte er mit der Trabantenstadt Tlatelolco, in der 12 000 Apartments für ca. 70 000 Einwohner entstanden (ab 1964, zusammen mit Luis Ramos). Typisch für P.s städtebauliche Unternehmen ist die Verwendung moderner Konstruktionstechnik, in die er mexik. Bautradition integriert: so schmücken z. B. Reliefs die Schaufassade der Pädagogischen Hochschule (1945) in Mexico-City. Er erstellte für nahezu jede mexik. Großstadt Bebauungspläne. Hervorzuheben ist der Generalplan für die Universität in Mexico-City (zus. mit Enrique del Moral, dem wohl wichtigsten Partner P.s): neben einem zentralen Verwaltungsgebäude gruppieren sich die einzelnen Institute um einen Platz, die ganze Anlage, eingeschlossen ein Sportstadion, ist durch viele Grünflächen aufgelockert. Abb. → Mexiko.

Lit.: Myers '52; Bamford Smith '67; CA '80.

Pankok, Bernhard (1872-1943). Dt. Architekt und Designer zur Zeit des Übergangs vom → Jugendstil zum → Internationalen Stil. 1892-1902 in München, Mitbegründer der ›Vereinigten Werkstätten für Kunst und Handwerk‹. Auf dem Gebiet des

Intarsie eines Möbels für die Weltausstellung St. Louis 1904, von → Pankok.

Musikzimmer auf der Weltausstellung St. Louis 1904, von → Pankok.

Pädagogische Hochschule, Mexico-City, von → Pani, 1945.

Design sind vor allem seine Möbel und seine Buchgraphik wichtig (Räume und Katalog der Pariser Weltausstellung 1900). P. lebte und lehrte ab 1902 in Stuttgart.

Lit.: Schmutzler '62; Cremona '64.

Papyrussäule → Ägypten.

Paradies (gr. paradeisos: Garten); auch → Atrium. Allg. ein umfriedeter Raum um oder bei einer Kirche oder einem Kloster. Oft ein von Säulenhallen umstandener Hof vor dem → Narthex mit einem → Kantharos. Als P. wurde z. B. das Atrium vor Alt-St. Peter bezeichnet, aber auch der Narthex der Klosterkirche Maulbronn. Manchmal wird der Garten oder Friedhof eines Klosters P. genannt. – Der frz. Ausdruck ›Parvis‹, mit dem der Platz vor den Kathedralen und Kirchen bezeichnet wird, scheint sich von ›paradisus‹ (lat.) abzuleiten.

Lit.: Joutz '36; RDK.

Paradies der ehem. Abteikirche Maulbronn, um 1215.

Parent, Claude (geb. 1923) → Ausstellungsarchitektur.

Parker, Barry (1867-1941) → Howard; → Unwin.

Parkett (frz. parquet: Tafelwerk). Ein aus dünnen Riemen zu Mustern zusammengestellter, hochpolierter Hartholzfußboden. Beim Tafelp. werden größere Platten mit dekorativem Hartholz furniert, das in Mustern auf quadrat. Weichholztafeln geleimt und auf einen besonderen Holzboden, den sog. Blindboden, montiert wird.

Lit.: Fichtner '29.

Parkin, John Barnett (1911-75) → Kanadische Architektur.

Parlatorium (ma. lat.). Sprechraum im Zisterzienserkloster (→ Kloster).

Veitsdom, Prag, voll. von Peter → Parler, 1353-85.

Parler. Dt. Baumeister- und Bildhauerfamilie des 14. und beginnenden 15. Jhs. mit mehr als einem Dutzend bezeugter Mitglieder aus drei Generationen, von denen einige in ihrem Jh. führend und weithin beispielgebend waren. Die Parler, die über ganz Mitteleuropa verbreitet waren, hinterließen von Köln bis Bozen und von Straßburg bis Krakau und Wien Werke, doch reichten die Ausstrahlungen ihrer Kunst, mit denen eigentlich erst die dt. Spätgotik (→ Gotik) begann, weit darüber hinaus bis Siebenbürgen, Oberitalien (Mailand) und Frankreich.

Ihr Familienname ist von der Berufsbezeichnung für den 2. Baumeister (Parlier-Polier) abgeleitet; da allerdings dieselben Vornamen (Heinrich, Michael, Johann) immer wiederkehren, war es bisher nicht immer möglich, das Œuvre der einzelnen Familienmitglieder mit Sicherheit zu bestimmen. Das Meisterzeichen der Parler war der doppelte gebrochene Winkelhaken in Form einer S-Rune.

Der vermutliche Stammvater der Familie, *Heinrich Parler d. Ä.,* geb. wohl zu Anfang des 14. Jhs., ist am Kölner Dom als Polier, an der Hl. Kreuzkirche in Schwäbisch Gmünd jedoch als ›magister‹ bezeugt und daher wohl auch der Schöpfer des Gmünder Hallenchors (beg. 1351), der zu den Gründungsbauten der dt. Spätgotik gehört. Ein anderer Parler mit dem Vornamen Heinrich wirkte am 1377 beg. Chor von Ulm mit und an der Prager Wenzelsstatue, ein zweiter war in Brünn tätig, ein dritter schließlich heiratete Drutginis, die Tochter des 5. Kölner Dombaumeisters Michael. Ob einer davon mit jenem *Henrico parlér da Gamodia* (Gmünd) identisch ist, der 1391/92 als Dombaumeister in Mailand bezeugt ist, steht dahin. Sicher ist, daß der Hauptmeister dieser Familie, der 1330 in Schwäbisch Gmünd geborene *Peter Parler,* ein Sohn Heinrich P.s d. Ä. war. Als Dreiundzwanzigjähriger wurde er 1353 von Kaiser Karl IV. als ›magister‹ und Nachfolger des Matthias von Arras an den Prager Veitsdom berufen (Abb. → Tschechoslowakei). Sein Netzgewölbe (→ Gewölbe III 9) im Chor (gew. 1385), das erste monumentale seiner Art in Mitteleuropa über-

haupt, das engl. Wölbungen und zweischiffige Springgewölbe der dt. Zisterzienser in selbständiger Weise weiterbildet, hat den dt. Gewölbebau bis zum Ausgang der Gotik bestimmt. Auch als Bildhauer ist er bezeugt und war weithin beispielgebend (Tumben, Chorgestühl) und wohl auch an der großartigen Reihe jener Büsten im Domtriforium wesentlich (möglicherweise sogar mit einem Selbstbildnis) beteiligt, die aus der Entstehungsgeschichte des europäischen Porträts im 14. Jh. nicht mehr wegzudenken sind. Weitere bezeugte Werke Peter P.s: Die Allerheiligenkapelle am Hradschin, die Karlsbrücke und der Altstädter Brückenturm, alle in Prag, und der 1360 begonnene Chor der Bartholomäuskirche in Kolin, der zusammen mit der 1388 begonnenen Barbarakirche in Kuttenberg (Abb. → Tschechoslowakei) eine entscheidende Etappe in der Ausbildung des sondergotischen Kathedral- und Hallenchors darstellt. 1399 wurde Peter P. im Prager Veitsdom begraben.

Ob sein Bruder *Michael,* der 1383 in Prag als ›frater germanus magistri Petri nove fabrice ecclesie Pragensi‹ bezeichnet wird und vorher (1359) wahrscheinlich am südböhmischen Zisterzienserkloster Goldenkron tätig war, identisch ist mit jenem *Michael Parler,* der 1383 und 1387 am Ulmer Münster genannt wird, oder jenem, der 1383 Dombaumeister in Straßburg war und überdies in Freiburg erwähnt wird, ist nur eine und nicht einmal sehr wahrscheinliche Vermutung.

Auch über die vier Parler mit dem Vornamen *Johann* gehen die Meinungen erheblich auseinander. Einer (erwähnt 1364/65 als Schöffe in Prag) gilt aus vagen Gründen als jüngster Bruder Meister Peters; ein anderer (legitimiert als Parler durch das Meisterzeichen dieser Familie, 1357 als Werkmeister in Basel und 1359 in Freiburg) folgte vielleicht Heinrich d. Ä. am Chor der Heiligkreuzkirche in Gmünd nach, wo jedenfalls 1372 ein ›Meister Johans‹ als Werkmeister tätig war.

Peter Parler, Büste am Veitsdom in Prag, nach 1353.

Aus dem Plan für den Prager Veitsdom von Peter → Parler.

Heiligkreuzkirche, Schwäbisch Gmünd, von Heinrich → Parler d. Ä., beg. 1351.

Laubkonsole aus dem Prager Veitsdom, von Peter → Parler.

Von den Söhnen Peter P.s, deren Ruhm als ›Junker von Prag‹ übrigens noch in der Dürerzeit unvergessen war, folgt zunächst 1397 der seit 1375 als Steinmetz zu Prag bezeugte *Wenzel Parler* seinem Vater in der Leitung des Veitsdoms in Prag nach, doch wird er schon ein Jahr später von seinem Bruder *Johann Parler d.J.* abgelöst. Von Johann d.J. stammen, so nimmt man an, zwei Geschosse am Hauptturm und die südl. Querhausstirn des Prager Veitsdoms, ferner der Chorschluß von St. Barbara und die ›Wälsche Kapelle‹ in Kuttenberg, mit dem bisher ältesten nachweisbaren Schirmgewölbe (→ Gewölbe III 11), und möglicherweise auch die 1394 gewölbte Bethlehemskapelle in Prag, die wohl älteste mit einem Netzgewölbe versehene → Hallenkirche Mitteleuropas.

Sein Bruder *Wenzel* ist wahrscheinlich identisch mit jenem 1401 genannten ›ingegnere Wenceslao da Praga‹ in Wien, der an den Mailänder Dom berufen werden sollte, jedoch schon 1404 starb. Damals war die Zeit der Parler indessen schon vorüber. Jüngere, jedoch mit den Parlern oft mehrfach verwandte Baumeisterdynastien (die → Ensinger, → Roritzer, Krumenauer usw.) führten nunmehr die Entwicklung an. → Tschechoslowakei.   E. B.

Lit.: Reinhold ’29; Swoboda-Bachmann ’39; Kletzl ’40; Swoboda ’41, ’69; Bachmann ’52; Legner ’78/80; Nussbaum ’85.

Parterre (frz.: zu ebener Erde). 1. → Geschoß. – 2. Ebene Gartenfläche im frz. Garten (→ Gartenparterre).

Parvis, der. → Paradies.

Pasqualini, Alessandro (gest. vor 1559) → Niederlande.

Paß. Kreisbogen des got. → Maßwerks. Nach der Zahl der im Durchmesser gleichen Kreisbögen, die durch → Nasen getrennt sind, unterscheidet man Dreip., Vierp., Vielp.

Passage. Eine überdeckte Verbindung in großen Städten durch Häuser und Höfe, die im 19.Jh. entsteht und dem neuen Lebensgefühl der Bürger sein Recht gibt. Sie ist eine Erfindung der privaten Bauspekulation, die mit den hierin untergebrachten Läden eine neue Organisationsform des Detailhandels

Altstädter Brückenturm, Prag, von Peter → Parler.

Passage. Galleria Umberto I, Neapel, von Emanuele Roco, 1887-90.

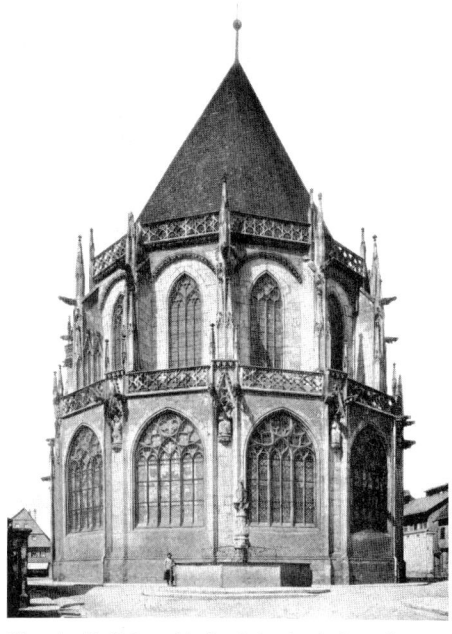

Chor der Heiligkreuzkirche, Schwäbisch Gmünd, von Heinrich → Parler d.Ä., beg. 1351.

anbietet. Zwar gab es schon in der Antike überdachte, zur Straße durch → Arkaden geöffnete Einkaufswege, die in den Laubengängen (→ Laube) von Bern bis Meran und bis nach Polen ihre Nachfolger fanden. Auch kann man den → Basar im Orient als eine Art Vorläufer der P. ansehen, da er verschiedene Stadtviertel miteinander verbindet. Die Überdachung durch Stahl und Glas hat im 19.Jh. die meisten P.n geprägt. Einfluß auf die Entwicklung der P. übte nachhaltig die Pariser Galerie d’Orléans (1828-30, 1935 abgerissen) von → Fontaine aus, deren Raumdimension, das gewölbte Satteldach und inneren Fassaden vielfach kopiert wurden. Die wohl erste P. in Deutschland war Sillem’s Bazar in Hamburg (1842-45, 1881 abgerissen), deren straßenmäßiges Raumprofil eine Neuerung gegenüber Paris darstellte. Weitere vorbildliche P.n wurden in Brüssel (Galeries St. Hubert, 1846-47) und London gebaut. Gewaltige Dimensionen weist schließlich die Galleria Vittorio Emanuele II. (1865-77) in Mailand von → Mengoni auf (Abb. → Italien), deren Raumproportion und Dekorationsprogramm in der Folgezeit nicht nur auf die in ital. Städten entstehenden P.n, wie in Genua, Neapel, Einfluß ausübten, sondern auch in England, Australien, USA und Deutschland Nachfolgebauten entstehen ließen. So die in Berlin gebaute Kaisergalerie (1871-73) von Kyllmann & Heyden. Eine der größten und weitläufigsten P.n entstand 1888-93 in Moskau nach den Plänen A. N. Pomeranzews (1917 zum Kaufhaus GUM umgewandelt). Mehrstöckig und von ähnlichen Dimensionen ist die 1888-90 erbaute Cleveland-Arcade in Cleveland, Ohio, von John Eisenman und Georg H. Smith, wie das GUM eine Stahlkonstruktion und noch heute in voller Benutzung.

Im 20.Jh. erlebte die P. nach dem Zweiten Weltkrieg in zahlreichen Städten ihre Wiederkehr. Hinzu kam ein neuer Typ der überdachten Ladenstraße, das unterirdische Einkaufszentrum in der Nähe größerer Metrostationen, z.B. in München (Bahnhof-

Cleveland Arcade, Cleveland, Ohio, von John Eisenman, 1888-90.

Stachus) oder Paris (Forum) oder der unterirdische Shopping Center Complex Desjardins in Montreal. Abb. → Kanada.   M.-A. V. L.

Lit.: Geist '69; Lauter '84; Lemoine '89.

Passarelli, Vincenzo (geb. 1904), Fausto (geb. 1910), Lucio (geb. 1922) → Italien.

Pastophorien, die (Pl., gr.). Oberbegriff für die beiden Räume → Diakonikon und → Prothesis; bei der frühchristl. → Basilika am Ostabschluß der Seitenschiffe.

Lit.: Cabrol-Leclerq '16; Testini '58.

Patera, die (lat.: Opferschale). Ein kleines, flaches, kreisförmiges oder ovales Dekorationsmotiv der klass. Architektur; die P. kann mit → Akanthus- oder Rosenblättern geschmückt sein.

Patio, der (span.: Innenhof). In der span. und iberoamerikanischen Baukunst ein offener Binnenhof.

Paul, Bruno (1874-1968). Architekt, Designer und Graphiker, Mitbegründer der ›Vereinigten Werkstätten für Kunst und Handwerk‹ in München, Mitarbeiter des ›Simplizissimus‹ und der ›Deutschen Werkstätten‹ in Hellerau, einer der bekanntesten Möbelentwerfer in Deutschland. 1924-33 Direktor der Vereinigten Staatsschulen für Freie und Angewandte Kunst in Berlin. Sein bestes Bauwerk ist das Kathreinerhaus in Berlin (1929), wo er ganz dem → Internationalen Stil folgt.

Lit.: Popp '16; Günther, S. '71; Campbell '78; Ziffer '92.

Pavillon (frz.). 1. Freistehendes, leichtes Bauwerk in einer Garten- oder Parkanlage. – 2. Vorspringender Gebäudeteil eines barocken Bauwerks, der sich im Gegensatz zum → Risalit durch ein eigenes, meist als Kuppel ausgebildetes, Dach vom Baukörper ab-

Chinesischer Pavillon im Park von Kew, England, Mitte 18. Jh.

setzt. – 3. Ein dem Hauptbau mit zentralen Einrichtungen zugeordneter kleiner Nebenbau, z. B. bei Schulen (Klassenpavillons) oder Krankenhäusern. – 4. Gebäude für Messen und Ausstellungen (→ Ausstellungsarchitektur).

Lit.: Zerbe-Connolly '62.

Paxton, Sir Joseph (1801-65). Sohn eines Kleinbauern. 1823 arbeitete er als Gärtner in Chiswick im Park des Herzogs von Devonshire. Der Herzog entdeckte P.s außerordentl. Begabung und ernannte ihn 1826 zum Verwalter des Parks von Chatsworth. P. gewann das Vertrauen und die Freundschaft des Herzogs, mit dem er in die Schweiz, nach Italien, Griechenland, Kleinasien, Spanien usw. reiste. 1854

Das Innere des Kristallpalastes, London, von → Paxton, 1851.

erhielt er sogar einen Sitz im Unterhaus des engl. Parlaments. Für Chatsworth entwarf P. → Gewächshäuser, von denen das größte 100 m lang war (1836-40). Er erprobte ein neues Dachsystem aus Glas und Metall und legte die Siedlung Edensor (1839-41) an. Ab 1850-51, als er für die Weltausstellung in London (die erste internationale Ausstellung) unaufgefordert seinen Entwurf für ein Ausstellungsgebäude aus Glas und Eisen vorlegte, wandte er sich endgültig der Architektur zu. Sein ›Kristallpalast‹ (Abb. → Architekturzeichnung; → Ausstellungsarchitektur; → Glasarchitektur;

Kristallpalast, London, von → Paxton, 1851.

→ Großbritannien; → Präfabrikation) war nicht nur epochemachend wegen der klaren und rationalen Lösung eines gegebenen Problems, sondern auch, weil die Standardelemente dieses 600 m langen Bauwerks, die in Serienproduktion hergestellt und am Bauplatz montiert werden konnten, das erste Beispiel der → Präfabrikation darstellen. P. zeichnete auch für einige große Landhäuser (Mentmore und Ferrières, für Angehörige der Familie Rothschild) verantwortlich, doch stammen die Ent-

Patio im Wohnhaus des Architekten, Tacubaya, Mexiko, von → Barragán, 1947.

Patera.

Großes Treibhaus, Chatsworth, von → Paxton, 1836-40 (abgerissen).

Plinthe. Kolonnaden des Petersplatzes, Rom, von → Bernini, beg. 1656.

Pneumatische Architektur. Pneudätisches System, Vorschläge für eine billige Wohnform, von Edward Suzuki.

Pneumatische Architektur. Lufthalle für das Sommerhappening von Phoenix House, von Yukihisa Isobe.

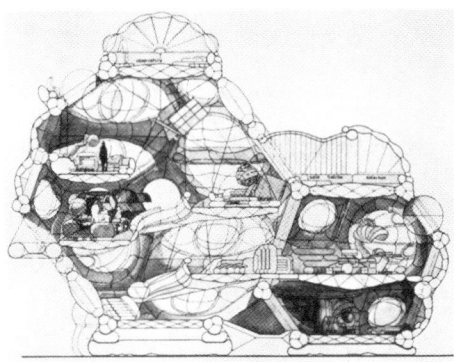

Pneumatische Architektur. Fuji-Pavillon auf der Weltausstellung in Osaka 1970, von Y. Murata und M. Kawaguchi.

Hauptwerk. Obwohl in erster Linie ein Architekt des Greek Revival, arbeitete P. auch in anderen Stilen; New College in Edinburgh (1846-50) ist → neugotisch und Donaldson's Hospital in Edinburgh (1842-51) ist in einer Spielart des Elizabethanischen Stils (→ Großbritannien) errichtet.

Lit.: Youngson '66; McMilliam '70; Crook '72; Macaulay '75.

Plečnik, Josef (1872-1957). Architekt und Designer, einer der bedeutendsten Schüler Otto → Wagners und Begründer der modernen slowenischen Architektur. Nach dem Studium bei Leopold Theyer in Graz 1894 Eintritt in Wagners Büro und Mitarbeit an der Planung der Wiener Stadtbahn. Nach weiterem Studium erneute Anstellung in Wagners Atelier. 1900-11 entstanden in Wien seine wichtigsten Werke, bei denen er auch die Entwürfe für die Innenausstattung lieferte (Mietshaus Langer, 1901-02; Villa Loos, 1901; Geschäfts- und Mietshaus sowie Villa für den Industriellen Zacherl, 1903-05). Unter zahlreichen Arbeiten sakraler Architektur ist besonders erwähnenswert die Hl.-Geist-Kirche in Wien (1910-13). 1911 übernahm P. einen Lehrauftrag an der Gewerbeschule in Prag. Nach 1920 Aufenthalt in Laibach, Slowenien, als Lehrer an der dortigen Universität.

Lit.: Prelovšek '79; Burckhardt/Eveno/Podrecca '89.

Plinthe, die. Die Platte unter der → Basis eines Stützgliedes (Pfeiler, Säule) oder einer Wand. Auch die Standplatte antiker Tempelplastik nennt man P.

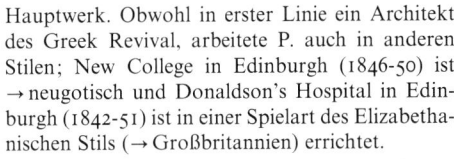

Pneumatische Architektur. Dyoden, von J. P. Jungman, 1968.

Plischke, Ernst → *Nachträge.*

Pneumatische Architektur (griech. pneuma: Atem, Luft). Eine aufgeblasene Luftmatratze kann man als Möbel ansehen, auf die Erde, auf das Wasser, mit einem Leichtgas gefüllt sogar auf die Luft legen. Dieser elementare Bezug ist allen Variationen der P. eigen, auch die Nachgiebigkeit, Weichheit, die Beweglichkeit und die vorwiegend runden Formen.

Zacherl-Haus, Wien, von → Plečnik, 1903-05.

1900 hat → Pankok zunächst für Ozeandampfer die Eckcouch erfunden, die die Ecke zum Halbrund machte – die Konferenz am runden Tisch (round table), die keinen sichtbaren Vorsitz kennt, wurde zu einem Symbol der Demokratie, → Jugendstil. → Anthroposophische Architektur und → Organische Architektur bevorzugten schwellende Formen wie zuvor → Barock und → Rokoko. Die Raumfahrt der 60er Jahre brachte die Schwerelosigkeit, zugleich einen Angriff des Unstabilen und Weichen gegenüber dem Festen und Harten: 1961 begann der in Gabrovo (Bulgarien) geborene Christo (Jaracheff) Gegenstände verschiedenster Art in Plastikfolie zu verpacken, d. h. ihres Stabilitätsfaktors zu berauben. Nichts konnte der Härte und Dauerhaf-

Pneumatische Architektur. Pepsi-Cola-Pavillon auf der Expo '70, Osaka, von E. T. A.

tigkeit einer Mauer mehr widersprechen als sein ›running fence‹ (1969). 1963 verwendet Joseph Beuys erstmals Fett als plastisches Material. 1965 zeichnet → Hollein die aufblasbare Wohnungseinrichtung (Abb. → Alternative Architektur). 1967 stellen die Italiener P. Gatti, C. Paolini und F. Teodoro den ersten formlosen Sessel (Sacco) vor; in Wien formiert sich im gleichen Jahr die Gruppe → Haus-Rucker-Co, 1968 → COOP Himmelblau. In den USA errichtet Yukihisa Isobe für das Sommerhappening von Phoenix House eine riesige Luft-

Justizpalast Brüssel, von → Poelaert, 1866-88.

halle. Höhepunkt in dieser Entwicklung bildet der Pepsi-Cola-Pavillon auf der Expo '70 in Osaka, errichtet von der E.T.A. (Eventstructure Research Group, Amsterdam und London). Im gleichen Jahr zeigt Mario Bellini sein ›Carmaleonda‹, ein Jahr später A. Bechi seine ›Anfibio-Couch‹. Als Wohnwagenersatz hat der in den USA lebende Edward Suzuki ein pneumatisch-geodätisches, aufblasbares und durch Druckknöpfe zu Wohneinheiten verbindbares System vorgeschlagen. Der Zustand der Schwerelosigkeit – im Weltraum keine Utopie mehr – hat auf dem Blauen Planeten ein Gastspiel gegeben, wie einst Lao Tse, vielleicht war es mehr als nur eine Spielerei.   W. R.

Lit.: Burns '71; Herzog '76; Klotz '84a, '86; Wichmann '85.

Erstes Projekt Salzburger Festspielhaus, Innenraum, von → Poelzig, 1920-22.

Poccianti, Pasquale (1774-1858) → Italien.

Podest. Treppenabsatz zwischen zwei Treppenläufen (→ Treppe).

Podium (lat.: Tritt). Der erhöhte Unterbau für ein Bauwerk, auch eine durchlaufende, Säulen tragende → Basis.

Podiumtempel. In der etruskischen und röm. Baukunst ein frontseitig ausgerichteter Tempel auf

hohem Unterbau (Podium). Der Tempel ist durch eine breite Fronttreppe zugänglich. → Römische Architektur; → Tempelformen.

Poelaert, Joseph (1816-79). Belg. Architekt des → Historismus. P. ist der Schöpfer des Brüsseler Justizpalastes (1866-88), des überladensten und pompösesten Werks des Neubarocks im 19. Jh. und eines der größten (Abb. → Historismus). Auch die → neugot. Kirche Notre-Dame in Brüssel-Laeken ist ein Werk P.s.

Lit.: Saintenoy '43; Ozinga '33; Hitchcock '58; Poelaert '80.

Poelzig, Hans (1869-1936). Studierte an der TH in Berlin, erhielt 1899 eine Stellung beim preuß. Staatsbauamt, wurde im Jahr darauf an der Kunstgewerbeschule in Breslau Prof. für Architektur und 1903 Leiter dieser Schule. P. blieb hier bis 1916, wurde dann als Stadtarchitekt nach Dresden gerufen (bis 1920), erhielt einen Ruf als Prof. für Architektur an die TH und an die Akademie der Bildenden Künste in Berlin. 1936 nahm er einen Lehrstuhl in Ankara an, doch starb er noch vor der Emigration.

Hans Poelzig.

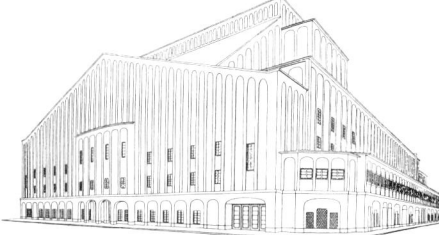

Großes Schauspielhaus, Berlin, von → Poelzig, 1918-19.

Sein erstes bedeutendes Werk war der Wasserturm in Posen, den er 1911 als Pavillon einer Bergbauausstellung errichtete. Zwischen Stahlrahmen sind Füllwände aus → Backstein gesetzt; im Innern sind die Details aus nacktem Eisen. 1911-12 schuf er in Breslau einen Verwaltungsbau mit horizontalen Fensterbändern, die auch um die abgerundeten Ecken herumgeführt wurden – ein Motiv, das in den 20er und 30er Jahren sehr beliebt war –, und in Luban einen Fabrikbau, der in seinem architekt. Ernst und in der Anordnung kubischer Elemente genauso avantgardistisch war. Während des Ersten Weltkriegs und kurz danach gehörte P. zu den genialsten Architekten des → Expressionismus. Er bevorzugte stalaktitenartige und orgelpfeifenähnliche Gebilde, wie bei dem Haus der Freundschaft in Istanbul (1916), den Entwürfen für ein Rathaus in Dresden (1917) und für das Festspielhaus in Salzburg (1920). Zur Ausführung kam der Umbau des Zirkus Schumann in Max Reinhardts Großes

Großes Schauspielhaus, Berlin, von → Poelzig, 1918-19.

Erstes Projekt Salzburger Festspielhaus, von → Poelzig, 1920-22.

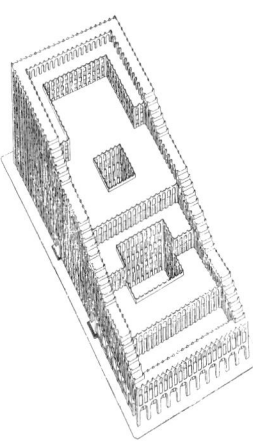

*Haus der Freundschaft,
Istanbul, von → Poelzig,
1916.*

Schauspielhaus in Berlin (1918-19) mit express. Stalaktitengewölben, Korridoren und Foyer (Abb.
→ Expressionismus). P.s Spätwerke sind mehr einem konventionell-modernen Stil verpflichtet: das
riesige Verwaltungsgebäude der IG Farben in
Frankfurt am Main (1928-31) und das Haus des
Rundfunks in Berlin (1929). Abb. → Aufzug.

Lit.: Heuss '39; Sharp '66; Borsi-Koenig '67; Miller Lane '68;
Poelzig '70; Schirren '89.

Poelzig-Moeschke, Marlene → *Nachträge.*

Polen. Grabungen haben allenthalben bedeutende
Siedlungen sowie Befestigungsanlagen in Holzbauweise zutage gefördert. Auch die ältesten Kirchen
des frühen MA.s dürften urspr. aus Holz erbaut
worden sein; bis zu einem gewissen Grade leben
sie in den Blockholzkirchen des Karpatenvorlandes
weiter. Für sie sind Einschiffigkeit, eingezogener
Chor und freistehende, schräg angeböschte Türme
charakteristisch. Auch im Wohnhaus- sowie Spei-
cherbau hat sich in manchen Orten die Holzbauweise weit über das MA. hinaus erhalten (Modl-
nica, Debno, Kalwaria, Kazimierz).
Polens ältester Massivbau ist die Rundkapelle auf
dem Wawel in Krakau, den Hll. Felix und Adauctus
gewidmet. Der kleine, im Grundriß vierpaßförmige
(→ Paß) Bau entstand Ende des 10. Jhs. und gehört

*Rundkapelle auf dem
Wawel, Krakau,
Ende 10. Jh.*

*Leonhardskrypta in der Kathedrale von Krakau,
beg. 11. Jh.*

*Burgkapelle St. Nikolaus,
Ciescyn, 11. Jh. Nach der
Renovierung.*

baugeschichtlich in engen Zusammenhang mit den
böhmischen Rundkapellen, deren Ausgangsbau die
unter dem Veitsdom freigelegte Veitsrotunde auf
dem Hradschin in Prag (926-930) ist. Als wichtiger
Nachfolgebau ist die Burgkapelle in Teschen (Cies-
zyn) aus dem Anfang des 11. Jhs. anzusprechen.
Polen besitzt zahlreiche Reste von roman. Erstbau-
ten (→ Romanik), so des ersten und zweiten Domes
auf dem Wawel vom Beginn des 11. und des 12. Jhs.
mit der Leonhardskrypta. Hier wie an der dreischiffigen Säulenbasilika von St. Andreas in Krakau und
der zweitürmigen Kollegiatkirche St. Martin in
Opatów aus der Mitte des 12. Jhs. lassen sich Zusammenhänge mit roman. Bauten in Westeuropa
feststellen. Die eindrucksvollste roman. Domkirche
befindet sich in Plock, hoch über der Weichsel gelegen. Ihre kleeblattförmigen Abschlüsse des Chores
und der Querarme deuten auf rheinische, insbesondere stadtkölnische Vorbilder hin. Der bedeutende
Bau wurde 1144 begonnen, von anderen roman.
Ursprungsbauten, so in Strelno (Strzelno), haben
sich nur Reste der Bauplastik erhalten. Die berühmten Bronzetüren vom ersten Bau des Domes in Gne-
sen (Gniezno), urspr. für Nowgorod bestimmt,
stammen aus einer mitteldt. Gießhütte.

*Dominikanerkirche Krakau, 13.-14. Jh., restauriert
1850.*

Im Gefolge der ausgreifenden Reformbewegung
der Zisterzienser (→ Zisterzienserbaukunst) kam es
zu zahlreichen Klostergründungen. Hierbei handelt
es sich um Filiationen des Mutterklosters Leubus
in Schlesien. So gehören Kirchen und Klostergebäude in Jedrzejów, Sulejów, Wachock und Kopr-
zywnica der zweiten Hälfte des 13. Jhs. an. Am besten vermittelt die Zisterzienser-Klosterkirche Mogila bei Krakau von 1243, eine Leubuser Filia, den
vollzogenen Übergang zum got. Stil (→ Gotik) mit
der für den ganzen südöstl. Raum Polens charakteristischen Materialkombination von → Backstein
und → Werkstein.
Aber erst die Dominikanerkirchen in Sandomir
(Sandomierz) (Liebfrauen, 1360) und in Krakau,
letztere eine → Hallenkirche mit → Staffelgiebel, dür-
fen als rein got. Backsteinbauten des ausgehenden

Zisterzienser-Klosterkirche Mogila bei Krakau, 1243.

Rathaus Thorn, Turm 13. Jh., erhöht 1385.

Auf dem Gebiet des Profanbaues sind Rathäuser wie in Sandomir (Sandomierz), Tarnów und Krakau wirksame Akzente inmitten der großen Marktplätze. Das bedeutendste Rathaus im Nordosten ist das von Thorn (Torun), dessen mächtiger Turm, der noch dem 13. Jh. angehört und 1385 erhöht wurde, auf den Typus des niederländischen → Belfrieds zurückgeht, während der mächtige Block des Gebäudes als reiner Backsteinbau mit vertikalen spitzbogigen Blendnischen erst nach 1393 erbaut wurde. Zu den schönsten Schöpfungen der Spätgotik gehört der Hof der Jagiellonischen Universität in Krakau, wenn er auch 1837-60 im romantischen Sinne erneuert wurde.

Zahlreiche poln. Städte waren stark befestigt. Die Reste lassen den Einfluß der westeurop., insbesondere der frz. Wehrbaukunst (→ Festung) des 13. Jhs. deutlich in Erscheinung treten. In Krakau gehört die → Barbakane am Florianstor von 1498 zu den markantesten Beispielen ma. Befestigungskunst. Das vollständige Beispiel eines ma. Stadtmauerzuges bietet noch heute die Stadt Szydlów.

Die großen poln. Abschnittsburgen im Südwesten können nur noch an den Ruinen von Bedzin, Checiny, Mirów und Allenstein (Olsztyn) nachgeprüft werden. Eine der interessantesten Abschnittsburgen, die in der → Renaissance schloßartig ausgebaut wurde, ist die riesige Ruine von Ogrodzieniec. Dagegen ist der ordensländische, blockgeschlossene Typus des Nordostens in einigen → Ordensburgen, auch im Kern des Warschauer Schlosses und in Czersk, feststellbar.

Rathaus Posen, von G. B. di Quadro, 1550-61.

13. Jhs. angesprochen werden, wobei auf die gleichen Formmodel der Krakauer Dominikanerkirche und der Breslauer Adalbertkirche hinzuweisen wäre. Derartige Beziehungen zwischen beiden Städten lassen sich auch beim dritten Bau des Domes auf dem Wawel nachweisen, dessen rechteckiger Chorschluß von 1322 mit dem des Breslauer Domes übereinstimmt. In den großen und mittleren Bürgerkirchen in Bochnia und Biecz, vor allem aber in der Marienkirche in Krakau, deren Chor 1384 vollendet und deren Einwölbung 1395-97 durch Meister Wernher von Prag ausgeführt wurde, ist der Zusammenhang zwischen der böhmisch-schlesischen und der schlesisch-polnischen Sondergotik evident, wie sich im St. Johannisdom in Warschau (Warszawa), besonders seit seiner Rekonstruktion nach 1945, die Beziehungen zur nordöstl. → Backsteingotik abzeichnen. Die Zahl der Hallenkirchen überwiegt die der basilikalen Bauten. Gelegentlich kommt Zweischiffigkeit vor, so ist die Kirche in Goslawice ein → oktogonaler Einstützenraum mit vier Kreuzarmen. Neben Kreuz-, Stern- und Netzgewölben (→ Gewölbe III) finden sich im Nordosten auch die komplizierten → Zellengewölbe.

Wie überall im europ. Norden und Osten waren es auch in Polen ital. Architekten und Wandermeister, die die neuen Kunstformen der Renaissance vermittelten. Die → Arkaden-Hofanlage auf dem Wawel in Krakau sowie die Sigismundkapelle am Dom sind das Werk von Italienern. 1502-16 entstand der Arkadenhof des Francesco della Lora, 1517 die Kapelle des Bartolomeo Berecci. Eine vermittelnde Rolle für den Kuppelbau der letzteren fällt der Kapelle von Gran (Esztergom) in Ungarn (1507) zu. Weitere Schloßanlagen mit Arkadenhöfen finden sich in Niepolomice (1550) und Baranów (1579-1602), einem der großartigsten Spätrenaissance-Schlösser Polens. Auch die Fassade des Rathauses in Posen (Poznan) wird vom ital. → Loggienmotiv

Tuchhallen Krakau, 1556-60.

Schloß Baranów, 1579-1602.

entscheidend bestimmt (1550-61, von G. Battista di Quadro). Den Tuchhallen in Krakau (1391-95) hat nach dem Brand von 1555 der Renaissanceausbau mit der für Polen charakteristischen Attika (→ Polnische Brüstung) zum entscheidenden Akzent im Stadtbild verholfen. Die poln. Attikabekrönungen in reizvollen, oft originellen Variationen findet man an vielen Rathäusern, so in Tarnów, Sandomir, Kazimierz bis herauf nach dem Nordosten in Kulm (Chelmno). Der Kirchenbau des 16. und 17. Jhs. steht wie überall in Europa unter Einfluß der Jesuitenkirche Il Gesù in Rom, gelegentlich untermischt mit posthumen got. Formen wie bei den Gewölbeornamenten der 1556-63 erbauten Kirche in Pultusk. Vor allem folgt die Krakauer Jesuitenkirche dem röm. Vorbild, die 1597 von Bernardo und J. Trevano erbaut wurde. Erst im 17. und 18. Jh.

Schloß Wilanów, von A. Locci, beg. 1681.

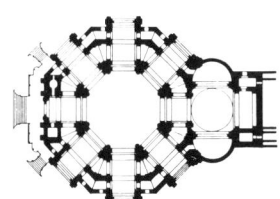

Klosterkirche der Philippiner, Gostyn, beg. 1677.

kommt es auch in Polen in der Kirchenbaukunst zu barocker Üppigkeit. Hierbei treten neben dem ausgesprochen ital. → Saaltypus mit → Emporen und Kapellenseitenschiffen die verschiedenen Kombinationen zentraler Grundrißfiguren auf. So ist Klimontów ein Ovalbau (1643 ff.), Gostyn ein Oktogonalbau mit hoher Gewölbekuppel (1677 ff.) und die Sakramentskirche in Warschau (1688-89) ein Rundbau mit vier Kreuzarmen. Sie ist das Werk eines der im 17. Jh. in Polen führenden Architekten, des Holländers van → Gameren (vor 1630-1706). Diese Zentralgrundrisse zeigen ebenso wie die Kombinationen von Langhaus- und Zentralbau die Verwandtschaft mit böhmischen, weitergefaßt süddt. Bauten, wobei sich diese entweder mit holländ. oder mit ital. Architekturvorstellungen begegnen bzw. überschneiden. Ein charakteristisches Beispiel ist die reizende Dorfkirche in Hodowica oder die nordseitige Barockisierung der Klosterkirche von Jedrzejów.

Der barocke Schloßbau (→ Barock) steht unter dem Einfluß einer internationalen, von → Frankreich her bestimmten Richtung, die je nach Geschmack der feudalen Bauherren variiert wird. Das Schloß von Podhorce ist als quadratischer Bau mit Ecktürmen versehen und von → Staffelgiebeln überragt (1635-40). Schloß Wilanów, von 1681 an für Johann Sobieski als Hufeisenbau im ital. Geschmack er-

richtet, ist das Werk des Italieners A. Locci, während das Palais Krasinski in Warschau von Tylman van Gameren eher als eine Variante des holländ. Typus zu bezeichnen wäre. Das bedeutende Giebelrelief ist ein Werk → Schlüters, auch seine Mitwirkung am Schloß Wilanów ist bewiesen.

Mit der engen kulturellen Bindung Warschaus an Dresden zur Zeit der sächsisch-polnischen Personalunion ergibt sich für die Metropole eine schöpferische Epoche von architekturgeschichtlicher Bedeutung. Der Entwurf von → Pöppelmann zwar für den Neubau des Königsschlosses zwischen 1713

Marienkirche Lipka, 1687-1730.

und 1715 ist leider nicht zur Ausführung gekommen; außer Innendekorationen und dem Palais Pod Blacha (Blechernes Palais) wurde nichts davon realisiert. Dagegen erfuhr jedoch das Palais Ossolinski unter dem sächs. Minister Graf Heinrich Brühl zwischen 1756 und 1759 durch die Architekten → Solari und Jauch einen kostbaren Ausbau. Hinzu kamen die Adelspalais, wie das Palais Potocki, das Palais Bielinski, das Palais Czapski und das Palais Sapieha.

Sakramentskirche Warschau, von → Gameren, 1688-89.

Eine ausgezeichnete Vorstellung von dieser glänzenden Bauepoche vermitteln bis heute die berühmten Stadtansichten Warschaus, die Bernhardo Bellotto, genannt Canaletto (1720-80), geschaffen hat. Danach entstanden unter König Stanislaw August Poniatowski (1764-85) die Pläne zum Neubau des Ujazdower Schlosses, verfaßt von dem Hofarchitekten des Königs, Giacomo Fontana (1710-91), gemeinsam mit Domenico Merlini (1730-97). Zur Ausführung kam nur die breite Ujazdower Allee. Die Innenausstattung des königl. Schlosses im → Louis-seize-Stil durch Merlini und Kamsetzer

Operntheater Warschau, von Antonio Corazzi, 1825-33.

Palais Lazienki, Warschau, nach 1788.

entstand gleichzeitig mit einer der schönsten Schöpfungen dieser beiden Architekten, dem Ausbau des Palais Lazienki im Stil des Petit Trianon und der Bagatelle in einer ganz selbständigen und nirgends in Europa vergleichbaren Dekoration (nach 1788). Die im Sinne engl. Parkanlagen erfolgte gärtnerische Gestaltung der Umgebung findet ihre Parallelen in ähnlichen Parkschöpfungen der Schlösser Arkadia, Natolin und im Warschauer Belvedere. Die

Kathedrale von Wilna, von Gucewicz, 1753-98.

Schloßbauten selbst zeigen wie Natolin oder die Schloßkapelle von Podhorce das antike Säulenmotiv in überdimensionaler Größe zur Betonung des Eingangsportikus (→ Portikus). Der Rundbau von Podhorce ist ein Werk des Architekten C. Romanus, entstanden 1752-66.

Mehr und mehr setzte sich damit auch in Polen eine Architektur durch, für die der frz. Revolutionsstil eines → Ledoux vorbildlich wurde. Ihn übernahm Kamsetzer 1791 an der kath. Kirche von Petrykozy und Simon Zug mit dem röm. Vorbildern folgenden Kuppelrundbau der ev. Kirche in Warschau (1777) mit ihrem schweren dor. Portikus. Im nordöstl. Polen betätigte sich bis weit nach Litauen hinein der

poln. Architekt Gucewicz (1753-98), dessen Kathedrale in Wilna (Vilnius) als ein hervorragendes Denkmal des monumentalen Frühklassizismus (→ Klassizismus) bezeichnet werden kann.

Im 19. Jh. entsprechen dieser Vorliebe für eine antike Repräsentationsarchitektur in Warschau z. B. der Neubau der poln. Bank (1828-30) von Antonio Corazzi (1792-1877) mit der eigenartigen Rotunde und mehrere Palais. Zudem finden sich auf polnischem Boden einige wichtige Schöpfungen des romantischen Spätklassizismus von der Hand → Schinkels, nämlich das Jagdschloß Antonin für den Fürsten Radziwill und Schloß Kurnik, wie überhaupt der polnische Adel den berühmten Architekten vielfach heranzog.

Nach der Periode eines historisierenden Eklektizismus (→ Historismus) folgt um 1900 auch in Polen eine Hinwendung zum → Jugendstil unter dem Einfluß der Wiener → Sezession: so in Krakau das Gebäude der Gesellschaft der Schönen Künste (Chmach Towarzystwa Przyjaciol Sztuk Pieknych), 1901 von Franciszek Maczynski, und die Jakobskirche in Warschau, 1909 von Oscar Sosnowski (1880-1939). Oft verbinden sich Jugendstilelemente mit solchen des → Neoklassizismus wie an der Genossenschaftsbank (Bank Towarzystwa Spóldzielczych) in Warschau (1912-17 von Jan Heurich Sohn). Die Professorenhäuser in Krakau, zwischen 1920 bis 29 von Ludwik Wojtyczko errichtet, verbinden verschiedene Elemente des Sezessionsstils mit denen des Spätexpressionismus zu einer interessanten dekorativen Erscheinung. Die bekannteste Kirche des 20. Jhs. im expressionistischen Stil (→ Expressionismus) ist die Rochuskirche in Bialystok, 1927 von Oscar Sosnowski begonnen und erst 1946 nach der Unterbrechung durch den Krieg fertiggestellt.

Altes Theater, Krakau, von Tadeusz Stryjeński und Franciszek Maczyński, 1903-06.

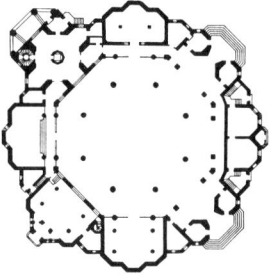

St. Rochus-Kirche, Bialystok.

St. Rochus-Kirche, Bialystok, von O. Sosnowski, 1927-39.

*Kirche in Tarnow, von
J. Kozłowski, K. Szejbert,
Z. Wolak, K. Pencakowski, 1960.*

Auf → städtebaulichem Gebiet bot der Ausbau der Stadt Gdingen (Gdynia) einen wichtigen Auftakt zu den großen städtebaulichen Aufgaben nach den gravierenden Zerstörungen des Zweiten Weltkriegs. Hier ist vor allem ein Wohnblock mit Halbrund-Vorsprung zu nennen, der 1935 von P. Piotrowski entworfen worden ist.

In Warschau, Danzig (Gdansk) und in den neuen Industriestädten wie Nowa Huta entstanden nach dem Zweiten Weltkrieg zwischen 1956 und 1964 bedeutende Bauten. Genannt seien die ersten, in mancher Hinsicht als Sofortmaßnahmen konzipierten Wohnanlagen der Architekten → Nowicki oder Zaslaw Malicki in den Jahren 1945-52 oder die Wohnsiedlung Kolo II von Helena (geb. 1900) und Szymon (1893-1964) Syrkus in Warschau und die dortigen großen Siedlungsbezirke Mokotów 1950, Wierzbno 1956, Muranów 1962, Praga 1960-64 von den Architekten Gieysztor, Kumelowski, Czyz, Fafiusowa. In Übereinstimmung mit dem stalinistischen Monumentalstil des Kulturpalastes (Lew W. Rudnjew) entstanden nach den Plänen und Entwürfen von Zbigniew Karpiński (geb. 1906) in den 60er Jahren Komplexe von gigantischen Ausmaßen an der Marzalkowskastraße: Pavillonartige mehrgeschossige Flachbauten verbinden eine Reihe von Hochhäusern. Traditionell, in gewisser Weise ›klassisch‹ in der Gestaltung von Wohnanlagen zeigen sich die Planungen des Architekten Jacek Nowicki etwa in dem quadratisch angelegten Wohnviertel Zartrase in Warschau (1960-65), wo sich Punkthochhäuser mit Zeilenbauten, Bungalows und aneinandergereihten Hochbauten zu einer Architekturlandschaft verbinden. Ähnliche Konzepte zeigt

Wohnblöcke im Stadtteil Wierzbno, Warschau, von Zofia Fafiusowa, 1956.

*Nationalmuseum, Krakau, von Boleslav Szmidt,
Janusz Juraszyński und Juliusz Dumnicki, 1936-39.*

Von international hohem Rang sind die Arbeiten von Hanna (geb. 1920) und Kazimierz (geb. 1912) Wejchert. Das Wohnviertel in Tychy (1967 Entwurf) für 25000 Bewohner berücksichtigt die Hierarchie des städtebaulichen Prinzips mit Einkaufszentren

*Internationaler Flughafen Warschau, von Krystyna und
Jan Dobrowolski, 1969.*

und angelegten Plätzen, um die sich organisch ohne Isolation Einzelbauten und größere Wohnquartiere gruppieren. Für eine hohe Entwicklungsstufe polnischer Nachkriegsarchitektur steht das Werk des Architekten Jerzy Soltan, dessen Sportzentren, etwa in Warschau-Mokotów (1960-73), zu den wichtigsten, auch international anerkannten Bauten gehört. Von gleichem Rang ist auch der Internationale Flughafen in Warschau (1969 vollendet) der Architekten Krystyma und Jan Dobrowolski.

Den politischen Ideologien des Ostblocks entsprechend spielten Krankenhäuser, Verwaltungs-, Kultur- und Sportbauten eine zentrale Rolle. Beispielhaft seien genannt das Diagnostische Zentrum in

*Diagnostisches Zentrum,
Wrocław (Breslau), von Anna
und Jerzy Tarnawska, 1974-76.*

auch das Architektenehepaar Oskar (geb. 1922) und Sofie Hansen im Wohngebiet Rakowiec in Warschau (1958-60). Zusammen mit den Architekten Zaslaw Malicki und M. Szymanowski kamen sie nicht nur in der Anordnung der durchwegs viergeschossigen Reihenhäuser zu bemerkenswerten Lösungen. Besonders die vielfältig und variantenreich gestalteten Fassaden mit unregelmäßigen Vorsprüngen, Auskragungen und Fensteranordnungen zeigen, daß Zeilenbauweise mit traditioneller Gestaltung möglich ist, ohne eintönig zu werden. Beispielhaft sind der Übergang vom achsenbezogenen städtebaulichen Prinzip zu moderner Gestaltung in Nowa Huta und die Entscheidung für die moderne Gestaltung des Defiladenplatzes (›Plac Defilad‹) in Warschau, mit der 1962-67 Zbigniew Karpiński und vier weitere Architekten sich durchsetzten.

Warschau, Krusza-Straße in der Stadtmitte.

Bergsanatorium ›Zawodzie‹, Ustron, von H. Buszko, A. Franta, T. Szewczyk, 1967-78.

Wroclaw (1974-76) der Architekten Anna und Jerzy Tarnawska, das für 8000 Betten konzipierte und für zahlreiche Nachfolgeplanungen beispielhafte Bergsanatorium ›Zawodzie‹ (1967-78) in Ustron (Schlesien) von der Architektengemeinschaft H. Buszko (geb. 1924), A. Franta (geb. 1925) und T. Szewczyk sowie die Sportanlagen von Wojciech Zablocki.

Daß Polen gleichzeitig im Aufbau historischer Stadtkerne auf denkmalpflegerischem Gebiet wie in Warschau, Danzig (Gdansk) und in Breslau (Wroclaw) vorbildlich ist, beweist die erstrebte Verbindung zwischen Vergangenheit und Gegenwart.

G. G.

Lit.: Dmochowski '56; Zachwatowicz '56; Kozakiewicz '60; Lisowski '68; Knox '71; CA '80; Polen '81; Sanderson '81; Kultermann '85.

Gartenfassade der Villa Belgioioso Reale, Mailand, von → Pollack, 1790-93.

Pollack, Leopoldo (1751-1806). Geb. und ausgebildet in Wien, ließ sich 1775 in Mailand nieder und wurde → Piermarinis Mitarbeiter. Die Villa Belgioioso Reale (1793) ist P.s Meisterwerk; die Fassade ist vor allem durch das → rustizierte Sockelgeschoß, die ion. → Kolossalordnung und den überreichen Skulpturenschmuck bestimmt – eine großartige, frz. beeinflußte Version von → Palladios Stil. P. erbaute verschiedene Villen bei Mailand mit engl. Gärten (→ Gartenbaukunst) wie die Villa Pesenti Agliardi in Sombreno (ca. 1800).

Lit.: Chierici '64; Meeks '66; Mezzanotte, G. '66.

Pollak, Michael (1773-1855) → Ungarn.

Pollini, Gino (geb. 1903) → Figini, Luigi.

Polnische Brüstung. Eine Mauerbekrönung an vielen polnischen Bauten des 16. Jhs., durch die die Dächer verdeckt werden sollen, z. B. Tuchhallen in Krakau (1555), Rathäuser von Posen und Culm. Die P. B. besteht aus → Blendarkaden mit → Fialen u. a. Formen der Zeit. Abb. → Polen.

Polychromie (gr.: Vielfarbigkeit) → Farbigkeit der Architektur.

Polygonalmauerwerk → Mauerwerk 4.

Ponti, Gio (Giovanni) (1891-1979). Designer und Architekt, der sich in den 20er Jahren auch als Maler und Zeichner betätigte. Seine Zeichnungen spiegeln den Wiener Sezessionsstil wider (→ Jugendstil), auch seine Entwürfe für Porzellan (um 1925) könnten durch die Wiener Werkstätten beeinflußt sein. P. ist ein universeller Designer, er fertigte u. a. Entwürfe für Schiffseinrichtungen, für Theater, Beleuchtungskörper, Möbel und Industrieprodukte an. Seine besten Arbeiten auf diesem Gebiet sind in der Nachkriegszeit entstanden, so z. B. sein berühmter Stuhl mit Rohrsitz (1951). P.s Ruhm als

Mathematisches Institut der Universität Rom, von → Ponti, 1934.

Architekt beruhte lange Zeit auf drei Bauten, dem 1934 errichteten Mathematischen Institut der Universität Rom, einer der besten Schöpfungen des → Internationalen Stils in Italien, der nur wenige Arbeiten von → Terragni (1904-41) vorangingen, und zwei Bürobauten (1936 und 1951), beide für die Firma Montecatini in Mailand. Das erste dieser Gebäude, gekennzeichnet durch einen dezent-modernen Baustil und elegante Detailbehandlung, war bahnbrechend; im Gegensatz zu dem zweiten, konventionelleren Bau zeigte es ausgesprochen persönlichen Charakter. P.s schönstes Werk ist das Pirelli-Haus in Mailand (1955-58): die Betonkonstruktion → Nervis, die das Skelett bildet, ist hinter → Curtain Walls verborgen; die Schmalseiten des Gebäudes verjüngen sich nach oben und wirken wie Ausläufer der Längsseiten. Zu seinen letzten herausragenden Werken der 60er u. 70er Jahre gehören das Bijenkorf Einkaufszentrum in Eindhoven (1967), das Museum für moderne Kunst in Denver (1972) und die Kathedrale von Tarent (1971), sein bedeutendster Kirchenbau.

Lit.: Pica '41; Plant '57; Labò '58; CA '80; Ponti '86, '89; Irace '88; Licitra '90; L. L. Ponti '90.

Ponzio (Ponzi), Flaminio (1560-1613). Päpstl. Architekt unter Paul v. (Borghese), ein fähiger Künstler, aber ohne Unternehmungsgeist. Er entwickelte

Pirelli-Haus, Mailand, von → Ponti, 1955-58.

Cappella Paolina in S. Maria Maggiore, Rom, von → Ponzio, 1605-11.

Acqua Paola, Rom, von → Ponzio, 1612.

sich nie über den Spätmanierismus (→ Manierismus), in dem er ausgebildet worden war, hinaus. Sein bestes Werk ist die Cappella Paolina in S. Maria Maggiore in Rom (1605-11), reich mit Skulpturen und Feldern aus farbigem Marmor und Halbedelstein geschmückt. P. erbaute auch die lange Fassade des Palazzo Borghese in Rom (1605-13) und den schönen Acqua-Paola-Brunnen auf dem Janiculus (1612). Zu Beginn des 17.Jhs. baute er die von → Raffael und → Peruzzi errichtete Kirche S. Eligio degli Orefici in Rom um.

Lit.: Venturi XI; Crema '39; Hibbard '62; Portoghesi '66b; Tafuri '66; Benevolo '68.

Pöppelmann, Matthäus (Matthes) Daniel (1662-1736). P. ist der Schöpfer des → Zwingers in Dresden, eines der Meisterwerke des → Rokoko. Geb. in Herford in Westfalen, seit 1686 in Dresden, wo er 1691 zum ›conducteur‹ des Landbauamtes und schließlich, 1705, zum Landbaumeister des Kurfürsten von Sachsen und Königs von Polen, August des Starken bestellt wurde. Sein Amtsvorgänger war Marcus Conrad Dietze. Von 1706-15 erbaute P. das Taschenbergpalais in Dresden für die Geliebte des Kurfürsten. Für einen Staatsbesuch entwarf er 1709 ein provisorisches hölzernes Amphitheater, das der Kurfürst später durch einen Steinbau, den ›Zwinger‹, ersetzt sehen wollte. Dieser Zwinger sollte in das neue, große kgl. Schloß eingegliedert werden, mit dessen Entwurf P. ebenfalls beauftragt war. 1710 wurde P. zum Geheimkämmerer ernannt und auf Studienreisen nach Wien und Italien geschickt; Einflüsse des Wiener → Barocks (→ Hildebrandt) und des röm. Barocks (Carlo → Fontana) zeigen sich in P.s Plänen für das Schloß. Der Zwinger (Abb. → Deutschland; → Herme) jedoch ist in der Gesamtkonzeption sehr individuell: die raumgreifende Anlage, umgeben von einer einstöckigen Galerie, welche die zweistöckigen Pavillons untereinander verbindet, erinnert mit ihren reich ornamentierten Eingängen an einen riesigen Meißener Tafelaufsatz. Der Zwinger wurde nur zum Teil ausgeführt (1711-22; 1713 das Kronentor, 1716 der Wallpavillon – 1944 zerst., wiederaufgebaut). Den plastischen Schmuck schuf Balthasar Permoser; die glänzende, geschlossene Wirkung der ganzen Anlage beruht weitgehend auf der erfolgreichen Zu-

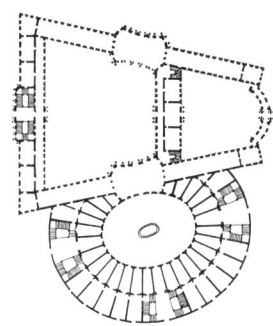

Jägerhof, Dresden-Neustadt, von → Pöppelmann, 1720-23.

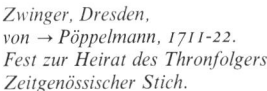

Zwinger, Dresden, von → Pöppelmann, 1711-22. Fest zur Heirat des Thronfolgers. Zeitgenössischer Stich.

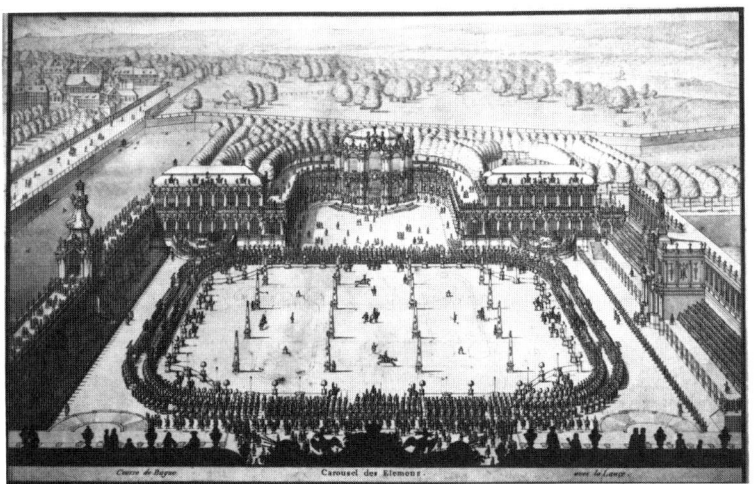

Kronentor im Zwinger, Dresden, von → Pöppelmann, 1713.

sammenarbeit von Bildhauer und Architekt. P.s spätere Bauten sind weniger bedeutend: das Indische Wasserpalais bei Schloß Pillnitz an der Elbe (1720-23) mit chinesischen Dächern und Chinoiserie-Fresken unter den Traufen; das Bergpalais in Pillnitz (1724); Schloß Moritzburg (beg. 1723, unter Leitung von → Longuelune voll.); die Augustusbrücke in Dresden (1728) und ab 1727 die Erweiterung des Japanischen Palais in Dresden (ausgeführt unter Leitung von → Bodt). P.s Entwürfe für die Dreikönigskirche in Dresden-Neustadt (1723-39) wurden von → Bähr ausgeführt. Ab 1728 arbeitete P. zusammen mit Longuelune in Warschau an den Plänen für ein großes neues Schloß für die sächs. Dynastie, von dem jedoch nur der Mittelteil ausgeführt wurde (um 1730). P.s Sohn *Karl Friedrich Pöppelmann* (gest. 1750) trat in Warschau seine Nachfolge an.

Lit.: Sponsel '24; Döring '30; Hempel '49, '61, '65; Löffler '55; Heckmann '72, '86; Marx '89; Milde '90.

Porta, Giacomo della (1539-1602). Architekt des → Manierismus. P. stammte aus der Lombardei und arbeitete in Rom; als Nachfolger → Michelangelos führte er den Bau des Kapitols weiter und, unter geringen Abänderungen von Michelangelos Plan, den Bau des Palazzo dei Conservatori (1578) zu Ende. Er vollendete auch die majestätische Stiege Michelangelos zum Kapitolsplatz sowie die Balustrade, welche die antiken Dioskuren trägt. Ein selbständiges Werk ist der Palazzo Senatorio (1573-98). Er folgte auf → Vignola als Architekt von Il Gesù in Rom und entwarf die Fassade (1573-84, Abb. → Italien), die später zum Vorbild für die Jesuitenkirchen in ganz Europa wurde. 1573-74 leitete er den Bau der Peterskirche, Michelangelos Außenbau an der Gartenseite vollendend; die kleineren Kuppeln (1578 u. 1585) und die große Kuppel (1588-90) erbaute er nach eigenen Entwürfen (Abb. → S. 626; → Bernini; → Ingenieurbaukunst). Die

Il Gesù, Rom, Fassade von → Porta, 1573-84.

letztere ist sein Meisterwerk, obwohl sie reicher geschmückt ist und mehr der Umrißlinie der Kuppel des Florentiner Doms angeglichen wurde, als es von Michelangelo vorgesehen war. P. erbaute auch den Palazzo della Sapienza (beg. ca. 1575), das Langhaus von S. Giovanni dei Fiorentini (1582-92), den Palazzo Marescotti (ca. 1590) und die großartige Villa Aldobrandini in Frascati (1598-1603). Abb. → Barock; → Feston.

Lit.: Venturi XI; Arslan '26-27; Franck '56; D'Onofrio '57; Akkerman '59; Gioseffi '60; Gramberg '64; Wittkower '64; De Angelis d'Ossat-Pietrangeli '65; Heydenreich-Lotz '74; Tiberia '74.

Portal. Besonders hervorgehobener Eingang zu einem Gebäude, vor allem zu Palästen und Kirchen, oft architektonisch und künstlerisch reich ausgestattet durch → Säulen mit → Gebälk, → Tympanon, → Archivolten, → Giebel, → Atlanten oder → Karyatiden und → Bauplastik. Vor dem P. fanden bestimmte feierliche Akte statt, denen oft die Themen des P.schmuckes entsprachen: Das Brautp. bot die Darstellung der Sieben törichten und Sieben klugen Jungfrauen, das Gerichtsp. zeigte das Weltgericht.

Lit.: Corelli '02; Redslob '09; Reissmann '37.

St. Peter, Rom, Blick von Westen. Kuppel von → Porta, 1588-90.

Portikus (lat.: Halle). **1.** Ein an den Seiten offener oder teilweise geschlossener, überdeckter Raum, der dem Eingang oder der Fassadenmitte eines Tempels, einer Kirche oder eines Hauses vorgelagert ist und aus freistehenden oder mit der Mauer verbundenen → Säulen, die meist einen → Giebel tragen, besteht. **2.** Bei Kirchenbauten in → Großbritannien aus dem 7. Jh. nennt man die Seitenräume, die diese Kirchen anstelle von Seitenschiffen haben, P.

Portman, John (geb. 1924). Studierte am Georgia Institute of Technology in Atlanta, wo er sich 1953 niederließ; firmiert seit 1968 unter ›John Portman & Associates‹. P.s Bauten sind elegant und eindrucksvoll, er selbst ist eine Mischung aus versiertem Geschäftsmann und einem einfallsreichen Architekten. P. schuf einen neuen Typ des Großhotels, das urbane Akzente setzt, sozusagen das amerikan. Schaustück des 20. Jhs. und die Fortsetzung des europäischen Grandhotels des 19. Jhs. Im Zentrum liegt eine riesige, bepflanzte Halle mit auf- und abschwebenden Aufzügen, Restaurants, Läden und Vergnügungsetablissements. Neben den Bauten für das Peachtree Center, Atlanta, und dem Hyatt Regency O'Hare Hotel in Chicago (1971) ist vor allem das Plaza Hotel in Atlanta (1976), das Bonaventure Hotel in Los Angeles (1977) und das Renaissance Center in Detroit (1971-77, Abb. → USA) anzuführen.

Lit.: GA 28; Riani '90.

Porto, Serviano Mario (geb. 1930) → Brasilien.

Kirche der Hl. Familie, Salerno, von → Portoghesi und Vittorio Gigliotti, 1969-73.

Portoghesi, Paolo (geb. 1931). Italienischer Architekt und Kunstschriftsteller. Beeinflußt vom ital. → Barock (→ Guarini, → Borromini) und → Rokoko, versucht P. die geschwungenen Decken und Linien durch modernste Technologie und in einer zeitgemäßen Form zu erreichen, wofür die Kirche der Sacra Famiglia in Salerno (1969-73) ein gutes Beispiel ist. Von den anderen Hauptwerken sei das Haus Baldi, Rom (1959), erwähnt.

Lit.: Norberg-Schulz '75; Portoghesi '79, '85; Priori '85; CA '87.

Portugal. Die Entwicklung der portug. Baukunst verlief bis etwa 1500 parallel zur span. Architektur. Wie in → Spanien haben sich auch in Portugal Überreste röm. Bauten erhalten (Tempel in Evora). Die im 7. Jh. errichtete Kirche S. Frutuoso de Montélios, die mit hufeisenförmigen Apsiden und mit Kuppeln über dem Grundriß in der Form eines griech. → Kreuzes errichtet wurde, geht sicherlich auf byzant. Einfluß zurück. Lourosa wurde 920 im → Mozarabischen Stil erbaut. Die bedeutendsten roman. Baudenkmäler sind mit den Bauwerken der

Portikus. Pantheon, Rom, 27 v. Chr. und 120-24 n. Chr.

Peachtree Center Plaza, Atlanta, von → Portman & Associates, 1974-77.

Haus des Gesundheitsdienstes, Vallo di Diano, südl. von Salerno, von → Portoghesi, 1980-81.

Alte Kathedrale, Coimbra, beg. 1162.

Dominikanerkloster Batalha, beg. 1388.

Fassade des Dominikanerklosters Batalha, beg. 1402.

span. → Romanik aufs engste verwandt. So wurden die Kathedralen zu Braga und Coimbra von Santiago de Compostela beeinflußt und zeigen deshalb den Grundriß der frz. Pilgerkirchen. Die Mittelschiffe haben hohe Tonnengewölbe (→ Gewölbe III 1), ferner → Arkaden und → Galerien, jedoch keine → Lichtgaden. Andererseits ist um den → Chor kein Chorumgang geführt. Die im späten 12.Jh. entstandene Templerkirche in Tomar, deren → oktogonale, von einer Kuppel überfangene → Vierung von einem niedrigeren sechzehnseitigen Umgang umzogen wird, und das Domus municipalis von Braganza, ein niedriger und unregelmäßiger oblonger Bau, der oben von einer Reihe kleiner Rundbogenfenster durchbrochen wird, sind einzigartige Bauwerke.

Der roman. Stil hielt sich in Portugal sehr lange. Die Kathedrale zu Evora (beg. 1186) kann noch vorgot. genannt werden. Die → Gotik selbst wurde durch die Zisterzienser (→ Zisterzienserbaukunst) bekannt. Das bedeutende Zisterzienserkloster Alcobaça (beg. 1178) wurde nach dem Vorbild von Clairvaux und Pontigny, d. h. mit Chorumgang und → Kapellenkranz, der einen geschlossenen Halbkreis bildet, erbaut. Das große Rippengewölbe (→ Rippe) des Kircheninneren gehört zu den schönsten Werken, die der Orden je in Europa geschaffen hat. Die Klosterbauten selbst sind sehr gut erhalten

und zeichnen sich ebenso durch große Schönheit aus. Doch bleibt Alcobaça eine Ausnahme, denn im allgemeinen begann sich die Gotik in Portugal erst in der Mitte des 13.Jhs. zu entfalten. Zu den bedeutendsten got. Bauten gehören eine Reihe von Bettelordenskirchen (Santa Clara, Santarém) und Domstifte (Coimbra, Evora, Lissabon, alle frühes 14.Jh.).

Die portug. Architektur gelangte jedoch erst mit dem Dominikanerkloster von Batalha zur eigenständigen Entfaltung. Das gewölbte Hochschiff der Kirche, mit deren Bau 1388 begonnen worden war, zeigt das zur Höhe tendierende Raumgefühl der span. Kirchen, während der Ostabschluß die typischen Stilmerkmale der ital. Bettelordenskirchen aufweist. 1402 aber übernahm ein neuer Architekt, Huguet oder Ouguete mit Namen, die Bauleitung

Kirche des Hieronymitenklosters Belém, beg. 1502.

und begann in einem reifen → Flamboyant, das mit zahlreichen Entlehnungen aus dem engl. → Perpendicular durchsetzt ist, zu bauen. Die Fassade, die Gewölbe des Kreuzgangs, des Kapitelhauses und die Kapelle João I. sind sein Werk. Er begann auch im Osten des alten Ostabschlusses mit dem Bau eines großen Oktogons mit sieben Kranzkapellen, doch wurde es niemals vollendet. Hier wie in dem Verbindungsstück zwischen dem Oktogon und dem alten Ostabschluß haben die Gewölbe einen vollkommen engl. Charakter. Der → Emanuelstil, nach König Emanuel dem Glücklichen (1495-1521) benannt, bildet den Höhepunkt der Spätgotik in Portugal. Er bildet eine Parallele zu dem span. Stil der ›Reyes Católicos‹ und hat wie dieser in den plötzlich erworbenen Reichtümern, die von Übersee ins Land kamen, seinen Ursprung. Während jedoch der span. Stil im wesentlichen durch die verschwenderische Dekoration der Wandflächen gekennzeichnet ist, zeigen wichtige Werke des Emanuelstils,

Kreuzgang des Hieronymitenklosters Belém, beg. 1502.

bauten im Stil des Cinquecento errichtet. Alvares' Neffe Balthazar entwarf die Jesuitenkirche von Oporto (ca. 1590-1610) mit ihrer hohen und unruhigen, typisch manieristischen (→ Manierismus) Doppelturmfassade. Ebenso wie in Spanien dauerte es in Portugal sehr lange, bis sich der → Barock durchsetzte. Nachdem er sich aber durchgesetzt hatte, war er weniger ungestüm als im Nachbarlande.

Der portug. Barock (z.B. das Seminar in Santarém, 1676) übte einen großen Einfluß auf die Architektur → Brasiliens aus. Die führenden Barockarchitekten waren Joao Turriano (1610-79) und Joao Antunes (1683-1734). Aveiro ist die am stärksten vom Barock geprägte Stadt. Oktogonale und kreisförmige Grundrisse sind für die portug. Barockkirchen besonders charakteristisch. Der Höhepunkt wird noch im 18. Jh. in den Werken des → Nasoni (gest. 1773) erreicht, einem gebürtigen Italiener, der z.B. das Schloß in Freixo und verschiedene Kirchen in Oporto errichtete, und in den Bauten des → Ludovice (ca. 1670-1752), einem gebürtigen Deutschen, der unter anderem den großen Klosterpalast in Mafra (1717-30) und den Chor der Kathedrale von Evora (1716-46) schuf.

des weiteren auch eine Umbildung struktureller Glieder, vor allem aber eine Vorliebe für gewundene → Pfeiler. Diese Pfeiler treten in Belém, einem Kloster des Hieronymiten-Ordens (1502ff.), wie auch in Setúbal (1492ff.) zusammen mit überaus reich gestalteten Gewölben und umfangreichen → Inkrustationen in Erscheinung. Die Eingänge und Fenster von Golegao und Tomar (1510ff.) zeigen üppige Dekorationen. Das Portal, das zu den unvollendeten Kapellen des Klosters Batalha führt, verrät indischen Einfluß. Die führenden Meister waren ein Franzose namens Boytac, der in Setúbal und Belém

Kreuzgang, erbaut unter João III., Tomar, voll. um 1562.

Um die Mitte des 18. Jhs. setzte der Widerstand gegen den Barock ein. Es bildeten sich zwei Schwerpunkte: Oporto, dessen großes Krankenhaus der aus York stammende John → Carr baute (Entwurf 1769) und dessen Terceiros-Kirche Dekorationen aufweist, die von Robert → Adam angeregt wurden; ferner Lissabon, dessen planmäßiger Wiederaufbau nach dem verheerenden Erdbeben im Jahre 1755 nach Turiner Vorbild durchgeführt wurde. Der Terreiro do Paço (heute Praça do Commercio), der große Platz am Tejo, ist das großartigste Werk dieses Wiederaufbaus. Das fatum (›fado‹) von 1755 lenkte

Praça do Commercio (früher Terreiro do Paço), Lissabon, nach 1755.

Blick in den Hof des Colegio de Santo Spirito, Evora, 16.-17. Jh.

arbeitete, ferner Matheus Fernandes, der das Portal von Batalha schuf, und → Arruda, dessen Werk das Mittelschiff und die Fenster in Tomar waren (Abb. → Arruda).

In Tomar stehen auch die bedeutendsten Bauwerke Portugals, die im Stile der ital. → Renaissance, genauer gesagt in der Formensprache des röm. Cinquecento, errichtet wurden. Es sind dies der Kreuzgang und die Kirche der Unbefleckten Empfängnis Mariens (beide ca. 1550). Doch war wie in Spanien die Renaissance schon früher, und zwar in der Formensprache des Quattrocento, in Erscheinung getreten. Die Kathedrale in Leiria (1551ff.), ein Werk von Alfonso Alvares, wurde wie viele andere Dom-

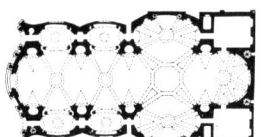

Portugal. Kirche zur Göttlichen Vorsehung, Lissabon, von → Guarini, um 1650.

Portugal. Wohnsiedlung São Victor, Porto, von → Siza di Vieira, 1974-77.

Projekt für eine Wohnanlage in La Villette bei Paris, von → Portzamparc, 1977.

den Blick noch mehr wie bisher nach Übersee, vor allem nach → Brasilien. Im 19. Jh. entstanden Stahlbauten, wie der Elevador do Carmo in Lissabon (1901-02), vergleichbar den Aufzügen von Stockholm und Bahia. Im 20. Jh. baute der Ingenieurarchitekt Manuel Antonia Vasconcelos im → Internationalen Stil, bzw. im → Schiffsstil (Terra Nostra Hotel in Furnas, San Miguel, Azoren, 1933). Nach dem Zweiten Weltkrieg schuf → Siza di Vieira in enger Zusammenarbeit mit seinen Auftraggebern (Prinzip der Partizipation) und großer Einfühlung in den ›genius loci‹, beeinflußt vom italienischen → Rationalismus, elegante Bauten der → Postmoderne.

Lit.: Haupt 1890-95; dos Santos '52, '60; Chico-Novais '54; Kubler-Soria '59; Smith, R.C. '68; Portas/Mendez '91.

Portzamparc, Christian de (geb. 1944). 1962-68 Ecole des Beaux-Arts, Paris; 1970 eigenes Büro. Französischer Architekt der → Postmoderne, der vor allem durch die zusammen mit Georgia Benanio geplanten Sozialwohnungen in der Rue des Haut-Formes, Paris (1976-79), bekannt wurde. Nach seinen Plänen entstand 1985-90 die Cité de la Musique im Parc de La Villette bei Paris, nachdem er sich schon 1974 mit den Projekten der Ecole de Danse de l'Opéra de Paris in Nanterre (real. 1985-87) und 1984 mit der Opéra de la Bastille auseinandergesetzt hatte.

Lit.: Portzamparc '84, '90; Nouvel '90.

Portugal. Kirche Misericordia, Vizeu, 18. Jh.

Posochin, Michail W. (geb. 1919). Sowjet. Architekt und Städteplaner, der die offizielle Architekturvorstellung der Sowjetunion vertrat. Nach Arbeiten in den Metallfabriken in Kusnezk wechselte er 1935-38 an die Moskauer Architekturschule; nach deren Abschluß wurde er Mitarbeiter von → Schtschusew, dem in jenen Jahren führenden sowjet. Architekten. 1950-54 errichtete P. mit A. A. Mndojanz Apartmenthäuser in Moskau, die mit ihren monumentalen Fassaden die städtebaulich zentralen Plätze prägten. Mit dem von P. 1964-67 gebauten Kon-

Kalininprospekt, Moskau, von → Posochin u.a., beg. 1967.

greßpalast in Moskau, einem plastisch vertikal gegliederten Baukörper mit großzügiger Glasfassade, nahm die sowjet. Architektur Strömungen des → Internationalen Stils auf (Abb. → Rußland). Aus den Jahren 1964-69 stammt seine Planung des Kalininprospekts in Moskau, der häufig mit westl. Stadtzentren verglichen wurde. Hochhäuser, Verwaltungskomplexe, Bürobauten, Ladenzentren mit Kino etc. säumen die breite Straße. Im Zusammenhang damit entstand an der Moskwa der Hauptverwaltungsbau der CMEA (Rat für landwirtschaftliche Hilfe). Bei dem 1969 fertiggestellten Hochbau sind an einen zentralen Versorgungsturm zwei geschwungene Flügel angeschuht. Mit seinen ebenfalls von der Technik bestimmten repräsentativen, großangelegten Pavillons für die Weltausstellungen in Montreal, 1967, und Osaka, 1970, erhielt P. intern. Anerkennung (Abb. → Sowjetische Architektur) wie auch mit den Gebäuden der sowjet. Botschaften in Washington und Brasilia. Neue Akzente setzte P. durch seine Bauten für die Olympiade in Moskau (1980). Seine Flexibilität und sein Interesse für Ingenieurkonstruktionen wird bes. an der Sporthalle deutlich.   M.-A.V.L.

Lit.: Huxtable '67; Promyslov '80; Cooke '82; Kultermann '85.

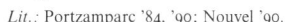

Kongreßpalast Moskau, von → Posochin u.a., 1964-67.

Byron Collection, Museum of the City of New York, von George Browne → Post, 1882-94. Zerstört.

Post, George Browne (1837-1913). Amerik. Architekt und Ingenieur, arbeitete anfangs in → Hunts Architekturbüro. 1860 machte er sich selbständig und setzte seine Arbeit nach dem Sezessionskrieg 1868 fort. P. war ein Eklektiker, legte sich auf keinen Stil fest. Er beschäftigte sich sowohl mit Bautechnik als auch mit Stadtplanung; gegen Ende seines Lebens war er an der Entwicklung des amerik. Hoteltyps, bei dem u. a. alle Zimmer mit einem Bad verbunden sind, beteiligt. Dieses System ist im Statler Hotel in Cleveland voll verwirklicht (1911-12). P. schuf auch einige Residenzen für Millionäre (Cornelius Vanderbilt, 1889 und 1895) und verschiedene berühmte Verwaltungsgebäude in New York, z. B. Equitable Building von 1869 (eines der ersten Gebäude mit Fahrstuhlanlage), New York Times Building und Pullitzer Building (beide 1889), ferner St. Paul's Building (1897-99), das zu seiner Zeit mit 22 Stockwerken das höchste Bauwerk in New York war. → Hochhaus.

Lit.: Condit '60; Schuyler '61.

Post, Pieter (1608-69). Begann als van → Campens rechte Hand bei der Errichtung des Mauritshuis in Den Haag (Abb. → Campen) und des Amsterdamer Rathauses. P. wurde zu einem der führenden Vertreter des holländ. → Palladianismus, einer Art sparsamer, maßvoller und klarer Klassik: Backsteinbauten mit ihren belebenden Sandsteinverkleidungen und nahezu graphisch verwendeten → Pilastern. P.s

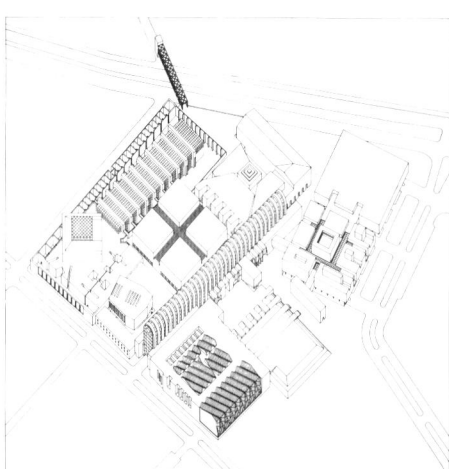

Postmoderne. Museumsentwurf, Berlin-Tiergarten, von → Ungers, 1965.

Hauptwerk ist das Huis-ten-Bosch, Den Haag (1645-51); der Außenbau wurde im 18. Jh. durch Anbauten verdorben, die Innenausstattung durch van Campen und C. Huygens vervollständigt. Die kleine Stadtwaage in Leiden (1658), deren toskan. Pilaster über einem → rustizierten Sockelgeschoß einen einfachen Giebel tragen, ist jedoch für seine Bauweise charakteristischer; prunkvoller ist sein Rathaus in Maastricht (beg. 1658). P.s Stil übte großen Einfluß aus und wurde durch → May und andere in England verbreitet.

Lit.: Blok '37; Andreae-ter Kuile-Ozinga '57-58.

Postament → Sockel.

Posthume Gotik. Vereinzeltes Weiterleben der Gotik nach dem Ende des MA.s. → Gotik; → Neugotik.

Postmoderne. Der Begriff wurde zum ersten Mal von Charles Jencks in ›Die Sprache der post-modernen Architektur‹ (1977) für die neuen Tendenzen des Bauens verwendet; zuvor schon war er in der Literaturkritik (Federico De Onis, 1934; Irving Howe, 1963) und in der Geschichtsschreibung (Arnold Toynbee, 1938-47) – jedoch mit anderem Sinngehalt – in Gebrauch.
Der Begriff der P. sollte unterschieden werden von dem von Arnold Gehlen geprägten Begriff ›Posthistoire‹ (Zeit-Bilder), der spätmoderne Phänomene einer ›Kunst nach der Kunst‹ (U. Giersch) meint. Spätmoderne Tendenzen sind auch von Lyotard als postmodern ausgegeben worden (z. B. ›Das

Erhabene‹). Eine Übertragung des Begriffs in andere Bereiche der Kulturkritik und der Philosophie führte häufig zur Begriffsaufweichung und zur Verwechslung mit Merkmalen der Moderne.
Eine Kritik der P. ging vor allem von Jürgen Habermas aus (›Moderne und postmoderne Architektur‹, 1981; ›Der philosophische Diskurs der Moderne‹, 1985).
Bisherige Definitionen im Bereich der Architekturtheorie stammen von Charles Jencks (›What is Postmodernism?‹, 1986) und Heinrich Klotz (›Moderne und Postmoderne – Architektur der Gegenwart 1960-80‹, 1984). Nach Jencks ist P. eine »Doppelkodierung« der Architektur, »eine Verbindung von Techniken der Moderne mit etwas anderem (meist traditioneller Architektur), damit die Architektur einerseits mit der Öffentlichkeit und andererseits mit einer engagierten Minderheit, meist Architekten, kommunizieren kann«. Jencks fordert einen

Produce Exchange, New York, von George Browne → Post, 1881.

Rathaus Maastricht, Niederlande, von Pieter → Post, 1658-64.

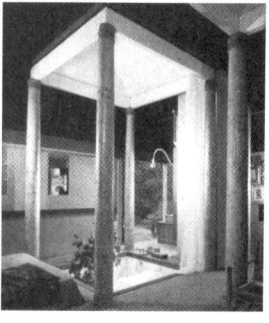

Postmoderne. My Mother's House, Chestnut Hill, Pennsylvania, von → Venturi, 1962.

Postmoderne. Haus in Orinda, Kalifornien, von → Moore, 1962. Bad.

»radikalen Eklektizismus« (1978). Klotz wendet sich gegen eine Einschränkung des Begriffs auf eine nur historisierend eklektische Architektur. Im Unterschied zur spätmodernen Architektur, die von einem »Vulgär-Funktionalismus« (A. M. Vogt) dominiert worden sei und nicht länger explizite Bedeutungen vermittelt habe, sei die P. wieder »fiktional«, narrativ und symbolisierend (»nicht nur Funktion, sondern auch Fiktion«).

Die Kritik richtet sich überwiegend gegen historisierende Tendenzen der P., da hier eine wesentliche Eigenschaft der Moderne, ihre »Selbstbegründung« (Habermas), in Frage gestellt sei.

Lange bevor die neuen Tendenzen der Architektur durch Charles Jencks ihren Namen erhielten, hatte sich bereits ein fundamentaler Umschwung im Bauen der Gegenwart angedeutet. Die deutlichsten Signale haben die Architekten selbst nicht nur mit ihren Bauten, sondern mit einer Reihe von Traktaten gesetzt, in denen der Abfall von den Dogmen der Moderne bereits angekündigt worden war. → Venturis ›Komplexität und Widerspruch in der Architektur‹, 1962 verfaßt und 1966 publiziert (dt. Ausgabe 1978), war das erste, bis heute weiterwirkende Signal eines Kurswechsels. Vincent Scully

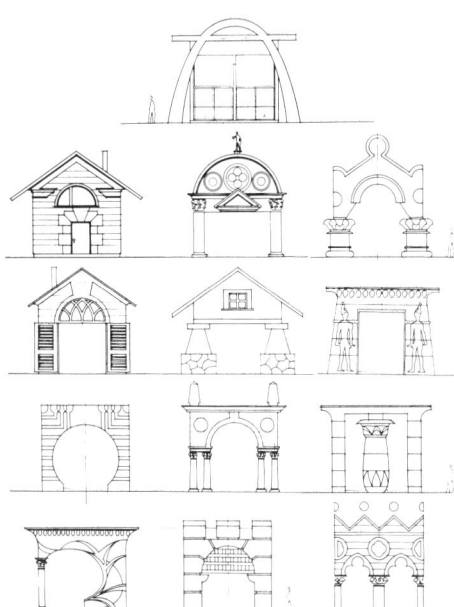

Portalentwürfe, von → Venturi, 1977.

Rowe) ihre Wirkung taten (vgl. ›Die Berliner Schule‹ in: ›Jahrbuch für Architektur 1981-82‹).

Im selben Jahr, als Venturis Erstlingsschrift erschien (1966), veröffentlichte → Rossi seine ›L'architectura della Città‹, in der von der »Stadt als Kunstwerk« die Rede war. Der Begriff der Typologie wurde hier neu in die Architekturdiskussion eingeführt, und der Monumentalbau erhielt neben der Masse des Gebauten seine merkmalsetzende Rolle zurück.

1968 erschien Robert Venturis Aufsatz ›A Bill-Ding Board Involving Movies, Relicts and Space‹ in: ›Architectural Forum‹, April 1968), in dem er am Beispiel seiner ›Football Hall of Fame‹ verkündete,

Projekt für Stadthäuser am ›Steinernen Haus‹, Marburg, von → Ungers, 1976.

Denkmal für den Widerstand, Segrate bei Mailand, von Aldo → Rossi, 1965.

hatte bereits im Vorwort dieses Buches davon gesprochen, daß sich hier etwas Neues andeutete: »Es bricht mit allen überkommenen Anschauungen und ist doch, wie alles Neue, selbst noch nicht in allen Details ausgeführt.« Hellsichtig hatte Scully festgestellt, daß Venturis Publikation die wichtigste architekturtheoretische Schrift seit → Le Corbusiers ›Vers une Architecture‹ von 1922 sein werde.

Zuvor hatte bereits Christian Norberg-Schulz mit seiner 1963 erschienenen Schrift ›Intentions in Architecture‹ (dt. Ausgabe: ›Logik der Baukunst‹, 1968) in einem großen Überblick einen neuen Begriff der Architektur zu vermitteln versucht. Hier konnte der in der Tradition der Moderne geschulte Architekt überraschend konträre Forderungen lesen: »Nur durch kulturelle Symbolisierung kann die Architektur zeigen, daß der Alltag eine Bedeutung über die unmittelbare Situation hinaus hat und an der kulturellen und historischen Kontinuität teilhat.«

Seit 1964 erschienen die von → Ungers herausgegebenen Architekturhefte der TU Berlin, die die Grundlage des ›Neo-Rationalismus‹ bildeten und auch in den USA an der Cornell University (Colin

Österreichisches Verkehrsbüro, Opernringhof, Wien, von → Hollein, 1976-78.

Wohnblock, Ritterstraße, Berlin, von Rob → Krier, 1978-81.

Wettbewerbsmodell des Portland-Building, Portland, Oregon, von → Graves, 1980.

daß ein Gebäude ein »Schuppen« sei »mit Ornament (Zeichen daran)«. Die zusammenfassende Schrift von 1978, ›Learning from Las Vegas‹, kündigte sich an.

Für die europäische Szene wurden zu Beginn der 70er Jahre die Architektursymposien des Internationalen Design-Zentrums in Berlin wichtig (1974 und 1975). Hier trafen zum ersten Mal Robert Venturi, Denise Scott Brown und Aldo → Rossi aufeinander und trugen ihre Thesen vor (Venturi/Scott Brown: ›Funktionalismus ja, aber …‹; Aldo Rossi: ›Voraussetzungen meiner Arbeit‹). Im Rahmen des Symposions ›Das Pathos des Funktionalismus‹ (1974) hat Klotz zum ersten Mal versucht, eine »klassische Moderne« vom »Bauwirtschaftsfunktionalismus« der Gegenwart zu unterscheiden. Damit war apostrophiert, daß die Moderne selbst eine Geschichte habe und mit ihren avantgardistischen Anfängen nicht mehr identisch sei (vgl. Peter Bürger, ›Theorie der Avantgarde‹, 1974). Der in Berlin angekündigte Paradigmawechsel der Architektur handelte von einem »Entwurf einer neuen Umwelt …, die sich nicht mehr von einer Architektur der bloßen Zwecke bestimmen läßt, sondern von einer

Entwurf der Fassade des Matthews Street House, San Francisco, von → Smith, 1978.

Architektur der bildhaften, auf Inhalt bezogenen Phantasie« (Klotz). Im selben Jahr, als Charles Jencks' ›The Language of Post-Modern Architecture‹ herauskam (1977), erschien das zitierte Resümee des Symposions (›Das Pathos des Funktionalismus‹ in: ›werk · archithese‹, März 1977) mit der Bemerkung: »Man hätte das erste Berliner Architektursymposion auch ›Architektur vor und nach dem Funktionalismus‹ nennen können« (Klotz). Möglicherweise hätte der Begriff ›Post-Funktionalismus‹ weniger Verwirrung angerichtet.

Die postmoderne Architektur hat auf die Zuspitzungen des Funktionalismus und auf die formalistischen Verlegenheiten des Brutalismus bewußt reagiert (»Less is more«, Mies van der Rohe – »Less is a bore«, Venturi). Eine Wurzel postmodernen Bauens liegt in der Kritik am Städtebau der Gegenwart. Die Primärformenästhetik der Moderne hatte sich nicht in Einklang bringen lassen mit der historischen Stadt. Das der Internationalen Bauausstellung Berlin (1987) vorausgegangene Symposion des IDZ Berlin ›Integrierendes Bauen‹ 1975 (›Lotus‹,

Garagia Rotunda, Cape Cod, von Charles Jencks, 1976-77.

Neue Staatsgalerie, Stuttgart, von → Stirling, 1977-82.

13) und die Marburger Planungen ›Neues Bauen in der alten Stadt‹ (1977) wurden zu ersten Programmveranstaltungen, die eine neue Architektur zu vermitteln suchten.

Inkunabeln der postmodernen Architektur sind das Frühwerk von Robert Venturi (Chestnut Hill House, My Mother's House, 1962, Abb. → Venturi) und von → Moore (House in Orinda, Cal., 1962), die unausgeführten Projekte von → Ungers (Grünzug Süd, Köln, 1962), → Rossi (Denkmal des Widerstands, Segrate, 1964) und die poetischen Utopien von → Hollein (seit 1961). Das Werk dieser und anderer Architekten charakterisiert auch die Vielfalt der Strömungen, die unter dem Begriff der Postmoderne zusammengefaßt werden. Dieser Pluralismus, der sich deutlich von den Vereinheitlichungstendenzen der späten Moderne abhebt, ist auch Merkmal der Postmoderne. Er läßt eine stilkonforme Definition nicht zu.

Vgl. auch → Abraham, Botta, Chicago Seven, Eisenman, Gehry, Grassi, G. R. A. U., Graves, Haus-Rucker-Co., Hejduk, Kleihues, Krier, Murphy & Jahn, Richard Meier, OMA, Pichler, Portoghesi, Reichlin, SITE, Stirling, Tigerman.   H. K.

Poulsson, Magnus (geb. 1881) → Skandinavien.

Powell, A. J. Philip (geb. 1921) → Powell & Moya; → Nervi.

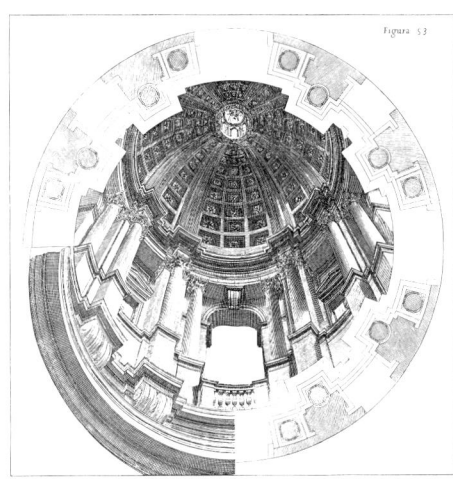

Mayfield-Schule, Putney, London, von → Powell & Moya, 1956.

Powell & Moya (A.J. Philip Powell, geb. 1921; John Hidalgo Moya, geb. 1920). Die beiden Architekten eröffneten ihr eigenes Büro in London, nachdem sie den von der City of Westminster in London ausgeschriebenen Wettbewerb für das große Londoner Siedlungsprojekt in Pimlico, später Churchill Gardens genannt, gewonnen hatten (1946). Die Klarheit und Unmittelbarkeit ihres Stils wurde von ihnen in allen späteren Werken beibehalten. Beispiele sind die Mayfield School (1956) in Putney in London, das Princess Margaret Hospital (1957ff.) in Swindon, die einfallsreich gestaltete Häusergruppe für das Brasenose College in Oxford (1956ff.), das Festspielhaus in Chichester (1962) und das hervorragende Cripps Building (St. John's College) in Cambridge (1963-67). Für die Expo '70 in Osaka plante P. den engl. Pavillon (mit Takaki und Dodd). Sein letztes Meisterwerk ist das ›Museum of London‹, 1976. Mitten in der Innenstadt stellt das markante Gebäude einen ansprechenden Kontrast zu den umschließenden Bauten dar. Vgl. Abb. → Aluminium.

Lit.: Teodori '67; Maxwell '72.

Poyet, Bernard (1742-1824) → Frankreich.

Pozzo, Andrea (1642-1709). Irrtümlich als ›Padre Pozzo‹ bekannt; trat 1665 in den Jesuitenorden als Laienbruder ein. Geb. in Trient wurde er in Mailand ausgebildet und arbeitete von 1681 an in Rom (zeitweilig in der Werkstatt von → Rainaldi), bevor er sich 1702 in Wien ansiedelte. Als Architekt und Maler wurde er berühmt durch seine illusionistischen Deckengemälde, vor allem von S. Ignazio in Rom (1691-94, Abb. S. 518), dort auch der Altar (1697/98), und S. Francesco Saverio della Missione in Mondovi (1676/77) sowie durch die Ausmalung des Palais Liechtenstein in Wien (1704-08). Seine Gravüren waren von außerordentlichem Einfluß für die Verbreitung des → Barock in Mitteleuropa.

Altar des hl. Ignatius von Loyola in Il Gesù, Rom, von → Pozzo, 1695-99.

Perspektivische Untersicht in eine Kuppelkonstruktion, von → Pozzo.

Sein ›Perspectivum pictorum et architectorum‹ (Rom, 1693-1702) erhielt mehrere Auflagen und wurde in viele Fremdsprachen übersetzt. Zu seinen weniger programmatischen Bauten zählen S. Ignazio in Dubrovnik (1699-1725), die Jesuitenkirche und das Innere von S. Maria dei Servi in Montepulciano (1702), die Universitätskirche in Wien (1705) und S. Francesco Saverio in Trient (beg. 1708). Abb. → Barock.

Lit.: Pozzo 1693-1702; Gurlitt 1887; Muñoz '19; Labò '32; Golzio '50; Carboneri '61; Wittkower '65; Portoghesi '66b; Kerber '71; de Feo '88.

Präfabrikation und Fertigbauweise. Seit der Präfabrikation des ersten Ziegelsteins kann man von fabrikmäßig hergestellten Baumaterialien sprechen; und spätestens seit 1815, als Thomas Cubitt in London eine Baufirma gründete, in der Handwerker aus verschiedenen Zweigen des Baugewerbes in festem Lohnverhältnis arbeiteten, hat die Industrie allmählich das Handwerk aus seiner führenden Rolle in der europ. Baukunst verdrängt. Aber noch bis 1945 war die Bauindustrie ›arbeitsintensiv‹; d.h. sie konnte es sich leisten, große Arbeiterkolonnen einzusetzen, um schnell Gebäude auf traditionelle Weise zu errichten. Seit 1945 haben der zunehmende Mangel an ungelernten Arbeitskräften wie auch an Fachkräften einerseits, die immer mehr anschwellenden Programme des sozialen Wohnungsbaues und der öffentl. Siedlungsvorhaben andererseits es notwendig gemacht, möglichst viel vorzufabrizieren, damit die Arbeit am Bauplatz selbst auf ein Minimum beschränkt werden kann. Durch den jüngsten Aufschwung der technischen Entwicklung entstand eine industrielle Bauweise, die ›kapitalintensiv‹ ist.

Schon lange vor dem 20.Jh. wurden Fortschritte in der Serienproduktion von Bauteilen erzielt, so bei Abraham Darbys Eisenbrücke in der Nähe von Shrewsbury (1775-79), der Eisenkonstruktion der Flachsspinnerei von Benyon, Bage & Marshall in Shrewsbury (1796) oder der siebengeschossigen Baumwollspinnerei von Boulton & Watt in Salford (1801) bis hin zur Kohlenbörse in London (1847 bis 1849) von → Bunning und zu → Bogardus' Gußeisenfassaden und -tragwerken aus serienmäßig hergestellten Einzelteilen (seine eigene Fabrik, 1848-49; Harper & Brothers Building, 1854).

→ Paxtons präfabrizierter ›Kristallpalast‹ aus Glas und Gußeisen für die Weltausstellung von 1851 in London (Abb. → Architekturzeichnung; → Ausstellungsarchitektur; → Glasarchitektur; → Großbritannien) war die einzig mögliche Konstruktionslösung für ein Gebäude dieses Ausmaßes, das in kürzester Zeit (9 Monate) errichtet werden mußte; anders hätte man den Termin nicht einhalten können.

Auch die Messingfenster des sonst eher handwerklich errichteten Parlamentsgebäudes von → Barry in London (1839-52) sind ein Serienprodukt: sie wurden bei der Firma Hope in Birmingham hergestellt (Abb. → Barry). Solche Metallfenster wurden zum ›Leitmotiv‹ der industriellen Bauweise.

Inneres einer Haus-Kapsel, Expo '70, Osaka, von → Kurokawa, 1968-70.

Bei → Gropius' Faguswerken in Alfeld an der Leine (1911) wurde das gitterartige tragende Gerüst völlig verglast (→ Industriebau; Abb. → Deutschland); diese Art von Fensterwand wurde von → Le Corbusier für die Zitadelle der Heilsarmee in Paris und die Maison Clarté in Genf (beide 1932) verwendet. Willis Polk (1870-1924) blendete dem Hallidie Building in San Francisco USA (1918) eine → Curtain Wall aus Glas und Stahl vor, der vor der tragenden Konstruktion hing (Abb. → Curtain Wall); er erreichte so eine entscheidende Trennung von Konstruktion und Verkleidung, ein Thema, das

Takara Beautilion, Expo '70, Osaka, von → Kurokawa, 1970. Außenansicht.

von Gropius beim Bauhaus wiederaufgenommen wurde, und zwar im Werkstattflügel (1925-26, Abb. → Bauhaus), und das bis heute praktiziert wird, z.B. in der neuen Frankfurter Messehalle (→ Ausstellungsarchitektur) oder dem Münchner Elisenhof (1979-84), dessen Glasfassade von Sedláček (geb. 1943) stammt. Eine solche Fassade kann auch vorgefertigt sein und dann dem Bau einfach vorgeblendet werden wie bei → Isozakis Fukuoka Mutual Bank, Tokio Branch (1970-71).

Präfabrizierte Curtain Walls, oft aus Aluminium, wurden auf Grund von drei vorbildlichen Lösungen, Wolkenkratzern in New York, international akzeptiert: das UNO-Gebäude (1947-50) von → Harrison u.a., nach einer Idee von → Le Corbusier (Abb. → Harrison); das Lever Building (1950-52) von Gordon Bunshaft von der Firma → Skidmore, Owings and Merill (mit Abb.) und das Seagram Gebäude (1956-59) von → Mies van der Rohe und → Johnson. Mies hatte bereits 1919 einen gläsernen Wolkenkratzer gezeichnet (Abb. → Mies van der Rohe).

Das in Massenproduktion herstellbare ›Dymaxion House-Project‹ (1927) von → Fuller (mit Abb.) erhielt Anregungen aus der Flugtechnik und dem Fahrzeugbau; die Bedeutung des Projekts wird heute deutlich, wo in den USA ganze Wohnwagenstädte entstanden sind. 1941 gründete → Wachsmann, der bereits 1926-29 bei der größten Holzhausfabrik Europas, Christoph und Unmak, als Chefarchitekt gearbeitet hatte, zusammen mit → Gropius in New York die ›General Panel Corporation‹, die wohl erste fast vollautomatische Fabrik zur Herstellung vorfabrizierter Bauelemente. In den 40er Jahren konstruierte er die ›Mobilar Structures‹, Stabelemente aus Rohrstahl, aus denen riesige Hallen montiert werden konnten.

1958 entwickelte Fuller die Geodätische Kuppel (Union Tank Car Co. in Baton Roughe in Louisiana, 1958, 117 m Durchmesser; Pavillon der USA auf der Weltausstellung 1967 in Montreal, 76 m Durchmesser (Abb. → Ausstellungsarchitektur). Sie geht auf das Prinzip des räumlichen Rahmentragwerks (→ Räumliches Tragwerk) zurück, das von → Prouvé, → Torroja, → Candela, Wachsmann u.a. weiterentwickelt wurde.

Beim Bau fester Häuser spricht man von industrieller Bauweise, wenn vorfabrizierte Standardelemente am Bauplatz nach einem bestimmten System in Trockenbauweise montiert werden können, im Gegensatz zur ›nassen‹ Zementbauweise. Im Wohnungsbau zieht man dabei aus Sicherheitsgründen (Feuergefährdung) vorgeformten Stahlbeton vor. Nach den Experimenten von → Perret und → Nervi wurden in Italien, Skandinavien und Frankreich Systeme vorgeformter Wand- und Bodenplatten weiterentwickelt. Ebenso in der Sowjetunion, wo man die Fertigbauweise schon in den 20er Jahren praktiziert hatte. Hier erlebte die P. nach dem 2. Weltkrieg, wie auch in den übrigen Ostblockstaaten, einen bedeutenden Aufschwung.

Stahlverblendungen (statt Holz) mit ihren sorgfältig geglätteten Oberflächen vereinfachen die abschließenden Arbeiten. Im Außenbau hat man dagegen diverse Methoden entwickelt, um sichtbaren Oberflächen eine gewisse Rauheit zu verleihen, von der man sich attraktive Verwitterungseffekte verspricht. Elektrische Leitungen und andere Installa-

Heben der ersten Dachsegmente des Kristallpalastes, London, von → Paxton, 1851.

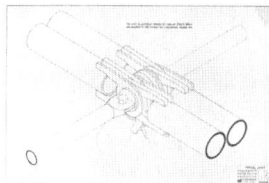

Typischer Verbindungsknoten-Haupt-Raumfachwerkbinder, von → Wachsmann.

Kapsel-Hochhaus, Nakagin Hotel, Tokio, von → Kurokawa, 1970-72.

tionen können bereits mit vorgeformten Küchen und Badezimmern sog. ›heart-units‹ bilden. In Italien schufen → Aulenti, Ettore Sottsas, Jr. und Joe Colombo (Total Furnishing Units) solche Wohneinheiten (House Environments); in Japan baute → Kurokawa, der schon in den 60er Jahren als Befürworter des → Metabolismus das Bauen mit vorgefertigten Betonelementen praktiziert hatte, 1972 in Tokio seinen Nakagin-Hotel-Turm (heute weltweit unter den Namen Nakagin Capsule Tower Building bekannt, Abb. → Kurokawa). Hier sind die würfelförmigen Wohneinheiten einfach an zwei Installationstürmen aufgehängt. Schon auf der ›Expo '70‹ in Osaka hatten die Metabolisten neue montierbare Wohnsysteme gezeigt.

Fertighäuser werden im allgemeinen in Spezialfabriken hergestellt, möglichst in der Nähe der Bauplätze. Die hohen Kosten dieser Fabriken und der Turmkräne, die zum Bauplatz gebracht werden

Präfabrizierte Unterkünfte, Sowjetunion, 1965.

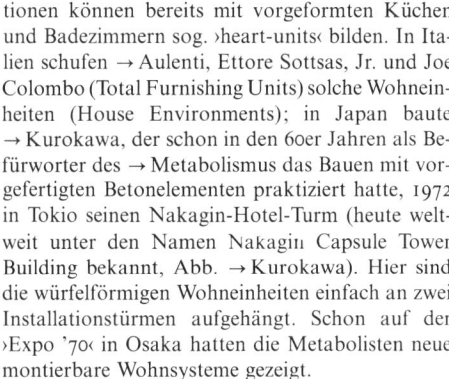

Vorgefertigtes amerikanisches ›Cottage‹ im Kolonialstil.

müssen, können nur durch langfristige Produktionsprogramme gedeckt werden; → Baukastensysteme, die an Ort und Stelle verschieden zusammengesetzt werden können, haben sich für kleinere Siedlungsvorhaben als anpassungsfähiger erwiesen. Die ersten Fertighäuser der Nachkriegszeit in Großbritannien wurden ausschließlich industriell hergestellt; da die Serien zu schnell ausliefen, rentierte sich dieses Produktionsverfahren nicht, aber die London County Council Mobile Houses (1963-65) zeigen, wie solche kurzlebigen Häuser wandlungsfähig gestaltet werden können. In diesen Jahren schufen zwei große Meister des ital. Design, Marco Zanuso und Richard Sapper, sowie Alberto Rosseli unter dem Patronat von FIAT u. a. Firmen solche industriell hergestellten fahrbaren Fertighäuser (Mobile Environments), die von ihrem außerordentlichen Sinn für Farbe und Form zeugen. Zu den führenden Betonbausystemen gehören die von Larsen-Nielsen und Jespersen in Dänemark, Skaine in Schweden, Camus und Balency in Frankreich, Wates, Reema und Bison Wall Frame in Großbritannien. Leichtstahl-Rahmenwerk wird für Schulen und Kliniken u. a. eingeschossige Bauten benutzt. Ein brit. Team unter dem Grafschaftsarchitekten von Hertford in England, C. H. Aslin (1893-1959), entwickelte auf einem 3 m (später 90 cm) großen Raster ein System, bei dem von verschiedenen Fabrikanten hergestellte Einzelteile nebeneinander verwendet werden können. Danach wurde das CLASP (Consortium of Local Authorities Special Programme)-System durch Sir Donald Gibson (geb. 1908), den damaligen Grafschaftsarchitekten von Nottinghamshire, entwickelt.

Später hat Gibson im Ministerium für Bauwesen das NENK-System für Kasernen mit Rahmentragwerk-Bedachung und das SCOLA (Second Consortium of Local Authorities)-System für den Schulbau mitentwickelt. Die National Building Agency

Verwaltungsgebäude der Commerzbank, Düsseldorf, von → Schneider-Esleben, 1959-63. Anlieferung der Fabrikfertigteile.

Spindeltreppe ›Quickstep‹, von → Herzog, 1979. Einbau im Haus Burghardt, Regensburg.

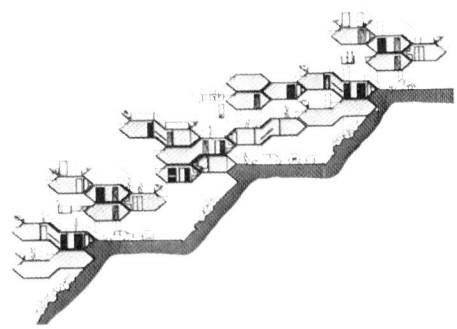

Puerto Rico Habitat, von → Safdie, 1968-71.

in Großbritannien (leitender Architekt A. W. Cleeve Barr) hat währenddessen versucht, das Überangebot industrieller Fertigungsmethoden im Wohnungsbau auf ein vernünftiges Maß zurückzuführen. 1964 sollen 284 verschiedene Fertigungsmethoden von unterschiedlicher Qualität nebeneinander bestanden haben. Die Betonplattenmethode hat sich nur für Wohnhochhäuser als brauchbar erwiesen; vom sozialen Standpunkt aus aber erscheint sie nicht wünschenswert.

Für niedrige Häuser hat man daher die traditionellen Bauformen rationalisiert: standardisierte Ziegelmauern werden durch präfabrizierte Holztrennwände und -böden ergänzt; vorgeschnittene Balkengerüste erhalten vorgefertigte Ziegelfüllungen (nach einem kanadischen System). Mauerverkleidungen aus verstärktem Kunststoff mit geschwungenen Fensterecken, ähnlich wie Autofenster, wurden vom Greater London Council 1967 in der Walterton Road in London verwendet.

In Skandinavien haben präfabrizierte Schutzbauten die Fortdauer von Bauarbeiten auch im Winter möglich gemacht und so die Produktion beschleunigt.

Zweifel an den industriellen Bausystemen stellen sich vor allem in bezug auf ihre Flexibilität. Seit 1963 hat die CLASP für den Bau der Universität von York in England (Architekten: → Matthew, Johnson-Marshall & Partners) Trennwände ohne tragende Funktion mit guter Lärmisolierung entwickelt.

In Deutschland, wo Ernst → May für seine Neubauten bereits 1926-30 fast ausschließlich vorgefertigte Teile verwendete und mit der Wohnsiedlung Berlin-Friedrichsfelde (Spannemanstr.) 1925 die erste Siedlung dieser Art entstanden war, wurde seit 1963

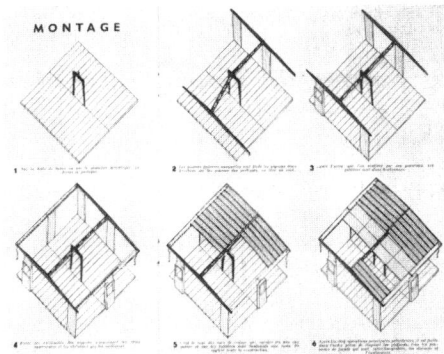

Montageanleitung für das Pré-Fab-Haus, Typ ›Mittelstütze‹, von → Prouvé, 1948.

Benediktinerstift Melk, von → Prandtauer, 1702-14.

ein ausgeklügeltes System von vorgeformten Betonträgern und leichten Füllungen für den Bau der Universität Marburg erarbeitet (Chefarchitekt Kurt Schneider). Das mexikanische Bundeskomitee für Schulplanung (leitender Architekt Pedro Ramirez Vásquez) hat ein hervorragendes Programm für billige Schulbauten durchgeführt, das verschiedenen Höhenlagen und Klimazonen angepaßt werden kann; meist handelt es sich um Betonbauten mit räumlichem Stahltragwerk für die Bedachung.

Im industriell höchstentwickelten Land der Erde, den USA, wo man schon seit 1908 Wohnsiedlungen aus vorgefertigten Betonhohlplatten errichtete, wo aber industrielle Baumethoden lange Zeit nur für die abschließenden Perfektionsarbeiten und für die Errichtung großer Bürobauten mit Hilfe von Kränen benutzt wurden, haben sich inzwischen engl. Schultypen durchgesetzt, vor allem das Stahlrahmensystem des SCSD in Kalifornien (1965; Chefarchitekt Ezra Ehrenkrantz) durch die Einführung eines weitverzweigten Systems bei Dächern mit räumlichem Tragwerk. Ehrenkrantz entwickelte ein System für Studentenheime für die Universität von Kalifornien (1967). In Raleigh, der Universität von North Carolina, und am Institute of Technology in Cambridge (Mass.) in den 70er Jahren ging der Argentinier → Catalano ähnliche Wege.

Die Hoffnung vieler Architekten beruht auf der modularen Koordination auf internat. akzeptierter Basis, nämlich präfabrizierten Standardelementen, deren Abmessungen aufeinander bezogen sind, so daß leicht abänderbare Entwürfe hergestellt werden können, bei denen man das Angebot wie eine Palette benutzt (→ Modul). Ein Schlüsselproblem bildet zur Zeit noch die Verbindung von Einzelteilen. → Ingenieurbaukunst.

Lit.: Bruce '44; Michmjlow '53; Ehrenkrantz '56; Wachsmann '59; Condit '60, '64; Marks '60; Siegel, C. '60; Simon '62; Chiaia '63; Diamant '64; Banykin-Mkurtumjan '65; Blachère-Chiaia-Petrignani '65; Progressive Architecture '70; Ambasz '72; Spadolini '74.

Prandtauer, Jakob (1660-1726). Architekt von Stift Melk (1702-14), der vielleicht eindrucksvollsten Abtei des → Barock. Die Kirche mit ihrer geschwungenen Fassade, den von Zwiebeldächern (→ Dachformen) gekrönten Türmen und Türmchen und der kühnen Kuppel wird von 2 Reihen von Klostergebäuden eingefaßt, die einen Hof bilden. P. nahm alle Vorteile wahr, die ihm die ungewöhnlich dramatische Lage hoch über der Donau bot und schuf so eine malerische Gruppe von Bauten, die aus dem Felsmassiv herauszuwachsen scheint. Die Innenraumausstattung der Kirche (von anderen Architekten vollendet) zeichnet sich durch Reichtum und Bewegtheit aus. Von P.s weiteren Werken sind zu nennen: die Kirche auf dem Sonntagsberg (1706-17), eine kleinere Version von Melk; die Fertigstellung von → Carlones Kirchenbau in Christkindl; die prächtige offene Treppenanlage (1706-14) und der Marmorsaal (1718-24) in St. Florian bei Linz; die Priorei in Dürnstein (beg. 1717); das kleine Jagdschloß von Hohenbrunn (1725-29); Stadthäuser und Umbauten an der got. Kathedrale in St. Pölten (1722). P. gehörte zu den Baumeistern der alten Tradition und überwachte im Gegensatz zu → Hildebrandt sorgfältig den Stand der ihm anvertrauten Arbeiten. Man nimmt an, daß er mit seinen kirchl. Auftraggebern in gutem Einvernehmen stand. P. war Mitglied einer Laienbruderschaft und steuerte zu den Baukosten seiner Pfarrkirche in St. Pölten bei.

Lit.: Hantsch '26; Sedlmayr '30b; Klauner '46; Feuchtmüller '60.

Pratt, Sir Roger (1620-84). Kavaliersarchitekt, hochgebildet und weitgereist, der begabteste Nachfolger von → Jones. Die wenigen Bauten, die P. selber errichtete, übten großen Einfluß aus; leider sind sie alle zerstört oder umgebaut worden. In Coleshill (1650, zerst.), Kingston Lacy (1663-65, von → Barry abgeändert) und Horseheath (1663-65, zerst.) schuf er einen Haustyp, der späten irrtümlich → ›Wren‹-Typus genannt wurde. Clarendon House (1664-67, zerst.) war das erste große Haus Londons im Stil des barocken Klassizismus (→ Barock); es wurde häufig nachgeahmt und kopiert, z. B. von Stanton in Belton House in Lincolnshire (1684-86).

Lit.: Colvin '54; Whinney-Millar '57; Summerson '63.

Prellstein (Abweisstein, Abweichstein, Radabweiser). Ein an einer Hausecke oder einem Torbogen stehender Stein, der die Beschädigung der Gebäudeecken durch Wagenräder verhindern soll.

Klosterkirche Melk.

Treppenhaus in Coleshill House, Berkshire, von → Pratt, um 1650-62.

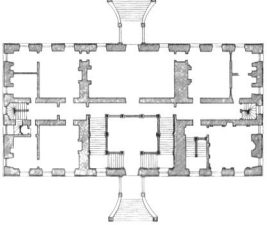

Coleshill House.

Treppenhaus in Coleshill House, Berkshire, von → Pratt, um 1650-62.

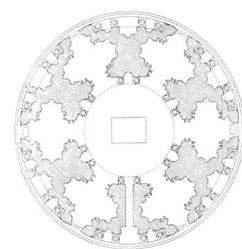

Grabkapelle der Valois an der Abteikirche Saint-Denis, von → Primaticcio, um 1570 - um 1585.

Grotte im Jardin des Pins, Schloß Fontainebleau, zugeschr. → Primaticcio, um 1543.

Presbyterium (gr. presbyterion: Rat der Ältesten). Auch → Bema, später → Chor. Der für die Priester vorbehaltene Raumteil der Kirche, in dem sich der Hochaltar befindet.

Preti, Francesco Maria (1701-74). Wandelte → Palladios Stil in das Neoklassizistische. Erwähnenswert ist der Dom von Castelfranco, in Anlehnung an Palladios Kirche Redentore in Venedig (Abb. → Manierismus), sowie die Villa Pisani in Strà (1736/56), die er nach den Plänen von Frigimelica vollendete, dabei aber veränderte. → Palladianismus; → Italien.

Lit.: Preti 1780; Favaro-Fabris '54.

Preußische Kappe → Kappe 2.

Price, Sir Uvedale (1747-1829). Theoretiker der Landschaftsgärtnerei, ein Freund von → Repton und → Knight, die er im Kampf gegen den Stil von → Brown unterstützte. Als Antwort auf Knights Gedicht ›The Landscape‹ veröffentlichte er einen 3bändigen ›Essay on the Picturesque‹ (1794), in dem er das Malerische als ästhetische Kategorie definiert, die sich vom Sublimen und Schönen, wie sie von Burke verstanden wurden, klar unterscheidet (→ Pittoreske). Seine Betrachtungsweise war stärker als die von Knight auf die Praxis bezogen; er betonte, daß die Landschaftsgärtner die Werke der großen Landschaftsmaler zu studieren hätten.

Lit.: Price 1794; Summerson '63; Pevsner '71.

Priependach. Dach mit Mönch-Nonne-Deckung (→ Dachdeckung 8).

Primaticcio, Francesco (1504-70). Vor allem Dekorationsmaler und Bildhauer und in dieser Eigenschaft Haupt der Schule von Fontainebleau. Seine wenigen Bauten schuf er erst gegen Ende seiner künstler. Laufbahn. Zu erwähnen sind vor allem die Aile de la Belle Cheminée in Fontainebleau (1568) und die Chapelle des Valois in St-Denis, die zum großen Teil erst nach seinem Tod von → Bullant errichtet wurde (heute zerstört). Abb. → Frankreich.

Lit.: Dimier, L. 1900; Tafuri '66.

Prismatisches Glas → *Nachträge.*

Prix, Wolf D. (geb. 1942) → COOP Himmelblau.

Profanbau. Im Gegensatz zum → Sakralbau ein Bauwerk ohne kultische Bestimmung, wie z. B. → Burg, → Palast und → Wohnbau sowie die Gebäude für Handel und Gewerbe, Wissenschaft, Unterhaltung usw.

Profil. 1. Der Querschnitt durch ein Bauglied. – **2.** Im weiteren Sinne die Umrißlinie eines Bauelements oder Bauwerks.

Propyläen (vom Parthenon aus gesehen), Akropolis, Athen, von → Mnesikles, 437-43 v. Chr.

Projektion (lat. proicere: vorwerfen). Die Darstellung eines Objektes auf der Zeichenebene. Der normale Bauplan (→ Architekturdarstellung) gibt das senkrecht betrachtete Objekt maßstab- und winkeltreu wieder, jedoch so unanschaulich, daß mehrere Risse erforderlich sind, um sich ein Bild machen zu können. Zur Veranschaulichung dient die → Axonometrie in einem Riß. Dem gleichen Ziel dienen → Isometrie und → Perspektive.

Lit.: Panofsky '27; Kline '56.

Wanddekor des Salons der Duchesse d'Estampes, Schloß Fontainebleau, von → Primaticcio, um 1543.

Pronaos, der (gr.). Die Vorhalle der → Cella (gr. naos) des griech. Tempels. → Tempelformen.

Proportion. Die Maßverhältnisse einzelner Bauteile untereinander und zum Ganzen, ausgehend von einem bestimmten Grundmaß (→ Modul) oder von Grundfiguren, wie Kreis, Quadrat, Dreieck (→ Harmonische Proportion). Der Versuch, die P. an eine feste Regel zu binden, führte zum → Goldenen Schnitt. Das gleiche Bestreben führte → Le Corbusier zu seinem Proportionssystem → Modulor, das den Menschen zum Maß aller Verhältnisse am Bau nimmt. → Architekturtheorie.

Lit.: Pacioli 1509; Deonna '14; Panofsky '27, '55a; Fischer, T. '34; Hautecœur '37; Ghyka '38; Le Corbusier '48-50; Wittkower '49, '53; Funck-Heller '51; Bairati '52; Weyl '52; Lesser '57; Graf, H. '58; Scholfield '59; Kepes '66; Borsi '67a; Naredi-Rainer '86.

Propyläen, die od. Propylon, das (gr.). Toranlage eines umschlossenen Tempelbereichs. P. bestehen aus mehreren Durchgängen, einer äußeren und inneren Vorhalle. Die berühmtesten P. sind die der Akropolis in Athen, von → Mnesikles unter Perikles erbaut.

Lit.: EAA.

Prostylos, der (gr.). Ein → Antentempel mit einer Säulenvorhalle. → Tempelformen.

Proszenium (lat.: Vorderbühne). Im griech. und röm. → Theater (mit Abb.) der Platz vor der Spielbühne; im modernen Theaterbau der Raum zwischen Vorhang und Rampe.

Prothesis, die (gr.: Schaustellung). Nebenraum der frühchristl. und byzant. Kirche, in dem die Gaben des Eucharistischen Mahls aufbewahrt und zubereitet werden. Die P. ist der Gegenraum zum → Diakonikon, beide zusammen bilden die → Pastophorien.
Lit.: Testini '58.

Protorenaissance. (Ende 12. bis Mitte 13. Jh.) → Italien.

Messegebäude in Grenoble, von Claude und Jean → Prouvé, 1967.

Prouvé, Jean (1901-84). Sein Vater, *Victor* (1858-1943), ein Maler, gehörte der Schule von Nancy an, einer lokalen Schule des Art Nouveau (→ Jugendstil). P. ist der letzte der großen frz. Architekten, die die → Metallbauweise durchgesetzt haben. Er arbeitete mit anderen Architekten zusammen, hauptsächlich aber mit seinem eigenen, eingespielten Team. Schon 1934 wandte er das System der → Curtain Wall an. Seit dieser Zeit spezialisierte er sich auch auf Leichtkonstruktionen aus Stahlrohren, so für die Trinkhalle in Evian (1957, zusammen mit Maurice Novariana), Bürohäuser in der Rue Lapérouse in Paris (1950, zusammen mit Gravereaux und Lopez). Die CNIT-Ausstellungshalle in Paris (1957-58) zeigt sein technisches Können, denn ein gleichseitiges Dreieck, dessen Seitenlänge 200 m mißt, war zu überspannen; er errichtete sie in Zusammenarbeit mit → Nervi, → Zehrfuss, Robert Camelot und Jean de Mailly. Sein wichtigstes Werk ist die von seiner Firma betriebene Massenherstellung von schlichten und wohldurchdachten präfabrizierten Häusern, Schulen, Kantinen und Laboratorien (→ Präfabrikation), wie das Experiment

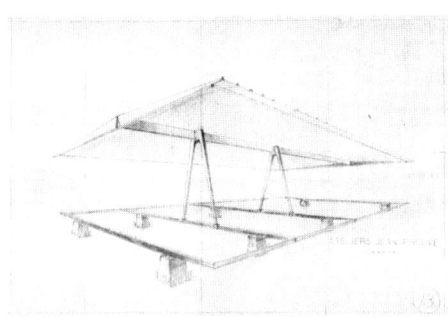

Pré-Fab-Haus, Typ ›Mittelstütze‹, von → Prouvé. Perspektivische Skizze.

mit Schalenhäusern in Meudon-Bellevue (1949-50) und die Schule in Saint-Egrève in den Pyrenäen (1965). Seine Idee, Stahlröhren für Curtain Walls zu benutzen, wurde u. a. in Paris von dem Ingenieur Sarf (Wohnhäuser in der Rue Croulebarbe, 1960) aufgegriffen. Seine letzten Werke sind der Schulkomplex St-Michel-sur-Orge 1967 und die Ecole National d'Architecture in Nancy, 1969-70.
Lit.: Piccinato, G. '65; Prouvé '71, '81; Huber-Steinegger '71; Clayssen '83; Prouvé '90, '91; Coley '90; Sulzer '92; Arcus 15.

Pseudo- (gr. pseudein: lügen). Der Ausdruck besagt, daß etwas anders ist, als es zu sein vorgibt oder scheint. So gibt es unter vielem anderen: **1.** P.basilika, eine → Hallenkirche mit überhöhtem Mittelschiff ohne eigene Beleuchtung; **2.** P.dipteros, ein Dipteros (→ Tempelformen), dessen innere Säulenstellung ganz fehlt oder durch Wandsäulen ersetzt ist; **3.** P.peripteros, eine Tempelform, bei der die Säulen der Ringhalle durch Wandsäulen an der → Cella ersetzt sind; **4.** P.prostylos, ein → Prostylos mit Wand statt freistehenden Säulen.

Pteron (Pteroma), das (gr.). Der Raum zwischen → Cella und Säulenkranz beim griech. → Tempel.

Pückler-Muskau, Hermann Ludwig Heinrich, Fürst von (1785-1871). Berühmt durch seinen engl. Park in Muskau, den er nach dem Vorbild der Gärten von → Kent anlegte und 1834 in seiner Schrift ›Andeutungen über Landschaftsgärtnerei‹ beschrieb. P.-M. beeinflußte auch die Anlage der Parks von Ettersburg bei Weimar, von Babelsberg und von Wilhelmsthal bei Eisenach. Seine Briefe und Reiseberichte sind von kulturgeschichtl. Interesse. → Gartenbaukunst.
Lit.: Clifford '62; Pückler-Muskau '77; v. Buttlar '82; v. Arnim '81.

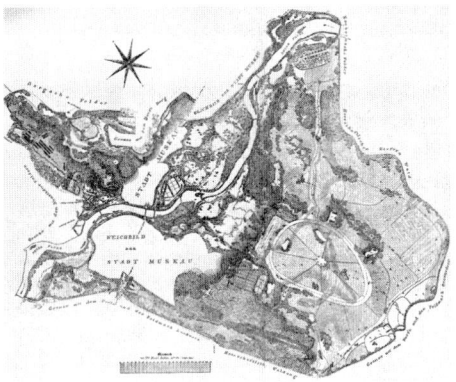

Plan des Parkes in Muskau, von → Pückler-Muskau.

Pueblo → Indianer & Eskimo Nordamerikas.

Pugin, Augustus Welby Northmore (1812-52). Sein frz. Vater war *Augustus Charles Pugin* (1762-1832), der sich 1792 in London niederließ, zunächst als Konstruktionszeichner im Architekturbüro von → Nash; er verlegte später Bücher über got. Architektur (›Specimens‹ 1821 ff., ›Gothik Ornaments‹ 1831). P. arbeitete anfangs mit seinem Vater zusammen und erhielt bald Aufträge für Dekorationen und architekt. Arbeiten. Er entwarf bereits vor seinem 20. Jahr Möbel für Windsor Castle und Bühnenbilder (›Kenilworth‹, 1831). Er war dreimal verheiratet; zwei seiner Frauen starben jung. Kurz vor seinem Tod, 1851, fiel P. in geistige Umnachtung. P. war 1834 konvertiert; danach entwickelte er eine heftige Leidenschaft für Kirchen des MA.s, besonders für die → Gotik des späten 13. und frühen 14. Jhs. Sein Buch ›Contrasts‹, 1836, eine Verteidigung des Katholizismus, machte ihn über Nacht berühmt. In dieser Schrift stellte er an Hand von Illustrationen brillante Vergleiche zwischen der Unsinnigkeit der Bauwerke seiner Zeit, die meist im klassiz. Stil oder blasser → Neugotik errichtet waren, und den großen Leistungen der Katholischen Kirche in der Vergangenheit an. In späterer Zeit

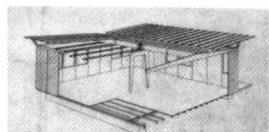

Pré-Fab-Haus, Typ ›Mittelstütze‹, mit leichter Dachkonstruktion, von → Prouvé, 1948. Perspektivische Innenansicht.

Klassenzimmer der Schulhäuser in Villejuif, von → Prouvé, 1953-54.

St. Patricks College, Maynooth, Irland, entworfen von Augustus Welby → Pugin, 1845.

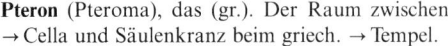

Hampton Court Palace, von Augustus Charles → Pugin und E. J. Willson. Details eines Bogens aus ›Specimens of Gothic Architecture‹, 1821.

schrieb er fundiertere Bücher, u. a. ›The True Principles of Pointed or Christian Architecture‹ (1841 ff.), in denen er ein tieferes Verständnis für die Zusammenhänge zwischen Stil und Bautechnik der Gotik und den Funktionen jedes einzelnen Bauggliedes bewies, als es je ein anderer Architekt zuvor besessen hatte. Von diesen Büchern her betrachtet erscheint er als einer der Wegbereiter des → Funktionalismus, wenn auch nur unter Vorbehalt.

Seine Bauten litten meistens unter dem Mangel an Geldmitteln. Selten konnte P. den überschäumenden Reichtum, den er in der Zeichnung plante, auch verwirklichen. Er war sowohl an der Formgebung von Möbeln, Altären, Glasfenstern und Metallarbeiten als auch an der Gestaltung des Bauwerks selbst interessiert. Aus diesem Grunde zog ihn → Barry für die Entwürfe des Londoner Parlamentsgebäudes als Mitarbeiter heran. P. entwarf

Frontispiz der ›Kirchen des Gothic Revival‹, von Augustus Welby → Pugin, 1843.

hier nicht nur die got. Details der Fassaden, sondern auch der Einrichtung, und zwar bis zu den Tintenfässern und Hutständern. P. war ein schneller und begeisterter Zeichner. Seine schönsten Kirchen sind wohl Cheadle in Staffordshire (1841-46), die Kathedrale von Nottingham (1842-44) und schließlich die Kirche St. Augustine in Ramsgate, die er 1846-51 aus eigenen Mitteln neben seinem Haus

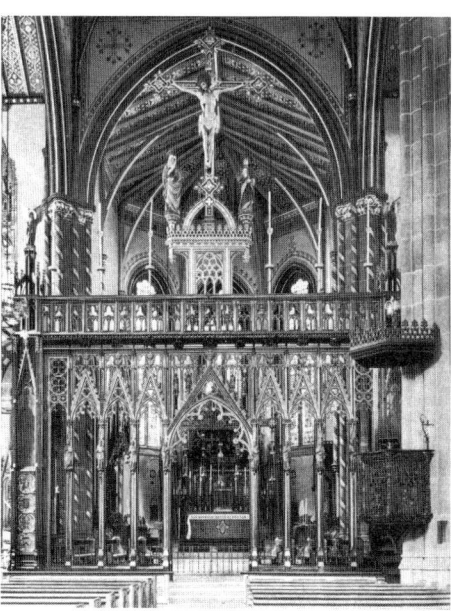

Roman Catholic Cathedral of St. Chad, Birmingham, von Augustus Welby → Pugin, 1839-41.

Wohn- und Geschäftshaus des → Gothic Revival, Buchillustration von Augustus Welby → Pugin, 1843.

errichtete. P.s Sakralbauten sind im Gegensatz zu früheren neugot. Kirchen korrekt im Stil, doch stehen ihre Türme oft asym., eine Kompositionsform, die in England im 19. Jh. häufig nachgeahmt wurde.

Lit.: Pugin A.-Ch. 1821-23, 1831; Pugin, A. W. 1836, 1841; Clark, K. '28; Trappers-Lomax '32; Gwynn '46; Hitchcock '54; Stanton '67.

Puig i Cadafalch, Josep (1867-1956). Politiker (u. a. Präsident der ›Mancomunidat‹ von Katalonien, 1917-23), Kunsthistoriker und Architekt. P., auch von → Olbrich und → Mackintosh beeinflußt, legt seinen Schwerpunkt auf die am stärksten historisierende Spielart des katalanischen Modernismus (→ Spanien), der die span. Ausprägung einer der Arts and Crafts-Bewegung nahestehenden Architektur ist. Ausgehend von der Verwendung aus der → Neugotik stammender Formelemente richtet P. sein Hauptinteresse auf die Übereinstimmung der

Fabrik Casarramona, Barcelona, von → Puig i Cadafalch, 1911.

Maße des Gebäudes mit seiner Zweckbestimmung und die wohnliche Ausstattung der Innenräume. Seine Hauptwerke sind Els Quatre Gats (1896), sein eigenes Haus in Argentona (1897-1900), die Casa Amatller (1900), der Palacio Quadras (1906), die Casa de Les Punxes (1905) und die Fabrik Casarramona (1911), alle in Barcelona.

Lit.: Puig i C. '89/90.

Pulpitum, das (lat.: Gerüst). **1.** Rednerbühne. – **2.** Mittelteil des → Proszeniums des antiken Theaters. – **3.** In der engl. Baukunst die Wand in größeren Kirchen, die den Platz der Sänger vom Langschiff trennt; sie dient auch manchmal als Rückwand des Chorgestühls.

Pultdach → Dachformen 2.

Pulvinus, der (lat.: Kissen, Polster). In der byzant. Baukunst ein → Kämpferblock zwischen → Kapitell (8) und → Bogen als Rest des → Architravs.

Pyknostylos (gr.: dichtsäulig) → Interkolumnium.

Pylon. Horus-Tempel, Edfu, um 300 v. Chr.

Pylon, der (gr.: Portal). **1.** Trapezförmige, stets paarweise auftretende Tortürme → ägypt. Tempel mit Mitteldurchgang, der von → Obelisken und Flaggenmasten flankiert war. Entstanden aus der verstärkten Eingangsfront der Ziegelumwallung ägypt. Tempel; daher Elemente aus der Ziegelarchitektur: gebösche Wände, → Rundstab an den Ecken, → Hohlkehle als Bekrönung. **2.** Pfeiler oder Mast, an dem das Tragwerk einer Hängebrücke aufgehängt wird. → Brücke.

Stufenpyramide, Ende 3. Dynastie, um 2620 v. Chr.

Knickpyramide des Königs Snefru, Dahschûr, um 2580 v. Chr.

Sog. Rote Pyramide des Königs Snefru, Dahschûr, um 2570 v. Chr.

Pyramide. Das griech. Wort P. bezeichnet die klassische Form des ägypt. Königsgrabes (→ Ägypten; → Grab) des Alten und Mittleren Reiches (ca. 2660-1750 v. Chr.), einen massiven Baukörper über quadrat. Grundriß mit geneigten Dreiecksseiten, die sich in einer gemeinsamen Spitze treffen. Auf die früheste Form der Stufenpyramiden von Saqqâra (ca. 2600) – bestehend aus mehreren aufeinandergesetzten → Mastabas – folgen als Übergangsstufen die P. von Medûm (ca. 2595), die Knickp. (Mischform aus Mastaba und P.) und die sog. Rote P. von Dahschûr (ca. 2590-2570). Die P. des Cheops in Gîse ist mit 52° Neigungswinkel die Idealform der

Stufenpyramide des Königs Djoser, Saqqâra, von → Imhotep, um 2600 v. Chr.

P. und zugleich die größte ägypt. P. (H. 146 m, Seitenlänge 230 m); urspr. bis zur Spitze mit polierten Kalksteinblöcken verkleidet, enthält sie im Inneren ein System von Gängen und Kammern: Eingangsstollen, große Halle (zur Lagerung der Verschlußblöcke des Eingangsstollens), Sargkammer mit Entlastungskonstruktion sowie unbenutzte Kammern. – Im Mittleren Reich (von 2050-1750) lebt die P. als Ziegelp. mit (heute geraubter) Kalksteinverkleidung fort. Im Neuen Reich (von 1600-1185) als Privatgrab und seit ca. 700 v. Chr. im Sudan und im Reich von Meroë (300 v. Chr.-300 n. Chr.) wird sie wiederum als Königsgrab verwendet. In den verhältnismäßig steilen mervitischen P.n befinden sich neben der Grabkammer auch noch reliefgeschmückte Kulträume. Später findet sich die P. auch außerhalb Ägyptens: In Kleinasien (z. B. Halikarnassos) krönt sie Grabbauten, in Rom dient sie als sehr seltene Form des Grabes (Cestius-P., Abb. → Denkmal). – Ohne Verbindung zur ägypt.

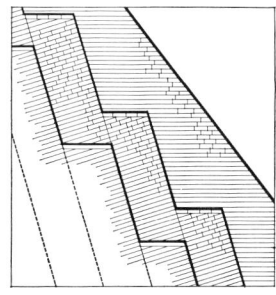

Pyramide von Medûm, um 2595 v. Chr. Schnitt, der Einzelheiten der Bautechnik zeigt.

Verfallene Pyramide des Mittleren Reiches, Dahschûr, um 1800 v. Chr.

Pyramiden von Gîse,
um 2500-2400 v.Chr.

P. stehen die chines. Erdpyramiden, die in ihrem Innern steinerne Grabkammern bargen (→ China). Die altamerik. Stufenp.n sind (mit einer Ausnahme) keine Gräber, sondern Tempelunterbauten; daher können sie auf Treppen erstiegen werden und enden nicht in einer Spitze, sondern tragen auf einer Plattform das eigentliche Bauwerk, dem sie untergeordnet sind (→ Mesoamerikanische Hochkulturen). In der → Postmoderne wird auch die Pyramidenform wieder aufgegriffen.

Lit.: Edwards '47; Grinsell '47; Fakhry '61; Schüssler '83; Stadelmann '85; Stadelmann '91.

Mondpyramide, Moche, Mexiko, 5.Jh.

die Vitruv bekannt war, aber verlorengegangen ist, pries P. die Vollkommenheit der ion. Proportionen, äußerte sich kritisch über die dor. Ordnung und empfahl wahrscheinlich als erster eine umfassende Ausbildung für Architekten. Der Architekt sollte nach seinen Worten »fähig sein ... in allen Kunstgattungen und Wissenschaftszweigen mehr zu schaffen als jene, die durch Fleiß und Mühe einzelnen Disziplinen zu größter Berühmtheit verhelfen«.

Lit.: Lippold '50; EAA '58-63.

Pyramiden bei Gebel-Barkal, Ende 2.Jh. und
1.Jh. v.Chr.

Pyramidendach → Dachformen 11.

Pytheos (tät. 353-334 v.Chr.). Architekt und Theoretiker, arbeitete in Kleinasien. Zusammen mit dem Architekten und Bildhauer Satyros aus Paros entwarf er das berühmteste und kunstvollste Grabdenkmal der Antike, das reich mit Skulpturen geschmückte → Mausoleum (mit Abb.), und erläuterte es in einer Schrift. Nach Angaben → Vitruvs hat er es für den karischen Satrapen Mausolos in Halikarnassos errichtet; es gehörte zu den Sieben Weltwundern (beg. vor 353 v.Chr., nach 350 voll.; Fragmente der Skulpturen jetzt im Brit. Museum in London). P. war auch der Architekt des großen Tempels der Athena Polias in Priene (334 gew., Fragmente heute in Ost-Berlin und im Brit. Museum in London), von dessen ion. Ordnung man glaubte, sie habe hier ihre kanonische Form erreicht. In einer Abhandlung über dieses Bauwerk,

Pyramide. Verwaltungsgebäude der College Life
Insurance Company, Indianapolis, Ind., von → Roche
und J. Dinkeloo, 1973.

Transamerica Pyramid,
San Francisco, von William
Pereira, 1972.

Q

Qamriya, die (arab. el kamar: der Mond). In der ägypt.-islam. Baukunst eine Fensterfüllung aus durchbrochenen, farbig verglasten Platten.

Qibla, die (arab. kibla). Die Richtung, in die sich jeder Moslem beim Beten zu wenden hat. Zuerst war dies die Richtung nach Jerusalem, seit 624 jedoch auf Geheiß Mohammeds die Richtung gegen Mekka. In der → Moschee wird diese Richtung durch den → Mihrab gekennzeichnet. → Islamische Architektur.

Quader (Quaderstein). Regelmäßig behauener → Hau- oder Werkstein mit glatten, zueinander parallelen Flächen oder mit → Bosse. → Mauerwerk 2.
Lit.: Thiele '57.

Quadrangle (engl.). Ein von Gebäuden umschlossener rechteckiger Hof, der zuweilen innerhalb eines größeren Gebäudekomplexes liegt.

Quadratischer Schematismus, der. Die im Grundriß quadratische Vierung wird um 1000 durch das Einspannen von vier gleich hohen Schwibbögen (→ Bogen II 15) gegen das Langhaus, die Querschiffsarme, die die gleiche Höhe und Breite wie das Mittelschiff haben müssen, und das Chorjoch abgegrenzt, es entsteht die ausgeschiedene → Vierung (St. Michael in Hildesheim, → Deutschland). Das dadurch stark betonte Vierungsquadrat wird nun zur Maßeinheit des ganzen Baues, bestimmt zuerst die Größe der Mittelschiffsjoche und führt später zum → Gebundenen System.

Quadraturmalerei, die. → Scheinarchitektur.

Quadraturstuck. Stukkaturen in rein geometrischen Formen, mit Schablonen gezogen.

Quadrifrons, der (lat.: Vierstirn). Ein vierseitiger → Triumphbogen, z. B. in Thessalonike.

Quadriga, die (lat.: Viergespann). Vier nebeneinandergespannte Pferde mit Streitwagen. Im Hellenismus und in Rom bei Wagenrennen und Triumphzügen benutzt, weshalb diese Gruppe gerne zum Vorwurf für die Bekrönung eines → Triumphbogens gewählt wurde. Abb. → Klassizismus.
Lit.: Haffner '38.

Quadro, G. Battista di (gest. 1590/91) → Polen.

Quaglia, Pietro Paolo (1856-98) → Italien.

Quarenghi, Giacomo (1744-1817). Ital. Architekt, von Katharina II. von Rußland bewundert und gefördert. In der Nähe von Bergamo geb., ging 1763 nach Rom, um Malerei zu studieren, wandte sich aber bald der Baukunst zu. Er entwarf den Innenraum von S. Scolastica in Subiaco (1770-77) in einer lichten, eleganten Spielart des → Klassizismus. 1779 nahm er eine Einladung nach St. Petersburg an, wo er alle seine folgenden Bauten errichtete. Sein bedeutendstes Bauwerk ist der Engl. Palast in Peterhof (1781-89, zerst.), ein strenger, zurückhaltender palladian. (→ Palladianismus) Bau, der außer einem weit vorgebauten → Portikus an der Vorderseite und einer tiefen → Loggia an der Rückseite keine Gliederung zeigt. Die Notenbank (1783-90) und die Akademie der Wissenschaften (1783-89) gestaltete er ähnlich. Das Eremitage-Theater (1783-87) war kleiner als die genannten Bauten und zeigte einen weniger strengen Stil. Qu.s Spätwerk zeichnet sich durch klar durchdachte Behandlung der Wandmassen aus, z. B. Kaiserl. Pharmazie (1789-96), Alexander-Palais in Zarskoje Selo (1792-96), Reithalle (1805-07) und Smolny-Institut (1806-07).
Lit.: Hautecœur '12; Lo Gatto '35-43; Angelini '53-54; Hamilton '54; Angelini-Chiodi-Zanella '67; Brandi '67; Kennett '73; Zanella '88.

Quaroni, Ludovico (geb. 1911) → Italien.

Quast, Alexander Ferdinand v. (1807-77). Dt. Architekt und Denkmalpfleger. Schüler von K. F. → Schinkel in Berlin. Seit 1843 Baurat und erster Konservator der Kunstdenkmäler in Preußen. Q. gilt als Pionier der dt. Denkmalpflege; die Inventarisierung von Bau- und Kunstdenkmälern geht auf seine Initiative zurück. Restaurierungen unter seiner Regie u. a.: Kirchen in Quedlinburg, Gernrode, Halberstadt (Liebfrauenkirche) und Wartburg.
Lit.: Kothe '77; Huse '84.

Quattrocento, das (ital.: 1400). Das 15. Jh. in Italien. Ein kunstgeschichtlicher Terminus für die ital. Kunst der Frührenaissance (→ Italien).

Queen Anne Style (Ende des 17. Jhs. - Anf. 18. Jh.) → Großbritannien.

Querhaus → Querschiff.

Querhausapside, die. → Apsis, die sich im Osten an die → Querschiffe legt und zu diesen geöffnet ist.

Querschiff (Transept). Der häufig zwischen → Langhaus und → Chor eingeschobene Querbau. Durch das Q. erhält der Grundriß einer Kirche die Form eines latein. → Kreuzes, am Durchdringungspunkt der Kreuzarme entsteht die → Vierung. Eine Sonderform sind Kirchen mit zwei Q.en, wobei entweder östl. der Vierung noch ein weiteres Q. ausgebildet (→ Cluny III; engl. Kathedralen) oder bei doppelchörigen Anlagen auch im Westen ein Q. eingeschoben wird (St. Michael in Hildesheim, Abb. → Deutschland).
Lit.: Krautheimer '57.

Quadraturmalerei. Apotheose des hl. Ignatius, Deckenfresko im Langhaus von S. Ignazio, Rom, von → Pozzo, 1691-94.

R

Rabirius (1.Jh. n.Chr.). Ein nur von Martial erwähnter Architekt des Palastes für Domitian (81 bis 96 n.Chr.) auf dem Palatin in Rom. Der riesige, mit den verschiedensten Marmorsorten verschwenderisch ausgestattete Baukomplex, zu dem unter anderem ein Saal, den eine 32 m weite Tonne überspannte, und kunstreiche Wasserspiele (→ Nymphäum) gehörten, wurde von Martial als eine Wohnung der Götter gepriesen. Mit dieser Anlage wurden die vorausgegangenen Paläste, die sich Tiberius, Caligula und Nero hatten bauen lassen, übertroffen. A.M.

Lit.: Crema '59; MacDonald '65.

Radburn System. Ein städtebauliches Erschließungssystem, das nach dem Ersten Weltkrieg in den USA u.a. von den Architekten Lewis Mumford, Clarence Stein, Henry Wright vertreten und erstmals in Radburn, N.J., erprobt wurde. Der leitende Gedanke dieser Planung besteht in der vollkommenen Trennung des Fahrverkehrs vom Fußgängerverkehr. Die als ›Superblocks‹ bezeichneten Stadtgebilde sind durch Straßen (Haupterschließungsstraßen) verbunden, von denen Sackgassen, die der Versorgung dienen (Andienungs-, auch Erschließungsstraßen), als Stichstraßen in das Innere der ›Blocks‹ führen. Die Fußgängerwege liegen innerhalb der Blocks und werden durch Unter- oder Überführungen über die Fahrbahnen geleitet, die in einem Zentrum zusammenlaufen. Nach diesem System entstanden z.B. Vällingby bei Stockholm und Cumbernauld, eine der New Towns in Schottland. Auch in Deutschland fand dieser Gedanke in den 50er Jahren Anwendung. → Städtebau.

Lit.: Mumford '38; Tunnard '63; Schaffer '82.

Raedt, Wilhelm de (16.Jh.) → Francke.

Raffael (Raffaello Santi, 1483-1520). Unter den Künstlern der Hochrenaissance (→ Renaissance), die in der Nachfolge der klassischen Tradition standen, war R. als Architekt und Maler der bedeutendste. Die Zahl seiner Bauten ist nicht groß, aber sie wurden neben denen des antiken Rom und → Bramantes Spätwerk rasch zu Vorbildern. Sein Stil ist von Bramante beeinflußt, jedoch anmutiger und schlichter.
R. stammte aus Urbino und wurde bei Pietro Perugino in Perugia als Maler ausgebildet. In seinem Gemälde ›Vermählung der Jungfrau Maria‹, einem Frühwerk (1504, Mailand, Brera), dominiert ein Kuppelbau, der R.s ausgeprägtes architekt. Feingefühl und ein besonderes Interesse am → Zentralbau beweist. Er ließ sich 1508 in Rom nieder; fast unmittelbar darauf gab ihm Papst Julius II. den Auftrag, die Stanza della Segnatura im Vatikan auszumalen. Das dort entstandene Fresko ›Die Schule von Athen‹ zeigt in seinem weit zurückfluchtenden Hintergrund eine herrliche Architektur mit → Kassettengewölben.
R.s frühestes Bauwerk ist S. Eligio degli Orefici in Rom (entworfen ca. 1511-12, beg. 1514). Die Kuppel wurde wahrscheinlich unter → Peruzzi 1526 begonnen und 1542 fertiggestellt (Anfang des 17.Jhs. Neubau mit einer Kuppel von → Ponzio). R. machte die Entwurfszeichnungen für den Palazzo Bresciano Costa in Rom (ca. 1515, zerst.) und für den Palazzo Pandolfini in Florenz (ca. 1517, Bauausführung von G.F. da → Sangallo und nach 1530 Aristotile Sangallo). Sie gehen auf Bramantes Palazzo Caprini zurück, zeigen aber erhebliche Abweichungen, z.B. ungebrochene horizontale Linien in der → Rustika des Sockels. Beim Palazzo Costa wechseln die Fensterbekrönungen des 1.Stockwerks zwischen Dreieck- und Segmentgiebeln (→ Giebel), die Wandflächen dazwischen werden von je drei → Pilastern gegliedert. Der Palazzo Vidoni-Caffarelli in Rom (um 1525) wurde R. fälschlich zugeschrieben.
1515 wurde R. zum Aufseher über die röm. Altertümer ernannt, und möglicherweise stammen von

›Vermählung der Jungfrau Maria‹, Gemälde von → Raffael, 1504.

›Die Schule von Athen‹, Fresko in der Stanza della Segnatura, Vatikan, von → Raffael, 1509-11.

ihm die häufig Bramante zugeschriebenen Vorschläge, alle Überreste der röm. Baukunst zu vermessen, zu zeichnen und vieles wiederherzustellen. Das bemerkenswerteste Ergebnis von R.s archäologischem Interesse ist sein Plan für die Villa Madama in Rom (beg. 1516, nie vollendet). Sie hat einen kreisrunden Innenhof und, nach dem Vorbild röm. → Thermen, zahlreiche sich in → Apsiden und → Nischen öffnende Räume. Es ist nur ein Bauabschnitt vollendet, der mit überaus feinen Stuckreliefs und mit Grotesken-Malereien von Giovanni da Udine und → Giulio Romano ausgeschmückt wurde, wohl angeregt vom Rom der Kaiserzeit, vor allem vom Goldenen Haus des Nero. R. verstand es, die Eleganz röm. Raumdekoration wiederzubeleben, wie vor ihm Bramante die Feierlichkeit und Monumentalität der römischen Architektur erneuert hatte. R. wurde 1514 gemeinsam mit → Giocondo und Antonio da → Sangallo zum Architekten von St. Peter ernannt und entwickelte auf basilikalem Grundriß eine Variante zu Bramantes Plan. Die von R. als Zentralbau geplante Cappella Chigi in S. Maria del Popolo in Rom (1512-13) wurde von → Bernini vollendet. Abb. → Groteske.

Lit.: Burckhardt, J. 1855; Cavalcaselle 1884-91; von Geymüller 1884; Hofmann, Th. '08-11, '28; Venturi xi; Shearman '68; Ray, S. '74; Spagnesi '84; Frommel-Ray-Tafuri '87.

Villa Madama, Rom, von → Raffael, beg. 1516. Stuckdekoration von Giovanni da Udine und → Giulio Romano.

Rafn, Aage (1890-1953) → Skandinavien.

Raguzzini, Filippo (ca. 1680-1771). Der eigenständigste und geistvollste Architekt des röm. → Rokoko. R. schuf das Krankenhaus und die Kirche S. Gallicano (1725-26). Seine Piazza S. Ignazio (1727-28) ist ein Meisterwerk szenischer Stadtplanung.

Lit.: De Rinaldis '48; Golzio '50; Rotili '51; Metzger '81; Rotili '82.

Rahmen. Geknicktes Tragwerk aus Holz, Stahl oder Stahlbeton mit biegesteifen Ecken. Durch Einbau eines Gelenkes wird ein statisch unbestimmter R. bestimmbar, d.h. berechenbar. → Rahmenbauweise.

Villa Madama, Rom, von → Raffael, beg. 1516. Loggia.

Rahmenbauweise. Eine Bauweise, bei der die Lasten von Rahmen statt von Mauern getragen werden. Hierzu zählt außer dem modernen → Skelettbau auch der Fachwerkbau (→ Fachwerk). Im ersten Fall trägt der Rahmen Wände aus Leichtbaustoffen, im zweiten ist das Rahmenwerk ausgefacht mit → Backstein oder → Weller.

Rainaldi, Carlo (1611-91). Geb. in Rom – wo er sein Leben lang blieb – als Sohn eines ziemlich unbedeutenden Architekten, *Girolamo R.* (1570 bis 1655). R. arbeitete erst nach dem Tode seines Vaters als selbständiger Architekt. Er entwickelte einen sehr röm., auf Großartigkeit bedachten Stil. Bemerkenswert ist R.s Gefühl für szenische Wirkung und die für ihn charakterist. Verbindung von Elementen des → Manierismus und des nordital. → Barock mit dem hochbarocken Stil seiner großen Zeitgenossen, besonders → Berninis. Gemeinsam mit seinem Vater begann er 1652 den Bau der Kirche S. Agnese an der Piazza Navona in Rom über einem traditionellen Grundriß, dem griech. → Kreuz, wurde aber ein Jahr später von → Borromini abgelöst. Seine wichtigsten Bauten sind alle in Rom: S. Maria in Campitelli (1663-67); die Fassade von S. Andrea della Valle (1661-65); der Außenbau der → Apsis von S. Maria Maggiore (1673); das kunstvoll ausgeklügelte Kirchenpaar an der Piazza del Popolo, S.

S. Andrea della Valle, Rom, von → Maderno und → Rainaldi, 1661-65.

S. Maria in Campitelli, Rom, von → Rainaldi, 1663-67.

Piazza S. Ignazio, Rom, von → Raguzzini, 1727-28.

*Gartenstadt Puchenau bei Linz,
von → Rainer, 1966-82.*

Maria in Monte Santo (wo ihn Bernini 1673 in
der Bauleitung ablöste) und S. Maria de' Miracoli
(1662 ff.).

Lit.: Hempel '19; Wittkower '37, '65; Fasolo, F. '60; Argan '63;
Portoghesi '66 b.

Rainer, Roland (geb. 1910). R. zählt zu den wichtigsten österr. Architekten der Moderne. Er studierte
an der TH Wien, lehrte 1956-80 an der Meisterschule für Architektur der Akademie der bildenden
Künste in Wien und war 1958-63 Leiter der Wiener
Stadtplanung. Nach 1945 ist seine Stellung in Österreich insofern singulär, als er vom Städtebau bis
zum Einzelhaus eine kohärente Lehre entwickelte.
Alternativ zu den → CIAM-Doktrinen propagierte
er in Anlehnung an antike und orientalische Vorbilder das naturnahe Wohnen im verdichteten Flachbau mit Atriumhäusern. Dem schlichten Maßstab
des Privaten setzte er die konstruktive und räumliche Expression der großen öffentlichen Gebäude
entgegen. Bekannteste Bauten: Stadthalle Wien
(1955-58), Böhler-Haus (1956-58), Siedlung Mauer-
berggasse (1962/63) und ORF-Zentrum (1968-75) –
alle in Wien; Mehrzweckhalle in Bremen (1961-64),
Friedrich-Ebert-Halle in Ludwigshafen (1962-65)
und die Gartenstadt Puchenau bei Linz (1966-88).
Wichtige Schriften: ›Die Behausungsfrage‹ (1947),
›Städtebauliche Prosa‹ (1948), ›Die Welt als Garten
– China‹ (1976).   O.K.

Lit.: Rainer '90.

*Großer Palast in Zarskoje Selo, von → Rastrelli,
1749-56.*

Ramada → Indianer & Eskimo Nordamerikas.

Rampe, die. **1.** Schräge Auffahrt, die zwei verschieden hohe Ebenen verbindet. – **2.** Im Theater die
vordere Bühnenkante mit der R.nbeleuchtung.

Ramsey → William of Ramsey.

Randschlag. Gleichmäßig bearbeitete Kante eines
→ Hausteins, dessen Spiegel unbearbeitet, in
→ Bosse oder in Diamantschlag (dem Facetten-
schliff eines Diamanten ähnlich) stehen bleibt.

Ransome, Ernest Leslie → *Nachträge.*

Rapport. Regelmäßige oder rhythmische Wiederholung derselben Form einer Dekoration, etwa bei
→ Friesen.

Raschdorff, Julius (1823-1914). Nachfolger von
→ Hitzig an der TH in Berlin-Charlottenburg
(1878-84); Erbauer des Berliner Doms (1894-1904).

Lit.: Weyres-Mann '68; Börsch-Supan, E. '77.

Raster. Ein orthogonales Liniennetz als Ordnungs-
und Gestaltungsprinzip im Städte- und Hochbau
(→ Skelettbau; → Curtain Wall).

Lit.: Siegel '60.

Stadthalle Ludwigshafen, von → Rainer, 1960-65.

Rastrelli, Bartolomeo Francesco, Conte (1700-71).
Der führende Architekt des → Barock in Rußland.
Sein Vater, der ital. Bildhauer Carlo Bartolomeo
R. (ca. 1675-1744), war 1716 zusammen mit → Le
Blond nach St. Petersburg gegangen, um dort das
Reiterstandbild Peters d. Gr. auszuführen. R. stu-
dierte in Paris vermutlich bei de → Cotte.

*Ehem. Smolnykloster, St. Petersburg, von → Rastrelli,
beg. 1748. Mitte: Kathedrale der Auferstehung.*

Sein Stil ist, von gelegentlichen russ. Eigenheiten
abgesehen, rein französisch. 1741 wurde R. von der
Zarin Elisabeth zum Hofarchitekten ernannt; für
sie schuf er seine bedeutendsten Werke: den Sommerpalast (1741-44, zerst.) und das Anitschkow-
Palais am Newskij Prospekt (1744) in St. Petersburg, wie den Großen Palast in Peterhof (beg.
1748). Der Palast ist ein riesiger Erweiterungsbau
zu dem von Le Blond errichteten Schloß; die Innenräume sind verschwenderisch in einem etwas über-

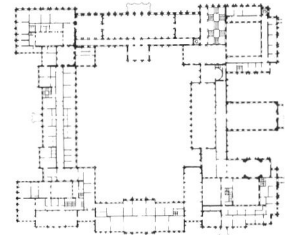

*Winterpalast, St. Petersburg, von
→ Rastrelli, 1754-62.*

*Jordan-Treppenhaus, Winterpalast, St. Petersburg,
von → Rastrelli, 1754-62. Nach Zerstörung restauriert.*

reifen → Rokoko ausgeschmückt. R. erbaute die Kathedrale St. Andreas in Kiew (1747-67) und auch die Smolny-Kathedrale in St. Petersburg (beg. 1748); hier treten die Merkmale des russ. Barock stärker hervor als in seinen anderen Bauten. Seine Hauptwerke sind der Große Palast in Zarskoje Selo (heute Puschkin, 1749-56) und der Winterpalast in St. Petersburg (1754-62, Abb. → Rußland). Beide haben ungeheuer langgestreckte Fassaden und werden durch das Wechselspiel zwischen den türkisblauen Mauern und der weißen Fassung belebt. R.s persönlicher Stil kommt aber in den kleinen, eleganten Pavillons, die er für Zarskoje Selo entwarf, am schönsten zur Entfaltung. Im Grunde war R. ein hochbegabter Kleinmeister, der gezwungen war, im Monumentalstil zu arbeiten.

Lit.: Hautecœur '12; Lo Gatto '35-43; Arkin '54; Hamilton '54; Brandi '67; Kennett '73; Onsjannilior '82.

Rathaus → *Nachträge.*

Rationalismus. Eine Architektur, die streng logischen Gesetzen folgt. Schon → Vitruv hatte geschrieben, daß Architektur eine »vernunftmäßig erfaßbare Wissenschaft« sei; → Anthemios, daß Architektur nichts anderes sei als »Geometrie, angewandt auf feste Materie«. So konnten sich der → Klassizismus und → Neoklassizismus wie auch der ornamentlose → Funktionalismus und R. der 20er Jahre (→ Loos: Haus Steiner, → Le Corbusier, → Mies van der Rohe) oder die rationalistische Richtung der → Postmoderne auf ›ratio‹ als Wurzel aller Architektur berufen. Die Variation einer vorgegebenen Einheit (Vierungsquadrat) hatte schon das Mittelalter gekannt (→ Gebundenes System). In der Abfolge verschiedener architektonischer Stile wie auch in ihrem oft zu beobachtenden simultanen Nebeneinander erscheint der R. immer wieder als dialektischer Gegenpol zu einer das Ornament, Rundungen und Bewegung statt Statik suchenden, die Phantasie einbeziehenden Architektur. → Organische Architektur, → Alternative Architektur. Vgl. → Razionalismo.   W. R.

Lit.: Sharp '78; Kruft '79.

Rauhputz → Berapp.

Räumliches Tragwerk. Ein zum Überspannen sehr großer Räume entwickeltes dreidimensionales Rahmenwerk, in dem alle Glieder miteinander verbunden sind und als Einheit wirken. R. T. kann große Räume stützfrei überspannen, wobei oft die Flächen zwischen den Rahmenelementen mit in das Strukturganze einbezogen werden. Einige Arten sehen aus wie Eierschachteln (pyramidale Elemente), andere gehen auf hexagonale oder andere geom. Figuren zurück. Hauptvertreter dieser Konstruktionsweise sind Makowski (Raumgitter), Le Rico-

Räumliches Tragwerk. Victoria Station Manchester, 1845.

lais, → Wachsmann und → Fuller. Beispiel ist der Glaspavillon von Bruno → Taut auf der Werkbundausstellung Köln 1914 (Abb. → Ausstellungsarchitektur).

Rauminstallation → Environment.

Raumplan → Loos.

Rautenfries. → Roman. → Fries, abstraktgeom. Bildung aus → Rauten.

Ravelin, der (frz.: halber Mond). Im System der Festung ab dem 16. Jh. eine Außenbefestigung mit dreieckigem Grundriß, deren Spitze feldwärts gerichtet und deren Rückseite offen ist. → Festung.

Gunma Music Center, Takamatsu-cho, Takasaki, Tokio, von → Raymond und Ladislav Rado, 1961.

Raymond, Antonin (1888-1976). Nach den USA emigrierter Böhme. R. studierte 1906-10 in Prag und wurde u. a. von Otto → Wagner beeinflußt. In den Jahren 1912-17 arbeitete R. vorwiegend in Tokio für → Wright (Imperial Hotel, 1922), ab 1923 firmierte er dort selbständig. Sein eigenes Haus in Tokio, 1923, war ein erster Versuch, sich von Wrights Design zu lösen, dessen Ideen und Ausführung aber dennoch in R.s Bauten präsent bleiben sollten. Die folgenden Projekte plante er meist in Anlehnung an den → Internat. Stil, wobei er traditionelle jap. Architekturformen, bes. deren Dachkonstruktionen integrierte.

Nanzan Universität, Yamazatomachi, Showa Ward, Nagoya, Japan, von → Raymond und Ladislav Rado, 1964.

Aufgrund der politischen Situation verließ R. 1937 Japan und kehrte über Indien (1938 ›Schlafhäuser‹, Sri Aurobindo Ashram in Pondicherry) nach Amerika zurück, wo er eine Anzahl öffentl. und privater Projekte verwirklichen konnte. Erwähnenswert u. a. die Raymond-Farm in New Hope, Pennsylvania (1938, in Anlehnung an Wrights Taliesin-Komplex von 1934). Nach dem Krieg brachte ihn der Auftrag für die Büroräume von Reader's Digest (zus. mit Ladislav Rado, 1949) erneut nach Japan.

Lit.: Tafuri '64a; Raymond '73; CA '80.

Raymond du Temple (tätig ca. 1360-1405). Leiter der kgl. Bauten und ab 1363 Baumeister von Notre-Dame in Paris. 1367-70 erbaute er die Kapelle der Celestiner, deren hervorragende Skulpturen sich heute im Louvre befinden. Die berühmte Vis du Louvre, die äußere Wendeltreppe des Louvre, entstand in den 70er Jahren nach seinen Plänen.

Lit.: Th.-B. '07-50; Henwood '78/79.

Razionalismo → *Nachträge.*

Rechter, Yacov → *Nachträge.*

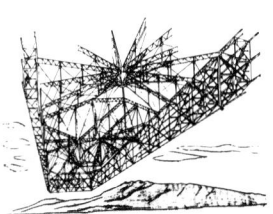

Räumliches Tragwerk. Hagi Civic Center, Hagi, Japan, von → Kikutake, 1968.

*Sartori Haus, Riveo,
Vallemaggia, Tessin, von
→ Reichlin und Fabio
Reinhart, 1976-77.*

*Casa Tonini, Torricella, bei
Lugano, Tessin, von → Reichlin
und Fabio Reinhart, 1972-74.*

*Casa Tonini, Torricella bei
Lugano, Tessin, von → Reichlin
und Fabio Reinhardt, 1972-74.*

Redan, der. Ein kleiner → Ravelin.

Redman, Henry (gest. 1528). Sohn des Baumeisters der Westminster Abbey, 1495 hier erstmals nachweisbar. 1516 folgte er seinem Vater als Baumeister der Abtei, stand auch in den Diensten des Königs und war seit 1519 neben William Vertue, später allein, kgl. Baumeister. 1509 holte man seinen und Vertues Rat für den Bau der King's College Chapel in Cambridge; 1516 arbeiteten sie gemeinsam den Entwurf für Luptons Tower in Eton aus.
R. war auch unter Kardinal Wolsey Architekt, und der Entwurf für Hampton Court stammt möglicherweise von ihm. Zusammen mit John Lebons (auch Lovyns) war R. vom Jahre 1525 an für den Bau von Christ Church, Oxford (Cardinal College), verantwortlich.
Lit.: Harvey '54; Webb '69.

Redoute, die. **1.** → Festung; **2.** Tanzsaal.

Reduit, der. → Festung.

Refektorium (lat.: Speisesaal). → Kloster.

Régence-Stil → Rokoko.

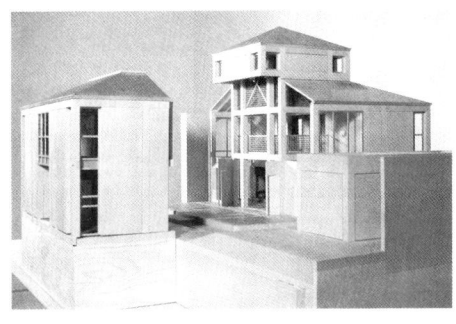

Reginald of Ely (gest. 1471). Erster Baumeister der King's College Chapel in Cambridge und in dieser Eigenschaft wahrscheinlich auch der entwerfende Architekt dieses Bauwerks (beg. 1446, Abb. → Großbritannien). Das gegenwärtige Fächergewölbe (→ Gewölbe III 10) geht jedoch nicht auf seinen Entwurf zurück. R. entwarf in Cambridge höchstwahrscheinlich auch das Queens' College (1446 ff.) und den Torbau von Old Schools (beg. 1470), heute Madingley Hall.
Lit.: Harvey '54.

Regula, die (lat.: Leiste), meist Regulae (Pl.). Plättchen mit sechs → Guttae unter der vorspringenden → Taenia des → Architravs der dor. → Säulenordnung. Die R. sind über den → Metopen und → Triglyphen angeordnet.

Reich, Lilly → *Nachträge.*

*King's College Chapel, Cambridge, von → Reginald of
Ely, beg. 1446.*

Reichlin, Bruno (geb. 1941). Studium an der ETH Zürich. Seit 1970 gemeinsame Entwurfsarbeit und Projekte mit Fabio Reinhart (geb. 1942). 1972-74 sind beide Assistenten bei Aldo → Rossi an der ETH Zürich. Neben → Botta, → Snozzi, Galfetti u. a. repräsentieren Reichlin/Reinhart jene Generation Tessiner Architekten, die eine Verbindung suchen zwischen regionalen Traditionen und einer modernen Architektur rationalistischer Prägung (→ Tessiner Schule). Überregional bedeutsam wurden vor allem ihre Villenbauten, bei denen sie auf die klass. Motive der oberitalien. Villenarchitektur → Palladios zurückgriffen. 1984 gemeinsam mit → Calatrava Industrieanlage in Coesfeld; 1988-91 entstand das Motel Castello bei Bellinzona, Schweiz.   A. Gl.
Lit.: Steinmann '75; Nicolin '79; Klotz '84, '86.

Reichow, Hans Bernhard → *Nachträge.*

Reidy, Alfonso Eduardo (1909-64). In Rio de Janeiro ausgebildeter Architekt, der unter dem Einfluß → Costas neben → Niemeyer zu den Begründern der modernen → brasilianischen Architektur zu zählen ist. Auch → Le Corbusiers charakteristische Handschrift ist in R.s Werk, nachdem er an Le Corbusiers berühmtem Ministerium für Erziehung und Gesundheit 1937-43 (heute Kulturpalast) mitgewirkt hatte, enthalten. Dabei entwickelte er durchaus ein eigenständiges Design, etwa am Pedregulho Housing Estate in Rio (1947-52), einem locker in Blöcken angeordneten Wohnviertel für weniger wohlhabende Mieter. Weitere städtebauliche Anlagen dieser Art folgten in den 50er Jahren. Zu seinen herausragendsten Bauten zählt das Museum of Modern Art in Rio (1954, zus. mit Carmen Portinho, 1978 durch Feuer zerst., wiederaufgebaut von Henrique Mindlin), das durch seine essentiellen Kontraste im Wechsel von künstl. und natürl. Licht eine anspruchsvolle räumliche Qualität aufweist (Abb. → Brasilien). Zu seinen letzten wichtigen Bauten gehören zwei Theaterprojekte in Rio, die sich durch erfindungsreiche Dachkonstruktionen auszeichnen (Merechal Hermes Community Theater, 1951; Open-Air-Theater, 1960-64).   M.-A. v. L.
Lit.: Giedion '60 b; Reidy '60.

*Pedregulho-Siedlung, Rio de
Janeiro, von → Reidy, 1947-52.*

Relief. Tempel El Obed, 1. Dynastie von Ur, etwa 2540 v. Chr. Der löwenköpfige Vogel Indugud mit 2 Hirschen. Breite etwa 1 m.

Reihenhaus → Baukastensystem-Bauweise.

Reimer, Konrad (1853-1915) → Industriebau.

Reinhart, Fabio (geb. 1942) → Reichlin.

Reinius, Leif (geb. 1907) → Skandinavien.

Rejsek (Reysek), Matthias (1450-1506) → Tschechoslowakei.

Rekonstruktion (lat.: Wiederherstellung). Versuch, den urspr. Zustand eines durch zeitbedingte oder fremde Einflüsse veränderten od. zerstörten Gebäudes wiederherzustellen. – Es gibt die beschreibende oder zeichnerische R. sowie die objekterhaltende R., die ein Teilgebiet der → Denkmalpflege ist.

Relief (lat.-frz.). Eine Sonderform der Bildhauerkunst, bei der der dargestellte Gegenstand mit der Fläche, auf der er dargestellt ist, verbunden bleibt. Je nach dem Grad des Herauslösens aus dem Bildgrund unterscheidet man Flach-, Halb- und Hochrelief; ferner gibt es das in die Fläche versenkte R. Aus der Bindung dieser bildhauerischen Technik an die Fläche ergeben sich bestimmte Ausdrucksformen: es kann sich streng an die Darstellung der Silhouette halten (ägyptisch) oder sich halbplastisch, in Teilen (Köpfen, Gliedmaßen) vom Grund lösen und damit räumliche Beziehungen herstellen.

Lit.: Rodenwaldt '23; Messerer '59.

Reliquiar. Schrein Karls des Großen im Aachener Münster, 1200-15.

Reliquiar (lat. reliquiae: das Zurückgebliebene). Ein Schrein zur Aufbewahrung von Reliquien, der Gebeine oder Gegenstände von Heiligen. Es dient auch ihrem Mitführen bei Prozessionen.

Das R., das eine wichtige Stellung im ma. Kunstgewerbe einnimmt, steht mit der Baukunst insofern in Verbindung, als viele R.e → Architekturformen darstellen (Schreinr., Turmr.), denen keine realen Baulichkeiten zugrunde liegen müssen, die aber den Architekturstil der Zeit widerspiegeln.

Lit.: Braun, J. '40; Grimme '72.

Remter, der. Refektorium (Speisesaal) der → Ordensburg; berühmt der R. der Marienburg in Westpreußen (14. Jh.).

Lit.: → Burg.

Renaissance. Das ital. Wort ›rinascità‹ bedeutet ›Wiedergeburt‹ und wurde bereits von den Gelehrten jener Zeit verwendet, um auf das Wiederaufleben der röm. Antike hinzuweisen. Heute bezeichnet man mit R. die ital. Kunst und Architektur von ca. 1420 bis um 1520-25, aber auch die von ihr abhängige Kunst der anderen europäischen Länder. Die Renaissance wurde vom → Manierismus und vom → Barock abgelöst.

S. Miniato al Monte, Florenz. Detail der Hauptfassade, 11.-12. Jh. (Protorenaissance).

Die R. begann in Florenz (→ Brunelleschi, → Michelozzo, → Alberti), wo es schon in der → Romanik zu einer *Protorenaissance* (Baptisterium, S. Miniato al Monte; → Italien, mit Abb.) gekommen war, die in gotischer Zeit im Werk der aus Süditalien eingewanderten Familie → Pisano in Siena und Pisa Nachfolge fand. Die erste Phase der R. in Mittel- und Oberitalien bezeichnet man als *Frührenaissance* (15. Jh.). Sie blühte auch an den Fürstenhöfen von Rimini, Mantua und Urbino.

Nach der Verlagerung des künstlerischen Schwergewichtes nach Rom durch die Übersiedlung → Bramantes, → Michelangelos und anderer bedeutender Künstler kommt es dort zu einem Stil, der sich

Der große Remter, Hochmeisterpalast der Marienburg, heute Wojwodschaft Gdansk (Danzig), voll. 1398.

Renaissance. S. Francesco (Tempio Malatestiano), Rimini, beg. von → Alberti, 1446.

Renaissance. Palazzo Riario (della Cancelleria), Rom, 1486-98. Nach einem Stich von Alessandro Specchi.

Sakristei von S. Maria presso S. Satiro, Mailand, wiederaufgebaut von → Bramante, nach 1477.

unmittelbar an den Vorbildern der → röm. Kaiserzeit (Kolosseum, Caracallathermen usw.) orientiert und den wir *Hochrenaissance* nennen.

Hauptkennzeichen der R. ist die Besinnung auf die ›antike‹ Vergangenheit, die sowohl die ital. *Protor.* als auch die röm. und → frühchristl. Architektur umfaßt: Wiederaufnahme der antiken → Säulenordnungen, Streben nach klarer, orthogonaler Gliederung, Verwendung einfacher geom. Grundformen wie Kugel, Würfel, Quader und Zylinder und die → harmon. Proportionierung der einzelnen Bauteile. Für den Kirchenbau ist neben der Tendenz zum → Zentralbau (S. Maria degli Angeli, Florenz; S. Maria della Consolazione, bei Todi; S. Sebastiano, Mantua; S. Pietro in Montorio, Neubau St. Peter, beide Rom) die Übernahme des röm. → Triumphbogen-Motives wichtig, das sich sowohl im Aufriß (Bramantes Belvederehof, Vatikan) als auch im Innenraum (Alberti, S. Francesco in Rimini, 1446; S. Andrea in Mantua, 1470) ausdrückt: ein nicht durch Joche unterteilter, tonnengewölbter → Saalraum mit seitlichen Kapellen.

Palazzo Medici, Florenz, von → Michelozzo, 1444-64.

In den nichtital. Ländern begann die R. mit der Übernahme ital. R.-Motive, aber die daraus entstandenen Stile wie die dt. oder die frz. R. haben nur wenig mit der ital. R. gemein, da ihnen deren charakterist. Züge, wie die aus der röm. Antike abgeleiteten Details und das Gefühl für die klassische Proportionierung, fehlen. → Deutschland, → Frankreich, → Großbritannien, → Niederlande, → Polen, → Schweiz, → Sowjetunion, → Spanien, → Tschechoslowakei, → Ungarn.

Lit.: Burckhardt, J. 1855, 1859, 1867; Wölfflin 1888, 1899; Durm, J. '14; Scott, G. '14; Ricci, C. '23; Panofsky '24, '39, '55a, '60; Frey, D. '25; Anderson-Stratton '27; Cassirer '27; Dvořák '27-29; Becherucci '36; Blunt; Wittkower '49; Battisti '60; Bonelli '60; Forssman '61; Lynton '62; Renaissance '63; Tafuri '69; DAU '68-69b; Murray '71; Marconi-Fiore-Muratore-Valeriani '73; Heydenreich-Lotz '74; Simoncini '74; Muratore '75; Benevolo '78; Murray '80; Heydenreich '81; Kadatz '83.

Rennie, John (1762-1821). Sohn eines Bauern, lernte bei einem ideenreichen Mühlenbauer, bevor er an der Universität in Edinburgh studierte. 1784 wurde er mit dem Einbau der neuen Boulton & Watt-Dampfmaschine in den Albion Works in London beauftragt. 1791 machte er sich selbständig. Zuerst war er mit Kanalbauten (Kennet und Avon), später mit Entwässerungssystemen, mit Hafen- und Dockanlagen, mit Leuchttürmen und auch Brückenbauten beschäftigt. Er entwarf die Plymouth Breakwater Bridge (beg. 1806), die Waterloo Bridge (1810) und andere Londoner Brücken. Seine Söhne *George Rennie* (1791-1866) und *Sir John Rennie* (1794 bis 1874) waren ebenso wie ihr Vater berühmte Ingenieure. → Brücke.

Lit.: Boucher '63; Summerson '63.

S. Maria della Consolazione bei Todi, von Cola di Matteuccio da Caprarola, 1494-1548.

Renwick, James (1818-95). Sohn eines engl. Ingenieurs. Er wanderte nach Amerika aus, promovierte am Columbia College in New York und wurde als Kirchenbauarchitekt berühmt (Grace Church, Broadway, 1843ff.; St. Patrick's Cathedral, 1853-87). Von seinen weiteren Arbeiten wurden der neoromanische Bau der Smithsonian Institution in Washington (1846) und das Vassar College (1865), eine Mischung aus ziemlich frei übernommenen Renaissanceelementen, besonders bekannt.

Lit.: Rattner '69; EA '82.

Palazzo Vendramin-Calergi, Venedig, von → Codussi, um 1500-um 1508.

Repton, Humphry (1752-1818). Führender Landschaftsgärtner der auf → Brown folgenden Generation. R. teilte nicht die Ansicht seiner Zeitgenossen → Price und → Knight, die Natur in ihrer gewachsenen Wildheit unverändert zu belassen; die Neuartigkeit seiner Anlagen, die bereits an das 19. Jh. denken lassen, bestand darin, daß er den Park in Hausnähe nicht malerisch-natürlich behandelte, sondern ihn durch Blumenbeete und Terrassen gestaltete. In seinen Spätwerken verwandte er Motive wie Rosenlauben und Vogelhäuser etc., die auf den viktorianischen Stil (→ Großbritannien) hinweisen. Bis zu einem gewissen Grade war er auch für die Gestaltung der Bauten selbst verantwortlich, obwohl er diese Arbeiten meistens seinen Söhnen *John*

Ehrenhof des Neuen Schlosses, Stuttgart, von → Retti, 1744-56.

Adey Repton (1775-1860) und *George Repton* (1786-1888) anvertraute. R. lebte als Landedelmann, bis ein finanzieller Rückschlag ihn zwang, seine Vorliebe für Gartengestaltung für seinen Lebensunterhalt zu nutzen. Er hatte sofort Erfolg. Insgesamt gestaltete er an die 200 Garten- und Parkanlagen. Er ist der Verfasser von ›Sketches and Hints on Landscape Gardening‹ (1795), ›Observations on the Theory and Practice of Landscape Gardening‹ (1803), ›An Inquiry into the Changes of Taste in Landscape Gardening‹ (1806) und ›Fragments on the Theory and Practice of Landscape Gardening‹ (1816). Der Terminus ›landscape gardening‹ findet sich bei ihm überhaupt zum ersten Mal. → Gartenbaukunst. Abb. → Orangerie.

Lit.: Repton 1795, 1803, 1806, 1816; Condit '60; Stroud '62.

Retabel, das. → Altarretabel.

Retrochor (engl.: retro-choir). Ein speziell in der engl. Kathedralgotik anzutreffender Umgang hinter dem Chorgestühl.

Retti (Retty), Leopoldo (1705-51). Mitglied einer Künstlerfamilie aus dem ital. Laino. Lehrzeit vermutlich in Wien. R. steht in der von Italien beeinflußten Wiener → Barocktradition, in die er Zitate der frz. Klassik und Régence (→ Rokoko) integrierte. Zu seinen hervorragendsten Bauwerken gehören die → Orangerie in Ansbach (1735), die Planung des Neuen Schlosses in Stuttgart ab 1744

Retrochor der Kathedrale von Winchester, 14.-15. Jh.

(1749 Gartenflügel; 1751-56 Stadtflügel) sowie die Residenzerweiterung der älteren Anlage in Karlsruhe mit → Neumann ab 1748 (Ausführung durch Friedrich von Keßlau, einem Schüler von R., ab 1752).

Lit.: Popp '11; Bayer '57.

Revell, Viljo (1910-64) → Kanadische Architektur.

Revolutionsarchitektur. Eine von Emil Kaufmann in seinem Buch ›Von Ledoux bis Le Corbusier, Ursprung und Entwicklung der Autonomen Architektur‹ (Wien 1934) gebrauchte Bezeichnung für die

Revolutionsarchitektur. Entwurf für einen Kenotaph im ägyptischen Stil, von → Boullée.

frz. Architekten → Boullée, → Ledoux und → Le Queu, die einerseits von → Piranesi beeinflußt waren, andererseits einen auf die Grundformen der Architektur (→ Abstrakte Architektur) zurückgreifenden → Klassizismus anstrebten, wie in Deutschland → Gilly, in England → Soane, in Rußland → Sacharow. Die schon bei Piranesi zu beobachtende Übersteigerung der Dimensionen (→ Megalomanie) wurde im 20. Jh. von den → Futuristen (→ Sant'Elia, → Chiattone), den Künstlern der sowjetischen Avantgarde (→ Tschernikow, → Tatlin,

Revolutionsarchitektur. Entwurf für ein Totendenkmal, von Peter Speeth, 1810.

→ Leonidow) und in Anlehnung an historische Vorbilder von der nazistischen (→ Speer) und stalinistischen Architektur (Lomonossow-Universität, Moskau) wieder aufgenommen. Schon in der 2. H. des 19. Jhs. kam es im → Industriebau und im → Ingenieurbau (Eiffelturm, Paris), im 20. Jh. im → Hochhausbau (Wolkenkratzer), im Straßenbau (Autobahnen) und in der Raumfahrt (Raketenabschußbasis Kap Kennedy) zu einer Entwicklung, die die Phantasie vieler Architekten so bewegte, daß Zukunftsprojekte entstanden, denen eine → Megastruktur zugrundeliegt. Abb. → Architekturzeichnung; → Egyptian Revival; → Idealstadt; → Industriebau; → Kenotaph; → Klassizismus; → Megalomanie.   W. R.

Lit.: Kaufmann '33; Vogt '74, '90; Nerdinger u. a. '90; Philipp '90.

Reyna, Jorge González → Mexiko.

Rhombendach → Dachformen 13.

Orangerie des Schlosses Ansbach, von → Retti, 1735.

Revolutionsarchitektur. ›Leuchtfeuer‹, Zeichnung von → Boullée.

Rhythmische Travée, die. → Joch.

Rhythmus (gr.). In der Baukunst versteht man unter R. die gleichmäßige Wiederkehr bestimmter Elemente oder Elementgruppen. Rhythmisch wiederkehrende Teile können z. B. sein: → Joche, → Stützenwechsel, auch die Pilastierung (→ Pilaster) einer Fassade. In vertikaler Hinsicht dienen → Gesimse, der Wechsel in der Steinbearbeitung u. dergl. der Rhythmisierung. → Rapport.

Lit.: Le Corbusier '23, '48-50; Ghyka '31, '38; Weyl '52.

Riaño (16. Jh.) → Gil de Hontañón.

Ribera, Pedro de (ca. 1683-1742). Führender Architekt des Spätbarock (→ Barock) in Madrid, brachte den → Churriguerismus zur höchsten Entfaltung. Zur Zeit des → Klassizismus wurde R. durch einen bekannten Mann, der eine vollständige Liste seiner Bauwerke als negative Anschauungsbeispiele für Studenten veröffentlichte, dem Spott preisgegeben. Aber durch diese Liste sind seine gesamten Werke ungewöhnlich gut dokumentiert. R. stammte aus Kastilien, begann 1719 für die Stadt Madrid zu arbeiten und wurde 1726 als Stadtarchitekt angestellt. Mit Ausnahme des Turmes der Kathedrale von Salamanca (ca. 1738) und einer Kapelle an S. Antonio in Avila (1731) befinden sich alle seine Bauten in Madrid. Sein berühmtestes Werk ist das Eingangstor zum Hospiz S. Fernando (ca. 1722), eine überwältigend kühne, ausgefallene Komposition mit grob behauenen Draperien, → Festons, kopflastigen → Estípites, Urnen und Flammen, die in jähen Sprüngen bis über die Dachlinie hinauslodern. 1718 baute er die kleine Kirche Virgen del Puerto, die äußerlich wie ein kleiner Gartenpavillon aussieht, mit einem glockenförmigen Turm und oktogonalem Innenraum. Andere Bauten sind die Brücke von Toledo (entworfen 1719, erb. 1723-24), die Kirche von Montserrat (1720, unvoll.) und S. Gayetano (1722-32, unvoll.).

Lit.: Kubler '57; Kubler-Soria '59.

Ricci, Leonardo (geb. 1918) → Italien.

Richardson, Henry Hobson (1838-86). Studierte zuerst in Harvard, anschließend an der Ecole des Beaux-Arts in Paris Architektur (1859-62). Er kehrte nach dem amerik. Sezessionskrieg noch einmal nach Paris zurück, um unter → Labrouste und

Eremitage de la Virgen del Puerto, Madrid, von → Ribera, 1718.

Portal des Hospicio de San Fernando, Madrid, von → Ribera, 1722.

dann unter → Hittorf zu arbeiten. Danach eröffnete er in Boston sein eigenes Architekturbüro und gewann die Wettbewerbe für die Brattle Square Church (1870) und für die Trinity Church (1872). Diese beiden Kirchenbauten begründeten seinen

Stoughton-Hurlburt House, Cambridge, Mass., von → Richardson, 1883.

Ruf als eigenständiger und gebildeter Architekt. R. bevorzugte einen äußerst kraftvollen, neuroman. Stil (→ Historismus), zu dem er durch → Vaudremer angeregt wurde. Der Turm der Brattle Square Church jedoch, der direkt unter dem obersten, mit Pechnasen versehenen Abschluß von einem Figurenfries geschmückt wird, wirkt nur durch seine Rundbögen roman. 1882 unternahm R. eine Reise nach Europa und studierte hier frz. und nordspan. Bauten der → Romanik.

Der roman. Stil lag R., da er, unkompliziert und kraftvoll, amerik. Forderungen erfüllte; daher R.s Vorliebe für Bossenwerk (→ Rustika). Alle utilitaristischen Aufgaben fesselten ihn. Das Marshall Field Wholesale Building in Chicago (1885) ist das monumentalste Beispiel dieser Art. In den 80er Jahren entwarf R. auch kleine Bahnhöfe. Zuvor hatte er mehrere Bibliotheken (North Easton, 1877;

Trinity Church, Boston, Mass., von → Richardson, 1872-79.

Quincy, 1880), zwei Gebäude für Harvard (Sever Hall, 1878, bemerkenswert unabhängig von allen Stilnachahmungen, und Austin Hall, 1881, im neuroman. Stil), einige Privathäuser (das mit Schindeln verkleidete, originelle und richtungsweisende Stoughton House in Cambridge, Mass., 1882-83 [→ Shingle-Style] und Glessner House in Chicago, 1885) errichtet. R. war ein Lebenskünstler, ein begeisterter und überzeugter Architekt, dessen Neuromanik bald bis zum Überdruß imitiert wurde, die aber andererseits dazu beitrug, Amerika von einer kritiklosen Nachahmung des europ. Historismus zu befreien. Zu seinen Schülern gehörten → McKim und → White, auch → Root und → Sullivan beeinflußte er entscheidend.

Lit.: Griswold Van Rensselaer 1888; Hitchcock '36; Mumford '41, '55a; Richardson, H.H. '74; Ochsner '82; O'Gorman '87.

Palazzo di Brera, Mailand, von → Richino, 1651-86.

Richino (Ricchini), Francesco Maria (1583-1658). Der bedeutendste lombard. Architekt des Frühbarock (→ Barock). Die von ihm erbaute Kirche S. Giuseppe in Mailand (1607-30) brach entschieden mit der Vorherrschaft des akademischen → Manierismus, darin → Madernos S. Susanna in Rom (1603) vergleichbar. S. Giuseppe zeigt sowohl in der Anlage (Verschmelzung zweier Zentralräume) als auch in der → Ädikula-Form der Fassade die Originalität R.s. Fast alle seine späteren Kirchen sind zerstört. Zu seinen besterhaltenen Werken gehören die konkav geschwungene Fassade des Collegio Elvetico (1627) und der Palazzo di Brera (1651-86) mit seinem vornehmen Innenhof, beide in Mailand.

Lit.: Baroni, C. '41; Bascapè-Mezzanotte '48; Cattaneo, E. '57; Mezzanotte, P. '58; Grassi, L. '66b.

Richter, Hans Alfred → Ausstellungsarchitektur.

Rickman, Thomas (1776-1841). Engl. Architekt. Zunächst machte er Skizzen von alten Kirchen und schrieb über sie; 1817 eröffnete er ein Architekturbüro. Im selben Jahr publizierte er einige Vorträge unter dem Titel ›An attempt to discriminate the Styles of Architecture in England‹. In diesem kleinen Buch wurden die Begriffe ›Early English‹, ›Decorated‹ und ›Perpendicular‹ (→ Großbritannien) in den kunsthistor. Sprachgebrauch eingeführt. – Als Kirchenarchitekt schuf R. Innenräume, bei denen er sich erstaunlich eng an → got. Vorbilder hielt. Kirchen wie die in Hampton Lucy (1822-23) und Oulton (1827-29) müssen seine Zeitgenossen durch ihre Stilreinheit beeindruckt haben. Er schuf sie gemeinsam mit Henry Hutchinson, der auch am New Court des St. John's College, Cambridge (1826-31, mit der ›Seufzerbrücke‹), R.s Hauptwerk, starken Anteil hat. R.s Kirche St. George in Birmingham (1822) gehört zu den frühesten Sakralbauten, bei denen Gußeisen sichtbar verwendet wurde.

Lit.: Rickman 1817; Hitchcock '54; Jones, A. '57.

Zeichnung für das Fitzwilliam Museum, Cambridge, von → Rickman, 1829.

Ridinger (Riedinger), Georg (1568-nach 1616). Führender dt. Architekt der → Renaissance, war ein Zeitgenosse von → Holl, → Schickhardt und → Wolff. Sein Meisterwerk ist das Aschaffenburger Schloß Johannisburg (1605-14, zerst., heute wieder aufgebaut), das er für den Erzbischof von Mainz, Ulrich von Gemmingen (den Gönner von Matthias Grünewald) und dessen Nachfolger Johann Schweickhard von Kronberg errichtete (Abb. → Deutschland). Die vier Flügel des Bauwerks bilden ein Quadrat, das einen Innenhof einschließt; die Ecken sind durch Türme betont. Diese Anlage geht wahrscheinlich über → Du Cerceaus Stiche auf frz. Vorbilder zurück. Das Aschaffenburger Schloß hat zwar noch ein ziemlich ma. und burgartiges Aussehen, ist aber durch horizontal verlaufende Gesimse und gelegentlich holländ. beeinflußte Ornamentik gegliedert. R. fand es »heroisch«. Es übte in Deutschland großen und nachhaltigen Einfluß aus, so z. B. noch auf → Petrinis Marquardsburg, die fast 100 Jahre später entstand. Abb. → Schloß.

Lit.: Ridinger 1616; Schenk '38; v. Roda '82.

St. George, Everton, Liverpool, von → Rickman, 1812-14.

Ridolfi, Mario (geb. 1904) → Italien.

Ried von Piesting, Benedikt → Rieth.

Riefelung. Parallel geführte, vertikale Rillen (Kerben).

Riegel. Im Fachwerkbau (→ Fachwerk) Ausdruck für die verschiedenen horizontalen Verbindungen (Brustr., Sturzr.).

Giebel vom Schloß Aschaffenburg.

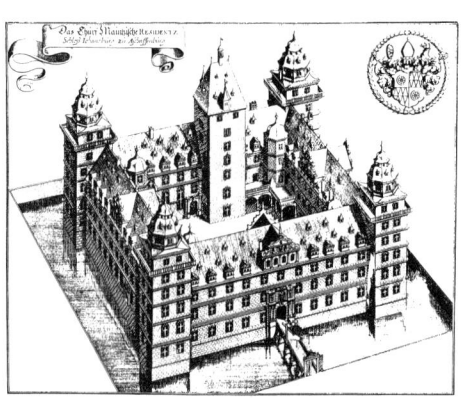

Schloß Aschaffenburg, von → Ridinger, 1605-14. Stich von Matthäus Merian, 1646.

Riemerschmid, Richard (1868-1957). R. studierte zunächst Malerei, widmete sich aber dann unter dem Einfluß der englischen → Arts-and-Crafts-Bewegung vor allem dem Kunstgewerbe und der Architektur. Ab 1895 entwarf er neben Stoffmustern und Tapeten vor allem Möbel und Geschirr, wobei

Werkbundpavillon für den Berliner Verlag Hermann Reckendorf, Köln, von → Riemerschmid, 1928.

Schauspielhaus München, von → Riemerschmid, 1900-01.

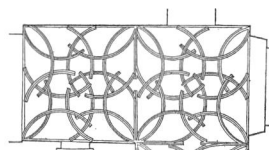

Wladislawsaal im Hradschin, Prag. Bogenrippengewölbe über der Reiterstiege.

sich ein deutlicher Wandel vom floralen Ornament des → Jugendstils zu den klaren und einfachen Formen der frühen Moderne vollzieht. Besonders hervorzuheben ist sein Musikzimmerstuhl von 1899, der als Glanzleistung des Jugendstils internationale Anerkennung fand, sowie sein zukunftsweisendes Programm einfacher und zerlegbarer Maschinenmöbel von 1906. Sein architektonisches Werk begann 1898 mit dem Bau des eigenen Hauses in München-Pasing. Schon zwei Jahre später gelang ihm mit der Innenausstattung des Münchner Schauspielhauses eines der hervorragendsten Beispiele der deutschen Jugendstilarchitektur (1900-01, mit Max Littmann). In den folgenden Jahren entstanden zahlreiche Einfamilienhäuser. Für die erste deutsche Gartenstadt in Hellerau bei Dresden entwarf R. zwischen 1907 und 1913 den Bebauungsplan, zahlreiche Wohnhäuser und die Fabrikgebäude der Deutschen Werkstätten. 1927-29 wurde nach seinen Plänen das Münchner Funkhaus errichtet. R. war Mitbegründer der Münchner Vereinigten Werkstätten für Kunst im Handwerk (1897) und des → Deutschen Werkbunds (1907). 1912-24 leitete er die Münchner Kunstgewerbeschule, 1926-31 die Kölner Werkschulen.   D. N.

Lit.: Nerdinger '82.

Riese → Fiale.

Rieth (Ried) **von Piesting**, Benedikt (ca. 1454-1534). Bedeutendster dt. Baumeister und Wölbungstechniker der Dürerzeit (Einführung der dreidimensional geschwungenen → Rippe). 1518 Vorsitzender des Steinmetzentags zu Annaberg. Hervorgegangen aus bayr.-österr. Hüttentradition, empfing er entscheidende Impulse in Nürnberg, wo es die unmittelbaren wölbungstechnischen Vorstufen gibt (ehem. Augustinerkirche, 1479-84; Ebracher Hof, 1489), die ihrerseits auf Ergebnissen des englischen Wölbungsbaues basierten. (→ Gewölbe; → Großbritannien).

1489 wurde R. von König Wladislaw II. nach Prag berufen, wo er zunächst als Festungsbaumeister tätig war (Bering der Prager Burg), ohne wesentlich über das Herkömmliche hinauszugehen. 1490-93 entstand das baumlaubenartige Orgeloratorium im Prager Veitsdom, das über einer stalaktitenartig frei herabhängenden → Kappe gewölbt ist, mit Rippen und → Maßwerk, die wie in der letzten romantisierenden Phase der spätesten → Gotik in naturalistische Ast- und Laubwerkformen umgedeutet sind. 1493-1502 wölbte R. den riesigen Wladislawsaal auf der Prager Burg, den (nicht nur in den Dimensionen) bedeutendsten Profanraum diesseits der Alpen, mit einem großartigen ›barockgotischen‹ Netzgewölbe. Die Außenarchitektur (Fenster und Portale) jedoch zeigt, ebenso wie bei dem 1500-09 im rechten Winkel dazu errichteten Ludwigstrakt, bereits → Renaissanceformen, die R. an den ungarischen Schlössern seines kgl. Bauherrn kennengelernt hatte. Urkundlich gesichert ist ferner die Mitwirkung am Ausbau der Burgen Schwihau (1504-05) und Blatná (1530) in Böhmen. Den Schritt von der ma. unregelmäßigen Wehrburg zum sym. regelmäßigen, repräsentativen → Schloßbau der Neuzeit vollzog er mit der quadrat. Vierflügelanlage des Schlosses Frankenstein in Schlesien (1514-30). Sein wichtigster Sakralbau ist das Hallenlanghaus (→ Hallenkirche) der von den → Parlern 1388 als

Wohnraum Haus Carl, Feldafing, von → Riemerschmid, 1910-11.

Kathedrale begonnenen Barbarakirche in Kuttenberg, für das er das wohl schönste Netzgewölbe seiner Zeit erfand (ausgeführt erst nach seinem Tode 1540-48 von Parlier Nikolaus; Abb. → Tschechoslowakei). Das letzte Werk, zugleich seine Begräbniskirche, war die Stadtkirche in Laun, eine dreischiffige Halle mit Achteckpfeilern und einem Dreiapsidenchor parlerischer Tradition. Die Rippen des Netzgewölbes diesmal jedoch zerstückt und ohne Spannkraft, das Muster fragmentiert, die Bewegung eingefroren. Charakteristisch für den Außenbau seiner Langhäuser sind nicht die riesigen Schleppdächer der deutschen Hallengotik, sondern gereihte, steile Zeltdächer (Abb. → Tschechoslowakei).

Mit R. und seinen Schülern gipfelt die mehr als hundertjährige, von Peter Parler begründete Entwicklung des Netzgewölbebaues in Mitteleuropa; die erstaunlich frühe Übernahme der Renaissanceformen ist daneben von sekundärer Bedeutung. Abb. → Tschechoslowakei.   E. B.

Lit.: Fehr '61; Schadendorf '62; Seibt '85.

Rietveld, Gerrit Thomas (1888-1964). Arbeitete als Lehrling in der Tischlerwerkstatt seines Vaters, dann als selbständiger Möbeltischler und kam 1919 mit der Künstlergruppe → De Stijl in Berührung. Sein berühmtester Bauentwurf ist das Haus Schröder in Utrecht (1924, Abb. → De Stijl). Mit der

Wladislawsaal im Hradschin, Prag, von → Rieth, 1493-1502.

Haus Schröder, Utrecht, von → Rietveld und Trus Schröder-Schrader, 1924.

zunehmenden Betonung des → Rationalismus in der Architektur trat R. etwas in den Hintergrund und erhielt erst in den 50er Jahren, als der Stil von 1920 wieder mehr zu Ansehen kam, erneut eine Reihe von Aufträgen, so z. B. das Stoop Haus in Velp, Niederlande, 1951, und den niederländischen Biennale-Pavillon in Venedig, 1954. Ab 1963 plante und baute R. mit van Dillen und van Tricht das Rijksmuseum Vincent van Gogh in Amsterdam.

Lit.: Rietveld '32; Zevi '53; Jaffé '56; Brown, Th. M. '58; Buffinga '71; Rietveld '71/72; Baroni, D. '77; Overy u. a. '88; Rodijk '91.

Rinaldi, Antonio (ca. 1709-94). Einer der führenden Architekten des späten → Rokoko in Rußland. Seine Hauptwerke sind der Chinesische Palast in Oranienbaum (1762-68), dessen Innenräume mit hübschen → Chinoiserien geschmückt sind, ferner der Marmorpalast in St. Petersburg (1768-72), der auf → Juvarras Palazzo d'Ormea zurückgeht, aber in einem strengeren, sich dem → Klassizismus nähernden Stil gehalten ist. Seine Fassade wird durch das Zusammenspiel von rotem Granit und grauem sibirischem Marmor belebt. Der Marmorpalast ist auch deshalb von Interesse, weil er das erste Beispiel für die Anwendung von Eisenträgern in der Architektur ist.

Lit.: Hautecœur '12; Hamilton '54.

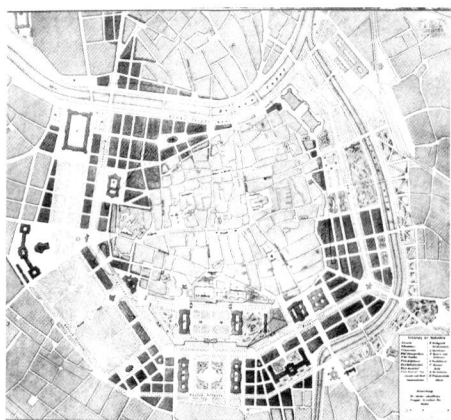

Ringstraße. Plan für die Erweiterung der Inneren Stadt, Wien, 1859.

Der Ring. Eine 1925 aus dem ›Zehnerring‹ (1923/24) hervorgegangene Berliner Architektenvereinigung, die sich 1933 unter nationalsozialistischen Pressionen auflöste und der u. a. → Bartning, → Behrens, Döcker, → Gropius, → Häring, → Haesler, → Hilberseimer, die Brüder → Luckhardt, Ernst → May, → Mendelsohn, → Mies van der Rohe, → Poelzig, → Scharoun und die Brüder → Taut angehörten.

Ringanker. Ein → Anker oder Zugband um ein Gebäude oder einen Bauteil, z. B. eine → Kuppel.

Ringmauer. Eine ringförmig verlaufende Stadtmauer, auch die Umfassungsmauer einer → Burg (auch Mantelmauer oder Zingel).

Ringtonne → Gewölbe III 2.

Marmor-Palast, St. Petersburg, von → Rinaldi, 1768-72.

Ringstraße. Ringförmige, um einen alten Stadtkern geführte Straße. Sie kann um die erhalten gebliebene Stadtbefestigung geführt sein (Villingen, Schwarzwald) oder deren Platz einnehmen, wofür das berühmteste Beispiel die von Prachtbauten gesäumte R. in Wien ist (andere in Köln, Prag, Budapest etc.). → Gründerzeit; → Österreich.

Lit.: Wagner-Rieger '69.

Rinnkasten. Kastenförmiger, aus Eisen oder Blei gefertigter und zuweilen kunstvoll geschmückter Behälter, in dem sich das Wasser einer Dachrinne oder → Brüstung sammelt und in das Ablaufrohr geleitet wird.

Rinnleiste. Ein aufgebogenes → Sima in Gestalt eines steigenden → Karnies über dem Kreuzgesims des antiken Tempels zum Auffangen und Sammeln des Regenwassers, das durch → Wasserspeier in Form von Löwenköpfen abfloß. Später allg. Sammlung des Regenwassers vor den Wasserspeiern.

Rippe. Die echte, also nicht dekorative R. ist ein tragendes Konstruktionsteil einer Decke (Stahlbetonrippendecke) oder eines → Gewölbes. Beim Gewölbe bilden die R.n das Gerüst für nichttragende Flächen (→ Kappe). Erst in der Spätzeit des Gewölbebaus ging die Tragefunktion auf die Schale über, und die R. wurde zur Dekoration. – Die R. unterlag in ihrem sichtbaren Teil sehr starken Veränderungen, die wichtige Datierungshilfen für die Baugeschichte sind. Die Grundformen sind → Band-, Rundstab- und Birnstabrippe (→ Rundstab, → Birnstab); daneben gibt es eine Fülle von Mischformen und Varianten.

Lit.: → Gewölbe.

Rutschberg, Oranienbaum, von → Rinaldi, 1762-77.

Rippe. St. Annenkirche, Annaberg, von Jakob Heilmann, beg. 1499.

Risalit, der (ital.: Vorsprung). Ein in der ganzen Höhe des Baues vor dessen Flucht tretender Bauteil. Es gibt den Mittelr., der meist als Hauptr. besonders hervorgehoben ist durch → Giebel, → Kuppel o.ä., Seiten- und Eckr. – Der R. ist ein sehr häufig benutztes Mittel zur Gliederung von Fassaden. Seine Hauptanwendung fand er im → Barock und im 19.Jh.

Riß → Projektion eines Körpers auf eine Ebene. → Architekturdarstellung.

Roberto, Marcello (1904-64), Milton (1914-53) → Brasilien.

Roca, Miguel Angel → *Nachträge.*

Rocaille.

Rocaille, die (frz.). Eine muschelähnliche, durch viele Schwünge und Schnörkel gekennzeichnete asym. Zierform der Mitte des 18.Jhs.; sie verbindet sich spielerisch auch mit naturalistisch gestalteten Blumen, Zweigen, Bäumen, ganzen ländlichen Szenen oder mit chines. Motiven (→ Chinoiserie). Dieses Ornament wurde namengebend für die ganze Stilepoche des → Rokoko.
Lit.: Bauer '62.

Roche, Kevin (geb. 1922). Ire, ging 1948 in die USA, war 1950-61 Partner von Eero → Saarinen. Sein Hauptwerk ist das Gebäude der Ford-Foundation (1964-68), einer der bedeutendsten Bauten der 60er Jahre in New York. Andere Werke: Museum Oakland (1964-69), Rochester Institute of Technology (1966-69), Knights of Columbus Gebäude mit angrenzendem Colosseum in New Haven, Conn. (1967-70), Aetna-Versicherung in Hartford, Conn. (1967-71) und schließlich das Creative Arts Centre der Wesleyan-Universität in Middletown, Conn. (1965-73). 1982 wurde R. der Pritzker → Architekturpreis verliehen. Neuere Projekte: Bürogebäude in Saint-Quentin-en-Yvelines (1983-88), UNICEF-Gebäude, New York (1984-87). Abb. → Pyramide.
Lit.: Roche-Dinkeloo '75; Dal Co '85; Nakamura '87.

Roche, Martin (1855-1927) → Holabird & Roche.

Rodríguez, Ventura (1717-85). Der führende Architekt des span. Spätbarock (→ Barock): begann unter → Sacchetti am Kgl. Palast in Madrid zu arbeiten und erhielt bis 1759 Aufträge vom Hof. Sein erster bedeutender Bau ist die Kirche S. Marcos in Madrid (1749-53), die er über einem ovalen Grundriß, der auf → Berninis S. Andrea al Quirinale in Rom zurückgeht, errichtete. 1753 schuf R. das → Trasparente in der Kathedrale von Cuenca. 1760 wurde er zum Prof. an der Akademie in Madrid ernannt. Von diesem Zeitpunkt an wurden seine Werke dogmatischer. Die Kgl. Chirurgische Klinik in Barcelona (1761) wirkt durch den strikten Verzicht auf Ornamentik fast kahl. R.' vornehmstes

Risalit. Schloß Bellevue, Berlin-Tiergarten, von J. Boumann d.J. und → Langhans, 1785-89.

Werk ist die Fassade der Kathedrale von Pamplona (1783), deren großartiger korinth. → Portikus von Türmen mit quadrat. Grundriß flankiert wird. Obwohl die Gliederung dieser Fassade den antiken → Säulenordnungen entspricht, finden sich in den Details noch Anklänge an den röm. Barock des 18.Jhs.
Lit.: Pulido-Diaz 1898; Kubler '57; Kubler-Soria '59; Lees-Milne '60; Reese '76.

Roebling, John A. (1806-69) → Brücke.

Rogers, Ernesto Nathan (1909-69). Ital. Architekt und Journalist. Gründungsmitglied der Mailänder Architektengemeinschaft → B.B.P.R., 1932. Mitherausgeber erfolgreicher Kunst- und Architekturjournale (›Le Arti Plastiche‹, 1931-32 und ›Casabella-Continuità‹, 1953-64). ›Casabella‹ wurde durch R. unter der Mitarbeit bes. von Aldo → Rossi und → Gregotti (geb. 1927) zu einem vorwiegend den rationalistischen Trend ital. Architektur der 60er Jahre publizierenden Organ in Europa und den USA.
Lit.: Rogers, E.N. '55, '58, '66, '68; Fossati '72; CA '80.

Casa F. in Via Manin, Mailand, von A.B. und L.B. di Belgiojoso, G.L. Banfi. E. Perressutti und E.N. → Rogers.

Knights of Columbus Headquarters Building, New Haven, Conn., von Kevin → Roche und John Dinkeloo, 1967-70.

UN Hotel & Office Building, New York, von Kevin → Roche, 1969-75.

Hauptverwaltung von Lloyds Insurance, London, von Richard → Rogers, 1979-84.

Rogers, Isiah (1800-69). Amerik. Architekt, Schüler von Willard in Boston. Seine ersten wichtigen Aufträge waren das Hotel Tremont in Boston (1828-29) und das Hotel Astor in New York (1832-36). Weitere große Hotelbauten folgten: das Exchange in Richmond, Va. (1841), das Charleston in der gleichnamigen Stadt, South Carolina (1839 eröffnet) mit einer bemerkenswerten korinth. → Kolonnade, ferner das St. Charles-Hotel in New Orleans (ca. 1851), das Maxwell House in Nashville (1859-69) und das Burnet House in Cincinnati (1854-56). Er entwarf auch die → roman. Kirche St. John Episcopal in Cincinnati mit diagonal angeordneten Türmen und die Bank of America in New York (1835), deren Fassade Vorbild für die Vorderfronten von Pine Lodge Park, Methuen Hall und dem Mercantile Exchange in New York (1836-42) wurde. Letzteres Gebäude, mit seiner Mittel-Rotunde und langgezogenen Kolonnade, ist heute Teil der National City Bank.

Lit.: Hitchcock '63.

Rogers, Richard (geb. 1933). Der britische Architekt ist zu den ersten zeitgenössischen Architekten zu zählen, die den Begriff → High-Tech, ein Architekturdesign, in dem die techn. Ästhetik des Bauwerks (bes. gezielt und sichtbar eingesetzte Materialien und Technologien) im Vordergrund steht, inszenierten. Ausgebildet in London und New Haven, Conn., schloß er sich mit verschiedenen Partnern zusammen, u.a. mit seiner Frau *Su R.* oder dem

Rokoko. Treppenhaus der Würzburger Residenz, entworfen von → Neumann, 1735. Deckenfresken von Giovanni Battista Tiepolo, 1752-53.

→ Team 4. Mit → Piano und → Arup als Mitarbeitern gelang ihm mit dem Aufsehen erregenden Centre Pompidou (Beaubourg) in Paris (1977-81; Wettbewerb 1971) der internat. Durchbruch (Abb. → Piano). Charakteristisch für R.s High-Tech-Architektur sind weiterhin das PATS-Centre in Cambridge (1975 zus. mit Piano) sowie die Hauptverwaltung von Lloyds in London (1979-84). Zu seinen bis heute wohl harmonischsten Bauwerken gehört das Institut de Recherche et de Coordination Acoustique/Musique (IRCAM) in Paris, 1977.

Lit.: CA '80; R. Rogers '85, '90; Appleyard '86; P. Cook u.a. '86; Sudjic '86, '91; Nakamura '88.

Rohault de Fleury, Hubert (1777-1859) → Hittorf.

Rohbau. Der fertig aufgeführte und gedeckte Bau ohne Innenausbau mit Türen und Fenstern, Fußbodenbelägen, Heizung etc. und ohne Verputz.

Rokoko. Bezeichnung für die letzte Stilphase des → Barock (ca. 1720-70). Abgeleitet von → Rocaille (frz.: Muschelwerk), dem beliebtesten Ornament des R. Entstand in → Frankreich als Dekorationsstil (→ Boffrand, Meissonier, Pineau) und fand in dieser Form auch in Deutschland Einlaß (Reiche Zimmer der Residenz München, ab 1731, Amalienburg im Nymphenburger Park, München, 1734-39, beide von → Cuvilliés d. Ä., und Schloß Sanssouci in Potsdam, um 1750). Der Außenbau ist gegenüber

dem pathetisch-plastischen Sich-wölben des Barock von größter Eleganz, die Gliederung flacher und zarter, die Stukkatur der Innenräume leichter, ornamentaler und malerischer, die Farben werden hell und licht. Unter ital. Einfluß kommt es vor allem in Süddeutschland und Österreich zu komplizierten Raumdurchdringungen (Vierzehnheiligen, Abb. → Neumann), die eine kontinuierliche Weiterentwicklung von → Borrominis und → Guarinis Raumschöpfungen darstellen. In Frankreich sind die Bezeichnungen *Régence,* Stil der Zeit der Regentschaft des Herzogs Philipp von Orléans (1715-23), *Louis-quinze,* Stil der Regierungszeit Ludwig XV. (1723-74), und *Louis-seize,* Stil der Re-

Centre Pompidou (Beaubourg), Paris, von → Rogers, → Piano und → Arup, 1977-81.

Rokoko. Wieskirche, Oberbayern, von → Zimmermann, 1745-54.

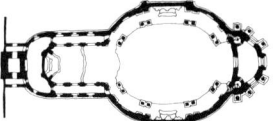

Wieskirche.

Rokoko. Blauer Salon des Hotel de la Vrillière, Paris, entworfen von Claude Gillot-Audry, 1730.

Rokoko. Wieskirche, Oberbayern, von → Zimmermann, 1745-54.

Rollenfries.

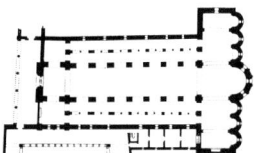

Romanik. S. Maria, Ripoll, Nordspanien, um 1020-32.

gierungszeit Ludwig XVI. (1774-92), gebräuchlich. In Deutschland bezeichnet man die letzte kühle Phase des R., die, wie das Louis-seize, schon Übergänge zum → Klassizismus und → Empirestil zeigt, als *Zopfstil*. → Deutschland; → Österreich; → Tschechoslowakei.

Lit.: Schmarsow 1897; Brinckmann '15, '32, '40; Hausenstein '16; Rose '22; Osborn, M. '29; Kimball '43; EUA '58-67; Sedlmayr '60; Millon '61; Bauer '62; Argan '64; Starobinski '64; Minguet '66; Eggeling '80; Harries '83.

Rollenfries. Ein → roman. Ornamentstreifen, der aus kurzen waagerechten Zylindern, die in Schichten übereinanderliegen, gebildet ist.

Rollglied. Ein Zierglied von bogenförmigem Querschnitt.

Rolltreppe → *Nachträge*.

Rollwerk. Ein bandartiges Ornament, dessen Enden sich, bes. bei Wappen und Kartuschen, aufrollen und plastisch werden. Wie das → Beschlagwerk gehört es hauptsächlich der fläm. und norddt. Kunst des 16. Jhs. an.

Lit.: Deri '06; Jessen '20; Zülch '32; v. Graevenitz '71.

Roman, Jacob (1640-1716) → Niederlande.

Romanik. Santiago de Compostela, beg. 1075.

Romanik. Stil der abendländ. Kunst im frühen MA. Die Bezeichnung stammt aus Frankreich und verweist auf die Verwandtschaft der R. zur → Röm. Architektur, von der sie den Rundbogen (→ Bogen), den → Pfeiler, die → Säule und den Gewölbebau (→ Gewölbe) sowie den Sinn für Monumentalität und Weiträumigkeit übernahm. Die R. entstand unter den otton. Kaisern in → Deutschland und erfuhr in → Frankreich – vor allem in Burgund und der Normandie – und in Oberitalien und der Toskana (→ Italien) ihre reichste Ausprägung. Gewöhnlich wird die Epoche der R. in drei Abschnitte unterteilt: Die Erste R. oder *Frühromanik* beginnt um 1000, ihr Formenrepertoire ist bereits vorhanden und wird voll entwickelt bis um 1080, wo dann die Blütezeit der R. bis etwa 1150 einsetzt. Die dritte Phase, die auf Deutschland beschränkt ist und parallel zur frz. Frühgotik läuft, ein ›passiver Übergangsstil‹ (Dehio), reicht von ca. 1150-1250. Ein Hauptkennzeichen der R. ist die klare Gliederung des Kirchenschiffes in rhythmische Abschnitte (→ Joch), die sich zum → Gebundenen System mit ausgeschiedener → Vierung entwickelt: Dem im Grundriß quadrat. Joch des Hauptschiffes (→ Quadrat. Schematismus) entsprechen je zwei quadrat. Seitenschiffjoche von halber Seitenlänge. Die ge-

Romanik. Notre-Dame, Paray-le-Monial, 12. Jh.

bräuchlichste Art des Grundrisses ist die Kreuzform mit gesonderter Vierung (→ Cluny), wobei der Ostabschluß immer reicher ausgebildet wird (→ Staffelchor und Chorumgang mit → Kapellenkranz); es kommt auch die Verdoppelung von → Querschiff und → Chor durch Ausbildung eines → Westchores vor. Im Aufriß sind → Emporen möglich (Frankreich, England, auch Oberitalien), aber nicht unbedingt erforderlich (z. B. fehlen sie in Speyer, Mainz und Cluny). Die abwechselnde Verwendung von Säulen und Pfeilern (→ Stützenwechsel), die strenge Gliederung der Wände durch → Halbsäulen, → Lisenen und Rundbogenfriese vermitteln einen Eindruck von großer Klarheit und Bestimmtheit. Die Vierung, in deren Mitte der Altar steht, wird meist durch einen mächtigen Turm betont (Tournus, Cluny, Durham), der Westabschluß manchmal durch ein → Westwerk, das später durch → Türme verstärkt wird (Corvey a. d. Weser [Abb.

Romanik. Dom zu Worms, 1170-1230.

Romanik. S. Miniato al Monte, Florenz. Blick auf den Baldachinaltar vor der Krypta, 11. und 12. Jh.

Romanik. St. Jakob, Regensburg. Chorpartie um 1090-1120, übriger Bau 2. Hälfte 12. Jh.

→ Karolingische Architektur], St. Pantaleon, Köln, Abb. → Westwerk), meist aber durch eine Doppelturmfassade (Normandie, England); die Zahl der Türme an Ost- und Westseite nimmt im Verlaufe der Entwicklung zu und bestimmt vor allem die Phase der *Hochromanik* in Deutschland (Speyer, Worms, Mainz, Maria Laach).

Viele roman. Kirchen besitzen eine → Krypta (Abb.), die sich ursprünglich nur unter dem Chor befand, aber oft, als → Hallenkrypta ausgebaut,

Die R. ist geprägt durch die Addition einzelner, plastisch durchgeformter Bauglieder, die, auch im Außenbereich durch Türme klar akzentuiert, im Gegensatz zum Verschleifen der Raumteile in der → Gotik stehen, wobei eine Tendenz zur reicheren und vielfältigeren Durchformung und eine stärkere Ausbildung der → Bauplastik im Verlaufe der Entwicklung erkennbar sind. Wichtig wird vor allem die Gestaltung des roman. → Stufenportals und die Bereicherung durch → Gewände-Figuren (Chartres, Königsportal), die die Gotik vorbereiten (Abb. → Archivolte).

Alte Römerstraße. Via Casilina bei Monte Cassino, Süditalien.

Lit.: Dehio-v. Bezold 1887 f.; Hasak '02; Schlosser '23; Frankl, P. '26; De Lasteyrie '29; Argan '36; Clapham '36; Focillon '38, '52; Plat '39; Davies '52; Conant '59; Weigert '59; Busch-Lohse '60; Kubach '72; Grodecki-Mütherich '73; Perogalli '74; Eckstein '77; Kottmann '71; Heitz-Roubier '82; Kubach/Verbeek '76, '88; Schütz/Müller '88; Mrusek '91.

Romano, Giulio → Giulio Romano.

Romanus, C. (tätig Mitte 18. Jh.) → Polen.

Römische Architektur. Während in der → griech. Architektur das tektonische Prinzip durch logisches Zusammenfügen horizontaler und vertikaler Bauglieder vorherrscht (der dor. Tempel wurde ›sublimierte Zimmermannsarbeit‹ genannt), ist die R. A.

Romanik. Ste-Madeleine, Vézelay, frühes 12. Jh.

fast den Umfang einer Unterkirche annahm. Hier finden sich die ersten Ansätze zu Kreuzgewölben (→ Gewölbe III 4), die um das Jahr 1000 auch für die Seitenschiffe an Bedeutung gewinnen. Etwa ab 1080 wagt man Gewölbe mit größeren Spannweiten zu bauen, wobei die Entwicklung regional sehr verschieden verläuft: Tonnengewölbe (→ Gewölbe III 1) in Spanien und Frankreich, oft als Spitztonne gestaltet (Burgund, Poitou); → Kuppeln in Südwestfrankreich (Aquitanien); Rippengewölbe in der Lombardei und Durham; Kreuzgratgewölbe in Deutschland (→ Gewölbe III 4).

Römische Architektur. Kryptoportikus am Forum, Arles, Provence, Ende 1. Jh. v. Chr.

Römische Architektur. Tepidarium der Thermen des Diokletian, Rom, um 298-305 (von → Michelangelo in die Kirche S. Maria degli Angeli umgewandelt)

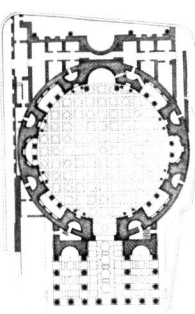

Pantheon, Rom.

auf den Innenraum bezogen, unter reicher Verwendung runder Formen wie Bögen, Gewölben und Kuppeln. In der griech. und → hellenistischen Architektur war die → Säule das bedeutendste Bauglied; in der R. A. wurde die Säule häufig nur für dekorative Zwecke verwendet, während die Mauer als Raumschale zum wesentlichen Element wurde. Somit erklärt sich die Vorliebe der röm. Architekten für den Pseudoperipteros (→ Pseudo; → Peripteros; Tempel der Fortuna Virilis in Rom, 1. Jh. v. Chr.; Maison Carrée in Nîmes, 1. Jh. v. Chr.), für die korinth. Ordnung (→ Säulenordnung), für kunstvoll gestaltetes → Gebälk und andere Ornamentik. Die technische Entwicklung des Gußmörtels, ein wirtschaftliches und arbeitsparendes Baumaterial, in Verbindung mit → Backstein ermöglichte den Bau

Maison carrée, Nîmes, 1-14 n. Chr.

Pantheon, Rom, 27 v. Chr. und 120-24 n. Chr.

der großartigen röm. → Kuppeln und → Gewölbe. Die Wandflächen wurden mit einer Stuckschicht überzogen oder mit Marmorplatten verkleidet. Die früheste Kuppel aus Gußmörtel stammt aus dem 2. Jh. v. Chr. (Terme Stabianae in Pompeji), während das früheste große Gewölbe, jenes des Tabulariums in Rom, im Jahre 78 v. Chr. gebaut wurde; es besteht aus → Quadern und Gußmörtel, → Halbsäulen werden als vorgeblendete Gliederung verwandt. Es ist dies das erste bedeutende Beispiel

einer Trennung von Dekoration und Funktion. Tonnengewölbe und eine → oktogonale Kuppel aus Gußmörtel begegnen in Neros Goldenem Haus in Rom, entworfen von den Architekten Celer und → Severus (1. Jh. n. Chr.), und in den auf dem Palatin in Rom befindlichen Palastbauten Domitians von → Rabirius (spätes 1. Jh. n. Chr.). Spätere bedeutende Gewölbebauten sind: Caracallathermen (ca. 215 n. Chr.), Diokletiansthermen (305 n. Chr.), Maxentius-Basilika (310-13 n. Chr.), alle in Rom. Die Röm. Baukunst erreichte im Pantheon in Rom (100-24 n. Chr., mit einer Kuppel von 43 m Durchmesser) ihren Höhepunkt. Es ist sowohl eine Großtat der Ingenieurbaukunst als auch ein Meisterwerk

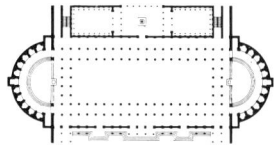

Trajansbasilika, Rom, von → Apollodorus, Anfang 2. Jh.

Triumphbogen des Konstantin, Rom, 315.

einfacher, doch höchst überzeugender Maßverhältnisse. Die Wandhöhe des Rundbaus entspricht genau dem Radius der Kuppel. Ein Vergleich des Pantheon mit dem Parthenon zeigt den Gegensatz zwischen dem tektonischen, extrovertierten Charakter der griech. Baukunst und dem räumlichen, introvertierten der R. A. Diese Eigenart kommt gleicherweise zum Ausdruck in dem typischsten röm. Bau, in der → Basilika, die mit ihren → Kolonnaden im Innern einem nach innen gewendeten griech. Tempel gleicht. Weitere charakteristische röm. Bauten sind: die → Thermen, mit reicher Innendekoration und komplizierten Raumordnungen; die → Amphitheater, von denen das Kolosseum in Rom (72-80 n. Chr.) das größte ist (Abb. → Amphitheater); die → Triumphbögen, eine rein dekorative Bauform, deren erste überlieferte Beispiele im 2. Jh. v. Chr. errichtet wurden. Diese Bögen, bei denen immer die

Kolosseum, Rom, 72-80.

Villa Hadriana, Tivoli, 118–138.

korinth. Säulenordnung oder die Kompositordnung (→ Säulenordnung) verwendet wurde, gehen von der verhältnismäßigen Strenge des Triumphbogens von Susa bei Turin bis zu dem durchgeformten Bogen von Orange in Südfrankreich (ca. 30 v. Chr.). Stadttore waren kaum weniger geschmückt, z. B. die Porta Nigra in Trier (spätes 3. oder frühes 4. Jh.).

In der Wohnarchitektur entwickelten sich drei Bautypen: die Domus (das Stadthaus), die → Insula (ein mehrgeschossiges Apartmenthaus oder Mietblock) und die → Villa (ein Vorstadt- oder Landhaus). Die Domus ist vom griech. und hellenist. Haus herzuleiten; sie besaß gewöhnlich nur ein Geschoß und war nach innen ausgerichtet, wobei die Zimmer achsial und sym. um ein → Atrium und einen oder mehrere → Peristylhöfe angeordnet waren. Die Fassade zur Straße hin war einfach und ohne Fenster oder sie enthielt, wie in Pompeji zu sehen ist, Läden, die zu vermieten waren. Die Insula hatte mehrere identische, aber voneinander abgetrennte Geschosse; häufig waren sie durchgehend gewölbt, was in Zementbauweise durchgeführt wurde. Unter Augustus wurde ihre Höhe gesetzlich auf 23 m beschränkt. Als man nach dem Brand vom Jahre 64 n. Chr. unter Nero Rom wiederaufbaute, legte man neue Insulae-Viertel an, die sym. durch → Arkadenstraßen und runde Plätze gegliedert wurden. Die → Villa leitet sich vom gewöhnlichen Bauernhof her und zeigt eine lockere, unregelmäßigere Anlage als die Domus. Sie war mehr nach außen gerichtet, und in den luxuriöseren Beispielen waren Anlage und Form der Zimmer höchst abwechslungsreich gestaltet. Die Außenseiten wurden durch Säulenhallen belebt, und die Zimmer wurden so angelegt, daß sie schöne Aussicht, Sonne im Winter oder Schatten im Sommer hatten wie etwa in der Villa des Plinius in Laurentum.

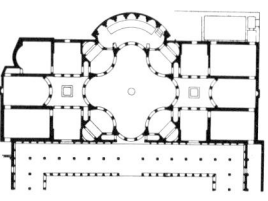

Villa Hadriana.

Römische Architektur. → Insulae (Mietblocks) auf einem Plan der Stadt Rom, 2.-3. Jh.

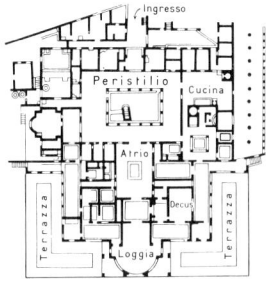

Römische Architektur. Villa dei Misteri, Pompeji, 1. Hälfte 2. Jh. v. Chr.

Rosette. Baal-Schamin-Tempel, Palmyra, 131.

Rookery Building, Chicago, von → Burnham und → Root, 1886.

Hadrians phantastische, sich weit ausbreitende Villa in Tivoli (beg. ca. 118 n. Chr.) veranschaulicht am besten die ganze Fülle der verfeinerten Bauweise zur Zeit des röm. Kaiserreichs. Der Diokletianspalast in Split, Jugoslawien, der ca. 300 n. Chr. errichtet wurde, als die Pax Romana ihrem Ende zuging, ist das letzte großartige Baudenkmal des röm. Kaiserreiches (Abb. → Adam). Auch hier zeigt sich noch die spezifische Begabung der Römer für das Experiment. Gewisse dekorative Elemente, z. B. der Wand vorgeblendete Säulen, die → Arkaden tragen, nahmen die Formensprache der → Byzantinischen Architektur vorweg. → Amphitheater; → Aquädukt; → Brücke; → Forum; → Frühchristl. Architektur; → Ingenieurbau; → Katakomben.

Lit.: Choisy 1873; Daremberg-Saglio 1873-1914; Promis 1841; De Ruggiero '12; Calza '15; Rivoira '21; Giovannoni '25, '30; Cozzo '28; Platner-Ashby '29; Lugli, G. '30-40, '46, '57, '70a, b; Säflund '32; van Deman '34; Zschietzschmann '39; Robertson, D.S. '43; Blake, M. '47; Becatti '48; de Ruyt '48; Maiuri '50-51; Homo '51; Bairati '52; Kleberg '57; Castagnoli '58; Mansuelli '58; Mustilli-v. Matt '58; Crema '59; Gazzola '63; MacDonald '65; Bianchi-Bandinelli '69, '70; Boëthius-Ward-Perkins '70; Krautheimer '79; Sear '82; Heinz '83; Reutti '83; Lamprecht '87; W. Müller '89; Brödner '89.

Römische Ordnung, die. → Säulenordnungen.

Root, John Wellborn (1850-91). Geb. in Georgia, USA, studierte in Oxford. Anschließend promovierte er an der Universität von New York in Ingenieurswissenschaften. 1871 zog er nach Chicago, wo er → Burnham kennenlernte und sich mit ihm zu einer fruchtbaren Partnerschaft zusammenschloß. Burnhams Organisationstalent und Interesse an der Planung harmonierten gut mit R.s Ideenreichtum und seinem ästhetischen Feingefühl. Über ihre gemeinsam geschaffenen Bauwerke → Burnham. Von bes. Bedeutung sind die großen Geschäftshäuser in Chicago: Montauk Building (1882-83), Monadnook Building (Abb. → Burnham) und The Rookery (1886-87).

Lit.: Condit '64; Hoffmann, D. '67, '73; Zukowsky '87.

Roritzer (Roriczer). Dt. Baumeisterfamilie im 15. Jh., die drei Generationen hindurch die Baumeister von Regensburg stellte. *Wenzel Roritzer* starb 1419. Sein Stil ist so deutlich von Prag und den → Parlern beeinflußt, daß er in deren Dombauhütte gelernt haben muß. Der erhaltene → Riß der Westfassade des Doms stammt wahrscheinlich von ihm. *Konrad Roritzer,* sein Sohn, wird 1456 und 1474 als Dombaumeister erwähnt. Zugleich leitete er seit etwa 1455 den Bau von St. Lorenz in Nürnberg (→ Heinzelmann, Abb. → S. 262). In Regensburg entwarf er wahrscheinlich die im Grundriß dreieckige Dom-Vorhalle. 1462 wurde für den Bau von

St. Stephan in Wien und 1475 der Frauenkirche in München als Ratgeber herangezogen. 1475 oder bald darauf muß er gestorben sein.

Sein Sohn *Matthäus Roritzer* war von 1462-66 sein Mitarbeiter in Nürnberg. Er schrieb ein bedeutendes Büchlein über das Entwerfen got. → Kreuzblumen (1486). Er wurde auch Baumeister des Regensburger Doms. Matthäus starb kurz vor 1495. Nach seinem Tode wurde sein Bruder *Wolfgang Roritzer* zu seinem Nachfolger ernannt. Er wurde 1514 aus politischen Gründen hingerichtet.

Lit.: Roritzer 1486, 1486-90; Heideloff 1844; Schlosser '24; Schulz '43; Frankl, P. '60, '62; Gimpel '61; Borsi '67a.

Römische Architektur. Relief einer römischen Stadt. Museum Torlonia, Avezzano.

Rose. Das Rundfenster (→ Fenster) einer got. Kirche mit reicher → Maßwerkfüllung. Berühmte Beispiele: Kathedrale von Chartres, Straßburger Münster. Abb. → Deutschland; → Flamboyant.

Rosette (frz.: Röschen). Dekorativ reduzierte Blütenform – Rose, Margerite –, die in verschiedenen Fassungen, in → Kassetten, an → Friesen u. a., zu allen Zeiten vorkam.

Lit.: Streng '18.

Roškot, Kamil → *Nachträge.*

Rossellino, Bernardo (eigentl. Bernardo di Matteo Ghamberelli gen. R., 1409-64). Hauptsächlich Bildhauer, begann seine Laufbahn als Architekt unter → Alberti, nach dessen Entwürfen er den Palazzo Rucellai in Florenz (1446-51) ausführte (Abb. → Alberti) und S. Stefano Rotondo in Rom restaurierte und veränderte. Er selbst entwarf den Cortile des Palazzo Rucellai. 1451 trat er in die Dienste von Papst Nikolaus V., für den er den Ostabschluß einer geplanten neuen Peterskirche (niemals voll.) entwarf. R.s Hauptwerke sind der Palazzo Piccolomini und die Kathedrale in Pienza (1460-63), die Papst Pius II. Piccolomini in Auftrag gegeben hatte. Während der Palast eine schwerfällige und ungeschickte Version des Palazzo Rucellai ist, stellt die Kathedrale eine anziehende Mischung zwischen Albertis Tempio Malatestiano in Rimini und S. Maria Novella in Florenz dar (Abb. → Alberti). Der Palazzo Venezia in Rom (1455) ist R. zeitweilig zugeschrieben worden (Abb. → Italien).

Lit.: Alberti 1485; Venturi VIII; Tysskiewiezowa '28; Planiscig '42; Tomei '42; Schüller-Piroli '50; Carli '67; Finelli '79; Meek '80; Mack '87.

Schule in Broni, Italien, von Aldo → Rossi, 1979.

Rossetti, Biagio (1447?-1516). Einer der einfluß-reichsten und prägendsten Architekten von Ferrara in der → Renaissance. Als Assistent von Pietro Benvenuti, dem Hofarchitekten Borso d'Estes, wurde R. dessen Nachfolger unter Ercole d'Este und zum Superintendenten für Architektur und Militärbefestigung befördert. Neben seinen Hauptwerken, dem Palazzo dei Diamanti (1492-93, seit 1843 Pinakothek) und dem Palazzo di Ludovico il Maro (1503 beendet), zeichnet sich R.s Werk durch zahlreiche Umbauten, eingreifende Veränderungen schon bestehender Architektur aus. Für den gotischen Dom, einem der wohl schönsten mittelalterlichen Bauten Italiens, errichtete R. 1498-99 die halbkreisförmige Apsis neu. Ebenso führte R. am Stadtpalast (Palazzo Comunale, 1243 begonnen) durchgreifende Erneuerungen durch (1493). Die Kirche S. Christoforo wurde 1498 vermutlich von R. begonnen, der Neubau von S. Francesco (ab 1494) geht auf Pläne R.s zurück (1515 teilweise eingestürzt, 1530 erneuert). Vollständig erhalten hat sich die Kirche S. Maria in Vado (1495-1518) mit ihrer opulenten Kassettendecke.

Lit.: Zevi '60.

Rossi, Aldo (geb. 1931). R.s theoretische Beiträge gehören zu den interessantesten Überlegungen zur internationalen Architektur der Gegenwart; seine Studie ›L'Architettura della Città‹ (1966) über die Typologie und Morphologie einer Stadt gehört zu den fundamentalen Veröffentlichungen über den gegenwärtigen → Städtebau. Im Mailand unter Ernesto N. → Rogers ausgebildet, zeigt sich R. als

Villenentwurf für Borgo Ticino, Pavia, von Aldo → Rossi, 1973.

konsequenter Vertreter des → Rationalismus, den er aber nicht aus logischer Folgerung heraus abstrahiert, sondern in der Tradition von → Boullée und → Ledoux weiterentwickelt, die regionalen und lokalen Aspekte berücksichtigend. Einer der wenigen vom Rationalismus geprägten Bauten R.s ist ein Abschnitt des Wohnquartiers Gallaratese in Mailand (1969-70), ein viergeschossiger Zeilenbau aus verputztem Stahlbeton. Die atmosphärische Ausstrahlung dieses Gebäudes läßt an Chiricos gemalte Architektur erinnern. Neuere Bauten: Hotel ›Il Palazzo‹, Fukuoka, Japan (1987-89), Teatro Carlo Felice, Genua (1982-90). In Planung befindet sich das Dt. Historische Museum, Berlin, in dessen Wettbewerb R. den ersten Preis erhielt. 1990 Pritzker-Architektur-Preis. Abb. → Ausstellungsarchitektur.   M.-A. V. L.

Lit.: Rossi, A. '59, '66, '75, '80, '81, '83, '86, '88, '91; Braghieri '83; Arnell-Bickford '85; Arnell '85; Scully/Moneo '85; Nakamura '82; Ferlenga '87; Ferlin '89; Adjmi '91.

Modell für ein Rathaus in Scandicci, von Aldo → Rossi, 1968.

Rossi, Giovanni Antonio de' (1616-95). Röm. Architekt des Hochbarock (→ Barock). Seine bedeutendsten Werke schuf er auf dem Gebiet des Profanbaus, so den grandiosen Palazzo Altieri (1650-54 und 1670-76) und den kleineren, eleganteren Palazzo d'Aste-Bonaparte (ca. 1665), beide in Rom; letzterer wurde zum Vorbild für die röm. Architektur des 18. Jhs. In seinen Sakralbauten zeigte er eine Vorliebe für ovale Grundrisse und üppige plastische Dekorationen. Seine Cappella Lancelotti in S. Giovanni in Laterano in Rom (ca. 1680) und die Kirche S. Maria in Campo Marzio in Rom (1676-86) sind kleine Meisterwerke des röm. Hochbarock.

Lit.: Spagnesi '65; Wittkower '65; Portoghesi '66 b.

Rossi, Karl Iwanowitsch (1775-1849). Der führende Architekt nach 1815 in St. Petersburg. Er löste dort den an der griech. Antike orientierten → Klassizismus von → Thomon, → Woronichin und → Sacharow zugunsten eines kraftvolleren, röm. beeinflußten Stils ab. R. war der Sohn einer ital. Ballerina, erhielt seine Ausbildung in Rußland und besuchte 1804-06 Italien. Bis 1816 arbeitete er vor allem in Moskau, doch entstanden seine Hauptwerke in St. Petersburg: der neue Mikhail Palast (heute Russisches Museum, 1819-23) mit Platz und den umliegenden Gebäuden, ein prunkvolles röm. Triumphtor als Zentrum eines weiten Halbkreises von Regie-

Kathedrale von Pienza, von → Rossellino, 1460-63.

Triumphbogen des ehemaligen Generalstabsgebäudes, St. Petersburg, von Karl Iwanowitsch → Rossi, 1819-21.

Weiße Halle des Mikhail-Palastes (heute Russisches Museum), St. Petersburg, von Karl Iwanowitsch → Rossi, 1819-23.

Rotunde Ranelagh, London, Gemälde von Canaletto.

Technological Institute, Southeastern Massachusetts University, North Dartmouth, Mass., von → Rudolph, 1966.

Mental Health Building im Boston Government Center, von → Rudolph, Desmond und Lord, 1971.

Ruinenarchitektur. BEST-*Supermarket, Houston, Texas, von → SITE, 1974.*

rungsgebäuden (1819-29), das Alexandertheater (heute Puschkin-Theater, 1827-32) sowie die Gebäude des Senats und der Synode (1829-34). Seine Bauwerke sind vielleicht nicht so bedeutend wie sein Talent, sie in die Stadtplanung einzubeziehen.

Lit.: Lo Gatto '35-43; Piljavskij '51; Hamilton '54; Brandi '67; Taranovskaya '80.

Rostra, die (lat. rostrum: Schiffsschnabel). Bezeichnung für die mit den Schiffsschnäbeln erbeuteter feindlicher Schiffe dekorierte Rednerbühne des Forum Romanum (→ Forum).

Roth, Alfred (geb. 1903) → Schweiz.

Rotunde. Ein kleinerer Bau über kreisförmigem Grundriß oder auch ein runder Raum innerhalb eines größeren Baukomplexes. Die ideale Überdachung der R. ist die → Kuppel.

Rousseau, Pierre (1751-1810) → Frankreich.

Roux-Spitz, Michael (1888-1957) → Frankreich.

Rudolph, Paul Marvin (geb. 1918). R. war Schüler von → Gropius und → Breuer an der Harvard University. 1958-65 war er Leiter der Architekturabteilung der Yale University in New Haven (Conn.), deren neues Gebäude er entwarf (1961-63, Abb. → Brutalismus). Dieser Bau gehört ohne jeden Zweifel der Stilrichtung des → Brutalismus an, jedoch zählt R. genau wie Eero → Saarinen und

→ Johnson zu jenen Architekten, die sich nicht verpflichtet fühlen, immer im gleichen Stil zu bauen. Weitere wichtige Werke von R. sind die Sarasota High School (1958-59, Abb. → USA) und das Cocoon House (1960-61) in Siesta Key, beide in Florida, und die festungsartigen Endo-Laboratoriumsgebäude in Garden City, New York (1961-64). Weiter entstanden u. a. Elderly Housing in New Haven und das Creative Arts Center für die Colgate University im Staat New York, New Town in Stafford Harbor in Virginia (1967), das Orange County Government Center im Staat New York (1967) und das New Haven Government Center (1968). Das wohl ambitionierteste Bauwerk ist das State Service

Center im Regierungsviertel von Boston (1967-72), wo sich terrassenförmige flache Trakte und ein stark gegliederter Turm um einen Hof legen.

Lit.: Manieri Elia '66; Moholy-Nagy, S. '70; Spade '71c; Rudolph '77, '83; CA '80.

Maxburg, München, von Theo Pabst und → Ruf, 1953-56. Turm von 1593-96.

Ruf, Sep (1908-82). R. studierte an der TH in München, war von 1947-53 Prof. an der Akademie der bildenden Künste in Nürnberg, wurde später Prof. an der Münchner Akademie der bildenden Künste, deren Präsident er 1957-60 war. Die Maxburg in München (1953-55) suchte einen modernen Bau mit einem bedeutenden Baudenkmal der Vergangenheit zu verbinden. Den Deutschen Pavillon auf der Weltausstellung von 1958 in Brüssel hat R. gemeinsam mit → Eiermann entworfen (Abb. → Deutschland). Andere Werke von ihm sind die Johannes-Capistran-Kirche in München (1957-60), die Amerik. Botschaft in Bad Godesberg (1959) und der Amtssitz des dt. Bundeskanzlers in Bonn, der sog. ›Kanzler-Bungalow‹ (1963-65).

Lit.: Steingräber '67; Wichmann '86.

Ruinenarchitektur. Wohnhaus des Chevalier Racine de Monville im Park von Désert-de-Retz bei Marly, von François Barbier, 1780.

Ruinenarchitektur. In Ansätzen schon seit dem 16. Jh., besonders aber im 18. Jh., wurde der Reiz der Ruine als Denkmal künstlerischer Vergangenheit, als geschichtliches Erinnerungsmal und als Ort der Besinnung entdeckt (Robert → Adam, → Piranesi). 1780 erbaute François Barbier ein Wohnhaus bei Marly in Gestalt einer ruinösen → Säule. In der 2. Hälfte des 18. Jhs. erreichte diese Gesinnung ihren Höhepunkt im Neubau ausgedehnter Ruinenanlagen (Löwenburg in Kassel, 1790, Abb. → Jussow). Die R. ist eng mit der Geschichte des Landschaftsgartens (→ Gartenbaukunst) verknüpft. In unserer Zeit finden wir R. in der → Postmodernen Architektur bei → Krier, Nils-Ole Lund u. a. und als Werbe-Gag bei BEST, → SITE.

Lit.: Clark, K. '28; Reudenbach '79; Klotz '84a.

Rumänien. Klosterkirche Suscevița, Moldau, 1584.

Rumänien. Wie die → bulgarische und russische (→ Sowjetunion), so ist auch die rumän. Architektur zunächst in ihren östlichen Landesteilen stark von der → Byzantinischen Baukunst beeinflußt, in den westlichen jedoch von den west- und mitteleuropäischen Stilarten. In den vom 10. bis zum 15. Jh. entstehenden Fürstentümern Walachei (1324) und Moldau (1352) bestimmte die orthodoxe Kirche den Bau von Kirchen und Klöstern, in dem lange Zeit zu Ungarn gehörenden Transsilvanien (Siebenbürgen) die katholischen Bischofssitze (z. B. in Alba Julia) und bei den eingewanderten ›Siebenbürger Sachsen‹ der lutherische Glaube (z. B. Hermannstadt, Klausenburg u. a.). Alle drei Fürstentümer mußten jedoch im 15. und 16. Jh. die osman. Oberhoheit anerkennen. Um 1340 entstand in Curtea de Argeș (Walachei) die Fürstenkirche des Hl. Nikolaus, wie die Klosterkirche von Cozia (1386)

Rumänien. Ferienanlage ›Belvedere‹, Olimp, von Cezar Lăzărescu, 1969-70.

und viele andere eine Kreuzkuppelkirche (→ Byzantin. Baukunst), während die um 1517 erbaute Bischofskirche in Curtea de Argeș vor allem im Dekor deutlich türkische Einflüsse zeigt. Eine eindrucksvolle Verschmelzung östl. und westl. Formen

Rumänien. Klosterkirche Voroneț, Moldau, zwischen 1488 und 1547.

entstand in den meist durch eine Wehrmauer geschützten Kirchen der Moldauklöster, bei denen ein langgestrecktes Schiff in einen byzantinischen → Dreikonchenchor mündet, der von einem überkuppelten hohen → Tambour mit Dach gekrönt wird. Das Satteldach kragt weit vor, um die meist im 16. Jh. entstandenen Malereien an den Außenwänden vor der Witterung zu schützen, wie z. B. in Humor (1530), Moldovița (1532), Sucevița (1584), Voroneț (1488-1547). Im 17. und 18. Jh. treten die byzantin. Formen wieder reiner hervor, während

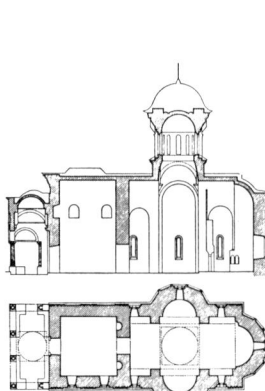

Rumänien. Klosterkirche Cozia, Walachei, um 1386.

andererseits → Barock und später → Klassizismus an Einfluß gewannen. Im 19. Jh. gewann der → Historismus auch hier an Bedeutung, im 20. Jh. zunächst der → Internationale Stil und nach dem Krieg die Plattenbauweise, vor allem in Bukarest und den Ferienzentren am Schwarzen Meer (Mamaia, beg. 1958, Olimp 1969-70, usw. von Cezar Lăzărescu), später auch die → Postmoderne; Nicolae Porumbescu führte mit seinem Bukarester Staatszirkus (1960) die Schalenbauweise zu neuen Höhen. Abb. → Byzant. Baukunst. W. R.

Lit.: Ionescu '82; Kultermann '85; Giurescu '90.

Rumänien. Bischofskirche Curtea de Argeș, Walachei, voll. 1517.

Rumänien. Staatszirkus Bukarest, von N. Porumbescu, C. Rulea, S. Berkovici und N. Pruncu, 1960.

John Ruskin.

Rundstab. Domfassade Orvieto, beg. 1290.

Rustika. Palazzo Pitti, Florenz, von Luca Fancelli, beg. 1447, von → Ammanati erneuert und verändert 1558-70. Erdgeschoßfenster.

Rundbogenfries. Ein → Fries, der aus kurzen aneinandergereihten Rundbögen besteht und eine vorgeblendete → Arkade (→ Blendarkade) bildet. Das Motiv wird häufig in der → roman. Baukunst verwandt.

Rundbogenstil. Dt. Stilart des → Historismus, die auf → Schinkel und seinen Schüler → Persius (Heilandskirche in Sakrow bei Potsdam) zurückgeht; eine Mischung aus frühchristl.-byzant. und ital.-roman. Elementen. Von → Gärtner (Ludwigskirche, Abb. → Gärtner), → Ziebland (St. Bonifatius) und → Bürklein (Alter Bahnhof) in München, von → Hübsch und Eisenlohr in Karlsruhe und von → Hase in Hannover heimisch gemacht.

Rundpfeiler. Ein → Pfeiler mit kreisförmigem Querschnitt. Gegenüber der → Säule hat der R. weder → Entasis noch Verjüngung, er kann jedoch → Basis und → Kapitell haben. Die Differenzierung zwischen Säule und R. ist daher nicht immer möglich.

Rundstab. Ein stabartiges Bauglied von viertel-, halb- oder dreiviertelkreisförmigem Querschnitt an → Profilen, → Rippen und → Portalgewänden (→ Gewände).

Ruskin, John (1819-1900). Kunsttheoretiker, der auf die Architektur wie auf die allgemeine Kunstauffassung großen Einfluß ausübte. Er wirkte auf zweierlei Weise: einmal durch die Regeln, die er aufzustellen versuchte, zum anderen durch sein Eintreten für bestimmte historische Stile.
Die Regeln, die er in seinem Hauptwerk ›Seven Lamps of Architecture‹ (1849) entwickelte, lauten: Opfer (die Architektur berücksichtigt im Gegensatz zum bloßen Bauen das Ehrwürdige und Schöne, die jedoch ›unnütz‹ sind), Wahrheit (keine verborgenen Stützen, keine imitierten Baustoffe, keine Maschinenarbeit zur Nachahmung von Handarbeit), Macht (einfache Gestaltung großer Wandflächen), Schönheit (nur möglich durch Nachahmung der Natur oder aufgrund der Anregungen durch die Natur), Leben (die Architektur muß die Fülle des Lebens zum Ausdruck bringen, sich die Kühnheit und Unregelmäßigkeit zu eigen machen, die Verfeinerung verachten und von Menschen geschaffenes Hand-Werk sein), Erinnerung (der größte Ruhm eines Bauwerks besteht in seinem Alter; aus diesem Grund müssen wir für die Ewigkeit bauen) und Ehrerbietung (ein Stil muß universell akzeptiert sein: »Wir wollen keinen neuen Stil«, »die schon bekannten Formen der Baukunst sind für uns gut genug«). Dann, hiervon ausgehend, zählt R. die Stile auf, die vollkommen genug sind, um »universelle« Ehrerbietung zu verdienen: die Pisaner Romanik, die Frühgotik Westitaliens, die venez. Gotik und der früheste Decorated Style (→ Großbritannien). Dieser engl. Stil des späten 13. und frühen 14. Jhs. wurde tatsächlich von → Pugin, von der Cambridger Camdenbewegung (→ Butterfield) und von → Scott bevorzugt. R.s nächstes Buch über die Architektur mit dem Titel ›The Stones of Venice‹ (1851-53) enthält auch das berühmte Kapitel ›On the Nature of Gothic‹, in dem zum ersten Male die Schönheiten der ma. Architektur und Dekorationskunst gepriesen werden. Ruskins Thesen beeinflußten u. a. William → Morris.
Lit.: Ruskin 1848, 1869, 1891; Clark, K. '28, '64; Venturi, L. '36; Evans, J. '54; Hitchcock '54; Rosenberg '61; Di Stefano, R. '69; Pevsner '69, '72; London '71; Blau '82; Zukowsky '87; Brooks '90.

Rundbogenstil. Heilandskirche Sakrow, von → Persius, 1841-44.

Rußland → *Nachträge.*

Rustika, die (lat. rusticus: ländlich). Eine Mauerwerksstruktur, bei der das → Mauerwerk aus grob behauenen → Buckelquadern (→ Bosse) besteht. Bes. häufig findet man die R. in der Frührenaissance (→ Renaissance) der Toskana, meist in Verbindung mit der toskan. und der dor. → Säulenordnung. In der Verwendung der R. entwickelten die Architekten Varianten, etwa wenn die Fassung eines Fensters oder Tores abwechselnd mit großen und kleinen Eckquadern oder bossierten und glatten oder regelmäßig großen Bossenquadern besetzt ist. Auch gibt es Fälle, in denen Elemente höherer Säulenordnungen (etwa der ion.) von Bossenquadern durchschossen werden (Rubenshaus, Antwerpen). Meister der R. waren neben vielen anderen → Palladio, → Giulio Romano, → Floris.

Rustizierte Säule. Eine Säule, deren Schaft zwischen glatten und rustizierten → Quadern wechselt (→ Rustika). Die R. S. gehört der toskan. Ordnung (→ Säulenordnungen) an.

S

Saalbau. Baukörper, der, abgesehen von wenigen, niedrigeren Anräumen, nur einen einzigen Saal enthält. Der S. kann autonom sein (Palazzo della Ragione, Padua, 1306, Abb. → Italien; Lusthaus Stuttgart, 1580-93, Abb. Georg → Beer) oder in größerem Bauzusammenhang stehen (Festsaaltrakte barocker Palast- und Klosteranlagen).

Lit.: Theil '59.

Saalkirche. Eine Kirche ohne → Seitenschiff. Im Früh-MA. häufig, im hohen und späten MA. nur bei kleineren Kirchen üblich, setzt sich die S. seit der Renaissance mehr und mehr durch.

Saarinen, Eero (1910-61). In Finnland geb., siedelte er 1923 mit seinem Vater *Eliel* → *Saarinen* in die USA über. Einen Teil seiner Studienjahre verbrachte er in Paris (1929-30). 1931-34 studierte S. an der Yale University, 1934-36 hielt er sich in Finnland auf. Alle seine bedeutenden Werke entstanden in der Nachkriegszeit. Sie zeichnen sich infolge der Experimentierfreudigkeit S. s durch abwechslungsreiche Gestaltung sowohl in der künstler. Formgebung als auch in der technischen Konstruktion aus. In seinem General Motors' Technical Center in Warren, Michigan (1951-57), sind mehrere streng kubische Bauten im Stil von → Mies van der Rohe mit dem Rundbau des Auditoriums mit seiner flachen Aluminiumkuppel und dem etwa 43 m hohen, einfallsreich gestalteten Wasserturm als senkrechtem Akzent zu einem Komplex angeordnet. Dem Kresge Auditorium des Massachusetts Institute of Technology in Cambridge (1953-55) gab S. ein an drei Punkten aufruhendes Schalendach (→ Schalenbauweise). Der Innenraum der zugehörigen kreisrunden Kapelle hat gewellte Backsteinwände und eine Öffnung, über der anstelle des herkömmlichen Glockenturms eine abstrakte Plastik zu schweben scheint. Die Kapelle des Concordia College in Fort Wayne, Indiana (1953-58), hat ein expressionistisch (→ Expressionismus) anmutendes steiles Satteldach

General Motors' Technical Center, Warren, Michigan, von Eero → Saarinen, 1951-57. Wasserturm.

Trans World Airlines Terminal, John F. Kennedy Flughafen, New York, von Eero → Saarinen, 1956-62.

Hockey-Stadion der Universität Yale, New Haven, von Eero → Saarinen, 1953-59.

(→ Dachformen 3), während die Form von Ingall's Hockey Stadion, Yale University (1953-59), bestimmt wird von einem Dach, dessen Rückgrat in parabolischer, an den Enden ausschwingender Kurve das Gebäude der Länge nach überspannt. Die Gestalt des TWA-Terminal auf dem J. F. Kennedy Airport, New York (1956-62), erinnert an einen Raubvogel mit ausgebreiteten Flügeln (Abb. → Plastischer Stil). Im Innenraum kommen mächtig ausladende Formen, die an → Gaudí erinnern, zur Entfaltung. Im Vergleich dazu ist das T. J. Watson Research Center in Yorktown, New York (1957-61), mit seiner etwa 300 Meter langen geschwunge-

General Motors' Technical Center, Warren, Michigan, von Eero → Saarinen, 1951-57. Karosserie-Entwurfsabteilung

nen Form vollkommen klar und nüchtern. Die Dynamik der Ezra Stiles und Morse Colleges in Yale (1958-62) wird erreicht durch die gestaffelte Anordnung vor- und zurückgesetzter Bauten von verschiedener Höhe, die auch für → Kahns Medical Research Building in Philadelphia, mit dessen Bau ebenfalls 1957 begonnen wurde (Abb. → Kahn), so charakteristisch ist. S. s letztes Werk war der Dulles International Airport in Washington, D. C. (1958-63), dessen Hängedach auf Reihen eng gesetzter, massiger, nach außen gelehnter Betonstützen ruht. S. entwarf auch die Botschaftsgebäude der USA in London (1955-61) und Oslo (1955-59).

Lit.: Saarinen, A. B. '62; Temko '62; Iglesia '66; Manieri Elia '66; Spade '71 a; Hausen u. a. '90.

Saarinen, Eliel (1873-1950). Finnischer Architekt. Sein berühmtestes Werk ist der Bahnhof in Helsinki, den er 1910-14 errichtete, nachdem er 1904 den dafür ausgeschriebenen Wettbewerb gewonnen hatte (Abb. → Finnland). S.s Stil ist durch die Wiener Sezession (→ Olbrich) beeinflußt worden, doch wurden die dort empfangenen Anregungen in eine höchst eigenständige Version umgesetzt. Der Bahnhof nimmt einen bedeutenden Platz unter den hervorragenden Bahnhofsbauten der Zeit zwischen dem Ende des 19. Jhs. und dem Anfang des Ersten Weltkrieges ein (Hamburg, beg. 1903; Leipzig, 1905; Karlsruhe, 1908; Stuttgart, 1911; → Bahnhofsarchitektur). 1922 nahm S. an dem Wettbewerb für das Gebäude der Chicago Tribune teil; sein Entwurf erhielt nur den 2. Preis, fand aber großen Anklang. Anschließend verließ S. Finnland und wanderte in die USA aus. Seine bekanntesten Bauten dort sind die Cranbrook School in Bloomfield Hills, Michigan (1925 ff.), und Christ Church in Minneapolis, Minnesota (1949-50). In seinen letzten Arbeiten orientierte er sich stärker am → Funktionalismus, so bei dem Opernhaus von Tanglewood (1944). Abb. → Harrison.

Lit.: Christ-Janer '48; Saarinen, El. '49; GA 6, 26.

Sacchetti, Giovanni Battista (1700-64). Schüler von → Juvarra, dem er nach Spanien folgte; er führte dessen Entwürfe für die Gartenfassade des Palastes La Granja in San Ildefonso (1736-42) aus. S.s Hauptwerk ist der Kgl. Palast in Madrid (beg. 1738), für den er Juvarras Schema, beeinflußt von → Berninis Louvre-Projekt, vergrößerte. Das Ergebnis ist überzeugend. S. ist auch für die Anlage des Stadtviertels um den Palast verantwortlich.

Lit.: Battisti '58; Kubler-Soria '59; Pommer '67.

Gartenfassade von La Granja, San Ildefonso, von → Juvarra und → Sacchetti, 1736-42.

Sacconi, Giuseppe Conte (1853-1905). Sein ›magnum opus‹ ist das Nationaldenkmal für Viktor Emanuel II. im Stadtzentrum von Rom, für das er 1884 einen Wettbewerb gewonnen hatte. Von seinen anderen Werken ist das Gebäude der Assicurazioni Generali auf der Piazza Venezia in Rom (1902-07) zu erwähnen.

Lit.: Lavagnino '56; Venturoli '57; Borsi '66; Meeks '66; Portoghesi '68; Rodiek '84.

Sacharow, Adrian (Andrejan) Dmitrijewitsch (1761-1811). Der führende russ. Architekt des → Klassizismus, vielleicht der größte Architekt Rußlands überhaupt. S. wurde an der St. Petersburger Kunstakademie ausgebildet, studierte in Paris

Turm der Admiralität, St. Petersburg, von → Sacharow, 1806-23.

unter → Chalgrin Architektur (1782-86) und reiste in Italien. Sein Meisterwerk ist das Gebäude der Admiralität (1806 beg.) in St. Petersburg (Abb. → Rußland). Dieser kühne, riesige Bau, dessen Fassade etwa 400 m lang ist, hat über dem Mittelportal als Akzent einen mit Säulen geschmückten quadrat. Turm, der eine nadelartige Turmspitze trägt. Die Enden der Fassade werden jeweils durch einen zwölfsäuligen → Portikus betont. S.s besondere Leistung war es, eine so ungeheuer lange Schauseite zur Wirkung zu bringen, ohne ihre Einheit zu zerstören. Vorzüglich sind die Seitenflügel, sie kommen → Boullées Architektur, die große geom. Formen zur Geltung bringt, am nächsten: jeder der Seitenflügel bildet einen würfelförmigen Pavillon, der von einem zylindrischen → Tambour überfangen, von einer halbkreisförmigen Portalöffnung durchbrochen und von → Kolonnaden flankiert wird. Ein anderer erwähnenswerter Bau ist die (später umgebaute) St. Andreas-Kathedrale in Kronstadt.

Lit.: Hautecoeur '12; Hamilton '54.

Sächsisch-normannischer Mischstil (spätes 11. Jh.). → Großbritannien.

Sacripanti, Maurizio (geb. 1916) → Italien.

Safdie, Moshe (geb. 1938). In Israel geb., studierte in Kanada. Arbeitete u.a. bei → Kahn in Philadelphia, ehe er in Montreal 1964 sein eigenes Büro

Nationaldenkmal Vittorio Emanuele II., Rom, von → Sacconi, 1854-1905.

Habitat, Puerto Rico, von → Safdie, 1968-71.

Habitat flats auf der Weltaustellung Montreal 1967, von → Safdie.

eröffnete. 1975 Prof. u. Leiter der Abteilung für Wüstenarchitektur an der Universität in Beersheva, Israel; seit 1978 an der Harvard University in Cambridge, Massachusetts. Sein bekanntestes Werk sind die ›Habitat flats,‹ die anläßlich der Weltausstellung in Montreal 1967 gebaut wurden, – visuell aufregend, funktionell und wirtschaftlich zweifelhaft (Abb. → Ausstellungsarchitektur). Abb. → Präfabrikation.
Lit.: Safdie '70, '74, '82; Zevi '50 b.

Sägedach → Dachformen 4.

Rathaus in Hajima, Japan, von → Sakakura, 1959.

Rathaus in Maebashi, Japan, von → Sakakura, voll. 1981.

Sakakura, Junzo (1904-68). Nach Ausbildung in Tokio und Paris war S. in den Jahren 1931-36 Mitarbeiter von → Le Corbusier, der entscheidenden Einfluß auf ihn ausübte. Mit dem prämierten jap. Pavillon anläßlich der Weltausstellung 1937 in Paris präsentierte S. sich zum erstenmal als selbständiger Architekt der Öffentlichkeit. Mit der Planung des nach seinem Tod vollendeten Pavillons auf der Weltausstellung 1970 in Osaka endete sein reichhaltiges Werk. S. gehört zu den Begründern der rationalistischen Architektur Le Corbusiers in Japan. Von seinen ausschließlich in Japan gebauten Projekten erregten besonderes Aufsehen das Museum für Moderne Kunst in Kamakura (1951) sowie das Nationalmuseum für Westliche Kunst, Taito-ku, in Tokio (1959), zusammen mit Le Corbusier und → Mayekawa. Weitere namhafte Mitarbeiter von S. waren → Yoshizaka (geb. 1917) und Fumitaki Nishizawa. Abb. → Japan.   M.-A. V. L.
Lit.: CA '80.

Sakralbau. Im Gegensatz zum → Profanbau ein Bau, der kultischen Zwecken dient.

Sakramentshaus. Architekt. ausgebildetes Behältnis zur Aufbewahrung geweihter Hostien an der Nordwand des → Chors, meist aus Stein. Das spätgot. S.

setzt sich ähnlich der → Kanzel aus Fuß, Korb, Gehäuse und → Baldachin (bei Kanzel ›Schalldeckel‹) zusammen. Besonders prächtige Beispiele gibt es in Ulm und Nürnberg.
Lit.: Wesenberg '37.

Sakristei (lat.). Ein neben dem → Chor liegender Raum zur Aufbewahrung der Meßgewänder und der liturgischen Geräte, hervorgegangen aus → Diakonikon und → Prothesis.

Sala terrena, die (ital.: ebenerdiger Saal). Ein ursprünglich zum Garten offener und manchmal als → Grotte ausgebildeter Saal im Erdgeschoß eines Schlosses (Prag, Waldsteinpalais), meist im Mittelbau unter dem Hauptsaal gelegen oder als Vorhalle zur Haupttreppe (→ Treppe) angelegt (Wien, Oberes Belvedere).

Museum für moderne Kunst, Kamakura, Japan, von → Sakakura, 1951.

Salinas, Raúl → Mexiko.

Salische Baukunst → Deutschland.

Salomónica, die. Span. Ausdruck für die im span. Barock häufig vorkommende Form einer gedrehten → Säule. → Spanien.

Sala terrena. Schloß Weißenstein, Pommersfelden, von Johann → Dientzenhofer, 1711-18.

Salvi, Nicola (1697-1751). Röm. Architekt. Entwarf die Fontana di Trevi in Rom (1732-62), ein spätbarockes Meisterwerk. Die mit einer → Kolossalordnung und in der Mitte durch das beherrschende → Triumphbogenmotiv gegliederte Palastfassade erhebt sich über einer künstlichen Felsenlandschaft mit hervorsprudelnden Quellen, die sich in ein großes Becken ergießen. Im Mittelpunkt herrscht Neptun über seine marmornen Meerwesen und die ganze phantastische Komposition.
Lit.: Pinto, J. A. '86.

Salvin, Anthony (1799-1881). Engl. Architekt, Sohn eines Generals, stammte aus einer alten nordengl. Familie. Als Schüler von → Nash war er vor allem eine anerkannte Autorität für Instandsetzungen von Burgen und Schlössern. Er arbeitete am Tower von London, außerdem in Windsor, Caernarvon, Durham, Warwick, Alnwick und Rockingham. Gelegentlich mit kirchlichen Bauaufgaben beschäftigt, galt S.s Hauptinteresse jedoch Profanbauten. Zu den verschiedenen von ihm benutzten Stilarten gehören der nüchterne Tudorstil (→ Großbritannien) von Mamhead in Devon (1828, ein sehr frühes Datum für die Wiederbelebung des Tudorstils), ein üppiger Renaissancestil für die Innenräume von Alnwick (1854ff., nicht von ihm entworfen, jedoch von ihm gebilligt) und der komplizierte Jacobean Style (→ Großbritannien) von Thoresby, Nottinghamshire (1864-75). Sein eindrucksvollster Bau, Harlaxton in Lincolnshire (1834ff.), entstand überraschend früh dafür, wenn man bedenkt, daß er im reichsten Elizabethan Style (→ Großbritannien) errichtet ist (von W. Burn [1789-1870] voll.).
Lit.: Hitchcock '54; Girouard '71; Allibone '88.

Peckforton Castle, Cheshire, von → Salvin, 1844.

Salvisberg, Otto Rudolf (1882-1940). Bruno → Taut; → Schweiz.

Sambin, Hugues (1515/20-1601/02). Architekt, Bildhauer und Tischler des frz. → Manierismus. Er arbeitete in Burgund und war das Haupt einer Schule von begabten Architekten in dieser Provinz. S. und seine Schule schätzten reiche Oberflächengestaltung mit kunstvoll gearbeitetem → Bossenwerk (z.B. Château Tanlay, um 1568) oder mit Hochrelief (z.B. Maison Milsand in Dijon, um 1561). S. entwarf die Fassade für das Rathaus, heute Justizpalast, in Besançon. Sein Stil übte sogar in Paris großen Einfluß aus (Hôtel Sully). S. veröffentlichte eine Abhandlung über die Anwendung von → Karyatiden in der Architektur ›Termes dont on use en architecture‹ (1572).
Lit.: Castan 1891.

Fontana di Trevi, Rom, von → Salvi, 1732-62.

Samo, Jurkovič Dušan (1868-1947) → Tschechoslowakei.

Samonà, Giuseppe (geb. 1898) → Italien.

Sanctuarium (lat.). **1.** Heiligtum. **2.** In allen Kultbauten Stätte des Heiligtums. **3.** Beim griech. Tempel das → Adyton. **4.** In christl. Kirchen der Altarraum, meist identisch mit → Chor.

Sanfelice, Ferdinando (1675-1748). Ein führender Architekt Neapels zu seiner Zeit. Sein Stil ist geistvoll und unorthodox. Besonders hervorzuheben sind seine kunstvollen Treppenanlagen, z.B. in den Palazzi Sanfelice und in Serra Cassano.
Lit.: Pane '39; Venditti '61; Blunt '75; G. A. Ward '88.

Sangallo. Architektenfamilie. *Giuliano da S.* (Giuliano Giamberti) (1445-1516). Festungsbaumeister, Bildhauer und Architekt. Geb. in Florenz, Bruder von Antonio da Sangallo d.Ä. Er war einer der begabtesten Nachfolger → Brunelleschis und arbeitete auch noch zu → Bramantes und → Raffaels Zeit im Stil der Frührenaissance (→ Renaissance). Die Jahre 1465-72 führten ihn nach Rom, die meisten seiner Bauten jedoch entstanden in Florenz und Umgebung wie die Medici-Villa in Poggio a Caiano (um 1485, später verändert), wohl das erste Beispiel eines Villentypus' des kommenden Humanismus. S. Maria delle Carceri in Prato (1485) ist die erste Renaissancekirche, die über dem Grundriß eines griech. → Kreuzes errichtet wurde. Ein Meisterwerk, dessen Innenausstattung im Stil von Brunelleschi gehalten ist. S. erbaute auch den Palazzo Gondi in Florenz (1490-94), dessen rustizierte (→ Rustika) Fassade auf jene des Palazzo Medici-Riccardi zurückgeht. Die monumentale Treppenanlage steigt vom Innenhof aus auf. Auch für das Bauvorhaben des Palazzo Strozzi legte Giuliano

Maison Milsand, Dijon, von → Sambin, um 1561.

S. Maria delle Carceri, Prato, von Giuliano da → Sangallo, beg. 1485.

Villa Medicea, Poggio a Caiano, von Giuliano da → Sangallo, um 1485.

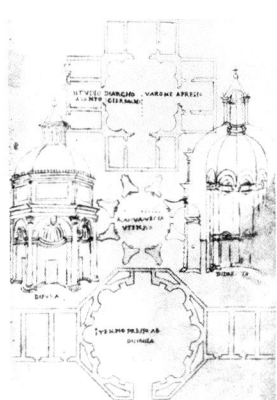

*Entwürfe für Zentralbauten,
von Giuliano da → Sangallo.*

Entwürfe vor; ausgeführt haben ihn aber Benedetto da → Maiano und → Cronaca. 1492, im Todesjahr Lorenzo des Prächtigen, verließ er Florenz und hinterließ den begonnenen Palazzo Rovere al Savona. In Rom schuf er S. Maria dell' Anima (1514) und einen Entwurf für die Peterskirche (um 1514).

Antonio da S. (Antonio da Francesco Giamberti d. Ältere; 1455-1534). Geb. in Florenz. Im Schatten seines Bruders Giuliano gelang ihm doch bedeutende und beeinflußende Architektur, so die streng gegliederte S. Maria di Monserrato in Rom (vor 1500). Er nahm das Thema von → Brunelleschis Ospedale degli Innocenti für die Gestaltung des Platzes SS. Annunziata wiederholend auf und lieferte damit einen bedeutenden Beitrag für die Geschichte der Stadtplanung. Madonna di S. Biagio in Montepulciano (um 1519-26) gehört zu den Hauptwerken der Renaissance und bedeutet zugleich einen Markstein in der Geschichte des → Zentralbaus. Die Anlage dieser Kirche geht auf Bramantes und Raffaels Plan für die Peterskirche in Rom zurück. Sie ist über dem Grundriß eines griech. Kreuzes errichtet, wobei die → Vierung mit einer Kuppel überspannt ist; auch waren zwischen den Kreuzarmen vier Türme vorgesehen, von denen jedoch nur einer ausgeführt worden ist.

Antonio da S. (Antonio Giamberti d. Jüngere) (1484-1546). Geb. in Florenz. Das bedeutendste Glied der Familie Sangallo, Neffe von Antonio da Sangallo d. Ä. und Giuliano da Sangallo. S. war

*Palazzo Farnese, Rom, von Antonio da → Sangallo d. J.,
beg. 1534, von → Michelangelo voll. nach 1546.*

nach Raffaels Tod zwei Jahrzehnte lang der führende Architekt der Renaissance in Rom. Er begann unter Bramante und → Peruzzi als Architekturzeichner, bzw. war an Bramantes Ausführung der Kuppel von St. Peter (1510-12) als Zimmermann beteiligt. Anschließend wurde er Raffaels erster Mitarbeiter beim Bau der Peterskirche. Man betraute ihn mit der Aufgabe, die von Bramante errichteten Mauern zu verstärken. Gleichzeitig begann S. mit den Enwürfen zum Palazzo Baldassini in Rom (1520) als unabhängiger Architekt. 1520 folgte er Raffael als Baumeister von St. Peter und wurde auch mit militärischen Festungsanlagen betraut (Fortezza di Basso, Florenz 1534). S.s Meisterwerk ist der Palazzo Farnese in Rom (beg. 1534, nach 1546 von → Michelangelo vollendet), der monumentalste aller Renaissancepaläste (Abb. → Michelangelo). Die säulenlose, glatte Fassade wird einzig durch Gesimse, die die einzelnen Geschoße voneinander trennen, und durch Eckquader gegliedert. Sie betonen die Horizontale und unterstreichen so die ernste Würde der Komposition. Sie ist gleichzeitig nüchtern, elegant und ruhevoll. 1539

*San Biagio, Montepulciano, von Antonio
da → Sangallo d. Ä., 1519-26.*

wurde er leitender Architekt der Peterskirche und schuf Entwürfe für die Abänderung von Bramantes Plan (nicht ausgeführt). S. entwarf auch die Innenräume der Cappella Paolina (1538-40) im Vatikan. Verschiedene Paläste, darunter der Palazzo Sacchetti in Rom (beg. 1542), werden ihm zugeschrieben. Viele Jahre war er als Festungsbaumeister für die Wehrbauten in der Umgebung Roms verantwortlich. Nach S.s Tod übernahm Michelangelo, dessen dynamischer Stil in krassem Gegensatz zu S.s ausgeglichener Renaissancebauweise steht, die Bauleitung der Peterskirche.

Lit.: Vasari 1550; Clausse 1900-'02; v. Fabriczy '02; Venturi XI; Marchini '42; de Broglie '53; Ackerman '59; Giovannoni '59; Bonelli '60; Chastel '61; Benedetti '68; Heydenreich-Lotz '74; Bardazzi-Castellani '81; Morselli-Corti '82; Jobst '92.

Sanmicheli (Sammicheli), Michele (1484-1559). Der führende Architekt des → Manierismus in Verona, erlangte vor allem als Festungsbaumeister Berühmtheit. Viele seiner Werke ähneln Wehrbauten; die Fassade von S. Maria in Organo in Verona z. B.

Porta Nuova, Verona, von → Sanmicheli, 1533-40.

(1547) könnte ebensogut für ein befestigtes Stadttor gehalten werden. S. wurde oft mit → Palladio verglichen, den er stark beeinflußte und der im Veneto sein Nachfolger als führender Architekt wurde. Aber in Wahrheit besteht ein großer Gegensatz zwischen der massiven Kraft der Werke S.s und den weitaus eleganteren und stärker verstandesbetonten Bauten Palladios.

S. wurde in Verona als Sohn eines Architekten geb., ging um 1500 nach Rom. 1510-24 leitete er die Arbeiten an der got. Fassade des Doms in Orvieto (Abb. → Maitani) und schuf dort auch den Dreikönigsaltar (1515). 1526 betraute ihn der Papst mit Befestigungsarbeiten in Parma und Piacenza; 1527 ließ S. sich in Verona nieder. Als begehrter Festungsbaumeister führte er Arbeiten in Legnagno (1529), Verona (1530ff.), Venedig (1535ff.), auf Korfu und Kreta aus; diese Wehrbauten gehören zu seinen besten Werken. Die Tore tragen kraftvolles → Bossenwerk, die Festungen sind mit kräftigen dor. → Säulen geschmückt. S. verwendete nur wenige, aber äußerst wirkungsvolle Ornamente: Wappenschilde und → Schlußsteine mit finsteren Köpfen. Die bedeutendsten seiner Befestigungen sind die Porta Nuova in Verona (1533-40), die Fortifikationen des Lido in Venedig (1535-49), die Porta S. Zeno in Verona (1542) und die mächtigste von allen, die Porta Palio in Verona (1557).

Palazzo Bevilacqua, Verona, von → Sanmicheli, um 1530.

S.s erster Palastbau war der Palazzo Pompei in Verona (um 1529). Er arbeitete zuerst in der Tradition von → Bramante und → Raffael, entwickelte aber bald einen eigenständigen Stil, durch das Spiel von Licht und Schatten Kontraste erzielend. Der Palazzo Canossa in Verona (beg. 1532) wird durch das hohe rustizierte (→ Rustika) Sockelgeschoß und durch das vereinfachte → Palladio-Motiv der Fenster im ersten Stock bestimmt. Überreich ist sein Palazzo Bevilacqua in Verona (um 1530) gestaltet: die Fenster sind kunstvoll umrahmt, die Säulen gewunden, der Skulpturenschmuck wirkt fast erdrückend. S. wandte hier einen Kunstgriff an, der später sehr beliebt wurde: Er ließ die → Triglyphen des Gesimses vorkragen, um → Konsolen für einen Balkon zu erhalten. Später strebte er bei seinen

Loggetta, Venedig, von → Sansovino, 1537-40.

Palästen danach, die Wandmassen optisch aufzulösen. Beim Palazzo Grimani in Verona (beg. 1556, später verändert) werden die Flächen zwischen den → Pilastern und Säulen fast ganz von Fenstern ausgefüllt.

S. baute nur wenige Kirchen. Die Cappella Pellegrini von S. Bernardino in Verona (um 1528) und die Kirche Madonna di Campagna in Verona (1559) sind jedoch wegen ihrer gedrungenen Kuppeln auf hohem → Tambour, durch → Blendbögenpaare und Fenstergruppen gegliedert, interessant.

Lit.: Pompei 1735; Venturi XI; Langeskjøld '38; Wittkower '49; Argan '56 b; Zevi in EUA '47; Fiocco '60; Gazzola '60; Tafuri '66; Heydenreich-Lotz '74; Puppi '86.

Sansovino, Jacopo (eigentl. Jacopo d'Antonio Tatti; 1486-1570). Urspr. Bildhauer, brachte die Hochrenaissance (→ Renaissance) nach Venedig. S. wurde in Florenz als Sohn von Antonio Tatti geb.; er lernte bei Andrea Contucci gen. Sansovino, dessen Namen er annahm. Von 1505 an arbeitete er hauptsächlich in Rom als Bildhauer und Restaurator antiker Statuen. Nach einer Auseinandersetzung mit → Michelangelo 1517 hielt er sich noch stärker an die klassischen Vorbilder. Vor der Plünderung Roms (1527) floh er, in der Absicht, nach Frankreich zu gehen, nach Venedig, erhielt jedoch hier den Auftrag, die Hauptkuppel von S. Marco zu restaurieren; 1529 wurde er zum obersten Baumeister von S. Marco ernannt. Er blieb nun bis zum Ende seines Lebens in Venedig; die Freundschaft mit Tizian und Aretino ermöglichte ihm den Zugang zum gesellschaftl. Leben der Stadt, deren führender Architekt er bald wurde. Diese Stellung behielt er bis zur Ankunft von → Palladio, der stark von ihm beeinflußt wurde. S.s Hauptwerke entstanden alle in Venedig: die Bibliothek (Libreria Vecchia, beg. 1536, vollendet um 1582 von → Scamozzi) und die Münze gegenüber dem Dogenpalast (1537-54), ferner die Loggetta am Fuße des Campanile von S. Marco (1537-40). Diese Werke bedeuten

Madonna di Campagna, Verona, von → Sammicheli, beg. 1559.

Palazzo Canossa, Verona, von → Sanmicheli, beg. 1532.

Libreria Vecchia, Venedig, von → Sansovino, beg. 1536.

in der glücklichen Verbindung von Architektur und Plastik eine Neuerung für Venedig. Palladio nannte die Bibliothek das vollkommenste Bauwerk der nachantiken Zeit. S. erbaute auch einige Kirchen; erwähnenswert sind S. Francesco della Vigna (1534, von Palladio vollendet) und die Fassade von S. Giuliano (1553-55). Für den Palazzo Corner gen. Ca'Grande (vor 1561) paßte er den röm. Palasttyp den venez. Verhältnissen an. Auf dem Festland schuf er die Villa Garzoni in Pontecasale (um 1530), einen strengen Bau, der einen weiten Hof umgibt. Hier kam S. dem Wesen einer antiken Villa näher als irgendein anderer Architekt des 16. Jhs.

Lit.: Sapori '28; Haydn-Huntley '35; Mariacher '62; Tafuri '69 a; Heydenreich-Lotz '74; Howard, D. '75, '88².

*›Die Elektrische Zentrale‹,
Zeichnung von → Sant'Elia,
1914.*

*Staudamm: Zeichnung von
→ Sant'Elia, 1913-14.*

*Ehem. Zisterzienserkirche
Sedletz/Sedlec, von
→ Santin-Aichel, 1703-07.*

Sant'Elia, Antonio (1888-1916). Architekt des ital.
→ Futurismus, fiel im Ersten Weltkrieg, ohne eine
Chance gehabt zu haben, seine Entwürfe zur ›Città
Nuova‹ auszuführen. Seine Zeichnungen jedoch,
hauptsächlich 1913 und 1914 entstanden, sind Vi-
sionen der Industrie- und Handelsmetropolen der
Zukunft, mit stufenförmigen Wolkenkratzern,
Fahrbahnen auf verschiedenen Ebenen und kühn
geschwungenen Fabrikfassaden. Seine Formgebung ist von der Wiener Sezession (→ Olbrich) beeinflußt, ähnelt aber seltsamerweise auch → Mendelsohns Skizzen aus jenen Jahren. S.s Großstadt
ist in der Auffassung durchaus futuristisch. Abb.
→ Italien; → Futurismus.

Lit.: Fillia '31; Zevi '50b; Apollonio '58; Drudi Gambillo-Fiori
'58-62; Mariani, L. '59; Banham '60; Caramel-Longatti '62; De
Fusco '64; Schmidt-Thomsen '67; Tafuri '68; Nicoletti '78a;
Longatti '84; Caramel/Longatti '88; Sant'Elia '90; Lampugnani
'92.

Santin-Aichel, Giovanni (Giovanni Santini) (1667-
1723). Der bedeutendste Architekt in Böhmen neben Christoph und Kilian Ignaz → Dientzenhofer.
Anders als diese hat S. sich zwar mit → Borromini
und → Fischer von Erlach auseinandergesetzt, aber
weder mit der → Guarineske noch dem Wandpfei-
ler- und Baldachinprinzip. Seine Sakralbauten sind
wie die Fischers von Erlach → hypäthrale Räume.
S., Enkel eines im 17. Jh. in Prag eingewanderten
ital. Steinmetzen, hat dort nur einige Profanbauten
– so die Palais Czernin-Morzin und Thun-Hohen-
stein – aber keinen einzigen Sakralbau hinterlassen.
Sein Hauptthema waren Kloster- und Wallfahrtskirchen in der böhmisch-mährischen Provinz (Maria Teinitz, Kiritein, Raigern) und Gnadenkapellen
(Mlatz, Saar/Zdar). Zusammen mit dem ebenfalls
eingedeutschten Octavian Broggio war er der eigentliche Schöpfer des böhmischen Volksbarocks
(→ Barock), der sich vom ländlichen Barock Österreichs vor allem durch die vorromantisch-gotisie-
rende Komponente unterscheidet.
S. erneuerte eine Anzahl der von den Hussiten zerstörten ma. Klosterkirchen samt der Ausstattung in
gotisierenden Formen (Sedletz, Seelau, Kladrau).
Seine originellsten Schöpfungen sind das im Wind-
mühlentypus angelegte Jagdschloß Karlskrone in
Chlumec a. d. Cidlina und die sternförmige Gnadenkapelle auf dem Grünen Berg bei Saar/Zdar
(Abb. → Tschechoslowakei). Die eine geistvoll-
paradoxe Weise Zentralbauten Fischers von Erlach
variieren. Der Hauptraum steht in einer Raumfolie
von abwechselnd dunklen und einverleibten und
hellen und ausgeschiedenen Kapellen, während der
Außenbau mit seinen atektonisch geknickten und
kulissenartig windschief verlaufenden Wänden und
den asym. ansteigenden oder hängenden Dächern
Architekturvisionen des → Expressionismus vorwegnimmt.   E. B.

Lit.: Franz '27, '62; Bachmann, E. '64; Swoboda '64; Hempel
'65; Norberg-Schulz '68; Queysanne '86.

Sarazenische Architektur → Islamische Architektur.

Sarkophagarchitektur. Für den Sarkophag, einen
meist steinernen, aber auch aus Holz oder Metall
hergestellten Sarg, übernehmen die Griechen und
Römer oft haus- und tempelähnliche Architekturformen mit → Portalen, Säulenarkaden (→ Arkaden) usw., die auch besonders im MA. in Gebrauch
bleiben.

Lit.: Altmann '02; Wilpert '29.

*Ehem. Benediktinerkirche Kladrau/Kladubry, nach
Plänen von → Santin-Aichel, 1712-26.*

Sassaniden-Baukunst → Iranische Architektur.

Satellitenstadt. Eines der wichtigsten – und umstrittensten Leitbilder im Städtebau des 20. Jhs. Sie ist
das Ergebnis des Versuchs, die sich im Zuge der
industriellen Revolution explosiv und unkontrolliert entwickelnden groß- und industriestädtischen
Ballungszentren städtebaulich, wirtschaftlich, (ge-
sellschafts-)politisch und infrastrukturell neu zu organisieren und zu gliedern. Im Gegensatz zum Konzept der konzentrischen Stadterweiterung des
19. Jh., das weder strukturell noch funktional den

*Palais Czernin-Morzin, Prag, von → Santin-Aichel,
1713-14.*

Satellitenstadt Bijlmermeer bei Amsterdam, seit 1966.

Problemen der industriellen Großstadt gewachsen war, zielt das Konzept der S. auf die Dezentralisation der städtischen Funktionen in wirtschaftlich, kommunalrechtlich und kulturell eigenständigen Neugründungen, d. h. auf die ›Entballung‹ und Auflockerung der großstädtischen Verdichtungsräume. Der Idealfall sieht die planmäßige Ansiedlung dieser weitgehend selbständigen Stadteinheiten (›Entlastungsstädte‹) von ca. 30000 Einwohnern in einer

Satellitenstadt. Gravenbruch bei Frankfurt a. M.

Entfernung von 20-40 km zu einer vorhandenen Kernstadt vor: von dieser einerseits durch ausgedehnte Erholungszonen und landwirtschaftliche Nutzflächen getrennt und andererseits durch ein ausgebautes Verkehrssystem erschlossen.
Zum Normalfall allerdings wurden jene monofunktionalen Großsiedlungen und Wohntrabanten, die

meist nur sehr unzureichend mit städtischen und infrastrukturellen Einrichtungen ausgestattet waren und vor allem einem Zweck dienten: der Bereitstellung von Wohnungen. Ein maßgeblicher Ausgangspunkt für das Konzept der S. ist die von Ebenezer Howard entwickelte → Gartenstadt (1898), die von → Unwin in Letchworth (1903) und Welwyn (1919) vorbildhaft realisiert wurde.
Wichtige Entwicklungsschritte des Planungsideals S. stellen u.a. das von Ernst → May für Frankfurt entwickelte ›Trabanten‹-Konzept (1925-30) sowie

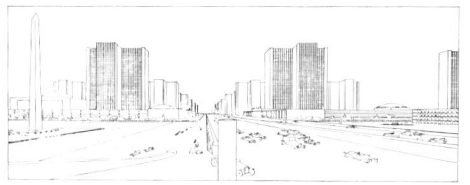

Satellitenstadt. ›Eine Stadt der Gegenwart‹, Zeichnung von → Le Corbusier, 1925.

die nach dem 2. Weltkrieg vor allem für den Großraum London konzipierten ›New Towns‹ dar (Harlow, 1947 ff. u. a.). In der Bundesrepublik basieren u.a. städt. Neugründungen wie die Sennestadt b. Bielefeld (1954 ff.), Hochdahl (1957 ff.) und Wulfen (1960) auf dem Prinzip der S.
Neben den raumplanerischen, wohnungspolitischen und verwaltungstechnischen Perspektiven enthielt die S. das Versprechen, die im Zuge des ›Neuen Bauens‹ entstandene und in der → Charta von Athen (1933) enthaltene Vision einer auch ästhetisch neuen ›Stadt‹ einzulösen. Ein Versprechen, das unter dem Druck zweckrationalistischer Planungsbedingungen nur sehr rudimentär eingelöst wurde. Nicht zuletzt die soziologischen, wohnpsychologischen und ökologischen Erkenntnisse der letzten beiden Jahrzehnte ließen das Leitbild S. als den Inbegriff technokratischer Planung fragwürdig werden und in städtischer Konzentration und Integration eine neue Alternative suchen: die Stadtreparatur. Abb. → Skandinavien. → Siedlungsarchitektur; → Zeilenbau; → Städtebau.
Lit.: → Städtebau.   A. Gl.

Satellitenstadt. Le Mirail, Toulouse, von → Candilis, Alexis Josic, → Woods, 1962-77.

Satteldach → Dachformen 3.

Säule. Ein im Querschnitt kreisförmiges, senkrecht stehendes Stützglied, das sich im allgemeinen nach oben leicht verjüngt, manchmal auch eine → Entasis hat. Die S. der antiken → Säulenordnungen besteht aus → Basis (mit Ausnahme der S. der dor. S.nordnung), → Schaft und → Kapitell. Urspr. tragen die S.n ein → Gebälk, erst später über Bögen (→ Bogen) eine Mauer (röm.). – Neben der freistehenden S. gibt es die nur teilweise hervortretende *Wands. (Dreiviertels., Halbs.)*; ist ihr Radius bei großer Höhe gering, spricht man von → Dienst; sowohl die freistehende S. als auch der Dienst können gebündelt als *S.nbündel* (bzw. Bündels.) oder *Dienstbündel* auftreten. Diese Formen erfüllen sowohl konstruktive als auch dekorative Zwecke; die einzeln stehende S. (→ Triumphs.) hat in der Regel nur dekorative oder symbol. Bedeutung. S.n erscheinen meistens in Reihen angeordnet, treten aber auch in Gruppen → gekuppelt auf (Doppels., Vierlingss.). – Die wichtigsten S.nformen sind neben denen der klass. antiken S.nordnungen 1. die *Lotos-* oder *Papyross.*, als Lotos- oder Papyrosbündel mit

Säule. Regierungsgebäude in Chandigarh, von → Le Corbusier, 1961.

Säule. Trajanssäule, Rom, 113.

Säule. S. Paolo fuori le mura, Kreuzgang, Rom, beg. 1. Hälfte des 4. Jhs.

Säule, von Hermann Obrist, 1898.

geschlossenem Kapitell oder mit glattem Schaft und offenem Kapitell; **2.** die *Palmens.* mit Palmenkapitell (→ Ägypten); **3.** die *kretische S.* mit nach unten verjüngtem glattem Schaft, einer Basisplatte und kapitellähnlichem Aufsatz aus → Wulst und → Abakus (→ Minoische Architektur); bei **4.** verschlungenen S.n und Schlangens.n sind die Schäfte zweier S.n ineinander verschlungen, bei **5.** den → Knotens.n scheinen sie einen Knoten zu bilden (z. B. in Südfrankreich zu finden). **6.** Gedrehte oder gedrechselte S.n haben einen gewundenen Schaft (→ Salomónica); sie treten vor allem im → Barock auf (z. B. beim → Ciborium in St. Peter in Rom). Die → römische Architektur hatte die S. von den Griechen übernommen und steigerte sie in Form der → Triumphsäule zum Monument (Trajansäule, Rom), das auch in der Neuzeit nachgeahmt wurde (Vendôme-Säule, Paris; Nelson-Säule, Trafalgar Square, London).

Der Gedanke, sie für Wohnbauten (→ Ruinenarchitektur) und Zweckbauten (Entwurf von → Loos für den Herald Tribune) zu benutzen, blieb einer späteren Zeit vorbehalten. Der → Internationale Stil hat die S. verbannt, die → Postmoderne holte sie zurück.

Lit.: Puchstein 1892, '07; Sohrman '06; Wurz '13; Andrae '30; Polacco '52; Boëthius '62.

Säulenbasilika, die. Eine → Basilika, deren Hauptschiffwände (→ Obergaden) von Säulen getragen werden. Diese Form ist, vor allem im frühen Kirchenbau, häufiger als die der → Pfeilerbasilika.

Säulenhalle → Apadana; → Ägyptischer Saal; → Griechische Architektur.

Säulenhals. Bei einigen → Säulenordnungen durch eine Kerbe (→ Echinus) oder einen Halsring abgesetzter Teil des Säulenschaftes (→ Schaft) unter dem → Kapitell.

Säulenordnungen, die. Antike Architektursysteme, bei denen → Säulen, → Kapitelle, → Architrave und → Gesims aufeinander abgestimmt sind und so eine feste ›Ordnung‹ bilden. Die → Griech. Architektur hat mit der dor., ion. und korinth. Ordnung die Grundtypen geschaffen. **1.** Die dor. Ordnung erhebt sich über dem → Stylobat; die Säulen haben keine → Basis; der Säulenschaft (→ Schaft) hat 16-20 in scharfen Graten aufeinanderstoßende → Kanneluren und verjüngt sich über eine → Entasis nach oben; das Kapitell (→ Kapitell 2) setzt sich zusammen aus dem wulstartigen → Echinus mit den → Anuli und einem quadratischen → Abakus. Der Architrav (auch Epistyl) besteht aus einem glatten, unverzierten Steinbalken und dem → Fries mit → Triglyphen und → Metopen, an dessen unterer Begrenzung eine Tropfenleiste (→ Taenia) mit der → Regula und den → Guttae unter jeder Triglyphe befestigt ist. Auf dem Fries liegt das → Geison, an dessen Unterseite die Mutuli (→ Mutulus) hängen. Eine Traufleiste, die → Sima, die oft mit Akroterien (→ Akroterion) besetzt ist, schließt den Aufbau ab. – **2.** Die gegenüber der dor. schlankere Säule der ion. Ordnung hat eine Basis. Hier gibt es den Typ der → Attischen Basis mit zwei Wülsten und den der kleinasiatisch-ion. Basis, die aus zwei → Hohlkehlen und einem Wulst besteht und auf einer → Plinthe ruht. Der Säulenschaft hat 20-24 Kanneluren, die durch Stege voneinander geschieden sind.

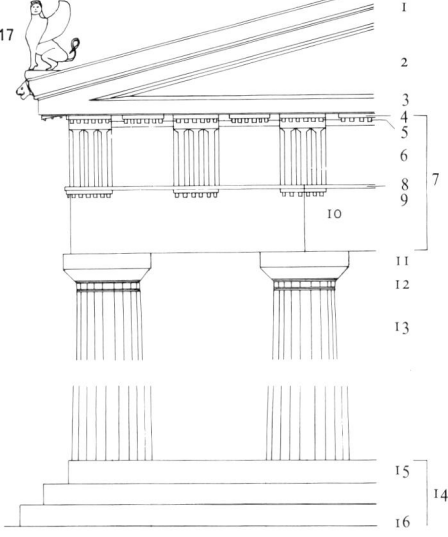

Dorische Säulenordnung:

1. *Sima* **2.** *Tympanon* **3.** *Geison* **4.** *Mutulus* **5.** *Guttae* **6.** *Metopen-Triglyphenfries* **7.** *Architrav* **8.** *Taenia* **9.** *Regula* **10.** *Guttae* **11. u. 12.** *Kapitell mit Abakus und Echinus* **13.** *Schaft* **14.** *Krepis* **15.** *Stylobat* **16.** *Euthynterie* **17.** *Akroterion.*

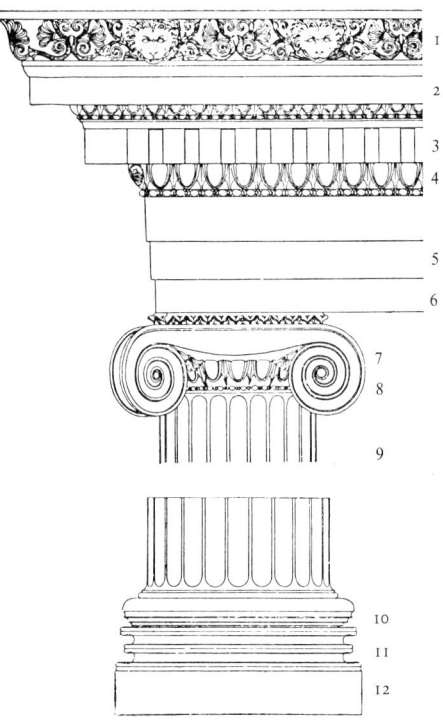

Ionische Säulenordnung:

1. *Sima* **2.** *Geison* **3.** *Zahnschnitt* **4.** *Ionisches Kyma* **5.** *Epistyl mit Faszien-Abakus* **7. u. 8.** *Kapitell mit Voluten und Eierstab* **9.** *Schaft* **10.** *Torus* **11.** *Trochilos* **12.** *Plinthe.*

Das Kapitell (→ Kapitell 4) besteht aus → Eierstab, Volutenpolster (→ Volute) und Abakus. Der Architrav besteht aus drei übereinander gesetzten, vorkragenden Schichten (→ Faszien) und wird von einem → Kymation mit → Astragal abgeschlossen.

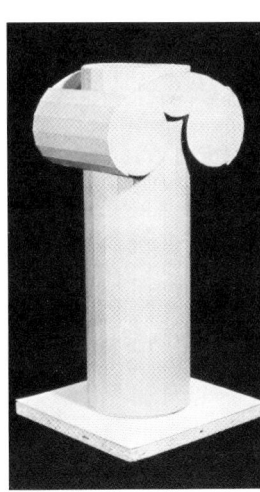

Holzmodell einer Säule, von → Venturi, 1976. Museum von Oberlin.

Altionische oder samische Basis.   *Ionische Basis.*

Der Fries bildet ein zusammenhängendes, oft relief-geschmücktes Band. Geison, hier mit einer Zahn-schnittleiste (→ Zahnschnitt), und Sima bilden wie-der den Abschluß. – **3.** Die korinth. unterscheidet sich hauptsächlich durch das aus Akanthusblättern gebildete Kapitell (→ Kapitell 5) von der ion. Ordnung; dazu kommen die sehr viel schlankeren Proportionen, nicht nur der vertikalen Bauglieder (Säulen), sondern auch der horizontalen (Archi-trav). – Die → röm. Architektur übernahm im gro-ßen und ganzen diese drei Ordnungen, führte aber einige wesentliche Neuerungen ein: **4.** Die toskani-sche (tuskische) Ordnung ist eine Variante der dori-schen, ihre häufig unkannelierten Säulen haben eine Basis, auch legt sich unter dem Echinus statt der Anuli ein Halsring um den Schaft, und der → Trigly-phenkonflikt ist dadurch gelöst, daß die Ecktrigly-phe achsial über der Ecksäule sitzt, also eine Rest-metope eingeführt wird. **5.** Die röm. Kompositord-nung vereinigt, vor allem in der Ausbildung des Kapitells (→ Kapitell 6), ion. und korinth. Ele-mente. Bedeutsamer ist jedoch, daß in der röm. Architektur die Säulen zu Bestandteilen der Fassa-dendekoration werden, die im Mauerwerksbau ein-gesetzt werden können. Dabei wird die dor. Ord-nung für das Erdgeschoß, die ion. für das 1. Oberge-schoß und die korinth. für das 2. Obergeschoß verwandt (Beispiel: Kolosseum in Rom, Abb. → Italien). – Durch → Vitruv erstmals interpretiert, wurden die S.en in der → Renaissance eines der wichtigsten Elemente der Architekturordnung, der

→ Architekturtheorie. Im → Manierismus wurde den S.en sogar anthropomorphe Bedeutung unter-legt, wobei die toskan. Ordnung den Ur- und Wald-menschen bedeutete und für Substruktions- und Kellergeschosse galt, die dor. das soldatisch-männ-liche (Erdgeschoß), die ion. das frauliche (1. Oberge-sch.), die korinthische das jungfräuliche (2. Oberge-sch.) und die komposite das überirdische Element (Söller) darstellte. Bedeutendster Interpret dieser verbreiteten Lehre war → Dietterlin. – Die S.en ver-loren ihre Bedeutung für die Architektur in der 2. H. des 18. Jhs. und wurden danach nur noch historisie-rend verwandt. Ergänzend → Architekturtheorie; → Doric Revival.

Lit.: Vitruv IV 2; Serlio 1537; Barozzi da Vignola 1562; Palladio 1570; Bullant 1563; Hauck 1879; Tincolini 1895; Weniger '32; Krauss, F. '41; Dinsmoor '42; Koch, H. '51; Forssman '56, '61; Summerson '63; Chitham '87; Onians '88.

Säulenportal. Ein → Portal, in dessen abgestufte → Laibung → Säulen eingestellt sind, die sich als Wülste oder → Archivolten auch im Portalbogen fortsetzen können. Das S. ist typisch für die → roman. Baukunst. Abb. → Archivolte.
Lit.: Reissmann '37.

Säulenschaft → Schaft.

Säulentrommeln. Heraion des Hera-Tempels auf Samos, 8. Jh. v. Chr.

Projektzeichnung für Terrassenhäuser, von → Sauvage.

Säulentrommel, auch → Tambour. Scheibenförmig-es Stück des → Schaftes einer nichtmonolithen (→ Monolith) → Säule. Die S. kann in der Werk-statt fertig zum Versatz gearbeitet sein, sehr häufig aber wird sie als → Bosse versetzt und → in situ bearbeitet.

Sauvage, Henri (Frédéric) (1873-1932). S. studierte an der → Ecole des Beaux-Arts in Paris (1890-95) bei Jean Louis Pascal. Er begann seine Laufbahn zunächst als Designer für Möbel und dekoratives Kunsthandwerk. Sein erstes Bauwerk ist die Villa Majorelle in Nancy (1898), womit er ein Hauptwerk der ›Ecole de Nancy‹ schuf. Mit Charles Sarazan (Partnerschaft 1898-1912) gründete S. 1903 die Societé Anonyme de Logements Hygiéniques à Bon Marché, unter deren Firmierung er in der Folgezeit ca. 20 erfolgreiche Appartementprojekte durch-führte. Das wohl markanteste Beispiel ist der Wohnblock an der Rue des Amiraux in Paris (1922), bei dem die einzelnen Etagen geschoßweise zurück-gestuft sind. Damit griff er die Idee der Terrassen-bauweise, bei ihm seit 1909 feststellbar, ähnlich wie → Loos auf.

Wohnhaus in der Rue Vavin, Paris, von → Sauvage, 1912.

Lit.: Miotto-Muret '76; Culot-Grenier '78 a, b.

Säulensaal. Tempel des Reichsgottes Amun, Karnak, Ägypten, 1304-1224 v. Chr.

Savioli, Leonardo (geb. 1917) → Italien.

Scaenae frons, die (lat.: Bühnenvorderseite).
→ Theaterbau.

Scagliola, die. Stuckmarmor. Etymologische Ablei-
tung nicht geklärt, vermutlich von ital. scaglino:
Gipsstein. Bezeichnung für Kunstmarmor, der aus
gefärbter Stuckmasse aus Gips mit Leimwasser und
Pigmentfarben hergestellt wird, die nachträglich ge-
schliffen und poliert wird. Die S.-Technik wurde
Ende des 16. Jhs. wohl in Italien entwickelt und
fand erste Verbreitung in der Barockarchitektur zur
Imitation von echtem Marmor. Bekannte deutsche
Beispiele befinden sich in Schloß Ludwigsburg, in
der Münchner Residenz (Reiche Kapelle) und
Schloß Favorite bei Rastatt. S. wird häufig mit
→ Stucco lustro verwechselt.

Lit.: Davey '65; Vierl '69.

Scalfarotto, Giovanni Antonio (1690-1764)
→ Italien.

Scamozzi, Vincenzo (1552-1616). Ital. Architekt,
der bedeutendste unter den unmittelbaren Nachfolgern von → Palladio, ein konservativer, etwas trok-
kener Formalist, der die Stilprinzipien des → Manierismus des 16. Jhs. auch noch zur Zeit des
→ Barock beibehielt. Dennoch hat er einige Bauwerke von großer Bedeutung entworfen. Geb. in
Vicenza als Sohn eines Zimmermanns, der sich auch

Palmanova, Stadtplan, von → Scamozzi.

als Baumeister betätigte, wurde er von seinem Vater
ausgebildet. Vor 1576 schuf er sein Hauptwerk, die
Rocca Pisana in Lonigo. Von den Räumen dieser
Villa, die auf einer Anhöhe liegt, hat man einen
großartigen Blick auf die Landschaft; die Fenster
sind als Rahmen für diese Aussicht entworfen. Die
Villa ist eine vereinfachte Variante der ›Rotonda‹
Palladios (mit Abb.) mit einem → Portikus vor
der Hauptfassade und Fenstern mit → Palladio-

*Theater in Sabbioneta, von
→ Scamozzi, 1588.*

*Frontispiz der ›L'Idea della architettura universale‹, von
→ Scamozzi, 1615.*

Motiv an den anderen. S. suchte in seinen späteren
Bauten, z. B. bei der Villa Molin alla Mandria bei
Padua (1597), palladian. Themen weiterzuentwik-
keln. Von 1578-80 reiste er durch Süditalien und
besuchte dabei Neapel und Rom, wo er Material für
seine ›Discorsi sopra le antichità di Roma‹ (1582)
zusammentrug. Nach Palladios Tod vollendete S.
verschiedene seiner Bauten, u. a. S. Giorgio Maggiore in Venedig (Abb. → Palladio). Für das Teatro
Olimpico in Vicenza schuf S. 1585 den Zuschauerraum und die Bühne (Abb. → Bühnenarchitektur;
→ Theaterbau); 1588 entwarf er ein ähnliches Theater in Sabbioneta. 1582 begann er in Padua die
etwas überladene Kirche S. Gaetano zu errichten
und gewann im gleichen Jahr den Wettbewerb für
die Neuen Prokuratien am Markusplatz in Venedig.
Sein Plan geht auf → Sansovinos Bibliothek zurück,
ist aber ausgedehnter und durch die Hinzufügung
eines dritten Stockwerks auch höher als diese. 1595
begann S. mit dem Bau von S. Niccolò da Tolentino
in Venedig nach dem Vorbild von Palladios Redentore (Abb. → Palladio). 1599 ging S. nach Prag,
reiste anschließend durch Deutschland und nach
Paris und kehrte 1600 nach Venedig zurück. Vier
Jahre später besuchte er Salzburg; in seinen unausgeführten Entwürfen für den Dom verband er die
Eigenheiten der Chiesa del Redentore mit jenen von
S. Giorgio Maggiore. Die Eindrücke dieser Reise
prägen seine ›L'idea della architettura universale‹
(1615), die letzte und akademischste aller theoretischen Abhandlungen der Renaissance und die erste,
die neben Bauten der Antike und der Renaissance
auch solche des MA.s erwähnt. Sie ist die endgültige
Sammlung der → Säulenordnungen und gewann
großen und anhaltenden Einfluß, besonders im
nördl. Europa. Abb. → Idealstadt.

Lit.: Scamozzi 1582, 1599-1600, 1615; Donin '48; Barbieri '52;
Heydenreich-Lotz '74.

Scarpa, Carlo → *Nachträge.*

Schachbrettfries → Fries, → Würfelfries.

Schädel, Gottfried (1680-1752). Dt. Architekt, kam 1713 mit → Schlüter nach St. Petersburg. Sein Hauptwerk war das weiträumige, überreich geschmückte Barockschloß für den Fürsten Menschikow in Oranienbaum (1713-25), das erste große Schloß in Rußland, das in einem westeurop. Stil errichtet wurde. Die Ausmaße des Bauwerkes waren gigantisch. An den mittleren Gebäudeteil schlossen sich lange, nach vorn ausschwingende Flügel an, die in überkuppelten Pavillons endigten. Der ganze Bau erhob sich auf terrassenartig erhöhtem Gelände, das durch Nischen gefaßt war, die unterhalb des Erdgeschosses zwei weitere Stockwerke vortäuschten. 1735 ließ S. sich in Kiew nieder und erbaute dort für die Sophienkathedrale, einem byzant. Bauwerk aus dem 11.Jh., Glockenturm, Fassade und Umfassungsmauern (1746) sowie das Kollegium St. Andreas (1747-52), das aber auch → Rastrelli zugeschrieben wird.
Lit.: Hamilton '54.

Schaft. Der Stamm oder Rumpf einer → Säule. Es gibt monolithe Schäfte (→ Monolith) und solche, die aus mehreren → Säulentrommeln zusammengesetzt sind. Die formale Ausbildung des S.es bestimmt das Bild der → Säulenordnungen mit.

Schaftring, auch Wirtel. Ein um einen Säulenschaft gelegter steinerner Ring, der urspr. konstruktiv bedingt war; der S. kam hauptsächlich im 12. und 13.Jh. vor.

Schalenbauweise. Eine sphärische Dachkonstruktion, bei der aus Beton eine dünne selbsttragende Membran hergestellt wird, nach dem gleichen Prinzip, das sich z.B. in der Natur bei der Eierschale findet. → Candela.
Lit.: Siegel, C. '60; Joedicke '62.

Schalldeckel → Kanzel.

Schalung, Verschalung. Hohlform aus Holz oder Metall, in die der noch flüssige → Beton gegossen wird. Wenn nach dem Erhärten die S. abgenommen wird, zeigt die Betonoberfläche die durch die Schalbretter entstandene Struktur (→ Sichtbeton). Die S. kann in den meisten Fällen wieder benutzt werden.
Lit.: → Beton.

Scharoun, Hans (1893-1972). Auf S. trifft der merkwürdige Fall zu, daß ein Architekt im Alter von 30 Jahren zur Avantgarde gehört, durch den neuen Trend zum → Rationalismus in Vergessenheit gerät und aufgrund der Wiederentdeckung des Stils, der in seiner Jugend modern war, im Alter von 65-70

Geschwister-Scholl-Gymnasium, Lünen/Westf., von → Scharoun, 1956-62.

Jahren plötzlich noch einmal zu den Avantgardisten zählt. – S. war einer der phantasiereichsten dt. Architekten des → Expressionismus um 1918 und gleich ihnen brachte er seine Träume unbekümmert zu Papier. In den späten 20er Jahren schuf er einige Wohnblocks und Einfamilienhäuser, aber erst in der

Philharmonie, Berlin, von → Scharoun, 1956-63.

Zeit nach dem 2. Weltkrieg, als man den 20er Jahren erneut Sympathie entgegenbrachte, erhielt S. größere Aufträge. 1946 wurde S. Beauftragter für das Programm des Wiederaufbaus der Stadt Berlin und Leiter des → Deutschen Werkbundes in Berlin. Dann ermöglichte es die wirtschaftl. Blüte, daß seine 40 Jahre zuvor skizzierten Entwürfe Wirklichkeit werden konnten. Seine zuletzt entstandenen Hauptwerke sind u. a. die Siedlung Charlottenburg-Nord in Berlin (1955-61), die Wohnhochhäuser Romeo und Julia in Stuttgart (1955-59), die Philharmonie in Berlin (1956-63, Abb. → Deutschland), die Deutsche Botschaft in Brasilia (1963-71) und das Deutsche Schiffahrtsmuseum in Bremerhaven (1970). S. war von 1956-68 Präsident der Akademie der Künste in Berlin.
Lit.: Zevi '50 b; Koenig '65, '80 b; Borsi-Koenig '67; Lauterbach '67; Taut-Lauterbach-Leti Messina '69; Pfankuch '74; Blundell Jones '79; Janofske '82; Janofske '84.

Scharrieren, das. → Steinbearbeitung.

Scharwachtturm. Das an der Ecke eines Festungsturmes oder einer Festungsmauer erkerartig vorkragende Türmchen; auch Hochwacht genannt.

Schattner, Karljosef → Nachträge.

Schechtel, Fjodor O. → Nachträge.

Scheerbart, Paul (1863-1915). Prosaist und Lyriker, studierte Philosophie und Kunstgeschichte, ab 1887 in Berlin. S. gehört zu den Wegbereitern des → Expressionismus. Als Kosmotheist sah er im Kosmos die Heimat der Menschen, im Licht und den Farben Träger kosmischer Zusammenhänge, in lichterfüllter → Glasarchitektur die höchste Verkörperung menschlicher Lauterkeit und Klarheit. Seine nicht nur für die Expressionisten und Brücke-Künstler wichtige Schrift zugunsten der Glasarchitektur (1914) wurde von Bruno → Taut aufgegriffen. 1914 entstand unter seinem unmittelbaren Einfluß dessen Glaspavillon in Köln (Abb. → Ausstellungsarchitektur) und 1917-18 dessen Schrift ›Alpine Architektur‹.
Lit.: Sharp '72.

Scheidbogen → Gewölbe I.

Scheinarchitektur. Eine in Wirklichkeit nicht vorhandene, aus kultischen, künstler. oder propagandistischen Gründen vorgetäuschte Architektur (bemalte Wand, angedeutetes Relief). S. gibt es seit der altägypt. Baukunst (Grabkammertür der → Ma-

Schaftring. Dom von Lund, Schweden, 12.Jh.

Hans Scharoun.

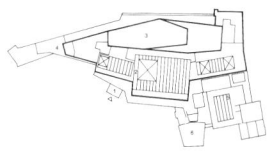

Staatsbibliothek Berlin, von → Scharoun, 1964, 1967-78.

Siemens-Häuser, Berlin, von → Scharoun, 1930.

staba) und trat vor allem in der pompejanischen Wandmalerei und im → Barock hervor. Die illusionistische Architekturmalerei an Wänden und Decken, z. B. als Einfassung, wurde im 17. u. 18. Jh. häufig von darauf spezialisierten Wanderkünstlern, den ›Quadraturisten‹, ausgeübt. Auch in der → Lüftlmalerei wiesen die Fresken oft S.en auf.

Lit.: Schöne '33; Siegmeth '52; Milman '86.

Scheinkuppel → Kuppelgrab.

Scheitel. Der höchste Punkt eines → Bogens oder → Gewölbes.

Scheitelkapelle. Die mittlere, in der Mittelachse des → Chores liegende → Kapelle eines → Kapellenkranzes, meist Maria geweiht und manchmal gegenüber den anderen Kapellen hervorgehoben.

Scheitelrippe → Gewölbe I.

Scherwand. Eine aus Holz oder leichtem Material leicht versetzbare, eingesetzte Wand.

Scheune → *Nachträge.*

Scheinarchitektur. Ballsaal der Villa Lechi, Mortirone bei Brescia, 1745.

Stadtkirche Freudenstadt, von → Schickhardt, 1601-08.

Schichtmauerwerk, das. **1.** Ein → Mauerwerk aus unregelmäßigen Steinen, das von Schichten regelmäßiger Steine durchschossen ist; es entsteht dadurch ein waagrechtes Streifenmuster. **2.** Derselbe Effekt kann auch durch verschiedenfarbige Materialien erzielt werden (z. B. Dom in Siena). → Polychromie.

Schickhardt, Heinrich (1558-1634). Einer der ersten dt. Architekten der → Renaissance. S. ist nicht so bekannt wie → Holl, da sich von ihm keine Bauten von großer historischer Bedeutung erhalten haben. Er wurde bei Georg → Beer ausgebildet und arbei-

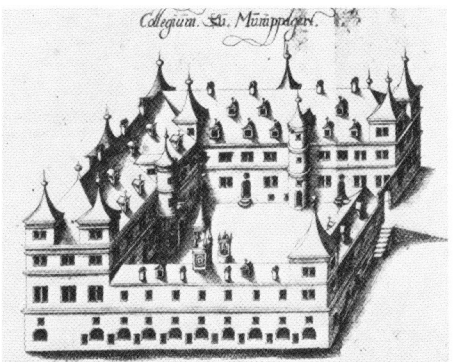

Collegium Mömpelgard. Aus ›Beschreibung einer Reiss in Italiam‹, von → Schickhardt, 1602.

tete mit am Entwurf des Neuen Lusthauses in Stuttgart (1680-93, zerst., Abb. → Beer). 1590 wurde S. Hofarchitekt des Herzogs von Württemberg, den er auf einer Italienreise (1598-1600) begleiten durfte. Seine neuerworbene Kenntnis der Baukunst der ital. → Renaissance zeigte er in dem Neuen Bau des Stuttgarter Schlosses (1600-09, zerst. 1777), einem rechteckigen Bau mit 66 toskan. Säulen im Marstall des Erdgeschosses; im Mittelgeschoß darüber der durch zwei Stockwerke gehende Festsaal. S.s systematische Anlage des Städchens Freudenstadt im Schwarzwald um einen von → Arkaden eingefaßten quadrat. Platz, an dessen Ecken die Kirche, das Rathaus, die Markthalle und ein Hospital (im Zweiten Weltkrieg zerst., aber wieder aufgebaut) standen, ist ein gutes Beispiel für Fortschritte in der Stadtplanung (→ Städtebau) in Europa nördl. der Alpen; die Kirche ist L-förmig; Altar und Kanzel befinden sich in der Ecke.

Lit.: Baum '16; Hempel '65; Schickhardt '82.

Stadtkirche Freudenstadt, von → Schickhardt, 1601-08.

Schiebefenster. Ein → Fenster, dessen → Flügel (2) nicht gedreht, sondern geschoben werden; man unterscheidet zwischen horizontalen und vertikalen (Hebefenster und Senkfenster) S.n. Sie wurden, bevor sie in der modernen Bürohausarchitektur weite Verbreitung fanden, vor allem in Holland und England (→ Queen-Anne-Style) verwendet.

Lit.: → Chicago-Fenster; → Fenster.

Schieferdeckung → Dachdeckung (5) aus Schieferplatten. In Deutschland werden die Platten auf eine
doppelte Holzschalung in schräg ansteigenden
Scharen mit dreiseitiger Überlappung genagelt, in
England nur auf Latten in der Art einer Doppeldeckung (→ Dachdeckung 6). – Die S. ist sehr anpassungsfähig bei der Eindeckung von Dachauf-
bauten (Dachfenster, -erker etc.), → Kehlen und
→ Graten.
Lit.: Davey '65; Conte '66.

Schieferverkleidung. Verkleidung einer Wand mit
Schieferplatten. Wie bei der → Schieferdeckung
werden die Platten genagelt.

Schießscharte. Ein schmaler Schlitz in einer Wehrmauer, durch den man mit Handfeuerwaffen schie-
ßen konnte; um den Aktionsradius zu vergrößern,
weitete sich der Schlitz nach innen trichterförmig.
→ Burg.

Schiff. Der ganze Innenraum einer Kirche bei der
einschiffigen → Saalkirche oder ein durch → Säulen
oder → Pfeiler abgeteilter Raumteil. In mehrschiffigen Räumen (auch bei → Profanbauten) unterscheidet man Mittels. (Haupts.) und meist paarweise
angeordnete → Seitens.e. Ist das Mittels. höher und
durch einen Fenstergaden (Licht-, → Obergaden)
belichtet, spricht man von basilikalem Aufbau
(→ Basilika), fehlt die Lichtzone, von Pseudobasi-
lika oder Pseudohallenkirche (→ Pseudo-). Ein das
Haupts. durchkreuzendes S. nennt man → Quers.
(Querhaus).
Lit.: Cabrol-Leclercq '16; Testini '58.

*Schiffsstil. Haus des Wassersportvereins ›Amila‹,
Tremezzo am Comer See, von Pietro Lingeri, 1930.*

Schiffsstil. Ein für manche Bauten des → Internationalen Stils (Stadien in Nürnberg, Helsinki und
anderen Orten, Tabakfabrik van Nelle, Rotterdam
1929, Hotels, z. B. von Vasconcelos auf den Azoren),
heute auch für manche Bauwerke der weißen Moderne (→ Meiers Museum in Atlanta, Georgia, oder
das Kinderheim von → Oud bei Arnheim, 1952-
60) und der → Postmoderne verwendeter Ausdruck.
Typisch für diese Architektur sind Silhouetten, die
den Aufbauten der Schiffe wie Geländern, Treppen,
Stegen, runden Schornsteinen nicht unähnlich sind.
Die Schiffsbaukunst gehörte jahrhundertelang zur
Baukunst. Die Schiffszimmerleute wußten, wie ein
guter offener Dachstuhl etwa einer Großscheune
oder eines Kirchenschiffs aussehen mußte. → Brunel, Vasconcelos, Calatrava oder Miguel Angel de
Roca waren zugleich auch Schiffsingenieure, und
noch → Le Corbusier zeigte in ›Vers une Architecture‹ einen Schiffsquerschnitt, ähnlich den Ge-
schoßquerschnitten der Hongkong & Shanghai

Bank in Hongkong von → Foster. → Mendelsohns
Einsteinturm erinnert hingegen an die U-Boote im
Hafen von Libau, die dieser im Ersten Weltkrieg
gesehen hatte (Abb. → Mendelsohn).   W. R.
Lit.: Arcus 5.

Schildbogen, auch Längengurt. Begrenzt das
→ Joch seitlich zu den → Obergadenwänden hin
und schafft somit die Verbindung zu den → Arka-
denstellungen. → Gewölbe.

Schildknecht, Nikolaus (1687-1735) → Schweiz.

Schildmauer → Burg.

Schindel. Ein dünnes, zur → Dachdeckung und
Wandverkleidung (außen) verwendetes Brettchen.
S.n werden fast nur in waldreichen Gegenden, wie
Nordeuropa oder Schwarzwald, Österreich u.a.,
verwendet.
Lit.: Davey '65.

Schindelstil → Shingle Style.

*Lovell Beach House, Newport Beach, Kalifornien, von
→ Schindler, 1923-24.*

Schindler, Rudolph Michael (1887-1953). Geb. in
Wien, wo er auch seine Ausbildung erhielt. 1913
wanderte er in die USA aus und wurde Zeichner in
einem Architekturbüro. 1918 wechselte er zu
→ Wright über. Die Umstellung vom Stil Otto
→ Wagners auf die Formensprache Wrights kennzeichnet seine künstler. Entwicklung um 1914-16.
1921 eröffnete S. ein eigenes Architekturbüro in
Los Angeles. Vier Jahre später hatte er seinen eigenen Stil gefunden, in dem Wrights Formensprache
mit der des → Internationalen Stils Mitteleuropas,
besonders holländ. Prägung (→ Oud, → De Stijl),
zu einer Einheit verschmolzen ist. Charakteristisch
für S. sind scharfe, rechteckige Formen und im
Grundriß quadrat. → Pfeiler aus → Sichtbeton.
1925 hatte sich auch → Neutra in Los Angeles niedergelassen, sie arbeiteten einige Jahre zusammen.
Beide bauten, auch nachdem sie sich 1931 getrennt
hatten, fast nur luxuriöse Privathäuser. S.s ›magnum opus‹ ist das Beach House in Newport Beach,
das er 1923-24 für P. M. Lovell errichtete. Etwa seit
1931 paßte er seinen Stil dem Internationalen Stil
noch stärker an, die Einflüsse des Kubismus blieben
jedoch weiterhin erkennbar.
Lit.: McCoy '60a; Neff '64; Schindler '67; Gebhard '71; Sarnitz
'86.

Schinkel, Karl Friedrich (1781-1841). Der größte
dt. Architekt des 19. Jhs., arbeitete fast ausschließlich in Preußen. S. studierte in Berlin bei → Gilly,
in dessen Elternhaus er verkehrte, und an der neugegründeten Akademie Architektur. Gillys ganz individueller Stil, in dem sich Anklänge an den frz.
→ Klassizismus finden, übte großen Einfluß auf S.s

Schieferdeckung.

*Haus Milton Shep, Los Angeles,
von → Schindler, 1935.*

*Schiffsstil. Olympiastadion von
Helsinki, von Yrjö Lindegren und
Toivo Jäntti, 1940-52.*

Karl Friedrich Schinkel.

Schaffen aus. 1803-05 bereiste er Italien, Frankreich und Deutschland. In Ermangelung größerer Bauaufgaben malte er in der Folgezeit (1807-15) Panoramen und Dioramen (z. B. Die ›Sieben Weltwunder‹, 1812). Daneben, wie auch später immer wieder, entstanden Landschaftsgemälde, die romantische Stimmungen, vielfach mit got. Kirchen, schildern. Daran schloß sich eine intensive Beschäftigung mit Bühnenentwürfen an; bis in die 30er Jahre hinein entwarf er Ausstattungen für 42 Aufführungen, so für die ›Die Zauberflöte‹, ›Undine‹ und ›Käthchen von Heilbronn‹ (Abb. → Bühnenarchitektur). Unter den architekton. Entwürfen dieser Zeit fällt das Projekt für ein Grabmal der preuß. Königin Luise (1810) durch seine romantische Gestaltung in neugot. (→ Neugotik) Stil mit farbigen Glasfenstern und lebensgroßen weißen Engelsfiguren am Kopfende des Sarkophags auf. 1810 erhielt

Bühnenbildentwurf zur Oper ›Die Zauberflöte‹, Inneres des Sonnentempels, von → Schinkel, 1815.

S. durch Verwendung W. von Humboldts eine Stelle bei der Verwaltung der Preuß. Baubehörde, wurde 1815 zum Geheimen Oberbaurat im neugeschaffenen Staatsbauamt ernannt – ein sehr hoher Titel für einen so jungen Menschen – und wurde 1830 Leiter dieser Dienststelle.

S.s Hauptwerke entstanden zwischen 1816 und 1830. Die frühen Bauten sind im streng klassiz. Stil des → Greek Revival gehalten, aber ihrer Funktion entsprechend gegliedert. Er modifizierte die durch Gilly angeregten Fassaden, um auszuschließen, daß Dekoration und Stilmittel mit der Funktion des Bauwerks in Konflikt gerieten. Die Neue Wache in Berlin, mit dor. → Portikus, entstand 1816 (Abb. → Deutschland), das Schauspielhaus in Berlin mit seinem etwas erhöhten ion. Portikus und ausgezeichneter Innenraumgestaltung 1818-21 (1945 stark beschädigt, wiederaufgebaut; Abb. → Deutschland) und das Alte Museum in Berlin

Zwei Entwürfe für die Werdersche Kirche, von → Schinkel, 1821-30. Ausgewählt wurde der obere Entwurf.

Altes Museum, Berlin, von → Schinkel, 1822-28.

Entwurf eines Mausoleums für Königin Luise von Preußen, von → Schinkel, 1810.

1822-28 (Innenausstattung 1945 zerst.); im Alten Museum bestechen die vollkommen ungebrochene Säulenreihe entlang der Fassade mit ganz schlanken ion. Säulen, die dem Pantheon ähnliche Rotunde im Zentrum, sichtlich von → Durand beeinflußt, und das zum → Portikus hin offene Treppenhaus, dessen malerische Raumwirkung sich von außen nicht vermuten läßt (Abb. → Klassizismus).

Gleichzeitig entwarf S. ein neugot. Kriegerdenkmal aus Gußeisen auf dem Kreuzberg (1818-21), Humboldts Landhaus in Tegel (1822-24) in einem für Wohnbauten charakterist. Klassizismus griech. Prägung und die Friedrich-Werdersche Kirche

Konzertsaal des Schauspielhauses Berlin, von → Schinkel, 1818-21.

(1821-30). Für diese Kirche unterbreitete S. eine klassiz. und eine got. Version; beide Entwürfe sahen ein Gewölbe vor. Gebilligt wurde die got. Fassung, die wohl vom brit. Typ der spätgot. Königskapellen mit ihren vier Ecktürmchen angeregt wurde, denn S. war an der engl. Baukunst stark interessiert. 1826 unternahm er nach einem kurzen Aufenthalt in Paris eine Reise durch England. Schon 1816 hatte er die Rheingegend besucht, wobei er sich besonders für die Erhaltung der Kunstdenkmäler interessiert hatte, und 1824 u. 1830 war er wiederum in Italien.

Bei seinem Englandaufenthalt widmete er allerdings den größten Teil seiner Aufmerksamkeit der industriellen Entwicklung, da die Förderung von Handwerk und Industrie in Preußen ja in seinen Amtsbereich fiel.

Seine großen Spätwerke zeigen einen entschiedenen Stilwandel. Bei den beiden nicht ausgeführten Entwürfen für eine Börse oder Kaufhaus mit Lagerhaus (ca. 1827) und für eine Bibliothek (um 1830) herrscht das utilitaristische Prinzip vor, ohne Bindung an historische Bauformen. Unter den zur Ausführung gelangten Werken ist die Nikolai-Kirche in

Nikolaikirche, Potsdam, von → Schinkel, 1830-49.
Erster Bauabschnitt, vor dem Aufsetzen der Kuppel.

Potsdam (1830-49; 1945 stark beschädigt, wiederaufgebaut) im klassiz. Stil zu nennen. Die Bauakademie (1836, Abb. → Deutschland) folgt andeutungsweise dem Quattrocento (→ Italien), bleibt aber im wesentlichen ein nüchternes, an die Funktion gebundenes Bauwerk. Eine andere Richtung in S.s Schaffen führte zu Entwürfen für sakrale Zentral- und Längsbauten, die im Anklang an die → frühchristl. Baukunst oder an die ital. → Romanik durch eine Bogenarchitektur bestimmt werden (lombardischer → Rundbogenstil). S.s malerische Begabung wird in zwei kleinen Bauten in Potsdam, dem Charlottenhof und dem Römischen Bad (1826 u. 1833), ferner den grandiosen Projekten für ein Königsschloß auf der Akropolis in Athen (1834) und für Schloß Orianda auf der Krim (1838) deutlich. In all diesen Arbeiten herrschen griech.-antikisierende Motive vor; in den malerisch-regellosen Kompositionen sind Architektur und Natur verschmolzen. Abb. → Belvedere; → Neugotik; → Warenhaus; → Wintergarten.

Lit.: von Wolzogen 1862-63; Grisebach '24; Rave-Kühn '29-62; Clasen '52; Rave '53; Pundt '72; Riemann '79; Forssman '81; Schinkel '81/'82; Gärtner, H. '84; Sperlich '90; Szambien '90; Snodin '91; Forster '92.

Bauakademie Berlin, von → Schinkel, 1831-36.
Eingangsseite.

Nikolaikirche, Potsdam, von → Schinkel, 1830-49.

Schlaun, Johann Conrad (1695-1773). Westfälischer Architekt des → Barock, der mit dem Bau kleiner und einfacher Kapuziner-Kirchen begann, z.B. Brakel (1715-18), dann bei → Neumann in Würzburg studierte (1720-21). S. reiste nach Rom und kehrte über Frankreich und München 1724 nach Münster zurück. 1725 trat er als Architekt in die Dienste des Kurfürsten und Erzbischofs von Köln, Clemens August, für den er den Bau des Schlosses Brühl (1725-28, später von → Cuvilliés d. Ä. verändert) begann und danach das äußerst elegante, kreuzförmig angelegte Jagdschlößchen Clemenswerth bei Sögel (1740-47) erbaute. 1728 siedelte S. von Bonn nach Münster über. Hier errichtete er u.a. die Clemenskirche (1745-53), die er geschickt in die Ecke der Flügelbauten des Hauses der Barmherzigen Brüder einfügte, in Rietberg die an → Borromini gemahnende Kirche St. Johann Nepomuk (1744 bis 48), dann in Münster i. W. den Erbdrostenhof (1754-57) und das fürstbischöfliche Schloß (1767-73) mit seiner charakter. Fassadengestaltung durch den Kontrast von Ziegel- und → Werksteingliedern. Beide Häuser, die er für sich

Erbdrostenhof, Münster i. W.,
von → Schlaun, 1754-57.

baute, zeigen Originalität: das Rüschhaus bei Münster (1745-48) geht auf westfäl. Bauernhäuser zurück, die sublimen barocken Ornamente passen sich gut ein; sein Stadthaus in Münster (1753-55) ist ähnlich gestaltet.

Lit.: Hager '42; Rensing '54; Hempel '65; Schlaun '73.

Schleppdach → Dachformen 9.

Schleppgaube → Dachfenster 2.

Schloß, Schloßarchitektur. Ursprünglich ein in sich abgeschlossener Verteidigungsbezirk. Die verwandten Begriffe Sch. und → Burg überschneiden sich, wobei häufig Grenzfälle auftreten (Schloß Sully an der Loire; das Hauptgebäude, → Donjon, entsteht um 1360). Die Entwicklung führte im späten MA. in

Schloß Ancy-le-Franc, von → Serlio, beg. 1546.

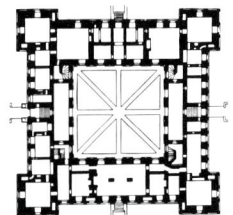

Schloß Ancy-le-Franc, von → Serlio, beg. 1546.

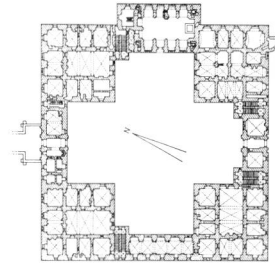

Schloß Augustusburg, von → Lotter u. a., 1568-73.

ganz Europa bei der Burg zum reinen Festungsbau, beim Sch. zu unbefestigten Anlagen. Seine Befreiung vom Wehrzweck, die Loslösung des repräsentativen Wohnbaues von der hemmenden Befestigung, ermöglichte es, die Baumasse aufzulösen und zu einer die Fläche und den Raum betonenden Architektur überzugehen. Die Architektur dient vermehrt als Hintergrund und Rahmen für prunkvolle Auftritte der Fürsten, beispielsweise für den Herzog Albrecht von Sachsen, der sich in Meißen neben dem Dom am Rande eines hohen Plateaus über der Elbe die Albrechtsburg (1471-85) als Residenzschloß durch → Arnold von Westfalen bauen ließ. Bei der Ausbildung des Absolutismus und der Zentralisierung des Staates geht Frankreich den übrigen Ländern Europas voran. Der Bau neuer Schlösser wird von den frz. Königen gefördert. Bes. an der Loire und in der Ile-de-France entstehen repräsentative Anlagen. Dabei bildet sich ein eigener frz. → Renaissancestil aus – herausragend die Erweiterungsbauten von Fontainebleau und Blois –, der durch die Berufung ital. Künstler, etwa → Leonardos, → Serlios, → Primaticcios, in Zusammenarbeit mit frz. Architekten, etwa → Le Breton, → Delorme, → Bullant oder → Du Cerceau, entsteht. Die neuentwickelte Typologie nimmt verschiedene Formen und Traditionen auf, etwa den Mehrflügelbau oder das regelmäßige Geviert.

Trakt Franz' I., Blois, 1515-25.

Eine wichtige Etappe der Typenbildung war z. B. die kastellartige Vierflügelanlage – so Ancy-le-Franc, beg. 1546, von Serlio geplant (Abb. → Serlio), das zahlreiche Schloßbauten bis zum → Barock beeinflußte, u. a. den Kernbau des Louvre (1546-51) von → Lescot, die Augustusburg (1568-73) von → Lotter oder das von → Ridinger geschaffene Aschaffenburger Sch. (1605-14, Abb. → Ridinger). Als weitere Anlagenform bildete sich die Dreiflügelanlage heraus, z. B. Bury (1511-24) oder Azay-le-Rideau (1518-27) auf der Grundlage des Quadrats mit einem Haupttrakt, dem → Corps de logis, und weit vorspringenden Flügeln, die den Eingangshof, den → Cour d'honneur, rahmen. Das Schloß Chambord, 1519 beg., nimmt wegen seiner Größe und Phantastik – Verbindung von zwei Grundtypen des Burgenbaues, dem Kastell und dem Donjon, zu einem unbefestigten Wasserschloß – eine gesonderte Rolle ein (Abb. → Frankreich). Ein weiterer Typus, etwa das Château de Madrid im Bois de Boulogne, 1528 beg., wird zum Prototyp des Einflügelbaues – auf Längs- und Querachse sym., zwei Teilflügel mit je einem → Appartement von sechs Räumen, Ecktürmen und → Treppentürmen zu beiden Seiten einer offenen Loggia. → Frankreich leistet damit im 16. Jh. entscheidende Beiträge zur Typologie der europ. Schloßarchitektur.

Schloß Chambord, Frankreich, beg. 1519.

Im 17. Jh. setzt sich die Tendenz durch, die bisher meist weitläufigen Anlagen zu zwar gestaffelten, aber einheitlichen Baukuben zusammenzuziehen, wobei die Mitte des Baukörpers an Konzentration gewinnt. So verwirklichte → Mansart mit dem Schloß Maisons (1642-46, Abb. → Mansart) wichtige Prinzipien und Bauelemente, die auch für das im 17. und 18. Jh. entwickelte Stadtschloß, das → Hôtel, Anwendung finden. Dem als Einflügelbau konzipierten Corps de logis mit dominierendem Mittelpavillon (→ Pavillon) gliedert Mansart Eckpavillons an, die nur zwei Fensterachsen hervortreten. Noch kompakter zeigt sich das von → Le Vau gebaute Château Vaux-le-Vicomte (1657-61, Abb. → Frankreich; → Le Vau). Durch die konkave Einziehung der beiden leicht hervortretenden Seitenflügel an der Hoffront zum Mittelrisalit (→ Risalit) verstärkt sich die Konzentration zur Mitte der Anlage. An der Gartenfront tritt in umgekehrter Bewegung der Ovalsaal mit Kuppel weit aus der Fassade hervor. Die spiegelgleichen Grundrisse, die sich seitlich des Vestibüls und Grand Salon anschließen, bilden ein Musterbeispiel frz. Appartementeinteilung. Das ›Appartement double‹ wird in Vaux zum

Schloß Azay-le-Rideau, Indre-et-Loire, 1518-27. Eingang.

erstenmal beispielhaft in dieser Konsequenz für den gesamten Grundriß verwirklicht. Le Vau verwendet dieses Prinzip auch in Versailles während des 1669 beginnenden Umbaues. Mit Versailles, erneut durch → Hardouin-Mansart ummantelt (1677-88), erreicht der absolutistische Schloß- und Palastbau seinen vorbildlichsten Höhepunkt. Sein Kernstück, eine Dreiflügelanlage, wird zu der wichtigsten Voraussetzung u.a. für die deutschen Residenzschlösser (Abb. → Barock; → Hardouin-Mansart). Die einfache Grundform des offenen Rechtecks um den → Ehrenhof, etwa Schloß Weißenstein in Pommersfelden, erbaut von Johann → Dientzenhofer (1711-18), läßt sich vielfach abwandeln, z.B. durch Verkürzung der Seitenflügel, mehrfache Staffelung, horizontal und vertikal (Schloß Nymphenburg, Abb. → Effner), Verselbständigung der Flügelbauten oder deren blockartige Erweiterung durch zu-

Schloß. Wollaton Hall, Nottinghamshire, von → Smythson, um 1580-88.

Schloß Weißenstein, Pommersfelden, von Johann → Dientzenhofer, 1711-18.

sätzliche Flügelbauten mit Innenhöfen, so z.B. der Würzburger Residenz (1719-44) von → Neumann (Abb. → Deutschland; → Rokoko).
Im Gegensatz zu den großen Residenzschlössern entwickelt sich der ›private‹ Typus des Lust- und Jagdschlosses (Amalienburg im Nymphenburger Park, 1734-39, von → Cuvilliés d.Ä., mit Abb.); Schloß Benrath bei Düsseldorf, 1755-69, von → Pigage, Abb. → Deutschland) oder der → Eremitage. Wechselnde Einflüsse der ital. und frz. Architekturschulen entwickeln eine vielgestaltige Bauform, die den Stadtpalästen (→ Alberti) und Landvillen der Renaissance (→ Palladio) nahe steht. Ihr Raumprogramm beschränkt sich meist auf wenige Haupt- und Nebenräume im Erdgeschoß, das entweder durch ein Attika- oder ein Souterraingeschoß ergänzt wird. Grundriß und Baukörper folgen in etwa den gleichen Anordnungen wie ihre großen Vorbilder, jedoch mit reduzierten Verbindungen von Raum zu Raum, weniger Gängen, Kammern, Vorzimmern und aufwendigen Treppenhäusern. Im allgemeinen herrscht Symmetrie bei gleichrangigen Raumgruppen, die sich um Vestibül und Hauptsaal

als Zentrum gruppieren. Terrassen und → Gartenparterre ergänzen zusätzlich die architekton. Ordnung, die den → Barockbau mit seiner Umgebung in Einklang bringen. Manche Anlage des → Rokoko, etwa das Schloß Sanssouci bei Potsdam (1745-48), erbaut von → Knobelsdorff (mit Abb.), ermöglichte mit ihrer subtilen Planung die Verbindung von privatem Wohnen und offizieller Repräsentation im gleichen Rahmen. In ähnlicher Weise zeigt das von → Gabriel im Versailler Park erbaute Petit Trianon (1764-68, Abb. → Gabriel) einen verfeinerten und vereinfachten Baustil, der am Anfang des neuen frz. → Klassizismus in der höfischen Architektur steht. Die fortschreitende Aufklärung wandelte das Verständnis von Staat und Monarchie, was sich auch in ihrer gebauten Architektur äußert.   M.-A.V.L.

Lit.: Hautecœur '27; Tillmann '58-61; Lorck '62; Hempel '65; Pevsner '67; Hitchcock '68; Prinz/Kecks '84.

Schlot → Schornstein.

Schlußstein. Der oberste, als letzter eingesetzte Stein eines → Bogens oder Kreuzrippengewölbes (→ Gewölbe III 5), der oftmals durch Engelsköpfe, Wappen o.ä. skulpturell gestaltet ist. Der S. kann auch herabhängen (→ Abhängling) oder ringförmig, mit Öffnung, ausgebildet sein.

Schlüter, Andreas (ca. 1664-1714). Gleichbedeutend als Bildhauer und Architekt, als solcher nur mit den Großen seiner Zeit, → Hildebrandt und

Schlußstein. Zisterzienser-Abteikirche Mogila bei Krakau, Mitte 13. Jh.

Königliches Schloß Berlin, von → Schlüter. Ursprünglicher Entwurf.

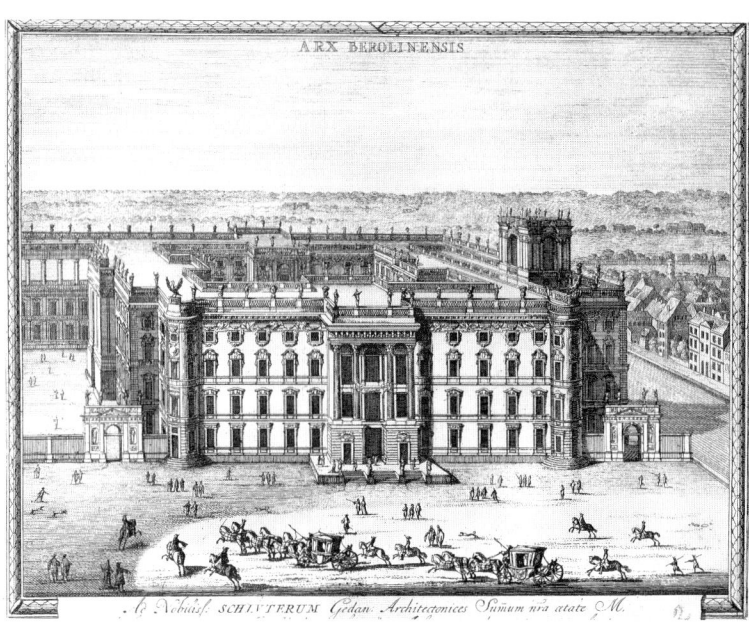

→ Fischer von Erlach, zu vergleichen. Ausgebildet wurde S. in Danzig, wohl auch seine Geburtsstadt. Erste Zeugnisse seiner Tätigkeit finden sich in Warschau, wo er 1689-93 u. a. die Giebelreliefs des Krasinski-Palais schuf. Anscheinend arbeitete er in Polen noch nicht als Architekt. 1694 Berufung durch den brandenburg. Kurfürsten Friedrich III. (den späteren König Friedrich I. in Preußen) als Bildhauer nach Berlin, kurz darauf Studienreisen nach Frankreich und Italien. Nach seiner Rückkehr 1696 wurde er mit der plastischen Gestaltung der → Schlußsteine an Fenstern und Toren des von

Landhaus Kamecke, Berlin, von → Schlüter, 1711-12.

→ Nering entworfenen Zeughauses in Berlin beauftragt. 1698 wurde er Nerings Nachfolger als Architekt beim Bau des Zeughauses (Abb. → Zeughaus); er schuf auch die Masken der sterbenden Krieger im Lichthof sowie die → Trophäen auf der Dachbalustrade. Im gleichen Jahre wurde ihm der Bau des kgl. Schlosses in Berlin übertragen (Abb. → Deutschland); Ernennung zum Schloßbaudirektor. Das kgl. Schloß (1945 zerst., 1950 abgerissen) ist S.s Hauptwerk. Glücklicherweise konnte ein Teil des Skulpturenschmucks von der Lustgartenfassade, aus dem großen Treppenhaus und aus dem Rittersaal gerettet werden, bevor das Schloß abgerissen wurde. S.s Entwurf war offensichtlich von → Bernini und → Le Pautre beeinflußt, auch durch

Völkerschlacht-Denkmal, Leipzig, von → Schmitz, 1898-1913.

Königliches Schloß Berlin, von → Schlüter, 1698-1706. Innenhof.

→ Fischer von Erlach und → Tessin, die beide während der Bauzeit in Berlin waren. 1701-04 entstand die Alte Post in Berlin (1889 zerst.), aber bald darauf fiel S. infolge des Zusammenbruchs des von ihm gebauten Münzturms an der nordwestl. Ecke des Schlosses in Ungnade. 1707 wurde er aus dem Hofdienst entlassen. 1711-12 baute er das Landhaus Kamecke in Berlin-Dorotheenstadt (1945 zerst., gerettete Fragmente im Bode-Museum in Ost-Berlin). Nach dem Tod Friedrichs I. 1713 verließ S. Berlin und wandte sich 1714 nach St. Petersburg, wo er im gleichen Jahr starb.
Lit.: Ladendorf '35; Hempel '65; Peschken-Klunner '82.

Schmidt, Friedrich von (1825-91). Nach einer Zeit als Assistent von → Zwirner am Kölner Dom wird S. 1863 Dombaumeister von St. Stephan in Wien.

Rathaus Wien, von → Schmidt, 1872-82.

Sein Hauptwerk ist das sym. angelegte Wiener Rathaus (1872-82), eines der bekanntesten → neugot. Werke seiner Zeit.
Lit.: Neumann '53; Hitchcock '58.

Schmitthenner, Paul (1884-1972) → Baukastensystem-Bauweise; → Ungarn.

Schmitz, Bruno (1858-1916). Studium an der Kunstakademie in Düsseldorf. Bekannt vorwiegend durch seine zahlreichen Nationaldenkmäler am Ende des 19. Jhs.: Kyffhäuser-Denkmal (1896), Porta Westfalica (1896), Deutsches Eck in Koblenz (1897), Völkerschlachtdenkmal in Leipzig (1898-1913). Erwähnenswert sind darüber hinaus die Stadthalle in Mannheim (1906) und die zerstörten Rheingold-Gaststätten in Berlin (1906). S. griff bei eigener, bewegter Formenfindung gerne auf historisierende, barocke und gotische Stilmerkmale zurück.
Lit.: Arndt '78; Posener '79; Nerdinger '80.

Schnabelkopffries. Ein norman. Fries, der aus einer Reihung von Vogel-, Tier- oder Menschenköpfen besteht.

Schneck, Adolf Gustav → Nachträge.

Schnecke. 1. Allg. jedes Ornament, das spiralförmig wie ein Schneckenhaus gewunden ist, im besonderen die → Volute des ion. oder korinth. → Kapitells. – **2.** Ausdruck für Treppenspindel oder Wendeltreppe (→ Treppe).

Schneider, Karl → Nachträge.

Schneider-Esleben, Paul (geb. 1915). Prof. an der Kunstakademie Hamburg. S. studierte in Darmstadt und Stuttgart. Zu seinen Hauptwerken gehören das Mannesmann Verwaltungsgebäude 1954-57 und die Commerzbank (1959-62), beide in Düsseldorf (Abb. → Präfabrikation), sowie der Flughafen Köln/Bonn (1963-66).
Lit.: Schneider-Esleben '87.

Schneider-Wessling, Erich → Nachträge.

Großgarage, Düsseldorf, von → Schneider-Esleben, 1952-53.

Verwaltungsgebäude der Commerzbank, Düsseldorf, von → Schneider-Esleben, 1959-62.

Friedrichsbau des Heidelberger Schlosses, von
→ *Schoch, 1601-07.*

Schneuß, der. Eine besonders im frühen 14. Jh. beliebte Grundform des got. (→ Gotik) → Maßwerks,
die an eine Fischblase erinnert (daher oft auch so
genannt) oder an eine Flamme (→ Flamboyant).
Der S. wird im Maßwerk zusammengesetzt zum
Zwei-, Drei-, Vier-, Vielschneuß.
Lit.: Behling '37.

Schoch, Johannes (Hans, um 1550-1631). Führender Architekt der → Renaissance, arbeitete in Heidelberg und Straßburg. Sein Hauptwerk ist der
Friedrichsbau des Heidelberger Schlosses (1601-
07), in dem die einzelnen Architekturelemente eng
miteinander verbunden und kräftig profiliert sind,
doch kann im Vergleich mit späteren und vollende-
teren Bauten der dt. Renaissance (z. B. → Wolffs
Pellerhaus in Nürnberg) eine gewisse Schwerfälligkeit nicht übersehen werden. S. hat wohl zusammen
mit → Speckle am Neuen Bau in Straßburg (1582-
85) und vielleicht auch am Großen Metzig in Straßburg (1587-88) gearbeitet. Die Fleischhalle in Heilbronn (um 1600) und der Südflügel des Zeughauses
in Amberg (1604) gehen wahrscheinlich auf Entwürfe von S. zurück.
Lit.: Huffschmid '19; Hempel '65.

Schornstein, auch Schlot, mundartl. Esse, Kamin.
Ein gemauerter enger Schacht, durch den der
Rauch von Kamin, Herd oder Ofen über das Dach

abgeleitet wird. Der Teil des S.s, der über die Dachhaut hinausragt, heißt S.kopf und kann Gegenstand
architekton. Gestaltung sein, besonders, wenn mehrere S.e zu einem S.kasten zusammengezogen sind;
diese sind häufig mit einer Reihe von metallenen
S.klappen (Schornsteinaufsatz) abgedeckt, die sich
im Winde drehen, dadurch einen guten Rauchabzug gewähren und bei Regen die S.e vor Feuchtigkeit schützen, z. B. Chambord (Abb. → Frankreich).
Lit.: Makowetz '41; Hasenbein '50; Göhring '50.

Schottische Architektur. Die Anfänge Sch. A. finden
sich in neolithischen Grabkammern (Maes Howe,
Orkney), in einem Steinkreis aus der Bronzezeit
(Callanish), Steinringen und Rundhäusern sowie
›brochs‹ (runden Steinhäusern, die ohne Verwendung von Mörtel gebaut wurden) aus der Eisenzeit.
Die Besetzung durch die Römer von 58-100 n. Chr.
und von 140-200 wirkte sich nur oberflächlich aus.
Mehrere Festungswerke wurden von ihnen errichtet, das bekannteste ist der Antonine Wall (143).
Das frühe MA. brachte bienenkorbförmige Hütten
und Hochkreuze hervor. Von ihnen ist das ›Ruth-
well Cross‹ (ca. 700) das vollendetste in Großbritannien. Die figürliche Darstellung übertrifft die aller
anderen aus dieser Zeit in Europa. Im 10. Jh. tau-
chen runde Kirchtürme irischen Ursprungs (→ Irland) in Schottland auf (Brechin, Egilsay). Der
→ roman. Stil beginnt mit dem 11. Jh., aber die
wichtigeren norman. Bauwerke (Abb. → Großbritannien) gehören dem 12. Jh. an, so Dunfermline
(Mitte 12. Jh., durch die Kathedrale von Durham

*Schornsteinkopf. Neue Residenz
Bamberg, 16. Jh.*

*Schneuß. Zweischneuß in der
Chapelle du Saint-Esprit, Rue
(Somme), 16. Jh.*

*Schottische Architektur. Old Stirling Bridge,
15. Jh. und später.*

beeinflußt, Abb. → Großbritannien), die Abtei Jedburgh mit den sog. Riesen → arkaden (wie Romsey
und Oxford) und Kelso aus dem späten 12. Jh. mit
dem → Querschiff ähnlich Ely und Bury
St. Edmunds. Steinerne → Burgen erscheinen ebenfalls im 12. Jh., aber → Bergfriede konnten sich hier
nicht durchsetzen. Für den Übergang vom norman.
zum → got. Stil geben die Zisterzienser-Abtei in
Dundrennan und das elegante Mittelschiff von Jedburgh Zeugnis. Rein got. sind der → Chor der Kathedrale von Glasgow und ihre → Krypta, der wun-

*Schottische Architektur.
Dunfermline Abbey, Fife,
Mitte 12. Jh.*

*Schottische Architektur. Jedburgh Abbey, Roxburgshire,
12. und 13. Jh.*

*Schottische Architektur. Melrose Abbey, Roxburgshire,
spätes 14. und 15. Jh.*

Falkland Palace, Fife, 1537-41.

dervolle westl. Abschluß von Elgin und das Hauptschiff von Dunblanc. Krönendes Beispiel für die Architektur des 14. und 15. Jhs. ist die Abtei von Melrose mit einigen frz. Anklängen. Solche unmittelbaren Anregungen aus Frankreich sind auch später wieder zu finden. Der Kirchenbau des 15. und frühen 16. Jhs. erreichte seinen Höhepunkt in der Kapelle von Rosslyn (ca. 1450) mit ihrer überreichen Dekoration (die an Spanien erinnert); exemplarisch für die weltl. Architektur des 15. Jhs. ist Borthwick (ca. 1430) mit seinem majestätischen Großen Saal unter einem Spitztonnengewölbe (→ Gewölbe III 1). Von der Sakralarchitektur des 15. und 16. Jhs. sind weiterhin St. Giles in Edinburgh mit seinem schönen Rippengewölbe (→ Gewölbe I) und der sog. Krone auf dem Turm zu erwähnen, außerdem Pfarrkirchen wie Linlithgow, Stirling, Dundee. Beim Burgenbau hat Inverlochy (13. Jh.) eine nahezu quadratische Umwallung mit vier runden Ecktürmen, Caerlaverock ein großes Torhaus (13. bis 15. Jh.); ferner gibt es noch zahlreiche Turmbauten, hoch und abweisend; charakteristisch sind die vielen ›tourelles‹, frz., nicht etwa engl. Ursprungs. Elphinstone, ältester Bestandteil von Glamis, sowie Affleck sind hierfür Musterbeispiele. Der große Saal des Edinburgh Castle ist auf ca. 1505 datiert und hat eine Holzdecke. Aus annähernd derselben Zeit stammt das eindrucksvolle Torhaus von Stirling Castle.

Wie auch in England erscheint die → Renaissance in der ersten Hälfte des 16. Jhs. als ein Dekorationsstil, der bei einheimischen Bauten oder Gebäudeteilen angewandt wird. Beispiele sind die großen Säle des

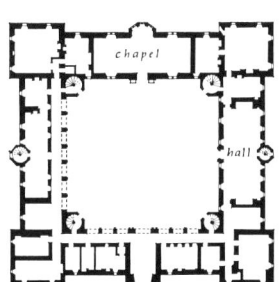

Heriot's Hospital, Edinburgh, 1628-59.

Crathes Castle, Kincardineshire, spätes 16. Jh.

Edinburgh Castle und Stirling Castle und später der Falkland Palace (1537-41). Hier wie dort ist die Quelle nicht die ital. Renaissance sondern die Loire-Schlösser der frz. Renaissance. Ebenfalls in frz. Manier ist z. B. das Schloß Huntly (1602) erbaut, während Schloß Chrichton (1581-91) seine Fassade mit diamantförmigen Quadersteinen Anregungen aus Ferrara oder Spanien verdankt. Die Burgen und Turmbauten aus der Zeit Elisabeths und Jakobs I. sind Schottlands wichtigster Beitrag zur vorviktorian. Architektur. Nur wenige Namen können hier

Culzean Castle, Ayrshire, von Robert → Adam, 1771-92.

genannt werden: Kellie (1573), Balmanno (um 1570), Dundarave (1596), Cawdor (um 1590), Crathes (spätes 16. Jh.) und Fyvie (größtenteils aus dem späten 16. Jh.). Im → Jacobean Style sind der Nordteil von Linlithgow Palace (1618-21) und der Ostteil von Caerlaverock (ca. 1620-35) gehalten. Die Innenräume dieser Bauten enthalten oft Stukkaturen von guter Qualität und, weit öfter als in England, Deckengemälde (zumeist in etwas primitiver Ausführung). Das gewaltigste schott. Bauwerk aus der Mitte des 17. Jhs. ist Heriot's Hospital in Edinburgh (1628-59) mit Innenhof und vier massiven Ecktürmen.

Eine Spezialität des 17. Jhs. sind reformierte Kirchen, im Vergleich zu den engl. monumental konzipiert. Die Kirche von Burntisland hat einen vierekkigen Grundriß mit einem quadratischen Turm über der Mitte (1592), die Kirche in Lauder bildet ein griechisches → Kreuz (1673); Dairsie (1621) und einige weitere sind Überbleibsel der Gotik.

Der Stil von → Jones und → Wren brauchte einige Zeit, um in Schottland Eingang zu finden. Der Vermittler war → Bruce. Ein frühes Beispiel ist Holyrood House (1671). Es hat übereinandergestellte Tragpfeiler und ein Giebelfeld, wiederum mehr frz. als engl. Ein giebelähnliches Mittelstück wurde von Bruce auch am Hopetoun House (1703) angebracht. Dieser Teil des Hauses und auch ein Bau wie Kinross gehören zur engl. Gruppe um Coleshill. Nachdem Schottland sich so dem Londoner Geschmack unterworfen hatte, war der schottisch-georgianische dem engl. Stil angeglichen. Die Brüder → Adam wirkten gleicherweise im Norden wie im Süden Schottlands (vgl. die Hauptteile von Hopetoun und Robert Adams Mellerstain, 1778, sowie

Schottische Architektur. Universität Edinburgh, von Robert → Adam und → Playfair, 1789-1828. Kuppel von R. R. Anderson, 1887.

seine Universität von Edinburgh, 1789-94). In der Reihe bemerkenswerter, fast säulenloser Schlösser, die er gegen Ende seines Lebens für schott. Klienten entwarf (wie Schloß Seton bei Edinburgh), ist Schloß Culzean (1771-92) wegen seiner dramatischen Lage besonders zu erwähnen. Diese Bauten unterscheiden sich deutlich von seinen früheren → neugot. Schöpfungen in England. Das wichtigste Ergebnis Sch. A. im 18. Jh. ist der Entwurf für die New Town von Edinburgh. Er geht auf James Craig im Jahre 1767 zurück; der Charlotte Square wurde jedoch nach Entwürfen R. Adams ausgeführt.

Schottland folgte im 19. Jh. mehr der → klassiz. Richtung. Unter den got. Bauten sind Taymouth (1806-10) von A. und J. Eliot und St. John in Edinburgh (1816-18) von William Burn (1789-1870) erwähnenswert. Letzterer führte den ›Schottischen Baronial‹-Stil für Landhäuser um 1830 ein. Sein Schüler David Bryce (1803-76) wurde dessen gefeiertster Vertreter. Unter den klassiz. Bauten ist die Edinburgh High School (1825, von T. Hamilton) eine der bedeutendsten dor. Kompositionen in Großbritannien. In Edinburgh stehen auch → Playfairs Royal Scottish Academy (1823-36) und die National Gallery (1850, Abb. → Playfair). Die Wasserwerke von Perth (1832, von W. Anderson) verdienen ebenfalls Beachtung. Am interessantesten war das klassiz. Schaffen des ›Griechen‹ → Thomson, der sich zu einer Zeit dieses Stils bediente, als er in Europa noch weithin unpopulär war (Ausnahme Wiener Parlament von → Hansen, 1873-83). Seine Handhabung der klassiz. Stilmit-

tel im Kirchenbau ist erstaunlich frei, nicht ohne ägyptische Zutaten, wohingegen seine Terrassen für Stadthäuser, wie etwa Moray Place in Glasgow (1859), deutlich von → Schinkel beeinflußt sind. Thomson errichtete auch Geschäftsbauten, obwohl das Interessanteste auf diesem Gebiet, das Haus an der Ecke von Argyll Street und Jamaica Street in Glasgow, mit seiner bogenförmigen Gußeisen-Front, 1855-56 von J. Baird erbaut wurde. Got. wiederum waren der Glasgow Stock Exchange (1877, von J. Burnet) und das elisabethanische Donaldson's Hospital in Edinburgh (1854, von Playfair). In den 90er Jahren gehörte zu Schottland einer der brillantesten Architekten Europas, → Mackintosh. Seine Synthese von gewundenen → Jugendstilverzierungen und exakt rechtwinkeligen Flächen (bei der Glasgow School of Art, 1896-1909, Abb. → Mackintosh), von funktioneller Struktur und frei spielenden Ornamenten wie auch sein Gespür für die Durchdringung des Raums waren einzigartig. Heute ist Schottland ein Teil Großbritanniens und eine besondere Ausprägung ist nicht mehr gegeben. Beispiele neuerer Bauten sind: die Stirling University von → Matthew, Johnson-Marshall & Partners, der umstrittene Koloß des Stadtkerns von Cumbernauld (1963, von Sir Hugh Wilson), St. Bride in East Kilbride (1958, von J. A. Coia), eine Fabrik in Galashiels (1970 ff., von Peter Womersley) und das neue Arts Centre der St. Andrews University (1975, von → Stirling).

Lit.: Cruden '60; Dunbar '66; West '67; Gomme-Walker '69; Hay '69.

Schreck, Andreas (tätig um 1716) → Thumb.

Schrein. Behälter aus Holz. Der Ausdruck wird besonders im sakralen Bereich verwendet, z. B. für Reliquienschrein und für das Mittelstück eines Flügelaltars (→ Altarretabel).

Schtschusew, Alexej V. → *Nachträge.*

Schub. Die horizontale Komponente einer diagonal wirkenden Kraft. Der S. tritt bei allen Gewölbekonstruktionen auf und wird durch entsprechendes Auflagergewicht bzw. Verstrebungen aus Strebebögen (→ Bogen) und → Strebepfeilern aufgenommen. → Anker sind oft nur nachträgliche Hilfsmittel.

Schuchow, Wladimir G. → *Nachträge.*

Schultze-Naumburg, Paul → *Nachträge.*

Schumacher, Fritz (1869-1947). Architekt und bedeutender Stadtplaner, arbeitete 1893-95 als Assistent bei → Seidl in München, wurde 1899 Prof. an der TH in Dresden, 1909 Stadtbaudirektor in Hamburg. Seine besten Bauten befinden sich in Hamburg, darunter Schulen sowie das Museum für Hamburgische Geschichte, das, 1912 begonnen, nach Verzögerung durch den Ersten Weltkrieg 1922 vollendet wurde. Unter seinen Stadtplanungen sind vor allem Köln (1920 ff.) und Hamburg (1924 ff.) zu nennen (→ Städtebau). S. ist auch Autor zahlreicher Schriften zu Architektur und Kunstgeschichte.

Lit.: Ockert '50; Schumacher '81, '91.

Schupp, Fritz (1898-1974) → Industriebau.

Schuricht, Christian Friedrich (1753-1832) → Tschechoslowakei.

Schürmann, Joachim → *Nachträge.*

Schütte-Lihotzky, Margarete → *Nachträge.*

Schwagenscheidt, Walter → *Nachträge.*

Schottische Architektur. Stirling University, Bridge of Allan, von → Matthew, Johnson-Marshall and Partners, 1974.

Schottische Architektur. Scottish Amicable Society Headquarters, Glasgow, von King, Main und Ellison, 1977.

Museum für Hamburgische Geschichte, Hamburg, von → Schumacher, 1912-22.

*BMW-Verwaltungsgebäude,
München, von → Schwanzer,
1970-73.*

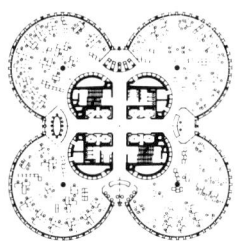

*BMW-Verwaltungsgebäude,
München.*

Schwanzer, Karl (1918-75). S. gehört zu den besten österr. Architekten des 20.Jhs. Wien, wo er studierte, verlieh ihm eine Professur. Zu seinen Arbeiten zählen u.a. der Erweiterungsbau der Kapuzinergruft in Wien (1958-60), der österr. Pavillon auf der Weltausstellung 1958 in Brüssel, der in Wien als Museum für die Kunst des 20.Jhs. wiedererrichtet wurde, weiter die Christ-Königs-Kirche in Pötzleinsdorf (1960-63) und das Verwaltungsgebäude für Philips in Wien (1962-64). Originell und werbewirksam ist die Umsetzung von techn. Motordetails in die Architektur für das Museum und Verwaltungsgebäude des BMW-Konzerns in München (1970-73).
Lit.: Schwanzer '73.

Schwarz, Rudolf (1897-1961). Studium an der TH und der Akademie in Berlin (→ Poelzig). Direktor der Kunstgewerbeschule Aachen (1927-34), Generalplaner der Stadt Köln (1946-50), Prof. an der Kunstakademie Düsseldorf (1953-61). S. war vor allem Kirchenbauer; ihn beschäftigte die Verbindung von Bauwerk und Liturgie. Sein Ziel waren dabei symbolische Formen: der geschlossene Ring,

St. Anna, Düren, von → Schwarz, 1951-56.

der offene Ring, der Kelch, der Weg, der Wurf. Von seinen Hauptwerken gehört die Fronleichnamskirche in Aachen (1928-30, mit → Schwippert) zum ›Weg‹, die Kirche Maria Königin in Frechen (1952-54) zum ›offenen Ring‹, die Heilig-Kreuz-Kirche in Bottrop (1955-57) zum ›Wurf‹. S. hat mehrere Bücher geschrieben, vor allem ›Vom Bau der Kirche‹ (1938) und ›Kirchenbau‹ (1960).   J.J.
Lit.: Kirchgässner '55; Becker '79; Sundermann '81.

Schwarze, Julius Heinrich (1706-75). Architekt in Dresden. Nach einer praktischen Ausbildung wurde S. 1729 als Konducteur am Oberbauamt verpflichtet und arbeitete dort unter de → Bodt und → Longuelune. 1749 unter → Knöffel zum Landbaumeister befördert, tritt er 1756 dessen Nachfolge als Leiter des Obercivilbauamtes an. Von S. entworfene und ausgeführte Bauten sind das Palais für die Gräfin Mosczinska (beg. 1740) und das kleine Komödienhaus am Zwinger (1761), beide im 19.Jh. abgebrochen. Mitgewirkt hat S. darüber hinaus am Musikchor der Kath. Hofkirche (1752) sowie am Palais am Taschenberg (beg. 1756).   M.-A. V. L.
Lit.: Löffler '55.

*Palais Cosel, Dresden, von → Knöffel, 1744-46.
Erneuert von → Schwarze, 1762-64.*

Schwechten, Franz (1841-1924) → Bahnhofsarchitektur; → Industriebau.

Schweden → Skandinavien.

Schweifwerk, das. → Beschlagwerk.

Schweitzer, O. → Städtebau.

Schweiz. Die S. mit ihrer Lage zwischen Deutschland, Frankreich und Italien besitzt auf dem Gebiet der Baukunst alle Vor- und Nachteile eines Landes, das im Einflußbereich größerer Nachbarn liegt. Der Vorteil ist die Mannigfaltigkeit der Stilformen, nachteilig die geringe Möglichkeit der Ausprägung künstler. Eigenart.
Das Land ist ungemein reich an Bauwerken der Frühzeit. In Romainmôtier haben Ausgrabungen eine kleine einschiffige, aus dem 5.Jh. stammende Kirche mit querschiffartigen Anräumen zum Vorschein gebracht, und 753 wurde hier eine größere Kirche, die auf demselben archaischen Grundriß errichtet wurde, geweiht. Der im 8.Jh. entstandene Ostabschluß der Luciuskirche in Chur hat über einer Ringkrypta (→ Krypta) drei parallele → Apsiden nach ital., frühchristl. Vorbild. Dieselbe Art des Ostabschlusses findet sich bei St. Martin in Chur, in Müstair und Disentis.
Die ersten roman. Kirchen (→ Romanik) sind von Burgund und besonders von → Cluny II beeinflußt, so der dritte Bau von Romainmôtier mit einer

typisch burgundischen Vorkirche und die Abteikirche von Payerne, die beide im 11. Jh. entstanden.
Das im späten 11. und frühen 12. Jh. erbaute Münster in Schaffhausen steht mit der dt. Romanik und
dem Hauptzentrum der dt. Cluniazenser, Hirsau
(→ Hirsauer Bauschule), in Verbindung. Die Romanik findet im Münster von Basel, dessen Formensprache eng mit der elsässischen Bauweise zusammenhängt, ihren Höhepunkt; doch hat sich aus dem
frühen 11. Jh. nur wenig erhalten, der größte Teil
stammt von 1180 und später.

Zu jener Zeit war schon mit dem Bau der Kathedrale von Lausanne begonnen worden, die ebenso
wie die Kathedrale von Genf von der frz. → Gotik
beeinflußt ist. Insbesondere die Kathedrale von
Lausanne gehört der burgundischen Schule des
13. Jhs. an. In der Spätgotik dagegen orientierte
man sich bei den bedeutendsten Kirchen an den
süddt. → Hallenkirchen mit ihren komplizierten
Gewölbeformen, so beim Münster in Bern
(1421 ff.), bei St. Oswald in Zug (1478 ff.) und
St. Leonhard in Basel (1489 ff.).

Leonhardskirche Basel, beg. 1489.

56), die einen vierpaßförmigen (→ Paß) Grundriß
hat und deren → Rippen bis zu einem Höchstmaß
verflochten sind; da gibt es das Rathaus in Zürich,
das noch mehr der Renaissance angehört als dem
Barock, obwohl es erst 1694-98 errichtet wurde,
und es gibt die Anfänge eines dt. → Barock in Kirchen wie der von Muri, welche von → Mosbrugger
entworfen und 1694 begonnen wurde. Ein geräumi-
ges → Oktogon bildet ihr Zentrum. Mosbrugger
schuf später auch die weiträumige Anlage in Einsiedeln (beg. 1719).

Die Baukunst des 18. Jhs. wird von dem Gegensatz
bestimmt, der zwischen dem berauschenden und
melodramatischen süddt. Barock (St. Gallen 1755-
69) und dem kühlen, zurückhaltenden → Louis-seize-Stil (Privathäuser in Genf) liegt. Natürlich
äußert sich in der Baukunst auch ein Gegensatz
zwischen der kath. und protestant. Auffassung. Typisch protestant. Kirchen von einer ungewöhnlichen Innenraumgestaltung sind der vollkommen im
frz. Stil gehaltene ›Temple‹ in Genf (1707-10, von
Vennes) und die Heilig-Geist-Kirche in Bern (1726-
29, von Schildknecht). Die Berner Kirche ist ein
oblonger Bau, der in der Mitte der vier Seiten Eingänge aufweist und dessen einzige asym. Akzente
ein (dt.) Westturm und im Innern die Kanzel, die
nahe an den Ostabschluß gesetzt ist, bilden. Die
St. Ursus-Kathedrale von Solothurn (1762 ff., von
G. M. Pisoni) zeigt einen gemilderten → Klassizismus, der stattliche Westportikus der Kathedrale
von Genf (1752-56, von → Alfieri) ist dagegen in
einer entschiedeneren Weise klassiz. gestaltet. Das

*St. Peter, Mistail, karolingisch,
Turm später.*

*Ritterscher Palast, Luzern, von Giovanni Pietro del
Grilio, 1556-61. Hof mit Weinmarktbrunnen, 1481.*

Die → Renaissance tritt verständlicherweise zuerst
in jenen Kantonen, die an Italien grenzen, in Erscheinung. Das 1517 entstandene → Portal von S.
Salvatore in Lugano ist stilmäßig eng mit Como
verwandt. Von den Bauten des späten 16. Jhs. ge-
nügt es, den dreistöckigen → Arkadenhof des Rit-
terschen Palastes (1556-61) in Luzern zu erwähnen,
ferner die Geltenzunft (1578) und den Spießhof in
Basel (spätes 16. Jh.), die beide mehr der klass. Formensprache verpflichtet sind, als dies bei solchen
Bauten in Deutschland gewöhnlich der Fall ist. Der
Spießhof insbesondere geht in seiner Gestaltung
der Fenster direkt auf → Serlio (→ Palladiomotiv)
zurück.

Während des 17. Jhs. kann man verschiedene Strömungen feststellen. Da gibt es die faszinierende Gotik der Kirche der Visitandinnen in Fribourg (1653-

*Château Chillon bei Montreux,
Mitte 12. Jh.*

Rathaus von Neufchâtel (Neuenburg, 1784-90, von
P. A. Pâris) ist das Bauwerk, das sich am genauesten
an den Formenschatz des Klassizismus hält. Die
interessantesten Bauten des 19. Jhs. sind die
→ Hotels, die jedoch noch nicht genügend untersucht worden sind.

Die Bemühungen um die Überwindung der Stile
stehen in der Architektur der Jahrhundertwende bis
zum 1. Weltkrieg im Vordergrund. Den fortschrittlichen Architekten erscheint die Zeit vor 1900 als
Zusammenbruch der architektonischen Gestaltungskraft.

Zu den treibenden Kräften gehört die Heimat-
schutz-Bewegung. Sie verlangt, daß wieder der Tradition einer Region entsprechend gebaut werde.
Weitere, gegen die internationale akademische Architektur der Stile gerichtete Bewegungen reichen
vom Regionalismus über → Jugendstil, → Arts and
Crafts bis hin zum → Klassizismus, wobei sich diese
Haltungen häufig überlagern. Bei Bürgerhäusern
und größeren Gesellschaftsbauten kommen freie
Stilvariationen zur Anwendung, die eine Grundhaltung des Jugendstils einschließen. Dieser hebt sich
jedoch von der Eleganz des internationalen Jugendstils ab durch schwere, abgewalmte Dächer, grob
bearbeitete Hausteine und seltsam aufgedunsen
wirkende Formen (z. B. Curjel & Moser: Kunsthaus
Zürich, 1906-10). Einen bemerkenswerten Versuch,
die Ideen des Jugendstils mit einem jurassischen

Stiftskirche St. Gallen, nach Plänen Bagnatos von Peter
→ Thumb und J. M. → Beer, 1755-69.

rung von einfachen Massen und die Anordnung
gleicher Fenster. Der neue Klassizismus ist das folgerichtige Ergebnis der rationalisierten Form von
handwerklichem Bauen mit normierten Bauelementen, z. B. im Siedlungsbau. In solcher Rationalität bereitet sich das Neue Bauen vor (z. B. H. Meier:
Siedlung Freidorf in Muttenz BL, 1919-21; vgl.
→ Baugenossenschaften).

1924 formiert sich die Avantgarde der jungen Architektengeneration um die Zeitschrift ›ABC‹; bei
der Gründung der → CIAM 1928 und dessen späteren Kongressen ist sie aktiv beteiligt. Doch wird die
Erneuerung der Architektur vorerst nur theoretisch
– in Streitschriften, Studien und Projekten – propagiert. Ein Markstein auf dem Weg zur Moderne ist
die Antoniuskirche in Basel (1925-27), ein Sichtbe-
tonbau von Karl Moser. Erste größere Manifestation des Neuen Bauens ist jedoch die Siedlung Neu-
bühl in Zürich mit rund 200 Wohnungen, ein Gemeinschaftswerk der jungen Generation (1928-32).
Hervorragendes Beispiel für einen Bau, der neben

Stiftskirche Maria Einsiedeln, von → Mosbrugger,
1719-35. Innenausstattung von den Brüdern → Asam.

Regionalismus zu verbinden, unternimmt die
Kunstgewerbeschule La Chaux-de-Fonds. Der
junge → Le Corbusier gehört zu den Schülern dieses
Ateliers (z. B. Chapallaz und Jeanneret: Villa Fallet, La Chaux-de-Fonds, 1906-07).

Nach 1914 gewinnt der Klassizismus an Bedeutung.
Dieser Blick zurück führt tatsächlich einen Schritt
vorwärts auf der Suche nach den Grundelementen
der Architektur; im Klassizismus finden die Architekten Einheit und Klarheit der räumlichen Gestaltung. Oft beschränken sie sich auf die klare Gliede-

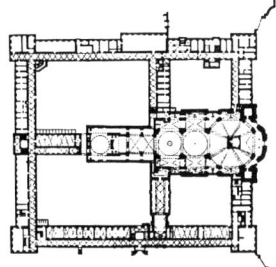

Stift Maria Einsiedeln.

Reformierte Heiliggeistkirche Bern, 1726-29.

den technischen, wirtschaftlichen und ästhetischen Anliegen des Neuen Bauens auch die sozialen und emanzipatorischen verwirklicht, ist das Haus für alleinstehende Frauen in Basel (Artaria und Schmidt, 1929) mit Gemeinschaftseinrichtungen zur Entlastung der Berufstätigen. Einen schweren Stand hat das Neue Bauen in der Westschweiz, wo sich eine Vorliebe für Formalismen der neuen Architektur in den Weg stellt. Nur punktuell setzt sich

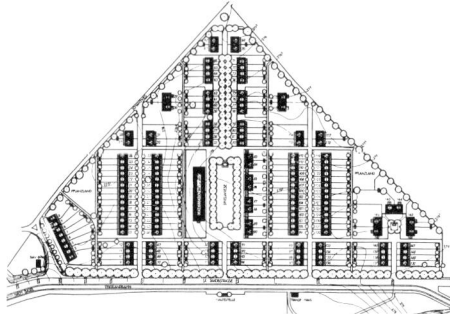

Siedlung Freidorf, Muttenz bei Basel, von Hannes → Meyer, 1919-21.

die Avantgarde durch, z.B. im Wohnhaus Clarté von Le Corbusier in Genf (1931-32), der Siedlung Viesseux Genf oder den Seebädern in Vevey und Lausanne.

Neben der radikalen Moderne, die gerne mit dem Schlagwort Kulturbolschewismus tabuisiert wird, formuliert sich bald eine gemäßigte. Sie interessiert

Bleicherhof, Zürich, von Otto Rudolf Salvisberg, 1939-40.

sich nur für architekturimmanente Erneuerungen: Grundrisse klären sich, Fassaden werden geglättet, Glas und andere moderne Materialien finden maßvolle Verwendung. Da nun diese gemäßigte ›andere‹ Moderne von gesellschaftspolitischen Ansprüchen absieht und sich als fortschrittlicher ›Stil‹ versteht, der trotzdem angemessene Formen der Repräsentation anzubieten weiß, wird sie vom aufgeschlossenen Bürgertum geschätzt. Diese Haltung kommt nach 1930 zum Tragen; ihr hervorragendster Vertreter ist Otto R. Salvisberg. Schulbildend wird vor allem sein Geschäftshaus Bleicherhof in Zürich (1939-40): ein Raster gliedert die Fassade in viele schmale Pfeiler, wobei zwischen tragenden und nicht-tragenden Pfeilern nicht unterschieden ist: das Prinzip der Moderne, die konstruktiven Grundlagen sichtbar zu machen, wird fallengelassen.

Villa Fallet, La Chaux-de-Fonds, von René Chapallaz und → Le Corbusier, 1906-07.

Die Rasterfassade wird bis in die 50er Jahre zum Zeichen der Nachkriegsarchitektur – nicht nur in der Schweiz. In den kriegsbetroffenen Nachbarländern, wo die Entwicklung der Moderne mehr als

Haus für alleinstehende Frauen, Basel, von Paul Artaria und Hans Schmidt, 1929.

ein Jahrzehnt unterbrochen war, sucht man nach Vorbildern. Man orientiert sich an der Schweizer Nachkriegs-Moderne, die das Neue Bauen in moderierter Form zum Bestandteil der allgemeinen Baukultur gemacht hat. Dabei hat die Nüchternheit jener radikalen Architektur eine ›Vermenschlichung‹ erfahren: ›natürliche‹ Materialien, warme

St. Antonius, Basel, von Karl Moser, 1925-31.

Reihenhäuser Flamatt II, Bern, von Atelier 5, 1960-61.

Farben und dekorative Geländer reichern jene rationalen Baukörper mit Stimmung an. Diese ›nette‹ Moderne eignet sich hervorragend für den Wohnungsbau an den Stadträndern und bestimmt das Bild des Nachkriegs-Wohlstandes, der Schweizerischen Normalität. Experimente im Siedlungsbau sind selten (z. B. A. H. Steiner: Siedlung Heiligfeld in Zürich, 1950-54). Im Schulhausbau gelingen mit der Auflösung von großen Baukörpern in Pavillons naturnahe und kinderfreundliche Bauten (z. B. Schaad & Jauch in Hergiswil NW, 1952-54).

Dieser verharmlosten Moderne stellen sich in den ausgehenden 50er Jahren Widerstände entgegen. Verschiedene Junge suchen nach einer architektonischen Ordnung, die sich in einer einfachen und klaren Konstruktion aus Beton oder Stahl verwirklichen läßt. Sie reduzieren die Bauten nach dem Vorbild von → Mies van der Rohe auf einfache geometrische Körper, die Fassade auf eine neutrale Haut (›Solothurner Schule‹, z. B. Haller: Ingenieurschule Brugg-Windisch, 1964-66). Andere Architekten gehen von Le Corbusiers Spätwerk und dessen béton brut aus. → Beton wird jetzt als archaisches Material interessant; seine plastischen, raumbildenden Möglichkeiten und die Konkretheit

Freibad, Bellinzona, von Aurelio Galfetti, Flora Ruchat und Ivo Trümpy, 1967-70.

des Materials mit den Spuren des Bauprozesses stehen im Vordergrund (z. B. Altelier 5: Reihenhäuser Flamatt in Bern, 1960-61).

Der Aufruhr von 1968 hat auch die Architekten geweckt und ihnen ihre gesellschaftliche Verantwortung in Erinnerung gerufen. Mit rigoroser Kritik an dem von der kapitalistischen Bauwirtschaft vereinnahmten Funktionalismus machen sie sich auf, die Architektur neu zu bestimmen. In der Folge entwickeln sich soziologisch ausgerichtete Konzepte, die sich vor allem auf Kommunikationsmodelle einlassen. Im Laufe der Jahre erst entwickelt sich in diesem Umkreis eine Ästhetik des Einfachen und Nützlichen (z. B. Metron-Architekten: Siedlung Zelgli, Windisch AG, 1981). Daneben setzt

unter dem Einfluß von Aldo → Rossi eine ›ricerca‹ ein: Architektur wird mit historisch-materialistischen Fragestellungen analysiert; die Ergebnisse werden in den Entwurfsprozeß einbezogen. Erstmals in die Baupraxis übertragen werden die neuen Ideen von Tessiner Architekten: sie gehen aus von den Merkmalen des Territoriums, die sie mit ihren Bauten interpretieren und verstärken (z. B. Galfetti, Ruchat, Trümpy: Bad Bellinzona, 1967-70).

Während sich aller Aufmerksamkeit der → Tessiner Schule zuwendet, entstehen in der deutschen Schweiz Bauten im Sinne von Aldo Rossis Forderung, daß die Form und Architektur der Stadt zum Maß des Entwerfens zu machen sei. Bauen im historischen Kontext wird zum anspruchsvollen Thema Ende der 70er Jahre (z. B. Diener & Diener: Wohnanlage Hammerstraße in Basel 1979-81). Dieser Diskurs geht einher mit dem Interesse an architektonischen Typen und Bildern. Sie werden zu Ausgangspunkten beim Entwerfen. Geschichte wird bildhaft eingesetzt, um die Funktionen eines Baues augenfällig zu machen (z. B. Bétrix, Consolascio; → Reichlin: Lagerhaus Uster, 1981-82).

Siedlung Heiligfeld, Zürich-Albisrieden, von A. H. Steiner, 1950-54.

Die Wertschätzung der Zwischenkriegs-Avantgarde bringt nach 1980 eine Vorliebe für ›konstruktivistische‹ Formen mit sich. Sie werden gewonnen aus leichten Elementen von Balkonen, Fluchtgängen, Vordächern oder Lamellen und verwendet, um Fassaden feingliedrig zu gestalten (z. B. Theo Hotz: Buchbinderei in Mönchaltorf ZH, 1983-85).

In jüngster Zeit werden gerne architektonische Stimmungen aufgegriffen. Sie werden meist aus

Buchbinderei BUBU, Mönchaltorf, von Theo Hotz, 1983-85.

Albert Memorial, London, von Sir George Gilbert → Scott, 1864-72.

Materialeigenschaften gewonnen. Es wird mit den Ausdrucksmöglichkeiten von Beton und Holz experimentiert; Alltägliches wie Sperrholz oder Dachpappe evoziert eindringliche Bilder und Erinnerungen, die bald subjektiv, bald gesellschaftlich sein können (z. B. Zumthor: Atelier in Haldenstein GR, 1985-86; Herzog & de Meuron: Photostudio in Weil am Rhein, BRD, 1982). J. N. (20. Jh.)

Lit.: Gantner-Reinle '36-62; Meyer, P. '42; De Sivo '68; Burckhardt L. u. A. '69; Gubler, J. '75; Steinmann-Bogo '75; Burckhardt, L. '78; Adler '78; Speich-Schläpfer '78; Battisti-Frampton '79; Werk, Bauen und Wohnen '80; Zeitschriften archithese sowie Atelier und Bauplatz ...; Disch u. a. '90.

Schweizer, Otto Ernst → *Nachträge.*

Schwelle. 1. Das untere Querholz bei einem → Fachwerk. – **2.** Der einzelne Balken eines hölzernen Rostes unter dem → Fundament eines Hauses. – **3.** Der untere, waagerechte Teil der Türeinfassung aus Holz oder Stein. Diese S. hatte häufig apotropäische Bedeutung, die sich im S.nzauber, aber auch in den Hoheitsakten, die vor einem → Portal zelebriert wurden, niederschlug und bis heute in die Rechtsprechung (Hausdurchsuchungsrecht) nachwirkt.

Schwibbogen → Bogen II 15.

Schwippert, Hans (1899-1973). S. war Direktor der Kunstakademie Düsseldorf. Er studierte in Hannover, Darmstadt und Stuttgart; ab 1927 lehrte er einige Jahre an der Kunstgewerbeschule in Aachen, 1946-61 war er Prof. an der TH in Aachen, 1955-66 war er außerdem Direktor der Hochschule für Bildende Künste in Düsseldorf. Das Bundeshaus in Bonn (1948-49) und ein Wohnhochhaus der Interbau-Ausstellung für das Hansaviertel in Berlin (1957) gehören zu seinen bekanntesten Werken, daneben das DRK-Haus in Bonn (1954), das Studiohaus (1957) und das Haus der Wissenschaften (1960) in Düsseldorf.

Lit.: Schwippert '69; Werhahn '87.

Sckell, Friedrich Ludwig von (1750-1823). Gartenbauarchitekt. Nach einer Lehrzeit in Bruchsal und Zweibrücken unternahm er Studienreisen nach Paris und England (1773). 1778 wurde S. Hofgärtner in Schwetzingen, später in München Hofgartenintendant. Sein Hauptwerk ist der Englische Garten in München, der urspr. von Graf Rumford entworfen worden war (1789). S. führte den Entwurf aus und erweiterte später den Park (1804 ff.). → Glasarchitektur.

Lit.: Hallbaum '27; Hennebo-Hoffmann '62-65; EA '82.

Scott, Sir George Gilbert (1811-78). Sohn eines Geistlichen, selbst eifriger Protestant, betrachtete sich als ein Architekt aller, nicht nur weniger Auserwählter. Sein Grundsatz des goldenen Mittelwegs sicherte ihm eine unvergleichliche Zahl von Aufträgen. S. begann mit dem Bau von Armenhäusern, nachdem er mit Sampson Kempthorne, einem Spezialisten auf diesem Gebiet, zusammengearbeitet hatte. S.s Partner bei diesen Aufträgen war W. B. Moffatt. Die Royal Wanstead School in Wanstead, Essex, im → Jacobean Style erbaut, ist ihr erstes bedeutendes Werk. Ein Jahr danach schufen sie die Kirche St. Giles in Camberwell in London, mit der S. seinen Ruhm begründete. St. Giles ist eine durchaus → got. Kirche, keine Phantasiearchitektur wie die frühen → neugot. Kirchen, in ihrer Art vollkommen und dank des korrekt entwickelten → Chores

Schloß Schönbusch bei Aschaffenburg. Garten mit Jagdschlößchen, von → Sckell, beg. 1776.

Entwurf für den Reichstag in Berlin, von Sir George Gilbert → Scott, 1872.

auch für die kritische Cambridge Camden Group liturgisch akzeptabel. Im selben Jahr begann S. mit der Instandsetzung der Pfarrkirche von Chesterfield seine Laufbahn als vielbeschäftigter, rücksichtsloser Restaurator.

S. restaurierte mehr Kathedralen und Kirchen, als wir heute wissen. 1844 gewann er den Wettbewerb für die Nikolai-Kirche in Hamburg mit einem Entwurf in dt. → Gotik und befestigte damit seinen

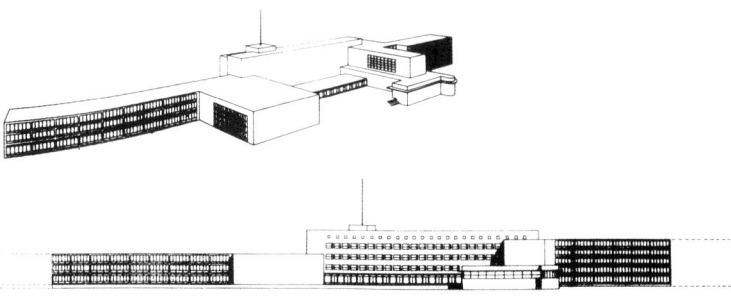

Bundeshaus in Bonn, von → Schwippert, 1948-49.

Kathedrale von Oxford, von Sir George Gilbert → Scott, 1870-76.

St. George, Doncaster, von Sir George Gilbert → Scott, 1854-58.

Treppenhaus in der St. Pancras Station, London, von Sir George Gilbert → Scott, 1868-74.

internat. Ruf (1846-82 erbaut). 1849 wurde er Bauinspektor der Westminster Abbey. S. schuf u. a. die großartige Pfarrkirche in Doncaster (1854-58), die Kapellen für Exeter College in Oxford (1856) und für St. John's College in Cambridge (1863-69) und die Pfarrkirche von Kensington in London (1869-72). Sein Stil kann als eine Synthese von Motiven der frz. und engl. Hochgotik bezeichnet werden. S. entwarf auch Profanbauten, z. B. Kelham Hall in Nottinghamshire (1857 ff.), das St. Pancras Hotel (1865) und St. Pancras Station in London (1863-76; Abb. → Ingenieurbaukunst), das Albert Memorial (1863-72) und eine Häusergruppe in Broad Sanctuary (1854) im W. von Westminster Abbey, London.

S. schrieb sogar ein Buch, um zu beweisen, daß die Gotik für den Profan- wie für den Kirchenbau des 19. Jhs. geeignet sei (›Remarks on Secular and Domestic Architecture‹, 1858), und war tief verletzt, als Lord Palmerston ihn drängte, die neuen Regierungsgebäude in Whitehall im Neurenaissancestil (→ Historismus) zu errichten (endgültiger Entwurf 1861). S. war ehrgeizig und selbstbewußt; das wird in seinen ›Personal and Professional Recollections‹ (1879) besonders deutlich. Er war tatsächlich ein kenntnisreicher und gewissenhafter Architekt, aber ihm fehlte das Genie. In seinen Restaurierungen hielt er sich für behutsam, war aber praktisch ohne alle Rücksicht, völlig skrupellos, doch zeigt seine Schrift ›Gleanings from Westminster Abbey‹ (1862), daß er ein hervorragender Kenner des MA.s war. Abb. → Ingenieurbaukunst.

Seine Söhne *George Gilbert Scott* (1839-97) und *John Oldrid Scott* (1842-1913) arbeiteten ebenfalls im neugot. Stil. Sie waren genauso fachkundig und gewissenhaft wie S. und besaßen überdies eine künstler. Sensibilität, die eher der Spätphase als der Hochblüte der Viktorianischen Zeit eigen war. George Gilbert S.s Hauptwerk war St. Agnes in Kennington in London (1877), ein bemerkenswert schmuckloser, doch eindrucksvoller Bau. J. Oldrid schuf mit seinem Bruder die großart. kathol. Kirche von Norwich (1884-1910).

Lit.: Scott, G. G. 1879; Clarke '38; Ferriday '64; Pevsner '72; Cole '80; G. Fisher u. a. '81; Toplis '87.

Scott, Sir Giles Gilbert (1880-1960). Wurde durch seinen Entwurf für die Kathedrale in Liverpool, mit dem er 1904 einen Wettbewerb gewonnen hatte, über Nacht bekannt. Der Stil dieses Entwurfs ist noch gotisierend in der Art des 19. Jhs., doch zeichnet sich der Grundriß durch große Originalität aus; der Aufriß ist dynamisch. S.s frühe Kirchenbauten, wie z. B. St. Joseph in Lower Sheringham in Norfolk (1910-36) und die Charterhouse School Chapel in London (1922-27), sind eigenständige und kühne Werke, die die Lösung vom → Historismus vorbereiteten. S. erprobte eine Vielfalt von Möglichkeiten. Das Ergebnis waren Bauwerke wie die Battersea Power Station in London (1932-34), die zum Vorbild für die in ganz England aus Backstein erbauten Elektrizitätswerke der Nachkriegszeit wurde, und die neue Waterloo Bridge in London (1939-45) mit flachen, elegant geschwungenen Bögen. Bei den von ihm geschaffenen repräsentativen Gebäuden verlor sich jedoch die dynamische Kraft, die seinen früheren Werken eigen war, sie wirken durchschnittlich: Cambridge University Library (1931-34), das neue Gebäude für die Bodleian Library in Oxford (1936-46), der Anbau an die Guildhall in London (1954-58) und die Karmeliterkirche in Kensington, London (1954-58).

Lit.: Cole '78; Stamp '79.

Battersea Power Station, London, von Sir Giles Gilbert → Scott, 1932-34.

Scuola → *Nachträge.*

Seddon, Thomas (1821-1906) → Voysey.

Sedilia, die (Pl., lat.). Die an der Südwand des → Chores eingemauerten Steinsitze der Geistlichen, meist in der Dreizahl (Priester, Diakon, Subdiakon).

Sedlaček, Frank (geb. 1943) → Präfabrikation.

Seeling, Heinrich (1852-1932). S. war auf Theaterbauten spezialisiert und hat eine große Zahl wichtiger Theater, wie das Stadttheater in Freiburg im Breisgau (1910) und die Städtische Oper in Berlin-Charlottenburg (1911-12), entworfen.

Lit.: Hofmann, A. '22.

Lenbachhaus, München, von → Seidl, 1887-91.

Segment, das (lat. segmentum: Abschnitt). Ein S. ist die Fläche zwischen einem Kreisbogen und einer Sehne. Das S. kommt in der Baukunst beim S.bogen, beim S.giebel (→ Giebel 3) usw. vor.

Sehring & Lachmann → Deutschland.

Seidl, Gabriel von (1848-1913). Architekt in München. Seine Hauptwerke sind das Deutsche Museum (1906-16) mit seinem Bruder *Emanuel* S. (1856-1919) und → Bestelmeyer sowie das Bayerische Nationalmuseum (1894-99), in dem der → Historismus sich sozusagen überschlägt. Baustile verschiedener Zeiten werden außen und innen angewandt, um sich den Museumsobjekten anzupassen. Die Nebeneinanderstellung ist malerisch und lebendig, ohne den schwerfälligen Ernst vieler Bauten des 19. Jhs. Der vorherrschende Stil des Äußeren ist die deutsche → Renaissance. S. entwarf auch die Lenbachvilla (1887) und das Künstlerhaus (1896-1900), die neuromanische St. Anna-Kirche (1887-92) und die Rupertuskirche sowie mehrere Münchner Stadtpalais und Villen (Palais Klopfer, 1900-02; Villa Kaulbach, 1887-89).
Lit.: Bössl '66.

Seidler, Harry (geb. 1923) → Australische Architektur.

Seitenschiff. Abseite. Raumteil einer Kirche, parallel zur Längsachse, vom → Mittelschiff, → Querschiff oder → Chor durch Säulen- oder Pfeilerstel-

Vestibül des zweiten Opernhauses, Dresden, von → Semper, 1878.

lungen abgetrennt (→ Stützenwechsel). S.e treten fast immer paarweise auf; in der Regel sind zwei vorhanden. → Schiff.

Sekundärarchitektur (engl. street furniture). ›Möbel‹, die der Einrichtung von Straßen und Plätzen dienen, wie Straßenlampen, Bänke, Schauvitrinen in → Fußgängerzonen. Ob die Bahnhöfe des 19. Jhs. und die Flugplätze des 20. Jhs. S. sind, bleibt strittig, doch die Eingänge der Metro in Paris, die Wartehäuschen für Straßenbahnen und Omnibusse, die Litfaßsäulen und Telefonzellen, die Tankstellen und freistehenden Straßenschilder, vor allem an Kreuzungen, sind S.   W. R.

Selva, Antonio (1751-1819). Führender Architekt des barocken › Klassizismus in Venedig, Schüler von → Temanza, besuchte nach seiner Ausbildung Rom, Paris und London (1779-83). Seine Frühwerke zeigen einen vereinfachten neupallad. Stil (→ Palladianismus), so z. B. das Theater La Fenice in Venedig (1788-92, abgebr., aber nach S.s Entwürfen wieder aufgebaut). In späterer Zeit entwickelte S. eine wesentlich strengere klassiz. Stilart, z. B. am Dom in Cologna Veneta (1806-17) mit einem eindrucksvollen korinth. → Portikus. Abb. → Klassizismus.
Lit.: Cicognara 1838-40; Bassi, E. '36; Meeks '66.

Villa Rosa, Dresden, von → Semper, 1839.

Semper, Gottfried (1803-79). Der bedeutendste dt. Architekt um die Mitte des 19. Jhs. Wurde in Hamburg geb., studierte in Göttingen und München unter → Gärtner. Nach einem Duell flüchtete er 1826 nach Paris, wo er unter → Gau und → Hittorf arbeitete. 1830-33 lebte er in Italien und Griechenland, veröffentl. anschließend eine stark von Hittorf beeinflußte Abhandlung über die → Polychromie in der griech. Baukunst der Antike und erhielt 1834 einen Ruf als Prof. an die Akademie in Dresden. Hier schuf er seine schönsten Bauten. Zuerst errichtete er das Dresdner Opernhaus (Abb. → Deutschland; 1838-41, 1869 abgebrannt, veränderter Neubau 1871-78, 1945 zerst., 1985 wiederaufgebaut) urspr. im → Cinquecentostil mit maßvoller Ornamentik. Der Außenbau brachte die Raumverhältnisse des Innern klar zum Ausdruck. Die halbkreisförmige Fassade geht über → Mollers Schauspielhaus in Mainz auf das Théâtre Feydeau in Paris zurück. In der Synagoge in Dresden (1839-40) sind lombard., byzant., maurische und roman. Stilelemente zu einer Einheit verschmolzen; es folgten in Dresden die Villa Rosa (1839) in dem Stil des → Quattrocento, das Oppenheim-Palais (1845) im Stil des Cinquecento und die Gemäldegalerie (1847-54), die mit ihrer langen bogengeschmückten Fassade den Zwinger, der im N. offen geblieben war, schloß.

Gottfried Semper.

Das zweite Opernhaus, Dresden, von → Semper, 1871-78.

Nach der Märzrevolution von 1848 mußte S. Deutschland verlassen; er ging zuerst nach Paris (1849-51), hatte dort aber keinen Erfolg. Er spielte mit dem Gedanken, nach Amerika auszuwandern, ließ sich dann aber in London nieder (1851-55), wo er einige Sektionen für die Weltausstellung von 1851 schuf. Er beriet Prinzgemahl Albert bei der Planung eines Museums, aus dem das heutige Victoria- und Albert-Museum entstand. S. war in hohem Maße am Kunstgewerbe interessiert. Seine Schrift ›Der

Töpferschule, Stoke-upon-Trent, von → Semper, 1853.

Stil in den technischen und tekton. Künsten‹ (1860-63, nur 2 Bde. erschienen) ist die interessanteste Anwendung materialistischer Prinzipien auf Handwerk und Kunst; S. versuchte zu beweisen, daß der Ursprung des Ornaments in den wechselnden Bearbeitungstechniken der einzelnen Materialien liegt. Sein architekt. Glaubensbekenntnis ist, daß die Funktion eines Bauwerks in Grundriß, Außenbau und Schmuck ihren Ausdruck finden müsse. 1855 ging S. nach Zürich und lehrte dort bis 1871 an der TH. Zu dieser Zeit schuf er Entwürfe für das von Ludwig II. geplante Wagner-Nationaltheater (1864-66), die später den Bau des Bayreuther Festspielhauses in hohem Maße beeinflußten (von O. Brückwald, 1872-76). Seine letzten Lebensjahre verbrachte S. in Wien. Sein Stil hatte sich, wie man es am zweiten Dresdner Opernhaus (abgebr.; 1871 neu entworfen) deutlich sehen kann, gewandelt; er war jetzt freier und zeigte eine Tendenz zum → Barock. Auch in den beiden großen und gleichgestalteten Wiener Museumsbauten, die mit der Neuen Hofburg ein Forum bilden (1872 ff. und 1881 ff.), und im Burgtheater (1873, Abb. → Hasenauer) tritt dieser neue Stil in Erscheinung. Sie wurden nach S.s Entwürfen von → Hasenauer (1833-94) ausgeführt.

Lit.: Semper, G. 1860-63; Semper, H. 1880; Ettlinger '37; von Manteuffel '52; Quietzsch '62; De Fusco '64; Pevsner '72; Fröhlich '73; Semper, G. '76, '80; Semper, H. u. M. '79; Fröhlich '91; Laudel '91.

Sens, William of → William of Sens.

Aufriß der Westfassade zum dritten Projekt der Nikolaikirche Hamburg, von → Semper, 1844.

Sepulcrum (lat.: Grabmal) → Altar.

Serail, das (pers.-türk.-it.-frz.). Türk. Ausdruck für Palast wie auch für größere Bauten überhaupt, z. B. → Karawansereien. Später auch der Wohntrakt eines Palastes, der den Frauen vorbehalten war (Harem).
Lit.: Reuther, O. '25.

Serbien → Jugoslawien.

Serliana, die. → Palladiomotiv.

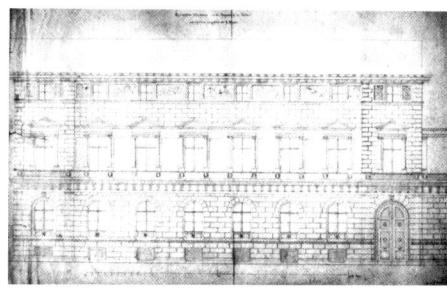

Palais Oppenheim, Dresden, von → Semper, 1845-48.

Serlio, Sebastiano (1475-1554). Maler und Bildhauer, vor allem bekannt als Autor des Buches ›L'Architettura‹, das in sechs Teilen zwischen 1537 und 1551 erschien (1575 nach seinen Zeichnungen erweitert). Es war die erste → Architekturtheorie, die mehr auf die Praxis als auf die Theorie einging, und die erste systematische Darlegung der fünf → Säulenordnungen. S.s Schrift machte → Bramantes und → Raffaels Stil in ganz Europa bekannt und stellte für Architekten und Baumeister eine große Vorbildersammlung dar. Geb. und ausgebildet in Bologna, ging S. um 1514 nach Rom und wurde Schüler von → Peruzzi. Dieser hinterließ ihm Pläne und Skizzen, von denen S. in seinem Buch ausführlich Gebrauch machte. Nach der Plünderung Roms (1527) ging er nach Venedig und wurde schließlich 1540 nach Frankreich berufen, wo er als Berater für den Schloßbau in Fontainebleau tätig war. Hier baute er auch ein Haus für den Kardinal von Ferrara (1544-46, mit Ausnahme des Eingangstores zerstört), das als ›Grand Ferrare‹ bekannt war,

Schloß Ancy-le-Franc bei Tonnerre, von → Serlio, beg. 1546.

und das Schloß von Ancy-le-Franc bei Tonnerre (beg. 1546). Das ›Grand Ferrare‹ wurde in Frankreich für mehr als ein Jh. zum Modell für das → Hôtel oder Stadtpalais. Die phantastischen Entwürfe, besonders jene für rustizierte (→ Rustika) → Portale, die in den letzten Teilen seines in Frankreich veröffentl. Buches erschienen, wurden viel von den frz. Architekten des → Manierismus nachgeahmt. Abb. → Bühnenarchitektur.

Lit.: Serlio 1537, 1588; Schlosser '24; Argan '32; Schreiber '38; Dinsmoor '42; Wasel '65; Rosci '66; Tafuri '66; De Fusco '68; Heydenreich-Lotz '74; Rosenfeld '78.

Serliomotiv → Palladiomotiv.

Sert, Josep Lluís (1902-83). Stammt aus Barcelona und arbeitete 1929-32 unter → Le Corbusier. 1939 emigrierte er nach Amerika, wo er → Gropius' Nachfolger in Harvard wurde. 1947-56 Präsident der → CIAM. Seine bekanntesten Bauten sind der span. Pavillon auf der Pariser Weltausstellung 1937, die hohen Harvard-Studentenheimblöcke mit ihren unruhigen Konturen (1958-65), die Amerikanische Botschaft in Bagdad (1955-60), die Fondation Maeght in St-Paul-de-Vence, Frankreich (1959-64) und das Gebäude für die Fundación Joan Miró in Barcelona (1972-75).

Lit.: Bastlund '66; Freixa '80.

St-Sulpice, Paris, von → Servandoni, beg. 1732.

Servandoni, Giovanni Niccolò (1695-1766). Geb. in Florenz, von Pannini zum Maler ausgebildet, begann 1726 als Bühnenbildner in Frankreich, wo er → Architekturschauspiele veranstaltete, wandte sich aber bald ganz der Architektur zu. 1732 gewann er den Wettbewerb für die Westfassade von St-Sulpice in Paris. Obwohl erst 1732 mit der Ausführung begonnen wurde (voll. 1754) und später gewisse Veränderungen vorgenommen worden sind, gehört sie zu den frühesten Zeugnissen einer Abwendung vom Rokoko.

Lit.: Hautecœur III; Middleton '62.

Sesselleiste. Eine um die Wände eines Raumes herumgeführte Leiste aus Holz, die die Beschädigung der Wandfläche durch Stuhllehnen verhindern soll. Sie kann verziert sein.

Holyoke Center, Harvard-University, Mass., von → Sert, 1958-65. Nordfassade.

Severus (tätig um 64 n. Chr.). Röm. Architekt, erbaute nach Tacitus zusammen mit Celer die Domus Aurea, Neros zweiten Palast, den dieser nach der Zerstörung seines ersten, der Domus Transitoria, beim Brand Roms (64 n. Chr.) errichten ließ. Der Baukomplex erstreckte sich mit 50 ha Grundfläche vom Palatin bis zum Esquilin und umschloß Gärten, Tiergehege und selbst einen See (wo später das Kolosseum entstand). Die Räume wurden luxuriös gestaltet. Tacitus rühmt den Geist des Architekten, der »selbst das zu schaffen versuchte, was die Natur verwehrte«, und seine Kühnheit, mit des »Kaisers Schätzen zu spielen«.   A. M.

Lit.: Hülsen '26; Boëthius '60.

Sezessionsstil. Bezeichnung für den österr. → Jugendstil nach der 1897 von Klimt, → Hoffmann und → Olbrich gegründeten Wiener Sezession.

Lit.: Bahr 1900; Behrendt '20; Bayard '22; Waissenberger '71.

Sgraffito, das (ital.: Kratzputz). Bei dieser Putztechnik werden mehrere Schichten verschiedenfarbig getönten Putzes auf die Wand aufgetragen. Durch Abkratzen der oberen Schichten legt man die darunterliegenden frei. Die so entstehende Dekoration ist sehr dauerhaft.

Lit.: Pericoli Ridolfini '60; Davey '65; Semper, H. u. M. '79.

Shaw, Richard Norman (1831-1912). Schüler von William Burn (1789-1870); ein englischer sehr erfolgreicher, fachkundiger und ideenreicher Architekt. S. gewann nach einer Reise durch Italien, Frankreich und Deutschland 1854 die Goldmedaille der Akademie in London und veröffentl. 1858 an die hundert Reiseskizzen. Im selben Jahr ging er als Chefzeichner zu → Street, wo er → Webbs Stelle einnahm. Mit einem Freund, Eden Nesfield (1835-88), eröffnete er ein eigenes Büro; die beiden Partner arbeiteten aber meist getrennt. S. begann im Stil der → Neugotik und schuf eine Anzahl bedeutender Kirchen (Bingley in Yorkshire, 1864-68; Batchcott in Shropshire, 1891-92); darunter zeigt eine, Bed-

Post und Geschäfte, Overbury, von → Shaw, 1879.

ford Park in Middlesex (1880), seinen bezaubern-
den, reifen Mischstil, der nicht plötzlich erreicht,
sondern langsam entwickelt wurde.

In den dazwischenliegenden Jahren schuf S. höchst
malerische Landsitze, einige in → Fachwerkmanier,
andere als Steinbauten: Leyswood in Sussex (1868),
Cragside in Northumberland (1870ff.). Allmählich
wurde der Stil intimer, einfacher in den Details;
auch verwendete er hauptsächlich die am jeweiligen
Orte üblichen Baustoffe (Glen Andred in Sussex,
1868). Diese Entwicklung hat S. mit Nesfield gemeinsam.

Leyswood, Sussex, von → Shaw, 1868-69.

Spout Hall, Leek, von → Shaw, um 1871.

Der reife Stil von S. und Nesfield geht auf die in
der Mitte des 17.Jhs. unter holländ. Einfluß entstandenen Backsteinhäuser und den zur Zeit Wilhelms III. von England (1689-1702) herrschenden
Stil zurück, seltener auf die → Gotik oder den
→ Tudorstil. Die Dekoration ist feiner ausgearbeitet als üblich, die Innenraumgestaltung wurde
manchmal der Firma von William → Morris überlassen. Welcher der beiden Architekten zuerst in
diesem Stil zu arbeiten begann, kann nicht mit Sicherheit gesagt werden. Die Tatsachen sprechen
mehr für Nesfield, so sein im holländ. Stil des
17.Jhs. geschaffenes Eingangshäuschen in Kew
Gardens (1866) und Kinmel Park (um 1866-68), in
dem er diese Stilelemente mit denen des Louis-treize
zu einer Einheit verschmolz. Aber S. war es, der
damit internationalen Erfolg errang. Daß S. Anregungen von Webb empfing, ist nicht zu bezweifeln.
Aufschlußreiche Bauwerke sind: New Zealand
Chambers in der City of London (1871), Lowther
Lodge in Kensington (1873, heute Royal Geogra-
phical Society), S.s eigenes Haus in Hampstead
(1875) und das exquisite Swan House, Chelsea Embankment (1876, Abb. → Großbritannien). Zur
gleichen Zeit entwarf S. Bedford Park bei Turnham
Green in Middlesex, die erste → Gartenvorstadt
überhaupt. Um 1890 wandte S. sich mit Bryanston
in Dorset von der zarten Eleganz seines bisherigen
Stils ab zugunsten eines monumentalen Eindrucks,
erzielt durch → Kolossalsäulen und barocke Details

(Chesters in Northumberland, 1891; Piccadilly Hotel in London, 1905). Er übte auch mit diesem Stil
viel Einfluß aus.

Lit.: Shaw 1858, 1878; Blomfield '40; Hitchcock '54; Benevolo
'60; Pevsner '63a; Girouard '71; Saint '76.

Sheddach → Dachformen 4.

Sheppard, Richard (geb. 1910). Zu den interessantesten Bauwerken von S.s Architektenteam, R. Sheppard, Robson & Partners, gehören das Churchill
College in Cambridge (1965-73) und die Studentenheime für das Imperial College South Kensington in London (1961-63). Das Churchill College
besteht aus einer Reihe kleiner und mittelgroßer
Hofanlagen, die zwanglos um die hochaufragende,
mit einem Betongewölbe überspannte Halle gruppiert sind. Auch die Navigationsschule der Universität Southampton (1959-66), Digby Hall für die
Universität in Leicester (1958-63) und das West
Midland Training College in Walsall (1964-72) sind
zu erwähnen.

Lit.: Maxwell '72; EA '82; Best '83.

Shingle Style (engl.: Schindelstil). Amerik. Terminus für den Stil der in den 1870er und 80er Jahren
erbauten Landhäuser, der durch die Reformideen
von Norman → Shaw beeinflußt wurde, wobei aber
nicht wie bei Shaws Bauten die Außenwände mit
Flachziegeln, sondern mit Holzschindeln verkleidet

Adcote, Shropshire, von → Shaw, 1876-81. Die Halle.

*New Zealand Chambers, London,
von → Shaw, entworfen 1871-73.*

Shingle Style. W. S. Lowe House, Bristol, Rhode Island, von → White, 1887.

wurden. Bahnbrechend war das Sherman House in Newport, Rhode Island, von → Richardson (1874), aber auch → McKim, Mead und → White bauten im S. St. Das bedeutendste dieser Häuser ist Richardsons Stoughton House in Cambridge, Mass. (1882). Der S. St. beschränkt sich fast ausschließlich auf das mittelgroße Privathaus. Sein interessantestes und höchst amerik. Merkmal, das sich im Namen nicht ausdrückt, sind die Innenräume, die ineinander übergehen.

Lit.: Morrison '52; Scully '55.

Shinoara, Kazuo (geb. 1925). Mathematik- und Architekturstudium an der TH in Tokio, wo er seit 1953 auch lehrt. Bis in die 70er Jahre überwiegend Einfamilienhäuser. Begleitend dazu entwickelte S. eine Raumphilosophie, die buddhistische Elemente (wie das MU-Prinzip der Nicht-Existenz) zur Grundlage hat. Verglichen mit dem Westen, der Raum als Begrenzung versteht, definiert S. den architektonischen Raum mit Hilfe dreier Merkmale: Teilung, Frontalität und Symbolik. Daraus entsteht eine Architektur der Abstraktion und Symbolik, die in seinem Regenschirm-Haus (1961), Haus mit irdenem Boden (1963), Prismen-Haus (1974), Haus in Uehara (1976), Haus unter Hochspannungsleitung, Tokio (1981), und Haus in Yokohama, Kanagawa (1984), kulminierte. Ab Ende der 70er Jahre widmete sich S. verstärkt größeren Bauaufgaben (Centennial-Hall, Tokio, 1987; Klinik in Hanayama, Kobe, 1988; Hanegi-Komplex, Tokio, 1988; K2-Building, Osaka, 1990), die jedoch unter den Zwängen von komplexeren Bauprogrammen an Symbolik einbüßen. Durch die höhere symbolische Ordnung und die Intensität seiner Architektur übte S. einen großen Einfluß auf die jüngere jap. Architektengeneration aus.   L. S.

Shute, John (gest. 1563). Autor des ersten engl. Architekturbuchs, ›The First and Chief Groundes of Architecture‹ (1563). Dieses enthält meist auf → Serlio zurückgehende Illustrationen zu den fünf → Säulenordnungen. Bis 1587 war diese Schrift in vier Auflagen erschienen; sie muß gern benutzt worden sein.

Lit.: Shute 1563; Schlosser '24; Summerson '63; Girouard '66; Tafuri '66.

SIAL. Name des 1958 von Karel Hubáček (geb. 1924) gegründeten Architektenkollektivs für spezielle Bauaufgaben innerhalb der wohl bedeutendsten Architekturfirma der Tschechoslowakei – Stavoprojekt II Liberec –, die bes. im östlichen Nordböhmen tätig ist. In dem sogenannten ›O2-SIAL‹-Studio arbeiten etwa 50 Architekten, u. a. Miroslav Masák (geb. 1932), Johnny Eisler (geb. 1946), Martin Rajniš (geb. 1945), Dalibor Vokáč (geb. 1945), Michael Brix (geb. 1948), Jiří Suchomel (geb. 1944),

Emil Přikryl (geb. 1945) oder Otakar Binar (geb. 1931). Sie bauten u. a. den Fernsehturm in der Nähe von Liberec (1964-73), in dem Technik, Funktion sowie ästhetische Wirkung gleichermaßen berücksichtigt sind. Ebenso anspruchsvoll zeigt sich der aus drei vertikalen Zylindern bestehende und mit Aluminiumprofilen und Glaselementen überzogene Wasserturm in Želivka (voll. 1976). Weitreichenden Einfluß auf die zeitgenössische Architektur hatte die Gruppe mit der Planung von → Warenhäusern: etwa das sog. Ještěd in Liberec (1968-72), das Warenhaus Máj im Zentrum von Prag (1973-75) oder der Einkaufskomplex in Česká Lípa (seit 1983 in Bau). Neben der Realisierung von Einzelbauten entwickelte die Gruppe Pläne für Stadtzentren, so für das Kulturzentrum der Stadt Česká Lípa (1981), oder projektierte die Umwandlung des berühmten, durch Feuer zerstörten Ausstellungspalastes in Prag (Oldrich Tyl und Josef Fuchs, 1924-29), ein Hauptwerk des tschechischen → Funktionalismus. Vorschläge und Entwürfe auf dem Gebiet des ›Experimentiertheaters‹ – z. B. das DAMM-Theater in Prag (1980), das Theater Na provázku in Brünn (Brno) von 1983 – sind weitere wichtige Arbeiten.

Lit.: CA '80; Kultermann '85.

Sicardsburg, August Sicard von (1813-68) → Null, van der.

Sichtbeton (frz. béton brut). Der unverputzte und auch unverputzt bleibende → Beton. Die Struktur des S.s kann beeinflußt werden durch die → Schalung. Schalbleche oder Hartfaserplatten in der Schalung ergeben eine spiegelglatte, fast marmorne Oberfläche, stark gemasertes Holz mit Astlöchern eine lebendige, fast plastische Struktur, die durch körnige Zusätze noch gesteigert werden kann. Letztere Methoden sind ein bewußtes Stilmittel des → Brutalismus, mit dem die Eintönigkeit großer Betonflächen bekämpft wird. Weitere Möglichkeiten liegen im Waschbeton, bei dem die Oberfläche des Betons nach dem ersten Erhärten freigelegt (ausgeschalt) und mit scharfem Wasserstrahl abgespritzt wird. Eine weitere Möglichkeit besteht darin, den Beton zu ›spitzen‹, d. h. ihn nach dem Hartwerden mit einem Spitzeisen zu bearbeiten.

Lit.: → Beton; → Brutalismus.

Sichtbeton. Wohnblock in Nantes-Rezé, von → Le Corbusier, 1952-57.

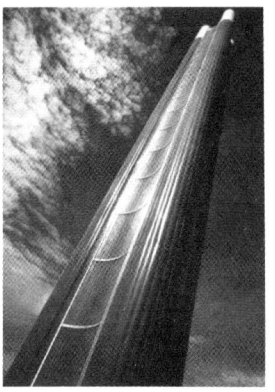

Wasserturm in Želivka, von → SIAL, voll. 1976.

Escalera Dorada in der Kathedrale von Burgos, von → Siloe, 1519-23.

Siedlungsarchitektur → *Nachträge*.

Sikhara, das. Turm über der Cella eines indischen Tempels. Das S. kann verschiedenartig gestaltet sein: als Turm mit meist ungerader Stockwerkzahl (→ Pagode), als konvexer Turm oder als Turm mit achteckigem Grundriß (Dravidhia). Bekrönt wird das S. mit einem Wulst (Amalaka) und einem vasenförmigen Aufsatz (Kalasa). Bekanntestes Beispiel ist das S. des Rajarani-Tempels in Bhuvanesvar, Indien, aus dem 11. Jh. Abb. → Indien, Sri Lanka, Pakistan.

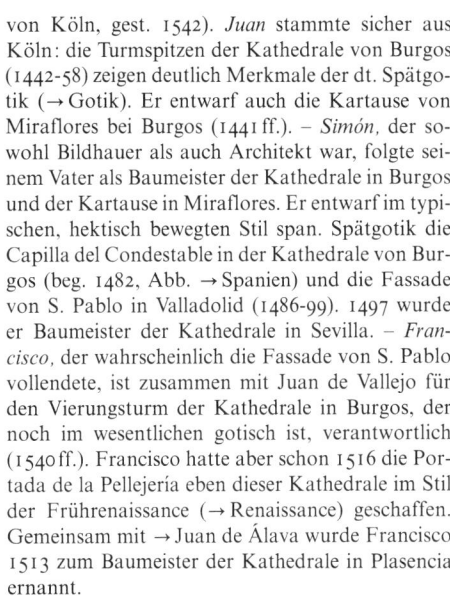

Süleymaniye-Moschee, Istanbul, von → Sinan, 1557.

Siloe, Diego de (ca. 1495-1563). Span. Bildhauer und Architekt, einer der Hauptvertreter des → Platereskenstils. Geb. in Burgos, studierte in Italien (Florenz, wahrscheinlich auch Rom), wurde als Bildhauer von → Michelangelo stark beeinflußt und eignete sich als Architekt die Formensprache der → Renaissance an. Sein architekt. und bildhauerisch reifstes Werk ist die Escalera Dorada in der Kathedrale von Burgos (1519-23), eine großartige Anlage mit fünf Treppenläufen, die von → Bramantes Freitreppe im Belvederehof des Vatikans beeinflußt ist (Abb. → Treppe). Der plastische Schmuck, Putten, Medaillons, geflügelte Engelsköpfe und Renaissancemotive, zeigt noch die Überschwenglichkeit der Spätgotik. 1528 begann S. sein Hauptwerk, die Kathedrale von Granada. Dem → Chor, der auf äußerst sinnreiche Weise mit dem weiten Mittelschiff verbunden ist, gab er eine neuartige Gestalt: er überspannte ihn mit einer großen Kuppel. Bei diesem Werk entwickelte S. einen neuen, reineren und strengeren Stil, der in Spanien großen Einfluß ausübte. Er schuf u.a. noch den Turm von S. Maria del Campo bei Burgos (1527), die Kirche El Salvador in Ubeda (1536), die Kathedrale in Guadix (1549) und S. Gabriel in Loja (1552-68) mit einem ungewöhnlichen, im Grundriß kleeblattförmigen Chor.
Lit.: Chueca-Goitia '53; Kubler-Soria '59.

Sima, die (griech.-lat.). Hochgestellte Abschluß- und Rinnleiste des griech. → Tempels entlang dem → Geison; wo die S. auf die → Traufe stößt, ist sie durchbrochen und mit → Wasserspeiern besetzt.
Lit.: Schede '09.

Sima.

Simbabwe → Afrika.

Simón de Colonia (Simon von Köln, gest. ca. 1511). Sohn des *Juan de Colonia* (Hans von Köln, gest. 1481) und Vater von *Francisco de Colonia* (Franz

von Köln, gest. 1542). *Juan* stammte sicher aus Köln: die Turmspitzen der Kathedrale von Burgos (1442-58) zeigen deutlich Merkmale der dt. Spätgotik (→ Gotik). Er entwarf auch die Kartause von Miraflores bei Burgos (1441 ff.). – *Simón,* der sowohl Bildhauer als auch Architekt war, folgte seinem Vater als Baumeister der Kathedrale in Burgos und der Kartause in Miraflores. Er entwarf im typischen, hektisch bewegten Stil span. Spätgotik die Capilla del Condestable in der Kathedrale von Burgos (beg. 1482, Abb. → Spanien) und die Fassade von S. Pablo in Valladolid (1486-99). 1497 wurde er Baumeister der Kathedrale in Sevilla. – *Francisco,* der wahrscheinlich die Fassade von S. Pablo vollendete, ist zusammen mit Juan de Vallejo für den Vierungsturm der Kathedrale in Burgos, der noch im wesentlichen gotisch ist, verantwortlich (1540 ff.). Francisco hatte aber schon 1516 die Portada de la Pellejería eben dieser Kathedrale im Stil der Frührenaissance (→ Renaissance) geschaffen. Gemeinsam mit → Juan de Álava wurde Francisco 1513 zum Baumeister der Kathedrale in Plasencia ernannt.
Lit.: Torres Balbás '52 a; Kubler-Soria '59; Dezzi Bardeschi '65.

S. Pablo, Valladolid, von → Simón de Colonia, 1486-99. Westfassade.

Sims → Gesims.

Sinan → *Nachträge*.

Sirén, Heikki (geb. 1918). Nach dem Studium in Helsinki war der finnische Architekt zunächst bei seinem Vater Johan Sigfrid Sirén tätig, bevor er 1948 gemeinsam mit seiner Frau Kaija (geb. 1920) ein Architekturbüro eröffnete. Ihre architektonische Intention, beeinflußt von → Aalto und → Mies van der Rohe, galt der Verbindung finnischer Bautradition mit der Anfang der 50er Jahre einsetzenden kompromißlosen Architektursprache des → Brutalismus, der Entscheidung für ein

und Heikki → Sirén, 1974.

schlichtes und elegantes Konstruktionssystem. Im Rahmen des Projekts ›Tech Town‹ – Anlage der Technischen Universität in Otaniemi (1950-73) – schuf das Architektenehepaar wohl seine herausragendsten Werke, die zu den besten Beispielen des skand. → Rationalismus zählen: 1951 die Sauna und das Restaurant Servin Mökki; 1957 die Kapelle, die durch ihre einfache, lichtdurchflutete Holz-Betonkonstruktion besticht (Abb. → Finnland). Ihr architektonisches Repertoire umfaßt auch Industrieanlagen und öffentliche Gebäude wie Schulen und Rathäuser, deren Gestaltungsmöglichkeiten aufgrund der funktionalen Voraussetzungen ihrem Hang zum skandinavischen → Neoklassizismus entgegenkamen. Von ihrem umfassenden Œuvre seien außerdem das Einwohnermeldeamt in Helsinki (1965) und das Brucknerhaus (Konzertsaal) in Linz (1974) genannt.

Lit.: Bruun-Popovitc '78; CA'80.

SITE (Sculpture in the Environment). New Yorker Architektengruppe, die seit 1969 unter der Führung von James Wines durch ihre Arbeiten für die Supermarktkette BEST bekannt wurde. Ähnlich wie die → Ruinenarchitektur (mit Abb.) bezog sie von Anfang an den Defekt als Werbegag ein.

Lit.: SITE '79, '80, '89; Boissière '81; Nakamura '86; Wines '87, '89.

Sitte, Camillo (1843-1903). Österr. Städteplaner und Architekt. Schüler von → Ferstel und R. von Eitelberger. Direktor der Gewerbeschule in Salzburg (1875-93), ab 1893 in Wien. Sein Ruhm gründet sich auf das von ihm 1889 veröffentl. Buch ›Der Städtebau‹, einen ausgezeichneten Essay über künstler. Probleme der Städteplanung (→ Städtebau). S. analysiert darin an Hand vieler graphischer Darstellungen Straßen, Plätze und Grünanlagen und zeigt eine Reihe von Möglichkeiten, wie man durch unregelmäßige Stadtanlagen befriedigende Lösungen erzielen kann. Sein Thema ist das ›Stadtbild‹ als künstlerisches Anliegen.

Lit.: Sitte 1889; Schwarzl '49; Collins, G. R. '65; Rossi, A. '66.

Skandinavien. Stabkirche von Lom, Gudbrandstal, Norwegen, 12. Jh. Chorausstattung nach 1700.

Supermarkt der BEST Products Inc., Towson, Maryland, von → SITE, 1976-78.

Siza Vieira, Alvaro (geb. 1933). Portugiesischer Architekt, der sich nach Arbeit bei Fernando Tavora, dem Begründer der Schule von Porto, 1958 selbständig machte. Seine den modernen Strömungen aufgeschlossene Architektur ist für Portugal, das

Skandinavien. Rekonstruktion eines Hauses bei Trelleborg, Seeland, Dänemark, um 1000.

sich erst gegen Ende der 20er Jahre vom Stil des Fin de siècle löste, beispielgebend. Besondere Aufmerksamkeit richtet er auf das Verhältnis von Architektur und Landschaft wie auch die Einbindung der neuen Bauten in alte, gewachsene Architektur. Erwähnenswert sind eine Reihe von Einfamilienhäusern aus den Jahren 1967-77 sowie die Bank in Oliviera de Aremis (1971-74). Seit Mitte der 70er Jahre widmet er sich fast ausschließlich nur noch Aufgaben kollektiver Planung von Siedlungen, etwa dem Wohnquartier São Victor in Porto (1974-77, Abb. → Portugal) oder dem Barrio da Malagueria in Evora (1977-79). Für Berlin entstand 1980 (Schlesisches Tor) und Den Haag 1986 jeweils ein Wohnbaukomplex. 1992 Verleihung des Pritzker → Architekturpreises.   M.-A. v. L.

Lit.: Gregotti '79; CA '80; Siza '86, '90; Testa '88; Nakamura '89.

Skandinavien. Über die Anfänge der skandinav. Kunst erhalten wir glücklicherweise genügend Aufschlüsse durch die sechzehn um das Jahr 1000 errichteten Häuser bei Trelleborg in Dänemark. Innerhalb eines runden umzäunten Bereichs in vier Quadraten zu je vier Häusern angeordnet, ist jedes fast 30 m lang und außen von einer umlaufenden Veranda umgeben. Ein weiteres bedeutendes Zeugnis sind Wikingerarbeiten um 800, vor allem das zu Oseberg gefundene Schiff, der Wagen und der Schlitten mit ihren eindrucksvollen Tierornamenten. Die Normannen waren furchtlose Seefahrer, die vom Ende des 8. Jhs. an Gebiete in England eroberten, sich in der Normandie niederließen, nach Island, Grönland und sogar nach Amerika segelten.

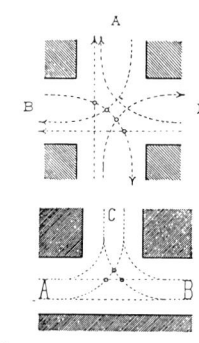

›Überschneidungen der Fahrspuren bei Einmündungen u. Kreuzungen‹, aus: ›Der Städtebau nach seinen künstlerischen Grundsätzen‹, von → Sitte, Wien 1889.

Skandinavien. Häuser bei Trelleborg, Seeland, Dänemark, um 1000.

Skandinavien. Stabkirche von Urnes, Norwegen. 12. Jh. Portal.

Kirche von Huseby, Schweden,
11. Jh.

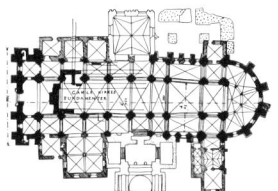

Dom von Roskilde.

Dom von Ribe, Dänemark,
Mitte 13. Jh.

Zu jener Zeit drangen die Schweden nach Osteuropa vor und stießen bis zum Dnjepr vor. Die Christianisierung von Dänemark und Schweden erfolgte im 9. und 10. Jh. von Norddeutschland aus, die Norwegens folgte gegen Ende des 10. Jhs. Der Stil der Wikinger-Flechtbandornamentik findet seine Fortsetzung in dem nächsten großartigen Beitrag Norwegens zur skandinavischen Kunst, in den → Stabkirchen des 12. Jhs. (Urnes, Borgund [Abb. S. 150; → Stabkirche], Lom), deren Holzarkaden (→ Arkade) strukturell ebenso kunstvoll wie visuell faszinierend sind. Neben den Stabkirchen entstanden auch gerade ausgerichtete Blockkirchen; besonders beeindruckend sind Hedared und St. Maria

Kirche von Østerlars, Bornholm, Dänemark, 12. Jh.

Minor in Lund, Schweden (ca. 1020). Die eindrucksvollsten schwed. Holzbauten sind die freistehenden Glockentürme, deren Skelettkonstruktion nicht mit Brettern verkleidet ist. Wo Stein als Baumaterial verwendet wurde, orientierte man sich in den nordischen Ländern primär an der dt. Architektur (ein frühes Beispiel ist das im 11. Jh. entstandene → Westwerk von Husaby). Weitere Anregung, die jedoch nicht so eindeutig in Erscheinung tritt, bringt die angelsächsische Baukunst Englands (St. Peter in Sigtuna, Schweden).
Die bedeutendsten Domkirchen des 12. Jhs. waren Lund (ab 1104 erzbischöflicher Sitz), Viborg und Ribe in Dänemark. Ihre Zwillingswesttürme, ihre weit ausspringenden → Querschiffarme, ihre Hallenkrypten (→ Krypta) und ihre Details gehen alle

Krypta des Doms von Lund, Schweden, 12. Jh.

Domkirche von Kalundsborg, Seeland, Dänemark,
um 1170.

auf die dt. Baukunst zurück. Das Vorbild für den Dom in Lund ist Speyer (Abb. → Deutschland) und über Speyer die lombard. Architektur. In Lund arbeitete ein Meister Donatus, möglicherweise ein Italiener. Die → Kuppel über der → Vierung in Ribe scheint südwestfrz. Ursprungs zu sein; das in der Mitte des 13. Jhs. entstandene sechsteilige Rippen-

Dom von Roskilde, Seeland, Dänemark, beg. um 1190.

gewölbe (→ Gewölbe) des Mittelschiffs zeigt den Einfluß der frz. Frühgotik (→ Gotik). Der → Backsteinbau, den Dänemark wohl von der Lombardei übernahm, fand sehr schnell Verbreitung (Ringsted 1160ff., Zisterzienserkloster Sorø 1161ff.). Das interessanteste dän. Bauwerk des MA.s ist der Backsteinbau der Kirche von Kalundsborg, ein → Zentralbau des späten 12. Jhs. über → Kreuzkuppel-Grundriß. Seine vier gleichlangen Arme springen jedoch vor und werden von vier Türmen gekrönt, die zusammen mit dem breiteren und höheren Turm in der Mitte eine großartige Silhouette bilden. Russischer Einfluß könnte vorliegen.
Ein Backsteinbau ist auch der Dom von Roskilde, Dänemark, dessen Gestalt weitgehend durch spätere malerische Anbauten verändert wurde. Sein Chorumgang ist der frz. → Romanik verpflichtet, doch kennzeichnen andere Stilelemente den Übergang zur Gotik. Die beiden bedeutendsten Kathedralen Norwegens verweisen unmißverständlich auf die engl. Baukunst. Stavanger hat ein Langhaus

Dom von Drontheim, Norwegen, beg. 12. Jh.

(ca. 1130 ff.) mit typisch engl. Rundpfeilern (→ Pfeiler); auch der got. Chor (1272 ff.) ist von England beeinflußt. Der Ostabschluß der Kathedrale von Drontheim ist ungewöhnlich: der Chor mit geradem Abschluß geht in ein → Oktogon über, das das Grabmal des hl. Olaf birgt. Das Vorbild für den als Zentralbau gestalteten Bau war augenscheinlich die ›corona‹ der Kathedrale von Canterbury (1185 voll.). Die Details des Oktogons und des Chors sind von der 1192 begonnenen Kathedrale von Lincoln abhängig (Abb. → Großbritannien); ebenso hat der → Lettner zwischen Chor und Oktogon, der etwa 1330 entstand, seine Entsprechung in engl. Kirchenbauten. Die unvollendete Westfassade mit dem Skulpturenschmuck (spätes 13. Jh.) und den beiden Westtürmen, die an der Seite über die Fronten der → Abseiten vorspringen, ist als Schauwand der Kirche vorgeblendet und zeigt auch hierin ganz den engl. Einfluß. Der schönste Profanbau des MA.s in Skandinavien ist König Haakons Halle in Bergen, Norwegen (1261 fertiggestellt). Den Bau der Kathedrale in Uppsala, Schweden, begann man etwa 1270 mit einem frz.-got. Chorumgang samt → Kapellenkranz, 1287 führte Etienne de Bonneuil die Arbeiten weiter; sie ist der größte skandinavische Kirchenbau. Die Kathedrale von Kinkøping, Schweden, die auch im 13. Jh. entstand, hat ein Mittelschiff, das nach Art der → Hallenkirchen gestaltet ist und wahrscheinlich auf engl. Hallenchöre, wie jene von Salisbury und der Temple Church in London, zu-

Börse, Kopenhagen, 1619-25.

rückzuführen ist. Aber auch die Form der dt. Hallenkirchen übte auf den Norden zunehmenden Einfluß aus (Malmö, Schweden; St. Peter, Kathedrale von Aarhus, Dänemark), besonders seit der Niederlassung der Bettelmönche ab 1230 in Skandinavien. Eine der ersten Bettelordenskirchen ist die der Dominikaner in Sigtuna, Schweden (ca. 1240), eine der schönsten die der Karmeliter in Helsingborg, Schweden, die Ende des 15. Jhs. errichtet wurde. Beide sind Backsteinbauten mit reichen Dekorationsmustern, wie sie von den norddt. Baumeistern so geschätzt wurden. Zusammenfassend kann man sagen, daß die spätgot. Kirchen von Norddeutschland und besonders Westfalen abhängig sind. Als Beispiele seien die Kathedralen von Strängnäs und Västeros in Schweden mit ihren figurierten Rippengewölben genannt. Die schwed. Pfarrkirchen sind besonders dadurch, daß sich zahlreiche spätgot. Wandmalereien erhalten haben, bemerkenswert.

Die → Renaissance trat spät in Erscheinung und setzte sich nur langsam und sporadisch durch. Ein Haus wie Hesselagergård in Dänemark, 1538-50 errichtet, erhielt halbkreisförmige → Giebel nach venez. Vorbild. Die zwei großartigen Landschlösser der dän. Könige, Frederiks II. Schloß Kronburg und Christians IV. Schloß Frederiksborg (1574-85, bzw. ca. 1602-20), sind stilistisch von den → Niederlanden abhängig; Antoni von → Obbergen und Hans Steenwinckel d. Ä., die in Kronborg arbeiteten, und Hans d. J. und Laurens Steenwinckel, die Architekten von Frederiksborg, waren ja auch tatsächlich Holländer. Das Sommerschloß Rosenborg in Kopenhagen entstand 1606-17.

Hesselagergård, Dänemark, 1538-50.

Schloß Rosenborg, Kopenhagen, von Hans → Steenwinckel d. J. u. a., beg. 1606.

Schloß Frederiksborg, Dänemark, von Hans d. J. und Laurens Steenwinckel, 1574-85 und 1602-20.

Diese Bauten hängen eng mit jenen Gebäuden zusammen, die die Niederländer in Danzig oder Emden errichteten, und stehen auch der Formensprache des → Jacobean Style nicht fern. Dies zeigt sich in der Sakralarchitektur, so in der Heilig-Geist-Kirche in Kristianstad, Schweden, die 1618 ff. wahrscheinlich von den Steenwinckels errichtet wurde. Sie ist eine Hallenkirche mit äußerst schlanken Pfeilern und hat die reich gestalteten Giebel des niederländ. Stils. Die Grabkapelle Christians IV., ein Annex an den Dom von Roskilde, war sogar einige Jahre früher (1614) begonnen worden; sie zeichnet sich durch niederländ. Giebel, die in ihrer Grundform etwas fortschrittlicher als die der Heilig-Geist-Kirche gestaltet sind, aus. Ihre got. Fenster sind eher zur → Neugotik als zur posthumen Gotik zu rechnen.

Schloß Fredensborg, Seeland, Dänemark, von → Tessin d. J., 1719-26.

Riddarhuset, Stockholm, von Jean de → La Vallée und → Vingboons, 1652-65.

Damsgård, Bergen, Norwegen, um 1770.

Kristianstad wurde 1614 von Christian IV. gegründet und zeigt ein regelmäßiges Straßennetz mit rechteckigen Blöcken. Noch gleichförmiger ist das 1641 von dem Dänenkönig gegründete Kristiansand in Norwegen. In Schweden wurde kurz nach 1625 das heutige Zentrum von Stockholm mit einem rechteckigen Straßennetz angelegt, Kalmar nach 1647 nach einem netzartigen Plan erbaut, Karlskrona 1679 nach Plan gegründet. 1662 wurde das Gebiet von Kopenhagen östl. von Kongens Nytorv zur neuen Zitadelle hin mit einem Netz von geraden Straßen überzogen und im späten 17. sowie im Laufe des 18. Jhs. mit Privatpalästen und Privathäusern bebaut, die ebenso stattlich sind wie jene in den vornehmsten Vierteln von Paris aus der gleichen Zeit. Sie sind meist vom barocken → Klassizismus geprägt, der mittlerweile in Dänemark und im übrigen Skandinavien die Herrschaft antrat.

Die klassiz. Strömungen des → Barock erreichten die nordischen Länder ebenfalls von den Niederlanden aus. → Vingboons besuchte 1653-57 Schweden. Aber schon vorher war bereits der an → Palladio orientierte Stil von → Campen und → Post bekannt geworden. Das 1646 erbaute de-Geer-Haus in Stockholm ist hierfür ein gutes Beispiel. Als Initiatoren kommen Simon de → La Vallée, der 1637 einwanderte und 1643 starb, oder sein Sohn Jean de → La Vallée in Betracht. Ihr (und Vingboons) Werk ist das Riddarhuset in Stockholm (1652-65, Abb. → La Vallée). Jeans Fassadengestaltung des Oxenstjerna Palastes (1650) nimmt den röm. Palazzo zum Vorbild. In Dänemark ist das frühere Schloß Vordingborg, 1671 von Lambert van Haven geschaffen, ganz holländ.; auch das Schloß Charlottenburg in Kopenhagen, das 1672-83 erbaut wurde und auf dem schon erwähnten neuerschlossenen Gebiet steht, trägt im wesentlichen holländ. Züge. Die frühere Sophie-Amalienborg in Kopenhagen (1667 bis 83) dagegen ist ein Versuch im Stil der ital. → Villa.

Schloß Skokloster bei Stockholm, von Jean de → La Vallée, 1646-68.

Die durchwegs protestant. Kirchen übernahmen alle Variationen der holländ. Sakralbaukunst. Den Anfang dieser vielen Kirchenbauten bildet die von dem jüngeren La Vallée 1656 begonnene Katharinenkirche in Stockholm, bei der sich über dem Grundriß eines griech. → Kreuzes ein Bau mit einer Kuppel und vier Ecktürmen erhebt. Die Kathedrale von Kalmar, Schweden, die Nicodemus → Tessin d. Ä. 1660 ff. baute, ist im Grunde ebenso als griech. Kreuz mit Ecktürmen gestaltet, die West- und Ostarme sind allerdings verlängert und apsidial gerundet. Die Erlöser-Kirche in Kopenhagen, von Lambert van Haven erbaut, erhebt sich wiederum über einem griech. Kreuz, hat aber einen Westturm.

Kgl. Schloß Stockholm, entw. von → Tessin d. J., beg. 1697.

Neben diesen Kirchen müßten noch das Kagg Mausoleum in Floda, Schweden (1661), wiederum auf dem Grundriß des griech. Kreuzes basierend, und das großartige Karls-Mausoleum, ein Anbau an die Riddarholmkirche in Stockholm, den Tessin d. Ä. 1671 mit einem durch Säulen bestimmten Außenbau entwarf, erwähnt werden.

Die Offenheit für die aus den verschiedenen Ländern einwirkenden Einflüsse blieb auch noch im 18. Jh. für Skandinavien, d. h. eigentlich mehr für Dänemark und Schweden, charakteristisch; denn Norwegen war seit dem MA. auf dem Gebiete der Architektur immer rückständig geblieben. Zahlreiche norweg. Profanbauten wurden sogar noch im 18. Jh. aus Holz errichtet. (Der größte Holzbau, Stiftsgården in Trondheim, wurde 1774-78 erbaut;

Schloß Drottningholm, Schweden, beg. von → Tessin d. Ä., 1662, voll. von → Tessin d. J., 1700.

der schönste Holzbau, Damsgård in Bergen, entstand mit seinen Rokokodetails ebenfalls in den 1770er Jahren.)

Das monumentalste Bauwerk in Skandinavien, das Kgl. Schloß von Stockholm, von → Tessin d. J. entworfen und 1697 begonnen, spiegelt eindringlicher als jeder andere Palast in Europa den großen Einfluß wider, den → Berninis Pläne für den Louvre in Paris hervorriefen. 1693 schuf Tessin für den König von Dänemark einen ähnlichen Entwurf. Tessin

Amalienborg, Kopenhagen, von → Eigtved, 1750-54.

kannte sowohl Rom als auch Paris. Sein Landhaus Steninge, 1694-98, hat einen Grundriß, der von Frankreich, insbesondere von Vaux-le-Vicomte, abhängig ist. Die Bauten seines Vaters, das in den 1660er Jahren entstandene Schloß Drottningholm und Schloß Eriksberg, hatten ebenfalls vollkommen frz. Charakter.

In Schloß Fredensborg von Tessin d.J. (1719-26 stark verändert) äußert sich ital. Einfluß, während bei der Christiansborg, dem früheren Königlichen Schloß von Kopenhagen (1733ff. von E. D. Häusser, 1687-1765), sowie bei der reizenden Eremitage im Hirschpark nördl. von Kopenhagen (1734-36 von Laurids de → Thura) auch süddt. Anregungen aufgenommen wurden. Svartsjö, Schweden (1735-39 von → Hårleman) ist dagegen ein frz. ›maison de plaisance‹. Das vierstöckige Handelshaus der Ostindischen Kompanie in Göteborg, Schweden, mit seinen 19 Fenstern in der Länge (ca. 1740, ebenfalls von Hårleman), ist ein sehr gutes Beispiel für einen frühen Repräsentationsbau im Bereich von Wirtschaft und Industrie. Um die Mitte des 18.Jhs. fand auch in Skandinavien der engl. Landschaftsgarten (→ Gartenbaukunst) Eingang. F. M. Piper (1746-1824) hatte England bereist, bevor er den Park von Haga entwarf und bei der Gestaltung des Landschaftsgartens von Drottningholm einem engl. Gartenfachmann folgte. Diese beiden Parkanlagen sind die schönsten Beispiele des engl. Landschaftsgartens in Schweden. Das großartigste Werk,

das in den nordischen Ländern um die Mitte des 18.Jhs. geschaffen wurde, ist die Amalienborg in Kopenhagen. → Eigtved (1701-54) schuf sie in den Jahren 1750-54 als ein Achteck mit vier Schloßbauten in den Diagonalen und mit vier Straßen, die in die vier Hauptrichtungen führen (Abb. → Eigtved). Die ganze Anlage ist durch die frz. Bauweise geprägt, ihre Qualität zeigt das höchste Niveau. Eigtved entwarf auch die großartige Frederikskirche in Kopenhagen mit einer dominierenden Kuppel über einem hohen → Tambour; sie wurde allerdings nicht ausgeführt. Thura schuf hierfür einen mehr klassiz.

Eremitage im Hirschpark nördl. Kopenhagen, von → Thura, 1734-36.

Marienkirche Kopenhagen, von Christian Frederik Hansen, 1810-29.

Entwurf, und Nicolas-Henri Jardin, der von Frankreich nach Dänemark gerufen worden war, legte einen dritten, in seinen Details sogar noch mehr dem → Klassizismus verpflichteten Plan mit einem riesigen → Portikus mit freistehenden Säulen und einem Tambour, ebenfalls von Säulen umgeben, vor.

Der Klassizismus begann in Dänemark bemerkenswert früh in Erscheinung zu treten. C. F. Harsdorffs Moltke-Kapelle in Karise, 1761-66 errichtet, und seine Kapelle Frederiks v. im Dom von Roskilde (endgültiger Entwurf 1774) gehören mit zu jenen Werken, die zu dieser Zeit auf dem europ. Festland am reinsten den neuen Stil verkörpern. Die hervorragendsten Bauten sind in Schweden das von Erik Palmstedt 1782 erbaute Theater im Schloß Gripsholm und die Werke von Jean-Louis Deprez (1743-1804), der zu dem fortschrittlichsten Pariser Architektenkreis gehörte und sich 1784 in Schweden niedergelassen hatte. Bis zum Tod Königs Gustav III. im Jahre 1792 bildete er den Mittelpunkt jener Architekten, die den strengsten Klassizismus in Skandinavien vertraten. Deprez schuf aber auch, der Mode des späten 18.Jhs. folgend, für den Park von Haga Entwürfe im chin. Stil. Die führenden Architekten des sich an griech. Vorbildern orientierenden Stils sind C. F. Hansen (1756-1845) in Dänemark und in Norwegen F. Linstow und C. H. Grosch, die beide Dänen sind. Hauptwerke sind die 1810-29 erbaute Marienkirche in Kopenhagen, ferner der Kgl. Palast (von Linstow, 1824-48; Norwegen hatte sich 1814 von dän. Herrschaft befreit und bildete mit Schweden ein unter einem König vereinigtes Reich) sowie die Universität (von Grosch, 1840ff.), beide in Oslo. Einen völlig eigenwilligen Stil entwickelte → Bindesbøll (1800-56), dessen Thorvaldsens Museum in Kopenhagen (1839-47) in der Bewegung des Klassizismus ebenso eigenständig ist wie das Werk des ›Griechen‹ → Thomson in Glasgow (Abb. → Bindesbøll).

Die besten Beispiele des → Historismus sind das mit Zinnen und kleinen Türmen geschmückte Schloß Oskarshall bei Oslo (1848) und die Universitätsbibliothek in Kopenhagen, die → Herholdt 1855-61

Handelshaus der Ostindischen Kompanie, Göteborg, Schweden, von → Hårleman, um 1740.

Kapelle Frederiks v. im Dom von Roskilde, Dänemark, entw. von C. F. Harsdorff, 1774.

Kunsthalle Lund, von Klas Anshelm, 1957.

im → Rundbogenstil gestaltete, bei der er aber im Innern elegante Eisenglieder sichtbar werden ließ, ferner das Kgl. Theater in Kopenhagen (1872-74), das V. Dahlerup im Stil der ital. Renaissance errichtete, den H. T. Holmgren für das Universitätsgebäude in Uppsala (1879-87) noch prunkvoller anwandte. Die Magazins du Nord in Kopenhagen (1893 ff.) baute A. Jensen mit frz. Pavillondächern. Weiter sind aufzuführen das von I. G. Clason 1890-1907 im Stil der nord. Renaissance gehaltene Nordisk Museum in Stockholm und schließlich die Frederikskirche in Kopenhagen, die F. Meldahl 1876-94 überraschend früh im Stil des frz. Barock, dem ursprünglichen Entwurf von Jardin folgend, errichtete.

Seit den 1890er Jahren schlossen sich einige dän. Architekten den Avantgardisten an, die danach strebten, sich von aufdringlichem Prunk und vom Historismus zu lösen. Das Rathaus in Kopenhagen, das 1893 Martin Nyrop (1849-1921) zu bauen begann, ist ein Beispiel dafür, wie auf phantasiereiche Weise Elemente der verschiedenen Stile der Vergangenheit behandelt werden können, um ein eigenständiges Ganzes von ebensolcher Bedeutung wie

Volkshaus Stockholm.

→ Berlages (mit Abb.) Börse in Amsterdam zu erhalten. → Østbergs Rathaus in Stockholm (1911-23) und L. I. Wallmans Engelbrecht-Kirche in Stockholm (1906-14), außen im Renaissancestil, innen jedoch mit parabolischen Bögen, gehören zur gleichen Gruppe. → Klints Grundtvigs-Kirche in Kopenhagen, 1913 entworfen, aber erst 1919 begonnen, überbrückt die Kluft zwischen den letzten Bauten des Traditionalismus und jenen des → Expressionismus nach dem Ersten Weltkrieg (Abb. → Backsteinbau). Die Grundtvigs-Kirche blieb jedoch in Dänemark eine Ausnahme. Der Weg zur Freiheit des → Internationalen Stils des 20. Jhs. führte über einen frei aufgefaßten Klassizismus zu einem sehr nordischen → Neoklassizismus. Die besten Beispiele sind: das Fåborger Museum, 1921-25 von Carl Petersen (1874-1923) erbaut, und das Kopenhagener Polizeipräsidium, das 1918 ff. Hack Kampmann (1856-1920) und der hervorragende Architekt Aage Rafn (1890-1953) schufen. Von nun an setzte sich in Dänemark eine gemäßigte, mit großem Feingefühl gehandhabte Stilart der Architektur des 20. Jhs. durch, deren Art am besten die Kay Fisker (1893-1965), C. A. Møller und P. Stegemann erbaute Universität in Aarhus (1932 ff.) veranschaulicht, während → Jacobsen und andere Architekten, so z. B. H. Gunnløgson

Satellitenstadt Vällingby bei Stockholm, von → Markelius, 1953-59.

Frederikskirche Kopenhagen, von Ferdinand Meldahl, 1876-94.

(Rathaus von Kastrup, 1961) und Jørgen Bo & V. Wohlert (Lousiana Museum in Humlebæk bei Kopenhagen, 1957-58) den → Internat. Stil vertreten. Jacobsen, der 1961-71 die Dän. Nationalbank in Kopenhagen erbaute, war in Oxford und Hamburg tätig (zus. mit Dissing und Weitling) und hat in Mainz das Rathaus errichtet. Einzig → Utzon (geb. 1918) brach mit seinen rhapsodischen Entwürfen für das Opernhaus in Sydney (1956 ff., Abb. → Australische Architektur) und dem Parlamentsgebäude in Kuwait (1983) außerhalb des Landes mit der dänischen Zurückhaltung, während er in seiner Heimat den Traditionen folgt (Wohnsiedlung Fredensborg 1962-63 u. a.). Die schwed. Architekten, unter anderem Sigurd Lewerentz und → Asplund, waren von dem Klassizismus in Dänemark angeregt worden. Asplund löste sich jedoch bei seinen Bauten für die Stockholmer Ausstellung von 1930 davon und gab dem Internationalen Stil in Skandinavien ein neues, elegantes Gepräge, mit noch dünneren Stahlgliedern und noch mehr Glas als zuvor (Abb. → Ausstellungsarchitektur). Die besten Beispiele dieses Stils in den 30er Jahren sind die Schulen von P. Hedqvist, von N. Ahrbom und H. Zimdahl, der Konzertsaal in Göteborg (1931-35) von N. E. Eriksson und die differenziert gestalteten Siedlungen von z. B. S. Backstrøm und L. Reinius, die die Siedlung Rösta, Örebro, 1948-52, mit ihren dreistöckigen Steinhäusern erbauten und auch für Vällingby tätig waren; ferner Eskil Sundahls bei Stockholm auf einer Insel zwischen Baumgruppen

Freizeitzentrum Hervanta bei Tampere, Finnland, von Reima Pietilä, 1979.

angelegte Fabrik samt Siedlung sowie die Stockholmer Vorstadt Vällingby. Der großartige Plan für Vällingby wurde 1949 von → Markelius ausgearbeitet, 1953 wurde mit den Bauarbeiten begonnen. Verglichen mit der Unbekümmertheit all dieser schwed. und dän. Bauten ist das Rathaus von Oslo, das 1933-50 von A. Arneberg und M. Poulsson erbaut wurde, plump. In den 70er Jahren wurden die einst hochgerühmten schwedischen → Satellitenstädte zu ›Schlafstädten‹, viele Wohnungen standen leer. Die Bewohner verzichteten auf den schönen Meeresblick, sie wollten in einer vitalen Stadt leben. Auf der Suche nach Alternativen holte man → Erskine (Nya Brukab, Sandviken bei Gävle, 1972-86), man baute ökonomisch (→ Ökonom. Architektur, → Alternative Architektur), anthroposophisch (→ Anthroposophische Architektur, Erik Rasmussen in Järna), man restaurierte und sanierte alte Häuserviertel.

Lit.: Rasmussen '40; Cornell '44; Kauli '58; Molnar '63; Faber, T. '67; Poretti '79; Danmarks Architektur '80, '82; Hansen, H. T. '82; Hultin '83; Lilius/Zeitler '85; Zeitler '85; Norberg-Schulz '90; Poole '91.

Skelettbau. Schokoladenfabrik Jules Saulnier, Noisiel-sur-Marne, 1871-72.

Skelettbau, der. Im Gegensatz zum → Massivbau eine Bauweise, bei der ein Rahmengerüst die dazwischengespannten Wände trägt. Das Skelett kann außen sichtbar bleiben, verputzt oder verkleidet werden. → Fachwerk; → Curtain Wall.

Lit.: Hart '65; Siegel, C. '60.

Skidmore, Owings & Merrill (S.O.M.) (Louis Skidmore, 1897-1962; Nathaniel A. Owings, geb. 1903, und John O. Merrill, 1896-1975). Eine der größten und zugleich bekanntesten Baufirmen der → USA. Zweigstellen, jede mit einem eigenen Chefarchitekten, befinden sich in New York, Chicago und anderen Großstädten der USA. Gordon Bunshaft (geb. 1909), seit 1945 ein Teilhaber der Firma, ist ihr führender Architekt. Zu den hervorragendsten Werken dieses Unternehmens gehört das Lever House in New York (1952 vollendet), mit dem ein internationaler Typ geschaffen wurde: über einem Flachbau von nur wenigen Stockwerken, der im Falle von Lever House einen Gartenhof umschließt, erhebt sich das Hochhaus mit 21 Stockwerken. Das Hilton Hotel in Istanbul wurde 1952, die United States Air Force Academy in Colorado Springs 1955 begonnen. Ein weiteres bedeutendes Bauwerk ist die Manufacturers' Trust Bank in New York (1952-54), auffallend niedrig für eine Wolkenkratzerstadt, mit großen Glaswänden, die wirken, als wollten sie die Sicherungsfunktion der Bank in Frage stellen. Schön gegliedert und harmonisch der Umgebung angepaßt ist das Gebäude der Connecticut General Life Insurance in Hartford (1953-57).

Skelettbau. Crown Hall, Illinois Institute of Technology, Chicago, von → Mies van der Rohe, 1952.

Der Stil der Firma geht nicht nur auf → Mies van der Rohe zurück, dessen Merkmale von Frische und Präzision sie im wesentlichen bis in die jüngste Vergangenheit beibehalten hat, sondern auch auf den frühen → Le Corbusier. Ab den 50er Jahren prägte sie selbst entscheidend die Architektur in den USA: Sie entwickelte einen Bautyp für Verwaltungsgebäude großer Firmenkomplexe in parkartig gestalteter Umgebung bzw. mit begrünten innenliegenden Hallen und Atrien. Bekannte Beispiele sind die Verwaltungsgebäude der Connecticut General Life Insurance Company in Bloomfield (1957), die Verwaltung der Weyerhaenser Company in Tacoma/Washington (1971) oder das First Wisconsin Plaza Building in Madison/Wisconsin (1974) bzw. das 33 West Monroe Building in Chicago (1980). Unter den über Amerika verteilten Zweigbüros trat SOM/Chicago mit den herausragenden Ingenieuren Fazlur Khan (seit 1955 bei SOM) und Myron Goldsmith (Schüler von Mies van der Rohe) besonders hervor. Anknüpfend an die Tradition der Schule von → Chicago des 19. Jhs. perfektionierten sie die → Skelettkonstruktion für Verwaltungsgebäude und entwickelten eine Rohrkonstruktion, die Bauten von sehr großer Höhe erst ermöglichte: u. a. das John Hancock Center (1970) und den durch seine Höhe beeindruckenden Sears Tower (1974), beide in Chicago (→ Hochhaus). Auch das Ausland, besonders Saudi Arabien, zählt immer mehr

Skelettbau. Rheinstahl-Hochhaus, Essen.

Lever House, New York, von → Skidmore, Owings & Merrill, voll. 1952.

John Hancock Center, Chicago, von → Skidmore, Owings & Merrill, 1970.

zu den Auftraggebern des amerik. Architekturbüros. Bemerkenswert sind die auffallende Gestaltung der National Commercial Bank und der Internationale Flughafen in Dschidda (1982) mit einer übergroßen Zeltdachkonstruktion. Von den großen Architekten der SOM-Büros in Chicago, San Francisco oder New York, wie Roy Alen, Charles Basset, Gordon Bunshaft, Myron Goldsmith, Bruce J. Graham, Fazlur Khan und schließlich Walter Netsch, haben sich die meisten aus dem aktiven Leben zurückgezogen, werden aber laufend durch junge Talente ergänzt, die die große Tradition des Büros fortführen. Abb. → Meßarchitektur.

Lit.: Hitchcock '58, '63; Benevolo '60; Manieri Elia '66; Woodward '68; Drexler '74; Bush-Brown '83; S.O.M. '84; Krinsky '88.

National Commercial Bank, Dschidda, Saudi-Arabien, von → Skidmore, Owings & Merrill, Anfang 80er Jahre. Modell.

Skin and Skeleton. Das Konstruktionsprinzip ›Rippen und Haut‹ nimmt in der Gußeisenarchitektur für Hallenbauten (→ Paxton, → Voit) seinen ersten Anfang. Den Gedanken nimmt die Schule von → Chicago für den Bereich der modernen Architektur im Prinzip der → Skelettbauweise auf. Filigrane Glasfassaden erscheinen frei zwischen Säulen oder Tragkonstruktionen (Eisenbetonskeletten) und verdeutlichen die Konstruktion. Derartige Impulse gehen schon von Johannes Duiker und der → De Stijl-Gruppe aus, erhalten aber erst durch → Mies van der Rohe (»Bauen ist Konstruktion«) ihre konsequente Ausführung, vom Farnsworth House in Plano, Illinois (1945, Abb. → Mies van der Rohe) bis zum Seagram Building in Chicago (1974). → Metall, Bauen mit; → Glasarchitektur. M.-A. V. L.

Lit.: Blaser '80.

Skotie, die (gr. skotia: das Dunkel). Ein stark eingezogenes konkaves Profil, wie z. B. die Hohlkehle zwischen zwei Wülsten einer Säulenbasis. Die S. wirkt vor allem durch den starken Schlagschatten.

Lancaster House, St. James's, London, von → Smirke, Benjamin Dean → Wyatt und → Barry, 1820-38.

Eastnor Castle, Herefordshire, von → Smirke, um 1810-15.

Smirke, Sir Robert (1780-1867). Der führende Architekt des → Greek Revival in England, besaß jedoch nicht die Genialität → Schinkels, von dem er wohl beeinflußt worden ist. S. war der Sohn eines Malers und Akademiemitglieds und lernte bei → Soane, mit dem er sich aber schon nach wenigen Monaten entzweite. Er unternahm 1801-05 Reisen nach Italien, Sizilien und Griechenland, skizzierte die meisten der antiken Bauten auf der Peleponnes und veröffentl. unmittelbar nach seiner Rückkehr nach London den ersten (und einzigen) Band seiner geplanten ›Specimens of Continental Architecture‹ (1806). Seine ersten eigenen Bauten sind im Stil des MA.s gehalten: Lowther Castle (1806-11) und Eastnor Castle (um 1810-15). Einen Namen machte er sich mit dem Covent Garden Theatre (1808, zerst.), dem ersten dor.-klassiz. Bauwerk in London, das einen sehr großen Einfluß ausübte. Es zeigte, mit welch einfachen Mitteln Erhabenheit und Großartigkeit erreicht werden können. S.s kühle und geschäftstüchtige Art brachte ihm bald Erfolg und Vermögen. 1813 erreichte er den Gipfel seiner Laufbahn, als er mit → Soane und → Nash zu einem der leitenden Architekten der Baubehörde ernannt wurde. Seine Hauptwerke entstanden im nächsten Jahrzehnt, und zwar zuerst das Britische Museum (1823-47) in London, dann die Londoner Hauptpost (1824-29, zerstört), beides große Bauten, ganz im Stil des griech. Klassizismus gehalten. Obwohl das Britische Museum nicht so profiliert und eindrucksvoll ist wie Schinkels Altes Museum in Berlin (1825, Abb. → Klassizismus), strahlt es mit seiner gewaltigen → Kolonnade ion. Säulen eine edle Würde aus und veranschaulicht am besten S.s bewundernswerte Klarheit und sichere Detailbehandlung. 1832 wurde S. zum Ritter geschlagen, 1845 zog er sich aus dem Berufsleben zurück.

Lit.: Colvin '54; Hitchcock '58; Mordaunt Crook '72a, 72b.

British Museum, London, von → Smirke, 1823-47.

Smith, Thomas Gordon (geb. 1948). S. gehört zu
denjenigen Architekten, auf die der historische
Vorwurf, der der → Postmoderne von ihren Kriti-
kern oft vorschnell gemacht wird, am ehesten zu-
treffen könnte. Seine Unbefangenheit im historisierenden Umgang mit der Geschichte – vor allem
dem römischen Barock und der römischen Antike
– wird allerdings durch die aus dem amerikanischen
Alltag oder vom Schuttplatz geholten Materialien
ebenso ironisch relativiert wie durch die Brechung
seiner Erfindungen durch die Erfahrung der frühen

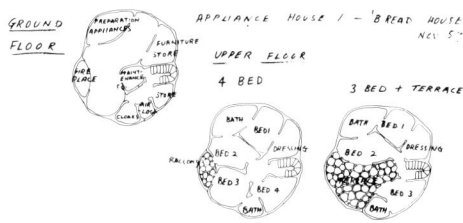

Projekt für das Wohnhaus Richard und Sheila Long,
Carson City, Nevada, von → Smith, 1977-79.

Moderne. Seine Bauten, z. B. das Long House in
Carson City, Nevada (1977-79), das Matthews
Street House in San Francisco (1978), vor allem
aber die Doppelanlage des ›Tuskischen‹ und ›Lau-
rentianischen‹ Hauses in Livermore, Kalifornien
(1979), sowie das Richmond Hill House in Richmond, Kalifornien (1981-82), zeichnet übereinstim-
mend aus, daß in klassischen Säulenornaten und
feierlichem Decorum, barocken Raumerfindungen
und quasi-pompejanischen Wandmalereien jeweils
betont Bedeutungsvolles mit betont Banalem kolli-
diert. Genau kopierte klassische Details brechen
sich an den der Gegenwart zugehörigen Formen.
Die stilistische Nähe zu manchen Bauten von
→ Moore oder → Graves ist deutlich, ebenso die
Beeinflussung durch → Venturis einflußreiches Manifest ›Complexity and Contradiction in Architecture‹, welches 1966 in New York erschien und in

Entwurf für das ›Matthews Street House‹,
San Francisco, von → Smith, 1978.

Haus mit organischem Grundriß, Appliance House 1,
Bread House, von → Smithson, 1957.

dem ebenfalls an der abendländischen Bauge-
schichte ikonographische Mehrdeutigkeiten und
Widersprüche, gefiltert durch die Erfahrung der
Moderne, analysiert werden.   V. F.
Lit.: Klotz '84; Smith '88.

Smithson, Peter und Alison (geb. 1923 und 1928).
Die von ihnen erbaute Schule (1954) in Hunstanton
in Norfolk war seinerzeit eines der umstrittensten
Bauwerke Englands; dabei handelt es sich um eine
ganz sym. angelegte Gruppe von Gebäuden. Die
Details sind durch → Mies van der Rohe beeinflußt
(Abb. → Brutalismus). Nach der Vollendung dieser
Bauaufgabe wandte sich das Ehepaar S. stärker
dem Brutalismus zu. Ihr größtes und eines ihrer

Economist Building, London, von
Alison und Peter → Smithson,
1963-67.

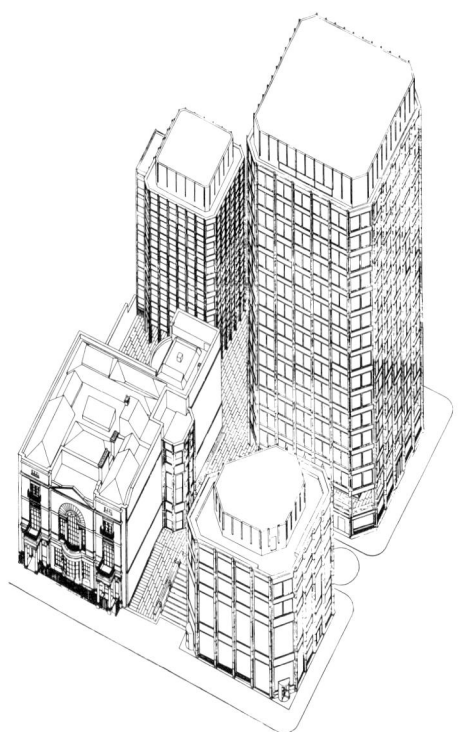

Economist Building, London, von Alison und Peter
→ Smithson, 1963-67.

reifsten Werke, das Economist Building, St. James's
in London (1963-67), zeigt jedoch keine Besonderheiten dieser Stilrichtung. Der Komplex ist überzeugend gruppiert; die zur St. James's Street gelegene Fassade steht im Einklang mit den aus dem
18. Jh. stammenden Clubfassaden der Umgebung;
dahinter erheben sich zwei verschieden hohe
Blocks. Später entstand Robin Hood Lane, G. L. C.
Housing in Tower Hamlets (1972).

Lit.: Smithson '67, '68, '73, '81; Teodori '67; Maxwell '72; Berlin
'76; Dunster '82; CA '87.

*Longleat House, Wiltshire, von → Smythson u.a.,
1566-80.*

Smythson, Robert (ca. 1536-1614). Der einzige bedeutende Architekt des elizabeth. Stils (→ Großbritannien); er führte den aufwendigen Landhausstil,
der von den Höflingen und dem Hochadel jener
Zeit entwickelt wurde, zur höchsten Vollendung. S.
ist zuerst in Longleat nachweisbar, wo er als leitender Baumeister (1566-80) arbeitete. Sein Hauptwerk ist Wollaton Hall (ca. 1580-88), ein revolutionäres Bauwerk, das aus einem einzigen Block mit
einer Mittelhalle und Ecktürmen besteht und völlig
sym. gestaltet ist. Der Grundriß geht wahrscheinlich auf → Serlio zurück, die eigenartigen Orna-

*Casa Kalman, Brione, von
→ Snozzi, 1974-76.*

Wollaton Hall, Wollaton, von → Smythson, um 1580-88.

mente, wie das – → Beschlag-, → Bandel-, → Rollwerk usw., auf de → Vries. Die phantastische und
romantische Silhouette des Hauses, die in den Umrißlinien einer Burg gleicht, ist S.s eigene, sehr engl.
Schöpfung. S. ließ sich in der Nähe von Wollaton
nieder, erwarb Grundbesitz und führte das Leben
eines Landedelmanns. Mit größter Wahrscheinlichkeit war er an der Gestaltung der Entwürfe für
Worksop Manor (ca. 1585, heute zerstört), Hard-

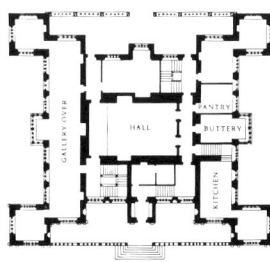

*Wollaton Hall, Wollaton, von
→ Smythson, um 1580-88.
Grundriß.*

wick Hall (1590-97) und Burton Agnes (1601-20)
beteiligt. Sein Sohn *John Smythson* (gest. 1634) entwarf Bolsover Castle, vielleicht die romantischste
aller dieser Pseudo-Burgen.

Lit.: Summerson '53; Girouard '66; Airs '75; Girouard '83.

Snozzi, Luigi (geb. 1932). Der Tessiner Architekt
arbeitete nach dem Studium an der ETH Zürich in
verschiedenen Büros, seit 1958 ist er selbständig.
Mit → Botta, seinem langjährigen Partner Livio
Vacchini u.a. gehört er zu den Begründern der
→ Tessiner Schule, als deren ›politischer Kopf‹ er
gilt. Bauen ist für S. eine in Theorie und Praxis
öffentliche Angelegenheit. Sein Werk umfaßt sowohl zahlreiche Wohnhäuser in topographisch
schwieriger Hanglage, wie die Casa Kalman in
Brione (1974-76), als auch städtische Sozialbauten
und urbanistische Projekte, wie die 1977 begonnene
Erneuerung von Monte Carasso bei Bellinzona.

Haus Diener, Ronco/Ascona, von → Snozzi, 1988-89.

Ausgangspunkt ist jeweils eine ›ricerca‹ unter historisch-materialistischen Fragestellungen. Neben
Theo Hotz, Dolf Schnebli u.a. zählt S. zu den bedeutenden Erneuerern der architektonischen Moderne in der → Schweiz. Er verbindet den Respekt
vor der Geschichte des ›Territoriums‹ mit dem Mut
zum Eingriff in zeitgemäßer Gestalt. Sein bevorzugter Baustoff ist meisterhaft ausgeführter → Sichtbeton.   W.J.S.

Lit.: Snozzi '84; La ricerca … '90.

Soane, Sir John (1753-1837). Der eigenständigste
engl. Architekt nach → Vanbrugh. Sein sehr individueller Stil wird oft als klassiz. bezeichnet, doch ist

*Lothbury Court der Bank von England, London, von
→ Soane, 1797.*

Entwurf für die Rotunde der Bank von England, von → Soane, 1788-1808.

London, ›primitive‹ Backsteinbauten, in denen die einzelnen Elemente ganz leicht verformt wirken. Den Höhepunkt dieser Entwicklung stellt S.s eigenes Haus, Nr. 13 Lincoln's Inn Fields in London (1812-13), dar (Abb. → Großbritannien); heute beherbergt es das Sir John Soane's Museum. Es ist exzentrisch und individualistisch bis zur Wunderlichkeit, besonders innen mit seinen ineinandergeschachtelten und ineinanderübergehenden Räumen, verschieden hohen Böden, Hunderten von Spiegeln, die größere Räume vortäuschen und die Raumeinteilung verschleiern, und mit seinen got. Bögen, die die Gebundenheit der Wände an die Decke scheinbar aufheben. Der Außenbau veranschaulicht S.s lineare Stilisierung bei stärkerer Betonung der Wandflächen als der Wandmassen. Seine letzten bemerkenswerten Bauten sind die säulenlosen, ganz zweckbetonten Stallungen für das Chelsea

Sir John → Soane's Museum, Frühstücksraum.

er wegen seiner komplizierten und unerwarteten Raumwirkungen eher romantisch oder malerisch zu nennen. Intensität und Ernst seiner manchmal in anziehender Weise ausgefallenen Bauwerke spiegeln etwas von seinem komplizierten Charakter wider. S. war seiner selbst niemals ganz sicher, und ungeachtet seiner Genialität fehlte ihm ein absolutes Vertrauen in seinen eigenen Stil.

S. war der Sohn eines Baumeisters aus Berkshire, lernte unter → Dance und → Holland, studierte dann drei Jahre in Italien, wo er wahrscheinlich → Piranesi kennenlernte. Am stärksten prägten ihn frz. Einflüsse, besonders der Stil → Peyres und → Ledoux'. 1780 kehrte S. nach London zurück, begann seine Karriere mit einer Anstellung als ausführender Architekt beim Bau der Bank von England (1788). Dieses (heute zerst.) Bauwerk gehörte zu den fortschrittlichsten architekt. Schöpfungen im Europa jener Zeit. Die Effektenabteilung (beg. 1792) und die Rotunda (beg. 1796) müssen erschreckend herb gewirkt haben mit ihren Flachkuppeln sowie einer allgemeinen Betonung der Funktion und der Schlichtheit der Konstruktion, ganz abgesehen von der Reduzierung der klassiz. Ornamentik zu rudimentären → Kanneluren und angedeuteten → Gesimsen. Das romantische, malerische Element in S.s Werk nimmt ab 1800 immer mehr Raum ein; besonders fühlbar wird das in der Dulwich College Art Gallery (1811-14) und in Pitzhanger Manor (heute Ealing Public Library, 1800-03), beide in

Sir John → Soane's Museum, London. Eingerichtet 1813.

Hospital (1814-17), St. Peter's, Walworth (1822) und Pellwall, Staffordshire (1822-28), ein kleines villenartiges Haus mit eigenwilligen, an Vanbrugh erinnernden Stilelementen. 1806 wurde S. zum Prof. der Architektur an der kgl. Akademie ernannt.

Lit.: Soane 1778, 1835; Bolton '24; Summerson '52b; Kaufmann '55a; Stroud '61, '84; du Prey '78, '82; Soane '83; Schumann-Bacia '89.

Sockel. Unterer, etwas vorspringender Teil eines Bauwerks oder Baugliedes (→ Säule); als Unterbau einer Statue auch Postament oder Piedestal genannt.

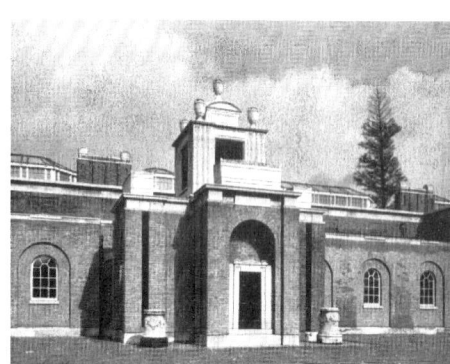

College Art Gallery, Dulwich, London, von → Soane, 1811-14.

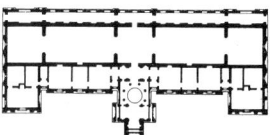

College Art Gallery, Dulwich, London.

S. Maria delle Grazie, Mailand, Mittelschiff von Guiniforte → Solari, 1465-90. Ostteile von → Bramante, beg. 1492.

Soffitte, die (ital.: Decke). **1.** Untersicht einer Decke. **2.** Teil einer Theaterdekoration, der den Einblick in die Oberbühne verhindert.

Sohlbank. Unterer waagerechter Teil eines → Fensters, meist aus Stein, und zwar so ausgebildet, daß das Regenwasser vom Fenster abgeleitet und durch eine Wassernase auch von der Hausmauer ferngehalten wird. Innen wird die S. durch das Fensterbrett abgedeckt.

Salzburger Dom, von Santino → Solari, 1614-28.

Solari, Guiniforte (Boniforte; 1429-81). Konservativer Architekt in Mailand, einer der letzten Baumeister der → Gotik. Er vollendete das Ospedale Maggiore, → Filaretes → Renaissancebau, schuf das vereinfachte got. Mittelschiff von S. Maria delle Grazie in Mailand (1465-90, von → Bramante vollendet) und arbeitete an dem hochgot. Mailänder Dom.

Lit.: Bascapè-Mezzanotte '48; Romanini '55; Malaguzzi-Valeri '60; Nicolini in DAU '68-69.

Stiftskirche Maria Einsiedeln, Kapellenschrein von Santino → Solari, um 1620. Hauptschiff von → Mosbrugger, beg. 1719.

Solari, Santino (1576-1646). Einer der ersten ital. Architekten, die in Deutschland und Österreich größere Aufträge erhielten. S. stammte aus einer in Como ansässigen Künstlerfamilie. Sein Hauptwerk ist der Salzburger Dom (1614-28), eine → Basilika mit Kuppel und Zweiturmfassade im Westen. Dieser früheste, ausgeprägt ital. Kirchenbau diesseits der Alpen ist von großer Bedeutung für die süddt. Architektur. Für den Salzburger Erzbischof Markus Sittikus schuf S. das Lustschloß in Hellbrunn bei Salzburg (1613-19), als rein röm. → Villa suburbana gleichfalls das früheste Beispiel nördl. der Alpen. Er entwarf auch für das Gnadenbild der Schwarzen Muttergottes in Einsiedeln (Schweiz) einen feierlich-ernsten Kapellenschrein (um 1620), den → Mosbrugger später in seine Abteikirche einbezog.

Lit.: Hempel '65.

Salzburger Dom, von Santino → Solari, 1614-28.

Solarium (lat.: Flachdach). Als S. werden speziell gegen Einsicht geschützte Sonnenterrassen bezeichnet. Heute auch Bezeichnung eines Bräunungsstudios. → Altan; → Söller.

Solea, die (lat.: Sandale). In einer → frühchristl. oder → byzant. Kirche ein erhöhter Gang, der das → Bema mit dem → Ambo verbindet.

Soleri, Paolo (geb. 1919). Stammt aus Turin, wo er auch studierte. Anschließend wurde er für ein Jahr (1947-48) Schüler von → Wright in Taliesin. Danach Partnerschaft mit Mark Mills und Errichtung des von zwei verschiebbaren Kuppeln überwölbten »Desert House« im Cave Creek, Arizona (1951). Seit 1955 beschäftigt sich S. vorwiegend mit alternativem Städtebau. Seine »Arcologies« (Wortbildung aus architecture und oecology) sind Entwürfe, die er in den 60er Jahren, dem ersten Jahrzehnt der Weltraumfahrt, als Alternative zu den immer mehr in die Fläche sich ausdehnenden Großstädten plante, deren Verwirklichung aber kaum praktikabel erscheint (→ Utopische Architektur). Die Kera-

Desert House, Cave Creek, Arizona, von → Soleri und Mark Mills, 1951.

mikfabrik Ceramica Artistica Solimene in Vietri sul Mare bei Salerno (1954) ragt unter den ausgeführten Bauten besonders hervor.

Lit.: Manieri Elia '66; Soleri '69; Wall '71; Banham '76; Soleri '81.

Söller → Altan. Sonnenterrasse auf einem Haus. Mundartlich auch Dachboden.

S.O.M. → Skidmore, Owings & Merrill.

Sommaruga, Giuseppe (1867-1917). Geb. in Mailand, studierte an der Brera-Akademie in Mailand und war Schüler von Boito und Beltrami. Wandte sich dann, zusammen mit Raimondo d'Aronco (1857-1932), Gebäude für die Kunstgewerbeausstellung in Turin (1902), dem → Jugendstil zu, dessen Hauptvertreter in Italien er neben d'Aronco und dem Sizilianer → Basile (1857-1932; Haus Basile, 1904, Haus Fassini in Palermo, 1906) wurde. Seine Hauptwerke sind der Palazzo Castiglioni am Corso Venezia in Mailand (1901) und das Hotel Tre Croci in Campo dei Fiori bei Varese (1909-12).

Lit.: Monneret de Villard '08; Pica '41; Tentori '57; Meeks '66; Cattò-Mariani Travi '67-68; Bossaglia '74; Nicoletti '78a.

Sondergotik → Deutschland.

Sonnenblende, Sonnenschutz. In der heutigen großfenstrigen Architektur notwendige Einrichtung, um übermäßiger Sonneneinstrahlung vorzubeugen. Eine S. kann aus waagerechten oder senkrechten Lamellen bestehen und muß beweglich sein. Außerdem wirken diese Einrichtungen nur, wenn sie außen angebracht werden. Jede S. auf der Innenseite der Fenster verfehlt die eigentliche Wirkung (Fernhaltung der Hitze) und bringt nur eine geringe Verdunkelung. → Brisesoleil.

Sopraporte, die. → Supraporte.

Sordo Madaleno, Juan (geb. 1906) → Mexiko.

Soria y Mata → Städtebau.

Palazzo Castiglioni, Mailand, von → Sommaruga, 1901.

Soufflot, Jacques-Germain (1713-80). Einer der bedeutendsten Architekten des → Klassizismus in Frankreich. 1731-38 Studium der Architekten in Rom, anschließend Niederlassung in Lyon. Dort errichtete er das riesige Hôtel-Dieu (1741 ff.), das seinen Ruhm begründete. 1749 wurde er von Madame de Pompadour beauftragt, ihren Bruder, M. de → Marigny, nach Italien zu begleiten, um sich so auf den Posten des Oberhofbaumeisters vorzubereiten. Die Reise verlief erfolgreich und kann als Beginn des romantischen, an der Größe des antiken Rom orientierten Klassizismus in Frankreich angesehen werden. S.s Ste-Geneviève in Paris (beg. 1755, seit der Revolution ›Panthéon‹ genannt) ist das Hauptwerk des frz. Klassizismus (Abb. → Frankreich). Die Anlage dieser Kirche war für Frankreich revolutionär und wurde von → Laugier als »das erste Beispiel vollkommener Architektur« begrüßt. Dieses Werk bringt eine neue, ernsthaftere, um nicht zu sagen feierliche Haltung gegenüber der Antike zum Ausdruck. Es verbindet röm. Regelmäßigkeit und Monumentalität mit einer strukturellen Leichtigkeit, die auf die Gotik zurückgeht. S. selbst sagte 1762, man solle die griech. → Säulenordnungen mit der Schwerelosigkeit, wie man sie an got. Bauwerken bewundere, verbinden. Er arbeitete bis

Panthéon (Ste-Geneviève), Paris, von → Soufflot, 1755-92.

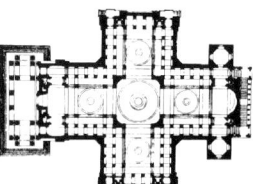

Panthéon (Ste-Geneviève), Paris, von → Soufflot, 1757-92.

Sowjetische Architektur. Verwaltungsgebäude der Abteilung Brücken- und Straßenbau, Tiflis, von Z. Djalagawia und G. Tschachawa, 1976.

Esprit-Ausstellungsraum, Zürich, von → Sottsass und Aldo Cibic, 1985-86.

zu seinem Lebensende an Ste-Geneviève, erlebte jedoch nicht mehr ihre Vollendung. Von seinen Bauten sind noch die Ecole de Droit in Paris (entworfen 1763, erbaut 1771 ff.) und verschiedene kleine, verspielte Bauten im Park des Château de Ménars (1767 ff.), eine → Rotunde, ein → Nymphaeum und eine → Orangerie, zu erwähnen, alle in einem eleganten, aber ziemlich trockenen Klassizismus (Abb. → Frankreich).

Lit.: Mondain Monval '18; Petzet '61; Braham '80; Ternois '82.

Sosnowski, Tomasz Oscar (1811-86) → Polen.

Sottsass, Ettore (geb. 1917). 1934-39 Studium am Polytechnicum in Turin. 1945-46 Mitglied der Architektengruppe ›Giuseppe Pagano‹. Beschäftigung mit sozialem Wohnungsbau. 1947 Gründung eines eigenen Design-Studios in Mailand. Seit 1958 Design-Berater von Olivetti. Entwurf der ersten elektrischen Schreibmaschine Italiens. 1973 Gründungsmitglied der Gruppe ›Global Tools‹ (Auflösung 1976). 1976 S.-Retrospektive im IDZ Berlin. Ab 1979 Zusammenarbeit mit der Mailänder Designgruppe ›Alchymia‹. 1980 Gründung von ›Sottsass Associati‹ zusammen mit Aldo Cibic, Matteo Thun und Marco Zanini. 1981 Gründung der internationalen Designgruppe ›Memphis‹, deren ideologischer Kopf er ist (1985 Austritt aus der Gruppe). Ab 1986 wendet sich S. verstärkt der Architektur zu. Er plant mehrere Häuser für Colorado, USA. 1991 Portal für den Palazzo del Cinema am Lido, Venedig. Schon die Möbel von S. waren fast immer architektonisch gedacht und von ihm selbst auch so beschrieben. Vor allem seine Memphis-Entwürfe, von der Keramik über Beleuchtungskörper bis zu Schrankwänden, zeichnet eine bunte, fast spielerische additive Ästhetik aus; eine Auffassung von Form, die er auch in seinen Bauten, und zwar sowohl im Inneren wie in der Kombination der Baumassen selbst, durchhält.   V. F.

Lit.: Sparke '82; Thomé '84; de Bure '87; Sottsass A. '88; Sottsass '88; '90.

Souterrain, das (frz.: unter dem Boden). Ein zum Teil in den Erdboden versenktes → Geschoß eines Hauses.

Sowjetische Architektur. Entwurf für den Palast der Sowjets in Moskau, von B. M. Iofan, 1931-32.

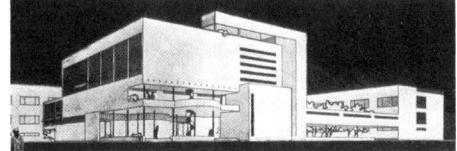

Sowjetische Architektur. Wettbewerbsentwurf für das Haus der Regierung Kasachstan in Alma-Ata, von → Ginzburg, 1927-28.

Sowjetische Architektur. Moskaus dominierende Stellung in der Politik spiegelte sich auch in der Architektur: Die in der Hauptstadt der Sowjetunion arbeitenden Protagonisten des Neuen Bauens verwirklichten zwar nur gelegentlich Entwürfe in anderen Unionsrepubliken – → Ginzburg das Regierungsgebäude in Alma-Ata (1927-31), → Wesnin einen Arbeiterklub in Baku (1928) –, doch ihre Projekte beeinflußten die allgemeine Orientierung der Architektur. In den Teilen der Sowjetunion, die über eine eigene, nationale Bautradition verfügten, war somit die Konkurrenz zwischen der aus Moskau (gelegentlich auch aus Leningrad) importierten Architektur und einer auf einheimische Wurzeln sich berufenden mehr oder minder vorprogrammiert.

Sowjetische Architektur. Gästehaus in Alma Ata, Kirgisische SSR, 1967.

Wo sich traditionalistische Strömungen zu behaupten suchten, war immer auch eine Renaissance des Nationalbewußtseins mit im Spiel. Der Rückgriff auf historische Modelle ermöglichte die Identifikation mit vergangener Größe – die Fassade von N. Bajews Bahnhof in Baku (1926), die die Schauseite einer → Medrese reproduzierte, beschwört die Safawidenzeit in Aserbeidschan (→ Mittelasien), das Wiederaufleben des ukrainischen Barocks in Kiewer Bauten der 20er Jahre war ein verschleierter Protest gegen die Moskauer Hegemonie, auch die alt-armenische Ornamentik, die zur gleichen Zeit an Regierungsgebäuden in Erewan auftauchte, knüpfte an die verlorene Eigenständigkeit → Armeniens. Ironischerweise konnte die Moskauer Zentrale aufgrund der von ihr selbst formulierten Nationalitätenpolitik gegen die architektonische Unbotmäßigkeit nicht einschreiten.

Die jungen Architekten, die an den → WChUTEMAS studiert hatten, lehnten das nostalgische Zitieren vergangener Epochen ab. Mit ihren → konstruktivistischen Entwürfen, die sie in Baku, Taschkent, Erewan und Charkow verwirklichten, bezeichneten sie deutlich die Gegenposition. Vertraut mit den klimatischen Bedingungen und den Lebensweisen in den Gebirgs- und Wüstenregionen, beschäftigten sich usbekische und armenische Architekten um 1930 intensiv mit der Frage, welche

Sowjetischer Pavillon auf der Weltausstellung Osaka 1970, von → Posochin.

Wohnformen den lokalen Gegebenheiten optimal entsprechen und fanden dabei zu zukunftweisenden Lösungen, wie Terrassensiedlungen oder erdbebensicheren Stufenhäusern.

All den Ansätzen, die auf einen der Moderne verpflichteten Regionalismus zielten, machte der Stalinismus ein Ende, der auch im sowjetischen Orient Spuren hinterlassen hat – uninspirierter → Klassizismus neben timuridischer Klassik (→ Stalinistische Architektur). Seit den 60er Jahren orientierte man sich wieder stärker an den inzwischen klassischen Modellen des → Internationalen Stils, wobei die Skelettstruktur oft hinter einer folkloristischen Ummantelung versteckt war (eine Reihe von Neubauten im 1966 durch Erdbeben zerstörten Taschkent veranschaulicht diese architektonische List). Vgl. → Rußland.   H. Sch.

Lit.: Chan-Magomedow '86; Ikonnikov '90; Zwischen Vision ... '90; Miliutin '91; Graefe '91; Quilici '92.

Sowjetische Architektur. Museum für Volkskunde, Sardarapat, von → Israjeljan, postum 1977.

Spalt, Johannes (geb. 1920). S. hatte wesentlichen Anteil am Wiedereintritt der österr. Szene in den internationalen Diskurs nach 1945 wie auch an der kritischen Besinnung auf die durch Emigration und Krieg ›vergessenen‹ Leistungen der österr. Moderne. Aus der konstruktiven Radikalität der ›Arbeitsgruppe 4‹, deren Mitbegründer er 1952 war, und aus dem Fundus traditioneller und anonymer Architekturen entwickelte S. eine typische Systematik, die vom Möbel und Interieur bis zum Städtebau reicht. Er definiert das raumbildende Dach als primäres Element des Bauens, die Wände als ›Paravents‹, das Mobiliar so leicht und beweglich wie möglich. S. lehrte 1973-90 an der Hochschule für angewandte Kunst in Wien. Wichtige Bauten: Kirche Parsch (1953-56), Seelsorgezentrum Steyr-Ennsleiten (1958-61), Kolleg St. Josef, Salzburg-Aigen (1962-64) – alle mit Kurrent u. → Holzbauer (Steyr noch mit J. G. Gsteu); Z-Bank Wien-Floridsdorf (1970-74) mit Kurrent, Haus Wittmann, Etsdorf (1970-75), Salvatorkirche am Wienerfeld, Wien (1976-79), Dorinth-Hotel Salzburg (1985-89). Zahlreiche Ausstellungsgestaltungen, Einfamilienhäuser und Möbelentwürfe.   O. K.

Lit.: Achleitner '80, '90.

Salvatorkirche am Wienerfeld, Wien, von → Spalt, 1976-79.

Spanien. S. Pedro de la Nave, bei Zamora, um 690.

Spanien. Erste bemerkenswerte Bauwerke der Iberischen Halbinsel nach den machtvollen Denkmälern der → Römischen Architektur (Aquädukte usw.) entstammen der Zeit der Westgotenherrschaft. Die germanischen Eroberer verschmolzen römische und → frühchristl. Antike mit Elementen ihrer Volkskunst und entwickelten vornehmlich das Motiv des Hufeisenbogens (→ Bogen II 13) sowie jene schmale, hohe → Arkadenstellung, die Spaniens Baukunst über die romanische Epoche hinweg eigen blieb. Frühestes Zeugnis dieser Entwicklung ist El Salvador (um 577-600) in Toledo. Bedeutsamer wird die Epoche der Könige Rekkeswind, Wamba, Egika (650-700). Unter dem ersten entstand die Kirche S. Juan Bautista, Baños de Cerrato (Palencia, gew. 661), deren merkwürdiger Grundriß mit dem betont ausladenden Querschiff samt vorgelegten Kapellen etwas irreführt, dominiert doch allein das Langhaus, das am Altarraum in eine niedere, hufeisengewölbte → Apside übergeht.

Im Dekor werden neben germanischen Reliefdarstellungen Einflüsse byzant. Gewebemotive (Weinranke und Taube) unübersehbar. Kirchen solcher Ausschmückung sind Sta. Comba de Bande in der westspan. Provinz Orense und S. Pedro de la Nave bei Zamora, das in Form des lat. → Kreuzes angelegt und reich skulptiert ist, vielleicht in Zusammenhang mit untergegangenen Miniaturmalereien der Westgoten. Das glücklichste Beispiel einer Anlage in Form des griech. Kreuzes verkörpert dagegen S. Fructuoso de Montelios (nach 670) auf heute portugiesischem Boden. Mit dem Jahr 711, dem Beginn der islamischen Überflutung, endet die kaum begonnene Blütezeit.

S. Miguel de Liño, Oviedo, 842-50.

S. Miguel de Escalada, Prov. Léon, gew. 913.

S. Juan Bautista, Baños de Cerrato, Palencia, gew. 661.

Dafür entfalten die Mohammedaner (→ Islamische Baukunst) eine reiche Bautätigkeit. Eines der berühmtesten ihrer Werke wird die 786 begonnene Mezquita, die Moschee von Córdoba. Der immer wieder erweiterte, rechteckige Bau erreichte schließlich eine Ausdehnung von 183 x 130 m. Ein Wald vornehmlich römischer Säulen unterteilt das Bauwerk im Innern in neunzehn ›Schiffe‹, deren prunkvollste Abschnitte ab 970 entstanden. Die islamische Welt wird weiterhin einen tiefgehenden Einfluß auf Spanien ausüben. Es entwickelt sich der von arabisierten christlichen Mönchen – das Christentum war unter dem frühen Islam geduldet – getragene Stil der Mozaraber (→ Mozarabischer Stil). Nach ihrer Austreibung im 8. und 9.Jh. brachten sie ihre Bauvorstellungen, die islamische Architektur mit Ansprüchen christl. Liturgie zu verbinden, nach Norden mit, wohin sie Alfonso III. von Asturias-León berief. Das von mozarabischen Mönchen aus Córdoba gebaute, 913 geweihte S. Miguel de Escalada mit den hufeisenförmigen Arkadenbögen und den → Chorschranken aus Alabaster, sowie das hoch in der leonesischen Thebais gelegene Santiago de Peñalba (931-37) mit mihrabähnlichen (→ Mihrab) Kapellen gehören zu den interessantesten Umsetzungen.

Unterdessen entwickelte sich in Asturias, der Wiege der ›Reconquista‹, eine ›Arte prerromanico‹, die sich auf eine modifizierte westgotische Architektur gründet. Schon in der Zeit König Alfonsos II. (782-842) entstanden S. Tirso, S. Pedro de Nora und Sta. Maria de Bendones, alle nahe bei Oviedo. In der nachfolgenden Regierungsepoche König Ramiros I. (842-50) wachsen zwei besonders schöne Bauwerke empor, das nur noch in seinem Chorteil mit dem Vierungsturm erhalten gebliebene S. Miguel

de Liño und die berühmte Aula Regia, ein Landhaus des Königs, beide am Naranco-Berg über Oviedo. Im 13.Jh. ist aus der Villa Ramiros I. die Kirche Sta. Maria de Naranco geworden. Der einschiffige Bau wird von runden Doppelpfeilern (→ Pfeiler) getragen und von einem Tonnengewölbe (→ Gewölbe III 1) mit → Gurtbögen überfangen. Berg- wie talwärts sind durch eine Trennwand oblonge Gemächer abgesondert. Mit dem Auftreten Alfonsos III., des Großen (866-909), erlebt die Antike in S. Julian de los Prados eine Art Renaissance (Ausmalung mit → Scheinarchitektur, weite Bogenstellung bei kompliziertem Kastengrundriß, dessen Blickfang ein saalartiges Querschiff ist). S. Salvador de Valdedios bleibt hingegen abermals eine dreischiffige → Basilika ohne Querschiff, wobei das → Mittelschiff stark überhöht wird.

Eine Parallelentwicklung hat gleichzeitig in der ›Fränkischen Mark‹, Katalonien, begonnen. Wichtigste Zeugen sind drei Gotteshäuser in Tarrasa, dem alten Egara nördlich Barcelona, nämlich die Kirchen Sta. Maria, S. Miguel und S. Pedro.

Aus solchen Elementen sollte die spanische → Romanik erwachsen. Sie hielt in Katalonien bereits im frühen 11.Jh. ihren Einzug, vor allem in ihrer ›lombardischen‹ Spielart (Ripoll 1010-32, unglücklich restauriert; Cardona, gew. 1040). Bald erlangt

Aula Regia Ramiros I., Narancoberg, Oviedo, 842-50.

Kathedrale von León, 13.-15. Jh.

Kathedrale von Gerona, beg. 1312.

Vierungskuppel der Alten Kathedrale von Salamanca, 12. Jh.

die → Bauplastik einen besonderen Rang. Es scheint, daß die Iberische Halbinsel Frankreich darin weit übertraf. Es gibt nichts Vergleichbares zu den Kapitellen der Kathedrale von Jaca (um 1060), die vornehmlich auf S. Martin de Frómista (ca. 1060ff.) und das gleichzeitige S. Isidoro von León eingewirkt hat. S. Isidoros berühmter Anbau, das Panteón de los Reyes mit den kostbaren Malereien blieb bis heute unverändert erhalten. Wenig später entsteht die bedeutendste der großen Wallfahrtskirchen, die 1075 begonnene Kathedrale von Santiago de Compostela mit dem wesentlich späteren Portico de la Gloria Meister Mateos von 1188. In den Kreis ihrer Nachfolge gehören die Kathedralen von Lugo und Orense sowie S. Vicente zu Ávila, dessen Bau 1109 unterbrochen, später durch Meister Fruchel fortgeführt wurde, den selben, der wahrscheinlich der Lehrer Meister Mateos von Santiago war. Die Spätromanik wird am besten von der

Alten Kathedrale zu Salamanca (1152 beg.) und der Kathedrale von Zamora (1151-74) repräsentiert, beide mit herrlichen → Cimborien oder Vierungskuppeln, die an die byzantinische Tradition anknüpfen, dabei aber auch durchaus von eigenständiger Gestaltung bleiben.

Es ist schwierig, für Spanien den Beginn der → Gotik zeitlich genau zu umgrenzen. Die Alte Kathedrale von Salamanca weist fast nur Spitzbögen auf; doch sind Spitzbögen nicht unbedingt ein Merkmal der Gotik. Die → Zisterzienserbaukunst, die direkt oder indirekt von Burgund ausging, vermittelte den Spitzbogen als ein Motiv der burgundischen Romanik. Die Zisterzienser kamen 1131 nach Spanien und errichteten bald an vielen Orten große Sakralbauten. Moreruela, Meira, La Oliva, Huerta, Veruela, Poblet, Santas Creus haben die typisch frz. Anlage mit Chor und Ostkapellen am Querschiff. Während diese aber zumeist gerade geschlossen

S. Isidoro, Panteón de los Reyes, León, 1054-67.

Kathedrale von Santiago de Compostela, beg. 1075.

Neue Kathedrale von Salamanca, nach Plänen von → Gil de Hontañon u.a., beg. 1512.

Gewölbe der Capilla Mayor in der Neuen Kathedrale von Salamanca, um 1525.

sind, ist es in Spanien auch üblich, daß der Chor apsidial gerundet ist (Moreruela, La Oliva, Huerta, Meira) oder sogar einen Chorumgang (→ Chor) samt Kranzkapellen (→ Kapellenkranz) besitzt. Wenn man auch bei diesen Kirchen oft zweifelt, was als roman. und was als got. angesehen werden soll, so muß La Oliva (1164) eindeutig als ein Bauwerk der Gotik betrachtet werden.

Erst im 13. Jh. fand der Baustil der Ile-de-France in Spanien Eingang. Am stärksten von dieser Hochblüte frz. Bauens sind die Kathedralen von León (1205 ff.), Burgos (1221 ff.) und Toledo (1226 ff.) beeinflußt. In Katalonien entwickelte sich ein eigenständiger, span.-got. Stil (Kathedrale von Barcelona, 1298 ff.; Sta. Maria del Mar, Barcelona, 1329 ff.; Kathedrale von Palma di Mallorca), der sich durch sehr weite und hohe Mittelschiffe und durch äußerst hohe Seitenschiffe oder Seitenkapellen zwischen Wandpfeilern auszeichnet (Sta. Catalina, 1223 ff. und Sta. Maria del Pino, ca. 1320 ff., beide Barcelona). Zu nennen ist ferner die Kathe-

drale von Gerona, deren Mittelschiff, Weite 32 m, das breiteste in Europa ist.

Die span. Spätgotik wurde stark von → Deutschland und den → Niederlanden beeinflußt. Dies zeigen die Türme der Kathedrale von Burgos, die Meister Juan de Colonia (→ Simón de Colonia) nach dem Vorbild von Freiburg schuf (beg. 1442), und die zahlreichen spätgot. Stern- und Netzgewölbe (→ Gewölbe III 8, 9). Die Raumauffassung blieb jedoch völlig span. Möglicherweise geht die Rechteckigkeit des Grundrisses der Kathedralen auf islamische → Moscheen zurück, möglicherweise, besonders hinsichtlich der Höhe, auf astur. Vorbilder. Die Kathedrale von Sevilla, die nach dem Willen ihrer Erbauer alles an Größe übertreffen sollte, wurde 1402 begonnen. Noch bis zur Reformationszeit hat man in diesen Dimensionen weitergebaut. Die neue Kathedrale in Salamanca entstand in einem regelrechten Teamwork großer Architekten seit 1512, die von Segovia ab 1525. Damals hob, mit der Entdeckung Amerikas, eben das ›siglo de

Kathedrale von Córdoba, 1371 (→ Mudejarstil).

oro‹, das goldene Zeitalter, Spaniens an, Jahre des größten Reichtums, wie sich an vielen Grabdenkmälern, aber auch an der verschwenderischen Ausstattung der Bauten erkennen läßt, so an der Capilla del Condestable in der Kathedrale von Burgos (1482 ff.) und S. Juan de los Reyes in Toledo (1476 ff.). Es entsteht eine der Silberschmiedekunst entlehnte Stilform, der → Platereskenstil, welcher die Fassade von S. Pablo (1486 ff.) und S. Gregorio (ca. 1492) in Valladolid geprägt hat. Neben ihm lebt der *Isabellstil* fort, der seine unerhörte Üppigkeit des Ornaments von textilem Spitzenwerk herleitet. Beide Stilformen vereinen sich gelegentlich im ›Blühenden Stil‹ *(Estilo florido)* der Spätgotik. Dabei bleibt nicht die geringste Fläche ohne spitzenartigen, plastischen Schmuck. Der Wunsch, die Flächen ganz mit Dekorationen zu überziehen, war auch im 16. Jh. bei den Renaissance-Details und im 18. Jh. bei den Barock-Details (→ Churriguerismus) ausschlaggebend.

Löwenhof in der Alhambra, Granada, um 1377 (Nasredinstil).

Inzwischen hatte sich eine Jahrhunderte andauernde Sonderentwicklung vollzogen. Sie entstammte dem span. Süden und war eng mit den Mudéjares verschwistert, zwangsweise christianisierten Arabern, die nunmehr im Sold ihrer neuen Herren das islamische Erbe Spaniens weiterreichten, indem sie den sogen. → Mudéjarstil schufen. Später hat man die Mudéjares Mauriscos genannt. Ihre Ausdruckssprache blieb bis zum Ende des Mittelalters und länger vornehmlich für die span. Profanbaukunst charakteristisch; angesichts der kulturellen Überlegenheit des Islams kein Wunder. Wer die Pracht und den Luxus der Alhambra von Granada (14. Jh.) betrachtet, die Hauptschöpfung der Nasriden-Dynastie, spürt diese Faszination. In den christl. Gebieten wirkt bei Turmbauten des 13. Jhs., die wie in Teruel im Mudéjarstil errichtet sind, die Großartigkeit der ca. 1185-90 erbauten Giralda in Sevilla nach, die ihrerseits auf die → Minarette von Marrakesch und Rabat zurückgeht. In die Paläste der

Kathedrale von Burgos, Capilla del Condestable, beg. 1482.

christl. Herrscher wurden islam. Dekorations- und Kunstformen eingebracht, unter gleichzeitiger Übernahme eines bestimmten Lebensstils. Auf diese Weise bekamen der Palast von Tordesillas und der Alkazar in Sevilla, beide aus der Regierungszeit Pedro des Grausamen (1349-68), ihre Prägung, wurden zur Synthese von Orient und Okzident. In Sevilla klang der Mudéjarstil in der Casa de Pilatos (beg. 1492) noch einmal an, verschmolz mit got. und ital. Stilempfinden zu einer spez. andalusischen Bauform.

Spanien ist das Land großartiger Wehrbauten, Erbteilen seiner stürmischen Geschichte. Das machtvollste Werk des 12. Jhs. bleibt wohl die Stadtmauer von Ávila mit ihren 88 Granittürmen und acht Toren. Inbegriff des folgenden Jhs. wird die Burg von Alcalá de Guadeira; das 14. und 15. Jh. steuern das Kastell auf Mallorca (1309-14), einen Rundbau mit rundem Innenhof, und das Castillo von Coca, einen großen Ziegelbau, bei.

Frühzeitig fand die ital. → Renaissance Eingang in Spanien. Baudenkmäler wie der Hof des Schlosses La Calahorra, Prov. Granada (1509-12) oder die schöne Treppenanlage des Hospitals Sta. Cruz in

Hof von San Gregorio, Valladolid, um 1492 (Isabellstil).

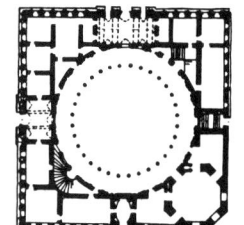

Hof des Palastes Karls V. in der Alhambra, Granada, 1526.

Königlicher Palast in Aranjuez, beg. von → Toledo und → Herrera, 1561.

Toledo (1504 ff.) wurden in einer span. Version der Renaissance geformt. Andere Baumeister griffen die reine Hochrenaissance auf: Pedro Machucas unvollendet gebliebener Palast Karls V. auf der Alhambra (1526) und der schmucklose (→ Desornamentadostil), ganz auf Abkehr und Distanz berechnete Escorial Philipps II. (1563 ff.) von → Toledo und → Herrera (mit Abb.). Der von → Siloe geschaffene Ostabschluß der Kathedrale von Granada (1528 ff.) und die 1585 und in den folgenden Jahren von Herrera geschaffenen Bauabschnitte der

Pilar-Kathedrale von Saragossa, von → Herrera, 1681.

Kathedrale von Valladolid gelten als Höhepunkte der Sakralbaukunst des 16. Jhs.

Mit der Entwicklung überschwenglicher → barocker Wanddekorationen im späten 17. Jh. fand Spanien wieder zu sich selbst zurück. Zu den Höhepunkten dieser Stilepoche gehört die freilich von starken autochthonen Elementen des ausdruckskräftigen galicischen Barocks durchsetzte Fassade der Kathedrale von Santiago de Compostela von Casas y Novoa (1738 ff.). Ferner rechnen dazu die Sakristei der Kartause von Granada (1727 ff.) und der → Trasparente von → Tomé in der Kathedrale von Toledo (1720-32), das Portal des Hospitals S. Fernando in Madrid (1722) und jenes des Palastes Dos Aguas in Valencia (1740-44). Größere Nüchternheit im ital. und frz. Sinne kennzeichnet das kreisförmig angelegte Heiligtum des Hl. Ignatius von Loyola, das von Carlo → Fontana entworfen und 1689 begonnen wurde; den Kgl. Palast in Madrid von → Sacchetti (beg. 1738), den Kgl. Palast in La Granja, soweit er → Juvarra verdankt wird (1719 ff.), sowie den Wiederaufbau des Kgl. Palastes in Aranjuez von Guglielmo Bonavia (1748 ff.). Unter den → Klassizisten ragte → Rodriguez hervor (→ Portikus für die Kathedrale von Pamplona,

Portikus des Prado, Madrid, entw. von → Villanueva, 1787.

1783). Von 1787 stammt der noch stärker klassiz. Entwurf des → Villanueva für den Prado in Madrid.

                                    H. D.

Gegen Ende des 19. Jhs. entstehen durch die Bewegung des Modernisme (dem → Jugendstil vergleichbar) in Katalanien bedeutende Bauwerke. Der Modernisme beruht auf einem nationalromantischen Selbstverständnis Kataloniens und bezieht sich auch auf die regionale Volkskunst. Hervorragender Vertreter dieser Baukunst war → Gaudí, der mit seinen skulpturalen, handwerklich erfindungsreichen Bauten die ersten Höhepunkte einer freien, organischen Architektur schuf. Gaudí begann sein Schaffen mit Villen und Landhäusern, deren neogotische Anklänge er bald zugunsten einer radikal neuen Formensprache verließ. Für die Kapelle der Colonia Güell (1898-1914) entwickelte er eine neue Konstruktionsmethode (Abb. → Gaudí). Spektakuläre Arbeiten in Barcelona sind der frei komponierte Park Güell (1900-14) und die Stadthäuser Casa Batlló (1905-07) und Casa Milà (1905-10). Sein Hauptwerk ist die bis heute unvollendete Kirche Sagrada Familia in Barcelona (ab 1883). Wichtige Vertreter des Modernisme sind noch Josep Ma-

Palast des Marquis de Dos Aguas, Valencia, 1740-44.

*Spanien. Kirche der Sagrada Familia, Barcelona,
von → Gaudí, 1903-26.*

ria Jujol oder Lluís → Domènech i Montaner mit
dem Palau de la Música in Barcelona (1905-08).
Zur Architektur der Moderne leistete Spanien einen
entscheidenden Beitrag durch die Aktivitäten der
Architektengruppe G.A.T.E.P.A.C. (Grupo de
artistas y técnicos espanoles para el progreso de la
arquitectura contemporánea). Im direkten Einflußbereich dieser Gruppe entstanden der täuschend
dem Oberdeck eines modernen Schiffes nachempfundene Club nautico (1930) in San Sebastian
von José Manuel de Aizpurua und Joaquín La-
bayen (→ Schiffsstil), das Massenwohnhaus Casa
Bloc (1932-36) als eine Gruppenarbeit von
G.A.T.C.P.A.C., der katalanischen Sektion, und
das Dispensario antituberculoso (1934-38) von Josep Lluís → Sert i López, Josep Torres i Clavé und
Juan Battista Subirana i Subirana. Den konstruktiven Forschungen Gaudís verwandt sind die Arbeiten des Ingenieurs → Torroja, z. B. die Tribüne der
Pferderennbahn La Zarzuela in Madrid (1935). Ein
Hauptwerk der modernen Architektur ist der Deutsche Pavillon der Weltausstellung 1929 von → Mies
van der Rohe in Barcelona, der 1986 wiedererrichtet
wurde (Abb. → Ausstellungsarchitektur). Anschluß

*Spanien. Palau de la Música, Barcelona, von
→ Domènech i Montaner, 1905-08.*

an die internationale Entwicklung fand in den 50er
Jahren die ›Schule von Barcelona‹ genannte ›Grupo
R‹. → Bohigas, Josep Martorell und David Mackay
leisten hier einen wichtigen Beitrag u.a. mit der
Schule Sant Jordi in Pineda (1967-69). In den 70er
Jahren vollzieht sich mit → Bofill, Wohnblock Wal-
den 7 bei Barcelona (1970-75), und dem Studio Per
(Lluís Clotet, Oscar Tusquets, Pep Bonet, Cristian
Clerici) der Wechsel zur → Postmoderne. Die 80er
Jahre in Spanien sind hingegen geprägt von einer
neuen Kargheit, einer radikalen Einfachheit, die
Raum und Material der Architektur neu interpretiert. Nach der Rückkehr Spaniens zur Demokratie
insgesamt wieder lebendiger geworden, empfing die
Architekturszene insbesondere durch die Planungen für die Weltausstellung Sevilla und die Olympischen Spiele in Barcelona (beide 1992) wichtige Impulse. Vgl. auch → Calatrava Valls, → Moneo.

D.S. (20.Jh.)

Lit.: Street 1865; Bevan '38; Camón Aznar '45; Calzada '49;
Torres Balbás '52 b; Chueca Goitia '53; Harvey, J. '57; Kubler
'57, '82; Kubler-Soria '59; Lees-Milne '60; Flores '61; Oritz
Echague '65; Bohigas '68, '70; AC/Gatepac '75; Domènech
'67, '78; Bohigas '78; Osten Sacken, von der '79; Mackay '89;
Cabrero '89; Karge '89; Levene u.a. '89; Dutli u.a. '90; Güell
'90; Rykwert '90; Bohigas u.a. '91; V. Fischer u.a. '91; Hoppe
'91; Frampton '91; Barrucand '91.

*Spanien. Wohngebäude in der
Nähe von Sitges bei Barcelona
von → Bofill, 1969.*

Spannbeton. Eine Weiterentwicklung des Stahlbetons. Der armierende Stahl wird durch ummantelte
Drahtkabel ersetzt, die so angeordnet sind, daß in
der auf Zug beanspruchten Zone noch vor der Belastung des Betons ein Druck erzeugt wird, indem
diese Kabel vor und nach dem Betonieren gespannt
werden. Die Zugkräfte müssen dann zunächst diese
Vorspannung überwinden, bevor die eigentliche
Zugbewehrung belastet wird. → Beton.
Lit.: → Beton.

Spannriegel. Der horizontale, durch Streben einge-
spannte Balken eines → Sprengwerkes.

Spannweite. Der Abstand zweier Auflager zueinander, also eines → Bogens, → Gewölbes, einer
→ Brücke o.ä.

Sparrendach → Dachkonstruktion 2.

Spaz, Peter (1734-97) → Ungarn.

Specht, Johann Georg (1720-1803) → Deutschland.

Speckle (Specklin), Daniel (1536-89). Dt. Architekt
der → Renaissance, der seine Laufbahn in Wien
beg., sich aber 1564 in Straßburg niederließ, wo
es zum Stadtbaumeister brachte. Er war vermutlich
für den Neuen Bau in Straßburg (1582-85) verantwortlich, bei dem er möglicherweise mit → Schoch
zusammenarbeitete. Darüber hinaus ist er auch in
Münster tätig gewesen. 1583 veröffentl. er seine
›Architectura von Vestungen‹.
Lit.: Speckle 1589; Mayer '28.

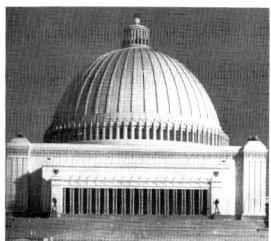

*Kuppelhalle am ›Großen Platz‹,
Berlin, von → Speer. Modell.*

Speer, Albert (1905-81). S. studierte an den TH
Karlsruhe, München und Berlin, wo er zuletzt Assistent bei → Tessenow (1927-32) war. Mit dem Entwurf für die Neugestaltung des NSDAP-Haupt-
quartiers in Berlin 1932 erregte S. Hitlers Aufmerksamkeit. Nach dem Tod von → Troost, 1934, wurde
S. dessen Nachfolger und Hauptarchitekt Hitlers,
der ihn zum Generalbauinspektor für die Reichshauptstadt ernannte. Er baute das kolossale Auf-
marschgelände in Nürnberg (1934-37), das Atelier
für den Bildhauer Thorak in München-Baldham
(1937) und die neue Reichskanzlei in Berlin (1938-
39). Viele seiner bis zur Gigantomanie gesteigerten

*Neue Reichskanzlei, Berlin, von
→ Speer, 1938-39.*

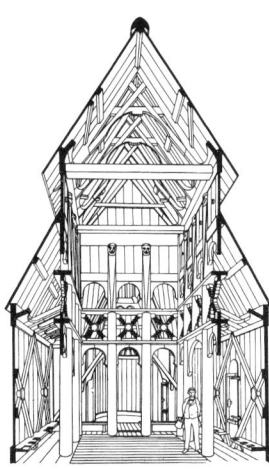

Stabkirche von Borgund, Norwegen, um 1150.

Wohnanlage der University of Sussex, Brighton, von → Spence, 1962-63.

Spolien im Mauerwerk der Kapelle Ajios Kyrikos, Kreta, spätbyzantinisch.

Projekte in meist reduziertem → klassiz. Stil gelangten über die Planung nicht hinaus: u.a. die städtebauliche Veränderung Berlins (1938-39) mit der sog. Nord-Süd-Achse zwischen Zentralbahnhof und der monumentalen Großen Halle, in der 200000 Menschen Platz finden sollten, sowie das in diesem Rahmen geplante Reichsmarschallamt, Führerpalais und Reichstagsgebäude. In ähnlicher Weise sollte auch Linz eine städtebauliche Neuordnung erfahren. (Projekte und großangelegte Modelle entstanden 1938). Während des Zweiten Weltkriegs nutzte Hitler S.s Organisationstalent und ernannte ihn 1942 zum Reichsminister für Bewaffnung und Munition. 1946 wurde S. als Kriegsverbrecher zu 20 Jahren Haft verurteilt. Abb. → Nationalsozialistische Architektur; → Ausstellungsarchitektur.

Lit.: Larsson '78; Speer '78; Krier/Larsson '85; Pehnt '89.

Speeth, Peter (1772-1831) → Deutschland.

Spence, Sir Basil (1907-76). In der Vorkriegszeit entwarf S. meistens große Landhäuser in Schottland, nach dem Kriege auch Wohnsiedlungen und machte sich durch Ausstellungsbauten einen Namen, u.a. durch den Sea and Ships Pavilion beim Festival of Britain 1951. Er gewann 1951 den Wettbewerb für die Kathedrale in Coventry, deren Neubau 1962 geweiht wurde. Der Turm der alten, spätgot. Kathedrale wurde als vertikaler Akzent, die Ruine des alten Hauptschiffes und des Chors als landschaftlich aufgefaßtes Atrium in die Komposition miteinbezogen. Die in Zickzacklinien gebrochenen Seitenwände des neuen Hauptschiffes wurden nur an den dem Altar zugewandten Flächen durch hohe Farbfenster unterbrochen. Bei diesem Bau wurden in bemerkenswerter Form Künstler und Kunsthandwerker aller Disziplinen herangezogen, u.a. Graham Sutherland, John Piper, Geoffrey Clarke. – Seit 1954 schufen S. und seine Firma auch zahlreiche Universitätsneubauten in Großbritannien, so in Edinburgh, Southampton, Nottingham, Liverpool, Exeter und vor allem die Gebäude für die Universität von Sussex (Abb. → Großbritannien). Zu seinen letzten Aufträgen ist die Errichtung der neuen Botschaft von England in Rom (1971) zu zählen.

Lit.: Teodori '67; Maxwell '72.

Spiegelgalerie. Großer, langgestreckter Raum mit spiegelverkleideten Wänden. Erstes und berühmtestes Beispiel ist die ›Galerie des Glaces‹ in Versailles (1678ff.). Später wurde diese Idee zur optischen Vergrößerung des Raumes von den Architekten des → Rokoko aufgegriffen (zahllose Spiegelkabinette, z.B. → Cuvilliés Spiegelsaal der Amalienburg im Nymphenburger Park, München).

Spiegelkabinett → Spiegelgalerie.

Spina, die (lat.: Dorn). → Zirkus.

Spindel → Treppe 10.

Spiralmäander → Laufender Hund.

Spitzbogen → Bogen II 5-7.

Spitzkehle. Scharfer V-förmiger Einschnitt eines Profils.

Spolie, die (lat.). Wiederverwendetes, vielfach aus Beutegut stammendes, noch gut erhaltenes Bauteil, sowohl dekorativ wie auch symbolisch genutzt. Berühmte Beispiele sind die S.n an den Außenwänden von San Marco in Venedig oder die Säulen aus Ravenna in der Aachener Pfalzkapelle.

Zeppelinfeld, Nürnberg, von → Speer, 1934-37.

Sprengwerk. Das S. ist eine Konstruktion aus Holz, Eisen oder Stahl, die große Lasten aufnehmen kann oder auch zur Überbrückung großer → Spannweiten dient. Dabei werden waagerechte Träger von Streben gestützt, zwischen die ein Spannriegel eingefügt sein kann. → Brücke, → Dachkonstruktion.

Sri Lanka → Indien, Sri Lanka, Pakistan.

Stab. Ein langgezogenes Zierglied, das glatt oder profiliert, einteilig oder zusammengesetzt sein kann, so z.B. → Rund-, Halbrund-, → Viertels., → Astragal, → Perls., → Taus., Blatts. u.a.

Stabkirche (Mastenkirche). Eine ausschließlich in → Skandinavien seit dem 11.Jh. vorkommende Form der Holzkirche, deren Wände aus senkrecht stehenden Planken und runden Eckpfosten bestehen. In späterer Zeit weisen die Innenräume der Kirchen für gewöhnlich Pfosten- oder Pfeilerreihen auf; der Außenbau wird zuweilen von einem Bogengang umgeben, während die Dächer stufenweise übereinander angeordnet sind. Seit ca. 1200 kam eine weitere Bauform, bei der sich eine Mittelsäule vom Fußboden bis zum Dach erhob, zur Anwendung. Abb. → Dach; → Skandinavien.

Lit.: Wendeler '80.

Spiegelgalerie. Schloß Schönbrunn, Wien, von → Fischer von Erlach, beg. 1695-96.

Stabwerk → Maßwerk.

Stadion (gr.: Rennbahn, Laufbahn). **1.** Das antike S. bestand aus zwei parallelen Geraden und einer Kehre, die Zuschauer saßen auf ansteigenden Rängen um die Lauflinie. **2.** Das moderne S. dagegen ist aus dem → Amphitheater der griech. Antike entwickelt.

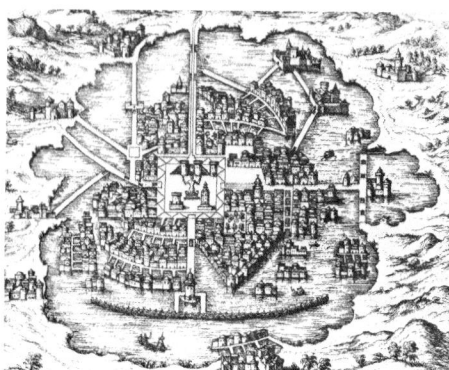

Mexiko-Stadt vor der Eroberung durch die Spanier. Stich.

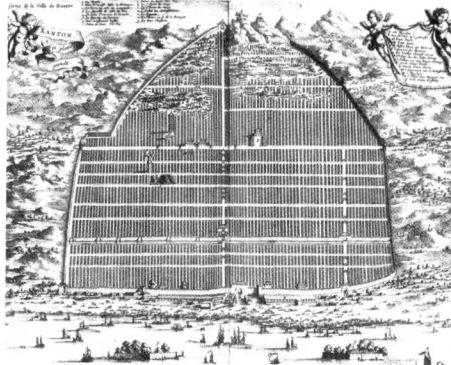

Stadtplan von Kanton, China. Stich der Gesandtschaft der Compagnie Orientale, 1665.

Städtebau. I. Begriffe. Städtebau ist die vorausschauende Ordnung der räuml. und baul. Entwicklung im Bereich örtlicher Gemeinschaften. Während sich diese Tätigkeit bis zur Mitte des vorigen Jahrhunderts überwiegend auf den Entwurf eines den Bedürfnissen der Gesellschaft optimal entsprechenden räumlichen Rahmens beschränkte, wird St. heute zunehmend auch als Instrument zur Umsetzung politischer Wertvorstellungen der Gesellschaft in eine ihren Zielen und Bedürfnissen angemessene Umwelt verstanden.

Der Begriff St., erstmals gegen Ende des 19.Jhs. von Joseph Stübben und → Sitte gebraucht, ersetzte den bis dahin gebräuchlichen Begriff der *Stadterweiterung*. Daneben wurde in den 20er Jahren verstärkt auch der Begriff *Stadtplanung* verwandt. Für die Maßnahmen zu einer Verbesserung wohnungshygienisch unzureichender Verhältnisse ist die Bezeichnung *Sanierung*, für die Behebung der funktionellen und strukturellen Mängel bestehender Stadtteile der Begriff *Stadterneuerung* zutreffend. Der in den letzten Jahren häufig gebrauchte Begriff *Stadtentwicklung* bezeichnet dagegen die Koordinierung

Gurnia, Kreta, 1450-1400 v.Chr.

von Bauleitplanung und gemeindlicher Investitions- und Infrastrukturpolitik. Bei der mit rechtlichen Wirkungen ausgestatteten Bauleitplanung der Gemeinden unterscheidet man den Flächennutzungsplan, der für das ganze Gemeindegebiet die beabsichtigte Art der Bodennutzung nach den voraussehbaren Bedürfnissen der Gemeinde in den Grundzügen darstellt, und den Bebauungsplan, der die rechtsverbindlichen Festsetzungen für die städtebauliche Ordnung enthält.

In Großbritannien sind die Begriffe town and country planning oder town planning, die die früheren

Begriffe improvement und civic design verdrängten, in den USA die Begriffe city planning, community planning, urban planning und urban design gebräuchlich. Daneben wird in jüngster Zeit auch von dem über den engeren städtischen Bereich hinausreichenden environmental planning und environmental design gesprochen.

In Frankreich beschränkt man sich auf den sehr weit gefaßten, auch die Stadtforschung mit einbeziehenden Begriff urbanisme.

Ansicht einer ägyptischen Stadt mit Lehmbauten rund um einen Palast. Illustration aus ›Le Prince du Nil‹ von J. Martin.

II. Geschichtliche Entwicklung. Früheste Zeugnisse gebauter Stadtanlagen finden wir bereits um 7000 bis 5000 v. Chr. in China, Indien, Vorderasien, Mittel- und Südamerika, doch erst von den Städten des Mittelmeerraumes, insbesondere von denen der griech. und röm. Antike, die die abendländ. Kultur nachhaltig beeinflußt haben, besitzen wir genauere Kenntnisse.

Nach dem Vorbild der Bergstädte der Peloponnes und Kleinasiens (Mykene, Troja) finden wir die ersten griech. Städte als Burg und Wohnort vorwiegend auf Bergkuppen. Später werden um die höhergelegene Oberstadt (→ Akropolis) weitere Stadtteile am Berghang oder am Fuß des Berges angelegt

Stadtmauer von Avila, Spanien.

Akrotiri, Santorin, um 1500 v.Chr.

Selinunt. Rekonstruktion der antiken Stadt.

Vision des Himmlischen Jerusalem. Aus dem ›Liber Floridus‹, Gent.

(Athen). Planmäßige Stadtanlagen sind neben vereinzelten Neugründungen im Mutterland selbst (Piräus) insbesondere die Kolonialstädte in Süditalien, Sizilien und an den Küsten Kleinasiens (Selinunt, Priene, Milet, Syrakus) mit ihrem charakterist., selbst in bewegtem Gelände rechtwinkligen Straßensystem, das dem Architekten → Hippodamos zugeschrieben wird. Mittelpunkt dieser häufig von einem abseits gelegenen Tempelbezirk überragten Städte ist der von → Säulenhallen eingerahmte Marktplatz (→ Agora), während die Straßen mit den geschlossenen Fronten der Innenhofhäuser lediglich Verkehrswege, nicht jedoch gestaltete Außenräume sind.

Hier vollzieht sich im röm. Städtebau ein bedeutender Wandel: wohl finden wir noch die hippodami-

Arbeitersiedlung in London. Stich von Gustave Doré, 1872.

sche Regelmäßigkeit des Grundrisses wie das Straßenkreuz (cardo und decumanus), doch Hauptstraßen, Plätze, Tempel und Foren (→ Forum) erhalten durch ihre – besonders in spätröm. Zeit – repräsentative sym. und axiale Architektur eine völlig neue Bedeutung (Rom, Palmyra, Baalbek).

Die frühesten dt. Städte sind, soweit sie nicht aus röm. Militärlagern und Kolonialstädten entstanden (Trier), Sitz geistl., später auch weltl. Herren oder Burg- und Klosteranlagen (St. Gallen, Aachen, Worms), um die herum sich im militärischen Schutz ihrer Mauern und im rechtlichen Schutz des Marktgerichts Händler und Handwerker ansiedelten. Die Synthese von Markt und Herrensitz führt die frühma. Städte nicht nur zu hoher wirtschaftlicher und kultureller Blüte, sondern zwischen dem 12. und 14. Jh. unter sorgfältiger Beachtung strategischer, verkehrstechnischer und wirtschaftlicher Gesichtspunkte auch zur Gründung zahlreicher neuer Bürgerstädte. Als charakteristische Beispiele gelten die von den Zähringer-Herzögen in der Schweiz und im Schwarzwald (Bern, Freiburg, Rottweil, Villingen),

Blick auf Venedig.

die vom Deutschritterorden im eroberten Osten (Thorn, Elbing, Marienburg, Abb. → Ordensburg) sowie die von den Hohenstaufen (Friedberg), Wittelsbachern (Straubing, Wasserburg) und Welfen (Lübeck, Braunschweig, München) in ihrem Machtbereich gegründeten Städte. Mit dem neuen Weltbild der → Renaissance und der Abkehr von ma. Stadtvorstellungen durch »Absolutismus und Schießpulver« (Gruber) finden wir in Italien, Deutschland und Frankreich erstmals städtebauliche Idealkonzeptionen (→ Idealstadt, → Scamozzi, Giorgio il Giovane Vasari, Peret de Chambery, Dürer, → Speckle). Von den wenigen ausgeführten Entwürfen sind insbesondere die venez. Gründung Palma Nova (1593, Abb. → Idealstadt) sowie u. a.

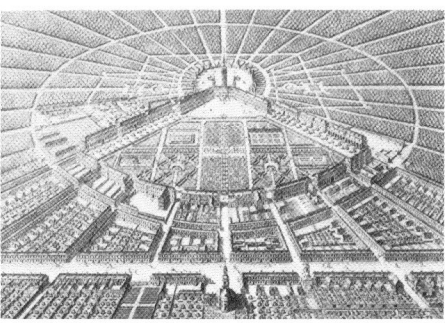

Stadtplan von Karlsruhe. Stich von 1739.

Freudenstadt (1599) und Mannheim (1607) zu erwähnen. Doch erst im 17. und 18. Jh. hat sich aus diesen Idealvorstellungen die → klassiz. oder → barocke Prachtenfaltung in den Städten oder Stadterweiterungen des fürstl. Absolutismus entwickelt (Karlsruhe [Abb. → Perspektive], Berlin, München, Paris, Versailles, Nancy, Rom, auch die Planungen von → Wren für den Wiederaufbau der Londoner City 1666). Folgen die Planer der Renaissance noch dem Anliegen, einen in seiner geom. Regelmäßigkeit überschaubaren und in seinen Zuordnungen ausgewogenen Stadtgrundriß zu finden, so leiten in den ersten Jahrzehnten des 19. Jhs. die rasch zunehmende Stadtbevölkerung und die beginnende Industrialisierung eine städtebauliche Entwicklung ein, auf die man weder in rechtlicher noch in technischer und künstler. Hinsicht vorbereitet ist. Falsch verstandener Liberalismus und Baupolizeiverordnungen, die eine äußerste Grundstücksausnutzung gestatten, prägen wesentlich die Gestalt der Stadt des 19. Jhs. (Bebauungsplan für Berlin von Hobrecht 1858-61). 1875 wird das preuß. Fluchtliniengesetz

Idealentwurf für den XXII. Wiener Gemeindebezirk, von Otto → Wagner, 1910-11.

Erster Preis im Wettbewerb ›Umbau des Alexanderplatzes in Berlin‹, von Wassili und Hans → Luckhardt, 1929.

erlassen, dessen Ausführungsbestimmungen hauptsächlich dem Vermessungsingenieur, weniger dem Architekten die Aufgabe der Planung zuweisen. Erst gegen Ende des 19. Jhs. erscheinen die ersten grundlegenden städtebaulichen Zusammenfassungen (Reinhard Baumeister ›Stadterweiterungen in technischer, baupolizeilicher und wirtschaftlicher Beziehung‹, 1876; → Stübbens Handbuch ›Der Städtebau‹, 1890). Mit seiner Forderung, zur ästhetischen Qualität ma. Städtebaus zurückzukehren, beeinflußt Camillo Sittes Buch ›Der St. nach seinen künstler. Grundsätzen‹ (1899) über mehr als zwei Jahrzehnte hinweg nachhaltig die Diskussion um die Grundsätze städtebaulicher Gestaltung. Im letz-

Nördlingen.

ten Jahrzehnt des 19. Jhs. entsteht aus der Bewegung der Sozialreformer in England (→ Howard 1898) wie in Deutschland (Theodor Fritsch 1896) das → Gartenstadtkonzept, dessen Vorstellungen zu einer dezentralisierten Stadterweiterung großen Widerhall finden (1899 Gründung der Garden City Association: Hampstead Garden City, 1907, Letchworth, Abb. → Gartenstadt; 1902 Gründung der dt. Gartenstadt-Gesellschaft: Dresden-Hellerau, Abb. → Siedlungsarchitektur, Essen-Margarethenhöhe; Greenbelttowns in USA). Die unterschiedlichen Einzelbestrebungen führen bis etwa 1910 zu einer gemeinsamen städtebaulichen Disziplin: Lehrstühle für Siedlungswesen und St., Stadterweiterungs- und Stadtplanungsämter werden eingerichtet, St.-Ausstellungen (London, Berlin, 1910) veranlassen eine weitergehende theoretische und experimentelle Auseinandersetzung mit städtebaulichen Problemen (Theodor → Fischer, → Hilberseimer, Ernst → May, → Le Corbusier). Die zunehmende Einsicht in die Notwendigkeit, die städte-

bauliche Entwicklung der Gemeinden in die Planung des größeren Raumes einzuordnen (→ Unwin, → Schumacher) führt in den zwanziger Jahren zu zahlreichen Bemühungen um übergemeindliche Kooperation (1920 Gründung des Siedlungsverbandes Ruhrkohlenbezirk), aus denen Regional- und Landesplanung erwachsen. Als gründlichste Zusammenfassung der städtebaulichen Grundsätze dieser Zeit galten die 1933 in der → Charta von Athen niedergelegten Vorstellungen der ›Internationalen Kongresse für Neues Bauen‹ (→ CIAM). Im Leitbild der gegliederten und aufgelockerten Stadt haben diese Auffassungen zum Teil nachhaltig nicht nur den Neuaufbau und die Erweiterung der Städte nach 1945, sondern auch die Planungen für die engl. ›New Towns‹ und den Londoner Großraum sowie für zahlreiche skandinav. Trabantenstädte (→ Satellitenstädte) beeinflußt. Neben dem Gliederungselement der Nachbarschaftseinheit (neighbourhood unit) finden sich zahlreiche weitere Strukturvorschläge, von denen die Idee der Bandstadt (erstmals 1882 von Soria y Mata entwickelt, später besonders bei den Idealstadtkonzeptionen von Le Corbusier, L. Hilberseimer, → Schweizer u. a. fortgeführt) bes. Erwähnung verdient. Die weitverbreiteten Bemühungen der jüngsten Zeit um Verdichtung, Funktionsmischung und Verflechtung können als Reaktion auf die durch die Funktionstrennungen hervorgerufene Flächenausdehnung und den vielbeklagten Verlust ›urbanen Lebens‹ in den Städten gewertet werden. Seit den 60er Jahren unseres Jhs. ist nun zu beobachten, wie sich bei Politikern und der Öffentlichkeit die in der Fachliteratur schon länger zurückzuverfolgende Erkenntnis durchsetzt, daß Städtebau als politisches Handeln zur Gestaltung der Umwelt und der Bedingungen des menschlichen Zusammenlebens über die rein ästhetischen und technischen Kategorien weit hinausreicht. Neben der Heranziehung der Wissenschaft als Entscheidungshilfe wird daher in Zukunft der Einbeziehung einer breiteren Öffentlichkeit in den Planungsprozeß besondere Bedeutung zukommen. Vgl. → Siedlungsarchitektur; → Zeilenbau. K. B.

Previ Projekt, Lima, Peru, von Charles Correa, 1969-73.

Lit.: Le Corbusier '25 b, '41, '46; Hilberseimer '28 b; Hegemann '30; Miljutin '30; Mumford '38, '61, '79; Lavedan '52 f.; Braunfels '53 b, '76; Rauda '56; Samonà '59 a; Lynch '60; Zevi '60; Egli '59-67; Insolera '62; Morini '63; Benevolo '63, '69, '75; Gutkind '65; Blumenfeld '67; Glaab-Brown '67; Coppa '68; Saalman '68; Bacon, E. N. '68; Ostrowski '68, '70; Scully '69; Sica '70, '71-78; Aymonino '65, '75; Bailey '73; Bailly '78; Cacciari '73; Ciucci '73; Grote-Pevsner '74; Piccinato, G. '74; Jellicoe '75; Norberg-Schulz '79; Lampugnani '80; Duby '80 f; Fischer, B. 81; Kastorff-Viehmann '80; Berlin '82; Kolb '84; Ungers '83; Wynn '84; Benevolo '90; Tönnesmann '90; H. Swoboda '90; Dirmoser '90; Irion/Sieverts '90; Kostov '91; Novy/Zwoch '91; Hofrichter '91; v. Beyme '91; Kieß '92.

Downtown von Los Angeles, um 1970.

Internationale Bauausstellung Berlin 1957. Hansaviertel.

Stadthaussiedlung. Ein Terminus, der erst nach dem Zweiten Weltkrieg Bedeutung gewann. Neben den Bürohochhäusern wuchsen im 20. Jh. auch die Wohnhochhäuser (z. B. in Amsterdam 1931 von Jan Staal) in die Höhe, doch erkannte man, daß sie eine Atmosphäre der Anonymität entstehen lassen und vor allem für Familien mit Kindern ungeeignet sind, während andererseits Einfamilienhaussiedlungen (→ Gartenstadt, Reihenhaussiedlungen) die Gefahr der Zersiedlung in sich bergen. So fand man den neuen Typus der in sich geschlossenen Wohneinheiten, die oft zur Straße hin die alten eingiebligen Fassaden zeigen, die uns von den früheren Städten her vertraut sind, und nach hinten Höfe umschließen. Ein gutes Beispiel ist Zwolle (→ Niederlande), aber auch die IBA (Internationale Bauausstellung) 1957 in Berlin.   W. R.

Stadtplanung → Städtebau.

Staffelbasilika. Eine fünf- oder mehrschiffige → Basilika, deren Schiffe nach der Mitte hin an Höhe zunehmen.
Lit.: → Basilika.

Staffelchor. Chor mit verschieden hohen Apsiden (→ Apsis).

Staffelgiebel, auch Treppengiebel, Stufengiebel genannt. Ein Giebel mit abgetrepptem Aufriß. Der S. entwickelte sich aus dem → Backsteinbau und verbreitete sich seit dem 14. Jh. in den Nordseeländern. Diese sehr beliebte, malerische Giebelform hielt sich bis ins 17. Jh. Abb. → Giebel.

Haus Baba, Prag, von → Stam, 1928. Projekt.

Reihenhaus in der Weißenhofsiedlung, Stuttgart, von → Stam, 1927.

Stahl → Metall, Bauen mit.

Stahlbeton → Beton.

Stalinistische Architektur → *Nachträge*.

Stam, Mart(inus Adrianus) (1899-1986). St. gehört zu der Gruppe von Architekten in den 20er Jahren, die den → Funktionalismus vertraten und zumindest theoretisch die moderne internat. Architektur in Europa begründeten. In seiner Auffassung stand er der russ. Avantgarde mit ihrer → konstruktivistischen Tendenz näher als dem auch von ästhetischen Gesichtspunkten vereinnahmten Kubismus der → De Stijl-Gruppe. St. war Gründungsmitglied der Vereinigung ABC (1924-28) u. a. mit Hans Schmidt, Hannes → Meyer, → Lissitzky und Enrie Roth. Als eigenständige Arbeiten können vor dem Zweiten Weltkrieg nur seine Reihenhäuser im Rahmen der Weißenhofsiedlung (1927) in Stuttgart angeführt werden. Seine Bedeutung liegt in der Zusammenarbeit mit anderen Architekten: so u. a. mit → Poelzig; Max → Taut (1922 das Gebäude der Deutschen

Portal vom Großen zum Kleinen Schloßhof, Dresden, von → Starcke, 1682.

Staffelgiebel. St. Jansgasthuis, Hoorn, Niederlande, 1563.

Buchdrucker-Gesellschaft in Berlin); mit Lissitzky entwickelte St. das bekannteste Beispiel konstruktivistischer Architektur, den Wolkenbügel, Projekt für ein Verwaltungsgebäude in Moskau (1924, Abb. → Lissitzky); mit → Brinkmann und van der Vlugt war St. maßgeblich an dem vermutlich einzigen im Sinne des Konstruktivismus verwirklichten Projekt beteiligt, der Tabakfabrik van Nelle in Rotterdam (1926-30, Abb. → Brinkmann). Auf Empfehlung von Hannes Meyer unterrichtete er in den Jahren 1928-29 am → Bauhaus in Dessau, bevor er sich Anfang der 30er Jahre den Avantgardisten in Rußland anschloß und mit Ernst → May 1930-34 Pläne für die Bebauung der Städte Magnitogorsk, Makejevka und Orsk ausarbeitete. Während und nach dem Krieg war St. vorwiegend in den Niederlanden sowohl im Lehrbereich als auch freischaffend tätig: Ausstellungspavillons (u. a. Weltausstellung 1939 in New York), Stadtplanungsprojekte (u. a. Plan für die Rekonstruktion der Altstadt Dresdens, 1949; Teilbereiche für das Hansaviertel in Berlin, 1957, sowie größere Apartmenthäuser in Amsterdam).
Lit.: Joedicke-Plath ’68; Blijstra ’70; Dorthuys ’70; EA ’82; Rümmele ’91.

Ständer (-bau). Der einzelne S. ist ein senkrecht stehendes Holzteil (Pfosten); beim S.bau werden die Lasten auf diese S. übertragen. → Fachwerk, → Skelettbau.

Starcke (Starke), Johann Georg (um 1640-1695). Dresdener Architekt am sächs. Hof. Studienreisen nach Italien (1663), Prag (1671) und Belgien/Niederlande (1672/73) verschafften S. Kenntnis sowohl der → Renaissance- wie auch → Barockarchitektur. Nach 1672 bekleidete S. unter → Klengel die Stellung eines Oberlandbaumeisters; nach dessen Tod wurde er zum Obristen mit der Aufsicht über sämtl. Zivilgebäude und Festungsanlagen ernannt. Zu seinen wichtigsten Baumaßnahmen in Dresden gehört das große Lusthaus (1668, nicht erhalten) im ehem. Italienischen, später Türkischen Garten. Das Lusthaus, in der Form einer ital. Renaissancevilla gehal-

Palais im Großen Garten, Dresden, von → Starcke, 1678-83.

einer Säulenstellung aufgelockerte Rundbau des Glockenturms in Nikolskoje (1774-76, zerst. 1941) oder die etwas schwerfällige Kathedrale des Alexander Newsky-Klosters in St. Petersburg (1778). Sein Hauptwerk ist das große, für Potemkin errichtete Taurische Palais in St. Petersburg (1783-89), innen wie außen reich mit Säulen geschmückt, später von Luigi Rusca umgestaltet.

Lit.: Hautecœur '12; Hamilton '54; EA '82.

Stassow, Wassilij Petrowitsch (1769-1848). Der bekannteste russ. Architekt des späten → Klassizismus in St. Petersburg, d. h. jener Zeit, die auf die großartige Epoche von → Thomon, → Woronichin und → Sacharow folgte. Bereiste Frankreich und Italien und kehrte 1808 als ›Prof. der röm. Akademie‹ nach Rußland zurück. 1817, mit der Übernahme der Leitung aller Baumaßnahmen an den kaiserl. Palästen St. Petersburgs, begann die Blütezeit seines Schaffens: Ensemble der Kaserne des Powlowsker Regiments am Marsfeld, 1817-23 der Marstall, 1818 Triumphtor in Zarskoje Selo. Bemerkenswert ist schon zuvor der Glockenturm der Dorfkirche in Grazino (1815), fast so geom. gestaltet wie die Arbeiten von → Ledoux. S.s Meisterwerk ist das Narwa→ Triumphtor in St. Petersburg (1827-

Kathedrale des Alexander Newsky-Klosters, St. Petersburg, von → Starow, 1778.

ten, stellt wohl den Vorläufer für das 1678-83 im Großen Garten errichtete Palais dar, einem Hauptwerk. Beide Baumaßnahmen entstanden vermutlich unter der Mitwirkung Klengels. Ab 1674 wurde S. nach Plänen Klengels mit verschiedenen Umbaumaßnahmen am Dresdener Schloß betraut. 1690 brach S. die Schauseite des von Klengel errichteten Reiterhauses ab, um ein Redoutengebäude zu errichten; beide mußten später dem Zwingerbau → Pöppelmanns weichen.

Lit.: Th.-B. '07; Löffler '55; Hempel '65.

Starow, Iwan Jegorowitsch (1744-1808). Der erste Architekt russ. Abstammung, der erfolgreich nach westeurop. Vorbildern arbeitete. Geb. in Moskau, ausgebildet an der Kunstakademie in St. Petersburg, reiste anschließend nach Paris, wo er 1762-68 unter → Wailly studierte. Er arbeitete im → klassiz. Stil; seine Bauten wirken ziemlich massig, z. B. die Kirche und der große, im oberen Abschnitt mit

Narwa-Triumphtor, St. Petersburg, von → Stassow, 1827-39.

39), dorische → Propyläen mit einer Gebälkarchitektur (→ Gebälk), ganz aus Eisen errichtet. Seine früher erbaute Kirche der Verklärung Christi (1826-28) und die Dreifaltigkeitskathedrale (1828-35), beide in St. Petersburg, sind Fünfkuppelbauten über dem tradit. Grundriß des griech. → Kreuzes.

Lit.: Hamilton '54; EA '82.

Statik. Die Lehre vom Gleichgewicht der Kräfte oder die Lehre vom Spannungs- und Verschiebungszustand von Tragwerken (→ Räumliches Tragwerk). In der Baupraxis heißt das: die Berechnung der im Baugefüge auftretenden Kräfte (auch Winddruck) und die Berechnung der daraus resultierenden Konstruktion wie der Dimensionen eines jeden Bauteils.

Lit.: Culmann 1875; Saviotti 1888; Colonetti '57; Chmelka-Melan '61; Torroja '61.

Taurisches Palais, St. Petersburg, von → Starow, 1783-89.

Kirche der Verklärung Christi, St. Petersburg, von → Stassow, 1826-28.

Stiftskirche in Zwettl, von → Steinl, 1722-27.

Turm der Stiftskirche Dürnstein, entw. von → Steinl, ausgeführt von → Munggenast, 1721-27.

12-eckiger Stein. Mauerwerk im Palast Hatun Rumiyoe der Inka, Roca, Cuzco, Peru.

Statz, Vinzenz (1819-99). Schüler von → Zwirner. Arbeitete als Dombaumeister in Köln (1845). Seine Hauptwerke sind die Wallfahrtskirche von Kevelaer (1857-61) und der Linzer Dom (1862 ff.).
Lit.: Vogts '60.

Steenwinckel, Hans sen. (um 1545-1601); Hans jun. (1587-1639); Laurens (um 1585-1619) → Skandinavien.

Steffann, Emil → *Nachträge.*

Stegemann, P. (1888-1944) → Skandinavien.

Stehender Dachstuhl → Dachkonstruktion.

Stehender Mann. Eine immer wiederkehrende Figur im → Fachwerk, bestehend aus einem Stiel, der mit zwei Fußstreben mit der Fußschwelle und mit zwei Kopfstreben mit dem Rähm (Oberschwelle) verbunden ist.

Steidle, Otto → *Nachträge.*

Steiger, Rudolf (geb. 1900) → Schweiz.

Stein. Das Bauen mit großen Steinen (→ Megalith) gehört weitgehend der vorgeschichtlichen Zeit an, auch noch das → Zyklopenmauerwerk der → Griechen und Altamerikas (→ Zentralandine Hochkulturen), erst für die → Pyramiden in → Ägypten haben wir genauere histor. Daten. In den westl. und östl. Hochkulturen wird das Bauen mit → Holz und → Lehm zunächst vielfach durch den → Backstein und durch behauene, natürlich vorkommende Steine (Steinbruch) abgelöst, zunächst im sakralen Bereich, z. B. bei den antiken und präkolumbianischen Tempeln, bei den frühen christlichen Kirchen, bei → Grabbauten oder Wehrbauten (→ Burg, → Festung). In → China werden die schon bestehenden Erdwälle oder Wälle aus festgestampftem Lehm durch Mauern ersetzt (Große Mauer).
Die Steine (bei den Chinesen die ›Knochen der Erde‹) waren wohl wegen ihrer Dauer und Festigkeit auch Symbol des Zeitlosen (→ Symbol. Architektur), so daß die schwedischen Könige bei den Steinen von Mora schwören mußten. Steine bildeten das Fundament der Herrschaft: beim ›Coronation Stone‹ der Westminster Abbey; als vom Himmel gefallener Schwarzer Stein in der Kaaba in Mekka oder als Steinplatte im Felsendom in Jerusalem (von dem aus Mohammed seine Himmelsreise begann); im Christentum im Namen Petrus bis heute nachwirkend. In den Königskronen werden Edelsteine sichtbare Zeichen für die Herrschaft über bestimmte Gebiete, die »edelsteinleuchtenden Wände« der großen gotischen Kathedralen imaginieren das »Himmlische Jerusalem« (Sedlmayr). Diese ursprüngliche, manchmal magische Beziehung zum Stein hat sicher auch den Bau romanischer Kirchen beeinflußt, in denen die Mauern viel massiver sind, als es aus statischen Gründen oder zu Verteidigungszwecken nötig gewesen wäre. Heute knüpfen die Werke moderner Künstler wie Robert Morris, Ulrich Rückriem u. a. wieder daran an. → Bausteine.   W. R.

Steinbearbeitung. Die Behandlung der Steinoberfläche. Jede Zeit suchte durch S. den Stein harmonisch dem Baustil anzupassen. Wichtigste Methoden der S. sind: das Bossieren (→ Bosse); das Stokken mit dem aus vielen Pyramidenspitzen bestehenden Stockhammer; das Kröneln mit dem Kröneleisen, das aus einer senkrecht angeordneten Reihe von Spitzen besteht; das Scharrieren mit dem Scharriereisen, einem einschnittigen Meißel, wobei im Gegensatz zu den vorigen Techniken mit einem Hammer (Klöpfel) geschlagen wird; das Spitzen mit einem Zweispitz und das Flächen mit dem Flächenhammer, eine Art stumpfer Doppelaxt. Bei manchen Steinsorten wird durch Schleifen und Polieren Struktur und Farbe des Steins zur Wirkung gebracht (z. B. Marmor). → Bausteine.
Lit.: Kieslinger '51; Otto, P. '57.

Steindl, Imre (1839-1902). Architekt des neugot. (→ Neugotik) Budapester Parlamentsgebäudes (1885-1902), eines sym. Baus mit Spitzkuppel als Zentralbekrönung. Abb. → Ungarn.

Steiner, Rudolf (1861-1925) → Anthroposophische Architektur; → Schweiz.

Steingarten → Gartenbaukunst.

Steinl (Steindl), Matthias (1644-1727). Ein höchst vielseitiger Künstler, gleich hervorragend als Maler, Stecher, Bildhauer, Stukkateur, Elfenbeinschnitzer, Kunstschlosser, Goldschmied wie als Architekt,

Hochaltar der Stiftskirche Vorau, von → Steinl, 1702-04.

wobei er auf jedem Gebiet in einer sehr feinen, spätbarocken (→ Barock) Art arbeitete, die schon an der Grenze zum → Rokoko steht. Er wird 1688 zum erstenmal genannt, als er in Wien für den Kaiser Elfenbeinstatuetten schnitzt, die seine erstaunliche Geschicklichkeit zeigen. Seine bedeutendsten Werke auf dem Gebiet der Architektur sind der Hochaltar in der Stiftspfarrkirche Vorau (1702-04) – mit klarer Säulenstellung und reichster plastischer Dekoration – und der sehr hohe, schlanke Turm des Chorherrenstifts Dürnstein (1721-27), den J. → Munggenast nach seinem Entwurf ausführte (Abb. → Österreich). Vielleicht stammt auch die Innenausstattung der Kirche in Dürnstein mit den plastisch gewellten Bögen über den Altären des Mittelschiffs von seiner Hand. Zusammen mit Munggenast arbeitete er auch an der Turmfassade der Stiftskirche in Zwettl (1722-27), doch wies man hier seinen Entwurf für den Hochaltar zugunsten eines einfacheren zurück. In Klosterneuburg entwarf er das Refektorium und dessen gesamte Einrichtung einschließlich Schmiedegitter, Marmoraufbecken und Kanzel, außerdem einen Altar für die Kirche (zerst.), silberne liturgische Geräte u. a.

Lit.: Hempel '65; Pühringer-Zwanowetz '66.

Steinmetzzeichen. Signum des Steinmetzen auf dem Werkstein zum Zweck der Abrechnung, aber auch als Gütezeichen. Das S. ist zwar schon in der Antike bekannt, wurde aber erst in spätroman. und got. Zeit allgemein gebräuchlich. Das Zeichen kann ornamental sein (z. B. Kreuzform) oder auch monogrammartig. Das Zeichen eines Meisters (Meisterzeichen) wird meist noch durch eine schildartige Umrahmung hervorgehoben.

Lit.: Schwarz '26; Ržiha ('89).

Steinschnitt. Die geom. oder stereometrische Ermittlung der Stoßflächen von Werksteinen (→ Haustein), auch der einfache Fugenschnitt eines Werksteinbaus.

Lit.: Durach '28; Pechwitz '54.

Stele, die (gr.). Eine aufrechtstehende, meist reliefierte Gedenk- oder Grabplatte, weit verbreitet im Altertum, besonders häufig in der griech. Antike. Die ›Stockwerks.n‹ von Aksum in → Äthiopien sind vielgeschossige Totensteine, ›Wohntürme‹ des Totenkults aus Granit. Diese Monolithe sind größer als alle, die jemals in der Alten Welt bewegt wurden; wie sie aufgerichtet werden konnten, ist noch ein Rätsel. Ihr Architekturschmuck geht auf den örtl. Palastbau zurück.

Lit.: Diepolder '31; Gerster '68.

Stella, Paolo della (gest. 1552) → Tschechoslowakei.

Franziskanerkirche Salzburg, von → Stethaimer und Stephan Krumenauer, beg. 1408.

Stereobat (gr.). Der Stereobat ist der gesamte Unterbau des griech. Tempels, einschließlich des in der Erde liegenden Fundaments und der → Euthynterie; sein über der Erde liegender, meistens dreistufiger Teil heißt → Krepis, dessen oberste Stufe, auf der sich die Säule erhebt, → Stylobat. → Tempel.

Stern, Robert → *Nachträge.*

Stethaimer (Stettheimer), Hans (gest. 1432). Wurde in Burghausen geb. und wird meistens Hans von Burghausen genannt. 1387 begann er mit dem Bau der Kirche St. Martin in Landshut (Abb. → Deutschland). Auf seinem dortigen Grabdenkmal werden seine wichtigsten übrigen Bauten genannt, und zwar u. a. der Chor der Franziskanerkirche in Salzburg (beg. 1408). S. gehörte zu den besten dt. Architekten der Spätgotik (→ Gotik). Er bevorzugte den Typus der → Hallenkirche, verwendete als Baumaterial vor allem → Backstein und beschränkte sich auf wenige Ornamente. In der Salzburger Franziskanerkirche sind die langen schlanken Chorpfeiler (→ Pfeiler) das schönste Motiv. Sie sind so angeordnet, daß ein einzelner Pfeiler genau im Osten, d. h. in der Mittelachse des Raumes steht. Das Auge des Betrachters nimmt dadurch nicht einen Zwischenraum, sondern eben diesen Pfeiler wahr, der von dem Licht, das durch das mittlere Chorfenster strömt, umspielt wird. S.s Epitaph deutet an, daß er auch Bildhauer war. Stilistisch wurde er von Arbeiten der Familie → Parler beeinflußt.

Lit.: Hanfstaengl '11; Dambeck '57; Herzog '58.

Stevens, Robert Mallet → Mallet-Stevens.

Stichbogen. Flacher, segmentförmiger → Bogen.

Stichhöhe. Die Höhe zwischen → Kämpfer und → Scheitel.

Stift. Ein mit Grundbesitz und eigenem Rechtsstatut ausgestattetes Priesterkollegium (Kapitel) einer Domkirche (Doms.), einer nichtklösterlichen Kirche (Kollegiatss.) oder eines Klosters. Der Name wurde ferner übertragen auf Erzbistümer (Erzs.) und Bistümer (Hochs.); es gibt auch evang. S.e.

Stiftskirche, auch Kollegiatkirche. Die Kirche eines → Stiftes.

Stijl, De → De Stijl.

Stile Liberty od. Stile floreale → Jugendstil.

Stipes, die (Pl.; lat.: Pfahl, Baum). → Altar.

Stirling, James Frazer (1926-1992). St. zählt zu den geistreichsten zeitgenössischen Architekten der internat. Nachkriegsarchitektur, dessen Arbeit und mitunter revolutionäre Intension sich als kraftvoller Ausdruck gegenüber den Architekten der ›Dritten Generation‹ zeigt. Ausgebildet an der Architekturschule in Liverpool (1945-50, Austauschstudent im New Yorker Büro von O'Connor und Kilham), vervollständigte St. sein Studium an der Londoner Schule für Städteplanung und Regionalforschung (1950-52). Anschließend bis 1956 Assistent bei Lyons, Israel und Ellis in London. 1956 Gründung seines eigenen Büros in London mit Partner James Gowan (geb. 1924). Aus ihrer Zusammenarbeit entstanden u. a. eine Wohnsiedlung in Ham Common bei London, 1958, das Departement of Engineering der Univ. von Leicester, 1959-63, sowie ein Altersheim im Londoner Stadtteil Blackheath, 1960-64. St.s frühe Bauten setzen sich kritisch mit dem Spät-

Stockwerkstele von Aksum, → Äthiopien, 2.-4. Jh.

Stereobat des Parthenon, Athen.

Steinmetzzeichen im Gewölbe des Doms zu Speyer, 12. Jh. (?).

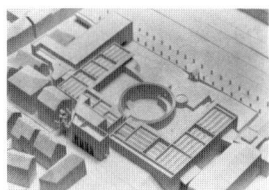

Neue Staatsgalerie, Stuttgart, von → Stirling, 1977-82. Modell.

werk von → Le Corbusier und der beginnenden Stilrichtung des → Brutalismus auseinander, was ihn schließlich zu einer eigenen Architekturauffassung führt. So wendet er sich z. B. seit den 6oer Jahren gegen die Idee, Fassaden von Gebäuden zu dekorieren. Vielmehr lag es ihm daran, Form und Funktion seiner Architektur anschaulich darzustellen. Architektur ist nach seinen Worten keine Frage des Stils oder der Erscheinung, sondern die Frage, wie man Raum und Abläufe für die gestellte Aufgabe organisiert. Unter diesem Gesichtspunkt verwirklichte St. mit seinem zweiten Partner, Michael Wilford (seit 1963), die beeindruckende Geschichtsfakultät in Cambridge, 1964-67, deren Lesesaal von einer riesigen Glaskonstruktion überdacht ist (Abb. → Großbritannien). Seit den 7oer Jahren rechnet man St. auch zu den Rationalisten. Seine Bauten und Pro-

Neue Staatsgalerie, Stuttgart, von → Stirling, 1977-82, Modell.

jekte (u. a. das Forschungszentrum von Siemens in München, 1969, das Stadtzentrum von Derby, 1970, das Trainingszentrum von Olivetti in Haslemere, die Wohnanlage in Runcorn New Town, 1974) weisen neoklassizistische Tendenzen auf, deren Ordnungsform des Baukörpers, Straffung und Vereinheitlichung der Fassaden eine gewisse Verwandtschaft mit dem → Rationalismus besitzen. Nach verschiedenen Wettbewerben für Museumsbauten (Wallraf-Richartz-Museum in Köln, Kunstsammlung Nordrhein-Westfalen in Düsseldorf, beide 1975) erhielt St. 1977 den Auftrag für den Erweiterungsbau der Neuen Staatsgalerie in Stuttgart (1982 voll., Abb. → Postmoderne). Spätwerke: Clore-Flügel der Tate Gallery, London (voll. 1987), Wissenschaftszentrum Berlin (1979-88), Performing Arts Center, Cornell University, Ithaca (voll. 1988), Werksanlagen für Braun, Melsungen (1986-91). 1981 war St. der Pritzker-Architekturpreis verliehen worden.

Strebewerk. Kathedrale von Amiens, beg. 1220.

Lit.: Banham '66; Drew '68; Maxwell '72; Jacobus '74; Gubitosi-Izzo '76 b; Brunetti '78; Arnell-Bickford '83; Rodiek '84; Stirling '84, '85; Sudjic '86; Nakamura '90; Dal Co/Muirhead '90; Papadakis '90.

Stirnziegel → Antefix.

Stoa, die (gr.). In der griech. Architektur eine freistehende, langgestreckte → Säulenhalle mit geschlossener, manchmal bemalter Rückwand.
Lit.: Coulton '77.

Stockwerk → Geschoß.

Stone, Edward Durell (1902-78). Erfolgreicher amerik. Architekt, der seine Fassaden gern mit ornamentalen Verblendungen gestaltet. Zu seinen wichtigsten Werken gehören sein eigenes Haus in 7 East 67th Street in New York (1956), die Botschaft der USA in New Delhi (1954-58), der Pavillon der USA auf der Brüsseler Weltausstellung 1958, das

Olivetti Trainingszentrum, Haslemere, England, von → Stirling, 1969-72.

Huntington Hartford Museum an der Columbus Plaza in New York (1958-59) und das General Motors Building in New York (1969).
Lit.: EA '82.

Stop Chamfer, das (engl.: Kehlhalt). Im → Early English (→ Großbritannien) und wieder in viktorianischer Zeit gebräuchlicher Abschluß einer → Fase, wobei die Ecke des abgefasten Baustückes wieder auf den rechten Winkel zurückgeführt wird; auch in der kontinentalen → Neugotik gebräuchlich.

Strack, Heinrich (1805-80) → Stüler.

Strebe. Allg. jedes schräg gestellte Bauglied (auch provisorisch), das Schubkräfte (→ Schub) ableiten soll. S.n gibt es im → Fachwerk, in der → Dachkonstruktion und im Steinbau bei → Gewölben.

Strebebogen → Bogen II, 15, → Strebepfeiler.

Strebepfeiler. Ein quer zur Längsflucht eines Baues stehender → Pfeiler, der zur Verstärkung hoher Mauern und zur Ableitung von Schubkräften (→ Schub) dient. Der einfache S. steigt in Verbindung mit dem auszusteifenden Mauerwerk auf, wobei er sich nach oben verjüngen kann, meist unter Einschaltung eines → Kaffgesimses. Bei einer → Basilika verbindet ein Strebebogen den S. mit der zu stützenden Mauer, man spricht dann, besonders wenn sich dies in Höhe oder Tiefe (→ Staffelbasilika) wiederholt, von Strebewerk.

Strebewerk → Strebepfeiler.

Street, George Edmund (1824-81). Schüler von → Scott, arbeitete seit 1849, nachdem er schon einige Kirchen in Cornwall entworfen hatte, selbständig. 1850-51 reiste er in Frankreich und Deutschland, 1853 in Norditalien (schrieb 1855 ein Buch

Botschaft der USA in New Delhi, von → Stone, 1954-58.

über die Marmor- und Backsteinbauten Norditaliens). 1854 bereiste er Deutschland ein zweites Mal, 1861-63 besuchte er dreimal Spanien (veröffentl. 1865 ein bedeutendes Buch über got. Architektur in Spanien). 1852 eröffnete er ein eigenes Architekturbüro in Oxford, wo zu seinen ersten Assistenten → Webb und William → Morris gehörten. – Street arbeitete sehr hart und liebte es, alle Details selbst zu entwerfen. 1855 verlegte er sein Architekturbüro nach London, wo er als charakteristisches Frühwerk die Kirche St. James the Less bei der Vauxhall Bridge Road (1860-61) schuf. Zu diesem kraftvollen Entwurf wurde S. sicher von → Butterfield angeregt (ohne ihn nachzuahmen), aber auch von → Ruskin beeinflußt. Der neugot. (→ Neugotik) Stil dieses Bauwerks ist mehr der → Gotik des Kontinents als der Englands verpflichtet. Zu S.s schönsten Kirchen gehören Oakengates in Shropshire (1855), Boyne Hill in Berkshire (1859), St. Philip und St. James in Oxford (1860-62), All Saints in Clifton bei Bristol (1863-68), St. John in Torquay (1861-71), St. Mary Magdalen in Paddington in London (1868-78) und Holmbury St. Mary, die er 1879 aus eigenen Geldmitteln errichtete. S. war unkonventionell und ideenreich, schuf aber keine so aggressiv wirkenden Bauten wie Butterfield. Die Law Courts (der Londoner Justizpalast), für die er 1866 einen Wettbewerb gewann, sind sein bedeutendster Profanbau, im got. Stil des 13. Jhs. errichtet, aber malerisch in der Gruppierung. Die Wandelhalle ist besonders eindrucksvoll.

Lit.: Street 1855, 1865; Clark, K. '28; Clarke '38; Hitchcock '58; Meeks '66; Brownlee '85.

Holdernesse House, London, von → Stuart, um 1760-65.

Strickland, William (1788-1854). Schüler von → Latrobe in Philadelphia, erlangte durch den Bau der Bank of the United States in Philadelphia, das heutige Custom House (Zollamt), Berühmtheit. Dieses Bankgebäude wurde von Latrobe entworfen, aber schließlich nach S.s modifiziertem Plan im Stil des → Greek Revival errichtet (1818-24). Seine frühe Freimaurerloge von 1810 war dagegen → neugotisch. Die Philadelphia Merchants' Exchange (1834ff.) mit ihrem eleganten Eckmotiv, gekrönt von einer Kopie des Lysikratesdenkmals, ist S.s schönster Bau. Die Münze in Washington (1829 bis 33), im Stil an → Mills erinnernd, und das United States Naval Asylum (1827) mit ion. → Portikus und langen → Balkonen zu beiden Seiten sind ebenfalls von ihm. Er führte später auch Ingenieuraufgaben durch, wie Kanäle, Eisenbahnstrecken und den Delaware Breakwater.

Lit.: Gilchrist '50, '54; Bendiner '59; EA '82.

Strukturalismus → *Nachträge.*

Stuart, James (gen. ›Athenian‹ Stuart; 1713-88). Obwohl als Architekt von geringerer Bedeutung, ist S. für die Geschichte des → Greek Revival wichtig, denn der von ihm erbaute Tempel in Hagley (1758) ist das erste dor. Bauwerk in Europa seit der Antike (Abb. → Doric Revival). S. und Revett hielten sich 1751-55 in Griechenland auf und veröffentl. 1762 ›Antiquities of Athens‹ (2. Bd. 1789), die aber außer auf die Innenraumgestaltung nur geringen unmittelbaren Einfluß ausübten. Wegen seiner Trägheit und Unzuverlässigkeit verlor S. viele Aufträge. Der ›Triumphbogen‹, der ›Turm der Winde‹ und das ›Lysikratesdenkmal‹, alle im Park von Shugborough, sind seine bedeutendsten Werke; sie entstanden zwischen 1764 und 1770. Die Kapelle des Greenwich Hospital (1779-88) stammt nicht von ihm, sondern scheint zum großen Teil von seinem Mitarbeiter W. Newton entworfen zu sein.

Lit.: Stuart 1762-1814; Lawrence, L. '38; Summerson '53; Watkin '82.

Stübben, Hermann Joseph → *Nachträge.*

Stucco lustro, der (ital.: polierter Gips). Wetterfeste und für Fassaden geeignete Marmorierungstechnik auf Kalkbasis. Schutz durch Behandlung mit Venetianerseife, Glanz durch Bügeln (60°). Nach Austrocknung wachsen und polieren. St.l. wird häufig mit → Scagliola verwechselt.

Stuck. Leicht formbare, schnell härtende, nicht wetterfeste Masse aus Gips, Kalk, Sand und Wasser, die wegen ihrer unbegrenzten Formbarkeit ein wichtiges Material der Innenraumdekoration ist (→ Stukkatur).

Lit.: Vierl '69; Beard '83; W. Jahn '88; Schnell/Schedler '88.

Stuckmarmor. Marmorimitation auf Gipsmörtelbasis in Innenräumen. Farben im Mörtel, der durch Leimwasserzusatz polierfähig wird. → Scagliola.

Lit.: Cramer '54.

Stufe → *Treppe.*

Stufenberg. Der abgestufte Unterbau eines Hochtempels. S.e gab es in Mesopotamien (→ Zikkurat), in Hinterindien und in Altamerika (→ Pyramide). Meist führten vier einläufige Treppen zu einem S. empor.

Stufengiebel → *Giebel;* → *Staffelgiebel.*

St. Paul's American Church, Rom, von → Street, 1873-76.

Lysikratesdenkmal aus den ›Antiquities of Athens‹, von → Stuart, veröffentlicht 1762.

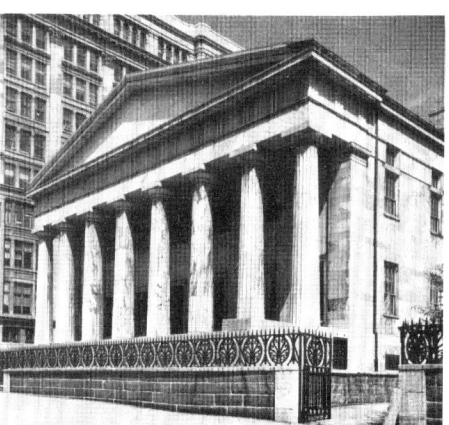

Second Bank of the United States, Philadelphia, von → Strickland, 1818-24.

Stufenportal. Ein → Portal der → roman. und → got. Baukunst, dessen tiefes → Gewände abgestuft zurücktritt. In die Abstufungen wurden häufig → Säulen, oft mit Figurenschmuck (Säulen- oder Portalplastik), gestellt, die sich im Bogen in den → Archivolten, die ebenfalls figural (Archivolten-figuren) aufgelöst sein konnten, fortsetzten. Abb. → Archivolte.

Lit.: Erdmann '31.

Stufenpyramide. Eine abgestufte Pyramide im Gegensatz zur glattflächigen Pyramide, deren Vorform sie wahrscheinlich ist (Saqqâra, Ägypten, Stufenpyramide des Djoser; Abb. → Imhotep). → Stufenberg; → Pyramide (mit Abb.).

Stüler, Friedrich August (1800-65). Architekt des → Historismus in Berlin. S. genoß das Vertrauen Friedrich Wilhelms IV., der selbst gern Bauten entwarf. Er reiste 1829-30 nach Frankreich und Italien, 1842 nach England, 1858 wieder nach Italien. Unter seinen zahllosen Bauten sind das → klassiz. Neue Museum in Berlin (1843-55), die im Cinquecentostil (→ Italien) erbaute Akademie der Wissenschaften in Budapest (1862-65) und das Nationalmuseum in Stockholm (1848-66) im Stil der Frührenaissance (→ Renaissance) zu nennen. S. änderte und vollendete auch das 1842 von G. A. Demmler (1804-86)

Wohnhaus Hofjuwelier Friedberg, Berlin, von → Stüler. Zerstört.

St. Peter und Paul, Nikolskoe, von → Stüler und A. D. Schadow, 1834-37.

Erster Entwurf zum Berliner Dom, von → Stüler, 1842.

beg. Schweriner Schloß, das im frz. Renaissancestil erbaut ist, eine für dieses frühe Datum ungewöhnliche Stilart (Abb. → Historismus). Die Berliner Nationalgalerie mit ihrem achtsäuligen → Portikus wurde von S. entworfen, aber von Heinrich Strack (1805-80) ausgeführt (1866-76). Abb. → Neugotik.

Lit.: Müller-Stüler '43; Börsch-Supan, E. '77.

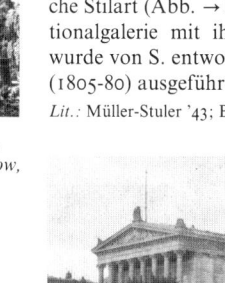

Nationalgalerie, Berlin, von → Stüler und J. H. Strack, 1866-76.

Stukkatur. Die plastisch ornamentale Dekoration eines Innenraumes auf Stuckbasis (→ Stuck). Deckenputz wird dabei meist auf einen Putzträger – Latten- und Schilfrohrgeflecht, Rabitzgitter – aufgetragen, Wandstuck direkt auf die Wand. Die S.

Stukkatur. Zisterzienserkloster Ossegg/Osek, Tschechoslowakei, um 1720.

kann vom Stukkateur direkt aufgetragen und (frei oder mit Schablone) geformt werden. Im 19. Jh. wurde der Stuck oft in Formen gegossen und die S. fertig versetzt. – S.en waren schon in der → röm. Baukunst bekannt; die → Renaissance griff diese Technik wieder auf, und im → Barock und → Rokoko erlebte sie ihren Höhepunkt.

Lit.: Theilmann '37; Vierl '69; Kummer '87.

Stupa, der (sanskr.: Pali Thupa). Einfachste Form des Kultdenkmals im Buddhismus, oft zur Aufnahme von Reliquien bestimmt. Anfangs halbkugelförmig, später, vor allem in Südostasien, oft glockenförmig. Aus Stein über einem terrassenförmigen Unterbau errichtet; über dem Scheitelpunkt befindet sich ein quadrat. Aufsatz mit → Chattra. Der S. ist häufig von einem Zaun oder einer Säulenreihe mit vier prächtigen Toren umgeben. Der S. heißt auf Sri Lanka Dagoba, in Bhutan, → Tibet und → Nepal Chörten.

Eine andere Bezeichnung für S. ist Caitya, die auch auf die kleine Stupen umgebende Halle angewendet wird. → Caitya-Halle; → Indien, Sri Lanka, Pakistan (mit Abb.); → Südostasiatische Baukunst (mit Abb.).

Lit.: Combaz '33-37; Snodgrass '85.

Sturm, Leonhard Christoph (1669-1719). Seit 1710 Baudirektor in Schwerin, jedoch weniger wegen seiner Bauwerke als wegen seiner einflußreichen Veröffentlichungen von Bedeutung: u. a. 1708 ›Vollständige Anweisungen zu der Zivilbaukunst‹, das auf einem Werk von Nicolai Goldmann basierte, und 1712 ›Architektonisches Bedenken von der Protestantischen kleinen Kirchen Figur und Einrichtung‹ sowie 1718 eine verbesserte Ausgabe mit dem Titel ›Vollständige Anweisung, alle Arten von Kirchen wohl anzugeben‹. S. bekämpfte kreis- oder kreuzförmige sowie dreieckige Grundrisse und propagierte eine oblonge Grundrißform, wobei er in die Mitte der einen Längsseite Kanzel und Altar und ihnen gegenüber das Pult des Vorlesers stellte. Er wendete sich auch gegen »die tausend gekrümmten Linien und kurvigen Vor- und Rücksprünge, die die geschätzten Architekten unserer Tage so gerne mögen«, und stellte → Perraults Louvre-Fassade (Abb. → Frankreich) als Ideal hin. (›Abhandlung von den Bey-Zierden der Architektur, welche durch Mahlerey und Bildhauerey zuwege gebracht werden‹, Leipzig 1720).

Lit.: Küster '42; Osterhausen '78.

Sturz. Der horizontale Balken oder Stein, der eine Fenster- oder Türöffnung nach oben abschließt.

Stütze. Vertikales tragendes Bauglied, heute meist aus Eisen oder Stahl. → Säule; → Pfeiler; → Pfosten; → Pilote.

Stützenwechsel. Regelmäßiger Wechsel von → Pfeiler und → Säule oder Säulenpaar. In der → roman. → Basilika ist der S. durch das → Gebundene System bedingt.

Lit.: Humann '27.

Stützmauer → Futtermauer.

Stylobat, der (gr.: oberste Stufe). Ein Stylobat ist der oberste Teil des → Stereobats, resp. der → Krepis des griech. Tempels; auf ihm werden die Säulen errichtet. → Tempel.

Suardi, Bartolomeo, gen. Bramantino (1460-1536). In erster Linie Maler, jedoch verantwortlich für ein bedeutendes Bauwerk in seiner Heimatstadt: die Kapelle Trivoluzio (1510-18) in San Nazario, ein Meisterwerk der klassischen → Renaissance.

Lit.: Suida '55.

Substruktion (lat.: Unterbau). Im engeren Sinn entweder der Unterbau eines Gebäudes über schlechtem Baugrund oder die Erweiterung der Baufläche an Abhängen, im weiteren Sinn jedes → Fundament im archäologischen Bereich.

Südafrika. Es gibt ebensowenig eine einheitliche und überzeugende südafrikan. Architektur, wie es eine einheitliche südafrikan. Kultur gibt. Einheimische Traditionen wurden übergangen und Bauten aus Holland und England nachgeahmt, unvollkommen zwar, doch zuweilen auch mit gutem Erfolg. Obgleich Südafrika seit 1961 nicht mehr Dominion

Südafrika. Koopmans de Wet House, Kapstadt, spätes 18. Jh.

ist, stößt eine kulturelle Integration auf heftigen Widerstand, und somit behalten fremde Einflüsse, nunmehr amerikan. und europ., ihr Übergewicht.

Der früheste dieser Einflüsse im Gefolge der Okkupation des Kaps der Guten Hoffnung durch die holländ. Ostindien-Gesellschaft (1652) war holländ.-flämisch und erzeugte einen Regionalstil vornehmlich in der Wohnbauarchitektur, bekannt als ›Kap-holländisch‹. Dieser Stil beruhte auf knappen, sym. und rechteckigen Grundrissen meist in der Form eines E, H, T oder U. Die Häuser waren einstöckig, mit dicken, kalkgetünchten Mauern, und verhältnismäßig schmalbrüstig in den Städten. Tür- und Fensteröffnungen richteten sich nach der wirtschaftlichen Zweckmäßigkeit, die Dächer waren oft schilfgedeckt und mit Giebeln in lokalen Versionen des → Barock und später → Rokoko geschmückt, z. B. Groot Constantia (1692) in Constantia, Stellenberg House (1790) in Kenilworth und Morgenster House (1786) in Somerset West. Auf höherem Niveau standen die Einflüsse durch Einzelpersönlichkeiten, vor allem Anton Anreith (1754-1822), einen gewandten Bildhauer und Holzschnitzer aus Deutschland, der 1776 in Südafrika eintraf, und Louis Michel Thibault (gest. 1815), der unter → Gabriel studiert hatte und als Heeresingenieur 1783 mit den frz. Besatzungstruppen ins Land kam. In ihrer Arbeit bewahrten sie die Kontinuität

Stützenwechsel. Ehem. Benediktiner-Klosterkirche St. Thomas und St. Nicolai, Bursfelde, beg. 1093.

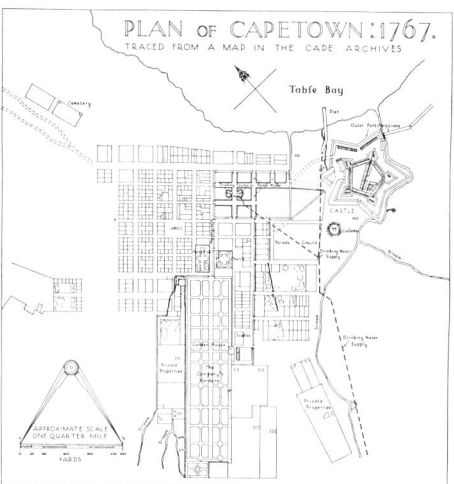

Südafrika. Plan von Kapstadt, 1767.

der ›Kap-holländischen‹ Tradition, fügten jedoch neue Ideen und Elemente und ein gut Teil Verfeinerung hinzu.

Nach den napoleonischen Kriegen sahen sich die Briten als widerwillige Beherrscher einer strategisch zwar bedeutenden, sonst aber unrentablen Kolonie. Der Aufwand für Entwicklung war gering, doch setzte sich in Kapstadt ein Stil, hergeleitet aus der englisch-georgianischen Architektur, allmählich durch, während eine bodenständige Tradition gemäßigt englischer Prägung in den östl. Kapgebieten verbreitet war. Als in den 70er Jahren des 19. Jhs. zuerst Diamanten und dann Gold in Südafrika gefunden wurden, stand ein funktionierender politischer Verwaltungsapparat zur Verfügung wie die notwendige Architektur. Viktorianische Muster, ausgeführt in Wellblech und Gußeisen, sprossen überall aus der Erde. Gleichzeitig lockte der neue

Morgenster House, Somerset West, 1786.

Groot Constantia, Constantia, 1692.

Groot Constantia, Constantia, 1692.

Wohlstand schöpferische Begabungen an, und Cecil Rhode's Architekt → Baker (stark beeinflußt durch → Lutyens) wurde die zentrale Gestalt einer neuen Welle fremden Einflusses auf die südafrikan. Architektur. Baker schätzte die ›Kap-holländische‹ Tradition und versuchte in seinen frühen Arbeiten in Kapstadt (z. B. Groote Schur, 1890) ihre Elemente in seine eklektische, aber sensible und gekonnte Architektur einzugliedern. Seine Hauptwerke nach dem Zweiten Burenkrieg waren das Rhodes-Denkmal in Kapstadt (1905-08), der Bahnhof in Pretoria (1908), der Oberste Gerichtshof in Johannesburg (1911) und die Union Buildings in Pretoria (1910-13). Seine ehemaligen Partner und andere Architekten, die unter seinem Einfluß standen, vor allem J. M. Solomon, der den Campus der Universität von Kapstadt entwarf, und Gordon Leith, der in Transvaal und im Oranje-Freistaat tätig war, wirkten bis zu den Anfängen der modernen Bewegung des → Internationalen Stils in den 20er Jahren nachdrücklich auf die gesamte südafrikan. Architektur ein.

Seit ca. 1925 wurde das Übergewicht zeitgenössischer Richtungen aus dem Ausland erkennbar, hauptsächlich durch die Anstrengungen der Architekten-Schulen und der Zeitschrift ›South Africa Architectural Record‹. A. Stanley Furner, 1926-29 Herausgeber dieser Zeitschrift, machte die Fachwelt mit den meisten zeitgenössischen Architekturtendenzen bekannt. Seine Schüler, angeführt von Rex Martienssen (1911-42), und neue Einwanderer aus Europa waren für diese Einflüsse offen, insbesonders in den kämpferischen Anfängen des Internationalen Stils. Dem House Munro in Pretoria (1932, von McIntosh) folgte u. a. House Harris in Johannesburg (1933, von Hanson, Tomkin und Finkelstein). Danach setzte eine rasch fortschreitende Entwicklung der Wohnbauarchitektur ein; sie erreichte ihren Höhepunkt mit der Casa Bedo in Johannesburg (1936, von Cowin und Ellis), die in ihrer freizügigen Planung und → Miesschen Raumanordnung den örtlichen Bedingungen angepaßt war und durch breite Dachtraufen (→ Traufe) und ein Walmdach (→ Dachformen 5) an Sir Herbert Baker und → Wright erinnert. Mit ihr war ein Modell geschaffen, das für viele Häuser der zwei folgenden Jahrzehnte Vorbild wurde.

Frühe Bauten im Internationalen Stil fanden in Johannesburg Nachahmung, etwa das Hotpoint House (1934), Reading Court (1938) und Denstone Court (1937, von Hanson, Tomkin und Finkelstein), Aiton Court (1938, von W. R. Stewart, A. Stewart und Bernard Cooke), Peterhouse (1936,

von Fassler, Martienssen und Cooke) und die Cavalla Factory in Kapstadt (1938, von Policansky). Aus lokalen Erfordernissen, technischen Möglichkeiten und Erfindergeist ergab sich außerdem ein zeitgenössischer einheimischer Baustil, der bis in die 50er Jahre weitverbreitet war. Beispiele dafür sind in Johannesburg das 20th Century Fox Cinema mit seinen Büros (1936, von Hanson, Tomkin und Finkelstein) und das zukunftsweisende Schaffen von W. B. Pabst; in Kapstadt die Bauten von P. E. Pahl, M. Policansky, L. Thornton Whyte u. a.; in Durban Bauten wie das Technical College Clubhouse (1943, von Jackson und Park Ross). Der Stil behielt seine Beliebtheit trotz der Bemühungen von

The New Theatre am Hottentot Square, Kapstadt, Gouache von Samuel Daniell.

Fassler, Hanson u. a., einen neoklassischen Stil nach dem Muster von → Perret einzuführen. Das Land nahm eine rapide Entwicklung, Geschäftsgeist war die Forderung des Tages, und der Städtebau litt allgemein unter hartem Zeitdruck. Doch gab es Ausnahmen: Bemerkenswerte regionale Architektur entwickelte Norman Eaton (1902-55), so Greenwood House and Village in Pretoria (1951), Wachthuis in Pretoria (1960) und The Netherlands Bank in Durban (1965). Weitere Beispiele für regional angepaßte und zweckentsprechende Architektur sind das Club Building in Pretoria (1963) von John Templar, Häuser in Durban von Biermann und Hallen sowie die Bauten von Revel Fox in der Kapprovinz. Die nächste Welle neuer Anregungen wurde sichtbar in den frühen 60er Jahren mit der Rückkehr junger Architekten, die bei → Khan, Romualdo Giurgula, → Rudolph, → Venturi u. a. in Amerika gelernt hatten. Beispiele hierfür sind in Kapstadt die Truworths Factory (1968, von R. S. Uytenbogaardt), in Johannesburg das House Robinson (1966, von Meyer und Gallagher) und das

Presbyterian Church Grahamstown, 1842.

Südafrika. House Stern, Houghton, Johannesburg, von Martienssen, Fassler, Cooke, 1934-35.

House Britz (1972, von Britz), schließlich in Durban das Schaffen von Hallen und Theron.

Mit dem anhaltenden Wohlstand wurden ausländische Architekten mit wichtigen Bauaufträgen, hauptsächlich in Johannesburg, betraut; hier entstanden das Carlton Centre (1966-72, von → Skidmore, Owings & Merrill), die Standard Bank (1971, von → Hentrich) und das IBM Building (1975, von Philip Dowson). Die südafrikan. Architekten reagierten auf diese Herausforderung mit einer Rückbesinnung auf einheimische Traditionen, wie z. B. am Kap das Naude House (1968, von A. und A. de Sousa Santos) und das Wertmüller Centre (1976, von R. S. Uytenbogaardt) und in Johannesburg die R. A. University (von Wilhelm O. Meyer u. a.) sowie das Miller House (1974, von Stan Field). Abb. → Baker.   I. P. und J. M.

Lit.: Walton '52; Pearse '57; Howie '58; Lewcock '63; Herbert '75.

Südostasiatische Baukunst: Java, Bali, Hinterindien und Birma. Bereits vor Beginn unserer Zeitrechnung hat Indien in die es umgebenden Länder und Regionen die Schätze seiner hohen Kultur weitergegeben, insbesondere seine Religionen und seine Kunst. Im Südosten Asiens jedoch – d. h. in Birma, Hinterindien und den Inseln Java und Bali – läßt sich die indische Einwirkung erst in den ersten Jahrhunderten nach unserer Zeitrechnung feststellen. Die eigentliche treibende Kraft für die Ausbreitung der buddhistischen und hinduistischen Glaubenslehren im ganzen asiatischen Südosten war der Handel mit exotischen Erzeugnissen zwischen dem äußersten Orient und dem römischen Reich. Die zu dieser Epoche zwischen Indien und den Ländern des fernen Orients hergestellten Beziehungen dauerten oft noch mehrere Jahrhunderte fort, obgleich der Handelsverkehr längst aufgehört hatte. Es läßt sich deutlich eine Aufteilung der Einflußgebiete

Borobudur, Java, 760-845.

zwischen Indien und China in diesem Bereich der Erde feststellen. So erklärt sich der gebräuchliche Name Indochina für einen Teil Hinterindiens. Auf dieser von den großen Strömen Menam und Mekong gegliederten Halbinsel erblühten die Khmer-, Thai- und Chamkulturen. Im Nordosten waren das Delta des roten Flusses und Nordvietnam Provinzen des Kaiserreiches China geworden und daher dessen geistiger Ausstrahlung ausgesetzt. Im Nordwesten jedoch bot das Delta des Irrawaddy im Golf von Bengalen dem indischen Wirkungsbereich fruchtbaren Boden.

Java und Bali

Zuerst möchten wir das indonesische Inselmeer einer näheren Betrachtung unterziehen, denn in diesem Gebiet entsteht sehr früh eine Baukunst von außerordentlicher Bedeutung, deren Einfluß sich ihrerseits in der indochinesischen Kunst bemerkbar machen wird. Zwei wesentliche Strömungen kennzeichnen die javanische Kunst: die eine ist von der buddhistischen Religion inspiriert, die andere ent-

sprießt dem Hinduismus. Vom 3. Jh. an stellen wir einen Aufschwung der javanischen Kunst fest. Dies ist der mächtigen Dynastie der Shailendra zuzuschreiben, die den Buddhismus als offizielle Religion annahm und mehrere Bauwerke errichtete, unter denen Borobudur (ca. 800) das wichtigste ist. Der buddhist. halbkugelförmige → Stupa – von dem indischen Modell von Sanchi abgeleitet (Abb. → Indien, Sri Lanka, Pakistan) – diente dem Architekt als Vorbild, der mit Borobudur eine monumentale Schöpfung von grandiosen Proportionen (110×110 m) geschaffen hat. Das Bauwerk setzt

Szene aus der Buddha-Legende, Borobudur, 8. Jh.

sich aus fünf übereinandergestellten quadrat. und abgestuften Plattformen zusammen, über denen sich nochmals drei ebenfalls sich verjüngende, jedoch kreisförmige Plattformen erheben, die ein hoher Stupa krönt. Das Ganze ist ein richtiger künstlicher Berg von 45 m Höhe, zu dessen Gipfel vier axial angelegte Treppen führen, teilweise mit Kraggewölben (Gewölbe 1). Auf den drei höchsten Etagen von kreisförmigem Grundriß sind zweiundsiebzig kleine Stupen von durchbrochener Struktur aufgetürmt. Das ganze Bauwerk, dem buddhistischen Ritus der Umschreitung bestimmt, symbolisiert den kosmischen Berg, das Zentrum der Welt. Die reichhaltige Bedeutung dieser Konstruktion ist dazu

Südafrika. Johannesburg.

Blick über die oberen Terrassen von Borobudur.

Buddha Vairocana, obere Terrasse, Borobudur, 8. Jh.

Hauptaufgang zum Haupttempel des Prambanan-Komplexes, östlich von Jogjakarta, 2. Hälfte 9. Jh.

Lara Djonggram, Haupttempel des Prambanan-Komplexes, östlich von Jogjakarta, 2. Hälfte 9. Jh.

noch durch unzählige Flachreliefs betont, die die unteren Stockwerke des Gebäudes schmücken.

Gegen Mitte des 9. Jhs. überließ die Dynastie der Shailendra ihren Platz den Nachkommen einer Vorgängerdynastie, die mit Energie den Shivaismus durchsetzte. Aus dieser Epoche stammt die hinduistische Tempelstadt Prambanam, von den früheren Beispielen des Dieng-Plateau abgeleitet (8. Jh.) und noch von starkem indischem Einfluß markiert. Die Tempel sind Astylen Cellas (→ Astylos, → Cella), die das Idol (Statue oder Lingam) enthalten und sich durch einen quadrat. Plan auszeichnen. Die Kragkonstruktion der Dachbedeckung wird durch Stockwerke gebildet, die aus sich mit jeder Etage verkleinernden Überbauten bestehen, wie wir sie überall in der hinduistischen Baukunst in Indochina vorfinden. Diese Bauform, die auf die Steintempel von Mahaballipuram in Südindien zurückzuführen ist, wird eine der charakteristischen Stilrichtungen in der südasiatischen Kunst. Der gezackte Plan und die hochaufsteigende Bedachung, die die auf dem Gipfel des Berges Meru errichtete Götterstadt verkörpert, sind ebenso ein Leitmotiv der hinduistischen Architektur wie die konzentrisch übereinandergesetzten Umfassungsmauern, deren Portale und Ecktürme einen sakralen Urbanismus darstellen.

Alle javanischen Tempel – von Borobudur bis zu den → Sanktuarien von Prambanam – sind aus Stein erbaut. Die Kult-Anlagen erlangten während der hinduistischen Periode eine beachtenswerte Entwicklung. So setzt sich z. B. der Tempel Tjandi Lara Djongrang aus drei turmförmigen Hauptheiligtümern zusammen, deren bedeutendstes eine Höhe von 47 m erreicht. Sie sind eingeschlossen von einer quadrat. Umfassungsmauer von 110 m Seitenlänge. Eine zweite konzentrische Mauer von 220 m Seitenlänge umgibt ihrerseits 224 kleine den Sanktuarien identische Tempel sowie die erste Mauer. Der ganze Baukomplex ist genau nach den vier Himmelsrichtungen orientiert. Er zeugt von

Tempel Bima, Dieng-Plateau, Java, um 700.

Shiva-Tempel im Heiligtum Mengwi, Bali.

einem bemerkenswerten Sinn für die Organisation großer Anlagen. Wie in Indien sind diese Heiligtümer reich mit Gottheiten in Hochrelief geschmückt. Sie enthalten ebenfalls Flachreliefs, die betreffend Qualität und Stil sich kaum von den buddhistischen Kunstwerken von Borobudur unterscheiden.

Nach diesen in Zentral-Java errichteten Tempelanlagen wurden in der Folge verschiedene Bauten im O. des Landes gegründet – ein Gebiet, das besonders im 13. Jh. seinen Stil bekräftigte. Diese ostjavanische Architektur zeichnet sich durch dicke Simswerke (→ Gesims) aus, die die Stockwerke der hohen Überdachungen voneinander trennen, und durch die stark vorspringenden Strukturen, die dem Gebäude eine sehr charakteristische Silhouette verleihen. Diese zahlreichen horizontalen Simswerke sind im allgemeinen in Ziegelstein ausgeführt – besonders im Gebiet von Trawulan. Dieser Stil weist ebenfalls die eigenartigen ›durchschnittenen Tore‹ auf, die später in Bali im 14. und 15. Jh. ihre besten Beispiele finden. Es handelt sich um Tschandi bentars, Türme, die den Anschein erwecken, in der Mitte in vertikaler Richtung entzweigeschnitten zu sein, und deren Hälften voneinander getrennt wurden, um den Durchgang zu dem axial liegenden Eintritt freizugeben. In der volkstümlichen Baukunst in Bali, zu der vorwiegend Holz und Stroh verwendet werden – wie es ursprünglich vermutlich auch in Indien der Fall war –, sind die Etagen in stets verkleinerter Wiedergabe so zahlreich, daß wir oft 7, 9 oder sogar 11 übereinandergeschichtete Stockwerke zählen können. Diese Gebäude bilden hohe und dünne, zugespitzte Türme, betont durch ihre ›Meru‹ genannten Gipfel, was beweist, daß sie den kosmischen Berg versinnbildlichen.

Indochina: von der funanesischen bis zur ersten Khmer-Kunst (3. bis 8. Jh.)

Der indische Einfluß ist in Indochina am mittleren Lauf des Mekong vom ersten Jh. unserer Zeitrechnung an sichtbar. Die Architektur tritt jedoch erst mit der Gründung der Städte im Delta des Bassac auf, so sei die Hauptstadt Oc-eo genannt, die eine rechteckige Umfriedung (3000 x 1500 m) aufweist. Sie besteht aus fünf Erdwällen, die durch Wassergräben getrennt sind. Die Bauten dieser Stadt waren vermutlich nicht in dauerhaftem Material ausgeführt. Die funanesischen Heiligtümer bestanden aus Holz und Stroh, ähnlich den südindischen Vorbildern, die den in Stein erbauten hinduistischen Anlagen von Mahaballipuram gegen das 7. Jh. vorangingen.

Unter den ersten in dauerhaften Materialien errichteten Monumenten, die wir kennen, müssen die Sanktuarien der Stadt Sambor Prei Kuk erwähnt werden, deren quadrat. Umfassungsmauer etwa 2 km Seitenlänge maß und die dem Beginn des 7. Jhs. zugeschrieben wird. Von nun an sind die Schöpfungen dieser Kapitale, die über das vereinigte Königreich Tschen-La gebot, von beachtenswerter Bedeutung. Die Heiligtümer aus Ziegelstein sind in weiten viereckigen konzentrischen Umfassungsmauern angeordnet und mit Kragbedachungen ausgestattet, die durch kleiner werdende Etagenüberbauten entstehen. Der Grundriß dieser Heiligtümer ist bald viereckig, bald oktogonal. Er kündigt bereits die Schöpfungen der Khmer an mit ihren → Pilastern in zackiger Wandgliederung, den von Säulchen flankierten Sandsteinstürzen, mit ihren Giebelfeldern, die die Form des indischen Kudu annehmen.

Während des 8. Jhs., nach der Teilung des Tschen-La in zwei Königreiche, deren Geschichte für uns im dunkeln bleibt, scheint die Architektur kaum Fortschritte gemacht zu haben. Javanische Streifzüge drangen in die malaiische Halbinsel und Indochina ein. Zumindestens kann behauptet werden, daß diese Javanisierung die Konzeptionen beeinflußt hat, nach denen sich später der Stil in Angkor entfalten wird.

Tempelberg von Bakong, Roluos, Kambodscha, beg. 881.

Die vorklassischen angkorianischen Schöpfungen

Doch bevor die Khmerkunst zu ihrer eigentlichen Entfaltung gelangte, müssen wir das Ende des Entwicklungsstadiums abwarten, das sich im Kulên abspielt – 50 km im Nordosten des Großen Sees Kambodschas. Während dieser Periode, zwischen 800 und 850 n. Chr., wurde der Grundstock der Baukunst gelegt, die in Roluos in der Nähe von Angkor das Licht der Welt erblickte. In Rong Chen im Kulên trat in der Tat die Darstellung des Tempelberges auf, der für die Khmer-Architektur so charakteristisch wurde. Es handelt sich um eine Art Verschmelzung zweier von Indien ererbter und javanisierter Ausdrucksformen: einerseits des Stupa (wie in Borobudur), der den Sockel bildet, auf dem sich andererseits das Sanktuarium erhebt (ähnlich

denjenigen von Dieng oder Prambanam) mit quadrat. Cella, die mit sich verkleinernden Etagen überbaut ist. Anfang des 9. Jhs. zeigt die Kultstätte Ak Yum, im Nordwesten Angkors, ebenfalls einen Versuch in dieser Richtung. Sie scheint das Werk Jayavarmans II. zu sein, der viele Jahre lang am Hofe der Shailendra in Java gelebt hatte.

Doch erst mit der Gründung von Roluos durch den König Indravarman (877-89) fanden die Khmertechniken ihren ausgeprägten Stil. Zum ersten Male in der Geschichte Indochinas wurde hier eine bedeutende Planung der Bodennutzung unternommen, die eine Ertragsverbesserung der Reiskultur ermöglichte. Dank dem auf diese Weise erreichten Wohlstand konnten die riesigen angkorianischen Anlagen geschaffen werden. Indravarman hatte begriffen, daß aus der angkorianischen Ebene nur der beste Vorteil gezogen werden konnte, wenn der verhängnisvolle Zyklus der Regenzeit unterbrochen wurde, der das Land abwechselnd einem vier Monate lang dauernden Wasserüberfluß aussetzt, dem eine acht Monate lang dauernde Trockenzeit folgt. Er ließ daher einen großen künstlichen See, Baray genannt, anlegen.

Unserer Kenntnis nach war der erste Baray derjenige von Lolei in Roluos, dem der Name Indrataka gegeben wurde. Er wies eine rechteckige Wasserfläche von 3800 x 800 m auf. Das Niveau des durch Dämme gehaltenen Wassers lag höher als das der Ebene. Es genügte daher, die Ableitungsgräben der Deiche zu öffnen, um die Reisfelder zu bewässern. In Roluos wurden so sechs Millionen Kubikmeter Wasser aufgespeichert. Die folgenden Könige vergrößerten diese Wasserbauanlage durch den Östlichen Baray (7000 x 1800 m), der eine Schöpfung von Yasovarman gegen 900 war, und durch den Westlichen Baray (8000 x 2200 m), der gegen 1050 errichtet wurde und dessen Fassungsvermögen 40 Millionen Kubikmeter Wasser überstieg. Die dem Khmer-Reich typische Lösung der Bodennutzung war nun gefunden.

Doch kommen wir zurück auf Roluos, wo Indravarman sich nicht allein mit der Konstruktion des Baray von Lolei begnügte. Er errichtete zuerst das Heiligtum von Preah Kô, das 879 Jayavarmans II. Totentempel wurde. Dieser Bau zeigt jedoch kaum einen Fortschritt auf im Vergleich zu Sambor oder dem Kulên. Doch bald darauf, im Jahre 881, begann er den Bau des Tempelberges von Bakong, der im Zentrum der Stadt Hariharalaya erstellt wurde. Das in Sandstein ausgeführte Gebäude besteht aus

Tempelberg von Phnom Bakheng, Angkor, Kambodscha, Ende 9. Jh.

Tempel von Pre Rup, Angkor,
Kambodscha, Mitte 10. Jh.

Devata-Relief an der nördlichen
Innenmauer des zentralen
Sanktuariums von Angkor Vat,
Kambodscha.

Fenstersturz im Prah Khan
(Detail), Angkor, gew. 1191.

Relief aus Angkor Vat, 12. Jh.

fünf quadrat. Terrassen oder Plattformen. Es mißt an der Basis 67×65 m und erreicht in Pyramidenform eine Höhe von 15 m. Auf diesem monumentalen Sockel erhob sich das Hauptsanktuarium. Zwölf Nebenheiligtümer umgeben das vorletzte Stockwerk des Baudenkmals, und acht große Prasate (Turm-Sanktuarien) aus Ziegelstein sind im Innern einer 160×120 m messenden Umfassungsmauer rings um die Pyramide herum angeordnet. Das Ganze ist von einem 60 m breiten Wassergraben eingerahmt, dessen Umkreis 1500 m mißt. Um diesen ersten Wassergraben herum war die Stadt erbaut, die ihrerseits von einem zweiten Wassergraben von 22 m Breite umsäumt war, ein Viereck von 700×800 m. Die axial angelegten Straßen, die die Wassergräben auf Erdwällen überqueren und die zu dem im Zentrum gelegenen Tempel führen, teilen die Stadt in vier gleich große Quartiere. Dieses System wird künftig den Schlüssel der Khmer-Planungen bilden: ein Baray, von dem das abfließende Wasser die Wassergräben der Stadt speist, in deren Mitte sich das königliche Heiligtum in Form eines Tempelberges befindet. Die Gesamtanlage stellt eine komplexe hydraulische Einrichtung dar, die das Gedeihen einer auf die intensive Reiskultur ausgerichteten Bodenbewirtschaftung sicherte. Sogar als die Proportionen des Unternehmens von Roluos sich vier- oder fünffach vergrößerten, blieb das Grundsystem stets das gleiche. Die Architektur ist nur die Krönung der hydraulischen Schöpfung, und ihre Baudenkmäler sind dazu errichtet worden, sie durch einen speziellen Kult zu schützen und zu heiligen. Denn der Khmertempel, ob er nun den hinduistischen Gottheiten wie Shiva, Vishnu oder Brahma geweiht ist, oder wie am Ende der angkorianischen Epoche dem Buddha-König, versinnbildlicht das Zentrum der Welt, den Berg Meru, auf dem die Götter wohnen.

Der viereckige Grundriß mit seinen geom. Aufteilungen beruht auf einem großen Mandala (magisches Diagramm), das den Tempelbau in Einklang bringt mit der Gesetzmäßigkeit der Welt und der kosmischen Ordnung. Auf die Wohnarchitektur angewendet, erlaubt das Mandala der königlichen Stadt, sich mit der Mitte des Universums zu identifizieren. Die angkorianische Ebene ist durch die bei-

den Achsen der rechteckig angelegten, zu den Heiligtümern führenden Straßen ebenso gemäß einem Mandala aufgeteilt, und ihre Perspektiven unterstreichen die Unendlichkeit des Khmer-Landes, das somit gleichfalls den Göttern geweiht ist.

Diese doppelte Symmetrie der Achsen, die durch die rechte Winkel bildenden und zum Zentralheiligtum führenden Straßen erzielt wird, ist ein fundamentales Gesetz des Ordnungsprinzipes der Tempel mit Zentralgrundriß in der indischen Architektur. Doch niemals wurde es in einer solchen Vollkommenheit von den sakralen Baudenkmälern an bis zu den menschlichen Ansiedlungen und sogar der Gebäudeplanung angewandt wie bei den Khmer. Die geniale Fähigkeit der Khmer war gerade diese abgerundete, wohldurchdachte Vorstellung des Symbolismus und seiner magisch-religiösen Auswirkung verbunden mit der praktischen Anwendung, wie sie die Deiche und das Bewässerungssystem darstellen. Diesem erstaunlichen Geist für Synthese sind Konstruktionen wie Phnom-Bakheng zu verdanken (eine auf einem natürlichen Hügel errichtete Tempelanlage, die Yasovarman zum Zentrum seiner neuen Hauptstadt erwählte), Pre Rup, Takeo und schließlich die wunderbare klass. Schöpfung Angkor Vat.

Die klassische Khmer-Architektur

Seit der Erbauung von Roluos durch Indravarman erlebt die Baukunst selbst ständig Fortschritte: sie wird vielfältiger und zugleich homogener. So werden zum Beispiel die langen Nebengebäude, die seit der Gründung von Preah Kô und Bakong das Hauptheiligtum einsäumen, immer zahlreicher, bis sie sich sogar auf den Plattformen des Tempelberges ausbreiten (Pre Rup). Diese langen Säle umgeben einer nach dem andern die ganze Pyramidenetage. Das geniale Vorgehen zur Vereinfachung dieses Baukomplexes führt endlich in Phimeanakas und in Takeo zur Geburt eines der wichtigsten Bauelemente der klassischen Khmer-Architektur: die umlaufende → Galerie. Die Unterteilung in einzelne Säle fällt von nun an weg, und die Außenmauer der so entstandenen Galerie bildet zuletzt mit der Einfriedigung jedes Stockwerkes eine einzige Mauer. Schließlich wurden auch die axialen Tore (→ Gopuram) sowie die Ecktürme einverleibt. Der nächste Schritt war, die Dachbedeckung aus Holzgebälk und Ziegeln der vorklass. Periode durch dauerhaftes Material zu ersetzen. Hierfür wurden → Back- oder → Hausteine verwendet und in Überkragungstechnik verarbeitet.

Angkor Vat

Mit dem großen Tempel von Angkor Vat, der unter der Regierung des berühmtesten der angkorianischen Könige, Suryavarman II. (1113-50), errichtet wurde, erreichte die Khmer-Architektur ihren Gipfel – einmal durch die Vollkommenheit der Formen und der Raumgestaltung wie auch durch die Qualität der Ausführung. Es handelt sich hier nicht nur um den größten, sondern auch um den schönsten aller Tempel, die auf der indochinesischen Halbinsel erbaut wurden. In Angkor Vat ist der fast 200 m breite Wassergraben in ein Rechteck von 1500×1300 m eingezeichnet, d.h., er umfaßt somit eine Fläche von 2 Quadratkilometern. Der Tempel war das Zentrum einer Stadtanlage, von der heute

Tempel von Angkor Vat, Kambodscha, 1. Hälfte 12. Jh.

nur noch die in dauerhaftem Material erstellten Bauten erhalten sind. Im gesamten hatte die bewohnbare Fläche von Angkor Vat für etwa 17 000 bis 20 000 Personen Platz geboten. Die Ufer des Wassergrabens sind mit Steinstufen ausgekleidet. Gegenüber der westlichen Zugangsstraße erhebt sich ein großer 235 m langer → Säulensaal, der in der Mitte durch ein dreifaches kreuzförmiges Gopuram unterbrochen ist. Diese weitläufige Komposition, die als Haupteingang dient, ist eine Nachahmung der Hauptfassade des Tempels, die erst nach Durchschreitung dieses majestätischen Prachttores sichtbar wird. Eine neue, in der gleichen Achse angelegte Chaussee von 350 m Länge führt nun bis zum Fuße des Tempels. Sie ist erhöht und mit wundervollen → Naga-Balustraden (→ Balustrade) gesäumt sowie auf beiden Seiten mit je sechs Freitrep-

pen zugänglich gemacht. Anschließend erreicht man direkt eine Terrasse, die die Rolle eines → Temenos spielt, eine Art sakraler Plattform von 340 x 215 m Seitenlänge, auf deren Mitte der Tempel erstellt wurde.

Die Vorderfront des Tempels von Angkor Vat erhebt sich auf einem mit reichem Simswerk versehenen hohen Sockel. Symmetrisch entfalten sich zu beiden Seiten die Flügel der riesigen umlaufenden Galerie (187 x 215 m), die gegen die Außenseite hin geöffnet ist. Der auf quadrat. Sandsteinpfeilern ruhende Säulensaal mit gewölbter Hauptgalerie ist an den Winkeln mit kreuzförmigen Pavillons ausgestattet. Auf der Mauerinnenseite dieser Galerie zieht sich ein Band phantastischer Flachreliefs hin, die den ganzen Tempel auf mehr als 500 m Länge umlaufen. Die Darstellungen dieses bewundernswerten Werkes überlassen uns zugleich eine Mythologie und eine Art Geschichtschronik des Königreiches. Wenn wir den Weg in der gleichen Achse fortsetzen, dringen wir in einen Baukomplex ein, der das kennzeichnende Element der klass. angkorianischen Formensprache ist: der kreuzförmige Klosterhof. Dieser Hof verbindet die Galerie der Flachreliefs mit der Galerie der zweiten Umfassungsmauer. In der Achse des Haupteingangs und in den beiden Achsen der Nebeneingänge liegen drei Galerien, die sich im zweiten Geschoß mit drei Gopurams vereinigen. Anschließend durchschneidet eine neue Galerie, die in einer zu diesen drei Galerien einen rechten Winkel bildenden Linie liegt, das ganze Gebäude, das auf diese Weise im Grundriß die Form eines Kreuzes ergibt. Es entstehen dadurch vier kleine, unbedeckte Höfe. Die Galerien dieses Kreuzganges weisen zum erstenmal ein Sandsteingewölbe auf, das auf einer vierfachen Säulenreihe ruht. Das Ergebnis dieser Konstruktion ist ein Mit-

Figürlicher Reliefschmuck im Prah Khan, Angkor Vat, Kambodscha, gew. 1191.

Tempel von Angkor Vat. Kambodscha, 1. Hälfte 12. Jh.

Figurenreihe am Zugang zur Stadt Angkor, Kambodscha.

telschiff, das in Widerlagerung zwei Seitenschiffe darbietet. Diese kreuzförmige Struktur umsäumen wiederum Galerien, unter deren schützendem Dach sich eine wahrhafte Girlande von Skulpturen entwickelt: in scharf kontrastierendem Relief zieht ein ganzes Ballett reizender Apsaras und Devatas vor unseren Augen vorbei.

Die drei parallel laufenden Galerien des Kreuzganges folgen der aufsteigenden Bewegung der Treppen und ermöglichen mit Hilfe eines übereinandergestaffelten Gewölbesystems, das zweite Stockwerk zu erreichen. Die umlaufende Galerie des zweiten Geschosses öffnet sich durch mit Balustern versehene Fenster nur gegen die Innenseite des Gebäudes. Diese zweite Einfriedigung, die 100 x 115 m mißt, umfängt den riesigen 13 m hohen Unterbau, von dessen höchster Plattform aus die in Quincunxstellung (wie die Fünf eines Würfels) angeordneten Türme emporragen.

Die dritte Stufe des Tempelberges, die das Sanktuarium trägt, ist aus einer umlaufenden Galerie gebildet, deren Baluster-Fenster sich diesmal gegen die Außenseite hin öffnen. Die inneren Säulengänge sind von Pfeilern gestützt.

Von der Mitte jeder Seite dieser umlaufenden Galerie aus strebt ein in rechtem Winkel angelegter Gang gegen das zentrale Heiligtum. Diese Gänge, deren Gewölbe von einer vierfachen Reihe von Pfeilern getragen ist, erzielen eine ähnliche Raumaufteilung wie der Kreuzgang der ersten Etage. Der wesentliche Unterschied besteht im Vorhandensein des fünffachen Turmes mit seinem machtvoll emporstrebenden Sanktuarium, dem sich in den vier Winkeln kleinere Türme, gleichfalls in Form einer Tiara, zugesellen.

Das Zentralheiligtum besitzt vier auf Pfeilern ruhende vorgestellte Tore und erreicht in einem Aufschwung von 42 m den Gipfel seines Steindaches, der in Form einer Lotusknospe 65 m über der angkorianischen Ebene in den Himmel ragt. Von hier aus erkennt man deutlich das riesige Mandala, das die gesamte Bauanlage in das Gelände zeichnet – das Bild des himmlischen Palastes symbolisierend, in welchem die Götter auf dem Gipfel des Berges Meru leben.

Das letzte Aufblühen unter Jayavarman VII.

Nach dem Tode Suryavarmans II., gegen 1150, benutzten die Cham die ungeordnete Situation, um einen kühnen Überfall auf Angkor zu unternehmen, das sie im Jahre 1177 in Brand steckten. Dem König Jayavarman VII. gelang es, die Eindringlinge zu verjagen, die Macht der Khmer wiederherzustellen und sich im Jahre 1181 zum König von Angkor krönen zu lassen. Er ging unverzüglich ans Werk, die Stadt vollständig zu rekonstruieren.

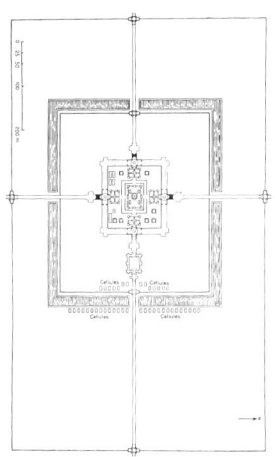

Tempel Ta Prohm, Kambodscha, gew. 1186.

Neak Pean, Kambodscha (Stil des Bayon).

Er gab den hinduistischen Kult seiner Vorgänger auf und bekannte sich zum buddhistischen Glauben. Als Folge dieses Wechsels entwickelte sich ein vollständig neuer Stil von seltsamem und faszinierendem Barockismus. Die klassische, strenge Linienführung Angkor Vats verschwand und machte einer neuen Raumkonzeption Platz. Unversehens stehen wir einer Kunst gegenüber, die die Grenzen zwischen Skulptur und Architektur verwischte. Die Türme der Monumente bedecken sich mit riesigen plastisch dargestellten Gesichtern, die das Bildnis des Buddha und zugleich das des Herrschers Jayavarman VII. verkörpern.

Tempel von Angkor Vat. Mit Balustern versehene Fenster der Galerie des zweiten Geschosses.

König Jayavarman gründete eine Tempelstadt. Es handelt sich um Ta Prohm, deren Umfassungsmauer 1000 x 600 m mißt. Der Tempel selbst wurde nach einem Schema errichtet, das den meisten der von Jayavarman VII. erbauten oder begonnenen buddhistischen Klöstern als Modell diente. Grundsätzlich bestand der Flachtempel, wie er bereits während der klass. Periode zur Zeit der Gründung Angkor Vats durch die Heiligtümer Banteay Samre und Beng Mealea angekündigt wurde, aus einer dreifachen Einfriedigung von konzentrischen Galerien. Die Verschmelzung zwischen den Stufen der Pyramide und den umlaufenden Galerien, die allmählich zustande gekommen war, ist nun vollständig als Baulösung übernommen worden.

Von einem 40 m breiten Wassergraben umgeben, der ein Rechteck von ungefähr 1000 x 750 m bildet, gleicht der Tempel von Prah Khan sehr demjenigen von Ta Prohm. Die Ausführung der Bauten läßt jedoch die Hast erraten, mit der er erstellt wurde. Von mittelmäßiger Qualität, um nicht geradezu von Pfuschwerk zu sprechen, ist nicht nur der Mauerverband, auch die bildhauerische Ausschmückung wirkt oft nachlässig und plump.

Die Meisterwerke Angkor Thom und der Bayon

Gegen 1200 gegründet, drückt die Kapitale, Angkor Thom oder ›große, königliche Stadt‹ genannt, der angkorianischen Architektur einen neuen Stempel auf. Zu diesem Zeitpunkt entstand der typische barocke Kunststil, der dem Verfall des Reiches vorausging. Die Umfassungsmauer der neuen Hauptstadt läßt bereits diesen neuen Stil erkennen. Auf den fünf Deichen, die den Wassergraben überqueren, sehen wir eine höchst interessante Schöpfung: die Deichstraße der Riesen. Es handelt sich um eine Zugangsstraße, die auf beiden Seiten von hohen Balustraden gesäumt ist. Dieselben bestehen aus 54 Riesen, die in ihren kräftigen Armen den Körper einer enormen Naga tragen. Diese umfangreiche allegorische Komposition greift eines der beliebten

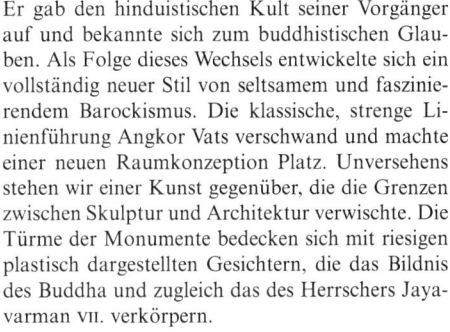

Angkor Thom, Kambodscha, frühes 13.Jh. Nordtor.

Themen der indischen Mythologie auf: das Buttern des Milchmeeres, das die Schöpfung der Welt versinnbildlicht. Diese mythische Szene wird überdies noch gesteigert durch die Gesichter-Türme.

Diese symbolische Kunst findet jedoch ihre höchste Ausdruckskraft in der erstaunlichen Konstruktion des Bayon, eines weiteren Meisterwerks Jayavarmans VII. Er ist eine unerhörte komplexe Schöpfung, verworren, überladen und dennoch grandios. Die Galerien öffnen sich gegen die Außenseite, und die Innenseite der Mauern ist mit erzählenden Reliefs verkleidet. Türme erheben sich an den Winkeln und auf den dreifachen Gopurams, die jede Seite des quadrat. Baues betonen. Es handelt sich dabei um Türme, die plastische Gesichter aufweisen. Sie sind so unzählig, daß geradezu von einem Wald gesprochen werden kann, der von dem riesigen Rundmassiv des zentralen Turmes überragt wird. Sie stellen riesige Köpfe mit vier Gesichtern dar, die in die vier Himmelsrichtungen schauen. Diese gigantischen Gesichter mit ihren ruhigen wohlwollenden Zügen, ihren wie in tiefer Sammlung geschlossenen Augen, dem harmonisch lächelnden Mund sind die Verkörperung des Gott-Königbildnisses Bodhisattva-Jayavarman VII. Der Bayon ist somit ein Monument von vollständig neuer und tiefgründiger Bedeutung. Die Gesichter des Buddha-Königs, den vier Himmelsrichtungen zugewendet, drücken den Schutz des Gottes aus, den er dem ganzen Universum zukommen läßt, aber auch die Macht und Allgegenwart des Herrschers.

Während des 14.Jhs. konnten sich einige unbedeutende Könige auf dem angkorianischen Thron behaupten. Doch gegen Mitte des 15.Jhs. wurde die Stadt gänzlich verlassen.

Tempel des Bayon, Angkor Thom, Kambodscha, frühes 13.Jh.

Die Kunst des Cham

Während die angkorianische Zivilisation ihren Aufstieg nahm, hatte sich auf der östlichen Seite der indochinesischen Halbinsel die Kunst der Cham entwickelt. Sie ist ebenfalls stark von Indien beeinflußt und weist keine großen Unterschiede im Vergleich mit den ersten Khmer-Sanktuarien wie Sambor und des Kulên auf. Die Prasate sind im allgemeinen in Backstein ausgeführt, mit einer spärlichen Anwendung von Steinmaterial für Dekorationszwecke, wie es zum Beispiel die Stürze und Reliefs sind. In Mison (7. bis 11.Jh.) beruhen sie auf klassischen Grundrissen. Wir finden aber in Binh-dinh (11.Jh.) auch einen oktogonalen Turm, der gewissen Sanktuarien von Sambor Prei Kuk ähnelt. Mit den letzten Cham-Konstruktionen hatte auch die brahmanische Domination in Indochina ihr Ende gefunden.

Zur selben Zeit wurde in Angkor der hinduistische Glaube vom Buddhismus verdrängt. Es waren nun die den Erleuchteten verehrenden Völker, die die Baukunst der Stupen – wie sie in Sanchi zwölf Jahrhunderte früher geboren wurde – fortpflanzten, während in Indien selbst der Buddha seit Jahrhunderten keinen Einfluß mehr ausübte.

Turm des Bayon mit den Gesichtern des Bodhisattva-Jayavarman VII., Kambodscha.

Birma und Thailand

Als die Thais im 14.Jh. Angkor eroberten, waren sie die Überbringer von Traditionen, die sie direkt aus dem nordwestlichen Gebiet ererbt hatten, d.h. von Birma und dem Irrawaddy-Tal. Wir möchten daher zuerst die aus dem Königreich Birma hervorgegangene Zivilisation behandeln, bevor wir die siamesischen Schöpfungen besprechen.

Birma hatte schon seit den ersten Jahrhunderten unserer Zeitrechnung eine Befruchtung durch die indische Kultur erfahren. Die Werke, die es uns überlassen hat, führen jedoch selten auf die Zeit vor der Oberherrschaft der Stadt Pagan zurück, der ›Stadt der vier Millionen Pagoden‹, die 849 ihre Geschichte begann. Im Jahre 1044 unternahm König Anoratha die Eroberung von Nieder-Birma. Er

Banteay Kdei, Kambodscha (Stil des Bayon).

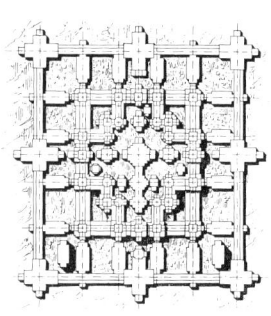

Bayon, Kambodscha, nach 1181.

Tempel von Thatbyinnya, Pagan, Birma, 1144.

Wat Sri Semp'et, Ayuthia, Thailand, 15.-16. Jh.

Maha Muni-Pagode, Mandalay, Birma, 1784.

Shwe Dagon-Pagode, Rangoon, Birma, beg. 1372.

nahm die Stadt Thaton ein und führte deren 30 000 überaus zivilisierten Einwohner – sie waren seit langem in Berührung mit Indien – seiner Stadt Pagan zu. Von dieser Zeit an entwickelte sich Pagan zu einer mächtigen Hauptstadt. Auf einer Fläche von 400 Quadratkilometern erbauten die Könige in zwei Jahrhunderten mehr als 5000 Pagoden und Stupen in einem Stil, der sich zu Beginn durch die tibetanische Kunst inspirierte. Die Eigenart dieser Baukunst besteht in der Anwendung echter Gewölbe aus Backstein oder keilförmig geschlagenen Hausteinen – vielleicht von der iranischen Architektur beeinflußt. Infolge muselmanischer Einfälle sind angeblich iranische Flüchtlinge das Gangestal entlang bis nach Bengalen gelangt, was eine entsprechende Kunsteinwirkung erklärt. Zwischen dem 11. und 13. Jh. entstehen in Pagan ganz eigenartige Bauten. Es handelt sich um aus Backsteinen und → Stuck hergestellte Tempel, die oft weite Innenräume enthalten. Sie verbinden die angeeignete Gewölbetechnik mit den dekorativen indischen Motiven der Giebelfelder in Gestalt eines Flammen-Kudus. Diese riesigen Bauwerke, die einem Reliquienschrein ähneln, enthalten oft eine kolossale Buddhastatue. Sie sind über die ganze Ebene von Pagan verteilt und bilden einen wahrhaften Wald von Stupen. Der Einfall des Kublai Khan, der die mongolischen Truppen anführte, hat jedoch das Land zugrunde gerichtet, was das Ende der Bauphase in diesem Gebiet bedeutete.

Zwischen dem 14. und 18. Jh. hatte sich der Mittelpunkt des Landes nach Pegu, Mingun, Mandalay und Rangun verlegt. Die Errichtung viereckiger oder runder Stupen, die oft gigantische Ausmaße haben, wurde dort fortgesetzt. Die Pagode von Shwe Dagon in Rangun zum Beispiel wurde seit dem Jahre 1372 bis heute mehrmals vergrößert und erreicht nun eine Höhe von 105 m. Ihr besonderes Merkmal ist ihre Blattgoldverkleidung.

Die Thais erfuhren die Einwirkung Birmas, später sehen wir Spuren Sri Lankas: die hochaufgeschossene Silhouette der Stupen, die den späten Werken

Tempel von Kubyaukgyi, Pagan, Birma, 1113.

Birmas ähneln, scheinen von dort zu stammen. Im 13. und 14. Jh. erblüht der Sukhothai-Stil, um anschließend vom 14. bis 18. Jh. den Stilen des U-Thong und Ayuthias Platz zu machen, die besonders durch ihre Skulpturen und Bronzestatuen berühmt geworden sind. Was uns jedoch außer der Erbauung der Stupen und Pagoden in dieser Architektur interessiert, ist die in der Epoche des Stiles von Bangkok angewandte Holzkonstruktion für die Paläste, deren Formen – die gekreuzten Giebel und übereinandergestaffelten Dächer – sehr den fürstlichen Bauwerken der spätangkorianischen Herrscher ähneln dürften, von denen uns leider nichts erhalten geblieben ist.   H. S.

Lit.: Coomaraswany '27; Parmentier '39; Groslier '61; Gleize '63; Coedès '64; Frédéric '64; Stern, P. '65; Boisselier '66; Strachan '89; Ringis '90; Miksic '91.

Südsee → *Nachträge.*

Suger (Sugerius, 1080-1151). Frz. Staatsmann, Geschichtsschreiber und Theologe. Seit 1122 Abt des Klosters Saint-Denis bei Paris. Während seiner Amtszeit erfolgte der Neubau der Abteikirche (1137-44), der als Gründerbau der frz. → Gotik gilt. S., selbst kein Architekt, sondern Bauherr, hat der Bauentwicklung entscheidende Impulse mitgegeben, die er in zwei Büchern festgehalten hat: ›Libellus de conservatione ecclesiae S. Dionysii‹ und ›De

rebus in administrationem sua gestis‹. Seine Anschauungen wurden vorwiegend durch die Schriften
des Pseudo-Dionysius geprägt, durch den in der
Architektur eine Symbolsprache Eingang fand (Bedeutung der Säulen, Programm und Standorte der
Figuren und Portale, Fenstergestaltung und Lichtführung etc.). S. versuchte mit Saint-Denis und den
programmatischen Inhalten die Kirche als den
Staat Gottes auf Erden zu verwirklichen.

Lit.: Aubert '41-43; Panofsky '79; Crosby '87.

Sullivan, Louis Henry (1856-1924). Geb. in Boston,
irischer, schweiz. und dt. Abstammung, studierte
kurze Zeit am Massachusetts Institute of Technology und ging 1873 nach Chicago, wo er unter
→ Jenney arbeitete. Nach einem einjährigen Aufenthalt in Paris, wo er in → Vaudremers Atelier tätig
war, kehrte er nach Chicago zurück und trat 1879
in das Architekturbüro von Dankmar Adler (1844
bis 1900) ein; es wurde 1881 unter dem Namen
Adler & Sullivan bekannt. Das erste größere Bauwerk und zweifelsohne das spektakulärste zu dieser
Zeit war das Auditorium Building (1887-89) in Chicago, das stark von → Richardson beeinflußt war;
es hat mehr als 4000 Sitzplätze. S.s Innendekorationen sind sehr interessant. Sie wirken vegetabil und
gehen vielleicht auf die → Renaissance zurück, wei-

Guaranty Building, Buffalo, von → Sullivan, 1894.

sen aber zugleich auch auf den → Jugendstil hin.
Seine beiden bekanntesten Hochhäuser, das Wainwright Building in St. Louis (1890) und das Guaranty Building in Buffalo (1894), besitzen nicht die
funktionalistische Klarheit des 1894 von → Holabird & Roche (mit Abb.) errichteten Marquette
Building, bringen aber am Außenbau die → Skelettbauweise zum Ausdruck. Obwohl Sullivan in seinen
›Kindergarten Chats‹ (1901) für ein zeitweiliges
Weglassen aller Dekoration eintrat, war er selbst
vom Ornament ebenso wie auch von der funktionellen Aussage fasziniert. Dies zeigt sich deutlich beim
Carson, Pirie & Scott Store in Chicago (1899-1904,
Abb. → Chicago; → Jugendstil; → USA), seinem
letzten größeren Gebäude, zugleich dem charakteri-

*Auditorium Building, Chicago, von → Sullivan und
Dankmar Adler, 1887-89.*

stischsten Bauwerk der ›Schule von → Chicago‹
(Abb. → Chicago, Schule von). Für die Columbian
Exposition in Chicago von 1893 entwarf S. das
Transportation Building mit seinem eindrucksvollen riesigen, unprofilierten Eingangsbogen. S. erkannte, daß der → Historismus, der sonst auf der
Ausstellung vorherrschte, für die unmittelbare Zukunft der amerik. Architektur einen Rückschlag
bedeuten würde. Nach Adlers Tod 1900 führte S.
immer weniger Arbeiten aus (zu erwähnen ist hier
die National Farmers Bank in Owatonna, Minnesota, 1907-08), bis er schließlich seine Tätigkeit fast
ganz aufgab. Er war ein schwieriger, kompromißloser Sonderling, doch kann man seine hervorragenden Fähigkeiten nicht leugnen, man lese nur die
Elogen, die sein Schüler → Wright seinem »lieben
Meister« gewidmet hat. Abb. → USA.

*Wainwright Building, St. Louis,
von → Sullivan, 1890.*

Lit.: Sullivan '01-02, '24 a, b, '76; Morrison '35; Hope '47; Zevi
'48 b; Szarkowski '56; Bush-Brown '60; Connely '60; Paul '62;
English '63; Condit '64; Duncan '65; Spragne '79; Zukowsky
'87, '90; Twombly '88; Frei '92.

**Sumerische und akkadische (babylonische, assyri-
sche) Architektur.** Die Architektur im Alten Zweistromland umfaßt drei Jahrtausende v. Chr., und sie
nimmt den Raum vom Persischen Golf euphrataul-
wärts bis nach Mari und tigrisaufwärts bis nach
Ninive ein. Baumaterial ist überwiegend und im
Süden fast ausschließlich der Lehmziegel von häufig wechselndem Format (→ Backsteinbau). Stein
ist in Südmesopotamien Luxus, da nur in der Wüste
zu finden. Als einheimisches Bauholz (Dachbalken)
dienten die Stämme der Dattelpalme. Trotz der Beschränkung im Material kam es schon um die
Wende vom 4. zum 3. Jt. zu Höchstleistungen in der
sumerischen Architektur: ausgedehnte → Tempel
mit raffinierter Wandgliederung (→ Pfeiler, → Nischen); Hochtempel auf einer Terrasse als Vorform
der → Zikkurrat. Starke Wetteranfälligkeit der
meist ungebrannten Ziegel zwang zu häufiger Er-

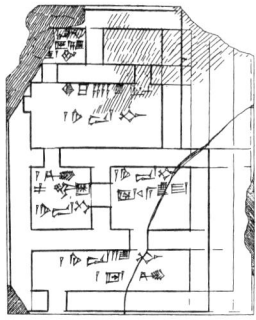

*Sumerische und akkadische
Architektur. Gebäudeplan auf
Tontafel, um 2150 v. Chr.*

*Sumerische und akkadische Architektur. Konische
Mosaiken als Dekor der Halbsäulen der Pfeilerhalle
von Uruk.*

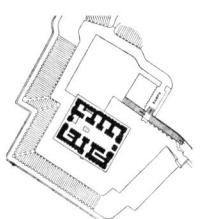

Sumerische und akkadische Architektur. Der ›Weiße Tempel‹ auf der → Zikkurat Uruk.

neuerung der Bauten und bewirkte so eine rasche Abfolge der Bauzustände. Folglich ist auch der heutige Erhaltungszustand meist dürftig; oft läßt sich nur wenig mehr als der Grundriß rekonstruieren.

Seit ca. 2700 v. Chr. gesellt sich als zweiter Monumentalbautyp der Herrscherpalast hinzu. Eindrucksvolle Zeugnisse sind der altbabylon. Palast von Mari (18. Jh. v. Chr.) oder der neuassyr. Palast Sargons II. in Dur-Šarrukin (Chorsabad). Der Grundcharakter der Architektur lag, außer bei der Zikkurrat, stärker in der Horizontalen: Systeme von Torgebäuden, Raumtrakten, Innenhöfen, Tempelzellen, Mauerzingeln – so wenigstens erscheint es nach der uns möglichen Rekonstruktion – grenzten in fast gleicher Höhe aneinander. Eine wichtige Rolle spielte dabei außer der Gliederung der Wände auch deren Dekor: Wandmalerei, Wandrelief, → Friese, glasierte Ziegel.

Bauprinzip des Wohnhauses war die Gruppierung um einen zentralen Hof. In den Städten ergab sich

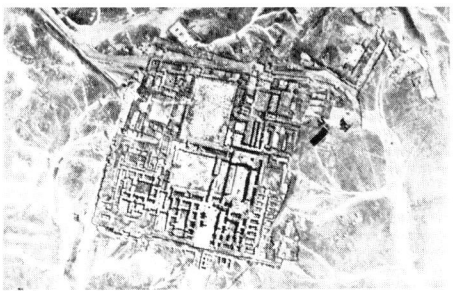

Sumerische und akkadische Architektur. Palast von Mari, 18. Jh. v. Chr.

ein Gewirr eng aneinandergelehnter Häuser von unregelmäßigem Grundriß mit schmalen Gassen dazwischen. Zwar gibt es erst wenige Fälle, in denen Wohnviertel in größerem Umfang ausgegraben worden sind; doch dürfte sich das Gesamtbild nicht sehr von dem der ma. Stadt im Vorderen Orient unterschieden haben.

Erwähnung verdient unter den technisch bemerkenswerten Bauleistungen des Alten Zweistromlandes u. a. der Aquädukt des Königs Sanherib von Assyrien (704-681 v. Chr.) mit Überresten bei Jerwan in Irakisch-Kurdistan.

Pläne von Grundrissen mit Maßangaben finden sich auf Tontafeln schon im 23. Jh. v. Chr. Berühmt ist die nur wenig jüngere Statue des ›Gudea als Architekt‹; der sitzend dargestellte Herrscher hat vor sich auf dem Schoß den Plan eines großen Gebäudes liegen. Abb. → Backsteinbau.   D. O. E.

Lit.: Andrae '30, '38; Frankfort '54; Strommenger '64.

Sundahl, Eskil (1890-1974) → Skandinavien.

Supraporte, die (lat.: über der Türe). Gemälde oder Relief über der Tür eines Raumes, in Übereinstimmung mit der Türeinfassung gerahmt und mit ihr eine dekorative Einheit bildend; besonders im → Barock gebräuchlich.

Suprematismus. Von → Malewitsch geprägter Begriff für eine Kunstform, die aus reiner Abstraktion besteht. Pragmatischen Charakter hat sein 1913 geschaffenes Bild ›Schwarzes Quadrat auf weißem Grund‹, das er »die nackte, ungerahmte Ikone meiner Zeit« nannte. Die auf geometrische Grundfor-

Sumerische und akkadische Architektur. Altbabylonische Wohnstadt von Ur, um 2000 v. Chr.

Sumerische und akkadische Architektur. Der ›Weiße Tempel‹, Uruk, 3500-3000 v. Chr.

men reduzierten Bildelemente wandte Malewitsch auch bei plastisch-architektonischen Kompositionen an und beeinflußte mit El → Lissitzky (Zusammenarbeit in Witebsk ab 1919) auch die Lehren am → Bauhaus und der Gruppe um → De Stijl (Mondrian). → Abstrakte Architektur; → Konstruktivismus; → Rußland; → Sowjetische Architektur.

Lit.: Malewitsch '62.   M.-A. v. L.

Sustris, Friedrich (1524/91/99). Niederländ. Maler und Architekt des → Manierismus, arbeitete in München, wo zur gleichen Zeit → Candid und Hubert Gerhard lebten. S. studierte in Italien, bevor er sich eine verfeinerte manieristische Formensprache, die auf → Vasari zurückgeht, aneignete. Sein architekt. Hauptwerk ist der Chor mit dem Querschiff der Michaelskirche in München (1592, erbaut nach dem Einsturz des Turms im gleichen Jahr; Abb. → Deutschland). S. entwarf auch den Grottenhof in der Münchener Residenz (1581-86), dessen Stil

Chor und Hauptschiff von St. Michael, München, von → Sustris, 1592.

vom florent. Manierismus geprägt ist, und ließ nach seinen Plänen das Antiquarium zu einem Festsaal umgestalten (1586 bis 1600). 1584 baute S. die Pfarrkirche in Dachau wieder auf. Sein Entwurf für die Innenraumgestaltung von Burg Trausnitz in Landshut (1577) hat sich erhalten, auch wird ihm die Akademie der Wissenschaften (früher Jesuitenkolleg) in München zugeschrieben.

Lit.: Feulner '22; Braun, J. '33; Hock '53.

Swaelmen, Louis van der (1883-1929). Nach einer kurzen Laufbahn als Kunstmaler war v. d. S. zusammen mit seinem Vater Louis-Léopold als Gartengestalter tätig. Nachdem er sich im Ersten Weltkrieg nach Holland abgesetzt hatte, wurde er 1915 Mitglied des ›Comité Néerlando-Belge d'Art Civique‹, einer unter dem Vorsitz des Architekten → Berlage eingerichteten Studiengruppe zur Vorbereitung des Wiederaufbaus von Belgien. 1916 erschien sein Buch ›Préliminaires d'Art Civique‹, die erste Übersicht über den Städtebau in Belgien. Neben seiner theoretischen Arbeit entwarf er die wichtigsten → Gartenstädte, die zwischen 1919 und 1926 in Belgien erbaut wurden: ›Le Logis & Floréal‹ (Bosvoorde/Brüssel), ›Kapelleveld‹ (Brüssel) und ›Klein Rusland‹ (Zelzate). V. d. S. zeichnete auch für die Gartengestaltung in der ›Cité Moderne‹ des Architekten Victor Bourgeois verantwortlich (Brüssel). 1926 Grab des Schriftstellers Emile Verhaeren. V. d. S. war Gründer und erster Vorsitzender der ›Société des Urbanistes belges‹. Sein 1925 in der Zeitschrift ›La Cité‹ erschienener Aufsatz ›L'Effort Moderne en Belgique‹ gibt einen Überblick über die neuen Entwicklungen seit → Horta. → Van de Velde rief ihn 1927 als ersten Dozenten für Städtebau und Gartenarchitektur an das ISAD (Institut Supérieur des Arts Décoratifs) in Brüssel. → Niederlande/Belgien.   M.D.

Lit.: Martiny '66; Stynen '79.

Swizinsky, Helmut (geb. 1944) → COOP Himmelblau.

Symbolik der Architektur → *Nachträge.*

Synagoge. Altneuschul, Prag, um 1280.

Synagoge, die (gr.: Versammlungsort). Jüd. Gemeindehaus, das auch ›Lehrhaus‹ war und nichts mit dem antiken Tempel, der Behausung der Gottheit, zu tun hatte.
Diese andersartige Funktion veranlaßte auch eine vom antiken Tempel verschiedene Bauform. Archäologische Grabungen inner- und außerhalb Pa-

Synagoge Oranienburger Straße, Berlin, 1859-66.

lästinas zeigen uns häufig die Übernahme und Adaptierung der säkularen röm. → Basilika (häufig dreischiffig wie in Kapernaum), flach gedeckt, oft mit einem Vorplatz und Bänken an den Wänden. Das Gebäude war meistens in der Gebetsrichtung nach Jerusalem ausgerichtet. Die Hl. Lade (Aron Hakodesch) mit den Rollen der Hl. Schriften hatte urspr. keinen festen Platz, später war dafür eine Nische (Dura-Europos am oberen Euphrat) oder Apsis (Beth Alpha in Israel) vorgesehen; ihr Platz war meistens vorne an der Schmalwand.
Diesen S.ntyp findet man in der 3.-7. Jh., d.h. in der röm. Kaiserzeit und der byzant. Epoche, vorzugsweise in Galiläa, das nach der Zerstörung des Tempels in Jerusalem (70 n. Chr.) und Niederwerfung des Aufstandes unter Hadrian Schwerpunkt der jüdischen Siedlung in Palästina geworden war, mit Tiberias als der damaligen Residenz des jüdischen Patriarchen. Aber auch außerhalb Palästinas gab es bedeutende S.n; nach der literarischen Überlieferung war die im Aufstand unter Trajan zerstörte große S. von Alexandria besonders prachtvoll; die kürzlich ausgegrabene S. von Sardes in Kleinasien, keine der ganz großen Judengemeinden, war doch schon halb so lang wie die jetzige Peterskirche in Rom!
Charakteristisch für die S.narchitektur ist die Übernahme von Stilformen der zeitgenössischen Umwelt. Wir finden in den antiken S.n → hellenist.-röm. Ornamente und Mosaiken; die von den Nationalsozialisten zerstörte und jetzt wiederaufgebaute älteste deutsche S. in Worms ist → roman.; die Altneuschul in Prag (mit Fünfrippengewölbe, um das Kreuzgewölbe zu vermeiden) sowie die S. in Kasimierz (Krakau) sind → got., ebenso wie die in Regensburg, die A. Altdorfer vor ihrer Zerstörung in zwei Radierungen überliefert hat; sie war zweischiffig wie die Kirchen der Bettelmönche, bei denen ja auch die mittlere Säulenreihe nicht störte, da den Besuchern die Predigt wichtiger war als der – von der mittleren Säulenreihe häufig gestörte – Blick auf das vom Geistlichen zelebrierte Meßwunder.

Synagoge Regensburg, frühes 13. Jh. Stich von Albrecht Altdorfer, 1519.

Synagoge Florenz, 1874-82.

Den Stil der → Renaissance und vor allem des → Barock finden wir in vielen ital. S.n (z. B. Padua und Venedig), des → Rokoko in Cavaillon bei Avignon, in vielen S.n des 19. Jhs. die damals üblichen historisierenden Kirchenstile, in Budweis in Böhmen eine neogot. (→ Neugotik) S., sogar mit zwei Kirchtürmen. Besonders populär wurde im Westen im 19. Jh. ein ›byzant.-maur.‹ S.n-Baustil, durch den die orientalische Abstammung der Juden wohl betont werden sollte (z. B. Berlin, Oranienburger Straße).

Vermutlich in Anlehnung an den Hochaltar der christl. Kirche ist der Platz der Hl. Lade mit den Schriftrollen und des Vorlesepults in neueren S.n um einige Stufen erhöht, an der vorderen Schmalwand, während das Vorlesepult (Almenor, → Bema) in den älteren S.n (Prag, Amsterdam) in der Mitte (akustisch der beste Platz) errichtet war. In ital. S.n, in den beiden alten S.n in der Nähe von Avignon (Carpentras und Cavaillon) sowie im fernen Cochin in Indien ist der Platz des Vorlesepultes an der Schmalseite gegenüber der Hl. Lade, häufig sogar um ungefähr zehn Stufen erhöht als architekt. Gegenpol zu dieser.

Die Frauen-Abteilung (Esrat Naschim) war in älteren S.n durch einen Vorhang von den Männern abgetrennt, in neueren S.n baute man für sie einen Balkon über dem Parterre der Männer.

Ein Sondertyp der S.n, von denen heute nur noch Reste in Museen existieren, waren die polnischen Holzs.n, die – ähnlich wie die slawischen Holzkirchen – im waldreichen Osteuropa im 17. und 18. Jh. gebaut wurden, da Material und Bauerlaubnis für solche Holzbauten leichter zu erhalten waren. Die Innenwände waren folkloristisch von lokalen Künstlern ausgemalt. In der Maingegend gab es vor der Zerstörung im Dritten Reich auch einige solcher S.n, ausgemalt von Künstlern, deren Familien vor den Verfolgungen in Polen nach Deutschland geflüchtet waren.

Ebenso wie im Kirchenbau hat auch in der S.n-Architektur die mod. Baukunst einen ästhetischen Aufstieg gebracht, besonders in den USA, wo seit dem Zweiten Weltkrieg hunderte neuer S.n gebaut wurden, aber auch in Europa, vor allem in Deutschland in Zusammenhang mit dem Wiederaufbau nach den von den Nationalsozialisten begangenen Zerstörungen.

Im Einklang mit der urspr. Bedeutung der S. sind diese Neubauten nicht nur Häuser des Gebets, sondern enthalten auch helle Versammlungs- und Klubräume. Sie sind häufig geschmückt mit Glasfenstern und Kultgegenständen in mod. Stil, wobei allerdings die Kontinuität der historischen Form häufig nicht genug gewahrt ist. Jedenfalls ist in neuester Zeit allenthalben ein Aufschwung des

Synagoge Oranienburger Straße, Berlin, 1859-66.

S.nbaus in Außen- und Innenarchitektur festzustellen. Abb. → Wright. H. ST.

Lit.: Krauss, S. '22; Krautheimer '27; Rufenberg '50; Roth, C. '61; Kampf '66; Eschwege '80; Hammer-Schenk '81; Chiat '82; Schwarz '88; Krinsky '88.

Synthronon, das (gr.). Die in → frühchristl. und → byzant. Kirchen der Geistlichkeit vorbehaltenen Sitze. Sie sind entweder im Halbkreis in der → Apsis beiderseits des Bischofsstuhls angeordnet, manchmal wie bei einem → Amphitheater ansteigend (Kathedrale von Torcello), oder in geraden Reihen zu beiden Seiten des → Bema.

Systylos, der (gr.). Säulenstellung, deren → Interkolumnium zwei untere Säulendurchmesser beträgt.
Lit.: Vitruv III 2.

Synagoge Cleveland, von → Mendelsohn, 1945.

T

Tabernakel, das od. der (lat.: Hütte). **1.** In Kirchen Gehäuse zur Aufbewahrung der geweihten Hostien; es erreichte in der Spätgotik (→ Gotik) im zierlichen, schlanken, geometrisch sehr vielfältigen → Sakramentshaus besonders schöne Ausgestaltung. – **2.** Synonym für → Baldachin oder → Ciborium. – **3.** In der got. Kunst ein von Säulen und Spitzdach gebildeter Aufbau mit oder ohne Statue.
Lit.: Baare-Schmidt '37; Prutscher '61.

Tablinum, das (lat.). Der zum → Atrium offene Wohn- und Speiseraum des röm. Wohnhauses.

Tadschikistan → Mittelasien.

Taenia, die (gr.-lat.: Kopfbinde). Abschlußleiste am → Architrav der dor. → Säulenordnung.

Tafelwerk. Eine in den nordischen Ländern vom MA. bis ins 18. Jh. beliebte Art der Wandverkleidung aus Holz, die als Wärmeisolierung und als Schmuck des Raumes diente. Sie besteht aus → Friesen und Füllungen, die oft unverziert belassen, oft aber auch durch Malerei und kunstvolle Reliefs geschmückt wurden (auch durch gefaltetes Leinen, engl. Linenfold). → Boiserie.

Takeyama, Minoru (geb. 1934). Bis 1956 Studium an der Waseda-Universität in Tokio, bis 1960 an der Harvard University, dann Mitarbeit u. a. bei → Sert und Hideo Sasaki in Cambridge (Massachusetts), bei → Harrison und → Abramowitz in New York. 1962 bei → Utzon und → Jacobsen in Dänemark. Seit 1976 Lehrer an der Musashino Kunstuniversität in Tokio. T. ist ein vielbeschäftigter Architekt; manchen seiner Bauten fehlt es nicht an abwechslungsreicher Extravaganz. Dies zeigen schon sein Kaufhaus und Restaurant Ichibankan (Nibankan) in Tokio, 1970, oder sein Hotel Beverley Tom in Tomakomai, Hokkaido, 1973. Eine große Zahl seiner Werke lehnt sich an moderne bzw. → postmoderne Vorbilder an. Neuere Bauten: Nakamura-

Hotel Beverly Tom, Tomakomai, Hokkaido, von → Takeyama, 1972-73.

Klinik, Sapporo (1981), Gebäude für die Mushashino-Kunstakademie (1983), Abfertigungsgebäude für den Hafen von Tokio (1991).
Lit.: Ross '78; CA '80, '87.

Talenti, Francesco (ca. 1300-69) → Arnolfo di Cambio.

Taller de Arquitectura → Bofill.

Talman, William (1650-1719). Engl. Architekt und Zeitgenosse → Wrens; war der führende Landhausarchitekt, bis er von → Vanbrugh übertroffen wurde. Über seine Person ist nur wenig bekannt, er scheint ein schwieriger und streitsüchtiger Mensch gewesen zu sein. Seine Landhäuser sind in England die großzügigsten Bauten seiner Zeit und bringen einen Mischstil des frz. und ital. → Barock zur Entfaltung. T. übte großen Einfluß aus, z. B. durch die Anwendung von → Kolossalpilastern (→ Pilaster) mit → Architrav und → Fries zur Rahmung der Fassaden, wobei das Kranzgesims (→ Gesims) das einzige durchlaufende Element ist. Thoresby (1683-85, zerst.), die Ostfront von Chatsworth (1687-96), Dyrham Park (1698-1700) und die neue Front in Drayton (ca. 1701), alles Landhäuser, waren seine Hauptwerke. Er schuf auch die Staatsräume in Burghley House (ca. 1685). 1689 folgte er Hugh → May als Revisor im kgl. Bauamt, wo er Wren unterstand. Außerdem überarbeitete er wahrscheinlich auch den Entwurf → Wrens für Hampton Court während der Bauausführung.
Lit.: Colvin '54; Whinney Millar '57; Summerson '63; Harris '82.

Tambour, der (frz.: Trommel). **1.** Im Grundriß runder oder polygonaler Unterbau einer → Kuppel. **2.** → Säulentrommel.

Tange, Kenzo (geb. 1913). T. studierte 1935-45 an der Universität Tokio. Danach trat er in das Büro von Kunio → Mayekawa ein. T.s reife Bauten sind

Tambour. Kuppel von St. Peter, Rom, entw. von → Michelangelo, voll. von → Porta, 1588-90.

Chatsworth House, Derbyshire, von → Talman, 1687-96.

Yamanashi-Rundfunk-Zentrum, Kofu von → Tange, 1961-67.

alle von dramatischer Plastizität: die Kagawa-Präfektur in Takamatsu (1958) mit ihrer nachdrücklich betonten → Pfeiler-Träger-Struktur, das am Wasser gelegene Dentsu-Bürogebäude in Osaka (1960), das Gartenhotel in Atami (1961), von Isamu Kenmochi sehr sorgfältig ausgestattet, das herausfordernd düstere Rathaus in Kurashiki (1960), das vierschrötig den Erdbeben trotzt, wie es die neuentwickelten erdbebensicheren Gebäude jetzt vermögen, St. Maria, die kath. Kathedrale in Tokio (1965), eine

Kagawa-Präfektur, Takamatsu, Japan, von → Tange, 1958.

kreuzförmig angeordnete Komposition von Paraboloiden (Abb. → Plastischer Stil), und der heiter wirkende Golfklub in Totsuka (1962), bei dem ein hochschwingendes, traditionelles Dach in typischer Weise mit modernen → Curtain Walls aus Aluminium kontrastiert. Gemeinsam mit dem Ingenieur Yoshokatsu Tsuboi entwarf T. das kühne Hängedach in → Spannbeton, das die 15000 Sitze der

Akasaka Prince Hotel, Minato-ku, Tokio, von → Tange, voll. 1983.

Nationalen Sporthalle bei den Olympischen Spielen 1964 in Tokio überspannte (Abb. → Japan). T.s Einfluß auf die jüngere Generation geht vor allem auf seine Forschungsarbeiten zur Stadtplanung (→ Städtebau) an der Universität Tokio zurück. Das Fehlen einer solchen Planung hatte in den schnell wachsenden Industriestädten Japans immer wieder zum Zusammenbruch des Verkehrs geführt. T.s Plan für Tokio (1960) zeigt eine logische Rangordnung von Schnellstraßen innerhalb von Verbindungsringen, die dicht besiedelte Bezirke an die Innenstadt binden sollen. Sein Gedanke war dabei, die Stadt auf Pfählen über die Tokioter Bucht auszudehnen. Die städtebaulichen Probleme hatten in Japan zur Bildung einer Gruppe junger Architekten geführt, die sich 1960 mit einer Ausstellung unter dem Titel → ›Metabolismus‹ vorstellten. T., der sich erst 1964 lose den Metabolisten anschloß, beschäftigte sich in den 60er Jahren eingehend mit Generalbebauungsplänen. U. a. gewann er die internatio-

Versammlungshalle in Shizuoka, von → Tange, Ende 60er Jahre.

nale Konkurrenz um die Neuplanung von Skopje in Jugoslawien (1965) mit einem System aus Vielzweck-Grundblöcken im → Baukasten-Prinzip. Er hat Prototypen hiervon für das Dentsu-Gebäude entworfen und ferner für die Tsukiji-Anlage, Tokio (1965), mit Hängebrücken, die durch Betongitter verkleidet sind (ein sehr reduzierter Alternativ-Entwurf wurde ausgeführt), und für das Yamanashi-Rundfunk-Zentrum, Kofu (1961-67), das von sechzehn zylindrischen Aufzug- und Service-Türmen unterschiedlicher Höhe zusammengehalten wird. Tsuboi war beim Dentsu-Gebäude der Ingenieur, Fugaku Yokoyama bei dem erstaunlichen Projekt in Yamanashi. 1967 wurde T. (mit Uzo Nikiyama) zum Chefplaner für die Weltausstellung in Osaka 1970 bestellt (Abb. → Ausstellungsarchitektur). T.s Zentralpavillon, ein gigantisches Raumgefüge, bildet mit der Zelebrierung von Technologie einen Höhepunkt der metabolistischen Bewegung. Aber die Zeit rapiden wirtschaftlichen Wachstums ging zu Ende und mit ihr in gewisser Weise auch die Ambitionen der Metabolisten. Seit den 70er Jahren nahmen die baulichen Tätigkeiten T.s außerhalb Japans zu. Zahlreiche Projekte in Persien, Saudi-Arabien, Algerien und Mexiko gehen auf die erfolgreichen Bauten der 60er Jahre in Japan zurück, die zu den überzeugendsten der modernen jap. Architektur des 20. Jhs. zählen. Zu den bedeutendsten Projekten der letzten Jahre gehören das Yokohama Kunstmuseum (1983-89) und der Tokio City Hall Complex (1986-91). Pritzker-Architekturpreis 1987.

Lit.: Tange '61, '87, '91; Boyd '62; Tafuri '64a; Riani '69; Kultermann '77a; Banham '76; Kawazoe '76; v.d. Möll-Kultermann-Tange '78; CA '80.

Tapetentür. Eine unauffällige Tür, die in Farbe und Muster mit den Wänden übereinstimmt und bündig in der Wandfläche liegt.

Kenzo Tange

Rathaus in Imabari, Japan, von → Tange, 1959. Detail der Fassade.

Plan der Überbauung der Bucht von Tokio, von → Tange, 1960.

Akasaka Prince Hotel, Minato-ku, Tokio, von → Tange, voll. 1983.

Wladimir Tatlin

Tas de charge, der (frz.). Die untersten, horizontal verlaufenden und in die Wand eingebundenen Steinschichten eines → Bogens oder → Gewölbes; entspricht dem → Kämpfer.

Tatlin, Wladimir Jewgrafowitsch (1885-1953). T., in Charkow geb., fuhr zunächst zur See und lernte Frankreich und die Mittelmeerländer kennen. 1909-11 Studium der Malerei, Plastik und Architektur in Moskau. Beeinflußt von Kubismus und → Futurismus, wurde er etwa ab 1913 ein Hauptvertreter des russischen → Konstruktivismus. Seine Plastiken (Konterreliefs), auf halber Höhe an der Wand befestigt wie die Proun-Objekte El → Lissitzkys, sollten, ähnlich den abstrakten Bildern von → Malewitsch, den Eindruck von Schwerelosigkeit hervorrufen. 1918 wurde er Leiter der Künstlerorganisation in Moskau. 1919 entwarf T. das Modell eines Denkmals der III. Internationale, das, schräg

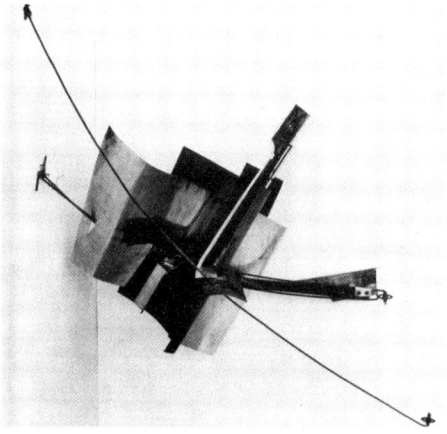

› Winkelrelief‹, von → Tatlin, 1915.

und in Spiralen in den Weltraum vorstoßend, bei einer geplanten Höhe von über 300 m mehrere gläserne Versammlungsräume enthalten sollte. 1919-29 Tätigkeit als Lehrer an verschiedenen Werkstätten in Moskau und Petrograd, 1931 Reise nach Berlin und nach Paris, wo er Picasso besuchte. In den 20er Jahren entwarf er Stahlrohrmöbel und Gebrauchsgegenstände wie → Le Corbusier und die Meister des → Bauhauses und zahlreiche Bühnenbilder (→ Bühnenarchitektur). 1930-44 arbeitete T., an → Leonardo da Vinci anknüpfend, an einem Flugobjekt (Letatlin), von dem er sich erträumte, was später mit Segelflugzeugen und Hängegleitern gelang.   W. R.

Lit.: Milner '83; Zsadova '84; Harten '90.

Taufkirche (-kapelle) → Baptisterium.

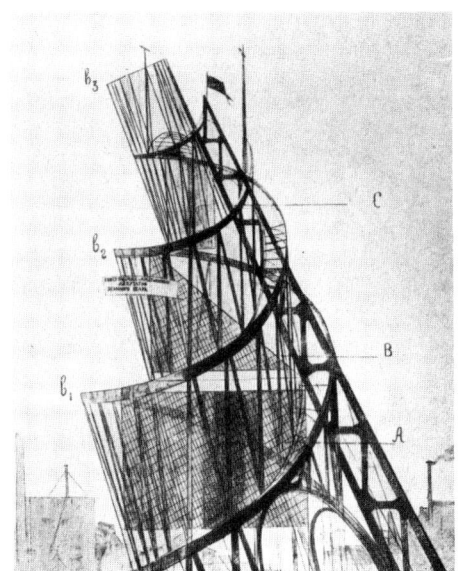

Denkmal für die III. Internationale, von → Tatlin, Entwurf, 1919-20.

Taustab. Ein wie ein Tau gedrehter Zierstab (→ Stab), der hauptsächlich in der norman. Baukunst (→ Großbritannien) auftritt. → Gedrehtes Tau.

Taut, Bruno (1880-1938). Schüler von Theodor → Fischer in München, ließ sich 1908 in Berlin nieder, wurde 1931 Prof. an der TH in Berlin. 1932 besuchte er Rußland und ging 1933, zur Emigration gezwungen, nach Japan. 1936 erhielt er einen Ruf als Prof. an die Kunstakademie in Istanbul. T. wurde berühmt durch seinen eigenwilligen Glaspa-

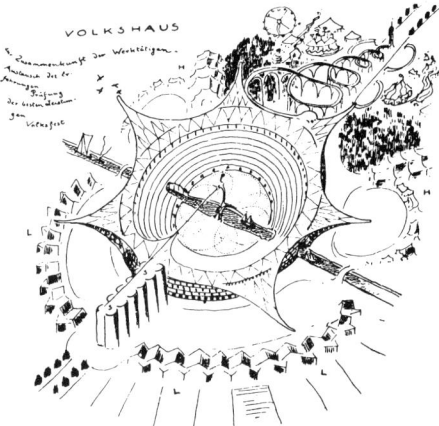

› Volkshaus zur Zusammenkunft der Werktätigen‹, Zeichnung von Bruno → Taut, 1918.

villon für die Werkbundausstellung 1914 in Köln (→ Deutscher Werkbund, → Scheerbart; Abb. → Ausstellungsarchitektur). Dieses Bauwerk, dessen Wände aus dicken Glasfeldern bestanden, hatte einen polygonalen Grundriß. Im Innern führte eine Metalltreppe nach oben; die rautenförmigen Elemente der gläsernen Kuppel bildeten ein → räumliches Tragwerk. In den Jahren, in denen der → Expressionismus in Deutschland in höchster Blüte stand, verfaßte T. seine ungestümen Schriften ›Die

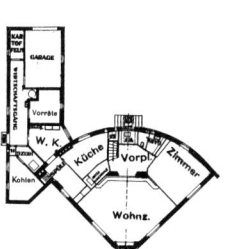

› Alpine Architektur‹, von Bruno → Taut, 1917-18.

Wohnhaus des Architekten, Berlin, von Bruno → Taut, 1926.

Wohnhaus des Architekten, von Bruno → Taut.

Stadtkrone‹ (1919) und ›Alpine Architektur‹ (1917/
18) und entwarf für ungenau formulierte Zwecke
phantastische Bauten (Abb. → Lichtarchitektur).
1921-23 war T. Stadtbaumeister in Magdeburg,
1924-32 beratender Architekt der GEHAG in Berlin, wo er Bedeutendes auf dem Gebiet des Massenwohnungsbaus leistete: besonders interessant sind
die Großsiedlung Britz (1925-30; Abb. → Deutschland), eine ›Hufeisensiedlung‹ mit Martin Wagner,
oder die Großsiedlung ›Onkel Toms Hütte‹ (1926-
31) in Berlin/Zehlendorf, die er mit → Häring und
→ Salvisberg baute.

Lit.: Taut, B. ’19, ’20a, b, ’27, ’29, ’35, ’63; Miller Lane ’68;
Junghanns ’70, ’83; Bletter ’79; Whyte ’81; Boyd-White ’83.

Grabmal Wissinger, Stahnsdorf, von Max → Taut, 1920.

Taut, Max (1884-1967). Ausbildung als Architekt
an der Baugewerbeschule in Königsberg. Anschließend 1905-06 Architekt der städtischen Bauverwaltung in Rixdorf bei Berlin, wo er mit → Mies van
der Rohe zusammenarbeitete. 1906-11 Mitarbeiter
von Hermann Billing in Karlsruhe; seit 1911 selbständiger Architekt in Berlin. Ab 1918 Partnerschaft mit seinem Bruder Bruno → Taut (bis 1931)
und Franz Hoffmann (bis 1950). 1918 Gründungsmitglied der ›Novembergruppe‹ und des ›Arbeits-
rates für Kunst‹ aus dem sich ›Der → Ring‹ bildete,
eine Vereinigung, der eine Vielzahl avantgardistischer Architekten und Künstler Anfang der 20er
Jahre angehörten. Korrespondent der von Bruno
Taut begründeten → Gläsernen Kette; in dieser Zeit
schuf T. visionäre, futuristische Architekturzeichnungen. 1922 nahm er am Wettbewerb für das Gebäude der Chicago Tribune teil. Von seinen bis 1933
verwirklichten Bauten sind u. a. zu nennen das Bürogebäude des Allgem. Deutschen Gewerkschaftsbundes (1922/23), das Wohn- und Geschäftshaus
der Deutschen Buchdrucker (1924/25), beide in Berlin, sowie die Beteiligung mit zwei Häusern an der
Weißenhof-Siedlung in Stuttgart, 1927. Während
des Dritten Reiches wurde T. vom Regime diffa-
miert; erst nach 1945 konnte er seine Tätigkeit wie-
deraufnehmen. 1945-54 hatte T. eine Professur an
der Akademie der Bildenden Künste in Berlin. Mit
dem Wohnhaus an der Methfesselstraße (1954/55)
errichtete er eines der ersten Wohnhochhäuser in
Berlin. Zu seinen letzten Großprojekten gehörte die
August-Thyssen-Siedlung in Duisburg (1955-64).

M.-A. v. L.

Lit.: → Bruno Taut; Behne ’26; Posener ’64; CA ’80.

Taylor, Sir Robert (1714-88). Engl. Architekt. Sohn
eines Bauunternehmers, lernte bei Cheere als Bildhauer und besuchte um 1743 Rom. Er war schnell
bekannt, erhielt bereits 1744 vom Parlament den
Auftrag, das Denkmal für Captain Cornwall in der
Westminster Abbey zu entwerfen und auszuführen,
wandte sich aber bald der Architektur zu. Aufgrund
seines Fleißes und seiner Geschäftstüchtigkeit gelang es ihm in kurzer Zeit, ein sehr erfolgreiches
Unternehmen aufzubauen. Von T. und → Paine
wurde gesagt, sie hätten sich um 1750 fast sämtliche
Bauaufträge untereinander geteilt. T. war ein konservativer und nicht besonders schöpferischer, aber
überaus fachkundiger Architekt, der die neupalladian. (→ Palladianismus) Tradition von → Burlington und → Kent ohne Neuerungen weiterführte.
Die Mehrzahl seiner Werke wurde zerstört, auch
seine letzte und bei weitem eigenständigste Arbeit,
das Reduced Annuities Office in der Bank of England. Bei dieser Halle, die von oben Licht erhielt
durch ein kreisförmiges Fenstergeschoß, das von
Segmentbögen getragen wurde, nahm T. den Stil
von → Soane vorweg. Asgill House in Richmond
(1758-67) und Stone Building Lincoln’s Inn in London (beg. 1775) sind von seinen erhaltenen Werken
die besten. Als er 1782-83 das Amt des Sheriffs von
London (ein hoher Verwaltungsposten) übernahm,
wurde er zum Ritter geschlagen. Den Großteil seines Vermögens hinterließ T. dem Taylorian Institute
in Oxford zur Förderung der modernen Sprachen.

Lit.: Colvin ’54; Summerson ’63; Binney ’84.

Team 4 → Foster.

Team X → Bakema.

Team Zoo → *Nachträge.*

Tecton. Eine 1933 von Berthold Lubetkin gegründete Architektengruppe, der unter anderen → Lasdun angehörte. Dieses Team schuf 1936 und 1938-
39 das Finsbury Health Centre in London und
Mietshäuser in der Roseberry Avenue in London.
Die Bauten für den Londoner Zoo (1934-38) und
den Zoo von Dudley sind ihre bekanntesten Werke.

Der freigeformte Stahlbeton (→ Beton) nimmt hier
in Details die Formensprache der 50er Jahre vorweg. Die Gruppe löste sich 1948 wieder auf.

Lit.: Coe-Reading ’81.

Tektonik. Bezeichnung für das Zusammenfügen
starrer Teile, wobei die Einzelteile technisch wie
formal eine Einheit bilden (Baukonstruktion aus
tragenden und lastenden Teilen). Ursprünglich
wurde der Begriff auf die Zimmermannsarbeit bezogen, später auf das allgemeine Bauen übertragen.

Lit.: Siegel, C. ’60; Blaser ’65.

Telamon, der (gr.: Tragband). Röm. Ausdruck für
→ Atlant.

Bruno Taut.

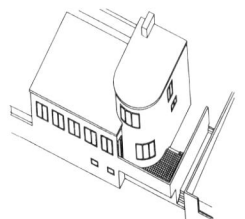

*Haus in der Weißenhofsiedlung,
Stuttgart, Rathenaustraße,
von Max → Taut, 1927.*

*Pinguin-Bassin, Londoner Zoo,
von Berthold Lubetkin und
→ Tecton, 1934-38.*

*Wohnanlage, Highgate,
London, von Berthold Lubetkin
und → Tecton, 1933-35.*

Telford, Thomas (1757-1834). Sohn eines schott. Schafhirten, erlernte das Maurerhandwerk, arbeitete in Edinburgh, später in London und wurde gegen 1784 zum Bauinspektor am Portsmouth Dockyard ernannt. 1788 wurde er Bauinspektor für die Grafschaft Shropshire und errichtete hier verschiedene Kirchen, z. B. in Bridgnorth (1792), aber auch Brücken, von denen Buildwas Bridge (1795-98), eine hervorragende Eisenkonstruktion mit einer Spannweite von über 40 m, besonders zu erwähnen ist. 1793 wurde mit dem Bau des Ellesmere

Menai Strait Hängebrücke, von → Telford, beg. 1819.

Kanals begonnen und T. die Leitung des Vorhabens übertragen. In Ceiriog erbaute er den 233 m langen und 32 m hohen Chirk-Aquädukt (1796ff.); ferner schuf er den 330 m langen und 40 m hohen Pont-Cysylltan-Aquädukt (1795ff.). 1800 schlug er vor, die London Bridge mit einem einzigen Bogen von 200 m Spannweite neu zu errichten. T. war für weitere Kanalbauten (Caledonian, 1804ff.; Göta 1808ff.), für die St. Katherine's Docks in London (1825, → Hardwick; Abb. → Industriebau), für die Trockenlegung von Sümpfen, für Straßen- und weitere Brückenbauten verantwortlich. So baute er unter anderem die schöne steinerne Dean Bridge in Edinburgh (1831), die Menai Strait Hängebrücke (1819ff., Spannweite 177 m), und die Conway Hängebrücke (1826), beides Eisenkonstruktionen. → Brücke.

Lit.: Telford 1838; Gibbs, A. '35; Rolt '58; Bracegirdle '73; Penfold '80.

Temanza, Tommaso (1705-89). Der sensibelste der neupalladian. (→ Palladianismus) Architekten Venedigs. Sein Hauptwerk ist die kleine Magdalenenkirche in Venedig (um 1760), deren Innenraum frei nach → Palladios Kapelle in der Villa Maser gestaltet ist. T. schrieb ›Le vite dei più celebri architetti e scultori veneziani‹ (1778).

Lit.: Temanza 1778; Schlosser '24; Wittkower '65; Meeks '66; Valle '89.

Temenos, das (gr.: Tempelbezirk). → Peribolos.

Tempel, der. Bezeichnung für einen nichtchristl. Kultbau. Der T.bau führt neben dem Grabbau, mit dem er in manchen Kulturen eng verbunden ist, zu den bedeutendsten Ausformungen der Architektur. Eine unmittelbare Verbindung zwischen antikem T. und christl.-abendl. Baukunst ist nur beim griech. und röm. T. gegeben. Im Gegensatz zu den christl. Kirchen diente das Innere des griech. T.s, die → Cella (Naos), ausschließlich zur Aufbewahrung des Kultbildes; der → Altar stand vor oder neben dem T. und konnte mit diesem durch eine Rampe verbunden sein. Die Cella war also eine Art heiliger Schrein, der durch eine umgebende Säulenstellung als Haus des Gottes von der Umgebung abgesondert werden konnte. Diese Peripteralt. (→ Tempelformen 7) gibt es etwa seit dem 7. Jh. v. Chr.; zu den frühesten unter ihnen zählt das Heraion (Heratempel) in Olympia. Die bisher vorherrschende Mei-

S. Maddalena, Venedig, von → Temanza, um 1760.

Zeus-Tempel Olympia, voll. 456 v. Chr.

Apollo-Tempel Bassai, um 420-10 v. Chr.

Conway Castle Bridge, England, von → Telford, 1822-26.

nung, daß sich der → tektonische Aufbau der ausschließlich in Stein überlieferten T. (→ Säulenordnungen 1) aus dem Holzbau entwickelt habe, wird durch neuere Forschungen in Frage gestellt, so daß die Entstehung des griech. T.s, besonders was den → Triglyphenfries und das → Pteron betrifft, nicht geklärt ist. – Der klassische griech. T. (dorisch, 1. H. 5. Jh. v. Chr.) hat ein Säulenverhältnis von 6 zu 13 Säulen, die Cella ist meist in das durch die Säulenstellung vorgegebene Achsensystem eingebunden, indem sie mit der jeweils zweiten Säule der Front- und Langseite axial fluchtet. Eine vom Unterbau bis zum Gebälk alle Bauglieder erfassende → Kurvatur verhindert zusammen mit den durch den

Tempel auf der Akropolis von Cosa, Toskana, 3.-2. Jh. v. Chr.

→ Triglyphenkonflikt verbundenen Maßausgleichen ein starres und schematisches Erscheinungsbild des Baues. – Das Problem des Innenraumes wird für den dor. T. erst in der Spätklassik durch die Einbeziehung ion. Elemente relevant. Hier ist es besonders der Baumeister → Iktinos, der in einer Synthese von dor. und ion. Elementen frühe Beispiele bedeutender Innenräume schuf, z. B. in Bassai. – Mit dieser Mutation endete der dor. T.bau. Die Baumeister wandten sich von da an dem durch das Fehlen des Triglyphon unkomplizierteren, frontbetonteren ion. T. zu (→ Säulenordnungen 2). Von ihm gab es schon im 6. Jh. v. Chr. die monumen-

Hephaisteion (Theseion), Athen, 449-um 430 v. Chr.

Tempel der Fortuna Virilis, Rom, spätes 2. Jh. v. Chr.

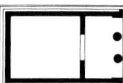

2. *Antentempel*

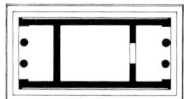

3. *Doppelantentempel*

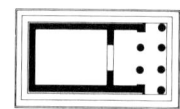

4. *Prostylos*

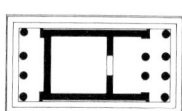

5. *Amphiprostylos*

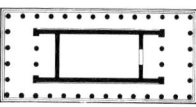

7. *Peripteros*

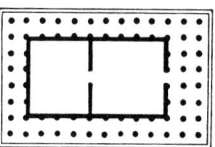

8. *Pseudodipteros*

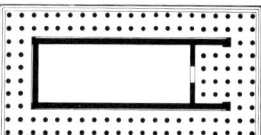

9. *Dipteros*

talere Form des Dipteros (→ Tempelformen 9), z. B. in Ephesos. Solche oftmals riesigen T. hatten häufig statt einer geschlossenen Cella einen ungedeckten Hof (Sekos), in welchem ein kleines Tempelchen ohne Säulenstellung (Naiskos) das Kultbild barg. Die größten Anlagen dieser Art reichen dann noch in hellenist.-röm. Zeit. – Der röm. T. leitet sich vom etruskischen → Podiumtempel ab, der durch die Fronttreppe noch stärker als der ion. T. frontbetont ist. Dieser Grundtyp wurde schon früh mit den griech. Säulenordnungen dekoriert, wobei man die korinth. Ordnung bevorzugte. T. der nichteurop. Kulturen → Länderartikel.

Lit.: Caramuel 1678; Dieulafoy ’13; Andrae ’30; Rodenwaldt-Hege ’41; Grinnel ’43; Kramrisch ’46; Berve-Gruben-Hirmer ’61; Olivetti ’67; Rosenau ’79; Teichmann ’80; Gruben ’86.

Tempelformen (in der griech. und röm. Baukunst). Mit Ausnahme des runden *Tholos,* die eine kreisrunde → Cella hat (ohne Cella ein → Monopteros) mit rundem Säulenumgang, haben die antiken Tempel alle einen rechteckigen Cella-Kern. Aus der Verschiedenheit der äußeren Umbauung der Cella leiten sich die Bezeichnungen für die T. ab; bedeutsam ist dabei, daß sich die innere Anlage in dieser Nomenklatur nicht widerspiegelt. – **1.** Die Cella ohne Säulen heißt auch Astylos. **2.** Beim Antentempel ist der Cella ein → Pronaos mit Säulen vorgelagert. **3.** Der Doppelantentempel wiederholt die Antenfront an der Rückseite mit einem → Opisthodom. **4.** Sind die → Anten zurückgenommen und ist dem Tempel eine Säulenhalle vorgelegt, spricht man vom Prostylos und **5.** vom Amphiprostylos, wenn die Säulenhalle an der Rückseite wiederkehrt. Beide gehören zu den **6.** Apteraltempeln, die keine Säulen an den Langseiten haben. **7.** Ein Tempel mit umlaufender Säulenstellung heißt Peripteros, der entstehende Umgang → Peridromos. **8.** Beim Pseudoperipteros sind die Säulen den Langseiten der Cellawand vorgeblendet, der Umgang fehlt. **9.** Der Dipteros hat eine doppelte Säulenstellung, während beim **10.**

Pseudodipteros die innere Säulenstellung entweder ganz fehlt (doppeljochiger Umgang) oder der Cellawand vorgeblendet ist. **11.** Die Peripteros- und Dipterostempel werden häufig auch nach der Zahl der Frontsäulen benannt: Tetrastylos (viersäulig), Hexastylos (sechss.), Oktastylos (achts.), Dekastylos (zehns.), Dodekastylos (zwölfs.) und Polystylos (viels.). **12.** Bei dem Hypäthraltempel ist die Cella nicht überdeckt. – Der röm. Tempel ist häufig ein → Podiumtempel, auch gibt es in der röm. Baukunst den Doppeltempel, dessen zwei Cellaräume verschiedenen Gottheiten geweiht sind (Tempel der Venus und Roma, Rom). T. der nichteurop. Kulturen → Länderartikel.

Lit.: → Tempel.

Templon, das (gr.). → Ikonostasis byzant. Kirchen in Form einer → Kolonnade.

Tepidarium, das (lat. tepidus: lau). Der Raum mit dem lauwarmen Bad in den röm. → Thermen.

Terragni, Giuseppe (1904-41). Nach der TH in Como (1917-21) Studium am Polytechnikum in Mailand bis 1926. T. war einer der Pioniere der modernen Architekturbewegung in Italien. In seiner nur 13 Jahre während Schaffenszeit (1926-39) errichtete T. Bauwerke, die zum Höhepunkt innerhalb der Entwicklung der neueren Architektur Italiens zwischen → Neoklassizismus und orthodoxem → Rationalismus zählen. Bereits mit seinem ersten Werk, dem Projekt für ein Gaswerk in Rom, 1927, verweist T. auf die revolutionären Neuerungen, denen sich die kurz zuvor gegründete Architektenvereinigung → Gruppo Sette, dessen Mitglied T. war, verschrieben hatte: klare und ehrliche Verwendung des Materials, Logik und Rationalität. An der Biennale 1928 in Monza bzw. der ›Mostra della Rivoluzione Facista‹ 1932 in Rom beteiligte sich T. mit faszinierenden Modellen und Entwürfen. In vielen Punkten und Details übernahm er Ideen sowohl der dt. wie auch russ. → Konstruktivisten, die er in gemäßigter Form und im radikalen Vorstellungen eines → Sant’Elia verband.

Der zunächst aufgrund seiner Einfachheit und einfallsreichen Ecklösung vehement umstrittene Wohnblock Novocomum (1927-28; Abb. → Razionalismo), die harmonisch proportionierte Casa del Fascio (heute Casa del Popolo, 1932-36, Abb. → Italien, → Razionalismo) oder der lichtdurchflutete Kindergarten Asilo Sant’Elia (1937) befinden sich alle in Como. T.s Werke zeichnen sich durch ornamentlose Eleganz, wohltuende Schlichtheit und klare Proportionen aus, die ihn als einen konsequenten Vertreter und Wegbereiter des internationalen Rationalismus ausweisen.

Lit.: Labò ’47; Zevi ’50b, ’80; Veronesi ’53a; Mantero ’69; Eisenman ’71, ’79; CA ’80; Schumacher ’80, ’90, ’91; Lampugnani ’83; Fonatti ’87; Marcianò ’87; Zevi ’89; Germer/Preiß ’90.

Terrakotta, die (ital.: gebrannter Ton). T. wird verwendet für → Bauplastik, → Baukeramik, → Friese und auch für kleinere Vollplastiken.

Lit.: Gruner 1867; Sarre 1890; Borrmann ’08; Diehl ’25-26; Ferrari ’28.

Terrasse (frz.). Künstlich geebnete Fläche um oder vor einem Gebäude, die meist gegenüber dem Landschaftsniveau angehoben ist. Ein gartenähnlich gestaltetes Flachdach nennt man Dacht.; häufig in klimatisch begünstigten Ländern.

Casa del Fascio (heute Casa del Popolo), Como, von → Terragni, 1932-36.

Terrassenhaus, Rue des Amiraux, Paris, von → Sauvage, 1913, 1922-26.

Kapelle Karls XII. an der Riddar-holmskirche Stockholm, beg. von → Tessin d. Ä., voll. von → Hårleman, 1743.

Entwurf zur Bildungsanstalt für rhythmische Gymnastik in Hellerau, Portikus von → Tessenow, 1912.

Terrassenhaus. Ein Haus, dessen Geschosse stufen-förmig versetzt sind, damit jedes Stockwerk eine Terrasse bzw. Dachterrasse erhält. Der Bau von T.ern ist zumeist durch Hanglagen begünstigt und war schon im antiken Ephesus, im Bergland Syriens und Mesopotamiens verbreitet. → Loos griff im 20. Jh. diesen Haustypus erneut auf (Haus Scheu, Wien 1912). 1923 entwarf Loos eine Gruppe von 20 Einfamilienhäusern in Terrassenform, die in einer bescheideneren Anlage 1927 von → Behrens und

Terrassenwohnungen in Zug, von Fritz Stucky und Rudolf Meuli, 1958-61.

anderen Architekten in der Stuttgarter Weißenhof-Siedlung verwirklicht wurden. Erst nach dem 2. Weltkrieg zählt das T. (oder auch Penthaus als oberste Wohneinheit eines Hochhauses) zum allgemeinen Baurepertoire.
Lit.: GA 23.

Terrazzo, der oder **Terrazza,** die (ital.). Fußboden-belag aus einem Binder (Zement, Mörtel) und Stein-splittern. T. wird in mehreren Schichten →›in situ‹ aufgetragen. Anschließend wird die Auflage ge-schliffen und poliert.
Lit.: Gropius ’26; Henn ’62; Meyer, H. ’62.

Terry, Quinlan → Großbritannien.

Tessenow, Heinrich (1876-1950). Dt. Architekt. Stu-dierte an der TH in München bei → Thiersch und K. Hocheder. Sein bekanntestes Werk ist das 1910 entstandene Festspielhaus in Hellerau bei Dresden (Dalcroze-Institut), das in einem auf jeden Schmuck verzichtenden → Neoklassizismus erbaut ist. Dieser sehr einfache, manchmal puritanische Stil, der hauptsächlich aus dem sicheren Gefühl für Proportionen und Details lebt, zeichnet auch T.s übriges Werk in Hellerau aus, ebenso seine → Gar-tenstadt Hopfengarten bei Magdeburg und selbst seinen Umbau von → Schinkels Neuer Wache in Berlin zu einem Ehrenmal für die Gefallenen des

1. Weltkriegs (1930-31). T. war 1920-26 Leiter der Architekturschule der Kunstakademie in Dresden und nach 1926 Lehrer an der TH Berlin-Charlotten-burg. Seine Schriften ›Der Wohnhausbau‹ (1909) und ›Handwerk und Kleinstadt‹ zeigen ebenso wie seine Arbeiterhäuser, daß er sich bereits früh mit dem Problem einer Reform des Wohnbaus und der Arbeitersiedlungen beschäftigte. Trotz seiner unpo-litischen Einstellung erhielt T. ab 1933 keine Auf-träge mehr. Selbst sein bekanntester Schüler, → Speer, vermochte ihn nicht zu unterstützen. Nach dem Krieg war T. am Wiederaufbau Rostocks be-teiligt.
Lit.: Tessenow ’51, ’76; Wangerin-Weiss ’76; Strey ’81; de Miche-lis ’91; Tessenow ’91.

Terrassenhäuser in Stuttgart, von Faller & Schröder und Reinhold Layer.

Tessera, tesserula, die (lat.: Würfel, Mosaikstein-chen). Kleiner Glas-, Stein- oder Marmorwürfel, wie er bei der Herstellung antiker → Mosaiken ver-wendet wurde.

Tessin, Nicodemus d. Ä. (1615-81). Führender Ar-chitekt des → Barock in Schweden. Geb. in Stral-sund, lernte bei Simon de → La Vallée. 1651-52 reiste er durch Europa; 1661 wurde er Stadtarchi-tekt von Stockholm. Sein Hauptwerk ist Schloß Drottningholm (beg. 1662), in einem individuellen Stil, der Einflüsse aus Holland, Frankreich und Ita-lien zeigt (Abb. → Skandinavien). T. errichtete den Dom in Kalmar (1660), das Rathaus in Göteborg

Entwurf einer Treppe, von → Tessenow, 1924.

Theater Epidauros. Anfang 3. Jh. v. Chr., Blick auf Orchestra, Bühnengebäude und Westzugang.

(1670) und zahlreiche Privathäuser in Stockholm. Sein Sohn, *Nicodemus Tessin d. J.* (1654-1728) folgte ihm als führender schwed. Architekt. Er wurde von seinem Vater ausgebildet, reiste nach England, Frankreich und Italien (1673-80) und vollendete das Werk seines Vaters in Drottningholm. Sein Hauptwerk ist der große kgl. Palast in Stockholm (beg. 1697 nach T.s Plänen). Hier entwickelte er einen Stil, der an → Berninis Louvre-Projekt erinnert und wahrscheinlich von diesem beeinflußt war.

Lit.: Josephson ’30-31; Lindblom ’44-46; Kühn, M. ’52; Paulsson ’58; Lundberg ’59; Kommer ’74.

Theaterbau. Markgräfliches Opernhaus, Bayreuth, von Joseph Saint Pierre, 1745-48.

Tessiner Schule → *Nachträge.*

Tetrakonchos (gr.). Anlage mit vier sym. zueinandergeordneten → Konchen.

Tetrastylos (gr.). Tempel mit vier Frontsäulen. → Tempelformen; → Portikus.

Textur → *Nachträge.*

Thailand (Siam) → Südostasiatische Baukunst.

Theaterbau (griech., röm., abendländischer). Das griech. Theater ist so in eine Landschaftsmulde eingebettet, daß es mit einem Minimum an bautechnischem Aufwand die im Halbrund angeordneten, ansteigenden Sitzreihen unterbringt. Im Zentrum liegt der Tanzplatz (→ Orchestra), dahinter das Bühnenhaus (Skene). Die Sitzreihen steigen in konzentrischen Halbkreisen stufenartig im Gelände an und sind durch radiale Treppen in Sektoren unterteilt. Für Würdenträger gibt es in den ersten Reihen besondere Sessel (Subsellien). Die Zugänge liegen zwischen Skene und den Sitzreihen, manchmal befinden sich zusätzliche am oberen Rand. Beispiele: Athen, Epidauros, Priene. – Im Gegensatz zu diesem Typ ist das röm. Theater ein städt. Hochbau mit künstlich hochgelegten Sitzreihen, die über umfangreiche Treppenanlagen erschlossen werden. Der eigentliche Spielraum ist nun auch nicht mehr die Orchestra, sondern das Proszenium, das an den Seiten von den Paraskenien und nach hinten von einer mehrgeschossigen, durch Säulenstellungen, Nischen, → Aedikulen, Gebälk u. a. Elemente reich gegliederten Wand, der Scaenae frons, umgrenzt ist. Beispiele: Orange, Arles, Sabratha/Nordafrika. –

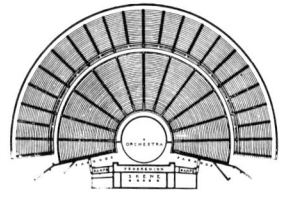

Theater Epidauros, Anfang 3. Jh. v. Chr.

Theater des Marcellus, Rom, voll. 13 v. Chr.

Der abendländ. T. nahm die Konzeption des röm. T.s in verkleinerter und überdeckter Form wieder auf, jedoch wurde neben der amphitheatralischen Reihung der Plätze (Teatro Olimpico in Vicenza von → Palladio und → Scamozzi) der offene Laubenhof zum Logentheater mit senkrecht übereinanderstehenden Logenrängen entwickelt. Die Bühne wird durch den Bühnenrahmen vom Zuschauerhaus getrennt, das Proszenium wird zur Vorbühne, die Paraskenien zu Proszeniumslogen. Die Bühnentech-

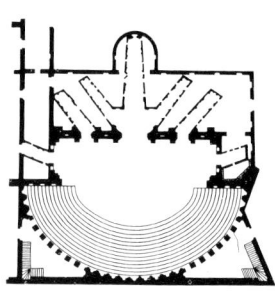

Teatro Olimpico, Vicenza, von → Palladio beg. 1580, von → Scamozzi voll. 1583.

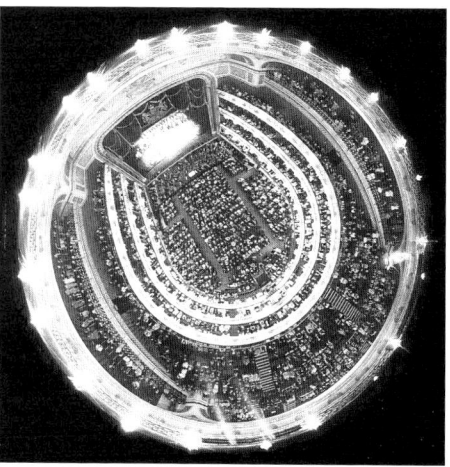

Theaterbau. Royal Opera House, Covent Garden, London, von E. M. Barry, 1858.

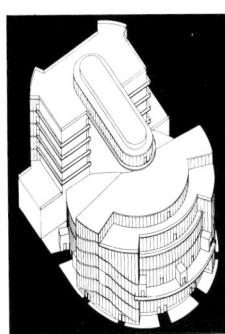

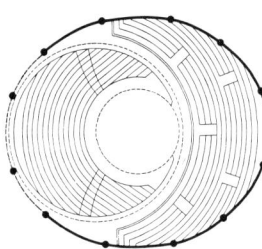

› Totaltheater ‹, von → Gropius, 1926.

Theaterbau. New Victoria Cinema, London, von Ernest Wamsley Lewis, 1929-30.

nik entwickelt währenddessen alle Möglichkeiten, um das dramatische Geschehen illusionistisch zu unterstützen. Das 19. Jh. vereinigt den Typ des Amphitheaters mit dem Logenhaus. Seine eigentliche Leistung liegt in der Bewältigung der äußeren Form und in der Schaffung des Bautyps durch ausgeschiedenen Schauraum, erkennbare Treppentrakte, ausgeschiedenen Bühnenturm und auch das Außenbild prägende Sicherheitsvorkehrungen. – Der moderne T. sucht wieder entsprechend dem griech. Theater den Kontakt zwischen Spielfläche und Zuschauern zu verstärken (→ Gropius, Totaltheater, 1926); es entstanden neue Bühnenformen; die technischen Einrichtungen des Bühnenhauses wurden weiterentwickelt. Nach dem Zweiten Weltkrieg rückte die Bühne immer mehr in den Mittelpunkt des Theaters (→ Kiesler, John M. Johansen, geb. 1916). → Bühnenarchitektur; vgl. → Aleotti; → Bibiena; → Schinkel.

Die Kinoarchitektur entwickelte sich aus dem T. (→ Filmtheater).

Lit.: D'Ancona 1891; Navarre '25; Schlemmer '25; Nicoll '27; Libertini '32; Moretti '36; Bieber '39; Anti '49; Chen '49; Beare '50; ES '54-62; Magagnato '54; Werner-Gussmann '54; Earle '56; Aloi, R. '58, '72; Hanson '59; Neppi-Modona '60; Bablet-Jacquot '63; Baur-Heinhold '66; Van de Velde '74; Fossati '77; Pougnoud '80; Athanasopulos '81; Baacke '82; Schubert '71; Schrader '88; Carlson '89; Breton '91; H. Schubert '71.

Thermen (Pl., gr. thermos: warm). Röm. öffentl. Badeanlagen. Die T. gehören zu den größten und luxuriösesten Baukomplexen der Antike. Zentren der T. waren das Frigidarium mit der Piscina (kaltes Schwimmbad), das lauwarme Tepidarium und das heiße Caldarium. Die Heizung erfolgte durch → Hypokausten. Neben diesen Haupträumen lagen Auskleide-, Schwitz-, Massage- und Aufenthaltsräume, sogar Bibliotheken. Die riesigen Ruinen der T. sind seit → Palladio Gegenstand eingehender Studien der Architekten und hatten starken Einfluß auf die Planung großer Komplexe (Schloßbau). Abb. → Röm. Architektur. Vgl. → Badeanstalt.

Lit.: Pfretzschmer '09; von Gerkan-Krischen '28; De Angelis-d'Ossat '43; Crema '59; Heinz '90.

Thermenfenster. Ein halbkreisförmiges, durch zwei senkrechte Pfosten dreigeteiltes Fenster, auch als diokletianisches Fenster bekannt, nach den Diokletiansthermen in Rom. Die Form des T.s wurde im

Theater Kalita Humphreys, Dallas, USA, entworfen von → Wright, 1949, ausgeführt von M. Oliver.

16. Jh., besonders durch → Palladio, wieder aufgegriffen und zu einem der Stilmerkmale des → Palladianismus.

Theyer, Leopold (1851-1937) → Plečnik.

Thiersch, Friedrich von (1852-1921). Neben Ende, → Wallot und L. Hoffmann wichtigster Architekt des späten → Historismus in Deutschland. Ausbildung am Stuttgarter Polytechnikum bei Ch. F. v. Leins, anschließend Bürotätigkeit bei Mylius und Bluntschli in Frankfurt. 1879 Berufung als außerordentlicher Professor für Innendekoration und malerische Perspektive an die TH München, dort 1882 Nachfolger → Neureuthers als Professor für Höhere Baukunst. Den Durchbruch brachte ihm 1882 der Reichstagswettbewerb in Berlin, wo er zusammen mit Wallot, dessen Entwurf ausgeführt wurde, den 1. Preis erhielt. Auch bei anderen Wettbewerben – Repräsentationsgebäude des Deutschen Reiches auf der Pariser Weltausstellung 1900, Rathaus Dresden – war er mit seinen farbigen Perspektiven, die zu den Höhepunkten der malerischen Architekturzeichnung gehören, erfolgreich. Ausgehend von dem Rückgriff auf Stilformen der → Renaissance (Parcushaus, München, 1887-88), wandte sich Th. schon früh dem Neubarock zu und gelangte schließlich zu einer eklektizistisch freien Verwendung historischer Vorbilder, wobei er dem höfischen Bereich vorbehaltene Materialien und Formen auch

Diokletiansthermen, Rom, 298-306. Rekonstruktion.

auf bürgerliche Großbauten übertrug. Sein Hauptwerk, der neobarocke Justizpalast in München (1887-98) mit vier Schaufassaden und Kuppelbau über der zentralen Treppenhalle, zählt zu den größten deutschen Profanbauten. Ein Beispiel für die Einbeziehung der Innenausstattung in das architektonische Gesamtkonzept und für Th.s Eklektizismus ist das Kurhaus in Wiesbaden (1904-07). Der → neoklassizistische Außenbau erhielt im Innern prunkvolle, in verschiedenen Stilen dekorierte Räume. Auch drei von Th. gebaute Isarbrücken, zahlreiche Privathäuser sowie die neue Börse (1901)

Justizpalast München, von → Thiersch, 1887-98.

Villa von Hößlin, München, von → Thiersch, 1900-04.

in München sind wichtige gestalterische Leistungen. Für die Garnisonskirche in Ludwigsburg (1900-03) adaptierte Th. Rokoko-, für den Erweiterungsbau des Münchner Justizgebäudes (1902-05) spätgotische Formen. Th.s ingenieurtechnische Perfektion beweist die Frankfurter Festhalle (1906-21) mit freiliegender Eisenkonstruktion und Glaskuppel. Vgl. Abb. → Bierpalast.   G. Sch.

Lit.: Thiersch '25; Nerdinger '77; Marschall '84.

Festhalle Frankfurt am Main, von → Thiersch, 1906-21.

Thingstätte → *Nachträge.*

Tholos, der (gr.: Kuppeldach, Rundbau) → Tempelformen.

Thomas of Canterbury (tätig 1324-31; gest. ca. 1336) → Michael of Canterbury.

Thomas, William (1799-1860) → Kanadische Architektur.

Thomon, Thomas de (1760-1813). Führender Architekt des → Klassizismus in Rußland. Geb. in Bern, studierte wahrscheinlich unter → Ledoux in Paris und schloß seine Ausbildung um 1785 in Rom ab. 1789 folgte er dem Comte d'Artois ins Exil nach Wien und fand in Prinz Esterhazy einen Gönner. Von Wien aus ging er nach Rußland. Seine Entwürfe für die Kathedrale von Kasan wurden zurückgewiesen (1799), doch wurde er 1802 zum Hof-

architekten Alexanders I. in St. Petersburg ernannt und erhielt unmittelbar danach bedeutende Aufträge. So schuf er das große Theater (1802-05, zerstört) und die Börse (1801-04 entworfen, 1805-16 erbaut), einen tosk.-dor. Tempel mit Blendgiebel (→ Giebel), großen → Lünetten und Rostrata-Säulen (→ Columnis Rostrata) an den Seiten. Die klassiz. Börse ist zweifellos sein Hauptwerk, durch die Strenge und Entschiedenheit ihres Stils wirkt sie so fortschrittlich wie nur irgendein in jener Zeit in Paris entstandener Bau. 1806-10 errichtete er für Zar Paul I. im Park von Pawlowsk einen dor. → Mausoleum. T. veröffentl. ›Recueil de plans et façades des principaux monuments construits à St. Petersbourg‹ (1808, Neudruck in Paris 1819).

Lit.: Hautecœur '12; Hamilton '54.

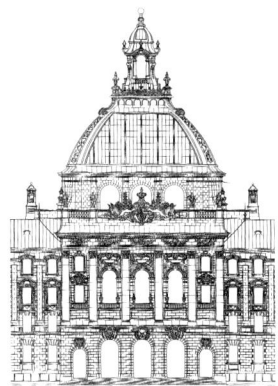

Justizpalast München.

Thomson, Alexander (1817-75). Lebte in Glasgow, dort seit etwa 1847 tätig, zu Recht als ›der Griechen-Thomson‹ bekannt, denn zur Zeit von → Pugin, → Scott, → Ruskin war es in der Tat ungewöhnlich, im Stil der griech. Antike zu bauen. Den entscheidenden Einfluß empfing T. nicht in England, sondern durch → Schinkels → Klassizismus.

Das zeigt sich vor allem in der monumentalen Häuserzeile von Moray Place in Glasgow (1859), wo die Reinheit der Proportionen und die Sparsamkeit der Dekoration ein um dreißig Jahre früheres Entstehungsdatum vermuten lassen. T.s klassiz. Kirchen sind dagegen alles andere als puristisch. Sie zeigen Beimischungen von ägypt. und ind. Stilelementen und wirken durch die kühne Verwendung von Eisen äußerst eigenständig. Errichtet für die United Presbyterian Church, sind diese drei Kirchen – Caledonian Road Church (1856), Vincent Street Church (1859) und Queen's Park Church (1867), alle in Glasgow – zu den eindrucksvollsten Sakralbauten

Crown Circus, Glasgow, von → Thomson, 1858.

Börse St. Petersburg, von → Thomon, 1805-16.

Portikus der Queen's Park Church, Glasgow, von → Thomson, 1867.

Ehem. Prämonstratenserkirche St. Peter und Paul, Obermarchtal, von Michael → Thumb, 1868-92.

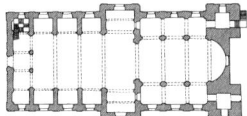

Ehem. Prämonstratenserkirche St. Peter und Paul, Obermarchtal.

St. Marien, Birnau, von Peter → Thumb, 1746-58.

im damaligen Europa zu rechnen. Auch die von T. errichteten Lagerhäuser, vor allem die Egyptian Halls (1871), sind sehr interessant.

Lit.: Gomme-Walker '69; Mordaunt Crook '72b; McFadzean '79.

Thornton, William (1759-1828). Engl. Arzt, der von den Westindischen Inseln nach den USA auswanderte und 1788 die amerik. Staatsbürgerschaft erlangte. 1789 entwarf er den Bau der Philadelphia Library Company, 1793 gewann er den Wettbewerb für das Kapitol in Washington; die Ausführung seiner Pläne wurde allerdings seinem Konkurrenten Stephen Hallet übertragen. Noch im selben Jahr legte George Washington den Grundstein. Hallet modifizierte T.s Entwürfe, 1795 folgte ihm → Hadfield, der weitere Veränderungen vorschlug und 1798 entlassen wurde. Aber um 1800 war der Nordflügel, der für den Senat bestimmt war, im wesentlichen nach T.s Plan fertiggestellt. 1803 übernahm

Das Kapitol in Washington, Stich von 1871.

→ Latrobe den Bau und vollendete den Südflügel bis 1807. Er hatte auch die Bauaufsicht über den Wiederaufbau des Kapitols, nachdem es von brit. Truppen 1814 geplündert und in Brand gesteckt worden war. Latrobe folgte T.s Entwurf beim Außenbau, jedoch nicht im Innern. 1827 erstellte → Bulfinch den Verbindungsbau zwischen den beiden Flügeln und auch er folgte dem ursprünglichen Entwurf. (Die Kuppel und weitere Anbauten wurden von → Walter 1857-63 angefügt.) T. entwarf auch das Octagon House (1800) und den Tudor Place (1815), beide in Washington.

Lit.: Stearns '76.

Thumb. Baumeisterfamilie. *Michael Thumb* (gest. 1690) wurde in Bezau im Bregenzerwald geb., er ist einer der Begründer der → Vorarlberger Bauschule, der neben den T. auch die Familien der → Mosbrugger und → Beer angehörten. Michael T.s Wallfahrtskirche, Schönenberg bei Ellwangen (beg. 1682), ist ein Muster für das → Vorarlberger Münsterschema: eine → Hallenkirche, deren → Strebepfeiler nach innen gezogen und mit → Pilastern verblendet sind; diese bilden dann Seitenkapellen, die gewöhnlich durch darüberliegende → Emporen überbrückt werden. Diesen Typus führte er auch in der Kirche des Prämonstratenserklosters Obermarchtal (1686-92) aus. Beide Kirchen sind in ihrer einfachen Würde bemerkenswert. Sein Sohn *Peter T.* (1681-1766) arbeitete seit 1704 für Franz → Beer und heiratete dessen Tochter. Später nahm er eine einflußreiche Stellung in Konstanz ein. Als Architekt verfeinerte er den Stil seines Vaters und erzielte so bei seinen besten Interieurs eine wunderbar einheitliche, leichte und strahlende Wirkung im Stil

des → Rokoko. Im Jahre 1738 baute er die Bibliothek des Klosters St. Peter im Schwarzwald, wobei er auch hier mit Erfolg das Vorarlberger Münsterschema anwandte. Sein Meisterwerk ist die Wallfahrtskirche St. Marien in Birnau am Bodensee (1746-58), wo auch Jos. Ant. Feichtmayr und sein Schüler Dirr an den Dekorationen mitarbeiteten. Elf Jahre arbeitete er für das Benediktinerkloster St. Gallen (1748-58), doch läßt sich sein Beitrag zur Klosterkirche nicht genau bestimmen. Er war wohl in erster Linie für die große Mittelrotunde (→ Rotunde) verantwortlich und wahrscheinlich beeinflußte er auch den Entwurf der zweitürmigen Ostfassade, die Johann Michael → Beer 1771-78 baute (Abb. → Schweiz). Die Klosterbibliothek von St. Gallen (1758-67) entwarf er nach demselben Muster, das auch das Vorbild für die Bibliothek von St. Peter im Schwarzwald gewesen war.

Christian T. (1645-1726) arbeitete zusammen mit Michael T. auf dem Schönenberg und in Obermarchtal, wo er nach Michaels Tod (1690) den Bau

St. Marien, Birnau, von Peter → Thumb, 1746-58.

weiterführte. Sein Meisterwerk ist die Schloßkirche Friedrichshafen (1695-1701), und wahrscheinlich arbeitete er zusammen mit Andreas Schreck (tätig um 1716) an der Abteikirche von Weingarten.

Lit.: Ulmer '29; Hoffmann, J. '38; Lieb '60; Hitchcock '68 b; Gubler, H. M. '72.

Thura, Laurids de (1706-59) → Skandinavien.

Tibet → *Nachträge.*

Tierceron, der (frz.: Nebenrippe). → Gewölbe I.

Tiffany, Louis Comfort (1848-1933) → Jugendstil.

Tigerman, Stanley (geb. 1930). T. ist so sehr Amerikaner wie → Portoghesi Italiener. Während dieser aber auf die Traditionen seines Landes zurückgreifen kann, werden für T. die Lehren von Las Vegas (→ Venturi) zur Offenbarung. Er begriff, daß ein Gebäude, das aussieht wie eine Ente, auch Eßbares verheißt, es auch Zeichen ist, nicht nur Mehrzweckbehälter (wie z. B. die Nationalgalerie in Berlin, als Verwaltungsbau von → Mies van der Rohe konzipiert, oder wie das Centre Pompidou in Paris, das von → Rogers und → Piano von Anfang so gebaut war, daß man daraus auch ein Warenhaus oder Krankenhaus machen kann). T. hatte zuvor am Massachusetts Institute of Technology, am Institute of Design in Chicago, bei → SOM und → Rudolph

›House in the manner of the Villa Madama‹, von → Tigerman, 1980.

u. a. studiert, bevor er 1964 sein eigenes Büro eröffnete. 1968 entstand die Instant City, eine Megastruktur aus stählernen Raumfachwerken, die deutlich den Einfluß von Mies van der Rohe zeigen. Erst in den 70er Jahren findet er zur → Postmoderne (Hot Dog House, Illinois 1972-74, Daisy House, Porter, Indiana 1977, u. a.), oft verbunden mit einem gewissen Neohistorismus (→ Historismus), Villa Proeh, Highland Park, Illinois, 1979-81.

W. R.

Lit.: Seven Chicago Architects '81, Tigerman '81; Boissière '81; CA '87; V. Fischer '88; Underhill '89; Tigerman '89.

Tighremt → Nordafrikanische Länder.

Tipi → Indianer & Eskimo Nordamerikas.

Todt, Fritz → *Nachträge.*

Toledo, Juan Bautista de (gest. 1567). Philosoph, Mathematiker und Baumeister, verbrachte viele Jahre in Italien und war kurz vor 1559 Architekt des span. Vizekönigs in Neapel. 1562 wurde er zum Baumeister des Escorial berufen, entwarf den Grundriß für die Gesamtanlage, errichtete aber nur die große, strenge Südfassade und den zweigeschossigen Evangelistenhof nach dem Vorbild von → Sangallos Palazzo Farnese in Rom. Abb. → Desornamentadostil; → Spanien.

Lit.: Chueca-Goitia '53; Kubler-Soria '59; Kubler '82.

Tomé, Narciso (tätig 1715-42). Arbeitete zuerst mit seinem Vater und seinen Brüdern als Bildhauer an der Fassade der Universität in Valladolid (1715). Der → Transparente hinter dem Altar der Kathedrale von Toledo (1721-32) ist im Hinblick auf den Raumillusionismus eine einzigartige, überschwenglich → barocke Komposition. Sie übertrifft alles, was ital. Barockarchitekten je erfunden haben und ist sogar für Spanien außergewöhnlich.

Lit.: Kubler '57; Kubler-Soria '59.

Tonnendach → Dachformen 10.

Tor. Ein breiter Durchgang durch eine Mauer oder ein Gebäude. Im ersten Fall kann das T. oben offen sein. Selbständige Bauten, die nur für das T. errichtet werden, heißen T.bau oder T.halle. → Portal; → Pforte; → Gopura.

Tor. Miyajima, Japan

Torralva, Diogo de (1500-66). Der führende portug. Architekt der → Renaissance, arbeitete zuerst wie sein Schwiegervater → Arruda im reichen → Emanuelstil, den er aber zugunsten eines einfacheren, strengeren und mehr an der ital. Renaissance orientierten Stils aufgab. Sein Hauptwerk ist der Kreuzgang des Conventocle Cristo in Tomar (1557). Das obere Stockwerk zeigt eine offene → Arkade mit dem → Palladiomotiv. T. entwarf die → Apsis für die Hieronymiten-Kirche in Belém (1540-51). Verschiedene andere Bauwerke wurden ihm zugeschrieben, vor allem die oktogonale Kirche des Dominikanerinnen-Klosters in Elvas (1543-57).

Lit.: Kubler-Soria '59; Smith, R.C. '68.

Torroja, Eduardo (1899-1961). Spanischer Betonbauingenieur und Architekt. Seine wichtigsten Werke sind die Haupttribüne der Pferderennbahn La Zarzuela bei Madrid (1935), die Markthalle in Algeciras (1933) sowie eine Brücke über den Esla

Pferderennbahn La Zarzuela, Madrid, von → Torroja, 1935.

Trasparente. Kathedrale von Toledo, von → Tomé, voll. 1732.

Transenna. Marmorne Brüstungsplatte aus S. Vitale, Ravenna, Mitte 6. Jh.

Trasparente. Schnitt durch den Chorschluß der Kathedrale von Toledo mit dem Durchbruch durch den Dachstuhl zur Beleuchtung des Trasparente.

Treppe, Scuola Grande di San Giovanni Evangelista, Venedig, von → Codussi, 1498.

bei Martin Gil (1940, 190 m lichte Weite). Abb. → Beton.

Lit.: Torroja '58 a, b; Cassinello '61; Joedicke '63; Smith, R.C. '68.

Torus, der (lat.: Wulst). Die beiden konvexen Zierglieder an der → Attischen Basis.

Toskanische Ordnung → Säulenordnungen.

Tourelle, die (frz.). Ein Türmchen, das entweder an einer Mauer oder einem Dach auskragt.

Town, Ithiel (1784-1844) → Davis.

Trabantenstadt → Satellitenstadt; → Städtebau.

Träger. Ein waagerechtes Konstruktionselement aus Holz, Stein (selten), Stahl oder Stahlbeton über einer Öffnung, das andere Bauteile, z. B. Decken, trägt. Er kann auf zwei Auflagen ruhen oder als Durchlauft. auch auf mehreren, ferner kann er als → Über- oder → Unterzug ausgebildet sein.

Tragstein → Konsole.

Tragwerke. Bezeichnung für tragende Elemente des Hoch- und Brückenbaues, deren Tragwirkung über die des einfachen Balkens oder → Trägers hinausreicht. → Fuller; → Gitterschale; → Räumliches Tragwerk; → Wachsmann.

Trakt. Deutlich abgesetzter Teil eines großen Gebäudes (Schloß), als Seitent., Hoft. usw. → Flügel.

Tramelli (Tramello), Alessio (ca. 1470-1529). Ital. Architekt, der die meiste Zeit seines Lebens in und um Piacenza arbeitete. Sein Stil erinnert an die Mailänder Bauten → Bramantes. Beachtliche Bauwerke T.s sind S. Sisto (1499) und die zentrisch angeordnete Kirche Madonna di Campagna, beide in Piacenza. 1525 wurde er zum Bau der Steccata in Parma (beg. 1521 von Giovanfrancesco Zacagni) herangezogen.

Lit.: Venturi XI; Gazzola '35; Ganz '68.

Transenna, die (lat.: Gitterfenster). **1.** Schranke oder Gitter in einer frühchristl. Kirche aus durchbrochenem Marmor. – **2.** Fensterfüllungen (→ Qamriya).

Transept, der oder das (frz.). Das → Querschiff einer Kirche.

Transversalbogen → Gewölbe I.

Trascoro, der (span.). Außenwand des ›Coro‹ in span. Kirchen. Von der Vierung erstreckt sich tief in das Langhaus hinein ein selbständiger, an drei Seiten geschlossener, nur zum Hochaltar hin offener Raum, unserem → Chor vergleichbar.

Trasparente (Transparente), der (span.). Bes. Form des Hochaltars in der span. Baukunst, bei der das Allerheiligste in einen verglasten Schrein gesetzt und durch eine Fensteröffnung im → Altarretabel auch vom Chorumgang her sichtbar gemacht wird. Das erste T. baute → Tomé in der Kathedrale von Toledo (voll. 1732); um das funktionelle Gerüst der Anlage zu verhüllen, hat Tomé die Glaswand mit einer prachtvollen Altarszenerie umgeben, die von einem Punkt hinter und über dem Betrachter scheinwerferähnlich beleuchtet wird (Abb. → Tomé).

Traufe. Die waagrechte Kante eines Dachvorsprunges an der Langseite des Daches, parallel zum → First, im Gegensatz zum → Ortgang an der Giebelseite; zugleich Ablaufseite des Regenwassers.

Traufgesims (Überschlaggesims). Bezeichnung für das → Gesims an der → Traufe, dann aber auch das Profil, das über einem → Bogen, → Fenster oder → Tor vor die Wandfläche tritt und das Regenwasser auffängt und umleitet.

Traufleiste → Sima.

Travée, die. → Joch.

Kathedrale von Ani, von → Trdat, 989-1001.

Trdat (geb. um 940, Todesdatum unbekannt), Baumeister am Hof der armenischen Bagratiden zu Ani, Bildhauer; Begründer und namhaftester Vertreter der in der altarmenischen Provinz Schirak tätigen ›Schule von Ani‹, für die der konservative Rückgriff auf Bauformen der klassischen vorarabischen Periode (5.-7. Jh.) kennzeichnend war, jedoch bei größerer Ornamentierfreudigkeit und innovativer Weiterentwicklung der Außenbau-Gliederung. Nachweislich errichtete T. drei Bauten: im Auftrag des Katholikos Chatschik I. Arscharunezi die Kathedrale von Argina (974-977), nach dem Muster der archaisierenden Kuppelhalle, danach im Auftrag von König Gagik I. Bagratuni die Kathedrale von Ani (989-1001), eine ummantelte Kreuzkuppelbasilika mit vier freien Mittelstützen und betonter Vertikalität (diese im Vergleich mit vorarabischen Vorläufern wie Bagawan oder Mren neuartig). Danach entstand in Ani die große, ebenfalls in die Höhe strebende Kirche des Hl. Grigor Lussaworitsch (auch Gagkaschen, ›Gagikbau‹; 1001-1005) nach dem Vorbild der Grigorkirche von Swartnoz (ummantelter Tetrakonchos mit freiem Umgangsring). Trdat, zumindest aber seiner Bauschule, werden ferner der Palast des Katholikos zu Argina, die Hauptkirchen der Klöster Harpat, Sanahin und Marmaschen sowie in Ani die Erlöser-(Amenaprkitsch-)Kirche, die Doppelwallmauer des Königs Smbat II. (Smbataschen; 989) und der doppelgeschossige Nordteil der Zitadelle zugeschrieben. Weitere Klöster Nordostarmeniens wie Ketscharis (Kirche des Hl. Grigor, 1003) oder Chtsgonk (türk.: Beşkilise; 10.-13. Jh.) zeigen deutliche Einflüsse der Ani-Schule. Der Ruhm Trdats war so groß, daß er mit der Instandsetzung der bei einem Erdbeben beschädigten Kuppel der Hagia Sophia (Konstantinopel) beauftragt wurde (989-992).   T. H.

Trecento, das (ital.: 300, Abkürzg. für 1300). Das 14. Jh. in → Italien. Kunstgeschichtl. Terminus für die ital. Kunst des 14. Jhs.

Treppe. Die T. dient der Verbindung verschiedener Höhenebenen auf kurzem Weg (gegenüber längeren → Rampen). Je nach Lage spricht man von Freit. im Gelände, Außent. an der Außenseite eines Gebäudes und Innent. in dessen Innerem. Hier gibt es wieder Haupt-, Neben-, Keller-, Bodent.n u.a. – Es gibt Innent.n aus Holz, Stein, Stahl, Stahlbeton usw., Außen- und Freit.n meist aus Stein. Die Teile einer T. sind: **1.** Auftritt, die horizontale Fläche einer T.nstufe; **2.** Setzstufe, die vertikale Fläche; die **3.** Antrittsstufe ist die erste Stufe eines T.nlaufes, entsprechend heißt die letzte Stufe **4.** Austrittsstufe; analog dazu heißt der erste Pfosten des T.ngeländers **5.** Antrittspfosten und der letzte **6.** Austrittspfosten; die **7.** Wangen tragen die Stufen und → Geländer. Eine **8.** Wendelt. ist rund oder oval geführt und besteht aus **9.** Wendelstufen, die sich zur Mitte des Grundrisses hin stark verjüngen, wo sie bei einer **10.** Spindelt. in einem Mittelpfosten (Spindel) eingelassen sind. Größere, ungewendete T.n werden, damit der T.nlauf nicht zu lang wird, durch einen **11.** T.nabsatz (-podest) unterbrochen und entweder gerade (geradläufig) oder als **12.** gebrochene T. mit Richtungswechsel weitergeführt. – T.nanlagen scheint es ebenso lange zu geben wie die Monumentalarchitektur; so wurde in Jericho eine T. ausgegraben, die um 6000 v. Chr. gebaut wurde. Monumentale T.nanlagen kennen wir ferner von Knossos (Kreta) und Persepolis (Iran). Die Griechen und Römer waren offensichtlich nicht daran interessiert, der Anlage von T.n eine besondere künstlerische Bedeutung zuzumessen, und auch im MA. waren T.nbauten in der Regel rein zweckbedingt. Die allgemein gebräuchliche Form war zu jener Zeit die Wendelt., die zuweilen beträchtliche Ausmaße annehmen konnte (Vis du Louvre, Paris, spätes 14. Jh.), doch geschah dies meist erst nach 1500 (Blois, Abb. → Frankreich). Die normale Form der ital. Renaissancet. ist eine **13.** zweiarmige T., bei der der obere Lauf in entgegengesetzter Richtung zum unteren hochgeführt wird. Der ganze T.nlauf ist vom Erdgeschoß bis zum oberen Stockwerk von festgefügtem Mauerwerk umgeben. Einige wenige Architekten jedoch, von ihnen sind besonders → Francesco di Giorgio Martini und → Leonardo da Vinci zu nennen, schufen eine Reihe

interessanter Entwürfe, die dann während des 16. Jhs., zumeist in Spanien, verwirklicht wurden (Abb. → Leonardo da Vinci). Vor allem sind zu nennen die **14.** doppelarmige T., bei der in einem T.nhaus eine Mittelt. in zwei Seitent. mit entgegengesetzter Steigungsrichtung übergeht, ferner die T.nanlage, die mit einem Lauf beginnt, der sich in zwei zu ihm rechtwinklig angelegte T.narme aufgliedert (→ Bramantes Belvedere-Hof im Vatikan; Escalera Dorada, Burgos), und schließlich die häufigste Art, ein T.naufgang, bei dem um ein offenes Stiegenhaus drei Arme rechtwinklig hochgeführt werden. Bramante baute im Vatikan eine spiralenförmige T., die er um ein offenes T.nauge hochführte. → Bernini gestaltete das T.nhaus des Palazzo Barberini als ovalen Raum, eine besondere Eigentümlichkeit des → Barock. → Palladio erfand die **15.** freitragende T. (Akademie, Venedig), d.h. eine T., die keine andere Stütze hat als die Verbindung der Stufen mit dem Mauerwerk der äußeren Wand. – Der Barock ist die große Zeit monumentaler und phantasiereicher T.nanlagen, von denen die schönsten in Deutschland erbaut wurden (Würzburg, Brühl und besonders Bruchsal, von → Neumann geschaffen), doch gibt es auch in Frankreich von → Mansart in Blois und in Italien (Neapel) sehr schöne Beispiele (Abb. → Barock; → Frankreich; → Hildebrandt; → Neumann; → Rokoko). – Im 20. Jh. gewinnt die T. von neuem an Bedeutung, da sie als das Element angesehen wird, das in einem Bauwerk den Raumfluß am stärksten zum Aus-

Wendeltreppe im Palazzo Ducale, Urbino, 1455-74.

Treppenhaus im Schloß Chambord, Frankreich, beg. 1519.

Escalier des Ambassadeurs, Versailles, beg. 1772.

druck bringt. Die erste T. in einem Glasbau schuf → Gropius in Alfeld an der Leine (1911). Seit dieser Zeit wurden viele freitragende T.n und T.n ohne Setzstufen (→ Treppe 2) erbaut, bzw. solche Wirkungen angestrebt.

Lit.: Breymann 1899; Gersbach '17; Gatz-Hierl '54; Minnucci '57; Mielke, F. '66; Chastel/Guillaume '88; Baldon/Melchior '89; Simmen '90.

Treppenturm. Gebäudeteil, in dessen Innerem eine Wendeltreppe liegt, als Verbindung zu den oberen Geschossen (→ Eselsturm), auch Wendelstein genannt. (Blois, [Abb. → Frankreich], Albrechtsburg in Meißen, Torgau.)

Trevano, Bernardo → Polen.

Trezzini, Domenico (Tressini; im Russ. Andrej-Petrowitsch Trezini, 1670-1734). Der erste westeurop. Architekt im Dienst Peters d. Gr. in Rußland, ital.-schweizer. Herkunft. Er wird erstmals 1700 erwähnt, als er am Schloß Friedrichs IV. in Kopenhagen arbeitete. 1703 erhielt er von Peter d. Gr. das Angebot, Architekt für die neue russ. Hauptstadt St. Petersburg zu werden. Seine Hauptaufgabe war der Entwurf kleiner Holzhäuser; er schuf aber auch den Sommerpalast Peters d. Gr. (1710-14, unter

Treppenhaus im Schloß Pommersfelden, von Johann → Dientzenhofer, 1711-18.

Treppenaufgang des Stadions in Florenz, von → Nervi, 1930-32.

Sommerpalast Peters I., St. Petersburg, von → Trezzini, 1710-14. Detail der Fassade.

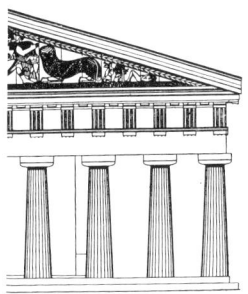

Triglyphenkonflikt. Artemis-Tempel auf Korfu, um 600 v. Chr.

Triforium.

Trilith. Stonehenge, Salisbury-Ebene, England.

Mitarbeit von → Schlüter voll.), den er in einem überwiegend holländ. beeinflußten Stil aufführte, und die schwerfällige holländ.-barocke Peter-Pauls-Kathedrale (1714-25). Sein Hauptwerk waren zwölf pavillonähnliche Gebäude, auf Terrassen angelegt, die sich durch → Pilaster in → Kolossalordnungen und hohe Walmdächer (→ Dachformen 5) auszeichnen und ursprünglich durch eine durchgehende, offene → Galerie und einen 600 m langen Korridor verbunden waren. Sie waren zur Aufnahme der Ministerien bestimmt (1722-32, später für den Sitz der Universität verändert).

Lit.: Hamilton '54.

Tribolon, das. Die Dreierarkade (→ Arkade) einer bzyant. Kirche, die den → Esonarthex mit dem → Langhaus verbindet. Der Name leitet sich von den drei Vorhängen ab (trivela), die zwischen den Säulen hingen.

Tribuna, die (lat. tribunal: Richterbühne). Der einer → Apsis entsprechende Abschluß der röm. Markt- und Gerichtsbasilika (→ Basilika).

Lit.: Rave, P.O. '24.

Tribüne. 1. Erhöhte Plattform für Zuschauer oder Redner. – 2. → Empore oder → Galerie.

Trichternische. Ein von Strzygowski geprägter Terminus für eine in der → Armenischen Architektur gebräuchliche Art der Überleitung aus dem Grundrißquadrat ins Rund der Kuppel. Die T. wird aus fächerförmig bearbeiteten Steinen gebildet, die, schalenartig zusammengefügt, unten auf den rechtwinklig zusammenstoßenden Tragebogen aufstehen und durch Gußsteinmauerwerk (→ Mauerwerk) untereinander verbunden sind.   A. R.

Triforium, das (lat.: Dreibogen, Drillingsbogen). Ein in der Wand ausgesparter Laufgang, der sich über den → Arkaden und unter den Fenstern des → Obergadens befindet und sich zum Mittelschiff in dreifacher Bogenstellung öffnet. – Das T. wurde bereits in der → roman. Baukunst zur Gliederung der Hochschiffwand entwickelt und ist in der → Gotik ein wichtiger Teil des Wandaufbaues der → Kathedrale. – Bei einem Blendt. entfällt der Gang hinter den Arkaden.

Lit.: Kubach '36; Viollet le Duc IX.

Triglyphe, die (gr.: dreifache Rille). Eine Steinplatte im → Fries der dorischen Ordnung (→ Säulenordnungen) mit zwei vollen und zwei äußeren halben Rillen (ohne diese: Diglyphe) zwischen den → Metopen. Die Herkunft dieses Motives ist unsicher, seit die Ableitung der formalen Gestaltung des dor. → Tempels als in Stein übertragener Holzbau fraglich ist; als neue und dem Wesen frühgriech. Kunst adäquatere Lösung bietet sich an, im T.n- und Metopenfries Kultzeichen zu sehen, wie sie sich in der zeitgenössischen Vasenmalerei finden.

Lit.: Vitruv IV 2.

Triglyphenkonflikt, der. Beim → Triglyphenfries der dor. Ordnung (→ Säulenordnungen) liegt über jeder Säule und Jochmitte eine → Triglyphe; diese Anordnung würde, konsequent durchgeführt, eine Halbmetope (→ Metope) an der Ecke ergeben. Um dies zu vermeiden, wurden zwei Lösungen eingeführt: **1.** Verbreiterung der letzten Metope um den resultierenden Differenzbetrag (selten); **2.** Verringerung

›Zwölf Kollegien‹, St. Petersburg, von → Trezzini, 1722-32.

des Eckjoches (Eckkontraktion). Die zweite Lösung wurde im Laufe der Entwicklung soweit perfektioniert, daß die Differenz auf die halbe Baubreite (-länge) verteilt wurde. Beispiel: Parthenon auf der Akropolis in Athen. → Tempel.

Triklinium, das (gr./lat.). 1. Speisezimmer des altrömischen Hauses. – 2. Speiseraum der Pilger im → Kloster.

Trikonchos, der (gr.). Anlage mit drei kleeblattförmig zueinander angeordneten → Konchen.

Trilith, der (gr.: Dreistein). Prähistor. Monument, bestehend aus zwei senkrecht stehenden Steinblöcken und einem waagrecht darüber gelegten, wie in Stonehenge bei Salisbury, England. → Megalith.

Trittstufe, Auftritt, → Treppe 1.

Triumphbogen. 1. Ehrenbogen für einen röm. Kaiser oder Feldherrn als freistehender Torbau mit einem oder drei Durchgängen. Reliefdarstellungen und

Triumphbogen. Arc de Triomphe, Paris, von → Chalgrin, 1806-35.

Bauplastiken weisen dabei auf den Anlaß der Weihung hin. Bedeutende Beispiele sind u.a. der Titusbogen, der Septimius-Severus-Bogen und der Konstantinsbogen (alle in Rom). Der T. konnte auch als → Quadrifrons errichtet werden. – Seit der → Renaissance wurde der architekton. Aufbau dieser Denkmäler vielfältig kopiert, bis der T. im → Barock als provisorische → Festarchitektur und im → Klassizismus als festes Bauwerk (Arc de Triomphe in Paris) wieder einen zeitgenössischen Gebäudetyp darstellte. – **2.** Der Transversalbogen zwischen dem → Mittelschiff und der → Vierung bzw. dem → Chor einer ma. Kirche, oft durch eine Triumphbogengruppe (→ Triumphkreuz) ausgezeichnet.

Lit.: Weisbach '19; Noack '25-26, '28; Nilsson, M.P. '32; Hautecœur v; Pallottino in EAA '58-63; Westfehling '77.

Triumphbogengruppe → Triumphkreuz.

Triumphkreuz. Ein Kreuz, welches unter einem → Triumphbogen (2) aufgehängt sein oder auf einem Triumphbalken stehen kann. In der letzten Form wurde es auch häufig durch die Figuren von Maria und Johannes zur sogenannten Triumphbogengruppe ergänzt.

Triumphsäule. Wie der → Triumphbogen ein freistehendes Ehrenmal, hier als monumentale → Säule, meist mit spiralförmig angeordnetem Reliefband, das die Taten des Geehrten zeigt. Erhalten sind in Rom nur die Säulen des Marc Aurel und des Trajan. – Auch nach der Antike blieb die T. als Bautyp bestehen, z.B. Bernwardsäule in Hildesheim (um 1000 n. Chr.), barocke Säulen an der Karlskirche in Wien, in Paris und in London.

Lit.: Haftmann, W. '39.

Trochilos, der (gr.: Kiebitz). Hohlkehle an der → Attischen Basis.

Trommel → Tambour; → Säulentrommel.

Trompe, die. → Kuppel.

Trompe-l'œil, das (frz.: Augentäuschung). → Scheinarchitektur.

Bauten der NSDAP am Königsplatz in München, von → Troost, beg. 1931.

Troost, Paul Ludwig (1878-1934). Architekturstudium in Darmstadt. Anschließend Mitarbeiter des Architekten Martin Dülfer sowie der Vereinigten Werkstätten für Kunst im Handwerk in München (1897). Ab 1903 selbständig. In den Jahren 1912-30 fertigte T. Innenausstattungen für die Luxusdampfer des Norddeutschen Lloyd. Ab 1931 Bauten für die NSDAP in München (am Königsplatz, rechts

und links der Briennerstraße (Abb. → Nationalsozialistische Architektur) sowie das Haus der Deutschen Kunst an der Prinzregentenstraße, 1933 bis 37; Abb. → Deutschland). Das Haus der Deutschen Kunst, das erste archit. Großprojekt im Dritten Reich, wurde vom Hitler als Ersatz für den 1931 abgebrannten Glaspalast (→ Glasarchitektur) in Auftrag gegeben und von T.s Frau Gerdy Troost vollendet. Das → klassizistische Gebäude in massivem Haustein und mit innerer Marmorverkleidung wurde als reiner Ausstellungskomplex (→ Ausstellungsarchitektur) konzipiert und erhielt, entsprechend der hitlerschen Kunst-Ideologie, einen monumentalen, fast tempelartigen Charakter.

Lit.: Troost '41.

Tropfsteingewölbe (Stalaktitengewölbe), → Gewölbe III, 15.

Trophäe. (gr. tropaion: Siegeszeichen). **1.** Bei den Griechen Siegesmal aus den erbeuteten Waffen. **2.** Reliefdarstellungen erbeuteter Rüstungen, Waffen, Fahnen usw. an Siegesdenkmälern, Zeughäusern usw.

Trulli.

Trulli (ital.). Gemauerte Wohnbauten mit unechten → Gewölben in Süditalien, oft in Gruppen zusammengefaßt.

Lit.: Notarnicola '40; Castellano '60.

Trumeau, der (frz.). Urspr. der mittlere Steinpfosten eines → Portals, der das → Tympanon stützt, später allg. ein steinerner Fensterpfosten und endlich der Wandspiegel am Fensterpfeiler.

Tropp, Paul (tätig um 1900) → Industriebau.

Tschechoslowakei. *Vorroman. und* → *roman. Zeit:* Mit der Architektur der Antike kam es nur am Südrand der Slowakei zu unmittelbarer Berührung, z.B. die röm. Brückenköpfe am Nordufer der Donau in Preßburg/Bratislava, Devín, Komorn/Komárno, Stupava; ferner die röm. Gedenktafel in Trenčín, 179 n.Chr. Auch über den Holzbau des frühen und hohen MA.s gibt es nicht viel mehr als Vermutungen, obwohl vor allem in der Slowakei mehr Holzkirchen erhalten sind als irgendwo sonst in Mitteleuropa (vgl. Hervartov, ca. 1480; Trnové, ca. 1500; Tvrdošin, Ende 15.Jh.; Tročany, Ende 16.Jh.; Bodruzal, 1658; Paludza, 17.Jh. usw.). Die ältesten christl. Steinkirchen aus der Mitte und der 2.H. des 9.Jhs. wurden in und bei Prag (Hradschin, Levy Hradec) und vor allem in Südmähren (Mikultschitz/Mikulčice, Altstadt/Staré město) ausgegraben. Es handelt sich meist um einschiffige → Saalkirchen mit runden oder rechteckigen Altarhäusern. Nur urkundlich überliefert ist die 833 vom Salzburger Erzbischof Adalram dem Regensburger

Trumeau. Saint-Pierre, Moissac, 12.Jh.

*St. Martin auf dem Vyšehrad,
Prag, 12. Jh.*

St. Martin auf dem Vyšehrad.

*Benediktinerkirche Trebitsch/Třebíč. Kuppelgewölbe im
ʾChor, um 1240-50.*

*St. Georg, Prag,
Hauptschiff nach 1142.
Wiederhergestellter Zustand.*

und im Mittelmeergebiet verbreitete Apsissaal, seltener jedoch der vollständige Typus (Chorquadrat und Apsis). Häufig ist der nordwesteurop. Westeinturm, mitunter sogar in der Form des niederdt. Querriegels (Kyje), nur daß die Westtürme hier oft mit Westemporen (→ Empore) kombiniert wurden. Die mitteldt. Chorturmkirche hingegen tritt nur ausnahmsweise auf (Topanov, Prosek). Die Herrschaftskapellen haben meist Westemporen, doch gibt es auch den Typus der dt. Doppelkapelle (Eger, Zaboří, Bösig). Charakteristisch sind vor allem kleine, einschiffige Rundkirchen mit Apsis (sogen. ›böhm. Rotunden‹), die in den böhm. Ländern jedenfalls häufiger vorkommen als irgendwo sonst am ostmitteleurop. Rand von Skandinavien bis Slowenien. Die wichtigsten erhaltenen Monumentalbauten der Romanik sind: Prag, St. Georg, sächsische Emporenbasilika mit → Stützenwechsel; Mühlhausen/Milevsko; Tepl/Teplá, die älteste → Hallenkirche im Südosten außerhalb Bayerns

hl. Emmeram geweihte Kirche in Neutra/Nitra, dem politischen Zentrum der Westslowakei. Auch die beiden frühesten Monumentalbauten Böhmens, die ehemalige Veitsrotunde (Rundbau mit Umgang im Erd- und Obergeschoß und vier → Apsiden, 926-30) und die um 1060 erbaute Veitsbasilika (→ Basilika), eine doppelchörige Anlage mit Dreiapsidenchor, Westquerhaus (→ Querschiff) und zwei → Krypten ähnlich St. Emmeram in Regensburg, sind nur in den Fundamenten unter dem gegenwärtigen got. Veitsdom auf der Prager Burg erhalten. Jedoch unterscheiden sich weder die Monumentalbauten noch die Kleinkirchen (Dorfkirchen, Herrschaftskapellen) in den Raum- und Grundrißtypen wesentlich von der übrigen Sakralarchitektur Mitteleuropas. Die mehrschiffigen Anlagen stehen entweder über dem lombardisch-süddt. Dreiapsidengrundriß ohne Querhaus (Altbunzlau/Stará Boleslav, Tismice, Strahov, Déakovce, Hron sv. Beňadik, Biňa, Ilija usw.), oder es handelt sich um Querhausbasiliken im → Gebundenen System mit → Chorquadrat und Apsis und Doppelturmfront (Velehrad, Kladrau/Kladruby usw.). Im Kleinkirchenbau kommt sowohl die nordwesteurop. Chorquadratkirche vor als auch der vor allem in Süddeutschland

(gew. 1232); die großartige Benediktinerkirche Trebitsch in Südmähren mit angevinischen Kuppelgewölben im Chor, instrumentiert jedoch mit dem für den Übergangsstil dieses Gebiets charakteristischen System polygonaler Einzeldienste (→ Dienst). Roman. Prachtportale (→ Portal) wie in der donauländischen Schule gibt es nur in Mähren (Trebitsch) und in der Slowakei (Ilija, Malá Biňa).

→ *Gotik*: Die erste Phase der Rezeption des got. Stils ist wie überall in Mitteleuropa durch die burgund. Frühgotik der Zisterzienser (→ Zisterzienserbaukunst) charakterisiert, die zweite durch die Hochgotik der → Bettelordenskirchen; hinzu treten bürgerliche Pfarrkirchen, zumeist im Übergangsstil (Kolin, Kouřím, Pisek). Fast alle Klosterkirchen sind jedoch von den Hussiten am Anfang des 15. Jhs. niedergebrannt worden, darunter auch der entwicklungsgeschichtl. bedeutende Kathedralchor der Zisterzienser in Sedlec, zwar keineswegs der

*St. Georg, Prag,
Hauptschiff nach 1142.
Wiederhergestellter Zustand.*

Veitsdom, Prag, Netzgewölbe im Chor, von Peter → Parler, gew. 1385.

St. Barbara, Kuttenberg/Kutná Hora, Langhaus-gewölbe, Entwurf von → Rieth, 1512.

Veitsdom, Prag. Grundriß des Chores

älteste in Mitteleuropa überhaupt, aber immerhin der erste im progressiven, nachklassischen Grundrißschema der südostdt. Sondergotik. Bedeutende Leistungen im Burgen- und Städtebau: Reichsburg Eger/Cheb, Königs- und Bischofsburgen in Klingenberg/Zvikov, Pisek, Brünn/Brno und Bischofteinitz/Horšův Týn sowie in Preßburg/Bratislava, Trenčín und in großartiger landschaftlicher Lage die Zipser Burg. Zahlreiche Stadtgründungen nach Nürnberger und Magdeburger Stadtrecht.

Burg Eger/Cheb, Doppelkapelle (Oberkapelle), vor 1213.

In der Slowakei entstanden bald nach dem Mongoleneinfall viele mittelslowakische Bergstädte und am Fuße der Tatra das geschlossene dt. Siedlungsgebiet der Zipser Städte.
Unter Kaiser Karl IV. (1347-78) kam es dann zum Neubau des Veitsdomes in Prag. Geplant war die Errichtung einer got. Kathedrale, beg. von Mathias von Arras (1344-52), fortgeführt von Peter → Parler (1353-99) und dessen Söhnen Wenzel P. und Johann P. Weitere Kathedralchöre der Parler entstanden in Kolin und Kuttenberg. Unter Peter Parler wurde die Prager Dombauhütte in Architektur und Plastik weithin beispielgebend (Fernwirkungen bis Mailand) mit den ersten Netzgewölben (→ Gewölbe III, 9) Mitteleuropas. Die Netzgewölbe Peter Parlers, die aus den Springgewölben der dt. Zisterzienser

und engl. Gewölben abgeleitet sind, bestimmen die Entwicklung der got. Architektur in Deutschland bis zum Ausgang des MA.s. Auch der sonst in der Gotik seltene → Zentralbau erlebt damals eine Art Renaissance (Karlshofer Kirche, Fronleichnamskapelle, beide in Prag). In der Slowakei ist der bedeutendste got. Sakralbau die Elisabethkirche in Kaschau/Košice, deren Chor wie die Prager Fronleichnamskapelle das Motiv der radiant gedrehten Nebenchöre variiert (Braisne, Trier, Xanten, Ahrweiler). Wie in Deutschland Aufstieg des Hallenbaues (Kuttenberg, Kolin, Eger, Iglau, Hohenfurth, Kremsier, Olmütz, Leutschau/Levoča, Göllnitz/Gelnica, Zipser Kapitel/Spišská Kapitula, Kaschau/Košice). Als Ausstrahlung des Alpenlandes sind im südl. Böhmen und Mähren zweischiffige Hallenkirchen besonders häufig. Auch die augenscheinlich am ostmitteleurop. Rand von Skandinavien bis Slowenien seit roman. Zeit beheimatete Einstützenkirche tritt nun in Böhmen auf, besonders häufig aber in der Zips. Aus Frankreich (über Wien) kommt mit erheblicher Verspätung die doppelgeschossige Palastkapelle (Preßburg/Bratislava, Zipser Kapitel/Spišská Kapitula, Donnersmark/Štvrtok). Dorfkirchenbau sonst wie im übrigen

Veitsdom, Prag, Chor, 1344-85.

Bartholomäuskirche Kolin, nach 1261.

*Franziskanerkirche Mariä
Himmelfahrt, Bechin/Bechyne.
Anfang 16. Jh.*

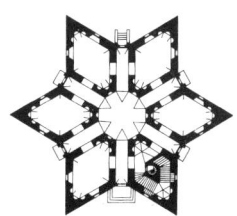

*Schloß Stern bei Prag, von
→ Wolmut, Juan Maria del
Pambio und Giovanni Lucchese,
1555-56.*

Mitteleuropa. Die wichtigsten Profanbauten der
→ karoling. Epoche sind die Prager Karlsbrücke
Peter Parlers und die Burg Karlstein, die der Kaiser
zur Aufbewahrung der Reichskleinodien und der
böhm. Kroninsignien errichten ließ. Der Ausbruch
der Hussitenkriege 1419 beendete die Hegemonie
Böhmens in Mitteleuropa.

Der bedeutendste Architekt der nachhussitischen
Zeit im 15. Jh. war der Tscheche Matthias Rejsek
(Prag, Pulverturm, 1478; Kuttenberg, Chorwöl-
bung der Barbarakirche, 1494-99). Unter König
Wladislaw II. (1490-1516) arbeiteten einige der füh-
renden Architekten der Dürerzeit in den böhm.
Ländern. So Jakob Haylmann aus Schweinfurth
(Hallenchor in Brüx/Most) und vor allem → Rieth,
der 1493-1500 den Wladislawsaal im Hradschin,
einen der großartigsten Profanräume des
SpätMA.s, wölbte (Abb. → Rieth) und 1512-48 das
Hallenlanghaus der von Peter Parler begonnenen
Barbarakirche in Kuttenberg mit einem der schön-
sten Netzgewölbe, das je ersonnen wurde.

→ *Renaissance:* Ähnlich wie in Ungarn setzte sich
die Kunst der Renaissance früher durch als irgendwo sonst in Mitteleuropa, in den böhm. Ländern mehr in der höfischen Palastarchitektur, in der
Slowakei mehr im bürgerlichen Rathausbau
(Neusohl/Banská Bystrica, Bartfeld/Bardějov sowie
Leutschau/Levoča). 1538 entstand nach Entwurf
von Paolo della Stella das Belvedere in Prag, eines
der reinsten Beispiele absoluter Frührenaissance-
architektur diesseits der Alpen, als Lustschloß für
König Ferdinand I. Auch das originelle Jagdschloß
Stern bei Prag wurde 1555/56 nach einer Idee von

Erzherzog Ferdinand über sternförmigem Grundriß von den Architekten Juan Maria del Pambio
und Giovanni Lucchese unter der Bauleitung des
Hans von Tirol und später des Bonifaz → Wolmut
aus Überlingen errichtet. Der kaiserl. Hofbaumeister Wolmut war der führende Architekt Böhmens nach der Mitte des 16. Jhs. Er brachte zwar
als erster nachklassische → palladian. Formen nach
Mitteleuropa, beherrschte jedoch gleichwohl noch
durchaus den got. Gewölbebau (Netzgewölbe im
Landtagssaal der Prager Burg, Rippenkuppel
(→ Kuppel) der Karlshofer Kirche in Prag, 1575;
Orgelempore im Veitsdom). Sein Hauptwerk ist das
1557-61 errichtete Ballhaus auf dem Hradschin. Ein
zweites Ausstrahlungszentrum der Renaissance war
das Herrschaftsgebiet der mächtigen Herren von

*Belvedere, Prag, entw. von Paolo della Stella,
1538-63.*

*Schloß Butschowitz/Bučovice, Arkadenhof,
70er Jahre 16. Jh.*

Rosenberg im südl. Böhmen und Mähren (Neu-
haus/Jindřichův Hradec). Charakteristisch für den
Schloßbau dieses Gebiets sind → Arkadenhöfe
(Rossitz, Butschowitz/Bučovice). In der Slowakei
behielten die Schlösser nach dem Einfall der Türken
und der Schlacht bei Mohács 1526 zumeist den
wehrhaften Kastellcharakter des MA.s bei
(Schemnitz/Banská Štiavnica, Bytça, Preßburg/
Bratislava, Fritsch/Fričovce, Nehre/Stražky). Eine
Eigentümlichkeit der ›Slowakischen Renaissance‹
sind isoliert stehende Glockentürme (Deutschen-
dorf/Poprád, Georgenberg/Spišská Sobota, Men-
hardsdorf/Vrbov, Käsmark/Kežmarok), ferner eigenartige (vermutlich von Schlesien vermittelte)
→ Zinnen- und Kranzgesimsdekorationen (→ Gesims 4) mit → Blendarkaden (Schloß Fritsch).
→ *Barock*: Im 17. Jh. beherrschten zunächst genos-
senschaftlich organisierte → comaskische Bauleute
das böhm. Bauwesen fast ganz. Bedeutender als die
gegenreformatorischen Sakralbauten → Luragos
und Orsi de Orsinis, die entweder in der Nachfolge

*St. Laurentius, Deutsch-Gabel/Jablonné u Podjestedi,
von → Hildebrandt, 1699.*

der röm. Jesuitenkirche stehen (Prag, St. Ignaz,
1665-78; Březnice, beg. 1640; Königgrätz, 1654-66)
oder die älteren mitteleurop. Bautypen der Empo-
renhalle und der → Wandpfeilerkirche variieren
(Prag, St. Salvator; Kralowitz), sind die Palast- und
Schloßbauten der böhm. Magnaten (in Prag die
Palais Waldstein, 1623-28, und Czernin, 1669-92;
die Schlösser in Raudnitz, 1660-70, und Plumenau,
1680-85). Gegen Ende des 17. Jhs. wird die Hegemonie der Italiener gebrochen, zuerst von dem
Franzosen → Mathey (Prag, Kreuzherrenkirche,
1679-88; Schloß Troja, 1679-97, Abb. → Mathey),
dann von den großen österr. Architekten → Fischer
von Erlach (Prag, Palais Clam-Gallas; Schloß
Frain/Vranov) und → Hildebrandt (St. Laurenz in
Deutsch-Gabel, Abb. → Hildebrandt) und vor allem auch von den aus Altbayern eingewanderten
→ Dientzenhofern, von Christoph (1655-1751) und

*Ctiborhaus, Tabor/Tábor.
Nach der Restaurierung.*

*Palais Waldstein, Prag, nach Plänen von Andrea
Spezza, G. B. Marini, G. Pironi, 1623-28. Garten und
→ Sala terrena.*

dessen Sohn Kilian Ignaz (1689-1722). Ähnlich wie
Johann → Dientzenhofer, der Bruder Christophs in
Franken, vollzogen die böhm. Dientzenhofer eine
Synthese zwischen den Raum- und Gewölbever-
schneidungen → Guarinis und dem bayr. Wandpfei-
lersystem und leiteten damit die letzte Stufe des
mitteleurop. Sakralbaus im 18. Jh. ein, die mit den
Schöpfungen des Egerers → Neumann (1687-1753)
in Deutschland (Neresheim, Vierzehnheiligen, Abb.
→ Neumann) kulminiert.
Die stilistisch bemerkenswert einheitlichen, aber archivalisch unzulänglich bezeugten Hauptwerke
Chr. Dientzenhofers sind: Smiřice, 1699; Obořiště,
beg. 1702; Eger, St. Klara, 1707-11; Břevnov bei
Prag, 1708-15, und St. Niklas auf der Prager Kleinseite (Abb. → Barock). Die wichtigsten von den
überaus zahlreichen Bauten seines Sohnes Kilian
Ignaz, ohne die man sich weder das Stadtbild Prags
noch die barocke Kulturlandschaft Böhmens vor-
stellen kann, sind: in Prag St. Niklas auf der Kleinseite (Chor), St. Niklas in der Altstadt, St. Johann
am Felsen; Opařany, Wahlstadt in Schlesien und
Karlsbad.
Der dritte bedeutende Barockarchitekt Böhmens,
→ Santin-Aichel (1667-1723), erneuerte die von den
Hussiten zerstörten ma. Klöster in den Formen einer phantastischen Barockgotik (Sedlec, Kladrau/
Kladruby, Abb. → Santin-Aichel; Grüner Berg bei
Saar/Zdar) und vollendete zusammen mit dem eingedeutschten Italiener Oktavian Broggio den
böhm. Volksbarock, der sich am reinsten in den
religiösen Gnadenstätten und Wallfahrtskirchen
darstellt (Kiritein, Raigern).

*Veitsdom, Prag. Orgelempore von
→ Wolmut, 1556-61.*

St. Salvator, Prag, 1611-14.

Wallfahrtskirche auf dem grünen Berg, bei Saar, von → Santin-Aichel, 1719-22.

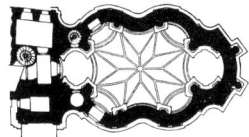

Schloßkirche Smiřice, von Chr. → Dientzenhofer, 1699.

Benediktiner-Klosterkirche St. Margaret, Břevnov, von Chr. → Dientzenhofer, 1708-15.

Weitere bemerkenswerte Barockarchitekten sind der Tscheche Franz Maximilian Kaňka (1674-1766), der fallweise auch nach Deutschland berufen wurde (Donaueschingen), ferner der Iglauer Paul Ignaz Bayer (1650-1733) und die Italiener Alliprandi (ca. 1665-ca. 1720, Jagdschloß Liblice, Piaristenkirche Leitomischl), M. Canevale (1652-1711) und Allio.

Was das → *Rokoko* betrifft, so gibt es zwar Innendekorationen dieses Stils, aber eine selbständige Spielart wie Bayern, Franken oder Potsdam hat Böhmen so wenig wie Österreich hervorgebracht. Die führenden Architekten in der 2. H. des 18. Jhs. waren der kaiserl. Oberhofarchitekt Frhr. v. Pacassi (Ausbau der Prager Burg 1756-74), Johann Joseph Wirch (Prag, Erzbischöfliches Palais 1764/65) und der Kavalierarchitekt Graf Künigl, dessen Entwurf für das Ständetheater Thomas Haffenecker (1781/83) ausführte. In der Slowakei durchdrang der Barock den kath. Westen ungleich stärker als die prot. Städte der Zips und den Osten. Preßburg/Bratislava war ein Vorort des Wiener Kaiserbarock (vgl. die Paläste Esterhazy, Jesenak, Lamberg, Apponyi, Mirbach, Grasalkovicz, ferner die Dreifaltigkeits- und die Elisabethinen-Kirche von → Pilgram). Daneben wirkte sich auch der böhm. und fränkische Barock aus. Bedeutende kath. Sakralbauten befinden sich in Trnava (Invalidendom von P. Spazza), in Trenčín (Piaristenkirche) und in Jasov (errichtet von Pilgram). Doch gibt es in Preßburg/Bratislava von Mathias Walch, in Käsmark/Kežmarock von Müttermann, in Schemnitz/Banska-Štiavnica und in Leutschau/Levoča auch bemerkenswert selbständige prot. Sakralbauten.

→ *Klassizismus und Romantik:* Anders als der Barock ist der Klassizismus nur zögernd angenommen worden und dann früher in den westböhm. Bädern und in der Ostslowakei als in Prag. In Böhmen sind die wichtigsten Bauten das weitläufige Schloß Katschina/Kačina bei Kuttenberg (erbaut 1807 von dem Dresdner Schuricht) und das Zollamt in Prag (Georg Fischer 1812). In der Slowakei bildete Josef Ballagh (1781-1869) selbständig Ideen → Schinkels und → Klenzes weiter. Vor allem in Kaschau/Košice gibt es eine erstaunliche Anzahl klassiz. Paläste und Häuser (so die Palais Luženský, Dessewffy, Csaky, Forkacs usw.).

Im → *Historismus* kam es zum Ausbau des got. Veitsdoms, Prag, durch Kranner und Mocker. In Kaschau/Košice errichtete Josef Fischer ein → neugot. Palais in der Stefanikgasse. Der bedeutendste Architekt des Historismus war jedoch der tschechische → Semper-Schüler Josef Zitek (1832-1909), der das Rudolfinum und das tschechische Nationaltheater in Prag und das Museum in Weimar in den Stilformen der Hochrenaissance errichtete, jedoch auch den ›griechischen Stil‹ beherrschte (Karlsbad, Kolonnade in Mühlbrunn).

Architekten aus den böhm. Ländern waren nicht nur wesentlich an der Ausbildung des → Jugendstils in Deutschland und Österreich beteiligt – so die Otto → Wagner-Schüler → Hoffmann, → Olbrich und Josef Zasche –, sondern auch an der Entwicklung der modernen Sachlichkeit, wie das Werk des Brünners → Loos bezeugt, des Vorkämpfers für das ornamentfreie Bauen. Eine Sonderleistung stellt die → Kubistische Architektur dar, die im Umfeld der 1911 in Prag gegründeten ›Gruppe bildender

St. Niklas in der Altstadt, Prag, von Kilian Ignaz → Dientzenhofer, 1732-37.

Künstler‹ eine kurze Blüte erlebte. Die bedeutendsten tschechischen und slowakischen Architekten in der ersten Republik waren → Gočár, → Chochol und in der Slowakei → Jurkovič. Der → Glasbau fand bemerkenswert früh Eingang nicht zuletzt durch die Industriebauten Batas vor allem in Zlin/Gottwaldov. Wichtige Beispiele für den → Internationalen Stil der 20er und 30er Jahre sind die Pensionsanstalt von Havlíček und Honzik und der Bau der Elektrizitätsgesellschaft von A. Beneš und J. Křiž, beide in Prag, und in Brünn das Haus Tugendhat des → Mies van der Rohe (1930).   E. B.

St. Niklas auf der Kleinseite, Prag, von Christoph und Kilian Ignaz → Dientzenhofer, 1703-59.

Internationales Aufsehen erregte → Roškot (1886-1945) mit dem tschechischen Pavillon auf der Weltausstellung 1939 in New York, der ihm den Ruf eines tschechischen Le Corbusier einbrachte. Architekten wie Havlíček (1899-1961), Karel Honzík (1900-66) oder Jiří Kroha (1893-1974) waren auch nach dem Zweiten Weltkrieg die Persönlichkeiten, die die schon in den 30er Jahren sozialistisch orientierte Architektur weiterführten. Funktionalistische Architektur wurde weiterhin gebaut – so etwa

Hauptbahnhof Prag, von J. Šrámek, A. Šrámková, J. Bočan und J. Ganda, 1970-79.

die Wohnsiedlung in Litivinov (1946-58) der Architekten Václav Hilský und Evžen Linhart (1898-1949). Aber auch die tschechische Architektur konnte sich nicht ganz der von der Sowjetunion propagierten Bauschule entziehen, auch wenn die Kollektivierung und damit die Einebnung der Stilvielfalt weniger stark war. Die schon in den 30er Jahren beginnende Standardisierung im Wohnungsbau entwickelte sich deshalb innerhalb des Ostblocks besonders in der ČSSR mit größtmöglicher Individualität weiter. Von den so entstandenen Wohnvierteln und Stadtzentren sind bes. erwähnenswert die Siedlung Lesuá in Brünn/Brno (1961-70) der Architekten M. Dufek, V. Rudiš, L. Volák und F. Zounek oder die Wohnhochhäuser in Prag-Dáblice (1975) von J. Kulišták. Ebenso überzeugend ist die Planung der Haupthalle des Prager

Warenhaus ›Máj‹, Prag, von → SIAL, 1973-75.

Verwaltungsgebäude der Allgemeinen Pensionskasse, Prag, von Josef Havlíček und Karel Honzík, 1932-33.

Bahnhofs (1972-77) des Architektenehepaars Jan Šrámek (1924-78) und Alena Šrámaková (geb. 1929) zus. mit Jan Bočan (geb. 1937) und Josef Fanda (geb. 1906), wobei sie das alte Gebäude (1901-09) in den Neubau integrierten. Das Bürohaus ›Universal‹ (1974-83) in Prag ist ein weiteres Beispiel internationaler Baukunst von Šrámek-Šrámaková. Die wohl interessanteste Entwicklung tschechischer Architektur ist mit der Architekturgruppe → SIAL verbunden, deren Bauten in Prag

Modell ›Domurbia‹, von Karel Honzík, 1963-65.

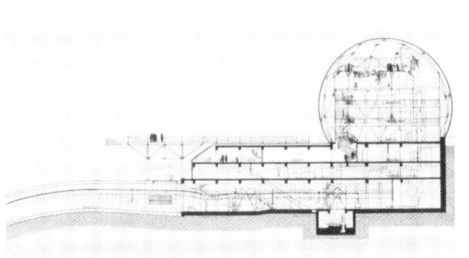

Entwurf für die Bergstation der Seilbahn in Sněžka, von → SIAL, 1976-78.

und dem östlichen Nordböhmen aber über die Grenzen des Landes hinaus Würdigung erfuhren. Abb. → Hallenkirche. Vgl. → Fuchs, → Jurcovič, → Kotěra; → Krejcar, → Wiesner.

Lit.: Krtilová '54; Mencl '59; Knox '62; Stareho '65; Neustupný '64; Krákálová '64; Swoboda '64, '69; Chysky '65; Hempel '65; Dostál-Pechar-Procházka '67; Bachmann, E. '77; Slapeta '78; Cernousek '81; Burkhardt-Lamarová '82; Lorenc '82; Krejci-Neubert '83; Kultermann '85; Seibt '85; Šlapeta '85; Peichl/Šlapeta '87; Foltyn '91; Tsch. Kubismus '91.

Tschevakinski (Chevakinsky), Sawwa Iwanowitsch (1713-74 od. 80). Russ. Architekt. 1729 kam T. nach St. Petersburg und studierte bis 1731 an der dortigen Marineakademie; anschließend 7 Jahre Mitarbeiter von J. B. Korobjow. 1745 wurde T. nach Zarskoje Selo/Puschkin als Bauleiter für den Weiterbau des Zarenschlosses gerufen und arbeitete dort gemeinsam mit → Rastrelli. Bemerkenswert ist dort die von ihm entworfene Eremitage mit ihrer reich durchgliederten und mit Skulpturenschmuck versehenen Fassade. Seine Hauptwerk aber ist die Garnisonkirche St. Nikolaus (1753-62) in St. Petersburg; eine 5-Kuppelanlage mit freistehendem Glockenturm. Für den Petersburger Adel errichtete T. zahlreiche Stadtpalais, so u. a. das Palais Schermetjew (1749-50) und das Palais Schuwalow (nach 1740).

Lit.: Hamilton '54.

Tschorten → Chörten.

Tschumi, Bernard → *Nachträge.*

Garnisonkirche St. Nikolaus, St. Petersburg, von → Tschevakinski, 1753-62.

Türbe des Emirs Hassan bei Ahlat am Vansee, Ostanatolien, 1275.

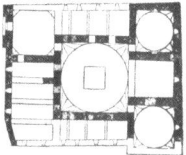

Türkei. Medrese Büyük Karatay, Konya, Anatolien, 1251.

Tudorstil, der. Englischer Stil der Tudorzeit (1485 bis 1603). → Großbritannien.

Tuff, der (lat. tophus). Ein in der röm. Baukunst viel verwendeter Baustein aus verfestigten vulkanischen Aschen, sehr porös und von gelblicher oder grauer Farbe. In Gebieten mit Tuffvorkommen auch nach der Antike gebräuchlich.

Tumba, die (lat.). Grabdenkmal mit rechteckiger Grabplatte, die auf Füßen oder einem geschlossenen Unterbau aufruht. Diese ist mit einem Relief geschmückt oder trägt auch eine vollplastische Darstellung des Toten. Die zunächst aus Stein errichteten Tumbe wurden im späteren MA. oft aus Bronze gestaltet.

Türbe, die (türk.). Grabbau im islam. Bereich. Eine meist prachtvoll geschmückte Kapelle mit dem Sarg. Zentralbau mit Kuppeldach.

Türkei. Die frühesten türk. Bauwerke entstanden im heutigen Afghanistan, zur Zeit der Ghasnawiden-Herrschaft (926-1186) und in Ostpersien unter der Herrschaft der Großseldschuken (1037-1157). Typische Bauten dieser Frühzeit sind → Mausoleen (Buchara und Sangbest), Grabtürme (Qumbedi-Qâbus bei Dschurdschan), die Signaltürme an den Karawanenstraßen (Ghasne, Herat), → Karawansereien und → Medresen. Es entsteht kein neuer

Türkei. Große Moschee von Diwrigi, Kayseri, Anatolien, 13. und 14. Jh.

→ Moscheetyp, die arab. Pfeilermoschee mesopotamischer Prägung (Samarra) wird übernommen. → Backsteintechnik und glasierte, farbige Kachelverkleidungen sind für die Bauten dieser Zeit besonders charakteristisch.

Nach der Gründung des Westseldschukenreiches in Kleinasien (1092) bilden Medresen und Karawansereien, deren → Portale mit Steinornamenten reich verziert sind, weiterhin den Schwerpunkt der Bautätigkeit. Das Baumaterial in Kleinasien ist der Naturstein. Neben üblichen Formen der osttürk. Liwan-Medrese (→ Liwan) mit → Arkadenhof entwickelten die Westseldschuken in ihrer neuen Hauptstadt Konya einen neuen Medresentypus: die Kuppelmedrese (Büyük Karatay, 1251, und Ince Minare, 1265-69). Die neuartige Raumvorstellung – zentraler Kuppelsaal mit anschließenden Seitenräumen – gibt am Anfang des 13. Jhs. den osmanischen Architekten wesentliche Anregungen für die Weiterentwicklung ihrer Kuppelmoscheen in der Hauptstadt Bursa.

Türkei. Große Moschee von Diwrigi, Kayseri, Anatolien, 13. und 14. Jh.

Nach der Eroberung von Konstantinopel (1453) erfährt die Kuppelbautechnik eine große Entfaltung. Angeregt durch die Hagia Sophia (Abb. → Byzantinische Baukunst) werden nun neuartige Kombinationen von Kuppeln und Halbkuppeln versucht. Der Wettstreit der osmanischen Baumeister mit der justinianischen Hofkirche erreicht mit dem Werk des Hofbaumeisters → Sinan seinen Höhepunkt (Sokullu-Mehmet-Pascha-Moschee 1571, Mihrimah-Moschee 1550, Süleimanijje 1550-57, alle in Istanbul; Selimiye Cami, 1569-75, die Moschee Selim II. in Edirne, ca. 1550-70). Medrese und Karawanserei verlieren ihre ehemalige Bedeutung. Sie werden der monumentalen Kuppelmoschee untergeordnet und um sie herum gruppiert (Bedesten, Edirne und Süleimanijje in Istanbul). Regelmäßige, geometrische Grundformen (Würfel, Halbkugel, Prisma, Kegel, usw.), glatte ornamentlose Wände, schlanke → Minarette mit kegelartigen Dächern

Türkei. Selimiye-Moschee, Edirne, von → Sinan, 1569-75. Eingang zur Sultansloge.

Türkei. Sokullu-Mehmet-Pascha-Moschee, Istanbul, von → Sinan, 1571.

Çinili-Kiosk des Sultans Mehmet II. im Garten des Top Kapı Sarayı Istanbul, 1466.

Brunnen des Sultans Ahmet III. vor dem äußeren Tor des Top Kapı Sarayı Istanbul, 1712.

sind Merkmale der osmanischen Kuppelmoschee. Farbige Kachelverkleidungen kommen nur im Innern der Moschee vor (Yesil-Cami, 1424 voll., in Bursa, Rüstem-Pascha-Moschee, 1550 und Ahmet-Moschee in Istanbul). Dauerhaftigkeit und Monumentalität bleibt in der türk. Baukunst ein Privileg der Sakralarchitektur, die gleichzeitig die Macht der Stifter – meist waren es Sultane oder ihre Vezire – zu versinnbildlichen sucht.

Der Osmanische Palastbau unterscheidet sich nicht im wesentlichen vom Bürgerhaus: weder in der Wahl des Baumaterials (Backstein oder Holz) noch in der Dimension der Einzelräume. Bei der Gestaltung der Palastgärten und Höfe wurde die Achsenbildung und Symmetrie nie zum ordnenden Prinzip erhoben. Die Palastanlage in Istanbul, Topkapı Sarayı (15.-18. Jh.), besteht aus verschiedenen einstökkigen pavillonartigen Bauten. Mit den reichen Holzverzierungen und Fayencebekleidungen wirken diese Innenräume zwar nicht alltäglich – ihre festliche Stimmung ist jedoch entfernt von Pomp und Feierlichkeit. Einflüsse des → Barock werden in der osman. Architektur bereits um die Mitte des 18. Jhs. spürbar (Nuru-Osmanijje-Moschee und Lâleli-Moschee in Istanbul). Die wesentlichen Einflüsse beschränken sich jedoch rein auf Stilistisches, hauptsächlich auf das Ornament, und berühren die Organisation des Innenraums nicht. Die pompösen Sultan-Paläste des 19. Jhs., wie etwa das Dolma-

Bağçe-Sarayı, widerlegen hingegen mit ihrem übertriebenen Prunk gerade das, was bisher das Wesentliche an der türkischen Baukunst war. → Hethitische Architektur; → Islamische Baukunst. U. V.-G.

Lit.: Gabriel '31; Vogt-Göknil '53, '65; Egli '54; Unsal '59; Aslanapa '71; Goodwin '71; Balci '80; Bammer '84; Holod '84; Akurgal '86, '87.

Turkmenistan → *Nachträge.*

Turm. Zu definieren als ein Gebäude, in dessen Höhe-Breite-Verhältnis die Höhe ein Mehr-, besser: Vielfaches beträgt. Der am Beginn der Überlieferung stehende ›Turm von Babel‹ dürfte, wenn als Stufenpyramide (→ Zikkurat) rekonstruiert, nicht dem geltenden Turmbegriff entsprechen. Hochstrebige T.e kennt die Antike, auch die griech.-röm., nicht, es sei denn den Leuchtt., dessen berühmtester Vertreter auf Pharos bei Alexandria (um 280 v. Chr.; zu den 7 Weltwundern gerechnet, also höchst ungewöhnlich) zum Inbegriff der Gattung werden konnte. Der T. wird schon früh in Verbindung mit Tor- und Mauerbauten fortifikatorisch genützt. Seine den Zweck symbolisch überhöhende Rolle begann er erst in frühchristl. Zeit, nun als zweckdienlicher Bestandteil des Kirchengebäudes, zu spielen. In den Kirchen des weström. Kulturkreises (St. Gallen, zwei Rundtürme, ca. 820; Irland; Ravenna, S. Apollinare in Classe, 9. Jh.) noch neben dem Kirchengebäude als → Campanile isoliert auf-

Yesil Cami, Bursa, 1413-24.

Yesil Cami, Bursa, 1413-24.

Bagdad Kiosk im Top Kapı Sarayı Istanbul, 1633.

Ahmed-Moschee (Blaue Moschee), Istanbul, 1608-14.

Tympanon. Portal der Vorhalle der Evangelischen Stadtkirche, ehem. St. Michael, Schwäbisch Hall, gew. 1156.

Turm. Palazzo Pubblico, Siena, 1288-1309.

Turm. Minarett der Großen Moschee des al-Mutawakkil, Samarra, 847-61.

gestellt, findet er im Osten (Syrien) schon früh die Eingliederung, um die sich der Westen seit → karoling. Zeit bemüht und die er im Laufe der Jh.e, seit dem 8., den verschiedensten Lösungen zuführt. Einer der grundlegendsten Bauten der Karls-Zeit, die Klosterkirche von Centula, weist schon eine reiche T.gruppierung auf: zwei T.e über den Vierungen, je zwei an den Flanken östl. und westl., alle runden Querschnitts und noch mäßig höhenstrebig (Abb. → Karolingische Architektur). Zugabe der Karls-Zeit ist auch das → Westwerk, eine meist dreiteilige T.gruppe vor dem Westabschluß des Langhauses, mit stark überhöhtem, nun wirklich höhenstrebigem, rechteckigem Mittel. in der Flankierung verhältnismäßig schlanker → Treppent.e (Aachen, Corvey). Auch die zukunftsreiche Einbindung der T.e (oder des T.s) in die Front des Kirchengebäudes hat wohl ihre (vielleicht eben hier im Westwerk liegenden) karoling. Voraussetzungen (Hersfeld). Im 11. Jh. vollzieht sich am Oberrhein (Straßburg), in Burgund (Cluny) und in der Normandie (Jumièges) die klare Ausprägung der Doppelt.fassade, die bis heute, wenn auch in Konkurrenz mit dem Eint., ein tragendes Motiv des Kirchengebäudes geblieben ist. Indessen wußte die im 8. Jh. entwickelte Vieltürmigkeit sich im deutschen Kulturbereich bis ins 13. Jh. zu behaupten: Hildesheim, St. Michael (11.Jh., Abb. → Deutschland), Maria Laach (11./12.Jh., Abb. → Deutschland) und Worms, Mainz, Bamberg, Naumburg, Limburg/Lahn (12./13.Jh.). In Frankreich setzte sich die Zweit.fassade schon im 11., kanonisch im 12. Jh. durch, die Kathedralgotik legte ihre europäische Geltung fest. Die fortschreitende → Gotik stößt dann allerdings häufig den

Turm. Sant'Apollinare in Classe, Ravénna, 9.Jh.

zweiten T. ab, um die Fassade von einem einzigen, jetzt um so höheren, übersteigen zu lassen. Berühmte Beispiele dieser höhengewaltigen Eint.e: der T. des Freiburger Doms (14.Jh., Abb. → Deutschland) und des Wiener Stephansdoms (15.Jh., Abb. → Österreich).
Ist es die kirchl. Baukunst, die den T.gedanken zu großartigsten Verwirklichungen führt, so beginnt nun doch im Spätmittelalter die profane in Gestalt der → Belfriede, Rathaus-, Glockent.e zusammen mit den Tor- und Mauert.en des Wehrgürtels ihren augenfälligen Beitrag zum Erscheinungsbild der Stadt zu leisten. Hier ist auch die im Hochmittelalter groß heranwachsende → Burg hervorzuheben, deren Kernbestandteil der → Bergfried, Donjon ist, dem sich eine Mehr- oder auch Vielzahl von Mauer- und Tort.en zugesellen kann. Die zunehmende Wirkung der Feuerwaffen im 16. Jh. griff dann diesen Burg- und Wehrt.n ans Leben, sie schrumpften zu → Bollwerken, Basteien, → Bastio-

Turm. Minarett der Großen Moschee von Agadès, Niger, 1844.

nen. Das an die Stelle der Burg tretende → Schloß hielt zwar an T.aufragungen fest, beschränkte sich aber meist auf Treppen- und Tort.e und schied sie im 18.Jh. auch ganz aus. – T.höhen wie die des MA.s erreichten auch die Kirchen der → Renaissance und des → Barock nicht mehr, doch blieb der T. in der vom MA. tradierten Stellung (Doppeloder Eint.fassade) bis ins 19. und 20.Jh. ein festes Motiv des Kirchenbaues. Das 19.Jh. führte noch die T.torsen des MA.s (Köln, Ulm) den geplanten Höhen (156 m, 161 m) zu, setzte aber auch schon die neugewonnenen technischen Mittel ein, um T.e zu errichten (wie den Eiffelt. in Paris, 300 m, Abb. → Ausstellungsarchitektur), die nichts sein wollten als die Bewährung dieser Mittel, Symbole des neuen technischen Zeitalters. → Funk-, Fernseht.e, Ingenieurkonstruktionen (→ Ingenieurbau; vgl. Abb. → SIAL), Stahlskelette, Wolkenkratzer (→ Hochhaus) sind die T.gestalten des 20.Jhs. – Auf die T.formen außereurop. Kulturbereiche sei nur knapp hingewiesen: die → Stupas Indiens, die → Pagoden Ostasiens, die → Minarette der islam. Völker. Das seit der Omajjadenzeit der → Moschee einzeln oder zu mehreren zugeteilte → Minarett kommt dem europ. T.begriff am nächsten. Grabturm → Türbe.   A. V. R.

Lit.: Sutter-Schneider 1888-95; Thiersch ’09; Soehner ’50; Revész-Alexander ’53; Schmidt, U. ’71; Naumann ’71; Meißner ’72; Heinle/Leonhardt ’87.

Turriano, João (1610-79) → Portugal.

Tuskische Säulenordnung → Säulenordnungen.

Tylman van Gameren → Gameren, Tylman van.

Tympanon, das (gr.). **1.** Das Giebelfeld eines antiken → Tempels mit oder ohne → Bauplastik. – **2.** Das Bogenfeld über einem ma. → Portal, ebenfalls mit oder ohne plastischen Schmuck.

Turm. Dom zu Worms, um 1170 - um 1230.

U

Überhang. Vorsprung der oberen Geschosse eines Fachwerkhauses.

Überschneidung. Die Durchdringung von → Profilen und → Stäben bei der Eckausbildung spätgot. Umrahmungen von Portalen, Fenstern und Nischen.

Überzug. Ein Entlastungsträger, der im Gegensatz zum → Unterzug über einer → Balkenlage oder → Decke konstruiert ist, wobei die Decke bzw. die Balkenlage am Ü. hängt.

Umgang. Bezeichnung für einen um einen mittleren Bauteil geführten Gang (Chorumgang, → Chor). Vorwiegend in Wallfahrtskirchen und dort als selbständiger Bauabschnitt anzutreffen, der zu Gnadenbild oder -kapelle führt.

Ungarn. In ihren Provinzen Pannonien und Dacien, im Karpatenbecken gelegen, haben die Römer die erste monumentale Architektur geschaffen. Bedeutende Reste wurden freigelegt: in Óbuda (Altofen) zwei → Amphitheater des röm. Aquincum; in Pécs (Fünfkirchen), dem röm. Sopianae, frühchristl. Sepulchralbauten und in Szombathely (Steinamanger) den Isistempel von Savaria. Die → karoling. Ostmission scheint stellenweise Römerbauten wiederverwendet zu haben (2. Basilika von Fenékpuszta am Plattensee).
Das Fortleben von Patrozinien bezeugt, daß die Christianisierung der Ungarn am Ende des 10. Jhs. hie und da an die noch lebendige Tradition der Karolingerzeit anknüpfte. Für diese Frühzeit ist Mannigfaltigkeit der Bauformen charakteristisch. Die ausgegrabenen Rundkirchen der fürstlichen Burgen von Esztergom (Gran) und Veszprém gehören vielleicht noch dem 10. Jh. an. Die ersten Kathedral- und → Stiftskirchen – soweit aus Grabungen bekannt, querschifflose, mit breiter Ostapsis (→ Apsis) ausgestattete → Saalkirchen oder dreischiffige → Basiliken – folgten anscheinend den frühchristl. und frühma. ital. Typen bzw. denen des bayr. Raums: Székesfehérvár (Stuhlweißenburg), Liebfrauenkirche, und Kathedralen von Kalocsa und Gyulafehérvár, dem heute in Rumänien liegenden Alba Julia (Karlsburg in Siebenbürgen), Abteikirche von Pécsvárad u. a. Die Stiftskirchen hatten wohl eine Unterkirche, erhalten geblieben sind die von Tihany (1055) und Feldebrő (1. H. 11. Jh.). Über der letzteren erhob sich ein → Zentralbau, der – wie auch die Abteikirche von Szekszárd (nach 1061) – orientalisch-orthodoxer Prägung war, obwohl von Benediktinern errichtet. Die Kathedrale von Pécs (nach 1064), mit einer dreischiffigen Unterkirche, ist die früheste dreischiffige, querschiff-

Ungarn. Annenkapelle Székesfehérvár, 1478.

lose Basilika mit Dreiapsidenschluß (leider zu stark restauriert). Der Bautyp, oberital. Herkunft und auch im benachbarten Süddeutschland heimisch, fand im 12. Jh. allgemeine Verbreitung. Er wurde manchmal mit zwei Osttürmen (Kathedrale von Eger, Boldva), später im allgemeinen mit einem Westturmpaar ausgestattet. Die letztere Variante, mit einer Herrschaftsempore (→ Empore) im Westtrakt, bildete seit der 2. H. des 12. Jhs. die fest ausgeprägte Sonderform der ungar. Sippenklosterkirche (Ákos, Kapornak).
Ende des 12. und in der 1. H. des 13. Jhs. riefen die gesteigerten Ansprüche des Hofes, des hohen Klerus und der großen Adelsgeschlechter eine Baukunst von außerordentlich hoher Qualität ins Leben. Die ital. und verschiedene frz. Anregungen, die im Königspalast von Esztergom vor und um 1200 Bedeutung gewannen, hatten auch eine beträchtliche Breitenwirkung. Von dem entscheidenden Einfluß der ersten, leider fast spurlos verschwundenen Zisterzienserkirchen (Egres, Zirc, Pilis, Szentgotthárd u. a., → Zisterzienserbaukunst) zeugt der 1224 geweihte Neubau der Benediktinerkirche von Pannonhalma (Martinsberg). In den Sippenklosterkirchen von Lébény, Ják und Zsámbék wurde der herkömmliche Typus in den gewölbten Quaderbau übersetzt und z. T. mit prächtiger

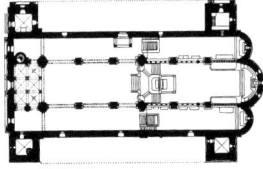

Ungarn. Kathedrale von Pécs, nach 1064.

Ungarn. Portal von St. Georg, Ják, um 1230.

St. Georg, Ják, um 1230.

Bauornamentik oberrheinisch-bambergischer und norman. Herkunft bereichert. Die ehem. Prämonstratenserkirchen von Ócsa und Kisbény (heute Bíňa, Slowakei), die zweite Kathedrale von Gyulafehérvar (Alba Julia) sowie die Ruine der Benediktinerkirche von Vértesszentkereszt zeigen, wie verschiedene westl. Grundrißtypen mit Querhaus (→ Querschiff) Anfang des 13. Jhs. aufgenommen wurden.

Der Mongolensturm von 1241-42 bedeutete keinen radikalen Bruch in der Baupraxis, veranlaßte aber König Béla IV. (1235-70), die Befestigung der Städte und den Burgenbau systematisch zu fördern. Aus dieser Zeit stammen u. a. die mächtigen Wohntürme von Visegrád, Sárospatak und Léka (heute Lockenhaus im Burgenland, Österreich). Ungarländische Sonderformen und die anfangs häufigen frz. Anre-

Ehem. Franziskanerkirche der Unteren Stadt, Szeged, Ende 15. Jh., Anfang 16. Jh.

gungen (erste basilikale Anlage der Liebfrauenkirche von Buda um 1250) wurden bald durch die → Gotik deutscher Prägung verdrängt. Den wirtschaftlichen Aufschwung unter den Anjou-Königen im 14. Jh. begleitete in den Handels- und Bergbaustädten eine rege Bautätigkeit, die im 15. Jh. ihren Gipfelpunkt erreichte. Die Bauformen der → Parler und ihrer künstler. Nachfolge wurden sowohl über die Prager Dombauhütte als auch aus dem schwäb. und bayr. Raum eingeführt, wobei im 15. Jh. der Wiener Bauhütte eine wichtige Vermittlerrolle zufiel. Ältere bedeutende Kirchenbauten wurden oft zu → Hallenkirchen umgestaltet (Liebfrauenkirche von Buda) oder erhielten monumentale Hallenchöre wie die innerstädtische Pfarrkirche von Pest und die Schwarze Kirche von Kronstadt (Brassó, heute Braşov, Rumänien). In Sopron (Ödenburg), Kolozsvár (Klausenburg, heute Cluj-Napoca, Rumänien) u. a. entstanden neue Hallenkirchen. Von dem Ende des 15. Jhs. begonnenen,

Portal von St. Jakob, Lébény, Anfang 13. Jh. Restauriert im 19. Jh.

Liebfrauenkirche Budapest, um 1250. Restauriert 1874-96.

groß angelegten Neubau der Kathedrale von Eger sind nur die ausgegrabenen Fundamente des Chorumganges (→ Umgang) mit → Kapellenkranz übriggeblieben. Die → Bettelsordenskirchen hielten meist an der herkömmlichen Anlage fest, deren schönste erhaltene Beispiele dem 15. Jh. und frühen 16. Jh. angehören: Ref. Kirche von Klausenburg, Franziskanerkirche von Szeged. Die 1380-1440 erbaute Stadtpfarrkirche und spätere Domkirche von Kaschau (Kaschau/Košice, Slowakei) nimmt als Kreuzbasilika eine Sonderstellung ein und wurde zum Ausgangspunkt einer bis nach Siebenbürgen und Südpolen reichenden künstler. Ausstrahlung. Die Anjou-Könige begannen mit dem repräsentativen Ausbau der kgl. Burgen von Buda, Diósgyőr und Visegrád. Dem Kaiser und König Sigismund (1387-1437) ist außer der Erweiterung der Burg von Buda auch das Schloß von Tata zu verdanken. Die Burgen des hohen Adels wie Vajdahunyad (Hunedoara in Siebenbürgen), Siklós u. a. stehen den kgl.

Burgkapelle der Königsburg in Buda, Budapest, gew. 1366.

Stadtpfarrkirche Kaschau, 1380-1440.

Bakócz-Kapelle der Kathedrale von Esztergom, 1507.

Moschee und Minarett des Jakowali Hassan Pascha, Pécs, 2. Hälfte 16. Jh.

Sommerresidenz Königs Matthias Corvinus, Visegrád, Ausbau 1474-84.

Residenzen an Qualität nicht nach. König Matthias Hunyadi, gen. Corvinus (1458-90), bediente sich bei seinen anspruchsvollen Bauten sowohl der mitteleurop. Gotik wie der florentin. → Renaissance, die er als erster jenseits der Alpen heimisch machte. Von seinem Palast- und Bibliotheksbau in der Burg von Buda sind nur zahlreiche dekorative Fragmente im Stil → Albertis, → Benedetto da Maianos u. a. erhalten geblieben. In seiner teilweise ausgegrabenen Sommerresidenz zu Visegrád gab es gleichzeitig got. Gewölbekonstruktionen und Renaissance-Loggien. Die ital. Renaissance verbreitete sich schnell durch Vermittlung des hohen Klerus und der Aristokratie im ganzen Lande und wurde zur wichtigsten Grundlage der bodenständigen Entwicklung im 16. und 17. Jh. Auch der Zustrom ital. Architekten und Werkleute dauerte an. So zählt die 1507 errichtete Bakócz-Kapelle der Kathedrale von Esztergom zu den bedeutendsten Denkmälern der frühen → Cinquecento-Architektur außerhalb Italiens. Mit der Besetzung der Hauptstadt Buda durch die Türken (1541) gingen rund zwei Drittel Ungarns der abendländ. Kultur für fast anderthalb Jh.e verloren. Die bedeutendsten Denkmäler, die heute an die Osmanenherrschaft erinnern, sind vier Bäder und eine → Türbe in Buda und zwei Moscheen in Pécs. Sowohl im habsburgischen West- und Nordungarn wie auch im östl., dem Sultan tributpflichtigen Fürstentum Siebenbürgen wurde die kirchliche Bautätigkeit durch Reformation und ständigen Krieg lahmgelegt. Die Herrensitze nahmen einen burgartigen Charakter an, wobei die quadrat. Anlagen mit Eckbasteien (→ Bastion) oder Türmen sowie die Säulenhöfe auf ital. Vorbilder hinweisen: Nádasdy-Schlösser von Egervár (1561) und Sopronkeresztur (Deutschkreuz, Burgenland, 1621-43), Thurzó-Schloß von Nagybiccse (Vel'ká Bytča, Slowakei, 1571-1605), Lónyai-Schloß zu Aranyosmeggyes (Mediaş in Siebenbürgen, 1630) u. a.

Die Gegenreformation führte über die Habsburger-Monarchie den ital. → Barock ein (Universitäts-

kirche von Nagyszombat [Tyrnau, heute Trnava, Slowakei] von A. und P. Spazzo, 1629-37), während in Nordostungarn der Gesù-Typ der röm. Jesuitenkirche im Sinne der lokalen Renaissance-Tradition umgestaltet erscheint, wie z. B. bei der ehem. Jesuitenkirche zu Kaschau (1671-81). Nach der Türkenzeit wurden zunächst führende Wiener Architekten, Meister des von Norditalien stark abhängigen österreichischen Barocks, wie → Hildebrandt herangezogen (Schloß des Prinzen Eugen von Savoyen in Ráckeve, 1712-18); bald ließen sich aber zahlreiche Baumeister aus den deutschsprachigen Ländern in Ungarn nieder (Franz Anton Hildebrandt, Andreas Mayerhoffer, Jakob Fellner u. a.). Den Ansprüchen des einheimischen Klerus und Adels entsprechend wurden sowohl in der kirchlichen wie auch in der Profanarchitektur gewisse Standardtypen entwickelt, die allgemeine Verbreitung fanden: Universitätskirche von Budapest (1730-42), 3. Ka-

Schloß Gödöllő, entw. von Andreas Mayerhoffer (?), 1744-50.

Ehem. Schloß Esterházy, Fertőd. Entwurf von Fürst Nikolaus Esterházy, 1764-66.

thedrale von Kalocsa (1735-54), Grassalkovich-Schloß zu Gödöllő, Teleki-Schloß von Gernyeszeg in Siebenbürgen (beide Mitte des 18. Jhs.), J. Fellners Bischofspalais in Veszprém (1765-76) und Lyzeum in Eger (1756-80). Die Konzeption des 1764-67 entstandenen ›ungarischen Versailles‹, der großartigsten barocken Schloßanlage Ungarns in Fertöd, stammt wohl vom Bauherrn selbst, dem Fürsten Nikolaus Esterházy, dem Förderer Haydns. Durch frz. Architekten, die über Wien in den Dienst ungar. Kirchenfürsten und Magnaten kamen, wurde der → Klassizismus schon früh eingeführt: Kathedrale (1763-77) und Triumphbogen (1764) in Vác von Isidore Canevale. Er wurde zum Zeitstil des ungar. Vormärz, des sog. Reformzeitalters (1825-48), und gab mit monumentalen öffentlichen und Privatbauten der aufstrebenden Stadt Pest ihr stellenweise noch erkennbares klassiz. Gepräge: Nationalmuseum von Michael Pollak (1827-46),

Kathedrale von Vác, von Isidore Canevale, 1763-77.

zahlreiche Privathäuser von Joseph Hild, dem ›Erbauer von Pest‹. Monumentale Kirchenbauten zeigen deutlich den Übergang vom spätbarocken zum romanischen Klassizismus: Kathedrale von Szombathely von Melchior Hefele (1791-98), Kalvinistische Hauptkirche von Debrecen von Michael von Péchy (1805-21), Kathedrale von Eger von Joseph Hild (1831-37), Kathedrale von Esztergom von Paul Kühnel und Joseph Hild (1822-62).
Die zweite Jh.hälfte wird durch den → Historismus gekennzeichnet, dessen hervorragendster Vertreter, Nikolaus → Ybl, für die Pfarrkirche von Fót (1845-55) die Formen der Romanik, für das Budapester Opernhaus (1875-84) aber die der Hochrenaissance wählte. → Steindl verband in seinem Parlamentsgebäude von Budapest (1885-1902) barocke Grundrißgestaltung mit Eisenkonstruktion und → neugot. Aufbau. T.v.B.
Die Geschichte der ungar. Architektur des 20.Jhs. läßt sich in Gegensätzen wie Tradition und Fortschritt, Orient und Okzident, Identitätssuche und Anspruch auf internationale Gültigkeit begreifen. Der Stilpluralismus der Jh.-wende bedeutete einen Dialog zwischen Strömungen des Historismus, des → Jugendstils und der nationalen Stilbestrebungen. Die biomorphen Formen des frz.-belgischen Art

3. Kathedrale von Kalocsa, entw. von Andreas Mayerhoffer, 1735-54.

Parlamentsgebäude Budapest, von → Steindl, 1885-1902.

Nouveau sind in Ungarn selten (Palais Reök in Szeged von Ede Magyar, 1906-07); verbreitet war dagegen ein pathetischer Jugendstil mit historisierenden, allegorischen Details (Király-Bazar in Budapest von Géza Kármán und Gyula Ullmann, 1899-1902). Die Vaterfigur einer eigenständigen, nationalen Formensprache war → Lechner (1945-1914), der unter dem Einfluß der orientalischen, vor allem hindu-islamischen Architektur einen individuellen Ornamentstil entwickelte (Kunstgewerbemuseum in Budapest, 1893-97, Abb. → Lechner; Postsparkasse in Budapest, 1899-1902). Seine mit farbiger Zsolnay-Keramik verkleideten Bauten fanden viele Nachfolger (›Buntes Haus‹ in Kecskemét von Géza Márkus, 1902).
Um 1908 begannen die Architekten der Nationalromantik (vor allem die Arch.gruppe, die sich ›Fiatalok‹ – die Jungen – nannte) unter dem Einfluß der engl. → Arts-and-Crafts-Bewegung und der parallelen → finnischen Strömungen, den Ornamentstil Lechners abzulehnen. Sie glaubten, den ersehnten Nationalstil in Verwendung der ungar. Bauernarchitektur-Motive gefunden zu haben. Die Anpassung der asymmetrischen Baukörper mit hohen, steilen Dächern wurde vor allem durch Stu-

Ehem. Postsparkasse Budapest, von → Lechner, 1899-1902.

Villa in der Leitő-Straße, Budapest, von Farkas Molnár, 1932.

dienreisen in die Dörfer Siebenbürgens inspiriert (Kirche in Zebegény von Károly Kós und Béla Jánszky, 1908-09; Bauten der Wekerle-Siedlung in Budapest von Károly Kós und Mitarbeitern, 1908-12).

Die Wiener Sezession war in Ungarn vor allem in der Tätigkeit von József Vágó, des Vorsitzenden des ungar. Werkbundes (Magyar Müvészi Munka), vertreten (Spielwarenhaus ›Arkadenbazar‹ in Budapest, 1909, mit László Vágó; Sommercasino der Leopoldstadt in Budapest, 1912). István Medgyaszay, Schüler von Otto → Wagner, gelangte um 1908 zu einer neuartigen, ›modernen‹ Formensprache der Stahlbetonarchitektur (Theater in Veszprém, 1908). Die um 1910 entstandenen Werke von Béla Lajta und Béla Málnai vertreten mit ihren fast ornamentlosen Fassaden einen prämodernen. → Rationalismus, der später von der internationalen Avantgarde geschätzt wurde (Mietshaus in der Eötvös-Straße, Budapest, von Béla Málnai; Mietshaus in der Népszinház-Straße, Budapest, von Béla Lajta, 1911).

Nach dem Sturz der Räterepublik (1919) arbeiteten viele Vertreter der ungar. Avantgarde im Ausland (→ Bauhaus). Die heimische Szene war von Neostilen (wie dem Neobarock von Gyula Wälder) und einer romantischen Backsteinarchitektur (Bauten am Domplatz in Szeged von Béla Rerrich, 1929-30)

Universitätsgebäude am Domplatz, Szeged, von Béla Rerrich, 1929-30.

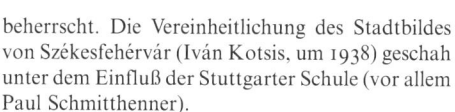

Mietshaus in der Népszinház-Straße, Budapest, von Béla Lajta, 1911.

→ CIAM-Gruppe vertreten) aufgab, wurde sie zu einer allgemein verbreiteten Formensprache (Mietshausensemble Dunapark in Budapest von Béla Hofstätter und Ferenc Domány, 1937). Lajos Kozma hat seinen europaweit populären, üppigen Ornamentstil zugunsten einer eleganten Sachlichkeit aufgegeben (Mietshaus mit dem Kino Átrium in Budapest, 1934).

Nach dem 2. Weltkrieg wurde → Le Corbusiers Einfluß stärker (Haus der Gewerkschaften MÉMOSZ in Budapest von Imre Perényi, Lajos Gádoros, Gábor Preisich und György Szrogh, 1949); seit 1951 war der allein beherrschende Baustil der sog. Sozialistische Realismus, ein offizieller Neoklassizismus nach sowjet. Vorbild; statt an monumentalem Pathos hat man sich jedoch an der einfacheren ›nordischen Romantik‹ orientiert (Institutsgebäude der TU Budapest von Gyula Rimanóczy, 1955). Die Leitsätze der Urbanistik waren die Stadtkomposition, das geschlossene Straßenbild (die neue Stadt Sztálinváros, heute Dunaújváros, von Tibor Weiner und Mitarbeitern, seit 1951).

Die nach 1954 zurückkehrende Moderne wurde zunehmend wirtschaftlichen und technologischen Zielsetzungen untergeordnet. Die Verwendung industrieller Baumethoden hat vor allem im Industriebau zu positiven Ergebnissen geführt. Die

beherrscht. Die Vereinheitlichung des Stadtbildes von Székesfehérvár (Iván Kotsis, um 1938) geschah unter dem Einfluß der Stuttgarter Schule (vor allem Paul Schmitthenner).

Seit 1925 kehrten die früheren → Gropius-Mitarbeiter Farkas Molnár und Fred Forbát nach Ungarn zurück und errichteten mit anderen Vertretern des Neuen Bauens (Pál Ligeti, József Fischer) vor allem Ein- und Mehrfamilienhäuser, die internationale Anerkennung fanden (Villen-Mustersiedlung in der Napraforgó-Straße in Budapest von 18 Arch.büros; Villa in der Lejtő-Straße in Budapest von Farkas Molnár, 1932; Villa in der Csatárka-Straße in Budapest von József Fischer, 1932). Nachdem die Moderne ihre sozialreformerischen Zielsetzungen (bis 1938 vor allem durch die ungar.

Ambulanzgebäude der ärztlichen Zentrale Miskolc, von Pál Németh, 1953.

Friedhofshalle in Farkasrét, Budapest, von Imre Makovecz und Gábor Mezei, 1975-77.

Deutsches Architekturmuseum, Frankfurt am Main, von → Ungers, 1984.

wachsende Kritik an Wohnsiedlungen in Großtafel-Bauweise, die Erlaubnis der Eröffnung privater Architekturbüros und der Einfluß der → Postmoderne ermöglichten den heutigen Pluralismus: die organische, anthroposophische Architektur von Imre Makovecz (Kulturzentrum in Sárospatak, 1974-77); der Rationalismus von Péter Reimholz (Kulturzentrum VIDEOTON in Székesfehérvár, 1978-84) und Antal Lázár (Müllverbrennungsanlage bei Budapest, 1977-81) oder die vorsichtige Postmoderne von József Finta (Hotel Taverna in der Fußgängerzone in Budapest, 1983-85) führen die charakteristischen Entwicklungslinien der ungar. Architektur des 20. Jhs. weiter. Á. M.

Lit.: Hekler '37; Rados '61; Kampis '66; Moravánszky '83; Pamer '86.

Ungers, Oswald Mathias (geb. 1926). Schüler von → Eiermann in Karlsruhe (1947-50). Bereits mit 24 Jahren eröffnete U. sein eigenes Büro in Köln und baute bis etwa Mitte der 60er Jahre zahlreiche Wohnbauten und Apartmentkomplexe, etwa im Märkischen Viertel in Berlin (1963-66). Lehrtätigkeit an der TU Berlin und der Cornell Universität, Ithaca NY. In den 70er Jahren nahm U. an zahlreichen Wettbewerben teil, von denen bes. hervorzuheben sind: die städtebauliche Neuordnung des Berliner Tiergarten-Viertels (1973), der Neubau des

Broadway, Letchworth Garden City, von → Unwin und Barry Parker, beg. 1903.

Wallraf-Richartz-Museums in Köln (1975) sowie der Bremer Universitäts-Komplex (1977). In den 80er Jahren entstanden unter seiner Regie die neue Messehalle auf dem Frankfurter Messegelände (1980-84, Abb. → Ausstellungsarchitektur), das Alfred Wegener Institut für Polarforschung, Bremerhaven (1980-84), die Badische Landesbibliothek, Karlsruhe (1980-91), sowie die Gestaltung des Architekturmuseums in Frankfurt (voll. 1984, Abb. → Abstrakte Architektur). U. gehört zu den wichtigsten Vertretern der → Postmoderne in Deutschland. Abb. → Alternative Architektur; → Postmoderne.

Lit.: Berlin '76; Klotz '81, '85; Ungers '81, '83, '85, '91; EA '82; Frampton/Kolbowski '81.

Unterglied. Ein kleines → Profil zwischen dem Kranzgesims (→ Gesims) und dem → Fries des Gebälks.

Untergrundbahn → *Nachträge.*

Unterzug. Ein Entlastungsträger, der im Gegensatz zum → Überzug unter einer → Balkenlage oder → Decke eingebaut ist und daher stützend wirkt (Unterzug häufiger als Überzug). U. und Überzug gibt es außer beim → Massivbau aus → Beton auch bei Holzkonstruktionen, etwa bei der Überspannung großer Säle, ferner im Brückenbau.

Unwin, Sir Raymond (1863-1940). Der leitende engl. Stadtplaner seiner Zeit, der – 1896-1914 in Partnerschaft mit Barry Parker (1867-1941) – das → Gartenstadt-Ideal, das → Howard entwickelt hatte (Abb. → Gartenstadt), in die Realität umsetzte. Die ›First Garden City‹, wie man sie nach der Verwirklichung tatsächlich nannte, war Letchworth in Hertfordshire (beg. 1903, Abb. → Gartenstadt). Während jedoch ihr Wachstum nicht so rasch und so reibungslos vor sich ging, wie man gehofft hatte, entwickelten sich zwei → Gartenvorstädte außerordentlich gut, Hampstead Garden Suburb in London (beg. 1907) und Wythenshawe bei Manchester (beg. 1927). Hampstead Garden Suburb im besonderen muß als das Ideal der Gartenstadtprinzipien bei der Planung von Wohnbauten und öffentl. Gebäuden angesehen werden, mit seinem regelmäßigen Zentrum – die beiden Kirchen und das Institut von → Lutyens entworfen –, seinem Muster aus geraden Hauptstraßen und gewundenen Nebenstraßen, gelegentlich auch reinen Fußgängerwegen, den sorgfältig ins Stadtbild einbezogenen alten Bäumen und seinem Stil, der nur in den allgemeinsten Formen von einem freien Neotudor (→ Tudorstil) beherrscht wird. U.s Gespür für subtile visuelle Gestaltung zeigt sich auch in seinem ›Town Planning in Practice‹, 1909 erstmals erschienen, das noch immer Gültigkeit besitzt. 1911-14 war er Prof. für Stadtplanung an der Universität von Birmingham. Von der Idee der Gartenstadt ausgehend entwickelte U. eine Möglichkeit der Großstadterweiterung durch → Satellitenstädte.

Lit.: Unwin '05, '09; Creese '60, '67; Mumford '61; Atkinson '71; F. Jackson '85.

Upjohn, Richard (1802-78). Geb. in Shaftesbury, England, wo er später als Kunsttischler tätig war. 1829 wanderte er nach Amerika aus und eröffnete 1834 in Boston ein Architekturbüro. Ab 1837 baute er hauptsächlich → neugot. Kirchen; die wichtigsten: Trinity Church in New York (1841-46), ein Versuch in einer reichen engl. Gotik, und Trinity Chapel, W. 25. Straße, New York (1853), ebenfalls

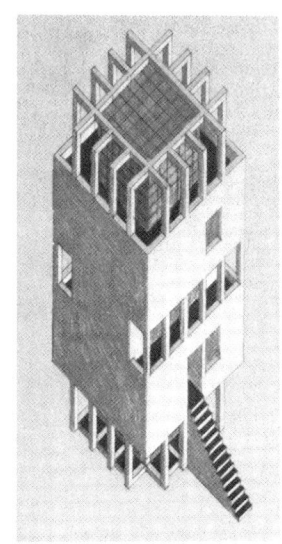

Projekt für ein Stadthaus am ›Steinernen Haus‹, Marburg, von → Ungers, 1976. Haustyp 4.

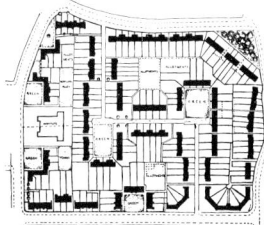

Grundriß der Letchworth Garden City, von → Unwin und Barry Parker, beg. 1903.

Edward King House, Newport, Rhode Island, von → Upjohn, 1845-47.

in engl. Gotik. Er baute auch in anderen historischen Stilen (z. B. das italienisierende Trinity Building, New York, 1852). U. war der erste Präsident des American Institute of Architects.

Lit.: Upjohn '39; Stanton '68; EA '82.

USA. Die frühesten Anfänge der Wohnbauarchitektur Neuenglands reichen ins 17. Jh. zurück, sind aber von kaum mehr als lokalem Interesse. Zuerst war niederländ., später engl. Einfluß maßgebend. Monumentales Ausmaß wurde nur selten erreicht (William and Mary College, Williamsburg, 1695, das wie ganz Williamsburg umfassend restauriert wurde). Williamsburg ist das geschlossenste Beispiel für den → Colonial Style. Die Kirchen des 18. Jhs. gehören durchweg in die → georgian. Architekturphase, wobei der Spitzturmbau oft von → Gibbs beeinflußt war. Wohnhäuser wurden gleichfalls in georgian. Stil erbaut (→ Harrison und → McIntire). Beim Bau von Häusern wie Kirchen spielte Holz neben oder anstelle von Backsteinen eine beträchtliche Rolle. Zu den schönsten Kirchenbauten des 18. Jhs. gehören die Christ Church, Philadelphia (1727, 1754); die Christ Church, Cambridge, Mass. (1761); St. Michael, Charleston (1761) und die Baptistenkirche in Providence (1775). Das schönste frühgeorgian. (→ Großbritannien) Haus ist Westover, Virg. (um 1730). Bemer-

Trinity Church, New York, von → Upjohn, 1841-52.

USA. University of Virginia, Charlottesville, von → Jefferson, 1817-26.

kenswerte Beispiele von Häusern aus der Mitte des 18. Jhs. sind Mount Airey, Virginia (wahrscheinlich von → Ariss), Mount Pleasant, Philadelphia, und Whitehall in Maryland mit riesigem korinth. → Portikus. Bei später errichteten Säulenvorbauten wurden schlankere Säulenschäfte (Homewood, Baltimore) bevorzugt. Als Beispiele für die Erhaltung ganzer Städte aus dieser Zeit seien Salem und Nantucket, Mass. (Abb. → Colonial Style), und Charleston, South Carolina, genannt. In den Vereinigten Staaten sind noch etliche öffentl. Bauten des 18. Jhs. erhalten, so Old State House, Boston (1710), Independence Hall, Philadelphia (1732), Faneuil Hall, Boston (1742), das Kapitol in Wa-

USA. State Hospital, Utica, von W. Clarke, 1843-47.

shington (in seiner ursprünglichen Form, 1792) und das von → Bulfinch erbaute Boston State House (1793-1800). Auch die ersten Universitätsbauten sind im Stil der georgian. Architektur gehalten, z. B. in Harvard (1720 und 1764 ff.), in Yale (1750-52) und die von Thomas Jefferson entworfene University of Virginia, Charlottesville (1817-26), mit dem ersten amerik. Campus, dessen Gebäude um einen weiten Rasen gruppiert sind. (Jeffersons eigenes Haus, Monticello, entstand 1770-1809, Abb. → Jefferson).

Die Bewegung des → Greek Revival beginnt mit → Latrobes dor. Bau der Bank of Pennsylvania (1798). Von 1803 an arbeitete Latrobe an den Innenräumen des Kapitols in Washington, auch da im

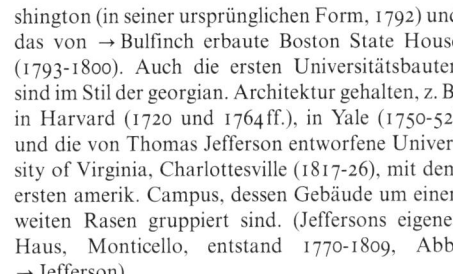

USA. Westover House, Virginia, um 1730.

Greek Revival (beg. von → Thornton, voll. von → Walter). Latrobes schönstes Werk, an Eleganz und Originalität mit Arbeiten von → Soane vergleichbar, ist die Kathedrale von Baltimore (beg. 1805). Für diesen Bau hatte Latrobe auch einen Entwurf im → got. Stil vorgelegt (wie auch eines seiner Landhäuser, Sedgeley in Philadelphia, got. war). Sein Zeitgenosse → Godefroy war ähnlich in beiden Stilen zu Hause. Während sich die → Neugotik, abgesehen von Kirchenbauten, nur schwer durchsetzte, blühte während der 1820er und 30er Jahre der → Klassizismus in den Bauten von Havilland und → Strickland in Philadelphia, → Willard in Boston und → Mills in Washington sowie in den von → Hadfield, → Hoban und vor allem von Town & → Davis errichteten Kapitol-Bauten für mehrere US-Staaten (Connecticut, Indiana, N. Carolina, Illinois, Ohio) wie den Gebäuden von

USA. Kathedrale von Baltimore, von → Latrobe, 1805-18.

Warenhaus Carson, Pirie & Scott, Chicago, von → Sullivan, 1899-1904.

Strickland in Tennessee. Davis versuchte sich in mancherlei Stilarten, so auch im ägypt. Stil und der Manier des altengl. Cottage. Die hervorragendsten got. Kirchen sind → Renwicks Grace Church (1846) und → Upjohns Trinity Church aus der gleichen Zeit, beide in New York (vgl. auch → Ware & van Brunt). Henry Austin verdient besondere Erwähnung; wenn es jemals absonderliche Architektur gegeben hat, dann trifft dies auf Austins Bahnhof von New Haven (1848-49) zu. Sein Stil kann keiner Richtung eindeutig zugeordnet werden.

Schon im 2. V. des Jhs. bilden sich gewisse amerikan. Besonderheiten aus, so etwa im Bau von Hotels einer Größe und eines Typs, der später in Europa zur Norm werden sollte (Isiah → Rogers, → Post). Eine weitere Entwicklung sind technische Einrichtungen wie Badezimmer und Fahrstühle (→ Aufzug).

San Francisco. Häuser des 19. Jhs. und Silhouette der modernen Stadt.

Durch das Schaffen von → Richardson auf dem Gebiet großer Geschäftsbauten in frz. angehauchter → Romanik (Marshall Field Wholesale Warehouse, Chicago, 1885-87) ebenso wie durch seine zwanglos gestalteten, bequemen und mäßig großen Privathäuser (Sherman House, Newport, 1874-86) gelangten die USA zu einer führenden Stellung in der Architektur. Größere Unabhängigkeit zeigen einige der Entwürfe aus der frühen Schaffensperiode von → McKim, William R. Mead und → White, vor allem für einen Bau in Bristol, Rhode

Island (1887). Im übrigen ist die Firma McKim, Mead & White hauptsächlich bekannt durch ihre Bauten im Stil des ital. ›Renaissance Revival‹ (Villard Houses, New York, 1885; Boston Public Library, 1887), des ›Colonial Revival‹ (→ Colonial Style) und auch des ›Palladian Revival‹ (→ Palladianismus), hier mit Bauwerken von großen Ausmaßen (Pennsylvania Station, New York, 1906-10). In der Zwischenzeit hatten Architekten in Chicago eine ganz eigene Formensprache für Geschäftsbauten entwickelt, die für die Bauweise des 20. Jhs. richtungweisend wurde (Schule von → Chicago). Diese Entwicklung setzte 1884 mit der Einführung des Metallskelettbaus (→ Hochhaus, → Skelettbau) ein und erreichte ihren Höhepunkt in Bauten wie dem Tacoma Building (1887-89) und dem Marquette Building (1894), beide von → Holabird & Roche (mit Abb.), dem Home Insurance Building von → Jenney (mit Abb., 1883-85, abgerissen), dem sehr individuell gestalteten Wainright Building in St. Louis (1890) von → Sullivan (mit Abb.) und dem Masonic Temple von → Burnham und → Root (1892, abgerissen). Mit Sullivans Carson, Pirie & Scott Store in Chicago (1899-1904) wurde ohne jegliche Anlehnung an einen histor. Stil ein Gebäude geschaffen, dessen Wirkung völlig auf den durchlaufenden Vertikalen und Horizontalen beruht. (Sullivans Bauten mit federartigen Jugendstilornamenten seien darüber nicht vergessen.)

Ward H. Willits House, Highland Park, Illinois, von → Wright, 1900-02.

Sullivans bedeutendster Schüler war → Wright, dessen Schaffen – vor allem im Wohnungsbau – den ganzen Zeitraum von 1890-1959 umfaßt. Sein Stil, der durch weitausgreifende Horizontalen, ineinanderfließende Innenräume und die enge Verbindung von Innen- und Außenräumen gekennzeichnet wird, fand im eigenen Lande nur wenig Anerkennung. In Kalifornien jedoch entwickelte ein anderer Schüler Sullivans, → Gill, einen eigenen Wohnhausstil, der – zum Teil von Wright inspiriert – von → Greene & Greene (mit Abb.), Rudolf → Schindler u. a. weitergeführt wurde. Im Osten herrschte durch den sog. → Internationalen Stil europäischer Einfluß vor, vorgestellt durch so herausragende Bauten wie das Philadelphia Savings Fund Building

Fensterrose über dem Eingang zur Merchant's National Bank, Grinell, Iowa, von → Sullivan, 1914.

USA. Kirche von Bodega, Kalifornien, 1953.

St. Paul's Lutheran Church, Sarasota, Florida, von Victor Lundy, 1959.

Marina City, Chicago, von Bertrand Goldberg, 1959.

Sarasota High School, Sarasota, Florida, von → Rudolph, 1958-59.

Lobby des Trump Tower, New York.

von → Howe & Lescaze (1930-32) und das Magraw Hill Building in New York von → Hood (1931).

Die spektakuläre Entfaltung der modernen Architektur in den USA fand jedoch erst nach dem Zweiten Weltkrieg statt, durch so hervorragende Immigranten wie → Gropius, → Mies van der Rohe, → Neutra und → Breuer bewirkt. Die erste Phase wurde von den rationalen, kubischen und klar gegliederten Bauten des Internationalen Stils geprägt und fand in Mies van der Rohes Häusern und Wohnblocks (um 1950), aber auch in den meisten Bauwerken von → Skidmore, Owings & Merrill (mit Abb.) ihren Höhepunkt. Die zweite Phase wurde durch den antirationalen, expressiven → Plastischen Stil gekennzeichnet, der in den 60er Jahren in vielen Ländern Bedeutung gewann und in den USA besonders häufig ist.

Besonders → Rudolph, → Johnson und Eero → Saarinen folgten dieser neuen und dekorativen Freiheit der Beliebigkeit. Alle Formen waren denkbar und möglich, die zur Überwindung der puristischen Strenge des → Rationalismus tauglich schienen. Rudolphs plastische, brutalistische Betonskulpturen, z. B. das Art and Architecture Building der Yale University (1958-64), oder Saarinens organische, symbolische Schalenformen wie das Dach des Trans World Airlines Terminal am J.F. Kennedy Airport in New York (1956-62, Abb. → Plastischer Stil, → Saarinen). Johnson, der Schüler und

Guild House, Philadelphia, von → Venturi und John Rauch, 1960-63.

publizistische Verteidiger von Mies van der Rohe arbeitete noch mit ihm am Seagram Building in New York, experimentierte aber gleichzeitig mit raffinierten historistischen Motiven. Im Amerika der fünfziger Jahre begann der Zweifel an der Theorie der Moderne, der Funktionalität und deren Reinheit.

→ Kahn und → Fuller verfolgten hingegen jene technisch forcierte, von Mies van der Rohe gestellte Aufgabe der großen freien Räume als statische Hüllen. Kahns Interesse an elementaren und archetypischen Formen der Architektur führte ihn aber dann zu einer neuen, vom reinen Material und Raum geprägten Einfachheit. Den Höhepunkt zeigt das Medical Research Building der University of Pennsylvania (1957-60, Abb. → S. 338). Kahn verwirklicht die strenge Trennung von dienenden und bedienten Teilen eines Gebäudes. Er verfolgt klare Geometrien, sieht die Suche nach der Form als mythischen Akt und begründet so, wie schon → Wright, ein Verständnis der besonderen Pionierrolle amerikanischer Architektur.

Ein Schüler von Kahn war → Venturi, der bereits Anfang der 60er Jahre das einflußreiche Buch ›Complexity and Contradiction in Architecture‹ schrieb. Die Vieldeutigkeit, die Widersprüche, die

Amon Carter Museum, Fort Worth, Texas, von → Johnson, 1961.

symbolischen Formen von Gebäuden, setzt Venturi in Beziehung zur aktuellen Kunst der Pop-art und zur Zeichenwelt des Alltags. Bauten, wie das Guild-House in Philadelphia (1960-63) oder das Haus für

The Atheneum, New Harmony, Indiana, von → Meier, 1978.

seine Mutter in Chestnut Hill (1962, Abb. → Venturi) belegen dies. Ein Vertreter einer verwandten Entwicklung ist → Moore, der das Inszenatorische der Architektur, ihren Bühnenbildcharakter betont und bewußt eine dekorative, »allen gefallende« Architektur anbietet. Beispiele dafür sind die ›ländli-

Renaissance Center, Detroit, Michigan, von → Portman and Associates, 1971-77.

National Gallery, Washington, von → Pei & Partners, voll. 1978.

che Akropolis‹ des Kresge College in Santa Cruz (1973-74) und die Piazza d'Italia in New Orleans (1976-79, beide Abb. → Moore).

Im Gegensatz zu dieser Entwicklung aber standen zunächst die Schöpfungen der → New-York-Five (→ Meier, → Eisenman, → Graves, → Gwathmey, → Hejduk), die Anfang der 70er Jahre eine abstrakte und artifizielle Interpretation der klassischen Moderne zelebrierten. Meiers Atheneum in New Harmony (1978) oder die Einfamilienhäuser von Eisenman, die bis an die Grenze der durch geometrische Gesetze behinderten Benützbarkeit gehen, belegen dies. Graves hingegen wandte sich verstärkt einem monumentalen Historismus zu, wie beim Public Services Building in Portland (1980-83, Abb. → Graves). Anregungen aus der zeitgenössischen Skulptur und der Concept-art folgen die Arbeiten des Kaliforniers Frank Gehry, wie sein eigenes Wohnhaus in Santa Monica (1977-79, Abb. → Gehry) zeigt.

Alle diese originären architekturtheoretischen Positionen waren weltweit immens einflußreich, obwohl nur verhältnismäßig wenig gebaute Dokumente dafür vorhanden sind. Die Kontinuität großer amerikanischer Firmenarchitektur sicherte noch in den 60er Jahren das Büro von Saarinen, wo → Roche, John → Dinkeloo und → Pelli arbeiteten. Das Gebäude der Ford Foundation in New York von Roche und Dinkeloo (1963-68) zeigt jene Tendenz der Verflechtung von privatem Büroraum und öffentlichen Innenräumen, die auch von → Portman in seinen Hotelbauten verfolgt wird. Pellis Pacific Design Center in Los Angeles (1971) ist eine riesige minimalistische Skulptur, die ihre Signifikanz aus der homogenen, glatten Glashaut bezieht. Eine Haltung, die auch von dem traditionsreichen Büro → Murphy & Jahn aus Chicago eingenommen wird (State of Illinois Center Chicago, 1979-84).

Wohnhaus des Architekten, Santa Monica, Kalifornien, von → Gehry, 1977-79. Modell.

Alle diese Entwicklungen begleitend und beeinflussend steht das Werk von Philip Johnson (AT & T Building in New York, 1978-83, Abb. → Johnson), wo die begründbare Beliebigkeit, das raffinierte

Lobby der American Telephone and Telegraph Headquarters, New York, von → Johnson, 1978-83.

Piazza d'Italia, New Orleans, von → Moore, 1976-79.

State of Illinois Center, Chicago; von → Murphy & Jahn, 1979-85.

Spiel mit Zeichen und Symbolen höchst kultiviert die Spannung hält.   D. S. (ab 1950)

Lit.: Hitchcock '63; Stern '69; Foley '80; Hunt '80; Jencks '80; Kidder-Smith '81; Klotz-Cook '74; Parker '82; Wright '82; Cook '83; Roth, L. M. '83; Whiffer-Koeper '83; McCoy '84; Charernbhak '84; Handlin '85; Lancaster '85; Krämer '85; Klotz '89; Miller/Morgan '90; Köster '90; Hays '90, Lane '91.

Usbekistan → Mittelasien.

Utopische Architektur. Der Gedanke der Utopie geht u. a. auf Platons ›Politeia‹ zurück, hatte größere Auswirkungen im Abendland jedoch erst durch den Roman ›De optimo rei publicae statu deque nova insula Utopia‹ (1516) von Thomas Morus und erhielt neue Akzente durch Tommaso Campanellas ›Civitas solis‹ (1623) sowie Francis Bacons ›Nova Atlantis‹ (1626). Der legendäre Turm von Babel, Sforzinda von → Filarete (Abb. → Ideal-

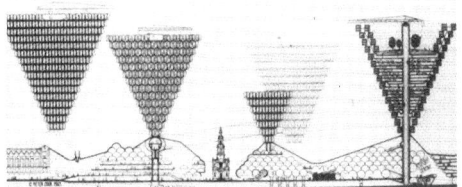

Utopische Architektur. Anwendung des Plug-in-Systems auf Wohn- und Geschäftshäuser, Charing Cross Road, London, von Peter Cook (→ Archigram), 1963. Entwurf.

stadt) oder die Architekturzeichnungen der Revolutionsarchitekten (→ Ledoux' Idealstadt Chaux, Abb. → Ledoux) sind architektonische Zukunftsträume. 1822 entwirft Charles Fourier seine ›Phalanstère‹, der eine sozial offene Gesellschaftsstruktur zugrunde liegt, während die Form noch deutlich eine Anknüpfung an den barocken Schloßbau zeigt. Bleibt dies alles noch im Bereich menschlicher Maßstäbe, so werden die utop. Projekte der Architekten des 20. Jahrhunderts immer gewaltiger: u. a. die kühnen Entwürfe des → Futurismus (→ Chiattone, → Sant'Elia) und der russischen Avantgarde (→ Lissitzky), auch → Finsterlins, der deutschen Expressionisten oder → Kieslers. Dabei konzentriert sich das Interesse der Architekten immer stärker auf die Stadtplanung (→ Städtebau), wobei die mit Zersiedlung einhergehende Raumnot Turmstädte und Metropolen auf dem Wasser entstehen läßt, zuletzt solche sogar für einen Aufbau im Weltraum geplant werden. Während der Großteil der Architekten utop. Projekte in den 70er Jahren –

postmodern wieder auf der Erde – zu Baulücken (z. B. in den neuen Bebauungsplänen für Berlin und Paris) und zur Architekturtradition zurückkehrt, entwickelt eine kleine Gruppe ihre utop. Phantasien weiter. → Fuller, → Archigram-Gruppe, → Metabolisten.   W. R.

Lit.: Ponten '25, '87; ›du‹ '72; Fuller '74; Bollerey '90.

Utzon, Jørn (geb. 1918). Dän. Architekt, der 1937 in Kopenhagen bei Kay Fischer und Steen Eiler Rasmussen mit dem Studium begann, das er 1942-45 bei → Asplund fortsetzte. Für kurze Zeit war U. Mitarbeiter von → Aalto und → Wright (1946). Ab 1950 selbständig. Seine ersten Projekte erregten bes. durch ihre offenen Grundrisse und freie Raumgestaltung Aufsehen, etwa sein eigenes Haus in Hellesbeak/Kopenhagen (1952). Mit dem ersten Preis für das Opernhaus in Sydney (1956) gelang ihm der internat. Durchbruch (Abb. → Austral. Architektur). In Zusammenarbeit mit → Arup ent-

Wohnsiedlung Kingohusene, Helsingør, Fredensborg, von → Utzon, 1958-60.

warf er die geistreiche Schalen-Dachkonstruktion (→ Schalenbauweise) auf einer von Wasser umspülten Plattform (nach seinem Ausscheiden 1966 wurde das Opernhaus von anderen fertiggestellt). Das System der Plattform wendete U. erneut für das Projekt des Stadttheaters in Zürich an (1964). In den 60er und 70er Jahren beteiligte er sich an Wettbewerben für Stadtzentren, Schulkomplexe sowie das Museum in Silkeborg/Dänemark (1963). Letzte größere Bauten sind das Parlamentsgebäude von Kuwait (1983) und ein Möbelhaus in Kopenhagen (1985-87). Abb. → Baukastensystem-Bauweise.
M.-A. V. L.

Lit.: GA 54, 61; Bame '67; EA '82; CA '87; Faber/Frederiksen '91.

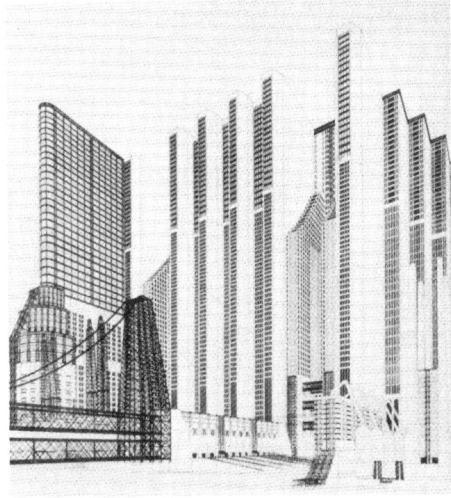

Utopische Architektur. Bauten für eine moderne Metropole. Tuschzeichnung von → Chiattone, 1914.

V

Vaccarini, Giovanni Battista (1702-68). Geb. in Palermo, ausgebildet in Rom bei Carlo → Fontana, ließ sich 1730 in Catania nieder, wo sein überschwenglicher sizilian. → Rokokostil die Fassade des Domes (beg. 1730), den Palazzo Municipale (1732), das Collegio Cutelli (1754) und S. Agata (beg. 1735) prägte.

Lit.: Fischer '34; Alajmo Alessandro '50; Blunt '53.

Vago, Pierre (geb. 1910). Franz. Architekt und Publizist, studierte 1928-32 bei → Perret in Paris. Sein bekanntestes Werk ist die große unterirdische Pilgerkirche St. Pius in Lourdes, die er 1958 mit → Freyssinet errichtete. In Bonn baute er 1959-61 mit F. Bornemann die Universitätsbibliothek. Als Herausgeber von ›L'Architecture d'Aujourd'hui‹ (1930-75) und langjähriger Vorsitzender der Union Internationale des Architectes hat er maßgeblichen Anteil an der Architekturdiskussion der letzten Jahrzehnte. D. N.

Valadier, Giuseppe (1762-1839). Archäologe, Städteplaner und einfallsreicher, jedoch eher konservativer Architekt. Seine Hauptwerke sind stärker vom Neupalladianismus (→ Palladianismus) als durch den → Klassizismus beeinflußt; so die Innenraumgestaltung der Dome in Spoleto (1784) und Urbino (1789), ferner die Fassade von S. Rocco in Rom (1833). Die kühne und zugleich einfache Kirche S. Pantaleo in Rom (1806) stimmt besser mit den Tendenzen der damaligen Zeit überein. Die Neugestaltung der Piazza del Popolo in Rom ist V.s Hauptwerk. 1794 legte er für diese Platzanlage Pläne vor, die zwischen 1813 und 1818-20 ausgeführt wurden.

Lit.: Ciampi 1870; Schulze-Battmann '39; Matthiae '46; De Rinaldis '48; Marconi '64.

Vallin de la Mothe, Jean-Baptiste Michel (1729-1801). Frz. Architekt, der auf Einladung des Grafen I. I. Schuwalow 1759 nach Rußland ging, um an der neugegründeten Kunstakademie in St. Petersburg Architektur zu lehren. Der Akademiebau selbst

Blackheath, Wohnhaus des Architekten, Greenwich, von → Vanbrugh, nach 1717.

Kunstakademie St. Petersburg, von A. F. Kokorinow und → Vallin de la Mothe, beg. 1765.

(1765), sehr frz. und eher kühl im Vergleich zu den fast gleichzeitigen russ. → palladian. Bauten in seiner Nachbarschaft, wurde offensichtlich von V. in Zusammenarbeit mit A. F. Kokorinow (1726-72), dem Direktor der Akademie, entworfen. (Kokorinow war ebenfalls Architekt, dessen Werk die Abwendung vom Barock andeutete.) Für den Akademiebau, das erste herausragende Beispiel → klassiz. Architektur in St. Petersburg, scheinen beide einen früheren Plan von J. F. → Blondel, V.s Onkel, überarbeitet zu haben. Die Markthallen am Newsky Prospekt (1761), eher fade, jedoch geschichtlich bedeutungsvoll, unterstreichen die neue Entwicklung. Im gleichen klassiz. Geist baute V. 1764 für Katharina die Große die Kleine Eremitage neben dem Winterpalais und übernahm den Bau des großen Torbogens zum Hafengebiet von ›Neuholland‹, den → Tschevakinski begonnen hatte. V. verließ Rußland 1776. R. R. M.-G.

Lit.: Hautecœur III, IV; Hamilton '54; Paris '80.

Blenheim Palace, Woodstock, von → Vanbrugh, beg. 1705. Gartenfront.

Vanbrugh, Sir John (1664-1726). Der hervorragendste Architekt des engl. → Barock. Nach Erfolgen als Bühnenautor und Abenteuern als Soldat wandte er sein Talent der Architektur zu – »ohne Überlegung und Anleitung«, sagte Swift –, eingeladen vom Grafen von Carlisle, sich am Entwurf für Castle Howard zu versuchen (1699). Carlisle war es auch, der V. 1702 zum Inspektor beim kgl. Bauamt ernannte, und so wurde er ohne irgendwelche Ausbildung oder Bewährung → Wrens rangnächster Kollege. Aber es zeigte sich, daß er ein genialer Architekt war. Die stuarttreuen Tories entließen V. später aus dem Amt, aber nach dem Tod von Königin Anne wurde er wiedereingesetzt und zum Ritter geschlagen (1714). Geistreich und gesellig, ein Freund von Tonson und Congreve, ein Mitglied des Londoner Kit Cat Club, lebte er auf vertrautem Fuß mit den Großen, die seine Auftraggeber wurden.

V.s Stil geht auf Wrens großartigste Bauten – z. B. das Greenwich Hospital – zurück, und vielleicht

Blenheim Palace, Woodstock, von → Vanbrugh,
Torpavillon des Küchenflügels, 1708-09.

verdankt er vieles → Hawksmoor, der seit 1699 sein
Mitarbeiter war. Jedoch jedes Bauwerk, das er entwarf, ist geprägt von seiner eigenen einzigartigen
Persönlichkeit: großzügig, männlich, prachtlie-
bend, mehr flämisch als englisch, oft auch ungezügelt und theatralisch. Castle Howard (1699-1726)
ist eine erstaunliche Kraftprobe eines jungen, ungestümen Genies (Abb. → Großbritannien). V.s große
Stunde kam 1705 mit dem Blenheim Palace, dem
Geschenk der Nation an den Herzog von Marlborough zu Ehren seiner Siege (Abb. → Barock;
→ Großbritannien). Hier standen ihm fast unbegrenzte Geldmittel zur Verfügung, die ganze gigantische Anlage entsprach vollkommen seinem Tem-
perament. Sein Bestes leistete er immer bei Projekten größten Zuschnitts, und seine Begabung für
das Dramatische und Heroische, für kühne und
malerische Gestaltung der Wandmassen und abwechslungsreiche Silhouetten hatte hier freies Spiel.
In Blenheim Palace kam V.s Stil plötzlich zur Reife
– mit diesem Schloß erreichte der engl. Barock in
der Tat seinen Höhepunkt –, danach wandelte er
sich kaum noch. Die besten seiner erhaltenen Landhäuser sind Kimbolton (1707-09), King's Weston
(1711-14), Seaton Delaval (um 1720-28), Lumley
Castle (Eingangsfront und Umgestaltung des Interieurs, um 1722) und Grimsthorpe (nur der nördl.
Teil, etwa 1723-24). V. sagte, er wünsche seinen
Bauten ein ›männliches‹ Aussehen zu geben; sie
sollten etwas vom Air einer Burg haben, und nirgends kommt seine eigenwillige Spielart des Barock
der Massivität ma. Befestigungsanlagen näher als

in Seaton Delaval. Finster und zyklopisch, ein
außerordentlicher Bau, ist es keinem anderen Bauwerk in England oder sonstwo vergleichbar. Sein
starker Sinn für das Malerische (→ Pittoreske)
führte ihn zu verstärkten und klareren Anleihen bei
der ma. Architektur, auch bei anderen Bauten, so
besonders bei seinem eigenen Haus in Greenwich
(nach 1717). Es gleicht einem Kastell; der runde
Turm wirkt, als sei er befestigt. V. scheint hier in
manchem den romantischen Geist der → Neugotik
vorwegzunehmen.

Lit.: Clark, K. '28; Webb, G. '28; Whistler '38, '54; Colvin '54;
Pevsner '56; Downes '66, '77; EA '82; Beard '86; Downes '87;
Saumarez Smith '90.

Palazzo Reale, Caserta, von
→ Vanvitelli, voll. 1774.
Blick ins Vestibül.

Vanvitelli, Luigi (1700-73). Geb. in Neapel als Sohn
des Malers Gaspar van Wittel; studierte in Rom
bei seinem Vater Malerei. Als Architekt trat er erst
gegen 1730 hervor. V. arbeitete in Pesaro, Macerata, Perugia, Loreto, Siena, Ancona und Rom
(Kloster S. Agostino und Neugestaltung von S. Maria degli Angeli, Abb. → Römische Architektur),
bevor er 1751 von Karl III. nach Neapel gerufen
wurde, um den riesigen Palast mit 1200 Räumen in
Caserta bei Neapel zu errichten (voll. 1774). Dieses
Schloß ist das letzte große ital. Bauwerk des → Barock. Die langen Fluchten der Gänge, die feierliche
Treppenanlage und das große, oktogonale Vestibül
(→ Oktogon) scheinen jedes noch so ausgefallene
Bühnenbild an Phantasie zu übertreffen. Der Außenbau zeigt dagegen schon eine Hinwendung zu
→ klassiz. Zurückhaltung (Abb. → Frontispiz).
Fast ebenso eindrucksvoll sind V.s Neapler Bauten,
die Chiesa dell'Annunziata (1761-82), die Piazza
Dante (1757-63) und der etwa 40 km lange Acque-
dotto Carolino (1752-64).

Lit.: Vanvitelli 1756, 1823; Chierici '37; Fichera '37; Pane '39,
'73; De Rinaldis '48; Schiavo '53; Venditti '61; Bologna '62;
Fagiolo dell'Arco '63; Defilippis '68; De Fusco '73; Blunt '75;
Strazzullo '76-77.

Vardy, John (gest. 1765). Freund und enger Mitarbeiter → Kents, dessen Entwürfe für die Horse
Guards in London er zusammen mit W. Robinson
ausführte (1750-58). Sein bedeutendstes erhaltenes
Werk ist das Spencer House (1750-65) in London,
ein glanzvolles Beispiel eines frei interpretierten
→ Palladianismus.

Lit.: Colvin '54; Summerson '63.

Vasari, Giorgio (1511-74). Maler, Baumeister und
Verfasser der ›Vite de' più eccellenti architetti, pittori e scultori italiani‹ (1550, revidierte Ausgabe
1568), die durch V.s enthusiastische Würdigung
→ Michelangelos einen bedeutenden Einfluß auf
den architektonischen Stil ausübte. Als Architekt

Uffizien, Florenz, von Giorgio → Vasari,
beg. 1560.

Uffizien, Florenz, Verbindungs-
trakt mit Loggia, von Giorgio
→ Vasari, beg. 1560.

hatte V. seine Hand in den Plänen für die Villa di Papa Giulio in Rom (1552), zusammen mit → Vignola und → Ammanati (Abb. → Nymphäum). Das einzige Bauwerk von Bedeutung, das er völlig selbständig schuf, sind die Uffizien in Florenz (beg. 1560) mit einem langen engen Hof, der sich bis zum Arno erstreckt und abgeschlossen ist durch einen Verbindungstrakt, dessen offene Loggia im Erdgeschoß vom → Palladiomotiv bestimmt ist.

Lit.: Vasari 1550; Kallab '08; Venturi XI; Schlosser '24; Blunt '40; Panofsky '55a; Barocchi '58; Leontief-Alpers '60; Vasari '76; Satkowski '78.

Vasari, Giorgio il Giovanne (tätig im 16. u. 17. Jh.) → Städtebau.

Medinaceli-Palast, Cogolludo bei Guadalajara, Spanien, von → Vásquez, 1492-95.

Vásquez (Vázquez), Lorenzo (tätig 1489-1512). Baumeister, dem heute die frühesten Werke der → Renaissance in Spanien zugeschrieben werden. Er trat in die Dienste des Kardinals Mendoza, für den er 1491 das Colegio Mayor de Santa Cruz (beg. 1486) in Valladolid umgestaltete und dabei die charakteristische Medaillon-Giebelfront im Stil des Quattrocento (→ Italien) schuf. Im Auftrag der Familie Mendoza schuf V. danach den Palast von Cogolludo (etwa 1492-95) mit reichverzierten, spätgot. Fenstern, den Palast in Guadalajara (vor 1507) und die Burg von La Calahorra (1509-12). Allerdings ist überliefert, daß Michele Carlone von Genua nach Spanien berufen wurde, um die Bauleitung für diese Burg zu übernehmen.

Lit.: Chueca Goitia '53; Kubler '57; Trueblood '79.

Vauban, Sébastien le Prestre de (1633-1707). Architekt Ludwigs XIV., Städteplaner und der berühmteste aller Festungsbaumeister. Lt. Voltaire errichtete oder stellte er die Befestigungen auf 150 Kriegsschauplätzen wieder her; er soll auch über fünfzig Belagerungen geleitet haben. V., ein enger Freund von Louvois (frz. Kriegsminister 1666-91) und Colbert, wurde 1677 zum Generalkommissar der Festungsanlagen ernannt und 1703 zum Marschall von Frankreich befördert. Seine Genialität als Festungsbauingenieur liegt weniger in der Erfindung

Kathedrale von Marseille, von → Vaudoyer, beg. 1852.

Villa di Papa Giulio, Rom, von → Vasari, → Vignola, → Ammanati, 1552.

neuer Formen als in der Geschicklichkeit, mit der er traditionelle Mittel zu gebrauchen wußte. Sein Genie zeigt sich besonders bei Anlagen in schwierigem Gelände, z. B. bei Mont-Louis in den Pyrenäen, bei Mont-Dauphin und bei Schloß Queyras an der savoyischen Grenze. V.s berühmteste Festungsbauten sind jedoch jene von Lille (1668-74), Maubeuge (1683-85) und Neu-Breisach (Neuf-Breisach) (1697-1708). Einige seiner Festungen, besonders Longwy (1678 erbaut), wurden noch im Ersten Weltkrieg wirkungsvoll eingesetzt. V. plante die neuen, von ihm gegründeten Städte selbst, so z. B.

Fort carré, Antibes, Alpes Maritimes, Frankreich, von → Vauban.

Neuf-Breisach. Gelegentlich entwarf er auch einzelne Bauten, wie die Garnisonskirche und das Arsenal in Lille, weiter Kirchenbauten in Givet und Briançon; er restaurierte die Schlösser von Auney und Ussé. V.s architekt. Bedeutung zeigt sich am besten in der schmucklosen Massigkeit der Festungsmauern von Oléron, Gravelines und Bayonne. Überraschend abwechslungsreich sind seine Tore gestaltet; von der → barocken Pracht der mit Säulen, → Gebälk, → Trophäen und Skulpturen geschmückten Porte de Paris in Lille bis zur einfachen Großartigkeit der Porte Mons in Maubeuge. In diesem Bau kam V. der vornehmen Würde und Strenge → Bruants und → Blondels nahe. V.s Memoiren ›Plusieurs maximes bonnes à observer pour tous ceux qui font bâtir‹, enthalten eine Abhandlung über die Baukunst.

Lit.: Vauban 1702; Blomfield '38; Lavedan '59; Morini '63; Parent-Verroust '71.

Vaudoyer, Léon (1803-72). Frz. Architekt des → Historismus. Sein Hauptwerk ist die Kathedrale von Marseille (beg. 1852), die auf überzeugende Weise einen → roman. Grundriß mit Elementen eines → byzant. Aufrisses und → polychromer Streifendekoration – wie in Siena – verbindet.

Lit.: Hautecœur VI, VII; Hitchcock '58.

Entwurf der Festung Saarlouis, von → Vauban, 1680.

Vedute. S. Maria della Salute, Venedig. Gemälde von Francesco Guardi, um 1765.

Vaudremer, Joseph Auguste E. (1829-1914). Frz. Architekt des → Historismus. Begann nach einer Ausbildung bei den nüchternen, utilitaristischen Architekten Blouet und Gilbert mit seiner Santé de la Prison in Paris (1862 ff.) im selben Geist. 1864 aber wurde er beauftragt, die Kirche St-Pierre de Montrouge in Paris zu bauen, und hier ließen ihn eben sein nüchterner Ernst und seine Geradheit den → roman. Stil statt des (üblichen) → gotischen wählen. Der Bau muß → Richardson beeindruckt haben. Ebenfalls romanisch, aber mit viel großartigeren Steingewölben im Inneren ist seine Notre-Dame in der rue d'Auteuil, Paris (1876 ff.). Die Pläne der weit größeren und berühmteren Kirche Sacré-Cœur auf dem Montmartre sind von Paul Abadie (1812-84), mit dem Bau wurde 1876 begonnen. Er ist inspiriert durch die Kathedrale St-Front in Périgueux, die von Abadie fragwürdig restauriert worden war.

Lit.: Hautecœur VI, VII; Blunt '53; Hitchcock '58; EA '82; Abadie '88/89.

Vaux, Calvert (1824-95) → Downing.

Kunstgewerbeschule Weimar, von van de → Velde, 1906.

Vedute. Topographisch richtige Darstellung einer Landschaft; Stadtansicht. → Architekturbild.

Lit.: Jantzen '10; Francastel '51.

Velde, Henry van de (1863-1957). Geb. in Antwerpen als Sohn einer wohlhabenden Familie, war er zuerst Maler und ästhetisch durch die Neo-Impressionisten (Pointillisten) angeregt, in seinen sozialen Ansichten von van Gogh. Um 1890 wandte er sich unter dem Eindruck der Ideen → Ruskins und William → Morris' von der Malerei dem gestaltenden Entwerfen zu. Seine ersten ganz eigenständigen Arbeiten entstanden 1892; sie sind zugleich vollkommener Ausdruck des → Jugendstils. Es sind vor allem typographische Arbeiten und Buchdekorationen mit langen Serpentinenlinien und eine Applikationsstickerei mit dem Titel ›Die Engelswache‹. Seine stilistische Quelle scheint Gauguin mit seinem Kreis von Pont Aven, vor allem Emile Bernard, zu sein.

1895 entwarf V. für seine eigene junge Familie in Uccle bei Brüssel das Haus Blœmenwert mit allen dazugehörigen Einrichtungsgegenständen. Es war seine erste große Leistung in der Architektur und Innenraumgestaltung, und diese beiden wurden nun sein Hauptanliegen. Er wurde beauftragt, vier Räume für Bings neugegründetes Geschäft ›L'Art Nouveau‹ in Paris (1895), das dem Jugendstil in Frankreich den Namen gab, einzurichten, und er zeigte sie – zusammen mit einem fünften Raum – 1897 auf der Kunstgewerbeausstellung in Dresden. Sie erregten sowohl dort wie in Paris Aufsehen: in Frankreich war man schockiert, in Deutschland begeistert.

In der Folgezeit war V. viel in Deutschland mit Aufträgen beschäftigt. 1901-02 entwarf er die Innenausstattung des Folkwang-Museums in Hagen für Karl Ernst Osthaus. In Berlin stattete er den Friseursalon Haby aus. 1902 berief ihn der Großherzog von Sachsen-Weimar als künstler. Berater. Er richtete in Weimar das Nietzsche-Archiv (1903) ein und begründete und erbaute dort die Kunstgewerbeschule (1906), als deren Leiter er neue Methoden der künstler. Erziehung einführte. 1908 schuf V. das Abbe-Denkmal in Jena; für die Werkbundausstellung 1914 in Köln (→ Dt. Werkbund) erbaute er das Theater (Abb. → Ausstellungsarchitektur). Sein Stil ist durch die langen, kühn geschwungenen Linien des Jugendstils, die sich bei ihm durch besonderen Spannungsreichtum auszeichnen, charakterisiert. Auch bei seinen Architekturformen gibt er den gekurvten Linien und abgerundeten Ecken den Vorzug.

Da V. Belgier war, verließ er Deutschland während des Weltkriegs und führte jahrelang ein unstetes Emigrantenleben. 1925 ließ er sich in Brüssel nieder (als Leiter und Gründer des ›Institut supérieur des Arts décoratifs‹, bis 1936); die Jahre seiner europ. Bedeutung waren jedoch vergangen. V.s Spätstil ist unpersönlicher und steht dem der Schule von Amsterdam nahe (van der Mey, de Klerk), z.B. bei dem Kröller-Müller-Museum, beg. 1937, in Otterlo in Holland sichtbar, das harmonisch mit der Heidelandschaft in Einklang gebracht ist. Von 1947 bis zu seinem Tod lebte V. in der Schweiz. Abb. → Jugendstil.

Lit.: Van de Velde '02, '03, '10, '14, '25, '62, '63, '70, '74; Osthaus '20; Hammacher '67; Hüter '67; Stamm '69; Paris '71; Sembach '89.

Vedute. Aus ›Variae Architecturae Formae‹, von Vredeman de → Vries, 1601.

Eingangshalle des Folkwang-Museums, Hagen, von van de → Velde, 1907-08.

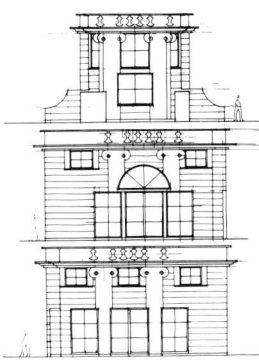

Naturkundemuseum Charlotte, North Carolina, von → Venturi und John Rauch, 1978.

Verkröpfung. Wieskirche, Oberbayern, von → Zimmermann, 1745-53.

Venezianisches Fenster → Palladiomotiv.

Venturi, Robert (geb. 1925). Umstrittener, jedoch einflußreicher amerikan. Architekt. Studierte an der Universität von Princeton, N.J. Arbeitete anschließend bis 1958 u. a. bei den Architekten Eliel → Saarinen und → Kahn. Danach selbständig in Partnerschaft mit seiner Frau Denise Scott Brown, John Rauch und Steven Izenour. Seine originellsten Bauten wurden mit geringem Kostenaufwand erstellt, so z. B. das Mutterhaus der North Penn Visiting Nurses Association, Penn. (1960), Chestnut Hill House, Penn. (1962), Lieb House, Long Beach Island, N.J. (1966-69), Brant-Johnson House, Vail, Col. (1976). Zu seinen größeren öffentlichen Aufträgen zählen das Humanities Classroom Building, State University, Purchase, N.Y. (1968-73), Das Dixwell Feuerwehrhaus in New Haven, Conn. (1970-73), und der Anbau an das Allen-Kunstmuseum, Oberlin, Ohio (1973-76). Seine Veröffentlichungen ›Complexity and Contradiction in Architecture‹ (1966) und ›Learning from Las Vegas‹ (1972) stellen eine wichtige theoretische Grundlage für die → Postmoderne dar. Abb. → Postmoderne; → Säule; → USA.

Lit.: Venturi, R. '66, '81; Venturi-Scott Brown-Izenour '72; Dunster '78 b; v. Moos '86; Sanmartin '86; Mead '89; Venturi/Scott Brown '91 a/b; Vaccaro/Schwartz '92.

Veranda. Ein offener (neuerdings auch verglaster) Vorraum oder Balkon mit einer von leichten Stützen getragenen Überdachung.

Verankerung. Zugfeste Verbindung zweier Bauteile.

Verband. Verbindung einzelner Bauteile, vor allem von Mauersteinen (→ Mauerverband).

Verblendung. Die Verkleidung der Außenwand eines Rohbaues mit schönen Steinen, den sog. → Blendsteinen. Die Verkleidung mit Marmorplatten oder Keramik nennt man → Inkrustation.

Chestnut Hill House (My Mother's House), Pennsylvania, von → Venturi, 1962.

Verdachung. Ein vorspringendes Bauglied über einer Maueröffnung (Fenster, Tür) in Form von → Gesimsen und → Giebeln (Dreieck-, Segment-, Spreng- oder Volutengiebel).

Vereinigte Staaten von Amerika → USA.

Verkröpfung. Das Herumziehen eines → Gebälkes oder → Gesimses (›Verkröpftes Gesims‹) um ein vorstehendes Bauteil (z. B. einen Pfeiler).

Verlies. Ein meist unterirdisches, nur von oben zugängliches Gefängnis einer → Burg.

Vernacular → *Nachträge.*

Versatzbossen, die (Pl.). Die an Steinblöcken, z. B. Säulentrommeln, stehengelassenen Vorsprünge, die ein Abrutschen der Hebetaue beim ›Versetzen‹ der Blöcke verhindern.

Verschalung → Schalung.

Viadukt. Entwurf für die Schnellbahn, Berlin, von → Behrens, 1911-12.

Verstäbte Kannelierung. Eine Kannelierung, bei der die → Kanneluren mit Pfeifen (Stäben) gefüllt sind.

Vertue, Robert (gest. 1506) und William (gest. 1527) → Redman, Henry.

Versara-Stil → Indien, Sri Lanka, Pakistan.

Vesnin, Aleksander Aleksandrowitsch (1883-1959) → Wesnin.

Vestiarium (lat. vestis: Gewand). Umkleideraum der röm. → Thermen.

Vestibül (lat. vestis: Gewand). Vorraum eines Hauses, meist mit Garderobe; beim altröm. Haus lag das ›vestibulum‹ vor dem Eingang zum Haus.

Viadukt, der (lat. via: Weg; ductus: Führung). Eine lange Brücke aus einer Reihung von Bögen, um eine Straße oder einen Schienenweg über eine Talsenke zu führen. → Brücke.

Vicente de Oliveira, Mateus (1710-86). Der führende portug. Architekt des → Rokoko, begann unter → Ludovice zu arbeiten, gab dann aber dessen pompösen Stil zugunsten einer zarteren und persönlicheren Bauweise auf. Sein Hauptwerk ist das Schloß von Queluz (1747-52, Innenausstattung nicht erhalten) mit seiner ausgesprochen verspielten Fassade, bei der Girlanden steinerner Blumen dem großen Gebäude graziöse Leichtigkeit verleihen. V. entwarf außerdem die Estrêla-Kirche in Lissabon (1778-90).

Lit.: Kubler-Soria '59; Smith, R.C. '68.

Viertelsäule. Eine meist in Ecken angebrachte Säule mit viertelkreisförmigem Querschnitt.

Viertelstab. Ein konvexes Bauglied mit viertelkreisförmigem → Profil.

Vierung. Der in Folge der Durchdringung von → Langhaus und Querhaus (→ Querschiff) entstehende Raumteil einer Kirche. Wenn dieser Teil vom

Schloß Queluz, von → Vicente de Oliveira, 1747-52.

Langhaus bzw. Querhaus nicht abgegliedert ist, spricht man von ›nicht ausgeschiedener V.‹. – Die ›ausgeschiedene V.‹ bildete sich im 9. Jh. durch die Verstärkung der Eck- oder *Vierungspfeiler*, den Vierungs- oder → Triumphbogen (2) und u. U. einen *Vierungsturm*, der später auch in Form einer *Vierungskuppel* erscheinen kann. Eine ›abgeschnürte V.‹ entsteht, wenn die V.spfeiler durch vorgezogene Mauerzungen die Durchgänge wesentlich einengen.

Lit.: Beenken '30.

Viganò, Vittoriano (geb. 1919). Einer der konsequentesten Vertreter des ital. → Rationalismus. Er studierte in Mailand Architektur. Auch seine Projekte entstanden vorwiegend in der Umgebung Mailands. Zu seinen aufsehenerregendsten Bauten der 50er Jahre gehört das Marchiondi-Institut in Baggio bei Mailand (1958-59, Abb. → Italien): ein überrealistisches und unsentimentales Bauwerk, das Anstoß aufgrund seiner Kompromißlosigkeit erregte und zu den meistzitierten Beispielen für → brutalistische Architektur wurde. In vielen Details steht dieses Bauwerk unter dem Einfluß → Terragnis, bzw. geht über die Ideen und Bestrebungen Terragnis (sichtbare Skelettbauweise, offene Treppenanlagen etc.) hinaus, die Ansprüche und Aufgaben, die an das Bauwerk gestellt werden, auf direkteste Art zu lösen (hier Rehabilitationszentrum für psychisch gestörte Knaben). M.-A. V. L.

Lit.: Banham '66; Galardi '67; Gregotti '68.

Vignola, Giacomo Barozzi da, gen. (1507-73). Der führende Architekt in Rom nach → Michelangelos Tod. Geb. in Vignola bei Modena, studierte er Malerei und Architektur in Bologna und ließ sich 1530 in Rom nieder. Sein erstes bedeutendes Werk war die Vollendung des Palazzo Farnese in Caprarola (1530, Abb. → Barock), den → Peruzzi als pentagonalen Bau begonnen hatte: er entwarf die strengen Fassaden, den äußerst eleganten runden Hof in der Mitte und wahrscheinlich auch den Garten. Vignola scheint der führende Architekt beim Entwurf der Villa di Papa Giulio in Rom (1550-55), die er zusammen mit → Ammanati und → Vasari schuf,

Vierung. Zisterzienser-Abteikirche Fossanova, Italien, beg. 1140.

Il Gesù, Rom, von → Vignola, beg. 1568.

gewesen zu sein (Abb. → Nymphäum; → Vasari). Es ist ein Meisterwerk des → Manierismus und der Gartengestaltung, bei dem Durchblicke von einem Garten zum anderen eine große Rolle spielen, Halbkreise einander antworten, die → Säulenordnungen in einem eigenwilligen Rhythmus angewendet sind und Flachreliefs (→ Relief) die Wände schmücken. 1564 übernahm V. die Leitung über den Bau des Palazzo Farnese in Piacenza; auch wird ihm die Anlage der Villa Lante in Bagnaia bei Viterbo (beg. 1566) mit ihren wunderbaren Gärten, künstlichen Hügeln und Wasserspielen zugeschrieben. Um 1550 baute er für Papst Julius III. den Tempietto di S. Andrea in Rom mit dem ersten ovalen Grundriß in der Sakralbaukunst, den er dann in größerem Maßstab in seinem Entwurf für S. Anna dei Palafrenieri in Rom (beg. 1573) wiederholte und der von den Architekten der → Barockzeit immer wieder aufgegriffen wurde. V.s einflußreichstes Bauwerk war Il Gesù in Rom (beg. 1568, Abb. → Architekturtheorie; → Italien). Dieser Kirchenbau hatte vielleicht weitgreifenderen Einfluß als irgendein anderer Sakralbau der letzten 400 Jahre. Der Grundriß, bei dem V. in gewisser Weise → Albertis (mit Abb.) S. Andrea in Mantua verpflichtet ist, verbindet den → Zentralbau der → Renaissance mit dem → Langhausschema des MAs. Die → Seitenschiffe sind durch einen Kranz von → Kapellen, die sich zum Hauptschiff hin öffnen, ersetzt, und verschiedene Kunstgriffe, wie die Beleuchtung und die Anordnung der → Mittelschiffpilaster (→ Pilaster), lenken die Aufmerksamkeit zum Hochaltar (der Innenraum wurde 1668-73 im hochbarocken Stil (→ Barock) umgestaltet). Von 1567 bis zu seinem Tode war V. leitender Architekt der Peterskirche in Rom und führte dort → Michelangelos Werk getreulich fort. 1562 veröffentl. er seine ›Regola delle cinque ordini dell'Architettura‹, ›Lehrbuch der fünf architekton. Ordnungen‹, das sich ungeheurer Beliebtheit erfreute.

Lit.: Barozzi da Vignola 1562; Wölfflin 1888; Willich '06; Riegl '08-12; Giovannoni '35; Becherucci '36; Lotz '39; Pecchiai '52; De Angelis d'Ossat-Cantoni-Fariello '61; Walcher-Casotti '61; Tafuri '66, '68; Shearman '67; Benevolo '68; Coolidge-Lotz '74; Heydenreich-Lotz '74.

Vignon, Pierre Alexandre (1762-1828). Frz. Architekt des → Empire, der durch den Bau der Eglise de la Madeleine in Paris (1806-43) Berühmtheit

Marchiondi-Institut, Baggio, von → Viganò, 1958-59.

Temple de la Gloire, Orsay, von → Vignon, 1800.

Gebäude der Fakultät für Architektur und Städtebau in der Universitätsstadt von Caracas, von → Villanueva, 1957.

Villa. Röm. Luxusvilla am Meer. 1. Jh. n. Chr.

erlangte. Seine Ausbildung erhielt V. unter → Leroy und → Ledoux. 1793 wurde er zum Oberbaumeister der Republik ernannt. Die Madeleine ist ein riesiger korinth. → Tempel, der auf einem hohen Unterbau steht. Die imposanten Ausmaße entsprechen vollkommen der leicht vulgären Prachtentfaltung. Sie trat an die Stelle eines Bauwerks, das 1764 von Pierre Contant d'Ivry (1698-1777) entworfen und dessen Plan um 1777 von G. Martin Couture (1732-99) revidiert worden war. Man hatte gerade mit dem Neubau begonnen, als Napoleon I. 1806 V. den Befehl erteilte, einen ›Temple de la Gloire‹ und keine Kirche zu errichten. 1813, nach der Schlacht bei Leipzig und der Niederlage in Spanien, machte er diesen Entscheid jedoch wieder rückgängig. V. starb noch vor der Vollendung seines Hauptwerkes, das J.-J.-M. Huvé (1783-1852) zu Ende führte.

Lit.: Hautecœur V; Biver '63; EA '82.

Vihara, der (sanskr.). Buddhistisches Kloster in Indien, das in den Fels eingehauen ist. Um eine zentrale Halle herum liegen die Mönchszellen, so z. B. in den Klöstern von Gandhara (1. Jh. n. Chr.) und in Ajanta (4./5. Jh. n. Chr.).

Viktorianischer Stil (ca. 1840-1900). → Großbritannien.

Villa (lat.). Urspr. Wohnhaus auf dem Lande. Die V. hat im Laufe der Zeiten ihren Charakter stark verändert: in der → röm. Baukunst war sie das Herrenhaus des Landeigentümers, konnte auch palastartige Züge annehmen; eine ähnliche Rolle spielte auch die → Renaissance-V. als Landsitz der herrschenden Schichten (→ Palladio). Im 19. Jh. wurde sie das Haus für das Großbürgertum, oft am Stadtrand gelegen; schließlich ein anspruchsvolles Einfamilienhaus, häufig im → Bungalowstil errichtet.

Lit.: Patzak '13; Kähler '50; Franck '56; Mansuelli '58; Beretta '59; Aloi, R. '60; Rupprecht '66; Azzi-Visentini '76; Bentmann-Müller '79; Muraro '87; Reutti '90; Ackerman '90; v. d. Ree '91.

Villanueva, Carlos Raúl (1900-75). In England geborener Venezolaner. V. absolvierte sein Studium an der → Ecole des Beaux-Arts in Paris. Bereits 1929 eröffnete er ein eigenes Büro in Caracas und war gleichzeitig bis 1939 Architekt der venezolanischen Regierung. In dieser Zeit baute V. u. a. 1937 den Pavillon Venezuelas für die Weltausstellung in Paris. Seine wichtigsten, von expressiver Geste bestimmten Werke sind das Olympiastadion in Caracas (1950-52) mit weitauskragendem Tribünendach und einer Sichtbetonschale mit freiliegenden Rippen, die Große Aula der Universität mit einer ge-

Eglise de la Madeleine, Paris, von → Vignon, 1806-43.

schwungenen Decke sowie die Gestaltung der Plaza Cubierta der Universitätsstadt in Caracas (1952).

Lit.: Moholy-Nagy '64; EA '82.

Villanueva, Juan de (1739-1811). Führender span. Architekt des → Klassizismus, zunächst bei seinem Vater als Bildhauer ausgebildet. Er begann in der Tradition des → Churriguerismus zu arbeiten, wurde dann → Sacchetti in Madrid als Zeichner unterstellt, bei dem er sich den ital. Spätbarockstil (→ Barock) zu eigen machte. Von der kgl. Akademie erhielt er ein Romstipendium (1759-65). Unmittelbar nach seiner Rückkehr veröffentl. sein Bruder Diego de Villanueva (1715-74) eine Schrift, ›Collección de papeles críticos sobre la arquitectura‹ (1766). Es war dies die erste gegen den Churriguerismus und das → Rokoko gerichtete Streitschrift der Klassizisten in Spanien. Juan de V. begann zögernd, diese Ideen in die Tat umzusetzen, so bei der Pelafox-Kapelle in der Kathedrale von Burgo de Osma (1770), der Casita de Arriba im Escorial (1773) und der Casita del Príncipe neben dem Palast El Pardo bei Madrid (1784). Sein Hauptwerk im klassiz. Stil ist der Prado in Madrid (1787), der urspr. ein naturhistor. Museum war, später aber die kgl. Bildersammlung aufnahm. Die Mitte der Hauptfassade dieses Bauwerks ist durch einen → Portikus mit stämmigen toskan. Säulen (→ Säulenordnung 4) betont (Abb. → Spanien); die Flügel sind in der Höhe des ersten Stockwerks durch ion. → Kolonnaden kühn gegliedert.

Lit.: Chueca Goitier-de Miguel '49; Kubler-Soria '59.

Villard de Honnecourt. Frz. Architekt, ca. 1225-35 in Nordwestfrankreich tätig, wahrscheinlich Baumeister der Kathedrale von Cambrai (zerstört). V.

Darstellung einer Villa auf einem römischen Fresko ›Odysseus im Haus der Circe‹

Vihara. Tempelbezirk von Ellora (Madras), 700-750.

Trippenhuis, Amsterdam, von Justus → Vingboons, 1662.

ist uns durch sein Bauhüttenbuch (Bibliothèque Nationale, Paris) bekannt, in dem er Skizzen mit kurzen Erläuterungen für die Gesellen seiner Bauhütte zusammengestellt hat. Das Buch enthält Gebäudepläne (Kopien und eigene Entwürfe), Einzelheiten von Aufrissen und nach der Natur gezeichnete Figuren. Es sind auch Blattornamente und Figurenschmuck abgebildet, ferner ein Lesepult, die Wange eines Chorgestühls und ein ›Perpetuum mobile‹. Das Bauhüttenbuch enthält außerdem viele kleine bautechnische Zeichnungen, die von zwei Nachfolgern V.s hinzugefügt wurden. Aus dem Text und den erläuternden Beispielen ist zu ersehen, daß V. die Kathedralen von Reims, Laon, Chartres und Lausanne gekannt hat, ja sogar bis nach Ungarn gereist war. Der Stil der von ihm gezeichneten Skulpturen verbindet ihn mit den um 1230 geschaffenen Bildwerken in Reims. V.s Buch gewährt uns einen einzigartigen Einblick in das Arbeitsfeld eines großen Baumeisters und die Atmosphäre einer Bauhütte. Abb. → Bauhütte; → Labyrinth.

Lit.: Villard de Honnecourt 1858; Hahnloser ’37; Branner ’57, ’60; Frankl, P. ’60; Assunto ’61; Bowie ’68; Barnes ’82; Bechmann ’91.

Vincidor, Thomas (ca. 1495-1560) → Niederlande.

Vimana, das (ind.). Das Allerheiligste des hinduistischen Tempels; es ist von außen oft durch ein kunstvoll gestaltetes Pyramidendach (→ Dachformen 11) erkennbar.

Lit.: → Indien, Sri Lanka, Pakistan.

Vingboons (Vinckeboons), Philip (1607-78). Der führende Vertreter des von van → Campen geprägten, klassischen Stils der → barocken Wohnbauten des Bürgertums in Amsterdam. Er schuf einen neuen Typus des Stadthauses, wobei er auf sym. Grundrißgestaltung, die Einführung rechtwinkliger Giebel anstelle der geschweiften oder abgetreppten und die Fassadengliederung durch → Pilaster oder → Kolossalordnungen ganz besonderen Wert legte. Seine Entwürfe, veröffentl. als ›Œuvres d'Ar-

chitecture‹ in zwei Bänden (1648 und 1674), übten besonders in England großen Einfluß aus. Sein Bruder *Justus V.* (tätig 1650-70) entwarf die Fassade von → La Vallées Riddarhuset in Stockholm (1653-56, Abb. → Skandinavien) und errichtete das großartige Trippenhuis in Amsterdam (1662).

Lit.: Andreae-ter Kuile-Ozinga ’57-58; ter Kuile ’66; Ottenheym ’89.

Viollet-le-Duc, Eugène Emmanuel (1814 - 1879). Stammte aus einer wohlhabenden, gebildeten und aufgeschlossenen Pariser Familie. Schon früh begann seine Opposition gegen die bestehenden gesellschaftl. und politischen Verhältnisse: 1830 half er beim Bau von Barrikaden; auch lehnte er es ab, zur Ausbildung die Ecole des Beaux-Arts in Paris zu besuchen. In den Jahren 1836-37 hielt er sich in Italien auf, wo er sich mit großem Eifer und viel Verständnis dem Studium der ital. Baukunst widmete. Das entscheidende Erlebnis für seine Zukunft war die Begegnung mit Mérimée, dem Inspektor bei der neugegründeten ›Commission des Monuments Historiques‹, einer denkmalpflegerischen Institution. V. wurde durch Victor Hugos Begeisterung und Arcisse de Caumonts gelehrte Arbeiten auf das frz. MA. aufmerksam; bald begann er selbst zu forschen und als Restaurator zu arbeiten. Seine erste Restaurierung führte er an der Kirche von Vézelay (1840) durch; dann arbeitete er zusammen mit Jean-Baptiste Antoine Lassus (1807-57) an Notre-Dame in Paris.

In der Folge restaurierte er viele Gebäude in allen Teilen Frankreichs (wie z. B. Carcassonne). Als Wissenschaftler entwickelte er neue, höchst einflußreiche Ideen über die → got. Baukunst. Sie war für ihn soziologisch das Ergebnis einer durch Laien bestimmten Kultur, die auf die düstere Vorherrschaft der Religion während des frühen MAs. folgte. Die Gotik ist für V. aber auch der Stil einer rationalen Bauweise, die auf dem Zusammenwirken von Kreuzrippengewölbe (→ Gewölbe), → Strebebogen und → Strebepfeilern beruht. Die → Rippen bilden ein Skelett, mit dem Eisenskelett des 19. Jhs.

Seite aus dem Bauhüttenbuch des → Villard de Honnecourt, um 1235.

Saal mit Gewölberippen aus Eisen und → Kappen aus Mauerwerk, von → Viollet-le-Duc, 1864. Aus ›Entretiens sur l'architecture‹, 1872.

Engelchor der Kathedrale von Lincoln. Zeichnung von → Viollet-le-Duc, 1850.

(→ Skelettbau) vergleichbar; die Gewölbekappen (→ Kappe) sind nur noch membranartige Füllwände; der gesamte Druck wird von den Rippen über die Strebebögen auf die Strebepfeiler geleitet, und so können die dünnen Wände durch große Öffnungen ersetzt werden. V. legte diese Ideen, die bald Allgemeingut wurden, in seinem ›Dictionnaire raisonné de l'architecture française‹ (1854-68 herausgegeben) nieder. In den ›Entretiens sur l'architecture‹ (2 Bde., 1863 und 1872), besonders im zweiten Band, wird von V. der Vergleich zwischen der got. Skelettbauweise und der Eisenskelettkonstruktion des 19. Jhs. gezogen und ihre enge Verwandtschaft betont. Er erscheint hier als leidenschaftlicher Verfechter seiner eigenen Zeit und der → Ingenieurbaukunst. Er setzte sich für die Anwendung neuer Baustoffe und Techniken ein, besonders für Eisen, das als Material für Stützen, für den Gerüstbau und sogar für Gewölberippen dienen sollte. Die Illustrationen zu den ›Entretiens‹ sind sehr originell, künstler. jedoch unbedeutend. Als Architekt erwarb sich V. keine großen Verdienste. Immer wieder staunt man über den Widerspruch, der zwischen der Folgerichtigkeit seiner theoretischen Ideen und der unklaren und unentschlossenen Gestaltung seiner eigenen Bauten besteht (z. B. Saint-Denis-de-l'Estrée in St-Denis bei Paris 1864-67).

Lit.: Viollet-le-Duc 1854-68, 1863, 1872, 1875, 1877, 1880; Gout '14; Abraham '34; Summerson '49a; De Fusco '64; Pane '64; Querrien '65; Rossi, A. '66; Pevsner '69, '72; Tagliaventi '76; Bekaert '80; Bercé u.a. '88; Hearn '90.

Viscardi, Giovanni Antonio (1647-1713). Geb. in Graubünden, ging wie sein Landsmann und erbitterter Konkurrent → Zuccalli nach München, wo er 1678 Hofbaumeister und 1685 leitender Architekt wurde. 1689 gelang es Zuccalli, ihn aus dem Amt zu verdrängen, doch ab 1702 leitete V. die Erweiterung des Nymphenburger Schlosses in München (Anfügung von zwei Seitenpavillons, mit dem bestehenden Mitteltrakt durch Arkaden verbunden). 1706-13 hatte er wieder die höchste Architektenstelle

Maison Rozier, Paris. Aus ›Habitations Modernes‹, von → Viollet-le-Duc, 1875.

Wallfahrtskirche Mariahilf, Freystadt, von → Viscardi, 1700-1708.

Kathedrale Laon mit vervollständigten Türmen nach Viollet-le-Duc.

inne. Sein bedeutendstes Bauwerk ist die Wallfahrtskirche Mariahilf in Freystadt (1700-1708), ein → Zentralbau mit beherrschender Kuppel. Mit diesem Bau dehnte er seinen Einfluß über die Grenzen Bayerns aus (→ Bähr nahm Mariahilf als Vorbild für die Frauenkirche in Dresden). V. entwarf auch die Kirche des Zisterzienserklosters in Fürstenfeldbruck (1701-47). Seine letzten Werke waren die Bürgersaalkirche – eine Versammlungshalle der Jesuiten – (1709-10) und die Dreifaltigkeitskirche (1711-14), beide in München.

Lit.: Zendralli '30; Hempel '65; Lippert '69.

Visconti, Louis (1791-1853) → Lefuel.

Vitozzi, Ascanio (ca. 1539-1615). V. war ursprünglich Offizier und Heeresingenieur, diente 1571 bei Lepanto und später in Tunesien, Spanien und Portugal. 1584 wurde er von Herzog Karl Emanuel I. von Savoyen nach Turin berufen, wo er S. Maria dei Cappuccini (1585-96) und die Trinità (beg. 1598) baute. Sein Meisterwerk ist die riesige, zentrisch konzipierte Wallfahrtskirche in Vicoforte di Mondovi in Piemont (beg. 1596).

Lit.: Brinckmann '31; Carboneri '63, '66.

Vitruv (Vitruvius Pollio) (geb. etwa 84 v. Chr.). Architekt und Ingenieur, zunächst im Heer Cäsars, nach 44 v. Chr. in dem des Augustus als Erbauer von Kriegsmaschinen, später vorübergehend mit der Wasserversorgung Roms beschäftigt. Sein einziger von ihm ausgeführter Bau blieb die Basilika in Fano. V. begann nach 33 v. Chr. seine zehn Bücher über Architektur zu schreiben, die er Augustus widmete. Mit ›De architectura‹ gab er eine Gesamtdarstellung der antiken Architektur im weitesten Sinne. Da sie zugleich Lehrbuch und Nachschlagewerk sein sollte, wurden auch Baumaterialien, Farben,

Wasserversorgung, Astronomie, Zeitmessung und die Herstellung von Bau- und Kriegsmaschinen abgehandelt. Vielfach ist V. der Schlüssel zu Werken bedeutender Architekten, wie z. B. → Hermogenes, weil seine theoretischen Erörterungen meist auf ältere hellenist. → Architekturtheoretiker zurückgehen. Auch sonst erfahren wir nur durch ihn von der Vielzahl antiker Autoren und Architekten, die sich zu baukünstler. Fragen geäußert haben. V.s Abhandlung ist die einzige vollständige Darstellung antiker Architektur, die erhalten ist. Im MA. waren verschiedene Handschriften davon bekannt und benutzt worden. Doch erst nach der Entdeckung eines Exemplars durch Poggio Bracciolini im Kloster St. Gallen wurde sein Werk zum Vademecum aller → Renaissance-Architekten. Vor allem → Alberti und → Francesco di Giorgio befaßten sich in ihren Schriften eingehend und kritisch mit ihm. Der erste Druck des Textes (das Manuskript enthielt keine Illustrationen) erschien um 1486 in Rom; die erste illustrierte Ausgabe Fra → Giocondos 1511. Unter → Raffaels Leitung wurde um 1520 die erste ital. Ausgabe vorbereitet; eine andere Übersetzung mit ausführlichem kritischem Kommentar und zahlreichen Abbildungen von Cesare Cesariano ging 1521 in Druck. In der Folgezeit erschienen zahllose Ausgaben und Übersetzungen in allen europäischen Ländern. Die Vieldeutigkeit des Textes, die auf die Renaissance-Architekten eine so große Anziehungskraft gehabt hatte, gab ihnen die Möglichkeit zu ganz individueller Interpretation. Abb. → Architekturtheorie; → Interkolumnium.

Lit.: Colonna 1499; Cesariano 1521; Barbaro 1556; Rusconi 1590; Baldi 1612; Poleni 1739; Nohl 1876; Pellati '38; Boëthius '39; Schlikker '40; Moe '45; Portoghesi '54; Boëthius-Ward-Perkins '70; Knell '84; Knell '85; Wyss '87.

Vittone, Bernardo (1705-70). Piemontesischer Architekt. Ein echtes, wenn auch etwas wunderliches Genie, arbeitete ausschließlich in seiner Heimat. V. hatte in Rom studiert und → Guarinis ›Architettura civile‹ (1737) posthum veröffentlicht. Seine Profanbauten sind bedeutungslos, doch bei seinen Sakralbauten – meist kleinen, weit im Land verstreuten Kirchen – bewirkt die beispiellose Verschmelzung zwischen Guarinis und → Juvarras Bauweise eine überraschend eigenständige Spielart des → Rokoko. V. ist auch wegen seiner bautechnischen Erfindungen von Bedeutung, von denen seine Pendentifs (z. B. S. Maria di Piazza in Turin, 1751-54) und die phantastische, dreifach gewölbte → Kuppel besonders hervorzuheben sind. Die Kirchen in Vallinotto bei Carignano (1738-39), Brà (1742) und Chieri (1740-44) zeigen seine Gabe, neue Strukturformen zu entwickeln, auf das glücklichste. Seine

Neue Pinakothek, München, von → Voit, 1846-53.

S. Chiara, Brà, von → Vittone, beg. 1742.

späteren Kirchen, Borgo d'Ale, Rivarolo Canavese, Grignasco, sind größer, nicht mehr so verspielt, sondern von urbaner Ruhe und Geschmeidigkeit. V. hatte mehrere Nachfolger und Schüler, doch blieb sein Einfluß auf Piemont beschränkt.

Lit.: Vittone 1760; Brinckmann '31; Argan '64; Wittkower '65, '72; Portoghesi '66a; Carboneri-Viale '67; Pommer '67; Oechslin '72.

Vlugt, Leendert Cornelius van der (1894-1936). → Konstruktivismus; → Stam.

Voit, August von (1801-70). V. begann 1820 in Landshut und Würzburg Philosophie und Naturwissenschaften zu studieren. 1822 wechselte er nach München und wurde Schüler von Friedrich v. → Gärtner. 1824-25 Italienreise mit längerem Aufenthalt in Rom. Bevor V. 1841 die Nachfolge Gärtners antreten konnte, war er in den Jahren 1827-31 als Landbau-Konduktor in Amberg beschäftigt; anschließend Zivilbaudirektor in Speyer, Leitung der Restaurierung der Afrakapelle 1832-41. Als Nachfolger Gärtners war V. vornehmlich für Ludwig I. tätig. Sein Hauptwerk ist die Errichtung der Neuen Pinakothek in München (1846-53; Abb. → Architekturphotographie) für die Beherbergung der Sammlung zeitgenössischer Kunst Ludwigs (1945 zerst., 1981 durch den Nachfolgebau v. → Branca ersetzt). Als Oberbaurat unter Max II. Josef plante V. für die Industrieausstellung 1854 in München den Glaspalast (1853-54, 1931 abgebrannt), wobei er sich an das berühmte Vorbild von → Paxton in London hielt. Weitere wichtige Bauten sind → Gewächshäuserkomplexe (Abb. → Glas) und Museen im Botanischen Garten (1860-67) sowie der Wintergarten für Ludwig II. innerhalb des Residenzbereichs in München (1866-68). Nicht unerwähnt sollten bleiben zahlreiche Kirchenbauten in der Pfalz sowie die Fassade und der Turm der Klosterkirche St. Anna in München (1853/54).

Lit.: Kotzur '78. M.-A. V. L.

Volkshaus → *Nachträge.*

Volute (frz.: Schnecke, Spirale). Die spiralförmig gewundene Ornamentform am ion. → Kapitell; in kleinerer Form tritt die V. auch am korinth. und am Komposit-Kapitell auf. In der Hochrenaissance

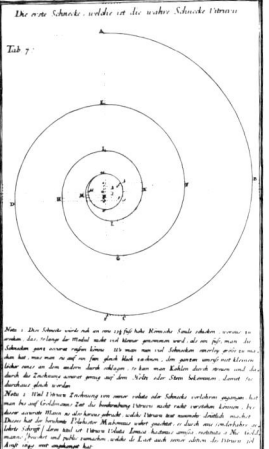

Rekonstruktionszeichnung der ionischen Volute nach Vitruv. Aus L. Chr. Sturm ›... vornehmste Kunstwörter‹, 1718.

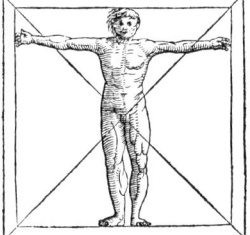

Vitruvianische Figur ›al quadratum‹.

Pfeilervorlage. Ste-Madeleine, Vézelay, frühes 12. Jh.

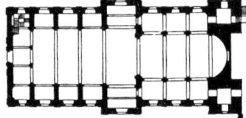

Vorarlberger Schema. Kloster-kirche Obermarchtal, beg. von Michael → Thumb, 1686, fort-gesetzt von Christian → Thumb und Franz → Beer.

The Orchard, Chorley Wood, von → Voysey, 1899.

The Forster House, Bedford Park, London, von → Voysey, 1891.

(→ Renaissance) und vor allem im → Barock findet diese Schmuckform häufige Anwendung, u.a. an → Giebeln und → Konsolen.
Lit.: Wurz '14.

Volutengiebel. Ein → Giebel, dessen ansteigende Be-grenzungen am Fuß volutenförmig (→ Volute) ein-gerollt sind.

Vorarlberger Bauschule. Eine Gruppe von Hand-werkern, Maurermeistern und Architekten, die aus Vorarlberg (heute das westlichste Bundesland Österreichs) stammten und im späten 17. und frü-hen 18. Jh. in Süddeutschland sowie in der Schweiz hauptsächlich im Auftrag von Benediktiner- und Prämonstratenserklöstern arbeiteten. Sie trugen be-achtenswert zur Befreiung der süddt. → Barockar-chitektur vom ital. Einfluß bei (→ Vorarlberger Schema). Den Mittelpunkt der Maurerzunft bildete Au im Bregenzer Wald. Die Mitglieder der Vorarl-berger Bauschule waren verwandtschaftlich eng miteinander verbunden und arbeiteten in Familien-verbänden, von denen die berühmtesten die Fami-lien → Beer, → Mo(o)sbrugger und → Thumb wa-ren. Das erste bedeutende von ihnen errichtete Bauwerk ist die Abteikirche in Kempten (wahr-scheinlich von Michael Beer 1652 entworfen, Abb. → Beer); Meisterwerke der V.B sind die Abteien von Obermarchtal (Michael Thumb, mit Abb.) Rheinau und St. Urban (Franz Beer), Weingarten (ein Gemeinschaftswerk) und Einsiedeln (Caspar Moosbrugger, Abb. → Schweiz).
Lit.: Ulmer '29; Lieb-Dieth '60; Charpentrat '64.

Vorarlberger (Münster-)Schema. Ein von der → Vorarlberger Bauschule entwickelter Typ. Er be-steht aus einem tonnengewölbten (→ Gewölbe III 1) → Langhaus, mit Kapellennischen zu beiden Seiten (statt Seitenschiffen), darüberliegenden → Empo-ren, wenig ausladendem → Querschiff, das schma-ler als das → Mittelschiff des Langhauses ist, und dem etwas eingezogenen → Chor, der im System dem Langhaus entspricht. Das V.S war um 1700 im ganzen süddt. Raum und in der Schweiz verbreitet.
Lit.: → Vorarlberger Bauschule.

Vorhangfassade → Curtain Wall.

Vorhoelzer, Robert → *Nachträge.*

Vorkirche. Ein großer Vorraum im Westen einer Kirche, einer Vorhalle oder einem → Narthex ähn-lich, jedoch mehrere → Joche tief und oft in Mittel- und Seitenschiffe gegliedert.

Votivkapelle ‚-kirche (lat. votum: Gelübde). Eine aufgrund eines Gelübdes gestiftete → Kapelle oder Kirche.

Voysey, Charles Francis Annesley (1857-1941). Englischer Architekt, der zuerst unter Thomas Sed-don (1821-56), dann mit George Devey zusammen-arbeitete und 1882 ein eigenes Büro eröffnete. Er war unter dem Einfluß von → Mackmurdo und von William → Morris an angewandter Kunst ebenso interessiert wie an Architektur. Seine ersten Ent-würfe für Tapeten und Stoffe entstanden 1883 und erinnern stark an Mackmurdo. Seine ersten Bauaufträge erhielt er 1888-89. Von dieser Zeit bis

Voluten als dekorative Elemente am Grabmal Julius' II. von → Michelangelo in S. Pietro in Vincoli, Rom, 16. Jh.

zum Ersten Weltkrieg errichtete er zahlreiche Land-häuser; er schuf nur selten andere Bauten. Seine Landhäuser sind niemals übermäßig groß, niemals pompös oder aufwendig. Sie stehen in enger Bezie-hung zur umgebenden Landschaft; oft sind Bäume in die Planung miteinbezogen. V.s Häuser haben einfache, niedrige und behagliche Räume; der Au-ßenbau wird vielfach durch Rauhputz und horizon-tale Fensterstreifen bestimmt. V.s Stil ist nahezu frei vom → Historismus, er zeigt eine größere Unab-hängigkeit von der Vergangenheit als der der mei-sten anderen um 1900 schaffenden Architekten. Niemals aber verhehlte V. seine Sympathie für die ländliche Bautradition der Tudor- und Stuartzeit (→ Großbritannien). Auch in anderen Ländern war sein Landhausstil sehr einflußreich. V. entwarf die Einrichtungen mit allen Details, wie Kaminen, Me-tallarbeiten usw., selbst; seine Möbel, von Mack-murdo beeinflußt, regten ihrerseits → Mackintosh an. Sie sind praktisch und gefällig.
Lit.: Pevsner '36, '68; Brandon-Jones '57, '78; Schmutzler '62; Posener '64; Gebhard '78; Simpson '79.

Norney, in der Nähe von Shakleford, Surrey, von → Voysey, 1897.

Vries, Hans Vredeman de (1527-1606). Begann als Maler, ließ sich in Antwerpen nieder und veröffentl. phantastische Musterbücher für Ornamente: ›Ar-chitectura‹ (1560), ›Compartimenta‹ (1568) und ›Variae Architecturae Formae‹ (1601), deren Ein-fluß sich über das ganze nördl. Europa einschließ-lich England (z.B. → Smythsons ›Wollaton Hall‹) erstreckte. V.s Stil ist weder so anmutig noch so rationell wie der von → Floris, aber er ist typisch für den fläm. und holländ. → Manierismus und bringt das Kunstempfinden des Nordens, die Vor-liebe für die flachen Muster des → Beschlagwerks oder für Formen, die einer Laubsägearbeit oder geschnittenem Leder ähnlich sind, zum Ausdruck.
Lit.: Vries 1560, 1568, 1601; Gerson-ter Kuile '60; Mielke, H. '67.

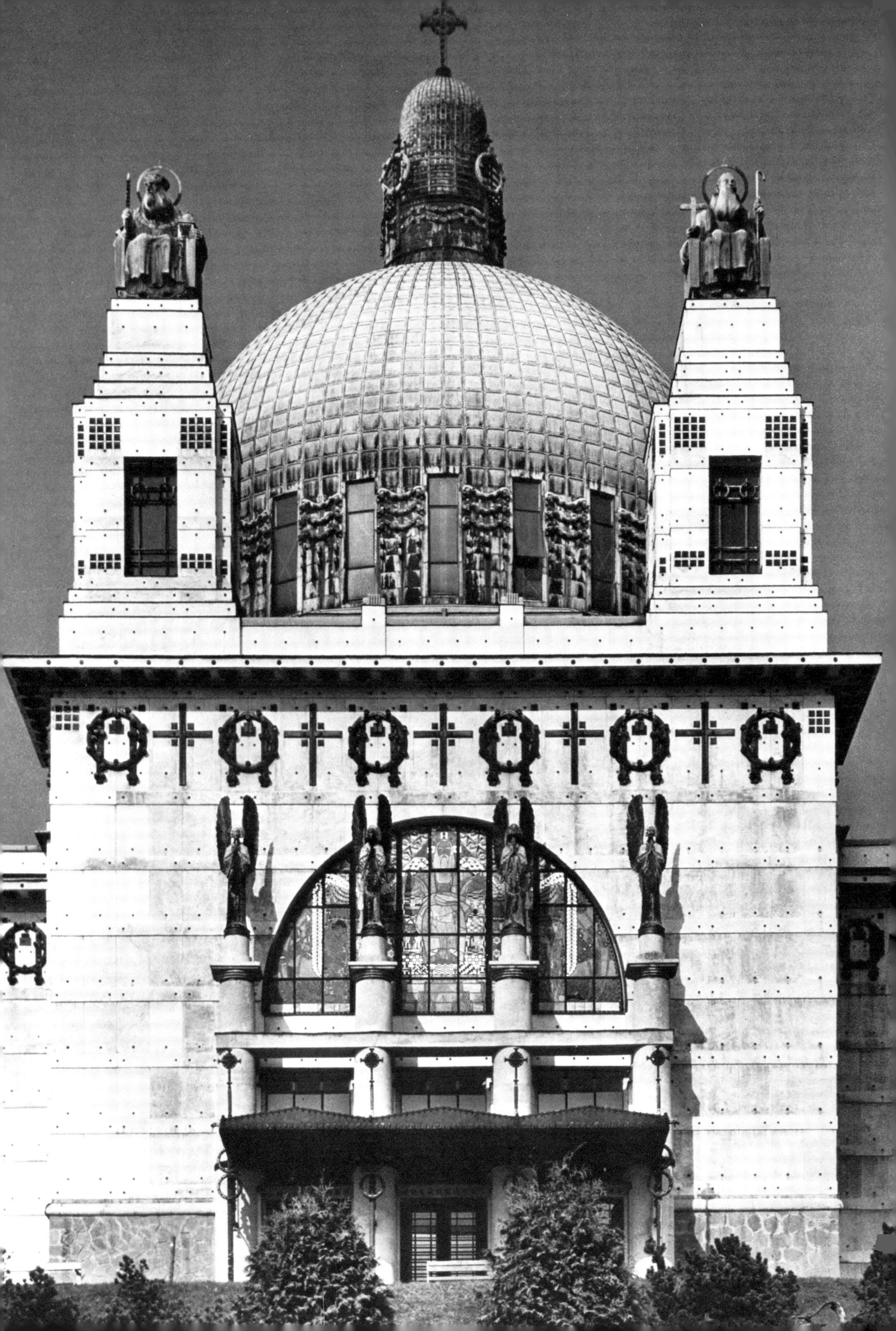

W

Wachsmann Konrad (1901-1980). In Frankfurt an der Oder geborener Architekt. Mehr als fünfzig Jahre forschte W. auf dem Gebiet des industrialisierten Bauens (→ Präfabrikation). Als Tischler und Zimmermann an der Kunstgewerbeschule in Berlin und Dresden ausgebildet (unter → Tessenow und → Poelzig), arbeitete W. in den Jahren 1926-29 als Architekt bei der damals größten europäischen Holzhausfabrik, Christoph und Unmarck. Bereits 1925 entwickelte W. ein vorfabriziertes Holzbausystem für Einfamilienhäuser, das konkrete Anwendung im Landhaus Albert Einsteins (1928, in der Nähe von Potsdam) oder 1927 bei einer Tennishalle in Berlin fand. Nach seiner Emigration in die USA, 1941, assoziierte sich → Gropius mit W. Zusammen perfektionierten sie die Vorfertigung von Bauelementen aus → Metall, die W. 1931 in Deutschland begonnen hatte, und entwickelten 1941-45 das erste sog. ›packaged-house-system‹, eine Art → Baukastensystem. Die von beiden gegründete General Panel Corporation ist abgesehen von den Erfindungen des Amerikaners → Bogardus im 19. Jh. die wohl erste fast vollautomatische Fabrik zur Herstellung von Bauelementen. W.s Intention galt hauptsächlich dem technischen Mechanismus in Kombination konstanter, genormter Elemente, um

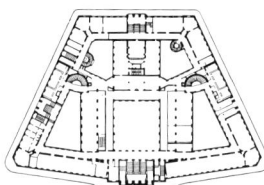

Postsparkassenamt Wien.

Dachkonstruktion mit vorgefertigten Elementen, von → Wachsmann.

mit einer möglichst geringen Varietät der Teile eine größtmögliche Varietät von Zusammenstellungen zu erzielen. Sein Konstruktionssystem für Hallenbauten – das ›Mobilar Structure Building-System‹ (1946), anzuwenden etwa für Flugzeughallen oder → Ausstellungsarchitekturen – war das epochemachende Ergebnis seiner Überlegungen. In der Entwicklung von Verbindungsstücken solcher Systeme sah W. eine bes. wichtige Aufgabe, da sie weitgehend die Merkmale einer Konstruktion bestimmen. Als Professor des Illinois Institute of Technology in Chicago (1949-64) und Begründer des Graduate Program in Industrialization an der Universität von Südkalifornien in Los Angeles (1965) widmete er

Marmorkirche am Steinhof, Wien, von Otto → Wagner, 1906.

Wohnhaus des Architekten, Wien, von Otto → Wagner, 1912-13.

sich bis 1973 (Emeritus) der Effizienz von Konstruktionssystemen und deren Massenproduktion. Abb. → Präfabrikation.

Lit.: Wachsmann '31, '59; Manieri Elia '66; CA '80; Herzog, T., u. a. '88; Arcus 3.

Wagner, Martin → *Nachträge.*

Wagner, Otto (1841-1918). Wurde 1894 Prof. an der Akademie in Wien. Bei seiner Antrittsvorlesung setzte er sich für eine neue Architekturauffassung ein, für die Unabhängigkeit gegenüber der Vergangenheit und für den → Rationalismus: »Nichts was nicht brauchbar ist, kann schön sein«. Vor dieser Zeit hatte er selbst im Stil der Neurenaissance (→ Historismus) gearbeitet. Seine bekanntesten Werke sind Entwürfe für Bahnstationen der Wiener Stadtbahn (1894-97); sie sind im → Jugendstil gehalten, wobei das Eisen eine große Rolle spielte, doch sind sie zurückhaltender gestaltet als → Guimards Pariser Métro. Sein modernster, wirklich den Stil des 20. Jhs. einleitender Bau war das Postsparkassenamt in Wien (1904-06). Der Außenbau ist verkleidet mit Marmorplatten, die durch Aluminiumbolzen gehalten werden; der Innenbau zeigt

Kassenhalle des Postsparkassenamtes Wien, von Otto → Wagner, 1904-06.

ein gläsernes Tonnengewölbe (→ Gewölbe III 1). Aus der ganzen Komposition spricht eine künstler. Sparsamkeit und Klarheit, wie sie in dieser Zeit fast ohne Beispiel ist. W. übte einen entscheidenden Einfluß auf die jüngeren Wiener Architekten aus (→ Hoffmann, → Loos, → Olbrich). Sein monumentalster Bau, der im Stil der Wiener → Sezession nahe steht, ist die von einer mächtigen Kuppel gekrönte Marmorkirche am Steinhof bei Wien (1906). Abb. → Jugendstil; → Österreich; → Städtebau.

Lit.: Wagner 1891-1910, 1895, '63; GA 47; Benevolo '60; Geretsegger/Peifner '64, '83; Pagliara '68; Giusti Baculo '70; Graf, O. A. '85f., '90; Haiko '87; Kolb '90.

Reichstagsgebäude, Berlin, von → Wallot, 1884-94. Ansicht von Südost.

Wailly, Charles de (1730-98). Wichtiger Architekt des → Louis-seize, studierte unter Jacques-François → Blondel, → Servandoni sowie an der frz. Akademie in Rom (1754-56). Seine Möglichkeiten reichten von der leicht theatralischen Üppigkeit seiner Innenraumgestaltung (Salon des Palazzo Spinola in Genua, 1772-73) bis zur ernsten Strenge seines berühmtesten Bauwerks, des Odéon in Paris (1779-82), das er in Zusammenarbeit mit → Peyre entwarf. Zweimal fiel es einem Feuer zum Opfer, wurde aber beide Male mit nur wenigen Änderungen wiederaufgebaut (1807 und 1818). W.s spätere Arbeiten zeichnen sich durch noch größere Strenge aus, wie

Entwurf für die Comédie Française, Paris, von → Wailly, 1770.

das Schloß Montmusard bei Dijon, das Schloß von Rocquencourt (1781-86) und verschiedene Privathäuser in Paris.

Lit.: Hautecœur III, IV, VII; Gallet '64; Steinhauser-Rabreau '73; Wailly '79.

Walch, Mathias (tätig 2. H. 18. Jh.) → Tschechoslowakei.

Wall. Zur Einfriedung und Befestigung dienende Erdaufschüttung bei → Burg, → Festung und Stadtbefestigung, meist in Verbindung mit einem Graben.

Wallot, Paul (1841-1912). Nur durch seinen Berliner Reichstag berühmt geworden. W. erhielt für seinen Entwurf für das Reichstagsgebäude 1882 den I. Preis; der Bau wurde 1884-94 ausgeführt (Abb. → Deutschland). Charakteristisch für diesen Monumentalbau ist die Fassadengliederung mit stark plastisch wirkenden Risaliten und mächtigen Säulen. Für die Kuppel wählte W. eine Eisen-Glas-Konstruktion.

Lit.: Machowsky '12; Koch, F. '38; Schmädecke '70.

Walmdach → Dachformen 5.

Walmziegel. Hohlziegel zur Eindeckung des → Grates, auch First- oder Gratziegel genannt.

Walpole, Horace (1717-97). 4. Earl of Orford, Schriftsteller, Kunstliebhaber und Sammler. Bereits 1739-41 bereiste W. zusammen mit dem Dichter Thomas Gray Italien. 1766 zog er sich auf seinen Landsitz Strawberry Hill bei Twickenham, Middlesex, zurück und widmete sich fortan dem Bau seines Hauses, der Gartenanlage und seinen Kunstsammlungen (Abb. → Großbritannien). W. setzte sich in verstärktem Maße für die Wiederbelebung der → gotischen Baukunst ein. Sein eigenes Haus wurde zu einem wichtigen Vorbild für spätere Herrenhäuser im → neugotischen Stil (→ Gothic Revival). In der von ihm verfaßten vierbändigen Ausgabe ›Anecdotes of Painting in England‹ (1762-71) verdeutlicht W. die Verbindung zwischen Malerei und Architektur.

Lit.: Calloway '80.

Otto Wagner.

Walsingham, Alanus von → Alanus von Walsingham.

Walter of Canterbury (tätig um 1322) → Michael of Canterbury.

Walter, Thomas Ustick (1804-87). Dt. Abstammung, geb. in Philadelphia, wo sein Vater als Maurer arbeitete. W. studierte bei → Strickland Architektur und machte sich 1830 selbständig. Schon

Strawberry Hill, Twickenham, von → Walpole, Robert → Adam u. a., 1749-77.

Kapitol, Washington. Kuppel von → Walter, 1855-65.

1833 erhielt er den Auftrag, das Girard College zu entwerfen. Es ist ein prachtvoller, weißer Marmorbau, rings von einer Säulenreihe umgeben und also funktionell fragwürdig. 1851 übernahm W. in Washington die Fertigstellung des Kapitols: er fügte Flügelbauten an und schuf die dominierende Kuppel, die durch ein gußeisernes Rahmenwerk gehalten wird (Abb. → Thornton). Er vollendete auch → Mills' Schatzamt. Wie fast alle führenden amerik. Architekten konnte W. auch größere Ingenieurarbeiten durchführen; so baute er z. B. in Venezuela eine Mole (1843-45).

Lit.: Jackson '23; Hamlin '44; EA '82.

Wand. Im Gegensatz zur → Mauer ein nicht tragender → Raumabschluß (z. B. Glasw.); allerdings wird in der Umgangssprache kaum zwischen Mauer und W. unterschieden.

Wandelaltar → Altarretabel.

Wandgliederung. Gliederung einer → Fassade oder Wand eines Innenraumes mittels architektonischer Detailformen (→ Fenster, → Türen, → Arkaden, → Galerien, → Nischen, → Bögen, → Rahmen, → Bänder, → Friese, → Gesimse, → Lisenen, → Pilaster etc.).

Wandpfeilerkirche. Eine einschiffige Kirche mit eingezogenen → Strebepfeilern, zwischen denen anstelle der → Seitenschiffe Kapellen liegen. Die W. war in → Renaissance und → Barock (→ Vorarlberger Schema) sehr beliebt.

Wandvorlage → Vorlage.

Wange. Allg. die seitliche Einfassung eines Einbauteiles, z. B. bei Chorgestühl, → Treppe, → Kamin. Als sichtbarer Teil, der keiner unmittelbaren Abnutzung unterliegt, wird die W. oft zum Träger von Dekoration.

Wohnblock in São Paulo, von → Warchavchik, 1939.

Warchavchik, Georgi (1896-1972). W. studierte an der Universität von Odessa und am Istituto Reale Superiore di Belle Arti in Rom bis 1920; anschließend arbeitete er in Rom bei → Piacentini. 1923 emigrierte W. nach Brasilien, ließ sich zunächst in São Paulo nieder, verbrachte die Jahre 1931-33 in Rio de Janeiro, Kontakte zu → Costa, ab 1934 wieder in São Paulo. W. erregte besonderes Aufsehen mit seinem Manifest über die moderne Architektur (Acerca de Arquitectura Moderna) von 1925, von dem die Diskussion über den → Rationalismus in Brasilien ihren Ausgang nahm. W.s Baustil bewegte sich zwischen noblem Art Deco und kubistischer Architektur mit reduziert angewandten Architekturelementen, etwa sein eigenes Haus von 1927-28 oder das ›Modernistic House‹ von 1930, beide in

Haus in der Rue Itápolis, Pacaembú, São Paulo, von → Warchavchik, 1928.

São Paulo, die zu den ersten ›modernen‹ Bauten Brasiliens zählen. Zu seinen letzten, fast puristisch anmutenden Gebäuden gehören die Villen für Rau Crespi (1943) und Jorge Prado (1946), beide im Seebad von Guaruja bei São Paulo. W. übte großen Einfluß auf die erste Generation der modernen brasilianischen Architekten wie → Costa, → Reidy, → Niemeyer, → Moreira u. a. aus, die von → Le Corbusier ihre Anregungen erfahren hatten und die Architektur der folgenden zwanzig Jahre prägten. Abb. → Brasilien. M.-A. v. L.

Lit.: Warchavchik '25, '75; Mindlin o. J.; CA '80.

Ward, William L. → *Nachträge.*

Memorial Hall, Cambridge, Mass., von → Ware & van Brunt, 1870-78.

Ware, Isaac (gest. 1766). Protegé von Lord → Burlington und eifriger Anhänger des → Palladianismus. Seine Bauten, z. B. Chesterfield House in London (1749 zerstört) und Wrotham Park (um 1754), sind kenntnisreich gestaltet, aber keineswegs genial. W.s ›Complete Body of Architecture‹ (1756) übte großen Einfluß aus und wurde zu einem architekton. Leitfaden.

Lit.: Ware 1756; Colvin '54; Summerson '63.

Ware & van Brunt. William Robert Ware (1832-1915) und Henry van Brunt (1832-1903) studierten an der Harvard-Universität, wurden später Schüler von → Hunt und waren von 1863-81 Partner. Ware gründete 1865 die erste amerik. Architektenschule am Massachusetts Institute of Technology, der er 1881 eine zweite an der Columbia-Universität folgen ließ. Die Ausbildung stand unter dem Einfluß der → Ecole des Beaux-Arts in Paris. Sowohl Ware als auch Brunt, von → Ruskin beeinflußt, bevorzugten in ihren Bauten die → Gotik. Ihre gelungensten Kirchen in diesem Stil sind First Church in Boston (1865-67), St. John in Cambridge, Mass. (1869-70) und, eigenwilliger, Third Universalist, Cambridge (1875) sowie St. Stephen, Lynn, Mass. (1881). Ware wurde oft als Gutachter bei Architekturwettbewerben zugezogen und setzte sich für die Ziele des

›American Institute of Architects‹ ein. Er wurde mit inneren Umbauten der Harvard-Bibliothek beauftragt und bezog hierfür Anregungen von → Labrouste. Van Brunt schrieb brillante Abhandlungen über Architektur; so übersetzte er 1875 → Viollet-le-Ducs ›Entretiens‹. 1884 wechselte er nach Kansas City. In seinen letzten Jahren entwarf er zahlreiche Bahnhöfe. Sein Electricity Building auf der Chicagoer Weltausstellung 1893, unter Mitarbeit von Frank Howe, gilt als klassisch.

Lit.: Summerson '63.

Warenhaus. Magasin du Bon-Marché, Paris, von → Boileau und → Eiffel, 1876.

Warenhaus. Bezeichnung, die erst im 20. Jh. üblich wurde. Ursprünglich verteilte der Herrscher die Güter – oder man bot sie an offenen oder gedeckten Ständen auf dem Markte an (→ Basar). Im MA. gab es in Deutschland das Kaufhaus, meist nahe dem Markt gelegen, wie heute noch in Freiburg i. Brsg. (innen heute den modernen Bedürfnissen entsprechend angepaßt); noch → Schinkel entwirft 1827 ein ›Kaufhaus‹. Auch das in Paris 1863 eröffnete ›La Belle Jardinère‹ von Henri → Blondel trug diese Bezeichnung. Der sog. ›Lichthof‹ Blondels wird von Verbindungsbrücken in allen Etagen überquert wie bei ›Gum‹ in Moskau und der ›Arcade‹ in

Warenhaus Wertheim, Berlin, von → Messel, 1896.

Providence, USA, den beiden größten und weithin bewunderten W.ern ihrer Zeit, die noch heute voll in Betrieb sind. Im gleichen Jahr 1876 wird in Paris das ›Magasin du Bon-Marché‹ von → Boileau und → Eiffel eröffnet. In Deutschland leitete → Messel mit seinem Warenhaus Wertheim in Berlin eine neue Epoche ein: Typisch ist der große Lichthof mit seinen Treppen und den Aufzügen an den Seiten. Später wurden weltweit die Treppen durch → Rolltreppen ersetzt. Vgl. → Mendelsohn u. a.   W. R.

Lit.: Geist '69; Posener '79.

Waschbeton → Sichtbeton.

Wasserblatt. Eine Blattform des 12. Jhs. an → Kapitellen. Das W. ist breit, nicht gerippt, spitz zulaufend, zur Ecke des → Abakus hin gewellt und an der Spitze eingerollt.

Wasserburg. Eine von Wasser umgebene → Burg, meistens in der Ebene.

Wasserschlag → Gesims 5.

Wasserschräge. Schräge Fläche an → Gesimsen, → Sohlbänken, → Strebepfeilern usw., die das Ablaufen des Wassers in die Mauerfläche verhindern soll.

Wasserspeier. Ein Wasserablauf aus Blech oder Stein an einer → Rinnleiste. Die W. hatten hauptsächlich in der Gotik figürliche Formen von Menschen, Tieren und Fabelwesen. Durch die Einführung des Regenfallrohres in der Spätrenaissance, bzw. im Barock, verschwand der W.

Wasserturm → Industriebau.

Wastell, John (gest. ca. 1515). Lebte in Bury St. Edmunds, gehörte nicht der kgl. Bauhütte an, obwohl seine Fähigkeiten sehr geschätzt wurden. W. begann wahrscheinlich unter und mit → Clerk, mit dem er sowohl beim Bau der Abtei in Bury als auch bei der Errichtung von King's College Chapel in Cambridge zusammenarbeitete. In Cambridge findet sich W.s Name seit 1486; in den Jahren, in denen dort das berühmte Fächergewölbe (→ Gewölbe III 10) errichtet und die Kapelle vollendet wurde, war W. leitender Baumeister. Das Gewölbe kann deswegen als von ihm entworfen gelten, obwohl die kgl. Baumeister → Vertue und → Redman 1507, 1509 und 1512 den Bau beaufsichtigten. W. arbeitete auch als Baumeister für Kardinal Morton und war anschließend Hüttenmeister der Kathedrale von Canterbury, deren Vierungsturm, ›Bell Harry‹, er wahrscheinlich entwarf (erbaut 1494-97). Aus stilistischen Gründen sind W. auch noch andere Bauwerke zugeschrieben worden.

Lit.: Harvey '54.

Watanabe, Youji (1923-1983). Nach Absolvierung der Hochschule für Kunstgewerbe in Takada, der Beschäftigung in einer Fabrik in Tokio für die Herstellung von rostfreiem Stahl (1941-47) und Mitar-

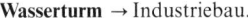

Warenhaus. Entwurf für ein ›Kaufhaus‹ Unter den Linden, Berlin, von → Schinkel, 1827.

Wasserspeier.

Vierungsturm der Kathedrale von Canterbury, von → Wastell (?), 1494-97.

Wasserburg. Der Grafenstein in Gent, 1216.

Sky Building No. 3, Tokio, von → Watanabe, 1970.

beit im Architekturbüro Kume, Tokio (1947-55), wurde W. Assistent von → Yoshizaka an der Waseda Universität in Tokio (1955-58). Dort hatte er 1969-73 auch einen Lehrauftrag für → Städteplanung inne. Die intensive Beschäftigung mit Stahlbeton, mit → präfabrizierten Bauelementen aus → Metallen bestimmen das signifikante Œuvre des Architekten. Die Fassade seines wohl bekanntesten Bauwerks, des ›Sky-Building No. 3‹ von 1970 in Tokio, hat die Gestalt von übereinander gestapelten U-Profileisen; Fensteröffnungen, Balkonabsperrungen und Bauornamente wirken wie gestanzt bzw. aufgeschweißt. Mit dem Sky-Building versuchte W. eine Weiterführung des ›Habitat-Plans‹ von → Le Corbusier als irrationales Experiment. In einem Wettbewerb entwickelte W. bereits 1967 ein Apartmenthaus aus Stahl. Sein Hang zu extremen Baustoffen und expressionistischer Gestaltung setzte sich in einem Privatklinikkomplex in Tokio (1976) fort, der zunächst die Form einer Kommandobrücke eines Kriegsschiffes erhalten sollte, sich jedoch, stark modifiziert, an einen großen, zusammengerollten Drachenkörper erinnernd präsentiert.
Lit.: Jencks '73; CA '80, '87.   M.-A. V. L.

Waterhouse, Alfred (1830-1905). Engl. Architekt des → Historismus. Eröffnete 1856 in Manchester ein Architekturbüro und ließ sich 1865 in London nieder. In Manchester gewann er die Wettbewerbe für die Assize Courts (Landgericht, 1859) und für das Rathaus (1869-77), beide hervorragend geplant, der Außenbau in einer freien, malerischen → Neugotik, die sich noch nicht zu stark von der Symmetrie löst. Bald danach festigte sich sein Stil und nahm jenen eigentümlichen, durch scharfe Formen und harte, nicht verwitternde Baustoffe (Terrakotta, Klinker) bedingten Charakter an, den man mit seinem Namen verbindet. Er blieb ein Architekt von großer Klarheit und Aufgeschlossenheit und verwandte oft Eisen für konstruktive Zwecke. Dennoch war er ein Eklektiker, am glücklichsten in einer strengen, unverstellten → Gotik, benutzte aber auch eine Art von → Romanik (Naturhistorisches Museum in London, 1868ff.) und den frz. → Renaissancestil (Caius College in Cambridge, 1868ff.).
Von seinen zahlreichen Bauten seien genannt: einige sehr interessante Londoner Kirchenbauten, wie die Kirche in der Lyndhurst Road, Hampstead (1883) und die King's Weigh House Chapel (1889-91); weiter das Hauptgebäude der Prudential Assurance, Holborn in London (1876ff.); das City and Guilds Institute, Kensington in London (1881); die St. Paul's School (1881 ff.) und der National Liberal Club (1884), beide in London, sowie eine Reihe von Landhäusern, wie Hutton Hall in Yorkshire (1865), der Erweiterungsbau von Eaton Hall in Cheshire (1870ff.), Iwerne Minster in Dorset (1877).
Lit.: Hitchcock '58; Fawcett '76; Girouard '80; EA '82; Cunningham '83.

Wayss, Gustav Adolf (1851-1917). Bauingenieur und Pionier in der Anwendung des Eisenbetons (→ Beton) in Deutschland. W. erwarb 1886 J. Moniers Patent und gründete eine Betonbaufirma in Berlin. Er stellte als erster umfangreiche Belastungsproben und Korrosionsversuche an und ließ eine Berechnungstheorie erarbeiten. Die Veröffentlichung seiner Ergebnisse 1887 ebnete den Weg für die Ausbreitung der Betonbauweise in Deutschland und Österreich. Zum ersten Mal wurde klar nachgewiesen, daß die Bewehrung in der Zugzone des bela-

Rathaus Manchester, von → Waterhouse, 1869-77.

steten Querschnitts liegen muß. 1893 gründete W. die Firma Wayss & Freytag, die bis heute zahlreiche Stahlbetonbauten im In- und Ausland errichtet hat.
Lit.: Wayss 1887.   D. N.

WChUTEMAS → *Nachträge.*

Webb, Sir Aston (1849-1930). Einer der erfolgreichsten engl. Architekten öffentl. Gebäude. Er arbeitete in den üblichen Stilarten der Zeit um 1900. Sein in der Frühzeit besonders bevorzugter Stil war eine freie Variante der frz. Bauweise zur Zeit Franz I. Später schuf er auch Bauten in einer Spielart des → Palladianismus, wie er während der Regierungsjahre Eduards VII. üblich war. Seine Hauptwerke sind: Law Courts (das Landgericht) in Birmingham (zusammen mit Ingress Bell, 1886-91); die Metropolitan Life Assurance in Moorgate (mit Bell, 1890-93), einer seiner schönsten Bauten; das Victoria- und Albert-Museum in London (1891 ff.); Christ's Hospital in Horsham (mit Bell, 1894-1904); das Royal Naval College in Dartmouth (1899 bis 1904); Royal College of Science in London (1900-06); die Universität von Birmingham (1906-09) in einem byzant.-ital. Mischstil; das Imperial College in Kensington (1911); der Admiralty Arch in London (1911) und die Fassade des Buckingham-Palastes in London (1913).
Lit.: Hitchcock '58.

Webb, John (1611-72). Schüler und angeheirateter Neffe von Inigo → Jones, dessen rechte Hand er seit den 30er Jahren des 17. Jhs., z. B. in Wilton, gewesen zu sein scheint. Bei Jones erwarb er seine technischen Fähigkeiten und sein achliches Können. Es fehlte ihm jedoch an Phantasie und Originalität. Die von ihm selbständig errichteten Bauwerke, von denen ein Großteil zerstört ist, entstanden nach dem Tode von Jones. Lamport Hall (1654-57), der → Portikus und einige Innenräume in The Vyne (1654-57) nahe Basingstoke und das King Charles Building in Greenwich Hospital, London (1662-69) sind die besten unter den erhaltenen Werken.
Lit.: Whinney '46; Summerson '53; Whinney-Millar '57; Bold '89.

Webb, Mike (geb. 1937) → Archigram.

Rathaus Manchester, von → Waterhouse, 1869-77.

Red House, Bexley Heath, Kent, von Philip → Webb, 1859-60.

Webb, Philip (Speakman) (1831-1915). Neben → Shaw einer der hervorragendsten engl. Architekten des 19. Jhs. auf dem Gebiet des Wohnbaus, der als eigenständige Aufgabe der Baukunst wieder entdeckt wurde. Shaw war begabter, schöpferischer und gewandter, W. strenger und bedachtsamer; Shaws Einfluß war weitreichender, W.s dagegen intensiver und nachhaltiger; er wirkte selbst auf Shaw. W. suchte sich seine Bauherren aus und wollte nie eine Schar von Assistenten um sich versammelt haben. Seine Formensprache ist ziemlich hart; von Anfang an verband er Stilelemente der → Gotik mit jenen des 18. Jhs., weil er der Ansicht war, daß man die geeignetsten Motive verwenden solle, ohne auf ihren urspr. Zusammenhang zu achten.

Sein erster Bauauftrag war Red House (1859) für William → Morris, dessen engster Freund er sein Leben lang blieb (Abb. → Großbritannien). Für Morris' Unternehmen entwarf er Möbel in einem rustikalen Stil, ferner Tafelglas und Metallarbeiten. Ebenso beteiligte er sich an den Arbeiten für farbige Glasfenster. Seine bedeutendsten Londoner Häuser sind No. 1 Palace Green (1868) und No. 19 Lincoln's Inn Fields (1868-69). Von seinen Landhäusern kommen Joldwyns in Surrey (1873), Smeaton Manor in Yorkshire (1878) und Conyhurst in Surrey (1885) dem Charakter von Shaws Bauten am nächsten. Sie sehen einladend aus mit ihren Giebeln, Schindeln, überhängenden Dächern und weißen Fensterrahmen; Standen (1891-94) ist am besten erhalten. Clouds (1876) ist sein größter Bau und am schwersten zu verstehen; großartig, aber hart und rücksichtslos. Seine Innenräume haben seit den 1870er Jahren häufig weiße Täfelungen und zeigen deutlich seine entschiedene Sympathie für den engl. Stil des 18. Jhs. 1901 zog sich W. auf sein Cottage zurück und gab seinen Beruf auf.

Lit.: Lethaby '35; Hitchcock '58; Kirk '86.

Refreshment Room, Victoria and Albert Museum, London, von William → Morris und Philip → Webb, 1867.

Weber, Gerhard (geb. 1909). W. studierte in Dresden, am → Bauhaus in Dessau (→ Gropius) und am Bauhaus in Berlin (→ Mies van der Rohe). Seit 1955 Prof. an der TH München, für die er u.a. den Forschungsreaktor Garching errichtete (Abb. → Industriebau). 1957 wurde er auf der Internationalen Architekturausstellung in São Paulo, Brasilien, als bester Theaterarchitekt ausgezeichnet. Zu seinen wichtigsten Bauten zählen die Staatsoper in Hamburg (1952-55), das Nationaltheater in Mannheim (1955-57), die Hauptverwaltung der Thyssen-

Nationaltheater Mannheim, von → Weber, 1955-57.

Hütte in Duisburg-Hamborn (1960-63) und die Hauptverwaltung der Farbwerke Hoechst in Hoechst (1954-64).

Wechsel. Bezeichnung für einen Balken, der (vor allem bei Dachöffnungen oder Schornsteindurchführungen) quer zum übrigen Gebälk verläuft und in zwei Balken eingezapft ist.

Wehrbau → Burg, → Festung.

Wehrgang. Castello Orsini-Odescalchi, Bracciano, Italien, 15. Jh.

Wehrgang. Ein auf einer Umfassungsmauer einer → Burg oder Stadt geführter, nach außen geschützter, teilweise durch Scharten geöffneter Gang.

Wehrkirche, auch Kirchenburg. Eine zur Verteidigung eingerichtete, befestigte Kirche, die der Gemeinde in unruhigen Zeiten als Zuflucht diente. Viele W.n gibt es z.B. in Siebenbürgen (Rumänien).

Weinbrenner, Johann Jakob Friedrich (1766-1826). Geb. in Karlsruhe, besuchte Berlin (1790-92, Bekanntschaft u.a. mit → Langhans) und Rom (1792-97). Seine Hauptleistung besteht in der Umgestaltung von Karlsruhe in eine → klassiz. Stadt; sie wirkt wie eine verkleinerte Version von St. Peters-

Rundtempel im Englischen Garten von Schloß Pillnitz, Dresden, von → Weinlig, 1789.

burg. Der Marktplatz (1804-24) mit seinen ausgewogenen, aber keineswegs uniformen Bauwerken und seiner Pyramide in der Mitte sowie der Rondellplatz (1805-13) mit dem Markgräflichen Palais sind Meisterwerke der klassiz. → Städteplanung. W. schuf hier auch eine schöne Kuppelkirche in Anlehnung an das Pantheon, die kath. Stadtpfarrkirche St. Stephan. Im Jahre 1800 gründete W. eine vom Staat unterstützte Bauschule, deren Schüler in der 1. H. des 19. Jhs. den sogenannten ›Weinbrennerstil‹ kreierten. In Baden-Baden schuf er u. a. das Kurhaus und die Trinkhalle. W. veröffentlichte zahlreiche Lehrbücher und Aufsätze.

Lit.: Valdenaire ’19; v. Schneider ’58; Schirmer ’78, ’88; Brownlee (Hg.) ’86/87; Elbert ’88; Leiber ’91.

Hoffassade der Reithalle in Dresden, von → Weinlig, 1794-95.

Weinlig, Christian Traugott (1739-99). Als ausgebildeter Maurer trat W. 1760 in den sächs. Staatsdienst: als Hofkondukteur unter dem Oberlandbaumeister → Schwarze wirkte W. mit bei der Neueinrichtung der kgl. Zimmer im Residenzschloß (1764 voll.) sowie vermutlich an der Fertigstellung des Taschenbergpalais (1763), beides in Dresden. 1773 wurde W. Oberbaukommissar in Dresden, 1793 Hofbaumeister und Nachfolger von Exner. In den Jahren 1766-70 führten Studienreisen W. nach Paris (dort Schüler von Jacques F. → Blondel) und Rom, wo er mit Winckelmann zusammentraf. W. präsentiert den Beginn des → Klassizismus in Sachsen und fühlte sich im Gegensatz zu → Krubsacius, der trotz der theoretischen Forderung der Nachahmung der Antike in seinen Bauten dem gemäßigten → Rokoko in der → Longuelune-Nachfolge verbunden war, eher zu → Palladio und dessen Bild der Antike hingezogen. Neben den Ausgrabungen in Pompeji waren es vor allem die Loggien Raffaels, die seine späteren Innendekorationen beeinflußten. W. wurde einer der ersten Verfechter des Arabesken-Stils, den er in den ›Architekturheften, welche die innere Auszierung der Zimmer betreffen‹ (Dresden, 1784-85) veröffentlichte. Zu W.s wichtigsten Werken zählt der Umbau des Schlosses Augustusburg (1794/95), wohl die vier Flügelbauten des Wasser- und Bergschlosses in Pillnitz, die 1788-92 unter Exners Leitung entstanden, sowie der Plan für das dortige chin. Gartenhaus (1804).   M.-A. v. L.

Lit.: Th.-B. ’07-50; Werner ’70; EA ’82.

Weißenhofsiedlung, Stuttgart (1927). → Deutschland (mit Abb.); → Hilberseimer; → Mies van der Rohe (mit Abb.); → Oud; → Stam (mit Abb.); Max → Taut (mit Abb.); → Internationaler Stil (mit Abb.).

Lit.: Joedicke ’89; Kirsch ’89; Nägele ’92.

Weller, der. Das Baumaterial zum Ausfüllen des → Fachwerks, aus Lehm oder Ton mit Stroh vermengt.

Fassadenentwurf für den Würzburger Dom, von → Welsch, 1718.

Kurhaus Baden-Baden, von → Weinbrenner, voll. 1825.

Wells, Coates (1895-1958). Engl. Architekt, hauptsächlich erwähnenswert wegen seiner Lawn Road Flats in Hampstead, London (1933-34), die unter die bahnbrechenden Betonbauten des → Internationalen Stils der 30er Jahre in England einzureihen sind.

Lit.: Webb, M. ’69; Cantacuzino ’78.

Wells, Joseph Merrill (gest. 1890) → McKim.

Welsch, Johann Maximilian von (1671-1745). Geb. in Kronach, seit 1695 im kaiserl. Militärdienst als Ingenieur und Festungsbaumeister, ab 1704 im Dienst Fürstbischofs Lothar Franz von Schönborn in Mainz. Als kurmainzischer und bambergischer Baudirektor beteiligt an den Schloßbauten von Pommersfelden (von 1711 an zusammen mit Johann → Dientzenhofer), Würzburg (in der 1. Bauperiode 1720-23 neben → Hildebrandt) und Bruchsal, für das er seit 1720 zahlreiche Entwürfe für die Gesamtdisposition und Grundrißgestaltung lieferte. 1728 von → Neumann aus der Bauleitung in Bruchsal verdrängt, 1729 auch als bambergischer Oberbaudirektor von diesem abgelöst. Seine Pläne für eine → barocke Doppelturmfassade des Würzburger Doms, für die Hofkirche in Würzburg und für Vierzehnheiligen wurden nie ausgeführt, sein Entwurf für die Schönbornkapelle am Würzburger Dom wurde von B. Neumann modifiziert übernommen. Sein letzter Bau war die Abteikirche in Amorbach (beg. 1742), die erst nach W.s Tod 1747 vollen-

Abteikirche Amorbach, von → Welsch, beg. 1742.

Madison Square Garden, New York, von → White, 1890.

Welsche Hauben der Münchner Frauenkirche, 1524-25.

det wurde. Außerdem war W. als Festungsbaumeister (Drusenheim im Elsaß, Kronach, Forchheim, Mainz, 1706-15) und als Gartenarchitekt tätig: Pommersfelden, Gaibach, Fulda, Usingen, Göllersdorf in Niederösterreich.

Lit.: Einsingbach ʼ63; Meintzschel ʼ63; Hempel ʼ65.

Welsche Haube → Dachformen 15. Dieser Typ der Turmbekrönung trat erstmals bei den Türmen der Frauenkirche in München (1524-25) auf und wurde im 17./18. Jh. ein charakteristisches Merkmal der Baukunst im bayr.-schwäbischen Raum bis nach Österreich und Böhmen. Sie wurde weiterentwickelt zur Zwiebelhaube.

Weltausstellung → Ausstellungsarchitektur.

Welzenbacher, Lois → *Nachträge.*

Wendelstein → Treppenturm; → Arnold v. Westfalen.

Wendeltreppe, (-stufe) → Treppe 8, 9.

Werkbund → Deutscher Werkbund.

Werkstein → Haustein 1, → Bausteine, → Bosse 1 und 2.

Werktor → *Nachträge.*

Wernher von Prag → Polen.

Wesnin (Vesnin), Alexander Aleksandrowitsch (1883-1959). W. arbeitete fast ausschließlich in dem erfolgreichen Architektenteam mit seinen Brüdern Leonid (1880-1933) und Viktor (1882-1950) während der Ära des russ. → Konstruktivismus. Alexander war der Theoretiker des Teams und Herausgeber der einflußreichen Zeitschrift ›Zeitgenössische Architektur‹. Bis 1914 Anreger der zeitgenössischen Formenschlichtheit, fanden die W.s erst in den 20er und 30er Jahren größeren Betätigungsraum. Neben verschiedenen Großprojekten und Bühnenbildentwürfen (Abb. → Bühnenarchitektur)

spezialisierten sie sich auf die Planung von Arbeiterklub- und Theaterbauten. Ihre umfassendsten Aufträge waren der (große) Dammbau am Dnjepr, der Bau von Versorgungsbetrieben in Saporoshe, die Neuplanung der gesamten Region um das Simonow-Kloster und die Likaschjow-Autofabrik in Moskau (1930-37). Abb. → Konstruktivismus.

R. R. M.-G.

Lit.: Lissitzky ʼ30; De Feo ʼ63; Kopp ʼ67; Quilici ʼ69; Chan-Magomedow ʼ87.

Westbau → Westwerk.

Westchor. Ein im Westen einer Kirche angelegter → Chor. Er kommt fast nur in der → karoling. und otton. (→ Deutschland) Baukunst vor, manchmal in Verbindung mit einem → Westwerk. Die Anlage von zwei Chören kann liturgisch bedingt sein (zwei Patrozinien), entspringt aber häufiger dem Bedürfnis nach einer reicheren architekt. Gestaltung. Bekannte Dome mit W. sind Worms, Mainz, Hildesheim. Als W. gilt nicht der Chor einer nicht geosteten (→ Ostung) Kirche, z. B. St. Peter in Rom.

Lit.: Schmidt, A. ʼ50.

Westwerk. Westabschluß mancher → karoling., otton. (→ Deutschland) oder → roman. Kirchen. Das W. besteht aus einer niedrigen, von Abseiten flankierten Eingangshalle, über der sich ein zum → Langhaus offener Raum mit Seitenemporen (→ Empore) befindet. Nach außen erscheint das W. als breiter Turm, manchmal mit seitlichen Treppentürmen. Im oberen Hauptraum stand in der Regel ein dem Salvator oder dem hl. Michael geweihter → Altar. Das W. ist vielleicht mit dem ma. Kaisertum in Verbindung zu bringen. Das früheste erhaltene W. hat die Abteikirche Corvey an der Weser (9. Jh.). Abb. → Karolingische Architektur, → Niederlande.

Lit.: Schmidt, A. ʼ50; Grossmann ʼ57; Heitz ʼ63; Möbius ʼ68.

White, Stanford (1853-1906). Stammte aus einer seit langem in Neuengland ansässigen Familie und wuchs in kultivierter Umgebung auf. Er war ein reicher ›bon vivant‹, der gerne kostspielige Feste gab und auch sonst üppig lebte. Schüler von → Richardson und seit 1879 Partner von → McKim und Mead; ein ausgezeichneter, mühelos arbeitender Designer, der unter anderem Zeitschriftentitel, Eisenbahnwaggons und eine Yacht für Gordon Bennett entwarf. Er baute aber auch Häuser von unübertroffener Originalität u. a. Madison Square Garden, New York. Unglaublich kühn das Low House in Bristol auf Rhode Island (1887, vor kurzem zerstört) mit seinem weitgespannten flachen Satteldach.

Lit.: McKim-Mead-White ʼ15-25; Reilly ʼ24; Baldwin ʼ31; Andrews ʼ51; Reps ʼ51; Roth, L. M. ʼ78; Wodehouse ʼ88.

Widerlager. Festes Mauerwerk, das dem seitlichen → Schub eines → Bogens, → Gewölbes oder einer Stützmauer entgegenwirkt.

Wiesner, Arnošt → *Nachträge.*

Wigwam → Indianer & Eskimo Nordamerikas.

Wilhelminischer Stil. → Historismus; → Gründerzeit.

Wilkins, William (1778-1839). Sohn eines in Norwich ansässigen Architekten, besuchte das Caius College in Cambridge. W. bereiste Griechenland, Kleinasien und Italien (1801-04) und veröffentlichte nach seiner Rückkehr das Buch ›Antiquities of Magna Graecia‹. Er wurde mit seinen Entwürfen für

Westwerk. St. Pantaleon, Köln, 984-um 1000 (Rekonstruktion).

das Downing College in Cambridge (beg. 1806), das Haileybury College (1806-09) und das tempelhafte Landschloß Grange Park (1809) mit einem → Peristyl wie das Theseion in Athen und anderen ziemlich pedantisch übernommenen Motiven der attischen Baukunst zum Wegbereiter des → Greek Revival. Da W.s Stil ziemlich eng und doktrinär war, konnte sein Rivale → Smirke ohne viel Mühe die Führung in der Bewegung des Greek Revival übernehmen. Das Downing College ist aber architekturgeschichtlich von großer Bedeutung, weil es die erste aller Universitäten ist, die als einheitliche Anlage – einzelne Gebäude um eine weite, parkähnliche Rasenfläche gruppiert – konzipiert wurde. Sie geht damit → Jeffersons Universität in Charlottesville voraus. W.s andere Universitätsbauten in Cambridge sind → neugotisch, z. B. New Court, Trinity College (1821-23), die Eingangsfront wie auch die Speisehalle des King's College (1824-28). Großartige Gelegenheiten, seinen → klassiz. Stil zur Entfaltung zu bringen, hatte W. in London, doch vermochte er sie nicht zu nutzen. Hier entstanden: University College (1827-28), St. George's Hospital (1828-29) und schließlich die National Gallery (1834-38), die seinen Ruf ruinierte. Vom University College wurde nur der Mitteltrakt von ihm erbaut; obwohl der → Portikus selbst überaus eindrucksvoll ist, scheint W. nicht fähig gewesen zu sein, den übrigen Bau mit der Gesamtkomposition zufriedenstellend in Einklang zu bringen. Diese Unfähigkeit, einzelne Teile dem Ganzen unterzuordnen, führte bei der National Gallery zu einer zusammengestoppelten Fassade, unwürdig des bedeutenden Standortes.

Lit.: Colvini '54; Mordaunt Crook '72 b; Liscombe '80.

Willard, Salomon (1783-1861). Amerik. Architekt in Massachusetts. Ausgebildet wurde W. als Zimmermann (in Boston konstruierte er die kunstvolle Wendeltreppe im Exchange Coffee House, 1808) und wechselte erst später zur Architektur. Von → Latrobe inspiriert (er brachte das → Greek-Revival um 1820 nach Boston), baute u. plante W. größtenteils das Bunker Hill Monument (mit einem 67 m

hohen Granitobelisken) in Charleston, Mass. (1824-42). Weitere erwähnenswerte Bauten im dorischen Stil sind die United States Branch-Bank in Boston (1824-26), zwei Landsgerichtsgebäude in Boston (Suffolk County) und Dedham (Nordfolk County) sowie das Rathaus in Quincy (1844).

Lit.: Wheildon 1865, Hamlin '44.

National Gallery London, von → Wilkins, 1834-38.

William of Ramsey (gest. 1349). Mitglied einer Familie von Baumeistern, die seit etwa 1300 in Norwich und London tätig waren. W. tritt zum ersten Mal 1325 beim Bau der St. Stephen's Chapel für den Palace of Westminster (→ Michael von Canterbury) als Steinmetz in Erscheinung. 1332 wurde er Baumeister für die St. Paul's Cathedral, er schuf dort das Kapitelhaus und den Kreuzgang. 1336 wurde er zum Baumeister der kgl. Schlösser und Burgen südl. des Flusses Trent ernannt und war so u. a. für den Palace of Westminster und die St. Stephen's Chapel zuständig. 1337 bat man W., sein ›sanum consilium‹ über die Kathedrale von Lichfield abzugeben. In den frühen 30er Jahren war er wahrscheinlich auch Baumeister der Kathedrale von Norwich: ein William of Ramsey übernahm von *John of Ramsey* (wahrscheinlich sein Vater), der schon 1304 Baumeister der Kathedrale war, den Bau des Kreuzgangs. W. war sicherlich ein bedeutender Mann. Nach alten Illustrationen und nach den erhaltenen Fragmenten des Kapitelhauses der St. Paul's Cathedral zu schließen, war er der Initiator des Perpendicular Style (→ Großbritannien) oder schuf zumindest im Jahrzehnt vor 1330 aus den in London und zwar besonders an der St. Stephen's Chapel entwickelten Elementen einen eigenen Stil.

Lit.: Harvey '54.

William of Sens (gest. 1180). Planer und Baumeister des nach einem Brand (1174) neu erbauten Chores der Kathedrale von Canterbury. W. war Franzose (anderenfalls hätte man seinen Nachfolger nicht ausdrücklich als William the Englishman bezeichnet) und kam vom Neubau der Kathedrale zu Sens, der um 1140 begonnen worden war.

Viele in Sens verwandte Einzelmotive wurden in Canterbury wiederholt; da diese Tendenz auch in den Arbeiten des auf W. folgenden engl. Baumeisters beibehalten wurde, können wir annehmen, daß W. Entwürfe in der Bauhütte hinterließ, als er nach einem Fall vom Gerüst nach Frankreich zurückkehrte. Er kannte sicher auch neuere frz. Bauwerke, so u. a. Notre-Dame in Paris (beg. 1163), St-Remi in Reims, die Kathedrale von Soissons und Sakralbauten in Nordwestfrankreich, wie z. B. in Valenciennes. W., als ein wirklicher Hüttenmeister der

Kathedrale von Canterbury, Chor, von → William of Sens, 1175-80.

Westfassade der Kathedrale von Winchester, von → William of Wynford, letztes Viertel 14. Jh.

got. Epoche (→ Villard de Honnecourt), war mit Holz- und Steinbau gleichermaßen vertraut wie mit den Vorrichtungen, mit denen man Steine auf Schiffe lud.

Lit.: Boase '53; Webb, G. '56; Frankl, P. '62.

William of Wynford (gest. ca. 1405-10). Wurde 1365 zum Baumeister der Kathedrale von Wells ernannt; zuvor hatte er am Schloß von Windsor gearbeitet, wo der spätere Bischof William of Wykeham Vorstand der kgl. Bauverwaltung war. W. blieb im kgl. Dienst und erhielt 1372 eine Leibrente. Er war auch weiterhin William of Wykehams Protégé und arbeitete für ihn am Winchester College und seit 1394 an der Kathedrale von Winchester, wo er wahrscheinlich das neue Mittelschiff und die Westfassade entwarf. Auch der Bau des New College in Oxford wird ihm zugeschrieben. W. war augenscheinlich ein hochgeschätzter Mann, denn er hatte die Ehre, im Winchester College und im Chorherrenstift an der Tafel des William of Wykeham zu sitzen. Verschiedene Male trat er, zweifelsohne um Gutachten abzugeben, zusammen mit → Yevele in Erscheinung.

Lit.: Harvey '54.

Wintergarten des Palais Prinz Albrecht, Berlin, von → Schinkel, 1832 (abgerissen).

Wimperg. Giebelförmiger → got. Bauteil zur Bekrönung von → Portalen und → Fenstern, besetzt mit → Krabben und → Fialen und abgeschlossen von einer → Kreuzblume.

Windbrett. Ein vor den Giebelschenkeln (→ Ortgang) eines Gebäudes angebrachtes, manchmal verziertes Brett zum Schutz der Dachdeckung vor starkem Wind.

Winde, William (gest. 1722). Geb. in Holland, Sohn eines Engländers, der als Royalist von den Puritanern verbannt worden war. Um 1680, als W. im mittleren Alter stand, ergriff er den Architektenberuf und wurde zusammen mit → Pratt und Hugh → May einer der führenden Architekten der engl.-holländ. Schule. Das von ihm erbaute Old Buckingham House in London (1705, zerstört) übte mit seinem → Attikageschoß, vorgelagerten Gebäuden und viertelkreisförmigen → Kolonnaden großen Einfluß aus. Von W.s Bauwerken hat sich keines erhalten.

Lit.: Summerson '53.

Windrispe → Dachkonstruktion 2.

Windschirm → Nachträge.

Winkelmann, Emilie → Nachträge.

Wintergarten. Ein mit großen Glasfenstern versehener Innenraum oder von Glaswänden umschlossener Vorbau eines Wohnhauses, der zur Aufbewahrung und Pflege von Pflanzen bestimmt und dem → Gewächshaus, der → Orangerie verwandt ist. Neubauwohnungen seit den 50er Jahren haben oft ein erweitertes Blumenfenster.

Winterrefektorium → Kloster.

Wirch, Johann Joseph (1732-83) → Tschechoslowakei.

Wirsing, Werner (geb. 1919) → Ausstellungsarchitektur.

Wohnhaus. Dorf auf dem Jos-Plateau, Nord-Nigeria.

Wirtel, der. → Schaftring einer Säule oder eines Dienstes.

Witte (Wit), Pieter de und Elias de → Candid, Peter.

Wohnbau. W. im weitesten Sinne umfaßt alle Bauten, die Wohnzwecken dienen, eingeschlossen Bauten, die über das Wohnen hinaus soziale Aufgaben erfüllen, wie z. B. Krankenhäuser, Heime, Schulen, Kindergärten usw. Unter W. im engeren Sinne versteht man vor allem den Wohnungsbau.
In fast allen frühen Kulturen beginnt der W. mit dem Bauernhaus, abhängig von den Formen des Zusammenlebens wie des Wirtschaftens und den örtlichen Verhältnissen (Klima, Baumaterialen usw.); so wechselt in Deutschland die Form des bäuerlichen Hauses von Landschaft zu Landschaft.

Wimperg. St-Maciou, Rouen, Westfront, 1500-14.

Wohnhaus in der Stadt Zinder, Bezirk Tahoua, Niger, 1947. Lehmbau.

Wohnbau. Hütte auf dem Palatin, Rom, 5. Jh. v. Chr. Tonmodell.

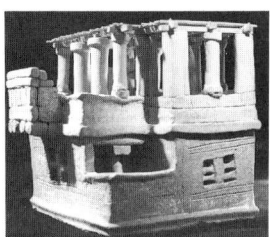

Wohnbau. Hausmodell von Archanes, Kreta, 17. Jh. v. Chr.

Mietwohnungen in Ostia Antica.

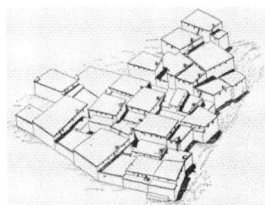

Wohnhäuser in Çatal Hüyük, Anatolien, um 6000 v. Chr. Schematische Rekonstruktion.

Das befestigte Haus (→ Burg) und der → Palast entstanden mit der Differenzierung der Gesellschaft; auch diese Entwicklung ist in nahezu allen Kulturen festzustellen; die sehr unterschiedliche Ausprägung der Palastformen (→ Länderkapitel) vom minoischen → Labyrinth über die röm. → Villa zum frz. Château oder engl. Landhaus, der chines. Wohnhalle oder den orient. Palästen erklärt sich weitgehend aus den verschiedenartigen Aufgaben, die der repräsentative W. in den einzelnen Kulturen zu übernehmen hatte. – Überall dort, wo die Urbanisierung viele Menschen auf engstem Raum zusammenbrachte, entstanden → Mietshäuser, oft mehrstöckig, in Straßenzeilen oder Blocks angeordnet, von den Stadtstaaten der Antike über die des MA.s, wie z. B. Venedig, bis hin zu den mod. Metropolen. Zwischen dem mehrstöckigen Mietshaus (→ Hochhaus) auf der eine Seite und dem Bauernhaus oder → Schloß auf der anderen Seite stehen das Bürgerhaus des Handwerkers oder Kaufherrn und das Stadtpalais des Adels. Auch sie sind landschaftlich und von der Funktion her geprägt, z. B. das spätma. dt. Bürgerhaus, das frz.- → Hôtel, das niederl. Haus des → Barock, das engl. Wohnhaus im Queen-Anne-Style oder im Georgian Style (→ Großbritannien).

Die industrielle Revolution führte, zuerst in England, überall zu einer verstärkten Urbanisierung; in den Ballungszentren schossen eintönige Arbeitersiedlungen wie Pilze aus der Erde, anfangs von geradezu abstoßender Häßlichkeit (Slums). Eine Änderung setzte erst etwa um 1850 ein, von England ausgehend, wo sich damals Architekten und Theoretiker dieses Problems bewußt annahmen. Die Suche nach menschenwürdigeren Wohnformen führte zu einer Reform des Mietshauses und um die Wende zum 20. Jh. u. a. zur → Gartenstadt und → Gartenvorstadt, wo zwischen Grünanlagen gesunde, helle, hygienische Wohnblocks errichtet wurden (→ Städtebau, → Siedlungsarchitektur).

Gleichzeitig mit der Gartenvorstadt entwickelten sich neue Formen des Einzelhauses und Einfamilienhauses wie → Bungalow, → Cottage, Reihenhaus (→ Baukastensystem-Bauweise) usw. Das engl. Domestic Revival (William → Morris, Philip → Webb, → Voysey) hat auf dem Kontinent, vor allem in Deutschland, zu einer Abkehr von der seit der Renaissance wiederbelebten Form der röm. Villa bzw. des neugot. burgartigen, pittoresken Hauses geführt. → Muthesius war ein besonderer Befürworter des engl. Landhausstils, da das engl. Haus traditionell dem Wohnen, nicht der Repräsentation dient, im Gegensatz zur frz. Maison oder zur Villa. Viele dt. Architekten waren führend bei der Durchsetzung des → Internationalen Stils der 20er Jahre im W.bau (→ Behrens, Bruno → Taut, → Mies van der Rohe). Ihr Stil wurde auf der ganzen Welt, vor allem in Skandinavien und den angelsächsischen Ländern, aufgegriffen und weiterentwickelt. Vgl. → Zeilenbau. Zu außereuropäischen Wohnbauten vgl. → Afrika, → Nordafrikanische Länder, → Arabische Architektur, → Indianer, → Südsee.   H. C.

Lit.: Muthesius '08-11; Swoboda '19; Veltheim-Lottum '52; McCoy '64; Laage '79; Peters '79; Geisendorf '82; Bammer '83; Roscher '83; Licker '84; Bier '92.

Wojtyczko, Ludwik → Polen.

Wölbung. Überspannung eines Zwischenraumes durch eine gerundete Konstruktion. → Bogen, → Gewölbe.

Wohnhäuser von Anticoli Corrado in den Sabiner Bergen bei Rom.

Wölbstein. Ein für die Konstruktion von → Bogen oder → Gewölben verwendeter keilförmiger Stein.

Wolff, Jakob d. Ä. (ca. 1546-1612). Stammte aus Bamberg, seit 1596 Stadtbaumeister von Nürnberg. Sein bemerkenswertestes Werk war das ›überherrliche‹ Haus, das er und Peter Carl für Martin Peller in Nürnberg errichteten (1602-07, im 2. Weltkrieg erheblich beschädigt, jedoch teilweise wieder aufgebaut). Martin Peller war Konsul in Venedig gewesen; so kam es im Pellerhaus zu einem seltenen Kompromiß zwischen venez. und dt. Formempfinden: der dreigeschossige Bau mit schwerer Rustizierung (→ Rustika) wird von einem reich verzierten dt. → Giebel gekrönt. Auf dem Marienberg in Würzburg verband W. nach dem Brand 1600 die

Hof des Pellerhauses, Nürnberg, von → Wolff d. Ä., 1602-07.

Rathaus in Nürnberg, von → Wolff d.J., 1616-22.

Flügel des bestehenden Schlosses und schuf so einen verlängerten, rechteckigen Hof (1601-07), wobei er sehr sparsam mit der Ornamentik war. Sein Sohn, *Jakob W. d.J.* (1571-1620), reiste nach Italien. Er brachte einen hochentwickelten Stil, geprägt von der ital. → Renaissance, mit zurück. Dieser Stil kommt in eindrucksvoller Weise bei den Erweiterungsbauten für das Nürnberger Rathaus (1616-22, im 2. Weltkrieg ausgebr., wiederaufgebaut) zum Ausdruck.

Lit.: Freeden '41; Tunk '43; Hempel '65; Tafuri '66.

Wolkenkratzer → Hochhaus.

Wolmut (Wolmuet), Bonifaz (gest. 1579). Baumeister aus Überlingen am Bodensee, seit 1547 Bürger in Wien, 1571 in Prag, dort jedoch schon seit spätestens 1554 tätig, seit 1559 als kaiserl. Baumeister. In Wien baute er städtische Befestigungen und wirkte mit am Schweizerhof der Burg; seine Bauten in Prag sind: Belvedere (Obergeschoß) 1555/63, St. Veit, Orgelchor 1557/61 (Abb. → Tschechoslowakei) und Turmhelm 1560/63, Ballspielhaus 1567/69, Mitwirkung am Schloß Stern 1555/56 (Abb. → Tschechoslowakei), Erzbischöfliches Palais 1562, nachgot. Rippenkuppel der Karlshofer Kirche 1575.
W. beherrschte nicht nur den spätgot. (→ Gotik) Wölbungsbau, sondern auch die neue Formenwelt der → Renaissance und zwar nicht den mit Frührenaissanceelementen gesättigten Übergangsstil der dt. Renaissance, sondern als einziger Architekt seiner Generation bereits den monumentalen und strengen Stil der klassischen Phase in Italien.

Lit.: Bachmann, E. '58.

Womersley, John Lewis (geb. 1910). W. war in den Jahren 1953-64 Stadtarchitekt von Sheffield. Er

Pavillon, Prior Park bei Bath, Somerset, von → Wood d.Ä., 1735-48.

wurde in England zum Wegbereiter großer und hoher Wohnblöcke, die er abwechslungsreich gruppierte (Parkhill Housing, 1955-60).

Lit.: Maxwell '72.

Wood, John d.Ä. (1704-54). Ein maßgeblicher Vertreter des engl. → Palladianismus (z.B. Prior Park bei Bath, 1735-48, Abb. → Großbritannien), wirkte mit seinem Projekt für Bath (1727ff.), das unglücklicherweise nur zum Teil ausgeführt wurde, städteplanerisch revolutionierend. Er begann in Bath mit der Gestaltung des rechteckigen Queen Square (1728-36), wobei er die Häuser der Nordseite zu einer einheitlichen Palastfassade mit rustiziertem (→ Rustika) Sockelgeschoß und einem Mittelrisalit (→ Risalit) zusammenfaßte. (Dieses Gestaltungsprinzip – jedoch nur teilweise realisiert – hatte kurz vorher, etwa 1730, Edward Shepheard beim

Queen Square, Bath, von → Wood d.Ä., beg. 1727.

Grosvenor Square in London versucht.) Vollkommen eigenständig ist W.s Plan des ›Circus‹ (1754ff.), eines runden Platzes, von dem drei Straßen ausstrahlen; die Aufrisse der Häuser zeigen drei übereinandergesetzte → Säulenordnungen, so daß die ganze Anlage wie das Kolosseum aussieht, dessen Außenwände nach innen gekehrt wurden. W. beabsichtigte, dem ›Circus‹ ein Forum folgen zu lassen, dessen nördl. und südl. Promenaden bruchstückhaft erhalten sind, ferner eine riesige Sportanlage (nicht ausgeführt), um Bath so noch einmal in eine ›römische‹ Stadt zu verwandeln. W. starb bald nach der Grundsteinlegung für den ›Circus‹; sein Werk wurde von seinem Sohn *John Wood d.J.* (1728-81) fortgeführt, der mit seinem eigenständigen, großartigen Royal → Crescent (1761-65), dem ersten Bauwerk dieses Typus, noch einen Schritt weiter ging und die Geschlossenheit der Plätze zugunsten einer offenen Gestaltung preisgab, Abb. → Crescent. Diese Idee wurde seither häufig kopiert. Die anderen Bauten von John Wood d.J., z.B. die Assembly Rooms (1769-71) und die Hot Baths (1773-78), sind hervorragende Beispiele des späten → Palladianismus.

Lit.: Green '04; Summerson '49b, '53; Kaufmann '55a; Mowl/Earnshaw '88.

Woods, Shadrach (1923-73). W. studierte Architektur und Literaturwissenschaften in New York und Dublin. 1948 begann er bei → Le Corbusier zu arbeiten. Dort lernte er auch → Candilis kennen, mit dem W. 1955-67 eine Architektengemeinschaft bildete. Zwischenzeitlich schloß sich auch Alexis Josic (geb. 1921) dieser Partnerschaft an. Sie unterhielten Architekturbüros in Casablanca in Marokko (ATBAT = Atelier des Bâtisseurs), und in Paris. W. engagierte sich für humane Lösungen im

Park Hill Housing, Sheffield, von → Womersley, Jack Lynn, Ivor Smith und Frederick Nicklin, 1956-60.

Schloß Stern, Prag, von → Wolmut u.a., 1555-56.

Wohnhochhaus, Bobigny, Frankreich, von → Woods, → Candilis und Alexis Josic, 1957.

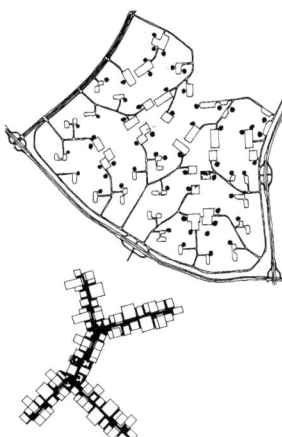

Wettbewerbsentwurf Caen-Hérouville, von → Woods, → Candilis, und Alexis Josic, 1961.

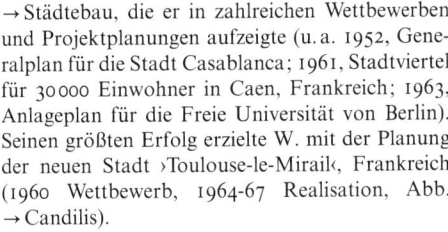

→ Städtebau, die er in zahlreichen Wettbewerben und Projektplanungen aufzeigte (u. a. 1952, Generalplan für die Stadt Casablanca; 1961, Stadtviertel für 30000 Einwohner in Caen, Frankreich; 1963, Anlageplan für die Freie Universität von Berlin). Seinen größten Erfolg erzielte W. mit der Planung der neuen Stadt ›Toulouse-le-Mirail‹, Frankreich (1960 Wettbewerb, 1964-67 Realisation, Abb. → Candilis).

Lit.: Woods '68; CA '80.

Woronichin, Andrej Nikiforowitsch (1759-1814). Einer der führenden Architekten bei der → klassiz. Umgestaltung von St. Petersburg. Geb. als Leibeigener des Grafen A. F. Stroganow, der ihn 1777 zum Studium nach Moskau sandte, eine Studienreise durch Europa unternehmen ließ (1784-90) und ihn schließlich beauftragte, die Staatsgemächer in seinem Palast zu entwerfen. W.s Hauptwerke stehen in St. Petersburg, z.B. die Kathedrale der hl. Jungfrau von Kasan (1801-11), von allen Kirchen Rußlands am stärksten von röm. Stilelementen und dem Schema kathol. Kirchenbauten inspiriert. Ein weiteres Werk W.s ist dort die Bergbauakademie (1806-11), mit einem zwölfsäuligen → Portikus nach dem Vorbild des Poseidontempels von Pästum.

Lit.: Hautecœur '12; Hamilton '54.

Wren, Sir Christopher (1632-1723). Einer der bedeutendsten engl. Architekten. Sein Vater war Dekan von Windsor, sein Onkel Bischof von Ely, beide waren Stützen der anglikanischen Hochkirche. Wren besuchte die angesehene Westminster School und wurde mit fünfzehn Jahren Prosektor im Anatomischen Institut des College of Surgeons; danach ging er zum Studium nach Oxford. Zu dieser Zeit traten die experimentellen Naturwissenschaften stark in den Vordergrund. In Oxford befand W. sich in Gesellschaft einer Gruppe hervorragender junger Männer, die später die Royal Society gründeten; er ging vollkommen in naturwissenschaftl. Studien auf. Evelyn nannte ihn »ein Wunder von einem

St. Stephen's, Walbrook, London, von → Wren, 1672-78.

St. Paul's Kathedrale, London, von → Wren, 1675-1710. Blick ins Querhaus.

St. Paul's Kathedrale, London, von → Wren, 1675-1710.

jungen Mann«, und Newton hielt ihn für einen der besten Gelehrten der Geometrie in seiner Zeit. 1657 erhielt W. einen Ruf als Prof. für Astronomie an die Londoner Universität und 1661 an die Universität in Oxford; zwei Jahre später jedoch nahm seine Laufbahn mit der Berufung in die Kommission zur Restaurierung der St. Paul's Kathedrale eine andere Wendung. Nach dem großen Brand in London (1666) wurde er aufgrund des Rebuilding Act (1667) als einer der Surveyors und 1669 zum Surveyor General der königlichen Bauverwaltung ernannt. Daraufhin gab er seine Professur in Oxford auf. 1673 wurde W. zum Ritter geschlagen. Zweimal gehörte er dem Parlament an (1685-87 und 1701-02) und trotz seiner Verbindungen zur Partei der Tories überstand er die durch die Whigs entfesselte ›Glorreiche Revolution‹ von 1688 ungeschoren; unmittelbar nach der Thronbesteigung Georgs I. 1714 wurde er aber aus seinem Amt entlassen.

Seine ersten Bauten, das Sheldonian Theatre in Oxford (1663-69) und die Pembroke College Chapel in Cambridge (1663), sind das Werk eines hervorragenden Amateurs; doch schon in der Hängekonstruktion des Daches für das Sheldonian Theatre kommt sein Interesse an der Lösung technischer Bauprobleme zur Entfaltung. 1665-66 verbrachte er eine Zeit in Frankreich, und zwar zumeist in Paris, um die frz. Baukunst zu studieren; möglicherweise reiste er auch nach Flandern und Holland. In Paris traf er mit → Bernini zusammen, doch lernte er mehr von → Mansart und → Le Vau, die er wahrscheinlich persönlich kennenlernte und deren Werke er sicherlich studierte. Die frz. und die holländ. Baukunst sollten seinen Stil vor allen anderen beeinflussen. Die Feuersbrunst in London (1666) wurde W.s große Chance. Obwohl sein utopischer Plan für den Wiederaufbau zurückgewiesen wurde, fand er einen genügend großen Wirkungskreis, um die Einfälle seines Genies beim Wiederaufbau der St. Paul's Kathedrale und 51 anderer Kirchen zum Ausdruck zu bringen. Insbesondere die St. Paul's

Christopher Wren.

Tom Tower des Christ Church College, Oxford, von → Wren, 1681-82.

später in St. Clement Danes (beg. 1680) und St. James' in Piccadilly (beg. 1684) zu größter Vollkommenheit entwickelt. Sein Genie aber zeigt sich am besten in der Gestaltung der Kirchtürme, deren Stil von der → Gotik, wie bei St. Dunstan in the East, bis zu den borrominesken (→ Borromini) Phantasiegebilden von St. Vedast und St. Bride variiert.

Rationaler, stärker an die europ. Traditionen anknüpfend und verfeinerter im Detail als seine zuweilen ziemlich hastig konzipierten und eher grob ausgeführten Stadtkirchen ist sein Meisterwerk, die St. Paul's Kathedrale. In England hatte es vorher niemals ein ähnliches Bauwerk gegeben; es bedeutete einen Triumph intellektuellen Selbstvertrauens. Die eng den klass. Vorbildern folgende Kuppel, die majestätische, ruhige Würde ausstrahlt, gehört zu den schönsten Kuppelbauten der Welt. In dieser Kathedrale, ihren Türmen, der Hauptfassade und in den illusionistischen Stilmerkmalen, wie der → Scheinarchitektur der Fensternischen und dem vorgetäuschten oberen Geschoß an den äußeren Seitenwänden, das die → Widerlager für das Hauptschiff verbirgt, werden jedoch auch die Einflüsse des → Barock deutlich. Der Innenraum zeigt einen ostentativ antikisierenden Charakter, doch lassen sich auch hier zahlreiche barocke Elemente feststellen. Der Bau wurde 1675 begonnen und 1710 fertiggestellt, W. erlebte also die Vollendung seines Werkes.

W.s Profanbauten reichen von den streng dor. inspirierten Nutzbauten, wie Chelsea Hospital (Abb. → Großbritannien), bis hin zu dem großartigsten seiner Werke, dem barocken Greenwich Hospital (1694 ff.), dessen Painted Hall (1698) der schönste

St. Mary le Bow, London, von → Wren, 1680.

Kathedrale verrät seine geistige Frische, seine sprudelnde Phantasie und seinen kühnen Wagemut. Es gab bis dahin in England, die Werke von → Jones ausgenommen, keine Vorbilder für → palladian. Kirchenbauten. W.s Stadtkirchen entstanden zwischen 1670 und 1686, wobei sich 1677 fast dreißig gleichzeitig im Bau befanden. Die Kirchen wurden sehr verschieden und oft höchst individuell gestaltet; so z. B. St. Stephen's in Walbrook (1672-78), die die Anlage der St. Paul's Kathedrale vorwegnimmt, oder St. Peter's in Cornhill (1677-81), in der W.s Typ einer zweigeschossigen Kirche mit einer Galerie und gewölbten Mittel- und Seitenschiffen zum ersten Mal angedeutet ist. Dieser Typ wurde dann

Hampton Court, von → Wren, 1689-92.

Bibliothek des Trinity College, Cambridge.

Raum dieser Art in England ist. Von seinen großen und kunstvoll gestalteten An- und Umbauten für Whitehall Palace, Winchester Palace und Hampton Court hat sich nur von letzterem ein Teil erhalten (der aber wahrscheinlich von seinem Assistenten → Talman revidiert und abgeändert wurde). Wie fast all seine Bauwerke wurden auch diese großen Projekte für das Kgl. Bauamt ausgeführt. Von seinen wenigen Privataufträgen sind vor allem die Bibliothek des Trinity College in Cambridge (1676-84) und Tom Tower von Christ Church in Oxford (1681-82) zu nennen. Außer dem Marlborough House in London (1709-10, später vielfach abgeändert) kann ihm kein Stadt- oder Landhaus mit Sicherheit zugeschrieben werden, obwohl sein Name mit vielen in Verbindung gebracht wird. → Hawksmoor war sein einziger bedeutender Schüler, doch übte W. während seiner Amtszeit im Kgl. Bauamt weitreichenden, tiefen Einfluß aus.

Bibliothek des Trinity College, Cambridge, von → Wren, beg. 1676.

Lit.: Bolton '24-43; Summerson '52a; Fuerst '56; Sekler '56; Samonà '59a; Downes '71, '82; Whinney '71; Downes '82; Wren '91.

St. James', Piccadilly, von → Wren, 1684. Rekonstruktion 1953.

Frank Lloyd Wright.

Wright, Frank Lloyd (1867-1959). Der prägendste amerik. Architekt der 1. H. des 20. Jhs. Seine Schaffenszeit umfaßte mehr als 70 Jahre, dabei wiederholte er sich nie, war nie mit Routinearbeit zufrieden und übernahm nie fremde Ideen.

Er arbeitete anfänglich mit → Sullivan zusammen, den er stets bewunderte. In dessen Büro wurde ihm schon früh der Bau von Wohnhäusern übertragen. Der erste Gebäudetyp, den er als selbständiger Architekt entwickelte, ist das ›Prärie-Haus‹, wie er selbst es nannte: niedrig und weitflächig, die Räume gehen ineinander über, Terrassen und Gärten sind miteinander verschmolzen, die Dächer kragen weit vor. Häuser dieses Typs baute er in den Vororten von Chicago (Oak Park, Riverside usw.). Seine Bauten zeigen eine konsequente Entwicklung, die in

Entwurf für Etagenfertighäuser (American System Ready-Cut), von → Wright, 1915.

kühnen und völlig neuartigen Entwürfen gipfelte. Die Serie dieser Prärie-Häuser wurde vor 1900 begonnen, die Mehrzahl war bis 1905 erbaut; den Höhepunkt bildet das Robie House in Chicago (1908); um diese Zeit entstanden auch die Unitarier-Kirche in Oak Park (1906) und das Larkin Building in Buffalo (1904, abgerissen 1950) – beide

Haus Charles Ennis, Los Angeles, von → Wright, 1924. Betonblockkonstruktion.

zeigen die gleichen Stilelemente und die gleiche Frische in der Erprobung neuer Wege wie die Privathäuser. Das Larking Building kann man als das eigenständigste Bürogebäude seiner Zeit bezeichnen.

W. erhielt um die Zeit des Ersten Weltkriegs einige größere Aufträge: Midway Gardens in Chicago (1913), eine verschwenderisch ausgestattete und bald abgebrochene Vergnügungsstätte, und das Ho-

Robie House, Chicago, von → Wright, 1908.

tel Imperial in Tokio (1916-20, kürzlich zerst.). Er arbeitete hier mit → Raymond zusammen, der sich anschließend in Japan niederließ. Beide Gebäude waren überreich dekoriert. Die Elemente dieser Dekoration, polygonale und spitzwinklige Formen, entsprachen vollkommen W.s Stil. Sie wurden von Anfang an von ihm bevorzugt, treten aber in den Prärie-Häusern, zumindest am Außenbau, kaum hervor. Die Häuser, die W. in den 20er Jahren in Kalifornien baute, zeigen eine neue Technik: montierte Betonfertigteile, die es ermöglichten, auch die Außenflächen eines Baus dekorativ zu gestalten (Millard House, 1923). Sein eigenes Haus Taliesin

Barnsdall House, Los Angeles, von → Wright, 1920.

bei Spring Green, Wisconsin, (1911, 1914, 1925) war dagegen ganz aus dem dort vorkommenden Kalkstein gebaut. Von nun an ging W. mehr und mehr eigene Wege, sehr selten findet man eine Parallele zu den internat. Entwicklungen und Konventionen. Eine Ausnahme ist das Privathaus ›Falling Water‹ in Bear Run in Pennsylvania (1936-37). Von seinen Bauten, die um 1914 bis 1917 → Gropius ebenso beeinflußten wie die holländ. Künstlergruppe → De Stijl, steht keines in Europa; der Bau

Haus ›Falling Water‹. Bear Run, Pennsylvania, von → Wright, 1937.

Projekt für die Synagoge Beth Shalom, Elkins Park, Pennsylvania, von → Wright, 1956.

seines kleinen schlichten Studentenhauses für Venedig wurde verhindert. W. fand spät die ihm gebührende Anerkennung. Erst in den 40er und 50er Jahren erhielt er größere Aufträge. Der erste war das Johnson Building in Racine in Wisconsin (1936-39). Hier errichtete er ein Verwaltungsgebäude mit Backsteinwänden und Fensterbändern aus Glasrohren; die Innenräume haben pilzartige Eisenbetonsäulen (→ Maillart); 1949 kam der Turm für Laboratorien hinzu. Die Kapelle des Florida Southern College wurde 1940 errichtet, die Unitarier-Kirche in Madison 1947 entworfen, 1950 gebaut;

Guggenheim Museum, New York, von → Wright, 1956-59.

der Plan für das Guggenheim-Museum in New York entstand 1943 (erbaut 1956-59). Das als spiralförmige Rampe über einem kreisförmigen Grundriß entworfene Museum ist funktionell nicht überzeugend, in der Form aber zweifellos eindrucksvoll. 1955 wurde das Bürohochhaus in Bartlesville, Oklahoma, fertiggestellt. Das Hochhaus und die zwei Kirchen zeigen W.s Vorliebe für spitze Winkel und scharfe Kanten mehr als irgendeines seiner frü-

Johnson Wax Building, Racine, Wisconsin, von → Wright, 1936-39.

heren Werke. Die erneute Hinwendung der Architektur zu spitzwinkeligen und organischen Formen seit den 50er Jahren (→ Breuer, Eero → Saarinen) gab W.s Werk neue Aktualität. Abb. → Theaterbau; → USA.

Lit.: Wright '10, '11, '32, '54, '57, '58, '59, '60; Berlage '24; Wijdeveld '25; Behrendt '37; Hitchcock '42; Zevi '47, '50b, '74, '79; Manson '58; Forsee '59; Samonà 59b; Blake, P. '60; Scully '60; Drexler '62; Smith, N.K. '66; Dezzi Bardeschi '70a; Lloyd Wright '70; Pawley '70a; Brooks, H.A. '72, '81; Willard '72; Twombly '73; Brunetti '74; Storrer '74, '82²; Gutheim '75; Frank '78; Sweeney '78; Graf, O.A. '83; Kief-Niederwöhrmeier '83; Conners, J. '84; Futagawa '84f.; Hoffmann, D. '84; Meehan '84; GA 1, 2, 25, 36, 53; Pfeiffer '87; Treiber '88; Wright '91.

Dana House, Springfield, von → Wright, 1900.

Würfelfries, auch Schachbrettfries. Ein → roman. → Fries, bei dem schachbrettartig erhabene und vertiefte Felder wechseln.

Würfelkapitell → Kapitell 10. Abb. → Deutschland.

Wyatt, Benjamin Dean (ca. 1775-1850). Sohn von *James → Wyatt,* wurde bekannt durch seine reichen → Louis-quince-Interieurs im Lancaster House, London (1825, beg. 1820 von → Smirke) und das Apsley House in London (1828). Das Drury Lane Theatre (1811, der heutige Portikus ist jünger) und die Duke of York-Säule, beide in London, wurden von ihm entworfen.

Lit.: Robinson '79.

Wyatt, James (1747-1813). Der erfolgreichste engl. Architekt seiner Zeit, wetteiferte mit den Gebrüdern → Adam und überragte an Bedeutung sogar → Chambers, dessen Nachfolger er 1796 als leitender Architekt des Bauamtes wurde. Sein brillantes Können war aber nur oberflächlich; heute beruht sein Ruhm in der Hauptsache auf seinen ausgefallenen → neugot. Bauten, von denen die besten jedoch zerstört wurden. W. war der Sohn eines Holzhändlers und Bauunternehmers aus Staffordshire, ging 1762 für sechs Jahre nach Venedig, wo er unter dem Maler-Architekten Visentini studierte. Bei seiner Rückkehr nach London wurde er durch den Bau seines Pantheon in der Regent Street (1770, zerst.), einer Aufsehen erregenden → klassiz. Version der Hagia Sophia in Konstantinopel, berühmt. Von dieser Zeit an wurde er trotz seines unhöflichen Wesens und seiner allgemeinen Unzuverlässigkeit mit Aufträgen überhäuft. Von seinen eleganten, anmutigen klassiz. Häusern mögen Heaton House (1772), Heveningham (1788-99), Castle Coole in Nordirland (1790-97) und Dodington (1798-1808) genannt werden; Dodington sticht durch einen feierlichen Ernst hervor und verdankt viel der Bewegung des → Greek Revival. An neugot. Bauten schuf er unter

Pilgerkapelle auf der Steilküste von Palos Verdes, Kalifornien, von → Wright, 1951.

Guggenheim Museum, New York.

Würfelfries. Ehem. Benediktiner-Kloster-Kirche St. Thomas und St. Nicolai, Bursfelde, beg. 1093.

anderem die ausgezeichnete kleine Lee Priory (1782, zerst., ein Raum jedoch im Victoria und Albert-Museum), die berühmte Fonthill Abbey (1796-1807, zerst.), die er für William Beckford erbaute, und das fast ebenso extravagante Ashridge (1806-13). Seine zahlreichen, rücksichtslos durchgeführten Restaurierungen und ›Verbesserungen‹ gotischer Bauwerke, unter denen auch die Kathedralen in Salisbury, Durham und Hereford zu leiden hatten, trugen ihm den Spottnamen ›Wyatt der Zerstörer‹ ein.

Lit.: Tumor '50; Dale '56; Robinson, J.M. '79.

Wyatt, Sir Matthew Digby (1820-77) → Wyatt, Thomas Henry.

Wyatt, Thomas Henry (1807-80) und sein Bruder *Sir Matthew Digby W.* (1820-77) sind nicht mit James → Wyatt verwandt. W.s Hauptwerk ist Wilton Church bei Salisbury (1842-43), in deren Stil frühchristl. Elemente mit denen der ital. → Romanik zu einer Einheit verschmolzen sind: vielleicht das schönste Beispiel dieser in England weniger als in Deutschland gepflegten Bauweise' der 1840er Jahre (→ Rundbogenstil). Er entwarf auch zahlreiche → neugot. Kirchen (zeitweise in Zusammenarbeit mit David Brandon). *Sir Matthew Digby W.* gehörte dem Kreis um Henry Cole und Owen Jones an. Dieser Kreis war verantwortlich für einen großen Teil der Arbeiten, die für die Weltausstellung von 1851 in London geschaffen wurden; W. selber war Sekretär des Exekutiv-Ausschusses der Ausstellung. Er war ein unbedeutender Architekt (z.B. manche Teile von Paddington-Station, 1854-55, in London; Abb. → Bahnhofsarchitektur), aber ein äußerst intelligenter und weitsichtiger Architekturjournalist, der an die Zukunft der neuentwickelten Baustoffe und an die Möglichkeit maschineller Produktion glaubte.

Lit.: Hitchcock '54; Pevsner '68.

The Pantheon, London, von James → Wyatt, 1770 (zerstört).

Oktogon der Fonthill Abbey, von James → Wyatt, 1796-1815.

Royal Engineer's Crimean War Memorial, Chatham, von Matthew Digby → Wyatt, 1861.

XY

Xenokles → Iktinos.

Xystos, der (gr.). In der griech. Baukunst ein gedeckter, im Winter für athletische Übungen benutz-
ter Säulengang im → Gymnasion.

Yamasaki, Minoru (geb. 1912). Japaner. Nach dem
Studium in Seattle und New York arbeitet Y. vorwiegend als Designer, u.a. 1944-45 im Büro von
Raymond Loewy. 1950-78 erfolgreicher amerikan.
Architekt. Y. bereicherte die Skyline von New York
um die beiden über 400 m hohen Türme des World
Trade Center (zus. mit Emery Roth und seinen Söhnen) und wurde damit weltweit bekannt. Großräu-
migkeit, glitzernde Beleuchtungseffekte, Metallgit-
ter und spiegelnder Marmor charakterisieren viele
Bauten Y.s: Airport in St. Louis (1956), Reynolds
Metals Regional Sales Office, Southfield, Michigan
(1955-63), das McGregor Memorial Community
Conference Center, Wayne State University, Detroit (1955-58). Im North Shore Congregation, Israel Temple, Sheridan Road, Glencoe (Illinois,
1954-64) und im Bau der gleichzeitigen Northwestern Life Insurance Company (1964) beginnt jene
›neugot.‹ Auflösung in Glaswände mit dünnen Pfeilern, die oben Spitzbögen bilden und die bereits auf
die → Postmoderne hinweisen.   W. R.
Lit.: McCallum '59; Manieri Elia '66; Yamasaki '79; CA '80.

Ybl, Miklós Nikolaus (1814-91). Ungar. Architekt
des → Historismus. Sein Hauptwerk ist die Budapester Oper in freien → Cinquecento-Formen (1875-
84); daneben baute er die neuroman. Kirche in
Fót (1845 beg.), mit Doppelturmfassade; ferner das
Margaretenbad auf der Margereteninsel in Budapest.
Lit.: Ybl '56.

Yevele, Henry (um 1320-1400). Erhielt 1353 in London das Bürgerrecht, trat um 1357 als Baumeister
in den Dienst des engl. Kronprinzen und arbeitete
seit 1360 für den König (Westminster, Tower und
andere Schlösser und Burgen), spätestens seit 1388
am Bau der Westminster Abbey. Vermutlich hat er
das Mittelschiff der Abteikirche (beg. um 1375)
entworfen; auch das in den 1390er Jahren erbaute
Mittelschiff der Kathedrale von Canterbury wird
ihm zugeschrieben. 1394-1402 entstand Westminster Hall nach seinen Entwürfen.
Lit.: Harvey '46.

Yorke, Francis Reginald Stevens (1906-62). In England ein Wegbereiter des → Internationalen Stils der
20er und 30er Jahre. Er begann 1934 mit dem Bau
einer Reihe weißer kubischer Privathäuser. 1935-37

Northwestern Life Insurance Company, Minneapolis,
Minnesota, von → Yamasaki, 1961-64.

arbeitete er mit → Breuer zusammen; mit Rosenberg und Mardall machte er später ein Architekturbüro auf, das Wohnungs-, Siedlungs-, Kranken-
haus- und Schulbauten (z. B. Stevenage, 1947-49),
Gatwick Airport (1957 ff.) und das amerik. Botschaftsgebäude in London (1960 zus. mit Eero
→ Saarinen) ausführte.
Lit.: Webb, G. '69; Banham '72; Yorke '73; CA '80.

Yoshizaka, Takamasa (1917-80). Studium bis 1941
in Genf und Tokio. 1950-52 arbeitete Y. bei → Le
Corbusier, dessen Baustil der 50er Jahre für seine
Architektur von Bedeutung wurde. Sein eigenes
Haus in Tokio (1955) erinnert mit seinen blockarti-
gen Baukuben an die puristische Architekturphase
Le Corbusiers. Auch der Ausstellungspavillon für
die Biennale 1956 in Venedig oder das National
Museum of Western Art in Tokio (1955-59, unter
der Leitung Le Corbusiers mit → Mayekawa und
→ Sakakura) verdeutlichen Y.s starke Bindung an
die europäische Architektur des → Brutalismus.
Mit dem Rathaus von Gotzu, Japan (1961) ent-
fernte sich Y. von der Bauweise mit reinem
→ Sichtbeton und schuf, zwar immer noch dem
→ Konstruktivismus anhängend, Bauwerke von
raffinierter Technologie. Abb. → Japan.   M.-A. V. L.
Lit.: CA '80.

Rathaus von Gotzu, Japan, von → Yoshizaka, 1961.

Pavilion of Science auf der Welt-
ausstellung 1962, Seattle, USA,
von → Yamasaki & Partner.

Z

Zablocki, Wojciech (geb. 1930). Z. studierte in den Jahren 1949-54 in Krakau und Warschau Architektur. Der auch als Sportler internat. bekannte Architekt prägt bes. das Niveau polnischer Sportbauten. Sein olympisches Trainingszentrum von 1962-64 in Warschau zeigt sein Interesse für möglichst rationelle Planung (Verwendung von vorgefertigten Elementen) und Verbindung möglichst vielfältiger Funktionen. Das wie eine Hängematte an Seilen aufgehängte Dach demonstriert konstruktive Phantasie, wie sie auch → Otto bei seinem Pavillon in Montreal (1967, Abb. → Ausstellungsarchitektur) und den Olympiabauten in München (1972, Abb. → Behnisch) verwirklichte. Auch die 1974 in Warschau errichtete Sport- und Schwimmhalle hat eine Dachform, die aus Betonbögen und eingehängten Strahltrossen konstruiert ist. Weitere Sportbauten sind ein Tenniszentrum in Warschau (1980) sowie eine überdachte Eisrennbahn in Siedlce (1978).
Lit.: Szafar '73; Chroscicki-Rottermund '77; CA '80, '87.

Zahnfries → Deutsches Band.

Zahnschnitt an einem achämenidischen Bau, Taq-i-Bustan, 6.-4. Jh. v. Chr.

Zahnschnitt. Ein → Fries aus rechteckigen, regelmäßig gesetzten vorspringenden Steinen in den ion., korinth. und röm. → Säulenordnungen.

Zarge, die. Eingemauerter Rahmen eines → Fensters oder einer Türe aus Bohlen, Vierkanthölzern; im modernen Bauen vielfach aus Metall.

Zasche, Josef (1871-1945) → Tschechoslowakei.

Zeche → Industriebau

Zehrfuss, Bernard Louis (geb. 1911). Nach seiner Ausbildung an der → Ecole des Beaux-Arts baute Z. 1943-48 Verwaltungsbauten, Schulen und Krankenhäuser in Tunesien. Zu seinen ersten Großbauten nach seiner Niederlassung in Paris, 1948, gehört das Renault-Werk in Flins (1952). Internationale Anerkennung erhielt Z. für das UNESCO-Gebäude in Paris, dessen erste drei Abschnitte er in Partnerschaft mit → Breuer und → Nervi plante (1953-58); weitere Bauabschnitte folgten 1963, 1969 und 1977. In Zusammenarbeit mit Robert Camelot und Jean de Mailly entstand das Centre National des Industries Techniques in Paris (1955, Abb. → Frankreich). Weniger bekannt, aber von großer Qualität ist schließlich das unterirdische Musée de la Civilisation Gallo-Romaine in Lyon (1975).
Lit.: Bernier '57; Kjellberg '76; CA '80, '87.

Zeilenbau → *Nachträge.*

Zelle (lat. cella: Kammer). Ein kleiner Raum; in Klöstern und Gefängnissen gebräuchliche Bezeichnung.

Zellengewölbe. Spätgot. Gewölbeform, bei der die Flächen zwischen den → Graten tief eingeschnitten sind; sie war besonders zwischen 1450 und 1550 in Sachsen und Böhmen gebräuchlich (z. B. Albrechtsburg in Meißen).

Zelt. Als die großen unterirdischen Flußläufe der Eiszeit verschwanden und riesige kilometerlange Höhlen hinterließen, lebte der Mensch, der als Jäger und Nomade mit seinen Herden wanderte, in Zelten. Die Höhlen waren Fluchtburgen (wie später bei den Griechen die Akropolis) oder sakrale Versammlungsorte und dienten oft dem Jagdzauber. Mit dem Seßhaftwerden des Menschen kam es zu den Kultorten des Matriarchats (→ Malta) oder den Dolmen (→ Megalith) des frühen Patriarchats, d. h. zum Beginn der Architektur. In Kriegszeiten und bei einzelnen Menschengruppen (Nomaden, Zigeuner) blieb es noch lange bei den Zeltlagern. – Im 19. Jh. kam mit dem Wanderzirkus auch das Zelt wieder zur Ehren – auch an festem Ort wie im Falle des Winterzirkus. An ihn schließen sich im 20. Jh. der Pavillon von Montreal, 1967, von → Otto (Abb. → Ausstellungsarchitektur), in Großbritannien die Bauten von → Foster und in Deutschland das Olympiazelt von München (1968-72, Abb. → Behnisch; → Organische Architektur; → Otto). Gleichzeitig wird die Zahl der Menschen, die mehrfach den Ort wechseln, immer größer (eine Art friedlicher Mobilmachung), vor allem in den USA, wo neben den inzwischen weltweit verbreiteten Campingplätzen ganze Wohnwagenstädte entstehen. Für Feste werden richtige Zeltstädte erbaut. Vgl. Jurte, Tipi, Wigwam, → Indianer.　　W.R.

Zeltdach, Pyramidendach → Dachformen II.

Zement. Baustoff, der im Gegensatz zu Kalk und Gips wasserbeständig ist. Er entsteht durch Brennen eines Kalkstein-Ton-Gemisches, das dann pulverisiert wird. Durch Hinzufügen von Sand und Wasser erhält man Zementmörtel; bei Zusatz von Kies oder Schotter → Beton. Die bekannteste der Z.-arten, die sich in der Ausgangsmischung unterscheiden, ist der Portlandzement.

Zentralandine Hochkulturen. Außer den → Mesoamerikanischen Hochkulturen fanden die Europäer bei der Entdeckung Amerikas nur im Zentralen

Zentralandine Hochkulturen. Königs-Mausoleum der Inka-Festung Machu Picchu. Aus dem Fels gehauene Grotte unterhalb des Turms.

Sonnentor in Tiahuanaco am Südostende des Titicacasees, um 600.

Andenraum (Ekuador, Peru einschließlich der Küstengebiete, sowie das bolivianische Hochland) eine indianische Hochkultur vor, die der Inka. In der amerikanischen Archäologie wird dieser Kulturkomplex in vier ›Perioden‹ und drei ›Horizonte‹ gegliedert. Gegen Ende der Vorkeramischen Periode (Preceramic Period VI, etwa 2500-1900 v. Chr.) entstehen an der peruanischen Küste die ersten Großbauten für Ritual und Repräsentation (Las Haldas, Chuquitanta (El Paraiso) etc.). In der folgenden ›Anfangsperiode‹ (Initial Period, etwa 1900-1200 v. Chr.) erscheint die Keramik, und die ersten Bewässerungsanlagen werden gebaut. Im Mittelpunkt des ›Frühen Horizonts‹ (etwa 1200-300 v. Chr.) steht die Chavín-Kultur, benannt nach ihrem Zeremonialzentrum Chavín de Huantar, im nördlichen Hochland von Peru. Chavín gibt dem ersten großen Kunststil (Pan-Stil), der sich fast über das ganze Gebiet der mittl. Zentralanden ausbreitete, den Namen: Chavín-Stil. Chavín de Huantar war keine dauernde Siedlung, sondern vermutlich ein Kultplatz. Ein Tempel aus massiven Steinen und ein von steinverkleideten Plattformen umgebener versenkter Hof dienten, wie die an den Gebäuden angebrachten Steinreliefs und Steinplastiken bezeugen, dem Kult einer Jaguar- oder Puma-Gottheit. Die Ähnlichkeit mit der Kultur von La Venta (→ Mesoamerikanische Hochkulturen) ist unverkennbar und eine gegenseitige Beziehung möglich. In den letzten Jahrhunderten vor unserer Zeitrechnung beginnt in Peru die ›Frühe Zwischenperiode‹ (ca. 300 v. Chr.-600 n. Chr.), eine Epoche, in der sich handwerkliche Fähigkeiten entwickeln und viele unterschiedliche Kunststile, die regional begrenzt sind, auftreten. An der Nordküste breitet sich die Kultur der Mochica vom Moche- und Chicama-Tal

Zeremonialbad, sog. ›Bad der Prinzessin‹, Tempel von Ollantaytambo.

im Laufe der ersten 800 Jahre n. Chr. nach Norden und Süden aus. Die charakteristische Bauform ist die Stufenpyramide (→ Pyramide) aus luftgetrockneten Lehmziegeln; bestes Beispiel dafür ist die ›Huaca del Sol‹ von Moche bei Trujillo, ein siebenstufiger Bau von 23 m Höhe auf einer 18 m hohen Plattform.

Vom südl. Hochland (Titicacaseebecken) verbreitet sich der ›Mittlere Horizont‹ (ca. 600-1000) fast über das ganze Gebiet des mittl. Andenraums (Peru und Hochland v. Bolivien), dessen Kunststil mit dem Namen der Ruinenstätte von Tiahuanaco am Südostende des Titicacasees (3800 m über dem Meer) verknüpft ist. Tiahuanaco war vermutlich wie Chavín de Huantar eine Art Wallfahrtsort und religiöses Zentrum der näheren und weiteren Umgebung. Die noch erhaltenen steinernen Überreste bilden mehrere Gruppen, u. a. eine Stufenpyramide mit annähernd dreieckigem Grundriß, eine aus Monolithen zusammengesetzte Treppe, blockhafte Steinskulpturen und ein 3×4 m messendes monolithisches Tor, das den Namen ›Sonnentor‹ erhalten hat. Über dem Tordurchgang liegt ein breites Relief, aus dessen Mitte uns eine Gottheit mit erhobenen Zeptern oder Waffen in den Händen entgegentritt. Das in diesem Gebiet bis in die historische Epoche und unsere Zeit hinein lebendig gebliebene Volk der Aymara ist höchstwahrscheinlich der Erbauer von Tiahuanaco gewesen.

Nach Erlahmen der vermutlich von Tiahuanaco ausgehenden kulturellen Expansion des ›Mittleren Horizonts‹, die als zweiter großer Stil (Pan-Stil) das Zentralandengebiet umfaßt, entwickeln sich in der ›Späten Zwischenperiode‹ (etwa 1000-1476) wieder zahlreiche regionale Kunststile. An der Küste bilden sich jeweils aus Zusammenschluß mehrerer Küstentäler einige größere Staaten heraus, von denen das Reich Chimu im Norden, im ehemaligen Herrschaftsgebiet der Mochica, das bedeutendste ist. Seine vorwiegend aus Lehmziegeln (→ Lehmarchitektur) erbaute, beim heutigen Trujillo liegende Hauptstadt Chan-Chan ist eine weitläufige, viele Quadratkilometer einnehmende Stadt, deren einzelne Stadtviertel (barrios) hohe und starke Mauern aus → Adobe umgeben. Viele Mauern und Fassaden sind mit geom. oder stilisierten figürlichen Lehmreliefs bedeckt. Ein vorzügliches Beispiel für den Stil der Chima-Architektur ist die erst neuerdings restaurierte Huaca El Dragon. Die südlichste Grenzfestung der Chimu Paramonga erhebt sich noch heute in imposanter Größe in mehreren Terrassen aus Adobe auf einem 50 m hohen Felsrücken und besitzt zwei vorgeschobene Bastionen, die die Küstenebene beherrschen. Auch das Reich Cuismancu an der Zentralküste mit seinem städtischen

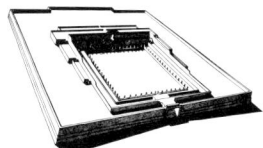

Calasasaya in Tiahuanaco. Rekonstruktion.

Huaca El Dragon, Chan-chan bei Trujillo, 14.-15. Jh.

Lehmfries an einer Mauer in Chan Chan bei Trujillo.

*Machu Picchu, Grenzfestung
der Inka, Süd-Peru.*

*Haus in Machu Picchu mit
vorspringenden Bossen zur
Befestigung des Strohdachs.*

Zentrum Cajamarquilla im Hinterland von Lima
bevorzugt die an der gesamten Küste vorherrschende Lehmarchitektur.

Im Hochland kommt nach dem Erlöschen der Tia-
huanaco-Kultur im Titicaca-Becken eine Reihe
unabhängiger kleiner Aymara-Staaten auf, als deren wichtigster künstler. Ausdruck die Chullpas,
runde oder rechteckige Grabtürme aus Stein oder
Adobe angesehen werden, die dort der entsprechenden Epoche den Namen gegeben haben.

Etwa um 1300 n.Chr., zur selben Zeit, als an der
peruanischen Küste die genannten Reiche blühten,
gründeten die Inka, ein Stamm der Quechua-Indi-
aner, im südlichen Hochland ihre spätere Hauptstadt Cuzco und breiteten von da, durch Organisationstalent, Tapferkeit und Intelligenz ausgezeichnet, ihre Herrschaft zunächst über andere ihnen
sprachlich und kulturell nahestehende Quechua-
Stämme aus. Seinen Aufschwung zum größten politischen Gebilde auf amerik. Boden vor Ankunft
der Europäer nahm das Inkareich jedoch erst nach
seiner inneren Konsolidierung um die Mitte des

*Gemeißelter Felsen vor dem Eingang der Höhle
Choquequilla (Goldmond) in der Huaracondo-Schlucht,
zwischen der Pampa von Anta und dem Urubamba-Tal,
Cuzco-Region, 15. Jh.*

15.Jhs. im ›Späten Horizont‹ (1476-1532). Die
künstler. Gestaltungskraft der Inka äußerte sich vor
allem in der Steinarchitektur des Hochlandes, die
in den Bauten von Tiahuanaco und Chavín ihre
Vorläufer hatte. Das steinerne Rechteckhaus mit
Satteldach (→ Dachformen 3) gab das Vorbild auch
für Tempel und Paläste ab. Beide waren oft mit

Machu Picchu, Grenzfestung der Inka, Süd-Peru.

Festungsanlagen verknüpft, die außerdem noch
Kasernen und Vorratshäuser einschlossen. Ein charakteristisches Beispiel für eine solche Kombination
ist die erst 1912 entdeckte Grenzburg der Inka,
Machu Picchu, die in 2500 m Höhe auf einem vom
Urubamba hufeisenförmig umflossenen Berggrat
gelegen ist. In der älteren Inka-Architektur wurden
polygonale Felsblöcke ohne Mörtel ineinanderge-
paßt, wie es bei den drei übereinander ansteigenden
zyklopischen Zickzackmauern von Sacsayhuaman,
der Zitadelle von Cuzco, der Fall ist.

Die nicht vollendete Tempelburg Ollantaytambo
über dem Urubamba-Tal ist vor allem durch die
sechs Monolithe aus Granit von 3,5 bis 4 m Höhe
und 1,3 bis 2 m Länge sowie 0,75 bis 2 m Breite
berühmt geworden, welche die Vorderfront des
obersten Tempelhügels bilden. Ollantaytambo barg

*Trapeztor auf dem Burgberg von Ollantaytambo,
Urubamba-Tal, Cuzco-Region, um 1400.*

Straße des Gebirges‹ von der Südgrenze des heutigen Kolumbien bis in das südl. Chile. Parallel dazu
verlief die ›kgl. Straße der Küste‹. Zahlreiche Quer-
straßen verbanden diese beiden Hauptstraßen und
bildeten ein Netz von mindestens 10000 km Ge-
samtlänge.   O. Z.

Lit.: Velarde '46; Ubbelohde-Doering '52, '66; Alden Mason
'57; Kubler '62; Disselhoff '67; Trimborn/Haberland '69; Hyslop '90.

die Eingeweide der toten Inka-Herrscher, während
die Mumien der Könige in der großen Halle des
Coricancha in Cuzco um das Bild des Sonnengottes
saßen. Der Coricancha oder ›Goldhof‹ war der
Haupttempel des Inkareiches; seine Räume werden
jetzt von der Kirche und dem Kloster Santo Domingo eingenommen. Er besitzt eine Art → Apsis,
deren Grundriß kein Teil eines Kreises oder einer
Ellipse ist, sondern eine unregelmäßige Kurve.
Diese Anlage gleicht sehr der des ›Torreon‹, dem
Rundbauwerk in Machu Picchu. Typisch für den
Inkastil der Spätzeit waren kleine, rechtwinklig behauene Quader, die in gleich breiten Reihen übereinander angeordnet und gleichfalls ohne Mörtel
aneinandergefügt waren, wie sie heute noch in der
Altstadt von Cuzco als Fundamente späterer Bauten aus der Kolonialzeit anzutreffen sind. Ein weiteres charakteristisches Element der Inka-Architektur waren trapezförmige Nischen, Fenster und Türen als einzige Gliederung der Fassade.

*Zickzackmauern der Festung
Sacsayhuaman bei Cuzco,
13. Jh. Höhe des
Eckmonoliths links 5 m.*

Zentralbau. Ein Bau, bei dem im Gegensatz zum
einseitig gerichteten Langhausbau alle Teile auf
einen Mittelpunkt bezogen sind. Die Form des
Grundrisses ist eine regelmäßige geom. Figur –
Kreis, Ellipse, Quadrat, regelmäßiges Vieleck oder
griech. → Kreuz. Die Anräume – Umgänge, Kapellen und Vorhalle – sind dem Hauptraum untergeordnet, auch in der Dachform. Der Z. ist meist von
einer → Kuppel, einem Pyramidendach (→ Dachformen 12) oder einem Klostergewölbe (→ Gewölbe) überwölbt. – Die Entwicklung des antiken
Z.s, der auf kleine Tempelchen (Tholos) und Grabmäler beschränkt war, fand ihren Höhepunkt im
Pantheon in Rom. Erst in der →frühchristl. Baukunst entstanden neben kleineren Zentralbauten,
wie → Baptisterien und Grabbauten, differenzier-
tere Formen (S. Vitale in Ravenna und S. Lorenzo
in Mailand), auch in der → Byzant. Architektur
(Hagia Sophia in Konstantinopel und Grabeskirche in Jerusalem). Seine höchste künstler. und ide-
elle Blüte erlebte der Z. in der → Renaissance und
im → Barock. Abb. → Bramante.

Lit.: Boniver '37; Untermann '89.

Zentralperspektive → Perspektive.

Zeughaus → *Nachträge*.

Ziborium → Ciborium.

Zickzackfries → Deutsches Band.

*Prähistorische Mauertechnik,
Chiprak, Peru.*

*Nischenmauer in der Inkafestung Machu Picchu,
Süd-Peru, 15. Jh.*

Die hochentwickelte Kunst der Steinbearbeitung
stand sicherlich mit dem Glauben in Verbindung,
daß gewisse Steine und Felsen als Ursprungsorte
der Menschheit oder als versteinerte Vorfahren heilig zu halten sind. In der Gegend von Cuzco finden
sich eine Reihe von Felsen, in die Sitze, Treppen,
Rinnen und Vertiefungen eingemeißelt sind und die
dem Kult, vermutlich der Ahnenverehrung der In-
kasippen, gedient haben.
In den engen Andentälern vergrößerten mit Steinmauern gestützte Terrassen die landwirtschaftliche
Anbaufläche. Bewässerungskanäle, überdeckte
Wasserleitungen und Staubecken vermehrten den
Bodenertrag, erforderten jedoch beträchtliche Ar-
beitsleistungen, zu denen alle Einwohner mit wenigen Ausnahmen verpflichtet waren.
Die größte Leistung inkaischer Baukunst sind die,
wenn irgend möglich, schnurgerade angelegten, 6
bis 9 m breiten und von niedrigen Einfassungen
flankierten Fernstraßen, von denen noch Reste erhalten sind. Über 6000 km lang zog sich die ›kgl.

Ziebland, Georg Friedrich (1800-73). Schüler von
Karl v. → Fischer. Bekannt hauptsächlich durch die
Münchner Benediktinerabtei-Kirche St. Bonifatius
(1835-50), eine der konsequentesten Kirchen im frü-
hen → Rundbogenstil. Z. verwirklichte auf Wunsch
Ludwigs I. mit dieser fünfschiffigen Säulenbasilika
eine typenhafte Architekturkopie in Anlehnung an
S. Paolo fuori le mura in Rom. Auf der Südseite des
Königsplatzes in München erbaute er anschließend

Terrassen von Moray bei Cuzco.

das Kunstausstellungsgebäude (1838-45, heute Antikensammlung) als Gegenstück zur Glyptothek → Klenzes.

Lit.: Karnapp '71; Wörner '74.

Ziegel → Backstein, → Dachdeckung 6-9.

Zierglied. Ein plastisch gestaltetes, dem Schmuck eines Bauwerks dienendes Element wie z.B. → Fries, → Stab, → Karnies, → Perlstab, → Taustab.

Zikkurat (auch Ziggurat), die (assyr. babylon.). Altmesopotamischer Monumentalbau, bestehend aus mehreren übereinanderliegenden, nach oben kleiner werdenden Plattformen und einem Tempel auf der Spitze; Aufstieg über Treppen und Rampen. Der Bautyp ist seit der 3. Dynastie von Ur belegbar (Ende des 3. Jts. v. Chr.); Vorformen (Tempel auf einer Hochterrasse mit Rampenaufstieg) gehen jedoch schon auf den Anfang des 3. Jts. v. Chr. zurück. Als ›Turm zu Babel‹ fand die Z. einen langen Nachhall in der abendländischen Malerei.   D. E.

Lit.: Lenzen '41; Parrot '49

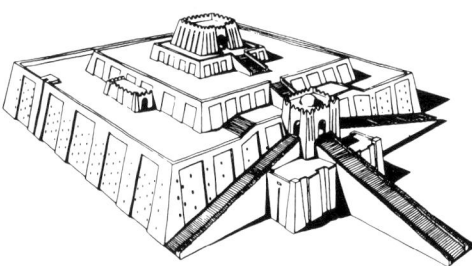

Rekonstruktion einer Zikkurat.

Zimbalo, Giuseppe, gen. lo Zingarello (1617/20-1710). Hauptvertreter des üppigen apulischen → Barock, dessen Zentrum Lecce war. Z. schuf dort u. a.: Convento dei Celestini, jetzt Prefettura (1659-95), Dom (1659-82), S. Agostino (1663) und die Fassade der Chiesa del Rosario (1691). Sein Schüler → Cino führte seinen Stil noch in den ersten Jahrzehnten des 18. Jhs. weiter fort.

Lit.: Argan '57a; Calvesi-Manieri Elia '66.

Zimmermann, Dominikus (1685-1766). Einer der größten südt. Architekten des → Rokoko. Seine bäuerliche Ursprünglichkeit wie auch seine tiefe Frömmigkeit prägten sich seinem Werk bis zuletzt auf. Es ist vielleicht von Bedeutung, daß sein Meisterwerk, die Wies, weder für einen Fürsten noch für den Abt eines reichen Klosters, sondern im Auftrag von Kloster Steingaden als Wallfahrtskirche geschaffen wurde. Z. wurde in Wessobrunn geb. und begann als Stukkateur, ließ sich dann in Füssen (1698) und schließlich in Landsberg (1716), wo er zeitweilig Bürgermeister wurde, nieder. Später hauptsächlich mit Bauaufgaben betraut, schuf Z. dennoch weiterhin Stuckdekorationen und arbeitete gelegentlich mit seinem Bruder *Johann Baptist Z.* (1680-1758), der Maler, Freskant und Stukkateur war, zusammen. Sein frühester Bau ist die Klosterkirche in Mödingen bei Dillingen (1716-25), doch tritt sein reifer Stil zuerst in der Wallfahrtskirche zu Steinhausen (1727-33), einem frühen Beispiel einer Rokoko-Kirche in Bayern, in Erscheinung. Mit diesem Werk wandte er sich entschieden von seinen Vorgängern, die im Stil des → Barock arbei-

Steinerner Saal im Schloß Nymphenburg, München, von → Effner, 1715; → Cuvilliés d. Ä., 1756-57; Johann Baptist → Zimmermann (Dekoration).

teten, ab und gab die mystische, indirekte Beleuchtung und die reiche samtene Farbgebung, die für die Gebrüder → Asam besonders charakteristisch war, zugunsten eines hellen, vorwiegend weißen und heiteren Kirchenraumes auf. Den Farben kommt ebenso wie den gemalten Motiven und plastischen Dekorationen eine symbolische Bedeutung zu. Bei der Frauenkirche in Günzburg (1736-41) bestimmt der oblonge Grundriß die Raumstruktur, während bei der Wieskirche (1745-54, Abb. → Deutschland; → Rokoko; → Verkröpfung) das Oval des Kirchenschiffes und des Umganges, der in einer Wallfahrtskirche notwendigerweise vorhanden sein muß, mit dem oblongen Raumteil des Chores, dessen Wirkung durch einen vorherrschenden Rosa-Farbklang intensiviert wird, zu einer Einheit verschmolzen ist. In diesem Sakralbau verbinden sich die Stuckdekorationen, weißgefaßten Holzskulpturen

Bibliothek in Schussenried, Württemberg, von Dominikus → Zimmermann, 1754-61.

Wieskirche, Oberbayern, von → Zimmermann, 1745-54.

und Fresken aufs glücklichste mit der Architektur. Hier berührt sich in mehr als nur einer Beziehung der höfische Stil des Rokoko mit der Tradition des handwerklichen Künstlertums, die sich bis ins Mittelalter zurückverfolgen läßt.

Lit.: Muchall-Viebrock '12; Günther '44; Hitchcock '68a; Lill-Hirmer '52; Thon '77; Schnell '79; Bauer, H. u. A. '85.

Zingel, der. → Burg.

Zinne. Die Zacke einer Brüstungsmauer oder Brustwehr; zwischen zwei Z.n liegt die Scharte. Ein Zinnenkranz ist die Gesamtheit von Mauerzacken und -einschnitten auf einer Mauerkrone; später auch dekorativ als → Brüstung oder → Attika verwendet.

Zippus, der (lat. cippus: Pfahl, Grabsäule). Ursprünglich ein eiförmig behauener Stein, der den Römern als Wegzeichen diente. Später auch als Gedenkstein auf Gräbern.

Zirkus (lat.: circus). In der röm. Architektur ursprünglich Kampfspielplatz für Wagen- und Pferderennen. Die langgezogene Rennbahn – der Circus Maximus in Rom maß ca. 640 × 130 m – führte um eine niedrige Mauer, die Spina, herum, an deren Enden die Zielsäulen (metae) standen; auf der

Circus Maximus, Rom, 1.-3.Jh.

Spina wurden Weihgeschenke und Trophäen aufgestellt. Die Bahn war an beiden Längs- und einer Schmalseite von ansteigenden Sitzreihen umgeben; an der anderen Schmalseite lagen die Carceres (Ställe und Wagenstände). Später wurde der Z. für alle Arten vor circensischen Spielen (Tierhetzen, Gladiatorenkämpfe) benutzt.

Lit.: Pollack, E. 1890.

Zisterne. Meist unterirdisches Wasserreservoir, in dem in wasserarmen Gegenden Regenwasser gesammelt wurde. Berühmt sind die Z.n von Konstantinopel (Istanbul).

Zisterzienserbaukunst. Der Zisterzienserorden, so benannt nach dem Stammkloster Cîteaux in Burgund, wurde 1098 gegründet. Der berühmteste Zisterziensermönch ist Bernhard von Clairvaux, nach der zweiten Klostergründung des Ordens, Clairvaux (1115 gegr.), genannt. Dem Orden ging es um eine Reform des verweltlichten Klosterlebens; eine der Regeln schrieb die Niederlassung in unwirtlichen Gebieten vor, um dort den Boden urbar zu machen und zu bebauen. So wurden die Zisterzienser allmählich zu erfolgreichen Grundbesitzern. Bis zum Tode Bernhards gab es bereits 339 Niederlassungen, im Jahr 1200 etwa 525 (einschließlich der Nonnenklöster). Während die Cluniazenser (→ Cluny) keine Regeln für die Architektur aufstellten, ist ein Zisterzienserbau, wo immer er steht, an Grundriß und Aufriß sofort als solcher zu erkennen. Diese beiden, die Konzeption einer Kirche entscheidend bestimmenden Elemente wurden – zumindest bis etwa 1150 – demonstrativ einfach gehalten. Die Zisterzienserkirchen besitzen – bis auf einen Dachreiter – keinen Turm, das Langhaus ist meist flachgedeckt; die Chöre enden rechteckig, ebenso die Kapellen, die im Osten an die Quer-

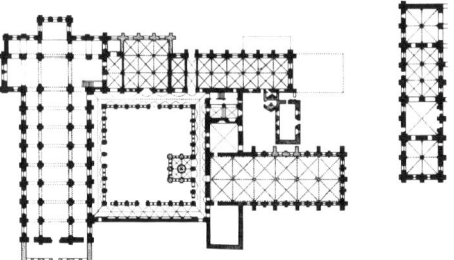

Zisterzienser-Abtei Fontenay, 1139-47 (nach K.J. Conant).

schiffe anschließen; gewöhnlich gehören zu jedem Querschiff zwei Kapellen, doch kann die Anzahl bis auf vier anwachsen. → Apsiden sind – außer in Spanien – selten. Auch im Detail blieb man möglichst einfach, doch bemühte man sich um beste Steinmetzarbeit. Die früheste völlig erhaltene Kirche ist die von Fontenay (1139-47), die größte Pontigny (etwa 1140-1200), beide in Burgund. In England finden sich bedeutende Ruinen: Fountains Abbey, Rievaulx, Kirkstall, Roche, Tintern u.a. Die bekanntesten Bauten in Italien sind u.a.: Casamari, Fossanova und Chiaravalle; in Spanien: Moreruela, La Oliva, Poblet und Las Santas Creus (Katalonien); in Deutschland: Eberbach, Ebrach, Maulbronn, Bronnbach, Walkenried und Riddagshausen bei Braunschweig; in Österreich: Heiligenkreuz, Lilienfeld und Zwettl. Abb. → Deutschland.

Lit.: Aubert '41-43; Dimier, M.-A. '49; Eydoux '52; Hahn '57; Fraccaro De Longhi '58; Braunfels '69; Linden '89.

Zisterne. Yerebatan-Zisterne, Istanbul, unter Justinian 532 ausgebaut.

Zwerggalerie. Dom zu Speyer, um 1100.

Zwickel. S. Maria della Consolazione, bei Todi, 1508-1607.

Zitadelle → Festung.

Zitek, Josef (1832-1909) → Tschechoslowakei.

Zither, der. Schatzkammer einer Kirche; in ihm wurden Kirchenschätze und Archive aufbewahrt, z. B. Quedlinburg, Seligenstadt. Der Z. wurde aus Stein errichtet und war daher weitgehend feuersicher.

Zopfstil (dt. Name f. Louis-seize-Stil; 2. H. 18. Jh.) → Deutschland; → Rokoko.

Zophoros, der (gr.: Figurenträger). Mit figürlichen Reliefs geschmückter → Fries der att.-ion. und korinth. Ordnung. Ein Z. findet sich z. B. am Theseion in Athen (Abb. → Tempel).
Lit.: Baltrušaitis '55b; '57, '60.

Zuccalli, Enrico (ca. 1642-1724). Ital. Architekt des → Barock, Mitglied einer Architektenfamilie aus Graubünden, ließ sich in München nieder, wo er neben seinem Rivalen → Viscardi mehrere Jahre lang die Architektur bestimmte; 1673 wurde er Hofbaumeister. Er führte nach → Barellis Abberufung 1667 den Bau der Theatinerkirche St. Kajetan durch Umgestaltung der Kuppel (1688 voll.), Innenausbau und Fassadenentwurf mit den beiden charakteristischen Türmen (1690 voll.) fort (Abb. → Barock; → Kuppel). Ab 1680 leitete er die dekorative Ausgestaltung einiger Zimmerfluchten der Residenz und erbaute 1693 das Palais Porcia (1736 von → Cuvilliés d. Ä. umgestaltet). Außerhalb Münchens errichtete Z. in Schleißheim das Gartenschlößchen Lustheim (1684-89) am Ende des Schloßparks. Seit 1696 Entwürfe für das Hauptschloß in Schleißheim (Neues Schloß, 1701-04, von → Effner 1719-27 weitergeführt, erst im 19. Jh. voll.). 1695 begann er mit dem Umbau des Schlosses in Bonn, das jedoch nach 1702 von de → Cotte vollendet wurde. Für den Neubau von Kloster und Kirche Ettal schuf Z. Chor, Fassade und Pläne für die Kuppel (1710-26, 1744 teilw. durch Brand zerst.).
Sein Neffe *J. Caspar Z.* (um 1667-1717) erbaute als Hofbaumeister in Salzburg (seit 1689) zwei italianisierende Kirchen: Erharts-Kirche in Nonntal (1685-89) und Kajetaner-Kirche (1685-1700).
Lit.: Hempel '65; Heym '84.

Zuckerbäckerstil → Stalinistische Architektur.

Zug, Gottlieb Simon (1753-1807) → Polen.

Zweiturmfassade (Doppelturmfassade). Eine Fassade, die meist von sym. Türmen flankiert wird. → Turm; → Westwerk.

Zwerchgiebel. An der → Traufseite des Daches angebrachter kleiner Giebel, dessen → First (Zwerchdach) quer zu dem des Hauptdaches verläuft.

Zwerchhaus → Dachfenster 4.

Zwerggalerie. Ein in der Außenmauer ausgesparter Laufgang mit kleiner Bogenstellung und zierlichen Säulen. Die Z. war nur in der → roman. Baukunst Italiens und Deutschlands (Modena, Ferrara, Speyer, Worms, Mainz u. a.) gebräuchlich.
Lit.: De Lasteyrie '29; Testini '58; Eckstein '77.

Zwickel. Dreieckige Fläche zwischen der Seite eines → Bogens, der Scheitelgeraden und der Vertikalen, die durch den → Kämpferpunkt führt; der Aus-

Apollinariskirche Remagen, von → Zwirner, 1839-42.

druck wird auch für die Flächen zwischen zwei Bögen einer → Arkade angewandt.

Zwiebeldach → Dachformen 15.

Zwinger. Das Gelände zwischen der Vor- und Hauptmauer einer Burg- oder Stadtbefestigung. Dieser wenig nutzbare Bezirk, in dem häufig Tiere gehalten wurden (Bärenz.), wurde im → Barock als Ort von Vergnügungen eingerichtet. Das berühmteste und bedeutendste Beispiel dieser Art ist der Z. in Dresden (→ Pöppelmann, mit Abb.).
Lit.: Löffler '76.

Zwirner, Ernst Friedrich (1802-61). Kölner Dombaumeister in den entscheidenden Jahren seit 1833, als die Weiterführung des unvollendeten → got. Baus in die Wege geleitet und mit Enthusiasmus betrieben wurde. Z. entwarf auch die neugot. Apollinariskirche in Remagen (1839-42).
Lit.: Weyres '50; '74; Borger '82.

Zyklische Architektur. Insbesondere religiös motivierter Ab- und Wiederaufbau sakraler Architektur in bestimmten Zeitabständen. In → Japan werden die Schreinhallen der Shinto-Religion in einem gewissen Zeitrhythmus auf einem benachbarten Platz wieder aufgebaut. In den → Mesoamerikanischen Hochkulturen wurden in einem festliegenden Jahreszyklus die Tempel überbaut.

Zyklopenmauerwerk → Mauerwerk 5; → Megalith. Das Z. findet sich hauptsächlich in archaischen Kulturen (Hethiter, Mykene, Tiryns, Inkas).

Nachträge

A

Abercrombie, Sir Patrick (1879-1957). A. zählt zu den Pionieren der britischen Stadt- und Regionalplanung. Seine Karriere begann an der Liverpool School of Architecture, wo er, ohne eigene Universitätsausbildung, Vorlesungen hielt und ab 1915 für zwanzig Jahre die Leitung des Department of Civic Design übernahm. In Lehre und Praxis stützte sich A. bes. auf die Gedanken → Geddes. Seine zahlreichen Stadt- und Regionalpläne für GB und in den Nachkriegsjahren für Addis Abeba, Hong Kong, Cypern und Äthiopien dokumentieren seine Überzeugung, daß das Ergebnis von Stadt- und Landschaftsplanung ein sozialer Organismus und ein Kunstwerk sein müsse und daß man eine Stadt nie isoliert von ihrer Umgebung betrachten könne. Sein bedeutendster Beitrag zur britischen Planungsgeschichte ist der ›Greater London Plan‹ (1942-45), der die räumliche Begrenzung der Kernstadt Londons und ihre Entlastung und Erweiterung durch neue Städte in ihrem Umkreis anstrebte. Der London-Plan, in dem Gedanken → Howards aufgegriffen wurden, hat seinen Modellcharakter bis heute nicht verloren. A. suchte sich Mitarbeiter aus den verschiedensten Disziplinen, um in die Entwicklung von Stadt- und Regionalplanung Betrachtungen der Geologie, Landschaft, Geschichte, Architektur, Soziologie und der Wirtschaft miteinzubeziehen. Sein weitreichendes Engagement wurde mit zahlreichen Anerkennungen honoriert.   C.H.

Lit.: Abercrombie '45; Schneider '47; Cherry '81; Benevolo '91.

Aborigines. Den Ureinwohnern Australiens hat man lange jegliche architektonische Leistung abgesprochen. Tatsächlich kannten die als Nomaden lebenden A. keine dauerhaften Häuser oder Siedlungen. Je nach Region und Jahreszeit hielten sie sich oft nur wenige Tage an einem Ort auf, an Lagerplätzen in der Nähe von Wasserlöchern gelegen, günstig für die Jagd- und Sammeltätigkeit.

Bei kurzzeitigen Aufenthalten wurden → Windschirme gebaut, die durch Äste und dünnere Stämme gebildet und mit Gras, Rinden, Schilf oder ähnlichem bedeckt wurden. Sie waren an einer, manchmal auch an drei Seiten offen und boten den Lagernden wie auch der Feuerstelle nur einen begrenzten Schutz.

Für längere Aufenthalte kannte man Hütten, nach dem Prinzip der Windschirme zumeist in Bienenkorbform zusammengestellt und ebenfalls mit Gras oder Schilf abgedeckt. Sie wurden vorwiegend zum Schlafen benutzt, während die für die Ureinwohner so wichtige Feuerstelle durch einen Windschirm geschützt sein konnte. In kalten Jahreszeiten konnten Hütten zu einem Teil in die Erde hineingebaut werden. Zusätzlichen Schutz fand man zweifellos durch die Errichtung der Lager in trockenen Flußbetten, unter Baumgruppen oder im Schutz von Felsüberhängen. Die Größe der Lager war abhängig von der Zahl der Kleinfamilien in einer Gruppe. Jede Kleinfamilie besaß ihre eigene Hütte bzw. den eigenen Windschirm, der in einem gewissen Abstand von den Nachbarn errichtet wurde.

Bis heute leben diejenigen A., die ihre Siedlung wegen eines Todesfalls verlassen hatten oder die als Siedler in Zentral-Australien an den Rändern der Städte lebten, in ›modernisierten‹ Formen von Hütten bzw. Windschirmen: Äste werden auf traditionelle Weise zusammengestellt, aber mit Planen, Wellblech und anderen ›modernen‹ Materialien abgedeckt. → Australien.   J.H.

Afrika. Traditionelle Architektur. Die aus der Antike in die abendländische Kunstgeschichte überkommene Auffassung von ›Architektur‹ setzt bis in die 2. H. des 20. Jhs. in Zweifel, ob die Bautraditionen von Stammesgesellschaften gleichwertig neben die Monumente der altorientalischen, antiken, christlichen oder islamischen Architektur zu stellen sind (vgl. → Südsee, → Indianer). Die meist kleinen Dimensionen der Bauten, die Vergänglichkeit des Materials und die Anonymität der Baumeister schienen zu unzureichend zu sein, um sie – über eine Bewertung als Schutz vor Witterungseinflüssen hinaus – als ›Baukunst‹ in die Weltarchitektur einzureihen (→ Anonyme Architektur).

Afrikanische Bauformen und Siedlungsanlagen sind bereits in den Werken der arabischen Gelehrten und Reisenden des MA erwähnt; und in den Berichten der Afrikareisenden des 18. und 19. Jhs. spiegelt sich eine Vielfalt von Häusern, Hütten, Zelten und technischen Einrichtungen. Bauten mit rundem, ovalem oder geradem Grundriß, mit Kuppel-, Kegel-, First- oder Flachdach (→ Dachformen), aus unterschiedlichen Materialien wie Palmrippen, Hirsestroh, Stein oder Lehm treten in vielfältigen Kombinationen auf. Jedoch wurden erst Ende des 19. Jhs. erste Kriterien entwickelt, um afrikanische Kulturen und damit auch ihre Bauten (nach Grundriß, Dachform, Konstruktion, Baumaterial) zu klassifizieren (Hermann und Leo Frobenius 1898). Die große Bedeutung außerafrikanischer Einflüsse, auch die Rolle des Islam, wurde zunehmend in die afrikanische Kulturgeschichte einbezogen (Architektur der Sudanstädte mit Haus-, Palast- und Moscheebau; → Islam. Architektur). Die systematischen Architekturforschungen Ende des 20. Jhs. zeigen, daß afrikanische Bauten, über ihre Funktion hinaus, das Baumaterial technisch hervorragend bewältigen und zugleich die ökonomischen, sozialen und politischen Ordnungen sowie religiöse Vorstellungen spiegeln.

Das Bauen erfolgt im allgemeinen im Familienverband; auch Dorfbewohner mit speziellen Fertigkeiten werden herangezogen oder, wie in islamisch beeinflußten Regionen, wandernde Handwerker-

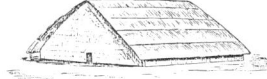

Afrika. Haus in Mali.

Afrika. Halle der Mangbetu, Zaire.

Afrika. Halle der Mangbetu, Zaire.

Nachträge

gruppen (Nigerbinnendelta in Mali). Neben Straßendörfern (in Regenwaldgebieten), Haufendörfern, traditionellen Stadtanlagen (Ostafrika, Sahelgebiet, Küstenregionen) ist für weite Gebiete der afrikanischen Savanne das bäuerliche Gehöft als Streusiedlung charakteristisch (→ Dorf, → Bauernhaus). Dorfgemeinschaften sind nach Familienverbänden gegliedert (Kernfamilien, erweiterte Familien, Lineages, Klane). Diese Strukturen bestehen auch in jenen afrikanischen Königreichen fort, die – vermutlich durch Fremdeinflüsse – Residenzen mit Hofhaltung entwickelten und vereinzelt auch ›monumentale‹ Hallen errichten ließen (MangbetuHerrscher, Munza). Ein Kult- oder Ahnenhaus fällt im Dorfbild traditionell nicht auf, denn einen eigenen Sakralbau haben afrikanische Gesellschaften nur in seltenen Fällen entwickelt. Das Gehöft dient einer erweiterten Familie (›Großfamilie‹) als Wohn- und Wirtschaftsraum, auch als Stätte für den Ahnenkult, der die religiösen Vorstellungen beherrscht und unter der Obhut des Gehöftoberhauptes voll

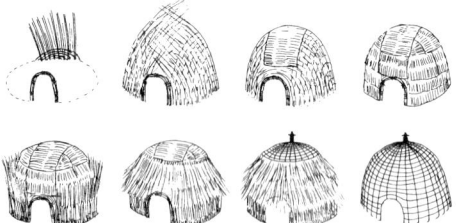

Kuppelhütte. Konstruktionsstadien eines ›Swasihauses‹, Swasiland.

zogen wird. Neben den Wohnhäusern umfaßt die häufig kreisförmige Anlage Ställe für Kleinvieh (Ziegen, Schafe, Hühner), einen Wirtschaftshof für Speicher (Hirse, Mais, Knollenfrüchte; → Scheune) und mitunter für Großvieh; Grab- oder Ahnenhaus, Menstruations- und → Gebärhütte sowie Kulträume können dem Gehöft angehören. Die Zahl der Bewohner variiert zwischen einer Kernfamilie (Somba/Tamberma, Togo; Nioniose, Burkina Faso) und Lineages bis zu 120 Personen (Lyela, Burkina Faso). Ein Haus dient dem Mann oder einer seiner Frauen mit ihren Kindern als Wohn-/ Schlafraum, den Frauen auch als Küche. Mehrräumigkeit (bei Heirat mit einer weiteren Frau in der meist polygynen Ehe) wird überwiegend durch Addieren von Häusern erreicht. Das Gehöft kann als Areal mit einer Hecke oder Umfassungsmauer eingegrenzt werden. Wie das Haus symbolisiert auch das Gehöft vielfach als Mikrokosmos die Weltsicht der Bewohner: durch seine Position in der Siedlung, die Lage des Eingangs und der Häuser innerhalb der Anlage, vor allem durch die Orientierung nach bestimmten Himmelsrichtungen (z. B. Residenzen der Mosi-Herrscher, Nigerbogen). Wie die Bauform ist auch die Baudekoration an die Funktion und an die Bedeutung der Bauten gebunden. Die ästhetische Wirkung ergibt sich aus der Materialverarbeitung.

GRUNDTYPEN TRADITIONELLER AFRIKANISCHER ARCHITEKTUR: Die ökologischen Räume des afrikanischen Kontinents südlich der Sahara erstrecken sich beiderseits des Äquator als parallele Zonen. Sie haben entsprechend ihrer Breitenlage und damit der Niederschlags- und Vegetationszonen bestimmte Wirtschaftsformen und Bauformen hervorgebracht: Die Trockengebiete um die Wendekreise bedingen mit ihrem wüstenhaften Charakter eine

schweifende Lebensweise als Jäger und Sammler (Buschmänner) oder als Karawanenführer (Tuareg) und Wanderhirten, mit transportablen oder in kurzer Zeit zu errichtenden Wohnungen wie → Wetterschirm und → Zelt. Auch die sich südlich und nördlich anschließenden Trockensavannen durchziehen Viehzüchter in saisonal bedingtem Rhythmus mit *Kuppelhütten* als Behausung. In den zum Äquator hin feuchteren Zonen – Baumsavanne und Regenwaldgebiet – sind dauerhafte Bauten der seßhaften Hackbauern verbreitet: In der Savanne dominiert das *zylindrische Haus* mit konischem Strohdach (zwischen Atlantik im Westen und Weißem Nil im Osten, in Ostafrika, im Kongo- und Sambesi-Gebiet). In den Waldregionen überwiegt das rechteckige *Satteldachhaus* (Ober- und Niederguinea vom Bissagos-Archipel über Nigeria bis zur Kongomündung); vereinzelt bewohnen Pygmäen niedrige Kuppelhütten. Diese Grundtypen zeigen Einheitlichkeit und Konstanz.

Wetterschirm und Kuppelhütte der Jäger und Sammler: Als kleinste soziale Einheit bewohnt die Kernfamilie der Pygmäen und Buschmänner eine Hütte mit einer eigenen Feuerstelle. Bei den Buschmännern schlagen mehrere verwandte Familien ein gemeinsames Lager aus gebogenen Wetterschirmen oder Kuppelhütten auf. Gelegentlich benutzen die Männer bei Jagdausflügen ein temporäres ›Wildlager‹, das aus den lebenden Zweigen eines Busches gebildet wird. Das Errichten der Behausung ist bei Jägern und Sammlern die Aufgabe der Frau. Entsprechend der geringen Körpergröße ist die Hütte der Pygmäen (Regenwaldgebiet) von kleinen Dimensionen, da der menschliche Körper als Maß dient (Durchmesser 2-4 m, überbaute Fläche etwa 12,5 m^2).

Kuppelhütte in Tansania, um 1900.

Die Kuppelhütte der Hirten: Bei Wechsel des Standortes verladen Viehzüchter die zum Bau ihrer Kuppelhütten notwendigen Gerüststangen und das Deckmaterial auf Tiere und führen sie zum neuen Lagerplatz mit. Die Konstruktion kann variieren: Gebogene Stangen werden nach einem kreisförmigen Grundriß in die Erde gesteckt und im Scheitelpunkt verbunden (Rimaibe im Nigerbogen); auch wird – um einen größeren Innenraum zu erreichen – ein Zwischenraum im Scheitel belassen, den Stangen kuppelförmig schließen (Rendille in Ostafrika). Das Deckmaterial ist vielfältig: einfache Lagen aus Savannenstroh (Rimaibe), kunstvoll geflochtene Strohmatten (Fulbe im Sahel), Bahnen aus Tierhaaren (arabische Gruppen in der Sahara) oder Leder (Tuareg). Der Bau auch dieser Hütte ist weitgehend Aufgabe der Frauen, ebenso wie das Anfertigen von Matten.

Eingang eines Zulu-Hauses, Südafrika, Kwazulu.

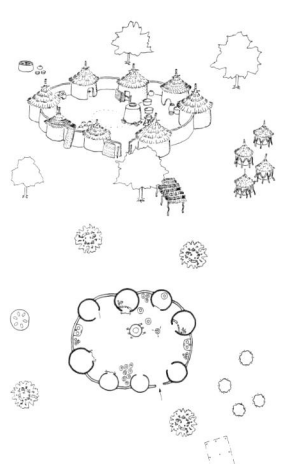

Gehöft der Mosi, Nigerbogen, Westafrika.

Gehöft in Djinglia, Kamerun.

Das zylindrische Kegeldachhaus der Pflanzer: Das Satteldachhaus und das Pyramidendachhaus werden nur in seltenen Fällen zu einem Gehöft zusammengefaßt – im Gegensatz zu dem Kegeldachhaus. Dieses zylindrische Haus mit konischem Strohdach ist in der Konstruktion mit der Kuppelhütte verwandt, auch wenn das Äußere wenig Gemeinsamkeit erkennen läßt: Ohne die Gerüststäbe zu biegen, sitzt eine Hütte als ›Dach‹ auf einem festen Unterbau, der zylindrischen Wand. Diese kann aus Pfosten, die als Ständer dienen, errichtet und mit geflochtenen Matten verkleidet sein. In der Sudanzone treten auch tragende Wände aus Lehm, vereinzelt auch aus Stein auf (Durchmesser 3-5 m; Innenraum etwa 20 m²). Durch einen Mittelpfahl kann der Innenraum vergrößert werden (Gulmance und Dagomba, Nigerbogen). Plastischer Wand- und Dachschmuck aus Lehm/Ton im westafrikanischen Raum, häufig als Flachrelief an Hauswänden, zeigt Tier- und Menschendarstellungen als fruchtbarkeitsfördernde Symbole (Mittelnigeria über den Nigerbogen bis Sierra Leone).

Das rechteckige Satteldachhaus der Pflanzer, mit Varianten: Im Unterschied zu den afrikanischen ›Hütten‹, den Kuppelbauten, bei denen Dach und Wand eine Einheit bilden, handelt es sich auch bei diesen Bauten um ›Häuser‹, deren Dach und Wand getrennte konstruktive Einheiten darstellen. Bei dem ›Firstdachhaus‹ (Breite x Länge: 4 x 5 m; Innenraum etwa 20 m²) tragen Ständer die Firststange; die Wände bestehen aus kunstvoll geflochtenen Matten (Kuba im Regenwald des Kassaigebietes) oder aus lehmverschmierten Gerüsten (Guineaküste); die Dachbedeckung ist Stroh. Eine eindrucksvolle Variante ist das ›Schildkrötendachhaus‹ (Mongo im Kongobogen), mit nach oben gebogener Firststange und mehreren überkragen-

Haus eines Fürsten der Kuba, Zaire, 1928.

Pyramidendachhaus der Tikar, Grasland von Kamerun.

Ruinen von Simbabwe.

Pfahlbau in Ganvié, Südbenin.

den Lagen von Stroh als Dachbedeckung. Ob → Pfahlbauten als ein eigener Typus aufzufassen sind, ist umstritten. Der rechteckige, zum Teil quadratische Grundriß mit einem Sattel- oder Pyramidendach weist diese Form als eine auf Pfählen errichtete Variante des Satteldachhauses aus (Überschwemmungsgebiete wie oberer Kassai, Mangrovengebiete der Elfenbeinküste oder Nigerdelta). Als eine Zwischenform vereinigt das Pyramidendachhaus die Elemente des Satteldach- und des zylindrokonischen Hauses (Angola, Kongogebiet, Kameruner Grasland). Der quadratische Unterbau wird von einem Strohdach beschirmt, das aus vier dreieckigen Dachsegmenten zusammengesetzt und verandartig durch Holzpfosten abgestützt ist. Seine höchste Entfaltung erfährt das Pyramidendachhaus in den Königsresidenzen des Kameruner Graslandes (Bamum). Dieser Bau betont die Vertikale (Höhe bis zu 20 m), verwendet in reichem Maße geschnitzte Balken als plastischen Bauschmuck (Menschenfiguren oder Masken) und erzielt durch Verkleidung der Dachkonstruktion eine Fassade von ästhetischer Wirkung: eine vermutlich durch Fremdeinflüsse geprägte Bautradition, deren Alter auf 400 bis 500 Jahre geschätzt wird.

Pyramidendachhaus. Versammlungshaus in der Palastanlage von Bandjoun, südlich von Bamenda, Kamerun.

SONDERFORMEN DURCH FREMDEINFLÜSSE: Auf Fremdeinflüsse geht das Impluvium (Königsresidenzen der Joruba, südliches Nigeria) zurück, das in der Anlage dem mediterranen Vorbild entspricht. Vieldiskutiert sind die großen Ruinenanlagen von Simbabwe (›Erhabenes Haus‹): ungedeckte, ellipsoide Umwallungen aus Trockenmauerwerk (etwa 50 m x 80 m Durchmesser, 11 m Höhe) mit konischen, turmartigen Bauten im Innenbereich. Ihre Entstehung wird auf etwa das 9. Jh. datiert. Deutungen weisen auf eine Kultstätte für Regenopfer oder eine Verbindung mit dem späteren sakralen Königtum des rhodesischen Reiches Monomotapa hin. Eine Übertragung der Bautraditionen längs des ostafrikanischen Grabens von Äthiopien her und eine Verschmelzung mit afrikanischen Traditionen erscheinen möglich. Auf einen frühen Kontakt mit dem Mittelmeerraum kann aus jenen ›Kreuzkellerbauten‹ geschlossen werden, die seit dem Mittelalter für die Sudanzone durch arabische Reisende (Ibn Battuta, 14. Jh.) belegt sind. Möglicherweise gehören auch unterirdische Schutzanlagen in Ostafrika (Tembe) zu diesen Bauten.

Von Nordafrika beeinflußt sind vermutlich auch jene Lehmgehöfte der Sudanzone (Tschadseegebiet, Mittel-Nigeria, innerer Nigerbogen), die als ›Lehmburgen‹ in die Literatur eingegangen sind: Wehranlagen, die unter einer alle Räume überspannenden Lehmdecke, zum Teil zweigeschossig, das Gehöft einer erweiterten Familie vereinen (Lobi,

›Lehmkegel‹ der Musgu, südliches Tschadseegebiet, Nigeria.

Somba/Tamberma, Westkasena – Nigerbogen) oder ringförmig angeordnete, ein- oder mehrzylindrische Einzelbauten durch eine Mauer nach außen abschirmen (mittlerer und nördlicher Nigerbogen, Zentralnigeria, Ṭschadseegebiet). Nicht nur Mauern, Wände und Dach dieser flachgedeckten Häuser von zum Teil unregelmäßigem, jedoch überwiegend kreisförmigem Grundriß sind aus ungebrannter Erde geformt (→ Lehmarchitektur), sondern auch die gesamte Inneneinrichtung: Bänke, Sockel, Bett, Mahltisch, Herd, Vorratsgefäße, im besonderen

Innenansicht eines Frauenhauses der Kasena, Nigerbogen, Westafrika.

Speicher. Ein variantenreiches, plastisches Bauen mit Lehmmörtel, das auch durch die geometrischen (gravierten und/oder gemalten), symbolhaften Wanddekorationen einen hohen künstlerischen Wert hat (Frauenhäuser der Lyela und Kasena, Oberes Voltagebiet; Somba/Tamberma-›Burgen‹, Nord-Togo; ›Lehmkegel‹ der Musgu, südliches Tschadseegebiet). Rechteckiges Bauen und die Verwendung von luftgetrockeneten Lehmziegeln (→ Adobe) erreichen den Sudan vermutlich schon in vorislamischer Zeit, verstärkt jedoch seit dem 10./11.Jh. Als Grundform kennzeichnet das ›Lehmkastenhaus‹ die Bauweise der großen Handelsstädte, die ›Häfen‹ des Transsaharaverkehrs (Timbuktu, Mopti, Djénné in Mali; Agadez, Kano im Hausagebiet). Varianten prägen sich in unterschiedlichen Typen von Stadthäusern aus; unter ihnen das ›Djénné‹-Haus, dessen von → Lisenen, Mauernischen und konischen Dachaufsätzen gegliederte Fassade die umliegenden Lehmkastenhäuser überragt. Der strengere ›Timbuktu‹- und ›Ségou‹-Stil umkleidet die Wandkonstruktion aus

Balken mit Lehm und teilt dadurch die Fassaden in Felder. Auch die Dachsparren des städtischen Hauses in Nigeria und Niger (Hausa) werden teilweise mit Lehm umkleidet; sie wirken im Inneren als Netzgewölbe; von außen entsteht der Eindruck eines Kuppelbaus. Diese Bauten zeigen – wie auch → Moschee und → Palast – die Fähigkeit der Afrikaner, fremde Bautraditionen aufzunehmen und mit den ihnen verfügbaren Materialien schöpferisch umzugestalten. Profan- und Sakralbauten werden dabei aus luftgetrockneten Lehmziegeln, mit Lehmmörtel vermauert und von Lehmputz überkleidet, errichtet. Als herausragende Bauwerke prägen die Lehmmoscheen das Bild der Sudanstädte (u.a. Freitagsmoscheen von Djénné und Mopti – Niger-

Freitagsmoschee von Djénné, Mali, 1906-07.

binnendelta, Mali). Ihre Baustile wirken auch auf die Siedlungen im ländlichen Raum. Diese Moschee ist überwiegend in einen von Pfeilern gestützten, flachgedeckten Betraum gegliedert und in einen offenen, nach Westen angebauten Hof. Die meist schlichte, nach Mekka ausgerichtete Ostfassade prägt der mit einem Fassadengebälk ausgestattete Mirhab-Turm; er dient nicht als → Minarett. Die zum Hof ausgerichtete Westfassade kann reichen Bauschmuck (Mauernischen, Bänder von schräggestellten Ziegeln) tragen. Charakteristisches Element sind die den Wänden vorgelagerten Pfeiler, die konisch zulaufend die Lehmdecke überragen und im Gesamteindruck die Vertikale dominieren lassen.

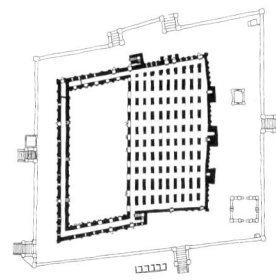

Grundriß der Freitagsmoschee von Djénné.

Jugendhaus der Somono, Mali.

Djénné-Haus, Djénné, Mali.

Afrika. Hirsespeicher der Tusian, Nigerbogen, Westafrika.

Von der Kolonialverwaltung wurden in der ersten Hälfte des 20. Jhs. einheimische Baumaterialien zur Errichtung monumentaler Bauten (Kolonialstil) verwendet. Die Formen der von Stilelementen der islamischen Architektur geprägten öffentlichen Gebäude (Residenzen der Kolonialbeamten, Verwaltungsgebäude oder Handelsniederlassungen) wurden teilweise in die traditionelle Architektur übernommen (Sudanzone Westafrikas). Zeugnisse der christlichen Religion repräsentieren die Felsenkirchen → Äthiopiens; eine Form der Sakralarchitektur, die mit dem traditionellen afrikanischen Bauen keine Verbindung eingegangen ist. Vgl. → Ägypten, → Nordafrikanische Länder, → Äthiopien, → Südafrika.   A.F.

Lit.: Caton-Thompson '31; Hefel '46; Glück '56; Haselberger '64; Oliver '71; Gardi '73; Garlake '75; Guidoni '76; Denyer '78; Fiedermutz-Laun '83; Moughtin '85; Prussin '86; Blier '87; Gruner '90; Lauber '90.

Afrika. Kolonialer Lehmpalast im Mosi-Gebiet, Kokologho, Burkina Faso.

Albanien. Die Anfänge von Architektur auf albanischem Gebiet verlieren sich in vorgeschichtlicher Zeit. Früheste Zeugnisse sind Wohnsiedlungen mit Befestigungen aus Stein oder Holz und Pfahlbauhäuser (2700-2600 v. Chr. Kamnik-Kolonja, Maliq-Korça). Steinbaukonstruktionen gehören in die Bronzezeit, als die illyrische Bevölkerung entstand. Illyrische Kunst und Architektur können erstmals in der Eisenzeit nachgewiesen werden (1200-500 v. Chr.). Im 5. Jh. v. Chr. entstanden größere illyrische Städte an der Adriaküste, wie Dyrrah (Durrës), Apolonia, Buthrot (Butrint), Scodra, Foinike (Finiqi), Albanopolis (Zgërdheshi), Antigonea u. a. Ihre befestigten Bezirke waren jeweils eine → Akropolis und die dazugehörige Unterstadt, während die übrigen städtischen Siedlungen nach der von → Hippodamos eingeführten rechteckigen Planung angelegt waren. Die illyrische Architektur des 5. bis 1. Jhs. v. Chr. war stark beeinflußt von griechischen bzw. hellenistischen Vorbildern, weist jedoch in Planung und Stil eigenständige Züge auf, wie die Promenaden von Apolonia, Dimal, Butrint und das Theater von Bylis (6000 Sitze) zeigen. Im Grundriß

Albanien. Buleuterion, Apolonia, 2. Jh.

unterscheidet man Peristyl- und Pastas-Häuser sowie solche mit schmalem Korridor.

Die römische Periode (1. Jh. v. Chr. bis 4. Jh. n. Chr.) führte neue Gebäudetypen ein, wie das → Odeion, die → Bibliothek, das Buleuterion. Neue Technologien und Baumaterialien (Ziegel und Mörtel) erlaubten die Konstruktion so großartiger Gebäude wie das Amphitheater von Dyrrah (1. Jh.) mit ovalem Grundriß, 136 m Länge, 20 m Höhe und 15-20000 Sitzen. Die ersten frühchristlichen Gebäude und Basiliken wurden zur Zeit Kaiser Konstantins erbaut, z. B. die Rotunde in Dyrrah (313). Diese Phase erreicht ihren Höhepunkt in der Regierungszeit der byzantinischen Kaiser illyrischer Herkunft, Anastasius' I., Justins I. und Justinians I. Neben den großen Basiliken mit → Transept wie in Arapaj (6. Jh.) und einschiffigen Kirchen, allesamt mit Mosaikfußböden, sind Baptisterien wie das in Buthrot (6. Jh.) erhalten – der früheste Zentralbau einer Taufkapelle im Mittelmeerraum.

In der Zeit der Völkerwanderung wurden die Städte Lissos (Lezha), Buthrot und Dyrrah (von wo die berühmte Via Egnatia ihren Ausgang nahm) von den Byzantinern mit starken Befestigungsanlagen versehen. Im 7.-11. Jh. entstanden überall neue Städte, wie Kruja, Sarda, Kastoria und die Burg von Petrela, in typisch mittelalterlicher Bauweise. Aus dieser Zeit stammen viele kleinere einschiffige Kirchen wie die Kapelle des Amphitheaters von Durrës mit Mauer-Mosaiken aus dem 10. Jh.

Eine wichtige Phase albanischer Architekur fällt in die Zeit der Blüte der albanischen Fürstentümer mit den Zentren Kruja, Berat, Shkodra, Gjirokastra, Lezha, Kanina u. a. (11.-15. Jh.). Die Städte und Burgen verfügen über innere Mauern, die die Akropolis, den Sitz der Fürstenfamilie und des Feudaladels, von den übrigen Gebäuden trennten. Nach Einführung der Feuerwaffen traten infolge der Kämpfe gegen die osmanischen Heere im 15. Jh. neue Architekturelemente auf, teils früher als in europäischen Ländern. Beispiele hierfür sind Kruja, Kep i Rodonit, Stelush u. a. Die Kirchen dieser Periode sind beeinflußt von byzantinischer Archi-

Albanien. Marienkirche Labova, 2. H. 10. Jh.

tektur, weisen jedoch einige Besonderheiten auf (St. Maria in Pojan, St. Maria in Labova e Kryqit): Sie bilden Varianten der Kuppelbasilika oder haben wie St. Nikolas in Mesopotam zwei Apsiden. Neue byzantinische Stilformen wie das eingeschriebene Kreuz wurden in Südalbanien eingeführt, während in Nordalbanien Elemente der romanisch-gotischen Bauweise Eingang fanden, jeweils davon abhängig, ob die Bevölkerung mehrheitlich orthodox oder römisch-katholisch war.

Vom Ende des 15. Jhs. an, nach der Eroberung durch die Osmanen, wurden überall in Albanien

Albanien. Historisches Museum am Skanderberg-Platz, Tirana, 1981.

islamische Kultgebäude errichtet (→ Islamische Architektur). Die → Moschee mit den anderen Gebäuden im Kullie (Kultbezirk) wurde das architektonische Merkmal der neu entstehenden Stadtzentren, in die der Markt einbezogen war: Königs-Moschee in Berat (1492), Mirahori-Moschee in Korça (1496). Zwei Typen von Moscheen sind anzutreffen: der Hallenbau, ausgestattet mit Holzschnitzereien, und die Kuppelmoschee mit betont monumentalem Charakter. Anfangs kamen die Baupläne noch aus Istanbul; die Baumeister jedoch waren Einheimische und brachten ihre eigenen, besonders die byzantinischen Traditionen mit ein. Vom Beginn des 17. Jhs. an gab es in den Hauptstädten eigene Baubüros mit führenden Architekten.

Im 17. und 18. Jh. wurden in den Städten zahlreiche neue islamische und christliche Gotteshäuser errichtet. Die nationale albanische Bewegung bevorzugt in ihren Moscheen, Kirchen und Palästen einen neo-klassischen, barocken Stil. Der wichtigste Typ der Moschee war der Monumentalbau mit bleigedeckter Kuppel und einem nadelförmigen → Minarett, einem großen holzgedeckten Eingangstrakt und einer offenen Halle mit vielen Säulen: Basarmoschee in Kavaja (1736), Moschee des H. E. Bey in Tirana (1791-1821) u. a. Daneben entstanden große, einschiffige christliche Bauten mit kreuzförmigen Grundriß und Vierungskuppel sowie kuppelgekrönte Säulenbasiliken (→ Basilika). Man kam zu neuen technischen Lösungen und stattete die Kirchen mit neoklassischer und barocker Bauornamentik aus: St-Nikolaus-Kirche in Voskopoja (1721), Klosterkirche von Ardenica (1731) u. a.

In ihrem Streben nach Unabhängigkeit bauten die albanischen Paschas hauptsächlich Festungsbauten, Serails, Brücken, Aquädukte. Die Serails (Shkodra, Kruja, Vlora, Berat) stehen in der Tradition aufwendiger Repräsentationsarchitektur. Daneben gab es verschiedene Typen von zwei- und dreistöckigen Wohnhäusern (Banesa) der städtischen Mittelschicht. Bemerkenswert sind vor allem das Haus mit Vorhalle und Veranda (Çardak) in der Mitte der Fassade, von kräftigen Ausmaßen und der Tendenz zur räumlichen Ausdehnung (→ Banesa beratase), sowie das Gjirokastra-Wohnhaus mit hohen, dicken Mauern, ein Gebäude mit unverkennbar defensivem Charakter (→ Banesa gjirokastrite). Unter den Haustypen ist ferner das unter der Bezeichnung → Kulla bekannte festungsartige Haus in Nordalbanien mit blockartigem Grundriß und geschlossenen, schmucklosen archi-

tektonischen Elementen charakteristisch. Die öffentlichen Bauten der 20er bis 40er Jahre des 20. Jhs. sind von der Architektur des Westens beeinflußt. Der funktionale Aspekt des Inneren steht oft im Widerspruch zu dem üppigen Pseudo-Rokoko des Äußeren. Nach dem 2. Weltkrieg nimmt die Architektur einen völlig anderen Charakter an: Sie zielt ab auf die ›Bedürfnisse‹ der breiten Massen, sozialistische Ideale und den proklamierten wirtschaftlichen und kulturellen Fortschritt. Ende der 50er Jahre legen einige Architekten den Grund zu einer modernen albanischen Städtebauarchitektur. Die Notwendigkeit des Wiederaufbaus einiger vom Krieg zerstörter Städte gibt Gelegenheit, Wohnkomplexe von Mehrfamilienhäusern zu entwerfen. Die Zeit von 1960-80 folgt dem rationalen Funktionalismus, zeigt aber auch eine Anlehnung an die traditionelle Plastizität, wofür Gebäudevorsprünge und Hell-Dunkelkontraste charakteristisch sind: Palast der Kultur (1965) und Kunstgalerie in Tirana (1975) u. a. In den 80er Jahren entwerfen junge Architekten monumentale öffentliche Gebäude, wie das Scanderbeg Nationalmuseum in Kruja (1982), den Kongreßpalast (1986), das ehem. Enver-Hoxha-Museum (1988) oder das Historische Museum (1981) in Tirana, die als gute Beispiele zeitgenössischer Architektur in Albanien gelten können.

G. F.

Lit.: Korkuti '73; Monumente ... '73; Bace '76; Anamali '79-80; Riza '80; Bace/Ceka '81; Karaiskaj '91; Ceka '82; Meksi '83; Frasheri '86.

Albanien. Muradie Moschee, Vlora, von → Sinan, 1542.

Albanien. Typische Häuser in Berat, 19. Jh.

Aluminium. Als leichtes, nichtrostendes metallisches Baumaterial spielt das aus Bauxit gewonnene A. seit dem frühen 20. Jh. eine zentrale Rolle in der Entwicklung der modernen Architektur. Nach einer ersten Anwendung 1884 in Form einer massiven A.-spitze auf dem Obelisken des Washington Monuments (Abb. → Mills) und der Entwicklung des industriellen Herstellungsprozesses ab 1886 in Frankreich und den USA (Hall/Heroult) setzte langsam die Verbreitung als Baumaterial in den USA und kurz darauf in Europa ein: Treppe im Monadnock Building, Chicago (1890), A.blechverkleidung der Kuppel von S. Gioacchino, Rom (1897), → Wagners Postsparkasse und Telegraphenbüro in Wien (1902). → Fuller und andere experimentierten in den 20er Jahren mit A. als Baumaterial für die Massenproduktion von Wohnhäusern (Dymaxion-House, 1927; Kocher und Fry, Aluminaire House, Syosset, N.Y., 1931). Diese Experi-

Aluminium. Dome of Discovery, London, von Tubbs, → Powell & Moya, 1951.

mente wurden nach dem Zweiten Weltkrieg in den USA und Europa fortgesetzt (→ Prouvé, Aluminium Haus, 1953). Gleichzeitig wurde in England die kriegsbedingte A.- und Flugzeugproduktion für die Massenherstellung von Einfamilienhäusern benutzt. 55000 ›Aluminium Bungalows‹ wurden 1945-55 in Fließbandproduktion gefertigt. Nach einem ähnlichen Prinzip entstanden zahlreiche Schulen, Krankenhäuser etc. aus vorfabrizierten A.teilen (Bristol Buildings). Der Dome of Discovery für das ›Festival of Britain‹ in London 1951 (Tubbs, Powell & Moya) war mit 100 m Durchmesser die größte A.struktur ihrer Zeit. Das 30-geschossige Verwaltungsgebäude der Aluminum Corporation of America (ALCOA) in Pittsburgh von → Harrison & Abramovitz (1953) stellt die erste großflächige Anwendung von vorfabrizierten A.teilen in einer Vorhangfassade dar (→ Präfabrikation). Heute wird A. nach wie vor in großen Umfang für Türen, Fenster und Vorhangfassaden (→ Curtain Wall) eingesetzt. Vgl. → Bauen mit → Metall, → Eisenarchitektur, → Blech.   D. N.

Lit.: Peter '56; Herbert '84; Pawley '90; Schaefke '91.

SOMISA-Gebäude, Buenos Aires, von → Alvarez, 1966-77.

Alvarez, Mario Roberto (geb. 1913). Argentinischer Architekt. Freier Architekt seit 1937, seit 1947 als Mario Roberto Alvarez y Asociados. Sein Werk repräsentiert eine als klassisch bezeichnete Moderne der geometrisch einfachen, gut proportionierten und materiell hochwertig realisierten Baukörper. Seine Entwürfe entstehen durch Reduktion funktionaler und konstruktiver Komplexität auf klar strukturierte, orthogonale Grundrisse mit gut organisierten Räumen und einfachen Tragwerken. Ein frühes, unumstrittenes Werk ist das Centro Cultural General San Martín in Buenos Aires (1953 bis 1964). Weitere Realisationen sind das Teatro Municipal General San Martín (1953-60) und die Belgrano Day School (1964). Das Verwaltungsgebäude SOMISA (1966-77), erste vollständig in Stahl realisierte → Skelettkonstruktion des Landes, dokumentiert Offenheit gegenüber der technischen Entwicklung.   M. C.

Lit.: Trabuco '65; Glusberg '80; Waisman '90.

Arabische Architektur. Nabatäisches Felsengrab, Petra, Jordanien, 1. Jh.

Arabische Architektur. Araber werden erstmals vor etwa 3000 Jahren erwähnt, als sie, als Nomaden aus der syrischen Wüste kommend, an den Grenzen der alten Reiche Mesopotamiens auftauchten. Mit Kamelen unterwegs, rasteten sie in Zelten wie die Beduinen noch heute. Zelte sind im Arabischen ›Häuser‹; wie fest gebaute Wohnhäuser und wie die Familien, die sie bewohnen, werden sie mit dem Wort ›al-bait‹ (›das Haus‹) bezeichnet (→ Zeltarchitektur).

Im Süden der arab. Halbinsel lebten zur gleichen Zeit seßhafte Bauern, sog. Südwest-Araber. Ihre Wohnhäuser bauten sie aus Lehm, Holz und Stein; erhalten sind jedoch nur Reste der Sakral- und Repräsentationsarchitektur aus den durch Inschriften bekannten Reichen der Minäer und Sabäer (14. Jh. v.-1. Jh. n. Chr.) sowie der Himyariten (1.-6. Jh. n. Chr.).

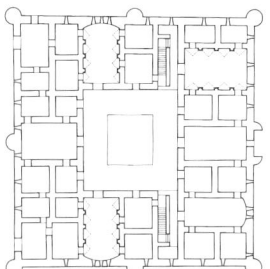

Arabische Architektur. Wüstenschloß Qusair Harana, Jordanien, 8. Jh.

Arabische Architektur. Wüstenschloß Qusair Harana, Jordanien, 8. Jh.

Zu den ersten historisch faßbaren, seßhaften Arabern im Norden gehörten die Nabatäer, die vermutlich im 5. Jh. v. Chr. aus der Wüste kamen und sich in den Tälern des heutigen Jordanien niederließen. Von dort aus kontrollierten sie die alten Handelsstraßen. Wie die Waren, mit denen sie handelten, stammten auch die Elemente ihrer Baukunst aus der gesamten ihnen bekannten Welt. In schwer zugänglichen Tälern begruben sie ihre Toten in Kammern, die hinter hausähnlichen Fassaden in die Felswand geschlagen wurden. Die Grabstätte eines Nabatäerkönigs aus dem 1. Jh. n. Chr. zeigt eine einzigartige Kombination: Eine Tempelfassade wird von einer zweiten bekrönt, die selbst nur als Rahmen für eine Rotunde gedacht ist, womit die Nabatäer einen ausgesprochenen → Eklektizismus pflegten.

Je nach Zeit und Lage waren die anderen vorislamischen arabischen Reiche von den persischen Sassaniden, den Byzantinern, durch den Hellenismus und durch das Römische Reich beeinflußt. (→ Iranische A., → Byzantinische Baukunst, → Hellenistische A., → Römische A.)

Im Laufe der Eroberungen entstanden Militärlager nach Vorbildern römischer → Kastelle und anderer, persisch-sassanidisch beeinflußter Festungsbauten in Mesopotamien. In den z. T. ausgedehnten Lagern wurden Tausende von Soldaten untergebracht und verpflegt, und von hier wurde die neu eroberte Provinz verwaltet. Bereits gewisse urbane Funktionen erfüllend, entwickelten sich einige Lager tatsächlich zu Städten, wie al-Kufa (Basra) im Irak, Shiraz in Iran und Al-Fustat (Kairo). Auch ausgedehnte Palastanlagen wie Bagdad konnten zu Städten ausgeweitet werden.

Arabische Architektur. Fassade des Wüstenschlosses Mschatta, Pergamon-Museum, Berlin, 8. Jh.

In den alten Stadtkulturen Syriens und Palästinas war der Einfluß der neuen Eroberer zunächst gering. In den angrenzenden Wüstensteppen jedoch wurden im Schutz der Umayyadenkalifen von Damaskus und der mit ihnen verbündeten Beduinen zwischen 685 und 750 n. Chr. zahlreiche ›Wüstenschlösser‹ errichtet. Die größte Anlage war Mschatta im heutigen Jordanien. (Teile der reich verzierten Außenmauer des Schlosses seit 1904 im Pergamon-Museum, Berlin.) Bei den ›Wüstenschlössern‹ handelt es sich um palastartige Landgüter mit unterschiedlicher Nutzung. Die meisten sind von einer Mauer und wehrfähigen Türmen umgeben und gelegentlich auch außen prächtig dekoriert. Innen waren sie mit Höfen, Brunnen, Badehäusern und Gärten, mit Wandgemälden und Mosaiken luxuriös ausgestattet. Über Stauwerke, → Zisternen und unterirdisch verlaufende Kanäle wurden sie mit Wasser versorgt. Diese Landsitze lieferten den Rahmen eines neuartigen, herrschaftlichen Lebens,

Nachträge

Markt und zwei Warenlager aus dem 17. Jh. (Gebäude in der Mitte) und 19. Jh. (Gebäude links), Sanaa, Yemen.

das – obwohl im Kontext der islamischen Eroberung entstanden – stärker arabisch als islamisch geprägt war.

Im traditionell urbanischen Westen der arabischen Halbinsel setzte sich das Konzept der islamisch-arabischen Stadt erst später durch. Dazu gehören jeweils verschiedene Einrichtungen: eine Freitags-→Moschee und ein →Basar, ein Markt mit Lagerhallen, Läden und Werkstätten auf engem Raum im Zentrum, um das die nach außen abgegrenzten Quartiere liegen. Im 8. Jh. wurde in Nordarabien, vermutlich durch das Konzept der antiken →Agora angeregt, ein neuer urbaner Bautyp entwickelt: der Khan, eine verschließbare Anlage mit einem Hof und umlaufenden Läden, Lagern und Zimmern: In den islamisch regierten Städten war es Fremden verboten, im Quartier zu wohnen – sie wurden mitsamt ihren Waren und ihren Tieren in einem Khan untergebracht. Wie →Karawansereien anfangs extra muros gelegen, wurden die Khane später im Zentrum der Stadt dem Basar angegliedert. Im 16. und 17. Jh. erhielten europäische Handelsgesellschaften, Kaufleute und Konsulate eigene Khane. In Südarabien sind ähnliche Gebäude selten; städtische Märkte waren dort auch kleiner, und die traditionellen Häuser in den Quartieren übernahmen auch ökonomische Funktionen. Die unteren Stockwerke bzw. der vordere Teil eines Hauses wurden als Werkstätten, Geschäftsräume und Warenlager benutzt. Ein oder zwei verschließbare Räume im Haus waren den von außerhalb kommenden Händlerfreunden des Hausherren vorbehalten.

Die in Sprache und materieller Kultur sich ausdrückenden Unterschiede zwischen Nord- und Südara-

bien bleiben auch nach der Islamisierung (7. Jh.) erhalten. Trotz der von Mekka und Medina ausgehenden Vereinheitlichung waren die lokalen Traditionen gerade im →Wohnbau ausschlaggebend. Jede Stadt und jede Region hat ihren eigenen Stil hervorgebracht. Doch allen – den mehrstöckigen Lehmhäusern Südarabiens (→Lehmarchitektur, mit Abb.) und den mehrhöfigen Stadthäusern Nordarabiens, Häusern aus Holz wie aus Stein, den Bauernhäusern wie den langgestreckten Zelten, einfachen Vorstadthäusern wie reichen Herrschaftshäusern – ihnen allen ist gemeinsam, daß Form und Aufbau dem arab. Konzept von Familie und ihrer Organisation entspricht. Bezeichnend ist eine Teilung in die drei Bereiche von Arbeit und Muße für die Familie bzw. Muße für Gäste.

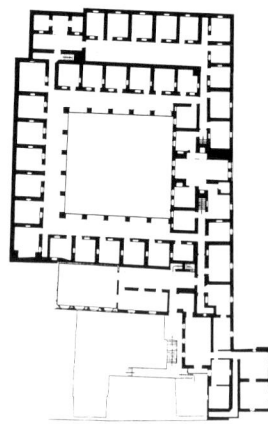

Khan al-Hibal, Aleppo, um 1594.

Lehmhaus, Sanaa, Yemen, 18./19. Jh.

Mit dem Ende des osmanischen Reiches (1918) ging für die arabischen Länder eine jahrhundertealte Fremdherrschaft zu Ende und zugleich eine vorwiegend orientalisch bestimmte Zeit. Die europäischen Expansionsbewegungen wirkten sich auch auf die arab. Architektur aus. Besonders deutlich wird die Radikalität des europäischen Eingriffs bei der Neuordnung und Umgestaltung der alten Städte: Geradlinig verlaufende Straßendurchbrüche sollten Übersicht über das ›Chaos der Sackgassen‹ schaffen und der verkehrstechnischen Kommunikation dienen; tatsächlich dienten sie einer flächendeckenden Kontrolle und verhinderten den Austausch unter den Einheimischen. In der Wohnhausarchitektur stieß das →Mietshaus zunächst auf Widerstand, da es dem Ideal einer Einheit von Haus und Familie zuwiderlief. Es waren Europäer und Nichtaraber, wie die Armenier, die diese Wohnform als erste akzeptierten. Nach dem Zweiten Weltkrieg und der Unabhängigkeit der meisten Staaten wurden je nach Regierung einfach-häßliche oder aufwendig-häßliche Mietshausanlagen errichtet. Einige werden bis heute genutzt, andere, wie die Hochhäuser von Dschidda (Saudi-Arabien), wurden wieder abgerissen. Die in arabischen Ländern bekannt gewordenen Architekten haben sich in erster Linie mit öffentlichen Einrichtungen wie Schulen und Krankenhäusern befaßt. Der →Siedlungsbau lag im Kompetenzbereich staatlicher Architekturbüros, die nicht selten dem Militär angegliedert waren. Erst jüngst widmeten sich auch renommierte Architekten diesem Thema. Federführend war hier sicher →Fathi, der sich in seinem ersten großen Entwurf zu einer ländlichen Siedlung an traditionelle nubische Vorbilder hielt. Mag das auch ein Fehlgriff gewesen sein, war damit dennoch der entscheidende Schritt – weg von der Imitation Europas – getan. Wie die islamische Architekur hat auch die profane arab. Architektur viel von dem 1977 eingerichteten

Khan al-Wezir, Aleppo, um 1680.

Schilfhäuser der Marschland-Araber, Südirak.

Lehmhaus in Asir, Saudi-Arabien.

›Aga-Khan-Preis für Architektur‹ profitiert. Zu den durch den Preis bekannt gewordenen Projekten gehören neben einigen Restaurierungen in erster Linie Großbauten wie der Flughafen von Dschidda (Saudi-Arabien), das Inter Continental in Mekka und andere Regierungsbauten. Vgl. → Islamische Architektur → Nordafrikanische Länder.   A.N.

Lit.: Reuther, O. ’10; Langenegger ’11; Feilberg ’44; Sinjab ’65; Goodwin ’71; Coste ’75; Ragette ’75; Costa ’78; Serjeant/Lewcock ’80; Hirschi ’83; Franz, H.G. ’84; Talib ’84; Cantacuzino ’85; Khammash ’86; L’Habitat Traditionel ... ’88, ’90, ’91; Bianca ’91; Nippa ’91.

Architectural Association. Britische Architektenvereinigung, die seit 1847 in London die private A.A. School of Architecture, eine der einflußreichsten Architekturschulen der Gegenwart, betreibt. Ihr erster Präsident und einer der Gründer war der englische Architekt und Theoretiker Robert Kerr (1824 bis 1904). Die Schule hat besonders seit den 60er Jahren mehrfach entscheidenden Einfluß auf die Entwicklung neuer stilistischer Strömungen genommen. Die Architektengruppe → Archigram, die → Postmoderne und vor allem die stilistischen Strömungen, die unter dem Namen → Dekonstruktivismus zusammengefaßt werden, sind durch die Arbeiten von Lehrern und Schülern der A.A. und deren Publikationen entscheidend geprägt worden. Die Schule am Londoner Bedford Square ist Herausgeberin zahlreicher Veröffentlichungen, wie der ›A.A. files‹, des ›A.A. prospectus‹ und des ›A.A. project review‹. Vgl. → Hadid, → Tschumi.   D.N.

Lit.: Summerson ’47; Gowan ’71.

Architekturphotographie. Die A. umgreift die Abbildung von Bauwerken, städtebaulichen Räumen, von Baudetails und Bauschmuck, von Innenräumen und gestalteten Park- und Gartenarchitekturen aus allen Epochen der Baugeschichte. Sie überträgt dabei die Dreidimensionalität der Wahrnehmung und räumlichen Erfahrung als Raumillusion in das flache Bild (mit Ausnahme der Stereo-Bilder um die Jahrhundertwende). Wie jede photographische Abbildung ist auch die A. immer zugleich objektiv und interpretativ, Abbild und Deutung, im besten Falle ästhetisch bewußt und künstlerisch bedeutsam. So wie die Porträtphotographie das gemalte Bildnis ersetzte, so hat die A. das gemalte Architekturbild nahezu verdrängt. Sie spiegelt nicht nur die sich ändernden technischen Bedingungen der Photographie, sondern auch das jeweilige Zeitbewußtsein. Die A. ist seit ihrer Entstehung das bei weitem umfangreichste Medium der Verbreitung und Kenntnisnahme von Architektur, von Ansichtspostkarten und Urlaubsaufnahmen bis zur Abbildung in allen Gattungen der Presse. Andere elektronische und digitale Medien (Film, Video, Computersimulation, Modellfilmsimulation mit endoskopischen Aufnahmen) haben den Stellenwert der A. nicht nur erweitert, sondern teilweise inzwischen verdrängt. A. dient der Archivierung und Inventarisierung und hilft bei der Konservierung und Wiederherstellung von Bauwerken (z.B. Wiederaufbau von Warschau). Luftaufnahmen und Meßbildphotographie, die sog. Photogrammetrie, sind durch hohe Exaktheit charakterisiert (Zeppelin-Luftaufnahmen von Oscar Barnack, 1913).

Geschichtlich beginnt die A. mit einer 1826 entstandenen Heliographie von Nicéphore Niepce – ein Blick aus dem Fenster seines Arbeitszimmers –, der ersten Photographie überhaupt. In der Folge ist die A. im 19. Jh. durch Dokumentation, Sozialkritik

Architekturphotographie. Fabrik in Dresden, Photo von Albert Renger-Patzsch (1929).

Architekturphotographie. Neue Pinakothek, München, Photo von Franz Hanfstaengl (um 1855).

und Interesse an fremden Kulturen geprägt. 1851 wird die Bauaufrichtung von → Paxtons Kristallpalast in London, 1887 die des → Eiffelturms in Paris dokumentiert. Es entstehen Photoserien des Hamburger Hafens von Anton Martin (1841) und Karl Friedrich Höge (1864), der Münchner Innenstadt von Franz Hanfstaengl (um 1860), der Hamburger Brandkatastrophe von Hermann Biow und Ferdinand Stelzner (1842), Ansichten technischer Bauwerke von Georg Böttger, Joseph Albert und W. Ruppe (alle um 1860), der Pariser Innenstadt von Eugène Atget (1910), den Glasgower Slums von Thomas Annan (1868-77) sowie Hermann Krones ›142 Städte des Königreichs Sachsen‹ (1872). Alle diese Serien dienen der »Arretierung des Augenblicks«. Bereits im letzten Drittel des 19. Jhs. werden auch photographische Ausgrabungs- und Exkursionsberichte, z.B. aus Ägypten, bekannt. 1865 erscheint John Thomsons berühmte Bildreportage aus Asien sowie 1877 seine ›Street-Life‹-Aufnahmen aus London. Carleton Eugene Watkins legt um 1870 Stadtbilder von San Francisco vor, in den 90er Jahren kommen englische Kathedral- und französische Schloß-Aufnahmen von Frederic H. Evans hinzu. Um 1900 photographiert Arnold Genthe die Chinatown von San Francisco, 1908 Lewis W. Hine die Elendsviertel New Yorks.

Architekturphotographie. La Monnaie, Quai Conti, Paris, Photo von Eugène Atget (1905-06).

Die A., dem jeweiligen Bedürfnis nach Dokumentation, Sozialkritik und Exotismus entsprechend, erlangt im 20. Jh. zudem einen eigenen künstlerischen Status, parallel zu Abstraktionstendenzen in anderen Kunstgattungen. Der expressiven A. Walter Heges (Dome in Deutschland und griechische Klassik, 30er Jahre) stehen die neusachlichen Aufnahmen vieler Mitarbeiter des → Bauhauses – Lionel Feininger, → Lissitzky oder Lazlo Moholy-Nagy – emblematisch gegenüber. Sie hypostasieren das Pathos der → Neuen Sachlichkeit ähnlich wie die Aufnahmen von Albert Renger-Patsch, der um 1928/29 norddeutsche Backsteindome ebenso dokumentierte wie die Industrielandschaften des Ruhrgebietes, oder wie von holländischen Industriebauten von Werner Mantz. Paul Citroens von der Dada-Bewegung inspirierte Photomontagen und -collagen der Großstadt kulminieren 1923 in seinen Metropolis-Variationen. Artifizielle Architekturansichten zeigen etwa Brassaï (›Paris by night‹, 1933), André Kertész (Paris, 1938) oder Alfred Stieglitz (New Yorker Winterbilder, 1934). Die sozialkritische Tradition setzen in den 30er Jahren u. a. Walter Evans (Südstaaten-Architektur) und Aaron Siskind (Wohnviertel Harlem) fort. In den 50er Jahren dokumentiert Hanns Hubmann die Zerstörung und den Wiederaufbau Deutschlands. Seit den 60er Jahren haben die als ›anonyme Skulpturen‹ aufgefaßten → Industrie-Aufnahmen von Bernd und Hilla Becher nicht nur Inhalt und Stil der Architekturfotografie erweitert, sondern auch denkmalpflegerisches Engagement gegenüber den Zeugnissen der industriellen Kultur initiiert und provoziert. Stadt- und Straßenlandschaften Amerikas von Lee Friedlander (1975) dagegen betonen die Dynamik und die Zufälligkeit des Lebens zwischen den Bauten und sind insofern der ›subjektiven Photographie‹ Otto Steinerts verpflichtet, der in den 50er Jahren sicherlich einflußreichsten Auffassung von kreativer Photographie.

Architekturphotographie. Nachkriegshäuser, Photos von Bernd und Hilla Becher (1989).

Noch die mit extremer Brennweite realisierten goldenen Spitzen der New Yorker Hochhäuser von Reinhard Wolff künden von diesem Einfluß. Viele Gegenwartskünstler nutzen die A. zur Werkerarbeitung und Werkdokumentation, zum Beispiel Hannsjörg Voth oder Christo oder auch Vertreter der Land Art wie Michael Heizer, Richard Long oder Jan Dibbets. Die heutige A. ist oft durch Adaption derjenigen Stilhaltung gekennzeichnet, der auch die abgebildeten Bauwerke unterliegen: → postmoderne Bauten werden postmodern, → rationalistische Bauten rationalistisch, → dekon-

struktivistische Bauten dekonstruktivistisch abgebildet. In Deutschland zählen heute u. a. Waltraud Krase, Dieter Leistner, Jörg Winde, Reinhard Matz, Klaus Frahm und Peter Seidel zu den profilierten Architekturphotographen, in Italien Gabriele Basilico, Mimmo Jodice oder in Frankreich Anna Garde u. a. V. F.

Lit.: de Maré ’61; Veltri ’74; Architekturphotographie und Stadtentwicklung … ’82; Dethier ’84; Sachsse ’84; Rössing ’87.

Architekturpreis. A.e haben ihren Ursprung in der Geschichte des → Architekturwettbewerbes. Bereits in der Antike haben Wettbewerbe über die Realisierung wichtiger Bauten entschieden und prämierte Entwürfe den Vorzug bekommen. Die Bauten auf der Akropolis oder der Skenotek in Piräus sind Ergebnis preisgekrönter Entwürfe vorausgegangener Wettbewerbe. In der → Renaissance knüpfen die Kunst-Mäzene und Stadthäupter an die Wettbewerbstradition wieder an, und so entstehen prämierte Entwürfe wie die Portale des Baptisteriums oder die Kuppel des Doms in Florenz (Abb. → Brunnelleschi). Während des → Klassizismus wird die Erweiterung des Louvre (Ostfassade) in Paris durch einen inoffiziellen Wettbewerb zwischen → Bernini und → Perrault entschieden. Der Preis bedeutet den Bauauftrag, der an Perrault geht. Aus dem → Barock sind uns berühmte wettbewerbsprämierte Entwürfe wie der des Campanile von Sankt Peter oder für den Brunnen auf der Piazza Navona in Rom bekannt. Im 19. Jh. wurde der Architekturwettbewerb bereits institutionalisiert – somit auch die damit verbundenen Preise. Im 20. Jh., insbesondere nach dem Durchbruch der Moderne, haben sich die A.e verselbständigt und wurden nicht mehr ausschließlich in Verbindung mit vorausgegangenen Wettbewerben vergeben. Die A.e gewinnen jetzt eine symbolische Dimension. Preisgekrönte Bauten oder Architekten stehen von nun an stellvertretend für eine charakteristische Architekturauffassung, ein je nach Stifter unterschiedliches Architekturideal. Neben nationalen und internationalen Preisen werden heute Preise der Fachindustrie (Förderpreis des Deutschen Stahlbaus, Dt.Naturwerkstein-Preis, Beton-Preis) und Städtepreise (Stadt Rotterdam, Stadt Landshut, Stadt Hamburg, Stadt Köln) vergeben. Ebenfalls wurden Preise gestiftet, die an Persönlichkeiten der Architekturgeschichte erinnern (Hugo-Häring-Preis, Paul-Bonatz-Preis, Fritz-Schumacher-Preis). Zu den wichtigsten internationalen Architekturpreisen zählen: der Pritzker-Preis, USA (Dotierung: 100000 $), der Andrea-Palladio-Preis (Italien), der EuroPan-Preis (von der Europäischen Gemeinschaft vergeben) und der Aga-Khan-Preis, Schweiz (500000 $), der ausschließlich Bauten der arabischen Welt berücksichtigt. Unter den nationalen Preisen haben sich folgende als wegweisend erwiesen: Grand Prix National d’Architecture (Frankreich), Royal Gold Medal for Architecture (England), RIBA Architecture Price (England), Maaskant-Preis (Holland), AIA Award (USA). In Deutschland werden, neben dem Deutschen Architekturpreis (Deutsche Architektenkammer zusammen mit der Ruhrgas AG, seit 1981), seit den 60er Jahren Preise der Fachindustrie (Beton, Stahlbau, Naturwerkstein etc.) vergeben. Zu den prominentesten deutschen A.en gehören der Mies-van-der-Rohe-Preis (seit 1981) und – als höchstdotierter (DM 50000,–) deutscher A. – der Erich-Schelling-Preis (seit 1992). Vgl. → Islam. Arch. L. S.

Architekturphotographie. Pumpenhaus, Maine. Photo von Evans (1933).

Architekturpreis. Aga-Khan-Preis 1989: Institut du Monde Arabe, Paris, von → Nouvel, Gilbert Lezénés und Pierre Soria, 1987.

Architekturwettbewerb. Optimierungsverfahren für Planungsaufgaben auf dem Gebiet des Bauwesens und des Städtebaus. Hierbei wird ein fachlicher Leistungsvergleich unter Architekten (Landschaftsarchitekten, Innenarchitekten, Stadt- und Raumplanern sowie Ingenieuren als Partner) über alternative Lösungsvorschläge angestellt. Die Qualität des Planens und Bauens soll durch das Konkurrenzverfahren gefördert werden. Da es beim A. – anders als bei Ausschreibungen der gewerblichen Wirtschaft, wo Kostenangebote geprüft werden – um den Vergleich von geistig-schöpferischen Leistungen geht, bleibt eine subjektive Beeinflussung des Qualitätsurteils nicht aus.

Auslober eines A.s können sein: Gemeinden, Städte, Landkreise, Regierungen, Körperschaften, Anstalten und Stiftungen des öffentlichen Rechts sowie Privatpersonen. Ein unabhängiges Preisgericht, welches die Leistungen der Teilnehmer beurteilt, wird vom Auslober ernannt. Die gängigsten Wettbewerbsformen sind der Ideenwettbewerb, der ein möglichst vielfältiges Ideenangebot für eine Lösung anstrebt, und der Realisierungswettbewerb, der zur direkten Umsetzung eines Projektes führt. Soll die Lösung der gestellten Aufgaben durch einen einzigen Wettbewerbsdurchlauf erzielt werden, wird ein ›Einstufiger Wettbewerb‹ angesetzt. Ein ›Mehrstufiger Wettbewerb‹ will schrittweise, durch mindestens zwei Wettbewerbsverfahren, zu einer Lösung gelangen. Es liegt im Ermessen des Auslobers, einen offenen Wettbewerb auszuschreiben, bei dem jeder teilnehmen kann, der die festgesetzten Voraussetzungen erfüllt, oder einen beschränkten Wettbewerb, bei dem nur geladene Teilnehmer zugelassen sind. Der Zulassungsbereich für Teilnehmer eines A.s kann international, national, regional oder lokal begrenzt sein.

Dem großen ideellen und materiellen Einsatz der Teilnehmer sollten ein sorgfältig ausgearbeitetes Programm, fachkompetente Juroren und eine angemessene Leistung des Auslobers entsprechen.

Die Geschichte zeigt, daß A.e oftmals Streitigkeiten und Mißverständnisse nach sich gezogen haben. Architektenverbände verschiedener Länder setzten in der 2. H. des 19. Jhs. Regeln fest, um einen Schutz vor willkürlichen Verfahren zu schaffen. Die Reglements wurden wiederholt überarbeitet, wobei auch die Belange der Wettbewerbsveranstalter stärker berücksichtigt wurden. Diese Verfahrensgrundsätze haben in den einzelnen Ländern einen unterschiedlichen Stellenwert. In England etwa werden die Wettbewerbsreglements gemeinhin strikt befolgt. In einigen anderen Staaten dagegen, z. B. in Frankreich, werden die Regeln eher wie ›Gummiparagraphen‹ behandelt. In Deutschland stellen A. heute gesetzlich geregelte Verfahren dar. Für int. Wettbewerbe im Bereich Architektur und Städtebau empfiehlt die UNESCO die Standardregeln der UIA (Union Internationale des Architects).

Wichtiges Organ für die Bekanntgabe und Besprechung der A.e sind die Fachzeitschriften, wie z. B. im deutschsprachigen Raum ›Wettbewerb aktuell‹ (Freiburg i. Br., seit 1971) und ›Architektur + Wettbewerb‹ (Stuttgart, seit 1939).

Bedeutende historische Architekturwettbewerbe:

1419 Florentiner Domkuppel (→ Brunelleschi)
1665 Ostfassade des Pariser Louvre (Lebrun/ → Le Vau/→ Perrault)
1792 Weißes Haus in Washington (→ Hoban/ → Latrobe)
1836 Parlamentsgebäude in London (→ Barry)

Architekturwettbewerb. Florentiner Domkuppel, Wettbewerb von 1419.

1861 Pariser Oper (→ Garnier)
1872/82 Berliner Reichstag (→ Wallot)
1897 Stadtbibliothek in New York (Carrere/ Hastings)
1904 Hauptbahnhof in Helsinki (Gesellius, Lindgen, → Saarinen)
1957 Opernhaus in Sydney/Australien (→ Utzon)
                               C. H.

Lit.: United Nations Educational … Organ. '56; Haagsma/de Haan '88; Union International des Architectes.

Argentinien. A. erhielt in der Kolonialzeit entsprechend der geringen Bedeutung der Gebiete wenig aufwendige Bauten. Die ersten Jahrzehnte nach der 1810-16 errungenen Unabhängigkeit zeichneten sich durch eine Reaktion gegen alles Spanische aus. Um 1840 begannen der Ausbau des Nationalstaates und die Anbindung an den Weltmarkt. Die Erschließung des großen Landes erfolgte unter Einsatz moderner Technik. In der Architektur bewirkte der wachsende Europäismus, daß zur Realisierung der neuen Staatsbauten Architekten aus Europa ›importiert‹ wurden. Zu ihnen gehörte Próspero Catelin, Schöpfer des klassizistischen Portikus der Kathedrale von Buenos Aires (1822). In der 2. H. des 19. Jhs. setzte jene rasante wirtschaftliche Entwicklung ein, die das Land zu einem Symbol der Neuen Welt machte. Mangels einer kulturell und zahlenmäßig ausgeprägten einheimischen Bevölkerung waren es die zahlreichen Einwanderer, die das Land in seiner bis in die 1. H. des 20. Jhs. reichenden Blütezeit nach europäischen Vorstellungen gestalteten. Die Gründung der Stadt La Plata 1882 gehörte zu den großen städtebaulichen Leistungen. Der Plan von Pedro Benoit sah ein schachbrettartiges Raster mit Diagonalen vor, das konsequent umgesetzt wurde. Die monumentalen öffentlichen Bauten wurden unter Beteiligung von Architekten und Baufirmen aus dem Inland und Europa kurzfristig realisiert. Zu den wichtigsten Bauten zählen die ab 1882 realisierte Kathedrale (Pedro Benoit) und das Rathaus von 1885 (Hubert Stier, Hannover).

Argentinien. Kathedrale, La Plata, von Pedro Benoit, ab 1882.

Zentrum des Landes war und blieb aber Buenos Aires. Dem Vorbild von Paris und London folgend, erhielt die Stadt um 1900 ein Netz an städtebaulichen Achsen. Dazu zählt die Avenida de Mayo aus den 1880er Jahren (von Juan A. Buschiazzo), die Regierungspalast und Kongreß miteinander verbindet. Die Avenida 9 de Julio entstand 1935-36 bereits im Zeichen des Automobils. Zu den aufwendigsten Bauten zählen das Gefängnis Penitenciarca Nacional von 1876 (von Ernesto Bunge), die → Markthalle Mercado de Abastos von 1889, das Teatro Colón von 1892-1906 (von Francisco Tamburini), erste Arbeitersiedlungen wie der Barrio Obrero Municipal von 1885 (von Juan A. Buschiazzo) sowie Hafenanlagen und andere → Industriebauten, Krankenhäuser, Schulen etc., ferner zahlreiche Villen und kommerzielle Bauten, die materiell und formal hochwertig realisiert wurden. Mit einer gewissen Verzögerung gegenüber der europäischen Entwicklung entstanden nach 1900 Bauten im Sinne des → Jugendstils, der Liberty, der Wiener Sezession (→ Sezessionsstil), allerdings oft wahllos untereinander kombiniert. Julián Jaime García Núñez, ein Schüler von → Gaudí und → Domènech i Montaner, entwickelte sich zum Hauptvertreter im Sinne des katalanischen Modernisme (Hospital Español, 1908-10). Eine eklektizistische Grundeinstellung konnte nicht überwunden werden.

Hospital Español, Buenos Aires, von Julian Garcia Núñez, 1908-10.

Um 1910 kam eine Bewegung gegen den Architekturimport und für die Rückbesinnung auf die eigene Geschichte in Gang. Ricardo Rojas, Angel Guido und Martín Noel waren ihre Wortführer. Mangels präkolumbianischer Vorbilder kamen in der Praxis Elemente kolonialer und spanischer Herkunft am häufigsten zur Anwendung, wie beim Teatro Cervantes von 1922 (von Fernando Aranda, B. Repetto). Die Entwicklung erforderte immer mehr Lösungen, für die es kaum historische Vorbilder gab. Das → Hochhaus Kavanagh von 1934 (von Gregorio Sánchez, Ernesto Lagos, Luis María de la Torre), mit 33 Geschossen und 110 Metern Höhe seinerzeit höchster Bau Lateinamerikas, war als technische Leistung kein Einzelfall in Buenos Aires. Moderne Formsprachen bestanden in den 1920er Jahren zunächst nur in neuen Stilen, die von manchen Architekten in ihr Repertoire aufgenommen wurden. Anders als in → Brasilien blieb in A. eine tiefgreifende Wende der Architekturentwicklung durch die Visite → Le Corbusiers aus. Erst später entstanden der mit Juan Kurchan und Jorge Ferrari Hardoy 1941 fertiggestellte Plan für Buenos Aires und 1947 das in La Plata realisierte Wohnhaus Dr. Currutchet. Ausdruck einer eigenständigen Entwicklung der Moderne waren die Gründungen 1936 der CIRPAC, einer Filiale der → CIAM, und 1939 der Grupo Austral, die sich im Manifest ›Voluntad y acción‹ gegen den → Internationalen Stil als modernen Formalismus und gegen Akademismus überhaupt wandte. Führender Kopf war Antonio Bonet, der wie Hardoy vor dem Zweiten Weltkrieg

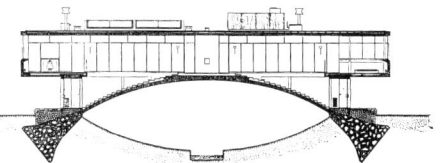

Haus für Alberto Williams, Mar del Plata, von Amancio Williams, 1943-45.

bei Le Corbusier gearbeitet hatte und sich für eine sozial, wirtschaftlich und technisch begründete Architektur einsetzte. Zu den prominenten Vertretern der Moderne zählten weiterhin Jorge Kalnay, Antonio U. Vilar, Alberto Prebisch, Wladimiro Acosta und León Dourgé. Besonders originell sind die Bauten von Amancio Williams, wie z. B. sein auf einer Stahlbetonschale über einem Bachlauf realisiertes Haus in Mar del Plata von 1943-45.

In den fünfziger und sechziger Jahren setzte sich die Moderne endgültig durch. Grundsätzlich blieben zwei Tendenzen erkennbar: Eine das Internationale und Allgemeingültige betonende und eine, die auf regionale Besonderheiten zurückgriff. Für die letzteren steht die Iglesia de Fátima von 1957 in Martínez (von Claudio Caveri, Eduardo Ellis), deren geneigte Dächer und weiß getünchte Wände nationale Assoziationen wecken. Für die erste Tendenz steht das Werk von Clorindo Testa, dem bedeutendsten Repräsentanten seiner Generation. Sein Werk ist brutalistisch und ausdrucksstark, es zeigt einen adäquaten Umgang mit dem Baustoff Beton (→ Brutalismus, → Beton). Die Banco de Londres y América del Sur in Buenos Aires von 1960-66 (mit dem Büro SEPRA) ist sein Hauptwerk und zeichnet sich durch eine gute Integration in die innerstädtische Umgebung bei einer formal einprägsamen Fassade mit in unregelmäßigen Abständen vorgesetzten, plastisch geformten Stahlbetonstützen aus. Das Werk von → Álvarez repräsentiert die klassische Moderne. Zu den Realisationen der Architektengemeinschaft Baudizzone-Díaz-Erbin-Lestard-Varas gehören Wohnanlagen in Buenos Aires, wie jene in French 3680 (1970) und in Maipú 1230 (1976) sowie das Bürohochhaus Estuario (1976).

Die 70er und 80er Jahre waren von einer Abnutzung der Vorbilder der internationalen Meister und den Versuchen einer freieren Entwicklung gekennzeichnet. Die Krise der Moderne kippte allerdings nur selten in einen → postmodernen Historismus um. Führende Persönlichkeiten sind in Buenos Aires Justo Solsona, in Córdoba der von dort aus auch international agierende → Roca. Das Werk von Solsona zeichnet sich durch eine klare geometrische Ordnung der plastischen Baukörper und der freigestellten Konstruktionselemente aus. Zu seinen zahlreichen, in sich immer schlüssigen und formal an-

Kavanagh-Hochhaus, Buenos Aires, von Gregorio Sánchez, Ernesto Lagos und Luis Maria de la Torre, 1934.

Conjunto Rioja, Buenos Aires, von Solsona u. a., 1970.

sprechenden Bauten gehören das Bürohochhaus CASFPI von 1974, die Fernsehanstalt Argentina Televisora Color ATC und Wohnsiedlungen wie der Conjunto Rioja von 1970 (mit Manteola, Petchersky, Sánchez Gómez, Santos, Viñoly).   M.C.

Lit.: Bullrich '63, '69; Ortiz u. a. '68; Gutiérrez '83, 89; Borghini u. a. '87; Irigoyen/Gutiérrez '90.

Arquitectonica. Ein 1977 in Coral Gables, Florida, gegründetes Architekturbüro. Von den ursprünglich fünf Mitbegründern haben sich relativ schnell Laurinda Spear und Fernando Fort-Brescia als bestimmende Entwerfer, die bis heute das Erscheinungsbild der Entwürfe prägen, profiliert. Bereits mit den ersten realisierten Bauten (The Spear House, The Moulder House, The Palace oder Horizon Hill Center) gelingt eine klare geometrische Architektursprache, die ihre formellen Ursprünge im russ. → Konstruktivismus hat. Allerdings sind die Entwürfe von A. von der starren Doktrin des Konstruktivismus gelöst und erfahren durch eine → postmoderne Farbenprächtigkeit ihre spielerische Leichtigkeit. Diese Bauten sind als Solitäre konzipiert und definieren insbesondere in der Großform ein neues »Spiel der (Farben und) Formen im

Sawgrass Mills Sunrise, Florida, von → Arquitectonica, 1987-90.

Licht«. Gegen Ende der 80er Jahre gerät diese – von der → Tektonik bestimmte – Geometrie ins → dekonstruktivistische Schwanken (Center for Innovative Technology, Virginia, und Banco de Credito, Lima, Peru). Inzwischen wird die prägnante Architektur von A. als Ausgangspunkt und Inbegriff der Miami-Schule definiert.   L.S.

Lit.: Dunlop/Vignelli '91.

Äthiopien. Klosterkirche von Debra Damo, 9./10. Jh.

Äthiopien. Äthiopien ist das einzige südlich der Sahara gelegene Land→ Afrikas, das eine anspruchsvolle mittelalterliche Architektur aufweist. Dennoch blieben diese alten Bauwerke – überwiegend christliche Kirchen – der Außenwelt weitgehend verborgen, bis mit der ›Deutschen Aksum-Expedition‹ (DAE) von 1906 eine ernsthafte Erforschung einsetzte.

In Aksum – der heiligen Stadt des alten Ä. – sind die Grundmauern mehrerer Paläste aus vorchristlicher Zeit, manche von ihnen mit Nebengebäuden, erhalten. Diese Bauten weisen einen gezackten Grundriß auf sowie ein erhöhtes Podium, auf dem das Haupt-

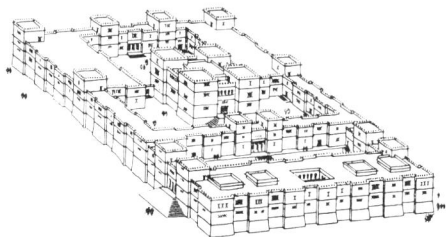

Äthiopien. Palastanlage von Ta'akha Maryam, Aksum.

gebäude errichtet wurde. Überreste ähnlicher Gebäude finden sich in Adulis, Kohaito, Tokonda und Matara. An diesen Stätten finden sich auch in großer Zahl jene im Querschnitt polygonalen Pfeiler mit abgestuften Kapitellen und Sockeln. (Der zierliche Tempel in Jeha geht offenbar auf südarabische Vorbilder zurück, also kein typisch äthiopisches Bauwerk.)

Von den berühmten monolithischen Stelen oder ›Obelisken‹ von Aksum, die mehrstöckige Türme darstellen, steht heute nur noch ein zehnstöckiger Bau von 21 m Höhe (Abb. → Stele). Sie stammen vermutlich aus dem 3. und 4. Jh. n.Chr., der Zeit vor der Bekehrung des Königreichs zum Christentum um 340 n.Chr. Ihr detaillierter Reliefschmuck ist ein Reflex der örtlichen Bauweise, z. B. sind die gleichen Elemente beim Bau der Klosterkirche von Debra Damo verwendet worden.

Diese eindrucksvolle Anlage (9./10. Jh.), das wichtige frühe Vorbild für eine Felsenkirche, liegt schwer zugänglich über einer Felswand und war somit vor Angriffen der moslemischen Eindringlinge im 16. Jh. geschützt. Dem Gebäude kommt eine Schlüsselbedeutung zu, gibt es doch Aufschluß über die Wurzeln frühäthiopischer Kirchentypen. Es ist eine dreischiffige → Basilika, offensichtlich nach dem Vorbild der frühchristlichen Basiliken Syriens gestaltet (das äthiopische Christentum war eng mit Syrien verbunden). Zugleich herrschten bereits zu einem frühen Zeitpunkt Beziehungen zwischen Ä. und der in Ägypten und im Niltal lebenden Gemeinschaft der koptischen Christen, und so scheinen andere architektonische Merkmale des Bauwerks – insbesondere die Dachräume über den Seitenschiffen – wiederum auf bestimmte Kirchen des christlichen Nubien zurückzugehen (→ Koptische Baukunst).

Zu den Besonderheiten von Debra Damo, die sich in der Folgezeit auch bei zahlreichen Felskirchen wiederfinden, zählen das basilikale Schema, die → Kuppel über dem Sanktuarium, zu dem man durch einen → Triumphbogen gelangt, sowie die einen → Architrav tragende → Kolonnade des Mittelschiffs, über der der charakteristische ›aksumitische → Fries‹ verläuft, der einer Flucht von → Blendfenstern gleicht. Neben den immer imitier-

Nachträge

ten Fenster- und Türrahmen wird auch die typisch äthiopische Art des Wandaufbaus in den Felskirchen nachgebildet. Auch die komplizierten Reliefmuster der Friespaneele und Bogenlaibungen sowie die hölzernen Konsolen und die Kassettendecke des Narthex von Debra Damo sind von diesen oft aufgegriffen worden.

In der ausgedehnten nördlichen Provinz Tigre finden sich Felskirchen in großer Zahl. Der Außenwelt sind sie überwiegend erst seit den sechziger Jahren bekannt, obgleich beinahe alle nach wie vor in Gebrauch sind. Ihre geschätzte Entstehungszeit reicht vom 11. bis 15. Jh. Die meisten sind einfache, nicht freistehende dreischiffige Basiliken, die jedoch häufig zumindest teilweise aus dem Fels herausgearbeitet sind. Die Deckengestaltung orientiert sich in der Frühzeit ausnahmslos an hölzernen Bedachungen; später werden sie von reliefartig angedeuteten Kuppeln verdrängt. Bögen treten an die Stelle von Stürzen. Drei dieser Felskirchen in Tigre, u. a. Tscherqos Ouqro und Abreha Atsbeha, kommt aufgrund ihres komplexen Grundrisses, bei dem eine Kreuzform von einem Quadrat umschrieben wird, eine besondere Bedeutung zu. Wie die üblichen dreischiffigen Basiliken gehen sie letztlich auf das frühchristliche Vorbild der Kreuzbasilika zurück. Sie weisen für das frühe Aksum typische Stürze, Kapitelle und Friese auf, was darauf hindeutet, daß sie aus dem 11. oder 12. Jh. datieren. Eine unauffällige kleine Kirche in herkömmlicher Bauweise und mit kreuzförmigem Grundriß, die 1973 in Zarema im östlichen Tigre entdeckt wurde, ist mindestens so alt wie Debra Damo und liefert erstmals den Beweis dafür, daß die in den Fels gehauenen kreuzförmigen Kirchen tatsächlich herkömmlich gebaute Vorläufer hatten.

Felskirche Yemrahana Kristos, Lasta-Distrikt, 12. Jh.

Die bei weitem bekanntesten Felskirchen Ä.s sind jene von Lalibela. Sie werden im allgemeinen in die Regierungszeit von König Lalibela, um 1150 bis 1220, datiert, doch dürften sie bis ins 14. Jh. entstanden sein. Diese außergewöhnliche Gruppe läßt eine so hohe Meisterschaft in der Felsbearbeitung erkennen, daß die Mitwirkung von Außenstehenden – möglicherweise ägyptischen Kopten – sehr wahrscheinlich ist. Neben dem Typ Debra Damo ist es vor allem auch Yemrahana Kristos, vermutlich im 12. Jh. entstanden, die den Bauten im nahegelegenen Lalibela als Vorbild gedient haben. Yemrahana Kristos ist, völlig verborgen im Inneren einer riesigen Höhle, erhalten geblieben. Besonders auffallend ist ihr typisch aksumitischer Wandaufbau.

Die wichtigsten Kirchen von Lalibela sind freistehende → Monolithe, ihre Fassaden und Dächer sind rundum vom umliegenden Fels getrennt und

Marienkirche Maryam, Lalibela.

stehen in einer Senke: Beim Bau der Tempel war stets zuerst um sie herum eine Vertiefung ausgegraben worden. Maryam (die Marienkirche) ist geradezu eine Kopie von Debra Damo, mit dem Unterschied, daß im Mittelschiff anstelle der Stürze Gewölbe eingesetzt sind. Die nahegelegene Amanuel-Kirche weist zusätzlich einen ›gezackten‹ Grundriß sowie eine in Stein gestaltete Spielart der herkömmlichen Bauweise auf, bei der streifenweise abwechselnd Mauerwerk (vorspringend) und Holz (vertieft) imitiert wird. Medhane Alem (die Erlöserkirche), die größte aller Felskirchen, ist fünfschiffig und hat ein → Peristyl aus hohen Säulen. Wohl stellt sie eine in den Fels gehauene Version der großen Kirche der hl. Maria von Zion in Aksum dar (im 16. Jh. zerstört und in veränderter Form wieder aufgebaut). Die vierte freistehende Felskirche in Lalibela, St. Georg, weist als einzige einen kreuzförmigen Grundriß auf; mit den Felskirchen in Tigre, deren Grundriß aus einer von einem Quadrat umschriebenen Kreuzform besteht, hat sie dennoch wenig gemein.

Felskirchen von architektonisch geringerer Bedeutung finden sich weitab von diesen Gebieten bis in die Gegend südlich von Addis Abeba. Sie wurden spätestens im 16. Jh. aus dem Fels gehauen. Aus noch späterer Zeit haben nur die burgähnlichen Paläste von Gondar (im 17. und 18. Jh. die Hauptstadt von Äthiopien) eine gewisse Bedeutung. Gemeinhin sieht man in ihnen portugiesische Einflüsse wirksam, sie weisen aber eine größere Gemeinsamkeit mit manchen Burgen im südl. Arabien auf. Moderne äthiopische Dorfkirchen sind im Norden, wo mittelalterliche Vorbilder – gebaute wie aus den Fels gehauene Kirchen – den Maßstab setzen, meist

Felskirche Abreha Atsbeha, Tigre, 11./12. Jh.

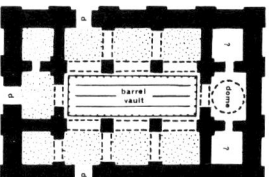

Amanuel-Kirche, Lalibela, 13. Jh.

Felskirche St. Georg, Lalibela, 14. Jh.

Äthiopien. Rechteckige Dorfkirche, Tigray.

rechteckig, während weiter südlich fast alle einen kreisförmigen oder polygonalen Grundriß aufweisen. Sie haben ihren eigenen Reiz, die basilikale Grundform der frühen äthiopischen Kirchen aber ist völlig verlorengegangen.   D. B.

Lit.: Littman u. a. '13; Mordini '39, '61; Monti della Corte '40; Buxton '47, '71; Bidder '59; Matthews/Mordini '59; Gerster '68; Lepsius '70; Buxton/Matthews '71-72; Jäger/Pearce '74; Leclant/Lepage/Annequin/Mercier '75; Plant '85.

Äthiopien. Kreisförmige Dorfkirche. St. Michael bei Detra Berhan.

B

Badeanstalt.

Das kollektiv benutzte Bad hat seit den römischen → Thermen eine fast ununterbrochene Tradition als Gebäudetypus in Mitteleuropa und in der islamischen Welt (→ Hammäm). Nach dem Verlöschen der mittelalterlichen Badetradition im 16. und 17. Jh. lebte der Gebrauch öffentlicher Bäder im späten 18. Jh. in Europa wieder auf, zunächst mit der Einrichtung von Freibädern (Frankfurt am Main 1774) und Badeschiffen in Flüssen und Seen (Paris 1781, Frankfurt 1800). Im 19. Jh. führten Choleraepidemien und die Zustände in Industriestädten zu einem verstärkten Hygienebewußtsein und zur Einrichtung von öffentlichen Dusch- und Wannenbädern (Liverpool, 1842; Hamburg und Berlin, ab ca. 1850). Die erste öffentliche Schwimm-

halle Europas wurde 1830 in Magdeburg eröffnet (1860 abgerissen), gefolgt von Wien (1842) und London (1846). Ab 1865 kam es in Deutschland vermehrt zur Errichtung großer Volksbadeanstalten, die die Reinigungsbäder mit Schwimmbecken und Gesundheitsbädern kombinierten (Sauna, ›russisches‹ oder ›türkisches‹ Dampfbad). Im Zuge dieser Bewegung kristallisierte sich um die Jahrhundertwende ein eigener Bautypus heraus, für den Beispiele in vielen Städten Deutschlands noch vorhanden sind (Müllersches Volksbad in München, von → Hocheder, 1902; Stadtbad Halle, Stadtbaurat Jost, 1913/14). In den 20er Jahren entstand in Mitteleuropa eine ganze Reihe architektonisch markanter Hallenbäder im Stil der Moderne, zum Beispiel → Tessenows Stadtbad Mitte in Berlin (1929/30), → Sauvages Apartmentblock mit Badeanstalt in Paris, Rue Lachapelle (1926/27) oder das Amalienbad in Wien (1923-26).

Während die Reinigungsbäder mit zunehmender Badinstallation in den Privathaushalten an Bedeutung verloren, sind in Deutschland seit dem Zweiten Weltkrieg zahllose öffentliche Frei- und Hallenbäder errichtet worden. Während hier zunächst der Aspekt sportlicher Betätigung im Mittelpunkt stand, hat sich seit den 80er Jahren zunehmend das Konzept des ›Freizeitbades‹ durchgesetzt, bei dem eine Vielfalt möglicher Aktivitäten und Entspannungen im Vordergrund steht.   D. N.

Lit.: Genzmer 1899; J. v. Simson '77; Glassberg '79; Giedion '82; Müller/Wesphalen '86; Hartmann '87; Koppelkamm '87; Krizek '90.

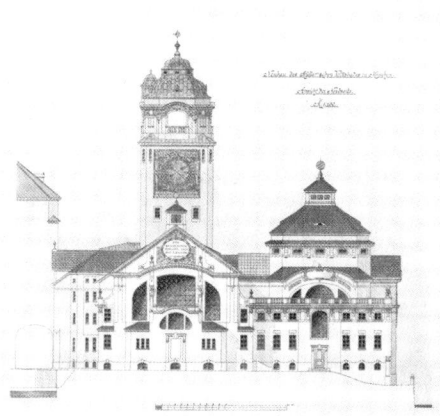

Badeanstalt. Müllersches Volksbad, München, von → Hocheder, 1902.

Banesa.

Banesa gjirokastrite (Gjirokastra – Wohnhaus): Befestigter städtischer Wohnhaustyp in Südalbanien. Auf abschüssigem Gelände errichtetes Steinhaus, steil und hoch mit 3-4 Stockwerken. Es tritt in zwei Hauptvarianten auf; ein- und zweiachsig, mit unterschiedlicher Flächenbehandlung. Die Wohnräume sind um eine größere Halle gruppiert. Der Empfangssaal befindet sich im oberen Stockwerk, der Winterraum im Zwischengeschoß und der Sommerraum im 2. Stockwerk. Das Mobiliar ist z. T. eingebaut (Regale, Ruhesofas, Eckschränke usw.), d. h. in die Baukonstruktion einbezogen. Das Innere der Räume ist mit wertvollen Holzschnitzereien und Wandgemälden ausgeschmückt. Der Außenbau ist von eindrucksvoller Monumentalität und Strenge, was diese Häuser von den anderen albanischen Wohnhäusern unterscheidet.

Wasch- und Badeanstalt auf dem Schweinemarkt in Hamburg, 1855.

Nachträge

Banesa gjirokastrite. Wohnhaus der Familie Zekati, Gjirokastra, spätes 18. Jh.

Banesa beratase (Berater Wohnhaus). Städtisches Wohnhaus ohne defensive Funktionen, mit einer größeren Anzahl von Fenstern und einer ansprechenden äußeren Gestaltung. Seine größte Verbreitung fand dieser Haustyp im 18. und 19. Jh. in Mittelalbanien: ein meist zweistöckiger Bau in schlichter Bauart mit Vorhalle und Veranda (Çardak), relativ groß und geräumig. → Albanien.   G. F.

Baugenossenschaften. Genossenschaften entstanden dort, wo der Markt seiner Versorgungsfunktion mit bestimmten Gütern nicht gerecht wurde, als Zusammenschluß der von einer Mangelsituation Betroffenen. Die B., deren Gut – Wohnung – besonders kostenintensiv war und ist, waren von daher immer auf private oder öffentliche Förderer angewiesen. Die Anfänge der B. sind bei den utopischen Sozialreformen zu suchen (Fouriers ›Phalanstère‹, Owens ›New Harmony‹, aber auch → Howards → Gartenstadt), für die die Genossenschaften autarke Inseln im unwirtlichen Industriekapitalismus sein sollten (Wohnen, Arbeiten und Versorgen gemeinsam selbst organisiert). Nur vereinzelt und kurzzeitig konnte diese Idealvorstellung verwirklicht werden, wie in der von Hannes Meyer 1919-21 erbauten Siedlung ›Freidorf‹ in Muttenz/Kanton Basel (Abb. → Meyer).
Aber erst die Entwicklung durchsetzungsfähiger Vorstellungen (Beschränkung auf das Gut Wohnen, Bau zunächst weniger Häuser, Organisierung öffentlicher Darlehen) ließ die B. dann besonders in Deutschland seit den 1890er Jahren zu leistungsfähigen Wohnungsbauunternehmen werden. Die Besonderheit der B. gegenüber anderen Trägern blieb bis heute die Mitgliederbezogenheit (Mitglieder = Anteilseigner, Selbstverwaltung), die sie auf die Qualität der für die eigenen Mitglieder gebauten Wohnungen und Siedlungen verpflichtete. B. verstanden sich bewußt als Alternative zum Mietskasernenbau und zum Werkswohnungsbau (→ Mietshaus, → Wohnbau), der die Bewohner zu Abhängigen machte. Bis in die 20er Jahre waren B. die

Vorreiter und Vorbilder für andere soziale Wohnungsunternehmen. Namhafte Architekten konnten für ihre Bauvorhaben gewonnen werden (u. a. → Muthesius, → Tessenow, Bruno → Taut, Riphahn).
Herausragende Beispiele sind die Arbeitersiedlungen der B. ›Freie Scholle‹ in Bielefeld (Arch. Gustav Vogt). Ab 1925 entstand mit den ›Heeper Fichten‹ eine typische Gemeinschafts-Siedlung mit Parkanlagen, Waschhaus, Kindergarten, Läden und einem Gemeinschaftshaus für Veranstaltungen; ab 1927 die Siedlung ›Im Siekerfelde‹ in der Formensprache des → Expressionismus, die die Aufbruchstimmung innerhalb der Arbeiterbewegung auch architektonisch widerspiegeln sollte. Außer staatlichen Krediten trugen auch Organisationen der Arbeiterschaft zur Finanzierung bei (Gewerkschaften, Volksfürsorge, Arbeiterbank, Konsumgenossenschaft). In den 20er Jahren gründeten die unterschiedlichsten Berufsgruppen (Beamte, Eisenbahner oder auch Arbeiter eines einzelnen Betriebes) B. und erhielten von ihren Arbeitgebern Baudarlehen.
Krieg und Nachkriegszeit ließen die B. bis in die 70er Jahre in einen Dornröschenschlaf versinken. Nach den Kriegszerstörungen wurde Wohnungsbau eher quantitativ betrieben; die großen Gesellschaften waren hier leistungsfähiger. Zudem hatte das Wort ›Genossenschaft‹ durch die Zeit des Kalten Krieges den negativen Beigeschmack des Sozialismus erhalten. Erst in unserer Zeit, in der das Interesse der Bewohner an der Mitgestaltung ihrer Wohnumgebung, an Selbsthilfeleistungen, an Nachbarschaften wächst, erinnert man sich wieder der speziellen Leistungsfähigkeit genossenschaftlicher Zusammenschlüsse im Sinne von sozialem Wohnen. → Neues Wohnen; → Alternative Architektur.   A. M.
Lit.: Siedlungsgen. Freidorf '43; Posener '82; Novy '83; Karthaus '86; Waites/Knevitt '87; Mersmann/Novy '91; Novy u.a. '91.

Baumeisterbildnis. Seit dem MA die Darstellung der für die künstlerische Gestaltung eines Bauwerks verantwortlichen Person, meist in skulpturaler Form am Bau als → Konsole, Büste oder → Atlant. Als künstlerischer Leiter der → Bauhütte wird der → Baumeister zuerst gelegentlich in einer Bauinschrift genannt. Ein frühes bildnerisches Beispiel um 1180 ist das B. in der Zwerggalerie des Ostchores des Wormser Doms, wo der Baumeister mit dem Attribut des Winkelmaßes vom Affen gelaust wird. Die Konsolenbüste war die typische Form des B.es im MA. Attribute sind neben Winkelmaß und Zirkel (Abb. → Pilgram) oft auch der Steinmetzhammer oder der Klöpfel, auf die handwerklichen Ursprünge des Berufs verweisend. Ein Höhepunkt des B.es, auch im Hinblick auf die gesellschaftliche Stellung, ist in der Büste des Dombaumeisters Peter Parler auf der Triforiengalerie des Prager Veitsdoms um 1355 erhalten (Abb. → Parler). Eine besondere Form des B.es findet sich im Turmoktogon des Straßburger Münsters mit den ganzfigurigen Statuen des Dombaumeisters Ulrich v. Ensingen und seiner Frau (1419). Die Tradition der im MA in zahllosen Beispielen auftretenden mit dem Bau verbundenen B.e ist im 16. Jh. nur noch vereinzelt anzutreffen und bricht dann völlig ab. In Italien hat sich mit der gestiegenen Wertschätzung des Künstlers/Architekten im 15. Jh. (→ Renaissance) die Gattung des autonomen Künstlerporträts in Form von Medaillen und Gemälden und im 16. Jh. auch als Holzschnitt oder Stich in der Kunstliteratur seit

Baumeisterbildnis. Büste von → Mathias von Arras, Veitsdom, Prag.

Baugenossenschaft ›Freie Scholle‹. Genossenschaftshaus in der Siedlung ›Heeper Fichten‹, Bielefeld, 1931.

Baumwachthaus (›borang‹) im Rodungsfeld der Garo, Assam/ Nord-Burma.

→ Vasari herausgebildet. Unter anderen Voraussetzungen kehrt das B. im Barock wieder, wo der Architekt entweder versteckt dargestellt (Kryptoporträt) oder selbstbewußt mit den Insignien seines Berufes meist in den Programmen von Deckengemälden auftritt; so Balthasar Neumann in Tiepolos Deckengemälde im Treppenhaus der Würzburger Residenz (Abb. → Neumann). C. M.

Lit.: Gerstenberg '66; Severin '92; Holländer '92.

Baumwohnung. 1. Hütte oder leichter hausförmiger Bau, auf einer Plattform in der Astgabelung eines mehr oder weniger hohen Baumes errichtet; sie ist mittels Stiegen (Balken mit eingeschnittenen Stufen) oder Leitern zugänglich. B.en waren und sind gelegentlich noch heute neben anderen Wohnungsformen in vielen Regionen der Welt in Gebrauch: u. a. bei den australischen → Aborigines, in Melanesien (Neuguinea, Bismarck-Archipel; → Südsee), Indonesien (Sumatra, Sulawesi), Philippinen (Mondanao, Mindoro, Luzon), Malaysia, Südindien (→ Indien), Assam und Nord-Burma, Südchina (→ China), im Hindukusch- und Pamirgebiet, verstreut in → Afrika südlich der Sahara (Südnigeria, Kamerun, südliche Teile der Sudanzone, Südäthiopien, Nord-Zaire, ostafrikanisches Zwischenseegebiet) sowie in Mittel- und Südamerika (Panama, Kolumbien, Guayana; → Indianer). Die Mehrheit der Belege fußt auf flüchtigen Beobachtungen von Reisenden, überwiegend aus dem 19. Jh. Infolge der Dürftigkeit der Mitteilungen über die Funktion der B.en sind diese nur in wenigen Fällen als dauernde Wohnungen belegt. Sie dienten/dienen vielmehr zum vorübergehenden Aufenthalt, etwa während der Bestellung von Feldern, wenn diese sehr weit von den Dörfern liegen; dort bieten sie auch eine gewisse Sicherheit vor wilden Tieren. Mancherorts sucht man in der Höhe der B.en Schutz vor Ungeziefer und der Moskitoplage, oder sie dient Jägern als Versteck, um z. B. Vögel aus der Nähe zu erlegen. Vor der Verbreitung von Feuergewehren vermochten B.en auch Verteidigungszwecke zu erfüllen; solche Beobachtungsposten oder Bogenschießstände konnten bis zu einem Dutzend Menschen fassen. Es ist wohl kein Zufall, daß ein Teil afrikanischer B.en in Gegenden liegt, die früher oft von Sklavenjägern heimgesucht wurden.

Die scheinbar naheliegende Annahme, B.en seien eine gleichsam von der Natur gebotene Urform, aus der u. a. die auf Pfosten ruhenden → Pfahlbauten hätten entstehen können, ist unhaltbar; die Pfahlbauten können schwerlich als Ergebnis einer einlinigen Entwicklung erklärt werden. Wo beide Bauformen nebeneinander vorkommen (z. B. Vorratsspeicher in Südostasien), scheinen die B.en improvisierte Varianten der Pfahlbauten zu sein.

2. Künstliche oder natürliche, aber künstlich erweiterte Höhlen in geeigneten Baumstämmen. Nach den wenigen zuverlässigen Berichten werden/wurden sie als permanente Wohnstätten benutzt. Ein Teil der Urbewohner Tasmaniens (im 19. Jh. ausgerottet) wohnte nach James Cook (1777) im Innern von besonders großen, mit Feuer ausgehöhlten Baumstämmen; in der Mitte befand sich ein aus Ton errichteter Herd, um den herum 4-5 Personen Platz hatten. Diese Art von Wohnungen war erheblich dauerhafter als die ebenso gebräuchlichen einfachen, mit Baumrinde bedeckten Hütten, denn man ließ eine Seite des Baumes unbeschädigt, so daß er weiterleben konnte. Wohnen in hohlen Bäumen war hie und da auch bei Indianern in Mittel-

amerika, den Ituri-Pygmäen von Zaire und den Angola-Buschmännern, bei Waldstämmen auf Sumatra und in Südindien sowie bei den Wedda (ein Restvolk von Wildbeutern auf Sri Lanka) üblich; das Wort der Wedda für ›Haus, Hütte‹ (rukula) ist aus dem Singhalesischen entlehnt und bedeutet ursprünglich ›Baumhöhle‹. L. V.

Baumhaus in Koiari, Neuguinea.

Baurecht. Rechtliche Regelungen für das Bauen in geschlossenen Siedlungen. Sie erfolgen über das Eigentums- und Bodenrecht, das Bauordnungsrecht, früher Baupolizeirecht, und das Bauplanungs- oder Stadtbaurecht. Zu unterscheiden sind die mittelalterlichen autonomen Stadtbaurechte, das absolutistische B. der Landesfürsten, das bürgerlich-liberale B. und das B. des 20. Jhs. als Mittel von Raumordnungs- und Sozialpolitik.

Das römische Recht ging von der Bindung des Bauwerks an Grund und Boden aus. Das ältere deutsche Recht unterschied zwischen dem Obereigentum des Grundherrn oder der Stadtgemeinde und dem Untereigentum als Nutzungsberechtigung, das über Zeitpacht, Erbpacht oder Bodenleihe vergeben wurde. Ursprünglich regelten Grundherr und Nutzer baurechtliche Bedingungen und Dienstbarkeiten privatrechtlich. Auf die Entwicklung des freien Grundstücksverkehrs durch Bildung von Privateigentum, z. B. durch gleichbleibenden Zins bei Geldentwertung oder die Einführung des römischen Rechts ab dem 15. Jh., reagierten die Stadtregierungen mit einer weitgehenden Einschränkung der Baufreiheit über eine Vielzahl von öffentlichen städtischen B.en. Auch ging die Idee des Obereigentums nie ganz verloren, was sich die Landesfürsten ab Mitte des 17. Jhs. zunutze machten, die das B. als Mittel der Stadtentwicklungspolitik einsetzten und rigoros in die privaten Verfügungsrechte eingriffen. Das Wiedererstarken des Bürgertums Mitte des 18. Jhs. führte im Zeitalter des aufgeklärten Absolutismus zu einer besseren rechtlichen Ordnung und zum Zugeständnis von mehr Baufreiheit, z. B. im Preußischen Allgemeinen Landrecht von 1794. Aber noch war der Boden gebunden an unablösbare Dienstbarkeiten, Grundgerechtigkeiten, an Vorkaufsrechte, partielle Verfügungs- und Nutzungsrechte, Baupflichten sowie an umfangreichen Gemeinbesitz. Die Ablösung der feudalen durch eine bürgerliche Gesellschaftsordnung im Zuge der Französischen Revolution führte (in Preußen 1807 bis 11) zur Aufhebung aller Einschränkungen des freien Bodenverkehrs und damit zur Bodenbefreiung und seiner Verwendbarkeit als einheitliches Privateigentum und als Handelsware. Das diese Entwicklung begleitende liberale B. sollte nur der Gefahrenabwehr dienen. Doch führte die wirtschaftliche Dynamik der bürgerlichen Gesellschaft mit dem überraschend schnellen Wachstum der Städte zu willkürlicher Bebauung, die die allgemeine Wohlfahrt beeinträchtigte. Erste Maßnahmen für eine vorausschauende städtebauliche Planung, wie das Preußische Fluchtliniengesetz von 1875 (vgl. → Städtebau), sicherten nur den öffentlichen Raum, beeinflußten aber nicht den Umfang der Bebauung. Erst 1918 wurden mit dem Preußischen Wohnungsgesetz die Voraussetzungen geschaffen, aus denen sich stufenweise das heutige B. entwickelte, wie es, soweit es sich um Bundesrecht handelt, zuletzt im Baugesetzbuch von 1986 kodifiziert wurde. Es handelt sich um ein gestaltendes Recht mit zweistufiger Stadtplanung aus Flächennutzungsplan und Bebauungsplan unter Planungshoheit der Gemeinden, das vor allem der Festlegung von Art und Maß der Bauweise und baulichen Nutzung dient mit den entsprechenden Vorschriften zur Bodenordnung für Erschließung, Umlegung und Enteignung. Dabei spielt die Zonung eine große Rolle, die Einrichtung von Bauzonen mit abnehmender Höhe und Dichte der Bebauung von der Innenstadt zu den Außenbezirken. Es gibt Sonderrechte für Sanierungs-, Erneuerungs- und Entwicklungsmaßnahmen, eigene Wohnungs-, Umweltschutz- und Denkmalschutzgesetze (→ Denkmalpflege). *Wa.P.*

Lit.: Kabel '48; Pirson '60; Schmidt-Assmann '72; Schöller '89; Zinkhahn/Söfker '91.

Bausteine. Aus natürlichem Gestein gewonnene oder aus amorphem Material geformte Einzelsteine zum Schichten von → Mauern (→ Mauerverband; → Mauerwerk). Natürliche Steine unterscheiden sich nach dem *Grad der Bearbeitung*, dem *Härtegrad* bzw. Druckfestigkeit.

Grad der Bearbeitung:
Feldsteine – natürlich abgeschliffene ›Findlinge‹ eiszeitlichen Ursprungs oder aus Flußtälern, ursprünglicher Baustein z. B. der norddeutschen Tiefebene.
Bruchsteine – Im Steinbruch gewonnene Steine ohne weitere Bearbeitung.
Werksteine, → *Hausteine* – Vom Steinmetz zu regelmäßiger Form gehauene Blöcke; größere Blöcke heißen auch → Quader (→ Steinbearbeitung; → Steinschnitt).

Härtegrad:
Sehr weich – Tuffstein
Weich – Basaltlava, Sandstein
Mittel – Marmor, Kalkstein, Porphyr
Hart – Basalt, Granit, Syenit
Bei den Werksteinen bilden Dauerhaftigkeit und leichte Bearbeitbarkeit Gegensätze. Der Steinmetz bevorzugt den weicheren Sandstein. Im Zeitalter der Umweltverschmutzung leiden aber die weicheren Steine besonders unter den aggressiven Schadstoffen in der Luft und im Regenwasser, wie Schwefelsäure und schwefelige Säure (vgl. Abb. → Denkmalpflege).

Künstliche Steine sind aus plastischen Erdarten geformt, wie z. B. an der Sonne getrocknete Lehmziegel oder Luftziegel (→ Adobe, → Lehmarchitektur); im Feuer gebrannte → Backsteine oder Ziegelsteine (→ Klinker).
Die eigentlichen Kunststeine sind aus körnigem Material geformt, das abbindet oder aushärtet, z. B. Kalksandsteine, Gasbetonsteine, Bimssteine.
Bei den künstlichen Steinen wird in der Regel eine besondere Leichtigkeit angestrebt, z. B. durch Ausbrennen von Hartschaum oder Sägespänen beim Backstein, wodurch ein poröser Hintermauerziegel geschaffen wird, oder durch chemische Aufschäumung oder künstliche oder natürliche geblähte Zuschlagstoffe bei den eigentlichen Kunststeinen.
Aus Glas gegossene oder gepreßte Steine: → Glasbausteine. Vgl. → Stein; → Formstein. *Wa.P.*

Bierpalast. Vorentwurf zum Festsaalbau der Brauerei ›Zum Münchner Kindl‹, München, von → Thiersch, 1899.

Bierpaläste. Für die Entstehung einer spezifischen Bierarchitektur im 19. Jh. spielt Deutschland die herausragende Rolle. Die Emanzipation des Bieres zum bürgerlichen Kneip- und Nationalgetränk führte hier dazu, daß man nach der Reichsgründung in Brauereistädten wie Berlin, Dortmund oder München riesige Gaststätten für den Bierkonsum errichtete. Die sog. B. umfaßten Festsäle von teilweise 1500 Quadratmetern Grundfläche sowie geräumige Trinkhallen und gemütliche Bräustuben. Oft schloß sich ein kulissenartig dekorierter Kneiphof an. Die Forderung nach künstlerischer Konzeption und Ausstattung veranschaulicht, daß mit der Bierarchitektur eine neue Aufgabe der bürgerlichen Baukunst entstanden war. Berühmte Architekten des späten → Historismus wie → Thiersch oder → Seidl entwarfen Biergaststätten. Gesellschaftlich formierte Vorstellungen schlugen sich direkt in der baulichen Gestaltung nieder. Der schlichte, unprätentiöse Charakter des Bierkonsums mußte – so die Zeitgenossen – auch in der Architektur anschaulich werden. In humoristischer, beziehungsreicher Weise rief man die Erinnerung an die ›altdeutsche‹ Zechkunst wach, die sich an den geselligen Biergenuß knüpfte. So legitimierte sich auch der Rückgriff auf die dt. → Renaissance, die zum beherrschenden Stil der Biergastronomie wurde. Besonders in München entwickelten sich die großen B., wie der ›Löwenbräukeller‹ oder der Saalbau der Brauerei ›Zum Münchner Kindl‹, zum typischen, integralen Bestandteil der Stadt. Der gesteigerte Bierexport führte dazu, daß sich in ganz Europa Ableger der Münchner B. finden. Die künstlerische und gesellschaftliche Reformbewegung um 1900 und erst recht der Erste Weltkrieg machten allerdings der kurzen Blüte dieses Bautyps ein Ende, der nach 1918 so gut wie nicht mehr gebaut wurde. *V.Wa.*

Lit.: Walter '92.

Bierpalast. Festsaal des Löwenbräukellers, München, von Albert Schmidt, 1882-83.

Blech. Maurischer Kiosk im Park von Schloß Linderhof, von Carl von Diebitsch, 1867.

Blech. Weiche Metalle wie Bronze, Kupfer, Gold und Blei wurden schon von den Römern in flach gehämmerter Form für Dachdeckungen, Verkleidungen und Wasserrohre benutzt. Das Mittelalter kannte Dachdeckungen aus Kupfer- und Bleiblech. Mit der Einführung von Maschinen im 18. Jh. wurden die Herstellung größerer Mengen und die Bearbeitung von härteren Metallen, z. B. Eisen, möglich. Im 19. Jh., beginnend mit den Bauten an der Rue de Rivoli 1801 (→ Percier & Fontaine), erhielten z. B. die Mietshäuser an den Pariser Boulevards ihre charakteristische blaugraue Zinkblechdeckung. 1840-50 wurde mit der Entwicklung von galvanisiertem Eisenblech und der Erfindung des Wellblechs ein billiges, rostfreies und stabiles Material lieferbar, das zu einem ungeheuren Erfolg vorfabrizierter Bauten führte, die in alle Welt, vor allem in die englischen Kolonien und den amerikanischen Westen, exportiert wurden (→ Präfabrikation). Die Entwicklung von Zentralheizungssystemen ab ca. 1806 (Capitol in Washington von → Latrobe) und Klimaanlagen (ab ca. 1903) brachten neue Anwendungsgebiete für Blech im Bauwesen. Der → Historismus des 19. Jhs. bediente sich in Europa und Amerika der leichten Formbarkeit von Metallblechen, um Bauornamentik billig vorzufabrizieren. Carl von Diebitsch entwarf 1867 für die Weltausstellung in Paris einen maurischen Pavillon aus Gußeisen und Zinkblech (heute im Park von Schloß Linderhof). In den Vereinigten Staaten setzten sich in der 2. H. des 19. Jhs. auf breiter Ebene gestanzte und gepreßte Blechornamente und vor allem Blechgesimse durch, die über einer Holzkonstruktion an den Traufen von Geschäftshäusern angebracht wurden (Zinkblechpavillon auf der Weltausstellung in Philadelphia, 1876). Ab ca. 1890 wurden mit großem Erfolg ganze Fassaden für Geschäftshäuser aus Zinkblech vorfabriziert. In den 20er und 30er Jahren des 20. Jhs. wurden Bleche aus neuen Materialien eingeführt, wie Aluminiumblech und Nirosta Stahlblech (Chrysler Building New York, 1928 bis 1930, William van Alen; Abb. → Art Deco). Flache Metallbleche spielen nach wie vor eine große Rolle für Dachdeckungen und Heizungssysteme, Wellbleche als Wand- und Deckenmaterial im → Industriebau. D. N.

Lit.: Herbert '78; Banham '84; Chase '88.

Bohigas Guardiola, Oriol (geb. 1925). 1943-51 Studium und Promotion an der Escuela Tecnica Superior de Arquitectura, Barcelona. Seit 1951 Architekturbüro gemeinsam mit Josef Martorell, seit 1962 mit Martorell und David Mackay.
In den 50er und 60er Jahren war das Büro MBM ein Hauptexponent der sog. ›realistischen‹ Architekturströmung in → Spanien, die die Moderne und

Wohnhaus in Barcelona, von → Bohigas und Martorell, 50er Jahre.

den → Funktionalismus mit lokalen und historischen Traditionen verknüpfte. Vor allem im innerstädtischen Wohnungsbau und bei Sozialbauten realisierte das Büro MBM vorbildliche Lösungen, u. a. Wohnungsbauten sowie verschiedene Schulen und die Augusta-Klinik in Barcelona (1968-75). Neben den ca. 150 realisierten Bauten und Wettbewerbsbeiträgen des Büros hat B. vor allem als Planungsdezernent für Barcelona große Bedeutung erlangt: er initiierte eine Revision der städtischen Planungs- und Baustrategien, die als vorsichtig-optimierendes Weiterbauen der vorhandenen Stadt charakterisiert werden kann, ähnlich den etwa gleichzeitigen Strategien der Internationalen Bauausstellung in Berlin. Die Zielvorgabe der »kontrollierten Metastasen« (Bohigas) hat in Barcelona z. B. zu ca. 100 neuen bzw. restaurierten Plätzen, auch in der Peripherie, geführt und diese Stadt zum Mekka einer neuen Planungskultur gemacht. MBM zeichnet auch verantwortlich für den Generalplan der städtebaulichen Anlagen zur Olympiade 1992 in Barcelona, mit der die Stadt erstmals zum Meer hin urbanistisch erschlossen wird. V. F.

Lit.: Matheos '73; Fullaondo '74; Pinon/Jencks '79; Jencks '77; Frampton '84; Bohigas u. a. '91.

Bolivien. Die Geschichte B.s zeichnet sich durch lange Phasen wirtschaftlicher Stagnation und politischer Instabilität aus. Die Architekturentwicklung spiegelt dies wider in der Verzögerung, mit der internationale Tendenzen nachvollzogen werden, sowie in der Schwierigkeit, diese inhaltlich konsistent und materiell adäquat umzusetzen.

Bolivien. Iglesia de San Francisco, La Paz, 18. Jh.

Auf dem Gebiet des heutigen B. lebten und leben u. a. die einheimischen Völker der Quechua und Aymará. Ihr starker Anteil an der Bevölkerung und ihre ausgeprägte Kultur erlauben – wie schon in der spanischen Kolonialzeit – keine einseitige Durchsetzung fremder Vorbilder seitens der oberen Schichten (→ Indianer Mittel- und Südamerikas, → Zentralandine Hochkulturen). Die Wirtschaft basiert traditionell auf dem Bergbau im Andenhochland. Seit dem 18. Jh. konzentrierte sich die Entwicklung auf das nördlich gelegene La Paz. Von der Bauaktivität in dieser Stadt zeugt die Iglesia de San Francisco aus dem 18. Jh., deren Steinportal unter Beteiligung von Steinmetzen der Region entstand und ein Beispiel der ›arquitectura mestiza‹ ist. Der Palacio Diez de Medina aus dem späten 18. Jh. entspricht dem Typus des traditionellen → Patiohauses.
Der Unabhängigkeitskrieg endete 1825 mit der Ausrufung der Republik. Ihr folgte in den 1830er Jahren eine Phase der Euphorie, in der Triumphbö-

Bolivien. Rathaus La Paz, von Emilio Villanueva, 1925.

die eine rege Bauaktivität erlaubte. Zu den Neubauten in La Paz zählen zahlreiche Hochhäuser. Zu den frühen Beispielen gehört jenes der Caja de Seguridad Social Petrolera, CSSP, von Luis Villanueva, nach dem Vorbild des New Yorker Lever House von S.O.M. (Abb. → Skidmore, Owings & Merrill). Ein neueres Beispiel von internationalem Niveau ist das Verkehrsministerium von Juan Carlos Calderón. Zu den aufwendigen Konstruktionen gehören die Stahlbetonschalen des Ingenieurs Mario Galindo, z. B. jene der Iglesia de San Miguel von 1970 (Architekt: Hugo López Videla). Die Siedlung Los Pinos aus den 70er Jahren, das Werk einer Architektengemeinschaft um Gustavo Medeiros, ist eines der seltenen → Wohnbauprojekte.

Der wirtschaftliche Aufschwung des östlichen Tieflands löste in den späten 60er Jahren einen Bauboom in Santa Cruz de la Sierra aus. Die rasche Entwicklung dieser Stadt erfolgte im Rahmen eines Planes, der ein ringförmiges Wachstum vorsah. Es entstanden außergewöhnlich viele Bauten unter Beteiligung von Architekten, darunter zahlreiche materiell und formal gute Einfamilienhäuser im Viertel Ecopetrol sowie aufwendige öffentliche Bauten wie der Zentrale Omnibusbahnhof von Sergio Antelo.

Lit.: Mesa/Gisbert '70; Medeiros '81; Cuadra '91.   M.C.

Bolivien. Verkehrsministerium La Paz, von Juan Carlos Calderón, um 1980.

Bolivien. Wohnhaus des Architekten, La Paz, von Arturo Posnansky, 1915-20.

gen und Militäranlagen entstanden. Es folgte eine lang anhaltende, schwere Krise der Wirtschaft, die alle Institutionen in Mitleidenschaft zog. Die wechselvolle Entstehungsgeschichte der Kathedrale von La Paz spiegelt diese Krise wider. Im Jahr 1826 begann die ehrgeizige Planung des Neubaus durch Manuel de Sanahuja. Nach ihm wirkten die prominentesten Architektenpersönlichkeiten an diesem Bau. 1880 war jedoch die Höhe des ersten Gesimses noch nicht überschritten; 1883 lieferte der päpstliche Architekt Francesco Vespignani neue Entwurfszeichnungen, erst 1932 konnte der Kirchenraum für fertig erklärt werden (die Türme sind es heute noch nicht). Der 1845-52 entstandene Regierungspalast von José Núñez del Prado dokumentiert in seiner Bescheidenheit die begrenzten Möglichkeiten seiner Enstehungszeit.

Die wirtschaftliche Erholung durch den Silber- und Kautschukboom gegen Ende des 19. Jhs. brachte eine gewisse bauliche Aktivität, die sich aber auf die Modernisierung bestehender Bauten beschränkte. Zu den wenigen Neubauten gehören das als Panoptikum ausgeführte Gefängnis von 1885 bis 1897 (→ Gefängnisarchitektur) und die mit neugotischen Dekorationen versehenen Kirchen Iglesia de San José (1893) und de la Recoleta (1889-96).

Von der Jahrhundertwende an folgte ein Zinnboom. In diese Zeit fallen die offizielle Ernennung von La Paz zum Regierungssitz und die dementsprechende Ausstattung der Stadt mit Bauten, darunter dem Palacio Legislativo von Antonio Camponovo. Es begann eine Phase der Stabilität, in der die Architekten langfristig beschäftigt waren. Emilio Villanueva war die herausragende Persönlichkeit dieser Zeit. 1940 gründete er die Escuela de Arquitectura an der Universidad Mayor de San Andrés. Als Architekt war er Schöpfer zahlreicher Bauten in verschiedensten Formensprachen, die er stets gut beherrschte. Zu seinen europäisch anmutenden Realisierungen gehört das Rathaus von La Paz (1925). Bei dem Neubau der Universidad Nacional Mayor de San Andrés (1940-48) versuchte er eine Synthese moderner und nationaler Formenelemente – wie schon 1915-20 der Archäologe Arturo Posnansky bei seinem Wohnhaus. Für den → Internationalen Stil stehen in La Paz Werke von Ivica Krsul, wie das Verteidigungsministerium (1940) und das kommerzielle Edificio Krsul. Luis und Alberto Iturralde setzten diese Linie in Projekten wie dem Hospital Obrero (1952) fort.

Nach einem Bürgerkrieg und der Ausrufung einer sozialen Revolution im Jahr 1952 wurden bis in die 60er Jahre keine Repräsentationsbauten errichtet. In den siebziger Jahren profitierte das Land von der Erdgas- und Ölgewinnung im östlichen Tiefland,

Bolivien. Zentraler Omnibusbahnhof, Santa Cruz de la Sierra, von Sergio Antelo, 70er Jahre.

Buschhüter, Karl (1872-1956). Architekt, Lebensreformer; Vertreter eines extremen Regionalismus bei Ablehnung der üblichen Heimatarchitektur. Initiator der modernen → Backsteinarchitektur am Niederrhein unter Prägung eines individuellen Typs des Einfamilienhauses von hoher Dynamik mit Ziegelpfeilern, steilem Krüppelwalmdach (→ Dachformen) und Ziegeltexturen. B. trat gegen den → Historismus für Materialgerechtigkeit im Sinne einer → organischen Architektur ein und entwickelte eine Theorie des biologischen → Funktionalismus. Er strebte eine allgemeine Lebensreform mit Ablehnung der industriellen Technik und Hinwendung zur persönlichen Autarkie an. Trotzdem Verwendung von Eisenfachwerk (→ Eisen) im Wohnungsbau (→ Curtain Wall): Buschhüter-Haus, Krefeld (1899), Haus Kamp, Süchteln (1902). Vorläufer des → ökologischen Bauens. Utopische Idealentwürfe für das ›Gotthaus der Schönheit‹, das ›Haus der Sammlung‹, Weihetempel und Ehrenmale. Dabei kühne Grundrisse: Spiralhäuser und azentrische Kuppeln. Vgl. → Alternative Architektur, → Phantastische Architektur, → Utopische Architektur, → Neue Wohnformen.   Wa.P.

Lit.: Pohl/Schwanke '87.

›Buschhüterhaus‹, Krefeld, 1899.

C

CAD. Synonym für die die traditionelle → Architekturzeichnung und → Architekturdarstellung überschreitende Nutzung von Datenverarbeitung beim Planen, Entwerfen und Konstruieren, jedoch mit unterschiedlicher Bedeutung: 1. Rechnerunterstütztes Zeichnen (Computer Aided Drafting), die Nutzung von Software, um mit Hilfe graphischer Eingabemedien, von Bildschirmen und Ausgabegeräten (Plottern) die Zeichenarbeit zu rationalisieren; 2. Rechnerunterstütztes Planen, Entwerfen und Konstruieren (Computer Aided Design) – bezeichnet im weiteren Sinn sämtliche die Entwurfstätigkeiten unterstützende Nutzungen von Datenverarbeitung. Die hohe Rechen- und Speicherkapazität der EDV ermöglicht es, schnell komplexe Berechnungen durchzuführen, um so Probleme einfacher analysieren oder Lösungen bewerten zu können, z. B. durch Perspektiven oder Kostenermittlungen. Die magnetische Abspeicherung der Informationen erlaubt ein einfaches Ändern der Daten, so daß zusammen mit einer Rationalisierung der Arbeit ein häufiges Überarbeiten der Lösungen und damit eine Qualitätssteigerung bei gleichem Arbeitsaufwand möglich ist.

Im engeren Sinn spricht man von CAD nur dann, wenn die Bauwerksgeometrie die Gliederung der Daten vorgibt und wenn graphische Eingabe- und Ausgabegeräte genutzt werden. Damit CAD nicht nur zur Rationalisierung bestehender Arbeitsweisen, sondern zu einer Qualitätssteigerung beim Planen, Entwerfen und Konstruieren führt, ist ein spezielles planungsmethodisches Vorgehen und insbesondere bei Gruppenarbeiten eine besondere Organisation der Entwurfs- und Konstruktionsarbeit notwendig. Nicht zuletzt wird auch im Bereich der Bauaufnahme (Kathedrale Cluny) oder bei Raumdiagnosen die Datenverarbeitung eingesetzt (Computersimulation). *J.G.*

Lit.: Kahlen '89; Pfeiffer '89; Encarnação u. a. '90; Cejka '90.

Calatrava Valls, Santiago (geb. 1951). Studierte Kunst und Architektur in Valencia sowie Bauingenieurwesen; Promotion an der ETH Zürich. Seit 1981 Atelier in Zürich. C. gehört zu den wenigen Ingenieur-Architekten, die in der Tradition von → Nervi, → Candela oder → Torroja kühne Konstruktionen mit ausgeprägten architektonischen Formen vereinen. Zu seinen Hauptwerken gehören vor allem Brücken (Bach de Roda-Felipe II in Barcelona und EXPO-Brücke in Sevilla) sowie → Verkehrsbauwerke (Bahnhof Zürich-Stadelhofen). Sein Interesse gilt dem eleganten, virtuosen Spiel mit Massen und Kräften. Bei Konstruktionen wie dem Fernmeldeturm in Barcelona gewinnt die dynamische Form so weit an Bedeutung, daß sie sich über funktionale Erfordernisse wie auch ökonomische Zwänge hinwegsetzt. Das Bauwerk wird zum ausdrucksstarken Fanal über den Dächern der Stadt. *F.J.*

Lit.: Blaser '90; Calatrava '91; Harbison '92.

Campi, Mario (geb. 1936). Seit 1962 gemeinsames Büro mit Franco Pessina in Lugano. 1977-85 Gastprofessuren in Cornell und Harvard/USA. Seit 1985 ordentlicher Professor an der ETH Zürich.

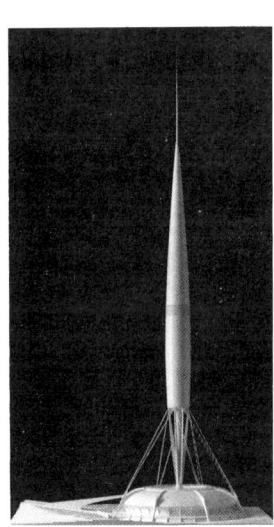

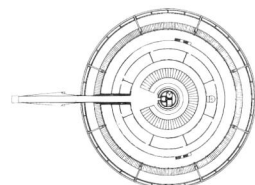

Fernsehturm Barcelona, von → Calatrava Valls, 1988. Modell und Grundriß.

Casa Felder, Lugano, von → Campi und Franco Pessina, 1978.

Mit → Botta, → Snozzi u. a. prägen Campi/Pessina eine Tessiner Architektur, die um 1980 einen wesentlichen Einfluß auf die → Postmoderne nehmen (→ Tessiner Schule).

Am Beginn ihrer Zusammenarbeit 1962 von → Kahn, → Wright und → Scarpa beeinflußt, wendet sich ihr Interesse bald dem italienischen → Razionalismo der 30er Jahre zu (→ Terragni). Die Projekte, meist Villen und sozialer Wohnungsbau, reflektieren dessen typologische Ansätze sowie die Formensprache der ›weißen Moderne‹. Ihre Entwurfsmethode der Transformation von Elementen der Baugeschichte nimmt jahrhundertealte Traditionen des Tessin zum Ausgangspunkt (Domenico → Fontana, → Borromini) gleichermaßen wie die Architektur der Moderne. Die Neuinterpretation von klassischen urbanen Typen, wie Reihenhaus oder Block, bestimmen ihre städtebaulichen Überlegungen. Wichtige Bauten: Restaurierung des Schlosses Montebello, Bellinzona (1974); Casa Felder, Lugano (1978); Sozialwohnungsbau Via Beltramina, Lugano (1992). *C.R.*

Lit.: Frampton '87.

Chile. Das Land zeichnet sich durch eine relativ starke Europäisierung und Modernität aus, begründet in der schwachen Präsenz der Hochkultur der Quechua in der Region, was einer Hispanisierung in der Kolonialzeit und der Europäisierung seit dem 19. Jh. Vorschub leistete. Von den in der Kolonialzeit entstandenen Repräsentationsbauten fielen die meisten Erdbeben, Bränden und dem Stadtwachstum zum Opfer. Erhalten geblieben sind in Santiago de Chile vornehmlich Wohnbauten, z. B. die Casa Colorada, ein städtisches → Patiohaus. Die im späten 18. Jh. von der spanischen Krone diktierte → klassizistische Erneuerung dokumentieren Arbeiten wie Joaquín Toesca y Riccis Palacio de la Moneda (Münze).

Die Wirren des Unabhängigkeitskrieges (1810-18) brachten eine Phase der Stagnation mit sich. Die Stabilisierung um 1830 schuf die Voraussetzung für

Chile. Casa Colorado, Santiago de Chile, von Joseph de la Vega, Ende 18. Jh.

Teatro Municipal, Santiago de Chile, von Claude F. Brunet Debaines, 1853-57.

die Integration in den Weltmarkt. Auf der Grundlage des Kupfer- und Salpeterexports erzielte das Land Einkünfte für seine Modernisierung. Die Einwanderung ermöglichte es, daß Ch. nach europäischen Vorbildern gestaltet wurde. Seit den 1840er Jahren wurde die Architektur wieder auf einem akademischen Niveau praktiziert, insbesondere durch das Wirken von Claude F. Brunet Debaines. Dieser französische Architekt wurde nach Santiago berufen, um die Planung der Repräsentationsbauten – Congreso Nacional (1848-76), Teatro Municipal (1853-57) – zu übernehmen und Architekten auszubilden. Zu den Projekten der nächsten Jahrzehnte zählen Parkanlagen wie der Cerro Santa Lucía (1872), Eisen- und Glaskonstruktionen wie die → Markthalle Mercado Central (1868-72), die Estación Central (1910) und das Kunstmuseum (1905 bis 10). Die Dominanz der Formensprachen europäischer Herkunft setzte sich bis zum Zweiten Weltkrieg fort. Ihre Entwicklung entsprach – mit einer bestimmten Verzögerung – jener in den Industriestaaten. Die führenden Architekten waren im frühen 20. Jh. Chilenen: Alberto Cruz Montt, Ricardo Larraín Bravo, Luciano Kulczewski García sowie J. Smith Solar und J. Smith Miller.

Ch. wurde eines der fortschrittlichsten Länder Lateinamerikas, in dem die Eingliederung breiter Teile der Bevölkerung gelang. Es traten aber auch früh Probleme wie die Wohnungsnot auf. Der Staat reagierte mit Gesetzen zur Förderung des → Wohnbaus. Als Folge entstanden zahlreiche ›cités‹, einbis zweigeschossige Wohnanlagen mit Kleinstwohnungen an → engen Passagen im Kernbereich innerstädtischer Blocks. Ebenfalls um 1900 begannen die Konflikte zwischen ausländischen und lokalen Interessensgruppen. Ein Ausdruck davon war der wachsende Nationalismus. In der Architektur wurden dekorative Motive einmal der Kolonialarchitektur, ein andermal Textilien vorspanischer Kulturen entnommen. Der chilenische Pavillon auf der

Chilenischer Pavillon auf der Exposición Iberoamericana in Sevilla, von Juan Martínez Gutiérrez, 1929.

Exposición Iberoamericana von 1929 in Sevilla (von Juan Martínez Gutierrez) vereint beide Vorbilder in einem Entwurf. In den späten 20er Jahren entstanden die ersten Gebäude im Sinne der Moderne. Ein frühes Beispiel ist das Kaufhaus Oberpaur von 1929-31 (von Sergio Larraín, Jorge Arteaga). Bauten von Roberto Dávila, wie das Restaurant Cap Ducal in Viña del Mar (1936), von Juan Martínez Gutierrez, wie die Escuela de Derecho in Santiago (1938), und von Jorge Aguirre Silva und Gabriel Rodríguez, z. B. die Casa de la Cultura (1939), belegen das gute Verständnis der neuen Architektur.

Restaurant Cap Ducal, Viña del Mar, von Roberto Dávila Carson, 1936.

An den Hochschulen mündeten die studentischen Forderungen nach Reformen 1931-33 und 1946 in Revolten. 1946 erfolgte auch die Gründung einer → CIAM-Gruppe. Auf dieser Grundlage setzte sich die Moderne in den fünfziger Jahren durch. Um 1960 entstand eine Reihe sehr guter Bauten: Universidad Técnica del Estado (von Bresciani-Valdés-Castillo-García Huidobro), Kirche und Kloster der Benediktiner in Las Condes (von Gabriel Guarda), der Sitz der Comisión Económica para América Latina (von Emilio Duhart).

In den 60er Jahren nahm die gesellschaftliche und politische Polarisierung zu. Der Militärputsch von 1973 setzte der Demokratie ein Ende. In der erzwungenen Stabilität erfolgten der Rückzug des Staates aus dem sozialen Bereich, die Liberalisierung der Wirtschaft und der Ausbau einer Konsumgesellschaft. Die Bauaktivität spiegelte diese Entwicklung wider im wachsenden Kontrast zwischen kommerziellen Lösungen und der Verschärfung der Wohnungsnot der unteren Gesellschaftsschichten.

Das Geschäftszentrum Dos Caracoles von 1976 (von S. Larraín, I. Covarrubias, J. Swinburn, E. Riveros, J. Burgos) entsprach einem am Ort entwickelten, ›caracol‹ (Schnecke) genannten Gebäudetyp mit Boutiquen an einer spiralförmigen Passage. In den Vororten entstanden von Parkplätzen umgebene Geschäftszentren nach US-Vorbild. Zu den aufwendigen Bürohochhäusern zählten das in der Altstadt gelegene Eurocentro mit seiner Spiegelglas-Fassade (von Oscar Bórquez de la Cerda, Mario Paredes Gaete) und die Torre Santa María (von Alemparte, Barreda, Cruz und Wedeles) – das höchste Gebäude des Landes. Von der gesellschaftlichen Polarisierung war auch der staatlich geförderte → Wohnbau betroffen. Auf der einen Seite entstanden aufwendige Siedlungen für die mittleren Gesellschaftsschichten, wie die Unidad Vecinal Diego Portales von 1960 (von Bresciani-Valdés-Castillo-García Huidobro); auf der anderen wurden Wohnungen landesweit nach den minimierten Einheitstypen der Corporación de la Vivienda (CORVI), z. B. die Vivienda Tipo C-36, realisiert.   M.C.

Palacio de la Moneda, Santiago de Chile, von Joaquín Toesca, 1784.

Lit.: Ortega u. a. '76; Méndez '81, '83; Cuadra '91; Eliash/Moreno o.J.

La cour d'angle, Wohnsiedlung in Saint-Denis, von → Ciriani, 1982.

Ciriani, Henri (Enrique) (geb. 1936). Französischer Architekt peruanischer Abstammung, 1968 in Frankreich naturalisiert. Studium und erste berufliche Erfahrungen in Peru. 1959-64 entstanden Einfamilienhäuser und Wohnbausiedlungen, die noch den Einfluß der klassischen Moderne erkennen lassen. 1964 kommt C. mit einem Staatsstipendium nach Paris. Während der ersten zehn Jahre ist er als Mitarbeiter verschiedener Architekturbüros an wichtigen Wettbewerben beteiligt. In dieser Zeit entsteht eine Architektur, die sich mit den neuen ästhetischen Mitteln der Pop Art (Anklänge des → Archigram-Stils) von der klass. Moderne zu emanzipieren versucht (Flughafen Luxemburg 1967, Rathaus Amsterdam 1967). 1976 eigenes Büro. Bis 1982 große Wohnsiedlungen in Noisy (1980 und 1981) und Saint-Denis (1982). 1983 ›Grand Prix National de l'Architecture‹. 1989 Kindergarten in Torcy. C. charakterisiert eine Architektur der plastischen, geometrischen Räumlichkeit, die sich von den Dogmen der klass. Moderne befreit hat und diese in bester Tradition weiterentwickelt.

                                L.S.

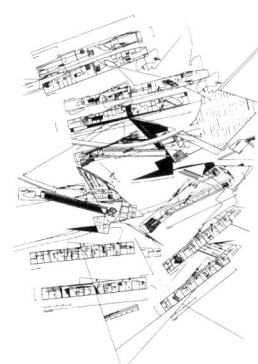

Dekonstruktivismus. Wettbewerbsentwurf für ein Clubhaus auf dem ›Peak‹ in Hongkong, Darstellung der Grundrisse, von → Hadid, 1982-83.

D

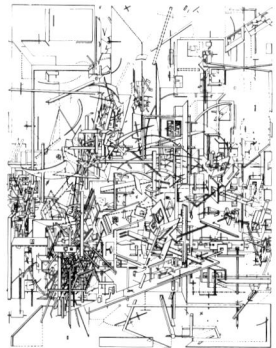

Dekonstruktivismus. ›Little univers‹ aus der ›Micromegas‹-Serie, von Libeskind, 1980.

Dekonstruktivismus. International bekannt und kanonisiert wurde diese jüngere Architekturrichtung durch die Ausstellung ›Deconstructivist Architecture‹, die → Johnson und Mark Wigley 1988 im Museum of Modern Art, New York, einrichteten. Sie zeigte jeweils ein Projekt der Architekten → Gehry (Gehry House, Santa Monica, 1978-88), Daniel Libeskind (City Edge, Berlin, 1987), → Koolhaas (Apartment Building and Observation Tower, Rotterdam, 1982), → Eisenman (Biozentrum der Universität Frankfurt, 1987-89), → Hadid (The Peak, Hongkong, 1982-83), → Coop Himmelblau (Dachgeschoßumbau, Wien, 1984-89) und → Tschumi (Parc de la Villette, Paris, 1982-85). Der internationalen Auswahl der Architekten entsprach der epochale Anspruch der Ausstellung: Sie behauptete, die → Postmoderne abzulösen. Jeder der beteiligten Architekten hatte früher schon Bauten und Projekte realisiert, die ihn zur Teilnahme an der Ausstellung legitimierten: u. a. die Häuser I-X von

Eisenman in Amerika (1969ff., Abb. → Eisenman), die gezeichnete ›Micromegas‹-Serie von Libeskind (1980), die Merzschule von Coop Himmelblau (1981ff., Abb. → Coop Himmelblau) oder das Luftfahrt-Museum von Gehry in Santa Monica (1985). Doch nicht nur diese sieben Büros, sondern auch Architekten wie Hejduk (Diamond-Häuser, 1982ff., Abb. → Hejduk), Massimiliano Fuksas (Sporthalle in Paliano, Frosinone, 1979-85), → Behnisch (Hysolar-Institut, Stuttgart, 1987) oder Peter Wilson (Bibliothek Münster, 1987-93) haben die dekonstr. Architektur mit befördert. Den Ein-

Dekonstruktivismus. Dachgeschoßumbau, Wien, von → Coop Himmelblau, 1984-89.

fluß der europäischen, in der Tradition der klassischen ›weißen‹ Moderne stehenden Bauauffassung verrät Gehrys ansonsten dekonstruktives Vitra Design-Museum in Weil am Rhein (1987-89) ebenso wie das auf dem gleichen Gelände jüngst realisierte Feuerwehrhaus von Hadid (1992). Zunehmend wird auch an den Prinzipien dekonstr. Stadtplanung gearbeitet, wie ebenfalls im Produktdesign diese Auffassung Ergebnisse zu zeitigen beginnt.

Dekonstruktivismus. California Aerospace Museum, Santa Monica, von → Gehry, 1985.

Bei aller Unterschiedlichkeit des im einzelnen verwendeten Formvokabulars lassen sich für den D. verbindende Gemeinsamkeiten feststellen. Er argumentiert mit Transformationen, Überlagerungen, Inversionen und Splitterungen. Die Überlagerung verschiedener Stadien der Planung, mithin der Planungsprozeß selbst, wird zum eigentlichen Entwurfsinhalt, der oft auch in der Realisierung noch sichtbar bleibt. Form und Bedeutungsgehalt der Bauten ergeben sich aus der Kombination disparater und fragmentarischer Teile. Der Bedeutungsgehalt dekonstr. A. umgreift eine Destabilisierung im wörtlichen und übertragenen Sinn. Die aristotelische bzw. hegelianische Auffassung von Wirklichkeit als einer Einheit von Ort, Raum und Zeit wird, im Gegensatz zum überwiegenden Teil der postmo-

Hysolar-Institut, Stuttgart, von → Behnisch & Partner, 1987.

dernen Bauten, nicht mehr akzeptiert. Aber ähnlich wie in der → Postmoderne thematisieren auch die dekonstr. Bauten sowohl Alltagserfahrungen wie gattungsinterne bzw. kulturspezifische Bezüge: Die Gleichzeitigkeit des Ungleichzeitigen, die Nichtunterscheidbarkeit von erster und zweiter Natur, das Obsoletwerden verbindlicher gesellschaftlicher Wert- und Hierarchiesysteme sind alltagsgeschichtliche Elemente, die ergänzt werden durch den Bezug auf den russischen → Konstruktivismus, z. B. die Architekturentwürfe von → Tatlin, Alexander Rodtschenko, der Gebrüder Wesnin und Konstantin Melnikow. Gerade die russische Avantgarde scheint heute der Fortschreibung des ›Projektes Moderne‹ (Habermas) neue Perspektiven zu eröffnen. Im Gegensatz zu den ›reinen Körpern unter dem Licht‹ der ›weißen Moderne‹ bezog sich der Konstruktivismus auf den → Ingenieurbau des 19. Jhs. (z. B. Eiffelturm und → Paxtons Kristallpalast in London) und auf die technische Entwicklung der sich formierenden Industriegesellschaften (→ Industriebau). Paradigma war nicht mehr Geschichte, sondern die Technik, genauer: der technische Fortschritt. Doch neben dem russischen Vorbild ist ebenso ein Konstruktivismus westlicher Prägung als Anregungspotential zu benennen, von → Fuller und → Wachsmann bis zu den Entwürfen der Gebrüder Rasch in Stuttgart und denen von → Prouvé in Paris. Beiden Traditionsbereichen, sowohl dem östlichen wie dem westlichen Konstruktivismus, ging es allerdings, im Sinne des → Ingenieurbaus, um die Optimierung und Reinheit von Konstruktion und Struktur, auch wenn diese jeweils unterschiedlich mit ideologischen Bedeutungsgehalten unterlegt waren. Heute stehen z. B. Rogers und Foster in dieser Tradition, überhaupt die gesamte → High-Tech-Architektur. Dem D. geht es

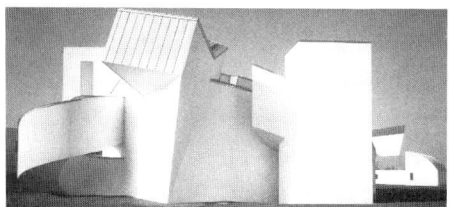

Vitra Design-Museum, Weil am Rhein, von → Gehry, 1987-89.

dagegen um eine Destabilisierung von Architektur, um das Aufbrechen der inneren Logik von Struktur. Dekonstr. Bauten eruieren und exemplifizieren die Möglichkeit, mit Hilfe des Prozesses der Konstruktion zu argumentieren. Damit wird diese zum Be-

deutungssystem eo ipso, zu einem System fiktionaler Aussagemöglichkeiten. »Seit Frank Gehrys Haus in Los Angeles wurde die Einheitsform des Gebäudes in einen riskanten Balanceakt der Teile verwandelt, so als müsse das problematische Zustandekommen des Hauses aus seinen widerspenstigen Teilen dargestellt, nicht aber in der Endform gelöst, zum Schweigen gebracht werden ... Das Konstruieren geschieht nicht mehr um seiner selbst Willen; es verliert die Eindimensionalität seines demonstrativen Know-how. Was die Konstruktion technisch zu leisten vermag, wird vorausgesetzt, um zu einer symbolischen Darstellung zu gelangen. Nicht das Vorzeigen des Wie, sondern das spielerische Umgehen mit dem Gewußten kennzeichnet den ›Konstruktivismus‹ der Gegenwart.« (H. Klotz) Die Behauptung der Vertreter des D. geht allerdings noch weiter – in Anlehnung an neuere linguistische und textkritische Positionen des französischen Strukturalismus und Poststrukturalismus eines Michel Foucault, Jean Baudrillard und Jaques Derrida. Tschumi hat sich bei seinem Projekt Parc de la Villette direkt und ausdrücklich auf die Theorien von Derrida bezogen, ebenso Eisenman bei seinem Biocenter-Projekt. Wigley schrieb im Katalog der New Yorker Ausstellung, daß mit den Bauten des D. ein bisher versteckt gebliebener Teil bzw. eine Eigenschaft der architektonischen Tradition selbst thematisiert werde, nämlich die Fähigkeit die den Gebäuden inhärenten Probleme zu lokalisieren: »Der dekonstruktive Architekt behandelt die reinen Formen der architektonischen Tradition wie ein Psychiater seine Patienten – er stellt die Symptome einer verdrängten Unreinheit fest: die Form wird

verhört.« Die Architektur des D. also stört Form und Struktur von innen her. Es geht nicht um Beschädigung, z. B. durch Zerbrechen oder Zerschneiden, Zertrümmern oder Zerstückeln von Form, sondern um Bedrohung so, als habe ein Parasit die Form infiziert und von innen heraus deformiert. Die Bedrohung der Konstruktion und ihre gleichzeitige Realisierung bilden eine symbolische Ganzheit: »Den Parasiten entfernen hieße, den Wirt töten« (Wigley). Inzwischen ist die Sprache des D., ausgehend von der → ›Architectural Association‹ in London und der ›Cranbrook-Academy‹ in Amerika, an nahezu allen Architekturhochschulen zur dominierenden Entwurfshaltung geworden. Lehrer wie → Cook, Libeskind, Hejduk, Abraham, Wilson oder Enric Miralles haben in ihren Instituten die ubiquitäre Durchsetzung dieser Architekturauffassung befördert. Die jüngsten Projekte des D. sind das geplante Zentrum für Kunst und Medientechnologie in Karlsruhe sowie die für die Olympiade 1992 in Barcelona entstandenen Sportanlagen von Miralles.

V. F.

Lit.: Handelman ’83; Foucault ’84; Klotz ’86; Culler ’88; Deconstruction in Architecture ... ’88; Deconstructivist A. ’88; Papadakis ’89; Kähler ’90; Norris/Benjamin ’90; Baudrillard ’91; Noever ’91.

Wexner Center for the Visual Arts, Columbus, Ohio, von → Eisenman, 1985-89.

Folie L5 im Parc de la Villette, Paris, von → Tschumi, 1982-85.

Biozentrum der Universität Frankfurt a. M., von → Eisenman, 1987-89. Modell.

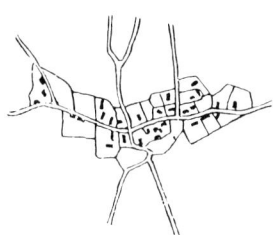

Straßendorf.

Reihendorf.

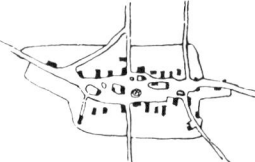

Angerdorf.

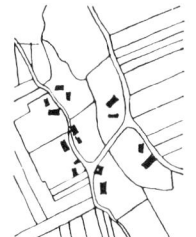

Weiler.

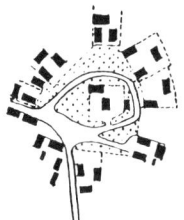

Runddorf.

Haufendorf.

Dorf. Ansiedlung auf dem Lande, deren Bewohner sich zumeist mit Ackerbau und Viehzucht beschäftigen. Das D. besteht aus einer Ansammlung von Bauernhäusern bzw. -höfen mit den Anlagen zur landwirtschaftlichen Produktion. Gemeinschaftsbauten sind im abendländischen Bereich D.kirche mit Pfarrhaus und Friedhof (meist in beherrschender, oft erhöhter Lage auch als verteidigungsfähige → Wehrkirche), D.krug oder D.schänke, Schmiede, Backhaus, Brunnen, später auch Schule mit Lehrerwohnung, Spritzenhaus, Schultheißen- oder Amtshaus, diese auch als Kombination in einem Gebäude. Die → Synagoge bzw. das Bethaus der Juden ist im Ortsbild in der Regel nicht herausgehoben. Entsprechend der sozialen und ökonomischen Stellung gibt es Höfe landbesitzender Bauern, Kleinbauernstellen, Tagelöhnerhäuser und gelegentlich Judenhäuser. Der gemeinsam vom D. unterhaltene Schaf- oder Schweinehirt lebte im Hirtenhaus. In Mittel- und Süddeutschland waren Dörfer mit Graben, Palisaden und Gebück (Dornenhecken), seltener auch durch massive Ummauerung geschützt. Die D.formen werden durch die Lage am Verkehrsweg oder Wasserlauf, die innere Straßen- und Wegestruktur und das Verhältnis zum bebauten Land charakterisiert: Die häufigste D.form ist das Haufendorf, das bestimmt wird durch seine allmähliche und planlose Entwicklung mit unregelmäßiger Führung von Straßen und Wegen und ohne geordnete Beziehung zur Gewannflur. Die Höfe sind locker gruppiert, ohne eine bestimmte Beziehung zueinander aufzuweisen. Eine kleine Gruppe solcher Höfe nennt man Weiler. Beim Straßendorf sind die Höfe relativ regelmäßig beidseits der Straße entlang angeordnet. Das Angerdorf gruppiert sich um die platzartig (Anger) erweiterte Straße. Reihen- oder Kettendörfer sind die Waldhufendörfer in Mittelgebirgsgegenden oder die Marschhufendörfer am Meer, wo sich die Hufe (der Anteil des Bauern an der Gemeindeflur) in regelmäßigen langen Streifen bis zum Wald bzw. Deich erstrecken. Der Rundling oder das Runddorf ist bestimmt durch kreisförmig um einen Platz angeordnete Gehöfte, hinter denen sich das Land strahlenförmig ausbreitet.

Einzelgehöfte in verstreuter Lage werden als Streusiedlung bezeichnet. Systematisch unter dem Einfluß der Landesherren im 17./18. Jh. für Glaubensflüchtlinge angelegte Siedlungen sind die Kolonisten-Dörfer (→ Siedlungsarchitektur) in Form von Straßendörfern, Kreuz- oder Schachbrettsystemen. Das D. war meist durch sein Eingehen auf Standortbedingungen gekennzeichnet (Klima, Boden, Vegetation) und daraus resultierend durch den ästhetischen und funktionalen Einklang zwischen Landschaft und Architektur. Durch Agrarkrisen, Seuchen und Verarmung war die Existenz der Dörfer immer wieder bedroht (›Wüstungen‹, d. h. untergegangene Dörfer in Folge des 30-jährigen Krieges), im 19. Jh. durch die Landflucht der notleidenden Landbevölkerung (Auswanderungswelle) und zuletzt durch die für den Bestand der Dörfer schädlichen Bestimmungen der EG, die einseitig Monostrukturierung und Großbetriebe bevorteilen. In der Folge ist in den letzten Jahrzehnten ein Verlust an hist. Bausubstanz auf dem Lande festzustellen, den die → Denkmalpflege aufzuhalten versucht (D.entwicklungsprogramm, D.erneuerung). Die Sozial- und Wirtschaftsstruktur des D.es verändert sich: der Nebenerwerbsbauer pendelt in die Ballungsgebiete zur Arbeit, der Städter übernimmt dörfliche Architektur als Neben- oder Hauptwohnsitz.   C.M.

Dülfer, Martin (1859-1942). 1877-92 Studium an der TH in Hannover, Stuttgart und München (bei → Thiersch). D. begann als historistischer Architekt im zeittypischen Neobarock (→ Historismus), wandte sich aber dann dem → Jugendstil zu, dessen florales, geometrisches und texturales Repertoire er mit barocken und klassizistischen Stilelementen zu einem individuell geprägten barockisierenden Jugendstil verband. Fassadenentwürfe, Miets-, Geschäftshäuser und Villen für das gehobene Bürgertum. Bürogebäude der ›Allgemeinen Zeitung‹, München (1901), als Schlüsselbau des Jugendstils. Spezialisierung auf → Theaterarchitektur: Stadttheater in Meran (1899-1900), Dortmund (1903 bis 1904), Lübeck (1907-08), Duisburg (1902-12). Archaisierender Jugendstil und Reduktionsstil des → Neoklassizismus im Spätwerk.   Wa.P.

Lit.: Klein, D. '81.

Bürogebäude der ›Allgemeinen Zeitung‹, München, von → Dülfer, 1901.

E

Ecuador. Das Land unter dem Äquator war Teil des Inka-Reiches (→ Zentralandine Hochkulturen) und gehörte in der Kolonialzeit dem Virreinato del Perú, dann dem Virreinato de Nueva Granada an. Quito, ein Kunstzentrum von überregionaler Bedeutung, erhielt zahlreiche aufwendige Bauten, wie die Iglesia de San Francisco, die Iglesia de la Compañía und die Kathedrale. Letztere wurde nach einem Erdbeben 1797 durch Antonio García wiederaufgebaut und ist ein Beispiel für die Erneuerung der Architektur durch akademisch gebildete Archi-

Nachträge

Kathedrale Quito, von Pedro Rodríguez de Aguayo, ab 1663. Wiederaufbau durch Antonio García ab 1797.

tekten in den letzten Jahrzehnten der Kolonialzeit. Nach den Unabhängigkeitskriegen 1809-22 wurde E. 1830 zur selbständigen República del Ecuador. Quito verlor mit dem Abzug der Spanier die Grundlage seiner Macht. Bauaktivitäten beschränkten sich danach auf die Reparatur bestehender Gebäude. Prominenteste Maßnahme war die neue Hauptfassade des Regierungspalastes. Mangels akademisch gebildeter Architekten übernahm der Konsul Frankreichs, Juan Bautista de Mendeville, die Planung. Sein palladianischer Entwurf erinnert an Zeichnungen → Durands.

Sternwarte, Quito, von Francisco Schmidt, 1873-92.

Eine erste Phase der Stabilität trat in der Regierungszeit des konservativen Präsidenten García Moreno in den 1860er und 1870er Jahren ein. Zu den Bauten in dieser Zeit zählt das als Panoptikum ausgebildete → Gefängnis Penal García Moreno (1869-74), das den Autoritarismus der Regierung repräsentiert (von Thomas Reed). Für die Wissenschaft steht die Sternwarte im Parque La Alameda von 1873-92 (von Francisco Schmidt). An der neugotischen Basílica del Voto Nacional, ein Symbol des Katholizismus, wurde 1882-83 gebaut (von Joseph Émile Tarlier). Alle diese Bauten fallen in Quito wegen ihrer am Ort ungewohnt konsequent umgesetzten Architektur auf.

Um 1860 begann der Kakao-Exportboom, durch den Guayaquil die Stadt Quito bald an wirtschaftlicher Stärke überholte (1888 auch bevölkerungsmäßig). Schon 1895 ging die politische Macht an die Liberalen Guayaquils über. Die aufwendigsten Bauten entstanden nun in Guayaquil und unter neuen Vorzeichen – Traditionen spielten keine Rolle. Dafür zog der Fortschritt Baufirmen aus dem Ausland an, die neue Bauweisen und Vorstellungen von Architektur einführten. Holz wurde durch Stahlbeton ersetzt (→ Beton), Pfahlgründungen lösten das Problem der schlechten Bodenquali-

tät. Beispiele für die Erneuerung der Architektur sind die → Markthallen Mercado Sur (1905-09), eine Eisenkonstruktion, und der Mercado Central (1916-23), ein Stahlbeton→skelettbau, das neue Rathaus Palacio Municipal (1924-28), der Palacio de la Gobernación (1922-24) sowie zahlreiche mehrgeschossige Geschäfts- und Apartmenthäuser. Auch in Quito fand eine gewisse Erneuerung statt. Es entstanden die großen Anlagen der Antigua Universidad Central (von Francisco Espinoza Acevedo, Luis Felipe Donoso), das Hospital Eugenio Espejo, das Colegio Mejía (von Augusto Ridder) sowie die Zentralbank, heute Biblioteca Nacional. In den 20er Jahren wurden soziale Reformen zugunsten der mittleren Schichten eingeleitet. In der Folge entstanden zahlreiche Einfamilienhäuser, die sich durch formale Vielfalt auszeichnen. Als Teil dieser Vielfalt, aber mit dem Anspruch, sich auf die nationale Geschichte zu beziehen, entstanden auch einige Bauten im Sinne des Neocolonial. Dazu gehört die Casa de la Cultura Ecuatoriana (von Alfonso Calderón Moreno).

Der nächste Entwicklungsschub ging von der Bananen-Exportwirtschaft in den späten 40er und 50er Jahren aus. Danach waren es die Gelder der Alianza para el Progreso, mit denen die Modernisierung des Landes finanziert werden sollte. Ende der 60er Jahre wurden in den östlichen Urwaldgebieten Ölfunde gemacht, die für einen weiteren wirtschaftlichen Aufschwung sorgten. Inzwischen hatte die Architektenausbildung im Land begonnen: in Guayaquil 1929, in Quito 1945. Bis in diese Zeit wurde die Moderne als ein Stil unter vielen Stilen betrachtet. Die ersten modernen Bauten wurden von ausländischen Architekten wie Oscar Edwanick realisiert, der das Geschäftshaus Casa Baca plante (1945-50). Von Gilberto Gatto Sobral stammen Bauten für die Universidad Central, wie der Pabellón Administrativo (1946-50) und die Facultad de Jurisprudencia (1950-53). Die Casa Chonta, heute Centro de Estudios Brasileños (1956-58), ist ein Werk des Ecuadorianers Jaime Dávalos; das prominente Büro GADUMAC (von Gatto, Durán, Moreno, Arroyo, Gortaire) entwarf um 1960 das Hochhaus des Instituto Ecuatoriano de Seguridad Social, IESS.

Zur Blütezeit der Architektur Quitos in den 70er Jahren zählen die Arbeiten der Architektengemeinschaft ›Grupo Seis‹, die u.a. die Alianza Francesa (1969) plante. Von Milton Barragán Dumet stammt das Appartementhaus El Artigas, von Ovidio Wappenstein, Ramiro Jácome und César Gálvez das Bürohochhaus COFIEC. Der staatlich geförderte Wohnungsbau brachte die Siedlung Conjunto Ma-

Iglesia de San Francisco, Quito, 1550-1605.

Regierungspalast Quito, von Juan Bautista de Mendeville, Mitte 19. Jh.

Basílica del Voto Nacional, Quito, von Joseph Emile Tarlier, 1882-83.

Ecuador. Instituto Ecuatoriano de Seguridad Social, IESS, Quito, von GADUMAC, um 1960.

ñosca nach einem Entwurf von Rubén Moreira hervor (1968-69). In Guayaquil besticht das Werk von Guillermo Cubillo, der eine corbusianische Linie vertrat. Zu seinen Bauten zählt die Casa de la Cultura (1947). Seine unakademisch-lockere Interpretation → Le Corbusiers wirkt unter tropischen Verhältnissen überzeugend. In dieselbe Richtung wie Cubillo wirkten Xavier Quevedo, Autor der Banco Industrial y Comercial, und Alamiro Gonzalez in seinen Bauten für die Universität Católica. M.C.

Lit.: Maldonado '66, 72/73; Cuadra '91.

Eisen. Schmiedeeisen wurde im Steinbau seit der → Gotik für Zug- und Ringanker und zur Armierung von → Hausteinen verwendet (→ Anker). Die industrielle Massenproduktion von E. ermöglichte eine Architektur der Minimierung der Profile von Stützen und Tragwerken und damit des technischen Filigrans, der Entmaterialisierung, Transparenz und Diaphanie. Seit 1709 (I. Kokshochofen von Abraham Darby I. in Coalbrookdale) steht Gußeisen zur Verfügung, seit 1850 Profileisen aus Walzstahl, Das nur auf Druck belastbare spröde Gußeisen ist geeignet für Stützen sowie Träger und Bögen geringer Spannweite; Walzstahl, zäh und elastisch, ist auf Druck, Zug und Biegung beanspruchbar und geeignet für Spannweiten von über 200 m und Höhen von bis jetzt 443 m (→ S. O. M., Sears Tower in Chicago, 1974). Die Konstruktionen hängen ab von der Glas- und → Aufzugstechnologie (Elisha Graves Otis, 1859). 1779 entsteht das erste komplette Bauwerk aus Gußeisen: die Coalbrookdale Bridge über den Severn von Abraham Darby II., John Wilkinson und Thomas F. Pritchard (Architekt, Abb. → Brücke). Gartenbauingenieure entwarfen die erste transparente E.-Glas-Architektur: → Gewächshäuser (John C. Loudon, Palmenhaus in Bicton Gardens, 1818-38). Höhepunkt dieser Bauweise ist der Montagebau des ›Kristallpalastes‹ von → Paxton 1851 (Abb. → Ausstellungsarchitektur, → Glasarchitektur). Doch selbst Paxton betrachtete nur den Massivbau als Baukunst (vgl. → Ingenieurbaukunst). Nur die Vertreter der → Neugotik erkannten eine Analogie zwischen Steinskelett und Stahlskelett. Der Kunstwert von E.architektur wurde erst um 1900 anerkannt (A. Choisy, C. Gurlitt, → Muthesius). Wegen dieser Konventionalisierung der E.architektur nach 1850 erfolgte trotz nachfolgender Glaspaläste (z. B. München, 1854) die nächste technologisch bedeutsame Ausstellungshalle erst 1889: Contamin & Duterts Galerie des Machines

Eisen. Iron Bridge, Coalbrookdale, von Abraham Darby II, John Wilkinson und Thomas F. Pritchard, 1779.

unter Anwendung des Dreigelenkbogens (Weltausstellung Paris, zusammen mit dem Eiffelturm). Teiltransparenz durch E.stützen sowie Glasdächer und -kuppeln innerhalb einer Umhüllung aus Mauerwerk entwickelte sich aus dem → Industriebau (Flachsspinnerei in Shrewsbury von Boulton u. Watt, 1776; Spinnerei in Salford mit Innenskeletten aus Gußeisen, 1801) und aus der Überdachung von Innenhöfen (Picture Gallery Attingham von → Nash, 1806, erstes Oberlicht aus Gußeisen; Lichtkuppel der Kornhalle Paris von → Bélanger, 1811; Höhepunkt ist → Thierschs Festhalle in Frankfurt/M., 1909). Weit verbreitet bei → Waren- und Geschäftshäusern, → Museen, Justizpalästen, Parlamenten. Eine Variante dieses Typs stellt die Architektur der → Passagen mit E.-Glas-Überdachungen dar.

Ein anderer Weg, die Transparenz zu vermindern, bestand in der Verbindung von massivem Empfangsgebäude und transparenter Halle bei der → Bahnhofsarchitektur, z. B. St. Pancras Station, London, von George G. → Scott (neugotisches Empfangsgebäude) und H. W. Barlow (Gleishalle) aus den Jahren 1863-76.

Eisen. Notre Dame du Travail, Paris, von J. Astruc, 1901.

Drei Möglichkeiten zur Einbindung des E.s in den → Massenbau: 1. Massive Verwendung (historisierende Gußeisenarchitektur aus steinimitierenden Fertigteilen in England und den USA des 19. Jhs.); 2. Opaker E.fachwerkbau im Bereich des Industriebaus (z. B. Jules Saulnier, Schokoladenfabrik Menier, Noisiel-sur-Marne, 1871-73; Wasserturm Posen von → Poelzig, 1911; vgl. → Skelettbau); 3. Vollkommene Ummantelung der E.konstruktion mit Stein oder Stuck – entweder bei Vortäuschung eines Massivbaus oder über die Verblendung des E.skeletts (vgl. Schule von → Chicago. Mit der Weltausstellung Chicago 1893 trat eine Rückwendung zur reinen Kulissenarchitektur ein. Der Mauerwerksmantel um das Stahltragwerk – massive Verkleidung bzw. konstruktive Verblendung – blieb bis in die 1. H. des 20. Jhs. die übliche Konstruktionsform für → Hochhäuser.

Die frühe Moderne hingegen ist wieder experimentierfreudig. Typisch für die E.architektur der Art Nouveau und des → Jugendstils ist die Durchdringung von E. und Mauerwerk, die Mischung von durch Biegen, Spalten und Rollen des E.s gewonnenen E.ornamenten und undekorierten Industrieprofilen (z. B. → Horta, Haus Tassel, 1893, und Maison

du Peuple in Brüssel, 1899), die Verwendung von
Industrieprofilen (Jules Astruc, Notre Dame du
Travail, Paris, 1901). Für die Durchdringung von
Massenbau und offener E.konstruktion steht
→ Behrens' Werkhalle der Turbinenfabrik der
AEG, Berlin, 1909 (Dreigelenkbögen mit massiver
Giebelgestaltung).

Ab 1900 wird die filigrane E.architektur zurückge-
drängt durch teilweise Verwendung von E.beton
statt des E.s, durch Ersatz der Niet- durch die
Schweißtechnik, Verwendung von Kasten- statt
Gitterträgern, Vordringen der Reduktionsarchitek-
tur mit Bevorzugung von Raumschachteln.

Entwicklung der Vorhangfassade (→ Curtain Wall);
Prototyp: Julius Sehring, Kaufhaus Tietz, Berlin
(1900). Ab Mitte des 20. Jhs. finden sich Metallele-
mente vor, zwischen oder hinter den Eisenträgern
als Haut statt massiver Hülle, womit bei der Hochhausarchitektur der Steinmantel abgelöst wird
(2. Schule von Chicago).

Zu besonderen Lösungen in der Weiterentwicklung
der E.architektur gelangte → Otto durch die Konstruktion von Raum- und Flächentragwerken (Institut für leichte Flächentragwerke, Stuttgart 1964),
→ Fuller (Geodätische Kuppeln und Tensegrity-
Structures seit 1947) sowie → Wachsmann (Mobilar
Structure, 40er Jahre) und Anton-Peter Betschart
(duktiles Gußeisen für Knotenpunkte von Tragwerken).

In der → High-Tech-Architektur tritt die E.archi-
tektur durch die Verlegung von Konstruktions- und
Funktionselementen in die Fassade wieder unverhüllt zutage (vgl. → Rogers, → Piano u. a.) → Präfabrikation.   Wa. P.

Lit.: Meyer '07; Wittek '64; Schild '67; 100 Jahre A. in Chicago
'73; Eisenarchitektur '79, '82, '85.

F

Farbigkeit der Architektur. Daß zum ursprünglichen Erscheinungsbild historischer Architektur
fast immer eine farbige Fassung (Polychromie) des
Äußeren wie Inneren gehörte, lassen die Vergänglichkeit von Putz und Anstrichen leicht vergessen.
Mit naturwissenschaftlichen Mitteln forscht die
→ Denkmalpflege nach Farbbefunden, die sich an
verdeckten Stellen oft über Jahrhunderte erhalten
haben. Aus der Frühgeschichte der Architektur in
→ Mesopotamien um 3000 v. Chr. sind durch
Funde farbige Mosaikverkleidungen von Bauwerken überliefert. Farbig gefaßte Baufragmente belegen die F. → ägyptischer Bauwerke seit der 4. Dynastie. In der → babylonischen, → assyrischen und
→ persischen Baukunst war die Architektur oft mit
farbig glasierten Ziegeln verkleidet. In der archaischen Phase griechischer Kunst waren die Tempel
und besonders die Figuren der → Tympana stark
farbig behandelt (→ Griechenland). In klassischer
Zeit war die F. zurückhaltender. Im antiken Rom
beweisen zahllose Funde übliche reiche farbige Fassungen der Architektur innen wie außen (→ Röm.

Architektur). Selbst einfache Bruchsteinwände waren gestrichen und das Fugennetz nachgezogen
(→ Mauerwerk). Verputzte Wände erhielten aufge-
maltes Quaderwerk mit aufgemalten Fugennetzen.
Üblich war auch die künstliche Marmorierung
durch Malerei auf Architekturgliedern. Für die
abendländische Architektur des MA. und der Neuzeit gilt, daß ein Bau erst mit der farbigen Fassung
vollendet war. Die Altersspuren an den Baudenkmälern und die Patina ihrer Baumaterialien suggerieren uns heute Ursprünglichkeit und Materialgerechtigkeit, obwohl mittlerweile feststeht, daß nahezu jedes Gebäude vor 1830 eine farbige Fassung
besaß und diese nur in wenigen Ausnahmefällen
unterblieb. Die reiche F. im MA. konnte auch über
einen regelmäßigen Wechsel des Steinmaterials erzielt werden (Wormser Dom, Abb. → Romanik;
Sieneser Dom), obwohl auch in solchen Fällen der
Stein ursprünglich im Wechsel farbig gefaßt war.
Dem Stein wurde im MA. kein eigener ästhetischer
Wert beigemessen, er galt als reines Baumaterial.
Die übliche Technik des Anstriches bestand im Auf-
trag einer Grundfarbe gleichmäßig über alle Bau-
teile und darauf von Fugennetzen und abgesetzten
Architekturteilen. So war z. B. der spätromanische
Limburger Dom um 1235 mit einer gebrochen wei-
ßen Kalkschlämme überzogen, auf der die Gliede-
rungen in Ocker und Rot abgesetzt waren (nach
Befund ab 1970 rekonstruiert). Vom Straßburger
Münster ist ein Originalriß mit starker Farbigkeit
aus der Frühgotik erhalten (vgl. Abb. → Erwin von
Steinbach). Die Elisabethkirche in Marburg (Abb.
→ Deutschland) wies um 1300 eine überraschende
F. auf: rosa Grund mit weiß aufgemalten Fugennetz. In der deutschen → Renaissance, bes. in der
→ Profanarchitektur, wurde ein ganzes Dekora-
tionssystem mit perspektivisch diamantierten Qua-
derungen, Fenster- und Türrahmungen in Malerei
und → Sgraffito-Technik entwickelt, wofür es die
ersten gedruckten Vorlagenbücher gab. In Italien,
besonders in Verona und Venedig, herrschte eine
Tradition von figürlicher Bemalung von Bürgerhäusern und Palazzi (Fondaco dei Tedeschi, freskiert
von Giorgione). Im → Barock gab es eine zwar
regional unterschiedene, jedoch einheitlichen Gesetzen unterworfene Vorstellung von F. Wandflä-

*Farbigkeit der Architektur. Dom
von Siena, beg. Ende des 12. Jhs.*

*Farbigkeit der Architektur.
Limburger Dom, Aufnahme vor
und nach der Anbringung der
Farbfassung (1939/1970).*

chen, Vorlagen, Fensterumrahmungen und Portale
wurden in Farbsystemen gegeneinander abgesetzt,
wobei meist die vorgelegten Gliederungen dominieren, die in ›steinfarb‹ gefaßt wurden: Farben wie
Rot, Ocker, Grün, Grau, die meist dem jeweils verwendeten heimischen Steinmaterial entsprachen,
dessen Uneinheitlichkeit in Farbe und Maserung
dadurch vereinheitlicht wurde. So war z. B. die in
gelbem Mainsandstein errichtete Würzburger Residenz in Weiß, Ockergelb, Hellgrau und Gold gefaßt
(Abb. → Deutschland). Auch aus dem 17. und
18. Jh. sind kolorierte Architekturentwürfe erhalten. In den Residenzstädten und Stadterweiterungen des Barock wurden Farbrichtlinien erlassen,
um eine einheitliche Gesamtwirkung sicherzustel-
len. Der im Barock übliche starke Kontrast zwischen Wand und Gliederung nahm in der 2. H. des
18. Jhs. ab und wich einer abgestuften, pastellarti-
gen F., bis im Klassizismus Töne zwischen Weiß
und Grau dominierten. Im 19. Jh. setzte im Zuge
des ›Polychromiestreits‹ eine Beschäftigung mit der
F. der Antike und des MA.s ein. → Schinkel wies
auf den ästhetischen Wert der natürlichen F. des
unangestrichenen Stein- und Ziegelmaterials hin,
was ab etwa 1830 Auswirkungen auf die Baupraxis
hatte. Der → Historismus bevorzugte im Außenbau
die natürliche Farbigkeit der Materialien, pflegte
dagegen aber im Innenbau einen besonderen Aufwand an farbiger Dekoration, eine Haltung, die bis
zum Ersten Weltkrieg anhielt. Angeregt durch die
Betonung der Farbe im → Expressionismus legte
B. → Taut seine Kleinhaussiedlungen in starken,
ungebrochenen Farben an. In Magdeburg versuchte er 1921-23 unter dem Stichwort ›Farbige
Stadt‹ das Großstadtbild durch starkfarbige Anstri-
che zu verändern. → May ließ 1927-28 von Walter
Leistikow ein Farbsystem für die Siedlungen des
Neuen Frankfurt entwickeln. Der → Internationale
Stil machte das im Neuen Bauen vorherrschende
Weiß zum Dogma. In der Architektur des Faschis-
mus in Deutschland und Italien (→ Nationalsoz.
Arch., → Razionalismo) wurde Naturstein, bes.
Travertin, zur Verkleidung öffentlicher Bauten ge-
schätzt, eine Vorliebe, die in Deutschland bis zum
Ende der 50er Jahre anhielt. Der → Brutalismus
der sechziger Jahre stellte die Ästhetik des grauen,
schalungsrauhen Beton in den Vordergrund
(→ Sichtbeton), gleichzeitig begann sich im Büro-
und Verwaltungsbau die Vorhangfassade durchzu-
setzen, die mit beschichtetem Glas, aber auch mit
Kunst- oder Natursteinplatten behängt wird
(→ Curtain Wall).   C. M.

Filmtheater. Mehr noch als andere technikgebun-
dene Bauaufgaben ist die Architektur der F. mit
der Entwicklung der Kinotechnik verbunden und
dementsprechend dynamisch. In der ersten Phase
des Stummfilms wurden Ballsäle und Varietés als
Ort der Vorführungen benutzt. Daneben entstand
besonders in Arbeitervierteln der Typ des ›Laden-
kinos‹, bei dem vorhandene Läden in Erdgeschos-
sen zu längsrechteckigen, in die Tiefe gehenden Vor-
führräumen umgebaut wurden. In der fortgeschrit-
tenen Stummfilmzeit, etwa ab 1909, wurden F. in
Neubauten von Geschäftshäusern integriert oder
als selbständige Gebäude errichtet (Kinemato-
graphentheater am Kottbusser Damm in Berlin, 1910
von Bruno → Taut). In den USA entstanden, bedingt durch die rasante Entwicklung der Filmwirt-
schaft, sog. ›atmosphere theatres‹ mit kulissenhaf-
ter, bombastischer → Scheinarchitektur, die aus den

Historienfilmen selbst zu stammen schien. Zu dieser
Zeit ähnelten die F. in Deutschland eher noch Fest-
sälen und traten am Außenbau wenig in Erscheinung. Letzte bedeutende Vertreter des Stummfilm-
theaters sind das Deli in Breslau (1927, von → Poelzig), in gemäßigten Formen des Neuen Bauens, und
das Capitol in Berlin, ebenfalls von Poelzig, dessen
volle architektonische Außenwirkung sich erst bei
Nacht durch die die Architektur unterstreichende
Leuchtreklame erschloß. Mit der Einführung des
Tonfilms gegen 1928 begann sich das F. in Anlehnung an die Formen des → Theaterbaus als eigener
Bautyp herauszubilden: ein großer, nach hinten
leicht ansteigender Saal mit Empore und versetzten
Sitzreihen, die Leinwand mit aufwendigem Vorhang und kleiner Restbühne, eine Orgel für Musik
und gelegentlich auch für Licht- und Wasserspiele.
Stilistisch ist in den späten 20er Jahren in Deutschland, aber auch Frankreich oder Italien, eine Vorliebe für expressive Dekorationen festzustellen, aus-

*Filmtheater. Titania-Palast, Berlin, von Schöffler,
Schloenbach, Jacobi, 1926-27.*

geführt in kostbaren Materialien, Edelholzverklei-
dungen, Spiegelkristall-Beleuchtungssystemen und
phantastischen Decken- und Emporenausbildun-
gen, wie z. B. der Mercedes-Palast in Berlin (1926/
27, von Fritz Wilms), das Capitol in Breslau (1929,
von Friedrich Lipp), das Capitol in Köln (1927/28,
von Jakob Körfer). Das Universum in Mannheim
(1929, von Fritz Nathan) oder die Lichtburg in
Berlin (1929/30, von Rudolf Fränkel) legen diesen
Schmuck ab und sind der Moderne verpflichtet. Die
Idee des Kinos schlechthin verwirklicht im Innen-
wie im Außenbau → Mendelsohn 1928 mit dem
Universum in Berlin. Mit einer Kombination von
Kino- und Ladenbau, halbrund in den Straßenraum ausgreifend, und der hochaufragenden
Scheibe des Entlüftungsschachts manifestiert sich
hier die → Architekturphantasie des Metropolenki-
nos (Außenbau 1980 wiederhergestellt, im Innern
Theaterneubau). In den 50er Jahren erlebte das F.

*Filmtheater. Film-Studio,
Hannover, von → Oesterlen,
Mitte 50er Jahre.*

*Filmtheater. ›Universum‹, Berlin, von → Mendelsohn,
1928.*

eine neue Blüte. Im Außenbau weniger in Erscheinung tretend als vor dem Kriege, ist die Innenausstattung durch geschwungene Ränge, Polstersessel sowie gepolsterte und gefältelte Wände bestimmt. Mit dem Capitol in Kassel (1948, von Paul Bode, der 1952 auch das Kaskade in Kassel mit bis heute in Betrieb befindlicher Licht- und Wasserorgel baute) begann die Ära der Nachkriegs-F. in Deutschland, die schon um 1960 zu Ende ging: Die großen Filmpaläste wurden abgerissen oder in mehrere Kleinkinos aufgegliedert. Vgl. → Bühnenarchitektur; Kugelkino ›La Géode‹, Paris (Abb. → Frankreich). C. M.

Lit.: Zucker '31; Bode '57; Cinema, Arbeitsgemeinschaft '79; Flagge u. a. '90.

Frank, Josef (1885-1967). Die Gegensätzlichkeit von → Hoffmann und → Loos überwindend, spielte F. für die Entwicklung einer »undogmatischen Moderne« in Österreich und darüber hinaus seit den 20er Jahren eine Schlüsselrolle. Nach dem Studium an der TH Wien arbeitete er zunächst gemeinsam mit Oskar Strnad und Oskar Wlach. Er lehrte 1919-25 an der Wiener Kunstgewerbeschule, gründete 1925 mit Wlach die Firma ›Haus und Garten‹, war 1927 → CIAM-Mitbegründer, 1930-32 Leiter der Internationalen Werkbundsiedlung Wien; 1934 Emigration nach Schweden, Beginn der Arbeit für das Einrichtungshaus Svenskt Tenn: Einfluß auf die Ausprägung des Skandinavischen Wohnstils. Nach 1945 zeichnerisches und theoretisches Spätwerk im Sinn eines »Akzidentismus«. Wichtige Bauten:

Haus Wenzgasse 12, Wien, von → Frank und Wlach, 1929-30.

Haus Wilbrandtgasse 1914 (mit Wlach u. Strnad), Wohnhausanlage Wiedenhoferhof 1924, Haus Beer 1929-30 (mit Wlach), alle in Wien, Doppelhaus in der → Weissenhofsiedlung, Stuttgart, 1927, Einrichtung des Ostasiatischen Museums in Köln 1912, Villenbauten in Südschweden; Umfangreiches Œuvre an Entwürfen für Möbel, Einrichtungsgegenstände, Stoffe, Tapeten, Teppiche. O. K.

Lit.: Frank '31; Spalt/Czech '81; Spalt '81.

Frankfurter Küche. Als erste moderne seriell hergestellte Einbauküche 1927-28 von der Architektin → Schütte-Lihotzky entworfen, die unter der Leitung des Stadtbaurats → May am sozialreformerischen Bauprogramm ›Das Neue Frankfurt‹ mitwirkte. Nur sechseinhalb Quadratmeter groß, war die F. K. durch Raumökonomie und streng funktionale Einrichtung ein Beitrag zur ›Rationalisierung der Hauswirtschaft‹. Als zeit- und kräftesparende Arbeitsküche wurde sie bis 1930 in rund 10000 Wohnungen der Frankfurter Sozialsiedlungen eingebaut. Die F. K. war das Vorbild der ›Schwedenküche‹, die seit den fünfziger Jahren weltweit Einzug in den Haushalt hielt. W. J. S.

Lit.: Noever '92.

Frankfurter Küche, von → Schütte-Lihotzky, 1927-28.

Fuchs, Bohuslav (1895-1972). Führender Architekt des → Funktionalismus in der Tschechoslowakei. 1916-19 Studium an der Akademie d. bild. Künste in Prag bei → Kotěra. 1919-21 Mitarbeit in Kotěras Büro, 1921-23 gemeinsames Büro mit Josef Štepánek in Prag, seit 1923 Architekt im Brünn. 1925-29 Stadtarchitekt Brünns, seit 1935 tschech. Delegierter der → CIAM-Gruppe. 1945-58 Prof. an der TU Brünn. Nach → expressionistischen Anfängen beeinflußt von der Tradition des späten Kubismus, von der → Gläsernen Kette (Kraftwerk in Haj bei Mueglitz, 1921) und von der holländischen Moderne (Friedhofskapelle, Brünn, 1925). Er bekannte sich zum Funktionalismus, in dessen Geiste er zahlreiche Bauten realisierte – in Mähren: Weißes Viertel in Luhačovice, Sparkassen in Třebíč und Tišnov; – in der Slowakei: Sanatorium Morava, Hohe Tatra (1931) – und besonders in Brünn: Pavillon der Stadt Brünn, eigenes Haus, VESNA-Schule, Studentenheime, Stadtbad, Bahnpostamt. Seit Mitte der 30er Jahre Neigung zur → organischen Architektur (Thermalbad Grüner Frosch, Trenčianske Teplice). → Tschechoslowakei. V. Š.

Lit.: Kudělka '66.

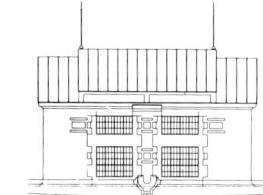

Kraftwerk Haj, von → Fuchs, 1921. Vorder- und Seitenansicht.

G

Gebärhütte. In vielen Kulturen nimmt die Frau vor, während und nach der Entbindung eine ambivalente Stellung ein: Einerseits wird ihr Schonung und Pflege zuteil, sie wird sogar in mancher Hinsicht bevorzugt (z. B. Recht der Schwangeren auf Mundraub) und durch verschiedene Gebote, Amulette u. ä. vor Hexen, Bösem Blick, Dämonen usw. geschützt. Andererseits gilt sie nicht nur als Gefährdete, sondern auch als Gefahr für die Umgebung, denn man glaubt, daß sie – unwillkürlich – schädliche magische Kräfte ausstrahle. Dieser negative Aspekt von Schwangerschaft, Geburt und Wochenbett wird oft mit dem irreführenden Ausdruck ›Unreinheit‹ bezeichnet, wie auch die rituellen Handlungen, die die Wöchnerin vor der Rückkehr ins Alltagsleben absolvieren muß, als ›Reinigung‹ eingestuft werden. Im heutigen Europa stellt der vielerorts noch übliche feierliche Kirchgang der Mutter nach einem Kindbett einen Rest solcher Purifikation dar.

Unter den Maßnahmen, die die Menschen vor der magischen ›Ansteckung‹ durch die Schwangere oder die Wöchnerin schützen sollen, ist deren vorübergehende räumliche Trennung von der Gemeinschaft recht verbreitet. Die einfachste (und härteste) Methode war noch im 19. Jh. u. a. bei manchen Gruppen in Angola, Tanzania, Sudan und Nordamerika üblich: Unmittelbar vor der Niederkunft mußte die Frau das Wohnhaus verlassen, die Entbindung fand – oft ohne Hilfe – im Walde statt. Häufiger war (und ist noch) die Sitte, daß die Frau vor der Geburt eine speziell diesem Zweck dienende Hütte oder ein besonderes Zelt bezieht, wo sie mit dem Neugeborenen in den nächsten Tagen oder Wochen von älteren Frauen versorgt wird, sonst aber von der Umwelt abgesperrt bleibt. Solche G.n waren bei zahlreichen Völkern in Nord-, Süd- und Ostasien, im Kaukasus, in Indien, Ozeanien, Nord- und Südamerika, West-, Ost- und Südafrika üblich. Da sie immer außerhalb der Siedlung liegen und man sie nicht besuchen darf, verfügt die Ethnologie nur über karge Informationen über ihre Bauweise, Form und genauere Funktion. Im allgemeinen dürften sie in vereinfachter Ausführung äußerlich den jeweils typischen Haus- und Hüttenformen ähnlich sein. Eine regionale Besonderheit stellt die bei den Finnen sowie den Völkern Nordrußlands und des Baltikums früher allgemein verbreitete Verwendung des Badehauses (Sauna) als G. dar.

Die Vorstellung von der zeitweiligen Unreinheit wird oft auch mit den Menstruierenden verbunden; auch sie werden vielerorts abgesondert, um sich vor der Rückkehr einer Reinigung zu unterziehen. Auf vielen Südsee-Inseln, in verschiedenen Gegenden Südamerikas, sporadisch in Afrika wird auch von besonderen Hütten für Menstruierende berichtet. Meistens sind sie wohl mit den G.n identisch.   L. V.

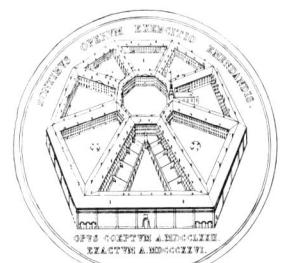

Gefängnis. Maison de Force, Gent, von Compte Villain, Malfaison & Kluchman, 1771.

Gefängnis. In einer Gesellschaft, deren Rechtssystem den Einsatz freiheitsentziehender Straf- und Strafverfolgungsmittel vorsieht, stellt das G. eine zentrale öffentliche Bauaufgabe dar. Seine typologische Entwicklung vollzieht sich vor dem Hintergrund der unterschiedlichen Haftzwecke und Strafvollzugsziele, die sich im Verlauf der Geschichte mit ihm verbanden. Aus Altertum und Mittelalter sind keine G.bauten im engeren Sinne überliefert. Die verschiedenen Formen der zeitlich eng gefaßten Untersuchungs-, Schuld- oder Exekutionshaft ließen sich in befestigten Türmen und Ruinen vollstrecken. Der Carcer Mamertinus, das bekannteste G. Roms, lag in einem alten Brunnenhaus am Forum Romanum.

Die ersten selbständigen und auch städtebaulich relevanten G.architekturen entstanden um die Wende zum 14. Jh. in den oberitalienischen Stadtkommunen. Sie waren mit der zunehmenden Verhängung von Freiheitsstrafen in der alltäglichen Judikatur der Städte notwendig geworden. Der frühe-

ste Neubau, das Gefängnis Le Stinche in Florenz, wurde 1297-1304 errichtet. Der kubische, kastellförmige Gebäudewürfel barg hinter einer 60 m langen, vermutlich rustizierten Umfassungsmauer insgesamt fünf geräumige Zweistützenhallen für mehr als einhundert Häftlinge.

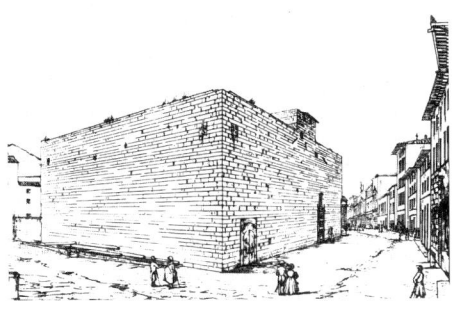

Gefängnis. Le Stinche, Florenz, 1297-1304.

Die repräsentative Bedeutung des G.baus im Kontext der frühneuzeitlichen Stadt zeigt sich am Palazzo delle Prigioni Nuovo (Antonio dal Ponte, 1591-1602) neben dem Dogenpalast in Venedig oder an den Carceri Nuove in der Via Giulia in Rom (Antonio del Grande, 1655).

Während der Bau großer G. vor dem 17. Jh. auf Italien beschränkt blieb, entwickelten sich im transalpinen Norden die sog. Zucht- und Arbeitshäuser. Die Houses of Correction, die in England seit 1555 (Bridewell Palace bei London) und in Holland seit 1596 (Rasphuis und Spinhuis in Amsterdam) gegründet wurden, waren im Unterschied zum späteren Sprachgebrauch keine Strafanstalten, sondern Institutionen einer vom Strafrecht grundverschiedenen Form obrigkeitlicher Zuchtgewalt. »Hart ist meine Hand, aber lieblich mein Gemüt«, lautete die Inschrift am Amsterdamer Frauenzuchthaus, das in einem säkularisierten Kloster untergebracht worden war. Die Insassen mußten sich einer harten Arbeitsdisziplin unterziehen und sich im Gottesdienst belehren lassen. In schneller Folge entstanden weitere Zuchthäuser zunächst in freien Städten wie Leiden 1597, Groningen 1601, Bremen 1609 oder Hamburg 1614. Später gingen die Impulse vom absolutistischen Frankreich aus, wo das Schloß von Bicêtre und die alte Pulverfabrik La Salpêtrière in Paris seit 1656 durch → Le Vau zu Zucht- und Arbeitshäusern umgebaut worden waren. Allen Zuchthäusern gemein war der erzieherische Impetus, der sich des Gebets, der Einsamkeit und der Arbeit bediente. Mit programmatischer

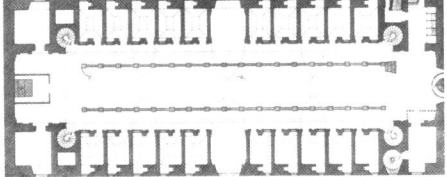

Gefängnis. Casa di Correzione am Ospizio di San Michele, Rom, von Carlo → Fontana, 1703.

Konsequenz wurde er zuerst an der Casa di Corre-zione am Ospizio di San Michele in Rom (Carlo → Fontana, 1703) umgesetzt, wo drei übereinan-derliegende Reihen von Einzelzellen an einen zen-tralen Arbeitssaal angrenzten. Auf der einen Seite des Saals stand der Altar, auf der anderen der Prü-gelbock. Im Unterschied zum G., dessen Fassade gewöhnlich durch eine martialische Motivik ge-kennzeichnet ist, bleiben die Zuchthäuser in ihrem Äußeren typologisch indifferent oder weisen die Merkmale landesherrlicher Repräsentationsarchi-tektur auf.

Mit der allgemeinen Einführung der modernen, d.h. mit dem gesetzlichen Zweck der ›Besserung‹ versehenen Freiheitsstrafe seit dem ausgehenden 18. Jh. verwischt sich der Unterschied zwischen Zuchthaus und G. Die ›moralische Orthopädie‹, die nun auch am Strafhäftling geübt werden sollte, sah Arbeit bei Tag, Einzelzelle bei Nacht und die permanente lückenlose Kontrolle aller Lebens-äußerungen vor. An der Maison de Force (Comte Villain, Malfaison & Kluchman, 1771) im flandri-schen Gent wurde dies auf beispielgebende Weise verwirklicht. Die Zellen liegen in mehreren radial-förmig ausfächernden Flügelbauten, die von einem Gebäudekranz mit Arbeitssälen umzirkelt werden. Obwohl hier nur zur Hälfte fertiggestellt, entwik-kelte sich der strahlenförmige Radialplan zum Ur-bild der G.architektur schlechthin, und selbst die riesigen, oft sternförmigen Bauten der ersten Hälfte des 19. Jhs., z.B. Millbank Prison in London (Wil-liams & Hardwick, 1812-18) oder La Petite Ro-quette in Paris (Hippolyte Lebas, 1826-36), erwei-sen sich als Variationen des gleichen Prinzips. Die einzige und nur selten realisierte Alternative stellte das Panoptikon (1791) Jeremy Benthams dar, das eine kreisförmige Reihung der Zellen rund um einen zentralen Beobachtungsturm in einem zylindri-schen, überkuppelten Baukörper vorsah. Die be-rühmten Musteranstalten des 19. Jhs., das Eastern State Penitentiary von Cherry Hill bei Philadelphia (→ Haviland, 1821-29) und Pentonville Prison bei London (Sir Joshua Jebb, 1840-42), basieren wie-derum auf elaborierten radialen Plänen, die von hier aus auch in den ersten deutschen Zellengefäng-nissen in Bruchsal (→ Hübsch, 1836-48) und Berlin-Moabit (Busse, 1842-49) übernommen wurden.

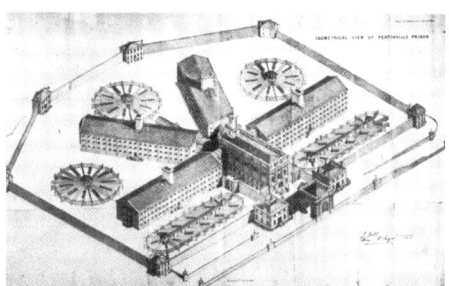

Pentonville Prison, Pentonville bei London, von Sir Joshua Jebb, 1840-42.

Während die Grundrißkonzeption oft der Kompe-tenz von Ingenieuren überlassen wurde, widmeten sich die Architekten der Gestaltung der G.fassaden. Nach → Blondel (›Cour d'architecture‹, 1771) sollte ihr besonderer ›caractère‹ der Funktion der Bauaufgabe entsprechen und moralbefördernde Wirksamkeit entfalten. Francesco Milizia (›Prin-cipi‹, 1781) empfahl »mißfällige Eingänge wie zu

Höhlen, schauererregende Inschriften«, um »Schrecken und Zwang« auf den Verbrecher auszu-üben. So liegt in der wirkungsästhetischen Kombi-nation von Architektur und Moral der Grund für die expressive Theatralik vieler Gefängnisse. Die monotone, spärlich rhythmisierte und nur mit rosti-gen Ketten über den Toren dekorierte Rustikafas-sade von Newgate Prison in London (→ Dance, 1769-78) galt als typologisches Ideal, dessen radi-kale Wirkung nur noch von einigen G.projekten von → Ledoux und → Boullée übertroffen wurde. Im 19. Jh. gibt es wenige Beispiele einer ›architec-ture parlante‹, die die Unerschütterlichkeit des Rechts so souverän inszenierten wie das Frauenge-fängnis von Würzburg (→ Speeth, 1810). Aber auch die Vorliebe der G.architekten für eine ›geheimnis-volle‹ → Gotik, für normannische Monumentalität (→ Normannische A.) und ägyptisierende Sepul-kralmotivik (→ Egyptian Revival) ist selten nur sti-listisch, sondern oft auch ikonologisch zu verstehen. Im 20. Jh. erweitert sich das Spektrum möglicher Grundrißdispositionen um Innenhofanlagen (At-tica State Prison, 1933) und um den ›Telephone-pole-plan‹ wie im G. von Fresnes bei Paris (F.-H. Poussin, 1898). Neue skandinavische Anstalten verwirklichen ›Freie Pläne‹ mit kleinen Pavillons. Hochhaus-G.e, die zum ersten Mal um 1920 (Y. Joannes und M. Hyde) projektiert wurden, dienen in der Regel kurzzeitiger Untersuchungshaft.

Frauenzuchthaus, Würzburg, von → Speeth, 1810.

Gefängnis Stuttgart-Stammheim, 1965.

Der aktuelle Stand der G.architektur entspricht nur in seltenen Fällen den reintegrativen Strafvollzugs-zielen, die die Gesetzgebung der westlichen Länder vorschreibt. Zum einen sind viele der alten »steinge-wordenen Riesenirrtümer« (Schmidt) noch immer in Gebrauch, zum anderen stehen selbst modernste Bauten mit ihren minimalisierten Raumangeboten, elektronischen Überwachungssystemen und den mächtigen, das Vorfeld sichernden Befestigungsan-lagen in der Tradition eines Sicherheits- und Ab-schreckungsdenkens, dem die totale Kontrolle der Delinquenten das wichtigste Anliegen geblieben ist.

A.B.

Lit.: Haug '61; Gennaro '75; Foucault '76; Evans '82; Dubbini '86; Bienert '92.

Ginzburg, Moissej J. (1892-1946). Nach dem Ab-schluß des Studiums an der Mailänder Kunstakade-mie (1914) bis 1917 Ausbildung zum Architekten am Polytechnikum Riga. 1921 Dozent, 1923 Profes-sor für Geschichte und Theorie der Architektur an den → WChUTEMAS, Mitbegründer der ›Gesell-schaft moderner Architekten‹, OSA (1925), Redak-teur der Zeitschrift ›Moderne Architektur‹ (1926 bis 1930), in der er grundlegende Texte über Aufga-ben und Ziele der → konstruktivistischen Architek-

Palast der Sowjets, Moskau, von → Ginzburg, Gassenpflug und Lissagor, 1932. Modell.

tur veröffentlichte. In den 20er Jahren Beteiligung an Wettbewerben, sein Entwurf für das Haus der Regierung in Alma-Ata wurde 1927-31 realisiert. G. erhielt jedoch nur einmal die Gelegenheit, die Anwendung der ›funktionellen Methode‹ auf den sozialen Wohnungsbau zu demonstrieren: Das Appartementhaus am Moskauer Nowinski-Boulevard (1928-30), bestehend aus einem Wohnteil mit Maisonetten und einem Gemeinschaftsteil mit Restaurant und Aufenthaltsräumen, orientierte sich an den Bedürfnissen und Lebensbedingungen der Bewohner (→ Kommunehaus). 1928-32 Leiter eines Architektenkollektivs, das sich mit der Typisierung von Wohnungen beschäftigte. 1930 Entwurf für eine ›Grüne Stadt‹; 1931 Planung des Tschernikowsker Industriebetriebs – nichtverwirklichte Projekte, aber exemplarische urbanistische Modelle.   H.Sch.

Glasbaustein. Während begehbares Glas in horizontalen Oberlichten bereits ab 1850 gebräuchlich war, scheinen die ersten G.e, die gemauert und belastet werden können, auf Patente des Franzosen Falconnier 1884 zurückzugehen. Bedingt durch den Herstellungsprozeß waren diese frühen G.e rhombenförmig. Sie erfreuten sich zur Zeit der Jahrhundertwende in Frankreich großer Beliebtheit (→ Guimard, Castel Béranger, Paris, 1894-95; → Perret, Rue Franklin Nr. 25, Paris, 1902; → Le Corbusier, Villa Schwob, La Chaux de Fonds, 1916 bis 1917). In den 20er Jahren setzten sich auf breiter Ebene quadratische G.e durch, die von den Architekten der Moderne in Europa begeistert angenommen wurden (B. → Taut, Haus Taut in Berlin-Dahlewitz, 1926; → Chareau, Maison de Verre in Paris, 1928; Le Corbusier, Cité de Refuge in Paris, 1928 bis 30). In den 30er Jahren wurde der G. in den USA zum festen Bestandteil des → Art Deco (→ Lescaze, Haus in New York, 1934). Seit dieser Zeit sind G.e aus dem Repertoire der modernen Architektur nicht mehr wegzudenken. Vgl. → Bausteine, → Glas, → Glasarchitektur.   D.N.

Lit.: Korn '26; McGrath '38; Neumeier '81.

Golosow, Ilja A. (1883-1945). Besuch der Lehranstalt für Malerei, Plastik und Baukunst in Moskau (1907-12), danach freier Architekt und Buchgraphiker. Ab 1920 leitete er gemeinsam mit → Melnikow eine Architekturklasse an den → WChUTEMAS. Frühe Entwürfe (Krematorium, Moskau, 1919) sind beeinflußt von der → Revolutionsarchitektur, erst Mitte der 20er Jahre übernahm er das Vokabular der → konstruktivistischen Architektur. Im Wettbewerbsentwurf für die Elektrobank in Moskau (1925) tauchte an einer Ecke des kubischen Baukörpers der gläserne Treppenhauszylinder auf, der dann bei G.s Sujew-Klub in Moskau (1929) zu

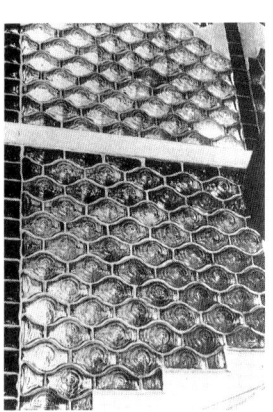

Glasbaustein. Castel Béranger, Paris, von → Guimard, 1894-95.

Temple à Pailla, Castellar, von → Gray, 1932-34.

einem monumentalen Akzent der Fassade wird (die Idee, auch das Innere als eine Abfolge sich überschneidender Kreise zu gestalten, wurde nicht verwirklicht). Das Gewerkschaftsgebäude, eine abstrakte Architekturplastik, ist charakteristisch für die damaligen Versuche in der Sowjetunion, eine neue Symbolsprache zu schaffen (→ Sowjet. Arch.). Anfang der 30er Jahre kehrte G. wieder zu traditionellen Formen zurück (Wettbewerbsentwurf für den Moskauer Palast der Sowjets, 1932).   H.Sch.

Elektrobank, Moskau, von → Golosow, 1925.

Gray, Eileen (1878-1976). Die gebürtige Irin besuchte die Slade School of Fine Arts in London (1901/02) und studierte 1902-05 Kunst an der Ecole Colarossi und der Académie Julian in Paris. Sie erlernte Lackarbeiten in London und verfeinerte diese Fähigkeiten in der vierjährigen Zusammenarbeit mit dem Japaner Sugawara, nachdem sie sich 1907 in Paris niedergelassen hatte. Als erste große Arbeit Einrichtung einer Wohnung in der Rue de Lota, mit kunstvollen Lackpaneelen, Sesseln, Betten, Sofas, Lampen, Regalen (1920-24). 1922 eigene Galerie. In jener Zeit galt sie als eine führende Designerin in Frankreich, da ihre Modelle dem gefragten → ›Art Deco‹ entsprachen. Um 1922 erfuhr ihr gestalterisches Werk eine Wende. 1923 zeigte sie in der Jahresausstellung der ›Artistes Décorateurs‹ ein ›Bedroom-Boudoir für Monte Carlo‹, dessen Einrichtungsstücke kubistisch waren. Autodidaktisch erwarb sie architektonische Kenntnisse, entwarf und baute für sich und Jean Badovici, den Herausgeber von ›L'Architecture Vivante‹, das Maison en Bord de Mer in Roquebrune an der Riviera (1926 bis 1929). Sie entwarf in jenen Jahren viele ihrer berühmt gewordenen Möbelstücke. Mit der Hinwendung zur Architektur veränderte sie auch ihr Möbeldesign, sie verwendete nun vor allem verchromtes Stahlrohr, Lochblech, Leder, Glas und poliertes Holz. 1932-34 eigenes Haus Tempe à Pailla in Castellar am Mittelmeer. Es hatte fließende Raumfolgen, verband Außen und Innen, verflocht verschiedene Funktionen; spielte mit Licht und Farben. Weitere Architekturentwürfe, wie das Haus für einen Ingenieur (1929), das Haus für zwei Bildhauer (1934), ein Röhrenhaus als Ferien- bzw. Notdomizil (1936), ein Ferienzentrum (1936) und ein Kultur- und Sozialzentrum (1946/47), wurden nicht realisiert, 1933 stellte sie noch einmal im ›Salon des Artistes Décorateurs‹ und im ›Salon d'Automne‹ in Paris aus, 1937 während der Pariser Weltausstellung in → Le Corbusiers Pavillon ›Temps Nouveaux‹. Anfang der 70er Jahre wurden ihre Werke wiederentdeckt.

Zweifellos beeinflußt durch die Moderne, wandte sie sich doch gegen Normierung und Standardisierung, denn sie war der festen Überzeugung, daß dies dem individuellen und praktischen Nutzen sowie dem guten Geschmack und Gefühl widerspreche und jede Umgebung ihr eigenes Design erfordere. K.D.

Lit.: Loye '84; Adam '87, '90.

Guyer, Lux Louise (1894-1955). Erste selbständige Architektin der Schweiz. Sensible Vertreterin der Reformarchitektur der 20er Jahre. Ausbildung in Zürich: Kurse an der Kunstgewerbeschule, Hörerin an der ETH und Arbeit bei Gustav Gull; Praxis bei Maria Frommer, Berlin. 1924/25 eigenes Büro in Zürich. Einfamilienhäuser in persönlichem Stil: moderner Grundriß und → neoklassizistisch komponierte, eternitverschindelte Fassaden, kulminierend im Haus Sunnebüel, Küsnacht (1929/30), wo 1933 auch die Villa Kusentobel entstand. Hauptwerke: Frauenwohnheim Lettenhof (1926/27) und Studentinnenheim Fluntern (1927/28), Zürich; Gestaltung der SAFFA (Schweiz. Ausst. f. Frauenarbeit), Bern 1928; ›SAFFA-Haus‹ (Holzfertighaus). 1935 Wechsel zu traditionellen Grundrissen und Betonen handwerklicher Fertigung. Fruchtbare Zusammenarbeit mit Künstlern (Cornelia Forster, Adolf Funk, Berta Tappolet u.a.): Umbau Restaurant Zur Münz, Zürich (1940); Appartementhaus Im Park, Zürich (1953/54). Gelockerter Umgang mit der Tradition – erinnerte an frühere Leichtigkeit, nun im Gewand der mondänen 50er. Viele ihrer Bauten wurden verändert oder zerstört. W.Z.

Lit.: Huber/Zschokke u.a. '83.

Villa Kusentobel, Küsnacht, von → Guyer, 1933.

H

Hadid, Zaha M. (geb. 1950). 1968-71 Studium an der amerikanischen Universität in Beirut. 1972-77 Studium an der Architectural Association School of Architecture in London. 1978 Mitarbeiterin im Architekturbüro von → Koolhaas. Seit 1982 eigenes Büro in London. 1977-86 Lehrtätigkeit in London, 1986 in Cambridge (Mass.), 1987 in New York. H. wurde international bekannt durch den ersten Preis in dem weltweit offenen → Architektur-Wett-

›Twenty apartments and void‹ aus ›The Peak‹, Hongkong, von → Hadid, 1982-83.

bewerb ›The Peak‹, Hongkong (1982-83). Die Pläne für diesen bisher unrealisierten Freizeitclub sind als dreidimensionale Kalligraphen im Raum beschrieben worden (Abb. → Dekonstruktivismus). Seit ihrer Teilnahme an der Ausstellung ›Deconstructivist Architecture‹ im Museum of Modern Art, New York (1988), gilt sie als ungekrönte Königin des → Dekonstruktivismus. Weitere Projekte und Bauten: Wohnbebauung in Berlin-Kreuzberg (1986), Geschäftshaus am Kurfürstendamm in Berlin (1986), Tomigaya Zaha Building, Tokio (1987), Azabu Juban Zaha Building, Tokio (1987), Feuerwehrhaus für Vitra, Weil am Rhein (1989-92), Video-Pavillon, Museum Groningen, Holland (1990). Teilnahme an der Ausstellung ›Berlin morgen. Entwürfe für das Herz einer Großstadt‹, Deutsches Architektur-Museum Frankfurt am Main (1991). Möbelentwürfe für Edra, Mailand (1990), Porzellan für Swid Powell, New York (1992), Teppichböden für Vorwerk, Hameln, Deutschland (1990).

Lit.: Hadid '83, '84; GA '85, '86. V.F.

Hausamulett. Der Glaube an bösen Zauber (z.B. den ›Bösen Blick‹), an menschenfeindliche übernatürliche Wesen (Teufel, Hexen, Dämonen, erzürnte Totengeister) und an irrationale Mittel zur Bannung von Gefahren hat sich vielfach auch auf das Bauen und die Baugestalt ausgewirkt. Im islamischen Orient verzichtet man oft auf die Ausschmückung der äußeren Fassaden, um die Macht des ›Bösen Blickes‹ nicht zu provozieren. In der Seldschuken-Geschichte des al-Bundârî (13.Jh.) wird die Vernichtung der Hauptmoschee von Damaskus durch eine Feuersbrunst (im Jahre 622) damit erklärt, daß »ihre Schönheit den Einfluß der Bösen Blicke hervorgerufen hatte«. Eine Abwehrfunktion erfüllt auch der z.B. in Marokko beobachtete Brauch, die Hauswand an der Hofseite blau anzustreichen: Der blauen Farbe wird übelabwehrende Kraft zugeschrieben. Die Behauptung der Bewohner, blau gestrichene Räume würden von Fliegen gemieden, hat insofern Logik, als man Fliegen zu den Erscheinungsformen böser Dämonen rechnet. Ein Teil der mit irrationaler Kraft ausgestatteten Mittel – magische oder heilige Gegenstände, Sprüche, Praktiken – ist zwar mit dem Haus, dem Stall, dem Kornspeicher usw. verbunden, soll aber weniger diese Bauten selbst schützen als vielmehr die Bewohner und ihr Eigentum. H.e im engeren Sinne sind nur jene magisch-kultischen Mittel (Objekte, Zeichen, Einrichtungen), die in erster Linie die Gebäude vor Blitz, Feuer, Einsturz etc. bewahren sollen. Die Grenze zwischen den Amulett-Kategorien ist allerdings fließend; so schützt ein im Haus aufbewahrter Donnerkeil hauptsächlich das Gebäude vor Blitzschlag,

Hausamulett. Figur auf einem Speicher der Dogon in Mali.

Hausamulett. Haus in Walata, Mauretanien.

Hausamulett. Islamischer Hausschutz mit Amuletthand aus Ägypten.

oft schreibt man ihm aber auch die Macht zu, Krankheiten von Menschen und Haustieren fernzuhalten. Europaweit verbreitet ist die Idee, daß das Haus von Blitz und Feuergefahr verschont bleibe, wenn Störche auf dem Dach oder Schwalben unter der Traufe nisteten; zerstört man das Nest, wird das Haus vom Blitz getroffen oder in Brand geraten. Seit dem Altertum belegt ist die Ansicht, daß die auf das Dach gepflanzte Hauswurz (Sempervivum tectorum) das Haus vor Blitzschlag schütze; möglicherweise haben die dickfleischigen, wasserspeichernden Blätter oder die feuerroten Blüten dieser Pflanzen die Assoziation mit Blitz und Feuer ausgelöst. Die furchtbaren Fratzen von Ungeheuern, deren Bilder gerade an Sakralbauten – auch christlichen – anzutreffen sind, sollen wiederum Schrecken erregen und dadurch die feindlichen Dämonen fernhalten. Donnerkeile sind prähistorische Steinbeile oder bizarre Versteinerungen, die bei der Feldarbeit oder – wenn ein heftiger Regen sie aus der Erde spült – nach Gewittern auf dem Boden gefunden werden. Weltweit verbreitet ist der Glaube, daß sie ein himmlischer Gewittergott – wie der altorientalische Tešub, der griechische Zeus, der indische Parashu-Râma oder der germanische Thor – mit dem Blitz (oder im Blitz) auf die Erde schleudert, um Bäume zu spalten, Menschen zu töten und nicht zuletzt Häuser zu vernichten. Findet man eine solche Blitzwaffe, so bewahrt man sie sorgfältig im Haus, denn der Blitz schlägt nicht zweimal am gleichen Platz ein.

Die Vorstellung von der Theophanie in Blitz oder Feuersbrunst sowie die magischen Praktiken zum Schutz des Hauses sind bei christlichen Völkern keineswegs verschwunden – sie leben teils im geduldeten außerkirchlichen Brauchtum, teils im kirchlichen Leben weiter, wenn auch in mehr oder weniger oberflächlich christianisierter Form. Der heilige Donatus, dessen Name im deutschsprachigen Raum volksetymologisch mit ›Donner‹ verbunden wurde, gilt als Patron gegen Blitzgefahr; in Osteuropa und im Kaukasus sind heidnische Gewittergötter durch die Gestalt des Propheten Elias ersetzt worden. In katholischen Gegenden Mitteleuropas pflegt man alljährlich mit geweihter Kreide die Buchstaben CMB (als Anfangsbuchstaben der Namen der Heiligen Drei Könige), mit Kreuzzeichen kombiniert, auf die Tür zu schreiben – Buchstaben und Zeichen sollen das Haus vor Blitz, Hexen u.ä. schützen. Noch weiter verbreitet ist der Glaube an die übelabwehrende Kraft der Bilder bestimmter Schutzpatrone (hl. Agathe, hl. Florian, hl. Lorenz), die die Feuergefahr bannen, oder des an der Tür aufgehängten, geweihten Kränzchens aus Kräutern, das am Vorabend des Johannistages (d.h. der Sommersonnwende) gepflückt werden.

Bei der Anbringung der H.e im oder am Haus werden oft besonders exponierte Stellen (Tür, Giebel, Firstkamm) oder wichtige Konstruktionsteile (Mittelsäule, Trägerbalken) bevorzugt. L.V.

Henrici, Karl Friedrich Wilhelm (1842-1927). 1859 bis 1864 Studium in Hannover. 1864-69 war er im Bauatelier von Conrad Wilhelm Hase tätig und 1870-75 Stadtbaumeister in Harburg. 1875-1919 Lehrstuhl für Architektur an der TH Aachen. H. betätigte sich hauptsächlich als Städtebauer: Bebauungspläne bzw. -entwürfe u.a. für Köln (1880; mit → Stübben), Dessau (1890), München (1893), Brünn (1904), Aachen (1920; mit Gustav Schimpff

und Karl Sieben). Als Architekt baute er u.a. Wohnhausbauten und → Rathäuser (Leer, 1889). Als Opponent einer wissenschaftlich-rationalen Stadtplanung (J. Stübben, R. Baumeister) vertrat H. in der Nachfolge von → Sitte den ›künstlerischen Städtebau‹. Im preisgekrönten Wettbewerbsentwurf für den Generalbebauungsplan von München (1893) entwickelte er aus der Planung von Plätzen in Stadterweiterungsgebieten als erster das Konzept des Ausbaus von Nebenzentren, die zum architektonischen und sozialen Mittelpunkt neuer Stadtteile und Vororte ausgebildet werden sollten, um das chaotische Ausufern der Großstädte zu verhindern. Vgl. → Städtebau. R.S.

Lit.: Henrici '04; Buchkremer '27; Curdes/Oehmichen '81.

Wohnbebauung Leninplatz, Berlin, von → Henselmann, 1968. Wettbewerbsentwurf

Henselmann, Hermann (geb. 1905). Avancierte nach 1945 zum führenden Architekten der DDR. Nach → funktionalistischen Anfängen wandelte er sich zum Vertreter einer traditionalistischen Moderne. Mit den Hochhäusern der Stalinallee (heute: Karl-Marx-Allee) am Strausberger Platz (1952-54) und Frankfurter Tor (1953-56) gestaltete er die prägnantesten Beispiele der → stalinistischen ›Zuckerbäckerarchitektur‹. Durch seine städtebaulichen Qualitäten gehört dieser Boulevard zu den interessantesten Bauten Berlins nach dem 2. Weltkrieg. Umstritten ist H.s spätere Rolle als Chefarchitekt von Berlin/Ost (1953-59), am Institut für Sonderbauten (1960-65), bei der VEB Typenprojektierung (1964-66) und als Direktor des Instituts für Städtebau und Architektur der Deutschen Bauakademie (1966-72). In diesen Funktionen prägte er maßgeblich die Entwicklung von Architektur und Städtebau der DDR. So setzte er die industrielle Plattenbauweise (→ Präfabrikation) durch und war an der Umgestaltung alter Stadtzentren durch Abriß historischer Gebäude beteiligt (Berlin Zentrum, 1965 bis 1969; Universität Leipzig, 1969-74; Universität Jena, 1969-75). R.S.

Lit.: Henselmann '82, '90; Borngräber '87.

Hertzberger, Herman (geb. 1932). Der Amsterdamer Architekt gründete nach dem Studium an der TH Delft 1958 sein eigenes Büro. 1959-69 war er zusammen mit → Eyck u.a. Herausgeber der Architekturzeitschrift ›Forum‹, die nach einer Definition des Architekturkritikers Arnulf Lüchinger den → Strukturalismus begründete. Diese Richtung geht von einem archetypischen Verhalten des Menschen als Grundlage des Entwurfs aus. H. hat deshalb stets auf die polyvalente Form, die Durchlässigkeit und Interpretationsfähigkeit seiner Bauten Wert gelegt. Im Grunde bedeutet das einen um die Dimension des Psychischen erweiterten → Funktionalismus. Architektur soll Identität schaffen, soll

Centraal Beheer, Apeldoorn, von → Hertzberger, 1968-72.

den Nutzer zur Partizipation anregen. H. hat vor allem Kindergärten und Schulen im Geist der Reformpädagogik, Wohnanlagen und Verwaltungsbauten entworfen. International bekannt wurde er durch das neuartige Verwaltungsgebäude der Versicherungsgesellschaft Centraal Beheer in Apeldoorn (1968-72), dessen ›Büroinseln‹ untereinander und mit einer öffentlichen → Passage verbunden sind (Abb. → Niederlande). Sein bisher größtes Projekt ist der Neubau des Arbeits- und Sozialministeriums in Den Haag (1979-90; Abb. → Strukturalismus).
Lit.: Lüchinger '87; Reinink '91.   W.J.S.

Hillebrand, Lucy (geb. 1906). Meisterschülerin des Kirchenbauers Dominikus → Böhm in Offenbach und Köln (1925-28). 1928 gründete sie ihr eigenes Architektur-Atelier in Frankfurt a.M. und hatte

Entwurf für eine Brücke, von → Hillebrand, 1990.

Kontakte zum Freundeskreis ›Das Neue Frankfurt‹ sowie zum → Bauhaus. 1945 eröffnete sie ihr Architektur-Atelier in Göttingen. Ihr Werk umfaßt eine Fülle von Entwürfen und Bauten von Kinderhäusern, Jugendherbergen und -zentren, Schulen und Studentenheimen, Privatwohnhäusern und Hotels, das Psychotherapeutische Institut und die Erziehungsberatungsstelle in Hannover (1953/56), das Wohnhaus am Lohberg in Göttingen (1956), das Gewerkschaftshaus in Northeim (1958), die katholische Kirche in den Dünen auf Langeoog (1960), das psychotherapeutische Klinikum in Tiefenbrunn (1969), das Albert-Schweizer-Kinderdorf in Uslar-Solling (1970) sowie zahlreiche Wettbewerbsbeiträge. Auch in ihrer späten Schaffensphase blieb sie kreativ und entwickelte kühne Raum- und Baukonzepte, z.B. im Entwurf für ein Museum der Weltreligionen als Beitrag zur Weltausstellung der Architektur in Sofia (1989), einen Entwurf für die Expo 2000 in Hannover, die ›Stadt des Diogenes‹ (1990) und ein Brückenprojekt (1990). Außerdem erstellte sie Architekturfilme zum Thema Raum (1961, 1991/92). Die Entwürfe verdeutlichen stärker als die realisierten Bauten Philosophie und Eigenständigkeit der Architektin. Vom Tanz herkommend, strebte sie nach einer räumlichen Ordnung,

die sich aus den Bewegungsgesetzen des Menschen ableitet. Starrer Symmetrie, achsialem Denken, geometrischen Festlegungen und ritualisierten Formenkonventionen setzte sie Dynamik, Veränderung, Prozeßhaftigkeit und Lebendigkeit entgegen.
                                                                              K.D.
Lit.: Boeminghaus '83; K. Hoffmann '85; Grohn '90; Hillebrand '91.

Hillebrecht, Rudolf (geb. 1910). Studium an der TH in Hannover und Berlin. 1934 Mitarbeiter von → Gropius. 1937 Regierungsbauführer. 1937-45 Leiter des Architekturbüros K. Gutschow in Hamburg. 1948-75 Stadtbaurat von Hannover. 1951 bis 75 Professor an der TH Hannover. Unter seiner Leitung ab 1949 beispielhafter Wiederaufbau und städtebauliche Neuordnung Hannovers u.a. durch Schaffung des Innenstadtringes und großzügige Anordnung von Solitärbauten von Wirtschaft und Verwaltung. Es entsteht ein neuer Raumeindruck, in dem die Reste der historischen Stadt mit der neuen Architektur zu einer geglückten Einheit zusammenfinden.
                                                                              C.M.
Lit.: Hillebrecht '57, '61.

Hocheder, Karl (1854-1917). Architekt in München. Schüler von → Thiersch. Seit 1898 Professor an der TH. Zählt durch Bauwerke im Stil des gemäßigten süddeutschen Neobarock (→ Historismus) neben → G. und E. v. Seidl und Theodor Fischer zu den bedeutenden Baumeistern Münchens. H. hat überwiegend öffentl. Architektur entworfen, die sich durch qualitätvolle Gruppierung und Gliederung der Baumassen auszeichnet. In seinem Hauptwerk, dem Müllerschen Volksbad (1898-1901; Abb. → Badeanstalt), ist mit der pragmatischen Grundrißgestaltung und durch die äußerliche Ablesbarkeit der inneren Funktionsbereiche ein Grundgedanke moderner Architektur realisiert. Die maßvolle Fassadengliederung nimmt in dem sparsam verwendeten figürlichen Schmuck dennoch die historisierende Formensprache der Prinzregentenzeit auf. Außerhalb Münchens ist H. vor allem mit dem Bau eines Rathauses in Bozen bekannt geworden.
Lit.: Schuhmacher '1897/98.   G.M.

Hoetger, Bernhard (1874-1949). Bildhauer, Maler, Designer und Architekt. Nach dem Studium der Bildhauerei an der Düsseldorfer Akademie (1897 bis 1900) und einem längerem Aufenthalt in Paris, wo er von Rodin und Maillol beeinflußt wurde, folgte er 1911 einem Ruf an die Künstlerkolonie in Darmstadt (Platanenhain auf der Mathildenhöhe, 1914). 1914-29 lebte er in Worpswede, wo er das Café (1925) und die Große Kunstschau (1927) schuf. Für Hermann Bahlsen plante er 1917-18 die TET-Stadt, eine Fabrikanlage mit Siedlung in Hannover. Besondere Bedeutung erhielt die Förderung durch Ludwig Roselius, für den er die Böttcherstraße in Bremen gestaltete (mit Paula-Becker-Modersohn-Haus, 1925-27, und Haus Atlantis, 1929 bis 1931). H.s eklektizistische Mischung von archaischen, orientalischen und ›nordisch-germanischen‹ Elementen stößt bis heute in ihrer eigenwilligen Verbindung von Exotik und romantisierender Volkstümelei häufig auf großen Widerspruch. Die mit dem Begriff ›neubarocker Expressionismus‹ charakterisierten Bauwerke des Architektur-Didakten haben neben den Bauten → Högers viel zur Wiederbelebung der → Backsteinarchitektur in Norddeutschland beigetragen.
                                                                              R.S.
Lit.: Golücke '84; Saal '89; Thiemann '90.

Wettbewerbsentwurf für das Heimatmuseum Hannover, von → Hillebrand, 1960.

Haus Atlantis, Bremen, von → Hoetger, 1929-31.

Paula-Becker-Modersohn-Haus, Bremen,
von → Hoetger, 1925-27.

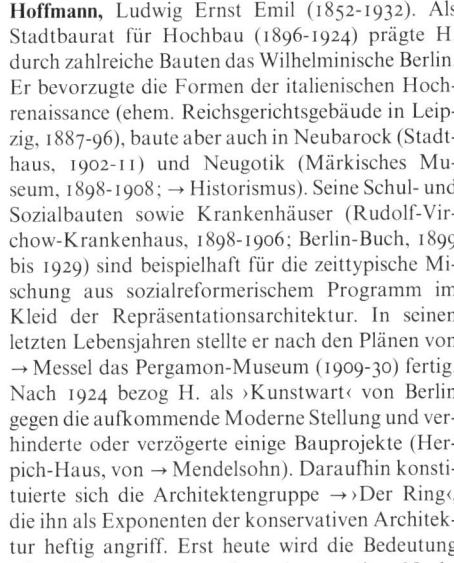

Märkisches Museum, Berlin,
von → Hoffmann, 1898-1908.

Hoffmann, Ludwig Ernst Emil (1852-1932). Als Stadtbaurat für Hochbau (1896-1924) prägte H. durch zahlreiche Bauten das Wilhelminische Berlin. Er bevorzugte die Formen der italienischen Hochrenaissance (ehem. Reichsgerichtsgebäude in Leipzig, 1887-96), baute aber auch in Neubarock (Stadthaus, 1902-11) und Neugotik (Märkisches Museum, 1898-1908; → Historismus). Seine Schul- und Sozialbauten sowie Krankenhäuser (Rudolf-Virchow-Krankenhaus, 1898-1906; Berlin-Buch, 1899 bis 1929) sind beispielhaft für die zeittypische Mischung aus sozialreformerischem Programm im Kleid der Repräsentationsarchitektur. In seinen letzten Lebensjahren stellte er nach den Plänen von → Messel das Pergamon-Museum (1909-30) fertig. Nach 1924 bezog H. als ›Kunstwart‹ von Berlin gegen die aufkommende Moderne Stellung und verhinderte oder verzögerte einige Bauprojekte (Herpich-Haus, von → Mendelsohn). Daraufhin konstituierte sich die Architektengruppe → ›Der Ring‹, die ihn als Exponenten der konservativen Architektur heftig angriff. Erst heute wird die Bedeutung seines Werkes erkannt und von den negativen Nachwirkungen dieser Auseinandersetzung befreit. R.S.
Lit.: Hegemann '27; Hoffmann '84; Reichardt/Schäche '86.

Stadthaus, Berlin, von → Hoffmann, 1902-11.

Holzbauer, Wilhelm (geb. 1930). H. studierte an der Wiener Akademie der bildenden Künste, bildete mit Friedrich Kurrent und → Spalt in den 50er Jahren die ›Arbeitsgruppe 4‹ und ist seit 1977 Professor an der Hochschule für angewandte Kunst in Wien. Er war in der österr. Szene der 60er und 70er Jahre der einzige Architekt mit höherem Qualitätsanspruch, der, meist über Wettbewerbserfolge, an größere Bauaufgaben herankam. Seine Stärke liegt darin, komplexe Funktionsabläufe großer Bauprogramme kompakt zu organisieren und vor allem der inneren Erschließung viel Luft und räumliche Prägnanz zu geben. Wichtige Bauten: Bildungshaus St. Virgil, Salzburg-Aigen (1972-76); Wohnhausanlage ›Wohnen Morgen‹, Wien (1973-79); Stationen der Wiener U-Bahn (1970-90) mit Marschalek, Ladstätter, Gantar; Vorarlberger Landhaus Bregenz (1975-81) mit Mätzler, Schweitzer, Rapf; Rathaus und Musiktheater Amsterdam (1979-86) mit Dam, Bijovet en Holt; Naturwiss. Fakultät der Universität Salzburg (1978-86) mit Ekhart, Hübner, Ladstätter, Marschalek; Biozentrum der J.W. Goethe-Universität Frankfurt/M. (1988-93) mit E. Mayr.   O.K.
Lit.: Holzbauer '85, '90.

Naturwiss. Fakultät der Universität Salzburg,
von → Holzbauer u.a., 1978-86.

Hotel. Mit dem Entstehen des Tourismus und der Erfindung der Eisenbahn im 19. Jh. stieg der Bedarf an Übernachtungsmöglichkeiten in den Großstädten und Kur- und Ferienorten, den der seit Jahrhunderten ausgeprägte Vorläufer des H.s, der Gasthof oder die Herberge, nicht mehr befriedigen konnte. Der Typus des H.s begann sich in der 1.H. des 19.Jhs. zu entwickeln; einzelne frühe Beispiele, wie der Badische Hof in Baden-Baden (1807-09, von → Weinbrenner), entstanden durch Um- und Erweiterungsbau von Mehretagen-Wohnhäusern und sind von diesen äußerlich auch kaum zu unterscheiden. Mitte des 19.Jhs. entstanden die ersten Großstadt-H.s mit mehreren hundert Zimmern, u.a. das Hotel du Louvre in Paris (1855, von A. Armand und → Hittdorf), dessen Architektur mit überdachtem Innenhof, Restaurant und Salons sich im ›grand gout‹ des 17.Jhs. dem Reisenden präsentierte. Als bedeutendstes H. der Gründerzeit kann der 1872 bis 76 von Mylius & Bluntschli errichtete Frankfurter Hof in Frankfurt a.M. mit seinem aufwendigen → Ehrenhof gelten. In dieser Zeit wird die Ideologie des ›Der Gast ist König‹ geboren und zwar nicht nur durch den neofeudalen Prunk der Architektur und Ausstattung, sondern auch durch die umfassenden Annehmlichkeiten eines Service, der dem Gast jede Sorge abnehmen sollte. Das Bild der Prachtstraßen in den Großstädten, den Kur- und

*Hotel. Frankfurter Hof, Frankfurt a. M.,
von Mylius & Bluntschli, 1872-76.*

IJ

Vergnügungsorten wurde bestimmt von aufwendigen Palast-H.s als opulenten Luxusstätten einer exklusiven Minderheit: Nassauer Hof in Wiesbaden (1899), Bristol in Wien (1892), Palace Hotel in St. Moritz (1892-97), Atlantic in Hamburg (1909), Negresco in Nizza (1912), Adlon in Berlin (1905-07), Lido Excelsior Palace in Venedig (1908). Mit dem Ende des Ersten Weltkriegs ging die Ära der Palast-H.s schon zu Ende, das Reisen als Selbstzweck und der Hotelaufenthalt als Lebensform einer müßiggehenden Oberschicht hatten ihre Bedeutung verloren. In den USA wurde schon im frühen 20. Jh. der Typ des modernen Großstadt-H.s entwickelt (Waldorf-Astoria in New Yok, The Stevens in Chicago). Diese Wolkenkratzer-H.s verfügen oft über

Hotel. The Stevens, Chicago, von → Holabird & Roche, 1927.

mehr als 1000 Zimmer und sind anders als die früheren Palast-H.s keine Wohnhotels, sondern Übernachtungshotels. Funktionalität und Rentabilität bestimmen ihren inneren Aufbau, obwohl auf eine repräsentative Halle sowie Bars und Salons nicht verzichtet wird. Das Hochhaus-H. in der Großstadt bleibt der bestimmende H.typ auch nach dem Zweiten Weltkrieg (Royal Hotel in Kopenhagen, 1965, von → Jacobsen). Solche H.s sind oft in der Art des Lever House von S.O.M. (Abb. → S.O.M.) mit einem zwei- bis viergeschossigen Sockelbau in der Flucht der Straße ausgestattet, in dem die öffentlichen Funktionen liegen; darüber und zurückgesetzt die Hochhaus-Scheibe des Zimmer-Bauteils. H.konzerne, wie z. B. Hilton, überzogen in den 50er und 60er Jahren die Welt mit einer Kette von gleichartigen H.s für die gleichartigen Bedürfnisse des internationalen Geschäftsreisenden. Seit den 70er Jahren hat sich in den Erholungsgebieten Europas, der USA, Asiens und anderswo ein niedriggeschossiger, weißgestrichener Typ des Ferien-Freizeit-H.s mit Swimmingpool und eigenem Strand, jedoch ohne besonderen architektonischen Anspruch, herausgebildet. C.M.

Indianer und Eskimo Nordamerikas. Die traditionellen Wohnstätten der Eingeborenen Nordamerikas zeigen eine große Vielfalt an Formen und sind der jeweiligen Umwelt optimal angepaßt. Bis auf die Pueblo-Indianer des Südwestens haben sie heute fast alle ihre voreuropäischen Behausungen aufgegeben.

Subarktis: Die Unterkunft der subarktischen Jäger, Fischer und Sammler war im westlichen, von athapaskischen Gruppen bewohnten Bereich das konische Stangenzelt mit Fell- oder Rindenbedeckung. In einzelnen Fällen konnten diese Zelte von stattlicher Größe sein: so verarbeiteten die Dogrib bis zu 40 Karibufelle, die mit Sehnen (Babiches) zusammengenäht waren, zu einer Plane. Die zusammengerollten Zeltdecken wurden samt den Stangen auf den kufenlosen Schlitten (Toboggan) mitgenommen, wenn der Lagerplatz gewechselt wurde. Im Winter bedeckte man die Zelte mit einer zusätzlichen Felldecke und Schnee. Bei den Slave und anderen athapaskischen Gruppen, wo Karibufelle selten waren, benutzte man auch Strauchwerk und Rindenstücke zur Abdeckung des Stangengerüsts. Die seßhaften Gruppen bewohnten im Winter giebelförmige Holzhütten, die mit Moos und Erde abgedichtet waren. Größere Holzhäuser finden sich bei Stämmen, die mit den Nordwestküstenindianern in Kontakt standen. Im östlichen Teil der Subarktis, der von Algonkin-Gruppen bewohnt wird (Cree, Ojibwa), baute man kuppelförmige Hütten aus Zweigen mit Fell-, Rinden- oder Mattenbedeckung. Man nennt diese Konstruktionen Wigwams, ein Algonkinwort, mit dem später die Amerikaner alle indianischen Behausungen bezeichneten.

Nordwestküste: Die Indianer der pazifischen Nordwestküste wohnten in kleinen Dörfern, deren Häuser in Reihen auf den erhöhten Uferböschungen standen und mit ihren oft bemalten Giebeln dem Meer zugewandt waren. Die aus Brettern der leicht spaltbaren Riesenzeder erbauten Mehrfamilienhäuser waren besonders im Norden, aber auch in der zentralen Region (Vancouver Island) von eindrucksvoller Größe. Während ein Plankenhaus im Durchschnitt 10 mal 15 Meter maß, erreichten die Versammlungshäuser der Salish im südlichen British Columbia eine Länge von über 100 Metern. Die Konstruktion der Häuser an der Nordwestküste war im Prinzip stets die gleiche: vier bis acht dicke Pfosten, auf denen Quer- und Längsbalken

Indianer. Wigwam der Ojibwa, Subarktis. Stangengerüst.

Indianer. Wigwam der Winnebago, Nordostamerika.

ruhten, bildeten das Innengerüst. Auf ihm lastete die schwere Dachkonstruktion. Um das Innengerüst herum waren an kleineren Pfosten die Wandplanken befestigt. Die ganze Konstruktion wurde, wie überall im voreuropäischen Nordamerika, ohne Nägel oder Pflöcke, allein durch Kerbungen und Verzapfungen zusammengehalten. Das Dach bestand entweder aus zwei Schichten von Brettern oder großen Rindenstücken, die wegen der starken Regenfälle oft erneuert werden mußten. Fenster gab es nicht; das Licht strömte durch ein großes zentrales Rauchloch im hinteren Teil des Hauses, das sich durch verschiebbare Planken verschließen ließ. Der Fußboden war ganz mit Brettern ausge-

Haus der Nootka, Nordwestküste.

legt, die stufenförmig in den zentralen eingetieften Innenraum um die Feuerstelle im hinteren Teil des Hauses hinabführten. Den Boden bedeckten Zederbastmatten. Oft waren die Häuser in Abteile für die Familien unterteilt. Die Giebelseite mit der Eingangstür war häufig mit dem Familienwappen oder dem Emblem des Häuptlings in dem charakteristischen Kunststil der Nordwestküste (stark stilisierte Tiere in Doppelprofildarstellung) bemalt. Bei den Haida und Kwakiutl, aber auch bei anderen Stämmen, standen vor jedem Haus hohe, mit figürlichen Schnitzereien bedeckte und bemalte Wappenpfähle, die in der älteren und Populärliteratur als Totempfähle bezeichnet werden.

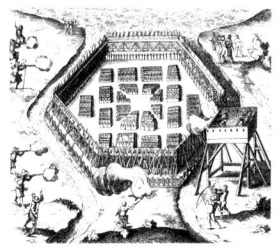

Natchez-Tempel, Mississippi-Kultur, östliches Waldland.

Haus der Kwakiutl, Nordwestküste.

Östl. Waldland: Die Behausungen der Waldindianer waren wesentlich stabiler als die der Taigabewohner der Subarktis. An der atlantischen Küste wurden sogar Steine als Baumaterial verwendet. In der Regel baute man Häuser aus Holz, die mit großen Rindenstücken (Ulme, Birke) oder Schilfmatten abgedeckt waren. Kuppelförmige Wigwams des subarktischen Typs finden sich bei den halbseßhaften Algonkin des Nordostens sowie bei den Zentral-Algonkin des Mittelwestens an den Großen Seen (Ojibwa, Kickapoo). Die weiter östl. lebenden Irokesen bewohnten große, rechteckige ›Langhäuser‹ mit Giebel- oder Tonnendach. Die Häuser waren bis zu 50 Meter lang und etwa zehn Meter breit. In einzelnen Familienabteilen lebten die Angehörigen einer Matri-Lineage, d. h. in der mütterlichen Linie verwandte Frauen mit ihren Männern und Kindern. Bei den Delaware an der atlantischen Küste und dem unmittelbaren Hinterland herrschte die Tonnendachkonstruktion vor. Irokesische Siedlun-

Langhaus im Six Nations Reservat, Ontario, Kanada.

gen waren in der frühen Kolonialzeit mit Wällen und Palisaden befestigt. – Im südöstl. Waldland (Creek, Choctaw) gab es neben dem runden festen Winterhaus (Rotunda, hot house) das leichte, rechteckige Sommerhaus, das in Florida keine Wände besaß. Die Winterhäuser waren aus Flechtwerk von Gras, Schilf und Palmblättern konstruiert, das mit Lehm verputzt wurde. Dicke Holzpfosten bildeten das Stützgerüst. Grasbündel oder Rindenstücke deckten das Dach ab. In der vorkolumbischen Mississippi-Kultur (ab etwa 800 n. Chr.) standen die Zeremonial- und Häuptlingshäuser auf Erdpyramiden inmitten größerer Siedlungen; bedeutende Kultzentren waren Cahokia (östl. von St. Louis), Spiro (Oklahoma), Etowah (Georgia) und Mound-

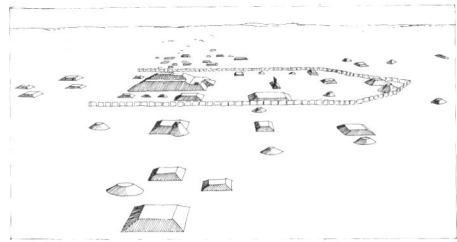

Siedlung Cahokia, östliches Waldland. Lageplan.

ville (nördliches Alabama). Die Mississippi-Kultur weist eine Reihe mesoamerikanischer Elemente auf, insbesondere in der Ikonographie des Südlichen Totenkultes (oder Südöstlicher Zeremonialkomplex), ohne daß jedoch eine direkte Kulturbeeinflussung seitens einer bestimmten altmexikanischen Kultur nachweisbar wäre.

Prärien und Plains: Die seßhaften Prärieindianer im östl. Teil der Großen Ebenen lebten in den Flußauen der mittleren und unteren Nebenflüsse des Mississippi. Die Häuser der nördl. und zentralen Präriestämme waren große, runde, kuppelförmige und leicht in den Boden eingetiefte Erdhäuser. Sie bestanden aus einem zentralen Pfostengerüst von vier schweren Holzpfosten, die durch Querbalken miteinander verbunden waren. Eine Anzahl kleinerer Pfosten bildete den äußeren Pfostenkranz. Von ihm

Erdhäuser, Loup Fork, Nebraska. Photo von 1871.

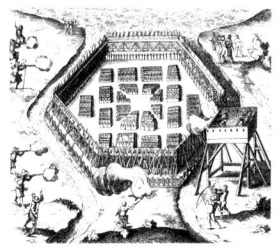

Siedlung der Irokesen in der Kolonialzeit, östliches Waldland.

liefen leichte Balken radial auf das Zentralgerüst zu und bildeten so ein großes Gewölbegerüst, das mit Weidenzweigen, Gras und Erde abgedeckt war. Der schräg nach unten verlaufende Eingangstunnel wies eine ähnliche Konstruktion auf. Größere Erdhäuser dienten als Versammlungshäuser und konnten bis zu 40 Personen aufnehmen. Bei strengen Frösten wurden auch Pferde darin untergebracht. Ein Hidatsa-Haus am oberen Missouri war in der Regel vier Meter hoch und hatte eine Durchmesser von 14 bis 17 Meter. Über der Feuerstelle in der Mitte des Hauses befand sich ein großes Rauchabzugsloch, das bei Regen zugedeckt wurde. Die Wichita und Caddo im südlichen Präriegebiet lebten in großen Grashütten, die von außen wie Heuhaufen aussahen. Die Osage bauten mit Matten oder Fellen abgedeckte rechteckige Holzhäuser.

Die nomadischen Bisonjäger der westlichen Plains wohnten das ganze Jahr über in kegelförmigen Stangenzelten, den Tipis. Ein Tipi bestand aus einem Grundgerüst aus drei oder vier schweren Zeltstangen, die, zusammen mit einer Anzahl weiterer leichter Stangen, kreisförmig aufgestellt und mit einer Plane aus Bisonhäuten, später aus Leinwand, bedeckt wurden. Die Zeltplane war bei Häuptlings-Tipis oft bemalt. Die Größe der Zelte und die Gesamtzahl der Stangen variierte beträchtlich. So hatte ein Tipi der östlichen Sioux (Dakota) 16 Zelt-

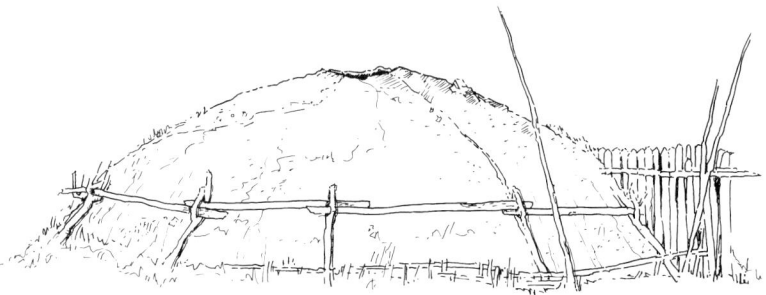

Zeltlager der Kiowa, Plainsgebiet, um 1850.

stangen und wies einen Durchmesser und eine Höhe von 3,50 m auf; die Lederplane bestand aus sieben bis acht Bisonfellen, die gegerbt, zugeschnitten und sorgfältig aneinandergenäht waren. Die Zelte der Crow, westlichen Sioux (Lakota), Cheyenne und anderer im Plainsgebiet weiter westlich lebenden Stämme hatten größere Dimensionen. Ihre Zeltstangen maßen bis über zehn Meter und ragten weit über die Zeltbedeckung hinaus; die Plane setzte sich aus 14 bis 18 Bisonfellen zusammen. In der Spitze des Tipi befand sich eine große Öffnung für den Rauchabzug, die bei schlechtem Wetter durch zwei Klappen geschlossen werden konnte. Ein Fellvorhang schützte den Eingang. Solche Lederzelte gab es bereits in voreuropäischer Zeit, als die Plainsindianer noch keine Pferde besaßen. Sie waren jedoch deutlich kleiner und glichen in vieler Hinsicht den Stangenzelten der Subarktiker. Transportiert wurden die Zelte, indem man die Plane einrollte und sie auf den Stangen hinter einem Pferd herschleifte (Travois). Zeremoniellen Zwecken diente die Sonnentanzhütte, eine kreisrunde Einzäunung, deren äußeren Pfostenkranz Querbalken mit einem großen Zentralpfosten verbanden.

Intermontanes Gebiet: Im nördlichen Plateaugebiet (Fraser- und Columbia-Plateaus) dienten den Indianern stabile runde Grubenhäuser aus Planken mit Dachstützpfosten und Dachtür als Winterbe-

hausungen; sie waren mit Erde bedeckt. Im Sommer, zur Zeit der großen Fischzüge, bewohnte man mit Matten abgedeckte, rechteckige und flachdachige Sommerhütten. Die Bewohner des Großen Beckens kannten nur einfache Windschirme oder mit Gras oder Binsen abgedeckte kleine Kuppelhütten. Mit der Verbreitung der Plainsindianerkultur in die östlichen Teile des intermontanen Raumes kamen auch Tipis als Behausung vor.

Kalifornien: Hier überwogen kuppelförmige, oft ziemlich große Hütten aus einem Gerüst von geflochtenen Zweigen, die mit Gras, Rindenstücken oder Binsenmatten abgedeckt waren. In Nordwestkalifornien waren wie an der Nordwestküste Plankenhäuser üblich. In Zentralkalifornien errichtete man in den großen Dörfern neben den Wohnhäusern der Familien auch große, in den Boden eingetiefte rechteckige Versammlungs- und Zeremonialhäuser mit bis zu 20 m Durchmesser. Im Süden Kaliforniens bestanden die Unterkünfte meist aus einfachen kegelförmigen, mit Gras abgedeckten Stangengerüsten.

Südwesten: Die Indianer können hier als einfache Wildbeuter oder hochentwickelte Bodenbauern tätig sein. Entsprechend weisen die Behausungen der im Südwesten (Arizona, New Mexico) lebenden Indianer eine große Vielfalt auf. Die Unterkünfte der schweifenden Wildbeuter (Yavapai, Apache) waren einfache → Windschirme oder kleine kuppelförmige, mit Gras abgedeckte Strauchwerkhütten (Wickiup). Die seßhaften Pima und Papago Südarizonas errichteten dagegen rechteckige Häuser aus Flechtwerk mit Lehmverputz. Die Papago leben noch heute mit Vorliebe in kastenförmigen Häusern aus Trockenlehmziegeln (→ Adobe); im Sommer halten sie sich in offenen Hütten aus Laubwerk (Ramadas) auf. Auch die Navajo verbringen die heißen Sommermonate in Ramadas. Ihre Winterbehausung (Hogan) – heute in dieser Form nur noch als Zeremonialhaus verwendet – bestand aus einem meist achteckigen, blockhausartigen Bauwerk aus dicken Balken oder Steinmauerwerk; das flachkuppelförmige Dach war mit Lehm und Erde

Erdhaus der Hidatsa, Präriegebiet.

Tipi, Columbia-Plateau, Intermontanes Gebiet.

Navajo-Hogan, Südwesten.

Pueblo der Zuni, New Mexico. Photo von 1879.

Klippensiedlung. Mesa Verde, Colorado. Im Vordergrund die Kivas.

bedeckt. Eine einfachere, wohl ältere Form des Hogans ist ein kleines zeltartiges Dreistangengerüst, das ebenfalls mit Erde abgedeckt wurde.

Eine völlig verschiedene Architektur trifft man bei den Pueblo-Indianern an. Sie fanden es, wohl primär aus Verteidigungsgründen, zweckmäßig, einzelne kastenförmige Hauseinheiten, die entweder aus Steinmauerwerk mit Mörtelverputz (im Westen: Hopi, Zuni) oder aus → Adobes (Rio-Grande-Tal) bestanden, zu langen Häuserzeilen oder mehrstöckigen Hauskomplexen zusammenzufügen. Diese neben- und übereinandergebauten Räume eines Einhausdorfes (Pueblo), die terrassenförmig meist zweistöckig, aber mit bis zu fünf Stockwerken angelegt sein konnten (Taos Pueblo), sind einzigartig im indianischen Nordamerika. Sie sind schon aus der Anasazi-Kultur seit etwa 1000 n. Chr., d. h. aus vorgeschichtlicher Zeit, bezeugt. Die Mauern eines Pueblo waren dick mit Lehm verputzt. Die Decke, mit einer Schicht aus Stangen, Strauchwerk und Lehm, ruhte auf großen Kiefernbalken; sie bildete den Fußboden für das darüberliegende

Taos Pueblo, Südwesten.

Stockwerk. Der Einstieg erfolgte durch Dachluken, die über Leitern zu erreichen waren. Die Räume waren untereinander durch Türöffnungen verbunden, so daß man von einem Raum zum anderen gelangen konnte, ohne das Gebäude verlassen zu müssen. Die Wände waren innen mit Lehm verputzt und mit gebranntem Gips getüncht. Die festungsartigen Hauskomplexe waren früher nach einem bestimmten Plan um einen großen Zentralplatz oder um zwei solcher Plazas herum angeordnet, in deren Mitte die eingetiefte runde oder rechteckige Zeremonialkammer (Kiva) stand. Viele prähistorische Pueblos, mit Ausnahme der Klippensiedlungen (Mesa Verde) und der Großsiedlungen des Chaco Canyon, sind noch heute bewohnt. Der Baustil der Pueblo-Indianer hat auch die Architektur amerikanischer Wohnhäuser, sogar öffentlicher Gebäude, in vielen Teilen des Südwestens beeinflußt. Besonders um Santa Fe (New Mexico) prägen die erdfarbenen Adobe-Häuser das heutige Stadtbild.

Arktis: Die Eskimo (in Kanada Inuit genannt), die in der baumlosen Tundra von Alaska bis Grönland leben, entwickelten der arktischen Kälte angepaßte Behausungen. Die einfachste Form der Unterkunft war das kuppelförmige Zelt aus Karibu-, Robben- oder Walroßfellen. Es diente als Sommerwohnung der Inlandstämme im nördlichen Alaska und der

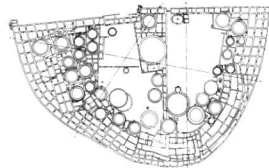

Indianer und Eskimo Nordamerikas. Iglu der Kupfer-Eskimo, Arktis.

Pueblo Bonito, Chaco Canyon, Südwesten. Siedlungsgrundriß.

Pueblo Bonito, Chaco Canyon, Südwesten.

Klippensiedlung, Mesa Verde, Colorado.

Karibu-Eskimo westlich der Hudson Bay. In Alaska, aber auch in Grönland, errichteten die Eskimo Häuser aus Treibholz, Steinmauerwerk oder Walbarten. Das Dach bestand aus Fellen oder Rasenziegeln und Erde. Ein Eingangstunnel, ein langer, niedriger unterirdischer Gang, in den Vorratsräume mündeten, hielt die schneidende Kälte vom Innern ab. Pfahlhäuser mit Walroßlederüberzug kamen auf den felsigen Inseln der Beringstraße und auf den Aleuten vor. In Grönland wurden größere rechteckige Häuser mit mehreren Räumen gebaut. Die meisten Eskimo-Häuser haben kleine Fenster aus zusammengenähten durchsichtigen Darmhäuten.

Die Schneehütte (Iglu) wird häufig als die charakteristische Behausung der Eskimo angesehen. Das trifft nicht zu. Iglu wurden von einigen Inuit in den Zentralgebieten und in Labrador errichtet. In der übrigen Arktis dienten sie nur zur vorübergehenden Unterkunft auf der Jagd oder auf Reisen. Mit einem Messer aus Geweih schneidet man aus festem

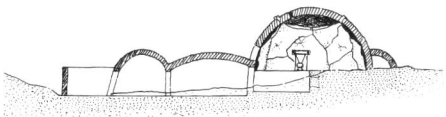

Indianer und Eskimo Nordamerikas. Iglu der Kupfer-Eskimo, Arktis.

Schneeboden große rechteckige Blöcke heraus und schichtet diese spiralförmig aufeinander. Die Spirale wird nach und nach enger, indem man die Blöcke so legt, daß sie immer stärker einwärts geneigt sind. So entsteht in kurzer Zeit eine regelmäßige → Kuppel. Die Fugen werden mit Schnee ausgestopft, ein Eisblock dient als Fenster. Wenn die Tranlampe das Innere über den Schmelzpunkt des Schnees erwärmt, wird der Iglu innen mit Fellen ausgekleidet, die das Schmelzwasser auffangen und in Behälter leiten. Man betritt den Iglu durch einen langen Tunnel, der tiefer liegt als der eigentliche Wohnraum, so daß er eine Kältefalle bildet. Gelegentlich wurden auch mehrere Iglus miteinander verbunden, so daß man sich bei anhaltendem Schneesturm gegenseitig besuchen konnte, ohne ins Freie zu treten. Bei den Kupfer-Eskimo, die nur den Iglu als Behausung kannten, wurden auch Gemeinschaftshütten von beträchtlichen Ausmaßen erbaut, die bis zu 100 Personen fassen konnten. Solche größeren Konstruktionen kommen auch in Alaska vor; am Bau eines solchen Karigi sind alle Männer der Lokalgruppe beteiligt. In ihm versammelten sich die Walfangmannschaften, auch schamanistische Séancen wurden hier abgehalten. W. L.

Lit.: Morgan 1881; Laubin '71; Nabokov/Easton '89; Fagan '91.

Indianer Mittel- und Südamerikas. Bis auf das südl. Drittel Südamerikas, wo Trupps hochmobiler Jäger und Sammler das Land durchzogen, wurde und wird allenthalben Feldbau betrieben, allerdings in regional stark abweichender Form. Waren die Völker Amazoniens, soweit sie nicht die Überschwemmungsgebiete tropischer Ströme kolonisiert hatten, aufgrund der vorherrschenden mageren Böden zum häufigen Ortswechsel gezwungen (Landwechselwirtschaft, Wanderfeldbau), bestimmte anderswo Seßhaftigkeit, zumindest über ein paar Jahre, das Siedlungsmuster. Im östlichen Südamerika, aber auch in Teilen Zentralamerikas und in Nordmexiko erlaubten ökologisches Ambiente und karge Wirtschaftsleistung nur niedrige Bevölkerungsdichten. Ausdruck dieser Beschränkung ist eine Aufsplitterung in oft sehr kleine Gruppen – autarke Wirtschaftsverbände mit überwiegend egalitärer Sozialverfassung und großer Unabhängigkeit der Einzelfamilie. Nur in fruchtbaren Regionen oder wo in unmittelbarer Nachbarschaft Hochkulturen blühten, kam es zu Siedlungsballungen, strafferen politischen Strukturen, Ansätzen gesellschaftlicher Stratifizierung und arbeitsteiliger Wirtschaftsorganisation. In Mesoamerika, im zentralen Andengebiet und an der peruanischen Küste schließlich hatten sich Staatswesen mit entsprechender Infrastruktur, intensivem Bodenbau sowie monumentaler Repräsentations- und Sakralarchitektur entwickelt (→ mesoamerikanische Hochkulturen, → zentralandine Hochkulturen). Die Vielfalt der indigenen Völker Lateinamerikas, die zu ganz unterschiedlichen Umweltanpassungen und Kulturausprägungen fanden, ist einzigartig. Gliederungsschema der folgenden Übersicht zu den grundsätzlichen Wohn- und Siedlungsformen ist die naturräumliche Segmentierung Süd- und Mittelamerikas, Hintergrund und Modulator mehr oder weniger fest umrissener ›Provinzen‹ mit annähernd ähnlicher kultureller Ausstattung.

Gehöft der O'ob, Nordmexiko.

Nordmexiko: In den Wüsten und Bergen Nordmexikos lebten vor Ankunft der Europäer mobile Wildbeuter und seßhafte Pflanzer. Die Lebensführung schlug sich in der Form ihrer Behausungen nieder. Den Fischerei, Seeschildkrötenfang, Jagd und Sammelwirtschaft treibenden Koñkáak (Seri) an der Küste Sonoras genügten langgestreckte Halbtonnenhütten aus gebogenen Ocotillo-Zweigen, die sie mit Binsen, Robben- oder Hirschhäuten abdeckten. Noch weniger Wert auf Wohnkomfort legten anfangs die in der westlichen Sierra Madre ansässigen Rarámuri (Tarahumara). Sie verbrachten den kalten Winter unter Abris, Plätze, die auch heute noch gelegentlich aufgesucht werden. Im Sommer errichteten sie konische Strauchhütten.

Erst als die Rarámuri den Maisanbau intensivierten, bauten sie festere Unterkünfte: grasgedeckte Giebeldachhäuser über A-förmigen Holzrahmen mit bis zum Boden herabgezogenen Traufen oder rechteckige Lesesteinhäuser, die Turfdächer trugen. Blockhäuser kamen erst im 20. Jh. in Mode. Die westlich der Rarámuri siedelnden Yoreme (Yaqui/ Mayo) bevorzugten Bungalows, deren Wände aus Flechtmatten, Lehmziegeln (→ Adobe) oder Lehmstakung bestanden. Meist verfügten die Gebäude über offene Vorbauten (Ramadas), Sonnenschutz und luftige Werkstätte in einem.

›Palenque‹, Haus für mehrere Familien in Costa Rica, Mesoamerika.

Mesoamerika: Urbane Zentren zeichneten die → mesoamerikanischen Hochkulturen aus. Sie bildeten sich im Lauf der Zeit um zeremoniale Baukomplexe und Adelssitze. Abseits der prächtigen Metropolen mit ihrer städtischen Bevölkerung lebten Bauern und Fischer in Ansiedlungen, deren Erscheinungsbild über Jahrhunderte kaum Veränderungen ausgesetzt war. Typisch für das zentralmexikanische Hochland ist ein Rechteckhaus aus → Adobemauern und flachem Maisstrohdach gewesen, wie man es noch heute da und dort antrifft. Daneben fanden sich u. a. Plankenhäuser mit holzgeschindelten Satteldächern (Porhépecha, Tarasken). In den Tälern sowie den östlich angrenzenden Hochländern von Chiapas und Guatemala überwogen rechteckige, runde, quadratische oder apside Haustypen, deren Wände aus Adobes, Bambus oder Lehmstakung bestanden. Sattel-, Kegel-, Walm- und Krüppelwalmdächer kamen vor (→ Dachformen). Gras, Palm- oder Agavenblätter dienten als Dachhaut.

Die geläufigste Hausform im feucht-heißen östlichen Tiefland war und ist rechteckig. Küchen- und Schlafquartier unterteilen den (wie in ganz Mittel- und Südamerika) einzigen Raum. Bei den Hax Winik (Lakandonen) in Chiapas besteht das Gerüst

Traditionelle und modernere Holzhäuser der Tarasken in Angahuan, Westmexiko.

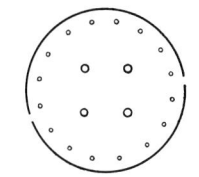

Rund-Maloca der Makuna vom Rio Apaporis, Amazonien.

Häuser der Aymará auf dem peruanischen Hochland.

aus Pfosten, an denen Querbalken für den Dachstuhl mit Lianen festgebunden sind. Sofern wegen der schwülen Witterung nicht einfach weggelassen, dienen als Wände Knüppel, die mittels Bast- oder Lianenbindungen am Gerüst verlascht werden. Palmblätter liefern das Material für die Weichdächer.

Zirkumkaribik: Zwischen Mesoamerika und dem zentralen Andenhochland, dem nördlichen Südamerika und Westindien kreuzten sich einst mehrere kulturelle Ströme. Einflüsse aus den Hochkulturgebieten trafen auf archaische Entwicklungen des tropischen Waldlandes. Es ist diese Melange, gepuffert freilich durch landschaftliche Kammerung und gefiltert durch das ökologische Ambiente, die dem Gebiet seine Originalität verleiht. Weit verbreitet waren Rechteckhäuser aus Bambus oder Holzknüppeln. Das manchmal vorkragende Satteldach wurde mit Palmwedeln gedeckt. Fenster fehlten im allgemeinen; Eingänge (an beiden Schmalseiten) verhängte man mit Matten. Auf gemauerten, ringförmigen Sockeln erhoben sich in vorkolumbischer Zeit die Rundhäuser der Tairona-Kultur Nordostkolumbiens. Ähnliche Gebäude mit konischen Palmblattdächern errichten gegenwärtig ihre Nachfahren, die Kogi der Sierra Nevada de Santa Marta.

Kogi-Siedlung, Sierra Nevada.

An der Küste, etwa bei den Anyú (Paraujano) des Maracaibo-Sees, standen Giebeldachhäuser auf Stelzen. Solchen Pfahlbauten verdankt Venezuela (= Klein-Venedig) seinen Namen. Kompakte Mehrfamilienhäuser bewohnten u. a. die Baríra am Nordrand der kolumbianischen Cordillera Oriental. Jede Kleinfamilie beanspruchte allerdings einen durch Mattenvorhänge deutlich abgegrenzten »Raum« für sich.

Zentrales Andengebiet: Die rechteckigen, seltener runden Häuser der zentralandinen Bauern sind, entsprechend der völligen Seßhaftigkeit und engen Bindung an Landbesitz, dauerhaft gebaut. Ihre Grundmauern bestehen aus meist behauenen Steinblöcken, auf die man Wände aus Adobes oder aus mit Lehmmörtel verbundenen Lesesteinen (mitunter auch Grasplacken) setzt. Maisstroh oder Gras wurden traditionell zur Dacheindeckung benutzt, derzeit dienen vielerorts fabrikmäßig hergestellte Ziegel dem gleichen Zweck. Fenster fehlen diesen Wohngebäuden. Die Türöffnung schaut der aufgehenden Sonne entgegen, die die Menschen früh zur Feldarbeit weckt.

Anden-Ostrand: Ihre Nähe zu den alten Hochkulturen der Anden und zu den einfachen Waldbauern der amazonischen Tiefebene prägen die Menschen am Anden-Ostrand. Am stärksten wirkte andiner Einfluß auf die Bewohner hochgelegener Bergwälder – der Ceja de la Selva (›Augenbraue des Waldes‹). Starker Bevölkerungsdruck im Hochland

Pfahlbauten der Paraujano-Indianer in der Lagune von Sinamaica, Venezuela.

führte wohl schon in vorinkaischer Zeit zur Abwanderung einzelner Populationen in den Regenwald. Ein schönes Beispiel dafür liefert die Wüstung Gran Pajatén in Ost-Peru. In Lehmmörtel verlegte Steinplatten waren die konstruktiven Elemente faßförmig nach außen gebauchter Häuser. Umlaufende Holzpfosten stützten die steilen Kegeldächer mit großem Überstand. Besonders reizvoll präsentieren sich figurale Steinfriese – keine vorgeblendete Dekoration, sondern fest eingebundene Bestandteile der Wände. Noch imposanter erscheint die der Inka-Expansion zum Opfer gefallene Siedlung Cuelap auf einem Felssporn über dem Rio Utcubamba. Steinerne Rundbauten verteilen sich über das terrassenartig gestufte Areal. Mauerringe und Wehrtürme sollten Feinde fernhalten.

Weiter zum Amazonasbecken hin nehmen die Anleihen aus dem Hochkulturgebiet immer mehr ab. In den Hausformen spiegelt sich die Sozialordnung der östlichen Randzone: Er herrscht die erweiterte Kernfamilie als autonome Wohneinheit vor. Analog vertreten Einhäuser die Stelle ganzer Dörfer. Das bis 20 m lange, ovale Großhaus der Shuar (Jíbaro) im Grenzgebiet von Ecuador zu Peru ruht auf zwei oder drei zentralen Stützpfeilern, über denen der Firstbalken liegt. Von hier aus laufen Sparren zur fensterlosen Wand aus Chontapalmstöcken oder Bambus. Palmstrohlagen decken die Walm- oder Krüppelwalmdächer. Rechteckigen Grundriß weisen die Häuser der Waorani (Auca) Ost-Ecuadors auf. Das Dach zieht vom Firstbalken zum Boden. Mit Chonta-Stämmchen verbundene Palmwedel bauen die Wände der Vorder- und Rückfront auf.

Amazonien: In den tropischen Wäldern und Savannen Amazoniens, das sich mit seinen höher gelegenen Saumgebieten vom Atlantik bis zu den Guayana-Staaten und Ost-Bolivien erstreckt, herrscht naturgemäß eine große bauliche Vielfalt. Konstruktive Meisterwerke sind die bis zu 35 m langen, 25 m breiten und 10 m hohen giebelständigen Gemeinschaftshäuser und Großhütten (Malocas), die mehr

Shapono der Patanoeteri/Yanomamö, Amazonien.

als 100 Personen Platz bieten. Vor allem im Norden der Region begegnet man wesentlich kleineren Rundhäusern mit Kegeldach, in die ein lebender Baum als Zentralpfosten integriert sein kann. In den Augen ihrer Bewohner sind solche Gebäude verkleinerte Spiegelbilder des Kosmos: Der Mittelpfosten stellt die Weltachse dar, das Dach den Himmel und ein Querbalken die Milchstraße. Eigenartige, oft im Oval angeordnete Dorfhütten (Shapono) kennen wir von den Yanomamö zwischen Orinoco und nördlichen Zuflüssen des Rio Negro.

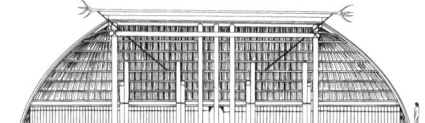

Indianer Mittel- u. Südamerikas. Wohnhütte der Xinguano, Mehinaku, Amazonien.

Mehrere aneinandergereihte Familienhütten mit nach hinten geneigten Pultdächern über Mittelträgern umstehen den zentralen Dorfplatz, zu dem hin sich die Behausungen öffnen. Die bis zu 30 m langen Kuppelhütten der Indianer am oberen Rio Xingú in Zentralbrasilien werden von zwei oder vier Hauptpfosten gestützt. Kreuzstreben und die Wandung aus einer ovalen Stockkette sorgen für Stabilität. Dagegen bevorzugte man im benachbarten ostbrasilianischen Bergland runde, bis unten mit Blättern verkleidete Bienenkorbhütten. Die Behausungen bildeten einen möglichst regelmäßigen Kreis um den dörflichen Festplatz. Von dieser ›Nabe‹ verliefen Wegeachsen in alle Himmelsrichtungen. Auch hier spielten wieder kosmologische Vorstellungen eine Rolle: Das Dorf ist Abbild der Sonne, und die axiale Anordnung symbolisiert die Sozialgliederung in antagonistische Kultgemeinschaften.

Südkonus: Hohe Mobilität kennzeichnete die Ureinwohner der marginalen Bereiche des südlichen Südamerika. Ihren Lebensunterhalt bestritten sie mit Jagd und Sammelwirtschaft, gegebenenfalls mit Fischfang, Muschelernte und Robbenschlag. Entsprechend einfach fielen daher die Wohnstätten aus. Nur notdürftigen Schutz gewährten die windschirmartigen Halbzelte (Toldos) der Patagonier aus Stangen und darübergeworfenen Guanakofellen (→ Windschirm). Auf Feuerland errichtete man bienenkorbförmige Hütten aus einem Zweiggerüst, über das Rindenstücke und Häute gelegt wurden.
W. M.

Jurkovič, Dušan (1868-1945). Wichtigster slowakischer Architekt des 20. Jhs. 1895-99 Mitarbeit bei Urbánek in Vsetín. 1899-14 Architekt in Brünn. 1916-18 Kriegsdienst in Galizien; Errichtung mehrerer Soldatenfriedhöfe. Seit 1919 Architekt in Bratislava. Die traditionelle volkstümliche Architektur

in → Holzbauweise an der Grenze zwischen Mähren und der Slowakei blieb der wesentliche Ausgangspunkt seines Werkes: Herbergen in Pustevny im Beskiden-Gebirge (1897-99), Sommersitz Rezek (1900-01), Sanatoriumbauten in Luhačovice (1900 bis 1905). Später führte er auf originelle Weise Einflüsse der englischen → Arts and Crafts, der finnischen Architekten → Saarinen, Gesellius und Lindegren mit den Lehren von → Muthesius zusammen: eigenes Haus in Brünn (1906), Villa Náhlovský in Prag (1907). Später renovierte er mehrere Schlösser und Burgen in Böhmen (Nové Město nad Metují, 1908-13; Kunětická Hora, 1923-24) und in der Slowakei (Zvolen, 1923-24), errichtete das Denkmal des Generals M. R. Štefánik in Bradlo (1925-26) sowie die Seilbahn auf die Lomnitzer Spitze, Hohe Tatra (1937-38).
V. Š.
Lit.: Žákavec '28.

Appartementhaus Skarda, Brünn, von → Jurkovič, 1908.

K

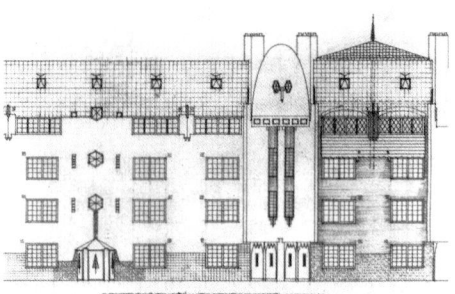

Wohnhaus Spaarndammerplantsoen, Amsterdam, von de → Klerk, 1913-15.

Klerk, Michel de (1884-1923). De Klerk arbeitete von seinem 14. bis 26. Lebensjahr im Büro des Architekten Eduard Cuypers (1859-1927); Freundschaft mit den Architekten → Kramer und → van der Mey. De K. war der profilierteste und begabteste Architekt der ›Amsterdamse School‹. 1913 bis 1916 war er am Bau des von van der Mey entworfenen ›Scheepvaarthuis‹ (Schiffahrtsgebäude) in Amsterdam – einem Höhepunkt der Amsterdamer Schule – beteiligt (Abb. → Expressionismus). Seine drei Wohnblöcke am Spaardammerplantsoen in Amsterdam (1913-20), zwei davon für die Wohnungsbaugenossenschaft ›Eigen Haard‹, zählen zum Exemplarischsten, was die Amsterdamer Schule hervorgebracht hat (Abb. → Niederlande). Die Aufmerksamkeit gilt ganz der Gestaltung des öffentlichen Raumes: mit expressiven Giebeln, Plätzen und Innenhöfen. In der Gliederung von Flächen und Massen zeigt sich seine kompositorische Begabung. Seine interessanteste Arbeit, eine Wohnanlage für die Wohnungsbaugenossenschaft

Wohnhaus Spaarndammerplantsoen, Amsterdam, von de → Klerk, 1913-15.

›De Dageraad‹ in Amsterdam-Zuid, entwarf er zusammen mit Kramer (Abb. → Piet Kramer). De K. entwarf aus einem ähnlichen expressiven Formempfinden heraus auch Möbel und war als graphischer Gestalter (u. a. Entwurf von Schrifttypen) tätig. Sein frühzeitiger Tod 1923 bedeutete gleichzeitig das Ende der Amsterdamer Schule. M.D.

Lit.: De Wit u.a. '75; Fanelli '78; Casciato '87.

Kohn Pedersen Fox Ass. Architekturbüro, 1976 in New York von A. E. Kohn (geb. 1930), W. Pedersen (geb. 1938) und S. Fox (geb. 1930) gegründet. Bereits in den Anfängen ihrer Zusammenarbeit gelang mit einigen aufsehenerregenden Bauten (u. a. 333 Wacker Drive, Chicago 1979-83) der Durchbruch. In dichter Folge entstanden zahlreiche Entwürfe und Bauten, die das Architekturbüro KPF zu einem der kreativsten und produktivsten im Bereich des → Hochhausbaus profilierten. Der großen Zahl an Projekten entspricht eine ebenso breite Vielfalt der architektonischen Sprache. Charakteristisch sind für die erste Phase das Eight Penn Center, Philadelphia (1979-81), und das 333 Wacker Drive, Chicago (1979-83), Bauten mit einer klaren Linienführung, die ein sensibles Formgefühl unter Einbeziehung vorhandener, städtebaulicher Merkmale belegen. Gleichzeitig macht sich der Rekurs auf historisierende Kompositionsweisen bemerkbar (One Logan Square, Philadelphia, 1979-93; Procter and Gamble, Cincinnati, 1982-85). Ab Mitte der 80er Jahre werden diese Stilkriterien parallel verfolgt, jedoch mit einer deutlichen Tendenz zu einer bereinigten Formensprache (Westendstr. 1, Frankfurt a. M., 1990-93); Rockefeller Plaza West (Entwurf), New York, 1989). L.S.

Lit.: Kohn – P.-F. '89.

333 Wacker Drive, Chicago, von → Kohn Pedersen Fox Ass., 1979-83.

Kolumbien. Iglesia de San Ignacio, Bogotá, von Juan Bautista Coluccini, 1609-35.

Kolumbien. Das Land zeichnet sich durch die Vielfalt seiner selbständigen Regionen aus. Schon in der Kolonialzeit verteilten sich die Bauaktivitäten auf mehrere Städte: In Bogotá entstanden u. a. die Iglesia de San Francisco und die Iglesia de San Ignacio. Von der Kathedrale von Tunja befindet sich das Hauptportal noch im Originalzustand. Die Kirche Santa Bárbara in Mompox ist ein Beispiel volkstümlicher Architektur. Besonders eindrucksvoll sind die in Cartagena errichteten Festungen. Zu den aufwendigen Wohnbauten der Kolonialzeit zählten städtische → Patiohäuser, wie die Casa del Marqués de San Jorge in Bogotá, die Casa de la Marisancena in Cartago, die Casa del Marqués de Valdehoyos in Cartagena, sowie Landhäuser und Haciendas. In den Jahrzehnten um 1800 waren akademisch gebildete Architekten tätig. Zu den Werken von Antonio

Kolumbien. Observatorio Astronómico, Bogotá, von Domingo de Petrés, 1802-03.

Kolumbien. Gobernación, Medellín, von Agustín Goovaerts, 1925-28.

García zählt die Kirche San Francisco in Popayán (1775-95). Besonders der Kapuzinerpater Domingo de Petrés galt wegen seiner klassizistischen Formsprache als Erneuerer. Von ihm stammen das Observatorio Astronómico (1802-03) und die Kathedrale von Bogotá (1807-23).

Der Ausrufung der Unabhängigkeit 1810, ihrer Besiegelung 1819 und einigen Wirren folgte 1830 die Gründung der República de Colombia. Die Stabilisierung der Lage gegen Mitte des 19. Jhs. gab Gelegenheit zur Realisierung erster staatlicher Repräsentationsbauten in Bogotá. Nach Entwürfen von Thomas Reed (1846) entstand das Capitolio Nacional, ein klassizistischer Monumentalbau, der als Sitz des Kongresses und Präsidentenpalast diente (1881-1926). Zu den weiteren Arbeiten Reeds gehört das panoptikumartige → Gefängnis.

Im Zuge des Kaffee-Exportbooms entstanden im frühen 20. Jh. zahlreiche Bauten, die – mit einer gewissen Verzögerung – die europäischen Strömungen widerspiegelten. So wurden 1910 für die Ausstellung zur Jahrhundertfeier der Unabhängigkeit der Pabellón de Bellas Artes und Pabellón Egipcio (von Arturo Jaramillo, Carlos Camargo) sowie der Pabellón de la Industria (von Mariano Santamaría) errichtet. Die Konsolidierung des Staates drückte sich in neubarocken Verwaltungsbauten aus, wie der Gobernación de Cundinamarca in Bogotá von 1918-33 (von Gastón Lelarge, Arturo Jaramillo) und dem Palacio Nacional de Justicia in Cali von 1926 (von Joseph Martens), aber auch in neugotischen Gebäuden wie der Gobernación in Medellín von 1925-28 (von Agustín Goovaerts). Auch wurden die Städte mit modernen Markthallen, → Bahnhöfen, Schulen, → Hotels und Banken ausgestattet. An Kirchen entstanden in Cali die neugotische La Ermita, in Bogotá die neuromanische Iglesia de Las Nieves (von Arturo Jaramillo) und in Narija die

Kolumbien. Casa del Marqués de San Jorge, Bogotá, 18. Jh.

eindrucksvoll in eine Schlucht plazierte neugotische Iglesia Nuestra Señora de las Lajas von 1915-52 (von Gualberto Pérez).

Der Ausbau des Architektenberufes wurde durch die Gründung der Sociedad Colombiana de Arquitectos (1934) und einer Architekturschule in Bogotá (1936) vorangebracht. In der Architektur dominierten in den 30er Jahren weiterhin historische Formensprachen europäischer Herkunft. Neu waren erste Bauten im Sinne der Moderne und nationaler Tendenzen. Die letzteren versuchten präkolumbianische und spanisch-koloniale Motive einzusetzen. Sie fanden keine so große Verbreitung wie in den Ländern mit einem reicheren historischen Erbe. Die Moderne war zunächst nur ein zusätzlicher Stil. Impulse zu ihrer Verbreitung gingen von Leopoldo Rother und Bruno Violi aus, die gemeinsam die Facultad de Ingeniería in Bogotá planten (1940 bis 45). Weitere frühe Realisationen waren ein Appartementhaus in Bogotá von 1939 (von Julio Casanovas, Nel Rodríguez), das skyscraperartig zurückgestaffelte achtgeschossige Edificio García in Barranquilla von 1939 (von Manuel Carrera) und die im traditionellen → Backsteinbau ausgeführte Siedlung Cité Restrepo in Bogotá von 1940 (von Julio Casanovas, Gabriel Serrano).

Kolumbien. Iglesia Nuestra Señora de las Lajas, Narija, von Gualberto Pérez, 1915-52.

Kolumbien. Baseball-Stadion, Cartagena, von Gabriel Solano, Alvaro Ortega u. a., 1947.

In den 40er Jahren entstanden in Cali das Edificio Bolívar (von Gerardo Posada), in Manizales die Escuela de Bellas Artes (von José María Gómez Mejía) und in Bogotá das Edificio Colseguros (von Trujillo Gómez, Martínez Cárdenas y Uribe, García Alvarez). Das im Schnitt hufeisenförmige Tragwerk der Tribünenüberdachung des Baseball-Stadions in Cartagena (1947) beeindruckt durch seine prägnante Lösung (von Solano-Ortega-Gaitán-Santacruz-Burbano; Ing. Guillermo González Zuleta). Zu den großen Siedlungen zählt das Centro Urbano Nariño in Bogotá von 1949-53 (von R. Esguerra, N. Gutiérrez, J. Meléndez).

Die Moderne setzte sich nach dem Zweiten Weltkrieg endgültig durch und wurde zu einem Symbol des Fortschritts. Als nach den bürgerkriegsähnlichen Auseinandersetzungen von 1948 Teile der Innenstadt von Bogotá zerstört waren, beauftragte man → Le Corbusier 1949 mit einer Neuplanung. Diese wurde 1951 fertiggestellt, kam aber nicht zur Anwendung. Das Wirken des Meisters förderte dennoch die Institutionalisierung der Stadtplanung. Ansonsten bezog sich sein Einfluß eher auf formale Aspekte der Architektur.

Trotz des Burgfriedens und der Aufteilung der Macht zwischen Liberalen und Konservativen kam das Land in den 60er und 70er Jahren nicht zur Ruhe und erlebte einen lang anhaltenden Guerrillakrieg. Dennoch setzte sich die in den 40er Jahren begonnene positive Entwicklung der Architektur bis in die Gegenwart fort. Die ungelösten sozialen

Probleme äußerten sich in den Städten durch die Wohnungsnot. Als Reaktion darauf entstanden große staatlich geförderte Siedlungen wie der Barrio Ciudad Kennedy in Bogotá (1977).

Bürohochhäuser waren und sind beliebte Statussymbole der großen Unternehmen. Die architektonisch besten Beispiele sind die Hochhäuser Ecopetrol in Bogotá von 1957 (von Cuéllar, Serrano, Gómez), Coltejer in Medellín von 1968 (von Esguerra Sáenz, Urdaneta, Samper), Avianca von 1966-69 (von Esguerra Sáenz, Urdaneta, Samper und Ricaurte, Carrizosa, Prieto) und Conjunto Bavaria von 1963 (von Obregón y Valenzuela), beide in Bogotá. Zu den aufwendigen Konstruktionen zählen die Stahlbetonschalen des Flughafens Olaya Herrera in Medellín (von Elías Zapata Sierra) und die Rahmenkonstruktion der Hallen des Terminal Terrestre in Cali (von Francisco Zornosa, Pablo Marulanda).

Einen Höhepunkt der Architektur – insbesondere des traditionellen Backsteinbaus –, stellt das Werk von Rogelio Salmona dar. Sein bekanntester Bau ist die Wohnanlage Torres del Parque in Bogotá (1965-72). Sie besteht aus drei in unmittelbarer Nähe einer Stierkampfarena angeordneten Hochhäusern. In Anlehnung an → Scharouns Stuttgarter Anlage ›Romeo und Julia‹ entstanden zwei niedrigere, im Grundriß kreissegmentförmige ›weibliche‹ Körper und ein höheres, turmartiges Punkthochhaus. Dieses Projekt kann man als einen gelungenen Versuch der Integration lokaler Traditionen und der internationalen Moderne betrachten. Damit repräsentiert es ein wichtiges Anliegen der Architekten in K. überhaupt. Von Salmona stammt auch das Hochhaus der Sociedad Colombiana de Arquitectos von 1972 in Bogotá.   M.C.

Lit.: Arango, J./Martínez '51, '85; Coronel u.a. '75; Fonseca/Saldarriaga '77; Salcedo '81.

Kolumbien. Torres del Parque, Bogotá, von Rogelio Salmona, 1969.

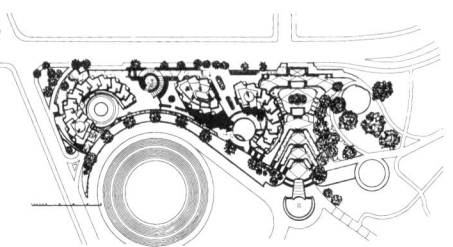

Kolumbien. Torres del Parque, Bogotá, von Rogelio Salmona, 1969. Grundriß der Wohnanlage.

Kommunehaus. Bautyp der → sowjetischen Architektur für die kollektive, sozialistische Lebensweise. Die ersten Kommunen entstanden nach der Enteignung des privaten Hausbesitzes in den großbürgerlichen Wohnhäusern der Städte durch die Wohnraumnutzung durch mehrere Familien. Auf dem 8. Parteitag der KP Rußlands 1919 wurde zur Durchsetzung der Gleichberechtigung der Frauen die Einrichtung von Kommunehäusern, Speisehäusern, Zentralwäschereien und Kinderkrippen propagiert, um die Lasten der Hauswirtschaft zu verringern. Gleichzeitig wurde damit die Forderung nach der Umgestaltung der Familie verbunden, die man als Keimzelle von Ausbeutung und Unterdrückung kritisierte (F. Engels, ›Der Ursprung der Familie‹, 1884). Seit 1920 bemühte man sich in Wettbewerben um die Klärung der Organisation und architektonischen Gestaltung der neuen Bauaufgabe. Um 1925 entstanden erste Neubauten von Wohnungs- und

Kolumbien. Appartementhaus, Bogotá, von Julio Casanovas und Nel Rodríguez, 1939.

→ Baugenossenschaften mit gemeinschaftlichen Einrichtungen. 1926-30 entwickelten die → konstruktivistischen Architekten verschiedene Experimentaltypen, die neben hotelähnlichen Kollektiveinrichtungen mit Kleinwohnungen auch Wohnformen für die Vergesellschaftung der gesamten Lebensweise vorsahen (zum Teil verwirklicht in Moskau, Swerdlowsk, Saratow, Kiew, Charkow). Die Anlagen bestanden meist aus Wohnhaus, Versorgungstrakt, Speisesaal und Kleinkindertrakt. Dazu traten Schule, Altersheim, Sport- und Grünanlagen sowie kulturelle Einrichtungen (Arbeiterklub, Bibliothek). Während in den sog. Übergangstypen noch Kleinwohnungen für Familien und Paare vorgesehen waren, sollten in den Kommunehäusern nach Geschlecht und Alter getrennte Schlaftrakte die Auflösung der traditionellen Familie und Ehebeziehung manifestieren. Finanzielle und technische Probleme sowie psychologische Widerstände führten nach 1930 zur Abkehr vom K. In den Mittelpunkt traten nun Fragen des typisierten Massenwohnungsbaus und der Wohnviertel mit

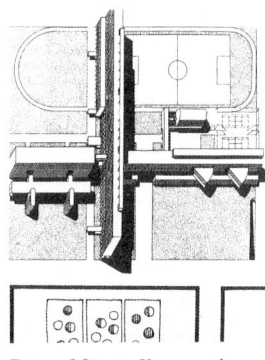

Entwurf für ein Kommunehaus, von Michail Barstsch und Wjatscheslaw Wladimirow, 1929.

Kommunehaus. Studentenwohnheim, Moskau, von Iwan Nikolajew, 1929-30.

Dienstleistungsbetrieben, um die intensive Einbindung der Frauen in den Produktionsprozeß zu ermöglichen. Vorbilder für das K. sind die Projekte der Utopischen Sozialisten (Charles Fourier, Phalanstère, um 1825; Robert Owen, New Harmony, 1824; vgl. → Utopische Architektur), aber auch die amerikanischen Apartement-Häuser und die Einküchenhäuser. Die Diskussion um die Kommunehäuser wirkte auf die Wohnprojekte der → funktionalistischen Moderne (→ Gropius, Stadt im Grünen, 1929/30; Le Corbusier, Unité d'habitation, 1945-52; Abb. → Le Corbusier), auch die israelischen Kibbuzim sind von ihnen beeinflußt. Vgl. → Rußland, → Neues Wohnen, → Wohnbau. R.S.

Lit.: Kopp '67; Chan-Magomedow '83; Kreis '85.

Krahn, Johannes (1908-1974). Nach dem Studium in Offenbach und Köln war K. Meisterschüler von D. → Böhm und → Schwarz. Seine Ausbildung bei zwei der führenden Architekten des kath. Kirchenbaus in Deutschland markierte früh einen Schwerpunkt seiner weiteren Arbeit: Angefangen mit der Fronleichnamskirche in Aachen (1929-30), an deren Bau er als Mitarbeiter von Schwarz beteiligt war, entwarf und realisierte K. vor allem nach 1945 eine Reihe von Kirchenbauten, die in ähnlicher Weise wie die seines wenig älteren Kollegen → Steffann dem modernen Kirchenbau der Nachkriegszeit wichtige Anregungen gaben. Die 1956-57 entstandene Pfarrkirche St. Wendel in Frankfurt weist die für K. charakteristische Kombination von Bruchstein, Beton und Glas auf, die in ein spannungsvolles Verhältnis von materialer Schwere und lichtvoller Transparenz gesetzt werden. K.s mode-

Pfarrkirche St. Wendel, Frankfurt a. M., von → Krahn, 1956-57.

rate, auf die wechselseitige Erhellung und Synthese moderner und traditioneller Bauformen abzielende Haltung wird auch in seinen profanen Bauten sichtbar. In Frankfurt war er maßgeblich an dem von Schwarz geleiteten Wiederaufbau der Paulskirche (1946) beteiligt. 1950-66 Wiederaufbau und Anbauten des kriegszerstörten Städelschen Kunstinstituts. 1953-55 Wiederaufbau der Städelschule, an der er 1954 eine Professur erhielt und deren Leitung er 1965 übernahm. In den gleichen Jahren entstand eines der ersten Frankfurter Hochhäuser, das Hochhaus ›Bienenkorb‹ an der Konstabler Wache (1954/55). A. Gl.

Lit.: Klotz '89; Dannien-Maassen '91.

Kramer, Ferdinand (1898-1985). Architekt und Designer. Studium in München bei Th. → Fischer, 1919 kurzer Aufenthalt am → Bauhaus in Weimar. 1925-30 einer der wichtigsten Mitarbeiter E. → Mays für den Bereich Typisierung und Normierung im Hochbau des ›Neuen Frankfurt‹. Dort Entwicklung ebenso einfacher wie gebrauchstüchtiger Möbel, Beleuchtungskörper und Beschläge für die Großserienherstellung. 1925-26 Entwicklung des ›Kramerofens‹. 1928-30 Entwurf und Bau eines Altersheims in Frankfurt gemeinsam mit → Stam und → Moser, ein Prototyp kollektiven Wohnens. 1929 → Laubenganghäuser (mit Abb.) in der Siedlung Westhausen (Frankfurt a. M.) gemeinsam mit Eugen Blanck (Abb. → Zeilenbau). 1933 Austritt aus dem → Deutschen Werkbund, 1937 Berufsverbot, 1938 Emigration in die USA. Dort Planungsauftrag für zwei Siedlungen des Institute for Social Research. 1943 Gründung eines eigenen Büros gemeinsam mit Fred Gerstel und Paul M. Mazur in

Wohnhäuser in der Siedlung Westhausen, Frankfurt a. M., von Ferdinand → Kramer, 1929.

New York. Entwurf eines Programmes zerlegbarer Möbel. 1952 folgt K. dem Ruf als Universitätsbaudirektor nach Frankfurt a. M. Bis 1964 intensive Planungs- und Realisierungstätigkeit. Unter seiner Leitung entstehen Institutsgebäude verschiedener Fachbereiche, Studentenwohnheime, Mensa und Stadt- und Hochschulbibliothek, alle in einer rein funktionalen, materialbetonten Grundhaltung, die, seinerzeit in der jungen Bundesrepublik unüblich, die Wurzeln der klassischen Moderne nicht verleugnet. C.M.

Lit.: Ausst. Kat. Bauhaus-Archiv Berlin '82; Ausst. Kat. Mus. f. Gestaltung, Zürich '91; Lichtenstein '91.

Kramer, Piet (Pieter Lodewijk) (1881-1961). Ebenso wie → de Klerk war auch K. Autodidakt. 1903-11 im Büro von Eduard Cuypers, wo er de Klerk und → van der Mey kennenlernte. Zusammen mit de Klerk war er an van der Meys ›Scheepvaarthuis‹ in Amsterdam beteiligt (Abb. → Expressionismus). 1917-52 als Architekt im öffentlichen Dienst tätig. 1917-28 zahlreiche Brücken mit plastischer Gestal-

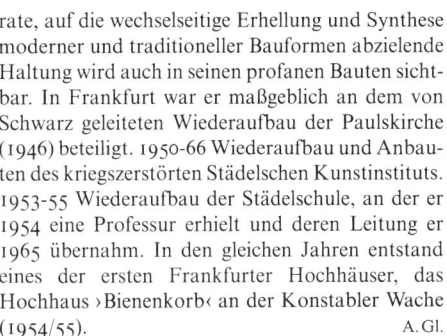

tung aus Backstein, Naturstein oder Schmiedeeisen. Diese öffentlichen Bauten trugen wesentlich zur Verbreitung der gestalterischen Prinzipien der ›Amsterdamse School‹ bei. Im Wohnungsbaubereich war sein eindrucksvollster Beitrag zur Amsterdamer Schule die zusammen mit de Klerk entworfene Wohnanlage ›De Dageraad‹ in Amsterdam (1920 bis 1922). Sein größtes realisiertes Projekt und ein Höhepunkt seines Schaffens war das Gebäude des Kaufhauses ›De Bijenkorf‹ in Den Haag (1924-26). K. entwarf ebenso wie de Klerk – allerdings mit größerer Kunstfertigkeit – auch Inneneinrichtungen, Möbel und Gebrauchsgegenstände. → Niederlande. M.D.

Lit.: De Wit u.a. '75; Famelli '78; Casciato '87.

Wohnanlage ›De Dageraad‹, Amsterdam, von Piet → Kramer und de → Klerk, 1920-22.

Krejcar, Jaromir (1895-1949). Führende Persönlichkeit der Prager Avantgarde der Zwischenkriegszeit. 1918-21 Studium an der Akademie der bildenden Künste in Prag bei → Kotěra. 1921-23 Mitarbeit im Büro Josef Gočárs. 1923-33 Architekt in Prag, 1930-49 tschech. Delegierter der → CIAM. 1934-35 Aufenthalt in der UdSSR, Mitarbeit bei Ginzburg. 1945-48 Prof. an der TU Brünn. 1948-49 Flucht nach London, Prof. an der → Architectural Association. Als Mitglied der Devětsil-Gruppe orientierte er die tschech. Architektur in Richtung auf den russischen → Konstruktivismus und → Le Corbusier, dessen Manifeste er im Almanach ŽIVOT 1922 veröffentlichte. In seinem Werk verbindet er konstruktive Erfindungskraft mit dem Sinn für Funktion und Poesie des maschinistischen Zeitalters. Bauten: Villa des Literaten Vladislav Vančura, Prag (1922), Olympic, Prag (1923-26), Verein der Privatangestellten, Prag (1927-30), Sanatorium Machnáč, Trenčianske Teplice (1930-32), Tschechoslowakischer Pavillon auf der Weltausstellung Paris 1937.
Lit.: Teige '33. V.Š.

Kubistische Architektur. Zu den Gründungsmitgliedern der 1911 in Prag entstandenen kubistischen ›Gruppe bildender Künstler‹ gehörten überraschenderweise auch Architekten, die den Entwurf einer Architektur nach dem Vorbild der Malerei Braques und Picassos zu realisieren beabsichtigten: ein ungewöhnliches, nirgendwo anders wiederholtes Experiment, das aufgrund besonderer architekturgeschichtlicher Voraussetzungen in Böhmen gelingen konnte. Die einheimische Bautradition bot Lösungen an, die eine Übertragung der Verfahrensweisen des analytischen Kubismus auf die Architek-

tur erleichterte: Die komplexen spätgotischen Netzgewölbe des Wladislaw-Saals auf der Prager Burg oder der St.-Barbara-Kirche in Kuttenberg (Abb. → Tschechoslowakei), die den Raum in einander überlappende Schichten differenzieren, waren begreifbar als morphologische Entsprechungen zu der sich im Kubismus in der Fläche ereignenden Segmentierung und Geometrisierung des Gegenstands. Bei den 1911-12 entstandenen Inkunabeln der K.A., → Gočárs Haus ›Zur schwarzen Mutter Gottes‹ in der Prager Altstadt und sein Kurhaus in Bohdaneč, verbindet sich ein rhythmisches Element (die wiederholte winklige Fensterform) mit den dynamischen Vor- und Rücksprüngen in der Horizontalen und Vertikalen zu einer von Licht und Schatten modellierten Fassadengestaltung, die – analog zur Vorgehensweise der kubistischen Malerei – die strukturierenden Komponenten betont. Beim Entwurf eines Eckhauses (Prag, 1913) näherte sich → Chochol noch konsequenter der Malerei an: Die Raumillusion des Bildes wird übersetzt in ein architektonisches Relief. Die Vorliebe für prismatische

Kubistische Architektur. Haus ›Zur schwarzen Mutter Gottes‹, Prag, von → Gočár, 1911-12.

Kubistische Architektur. Eckhaus in der Neklanova Straße, Prag, von → Chochol, 1913.

Formen, die die K.A. mit der Architektur des → Expressionismus teilt, kommt auch in kubistischen Möbeln und Design, entworfen von Gočár, O. Gutfreund, V. Hofmann u.a., zum Vorschein. Die K.A. ist eine Episode geblieben, nicht zuletzt infolge des Ersten Weltkriegs, doch ihre Botschaft, daß nicht Zweckmäßigkeit, sondern der Abstraktionsgrad der plastischen Gestalt entscheidend sei, wurde vom → Internationalen Stil verstanden.

Lit.: Svestka/Vicek '91; Vegesack '91. H.Sch.

Kulla (Albanischer Turm). Ein festungsartiger Wohnbau in Nordalbanien, entstanden in den unsicheren Zeiten der Osmanenherrschaft und der Blutfehde. Auf rechteckigem Grundriß erhebt sich ein drei bis viergeschossiger Block mit fensterlosen dikken Mauern. Er ist so plaziert, daß das Gelände gut überblickt werden kann. Baudekoration fehlt fast völlig; die oberen Stockwerke haben Schießscharten. → Albanien. G.F.

Sanatorium Machnáč, Trenčianske Teplice, von → Krejcar, 1930-32.

Kulla-Wohnhaus, Nord-Albanien.

›Kunst am Bau‹. Die in einer direkten Beziehung zur Architektur stehenden, aber nicht unmittelbar von ihr veranlaßten Werke bildender Kunst. Wegen der in der Vergangenheit häufig applikativen Verwendung wird heute eher eine ›Kunst im öffentlichen Raum‹ (public art) gefordert, die nicht auf einen einzelnen Bau, sondern auf eine zumeist urbane Raumsituation reagiert. Als eigentliches Phänomen definiert sich ›Kunst am Bau‹ erst im Zusammenhang mit dem Autonomieanspruch der bildenden Kunst und einer funktionalen, ornamentfreien Architekturauffassung der Moderne.

Im Verlauf der Architekturgeschichte bestand bis zum Beginn des 19. Jhs. überwiegend eine Einheit aus Baukörper und zwei- oder dreidimensionalen Bildprogrammen. Neben der Freiskulptur und dem mobilen Tafelbild trug vor allem die von der Bauaufgabe entfremdete Bauplastik des Historismus zu einer inhaltlichen Trennung von Architekturkörper und Bildkunst bei. Zahlreiche Architekten der frühen Moderne suchten zunächst in Berufung auf → Sempers Konzeption des Gesamtkunstwerkes alle Künste wieder zu einer großen Gesamtwirkung zusammenzuführen, die nun in der leitenden Idee gesellschaftlicher Kontextualisierung gesehen werden sollte. Neben dem → Dt. Werkbund waren auch das → Bauhaus und die russische Avantgarde (u.a. die Gesellschaft SCHIW-SKULPTARCH, 1919-20) um eine solche Synthese von Architektur und bildender Kunst bemüht, wobei Farbe und Licht, Raum-Zeit-Plastiken oder die Einbeziehung typographischer Elemente eine besondere Bedeutung erhielten. Daneben traten vereinzelt skulptural aufgefaßte Bauten in Erscheinung: z. B. Mendelsohns Einsteinturm in Potsdam (1919-20, Abb. → Mendelsohn), Le Corbusiers Wallfahrtskirche in Ronchamp (1950-54, Abb. → Le Corbusier). Jedoch blieben diese Ansätze weitgehend ohne Nachfolge, vielmehr führte die Gesamtentwicklung des ›Neuen Bauens‹ zunehmend zu einem weiteren Verlust der Einheit von Architektur und bildender Kunst. Entscheidend war dabei der spätestens nach dem Ersten Weltkrieg vollzogene Paradigmenwechsel von ›Architektur und Kunst‹ zu ›Architektur und Technik‹.

Relevanz behielt jedoch wesensgemäß die Großplastik, die sich auch als Avantgardebeitrag der Musealisierung der bildkünstlerischen Moderne entzog und bis heute häufig das Ziel eines den Werken gegenüber kenntnis- und verständnislosen Ikonoklasmus geblieben ist.

Staatliche Programme zur ›Kunst am Bau‹ in Europa und Nordamerika hatten vornehmlich sozialpolitische Beweggründe zur Beschäftigung bildender Künstler. In Deutschland erste Regelung dieser Art in Preußen, 1928. Auch der Nationalsozialismus deklarierte seine Kunst-am-Bau-Regelung von

Kunst am Bau. Skulptur ›Hammering Man‹ von Jonathan Borofsky vor dem Messeturm Frankfurt a. M., 1991 (→ Murphy & Jahn).

Kunst am Bau. Richard Serras ›Tilted Arc‹, Federal Plaza, New York, 1981 (1989 zerstört).

1934 zunächst als Sozialprogramm, instrumentalisierte seine Förderung jedoch für eine vor allem ›völkische‹ und ›heldische‹ Propagandakunst und gegen die Sachlichkeit des → Internationalen Stils. In den USA entstanden staatliche Initiativen während des New Deal: 1934-43 Programm des Finanzministeriums, das bereits obligatorisch 1 % der Bausumme bei öffentlichen Gebäuden für künstlerische Gestaltungen vorsah; 1935-43 ›Federal Art Project‹ der Arbeitsbeschaffungsbehörde (WPA), das gleichzeitig bis zu 5000 Künstler beschäftigte.

Nicht nur auf die USA, sondern auf den gesamten amerikanischen Kontinent und auf den nichteuropäischen Teil der übrigen Welt nahm dabei seit 1922 die nachrevolutionäre Mexikanische Schule der Wandmalerei (Orozco, Rivera, Siqueiros) bedeutsamen Einfluß. Das politisch oder gesellschaftlich motivierte Wandbild fand als Fassadenmalerei in den sozialistischen Ländern und weltweit in den 70er Jahren weite Verbreitung. (Als anonymes Graffiti zielt es auch gegen die Monotonie industriellen Bauens.)

Nach dem Zweiten Weltkrieg entstanden in Europa und Nordamerika wiederum institutionalisierte Kunst-am-Bau-Programme, die die Intentionen und Modelle der Vorkriegszeit aufgriffen und die zumeist einen gewissen Prozentsatz der Baukosten für Werke bildender Künstler vorsahen: das Regierungsprogramm ›Art in Architecture‹ seit 1963, ›National Endowment for the Arts‹ (NEA) seit 1965, kommunale ›one percent for art‹-Programme seit 1959 in den USA; das Programm ›Le un pour cent‹, verwaltet durch die Délégation aux Arts Plastiques, für alle öffentlichen Bauten in Frankreich, das British Arts Council und das Institute of Contemporary Arts (I. C. A.) in Großbritannien; verschiedene Landes- und Kommunalregelungen zur ›Kunst am Bau‹ seit Beginn der 50er Jahre in der Bundesrepublik Deutschland. Ähnliche Regelungen gelten auch in zahlreichen Ländern Osteuropas. Neben dem Sozialanliegen für bildende Künstler sollten diese Programme häufig auch den Mangel an ästhetisch befriedigender Baugestaltung kaschieren, der im Rahmen des europäischen Wiederaufbaus und eines simplifizierten Funktionalismus unübersehbar wurde. Daß dies meist nur mit wenig Erfolg gelang und die Vorhaben häufig umstritten blieben, ist auf die Vergabe- und politischen Legitimationsprobleme ebenso zurückzuführen wie auf den Grundwiderspruch zwischen einer funktionalen Architekturauffassung und einer funktionslosen, nur und gerade auf ihre Eigengesetzlichkeit verweisenden Kunstproduktion.

Gegen Ende der 50er Jahre setzte sich in den westlichen Ländern die Auffassung einer zum Bau antipodisch angelegten Kunst durch, die ein dialektisches Gegengewicht zur Architektur schaffen

Kunst am Bau. Maschinen-Figuren vor der Universität Erlangen, von Joachim Bandau, 1975.

Nachträge

wollte, häufig jedoch auch zu einer weitgehenden Beliebigkeit und zu einer fehlenden Reflexion des räumlichen Umfeldes führte.

Wesentliche Erneuerungen erfuhr die Kunst am Bau seit den 60er und 70er Jahren vor allem durch amerikanische Einflüsse der Pop Art, Land Art, Minimal Art und Concept Art (u.a. Serra, Oldenburg, Judd, De Maria, Nauman), die den Begriff der Skulptur schon im Ansatz aus dem öffentlichen Raum ableiteten und zu einer umfassenderen Beziehung von Bau- und Kunstwerk geführt haben (Serra, ›Tilted Arc‹, Federal Plaza, New York, 1981, 1989 zerstört). Dabei entstanden zunehmend auch mediale oder aktionistische Kunstäußerungen. In der jüngsten Zeit zeigt sich eine Tendenz, öffentliche Kunst unter Teilaufgabe des Autonomieanspruchs wieder in eine Nützlichkeit zu stellen: sei es als Aufgreifen architektonischer oder urbaner Zweckstrukturen, sei es als Übernahme einer Funktion (etwa in der Evokation zwischenmenschlicher Kommunikation) oder in der Akzeptanz eines Zeichencharakters.

Auch eine integrale Zusammenarbeit von Architekt und Künstler, ein altes Ideal aller Kunst-am-Bau-Programme, erhält seit der Diskussion um die Postmoderne und dem Aufbrechen einer kanonischen Architekturpraxis neue Chancen (etwa bei → Venturi & Partners im Guild House, Philadelphia, 1960-63, oder im BASCO-Showroom, Bristol Township, Pennsylvania 1979; bei den Bauten der Gruppe → SITE – Sculpture in the Environment –, USA, in den 70er Jahren; im Binoculars Building von → Gehry und Oldenburg/van Bruggen, Venice, Kalifornien, 1990), blieb aber bis heute eher die Ausnahme.   K.K.

Lit.: Herlyn/Manske/Weisser '76; Kardon/Alloway '80; Ammann '84; Mai/Schmirber '89; Grasskamp '89; Plagemann '89.

dem der maßgebliche Einfluß des benachbarten Kashmir deutlich wird. Die in L. verwendeten architektonischen Dekorformen aus Holz (→ Holzbauweise), wie → Kapitelle, kannelierte → Säulen, Giebel mit eingefügtem Dreipaß, wurden aus der Steinarchitektur Kashmirs übernommen, die wiederum noch Motive der → hellenistisch beeinflußten Gandhara-Kunst tradierte.

In Alchi, am linken Indusufer, hat sich der eingegrenzte Klosterbezirk (Chökhor) aus dem 11. bis 12. Jh. erhalten. Die Anlage wurde durch → Chörten betreten, deren Unterbau als Durchgang diente. Der größte dieser Durchgangs-Chörten (vgl. → Tibet) hat eine fünffache Bekrönung mit einem hohen Mittel-Chörten, innen mit einer kuppelartigen Laternendecke, die noch die originalen Malereien der Gründungszeit trägt. Zum Kloster gehören fünf in einer Reihe hintereinander liegende Tempel. Die

Ladakh. Kloster Alchi, Detail der Eingangsfront des Sumtsek, 11.-12. Jh.

Ladakh. Kloster Alchi, 11.-12. Jh.

Kongregationshalle (Dukhang) und besonders der Sumtsek, ›Drei Stockwerke‹-Tempel, aus der Gründungszeit sind Juwelen buddhistischer Kunst. Das quadratische 5,4 mal 5,8 Meter große Innere des Sumtsek ist an drei Seiten durch Nischen erweitert, in denen bis zu 5 Meter hohe Kolossalfiguren aus Stuck stehen. Um den quadratischen Mittelschacht mit einem Chörten stehen vier Holzsäulen, die Galerie des zweiten Geschosses und das Dach des dritten Geschosses tragen. Die Malereien im Sumtsek wurden von kashmirischen Hofkünstlern ausgeführt, nach jüngster Forschung um 1200. Das Schnitzwerk der Eingangshalle ist exemplarisch für den kashmirisch beeinflußten Baudekor der Zeit.

L

Ladakh (tib. La-dvags). Das ›Hohe Pässe-Land‹ am oberen Indus zwischen Himalaya und Karakorum (indischer Bundesstaat Jammu und Kashmir) bildet eine kulturelle Enklave → Tibets. Die tibetisch geprägte Kultur von L. beginnt im 10. und 11. Jh. mit der Annahme des Buddhismus unter dem Einfluß des west-tibetischen Königreichs Guge, das die ›zweite Missionierung‹ des Buddhismus in ganz Tibet förderte. Damit wurde eine erneute Verbindung zwischen Tibet und → Indien hergestellt. L. diente dabei als Kulturbrücke.

Die Architektur L.s ist Teil der tibetischen Entwicklung mit der Besonderheit eines gut erhaltenen Denkmälerbestandes aus dem 11. und 12. Jh., in

Ladakh. Königspalast, Leh, 1. H. 17. Jh.

Eine mit Alchi vergleichbare, um 1000 gegründete Klosteranlage ist in Tabo in Spiti erhalten (ind. Bundesstaat Himachal Pradesh). Die Tempel sind so ausgerichtet, daß die Strahlen der aufgehenden Sonne auf das Hauptkultbild fallen. Die dreischiffige ›Große Tempelhalle‹ (Tsuglagkhang) mit einer umwandelbaren Cella vorne dient als Kongregationshalle (Dukhang) und hat noch die unter kashmirischem Einfluß entstandenen Plastiken und Malereien aus der Gründerzeit. Der gesamte etwa 22

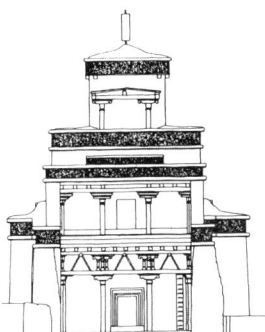

Ladakh. Kloster Alchi, Sumtsek, 12. Jh. Aufriß der Fassade.

Außenministerium Riyadt, von → Larsen, 1979-83.

Laubenganghaus Dessau-Törten, von Hannes → Meyer u. a., 1929-30.

mal 12 Meter große Innenraum mit der Anordnung seiner Figuren und Malereien ist als Mandala konzipiert, als mystisches Diagramm. Alchi wie Tabo zeigen heute noch die ursprüngliche Einheit von Architektur, Malerei und Plastik als umfassende ikonographische Gestaltung eines komplexen Sinnbilds.

Die zweite Periode der Architektur von L. begann um 1300, als der Kontakt zu Kashmir durch die islamische Eroberung Indiens abbrach. L. wurde von einem Durchgangsland zu einem Randgebiet Zentral-Tibets, ohne dessen Weg zur Theokratie einzuschlagen. Die neuen Klöster wurden Verwaltungsmittelpunkte mit einer Vielzahl von Funktionen. In der Regel wurden sie als langgestreckte, mehrgeschossige Blockbauten in Ost-West-Richtung errichtet, die Hauptfassade und die Öffnungen nach Süden zum Tal, die Rückseite zum Berg und nach Norden. Diesen beherrschenden, aus Zentral-Tibet übernommenen Bautyp (Dzong, → Tibet) zeigen u. a. das um 1600 gegründete Kloster Hemis, das eine religiöse Vormachtstellung in L. einnahm, und das im 16. Jh. gegründete Phiyang-Kloster, das einen großen Religionshof für rituelle Tänze besitzt. Auch der in der 1. H. des 17. Jhs. errichtete große Königspalast (Lechen Pelkhar), der auf einem Bergrücken die Hauptstadt Leh überragt, entspricht diesem Typus, dessen monumentalstes Beispiel der Potala-Palast in Lhasa ist (→ Tibet).   U. W.

Lit.: Khosla '79; Snellgrove/Skórupski '79-80; Goepper '82; Mortari Vergara/Béguin '87.

Larsen, Hennink (geb. 1925). Seit den 50er Jahren macht der dänische Architekt durch Wettbewerbsteilnahmen auf sich aufmerksam. Das Prinzip des → Strukturalismus (Forderung nach hoher Flexibilität) findet für ein Projekt der Stockholmer Universität (1961) erstmals Anwendung. Seit den 70er Jahren wendet sich L. wieder der geschlossenen Form, Stabilität und Allgemeingültigem zu. Zweifelsfrei ist das saudi-arabische Außenministerium in Riyadt (1979) der Höhepunkt seines bisherigen Werkes, bei dem die angestrebte Synthese zwischen regionaler Tradition mit einer modernen Architekturform → rationalistischer Prägung vollauf geglückt ist. Der Komplex ist dänisch (Streben nach Ordnung, Einfachheit, Ehrlichkeit) und trotzdem islamisch. Weitere Projekte: Neue Universität Trondheim (1968-70), Physikalisches Institut der FU Berlin (1963-80), Dänische Botschaft in Riyadt (1979-83), Hauptbibliothek in Gentofte/Kopenhagen (1985), Verwaltungsgebäude für Faerch Plast, Holstebro (1986), Handelshochschule in Frederiksberg (1985-89).   M. G.

Lit.: Architektur DK '85-89.

Laubenganghaus. Die Entwicklung des modernen L.s als eines eigenständigen Bautypus des Miet- und Massenwohnungsbaus ist eng mit den Rationalisierungsbestrebungen der Wohnungsreform verknüpft (→ Wohnbau, → Mietshaus). Die Bezeichnung L. stammt von dem Hamburger Architekten Paul A. R. Frank, der mit seinem 1926 in Hamburg-Heidhörn realisierten L. einen Prototyp entwickelte. Die weniger gebräuchliche Bezeichnung ›Außenganghaus‹ wurde 1929 im Zuge des Ende der 20er Jahre intensiv geführten Rentabilitätsdiskussion von → May im Zusammenhang mit entsprechenden Planungen in Frankfurt vorgeschlagen. Wesentliches Merkmal des L.s ist seine kostensparende Erschließungsform: Gegenüber den

traditionellen 2-, 3- und 4-Spännertypen kommt das L. mit lediglich ein bis zwei Treppenhäusern aus; über den offenen, im allgemeinen an der Nord- oder Ostseite gelegenen ›Laubengang‹ können zahlreiche Wohnungen erschlossen werden ohne Einschränkung hinsichtlich Belichtung und Belüftung. Aufgrund der eingeschränkten horizontalen Entwicklungsmöglichkeiten des Grundrisses eignet sich das L. allerdings in erster Linie für Klein- und Kleinstwohnungen. Größere Wohneinheiten lassen sich demgegenüber nur in Form von Maisonnettewohnungen realisieren (→ Le Corbusier). Neben frühen Beispielen des 19. Jhs. in England und Frankreich und spezifischen lokalen Traditionen in den Hinterhofverbauungen, die etwa in Berlin und

Laubenganghäuser in der Siedlung Westhausen, Frankfurt a. M., von Ferdinand → Kramer u. Eugen Blanck, 1929.

Dresden bis ins frühe 18. Jh. zurückreichen, war es vor allem das 1921/22 in Rotterdam-Spangen von Michiel Brinkman erbaute Außenganghaus, das seine moderne Formulierung inspirierte. Durchsetzen konnte sich das L. indessen kaum. Im Dritten Reich als ›entartet‹ verketzert, verkam es in den 50er Jahren zur anonymen Unterkunft für Alleinstehende. Beispiele aus der aktuelleren Architekturentwicklung (→ Steidle, → OMA, Szyszkowitz-Kowalski u. a.) zeigen indessen, daß dem L. heute erneute Aufmerksamkeit gewidmet wird.   A. Gl.

Lit.: Briggs '30; Gleiniger '91.

Leo, Ludwig (geb. 1924). L. erlangte sein Architekten-Diplom an der Berliner Hochschule für bildende Künste, wo er 1948-54 studierte und 1975 bis 1981 selbst lehrte. Seine wichtigsten Werke sind aus technischen und funktionalen Sonderbedingungen heraus entstanden, wie der Mehrzweckbau der DLRG, Berlin (1969-71) und das Institut für Was-

Institut für Wasserwege u. Schiffahrt, Berlin, von → Leo, 1967-74.

serwege und Schiffahrt, Berlin (1967-74), mit dem gigantischen Umlauftank. Bei diesen technoiden Bauwerken ist das Wesentliche der Nutzung ablesbar herausgearbeitet – die Konstruktion wird dabei zu einem ästhetischen Ereignis. Breitere Anerkennung fand dieses Bauwerk erst, nachdem die Maschinenästhetik des Centre Pompidou (1976) in Paris zur Kunst erhoben wurde (Abb. R. → Rogers). So isoliert L. von einer Architektenszene arbeitet, so sehr sind seine Werke Solitärgebilde in der Architekturgeschichte, die sich einer stilistischen, ästhetischen und historischen Einordnung entziehen.   C.H.

Lit.: Cook/Krier '75; Pehut '70.

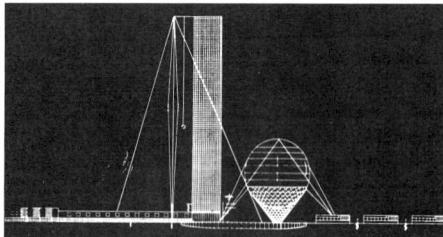

Entwurf für das Lenin-Institut, von → Leonidow, 1927.

Leonidow, Iwan I. (1902-59). Der Entwurf für ein Lenin-Institut, den er als Diplomarbeit bei → Wesnin an der Architekturfakultät der → WChUTEMAS vorlegte (1927), wurde nicht verwirklicht, ist aber als Manifest einer Revolution in der Architektur in die Annalen der Moderne eingegangen. Das Ensemble, in dem die Hochhausscheibe der Bibliothek und die auf einem Gerüstkorb über der Erde schwebende Kugel des Auditorium maximum die Hauptakzente setzten, war die Vision eines ›Poeten‹ (Le Corbusier) von einer schwerelos-eleganten Architektur: ein utopischer Entwurf für ein neues Zeitalter. Gebaut hat L. nichts, immer nur gezeichnet und zeichnend die Zukunft entworfen: Sein Plan einer längs einer Mittelachse angelegten Linienstadt (1930) war Jahrzehnte später Grundlage des Entwurfs einer neuen Stadt in Mittelasien (Navoi, 1958 ff.) – und die drei in Grundriß, Höhe und Umriß unterschiedlichen Türme aus Stahl und Glas, die er für die Zentrale des Narkomtjashprom in Moskau vorschlug (1934), präfigurierten bereits die → High-Tech-Megalomanie unserer Tage.
                                      H. Sch.

Lit.: Koolhaus/Oorthuys '81; Gozak/Leonidov '88; Schwarz '90.

Levittown. L. steht stellvertretend für die prototypisch-normierten Satellitenstädte, die ab den 50er Jahren Einzug in das Landschaftsbild der USA gehalten haben. Der Begriff leitet sich vom Namen des Generalunternehmers Levit ab, der diese Siedlungen konzipierte und ab Mitte der 50er Jahre baute (L. New Jersey, L. Pennsylvania u. a.). Als künstliches Gebilde, am Reißbrett entstanden und sich von der Theorie der → Gartenstadt nährend, bedeutet L. auch den Anfang der zentrifugalen ›Flucht aus der Stadt‹, welche in den 70er Jahren in den vorstädtischen ›Schlafstädten‹ kulminierte. Architektonisch sind die L.s, von denen einige inzwischen wieder den ursprünglichen Ortsnamen angenommen haben, bedeutungslos, jedoch boten sie als Gegenstand soziologischer Untersuchungen fruchtbaren Boden.   L. S.

Lit.: Gans '69.

M

Männerhaus. Männerhäuser waren in vielen traditionellen Kulturen und besonders ausgeprägt in der → Südsee Hauptaufenthaltsort der Männer, die sich hier während des Tages versammelten. In einzelnen Kulturen waren sie auch Schlafstätte der Männer oder der Jugendlichen. Männerhäuser wurden von unterschiedlich großen Gemeinschaften errichtet: von den Mitgliedern einer Verwandtschaftsgruppe, einer Dorfhälfte oder von Männerklubs, die altersmäßig gestaffelt waren. Fast überall unterschieden sie sich durch Größe und Ausstattung von den Wohnhäusern der Familien: ob als Rundbauten mit zentraler Feuerstelle (z. B. im Hochland West-Irians, Neuguinea) oder als größerer Rechteckbau – stets waren sie Ausdruck für Bedeutung und Prestige der Gruppe. Bis heute sind sie Zentrum wichtiger lokalpolitischer Entscheidungen und Sinnbild traditioneller, religiöser Vorstellungen und Zeremonien. In den Männerhäusern werden wichtige Kultgegenstände aufbewahrt. Ihr Schmuck – beschnitzte Pfosten, bemalte Palmblatt-Scheiden oder auch verzierte Balken – verweisen auf die mythischen und historischen Überlieferungen der jeweiligen Gruppe.

Die meisten Männerhäuser, vor allem in Melanesien, dienten in der Sicht ihrer Benutzer weniger dem alltäglichen Aufenthalt, sondern waren Orte, an denen die Kräfte der Schöpfung und der Urzeit in besonderem Maße präsent sind, an denen man ohne den ›schädigenden‹ Einfluß der Frauen Kräfte zur Durchführung von Ritualen schöpfte, aber auch für ›männliche‹ Aktivitäten wie Jagd, besondere Formen des Fischfangs oder – früher – für kriegerische Auseinandersetzungen.   J. H.

Markthalle. Der Begriff wird im folgenden für Gebäude verwendet, die dem Verkauf leicht verderblicher Waren – Fleisch, Fisch, Geflügel, Gemüse, Obst, Eier, Milchprodukte, Blumen – dienen. Märkte dieser Art waren vor dem 19. Jh. allenfalls in einem offenen Schuppen oder → Portikus untergebracht, denn: 1. die Märkte waren zeitlich befristet, wurden täglich neu aufgeschlagen und erforderten keinen Lagerplatz; 2. Käufer wie Verkäufer gehörten zur unteren Gesellschaftsschicht; 3. es fehlte an Möglichkeiten, in einem geschlossenen

Männerhaus in Keräpuno, Neuguinea, 19. Jh.

Markthalle. Mercato Nuovo, Florenz, von Giambattista del Tasso, 1547.

Gebäude für angemessene Belüftung, Wasserabfluß und Sauberkeit zu sorgen. Als sich die Bedingungen hierfür grundlegend änderten, begann man, M.n zu bauen. Dagegen waren Gebäude für den – von der bürgerlichen Schicht betriebenen – Handel mit Textilien bereits in der Zeit des Mittelalters aufgekommen, z.B. die Lakenhalle in Ypern (Abb. → Niederlande) und ähnliche Hallen in vielen Teilen Europas (Tuchhallen Krakau, Abb. → Polen; ›Hallen‹ in Brügge, Abb. → Belfried). Auf Gebäude dieser Art trifft jedoch eher die Bezeichnung ›Börse‹ zu. Ihre architektonische Form – im wesentlichen ein zentraler Großraum, umgeben von Galerien, Kontoren und Lagerräumen – unterscheidet sich (ähnlich wie die des deutschen → Warenhauses) von der architektonischen Gestaltung der M.n für verderbliche Waren. Das englische ›market house‹ allerdings ähnelt insofern den Vorläufern der modernen M., als es ein offenes Erdgeschoß aufweist (es verfügt aber über ein Obergeschoß und abgeschlossene Räume).

Der unmittelbare Vorläufer der modernen M. war ein Gebäudetyp, der sich am besten als ein für sich stehender → Portikus bzw. als eine Reihe der Länge nach aneinandergefügter Portiken bezeichnen ließe. Ein hervorragendes Beispiel ist, obgleich für die Stände von Tuchhändlern errichtet, der 1547 von Giambattista del Tasso erbaute Mercato Nuovo in Florenz. Immer häufiger wurden Märkte in Portiken untergebracht, und das römische → Forum mit seinen angegliederten Portiken war das Vorbild, dem es nach allgemeiner Auffassung nachzueifern galt.

Zahlreiche M.n des 19. Jhs. sind heute zerstört, der aus den 1820er Jahren stammende Blancs-Manteaux-Markt im Pariser Marais aber steht noch (erheblich umgebaut). Ähnliche, auf allen Seiten von Mauern umschlossene Märkte wurden in den aufstrebenden Industriestädten Großbritanniens – Birmingham, Manchester, Liverpool, Birkenhead, Newcastle – gebaut. Die Bedachungen waren anfangs aus Holz, der Blancs-Manteaux aber wurde in den 1830er Jahren (nach unverändertem Entwurf) mit Eisen neu bedacht. Die ganz aus Eisen errichteten M.n aus dieser Zeit, wie etwa der zerstörte Marché de la Madeleine in La Halle von 1824 oder der Anbau, den Charles Fowler Anfang der

Markthalle. Mercat del born, Barcelona, von Rovira, Fontserè und Cornet, 1873-76.

Markthalle. Hungerford Market, London, von Charles Fowler, 1826-34.

1830er Jahre für seinen Hungerford Market errichtete, folgten dem Muster des ›freistehenden Portikus‹. Auch Fowlers Hungerford Market (1826-34; 1862 abgerissen) und sein Covent Garden Market (1827-30) in London sowie seine M. in Exeter entsprachen eher dem Typ ›Portikus‹ als dem der geschlossenen M.

Die Belüftung wurde zu einem zentralen Problem, als der Marktplatz mit Mauern umgeben und überdacht wurde. Fenster oder Öffnungen reichten nicht aus; statt dessen kam in der 1. H. des 19. Jhs. eine neuartige – wohl eigens für M.n entwickelte – Dach-

form auf, bei der die Dachschräge unterhalb des Scheitelpunktes eingeschnitten wurde und weiter unten versetzt wieder hervortrat. Die gleiche Konstruktionsart findet sich auch bei manchen → Arkaden wie etwa den Galeries St. Hubert in Brüssel sowie bei → Gewächshäusern, etwa im Pariser Jardin des Plantes oder im Kew Garden in London (→ Glasarchitektur); nirgendwo jedoch ist sie früher bezeugt als bei den M.n, die Louis Bruyère in seinen Stichen zu ›Etudes relatives à l'art des constructions‹ (1823-28) dargestellt hat, sowie in dem von 1821 datierenden Entwurf für den Buttermarkt auf dem Carreau de la Halle von Hubert Rohault de Fleury (Archives Nationales, Paris). Aufgegriffen wurde diese Form von Fowler für seinen freitragenden Eisenanbau zum Hungerford Market sowie von → Baltard bei den ›Halles‹ in Paris, wobei er bei zahlreichen Pavillons das Prinzip erweiterte und das Dach nach oben hin in zwei Stufen aufbrach – und schließlich bei unzähligen späteren M.n aus der 2. H. des 19. Jhs.

Markthalle. Halles centrales, Paris, von Victor → Baltard und Felix Emmanuel Callet, beg. 1852-59.

Baltards ›Halles‹ – die größten und berühmtesten aller M.n (Abb. → Baltard) – waren beeinflußt von überdachten M.n, die der Architekt auf einer Studienreise nach England kennengelernt hatte, darunter insbesondere von der in Birkenhead (1845; zerst.). Diese M.n wiesen gemauerte Wände, Eisendächer, Lüftungstürmchen sowie verglaste und unverglaste Öffnungen auf und verfügten über Kellerräume zur Lagerung, fließendes Wasser, Gaslicht, geräumige Zugänge und ausreichend Durchzug. Sein endgültiger Entwurf für ›Les Halles‹ allerdings zeigt, daß er sich, um einen hochgewölbten, lichtdurchfluteten und luftigen, tempelähnlichen Bau zu schaffen, zusätzlich an der → Bahnhofsarchitektur orientiert hatte. Die ›Halles‹ legten für ganz Europa (wenn nicht auch für Amerika) die Gestaltung von Marktgebäuden fest und lösten eine Flut von Nachahmungen aus, insbesondere in Frankreich (wo nach ihrem Vorbild schätzungsweise 400 M.n entstanden). In London griff Horace Jones, der mehrere M.n errichtete, bei seinem Smithfields Market (1867-68) für die Bedachung auf Holz zurück; er hielt die hohe Leitfähigkeit des Metalls von ›Les Halles‹ für ein Manko. Baltard selbst verwendete zur Isolierung bei den Dächern eine doppelte Zinkschicht. Das Beispiel von ›Les Halles‹ wurde insbesondere in den Städten Südeuropas mit großer Begeisterung aufgegriffen – wie etwa in Florenz, wo die 1871 von → Mengoni im Viertel San Lorenzo errichtete M. erhalten ist –, da die eisenüberdachte M. zu einem Symbol des Modernen per se wurde. Bei den M.n, die im späteren 19. Jh. entstanden, handelt es sich nach wie vor um öffentliche Gebäude, die in städtischem Auftrag gebaut wurden;

aus diesem Grund wurde selten zugelassen, daß sie völlig unprätentiös gestaltet wurden, auch wenn in den meisten Fällen wirtschaftliche Sparmaßnahmen ein starkes Hemmnis darstellten. Die M.n wurden vielfach mit architektonisch hervorgehobenen Ziegel- oder Natursteinfassaden bzw. Giebelseiten ausgestattet.

In Barcelona sind 41 M.n erhalten, so viel wie vermutlich in keiner anderen Stadt Europas oder Amerikas (der letzte Neubau in Barcelona stammt aus den sechziger Jahren). Der Fleischmarkt in Smithfields von Horace Jones war das erste Marktgebäude, neben (oder, wie in diesem Fall, unter) dem ein eigener Bahnhof angelegt wurde. 1876 überquerte das erste Kühlschiff mit einer Ladung Fleisch den Atlantik. Es war vor allem der Massentransport leicht verderblicher Waren, der die Trennung zwischen Großhandels- und Einzelhandelsmärkten erzwang. In Mitteleuropa, wo bis dahin nur wenige M.n erbaut worden waren, wurden in der Zeit zwischen 1880 und 1910 anstelle einzelner M.n ganze, für Groß- wie Einzelhandel konzipierte, M.n-Komplexe angelegt. Berlin war in dieser Hinsicht wegweisend: dort wurden in den Jahren 1881 bis 93 zwei Großhandels- und 14 Einzelhandelsmärkte, alle in der Gestaltung praktisch identisch, gebaut (nur drei haben den Zweiten Weltkrieg überstanden). In Budapest ist eine ähnliche Reihe identischer M.n aus der Zeit des Jahrhundertanfangs intakt erhalten geblieben.

Alle diese M.n sind sich von der Gestaltung her auffallend ähnlich und weisen einen länglichen oder → ›basilikalen‹ Grundriß auf, häufig mit Kreuzarmen oder ›Querschiffen‹, sowie gemauerte Wände, Giebelfronten und eiserne Aufbauten und Überdachungen. 1906-08 jedoch wurde bei zwei neuen M.n in Breslau (Wrocław) anstatt des geplanten Eisengerippes Eisenbeton verwendet (vgl. Bauen mit → Metall). Diese neue Entwicklung setzte sich nach dem Ersten Weltkrieg bei den Großhandelsmärkten in Reims, Basel, Leipzig, München und andernorts fort. Die Betonkuppeln der 1928-29 in Leipzig errichteten Mitteldeutschen Großmarkthalle waren für kurze Zeit die größten der Welt. Nach einem Muster, das sich nach dem Zweiten Weltkrieg überall abzuzeichnen begann, verdrängten dann neue,

Markthalle Royan, von L. Simon, A. Morisseau, R. Sarger, 50er Jahre.

an einem Kopfbahnhof am Rande der Großstadt gelegene M.n bereits bestehende, die vor der Jh.wende in der Stadtmitte errichtet worden waren. Analog wurden auch Ende der sechziger Jahre die ›Halles‹ abgerissen, und der Markt wurde nach Rungis vor die Tore von Paris verlegt, in die Nähe eines Flughafens und mit unmittelbarer Anbindung an das Autobahnnetz. Diese Entwicklung hat sich auf die Architektur ausgewirkt: da die M.n heute

reine → Industriebauten sind, die, meist aus Metallblech, in ›öden‹ Gegenden errichtet werden und nicht allgemein zugänglich sind, ist ihnen jeglicher Anspruch abhanden gekommen, den sie noch besaßen, als sie markante, repräsentative Monumentalbauten im Zentrum der Großstadt waren, die von allen genutzt wurden.   P. H.

Lit.: Pevsner '76; Stocchetti.

Treppenhalle im Scheepsvaarthuis, Amsterdam, von van der → Mey, de → Klerk und Piet → Kramer, 1913-16.

Mey, Johan Melchior van der (1878-1949). 1906 gewann van der Mey den ›Prix de Rome‹ mit dem Entwurf für einen ›fürstlichen Wohnsitz in den Dünen‹. 1909-12 künstlerischer Berater für die Stadt Amsterdam; Entwürfe für Brücken. Sein Meisterwerk und ein unbestrittener Höhepunkt der niederländischen Architektur war das ›Scheepsvaarthuis‹ (Schiffahrtsgebäude) an der Prins Hendrikkade in Amsterdam (1913-16): das erste Bauwerk, in dem sich bis in die Details die Formensprache der Amsterdamer Schule artikulierte (Abb. → Expressionismus). Diese Formensprache war eine Synthese der niederländischen Tradition phantastischer Gestaltung und der präsymbolistischen Strömung. Geometrisch-abstrakte und naturalistisch-geometrisierte Ornamente ergänzen sich gegenseitig und wirken stark expressionistisch. In seinem späteren Schaffen wandte sich v. d. M. hauptsächlich dem Wohnungsbau in Amsterdam zu. → Niederlande.

Lit.: De Wit u. a. '75; Fanelli '78; Casciato '87.   M. D.

Migge, Leberecht (1881-1935). Gartenarchitekt und Lebensreformer. 1898-1904 Gartenbaulehre, 1913-20 freier Gartenarchitekt in Hamburg-Blankenese, ab 1920 in Worpswede. Anlage von Bürgergärten, Villengärten und Volksparks. In den 20er Jahren Gestaltung des gärtnerischen Umfeldes vor allem von Berliner Siedlungen mit Mebes, Emmerich, → Haesler, B. → Taut, Wagner, → Scharoun. Zusammenarbeit in Frankfurt mit → May. Anlage von Selbstversorgungssiedlungen. M. verstand Garten nicht als Vortäuschung von Landschaft, sondern als architektonisch gegliederten Aufenthaltsraum mit Durchdringungen und Überlagerungen von Lust-, Zier- und Nutzgarten, Gartenraum und Wohnraum (›Außenhaus-Innenhaus‹, ›12-Monate-Haus‹). Forderung nach einer Gartenarchitektur der Massengesellschaft (Gartensozialismus) mit dem ›Garten der Hunderttausend‹.

M. entwickelte ein Siedlungskonzept der persönlichen Autarkie mit Stadtrandsiedlungen, wo Siedler in Etappenbauweise mit Hilfe des Bodenertrags und örtlicher Baustoffe in Selbsthilfe das ›Wachsende Haus‹ errichten und Unabhängigkeit vom Arbeitsmarkt erlangen sollten. Vgl. → Gartenbaukunst, → Baugenossenschaften, → Städtebau.　　　Wa. P.

Lit.: Fachber. Stadt- u. Landsch.pl./Kassel ’81.

Mittelasien. Mit Kasachstan, Kyrgystan, Tadschikistan, Turkmenistan, Usbekistan umfaßt Mittelasien das Gebiet zwischen Pamir-Gebirge und Kaspischem Meer, grenzt im Süden an Afghanistan und den Iran und im Norden an Rußland. Ausgrabungen und Funde belegen, daß Mittelasien bereits in der Steinzeit besiedelt war und eine eigene Zivilisation und Kultur entwickelt hatte. Herausragende Beispiele finden sich in Dscheitun (5. Jt. v. Chr.) und Altyn-Tepe (5.-3. Jt. v. Chr.) in Südturkmenistan sowie in Dschanbas-Kala (4. Jt. v. Chr.) in Westusbekistan. Die Wohnbauten von Dscheitun hatten eine Größe von etwa 4 x 6 m und waren aus luftgetrockneten zylinderförmigen Lehmblöcken hergestellt (→ Adobe), die über Jahrhunderte das wichtigste Baumaterial in M. darstellten.

Als die Achämeniden Mitte des 6. Jh. v. Chr. in M. eindrangen, gab es in den Oasen der weit ausgedehnten Wüsten- und Steppenregionen verschiedene Siedlungsräume, die sich durch eine eigene hochstehende Kultur auszeichneten: Choresm,

Mittelasien. Palast in Afrasiab, Samarkand, 10. Jh., Rekonstruktion.

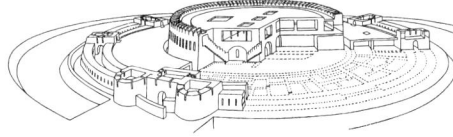

Mittelasien. Die Stadt Koj-Krylgan-Kala, 4.-1. Jh. v. Chr. Rekonstruktionszeichnung.

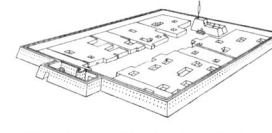

Mittelasien. Dschanbas-Kala, 4. Jh. v. Chr., Rekonstruktion.

Sogd und Baktrien. Dort, wo aufgrund natürlicher oder künstlicher Bewässerung ausreichend Ackerland vorhanden war, entstanden Dörfer, aber auch Städte, ›Großstädte‹, z. B. Gjaur-Kala, das spätere Merw: 400 ha, Marakanda, das heutige Samarkand: 800 ha. Koj-Krylgan-Kala, gegründet im 4. Jh. v. Chr., gehört zu den wenigen Städten M., die nahezu vollständig ausgegraben wurden. Sie gilt als ein typisches Beispiel für eine Rundstadt, eine Anlage, die sowohl in M. bei den Parthern und Sassaniden (→ Iranische Architektur), aber auch bei den Abbasiden und Seldschuken bei der Errichtung ihrer Mausoleen und Städte (Balandy, Ktesiphon, Bagdad u. a.) als Vorbild diente.

Gräko-Baktrische Einflüsse (2. Jh. v. Chr.) auf die Baukunst M.s zeigt die Stadt Nisa (unweit von Aschchabad). Wälle aus Stampflehm (Pachsa), die mit Türmen befestigt und mit Ziegeln verkleidet waren, dienten dem Schutz der königlichen Residenz. Zur Ausschmückung der in die Burg integrierten Säle (20 x 20 m) verwendete man überlebensgroße Tonstatuen von menschlichen Gestalten, aber auch Skulpturen aus weißem und gelbem Marmor, die eine stilistische Verbindung mit Pergamon und Alexandria erkennen lassen (→ Hellenistische A.). Ebenfalls griechischen Ursprungs war die Verwendung von Stuck als Dekorationselement, aus dem

sich in der Folgezeit das gerade für den Orient so typische Verfahren der Fassadenverkleidung entwickeln sollte.

Die Kuschan (1. Jh. v. Chr. - 3. Jh. n. Chr.) stützten sich in ihrer kulturellen Entfaltung einerseits auf die örtlichen Kulturen, andererseits verwendeten sie aber auch Elemente aus ihrem indischen Erbe. Unter ihrer Herrschaft sollte sich auch die Große Seidenstraße als Kulturbrücke zwischen dem fernen Osten und dem Westen erweisen, die weitreichende Wechselbeziehungen und Veränderungen in der künstlerischen Tradition zur Folge hatte. Zu den wichtigsten Stationen der Kuschan-Zeit zählen Chaltschajan im Süden Usbekistans und Toprak-Kala, eine Stadt am Unterlauf des Amu Darja. In Chaltschajan konnte ein kleiner Palast freigelegt werden, der von seiner rechtwinkligen Anlage her der achämenidischen Bauweise entspricht (→ Iranische Architektur).

In den Jahrhunderten zwischen der Kuschan-Zeit und der Araber-Invasion brechen in Mittelasien Herrschaftsgebiete und Siedlungsräume auseinander. Zahllose Ruinen von festungsähnlichen Anlagen – z. B. Ak-Tepe, Kala-i Bolo, Kala-i Mug oder auch Balalik-Tepe – zeigen, daß sich jedoch selbst in Zeiten der Unterdrückung und Zersplitterung eine hochstehende Kunst und Kultur entwickeln konnte, in der neben eigenständigen örtlichen Stilformen auch neue Komponenten – insbesondere iranische – ihren Niederschlag gefunden haben. Vornehmlich sind es Wandmalereien, die Aufschluß geben über das Leben der Steppenvölker M.s wie auch über ihre religiöse Welt (Zoroastrismus, Buddhismus, Manichäismus u. a.). Adschina-Tepe im Wachsch-Tal und Ak-Beschim in Kyrgystan zählen bis heute zu den wichtigsten Denkmälern des Buddhismus in Zentralasien (→ Buddhistische A.). Nichts Buddhistisches hingegen zeigen die Bilder von Warachscha, einer Festung hephtalitischer Könige nordöstlich von Buchara. Auch die Ausgrabungen von Afrosiab, Reste des ehemaligen Marakanda im Norden von Samarkand, wo neben herrschaftlichen Häusern auch ein technisch vorbildliches Bewässerungssystem gefunden wurde, ermöglichen einen hervorragenden Einblick in den hohen Stand sogdischer Kultur im 8. Jh. Eines der wichtigsten Zeugnisse sogdischer Zivilisation ist eine Ruinenstadt am Ufer des Serafschan: Pendschikent – mit vier klar umrissenen Bezirken: Zita-

Mittelasien. Zitadelle, Pendschikent, 6. Jh.

delle, Scharistan, Rabat, Nekropole. Das in den Ruinen der Stadt gefundene Material zeigt, wie sich verschiedene Einflüsse – z. B. durch Kontakte mit dem Iran, Indien und der westlichen Welt oder auch durch die große Zahl von verschiedenen Glaubensbekenntnissen – auf das Kunstschaffen am ›Vorabend‹ der Araber-Invasion ausgewirkt haben.

Islamische Architektur: Die Anfänge islamischer Kultur in M. zeigen, daß sie keineswegs etwas völlig Neues war, sondern von Völkern geformt und getragen wurde, die schon seit Jahrhunderten als Kulturvölker bekannt waren. Gleichsam als Erben stützten sich die ›neuen‹ Architekten M.s auf vorhandene Formen, Elemente, Anregungen und Grundrisse, die hier entweder fest verwurzelt oder von Invasoren eingeführt worden waren. Dieses Zurückgreifen auf vorislamische Kenntnisse und Erfahrungen ist auch in M. ein typisches Kennzeichen frühislamischer Architektur, die durch die Samaniden und Gasnawiden im 10. und 11. Jh. zur vollen Entfaltung gebracht werden sollte. Gerade die in dieser Zeit errichteten Bauwerke zeichnen sich durch einen ›Übergangsstil‹ aus, z. B. durch die Verwendung von typisch sogdischen Konstruktionstechniken und den Einsatz von zoroastrischen und manichäischen Motiven. Einen beachtlichen Aufschwung erfuhr die islamische Bautechnik unter den Samaniden, die unter Verwendung von gebrannten Ziegeln die ersten Monumentalbauten errichteten. Phantasievoll waren die Ornamentmuster aus flach oder auch eckig gemauerten Ziegeln, überzeugend der Einsatz von Trompenbögen. Ein Gewölbe mit Stalaktiten (Mukarnas) auszuschmükken, war zwar ein bereits in vorislamischer Zeit bekanntes Verfahren, in M. jedoch hat es erst unter den Samaniden Einzug gehalten und wurde später als dekoratives Verbindungselement bei den Fatimiden, Seldschuken und Osmanen verwendet (→ Gewölbe). Das Fortschreiten der mittelasiatischen Baukunst im 11./12. Jh. führte zu einer weiteren Vervollkommnung von Gewölbe und Kuppelkonstruktionen. Zu einem Bautyp besonderer Art sollte sich der Liwan entwickeln. Einzigartig war in den ersten Jahrhunderten der islamischen Ära in M. auch die Ornamentalkunst mit einem nahezu unerschöpflichen Reichtum an Schmuckkompositionen in Terrakotta, Alabaster, Holz oder Ziegelmauer-

Moschee Magoki-Attari, Buchara, 1178-79.

werk. In der Mitte des 12. Jh. erschienen erstmalig auch blauglasierte Kacheln im Dekor der bislang einfarbig ausgeführten Ornamente. Die Kunst, einfaches Mauerwerk mit Fayence-Platten oder glasierten Ziegeln so zu verkleiden, daß die gesamte Oberfläche oder auch nur Teile mit dekorativen Ornamenten ausgelegt wurden, kann seit dem 12. Jh. auch in M. nachgewiesen werden. Durch den Mongoleneinfall zu Beginn des 13. Jh. wurde die gesamte aufstrebende Kultur M.s – und damit auch die Architektur – aufs schwerste getroffen. Zahlreiche unter den Samaniden und ihren Nachfolgern (Gasnawiden, Karachniden, Seldschuken) errichtete Bauwerke sanken in Schutt und Asche, so daß nur wenige Baudenkmäler frühislamischen Kunstschaffens erhalten sind.

Obwohl bereits 713 Kutaiba in Buchara eine → Moschee und eine → Zitadelle errichtet haben soll, sind nähere Einzelheiten oder beachtenswerte Funde, die über die Anfänge einer frühislamischen Architektur in M. Auskunft geben könnten bislang nicht bekannt. So gilt das 907 in Buchara errichtete Grabmal der Samaniden als das älteste bekannte Bauwerk islamischer Architektur jenseits des Oxus. Die 1178/79 ebenfalls in Buchara gebaute, aber erst 1930 unter einer dicken Schuttschicht freigelegte und restaurierte Moschee Magoki-Attari kann hingegen als die älteste Moschee in M. angesehen werden. Gebaut wurde sie vermutlich schon im 9./ 10. Jh. und zwar an derselben Stelle, an der bereits in vorislamischer Zeit ein zoroastrischer Tempel gestanden hat. Der am besten erhaltene Teil – die südliche Hauptfassade – stammt jedoch aus dem 12. Jh., als die Moschee umgebaut und neu verkleidet wurde. Weitere interessante Bauwerke, die die Mongoleninvasion überstanden haben und im Laufe der letzten Jahre z. T. hervorragend restauriert wurden, sind u. a. der Masar (Grabbauwerk) Tschaschma-Ajub (12. Jh.) in Buchara oder das dortige Minarett Kaljan (1127), ein fast 50 m hoher Turm (Baumaterial und Schmuckelement zugleich sind gebrannte unbehandelte Ziegel).

Masar Tschaschma-Ajub, Buchara, 12. Jh.

Nach der Mongolen-Invasion kam es in M. erst im Laufe des 14. Jh. wieder zu einem Aufblühen einer eigenen Kultur und es entstanden Bauwerke, die rückschauend eindeutig zu den Großtaten → islamischer Architektur jenseits des Oxus gerechnet werden müssen: Zitadellen und Paläste, Lustgärten und Paradeplätze, weit ausgedehnte Stadtviertel, die jeweils von bestimmten Zünften und Geschäften besiedelt waren, sowie Schulen, → Medresen und Moscheen. Die unter Timur (1336-1405) eingeleitete Entwicklung einer eigenen mittelasiatischen Baukunst erhielt einen wesentlichen Akzent durch den Einsatz von Kunsthandwerkern, Ingenieuren und Bauarbeitern, die aus den entferntesten, von Timur eroberten Gebieten nach M. dienstverpflichtet wurden (Leiturgie-System). Sie allein schufen die Basis für die Ausführung dieser einzigartigen Monumentalbauten, die in der Folgezeit zum Vorbild für die islamische Architektur in ganz Zentralasien wurden und noch heute ein wichtiges Zeugnis für das Kunstverständnis und das technische Leistungsvermögen dieser – zumindest in kultureller – Hinsicht so glanzvollen Epoche darstellen. Aus der Vielzahl der noch erhaltenen Baudenkmäler timuridischer Baukunst seien genannt: die Medrese Ulug Beg (1417) in Buchara, die älteste heute noch erhaltene Medrese in M., die augenscheinlich über Jahrhunderte den Prototyp im Medresenbau darstellte; Gur Emir (1404) in Samarkand, das palastartige Mausoleum Timurs.

Grabmal der Samaniden, Buchara, 907.

Minarett Kaljan, Buchara, 1127.

Mittelasien. Medrese Mir-i Arab, Buchara, 1535-36.

Mittelasien. Palast von Kokand, 1871.

Nach dem Zerfall des Timuridenreiches gelang es Chan Abdullah († 1598), dem bedeutendsten Herrscher der Scheibaniden-Dynastie, die Ordnung in M. wieder herzustellen. Unter seiner Herrschaft wurden zahlreiche öffentliche Gebäude errichtet, die heute als besonders typisch für die Chan-Abdullah-Periode angesehen werden können. Im Vergleich zur Baukunst der Timuriden war die der Scheibaniden eher bescheiden, aber sie setzten doch die Tradition timuridischer Architektur fort und errichteten besonders in Buchara mehrere Baudenkmäler, u.a. die Moschee Kaljan (1514) und die Medrese Mir-i Arab (1535/36).

Zu Beginn des 17.Jh. befand sich M. bereits in der Isolation und war in mehrere Chanate aufgeteilt. Während der Dschaniden-Dynastie (1599-1747) entstanden sowohl in Buchara als auch in Samarkand Bauwerke, die noch einmal an die große Tradition der Timuriden erinnern sollten; u.a. die Medrese Abdulasis-Chan (1652) in Buchara, eine Vier-Iwan-Anlage, die »das beste, was in Buchara an Architektur und Kunsthandwerk je geschaffen worden ist, in sich vereinigen sollte« (Pugatschenkowa) oder die Medrese Schir-Dor (1636).

Mittelasien. Medrese Schir-Dor, Samarkand, 1636.

Der Verfall der mittelasiatischen Chanate im 18. und 19.Jh. hatte zur Folge, daß die einst berühmte und vom Islam geprägte Baukunst M.s immer mehr an Bedeutung verlor. Lediglich in Chiwa sollte sie in ihren Medresen, Mausoleen, Moscheen und Palästen eine gewisse Renaissance erfahren.

Wesentlich unverfälschter als in anderen Regionen M.s konnte sich im Ferggana-Tal – abgeschlossen von gewaltigen Bergketten – die über Jahrhunderte gepflegte Tradition des Handwerks erhalten. Ein besonders schönes Zeugnis für das überlieferte ›Volkskunsthandwerk‹ dieser Region stellt der Dekor des Palastes von Kokand (1871) dar.

Mit der Eroberung M.s durch die Russen in den siebziger Jahren des 19.Jh. begann auch für diesen Raum eine neue Ära. Im Laufe der Jahre – insbesondere aber auch nach der Revolution – strömten

Mittelasien. Hotel Kasachstan, Alma Ata, von Y. Ratushny und L. Ukhobotov, 1981.

immer mehr Russen als Beamte, aber auch als Arbeiter in das Land, und mit der Errichtung von russischen Stadtvierteln änderte sich auch das Aussehen der alten, orientalisch geprägten Städte wie Taschkent, Samarkand oder Buchara. Vornehmlich waren es die Großstädte in den Oasen, wo großzügig konzipierte, repräsentative öffentliche Gebäude, kilometerlange Straßen und Alleen, Wohnsiedlungen und Landschaftsgärten, Monumente und Denkmäler sowie Industrie- und Sportanlagen errichtet wurden. Auffallend hierbei ist der starke Einfluß einer sowjetisch geprägten Architektur, zugleich aber auch die vielfach gelungene Durchdringung mit ortsgebundenen Traditionen. Besonders interessante Beispiele finden sich in Taschkent: Staatliches Usbekisches Akademisches Theater für Oper und Ballett ›Alischer Nawoi‹; Alma-Ata: Zentrales Museum der Kasachischen Republik, Hotel Kasachstan (1981); Aschchabad: Turkmenisches Dramentheater ›Mollanepes‹; Bischkek: Architekturkomplex ›Manas‹; Duschanbe: Staatsbibliothek ›Firdausi‹. K.P.

Lit.: Diez '28; Cohn-Wiener '30; Rempel '61; Hrbas/Knobloch '65; Hambly '66; Belenitzky '68, '80; Rowland '70; Knobloch '73; Hoag '76; Brentjes '79; Gabain '79; Pugatschenkowa '79, '81; Stawiskij '79, '82; Masson '82; Pander '82 ('90); Albaum '86; Brandenburg/Brüschoff '86; Binder/Delemen '90.

Moneo, José Rafael (geb. 1937). M. zählt zu den bedeutendsten Katalysatoren der spanischen Architekturentwicklung des 20.Jhs. Seine praktische Tätigkeit begann nach dem Studium in Madrid im Büro → Utzons in Dänemark mit dem Projekt der Sydney Opera für Australien (Abb. → Austral. A.). Seit 1965 eigenes Architekturbüro in Madrid. Zahlreiche Lehraufträge in Europa und den USA. Seine Bauwerke überzeugen durch ihre klar durchdachte Gesamtplanung bis ins Detail, die schlichte Form, die puristische Bearbeitung des Materials (meist Backstein) und durch die Zurückhaltung der eigenen Handschrift hinter den Erfordernissen der Bauaufgabe. Die klassischen Proportions- und Kompositionsregeln sind Grundlage seines Schaffens. Zu den herausragenden Werken zählen: das Bankinter-Gebäude in Madrid (1972-76), das Museum für römische Kunst in Mérida (1980-85) und der Bürokomplex für Prevision Espagñola in Sevilla (1982-87). Seine Design-Entwürfe wurden 1986 mit dem ›Delta de Plata‹-Preis ausgezeichnet. C.H.

Lit.: Nueva Forma '75; Bauwelt 7/8, 5, 39; Arquitectura Jan./Feb., März/Apr. '81; Mai/Juni '82; März/Juni '88.

Museum für römische Kunst, Mérida, Spanien, von → Moneo, 1980-85.

Monier, Joseph (1823-1906). Französischer Gärtner. Er gilt mit Francois Coignet und Joseph Louis Lambot als einer der Erfinder des Eisenbetons. Er patentierte im Jahre 1867 ein System, Blumentöpfe aus Zement mit einer Drahteinlage herzustellen. Spätere Patente (1877) M.s beziehen sich auf Stützen und Balken aus Eisenbeton. Moniers Patente wurden 1884/85 von den deutschen Ingenieuren → Wayss und Freitag übernommen, was zur Verbreitung des ›Monier-Systems‹ im deutschsprachigen Raum führte. Vgl. → Eisen, → Beton, → Ward.

D. N.

Lit.: Collins '59; Huxtable '60.

Morgan, Julia (1872-1957). Erste Frau, die an der Ecole des Beaux-Arts studieren durfte. Nach ihrem sechsjährigen Aufenthalt in Paris zwei Jahre Entwurfsarchitektin an der University of California, Berkeley. 1904 eigenes Architekturbüro in San Francisco, dem sie 46 Jahre lang vorstand. Unter den rund achthundert von ihr entworfenen Gebäuden ist das Hearst Castle in San Simeon an der kalifornischen Pazifikküste das bemerkenswerteste (1919-39). Andere große Bauaufgaben waren Gebäude für das Mills College in Oakland (1904-16), das Asilomar Conference Center nahe Monterey (1913-29) sowie Wohn- und Erholungseinrichtun-

Hearst Castle, San Simeon, von → Morgan, 1922-26.

gen für YWCA in San Jose, Oakland, Long Beach, Fresno, Pasadena, Hollywood, Salt Lake City und Honolulu. Außerdem entwarf sie Kirchen, Schulen, Frauenclubs, ein Hotel, Krankenhäuser, Geschäftshäuser, viele Schwimmbäder und Hunderte von Wohnungen. Ihr Werk war durch ihre Ausbildung an der Ecole des Beaux-Arts und durch ihre Liebe zur Landschaft und Geschichte ihrer Heimat geprägt. Die Einordnung in die Umgebung und die Berücksichtigung der Wünsche ihrer Auftraggeber waren dabei wichtiger als die Einflüsse bekannter Architekten.

K. D.

Lit.: Boutelle '85.

N

Nationalsozialistische Architektur. Eine einheitlichen Stilprinzipien folgende N. A. gibt es nicht. Nach Hitlers Machtergreifung lassen sich die davor wichtigen Strömungen der Architektur weiterverfolgen. Schon 1933 wurden Architektenvereinigungen, wie der BDA oder der → Deutsche Werkbund, gleichgeschaltet und Architekten jüdischen Glaubens sowie dezidierte Anhänger der Moderne mit Berufsverboten belegt. Damit konnten die schon vor 1933 vorhandenen Strömungen konservativer Richtung fast das gesamte Feld übernehmen (→ Schultze-Naumburg, → Troost, → Schmitthenner). In Fortsetzung der Ästhetisierung der Politik gewann die Selbstdarstellung des NS-Systems in der offiziellen Staatsarchitektur vorrangige Bedeutung. In der Forderung nach einer ›Neuen und Deutschen Baukunst‹ schuf der Nationalsozialismus einen monumentalen Baustil mit sachlichen Tendenzen, dessen Vorbilder in einer ornamentlos spartanischen Richtung des späten → Historismus und der → Revolutionsarchitektur um 1800 liegen. Kennzeichnend ist die Betonung der handwerklichen Produktion – oft im Gegensatz zur Realität des industriellen Bauens – und die Verwendung von Natursteinverkleidungen wie Muschelkalk, Travertin und Marmor (→ Bausteine). Oberstes Ziel der N. A. ist die Einflußnahme durch das architektonische Kunstwerk und die Verkörperung des Führerprinzips (Führerbalkon an vielen Bauten). Dabei sollte sich im Ewigkeitsanspruch der N. A. die Vorstellung vom 1000jährigen Reich erfüllen. Noch in ihrem ›Ruinenwert‹, ähnlich den Pyramiden, sollte die Architektur im Verfall ›würdig‹ von besseren Zeiten künden. Mit dem Tod von Troost, der 1933 mit dem Haus der Kunst in München den Musterbau der N. A. geliefert hatte (Abb. → Deutschland), stieg der junge → Speer schnell in die Rolle des Inszenators des NS-Staates auf. Seine Bauten auf dem Reichsparteitaggelände in Nürnberg (ab 1934, Abb. → Deutschland), der deutsche Pavillon auf der Weltausstellung 1937 in Paris (Abb. → Ausstellungsarchitektur) und die Neue Reichskanzlei in Berlin (1938-39; Abb. → Speer) bestimmen die Vorstellung von offizieller NS-Architektur. Aber auch andere Bauten trugen dazu bei, so z. B. E. Sagebiels Reichsluftfahrtministerium in Berlin (1934-35), G. Bestelmeyers Luftgaukommando in München (1936) und die → Marchs Hochschule für Leibesübung in Berlin (1936). Viele der → megalomanen Planungen, die immer in Abstimmung mit dem Künstler-Dilettanten Hitler entstanden, blieben in den Anfängen stecken und wurden von den Kriegsereignissen überholt, so der Neuaufbau von Berlin als Hauptstadt des Dritten Reiches ab 1937 durch den Generalbauinspektor Speer und die vorgesehene städtebauliche Neuordnung vieler Großstädte. Auch Stadtneugründungen, wie die Stadt des KDF-Wagens (Wolfsburg) von P. Koller (1938 bis 1942) oder die Stadt der Hermann-Göring-Werke (Salzgitter) von H. Rimpl (1937-39) wurden aufgrund der Kriegsereignisse nicht vollendet. Neben den Partei- und Staatsbauten, in denen sich die Ästhetik des NS-Systems am reinsten verkörpert, wurden für die übrigen Bauaufgaben verschiedene formale Lösungen eröffnet: eine Wiedergeburt der

Nationalsoz. Architektur. ›Ehrentempel für die Gefallenen der Bewegung‹, München, von → Troost, 1933-34.

Nationalsoz. Architektur. Neue Reichskanzlei Berlin, von → Speer, 1938-39.

Nationalsoz. Architektur.
Autobahnbrücke bei Limburg,
von → Bonatz, 1937-39.

Hierarchie der Bauaufgaben, entsprechend der Kunsttheorie des 19. Jhs.

Die ›Neue Baukunst‹ ist im Resultat kein geschlossenes Architekturprogramm, sondern ein Konglomerat verschiedener konservativer Architekturströmungen. Trotzdem wurde → funktionalistische Architektur im Fabrikbau toleriert (Heinkel-Flugzeugwerke in Oranienburg von H. Rimpl, 1936 bis 1938; Hansa-Lloyd-Goliath-Werke von R. Lodders, 1935). Allem propagandistischen Aufwand zum Trotz blieb der → Wohnbau weit hinter den Ergebnissen der Weimarer Republik zurück. Unter dem ›Generalbevollmächtigten für den Wohnungsbau‹ J. Schulte-Frohlinde wurden ›Reichsbauformen‹ und ›Landschaftsbauformen‹ entwickelt, scheinbar auf die Ausprägung deutscher Kulturlandschaften bezogene, ›heimatverbundene‹ Architektur, die gauweise in Gestaltungsrichtlinien gefaßt wurde. Neben zwei- bis dreigeschossigen Wohnbauten wurde das Einfamilien-Siedlerhaus bevorzugt. Galt in der offiziellen Staatsarchitektur des NS-Systems die Megalomanie des Übertreffens

Nationalsoz. Architektur. ›Große Achse‹, Berlin,
von → Speer, 1942.

aller Vorbilder an historischen Bauwerken, so war in der Alltagsarchitektur die aus der Heimatschutzbewegung übernommene Pflege des Vorbildes der historischen, regionalen Baukultur angestrebt. Unter der Leitung von H. Dustmann, dem ›Reichsarchitekten der Hitlerjugend‹, wurden zahllose HJ-Heime über genormten Grundrissen meist in → Fachwerk errichtet. Die SS-Ordensburgen Vogelsang (1936-38) und Crossinsee (1937), beide von C. Klotz, beziehen ihr Vorbild aus mittelalterlichen → Burgen, bzw. → Klöstern. Im Autobahnbau (→ Todt) wurden Planungen der Weimarer Zeit fortgeführt und entsprechend der strategischen Bedeutung des Vorhabens der weitere Ausbau durch Einsatz von Reichsarbeitsdienst, Zwangsarbeitern und KZ-Häftlingen forciert. Unter der künstlerischen Oberleitung von → Bonatz und F. Tamms entstanden z. T. eindrucksvolle Brücken- und Landschaftsbauwerke. Im Schatten der Hochrüstung waren ab 1939 nur kriegswichtige Bauten zugelassen, ab 1940 bestand generelles Bauverbot. 1943

bildete Speer den ›Arbeitsstab zum Wiederaufbau kriegszerstörter Städte‹. In der Folge Abkehr von dem Prinzip der monumentalen, verdichteten Stadt und Umorientierung zur ›luftschutzgerechten‹, aufgelockerten Stadt, ein Konzept, das noch Einfluß auf den Wiederaufbau nach 1945 hatte (→ Städtebau). Im militärischen Bereich gab es bedeutende Fortschritte z. B. im Stahlbetonschalenbau, im Spannbetonbau (→ Beton) und in Leichtträgerkonstruktionen aus vorgefertigten Elementen (→ Präfabrikation). Dieser Modernisierungsschub durch den ›totalen Krieg‹ und die forcierte Rüstungsproduktion war eine wichtige Voraussetzung für den raschen Wiederaufbau nach 1945. Vgl. → Razionalismo, → Stalinistische Architektur.

C. M.

Lit.: Brenner '63; Wulf '63; Teut '67; Petsch '76; Spieker '80; Rasp '81; Schönberger '81; H. Frank '90; Lane; Scobie; Reichel '91.

Nepal. In seiner heutigen geopolitischen Form erst 1768 durch die Gurkha-Eroberung entstanden. Die künstlerische und kulturelle Geschichte von N. beschränkt sich im wesentlichen auf das nur etwa 300 Quadratkilometer große, 1500 Meter hoch gelegene Kathmandu-Tal, das zeitweise mehrere unabhängige Herrschaftsgebiete umfaßte. Die Kultur des Landes wurde von den Newar getragen. Im Gegensatz zu → Indien sind die Traditionen des Buddhismus und Hinduismus in N. bis heute ungebrochen. Die jahrhundertelange relative Isolation des Landes nach der muslimischen Eroberung Indiens begünstigte die Entwicklung einer Nationalkultur.

Die Architektur des Kathmandu-Tals ist seit dem Beginn der Licchavi-Zeit im 4. Jh. faßbar und in dieser frühen Phase Teil der indischen Entwicklung. Auf diese Zeit gehen sowohl die Gründungen der großen hinduistischen Staatstempel außerhalb der drei Hauptstädte des Tals zurück als auch der frühen buddhistischen → Stupas. Zu den ältesten des Tals sollen die vier an den Kardinalpunkten der Stadtanlage von Patan liegenden Stupas gehören, ebenso derjenige in Chabahil, dessen Gründung die Legende sogar mit Kaiser Ashoka in Verbindung bringt. (In N. werden Stupas wie auch andere Heiligtümer archäologisch nicht untersucht.) Das wichtigste Heiligtum des nepalesischen Buddhismus ist der Stupa von Svayambhunatha auf einem Hügel im Westen von Kathmandu. Der ursprüngliche, aus der Zeit um 400 stammende Stupa-Baukörper ist später vielfach ummantelt worden. In den vier Himmelsrichtungen wurden kleine Schreine für die vier Dhyani Buddhas angefügt. Eine nepalesische Besonderheit sind die ›Alles sehenden Augen

Nepal. Stupa von Svayambhunatha, Kathmandu,
um 400.

Nepal. Stupa, Bodhnatha, Kathmandu-Tal.

der Buddhaschaft‹, die auf die Seiten der kastenförmigen Harmika aufgemalt sind. Die Spitze hat 13 vergoldete Metallringe und den bekrönenden Ehrenschirm (→ Chattra). Eine andere Form des Stupa zeigt der nur von Tibetern verehrte riesige Bodhnatha, der sich gegenüber Svayambhunatha durch einen zwölfeckigen, dreigeschossigen Unterbau auszeichnet und keine Ausrichtung durch angefügte Schreine besitzt.

Neben diesen massiven, skulpturhaften Bauwerken geben steinerne Votiv-Stupas mit Darstellungen von Gesimsen, Säulen, Kapitellen etc. wie jener in dem Stadtbezirk Dhvaka baha, Kathmandu (7. Jh.), eine Vorstellung von der Architektursprache der Zeit, die sich ganz an indischen Vorbildern orientiert. Säulen und Säulenfragmente, die man noch verstreut im Tal findet, zeigen, daß man in dieser Periode auch Stein verwendete, im Gegensatz zum folgenden Jahrtausend, das in der traditionellen Baukunst ausschließlich Holz und Ziegel verwendete.

Nepal. Priesterhaus Pujari Matha, Bhaktapur, ab 1480.

Die traditionelle Ziegel- und Holzarchitektur des Tales (→ Holzbauweise) zeichnet sich durch eine erstaunliche Homogenität in der Verwendung von Materialien und Konstruktionsmethoden für alle Arten von Gebäuden aus. Selbst Dekormotive der sakralen und profanen Gebäude, die ursprüngliche struktive Elemente widerspiegeln, sind grundsätzlich überall gleich und variieren nur entsprechend der Funktion der Bauten. Neben dem steilen, weit überkragenden Dach ist für die traditionelle Architektur der Türsturz typisch, der, wie der Schwellbalken, seitlich weit über die Pfosten auskragt und den Portalen eine flügelartige Erscheinung gibt. Weitere wichtige Elemente sind die um 45 Grad geneigten Dachstützen mit stehenden Gottheiten, die vom Gesims bis zur Kante der überhängenden Dächer reichen. Die verschiedenen Motive der traditionellen newarischen Architektur stammen aus der Kushana- und Gupta-Architektur Indiens, wo sie, mit Ausnahme der Dachstützen, schon vor dem 11. Jh. obsolet wurden.

Die Newar haben eine ausgesprochen städtische Architektur entwickelt, für die es anderswo auf dem indischen Subkontinent keine Beispiele gibt. Zwei- bis dreigeschossige Häuser fügen sich zu geschlossenen Straßenfronten zusammen. Es entsteht eine städtische Situation mit gepflasterten Straßen, Plätzen, Innenhöfen, Brunnenanlagen sowie aufeinander bezogenen Gebäuden mit einer Vielzahl unterschiedlicher Funktionen wie private Wohnhäuser, öffentliche Rasthäuser (Sattal), Paläste (Durbar), Klöster (Vihara) und verschiedene Arten von Schreinen.

In der Architektur N.s spielt die Cella und der umbaute Hof, nicht aber die Halle eine Rolle. Eine Ausnahme ist der dreigeschossige Hallenbau Kasthamandapa, ›Haus aus Holz‹ (um 1100), von dem Kathmandu seinen Namen herleitet. Er ist das (wenn auch restaurierte) älteste Gebäude im traditionellen Stil, ohne die sonst üblichen Dachstreben aufzuweisen.

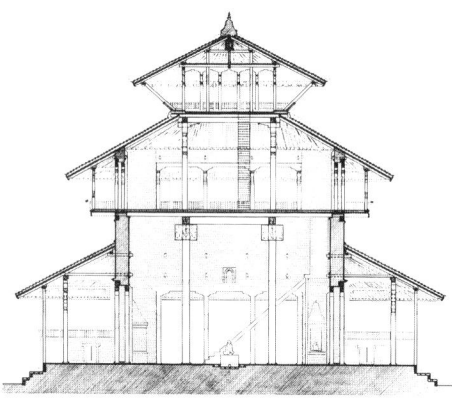

Nepal. Kasthamandapa, Kathmandu, um 1100.

Mit Ausnahme dieses Beispiels gehen beinahe sämtliche noch stehenden Bauten im Kathmandu-Tal erst auf die Zeit nach einem Einfall aus Bengalen zurück, als in der späten Malla-Periode (1482-1768) die drei Handelsplätze Bhaktapur, Patan und Kathmandu zu kultisch selbständigen Königsresidenzen ausgebaut wurden. Für hinduistische und synkretistische Gottheiten von nationaler Bedeutung wurde der Typus eines Staatstempels nach dem Vorbild des Pashupatinatha üblich, von dem Repliken für die Regierungspaläste der drei Hauptstädte errichtet wurden. Andere Schreine haben statt des geschlossenen Umgangs um die Cella einen offenen Säulengang.

Der heutige Schrein für Pashupatinatha, der höchsten Gottheit des Tales, dessen Gründung in die 2. H. des 4. Jhs. zurückgeht, stammt aus dem 17. Jh., entspricht aber einem sehr frühen nepalesischen und letztlich indischen Prototyp des quadratischen Tempels, mit Eingängen nach allen vier Seiten (Sarvatobhadra), einem inneren Umwandlungsgang um eine Cella (Garbhagrha) mit dem Kultbild im Zentrum, die ebenfalls nach allen vier Seiten offen ist. Darüber liegt eine Leerzelle. Der früheste Typus hat nur zwei Dächer, bald wurde später ein drittes hinzugefügt. Die Tempel haben in der Regel eine Metallbekrönung in der Form eines Stupa. Der ursprünglich auf einer Plattform im Tempelhof stehende zweigeschossige Typus des Staatstempels wurde später durch Dächer zusätzlicher Stockwerke und hohe Stufensockel monumentalisiert, wie beim größten

Nepal. Pfauenfenster am Pujari Matha in Bhaktapur, ab 1480.

Nepal. Krishna-Tempel,
Darbar-Platz, Patan, 1637.

Schrein des Tals für Taleju, der 1564 von Mahendra Malla für den Hanuman Dhoka Palast in Kathmandu erbaut wurde.

Neben Schreinen im traditionellen nepalesischen Stil werden seit dem 17. Jh. auch Tempel aus → Werksteinen errichtet. Beim Krishna Mandir (1637) und beim Cyasing Devala (1723) verbindet sich die Tradition des Shikhara-Turms, wie er sich im westlichen Himalaya erhalten hat, mit Elementen zeitgenössischer Mogul-Architektur Nord-Indiens.

Die Gurkha-Eroberer hatten 1770 in einem neungeschossigen Turmbau (Nautale) ein Herrschaftszeichen gesetzt. Dieser Palast-Wohnturm ist ein neuer Bautyp im Kathmandu-Tal. Seit dem Ende des 19. Jhs. wurde das Tal mit einer Fülle prachtvoller Palastanlagen in europäischen Stilen überzogen, erbaut von nepalesischen Architekten, die z. T. in → Japan ihre Ausbildung erhalten hatten.   V. W.

Lit.: Wiesner '78, '80; Macdonald/Vegati Stahl '79; Slusser '82; Harle '86; Frick '89; Gail '91.

Neue Sachlichkeit. Turnsaal
und Aula der Volksschule Celle,
von → Haesler, 1929.

Neue Sachlichkeit. Sachlichkeit war neben ›Einfachheit‹ und ›Anständigkeit‹ ein Schlüsselbegriff in der Diskussion um die ›Moderne Architektur‹. → Muthesius: »Was aber am englischen Hause von eigentlichem, ausschlaggebendem Wert ist, ist seine völlige Sachlichkeit« (1904); Adolf Behne: »Sachlichkeit bedeutet verantwortetes Denken, bedeutet ein Schaffen, das alle Zwecke mit und aus der Phantasie erfüllt« (1927).

Als Begriff für eine Kunstströmung zuerst geprägt für die bildende Kunst von G. F. Hartlaub 1922, und 1925 für seine Ausstellung in der Städtischen Kunsthalle Mannheim verwendet als Bezeichnung für einen nüchternen, exakten, peinturefreien Realismus als Gegenbewegung zum → Expressionismus (daher auch Nachexpressionismus); mit Tendenzen zur Gesellschaftskritik (Verismus), zur Darstellung von Technizität und zur Poetisierung des ›Häßlichen‹ (Magischer Realismus).

Analoge Verwendung in der deutschen Architekturdiskussion der 20er und beginnenden 30er Jahre (Ausstellung des Arbeitsrats für Kunst, Berlin, Mai 1920) in Einengung des Begriffs des ›Neuen Bauens‹ auf die streng kubische, ornamentfreie Architektur des → Rationalismus mit ›Maschinenästhetik‹ und ›Zweckform‹ in Abgrenzung von der Architektur des Expressionismus, des (später so genannten) → Art Deco, des → Neoklassizismus und der Heimatschutzarchitektur. Dabei schwenkten die expressionistischen Architekten und Theoretiker, wie → Gropius, B. → Taut, A. Behne, W. C. Behrendt zur N. S. über. Auch der → Deutsche Werkbund (Ausstellung ›Form ohne Ornament‹, Stuttgart 1924; Ausstellung Weißenhofsiedlung, Stuttgart 1927) versuchte, die N. S. durchzusetzen. Für die Vertreter der Heimatschutzarchitektur (→ Schultze-Naumburg, → Schmitthenner) handelte es sich dagegen um ›Internationalismus‹ und ›Kulturbolschewismus‹.

Wasmuths ›Lex. d. Baukunst‹ von 1932 verwendet den Begriff N. S. neben ›Neue Baukunst‹ als Bezeichnung für die moderne Architektur: »Hier sollte mit diesem Begriff die neu erwachte Besinnung auf die Aufgaben der Zeit, die Verwendung neuzeitlicher Werkstoffe und Werkverfahren, schließlich die Betonung des Kollektivistischen, Norm- und Serienhaften bezeichnet werden.«   Wa. P.

Lit.: Hamann '33/'77; Hirdina '81; Behne '84; Huse '85.

Neue Wohnformen. Seit mehr als einem Jahrzehnt ist in der Bundesrepublik ebenso wie in einigen Nachbarländern (Österreich, Schweiz, Niederlande, Skandinavien) eine Vielfalt von Initiativen im Wohnbereich entstanden, für die Stichworte wie ›Gemeinschaftliches Wohnen‹, ›Leben und arbeiten unter einem Dach‹, ›Integriertes Wohnen‹, ›Wohnen mit jung und alt‹, ›Wohnen mit Kindern‹, ›Frauen wohnen mit Frauen‹ charakteristisch sind. N. W. spiegeln eine Fülle neuer Bedürfnisse wider und stellen eine Kritik an traditionellen Formen des öffentlichen wie privaten Wohnungsbaus sowie an der Wohnungsverwaltung dar, auf deren Mängel sie verweisen. Bestehende Wohnleitbilder und Wohnungsstandards im traditionellen familialen, rechtlichen, finanziellen und räumlich-organisatorischen Sinne werden als nicht mehr adäquate Antworten auf die tiefgreifenden gesellschaftlichen Umbrüche angesehen, besonders auf neue Formen der Arbeitsorganisation (Zunahme der informellen Arbeitsbereiche und Flexibilisierung) und neue Formen der Freizeit sowie auf ethnische und demographische (die steigende Zahl älterer Menschen) Entwicklungen. Trotz des Facettenreichtums neuer Wohnformen und der unterschiedlichen Bedürfnisse der Bewohner je nach Alter, Geschlecht, ethnischer Zugehörigkeit, sozialer Stellung etc. ist ihnen das Ziel der Selbstbestimmung von Lebenszusammenhängen und einer aktiven Teilhabe am Lebensbereich Wohnen (Partizipation bei Planung und Nutzung) unter Ablehnung von staatlicherseits festgesetzten Normen und Richtlinien gemeinsam.

Die alternativen Wohnprojekte zeigen idealtypisch betrachtet zwei Richtungen: eine Bewegung neuer familialer Lebensformen (einzelne Familien wollen ›anders‹ leben, ohne die Familie als gesellsch. Grundeinheit aufgeben zu wollen) und eine Bewegung einzelner Menschen, die bewußt alternative Lebensformen suchen. Beiden Richtungen geht es primär um ein ökonomisches Interesse, nämlich um dauerhaft bezahlbares und im rechtlichen Sinne gesichertes Wohnen als existentielle Lebensgrundlage und als Basis für soziale Lebensformen in Hausgemeinschaften und im Stadtteil. Aus diesem Interesse sind zahlreiche Projekte entstanden, die durch rein nutzungsorientierte Standards, rationelles und regional eingebundenes Bauen sowie Selbsthilfe

Neue Sachlichkeit. Bauhaus in Dessau, von → Gropius,
1925-26.

vergleichsweise billigen und dennoch architektonisch anspruchsvollen Wohnungsbau verwirklichen. Einige Modelle der Trägerschaft und Finanzierung greifen zu diesem Zweck auf die genossenschaftlichen Traditionen zurück.

Das zweite zentrale Anliegen der Bewegung N. W. umfaßt wohnkulturelle Ziele: gewünscht wird, der Trennung von Lebensbereichen in den Städten und der Isolation angesichts der Individualisierung der Arbeitswelt entgegenzuwirken, integrative Lebensprozesse zu erneuern oder zu strukturieren. Wohnen wird als ein zentraler Aspekt der Lebensplanung und als Gegenpol zur geforderten Mobilität gesehen. Eingeklagt wird das Recht, in einem liebgewordenen Stadtteil wohnen bleiben zu können. In diesem Kontext hat auch der Begriff ›Heimat‹ eine Renaissance erfahren.

Drittens wird ganz pragmatisch durch selbstgewählte nachbarschaftliche Beziehungen eine Vereinfachung der Alltagsorganisation angestrebt, was besonders Frauen betrifft. Und schließlich verfolgen die N. W. ökologische Ziele: ökologisches Bauen und Haushalten im Rahmen selbstbestimmten Wohnens.

Gemeinschaftseinrichtungen sind als zentrales Bindeglied zwischen einzelnen Wohnungen sowie zwischen Hausprojekt und Stadtteil vorgesehen: für Kindergruppen, Mittagstische für ältere Menschen und für Arbeits- oder Freizeitbeschäftigungen stehen eigene Räume zur Verfügung.

Kennzeichen der N. W. sind die Kompaktheit der Bauformen und der Versuch, mit dem Boden sparsam umzugehen, also eine Entscheidung, die Baukosten zu senken und gleichzeitig ökologische Siedlungsformen zu praktizieren.

Neue Wohnformen. Projekt ›Wohnen mit Kindern‹, Wien, von Ottokar Uhl, 1983-84.

Die Planung von N. W. verlangt vom Architekten einen neuen Zugang zum Wohnungsbau, da offene Baustrukturen (Größe und Zuschnitt der Wohnungen, der Gemeinschafts- und Außenbereiche) verlangt werden, die sich gewandelten Lebensformen anpassen. Partizipativ entstandene Wohnprojekte (unter gemeinsamer Planung von Nutzern und Architekten) können ein hohes gestalterisches Niveau erreichen. → Ökologisches Bauen; → Alternative Architektur; → Stadthaussiedlung. J. B.

Lit.: Brech '89a, '89b; Reinig '89; Siebel '89; Bärsch '90; Bundesminister für Raumordnung ... '90; Potter '91; Wohnbund '91, '92; Bura '92.

Neureuther, Gottfried von (1811-87). N. studierte Architektur bei → Gärtner in München. Als Architekt beim Bau der fränkischen Ost-West-Eisenbahn

Akademie der Bildenden Künste, München, von → Neureuther, 1876-86.

von Hof nach Aschaffenburg plante er 1840-56 vierzig typisierte Bahnhöfe. Sein Pavillonsystem des Stationsgebäudes in Würzburg fand erste Anerkennung; 1857 erhielt N. eine Professur an der polytechnischen Schule in München. Da er den offiziell gewünschten Maximilianstil ablehnte, bekam er erst nach dem Tod des Königs 1864 einen großen Bauauftrag. Den Neubau des Münchner Polytechnikums (später Technische Hochschule, 1944 zerstört) errichtete N. nach dem Vorbild von → Sempers Polytechnikum in Zürich im Stil der italienischen Neorenaissance (→ Historismus) und löste damit einen Umschwung im bayerischen Baugeschehen aus. Die italienische → Renaissance blieb Ideal und stilistische Grundlage von N.s weiteren Projekten. Sein bedeutendster Bau ist die 1876-86 errichtete neue Kunstakademie in München, mit U-förmigem Grundriß, schloßartig dominierend am Ende einer Straßenachse. W. N.

Lit.: Nerdinger '78.

Neue Wohnformen. Projekt ›Festgasse‹, Wien, von Ottokar Uhl, 1982.

Nordafrikanische Länder. Nordafrika ist weder landschaftlich noch historisch eine Einheit, dennoch kann von einer nordafrikanischen Kultur gesprochen werden, die sich von der schwarzafrikanischen im Süden – getrennt durch die Wüste – wie von der europäischen im Norden unterscheidet. Die fruchtbare Küstenebene ist seit alters besiedelt und war häufig Ziel kolonialer Zivilisationen, die wie die Phönizier, Römer, Araber, Mauren, Spanier, Franzosen und Italiener ihre Spuren auch im architektonischen Erbe hinterließen (→ Römische A., → Islamische A.). Die Höhen und Täler des Atlas-Gebirges, oft nicht minder fruchtbar als die Küste, aber schwer zu erreichen, blieben von den Eindringlingen ebenso verschont wie das weit im Landesinneren gelegene, steinige Hoggar-Gebirge. Dort und in den angrenzenden Wüsten lebten Nomaden in Zelten (→ Zeltarchitektur). Die Oasen der transsaharischen Karawanenrouten haben ihren jeweils eigenen Stil hervorgebracht.

Zwei Grundelemente bestimmten in unterschiedlicher Gewichtung die Architektur der letzten tausend Jahre: das seit dem 7./8. Jh. fest verankerte arabo-islamische und ein einheimisches Element, dasjenige der alteingesessenen Berber. ›Berber‹ ist ein Sammelname für mehrere in Nordafrika lebende Völkergruppen mit einer eigenen Sprache, die mit dem Semitischen verwandt ist.

Bürgerhäuser in Marrakesch, Marokko.

Siedlung der Aït Oudinar im Dadès-Tal, Marokko.

Die traditionelle Architektur der Küstenebene gleicht jener der anderen Mittelmeerländer. Die Bürgerhäuser jener Region weisen besonders in ihrer Raumanordnung starke Parallelen zu den Stadthäusern im Westen der arabischen Halbinsel auf (→ Arabische A.). Es sind zwei- oder mehrgeschossige Häuser, ohne Keller, mit Innenhof. Manchmal haben sie wie die Häuser Andalusiens (→ Spanien) ein mit Röhrenziegeln gedecktes Satteldach, oft jedoch ein als Wohn-, Arbeits- oder Schlafraum genutztes Flachdach. Die Stampflehmauflage des Daches (→ Lehmarchitektur) mußte jährlich versorgt werden, was von einer eigenen Berufsgruppe, den Mörtlern, ausgeführt wurde. Die von einem Wetterdach überdeckten Eingangstore liegen an den Hausecken; der Korridor dahinter ist derart gewinkelt, daß man nicht direkt in den Hof, den zentralen Aufenthaltsort der Familie, blicken kann. Der → Patio ist von einem gedeckten Gang umgeben, von dem aus die einzelnen Zimmer zu erreichen sind. Beleuchtet werden alle Räume in erster Linie über den Hof. In den Zimmern, deren Deckenbalken aus Zedernholz einen angenehmen Duft verströmen, gibt es fast kein Mobiliar, nur Polsterdiwane entlang der Wände, bemalte Wandetageren und einige Truhen. Anders als im Nahen Osten sind die nordafrikanischen Bürgerhäuser oft mit mehrfarbigen Mosaiken aus glasierten Kacheln geschmückt. Die traditionellen Bürgerhäuser kannten keine Küche in unserem Sinne, gekocht wurde auf einem transportablen Ofen im Freien; und fast keines der Häuser verfügte über ein eigenes Bad, statt dessen gab es in allen Quartieren beheizte öffentliche Bäder.

Ghorfas‹ der Matmata, Südtunesien.

In den entlegenen Bergen und Oasen, wo das einheimische Element stärker ausgeprägt war, finden sich eigenwillige Siedlungstypen, wie z.B. die Höhlenstädte in Marokko, Tunesien und Westlibyen. In Südtunesien lebten zahlreiche Menschen auf engstem Raum in den ›Ghorfas‹, bienenwabenförmig übereinandergeschachtelten Wohnzellen aus Lehm.

In Marokko war besonders im Süden des Landes eine ›Ksar‹ genannte Siedlungsform verbreitet, die befestigt und nach einem rechtwinkligen Plan angelegt war. Sie hatte nur einen Eingang, der sich auf einen Platz mit einer Moschee und einem öffentlichen Bad öffnete. Die Anlagen – bewohnt von verschiedenen sozialen Gruppen und nach innen wie außen selbst verwaltet – konnten unterschiedlich groß sein: es konnten dort wenige, fünf oder sechs Familien leben oder aber mehrere hundert. Die Baugeschichte dieser und anderer Großbauten der Berber ist kaum geklärt, ebenso wie die Frage nach der sozialen Organisation jener Kollektivbehausungen. Rudofsky ordnete sie seinen Beispielen der → Anonymen Architektur zu, obwohl gerade diese Anlagen nur funktionieren, weil jeder Benutzer den anderen genauestens kannte.

Ksar, Südmarokko.

Diese befestigten ›Ksar‹-Orte entsprangen demselben Bedürfnis nach Schutz wie die ›Tighremt‹-Familienburgen und die ›Agadir‹-Großspeicher. Da die Stämme von Tal zu Tal miteinander in Fehde lagen und es weder Straßen noch ein talübergreifendes Kommunikationssystem gab, waren Festungsbauten die einzige Möglichkeit, wenigstens einen Teil des Besitzes und der Familie vor Überraschungsangriffen in Sicherheit zu wissen. Die ›Tighremt‹-Burgen aus Lehm beherbergten jeweils eine kleinere oder größere Abstammungsgruppe. In einem Mauerviereck, mit hohen Türmen an mindestens zwei Ecken, befanden sich die mehrstöckigen Häuser der einzelnen Familien. In den unteren Räumen wurde das Vieh gehalten und landwirtschaftliches Gerät aufbewahrt, darüber befanden sich die Lagerräume, und dann erst folgten die Wohnräume.

Tighremt n Aït Hammou ou Manesour, Skoura, Marokko.

In anderen Gegenden entschlossen sich die Mitglieder einer Abstammungsgruppe nicht zum gemeinsamen Wohnen, wohl aber zu einer gemeinsamen Lagerhaltung und bauten die ›Agadir‹ genannten Kollektivspeicher für landwirtschaftliche Produkte und andere Wertgegenstände. Die Gesamtanlage mit einer Umwallung, Wachtürmen und gemeinschaftlich genutzten Bauten (→ Zisternen, Brunnen, Heiligtum) wurde in Gemeinschaftsarbeit errichtet, die Speicherkammern selbst vom jeweiligen Besitzer. Zum Schutz vor äußeren Feinden wurden Türme und Mauern gebaut, zum Schutz vor den inneren, d. h. vor Streit und Diebstahl, diente das Grab eines Heiligen, der nicht selten ein Vorfahr der

›Agadir‹, Kollektivspeicher im Atlasgebirge, Marokko, Ende 18. Jh.

Abstammungsgruppe selbst war. Manche Agadirs hatten weit über 200 Kammern, und einige waren fast 300 Jahre lang in Benutzung. Heute, da die Zeiten auf dem Lande sicherer sind als früher, sind sie wie die Familienfestungen nicht mehr nötig und verfallen.

Die moderne Architektur der nordafrikanischen Länder wurde in der ersten Hälfte unseres Jahrhunderts durch die europäischen Kolonialmächte bestimmt. Ihr Einfluß prägte die Baustruktur wie die formale Dekoration. Die politische Unabhängigkeit führte in keinem Land direkt zu einer eigenständigen Architektur, da die neuen Architekten an europäischen Hochschulen ausgebildet worden waren. Von den jeweiligen Regierungen war – je nach politischem Programm – die Nachahmung europäischer Moden, einer bürgerlichen oder sozialistischen Avantgarde erwünscht.

Die gegenwärtige Architektur versucht moderne wie traditionelle Funktionen und Technologien in ein neues Verhältnis zu setzen und hat damit eine neue Ästhetik erreicht, die sich manchmal an der aquarellierten Sehnsuchtsarchitektur von Klee und Macke zu orientieren scheint und zuweilen im wahrsten Sinne des Wortes arabeske Blüten treibt (obwohl in den reichen Ländern am persisch-arabischen Golf häufiger anzutreffen). Gerade im Siedlungs- und Wohnungsbau wurde das nordafrikanische Beispiel wiederholt durch die Verleihung des Aga-Khan-Preises für Architektur gewürdigt. In Libyen hatte die Architektur außer an der Küste weiterhin traditionellen Charakter und blieb auch nach dem Ende der italienischen Besatzung (1945) lange Zeit italienisch beeinflußt. Seit dem Sturz (1969) von König Idris I., auf den auch der Plan einer neuen Hauptstadt, El Baida, zurückgeht, regiert Kadhafi das Land. Über die gegenwärtige Architektur, die nicht, außer bei zahlreichen Siedlungsbauten, auf Vorbilder aus sozialistischen Ländern zurückgriff, ist wenig bekannt.

Tunesien, das kleinste Land Nordafrikas, wurde 1956 unabhängig. Schon seit langem wohnt ein großer Teil der Bevölkerung in Städten, da die Berge und Wüsten nur wenige Menschen ernähren. Einer der ersten tunesischen Architekten war O.-C. Cacoub; er plante eine Vorstadt von Tunis für 20 000 bis 30 000 Einwohner nicht wie die damals vorbildhaften schwedischen → Satellitenstädte als reine Wohnstadt (→ Städtebau), sondern mit Schulen, Gewerbebetrieben und kulturellen Gemeinschaftseinrichtungen nach dem Vorbild des traditionellen Quartiere. Inzwischen gingen vier Preise der Aga-Khan-Stiftung nach Tunesien: 1980 für die Erhaltung und Pflege eines Küstenortes, Sidi Bou Said, 1983 für den Ausbau eines Altstadtquartieres von Tunis, in demselben Jahr für ein Appartement-Hotel in Sousse, das mit modern vereinfachten Formen und den Materialien lokaler Bautradition errichtet worden war, und 1989 für eine mehrgeschossige Grundschule mit Innenhöfen und holzvergitterten Fenstern.

Algerien, ein weiträumiges Land, gehörte bis 1962 zu Frankreich und alle öffentlichen Bauten sahen wie die französischen Vorbilder aus. Auch → Le Corbusier hatte für Algerien geplant und veröffentlichte einiges davon in seiner ›Poesie sur Alger‹ (1950), was später wieder als Anregung aufgegriffen wurde. Noch zur Kolonialzeit machten die Siedlungen des Architekten Roland Simounet wegen ihrer formalen Ähnlichkeit mit traditioneller Architektur von sich reden, seien es seine Kuppelbauten von El-Biar oder die Terrassenstadt Djenan al-Hassan, wo die einzelnen Wohnzellen wabenartig in eine terrassierte Landschaft gesetzt worden waren.

Appartement-Hotel Résidence Andalous, Sousse, Tunesien, von Serge Santelli, 1980.

Wohnsiedlung in Djenan-El-Hasan, Algerien, von Roland Simounet, Anfang 60er Jahre.

In Marokko konzentrierten sich aufgrund einer starken Landflucht und der rasch anwachsenden Bevölkerung die meisten Bauvorhaben auf den Siedlungsbau und die dazugehörigen Versorgungseinrichtungen, zu denen im weiteren Sinne auch Industrieanlagen gehörten. Zwar gab es traditionell keine Mietshäuser, das Zusammenleben mehrerer Familien auf sehr engem Raum war jedoch auch den Marokkanern bekannt. So überrascht nicht, daß die ersten gelungenen Entwürfe von Mietshäusern, die – nach außen geöffnet, ohne von außen einsehbar zu sein – die Privatheit ihrer Bewohner optimal garantierten, aus Marokko kamen, wie z. B. die mehrgeschossigen Zeilenhäuser in Casablanca von Elie Azagury, der wie sein Kollege J. F. Zevaco auch durch den Bau von Schulen bekannt geworden war. Die Qualität der modernen Architektur Marokkos wurde durch zwei Preise der Aga-Khan-Stiftung auf dem Gebiet des (sozialen) Wohnungsbaus bestätigt: der eine ging 1980 an Agadir,

*Nordafrikanische Länder.
Siedlung Dar Lamane,
Casablanca, Marokko,
von Abderrahim Clarai und
Abdelaziz Lazrak, 1983.
Aga-Khan-Preis 1986.*

der andere 1986 nach Casablanca. 1960 war nach der Zerstörung Agadirs durch ein Erdbeben J.F. Zevaco beauftragt worden, eine kleine Siedlung einstöckiger Wohnhäuser für Angestellte im öffentlichen Dienst zu bauen. Außer Glas und Stahl wurden ausschließlich lokale Materialien verwendet. Obwohl das Projekt preiswert war, wurden alle Anforderungen an modernen Komfort und traditionelle, auf die Familie bezogene Abgeschlossenheit erfüllt. In Casablanca wurde 1983 nach nur dreißig Monaten Bauzeit ein Vorort für ca. 25 000 Bewohner fertiggestellt. Obwohl die Gebäude mehrgeschossig sind, ist die Privatheit der Familien gesichert, und eine überlegte Gestaltung des öffentlichen Raumes gewährt die reibungslose Versorgung der Bewohner, läßt Raum für gesellige Aktivitäten.

A. N.

Lit.: Montagne '30; Marçais '54; Jacques-Meunié '62; Kultermann '63; Wrage '67; Palais et Maisons du Caire '75, '77, '79, '83; Adam, J. A. '81; Palais et Maisons du Caire '82, '83; Neumann, W. '83; L'Habitat Traditionel ... '88, '90, '91; Bianca '91; Santelli '91.

OP

OMA. Das niederländische Office for Metropolitan Architecture (OMA) wurde 1975 von Rem Koolhaas und Elia Zenghelis zusammen mit ihren Ehefrauen Madelon Vriesendorp und Zoe Zenghelis gegründet.

Koolhaas, 1944 in Rotterdam geboren, wuchs in Indonesien auf und studierte 1968-72 an der → Architectural Association School in London. 1962-67 Journalist und freier Filmautor. 1972-75 Mitarbeit am Lehrstuhl von → Ungers an der Cornell University (Ithaca). Koolhaas ist der ideologische Kopf von OMA.

Bis 1978 entstanden hauptsächlich theoretische Projekte in und über New York. OMA begreift die Metropolen des 20. Jhs. als den dominanten Erfahrungsraum heutiger Existenz. 1978 erschien ihre Gesamtdarstellung ›Delirious New York: A Retroactive Manifesto for Manhattan‹, eine der am vollständigsten formulierten Architekturfiktionen der Gegenwart mit surreal-narrativen Bezügen. Ab 1978 nahm das Büro zunehmend an → Architekturwettbewerben in Europa teil: u. a. Erweiterungsvorschlag für das Parlamentsgebäude in Den Haag, Holland (1978, 1. Preis), Neuplanung der Residenz für den irischen Premierminister in Dublin (1979), Renovierungsvorschlag für das Gefängnis in Arnheim (1979/80), Hochhaus-Projekt für die Internationale Bauausstellung, Berlin (1980), Wettbewerbsbeitrag Parc de la Villette, Paris (1982/83, 2. Preis). Die Bauten von OMA zeichnet ein Rückbezug auf die Ästhetik der frühen Moderne aus, vor allem auf die Auffassungen der → De-Stijl-Gruppe und des russischen → Konstruktivismus. Diese ›Neo-Moderne‹ kennzeichnet auch die realisierten Projekte, u. a. einen Apartmentblock für Groningen (1983), Wohnhausblocks für Amsterdam (1983), das Nationale Tanztheater für Den Haag

*Nationales Tanztheater,
Den Haag, von → OMA, 1984.*

(1984). 1985 Renovierung des Gefängnisses Arnheim. Zahlreiche Gutachten und städtebauliche Rahmenpläne für Kommunen, u. a. für die Revitalisierung des Rotterdamer Hafengebietes und für 200000 Wohnungen in Den Haag. 1989 1. Preis im Wettbewerb für die Erweiterung des Gewerbegebietes des Flughafens Frankfurt a. M., 1989 1. Preis im Wettbewerb Zentrum für Kunst und Medientechnologie, Karlsruhe.

Die von OMA verwendeten Strategien der Kollagierung und Fragmentierung bringen die Arbeiten dieses Büros in unmittelbare Nachbarschaft zum

*Terminalgebäude im Sea Trade Center, Zeebrugge,
von → OMA, 1989. Modell.*

→ Dekonstruktivismus. Ihr Œuvre bietet eine konkret nachvollziehbare Balance zwischen Moderne und Geschichte, Fiktion und Realität, unmittelbarer Erfahrung und Erfahrung aus zweiter Hand an. Heute ist OMA das bekannteste und wohl einflußreichste niederländische Architekturbüro der Gegenwart mit Büros in Rotterdam, London, New York und Berlin.

V. F.

Lit.: Koolhaas '78; OMA '85; Klotz '89; Goulet '90; Lucan '90.

Peichl, Gustav (geb. 1928). Studium u. a. an der Akademie der Bildenden Künste in Wien bei → Holzmeister. 1956 eigenes Architekturbüro in Wien. 1967-70 Redakteur bei der Zeitschrift ›Bau‹, seit 1973 Professur an der Wiener Akademie. P. ist auch unter dem Pseudonym ›Ironimus‹ als Karikaturist tätig. Innerhalb seines gebauten Œuvres stehen vor allem die sechs Studios für den Österreichischen Rundfunk ORF (1968-81), aber auch noch die Phosphat-Eliminationsanlage in Berlin-Tegel (1980-85) für eine expressiv gehandhabte Maschinenästhetik in Nachbarschaft zu → High Tech. Seine in die Landschaft integrierte EFA-Erdfunkstelle in Aflenz (1976-80) ist eine geglückte Verbin-

*Phosphat-Eliminationsanlage, Berlin, von → Peichl,
1980-85.*

dung zwischen High Tech und → ökologischem Bauen. Aber anders als z. B. → Foster oder → Rogers setzt P. bei seinen technologischen Bauten auf die symbolische Form, eine fiktionale Aufladung des Bedeutungsgehalts eines Bauwerkes, die in seinem Erweiterungsanbau für das Städel Museum in Frankfurt a. M. (1987-90) ebenso deutlich wird, wie in der Bundes-Kunsthalle in Bonn (1989-92), auch wenn diese Bauten von einer steinernen Monumentalität und einer beruhigten Klassizität geprägt sind. Sie weisen allerdings auch ironische Brechungen auf und geraten damit in die Nähe der → Postmoderne.   V. F.

Lit.: Bode/Peichl '80; Peichl '81; Güell '87; Scolari '87; Sack/ Peichl '88; Flagge '89; Abs '90.

Perrault, Dominique (geb. 1953). Nach Studium und Mitarbeit in einigen Architekturbüros gelingt P. bereits 1984 der Durchbruch durch den gewonnenen Wettbewerb für die ESIEE (Technische Hochschule für Elektrotechnik und Elektronik, vollendet

Technische Hochschule für Elektrotechnik und Elektronik, Marne-la-Vallée, von Dominique → Perrault, 1986.

1986) in Marne-la-Vallée. Hier schon wird P's spektakulärer Stil erkennbar. Ausgehend von einer konventionellen Bedienung des Raumprogrammes in Grundriß und Anordnung gelingt eine unverwechselbare metallische Raumgestalt, die sich trotz ihres gewaltigen Maßstabes in die Landschaft einfügt. 1985-88 Hôtel Industriel Berlier in Paris: ausgehend von herausfordernden technischen Ansätzen ein großdimensionierter Bau, der von einem souveränen Umgang mit der Stadtlandschaft zeugt. Sein jüngstes Projekt ist der Entwurf für die Grande Bibliothèque de France (1990): die Umsetzung des Bauprogramms und des politischen Willens in symbolträchtige, doch architektonisch lichte Massen. Seine visionären Entwürfe werden durch neuartige technologische Lösungen glaubhaft. P. schafft architektonische und städtebauliche Bezugspunkte, die einen schwerelosen → High-Tech-Klang haben und für den Kontext identitätsstiftend wirken.

Lit.: Perrault '89.   L. S.

Peru. Bis zur Eroberung durch Pizarro (1531-33) war P. Zentrum des Imperiums der Inka mit Cuzco als Hauptstadt (→ Zentralandine Hochkulturen). Der Virreinato del Perú umfaßte bis in das 18. Jh. das gesamte spanische Kolonialreich auf südamerikanischem Boden. Ein Beispiel für den ›Mestizenbarock‹ ist die Jesuitenkirche in Arequipa (um 1698). Die von Pizarro gegründete Stadt Lima war das Zentrum dieser Gebiete inmitten der Heimat des hochentwickelten Volkes der Quechua. Entsprechend ihrer Funktionen erhielt sie ein wohlgeordnetes Stadtbild mit einem regelmäßigen Straßennetz. Von den Bauten blieb nach dem Erdbeben von 1746

Peru. Kloster und Kirche de los Descalzos, Lima, 1592.

wenig im Originalzustand. Zu den erhaltenen Anlagen gehören Kloster und Kirche de los Descalzos (1592) und die Plaza de Toros de Acho. Typologisch, formal und konstruktiv in sich schlüssige Bauten waren insbesondere die Kirchen, allen voran die Kathedrale. Zu den aufwendigen Wohnbauten zählten → Patiohäuser wie der Palacio de Torre Tagle.

Die 1824 besiegelte Unabhängigkeit von Spanien war für die lokale Oberschicht ein Verlust. Ihre Hinwendung nach Außen wirkte auch in der Republik weiter. Der Unabhängigkeit folgten Jahrzehnte der Stagnation, in denen nur wenig gebaut wurde und koloniale Gebäudetypen – nun mit klassizistischen Dekorationen versehen – weiterbenutzt wurden. Matías Maestro war der bekannteste Vertreter einer formal weniger aufwendigen – weniger barokken – Architektur. Auch außerhalb von Lima entstanden nur wenige Bauten. Eine Ausnahme war die ab 1844 in Arequipa errichtete klassizistische Kathedrale, das Werk von Lucas Poblete, einem Baumeister.

Peru. Palacio de Torre Tagle, Lima, Anfang 18. Jh.

Der Guano- und der Salpeter-Exportboom erlaubten seit der Mitte des 19. Jhs. die Finanzierung größerer Projekte. Der durch seine Ausdehnung, typologische Ausbildung als Panoptikum und ortsunübliche Realisierung in Stein auffälligste Bau war das → Gefängnis von Lima. Es wurde 1855-62 von Maximilien Étienne Mimey geplant, einem Schüler von → Labrouste, und stellt ein Beispiel für den Europäismus der oberen Schichten dar. Die Iglesia de San Marcos, in dem heute in Chile gelegenen Arica (in den salpeterreichen Gebieten), wurde ab 1875 von der Firma von → Eiffel in Fertigbauweise realisiert (→ Präfabrikation). Auf diese Art entstanden diverse (→ Ingenieurbauten. Auch mit dem Palacio de la Exposición, einer großen Ausstellungshalle, entstand 1870-72 ein europäischer Bautyp (von Antonio Leonardi). Das Hospital Dos de Mayo von 1868-75 entspricht im Grundriß dem Typ des Panoptikums (von Michele Trefogli, Mateo Graziani).

Peru. La Compañía, Jesuitenkirche, Arequipa, um 1698.

Peru. Hospital Dos de Mayo, Lima, von Miguel Trefogli und Mateo Graziani, 1868-75.

Escuela de Bellas Artes, Lima, von Manuel Piqueras Cotoli, 1920-24.

Nach dem Verlust der salpeterreichen Gebiete im Pazifikkrieg 1879-83 gegen Chile begann der Aufbau von exportorientierten Großbetrieben in Landwirtschaft und Bergbau. Ein Kautschuk-Exportboom und die Öffnung des Panama-Kanals 1914 dienten der weiteren wirtschaftlichen Entwicklung. Mit der Jahrhundertwende begann der Ausbau von Lima zum Zentrum der ›aristokratischen Republik‹. Es entstand der Palacio Legislativo – die Rückfassade 1908 (von Émile Robert), die Hauptfassade 1926-30 (von Ricardo de la Jaxa Malachowski, Gonzala Panizo). Prominentester Architekt war Malachowski, der als Staatsarchitekt und erster Professor für Architektur nach Lima berufen wurde. Zu seinen Bauten gehört auch das erste große Appartementhaus Rímac (1919-24).

Hinter dem materiellen Fortschritt in der ›aristokratischen Republik‹ machte sich eine wachsende Krise der nationalen Identität bemerkbar. Es waren die Intellektuellen, die nach Ansätzen zur eigenständigen Entwicklung suchten. Es dominierte der Blick zurück in die Geschichte. Konservative Kreise identifizierten sich mit der kolonialen Vergangenheit, fortschrittliche mit den altamerikanischen Kulturen. Erster Bau im Sinne des bürgerlichen Neocolonial war der Palacio Arzobispal (1916-24); ein Bau im Sinne des Indigenismo war das Museum Larco Herrera von 1924, beides Werke des Polen Malachowsky. Versuche einer Synthese des Spanischen und Indianischen finden sich in Werken von Manuel Piqueras Cotolí, wie die Escuela de Bellas Artes in Lima und der peruanische Pavillon auf der Exposición Iberoamericana in Sevilla (1929). Emilio Harth-Terré, 1925 erster in Lima diplomierter Ingeniero-arquitecto und prominenter Architekturhistoriker, realisierte 1939-44 das neue Rathaus von Lima, dessen Fassaden sich durch den kreativen Umgang mit den historischen Vorbildern auszeichnen.

Rathaus Lima, von Emilio Harth-Terré und José Alvarez Calderón, 1939-44.

Der → Internationale Stil galt zunächst als ein Stil unter vielen anderen Möglichkeiten. Zu den besten Beispielen zählen das Strandbad in Miraflores/Lima von 1934-35 (von Héctor Velarde) und Arbeitersiedlungen wie der Primer Barrio Obrero in La Victoria von 1936 (von Alfredo Dammert). Nach dem Zweiten Weltkrieg dominierte eine Moderne US-amerikanischer Prägung. Die rückwärtsgewandten Diskussionen wurden davongefegt, der Glauben an einen technischen Fortschritt setzte sich durch. Ein für die Rohstoffproduzenten günstiger Weltmarkt gewährte dem Land bis in die 60er Jahre eine günstige Konjunktur. Die frühen Bauten von Enrique Seoane Ros stehen noch für den Ver-

Erziehungsministerium, Lima, von Enrique Seoane Ros, 1955.

such, nationale Merkmale und die Moderne miteinander zu vereinen. Sein Entwurf für das Erziehungsministerium von 1955, ein Hochhaus mit einem Stahlskelett, bei dem Keramikelemente an den Fassaden mit indianischen Motiven dekoriert sind, bestätigt den Sieg der Moderne. Die Agrupación Espacio setzte sich in ihrem Gründungsmanifest von 1947 für eine Wende zur Moderne ein. Führender Kopf war Luis Miró Quesada. In der Praxis zeichneten sich viele Realisierungen durch → Eklektizismus aus. So vereint der Entwurf für das Finanzministerium von Guillermo Payet Elemente unterschiedlicher Tendenzen der Moderne in einer Komposition.

Für den Internationalismus der 60er Jahre steht das Bürohaus in der Avenida Pardo (von Miguel Forga), das sich am Lever House von S.O.M. (Abb. → Skidmore, Owings & Merrill) orientiert. Der Aeropuerto Internacional Jorge Chávez (von Arana-Orrego-Torres, Bao-Vásquez) gehört zu den guten und selbständigeren Realisationen. Zu den großen Wohnungsbauprojekten zählt der Conjunto Residencial San Felipe (von → Ciriani, Víctor Smirnoff, J. Páez, L. Váquez u.a.).

In den 70er Jahren brachen für P. schwierige Zeiten an. Das Land lebt seitdem in einer permanenten Krise. Versuche eines Auswegs sind bislang erfolglos geblieben, darunter auch jener der reformerischen Militärregierung der 70er Jahre. Für ihn stehen die monumentalen, technisch und gestalterisch aufwendigen Repräsentationsbauten der Ministerien und staatlichen Unternehmen wie der Ölgesellschaft Petroperú (von Walter Weberhofer, Daniel Arana). Von einer prominenten Projektgemeinschaft stammt das professionell gestaltete und ausgeführte Centro Cívico de Lima, dessen moderne Monumentalität aber erdrückend wirkt.

Das Werk des Büros Cooper-Graña-Nicolini steht für den Versuch, der Logik der Moderne nationale Merkmale zu entlocken. Bei ihren Bauten für die Universidad Católica verzichteten sie auf importierte Baustoffe und industrialisierte Bauweisen.

Ihre in Sichtmauerwerk und -beton ausgeführten Bauten (→ Sichtbeton) nutzen die Freiheiten der handwerklichen Bauweisen auch gestalterisch. Die Bescheidenheit, die sie ausstrahlen wirkt erfrischend. Ein ähnliches Beispiel aus dem Bereich des Wohnungsbaus ist die städtebaulich und architektonisch differenzierte Siedlung Conjunto Habitacional Los Próceres einer Arbeitsgruppe des Ministerio de Vivienda um José Bentín. Für die unteren Gesellschaftsschichten entstanden Site-and-Service-Projekte wie jenes in Villa El Salvador. M.C.

Lit.: Velarde '46; García Bryce '65, '80; Cuadra '91.

Pesce, Gaetano (geb. 1939). 1959-65 Architekturstudium an der Universität Venedig und 1961-65 am College für Industrie-Design Venedig. 1962-67 Design-Büro in Padua, ab 1968 in Venedig. Experimentelle Entwürfe aus Kunststoffen, Filz u.a. für Cassina, B&B Italia und Knoll International. Zahlreiche Lehraufträge. Ebenso wie seine nachfunktionalistischen, oft archaisch wirkenden Design-Entwürfe sind auch seine Architektur-Entwürfe stets als emotionale ›Körpererweiterungen‹ gedacht. P. formt Stühle wie aus Haut und Knochen und Grundrisse für Gebäude wie Umrisse von Menschen. Diese anthropomorphen Architekturen der Fragmente wirken oft wie Fundstücke untergegangener Zivilisationen; sie sind eine poetische Zivilisations- und Gesellschaftskritik, etwa das Projekt für eine Nationalbibliothek in Teheran (1977) oder der Gegenentwurf für Les Halles in Paris (1979). Das

Gegenentwurf für Les Halles in Paris, von → Pesce, 1979.

Spektrum seiner Arbeiten reicht von Innenraumgestaltungen über Privathäuser und Hochhäuser bis zu Stadtplanungen, z.B. Projekt für die Restaurierung einer spätromantischen Villa, Sorent (1973), Hochhausprojekte für Manhattan (1978) und São Paulo (1987-89), Stadtplanungsvorschlag für Aosta (1986) oder den Stadtteil Lingotto, Turin (1983).

Lit.: Pesce '75, '86; Vanlaethem '89. V.F.

Plischke, Ernst (1903-1992). Schon sein erster Bau, das Arbeitsamt in Wien/Liesing, wurde international beachtet und als ein wichtiges Werk der »Rationalen Architektur« (Sartoris) gewertet. P.s eigenständiger Weg, der die Wiener Tradition mit internationalen Aspekten (→ De Stijl, → Le Corbusier, → Japan) verschmolz, zielte von Beginn an über die Vereinfachungen des → Internationalen Stils hinaus auf eine differenzierte Einheit von Bauplastik und Funktion, Raumkonzept und Konstruktion. Er studierte in Wien bei Oskar Strnad und → Behrens, arbeitete 1927/28 bei → Frank, 1929 bei Elias Kahn in New York; P. erhielt 1935 als erster den Großen Österreichischen Staatspreis für Architektur, emigrierte 1939 nach Neuseeland, wo er erfolgreich als Siedlungs- und Stadtplaner wirkte; 1963 Rückkehr nach Wien als Professor an der Akademie der bil-

denden Künste. Wichtige Werke: Doppelhaus in der Wiener Werkbundsiedlung (1930-32), Arbeitsamt Liesing (1930), Haus Gamerith am Attersee (1933/34). In Neuseeland: Tasman Memorial in Tarakohe (1942), Stadtzentrum Nae-Nae, Wellington (1943), Haus Giles, Raumati (1951), Katholische Basilika Taihape (1951/52), Massey-Bürohaus (1952) und Haus Sutch (1953), beide in Wellington.

Lit.: Plischke '47; Plischke '69; Plischke '89. O.K.

Poelzig-Moeschke, Marlene (1894-1985). 1910-16 Studium der Bildhauerei an der Hamburger Kunstgewerbeschule. 1918-19 Beginn der Zusammenarbeit mit Hans Poelzig beim Umbau des Großen Schauspielhauses in Berlin (Abb. → Poelzig). 1920 wurde sie Mitarbeiterin in Poelzigs Meisteratelier an der Akademie der Künste und war an vielen Projekten maßgeblich beteiligt: Festspielhausentwürfe für Salzburg (1920), Filmarchitektur für ›Golem‹ (1920), → Kino ›Capitol‹ in Berlin (1924 bis 25), Haus der Werkbundsiedlung in Stuttgart (1927), Häuser der Gagfah-Siedlung in Berlin (1928), Ehrenmalentwurf für Hamburg (1930) u.v.m. Waren ihre frühen Arbeiten von einer expressiven Modellierung der Baumassen geprägt, wandte sie sich später den Ideen des Neuen Bauens zu, wie etwa bei ihrem eigenen Wohnhaus in Berlin (1930). Nach Poelzigs Tod 1936 trat sie künstlerisch nicht mehr an die Öffentlichkeit. O.D.

Lit.: M. Poelzig '30; Poelzig u. seine Schule '31; Ehringhaus '92.

Prismatisches Glas. Energiesparendes Baumaterial der Jahrhundertwende. Bereits im frühen 19. Jh. war gelegentlich konisch geformtes Glas benutzt worden, um Licht in dunkle Keller oder das Innere von Schiffen umzulenken. Eine entscheidende Weiterentwicklung stellten ab 1896 in den USA Glasscheiben mit horizontalen Prismenstreifen auf der Innenseite dar, die in Metallrahmen in oder vor dem oberen Drittel der Fenster von Büro- oder Geschäftshäusern angebracht wurden. Indem Licht von der Fassade in die Tiefe eines Gebäudes umgelenkt wurde, konnte in vielen Fällen auf künstliche Beleuchtung oder die Anlage von Lichthöfen verzichtet werden. P.G. fand weite Verbreitung in den USA und Europa von ca. 1896 bis zum Ende der 20er Jahre. Bedeutendste internationale Herstellerfirma war die ›Luxfer Prism Company‹, die als ihren ersten Produktdesigner → Wright beschäftigte (Luxfer Prism Skyscraper, 1897). Prominente Anwendungsbeispiele sind → Sullivans Carson, Pirie & Scott Store in Chicago (1898-1903), → Flaggs Singer Loft Building in New York (1902), → Loos' Kärntner Bar in Wien (1907) und B. → Tauts Glaspavillon auf der Kölner Werkbundausstellung 1914 (Abb. → Ausstellungsarchitektur). P.G. erfährt seit den späten achtziger Jahren eine Renaissance. Verschiedene Weiterentwicklungen haben das Anwendungsstadium erreicht (Siemens Pavillon, Expo Sevilla 1992). Vgl. → Glasarchitektur, → Glasbaustein. D.N.

Lit.: McGrath '38; Hanks '87, '89; Siry '88.

Arbeitsamt Liesing, von → Plischke, 1930.

Prismatisches Glas. Schemazeichnung Luxfer Prismenglas, Chicago, um 1898.

R

Ransome, Ernest Leslie (1844-1917). Pionier des Eisenbetonbaues in den Vereinigten Staaten. R. kam 1869 aus England, um Betonpatente seines Vaters in den USA anzuwenden. Mehrere Industriebauten wurden nach seinen Patenten als einfache Konstruktionen aus Stützen und Balken errichtet. Diese Methode war feuersicher, billiger als ein Stahlskelett und setzte sich in kurzer Zeit im amerikanischen Industriebau durch (→ Albert Kahn). Die einfa-

United Shoe Machinery Company, Beverly, Massachusetts, von → Ransome, 1903-06.

chen, schmucklosen Fassaden solcher Bauten beeinflußten europäische Architekten der Moderne, wie → Le Corbusier oder → Gropius. Werke: Pacific Coast Borax Factory, Bayonne, N.J. (1897), United Shoe Machinery Company, Beverly, Massachusetts (1903-06). Vgl. → Eisenarchitektur, → Beton. D.N.

Lit.: Collins '59; Huxtable '60; Banham '86.

Rathaus Esslingen, 1430.

Rathaus. Der hellenische Typus des R.s (Buleuterion) und der Saalbau der römischen Curia nahmen auf die Herausbildung des Typus nur mittelbaren Einfluß. In Mitteleuropa entstand erst mit der Emanzipation des Bürgertums Bedarf an Gebäuden für die städtische Selbstverwaltung. Die ersten R.er des MA.s übernahmen Formen der überkommenen Herrschaftsarchitektur, vor allem den zweigeschossigen Saalbau der → Pfalzen (R.er in Gelnhausen, um 1200, Goslar 1340). Die offenen Erdgeschoßarkaden dienten als Kaufhallen. Im hessischen Raum und im südwestlichen Deutschland gelangte der Fachwerkbau durch die R.er zu höchster Blüte, wie in Esslingen (1430), Markgröningen (15. Jh.) und Alsfeld (1516), im Norden und Osten sowie in Flandern der spätgotische → Backstein- und Werksteinbau, wie in Braunschweig (Altstadtrathaus 1302/ 1447-68), Münster (1335), Lübeck (1220/1594, Abb. → Laube), Thorn (1250/15.Jh., Abb. → Polen), Brügge (Ende 14.Jh., Abb. → Niederlande) und Gent (15. Jh., Abb. → Niederlande).

In der → Renaissance erlebte das R. als repräsentativer architektonischer und städtebaulicher Mittelpunkt des Gemeinwesens eine neue Blüte (Leipzig 1556, Abb. → Deutschland, Schweinfurt 1569-72, von Nikolaus → Hofmann, Abb. → Hofmann, Augsburg 1615-20, von → Holl, Abb. → Deutschland). Der große Ratssaal verlor zwar nicht seine beherrschende Lage und Stellung im Gebäude, war aber wegen des gesunkenen Anteils am Gesamtvolumen nicht bestimmend für die Gebäudeform. Zur

Rathaus Münster, 1335.

Rathaus Goslar, 1340.

Zeit des Absolutismus wurden nur wenige R.er gebaut. Diese übernahmen höfische Bauformen. Der → Klassizismus ordnete das R. der städtebaulichen Planidee unter (Karlsruhe 1817).

Die Idee des fläm. → Belfrieds setzte sich in Form des emblematischen R.turms im 19. Jh. durch (Berlin 1861-71, Hamburg 1876-97, München 1867-74, Wien 1872-82, Abb. → Schmidt). Zu Anfang dieser Epoche wurde heftig um den der Bauaufgabe angemessenen Baustil gerungen, vor allem im Zusammenhang mit dem Architekturwettbewerb für das Hamburger R. Ende des 19.Jhs. erlahmte dieses akademische Interesse. Alle historischen Stile wurden akzeptiert, allein die repräsentative, oft malerische Wirkung stand im Vordergrund. So begünstigten vaterländischer Nationalstolz, Bürgerbewußtsein, Bildungsstreben und die eklektische Grundstimmung der zeitgenössischen Kunst vor allem im deutschen Sprachraum die ungehemmte Prachtentfaltung der Bürgerpaläste im florentinischen und gotischen Stil oder in Formen der → Renaissance. Die Ausstattung der historistischen Repräsentationsbauten entsprach ebenfalls der geschichts- und nationalbewußten Grundhaltung und verwies in Dekor und Ikonologie auf die historischen Wurzeln von Nation und Bürgerschaft.

Rathaus Hamburg, 1886-97.

Im 20.Jh. verlor der Bautypus R. an Signifikanz und funktionaler Einheit. In Stockholm entstand mit dem Stadthus (1911-23) das erste reine Stadtverwaltungsgebäude als eigenständige Ergänzung zum R. In Hilversum unterwarf Dudok noch einmal den historischen Typus R. den nun formbestimmenden Prinzipien der Moderne (1928-31, Abb. → Dudok). Das R. von New York von → McKim, Mead & White (1913) als Wolkenkratzer der ersten Generation markiert den Anfang und ersten Höhepunkt der Anonymisierung des Bautypus. Mit dem Anwachsen der öffentlichen Verwaltungen wurden

R.er zu Bürogebäuden, die sich kaum mehr von den Verwaltungskomplexen großer Firmen, Ministerien oder Universitäten unterscheiden, insbesondere wenn sie als Hochhäuser ausgebildet sind, so in Toronto von Viljo Rewell (1958-65, Abb. → Kanadische Architektur), in Kaiserslautern von Roland Ostertag (1961-68), in Essen von Theodor Seifert (1975-80) oder in Tokio von → Tange (1991). F.J.

Lit.: Stiehl '05; Krischen '41; Delling '58; Damus '88; Jacob/Krause '91.

Razionalismo. Italienische Architekturrichtung von 1926 bis in die 30er Jahre (Architettura Razionale). Da es im faschistischen Italien (seit 1922) im Gegensatz zum Deutschland der → Nationalsoz. Architektur keinen totalen Antimodernismus gab, suchten die modernen Architekten ihre Richtungen mit dem Faschismus zu identifizieren. Dieses ›Movimento Moderno‹ umfaßte ›Il Novecento Italiano‹ in Mailand, die ›Scuola Romana‹ in Rom mit einem reduktionistischen → Neoklassizismus mit Chirico-Reminiszenzen (Wortführer: Marcello Piacentini), den Neo-→ Futurismus (Wortführer immer noch F.T. Marinetti). Dazu stieß →›Gruppo Sette‹, sieben Mailänder Architekten, die aus Anregungen durch den → Rationalismus in Frankreich und Deutschland (→ Le Corbusier und → Bauhaus) einen dem Faschismus gemäßen Stil schaffen wollten, darunter → Terragni, → Figini, Gino Pollini, Adelberto Libera. 1926/27 veröffentlichten sie ihr ›Manifest des italienischen Rationalismus‹ mit dem Titel ›Architektur und eine neue Klassik‹, worin sie die Maschinenästhetik von Le Corbusier mit einer strukturellen Klassizität in Analogie zur Antike zu vereinigen suchten. Einklang der Architektur mit Klima und Landschaft stand für sie nicht im Gegensatz zu Allgemeingültigkeit und Epochenunabhängigkeit bis hin zu einem Architekturimperialismus Italiens, ein Land, dem es zufalle, anderen Nationen einen Stil zu diktieren. Sie forderten Typenbildung durch Selektion in bezug auf die elementaren Figuren und ›ewigen‹ Werte der klassischen Typologie: »Rom produzierte in Serie.« Mit den Schlagwörtern ›italianità‹, ›romanità‹, ›antichità‹ verbanden sie Wahrheit, Logik und Klarheit als Kriterien für eine reine, geometrische, von der Antike abgeleitete Figurbildung. Ihr Kalkül bestand in einem Angebot an den Faschismus, mit den Mitteln der Moderne politische Modernität, Dynamik und Macht zu demonstrieren. 1928 ging aus dem ›Gruppo Sette‹ der ›Movimento Architettura Razionale‹ (M.A.R.) hervor, 1930 der ›Movimento Italiano per l'Architettura Razionale‹ (M.I.A.R.). Die Bewegung profilierte

Razionalismo. Casa del Fascio und Torre del Comune in Sabaudia, von G. Cancellotti, → Montuori, L. Piccinato und E. Scalpelli, 1933-44.

sich u. a. mit zwei Ausstellungen 1928 und 1931 in Rom.

Beeinflußt von der Rigorosität der Rationalisten gründeten jüngere Architekten 1932 in Mailand die Arbeitsgemeinschaft → B.B.P.R., welche für die Kontinuität des Rationalismus bis in die 60er Jahre sorgte (Torre Velasca, Mailand, 1957-60).

Doch der Faschismus gab den anfänglichen Stilpluralismus auf. Mit seiner imperialistischen Phase seit 1935 erfolgte die Einbindung des gesamten ›Movimento Moderno‹ in einen totalitären Staatsmonumentalismus, der von den noch immer existierenden akademischen Traditionalisten dominiert wurde. Der erste Bau des R. war Terragnis Mietshaus Novocomum in Como (1928); seine Casa del Fascio, Como (1932-36; Abb. → Italien, → Terragni), ist Prototyp der rationalistischen Vorstellung von Faschismus, bestehend aus Elementarfiguren in ›zeitlosen‹ Proportionen, Volumenschichten, Raumgitter und Raumzellen im Wechsel von Offenheit und Abgeschlossenheit (Präzisionsarchitektur in weiß strahlender Marmorverkleidung, »... klar, geradlinig, aggressiv, zeitgenössisch und daher faschistisch« (Giuseppe Pagano, 1931). Von Cancellotti, Montuori, Piccinato, Scalpelli stammt die Neustadt Sabaudia auf dem Agro Pontino bei Rom (1933 bis 1944). Der von der Gruppe um Michelucci erbaute Bahnhof S. Maria Novella von Florenz ist der Skandalbau des R. (1933-35; Abb. → Michelucci). Fingini und Pollini entwarfen mehrere Bauten für Olivetti (1937), B.B.P.R. das Sanatorium in Legnano (1937-38). Adalberto Liberas Kongreßhalle für die E 42/E.U.R. (1937-42) steht für die Monumentalisierung des Rationalismus. Vgl. → Italien, → Konstruktivismus, → Stalinistische Architektur. Wa.P.

Razionalismo. Treppenhaus in der Casa del Fascio, Como, von → Terragni, 1932-36.

Lit.: Manzoni '66; Danesi/Patetta '76; Mantero '84; Pfannmatter '90; Novati '92.

Rechter, Yacov (geb. 1924). Studium in Haifa. 1950 bis 60 Partnerschaft mit seinem Vater Ze'ev Rechter und Moshe Zarhy in Tel Aviv (Rechter-Zarhy-Rechter); 1960-75 mit Michael Peri. Seit 1975 firmiert R.s Büro nur noch unter seinem Namen. Während der 1970/80er Jahre Lehrtätigkeit an israelischen Universitäten. R.s Architektur steht nach dem Sechs-Tage-Krieg (1967) stellvertretend für die meisten neuen Wohnquartiere des Landes. Er baut u.a. die Jerusalemer Siedlungen East Talpiot und Gilo. Das wichtigste Element in seiner Architektur sind die zellenartig zusammengesetzten bzw. komponierten Kuben, die aufeinandergetürmt und variiert werden. Verschiedene seiner Bauten veränderten die Skyline israelischer Städte: Erholungsheim in Zichron Yaakov (1969), Hilton-Hotel in Jerusalem (1974); Zentralbibliothek der Univer-

Razionalismo. Bürogebäude der Firma Olivetti in Piemonte, von Pollini und → Figini, 1937.

Razionalismo. Mietshaus Novocomum, Como, von → Terragni, 1928.

Erholungsheim in Zichron Yaakov, von → Rechter, 1969.

sität auf dem Scopus-Berg (1981). Wichtig für ihn war die behutsame Erweiterung des Hadassa Krankenhauses (1979) auf dem Scopus-Berg (1936 bis 1938 von → Mendelsohn erbaut). Weitere Projekte: Hilton-Hotel, Tel Aviv (1965), Konservatorium, Beer-Sheva (1970), Kaplan-Krankenhaus, Rehovoth (1975), Bank- und Versicherungsgebäude, Tel Aviv (1975-84), Laromme Hotel, Jerusalem (1982).
Lit.: CA '87.   M.G.

Reich, Lilly (1885-1947). Innenarchitektin, Designerin, Ausstellungsgestalterin. Ausbildung zur Kurbelstickerin und praktische Tätigkeit bei der Wiener Werkstätte (→ Hoffmann). Bis 1924 Atelier für Innenraumgestaltung, Dekorationskunst und Mode in Berlin, dann in Frankfurt/Main als Messegestalterin tätig. 1932 Leiterin der Weberei und der Ausbau-Abteilung des → Bauhauses zuerst in Dessau, dann in Berlin. 1945/46 Lehrveranstaltungen an der Hochschule für Bildende Künste in Berlin. R. richtete auf der Werkbundausstellung in Stuttgart 1927 eine Wohnung im Haus Mies van der Rohe ein und gestaltete die Abteilung ›Die Wohnung‹. Für die Berliner Bauausstellung 1931 entwarf sie ein möbliertes Erdgeschoßhaus und zwei Wohnungseinrichtungen im ›Boardinghaus‹. Ihrem stets klaren und sachlichen Design gab sie durch weich fallende Textilien eine feminine Note. Mit ihrem Ausstellungsdesign (Exposition de la Mode, Berlin 1927; Internationale Ausstellung Barcelona, 1929, ›Materialienschau‹ auf der Berliner Bauausstellung 1931; Internationale Ausstellung für Kunst und Technik, Paris 1937) schuf sie Neuerungen im Sinne des 20. Jhs. in Abkehr vom bisher üblichen → Historismus. Für → Mies van der Rohe war sie als Beraterin und Innenarchitektin tätig (u. a. Haus Tugendhat, Brünn, 1930; Haus Lemke, Berlin-Hohenschönhausen, 1932-34). Seit 1912 Mitglied des → Deutschen Werkbundes, 1920 erste Frau in dessen Vorstand.   S.G.
Lit.: Günther '88.

Fußgängerzone in Cordoba, von → Roca, 1979-80.

Reichow, Hans Bernhard (1899-1974). Stadtplaner und Architekt. 1925-28 freischaffender Architekt in Berlin und bei → Mendelsohn. 1928-34 als Stadtplaner in Dresden und 1934-36 als Stadtbaurat in Braunschweig tätig. In seinen Bebauungsplänen für Brandenburg (1936) und als Baudirektor in Stettin (1936-45) entwickelte er die Grundlagen für sein Konzept einer ›Stadtlandschaft‹, als Verbindung von konzentrischem Stadtmodell mit der Bandstadtidee (→ Städtebau). 1944-45 wirkte er an der Wiederaufbauplanung von Hamburg mit. Nach 1945 war R. als freier Architekt und Stadtplaner tätig (Hohnerkamp/Hamburg, 1953-54; Limesstadt/Schwalbach a. Ts., 1959). Als seine bekannteste Arbeit gilt die Sennestadt bei Bielefeld (1954 bis 61), wo er sein organisches Städtebaukonzept und die Forderung nach einer autogerechten Stadt verwirklichte, die auf der Trennung von Auto-, Rad-

und Fußgängerverkehr sowie Durchgrünung beruhen. R. vereinigt in seinen Theorien Ansätze des → funktionalistischen Städtebaues mit konservativ-biologistischen Argumentationen gegen die Großstadt.   R.S.
Lit.: Reichow '48, '59, '69.

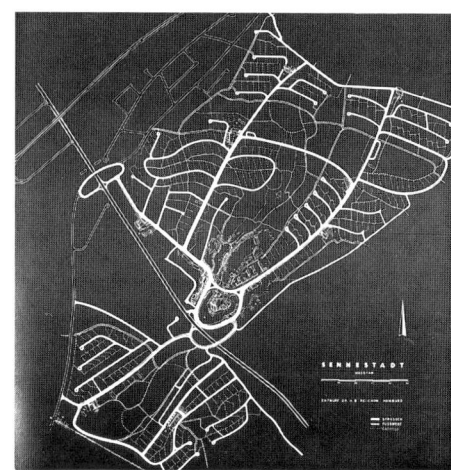

Entwurf für die Sennestadt bei Bielefeld, von → Reichow, 1954.

Roca, Miguel Angel (geb. 1940). Argentinischer Architekt und Stadtplaner. Mitarbeiter von L. → Kahn (1967-68). Freier Architekt und Professor der Architektur in Córdoba (seit 1968) und Buenos Aires (seit 1984). Sein Werk entsteht vor dem Hintergrund der Krise der Moderne und des Niedergangs Lateinamerikas in den 70er und 80er Jahren. Er geht nicht mehr von internationalen, allgemeingültigen Qualitätsvorstellungen aus, sondern interessiert sich für Lösungen, die den Nutzern seiner Bauten etwas bedeuten können. Frühe Bauten wie die Filialen der Banco de la Provincia de Córdoba in Buenos Aires (1972-75) oder in Rio Tercero (1972) zeigen ihn als einen zielstrebigen Formgeber. In den 80er Jahren beschäftigte er sich dann mit Fragen der städtischen Identität. In der Fußgängerzone von Córdoba zeichnete er die Fassaden und Grundrisse von Baudenkmälern schattenartig im Bodenbelag nach, so daß die Bürger ihre Stadt ›lesen‹ und bewußter erleben können. In der Kirche Sagrado Corazón in Carlos Paz/Córdoba (1976-84) vereinte er Elemente unterschiedlicher Herkunft und sozialer Assoziation collageartig zu einer Komposition.

Lit.: Glusberg o. J.; Roca '81, '84; Taylor '91.   M.C.

Banco de la Provincia de Córdoba, Rio Tercero, von → Roca, 1972.

Rolltreppe. Mechanisch bewegte Schräge für den massenhaften Personentransport zwischen zwei Verkehrsniveaus. Sie wurde zeitgleich mit der Einführung von Fließbändern in der Industrieproduktion in der 2. H. des 19. Jhs. entwickelt. Die R. weist gerade in dieser proletarisch geprägten Provenienz ihren Unterschied zum gleichzeitig eingeführten → Aufzug aus, der in der Tradition der Sänfte steht und seit Mitte des 19. Jhs. zum bürgerlichen Verkehrsmittel der Vertikalen wird.

Die R. ist eine nordamerikanische Erfindung und Entwicklung. Das erste bekannte Patent stammt von N. Ames (1859). Diese Erfindung war, bezogen auf den gesellschaftlichen und technischen Entwicklungsstand, zu früh und blieb unrealisiert. Erst das schräge Förderband von J. W. Reno (1892) und die Rollstufen von G. A. Wheeler (1892) gingen in Produktion.

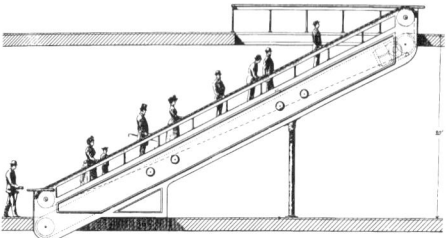

Rolltreppe. ›Der kontinuierliche Personenaufzug‹ von Jesse W. Reno, 1892.

Aus diesen beiden Patenten wurde 1921 ein Produkt entwickelt, das der heute bekannten Rolltreppe entspricht. Renos Prinzip der kammartigen Durchdringung von Förderband und Antritt zur Sicherheit bei Be- und Absteigen wurde verfeinert und mit Wheelers Mechanik der rollend gelagerten Stufen für den horizontalen Stand des Fußes kombiniert. Ein mitlaufender endloser Wulst als Handlauf bot Halt in der ungewohnten Bewegung.

Eingeführt wurden R.n in den USA – zunächst als Zubringer zu den Untergrund- und Hochbahnen und als umschaltbare Transportbänder in Fabriken, um die Ermüdung und den Zeitaufwand für den Weg zur Arbeit in die Obergeschosse und bei Schichtwechsel zu reduzieren. Ab 1900 wurden R.n zunehmend in → Warenhäusern eingesetzt. Die Verbreitung der R. in Europa ist zeitlich stark verzögert. Wenngleich die amerikanischen Produkte schon 1900 auf der Pariser Weltausstellung vorgestellt wurden und auch den Verkehr dieser auf mehreren Höhenniveaus angelegten Schau bewältigten, wurden in Frankreich und Deutschland unbehol-

Fabrikrolltreppe, Anfang 20. Jh.

fene Bauexperimente betrieben. Die ersten R.n-Anlagen z. B. in Warenhäusern führten nur aufwärts und quer durch das Gebäude. Orientierungslos konnte sich der Besucher oben das Treppenhaus für den Abstieg suchen.

Erst in den 20er Jahren fanden R.n mit der ihnen eigenen Grundrißtypologie gegenläufiger, oft doppelt geführter Arrangements in Europa allgemeinere Verbreitung.

Heute werden R.n in Verkehrsbauten (Flughäfen, → Untergrundbahnen etc.), aber auch in Museums- oder Kulturbauten eingesetzt. Zeichen z. B. des populären Centre Pompidou, Paris, sind die außen geführten Rolltreppen (Abb. → Piano; → Rogers). Die R. hilft Schwellenängste zu überwinden. Sie bleibt assoziiert mit der Erinnerung an den Strom proletarischer Menschenmassen und die wohlfeile Welt der Warenhäuser. Kultur erhält mit ihr einen neuen Zugang.   U. D.

Lit.: Simmen/Drepper '84.

Roškot, Kamil (1886-1945). Führender Prager Architekt der Zwischenkriegszeit. Studium der Philosophie und Malerei; 1919-22 Akademie der bildenden Künste in Prag bei → Kotěra. 1923-45 Architekt in Prag, 1928-45 Vorsitzender der Vereinigung akademischer Architekten. In seinem Werk verflechten sich die Prinzipien der klassischen Architektur, wie sie ihm aus seinen Reisen nach Italien und Nordafrika bekannt waren, mit den Grundsätzen der Moderne. Deshalb vermochte er seinen Bauten neben der modernen Form auch eine monumentale Wirkung zu verleihen: Tschechoslowakischer Pavillon in Chicago (1933), Theater Ústí nad Orlicí (1934-35), Tschechoslowakischer Pavillon in New York (1939). Neugestaltung der Gruft der böhmischen Könige in der Krypta des Veitsdoms in Prag (1934-35). R. war auch erfolgreich in zahlreichen städtebaulichen Wettbewerben für Prag: Ministerium für öffentliche Arbeiten (1927-30), Parlament (1927-29). Im Ausland baute er den Kolumbus-Leuchtturm von San Domingo (1929).   V. Š.

Lit.: Šlapeta '81.

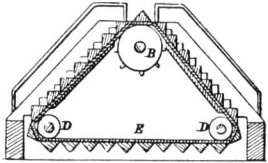

Schemazeichnung für eine Rolltreppe, von Nathan Ames, 1859.

Theater in Ústí nad orlicí, von → Roškot, 1934-35.

Rußland. Die Baukunst Rußlands ist anfangs ein Zweig der → Byzantinischen Architektur. Die vom 11. bis zum 16. Jh. errichteten Steinkirchen haben die charakteristischen Merkmale der byzant. Sakralbauten: das einem Quadrat einbeschriebene griech. → Kreuz als Grundriß, bekrönt von fünf Kuppeln (Tschernigow, 1017 ff.). Die Hauptapsis (→ Apsis) wird oft von Nebenapsiden flankiert, gelegentlich kommen auch → Seitenschiffe vor (Sophienkirche in Nowgorod, 1045 ff.). Zuweilen entfalten die Kirchen auch am Außenbau einen üppi-

Russische Dorfkirche, Freilichtmuseum Wladimir-Susdal, Anfang 18. Jh.

Nachträge

auf und wurde im Laufe des 16. Jhs. immer dekorativer gestaltet. Ein hervorragendes Beispiel ist die berühmte Basilius-Kathedrale auf dem Roten Platz in Moskau (erbaut 1555-60 von Iwan dem Schrecklichen zur Erinnerung an seine Siege über die Tataren, die über 300 Jahre Rußland von Kasan aus bedroht hatten), die ebenso wie Bauwerke dieser Zeit in Deutschland und England mit Motiven der Renaissance und des → Manierismus überwuchert ist. Ebenso neu ist, daß nicht mehr vier, sondern acht überkuppelte Nebenräume rund um den zentralen, von einem Helm gekrönten Turm angelegt sind. Die Künstler bauten fast während des ganzen 17. Jhs. in dieser manieristischen Bauart weiter (Christi Geburtskirche in Moskau, 1649-52; Dreifaltigkeitskirche in Ostankino, 1668).

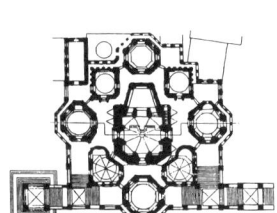

Sophienkirche Nowgorod.

Sophienkirche Nowgorod, 1045-52.

gen Reliefschmuck (St. Demetrios in Wladimir, ca. 1200). Es hat sicherlich auch eine große Anzahl von Holzkirchen gegeben; doch sind uns keine aus der Zeit vor dem 17. Jh. erhalten.

Die → Renaissance machte sich in Rußland besonders früh bemerkbar. Iwan der Große (1462-1505) war mit einer in Rom erzogenen byzant. Prinzessin verheiratet. Aristotele Fioravanti, ein Architekt aus Bologna, kam 1474 aus Ungarn nach Moskau, und ein anderer Italiener, Alevisio Novi, traf kurz vor dem Tode Iwans dort ein. Fioravanti errichtete die Maria-Himmelfahrtskathedrale in Moskau (1475-79) nach dem überlieferten byzant. Plan, wobei er jedoch einige Änderungen vornahm, um eine größere Klarheit des Raumes zu erzielen. Bei Novis Michaels-Kathedrale in Moskau (1505-09 von ihm

St. Demetrios, Wladimir, um 1200.

umgebaut) kamen Details, so z. B. die venez. halbkreisförmigen Muschelgiebel, zur Anwendung, die der Renaissance verpflichtet waren. Im Grund- und Aufriß aber – einbeschriebenes Kreuz und fünf Kuppeln – bewahrten Novi und andere Architekten des 16. Jhs. die Tradition. Ein neuer einheimischer Typ jedoch, der vielleicht seinen Ursprung in den frühen Holzkirchen hat und durch eine einfachere zentrale Anlage und einen großen oktogonalen Mittelturm bestimmt wird, trat 1532 in Kolomenskoje

Basiliuskathedrale Moskau, 1555-60.

Schließlich gab der → Barock, der aus Westeuropa übernommen wurde, der Baukunst endgültig einen abendländischen Charakter. Die Kirche der Mutter Gottes von Wladimir in Moskau (1691-94) zeigt Barockdetails; die Maria-Schutz-Kirche in Fili bei Moskau (1693) hat einen vierpaßförmigen Grundriß, und die Kirche in Dubrowitschi (1690 ff.) zeichnet sich durch Dekorationen aus, die wie in Spanien das Gebäude förmlich überwuchern. Mit der ehemaligen Pharmazie (spätes 17. Jh.) und dem Menschikow-Turm (1704-07), beide in Moskau, traten immer mehr barocke Strukturelemente in Erscheinung.

Es war dem von Peter dem Großen im Jahre 1703 als Festung und neue Hauptstadt des russ. Reiches gegründeten Sankt Petersburg (Leningrad) vorbehalten, das weitgeöffnete Tor für die einströmenden

Basiliuskathedrale Moskau.

Himmelfahrtskirche Kolomenskoje, 1532.

Sommerpalast Peters I., St. Petersburg, von → Trezzini, 1710-14.

Nachträge

westl. Einflüsse zu sein. 1713 wurde → Schlüter nach Rußland gerufen, doch starb er ein Jahr später. Im gleichen Jahr begann der dt. Architekt → Schädel das Palais Menschikow in Oranienbaum zu erbauen. Die Peter-Pauls-Kathedrale (1714-25) in der gleichnamigen Festung (1703 ff.) ist wie diese selbst ein Werk des aus dem Tessin stammenden → Trezzini (1670-1734), die Bibliothek und das Ra-

Schlafzimmer der Kaiserin Elisabeth, Gattin Alexanders I., im Katharinenpalast, Zarskoje Selo, von → Cameron, 1780-85.

ritätenkabinett (1718 ff.) schuf der dt. Architekt Georg Johann Mattarnovi. Mit dem Regierungsantritt der Kaiserin Elisabeth erhob sich schließlich die russ. Architektur über das provinzielle Niveau. Das Sommerpalais in Sankt Petersburg (1741 ff., zerst.), der große Palast in Peterhof (1747 ff.) und der große Palast in Zarskoje Selo, heute Puschkin (1749 ff.), das Winterpalais (1754-62 umgebaut) und die Smolny-Kathedrale in Sankt Petersburg (1744-57), alle Bauten von → Rastrelli (mit Abb.), werden von einem großartigen, prachtvollen → Rokoko bestimmt, wenn auch bei der Smolny-Kathedrale der Grundriß unverkennbar russ. Charakter hat. Die Innenraumgestaltungen der Paläste

Katharinenpalast, Zarskoje Selo, von → Rastrelli, 1749-56.

zeichnen sich durch einen fast übertriebenen Luxus aus (Abb. → Palladianismus).
Mit der von dem Franzosen → Vallin de la Mothe (1729-1800) geschaffenen Akademie (1765, Abb. → Vallin de la Mothe) und dem von dem Italiener → Rinaldi (mit Abb.) errichteten Marmorpalais (1768-72) in Sankt Petersburg vollzog sich die Hinwendung zum → Klassizismus, und zwar nicht später als in den meisten Ländern Europas. Kurz darauf begannen russ. Architekten an die Stelle der Ausländer zu treten. Der von → Starow erbaute

Rundturm in Nikolskoje (1774-76) ist ebenso streng klassiz. in der neuen, von Pariser Architekten vertretenen Auffassung wie irgendein Bauwerk eines westlichen Landes. Starow hatte in der Tat in Paris und in Italien Architektur studiert. Zur gleichen Zeit begann → Quarenghi im Stil von → Palladio und → Cameron im Stil von R. → Adam zu bauen. In → Thomons (mit Abb.) Börse (1804), → Sacharows (mit Abb.) Admiralitätsgebäude (1806) und → Woronichins Bergbau-Institut (1811), alle in Sankt Petersburg, im Stil des → Greek Revival, zeigt sich wiederum frz. Einfluß. So ist Sankt Petersburg bis heute die Stadt in Rußland, die am stärksten vom Klassizismus geprägt ist. Nur bei den Kirchen setzt sich dieser Stil nicht völlig durch; so tragen die Kuppeln der Kathedrale der Hl. Jungfrau von Kasan (von Woronichin, 1801 ff.) und der Isaaks-Kathedrale (1817 ff. von → Montferrand), beide in Sankt Petersburg, sowohl die Stilmerkmale des Klassizismus als auch der russ. Tradition.

Mariä-Verkündigungs-Kirche St. Petersburg, 1750-65.

Admiralität, St. Petersburg, von → Sacharow, beg. 1806.

Der Aufruf Zar Nikolaus' I. (1825-55), sich mehr dem nationalen Erbe zuzuwenden, wirkte als kunstpolitisches Signal: Im 2. Viertel des 19. Jhs machte sich, zunächst im Kirchenbau, der Rückgriff auf einheimische Vorbilder bemerkbar, später entstanden Villen und Landhäuser im ›russischen Stil‹. Charakteristisch für diese spezifisch russ. Facette des → Historismus ist die Übertragung von Schmuckformen der volkstümlichen Holzarchitektur auf repräsentative Bauten (Fassade des Historischen Museums in Moskau von V. O. Sherwood, 1874-93).
Am Beginn des 20. Jhs. deutete sich der Versuch einer Fusion der nationalromantischen Strömung (→ Schtschusew) mit dem am Lebensgefühl der Moderne orientierten → Jugendstil an, der vor allem in der großstädtischen Wohnarchitektur Spuren hinterlassen (→ Schechtel). Diese Entwicklung wurde überlagert durch das Wiederaufleben eklektizistischer und klassizistischer Tendenzen, das die Vertreter des Jugendstils zum Überdenken ihrer Position brachte: Schechtel in Moskau und F. Lidwal in St. Petersburg entwarfen um 1910 Geschäftshäuser und Banken in → Skelettbauweise, die auf den → Rationalismus der 20er Jahre vorauswiesen.

Winterpalast St. Petersburg, von → Rastrelli, 1754-62. Südfassade.

Nach der Oktoberrevolution übersiedelte die Sowjetregierung Anfang 1918 von Petrograd (wie St. Petersburg 1914-24 hieß) nach Moskau. Die Hauptstadt der 1922 gegründeten Sowjetunion (→ Sowjetische Architektur) und der Russ. Sowjetrepublik übernahm die wichtigen politischen, kulturellen und administrativen Aufgaben des neuen Staates, der nach dem Ende des Bürgerkriegs beim Wohn- und → Industriebau, bei der Stadtplanung (→ Städtebau) und im Dienstleistungsbereich mit gravierenden Problemen konfrontiert war, deren Lösung die innovative Phantasie der Architekten erforderte. Die Architektenausbildung konzentrierte sich auf die 1920 aus der Zusammenlegung von zwei Moskauer Kunsthochschulen hervorgegangenen → WChUTEMAS, die zum Schmelztiegel der architektonischen Avantgarde wurde.

N. Ladowskij, der an dieser Schule lehrte, schuf die methodische Grundlage für das neue Bauen: Sein Konzept des Rationalismus, das die Analyse der Elemente Raum, Form und Konstruktion zur Vorbedingung des architektonischen Entwurfs machte, zielte auf eine Systematisierung des räumlichen Denkens. A. → Wesnin, der die Analogie architektonischer und technischer Gestaltungsweisen betonte, formulierte dieses Programm um. Auch er ging von einem Konzept von Grundelementen aus: Material, Linie, Fläche, Faktur, die er aber zu reinen, dynamischen Konstruktionen »ohne Ballast des Ausdrucks« (aus seiner Sicht Ladowskijs Achillesferse) zusammenfügte.

Das war das Gründungsmanifest des → Konstruktivismus, der in der Zeit der Neuen Ökonomischen Politik (1921-27) und noch bis in die 30er Jahre die Architektur in der Sowjetunion trotz traditionalistischer Gegenströmungen prägte, die in einigen Republiken zum Zusammenprall des wiederbelebten nationalen Stils mit der Moderne führten (→ Sowjetische Architektur). Vieles blieb Entwurf; es entstanden Projekte, die von vornherein utopisch waren (→ Tatlins Turm, El → Lissitzkys Wolkenbügel, → Leonidows Lenininstitut), unzählige Wettbewerbsbeiträge und praktisch die ganzen stadtplanerischen Bemühungen. Was aber gebaut wurde, und es wurden relativ viele Projekte verwirklicht, spiegelte die Überzeugung der Architekten wider, daß neue Aufgaben radikal neue Lösungen erforderten. So entstanden eine Reihe von Prototypen: im Wohnungsbau (→ Ginzburgs Apartmenthaus in Moskau), im Industriebau (W. → Wesnins Wasserkraftwerk am Dnjepr), beim Bau für gesellschaftliche Organisationen (→ Golosows und → Melnikows Arbeiterklubs) und für die öffentliche Verwaltung (Serafimows, Felgers und Krawez' Haus der Industrie in Charkow, 1925-28). Auch im Ausland präsentierte sich die Sowjetunion mit aufsehenerregenden Ausstellungspavillons, die → Melnikow für die Pariser Exposition internationale des Arts décoratifs et industriels modernes (1925; Abb. → Ausstellungsarchitektur) und El → Lissitzky für die ›Pressa‹ in Köln (1928) entwarfen. Umgekehrt hat der → Internationale Stil mit → Le Corbusiers Gebäude des Zentrosojus (1934) in Moskau seine Visitenkarte hinterlassen.

Die in den frühen 30er Jahren unter ästhetischen Vorzeichen geführte ideologische Auseinandersetzung über die zukünftige Orientierung der Architektur endete mit dem vorprogrammierten Sieg der Traditionalisten – der ›fortschrittliche‹ Sozialismus hatte sich für die Rückkehr in die Vergangenheit entschieden. Eine Kehrtwende, weg von einem auf

Sowjetunion. Hotel ›Cosmos‹, Moskau, von W. Andrejew, T. Saikin und W. Steiskal, 1978-80.

Kongreßpalast im Kreml, Moskau, von → Posochin. 1961-67.

Kaufhaus GUM, Moskau, von A. Pomerantsov, 1888.

die Befriedigung gesellschaftlicher Bedürfnisse ausgerichteten Bauen, hin zu klassiz. Monumentalität, deren Folgen das Erscheinungsbild der → Stalinistischen Architektur prägten. Was nun geplant und gebaut wurde, diente der Selbstdarstellung eines totalitären Regimes, das den menschenfreundlichen Traum der Konstruktivisten ersetzte durch den Alptraum menschenverachtender Megalomanie.

Nach Stalins Tod (1953) näherte sich die Architektur rasch den gängigen Modellen des weltweit dominierenden Moderne-Verschnitts: Das von N. Osterman, G. Pawlow und anderen entworfene Wohnviertel im Moskauer Stadtteil Nowije Tscheremuschki (1956ff.) war das erste Beispiel einer an den besseren Standards des sozialen Wohnungsbaus orientierten Siedlung. Wie auch anderswo (und ganz besonders in Deutschland) ignorierten die russischen Architekten, bemüht, auf der Höhe *ihrer* Zeit zu bauen, die noch immer konstruktiv und künstlerisch überlegenen Entwürfe aus den 20er und frühen 30er Jahren. Deshalb steht der von einem Architektenteam unter Leitung von → Posochin gestaltete Kongreßpalast im Kreml (1961-67) zwar stellvertretend für das Bauen um 1960, der Bau repräsentiert aber ebensowenig eine – nominell wenigstens – sozialistische Gesellschaft wie seine westlichen Gegenstücke die demokratische.

Der Prospekt Kalinina mit Einkaufszentren und Bürohochhäusern (1963-68), der Moskaus historisches Zentrum mit der Ringstraße um die City radial verbindet, ist ein immerhin bemerkenswertes Stück Stadterneuerung (verwirklicht allerdings ohne Rücksicht auf vorhandene alte Bausubstanz), und der Gebäudekomplex am Ende dieses sozialistischen Prachtboulevards, zur Moskwa hin, bis vor kurzem Sitz des nun aufgelösten COMECON, gehört zu den gelungenen Entwürfen der 60er Jahre – hier haben Posochin und seine Mitarbeiter tatsächlich einmal das so sehnlich erwünschte ›Weltniveau‹ erreicht.

In den 70er und 80er Jahren ist interessante Architektur, die die Tradition der Moderne reflektierte und mit internationalen Zeitströmungen – bis hin zur → Postmoderne – zu verknüpfen suchte, hauptsächlich in der entlegenen Provinz entstanden: Mit der Entfernung zur Moskauer Zentrale wuchs der Mut zum Experiment.   H. Sch. (19./20. Jh.)

Lit.: Hautecœur '12; Lissitzky '30; Tsapenko '53; Hamilton '54; Gray '62; De Feo '63; Gibellino Krasceninnicova '63; Quilici '65, '69, 76; Davidovich '66; Baburov-Djumenton-Gutnov-Kharitonova-Lezava-Sadovskij '67; Huxtable '67; Fitzpatrick '70; Bologna '71; Shidovsky '71; Tafuri '71; Kennett '73; Senkevitch '74; Vogt, A.M. '74; De Michelis-Pasini '76; Cohen-De Michelis-Tafuri '79; Promyslov '80; Cooke '82; Brumfield '83; Chan-Magomedow '83; Faensen-Beyer '83; Opolovnikov '89; Faensen '90; Borisowa/Sternin '90; Scusev-Arch.mus. '91; Brumfield '91; Glazychev/Palmin '91; Quilici '92.

S

Scarpa, Carlo (1906-78). Nach dem Abschluß des Studiums an der Kunstakademie Venedig (1927) Beschäftigung mit dem Design von Murano-Glas und der Innendekoration von Läden und Wohnhäusern. Mitte der 30er Jahre erster Auftrag, ein Werk der historischen Architektur zu restaurieren und dabei an heutige Bedürfnisse anzupassen (Ca' Foscari, Venedig, 1937). Mit der Einrichtung der Retrospektive des Bildhauers A. Martini auf der Biennale Venedig (1942) stellte er sich als Ausstellungsgestalter vor. Die Modernisierung alter Bauten unter Berücksichtigung des historischen Kontexts und die Aufgabe, Kunstwerke in einen mit architektonischen Mitteln akzentuierten Raum so einzubinden, daß die Präsentation ein neues Sehen ermöglicht, standen von nun an im Mittelpunkt

Fondazione Querini Stampaglia, Venedig, von → Scarpa, 1961-63.

seiner Tätigkeit. Selbst unter engen Rahmenbedingungen sind ihm perfekte und souveräne Lösungen gelungen, die als Marksteine im behutsam umwandelnden Umgang mit alter Bausubstanz gelten (Castelvecchio Verona, 1956ff.; Fondazione Querini Stampaglia, Venedig, 1961-63). Ähnlich einflußreich waren seine minimalistischen oder präzise theatralischen Kunstinszenierungen für die Biennale (bis 1972) und in Museen – aus diesem Fundus bedienen sich die Ausstellungsarchitekten unserer Tage. Am Ende seines Lebens schuf er ein monumentales Werk: die Grabstätte der Familie Brion in San Vito d'Altivole bei Asolo (1969-75) – ein Mausoleum in Form einer Totenstadt. Vgl. → Ausstellungsarchitektur. H. Sch.

Lit.: Lampugnani '86; Noever '89; Albertini/Bagnoli '92.

Schattner, Karljosef (geb. 1924). Studierte 1949-53 an der TH München, u. a. bei → Döllgast, → Elsaesser und Franz Hart. 1956-57 selbständiger Architekt in Eichstätt, 1957-91 Leiter des Diözesanbauamtes Eichstätt. Seit 1985 Honorar- und Gastprofessuren in Darmstadt, München und Zürich. Sch.s Werk ist fast ausschließlich mit dem gotischbarocken Residenzstädtchen an der Altmühl verbunden. Nach den Neubauten der PH und späterer Universität am Stadtrand (seit 1960) stellten sich

ihm zunehmend Aufgaben, die zwischen Umbau, Anbau, Einbau und Neubau alle Formen des Umgangs mit historischer Bausubstanz umfaßten. In seiner ›Kunst der Fuge‹ sind sämtliche Veränderungen deutlich als zeitgenössische Eingriffe gekennzeichnet, zugleich aber sensibel auf die historischen Vorgaben bezogen, so bei der Fürstbischöflichen Sommerresidenz (1971-74, heute Verwaltungsgebäude der Universität), dem Ulmer Hof (1978-80, heute theologischer Fachbereich), dem Kipfenberger Speicher (1979-82, heute Diözesanmuseum), dem Alten Waisenhaus (1985-88, heute Institut für Psychologie und Journalistik) und dem Schloß Hirschberg bei Beilngries (1987-92, heute Bildungsstätte). W. P.

Lit.: Conrads/Sack '83; Pehnt '88.

Schechtel, Fjodor O. (1859-1926). An der Moskauer Lehranstalt für Malerei, Bildhauerkunst und Architektur (1875-77) im Geiste des → Historismus ausgebildet, durch die Assistententätigkeit in Architektenbüros mit dem Geschmack einer großbürgerlichen Klientel vertraut, war Sch.s Erstlingswerk, die Villa Morosowa in Moskau (1893), ein gotisierendes, auch im Inneren stilgerecht eingerichtetes Schloß. Das Stadthaus des Industriellen Rjabuschinski (1900), später der Moskauer Wohnsitz M. Gorkis, markierte den Bruch mit der rückwärtsgewandten Architektur: Der aus aneinander- und ineinandergefügten kubischen Formen gestaltete Bau ist ein Hauptwerk des → Jugendstils. In der floralen Fassadenmalerei kündigt sich an, was im Inneren zum Ereignis wird – das Treppenhaus, völlig aufgelöst in rhythmisch ausschwingende Linien, ist eine submarine Landschaft, eingetaucht in von bunten Gläsern gebrochenes Licht. Bei der Fassade des Jaroslawler Bahnhofs (1902-04) griff er auf dekorative Motive der Volkskunst zurück, die er in monumentale architektonische Ornamente verwandelte: eine Verknüpfung traditioneller russischer Formen mit dem Gestaltungswillen des Jugendstils. Seine weiteren Entwürfe waren von anderen Überlegungen bestimmt: Die Druckerei der Zeitung ›Utro Rossii‹ (›Rußlands Morgen‹), ein Backsteinbau mit deutlich erkennbarer → Skelettbaustruktur (1907), wies voraus auf den → Funktionalismus, sein eigenes Wohnhaus (1909), ausgestattet mit einem dorischen Portikus, zurück auf den → Klassizismus. H. Sch.

Institut für Psychologie und Journalistik, Eichstätt, von → Schattner, 1985-88.

Friedhof der Familie Brion, San Vito d'Altivole, Asolo, von → Scarpa, 1969-75.

Rjabuschinski-Haus, Moskau, von → Schechtel, 1900.

*Fachwerkscheune in Wommels-
hausen, Hessen, 18. Jh.*

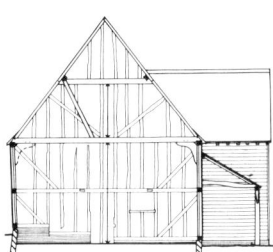

*Scheune in Essex, England,
um 1800.*

Scheune. Landwirtschaftliches Gebäude zur Aufbewahrung von Erntegut. Die Sch. tritt entweder als Hofsch. in Verbindung mit der Hofanlage oder allein- und freistehend als Feldsch. auf. Selten bilden aneinandergereihte Sch.n eine Sch.nstraße im → Dorf. Innerhalb eines Hofes bildet die Sch. gemeinsam mit dem → Bauernhaus, dem Stall und Nebengebäuden einen Haken- oder Winkelhof, einen Dreiseithof oder einen Vierseithof. Sch.n sind beim Einhaus inkorporiert; das Haus besitzt unter einem Dach Wohn-, Stall- und Sch.nteil. Beim Streckhof ist die Sch. in gleicher Firstrichtung und Dachneigung dem Wohnhaus angeschlossen. Die Zehntsch. ist eine Sonderform, die zur Aufnahme der Realabgaben der Bauern an die Herrschaft bestimmt war. Sch.n sind in der Regel geschoßlos, d. h. die z. T. offenen Zwischenböden sind in die meist hölzerne Konstruktion eingeschoben, um optimale Stapelbarkeit und Durchlüftung zu gewährleisten. Sch.n der vorindustriellen Zeit in Europa wurden in ortsüblicher Bauweise in Ziegel oder Stein, in → Fachwerk, Bohlen- oder → Blockbau (→ Holzbauweise) und in Stampflehm (→ Lehmarchitektur) errichtet. Mit der Monostrukturierung und Mechanisierung der Landwirtschaft im 20. Jh. ist die Sch. überflüssig geworden, das Futter wird in Silos aufbewahrt, das Stroh lagert, in Ballen gepreßt, auf dem Feld. Die → Denkmalpflege kämpft gegen das ›Sch.n-Sterben‹, das das historische → Dorf in seinem Zusammenhang bedroht, und sucht durch neue Nutzungen, z. B. Wohnnutzung, die Sch. zu erhalten. Vgl. → Afrika.   C. M.

Schneck, Adolf Gustav (1883-1971). 1907-17 Studium des Möbelbaus an der Stuttgarter Kunstgewerbeschule bei → Pankok, 1921 dessen Assistent und 1922 Übernahme der Leitung der Abteilung (bis 1949). Zudem studierte er 1912-18 Architektur an der Stuttgarter TH bei → Bonatz. Neben seiner Tätigkeit als Hochschullehrer und Designer einfacher konstruktiver Möbel machte er sich in den 20er Jahren auch als Architekt der Moderne mit den beiden Häusern der Weißenhofsiedlung in Stuttgart

*Musterhaus der → Weißenhofsiedlung, Stuttgart,
von → Schneck, 1927.*

(1927; Abb. → Deutschland) und dem Erholungsheim ›Haus auf der Alb‹ in Urach (1928-30) international einen Namen. Er nahm an bekannten Wettbewerben teil (Kölner Brückenkopf, 1925; Stuttgarter Tagblatt-Turm, 1927; Württemberger Girozentrale Stuttgart, 1928), entwarf Wohnhäuser, Hotels, Siedlungen u. v. m. Seine Bauten und Entwürfe zeichneten sich durch eine funktionale Grundrißdisposition, differenzierte Gestaltung der Baukörper und optimale Berücksichtigung von Be-

lichtung und Belüftung aus. Nach 1933 paßte er sich der konservativ-traditionalistischen Architekturauffassung an und konnte nach dem Krieg nur teilweise an die Qualität seiner früheren Bauten anknüpfen.   R. S.
Lit.: Werner '81; Schneck '83; Joedicke '89.

Schneider, Karl (1892-1945). Sch.s Wirken konzentrierte sich im wesentlichen auf die ›Wohnstadt Hamburg‹ der 20er Jahre. Nach einer Reihe von Landhäusern, deren architektonische Bedeutung im Rahmen der → Neuen Sachlichkeit, etwa am Beispiel des Hauses Michaelsen (1922/23) und des Hauses Roemer (1927-28), heute erkannt und ge-

Haus Römer, Hamburg, von → Schneider, 1927-28.

würdigt werden, projektierte und realisierte Sch. eine Fülle von Wohnungsbaukomplexen, die auf den von → Schumacher für Hamburg entwickelten städtebaulichen Fundamenten aufbauten (z. B. Wohnblöcke in der Jarrestadt, 1928 ff.). Sch. verzichtete indessen auf traditionalistische und → expressionistische Motive zugunsten einer streng → funktionalistischen und konstruktiv entwickelten Formensprache, die er auf der Folie des für Hamburg typischen Backsteinbaus realisierte.   A. Gl.
Lit.: de Fries '29; Hipp '85; Kähler '85; Koch/Pook '92.

Schneider-Wessling, Erich (geb. 1931). Studium an der TU München, in Taliesin-West bei → Wright sowie in Los Angeles bei → Neutra; bei diesem später als Mitarbeiter. Ab 1960 Architekturbüro in Köln. 1968 Gründung des ›Bauturms‹ in Köln, einer Gemeinschaft von Architekten und Ingenieuren. Seit 1972 Professor für Stadterneuerung und Wohnen an der Akademie der Bildenden Künste in München. Sch.-W. suchte die verdrängten Ansätze der Moderne fortzusetzen. Die Verwissenschaftlichung der Architektur bei einem hohen utopischen Gehalt verbindet seine frühen Projekte mit den Auffassungen von → Friedman und E. Schulze-Fielitz.

Nicolai-Centrum, Osnabrück, von → Schneider-Wessling, 1981-84.

Früher als andere setzte er gegen den verflachten Funktionalismus der 50er und 60er Jahre mit Trabanten- und Satellitenstädten in Deutschland auf die Leitbilder ›Verdichtete Stadt‹, ›Urbanes Wohnen‹, ›Stadtreparatur‹, ›Biorealismus‹ und ›Soziorealismus‹, auf Bauten mit hoher sozialer Begegnungs- und ökologischer Qualität, vergleichbar den Bestrebungen → Hertzbergers und → van Eycks in den Niederlanden. Am konsequentesten konnte er dieses Konzept beim Nicolai-Centrum in Osnabrück (1981-84) verwirklichen. V.F.

Lit.: Dt. Bauzeitung 10/1984; Schneider-W. '83; Klotz '85.

Schtschusew, Alexej V. (1873-1949). Während des Studiums an der Kunstakademie in St. Petersburg (1891-97) mit den unterschiedlichen Strömungen in der Architektur der Jahrhundertwende konfrontiert, entschied sich Sch. in seinen ersten Arbeiten gegen den → Jugendstil und für die altrussische Tradition, deren Versatzstücke er an den Fassaden des Kasaner Bahnhofs in Moskau (1911-26) collagierte (→ Schuchow). Nach der Revolution Leiter der Kommission für die Moskauer Stadterneuerung; 1924 Auftrag für das Lenin-Mausoleum. Zunächst

Lenin-Mausoleum, Moskau, von → Schtschusew, 1929-30.

ein Provisorium in der Art eines ephemeren Denkmals, wie es bei Massenveranstaltungen aufgestellt wurde, dann eine hölzerne → Zikkurat mit vertäfelten Wänden, entstand erst 1929 der heutige Bau aus Steinplatten – modern und archaisch zugleich. In den 30er Jahren entwarf Sch. Bauten, die auf eine Synthese von → Konstruktivismus und westeuropäischem → Funktionalismus zielten (Haus des Narkomzem in Moskau, 1933). – Das Moskauer Architekturmuseum ist nach Sch. benannt. Vgl. → Sowjetische Architektur, → Stalinistische Arch.
H. Sch.

Schuchow, Wladimir G. (1853-1939). Im Anschluß an das Studium an der Moskauer Höheren Technischen Lehranstalt besuchte er die USA, war dann Eisenbahningenieur und Leiter der technischen Abteilung des Moskauer Stadtplanungsbüros. Der im Grundriß elliptische Pavillon, den er für die Allrussische Ausstellung in Nischni-Nowgorod entwarf (1896), war eine großräumige, von Masten getragene Hängedachkonstruktion (→ Dachformen 20). Die hier erstmals verwirklichte Netzwerkstruktur bestimmte von nun an seine → Industriebauten: Fabrikhallen, Wasser- und Leuchttürme. Architekten, die mit technischen Problemen konfrontiert waren, sicherten sich die Mitarbeit des innovativen Ingenieurs – er konstruierte die Bahnsteighallen des Kasaner Bahnhofs in Moskau (→ Schtschusew) und die Überdachung von → Melnikows Lastkraftwagengarage in Moskau (1927). Der 160 Meter hohe Funkturm des Komintern-Senders in Moskau (1922), ein mit hyperboloiden Elementen konstruierter Gittermast, ist der heute noch sichtbare Beweis, daß selbst → Ingenieurbaukunst fähig ist, eine symbolische Form zu schaffen. H. Sch.

Lit.: R. Graefe u. a. '90.

Schultze-Naumburg, Paul (1869-1949). Ab 1887 Studium an der Kunstakademie, seit 1897 in Berlin tätig. 1901-03 private Malschule ›Saalecker Werkstätten‹. 1907 Mitbegründer des → Deutschen Werkbundes. Umfangreiche Kulturkritiken mit den ›Kulturarbeiten‹ in neun Bänden ab 1909. Darin kommt sein Bestreben zum Ausdruck, zeitlose, vorbildhafte Werte in der einfachen Volksarchitektur der Vergangenheit zu finden. Der Heimatschutzbewegung nahestehend, kritisiert er die Verirrungen des → Historismus, um in seiner eigenen Arbeit als Architekt einen neobiedermeierlichen → Neoklassizismus mit sachlicher Tendenz zu entwickeln. Er baut zahlreiche Rittergüter, Herrenhäuser und Villen in einer Grundhaltung, die sich aus der preußischen Landbaukunst um 1800 herleitet. Vertritt er in seinen frühen Schriften kulturkritische Reformideen, nimmt er in den 20er und 30er Jahren teil an der Formulierung der NS-Kulturideologie (→ Nationalsoz. Architektur), polemisiert gegen das Neue Bauen und gründet gemeinsam mit → Bonatz und → Schmitthenner 1928 die konservative Architektenvereinigung ›Der Block‹. 1930 Direktor der Staatl. Hochschule für Baukunst in Weimar. C.M.

Lit.: Schultze-Naumburg '08-'27, '28, '29, '32; Borrmann '89.

Schürmann, Joachim (geb. 1926). Nach Besuch der TH Darmstadt 1945-49 seit 1956 als selbständiger Architekt in Köln, ab 1970 Bürogemeinschaft mit Margot Schürmann. 1965-70 Lehrtätigkeit in Darmstadt. Das Werk umfaßt Bauten aller Gattungen, städtebauliche Gesamtsituationen sowie denkmalpflegerische Arbeiten (hier besonders Köln, Groß St. Martin 1961-85). Charakteristisch ist die kühle Strenge im Geist der klassischen Moderne, die sich mit Eleganz im Detail verbindet. Die frühen Kölner Wohnhäuser, Schürmann (1957), Dr. Gold (1958) und von Rautenstrauch (1959), sind als Stahl→skelettbauten errichtet. Ihnen lassen sich stilistisch die Kölner Kirchen St. Stephan (1958-61) und St. Pius x. (1960) zuordnen. In den 60er und 70er Jahren dominiert der – häufig plastisch gestaltete – → Sichtbeton: Neuss, St. Pius x. (1963-64); Köln, Deutscher Städtetag (1969-73); Köln, Bauten für das Regierungspräsidium (1977); Köln, Quartier um Groß St. Martin (1970-78) mit Pfarrzentrum und Atelierhaus Schürmann (1977-78), doch findet auch der Stahlskelettbau mit → Courtain-Wall-Fassade vereinzelt Anwendung (Köln, ABC-Bank). In

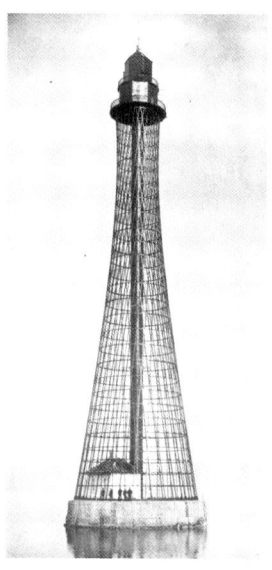

Adzigol-Leuchtturm bei Chersson, Ukraine, von → Schuchow, 1911.

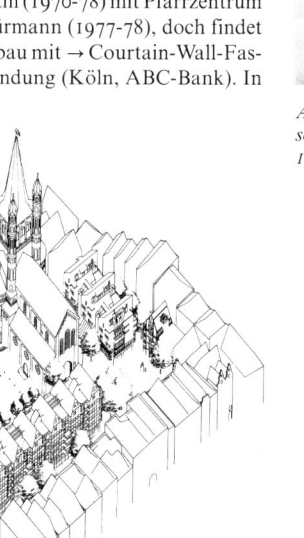

Quartier um Groß St. Martin, Köln, von → Schürmann, 1970-78.

Köln gelang die Einfügung der anspruchsvollen Neubauten in das historische Altstadtquartier; ähnlich das städtische Kommunikationszentrum in Rheda-Wiedenbrück (1978-83). Bauten für den Bund in Bonn (ab 1985), für die Post in Köln (1980-90) sowie in Salzburg (Hauptbahnhofsbereich, 1990 ff.) und Dresden (Postplatz, 1992 ff.) stehen für die jüngste Etappe im Schaffen des Architekten.
U.K.

Frankfurter Küche, von → Schütte-Lihotzky, 1927-28.

Schütte-Lihotzky, Margarete (geb. 1897). Studium bei → Tessenow und Oskar Strnad an der Wiener Kunstgewerbeschule, wirkte ab 1920 als Mitarbeiterin von → Loos in der Wiener Siedlerbewegung, 1924 mit → Behrens, → Frank, → Hoffmann, → Loos und Strnad Planung des Winarsky-Hofes in Wien. 1926 Berufung ans Hochbauamt der Stadt Frankfurt/M., 1927/28 Entwicklung der → ›Frankfurter Küche‹. 1930 ging Sch.-L. mit der Gruppe von Ernst → May in die Sowjetunion, wo sie Arbeitersiedlungen und Kindergärten plante. 1932 Beteiligung an der Wiener Werkbundsiedlung, 1938 Berufung an die Akademie der Schönen Künste Istanbul. Während des Krieges wird sie Aktivistin im Widerstand gegen den Nationalsozialismus, 1940 in Wien verhaftet und zum Tode verurteilt, entging aber der Hinrichtung. Nach 1945 in Sofia tätig, ab 1947 wieder in Wien, wo sie jedoch kaum noch Aufträge erhielt.
O.K.
Lit.: Koller '87.

Schwagenscheidt, Walter (1886-1968). Ausbildung an den Kunstgewerbeschulen Elberfeld und Düsseldorf. 1911 Mitarbeiter von → Kreis. 1915-16 Ausbildung und Mitarbeit bei → Bonatz, Th. → Fischer und → Riemerschmid. 1919-20 Entwicklung seiner Idee der Raumstadt. 1923 ihre Darstellung als »naturnahe Wohnstadt für alle Bevölkerungsschichten« in einer Wanderausstellung. 1921-27 an der TH Aachen, 1927/28 an der HTL in Offenbach. Ab 1929 Mitarbeiter von E. → May in Frankfurt, dort 1929 Konzeption der Siedlung Goldstein mit 8350 Wohnungen. 1930 Siedlung Tornowgelände mit 450 Wohnungen. Durch seine Sonnenwinkeluntersuchungen forscht er nach der günstigsten Relation zwischen Stellung und Gebäudehöhe im → Zeilenbau. 1930 folgt er May in die Sowjetunion. 1933 Rückkehr nach Kronberg im Ts., Innere Emigration. 1949 Publikation ›Die Raumstadt‹. 1960-64 gemeinsam mit Thassilo Sittmann u. a. Nordweststadt Frankfurt a. M. als offenes städtebauliches System.
C.M.
Lit.: Schwagenscheidt '49; Preusler '85.

Schweizer, Otto Ernst (1890-1965). Nach einer Lehre als Geometer studierte er ab 1913 Architektur in Stuttgart und 1915-17 in München bei Th. → Fischer. 1921 wurde er Stadtbaurat in Schwäbisch-Gmünd und nahm an überregionalen Wettbewerben teil (Hochhaus Berlin Friedrichstraße, 1921-22). 1924-30 war er Oberbaurat von Nürnberg und schuf dort Planetarium (1926), Arbeitsamt (1926) und Milchhof (1930). Die Stadionbauten in Nürnberg (1926-28) und Wien (1928-31) wurden wegen ihrer Funktionalität zum Vorbild. 1930 Ruf an die Karlsruher TH, wo er bis 1961 eine ganze Generation von Architekten und Stadtplanern ausbildete. Seine Lehre von der funktionsgemäßen ›Großform‹ griff → CIAM-Prinzipien auf und entwickelte mit → Zeilenbau, → Satelliten- und Bandstadt sowie der autogerechten Stadt mit verkehrsfreien Zonen verschiedene Problemlösungen für die

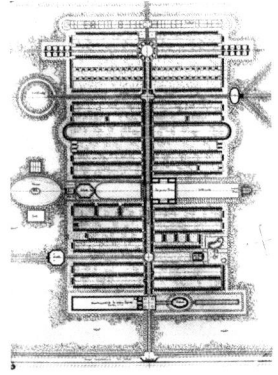

Bebauungsschema für die Raumstadt, von → Schwagenscheidt, 1920-23.

Tribüne im Nürnberger Sportstadion, von → Schweizer, 1926-28.

moderne Stadt (→ Städtebau). In Entwürfen zur Neu- und Umgestaltung zerstörter Städte (Gießen 1947, Mannheim 1950, Bonn 1951, Stuttgart 1953, Rheinhausen 1954) konnte er sie auch planerisch umsetzen, doch werden diese Planungen heute eher kritisch beurteilt.
R.S.
Lit.: Tschira u. a. '50; Schweizer '57, '62; Boyken '90.

Scuola. Bruderschaftsbauten, eine spezifisch venezianische Einrichtung des 13.-15. Jhs. Klerikern und dem Adel waren der Beitritt von Staats wegen untersagt. Sechs ›Scuole grande‹ traten besonders hervor durch die Vornehmheit ihrer Mitglieder, deren Reichtum sowie die Pracht ihrer Vereinsgebäude. Daneben zählte Venedig zur Zeit Tintorettos (1518 bis 1594) etwa zweihundert weitere Scuole, die ›Scuole minore‹ bzw. die ›Scuole piccole‹. Bei der Gestaltung der Fassaden entstand immer wieder aufs neue die Frage, ob die Scuole an profane oder aber an sakrale Bauten erinnern sollten. Es hat sich keine einheitliche Lösung entwickelt. Meist spiegelt sich an der Fassade die innere Aufteilung in zwei Geschosse wider. Aufgrund dieser Zweigeschossigkeit waren die Treppenhäuser von besonderer Bedeutung (z. B. Mauro Codussis Treppe in der Scuola Grande di San Giovanni Evangeliste, vor 1490, Abb. → Treppe). Im Untergeschoß befand sich in der Regel ein flachgedeckter Saal oder eine Halle.

Scuola Grande di San Rocco, Venedig, von Bartolomeo Bon und Antonio Abbondi, 1515-60.

Gegenüber dem Eingang stand oftmals ein Altar für Andachten oder Totenmessen. Ebenfalls einen Altar besaß der große Versammlungsraum, Kapitelsaal, im Obergeschoß (›Sala del Capitolo‹). Hier schloß sich der Aufenthaltsraum der jeweiligen Vorstandsmitglieder an (›Sala dell'Albergo‹).
Alle Räumlichkeiten weisen reichen Schmuck und großformatige Bilderzyklen auf (z. B. Tintorettos Gemälde in der Scuola di San Rocco, 1550-94). Kleine, nach außen unscheinbare Scuole legten ebenfalls großen Wert auf eine qualitätvolle maleri-

Nachträge

sche Ausstattung (Carpaccios Zyklus für die Scuola di S. Giorgio degli Schiavoni, 1460-1526). Abb. → Lombardo, → Longhena.   M.G.

Lit.: Pullan '81; Huse/Wolters '85.

Siedlungsarchitektur. Siedlungen sind im weitesten Sinne Ausdruck jedes Seßhaftwerdens von Menschen auf Grund und Boden und die damit verbundene Schaffung ortsfester Wohnstätten nach durchdachtem bedürfnisorientiertem Schema. Im engeren Sinne und in Abgrenzung zum → Städtebau einheitlich gestaltete Anzahl von gleichartigen Wohnhäusern in abgestimmter Anordnung, meist für eine sozial homogene Gruppe als ländliche oder städtische Siedlung aufgrund des Willens einer staatlichen Macht, eines Feudalherren, eines Unternehmers oder einer Gemeinschaft in Selbsthilfe. Mit der → Gartenstadt- und Siedlerbewegung des frühen 20. Jhs. und besonders in den Siedlungsprogrammen der Weimarer Zeit wird der Begriff Siedlung bzw. S. zum Synonym der Stadterweiterung, d. h. der Schaffung neuer Wohnviertel am Rand der Städte oder als Trabanten im Grünen. Vorformen der S. sind in den geregelten Gemeinwesen der frühbürgerlichen Handelsstädte zu finden, wo für sozial homogene, aber ökonomisch schwache Gruppen in einzelnen Fällen Wohnungsfürsorge betrieben wurde. In den norddeutschen Küstenstädten der Hanse waren im MA. eingeschossige Ganghäuser innerhalb der Blocks angelegt als frühe Form der S. für minderbemittelte Schichten. Die Beginenhöfe des MA.s und der frühen Neuzeit mit regelmäßigen, ummauerten Wohnhöfen zur Sozialfürsorge alleinstehender Frauen in klosterähnlichen Gemeinschaften in den reichen Handelsstädten Flanderns und der Niederlande (Brügge, Gent, Amsterdam) stellen Vorformen der S. dar. Die Fuggerei, eine vom Bankhaus Fugger in Augsburg für verarmte Weber gestiftete Wohnanlage in Form eines regelmäßigen Systems von sechs einander durchkreuzenden Straßen und 52 Zweifamilienhäusern mit rückwärtigem Hausgarten, ist die Antizipation der neuzeitlichen Sozialsiedlung (1516-23, von T. Krebs). Im 17./18. Jh. entstanden für die infolge des Edikts von Nantes (1685) ausgewanderten Hugenotten in Holland und Deutschland neue Siedlungen im Interesse der merkantilistischen Landesherren, die die

Fuggerei, Augsburg, 1516-23.

Réfugiés durch Bauvergünstigungen und Kredite anlockten. Für die Glaubensflüchtlinge wurden regelmäßige Anlagen von Straßendörfern oder Haufendörfern (→ Dorf) und auch kreuzförmige Siedlungsgrundrisse geschaffen. Die S. wurde meist vom Baumeister des Landesherren aus lokalen Typen des Bauernhauses und lokalen Hofformen entwickelt, die oft funktional betont vereinfacht und vereinheitlicht wurden. Die öffentlichen Bauten waren meist an den Mittelpunkten der Anlagen angeordnet (Neu Isenburg bei Frankfurt a. M., 1699 als quadratische Anlage mit zwei diagonal durchkreuzenden Straßen angelegt, im Schnittpunkt das oktagonale Rathaus; Friedrichsdorf im Ts., 1687 als 1 km langes Straßendorf mit regelmäßigen Hofanlagen in → Fachwerk). Gemeinsam ist der S. der Hugenotten in Deutschland die Übernahme örtlicher Bautraditionen und Hausformen oft in rationeller Vereinfachung.

Werksiedlung der Hoechst AG, Höchst a. M., 1904.

Eine Sonderform der S. ist die Gründung der pietistischen Brüdergemeinde Herrnhut/Lausitz, ab 1722 durch den Grafen L. N. v. Zinzendorf, regelmäßig gruppiert um einen Platz mit Kirche, Gemeindehaus, Chorhäusern der ledigen Brüder, ledigen Schwestern, Witwen usw. Die Wohnhäuser sind in schlichten Formen des bürgerlichen Barock gehalten. Weitere Gründungen der Herrnhuter sind u. a. Barby bei Magdeburg, Herrnhag bei Büdingen (Hessen) und Zeyst in Holland.

S. in Verbindung mit einem Arbeitsverhältnis, die Werksiedlung, ist schon in frühen Beispielen des 18. Jhs. bekannt: Werksiedlung Georgenfeld, 1731 für Bergarbeiter in Zinnwald/Erzgebirge in Form von freistehenden Einfamilienhäusern mit Garten an einem konisch geformten Anger, und die Einfamilienhäuser der Ruhlaer ›Kolonie‹ der 1750-53 von Friedrich II. gegründeten Eisenfabrik Eberswalde. Aus der preußischen Landbaukunst sind Kossathensiedlungen des 18. und 19. Jhs. für Landarbeiter auf den Rittergütern bekannt, meist eingeschossige, traufständige Häuser in Reihenanordnung. Mit dem Einsetzen der industriellen Produktion zuerst in England im 18. Jh., dann auf dem Kontinent ab 1830 formte sich schnell die Gattung des Werkwohnungsbaus oder Arbeiterwohnungsbaus, gegründet auf das Interesse des Unternehmers, über einen festen Stamm von ortsgebundenen Facharbeitern zu verfügen: Siedlung Eisenheim bei Oberhausen (ab 1844), Doppelhäuser mit rückwärtigem Stall, traufständig zu Straße; Cité ouvrière in Mulhouse (1853-67), 800 Vierfamilienhäuser mit Garten; Werkwohnungen der Kruppwerke in Essen (1861-62).

In den Gesellschaftsutopien des 19. Jhs. wurden vor dem Hintergrund des Pauperismus und der Woh-

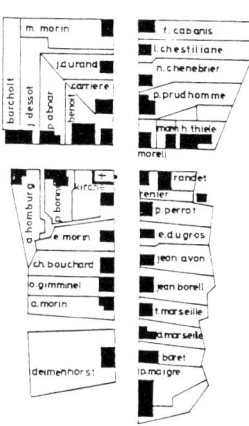

Hugenottensiedlung, Kelze, Hessen, 1716.

nungsnot des Proletariats neue Modelle von S. entwickelt: R. Owen (1771-1858) erdachte Konzeptionen utopischer Architektur und Siedlungsprojekte, in denen die Gebäude in offener Bauweise symmetrisch um einen parkartigen Raum angeordnet sind (Musterkolonie New Harmony, USA, 1825). F. MC. Fourier (1772-1837) formulierte autarke Siedlungseinheiten für jeweils 1620 Menschen, die in ›Phalanstères‹ – verdichteten, schloßartigen Komplexen, verstreut in der Landschaft liegend – die Städte ersetzen sollten. Der Industrielle J. B. A. Godin verwirklichte diese Ideen modellhaft in seinem ›Familistère‹ in Guise (1859-77). Diese Ansätze sind jedoch ohne Folgewirkung für die Weiterentwicklung der S. gewesen. Deutschland, England und Frankreich bevorzugten nach der Jahrhundertmitte das Kleinhaus für ein bis vier Familien mit Garten zumindest in den Musteranlagen. Die Realität war jedoch nach wie vor der überbelegte, ungesunde Mehrgeschoßbau in den Städten (→ Miethaus). Die Entwicklung des Werkwohnungs- und Genossenschaftsbaus im letzten Viertel des 19. Jhs. (→ Baugenossenschaften) führte vor allem unter

Gartenstadt Hellerau, bei Dresden, 1911.

Süleymaniye Moschee, Istanbul, von → Sinan, 1557.

englischem Einfluß zur Formulierung der idealen S. für Arbeiter und kleine Leute in Form von locker gruppierten, manchmal zu Paaren gekoppelten Einfamilienhäusern mit Garten. Mit der Gründung der Deutschen Gartenstadtgesellschaft 1902 in Anlehnung an die englische ›Garden Cities Association‹ und → Howards Ideen (Gartenstadt Letchworth von B. Parker und → Unwin) wurde die Aufhebung des Stadt-Land-Gegensatzes zu einem Hauptthema der S. Die erste deutsche → Gartenstadt, Hellerau bei Dresden, formuliert mit Einzel- und Reihenhaustypen von → Riemerschmid, → Tessenow, → Muthesius und Th. → Fischer, die in einem offenen, durchgrünten Gelände an geschwungenen Straßen angeordnet sind, die Grundlagen für die moderne S. am Stadtrand oder als Trabant im Grünen. Auch im Werkwohnungsbau der Zeit wurde die äußere Form – nicht die gesellschaftliche Organisation – der Gartenstadt vorbildlich (Gartenstadt Staaken der Spandauer Munitionsfabriken, 1914 bis 1916, von → Schmitthenner). Mit dem Ende des Kaiserreiches und dem Einzug der demokratischen Parteien in die Stadtparlamente begann die große Ära des Siedlungsbaus der Weimarer Zeit. Die S. wurde zentraler Gegenstand avantgardistischer Wohn- und Stadterweiterungsmodelle (Berlin, Großsiedlung Britz, 1925-27 von B. → Taut und M. → Wagner mit 1027 Wohnungen; Frankfurt a. M., Siedlung Römerstadt, 1927-28, von → May u. a. mit 1220 Wohnungen). Aber auch in traditionalistischen Formen wurden bis etwa 1930 große Einheiten von S. errichtet. Nach 1930 entstanden Nebenerwerbs- oder Selbsthilfesiedlungen in primitiven, von der Not diktierten Formen mit Stall und Gar-

Siedlung Römerstadt, Frankfurt a. M., von → May u. a., 1927-28.

ten zur Selbstversorgung. Innerhalb der → Nationalsoz. Architektur sollte die S. als heimatverbundene Architektur historische, landschaftsgebundene Traditionen aufnehmen, bevorzugt wurde das Einfamilien-Siedlerhaus. Diese Wohnform wurde auch nach 1945 im Siedlungsbau des Wiederaufbaus bis um 1960 gepflegt. Daneben wurde nach 1945 für größere 3-4geschossige Wohneinheiten der → Zeilenbau der 20er Jahre wiederaufgegriffen, allerdings in lockerer Anordnung mit großen Grünflächen. Vgl. → Satellitenstadt.   C. M.

Lit.: Ungers '83; Arnold '91.

Sinan (um 1497-1588). Gilt als der bedeutendste osmanische Baumeister. In Kappadokien geboren, wurde er 1512 als Mitglied der christlichen, nichttürkischen Minderheit in den Dienst des Sultans rekrutiert; Aufnahme in das Elitekorps der Janitscharen. Als gelernter Zimmermann wurde S. auf den Feldzügen Süleymans d. Prächtigen mit dem Bau militärischer Anlagen betraut, die von auffallender Qualität gewesen sein müssen. Bereits während seiner Militärzeit erhielt er – zwischen zwei Feldzügen in Istanbul stationiert – 1530 die ersten Aufträge auf dem Gebiet der Sakralarchitektur. Während der Feldzüge wurde S. in den eroberten Städten sowohl mit Renovierungsarbeiten als bedeutenden Bauwerken als auch mit der Errichtung religiöser Bauten beauftragt. 1538 Entlassung aus dem Militär; bis zu seinem Tode im Jahr 1588 Leitung des zentralen Architekturbüros am Hof des Sultans.

Über die Hälfte seiner Bauten sind nicht mehr erhalten, doch erfahren wir aus alten Werklisten, daß sein Gesamtœuvre 477 Bauten umfaßte, darunter 157 → Moscheen, 45 → Grabbauten, 74 → Medresen, 31 → Karawansereien, 38 → Paläste, 56 Badeanlagen, einige → Hospitäler und Armenküchen, → Bibliotheken, Aussichtskioske und → Brücken, Ladenreihen und Warenlager. S. wird mehr als Ar-

Haseki Sultan, Bad, Istanbul, von → Sinan, 1556.

chitekt gewürdigt denn als Stadtplaner, obwohl ihm
mit den weitläufigen, aus Moscheen, Schulen, Bädern und karitativen Einrichtungen bestehenden
Stiftungsanlagen (Großaufträge der Sultane, mächtiger Wesire und einflußreicher Frauen bei Hofe)
eine Neustrukturierung des Stadtraumes gelang.
Gelegentlich ging es direkt um die technische Lösung
einer urbanen Aufgabe: Die noch aus → byzantinischer Zeit stammende Wasserversorgung Konstantinopels reichte aufgrund der anwachsenden Bevölkerung nicht mehr aus, so daß S. sie mit sechs prächtigen → Aquädukten vollständig erneuerte.

Prinzenmoschee, Istanbul, von → Sinan, 1542-48.

S. wird gern als Architekt verstanden, der sich vor
allem mit einem Vorbild auseinandersetzte: der Hagia Sophia (Abb. → Byzant. Baukunst). Sein Ziel sei
es gewesen, diesen Bau zu übertreffen. Tatsächlich
befaßte sich S. mit der gesamten ihm bekannten
Bautradition, wobei er in der byzantinischen und
seldschukischen Tradition (→ Türkei) am stärksten
verwurzelt war. In der asiatischen Kunsttradition
geht es selten um das einmalige Werk, sondern um
eine beständig variierende Wiederholung guter Lösungen, mit dem Ziel, neue Harmonien zu schaffen
– also nicht um die größte → Kuppel. Hatte man
sich bei der Hagia Sophia Justinians auf das Thema
der ›Großkuppel‹ konzentriert und alle anderen
Bauteile in ihren Dienst gestellt, wendet sich S. anderen Themen zu, z. B. dem Gegensatz von Innen-
und Außenansicht einer Kuppel.
Die von S. in aller Feinheit erarbeitete Staffelung
der Kuppeln gilt als schönstes Motiv der osmanischen Architektur. Fast in jeder seiner Kuppelmoscheen erprobte S. die harmonisierende Kraft des
Lichts in einer anderen Lösung.
Gegen Ende seines fast neunzigjährigen Lebens hob
S. drei seiner Werke besonders hervor: die Prinzenmoschee in Istanbul (1542-48), ein reichgegliederter
Zentralbau (›Lehrstück‹); die größte Stiftung des
Sultans, die Süleyman-Moschee, auf einem der Hügel Istanbuls gelegen, wurde herausragendes neues
Zentrum der Stadt, »kostbarstes Juwel der Stadtkrone«, wie es ein osmanischer Text besingt (›Gesel-
lenstück‹; Abb. → Minarett); die große Moschee
für Sultan Selim II. in Edirne (1568-74) nannte er
sein ›Meisterstück‹; für sie hatte er sogar den Kalligraphen zur Dekoration der Wände persönlich ausgewählt (Abb. → Türkei, → Islam. Architektur).
Bis zu seinem Tode war S. im Staatsdienst tätig.
Abb. Sokullu-Mehmet-Pascha-Moschee, Istanbul
→ Türkei.   A. N.

Lit.: Kuran '87.

Stalinistische Architektur. Nach dem Anfang der
30er Jahre beendeten Umbau des diktatorischen
Sowjetregimes in Stalins totalitären Staat wurde
auch die Architektur zur Zielscheibe der Parteidog-
matiker. Anders als in der Literatur, der Musik und
der bildenden Kunst, wo der bloße Verdacht auf
›bürgerlichen Formalismus‹ die Zensur alarmierte,
vollzog sich in der Architektur der Kurswechsel
allerdings nicht abrupt. Obschon die mit der sozialistischen Utopie verbündete Moderne nun zum Aus-
laufmodell deklariert war, blieb sie weiterhin präsent (und bereits begonnene Projekte wurden noch
fertiggestellt), erst allmählich überlagert von einem
→ Klassizismus mit Hammer und Sichel.
Der Rückgriff auf einen Stil, der die Architektur im
vorrevolutionären Rußland geprägt hatte, be-
zweckte eine Legitimierung durch Tradition. Klassizismus verbürgte Kontinuität: der neue Alleinherrscher übernahm die architektonischen Symbole
der zaristischen Macht. Während die → nationalsozialistische Kunstpolitik Rangunterschiede machte,
bestimmte Würdeformen repräsentativen Bauten
der Partei oder des Staates vorbehielt, war gerade
die Aufwertung aller Bereiche des Bauens durch
den Einsatz klassischer Motive charakteristisch für
die St. A. der 30er Jahre.
Ergebnis dieser neufeudalen Bemühungen war ein
imperialer Stil für Proletarier. Kinos betraten sie
durch pfeilergeschmückte Portiken, in den Stationen der Moskauer Metro warteten sie in pompös
dekorierten, von Kassettendecken überwölbten
Grottensälen auf die Ankunft der U-Bahn, und
wenn sie auf die palladianische Fassade ihres Wohnblocks blickten, konnten sie glauben, sie residierten
in einem Palast, der aber, wie sie genau wußten,
lauter Dienstbotenbehausungen enthielt: die stalinistische Version des Potemkinschen Dorfes.

Stalinistische Architektur.
U-Bahn-Station Mayakovskaya,
Moskau, 1936.

Stalinistische Architektur.
Moskwa Hotel, Moskau, von
→ Schtschusew, L. I. Sawelyew
und O. A. Stapran, 1932-35.

Stalinistische Architektur. Wohnhaus in der Mochowaja,
Moskau, von I. Sholtowski, 1934.

Der Prototyp der Wende, I. Sholtowskis (1867-
1959) Haus auf der Mochowaja in Moskau (1934),
stellt den kuriosen Versuch dar, Tradition und Moderne miteinander zu versöhnen: Der schmucklosen, an der → Skelettbauweise orientierten Front
blendete der geübte Eklektizist einfach die Fassade
von → Palladios Loggia del Capitaniato in Vicenza
vor: eine aufsehenerregende Lösung, die allerdings
als Aufforderung verstanden wurde, sich historische Architektur anzueignen. Durch den deutschen
Überfall auf die Sowjetunion, der zur Konzentration auf kriegswichtige Projekte zwang, blieben die
großangelegten Planungen zur Stadterneuerung
Moskaus und Leningrads in den Anfängen stecken.

Stalinistische Architektur. Theater der Roten Armee, Moskau, von A. Alabyan, 1935-40.

Stalinistische Architektur. Überarbeiteter Wettbewerbsentwurf von Iofans Plan für den Palast der Sowjets in Moskau, von Boris Iofan, Wladimir Stschuko und Wladimir Helfreich, 1933.

Die bereits fertigen Teile der Konstruktion des von B. Iofan (1891-1976) entworfenen Palasts der Sowjets in Moskau wurden wieder abgebaut – der für den Rahmen der gigantischen → Zikkurat, die eine siebzig Meter hohe Lenin-Statue krönen sollte, bestimmte Stahl wurde zum Brückenbau benötigt. In der Nachkriegszeit hatten der Wiederaufbau zerstörter Städte (Stalingrad) und der Wohnungsbau Vorrang. Anfang der 50er Jahre entstanden an markanten Stellen des Rings um die Moskauer Innenstadt sechs als Verwaltungsgebäude, Hotels und Wohncontainer genutzte Punkthochhäuser, die zusammen mit dem siebten, dem ausgedehnten Komplex der Lomonossow-Universität auf den Leninhügeln (L. Rudnew, 1949-53), ein Ensemble von städtebaulichen Dominanten bildeten. Diese protzig-putzigen Ableger amerikanischer Wolkenkratzer der 30er Jahre im sozialistischen Zuckerbäckerstil sind das architektonische Testament des Stalinismus. Vgl. → Razionalismo, → Rußland. H.Sch.

Lit.: Spieker '80; Åman '87; Tarchanow/Kawtaradse '92.

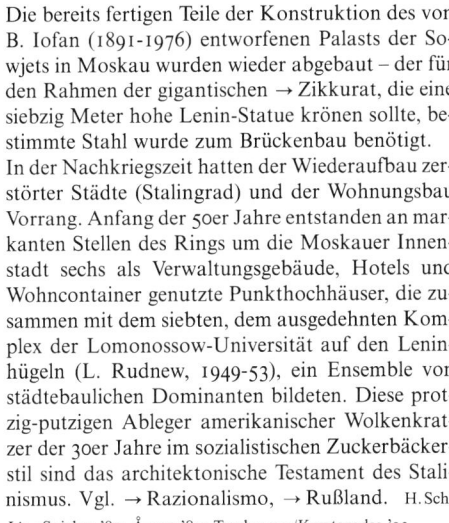

Stalinistische Architektur. Lomonossow-Universität, Moskau, von L. W. Rudnew, S. J. Tschernyschew, P. Abrossimow und S. Chrjakow, 1948-52.

Steffann, Emil (1899-1968). Nach einer weitgehend autodidaktisch bestimmten Ausbildung Beginn seiner Tätigkeit in Lübeck; Ende der 20er Jahre verschiedene kleinere Wohnhäuser und Gottesdiensträume. 1941-44 war S. an der Wiederaufbauplanung in Lothringen beteiligt. Als er 1946 nach Lübeck zurückkehrte, begann er seine für die Nachkriegszeit der Tätigkeit → Döllgasts und

→ Schwarz' vergleichbare, bedeutsame Bau- und Wiederaufbautätigkeit. Ihr wesentlicher Ausgangspunkt stellte der behutsame und respektvolle Umgang mit den zerstörten Baudenkmälern dar. Die an der Formensprache der Moderne geschulte Interpretation, nicht die Imitation, der typologischen Großform bzw. Struktur der vorhandenen Bausubstanz wurde zum Kennzeichen seiner ebenso asketischen wie konzentrierten, dem genius loci verpflichteten Architektur, die er nach seiner Übersiedlung ins Rheinland im Neu- und Wiederaufbau vor allem von Kirchen, Klöstern und Sozialeinrichtungen zur vollen Entfaltung brachte. Die radikale Reduzierung der Form auf ihre elementare Körperlichkeit in der Verbindung mit der Verwendung naturwüchsiger, bodenständiger Materialien wie Bruchstein, Backstein, Holz, Glas etc. (→ Bausteine) ließen jene ›Monumente der Einfachheit‹ entstehen, deren archaisch zeichenhafte Wirkung vor allem der Entwicklung des Sakralbaus wesentliche Impulse gegeben hat. A.Gl.

Lit.: Hülsmann '84; Klotz '89; Grexa '91.

Pfarrkirche St. Bonifatius, Dortmund, von → Steffann, 1953-58.

Steidle, Otto (geb. 1943). 1966-69 Architekturbüro Muhr und Steidle, ab 1969 Steidle und Partner in München. 1981 Gründung eines zweiten Büros in Berlin. Seit 1979 Professor an der Gesamthochschule Kassel, seit 1981 an der TU Berlin. Zu seinen wichtigsten Bauten zählen sieben Terrassenhäuser in München-Schwabing (1971), das Internationale Begegnungszentrum, Berlin (1982), Wohnhäuser mit ›Treppenwegen‹ im Rahmen der ›documenta urbana‹, Kassel (1982), und (zusammen mit Uwe Kiessler) ein Verlagshaus für Gruner & Jahr, Hamburg (1984-91), für 2500 Mitarbeiter: eine ›Stadt in der Stadt‹ mit öffentlichen Parks, Straßen, Plätzen und städtebaulich gedachten Hierarchisierungen. S.

Siedlung ›documenta urbana‹, Kassel, von → Steidle, 1982.

verwendet oft präfabrizierte Materialien mit besonderem Augenmerk für ihre ökologische Komponente (→ Präfabrikation, → Ökolog. Bauen). In vielen seiner Wohn- und Verwaltungsbauten legt er
besonderes Augenmerk auf die Erschließungslogik,
die halböffentlichen Flächen der Treppenhäuser
und Zugangsbrücken, der Flure und Wege, deren
soziale Begegnungsdimension er wie kaum ein anderer in Deutschland neu erschlossen hat, in Anlehnung u. a. an die italienische Tradition der → Laubenganghäuser. Sein unprätentiöses, antimonu-
mentales Vokabular, seine manchmal improvisiert
wirkenden Fassaden, Räume und Details bringen
seine Entwurfshaltung in Nachbarschaft zu → Beh-
nisch.   V. F.

Lit.: Bofinger u. a. '79; Klotz '85, '91; Conrads/Sack '85.

*Strukturalismus. Projekt für das Arbeits- und
Sozialministerium in Den Haag, von → Hertzberger,
1979-90.*

Stern, Robert A. M. (geb. 1939). Studium an der
Columbia University in New York und der Yale
University in New Haven (Conn.). Nach dem Examen 1965 war er zwei Jahre Programmdirektor
der Architectural League, New York, danach Mitarbeiter im Büro von → Meier sowie Stadtplaner
bei der Kommune New York. 1969 Gründung eines
eigenen Büros mit John S. Hagmann. S., der seit
1969 an vielen Universitäten gelehrt hat, ist darüber
hinaus ein kenntnisreicher Fachmann der New Yorker Architekturgeschichte. Seine zahlreichen Bauten, vor allem seine Privathäuser an der Ostküste,
sind stark von → Venturis Architekturauffassung
inspiriert. In der in der zweiten Hälfte der 70er
Jahre ausgetragenen Auseinandersetzung zwischen
den ›whites‹ und den ›greys‹, also den New Yorker
Modernisten – den →›New York Five‹ – und der
›Venturi-Schule‹, publiziert in der Architekturzeitschrift ›Oppositions‹, war er einer der führenden
Köpfe. S. propagiert eine ›Moderne nach der Moderne‹ mit Bezügen auf die lokalen Traditionen, mit
bewußt eklektischen Collagen und Überlagerungen
vertrauter Formen. Spätestens seit seiner Teilnahme
an der Architekturbiennale ›Die Gegenwart der
Vergangenheit‹ in Venedig und dem ›Forum Design
Linz‹ (beide 1980) zählt er neben → Moore, → Graves, → Tigerman und → Venturi zu den profiliertesten Architekten der → Postmoderne. Zu seinen
wichtigsten Bauten zählen das Lang-House in Connecticut (1973/74), das Haus in Westchester County,
New York (1974-76), der Wettbewerb zur Bebauung
Roosevelt Island in New York (1975), das Projekt
für Best-Products (1979) sowie das Richmond Center in Richmond, Virginia (1981).   V. F.

Lit.: Stern '69, '75; Arnell/Bickford '81; Dunster '81; Papadakis
'91.

Strukturalismus. Untersuchung von Sachzusam-
menhängen als »Einheit von internen Abhängigkei-
ten« (L. Hjelmslev, 1944) auf Gesetzmäßigkeiten
der Gliederung im Sinne einer Zustandsbeschrei-
bung (Synchronie) im Gegensatz zur Beschreibung
von Entwicklungen (Diachronie). Der S. wurde als
strukturalist. Linguistik von Ferdinand de Saussure
begründet (1916). Es gibt u. a. eine strukturalist.
Ethnologie (Claude Lévi-Strauss) und einen philo-
sophischen S. (Michel Foucault). In die Architektur
führte den Begriff der Architekturtheoretiker Arnulf Lüchinger 1976 ein für eine Richtung der niederländischen Architektur, die sich Ende der 50er
Jahre vom → Funktionalismus löste. Die ersten Ansätze für den späteren S. entstanden im Team X,
eine Arbeitsgruppe, die die zehnte → CIAM-Ta-
gung (CIAM X) vorbereiten sollte, aber über diese
Konferenz (Dubrovnik, 1956) und die Otterlo-Ta-

gung 1959 das Ende von CIAM herbeiführte. Darauf beteiligten sich → Bakema, van → Eyck,
→ Hertzberger als niederländische Mitglieder des
Team X an der Gründung der Zeitschrift ›Forum‹,
die 1959-63 erschien und die Abkehr vom Funktionalismus der → Charta von Athen mit den sich
daraus ergebenden neuen Architekturkonzepten
diskutierte, auch in Auseinandersetzung mit dem
→ Brutalismus und einem modischen Ästhetizis-
mus bzw. → Eklektizismus (→ Saarinen, E. Durell,
→ Yamasaki mit Gotizismen sogar am World Trade
Center, New York). Die Strukturalisten suchen für
jede architektonische Aufgabe ein Ordnungsmuster, in das sie die materiellen Elemente einsetzen,
die im Muster variabel bleiben, gemäß der Definition von Lüchinger für ›Struktur‹: »Sie ist ein Ganzes von Beziehungen, worin die Elemente sich verändern können, und zwar so, daß diese vom Ganzen
abhängig bleiben und ihren Sinn erhalten. Das
Ganze ist selbständig in bezug auf die Elemente.

*Residence, Westchester County,
New York, von → Stern, 1974-76.*

*Strukturalismus. Centraal Beheer, Apeldoorn,
von → Hertzberger, 1968-72.*

Die Beziehungen der Elemente sind wichtiger als die
Elemente selbst. Die Elemente sind auswechselbar,
nicht aber die Beziehungen.« Die Ordnungsmuster
spiegeln menschliches Verhalten wider und sind ver-
gangenem und gegenwärtigem Baugeschehen vor-
gegeben. Die Elemente sind universell im Unterschied zu den historisch bedingten Typen der späteren → Postmoderne. Die sich so ergebenden
Strukturen werden als archetypisch verstanden und
mit dem Neologismus ›Archeform‹ bezeichnet.
Architektur des S. soll offen sein für eine Weiterentwicklung durch den Nutzer, die eigene Initiative

*Strukturalismus. Centraal
Beheer, Apeldoorn, von
→ Hertzberger, 1968-72.*

stimulieren, ihr aber auch einen Rahmen und einen Halt geben. Sie weist einen nichthierarchischen Aufbau auf, so daß eine Tendenz zum Egalitären, Seriellen bezeichnend ist. Insofern bedeutet S. demokratisches Bauen mit Betonung der Komponente des Prozeßhaften (vgl. → Neues Wohnen). Strukturalistische Formen sucht man nachzuweisen vor allem im Werk von → Le Corbusier, aber auch bei L. → Kahn und A. u. P. → Smithson. Die wichtigsten Vertreter sind: van → Eyck (Städtisches Waisenhaus in Amsterdam, 1957-60), → Hertzberger (Verwaltungsgebäude der Centraal Beheer in Apeldoorn, 1970-72), → Blom, ein Schüler van Eycks (Siedlung ›Kasbah‹ in Hengelo, 1965-73). Wa.P.

Lit.: Lüchinger '76, '81; Heuvel '91.

Stübben, Hermann Joseph (1845-1936). Maßgeblich an der Begründung des wissenschaftlichen Städtebaues beteiligt; sein Standardwerk ›Der Städtebau‹ (1890) hatte 30 Jahre lang Gültigkeit (→ Städtebau). St. wurde deshalb zu Recht von seinen Zeitgenossen als ›Vater des modernen Städtebaus‹ angesehen. 1875-81 Stadtbaumeister von Aachen. 1881 gewann er mit → Henrici den Wettbewerb für die Kölner Stadterweiterung (Neustadt), die er 1881-91 als Stadtbaurat und 1891-98 als Beigeordneter der Stadt verwirklichte. 1904-19 leitete er die Kommission zur Stadterweiterung von Posen, schuf darüber hinaus aber für fast 100 Städte im In- und Ausland Bebauungspläne. Durch diese Arbeit, durch Wettbewerbsentwürfe (Wien 1893), umfangreiche publizistische Tätigkeit und Aktivitäten in zahlreichen Verbänden trug er zur Durchsetzung des Instrumentariums des Städtebaues (Staffelbauordnung, Bauzonenplan, Umlegung) des ausgehenden 19. Jhs. bei und trat für eine sozialreformerische Stadtbaukunst ein, die die Probleme von Verkehr, Wohnen, Ökonomie, Hygiene und Ästhetik der Stadt als Einheit verstand. R.S.

Lit.: Stübben 1890; Kier '78; Piccinato '83.

Südsee. Auf den Inseln der Südsee – von Neuguinea und Mikronesien im Westen bis zu den Osterinseln im Osten – war Holz das wichtigste Baumaterial. Stein wurde selten für Bauten, jedoch für Plattformen und Umgrenzungsmauern im rituellen Bereich, für Gräber und Wege verwendet. Metall war in voreuropäischer Zeit unbekannt. Alle Bauten wurden ›ohne einen Nagel‹ errichtet, Holz mit Steinbeilen bearbeitet. Neben verschiedenen Hölzern verwendete man Bambus; für Dächer und Wände vor allem Gras, Palmfiedern, Schnüre und Lianen für Bindungen.

Die kulturelle Vielfalt Ozeaniens spiegelt sich auch in der Architektur. Landschaftliche Gegebenheiten, verschiedene Formen des Zusammenlebens und

Südsee. Innenraum eines Kau ravi im Dorf Kaimari, Papua-Neuguinea.

Langhaus im Dorf Totani, Papua-Neuguinea (Photo von 1912).

Südsee. Pfahldorf in West-Neuguinea.

ästhetische Präferenzen führten zu unterschiedlichsten Bauformen: Runde, ovale, rechteckige und manchmal polygonale Grundrisse mit und ohne angebaute Veranden der zumeist einstöckigen Häuser wurden mit einfachen Satteldächern, aber auch mit Walm-, Krüppelwalm-, Tonnen- und Pultdächern und mit Kegeldächern mit oder ohne zentralen Stützpfosten kombiniert (→ Dachformen). Die Wände, gelegentlich zweischalig und im Verhältnis zum Dach fast immer niedrig, verkleidete man mit leichten Hölzern, geflochtenen Matten oder Schindeln, wie sie häufig auch zum Dachdecken verwendet wurden: Blätter – z. B. Fiedern der verschiedenen Palmarten – wurden über einen Stab gebogen und festgenäht. Fenster waren in der traditionellen Architektur selten. Viele Varianten finden sich dagegen bei Türen: von kleinen runden oder ovalen ›Schlupf‹-Eingängen bis hin zu Fenster-Tür-Kombinationen, deren Zahl nicht nur eine Prestigefrage war, sondern auch den Innenraum zu einer Längsseite öffnete. Verschlossen wurden solche Türen mit Matten, die bei Bedarf heruntergelassen werden konnten. Besondere Bedeutung hatten die Bindungen, mit denen Pfosten, Pfetten und Sparren zusammengehalten wurden (→ Dachkonstruktion); über

Südsee. Kau ravi im Dorf Kaimari, Golfprovinz, Papua-Neuguinea.

die rein technische Notwendigkeit hinaus wurden sie als wesentlicher Teil der Ornamentik aufgefaßt und in ganz verschiedenen Mustern angelegt.

In einzelnen Kulturen Ozeaniens wurden Häuser in → Rahmenbauweise errichtet (z. B. Palau, Neuseeland). Vorherrschend ist jedoch der → Pfahlbau. Hohe, auf Pfählen gegründete Wohnplattformen sind unverzichtbar dort, wo regelmäßig größere Überschwemmungen eintreten. An manchen Küsten wurden Fischerdörfer auf Steinplattformen ins Meer hinausgebaut, an anderen auf Pfosten angelegt und an der Seeseite mit einem auf Pfosten ruhenden Plankengang verbunden. In Pfahlbauweise wurden auch in anderen Regionen Rund- und Rechteckbauten errichtet, oft mit je einer Ständerreihe für das Dach und den Boden. Die Größe der Gebäude war abhängig von der jeweiligen Form des Zusammenlebens. So finden sich kleinere Hütten bzw. Häuser, in denen nur eine Kleinfamilie – aufgrund der traditionellen Geschlechtertrennung oft ohne den Mann – lebte und schlief; andere Bauten beherbergten Großfamilien oder auch ganze Verwandtschaftsgruppen bzw. Dörfer. Abhängig von Klima und lokalen Kochgewohnheiten wurden die Wohngebäude ergänzt durch Kochhäuser – oft kaum mehr als ein Schutzdach auf Pfosten – und gegebenenfalls durch Vorratshäuser.

Geisterhaus in der Maprik-Region, Neuguinea.

Nur selten wurde das Hausinnere durch Trennwände unterteilt. Meist gab es nur einen ›Allraum‹, in dem aber Möbel im europäischen Sinne fehlten. Besitztümer und Vorräte wurden von Dach oder Wänden abgehängt, die Schlafmatten tagsüber zusammengerollt aufbewahrt.

Eine aus europäischer Sicht besonders bemerkenswerte Form ozeanischer Wohnarchitektur stellen die Langhäuser bei verschiedenen Kulturgruppen an der Südküste Neuguineas dar. Diese bis zu fünfzig Meter langen Häuser hatten ein nach hinten abfallendes Dach, das im vorderen Bereich eine → Veranda beschattete und hier bis zu zwanzig Meter hoch sein konnte. Im Inneren fanden sich die Wohnräume der einzelnen Frauen und ihrer Kinder entlang der Seiten, jeweils abgeteilt und mit einem seitlichen Ausgang versehen. In der Mitte blieb ein öffentlicher Raum frei, indes der Bereich oberhalb der Frauenräume den Männern vorbehalten war.

Zentrum der dörflichen Siedlungen sind in vielen melanesischen Kulturen die → Männer- oder Geisterhäuser, oft durch Plätze und/oder Steinsetzungen vom profanen, alltäglichen Lebensraum abgegrenzt und Ausdruck der sozialen und mythischen Ordnung einer Gemeinschaft. Sie gelten als Orte der schöpferischen Kräfte der Urzeit, mit denen nur die initiierten, eingeweihten Männer, denen die Nutzung des Hauses vorbehalten ist, umgehen können. Ihre jeweilige Form wird Ahnen oder Schöpferwesen selbst zugeschrieben – sie bauten die ersten Männerhäuser, sie institutionalisierten die Rituale und schufen die soziale Ordnung einer Gemeinschaft. Den vorgegebenen Bauformen wie auch der künstlerischen Ausgestaltung kam große symbolische Bedeutung zu.

Am Sepik wurden die Männerhäuser oft parallel zu Flüssen angelegt. Sie hatten so eine Land- und eine Wasserseite, die der Zuordnung der dörflichen Gesellschaft in zwei rituelle Hälften entsprach. Den lokalen Notwendigkeiten entsprechend handelt es sich um Pfahlbauten, deren untere Ebene – mit Lehmboden und oft nur mit Matten verhängten Seiten – den Männern während der Trockenzeit als Hauptaufenthaltsraum dient. Feuerstellen in der Mitte und ›Betten‹, höheren, bis 1,20 m tiefen Sitzplattformen zwischen den äußeren Stützpfosten, markieren die Bereiche der einzelnen Verwandtschaftsgruppen. Die Seitenpfosten, die Dach und Boden des oberen Stockwerks tragen, werden wie die zentralen Mittelpfosten mit plastisch herausgearbeiteten Darstellungen versehen, die wichtige Akteure der mythischen Geschichte darstellen. Über eine steile Leiter gelangt man in die obere Etage, in der rituelle Gegenstände aufbewahrt werden, früher auch die übermodellierten Schädel der Ahnen. An beiden Frontseiten befindet sich eine – von außen selten sichtbare – sog. Spreizfigur: eine weibliche Schöpfergestalt, als deren Verkörperung das gesamte Männerhaus gilt. Nach außen werden die Giebel der Männerhäuser fast immer mit einer Maske geschmückt, die als ›Augen des Hauses‹ gelten, oder, bei den stark nach vorn auskragenden Giebeln am Unteren Sepik, auch mit Rindenmalerei. Die im Sinne der Überlieferung ›richtige‹ Gestaltung der Männerhäuser, die rituellen Vorkehrungen beim Holzeinschlag und Bau, die Verwendung der richtigen Symbole und die ›Erweckung‹ der Urzeitkräfte bei der Einweihung eines Hauses sind die Hauptaspekte, die diese als alltäglicher Aufenthaltsraum genutzte Behausung zu einem Ort macht, an dem sich Diesseits und Jenseits verbinden.

Bei den im benachbarten Maprik-Hügelland lebenden Abelam werden die Kultbauten ausschließlich rituell genutzt. Sie beeindrucken durch ihren oft über 20 m hohen Giebel, der – leicht nach vorn geneigt – mit Rindenscheiden verkleidet und mit großflächigen Darstellungen von Ahnen und Geistwesen in leuchtendem Rot, Gelb, Weiß und Schwarz bemalt ist. Die Giebelmalerei wird durch ein kleines Vordach geschützt, das gleichzeitig die höchste Stelle des Gebäudes darstellt. Der Firstbalken fällt mit einer Neigung von ca. 45° nach hinten ab, trägt ein Satteldach, das bis zum Boden reicht und schmaler wird, so daß das ganze Gebäude in Form von Dreiecken gestaltet erscheint. Im hinteren Teil findet sich ein kleiner Eingang, der sein

Dachkonstruktion für ein ›Großes Haus‹, Hienghène, Neu-Kaledonien, 1984.

Spreizfigur als Firststütze eines Geisterhauses in Kanganaman im Sepikgebiet, Papua-Neuguinea.

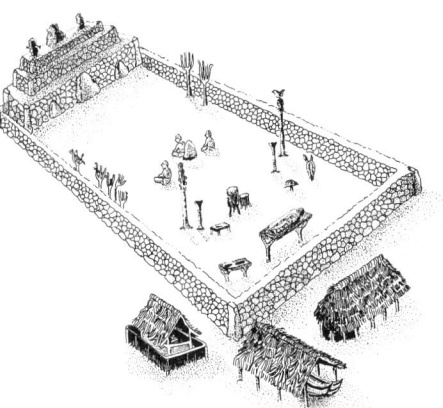

›Marae‹, Kultbezirk auf Tahiti. Rekonstruktion nach A. Larondes.

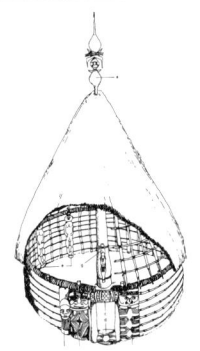

›Großes Haus‹ in Canala, Mwaringou.

Schnitzwerk in einem Versammlungshaus der Maori.

Pendant auf der Vorderseite in Gestalt einer kleinen halbrunden Öffnung hat.

Im Inneren des Hauses werden bei Bedarf Wände aus geflochtenen Matten errichtet, in deren Schutz Szenen der mythischen Überlieferung für Initiationsfeiern aufgebaut werden: Durch Rindenmalerei und Skulpturen werden Geist- und Schöpferwesen verbildlicht, die dem Initianden die Kräfte der Schöpfung vor Augen führen.

Einen nach vorn aufsteigenden Firstbalken, der von einem mächtigen Zentralpfosten gestützt wird, zeigen auch die Männerhäuser der Kwoma aus dem Sepik-Hügelgebiet. Anders als bei den Abelam reicht hier jedoch nur der hintere Teil des gewaltigen Daches bis fast auf den Boden, während das Dach zur Front hin der Firstlinie folgend ansteigt und ein weit auskragendes, mit ›Schürzen‹ aus Palmfiedern geschmücktes Schattendach über einen vorn und seitlich offenen Raum bildet. Die Dachunterflächen sind hier mit bemalten Palmscheiden (›Panggal‹) versehen, die, jeweils abgeschlossen, auf Symbole der Mythologie bezogene Darstellungen aufweisen, die sich zu einem eindrucksvollen Bild mythischer Überlieferungen zusammenfügen.

Ausdruck der Größe und Bedeutung eines Klanes und gleichzeitig Symbol für die enge Verbindung der Lebenden zu Ahnen und Schöpfung sind die ›Großen Häuser‹ auf Neukaledonien, die als Männerhäuser am Ende eines langen, schmalen Zeremo-

Versammlungshaus der Polynesier, Neuseeland.

nialplatzes angelegt werden. Bei ihnen handelt es sich um Rundbauten, die um einen zentralen Stützpfosten konstruiert sind, der über das Dach hinausragt und durch komplexe Bindungen die Verbindung von Pfosten und Dachpfetten, die unten auf äußeren Stützpfosten aufliegen, ermöglicht. Im Verhältnis zu den relativ niedrigen Wänden wird so ein überhohes Kegeldach gebildet, dessen Mitte eine zentrale Skulptur schmückt: die Darstellung eines Ahnen oder bedeutenden Häuptlings. Schwelle und Architrav des Eingangs sind oft ebenfalls geschnitzt; der Eingang wird immer nur durch reliefierte Randbretter, die Ahnendarstellungen zeigen, flankiert. Ahnen sind auch im Inneren des Hauses – auf den nach innen gerichteten Außenpfosten – dargestellt, nach außen überdeckt durch die Wandverkleidung aus Palmstreifen.

In Polynesien bildeten Steinwälle und Steinplattformen Ritualkomplexe, innerhalb derer Priester Kontakt zu den Göttern suchten. Daneben kannte man Repräsentationsbauten, die Zentrum einer Gemeinschaft sein konnten (Maori Neuseelands, Gästehäuser auf Samoa oder Klubhäuser für Altersklassen oder den Häuptlingsrat auf Palau, Yap).

Der eingezäunte Ritualkomplex (›marae‹) bei den Maori wurde von Männern und Frauen gleicher-

Typische Wohnhäuser auf den Samoa-Inseln.

maßen benutzt. Er bestand aus einem großen Platz, der das Zentrum für Versammlungen und den Empfang von Gästen bildete, sowie aus verschiedenen Nebengebäuden, z. B. Koch- und Waschhäusern, und dem zentralen Versammlungshaus, das in besonderer Form göttliche Kraft (›mana‹) besitzt.

Versammlungshäuser sind wie auch die Wohnhäuser der Maori einfache Rechtecksbauten mit vorgesetzter Veranda und Satteldach, die ihre besondere Ausstrahlung durch einen besonderen Fassadenschmuck und die Dekoration des Innenraums erhalten. Die Außenpfosten der Veranda sind mit vorgesetzten reliefierten Planken verkleidet, ebenso die Giebelseiten, die in der Mitte einen oft figürlich beschnitzten Dachaufsatz tragen. Während die Außenverkleidung von Dach und Wänden mit Binsenmaterial recht einfach wirkt, wird die tragende Rahmenkonstruktion im Inneren abwechselnd mit beschnitzten und geflochtenen Paneelen verkleidet. Die Stützpfosten sind rundplastisch beschnitzt, Paneele und die Unterseite des Firstbalkens zeigen im Flachrelief wichtige Götter und Ahnen, mythische Wesen in anthropomorpher Gestalt und historische Begebenheiten, während die geflochtenen Paneele wie auch die rot, weiß und schwarz bemalten Dachsparren Pflanzen und Naturphänomene symbolisieren. Die Form der Versammlungshäuser soll sich aus früheren Häuptlingshäusern entwickelt haben. Zusammen mit den ebenfalls beschnitzten Vorratshäusern – oft auf Pfählen aufgestellt – symbolisieren die Gebäude eines ›marae‹ bis heute die Geschichte und Bedeutung ihrer Benutzer, vor allem aber der herrschenden Familien und der rituellen und handwerklichen Spezialisten.

Künstlerisch besonders interessant sind die Versammlungshäuser auf Palau: Giebelhäuser mit Satteldach, deren Basis eine auf Steinplattform angeordnete Rahmenkonstruktion ist. Vollkommen ohne Bindungen greifen die einzelnen Pfosten und Rahmenteile ineinander, die Eckpfosten – in den historischen Überlieferungen bildhaft als stabilisierendes Element verwendet – halten nicht nur die jeweiligen Teilstücke der Seitenbretter, die zwischen den Pfosten eingeschoben werden, sondern fügen sich paßgenau in den unteren und oberen Rahmen ein. An den Giebelseiten gibt es je eine Tür, seitlich flache Zwischenräume zwischen Wand und Dach. Die Giebelseiten wurden mit reliefierten Planken geschlossen. Im Inneren der Häuser fanden sie ihre Entsprechung auf den Querbalken, die ebenfalls beschnitzt und bemalt wurden, während die Stützpfosten vorwiegend geometrische Muster trugen. Das hohe Dach zeigt eine angedeutete Bootsform und erinnert an Baustile Indonesiens. Nach dem gleichen Prinzip wurden die kleinen Gotteshäuschen konstruiert, während Wohnbauten und Boothäuser Pfahlbauten waren, erstere mit seitlich angesetzten Begräbnisplattformen.

Reine Repräsentationsbauten waren die ›Gästehäuser‹ Samoas, die aus einem riesigen Dach – eine Kombination von Kegel- und Satteldach – bestanden, das auf Pfosten ruhte, deren Zwischenräume offenblieben. Das Zentrum der Häuser bildeten drei große Pfosten aus Brotfruchtbaumholz, die als erstes in tiefen Pfostenlöchern verankert und mit einem kurzen Firstbalken versehen wurden. Gradsparren und Firstpfette wurden mit Hilfe eines Gerüstes und Hilfspfosten angebracht, erst danach errichtete man die Rundteile des Daches mit mindestens drei Rundbogenpfetten. Das Dach bestand so aus drei konstruktiven Teilen. Es wurde mit Blättern des Zuckerrohres gedeckt. Die offenen Wandteile konnten mit Matten verschlossen werden.

Repräsentations- und Versammlungshäuser haben sich in vielen Kulturen der Südsee erhalten oder wurden, als Zeichen einer neuentwickelten eigenen Identität, wiederbelebt, wobei die frühere exklusive Nutzung vieler Bauten durch Männer aufgehoben wurde. Einzelne Architekturteile wie Giebelformen und Dekorelemente wurden auch in moderne Gebäude – von Kirchen bis hin zu Parlamenten – integriert, sind jedoch meist reine Versatz- oder Verblendstücke ohne konstruktive Bedeutung. Nicht durchgesetzt haben sich Bauformen, die europäische Architektur – etwa von Kirchen oder Missionsbauten – im Zuge der Cargo-Bewegungen mit einheimischen Materialien imitierten.

In den ländlichen Gebieten Ozeaniens herrschen traditionelle Baumaterialien bis heute vor, Bauformen wurden oft nur in Details verändert. Häufig herrscht aber ein Wunsch nach modernen Materialien wie Stein oder Wellblech. Erhofft wird neben dem damit verbundenen Prestige eine längere Lebensdauer der Gebäude ohne die bei traditioneller Dachdeckung jährlich notwendigen Ausbesserungsarbeiten. J. H.

Lit.: Boulay '90.

Symbolik der Architektur. Die Begriffe ›Symbol‹ und ›Allegorie‹ sind in der Architekturforschung schwerlich auseinanderzuhalten. Jedes Bauwerk wie auch jeder Teil eines Bauwerkes wird daher, allgemein gesprochen, zum Träger symbolischer Werte, wenn die Menschen ihm philosophische, religiöse, politische etc. Aussagen zuschreiben. Solche Aussagen sind in verschiedenem Maße spezifiziert: Größe und Pracht eines Gebäudes, ohne weitere Merkmale, zeugen nur generell von Macht und Reichtum; dagegen kann z. B. die Figur eines bestimmten Tieres als Giebelschmuck oder Dachaufsatz Zugehörigkeit zu einer angesehenen Sippe demonstrieren. Ob der vermutete ›Sinn‹ den ursprünglichen Intentionen entspricht oder erst sekundär in das Objekt ›hineingesehen‹ wird, muß von Fall zu Fall geklärt werden. Dabei kommt den sozialen und geistigen Verhältnissen eine Schlüsselrolle zu: Ob eine → Säule nur als bauliches Stützglied, als mythische Himmelsstütze oder als militärisches Siegesdenkmal zu verstehen ist, ob die Mauer um ein Gebäude etwa zu Verteidigungszwecken, zur Festlegung des Grundbesitzes oder zur Umgrenzung eines sakralen Raumes dient, das

hängt also nicht nur von der Gestalt, Plazierung usw. der Säule bzw. der Mauer ab, sondern auch von den Ansichten der jeweiligen Gesellschaft. Diese Erkenntnis impliziert eine gewisse Mehrwertigkeit der meisten Symbole. Die beiden Säulen der Kirche, die Karl VI. in Wien zu Ehren des hl. Karl Borromäus von → Fischer von Erlach bauen ließ (Abb. Österreich), hatten nach H. Sedlmayr von vornherein einen dreifachen *sensus allegoricus*: sie symbolisieren Beständigkeit (constantia) und Stärke (fortitudo) als hervorstechende Tugenden des Heiligen, repräsentieren aber auch die Säulen des Herakles an der Südspitze Spaniens und erinnerten so an den Habsburger-Kaiser als ›spanischen Herkules‹; außerdem galten sie als Quasi-Wiederholungen der Säulen des salomonischen Tempels, womit wiederum der Kaiser als von Gott eingesetzter neuer Salomo erhöht werden sollte. Die verschiedenen Deutungen schlossen einander keineswegs aus.

Die Beziehung zwischen Symbol als Zeichen (Signifikant) und dem symbolisierten Wesen, Objekt, Vorgang oder Begriff (Signifikat) beschränkt sich oft auf ein Einzelpaar (→ Pfeiler und Baum; Rotwein und Blut; Löwe und Kraft), häufiger treten aber umfangreiche Entsprechungssysteme auf. Das bekannteste Beispiel für eine wahrhaft umfassende Kette von Entsprechungen ist die chinesische Yin-Yang-Lehre (spätestens seit dem 4. Jh. v. Chr. nachgewiesen), die das Universum aus dem Zusammenspiel von nur zwei fundamentalen Kräften oder Prozessen erklärt. Auch die Architektur bietet unzählige Ansatzpunkte, in solche Analogie-Systeme integriert zu werden bzw. Symbole zu entwickeln. Zu einer besonderen geistesgeschichtlichen Relevanz gelangten dabei die Analogien, die zwischen Architektur, d. h. von Menschenhand gestaltetem Raum, und der durch übermenschliche Kräfte geschaffenen ›Ordnung‹ (griech. *kosmos*) des Weltalls wahrgenommen werden. Aus der Idee von Wesensgleichheiten, die zwischen Bauwerken (als Elementen eines Mikrokosmos) und dem Makrokosmos, d. h. dem angenommenen Aufbau der Welt bestehen, leitet sich die Überzeugung ab, daß der Makro-

Südsee. Vorratshaus der Polynesier, Neuseeland.

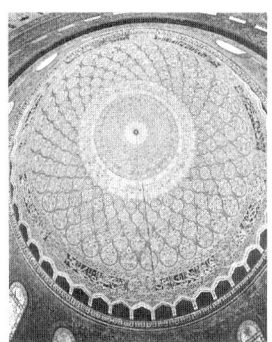

Symbolik der Architektur. Kuppel des Felsendomes, Jerusalem, spätes 7. Jh. Innenansicht.

Symbolik der Architektur. Das Neue Jerusalem, nach der Apokalypse des Johannes, Reichenau vor 1020. Bamberg, Staatliche Bibliothek.

kosmos dem Mikrokosmos als Vorbild dienen solle und daß jegliche Störung der Harmonie von beiden zu schrecklichen Katastrophen führe.

Diese ›kosmomagische‹ (R. Heine-Geldern) Doktrin ist im Alten Orient schon im 3. Jahrtausend als prägende Kraft nachweisbar; sie verbreitete sich im Laufe der Zeit nicht nur in den Hochkulturen Eurasiens, Nord- und Westafrikas und des Alten Amerika, sondern auch in den Randgebieten. Kosmomagische Vorstellungen offenbaren sich überall, vor allem im Zusammenhang mit der Gründung von Städten, die zeremonielle Funktionen haben, mit Tempel- und Palastbauten sowie mit der Symbolik königlicher Herrschaft; dabei kam es zu Kombinationen mit den verschiedensten Weltanschauungen und Institutionen (vgl. → Idealstadt). Ein Beispiel für die Vereinigung kosmomagischer Lehren mit denjenigen des Buddhismus und Hinduismus bietet die wahrscheinlich um 500 n. Chr. unter indischem Einfluß gegründete Königsstadt Śrî Ksatra nahe dem heutigen Hmawza in Burma. Sie war genau kreisförmig angelegt (wie die als runde Scheibe gedachte Erde); dem Götterberg Meru, der nach der altindischen Kosmologie in der Weltmitte liegt, entsprach hier der Königspalast im Zentrum des Kreises; die 32 Tore des Palastes wie auch die 32 Provinzen des Reiches bzw. deren Gouverneure korrespondierten mit den 32 Göttern, die nach indischer Lehre auf dem Meru wohnen, in ihrer Mitte mit dem Götterkönig Indra, der im burmanischen Abbild der Himmelswelt durch den König repräsentiert wurde. Die gleiche Intention, ein Abbild des Weltgebäudes zu schaffen, äußert sich auch in anderen hinterindischen Königsstädten, so in der Anlage von Angkor Thom, der 893 gegründeten, Anfang des 13. Jhs. genau nach dem archaischen Kosmos-Modell erneuerten und vergrößerten Hauptstadt Kambodschas (Abb. → Südostasiatische Baukunst). Ebenso nahtlos ließ sich die Idee der kosmischen Stadtanlage u. a. in den chinesischen Taoismus oder in die altpersische Königslehre (Persepolis!, Abb. → Iranische Architektur) einfügen; auch das Christentum bildet keine Ausnahme: In der apokalyptischen ›Stadt Gottes‹ lebt orientalische Tradition weiter; die Formel ›urbi et orbi‹ der päpstlichen Liturgie ist die Adaption einer vom heidnischen Imperium Romanum ererbten Gleichsetzung von Rom (urbs) mit dem Erdkreis (orbis). In den meisten Fällen sind Merkmale der nach makrokosmischem Vorbild entworfenen Anlage deutlich zu erkennen: exakt kreisförmiger oder quadratischer Grundriß, zentrales Bauwerk als Sinnbild der Weltachse (Weltenberg, Weltenbaum), umgeben von einer genau bestimmten Anzahl von Repräsentanten der Weltteile, Himmelsrichtungen, Tugenden etc. – all dies zusammengehalten durch eine geradezu doktrinär wirkende, in astronomisch-astrologischen oder theologischen Spekulationen wurzelnden Zahlen-, Farben- und Steinsymbolik.

Der Makrokosmos als Vorbild eignete sich auch für Einzelbauten, besonders wenn sie mit dem Kult oder dem Herrschertum verbunden waren. Die Stufentürme im alten Mesopotamien (→ Zikkurat) waren vermutlich als Abbilder des Weltberges gedacht. Klar ist die Realisierung dieser Konzeption am buddhistischen Borobudur-Bauwerk (Java, um 800 n. Chr.), das gar keinen Innenraum hat, sondern stufenweise auf den Hängen eines Hügels errichtet ist; seine fünf quadratischen und drei kreisförmigen Terrassen dienen der mystischen Übung, indem der fromme Pilger nach jedem rituellen Rundgang eine Stufe höher steigen kann (Abb. → Südostasiatische Baukunst).

Die vertikale Gliederung des Kosmos kann nicht nur durch Stufenbauten widergespiegelt werden. Bei altägyptischen Tempeln repräsentierte die unterirdische Krypta die Unterwelt, der Fußboden die Erde, welcher die mit Blütenstengeln geschmückten Säulen als Bäume ›entwuchsen‹, und die mit Sternen und fliegenden Göttervögeln bemalte Decke wurde als Himmelsdach empfunden. Der kosmische Bezug dieses Schemas wurde in der Spätantike (auch in Indien und China) noch offensichtlicher durch die Verwendung von Gewölbebauten als Himmelsbilder. Vielleicht nach sassanidischen Vorbildern entstand in Rom die Domus Aurea (nach 64 n. Chr.), in der sich Neros Selbstauffassung als kosmischer Herrscher offenbarte (H. P. L'Orange). In der Spätantike wurde lat. *coelum* (Himmel) ein Fachausdruck für ›Decke‹. Das Weiterleben der kosmischen (besonders der Himmels-) Symbolik läßt sich durch die ganze Geschichte der christlichen – und etwa vom 16. Jahrhundert an auch der → islamischen – Sakral- und Imperial-Architektur verfolgen. Die Grundidee der kosmisch-irdischen Harmonie konnte auch in recht verschiedene Weltbilder eingebaut werden. So hat die wahrscheinlich aus den archaischen Hochkulturen des Alten Orients stammende Vorstellung vom kosmischen Riesen, d. h. von der Menschengestaltigkeit des Universums, Parallelen zwischen dem Makroanthropos und dem idealen Menschen konstruiert (man denke z. B. an das Bild des ›Aderlaß-Mannes‹, mit astrologisch-kalendarischen Entsprechungen der Körperteile). Das Christentum bediente sich dieser Idee auf dem Umweg einer Interpretation des Kosmos als Offenbarung der unsichtbaren Gottheit, indem es den Tempel, namentlich die kreuzförmige Basilika, als Christi Leib auffaßte (vgl. Abb. → Architektur). L. V.

Lit.: Heine-Geldern '30; Baldwin-Smith '56; Bandmann '59²; Sedlmayr '60; Müller, W. '61; Wheatley '71.

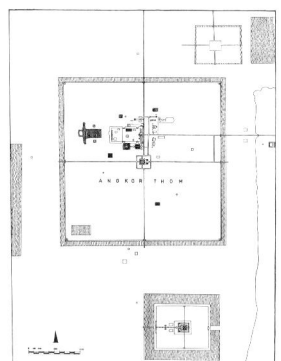

Stadtplan von Angkor Thom, Kambodscha, 13. Jh. Im Zentrum der Bayon, im Süden Angkor Vat.

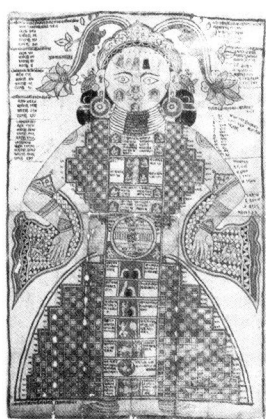

Der Kosmos in Menschengestalt, nach der Lehre des Jainismus, Rajasthan, 18. Jh.

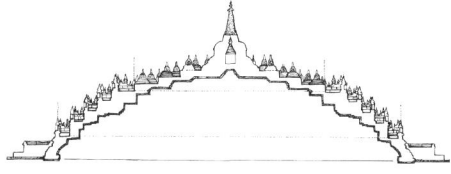

Borobudur, Java, 760-845. Grund- und Aufriß.

T

Team Zoo Japan (seit 1971). T. Z. steht für den geistigen und intellektuellen Überbau von mehreren, unabhängig voneinander arbeitenden Architekten-Ateliers, deren mehr als 20 Mitglieder fast alle als Schüler von → Le Corbusier und von → Yoshizaka an der Waseda Universität, Tokyo, studierten. Zur Gründungsgruppe Team Zō (Elephant) von 1971 gehörten Koichi Otake (gest. 1983), Hiroyasu Higuchi und Reiko Tomida. Weitere Ateliers (u. a. Mobile/Laufvogel, Iruka/Delphin, Gaii/Stier, Wani/Krokodil) formierten sich um die Kerngruppe. Vorgefaßte Systeme und Formen wie auch Dogmen ablehnend, ist die Architektur von T. Z. so pluralistisch und multidimensional wie unsere Zeit. Hinter den meist für die Provinz geplanten Bauten steht der Anspruch, milieu- und ortsbezogen zu bauen. Unter dem Zusammenwirken traditioneller Methoden, zeitgenössischer Materialien und modernster Technik entstehen äußerst kreative und phantasievolle Gebilde. So exzentrisch die Entwurfsarbeit auch sein kann, sie ist ganz darauf ausgerichtet, die Umwelt lebenswert zu gestalten. Bezeichnenderweise bekommt T. Z. überwiegend Aufträge für soziale Einrichtungen. Bedeutende Realisierungen: Gemeindezentren in Nakijin/Okinawa (Ateliers Zō und Mobile 1975) und in Shinkushan/Miyashiro (Atelier Zō 1980), das Nishida-Tei-Haus (Atelier Iruka 1985) und die Dachkonstruktionen für die Weltausstellung 1990 in Osaka (Atelier Zō). C. H.

Lit.: Speidel '91.

Nishida-Tei-Haus, Shingu-cho, von → Team Zoo, 1985.

Tessiner Schule. Als T. Sch. wird eine Gruppe von 1932-44 geborenen Südschweizer Architekten bezeichnet. Die wichtigsten Vertreter sind → Botta, Aurelio Galfetti, Ivano Gianola, → Reichlin, Fabio Reinhart, → Snozzi und Livio Vacchini. Ihre ›Architektur des Aufbegehrens‹ seit den späten 60er Jahren richtet sich gegen die Zerstörung des Tessin durch Bodenspekulation und eine kommerziell entleerte Moderne. Die T. Sch. orientiert sich zum einen an der Tradition des italienischen → Rationalismo, zum anderen an der lokalen Bautradition des Tessin. Städtebaulich ist sie vor allem durch die Studie ›L'Architettura della Cittá‹ von → Rossi zur Typologie und Morphologie der Stadt beeinflußt. Die Architekten der T. Sch. haben zahlreiche Schulen, Sozialbauten, Wohnhäuser und Verwaltungsgebäude entworfen. Charakteristisch ist die Verwendung ›rauher‹ Baustoffe wie → Sichtbeton (Snozzi)

Tessiner Schule. Einfamilienhaus in Pregassona, Schweiz, von → Botta, 1979.

oder Betonstein (Botta). Von besonderer Bedeutung sind urbanistische Untersuchungen zur Sanierung geschädigter Ortskerne (Mendrisio, Monte Carasso) oder die Restaurierung alter Bauten wie die Transformation der Burganlage Castelgrande in Bellinzona durch Galfetti (1981-88). Während die ältere Generation teilweise zu einem Formalismus zurückgekehrt ist (z. B. Botta), bemühen sich jüngere Architekten wie Franco und Paolo Moro um eine zeitgemäße Interpretation des traditionellen Tessiner Wohnbaues. Vgl. → Schweiz. W.J.S.

Lit.: Bachmann/Zanetti '85; Werner/Schneider '89.

Textur, die (lat. textura: Gewebe). Allgemein die Oberflächenbeschaffenheit eines Gegenstandes. Kriterium der → Architekturkritik. Bei der Gestaltung von → Fassaden bezeichnet die T. Teiligkeit, Stofflichkeit und Körnung und damit die plastische Wirkung des verwendeten Materials. Daneben wird durch die T. auch die Differenziertheit des → Baukörpers in der Anordnung von Räumen, Gliederungselementen und Details charakterisiert. G.M.

Lit.: Wienands '85; Pawlik '87.

Tessiner Schule. Restaurierung der Burganlage Castelgrande, Bellinzona, von Aurelio Galfetti, 1981-88.

Thingstätte. Thing- bzw. Ding-Plätze sind im germanischen Raum bis ins MA. die Orte der Versammlung aller freien erwachsenen männlichen Angehörigen eines Stammes oder ihrer Repräsentanten, um zu beraten, Recht zu sprechen oder über Verträge und Krieg zu beschließen. Meist wählte man hervorgehobene Plätze unter freiem Himmel, die teilweise durch ringförmige Einhegung hervorgehoben wurden. In den Parlamentsbezeichnungen Storting (Norwegen) und Folketing (Dänemark) lebt diese Bedeutung fort. In Deutschland wurde der Begriff Th. wieder seit der Romantik unter nationalen Gesichtspunkten für Kundgebungen verwendet. Während des ›Dritten Reiches‹ wird Th. zur gebräuchlichen Bezeichnung für einen architektonisch gestalteten Versammlungsplatz für politi-

*Thingstätte Heiligenberg, Heidelberg,
von Hermann Alker, 1934-35. Sonnwendfeier 1935.*

sche und theatralische Veranstaltungen. Die Th.-
Bewegung ist eine Mischung aus Theater (Th.spiel)
und politischer Kundgebung (Aufmarsch). Ihre
Quellen liegen in den Fest- und Weihespielen des
19. Jhs., besonders aber in den Massenspielen und
Sprechchören der 20er Jahre. 1933-35 spielte die
Th.-Bewegung eine wichtige kulturpolitische Rolle
in der Propaganda der NSDAP. Von über 400 geplanten Th.n wurden ca. 50 fertiggestellt. Die meist
kreisförmigen Anlagen mit → amphitheatralischem
Zuschauerraum für bis zu 50000 Besuchen
schwankten architektonisch zwischen griechischem
Theater (Dietrich-Eckart-Bühne Berlin, 1936,
heute: Waldbühne), architektonischer Bühne (Heiligenberg, Heidelberg, 1935), Naturbühne (Sege-
berg, 1937, heute: Karl-May-Festspiele; Loreley,
1939) und Freilichttheater (Stedingsehre, Oldenburg, 1935). Da die populistischen und pseudo-ple-
biszitären Elemente des Th. nach 1936 politisch
unerwünscht waren, wurde der Institution die weitere Förderung entzogen. An ihre Stelle traten die
militärischen Rituale der Aufmarschplätze oder des
Reichsparteitages in Nürnberg (→ Speer). Vgl.
→ Theaterbau.   R. S.

Lit.: Menz '76; Eichberg u. a. '77; Kloss '81; Stommer '85.

*Thingstätte ›Annaberg‹, Oberschlesien,
von Franz Böhmer und Georg Petrich, 1934-38.*

Tibet. T. entwickelte eine eigenständige Architektur
im kulturellen Spannungsfeld zwischen → Indien,
Zentral-Asien und → China. Das Land tritt im
7. Jh. durch die Bildung eines Großreichs, das sich
zeitweise bis Dunhuang an der Seidenstraße erstreckt, und die Übernahme des Buddhismus aus
dem Dunkel der Geschichte. Seit der ›zweiten Missionierung‹ im 11. Jh. hat der Buddhismus, in seiner
tibetischen Sonderform auch als Lamaismus bezeichnet (nach ›Lama‹, ›Der Obere‹, d. h. Lehrer
und Meister), dem Land bis in allerjüngste Zeit seinen Stempel aufgedrückt. 1951 wurde T. (chin. Xi-
zang) Autonome Region der Volksrepublik China.

Das trockene, kalte und windige Klima auf dem
über 4000 Meter hoch gelegenen ›Dach der Welt‹
ist eine der Bedingungen der Architektur des Landes, eine andere die verfügbaren Materialien. Kubisch blockartige Gebäude mit flachen Dächern
sind die beherrschende Bauform T.s bereits vor der
Einführung des Buddhismus. Als Baumaterialien
werden in Lehm vermauerte Bruchsteine verwendet, luftgetrocknete Ziegel oder gestampfter Lehm
(→ Lehmarchitektur). Die Wände werden innen
und außen verputzt und weiß gekalkt. Für die Dek-
ken werden Rundholzbalkenlagen direkt auf die
Mauern quer aufgelegt, Tür- und Fensterrahmen
beim Hochziehen der Mauern eingesetzt. Zugun-

*Tempel mit Sattelwalmdach im Sakyakloster,
südwestlich von Shigatse, 1073.*

sten einer größeren Stabilität sind die Hauswände
leicht nach innen geneigt und verjüngen sich nach
oben. Zusammen mit den Flachdächern gibt diese
Eigenart den tibetischen Großbauten ein charakteristisches Gepräge. Das Äußere wird ferner durch
→ Loggien und durch hohe, sich trapezförmig nach
oben verjüngende Fenster mit schwarz gefaßten
Stuckumrandungen bestimmt. Jede Öffnung kann
mit einem eigenen vorgeblendeten Schmuckdach
versehen sein. Bauten von herausragender Bedeutung tragen ein aufgesetztes Sattelwalmdach
(→ Dachformen) aus vergoldeter Bronze mit nach
oben gekurvten Ecken. Bei diesem Walmdach handelt es sich um ein isoliert aus China übernommenes
Baumotiv. Die für China typischen farbig glasierten
Ziegel (→ Baukeramik) wurden in T. durch vergoldete Bronze ersetzt.

Der bis vor wenigen Jahrzehnten reiche Bestand an
historischen Baudenkmälern ist durch den Vanda-
lismus der chinesischen Besatzer auf wenige originale Bauten zusammengeschrumpft. Die frühe Architektur der tibetischen Königsbauten des 7. bis
9. Jhs. wird von nepalesischen und chinesischen
Einflüssen geprägt. Im Yarlung-Tal, der Wiege der
tibetischen Kultur, liegt die → Nekropole mit den
Tumuli der tibetischen Könige des 7.-9. Jhs. Ein

*Kloster Shalu bei Shigatse, 1. H. 14. Jh., Eingangsbau
des Haupttempels.*

Tempelanlage Samye, 8. Jh., Zustand vor 1950.

Steinlöwe aus dem 9. Jh. entspricht dem Typus der Grabwächter chinesischer ›Geisteralleen‹. Nepalesischen Einfluß zeigen die frühen Teile des tibetischen Nationalheiligtums, des Jokhang, ›Haus des Herrn‹ (7. Jh.). Dieser ursprünglich königliche Tempel bildet den Kernbau des ausgedehnten Tsuglakhang, der ›Großen Tempelhalle‹ (›Kathedrale‹ von Lhasa), an der alle Jahrhunderte gebaut haben. Der Jokhang ist nach dem Vorbild der quadratischen Anlage eines nepalesischen Klosters (Vihara) mit einem Hof in der Mitte erbaut, bei dem die Mönchszellen in Kapellen für Kultbilder umgewandelt wurden und der Hof in eine Halle. Dieser Typus war auch für andere Anlagen, wie z. B. Shalu, maßgebend. Der Jokhang wurde von newarischen Handwerkern ausgeführt. Vom Bauschmuck dieser Zeit sind noch ein Portal, Säulen und Kapitelle erhalten. Das im 8. Jh. gegründete Kloster Samye am Yarlung ist das älteste T.s. Die heute weitgehend rekonstruierte Anlage ist gebaute indische Kosmologie. Eine runde, von vier Toren durchbrochene Umfassungsmauer umschließt einen zentralen Tempel, der mit dem kosmischen Berg (Sumeru) als ›axis mundi‹ identifiziert wird. Um diese Achse liegen vier Nebentempel für die vier mythologischen Kontinente. Vorbild war das Kloster in Odantapuri in Bihar.
Die frühe Form tibetischer Burgen mit einem schlanken Wehrturm, wie sie auch in Mezar Tagh in Khotan vertreten ist, zeigt die königliche Burg Yumbu bla-sgang aus dem 7. Jh. auf einer Bergspitze über dem Yarlung-Tal. Der kleine Bau wurde später in einen Tempel (Lhakhang) verwandelt und das chinesische Dach zugefügt.
Das Kloster Tholing am Sutlej, im alten westtibetischen Königreich Guge, war im 11. Jh. wie Alchi, → Ladakh, unter kashmirischem Einfluß geistiges Zentrum der ›zweiten Missionierung‹, die in T. das ›Zeitalter der Klostergründungen‹ einleitet. Von der alten Anlage sind einige → Chörten aus dem 11. Jh.

erhalten, die kashmirischen Einfluß zeigen. Seit dem 13. Jh. war der tibetische Buddhismus durch den Islam von seinen indischen Wurzeln abgeschnitten. Dagegen beginnt während des mongolischen Weltreichs die Ausstrahlung des tibetischen Buddhismus und seiner Kunst auf die Mongolen und hinterläßt besonders in der Gegend von Beijing (Peking) seine Spuren. Die ›Weiße Pagode‹ (Baida; → China) ist das monumentalste Beispiel eines Chörten und steht im ›Tempel der vollbrachten Wunder‹ (Miaoying Si) in den West-Bergen bei Beijing. Das Ziegelmonument mit dem glockenförmigen Mittelteil soll nach Plänen des unter seinem chinesischen Namen bekannten newarischen Meisters Anige (1243-1306) errichtet worden sein. Im 14. Jh. entwickelt sich eine Kompositform aus dem traditionellen Reliquienmonument mit einem Tempel als Typus des betretbaren Chörten der ›Hunderttausend Bilder‹ (Kumbum). Die stufenförmig ansteigenden Sockelgeschosse haben auf jeder Seite jeder Etage fünf Kapellen. Auch der Chörten ist als Kapelle ausgebildet und hat statt der Halbkugel- oder Glockenform die Form eines zylindrischen Rundbaus. Bedeutendstes erhaltenes Beispiel ist der Kumbum in der Klosterstadt Gyantse (1414 bis 1424). Die Architektur des Klosters Shalu aus dem 14. Jh. spiegelt den Einfluß Chinas auf T. wider. Die vier Flügel um den Innenhof der Anlage mit einem konventionellen Grundriß haben die Form von eigenständigen, pavillonartigen Baukörpern und sind durch chinesische Dächer mit hochgezogenen Ecken und blaugrün glasierten Dachziegeln betont. Das Stadtbild von Lhasa (›Ort der Götter‹) wird beherrscht von der Südfassade des gigantisch gestaffelten Palast-Klosters Potala auf dem langen schmalen Grat des ›Roten Berges‹. Der Potala ent-

Säulen im Tempel Jokhang, Lhasa, 7. Jh.

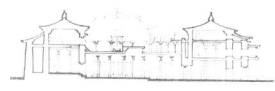

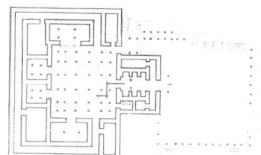

Tibet. Kloster Shalu, 1. H. 14. Jh. Grund- und Aufriß des Haupttempels.

Tibet. Potala-Palast, Lhasa, 17. Jh.

Kumbum Chörten, Gyantse.

wickelt die traditionellen Elemente der auf Bergrücken gebauten Verwaltungsfestungen (Dzong), wie dem Shigatse-Dzong, weiter. Schöpfer des Potala-Palastes ist der 5. Dalai Lama (1617-82), der Begründer der Theokratie T.s. Der Name ›Potala‹ bezeichnet den Bergsitz des Bodhisattva Avalokiteshvara, als dessen irdische Verkörperung sich die Dalai Lamas verstanden. Den Kern des gewaltigen Bauensembles bilden der ›Weiße Palast‹ (1645-48) und westlich anschließend der ›Rote Palast‹ (1690 bis 94). Im Zentrum des ›Roten Palastes‹ liegt die 700 qm große ›Große westliche Versammlungshalle‹, die von Hallen mit den Grab-Chörten verstorbener Dalai Lamas umgeben wird. Der ›Rote Palast‹ ist Denkmal für den 5. Dalai Lama und seine Nachfolger.   U. W.

Lit.: Henss '81; Chayet '85; Zhong/Chen '86; Béguin '87; Mortari Vergara/Béguin '87; Vitali '90.

Tibet. Kumbum, Gyantse, 1414-24.

Todt, Fritz (1891-1942). Nach Studium an der TH München Bauleiter der Innwerke und seit 1928 Geschäftsführer und technischer Leiter bei der Münchner Straßenbauunternehmung Sager und Woerner. 1931 Promotion über ein Thema aus dem Straßenbau. Nach der Machtergreifung zunächst zum Generalinspektor für das deutsche Straßenwesen ernannt, wurde T. später u. a. Leiter des Hauptamtes für Technik, Generalinspektor für Wasser und Energie sowie, als Vorgänger von → Speer, Reichsminister für Bewaffnung und Munition. Mit den Arbeitskräften des Reichsarbeitsdienstes errichtete die ›Organisation Todt‹ in Deutschland ein geschlossenes Netz von Autobahnen, die sich durch landschaftsnahe Trassenführung auszeichneten, zugleich militärischen Zwecken dienten. Mit zeitweise bis zu 400 000 Mann erbaute Todt ab 1938 auch die Festungsanlagen des Westwalls. Unter seiner Leitung entstand ebenfalls die Hochbrücke über die Unterelbe bei Hamburg (Spannweite 700 m). 1942 kam Todt bei einem Flugzeugabsturz ums Leben.

G. Sch.

Untergrundbahn. Metro-Eingang der Station Hôtel de Ville, Paris, von → Guimard, um 1900.

Tschumi, Bernard (geb. 1944). Studium der Architektur an der Eidgenössischen Technischen Hochschule in Zürich. T. gehört zu den sieben ausgewählten Architekten der New Yorker → Dekonstruktivismus-Ausstellung. Sein 1981 publiziertes Projekt ›The Manhattan Transcripts‹ versucht in der Art eines Palimpsests, architektonische ›Orte‹ durch die Überlagerung baulicher Strukturen mit geschichtlichen Ereignissen, die an diesen Orten real oder fiktiv stattgefunden haben, anzureichern. 1983-90 gestaltete er mit dem ›Parc de la Villette‹ das letzte noch freie Großareal der Pariser Innenstadt. Das dominante Charakteristikum dieser Anlage sind rote, aus der Ästhetik des russischen Konstruktivismus entwickelte ›Folies‹: zersplitterte Raumwürfel, die wahlweise Restaurants oder Cafés, Ausstellungsräume oder Rekreationsbereiche aufnehmen (Abb. → Dekonstruktivismus). Sie sind als regelmäßiges Raster über die unregelmäßige Kunstlandschaft dieses Medien- und Vergnügungsparks gelegt. Weitere Projekte: Nationaltheater und Oper für Tokyo (1986), Entwurf für den Flushing-Meadow-Corona Park, New York (1987-89), die Ponts-Villes für Lausanne (1988) sowie Wettbewerbsbeitrag für das Zentrum für Kunst und Medientechnologie, Karlsruhe (1989). V. F.

Lit.: Tschumi; '81, '85, '86, '87, '90.

›Folie‹ im Parc de la Villette, Paris, von → Tschumi, 1986-87.

UV

Untergrundbahn. Auch Metro (weltweit), Subway (Nordamerika), Tunnelbana (Skandinavien) oder Underground (England). Sie ist ein selbständiges, elektrisches Stadtschnellbahnsystem, das unabhängig vom übrigen städtischen Verkehr meist auf Tunnelstrecken fährt, aber entsprechend den örtlichen Gegebenheiten auch als ebenerdige oder aufgeständerte Hochbahn verkehrt. Sie unterscheidet sich nicht grundsätzlich von anderen Stadtbahnsystemen, doch lassen die kleineren Profile der Wagen und das geringere Zuggewicht stärkere Krümmungen und Neigungen der Streckenführung zu. Die Stromzuführung erfolgt meist über eine Stromschiene neben den Fahrschienen. Die technischen Einrichtungen und Anlagen sind speziell auf die städtische Personenbeförderung mit dichter Zugfolge ausgerichtet. Beim U-Bahnbau werden ent-

Untergrundbahn. U-Bahn London. Stich von 1867.

sprechend den geologischen Verhältnissen, den vorhandenen unterirdischen Anlagen sowie der städteräumlichen Nutzung die vielfältigsten Methoden einer hochspezialisierten Tunnelbautechnik angewandt. Sie bestimmen auch wesentlich die Architektur der Stationen. So dominiert bei der offenen Bauweise der rechteckige Raumquerschnitt, der von Mittelstützen gegliedert wird. Bei der geschlossenen Bauweise entstehen verschiedene Raumtypen: beim bergmännischen Vortrieb die stützenlose Stationhalle mit elliptischem Querschnitt, beim Schildvortrieb die mit zwei oder mehr Stützenreihen aus kreisförmigen Querschnitten. Trotz der enormen Bau- und Unterhaltungskosten hat das ständige Wachstum der Städte und des Individualverkehrs die U-Bahn zum wichtigsten und zukunftsträchtigsten Nahverkehrsmittel in den Metropolen der ganzen Welt gemacht.

Die erste U-Bahn wurde 1860-63 in London in offener Bauweise (Cut-and-Cover) mit gemauerten Seitenwänden und Deckengewölbe realisiert. Die auf der Strecke eingesetzten dampfbetriebenen Züge verursachten große Abgas- und Lüftungsprobleme. Dies änderte sich mit der Einführung des elektrischen Bahnbetriebs 1890 auf der neuerrichteten Strecke unter der Themse. Sie war weltweit die erste elektrische U-Bahn und wirkte innovativ auf die weitere Entwicklung. 1896 konnte Budapest seine erste, in offener Bauweise erbaute U-Bahn einweihen. Ihre geringen Abmessungen und der rechteckige Querschnitt bedingten eine neue Konstruktion der Triebwagen. Ebenfalls 1896 wurde in Glasgow die U-Bahn eröffnet. Sie wurde bis auf zwei Stationen in geschlossener Bauweise ausgeführt.

Eine Besonderheit waren die auf der ringförmigen Strecke per Kabelantrieb verkehrenden Züge (bis 1937). In Boston wurde 1897 die erste U-Bahn fertiggestellt. Die weitere Verkehrsentwicklung voraussehend, war die Strecke viergleisig angelegt. Die Eröffnung der Pariser U-Bahn fand anläßlich der Weltausstellung 1900 statt. Sie war von Anfang an auf die Erschließung der ganzen Stadt angelegt. Bei ihrem meist im bergmännischen Vortrieb ausgeführten Bau wurden einige neue Techniken entwickelt (z. B. Caissonbauweise). 1902 nahm Berlin die Hoch- und U-Bahn in Betrieb. Die unterirdische Strecke war in offener Bauweise errichtet und nach dem Vorbild der Budapester U-Bahn gestaltet. Weitere U-Bahnen entstanden u. a. in New York (1904), Philadelphia (1907), Hamburg (1912), Buenos Aires (1913), Madrid (1919), Tokyo (1927) und Moskau (1935). In den 50er Jahren setzte weltweit eine zweite Hochkonjunktur im U-Bahnbau ein und führte zum Ausbau neuer wie auch vorhandener U-Bahnnetze.

Die Architektur der frühen U-Bahnen wurde noch ganz von der Konstruktion dominiert, mit wenigen ornamentalen Verzierungen. Doch schon bald wurden Initiativen zur achitektonischen Gestaltung der Eingangs- und Stationsbauten ergriffen. So wurden in Budapest nach einem Wettbewerb die Treppenhäuschen im Stil des Budapester Sezessionismus realisiert. In Paris gestaltete → Guimard bis 1904 sämtliche Eingänge im Stil der Art Nouveau. Die unterschiedliche Gestaltung der Berliner U-Bahnbauten wurde von 1902-30 maßgeblich durch → Grenander geprägt, der sich vom → Jugendstil zum → Neoklassizismus wandelte (um 1912) und schließlich dem Neuen Bauen zuwandte. Die rasche Zunahme der Liniennetze in aller Welt führte zunehmend zu Standardisierungen in der Architektur. Eine gewisse Ausnahme bildete die Moskauer U-

Untergrundbahn. Metro-Station Arbat, Moskau, 1935.

Bahn, deren palastartige Gestaltung sich an → klassizistischer Herrschaftsarchitektur orientierte. Nach ihrem Vorbild wurden in den 50er Jahren weitere sowjetische U-Bahnen erbaut. Ansonsten setzte sich allgemein der → Funktionalismus durch. Die Eingänge und Stationen wurden möglichst einheitlich, mit nur wenigen Variationen in der Farbgebung und Ausstattung gestaltet. Seit den 70er Jahren versuchte man die Uniformität und Anonymität der U-Bahnarchitektur durch neue gestalterische Konzepte zu überwinden. Durch plakative Zeichen oder historisierende Formen kam es etwa in Berlin

(Linie 7, 1980-84) zu einer nur bedingt gelungenen Aufwertung der Architektur, die die Wiedererkennbarkeit der Stationen verbessern soll. Hingegen gelten die architektonischen und künstlerischen Gestaltungen der U-Bahnen in Stockholm, Brüssel, Amsterdam und einzelner Stationen in London und Paris als vorbildliche Beispiele.   R.S.

Lit.: Bohle-Heinzenberg '80; Farbe bekennen '85; Schleife u. a. '85; Lexikon Metros ... '86; Troske '86; Saitz '88.

Vernacular. Haus Freudenberg, Berlin-Nikolassee, von → Muthesius, 1907.

Vernacular (engl. gewöhnlich, volkstümlich; von lat. vernaculus, im Haus geboren). Bezeichnung für bodenständige Bauweise, Regionalismus besonders im angloamerikanischen Bereich. Eindeutschung zu ›vernakuläre Architektur‹, wenn die Nähe zu ideologisch belasteten Begriffen wie ›Heimatkunst‹ und ›Volkskunst‹ vermieden werden soll. Zuerst verwendet 1857 von George G. → Scott in seiner Architekturtheorie. Der Ausdruck wird 1861 von John Lewis Petit aufgegriffen, als er einen → Eklektizismus mit Orientierung an der Queen-Anne-Architektur forderte und damit das Queen-Anne-Revival auslöste. Für ihn sollte die Basis der Baukunst »ordinary or vernacular architecture« sein (Hauptvertreter → Shaw).

V. ist im engeren Sinne die Bezeichnung für eine Variante des Reformhistorismus (→ Historismus) in Abwendung von der stilistischen Strenge der Hocharchitektur und Hinwendung zur Formensprache niederer Stilschichten (architectura minor). Sie ermöglicht den Verzicht auf tektonische Scheingerüste, Betonung der Wand, ist gegenüber dem Hochstil unregelmäßiger, lockerer, einfacher, malerischer, auch zweckmäßiger und sachlicher. V. gibt es nicht nur in England und Amerika (→ Shingle Style und Stick Style), sondern auch in der deutschen Architektur: Carl Schäfer vertrat ein gotisches V.: Gotik als Struktur, die sich vor allem beim deutschen → Fachwerkhaus verwirklicht hatte. → Seidl vertrat ein barockes V. mit einfachen Putzbauten. Wird das ländliche Haus zum Vorbild erhoben, ergibt sich ein folkloristisches V., das dann in Deutschland in die Heimat- oder Heimatschutzarchitektur übergeht; wichtige Vertreter: → Muthesius, Georg Metzendorf, → Tessenow. Unterscheiden läßt sich das frühe malerische von einem späteren V., z. B. bei Th. → Fischer oder → Schumacher, von denen eine monumentale Wirkung mit starker Betonung des Daches angestrebt wurde.   Wa. P.

Lit.: Scully '55; Collins '65; Muthesius '74; Brunskill '87; Kemp '88.

Volkshaus. Um 1890-1930 verbreiteter Gebäudetyp als Freizeit-, Bildungs- und Kommunikationszentrum für die Arbeiterschaft. Im engeren Sinne versteht man unter V. die Gebäude der Arbeiterbewegung, die diese oft auf genossenschaftlicher Basis für ihre politische und weiterbildende Arbeit errich-

Untergrundbahn. U-Bahn-Station T-Centralen, Stockholm, Deckenmalerei von Per Olof Ultveldt, 1975.

*Volkshaus Leipzig,
von O. Schade, 1906.*

teten (→ Baugenossenschaften). Ihr Ursprung liegt in den Arbeiterbildungsvereinen, wie sie um 1825 in England entstanden (Working Men Clubs). Treffpunkt solcher Aktivitäten waren anfangs die Arbeitervereinslokale. Nachdem es während und nach der Zeit des Sozialistengesetzes (1878-90) immer schwerer wurde, Räume für die Versammlungen von Partei, Gewerkschaft und Vereinen zu finden, wurde die Notwendigkeit von eigenen Gebäuden immer deutlicher. Um 1900 entstanden erste Bauten (Leipzig 1906, Hamburg 1906, Halle 1907). In den

Volkshaus. Pfullinger Hallen, Pfullingen, von Theodor → Fischer, 1904-07.

Stummes Postamt an der Tegernseer Landstraße, München, von → Vorhoelzer und W. Schmidt, 1929.

Zentren der Stadt gelegen, orientierten sie sich architektonisch an der bürgerlichen Repräsentationsarchitektur (›Rathäuser der Arbeiter‹), was auf heftige Kritik stieß (Clara Zetkin, 1911). Sie enthielten neben Räumlichkeiten für Gewerkschaft, Partei und Vereine Mehrzwecksäle für Versammlung, Theater, Konzert und Film. Daneben umfaßte das Raumprogramm meist Café, Restaurant, Bibliothek, oft auch Hotel, Reinigungsbäder, Konsumgenossenschaft, Sportanlagen u. ä. Diese Funktionserweiterung erfolgte unter dem Eindruck der bürgerlich-sozialreformerischen Volkshäuser. Deren Ursprünge liegen wiederum in den Volksküchen, wie sie um 1800 in England entstanden (Leipzig 1849). Im Kampf gegen den Alkoholismus entstanden seit 1875 (Liverpool, London) die Volkskaffeehäuser (Berlin 1880). In Deutschland zielte seit 1876 der Verein ›Volkswohl‹ auf die Förderung der Volkssittlichkeit, -bildung und -gesundheit, insbesondere um die Politisierung der Arbeiterschaft im Klassenkampf zu bremsen, und propagierte den Bau von Volksheimen, die sich mehr auf die Freizeitbedürfnisse der Arbeiter richteten (Volksheim Dresden 1888). Daneben entstanden durch Stiftungen aufgeschlossener Industrieller weitere Wohlfahrtseinrichtungen (Jena 1902). Auch in England und Belgien (Maison du Peuple, Brüssel 1895-1900, von → Horta) kam es zum Bau von Volkshäusern.

Volkshaus. Maison du Peuple, Brüssel, von → Horta, 1895-1900.

In der Schweiz ging die Initiative von der Abstinenzlerbewegung aus (Zürich 1910). Zur Verbreitung des sozialreformerischen V.-Gedankens trug in Deutschland besonders → Fischer bei (Pfullinger Hallen, 1904-07). 1917 organisierte sich die bürgerliche Bewegung im Volkshausbund, dem B. → Taut, → Paul, → Muthesius, → Behrens und → Mies van der Rohe angehörten. Eine besondere Rolle spielte der V.-Gedanke im → Expressionismus, wo er vom ›Arbeitsrat für Kunst‹ und der → Gläsernen Kette um B. Taut zum Mittelpunkt des gesellschaftlichen und städtebaulichen Programms gemacht wurde und in utopischen Projekten seine Ausgestaltung fand. Die in den 20er Jahren errichteten Volkshäuser waren dagegen meist weniger aufwendig und wanderten mit den neuen Arbeitersiedlungen an die Peripherie der Städte. Die Gewerkschafts- und Parteihäuser beschränkten sich wieder mehr auf die politische und bildende Arbeit. Nach 1933 wurden alle Volkshäuser von den Nationalsozialisten aufgelöst. Der Versuch, ›Häuser der Arbeit‹ nach dem Beispiel des italienischen ›Dopo lavoro‹ oder der sowjetischen Arbeiterklubs zu begründen, blieb ohne großen Erfolg. In der DDR knüpften die Kulturhäuser an die V.-Idee an, in der BRD finden sich in den Bürgerhäusern, Freizeitheimen und Kommunikationszentren Reste des Gedankens.　R.S.

Lit.: Hopfgarten '65; Niess '84; Kuntz '86.

Vorhoelzer, Robert (1884-1954). Studium der Architektur in München. Als Oberpostbaurat (1920-30) prägte er das neue, umfangreiche Bauprogramm der bayerischen Post – Postdienstgebäude, technische Bauten und Wohnanlagen – im Sinne der ›klassischen Moderne‹. V. reagiert – besonders bei den Postbauten auf dem Land – mit ausgeprägter Sensibilität auf regionale Bautraditionen. Der zurückhaltenden Stellung dieser Bauten zwischen → Internationalem Stil und lokalem Einfluß ist die späte Rezeption und Würdigung seines Werkes zuzuschreiben.

Postamt Goetheplatz, München, → Vorhoelzer-Schule (F. Holzhammer und W. Schmidt), 1931-33.

V. bildete bei der Oberpostdirektion eine große Zahl von Referendaren aus – diese ›Postbauschule‹ prägte eine ganze Generation von Architekten mit Einfluß weit über den süddeutschen Raum. 1930 Hochschullehrer an der TH München; 1933 relegiert unter dem Vorwurf des ›Baubolschewismus‹. Abgesehen von einer kurzen Lehrbeauftragung in der Türkei erst 1945 Wiederaufnahme der Arbeit. V. wird Wiederaufbaukommissar der TH München, 1946-47 deren Rektor.　U.D.

Lit.: Aicher/Drepper '90.

W

Wagner, Martin (1885-1957). Studium der Architektur und Volkswirtschaft in Berlin und Dresden. 1911 Leiter des Stadtbauamtes in Rüstringen, 1914 wechselt er zum Verband Groß-Berlin und arbeitet vorwiegend in der Verkehrsplanung. 1915 Promotion über ›Das sanitäre Grün der Städte‹. Auf W.s Initiative hin gründen die Gewerkschaften 1924 die Deutsche Wohnungsfürsorge A.G. als gemeinnütziges Unternehmen zur Errichtung großer Siedlungen auf genossenschaftlicher Basis (→ Baugenossenschaften). W. wird Geschäftsführer der Dewog und führt mit B. → Taut die Hufeisensiedlung in Britz aus. 1926 wird er auf Druck der Gewerkschaften Dezernent der Hochbaudeputation in Berlin, konzipiert den Großsiedlungsplan für Berlin und läßt ab 1929 als erste Großsiedlungen die Weiße Stadt und die Siedlung Siemensstadt erbauen. Als Vertreter des Neuen Bauens wird W. 1933 aus dem Amt entlassen und muß 1935 in die Türkei emigrieren, wo er als Berater in Stadt- und Landesplanungsfragen tätig ist. Durch Vermittlung von → Gropius 1938 Professor für Städtebau in Harvard, 1944 wird er Bürger der USA.   G. Sch.

Wohnblock in der Siedlung Britz, Berlin, 1925-30, von → Wagner.

Ward, William L. (1821-1900). Amerikanischer Pionier des Eisenbetonbaus. Wahrscheinlich beeinflußt von Publikationen über französische Versuche mit Eisenbeton, errichtete er nach Experimenten 1871 bis 72 sein eigenes Haus in Rye Brook bei Port Chester, N.Y. (1873-75) mit Hilfe des Architekten Robert Mook. Der noch existierende Bau, dessen sämtliche Details aus armiertem Beton bestehen, gilt als eine der frühesten Konstruktionen dieser Art. Vgl. → Eisenarchitektur, → Beton, → Monier.
Lit.: Collins '59; Huxtable '60; Ward Jandl '91.   D. N.

WChUTEMAS. Die ›Höheren staatlichen künstlerisch-technischen Werkstätten‹, Ende 1920 in Moskau gegründet, waren eine Hochschule neuen Typs, in Organisation, Lehrangebot und Ausrichtung vergleichbar mit dem kurz zuvor entstandenen → Bauhaus. Die Ausbildungsstätte gliederte sich in Produktionsfakultäten (Holz-, Metallbearbeitung, Textil, Keramik, Graphik), künstlerische Fakultäten (Malerei, Bildhauerei) und die Architekturfakultät, die ihrerseits dreigeteilt war: an den akademischen Werkstätten lehrte u. a. → Schtschusew, an den Vereinigten linken Werkstätten entwickelte Nikolaj La-

dowski seine Theorie des → Rationalismus, die experimentelle Werkstatt leiteten → Golosow und → Melnikow. Wie am Bauhaus wurden obligatorische Grundkurse angeboten, für Studenten der Architektur ›Raum‹ (Leitung Ladowski), der Bildhauerei ›Volumen‹, der Malerei ›Farbe‹ (Leitung → Wesnin und Ljubow Popowa), sowie ›Graphik‹ (Leitung Alexander Rodschenko). Die W. verfolgten zwei Ziele: die qualifizierte Ausbildung von Künstlern, die befähigt werden sollten, auch in der industriellen Produktion mitzuwirken, und eine Synthese der Künste, aus der ein neuer Stil für eine neue Gesellschaft entstehen sollte. Dabei kam der Architektur eine Schlüsselstellung zu, und in der

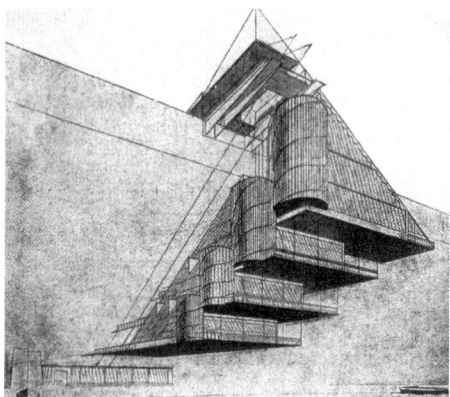

WChUTEMAS. Zeichnung zur Demonstration von Masse und Gleichgewicht: Anlegestelle und Restaurant an einem Felsabhang am Meer, von W. Simbirzew, Klasse Ladowski, 1922.

Tat waren die W. in den ersten Jahren ihres Bestehens ein Laboratorium, in dem die Grundlagen der → konstruktivistischen und rationalistischen Architektur experimentell erarbeitet wurden. Hier entstanden die Ideen, die das Bauen in den 20er Jahren entscheidend prägten. 1927 wurden die W. in WChUTEIN (Höheres künstlerisch-technisches Institut) umbenannt, das 1930 sanft entschlief. → Sowjet. Architektur, → Stalinistische Architektur.
Lit.: Khan-Magomedov '92.   H. Sch.

Welzenbacher, Lois (1889-1955). Österr. Architekt und Stadtplaner, studierte bei → Thiersch und Theodor → Fischer in München, 1918-29 in Innsbruck tätig, 1930-45 in München und Halle a. d. Saale, 1947-55 Professor an der Akademie d. bild. Künste in Wien. Sein exemplarischer Beitrag zur europäischen Moderne ist die dynamische, auf Bewegung und Blickführung im »geöffneten Raum« gerichtete Interpretation landschaftlicher Situationen. Seine Häuser sind »künstlerische Mittel, um das Besondere der Topographie mitzuteilen« (S. Hauser). Auch seine städtebaulichen Entwürfe thematisieren mit rhythmischen Folgen aus Punkten, Zeilen, Kurven, Scheiben und Türmen die raumzeitliche Darstellung des Ortes. Wichtige Bauten: Haus Settari, Bad Dreikirchen, Südtirol (1922/23), Haus Buchroithner, Zell a. See (1928-30), Turmhotel Seeber, Solbad Hall (1930-31), Haus Heyrovsky, Zell a. See (1932), Haus Schmucker, Ruhpolding (1938/39), Flugzeugwerke Siebel, Halle a. d. Saale (1939 bis 44), Projekt für die Verbauung des Donaukanals in Wien (1946).   O. K.
Lit.: Achleitner/Uhl '68; Sarnitz '89; Hauser '90; Welzenbacher '90.

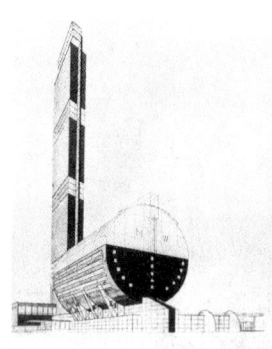

WChUTEMAS. Lenininstitut für Bibliothekswesen in Moskau, von W. Paschkow, 1927.

Haus in Rye Brook bei Port Chester, New York, von → Ward, 1873-75.

Turmhotel Seeber, Solbad Hall, von → Welzenbacher, 1930-31.

Werktor. Brauerei Höpfner, Karlsruhe, von Johann Hantsche, 1896.

Werktor. Als Torbauten der industriellen Gesellschaft markieren und kontrollieren W.e den Übergang an der Grenze zwischen öffentlichem Raum und der Welt der Produktion. Die Ausgrenzung von Arbeit aus dem öffentlichen Bereich ist wesentliches Merkmal der Industriegesellschaft. Am W. als ›architecture parlante‹ ist dieser Prozeß in seinen historischen Veränderungen ablesbar.

Die ersten Manufakturen außerhalb von Siedlungen (um 1800) stehen noch ohne Umgrenzung auf freiem Feld. Erst die komplexeren Gebäudeanlagen aus der Zeit der frühen industriellen Produktion (um 1850) werden von einfachen Zäunen mit Toreinfahrten umfaßt. Neben Kontrollen gegen Diebstahl gewinnt die Zeiterfassung der Arbeiter am W. an Bedeutung. Sowie die Industrialisierung die Struktur der gesamten Gesellschaft verändert, erhält das W. die erzieherische Funktion der alltäglichen Einstimmung des Arbeiters auf die neue Welt der Arbeit. Für diese vorbildlose Aufgabe greift die Architektur auf vergangene Epochen zurück, zitiert deren Formen als Bedeutungsträger: Tore mittelalterlicher → Burganlagen (Brauerei Höpfner in Karlsruhe von Johann Hantsche, 1896), Triumphbögen (Urquellbrauerei in Pilsen, 1892) oder Sa-

Werktor. Urquellbrauerei in Pilsen, 1892.

kralbauten (Fahrzeugfabrik Dittmann in Berlin von Bruno Buch, 1913) werden ebenso bemüht wie die barock-axiale Herrschaftsarchitektur (Nordtor der BMW in München von Otto Orlando Kurz, 1917). Diese Motivzitate werden im Neoklassizismus des 19. Jhs. zunehmend miteinander gemischt und gleichzeitig auf ein und dasselbe Bauwerk angewendet. Prominentestes Beispiel dafür ist das W. der AEG in Berlin von Franz Schwechten (1896, Abb. → Industriebau).

In der Regel sind an oder in der Nähe von W.en große Uhren angebracht: Zitat traditioneller Herr-

Werktor. Torwärterhaus und Arbeitereingang des Ullstein Verlagshauses, Berlin, von Eugen G. Schmohl, 1926.

schaftsemblematik und zugleich Ermahnung der Gesellschaft zur neugeforderten Zeitdisziplin.

Nach 1900 werden die Formen der W.e klarer, behalten dabei jedoch ihre demonstrative Machtgeste. Das expressionistische Ullstein-Verlagsgebäude in Berlin von Eugen G. Schmohl (1926) weist z.B. als Arbeitereingang zwei wehrhafte Torhäuser mit anschließender Brücke, wie über den Burggraben einer Festung, auf. Im Eingang selbst droht ein zum Ornament reduziertes Falltor.

Erst die Moderne baut schlichte W.anlagen, die die Arbeitsfunktionen am Tor sachlich, dabei erkennbar ordnen und auch von der bislang üblichen Axialität abkommen (Fagus-Werk in Alfeld/Leine von → Gropius, 1924; Heinkel-Werk in Oranienburg von Herbert Rimpl, 1938). Heutige W.anlagen sind technisch hochgerüstet und perfekt abgesichert. Die komplexen Kontrollfunktionen sind nicht mehr wahrnehmbar, wirken dadurch abstrakt, bedrohlich. Sichtbar sind nur Zaunanlagen und automatische Gittertore. Erst die jüngsten Diskussionen zum Übergang von der Welt der Freizeit in die der Arbeit zeigen, daß Architektur aussagekräftig sein muß, um motivierend zu wirken. W.e erhalten jetzt Vorfahrten und den Charakter von Lobby-Entrées (Leibold-Heräus in Stuttgart von → Behnisch und Partner, 1989). Fast meint der Angestellte, als geehrter Gast empfangen zu werden.   U.D.

Lit.: Drepper '91.

Wiesner, Arnošt (1890-1971). Führender Brünner Architekt der Zwischenkriegszeit, 1908-13 Studium an der TU und der Akademie der bildenden Künste in Wien bei Fr. Ohmann. 1919-39 Architekt in Brünn; 1939 Flucht nach England. 1943-45 Mitglied der tschechoslowakischen Exilregierung in London, 1945-48 tschech. Delegierter im Inter-Allied Committee for Reconstruction and Rehabilitation in London, 1948-50 Professor in Oxford, 1950 bis 60 in Liverpool.

Inspiriert von → Loos' Werk, war er Hauptvertreter des modernen Traditionalismus in Brünn, wo er die meisten seiner Arbeiten realisierte. Sein Werk kulminierte im Brünner Krematorium (1925-29),

Krematorium Brünn, von → Wiesner, 1925-29.

mit dem Motiv der mesopotamischen → Zikkurat in einer modernen architektonischen Form. Weitere Bauten: Mährische Landes- u. Lebensversicherungsanstalt (1920-25), Morava Palast (1926), Mährische Bank – gleichfalls in Brünn – zusammen mit → Fuchs (1929-30), Villen in Brünn, Bratislava und Prag, Postamt in Šumperk (1934-36), Schule in Boskovice (1936), Schule in Liverpool (1960). V.Š.

Lit.: Šlapeta '81.

Windschirm, Wetterschirm. Behelfsmäßige, rasch zu erstellende Konstruktion wandernder Jäger und Sammler, etwa in Südostasien (Yumbri), im nord-

amerikanischen Großen Becken (Num-Gruppen), in Südwestafrika (Buschleute) und Zentralaustralien (→ Aborigines). Die halbkreisförmigen, gewölbten oder pultartigen W.e werden aus dem gerade verfügbaren Material errichtet, etwa aus Rindenplacken, Grasbüscheln, Reisig, großen Blättern, Schilf u.ä., zum Schutz der Schlaf- und Feuerstelle vor Wind und – in geringerem Maße – vor Regen. Als Windschirmzelt (Toldo), einer vorne offenen Stangenkonstruktion, über die man Felle warf, kamen ähnliche Strukturen auch in Patagonien vor.
W.M.

Windschirm der Negrito auf den Philippinen.

Winkelmann, Emilie (1875-1951). Geb. in Aken an der Elbe; erlernte das Zimmermannshandwerk und studierte 1901-05 an der Technischen Hochschule Hannover Architektur – ausnahmsweise und als erste Frau in Deutschland zugelassen. 1908 gründete sie ihr Architekturbüro, auch dies als erste Frau in Deutschland. Ihr Werk umfaßte Landhäuser um Berlin, Wohngebäude, Gutshöfe und Stallungen, Ausstellungs- und Theaterbauten, Fabrikanlagen sowie diverse Um- und Ausbauten. Sie verzeichnete Wettbewerbserfolge, und 1909-10 entstand nach ihren Plänen in Berlin-Westend ein großes städtisches Mietshaus, das Leistikowhaus. Wichtig ist ferner das Victoria-Studienhaus in Berlin-Charlottenburg (1914-16), eine zentrale Wohn- und Bildungsstätte für Berliner Studentinnen, eine damals einmalige Einrichtung. Lehnte sich »das Äußere des Gebäudes an die Architektur der 2.H. des 18. Jhs. an« (Erläuterungsbericht), so war sein Inneres durch ein fortschrittliches und vielfältiges Bildungskonzept für die Studentinnen geprägt und von emanzipatorischen Gedanken getragen. Der Nationalsozialismus beendete ihre Tätigkeit als Architektin.
K.D.

Lit.: Schmidt-Thomsen '87.

Z

Zeilenbau. Zeilenförmige Anordnung von → Reihenhäusern (vgl. → Wohnbau) senkrecht zur Verkehrsstraße, durch Wohnwege fußläufig erschlossen, als Reaktion auf die verdichtete Blockrandbebauung des → Historismus (→ Städtebau). Unsystematisch vorbereitet in einzelnen Beispielen des Werkwohnungsbaus des 19.Jhs. (Saltaire, 1853, von Lockwood & Mason), entwirft Th. → Fischer mit dem Bebauungsplan der Siedlung Alte Heide in München 1918 erstmals konsequent den Z., ohne ihn zu benennen. Nach 1918 zwang die Wohnungsnot die meist sozialdemokratisch bestimmten Verwaltungen der Großstädte, nach neuen ökonomischen und menschengerechten Modellen des Siedlungsbaus zu forschen. Die Qualitäten von Licht, Luft und Sonne, Lärmschutz und Grünbezug wurden Voraussetzung der Siedlungsplanung. Konsequente Anwendung der Grundsätze des Z.s durch → Haesler in Celle-Georgsgarten (1925), → Gropius und → Haesler in Karlsruhe-Dammerstock (1929), → Stam bei der Siedlung Hellerhof in Frankfurt a.M. (1928-29), mit zur Hauptverkehrsstraße abschließenden Kopfbauten, → May in Frankfurt a.M.-Westhausen (1929-31). Als günstigste Lage galt die nach Nordosten abgedrehte Nord-

Zeilenbau. Lageplan der Siedlung ›Alte Heide‹, München, von Theodor → Fischer, 1919-29.

Süd-Richtung der Wohnzeilen mit den Schlafräumen nach O und den Wohnräumen nach W. Als Mindestabstand empfahl sich bei Nord-Süd-Richtung die 1,5fache, bei Ost-West-Richtung die 2,5fache Gebäudehöhe. Das Gelände zwischen den parallelen Zeilen war ›Wohngrün‹ als Erweiterung der Wohnung (in Frankfurt a.M. auch ›produktives Grün‹ nach → Migge). 1929 veranstaltete die Reichsforschungsgesellschaft in Berlin den Wettbewerb für die Versuchssiedlung Spandau-Haselhorst, an dem bedeutende Architekten teilnahmen. Die Wettbewerbsergebnisse zeigen die Grenzen des Z.s:

Zeilenbau. Siedlung Westhausen, Frankfurt a.M., von → May, Ferdinand → Kramer u.a., 1929-31.

Monotonie und Gleichförmigkeit bei der Übertragung des Z.s auf große Areale, was auch für die 1929 von → May, → Schwagenscheidt u. a. in Frankfurt a. M. geplante Siedlung Goldstein für 40 000 Menschen gilt. Für den Wiederaufbau nach 1945 wurde noch vom Z. ausgegangen, allerdings in aufgelockerter Form und loser Gruppierung (Schüttel-Z.). Mit der Entwicklung großer städtebaulicher Einheiten (Bremen, Neue Vahr, ab 1956, von → May, und Frankfurt a. M.-Nordweststadt, 1959-64, von Schwagenscheidt und Th. Sittmann) löst sich die Zeile in gekrümmte Erschließungsstraßen auf, um die sich Wohnbauten locker gruppieren. Die Ansprüche der Wohnungsverdichtung und der wachsende Individualverkehr schlossen bald den unbefahrbaren Wohnweg aus. Seit den sechziger Jahren entwickelten sich hinter der Forderung nach räumlich eindrucksvoller Gestaltung offene städtebauliche Systeme. In jüngster Zeit erhält der Z. in kleineren Einheiten von Nachbarschaftssystemen wieder Auftrieb, allerdings ohne die Dogmatik seines Ursprungs in den 20er Jahren. Vgl. → Mietshaus.

C. M.

Lit.: Intern. Kongresse … '31.

Zeughaus. K. u. K. Arsenal, Wien, von → Förster, Th. v. → Hansen, → Nüll und Sicardsburg, 1849-55.

Zeughaus (lat. armamentarium). Speicher- oder Magazingebäude zur Aufbewahrung von Kriegsgerät, auch in Verbindung mit Rüstungswerkstätten. Aus der Antike sind Schiffs-Z.er bekannt (Korinth, Piräus). Seit dem frühen 12. Jh. ist das ›arsenale‹ in Venedig nachgewiesen, das im MA. und der → Renaissance zu einem umfangreichen Komplex als Werft und Marine-Z. erweitert wurde. In den Städten des wehrhaften Bürgertums des späten MA.s sind Rüstkammern zumeist in den → Rathäusern untergebracht. Mit der fortschreitenden Entwicklung der Feuerwaffen im 16. Jh. wird, oft in Zusammenhang mit → Festungsbauten, der Typ des Z.s als Bauaufgabe der architectura militaris entwikkelt. Z.er sind meist freistehende, mehrgeschossige Rechteckbauten mit durch Stützenstellung unter-

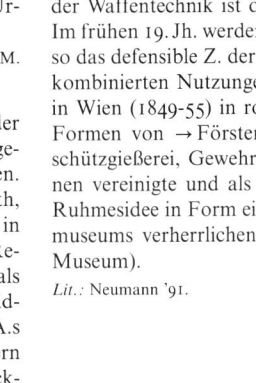

Zeughaus Augsburg, von → Holl, 1602-07.

→ Bodt, einem quadratischen Vierflügelbau mit Innenhof und reichem skulpturalen Programm, das der politisch-militärischen Vormachtstellung der Hohenzollern baulichen Ausdruck verlieh. Mit dem Ende des Absolutismus und der Weiterentwicklung der Waffentechnik ist das Z. als Bautyp überholt. Im frühen 19. Jh. werden Sonderformen entwickelt, so das defensive Z. der Festung Germersheim, mit kombinierten Nutzungen, wie das K.u.K. Arsenal in Wien (1849-55) in romantisch romanisierenden Formen von → Förster, → Hansen u. a., das Geschützgießerei, Gewehrfabrik, Depots und Kasernen vereinigte und als Novum die vaterländische Ruhmesidee in Form eines Waffen- und Trophäenmuseums verherrlichen sollte (heute Heeresgesch. Museum).

C. M.

Lit.: Neumann '91.

Geschützhalle im Königlichen Zeughaus Berlin, von → Nering, → Schlüter und de → Bodt, 1695-1706. Kupferstich um 1700.

teilten mehrschiffigen Räumen, seltener auch zwischen Bürgerhäusern eingebaut (Graz 1642-44). Das Z. am Schloßplatz in Wolfenbüttel mit reich verzierten Treppengiebeln (1619) ist ein Beispiel für die Einbindung dieses Bautyps als Repräsentationsbau in den städtebaulichen Zusammenhang. Im 16./ 17. Jh. besaß jede bedeutende Stadt ein Z., das neben seiner eigentlichen Funktion auch die Machtansprüche des Bauherren – Bürgertum oder Feudalherrschaft – repräsentierte (München, Anf. 16. Jh., heute Stadtmuseum; Ulm, Altes Z., 1522, Neues Z. 1665 ff.; Danzig, Ende 16. Jh.). 1602-07 erbaute → Holl das Augsburger Z., Musterbeispiel für einen frühbarocken Zweckbau. Die Entwicklung gipfelte im Berliner Z. von → Nering, → Schlüter und de

Bibliographie

A

Alvar Aalto, Gesamtwerk, 1922-1963 (Bd. 1),
1963-1970 (Bd. 2), 1971-1976 (Bd. 3), 1978,
1984.
Alvar Aalto: Synopsis-Malerei, Architektur,
Skulptur, Basel/Stuttgart, 1970.
Aalto, E. s. Fleig 1978.
Abadie, P.: Entre archéologie et modernité. Paul
Abadie architecte, Kat. Paris, 1988-1989.
Abercombie, St.: Gwathmey-Siegel, New York,
1981.
Abercrombie, P.: Greater London Plan 1944,
London, 1945.
Åberg, N.: Nordische Ornamentik in vorge-
schichtlicher Zeit, Leipzig, 1931.
Abraham, P., s. a. Focillon 1939: Viollet-le-Duc et
le rationalisme médiéval, Paris, 1934.
Abraham, R.: Raimund Abraham. Works 1960-
1973, Wien, 1973.
Abramovitz, M.: The Architecture of Max Abra-
mowitz, Champaigne-Urbana, 1963.
Abs, H. (Hg.): Städel. Der Museums-Erweite-
rungsbau von Gustav Peichl, Salzburg, 1990.
Accascina, M.: Profilo dell'architettura a Messina
dal 1600 al 1800, Rom, 1964.
Accasto, G., Fraticelli, V.: L'architettura di Roma
capitale 1870-1970, Rom, 1971.
›Ac/Gatepac‹: ›Ac/Gatepac‹ 1931-1932, Barcelona, 1975.
Ache, J.-B.: Eléments d'une histoire de l'art de
bâtir, Paris, 1970.
Achleitner, Fr.: Österreichische Architektur im
20.Jahrhundert, Bd. 1: Oberösterreich, Salz-
burg, Tirol, Vorarlberg, Salzburg/Wien, 1980,
Bd. III: Wien, 1.-12. Bezirk, Salzburg/Wien,
1990.
(mit O. Uhl), Lois Welzenbacher, Salzburg,
1968.
Ackerman, J.S.: The Cortile de Belvedere,
Vatikanstadt, 1954.
The Architecture of Michelangelo, 2 Bde.,
Harmondsworth 1959-1970 (1986²). London,
1964-66; bearb. Neuaufl. mit J. Newman,
Harmondsworth, 1986.
Palladio, Harmondsworth, 1966 (dt. Stuttgart
1980).
The Villa. Form and Ideology of Country
Houses, London, 1975.
Ackermann, K.: Kurt Ackermann und Partner,
Stuttgart, 1978.
Industriebau, Stuttgart, 1984.
Adam & Adam: The Works of Robert & James
Adam, 3 Bde., London (1980 Reprint mit
einer Einführung von H. Hope Reed), 1773,
1778, 1822.
Adam, J.A.: Wohn- und Siedlungsformen im
Süden Marokkos, München, 1981.
Adam, P.: Eileen Gray – Architektin/Designerin.
Ihr Leben und Werk, 1990.
Adam, R.: Ruins of the Palace of the Emperor
Diocletian at Spalato, London, 1764.
Adams, E. B.: Palaces of Seoul, Yi Dynasty Palaces
in Korea's Capital City, Seoul, 1974.

Adams, W. H. (Hg.): The Eye of Thomas Jeffer-
son, Washington, 1976.
Jefferson's Monticello, New York, 1983.
Adhémar, J.: Influences antiques dans l'art du
Moyen-Age français, Warburg, 1939.
(mit Danis, E., J. Cain und P. Lavedan) Hardou-
in-Mansart et son école, Paris, 1946.
Adjmi, M. (Hg.): Aldo Rossi. Architecture 1981-
1991, New York, 1991 (dt. Aldo Rossi, Bauten
und Projekte 1981-1991, Zürich, 1991).
Adler, F., H. Girsberger und O. Riege (Hg.):
Architekturführer Schweiz, Zürich, 1978.
Adriani, A.: s. EUA: Ellenistico.
Adriani, G.: Die Klosterbibliothek des Spätbarock
in Österreich und Süddeutschland, Graz/
Leipzig/Wien, 1935.
Affleck Greeves, T.: Bedford Park – The first Gar-
den Suburb, London, 1975.
Agnello, G.: L'architettura sveva in Sicilia, Rom,
1935.
I Vermexio architetti ispanosiculi del sec. XVII,
Florenz, 1959.
Ahlberg, H.: Moderne Schwedische Architektur,
1925.
Aicher, F., und U. Drepper (Hg.): Robert Vorhoel-
zer. Ein Architektenleben: Die klassische Mo-
derne der Post, München, 1990.
Ainaud de Lasarte, J.: Ceramica y vidrio. In: Ars
Hispaniae, Madrid, 1952.
Airs, M.: The Making of the English' Country
House 1500-1640, London, 1975.
Åkerström, Å.: Studien über die etruskischen Grä-
ber, 1934.
Die architektonischen Terrakotten Kleinasiens,
Lund, 1966.
Akurgal, E.: Vom äolischen zum ionischen Kapi-
tell. In: Anatolia, V., 1960.
Die Kunst Anatoliens, 1961.
Griechische und Römische Kunst in der Türkei,
München, 1986.
Alajmo Alessandro, G.: G. B. Vaccarini e le sco-
nosciute vicende della sua vita, Palermo, 1950.
Ålander, K.: Viljo Revell: Works and Projects,
Bauten und Projekte, Stuttgart, 1966.
Albaum, L. I., und Brentjes: Herren der Steppe,
Berlin, 1986.
Albenga, G.: I ponti, Turin, 1953 (1958).
Alberti, L. B.: De re aedificatoria libri x, Florenz,
1485; Neuaufl. L'architettura – De re aedifica-
toria (Hg. G. Orlandi, P. Portoghesi), Mai-
land, 1966 (dt. 1975).
The Complete Works, s. a. Borsi 1989.
Albertini, B., und S. Bagnoli: Scarpa: Museen und
Ausstellungen, Tübingen, 1988.
Albini, F., s. Pagano Pogatschnig 1947: Franco
Albini. Architettura e Disegni 1930-1970,
Kat. Ausst. Mailand, 1979.
Alden Mason, J.: The Ancient Civilization of Peru,
London, 1957.
Aldrich, H.: Elementa Architecturae Civilis, Lon-
don, 1750 (engl. Übers., Hg. P. Smyth, Lon-
don, 1789).
Alessandri, G.: s. Borsi 1966.

Alessi, G.: Galeazzo Alessi e l'architettura del
Cinquecento. In: Atti del Convegno di Studi,
1965.
Alex, W.: Japanese Architecture, New York, 1963
(dt. 1965).
Alexander, C.: Notes on the Synthesis of Form,
Cambridge (Mass.), 1964.
Alexander, Chr.: Die Stadt ist kein Baum. In:
Bauen und Wohnen XXII, 7.Juli 1967.
Alexander, R. L.: The Architecture of Maximilien
Godefroy, Baltimore/London, 1974.
Algarotti, F.: Lettere sopra l'architettura, 1742-
63; und in Opere, Bd. VI, Livorno, 1765.
Saggio sopra l'architettura, Pisa, 1753; und in
Opere, Bd. II, Livorno, 1764.
Alieri, A., Clerici, M., Palpacelli, F., Vaccaro, G.:
Adalberto Libera. In: L'architettura – crona-
che e storia, Nr. 124-33 (Feb.-Nov.), Rom,
1966.
Alisio, G.: s. Pane 1959.
Alison, F.: C. R. Mackintosh. In: Casabella, Nr.
380-81 (Aug.-Sept.), Mailand, 1973a.
Le sedie di Charles Rennie Mackintosh, Segrate,
1973b.
Allen, G.: The Cheap Cottage and Small House,
London, 1919.
Allen, G.: Charles Moore. Ein Architekt baut für
den einprägsamen Ort, 1981.
Allibone, J.: Anthony Salvin. Pioneer of Gothic
Revival Architecture, Cambridge, 1988.
Aloi, G.: Alberghi, Motel, Ristoranti, Mailand,
1961.
Aloi, R.: Architetture per lo spettacolo, Mailand,
1958.
Arte funeraria d'oggi, Mailand, 1959.
Ville in Italia, Mailand, 1960.
Musei, architettura, tecnica, Mailand, 1961.
Teatri e auditori, 1972.
Alp, E.: Das Kapitell im Entstehungsgebiet der
Gotik, Detmold, 1930.
Alpago-Novello, A., u. a.: Art and Architecture in
Medieval Georgia, Louvain-la-Neuve, 1980.
Altherr, A.: Drei japanische Architekten, Maye-
kawa, Tange, Sakakura, Teufen, 1968.
Altmann, W.: Architektur und Ornamentik der
antiken Sarkophage, Berlin, 1902.
Die römischen Grabaltäre der Kaiserzeit, Berlin,
1905.
von Alvensleben, U.: Die braunschweigischen
Schlösser der Barockzeit und ihr Baumeister
H. Korb, Braunschweig, 1937.
Åman, A.: Architektur Och Ideologi I Stalintidens
Östeuropa, Stockholm, 1987.
Ambasz, E. (Hg.): Italy. The New Domestic
Landscape, Achievements and Problems of
Italian Design, Kat. Ausst. New York, 1972.
The Architecture of Luis Barragán, New York,
1976.
Amendolagine, F., Cacciari, M.: Oikos. Da Loos
a Wittgenstein, Rom, 1975.
Amery, C., u. a.: Lutyens, Kat. London, 1981.
Ammann, J.-C.: Plädoyer für eine neue Kunst im
öffentlichen Raum. In: Parkett 2, 1984.

Amouroux, D., Crettol, M., Monnet, J.-P.: Guide d'architecture contemporaine en France, Boulogne, 1972.

Amsoneit, W.: Contemporary European Architects, Köln, 1991.

Amsterdam: De Stijl, Kat. Ausst. Amsterdam, 1951.

Anamali, S.: Antikiteti i vonë dhe mesjeta e hershme në kërkimet shqiptare (Late Antiquity and Early Middle Ages in Albanian Research), Nr. 9-10, Iliria, Tiranë, 1979-80.

Anderegg Tille, M.: Die Schule Guarinis, Winterthur, 1962.

Anderson, W. J., Stratton, A.: The Architecture of the Renaissance in Italy, London, 1927.

Ando, T.: Tadao Ando, Tokio, 1985.
 Tadao Ando. Bauten und Projekte, Texte von T. Ando und M. Kawamukai, 1990.
 Tadao Ando 1983-1990, Madrid, 1990.

Andrae, W.: Die ionische Säule: Bauform oder Symbol, Berlin, 1923.
 Das Gotteshaus und die Urformen des Bauens im Alten Orient, Berlin, 1930.
 Das wiedererstandene Assur, Leipzig, 1938.

Andreae, S. J., ter Kuile, E. H., Ozinga, M. D.: Duizend Jaar Bouwen in Nederland, 2. Bde., Amsterdam, 1957-58.

Andrén, A.: Architectural Terracottas from Etrusco-Italic Temples, Lund, 1940.

Andrews, W.: Architecture, Ambition and Americans, New York, 1947.
 McKim, Mead and White: New York's own Architects. In: New York Historical Society Quarterly, Nr. 35, New York, 1951.
 American Gothic, New York, 1975.

Andriello, D.: Howard o della Eutopia, Neapel, 1964.
 Il pensiero utopistico e la città dell'uomo, Neapel, 1966.

Angelini, L.: Le opere in Venezia di Mauro Codussi, Mailand, 1945.
 Architettura di Giacomo Quarenghi in Bergamo … In: Atti dell'Ateneo di Scienze. Lettere e Arti in Bergamo, Bd. XXVIII, Bergamo, 1953-54.
 Un artista ignoto per secoli: l'architetto bergamasco Mauro Codussi. In: Realtà Nuova (Sept.), 1954.

Angelini, L., Chiodi, L., Zanella, V. (Hg.): Disegni di G. Quarenghi, Kat. Ausst. Venedig, 1967.

Angerer, M.: Peter Flötner, Diss. phil., München, 1983.

Angrisani, M.: Lo spazio interno architettonico – da Frank L. Wright a Louis Kahn, Neapel, 1963.

Anker, L., u. A.: Brüder Luckhardt und Alfons. Berliner Architekten der Moderne. Schriftenreihe der Akademie der Künste, Bd. 21, 1990.

Annoni, A., s.a. Beltrami 1927: G. Moretti, L. Beltrami e C. Boito. In: Metron, Rom, 1950.
 Un maestro dell'architettura fra l'Ottocento e il Novecento: Gaetano Moretti, Mailand, 1952.

Ansaldi, G. R., s. EUA: Neoclassico.

Anscombe, I., Gere, Ch.: Arts and Crafts in Britain and America, London, 1978.

Anti, C.: Teatri greci arcaici, Padua, 1947.

Antolini, G. A.: Idee elementari di architettura civile, Bologna, 1813.
 Osservazioni ed aggiunte ai principi di architettura civile di F. Milizia, Mailand, 1817.

Antony, E. W.: A History of Mosaics, London, 1935.

Apollonio, U., s.a. Argan 1967: Antonio Sant' Elia, Mailand, 1958.
 Futurismo, Mailand, 1970 (dt. 1972).

Appel, H.: Plastik am Bau. Aus dreieinhalb Jahrtausenden europäischer Kunst, Berlin, 1944.

Appia, A.: L'œuvre d'art vivant, Paris, 1921.

Appleyard, B.: Richard Rogers. A Biography, London, 1986.

Arango, J., und C. Martínez: Arquitectura en Colombia, Bogotá, 1951.

Arango, S.: La arquitectura en Colombia, Bogotá, 1985.

Archigram: ›Archigram‹, Zeitschrift, erschienen in London und New York, 1961-70.
 Experimental Architecture, 1970.
 ›Archigram‹, Zeitschrift, erscheint in London und New York, 1974.

Architectural Design Profile: The Avant-Garde: Russian Architecture in the Twenties, Nr. 94, 1991.

Architectures solaires en Europe. Conceptions, Performances, Usages, Brussel-Luxemburg, 1991.

Architekturfotografie und Stadtentwicklung 1850-1914, Stuttgart, 1982.

Arcus. Architektur und Wissenschaft: Bd. 3: Vom Sinn des Details. Zum Gesamtwerk von K. Wachsmann, Bd. 4: Frei Otto. Gestaltwerdung, Bd. 5: Schiffe in der Architektur. Hamburg, Bd. 15: Zum Werk von Jean Prouvé. Das neue Blech, 1991.

Ardalan, N., und L. Bakhtiar: The Sense of Unity. The Sufi Tradition in Persian Architecture, Chicago, 1975.

Arenas, J. F.: Mozarabic Architecture, Barcelona, 1972.

Arets, W., und van den Bergh, W. (Hg.): Luis Barragan, 1990.

Argan, G. C., s.a. EI: Manierismo; Wachsmann; Gregotti 1972: Andrea Palladio. In: L'Arte, 1930.
 Sebastiano Serlio. In: L'Arte, 1932.
 Il problema di Bramante. In: Rassegna marchigiana, 1934.
 (mit Levi, C., Marangoni, M., Paccioni, A., Pagano Pogatschnig, G., Pasquali, A., Pica, A., Venturi, L.), Dopo Sant'Elia, Mailand, 1935.
 L'architettura protocristiana, preromanica e romanica, Florenz, 1936 (Bari, 1978).
 L'architettura del Duecento e del Trecento in Italia, Florenz, 1937 (1945).
 Walter Gropius e la Bauhaus, Turin, 1950.
 Borromini, Mailand, 1952.
 Brunelleschi, Mailand, 1955 a.
 Pier Luigi Nervi, Mailand, 1955 b.
 Ignazio Gardella, Mailand, 1956 a.
 L'importanza del Sanmicheli nella formazione del Palladio. In: Venezia e l'Europa, Atti del XVIII Congresso di storia dell'architettura, Venedig, 1956 b.
 L'architettura barocca in Italia, Mailand, 1957 a (1963).
 Marcel Breuer. Disegno industriale e architettura, Mailand, 1957 b.
 Le tecniche antiche nel mondo moderno, Ravenna, 1959.
 Il Barocco in Francia, Inghilterra e Paesi Bassi. In: Atti del Convegno internazionale »Manierismo, Barocco, Rococò«, Rom, 1960.
 Santa Maria in Campitelli. In: Barocco europeo e Barocco veneziano, Florenz, 1963.
 L'Europa delle Capitali 1600-1700, Genf, 1964.
 Progetto e destino, Mailand, 1965.
 (mit Apollonio, U., Marchiori, G., Masini, L. V., Portoghesi, P.), Leonardo Savioli, Florenz, 1967.
 Storia dell'arte italiana, Florenz, 1967-69.
 Il Neoclassicismo, Rom, 1968.
 L'arte moderna (1770-1970), Florenz, 1970 (1975).
 Libera, Rom, 1975.
 (mit B. Contardi), Michelangelo architetto, Mailand, 1990.

Arias, P. E., Roccatelli, C., d'Amico, S., s. EI: Teatro.

Aristoteles: Poetik (De arte poetica), Leipzig, 1972.

Arkin, D.: Rastrelli, Moskau (russ.), 1954.

Armena: Architettura medievale Armena, Kat. Ausst. Rom, 1968.

Armstrong Baird, J. jr.: The Churches of Mexico, 1530-1810, Berkeley/Los Angeles, 1962.

Armytage, W. H. G.: Civic University, London, 1955.

Arndt, M.: Das Kyffhäuser-Denkmal. Ein Beitrag zur Ikonographie des zweiten Kaiserreichs. In: Wallraf-Richartz-Jahrb. 40, 1978.

Arnell, P. und T. Bickford (Hg.): Robert A. M. Stern, Buildings and Projects 1965-1980, New York, 1981.
 James Stirling. Buildings and Projects 1950-1982, 1983.
 (mit Bickford, T., Hg.), Charles Gwathmey and Robert Siegel. Buildings and Projects 1964-1981, New York, 1984.
 (Hg.), Frank Gehry. Buildings and Projects, New York, 1985.
 (mit Bickford, T., Hg.), Aldo Rossi. Buildings and Projects, 1985.

Arnheim, R.: Art and Visual Perception, a psychology of the creative eye, Berkeley/Los Angeles, 1954.

v. Arnim, H.: Ein Fürst unter den Gärtnern, Pückler als Landschaftskünstler und der Muskauer Park, Frankfurt/Berlin, 1981.

Arnold, K.-P.: Gartenstadt. Vom Sofakissen zum Städtebau. Die Geschichte der Deutschen Werkstätten und der Gartenstadt Hellerau, Dresden, 1991.

d'Aronco, R.: Raimondo d'Aronco (1857-1932), disegni d'Architettura, Rom, 1980.
 d'Aronco, architetto, Kat. Ausst. Mailand, 1982.

Arosio, G.: Enciclopedia del costruttore edile, Mailand, 1965.

Arslan, W.: Forme architettoniche civili di Giacomo della Porta. In: Bollettino d'Arte del Ministero della Pubblica Istruzione, VI, Rom, 1926-27.
 L'architettura romanica veronese, Verona, 1939.
 L'architettura romanica milanese. In: Storia di Milano, III, Mailand, 1954.
 (mit Mantegazza, I.), Storia di Milano, VII, Mailand, 1956.
 L'architettura milanese del primo '500. In: Storia di Milano, VIII, Mailand, 1957.

Arslan, E., s. Fraccaro de Longhi; DBI: Amadeo.

Arup, O.: Arupassociations – The Engineer Looks Back. In: The Architectural Review, Nr. 166, Westminster, 1979.
 (& Partners), Forty Years of Engineering Practice, 1987.

Ashbee, Ch. R.: s. Wright 1910.

Ashby, T., s.a. Platner: (mit Richmond, J. A.), The Aqueducts of Ancient Rome, Oxford, 1935.

Ashton, T. S.: Iron and Steel in the Industrial Revolution, London, 1924.

Aslanapa, O.: Turkish Art and Architecture, London, 1971.

Asplund, Gunnar 1885-1940, The Dilemma of Classicism, 1988.

Assunto, R., s.a. DAU: Critica; Estetica; Storiografia: La critica d'arte nel pensiero medioevale, Mailand, 1961.
 Stagioni e ragioni dell'estetica del Settecento, Mailand, 1967.
 L'antichità come futuro, Mailand, 1973.

Astengo, G., s. EUA: Urbanistica.

Athanasopulos, Ch. G.: Contemporary Theater. Its Evolution and Design, 1981.

Atkinson, G.: Raymond Unwin: Founding Father of BRS. In: Riba Journal (Okt.), London, 1971.

Atkinson, R.: Robert Atkinson. 1883-1952, 1989.

Atlantis: Modell für die Kunst des Lebens, Kat. Frankfurt, 1989.

Atmer, A. T., Linn B.: Contemporary Swedish Architecture, Stockholm, 1962.

Attardo Magrini, M.: s. van de Velde 1910.

Attoe, W. (Hg.): The Architecture of Ricardo Legorreta, 1990.

Aubert, M.: L'architecture cistercienne en France, Paris, 1947.

L'architecture française, Paris, 1941-43.

Aulenti: Gae Aulenti, Mailand (m. Beiträgen v. V. Gregotti, E. Battista, Fr. Quadri), 1979.

Aurenhammer, H.: B. Fischer von Erlach, London, 1973.

Ausstellungen: L'Exposition Internationale des Arts Décoratifs Modernes à Turin, 1902, Darmstadt, 1903.

Peter Flötner und die Renaissance in Deutschland, Kat. Nürnberg, 1947.

De Stijl, Stedelijk Museum, Kat. Amsterdam, 1951.

Architettura per una società aperta. Opere di van den Broek e Bakema, Kat. Rom, 1963 a.

Mostra critica delle opere michelangiolesche. In: L'architettura – cronache e storia, Nr. 99 (Jan.), Rom, 1964.

Giovanni Battista e Francesco Piranesi, Calcografia Nazionale, Kat. Rom, 1967-68.

Eero Saarinen on his work, Kat. New Haven, 1968.

G. Rietveld, Architect, Stedelijk Museum, Kat., Amsterdam, 1971 (engl. Ausg. Hayward Gallery, London, 1971-72).

Mostra del liberty italiano, Società delle Belle Arti, Kat. Mailand, 1972 a.

Die verborgene Vernunft. Funktionale Gestaltung im 19. Jahrhundert, Kat. München, 1972 b.

Boccioni e il suo tempo, Kat. Mailand, 1973 a.

Johann Conrad Schlaun, 2 Bde., Landesmuseum, Kat. Münster, 1973 b.

H. P. Berlage bouwmeester, Haags Gemeentemuseum, Kat. 1975.

Franco Albini, Kat. Mailand, 1979 b.

Austr. Arch.: Modern Australian Architecture, London, 1981.

Auzelle, R.: Dernières demences, Paris, 1965.

Avantgarde I. 1900-1923. Russisch-sowjetische Architektur, Kat. Stuttgart, 1991.

Avi-Jonah, M., und M. Carrieri: Das Heilige Land, Frankfurt, 1973.

Aymonino, C.: La formazione del concreto di tipologia edilizia, Venedig, 1965.

Origine e sviluppo della città moderna, Padua, 1965.

Il significato delle città, Bari, 1975.

Lo studio dei fenomeni urbani, Rom, 1977.

Carlo Aymonino Architetture, Kat. Modena, 1991.

Ayres, J.: The Shell Book of the Home in Britain Decoration, Design and Construction of Vernacular Interiors, 1500-1850, London, 1981.

Azzi-Visentini, M.: Il palladianesimo in America e l'architettura della villa, Mailand, 1976.

B

Baacke, R.-P.: Lichtspielhausarchitektur. Von der Schaubude bis zum Kinopalast, 1982.

Baare-Schmidt, E.: Das spätgotische Tabernakel in Deutschland, Bonn, 1937.

Babelon, J. P.: Demeures Parisiennes. Sous Henri IV. et Louis XIII., Paris, 1965.

Bablet, D., Jacquot, J.: Le lieu théâtral dans la société moderne, Paris, 1963.

Baburov, A., Djumenton, G., Gutnov, A., Kharitonova, S., Lezava, I., Sadovskij, S.: Idee per la città comunista, Mailand, 1967.

Bace, A.: Fortifikiment e antikitetit të vonë në vendin tonë (Fortifications of Late Antiquity in our Country), Nr. 11, Monumentet, Tiranë, 1976.

(mit Ceka, N.), Shëtitoret e periudhës qytetare ilire (Promenades of the Urban Illyrian Civilization), Nr. 2 (22), Monumentet, Tiranë, 1981.

Bachmann, D., und G. Zanetti: Architektur des Aufbegehrens, Basel, 1985.

Bachmann, E., s. a. Swoboda 1939: P. Parler, Wien, 1952.

Ein unbekanntes Alterswerk des Bonifaz Wolmut, München, 1958.

Barock in Böhmen, München, 1964.

Romanik in Böhmen, München, 1977.

Bayreuther Eremitage. Amtl. Führer der Bayer. Verw. der staatl. Schlösser, Gärten und Seen, München, 1984.

Bachmann, J., von Moos, St.: New Directions in Swiss Architecture, New York, 1969.

Bachmann, W.: Die Architekturvorstellungen der Anthroposophen, Köln/Wien, 1981.

Bachmayer, M.: Schloß Linderhof, 1977.

Bacon, E. N.: Stadtplanung – von Athen bis Brasilia, Zürich, 1968.

Bacon, R.: The opus maius, edited by J. H. Bridges (Teil V: Perspectiva, De multiplicatione specierum), Oxford, 1900.

Badaloni, P. G.: s. Roisecco.

Badawy, A.: A History of Egyptian Architecture, Bd. I, Ğīza, 1954; Bd. II, Berkeley/Los Angeles, 1966, Bd. III, Berkeley/Los Angeles, 1968.

Badovici, J., Morancé, A.: L'œuvre de Tony Garnier, Paris, 1938.

Bahns, J.: Johannes Otzen, München, 1971.

Bahr, H.: Sezession, Wien, 1900.

Expressionismus, München, 1916.

Baigell, M.: J. Haviland in Philadelphia. In: Journal of the Society of Arch. Historians, New York, 1966.

Bailey, B.: Almshouses, London, 1988.

Bailey, J.: New Towns in America: the Design and Development in Process, New York, 1973.

Baillie Scott, M. H.: Houses and Gardens, London, 1906 (dt. Berlin 1912).

Bailly, A. S.: La perception de l'espace urbain, Paris, 1978.

Bairati, C.: La simmetria dinamica, scienza ed arte nella Architettura classica, Mailand, 1952.

Il rustico della costruzione, Turin, 1961.

Bairati, E., Bossaglia, R., Rosci, M.: L'Italia Liberty, Mailand, 1973.

Baird, G.: Alvar Aalto, London, 1970

Bakaert, G., Strauven, F.: La construction en Belgique, Brüssel, 1951.

Bakema, J. B., s. a. van den Broek: Thoughts about Architecture, London, 1981.

Bakemeyer, S., und Th. Gronberg: W. R. Lethaby (1857-1931). Architecture, Design and Education, 1984.

Baker, G., Funaro, B.: Motels, New York, 1954.

Baker, H.: Architecture and Personalities, London, 1944.

Baker, P. R.: Richard Morris Hunt, Cambridge (Mass.), 1980.

Bakonyi, T., und M. Kubinsky: Lechner Ödön, Budapest, 1981.

Bakhtiar, L.: s. Ardalan.

Balci, P.: Eski Istanbul Evleri ve Bogâzici Yalilari (Alte Holzhäuser in Istanbul und am Bosporus), 1980.

Baldi, B.: De verborum vitruvianorum significationibus, Urbino, 1612; neu veröffentl. in Poleni, 1739.

Baldinucci, F.: Vocabolario toscano delle arti del disegno, Florenz 1681 (1806; Mailand, 1809).

Notizie de' professori del disegno da Cimabue in qua, Florenz, 1681-1728 (Hg. D. M. Manni, 21 Bde., Florenz, 1767-74).

Raccolta di alcuni opuscoli sopra varie materie di pittura, scultura e architettura del Baldinucci, Florenz, 1765.

Baldon, C., und I. Melchior: Steps and Stairways, New York, 1989.

Baldwin, C.: Stanford White, New York, 1931.

Baldwin Smith, E.: Architectural Symbolism of Imperial Rome and Middle Ages, Princeton, 1956.

Balg, J.: Städtebau – eine Universalaufgabe der Bildung. In: Bauwelt, 1953.

Balieu, J.: Theo van Doesburg, London, 1974.

Baltard, V.: Monographie sur les Halles de Paris, Paris, 1863.

Baltrušaitis, J., s. a. Focillon 1939: Anamorphoses ou perspectives curieuses, Paris, 1955 a.

Le Moyen-âge fantastique, antiquités et exotismes dans l'art gothique, Paris, 1955 b.

Aberrations. Quatre essais sur la légende des formes, Paris, 1957.

Réveils et Prodiges. Le gothique fantastique, Paris, 1960.

Bame, M.: The Sidney Opera House Affair, London, 1967.

Bamford Smith, C.: Builders in the Sun. Five Mexican Architects (Pani, Goeritz, Candela, Barrag, O'Gorman), Toronto, 1967.

Bammer, A. (Hg.): Wohnen – ein Handbuch. Ein Handbuch zur Geschichte, Praxis und Theorie des Wohnens, 1983.

Das Heiligtum der Artemis in Ephesos, 1984.

Bandmann, G.: Mittelalterliche Architektur als Bedeutungsträger, Berlin, 1951 (1990⁹)

Die Galleria Vittorio Emanuele II zu Mailand. In: Zeitschrift für Kunstgeschichte 29, 1966.

Bange, E. F.: Die Handzeichnungen Peter Flötners. In: Preussisches Jahrbuch, Nr. 57, Berlin, 1936.

Bangs, J. M.: Bernard Ralph Maybeck, Architect, comes into his Own. In: Architectural Record (Jan.), New York, 1948.

Banham, R.: Neoliberty. The Italian Retreat from Modern Architecture. In: Architectural Review (April), Westminster, 1959.

Theory and Design in the First Machine Age, London, 1960.

The New Brutalism, London, 1966.

The Architecture of Yorke, Rosenberg and Mordall, London/New York, 1972.

Age of the Masters: a Personal View of Modern Architecture, Tonbridge, 1975.

Megastructure, London, 1976.

The Architecture of the Well-Tempered-Environment, Chicago, 1984².

A Concrete Atlantis, Cambridge/London, 1986.

Das gebaute Atlantis. Amerikanische Industriebauten und die Frühe Moderne in Europa, Basel, 1989.

(mit Suzuki, H.), Modernes Bauen in Japan, Stuttgart, 1989.

Bankel (Hg.): Haller von Hallerstein in Griechenland, Kat. Ausst. Berlin, 1986.

Banti, L.: Il mondo degli Etruschi, Rom, 1960.

Banykin, B. N., Mkurtumjan, A. K.: Nuove tecniche di prefabbricazione, Mailand, 1965.

Baratucci, B., und B. di Russo: A. Isozaki Architecture 1959-1982, Rom, 1983.

Barbacci, A.: Il restauro architettonico in Italia, Rom, 1956.

Barbaro, D.: I dieci libri dell'architettura. Tradutti et commentati da Monsig. Daniel Barbaro eletto Patriarca d'Aquileggia, Venedig 1556 (1567; 1634).

La pratica della prospettiva, Venedig, 1569.

Barbiano di Belgiojoso, L.: Per una fenomenologia dei caratteri distributivi degli edifici. In: Aut Aut, Nr. 38, 1956.

Barbieri, F., s. a. Scamozzi 1575: Vicenzo Scamozzi, Vicenza, 1952.

Un interprete settecentesco del Palladio: O. Bertotti Scamozzi. In: Palladio, Rom/Mailand, 1962.

La Basilica palladiana di Vicenza. In: Corpus palladianum, Vicenza, 1968.

Illuministi e neoclassici a Vicenza, Vicenza, 1972.

Bardazzi, S., und E. Castellani: La Villa medicea di Poggio a Caiano, Prato, 1981.

Bardi, P. M.: Rapporto sull'Architettura (per Mussolini), Rom, 1931.

Neutra, São Paulo, 1950.

The Arts in Brazil, Mailand, 1956.

Die tropischen Gärten von Burle Marx, Stuttgart, 1964.

Bargellini, P., Freyrie, E.: Nascita e vita dell'architettura moderna, Florenz, 1947.

Barman, C.: An Introduction to Railway Architecture, London, 1950.

Barnes, C.F.: Villard de Honnecourt the Artist and his Drawings, Boston (Mass.), 1982.

Barnes, H.: The Slum: Its Story and Solution, London, 1931.

Barocchi, P., s.a. Vasari: Il Vasari. In: Atti dell'Accademia Pontaniana, VI, Neapel, 1958.

Trattati d'arte del '500 fra Manierismo e Controriforma, Bari, 1960.

Baroni, C.: Gli edifici di V. Sereni nella Piazza dei Mercanti a Milano, Mailand, 1934.

Leonardo architetto. In: Leonardo da Vinci, Novara, 1939.

L'architettura lombarda da Bramante al Richini: questioni di metodo, Mailand 1941 (1947).

Bramante, Bergamo, 1944.

Baroni, D.: I mobili di Gerrit Thomas Rietveld, Mailand, 1977.

Grattacieli. Architettura americana tra mito e realtà 1910-1939, Mailand, 1979.

Barozzi da Vignola, J.: Regole delli cinque ordini d'architettura in 32 tavole, I. Aufl. Rom, 1562; Gesamtausg. Venedig, 1570; Neuaufl. Gli ordini di architettura civile (Hg. F. Reycend), Turin, 1956.

Barragan, L.: Luis Barragán 1902-1988, Obra construida, Sevilla, 1991².

Luis Barragán: Clasico del Silencio, Bogotá, 1989.

Barrucand, M.: Maurische Architektur in Andalusien, Köln, 1991.

Barry, A.: Memoir of the Life and Works of Sir Charles Barry, London, 1867.

Bärsch, R., u.a.: Neue Trägerformen im Wohnungsbau. Kommunale Beiträge zur Realisierung gemeinschaftlicher Wohnformen, Darmstadt, 1990.

Bartning, O.: Vom neuen Kirchenbau, Berlin, 1919.

Bartolucci, G.: Il gesto futurista, Rom, 1969.

Bärtschi, W.A.: Perspektive. Geschichte und Konstruktionsanleitung und Erscheinungsformen in Umwelt und bildender Kunst, Ravensburg, 1976.

Barucki, T.: Maciej Nowitzki, Warschau, 1980.

Bascapè, G.C.: (mit Mezzanotte, P.), Milano nella storia e nell'arte, Mailand, 1948.

(mit Perogalli, C.), Palazzi privati di Lombardia, Mailand, 1964.

Basdevant, D.: L'architecture française, Tours, 1971.

Basevi, E.: s. Fourier.

Basile, E.: Ernesto Basile architetto. La Biennale di Venezia. Kat. Ausst., 1980.

Basile, F.: Studi sull'architettura in Sicilia. La corrente michelangiolesca, Rom, 1942.

L'architettura della Sicilia normanna, Rom, 1975.

Bassi, E., s.a. Massari: Giannantonio Selva, architetto veneziano, Padua, 1936.

Architettura del Sei e Settecento a Venezia, Neapel, 1962.

Il Convento della Carità, Vicenza, 1971.

Bassi, M.: Dispareri in materia d'Architettura e Prospettiva …, Brescia, 1572.

Bastlund, K.: J.L. Sert: 1927-1965, Zürich, 1966.

Battelli, G.: Filippo Terzi ingegnere militare e architetto in Portogallo, Florenz, 1965.

Battisti, E. (Emilio), s.a. Kopp: (mit Frampton, K.), Mario Botta. Architetture e progetti negli anni '70, Mailand, 1979.

Battisti, E. (Eugenio), s.a. EUA: Classicismo; Ginzburg; Kopp: In: Commentari, IX, Florenz, 1958.

Rinascimento e Barocco, Turin, 1960.

Antirinascimento, Mailand, 1962.

Storia del concetto di Manierismo in architettura. In: Bollettino del Centro A. Palladio, IX, Vicenza, 1967.

Filippo Brunelleschi, Stuttgart, 1978 (1989).

Filippo Brunelleschi. Das Gesamtwerk, Stuttgart, 1979.

Baudot, A. de: L'architecture et le béton armé, Paris, 1916 a.

L'architecture le passé, le présent, Paris, 1916 b.

Baudrillard, J.: Le Système des objets, Paris, 1968.

Pour une critique de l'économie politique du signe, Paris, 1972.

Das System der Dinge – Über unser Verhältnis zu den alltäglichen Gegenständen, Frankfurt a.M., 1991.

Bauen heute. Architektur der Gegenwart in der Bundesrepublik Deutschland, Stuttgart, 1985.

Bauer, H., s.a. Sedlmayr 1958-67: Rocaille, zur Herkunft und zum Wesen eines Ornament-Motivs, Berlin, 1962.

Kunst und Utopie. Studien über das Kunst- und Staatsdenken in der Renaissance, München, 1965.

(und A.), Johann Baptist und Dominikus Zimmermann, Regensburg, 1985.

(mit B. Rupprecht), Corpus der barocken Deckenmalerei in Süddeutschland, München, 1976 f.

(mit B. Rupprecht), Corpus der barocken Deckenmalerei in Deutschland, Bayern, Bd. III/1: Stadt- und Landkreis München, Sakralbauten, 1987.

Bauhaus: Bauhausbücher, München, 1925-30: s. Gleizes, A., 1928; Gropius, W., 1925a, b, 1930; Hilberseimer 1927; Kandinsky, W., 1926; Klee, P., 1925; Malewitsch, K., 1927; Meyer, A., 1925; Moholy-Nagy, L., 1925, 1929; Mondrian, P., 1925 (dt. Übers.; Mondrian 1920); Oud, J.J.P., 1926; Schlemmer, O., 1925; van Doesburg, Th., 1925; vgl. Neuaufl. Neue Bauhausbücher (Hg. M. Wingler), Mainz/Berlin, 1965-71.

50 Jahre Bauhaus, Kat. Ausst. Stuttgart, 1982.

Bauhaus-Utopien, Kat. Köln, 1988.

Baum, J.: Die Bauwerke des E. Holl, Straßburg, 1908.

Heinrich Schickhardt, Straßburg, 1916.

Baumeister, R.: Stadterweiterungen in technischer, baupolizeilicher und wirtschaftlicher Beziehung, 1876.

Baumgartner, G.: Königliche Träume, Ludwig II. und seine Bauten, München, 1981.

Baur, C.: Neugotik, München, 1981.

Baur-Heinhold, M.: Süddeutsche Fassadenmalerei vom Mittelalter bis zur Gegenwart, München, 1952.

Theater des Barock, München, 1966.

Bayard, E.: Le style moderne, Paris, 1922.

Bayer, A.: Die Ansbacher Hofbaumeister beim Aufbau einer fränkischen Residenz, Würzburg, 1957.

Bayer, H., Gropius, W.: Bauhaus 1919-1928, London, 1939.

Bazin, G.: Paläste des Glaubens. Die Geschichte der Klöster vom 15. bis Ende des 18. Jahrhunderts in Europa, 1980.

DuMont's Geschichte der Gartenbaukunst, Köln, 1990.

Bazzoni, R.: Il laterizio come colore, Mailand, 1958.

BBPR: Stile, Mailand, 1936.

BCP (Bureau of Cultural Properties): Munhwajae taekwan (Enzyklopädie der Kulturgüter), Kukpo-pyŏn (Abteilung der Staatsschätze), Seoul, 1967.

Munhwajae taekwan (Enzyklopädie der Kulturgüter), Sachŏk-pyŏn (Historische Relikte), Bd. 2, Seoul, 1976.

Hanguk kŏnchuk-sa yŏnku saryo (Studienmaterialien zur koreanischen Architekturgeschichte), Nr. 5, Hanguk ni kokŏnchuk (Die alte koreanische Architektur), Seoul, 1982.

BDA (Hg.): Ideen – Orte – Entwürfe. 40 Jahre Architektur und Städtebau in der Bundesrepublik Deutschland (in Zusammenarbeit mit dem Bundesministerium für Raumordnung, Bauwesen und Städtebau, der Bundesarchitektenkammer, Bonn, dem Deutschen Architekturmuseum Frankfurt a.M.), Berlin, 1990.

Beard, G.: The Work of R. Adam, Edinburgh, 1978.

Stucco and Decorative Plasterwork in Europe, London, 1983.

The Work of John Vanbrugh, London, 1986.

Beare, W.: The Roman Stage, London, 1950.

Beaver, P.: The Crystal Palace 1851-1936, London, 1960.

Becatti,G.: Case ostiensi del tardo impero, Rom, 1948.

Becher, B. und H.: Die Architektur der Förder- und Wassertürme, München, 1971.

Zeche Zollern 2, München, 1977.

Becherucci, L., s.a. EUA: Maniera e manieristi: L'architettura italiana del Cinquecento, Florenz 1936 (1944).

Bechmann, R.: Villard de Honnecourt. La pensée technique aux XIIIᵉ siècle et sa communication, 1991.

Becker, F.: s. Thieme.

Becker, K.: Rudolf Schwarze (1897-1961). Kirchenarchitektur, Diss. phil., 1979.

Bedard, W.B.: The Symbolism of the Baptismal Font in Early Christian Thought, Washington, 1951.

Beenken, H.: Die ausgeschiedene Vierung, 1930.

Beevers, R.: The Garden City Utopia. A Critical Biography of E.H., London, 1988.

Béguin, G.: Les arts du Nepal et du Tibet, Paris, 1987.

Behling, L.: Das ungegenständliche Bauornament der Gotik, Jena, 1937.

Gestalt und Geschichte des Maßwerks, Halle, 1944.

Behn, I.: L.B. Alberti als Kunstphilosoph, Straßburg, 1911.

Behne, A.: Holländische Baukunst in der Gegenwart, Berlin, 1922.

Der moderne Zweckbau, München, 1926; Neuaufl. Berlin/Frankfurt a.M./Wien, 1964.

Eine Stunde Architektur, Berlin, 1984.

Behnisch, C., und G. Hartung: Eisenkonstruktionen des 19. Jahrhunderts, 1982.

Architekten Behnisch & Partner. Arbeiten aus den Jahren 1952-1987, 1987.

a + u. Günther Behnisch. Special Feature, Nr. 236, 1990.

Behnisch & Partner, Kat. Ausst. Stuttgart, 1992.

Behr, A., u.a.: Architektur in der DDR, Berlin, 1979.

Behrendt, W.C.: Alfred Messel, Berlin, 1911.

Der Kampf um den Stil im Kunstgewerbe und in der Architektur, Stuttgart, 1920.

Modern Building: its Nature, Problems, and Forms, New York, 1937.

Behrens, P.: Peter Behrens 1868-1940, Kat. Ausst. Hamburger Kunsthalle, Hamburg, 1966-67.
Peter Behrens und Nürnberg, Kat. Ausst. Germ. Nationalmuseum, Nürnberg, 1980.
Beiers, G.: Houses of Australia, Sydney, 1948.
Bekaert, G., s. a. Viollet-le-Duc 1863-72: (Hg.), A la recherche de Viollet-le-Duc, mit Schriften von van Brunt, H., Summerson, J., Pevsner, N., Chastel, A., Revel, J.-F., Boudon, Ph., Damisch, H., Paris, 1980.
Belenitzky, A.: Kunst der Sogden, Leipzig, 1980. Zentralasien, München, 1968.
Bellafiore, G.: La maniera italiana in Sicilia, Palermo, 1963.
Belli, C.: Origini e sviluppi del ›Gruppo 7‹. In: La Casa, Nr. 6, Mailand, 1959.
Belli Barsali, I.: Baldassare Peruzzi e le ville senesi del Cinquecento, San Quirico d'Orcia, 1977.
Bellini, A.: Benedetto Alfieri, Mailand, 1978.
Bellori, G. P.: Le vite de' pittori, scultori e architetti moderni, Rom, 1672; überarbeitet in Panofsky 1924; Neuaufl. Turin, 1976.
Bellucci, A., und C. Conforti: Lo spazio sacro di Michelucci, Florenz, 1987.
Belluzzi, O.: Scienza delle costruzioni, Bologna, 1961-63 (1967).
van Below, S.: Beiträge zur Kenntnis des Pietro da Cortona, 1932.
Beltrami, L.: Bramante a Milano, Mailand, 1901. Gaetano Moretti. Costruzioni, concorsi, schizzi, Mailand, 1912.
(mit Annoni, A.), Per la Piazza del Duomo di Milano, Mailand, 1927.
Bendinelli, G.: Luigi Canina, Le opere, i tempi, con illustrazioni e documenti inediti, Alessandria, 1953.
Bendiner, A.: The Architecture of W. Strickland and his Building for the Congregation Mihveh Israel, Philadelphia 1824. In: Yearbook of the Americ. Philos. Society 1959, 529-533, 1959.
Benedetti, A.: Norman Foster, Zürich, 1990.
Benedetti, S.: Componenti del paesaggio urbanizato: il laterizio nei Paesi Bassi, Rom, 1959.
S. Maria di Loreto, Rom, 1968.
Giacomo del Duca e l'architettura del Cinquecento, Rom, 1972-73.
Benevolo, L., s. a. Piazzesi: Le origini dell'urbanistica moderna, Bari 1963 (1976).
Storia dell'architettura del Rinascimento, Bari, 1968.
La città italiana nel Rinascimento, Mailand, 1969.
Storia della città. Rom/Bari 1975 (dt. 1983).
Geschichte der Architektur des 19. und 20. Jahrhunderts, 2 Bde., München, 1978 a.
The Architecture of Renaissance, 1978 b.
Die Geschichte der Stadt, Frankfurt a. M., 1990.
Benincasa, C.: Il labirinto dei Sabba. L'architettura di Reima Pietilä, Bari, 1979.
Benoit-Lévy, G.: La cité-jardin, Paris, 1904.
Bentley, J., und D. Gržan-Butina: Jože Plečnik, 1872-1957. Architecture in the City, 1983.
Bentmann, R., und M. Müller: Die Villa als Herrschaftsarchitektur, Frankfurt, 1979.
Benton, T. J.: Les villas de Le Corbusier et Pierre Jeanneret: 1920-30, Paris, 1984.
Benton, T., Muthesius, St., Wilkins, B.: Europe 1900-1914 – The Reaction to Historicism and Art Nouveau, Milton Keynes, 1975.
Bercé, F., u. a.: Viollet-le-Duc Architect, Washington, DC, 1988.
Berdini, P. (Hg.): Walter Gropius, Zürich, 1984.
Beretta, R.: Giardini, Mailand, 1959.
Berg, M.: Hochhäuser im Stadtbild. In: Wasmuths Monatshefte für Baukunst, Jg. 6, 1921-22.
Bergeijk, H. von: The Complete Work of Willem Marinus Dudok, 1991.
Berger, M.: Historische Bahnhofsbauten Sachsens, Preußens, Mecklenburgs und Thüringens, Berlin (DDR), 1980.

Berger, R.-W.: Antoine Le Pautre – a French Architect of the Era of Louis xiv, New York, 1969.
Charles Le Brun and the Louvre Colonnade. In: Art Bulletin (Dez.), New York, 1970.
Berger, U.: Palladios Frühwerk. Bauten und Zeichnungen, Köln/Wien, 1978.
Bergquist, B.: The Archaic Greek Temenos, Lund, 1967.
Beridse, W., und E. Neubauer: Die Baukunst des Mittelalters in Georgien vom 4. bis zum 18. Jh., Berlin, 1980.
Berlage, H. P.: Gedanken über den Stil in der Baukunst, Leipzig, 1905.
Frank Lloyd Wright. In: Wendingen, Santpoort, 1924.
Berlin: 5 Architekten zeichnen für Berlin, Kat. Ausst. Berlin (S. Böhm, V. Gregotti, P. Smithson, O. M. Ungers, A. S. Vieira), 1976.
Stadt und Utopie, Modelle einer idealen Gemeinschaft, Kat. Ausst. Berlin, 1982.
Berliner, R.: Zeichnungen von Carlo und Filippo Marchionni. In: Münchener Jahrbuch der bildenden Kunst ix/x, München, 1958-59.
Bernadot, I.: Le Familistère de Guise et son fondateur, Paris, 1887.
Bernardi, M.: La palazzina di caccia di Stupinigi, Turin, 1958.
Berndt, H., Lorenzer, A., Horn, K.: Architektur als Ideologie, Frankfurt a. M., 1968.
Berneri, M. L.: Journey through Utopia, London, 1950.
Bernier, R.: Un Palais parisien. In: L'œil, Nr. 25, 1957.
Bernstein, W., und R. Cawker: Contemporary Canadian Architecture. The Mainstream and Beyond, 1983.
Berthold, M.: Josef Furttenbach, Architekturtheoretiker und Stadtbaumeister in Ulm. Ein Beitrag zur Theater- und Kunstgeschichte, 1952.
Berti, L., s. a. Conrads 1964: M. Nigetti. In: Rivista d'Arte, xxvi, Florenz, 1950.
Il principe dello studiolo, Francesco i e la fine del Rinascimento Fiorentino, Florenz, 1967.
Bertotti-Scamozzi, O.: Le fabbriche e i disegni di Andrea Palladio raccolti e illustrati, 4 Bde., Vicenza, 1776-83; neu überarbeitet von J. O. Hughes, London 1968.
Le terme dei Romani disegnate da Andrea Palladio e ripubblicate con l'aggiunta di alcune osservazioni giusta l'esemplare di Lord Conte di Burlington l'anno 1732, Vicenza 1797 (1810).
Berve, H., Gruben, G., Hirmer, M.: Griechische Tempel und Heiligtümer, München, 1961, 2. Aufl. 1978.
Besset, M.: Gustave Eiffel, 1832-1923, Paris, 1957.
Bessone-Aureli, A. M.: I marmorari romani, Mailand, 1935.
Best, A., Murray, M. u. a.: Sheppard and Robson. Architects, 1983.
de Béthune, A.: Bell Towers in Sacred Architecture. In: The Catholic Art, Nr. 3, 1958.
Bettini, S., s. a. Riegl 1901: Architetture bizantine, Florenz, 1936.
L'architetture bizantine, Florenz, 1937.
Origini della decorazione ceramoplastica bizantina. In: Atti del v Congresso internazionale di studi bizantini, Rom, 1940.
L'architettura di San Marco, Padua, 1946.
L'arte alla fine del mondo antico, Padua, 1948.
L'architettura di Carlo Scarpa. In: Zodiac, Nr. 6 (Mai), Mailand, 1960.
Palladio urbanista, Vicenza, 1961.
Lo spazio architettonico da Roma a Bisanzio, Bari, 1978.
Beutler, C.: Saint Eugène und die Bibliothèque nationale. Zwei Eisenkonstruktionen und ihr Ideengehalt. In: Miscellanea pro arte (Festschrift Schnitzler), Düsseldorf, 1965.

Bevan, B.: A History of Spanish Architecture, London, 1938.
Bevilacqua, C.: s. Marchetti 1950.
Bexhmann, R.: Villard de Honnecourt. La Pensée Technique au xiiie Siècle et sa Communication, Paris, 1991.
Beyer, O.: s. Mendelsohn 1961.
Beyme, K. von, Durth, W., Gutschow, N., Nerdinger, W., Topfstedt, Th. (Hg.): Neue Städte aus Ruinen. Deutscher Städtebau der Nachkriegszeit, München, 1992.
Bhatt, V., und P. Scriver: Contemporary Indian Architecture. After the Masters, Ahmedabad, 1990.
Biadego, G.: Fra' Giovanni Giocondo, 1917.
Bianca, St.: Architektur und Lebensform im islamischen Städtewesen, 1979.
Hofhaus und Paradiesgarten. Architektur und Lebensformen in der islamischen Welt, München, 1991.
Bianchi, L.: Disegni di Ferdinando Fuga, Rom, 1955.
Bianchi Bandinelli, R., s. a. Cosenza 1974: Roma. L'arte romana nel centro del potere, Mailand, 1969.
Roma. La fine dell'arte antica, Mailand, 1970.
(mit Giuliano, A.), Etruschi e Italici prima del dominio di Roma, Mailand, 1973.
Biasutti, R.: Carta delle forme di abitazione rurale in Italia, Mailand, 1940.
Biberstein, F.: s. Chi.
Bickford, T.: s. Arnell.
Bidder, I.: Lalibela, Köln, 1959.
Bieber, M.: A History of the Greek and Roman Theatre, Princeton, 1939 (1961).
Biederstedt, R.: Johann Friedrich Eosander, Grundzüge einer Bibliogr., Stockholm, 1961.
Biehn, H.: Residenzen der Romantik, München, 1970.
Biéler, A.: Liturgie et architecture, Genf, 1961.
Bien, H.: Die Löwenburg im Schloßpark Wilhelmshöhe, Berlin, 1965.
Bienert, A.: Gefängnis als Bedeutungsträger. Studien zur Geschichte der Strafarchitektur, Diss. phil., Marburg, 1992.
Bier, M.: Asien: Straße, Haus. Eine typologische Sammlung asiatischer Wohnformen, Stuttgart, 1992.
Biesantz, H., Wiesner, J., Biedermann, H.: Das europäische Megalithikum (Ullstein Kunstgeschichte), Frankfurt/Berlin, 1963.
Bill, M., s. a. Le Corbusier 1937-66: Robert Maillart, Zürich, 1949 a (1962³).
Architecture moderne suisse, 1925-45, Basel, 1949 b.
Mies van der Rohe, Mailand, 1955.
(mit Menn, C., Billington, D. P., u. a.), Robert Maillart – Brückenschläge, Kat. Zürich, 1990.
Billcliffe, R.: Architectural Sketches and Flower Drawings by Charles Rennie Mackintosh, London, 1977.
The complete Furniture, Furniture-Drawings and Interior Designs of Charles Rennie Mackintosh, Guildford, 1979.
Charles Rennie Mackintosh, Lutterworth/Pr., 1979.
Billig, K.: Precast Concrete, London, 1955.
Billington, D. P.: Robert Maillart's Bridges. The Art of Engineering, Princeton, 1979.
Bima, C.: Giorgio da Sebenico, la sua cattedrale e l'attività in Dalmazia e in Italia, Mailand, 1954.
Binder, F., und A. Delemen: Samarkand, Chiwa, Buchara. Islamische Hochkultur in Mittelasien, 1990.
Binding, G.: Maßwerk, Darmstadt, 1989.
(mit Mainzer, U., Wiedenau, A.), Kleine Kunstgeschichte des deutschen Fachwerkbaus, 1989.

Das Dachwerk auf Kirchen im deutschen Sprachraum vom Mittelalter bis zum 18.Jahrhundert, 1991.

Binney, M.: Sir Robert Taylor: From Rococo to Neo-Classicism, London, 1984.

Birchler, L.: Einsiedeln und sein Architekt Bruder Caspar Mosbrugger, Augsburg, 1924.

Birindelli, M.: La Machina heroica. Il Disegno di G. Bernini per piazza S. Pietro, Rom, 1980.

Birkner, O.: Schweizer Holzbrücken, 1982.

Birolli, Z.: s. Boccioni 1972.

Biver, M. L.: Le Paris de Napoléon, Paris, 1963.
Pierre Fontaine, premier architecte de l'empereur, Paris, 1964.

Blachère, G., Chiaia, V., Petrignani, M., u.a.: Industrializzazione dell'edilizia, Rom, 1965.

Blaise, B., und F. Lacassin: Villes Mortes et Villes Fantômes de L'Ouest Americain, Edilarge, 1990.

Blake, M.: Ancient Roman Constructions in Italy from the Prehistoric Period to Augustus, Washington, 1947.

Blake, P., s.a. Breuer: Marcel Breuer: Architect and Designer, New York, 1949.
The Master Builders, London, 1960.
Form follows Fiasco. Why Modern Architecture hasn't Worked, Boston/Toronto, 1977.

Bland, J.: s. Mayrand.

Blaser, W.: Mies van der Rohe: Die Kunst der Struktur, Zürich/Stuttgart, 1965.
Mies van der Rohe, Lehre und Schule, Basel, 1977.
Courtyard House in China – Hofhaus in China. Tradition und Gegenwart, 1979.
Filigrane Architektur. Metall- und Glaskonstruktion. Skin and Skeleton in Europa und den USA, Basel/New York, 1980.
Mies van der Rohe. Continuing the Chicago School of Architecture, Basel, 1981.
Architecture 70/80 in Switzerland, Basel, 1981.
(mit C. K. Chang), China-Architecture, 1984.
Tempel und Teehaus in Japan. The Temple and Teahouse in Japan, 1988.
(Hg.), Tadao Ando. Zeichnungen, Basel, 1990.
(Hg.), Santiago Calatrava. Ingenieur-Architektur. Engineering Architecture, Neuaufl., Basel, 1990.
(Hg.), Richard Meier. Building for Art – Bauen für die Kunst, Basel, 1990.

Blasi, C.: Figini e Pollini, Mailand, 1963.

Blättler, H.: La ceramica in Italia, Rom, 1958.

Blau, E.: Ruskinian Gothic. The Architecture of Deane and Woodward 1845-61, Princeton, 1982.

Bleenickij, A.: Zentralasien (Archaeologia mundi), München, 1968.

Bletter, R. H.: Bruno Taut and Paul Schubart's Vision. Utopian Aspects of German Expressionist Architecture, New York, 1979.

Blier, S. P.: The Anatomy of Architecture: Ontology and Metaphor in Batammaliba Architectural Expression, Cambridge (Mass.), 1987.

Blijstra, R.: Die Niederländische Architektur nach 1900, Amsterdam, 1960.
Mart Stam. Documentation of his Work, 1920-1965, London, 1970.
C. van Eesteren, Amsterdam, 1971.

Bloch, H.: I bolli laterizi e la storia edilizia romana, Rom, 1947.

Blok, G. A. C.: Pieter Post, Siegen, 1937.

Blomeyer, G. R., und B. Tietze (Hg.): Maurice Culot und Leon Krier. In: Opposition zur Modernen, Braunschweig, 1980.

Blomfield, R.: A History of Renaissance Architecture in England, London, 1897.
A History of French Architecture, London, 1911-12.
Architectural Drawing and Draughtsmen, London, 1912.
Modernismus, London, 1934.

Sebastian le Prestre de Vauban, 1633-1707, London, 1938.

Richard Norman Shaw, London, 1940.

Blondel, J.-F.: De la Distribution des Maisons de plaisance, Paris, 1737-38.
L'Architecture française, 4 Bde., Paris, 1752-56.
Discours sur la nécessité de l'étude de l'architecture, Paris, 1754.
Cours d'architecture civile ou traité de la décoration et construction des bâtiments, 6 Bde., Paris, 1771-77.

Blondel, N.-F.: Cours d'architecture, Paris, 1675-83.

Bloom, J.: Minaret. Symbol of Islam, Oxford, 1990.

Blum, H.: Quinque columnarum exacta descriptio atque delineatio cum symmetrica earum distributione, Zürich, 1550.

Blumenfeld, H.: The Modern Metropolis, Cambridge (Mass.), 1967.

Blunck, R.: Thomas Paine, Berlin, 1936.

Blundell, Jones, P.: Hans Scharoun. Eine Monographie, Stuttgart, 1979.

Blunt, A.: Artistic Theory in Italy (1450 to 1600), Oxford, 1940 (1964).
François Mansart, London, 1941.
Art and Architecture in France, 1500-1700, Pelican History of Art, Harmondsworth 1953 (1970²).
Philibert De L'Orme, London, 1958².
Sicilian Baroque, London, 1968.
Neapolitan Baroque and Rococo Architecture, London, 1975.
(mit De Seta, C.), Architettura e città barocca Neapel, 1978.
Borromini, London, 1979 (1989).

Boaga, G., Boni, B.: Riccardo Morandi, Mailand, 1962.

Boardman, P.: The Worlds of Patrick Geddes (1854-1932), London, 1978.

Boase, T. S. R.: English Art, 1100-1216, Oxford, 1953.

Boccioni, U.: Estetica e arte futuriste, Mailand, 1946.
Altri inediti e apparati critici (Hg. Z. Birolli; mit unveröff. Manifest), Mailand, 1972.

Bochowiecki, W.: Die gotischen Kirchen Österreichs, Wien, 1952.

Bock, E., Goebel, R.: Die Katakomben, Stuttgart, 1964².

Bock, M.: Anfänge einer neuen Architektur: Berlages Beitrag zur architektonischen Kultur der Niederlande im ausgehenden 19.Jahrhundert, Grevenhage/Wiesbaden, 1983.

Bockelmann, W., Hillebrecht, R., Lehr, A. M.: Die Stadt zwischen Gestern und Morgen, Tübingen, 1961.

Bode, P.: Filmtheater und Filmvorführräume, München, 1957.

Bode, P. M.: Expressive Kraft und schöpferische Humanität des Architekten Gottfried Böhm. In: Architecture and Urbanism 89, Nr. 3/37-48, 1978.
(mit G. Peichl), Architektur aus Österreich seit 1960, Salzburg/Wien, 1980.

Bode, W.: Florentiner Bildhauer der Renaissance, Berlin, 1902.

Boeck, C. A.: C. A. Heideloff. In: Mitteilungen des Vereins für Geschichte der Stadt Nürnberg, 48, 1958.

Boeck, U.: Plastik am Bau. Beispiele europäischer Bauplastik vom Altertum bis zur Neuzeit, Tübingen, 1961.

Boehlke, H. K.: Simon Louis du Ry. Ein Wegbereiter klassizistischer Architektur in Deutschland, Kassel, 1980.

Boerschmann, E.: Die Baukunst und religiöse Kultur der Chinesen, Berlin/Leipzig, 1911-31.
Chinesische Architektur, Berlin, 1925.

Boesiger, W., s.a. Le Corbusier 1937-1966, 1967; Neutra 1950, 1959, 1966: Richard Neutra. Zürich, 1959.
(Hg.), Le Corbusier. Œuvre complète in acht Bänden, 1910-1965, 1970.

Boëthius, A.: Vitruvius and the Roman Architecture of his Age, Leipzig, 1939.
The Golden House of Nero, Ann Arbor, 1960.
Of Tuscan Columns. In: American Journal of Archaeology, LXVI, 3, Baltimore, 1962.
(mit Gjerstad, E., Wetter, E., Fries, C., Hanell, K., Poulsen, V.), Etruscan Culture, Land and People, Malmö, 1962.
(mit Ward-Perkins, J. B.), Etruscan and Roman Architecture, Pelican History of Art, Harmondsworth, 1970.

Boffrand, G. de: Livre d'architecture contenant les principes généraux de cet art, Paris, 1745.

Bofill, R.: Hazia una formalización de la Ciudad en el Espacio, Barcelona, 1967.
L'Architecture d'un homme, Paris, 1978.
Taller de Arquitectura. La cité: histoire et technologie. Projects français 1978-81, Paris, 1981.

Bofinger, H. M., Klotz, H., Paul, J.: Architektur in Deutschland, Berlin/Stuttgart, 1979.

Bogardus, H.: Cast Iron Buildings: Their Construction and Advantages, New York, 1856.

Boggio, C.: Gli architetti Carlo e Amedeo di Castellamonte e lo sviluppo edilizio di Torino nel secolo XVII, Turin, 1896.

Bognar, B.: Die neue japanische Architektur, Stuttgart, 1991.

Bognetti, G. P.: I capitoli 144 e 145 di Rotari, ed il rapporto tra Como ed i ›Magistri Commacini‹. In: Scritti di storia dell'arte in onore di Mario Salmi, Rom, 1961.

v. Bogyay, Th.: Diamantierung. In: RDK (Reallexikon zur deutschen Kunstgeschichte), 1954.

Bohigas, O.: Arquitectura Modernista, Barcelona; Neuaufl. Reseña y catalogo de la arquitectura modernista, Barcelona, 1968 (1973²).
Arquitectura española de la segunda republica, Barcelona, 1970 (1973²).
Proceso y erótica del deseño, Madrid, 1971.
Lluis Domènech i Montaner. In: N. Pevsner und J. M. Richards, The Anti-Rationalists, London, 1973.
Reseña y catálogo de la arquitectura modernista, Barcelona, 1973.
La arquitectura española de la Segunda República, Barcelona, 1978.
(mit Buchanan, P., Lampugnani, V. M.), Barcelona. City and Architecture 1980-1992, Barcelona, 1991 (dt. Barcelona. Architektur und Städtebau zur Olympiade 1992, Stuttgart/Zürich, 1991).

Bohle-Heinzenberg, S.: Die Architektur der Berliner Hoch- und Untergrundbahn, Berlin, 1980.

Böhm, G., und Fr. Burkhardt: Fünf Architekten zeichnen für Berlin, Berlin, 1990.
Vorträge, Bauten, Projekte, Stuttgart, 1988.

Bohning, J.: ›Autonome Architektur‹ und ›partizipatorisches Bauen‹, Basel/Boston/Stuttgart, 1981.

Boileau, L.-A.: Nouvelle forme architecturale, Paris, 1853.

Boinet, A.: Les églises parisiennes, 3 Bde., Paris, 1958-64.

Boisselier, J.: Manuel d'Archéologie d'Extrême-Orient, Asie du Sud-Est, 1, 1966.

Boissière, O.: Gehry, SITE, Tigerman. Trois portraits de l'Artiste en Architecture, Paris, 1981.
Jean Nouvel. Emmanuel Cattani et associés, Zürich, 1992.

Boito, G.: Architettura cosmatesca, Mailand, 1860.
L'Architettura del Medio Evo in Italia, Mailand, 1880.
Il Duomo di Milano e i disegni per la sua facciata, Mailand, 1889.

Bold, J.: John Webb. Architectural Theory and Practice in the Seventeenth Century, 1989.

Bollerey, Fr.: Die Architekturkonzeption der Utopischen Sozialisten, 1990.

Bologna, F.: Francesco Solimena, Neapel, 1959.
Settecento Napoletano, Turin, 1962.
Dalle arti minori all'industrial design. Storia di un'ideologia, Bari, 1972.

Bolton, A. T.: The Architecture of Robert Adam und James Adam, London, 1922.
The Works of Sir J. Soane, London, 1924.
(Hg.), The Wren Society, 20 Bde., London, 1924-43.

Bonatz, P.: Leben und Bauen, Stuttgart, 1950.
Paul Bonatz zum Gedenken (Festschrift der TH Stuttgart), 1957

Bonbon, B. S.: Angewandte Perspektive in Architektur, Bauplanung, Konstruktion und Formgestaltung, 1977.

Bonelli, R., s. a. DAU: Romanico: Il duomo di Orvieto e l'archit. ital. del Duecento e Trecento, Città di Castello, Rom, 1952 (1972).
Architettura e restauro, Venedig, 1959.
Da Bramante a Michelangelo, Venedig, 1960.
Moretti, Rom, 1975.

Bonfanti, E., Porta, M.: Città Museo e Architettura – Il gruppo BBPR nella cultura architettonica italiana 1932-70, Florenz, 1973.

v. Bongarth, N.: Paul Bonatz 1877-1956, Stuttgart, 1977.

Boni, B.: s. Boaga.

Boniver, D.: Der Zentralraum. Studien über Wesen und Geschichte, Stuttgart, 1937.

Bonnet, H.: Reallexikon der ägyptischen Religionsgeschichte, Berlin, 1952.

Bonsiepe, G.: Teoria e pratica del disegno industriale. Elementi per una manualistica critica, Mailand, 1975.

Bonta, J. P.: Anatomia de la interpretación en arquitectura. Reseña semiótica de la critica del Pabellón de Barcelona de Mies van der Rohe, Barcelona, 1975.

Bontempelli, M.: L'avventura novecentista (1928-1938), Florenz, 1938.

Booz, P.: Der Baumeister der Gotik, Berlin, 1956.

Borchardt, H.: Residential Architecture in America, München, 1965.

Borchardt, L.: Die Ägyptische Pflanzensäule, Berlin, 1897.

Borchardt, R.: Der leidenschaftliche Gärtner, Zürich, 1951.

Borchert, F.: Burgenland Preussen. Die Wehrbauten des Deutschen Ordens und ihre Geschichte, 1987.

Bordes, F.: L'antica età della pietra, Mailand, 1968.

Borger, H. (Hg.): Der Kölner Dom im Jahrhundert seiner Vollendung, Kat. Ausst. Köln, 1982.

Borghini, S., Salama, H., Solsona, J.: Arquitectura moderna en Buenos Aires 1930-1950, Buenos Aires, 1987.

Borisowa, E. A., und G. J. Sternin: Jugendstil in Rußland. Architektur, Interieurs, bildende und angewandte Kunst, Stuttgart, 1988.

Borissavliévitch, M.: Les théories de l'architecture: essai critique sur les principales doctrines rélatives à l'esthétique de l'architecture, Paris, 1926.
Le nombre d'or et l'esthétique scientifique de l'architecture, Paris, 1952.

Born, J.: Schalen, Faltwerke, Rippenkugeln und Hängedächer, Düsseldorf, 1962.

Borngräber, Ch., und H. Henselmann: In: Ribbe, W., und W. Schäche (Hg.): Baumeister, Architekten, Stadtplaner. Biographien zur baulichen Entwicklung Berlins, S. 559-574, Berlin, 1987.

Borràs, M. L.: Lluis Domènech i Montaner, Barcelona, 1970.

Borrmann, N.: Paul Schultze-Naumburg. 1869-1949, 1989.

Borrmann, R.: Die Keramik in der Baukunst, Leipzig, 1908.

Borromini, F.: Opus architectonicum equitis Francisci Borromini ex eiusdem exemplaribus petitum, Rom, 1735; Neuaufl. (Hg. Boromino F.), Rom, 1964.

Börsch-Supan, E.: Berliner Baukunst nach Schinkel, 1840-1870, München, 1977.
Ludwig Persius: Das Tagebuch des Architekten Friedrich Wilhelms IV. 1840-1845, Berlin, 1980.

Borsi, F., s. a. DAU: Geometria; Savi 1977: La chiesa di S. Andrea al Quirinale, Rom, 1958.
Cultura e disegno. Florenz, 1965.
L'architettura dell'Unità d'Italia, Florenz, 1966, (mit Alessandri, G.), G. Michelucci, Florenz, 1966.
Il palazzo di Montecitorio dal Bernini al Fontana, Rom, 1967 a.
Per una storia della teoria delle proporzioni, Florenz, 1967 b.
(mit Koenig, G. K.), Architettura dell'Espressionismo, Genua/Paris, 1967.
Hermann Finsterlin (mit allen Schriften Finsterlins), Florenz, 1968.
(mit Portoghesi, P.), Victor Horta, Rom, 1969 (1991).
La capitale a Firenze e l'opera di G. Poggi, Rom, 1970.
(mit Wiener, H.), Bruxelles – Capitale dell'Art Nouveau, Rom, 1971; überarb. Aufl., Brüssel, 1900, Brüssel, 1974.
(mit Morolli, G., Zangheri, L.), Firenze e Livorno e l'opera di Pasquale Poccianti nell'età granducale, Rom, 1974.
Bruxelles 1900. Horta – Van de Velde – Hankar – Serruvier – Bovy, 1974.
(mit Godoli, E.), Paris 1900, Brüssel, 1976.
La Maison du Peuple: sindacalismo come arte, Bari, 1978.
Storia architettonica dell'Europa borghese, Florenz, 1979.
Leon Battista Alberti. Das Gesamtwerk, 1981 (engl. 1989).
Bernini architetto, 1980, 1991 (dt. 1983).
Bramante, 1989.
(mit Portoghesi, P.), Victor Horta, Stuttgart, 1991.

Boscarino, S.: Juvarra architetto, Rom, 1973.

Bossaglia, R., s. a. Bairati, E.: Il liberty – Storia e fortuna del liberty italiano, Florenz, 1974.
Il ›déco‹ italiano, Mailand, 1975.
(mit Cresti, C., Savi, V., Hg.), Situazione degli studi sul Liberty. Atti del convegno del 1974, Firenze o. J. (1977).

Bössl, H.: Gabriel von Seidl. In: Oberbayerisches Archiv, 1966.

Botta, M.: Architettura e progetti negli anni '70, Mailand, 1979 (dt. Stuttgart, 1984).
a + u Extra Edition: Mario Botta, 1986.
Mario Botta. Una Casa, 1989.
Mario Botta. Bauten 1980-1990, Zürich, 1991.

Bottari, G. G.: Dialoghi sopra le tre arti del disegno, Lucca, 1754.
Raccolta di lettere sulla pittura, scultura ed architettura scritte dai più celebri professori dal sec. 15° al 18°, Rom, 1754-83.

Bottari, S.: Le chiese basiliane della Sicilia e della Calabria, Messina, 1939.
Monumenti svevi in Sicilia, Palermo, 1950.
L'arte in Sicilia, Florenz, 1962.

Böttger, P.: Die alte Pinakothek in München, München, 1972.

Bottineau, Y.: L'Art d'Ange-Jacques Gabriel à Fontainebleau 1735-1774, Paris, 1962.

Botto, I. M.: Disegni di Buontalenti, Kat. Ausst. Uffizien, Florenz, 1968.

Botwinick, M., und L. S. Ferber: The great East-River-Bridge 1883-1983, Kat. Ausst. New York, 1983.

Boucher, C. T. G.: John Rennie, 1761-1821: The Life and Work of a Great Engineer, Manchester, 1963.

Boudon, Ph.: s. Bekaert.

Boulay, R.: La maison Kanak. Collection architectures traditionelles, 1990.

Boullée, E.-L.: Architecture. Essai sur l'art, Manuskript Bibl. Nat., Paris, 1799 (engl. Ausgabe Boullée's Treatise on Architecture, Hg. H. Rosenau, London, 1953; ital. Ausgabe L'architettura. Saggio sull'arte, Hg. A. Rossi, Padua, 1967; dt. Ausg. Architektur. Abhandl. über die Kunst, Einf. u. Komm. A. M. Vogt, 1987.)

Bourgeois, E.: Le Style Empire. Ses origines et ses caractères, Paris, 1930.

Bourgeois, J.-L.: Spectacular Vernacular. The Adobe Tradition, New York, 1989.

Bourget, P.: s. Cattani.

Bourget, P., u. a.: Jules Hardouin Mansart, Paris, 1960.

Boutelle, S. H.: Julia Morgan. In: Master Builders. A Guide To Famous American Architects, Washington, USA, 1985.

Bovini, G., s. a. EUA: Catacombe: I monumenti di Ravenna antica, Mailand, 1955³.
La cattedra del Vescovo Massimiano di Ravenna, Faenza, 1957.
L'impiego di tubi fittili nelle volte degli antichi edifici di culto ravennati. In: Felix Ravenna, Nr. 30, Ravenna, 1960.

Bowie, T. (Hg.): The Sketchbook of Villard de Honnecourt, Bloomington/London, 1968.

Boyd, A. C. H.: Chinese Architecture and Town Planning, 1500 B. C.-A. D. 1911, London, 1962.

Boyd, R.: Kenzo Tange, New York, 1962.
New Directions in Japanese Architecture, New York/London, 1968.

Boyd-White, I.: Bruno Taut and the Architecture of Activism, Cambridge (Mass.), 1983.

Boyer, F.: Charles Percier, documents inédit. In: Bull. de la Societé de l'histoire de l'art français, 1962.

Boyken, I.: Otto Ernst Schweizer zum 100. Geburtstag. In: Bauwelt, 81, 1990.

Bracco, S.: L'architettura moderna in Brasile, Bologna, 1967.
Le ›Villes Nouvelles‹ e i sistemi metropolitani in Francia, Mailand, 1976.

Bracegirdle, B., Miles, P. H.: Thomas Telford, Newton Abbot, 1973.

Bradbury, R.: The Romantic Theories of Architecture of the Nineteenth Century in Germany, England and France, New York, 1934 (1976).

Braem, R.: La construction en Belgique, Brüssel, 1945.

Bragaglia, A. G.: Del teatro teatrale, Rom, 1926.
Niccolò Sabbatini e Giacomo Torelli, scenotecnici marchigiani, Pesaro, 1952.

Braghieri, G. (Hg.): Aldo Rossi, 1983.

Braham, A., s. Whiteley; Smith, P.: (mit Hager, H.), Carlo Fontana. The Drawings at Windsor Castle, London, 1978.
François Mansart, Kat. Ausst. London, London, 1966.
François Mansart, London, 1970.
The Architecture of the French Enlightment, London, 1980.
(mit P. Smith), François Mansart, Studies in Architecture, London, 1973.

von Branca, A.: (Bearb. v. Burmeister, E., Caspari, H.), Alexander Freiherr von Branca, Kat. Ausst. FH München, 1979.

Brandenburg, D.: Islamische Baukunst in Ägypten, Berlin, 1970.
Herat. Eine timburische Hauptstadt, 1977.
Die Madrasa. Ursprung, Entwicklung, Ausbreitung und künstl. Gestaltung der islamischen Moschee-Hochschule, 1978.
(mit Brüschoff), Die Seldschuken, Graz, 1986.

Brandenburg, E.: Die Felsarchitektur bei Jerusalem, Kirchheim, 1926.
Die Denkmäler der Felsarchitektur und ihre Bedeutung für die vorderasiatische Kunstgeschichte, Leipzig, 1930.
Die Bedeutung der Felsarchitektur. In: Archiv für Orientforschung, 6, 1930/31.
Brandi, C.: Arcadio o della Scultura. Eliante o dell'architettura (Elicona, III, IV), Turin, 1956a.
Il tempio malatestiano, Rom, 1956b.
Teoria del restauro, Rom, 1963; Turin, 1977.
Struttura e architettura, Turin, 1967 (1975).
Brandon-Jones, J.: Charles Francis Annesley Voysey. In: Architectural Association Journal (Mai), London, 1957.
C. F. A. Voysey, Architect and Designer, 1857-1941, London, 1978.
Branner, R.: Three Problems from the Villard de Honnecourts Manuscript. In: Art Bulletin, Nr. 39, New York, 1957.
Villard de Honnecourt, Archimedes and Chartres. In: Journal of the Society of Architectural Historians. Nr. 3, New York, 1960.
Jean d'Orbais and the Cathedral of Reims. In: Art Bulletin, XLIII, New York, 1961.
L'architettura gotica, Mailand, 1963.
St. Louis and the Court Style in Gothic Architecture, London, 1965.
Branzi, A.: s. Navonne.
Brauer, H., Wittkower, R.: Die Zeichnungen des Gianlorenzo Bernini, Berlin, 1931.
Braun, H.: The English Castle, London, 1942-43 (1948³).
Cathedral Architecture, New York, 1972.
Braun, J., s. RDK (mit Eggert, K.): Altare: Der christliche Altar und seine geschichtliche Entwicklung, München, 1924.
Friedrich Sustris. In: Münchener Jahrbuch der bildenden Kunst, N. F. Nr. 10, München, 1933.
Die Reliquiare, München, 1940.
Braun-Feldweg, W.: Normen und Formen industrieller Produktion, Ravensburg, 1954.
Gestaltete Umwelt, Berlin, 1956.
Braunfels, W.: François de Cuvilliés d. Ä., Würzburg, 1938.
Giottos Campanile. In: Das Münster, I, 1948.
Mittelalterliche Baukunst in der Toskana, Berlin, 1953a.
Mittelalterliche Stadtbaukunst in der Toskana, Berlin, 1953b.
Der Dom von Florenz, Olten, 1964.
Abendländische Klosterbaukunst, Köln, 1969 (1978).
Abendländische Stadtbaukunst, Herrschaftsform und Baugestalt, Köln, 1976.
François Cuvilliés (1695-1768). Der Baumeister der galanten Architektur des Rokoko, München, 1986.
Braun-Reichenbacher, M.: Das Ast- und Laubwerk. Entwicklung, Merkmale und Bedeutung einer spätgotischen Ornamentform, Nürnberg, 1966².
Brawne, M.: Il museo oggi. Architettura, restauro, ordinamento, Mailand, 1965.
Arup Associates. Biography of an Architectural office, 1982.
Brech, J. (Hg.): Gemeinsam leben. Gruppenwohnprojekte in der Bundesrepublik, Darmstadt, 1989.
(Hg.), Neue Wohnformen in Europa, Darmstadt, 1989.
Brecht, B.: Schriften zum Theater, Frankfurt, 1957.
Bredow, J., und H. Lerch: Materialien zum Werk des Architekten Otto Bartning, 1883-1959, 1983.
de Breffny, B., und R. Ffolliott: The Houses of Ireland. Domestic Architecture …, London, 1975.

Brendel, O.: Origin and Meaning of the Mandorla. In: Gazette des Beaux-Arts, Paris, 1964.
Brenner, H.: Die Kunstpolitik des Nationalsozialismus, Reinbek, 1963.
Brentjes, B.: Kunst des Islam, Leipzig, 1979.
Die Kunst der Mauren. Islamische Traditionen in Nordafrika und Südspanien, 1991.
Brenzoni, R.: Fra Giovanni Giocondo Veronese, Florenz, 1960.
Breton, G.: Theater, Stuttgart, 1991.
Brett, D.: C. R. Mackintosh. The Poetics of Workmanship, 1991.
Breuer, M.: Sun and Shadow (Vorwort P. Blake), New York, 1956.
Breymann, G. A., s. a. Warth: Trattato generale delle costruzioni civili, 2 Bde., Mailand, 1899 (1927).
Bridenbaugh, C.: Peter Harrison, First American Architect, Chapel Hill (USA), 1949.
Bridgewater, D.: s. Gloag, 1948.
Brieger, P.: English Art, 1216-1307, Oxford, 1957.
Briganti, G.: Il Manierismo e Pellegrino Tibaldi, Rom, 1945.
Brigaux, G.: Opere in muratura, Bologna, 1963.
Briggs, A.: Victorian Cities, London, 1963.
Briggs, E.: Laubenganghaus. In: Handbuch des Wohnungswesens, Jena, 1930.
Brinkman: Van Nelle Factory in Rotterdam. In: Architecture, 1975.
Brinckmann, A. E., s. a. Rovere: Die Baukunst des XVII. und XVIII. Jahrhunderts in den romanischen Ländern, Potsdam, 1915.
Stadtbaukunst, 1920.
Platz und Monument als künstlerisches Formproblem, Berlin, 1923.
Theatrum novum Pedemonti. Ideen, Entwürfe und Bauten von Guarini, Juvarra, Vittone, Düsseldorf, 1931.
Von Guarino Guarini bis Balthasar Neumann, Berlin, 1932.
Die Kunst des Rokoko, Berlin, 1940.
Brino, G., u. a.: L'opera di Carlo e Amedeo di Castellamonte, Turin, 1966.
Crystal Palace, Turin, 1968.
Brinton, S.: Francesco di Giorgio Martini of Siena, Painter, Civil and Military Architect, 1439-1502, London, 1934.
Brion-Guerry, L.: Philibert de l'Orme, Mailand, 1965.
Brix, M., Steinhauser, M.: Historismus in Deutschland, Berlin, 1978.
Brizio, A. M.: L'architettura barocca in Piemonte, Turin, 1953.
Ottocento Novecento, Turin, 1962.
Brödner, E.: Wohnen in der Antike, 1989.
van den Broek, J. H., Bakema, J. B.: Architectengemeenschap van den Broek en Bakema (holl., engl., frz.), Stuttgart, 1976.
Broglie de, R.: Le palais Farnèse, ambassade de France, Paris, 1953.
Brolin, B. C., und J. Richards: Sourcebook of Architectural Ornament. Designers, Craftsman, Manufactures and Distributors of Exterior Architectural Ornament, 1982.
Brongniart, A.-T.: Alexandre-Théodore Brongniart 1739-1813, Kat. Paris, 1985.
Brooks, H. A.: The Prairie School, Frank Lloyd Wright and his Mid-West Contemporaries, Toronto, 1972.
Writings on Wright. Selected comment on F. L. Wright. Ess.: Mies van der Rohe u. a., 1981.
The Le Corbusier Archive, 32 Bde., New York, 1982.
Brooks, M. W.: John Ruskin and Victorian Architecture, London, 1990.
Brooks, N. C.: The Sepulchre of Christ in Art and Liturgy, 1921.
Brosio, V.: Lo stile Liberty in Italia, Mailand, 1967.
Brown, A. Th.: s. Glaab.

Brown, C. V.: W. R. Lethaby, Architecture as a Process, Univ. of North Carolina, 1974.
Brown, G.: History of the U. S. Capitol, Washington, 1900-1903.
Brown, J.: Kunst und Architektur englischer Gärten. Entwürfe aus der Sammlung des Royal Institute of British Architects von 1609 bis heute, Stuttgart, 1991.
Brown, P.: Indian Architecture, Buddhist and Hindu Periods, Bombay, 1956²a.
Indian Architecture, Islamic Period, Bombay, 1956b.
Brown, R. R.: English Medieval Castles, London, 1954.
Brown, Th. M.: The Work of Gerrit Rietveld, Architect, Utrecht, 1958; Cambridge (Mass.), 1970.
Brownlee, D. B.: The Law Courts: The Architecture of G. E. Street, 1824-1881, 1985.
(Hg.), Friedrich Weinbrenner (1766-1826), Architect of Karlsruhe, Kat. Philadelphia, Karlsruhe, Cambridge (Mass.), 1986-1987.
(mit D. G. d. Jong), Louis I. Kahn. In the Realm of Architecture, New York, 1991.
Bruce, A., und H. Sandbank: A History of Refabrication, New York, 1944.
Brucher, G.: Barockarchitektur in Österreich, Köln, 1983.
Gotische Baukunst in Österreich, 1990.
Bruegman, R. & the Chicago Historical Society (Hg.), Holabird & Roche and Holabird & Root. An Illustrated Catalogue of Works, 1880-1940, 3 Bde., Hamden, 1991.
Brumfield, W. C.: Gold in Azure. 1000 Years of Russian Architecture, Boston (Mass.), 1983.
The Origins of Modernism in Russian Architecture, Berkeley, 1991.
Brunelleschi: La città del Brunelleschi, Kat. Mailand, 1991.
Brunetti, F.: Le matrici di una architettura organica – F. Ll. Wright, Florenz, 1974.
Brunetti, F., Cetica, P. A., und A. Michelizzi: James Stirling, L'ultimo maestro?, Mailand, 1978.
Brunn, H.: Geschichte der griech. Künstler.
Brunner, H.: Die Anlagen der ägyptischen Felsgräber bis zum Mittleren Reich, 1936.
Brunskill, R. W.: Illustrated Handbook of Vernacular Architecture, London, 1987.
van Brunt, H.: s. Bekaert.
Bruschi, A.: Nuovi dati documentari sulle opere orsiniane a Bomarzo. In: Quaderni di storia dell'Architettura, X, Nr. 55-60, Rom, 1963.
Bramante Architetto, Bari, 1969 (1973).
Borromini: manierismo spaziale oltre il barocco, Bari, 1978.
Brutalismus: Brutalismus in der Architektur. In: Dokumente der modernen Architektur, Bd. 5, 1966.
Bruun, E., und S. Popovitc: Kaija und Heikli Sirén, Architects, Stuttgart, 1978.
Bruyère, Ch., und R. Inwood: Bauen mit der Natur. Holzhäuser der neuen Generation, 1982.
Bucciarelli, G.: s. Mezzetti.
Bucciarelli, P.: Hugo Häring. Impegno nella ricerca organica, Bari, 1980.
Fehling e Gogel. Vitalità dello espressionismo. In: Universale di Architettura, Bari, 1981.
Fritz Höger. Maestro anseatica 1877-1949, Venedig, 1991.
Bucher, F.: Architector. The Lodge Books and Sketchbooks of Medieval Architects, Bd. I, New York, 1979.
Buchkremer, J.: Geheimer Regierungsrat Professor Dr.-Ing. Henrici +. In: Zentralblatt der Bauverwaltung 47, 1927.
Buddensieg, T., Rogge, H., u. a.: Industriekultur, Peter Behrens und die AEG 1907-1914, Berlin, 1979.

Buderath, B. (Hg.): Peter Behrens. Umbautes Licht. Das Verwaltungsgebäude der Hoechst AG, 1990.

Buekschmitt, J.: Ernst May (Vorwort W. Gropius), Stuttgart, 1963.

Buffinga, A.: Gerrit Thomas Rietveld, Amsterdam, 1971.

Bugge, A.: Arkitekten, Stadskonduktor Chr. H. Grosch, Oslo, 1928.

Buisson, D.: Temples et santuaires au Japon, 1980.

Bullant, J.: Règle générale d'Architecture de cinq manières de colonnes ... suivant les règles de Vitruve, 1563; postum veröfftl. Rouen, 1674.

Bullet, P.: L'architecture pratique, Paris, 1691.

Bullrich, F.: Arquitectura argentina contemporánea, Buenos Aires, 1963.

Nuevos Caminos de la arquitectura latinoamericana, Barcelona/Madrid, 1969; (engl. New Directions in Latin American Architecture, New York, 1969).

Bundesminister für Raumordnung (Hg.): Verkehrsberuhigte Zonen in Kernbereichen. In: Städtebauliche Forschung, Heft 03.065, 1978. Verkehrsberuhigung und Stadtverkehr. In: Städtebauliche Forschung, Heft 03.111, 1985.

Bundesminister für Raumordnung, Bauwesen und Städtebau (Hg.): Gruppenbezogene Wohneigentumsformen, Bonn, 1990.

Bungaard, J. A.: Mnesikles, Kopenhagen, 1957.

Buontalenti, B.: Bernardo Buontalenti. Baumeister aus Florenz, 1990.

Buqueras, M.: Domènech i Montaner. Works in Reus, Barcelona, 1975.

Bura, J., und B. Kayser: Wohnprojekte für jung und alt, Darmstadt, 1992.

Burchard, J., Bush-Brown, A.: The Architecture of America. A Social and Cultural History, Boston/Toronto, 1961, London, 1967.

Burckhardt, F., und M. Lamarová: Cubismo cecoslavacco. Architetturi e interni, 1982.

(mit Eveno, C., Podrecca, B.), Josèf Plečnik. Architect 1872-1957, Cambridge (Mass.), 1989.

Burckhardt, J.: Der Cicerone, Basel, 1855.

Die Kultur der Renaiss. in Italien, Leipzig, 1859.

Geschichte der Renaissance in Italien, Leipzig, 1867.

Burckhardt, L. (u. A.), Modern Architecture in Switzerland, Winterthur, 1969.

Der Werkbund in Deutschland, Österreich und der Schweiz, Form ohne Ornament, Stuttgart, 1978.

Bürdek, B. E.: Design-Theorie. Problemlösungsverfahren, Planungsmethoden, Strukturierungsprozesse, Frankfurt a.M., 1971.

Bure de, G.: Ettore Sottsass jr., Paris, 1987.

van Buren, E. D.: Archaic Fictile Revetments of Sicily and Magna Graecia, London, 1923.

Greek Fictile Revetments in the Archaic Period, London, 1926.

Bürger, F.: Die Villen des A. Palladio, Leipzig, 1909.

Burke, K. J., u. a. (Hg.): Michael Graves. Buildings and Projects 1982-1989, 1990.

Bürkle, J. Ch.: El Lissitzky. Der Traum vom Wolkenbügel. El Lissitzky, Emil Roth, Mart Stam, Kat. Zürich, 1991.

Burle Marx, R., s. a. Giedion 1956: (mit Reis Filho, N. G.), Rino Levi, Mailand, 1974.

Burlington, R. B.: Fabbriche antiche disegnate da A. Palladio, London, 1730.

Burmeister, W.: Norddeutsche Backsteindome, Berlin, 1938.

Burnham: The Architectural work of Graham, Anderson, Probst & White ... and their Predecessors Daniel H. Burnham & Co and Graham, 2 Bde., 1933.

Burnham, A.: The New York Architecture of R. M. Hunt. In: Journal of the Society of Architectural Historians (Mai), New York, 1952.

Burns, J.: ›JAM‹, Projekte der Arthropoden, Köln, 1971.

Buscaroli, R.: La città di Forlì, Bergamo, 1938.

Busch, H., Lohse, G., Gerstenberg, K.: Baukunst der Gotik in Europa, Frankfurt a.M., 1958.

Busch, H., Lohse, B.: Romanesque Europe, London, 1960.

Buschor, E.: Von griechischer Kunst, München, 1956.

Buscioni, M. C.: Ventura Vitoni e il Rinascimento a Pistoia, Florenz/Rom/Bologna, 1977.

Bush-Brown, A., s. a. Burchard: Louis H. Sullivan, New York, 1960.

Skidmore, Owings & Merrill. Architektur und Städtebau, 1974-1983, 1983.

Bushart, B., und B. Rupprecht (Hg.): Cosmas Damian Asam. Leben und Werk, München, 1986.

Bushell, S. W.: Chinese Architecture, Washington, 1905.

Busignani, A.: Walter Gropius, Florenz, 1972.

Bussagli, M.: Il Taj Mahal, Florenz, 1966.

Buti, G.: La casa degli Indoeuropei, Florenz, 1962.

Butikov, G.: St. Isaac's Cathedral, Leningrad, London, 1980.

Butler, A. S. G.: The Architecture of Sir Edwin Lutyens, 3 Bde., New York/London, 1950.

v. Buttlar, A.: Der Englische Landsitz 1715-1760. Symbol eines liberalen Weltentwurfs, Mittenwald, 1982.

Buxton, D.: Articles in Archaeologia (Society of Antiquaries of London), Bd. XCII, 1947, und Bd. CIII, 1971.

(mit Matthews, D.), The Reconstruction of Vanished Aksumite Buildings. In: Rassegna di Studi Etiopici, Bd. XXV, 1971-72.

C

CA: Contemporary Architects, New York, 1980; 1987.

Cabet, E.: Voyage en Icarie, Paris, 1842.

Cabiati, O.: s. Palladio 1570.

Cabrero, G. R.: Spagna architettura 1965-1988, 1989.

Cabrol, F., Leclerq, H.: Dictionnaire d'archéologie chrétienne et de liturgie, Paris, 1916 (1923).

Cacciari, M., s. a. Amendolagine: Metropolis. Saggi sulla grande città di Sombart, Endell, Scheffler e Simmel, Rom, 1973.

Caemmerer, H. P.: The Life of Pierre-Charles l'Enfant, Washington, 1950.

Caflisch, N.: Carlo Maderno, München, 1934.

Cage, J. (und A. Knowles): Notations (Eine Slg. von Notenblättern mit Texten von 269 Kompositionen ›alternativer‹ Musik des 20. Jhs.), New York, 1969.

Cagiano de Azevedo, M.: Saggio sul labirinto, Mailand, 1958.

Cain, J.: s. Adhémar.

Calabi, D.: s. Piccinato, G. 1974.

Calandra, E.: Breve storia dell'architettura in Sicilia, Bari, 1938.

Calatrava, S.: Neue Projekte – Dynamische Gleichgewichte, Zürich, 1991.

Calcaprina, G.: s. Ridolfi.

Caldenby, C., und O. Hultin: Erik Gunnar Asplund 1885-1940, 1985.

Cali, I., Moulinier, S.: Essai sur l'architecture gothique, Paris, 1963 (dt. 1965).

Calloway, S., u. a.: Horace Walpole and Strawberry Hill, London, 1980.

Calvesi, M., s. a. Focillon 1918: Il sacro Bosco di Bomarzo. In: Scritti di storia dell'arte in onore di L. Venturi, Rom, 1956.

(mit Manieri Elia, M.), Personalità e strutture caratterizzanti il ›Barocco‹, leccese, Rom, 1966; Neuaufl. Architettura barocca in terra di Puglia, Mailand/Rom, 1970.

Il Futurismo, Mailand, 1970.

Le due avanguardie, Bari, 1971.

Calvino, I.: s. Fourier.

Calza, G.: La preminenza dell'insula nella edilizia romana, Rom, 1915.

Calzada, A.: Historia de la arquitectura española, Madrid, 1949.

Calzavara, M.: L'architetto Gaetano Moretti. In: Casabella continuità, Nr. 218, Mailand, 1958.

Calzona, A.: Mantova, città dell'Alberti. Il San Sebastiano, Florenz, 1979.

Camano Martinez, J. M.: El mudejarismo en la arquitectura portuguesa de la época manuelina, Sevilla, 1944.

Camón Aznar, J.: La arquitectura platateresca, Madrid, 1945.

Campbell, C.: Vitruvius Britannicus, 3 Bde., London, 1715-25.

Campbell, J.: The German Werkbund. The Politics of Reform in the Applied Arts, Princeton, 1978.

Campo Baeza, A., Frampton, K., u. a.: Raimund Abraham: Obras y Proyectos 1960-1983, Madrid, 1983.

Cancro, C.: Benedetto Alfieri (1699-1767). L'opera completa, Mailand, 1980.

Candilis, G.: Candilis, Josic, Woods. Ein Jahrzehnt Architektur und Stadtplanung, Stuttgart, 1967.

Toulouse le Mirail. Geburt einer neuen Stadt. Dokumente der modernen Architektur, Nr. 10, 1974.

Planen und Bauen für die Freizeit. Dokumente der modernen Architektur, 1976.

Bâtir la vie. Un architecte témoin de son temps, Paris, 1977 (dt. Übers. Bauen ist Leben – Ein Architekturreport, Stuttgart, 1978).

Canella, G., s. a. Ginzburg: (mit Rossi, A.), Architetti italiani: M. Ridolfi. In: Comunità, Nr. 41, 1956.

Il caso Dudok riferito anche ad alcune esperienze italiane. In: Casabelle-continuità, Nr. 216, Mailand, 1957.

(mit Gregotti, V.), Il Novecento e l'architettura. In: Edilizia Moderna, Nr. 81 (Dez.), Mailand, 1963.

Il sistema teatrale a Milano, Bari, 1966.

Disegno di un trattato di architettura, Padua, 1968.

Canina, L.: L'architettura antica descritta e dimostrata con monumenti, Rom, 1843.

Cantacuzino, S.: Guimard. In: Richards/Pevsner 1973.

Wells Coates, London, 1978.

Charles Correa, London, 1984.

(Hg.), Architecture in Continuity. Building in the Islamic World Today, Genf, 1985.

Cantoni, A.: s. De Angelis d'Ossat 1961.

Capart, J.: L'Art égyptien, Brüssel, 1922.

Capobianco, M.: Asplund e il suo tempo, Neapel, 1959.

Capogrossi Guarna, G.: Iconologia di un portale. Il Mascherone di Palazzo Zuccari. In: Palatino, Nr. 5, Rom, 1963.

Capolei, F., Sartogo, P.: Brunelleschi anticlassico. In: L'architettura – cronache e storia, Nr. 262-63 (Aug.-Sept.), Rom 1977 (aus Anlaß d. Ausst. Florenz 1977).

Cappieri, M.: L'India preistorica, Florenz, 1960.

Capra, M.: Die Karner in Niederösterreich, Diss., Wien, 1926.

Caramel, L., Longatti, A.: Antonio Sant'Elia – Catalogo della Mostra Permanente, Como, 1962.

(mit A. Longatti), A. Sant'Elia. The Complete Works, 1988.

Caramuel de Lobkowitz, J.: Arquitectura civil recta y obliqua considerada y dibuxada en el Templo de Jerusalem, Vigevano, 1678.

Carbonara, P.: Architettura pratica, Turin, 1954ff. (1962-76).

Carboneri, N., s.a. Guarini 1737; Coffin 1959: L'architetto Francesco Gallo, 1672-1750. In: Atti della Società Piemontese di Archeologia e Belle Arti, Turin, 1954.

A. Pozzo architetto, 1642-1709, Trient, 1961; Neuaufl. L'architettura di Andrea Pozzo, Vicenza, 1962.

(Hg.), Catalogo della mostra del Barocco Piemontese, Architettura, Turin, 1963.

Mauro Codussi. In: Bollettino del Centro Palladiano, Vicenza, 1964.

Ascanio Vitozzi. Un architetto tra manierismo e barocco, Rom, 1966.

(mit Viale, V., Hg.), Bernardo Vittone, Kat. Ausst. Vercelli, 1967.

Cardarelli, V., Reggiori, F.: Architettura di Giovanni Muzio, Mailand, 1935.

Cardwell, K.: Bernard Maybeck. Artisan, Architect, Artist, Salt Lake City, 1978 (1986).

Carl, H.: Antoni von Obbergen und seine Bauten in Dänemark, Danzig/Thorn, 1943.

Carli, E.: Tino di Camaino. A Sienese Sculptor of the 14th Century, Paris, 1935.

Le Sculture del Duomo di Orvieto, Bergamo, 1947.

Pienza, la città di Pio II, Rom, 1967.

Carloni, T., Pilet, J. & H. Szeemann: Mario Botta. Das Zelt. La Tenda. La Tente, München/Zürich, 1991.

Carlson, M.: Places of Performance. The Semiotics of Theatre Architecture, 1989.

Caronia Roberti, S.: Venanzio Marvuglia, Palermo, 1934.

Il Barocco in Palermo, Palermo, 1935.

L'architettura del Barocco in Sicilia. In: Atti del VII Convegno nazionale di storia dell'architettura, Palermo, 1956.

Carpenter, R.: The Architects of the Parthenon, Harmondsworth, 1970.

Carpiceci, L.: Leonardo architetto. S. Pietro e Roma, Rom, 1974.

Carr, J.: The Works in Architecture of John Carr, York, 1973.

Carré, C.: Lord Burlington (1694-1753) le connaisseur, le mécène, l'architecte, Clermont-Ferrand, 1985.

Carrott, R.: The Egyptian Revival, Berkeley, 1978.

Carson Webster, I.: s. Condit 1960.

Carsop, A.B.: Foundation Construction, New York, 1965.

Carta Mantiglia, R.: G. Japelli. In: L'architettura – cronache e storia, Nr. 4, Rom, 1955.

Carter, P.: Mies van der Rohe at Work, New York, 1974.

Carvalho de, A.: D. João V e arte do seu tempo, Lissabon, 1962.

Carver, N.F. jr.: Form and Space in Japanese Architecture, 1955.

Casa Valdés de: Jardines de España, Madrid, 1973.

Casanelles, E.: Antonio Gaudí. A Repraisal, London, 1967.

Casc, Y., Delporte, L.: Les Charpentes en bois, Paris, 1963.

Casciato, M.: La Scuola di Amsterdam, Bologna, 1987.

Casella, M.T., Pozzi, G.: Francesco Colonna, Padua, 1959.

Cassinello, F.: Eduardo Torroja. In: Cuadernos de Arquitectura, Barcelona, 1961.

Cassi-Ramelli, A.: Dalle caverne ai rifugi blindati, Mailand, 1964.

Cassirer, E.: Individuum und Kosmos in der Philosophie der Renaissance, Leipzig/Berlin, 1927.

Cassou, J., Langui, E., Pevsner, N.: Les sources du vingtième siècle, Brüssel, 1961.

Castagnoli, F.: Pirro Ligorio topografo di Roma antica. In: Palladio, Rom/Mailand, 1952.

Ippodamo di Mileto e l'urbanistica a pianta ottagonale, Rom, 1956.

Roma antica. Topografia urbanistica di Roma, Bologna, 1958.

Castan, A.: L'Architecteur Hugues Sambin, Besançon/Dijon, 1891.

Castelfranchi, G.: Scienza delle costruzioni, Mailand, 1965.

Castellani, E.: s. Bardazzi.

Castellano, M.: La Valle dei Trulli, Bari, 1960.

Castelli, A.: s. Pagano Pogatschnig 1947.

Castriota, G.: s. Dürer.

Catalano, E.: Structures of Warped Superfaces, London, 1951.

Two Warped Surfaces, Students Publication, Bd. 5, Nr. 1, School of Design, Raleigh N.C., 1955.

School of Design, University of North Carolina, Raleigh, N.C., 1958.

Caton-Thompson, G.: The Simbabwe-Culture, Oxford, 1931.

Cattaneo, C.: Giovanni e Giuseppe. Dialoghi d'architettura, Mailand, 1941.

Cesare Cattaneo. In: L'architettura – cronache e storia, Nr. 63 (Jan.), Rom, 1961.

Cattaneo, E.: Il San Giuseppe del Richini, Mailand, 1957.

Cattaneo, P.: I quattro primi libri di architettura, Venedig, 1554 (erw. Ausg. L'architettura alla quale … sonsi aggiunti di più il V, VI, VII ed VIII libro, Venedig, 1567).

Cattani, C., Bourget, P.: Jules Hardouin-Mansart, Paris, 1956.

Cattò, E., Mariani Travi, L.: Immagini di Sommaruga. In: L'architettura – cronache e storia, Nr. 143-47 (Sept.-Jan.), Rom, 1967-68.

Cavalcaselle, G.B.: Raffaello, la sua vita e le sue opere, Florenz, 1884-91.

Cavallari-Murat, A.: G.C. Plantery, architetto barocco. In: Atti e rassegna tecnica della società ingegneri e architetti a Torino, Nr. 7, Turin, 1957.

Cederna, A.: Mussolini urbanista. Lo sventramento di Roma negli anni del consenso, Rom/Bari, 1979.

Cejka, J.: Darstellungstechniken in der Architektur. Von der Bleistiftzeichnung zum CAD, Stuttgart, 1990.

Ceka, N.: Apolonia e Ilirisë (Apolonia of Illyria), Tiranë, 1982.

Cellini, F., d'Amato, C., Valeriani, E., u.a.: Le architetture di Ridolfi e Franke, Rom, 1979.

(mit C. d'Amato), Gabetti e Isola, Mailand, 1985.

Cemper, E.-H.: Arnold von Westfalen. Berufs- und Lebensbild eines dtsch. Werkmeisters der Spätgotik. In: H.-J. Mrusek: Die Albrechtsburg in Meissen, Leipzig, 1972.

Céndali, L.: Giuliano e Benedetto da Maiano, Florenz, 1926.

Cennamo, M.: Materiali per l'analisi dell'architettura moderna. Il MIAR, Neapel, 1976.

Cerasi, M.: Michelucci, Rom, 1968.

Cerato, D.C.: Nuovo metodo per insegnare i cinque ordini d'Architettura civile conforme le regole di Palladio e di Scamozzi, Padua, 1784.

Cernousek, T.: Olomoncka Architektura 1900-1950. Architekturführer, Olmütz, 1981.

Cerruti, M.: Il gioco delle memorie nelle opere dell'architetto Nicola Pagliara. In: L'architettura – cronache e storia. Nr. 90, Rom, 1973.

Cesariano, C.: Di Lucio Vitruvio Pollione De Architectura Libri Decem …, Como, 1521.

Cesarini, D.: Giuseppe Piermarini, Architetto neoclassico, 1983.

Ceschi, C.: L'architettura dei templi megalitici di Malta, Rom, 1939.

Architettura romanica genovese, Mailand, 1954.

Cestelli Guidi, C.: Cemento armato precompresso, Mailand, 1960.

Meccanica del terreno, fondazioni, opere in terra, Mailand, 1964.

Cetica, P.A.: Richard Buckminster Fuller. Uno spazio per la tecnologia, Padua, 1979.

Cetto, M.L.: Modern Architecture in Mexico, London, 1961.

Chadwick, G.F.: The Works of Sir Joseph Paxton, London, 1961.

Chambers, W.: Designs of Chinese Buildings, London, 1757 (Faksimile-Neudruck Farnborough), Gregg, 1969.

Treatise of Civil Architecture, London, 1759 (erw. Ausg. 1768, folgende Ausg. mit dem Titel A Treatise on the Decoration Part of Civil Architecture).

Dissertation on Oriental Gardening, London 1772 (Faksimile-Neudruck Farnborough), Gregg, 1972.

Champigneulle, B.: Perret, Paris, 1959.

Chan-Magomedow, S.-O.: Pioniere der sowjetischen Architektur, Dresden, 1983.

Vhutemas. Moscou 1920-1930, Stuttgart, 1992.

Alexander Wesnin und der Konstruktivismus, 1987.

Charbonneaux, J., Martin, R., Villard, F.: Grèce archaïque (620-480 avant J.-C.), Paris, 1968.

Grèce classique (480-330 avant J.-C.), Paris, 1969.

Grèce hellénistique (330-50 avant J.-C.), Paris, 1970.

Charegeat, M.: L'art des jardins, Paris, 1962.

Charernbhak, Wichit: Chicago School Architects and their Critics, Ann Arbor, Mich., 1984.

Charpentrat, P.: Baroque, Fribourg, 1964.

Chase, D., Laray, C.: Sheet Metal, Washington, 1988.

Chaslin, F.: (mit Hervet, F., Lavalou, A.), Norman Foster, Mailand, 1986.

Kisho Kurokawa, Tokio, 1988.

Chastel, A., s.a. Bekaert: L'Art Italien, Paris, 1956 (dt. Übers. Die Kunst Italiens, 2 Bde., 1961).

Art et humanisme à Florence, Paris, 1961.

Le grand atelier d'Italie, Paris, 1965a.

Renaissance méridionale, Paris, 1965b.

La grotesque, 1988.

(mit Guillaume, J.), L'Escalier dans l'architecture de la Renaissance, Paris, 1988.

Chatelet, A., und R. Recht: Ausklang des Mittelalters. 1380-1500 (Gotik III), 1989.

Chatzidakis, M.: Byzantinische Architektur. In: Propyläen Kunstgeschichte, Bd. III (Byzanz und der christliche Osten), Berlin, 1971.

Chayet, A.: Les Temples de Jehol et leurs modèles tibétains, Paris, 1985.

Chen, J.: The Chinese Theatre, London, 1949.

Chermayeff, S., und Chr. Alexander: Community and Privacy. Toward a New Architecture of Humanity, Harmondsworth, 1966.

Cherry, G.E. (Hg.): Pioneers in British Planning, London, 1981.

Holford: A Study in Architecture, Planning and Civic Design, London, 1985.

Chetto, C.S., Adam, H.C.: Reinforced Concrete Bridge Design, London, 1938.

Chevallay, D.A.: Der große Tuilerienentwurf in der Überlieferung Ducerceaus, Bern/Frankfurt, 1973.

Chevalley, G.: Gli architetti, l'architettura e la decorazione delle ville piemontesi nel XVIII secolo, Turin, 1912.

Un avvocato architetto, il conte Benedetto Alfieri, Turin, 1916.

Chi, M., Biberstein, F.: The Theory of Prestressed Concrete, New Jersey, 1953.

Chiaia, V., s.a. Blachère: Prefabbricazione – case unifamiliari prefabbricate di tutto il mondo, Bari, 1963.

Chiarini, M.: s. DBI: Asprucci.

Chiarini, P.: L'avanguardia e la poetica del realismo, Bari, 1961.

Caos e geometria. Per un regesto delle poetiche espressioniste, Florenz, 1964.

Chiat, J. S. M.: Handbook of Synagogue Architecture, Chicago, 1982.

Chiaveri, G.: Ornamenti diversi di porte e finestre, Rom, 1743-44.

Chicago: Town Houses, Kat. Ausst. Chicago, 1978.

Chicó, M. T., Novais, M.: A arquitectura gótica em Portugal, Lissabon, 1954.

Chierici, G.: La Reggia di Caserta, Rom, 1937.
Leonardo architetto. In: Palladio, III, Rom/Mailand, 1939.
Bramante, Mailand/Florenz, 1954.
Il trullo. In: Atti del IX Congresso Nazionale di Storia dell'Architettura, Bari, 1955.
Il palazzo italiano dal secolo XVII al XIX, Mailand, 1957.
Il palazzo italiano, Mailand, 1964.

Chilkam, R.: The Classical Orders of Architecture, London, 1985.

China: Chinesische Pavillon-Architektur. Qualität, Gestalt, Gefüge am Beispiel China, 1974.

Chinesische Architekturakademie (Hg.): Klassische chinesische Architektur, Stuttgart, 1990.

Ching, F.: Handbuch der Architekturzeichnung, 1978.

Chiodi, L.: s. Angelini 1967.

Chiolini, P.: I caratteri distributivi degli antichi edifici, Mailand, 1950 (1959).

Chitham, R.: Die Säulenordnungen der Antike und ihre Anwendung in der Architektur, Stuttgart, 1987.

Choay, F.: Le Corbusier, New York, 1960.
L'urbanisme. Utopies et réalités, Paris, 1965.
The Modern City: Planning in the 19th Century, London, 1969.

Chochol, J.: Villa unter dem Vyšehrad, Prag, 1913.

Choisy, F.-A.: L'art de bâtir chez les Romains, Paris, 1873.
L'art de bâtir chez les Byzantins, Paris, 1883.
Histoire de l'architecture, 2 Bde., Paris, 1899 (1964).

Chŏng In'guk: Contemporary Korean Architecture. In: National Academy of Arts (Hg.), Survey of Korean Arts, Fine Arts II, S. 229-304, Seoul, 1972.

Chmelka, F., und E. Melan: Einführung in die Statik, 1961.

Christ, Y.: Le château des Tuileries sous Napoléon III (Hector Lefuel 1810-80). In: Jardin des Arts, Nr. 25, Paris, 1956.

Christian, G.: Tomorrow's Countryside, London, 1966.

Christ-Janer, A.: Eliel Saarinen, Chicago, 1948 (überarb. Neuausg. 1979).

Chroscicki, J., und A. Rottermund: Atlas of Warsaw Architecture, Warschau, 1977.

Chueca Goitia, F.: (mit de Miguel, C.), La vida y las obras del arquitecto Juan de Villanueva, Madrid, 1949.
Arquitectura del siglo XVI. In: Ars Hispaniae, Bd. XI, Madrid, 1953.

Chysky, A.: Guide to Cechoslovakia, Prag, 1965.

Ciampani, P.: Architettura e liturgia, Assisi, 1965.

Ciampi, I.: Vita di Giuseppe Valadier, Rom, 1870.

Ciasca, A.: Il capitello detto eolico in Etruria, Florenz, 1962.

Cicognara, L.: Storia della scultura dal suo risorgimento in Italia fino al secolo di Canova per servire di continuazione all'opera di Winckelmann e di D'Agincourt, Venedig, 1813-18 (neue, erweiterte Ausg. 1823-24).
Le fabbriche e i monumenti cospicui di Venezia illustrati da L. Cicognara, da Antonio Diedo e da Gianantonio Selva, Venedig, 1838-40.

Cinema: Arbeitsgemeinschaft Cinema/Groupe de travail Cinéma (Hg.): Architektur des Kinos. In: Cinéma, Nr. 4 (Dez.), Zürich, 1979.

Cirlot, J. A.: El Arte de Gaudi, Barcelona, 1950.

Ciucci, G., Dal Co, F., Manieri Elia, M., Tafuri, M.: La città americana dalla guerra civile al New Deal, Bari/Rom, 1973 (engl. Ausg. 1979, 1983²).
(mit F. Dal Co), La cultura architettonica, italiana del Novecento, Mailand, 1991.

La Civiltà nuragica, Mailand, 1985.

Clapham, A. W.: Romanesque Architecture in Western Europe, Oxford, 1936.

Clark, H. F.: The English Landscape Garden, London, 1948 (erw. Neuauflage 1980).

Clark, K.: The Gothic Revival, London, 1928 (1962).
Ruskin Today, Harmondsworth, 1964.

Clark, R. J., u. a: J. M. Olbrich: Das Werk des Architekten, Darmstadt/Wien/Berlin, 1967.

Clarke, B. F. L.: Church Builders of the Nineteenth Century, London, 1938.

Clarke, S., Engelbach, R.: Ancient Egyptian Masonry, London, 1930.

Clasen, K. H.: Gotische Baukunst, Potsdam, 1930.
Schinkel, Berlin, 1952.
Deutsche Gewölbe der Spätgotik, Berlin, 1958 (1961).

Clausse, G.: Les Sangallo: Architectes, peintres, sculpteurs, médailleurs, XVe et XVIe siècle, 3 Bde., Paris, 1900-02.

Claussen: Heilige Gräber in Frankreich, Diss. phil., Marburg, 1950.

Clayssen, D.: Jean Prouvé. L'idée constructive, 1983.

Clemen, P.: Die deutsche Kunst und Denkmalpflege. Ein Bekenntnis, Berlin, 1933.

Clemente, P., Lugli, L.: G. Michelucci, il pensiero e le opere, Bologna, 1966.

Clerici, M.: s. Alieri.

Clifford, D.: A History of Garden Design, London, 1966.

Cobb, C.: English Cathedrals. The Forgotten Centuries. Restoration and Change from 1530 to the Present Day, 1980.

Cochran, T., Miller, W.: The Age of Enterprise, A Social History of Industrial America, New York, 1942.

Coe, P., und M. Reading: Lubetkin and Tecton. Architecture and Social Commitment, London, 1981.

Coedès, G.: Les États hindouisés de l'Indo-chine, 1964.

Coffin, D. R.: (mit N. Carboneri), L'architetto Francesco Gallo. In: Art Bulletin, New York, 1959.
Aleotti. In: Journal of the Society of Arch. Historians (Okt.), New York, 1962.
The Villa d'Este at Tivoli, Princeton, 1966.
The Villa in the Life of Renaissance, Rom, 1979.

Cohen, J.-L., De Michelis, M., Tafuri, M. (Hg.): URSS 1917-1978. La città, l'architettura, Rom/Paris, 1979.

Cohn-Bendit, G. und D.: Linksradikalismus – Gewaltkur gegen die Alterskrankheit des Kommunismus, Reinbek/Hamburg, 1968.

Cohn-Wiener, E.: Turan … Islamische Baukunst in Mittelasien, Berlin, 1930.

Colasanti, A.: Case e palazzi di Roma, Mailand, 1912.
Le fontane d'Italia, Mailand, 1926a.
Volte e soffitti italiani, Mailand, 1926b.

Cole, D.: The Work of Sir Gilbert Scott, London, 1980.

Coley, Ch.: Jean Prouvé en Lorraine, Kat. Nancy, 1990.

Collins, G. R., s. a. Soria y Mata: Antonio Gaudí, New York, 1960.
Camillo Sitte and the Birth of Modern City Planning, New York, 1965.
(mit Flores, C., Hg. und Einltg.), Arturo Soria y la Ciudad Lineal, Madrid, 1968.
(mit J. Bassegoda-Nouelle), The Designs and Drawings of Antonio Gaudí, Princeton (N. J.), 1983.

Collins, P.: Concrete. The Vision of a New Architecture. A Study of Auguste Perret and his Precursors, New York/London, 1959.
Changing Ideals in Modern Architecture (1750-1950), London, 1965.

Collymore, P.: The Architecture of Ralph Erskine, London/Toronto/Sydney/New York, 1982.
Ralph Erskine. Planen mit dem Bewohner, Stuttgart, 1983.

Colombo, C.: G. de Carlo, Mailand, 1964.

Colombo, E.: s. Fillia.

Colonna, F.: Hypnerotomachia Poliphili, Venedig (Aldo Manuzio), 1499 (Nachdruck Mailand, 1963).

Colonetti, G.: Scienza delle costruzioni, Turin, 1957 (1963).

Colvin, H. M.: A Biographical Dictionary of English Architects, 1660-1840, London, 1954.

Colvin, H., und J. Harris: The Knight of Glin' in the Country-Seat, 1970.
Studies in History of the British Country House, 1970.

Combaz, G.: L'évolution du stūpa en Asie, 2 Bde., Louvain, 1933-37.

Conant, K. J.: Carolingian and Romanesque Architecture, 800-1200, Pelican History of Art, Harmondsworth, 1959 (1974³).

Condit, C. W.: American Building Art: the Nineteenth Century, 2 Bde., New York, 1960.
(mit Duncan, H. D., Carson Webster, I., Hg.), Chicago's Famous Buildings, Chicago, 1960.
The Chicago School of Architecture, Chicago, 1964 (erw. um The Ryse of the Skyscraper, Chicago, 1952).
American Building. Materials and Techniques from the first Colonial Settlements to the Present, Chicago, 1968.

Conforti, C.: C. A. L'architettura non è un mito, Rom, 1980 (1983²).
Il Gallaratese di A. Rossì, Rom, 1981.

Conforto, C., De Giorgi, G., Montoni, A., Pazzaglini, M.: Il dibattito architettonico in Italia 1943-1975, Rom, 1977.

Confurius, G.: Sabbioneta oder die schöne Kunst der Stadtgründungen, München, 1985.

Connelly, W.: Louis Sullivan as he lived. The Shaping of American Architecture, New York, 1960.

Connor, P.: Oriental Architecture in the West, London, 1979.

Connors, J.: Borromini's Roman Oratory, Cambridge (Mass.), 1980.
The Robie House of F. L. Wright, Chicago, 1984.

Conrads, U.: (mit Sperlich, H. G.), Phantastische Architektur, Stuttgart, 1960.
Programme und Manifeste zur Architektur des 20. Jahrhunderts, Frankfurt/Wien, 1964.
(Hg.), Hermann Fehling und Daniel Gogel, Braunschweig, 1981.
(mit M. Sack, Hg.), Karljosef Schattner, Braunschweig/Wiesbaden, 1983.
(Hg.), Otto Steidle, Braunschweig, 1985.

Considérant, V.-P.: Destinée sociale, Paris, 1834-44.
Déscription du Phalanstère et considérations sociales sur l'architectonique, Paris, 1848.

Constant, C.: Der Palladio-Führer, Wiesbaden, 1987.

Conte, V.: L'ardesia ligure nell'architettura, Genf, 1966.

»Controspazio«, Sonderhefte: über Futurismo, Nrn. 4-5 (April-Mai), Rom, 1971.
Über Carlo Scarpa, Nrn. 3-4 (März-April), Rom, 1972.
Über Mario Ridolfi, Nrn. 9-11 (September-November), Rom, 1974.
Über Luciano Baldessari, Nrn. 2-3 (Februar-März), Rom, 1978.

Cook, G.-H.: The English Medieval Parish Church, London, 1956.

Cook, J.: The Architecture of Bruce Goff, London/Toronto/Sydney, 1978.

Cook, O., und E. Smith: The English House through seven Centuries, 1983.

Cook, P.: Architecture, Action and Plan, London, 1967.
Experimental Architecture, London, 1970.
(mit L. Krier), Ludwig Leo. Amost Unusual Architect. In: Net, London, 1975.
(mit Chalk, W., Crompton, D., u.a.), Archigram, Basel, 1991.
(u.a.), Richard Rogers and Architects, London/New York, 1986.

Cooke, C.: Soviet Reaction to Post-Modernism. Architectural Design News, Supplement 1, New York, 1982.
Chernikhov, Phantasy and Construction. In: AD Profile Nr. 55, London, 1984.

Coolidge, J., Lotz, W., u.a.: La vita e le opere di Jacopo Barozzi da Vignola ..., Vignola, 1974.

Coomoraswany, A.K.: History of Indian and Indonesian Art, London, 1927.

Coope, R.: Salomon de Brosse and the Development of the Classical Style in French Architecture from 1565 to 1630, London, 1972.

Cooper, J. (Hg.): Mackintosh Architecture: The Complete Buildings and Selected Projects, London/New York, 1978 (1983).

Coop Himmelblau: Architektur muß brennen, Graz, 1980.
Architektur ist jetzt, Stuttgart, 1983.
Skyline. Projekte für das Hamburger Bauforum, 1985.
Offene Architektur. Wohnanlage Wien 2, 1986.
Die Faszination der Stadt, 1990.

Coppa, M.: Storia dell'urbanistica dalle origini all'ellenismo, Turin, 1968.

Corbacho, A.S.: Arquitectura barocca sevillana, Madrid, 1952.

Cordat, Ch.: La Tour Eiffel présentée par Le Corbusier, Paris, 1955.

Cordemoy, L.-G. de: Nouveau traité de toute l'architecture, Paris, 1706.

Cordié, C.: I maestri Commacini. In: Annali della Scuola normale superiore di Pisa, Pisa, 1962.

Cordier, G.: A propos des expositions universelles. In: Sonderausg. von Architecture, mouvement, continuité (Juni), Paris, 1970.

Corelli, F.: Freitreppen und Portale vom MA bis zur Neuzeit, 1902.

Corelli, St. (Hg.): The Charlottes-ville Tapes, 1984.

Cornell, E.: Ragnar Östberg – svensk arkitekt, Stockholm, 1972.

Cornell, H.: Den svenska konstens historia, Stockholm, 1944.

Cornsell, H.: Den Svenska Kunstens Historia, 1963.

Coronel, J., Combariza, L., Uribe, G., Nariño, A.: El arquitecto y la nacionalidad, Bogotá, 1975.

corpus palladianum, Vicenza, 1968-73.

Cortona: Pietro da Cortona, architetto. In: Atti del convegno, 1978.

Cosenza, L.: Storia dell'abitazione (Vorwort R. Bianchi Bandinelli), Mailand, 1974.
La crescita dell'architettura. In: L'architettura – cronache e storia, Nr. 260 (Juni), Rom, 1977.

Costa, P., und E. Vicario: Yemen, a Land of Builders, London, 1978.

Costantine, M.: s. Selz.

Costanza Fattori, L.: R. Vantini, Brescia, 1963.

Costanzo, M., und V. Giorgi: Josef Paul Kleihues. Architetture museali, Mailand, 1991.

Coste, P.: Architecture Arabe, Paris, 1839 (Kairo, 1975).

Coudenhove-Erthal, E.: Carlo Fontana und die Architektur des römischen Spätbarocks, Wien, 1930.

Coulton, J.J.: The Architectural Development of the Greek Stoa, Oxford, 1977.

Cowan, H.I.: The Theory of Prestressed Concrete Design, London/New York, 1956.

Cox, P., und G. Luxas: Australian Colonial Architecture, 1978.

Cozzo, G.: Ingegneria romana, Rom, 1928.

Craby, J. (Hg.): 150 Years of Architecture in Ireland – RIAI 1839-1989, Dublin, 1991.

Craemer, U.: Das Hospital als Bautyp des Mittelalters, Köln, 1963.

Craig, E.G.: The Art of the Theatre, 1905.
On the Art of the Theatre, 1911.
Theatre Advancing, 1921.

Craig, M.: Dublin 1660-1860, London, 1952.
Architecture of Ireland, Dublin, 1978.

Cram, R.A.: The Substance of Gothic, 1917 (1925²).
The Catholic Church and Art, 1930.

Cramer, H.: Der Stuckmarmor, 1954.

Cramer, M., u.a.: Willem Marinus Dudok, 1884-1974, Amsterdam, 1981.

Cranston Jones, L.: M. Breuer, 1921-1962, Mailand, 1963.

Crawford, A.: Charles Robert Ashbee, London, 1985.

Creese, W.L.: The Search for Environment. The Garden City: Before After, London/New Haven, 1960 (1966).
The Legacy of Raymond Unwin. A Human Pattern for Planning, Cambridge (Mass.)/London, 1967.

Crema, L., s.a. EI: Pavimento: Flaminio Ponzio architetto milanese a Roma, Mailand, 1939.
Origini e impiego di fittili cavi nell'architettura romana. In: Bollettino del Centro storico per la storia dell'architettura, Nr. 6, Rom, 1956.
L'Architettura Romana, Turin, 1959.

Cremers, P.J.: Peter Behrens, sein Werk von 1909 ..., Essen, 1928.

Cremona, I.: Il tempo dell'Art Nouveau, Florenz, 1964.

Cresti, C., s.a. Bossaglia 1977: Le Corbusier, Florenz, 1969 (1973).
Alvar Aalto, Florenz, 1975.

Creswell, K.A.C.: Early Muslim Architecture, 2 Bde., Oxford, 1932 (1940; Reprint 1979).
The Muslim Architecture of Egypt, 2 Bde., Oxford 1952 (1959; Reprint 1979).
A Short Account of Early Muslim Architecture, Harmondsworth, 1958.

Crettol, M.: s. Amouroux.

Crisp, F.: Medieval Gardens, 2 Bde., 1924 (Reprint London, 1979).

Crispolti, E., s.a. EUA: Eclettismo; De Micheli 1971: I miti della macchina e altri temi del futurismo, Rom, 1969.
Imaginazione megastrutturale dal Futurismo ad oggi, Venedig, 1979.

Cristinelli, G.: Baldassare Longhena, architetto del '600 a Venezia, Padua, 1972.

Crook, J.M.: The Greek Revival, London, 1972.
William Burges and the High Victorian Dream, 1981.

Crosby, S.M., u.a.: The Royal Abbey of Saint-Denis in the Time of Abbot Suger (1122-1153), Kat.Ausst. New York, 1981.

Crowe, S.: Tomorrow's Landscape, London, 1956 (1963).
Garden Design, London, 1958a.
The Landscape of Power, London, 1958b.
The Landscape of Roads, London, 1960.

Crowther, R.L.: Ecologic-Architecture, London, 1991.

Cruden, S.: The Scottish Castle, Edinburgh, 1960.

Cruikshank, D. (Hg.): Gunnar Asplund, London, 1988.

Cuadra, M.: Architektur in Lateinamerika – Die Andenstaaten im 19. und 20.Jahrhundert, Darmstadt, 1991.

Cuisenier, J. (Hg.): L'Architecture rurale française. Corpus des genres, des types et des variantes.

Musée nationale des arts et tradition populaires, 22 Bde., 1977-83.

Culler, J.: Dekonstruktion – Derrida und die poststrukturalist. Literaturtheorie, Reinbek, 1988.

Culmann, K.K.: Die graphische Statik, Zürich, 1875.

Culot, M., und L. Grenier: Henri Sauvage, 1873-1932. ›L'Ame Fantastique‹. In: Architectural Association Quarterly 10, Nr. 2, 1978a.
Henri Sauvage's Quixotic Mind. In: Architecture and Urbanism, 11, 1978b.

Cunningham, C.: Victorian and Edwardian Town Hall, 1981.
(u.a.), Alfred Waterhouse 1830-1905, Kat.London, 1983.

Curdes, G., und R. Oehmichen (Hg.): Künstlerischer Städtebau um die Jahrhundertwende. Der Beitrag von Karl Henrici, Köln, 1981.

Curjel, H.: s. van de Velde 1910.

Curl, J.St.: The Egyptian Revival. An Introductory Study of a Recurring Theme in the History of Taste, London, 1982.

Curtis, R.A., u.a. (Hg.): Monumental Follies, Worthing, 1972.

Curtis, W.J.R.: Le Corbusier – Ideen und Formen, Stuttgart, 1987.

Cuvilliés, F. sen.: Livre de cartouches, München, 1738.
Morceaux ou caprices propres à divers usages, München, 1745.

Cuypers, J.T.J.: Het Werk van Dr. Petrus Josephus Cuypers, 1827-1927, Amsterdam, 1917.

Czech, H., und W. Mistelbauer: Das Looshaus, Wien, 1977.

D

Dacos, N.: La découverte de la Domus Aurea et la formation des grotesques à la Renaissance, London/Leiden, 1971.

Dahinden, J.: Stadtstrukturen für morgen, Stuttgart, 1971a.
Urbanisme, Brüssel, 1971b.

Dal Co, F.: s. Wingler; Meyer, H. 1969; Ciucci; Franciscono; Tafuri 1976.
Kevin Roche, Mailand, 1985.
(mit Polano, S.), Italian Architecture 1945-1985, 1988.
Figures of Architecture and Thought. German Architecture Culture 1880-1920, 1990.
(mit Muirhead, T.), I Musei di James Stirling, Michael Wilford and Associates, Mailand, 1990.

Dale, A.: James Wyatt, Architect, Oxford, 1956.

Dalisi, R.: Architettura d'animazione, Assisi/Rom, 1975.

Dal Monte, G.: Perspectivae libri VI, Pesaro, 1600.

D'Amato, C.: s. Cellini.

Dambeck, F.: Hans Stetthaimer und die Landshuter Bauschule. In: Verhandl. des Historischen Vereins für Niederbayern, 1957.

Dami, L.: Il giardino italiano, Mailand, 1924.

Damisch, H.: s. Bekaert.

Damus, M.: Das Rathaus – Architektur- und Sozialgeschichte von der Gründerzeit zur Postmoderne, Berlin, 1988.

D'Amico, S.: s. Arias.

D'Ancona, A.: Gli origini del teatro italiano, Turin, 1891.

Daneri, L.C., in: Casabella, Nr. 325 (April-Juni), Mailand, 1968.

Danesi, S., Patetta, L.: Il razionalismo e l'architettura in Italia durante il fascismo, Venedig, 1976.

Daniel, A.M.: The Early Architecture of Ralf Adams Cram, 1889-1902, 1980.

Daniel, G., s.a. Pagano Pogatschnig 1936: The Megalithic Builders in Western Europe, London, 1958.

Danis, E.: s. Adhémar.

Danmarks Architektur. Eine dänische Architekturgeschichte in 6 Bdn., 1980.
Modern Dansk Architecture, 1982.

Dannien-Maassen, H.: Johannes Krahn. Kirchenbau zwischen Tradition und Moderne. In: Jahrbuch für Architektur 1991 (Hg. Deutsches Architekturmuseum Frankfurt a. M.), Braunschweig/Wiesbaden, 1991.

Dardi, C.: Il gioco sapiente. Tendenze della nuova architettura, Padua, 1971.
Semplice lineare complesso, Rom, 1976.

Daremberg, Ch.-V., Saglio, E.: Dictionnaire des antiquités greques et romaines d'après les textes et les monuments, Paris, 1873-1914.

Darius, V.: Der Architekt Gottfried Böhm. Bauten der 60er Jahre, Düsseldorf, 1988.

Darley, G.: Villages of Vision, London, 1975.

Darling, S.: Chicago Ceramics and Glass, Chicago, 1979.

DAU: Dizionario enciclopedico di Architettura e Urbanistica (unter Leitg. von P. Portoghesi), 6 Bde., Rom, 1968-69.

Daumet, H.: Notice sur M. Abadie, Paris, 1886.

D'Auvergne, E.: Famous Castles and Palaces of Italy, London, 1911.

Davey, N.: Storia del materiale da costruzione, Mailand, 1965.

Davey, P.: The Arts and Crafts, Movement in Architecture. The Search for Earthly Paradise, 1980.

Davidovich, V.G.: Satellite Cities and Towns of the U.R.S.S. In: Soviet Geography, Bd. III, New York, 1966.

Davies, C.: High-Tech-Architektur, Stuttgart, 1988.

Davies, G.C.: The Origin and Development of Early Christian Church Architecture, London, 1952.

Davis, M.T.: The Choir of the Cathedral of Clermont-Ferrand. In: Journal of the Society of Architectural Historism 40, S. 181-202, 1981.

Davis, R.M.: s. Jacoby.

Davis, T.: The Architecture of John Nash ..., London, 1960.

DBI: Dizionario Biografico degli Italiani, Rom, 1960 ff.

De Anda Alanis, E.X.: Luis Barragán. Classico di Silencio, 1989.

De Angelis d'Ossat, G.: La forma e la costruzione delle cupole nell'architettura romana, Rom, 1940.
Nuovi dati sulle volte costruite con vasi fittili. In: Palladio, v, Mailand/Rom, 1941.
Le influenze bizantine nell'architettura romanica, Rom, 1942.
Civiltà romana: Tecnica costruttiva e impianti delle terme, Rom, 1943.
(mit Cantoni, A., Fariello, F., u.a.). La villa Lante di Bagnaia, Mailand, 1961.
Autonomia dell'architettura barocca veneta. In: Barocco Europeo e Barocco veneziano, Venedig, 1962 a.
Studi ravennati. Problemi di architettura paleocristiana, Ravenna, 1962 b.
(mit Pietrangeli, C.), Il Campidoglio di Michelangelo, Mailand, 1965.

Debenedetti, E. (Hg.): Carlo Marchionni, Rom, 1988.

De Bernardi Ferrero, D.: Il conte Juan Caramuel de Lobkowitz, vescovo di Vigevano, architetto e teorico dell'architettura. In: Palladio, Mailand/Rom, 1965.
Guarino Guarini e la sua arte, Turin, 1966.

De Beylié: L'habiation byzantine, Paris/Grenoble, 1902.

De Carlo, G.: William Morris, studio critico, Mailand, 1947.

Questioni di Architettura e Urbanistica, Urbino, 1965.
Urbino – La storia di una città e il piano della sua evoluzione urbanistica, Padua, 1966 (engl. Übers. Urbino, the History of a City and Plans for its Development, Cambridge (Mass.), 1970).
La piramide rovesciata, Bari, 1968 (engl. Übers. An Architecture for Participation, Melbourne 1972).

Decker, H.: Italia romanica, Wien/München, 1958.

Decker, P.: Fürstlicher Baumeister oder Architectura civilis. Wie größer Fürsten und Herren Palläste mit ihren Höfen. Lusthäusern, Gärten, Grotten, Orangerien und anderen dazu gehörigen Gebäuden anzulegen und nach heutiger Art auszuzieren, 2 Bde., Augsburg, 1711-16.
Architectura Theoretica Practica, Augsburg, 1720.

Deconstruction in Architecture, Architectural Design, Bd. 58, Nr. 3/4, London, 1988.

Decouchy, M.: V. Baltard, Paris, 1875.

De Felice, E.B.: Luce-Musei, Rom, 1966.

De Feo, V.: U.R.S.S., Architettura 1917-1936, Rom, 1963.
Andrea Pozzo. Architettura e illusione, Rom, 1988.

Defilippis, F.: Il Palazzo di Caserta e i Borboni di Napoli, Neapel, 1968.

De Fiore, G.: Baccio Pontelli architetto fiorentino, Rom, 1963.

Defranciscis, A., und R. Pane: Mausolei romani in Campanie, 1957.

De Fusco, R., s.a. De Micheli 1971: Il floreale a Napoli, Neapel, 1959.
L'idea di architettura. Storia della critica da Viollet-le-Duc a Persico, Mailand, 1964.
Il codice dell'architettura. Antologia di trattatisti, Neapel, 1968.
Storia e struttura. Teoria della storiografia architettonica, Mailand, 1970.
Luigi Vanvitelli, Neapel, 1973.
Storia dell'architettura contemporanea, Bari, 1974.
L'architettura dell'Ottocento, Turin, 1980.

De Ganay, E.: André Le Nostre, Paris, 1962.

Degani, S.: Genesi e sviluppo della cripta dell'VIII all'XI secolo. In: L'architettura religiosa del Medioevo occidentale. L'alto Medioevo, Mailand, 1958.

De Giorgi, G.: s. Conforto.

Dehio, G.: (mit von Bezold, G.), Die kirchliche Baukunst des Abendlandes, Stuttgart, 1887-1901 (Neuaufl. 1969 ff.).
Geschichte der deutschen Kunst, 8 Bde., Berlin/Leipzig, 1921-31 (1. Aufl. 1919 ff.; 1930-34⁴⁹).
Das Straßburger Münster, München, 1922.
(Hg.), Handbuch der deutschen Kunstdenkmäler, 5 Bde., Berlin, 1926-33 (1. Aufl. 1905-12; Neuaufl. Hg. E. Gall, 1935-56; 1964-79).
(Hg.), Die Kunstdenkmäler Österreichs, 1945 (1. Aufl. 1933-35).

Deichmann, F.W., s.a. EUA: Tardo antico, Architettura: Frühchristliche Kirchen in Rom, Basel, 1948.
Die Religion in Geschichte und Gegenwart, Tübingen, 1937.
Frühchristliche Bauten und Mosaiken von Ravenna, Baden-Baden, 1958.

Deilmann, H., u.a. Wohnungsbau – The Dwelling – L'Habitat, Stuttgart, 1973.

Delaborde, H.: Notice sur la vie et les ouvrages de H. Lefuel, Paris, 1882.

De Lasteyrie, R.: L'architecture réligieuse en France à l'époque gothique, 2 Bde., Paris, 1926-27.
L'architecture réligieuse en France à l'époque romane, Paris, 1929.

Del Bo, G.: Charles Fourier e la scuola societaria (1801-1922), Mailand, 1957.

Delevoy, R.L.: Victor Horta, Brüssel, 1958.

Della Pergola, P.: Villa Borghese, Rom, 1962.

Delling, R.: Deutsche Rathäuser, Frankfurt a. M., 1958.

Delmann, F.: Haus und Hof im Altertum, Berlin, 1927.

Delogu, G.: L'architettura italiana del Sei-e Settecento, Florenz, 1935.

De Long, D.G.: Bruce Goff – Towards Absolute Architecture (Vorwort F. Gehry), 1988.

Delorme, J.: Gymnasion. Étude sur les monuments consacrés à l'éducation dans la Grèce ancienne, Paris, 1960.

Delorme, Ph.: Premier Tome de l'Architecture, Paris, 1567-68.
Architecture de Philibert de l'Orme, Rouen, 1648 (Ridgewood, N.J., 1964).

Del Piazzo, M.: Ragguagli borrominiani, Rom, 1968.

Delporte, L.: s. Casc.

van Deman, E.B.: The Buildings of the Roman Aqueducts, Washington, 1934.

De Micheli, M., s. Bahr 1916: Le avanguardie artistiche del Novecento, Mailand, 1959 (1966, 1971).
(mit Crispolti, E., De Fusco, R., Quilici, V., Patetta, L., Vercelloni, C., Portoghesi, P., Verdone, M.), Futurismo. In: Controspazio, Sonderheft (April-Mai), Rom, 1971.

De Michelis, M., s.a. Cohen: (mit Pasini, P.), La città sovietica 1925-37, Padua, 1976.
Heinrich Tessenow 1876-1950. Das architektonische Gesamtwerk, Stuttgart, 1991.

Deming, M.K.: La Halle au blé de Paris 1762-1813 ..., Brüssel, 1984.

Demm, F.: Spanische Kolonialpaläste in Mexiko, Köln, 1991.

Demus, O.: The Church of S. Marco in Venice, Washington, 1960.

De Negri, E.: Galeazzo Alessi architetto a Genova, Genua, 1957.

Deneke, B., und R. Kahsnitz (Hg.): Das kunst- und kulturgeschichtliche Museum im 19. Jahrhundert (Studien zur Kunst des 19. Jahrhunderts), München, 1977.

Deneville, P.: Review of 1920 Edition of Ying-Tsao-fa-shih (»recensione all'ed 1920 dello Ying-Tsao-fa-shih«, il più antico manuale di arch. chinese). In: Bulletin de L'École française de l'Extrême Orient, Bd. xxv, Hanoi/Saigon/Paris, 1925.

Denyer, S.: African Traditional Architecture, New York, 1978.

Deonna, W.: Les lois et les rhythmes de l'art, Paris, 1914.
Primitivisme et Classicisme, les deux faces de l'histoire de l'art. In: Recherche, Nr. 2, 1940.

Deri, M.: Das Rollwerk in der deutschen Ornamentik des 16. und 17. Jahrhunderts, 1906.

De Rinaldis, A.: L'arte in Roma dal Seicento al Novecento, Bologna, 1948.

De Ruggiero, E.: Il Foro Romano, Rom/Arpino, 1912.

Derwig, J., und E. Mattie: Amsterdam School, 1991.

Derwin, H.: Geschichte des Christlichen Friedhofes in Deutschland, 1931.

Deschamps, P.: Les Cháteaux des Croisés en Terre-Sainte, Paris, 1934.

Descharnes, P., Prévost, Cl.: La vision artistique et réligieuse de Gaudí, Lausanne, 1969.

De Seta, C., s.a. Giolli; Pagano Pogatschnig 1976; Blunt 1978: Aalto e la critica. In: Il Verri, Nr. 23, Bologna, 1967.
La cultura architettonica in Italia fra le due guerre, 2 Bde., Bari, 1972 (1978).
Origini ed eclisse del movimento moderno, Rom/Bari, 1980.

Deshouilières, D.: Robert Mallet-Stevens (1886-1945) architecte, Brüssel, 1980.

Desideri, P., u.a.: Pier Luigi Nervi. Pläne, Skizzen und Werkverzeichnis, Zürich/München, 1982.

De Sivo, B.: Il ponte in acciaio nell'architettura moderna, Neapel, 1965.

L'architettura in Svizzera oggi, Neapel, 1968.

Detain, C.: s. Lacroux.

Dethier, J. (Hg.): Lehmarchitektur. Die Zukunft der vergessenen Bautradition, Kat. Ausst. Paris/Berlin, 1981.

(Hg.), Images et Imaginaires d'Architecture, Kat. Paris, 1984.

Michelangelo, Paris, 1951.

Deutsche Bauzeitung, Nr. 10/1984.

(Deutscher Werkbund): 50 Jahre Deutscher Werkbund, Frankfurt/Berlin, 1958.

Zwischen Kunst und Industrie. Der Deutsche Werkbund, Stuttgart.

Deutsches Architekturmuseum Frankfurt a.M. (Hg.): Ernst May und das neue Frankfurt 1925-1930, Berlin, 1986.

(mit dem Bauhaus-Archiv Berlin, Hg.), Hannes Meyer 1889-1954. Architekt, Urbanist, Lehrer, Berlin, 1989.

Devillers, P.: L'axe de Paris et André le Nôtre, Paris, 1959.

De Zurko, E.R.: Alberti's Theory of Form and Function. In: Art Bulletin, New York, 1957a.

Origins of Functionalist Theory, New York, 1957b.

Dezzi Bardeschi, M.: La cattedrale di Burgos, Florenz, 1965.

Frank Lloyd Wright, Florenz, 1970a.

La facciata di S. Maria Novella, Pisa, 1970b.

Dhuys, J.-F.: L'Architecture selon Émile Aillaud, Paris, 1983.

Diamant, R.M.E.: Industrialised Building, London, 1964.

Diaz, T.: s. Pulido.

Diehl, Ch.: Manuel d'art byzantin, Paris, 1925-26.

Diepolder, A.: Die attischen Grabreliefs des 5. und 4. Jahrhunderts v. Chr., Berlin, 1931.

Dieth, F.: s. Lieb 1960.

Dietterlin, W.: Architectura von Ausstheilung, Symmetrie und Proportion der fünf Seulen ..., Nürnberg, 1591.

Dieulafoy, M.: Le rythme modulaire du temple de Salomon. In: Académie des Inscriptions et Belles Lettres (Juli), Paris, 1913.

Diez, E.: Die Kunst der islamischen Völker, Berlin, 1923 (1928).

Di Forti, M.: Fourier e l'architettura della felicità socializzata, Bari, 1978.

Dimier, L.: Le Primatice, Paris, 1900 (1928).

Dimier, M.-A.: Recueil de plans d'églises cisterciennes, 3 Bde., Paris, 1949.

Dini, M.: Renzo Piano. Progetti e Architetture 1964-1983, Mailand, 1983.

Dinsmoor, W.B.: The Literary Remains of Sebastiano Serlio. In: Art Bulletin, New York, 1942.

The Architecture of Ancient Greece, London/New York, 1950³ (1975⁴).

Di Pasquale, S.: Primo rapporto sulla Cupola di Santa Maria del Fiore, Florenz, 1977.

Di Puolo, M.: s. Persico 1978.

Dirmoser, D., Ehrke, M., Evers, T., u.a. (Hg.): Vom Elend der Metropolen, Hamburg, 1990.

Disch, P., u.a. (Hg.): Architektur in der deutschen Schweiz 1980-1990. Ein Katalog und Architekturführer, 1990.

Disselhoff, H.D.: Geschichte der altamerikanischen Kulturen, Baden-Baden, 1967 (1. Aufl. Alt-Amerika. Die Hochkulturen der neuen Welt, 1960).

Di Stefano, G.: L'architettura gotico-sveva in Sicilia, Palermo, 1935.

L'architettura religiosa in Sicilia nel secolo XIII, Palermo, 1936.

Monumenti della Sicilia normanna, Palermo, 1955.

Di Stefano, R.: John Ruskin, Neapel, 1969.

Distel, K.: Ausstellungs- und Kongreßhallen in Deutschland, Hamburg, 1929.

Dixon, R., Muthesius, S.: Victorian Architecture, London, 1978.

Dixon Hunt, J.: William Kent. Landscape Garden Designer, London, 1987.

Djumenton, G.: s. Baburov.

Dmochowski, Z.: The Architecture of Poland, London, 1956.

Documenti di architettura armena (Hg. Milan Polytechnic University. Department of Architecture, Humanities Institute, Armenian SSR, Academy of Sciences), Bd. 1-20, Mailand.

Dodi, L.: s. Sitte.

Doernach, R., und G. Heid: Das Naturhaus, Frankfurt/M., 1982.

Das Biohaus für Dorf und Stadt, 1982.

Doesburg, Th. van: Classique – Baroque – Moderne, Paris, 1921.

Die neue Architektur und ihre Folgen, Berlin, 1925a.

Grundbegriffe der Neuen gestaltenden Kunst. In: Bauhausbücher, Nr. 6, München, 1925b.

Doesburg: Van Doesburg, 1883-1931, Kat. Ausst. Stedelijk van Abbemuseum, Amsterdam, 1969.

Doglio, C.: L'equivoco della città giardino, Florenz, 1974.

Döhl, R.: Hermann Finsterlin, Stuttgart, 1988.

Döhmer, K.: In welchem Stile sollen wir bauen? Architekturtheorie zwischen Klassizismus und Jugendstil, München, 1976.

Dolgner, D.: Deutsche Baukunst. Klassizismus, 1990.

Klassizismus, Leipzig, 1991.

Dollfus, J.: Les aspects de l'architecture populaire dans le monde, Paris, 1954.

Döllgast, H.: Ausstellungskatalog TU München, 1987.

Dolmann, G.: Das Grab Christi in Deutschland, 1922.

Domènech, L.: Arquitectura española contemporanea, Barcelona, 1967.

Arquitectura de siempre. Los años 40 en España, Barcelona, 1978.

Domènech i Montaner, s. Bohigas 1973.

Domenig, G.: Günther Domenig. In: Architecture and Urbanism 254, 1991.

Donadoni, S., s.a. EUA: Imhotep: Arte egizia, Turin, 1966.

Donati, U.: Carlo Maderno architetto ticinese a Roma, Lugano, 1957.

Donin, R.K.: Die Bettelordenskirche in Österreich, Wien, 1935.

Vincenzo Scamozzi und der Einfluß Venedigs auf die Salzburger Architektur, Innsbruck, 1948.

Caspar Mosbrugger und die Vorarlberger Bauschule. In: Mitteilungen der Gesellschaft für vergleichende Kunstforschungen in Wien, 5, 1952.

D'Onofrio, C.: Le fontane di Roma, Rom, 1957.

Gli obelischi di Roma, Rom, 1965.

van Doren, H.: Industrial Design, a Practical Guide, New York, 1949.

Dorfles, G., s.a. EUA: Industrial Design: L'architettura moderna, Mailand, 1954.

Il disegno industriale e la sua estetica, Bologna, 1963.

Nuovi riti, nuovi miti, Turin, 1965.

Il Kitsch, antologia del cattivo gusto, Mailand, 1968.

Marco Zanuso designer, Rom, 1970.

Introduzione al disegno industriale, Turin, 1972.

Döring, B.A.: M.D. Pöppelmann, der Meister des Dresdener Zwingers, Dresden, 1930.

Döring, W.: Perspektive einer Architektur, Frankfurt, 1973.

Wolfgang Döring, Architekt, Köln, 1989.

Dörpfeld, W.: Die Beleuchtung der griechischen Tempel. In: Zeitschrift für Gesch. der Architektur, 1. Jg., H. 1, 1913.

Alt-Athen und seine Agora, 1937.

D'Ors, E.: Du baroque, Paris, 1936.

Dorthuys, G.: Mart Stam, London, 1970.

dos Santos, R.: O estilo manuelino, Lissabon, 1952.

Historia del arte portugués, Barcelona/Madrid/Buenos Aires, 1960.

Dostál, O., Pechar, J., Procházka, V.: Moderni architektura v cekoslovensky, Prag, 1970.

Dött, J.K.: Protestant. Querkirchen in Deutschland und in der Schweiz, Münster, 1955.

Downes, K.: Nicholas Hawksmoor, London, 1959.

English Baroque Architecture, London, 1966.

Christopher Wren, London, 1971.

Vanbrugh, London, 1977.

The Architecture of Wren, London, 1982.

Sir John Vanbrugh. A Biography, London, 1987.

Downing, A.J.: A Treatise on the Theory and Practice of Landscape Gardening, London, 1841.

Cottage Residences, London, 1842.

Notes about Buildings in the Country, London, 1849.

The Architecture of Country Houses, London, 1850.

Doxiadis, K.A.: Raumordnung in griechischem Städtebau, Heidelberg/Berlin, 1937.

Drebusch, G.: Industriearchitektur, München, 1976.

Drepper, U. (Hg.): Das Werktor. Architektur der Grenze, München, 1991.

Drew, Ph.: The Third Generation, 1968 (dt. Die dritte Generation, Stuttgart, 1972).

Third Generation – The Changing Meaning of Architecture, London, 1972.

The Architecture of A. Isozaki, New York, 1982.

Frei Otto. Form und Konstruktion, 1983.

Drexler, A., s.a. Hitchcock 1952: The Architecture of Japan, New York, 1955.

Ludwig Mies van der Rohe, New York, 1960a.

Visionary Architecture, New York, 1960b.

The Drawings of Frank Lloyd Wright, New York, 1962.

(mit Rowe, C., Frampton, K.), Five Architects, New York, 1972.

Architecture of Skidmore, Owings & Merrill, New York, 1973 (London, 1974).

Charles Eames. Furniture from the Design Collection, Kat. Ausst. Museum of Modern Art, New York, 1973.

(Hg.), The Architecture of the École des Beaux Arts, New York, 1975 (London, 1977).

(Hg.), Transformations in Modern Architecture, Ausst. Kat. New York, 1979a.

The Museum of Modern Art, New York, 1979b.

The Architecture of Richard Neutra. From International Style to California Modern, Kat. Ausst. Museum of Modern Art, New York, 1982.

Drudi Gambillo, M., Fiori, T.: Archivi del Futurismo, 2 Bde., Rom, 1958-62.

Dubbini, R.: Architettura delle Prigioni. I luoghi e il tempo della punizione (1700-1880), Mailand, 1986.

Du Bourguet, P.: L'art copte, Paris, 1964.

Duboy, P.: Jean-Jacques Lequeu. An Architectural Enigma, London, 1986.

›du‹, Zürich: Utopia, Visionärer Städtebau gestern und heute, 1972 (Januar).

Duby, G.: Die Zeit der Kathedralen. In: Kunst und Gesellschaft, S. 980ff., 1980.

Histoire de la France urbaine: L'archéologie de notre vie moderne, 5 Bde. (1980-83), Paris, 1980f.

Ducellier, A.: Byzanz. Das Reich und die Stadt, 1990.

Du Cerceau, J.: Leçons de perspective, Paris, 1576.

Duchhardt-Bösken, S.: Der Mainzer Dom im 19. Jahrhundert. In: Willigis und sein Dom, Mainz, 1975.

du Colombier, P.: Les chantiers des cathédrales, Paris, 1953.
L'architecture française en Allemagne au XVIIIᵉ siècle, Paris, 1956.

Dudley Hunt, W.: The Contemporary Curtain Wall, New York, 1958.

von Duhn, F.: Italienische Gräberkunde, 1924.

Dunbar, J.G.: The Historic Architecture of Scotland, 1966.
Sir William Bruce, Kat. Ausst., Edinburgh, 1971.

Duncan, H.D., s.a. Condit 1960: Culture and Democracy. The Struggle for Form in Society and Architecture in Chicago and the Middle West during the Life and Times of Louis H. Sullivan, Totowa, 1965.

Dunlop, B., und M. Vignelli (Hg.): Arquitectonica, 1991.

Dunster, D.: Hector Guimard, New York, 1978a.
Venturi and Rauch, London, 1978b.
Alvar Aalto, New York, 1979.
Sir Edwin Lutyens. Architectural Monographs 6, 1980.
(Hg.), Robert Stern, London, 1981.
(Hg.), Alison and Peter Smithson, London, 1982.

Dunzhen, L.: La maison chinoise, 1980.

Duportal, J.: Charles Percier, Paris, 1931.

du Prey, P. Delaruffinière: John Soane's Architectural Education 1753-80, New York, 1978.
John Soane. The Making of an Architect, London, 1982.

Durach, F.: Das Verhältnis der Mittelalterlichen Bauhütte zur Geometrie, Stuttgart, 1928.

Durand, G.: Monographie de la cathédrale d'Amiens, Amiens/Paris, 1901.

Durand, J.-N.-L.: Recueil et parallèle des édifices en tout genre, Paris, 1800.
Précis des leçons d'architecture données à l'École Polytéchnique, Paris, 1802-1805.

Duras, A.: Die Architektenfamilie Lurago, ein Beitrag zur Kunstgeschichte Böhmens. Diss. phil. Köln, 1933 (Prag/Weinberge o.J.).

Dürer, A.: Etlicher Underricht zur Befestigung der Stett, Schloss und Flecken, Nürnberg, 1527 (Faksimile, Zürich 1971).

Durm, E.: Die Baukunst der Etrusker und Römer, Leipzig, 1905.

Durm, J., s.a. Stübben: Die Baukunst der Renaissance ..., Leipzig, 1914.

Durth, W.: Deutsche Architekten. Biographische Verflechtungen 1900-1970, 1987².

Dussler, L.: Benedetto da Maiano. Ein Florentiner Bildhauer des späten Quattrocento, München, 1923.

Dutli, P., Esefeld, J., Kreis, P.: Neue Stadträume in Barcelona. Stadterneuerung durch Plätze, Parkanlagen, Straßenräume und Skulpturen, Stuttgart, 1990.

Dvořák, M.: Katechismus der Denkmalpflege, Wien, 1918.
Geschichte der Italienischen Kunst im Zeitalter der Renaissance, München, 1927-1929.
Kunstgeschichte als Geistesgeschichte, München, 1928.

Dyggve, E.: Das Laphrion, Kopenhagen, 1943.
Aula sacra – aula sancta, Kopenhagen, 1959.

E

EA: Encyclopedia of Architects, 4 Bde., New York, 1982.

EAA: Enciclopedia dell'Arte Antica, 5 Bde., Rom, 1958-63.

EAM: Enciclopedia dell'architettura moderna, Mailand (Hg. G. Varaldo und P. Zucalli) Mailand, 1967 (dt. Knaurs 1963).

Eames, Ch.: Eames Celebration. In: The Architectural Design, Sonderheft (Sept.), London, 1966.
Eames: The Work of Charles and Ray Eames. Beiträge von R. Chaplau und Ph. Morrison, Kat. Ausst., 1977.

Earle, E.: The Kabuki Theatre, New York, 1956.

Eastwick, J., Stillman, J.: The Design and Practice of Joinery, London, 1958.

Ebert, M.: Real-Lexikon der Vorgeschichte, Berlin, 1924-32.

Ebhardt, B.: Die Burgen Italiens, 6 Bde., Berlin, 1909-27.

von Eckardt, W.: Eric Mendelsohn, New York, 1960.

Eckert, H.: Das Dach und seine Deckung, Köln/Braunsfeld, 1957.

Eckstein, H.: Die romanische Architektur. Der Stil und seine Formen, Köln, 1977.

›Edilizia moderna‹: fascicolo dedicato al grattacielo (Sonderheft zum Thema Wolkenkratzer), Nr. 80, Mailand, 1963.
fascicolo dedicato alle Esposizioni internazionali (Sonderheft über Internationale Ausstellungen), Nr. 84, Mailand, 1964.

Edschmid, K.: Frühe Manifeste. Epochen des Expressionismus, Hamburg, 1957.

Edwards, I.E.S.: The Pyramides of Egypt, Harmondsworth, 1947.

Egbert, D.D.: The Beaux-Arts Tradition in French Architecture, Princeton, 1980.

Egelius, M.: Ralph Erskine. The Human Architect. In: Architectural Design, Nov./Dez., London, 1977.
Ralph Erskine, arkitekt, Stockholm, 1988.

Eggeling, T.: Studien zum friderizianischen Rokoko, G.W. von Knobelsdorff als Entwerfer von Innendekorationen, Berlin, 1980.

Egger, H.: Beiträge zu Bregno, Zürich/Leipzig, 1927.

Egger, R.: Diakonikon. In: RDK, 1954.

Eggert, K., s.a. RDK (mit Braun, J.): Die Hauptwerke Friedrich von Gärtners: Baumeister König Ludwigs I., München, 1963.

Egli, E.: Sinan, der Baumeister osmanischer Glanzzeit, Zürich/Stuttgart, 1954 (1976).
Geschichte des Städtebaus, 3 Bde., Zürich/Stuttgart, 1959-67.
Davut, der Baumeister osmanischer Glanzzeit, 1976.

Ehrenkrantz, E.D.: The Modular Number Pattern, Flexibility through Standardisation, London, 1956.

Ehringhaus, S.: »... übrigens im ausgesprochenen Gegensatz zur Auffassung eines Corbusier ...«. In: Frauen Kunst Wissenschaft, H. 13, 1992.

Ehrmann, A., Ranke, H.: Ägypten und ägyptisches Leben im Altertum, Tübingen, 1923.

EI: Enciclopedia Italiana, 36 Bde. und 2 Bde. Suppl.: Rom, 1929ff. (1938; 1948-49; 1961-62; 1978-79).

Eichberg, H., u.a.: Massenspiele. NS-Thingspiel, Arbeiterweihespiel und olympisches Zeremoniell, Stuttgart, 1977.

Eiffel, G.: La Tour de trois cents mètres, 2 Bde., Paris, 1900.

Einsingbach, W.: Johann Maximilian von Welsch. In: Nassauische Annalen, Nr. 74, Nassau, 1963.

Eisen-Architektur: Die Rolle des Eisens in der historischen Architektur der ersten Hälfte des 19. Jahrhunderts (Hg. Internat. Council of Monuments and Sites), Bad Ems, 1979.

Eisenarchitektur-Icomos-Kolloquien 1978, 1981, 1984, Hannover 1979, 1982, 1985.

Eisenarchitektur: 100 Jahre Architektur in Chicago, Kat. München, 1973.

Eisenman, P.: From Object to Relationship II: Giuseppe Terragni. Casa Giuliani Frigerio, Casa del Fascio. In: Perspecta – The Yale Architectural Journal, Nr. 13-14, New Haven, 1971.
Giuseppe Terragni. Transformations, Decompositions, Critiques, Cambridge (Mass.), London, 1979.
John Hejduk – 7 Houses, 1980.
Moving Arrows, Eros and other Errors, London, 1988.
a + u Extra Edition: Peter Eisenman, 1988.
Peter Eisenman, Madrid, 1989.

Eiserne Brücken im 19. Jahrhundert in Deutschland, Düsseldorf, 1991.

Eisler, M.: Der Baumeister Berlage, Wien, 1921.

Elbert, C.: Die Theater Friedrich Weinbrenners. Bauten und Entwürfe (Weinbrenner-Edition, Bd. 1), Karlsruhe, 1988.

Eliash, H., und M. Moreno: Arquitectura moderna en Chile 1930-1960. Santiago de Chile

Elliott, C.D.: Technics and Architecture, Cambridge (Mass.), 1992.

Ellis, M.H.: Francis Greenway, His Life and Times, 1949 (1966²).

Emmet Taylor, R.: No Royal Road, L. Pacioli and his Times, Chapel Hill, 1942.

Encarnaçao, J.L., Lindner, R., Schlechtendahl, E.G. (Hg.): Computer Aided Design. Fundamentals and System Architectures, 1990².

Enge, T.O., und C.F. Schöer (Hg.): Gartenkunst in Europa. 1450-1800. Vom Villengarten der italienischen Renaissance bis zum englischen Landschaftsgarten, 1990.

Engel, H.: The Japanese House, 1964.

Engelbach, R., s.a. Clarke, S.: The Problem of the Obelisks, London, 1923.

Engelmann, C., und C. Schädlich: Die Bauhausbauten in Dessau, Berlin, 1991.

Engels, F.: The Condition of the Working Class in England in 1844, London, 1845 (1892).
Zur Wohnungsfrage, Leipzig, 1872 (Berlin, 1948).

English, M.: Testament of Stone, Evanston, 1963.

Enlart, C.: Origines françaises de l'architecture gothique en Italie, Paris, 1894.
Manuel d'archéologie française, 4 Bde., Paris, 1919-32².

Epp, H.: C.L. Engel, ein deutscher Baumeister in Reval und Helsinki. In: Der Deutsche im Osten, 6, 1943.

Ercolani, G.M. [Neralco P (astore) A (rcade)]: I tre ordini d'architettura dorico, ionico e corintio presi dalle fabbriche più celebri dell'antica Roma, e posti in uso con un nuovo esattissimo metodo, Rom, 1744.

Erdberg, E.: Chinese Influence on European Garden Structures, Cambridge (Mass.), 1936.

von Erdberg-Consten, E.: Chinesische Architektur, Japanische Architektur. In: Propyläen Kunstgeschichte, Bd. XVII, Frankfurt/Berlin, 1968.

Erdmann, K. (Karl): Der Bogen. In: Jahrbuch für Kunstwissenschaft, 1929.
Zur Genesis der romanischen Stufenportale, 1931.

Erdmann, K. (Kurt): Die anatolische Karavansaray des 13. Jhs., 2 Bde., Berlin, 1961 (1976).

Erdmannsdorf, F.: Friedrich Wilhelm von Erdmannsdorf 1736-1800, Kat. Wörlitz, 1986.

von Erffa, W.: Die Dorfkirche als Wehrbau, 1938.

Erickson, A.: The Architecture of Arther Erickson, 1975 (London, 1988).

Erlande-Brandenburg, A.: Triumph der Gotik. 1260-1380 (Gotik II), 1988.

Ernst, L.: Manieristische Florentiner Baukunst, Potsdam, 1933.

ES: Enciclopedia dello Spettacolo, Rom, 1954-62.

Eschapasse, M.: L'architecture bénédictine en Europe, Paris, 1963.

Eschwege, H.: Die Synagoge in der deutschen Geschichte, Dresden, 1980.

von Essenwein, A.: Der Wohnbau des Mittelalters, Leipzig, 1908.

Etlin, R. A.: Modernism in Italian Architecture 1890-1940, Cambridge, 1991.

Ettinghausen, R., und O. Grabar: The Art and Architecture of Islam 650-1250, 1988.

Ettlinger, L. D.: Gottfried Semper und die Antike, Halle, 1937.

EUA: Enciclopedia Universale dell'Arte, 15 Bde., Venedig/Rom, 1958-67.

Evans, A. J.: The Palace of Minos, 4 Bde., London, 1921-36.

Evans, J.: The Romanesque Architecture of the Order of Cluny, Cambridge, 1938 (Nachdruck 1972).

English Art 1307-1461, Oxford, 1949.

John Ruskin, London, 1954.

Evans, R.: The Fabrication of Virtue. English Prison Architecture 1750-1840, Cambridge, 1982.

Evens, D.: Malta, Köln, 1963.

Evenson, N.: Two Brazilian Capitals: Architecture and Urbanism in Rio de Janeiro and Brasilia, New Haven/London, 1973.

Paris. A Century of Change, 1878-1978, New Haven, 1979.

Evers, H. G.: Herrenchiemsee. In: Tod, Macht und Raum als Bereich der Architektur, München, 1970.

Eyck, A. van: Aldo van Eyck. Projekten 1948-1961, Groningen, 1981.

Aldo van Eyck, Amsterdam, 1982.

Aldo van Eyck. Projekten 1962-1976, Groningen, 1983.

Niet om het even ... wel even waardig. Van en over Aldo van Eyck, Amsterdam, 1986.

Eydoux, H. P.: L'architecture des églises cisterciennes d'Allemagne, Paris, 1952.

F

Faber, C.: Candela/The Shell Builder, New York, 1963 (London 1968).

Faber, T.: Arne Jacobsen, Mailand, 1964.

A History of Danish Architecture, Kopenhagen, 1967 (dt. 1978).

(mit J. Frederiksen), Jorn Utzon. Houses in Fredensborg, Berlin, 1991.

von Fabriczy, K.: Giulianos da Sangallo kronologisches Prospekt. In: Jahrbuch der Preussischen Kunstsammlungen, Suppl., Berlin, 1902.

Fachbereich Stadt- u. Landschaftsplanung Gesamthochschule Kassel (Hg.): Leberecht Migge 1881-1935 – Gartenkultur des 20.Jhs., Worpswede, 1981.

Faensen, H., und K. G. Beyer: Kirchen und Klöster im alten Rußland. Stilgeschichte, 1983.

Siehe die Stadt, die leuchtet. Altrussische Baukunst von 1000 bis 1700. Geschichte, Symbolik, Funktion, 1990.

Fagan, B. M.: Ancient North America. The Archaeology of a Continent, London, 1991.

Fagiolo dell'Arco, M. (Marcello): Funzioni, simboli, valori della Reggia di Caserta, Rom, 1963.

(mit Fagiolo dell'Arco, Maurizio), Bernini. Una introduzione al gran teatro del Barocco, Rom, 1966.

Fagiolo dell'Arco, M. (Maurizio): Omaggio a Balla (Balla futurista), Rom, 1967.

Fagone, V.: Luciano Baldessari, progetti e scenografie, Mailand, 1982.

Fähler, E.: Feuerwerke des Barock, Stuttgart, 1974.

Fairbank, W. (Hg.): Liang Ssu-ch'eng. A Pictorial History of Chinese Architecture, 1984.

Fahkry, A.: The Pyramids, 1961.

Fallani, G., u.a.: Bernini in Vaticano, Kat. Ausst. Rom, 1981.

Falqui, E.: Bibliografia e iconografia del futurismo, Florenz, 1959.

Fanelli, G.: Architettura moderna in Italia 1900-1940, Florenz, 1968 a.

Architettura moderna in Olanda, Florenz, 1968 b (Neuaufl. Architettura Edilizia Urbanistica Olanda 1917-1940, Florenz 1978).

Moderne architektuur in Nederland 1900-1940, 's-Gravenhage, 1978.

(mit E. Godoli), La Vienna di Hoffmann – architetto della qualità, 1981.

(mit Gargiani, R.), Auguste Perret, Bari, 1991.

Stijl-Architektur: Der niederländische Beitrag zur frühen Moderne, Stuttgart, 1985.

Fant, A.: s. Rauh.

Fara, A.: Bernardo Buontalenti. Architekt und Festungsbauer, 1990.

Farbe bekennen. Margareth Dorigatti – Joachim Szymczak, Kat. Berlin, 1985.

Fariello, F., s. a. De Angelis d'Ossat 1961: Architettura dei giardini, Rom, 1961 (1967).

Fasolo, F.: L'opera di Hieronimo e Carlo Rainaldi, Rom, 1960.

Fasolo, V.: Sistemi ellittici nell'architettura. In: Architettura e arti decorative, x, Nr. 7, Rom, 1931.

Fathy: H. Fathy. Architecture for the Poor, 1973.

Faulkner, T., und A. Greg: John Dobson, Newcastle, 1987.

Favaro-Fabris, M.: L'architetto Francesco Maria Preti di Castelfranco Veneto, Treviso, 1954.

Fawcett, Ch.: The New Japanese House, London, 1980.

Fawcett, J.: Seven Victorian Architects (Alfred Waterhouse, Civic Grandeur), London, 1976.

Fedden, R., und J. Kenworthy-Browne: The Country House Guide, 1979.

Federici Vescovini, G.: Studi sulla prospettiva medievale, Turin, 1965.

Fehling, H., und D. Gogel: L'architettura di Fehling e Gogel, Vitalità dello espressionismo, Bari, 1981.

Grundrißanalysen, Berlin, 1986.

Fehling & Gogel. In: Werk, Bauen + Wohnen, H. 7/8, 1988.

Fehr, G.: Benedikt Rieth, München, 1961.

v. Feldegg, F.: s. Niemann.

Feilberg, C. G.: La tente noire: contribution ethnographique à l'histoire des nomades, Kopenhagen, 1944.

Fein, A., s.a. Hitchcock 1970: Landscape into Cityscape: Frederick Law Olmsted. Plans for a Greater New York, Ithaca, 1967.

Feldhaus, F. M.: Die Technik der Antike und des Mittelalters, Potsdam, 1931.

Felicetti-Liebenfels, W.: Die Geschichte der byzantinischen Ikonenmalerei, Olten/Lausanne, 1956.

Felley, J.-P., und O. Kaeser: Mario Botta. Construire les objets. Œuvre Design 1982-1989, Martigny, 1989.

de Fels, F.: Ange-Jacques Gabriel, premier architecte du roi, Paris, 1911 (1924).

Fenton, A., und B. Walker: The Rural Architecture of Scottland, 1981.

Ferguson, W. M., Rohn, A. H., Royce, J. Q.: Mesoamerica's Ancient Cities, 1991.

Fergusson, J.: The Cave Temples of India, London, 1880.

History of Indian and Eastern Architecture, 3. Bd. der History of Architecture in all Countries from the Earliest Times to the Present Day, London, 1873-76 (1910).

Ferlenga, A. (Hg.): Aldo Rossi. Architetture 1959-1987, Mailand, 1987.

Ferlin, A.: Aldo Rossi. Architecture 1959-1987, Cambridge (Mass.), 1989.

Fernandez, O.: Eugène Freyssinet, 1978.

Fernie, E.: The Architecture of the Anglo-Saxons, New York, 1983.

Ferrara, G.: The Italian Landscape. L'architettura del paesaggio italiano, Padua, 1968.

Ferrara, W., und F. Quintero: Michelozzo di Bartolommeo, Florenz, 1984.

Ferrari, G.: La tomba nell'arte italiana, Mailand, 1917.

L'architettura rusticana nell'arte italiana dalle capanne alle chiese medievali, Mailand, 1925.

La Terracotta e pavimenti in laterizio nell'arte italiana, Mailand, o.J. (1928).

Ferri, S.: s. Vitruv.

Ferriday, P., s.a. Pevsner 1963 a: Victorian Architecture, London, 1963.

Syllabus in Stone. The Albert Memorial by George Gilbert Scott. In: Architectural Review, Nr. 135, Westminster, 1964.

Ferrua, A.: Lavori e scoperte nelle catacombe, Vatikanstadt, 1958.

Feuchtmüller, R.: Die spätgotische Architektur und Anton Pilgram, Wien, 1952.

Jakob Prandtauer und sein Werk. In: Jakob Prandtauer und sein Kunstkreis, Kat. Ausst. Wien, 1960.

Feuerstein, G.: New Directions in German Architecture, New York, 1968.

(mit Sorkin, M., Werner, F., Hg.), Coop Himmelblau. Offene Architektur, Stuttgart, 1991.

Feulner, A.: Johann Michael Fischer, ein bürgerlicher Baumeister der Rokokozeit, 1691-1766, Wien, 1920.

Hans Krumppers Nachlass. Risse und Zeichnungen von F. Sustris, H. Gerhard und Hans Krumpper. In: Münchner Jahrbuch, München, 1922.

Die Asam-Kirche in München, München, 1932.

Fichera, F.: G. B. Vaccarini e l'architettura del Settecento in Sicilia, Rom, 1934.

Luigi Vanvitelli, Rom, 1937.

Fichten, J.: The Construction of Gothic Cathedrals. A Study of Medieval Vault Erection, Oxford, 1961.

Fichtner, K.: Die Geschichte des Fußbodenbelages in Deutschland, 1929.

Fiedermutz-Laun, A.: Der Lehmbau in Afrika südlich der Sahara. In: Wichman, H. (Hg.): Architektur der Vergänglichkeit. Lehmbauten der Dritten Welt, Basel, 1983.

Fiedler, W.: Das Fachwerkhaus in Deutschland, Frankreich und England, Berlin, 1902.

Fields, D. W. (Hg.): Tadao Ando: Dormant Lines, New York, 1990.

Filarete, Averlino, A.: Trattato di architettura, Manuskr. Mailand, 1454-64 (1. auszugsweise Ausg. Antonio Averlino Filarete, Traktat über die Baukunst, Hg. W. von Oettingen, Wien, 1896).

Filippini, F.: Le opere architettoniche di Aristotile Fioravanti in Bologna e in Russia. In: Cronache d'Arte, II, 1925.

Giuseppe Piermarini nella vita e nelle opere, Foligno, 1936.

Filler, M., und O. Boissière: Frank Gehry. Vitra Design Museum, Stuttgart, 1990.

Fillia, Colombo, E.: La nuova architettura. Turin, 1931.

Fillitz, H.: Das Mittelalter I. In: PKG, Berlin, o.J.

Fils, A.: Das Centre Pompidou in Paris – Idee – Baugeschichte – Funktion, München, 1980.

Oscar Niemeyer, 1982.

Brasilia. Moderne Architektur in Brasilien, Düsseldorf, 1988.

Fimmen, D.: Die kretisch-mykenische Kultur, Leipzig/Berlin, 1924².

Finck, E.: Die gotischen Hallenkirchen Westfalens, Emsdetten, 1934.

Finelli, L., s. a. DAU: Esterno; Stringher: Pienza tra ideologia e realtà, Bari, 1979.

Fingerhut, P.: Schieferdächer. Technik und Gestalt der altdeutschen Schieferdeckung unter der Berücksichtigung der Denkmalpflege, 1982.

Fink, J.: Die Kuppel über dem Viereck, Ursprung und Gestalt, Freiburg, 1958.

Finsterlin, H.: s. Borsi 1968.

Finoli, A. M.: s. Filarete.

Fiocchetto, R.: Bruce Goff 1904-1982. Dizionario monografico degli architetti moderni e contemporanei 3, Rom, 1990.

Fiocco, G.: (u. a), Michele Sanmicheli, Studi Raccolti, Venedig, 1960.
Alvise Cornaro, il suo tempo e le sue opere, Venedig, 1965.

Fiorani, C.: Giardini d'Italia, Rom, 1960.

Fiore, F. P., s. a. Marconi 1973, 1978: Città e macchine del '400 nei disegni di Francesco di Giorgio Martini, Florenz, 1978.

Fiori, L. (Hg.): E. N. Rogers. Disegni e progetti, 1982.

Fiori, T.: s. Drudi Gambillo.

Firpo, L.: Leonardo, architetto e urbanista, Turin, 1963.

Fischer, A.: Fischer-Essen. Wohnhausform, Weg zur Gestaltung, 1950.

Fischer, B.: Hanse-Städte, Geschichte und Kultur, 1981.

Fischer: Karl von Fischer, Kat. München, 1982.

Fischer, M., H. Hipp und V. Plagemann (Hg.): Wohnstadt Hamburg. Mietshäuser der 20er Jahre zwischen Inflation und Weltwirtschaftskrise, Hamburg, 1982.

Fischer, M. F.: Die Umbaupläne des G. B. Piranesi für den Chor von S. Giovanni in Laterano. In: Münchner Jahrbuch der bildenden Kunst, XIX, München, 1968.

Fischer, Th.: Vorträge über Proportionen, München/Berlin, 1934.

Fischer, V. (Hg.): Architoons. Die autobiographischen Popveduten eines amerikanischen Architekten, Berlin, 1988.
(mit Bru, E., i Bistuer, u. a.), Neue Architekturtendenzen Barcelona (Hg. Deutsches Architekturmuseum Frankfurt a. Main), Berlin, 1991.

Fischer, W.: J. J. P. Oud. Bauten 1906-1963, München, 1965.

Fischer-Hölzl, M.: Theophilus Hansen, Leben und Frühwerke, Phil. Diss. Graz, 1946.

Fischer von Erlach, J. B.: Entwurf einer Historischen Architektur in Abbildung unterschiedener Berühmter Gebäude des Altertums und fremder Völker, Wien/München, 1721 (Leipzig 1725).

Fisher, G., Stamp, G., u. a.: Catalogue of the Drawings Collection of the R. I. B. A. The Scott Drawings, London, 1981.

Fisher, K.: s. Millech 1951.

Fisher, K. und F. R. Yerbury: Moderne dänische Architektur, 1927.

Fitch, J. M., s. a. Gropius, I.: American Building. The Forces that Shape it, Boston, 1948.
Walter Gropius, New York, 1961 a.
Architecture and the Esthetics of Plenty, New York/London, 1961 b.

Fitchen, J.: The Construction of Gothic Cathedrals, Oxford, 1961.

Fitzpatrick, Sh.: The Commissariat of Enlightment. Soviet Organisation of Education and the Arts under Lunacharsky, October 1917-1921, Cambridge (Mass.), 1970.

Flagge, I.: (mit Tigerman, St.), Ironimus. Architekten sind auch nur Künstler. Architects are only Artists, Berlin, 1989.

(mit Henkel, J., Seufert, W. R.), Entwürfe für das Kino von morgen (Hg. Filmförderungsanstalt, Berlin und der Hauptverband Deutscher Filmtheater e. V., Wiesbaden), Basel, 1990.
Architektur – Licht – Architektur, Stuttgart/Zürich, 1991.

Fleig, K. (Hg.): Alvar Aalto 1922-1962, Zürich, 1963.
Alvar Aalto 1963-1970, Zürich, 1971.
(mit Aalto, E.), Alvar Aalto 1971-76, Zürich, 1978.

Fleischhauer, W.: Barock im Herzogtum Württemberg, Stuttgart, 1958.

Fleischmannn, C. (Hg.): Bauhaus: Drucksachen-Typographie-Reklame, 1984.

Fleming, J.: Robert Adam and his Circle in Edinburgh and Rome, London, 1962.

Fleming, L., und A. Gore: The English Garden, 1979.

Flemming, W.: Die Begründung der modernen Aesthetik und Kunstwissenschaft durch L. B. Alberti, Leipzig, 1916.

Fletcher, B.: A History of Architecture on the Comparative Method, London, 1896 (1961).

Fletcher, D. A.: Introduction to Architectural Design, New York, 1947.

Flores, C., s. Collins, G. R. 1968; Soria y Mata: Arquitectura española contemporànea, Madrid, 1961.

Focillon, H.: Giovanni Battista Piranesi, Paris, 1918 (1963).
Vie des formes, Paris, 1933.
L'art d'Occident, Paris, 1938.
(mit Abraham, P., Godfrey, W. H., Lambert, E., Baltrušaitis, J., Aubert, M.), Le problème de l'ogive. In: Recherche, 1, 1939.
L'an Mil, Paris, 1952.

Foerster, R. H.: Das Barock-Schloß. Geschichte und Architektur, 1981.

Fogaccia, P.: Cosimo Fansago, Bergamo, 1945.

Foggi, F.: s. Salvi.

Foley, M. M.: The American House, 1980.

Folguera, F.: s. Rafols.

Foltyn, L.: Slowakische Architektur und die tschechische Avantgarde 1918-1939, 1991.

Fonatti, F.: Giuseppe Terragni, Poet des Rationalismo, Wien, 1987.

Fonseca, L., und A. Saldarriaga: Aspectos de la arquitectura contemporánea en Colombia, Bogotá, 1977.

Fontaine, P.-F.-L., Percier, Ch.: Palais et maisons de Rome moderne, Paris, 1798.
Recueil de décorations intérieurs, Paris, 1812.

Fontana: Lucio Fontana, Kat. Ausst. München, 1983.

Fontana, V.: Fra Giovanni Giocondo. Architetto 1433-1515, Vicenza, 1988.

Fontanesi, G.: Francesco Milizia, Bologna, 1932.

Forde, D. (Hg.): African Worlds, Studies in the Cosmological Ideas and Social Values of African Peoples, Cambridge, 1954.

Forsee, A.: Frank Lloyd Wright, Rebel in Concrete, Philadelphia, 1959.

Forssman, E.: Säule und Ornament, Stockholm, 1956.
Palladios Lehrgebäude, Stockholm, 1965.
Dorisch, Jonisch, Korinthisch, Studien über den Gebrauch der Säulenordnungen in der Architektur des 16. bis 18. Jahrhunderts, Uppsala, 1961 (Reprint 1984).
Karl Friedrich Schinkel – Bauwerke und Baugedanken, 1981.

Forster, K. W.: Benedetto Antelami, München, 1961.
Karl Friedrich Schinkel. Späte Projekte, Late Projects. Die Pliniusvillen, Königspalast auf der Akropolis, Schloß Orianda, Berlin, 1992.

Förster, O. H., s. a. EUA: Bramante; Bramante, Wien/München, 1956.

Förster, O. W.: Das Befestigungswesen, 1960.

›Forum‹: Sonderheft über G. De Carlo (Jan.), Amsterdam, 1972.

Fossati, P.: Il design in Italia 1945-72, Turin, 1972.
Il design, Rom, 1973.
La realtà attrezzata. Scena e spettacolo dei futuristi, Turin, 1977.

Fossi, M.: Bartolomeo Ammannati architetto, Neapel, o. J. (1967).

Foster, N.: a + u Extra Edition: Norman Foster 1964-1987. 55 Works, 1988.
Buildings and Projects of Foster Associates, 1964-1971 (Bd. 1), 1971-1978 (Bd. 2), 1978-1982 (Bd. 3), Berlin, 1989, 1991.
Foster Associates, London, 1991.

Foucart, G.: Histoire de l'ordre lotiforme, Paris, 1897.

Foucault, M.: Surveiller et punir. Naissance de la prison, Paris, 1975 (dt. Überwachen und Strafen. Die Geburt des Gefängnisses, Frankfurt a. M., 1976 (1981⁴).
Andere Räume. In: Idee, Prozess, Ergebnis – Die Reparatur und Rekonstruktion der Stadt, Berlin, 1984.

Fouché, M.: Percier et Fontaine, Paris, 1905.

Fourier, F.-M.-Ch.: Œuvre complète (u. a. mit folgenden Aufsätzen): Théorie des quatre mouvements et des destinées générales (1808); Traité de l'association domestique agricole (1822); Le Nouveau Monde Industriel et Societaire (1829); Cités Ouvrières: Des Modifications à introduire dans l'architecture des Villes (1849), Paris, 1841-49 (Paris, 1968).

Fox, H. M.: André le Nôtre, London, 1962.

Fraccaro De Longhi, L.: L'architettura delle chiese cistercensi italiane (Vorwort E. Arslan), Mailand, 1958.

Frampton, K., s. a. Drexler 1972; Battisti 1979: Five Architects. In: Lotus, Nr. 9 (Febr.), Venedig, 1975.
Modern Architecture. A Critical History, London, 1980.
(mit Kolbowski, S., Hg.), O. M. Ungers. Works in Progress, New York, 1981.
Bohigas, Martorell, Mackay. 30 anni di Architettura 1954-1983, Mailand, 1984.
(Hg.), Campi, Pessina, New York, 1987.
(mit Jencks, Ch.), Richard Meier. Bauten und Projekte 1979-1989, Stuttgart, 1991.

Frampton, K., und C. Rowe. Five Architects – Eisenman, Graves, Gwathmey, Hejduk, Meier, New York, 1972.
Hans Hollein: Museum Mönchengladbach, 1982.
Tadao Ando, New York, 1984.

Francastel, P.: Le style Empire, Paris, 1939.
Art et Technique aux XIXᵉ et XXᵉ siècles, Paris, 1956 (1958).
Peinture et société. Naissance et destruction d'un espace plastique. De la Renaissance au Cubisme, Lyon, 1951.
Les architectes celèbres, 2 Bde., 1959.

France-Lanord, A.: Emmanuel Héré de Corny. Architecte du Roi Stanislaus, Nancy, 1984.

Francesco di Giorgio: s. Martini, F. di Giorgio.

Franchetti Pardo, V.: Architettura austriaca moderna, Bologna, 1967.

Franciscono, M.: Walter Gropius and the Creation of the Bauhaus in Weimar, Urbana, 1971.

Franck, C.: Die Barockvillen in Frascati. Ihre Gestaltung aus den landschaftlichen Gegebenheiten, Berlin/München, 1956.

Franck, K., und S. Giedion: Affonso Eduardo Reidy – Bauten und Projekte, Stuttgart, 1960.

de Francovich, G.: Benedetto Antelami architetto e scultore, e l'arte del suo tempo, Mailand/Florenz, 1952.

Frank, E.: Pensiero organico e architettura wrightiana, Bari, 1978.

Frank, H. (Hg.): Faschistische Architekturen. Planen und Bauen in Europa 1930 bis 1945, 1990.

Frank, J.: Architektur als Symbol. Elemente deutschen neuen Bauens, Wien, 1931.

Frankfort, H.: The Art and Architecture of the Ancient Orient, Pelican History of Art, Harmondsworth, 1954.

Frankfurt a. Main: DAM ›bauen heute‹, Architektur der Gegenwart in der Bundesrepublik Deutschland, Kat. Ausst. Frankfurt a. Main, 1985.

Charles Moore, Bauten und Projekte 1949-86 (Johnson, Eugene J., Hg.), Kat. Ausst. Dt. Architekturmuseum, Frankfurt a. M., 1987.

Mies van der Rohe. Vorbild und Vermächtnis (Zukowsky, J., und Schwarz, H. P.: Vorwort/Konzept), Kat. Ausst. Dt. Architekturmuseum, Frankfurt a. M., 1987.

Neue Museumsbauten in der BRD (mit Text von Markus Lüpertz), Kat. Ausst. DAM (engl./dt.), Frankfurt a. M., 1985.

Frankl, K.: The Works of Alfonso Eduardo Reidy, London, 1960.

Frankl, P.: Die frühmittelalterliche und romanische Baukunst, Wildpark/Potsdam, 1926.

The Gothic, Literary Sources and Interpretations through Eight Centuries, Princeton, 1960 (1966).

Gothic Architecture, Pelican History of Art, Harmondsworth, 1962 (1970²).

Franklin, J. W.: The Cathedrals of Italy, London/Batsford, 1958.

Franz, E.: Pierre Michael d'Ixnard, Weißenhorn, 1985.

Franz, H. G.: Gotik und Barock im Werk des G. Santin-Aichel. In: Wiener Jahrbuch der bildenden Kunst, 1927.

Die Kirchenbauten des Ch. Dientzenhofer, Brünn/München/Wien, 1942.

Zacharias Longuelune und die deutsche Baukunst des 18. Jahrhunderts in Dresden, Berlin, 1953.

Beiträge zur Baukunst des 17. und 18. Jahrhunderts in Böhmen, Marburg, 1954.

Bauten und Baumeister der Barockzeit in Böhmen, Leipzig, 1962.

Pagode, Turmtempel, Stupa. Studien zum Kultbau des Buddhismus in Indien und Ostasien, Graz, 1978.

Palast, Moschee und Wüstenschloß. Das Werden der islamischen Kunst im 7. bis 9. Jahrhundert, 1983 (Graz, 1984).

Frasheri, Gj., und S. Dashi: Zhvillimi i arkitektures islamike shqiptare të xhamive (Development of the Albanian Architecture of Mosques), Nr. 2, Monumentet, Tiranë, 1986.

Fräßle, K.: Carl Haller von Hallerstein, Diss. Freiburg i. Br., 1971.

Frateili, E.: Design e civiltà della macchina, Rom, 1969.

Fraticelli, V.: s. Accaso.

Frédéric, L.: Sud-Est-Asiatique, 1964.

Freeden, M. H., s. a. EUA: Neumann: Jakob Wolff d. Ä. als Baumeister Julius Echters auf der Festung. In: Würzburger Generalanzeiger, 14. Juni, Nr. 137, 1941.

Kunst und Künstler am Hofe des Kurfürsten Lothar Franz von Schönborn, Würzburg, 1949.

Balthasar Neumann, München/Berlin, 1950 (1953; erw. Aufl. 1981).

Freeland, J. M.: Architecture in Australia, a History, Sidney, 1968.

Frei, H.: Louis Henry Sullivan, Zürich, 1992.

Freixa, J.: José Luis Sert, Zürich, 1980.

Fremantle, K.: The Baroque Town Hall of Amsterdam, Utrecht, 1959.

French, Y.: The Great Exhibition: 1851, London, 1950.

Frey, D., s. a. Dehio 1945: Bramantes St. Peter-Entwurf und seine Apokryphen, Wien, 1915.

Fischer von Erlach. Eine Studie über seine Stellung in der Entwicklung der Wiener Palastfassade, Wien, 1923 a.

Michelangelo Buonarroti architetto, Rom, 1923 b.

Architecture of the Renaissance from Brunelleschi to Michelangelo, Den Haag, 1925.

Architettura barocca, Rom/Mailand, 1926.

Frey, K.: Die Loggia dei Lanzi, Berlin, 1886.

Freyrie, E.: s. Bargellini.

Frick, H.: Traditional Rural Architecture and Building Methods in the Hills of Central-Eastern Nepal, Rugell, 1989.

Friebe, W.: Architektur der Weltausstellungen 1851-1970. Bauten der Weltausstellungen, Stuttgart, 1983.

Friedman, M. (Hg.): De Stijl, 1917-1931, Visions of Utopia, Kat. Ausst. Minneapolis/New York, 1982.

Friedman, T.: James Gibbs as a Church Designer, Derby, 1984.

Friedman, Y.: L'architecture mobile. Vers une cité conçue par ses habitants, Tournai, 1970.

Pour l'architecture scientifique, Paris, 1971.

Fries, C.: s. Boethius 1962.

de Fries, H.: Karl Schneider – Bauten, Berlin/Leipzig/Wien, 1929.

Frigerio, F.: Antiche porte di città italiche e romane, Como, 1935.

Fröhlich, M.: Kritischer Katalog, Gottfried Semper, Basel, 1973.

Gottfried Semper, Zürich, 1991.

Fröhlich, M., und H. G. Sperlich: Georg Moller, 1959.

Frommel, Ch. L.: Die Farnesina und Peruzzis architektonisches Frühwerk, Berlin, 1961.

(mit St. Ray und M. Tafuri) Raffael. Das architektonische Werk, Stuttgart, 1987.

(u. a.), Giulio Romano, Mailand, 1989.

Frost, A. C.: s. McGrath.

Fuerst, V.: The Architecture of Sir Christopher Wren, London, 1956.

Fühlrott, R. (Hg.): Vom Bauen neuer Bibliotheken. Erinnerungen, Erfahrungen, Planungen, 1983.

Fuhring, P., und R. Eggink: Binnenhuis-architectuur in Nederland, 1900-1981, 1981.

Fuhrmann, E.: Der Grabbau, München, 1923.

Fullaondo, J. D.: Martorell, Bohigas, Mackay. Arquitectura 1951-1952, Barcelona/Madrid, 1974.

Fuller, R. B.: Intuition, New York, 1972.

Konkrete Utopie, Düsseldorf, 1974.

Funaro, B.: s. Baker, G.

Funck-Heller, Ch.: Le très noble et très droit réseau fondamental. De la proportion, l'équerre des maîtres d'œuvres, Paris, 1951.

Furttenbach, J.: Neues Itinerarium Italiae, Ulm, 1626.

Architectura civilis, Ulm, 1628.

Architectura martialis, Ulm, 1630.

Architectura universalis, Ulm, 1635.

Architectura recreationis, Augsburg, 1640.

Architectura privata, Augsburg, 1662.

Futagawa, Y.: (Hg.), Houses by MLTW, Bd. 1, 1959-75, Tokio, 1975.

(mit P. Nicolin), Housing Complex at the Gallaratese quarter, Mailand, 1978.

Frank Lloyd Wright, Werkausgabe in 12 Bdn., 1984 f.

(Hg.), Ricardo Bofill. Taller de Arquitectura, Tokio, 1985.

(Hg.), Tadao Ando, Tokio, 1988.

(Hg.): Arata Isozaki, 2 Bde., Tokio, 1991-92.

Fyfe, Th.: Hellenistic Architecture, An Introduction Study, Cambridge, 1936.

Fyot, E.: Influence Didactique de Hugues Sambin sur le Décor d'Architecture. In: Bulletin Archéologique, S. 207-236, 1925.

G

GA – Global Architecture, Tokio 1960 ff.

1. F. L. Wright: Johnson & Son. Administration building and research tower.
2. F. L. Wright: Kaufmann house, ›Fallingwater‹.
3. MLTW/Moore, Lyndon, Turnbull and Whitaker: Sea Ranch.
4. K. Roche and J. Dinkeloo: Ford foundation building and the Oakland Museum.
5. L. Kahn: Richards medical research building and Salk institute.
6. E. Saarinen, Deere & Co. and Bell laboratories.
7. Le Corbusier: La Chapelle de Ronchamp.
8. R. J. Neutra: Kaufmann ›Desert house‹ and Tremaine ›House in Montecito‹.
9. J. Stirling: Leicester and Cambridge University.
10. A. Aalto: La maison Louis Carré.
11. Le Corbusier: Le convent de la Tourette.
12. Philip Johnson house.
13. Le Corbusier: Villa Savoye.
14. L. Mies van der Rohe: Crown Hall and New National Gallery, Berlin.
15. F. L. Wright: Taliesin East and West.
16. A. Aalto: Church in Vuoksenniska and city center in Seinäjoki.
17. A. Gaudí: Casa Battló and Milá.
18. Le Corbusier: L'unité d'habitation: Marseille and Berlin.
19. Taller de Arquitectura: La Manzanera and El Castell.
20. P. Rudolph: Boston Government Service Center and the Chapel in Tuskegee.
21. H. Scharoun: Berlin Philharmonic Concert Hall.
22. R. Meier: Smith House and House in Old Westbury.
23. Atelier, 5: Terrace Houses, Flamatt, Halen and Brügg.
24. A. Aalto: Town Hall in Säynätsalo and Kansaneläkelaitos.
25. F. L. Wright: House in Oak Park and River Forest.
26. E. Saarinen: TWA Terminal Building and Dulles Airport.
27. L. Mies van der Rohe: Farnsworth House.
28. J. Portman: Hyatt Regency, Atlanta, Chicago and San Francisco.
29. K. Roche and J. Dinkeloo: Aetna Life Insurance and College Life Insurance.
30. Le Corbusier: Chandigarh.
31. G. Birkerts: IBM Information Systems Center and Federal Reserve Bank.
32. Le Corbusier, Sarabhai House and Shodhan House.
33. B. Goff: Bavinger House and Price House.
34. R. Meier: Douglas House.
35. L. Kahn: Indian Inst. of Management and Exeter Library.
36. F. L. Wright: Guggenheim Museum and Marin County Civic Center.
37. Le Corbusier: Millowners Building and Carpenter Center.
38. L. Kahn: Yale Art Gallery and Kimbell Art Museum.
39. Venturi and Rauch: Vanna Venturi House, Brant House and Tucker III House.
40. F. L. Wright: Pfeiffer Chapel, Florida Southern College and Beth Sholom Synagogue.
42. V. Hora: Hôtel van Eetvelde and Maison et Atelier Horta.
43. M. Breuer: Koerfer House, Stillman House III and Gagarin House II.
44. Piano + Rogers architects: Ove Arup engineers, Centre Beaubourg, Paris.
45. C. Aymonino/A. Rossi: Housing complex at the Gallaratese Quarter.

47. O. Wagner: Post Office, Savings Bank and Church of St. Leopold am Steinhof.

48. L. Barragán: House and Atelier for Barragán, Los Clubes & San Cristobal.

49. C. R. Mackintosh: The Glasgow School of Art.

50. C. Scarpa: Cemetery Brion-Vega.

51. C. Scarpa: Showroom of Olivetti, Querini Stampaglia Library and Castelvecchio Museum.

52. L. H. Sullivan: National Farmer's Bank & Merchant's National Bank.

53. F. L. Wright: The Imperial Hotel.

54. J. Utzon: Sydney Opera House, Sydney, Australia.

55. Byker Redevelopment by R. Erskine.

56. Eigen Haard Housings & Apartment Blocks (Henriette Ronnerplein) by Michel de Klerk.

58. Willem Marinus Dudok: Town Hall Hilversum, Netherlands, 1928-1931.

59. C. Pelli: Commons & Courthouse Center: Pacific Design Center: Rainbow Mall and Winter Garden.

60. R. Meier: The Atheneum, New Harmony, Indiana 1975-79.

61. J. Utzon: Church at Bagsvaerd, Denmark 1973-76.

62. E. G. Asplund: Woodland Crematorium & Chapel: Public Library.

63. C. Scarpa: Banca Popolare di Verona, Head Office Verona, Italy 1873-1981.

64. Manteola Sánchez Gómez, Santos, Solsona, Viñoly: Banco de la Ciudad de Buenos Aires, Argentina, Head Office, 1968/Liniers Branch, 1969/Retiro Branch, 1970.

65. Sánchez Elia, Peralta Ramos, Agostini y Clorindo Testa: Banco de Londres y América del Sud, Casa Central, Buenos Aires, Argentina, 1959-66.

66. Greene & Greene: David B. Gamble House, Pasadena, California, 1908.

67. Alvar Aalto: Villa Mairea, Noormarkku, Finland, 1937-39.

Gabain, A. von: Einführung in die Zentralasienkunde, Darmstadt, 1979.

Gabetti, R.: Origini del calcestruzzo armato, Turin, 1955.

Problematica antonelliana. In: Atti e rassegna tecnica della Società ingegneri e architetti di Torino, Turin, 1962.

(mit Olmo, C.), Le Corbusier e l'Esprit Nouveau, Turin, 1975.

Gabriel, A.: Monuments turcs d'Anatolie, Bd. I und II, Paris, 1931 (1934).

Gabriele, R.: s. Volponi.

Gadol, J.: Leon Battista Alberti, Universal Man of the Early Renaissance, Chicago/London, 1969.

Gaehtgens, T. W.: Napoleons Arc de Triomphe, Göttingen, 1974.

Gail, A. J.: Klöster in Nepal. Ikonographie buddhistischer Klöster im Kathmandutal, 1991.

Galante Garrone, V.: L'apparato scenico nel Dramma Sacro in Italia, Turin, 1935.

Galardi, A.: New Italian Architecture, New York, 1967.

Galassi, G.: Roma o Bisanzio, Rom, 1953.

Galdieri, E.: Le meravigli dell'architettura in terra cruda, 1982.

Gall, E., s. a. Dehio 1926-33: Die gotische Baukunst in Frankreich und Deutschland, Leipzig, 1925.

Handbuch der deutschen Kunstdenkmäler, München, 1949 ff. (Neubearbeitung).

Die gotische Baukunst in Frankreich und Deutschland, Braunschweig, 1955.

Gallacini, T.: Trattato di T. Gallacini sopra gli errori degli architetti, postume Ausg. (Hg. A. Visentini), Venedig, 1767.

Gallas, K.: Kreta. Von den Anfängen Europas bis zur kreto-venezianischen Kunst, Köln, 1987.

Sizilien. Insel zwischen Morgenland und Abendland, Köln, 1987.

Gallet, M.: Demeures Parisiennes. L'époque de Louis XVI, Paris, 1964.

Ledoux à Paris, Paris, 1979.

Claude-Nicolas Ledoux, Leben und Werk des französischen ›Revolutionsarchitekten‹, Stuttgart, 1983.

Gabriel Boffrand, Paris, 1986.

The Architecture of Claude Nicolas Ledoux. Unpublished Projects, Berlin, 1991.

Gallet, M., und Bottineau: Les Gabriels, 1982.

Galli da Bibiena, F.: L'architettura civile preparata sulla geometria e ridotta alle prospettive, considerazioni pratiche, Parma, 1711.

Direzioni ai giovani studiosi del disegno dell'architettura civile e della prospettiva teorica, Bologna, 1731 ff.

Gallimberti, M.: Giuseppe Jappelli, Padua, 1963.

Galling, K.: Der Altar in den Kulturen des alten Orients, Berlin, 1925.

Gallo, R.: L'Architettura di transizione dal Gotico al Rinascimento e Bart. Bon, Venedig, 1962.

Gans, H. J.: Die Lewittowner – Soziographie einer Schlafstadt, Gütersloh, 1969.

Gantner, J., und A. Reinle: Kunstgeschichte der Schweiz, 4 Bde., Frauenfeld, 1936-62.

Ganz, J.: Alessio Tramello, Frauenfeld, 1968.

Garcia Bryce, J.: 150 años de arquitectura peruana. In: Boletín del Centro de Investigaciones Históricas y Estéticas, H. 3, Caracas, 1965.

La arquitectura en el Virreinato y la República. In: Mejia Baca, J. (Hg.): Historia del Perú, Bd. 9, Lima, 1980.

Gardi, R.: Auch im Lehmhaus läßt sich's leben, Graz, 1973.

Gargana, A.: La casa etrusca, Mailand, 1934.

Garin, E.: s. Hay, D.

Garlake, P.: Simbabwe, Bergisch-Gladbach, 1975.

Garnier, Ch.: Le nouvel Opéra, Paris, 1876-81.

Garnier, T.: Une cité industrielle, Étude pour la construction des villes, Paris, 1917.

Les grands travaux de la ville de Lyon. Études, projets et travaux exécutés par Tony Garnier, Paris, 1919.

Tony Garnier. L'œuvre complète, Kat. Paris, 1990.

Gärtner, H. (Hg.): Schinkel-Studien, o. O., 1984.

Gasparini, G.: América, Barroco y Arquitectura, Caracas, 1972.

Gastoné, G. G.: La vie musicale de l'Église, Paris, 1926.

Gatti, A.: La basilica petroniana, Bologna, 1913.

Gatti Perer, M. L.: Carlo Giuseppe Merlo architetto, Mailand, 1966.

Gatz-Hierl: Treppen + Treppenhäuser, München, 1954.

Gaube, H., und E. Wirth: Der Bazar von Isfahan, 1978.

Gaus, J.: Carlo Marchionni, Köln, 1967.

Gavinelli, C., Gibelli, M. C.: Città e territorio in Cina, Rom/Bari, 1976.

Gayle, M., Gillon, E. V.: Cast Iron Architecture in New York City, Dover, 1974.

Gaynor, J. S., Toesca, I.: San Silvestro in Capite, Rom, 1963.

Gazaneo, J. O., Scarone, M. M.: Lucio Costa, Buenos Aires, 1959.

Gazzola, P.: Opere di Alessio Tramello architetto piacentino, Rom, 1935.

(Hg.), Michele Sanmicheli, Verona, 1960.

Ponti romani, 2 Bde., Mailand, 1963.

Gebeßler, E. (Hg.): Schutz und Pflege von Baudenkmälern in der BRD, Köln, 1980.

Gebhard, D.: (mit Winter, R.), Architecture in Southern California, Los Angeles, 1965.

Rudolf Schindler, London, 1971 (New York 1972).

Charles F. A. Voysey Architect, Los Angeles, 1978.

Gebhard, J.: Fritz Höger. Baumeister in Hamburg, 1952.

Geddes, P.: City Development. A Study of Parks, Gardens, and Culture, Edinburgh, 1904.

Cities in Evolution. An Introduction to the Town Planning Movement and to the Study of Civics …, London, 1915 (1949; 1968).

Geer, W.: The Story of Terracotta, New York, 1920.

Gehry, F.: The Architecture of Frank Gehry, New York, 1986 (dt. Frank Gehry und seine Architektur, Basel, 1989).

Frank O. Gehry, Madrid, 1990.

Gehry, Frank. Projets en Europe, 1991, Kat. Paris, 1991.

Geiger, F.: Die Front-, Eck- und Schattenperspektive, 1978 (8. Aufl.).

Geisendorf, O.: Dichte individuelle Wohnbauformen. Eine systematische Beispielsammlung, 1982.

Geist, J. F.: Passagen: ein Bautyp des 19. Jahrhunderts, München, 1969 (erw. Aufl. 1982).

(mit K. Kürvers), Das Berliner Mietshaus 1740-1862 (Bd. I), 1862-1945 (Bd. II), 1945-1989 (Bd. III), München, 1980, 1981, 1984, 1989.

Geldner, F.: s. Roritzer 1486.

Gengaro, M. L.: L. B. Alberti, Mailand, 1939.

di Gennaro, G. (Hg.): Prison Architecture. An International Survey of Representative Closed Institutions and Analysis of Current Trends in Prison Design. UNSDRI, London, 1975.

Gentili Tedeschi, E.: Luigi Figini e Gino Pollini, Mailand, 1959.

Genzmer, F.: Bade- und Schwimmanstalten. In: Handbuch der Architektur, 4. Teil, 5. HBd., 3 H., Stuttgart, 1899.

Georgiades, G.: Les ports de la Grèce dans l'antiquité, o. O. 1907.

Gere, C. H.: s. Ascombe.

Geretsegger, H., und M. Peifner: Otto Wagner 1841-1918. Unbegrenzte Großstadt – Beginn der modernen Architektur, Salzburg, 1964 (erw. Neuaufl. 1983).

von Gerkan, A.: Griechische Städtanlagen, Berlin/Leipzig, 1924.

(mit Krischen, F.), Thermen und Palästren, 1928.

Charités, Bonn, 1957.

Von antiker Architektur und Topographie, Stuttgart, 1959.

Der Altar des Artemistempels in Magnesia am Mäander, Berlin, 1929.

Gerkens, G.: Das fürstliche Lustschloß Salzdahlum und sein Erbauer Herzog Anton Ulrich von Braunschweig-Wolfenbüttel, Braunschweig, 1974.

Gerland, O.: Paul-Charles und Simon-Louis du Ry, Künstler der Barockzeit, Berlin, 1891-99.

Germann, G.: Gothic Revival in Europe and Britain, London, 1972.

Gothic Revival in Europe and Britain. Sources, Influences and Ideas, London, 1973.

Neugotik, Geschichte ihrer Architekturtheorie, Stuttgart, 1974.

Einführung in die Geschichte der Architekturtheorie, Darmstadt, 1982 (1987²).

Germer, S., und A. Preiß: Giuseppe Terragni 1904-1943. Moderne und Faschismus in Italien, 1990.

Gersbach, A.: Geschichte des Treppenbaus der Babylonier und Assyrer, Aegypter, Perser und Griechen, Straßburg, 1917.

Gerson, H., ter Kuile, E. H.: Art and Architecture in Belgium 1600-1800, Pelican History of Art, Harmondsworth, 1960.

Gerstenberg, K., s. a. Busch: Deutsche Sondergotik, eine Untersuchung über das Wesen der deutschen Baukunst im späten Mittelalter, München, 1913 (1969).

Die deutschen Baumeister-Bildnisse des Mittelalters, Berlin, 1966.

Gerster, G.: L'art éthiopien. Églises rupestres, La Pierre-qui-Vire, 1968.
Kirchen im Fels, Stuttgart, 1968.

Gesell, G.C.: Town, Palace and House Cult in Minoan Crete, Göteborg, 1985.

von Geymüller, E.: Raffaello Sanzio studiato come architetto, Mailand, 1884.

von Geymüller, H.: s. Stegmann.

de Geymüller, H.: Les Du Cerceau, leur vie, leur œuvre, Paris, 1887.

Ghidiglia Quintavalle, A., s.a. DBI: Antonio di Vincenzo, Rilievi su alcuni palazzi fiorentini dell'Ammannati, Neapel, 1932.

Ghirshman, R.: Iran, Paris, 1951.
Iran. Parthes et Sassanides, Paris, 1962.
Perse – Proto-iraniens, Mèdes, Achéménides, Paris, 1963.

Ghyka, M.C.: Le nombre d'or. Rites e rythmes pytagoriciens, Paris, 1931 (1972).
Essai sur le rythme, Paris, 1938.
A Practical Handbook of Geometrical Composition and Design, London, 1952.

Giani, G.: Il futurismo (1910-16), Venedig, 1950.

Giannelli, A., s.a. EI: Capriata: Scienza delle costruzioni, Mailand, 1961.

Gibbs, A.: The Story of Telford, the Rise of Civil Engineering, London, 1935.

Gibbs, J.: A Book of Architecture, London, 1728 (1739).

Gibbs-Smith, C.H.: The Great Exhibition of 1851: A Commemorative Album, London, 1950.

Gibelli, M.C.: s. Ganivelli.

Gibellino Krasceninnicova, M.: L'architettura russa nel passato e nel presente, Rom, 1963.

Gibson: s. Koffka.

Giedion, S., s.a. Le Corbusier 1937-66: Spätbarokker und romantischer Klassizismus, München, 1922.
Space, Time and Architecture. The Growth of a New Tradition, Cambridge (Mass.), 1941 (1949²; dt. Raum, Zeit, Architektur, Ravensburg, 1965).
Mechanization takes Command. A Contribution to Anonimous History, Oxford, 1948 (dt. 1955).
A Decade of Modern Architecture, Zürich, 1954.
Walter Gropius, Zürich/Stuttgart, 1954.
Architektur und Gemeinschaft, Hamburg, 1956.
(mit Burle Marx, R.), Neuere Arbeiten des Brasilianischen Gartengestalters, Zürich, 1956.
H. Labrouste, Paris, 1960a.
Bauten und Projekte von E.A. Reidy, Stuttgart, 1960b.
The Eternal Present: a Contribution of Constancy and Change. The Beginnings of Architecture, 2 Bde., New York, 1962-64.
Architektur und das Phänomen des Wandels, Tübingen, 1969.

Giedion, S.: Die Herrschaft der Mechanisierung, Frankfurt a.M., 1982.

Giedion-Welcker, C.: Plastik des XX. Jahrhunderts, Volumen – Raumgestaltung, Stuttgart, 1955.
Park Güell de Antonio Gaudí, Barcelona, 1966.

Gifford, J.: William Adam (1689-1748), Edinburgh, 1989.

Giglioli, G.Q.: L'arte etrusca, Mailand, 1935.

Gilchrist, A.A.: William Strickland, Architect and Engineer, Philadelphia, 1950.
Additions to William Strickland. In: Journal of the Society of Architectural Historians, New York, 1954.
J. Haviland before 1816. In: Journal of the Society of Architecture Historians, New York, 1961.

Gille, B.: Leonardo e gli ingegneri del Rinascimento, Mailand, 1972.

Gillispie, C.C. (Hg.): Monuments of Egypt, 1987.

Gillon, E.V.: s. Gayle.

Gilson De Long, D.: The Architecture of Bruce Goff: Buildings and Projects, New York, 1977.

Gimpel, J.: I costruttori delle cattedrali, Mailand, 1961.

Gin-Dih Su: Chinese Architecture, Hongkong, 1964.

Ginhart, K., s.a. Dehio 1945: Die karolingischen Flechtsteine in Kärnten, 1942.

Ginzburg, M.J.: Saggi sull'architettura costruttivista (Hg. E. Battisti; Vorwort G. Canella), Mailand, 1977.

Giolli, R.: L'architettura razionale (Hg. C. De Seta), Bari, 1972.

Giordani, P.L., s.a. Howard, E. 1902: Il futuro dell'utopia, Bologna, 1969.

Giordano, G.: La moderna tecnica delle costruzioni in legno, 2 Bde., Mailand, 1964.

Gioseffi, D., s.a. EUA: Prospettiva: Perspectiva artificialis, Triest, 1957.
La cupola vaticana. Un'ipotesi michelangiolesca, Triest, 1960.
Giotto architetto, Mailand, 1963.

Giovannoni, G.: Opere dei Vassalletto marmorari romani. In: L'arte, XI, 1908.
Vecchie città ed edilizia nuova. In: Nuova Antologia, Rom, 1913.
La tecnica delle costruzioni presso i Romani, Rom, 1925 (Rep. Rom 1969).
La tecnica delle costruzioni romane a volta, Rom, 1930.
Architettura del Rinascimento, Saggi, Mailand, 1935.
Il restauro dei monumenti, Rom, o.J. (1945).
Antonio da Sangallo, il Giovane, 2 Bde., Rom, 1959.

Giovannozzi, V.: s. Silvani.

Girardi, V.: Appunti su Joseph Maria Olbrich. In: L'architettura – cronache e storia, Nr. 175-79 (Mai-Sept.), Rom, 1970.

Girouard, M.: Robert Smythson and the Architecture of the Elizabethan Era, London, 1966.
The Victorian Country House, Oxford, 1971.
Alfred Waterhouse and the Natural History Museum, New Haven/London, 1980.
Robert Smythson and the Elizabethan Country House, London, 1983.

Girsberger, H.: s. Le Corbusier 1967; Adler.

Giuliano, A., s.a. Bianchi Bandinelli 1973; Urbanistica delle città greche, Mailand, 1966.

Giurescu, D.C.: The Razing of Romania's Past, London, 1990.

Giurgola, G.: Louis I. Kahn, Stuttgart, 1979.

Giurgola, R., und J. Metha: Louis I. Kahn, Architect, Zürich/München, 1975.

Giusti Baculo, A.: Otto Wagner. Dell'architettura di stile allo stile utile, Neapel, 1970.

Gjerstad, E.: s. Boëthius 1962.

Glaab, Ch.N., Brown, A.Th.: History of Urban America, New York, 1967.

Glaeser, L.: The Work of Frei Otto, Kat. Ausst. The Museum of Modern Art, New York, 1972 (Neuaufl. Stuttgart 1977).
Mies van der Rohe. Furniture and Drawings, New York, 1977.

Glaser, H., Pufendorf, L.v., u.a. (Hg.): So viel Anfang war nie. Deutsche Städte 1945-1949, 1990.

The Glasgow School of Art (Hg.): Mackintosh's Masterwork – The Glasgow School of Art, Berlin, 1989.

Glassberg, D.: The Public Bath Movement in America. In: American Studies, Bd. 20, Nr. 2, 1979.

Glatz, R.: Einführung in den Stahlbetonbau, Karlsruhe, 1962.

Glazychev, V., und I. Palmin: The Building of Modern Russia. Art and Architecture 1850-1950, 1991.

Gleiniger, A.: Ferdinand Kramer und der Siedlungsbau des Neuen Frankfurt. In: Lichtenstein, C. (Hg.): Ferdinand Kramer. Der Charme des Systematischen, Kat. Zürich/Frankfurt, Gießen, 1991.

Gleize, M.: Les monuments du groupe d'Angkor, 1963.

Gleizes, A.: Vom Kubismus, Berlin, 1921.
Kubismus. In: Bauhausbücher, Nr. 13, München, 1928.

Glibota, A.: Helmut Jahn, Paris, 1987.

Gloag, J.: (mit Bridgewater, D.), A History of Cast Iron in Architecture, London, 1948.
Victorian Comfort, London, 1961.
Victorian Taste, London, 1962 (1972).

Glozer, L.: Westkunst. Zeitgenössische Kunst seit 1939, Köln, 1981.

Glück, F.: s. Loos 1962.

Glück, H.: Megaron, hilani und apadana, Wien, 1922.
Die Kunst der Seldschuken in Kleinasien und Armenien. Bibliothek der Kunstgeschichte 61, Leipzig, 1923.
Der Ursprung des römischen und abendländischen Wölbungsbaues, Wien, 1933.

Glück, J.F.: Afrikanische Architektur. In: Tribus, N.F. 6, 1956.

Glusberg, J.: Miguel Angel Roca, arquitecto, Buenos Aires.
Mario Roberto Alvarez. In: Contemporary architects, S. 32, New York, 1980.

Gobelin, F.: Les châteaux de France, Paris, 1962.

Gockell, B.: Über die Verwendung von vorgehängten Fassaden, Diss., Darmstadt, 1964.

Godard, A.: The Art of Iran, London, 1965.

Godfrey, W.H.: s. Focillon 1939.

Godin, J.B.: Solutions sociales, Paris, 1870.

Godoli, E.: s. Borsi 1976.

Godwin, G.: A History of Ottoman Architecture, Baltimore, 1971.

Godwin, Ph.: Brazil Builds, Kat. Ausst. New York, 1943.

Goebel, R.: s. Bock.

Goepper, R.: Alchi. Buddhas, Göttinnen, Mandalas, Wandmalereien in einem Himalaya-Kloster, Köln, 1982.

Goerki, C.: Giovanni d'Agostino. In: Burlington Magazin LXXXV, 1944.

Goethals, E.: Arcs, voûtes, coupoles, Brüssel, 1947.

Goethe, J.W. von: Von deutscher Baukunst. Dis Manibus Erwini a Steinbach, 1773. In: Poet. Werke und Schriften, Bd. XVI, Stuttgart, 1961.
Versuch, die Metamorphose der Pflanzen zu erklären, Weimar, 1790.
Winckelmann und sein Jahrhundert, Tübingen, 1805.

Göhring, O.: Der Schornstein, 1950.

Goldberger, P.: The Skyscraper, 1981.
Wolkenkratzer. Das Hochhaus in Geschichte und Gegenwart, 1984.
Renzo Piano. Buildings and Projects 1971-1989, New York, 1989.

Goldfinger, E.: Auguste Perret, Writings on Architecture, London, 1972.

Golombek, L., und D. Wilber: The Timurid Architecture of Iran and Turan, 1988.

Golücke, D.: Bernhard Hoetger. Bildhauer, Maler, Baukünstler, Designer, Kat. Dortmund/Worpswede, 1984.

Golvin, J.-C., und Ch. Landes: Amphitheatres & Gladiateurs, 1990.
(mit Goyon, J.C.), Die Baumeister von Karnak, 1990.

Golvin, L.: La mosquée, Algier, 1960.

Golzamt, E.: William Morris et la genèse sociale de l'architecture moderne, Rom, 1967.

Golzio, V.: Il Seicento e il Settecento, 2 Bde., Turin, 1950 (1955).
(mit Zander, G.), Le chiese di Roma dall' XI al XVI secolo, Bologna, 1963.

Gombrich, E. H.: Art and Illusion, New York 1959.
The Sense of Order, 1979 (dt. Ornament und Kunst, Stuttgart, 1982).
Gómez Moreno, M.: Arte Mudéjar Toledana, Toledo, 1906.
Iglesias Mozárabes, 2 Bde., Madrid, 1919.
Gomme, A., Walker, D.: Architecture of Glasgow, London, 1969.
Goodwin, G.: A History of Ottoman Architecture, London, 1971 (1987²).
Gordon, D. H.: The Prehistoric Background of Indian Culture, Bombay, 1958.
Gori-Montanelli, L.: Brunelleschi e Michelozzo, Florenz, 1957.
Giudizio sul Buontalenti architetto. In: Saggi di storia dell'arch. in onore di V. Fasolo, Rom, 1961.
Gorman, J. F.: The Architecture of Frank Furness, 1973.
Gotch, J. A.: Inigo Jones, London, 1928.
Gothein, M. L.: Geschichte der Gartenbaukunst, 2 Bde., Jena, 1914 (1926).
Gottschalk, W.: Bahnhöfe in Berlin. Photographien von Max Missmann 1903-1930, Berlin, 1991.
Götze, H.: Castel del Monte. Gestalt und Symbol der Architektur Friedrichs II., München, 1984 (1991³).
Götz-Günther, L.: Antonio Petrini. Ein Beitrag zur Geschichte der Barockarchitektur in Franken, 1923.
Gould, C.: Bernini in France. An Episode in Seventeenth-Century History, 1981.
Goulet, H. P.: OMA. Rem Koolhaas. 6 Projets, Kat. Paris, 1990.
Jean Nouvel. Architecte, 1990.
Gout, P. M.: Viollet-le-Duc. Sa vie, son œuvre, sa doctrine, Paris, 1914.
Gowan, J.: Projects: Architectural Association 1946-1971, London, 1971.
Gowans, A.: Building Canada, Toronto, 1967.
Gozak, A., und A. Leonidov: Ivan Ilich Leonidov, The Complete Work, London, 1988.
Goytisolo, J. A.: Taller de Arquitectura, Barcelona, 1979.
Graafland, A. (Hg.): Peter Eisenman, recente Projecten, Nijmegen, 1989.
Grabar, A.: Martyrium; recherches sur le culte des reliques et l'art chrétien antique, Paris, 1946.
L'âge d'or de Justinien, Paris, 1966a.
Le premier art chrétien (200-395), Paris, 1966b.
Grabar, O.: Die Alhambra, 1981.
(Hg.), Muqarnas. An Annal of Islamic Art and Architecture, Bd. 1, 1982.
Gradige, R.: Dream House. The Edwardian Ideal, 1980.
Grady, J.: A Bibliography of the Art Nouveau. In: Journal of the Society of Architectural Historians, Bd. 14, Nr. 2, 1955.
Graefe, R., Gappoev, M. M., Pertsch, O. (Hg.): Vladimir G. Šuchov [Schurhow] (1853-1939). Die Kunst der sparsamen Konstruktion, Stuttgart, 1990.
(mit Schädlich, Chr., Schmidt, D. W.), Avantgarde 1900-1923, Stuttgart.
v. Graevenitz, A.-M.: Das niederländische Ohrmuschel-Ornament, Phänomen und Entwicklung, Diss., München, 1971.
Graf, H.: Bibliographie zum Problem der Proportion, Speyer, 1958.
Graf, O.: Die Eigenschaften des Betons, 1960.
Graf, O. A.: Die Kunst des Quadrats. Zum Werk von Frank Lloyd Wright, Wien, 1983.
Otto Wagner. Das Werk des Architekten, Bd. 1: 1860-1902, Bd. 2: 1903-1918, Bd. 3: Die Einheit der Kunst. Weltgeschichte der Grundformen, Bd. 4: Baukunst des Eros. Abendröte der Hochkultur (geplant 1992), Schriften des Instituts für Kunstgeschichte, Akademie der Bildenden Künste, 1985, 1990.

Graf Kalnein, W., Levey, M.: Art and Architecture of the Eighteenth Century in France, Pelican History of Art, Harmondsworth, 1973.
Graham, G.: Felix Candela. In: Architecture and Building, 1957.
Gramberg, W.: (Hg.), Die Düsseldorfer Skizzenbücher des Giacomo della Porta, 3 Bde., Berlin, 1964.
Grassi, A., Pansera, A.: Atlante del design italiano 1940-1980, Mailand, 1980.
Grassi, G.: La costruzione logica dell'architettura, Padua, 1967 (1976).
Georgio Grassi, Projekte und Entwürfe 1960-1980, 1981.
L'Architecture comme Métier et autre Ecrits, Brüssel, 1983.
Architettura, Lingua morta, Venedig, 1988.
Grassi, L., s.a. Filarete: Storia del disegno, Mailand, 1947.
Razionalismo settecentesco e architettura neoclassica milanese, Mailand, 1957.
C. Boito, Mailand, 1959.
(u. a.), Il restauro architettonico, Mailand, 1961.
Razionalismo architettonico dal Lodoli a G. Pagano, con appendice antologica, Mailand, 1966a.
Province del Barocco e del Rococò. Proposta di un lessico bibliografico di architetti in Lombardia, Mailand, 1966b.
Grasskamp, W. (Hg.): Unerwünschte Monumente. Moderne Kunst im Stadtraum, München, 1989.
Grassnick, M., und H. Hofrichter (Hg.): Materialien zur Baugeschichte, 4 Bde., 1982.
Gratama, J. P.: Dr. H. P. Berlage bouwmeester, Rotterdam, 1925.
Grattesat, G.: Ponts de France, 1982.
G. R. A. U. isti mirant stella. Architetture 1964-1980, Rom, 1981.
Gravagnuolo, B.: Adolf Loos, Theory and Works, New York, 1982.
Graves, M.: Progetti 1977-81, Kat. Rom, 1981.
Buildings and Projects 1966-1981, New York, 1982.
Esquisse for five Houses, Tokio, 1984.
Buildings and Projects 1982-1989, New York, 1989.
Gray, A. St.: Edwardian Architecture. A Biographical Dictionary, 1983.
Gray, C.: The Great Experiment, London, 1962.
Green, M. A.: The Eighteenth Century-Architecture of Bath, Bath, 1904.
Greene & Greene: W. R. Current and Greene & Greene. Architects in the residential style, 1977.
Greene & Greene, Architecture as a Fine Art, Santa Barbara, 1985.
Greene Kirby, R.: Mexican Landscape Architecture from the Street and from Within, Tucson, 1972.
Gregory, S. A. (Hg.): The Design Method, London, 1966.
Gregotti, G. (Hg.): Alvaro Siza, Architetto, 1954-1979, Mailand, 1979.
Gregotti, V., s.a. Canelle 1963: L'architettura dell'espressionismo, Mailand, 1961.
Il territorio dell'architettura, Mailand, 1966 (1972).
New Directions in Italian Architecture, New York, 1968.
Orientamenti nuovi nell'architettura italiana, Mailand, 1969.
(mit Menna, F., Tafuri, M., Argan, G. C., u.a.), Italy: the New Domestic Landscape, Kat. Ausst. New York, 1972.
Greig, D. E.: Herbert Baker in South Africa, Cape Town and London, 1970.
Grenier, L., und H. Wieser-Benedetti: Le siècle de l'Eclectisme, Lille 1830-1930, 1979a.
Les châteaux de l'industrie, 1979b.

Greulich, H.: Karl Fourier: Ein Vielverkannter. Versuch einer Darlegung seines Ideenganges im Lichte des modernen Sozialismus, Zürich, 1919.
Grewe, K. (Hg.): Die Wasserversorgung antiker Städte, Bd. 2: Recht/Verwaltung, Brunnen/Nymphäen, Bauelemente, Bd. 3: Mensch und Wasser, Mitteleuropa, Thermen, Bau/Materialien, Hygiene, Bd. 4: Die Wasserversorgung im Mittelalter (Hg. Frontinus-Gesellschaft e. V.), Mainz, 1987-1990.
Grexa, S.: Vom Wandel der architektonischen Idee – ein Aspekt des Nachlasses von Emil Steffann. In: Jahrbuch für Architektur 1991 (Hg. Deutsches Architekturmuseum Frankfurt a. M.), Braunschweig/Wiesbaden, 1991.
Griesbach: Deutsches Rathaus der Renaissance, 1907.
Grimal, P.: Les jardins romains de la fin de la République et aux deux premiers siècles de l'Empire. Essai sur le naturalisme romain, Paris, 1943 (1969).
Grimaldi, R.: R. Buckminster Fuller 1895-1983. Dizionario monografico degli architetti e contemporanei, Rom, 1990².
Grimme, E. G.: Goldschmiedekunst im Mittelalter, Form und Bedeutung des Reliquiars von 800-1500, Köln, 1972.
Grimschitz, B.: Johann Lucas von Hildebrandt, Wien, 1932 (1959).
Grinnel, I. H.: Greek Temples, New York, 1943.
Grinsell, L.: Egyptian Pyramids, Gloucester, 1947.
Grisebach, A.: Karl Friedrich Schinkel, Leipzig, 1924.
Griseri, A.: Le metamorfosi del Barocco, Turin, 1967.
Griswold Van Rensselaer, M.: Henry Hobson Richardson and His Works ..., Boston, 1888.
Grobius, W.: Bauhausbauten, Dessau, 1974.
Groblewski, M.: Die Kirche San Giovanni Battista in Pesaro von Girolamo Genga, Regensburg, 1976.
Grodecki, C.: Un marché de Gilles le Breton pour le château de Fleury-en-Bière. In: L'information d'histoire de l'art, 19, 1974.
Grodecki, L.: Le vitrail et l'architecture au XIIᵉ et au XIIIᵉ siècle. In: Gazette des Beaux-Arts, Paris, 1939.
(mit Mütherich, F., Taralon, J., Wormald, F.), Le siècle de l'An Mil, Paris, 1973.
(mit Prache, A., Recht, R.) Architettura gotica, Mailand, 1976.
Groenengijk, P., und P. Vollard: Gids voor moderne Architectuur in Nederland. Guide to modern architecture in the Netherlands, 1987.
Gromort, G.: Jacques-Ange Gabriel, Paris, 1933.
Gronau, G.: G. Genga und der Bau der Villa Imperiale. In: Jahrbuch der Kh. Sammlung in Wien, XXV, 1904; XXVII, 1906.
Gronberg, Th.: s. Bakemeyer.
Groote, M.: Ionische Kapitelle, Straßburg, 1905.
Gropengießer, H.: Die pflanzlichen Akroterien klassischer Tempel, 1961.
Gropius, I., Fitch, J. M.: Walter Gropius: Buildings, Plans, Projects, 1906-1969, Kat. Ausst. 1972.
Gropius, W., s.a. May; Bayer; Bueckschmitt: Baukunst im freien Volksstaat. In: Deutscher Revolutionsalmanach für das Jahr 1919, Hamburg/Berlin, 1919.
Idee und Aufbau des Staatlichen Bauhauses Weimar, Weimar/München, 1923a.
Staatliches Bauhaus in Weimar 1919-1923, Weimar/München, 1923b.
Internationale Architektur. In: Bauhausbücher, Nr. 1, München, 1925a (Mainz/Berlin).
Neue Arbeiten der Bauhauswerkstätten. In: Bauhausbücher, Nr. 7, München, 1925b (Mainz/Berlin, 1965).
Das flache Dach, München, 1926.

Bauhausbauten Dessau. In: Bauhausbücher, Nr. 12, München, 1930 (Mainz/Berlin, 1965).

The New Architecture and the Bauhaus, London, 1935 (New York, 1936; dt. Ausg. Neue Architektur und das Bauhaus, Neue Bauhausbücher, Mainz/Berlin, 1965).

Scope of Total Architecture, New York, 1955.

Architecture in Japan. In: Katsura 1960, New Haven, 1960.

Apollo in der Demokratie (Neue Bauhausbücher), Mainz/Berlin, 1967.

Groslier, B. P.: Hinterindien. Kunst im Schmelztiegel der Rassen, Baden-Baden, 1961.

Grossi Gondi, F.: I monumenti cristiani icongrafici ed architettonici dei sei primi secoli, Rom, 1923.

Grossmann, D.: Zum Stand der Westwerkforschung. In: Wallraf-Richartz Jahrbuch, XXIX Köln, 1957.

Groszmann, D.: Kleine Kunstgeschichte des deutschen Kapitells, 1980.

Grote, L.: s. Pevsner 1965.

Grote, L., (Hg.): Historismus und bildende Kunst, München, 1968.

(mit N. Pevsner), Die deutsche Stadt im 19. Jahrhundert. Stadtplanung und Baugestaltung im industriellen Zeitalter, München, 1974.

Grottanelli, V. L.: Ethnologica, Mailand, 1965.

Gruben, G., s. a. Berve: Die Tempel der Griechen, 1980³ (1986⁴).

Grundmann, G.: August Soller 1805-1853, ein Berliner Architekt im Geiste Schinckels, München, 1973.

Gruner, D.: Die Lehmmoschee am Niger, Dokumentation eines traditionellen Bautyps, Wiesbaden, 1990.

Gruner, L.: The Terracotta Architecture of North Italy, London, 1867.

Grunsky, E.: Otto Engler. Geschäfts- und Warenhausarchitektur 1904-1914, Bonn, 1979.

Grützmacher, B.: Reet- und Strohdächer. Alte Techniken wiederbelebt, 1981.

de Gruyter, W. J.: J. J. P. Oud, Kat. Ausst. Museum Boymans, Rotterdam, 1951.

Guarini, G.: Del modo di misurare le fabbriche, Turin, 1674.

(Hg. B. Vittone), Architettura civile, Turin, 1737 (Neuaufl. N. Carboneri, Mailand, 1968).

G. Guarini e l'internazionalità del Barocco. In: Atti del Congresso (1968), Turin, 1970.

Guarneri, G.: L'evoluzione dell'architettura moderna, Mailand, 1954.

Gubitosi, C., Izzo, A.: (Hg.), Five Architects NY, Rom, 1976 a.

James Stirling, Rom, 1976 b.

Van den Broek/Bakema, Rom, 1976 c.

Eduardo Catalano, Buildings and Projects, Kat. Ausst. Neapel, 1978.

Gubler, H. M.: Der Barockbaumeister Peter Thumb, Sigmaringen, 1972.

Gubler, J.: Nationalisme et Internationalisme dans l'architecture moderne de la Suisse, Lausanne, 1975.

Guerra de la Vega, R.: Madrid. Guia de arquitectura, 1981.

Guerrieri, O.: Angelo da Orvieto, Matteo di Giovannello Gattapone e i palazzi pubblici di Gubbio e di città di Castello, Perugia, 1959.

Giudi, M.: Le fontane barocche di Roma, Zürich, 1917.

Güell, X. (Hg.): Gustav Peichl, Berlin, 1987.

(Hg.), Spanische Architektur der achtziger Jahre, 1990.

Guidoni, E., s. a. DAU: Centralità; Etnologiche, culture; Museo: (mit Vigliardi Micheli, A.), Preistoria.

Arte e urbanistica in Toscana 1000-1315, Rom, 1970.

Architettura primitiva, Venedig, 1975.

Architektur der primitiven Kulturen, Stuttgart, 1976².

(mit Marino, A.), Storia dell'urbanistica. Il Seicento, Rom/Bari, 1979.

L'architettura popolare italiana, Rom/Bari, 1980.

Guidoni Marino, A.: Il colonnato di piazza S. Pietro: dall'architettura obliqua del Caramuel al ›classicismo‹ berniniano. In: Palladio, Rom/Mailand, 1973.

Guillerme, J.: Lequeu et l'invention du mauvais goût. In: Gazette des Beaux Arts, Paris, 1965.

Guilmard, D.: Les maîtres ornemanistes, Paris, 1880/81.

Guinness, D., und J. Trousdale Sadler: Mr. Jefferson Architect, New York, 1973.

Guldan, E.: Die Tätigkeit der Maestri Comacini in Italien und Europa. In: Arte Lombarda, Mailand, 1960.

Quellen zu Leben und Werk italienischer Stukkatoren des Spätbarocks in Bayern, Como, 1964.

Günter, R., und B. Herzog: Die Entwicklung der großbürgerlichen Wohnkultur und Bruno Möhrings avantgardistische Siedlung für leitende Manager der Gutehoffnung-Hütte in Oberhausen, 1910. In: Architektur und Städtebau im 20. Jahrhundert, 2 Bde., 1975.

Günther, E.: Die Brüder Zimmermann, Königsberg/Pr., 1944.

Günther, H.: Das Studium der antiken Architektur in den Zeichnungen der Hochrenaissance, 1988.

Günther, S.: Interieurs um 1900, München, 1971.

Lilly Reich, Stuttgart, 1988.

Gurlitt, C.: Kunst und Künstler am Vorabend der Reformation, Halle, 1890.

Geschichte des Barock-Stiles in Italien, Stuttgart, 1887.

Handbuch des Städtebaues, Berlin, 1920.

Das Grab Christi in der Grabeskirche in Jerusalem, 1926.

Gurrieri, F., und L. Zangheri (Hg.): Pasquale Poccianti, architetto 1774-1858. Contributi al Convegno, Bibbiena, 1978.

Gussmann, H.: s. Werner.

Gutheim, F. (Hg.): In The Cause of Architecture – Frank Lloyd Wright, New York, 1975.

Gutiérrez, R.: Arquitectura y urbanismo en Iberoamérica, Madrid, 1983.

(mit Martin, M., Petrina, A.), Otra arquitectura argentina. Un camino alternativo, Colleccion SomoSur 5, 1989.

Gutkind, E. A.: International History of City Development, New York, 1965.

Gutnov, A.: s. Baburov.

Gütschow, M.: Untersuchungen zum korinthischen Kapitell, 1921.

Gutschow, N., und J. Pieper: Indien. Von den Klöstern im Himalaya zu den Tempelstädten Südindiens. Bauform und Stadtgestaltung einer beständigen Tradition, 1978.

Guyer, S.: Grundlagen mittelalterlicher abendländischer Baukunst, Einsiedeln/Zürich/Köln, 1950.

Gwathmey Siegel and Associates, Architects, 1987-1991. In: Architecture + Urbanism 223, 1989.

Gwynn, D.: Lord Shrewsbury, Pugin and the Catholic Revival, London, 1946.

H

Haag Bletter, R.: s. Robinson.

Haagsma, I., und H. de Haan: Architekten – Wettbewerbe. Internationale Konkurrenzen der letzten 200 Jahre, Stuttgart, 1988.

Habaši, L.: Die unsterblichen Obeliske Ägyptens, Mainz, 1982.

Habasque, G.: Enrico Gastiglioni. Nouvelle tendence de l'architecture. In: L'Œil, 85, 1962.

Emile Aillaud. Pour un urbanisme sans monotonie. In: L'Œil, 102, 1963.

Haberland, W.: s. Trimbon.

L'Habitat Traditionel dans les pays Musulmans autour de la Méditerranée, 3 Bde. (Hg. Institut Français d'Archéologie Orientale), Kairo, 1988-1991.

Hadamowsky, F.: Die Galli-Bibiena in Wien, Wien, 1962.

Hadfield, M., u. a.: British Gardeners. A Biographical Dictionary, 1980.

Hadid, Z. M.: Planetary Architecture Two, London, 1983.

Zaha M. Hadid – The Peak, Hongkong – Wettbewerb 1983, Kat. Berlin, 1984.

Projects 1980-1983. In: Global Architecture, Document, Nr. 13, Tokio, 1985.

Global Architecture, Architect No. 5, Tokio, 1986.

Haesler, O.: Bauten von Otto Haesler, Kat. Ausst. der Kessler-Gesell., Hannover, 1932.

Mein Lebensweg als Architekt, Berlin, 1957.

Haffner, G.: Viergespann in Vorderansicht, 1938.

Haftmann, W.: Das italienische Säulenmonument. Versuch zur Geschichte einer antiken Form des Denkmals …, Leipzig/Berlin, 1939.

Der autonome Mensch. In: Skizzenbuch zur Kultur der Gegenwart, München, 1960.

Hagen, W. V. von: World of the Maya, New York, 1963.

Hagen-Dempf, F.: Der Zentralbaugedanke bei Johann Michael Fischer, München, 1954.

Hagenmeier, O.: Der goldene Schnitt, 1977 (1988²).

Hager, H.: s. Braham.

Hager, W.: Die Bauten des deutschen Barocks, 1690-1770, Jena, 1942.

Barock, 1968.

Hahn, H.: Die frühe Kirchenbaukunst der Zisterzienser, Berlin, 1957.

Hahnloser, H. R., s. a. Villard de Honnecourt: Villard de Honnecourt, Wien, 1937 (2. erw. Aufl. 1985).

Haiko, P. (Hg.): Sketches, Projects and Executed Buildings by Otto Wagner, London, 1987.

(mit Krimmel, B.), Joseph Maria Olbrich Architektur, Berlin, 1989.

Hajkakan Sowetakan Hanragitaran, H. 4, Jerewan, 1978.

Hale, I. (Hg.): John Carr, Kat. Ausst. Hull, 1973.

Halfpenny, W.: A New and Complete System of Architecture, London, 1749.

Rural Architecture in the Chinese Taste, London, o. J. (1750).

Hallager, E.: The Master Impressions, Göteborg, 1985.

Hallays, A.: Les Perrault, Paris, 1926.

Hallbaum, F.: Der Landschaftsgarten. Sein Entstehen und Einführung in Deutschland durch Friedrich Ludwig von Sckell, 1750-1823, München, 1927.

Halm, Ph.: Heilige Gräber des 18. Jahrhunderts. In: Die Christliche Kunst, 1964-65.

Haltrich, J.: Leo von Klenze. Die Allerheiligenhofkirche in München, München, 1983.

Hamann, R., Weigert, H.: Das Straßburger Münster und seine Bildwerke, Straßburg, 1942.

Wege zur »Neuen Sachlichkeit«, 1933. In: Schumacher, F. (Hg.): Lesebuch für Baumeister, Berlin, 1977.

Hamann-Mac Lean, R. H. L.: Antikenstudium in der Kunst des Mittelalters. In: Marburger Jb. für Kunstwissenschaft, Marburg, 1949-50.

Hambly, G.: Zentralasien, Frankfurt, 1966.

Hamilton, G. H.: The Art and Architecture of Russia, 1954 (erw. Neuaufl. 1983).

Hamilton-Huzlehurst, F.: Gardens of Illusion, 1980.

Hamlin, T. F.: The American Spirit in Architecture, New Haven, 1926.
Architecture through the Ages, New York, 1940 (1953).
Greek Revival Architecture in America, New York, 1944 (1964²).
Forms and Functions of Twentieth Century Architecture, 4 Bde., New York, 1952.
Skyscrapers. In: Forms and Functions of 20th Century Architecture, New York, 1953.
Benjamin Henry Latrobe (1764-1820), New York/Oxford, 1955.

Hammacher, A. M.: Le monde de Henry van de Velde, Antwerpen/Paris, 1967.

Hammer, K.: Jacob Ignaz Hittorf, ein Pariser Baumeister, 1792-1867, Stuttgart, 1968.

Hammer-Schenk, H.: Synagoge in Deutschland. Geschichte einer Baugattung im 19. und 20. Jahrhundert, 2 Bde., 1981.

Hammerschmidt, V., und J. Wilke: Die Entdeckung der Landschaft. Englische Gärten des 18. Jahrhunderts, 1990.

Handelman, S.: Jacques Derrida and the Heretic Hermaneutic. In: Krupnick, Mark (Hg.): Displacement: Derrida and After, Bloomington, 1983.

Handlin, D. P.: American Architecture. A Critical History, London, 1985.

Hanell, K.: s. Boëthius 1962.

Hanfstaengl, E.: Hans Stethaimer, Leipzig, 1911.
Die Brüder Cosmas Damian und Egid Quirin Asam, München/Berlin, 1955.

Hanks, D. A.: The Decorative Designs of Frank Lloyd Wright, New York, 1987.
Frank Lloyd Wright. Preserving and Architectural Heritage, New York, 1989.

Hannmann, E.: Carl Ludwig Wimmerl 1786-1845. Hamburgs erster Baudirektor, München, 1975.

Hannwacker, V.: Friedrich Ludwig von Sckell. Der Begründer des Landschaftsgartens in Deutschland, Stuttgart, 1992.

Hansen, H. T.: Danske Huse, 1982.

Hansmann, W.: Gartenkunst der Renaissance und des Barock, Köln, 1983.

Hanson, J. H.: Roman Theatre-Temples, Princeton, 1959.

Han Tongyöl: A Study on Structure of Old Korean Architecture, Seoul, 1975.

Hantsch, H.: Jakob Prandtauer, der Klosterarchitekt des österreichischen Barock, Wien, 1926.

Harbison, R.: Santiago Calatrava. Creatures from the Mind of the Engineer, Zürich, 1992.

Hard af Segerstad, U.: Modern Finnish Design, New York, 1969.

Häring, H.: Wege zur Form, Heft 1, 1925.
Geometrie und Organik in Baukunst und Werkform, Heft 9, 1951.

Harksen, M. L.: Erdmannsdorff und seine Bauten in Wörlitz, Wörlitz, 1973.

Harlap, Amiram: New Israeli Architecture, USA, 1982.

Harle, J. C.: The Art and Architecture of the Indian Subcontinent. The Pelican History of Art, Harmondsworth, 1986.

Harries, K.: The Bavarian Rokoko Church. Between Faith and Aestheticism, New Haven, 1983.

Harris, J.: Sir William Chambers, London, 1970.
(mit Orgel, S., Strong, R.), The King's Arcadia: Inigo Jones and the Stuart Court, Kat. Ausst. London, 1973.
(Hg.), Die Häuser der Lords und Gentlemen. Schlösser und Landsitze in England um 1700, 1981.
The Palladians, 1981.
William Talman Maverick, Architect, London, 1982.
(mit G. Higgot), Inigo Jones. Complete Architectural Drawings, 1989.

Harrison, J. F. C.: Robert Owen and the Owenites in Britain and America, London, 1968.

Harrison: The Order of the Day: T. Harrison and Architecture of the Greek Revival, Kat. Ausst. Manchester, 1981.

Hart, F.: Skelettbauten, München, 1956.
Kunst und Technik der Wölbung, München, 1965.

Harten, J. (Hg.): Vladimir Tatlin. Leben, Werk, Wirkung – Ein Symposium, Köln, 1990.

Hartmann, B.: Das Müllersche Volksbad in München, München, 1987.

Hartt, F.: Giulio Romano, 2 Bde., New Haven, 1958.

Harvey, J.: Henry Yevele, London, 1946.
Tudor Architecture, London, 1951.
English Medieval Architects: A Biographical Dictionary down to 1550, London, 1954.
The Cathedrals of Spain, London, 1957.
English Medieval Architects. A Biographical Dictionary down to 1580, London, 1984.

Harvey, R. H.: Robert Owen, Social Idealist, Berkeley/Los Angeles, 1949.

Hasak, M.: Die romanische und gotische Baukunst, Stuttgart, 1902.

Haselberger, H.: Bautraditionen westafrikanischer Negerkulturen, Wien, 1964.

Haseloff, A.: Die Bauten der Hohenstaufen in Unteritalien, Leipzig, 1920.

Hasenbein, A.: Der Schornsteinmauerverband, 1950.

Haskins, H.: Renaissance of the Twelfth Century, Cambridge (Mass.), 1927.

Hatje, G.: s. Knaurs.

Haubenreisser, W.: Der Erker als Architekturmotiv in der deutschen Stadt, Diss. Tübingen, 1960.

Hauck, G.: Die subjective Perspektive und die horizontalen Curvaturen des dorischen Styls, Stuttgart, 1879.

Haug, I.: Peter Speeth, Architekt 1772-1831, Diss. phil., Bonn, 1961 (1969).

Haupt, A.: Die Baukunst der Renaissance in Portugal, 2 Bde., 1890-95.
Baukunst der Renaissance in Frankreich und Deutschland, Berlin/Neubabelsberg, 1916.
Palast-Architektur von Ober-Italien und Toskana, Berlin, 1916.

Hausen, M., Mikkola, K., Amberg, A. L., Valto, T.: Eliel Saarinen. Projects 1896-1923, 1990.

Hausenstein, W.: Rokoko, München, 1916.
Vom Genie des Barocks, München, 1956.

Hauser, A.: The Social History of Art, London, 1951.
Der Manierismus, München, 1964.

Hauser, S.: Idee, Skizze ... Foto. Zu Werk und Arbeitsweise Lois Welzenbachers, Wien, 1990.

Haussmann, G.-E.: Mémoires, 3 Bde., 1890-93.

Hautecœur, L.: L'architecture classique à Saint-Pétersbourg à la fin du xviiie siècle, Champion, 1912.
Histoire des châteaux du Louvre et des Tuileries, Brüssel/Paris, 1927.
Les proportions mathématiques et l'architecture, Paris, 1937.
Histoire de l'architecture classique en France, Paris, 1943-57 (Bd. 1, 1943; ii, 1948; iii, 1950; iv, 1952; v, 1953; vi, 1955; vii, 1957).
L'art sous la révolution, le directoire et l'empire, Paris, 1953.
Mystique et architecture. Symbolisme du cercle et de la coupole, Paris, 1954.
Les jardins des dieux et des hommes, Paris, 1959.

Hautmann, H. und R.: Die Gemeindebauten des roten Wien, 1919-1934, Wien, 1980.

Hauttmann, M.: Der Kurbayerische Hofbaumeister Josef Effner, Straßburg, 1913.

Havelock, C. M.: Hellenistic Art, London, 1972.

Havill, E. B.: Indian Architecture, its Psychology, Structure and History from the First Muhammadan Invasion to Present Day, London, 1913.
Indian Architecture, London, 1927.

Hay, D.: The Italian Renaissance in its Historical Background, Cambridge, 1961.

Hay, G.: Architecture in Scotland, Newcastle-upon-Tyne, 1969.

Hayden, D.: Seven American Utopias: The Architecture of Communitarian Socialism, New York, 1976.

Haydn, H.: (mit Huntley, G.), Andrea Sansovino, Cambridge (Mass.), 1935.
The Counter-Renaissance, New York, 1950.

Hays, K. M., und C. Burns (Hg.): Thinking the Present. Recent American Architecture, 1990.

Hearn, M. F. (Hg.): The Architectural Theory of Viollet-le-Duc. Readings and Commentaries. Eugène-Emmanuel Viollet-le-Duc, 1990.

Heber, W.: Die Arbeiten des Nicolas de Pigage (1723-1796) in den Residenzen Mannheim und Schwetzingen, Worms, 1986.

Heckmann, H.: M. D. Pöppelmann (1662-1736). Leben und Werk, München/Berlin, 1972.
Matthäus Daniel Pöppelmann und die Barockbaukunst in Dresden, Stuttgart.

Hederer, O.: Karl von Fischer, Leben und Werk, München, 1960.
Leo von Klenze, Persönlichkeit und Werk, München, 1964 (1981).
Friedrich von Gärtner 1792-1847. Leben – Werk – Schüler, München, 1975.

Hedicke, R.: Cornelis Floris und die Florisdekoration, Berlin, 1913.

Heene, G.: Flachdach-Architektur, Konstruktion, Geschichte und Ausprägungsformen, Ästhetik, Bauphysik, Wirtschaftlichkeit, Gütersloh, 1983.

Hefel, A.: Der unterirdische Vielkammerbau in Afrika und im Mittelmeergebiet. In: Archiv für Völkerkunde i, 1946.

Hege, W.: s. Rodenwaldt.

Hegel, G. W. F.: Werke in 20 Bänden (Vorlesungen über die Ästhetik), Stuttgart, 1970.

Hegemann, W.: Zu Ludwig Hoffmanns fünfundsiebenzigsten Geburtstag. In: Wasmuths Monatshefte für Baukunst, 11, 1927.
Das steinerne Berlin, Berlin, 1930.

Heidegger, M.: Bauen – Wohnen – Denken, St. Gallen, 1954.
Die Kunst und der Raum, St. Gallen, 1969.

Heideloff, C.: Bauhütte des Mittelalters, Nürnberg, 1844.

Heikamp, D.: La grotta grande del giardino di Boboli. In: Antichità viva, Nr. 4, 1965.

Heilmeyer, W. D., und W. Hoepfner (Hg.): Licht und Architektur, 1990.

Heine-Geldern, R. von: Weltberg und Bauform in Südostasien. In: Beiträge zur Kunst- und Kulturgeschichte Asiens, 4, 1930.

Heinle, E., und F. Leonhardt: Türme aller Zeiten, aller Kulturen, Stuttgart.

Heinz, W.: Römische Thermen. Badewesen und Badeluxus im Römischen Reich, München, 1983.

Heisenberg, A.: Grabeskirche und Apostelkirche, 2 Bde., Leipzig, 1908.

Heitz, C.: Recherches sur les rapports entre architecture et liturgie à l'époque carolingienne, Paris, 1963.

Heitz, C., und J. Roubier: Gallia praeromanica. Die Kunst der merowingischen, karolingischen und frühromanischen Epoche in Frankreich, Wien/München, 1982.

Hekler, A.: Ungarische Kunstgeschichte, Berlin, 1937.

Held, J., s. RDK: Architekturbild.

Helg, F.: Testimonianza su Franco Albini. In: L'architettura – cronache e storia, Nr. 288 (Okt.), Rom, 1979.

Heller, R.: s. Salvadori.

Hellpach, W.: Geopsyche, Rom, 1950.

Hempel, E.: Carlo Rainaldi, München, 1919.

Die spanische Treppe, ein Beitrag zur Geschichte der röm. Stadtbaukunst, München, 1924a.

Francesco Borromini, Wien, 1924b.

Geschichte der deutschen Baukunst, München, 1949 (1956).

Gaetano Chiaveri. Der Architekt der katholischen Hofkirche zu Dresden, Dresden, 1955.

Der Zwinger in Dresden, Dresden, 1961.

Baroque Art and Architecture in Central Europe, Pelican History of Art, Harmondsworth, 1965.

Henderson, Ph.: William Morris; his Life, Work and Friends, London, 1967.

Henn, W.: Das flache Dach, München, 1962.

Bauten der Industrie, Bd. III, Internationale Beispiele, Berlin, 1962.

Hennebo, D., und A. Hoffmann: Geschichte der deutschen Gartenbaukunst, 3 Bde., Hamburg, 1962-65.

Henrici, K.: Beiträge zur praktischen Ästhetik im Städtebau. Eine Sammlung von Vorträgen und Aufsätzen, München, 1904.

Henselmann, H.: Bauten, Städtebau, Stadtplanung, Berlin, 1990.

Vom Himmel an das Reißbrett ziehen. Baukünstler im Sozialismus, Berlin, 1982.

Henss, M.: Tibet. Die Kulturdenkmäler, Zürich, 1981.

Hentrich, H.: Hentrich-Petschnigg & Partner, Bauten 1953-1969, Düsseldorf, 1969.

Hentrich-Petschnigg & Partner, Bauten 1970-71, Düsseldorf, 1971.

Hentrich-Petschnigg & Partner, Denkmalpflege 1947-1972, Düsseldorf, 1972.

Hentrich-Petschnigg & Partner, Bauten 1947-1972, Düsseldorf, 1972.

Hentrich-Petschnigg & Partner, Bauten 1972-1975, Düsseldorf, 1975.

HPP Hentrich-Petschnigg & Partner, Architekten (Hg.): 50 Jahre HPP, Düsseldorf, 1985².

Kunst an HPP-Bauten, Düsseldorf–München, 1986.

(Hg.), HPP. Außenräume und Innenhöfe, München, 1991.

Hentschel, W., May, A.: J. C. Knöffel, Berlin, 1973.

Hentze, C.: Die Göttin mit dem Haus auf dem Kopf. In: Antaios, 1965.

Henwood, Ph.: Raymond du Temple, maître d'œuvre des rois Charles V. et Charles VI. In: Bulletin de la société de l'histoire 105, 1978-79.

Henze, W.: Architektur und Bau-Keramik, Halle, 1955.

Hepper, N.: The Royal Botanic Gardens, Kew, 1982.

Herbert, G.: Martienssen and the International Style, A. A. Balkema, 1975.

Pioneers of Prefabrication: The British Contribution in the 19th Century, Baltimore, 1978.

The Dream of the Factory-Made House: Walter Gropius und Konrad Wachsmann, Cambridge (Mass.), 1984 (1985).

Herlyn, S., Manske, H.-J., Weisser, M. (Hg.): Kunst im Stadtbild. Von »Kunst am Bau« zu »Kunst im öffentlichen Raum«, Kat. Bremen, 1976.

Herman, M.: Early Australian Architects (1788-1850) and their Work, Sidney/London, 1954.

Hernandez, A.: Grundzüge einer Ideengeschichte der französischen Architekturtheorie von 1560-1800, Basel, 1972.

Herrmann, W.: Deutsche Baukunst des 19. und 20.Jhs., 1932-33 (Neuaufl. Basel, 1977).

Laugier and Eighteenth Century French Theory, London, 1962.

The Theory of C. Perrault, London, 1973.

Hertling, L. von, Kirschbaum, E.: Le catacombe romane e i loro martiri, Rom, 1949 (dt. Ausg. Die römischen Katakomben und ihre Märtyrer, Wien 1950, 1955²).

Hervé, L.: Le Corbusier, l'artiste, l'écrivain, Neuchâtel, 1970.

Herzfeld, E.: Mshatta, Hira und Bâdiya. In: Jahrbuch der preussischen Kunstsammlungen, Berlin, 1921.

Herzog, Th.: Meister Hanns von Burghausen, gen. Stettheimer. Sein Leben und sein Werk, Landshut, 1958.

Herzog, Th.: Thomas Herzog. Gebäudetypen zwischen High Tech und Ökologie '78-92, Stuttgart, 1992.

Herzog, T.: Pneumatic Structures: A Handbook of Inflatable Architecture, New York/Oxford, 1976.

(u. a.), Vom Sinn des Details. Zum Gesamtwerk von Konrad Wachsmann, Köln, 1988.

Hess, F.: Dachstühle und Dachdeckungen, Stuttgart, 1948.

Hesse, G. (Hg.): Gemalte Illusionen. Wandbilder an Häusern, 1983.

Hetherington, P.: Byzantine and Medieval Greece. Curches, Castles and Art, London, 1991.

Hetzer, Th.: Italienische Architektur. Schriften Th. Hetzers. Bd. 6 (Hg. G. Berthold), 1990.

Heuss, Th.: Hans Poelzig, Lebensbild eines Baumeisters, Berlin, 1939 (Tübingen 1955).

Hans Poelzig. Bauten und Entwürfe. Das Lebensbild eines deutschen Baumeisters, Stuttgart.

Heuvel, W.J. v.: Structuralisme. Structuralism, Amsterdam, 1991.

Heydendorff, W.: Carnuntum, Geschichte und Probleme der Legionsfeste und der Zivilstadt, Wien, 1947.

Heydenreich, L. H.: Gedanken über Michelozzo di Bartolomeo. In: Festschrift Wilhelm Pinder, Leipzig, 1938.

Leonardo da Vinci, München, 1954.

Éclosion de la Renaissance. Italie 1400-1460, Paris, 1972.

(mit Lotz, W.), Architecture in Italy: 1400-1600, Pelican History of Art, Harmondsworth, 1974.

Studien zur Architektur der Renaissance, Köln, 1981.

Heyduk: John Heyduk, projects, Kat. Ausst. Le Corbusier Fondation, Paris, 1972.

Heym, S.: Enrico Zuccalli, 1642-1724. Der Kurbayerische Hofbaumeister, München, 1984.

Hibbard, H.: The Architecture of the Palazzo Borghese, Rom, 1962.

Carlo Maderno and Roman Architecture 1580-1630, London, 1970.

Hieber, H.: Elias Holl, München, 1923.

Hiersche, W.: Pellegrino de' Pelligrini als Architekt, Parching, 1913.

Hilberseimer, L.: (Hg.), Internationale neue Baukunst, Stuttgart, 1927.

(mit Vischer, J.), Beton als Gestalter, Stuttgart, 1928a.

Großstadt-Architektur, Stuttgart, 1928b (1978²).

Ludwig Mies van der Rohe, Chicago, 1956.

Contemporary Architecture. Its Roots and Trends, Chicago, 1963.

Hildebrand, A.: Sächsische Renaissanceportale. In: Studien zur thür.-sächs. Kunstgeschichte, 2. Heft, 1914.

Hildebrand, G.: Designing for Industry. The Architecture of Albert Kahn, Cambridge (Mass.), London, 1974.

Hillebrand, L.: Lucy Hillebrand. Raum-Spiel, Spiel-Räume, Kat. Berlin, 1991.

Hillebrecht, R.: Über den Aufbau von Hannover. In: Deutsche Architektur, H. 2, 1957⁶.

Hillenbrand, R.: Islamic Architecture, 1983.

Hillier, B.: Art Deco of the 20s and 30s, London/New York, 1968.

Art Deco, London, 1972.

Hines, Th. S.: Burnham of Chicago, Architect and Planner, New York/Oxford, 1974 (Chicago/London, 1979).

Richard Neutra and the Search for Modern Architecture. A Biography and History, New York u. a., 1982.

Hinrichs, W.: C. G. Langhans, Straßburg, 1909.

Hinz, G.: Peter Joseph Lenné. Landschaftsgestalter und Städteplaner, Göttingen/Zürich/Frankfurt, 1977.

Hipp, H.: Wohnstadt Hamburg. Mietshäuser der zwanziger Jahre zwischen Inflation und Weltwirtschaftskrise, Hamburg, 1985.

Hirdina, K.: Pathos der Sachlichkeit, Berlin, 1981.

Hirmer, M.: s. Lill; Berve.

Hirschfeld, Ch.: Theorie der Gartenkunst, Leipzig, 1775-85 (Reprint 1973).

Hirschfeld, P.: Schleswig-Holsteiner Herrenhäuser, Gutshöfe und Gärten des 18.Jahrhunderts. Ihre Bauherren und Baumeister, Kiel, 1935.

Hirschi, S., und M.: L'architecture au Jemen du Nord, Paris, 1983.

Hirzel, S.: Johann Arnold Nering – Ein märkischer Baumeister, Diss. Dresden, 1924.

Hitchcock, H.-R.: Modern Architecture. Romanticism and Reintegration, New York, 1929.

(mit Johnson, Ph.), The International Style, Architecture since 1922, New York, 1932 (1966² dt., Der Internationale Stil, bearb. v. Falk Jaeger, Braunschweig, 1985 [Bauwelt-Fundamente, 70]).

The Architecture of H. H. Richardson and his Times, New York, 1936 (1961).

In the Nature of Materials: the Buildings of Frank Lloyd Wright, 1887-1941, New York, 1942.

American Architectural Books, Minneapolis, 1946.

The Crystal Palace, Northampton (Mass.), 1952.

(mit Drexler, A.), Built in USA. Post-War Architecture, New York, 1952.

Early Victorian Architecture in Britain, 2 Bde., New Haven/London, 1954.

Latin American Architecture, New York, 1955.

Gaudi, New York, 1957.

Architecture: Nineteenth and Twentieth Centuries, Pelican History of Art, Harmondsworth, 1958 (1969).

(Hg.). Architecture of Skidmore, Owings & Merrill 1950-1962, London, 1963.

Philip Johnson, New York, 1966.

German Rococo: The Zimmermann Brothers, London, 1968a.

Rococo Architecture in Southern Germany, London, 1968b.

(mit Fein, A., Weisman, W., Scully, V.), The Rise of an American Architecture, London, 1970.

HPP Bauten und Entwürfe, Düsseldorf, 1973.

Hitchcock, H.-R. jr.: Modern Architecture. Romantisicm and Reintegration, New York, 1929 (1970²).

German Renaissance-Architecture, 1981.

(und R. Johnson), The International Style, New York, 1932 (dt., Der Internationale Stil, bearb. v. F. Jaeger, Gütersloh, 1985).

Hittorf, J. I.: Jakob Ignaz Hittorf (1792-1867). Ein Architekt aus Köln im Paris des 19. Jahrhunderts, Kat. Köln, 1987.

Hitzig, F.: Ausgeführte Bauwerke, 2 Bde., 3. und 4. Heft und Suppl.-Heft, o. O., 1850.

Hix, J.: The Glass House, London, 1974.

Hoag, J. D.: Western Islamic Architecture, London, 1963.

Islamische Architektur, Stuttgart, 1976.

Hock, M.: Friedrich Sustris, München, 1953.

Hocke, G. R.: Manierismus. 1: Die Welt als Labyrinth, Manier und Manie in der europäischen Kunst, Hamburg, 1957.

Hoeltje, G.: G. L. F. Laves, Hannover, 1964.

Hoepfner, W.: Zum ionischen Kapitell bei Hermogenes und Vitruv. In: Ath. Mitt., Athen, 1968.

Hoepfner, W., und F. Neumeyer: Das Haus Wiegand und Peter Behrens in Berlin-Dahlem. Baugeschichte und Kunstgegenstände eines herrschaftlichen Wohnhauses, Mainz, 1979.

Hoferdt, E.: Ursprung und Entwicklung der Chorcrypta, Breslau, 1905.

Hoff, A.: Emil Fahrenkamp, Stuttgart, 1928.

Hoff, A., Muck, S. J., Thoma, R.: Dominikus Böhm, Leben und Werk, München/Zürich, 1962.

Hoffmann, A.: s. Hennebo.

Hoffmann, D.: (Hg.), The Meanings of Architecture: Buildings and Writings by John Wellborn Root, New York, 1967.

The Architecture of John Wellborn Root, Baltimore, 1973.

Frank Lloyd Wright's Robie House …, New York, 1984.

Hoffmann, H. C.: Notizen zu Eduard van der Nüll und August Sicard von Sicardsburg. In: Darmstädter Schriften, 22, 1968.

Hoffmann, H.: Hochrenaissance – Manierismus – Frühbarock, Zürich/Leipzig, 1938.

Hoffmann, I.: Haus, Stuttgart, 1957.

Hoffmann: Josef Hoffmann, 50 Jahre Österreichischer Pavillon, Kat. Ausst. Biennale Venedig, Venedig, 1984.

Hoffmann, J.: Der süddeutsche Kirchenbau im Ausgang des Barock, München, 1938.

Hoffmann O. (Hg.): Der Deutsche Werkbund 1907, 1947 … (im Auftrag des Deutschen Werkbunds), Berlin, 1987.

Hoffmann, W. B.: Hirsau und die Hirsauer Bauschule, München, 1950.

Hofmann, A.: Vom Mörtelknaben zum Akademiesenator. In: Deutsche Bauzeitung, Nr. 56, 1922.

Hofmann, H. H.: Der Staat des Deutschmeisters, München, 1964.

Hofmann, Th.: Raffael in seiner Bedeutung als Architekt, 4 Bde., Zittau/Leipzig, 1908-11.

Die Entstehungsgeschichte des St. Peter in Rom, Zittau/Leipzig, 1928.

Hofmann, W., Kultermann, U.: Architettura moderna, Novara 1969.

Hofrichter, H.: Stadtbaugeschichte. Von der Antike bis zur Neuzeit, Braunschweig, 1991².

Hohenzollern, J. G. von: Die Königsgalerie der französischen Kathedrale. Herkunft, Bedeutung, Nachfolge, 1965.

Hohmann, H., und A. Vogrin: Die Architektur von Copán (Honduras), Graz, 1982.

Holberton, P.: Palladio's Villas. Life in the Renaissance Countryside, 1990.

Hölder, E.: Die Neue Nationalbibliothek. Ergebnisse des Architekturwettbewerbes, Neubau der Deutschen Bibliothek in Frankfurt, Frankfurt, 1983.

Holl, J., Kruft, H. W., Borrmann, N., u. a.: Planstädte der Neuzeit vom 16. bis zum 18. Jahrhundert. »Klar und lichtvoll wie eine Regel«, Karlsruhe, 1990.

Hollein: Hans Hollein, Walter Pichler - Architektur, Kat. Ausst. Wien, 1963.

Hans Hollein – Dortmunder Architekturausstellung 1976, Kat. Ausst. 1976.

a + u Extra Edition: Hans Hollein, 1985.

Holmdahl, G., Lind, S. I., Odeen, K.: Asplund Arkitekt, 1885-1940, Stockholm, 1943 (1981²).

Holod, R., und A. Evin: Modern Turkish Architecture, 1984.

Holst, M.: Die Wölbform bei Balthasar Neumann, 1981.

Holtzinger, H.: Die altchristliche und byzant. Baukunst, Stuttgart, 1899 (Leipzig, 1908²).

Holzbauer, W.: Bauten und Projekte 1953-1985, Salzburg/Wien, 1985.

Bauten und Projekte 1985-1990, Salzburg/Wien, 1991.

Holzmeister: Clemens Holzmeister, Kat. Ausst. Wien, 1982.

Homo, L.: Rome impériale et l'urbanisme dans l'antiquité, Paris, 1951.

Homolle, G.: L'origine du chapiteau corinthien. In: Revue archéologique, Paris, 1910.

Honour, H.: Chinoiserie, London, 1961.

Neo-classicism, Harmondsworth, 1968.

Hootz, R. (Hg.): Bildhandbuch der Kunstdenkmäler in Ungarn, 1982.

Hope, H. R.: Louis Sullivan's Architectural Ornament. In: Magazine of Art (März), Washington, 1947.

Hopfgarten, H.: Volkshäuser in der Geschichte der deutschen Arbeiterbewegung, Leipzig, 1965.

Hoppe, I.: Moderne Architektur Madrid. 1900-1992, 1991.

Hörmann, A.: Methodik der Denkmalpflege (Studien zur Bauforschung), 1938.

Horn, K.: s. Berndt.

Hornig, Ch.: Oscar Niemeyer, Bauten und Projekte, München, 1981.

Horst, C.: Die Architektur der deutschen Renaissance, Berlin, 1928.

Horvath, E.: Il Rinascimento in Ungheria, Rom, 1939.

Hoskins, W. G.: The Making of the English Landscape, London, 1955.

Hotz, J.: Das ›Skizzenbuch Balthasar Neumanns‹. Studien zur Arbeitsweise des Würzburger Meisters zur Dekorationskunst im 18. Jahrhundert, 3 Bde., 1981.

Hotz, W.: Kleine Kunstgeschichte der deutschen Burg, Darmstadt, 1965 (durchges. Ausg. 1972).

Byzanz – Konstantinopel – Istanbul. Handbuch der Kunstdenkmäler, München, 1971.

Houghton Brown, N. A.: The Milanese Architecture of Galeazzo Alessi, New York, 1980.

Hovanesian, K.: Der Baumeister Trdat (russ.), 1951.

Howard, D.: Jacopo Sansovino. Architecture and Patronage in Renaissance Venice, New Haven/London, 1975 (London, 1988).

Howard, E.: Garden Cities of Tomorrow, London, 1902.

Howard, R. A., u. a.: International Directory of Botanical Gardens, New York, 1963.

Howarth, Th.: Charles Rennie Mackintosh and the Modern Movement, London, 1952 (Neuaufl. 1977).

Howie, W. M.: Contemporary Architecture in South Africa, Johannesburg, 1958.

Hoyt, Ch. K. (Hg.): Buildings for Commerce and Industry, 1978.

HPP: siehe Hentrich, H.

Hrbas, M., und E. Knobloch: Die Kunst Mittelasiens, Prag, 1965.

d'Huart, Annabelle (Hg.): Ricardo Bofill. Taller de Arquitectura, Stuttgart, 1985.

Hubala, E.: Schloß Austerlitz in Südmähren. In: Stifter-Jahrbuch v, München, 1957.

Balthasar Neumann – seine Kunst zu Bauen, Kat. Wendlingen und Würzburg, 1987-1988.

Huber, B., und J. C. Steinegger (Hg.): Jean Prouvé. Architektur aus der Fabrik, 1971.

Huber, D., Zschokke, W., u. a.: Die Architektin Lux Guyer 1894-1955, Zürich, 1983.

Huber, W.: Der Abort, Karlsruhe, 1950.

Hubert, J., Porcher, J., Valbach, W. F.: L'Europe des invasions, Paris, 1967.

L'Empire Carolingien, Paris, 1968.

Hueber, F.: Peter Behrens, München, 1913.

Huffschmid, M.: Johannes Schock, kurfürstlicher Baumeister in Heidelberg. In: Zeitschrift f. d. Geschichte des Oberrheins, 1919.

Hufnagl, F. (Hg.): Leo von Klenze. Sammlung architektonischer Entwürfe, H. 1-10, 1. u. 2. Aufl. München 1830-1850, 1983.

(Hg.), Leo von Klenze: Memorabilien oder Farben zu dem Bilde, welches sich die Nachwelt von Ludwig I., König von Bayern, machen wird, 2 Bde., 1985.

Hughes, J. O.: s. Bertotti-Scamozzi 1776-83.

Hughes, Q.: The Buildings of Malta during the Period of the Knights of St. John of Jerusalem 1530-1795, London, 1967.

Hugo-Brunt, M.: George Dance, the Younger, as Town-Planner. In: Journal of the Society of Architectural Historians, 14, 1955.

Hülsen, Ch.: Forum und Palatin, München/Wien/Berlin, 1926.

Hülsmann, G. (Hg.): Emil Steffann. Schriftenreihe »Architektur und Denkmalpflege« der Akademie der Architektenkammer Nordrhein-Westfalen und der Dt. UNESCO-Kommission, Bd. 18, Bonn, 1984.

Hulten, P. (Hg.): Futurismo e Futurismi, Mailand, 1986.

Hultin, O.: Architecture in Sweden 1973-1983, 1983.

Humann, G.: Stützenwechsel in der romanischen Baukunst, Straßburg, 1927.

Humblet, C.: Le Bauhaus, Lausanne, 1980.

Hunt, W. D. jr.: Encyclopedia of American Architecture, 1980.

Huntley, G.: s. Haydn 1935.

Huse, N. (Hg.): Denkmalpflege. Deutsche Texte aus drei Jahrhunderten, München, 1984.

Richard Meier. Museum für Kunsthandwerk Frankfurt am Main, Berlin, 1985.

»Neues Bauen« 1918 bis 1933. Moderne Architektur in der Weimarer Republik, 1985².

(mit Wolters, W.), Venedig. Die Kunst der Renaissance. Architektur, Skulptur, Malerei. 1460-1590, München, 1986.

Hussey, C.: The Picturesque, London, 1927.

The Life of Sir Edwin Lutyens, London, 1950.

Hutchinson, R. W.: Prehistoric Town Planning, Liverpool, 1953.

Prehistoric Crete, Harmondsworth, 1962.

Hüter, K.-H.: Henry van de Velde, sein Werk bis zum Ende seiner Tätigkeit in Deutschland, Berlin, 1967.

Huth, H.: A. und D. Roentgen und ihre Neuwieder Möbelwerkstatt, Berlin, 1928.

Museum und Gallery, Berlin, 1951.

Hütsch, V.: Der Münchner Glaspalast 1854-1931, München, 1980.

Hutton, E.: The Cosmati. The Roman marble Workers of the XIIth and XIIIth Centuries, London, 1950.

Huxley, G.: Anthemios of Tralles, a Study in Later Greek Geometry, Cambridge (Mass.), 1959.

Huxtable, A. L.: Concrete Technology, Hist. Survey. In: Progressive Architecture (Okt.), 1960.

Pier Luigi Nervi, New York, 1960.

Aesthetics and Technology in Building, Cambridge (Mass.), 1965.

Building the Soviet Society. In: The Soviet Union. The Fifty Years (Hg. v. Harrison E. Salisbury), New York, 1967.

Hwang Suyong: Söktap (Steinpagoden), Hanguk misul chönjip (Enzyklopädie der koreanischen Kunst), Bd. 6, Seoul, 1976.

Hyslop, J.: Inka Settlement Planning, 1990.

I

Iglauer, E.: Seven Stones. A Portrait of Arther Erickson Architect, 1981.

Iglesia, R. E.: Eero Saarinen, Buenos Aires, 1966.

Igot, Y.: Gustave Eiffel, Paris, 1961.

Ikonnikov, A.: L'architecture russe de la période soviétique, 1990.

Imbelloni, J., s. a. EUA: Andina protostoria: Civiltà andine, Florenz, 1960.

Imbesi, G., Morandi, M., Moschini, F. (Hg.): Riccardo Morandi. Innovazione Tecnologia Progetto, Kat. Rom, 1991.

Ingeborg, A.: Die Bauwerke des Elias Holl. In: Münchner Jahrbuch für bildende Kunst, München, 1937.

Inskip, P.: Edwin Lutyens, London, 1979.

Insolera, I.: Roma moderna. Un secolo di storia urbanistica, Turin, 1962 (1977).
    Evoluzione della cultura del verde. In: Urbanistica, Nrn. 46, 47, Rom, 1966.

Instinsky, H. U.: Bischofsstuhl und Kaiserthron, München, 1955.

Internationale Kongresse für Neues Bauen (Hg.): Rationelle Bebauungsweisen, Stuttgart, 1981.

Ionescu, G.: Architectura pe teritorial României de-a lungul reacurilor, Bukarest, 1982.

Irace, F.: Gio Ponti, Mailand, 1988.

Irigoyen, A., und R. Gutiérrez: Nueva Arquitectura Argentina. Pluralidad y Coincidencia, Colleccion SomoSur 8, Bogotá, 1990.

Irion, I., und Th. Sieverts: Neue Städte. Experimentierfelder der Moderne, Stuttgart, 1990.

Irving, R. G.: Indian Summer. Lutyens, Baker and Imperial Delphi, 1981.

Isaac, M.: Les expositions universelles, Paris, 1930.

Isaacs, R. R.: Walter Gropius. Der Mensch und sein Werk, 1984.
    Gropius: An Illustrated Biography of the Creator of the Bauhaus, London, 1991.

Isay, R.: Panorama des expositions, 1937.

Ishido, T. (Hg.): Tadao Ando, Tokio, 1991.

Ishii, K., und H. Suzuki: ›Post Metabolism‹. The New Wave in Japanese Architecture. In: The Japan Architect, Okt./Nov., 1977.

Ison, W.: The Georgian Buildings of Bath, London, 1948.

Isozaki, A.: Barcelona Drawings. Der Sportpalast für die Olymp. Spiele 1992, Stuttgart, 1989.
    Arata Isozaki. Architecture 1960-1990, New York, 1991.

Itoh, T., und Y. Futagawa: The Classic Tradition on Japanese Architecture. Modern Versions of Sukiya-style, 1978.
    The Elegant Japanese House. Traditional Sukiya Architecture, 1978.

Itten, J.: The Art of Color, New York, 1961.
    Design and Form, the Basic Course at the Bauhaus, New York, 1963.
    Gestaltungs- und Formenlehre. Vorkurs am Bauhaus und später, Ravensburg, 1975.

Izenour, G. C.: Theater Design, 1977.

Izenour, S.: s. Venturi, R. 1972.
    (mit J., Venturi, R.), BASCO-Showroom, Bristol/Township/Pennsylvania, 1979. In: Gössel, P., und G. Leuthäuser: Architektur des 20. Jahrhunderts, Köln, 1990.

Izzo, A.: s. Gubitosi.

J

Jackson, F.: Sir Raymond Unwin (1863-1940), London, 1985.

Jackson, F.: Early Philadelphia Architects and Engineers, Philadelphia, 1923.

Jacob, F.-D., und H. J. Krause: Ostdeutsche Rathäuser, 1991.

Jacobs, J.: The Death and Life of Great American Cities, New York, 1961 (dt. Tod und Leben großer amerikanischer Städte, Gütersloh/ Berlin, 1969).

Jacobus, J. M.: Philip Johnson, New York, 1962.
    Twentieth Century Architecture: the middle years 1940-1965, London, 1966.
    James Stirling, Stuttgart, 1974.

Jacoby, H.: Neue Architekturdarstellung, Stuttgart, 1981.

Jacoby, H. S.: Davis, R. M.: Foundations of Bridges and Buildings, New York, 1941.

Jacques-Meunié, D.: Architecture et habitats du Dadès: Maroc présaharien, Paris, 1962.

Jacquot, J.: s. Bablet.

Jaeger, F.: Bauen in Deutschland – ein Führer durch die Architektur des 20. Jahrhunderts in der Bundesrepublik und in West-Berlin, Stuttgart, 1985.
    Zurück zu den Stilen – die Baukunst der achtziger Jahre in Berlin, Berlin, 1991.

Jaffé, H. L. C.: De Stijl 1971-1931. The Dutch Contribution to Modern Art, Amsterdam/London, 1956.
    De Stijl, 1917-1931. Visions of Utopia, Kat. Ausst. Minneapolis, 1982.
    De Stijl 1917-1931. Visions of Utopia, 1986.

Jäger, O., und I. Pearce: Antiquities of Northern Ethiopia: a Guide, Stuttgart, 1974².

Jäger, W. (Hg.): Das Problem des Klassischen und die Antike, Leipzig/Berlin, 1931.

Jähn, M.: Geschichte der Kriegswissenschaften, 1889-91.

Jahn, W.: Stukkatoren des Rokoko. Bayreuther Hofkünstler in markgräflichen Schlössern und in Würzburg, Sigmaringen, 1988.

James, J.: s. Pozzo.

James, W. A. (Hg.): Ricardo Bofill. Taller de Arquitectura. Buildings and Projects 1960-1985, New York, 1988.

Jankowski, M.: Acier inoxidable, Paris, 1967.

Jannsen, N.: Bauzeichnung und Architekturmodell, 1981 (1981⁴).

Janofske, E.: Die Architekturauffassung Hans Scharouns, Darmstadt, 1982.
    Architektur-Räume: Idee und Gestalt bei Hans Scharoun, Braunschweig, 1984.

Janot, P.: A. G.: Perret et l'architecture du Béton Armé, Paris, 1927.

Janov, A.: The Primal Revolution; Towards a Real World, New York, 1972 (dt. Revolution der Psyche, Frankfurt am Main, 1976).

Jansen, M., und G. Urban: Vergessene Städte am Indus. Frühe Kulturen in Pakistan (8.-2. Jt. v. Chr.), Mainz, 1987.

Jantzen, H.: Das niederländische Architekturbild, Leipzig, 1910.
    Das Münster zu Straßburg, Burg b. Magdeburg, 1933.
    Kunst der Gotik. Klassische Kathedralen Frankreichs, Chartres, Reims, Amiens, Hamburg, 1957.
    Die Gotik des Abendlandes. Ideen und Wandel, Köln, 1961.
    Die Hagia Sophia, Köln, 1967.
    Japan: Contemporary Architecture of Japan 1958-1984, London, 1985.

Jardi, E.: Puig i Cadafalch, arquitecte, politici i historiador de l'art, Barcelona, 1975.

Jaspert, R. (Hg.): Handbuch Moderner Architektur. Eine Kunstgeschichte der Architektur unserer Zeit vom Familienhaus bis zum Städtebau, Berlin, 1957.

Jawby, H. S.: Foundations of Bridges and Buildings, 1941.

Jaxtheimer, B. W.: Die Baukunst der Gotik. Steingewordener Glaube, 1981.

Jeanneret, Ch.-E.: s. Le Corbusier.

Jeannot, H., und D. Deshoulsières: Robert Mallet-Stevens architetto. Lo stile classico dell'avantguardia, Rom, 1982.

Jellicoe, G. E. S.: The Landscape of Man: Shaping the Environment from Prehistory to the Present Day, New York, 1975.

Jellicoe, J. A.: Studies in Landscape Design, 3 Bde., London, 1960-70.

Jencko, Chr.: Skyscrapers – Skycities, 1980.

Jencks, Ch., s. a. Portoghesi 1980: Architecture 2000, Predictions and Methods, London, 1971.
    Le Corbusier, London, 1973 a.
    Modern Movements in Architecture, Harmondsworth, 1973 b.
    The Rise of Post-Modern Architecture. In: Architectural Association Quarterly, London, 1976.
    MBM and the Barcelona School. In: Architectural Review (März), London, 1977.
    The Language of Post-Modern-Architecture, London, 1977 (dt. Die Sprache der postmodernen Architektur. Die Entstehung einer alternativen Tradition, Stuttgart, 1978).
    Late-Modern Architecture and other Essays, London, 1980.
    Kings of Infinite Space, London, 1983.
    Towards a Symbolic Architecture. The Thematic House, New York, 1985.
    (mit Frampton, K., u. a.), Richard Meier. Bauten und Projekte 1979-1989, Stuttgart, 1990.

Jessen, O.: Höhlenwohnungen in den Mittelmeerländern. In: Pettermanns Mitteilungen, Nr. 76, 1930.

Jessen, P.: Der Ornamentstich, Berlin, 1920.

Jobst, Ch.: Die Planungen Antonios da Sangallo des Jüngeren für die Kirche S. Maria di Loreta in Rom, Worms, 1992.

Jodice, R.: s. a. Roisecco.

Jodice, R.: L'architettura del ferro. Gli stati uniti 1893-1914, Rom, 1980.

Joedicke, J., s. a. Lauterbach, H. 1965: (Hg.), Pier Luigi Nervi, Mailand, 1955.
    Geschichte der modernen Architektur, Stuttgart, 1958.
    (Hg.), CIAM '59 in Otterlo, London, 1961.
    Schalenbauten, Stuttgart, 1962.
    Architektur und Städtebau. Das Werk van den Broek und Bakema, Stuttgart, 1963.
    L'idea di architettura organica di Hugo Häring. In: Edilizia Moderna, Mailand, 1965.
    Architecture since 1945, Sources and Directions, London, 1969.
    Die Weissenhofsiedlung, Stuttgart, 1970 (1989).
    (Hg.), Das andere Bauen. Gedanken und Zeichnungen von Hugo Häring, 1982.
    Helmut Jahn, Stuttgart, 1986.
    (und C. Platz), Die Weissenhofsiedlung, Stuttgart, 1968.

Johannsen, O.: Geschichte des Eisens, Düsseldorf, 1953.

Johanson, D. L.: Australian Architects, 1901-1951, 1980.

John-Wilson, C. St.: Gunnar Asplund, Architect 1885-1940. The Dilemma of Classicism, London, 1988.

Johns, E.: British Townscape, London, 1965.

Johnson, D. L.: The Architecture of Walter Burley Griffin, Melbourne, 1977.

Johnson, Ph., s. a. Hitchcock 1932: L. Mies van der Rohe, New York, 1947.
    Philip Johnson, Writings, New York, 1979 a.
    Philip Johnson, Works, New York, 1979 b.
    (mit M. Wigley), Deconstructivist Architecture, Kat. New York, 1988 (dt., Stuttgart, 1989).

Johnstone-Taylor, F.: Modern Bridge Construction, London, 1951.

Joly, P.: Emile Aillaud. L'église de Forbach. In: L'Œil, 158, 1968.

Jonas, W.: Das Intra-Haus – Vision einer Stadt, Zürich, 1962.

Jones, A.: Rickman and the Fitzwilliam Competition. In: Architectural Review, London, 1957.

Jones, B.: Follies and Grottoes, London, 1955 (1974²).
Jones, G. P.: s. Knoop.
Jordan, R. F.: Victorian Architecture, London, 1966.
Jordy, W. H.: American Buildings and their Architects. Progressive and Academic Ideals at the Turn of the Twentieth Century, New York, 1970.
American Buildings and their Architects. The Impact of European Modernism in the Mid-Twentieth Century, New York, 1972.
Josephson, R.: Tessin I und II, Stockholm, 1930-31.
Josic, A., und S. Woods: Georges Candilis. Ein Jahrzehnt Architektur und Stadtplanung, Stuttgart/Bern, 1968.
Jourdain, M.: The Work of William Kent, London, 1948.
Jourdan, J.: Ferdinand Kramer, Werkkatalog, 1923-1974, 1975.
Joutz, L.: Der mittelalterliche Kirchenvorhof in Deutschland, Berlin, 1936.
Jullian, R.: Histoire de l'architecture moderne en France de 1889 à nos jours. Un siècle de modernité, Paris, 1984.
Tony Garnier (1869-1948). Utopiste et constructeur, Paris, 1987.
Jünger, F. G.: Gärten im Abend- und Morgenland. München/Esslingen, 1960.
Junghans, K.: Die öffentlichen Gebäude im mittelalterlichen deutschen Stadtbild, Berlin, 1956.
Der Deutsche Werkbund. Sein erstes Jahrzehnt, 1982.
Bruno Taut, 1880-1938, Berlin, 1970 (1983).
Jurecka, Ch.: Brücken. Historische Entwicklung – Faszination der Technik, Wien/München, 1979.
Jürgen, P.: Einführung in die Architektur des Historismus, Darmstadt, 1979.
Justi, K.: Winckelmann. Sein Leben, seine Werke und seine Zeitgenossen, Leipzig, 1866 (Neuaufl. Köln, 1956).
Justinsky, H. U.: Bischofsstuhl und Kaiserthron, 1955.
Jüttner, W.: Ein Beitrag zur Geschichte der Bauhütte und des Bauwesens im Mittelalter, Diss. Köln, 1935.

K

Kabel, E.: Baufreiheit und Raumordnung, Ravensburg, 1948.
Kadatz, H. J.: Peter Behrens, Architekt, Maler, Grafiker und Formgestalter, 1868-1948, Leipzig, 1977.
Georg Wenzeslaus von Knobelsdorff, 1699-1753. Baumeister Friedrichs II., München, 1983.
Deutsche Renaissancebaukunst ..., Berlin, 1983.
Friedrich Wilhelm von Erdmannsdorff 1736-1800. Wegbereiter des deutschen Frühklassizismus in Anhalt-Dessau (Hg. Bauakademie), 1986.
Kahane, M., Beauvert, Th., Moatti, J.: Die Pariser Oper, Tübingen, 1989.
Kahlen, H.: CAD-Einsatz in der Architektur, Stuttgart, 1989.
Kähler, G. (Hg.): Wohnung und Stadt. Hamburg – Frankfurt – Wien. Modelle des sozialen Wohnens in den zwanziger Jahren, Braunschweig/Wiesbaden, 1985.
Dekonstruktion? Dekonstruktivismus? Aufbruch ins Chaos oder neues Bild der Welt, Braunschweig, 1990.
Kähler, H.: Das griechische Metopenbild, München, 1949.
Hadrian und seine Villa bei Tivoli, Berlin, 1950.

Kahn, D. M.: Bogardus, Fire and the Iron Tower. In: Journal of the Society of Architectural Historiens, Bd. 25, Nr. 3, 1976.
Kahn, L. I.: Louis I. Khan. Full particulars. Silence and Light, 2 Bde., 1978.
Writings, Lectures, Interviews, 1991.
Kallab, W.: Vasaristudien, Wien, 1908.
Kamm, P.: Roland Rainer. Bauten, Schriften und Projekte, 1973.
Kamm-Kyburz, Ch.: Der Architekt Ottavio Bertotti-Scamozzi, 1719-1790. Ein Beitrag zum Palladianismus im Veneto, Bern, 1983.
Kammerer: Kammerer & Belz, Kucher und Partner, Stuttgart, 1985.
Kampf, A.: Contemporary Synagogal Art, Union of American Hebrew Congregations, New York, 1966.
Kamphausen, A.: Gotik ohne Gott: Ein Beitrag zur Deutung der Neu-Gotik des 19. Jahrhunderts, Tübingen, 1952.
Der Baumeister Fritz Höger, Neumünster, 1972.
Kampis, A.: The History of Art in Hungary, Budapest, 1966.
Kandinsky, W.: Über das Geistige in der Kunst, München, 1912.
Punkt und Linie zu Fläche, Dessau, 1920.
Punkt und Linie zu Fläche. In: Bauhausbücher, Nr. 9, München, 1926.
Kant, I. (Hg. Karl Vorländer): Kritik der Urteilskraft, Leipzig, 1948.
Karaiskaj, Gj.: 5000 yjet fortifikime në Shqipëri (5000 Years of Fortification in Albania), Tiranë, 1981.
Kardon, J., Alloway, L., u. a.: Urban Encounters. Art, Architecture, Audience, Kat. Philadelphia, 1980.
Karge, H.: Die Kathedrale von Burgos und die spanische Architektur des 13. Jhs., 1989.
Karlinger, H.: Theodor Fischer. Ein deutscher Baumeister, München, 1932.
Karnapp, B.-V.: Georg Friedrich Ziebland. Studien zu seinem Leben und Werk, Diss. Innsbruck, 1971.
Karo, G.: Die Schachtgräber von Mykenai, 2 Bde., München, 1930-33.
Karol, E., und F. Allibone: Charles Holden 1875-1960, London, 1988.
Karthaus, F.: 75 Jahre Freie Scholle 1911-1986, Festschrift (Hg. Baugenossenschaft Freie Scholle in Bielefeld), Bielefeld, 1986.
Kassel: documenta, Kat. Ausst. Kassel, 1977.
Kastorff-Viehmann, R.: Wohnung/Wohnhaus und -Siedlung für Arbeiterbevölkerung im Ruhrgebiet ..., Aachen, 1980.
Katsura: Tradition and Creation in Japanese Architecture, New Haven, 1960.
Katzman, J.: Arquitectura contemporánea mexicana, Mexiko, 1963.
Kaufmann, E.: Die Architekturtheorie der französischen Klassik und der Klassizismus. In: Repertorium für Kunstwissenschaft, Berlin/Stuttgart, 1923-24.
Von Ledoux bis Le Corbusier. Ursprung und Entwicklung der autonomen Architektur, Wien/Leipzig, 1933 (Reprint, Stuttgart, 1985).
Three Revolutionary Architects, Boullée, Ledoux and Lequeu, Philadelphia, 1952.
Architecture in the Age of Reason, Cambridge (Mass.), 1955a.
Lodoli. In: Gazette des Beaux Arts, II, Paris, 1955b.
Kauli, G.: Norwegian Architecture, Oslo, 1958.
Kautzsch, R.: Kapitellstudien (frühchristliche), Berlin/Leipzig, 1936.
Der romanische Kirchenbau im Elsaß, Freiburg, 1944.
Kawazoe, N., s. a. Kikutake: Contemporary Japanese Architecture, Tokio, 1965 (1973).
Kenzo Tange, Tokio, 1976.

Kearns, K.: Georgian Dublin. Irlands, Imperilled Architectural Heritage, 1938.
Kecks, W., und R. G.: Das französische Schloß der Renaissance. Form und Bedeutung der Architektur, ihre geschichtlichen und gesellschaftlichen Grundlagen, 1984.
Keller, B.: Der Erker. Studie zum mittelalterlichen Begriff ..., 1981.
Keller, G.: Der Bildhauer Arnolfo di Cambio und seine Werkstatt. In: Jahrbuch der preußischen Kunstsammlungen, 1934.
Keller, H. (Hg.): Giovanni Pisano, Wien, 1942.
Fischer von Erlach. Entwurf einer historischen Architektur (verkl. Nachdruck der Ausgabe 1721), 1978.
Kellenbenz, H.: J. F. Ludovice, der Erbauer der Klosterresidenz in Mafra. In: Württembergisch Franken, NF, 32, 1962.
Kemp, J.: American Vernacular, New York, 1988.
Kempter, F.: Akanthus, die Entstehung eines Ornamentmotivs, Leipzig, 1934.
Kennedy, R. G.: Greek Revival. America, New York, 1989.
Kenner, H.: Der Fries des Tempels von Bassae-Phigalia, 1946.
Kennett, V., und A.: The Palace of Leningrad, London, 1973.
Kent, W.: The Life and Works of Baldassare Peruzzi of Siena, New York, 1925.
Kepes, G.: Language of Vision, Chicago, 1944.
(Hg.), Module, Symmetry, Proportion, London, 1966.
Kerber, B.: Andrea Pozzo, Berlin/New York, 1971.
Kern, H.: Kalenderbauten, Kat. Neue Sammlung, München, 1976.
Labyrinthe, München, 1982.
Kernodle, G. R.: From Art to Theatre, Chicago, 1944.
Keswick, M.: The Chinese Garden. History, Art and History, 1978.
Khammash, A.: Notes on Village Architecture in Jordan, University Art Museum, Lafayette, Louisiana, 1986.
Khan-Magomendov, S. O.: Vhutemas. Moscou 1920-1930, Stuttgart.
Kharitonova, S.: s. Baburov.
Khatchatrian, A.: Les baptistères paléochrétiens, Paris, 1962.
Khosla, R.: Buddhist Monasteries in the Western Himalaya, Kathmandu, 1979.
Kidder-Smith, G. E.: Italy Builds, London, 1955. Sweden Builds, New York, 1957.
The New Architecture of Europe, New York, 1961 (Harmondsworth, 1962).
The Architecture of the United States, New York, 1981.
Kidson, P., Murray, P., Thompson, P.: A History of English Architecture, Harmondsworth, 1965 (erw. Aufl. 1979).
Kief-Niederwöhrmeier, H.: Frank Lloyd Wright und Europa: Architekturelemente, Naturverhältnis, Publizierte Einflüsse, Stuttgart, 1983.
Kiener, H.: Hallersteins Entwürfe zu Glyptothek und Walhalla. In: Münchner Jahrbuch der Bildenden Kunst, XIII, 1923.
Kier, H.: Die Kölner Neustadt, Düsseldorf, 1978.
Kieren, E. (Hg.): Ferdinando Fuga e l'architettura romana del settecento, Kat. Rom, 1988.
Kieren, M.: Hannes Meyer 1889-1954. Bauten, Projekte und Schriften, Stuttgart, 1990.
Kiesler: Frederick Kiesler, Kat. Ausst. Bochum/Wien, 1975.
Kieslinger, A.: Gesteinskunde für Hochbau und Plastik, Wien, 1951.
Kiesow, G.: Einführung in die Denkmalpflege, Darmstadt, 1989².
Kieß, W.: Urbanismus im Industriezeitalter. Von der klass. Stadt zur Garden City, Berlin, 1992.
Kiewert, W.: Der schöne Brunnen, Dresden, 1959.

Kikutake, K., Kawazoe, N., Otaka, M., Maki, F., Kurokawa, N.: Metabolism 1960. The Proposals for New Urbanism, Tokio, 1960.

Kilham, W. H.: Raymond Hood: Architect of Ideas, New York, 1973.

Kimball, F. S.: Thomas Jefferson Architect, Boston, 1916 (Neuaufl. New York, 1968).

Domestic Architecture of the American Colonies and of the Early Republic, New York, 1922.

American Architecture, New York, 1928.

Mr. Samuel McIntire, Carver, the Architect of Salem, Portland (Maine), 1940.

The Creation of the Rococo, Philadelphia, 1943.

History of Architecture, New York, 1949.

›Classicism‹, Academicism, and Creation in the XVII Century French Architecture. In: Scritti di storia dell'arte in onore di Lionello Venturi, Rom, 1956.

Kimball, Th.: s. Olmsted.

Kim Chewon, u. Youn Moobyong: Studies of Dolmes in Korea, Report of the Research of Antiquities of the National Museum of Korea, Bd. 6, Seoul, 1967.

Kim Chongki: Kŏchuk (Architektur), Hanguk misul chŏnjip (Enzyklopädie der koreanischen Kunst), Bd. 14, Seoul, 1975.

Kimpel, D.: Paris. Führer durch die Stadtbaugeschichte, München, 1982.

(mit R. Suckale), Die gotische Kathedrale. Nordfranzösische Architektur 1135-1270, 1985.

Kim Wŏnyong: Architecture, Korean Arts, Bd. 3, Seoul, 1963.

Kindermann, H.: Theatergeschichte Europas, Salzburg, 1957ff.

King, A. D.: The Bungalow …, London, 1984.

King, D.: The Complete Works of Robert and James Adam, 1991.

King, G. G.: Mudéjar, Bryn Mawr, 1927.

Kipnis, J. (Hg.): Peter Eisenman und Jacques Derrida. A Choral Work, 1990.

Kirby, J. B.: From Castle to Teahouse. Japanese Architecture of the Momoyama Period, Tokio, 1962.

Kirchgässner, A.: Die St. Michaeliskirche von Rudolf Schwarz in Frankfurt a. M. In: Das Münster, 8, 1955.

Kirchner-Doberer, E.: Die deutschen Lettner bis 1300, Phil. Diss. Wien, 1946.

Kirk, Sh.: Philip Webb 1831-1915, 1986.

Kirker, H.: The Architecture of Charles Bulfinch, Cambridge (Mass.), 1969.

Kirsch, H.-C.: William Morris – ein Mann gegen die Zeit. Leben und Werk, Köln, 1983.

Kirsch, K.: Die Weißenhofsiedlung. Werkbund-Ausstellung »Die Wohnung« Stuttgart 1927, Stuttgart.

Kleiner Führer durch die Weißenhofsiedlung. Ein Denkmal der modernen Architektur, Stuttgart, 1989.

Kirschbaum, E.: s. Hertling.

Kisa, A.: Das Glas im Altertum, 3 Bde., Leipzig, 1908.

Kismarty-Lechner, J.: Ödön Lechner, Budapest, 1961.

Kitschelt, L.: Die frühchristliche Basilika als Darstellung des himmlischen Jerusalem, München, 1938.

Kjellberg, P.: Lyon. In: Connaissance des Arts, 2, Paris, 1976.

Klaiber, H.: Der Baumeister P. de la Guêpière, Stuttgart, 1959.

Klamt, R.: Über die Auflösung der Baumasse und des Raumes, Phil. Diss. Wien, 1935.

Klauner, F.: Die Kirche von Stift Melk, Wien, 1946.

Kleberg, T.: Hôtels, restaurants et cabarets dans l'antiquité romaine, Uppsala, 1957.

Klee, P.: Pädagogisches Skizzenbuch. In: Bauhausbücher, Nr. 2, München, 1925 (Neuaufl. Mainz/Berlin 1965).

Kleiber, M.: Angewandte Perspektive, Leipzig, 1922.

Kleihues, J. P.: Vier Projekte, Berlin, 1983.

Klein, A.: Neues Verfahren zur Untersuchung von Kleinwohnungsgrundrissen. In: Städtebau, Berlin, 1928.

Klein, D.: Martin Dülfer. Wegbereiter der deutschen Jugendstilarchitektur, München, 1981.

Klein, K.: Aus der Geschichte der Folkwangschule für Gestaltung, Essen, 1965.

Klenze, L. von: Anweisung zur Architektur des Christlichen Cultus, München, 1822 (Neuaufl. 1834).

Sammlung Architektonischer Entwürfe, München, 1830 (Reprint hg. v. F. Hufnagl, Worms, 1983).

Kletzl, O.: Das Frühwerk Ulrichs von Ensinger. In: Architectura, 1933.

Peter Parler, Der Dombaumeister von Prag, Leipzig, 1940.

Kline, K.: Projective Geometry, New York, 1956.

Klingborg, A.: s. Raab.

Klöckner, K.: Alte Fachwerkbauten. Geschichte einer Skelettbauweise der Bundesrepublik, München, 1978.

Klopfer, P.: Die Farbe in der Baukunst. In: Zeitschrift für Ästhetik und allgemeine Kunstwissenschaft, XXIII, 1929.

Kloss, W.: Die nationalsozialistischen Thingspiele. Die Massenbasis des Faschismus 1933-1935 in seinem trivialen Theater. Eine parataktische Darstellung, Diss. phil., Wien, 1981.

Klotz, H., Cook, W.: Architektur im Widerspruch, Zürich, 1974.

Klotz, H.: Architektur in Deutschland, 1977 (1981²).

Revision der Moderne, Postmoderne Architektur, München, 1984 a.

Moderne und Postmoderne. Architektur der Gegenwart, 1960-1980, Braunschweig/Wiesbaden, 1984 b.

(Hg. DAM), Bauen heute, Architektur der Gegenwart in der Bundesrepublik Deutschland, Stuttgart, 1985.

(Hg.), O. M. Ungers. 1951-1984, Bauten und Projekte, Braunschweig, 1985.

Vision der Moderne. Das Prinzip der Konstruktion, München, 1986.

The History of Postmodern Architecture, Cambridge (Mass.), 1988.

(Hg.), Airport Frankfurt/Main, Bürozentrum Ost, Stuttgart/München, 1989.

(Hg.), Architektur des 20. Jahrhunderts. Zeichnungen – Modelle – Möbel aus der Sammlung des Deutschen Architekturmuseums Frankfurt a. M., Stuttgart, 1989.

(mit Sabau, L. Hg.), New York Architektur 1970-1990, München, 1989.

Filippo Brunelleschi. Sein Frühwerk und die mittelalterliche Tradition, Stuttgart, 1990.

Von der Urhütte zum Wolkenkratzer. Geschichte der gebauten Umwelt, München, 1991.

(Hg.), Verlagshaus Gruner & Jahr Hamburg, München, 1991.

Knauer, R.: Entwerfen und Darstellen. Die Zeichnung als Mittel des architektonischen Entwurfs, 1990.

Knaurs (Hg. G. Hatje und W. Pehnt): Knaurs Lexikon der modernen Architektur, München/Zürich, 1963.

Knell, H.: Iktinos: Baumeister des Parthenon und des Apollotempels von Phigalia-Bassae. In: Jahrbuch des Deutschen Archäologischen Instituts, 1968.

Perikleische Baukunst, 1979.

Grundzüge der griechischen Architektur, 1980 (1988²).

Vitruv-Kolloquien des Deutschen Archäologen-Verbandes, Darmstadt, 1984.

Vitruvs Architekturtheorie. Versuch einer Interpretation, 1985.

Knobloch, A.: Holzdecken im Wohnhaus. Formen und Konstruktionen im handwerklichen Innenausbau, 1978².

Knobloch, E.: Turkestan, München, 1973.

Knoop, D., Jones, G. P.: The Mediaeval Mason, Manchester, 1949.

Knop, N.: Das Gartenbelvedere, München, 1965.

Knox, B.: Bohemia and Moravia, London, 1962.

The Architecture of Poland, London, 1971.

Knüttel, B.: Zur Geschichte der Münchner Residenz 1600-1616. In: Münchener Jahrbuch der bildenden Kunst, III, Bd. XVIII, 1967.

(Volk-Knüttel, B.), Wandteppiche für den Münchener Hof nach Entwürfen von Peter Candid, München/Berlin, 1976.

Koch, E.: Mughal Architecture, München, 1991.

Koch, F.: Unveröffentlichte Handzeichnungen des jugendlichen Paul Wallot. In: Neue Forschungen zur Geschichte Oppenheims und seiner Kirchen, 1938.

Koch, H.: Der griechisch-dorische Tempel, Stuttgart, 1951.

Von ionischer Baukunst, Stuttgart, 1956.

Koch, M.: M. G. Bindesbølls møbler i Thorvaldsens Museum. In: Meddelser fra Thorvaldsens Museum, 1948.

Koch, R., und E. Pook: Karl Schneider, Hamburg, 1992.

Koch, W.: Baustilkunde. Europäische Baukunst von der Antike bis zur Gegenwart, München, 1982.

Köchert, I.: Pietro Nobile, Diss. Wien, 1952.

Koenig, G. K., s. a. Borsi 1967; Savi 1977: Memoria sulla funzione del disegno, Florenz, 1958.

L'invecchiamento dell'architettura moderna, Florenz, 1962.

Architettura tedesca del secondo dopoguerra, Bologna, 1965.

Architettura in Toscana. 1931-1968, Turin, 1968.

Enzo Zacchiroli, Bari, 1980 a.

Hans Scharoun: la Staatsbibliothek di Berlino. In: L'architettura – cronache e storia, Nr. 301 (Sept.), Rom, 1980 b.

Koeper, F.: s. Speyer.

Koerte, W.: Der Palazzo Zuccari, Leipzig, 1935.

Koffka, K., Rubin, Gibson: The Perception of the Visual World, Boston, 1950.

Kohlenbach, B.: Hendrik Petrus Berlage. Über Architektur und Stil. Aufsätze und Vorträge 1894-1928, 1991.

Kohler, M.: Postmodernismus: ein begriffsgeschichtlicher Überblick, 1977.

Kohlmaier, G., und B. v. Sartory: Das Glashaus, München, 1981 (1988²).

Kohn Pedersen Fox Associates. Process Architecture 86, 1989.

Kolb, F.: Die Stadt im Altertum, München, 1984.

Kolb, G.: Otto Wagner und die Wiener Stadtbahn, 2 Bde., 1990.

Koller, G.: Die Radikalisierung der Phantasie. Design aus Österreich, Salzburg/Wien 1987.

Kommer, B. R.: Nicodemus Tessin der Jüngere und das Stockholmer Schloß, Heidelberg, 1974.

Kömstedt, R.: Von Bauten und Baumeistern des fränkischen Barocks, Berlin, 1963.

König, W.: Il duomo di Monreale e l'architettura normanna in Sicilia, Palermo, 1965.

Konwiarz, R.: Die Baukunst Breslaus, Breslau, 1926.

Konyali, J. H.: Mimar Koca Sinan, Istanbul, 1948.

Koolhaas, R.: Delirious New York, New York, 1978.

(mit G. Oorthuys), Ivan Ilich, New York, 1981.

Kopp, A.: Ville et Révolution. Archit. et urbanisme soviétiques des années vingt, Paris, 1967.

Town and Revolution. Soviet Architecture and City Planning 1917-1935, New York, 1967.

Constructivist Architecture in the USSR, London, 1982.

Kopp, H. F.: Der deutsche Marmor, 1939.

Koppelkamm, St.: Gewächshäuser und Wintergärten im 19. Jahrhundert, 1983.

Der imaginäre Orient. Exotische Bauten des 18. und 19. Jahrhunderts in Europa, Berlin, 1987.

Künstliche Paradiese. Gewächshäuser und Wintergärten des 19. Jahrhunderts, Berlin, 1988.

Körber, D.: Bauen aus der besonderen Aufgabe. Zu Arbeiten von D. Oesterlen. In: Baukunst und Werkform, 8, 1955.

Korkuti, M.: Rreth vëndbanimeve të fortifikuara ilire të periudhës së parë të hekurit në territorin e Shqipërisë (On Fortified Illyrian Inhabited Centres of the Early Iron Age in the Territory of Albania), Studime historike, Nr. 3, Tiranë, 1973.

Korn, A.: Glas im Bau und als Gebrauchsgegenstand, Berlin, 1926.

Kornwolf, J.: M. H. Baillie Scott and the Arts and Crafts Movement, Baltimore/London, 1972.

Körte, W.: G. B. Piranesi als praktischer Architekt. In: Zeitschrift für Kunstgeschichte, II, 1933.

Korth, Th., und J. Poeschke (Hg.): Balthasar Neumann. Kunstgeschichtliche Beiträge zum Jubiläumsjahr 1987, München, 1987.

Koschatzky, W.: Leben, Werk und Stil des Barockbaumeisters J. Hueber, Phil. Diss. Graz, 1951.

Koshalek, R., Stewart, D. B., Yatsuka, H.: Arata Isozaki. Architektur 1960-1990, Stuttgart, 1991.

Kossatz, G.: Die Kunst der Intarsia, Dresden, 1954.

Köster, B.: Palladio in Amerika. Die Kontinuität klassizistischen Bauens in den USA, München, 1990.

Kostof, Sp.: The City Shaped. Urban Patterns and Meanings Through History, London, 1991.

Kothe, J.: Ferdinand von Quast. Konservator der Kunstdenkmäler des preußischen Staates. In: Deutsche Kunst und Denkmalpflege, 35, 1977.

Kottmann, A.: Das Geheimnis romanischer Bauten, Stuttgart, 1971.

Kotzur, H.-J.: Notizen zum Leben und Werk des Architekten Voit, Heidelberg, 1978.

Kozakiewicz, St.: Gli influssi italiani nell'architettura polacca prima della corrente palladiana. In: Boll. del Centro Andrea Palladio, II, Vicenza, 1960.

Krákálová, J.: Il palladianesimo in Cecoslovacchia. In: Boll. del Centro Andrea Palladio, VI, Vicenza, 1964.

Krämer, H. (Hg.): Architektur USA, Stuttgart, 1985.

(Hg.), Architektur Canada, Stuttgart, 1987.

Kramm, P. (Hg.): Roland Rainer. Bauten, Schriften und Projekte, Tübingen, 1983.

Kramrisch, S.: The Hindu Temple, 2 Bde., Kalkutta, 1946.

Dravida and Keralda in the Art of Travancore, Ascona, 1953.

Krapf, M.: Die Baumeister Gumpp, Wien/München, 1979.

Krasceninnicova: s. Gibellino.

Krauss, F.: Paestum, die griechischen Tempel, Berlin, 1941 (1978²).

Krauss, S.: Synagogale Altertümer, Berlin/Wien, 1922.

Krautheimer, R.: Die Kirchen der Bettelorden in Deutschland, Augsburg, 1925.

Mittelalterliche Synagogen, Berlin, 1927.

San Nicola in Bari und die apulische Architektur des XII. Jahrhunderts. In: Wiener Jahrbuch für Kunstgeschichte, IX, Wien, 1934.

Corpus Basilicarum Christianarum Romae. Le basiliche cristiane antiche di Roma (sec. IV-IX), 5 Bde., Vatikanstadt, 1937-80.

Il transetto nella basilica paleocristiana. In: Actes du vᵉ Congrès d'Archéologie Chrétienne, Paris, 1957.

Early Christian and Byzantine Architecture, Pelican History of Art, Harmondsworth, 1965 (1987).

Rome, Profile of a City, 312-1308, Rom, 1973 (1979³).

Three Christian Capitals. Topography and Politics, 1988.

Kreis, B.: Moskau 1917-35. Vom Wohnungsbau zum Städtebau, Düsseldorf, 1985.

Krejci, Mr., und K. Neubert: Prag – seine Geschichte und seine Architektur, 1983.

Kremer, S.: Hugo Häring (1882-1958). Wohnungsbau, Theorie und Praxis, Stuttgart, 1985².

Kreuzer, I.: Studien zu Winckelmanns Aesthetik. Normativität und historisches Bewußtsein, Berlin, 1959.

Krickeberg, W.: Civiltà dell'antico Messico, Florenz, 1959.

Altmexikanische Kulturen, Berlin, 1956.

Krier, L., und D.: Borphyrios, Quatremère de Quincy. De l'imitation dans les beaux-arts, 1980.

Krier, L.: A Monument in Berlin. In: Art Net. 1, 1975.

Drawings 1967-1980, Brüssel, 1980.

(mit Larsson, L.O.), Albert Speer. Architecture 1932-1942, Brüssel, 1985.

Leon Krier, Kat. Stuttgart, 1988.

Krier, R.: Stadtraum in Theorie und Praxis, Stuttgart, 1975.

On Architecture, London, 1982.

Urban Projects 1968-1982, New York, 1982.

Architectural Composition, London, 1988 (dt. Über architektonische Komposition, Stuttgart, 1989).

Krings, U.: Bahnhofsarchitektur. Dt. Großstadtbahnhöfe des Historismus, München, 1985.

Krinsky, C. H.: Rockefeller-Center, New York, 1978.

Europas Synagogen. Architektur, Geschichte und Bedeutung, Stuttgart, 1988.

Gordon Bunshaft of Skidmore, Owings & Merrill, 1988.

Krischanitz, A., und O. Kapfinger: Die Wiener Werkbundsiedlung. Dokumentation einer Erneuerung, Düsseldorf, 1989.

Krischen, F., s. a. von Gerkan: Kyma, 1931.

Die griechische Stadt, Berlin, 1938.

Antike Rathäuser, Berlin, 1941.

Krizek, V.: Bäderarchitektur. Kulturgeschichte des Heilbades, Stuttgart, 1990.

Kroll, L.: Composants – faut-il industrialiser l'Architecture?, Brüssel, 1983.

Lucien Kroll. Bauten und Projekte, Stuttgart, 1987.

Krönig, W.: Hallenkirchen in Mittel-Italien, Leipzig, 1938.

Contributi all'architettura pugliese del Medioevo. In: Atti del IX Congresso di Storia dell'Architettura, Rom, 1959.

Krtilová, E.: Architekt Josef Zitek, Prag, 1954.

Krubsacius, F. A.: Kurze Untersuchung des Ursprungs der Verzierungen der Veränderung und des Wachstums desselben, bis zu ihrem itzigen Verfalle …, Leipzig, 1759.

Kruft, H. W.: Rationalismus in der Architektur – eine Begriffserklärung. In: Architectura, 1979⁹.

Geschichte der Architekturtheorie, München, 1985 (1991³).

Städte in Utopia. Die Idealstadt vom 15. bis zum 18. Jahrhundert zwischen Staatsutopie und Wirklichkeit, 1989.

Kubach, H. E.: Das Triforium. In: Zeitschrift für Kunstgeschichte, 1936.

Architettura romanica, Mailand, 1972.

(mit A. Verbeek), Romanische Baukunst an Rhein und Maas, Bd. 4 Architekturgeschichte und Kunstlandschaft, 1988.

Kubelik, M.: Die Villa im Veneto. Zur typologischen Entwicklung im Quattrocento, 2. Bde., München, 1977.

Kubinsky, M., s. a. Bakonyi: Bahnhöfe Europas, Ihre Geschichte, Kunst und Technik, Stuttgart, 1969.

Adolf Loos, Berlin, 1970.

Kubler, G.: Arquitectura española 1600-1800 (Ars Hispaniae, Bd. XIV), Madrid, 1957.

(mit Soria, M.), Art and Architecture in Spain and Portugal and their American Dominions 1500-1800, Pelican History of Art, Harmondsworth, 1959.

The Art and Architecture of Ancient America, Pelican History of Art, Harmondsworth, 1962 (1974, 1984).

Building the Escorial, Princeton (N.J.), 1982.

Kudělka, Z.: Bohuslav Fuchs, Prag, 1966.

Kühn, G.: Galeazzo Alessi und die Genuesische Architektur im 16. Jahrhundert. In: Jahrbuch für Kunstwissenschaft, 1929.

Kühn, M., s. a. Rave 1929-62: Eosander und Tessin. In: Sitzungsberichte der Kunstgeschichte, Geschichte zu Berlin, 1952.

Kühnel, E.: Maurische Kunst, Berlin, 1924.

Die Arabeske, Wiesbaden, 1949a.

Die Moschee, Berlin, 1949b.

Die Kunst des Islam, Stuttgart, 1962.

Die Moschee. Bedeutung, Einrichtung und kunsthistorische Entwicklung der islamischen Kultstätte, Berlin, 1949.

Kulka, H.: Adolf Loos. Das Werk des Architekten, Wien, 1931 (1979).

Kulke, E.: Die Laube als Ostgermanisches Baudenkmal, München, o.J. (1939).

Kultermann, U., s. a. Hofmann, W.; von der Möll: Wassili und Hans Luckhardt: Bauten und Entwürfe, Tübingen, 1958.

Dynamische Architektur, München, 1959.

Architecture nouvelle au Japon, Paris, 1960.

Neues Bauen in Afrika, Tübingen, 1963.

Geschichte der Kunstgeschichte. Der Weg einer Wissenschaft, Wien/Düsseldorf, 1966.

(Hg.), Kenzo Tange, Architektur und Städtebau 1946-1976, Zürich, 1977a.

Die Architektur im 20. Jh., Köln, 1977b.

Zeitgenössische Architektur in Osteuropa, Köln, 1985.

Kummer, St.: Anfänge und Ausbreitung der Stuckdekoration im römischen Kirchenraum (1500-1600), Bd. 6 Tübinger Studien zur Architektur und Kunstgesch., Tübingen, 1987.

Künkel, O.: Der Mäander in den vor- und frühgeschichtlichen Kulturen Europas, 1925.

Künstler, G.: s. Münz.

Kuntz, A.: Das Volkshaus in Düsseldorf. Annäherung an seine Biographie. In: Assion, P. (Hg.): Transformationen der Arbeiterkultur, Marburg, 1986.

Kuran, A.: Sinan, Washington, 1987.

Kurokawa, K.: Metabolism 1960. Proposals for New Urbanism, Tokio, 1960.

Works of Kisho Kurokawa, Tokio, 1970.

The Concept of Metabolism, Tokio, 1972.

The World of Kishi Kurokawa, Tokio, 1975.

Metabolism in Architecture, London, 1977.

Architettura e Design, Mailand, 1983.

Rediscovering Japanese Space, New York, 1988.

(mit Chaslin, F., Beiträge), Kisho Kurokawa, 1988.

Kisho Kurokawa 1978-1989, Tokio, 1989.

Kurokawa, N.: s. Kikutake.

Kurz, O.: s. Schlosser 1924.

Küster, J.: L. C. Sturm. Leben und Leistung auf dem Gebiet der Zivilbaukunst in Theorie und Praxis, 1942.

L

Laage, G.: Das Stadthaus – mehr als eine Bauform. Chancen, Forderungen, Konzepte im Wohnungs- und Städtebau, 1979.

Labò, E.: s. Mumford 1938.

Labò, M., s. a. EUA: Barocco, Architettura; DBI: Alessi; (mit Labò, E.), s. Mumford 1938: I palazzi di Genova, Mailand, 1914 (1932).
Studi d'architettura genovese. In: L'arte, 1921 ff.
Il Gesù a Genova, Genua, 1932.
Giuseppe Terragni, Mailand, 1947.
Gio Ponti, Mailand, 1958.

Labrouste: Labrouste, architecte de la Bibliothèque Nationale de 1854-75, Paris, 1953.

Labrouste, H.: Souvenirs d'Henri Labrouste. Notes recueillies et classées par ses enfants, Paris, 1928.

Lachmayer, H., Mattl-Wurm, S., Gargerle, C. (Hg.): Eine Geschichte der Badekultur im 19. und 20. Jahrhundert, Salzburg, 1991.

Lacroux, J., Detain, C.: Constructions en briques, Paris, 1884.

Ladendorf, H.: Der Bildhauer und Baumeister Andreas Schlüter, Berlin, 1935.
Das Labyrinth in Antike und neuerer Zeit. In: Archäologischer Anzeiger, 1963.
Labyrinthe, Kat. Ausst. Berlin, 1966.

Laganà, G.: Charles Rennie Mackintosh 1868-1928, Paris, 1990.

La Guêpière, P.-L.-Ph.: Recueil d'esquisses d'architecture, Stuttgart, 1760.

Lamb, C.: Die Villa d'Este in Tivoli, München, 1966.

Lambert, E.: s. Focillon 1939.

Lambot, I. (Hg.): Norman Foster. Buildings and Projects of Foster Associates, 1964-1971 (Bd. 1), 1971-1978 (Bd. 2), 1978-1982 (Bd. 3), 1982-1989 (Bd. 4), Berlin, 1989, 1991.
Century Tower. Foster Associates Build in Japan, Berlin, 1992.

Lambourne, L.: Utopian Craftsmen: The Arts and Crafts Movement from the Cotswolds to Chicago, London, 1980.

Lameyre, G.-N.: Haussmann, ›préfet de Paris‹, Paris, 1958.

Lammert, M.: David Gilly. Ein Baumeister des deutschen Klassizismus, Berlin, 1964 (1981).

Lamprecht, H.-O.: Opus Caementitium, Bautechnik der Römer, Düsseldorf, 1987.

Lampugnani, V. M.: Architektur und Städtebau des 20. Jahrhunderts, Stuttgart, 1980.
Architektur unseres Jahrhunderts in Zeichnungen. Utopie und Realität, 1982.
Hatje Lexikon der Architektur des 20. Jahrhunderts, Stuttgart, 1983.
(Hg.), Museumsarchitektur in Frankfurt 1980-1990, München, 1990.
(Hg.), Antonio Sant'Elia. Gezeichnete Architektur, München, 1992.

Lancaster, C.: The American Bungalow: 1880-1930, New York, 1985.

Lander, H., und M. Niermann: Lehmarchitektur in Spanien und Afrika, 1980.

Landsberger, F.: Die Kunst der Goethezeit. Kunst und Kunstanschauung von 1750 bis 1830, Leipzig, 1931.

Landy, J.: The Architecture of Minard Lafever, New York, 1970.

Lane, B. M.: Architektur und Politik in Deutschland, 1918-1945, Wiesbaden, 1986.

Lane, M.: Maryland. Architecture of the Old South, 1991.

Langenegger, F.: Die Baukunst des Iraq, Dresden, 1911.

Langeskiøld, E.: Michele Sanmicheli, The Architect of Verona, Uppsala, 1938.
Pierre Bullet, the Royal Architect, Stockholm, 1959.

Langley, B.: New Principles of Gardening, London, 1728.
A Sure Guide to Builders, London, 1729.
The Builder's Complete Assistant, London, 1738.
Gothic Architecture Restored and Improved, London, 1741.
Gothic Architecture Improved by Rules and Proportions, to Which is Added an Historical Dissertation on Gothic Architecture, London, 1747.

Langner, J.: C.-N. Ledoux, Phil. Diss. Freiburg, 1955.

Langui, E.: s. Cassou.

Lanier Graham, F.: Hector Guimard, Kat. Ausst. New York, 1970.

Lankheit, K.: Revolution und Restauration, Baden-Baden, 1965.
Tempel der Vernunft. Unveröffentlichte Zeichnungen von Etienne-Louis Boullée, Basel/Stuttgart, 1968.

Lanoux, A.: Castellaras ou les maisons de bonheur, Paris, 1965.

Lapalus, E.: Le fronton sculpté en Grèce dès origines à la fin du IVᵉ siècle, Paris, 1947.

Laprade, A.: François d'Orbay, Architecte de Louis XIV, Paris, 1960.

L'architettura, cronache e storia. Mailand: La selearchitettura, 1983 (II).

Laroze, G.: Le Baron Haussmann, Paris, 1932.

Larsson, L. O.: Die Neugestaltung der Reichshauptstadt. Albert Speer, Generalbebauungsplan für Berlin, Stuttgart, 1978.
Klassizismus in der Architektur des 20. Jahrhunderts. In: Albert Speer, Architektur, Arbeiten 1933-1942, Frankfurt am Main, 1978.

Lasch, K.: Architekten-Bibliographie. Deutschsprachige Veröff. 1920-1960, Leipzig, 1962.

Lasdun: Denys Lasdun. Architecture in the Age of Scepticism, London, 1984.

Lassus, J. B.: s. Villard de Honnecourt.

Lathan, I.: Joseph Maria Olbrich, New York, 1981.

Lauber, W.: Plastik und Gehöfte im Grasland von Kamerun. Traditionelle Holzarchitektur eines westafrikanischen Landes, Stuttgart, 1990.

Laubin, R., und G.: The Indian Tipi, New York, 1971².

Laudel, H.: Architektur und Stil. Zum theoretischen Werk Gottfried Sempers, 1991.

Lauer, J. Ph.: L'œuvre d'Imhotep à Saqqarah, Paris, 1956.

Lauer, P.: Le palais de Latran, Paris, 1911.

Laugier, M.-A.: Essai sur l'architecture, Paris, 1753-55 (Reprint Genf, 1972).
Versuch über die Architektur (Einltg. W. Herrmann), 1988.

Lauter, W.: Passagen, Dortmund, 1984.

Lauterbach, H., s. a. Taut, M.: (mit Joedicke, J., Hg.), Hugo Häring. Schriften, Entwürfe, Bauten, Stuttgart, 1965.
Hans Scharoun, Kat. Ausst. Berlin, 1967.

Lavagnino, E.: Il palazzo della Cancelleria, Rom, 1924.
L'arte moderna dai neoclassici ai contemporanei, 2 Bde., Turin, 1956 (durchgesehene Aufl. 1961).
Il Medioevo, Turin, 1936 (1960²).

Lavedan, P., s. a. Adhémar; Réau 1954: L'architecture française, Paris, 1944 (engl. Übers. French Architecture, Harmondsworth, 1956).
Histoire de l'urbanisme, Époque Contemporaine, Paris, 1952.
Histoire de l'urbanisme, Renaissance et temps modernes, Paris, 1959.
Histoire de l'urbanisme, Antiquité, Paris, 1966.

Lawrence, A. W.: Greek Architecture, Pelican History of Art, Harmondsworth, 1957 (1974).

Lawrence, L.: Stuart and Revett: their Literary and Architectural Careers. In: Journal of the Warburg and Courtauld Institutes, London, 1938.

Lazzaro, C.: The Italian Renaissance Garden. From the Convention of Planting. Design and Ornament to the Grand Gardens of Sixteenth-Century Central Italy, 1990.

Lazzaroni, M., Muñoz, A.: Filarete, scultore architetto del secolo xv, Rom, 1908.

Leach, B.: s. Yanagi.

Leask, H. G.: Irish Castles and Castellated Houses, Dundalk, 1941 (1951).
Irish Churches and Monastic Buildings, 3 Bde., Dundalk, 1955-60.

Leclerc, H.: Les origines italiennes de l'architecture théâtrale moderne, Paris, 1946.

Le Clerc, S.: Traité d'architecture avec des remarques et des observations très-utiles pour les jeunes gens qui veulent s'appliquer à ce bel art, Paris, 1714.

Leclerq, H.: s. Cabrol.

Le Corbusier (Jeanneret, Ch.-E.), s. a. de Pierrefeu; Vallès: Vers une architecture. In: L'Esprit Nouveau, Paris, 1923 (Neuaufl. Paris, 1958).
L'art décoratif d'aujourd'hui. In: L'Esprit Nouveau, Paris, 1925 a.
Urbanisme. In: L'Esprit Nouveau, Paris, 1925 b.
Almanach d'architecture moderne. In: L'Esprit Nouveau, Paris, 1926.
Précisions sur un état présent de l'architecture et de l'urbanisme. In: L'Esprit Nouveau, Paris, 1930.
Quand les Cathédrales étaient blanches. Voyage au pays des timides, Paris, 1937.
Le Corbusier et Pierre Jeanneret. Œuvre complète (in 7 Bdn.: ... 1910-1929, Hg. W. Boesiger, O. Stonorov, 1937; ... 1929-34, Hg. W. Boesiger, Vorwort S. Giedion, 1934 (1947⁴); ... 1934-1938, Hg. M. Bill, 1947; ... 1938-1946, 1946; ... 1946-1952, 1953; ... et son atelier Rue de Sèvres 35, 1952-1957, 1957; ... et son atelier Rue de Sèvres 35, 1957-1965; die vier letzten Bde. hrsg. v. W. Boesiger), Zürich, 1937-66.
Logis et loisirs, Paris, 1938.
La Charte d'Athènes, Paris, 1943; Les Trois Etablissements Humains, Paris, 1944, 1941-44.
La maison des hommes, Paris, 1942.
Manière de penser l'Urbanisme, Paris, 1946.
Le modulor 1; Le modulor 2, 1948-50.
L'unité d'habitation de Marseille, Souillac, 1950.
Ronchamp, Zürich, 1957.
L'atelier de la recherche patiente, Paris, 1960. (Hg. W. Boesiger, H. Girsberger), Le Corbusier 1910-1965, Zürich, 1967.
Le Corbusier sketchbooks, 4 Bde., 1981/82.
Der Modulor. Darstellung eines in Architektur und Technik allgemein anwendbaren harmonischen Maßes im menschlichen Maßstab, Stuttgart, 1985.
Der Modulor 2. Das Wort haben die Benützer, 1985³.
Synthèse des Arts. Aspekte des Spätwerks 1945-1965 (Hg. Badischer Kunstverein), Berlin, 1986.

Leach, P.: James Paine. Studies in Architecture XXV, 1988.

Leclant, J., Lepage, C., Annequin, G., Mercier, J.: Découverte de L'Ethiopie chrétienne. In: Les Dossiers de L'Archéologie, 8, 1975.

Ledoux, C. N.: L'architecture considérée sous le rapport de l'art, des mœurs et de la législation, Paris, 1804 (Reprint, 1980, 1981).
Claude-Nicolas Ledoux. Unpublished Projects (Einf. M. Gallet), Berlin, 1992.

Lees-Milne, J.: The Age of Adam, London, 1947.
Baroque in Spain and Portugal, London, 1960.

Leet, S. (Hg.): Albini, Franco: Architecture and Design 1934-1977, 1990.

Legler, R.: Der Kreuzgang. Ein Bautypus des Mittelalters, 1989.

Legner, A. (Hg.): Die Parler und der schöne Stil

1350-1400. Europäische Kunst unter dem Luxemburger, Köln, 1978-1980.

Legorreta, R.: The Architecture of Rocardo Legorreta, Austin/Texas, 1990.

Legrand, J.-G.: Parallèle de l'architecture ancienne et moderne, Paris, 1799.

Lehmann, E.: Der frühe deutsche Kirchenraum …, Berlin, 1949.
Die Bibliotheksräume der deutschen Klöster im Mittelalter, 1957.

Lehmann, H., s. EUA: Mesoamericana protostoria.

Lehmann, R.: Eine Erinnerung an den Baumeister der Klassik in Braunschweig. In: Braunschweiger Jahrbuch, 1953.

Lehmann-Hartleben, K.: Die antiken Hafenanlagen des Mittelmeeres, Leipzig, 1923.
Denkmäler antiker Architektur, Berlin/Leipzig, 1936.

Lehouck, E.: Fourier aujourd'hui, Paris, 1966.

Leiber, G.: Friedrich Weinbrenner, sein städtebauliches Schaffen. Voraussetzungen und Einflüsse. Die Planung Karlsruhes von seinen Anfängen bis zum Ende des 18. Jhs., Karlsruhe, 1991.

Lemke, W.: Lehmbauten zwischen Ostsee und Thüringer Wald, Berlin, 1991.

Lemoine, B.: Les Halles de Paris, L'histoire d'un lieu, 1980.
Gustave Eiffel, 1832-1923, Paris, 1984.
Les passages couverts en France, 1989.

Lemos, Carlos A. C.: Arquitetura brasileira, São Paulo, 1979.

Lemper, E.-H.: Entwicklung und Bedeutung der Krypten … von Ende der Romanik bis zum Ende der Gotik (Habil-Sch.), Leipzig, 1962.

Le Muet, P.: Manière de bien bastir pour toutes sortes de personnes, Paris, 1623.

Lenning, H. F.: The Art Nouveau, 's Gravenhage, 1951.

Lenzen, H. J.: Die Entwicklung der Zikkurats von ihren Anfängen bis zur 3. Dynastie von Ur, 1941.

Leonardo da Vinci: Codice atlantico, Mailand, 1894-1940.
Codice Arundel 263, Rom, 1923-28.
Codici Forster, Rom, 1930-36.
Codice trivulziano, Mailand, 1939.
Codice dell'istituto di Francia, Rom, 1941.

Leonhardt, F.: Der Stuttgarter Fernsehturm, Berlin, 1956.
Der Bauingenieur und seine Aufgaben, 1981.
Brücken – Ästhetik und Gestaltung, Stuttgart, 1982.

Leoni, G. (Hg.): The Architecture of A. Palladio, Revis'd, Design'd and Publish'd by Giacomo Leoni, a Venetian Architect to his most Serene Highness, the Elector Palatine, London, 1715-16 (1721, 1942).
The Architecture of L. B. Alberti, London, 1726 (1739).

Leontief Alpers, S.: Ekphrasis and Aesthetic Attitudes in Vasari's Lives. In: Journal of the Warburg and Courtauld Institutes, XIII, London, 1960.

Lepsius, R.: Denkmäler aus Ägypten und Äthiopien, 5 Textbände, 12 Tafelbände, 1970.

Leroi-Gourhan, A.: Préhistoire de l'art occidental, Paris, 1965.

Leroux, G.: Les origines de l'édifice hypostile, Paris, 1913.

Lesnikowski, W.: Die neue französische Architektur (Einf. P. Goulet), Stuttgart, 1991.

Lesser, G.: Gothic Cathedral and Sacred Geometry, 2 Bde., London, 1957.

Lessing, G. E.: Laokoon oder über die Grenzen der Dichtkunst und der Malerei, Berlin, 1766.

Le Temps de Gares, Kat. Ausst. Berlin/Paris, 1978-81.

Lethaby, H.: Philip Webb and his Work, London, 1935.

Leti Messina, V., s.a. Taut, M.: L'architettura della libertà. Studi sul pensiero architettonico di Rudolf Steiner, L'Aquila, 1976.

Leupold, J.: Schau-Platz der Brücken und Brükken-Baues, 1726 (Reprint, 1982).

Levene, R. C., Cecilia, F. M., Barbarin, A. R.: Architectura española contemporanea 1975-1990. Spanish Contemporary Architecture, 2 Bde., 1989.

Levey, M.: s. Graf Kalnein.

Levi, C.: s. Argan 1935.

Levi, R.: Rino Levi, Mailand, 1974.

Levi, S.: La villa ›Favorita‹, e l'anilisi dello stile architettonico del Sebregondi, Mantua, 1928.

Levi-Strauss, Cl.: Contribution à l'étude de l'organisation social des Indiens Boroboro. In: Journal de la Société des Americanistes, Bd. 28, 1936.

Lewcock, R. B.: Early Nineteenth Century Architecture in South Africa, A. A. Balkema, 1963.

Lezava, I.: s. Baburov.

Libby, J. R.: Modern Prestressed Concrete. Design Principles and Construction Methods, New York/Cincinnatti/Toronto, 1971.

Libertini, G.: Il teatro antico e la sua evoluzione, Catania, 1932.

Lichtenstein, C. (Hg.): Ferdinand Kramer. Der Charme des Systematischen. Architektur, Einrichtung, Design, Gießen, 1991.

Licker, A.: Vom Wohnhof zum Wohnblock, 1984.

Lieb, N.: Münchner Barockbaumeister, München, 1941.
Barockkirchen zwischen Donau und Alpen, München, 1953 (1983³, 1991⁶).
München. Die Geschichte seiner Kunst, München, 1971 (1977²).
(und F. Dieth), Die Vorarlberger Barock-Baumeister, München/Zürich, 1960 (1983).
(und F. Hufnagel), Leo von Klenze. Gemälde und Zeichnungen, München, 1979.
(und W.-Ch. von der Mülbe), Johann Michael von Fischer. Baumeister und Raumschöpfer im späten Barock in Süddeutschland, München, 1981 (1982).

Lienemann, K., und H. P. C. Weidner: Hermann Finsterlin. Architektur 1971-1924, Stuttgart, o. J.

Lilius, H., und R. Zeitler (Hg.): Reclams Kunstführer Finnland, Kunstdenkmäler und Museen, 1985.

Lill, G., Hirmer, M.: Die Wies, München, 1952 (1958).

Lilliu, G.: La civiltà dei sardi. Dal neolitico all'età dei nuraghi, Turin, 1963 (1967).

Lind, S. I.: s. Holmdahl.

Lindberg, C.: Die Kirchen Finnlands, Helsinki, 1939.

Lindblom, A.: Sveriges Kunsthistoria, 3 Bde., Stockholm, 1944-46.

Linden, F. K. Freiherr von: Die Zisterzienser, 1989.

Linfert, C.: Die Grundlagen der Architekturzeichnungen, 1931.

Lingotto: Venti progetti per il futuro del Lingotto. Kat. Ausst. Mailand, 1984.

Linn, B.:, s. Atmer: Osvald Almquist. En Arkitekt och Hans Arbete, Stockholm, 1967.

Linstrum, D.: Sir Jeffrey Wyatville, Architect to the King, Oxford, 1972.

Lippert, K.-L.: Giovanni Antonio Viscardi, München, 1969.

Lippold, G.: Handbuch der Archäologie, V, München, 1950.

Liscombe, R. W.: William Wilkins 1778-1839, Cambridge, 1980.
The Church Architecture of Robert Mills, Easly, S. Carolina, 1985.

Lisowski, B.: Modern Architecture in Poland, Warschau, 1968.

Lissitzky, E.: Russland. Die Rekonstruktion der Architektur in der Sowjetunion, Wien, 1930.
El Lissitzky 1890-1941. Architect, Painter, Photographer, Typographer, Kat. Eindhoven, 1991.
El Lissitzky. Maler, Architekt, Typograf, Fotograf. Erinnerungen – Briefe – Schriften, 1991⁴.

Little, B.: The Life and Work of James Gibbs, London, 1955.

Littlejohn, D.: Architect: The Life and Work of Charles W. Moore, New York, 1984.

Littmann, E., Krencker, D., Lüpke, T. v.: Deutsche Aksum Expedition, 5 Bde., Berlin, 1913.

Lloyd, N.: History of English Brickwork, 1983.

Lloyd Wright, O.: Frank Lloyd Wright, His Life, his Work, his Words, New York/London, 1970.

Lobell, J.: Between Silence and Light: Spirit in the Architecture of Louis I. Kahn, Boulder, 1979.

Lockwood, E. H.: A Book of Curves, Cambridge, 1961.

Lodoli, C.: (Hg. A. Memmo), Elementi d'architettura lodoliana …, Rom, 1786.

Löffler, F.: Das alte Dresden. Geschichte seiner Bauten, Dresden, 1955.
(und W. Pritsche), Der Zwinger in Dresden, Dresden, 1976².

Lo Gatto, E.: Gli artisti italiani in Russia, Rom, 1935-43.

Lohmeyer, K.: Palagonisches Barock, Frankfurt, 1943.

Lohse, B.: s. Busch 1958, 1960.

London: Art of our Time. The Saatchi Collection, Bd. 1, London, 1984.

Londow, G. P.: The Aesthetic and Critical Theories of John Ruskin, Princeton (N. J.), 1971.

Longatti, A., s. a. Caramel: Desegni di Sant'Elia, Lecco, 1984.

Longstreth, R.: On the Edge of the World. Four Architects in San Francisco at the Turn of the Century, Cambridge (Mass.), 1983.

Loos, A.: Ins Leere gesprochen. Aufsätze in Wiener Zeitungen und Zeitschriften aus den Jahren 1897-1900, Paris, 1921 (Berlin, 1925, Reprint 1981).
Trotzdem. Gesammelte Aufsätze 1900-1930 (u. a. über Ornament und Verbrechen), Innsbruck, 1931.
(Hg. F. Glück), Sämtliche Schriften, Wien/München, 1962.
Adolf Loos, 1870-1933, Kat. Ausst. Paris, 1983.
Adolf Loos, 1870-1933. Raumplan und Wohnungsbau, Kat. Ausst. Berlin, 1983/84.
The Architecture of Adolf Loos, Kat. London, 1986.
Adolf Loos, Kat. Wien, 1989-1990.

Lorck, C. v.: Burgen, Schlösser und Gärten in Frankreich, Frankfurt/M., 1962.

Lorenc, V.: Das Prag Karls IV., Stuttgart, 1982.

Lorenc, C.: Women in Architecture. A Contemporary View, 1990.

Lorenz, H.: Untersuchungen zum Praetorium, Halle, 1936.

Lorenz, H.: Domenico Martinelli, Wien, 1989.
Johann Bernhard Fischer von Erlach, Zürich, 1992.

Lorenzer, A.: s. Berndt.

Lorenzetti, G.: Venezia ed il suo estuario, Venedig, 1926.

Lorenzoni, G.: Lorenzo da Bologna, Venedig, 1963.

Los, S.: Carlo Scarpa architetto poeta, Venedig, 1967.

Lotz, W., s. a. Coolidge; Heydenreich 1974: Vignola-Studien, Würzburg, 1939.
Die Spanische Treppe. In: Römisches Jahrbuch für Kunstgeschichte, Nr. 12, Rom, 1969.

Loudon, J. C.: Hints on the Information of Gardens and Pleasure Grounds, London, 1812.

Loukomsky, G. K.: Jules Romain, Paris, 1932.
Charles Cameron, London, 1943.

Loye, B.: Eileen Gray 1879-1976. Architecture, Design, 1984.

Loyet, F., u.a.: Art Nouveau Architecture, London, 1979.

Loyrette, H.: Gustave Eiffel, 1985.

Lucan, J.: France Architecture 1965-1988. Tendances de l'architecture contemporaine, 1989.
OMA. Rem Koolhaas, Paris, 1990 (dt., Zürich, 1991)

Lüchinger, A.: Strukturalismus – eine neue Strömung in der Architektur. In: Bauen + Wohnen, 1976[1].
Strukturalismus in Architektur und Städtebau, Stuttgart, 1980.
Herman Hertzberger, Den Haag, 1987.

Luciani, R.: Pietro Lombardo Architetto, Rom, 1987.

Luckhurst, K.W.: The Story of Exhibitions, London, 1951.

Lueger, O.: Lexikon der gesamten Technik und ihrer Hilfswissenschaften, Stuttgart/Leipzig, 1902/14.

Lugli, G.: I monumenti antichi di Roma e suburbio, 3 Bde. und Suppl. Bd., Rom, 1930-40.
Roma antica. Il centro monumentale, Rom, 1946.
La tecnica edilizia romana con particolare riguardo a Roma e Lazio, 2 Bde., Rom, 1957 (1968).
Itinerario di Roma antica, Mailand, 1970 a.
Roma antica, Rom, 1970 b.

Lugli, L.: s. Clemente.

Lugli, P.M.: L'accesso all'acropoli di Atene. In: L'architettura – cronache e storia, Nr. 117, Rom, 1965.
Storia e cultura della città italiana, Bari, 1967.

Lukomski, G.K.: L'architecture religieuse russe du XIe au XVIIe siècle, Paris, 1929.

Lukomskij, G.: Juleo Roruain, Paris, 1932.

Lulan, R.: L'École militaire de Paris, Paris, 1950.

Lunazzi, L.: s. Mezzetti.

Lund, H., Millech, K. (Hg.): Danmarks Byggningskunst, Kopenhagen, 1963.

Lundberg, E.: Arkitekturens Formsprak 1629-1715, Stockholm, 1959.

Luporini, E.: Formazione culturale e stile di G. Cosio. In: Studi in onore di M. Marangoni, Pisa, 1957.
Brunelleschi: Forma e ragione, Mailand, 1964.

Lurçat, A.: L'architecture, Paris, 1928.
Formes, composition et lois d'harmonie, Paris, 1953-55 (1957).
André Lurçat Architecte, 4 Bde., Paris, 1967.

Lüttichau, M.-A. von: Die deutsche Ornamentkritik im 18. Jahrhundert, Hildesheim, 1983.

Lutyens: The Work of the English Architect Sir Edwin Lutyens, 1869-1944, Kat. Ausst. London, 1981-82.

Lutyens, R.: Notes on Sir Edwin Lutyens, Newcastle, 1970.

Lynch, K.: The Image of the City, Cambridge (Mass.), 1960.
The Pattern of the Metropolis, Cambridge (Mass.), 1961.

Lynton, N.: Renaissance Architecture, London, 1962.

M

Macaulay, J.: The Gothic Revival, 1745-1845, Glasgow, 1975.

MacCarthy, F.: The Simple Life. C.R. Ashbee in the Cotswolds, 1981.

Macdonald, A.W., und A. Vergati Stahl: Newar Art: Nepalese Art During the Malla Period, Warminster, 1979.

MacDonald, W.L.: Early Christian and Byzantine Architecture, London, 1962.
The Architecture of the Roman Empire, New Haven/London, 1965.

MacDugall, E.B. (Hg.): John Claudius London and the early Nineteenth Century in Great Britain, 1980.

Macfadyen, D.: Sir Ebenezer Howard and the Town Planning Movement, London, 1933.

MacGibbon, D., Ross, T.: Castellated and Domestic Architecture of Scotland, 5 Bde., Edinburgh, 1887-92.
The Ecclesiastical Architecture of Scotland, 3 Bde., Edinburgh, 1896.

Machowsky, W.: Paul Wallot und seine Schüler, 1912.

Mack, C.R.: Pienza. The Creation of a Renaissance City, London, 1987.

Mackail, J.W.: The Life of William Morris, Oxford, 1950.

Mackay, D.: Modern Architecture in Barcelona. 1854-1939, Berlin, 1989.

Mackintosh, C.R.: Charles Rennie Mackintosh, 1868-1928, Kat. Ausst. Darmstadt, 1969.

MacLeod, R.: Charles Rennie Mackintosh, Feltham, 1969 (Neuaufl. 1983).

MacParland, F.: James Gandon Vitruvius Hibernicus, London, 1985.

Madec, P.: Etienne-Louis Boullée, 1989.

Mader, G., und L. Neubert-Mader: Der Architektonische Garten in England, Stuttgart, 1992.

de Maffei, F.: Armenische Architektur. In: Propyläen Kunstgeschichte, Bd. 3, 1968.

de'Maffei, F.: s. EUA: Campionesi.

Magagnato, L., s.a. Palladio: Teatri italiani del Cinquecento, Venedig, 1954.

Maganuco, E.: Architettura plateresca e del tardo Cinquecento in Sicilia, Catania, 1939.

Magin, J.: Les Jubés de la Renaissance, 1946.

Magnée, R.M.H. (Hg.): Willem Marinus Dudok, Amsterdam, 1954.

Magni, M.C.: Architettura romanica comasca, Mailand, 1960.

Magnusson, T.: Studies in Roman Quattrocento Architecture, Stockholm, 1958.

Mahon, D.: Studies in Seicento Art and Theory, London, 1947.

Mai, E.: Vom Bismarckturm zum Ehrenmal. Denkmalformen bei Wilhelm Kreis. In: Mai, E., und G. Schmirber: Denkmal – Zeichen – Monument, München, 1989.
(mit Schmirber, G.), Denkmal – Zeichen – Monument. Skulptur und öffentlicher Raum heute, München, 1989.

Maier, H. (Hg.): Denkmalschutz. Internationale Probleme – Nationale Projekte, Zürich, 1976.

Mainstone, R.J.: Hagia Sophia. Architecture, Structure and Liturgy of Justinians Great Church, London, 1988.

Maiuri, A.: La casa a Pompei, Neapel, 1950-51.

Maki, F.: s. Kikutake.
Fumihiko Maki, Fragmentary Figures, 1990.

Makinson, L.R.: Greene & Greene. Architecture as a Fine Art, Salt Lake City/Santa Barbara, 1977.

Makinson, R.L.: Charles and Henry Greene and their work, 2 Bde., 1978-79.

Makowetz, G.: Über die Anlage von Feuerstätten und Rauchfängen, Wien, 1941.

Malaguzzi-Valeri, F.: L'architettura a Bologna nel Rinascimento, Rocca San Casciano, 1899.
Giovanni Antonio Amadeo, scultore e architetto lombardo, Bergamo, 1904.
I Solari, architetti e scultori lombardi del XV secolo. In: Italienische Forschungen des kunsthistorischen Instituts in Florenz, Florenz, 1960.

Maldonado, C.: Trayectoria histórica de la arquitectura ecuatoriana. In: Boletín del Centro de Investigaciones Históricas y Estéticas, H. 5, Caracas, 1966.
La arquitectura en Ecuador – estudio histórico. Reihe: Cuadernos de arquitectura y urbanismo (Facultad de Arquitectura y Urbanismo Universidad Central de Quito), H. 1, Quito, 1972-73.

Maldonado, T., s.a. Schnaidt: La speranza progettuale, Turin, 1970.
Avanguardia e razionalità, Turin, 1974.
Disegno industriale: un riesame, Mailand, 1976.

Malewitsch, K.: Die gegenstandslose Welt. In: Bauhausbücher, Nr. 11, München, 1927.
Suprematismus, die gegenstandslose Welt, Köln, 1962.

Mallet-Stevens, R.: Rob Mallet-Stevens, Architecte, Paris, 1980.

Mallory, N.A.: Roman Rococo Architecture from Clement XI to Benedict XIV (1700-1758), New York, 1978.

Mallwitz, A.: Cella und Adyton des Apollotempels in Bassai, o.J.

Maltese, C., s.a. EUA: Laurana: Storia dell'arte italiana 1785-1943, Turin, 1960.

Mancinelli, L.: Il messagio razionale dell'avanguardia, Turin, 1978.

Mancini, V.: s. Piazzesi.

Manetti, A.: Vita di Brunelleschi. In: Operette istoriche edite e inedite di Antonio Manetti, Florenz, 1887 (engl. Übers. hg. v. H. Saalmann, The Life of Brunelleschi, University park (Penn.)/London, 1970).

Manetti, R.: Michelangelo: Le fortificazioni per l'asedio di Firenze, Florenz, 1982.

Mang, K. und E. (Hg.): Wiener Architektur von 1860-1930 in Zeichnungen, Wien, 1979.

Mang, K.: Neue Läden. Überblick über die Entwicklung des Ladenbaues vom 19. Jahrhundert bis heute, 1979.

Mangiarotti, A.: Angelo Mangiarotti 1955-64, Tokio, 1964.

Mango, C.: Byzantine Architecture, London, 1986.

Manieri Elia, M., s.a. Morris, W. 1947; Calvesi 1966; Sullivan 1924a; Ciucci; Samonà 1935: L'architettura del dopoguerra in U.S.A., Bologna, 1966.
William Morris e l'ideologia dell'architettura moderna, Bari, 1976.

manifesti: I Manifesti del Futurismo lanciati da Marinetti, Boccioni, Carrà, Russolo, Balla, Severini, Pratella, Mme De Saint-Point, Apollinaire, Palazzeschi. In: Lacerba, Florenz, 1914.

Manitz, B.: Wand, Wölbung und Rotunde. Themen und Leitmotive in B. Neumanns kurvierter Sakralarchitektur, 2 Bde., Worms, 1991.

Mann, H.: The 12 prophets of Antonio Francisco Lisboa ›o Aleijadinho‹, Rio de Janeiro, 1958.

Mannes, W.: Dachkonstruktionen in Holz. Baugeometrie, Dachausmittelung, Dachabschiffung, 1981.

Manni, D.M.: s. Baldinucci 1681-1728.

Mannoni, L.: Marmor. Material und Kultur, 1980.

Mansbridge, M.: John Nash. A Complete Catalogue, New York, 1991.

Manson, G.C.: The First Golden Age, Frank Lloyd Wright to 1910, New York, 1958.

Mansuelli, G.A.: Le ville del mondo romano, Mailand, 1958.

Mantegazza, I.: s. Arslan, W. 1956.

Mantero, E.: Giuseppe Terragni e la città del razionalismo italiano, Bari, 1969.
Il Razionalismo italiano, Bologna, 1984.

Manteuffel, C.Z. von: Die Baukunst Gottfried Sempers, Freiburg, 1952.

Manzoni, P.S.: Il Razionalismo, Mailand, 1966.

Marangoni, M., s.a. Argan 1935: I Carloni, Florenz, 1925.

Marçais, G.: L'architecture musulmane d'Occident: Tunesie, Algérie, Maroc, Espagne, Sicile, Paris, 1954.

Marchetti, L. (mit Bevilacqua, C.): Basiliche e Cattedrali d'Italia, Novara, 1950.
La Galleria di Milano, Mailand, 1967.
Marchi, V., s.a. EI: Scenografia: Architettura futurista, Foligno, 1924.
Italia Nuova Architettura Nuova, Foligno/Rom, 1931.
Marchini, G., s.a. EUA: Sangallo; Rodolico: Giuliano da Sangallo, Florenz, 1942.
Aggiunte a Giuliano da Sangallo. In: Commentari, Florenz, 1950.
Il palazzo ducale di Urbino. In: Rinascimento, 1958.
Marchiori, G.: s. Argan 1967.
Marcianò, A.F.: Giuseppe Terragni. L'opera completa 1925-1943, Rom, 1987.
Marconi, P.: Pietro Aschieri architetto romano (1889-1952). Riserve al ›barocchetto‹. In: L'architettura – cronache e storia (Juli-April), Rom, 1961-62.
Giuseppe Valadier, Rom, 1964.
(mit Fiore, F.P., Muratore, G., Valeriani, E.), La città come forma simbolica. Saggi sulla teoria dell'architettura nel Rinascimento, Rom, 1973.
(mit Fiore, F.P.), I castelli. Architettura e difesa del territorio tra Medioevo e Rinascimento, Novara, 1978.
Mardges, B.: Ernst Flagg, Beaux-Arts Architect and Reformer, Phil. Diss., 1978.
de Maré, E.: Photography and Architecture, London, 1961.
Marggraff, R.: Daniel Joseph Ohlmüller. In: Erster Jahresbericht des historischen Vereines von und für Oberbayern, München, 1839.
Mari, E.: Funzione della ricerca estetica, Mailand, 1970.
Mariacher, G.: Profilo di Antonio Rizzo. In: Arte Veneta, II, 1948; IV, 1950.
Camini d'ogni tempo e paese, Mailand, 1958.
(Hg.), Il Sansovino, Mailand, 1962.
Mariani, L., s.a. Cattò: Antonio Sant'Elia urbanista. In: L'architettura – cronache e storia, Nr. 39 und 42, Rom, 1959.
Mariani, R., s.a. Persico 1977: Fascismo e ›città nuove‹, Mailand, 1976.
Mariani, V.: Storia della scenografia italiana, Florenz, 1930.
Marie, A.: Jardins français classiques des XVIIᵉ et XVIIIᵉ siècles, Paris, 1949.
Marinatos, S.: Kreta und das Mykenische Hellas, München, 1959.
Kreta, Thera und das mykenische Hellas, München, 1986.
Marinetti, F.T.: Manifesti del Futurismo, 4 Bde., 1932.
Marini, G.L.: L'architettura barocca in Piemonte. La provincia di Torini, Turin, 1963.
Marino, A., s. DAU: Apparati; Guidoni Marino; Guidoni 1979.
Marks, R.W.: The Dymaxion World of Buckminster Fuller, New York, 1960 (Carbondale Edwardsville 1969).
(mit R.B. Fuller), The Dymaxion World of B.F. Garden City, New York, 1973.
Maronneau, C.: Victor Louis, architecte du théâtre de Bordeaux: Sa vie, ses travaux et sa correspondence, 1731-1800, Bordeaux, 1881.
Marot, J., und J.: L'architecture française ou recueil des plans, élévations, coupes et profiles des églises, palais, hôtels et maisons particulières de Paris et des châteaux ... (sog. ›Grand Marot‹), Paris, 1644.
Marquina, I.: Arquitectura prehispánica, Mexiko, 1964.
Marquiset, A.: Le Marquis de Marigny, 1721-1781, Paris, 1918.
Marrey, B.: Les grands magasins des origines à 1939, Paris, 1979.
Les Ponts Modernes. 18ᵉ-19ᵉ Siècles, Paris, 1990.

Marschall, H.K.: Friedrich von Thiersch, 1852-1921. Ein Münchner Architekt des Späthistorismus, München, 1982.
Martienssen, R.D.: The Idea of Space in Greek Architecture, Johannesburg, 1956 (1964²).
Martin, K.: Der Maler Wendel Dietterlin. In: Festschrift für Karl Lohmeyer, 1954.
Martin, R., s.a. EUA: Hippodamus, Iktinos; Charbonneaux: Recherches sur l'agora grecque, Paris, 1952.
L'urbanisme dans la Grèce antique, Paris, 1956.
Manuel d'architecture grecque, Paris, 1965ff.
L'architettura greca, Mailand, 1972.
Martinell, C.: Gaudisismo, Barcelona, 1954.
Martini, F. di Giorgio: Trattati d'architettura civile e militare (Hg. C. Saluzzo, Vorwort C. Promis), Turin, 1841 (Neuaufl. Trattati di architettura, ingegneria e arte militare, Hg. C. Maltese, Verona, 1967).
Martiny, V.: Louis Van der Swaelmen. In: Biographie Nationale, Brüssel, 1966.
Marucchi, O.: Compendio storico e topografico delle catacombe romane, Rom, 1928 (Neuaufl. Le catacombe romane, Rom, 1933²).
Marulli, T.: Su l'architettura e la nettezza delle città, Florenz, 1806.
Marx, H.: Matthaeus Daniel Pöppelmann (1662-1736), Leipzig, 1989.
Maschini, F. (Hg.): Paolo Portoghesi. Progetti e disegni 1949-79, Florenz, 1939.
Masini, L.-V., s..a. Argan 1967: Antoni Gaudí, Florenz, 1969.
Riccardo Morandi, Rom, 1974.
Art Nouveau, Florenz, 1976.
Mason, W.: The English Garden, London, 1772.
Massari, A.: Giorgio Massari architetto veneziano del Settecento (Einl. E. Bassi), Vicenza, 1971.
Massobrio, G., Portoghesi, P.: Album del Liberty, Bari, 1975a.
La seggiola di Vienna. Storia dei mobili in legno curvato, Turin, 1975b (Casa Thonet. Storia ..., Bari/Rom, 1980).
Album degli anni Venti, Bari, 1976.
Masson, G.: Ville e palazzi d'Italia, Mailand, 1959.
Giardini d'Italia, Mailand, 1961.
Masson, V.M.: Das Land der tausend Städte, München, 1982.
Mast, A.: Pfahlgründungen, 1959.
Matheos, J.C.: Martorell, Bohigas, Mackay, Barcelona, 1973.
Matt, L. von, s.a. Mustilli: (mit Moretti, M., u.a.), Um Kunst und Land der Etrusker, 1969.
Matteucci, A.M.: Carlo Francesco Dotti e l'architettura bolognese del Settecento, Bologna, 1969.
Matthews, D., und A.Mordini: The Monastery of Debra Damo, Ethiopia. In: Archaeologia (Society of Antiquaries of London), Bd. XCVII, 1959.
Matthews, K.D.: Cities in the Sand, London, 1963.
Matthiae, G., s.a. EUA: Cosmati: G. Battista Soria architetto romano. In: Capitolium, XIII, Rom, 1938.
Piazza del Popolo attraverso i documenti del primo Ottocento, Rom, 1946.
Ferdinando Fuga e la sua opera romana, Rom, 1951.
Mattie, E.: Amsterdam School, Amsterdam, 1991.
Mauban, A.: Jean Marot, Paris, 1944.
Mavrodinov, N.: L'apparition et l'évolution de l'église cruciforme dans l'architecture byzantine. In: Atti del V Congresso internazionale di studi bizantini, Rom, 1940.
Maxwell, R.: New British Architecture, London, 1972.
May, A.: s. Hentschel.
May, E.: Gropius, W.: Die Wohnung für das Existenzminimum, Frankfurt, 1930.

Mayer, H.K.F.: Der Baumeister Otto Bartning, Heidelberg, 1951.
Mayer, H.: Die deutsche Barockkanzel (Studien zur deutschen Kunstgeschichte), 1932.
Mayer, K.E.: Die Lebensgeschichte des Straßburger Stadt- und Festungsbaumeisters Daniel Speckle, 1928.
Maylender, M.: Storia dell'Accademie d'Italia, 3 Bde., Triest, 1926-29.
Mayor, H.A.: The Bibiena Family, New York, 1945.
Giovan Battista Piranesi, New York, 1952.
Architectural and Perspective Design by G. Galli da Bibiena, New York, 1964.
Mayrand, P., Bland, J.: Trois siècles d'Architecture au Canada, Montreal, 1971.
Mazza, B.: Jappelli e Padova, Padua, 1978.
Mazzoni, A.: Architettura ferroviaria. In: Architettura e arti decorative, Rom, 1926-27.
Mazzotti, G.: Le ville venete, catalogo ..., Treviso, 1954 (Rom, 1957).
Mazzotti, M.: La basilica di S. Apollinare in Classe, Vatikanstadt, 1954.
McAndrew, J.: Venetian architecture of the early renaissance, Cambridge (Mass.), 1980.
The Open Air Churches in Sixteenth Century Mexico, Cambridge (Mass.), 1965.
McCallum, I.: Architecture – U.S.A., London, 1959.
McCarthy, Origins of the Gothic Revival, London, 1987.
McCoy, E.: Five Californian Architects, New York, 1960a.
Richard Neutra, New York, 1960b.
Wohnbau auf neuen Wegen, o.O., 1964.
The Second Generation. Sequel of Five Californian Architects, o.O., 1984.
McCullough, D.: The Great Bridge, New York, 1972.
McCune, E.: The Arts of Korea, An Illustrated History, Rutland/Tokio, 1962.
McFadzean, R.: The Life and Work of Alexander Thomson, London, 1979.
McGrath, R., Frost, A.C.: Glass in Architecture and Decoration, London, 1937 (1938).
McHale, J.: Richard Buckminster Fuller, New York/London, 1962.
McK. Crosby, S.: The Royal Abbey of Saint Denis from its Beginnings to the Death of New Haven, 1987.
McKenna, R.T.: James Renwick Jr. and the Second Empire Style in the United States. In: Magazine of Art, 44, 1951.
McKim, Ch.F., Mead, W.R., White, S.: A Monograph of the Work of McKim, Mead and White, 4 Bde., New York, 1915-25.
McLaughlin, C.C. (Hg.): The Papers of Frederick Law Olmsted, Baltimore, 1983.
McLean, T.: Medieval English Gardens, 1981.
McMilliam, C.: James Playfair's Designs for Ardkinglas, London, 1970.
McNeal Caplow, H.: Michelozzo, New York, 1977.
Mead, Ch.: The Architecture of Robert Venturi, 1989.
Charles Garnier's Paris Opera. Architectural Empathy and the Renaissance of French Classicism, Cambridge, MA 1991.
Mead, W.R.: s. McKim.
Medeiros, W.: Bolivia. In: Sanderson, W. (Hg.): International Handbook of Contemporary Developments in Architecture, Westport, S. 141-152, London, 1981.
Meehan, P.J. (Hg.): The Master Architect. Conversations with Frank Lloyd Wright, o.O., 1984.
Meek, C.R.: Studies in the Architectural Career of Bernardo di Matteo Gamberelli called Rossellino, Ann Arbor/London, 1980.

Meek, H. A.: Guarino Guarini and his Architecture, 1988.

Meeks, C. L. V.: The Railroad Station, New Haven/London, 1956.

Italian Architecture 1750-1914, New Haven/London, 1966.

Meier, R.: Richard Meier, Architect, 1964-1984, New York, 1984.

Richard Meier, Architect, Bd. 2, New York, 1991.

Richard Meier. Bauten und Projekte 1979-1989, Stuttgart, 1991.

Meintzschel, J.: Studien zu Maximilian von Welsch, Würzburg, 1963.

Meissner, C.: Wilhelm Kreis, Essen, 1925.

Carl Ludwig Engel, Berlin, 1937.

Meißner, G.: Tore und Türme in Europa, 1972.

Meister, M. W.: Encyclopaedia of Indian Temple Architecture. In: South India, Lower Dravidadesa, Bd. 1, 1983.

(mit M. A. Dhaky), South India. Upper Dravidadesa. Early Phase. A. D. 550-1075, 2 Bde., 1986.

Encyclopaedia of Indian Temple Architecture. North India. Foundations of North Indian Style, 2 Bde., 1988.

Meksi, A.: Arkitektura mesjetare në Shqipëri (Medieval Archit. in Albania), Tiranë, 1983.

Meli, F.: Matteo Carnelivari e l'architettura del Quattro e Cinquecento a Palermo, Rom, 1958.

Melis, A.: Caratteri degli edifici, Turin, 1952.

Melis, E.: I nuraghi sardi (mit Kat.), Nuoro, 1967.

Mellinghoff, T., und D. Watkin: Deutscher Klassizismus. Architektur 1740-1840, Stuttgart, 1989.

Mel'nikov, K. St.: The Muscles of Invention (Hg. A. Wortmann), Rotterdam, 1990.

Melograni, C.: Giuseppe Pagano, Mailand, 1965.

Memmo, A., s. a. Lodoli: Elementi di architettura lodoliana, ossia l'arte di fabbricare con solidità scientifica con eleganza non capricciosa, 2 Bde., Zara, 1824.

Mencl, V.: Elf Jahre tschechoslowakische Architektur, Prag, 1959.

Mendelsohn, E.: Amerika, Bilderbuch eines Architekten, Berlin, 1926.

Russland, Europa, Amerika. Ein architektonischer Querschnitt, Berlin, 1929.

(Hg. O. Beyer), Briefe eines Architekten, München, 1961.

Erich Mendelsohn. Russland – Europa – Amerika. Ein architektonischer Querschnitt (Repr. der Ausg. von 1929, Basel, 1989, 1990).

Méndez, R.: Chile. In: Sanderson, W. (Hg.): International Handbook of Contemporary Developments in Architecture, Westport, S. 211-225, London, 1981.

La construcción de la arquitectura: Chile 1500-1970. Santiago de Chile, 1983.

Mengoni, G.: Relazione accompagnante il ›Progetto della nuova piazza del Duomo di Milano e della via Vittorio Emanuele‹, Mailand, 1863.

Menna, F., s. a. Gregotti 1972: Industrial design, Rom, 1972.

Enrico Prampolini, Rom, 1967.

Menz, E.: Sprechchor und Aufmarsch. Zur Entstehung des Thingspiels. In: Denkler, H., und K. Prümm (Hg.): Die deutsche Literatur im Dritten Reich, Stuttgart, 1976.

Menzel, B.: Die Baumeister Christoph und Kilian Ignaz Dientzenhofer, 1934.

Mepisaschwili, R., und W. Zinzadse: Die Kunst des alten Georgien, Zürich/Freiburg, 1977.

(mit W. Zinzadse), Georgien. Kirchen und Wehrbauten, Weinheim, 1987.

Mercer, E.: English Art, 1552-1625, Oxford, 1962.

Merényi, F.: Cento anni di architettura ungherese. Appunti per una storia dell'architettura contemporanea ungherese, Rom, 1965.

Merklinger, E. S.: Indian Islamic Architecture. The Deccan 1347-1686, 1981.

Mersmann, A., und K. Novy: Gewerkschaften, Genossenschaften, Gemeinwirtschaft. Hat eine Ökonomie der Solidarität eine Chance?, Köln, 1991.

Mesa, J., und T. Gisbert: Bolivia – monumentos históricos y arqueológicos, Mexiko, 1970.

Messel: Alfred Messel. In: Berliner Kunst. Sonderheft der Berliner Architekturwelt, Nr. 5, 1905.

Alfred Messel. In: Berliner Kunst. Sonderheft der Berliner Architekturwelt, Nr. 11, 1911.

Alfred Messel. In: Berliner Kunst. Sonderheft der Berliner Architekturwelt, Nr. 12, 1912.

Messerer, W.: Das Relief im Mittelalter, Berlin, 1959.

Metken, G.: J.-J. Lequeu ou l'architecture rêvée. In: Gazette des Beaux Arts, Paris, 1965.

›Metron‹: Nr. 2 (sui principi dell'APAO), Rom, 1945.

Nr. 29 (Atti del II Congresso Nazionale dell'APAO), Rom, 1949.

Metz, P.: Die Florentiner Domfassade des A. di Cambio. In: Jahrbuch der preußischen Kunstsammlungen, 1938.

Metzger, D. T.: Piazza Ignazio, Rome in the seventeenth and eighteenth centuries, London, 1981.

Meurer, M.: Formenlehre des Ornaments, Dresden, 1909.

Mevissen, W.: Büchereibau. Public library building, Essen, 1958.

Meyer, A. (Hg.): Ein Versuchshaus des Bauhauses in Weimar, München, 1925.

Modell und Grundriß für eine kath. Kirche, 1928.

Meyer, A. G.: Eisenbauten – ihre Geschichte und Ästhetik, Esslingen, 1907.

Meyer, F. H., und R. Weigelin: Der Sommerpalast in Peking (Übers.), 1981.

Meyer, H.: Balkon, Terrasse, Dachgarten, Berlin, 1962.

(Hg. F. Dal Co), Architettura o rivoluzione. Scritti 1921-42, Padua, 1969 (1973).

Meyer, P.: Schweizer Stilkunde, 1942.

Mezzanotte, G.: Gli architetti Lorenzo Binago e Giovanni Antonio Mazenta. In: L'Arte (Okt.-Dez.), 1961.

Architettura neoclassica in Lombardia, Neapel, 1966.

Mezzanotte, P., s. a. Bascapè, G. C.: L'architettura dalla fine della signoria sforzesca alla metà del '600. In: Storia di Milano, x, Mailand, 1957.

L'architettura dal Ricchini al Ruggeri. In: Storia di Milano, xi, Mailand, 1958.

Mezzetti, C., Bucciarelli, G., Lunazzi, L.: Il disegno. Analisi di un linguaggio, Rom, 1975.

Michalski, E.: Das Problem des Manierismus in der italienischen Architektur. In: Zeitschrift für Kunstgeschichte, Nr. 2, München, 1933.

Michel, P. H.: La pensée de L. B. Alberti, Paris, 1930.

De Pytagore à Euclide, Paris, 1950.

Michelangelo: Mostra critica delle opere michelangiolesche. In: L'architettura – cronache e storia, Nr. 99, 1964 a.

Michelangelo architetto, Kat. Ausst. Turin, 1964 b.

Michélis, P. A.: An Aesthetic Approach to Byzantine Art, London, 1955.

Michell, G.: Der Hindu-Tempel, Bedeutung und Formen, 1979.

Der Hindu-Tempel. Baukunst einer Weltreligion, 1991.

Michelucci, G.: La Chiesa dell'Autostrada del Sole, Rom, 1964.

Brunelleschi mago, Florenz, 1972.

G. Michelucci. La felicità dell'architetto, 1948-1981, Pistoia, 1981.

Michmjlow, W. W.: Gebäude aus vorgefertigten Stahlbetonskelettbauteilen, 1953.

Middeldorf, U.: Giovanni Battagio da Lodi. In: Kunstgeschichtliche Studien für H. Kaufmann, Berlin, 1956.

Middleton, R. D.: J.-F. Blondel and the cours d'architecture. In: Journal of the Society of Architectural Historians, 1959.

The Abbé de Cordemoy and the Graeco-Gothic Ideal. A Prelude to Romantic Classicism. In: Journal of the Warburg and Courtauld Institutes, 25, 1962.

The Beaux-Arts and Nineteenth Century French Architecture, London, 1982.

Middleton, R. D., und D. Watkin: Neoclassical and 19th Century Architecture, New York, 1980.

Mielke, F.: Die Geschichte der Deutschen Treppen, Berlin, 1966.

Mielke, H.: Hans Vredeman de Vries, Diss. Berlin, 1967.

Migeon, G.: Manuel d'art musulman: arts plastiques et industriels, Paris, 1927.

de Miguel, C.: s. Chueca Goitia 1949.

Mihajlov, A. I.: Baženov, Moskau, 1951.

Miksic, J.: Borobudur. Das Pantheon Indonesiens, München, 1991.

Milani, G. B.: Agostino di Duccio architetto e il Tempio Malatestiano di Rimini, Rom, 1938.

Milde, K. (Hg.): Matthäus Daniel Pöppelmann 1662-1736 und die Architektur der Zeit August des Starken, 1990.

Miles, P. H.: s. Bracegirdle.

Milizia, F.: Opere complete, 2 Bde., Bologna, 1826-27.

Miljutin, N. A.: Socgorod, Moskau, 1930 (engl. Ausg. übers. v. A. Sprague, Cambridge, Mass., 1974).

Sozgorod. Die sozialistische Stadt, Basel, 1991.

Milkau, F.: Geschichte der Bibliothek im alten Orient, Leipzig, 1936.

Millar, O.: s. Whinney, 1957.

Millech, K., s. a. Lund, H.: (mit Fischer, K.), Danske Architekturstrømninger, 1850-1950, Kopenhagen, 1951.

Bindesbølls Museum. In: Meddelelser fra Thorvaldsens Museum, Kopenhagen, 1960.

Danmarks Bygningskunst, 1963.

Miller, J. (Hg.): The Buckminster Fuller Reader, London, 1970.

Miller, N.: The Buildings and Projects of Philip Johnson and John Burgee, 1979.

Helmut Jahn, New York, 1986.

(mit Morgan, K.), Boston Architecture 1975-1990, 1990.

Miller, P.: Decimus Burton, Kat. Ausst. London, 1981.

Miller, W.: s. Cochran.

Miller Lane, B.: Architecture and Politics in Germany, 1918-1945, Cambridge (Mass.), 1968.

Millon, H. A.: The Architectural Theory of Francesco di Giorgio Martini. In: Art Bulletin, Nr. 3, New York, 1958.

Baroque and Rococo Architecture, London, 1961.

Filippo Juvarra. Drawings from the Roman period, 1704-1714, Rom, 1984.

(mit C. H. Smyth), Michelangelo Architect, Washington, 1988.

Milman, M.: Das Trompe-l'Œil: Gemalte Architektur, Tübingen, 1986.

Milner, J.: Vladimir Tatlin and the Russian Avantgarde, New Haven/London, 1983.

Mindlin, H. E.: Neues Bauen in Brasilien, München, o. J. (1957).

Minguet, J. P.: Esthétique du Rococo, Paris, 1966.

Minke, G.: Wachsende Häuser aus lebenden Pflanzen. In: Deutsche Bauzeitung 7, 1980.

Minnucci, G.: L'abitazione moderna popolare nell'architettura contemporanea olandese, Rom, 1926.

Elementi costruttivi nell'edilizia, 2 Bde., Rom, 1957.

Miotto-Muret, L.: Henri Sauvage, 1873-1932. In: Architecture, 2, 1976.

Mislin, M.: Industriebauten im 19. und 20. Jahrhundert, 1990.

Mitchell, B.: Frederick Law Olmsted, Baltimore, 1924.

Mittag, M.: Das Thyssenhochhaus in Düsseldorf, Essen, 1962.

Mittelmeier, W.: Die neue Pinakothek in München, 1843-1854, München, 1977.

Mittig, H.-E., und V. Plagemann: Denkmäler im 19. Jh., Deutung und Kritik, München, 1972.

Miyake, K.: Jugendstil – Aufbruch zu einer neuen Architektur, Stuttgart.

Mizuno, S., und T. Nagahiro: Yün-kang, the Buddhist Cave-Temples of Fifth Century A.D. in North China, Kioto, 1952.

Mkurtumjan, A.K.: s. Banykin.

Möbius, F.: Westwerkstudien, Jena, 1968.

Mock, E.B.: The Architecture of Bridges, New York, 1949.

Moe, C.J.: Numeri di Vitruvio, Mailand, 1945 (1951).

Moffat, A., und C. Baxter: Remembering Charles Rennie Mackintosh. An Illustrated Biography, Düsseldorf, 1990.

Mohen, J.P.: Megalithkultur in Europa. Geheimnis der frühen Zivilisation, 1989.

Moholy-Nagy, L., s.a. Schlemmer: Malerei, Photographie, Film. In: Bauhausbücher, Nr. 8, München, 1925.

The New Vision, New York, 1928 (1964³).

Von Material zu Architektur. In: Bauhausbücher, Nr. 14, München, 1929 (Neuaufl. Neue Bauhausbücher, Mainz/Berlin, 1968).

Vision in Motion, Chicago, 1947.

Moholy-Nagy, S.: Moholy-Nagy: A Biography, New York, 1950.

Native Genius in Anonimous Architecture, New York, 1957.

Carlos Raul Villanueva y la arquitectura de Venezuela, Caracas, 1964.

Matrix of Man – An Illustrated History of Urban Environment, London, 1968.

The Architecture of Paul Rudolph, New York, 1970.

Mojon, L.: Der Münsterbaumeister Matthäus Ensinger, Bern, 1967.

Moles, A.: Art et ordinateur, Paris, 1971.

Molinari, C.: Le Nozze degli Dei, Rom, 1968.

Möll, H.: Spannbeton, Stuttgart, 1954.

von der Möll, H.R., Kultermann, U., Tange, K.: Kenzo Tange, Zürich, 1978.

Möllering, W.: Georg Bähr, ein protestantischer Kirchenbaumeister des Barock, Phil. Diss. Leipzig, 1938.

Molnar, E. u.a.: Danmarks Bygningskunst fra oltid til nutid, 1963.

Molnar, F.: s. Schlemmer.

Monda, P.: s. Pane 1959.

Mondain Monval, J.: Soufflot, sa vie, son œuvre, son esthétique, 1713-1780, Paris, 1918.

Mondin, Ch.: Construction métallique, Paris, 1956.

Mondrian, P.: De Nieuwe Beelding in de Schilderkunst. In: De Stijl, 1, 1917.

Le Néo-Plasticisme. Principe général de l'équivalence plastique, Paris, 1920 (dt. Übers. Neue Gestaltung. In: Bauhausbücher, Nr. 5, München, 1925).

Plastic art and pure plastic art, London, 1937 (New York, 1947).

Monferini, A.: s. Focillon 1918.

Monge, G.: Géometrie déscriptive, Paris, 1798.

Monheim, F.: Dorfkirchen im östlichen Deutschland, 1991.

Monneret de Villard, U.: L'architettura di Giuseppe Sommaruga, Mailand, o.J. (1908).

L'arte iranica, Verona, 1954.

Arte cristiana e musulmana del Vicino Oriente. In: Le Civiltà dell'Oriente, IV, Rom, 1962.

Introduzione allo studio dell'archeologia islamica, Mailand, 1966.

Monnet, J.-P.: s. Amouroux.

Monnier, G.: L'Architecture en France. Une Histoire critique 1918-1950. Architecture, Culture, Modernité, Paris, 1990.

Histoire critique de l'architecture moderne en France 1918-1950, 1991.

Monroe, H.: John Wellborn Root, Boston/New York, 1896.

Montagne, R.: Un Magasin Collectif de l'Anti-Atlas. L'Agadir des Ikounka, Paris, 1930.

Montagu, J.: Alessandro Algardi (Hg.), London, 1985.

Montaner, J.M., und J. Oliveras: Die Museumsbauten der neuen Generation, Stuttgart, 1987.

Neue Museen. Räume für Kunst und Kultur, Stuttgart, 1990.

Monti, G.M.: Le corporazioni nell'evo antico e nell'alto medioevo, Bari, 1934.

Monti della Corte, A.: Lalibela, Rom, 1940.

Monumente të Arkitekturës në Shqipëri (Architectural Monuments in Albania), (Album), Tiranë, 1973.

Moore, Ch.: Daniel H. Burnham, Architect Planner of Cities, 2 Bde., Boston/New York, 1921.

Moore, Ch., Allen, G., Lyndon, D.: The Plan of Houses, New York, 1974.

Moore, G.: The Life and Times of C.F. McKim, Boston, 1929.

Moos, St. von, s.a. Bachmann, J.: Le Corbusier, Elemente einer Synthese, Frauenfeld/Stuttgart, 1968 (Neuaufl. 1982).

Venturi, Rauch & Scott Brown. Bauten und Projekte, 1986.

(mit Weinberg-Staber, M.), Venturi und Rauch, Stuttgart, 1986.

Morancé, A.: s. Badovici.

Moravánszky, A.: Die Architektur der Jahrhundertwende in Ungarn und ihre Beziehung zu der Wiener Architektur der Zeit, Wien, 1983.

Die Architektur der Donaumonarchie 1867-1918, 1988.

Mordaunt Crook, J.: A Most Classical Architect. In: Country Life, CXLIX, S. 944-47, 1971.

The British Museum, London, 1972a.

The Greek Revival, London, 1972b.

Mordini, A.: Articles. In: Annali dell'Africa Orientale, Rassegna di Studi Etiopici, Annales d'Ethiopie, 1939.

L'architecture chrétienne dans L'Ethiopie du Moyen Age. In: Cahiers d'Étude africaines, II, 1961.

Moretti, B.: Teatri, Mailand, 1936.

Moretti, M.: s. von Matt.

Moreux, J.C.: s. Raval.

Morey, P.: Richard Mique, 1868.

Morgan, L.H.: Houses and House-Life of the American Aborigines, Washington, 1881.

Morini, M.: Terra del Sole e l'opera di Bernardo Buontalenti. In: Atti del V Convegno nazionale di Storia dell'architettura, Florenz, 1957.

Atlante di storia dell'urbanistica (dalla preistoria all'inizio del sec. XX), Mailand, 1963.

Morisani, O.: Tino di Camaino a Napoli, Neapel, 1945.

Michelozzo architetto, Turin, 1951.

Morolli, G.: s. Borsi 1974.

Morper, J.J.: Das Czernin-Palais in Prag, Prag, 1940.

Der Prager Architekt Jean Baptiste Mathey, München, 1927.

Morpurgo, E.: Gli artisti italiani in Austria, Rom, 1962.

Morpurgo Tagliabue, G.: L'esthétique contemporaine. Un enquête, Mailand, 1960.

Morris, J.: Stones of Empire: The Buildings of the Raj, Oxford, 1982.

Morris, R.: An Essay in Defence of Ancient Architecture …, London, 1728.

Lectures on Architecture …, London, 1734-36.

Rural Architecture …, London, 1750 (Neue Ausg. Select Architecture, London, 1755).

Essays on Landscape Gardening, London, 1824.

Morris, W.: News from Nowhere: or an Epoch of Rest, London, 1891.

Collected works of William Morris, 24 Bde., London, 1910-15.

On Art and Socialism, London, 1947.

Morrison, H.: Louis Sullivan, Prophet of Modern Architecture, New York, 1935 (1952).

Early American Architecture, New York, 1952.

Morselli, P. und G. Corti: La Chiesa di S. Maria delle Carceri in Prato, Florenz, 1982.

Mortari Vergara, P., und G. Béguin (Hg.): Demeures des hommes, sanctuaires des dieux. Sources, développement et rayonnement de l'architecture tibétaine, Rom, 1987.

Morton, A.L.: The Life and Ideas of Robert Owen, London, 1962.

Moschini, F. (Hg.): Aldo Rossi. Progetti e disegni 1962-1979, Kat. Ausst. Rom, 1979a.

Paolo Portoghesi. Progetti e disegni 1949-1979, Kat. Ausst. Florenz, 1979b.

Moschini, V.: Pietro Longhi, Mailand, 1956.

Mossakowski, S.: Tylman Gameren, Breslau/Warschau/Krakau, 1973.

Mosso, L.: L'opera di Alvar Aalto, Mailand, 1965.

Moughtin, J.C.: Hausa Architecture, London, 1985.

Moulinier, S.: s. Cali.

Mowl, T., und B. Earnshaw: John Wood. Architect of Obsession, Bath, 1988.

Moynihan, E.B.: Paradise as a garden in Pesia and Mughal India, 1979.

Mozuna, M.: Kojiki of Architecture, London, 1991.

Mrusek, H.-J.: Romanik, Leipzig, 1991.

Muccigrosso, R.: American Gothic. The Mind of Ralph Adams Cram, 1980.

Muchall-Viebrock, T.: Dominikus Zimmermann, Leipzig, 1912.

Muck, H.: Clemens Holzmeister in der Zeitwende. Selbstbiographie. Werkverzeichnis, 1976.

Muck, H., G. Mladek und W. Greisenegger: Clemens Holzmeister. Architekt in der Zeitwende, Sakralbau, Profanbau, Theater, Salzburg/Stuttgart, 1978.

Muck, S.J.: s. Hoff.

Mühlmann, H.: Ästhetische Theorie der Renaissance, Leon Battista Alberti, Diss., 1981.

Muja, F.: History of the Skyscraper, New York, 1980.

Mujica, F.: History of the Skyscraper, New York, 1930.

Müller, G.P., und J. von Westphalen: In den Tempeln der Badelust, München, 1986.

Müller, H.W., s. EUA: Egitto antico.

Müller, J.:›Bibliothek‹. In: RDK (Reallexikon zur deutschen Kunstgeschichte), 1948.

Müller, K.: Die Karawanserei im Vorderen Orient, 1920.

Müller, W.: Architekten in der Welt der Antike, Zürich, 1989.

Müller, W.: Die Heilige Stadt …, Stuttgart, 1961.

Müller-Stuler, D.: August Stuler, Preußische Baukunst um die Mitte des 19. Jahrhunderts. In: Kunst im Deutschen Reich, 7, 1943.

Müller-Wiener, W.: Koptische Architektur. In: Koptische Kunst, Christentum am Nil, Kat. Ausst. Villa Hügel, Essen, 1963.

Müller-Wulckow, W.: Architektur der zwanziger Jahre in Deutschland, Königstein i.T., 1975⁴.

Mumford, L.: The Story of Utopia, New York, 1922.

The Culture of Cities, New York, 1938 (London 1944).

South in Architecture, New York, 1941.

Art and Technics, New York/London, 1952a.

Roots of contemporary American architecture, New York, 1952b (erw. Neuaufl. 1972).

The Brown Decades, New York, 1955a.

The Human Prospect, New York, 1955b.

The City in History. Its Origins, its Transformations and its Prospects, London, 1961.

Die Stadt. Geschichte und Ausblick, 1979.

Munari, B.: Arte e comunicazione visiva, Bari, 1968.

Artista e designer, Bari, 1971.

München: Süddeutsche Bautradition im 20.Jh. Architektur der Bayer. Akademie der Schönen Künste, Kat.Ausst. München, 1985.

DAM ›Vision der Moderne. Das Prinzip der Konstruktion‹, Kat.Ausst. München, 1986.

Mundt, B.: Die deutschen Kunstgewerbemuseen im 19.Jahrhundert, München, 1974.

Munggenast, E.: Joseph Munggenast der Stiftsbaumeister 1680-1741, Wien, 1963.

Muñoz, A., s.a. Lazzaroni: Roma barocca, Mailand, 1919.

Pietro da Cortona, Rom, 1921.

Domenico Fontana, Rom, 1944.

Münter, G.: Idealstädte, Ihre Geschichte vom 15ten zum 17ten Jhdt., Berlin 1957².

Munthe af Morgenstierna: Nicolei Eightved, Kopenhagen, 1924.

Muntoni, A.: s. Conforto.

Münz, L., Künstler, G.: Der Architekt A. Loos, Wien, 1964.

Murano: The Architecture of Thogo Murano, 1931-1963, Tokio, 1963.

Muraro, M.: Die Villen des Veneto, München, 1987.

Muratore, G., s.a. Marconi 1973: La città rinascimentale. Tipi e modelli attraverso i trattati, Mailand, 1975.

(mit Capuano, A., u.a.), Italia gli ultimi trent'anni. Guida all'architettura moderna, 1988.

Murphy, C.F.: C.F. Murphy Associates, Chicago, 1980.

Murray, P., s.a. Kidson: Architettura del Rinascimento, Venedig, 1971.

Die Architektur der Renaissance in Italien, Stuttgart, 1980².

(mit Trombley, S.), Modern Architecture in Britain, 1990.

Musatti, R.: Complesso Industriale Olivetti a Pozzuoli. In: L'architettura – cronache e storia, Nr. 2 (Juli-Aug.), Rom, 1955.

Mustilli, D., und Matt, L. von: Architettura romana, Genua, 1958.

Mütherich, F.: s. Grodecki 1973.

Muthesius, H.: Kunst und Maschine. In: Dekorative Kunst, IX, München, 1901-02.

Stilarchitektur und Baukunst, Mülheim/Ruhr, 1902.

Das englische Haus. Entwicklung, Bedingungen, Anlage, Aufbau, Einrichtung und Innenraum. 3 Bde., Berlin, 1908-11.

(Hg. D. Scharp), The English House, 1979.

Hermann Muthesius im Werkbund Archiv, Berlin, 1990.

Muthesius, L.: s. Dixon.

Muthesius, St. s.a. Benton: The English terraced house, New Haven, 1982.

Das englische Vorbild, München, 1974.

Muttoni, F.A.: L'architettura di A. Palladio Vicentino, 8 Bde., Vicenza, 1740-61.

Myers, H.: Furness: The Architect and the Building, Kat.Ausst. Philadelphia, 1976.

Myers, I.E.: Mexico's Modern Architecture, New York, 1952.

Mylne, R.S.: The Master Masons to the Crown of Scotland, Edinburgh, 1893.

Mylonas, G.E.: Ancient Mycenae, Capital City of Agamemnon, Princeton, 1957.

N

Nabokov, P., und R. Easton: Native American Architecture, New York, 1989.

Nagahiro, T.: s. Mizuno.

Nagel, S., und S. Linke: Industriebauten, 1972. Bauten des Handels. Läden, Warenhäuser, Einkaufszentren, 1973.

Nakamura, T. (Hg.): Aldo Rossi and 21 Works, Tokio, 1982.

(Hg.), Cesar Pelli, Tokio, 1985.

(Hg.), Mario Botta, Tokio, 1986.

(Hg.), Peter Eisenman, Tokio, 1986.

(Hg.), Helmut Jahn, Tokio, 1986.

(Hg.), SITE, Tokio, 1986.

(Hg.), Norman Foster 1964-1987, Tokio, 1987.

(Hg.), Kevin Roche, Tokio, 1987.

(Hg.), Richard Rogers: 1978-1988, Tokio, 1988.

(Hg.), Renzo Piano + Building Workshop 1964-1988, Tokio, 1989.

(Hg.), Alvaro Siza, 1954-1988, Tokio, 1989.

(Hg.), Recent Works of James Stirling, Michael Wilford & Associates, Tokio, 1990.

Nakov, A.B.: Tatlin's Dream – Russian Suprematist and Constructivist Art 1910-23, London, 1973.

Naldi, F.: Giovanni Michelucci, Florenz, 1978.

Nangeroni, G.: Geografia delle dimore e degli insediamenti rurali in Italia, Como/Mailand, 1946.

Napp, A.E.: Bukranion und Girlande, Diss. Heidelberg, 1930.

Naredi-Rainer, P. von: Architektur und Harmonie. Zahl, Maß und Proportion in der abendländischen Baukunst, 1986³.

Nasi, F.: L'architetto, Florenz, 1960.

National Museum of Korea: Korean Vocabularies in the Fields of Arts and Archaeology, Part I, Architecture, Seoul, 1955.

Naumann, R.: Architektur Kleinasiens von ihren Anfängen bis zum Ende der hethitischen Zeit, Tübingen, 1971.

Navarre, O.: Le théâtre grec, Paris, 1925.

Navone, P., Orlandoni, B.: Architettura radicale (Einleitg. A. Branzi), Mailand, 1975.

Naylor, G.: The Arts and Crafts Movement: A Study of Its Sources, Ideals and Influence on Design Theory, Cambridge (Mass.), 1971.

Hector Guimard, London, 1978.

Nebbia, U.: Castelli d'Italia, Novara, 1955.

Neff, W.: Architecture of Southern California, Chicago, 1964.

Negey, G., und J.M. Patrick: The Quest for Utopia, New York, 1952.

Negri, R.: Gusto e poesia delle rovine in Italia fra il Sette e l'Ottocento, Mailand, 1965.

Negri Arnoldi, F., s. EUA: Prospettici e quadraturisti.

Nelva, R., Signorelli, B.: Le opere di Pietro Fenoglio nel clima dell'art Nouveau internazionale, Bari, 1979.

Poesia di Pietro Fenoglio. In: L'architettura – cronache e storia, Nr. 283 (Mai), Rom, 1979.

Neoliberty: Attualità di una polemica: Antologia di testi sul neoliberty. In: Controspazio, Nrn. 4-5, Rom, 1977.

Neppi-Modona, A.: Gli edifici teatrali greci e romani, Teatri – odei – anfiteatri – circhi, Florenz, 1960.

Nerdinger, W.: Friedrich von Thiersch. Ein Münchener Architekt des Späthistorismus 1852-1921, München, 1977.

Gottfried von Neureuther, München, 1978.

(Hg.), Klassizismus in Bayern, Schwaben und Franken. Architekturzeichnungen 1775-1825, Kat.Ausst. München, 1980.

Vom Klassizismus zum Impressionismus. Eine Kunstgeschichte des 19.Jhs. in Einzelinterpretationen, München, 1980.

(Hg.) Richard Riemerschmid 1868-1957. Vom Jugendstil zum Werkbund, Kat.Ausst. München, 1982.

Walter Gropius, Berlin, 1985.

(Hg.), Leo von Klenze – Der Archäologe, Kat.Ausst. München, 1985.

(Hg.), Die Architekturzeichnung. Vom barocken Idealplan zur Axonometrie, München, 1986.

(Hg.), Romantik und Restauration. Architektur in Bayern zur Zeit Ludwigs I. 1825-1848, Kat.Ausst. München, 1987.

Theodor Fischer, München, 1988.

(mit Philipp, K.J., Schwarz, H.-P. Hg.), Revolutionsarchitektur. Ein Aspekt der Europäischen Architektur um 1800, Frankfurt/München, 1990.

Nervi, P.L.: Scienza o arte del costruire? Caratteristiche e possibilità del cemento armato, Rom, 1945 (1954).

Costruire correttamente. Caratteristiche e possibilità della strutture cementizie, Mailand, 1955 (1964).

P.L. Nervi – Nuove strutture, Mailand, 1963.

Gestalten in Beton. Zum Gesamtwerk von Pier Luigi Nervi, Bd. 7 der Reihe »arcus-Architektur und Wissenschaft«, Köln, 1989.

Nestler, P.: Neues Bauen in Italien, München, 1954.

Nestler, P., und P.M. Bode: Deutsche Kunst seit 1960. Teil IV, Architektur, München, 1976.

Neubauer, E.: Armenische Architektur vom 4.-14.Jahrhundert, Dresden, 1970 (1976).

Altgeorgische Baukunst – Felsenstädte, Kirchen, Höhlenklöster, Wien/München, 1976.

Neuburg, N.: L'architettura delle fontane e de ninfei nell'Italia antica, Neapel, 1965.

Neuenschwander, C.: Atelier Alvar Aalto, Bâtiments et projects, Boulogne, 1954.

Neumann, D.: Deutsche Hochhäuser der Zwanziger Jahre, Phil. Diss., München, 1988.

Neumann, E.: Friedrich von Schmidt. Ein Beitrag zur Monographie und zur Kunstgeschichte des 19.Jahrhunderts, Phil. Diss. Wien, 1953.

Neumann, H.: Zeughaus, Koblenz, 1991.

Neumann, K.: Klassizismus in Finnland. Zu den Arbeiten C.L. Engels. In: Zentralblatt der Bauverwaltung, 62, 1942.

Neumann, R.M.: Robert de Cotte. Architect of the late Baroque, 1980.

Neumann, W.: Die Berber. Vielfalt und Einheit einer alten nordafrikanischen Kultur, Köln, 1983.

Neumeier, F., u.a.: Der Glasstein. Die Herausforderung der Ästhetik, Berlin, 1981.

Neumeyer, F. von: Oswald Mathias Ungers. Architektur 1951-1990, Stuttgart, 1991.

Neurdenburg, E.: Hendrik de Keyer, Amsterdam, 1929.

Neustupný, J., und E.: Czechoslowakia, 1964.

Neutra, R.: (Hg. W. Boesiger), Richard Neutra. Buildings and projects, Zürich, 1950.

Survival through Design, New York, 1954.

Life and human habitat, Stuttgart, 1956.

(Hg. W. Boesiger), Richard Neutra 1950-60. Buildings and projects, Zürich, 1958.

(Hg. W. Boesiger), Richard Neutra 1961-66. Buildings and projects, Zürich, 1966.

Newhouse, V.: Wallace Kirkman Harrison. Architect, New York, 1989.

Newton, R.H.: Town and Davis, Architects, New York, 1942.

Newton Hayes, L.: The Great Wall of China, Schanghai, 1929.

Neyler, G.: Hector Guimard, 1978.

Nicco Fasola, G., s.a. Piero della Francesca: Nicola Pisano, Rom, 1941.

Svolgimento del pensiero prospettico nei trattati da Euclide a Piero della Francesca. In: Le arti, Nr. 2, 1942-43.

Nichols, F.D.: Thomas Jefferson's Architectural Drawings, Boston/Charlottesville, 1961[3].

Nichols, K., Burke, P., Hancock, C.: Michael Graves. Bauten und Projekte 1982-1989, Zürich, 1989.

Nickel, H.L.: Kirchen, Burgen, Miniaturen (Armenien und Georgien während des Mittelalters), Berlin, 1974.

Nicoletti, G.M.: Raimondo D'Aronco, Mailand, 1955.

L'architettura liberty in Italia, Rom/Bari, 1978a.

Continuità evoluzione architettura, Bari, 1978b.

(Hg.), L'ecosistema urbano, Bari, 1978c.

L'architettura delle caverne, Rom/Bari, 1980.

D'Aronco e l'architettura liberty, Mailand, 1982.

Nicolin, P.: Architettura intrinseca, Opere di Pierluigi Reichlin e Fabio Reinhart. In: Lotus International, Nr. 22, 1979.

Mario Botta. Bauten und Projekte, 1961-1982, Stuttgart, 1984.

Nicolini, R., s. DAU: Solari; Solari, Cristoforo; Tramelli; Vasari.

Nicoll, A.: The Development of the Theater, London/Bombay/Sidney, 1927.

Niemann, G., und F. von Feldegg: Theophilus Hansen und sein Werk, Wien, 1893.

Niemeyer, O.: Mon expérience à Brasilia, Paris, 1963.

Oscar Niemeyer, Mailand, 1975.

Niess, W.: Volkshäuser, Freizeitheime, Kommunikationszentren. Zum Wandel kultureller Infrastruktur sozialer Bewegungen. Beispiele aus deutschen Städten von 1848 bis 1984, Hagen, 1984.

Nilsson, M.P.: The Origin of the Triumphal Arch, Lund, 1932.

Nilsson, S.: European Architecture in India, London, 1968.

Nims, F.C., und W. Swaan: Thebes of the Pharaos, Chicago, 1965.

Nippa, A.: Haus und Familie in arabischen Ländern, München, 1991.

Nitschke, G.: The Metabolists of Japan, Architectural Design, 1964.

Noack, F.: Die Baukunst des Altertums, Berlin, 1910.

Triumphbogen. In: Vorträge der Bibliothek Warburg, Warburg, 1925-26, 1928.

Noever, P.: Günther Domenig: Das Steinhaus, Wien, 1988.

(Hg.), Carlo Scarpa. The Other City – Die Andere Stadt. Die Arbeitsweise des Architekten am Beispiel der Grabanlage Brion in San Vito d'Altivole, Kat. Wien, 1989.

(Hg.), Architektur im AufBruch. Neun Positionen zum Dekonstruktivismus, München, 1991.

Die Frankfurter Küche, Berlin, 1992.

Nohl, H.: Index vitruvianus, Leipzig, 1876 (Reprint Rom, 1963).

de Nolhac, P.: Histoire du château de Versailles, Paris, 1911-18.

Nölle, G.: Die Technik der Glasherstellung, Thun/Frankfurt, 1979.

Norberg-Schulz, Ch., s.a. Portoghesi 1980: Michelangelo architetto, Oslo, 1958.

Intentions in architecture, Oslo/London, 1963 (Cambridge, Mass., 1965).

Kilian Ignaz Dientzenhofer e il Barocco Boemo, Rom, 1968.

Architettura barocca, Venedig, 1971a.

Existence, Space and Architecture, London, 1971b.

Architettura tardobarocca, Mailand, 1972.

Significato dell'architettura occidentale, Mailand, 1974.

Alla ricerca dell'architettura perduta. Le opere di Paolo Protoghesi e Vittorio Gigliotti 1959-1975, Rom, 1975.

Genius Loci, Paesaggio ambiente architettura, Mailand, 1979.

Architettura di Paolo Portoghesi e Vittorio Gigliotti, Rom, 1982.

(Einf.), Ricardo Bofill. Taller de Arquitectura, 1985.

Scandinavia. Architettura, gli ultimi vent'anni. Tendenze dell'architettura contemporanea, 1990.

Balthasar Neumann. Abteikirche Neresheim, Berlin, 1992.

Norberg-Schulz, Ch., und J.G. Digerud: Louis I. Kahn. Idea e immagine, 1980.

Mario Botta (Global Architecture, Architect) Tokio, 1984.

Nordberg, T.O.: De la Vallée. En arkitektfamilj i Frankrike Holland ech Sverige, Stockholm, 1970.

Norris, Ch., und U.A. Benjamin: What is Deconstruction?, London, 1988 (dt. Was ist Dekonstruktion?, Zürich, 1990).

North, A.H.: Raymond Hood, New York/London, 1931.

Notarnicola, G.: Trulli d'Alberobello della preistoria al presente, Rom, 1940.

Nou, J.-L., und J. Pouchepadass: Die Paläste der indischen Maharadschas, 1980.

Nouvel, J.: Jean Nouvel: La obra reciente 1987-1990. His Works 1987-1990, 1990.

Novais, M.: s. Chicó.

Novati, A.: Der italienische Rationalismus: Como 1924-1942, Wiesbaden, 1992.

Novy, K.: Genossenschafts-Bewegung. Zur Geschichte und Zukunft der Wohnreform, Berlin, 1983.

(mit Zwoch, F. Hg.), Nachdenken über Städtebau. Neun Aufsätze, Wiesbaden, 1991.

(mit Mersmann, A., Hombach, B. Hg.), Reformführer NRW. Soziale Bewegungen, Sozialreform und ihre Bauten, Köln, 1991.

Nudi, G.: Storia urbanistica di Livorno, Venedig, 1959.

Nürnberg: Theo van Doesburg 1883-1931, Kat. Ausst. Nürnberg, 1968.

Nussbaum, N.: Deutsche Kirchenbaukunst der Gotik, Köln, 1985.

Nuttgens, P. (Hg.): Mackintosh and his Contemporaries, London, 1988.

O

Oberg, P.: Der Beischlag des deutschen Bürgerhauses, Danzig, 1935.

Ochsner, J.K.: Henry Hobson Richardson, 1838-1886. Complete architectural works, Cambridge (Mass.), 1982.

Ockert, E.: Fritz Schumacher. Sein Schaffen als Städtebauer und Landesplaner, Tübingen, 1950.

Odeen, K.: s. Holmdahl.

Odenhausen, H.: Case unifamiliari in acciaio, Mailand, 1962.

Oechslin, W.: Bildungsgut und Antikenrezeption im frühen Settecento in Rom. Studien zum röm. Aufenthalt B.A. Vittones, Zürich, 1972.

(Hg.), Die Vorarlberger Barockbaumeister, Kat. Ausst. Einsiedeln/Bregenz, 1973 (1978).

Gregotti Associati 1973-1988, 1990.

(Einltg.), Mario Botta. Bauten 1980-1990, 1991.

Oechslin, W., und A. Muschow: Festarchitektur, Stuttgart, 1984.

Oehler, J., s. RE: Gymnasion.

Oelsner, G.: Portrait eines Baumeisters, Hamburg, 1960.

Oettingen, W. von, s.a. Filarete: Über das Leben und Werk des A. Averulino genannt Filarete, Leipzig, 1888.

Oesterlen, D.: Dieter Oesterlen – Bauten und Texte, Tübingen, 1964.

Oettinger, K.: Anton Pilgram und die Bildhauer von St. Stephan, Wien, 1951.

O'Gorman, J.F.: Henry Hobson Richardson. Architectural Forms for an American Society, Chicago, 1987.

Olbrich, J.M.: Ideen, Wien, 1900.

Architektur von Prof. Joseph M. Olbrich in Darmstadt, 3 Bde., Berlin, 1902-14.

Oldenburg, C.: Soft Sculptures, Kat. Ausst. Green Gallery, New York, 1962.

Olivato, L.: Ottavio Bertotti Scamozzi, studioso di Andrea Palladio, Vicenza, 1976.

Oliver, P. (Hg.): Shelter in Africa, New York, 1971.

Olivetti, M.M.: Il tempio, simbolo cosmico, Rom, 1967.

Oliviero, E.: L'architettura in Torino durante la prima metà dell'Ottocento, Turin, 1935.

Ölmann, F.: Haus und Hof im Altertum, Berlin, 1927.

Olmo, C.: s. Gabetti 1975.

Olmsted, F.L. Jr., Kimball, Th.: Forty Years of Landscape Architecture: Central Park: Frederik Law Olmsted, Sr., Cambridge (Mass.), 1973.

OMA, Sondernummer von »L'Architecture d'Aujourd'hui« (April), Paris, 1985.

Oncken, A.: Friedrich Gilly, 1712-1800, Berlin, 1935 (1981[2]).

O'Neill, D.: Sir Edwin Luytens. Country Houses, 1980.

Onians, J.: Bearers of Meaning. The Classical Orders in Antiquity, the Middle Ages, and the Renaissance, 1988.

Onsell, M.: Ausdruck und Wirklichkeit. Versuch über den Historismus in der Baukunst, 1981.

Onsjannilior, M.: Bartolomeo Francesco Rastrelli, Leningrad, 1982.

Opel, A., und M. Valdez: Alle Architekten sind Verbrecher. Adolf Loos und die Folgen, 1990.

Open University, The: History of Architecture and Design 1890-1930, 12 Bde., Milton Keynes, 1975.

Opolovnikov, A.V., und Y.A.: The Wooden Architecture of Russia. Houses, Fortifications, Churches, 1989.

Oppitz, M.: Architektur als doppeltes Lottchen. In: Interfunktion, Heft 5, 1970.

Notwendige Beziehungen, Frankfurt, 1975.

Oprescu, G., und E. Daniel: Die Wehrkirchen in Siebenbürgen, Dresden, 1961.

Orefice, R.: Simboli, archetipi e mito nell'architettura sacra e nella liturgia. In: Città e Società (März), 1967.

O'Regan, J. (Hg.): Josef Paul Kleihues, Dublin, 1983.

Orgel, S.: s. Harris, 1973.

Oritz Echague, C.: La arquitectura española actual, Madrid, 1965.

Orlandi, G.: s. Alberti.

Orlandoni, B.: s. Navone.

Orsi, P.: Le chiese basiliane della Calabria, Florenz, 1929.

Ortega, J., und Anduaga, M., Miranda, C., u.a.: Guía de la arquitectura en Santiago, Santiago de Chile, 1976.

Ortiz, F., Mantero, J., Gutiérrez, R., Levaggi, A.: La arquitectura del liberalismo en la Argentina, Buenos Aires, 1968.

Ortner, L.: Provisorische Architektur – Medium der Stadtgestaltung, Düsseldorf, 1976.

Osborn, F.J.: Green-belt Cities, London, 1946.

(mit Whittick, A.), The new towns: the answer to megalopolis, Leonard Hill, 1963 (1969[2]).

Osborn, M.: Die Kunst des Rokoko, Berlin, 1929.

Østberg, R.: En Architekts Anteckningar, Stockholm, 1928.

Ostendorf, F.: Geschichte des Dachwerkes, Leipzig/Berlin, 1908 (Nachdruck der Ausgabe 1982).

Osten Sacken, C. von der: San Lorenzo el Real de El Escorial. Studien zur Baugeschichte und Ikonologie, Mittenwald/München, 1979.

Osterhausen, F. W. V.: Georg Christoph Sturm. Leben und Werk des Braunschweiger Hofarchitekten des 18. Jahrhunderts, München/Berlin, 1978.

Osthaus, K. E.: Van de Velde, Leben und Schaffen des Künstlers, Hagen, 1920 (Nachdruck 1984).

Ostrowski, W.: L'urbanisme contemporain, des origines à la Charte d'Athènes, Paris, 1968.
L'urbanisme contemporain – Tendances actuelles, Paris, 1970.

Oswald, F., W. Jacobsen, u. a.: Vorromanische Kirchenbauten. Kat. der Denkmäler bis zum Ausgang der Ottonen, München, 1990, 1991.

Ota, H.: Pageant of Japanese Art, 6 Bde., Tokio, 1957.
Japanese Architecture and Gardens, Tokio, 1966.

Otaka, M.: s. Kikutake.

Ottenheym, K.: Philip Vingboons (1607-1678), Zutphen, 1989.

Otto, C. F.: Space and Light. The Church Architecture of Balthasar Neumann. Cambridge (Mass.), 1979.

Otto, F.: Das hängende Dach, Berlin, 1954 (Nachdr. Stuttgart 1990).
Tensile Structures, Cambridge/London, 1967.
Schriften und Reden, 1951-83, Braunschweig, 1984.
Zum Werk von Félix Candela. Die Kunst der leichten Schalen, Köln, 1992.

Otto, P: Werkstoffkunde für Steinmetze und Steinbildhauer, Berlin, 1957[3].

Otto-Dorn, K.: Kunst des Islam, Baden-Baden, 1964.

Oud, J. J. P.: Holländische Architektur. In: Bauhausbücher, Nr. 10, München, 1926.
Nieuwe Bouwkunst in Holland en Europa. Graveland, 1935.
Mein Weg in De Stijl, Rotterdam, 1960.
Ter wille van een levende Bouwkunst, 's Gravenhage, 1962.

Oudin, B.: Dictionnaire des Architectes, Paris, 1970.

Oursel, R.: L'art roman de Bourgogne, Dijon, 1928.
Les pélerins du Moyen Age, Paris, 1963.
Romanisches Frankreich, Bd. 1: Die Kunst des 11. Jahrhunderts, 1991.

Overy, P.: De Stijl, London, 1969 (1991).
(u. a.), Das Rietveld-Schröder-Haus, Brunswick/Wiesbaden, 1988.

Owen, R.: New View of Society, London, 1818.
The Book of the New Moral World, New York, 1845.
The Oxford Dictionary of Byzantium (Hg. A. Kazhdan), 2 Bde., 1991.

Ozinga, M. D., s. a. Andreae 1957-58: De Protestantsche Kirchenbouw in Nederland, Paris/Amsterdam, 1929.
Daniel Marot, Amsterdam, 1938.

Ozinger, M. D.: Joseph Poelaert, 1933.

P

Paatz, W.: Werden und Wesen der Trecento-Architektur in Toscana, Magdeburg, 1937.
(mit Paatz, E.), Die Kirchen von Florenz, 6 Bde., Frankfurt a. M. (Bibl.), 1940-54.
Die Kunst der Renaissance in Italien, Stuttgart, 1954[2].
Süddeutsche Schnitzaltäre der Spätgotik, Heidelberg, 1963.

Paccard, A.: Le Maroc et l'artisanat traditionel islamique dans l'architecture, 2 Bde., 1980.
Traditional Islamic Craft in Marocan Architecture, 1984.

Pacchioni, A.: s. Argan 1935.

Pacenti, V.: Il calcestruzzo nell'edilizia moderna. Tecnologia e applicazioni, Bari, 1966.

Pacher, C.: La cattedrale di Trento, Trient, 1957.

Paci, E.: Continuità e coerenza dei BBPR. In: Zodiac, Nr. 4 (April), Mailand, 1959.

Pacioli, L.: De divina proportione, Venedig, 1509 (Hg. F. Riva, De divina proportione. I corpi regolari. In: Fontes ambrosiani, Mailand, 1956).

Padovani, G.: Architetti ferraresi, Ferrara, 1955.

Pagani, C.: Architettura italiana oggi (Text ital. und engl.), Mailand, 1955.

Pagano Pogatschnig, G., s. Argan 1935: (mit Daniel, G.), Architettura rurale in Italia, Mailand, 1936.
(Hg. F. Albini, G. Palanti, A. Castelli), Giuseppe Pagano Pogatschnig: Architettura e Scritti, Mailand, 1976.
(Hg. C. De Seta), Architettura e città durante il fascismo, Rom/Bari, 1976.

Pagenstecher, R.: Nekropolis …, Leipzig, 1919.

Pagliari, N.: Appunti su Otto Wagner, Neapel, 1968.

Pahl, J.: Die Stadt im Aufbruch der perspektivistischen Welt, Frankfurt/Berlin, 1963.

Paine, R. T., Soper, A. C.: In: The Art and Architecture of Japan, Pelican History of Art, Harmondsworth, 1955 (1974[2]).

Palais et Maisons du Caire, 4 Bde. (Hg. Institut Français d'Archéologique Orientale du Caire), Kairo, 1975, '77, '79, '83.

Palais et Maisons du Caire, 2 Bde. (Hg. CNRS), Paris, 1982.

Palanti, G.: s. Pagano Pogatschnig 1947.

Palladio, A.: Descritione de le chiese, stationi, indulgenze et reliquie de Corpi Sancti, che sonno in la città de Roma, Rom, 1554a.
Le antichità di Roma, Rom, 1554b.
Quattro libri dell'architettura, Venedig, 1570 (Reprint Mailand, 1951; Neuaufl., Vorwort O. Cabiati, Mailand, 1945 [1951]; Hg. L. Magagnato, Mailand, 1980; Andrea Palladio. 4 Bücher über die Architektur. Erste dt. Ausg., 1988[3]).

Palladio: Corpus Palladianum, 1968 ff.
Il testo, l'immagine, la città, Kat. Ausst., 1980.
La chiesa della carità, Kat. Ausst., 1980.
Palladio e la maniera, Kat. Ausst., 1980.
I modelli della mostra su Palladio, Kat. Ausst., 1980.

Pallottino, M., s. a. EUA: Arco onorario e trionfale: La Sardegna nuragica, Rom, 1950.
Etruscologia, Mailand, 1955 (1968[6]).

Palpacelli, F.: s. Alieri.

Pamer, N.: Magyar épitészet a Rét világháborn Rözört (Ungar. Architektur der Zwischenkriegszeit), 1986.

Pampaloni, G.: Palazzo Strozzi, Rom, 1963.

Panazza, G.: La chiesa di S. Salvatore in Brescia, Mailand, 1962.

Pander, K.: Sowjetischer Orient, Köln, 1982 (1990[6]).

Pane, R.: Architettura del Rinascimento in Napoli, Neapel, 1937.
L'architettura nell'età barocca in Napoli, Neapel, 1939.
Andrea Palladio, Turin, 1948 (1961[2]).
Bernini architetto, Venedig, 1953.
Il chiostro di S. Chiara in Napoli, Neapel, 1954.
Ferdinando Fuga, Neapel, 1956.
Città antiche ed edilizia nuova, Neapel, 1959.
(mit Alisio, G., Monda, P., Venditti, A.), Ville vesuviane del '700, Neapel, 1959.
Antonio Gaudí, Mailand, 1964.
Luigi Vanvitelli – L'uomo e l'artista. In: Napoli nobilissima (Jan.-Febr.), Neapel, 1973.

Panier, J.: Un architecte français au commencement du XVIIe siècle: Salomon de Brosse, Paris, 1911.

Panofsky, E.: Idea, Ein Beitrag zur Begriffsgeschichte der älteren Kunsttheorie, Leipzig/Berlin, 1924.
Die Perspektive als symbolische Form, Leipzig/Berlin, 1927.
Über die Reihenfolge der vier Meister von Reims. In: Jb. für Kunstwissenschaften, 1927.
Studies in Iconology; Humanistic Themes in the Art of the Renaissance, New York, 1939 (Neuaufl. 1962).
Abbot Suger, On The Abbey Church of St. Denis and its Art Treasures, Princeton, 1946.
Gothic Architecture and Scholasticism, Latrobe, 1951 (1956[3]).
Meaning in the Visual Arts, New York, 1955a.
The Life and Art of A. Dürer, Princeton, 1955b.
Renaissance and Renascences in Western Art, 2 Bde., Stockholm, 1960.
Tomb Sculpture, New York/London, 1964.
Gothic Architecture and Scholasticism, 1976.
Suger Abbot of Saint-Denis 1081-1151, Princeton, 1979.

Pansera, A.: s. Grassi, A.

Paolano, S.: Guida all'architettura italiana del Novecento, 1991.

Paoletti, P.: L'architettura e la scultura del Rinascimento a Venezia, 3 Bde., Venedig, 1893.

Papadaki, S.: The Work of Oscar Niemeyer, New York, 1950 (Neuaufl. Oscar Niemeyer, New York, 1960).
O. Niemeyer: Works in Progress, New York, 1956.

Papadakis, A. (Hg.): Deconstruction – Omnibus Volume, New York, 1989 (dt. Dekonstruktivismus, Stuttgart, 1989).
(Hg.), James Stirling, Michael Wilford & Associates, London, 1990.
(Hg.), Robert Stern. Bauten und Projekte 1980-1990, London, 1991.

Papageorgis-Venetas, A.: Delos – L'analyse urbaine d'une ville antique, 1981.

Papanek, V.: Progettare per il mondo reale, Mailand, 1973.

Papi, L.: Ludwig Mies van der Rohe, Florenz, 1975.

Papini, R.: Francesco di Giorgio architetto, Florenz, 1946.

Papworth, J. B.: Designs for Rural Residences …, London, 1818-32.

Parent, M., Verroust, J.: Vauban, Paris, 1971.

Parent, R.: L'architecture aux Pays-Bas méridionaux aux XVe, XVIIe et XVIIIe siècles, Paris/Brüssel, 1926.

Paret, O.: Das neue Bild der Vorgeschichte, Stuttgart, 1946.

Paribeni, R.: I grandi santuari dell'antica Grecia, Mailand, 1947.

Paris: Pionniers du XXe Siècle: Guimard, Horta, van de Velde, Kat. Ausst. Musée des Arts Décoratifs, Paris, 1971.
Soufflot et son temps, Kat. Ausst. Paris, 1980.

Pariset, F. G.: Victor Louis, Bordeaux, 1980.

Parker, R. M.: Images of American Architecture, 1982.

Parmentier, H.: L'art khmèr classique, 2 Bde., Paris, 1939.

Parronchi, A.: Studi su la ›dolce‹ prospettiva, Mailand, 1964.

Parrot, A.: Ziggurats et Tour de Babel, Paris, 1949.
Assur, Paris, 1961.

Pasini, P.: s. De Michelis 1976.

Pasquali, A.: s. Argan 1935.

Pass, D.: Vällingy und Farsla – from Idea to Reality. The New Community Development Process in Stockholm, Cambridge (Mass.), 1973.

Passamani, B.: Depero e la scena da ›Colori‹ alla scena mobile – 1916/1930, Turin, 1970.

Passanti, M.: Nel mondo magico di Guarino Guarini, Turin, 1963.

Passari, G. B.: Alessandro Algardi. In: Römische Forschungen der Bibliotheca Hertziana, Rom, 1934.

Passeri, G. B.: Della ragione dell'architettura. In: Nuova raccolta di opuscoli scientifici e filosofici, Venedig, 1755.

Vite dei pittori, scultori e architetti che hanno lavorato in Roma, morti dal 1641 al 1673, Roma, 1772 (Reprint Bologna, 1976).

Pastier, J.: Cesar Pelli, New York/London, 1980.

Recent Work of Frank Gehry. In: GA Document 17, 1987.

Patetta, L., s. a. De Micheli 1971; Danesi: L'architettura in Italia 1919-1943. Le polemiche, Mailand, 1972.

L'architettura dell'Eclettismo. Fonti, teorie, modelli, 1750-1900, Mailand, 1975a.

Storia dell'architettura. Antologia critica, Mailand, 1975b.

L'architettura del quattrocento a Milano, Mailand, 1987.

Patrick, J. M.: s. Negey.

Patroni, G.: L'origine della domus. In: Rendiconti dell'Accademia dei Lincei, Rom, 1902.

Il capitello composito. In: Miscellanea Stampini, Turin, 1921.

Architettura preistorica generale e italica. Architettura etrusca, Bergamo, 1941 (1946).

Patzak, B.: Die Villa Imperiale in Pesaro. In: Die Renaissance- und Barockvilla in Italien, Leipzig, 1908.

Palast und Villa in der Toscana, Leipzig, 1913.

Paul, J.: Raumkünstler. In: Bauwelt, 82, 1991.

Paul, S.: Louis Sullivan: an Architect in American Thought, Englewood Cliffs, 1962.

Paulsson, Th.: Scandinavian Architecture, London, 1958.

Paulus, H.: Kleiner Katalog karolingischer Flechtwerksteine, Erlangen, 1956.

Pauly, A., Wissowa, G.: s. RE.

Pauty, E.: Les okelles d'époque ottomane, 1944.

Pawley, M.: Frank Lloyd Wright, London, 1970a.

Mies van der Rohe, London, 1970b.

Buckminster Fuller, London, 1990.

Theory and Design in the Second Machine Age, Oxford, 1990.

Pawlik, J.: Praxis der Farbe, Köln, 1987.

Pawlowski, Ch.: Tony Garnier et les débuts de l'urbanisme fonctionnel en France, Paris, 1967.

Pazzaglini, M.: s. Conforto.

Pearse, G. F.: Eighteenth Century Architecture in South Africa, London, 1957.

Pearson, P. D.: Alvar Aalto and the International Style, New York, 1978.

Pecchiai, P.: Il Gesú di Roma, Rom, 1952.

Pechar, J.: s. Dostál.

Pechwitz, F.: Der Steinschnitt, Berlin, 1954².

Peck, R. B.: s. Terzaghi.

Pedersen, J.: Madrasa. In: Handwörterbuch des Islams, Leiden, 1941.

Arkitekten Arne Jacobsen, Kopenhagen, 1957.

Pedio, R., s.a. Volponi: Opere dell'architetto Luigi Pellegrin. In: L'architettura – cronache e storia, Nr. 59, Rom, 1960.

Enzo Mari designer, Bari, 1980a.

Facoltà di scienze a Salerno di Michele Capobianco. In: L'architettura – cronache e storia, Nr. 293 (März), Rom, 1980b.

Nodi e itinerari di Luigi Pellegrin. In: L'architettura – cronache e storia, Nr. 300 (Nov.), Rom, 1980c.

Recenti opere di Enzo Zacciroli, Nr. 303 (März), Rom, 1981.

Pedretti, C.: Leonardo, London, 1973.

Leonardo da Vinci, Architekt, 1981.

Pée, H.: Die Palastbauten des A. Palladio, Würzburg, 1941.

Pehnt, W.: New German Architecture. Neue deutsche Architektur, 3, Stuttgart, 1970.

German Architecture 1960-1970, Stuttgart/London, 1970.

Die Architektur des Expressionismus, Stuttgart, 1973.

Der Anfang d. Bescheidenheit, München, 1983.

Die Korrumpierbare Moderne. Zu einer Ausstellung über Rationalismus und Faschismus in der italienischen Architektur. In: ders.: Der Anfang der Bescheidenheit, op. cit.

Ferne Ziele, große Hoffnung. Der Deutsche Werkbund 1918-1924. In: ders.: Der Anfang der Bescheidenheit, op. cit.

Karljosef Schattner. Ein Architekt aus Eichstätt, Stuttgart, 1988.

Die Erfindung der Geschichte. Aufsätze und Gespräche zur Architektur unseres Jahrhunderts, München, 1989.

Altes Ägypten und neues Bauen. Der Einfluß der Pharaonenkunst auf die Moderne. In: ders.: Die Erfindung der Geschichte, op. cit.

(mit Dix, T.), Rudolf Steiner. Goetheanum Dornach, Berlin, 1992.

Peichl, G.: Bauten, Projekte, Meisterschule, Wien/Stuttgart, 1981.

(mit Slapeta, V.), Czech Funktionalism 1918-1938, 1987.

Peifner, M.: s. Geretsegger.

Peirson, J. G.: The Work of Bridge Builders, Oxford, 1948.

Peisch, M. L.: The Chicago School of Architecture: Early Followers of Sullivan and Wright, New York/London, 1964-65.

Pellati, F.: Vitruvio, Rom, 1938 (1940).

Pellegri, M.: E. A. Petitot, Parma, 1963.

Pellegrin, L., s. EUA: Americane Moderne (correnti).

Pelli, C.: Cesar Pelli. Buildings and Projects 1965-1990, New York, 1990.

Pelt, R. J. van & C. W. Westfall: Architectural Principles in the Age of Historicism, London, 1991.

Pendlebury, J. D. S.: The Archaeology of Crete, London, 1939.

Penfold, A. (Hg.): Thomas Telford. Engineer, London, 1980.

Penguin Guide to the Monuments of India: Michell, G.: Buddhist, Jain, Hindu (Bd. 1), Davis, P.: Islamic, Rajput, European (Bd. 2), London.

Penrose, C.: An Investigation of the Principles of Athenian Architecture, London, 1851.

Pepè, M.,s. DBI: Antolini.

Percier, Ch.: s. Fontaine 1798, 1812.

Pericoli Ridolfini, C.: Mostra delle case romane con facciate graffite e dipinte, Kat., Rom, 1960.

Perogalli, C., s.a. Bascapè, C.: Monumenti e metodi di valorizzazione, Mailand, 1954.

La progettazione del restauro monumentale, Mailand, 1955.

La centrale elettrica di Trezzo sull'Adda, Mailand, 1956.

Architettura dell'Altomedioevo occidentale, Mailand, 1974.

(mit Ichino, M. P., Bazzi, S.), Castelli italiani. Con un repertorio di oltre 4000 architetture fortificate, Mailand, 1979.

Peroni, A.: L'architetto della Theatinerkirche di Monaco Agostino Barelli e la tradizione architettonica bolognese. In: Palladio, Sonderheft, Mailand/Rom, 1958.

Architetti manieristi nell'Italia settentrionale: Pellegrino Tibaldi e Galeazzo Alessi. In: Bollettino del Centro Internazionale di Studi Andrea Palladio, IX, Vicenza, 1967.

Pérouse de Montclos, J. M.: Etienne-Louis Boullée, 1728-1799, de l'architecture classique à l'architecture révolutionnaire, Paris, 1969.

Histoire de l'architecture française de la renaissance à la révolution, 1989.

Perrault, Cl.: Les Dix Livres d'Architecture de Vitruve, Paris, 1672.

Ordonnances de cinq espèces de colonnes selon la méthode des anciens, Paris, 1683.

Perrault, D.: Dominique Perrault. »La Fureur de Lire« Dans le Cadre de L'Opération, Kat. Paris, 1989.

Perret, A.: Contribution à une théorie de l'architecture, Paris, 1952.

Persico, E.: (Hg. G. Veronesi), Tutte le opere (1923-1935), Mailand, 1964.

(Hg. R. Mariani), Oltre l'architettura, Mailand, 1977.

(Hg. M. Di Puolo), Edoardo Persico 1900-1936, Rom, 1978.

Perucca, E.: Dizionario d'ingegneria, 4 Bde., Mailand, 1954.

Perugini, G.: Perché Loos, Rom, 1970.

Pesce, G.: (Hg. E. Ambasz), Gaetano Pesce. In: Italy: The New Domestique Landscape, Kat. Ausst. New York, 1972.

Gaetano Pesce. Le Future est peut-être passé/The Future is perhaps Passed, Kat. Paris/Florenz, 1975.

Gaetano Pesce, Kat. Straßburg, 1986.

Peschken, G., und W. Klunner: Das Berliner Schloß, Berlin, 1982.

Peter, J.: Aluminium in Modern Architecture, New York, 1956.

Peters, P., und U. Claussen-Heun: Stadthäuser. Das städtische Ein- und Zweifamilienhaus, München, 1979.

Paris – die großen Projekte, Berlin, 1992.

Petit, J.: Le Corbusier lui-même, Genf, 1970.

Petrignani, A.: Tecnologia dell'architettura, Mailand, 1967 (1977).

Petrignani, M.: s. Blachère.

Petsch, J.: Architektur und Gesellschaft. Zur Geschichte der Deutschen Architektur im 19. und 20. Jahrhundert, Köln, 1973.

Baukunst und Stadtplanung im Dritten Reich, München/Wien, 1976.

Petzet, H.: Soufflots Sainte-Geneviève und der französische Kirchenbau des 18. Jahrhunderts, Berlin, 1961.

Pevsner, N., s.a. Cassou; Pond; Richards 1973; Bekaert: Zur Geschichte des Architekten-Berufs, 1931.

Pioneers of Modern Movement. From William Morris to Walter Gropius, London, 1936 (Neuaufl.: Pioneers of Modern Design, New York, 1949).

An Enquiry into Industrial Art in England, New York, 1937.

Academies of Art, Past and Present, Cambridge, 1940.

An Outline of European Architecture, London, 1942 (New York, 1942).

The Architecture of Mannerism. In: The Mint, London, 1946 (Nachdruck in: Readings in Art History, Hg. H. Spencer, New York, 1966).

R. P. Knight. In: Art Bulletin XXXI, 1949.

Ch. R. Mackintosh, Mailand, 1950.

High Victorian Design. A Study of the Exhibits of 1851, London, 1951.

(u.a.), The Buildings of England, 46 Bde., Harmondsworth, 1951-74.

The Englishness of English Art, Harmondsworth, 1956 (1964).

Venezia e l'Europa. In: Atti del XVIII Congresso internazionale di Storia dell'Arte, Venedig, 1957.

Richard Norman Shaw. In: Victorian Architecture (Hg. P. Ferriday), London, 1963a.

The Choir of Lincoln Cathedral, Oxford, 1963b.

(mit Grote, L., u.a.), Historismus und bildende Kunst, München, 1965.

L'Inghilterra e il Manierismo. In: Bollettino del Centro di studi Andrea Palladio, Vicenza, 1967.

The Sources of Modern Architecture and Design, London, 1968 (dt. Übers. Architektur und Design 1971).

Ruskin and Viollet-le-Duc. Englishness and Frenchness in the Appreciation of Gothic Architecture, London, 1969.

Some Architectural Writers of the Nineteenth Century, Oxford, 1972.

(Hg.), The Picturesque Garden and its Influence, Dumbarton Oaks, Washington, DC, 1974.

Europäische Architektur, München, 1978.

(mit W. Morris), C.R. Ashbee und das 20.Jahrhundert. In: Deutsche Vierteljahresschrift für Literaturwissenschaften und Geistesgeschichte, 14, 1936.

Peyre, M.-J.: Livre d'architecture, Paris, 1765.

Pfammatter, U.: Moderne und Macht. »Razionalismo«. Italienische Architekten 1927-1942, 1990.

Pfankuch, P. (Hg.): Hans Scharoun, Bauten, Entwürfe, Texte, Berlin, 1974.

Pfeiffer, B.B.: Frank Lloyd Wrights ungebaute Architektur. 76 Projekte aus dem Nachlaß in Taliesin, Stuttgart.

Pfeiffer, Th.: CAD für Architekten, Wiesbaden, 1989.

Pfister, R.: Zwischen Haus und Garten, München, 1958.

Pfretzschmer, E.: Grundrissentwicklung der römischen Thermen..., Straßburg, 1909.

Philipp, K.J. (Hg.): Revolutionsarchitektur. Klassische Beiträge zu einer unklassischen Architektur, 1990.

Phillips, L.: Frederick Kiesler, 1989.

Phleps, H.: Holzbaukunst. Der Blockbau, Karlsruhe, 1942.

Deutsche Fachwerkbauten, Königstein i. T., 1951.

Piacentini, M.: Architettura d'oggi, Rom, 1930.

Piano, R.: Chantier ouvert au Public, Paris, 1985.

Renzo Piano. Progetti e Architetture 1984-1986, Mailand, 1986.

Renzo Piano. Buildings and Projects, 1971-1989, New York, 1989.

Piazzesi, A., Mancini, C., Benevolo, L.: Una statistica del repertorio geometrico dei Cosmati. In: Quaderni dell'Istituto di storia dell'architettura, Rom, 1954.

Piazzo, M.: Architettura neoclassica a Trieste, Rom, 1935.

Pica, A., s.a. Argan 1935. Architettura moderna in Italia, Mailand, 1941 (1964).

Architettura italiana ultima, Mailand, 1959a.

Il »Gruppo 7« e la polemica razionalista. In: La Casa, Nr. 6, 1959b.

Come è nata la Galleria. In: I cento anni della Galleria, Mailand, 1967.

Pier Luigi Nervi, Rom, 1969.

Piccinato, G.: L'architettura contemporanea in Francia, Bologna, 1965.

La costruzione dell'urbanistica – Germania 1871-1914, Rom, 1974 (1977; dt. Städtebau in Deutschland 1871-1914, Braunschweig, 1983).

Piccinato, L., s.a. EI: Albergo; Giardino; Piazza: Urbanistica medioevale, Florenz, 1943 (Neuaufl. Bari, 1978).

La strada come strumento di progellazione urbanistica, Rom, 1960.

Picon, A.: Claude Perrault, 1613-1688 ou la curiosité d'un Classique, 1988.

Piel, F.: Die Ornamentgroteske in der italienischen Renaissance. Zu ihrer kategorialen Struktur und Entstehung, Berlin, 1962.

Pieper, J.: Das Labyrinthische. Über die Idee des Verborgenen, Rätselhaften, Schwierigen in der Geschichte der Architektur, 1986.

Pierce Gallagher, H.M.: Robert Mills, Architect of the Washington Monument, 1781-1855, New York, 1935.

Piero della Francesca: De perspectiva pingendi, 1490 (Neuaufl., Hg. G. Nicco Fasola, Florenz, 1942).

de Pierrefeu, F., Le Corbusier: Corollaire brasilien. La maison des hommes, Paris, 1942.

Pierson, A.H.: American Buildings and Their Architects. The Colonial and Neoclassical Style, New York, 1970.

Piessat, L.: Tony Garnier 1869-1948, 1988.

Pietrangeli, C.: s. De Angelis d'Ossat, 1965.

Piggot, S.: Prehistoric India, Harmondsworth, 1950.

Piljavskij, V.I.: Zodčij Rossi (russ), Moskau/Leningrad, 1951.

Pillement, G.: Les Hôtels de Paris, Paris, 1945.

Pina Chan, R.: Mesoamerica, Mexiko, 1960.

Pinchon, J.F.: Rob Mallet-Stevens. Architecture, Furniture, Interior Design, 1990.

Pinelli, A., Rossi, O.: Genga architetto. Aspetti della cultura urbinate del primo '500, Rom, 1971.

Pini, E.: Dell'architettura. Dialoghi, Mailand, 1770.

Pinkney, D.H.: Napoléon III and the Rebuilding of Paris, Princeton, 1958.

Pinon, H., und Ch. Jencks: Martorell, Bohigas, Mackay. Arquitectura 1953-1978, Madrid, 1979.

Pinto, J.A.: The Trevi-Fountain, New Haven/London, 1986.

Piranesi, G.B.: Invenzioni capric. di Carceri all'acquaforte, Rom, 1745 (Neuaufl. Carceri d'invenzione di G. Battista Piranesi, archit. venez., Rom, 1760).

Opere varie di architettura, prospettive, grotteschi, antichità sul gusto degli antichi Romani inventate ed incise da Giambattista Piranesi architetto veneziano, Rom, 1750.

Le Antichità Romane opera di Giambattista Piranesi architetto veneziano divise in quattro tomi, Rom, 1756.

Della Magnificenza ed Architettura de' Romani, Rom, 1761.

Parere sull'architettura, Rom, 1765.

Diverse maniere d'adornare i cammini ed ogni altra opera degli edifizi desunte dall'architettura Egizia, Etrusca e Greca con un Ragionamento apologetico in difesa dell'architettura Egizia e Toscana, Rom, 1769.

Piranesi: Giovanni Battista e Francesco Piranesi, Cartographia Nazional, Kat. Ausst. Rom, 1967-68.

Pirr, M.: Die Architectura des Wendel Dietterlin, Phil. Diss. Berlin, 1940.

Pirrone, G.: Une tradition européenne dans l'habitation, Leyden, 1963.

Palermo liberty, Caltanissetta/Rom, 1971.

Studi e schizzi di Ernesto Basile, Palermo, 1976.

Pirson, D.: Das Baurecht des fürstlichen Absolutismus im Hohenzollernschen Franken, Düsseldorf (1960).

Piva, A.: BBPR a Milano, Mailand, 1982.

Piva, G.: L'arte del restauro, Mailand, 1961.

Pizzi, E.: Mario Botta, Barcelona, 1991 (dt., Zürich, 1991).

Pizzigoni, A.: Filippo Brunelleschi, Zürich, 1991.

Place, C.: Charles Bulfinch: Architect and Citizen, New York, 1968.

Pla Dalman, J.M.: La arquitectura barroca española y el Churriguerismo, Madrid, 1951.

Plaeschke, H., und I.: Indische Felsentempel und Höhlenklöster..., Wien, 1983.

Venezianische Bildhauer der Renaissance, Wien, 1921.

Plagemann, V. (Hg.): Kunst im öffentlichen Raum. Anstöße der 80er Jahre, Köln, 1989.

Planiscig, L.: Bernardo und Antonio Rossellino, Wien, 1942.

Plant, J.S.: Espressione di Gio Ponti, Mailand, 1957.

Plant, R.: Architecture of the Tigre, Ethiopia, Worcester, 1985.

Plat, G.: L'art de bâtir en France dès Romains à l'an 1100, Paris, 1939.

Platner, S.B., Ashby, T.: A Topographical Dictionary of Ancient Rome, Oxford, 1929.

Platon, N., s. EUA: Cretese-miceneo.

Platz, G.A.: Die Baukunst der neuesten Zeit, Berlin, 1927.

Plečnik: Jože Plečnik, 1872-1957, Kat. Ausst. Paris, 1986.

Plischke, E.A.: Design and Living, Wellington, 1947.

Vom Menschlichen im neuen Bauen, Wien, 1969.

Ein Leben mit Architektur, Wien, 1989.

Plommer, H.: Ancient and Classical Architecture, London, 1956.

Poelaert: Poelaert et son temps, Kat. Ausst. Brüssel, 1980.

Poelzig, H.: (Hg. J. Posener), Hans Poelzig, Gesammelte Schriften und Werke, Berlin, 1970.

Poelzig und seine Schule, Kat. Berlin, 1931.

Poelzig, M.: Das Haus des Architekten. In: Wasmuths Monatshefte für Baukunst und Städtebau, 14, 1930.

Poensgen, G.: Schinkel, Friedrich Wilhelm IV. und Ludwig Persius. In: Brandenburgische Jahrbücher, 7, 1937.

Poëte, M.: Introduction à l'urbanisme. L'évolution des villes. La leçon de l'antiquité, Paris, 1929 (1958).

Poggioli, R.: Teorie dell'arte d'avanguardia, Bologna, 1960 (1962).

Pohl, W., und H. Schwanke: Krefelder Architekten – Karl Buschhüter – Girmes & Oediger, Krefeld, 1987.

Pointner, A.: Die Werke des florentiner Bildhauers Agostino di Duccio, Straßburg, 1909.

Polacco, L.: Tuscanicae dispositiones, Problemi di architettura dell'Italia protoromana, Padua, 1952.

Polaczek, E.: J.-F. Blondel und das Straßburger Münster. In: Elsaß-Lothringer Jahrbuch, 8, 1928.

Polano, S.: Hendrik Petrus Berlage. Complete Works (Beiträge von G. Fanelli, u.a.), 1988.

Poleggi, E.: Strada nuova, una lottizzazione del Cinquecento a Genova, Genua, 1968 (1972).

Polen: Avant-garde Polonaise Urbanisme architecture, Kat. Ausst. Paris/Warschau, 1981.

Poleni, G.: Exercitationes vitruvianae, Padua, 1739.

Polewoi, W.M.: Die Kunst Griechenlands. Von den Anfängen bis zur Gegenwart, 1991.

Polin, G.: La casa Elettrica di Figini e Pollini, 1930 (1980²).

Pollack, E., s.a. RE: Circus: Hippodromica, Leipzig, 1890.

Der Baumeister Otto Bartning, Bonn, 1926.

Pollack, O.: Antonio del Grande, ein unbekannter römischer Architekt des XVII. Jahrhunderts. In: Kunstgeschichtliches Jahrbuch, III, 1909.

Alessandro Algardi als Architekt. In: Zeitschrift für Geschichte der Architektur, 1910-11.

Pollert: Konzerthaus Stuttgart, Liederhalle, 1956.

Pommer, R.: Eighteenth Century Architecture in Piedmont: The Open Structure of Juvara, Alfieri and Vittone, New York/London, 1967.

(u.a.), In the Shadow of Mies. Ludwig Hildesheimer. Architect, Educator and Urban Planner, New York, 1988.

Pompei: Li cinque ordini della Architettura civile di Michel Sanmicheli, Verona, 1735.

Pond, E.: In: The Anti-Rationalists (Hg. N. Pevsner, J.M. Richards), Wisbech, 1973.

Ponente, N.: Les Structures du Monde moderne 1850-1900, Genf, 1965.

Ponten, J.: Architektur, die nicht gebaut wurde (1925), Stuttgart, 1987.

Ponti, G.: Gio Ponti 1891-1979, Kat.Tokio, 1986.

Ponti, L.L.: Gio Ponti. The Complete Works, London, 1989.

Gio Ponti. The Complete Work 1923-1978, 1990.

Poole, Sc.: The New Finnish Architecture, New York, 1991.

Pope, A. U.: (Hg.), A Survey of Persian Art, London, 1939.

Persian Architecture, London/New York, 1965 (1976⁴).

Pope-Hennessy, J.: An Introduction to Italian Sculpture, 1955.

Popp, J.: Bruno Paul, München, 1916.

Popp, H.: Architektur der Barock- und Rokokokunst in Stuttgart, Stuttgart, 1911.

Popper, Fr.: Die Kinetische Kunst, Köln, 1975.

Porcher, J.: s. Hubert.

Porcinai, P.: Roberto Burle Marx, pittore di giardini. In: Zodiac, Nr. 6, Mailand, 1960.

Poretti, S.: Edilizia e architettura in Svezia e Danmarca 1945-1960, 1979.

Porpyrious, D.: Sources of Modern Eclecticism, London, 1981.

Porta, M.: s. Bonfanti.

Portas, N., und M. Mendez: Portogallo. Tendenze dell'architettura contemporanea, Mailand, 1991.

Portoghesi, P., s.a. EUA: Bernini, Architettura; Borromini; DBI: Antonelli; Alberti; Argan 1967; Borsi 1969; De Micheli 1971; Massobrio: Vitruvio contro l'astrattezza alessandrina. In: Quaderni di storia dell'architettura, Rom, 1954.

Guarino Guarini, Mailand, 1956.

Dal neorealismo al neoliberty. In: Communità (Dez.), 1958.

Mosaico e architettura, Ravenna, 1959.

Metodi di progettazione nella storia dell'architettura, Rom, 1960.

Borromini nella cultura europea, Rom, 1964.

Il tempio malatestiano, Florenz, 1965.

Bernardo Vittone, un architetto tra illuminismo e rococò, Rom, 1966a.

Roma barocca, Rom/Bari, 1966 b (1978).

Borromini, architettura come linguaggio, Mailand, 1967.

L'Eclettismo a Roma, 1870-1922, Rom, 1968.

Dizionario Enciclopedico di Architettura e Urbanistica, 6 Bde., Rom, 1968 f.

Roma del Rinascimento, 2 Bde., Mailand, 1970 (1979).

Francesco Borromini. Baumeister des römischen Barock, Mailand, 1977.

P.P. – Progetti e disegni 1949-1979, Kat. Ausst. Florenz, 1979.

Dopo l'architettura moderna, Rom/Bari, 1980.

(mit Scully, V., Norberg-Schulz, Ch., Jencks, Ch.), La presenza del passato, Kat. Ausst. Biennale Venedig 1980, Mailand, 1980.

Borromini nella cultura europea, Rom, 1982.

P.P.: opere, Kat. Ausst. Modena, 1985.

Francesco Borromini, 1990.

Portzamparc, Ch. de: Christian de Portzamparc, Architecte, Paris, 1984.

(und Ph. Starck), Jean Nouvel, Kat. Paris, 1990.

Posch, W.: Die Wiener Gartenstadtbewegung. Reformversuch zwischen erster und zweiter Gründerzeit, Wien, 1981.

Posener, J., s.a. Poelzig: Traditionelles und modernes Bauen in Palästina. In: Das Werk, Heft 9, 1938.

Anfänge des Funktionalismus. Von den Arts and Crafts zum Deutschen Werkbund, Berlin, 1964.

From Schinkel to the Bauhaus, London, 1972.

Berlin. Auf dem Wege zu einer neuen Architektur. Das Zeitalter Wilhelms II., München, 1979.

Utopische Gemeinschaften: Fourier, Godin, Buckingham, Howard. In: Arch plus, Nr. 63/64 (Juli), Aachen, 1982.

Pott, J.: Old Bungalows in Bangalore, South India, London, 1977.

Potter, Ph., und J. Brech: Älter werden, wohnen bleiben. Europäische Beispiele im Wohnungs- und Städtebau, Darmstadt, 1991.

Pougnaud, P.: Théâtres. 4 siècles d'architecture et d'histoire, 1980.

Poulsen, V.: s. Boëthius 1962.

Povoledo, E.: s. Sabbatini.

Pozzetto, M., s.a. Wagner 1895: Max Fabiani architetto, Gorizia, 1966.

La FIAT-Lingotto, un'architettura Torinese di avanguardia, Turin, 1975.

Vita e opere dell'architetto udinese Ottorino Aloisio, Turin, 1977.

Pozzi, G.: s. Casella.

Pozzo, A.: Perspectiva pictorum et architectorum, 2 Bde., 1693-1702.

Prager, F., Scalia, G.: Brunelleschi: Studies of His Technology and Inventions, Cambridge (Mass.), 1970.

Prampolini, E.: L'architecture futuriste, Paris, 1926.

Scenotecnica, Mailand, 1940.

Lineamenti di scenografia italiana, Rom, 1950.

Prandi, A.: I trattati di Architettura da Vitruvio al secolo XVI, Rom, 1949.

Storia delle teorie architettoniche, Rom, 1952.

Praschniker, G.: Zur Geschichte des Akroters, Brünn/Prag, 1929.

Preisich, G.: s. Ernst May, 1983.

Prelovšek, D.: Josef Plečnik, Wiener Arbeiten von 1896-1914, Wien, 1979.

Preti, F. M.: (Hg. G. Riccati), Elementi di architettura di F. M. Preti, Venedig, 1780.

Preusler, B.: Walter Schwagenscheidt 1886-1968. Architektenideale im Wandel sozialer Figurationen, Stuttgart, 1985.

Prévost, Cl.: s. Decharnes.

Prevost, J.: Gustave Eiffel, Paris, 1929.

Price, U.: An Essay on the Picturesque as Compared with the Sublime and the Beautiful, and on the Use of Studying Pictures for the Purpose of Improving Real Landscape, 3 Bde., London, 1794.

Prinz, W.: Die Entstehung der Galerie in Frankreich und Italien, Berlin, 1970.

(mit R.G. Kecks), Das französische Schloß der Renaissance. Form und Bedeutung der Architektur, ihre geschichtlichen und gesellschaftlichen Grundlagen, Bd. 12 der Frankfurter Forschungen zur Kunst, 1984.

Prior, E.S.: English Medieval Art, Cambridge, 1922.

Priori, G.: L'architettura ritrovata: opere recenti di Paolo Portoghesi, Rom, 1985.

(Hg.), Carlo Aymonino architetture, Bologna, 1991.

Prix, W.D., und H. Swiczinsky: Coop Himmelblau. Vienna. Los Angeles. 6 Projects for 4 Cities. Catalog Recent Works, 1990.

Probst, H., und Ch. Schädlich: Walter Gropius, Bd. 1: Der Architekt und Theoretiker, Bd. 2: Der Architekt und Pädagoge, Bd. 3: Ausgewählte Schriften, 1986, 1987.

Process Architecture, Tokio: Modern Brasilian Architecture (Nr. 17), 1980.

Procházka, V.: s. Dostál.

Profumo Mueller, L.: Bartolomeo Bianco architetto e il barocco genovese. In: Bollettino del Centro di Studi per la Storia dell'architettura, Nr. 22, Rom, 1968.

Progressive Architecture: Prefabricated Housing System – Leggewood, ›Progressive Architecture‹, 1970.

Promis, C., s.a. Martini: Notizie epigrafiche degli artefici marmorari romani, Turin, 1836.

Trattato di architettura civile e militare, Turin, 1841.

Della necessità dell'erudizione per gli architetti, Turin, 1844.

Vocaboli latini d'architettura, posteriori a Vitruvio, oppure sconosciuti, Turin, 1875.

Promyslov, V.: Moscow. Past and Present, Moskau, 1980.

Prouvé, J.: Une architecture par l'industrie, Zürich, 1971.

Jean Prouvé constructeur, Kat. Ausst. Paris, 1981.

Jean Prouvé. Constructeur, Kat. Paris, 1990.

Prouvé, Köln, 1991.

Prudent, H., Guadet, P.: Les salles de spectacle construites par Victor Louis, Paris, 1903.

Prussin, L.: Hatumere: Islamic Design in West Africa, Berkeley/Los Angeles/London, 1986.

Prutscher, W.: Das Tabernakel, Wien, 1961.

Puchstein, O.: Das ionische Kapitell, Berlin, 1887.

Die Säule in der griechischen Architektur, Berlin, 1892.

Die ionische Säule, Leipzig, 1907.

v. Pückler-Muskau, H.: Andeutungen über Landschaftsgärtnerei, 1834 (Reprint 1977).

Pugatschenkowa, G. A.: Samarkand, Buchara, Berlin, 1979.

Musej pod otkrytym nebom, Taschkent, 1981.

Pugin, A.-Ch.: Specimens of Gothic Architecture, London, 1821-23.

Gothic Ornaments from Ancient Buildings in England and France, London, 1831.

Pugin, A.W.: Contrasts, or a Parallel between the Noble Edifices of the Middle Ages, and Corresponding Buildings of the Present Day, showing the Present Decay of Taste, London, 1836.

The True Principles of Pointed or Christian Architecture, London, 1841.

Pugsley, A. (Hg.): The Works of Isambard Kingdom Brunel, Cambridge, 1980.

Pühringer-Zwanowetz, L.: Matthias Steinl, Wien/München, 1966.

Puig I Cadafalch, J.:Architecture between the House and the City, Kat. Barcelona, 1989-1990, 1990.

Pujols, F.: Gaudí the Visionary, Lausanne, 1971.

Pulido, L., Diaz, T.: Biografia de Don Ventura Rodriguez, Madrid, 1898.

Pullan, B.: Le Scuole di Venezia, Mailand, 1981.

Pullen, A.: Architectural Designs of William Burges, London, 1883-87.

Pundt, H.G.: Schinkel's Berlin. A Study in Environmental Planning, Cambridge (Mass.), 1972.

Pungileoni, L.: Memorie intorno alle opere di Donato o Donnino Bramante, Rom, 1836.

Puppi, L.: Il teatro Olimpico, Venedig, 1963.

Andrea Palladio (l'opera completa), 2 Bde., Mailand, 1973 (1977).

(mit Puppi Olivato, L.), Mauro Codussi, Mailand, 1977.

Il Caffè Pedrocchi di Padova, Vicenza, 1980.

(und G. Romanelli), Baldessari Longhena, 1597-1682, 1982.

Michele Sanmicheli architetto. Opera completa, Rom, 1986.

Purdom, G. B.: The Building of Satellite Towns ..., London, 1925 (1949²).

The Letchworth Achievement, London, 1963.

Puttemanns, P.: L'Héritage de Victor Horta, Brüssel, 1968.

Architecture moderne en Belgique, Brüssel, 1974.

Q

Quantrill, M.: Alvar Aalto. A Critical Study, London, 1983.

Quaranta, E.: Incantesimo a Bomarzo, Florenz, 1960.

Quaroni, L.: La torre di Babele, Padua, 1967.

Quatremère de Quincy, A.-Ch. de: Dictionnaire d'architecture. Encyclopédie méthodique, 3 Bde., Paris, 1788 (1832).

    Essai sur la nature, le but et les moyens de l'imitation dans les beaux-arts, Paris, 1823.

    Discorso storico di architettura, Mantua, 1842.

Querrien, M. (Vorwort): Eugène Viollet-le-Duc, 1814-1879, Kat. Ausst. Paris, 1965.

Queysanne, B.: Jan Blazej Santini-Aichel. Un architecte baroque-gothique en Bohème (1667-1723), Paris, 1986.

Quietzsch, H.: Gottfried Sempers Ästhetische Anschauungen, Berlin, 1962.

Quilici, V., s. a. De Micheli 1971: Architettura sovietica contemporanea, Bologna, 1965.

    L'architettura del Costruttivismo, Rom/Bari, 1969 (1978).

    Città russa e città sovietica. Caratteri della struttura storica. Ideologia e pratica della trasformazione socialista, Mailand, 1976.

    Landmarks of Soviet Architecture 1917-1991, Berlin, 1992.

Quiney, A.: John Loughborough Pearson, New Haven/London, 1979.

Quintavalle, A.C.: Il teatro Farnese di Parma. In: Rivista di studi teatrali, 1953.

    Il duomo di Modena, Florenz, 1965.

    Parma la Steccata. In: Tesori d'arte cristiana, Nr. 73, Bologna, 1967.

    La cattedrale di Parma e il Romanico europeo, Parma, 1974.

R

Raab, R., Klingborg, A., Fant, A.: Sprechender Beton. Wie Rudolf Steiner den Stahlbeton verwendete, Dornach, 1972.

Rabreau, D.: s. Steinhauser 1973.

RACh: Reallexikon für Antike und Christentum, Stuttgart, 1950-62.

Rademacher, F.: Die Kanzel in ihrer arch. und kunsthl. Entwicklung in Deutschland. In: Zeitschrift für christl. Kunst, Jg. 1921, 1921.

Rados, J.: Magyar Kastélyok (ungar. Schlösser/Burgen), Budapest, 1939.

    Magyar Épitészettörtenet (ungar. Architekturgeschichte), Budapest, 1961.

Raeburn, M.: Architecture of the Western World, 1980 (dt. Baukunst des Abendlandes, 1982).

Raèv, S.: Gottfried Böhm. Bauten und Projekte 1950-1980, 1981.

    (Hg.), Gottfried Böhm. Vorträge, Bauten, Projekte. Lectures Buildings Projects, Stuttgart, 1988.

Raffo Pani, S., s. DBI: Calderini.

Rafols, J.F., Folguera, F.: Gaudí, el gran arquitecto español, Barcelona, 1928.

Ragette, F.: Architecture in Libanon. The Lebanese House During the 18th and 19th Centuries, Beirut, 1975.

Ragghianti, C.L.: L'architettura in funzione e F. Algarotti. In: Commenti di critica d'arte, Bari, 1946.

    Filippo Brunelleschi – un uomo, un universo, Florenz, 1977.

Ragon, M.: La Cité de l'an 2000, Tournai, 1968.

    Histoire mondiale de l'architecture et de l'urbanisme moderne, Tournai, 1972.

Rainer, R.: Die gegliederte und aufgelockerte Stadt, Tübingen, 1957.

    Lebensgerechte Außenräume, 1972.

    Für eine lebensgerechtere Stadt, Wien, 1974.

    Die Welt als Garten – China, 1978.

    Bauen und Architektur, 1980.

    Gartenstadt Puchenau II., Wien, 1984.

Roland Rainer. Arbeiten aus 65 Jahren, Salzburg/Wien, 1990.

Raja, R.: Günther Domenig. Werkbuch, Salzburg, 1991.

Randall, E.: History of the Development of Building Construction in Chicago, Urbana (Ill.), 1949.

Ranke, H.: s. Ehrmann.

Ranzani, E., und L. Ravera (Hg.): Giovanni Michelucci a Sant'Agostino. Disegni per il Teatro di Olbia, Genua, 1991.

Rasmussen, S.E.: Nordische Baukunst, Kopenhagen, 1940.

Rasp, H.-P.: Eine Stadt für tausend Jahre. München – Bauten und Projekte für die Hauptstadt der Bewegung, 1981.

Rastorfer, T.: Hassan Fathy, London, 1985.

Rattner, S.: Renwick's Design for Grace Church. Religious Doctrine and the Gothic Revival, New York, 1969.

Rau, H.: Kretische Paläste, Mykenische Burgen, Stuttgart, 1957.

Rau, J.: Emmanuel Héré, premier architecte von Stanislas Leszczynski …, Berlin, 1973.

Rauda, W.: Raumprobleme im europäischen Städtebau, München, 1956.

Raule, A.: Architetture bolognesi, Bologna, 1952.

Rava, C.E.: Nove anni di architettura vissuta. 1926 IV-1935 XIII, Rom, 1935.

Raval, M., Moreux, J.C.: C.-Nicolas Ledoux, 1736-1806, Paris, 1945.

Rave, P.O.: Der Emporenbau in romanischer und frühgotischer Zeit, Bonn, 1924.

    (mit Kühn, M., Hg.), Karl Friedrich Schinkel: Lebenswerk, 9 Bde., Berlin, 1929-62.

    Belvedere. In: RDK (Reallexikon zur deutschen Kunstgeschichte), 1948.

    Kunstdiktatur im Dritten Reich, Hamburg, 1949.

    F. K. Schinkel, München, 1953.

Rave, W.: Die Achse in der Baukunst, Th. Diss. Berlin, 1929.

Ray, N.R.: Maurya and Śunga Art, Kalkutta, 1945.

Ray, S.: L'architettura moderna nei paesi scandinavi, Bologna, 1965.

    Il contributo svedese all'architettura contemporanea e l'opera di Sven Markelius, Rom, 1969.

    Raffaello architetto. Linguaggio artistico e ideologia nel Rinascimento romano, Bari/Rom, 1974.

    Falconetto, fra Giocondo e il contributo veneto all'architettura dell'Umanesimo. In: L'architettura – cronache e storia, Nr. 248 (Juni), Rom, 1976.

    Ralph Erskine: architetture di bricolage e partecipazione, Bari, 1978.

Ray, Th.: Aycliffe Cumbernauld – A Study of Seven New Towns in their Region, London, 1969.

Raymond, A.: An Autobiography, Rutland Vt., 1973.

Ray Smith, C.: Supermannerism. New Attitudes in Post-Modern Architecture, New York, 1977.

RDK: Reallexikon zur deutschen Kunstgeschichte, Stuttgart, 1937ff.

RE (Pauly, A., Wissowa, G.): Real-Encyklopädie der klassischen Altertumswissenschaft, Stuttgart, 1894ff.

Read, H.: Art and Industry, London, 1934.

Réau, L.: Basiliques et sanctuaires d'Italie, Novara, 1950.

    (mit Lavedan, P., u.a.), L'œuvre de Haussmann, Paris, 1954.

    L'architecture française en Russie, De Leblond à Ricard de Montferand. In: Urbanisme et architecture, 1954.

Rebel, B.: Het nieuwe bouwen. Het functionalisme in nederland, 1918-1945, Amsterdam, 1983.

v. Reden, S.: Die Megalithkulturen, Köln, 1978.

Reder, B.C.: The Greek House, Cambridge, 1916.

Reder, Ch., Prix, W.D., Ungers, O.M.: Wilhelm Holzbauer. Bauten und Projekte 1985-1990, 1990.

Redslob, E.: Das Kirchenportal, Jena, 1909.

Ree, P. van der, Smienk, G., Steenbergen, C.: Italian Villas and Gardens, München, 1991.

Reelfs, H., und K. Frössli: Friedrich Gilly 1772-1800 …, Kat. Berlin, 1984.

Reese, T.F.: The Architecture of Ventura Rodriguez, New York, 1976.

Reggiori, F., s. a. Cardarelli: La basilica di Sant' Ambrogio a Milano, Florenz, 1945 (1966).

    Milano 1800-1943. Itinerario urbanistico-edilizio, Mailand, 1947.

Reichardt, H.J., und W. Schäche: Ludwig Hoffmann in Berlin. Die Wiederentdeckung eines Architekten, Kat. Berlin, 1986.

Reichel, P.: Der schöne Schein des Dritten Reiches. Faszination und Gewalt des Faschismus, München, 1991.

Reichow, H.B.: Organische Stadtbaukunst. Von der Großstadt zur Stadtlandschaft, Braunschweig/Berlin/Hamburg, 1948.

    Die autogerechte Stadt, Ravensburg, 1959.

    Stadtplanen und Bauen durch fünf Jahrzehnte, Kat. Sennestadt, 1969.

Reichwein, A.: China and Europe, London, 1925.

Reidel, H.: Emanuel Joseph von Herigoyen, München, 1982.

Reidy, A.E.: Bauten und Projekte, Stuttgart, 1960.

Reilly, C.H.: McKim, Mead & White, New York, 1924.

Reimers, J.: Handbuch für die Denkmalpflege, Hannover, 1911.

Reiner, Th.A.: The Place of the Ideal Community in Urban Planning, University of Pennsylvania, 1963.

Reinhardt, H., s. a. RDK: Atrium: L'interpretation du plan de Saint-Gall. In: Bulletin monumental, Paris, 1937.

    La cathédrale de Reims, Paris, 1963.

Reinhold, H.: Der Chor des Münsters zu Freiburg i. Br. und die Baukunst der Parlerfamilie, Straßburg, 1929.

Reinig, J.: Wohnprojekte in Hamburg 1980 bis 1990, Darmstadt, 1989.

Reinink, W.: Herman Hertzberger, Berlin, 1991.

Reinking, W.: Die sechs Theaterprojekte des Architekten Joseph Furttenbach, 1591-1667, 1984.

Reinle, A., s. a. Gantner: Zeichensprache der Architektur, Zürich/München, 1976.

Reis Filho, N.G.: s. Burle Marx.

Reissmann, K.: Romanische Portalarchitektur in Deutschland, Würzburg, 1937.

von Reitzenstein, A.: Deutsche Baukunst, 1967.

Rempel, L.L.: Architekturnji ornament Usbekistana, Taschkent, 1961.

Renaissance: Les utopies à la Renaissance, Kat. Ausst. Brüssel/Paris, 1963.

Renner, A.M.: Der Erzengel Michael in der Geistes- und Kunstgeschichte, Saarbrücken, 1927.

Rensing, T.: Johann Conrad Schlaun, München/Berlin, 1954.

Renz, A.: Geschichte und Stätten des Islam, München, 1977.

Reps, J.W.: The Making of Urban America. A History of City Planning in the United States, 1951 (1965).

    Town Planning in Frontier America, Princeton, 1969.

    Cities of the American West. A History of Frontier Urban Planning, Princeton, 1979.

Repton, H.: Sketches and Hints on Landscape Gardening, London, 1795.

Observations on the Theory and Practice of Landscape Gardening, London, 1803 (Reprint 1981).

An Inquiry into the Changes of Taste in Landscape Gardening, London, 1806.

Fragments on the Theory and Practice of Landscape Gardening, London, 1816.

Restany, P.: Dani Karavan, München, 1992.

Reudenbach, B.: G. B. Piranesi, Architektur als Bild, München, 1979.

Reuther, H.: Die Kirchenbauten Balthasar Neumanns, Berlin, 1960.

Balthasar Neumann. Der mainfränkische Barockbaumeister, 1983.

Reuther, O.: Das Wohnhaus in Baghdad und anderen Städten des Iraq, Beiträge zur Bauwissenschaft, Berlin, 1910.

Indische Paläste und Wohnhäuser, Berlin, 1925.

Reutti, F.: Die Römische Villa, 1983.

(Hg.), Rom und Römisches Reich. Die römische Villa, Darmstadt, 1990.

Revel, J. F., s. a. Bekaert: Charles Garnier, dernier fils de la Renaissance. In: L'œil, Nr. 99, Paris, 1963.

Revész-Alexander, M.: Der Turm als Symbol und Erlebnis, Berlin, 1953.

Rey, R.: L'art des cloîtres romans, Toulouse, 1955.

Reyeend, F.: s. Barozzi da Vignola.

Reygers, L., s. RDK: Ambo.

Reynolds, J.: Andrea Palladio and the Winged Device. A Panorama Painted in Prose and Pictures Setting forth the Far-flung Influence of Andrea Palladio, Architect of Vicenza, 1518-1580, on Architecture all over the World from his own Era to Present Day, New York, 1948.

Rheims, M., und G. Vigne: Hector Guimard 1867-1942, New York, 1988.

Riani, P.: Kenzo Tange, Florenz, 1969 (1972).

John Portman, Mailand, 1990.

Ribbe, W., und W. Schäche (Hg.): Baumeister, Architekten, Stadtplaner. Biographien zur baulichen Entwicklung Berlins, Berlin, 1987.

Riccabona, C., und H. Wachberger: Natürliche und freie Terrassenbauformen, 1974.

Riccati, G.: s. Preti.

Ricci, C., s. a. Vasari: Baukunst und dekorative Skulptur der Barockzeit in Italien, Stuttgart, 1912.

I Bibiena architetti teatrali (1625-1780), Mailand, 1915.

L'architettura del Cinquecento in Italia, Turin, 1923.

Il Tempio Malatestiano in Rimini, Mailand/Rom, o. J.

L'architettura romanica in Italia, Stuttgart, 1935.

Ricci, G.: La vita e le opere dell'architetto G. Mengoni, Bologna, 1930.

Ricci, L.: Anonimous 20th Century, New York, 1962.

Ricci, P.: Itinerario d'un razionalista a Napoli – L'opera di Luigi Cosenza. In: L'architettura – cronache e storia, Nr. 160 (Febr.), Rom, 1969.

Rice, D. T.: Byzantinische Kunst, München, 1964.

Richards, J. M.: The Functional Tradition in Early Industrial Buildings, London, 1958.

A Guide to Finnish Architecture, London, 1966.

(mit Pevsner, N., Hg.), The Anti-Rationalists, Wisbech, 1973.

800 Years of Finnish Architecture, Newton Abbot/London/Vancouver, 1978.

Richardson, A. E.: Robert Mylne, London, 1955.

Monumental Classic Architecture in Great Britain and Ireland, New York, 1982.

Richardson, H. H.: H. H. Richardson and his Office – Selected drawings, Harvard, 1974.

Richardson, M.: Architecture of the Arts and Crafts Movement, London, 1983.

Richmond, J. A.: s. Ashby.

Richter, H.: El Lissitzky, Köln, 1958.

Ricken, H.: Der Architekt. Ein historisches Berufsbild, Stuttgart, 1990.

Rickman, Th.: An Attempt to Discriminate the Styles of Architecture in England from the Conquest to the Reformation, 1817.

Ridinger, G.: Architectur des Mainzischen Schloßbaues St. Johannespurg zu Aschaffenburg, Maintz, 1616.

Ridolfi, M., Calcaprina, G.: Manuale dell'architetto, Rom, 1946.

Riege, O.: s. Adler.

Rieger, T.: La cathédrale de Strasbourg, Straßburg, 1958.

Riegl, A.: Stilfragen, Grundlegungen zu einer Geschichte der Ornamentik, Wien, 1893 (Neuauflage 1977).

Die spätrömische Kunstindustrie nach den Funden in Österreich-Ungarn, Wien, 1901.

Der moderne Denkmalkultus, sein Wesen und seine Entstehung, Wien, 1903.

Die Entstehung der Barockkunst in Rom, Wien, 1908-12.

Spätrömische Kunstindustrie, Wien, 1927.

Zur Entstehung der Altchristlichen Basilika. In: Gesammelte Aufsätze, München, 1929.

Der moderne Denkmalkultus, sein Wesen und seine Entstehung. In: Riegl, A.: Gesammelte Aufsätze, Augsburg/Wien, 1929.

Riehl, H.: Gotische Baukunst in Österreich, Wien, 1924.

Barocke Baukunst in Österreich, München, 1930.

Riemann, G.: Karl Friedrich Schinkel. Reisen nach Italien. Tagebücher, Briefe, Zeichnungen, Aquarelle, Berlin, 1979.

Riemann, H.: Iktinos und der Tempel von Bassai.

Riesenfeld, E. P.: Friedrich Wilhelm von Erdmannsdorff, Berlin, 1903.

Rietdorf, A.: Friedrich Gilly, Berlin, 1940.

Rietveld, G.: Nieuwe Zakelijkheid in de Nederlandsche Architektuur, 1932.

Gerrit Th. Rietveld, Architect, Kat. Ausst. Amsterdam, 1971-72.

Rigillo, A.: La città e la cultura urbanistica nel '700, Neapel, 1964.

Rigoni, E.: L'architetto Andrea Moroni, Padua, 1939.

Ringis, R.: Thai Temples and Temple Murals, 1990.

Risselada, M. (Hg.): Raumplan Versus Plan Libre. Adolf Loos und Le Corbusier. 1919-1930, 1988.

Ritchie, T.: Canada Builds, Ottawa, 1968.

Riva, F.: s. Pacioli.

Rivoira, G. T.: Le origini dell'architettura lombarda e delle sue principali derivazioni nei paesi d'oltralpe, Rom, 1907.

Architettura romana. Costruzione e statica nell'età imperiale, Mailand, 1921.

Riza, E.: Arkitektura popullore në qytetet tona gjatë shek. XVIII-XIX (Folk Urban Architecture in the 18th-19th centuries), Kultura popullore, Nr. 2, Tiranë, 1980.

Robertson, D.: Precolumbian Architecture, London, 1963.

Robertson, D. S.: A Handbook of Greek and Roman Architecture, Cambridge, 1943 (1945).

Robertson, E. G.: Ornamental Cast Iron in Victoria, Melbourne, 1967.

Robertson, P.: Charles Rennie Mackintosh: The Architectural Papers, 1990.

Robinson, C., Haag Bletter, R.: Skyscraper Style. Art Deco New York, New York, 1975.

Robinson, J. M.: The Wyatts: An Architectural Dynasty, London, 1979.

Roca, M. A.: The Architecture of Miguel Angel Roca, London, 1981.

La obra de Miguel Angel Roca. In: Nuestra Arquitectura, 52. Jg., Nr. 520, Buenos Aires, 1984.

Roccatelli, C., s. a. Arias: (mit Verdoni E.), Brickwork in Italy, Chicago, 1929.

la Roche, E.: Indische Baukunst, 6 Bde., München, 1921.

Roche-Dinkeloo: Kevin Roche, John Dinkeloo and Associates, 1962-1975 (Hg. Y. Futagawa), 1975.

Rochowanski, L. W.: Joseph Hoffmann, Wien, 1950.

v. Roda, B.: Schloß Aschaffenburg und Pompeijanum, München, 1982.

Rodenwaldt, G.: Das Relief bei den Griechen, Berlin, 1923.

(mit Hege, W.), Griechische Tempel, Berlin, 1941.

Rodiek, Th.: Das Monumento Nazionale Vittorio Emanuele II. in Rom, Frankfurt a. M./Bern/New York, 1984.

James Stirling. Die Neue Staatsgalerie, Stuttgart, 1984.

Rodijk, H.: De woonhuizen van Gerrit Rietveld, Zwolle, 1991.

Rodolico, N., Marchini, G.: I palazzi del popolo nei comuni toscani del Medio Evo, Mailand, 1963.

Rodwin, Ll.: The British new Town Policy, Cambridge (Mass.), 1956.

Roeck, B.: Elias Holl, 1573-1646. Architekt einer europäischen Stadt, Regensburg, 1985.

Rogers, E. N., s. EUA: Gropius; Joedicke 1957. Auguste Perret, Mailand, 1955.

Esperienza dell'Architettura, Turin, 1958.

Le Corbusier tra noi, Mailand, 1966.

Editoriali di architettura, Turin, 1968.

Rogers, R.: Richard Rogers and Architects, London, 1985.

Architecture, a Modern View, London, 1990.

Rogge, H.: s. Buddensieg.

Roggero, M. F.: Il contributo di Mendelsohn all'evoluzione dell'architettura moderna, Mailand, 1952.

Rohlfs, G.: Primitive costruzioni a cupola in Europa, Florenz, 1963.

Roisecco, G., Jodice, R., Badaloni, P. G., Vanelli, W.: L'architettura del ferro, Bd. I: L'Inghilterra 1688-1914; Bd. II: La Francia 1715-1914, Rom, 1972-73.

Roland, C.: Frei Otto. Structures, New York, 1970.

Rolt, L. T. C.: Isambard Kingdom Brunel, London, 1957.

Thomas Telford, London, 1958.

Rom: Architettura italiana degli anni '70, Kat. Ausst. Rom, 1981.

Romanelli, P.: Das Forum Romanum, Rom, 1951 (1955).

Romanini, A. M.: L'architettura viscontea nel XV secolo. In: Storia di Milano, VI, Mailand, 1955.

L'architettura milanese nella seconda metà del '400. In: Storia di Milano, VI, Mailand, 1956.

L'architettura gotica in Lombardia, 2 Bde., Mailand, 1964.

Arnolfo di Cambio e lo ›stil novo‹ del Gotico italiano, Mailand, 1969.

Ronner, H. (Hg.): Louis I. Kahn. Complete Works 1935-74, Basel, 1977 (1987²).

Roper, L. W.: Frederick Law Olmsted, Baltimore/London, 1983.

Roriczer [Roritzer], M.: Das Büchlein von der Fialen Gerechtigkeit, Regensburg, 1486. Faks. der Originalausg. von 1486, Wiesbaden, 1965.

Geometria deutsch, Regensburg, 1486-90.

Rosati, G., s. EUA: Antelami.

Roscher, V. (Hg.): Wohnen. Beiträge zur Planung, Politik und Ökonomie eines alltäglichen Lebensbereiches, o. O., 1983.

Rosci, M., s. a. Bairati, E.: Benedetto Alfieri
    e l'architettura del '700 in Piemonte. In:
    Palladio, Rom/Mailand, 1953.
  Il Trattato di architettura di Sebastiano Serlio,
    Mailand, 1966.
Rose, H., s. a. Wölfflin 1888: Spätbarock, Mün-
    chen, 1922.
Rosemann, H.: Die Hallenkirche auf germani-
    schem Boden, München, 1924.
Rosenau, H., s. a. Boullée 1799: Architecture and
    the French Revolution: J. J. Lequeu. In:
    Architecture Review, 106, 1949.
  The Ideal City in its Architectural Evolution,
    London, 1959.
  Boullée and Visionary Architecture, London,
    1976.
  Vision of the Temple. The image of the temple
    of Jerusalem in Judaism and Christianity,
    London, 1979.
  The Ideal City: its Architectural Evolution in
    Europe, London, 1983.
Rosenberg, J. D., s. a. ter Kuilc: The Darkening
    Glass, London, 1961.
Rosenblum, R.: Transformations in Late
    Eighteenth Century Art, Princeton, 1967.
Rosenfeld, M. N.: Sebastiano Serlio. On Domestic
    Architecture, Cambridge/New York, 1978.
Rosenthal, E. E.: The Palace of Charles v. in
    Granada, Princeton, 1985.
Roser, M.: Paul Bonatz. Wohnhäuser, Stuttgart,
    1991.
Rosintal, J.: Pendentifs, Trompen und Stalaktiten,
    Leipzig, 1912.
  L'origine des stalactites de l'architecture orien-
    tale, Paris, 1938.
Ross, M. F.: The Japan Architects, 1977.
  Beyond Metabolism. The New Japanese Archi-
    tecture, New York, 1978.
Ross, T.: s. MacGibbon 1887-92, 1896.
Rossi, A., s. a. Canella 1956; Boullée: L'architet-
    tura religiosa barocca a Genova, Genua, 1959.
  L'architettura della città, Padua, 1966 (1978).
  Scritti scelti sull'architettura e la città 1956-1972,
    Mailand, 1975 (1978).
  Aldo Rossi. Progetti e disegni 1962-1979, Flo-
    renz, 1980.
  Il Libro azzurro. I miei Progetti, Zürich, 1981.
  Disegni di Architettura 1967-1985, Mailand,
    1986.
  Wissenschaftliche Selbstbiographie, Bern, 1988.
  Aldo Rossi. Bauten und Projekte 1981-1991,
    München/Zürich, 1991.
Rossi: Aldo Rossi. Opere recenti, Kat. Ausst.
    Modena, Perugia, 1983.
de Rossi, G. B.: La Roma sotterranea, 3 Bde.,
    Rom, 1864-67.
Rossi, G. M., s. DAU: Facciata.
Rossi, O.: s. Pinelli.
Rossi, P. A.: Le cupole del Brunelleschi. Capire per
    conservare, Bologna, 1982.
Rossi, Prodi, Fabriziano, and A. Stocchetti:
    L'Architettura dell'Ospedale, Florenz, 1990.
Rössing, R.: Architekturfotografie, Leipzig,
    1987.
Rosso, F.: Catalogo critico dell'Archivio Alessan-
    dro Antonelli, Bd. I, Turin, 1975.
  Alessandro Antonelli e la Mole di Torino, Turin,
    1976.
  Alessandro Antonelli, Florenz, 1989.
Roth, A.: La Nouvelle Architecture. Présentée en
    20 exemples – Die Neue Architektur. Darge-
    stellt an 20 Beispielen – The New Architec-
    ture. Presented in 20 examples, Erlenbach/
    Zürich, 1940.
Roth, C. (Hg.): Jewish Art, London, 1961.
Roth, E.: Der Glaspalast in München, Glanz und
    Ende 1859-1931, München, 1971.
Roth, L. M.: The Architecture of McKim, Mead
    and White, New York, 1978.
  McKim, Mead & White, Architects, 1984.

Roth, N.: Im Reich der gefiederten Schlange.
    Kunst und Städtebau im präkolumbianischen
    Mexiko und Guatemala. In: DU, 27. Jg., 10,
    1967.
Rotili, M., s. a. Vanvitelli 1975: F. Raguzzini e il
    rococò romano, Rom, 1951.
  Filippo Raguzzini nel terzo centenario della na-
    scità, Neapel, 1982.
Rotondi, P.: Il palazzo ducale di Urbino. La sua
    architettura e la sua decorazione (Text ital.
    und engl.), Urbino, 1950-51 (Neuaufl. 1969).
Roux, G.: L'architecture de l'Argolide aux IV. et
    III. siècle avant J.-C.
Rovere, L., Viale, V., Brinckmann, A. E.: Filippo
    Juvarra, Mailand, 1937.
Rowe, C., s. a. Drexler 1972: (Vorwort) Five Archi-
    tects, New York, 1975.
Rowland, B.: The Art and Architecture of India –
    Hindu, Buddhist, Jain, Pelican History of Art,
    Harmondsworth, 1953 (1967).
  Zentralasien, Baden-Baden, 1970.
Rowland, K.: History of the Modern Movement.
    Art, Architecture, Design, New York, 1974.
Royer, R.: L'utopie et les utopies, Paris, 1950.
Rubens, G.: William Lethaby. His Life and Work
    1857-1931, London, 1978.
Rubin: s. Koffka.
Rubino, L.: Aino e Alvar Aalto, tutti disegni, 1980.
  Arne Jacobson. Opere completa, 1909-1971,
    1980.
  Ray e Charles Eames. Il Colletivo della Fanta-
    sia, 1981.
  Frank O. Gehry, Rom, 1984.
Ruddock, T.: Arch Bridges and Their Builders,
    1735-1835, Cambridge, 1979.
Rüdiger, H.: Winckelmann und Italien, Köln,
    1956.
Rudofsky, B.: Architecture without Architects,
    Kat. Ausst. New York, 1964 (dt. Architektur
    ohne Architekten, 1989).
  Streets for people, a primer for Americans, New
    York, 1969.
  The Prodigious Builders, New York/London,
    1977.
Rudolph: Paul Rudolph. Enigma of Architecture.
    House and Housing. Public Facilities. Urban
    Planning, 1977.
  Paul Rudolph, Architectural Drawings, 1983.
Rufenberg, A.: Ancient Hebrew Art, New York,
    1950.
Rukschcio, B., und R. Schacherl: Adolf Loos.
    Leben und Werk, Salzburg, 1982.
Rümann, G.: Fachwerkbauten der DDR, 1964.
Rümmele, S.: Mart Stam, 1991.
Rumpler, M.: La coupole dans l'architecture
    byzantine et musulmane, Straßburg, 1956.
Runge, L.: Beiträge zur Kenntnis der Backstein-
    architektur Italiens, Leipzig, 1884.
Rupp, F.: Inkrustationsstil der romanischen Bau-
    kunst zu Florenz, Straßburg, 1912.
Ruppert, W.: Die Fabrik. Geschichte von Arbeit
    und Industrialisierung in Deutschland,
    München, 1983.
Rupprecht, B.: Villa, zur Geschichte eines Ideals.
    In: Probleme der Kunstwissenschaft, Mün-
    chen, 1966.
Rupprecht, B. und W.-Ch. von der Mülbe: Die
    Brüder Asam. Sinn und Sinnlichkeit im
    bayerischen Barock, Regensburg, 1980
    (1985²).
Rusconi, G. A.: Dell'architettura secondo i pre-
    cetti del Vitruvio, libri x, Venedig, 1590 (1660;
    Faksimile Farnborough, Hants, 1968).
Ruskin, J.: The Seven Lamps of Architecture,
    London, 1848 (1907).
  Unto This Last, New York, 1869.
  Munera Pulveris, New York, 1891.
Russ, S.: Neuschwanstein, der Traum des Königs,
    München, 1983.
Russack, H. H.: Deutsche bauen in Athen, Berlin,
    1942.

Russell, F.: Art Nouveau Architecture, London,
    1979.
di Russo, B.: s. Baratucci.
de Ruyt, F.: La cour intérieure dans l'évolution de
    la maison romaine, Brüssel, 1948.
Ryan, W., und D. Guinness: The White House.
    An Architectural History, New York, 1980.
Rykwert, J.: On Adam's house in paradise, New
    York, 1972.
  The First Modern, London, 1980.
  Ornament ist kein Verbrechen. Architektur als
    Kunst, Köln, 1983.
  (mit Rykwert, A.), Robert und James Adam.
    Die Künstler und der Stil, Stuttgart, 1987.
  (Vorwort), Spanish Contemporary Architecture.
    The Eighties, 1990.
Řžiha, F.: Studien über Steinmetzzeichen (Nach-
    druck), Wiesbaden, 1989.

S

Saal, W. E. W.: Bernhard Hoetger. Ein Architekt
    des norddeutschen Expressionismus, Phil.
    Diss., Bonn, 1989.
Saalman, H., s. a. Manetti: F. Brunelleschi Capital
    Studies. In: Art Bulletin, New York, 1958.
  Santa Maria del Fiore, 1294-1418. In: Art
    Bulletin, New York, 1964.
  Medieval Cities, London, 1968.
  Hausmann: Paris Transformed, New York,
    1971.
Saarinen, A. B.: Eero Saarinen on his Work, New
    York/London, 1962.
Saarinen, El.: Search for Form, New York, 1949.
Sabbatini, N.: Pratica di fabbricar scene e mac-
    chine ne' teatri, Pesaro, 1637 (neue Aufl. mit
    Einführung von E. Povoledo, Rom, 1955).
Sachs, L.: Architektur heute. Porträt Frei Otto,
    1984.
Sachse, H.-J.: Barocke Dachwerke. Decken und
    Gewölbe. Zur Baugeschichte und Baukon-
    struktion in Süddeutschland, Berlin, 1975.
Sachsse, R.: Photographie als Medium der Archi-
    tekturinterpretation. Studien zur Geschichte
    der deutschen Architekturfotografie im
    20. Jahrhundert, München, 1984.
Sack, M., und G. Peichl: Gustav Peichl – Gebaute
    Ideen, Salzburg, 1988.
  Richard Neutra, Zürich, 1992.
Sacripanti, M.: Il disegno puro e il disegno
    nell' architettura, Rom, 1953 a.
  La villa Borghese in Roma, Rom, 1953 b.
  Città di frontiera, Rom, 1973.
de Sacy, J. S.: A.-T. Brongniart, Paris, 1940.
Saddy, P.: Henry Labrouste architecte 1801-1875,
    Kat. Ausst. Paris, 1967.
Sadler, A. L. A.: A short History of Japanese
    Architecture, Sidney/London, 1941.
Sadovskij, S.: s. Baburov.
SAE: Storia dell'arte italiana (Einaudi), 10 Bde.,
    Turin, 1980 ff.
Safdie, M.: Beyond Habitat, Montreal, 1970
    (1973).
  For Everyone a Garden, Cambridge (Mass.),
    1974.
  Form and Purpose, Boston, 1982.
Säflund, G.: Le mura di Roma repubblicana. In:
    Acta Instituti Romani Regni Sueciae, I, Rom,
    1932.
Saglio, E.: s. Daremberg.
Saint, A.: Richard Norman Shaw, London, 1976.
Saintenoy, P.: Joseph Poelert, architect du Palais
    de Justice de Bruxelles, In: Academie royale
    de Belgique, Bulletin de la Classe des Beaux-
    Arts, 25, 1943.
Saint-Saveur, H.: Châteaux de France, Paris, 1926-
    30.
Saitz, H. H.: Tunnel der Welt, Berlin, 1988.

Salat, S.: Fumihiko Maki, une Poetique de la Fragmentation, Paris, 1989.

Salcedo, J.: Colombia. In: Sanderson, W.: International Handbook of contemporary Developments in Architecture, S. 235-244, Westport/London, 1981.

Salerno, L.: Via del Corso, Rom, 1961.

Salmi, M., s. a. EUA: Arnolfo di Cambio: L'architettura romanica in Toscana, Mailand/Rom, 1927.

L'arte italiana, 3 Bde., Florenz, 1941-57.

Piero della Francesca ed il palazzo ducale di Urbino, Florenz, 1945.

La basilica di S. Salvatore a Spoleto, Florenz, 1951.

La genesi del duomo di Pisa. In: Bollettino d'Arte del Ministero della pubblica istruzione (Okt.), Rom, 1958.

Saluzzo, C.: s. Martini.

Salvadori, M., Heller, R.: Le strutture voltate in architettura, Mailand, 1964 (1967).

Salvi, S., Foggi, F., u. a.: Antoni Gaudí, Florenz, 1979.

Salvini, R.: La critica d'arte moderna, Florenz, 1949.

Salzman, L. F.: Building in England, Oxford, 1952.

Samonà, G.: La casa popolare, Neapel, 1935 (Neuaufl. La casa popolare negli anni '30, Hg. M. Manieri Elia, Padua, 1973).

Franco Albini e la cultura architettonica in Italia. In: Zodiac, Nr. 3, Mailand, 1958.

L'urbanistica e l'avvenire della città negli stati europei, Bari, 1959 a (1967).

Sull'architettura di Frank Lloyd Wright. In: Wright 1959, 1959 b.

Sanderson, W. (Hg.): International Handbook of Contemporary Developments in Architecture, Westport (Conn.), 1981.

Sanmartin, A. (Hg.): Venturi, Rauch & Scott Brown. Bauten und Projekte 1959-1985, Stuttgart, 1986.

Sanpaolesi, P., s. a. EUA: Brunelleschi: Aspetti dell'architettura del 400 a Siena e Francesco di Giorgio. In: Studi Artistici Urbanati, I, 1949.

Brunelleschi, Mailand, 1962.

Il duomo di Pisa e l'architettura romanica toscana delle origini, Pisa, 1975.

La chiesa di Santa Sofia a Costantinopoli, Rom, 1978.

Sanscoigne, B.: Illustrierte Weltgeschichte des Theaters, München, 1968.

Sansoni, R.: Pali e fondazioni su pali, Mailand, 1963.

Santangelo, M.: Museen und Baudenkmäler etruskischer Kunst, 1961.

Santarcangeli, P.: Il libro dei labirinti, Florenz, 1967.

Sant'Elia: Futurism and the Architecture of Sant'Elia, Kat. Mailand, 1990.

Santelli, S.: Medinas. Traditional Architecture of Tunesia, London, 1991.

Santinello, E.: Leon Battista Alberti, Florenz, 1926.

Santini, P. C.: Marcello d'Olivo. In: Ottagono (Juni), Mailand 1974.

Santoro, G.: Il caso Thonet, Rom, 1966.

Sapori, F.: Jacopo Tatti, detto il Sansovino, Rom, 1928.

Sarnitz, A. (Hg.): Drei Wiener Architekten: Wilhelm Holzbauer, Gustav Peichl, Roland Rainer, Wien, 1984.

Lois Welzenbacher, Salzburg/Wien, 1989.

Sarre, F.: Der Fürstenhof zu Wismar und die Norddeutsche Terrakotta-Architektur im Zeitalter der Renaissance, Berlin, 1890.

Sarthou Carreres: Castillos de España, Madrid, 1943.

Sartogo, P.: s. Capolei.

Sartoris, A.: Gli Elementi dell'Architettura Razionale, Mailand, 1932 (Neuaufl. Gli Elementi dell'Architettura Funzionale – Sintesi panoramica dell'Architettura Moderna, Mailand, 1935; 1941).

Introduzione all'architettura moderna. Mailand, 1944.

Encyclopédie de l'architecture nouvelle, Mailand, 1948 (Bd. I, Ordre et climat méditerranés, 1948; Bd. II, Ordre et climat nordiques, 1957; Bd. III, Ordre et climat américains, 1954; Neuaufl. 1954 ff.).

Léonard architecte, Paris, 1952.

Sartory, B. von, und G. Kohlmaier: Bürohaus und Ökologie am Beispiel des Neubaus der Mathematik an der Techn. Univ. Berlin, Berlin, 1984.

Sasaki, H.: J. Tschernykhov and his architectural fantasies. In: Process: Architecture Nr. 26, Tokio, 1981.

Satkowski, L.: Studies on Vasari's Architecture, New York, 1978.

Sauerländer, W.: Das Jahrhundert der großen Kathedralen. 1140-1260 (Gotik I), 1990.

Sauermost, H. J., und W.-Chr. von der Mülbe: Istanbuler Moscheen, München, 1981.

Sauser, E.: Symbolik des katholischen Kirchengebäudes, Stuttgart, 1960.

Savi, V., s. Bossaglia 1977: L'architettura di Aldo Rossi, Mailand, 1976.

(mit Zangheri, L.), Il ›Deutscher Werkbund‹ 1914. Cultura, design e società (Einleitg. G. K. Koenig), Florenz, 1977.

Luigi Figini and Gino Pollini, architects, 1980. Figini e Pollini. Architteture 1927-1989, 1990.

Saviotti, C.: La statica grafica, Mailand, 1888.

Saxl, F., und R. Wittkower: British Art and the Mediterranean, London, 1948.

Scalia, G.: s. Prager.

Scamozzi, V.: Discorsi sopra le antichità di Roma, Venedig, 1582.

Sommario del viaggio fatto da me Vincentio Scamozzi ... ms, 1599-1600 (überarb. Neuaufl., Hg. F. Barbieri, Taccuino di viaggio da Parigi a Venezia, Venedig/Rom, 1959).

Dell'idea dell'Architettura universale, Venedig, 1615 (Neuaufl. Ridgewood, 1964).

Scarone, M. M.: s. Gazzaneo.

Scarpa: Carlo Scarpa – Architektur (Einltg. V. M. Lampugnani), Stuttgart, 1986.

Scerrato, U.: Arte dell'Iran sasanide, Rom, 1962.

Schaal, R.: Vorhangwände – Curtain Wall, München, 1961.

Schaarschmidt-Richter, J., und O. Mori: Der japanische Garten, ein Kunstwerk, 1979.

Schäche, W. (Hg.): Ludwig Hoffmann, Lebenserinnerungen eines Architekten, Berlin, 1984.

Schack, C.: Die Glaskunst, München, 1978.

Schadendorf, W.: Benedikt Rieth und seine Bedeutung. In: Zeitschrift für Ostforschung, II. 1962.

Schaefer, V.: Leo von Klenze. Möbel und Innenräume, München, 1980.

Schafer, B. H.: The Writings and Sketches of Matthew Nowicki, Charlottesville, 1973.

Schaffer, D.: Garden Cities of America: The Radburn Experience, Philadelphia, 1982.

Schäfke, W.: Englische Kathedralen ... von 1066 bis heute, Köln, 1983.

Aluminium: das Metall der Moderne – Gestalt, Gebrauch, Geschichte, Kat. Köln, 1991.

Scharabi, M.: Der Basar, Tübingen, 1985.

Schattke, W.: Das Reetdach, 1981.

Schede, M.: Antikes Traufleistenornament, Straßburg, 1909.

Scheerbart, P.: Glass Architecture; und Taut, B.: Alpine Architecture (Hg. D. Sharp), London, 1972.

Schein, I.: Paris construit, Paris, 1970.

Schenk, C.: Das Schloß St. Johannesburg zu Aschaffenburg. In: Zeitschrift für bayerische Landesgeschichte, II, 1938.

Schenk, K.: Petrini-Greising, Bauanalytische Untersuchungen zum Würzburger Barock, Phil. Diss. Würzburg, 1921.

Scherer, R.: Fourier, l'attraction passionée, Paris, 1967.

Schiavo, A.: Il progetto di Luigi Vanvitelli per Caserta e la sua reggia, Rom, 1953.

Schickhardt: Der Württembergische Baumeister Heinrich Schickhardt, 1558-1635, Kat. Ausst. Herrenberg/Freudenstadt, 1982.

Schild, E.: Zwischen Glaspalast und Palais des Illusions – Form und Konstruktion im 19. Jh., Frankfurt a. M./Berlin, 1967.

Schild Bunim, M.: Space in Medieval Painting and the Forerunners of Perspective, New York, 1940.

Schildt, G.: Alvar Aalto. The Early Years, New York, 1984.

Alvar Aalto, The Decisive Years, New York, 1986.

Schindler: Rudolf Michael Schindler, Kat. Ausst. Los Angeles, 1967.

Schink, A.: Mies van der Rohe. Beiträge zur ästhetischen Entwicklung der Wohnarchitektur, Stuttgart, 1990.

Schinkel: Karl Friedrich Schinkel, Kat. Ausst. Berlin (Ost), 1981-82.

Karl Friedrich Schinkel. Sammlung architektonischer Entwürfe, 1982.

Schirmer, W. (Hg.): F. Weinbrenner, Ausgeführte Bauten und Projekte, Karlsruhe, 1978.

Egon Eiermann, 1904-1970. Bauten und Projekte, o. O., 1984.

(Hg.), Friedrich Weinbrenner. Das Gesamtwerk in 10 Bänden, Bd. 1: Elbert, C.: Die Theater, Bauten und Entwürfe, 1988; Bd. 2: F. W. Ausgeführte und projektierte Gebäude (Nachdruck von 1822), 1978; Bd. 3: Valdenaire, A.: F. W. – sein Leben und seine Bauten (Nachdruck von 1926²), 1985.

Schirren, M. (Hg.): Hans Poelzig. Die Pläne und Zeichnungen aus dem ehemaligen Verkehrsund Baumuseum in Berlin, Berlin, 1989.

Schivelbusch, W.: Die Geschichte der Eisenbahnreise, München/Wien, 1977.

Licht, Schein und Wahn, Berlin, 1992.

Schlag, G.: Die deutschen Kaiserpfalzen. 1940 (Frankfurt a. M., 1969²).

Schlaun: Johann Conrad Schlaun, Kat. Ausst. Münster, 1973.

Schleife, H.-W., u. a.: Lexikon – Metros der Welt, Berlin/Stuttgart, 1985.

Schlemmer, O., Moholy-Nagy, L., Molnar, F.: Die Bühne im Bauhaus, München. In: Bauhausbücher, Nr. 4, 1925.

Schlikker, F. W.: Hellenistische Vorstellungen von der Schönheit des Bauwerks nach Vitruv, Berlin, 1940.

Schlosser, J. von: Die abendländische Klosteranlage des früheren Mittelalters, Wien, 1889.

Die Kunst- und Wunderkammer der Spätrenaissance: ein Beitrag zur Geschichte der Sammelwesen, Leipzig, 1908.

Die Kunstliteratur, Wien, 1920.

Die Kunst des Mittelalters, Wien, 1923.

Die Kunstliteratur, Wien, 1924.

Vom modernen Denkmalkultus, Warburg, 1927.

Ein Künstlerproblem der Renaissance: L. B. Alberti, Wien, 1929.

Schmädecke, J.: Der Deutsche Reichstag, Berlin, 1970.

Schmalenbach, W.: Kurt Schwitters, München, 1984.

Schmaltz, K.: Mater ecclesiarum, die Grabeskirche in Jerusalem, Straßburg, 1918.

Schmarl, A.: Das Wesen der architektonischen Schöpfung, Leipzig, 1894.

Barock und Rokoko, Leipzig, 1897.

Grundbegriffe der Kunstwissenschaft, Leipzig, 1905.

Schmechel, M.: Nicolas de Pigage's Schwetzinger Entwürfe und Bauten, Darmstadt, 1928.

Schmid, E. D.: Schloß Schleißheim, München, 1980.

Schmidt, A.: Westwerke und Doppelchöre. Höfische und liturgische Einflüsse auf die Kirchenbauten des frühen Mittelalters. In: Westfälische Zeitschrift, Nr. 106, 1950.

Schmidt, B.: Die Burgen des Deutschritterordens in Preußen, 1938-40.

Schmidt, D.: Bauhaus Weimar 1919-1925, Dessau 1925-32, Berlin 1932-33, Dresden, 1966.

Schmidt, D. N. (Hg.): Das Theater von Alvar Aalto in Essen, Essen, 1988.

Schmidt, E.: s. Baare.

Schmidt, E. F.: Persepolis, Chicago, 1957.

Schmidt, J.: Jean-Nicolas Jadot. In: Wiener Forschungen zur Kunstgeschichte, Wien, 1929.

Schmidt, J. N.: Wolken-Kratzer. Ästhetik & Konstruktion, 1990.

Schmidt, R.: Schloß Ludwigsburg, München, 1954.

Schmidt, R.: Lehre der Perspektive und ihre Anwendung, 1979 (1983²).

Schmidt, Th.: Werner March. Architekt des Olympia-Stadions, 1894-1976, Basel, 1992.

Schmidt, U.: Treppen der Götter, Zeichen der Macht. Das Buch der Türme, 1971.

Schmidt-Assmann, E.: Grundfragen des Städtebaurechts, Göttingen, 1972.

Schmidt-Thomsen, J. P.: Floreale und Futuristische Architektur. Das Werk von Antonio Sant'Elia, Berlin, 1967.

Frauen in der Architektur – Neue Berufswege seit der Jahrhundertwende. In: Architektinnenhistorie. Zur Geschichte der Architektinnen und Designerinnen im 20. Jahrh. Eine erste Zusammenstellung (Hg. UIFA Sektion Bundesrepublik e. V.), Berlin, 1987.

Schmitges, H.: Caspar Clemens Pickel 1847-1939 (Beiträge zum Kirchenbau des 19. Jahrhunderts), München, 1971.

Schmitthenner, P.: Das deutsche Wohnhaus, Stuttgart.

Schmitz, H.: Neue Bauten von H. Muthesius. In: Zentralblatt der Bauverwaltung, 47, Berlin, 1927.

Schmutzler, J.: Art Nouveau – Jugendstil, Stuttgart, 1962.

Schnaidt, C.: Hannes Meyer. Bauten, Projekte und Schriften (Einleitg. T. Maldonado), Teufen, 1965.

Schneck, A. G.: Adolf G. Schneck. 1883-1971. Leben, Lehre, Möbel, Architektur, Kat. Stuttgart, 1983.

Schneider, A. von (Hg.): Friedrich Weinbrenner, Denkwürdigkeiten, Karlsruhe, 1958.

Schneider, D. D.: The Works and Doctrine of Jaques Ignace Hittorf 1792-1867, New York, 1977.

Schneider, E.: Paul Decker der Ältere (1677-1713), Beiträge zu seinem Werk, Düren, 1937.

Schneider, K. (Hg.): Planung – Schriftenreihe für Landesplanung und Städtebau: London – Planungen für die Umgestaltung der britischen Hauptstadt, Hamburg, 1947.

Schneider-Esleben, P.: Paul Schneider-Esleben. Entwürfe und Bauten 1949-1987, Schriften des Deutschen Architekturmuseums zur Architekturgeschichte und Architekturtheorie, 1987.

Schneider-Wessling, E.: »Urbanes Wohnen« – Utopie? In: Flagge, I. (Hg.): Die Utopie der nahen Zukunft. Architektur im Jahre 2003, Hamburg, 1983.

Schnell, H.: Der Kirchenbau des 20. Jahrhunderts in Deutschland. Dokumentation. Darstellung. Deutung, München, 1972.

Die Wies. Baumeister Domenikus Zimmermann, München, 1979.

(mit U. Schedler), Lexikon der Wessobrunner Künstler und Handwerker, München/Zürich, 1988.

Schnell J.: François de Cuvilliés. Schule bayerischer Architektur. Ein Beitrag zum Stichwerk und zur Architekturtheorie beider Cuvilliés, München, 1961.

Scholfield, P. H.: The theory of proportion in architecture, Cambridge (Mass.), 1959.

Schöller, W.: Die rechtliche Organisation des Kirchenbaues im Mittelalter vornehmlich des Kathedralbaues. Baulast – Bauherrenschaft – Baufinanzierung, 1989.

Schönberger, A.: Die neue Reichskanzlei von Albert Speer. Zum Zusammenhang von national-sozialistischer Ideologie und Architektur, 1981.

Schöne, G.: Die Entwicklung der Perspektivebühne …, Diss. Leipzig, 1933.

Schosser, G. (Hg.): Palmengarten in Frankfurt a. M., Frankfurt, 1969.

Schrader, S.: Architektur der barocken Hoftheater in Deutschland, Beiträge zur Kunstwissenschaft, Bd. 21, 1988.

Schreiber, E.: Die französische Renaissance-Architektur und die Poggio Reale-Variationen des Sebastiano Serlio, 1938.

Schreiber, M.: Deutsche Architektur nach 1945. Vierzig Jahre Moderne in der Bundesrepublik, Stuttgart, 1986.

Schreyl, K. H.: Joseph Maria Olbrich: Die Zeichnungen in der Kunstbibliothek Berlin, Berlin, 1972.

Schubert, H.: Moderner Theaterbau, Stuttgart, 1971.

Schuchard, J.: Carl Schäfer 1844-1908, München, 1979.

Schuller-Piroli, S.: 2000 Jahre St. Peter, Olten, 1950.

Schultz, E., Simmons, W.: Offices in the Sky, Indianapolis, 1959.

Schultze, P. N.: Das Schloß, München, 1910.

Schultze, R.: Basilika, Untersuchungen zur antiken und frühmittelalterlichen Baukunst, Berlin/Leipzig, 1928.

Schultze-Naumburg, P.: Kunst und Rasse, München, 1928.

Das Gesicht des deutschen Hauses, München, 1929.

Kampf um die Kunst, München, 1932.

Kulturarbeiten 1908-27, München.

Schulz, O.: Der Chorbau von St. Lorenz zu Nürnberg und seine Baumeister. In: Zeitschrift des deutschen Vereins für Kunstwissenschaften, 10, 1943.

Schulze, F.: Mies van der Rohe, Leben und Werk, Berlin, 1986.

Schulze-Battmann, E.: Valadier, ein Klassizistischer Architekt in Rom, Dresden, 1939.

Schumacher, A.: Otto Haesler, 1880-1962 und der Wohnungsbau der Weimarer Republik, Marburg, 1982.

Schumacher, F.: Hocheders städtische Bauten in München. In: Kunst und Handwerk, 47. Jg., 1897-98.

Schriften, 1981.

Das Bauliche Gestalten, 1991.

Schumacher, Th. L.: Il Danteum di Terragni, 1938 (1980).

Giuseppe Terragni and the Architecture of Italian Rationalism, Berlin, 1990.

Giuseppe Terragni. Surface and Symbol, Berlin, 1991.

Schumann, P.: Der Dresdner Baumeister Friedrich August Krubsacius, Leipzig, 1885.

Schumann-Bacia, E.-M.: Die Bank von England und ihr Architekt John Soane, Zürich, 1989.

Schupp, F.: Bergbauarchitektur, 1919-1974, 1981.

Schürenberg, L.: Die kirchliche Baukunst in Frankreich zwischen 1270 und 1380, Berlin, 1934.

Schürer, O.: Romanische Doppelkapellen, Marburg, 1929.

Elias Holl …, Berlin, 1938.

Schüssler, K.: Die ägyptischen Pyramiden. Baugeschichte und Bedeutung, Köln, 1983.

Schütte, U.: »Ordnung« und »Verzierung«. Untersuchungen zur deutschsprachigen Architekturtheorie des 18. Jhs., Wiesbaden, 1986.

Schütz, B.: Balthasar Neumann, 1988³.

(mit Müller, W.), Deutsche Romanik. Die Kirchenbauten der Kaiser, Bischöfe und Klöster, 1988.

Schuyler, M.: American Architecture, 2 Bde. New York, 1961 (1964).

Schuyt, M.: Phantastische Architektur, 1980.

Schwagenscheidt, W.: Die Raumstadt, Heidelberg, 1949.

Schwaller de Lubisz, R. A.: Le Temple de l'homme. Aspect du Sud à Louqsor, 3 Bde., 1978.

Schwanzer, K.: Architektur aus Leidenschaft. 25 Jahre Arbeit Karl Schwanzer, Wien, 1973.

Schwarz, H.: Das Bandelwerk, Diss. Berlin, 1937.

Schwarz, H.-P. (Hg.): Die Architektur der Synagoge, 1988.

(Hg.), Ivan Ilich Leonidov. La Città del Sole, Stuttgart, 1990.

Schwarz, L.: Die deutschen Bauhütten des Mittelalters und die Erklärung der Steinmetzzeichen, Berlin, 1926.

Schwarzl, J.: Franz Camillo Sitte und Siegfried Sitte, 1949.

Schwarzweber, A.: Das Heilige Grab in der Deutschen Bildnerei des Mittelalters, Diss. Freiburg, 1940.

Schweinfurth, P. H.: Russische Ikonen, Leupen/Bern, 1953.

Schweitzer, B.: Vom Sinn der Perspektive, Tübingen, 1953.

Schweizer, O. E.: Die architektonische Großform, Karlsruhe, 1957.

Forschung und Lehre 1930-1960, Stuttgart, 1962.

Schwemmer, W.: Adam Kraft, Würzburg, 1958.

Schwippert: Hans Schwippert, Kat. Ausst. Köln, 1969.

Sciarra-Borzi, A.: Ernesto Basile, il Liberty degli architetti siciliani, 1982.

Scobie, A.: Hitler's State Architecture. The Impact of Classical Antiquity, Pennsylvania, 1990.

Scolari, M.: Gustav Peichl, Berlin, 1987.

Scott, G.: The Architecture of Humanism; a Study in the History of Taste, London, 1914.

Scott, G. G.: Personal and Professional Recollections by the late Sir G. G. Scott, London, 1879.

Scott, J.: Piranesi, London, 1974.

Scott Brown, D.: s. Venturi, R. 1972.

Scott-Moncrieff, W.: J. F. Bentley, London, 1924.

Scranton, R. L.: Greek Walls, Cambridge, 1941.

Scruton, R.: The Aesthetics of Architecture, Princeton/London, 1979.

Scullard, H. H.: The Etruscan Cities and Rome, London, 1957.

Scully, V. jr., s. a. Hitchcock 1970; Portoghesi 1980: The Shingle Style and the Stick Style. Architectural Theory and Design from Richardson to the Origins of Wright, New Haven/London, 1955 (Neuaufl. 1971).

Frank Lloyd Wright, New York, 1960.

Modern Architecture. The Architecture of Democracy, New York, 1961.

Louis Kahn, New York/London, 1962.

American Architecture and Urbanism, New York/London, 1969.

The Earth and the Temple and the Gods. Greek Sacred Architecture, 1979.

Michael Graves, Buildings and Projects 1966-1981, London, 1985.

(mit Moneo, R.), Aldo Rossi. Buildings and Projects, Cambridge (Mass.), 1985.

Scurati Manzoni, P.: Il Razionalismo, Mailand, 1966.

Scusev-Architekturmuseum Moskau (Hg.): Avantgarde 1900-1923. Russisch-sowjetische Architektur, Kat. Tübingen, 1991.

Sear, F.: Roman Architecture, Ithaca/N.J., 1982 (1989²).

Sédille, P.: Théodore Ballu, Paris, 1886.

Sedlmayr, H., s. a. (mit Bauer, H.) EUA: Rococò: Die Architektur Borrominis, Berlin, 1930a (1939; Hildesheim/New York, 1973).
  Österreichische Barockarchitektur 1690-1740, Wien, 1930b.
  Architektur als abbildende Kunst, Wien, 1940.
  Verlust der Mitte. Die bildende Kunst des 19. und 20. Jahrhunderts als Symptom und Symbol der Zeit, Salzburg, 1948.
  Die Entstehung der Kathedrale, Zürich, 1950 (Neuaufl. 1976).
  Johann Bernhard Fischer von Erlach, Wien/München, 1956 (1976²).
  Epochen und Werke, Wien, 1960.

Seibt, F. (Hg.): Renaissance in Böhmen, München, 1985.

Seifert, A.: Italienische Gärten, München, 1950.

Seike, K.: The Art of Japanese Joinery (Holzverbindungen), 1979.

Sekler, E. F.: Wren and his Place in European Architecture, London, 1956.
  The Stoclet House by Josef Hoffmann. In: Essays in the History of Architecture, presented to R. Wittkower, London, 1967.
  Josef Hoffmann. Das architektonische Werk. Monographie und Werkverzeichnis, Wien, 1982 (1986²).

Selvatico, P.: Sull'architettura e la scultura in Venezia dal Medioevo ai nostri giorni, Venedig, 1847.
  Storia estetico-critica delle arti del disegno, Venedig, 1852.

Selz, P.; Constantine, M. (Hg.): Art Nouveau. Art and Design at the turn of the Century, New York, 1959.

Sembach, K.-J.: Henry van de Velde, Stuttgart, 1989.

Semenzato, C.: L'architettura di Baldassare Longhena, Padua, 1954 (Neuaufl. Baldassare Longhena, Vicenza, 1962).
  Carlo Lodoli. In: Arte Veneta, XI, 1957.
  Pietro e Tullio Lombardo architetti. In: Bollettino del Centro di Studi Andrea Palladio, VI, Vicenza, 1964.
  La Rotonda di Andrea Palladio. In: Corpus Palladianum, Vicenza, 1968.

Semper, G.: Der Stil in den technischen und tektonischen Künsten oder praktische Ästhetik, Mittenwald, 1860-63 (Nachdruck 1977).
  Semper: Gottfried Semper und die Mitte des 19. Jahrhunderts. Kat. Ausst. Basel, 1976.
  Gottfried Semper, 1803-1879. Ein dt. Baumeister zwischen Revolution und Klassizismus (Hg. Staatl. Kunstslg.), Dresden, 1980.

Semper, H.: Gottfried Semper, Berlin, 1880.
  (und M., Hg.), Gottfried Semper – kleine Schriften, Berlin/Stuttgart, 1884 (Reprint 1979).

Senkevitch, A. jr.: Soviet Architecture, 1917-1962, Charlottesville, 1974.

Serafini, A.: Girolamo da Carpi, pittore e architetto ferrarese, Rom, 1915.

Sereni, E.: Storia del paesaggio agrario italiano, Bari, 1961.

Serenyi, P.: Le Corbusier in Perspective, Prentice-Hall, 1975.

Serge, R., und R. L. Rangel: Architettura nell' America Latina contemporanea, 1982.

Scrida, W.: ›Basis‹. In: RDK (Reallexikon zur deutschen Kunstgeschichte), 1937.

Serjeant, R. B., und Lewcock, R.: San'a. An Arabian Islamic City, London, 1980.

Serlio S.: Regole generali di architettura sopra le cinque maniere degli edifici, cioè Toscano, Dorico, Jonico, Corinthio e Composito con gli esempi dell'antichità, che per la maggior parte concordano con la dottrina di Vitruvio (Band IV), Venedig, 1537.
  I 7 libri della Architettura, I. vollständige Ausgabe Venedig, 1588.

Serra, L.: L'arte nelle Marche, 2 Bde., Rom, 1929-34.

Sert, J. L.: s. Sweeney, J. J.

Service, A.: Edwardian Architecture and its Origines, London, 1977.

Servier, J.: Histoire de l'utopie, Paris, 1967.

Sestini, A.: Il paesaggio, Mailand, 1963.

Seven Chicago Architects: Kat. Ausst. Chicago 1981.

Severati, C.: Angelo Mazzoni Del Grande. In: L'architettura – cronache e storia, Nr. 209, 211, 216, 331-34, Rom, 1937, 1975.

Severin, I.: Baumeister und Architekten, Berlin, 1992.

Severin, S. jr.: Erscheinungsbild von Industriebauten. Diss. TU Stuttgart, 1980.

Sfaellos, Ch. A.: Le fonctionalisme dans l'architecture contemporaine, Paris, 1952.

Shadowa, L. A.: Kasimir Malevich und sein Kreis, 1982.

Sharp, D., s. a. Taut, B. 1920a: Modern Architecture and Expressionism, London, 1966.
  (Hg.), Glass Architecture by Paul Scheerbart and Alpine Architecture by Bruno Taut, Washington/New York, 1972.
  (Hg.), The Italian Rationalists. In: The Rationalists – Theory and Design in the Modern Movement, London, 1978.
  (Hg.), Architects and Architecture, London, 1991.

Sharp, W. W.: Australia's Early Dwellings and Churches, 1983.

Shaw, R. N.: Architectural Sketches from the Continent, Views and Details from France, Italy and Germany, London, 1858.
  Sketches of Cottages and Other Buildings, London, 1878.

Shear, J. M.: Kallikrates. In: Hesperia, Nr. 32, 1963.

Shearer, C.: The Renaissance of Architecture in Southern Italy, Cambridge, 1935.

Shearman, J.: Mannerism, Harmondsworth, 1967.
  Raphael as Architect. In: Journal of the Royal Society of Arts (April), London, 1968.

Shick, W. L.: Axonometric Projection: New Concepts and Drawing Instruments, Univ. of Illinois, 1959.

Shkapich, K. (Hg.): Mask of Medusa. John Heyduk, Werkverzeichnis 1947-83, 1984.

Shin Yonghun: Hanguk kŏnchuk-sa taege (Großer Leitfaden der koreanischen Architekturgeschichte), 10 Bde., Seoul, 1977ff.

Shute, J.: The First and Chief Groundes of Architecture, London, 1563 (1587⁴; Faksimile, London, 1912).

Shvidovsky, O. A.: Building in the USSR. 1917-1932, London, 1971.

Sica, P.: L'immagine della città da Sparta a Las Vegas, Bari, 1970.
  Storia dell'urbanistica, 5 Bde., Rom/Bari, 1971-78.

Sickman, L., Soper, A. C.: The Art and Architecture of China, Pelican History of Art, Harmondsworth, 1956 (1968).

Sidney, T.: A History of Fortification from 3000 b. C. to a. D. 1700, Melbourne, 1955.

Siebel, W.: Wandlungen im Wohnverhalten. In: Brech, J. (Hg.): Neue Wohnformen in Europa, Darmstadt, 1989.

Siedlungsgenossenschaft Freidorf (Hg.): 25 Jahre Siedlungsgenossenschaft Freidorf, Festschrift, Basel, 1943.

Siegel, A.: Chicago's Famous Buildings, Chicago, 1965.

Siegel, C.: Strukturformen der modernen Architektur, München, 1960.

Siegmeth, L.: Das Verhältnis von Malerei und Architektur, Wien, 1952.

Signorelli, B.: s. Nelva 1978, 1979.

Silipo, A., s. DAU: Fantastica, architettura.

Silvani, G.: La vita di Bernardo Buontalenti scritta da Gherardo Silvani (Hg. V. Giovannozzi). In: Rivista d'Arte, Florenz, 1932.

Simmen, J., und U. Drepper: Der Fahrstuhl. Die Geschichte der vertikalen Eroberung, München, 1984.
  (Vorwort), Architektonische Visitenkarten. Treppenhäuser & Foyers in Deutschland 1990.

Simmons, W.: s. Schultz.

Simo, M. L.: Loudon and the Landscape: From Country Seat to Metropolitan 1783-1843, London, 1988.

Simon, E. H. L.: L'industrialisation de la construction, Paris, 1962.

Simoncini, G.: Architettura contadina in Puglia, Genua, 1960.
  Città e società nel Rinascimento, 2 Bde., Turin, 1974.

Simpson, D.: C. F. A. Voysey (1857-1941). An Architect of Individuality, London, 1979.

Simson, J. von: Die Hamburger Wasch- und Badeanstalt auf dem Schweinemarkt. In: Grisebach, L., und K. Renger (Hg.): Festschrift für Otto von Simson zum 65. Geburtstag, Berlin, 1977.

Simson, O. von: The Gothic Cathedral, New York, 1962.

Singelenberg, P.: H. P. Berlage. Idea and Style. The Quest for Modern Architecture. Utrecht, 1972.

Sinisi, S.: Filarete nascosto, Salerno, 1971.

Sinjab, K.: Das arabische Wohnhaus des 17. bis 19. Jahrhunderts in Syrien, Aachen, 1965.

Sinos, St.: Die vorklassischen Hausformen in der Ägäis, Mainz, 1971.

Sirén, O.: The Walls and Gates of Peking, London, 1924.
  Gardens of China, New York, 1949.

Siroux, M.: Caravansérails d'Iran et petites constructions routières, 1949.

Siry, J.: Carson, Pirie, Scott, Louis Sullivan and the Chicago Department Store, Chicago/London, 1988.

SITE: Projects and Theories 1969-1978, Bari, 1979.
  Architecture as Art, London, 1980.
  New York, 1989 (dt., Stuttgart, 1989).

Sitte, C.: Der Städtebau nach seinen Künstlerischen Grundsätzen, Wien 1889 (1922⁵).

Sitwell, S.: Die großen Schlösser Europas, Berlin, 1961.

Siza, A.: Alvaro Siza. Professione Poetica, Mailand, 1986.
  Alvaro Siza: Architectures 1980-1990, Paris, 1990.

Šlapeta, V.: Praha 1900-1978. Führer zur modernen Architektur, 1978.
  Kamil Roškot 1886-1945, Wien, 1981.
  Arnost Wiesner 1890-1971, Olomouc, 1981.
  Die Brünner Funktionalisten. Moderne Architektur in Brünn (BRNO), 1985.

Slive, S.: s. Kuile.

Slusser, M.: Nepal Mandala: A Cultural Study of the Kathmandu Valley, Princeton, 1982.

Smailes, A. E.: The Geography of Towns, London, 1962.

Smith, C. S.: The Building of Castle Howard, London, 1990.

Smith, E. B.: The Dome. A Study in the History of Ideas, Princeton, 1950.

Smith, E. W.: Moghul Architecture of Fatehpur Sikri, Allahabad, 1894-98.

Smith, G.: The Casino of Pius IV, Princeton, 1977.

Smith, N. K.: Frank Lloyd Wright. A Study in Architectural Content, Englewood Cliffs, 1966.

Smith, P., und A. Braham: François Mansart, London, 1972.

Smith, R. C.: Nicolae Nasoni, arquitecto de Porto, Lissabon, 1966.

The Art of Portugal, 1500-1800, London, 1968.

Smith, Th. G.: Classical Architecture. Rule and Invention, Layton, 1988.

Smith, W. S.: Art and Architecture of Ancient Egypt. Pelican History of Art, Harmondsworth, 1965.

Smithson, A. und P.: Urban Structuring, London, 1967.

The Euston Arch, London, 1968.

Without Rhetoric: An Architectural Aesthetic, 1955-1972, London, 1973.

Team 10 Meetings 1953-1981, 1991.

Smithson: Alison and Peter Smithson, The Shift, 1981.

Smyth, P.: s. Aldrich.

Snellgrove, D. L., und T. Skorupski: The Cultural Heritage of Ladakh, Warminster, 1979-80.

Snodin, M.: Karl Friedrich Schinkel. An Universal Man, Kat. London, 1991.

Snodgrass, A.: The Symbolism of the Stupa, Ithaca, 1985.

Snozzi, L.: Progetti e architetture 1957-1984, Mailand, 1984.

La Ricerca recente di Luigi Snozzi 1984-1990. In: Rivista tecnica, Bellinzona, H. 3, 1990.

Soane, J.: Designs in Architecture, consisting of Plans, Elevations and Sections for Temples, Baths, Casines, Pavilions, Garden-Seats, Obelisks, and other Buildings, London, 1778 (1790).

Memoirs of the Professional Life of an Architect, London, 1835.

Soeder, H.: Urformen der abendländ. Baukunst in Italien und den Alpenraum, Köln, 1964.

Soehner, H.: Geschichte des Westeinturmes im Abendland, München, 1950.

Sohrman, H.: Die altindische Säule, ein Beitrag zur Säulenkunde, Dresden, 1906.

Solaguren-Beascoa de Corral, F.: Arne Jacobsen. Works and Projects, 1989.

Soleri, P.: Arcology: the City in the Image of Man, Cambridge (Mass.), 1969.

Paolo Soleri. Architectural Drawings, Kat. Ausst. New York, 1981.

Solevo, S.: Il Duomo di Torino, Pinerolo, 1956.

S. O. M. (Skidmore, Owings & Merrill): Architektur und Städtebau 1974-1983, Stuttgart, 1984.

Sommer, D.: Industriebau Europa – Japan – USA. Praxisreport, Basel, 1991.

Soper, A. C., s. a. Paine; Sikmann: The Evolution of Buddhist Architecture in Japan, Princeton, 1942.

Soria, M.: s. Kubler 1959.

Soriano, M.: Le dossier Charles Perrault, Paris, 1972.

Soria y Mata, A.: La Ciudad Lineal, Madrid, 1931 (Neuaufl. Hg. und Einleitg. R. G. Collins, C. Flores, Madrid, 1968).

Scottsass Associati: Milano, New York, 1988 (dt., Stuttgart, 1988).

Sottsass, E.: Ettore Sottsass. Zeichnungen aus 4 Jahrzehnten, Kat. Ausst. Frankfurt, 1990. Design Metaphors, Mailand, 1988.

Sowjetunion. The Avant-Garde: Zwischen Vision und Wirklichkeit. Neue Tendenzen in der Architektur der Sowjetunion, Kat. Ausst. Berlin, 1990.

Russian Architecture in the Twenties, London, 1991.

Spade, R.: Eero Saarinen, London, 1971 a. Oscar Niemeyer, London, 1971 b. Paul Rudolph, London, 1971 c. Richard Neutra, London, 1971 d.

Spadolini, P. (Hg.): Design e tecnologia. Un approcio progettuale all'edilizia industrializzata, Bologna, 1974.

Spaeth, D.: Mies van der Rohe. Der Architekt der technischen Perfektion, Stuttgart, 1986.

Spagnesi, G.: Giovanni Antonio De Rossi, Rom, 1965.

Raffaelo, L'architettura ›picta‹ percesione e realità, Kat. Ausst. Rom/Urbino/Florenz/Mailand, 1984.

Spalt, J.: Josef Frank – Möbel & Geräte & Theoretisches, Wien, 1981.

(mit Czech, H.), Josef Frank 1885-1967, Wien, 1981.

Sparke, P.: Ettore Sottsass jr., London, 1982.

Spatrisano, G.: Architettura del Cinquecento in Palermo, Palermo, 1961.

Speckle, D.: Architectura von Festungen, Straßburg, 1589.

Speer, A.: Erinnerungen, Berlin, 1969.

Architektur. Arbeiten 1933-1942, Frankfurt, 1978.

Speich, K., und H. R. Schläpfer: Kirchen und Klöster in der Schweiz, München, 1978.

Speidel, M. (Hg.): Japanische Architektur. Geschichte und Gegenwart (Neuaufl.), Stuttgart, 1983 (1985).

(Hg.): Team Zoo. Bauten und Projekte 1971-1990, Stuttgart, 1991.

Speiser, W.: Baukunst des Ostens, Essen, 1964.

Spencer, H.: s. Pevsner 1946.

Spencer, J. R.: s. Filarete.

Sperlich, H. G.: s. Conrads 1959.

Sperlich, M.: Karl Friedrich Schinkel. Späte Utopien. Late Utopias. Die Pliniusvillen, Königspalast auf der Akropolis, Schloß Orianda, 2 Bde., 1990.

Speyer, A. J., und F. Koeper: Mies van der Rohe, Chicago, 1968.

Spieker, H.: Totalitäre Architektur, Stuttgart, 1980.

Spielmann, H.: Andrea Palladio und die Antike, München, 1966.

Sponsel, J. L.: Der Zwinger, die Hoffeste und die Schloßbaupläne zu Dresden, 2 Bde., Dresden, 1924.

Flötner Studien, In: Preußisches Jahrbuch 45, 1925.

Spragne, P. E.: The Drawings of Louis Henry Sullivan, Princeton, 1979.

Sprague, A.: s. Miljutin.

Sprenger, A., und G. Bartoloni: Die Etrusker. Kunst und Geschichte. München, 1990.

Springorum-Kleiner, I.: Karl von Fischer, 1782-1820, München, 1982.

Stadelmann, R.: Die Ägyptischen Pyramiden ..., Mainz, 1985.

Die ägyptischen Pyramiden. Vom Ziegelbau zum Weltwunder. Kulturgeschichte der antiken Welt, Bd. 30, Mainz, 1991.

Stadler, P.: Joseph Effner (1687-1745): Hofbaumeister Max Emanuels, Kat. Ausst. Dachau, 1987.

Stalley, M.: Patrick Geddes: Spokesman for Man and the Environment, New Brunswick, 1972.

Stamm, G.: Studien zur Architektur und Architekturtheorie H. van de Velde, Göttingen, 1969.

The Architecture of J. J. P. Oud, 1906-63, Tallahassee, 1978 (Neuaufl. 1984).

Jacobus Johannes Pieter Oud. Bauten und Projekte 1906-1963, Mainz/Berlin, 1984.

Stamp, G.: The Great Perspectivists, London, 1982.

Stamp, G., und Harte, Glyum Boyd: Temples of Power, London, 1979.

Stamp, G., und C. Amery: Victorian Building of London, 1837-1887, 1980.

Stange, A.: Die deutsche Baukunst der Renaissance, München, 1926.

Stansky, P.: Redesigning the World: William Morris, the 1880s and the Arts and Crafts, Princeton, 1985.

Stanton, Ph. B.: A. W. N. Pugin, London, 1967 (1971).

The Gothic Revival and American Church Architecture: An Episode in Taste, 1840-1856, New York, 1968.

Stareho, D.: Ceskolovenska Architectura, Prag, 1965.

Starobinski, J.: L'invention de la liberté. La scoperta della libertà 1700-1789, Genua, 1964.

Starr, S. F.: Melnikov. Solo Architect in a Mass Society, Princeton, 1978.

Il padiglione di Melnikov a Parigi, 1925, Rom, 1979.

Stäubli, W.: Brasilia, Stuttgart, 1965.

Staufenbiel, G.: Mauerwerksverbände, 1953.

Stavenow, Ä.: Carl Harleman; en studie: frihetstidens architektur historia, Uppsala, 1927.

Stawiskij, B. J.: Kunst der Kuschan in Mittelasien, Leipzig, 1979.

Die Völker Mittelasiens im Lichte ihrer Kunstdenkmäler, Bonn, 1982.

Stearns, E., und D. N. Yerkes: William Thornton, A Renaissance Man in the Federal City, Washington, 1976.

Steele, J.: Hassan Fathy, London, 1988.

Steffen, H.: Der Deutsche Expressionismus. Formen und Gestalten, Göttingen, 1965.

Stegmann, H., Geymüller, H. von, Wildmann, A.: Die Architektur der Renaissance in der Toscana, 7 Bde., 1885-1908.

Stein, C. S.: Toward new towns for America ..., New York, 1957.

Stein, H.: Les Architects des Cathédrales gothiques, Paris, o. J. (1911).

Stein, S. R.: The Architecture of Richard Morris Hunt (1828-1895), Chicago, 1986.

Steinbart, K.: Peter Candid in Italien. In: Preußisches Jahrbuch, Nr. 58, Berlin, 1937.

Steinberg, L.: Borromini's San Carlo alle Quattro Fontane, New York, 1977.

Steinberg, R., und A. Föhl: Bahnhöfe, Berlin, 1984.

Steinbrücken in Deutschland (Hg. Bundesverkehrsministerium), Düsseldorf, 1988.

Steiner, R.: Der Baugedanke des Goetheanum, Einleitender Vortrag und Erklärung zu den Bildern des Baus, Dornach, 1932.

Wege zu einem neuen Baustil. »Und der Bau wird Mensch.« Rudolf Steiner Gesamtausgabe. Vorträge über Kunst, 1982.

Steingräber, E.: Der Bungalow – Wohn- und Empfangsgebäude für den Bundeskanzler in Bonn, Pfullingen, 1967.

Steingräber, St.: Etrurien. Städte, Heiligtümer, Nekropolen, München, 1981.

Steinhauser, M., s. a. Brix: Die Architektur der Pariser Oper, München, 1969.

(mit Rabreau, D.); Le Théâtre de l'Odéon de Charles De Wailly et Marie-Joseph Peyre. In: Revue d'Art, Nr. 16, Paris, 1973.

Steinmann, M.: CIAM. Internationaler Kongreß für Neues Bauen. Dokumente zur 1. Periode, 1928-1939, Basel/Stuttgart, 1979.

Steinmann, M., und Th. Bogo: Tendenzen. Neue Arch. im Tessin. Kat. Ausst. Zürich, 1975.

Steinweg, K.: Andrea Orcagna, Straßburg, 1929.

Stella, M.: Elementi di tecnologia dei legnami, Mailand, 1964.

Stephan, H.: Wilhelm Kreis, Oldenburg, 1944.

Stern, D.: Adam Kraft ..., Straßburg, 1916.

Stern, J.: A L'ombre de Sophie Arnould, F.-J. Bélanger, Paris, 1930.

Stern, P.: Les monuments khmers du style du Bayon et Jayavarman VII, 1965.

Stern, R. A. M.: New Directions in American Architecture, New York/London, 1969 (1977).

George Howe. Toward a Modern American Architecture, New Haven/London, 1975.

White and Grey, In: Architecture and Urbanism. Tokio, 1975.

Raymond Hood, 1981.

Moderner Klassizismus. Entwicklung und Verbreitung der klassischen Tradition von der Renaissance bis zur Gegenwart, Stuttgart, 1990.

Stiehl, O.: Romanische und gotische Baukunst, Berlin, 1892, 1901.

Das deutsche Rathaus im Mittelalter, Leipzig, 1905.

Handbuch der Architektur. Der Wohnbau des Mittelalters, 1908.

Backsteinbauten in Norddeutschland und Dänemark, Stuttgart, 1923.

Stierlin, H.: Architektur des Islam, 1979.

Präkolumbianische Hochkultur, 3 Bde., 1983.

Stile Liberty: Discorso sullo Stile Liberty. In: Sale Arte 3, Florenz, 1952.

Stillman, D.: The Decorative Work of Robert Adam, London, 1966.

Stillman, J.: s. Eastwick.

Sting, H.: Der Kubismus und seine Einwirkung auf die Wegbereiter der modernen Architektur, Aachen, 1965.

Stirling, J.: James Stirling. Bauten und Projekte 1950-1983, (Einf. C. Rowe), Stuttgart, 1984.

Stoloff, B.: L'affaire Claude-Nicolas Ledoux, Autopsie, d'une mythe, Brüssel, 1977.

Stolper, H.: Bauen in Holz, Stuttgart, 1937.

Stommel, E.: Bischofsstuhl und Hoher Thron. In: Jahrbuch für Antike und Christentum, 1958.

Stommer, R.: Die inszenierte Volksgemeinschaft. Die »Thing-Bewegung« im Dritten Reich, Marburg, 1985.

Hochhaus. Der Beginn in Deutschland, 1990.

Stonorov, O.: s. Le Corbusier 1937-66.

Stopfel, W. E.: Triumphbogen in der Architektur des Barock, Phil. Diss. Freiburg, 1964.

Stoppini, M.: Le rocche di Sassocorvaro, Cagli, Sassofeltrio e Mondovio, Mailand, 1960.

Storai de Rocchi, T.: Guida bibliografica allo studio sulle dimore rurali in Italia, Florenz, 1950.

Storrer, W. A.: The Architecture of Frank Lloyd Wright. A Complete Catalogue, Cambridge (Mass.), London, 1974 (1978², 1982).

Strachan, P.: Pagan. Art & Architecture of Old Burma, 1989.

Strand, J.: A Greene & Greene Guide, Los Angeles, 1974.

Stratton, A., s.a. Anderson: Sinan, New York/London, 1972.

Straub, H.: Die Geschichte der Bauingenieurkunst, Basel, 1949 (1991⁴).

Strauven, F.: s. Bakaert.

Strauss, E.: Bauornament. In: RDK (Reallexikon zur deutschen Kunstgeschichte), 1948.

Strawinsky, J.: Musikalische Poetik, Mainz, 1949.

Strazzullo, F. (Hg.): Le lettere di Luigi Vanvitelli, Galatina, 1976-77.

Street, G. E.: The Brick and Marble Architecture in Italy, London, 1855.

Some Account of Gothic Architecture in Spain, London, 1865 (New York 1914).

Streichhan, A.: Knobelsdorff und das Friederizianische Rokoko, Berlin, 1932.

Streng, F.: Das Rosettenmotiv in der Kunst und Kulturgeschichte, München, 1918.

Strey, M.: Die Zeichnungen von Heinrich Tessenow. Der Bestand in der Kunstbibliothek Berlin, Berlin, 1981.

Stringher, B., Finelli, L., s. DAU: Popolare architettura e urbanistica.

Strobl, A.: Die Naturkanzel des 18. Jahrhunderts (Alte und Neue Kunst), 1954.

Strommenger, E.: Fünf Jahrtausende Mesopotamien, München, 1964.

Strong, R.: s. Harris 1973.

Stroud, D.: Capability Brown, London, 1957.

The Architecture of Sir John Soane, London, 1961.

H. Repton, London, 1962.

Henry Holland, London, 1966.

George Dance, 1741-1825, London, 1971.

Sir John Soane, Architect, London, 1984.

Strzygowski, J.: Die Baukunst der Armenier und Europa, Leipzig, 1918.

Die Baukunst der Armenier und Europa: Ergebnisse einer vom kunsthistorischen Institut der Universität Wien durchgeführten Forschungsreise, Bd. 1 u. 2, Wien, 1918.

Ursprung der christlichen Kirchenkunst, Leipzig, 1920.

Stuart, J.: Antiquities of Athens, Measured and Delineated by J. Stuart …, 4 Bde., London 1762, 1789, 1795, 1814.

Stübben, J. H.: Der Städtebau. In: Handbuch der Architektur (Hg. J. Durm); Bd. IX, Berlin, 1890 (Leipzig, 1924).

Der Städtebau, Darmstadt, 1890 (1924³).

Stümp, T. W.: Studien und Vorarbeiten zu Domenico Fontana, Frühwerk bis 1585, Phil. Diss. Wien, 1940.

Sturm, J.: Beiträge zur Architektur der Carlone in Österreich, Phil. Diss. Wien, 1969.

Stutchbury, H. E.: The Architecture of Colen Campbell, Manchester, 1967.

Styger, P.: Die röm. Katakomben, Leipzig, 1933.

Stynen, H.: Stedebouw en Gemeenschap/Louis Van der Swaelmen (1883-1929), bezieler van de moderne beweging in België, Brüssel/Lüttich, 1979.

Sudjic, D.: Norman Foster, Richard Rogers, James Stirling: New Directions in British Architecture, London, 1986.

Nine Projects, Japan, Richard Rogers Partnership, London, 1991.

Suhonen, P. (Hg.): Finnish Architects and their Work since 1949, 1980.

Suida, W.: Bramante e il Bramantino, Mailand, 1955.

Sullivan, L. H.: Kindergarten Chats, 1901-02. In: Interstate Architect and Builder, Lawrence (Kans.), 1934 (New York, 1947).

The Autobiography of an Idea, Washington, 1924 (New York, 1934; 1949⁴).

A System of Architectural Ornament According with a Philosophy of Man's Powers, New York, 1924 b.

L. H. Sullivan. Kindergarten Chats & other Writings. The Document of Modern Architecture, 1976.

Sulzer, P. (Hg.): Zum Werk von Jean Prouvé. Das neue Blech, Köln, 1991.

Summerson, J., s.a. Bekaert: John Nash, London, 1935.

William Butterfield. In: Architectural Review LXIV, 1945.

The Architectural Association 1847-1947, London, 1947.

Heavenly Mansions, London, 1949 a.

John Wood and the English Town-Planning Tradition, London, 1949 b.

Sir Christopher Wren, London, 1952 a.

Sir John Soane, London, 1952 b.

Architecture in Britain 1530-1830, Pelican History of Art, Harmondsworth, 1953 (1969, 1983).

Georgian London, London, 1962 (1969).

The Classical Language of Architecture, Cambridge (Mass.), 1963 (London 1964).

Inigo Jones, Harmondsworth, 1966.

The Classical Language of Architecture, London, 1980.

(u.a.), John Soane 1753-1837, 1983.

Sundermann, M. (Hg.): Rudolf Schwarz. Architektur und Denkmalpflege, Bd. 17, 1981.

Suner, B.: Ieoh Ming Pei, Paris, 1988.

Supino, I. B.: Arte pisana, Florenz, 1903.

L'arte nelle chiese di Bologna, Bologna, 1938.

Sutter, C., und F. Schneider: Das Thurmbuch. Thurmformen aller Stile und Länder, 2 Bde., Berlin, 1888-1895.

Sutton, J.: The Thousand Years of East Africa, London, 1990.

Svěstka, J., u. T. Viček (Hg.): 1910-1925. Kubismus in Prag. Malerei, Skulptur, Kunstgewerbe, Architektur, Stuttgart, 1991.

Swaan, W., s. a. Nims: Drei große Kathedralen, Köln, 1981 (1981²).

Sweeney, J.J., Sert, J.L.: Antoni Gaudí, Stuttgart, 1960.

Sweeney, R. L.: Frank Lloyd Wright. An Annotated Bibliography, Los Angeles, 1978.

Swillens, P. T. A.: Jacob van Campen, Schilder en Bouwmeester, Assen, 1961.

Swoboda, E.: Carnuntum, Graz/Köln, 1964⁴.

Swoboda, H. (Hg.): Identität und Stadtgestaltung, 1990.

Swoboda, K. M.: Römische und romanische Paläste, Wien, 1919 (1969³).

(mit Bachmann, E.), Studien zu Peter Parler, Brünn, 1939.

Peter Parler, Wien, 1941.

(Hg.), Barock in Böhmen, München, 1964.

(Hg.), Gotik in Böhmen, München, 1969.

von Sydow, E.: Der figürliche Schmuck der Altäre. Antependien und Retabula bis zum XIII. Jahrhundert, Halle a.d.S., 1912.

Die Kultur des deutschen Klassizismus, Berlin, 1926.

Die Entwicklung des figuralen Schmucks der christlichen Altarantependien, Straßburg, 1912.

Szafar, P.: New Polish Architecture, Warschau, 1973.

Szambien, W.: Jean-Nicolas-Louis Durand, 1760-1834, Paris, 1984.

Karl Friedrich Schinkel, Basel, 1990.

Szarkowski, J.: The Idea of Louis Sullivan, Minneapolis, 1956.

T

TAC: The Architects Collaborative Inc., New York, 1966.

Tadgell, C.: Ange-Jacques Gabriel, London, 1978.

The History of Architecture in India. From the Dawn of Civilisation to the End of the Raj, London, 1990.

Tafuri, M., s.a. DBI: Aschieri; Basile, E.; Basile, G. B.; DAU: Rinascimento; Gregotti 1972; Ciucci; Cohen: L'architettura moderna in Giappone, Bologna, 1964 a.

Ludovico Quaroni e lo sviluppo dell'architettura moderna in Italia, Mailand, 1964 b.

Il parco della villa Trissino a Trissino e l'opera di Francesco Muttoni. In: L'architettura – cronache e storia, Nr. 114 (April), Rom, 1965.

L'architettura del Manierismo nel Cinquecento europeo, Rom, 1966.

L'idea di architettura nella letteratura teorica del Manierismo. In: Bollettino del Centro A. Palladio, IX, Vicenza, 1967.

Teorie e storia dell'architettura, Bari, 1968 (1970²).

Jacopo Sansovino e l'architettura del '500 a Venezia, Padua, 1969 a (1972).

L'architettura dell'umanesimo, Bari, 1969 b (s. DAU: Rinascimento).

(Hg.), Socialismo, città, architettura URSS 1917-1937 – Il contributo degli architetti europei, Rom, 1971.

Progetto e utopia, Architettura e sviluppo capitalistico, Bari, 1973.

Albini ou la joie du nouveau fatalisme. In: Architecture d'Aujourd'hui, Nr. 181, Paris, 1975.

(mit Dal Co, F.), Architettura contemporanea, Mailand, 1976.

La sfera e il labirinto. Avanguardie e architettura da Piranesi agli anni '70, Turin, 1980.

Five Architects, New York, Neapel, 1981².

Vittorio Gregotti, Progetti e architettura, Mailand, 1982.

Vienna rossa. La poetica residenziale nella Vienna socialista, 1919-1933, 1983.

History of Italian Architecture 1944-1985, 1988.

Tagliaventi, I.: Eiffel e la sua Torre, Bologna, 1962.

Viollet-le-Duc e la cultura architettonica dei revivals, Bologna, 1976.

Tait, A. A.: s. Talbot-Rice, T.

Talbot-Rice, D.: The Great Palace of the Byzantine Emperors, Oxford, 1947 (1958).

Arte di Bisanzio, Florenz, 1959.

Talbot-Rice, T., Tait, A. A. (Hg.): Charles Cameron, Kat. Ausst. Edinburgh/London, 1967-68.

Talib, K.: Shelter in Saudi Arabia, London, New York, 1984.

Tamms, F.: Paul Bonatz, 1937.

Tanaka, R.: Kabuki Stage Designs, Tokio, 1958.

Tange, K., s. a. von der Möll: A Plan for Tokyo, Tokio, 1961.

Kenzo Tange Associates, Tokio, 1987.

Taralon, J.: s. Grodecki 1973.

Taranovskaya, M. Z.: Karl Rossi, Leningrad, 1980.

Tarchanow, A., und S. Kawtaradse: Stalinistische Architektur, München, 1992.

Tarn, J. N.: Working-Class Housing in 19th Century Britain, London, 1971.

Tatlin, W.: Vladimir Tatlin, Kat. Ausst. Moderna Museet, Stockholm, 1968.

Taut, B.: Die Stadtkrone, Düsseldorf/Köln, 1919 (Repr. 1981).

Alpine Architektur, Hagen i. W., 1920 a.

Die Auflösung der Städte, oder Die Erde eine gute Wohnung, Hagen i. W., 1920 b.

Der neue Wohnbau, Leipzig, 1927.

Die Neue Baukunst in Europa und Amerika, Stuttgart, 1929.

Grundlinien Japanischer Architektur, Tokio, 1935.

Frühlicht. Eine Folge für die Verwirklichung des neuen Baugedankens, Berlin/Frankfurt, 1963.

Architekturlehre. Grundlagen, Theorie und Kritik aus der Sicht eines sozialistischen Architekten, hg. von Heinrich und Peschken, Hamburg/Westberlin, 1977.

Gesammelte Werke in 22 Bden. Bereits erschienen: Bd. 1: Das japanische Haus und sein Leben, Bd. 2: Schriften zur japanischen Architektur, Bd. 3: Japans Kunst, Bd. 4: Katsura, Bd. 5: Nippon, mit europäischen Augen gesehen (Hg. M. Speidel), 1990-1992.

Taut, M., Lauterbach, H., Leti Messina, V.: Scharoun, Kat. Ausst. April 1967, Rom, 1969.

Tavernier, L.: Das Problem der Naturnachahmung in den kunstkritischen Schriften Charles Nicolas Cochin d. J., Hildesheim, 1983.

Tavernor, R.: Palladio and Palladianism, 1991.

Taylor, B. B.: Miguel Roca, London, 1991.

Taylor, F. H.: Artisti, principi e mercanti. Storia del collezionismo, Turin, 1954.

Taylor, F. L.: The Art of War in Italy, 1494-1529, Cambridge, 1921.

Taylor, H. M.: Fine Arts in Great Britain, London, 1941.

Anglo-Saxon Architecture, Cambridge, 1978.

Taylor, J. C.: Australian Architecture Since 1960, 1990².

Futurism, New York, 1961.

Taylor, R. C.: F. Hurtado and his School. In: Art Bulletin XXXII, 1950.

Tegethoff, W.: Wohnen in einer neuen Zeit. Die Villen- und Landhausbauten von Mies van der Rohe, 1981.

Teichmann, F.: Megalithkultur in Irland, England und der Bretagne, 1983.

Der Mensch und sein Tempel, 3 Bde., Stuttgart, 1980.

Teige, K.: Práce Jaromíra Krejcara, Prag, 1933.

Telford, Th.: Life of Thomas Telford, Civil Engineer, Written by Himself, London, 1838.

Temanza, T.: Vite dei più eccellenti architetti e scultori veneziani ..., Venedig, 1778.

Temko, A. A.: Eero Saarinen, New York/London, 1962.

Tempel, E.: Neue japanische Architektur, Stuttgart, 1969.

Tempesti, F.: Arte dell'Italia fascista, Mailand, 1976.

Tentori, F.: Contributo alla storiografia di G. Sommaruga. In: Casabella, Nr. 217, Mailand, 1957.

Quindici anni di architettura in Italia. In: Casabella, Nr. 251, Mailand, 1961.

Le Corbusier, Mailand, 1965 (Neuaufl. Vita e opere di Le Corbusier, Bari, 1979).

Teodori, M.: Architettura e città in Gran Bretagna, Rocca San Casciano, 1967.

ter Kuile, E. H., s. a. Andreae 1957-58; Gerson: In: Rosenberg, J., Slive, S., ter Kuile, E. H.: Dutch Art and Architecture, 1600-1800, Pelican History of Art, Harmondsworth, 1966.

Ternois, D.: Germain Soufflot et l'architecture des lumières, Kat. Ausst. Lyon, 1980.

(und F. Perez), L'Œuvre de Soufflot à Lyon, Lyon, 1982.

Terrasse, H.: L'art hispano-mauresque des origines au XIIIᵉ, siècle, Paris, 1932.

Islam d'Espagne, Paris, 1958.

Terzaghi, K., Peck, R. B.: Mécanique des sols appliqués aux travaux publics et au bâtiment, Paris, 1961 (1965).

Tessenow: Der Wohnhausbau, München, 1914.

Handwerk und Kleinstadt, Berlin, 1919.

Heinrich Tessenow, Kat. Ausst. München, 1951.

Heinrich Tessenow, Gedächtnisausstellung, Berlin, 1951.

Heinrich Tessenow, 1876-1950, Kat. Ausst. Wien, 1976.

Heinrich Tessenow 1876-1950, Kat. Frankfurt a. M., 1991.

Testa, P.: Arquitectura de Alvaro Siza, 1988.

Testi, L.: Santa Maria della Steccata in Parma, Florenz, 1922.

Testini, P.: Archeologia Cristiana, Rom/Paris/Tournai/New York, 1958.

Tetzlaff, J.: Malta und Gozo, Köln, 1977.

Teut, A.: Architektur im Dritten Reich 1933-45, Frankfurt/Berlin, 1967.

Teyssot, G., s. a. Kaufmann 1952: Città e utopia nell'Illuminismo inglese: George Dance il giovane, Rom, 1974.

Theil, H. W.: Der Saalbau, München, 1959.

Theilmann, F.: Über das Stukkaturhandwerk, Berlin, 1937.

Thelen, H.: Francesco Borromini, Die Handzeichnungen, Graz, 1967.

Thiele, R.: Steinmetzarbeiten in der Architektur, Leipzig, 1957.

Thiem, G., und Ch.: Toskanische Fassaden-Dekoration in Sgraffito und Fresko, München, 1964.

Thiemann, E.: B. Hoetger, Worpswede, 1990.

Th.-B. (Thieme, U., Becker, F.): Allgemeines Lexikon der bildenden Künstler, von der Antike bis zur Gegenwart, 36 Bde., Leipzig, 1907-50.

Thierry, J.-M., und P. Donabédian: Armenische Kunst, Freiburg/Basel/Wien, 1988.

Thierry, N. und M.: Nouvelles églises rupestres de Cappadoce, Paris, 1963.

Thiersch, H.: Pharos, Antike und Islam, Berlin, 1909.

Friedrich von Thiersch. Der Architekt, München, 1925.

In memoriam Richard Riemerschmid. In: Baukunst und Werkform 10, 1957.

German Bestelmeyer, München, 1961.

Thies, H.: Michelangelo, das Kapitol, München, 1982.

Thilo, T.: Klassische chinesische Baukunst. Strukturprinzipien und soziale Funktion, 1977.

Thoma, H.: Die Münchner Residenz, München, 1938.

Thoma, R.: s. Hoff.

Thomas, G. E., u. a. (Hg.): Frank Furness. The Complete Works, 1991.

Thomé, Ph.: Ettore Sottsass jr., Genf, 1984.

Thompson, A.: Library Buildings of Britain and Europe, London, 1963.

Thompson, E. P.: William Morris, Romantic to Revolutionary, London, 1955 (New York, 1961).

Thompson, H. A.: The Athenian Agorà, Athen, 1954.

Thompson, J. E. S.: The Rise and Fall of Maya Civilization, 1954.

Thompson, J. W.: The Medieval Library, Chicago, 1939 (1967).

Thompson, P., s. a. Kidson: The Works of William Morris, London, 1967.

William Butterfield, London, 1971.

Thomson, D.: Renaissance Paris, Architecture and Growth, 1475-1600, Berkeley u. a., 1984.

Thon, Ch.: Johann Baptist Zimmermann als Stukkator, München/Zürich, 1977.

Thümmler, H., s. a. EUA: Carolingio Architettura: Westfälische und italienische Hallenkirchen. In: Festschrift Martin Wackernagel zum 75. Geburtstag, Köln, 1958.

Thurm, S.: Norddeutscher Backsteinbau. Gotische Backsteinhallenkirchen mit dreiapsidialem Chorschluß, Berlin, 1935.

Tiberi, C.: Mnesicle, l'architetto dei Propilei, Rom, 1964.

Proetica bramantesca tra Quattrocento e Cinquecento, Rom, 1974.

Tiberia, V.: Giacomo della Porta, un architetto fra manierismo e barocco, Rom, 1974.

Tietze, H.: Domenico Martinelli und seine Tätigkeit in Österreich, Wien, 1922.

Tigerman, St.: Versus. An American Architect's Alternatives, New York, 1981.

Stanley Tigerman. Buildings and Projects 1966-1989, 1989.

Tigler, P.: Die Architekturtheorie des Filarete, Berlin, 1963.

Tillmann, C.: Lexikon der deutschen Burgen und Schlösser, Stuttgart, 1958-61.

Timofiewitsch, W.: La chiesa del Redentore, Vicenza, 1969.

Tincolini, P.: Comparazione degli ordini di architettura antichi e moderni, Florenz, 1895.

Tischhauser, A., Kobler, T., Bosma, K.: Santiago Calatrava. Dynamische Gleichgewichte. Neue Projekte, Zürich, 1991.

Toca, A., und A. Figueroa: México: Nueva Arquitectura, Barcelona, 1991.

Toesca, I., s. a. Gaynor: A. Galilei in Inghilterra. In: English Miscellany, III, Rom, 1952.

Toesca, P.: Il medioevo, 2 Bde., Turin, 1927.

Il Trecento, Turin, 1951 (1964).

Il Battistero di Parma, Mailand, 1960.

de Tolnay, Ch.: History and Technique of Old Master's Drawings, New York, 1943.

Tombos, E., und K. Gink: Die Baukunst Armeniens, Leipzig, 1972.

Georgien, Hanau, 1975.

Tomei, P.: L'architettura a Roma nel Quattrocento, Rom, 1942.

Tönnesmann, A.: Pienza. Städtebau & Humanismus, München, 1990.

Toplis, I.: The Foreign Office. An Architectural History, London/New York, 1987.

Torbert, D.: A Century of Art and Architecture in Minnesota, 1958.

Torii, T.: El mundo enigmático de Gaudí como creó Gaudí su arquitectura, 2 Bde., 1983.

Torres, Balbás, L.: Arquitectura gótica. In: Ars Hispaniae, Bd. VII, Madrid, 1952 a.

La Alhambra y el Generalife, Madrid, 1952 b.

Torroja, E.: Razón y ser de los typos estructurales, Madrid, 1958 a (engl. Übers. Philosophy of structures, Berkeley, 1958).

The Structures of Eduardo Torroja, New York, 1958 b.

Logik der Formen, die Statischen Grundlagen der Bauformen, München, 1961.

Toulae, A.: Burgen des Abendlandes, 1958.

Tout, T. F.: Medieval Town Planning, London, 1927.

Trabuco, M.: Mario Roberto Alvarez, Buenos Aires, 1965.

Trachtenberg, M.: The Campanile of Florence Cathedral: ›Giotto's Tower‹, New York, 1971.

Traeger, J.: Die Walhalla, Idee, Architektur, Landschaft, Regensburg, 1979.

Trappers-Lomax, M.: Pugin: A Medieval Victorian, London, 1932.

Trautwein, J.: Johann Jakob Herkomer (1648-1717), 1941.

Travlos, J.: Neo-Classical Architecture in Greece, Athen, 1967.

Treiber, D.: Frank Lloyd Wright, 1988.

Trevor Hodge, A.: The Woodwork of Greek Roofs, Cambridge, 1960.

Trimborn, H., Haberland, W.: Die Kulturen Altamerikas, Frankfurt a. M., 1969.

Tritscheller, W.: Geschichte der Familie Gumpp. In: Mein Heimatland. Bad. Blätter 22, 1935.

Troost, G.: Das Bauen im neuen Reich, Bayreuth, 1941 (1971²).

Troske, L.: Die Londoner Untergrundbahnen, 1986.

Trousdale Sadler, J.: s. Guiness.

Troy, N. J.: The De Stijl Environment, 1983.

Trueblood, B.: Pedro Ramirez Vásquez. Un architecte mexicain, Stuttgart, 1979.

Trump, D. H.: Malta. An Archaeological Guide, London, 1973.

Tsapenko, M.: Sui fondamenti realisti dell'architettura sovietica. In: Rassegna sovietica (Nov.), Rom, 1953.

Tschechischer Kubismus. Architektur und Design 1910-1925, Kat. Weil/Rhein (Vitra Design Museum), 1991.

Tschernykov, J.: Jacob Tschernykov and his Architectural Fantasies, Processarchitecture, Tokio, 1981.

Tschira, A., u. a.: Otto Ernst Schweizer und seine Schule, Ravensburg, 1950.

Tschira, O.: Orangerien und Gewächshäuser. Ihre geschichtliche Entwicklung in Deutschland, Berlin, 1939.

Tschubinaschwili (Čubinašvili), G.: Georgische Kunst. Ihre Entwicklung vom 4.-18. Jh., Berlin, 1930.

Tschudi Madsen, St.: Sources of Art Nouveau, New York, 1956.

Tschumi, B.: The Manhattan Transcripts. Theoretical Projects, London/New York, 1981.

Textes Parallèles, Paris, 1985.

La Case Vide. La Villette 1985, London, 1986.

Disjunctions. Neues Nationaltheater Tokio, Kat. Berlin, 1987.

Questions of Space. Lectures on Architecture, London, 1990.

Tumor, R.: James Wyatt, London, 1950.

Tunk, W.: Das Pellerhaus zu Nürnberg von Jakob Wolff d. Ä. In: Deutsche Kunst 9, 1943.

Tunnard, C.: Man-Made America: Chaos or Control? An Inquiry into Selected Problems of Design in the Urbanized Landscape, New Haven, 1963.

Turak, T.: William Le Baron Jenney. A Pioneer of Modern Architecture, Ann Arbor, 1986.

Turner, P. N.: The Education of Le Corbusier, New York, 1977.

Twarowski, M.: Sonne und Architektur, München, 1962.

Twombly, R. C.: Frank Lloyd Wright. An Interpretative Biography, New York, 1973.

Louis Sullivan: The Public Papers, 1988.

Tysskiewiezowa, M.: B. Rosselino, Florenz, 1928.

U

Ubbelohde-Doering, H.: Kunst im Reiche der Inka, Tübingen, 1952.

Kulturen Alt-Perus, 1966.

Uhl, O.: Moderne Architektur, Wien, 1966.

UIFA: Union International des Femmes Architectes.

Ulmer, H.: Übersicht über die Vorarlberger Bauschule und ihre Meister. In: Alemania 3, 1929.

Underhill, S. M. (Hg.): Stanley Tigerman. Buildings and Projects 1966-1989, New York, 1989.

Ungaretti, G.: 50 immagini di architetture di Luigi Moretti, Rom, 1968.

Ungers, L., und O. M.: Kommunen in der Neuen Welt 1740-72, Berlin, 1972.

Ungers, L.: Die Suche nach einer neuen Wohnform. Siedlungen der 20er Jahre, damals und heute, Stuttgart, 1983.

Ungers, O. M.: Oswald Mathias Ungers (Einf. C. Manrique-Brown), Kat. Ausst. New York, 1981.

Die Thematisierung der Architektur. Stuttgart, 1983.

Sieben Variationen des Raumes über ›Die sieben Leuchter der Baukunst‹ von John Ruskin, Stuttgart, 1985.

Oswald Mathias Ungers. Architektur 1951-1990, Stuttgart, 1991.

Uniack, G.: De Vitruve à Le Corbusier, textes d'architectes, Paris, 1968.

Union Internationale des Architectes: Standard-Regeln für Internationale Wettbewerbe der Architektur und Städteplanung, Paris.

United Nations Educational, Scientific and Cultural Organisation: Recommendations Concerning International Competitions in Architecture and Town Planning, New York, 1956.

Unsal, B.: Turkish Islamic Architecture in Seljuk and Ottoman Times, 1027-1923, London, 1959.

Untermann, M.: Der Zentralbau im Mittelalter. Form, Funktion, Verbreitung, 1989.

Unwin, R.: The Garden City, London, 1905.

Town Planning in Practice, London, 1909 (Nachdruck 1971).

Upjohn, E.: Richard Upjohn – Architect and Churchman, New York, 1939.

V

Vaccaro, C., und F. Schwartz: Robert Venturi – Denise Scott Brown and Associates, Zürich, 1992.

Vaccaro, G.: s. Alieri.

Vagnetti, L.: Il disegno dal vero e la sua funzione oggi, nella formazione dell'architetto, Genua, 1955.

Il linguaggio grafico dell'architetto, Genua, 1965.

(u. a.), Genova strada nuova, Genua, 1968.

Vago, P.: Robert Mallet-Stevens, L'architetto cubista, Bari, 1979.

Valbach, W. F.: s. Hubert.

Valdenaire, A.: Friedrich Weinbrenner, sein Leben und seine Bauten, Karlsruhe, 1919 (1976).

Heinrich Hübsch. Ein Beitrag zur Baukunst der Romanik, 1926.

Vale, B., und R.: Ökologische Architektur. Entwürfe für eine bewohnbare Zukunft, Frankfurt a. M., 1991.

Valentiner, W. R.: Cristoforo Solari. In: Bulletin of the Detroit Institute of Arts, XXI, Detroit, 1941-42.

Tino di Camaino, In: Art Quarterly, XVII, Detroit, 1954.

Valeriani, E.: s. Marconi 1973; Cellini.

Valéry, P.: Eupalinos, Paris, 1924.

Valle, P.: Tommaso Temanza e l'architettura civile. Venezia e il settecento: diffusione e funzionalisazione dell'architettura, 1989.

Vallés, J. P.: Gaudí (Vorwort Le Corbusier), Barcelona, 1958.

Vanaise, P.: Maître-Maçon, entrepreneur ou architecte parisien du XVIᵉ siècle. In: Gazette des beaux arts, VI, 68, 1966.

Vander, P.: s. Scamozzi 1615.

Vandier, J.: Manuel d'archéologie égyptienne, 4 Bde., Paris, 1952-64.

Vanlaethem, F.: Gaetano Pesce. Archaisches Design, Mailand, 1989 (dt., München, 1989).

Vannelli, W.: s. Roisecco.

Vanvitelli, L.: Dichiarazione dei disegni del Reale Palazzo di Caserta, Neapel, 1756.

Vita dell'architetto Luigi Vanvitelli, Neapel, 1823 (Neuaufl. Vita di Luigi Vanvitelli, Hg. M. Rotili, Neapel, 1975).

Varaldo, G., s. EAM: Mollino.

Vasari, G.: Le vite de' più celebri Architetti, Pittori et Scultori Italiani da Cimabue insino a' tempi nostri descritte in lingua toscana da Giorgio Vasari pittore Aretino, con alcune utile et necessaria introdutione e le arti loro, Florenz, 1550 (Neuaufl. Vite de' più eccellenti pittori; scultori et architettori ..., Florenz, 1568; durchgesehene Aufl., Hg. C. Ricci, 7 Bde., Rom, 1927-32; Le opere di Giorgio Vasari con nuove annolazioni e commenti, Hg. G. Milanesi, Florenz, 1937ff., Le Vite, Hg. P. Barocchi, Florenz, 1966).

Giorgio Vasari architetto. Rilevamenti e noti, studi e documenti d'architettura, No. 6, Florenz, 1976.

Vauban, S. Le Prestre de: Plusieurs maximes bonnes à observer pour tous ceux qui font bâtir, o. J.

Véritalde manière de bien fortifier. De Mr. de Vauban, Amsterdam, 1702.

Vaudou, V.: Richard Meier, Paris, 1986.

De Vecchi, R. L. (Hg.): Michelangelo, der Architekt, 3 Bde., 1984.

Védier, G.: Origine et évolution de la dramaturgie néoclassique, Paris, 1955.

Vegesack, A. von: Tschechischer Kubismus. Architektur und Design 1910-1925, Kat. Weil/Rhein, 1991.

Velarde, H.: Arquitectura peruana, Mexiko, 1946.

Vellay, M., und K. Frampton: Pierre Chareau, Paris, 1984.

Van de Velde, H.: Kunstgewerbliche Laienpredigten, Leipzig, 1902.

Die Renaissance im modernen Kunstgewerbe, Leipzig, 1903.

Essays, Leipzig, 1910 (Zum neuen Stil, Hg. H. Curjel, München, 1955).

Formules d'une esthétique moderne, Paris, 1914 (Brüssel 1923).

Der neue Stil in Frankreich, Berlin, 1925.

Geschichte meines Lebens, München, 1962.

Exposition du centenaire de la naissance de Henry van de Velde, Kat. Ausst. Brüssel, 1963.

Henry van de Velde, 1863-1957, Kat. Ausst. Brüssel, 1970.

Theaterentwürfe, 1904-1914, Brüssel/Hamburg, 1974.

Veltheim-Lottum, L.: Kleine Weltgeschichte des städtischen Wohnhauses, Heidelberg, 1952.

Veltri, J.: Architectural Photography, New York, 1974.

Venditti, A., s.a. Pane 1959: DBI: Barabino; Carnelivari: Architettura neoclassica a Napoli, Neapel, 1961.

Architettura bizantina nell'Italia meridionale, Neapel, 1967.

Architettura a cupola in Puglia, 3 Bde., Neapel, 1967-68.

La Loggia del Capitaniato, Vicenza, 1969.

Venitz, A.: Die Umgestaltung der Stadt Metz in den verschiedenen Epochen, vornehmlich durch J.-F. Blondel, 1773. In: Städtebau, 18, 1921.

Venturi, A.: Storia dell'Arte Italiana, Bd. I-XI, Rom, 1901-40.

Giovanni Pisano, Rom, 1925 (1928).

Venturi, L., s. a. Argan 1935: History of Art Criticism, New York, 1936.

Arte figurativa e arte astratta, Florenz, 1955.

Venturi, R.: Complexity and Contradiction in Architecture, New York, 1966.

(mit Scott Brown, D., Izenour, S.), Learning from Las Vegas, Cambridge (Mass.), 1972 (London, 1977).

(mit D. S. Brown), Architectural Monograph. On Houses and Housing, 1991 a.

(mit D. S. Brown), Architecture and Decorative Arts. Two Naifs in Japan. Venturi & Scott Brown and Associates, 1991 b.

Robert Venturi, John Rauch & Scott Brown, 1981.

Venturoli, M.: La patra di marmo, Pisa, 1957.

Vercelloni, V.: s. De Micheli 1971.

Verdone, M.: s. De Micheli 1971.

Verdoni, E.: s. Roccatelli.

Verheyen, E.: The Palazzo del Te in Mantua, Baltimore, 1977.

Vermeulen, F.: Handbook tot de Geschiedenis der Nederlandse Bouwkunst, 3 Bde., Amsterdam, 1928-41.

Simon de la Vallée und der sogenannte Palladianismus in Holland. In: 13. Congrès international d'histoire de l'art, Stockholm, 1933.

Veronesi, G., s. a. Persico 1964: Joseph Maria Olbrich, Mailand, 1948 a (1953).

Tony Garnier, Mailand, 1948 b.

Difficoltà politiche dell'architettura in Italia, 1920-40, Mailand, 1953 a.

J. J. P. Oud, Mailand, 1953 b.

Josef Hoffmann, Mailand, 1956.

Luciano Baldessari architetto, Trient, 1957.

La torre di Berlino e l'opere di Luciano Baldessari, 1931-1958. In: L'Architettura VI, 58, 1960.

Disegni di Mario Chiattone. In: Chiattone, Pisa, 1965.

Verroust, J.: s. Parent, M.

Verzone, P., s. a. EUA: Bizantino, Architettura: L'architettura religiosa dell'alto Medio Evo nell'Italia settentrionale, Mailand, 1942.

Viale, V., s. a. Rovere; Carboneri 1967: (Hg.), Regesto della vita e delle opere di F. Juvarra, mit Kat. Ausst. Messina, 1966.

Viale-Ferrero, M.: La scenografia del Settecento e i fratelli Galliari, Turin, 1963.

Vidler, A.: Claude-Nicolas Ledoux. Architecture and Reform at the End of the Ancient Régime, 1988.

Vierl, P.: Der Stuck, Aufbau und Werdegang am Beispiel …, München/Berlin, 1969.

Vierneisel, K., und G. Leinz (Hg.): Glyptothek München 1830-1980, München, 1980.

Vigano, V.: Le Mobile e l'Architettura degli Interni in Italia dal 1945 al 1960, Mailand, 1961.

Vigliardi Micheli, s. a. Guidoni. In: DAU.

Vilimkova, M., und J. Brucker: Dientzenhofer. Eine Bayerische Baumeisterfamilie in der Barockzeit, 1989.

Villard, s. Charbonneaux.

Villard de Honnecourt: Livre de portraiture, 1. Aufl., Hg. J. B. Lassus, Paris, 1858 (Villard de Honnecourt, Livre de Portraiture, Kritische Gesamtausgabe des Bauhüttenbuches Ms. fr. 19093 der Pariser Nationalbibliothek, Hg. H. R. Hahnloser, Wien, 1935, Nachdruck der 2. überarb. und erw. Aufl. 1972, 1985).

Villari, J.: Jean-Nicolas-Louis Durand (1760-1834): Arte e scienza dell'architettura, Rom, 1987.

Villegas, V. M.: El gran signo formal del barocco, Mexiko, 1956.

Viollet-le-Duc, E. E.: Dictionnaire raisonné de l'architecture française du XIe auf XVIe siècle, 10 Bde., Paris, 1854-68 (Neuaufl., Hg. Ph. Boudon, Brüssel, 1979).

Entretiens sur l'architecture, 2 Bde., Paris, 1863-72 (Neuaufl., Hg. G. Bekaert, Brüssel, 1977).

Habitations modernes avec le concours des membres du comité de redaction de l'Encyclopédie d'Architecture, Paris, 1875 (Neuaufl. Lüttich, 1979).

Histoire de l'habitation humaine, o. J. (Neuaufl. Paris, 1978).

Eugène Viollet-le-Duc, Kat. Ausst. Paris, 1980.

Virdis, B.: Le volte nell'architettura, Rom, 1960.

Visentini, A.: s. Gallacini.

Vistara. Die Architektur Indiens (Hg. Haus der Kulturen der Welt, Berlin), Stuttgart, 1991.

Vitali, R.: Early Temples of Central Tibet, London, 1990.

Vitruv [Virtruvius (Marcus) Pollio], s. a. Barbaro; Nohl: De architectura libri decem, Rom, 1960 (außerdem Vitruvio e Raffaello. Il ›De Architectura‹ di Vitruvio nella traduzione inedita di Fabrio di Calvo Ravennale, Hg. V. Fontana und P. Marachiello, Rom, 1975). Baukunst, s. a. Wyss 1987.

Vits, G.: Joseph Effners Palais Preysing …, Bern/Frankfurt, 1973.

Vittone, B., s. a. Guarini 1737: Istruzioni elementari di architettura, Lugano 1760.

Vodoz, E.: Studien zum architektonischen Werk des Bartolomeo Ammanati, Diss. phil., Zürich, 1942.

Voelckers, O.: Bernhard Hermkes. Zwölf Mietwohnungen in einem Block. Ein Beitrag zum Problem des zeitgemäßen Miethauses, 1929.

Vogel, H.: Deutsche Baukunst des Klassizismus, Berlin, 1937.

H. Ch. Jussow. Baumeister in Kassel und Wilhelmshöhe, Kat. Ausst., 1958-59.

Vogt, A. M.: Boullée's Newton Denkmal, Basel/Stuttgart, 1969.

Russische und französische Revolutionsarchitektur 1917 1789, Köln, 1974 (Wiesbaden, 1990).

Vogt, E., u. a.: Das Pfahlbauproblem, Basel, 1955.

Vogt-Göknil, U.: Türkische Moscheen, Zürich, 1953.

Giovanni Battista Piranesis ›Carceri‹, Zürich, 1958.

Osmanische Türkei, Zürich, 1965.

Die Moschee. Grundformen sakraler Baukunst, Zürich, 1978.

Frühislamische Bogenwände, 1981.

Vogts, H.: Vinzenz Statz, 1960.

Völkers, O.: Glas und Fenster …, Berlin, 1939.

Volkmann, H.: Die künstlerische Verwendung des Wassers im Städtebau, Berlin, 1911.

Volponi, P., Zorzi, R., Pedio, R., Gabriele, R.: Centro di servizi sociali e residenziali Olivetti a Ivrea. In: L'architettura - cronache e storia, Nr. 249, Rom, 1976.

Volwahsen, A.: Inde islamique, Freiburg, 1968 (1971).

Vorsteher, D.: Borsig. Eisengießerei und Maschinenbauanstalt zu Berlin, 1983.

Voss, H.: Bernini als Architekt an der Scala Regia und an den Kolonnaden von St. Peter. In: Jahrbuch der preußischen Kunstsammlungen, 1922.

Voss, K.: Arkitekten Nicolai Eigtved (1701-54), Kopenhagen, 1971.

Vossnack, L. L.: Pierre-Michel d'Ixnard, Französischer Architekt in Süddeutschland, Diss. Remscheid, 1938.

Voyce, A.: The Moscow Kremlin, London, 1955.

Vreim, H.: Norsk Trearkitektur, Oslo, 1947.

Vriend, J. J.: Architektur van deze eeuw, Amsterdam, 1959.

Vries, Hans Vredeman de: Scenographiae sive perspective …, Antwerpen, 1560.

Artis perspectivae plurimum generum elegantissimae formulare …, Antwerpen, 1568.

Variae architecturae formae …, Antwerpen, 1601.

W

Wace, A. J. B.: Mycenae, Princeton, 1949.

Wachler, L.: Giovannantonio Dosio, ein Architekt des späten Cinquecento. In: Römisches Jahrbuch für Kunstgeschichte, IV, Rom, 1940.

Wachsmann, K.: Holzbauhaus. Technik und Gestaltung, Berlin, 1931.

Wendepunkt im Bauen, Wiesbaden, 1959 (1988).

Wachsmuth, F.: Der Backsteinbau, seine Entwicklungsgänge und Einzelbildungen im Morgen- und Abendland, Marburg, 1942.

Wackernagel: Die Baukunst des 17. und 18. Jahrhunderts, Bd. 2: In den germanischen Ländern, Berlin/Neubabelsberg, 1915.

Waetzoldt, W.: Dürers Befestigungslehre, Berlin, 1916.

Waever, L.: Lutyens Homes and Gardens, 1913 (Reprint 1981).

Wagner, G.: Josef Munggenast, 1680-1741. Grundzüge seiner architektonischen Leistung. Phil. Diss. Wien, 1940.

Wagner, O.: Einige Skizzen, Projekte und ausgeführte Bauwerke, 4 Bde., Wien, 1891-1910.

Moderne Architektur, Wien, 1895 (Die Baukunst unserer Zeit, Wien, 1914).

Otto Wagner, Kat. Historisches Museum der Stadt Wien, Wien, 1963.

Wagner-Rieger, R.: Die ital. Baukunst zu Beginn der Gotik, 2 Bde., Graz/Köln, 1956-57.

(Hg.), Die Wiener Ringstraße – Bild einer Epoche, Wien, 1969.

Historismus und Schloßbau, München, 1975.

Der Architekt Theophil Hansen, Wien, 1977.

Wailly: Charles de Wailly, 1730-1798. Peintre architecte dans l'Europe des lumières, Kat. Ausst. Paris, 1979.

Waisman, M.: Mario Roberto Alvarez – Ein Vertreter der klassischen Moderne. In: Der Architekt, H. 10, 1990.

Waissenberger, R.: Die Wiener Sezession, Wien, 1971.

Waites, N., und C. Knevitt: Community Architecture: How People are Creating their Own Environment, London, 1987.

Walcher-Casotti, M.: Il Vignola, Trieste, 1961.

Walden, R.: The Open Hand. Essays on Le Corbusier, Cambridge (Mass.), 1977.

Walker, D., s. a. Gomme: J. R. Mackintosh. In: Richards/Pevsner 1973.

Wall, D.: Visionary Cities: the Arcology of Paolo Soleri, London, 1971.

van de Walle, A. L. J.: Gotische Kunst in Belgien, Wien/München, 1972.

Wallrath, R.: Zur Entwicklungsgeschichte der Krypta, Köln, 1940.

Zur Bedeutung der mittelalterlichen Krypta, Beiträge zur Kunst des Mittelalters, Köln, 1950.

Walter, U.: Bierpaläste. Zur Geschichte eines Bautyps, Diss. phil., München, 1992.

Walton, J.: Homesteads and Villages of South Africa, Van Schaik, 1952.

Wang, Pi-Wên: Chung-kuo Cien-chu (Chinesische Architektur), Peking, 1943.

Wangerin, G., und G. Weiss: Heinrich Tessenow. Ein Baumeister 1876-1950. Leben, Lehre, Werk, Essen, 1976.

Warchavchik, G.: Retrospektive, Kat. Ausst. São Paulo, 1975.

Acera de arquitectura moderna. In: Correio da Manha (Rio de Janeiro) 1. Nov. 1925, 1975.

Ward, G. A.: The Architecture of Ferdinando Sanfelice, New York/London, 1988.

Ward, J. (Hg.): The Artifacts of Richard Buckminster Fuller, New York, 1985.

Ward-Perkins, J. B.: s. Boëthius 1970.

Ware, I.: A Complete Body of Architecture, London, 1756.

Warncke, C.-P.: Die ornamentale Groteske in Deutschland 1500-1650, Berlin, 1979-80.

Warth, I. O.: Die Konstruktionen in Stein, Leipzig, 1896.
Die Konstruktionen in Holz, Leipzig, 1900.

Wasel, W.: Giovanni Battista Quadro e le sue opere in Polonia. In: Palladio, XIV, Rom/Mailand, 1965.

Wasem, E.-M.: Die Münchner Residenz unter Ludwig I., München, 1981.

Wasmuth: Wasmuths Lexikon der Baukunst, 5 Bde. Berlin, 1929-37.

Wassermann, J.: O. Mascarino and his Drawings in the Accademia Nazionale di S. Luca, Rom, 1966.

Waterhouse, A.: Civic Grandeur. In: Jane Fawcett, Seven Victorian Architects, London, 1976.

Watkin, D.: The Life and Work of Charles Robert Cockerell, London, 1974.
Morality and Architecture, Oxford, 1977.
English Architecture. A Concise History, London, 1979.
Athenian Stuart. Pionier of the Greek Revival, London, 1982.
The English Vision, London, 1982.

Watson, E.: How to Use Creative Perspective, New York, 1955.

Watson, W.: Portuguese Architecture, London, 1908.

Wayss, G. A.: Das System Monier. Eisengerippe mit Cementumhüllung in seiner Anwendung auf das gesamte Bauwesen, Berlin, 1887.

Wazbinski, Z.: Le ›cartellino‹, origine et avatars d'une ›étiquette‹. In: Pantheon, IX-X, 1963.

Webb, G., s. a. EUA: Jones: The Complete Works of Sir John Vanbrugh, IV, London, 1928.
Architecture in Britain: The Middle Ages, Pelican History of Art, Harmondsworth, 1956 (1969).

Webb, M.: Architecture in Britain Today, London, 1969.

Weber, H.: Walter Gropius und das Faguswerk, München, 1961.

Weckwerth, A.: Das Herlitz-Epitaph in der Kirche zu Altenbruch, Otterndorf/Cuxhaven, 1965.
Der Ursprung des Bildepitaphs. In: Zeitschrift für Kunstgeschichte 20.

Wedepohl, E.: Deutscher Städtebau nach 1945, Essen, 1961.

Wedepohl, Th.: Ästhetik der Perspektive, Berlin, 1919.

Wegner, W.: Der deutsche Altar des späten Mittelalters, München, 1941.

Wehlte, K.: Wandmalerei, Ravensburg, 1946.

Weickert, C.: Das lesbische Kymation, München, 1913.
Typen der archaischen Architektur in Griechenland und Kleinasien, Augsburg, 1929.

Weigert, H., s. a. Hamann: Baukunst der Romanik in Europa, Frankfurt a. M., 1959.

Weigmann, O. A.: Dientzenhofer, eine Bamberger Baumeisterfamilie um die Wende des 17. Jahrhunderts, Straßburg, 1901.

Weisbach, W.: Trionfi, Berlin, 1919.
Die Kunst des Barock in Italien, Frankreich, Deutschland und Spanien, Berlin, 1924.

Weise, G.: Die geistige Welt der Gotik und ihre Bedeutung für Italien, Halle a. d. Saale, 1939.
Die spanischen Hallenkirchen der Spätgotik und der Renaissance, Tübingen, 1953.

Weiser, A.: Josef Hoffmann, Genf, 1930.

Weisman, W., s. a. Hitchcock 1970: A New View of Skyscraper History. In: E. Kaufmann jr. (Hg.), The Rise of an American Architecture, 1970.

Weismann, W. R.: Mid 19th Century Commercial Building by James Bogardus. In: Monument 9, 1933.

Weiß, G.: Ullstein Gläserbuch. Eine Kultur- und Technikgeschichte des Glases, Berlin, 1979.

Weiss, W.: Fachwerk in der Schweiz, 1991.

Weiss-Vossenkuhl, D.: Das Opernhaus in Stuttgart von Max Littmann, 1910-12, 1983.

Weissmann, A. W.: Jacob van Campen. In: Oud Holland, XX, 1902.

Weitmeyer, M.: Babylonske og Assyriske archiver og biblioteker, Kopenhagen, 1955.

Weller, A. S.: Francesco di Giorgio, 1435-1501, Chicago, 1943.

Welzenbacher, L.: Lois Welzenbacher 1889-1955. Architekturmodelle und Studienarbeiten der Universität Innsbruck und der TU München, Kat. Innsbruck, 1990.

Wendeler, R., und H.: Alte Holzkirchen in Finnland, 1980.

Weniger, H.: Die drei Stilcharakter der Antike, Göttingen, 1932.

Wentzel, H., s. RDK: Backsteinbau.

Werhahn, Ch. M. E.: Hans Schwippert, Diss. phil., München, 1987.

Werk: Werk, Bauen u. Wohnen, Schweizer Architektur des letzten Jahrzehnts, H. 1/2, Zürich, 1980.

Werkner, P.: Land Art USA. Von den Ursprüngen zu den Großraumprojekten in der Wüste, München, 1992.

Werner, E., Gussmann, H.: Theatergebäude, Berlin, 1954.

Werner, F.: Noch zu retten? Noch zu retten!. In: Bauwelt, 72, 1981.
(mit Schneider, S.), Neue Tessiner Architektur. Perspektiven einer Utopie, Stuttgart, 1989.

Werner, P.: Pompeji und die Wanddekoration der Goethezeit, München, 1970.

von Wersin, W.: Das elementare Ornament. Eine Morphologie des Ornaments, Ravensburg, 1940.

Wesenberg, E.: Das gotische Sakramenthaus, 1937.

Wessel, K.: Symbolik des protestantischen Kirchengebäudes, 1960.

West, T. W.: The History of Architecture in Scotland, London, 1967.

Westecker, W.: Die Wiedergeburt der deutschen Städte, Wien/Düsseldorf, 1962.

Westfehling, U.: Triumphbogen im 19. und 20. Jahrhundert, München, 1977.

Westphal, U.: The Bauhaus, London, 1991.

Wetter, E.: s. Boëthius 1962.

Weyl, H.: Symmetry, Princeton, 1952.

Weyres, W.: Zum 150. Geburtstag des Dombaumeisters Ernst Friedrich Zwirner. In: Kölner Domblatt, 1950.
(mit A. Mann), Handbuch zur Rheinischen Baukunst, Köln, 1968.
Rheinischer Sakralbau im 19. Jahrhundert. In: Ludwig Grote. Die deutsche Stadt im 19. Jahrhundert, München, 1974.

Whateley, Th.: L'art de former les jardins modernes ou l'art des jardins anglais, Paris 1771, Genf 1973.
Observation on Modern Gardening, London, 1970.

Wheatley, P.: The Pivots of the Four Quarters, 1971.

Wheeler, R. E. M.: Alt-Indien und Pakistan bis zur Zeit des Königs Ashoka, Köln, 1959.
Ancient India. The Dawn of Civilisation, London, 1961.

Wheildon, W. W.: Memoir of Salomon Willard, Boston, 1865.

Whiffen, M.: Thomas Archer, London, 1950.
The History, Theory and Criticism of Architecture, Cambridge (Mass.), 1965.
American Architecture since 1780 – A Guide to the Styles, Cambridge (Mass.), 1969.
(mit F. Koeper), American Architecture, 2 Bde., 1983.

Whinney, M.: John Webb's Drawings for Whitehall Palace. In: Walpole Society, XXXI, 1946.
(mit Millar, O.), English Art 1625-1714, Oxford, 1957.
Wren, London, 1971.

Whistler, L.: Sir John Vanbrugh, Architect and Dramatist, London, 1938.
The Imagination of Vanbrugh and his Fellow Artists, London, 1954.

White, J.: Art and Architecture in Italy, 1250-1400, Pelican History of Art, Harmondsworth, 1966 (1988).

White, S.: s. McKim.

Whitehall, W. M.: Boston. A Topographical History, Boston, 1963.

Whiteley, Braham A.: Louis Le Vau's Projects for the Louvre and the Colonnade. In: Gazette des Beaux Arts, Paris, 1964.

Whittick, A., s. a. Osborn 1963: Eric Mendelsohn, London, 1940 (1956²).
European Architecture in the Twentieth Century, 2 Bde., London, 1950-53 (Neuaufl. Aylesbury, 1974).

Whyte, I. B.: Bruno Taut, Baumeister der neuen Welt. Architektur und Aktivismus 1914-1920, 1981.

Whyte, B., und R. Schneider (Hg.): Die Briefe der Gläsernen Kette, Berlin, 1986.

Wibiral, N.: Heinrich von Ferstel, Phil. Diss. Wien, 1953.

Wichmann, H.: Egon Eiermann, München, 1985.
Industrial Design-Unikate-Serienerzeugnisse, München, 1985.
Sep Ruf, Stuttgart, 1986.

Wickberg, N. E.: Finnish Architecture, Helsinki, 1959.
Engel, Kat. Ausst. Berlin, 1970.

Wiebenson, D.: Sources of Greek Revival Architecture, London, 1969 a.
Tony Garnier: The Cité Industrielle, London, 1969 b.
The two Domes of the Halle au Blé in Paris. In: Art Bulletin (Juni), New York, 1973.

Wiechula, A.: Wachsende Häuser aus lebenden Bäumen entstehend, Berlin, o. J. (1925).

Wiekart, K.: J. J. P. Oud, Amsterdam, 1965.

Wieland: Mensa und Confessio, o. O., 1906-12.

Wien: Kat. der Intern. Ausst. neuer Theatertechnik im Rahmen des Musik- und Theaterfestes der Stadt Wien, Wien, 1924 (Reprint 1975).

Wienands, R.: Grundlagen der Gestaltung zu Bau und Stadtbau, Basel, 1985.

Wiener, H.: s. Borsi 1972.

Wiener, H. M.: The Altars of the Old Testament, Leipzig, 1928.

Wiener, O.: Die Verbesserung von Mitteleuropa, Hamburg, 1969.

Wieninger, K. F.: Grundlagen der Architekturtheorie, Phil. Diss., Wien, 1951.

Wiepking, H. F.: Geordnete Welt, Fruchtbares Land, Menschliche Wohlfahrt, P. J. Lenné zum Gedächtnis, 1966.

Wiese, K.: Gartenkunst und Landschaftsgestaltung in Japan. Technik, Kunst und Zen, Tübingen, 1984.

Wiesner, U.: Nepalese Temple Architecture: Its Characteristics and its Relations to Indian Development. Studies in South Asian Culture (Hg. Lohuizen-de Leeuw, J. E. Van), Bd. VIII, Leiden, 1978.
Nepalese Stupas of the Licchavi Period: The Empty Niche. In: Dallapiccola, A. L. (Hg.): The Stupa: Its Religious, Historical and Architectural Significance, Wiesbaden, 1980.

Wijdeveld, H. Th.: The Life-work of the American Architect Frank Lloyd Wright, Sandpoort, 1925 (Neuaufl. The Work of Frank Lloyd Wright. The Great Wendingen Edition, New York, 1965; vgl. Wright 1910).

Wilber, D. N.: The Architecture of Islamic Iran: the Il Khanid Period, Princeton, 1955 (Reprint New York, 1955).

Persian Gardens and Garden Pavilions, 1962.

Wilcoxon, R.: Megastructure. In: Council of Planning Librarians Exchange Bibliography, Monticello (Ill.), 1968.

Wild, F., und W. Pawlik: Warenhaus und Einkaufszentren, 1972.

Wildmann, A.: s. Stegmann.

Wilhelm K.: Walter Gropius, Industriearchitekt, 1983.

Porträt Frei Otto, Berlin, 1985.

Wilk, Ch.: Marcel Breuer, Furniture and Interiors, 1982.

Wilkes, L.: John Dobson. Architect and Landscape Gardener, Stocksfield, 1980.

Wilkins, B.: s. Benton.

Willard, C.: Frank Lloyd Wright, New York, 1972.

Willard, S.: Plans and Sections of the Obelisk on Bunker's Hill, Boston, 1843.

Willet, J.: Expressionism, London, 1971.

Willetts, W.: Chinese Art, Harmondsworth, 1958.

Williams, G. R.: Decimus Burton, London, 1984.

Williamson, H. R.: Sir Balthazar Gerbier, London, 1949.

Willich, H.: Giacomo Barozzi da Vignola, Straßburg, 1906.

(mit Zucker, P.), Die Baukunst der Renaissance in Italien, Bd. 1: 1914, Bd. 2: 1929, Berlin/Neubabelsberg, 1929.

Wilpert, J.: I sarcofagi christiani antichi, Rom, 1929.

Wilson, C.: The Gotic Cathedral. The Architecture of the Great Church 1130-1530, 1990.

Wilson, G. R.: McKim, Mead & White, 1983.

Wilson, H.: Old Colonial Architecture in New South Wales and Tasmania, Sidney, 1923.

Wilson, M.: William Kent, 1984.

Wilson, T. B.: Two Leeds Architects: Cuthbert Brodrick and George Corson, Leeds, 1937.

Wilton, Ely, J.: The Mind and Art of Giovanni Battista Piranesi, London, 1978.

Winckelmann, J. J.: Gedanken über die Nachahmung der griechischen Werke in der Malerei und Bildhauerkunst, Stuttgart, 1755.

Abhandlung von der Fähigkeit der Empfindung des Schönen in der Kunst, Dresden, 1763.

Geschichte der Kunst des Altertums, Dresden, 1764 (Neuaufl. Berlin, 1913).

Windsor, A.: Peter Behrens. Architekt und Designer, 1981 (Stuttgart, 1985).

Wines, J.: De Architecture, New York, 1987.

Dessins d'Architecture, Paris, 1989.

Wingler, H. M.: s. a. Bauhaus: Das Bauhaus, Bramsche, 1962.

Das Bauhaus. Weimar – Dessau – Berlin und die Nachfolge in Chicago seit 1937, (1975³).

Bauhaus-Archiv, Sammlungskat. Museum für Gestaltung, Berlin, 1981.

Winkler, K.-J.: Der Architekt Hannes Meyer. Anschauungen und Werk, 1989.

Winter, R.: s. Gebhard 1965.

Wiseman, C.: I. M. Pei. A Profile in American Architecture, Schaffhausen, 1990.

Wissowa, G.: s. RE.

de Wit, W.: (mit van Burkom, F. u. a.), Nederlandse architectuur 1910-1930. Amsterdamse School, Amsterdam, 1975.

Expressionismus in Holland. Die Architektur der Amsterdamer Schule, Stuttgart, 1986.

Wittek, K. H.: Die Entwicklung des Stahlhochbaus, Düsseldorf, 1964.

Wittkower, R., s. a. Brauer; Saxl: Carlo Rainaldi and the Roman Architecture of the Full Baroque. In: Art Bulletin, New York, 1937.

Lord Burlington and William Kent. In: Archaeological Journal, London, 1945.

Architectural Principles in the Age of Humanism, London, 1949 (1952, 1988).

The Architecture of Brunnelleschi and the Origins of Perspective Theory, Warburg, 1953.

Gian Lorenzo Bernini. The Sculptor of the Roman Baroque, London, 1955.

S. Maria della Salute, New York, 1958.

Piranesi, Smith College Museum of Art, Northampton (Mass.), 1961.

La cupola di San Pietro di Michelangelo – Riesame critico delle testimonianze contemporanee, Florenz, 1964.

Art and Architecture in Italy 1600-1750, Pelican History of Art, Harmondsworth, 1965 (1973³).

(u. a.), Studi sul Borromini, Rom, 1970-72.

(u. a.), Bernardo Vittone e la disputa fra classicismo e barocco nel Settecento, Turin, 1972.

Palladio and Palladianism, London, 1974.

Wodehouse, L.: White or McKim Mead & White, London/New York, 1988.

Wohnbund: Wohnpolitische Innovationen '91, Darmstadt, 1991.

Wohnpolitische Innovationen '92, Darmstadt, 1992.

Wolf, F.: Der Künstlerkreis um Josef Effner, München, 1963.

François de Cuvilliés, München, 1967.

Wolf, G. J.: Max Littmann, 1862-1931, München, 1931.

Wolf, P.: Wohnung und Siedlung, Berlin, 1926.

Wolfe, Tom: From Bauhaus to our House, New York, 1982.

Mit dem Bauhaus leben: Die Diktatur des Rechtecks, Königsstein, i. T., 1982.

Wolfenbüttel: Zur Geschichte der Architekturvermittlung, Kat. Ausst. Wolfenbüttel, 1984.

Wölfflin, H.: Renaissance und Barock, München, 1888 (Neuaufl., Hg. H. Rose, München, 1926).

Die Klassische Kunst, München, 1899.

Kunstgeschichtliche Grundbegriffe. Das Problem der Stil-Entwicklung in der neueren Kunst, München, 1915 (1923²); idem, Eine Revision. In: Logos, Nr. 2, 1933).

Schönheit des Klassischen, Gedanken zur Kunstgeschichte, Basel, 1940.

Wolter, B.-M.: Deutsche Palastbaukunst 1750-1850. Theorie – Entwurf – Baupraxis, Wiesbaden, 1991.

von Wolzogen, A. (Hg.): Aus Schinkels Nachlaß …, 3 Bde., Berlin, 1862-63.

Wood, M.: The Medieval English House, London, 1965.

Wood Roper, L.: FLO, A Biography of Frederick Law Olmsted, Baltimore/London, 1973.

Woods, L.: Lebbeus Woods. Onefivefour, 1990.

Woods, M., und A. S. Warren: A History of Greenhouses, Orangeries and Conservatories, London, 1988.

Woods, S.: Canadilis, Josic, Woods. A Decade of Architecture and Urban Design, Stuttgart, Bern, 1968.

Woodward, C.: Skidmore, Owings & Merrill, London, 1968 (1970).

Worbs, D.: Die Wiener Arbeiterterrassenhäuser von Adolf Loos, 1923. In: Werkbundarchiv 4, 1979.

Der Raumplan von Adolf Loos. Die Entwicklung der Raumplanung bei Villen und Massenwohnbauten, München, 1985.

Wormald, F.: s. Grodecki 1973.

Wörner, H. J.: Zieblands Basilika in München und Hardeggers Liebfrauenkirche in Zürich. In: Das Münster, 27, 1974.

Architektur des Frühklassizismus in Süddeutschland, München, 1979.

Worringer, W.: Griechentum und Gotik vom Weltreich des Hellenismus, München, 1928.

Wortmann A. (Hg.): Melnikov. The Muscles of Invention, Rotterdam, 1990.

Wortmann, R.: 600 Jahre Ulmer Münster, Ulm, 1977.

Wrage, W.: Die Straße der Kasbahs. Unter den Berbern Südmarokkos, Radebeul, 1967.

Wragg, M.: John Carr in Portugal. In: Architects Review 125, 1959.

Wrede, S.: The Architecture of Erik Gunnar Asplund, Cambridge/London, 1980.

Wren, Sir Ch.: Sir Christopher Wren and The Making of St. Paul's, 1991.

Wright, F. Ll.: Ausgeführte Bauten und Entwürfe von Frank Lloyd Wright, Berlin, 1910 (vgl. Wijdeveld, Rep. 1983).

Frank Lloyd Wright. Ausgeführte Bauten, Berlin, 1911.

An Autobiographie, New York, 1932 (London, 1946).

An Organic Architecture – The Architecture of Democracy, London, 1950.

The Natural House, New York, 1954.

A Testament, New York, 1957.

The Living City, New York, 1958.

Frank Lloyd Wright's Drawings for a Living Architecture, New York, 1959.

Frank Lloyd Wright: Writings and Buildings, New York, 1960.

Selected Houses, 8 Bde. (Bd. 6 noch nicht erschienen), 1989-1991.

Frank Lloyd Wright, Köln, 1991.

Wright, L.: Perspective in perspective, London, u. a., 1982.

Wright, S. H.: Highlights of Recent American Architecture: a Guide to Contemporary Architects and their Leading Works Completed, 1945-1978, Metuchen/N. J. u. a., 1982.

Wu, N.: Chinese and Indian Architecture, London/New York, 1963.

Wulf, J.: Die bildenden Künste im Dritten Reich, Gütersloh, 1963.

Wünsten, E.: Die Architektur des Manierismus in England, Leipzig, 1951.

Wurm, H.: Der Palazzo Massimo alle Colonne in Rom, Berlin, 1965.

Baldassare Peruzzi, Architekturzeichnungen, 1981 (Tübingen, 1984).

Wurz, E.: Der Ursprung der Kretischmykenischen Säulen, München, 1913.

Spirale und Volute, 1914.

(mit Wurz, Rh.), Die Entstehung der Säulenbasen des Altertums unter Berücksichtigung verwandter Kapitele, Heidelberg, 1925.

Wustmann, G.: Der Leipziger Baumeister Hieronymus Lotter …, Leipzig, 1875.

Wynn, M. (Hg.): Planing and Urban Growth in Southern Europe. Studies in History Planning and the Environment Series (Griechenland, Italien, Portugal, Spanien und Türkei), 1984.

Wyss, B. (Hg.): Vitruv: Baukunst (Einf. G. Germann), dt. erweiterte Neuausg., 2 Bde., Zürich, 1987.

Y

Yamada, Ch.: Die Chinamode des Spätbarock, Berlin, 1935.

Yamasaki, M.: A Life in Architecture. Designer of the Controversial Twin-Towered World-Trade-Center, New York. His Life and Philosophy, New York/Tokio, 1980.

Yamashita, K., und H. Suzuki: Decorated Walls of Modern Architects, 1983.

Yanagi, S., Leach, B.: The Unknown Craftsman – A Japanese Insight into Beauty, Tokio, 1972.

Yazdani, G.: Ajantä, Hayderabad/London, 1930-55.

Ybl, E.: Ybl Miklós, Budapest (ungar.), 1956.

Yetkin, S. K., u. a.: Turkish Architecture, Ankara, 1965.

Yi Haesŏn: Hanguk ui kokung (Die alten Paläste Koreas), Seoul, 1982.

Yorke, F. R. S.: The Architecture of Yorke, Rosenberg and Mardall, 1944-72, London, 1973.

Yoshida, T.: The Japanese House and Garden, London, 1955 (1963).

Gardens of Japan, New York, 1957.

Young, E. B.: Lincoln Center. The Building of Institutions, New York, 1980.

Youngson, A. J.: The Making of Classical Edinburgh, Edinburgh, 1966.

Z

Zacharias, Th.: Joseph Emanuel Fischer von Erlach, Wien/München, 1960.

Zachwatowicz, J.: Polish Architecture up to the Mid-19th Century, Warschau, 1956 (1967).

Zádor, A.: Mihály Pollack, Budapest, 1960.

Zahar, M.: D'une doctrine d'architecture: Auguste Perret, Paris, 1959.

Žakavec, D.: Dusan Jurkovič, Prag, 1928.

Zaloziecky, W. R.: Die Sophienkirche in Konstantinopel, Rom/Freiburg, 1936.

Zamarino, N.: La centinatura per volte, Genua, 1959.

Zander, G.: s. Golzio 1963.

Zanella, V.: s. Angelini 1967.

Giacomo Quarenghi. Architetto a Pietroburgo. Lettere a altri scritti, Venedig, 1988.

Zangheri, L., s. Borsi 1974; Savi 1977; Gurrieri.

Zardini, M.: Gae Aulenti. Il Museo d'Orsay, Mailand, 1987.

Zeitler, R. (Hg.): Reclams Kunstführer Schweden, Kunstdenkmäler und Museen, 1985.

Zendralli, A. M.: Graubündner Baumeister und Stukkatoren in deutschen Landen zur Barock- und Rokokozeit, Zürich, 1930.

Zerbe, J., und C. Conolly: Les Pavillons of the Eighteenth Century, 1962.

Zeri, F.: Giuseppe Valeriani. In: Paragone, VI, 1955.

Zevi, B., s.a. EUA: Alberti; Architettura; Palladio; Sanmicheli: Frank Lloyd Wright, Mailand, 1947 (1954).

Erik Gunnar Asplund, Mailand, 1948 a.

Louis H. Sullivan: la vita e le opere, Mailand, 1948 b.

Saper vedere l'architettura, Turin, 1948 c (1976[11]).

Architettura e storiografia, Mailand, 1950 a (Turin, 1978)

Storia dell'architettura moderna, Turin, 1950 b (Neuaufl. 1975).

Towards an Organic Architecture, London, 1951.

Poetica dell'architettura neoplastica, Mailand, 1953 (Neuaufl. Turin, 1974).

Richard Neutra, Mailand, 1954.

(Vorwort), Mostra dell'architettura paesaggistica brasiliana di Roberto Burle Marx, Kat. Ausst. Rom, 1957.

Biagio Rossetti architetto ferrarese, Turin, 1960 (Reprint Saper vedere l'urbanistica – Ferrara di Biagio Rossetti, la prima città moderna europea, Turin, 1971; 1977[3]).

Attualità del Borromini. In: Studi sul Borromini, Atti del Convegno dell'Accademia di S. Luca, Rom 1967.

Erich Mendelsohn, opera completa, Mailand, 1970.

Architettura in nuce, Florenz (1979); vgl. EUA: Architettura, 1972.

Filippo Brunelleschi. In: Die Große Weltgeschichte, Zürich, 1973 a.

Il linguaggio moderno dell'architettura, Turin, 1973 b.

Wright, Frank Lloyd, ›Encyclopaedia Universalis‹, Paris, 1974.

(Hg.), Frank Lloyd Wright, Bologna, 1979.

(Hg.), Giuseppe Terragni, Bologna, 1980.

De Stijl. The Poetics of Neo-Plastic Architecture, 1982.

(Hg.), Erich Mendelsohn, 1983.

Giuseppe Terragni, Zürich, 1989.

Zevi, M. (Hg.): Architettura e computer, Rom, 1972.

Zhong, Y., und Y. Chen (Hg. für das Institute of the History of Natural Science, Chinese Academy of Science): History and Development of Ancient Chinese Architecture, Beijing, 1986.

Zhuoyun, Y.: Palaces of the Forbidden City (The Imperial Palace at the Centre of Peking), 1984.

Ziesel, W.: Ingenieurbaukunst. Wiener Akademiereihe, Bd. 26, 1989.

Ziffer, A.: Bruno Paul. Deutsche Raumkunst und Architektur zwischen Jugendstil und Moderne, München, 1992.

Zignoli, V.: Costruzioni metalliche, 2 Bde., Turin, 1956.

Ziino, V.: Contributi allo studio dell'architettura del '700 in Sicilia, Palermo, 1950.

Zimmer, E.: Rudolf Steiner als Architekt von Wohn- und Zweckbauten, Stuttgart, 1970 (1985[2]).

Zimmer, H.: The Art of Indian Asia, New York, 1955.

Zinkhahn W., und W. Söfker: Einführung zum Baugesetzbuch. In: Baugesetzbuch, München, 1991.

Zoeller, W.: Fenster als Element der Baugestaltung, Schorndorf b. Stuttgart, 1961.

Zola, E.: Le ventre de Paris, Paris, 1873.

Zorzi, G. G.: I disegni di antichità di Andrea Palladio, Venedig, 1959.

Le opere pubbliche e i palazzi privati di Andrea Palladio, Venedig, 1964.

Le chiese e i ponti di Andrea Palladio, Venedig, 1967.

Le ville e i teatri di Andera Palladio, Venedig, 1969.

Zorzi, R.: s. Volponi.

Zsadova, L. A.: Tatlin, Budapest/Moskau, 1984.

Zschietzschmann, W.: Die Hellenistische und Römische Kunst, Handbuch der Kunstwissenschaft, Potsdam, 1939.

Zuccalli, P.: s. EAM.

Zucchi, B.: Giancarlo De Carlo Architect, Mailand, 1991.

Zucchini, G.: Documenti per la storia del S. Petronio di Bologna. In: Miscellanea di storia dell'arte in onore di Igino Benvenuto Supino, Florenz, 1933.

Zucker, P., s.a. Willich 1929: Die Brücke, Typologie und Geschichte ihrer künstlerischen Gestaltung, Berlin, 1921.

(mit G.O. Stindt), Lichtspielhäuser. Tonfilmtheater, Berlin, 1931.

Zug der Zeit: Kat. Ausst. Nürnberg/Berlin, 1985.

Zukowsky, J. (Hg.): Mies van der Rohe. Reconsidered. His Career: Legacy and Disciples, New York, 1986.

(Hg.), Chicago-Architektur 1872-1922, München, 1987.

(mit Schwartz, H.P.), Mies van der Rohe, Kat. Frankfurt, 1987.

(Vorwort), Louis Sullivan. An Illustrated Catalogue from the Collection in the Art Institute of Chicago, Hamden, 1990.

(mit Wardropper, I), Austrian Architecture and Design. Beyond Tradition in the 1990s, Berlin, 1991.

Zülch, W.K.: Die Entstehung des Ohrmuschelstils, Heidelberg, 1932.

Zuniga, O.: Mathias Goeritz, Mexiko City, 1963.

Ortsregister der Abbildungen

Bildnachweis

Die Abbildungen stammen, soweit sie nicht dem Archiv des Verlags entnommen sind, aus folgenden Quellen (Ziffern verweisen auf die Seite der Abbildung, Ziffern in Klammern auf die Nummer der Abbildung; die Zählung erfolgt je Seite von der ersten zur dritten Spalte, wobei innerhalb der Spalte von oben nach unten gezählt wird):

Ackerman: Palladio, Harmondsworth (Penguin) 476 (3).
Adam: The Works in Architecture of Robert and James Adam, London (Academy) 13 (1).
Adorni: Architettura Farnesiana a Parma 1545-1630, Parma (Battei) 22 (3).
Alinari, Florenz 671 (6).
Ambasz: The Architecture of Luis Barragán, New York (The Museum of Modern Art) 68 (6), 69 (1, 3, 5), 480 (5).
Anderson, Rom 214 (5), 493 (1).
Andrews: Architecture in New York, New York (Harper and Row) 506 (1).
Anton: Altamerika und seine Kunst, Leipzig (Seemann) 410 (4), 413 (3), 414 (3), 415 (1, 2), 417 (1), 698 (1).
L'architecture d'aujourd'hui, Sondernr. Panorama 1960 Boulogne 104 (4), 105 (1), 189 (7), 447 (1, 2), 628 (6), 635 (4).
Architecture in Britain Today, Feetham (Hamlyn) 401 (3).
L'architettura, November 1983, Mailand (Fabbri) 406 (3).
Archithèse, Niederteuffen (Niggli) 571 (3).
Arnason: History of Modern Art, New York (Abrams) 53 (8), 101 (2), 118 (4), 274 (3), 281 (4), 283 (2), 284 (4), 332 (1), 343 (3), 349 (5), 422 (7), 443 (4), 470 (1), 529 (4), 541 (2, 3), 578 (1), 602 (3), 604 (3), 675 (4).
Arpe: Bildgeschichte des Theaters, Köln (DuMont) 114 (2, 6), 115 (4).

Bachmann, E.: Residenz Ansbach, Amtl. Führer, München (Bayer. Verw. der Staatl. Schlösser, Gärten u. Seen) 528 (5).
Bachmann, E.: Schloß Aschaffenburg, Amtl. Führer, München (Bayer. Verw. der Staatl. Schlösser, Gärten u. Seen) 487 (2), 530 (3, 5), 561 (4).
Bachmann, W.: Die Architekturvorstellungen der Anthroposophen, Köln (Böhlau) 31 (4).
Badawy: A History of Egyptian Architecture, Berkeley/Los Angeles (University of California Press) 16 (4), 17 (1).
Bagenal, Meades: The Illustrated Atlas of the World's Great Buildings, London (Salamander) 46 (5), 109 (1), 113 (4), 179 (2), 442 (6).
von Balthasar (Hg.): Der Vatikan, Stuttgart (Günther) 502 (2).
Bankel (Hg.): Haller von Hallerstein in Griechenland, Kat. Ausst., Berlin (Reimer) 264 (2).
Basile: L'architettura della Sicilia normanna, Catania/Caltanissetta/Rom (Cavallotto) 456 (4).
Battisti: Filippo Brunelleschi, Mailand (Elekta)/Stuttgart (Belser) 371 (1).
Baudry u.a.: Bourgogne romane, Paris (Zodiaque) 94 (Schulterb.).

Bauen heute, Architektur der Gegenwart in der Bundesrepublik Deutschland, Kat. Ausst. DAM Frankfurt (Klett) 175 (3), 271 (4).
Baumeister, 12, Dezember 1978, München (Callwey) 28 (6), 35 (3), 57 (3), 92 (4), 131 (2), 187 (4), 235 (3), 481 (7), 662 (1).
Baumgart: Geschichte der abendländischen Baukunst, Köln (DuMont) 211 (2).
Beard: The Work of Robert Adam, London (Academy) 14 (5).
Behnisch & Partner, Stuttgart (Hatje) 79 (2).
Benevolo: Geschichte der Architektur des 19. und 20.Jhs., München (dtv) 53 (5), 70 (4), 80 (4), 110 (3), 119 (2), 168 (5), 169 (2), 170 (4), 171 (1), 189 (1, 3), 224 (1), 226 (4), 267 (3), 331 (1), 462 (5), 471 (3), 511 (4), 551 (1), 579 (3), 635 (2), 672 (2).
Berckenhagen: Barock in Deutschland, Residenzen, Berlin (Hessling) 361 (1).
Berve, Gruben, Hirmer: Griechische Tempel und Heiligtümer, München (Hirmer) 269 (4), 340 (1), 489 (4), 513 (3).
Beton im Prisma, 5, Schriftenreihe des Informationszentrums BETON 454 (6), 486 (5).
Beyer (Hg.): Eric Mendelsohn, Letters of an Architect, London (Abelard-Schuman) 42 (3).
Biller, Rasp: München Kunst- und Kulturlexikon, München (Süddeutscher Verlag) 180 (4).
Bloomer, Moore: Architektur für den »Einprägsamen Ort«, Stuttgart (Deutsche Verlagsanstalt) 86 (3), 534 (6), 667 (1).
Bode, Peichl: Architektur aus Österreich seit 1960, Salzburg/Wien (Residenz) 38 (6), 174 (4), 469 (1, 2, 4).
Bonatz, Leonhardt: Brücken, Königstein/Ts. (Langewiesche) 107 (2, 3, 4), 108 (2), 109 (3).
Borràs, Vallès: Lluis Domènech i Montaner, Barcelona (Poligrafa) 600 (2).
Bräker: Südostasien, Olten/Freiburg i. Brsg. (Walter) 615 (1), 617 (1), 621 (2).
The Great Ages of World Architecture, New York (Braziller) 24 (1), 49 (3), 66 (4), 142 (3), 144 (1), 158 (2), 188 (3), 202 (4), 258 (5), 259 (3), 265 (2), 270 (1, 5, 6), 298 (2), 302 (3), 303 (1, 2), 304 (3, 4), 305 (1, 2), 306 (1), 315 (1, 4, 6), 316 (4), 319 (3), 320 (1, 5, 6), 345 (2, 4), 357 (5), 380 (3), 428 (1), 431 (4), 471 (3), 485 (1), 502 (1), 537 (1), 631 (6), 641 (2), 674 (2), 687 (1), 692 (3), 702 (2).
Brentjes, Mnazakanjan, Stepanjan: Die Kunst des Mittelalters in Armenien. Wien/München (Schroll) 15 (3), 43 (2, 3), 44 (2, 3, 4, 5).
Buddensieg, Rogge: Industriekultur, Peter Behrens und die AEG 1907-1914, Berlin (Gebrüder Mann) 80 (3), 669 (4).
Burckhardt: Die Kultur der Renaissance in Italien, Wien (Phaidon) 21 (1), 35 (5), 40 (2), 97 (1), 100 (4), 110 (4), 113 (5), 425 (1).
Burkhard 571 (1).
Burns: ›JAM‹, Projekte der Arthropoden, Köln (Phaidon) 144 (3), 493 (2, 3, 7).
Busch, Lohse (Hg.): Baukunst des Barock in Europa, Frankfurt/M. (Umschau) 506 (5), 512 (3), 530 (1), 546 (1), 591 (1), 633 (1), 701 (2, 3).
Busch, Lohse: Gothic Europe, London (Batsford) 94 (Überhöht. Spitzb.).
Bussmann, Leppien, Schneede: Kunst in der Revolution, Kat. Ausst. Frankfurter Kunstverein, 1972, Frankfurt (Alt) 114 (7), 629 (4).

Candilis – Josic – Woods, Ein Jahrzehnt Architektur n. Stadtplanung, Stuttgart (Krämer) 688 (6), 689 (1).
Cantacuzino: Charles Correa, Singapore (Concept Media) 294 (3), 604 (4).
Il cardinale Alessandro Albani e la sua villa, (Bulzoni) 399 (3).
Casteels: Die Sachlichkeit in der modernen Kunst, Paris/Leipzig (Jonquières) 70 (5), 468 (4), 483 (1, 2), 554 (3).
Chadwick: The Works of Sir Joseph Paxton, London (The Architectural Press) 480 (7), 481 (1, 2, 6).
Champigneulle: Paris, Paris (Seuil) 105 (2), 106 (4).
Chan-Magomedow: Pioniere der sowjetischen Architektur, Dresden (Verlag der Kunst) 189 (2), 297 (2), 358 (3, 4), 359, 383 (1, 4, 5).
150 Years of Chicago Architecture 1833-1983, Kat. Ausst. Museum of Science and Industry Chicago, 1983, Paris (Marchand) 539 (3).
Christoffel: Höhepunkte der abendländischen Architektur, München (Bruckmann) 167 (1), 207 (5), 385 (4), 689 (4).
de Cieza de Leon: Auf den Königsstraßen der Inkas, Stuttgart (Steingrüben) 107 (1).
Chaffardon: Clefs, 2/1978, Paris (Lumière) 93 (1).
Clay, Langdon 331 (2).
Clemen: Gotische Kathedralen in Frankreich, Zürich/Berlin (Atlantis) 78 (5), 94 (Kleeblattb.), 331 (5).
Conrads, Sperlich: Architèture fantastique, Paris (Delpiré) 11 (6, 7), 53 (3, 4), 132 (2, 4), 133 (1), 159 (7), 285 (2), 382 (5), 394 (5), 408 (7), 551 (2), 553 (1), 692 (5).
Contemporary Architecture in South Africa (State Information Office) 614 (5).
Cooper (Hg.): Mackintosh Architecture, London (Academy), New York (St. Martin's) 391 (3), 392 (4).
Country Life 512 (2).
Cresti: Le Corbusier, Florenz (Sadea-Sansoni) 373 (2, 5), 374 (3, 6).
Curtis: Modern Architecture since 1900, Oxford (Phaidon) 85 (4), 332 (4), 400 (5), 558 (2), 588 (5), 628 (1), 630 (2, 5), 691 (5), 692 (6).

Dabrowski 51 (5).
Danesi, Paletta: Il razionalismo e l'architettura in Italia durante il fascismo, Venedig/Martellago (Alfieri) 443 (5).
Decker: Italia Romanica, Wien/München (Schroll) 128, 145 (3), 463 (5).
Döhnert: Messe- und Ausstellungsbauten, München (Callwey) 53 (1).
Drew: The Third Generation, New York (Pall Mall) 27 (1), 28 (3), 34 (3), 53 (2), 54 (5), 76 (1, 2), 454 (2), 510 (1), 511 (5), 524 (4), 533 (2), 547 (1, 3), 633 (5), 692 (1).
Drexler: Transformations in Modern Architecture, New York (The Museum of Modern Art) 151 (1, 2), 183 (3, 4), 213 (1, 3), 238 (2), 257 (1, 3, 4, 5), 261 (3), 332 (2), 338, 367 (4), 464 (4), 469 (3), 481 (5), 502 (3), 525 (2), 556 (2), 661 (7).
du, Zürich (Conzett & Huber) 75 (4), 110 (5), 185 (3), 219 (4), 279 (2), 280 (4, 6), 299 (6), 406 (5), 435 (1, 2) 457 (5), 461 (2, 6), 475 (3).
Dunbar: The Historic Architecture of Scotland, London (Batsford) 564 (2, 3, 4, 7), 565, 566 (1).
Dupont, Gnudi: Les grands siècles de la peinture, La peinture gothique, Paris (Editions d'art Albert Skira) 36 (3).

Les éditions du temps, Paris 208 (1).

Edwards: Die Ägyptischen Pyramiden, Wiesbaden (Harassowitz) 516 (7).

Eggebrecht (Hg.): Glanz und Untergang des alten Mexiko, Kat. Ausst. Haus der Kunst München, Mainz (von Zabern) 409 (1), 410 (1), 411 (1, 2, 4), 412 (1, 3, 5, 6) 413 (2), 414 (2).

Emanuel (Hg.): Contemporary Architects, London/ Basingstoke (Macmillan) 281 (3), 477 (4), 481 (3), 523 (4), 605 (1).

Erickson: The Architecture of Arthur Erickson, Montreal (Tundra Books) 186 (5).

Fagone: Luciano Baldessari, progetti e scenografie, Mailand (Electa) 53 (6), 63 (1).

Feuchtmüller-Mrazek: Kunst in Österreich 1860-1918, Wien/Hannover/Bern (Forum) 264 (6), 280 (1), 457 (1), 468 (2, 5, 6), 493 (6).

Fils (Hg.): Oscar Niemeyer, Berlin (Fröhlich & Kaufmann) 455 (4).

Fleischhauer: Renaissance im Herzogtum Württemberg, Stuttgart/Berlin/Köln/Mainz (Kohlhammer) 557 (1, 2, 4).

Formaggio: Il Barocco in Italia, Mailand (Mondadori) 97 (6).

Frampton (Hg.): Tadao Ando, Buildings, Projects, Writings, New York (Rizzoli) 27 (3, 4, 7).

Franklin, Ross: Beyond Metabolism, The New Japanese Architecture, New York (Mc Graw-Hill Book Company) 460 (5).

Freixa: José Luis Sert, Zürich (Artemis) 576 (2).

Freystadt, Kunstführer Nr. 722, München/Zürich (Schnell und Steiner) 673 (3).

Fry: Art in a Machine Age, London (Methuen) 374 (2), 686 (3).

GA – Global Architecture Document 11, (Hg.) Y. Futagawa, Tokio (A. D. A. Edita) 55 (1), 658 (1).

GA – Global Architecture 12, (Hg.) Y. Futagawa, Tokio (A. D. A. Edita) 390, 676.

Galbiati, Raboni, Rasponi (Hg.): Venti progetti per il futuro del Lingotto, Mailand (Fabbri) 95 (4), 96 (1, 4), 193 (1), 245 (2), 282 (3), 297 (6), 533 (6).

Gallas, Klaus, München 173 (3), 179 (3), 242 (3), 243 (4), 261 (1), 347 (2), 430 (3, 5), 439 (1, 2), 456 (1, 2), 601 (3), 602 (2, 5), 687 (2).

Gallas, Kreta: Ursprung Europas, München (Hirmer) 430 (6), 431 (1, 2), 439 (3, 7).

Garner (Hg.): Dekorative Kunst 1890-1940, Luxemburg (Ebeling) 442 (5).

Gascoigne: Illustrierte Weltgeschichte des Theaters, München/Wien (Langen-Müller) 36 (2), 114 (3, 4).

Gautner, Pobé, Roubier: Gallia Romanica, Wien/ München (Schroll) 344 (4).

Germann: Gothic Revival, London (Lund Humphries) 371 (3), 514 (6).

Gibbs, Smith: The great Exhibition of 1851, London (Her Majesty's Stationary Office) 510 (3).

Gibellino Krasceninnicowa: L'architettura russa nel passato e nel presente, Rom (Palombi) 606 (4).

Giedion: Griechische Architektur und das Phänomen des Wandels, Tübingen (Wasmuth) 395 (1).

Giedion: Walter Gropius, Mensch und Werk, Zürich (Neuenschwander), Stuttgart (Hatje) 74 (1, 2), 301 (5).

Giedion: Raum, Zeit, Architektur, Ravensburg (Otto Maier) 393 (1, 2, 3), 419 (3).

Giedion: Spätbarock und Romantischer Klassizismus, München (Bruckmann) 365 (3, 5).

Girouard: Robert Smythson and the Architecture of the Elizabethan Era, London (Country Life) 588 (1).

Glaßner, Clasen: Zehn deutsche Dome, Zürich (Atlantis) 76 (6), 91 (4), 489 (1).

Göderitz (Hg.): Fritz Schumacher, Sein Schaffen als Städtebauer und Landesplaner, Tübingen (Wasmuth) 566 (2).

Gomme, Walker: Architecture of Glasgow, London (Lund Humphries) 636 (6), 637 (1).

Grimschitz: Wiener Barockpaläste, Wien (Wiener Verlag) 400 (3).

Grimschitz, Feuchtmüller, Mrazek: Barock in Österreich, Wien/Hannover/Bern (Forum) 199 (2), 200 (1).

Gubitosi Izzo: Eduardo Catalano, Rom (Officina) 41 (4), 76 (5).

Gubler: Der Vorarlberger Barockbaumeister Peter Thumb, Sigmaringen (Thorbecke) 637 (2, 6).

A Guide to Japanese Architecture, Tokio (Shinkenchiku-sha) 312 (2), 328 (7), 329 (5), 330 (1, 2, 3), 350 (2), 394 (1), 437 (3), 470 (3), 524 (2, 3), 695 (2).

Guinness, Sadler jr.: The Palladian Style, London (Thames & Hudson) 144 (4), 671 (1).

Günther: Interieurs um 1900, München (Fink) 477 (2, 3).

Gutbrod: DuMont's Geschichte der Frühen Kulturen, Köln (DuMont) 77 (3), 698 (4, 5).

Hallmann: Leningrad, Leipzig (Seemann) 523 (2).

Harlap: New Israel Architecture, Rutherford, Madison, Teaneck, London (Associated University Press) 312 (6), 313 (2, 5, 6, 7).

Hatje (Hg.): Knaurs Stilkunde, München/Zürich (Droemer Knaur) 37 (4).

Helbig, Konrad, Frankfurt/Main 682 (4).

Hemming, Rauney: Monuments of the Incas, Boston (Little, Brown) 402 (5), 607 (3), 696, 698 (2), 699 (1, 4), 700 (4).

Hennebo, Hoffmann: Geschichte der deutschen Gartenkunst, Der Landschaftsgarten, Hamburg (Broschek) 514 (3).

Herbert: Martienssen and the International Style, Kapstadt/Rotterdam (Bakema) 614 (1).

Herrmann: Laugier and Eighteenth Century French Theory, London (Zwemmer) 372 (3).

Herselle Krinsky: Synagogues of Europe, New York (The Architectural History Foundation), Cambridge, Mass. (MIT Press) 624 (1, 2, 3), 625 (1, 3).

Architekt u. Ingenieur, Kat. Ausst. Herzog August Bibliothek Wolfenbüttel 37 (1, 5), 38 (1, 4), 220 (1, 4), 281 (2), 674 (3, 4).

van der Heyden (Hrsg.): Bildatlas der klassischen Welt, Gütersloh (Mohn) 188 (2).

Higashi: BCS Prize Works 1983, Tokio (Teizo Higashi) 547 (2).

Hitchcock, Fein, Weisman, Scully: The Rise of an American Architecture, London (Pall Mall) 200 (4), 281 (1), 285 (1), 659 (3).

Hootz (Hg.): Bildhandbuch der Kunstdenkmäler, München /Berlin (Deutscher Kunstverlag) 49 (2), 154 (3), 266 (4), 276 (3), 319 (1), 372 (4), 373 (1), 449 (2), 451 (2), 452 (4), 453 (1), 466 (2, 4, 5), 532 (5), 554 (4), 568 (1), 606 (2, 3, 5), 631 (1), 636 (4), 641 (1, 5), 648 (6), 653 (2), 654, 655 (1, 2, 5), 656 (1, 4), 672 (1), 779 (7), 780 (2, 4, 5).

Hootz (Hg.): Deutsche Kunstdenkmäler, München/ Berlin (Deutscher Kunstverlag) 48 (1), 79 (2), 91 (3), 112 (1), 141 (1), 182 (4), 191 (1), 259 (6), 271 (1), 280 (5), 323 (3), 337 (4), 634 (1), 683 (5).

Hornig: Oscar Niemeyer, Bauten und Projekte, München (Moos) 103 (2, 3), 146 (1), 455 (6, 7).

Huber, Steinegger: Jean Prouvé, Architektur aus der Fabrik, Zürich (Artemis) 514 (1, 5).

Hülsen: Rom (Walter) 23 (3).

Hürlimann (Hg.): Europa, Zürich (Atlantis) 104 (3), 107 (6).

Jaffé: Mondrian und De Stijl, Köln (DuMont) 73 (3), 159 (3, 4), 532 (4).

Jamasaki: Jamasiki, A Life in Architecture, New York/ Tokio (Weatherhill) 494, 695 (1).

Jencks: Bizarre Architektur, Stuttgart (Deutsche Verlagsanstalt) 455 (1), 486 (2), 487 (1).

Jencks: Late Modern Architecture, New York (Rizzoli) 202 (5), 681 (1).

Jencks: Modern Movements in Architecture, Harmondsworth (Penguin) 23 (1), 25 (5), 27 (2), 34 (5), 52 (van de Velde), 134 (1), 189 (4), 232 (5), 290 (4), 374 (7), 486 (3), 493 (4), 511 (1), 592 (1), 629 (7).

Jencks: Skyscrapers-Skycities, London (Academy) 283 (1), 502 (5), 517 (1), 602 (4).

Joedicke: Architektur und Städtebau, Das Werk van Broek und Bakema, Stuttgart (Hatje) 62 (3).

Joedicke: Architektur im Umbruch, Stuttgart (Karl Krämer) 567 (1, 2).

Joedicke: Dokumente der modernen Architektur, Stuttgart (Krämer) 42 (2), 670 (3), 688 (4).

Joedicke: Geschichte der modernen Architektur, Stuttgart (Hatje) 29 (3), 73 (4), 83 (2), 93 (3), 159 (2), 325, 408 (1), 422 (5), 423 (7), 462 (3), 586 (1), 631 (5), 668 (2).

Joedicke, Plath: Die Weissenhofsiedlung, Stuttgart (Krämer) 605 (3), 630 (4).

Johnson, E. J. (Hg.): Charles Moore, Kat. Ausst. DAM Frankfurt/Main 506 (6).

Johnson, Ph.: Mies van der Rohe, Boston (New York Graphic Society), Copyright: The Museum of Modern Art, New York 426 (2, 6), 427 (1, 3).

Jullian: Histoire de l'architecture moderne en France de 1889 à nos jours, Paris (Sers) 554 (5).

Kadatz: Wörterbuch der Architektur, Leipzig (Seemann) 403 (1), 470 (2).

Kammerer, Belz: Kucher und Partner, Werkbericht, Stuttgart (Hoffmann) 340 (4).

Kaufmann, Raeburn (Hg.): Frank Lloyd Wright, Schriften und Bauten, München/Wien (Langen – Müller) 691 (2, 3).

Kern: Kalenderbauten, Kat. Ausst. Neue Sammlung München, 1976 417 (3), 418 (3, 6).

F. Kiesler, Architekt, Kat. Ausst. Galerie nächst St. Stephan Wien 350 (1, 5, 6).

Kimpel: Paris, Führer durch die Stadtbaugeschichte, München (Hirmer) 387 (1).

Kjelberg, Françoise 211 (2).

Klapheck: Neue Baukunst in den Rheinlanden, Düsseldorf (Schwann) 70 (2), 198 (3).

Klein, Walter, Gerresheim 171 (4).

Kletzl: Peter Parler – Der Dombaumeister von Prag, Leipzig (Seemann) 478 (4), 479 (1, 2, 4).

Klöckner: Der Blockbau, München (Callwey) 90 (4), 91 (1), 282 (2), 778 (5).

Klotz: Moderne u. Postmoderne, Braunschweig/Wiesbaden (Vieweg) 11 (2), 25 (2), 33 (4), 35 (1), 36 (5), 95 (5), 99 (1), 243 (2), 266 (2), 267 (2), 282 (4), 332 (3, 6), 353 (4), 407 (4), 433 (2, 3, 4), 460 (1), 465 (1), 474 (2), 506 (2, 3), 507 (2, 4, 5), 601 (2), 669 (1).

Klotz, Krase: Neue Museumsbauten in der Bundesrepublik Deutschland, Kat. Ausst. DAM Frankfurt/ Main 1985, Stuttgart (Klett) 171 (3), 174 (3), 282 (1), 407 (3), 427 (6), 487 (4), 508 (3), 609 (1, 3).

Konzerthaus Stuttgarter Liederhalle, Stuttgart (Pollert) 260 (3).

Koepf: Baukunst in fünf Jahrtausenden, Stuttgart/ Berlin/Köln/Mainz (Kohlhammer) 561 (2).

Krapf: Die Baumeister Gumpp, Wien, München (Herold) 260 (4, 5).

Krauß, Erich 214 (4).

Kühn: Schloß Charlottenburg Die Bauwerke und Kunstdenkmäler von Berlin, Berlin (Gebr. Mann) 186 (1).

Kultermann: Architektur im 20. Jahrhundert, Köln (DuMont) 26 (4), 42 (6), 170 (5), 297 (5), 350 (4), 398 (3), 427 (2), 493 (5), 517 (5), 642 (1).

Kultermann: Baukunst der Gegenwart, Tübingen (Wasmuth) 130 (4), 272 (5), 363 (1), 471 (4), 509 (1), 563 (6), 628 (4), 671 (2), 682 (3).

Kultermann: Neues Bauen in Japan, Tübingen (Wasmuth) 403 (3, 5), 418 (4, 7), 419 (2).

Kultermann: Zeitgenössische Architektur in Osteuropa, Köln (DuMont) 336 (3. 4. 6. 7), 337 (1), 470 (4), 499 (2, 5), 500 (1), 542 (2. 5). 578 (4), 593 (1), 594 (1, 2), 648 (1, 2, 4, 5), 781 (1, 3), 789 (3).

Kunst und Kirche 4/86, Blickpunkt Israel, Linz (Landesverlag) 312 (2), 313 (1).

Das Kunstwerk, März 1972, Frankfurt/Main 267 (1).

Kurokawa: Metabolism in Architecture, London (Studio Vista) 330 (5), 418 (5).

Lampugnani: Hatje Lexikon der Architektur des 20. Jahrhunderts, Stuttgart (Hatje) 46 (1, 3), 48 (3, 6), 57 (5), 63 (3), 88 (3), 103 (6), 197 (2, 3), 245 (3), 339 (1), 394 (2), 403 (2), 422 (4), 434 (1), 505 (3), 558 (5), 629 (2).

Lange, Hirmer: Ägypten, München (Hirmer) 18 (4), 286.

Larsson (Hg.): New architecture in Sweden, Stockholm (Svenska Arkitekters Riksförbund 585 (1, 2, 3).

Lasdun: Architecture in an Age of Scepticism, London (Heinemann) 148 (1), 371 (4), 588 (3).

László, Sáros 657 (5).

Lees-Milne: Saint Peter's, London (Hamish Hamilton) 298 (5).

Leonhardt: Brücken, Ästhetik und Gestaltung, Stuttgart (Deutsche Verlagsanstalt) 108 (3).

Lewcock: Early Nineteenth Century Architecture in South Africa, Kapstadt/Rotterdam (Balkema) 613 (4, 5).

Lieb: München, Die Geschichte seiner Kunst, München (Callwey) 199 (3), 271 (2), 574 (1).

Lieb, Dieth: Die Vorarlberger Barockmeister, München/Zürich (Schnell & Steiner) 637 (5).

Lieb, Hufnagl: Leo von Klenze, München (Callwey) 353 (3, 6).

Liebermann: Renaissance Architecture in Venice 1450-1540, London (Frederick Muller) 143 (2, 3), 384 (1, 3, 5), 527 (4), 550 (2). 639 (1).

Lloyd, Müller, Martin: Architektur der frühen Hochkulturen, Stuttgart (Belser) 76 (3).

Löffler: Das alte Dresden, Geschichte seiner Bauten, Dresden (Sachsenverlag) 353 (5), 357 (1), 567 (4), 605 (2), 606 (1), 683 (1, 3).

Longo: Antonio Petrini, Ein Barockarchitekt in Franken, München/Zürich (Schnell & Steiner) 485 (5).

Luckhardt: Wassili Luckhardt, Tübingen (Wasmuth) 604 (1).

von Luttiz, Astrid, Geilenkirchen 191 (2).

Lutyens: Edwin Luytens, London (Academy) 389 (1, 2, 4).

Madsen: Jugendstil, Europäische Kunst der Jahrhundertwende, München (Kindler) 335 (3).

Magnum 7, Köln (Du Mont) 51 (1).

Masson: Italienische Gärten, München, Zürich (Droemer, Knaur) 98 (3).

von Matt, Leonard 536 (5).

McKean, Walker: Edinburgh, An illustrated architectural Guide, Edinburgh (Scottish Academy Press) 492 (4, 5, 6).

Meeks: Italian Architecture 1750-1914, New Haven/London (Yale University Press) 398 (5), 488 (2, 4).

Meintzschel: Studien zu Maximilian von Welsch, Würzburg (Schöningh) 683 (2).

Metken: Revolutionsarchitektur, Boullée, Ledoux, Lequeu, Kat. Ausst., Staatl. Kunsthalle Baden-Baden 1970 41 (3), 99 (2), 295 (5), 348 (4), 379 (4), 405 (7), 528 (6).

Meyer: Hannes Meyer, Bauten, Projekte und Schriften, Teufen (Niggli) 423 (2, 4).

Middleton, Watkin: Architektur der Neuzeit, Stuttgart (Belser), Mailand (Electa) 352 (2), 500 (2).

Mindlin: Neues Bauen in Brasilien, München (Callwey) 679 (2, 3).

Moore: Canadian Architecture, Toronto (Burns Mac Eachern) 27 (6).

Moravánsky, Akos 657 (1, 2, 3, 4).

Moschini, Canaletto, Mailand (Martello) 38 (2), 195 (3), 541 (1).

von der Mülbe, Wolf-Christian, München 178.

Murray: Die Architektur der Renaissance in Italien, Stuttgart (Belser), Mailand (Electa) 83 (4), 540 (5).

Twentieth Century Engineering, Kat. Ausst. The Museum of Modern Art, New York 1964 214 (2), 299 (3), 379 (1).

Nerdinger (Hg.): Süddeutsche Bautradition im 20. Jh., (Architekten der Bayerischen Akademie der Schönen Künste), Kat. Ausst. Residenz München 1985, München (Callwey) 96 (3, 5).

Nervi (Hg.): Weltgeschichte der Architektur, Stuttgart (Belser) 65 (2), 555 (2), 667 (2).

Neubert, Sigrid, München 13 (2).

Die verborgene Vernunft, Kat. Ausst. Neue Sammlung München 1971 296 (1), 524 (1), 631 (4), 680 (3).

Weltausstellungen im 19. Jahrhundert, Kat. Ausst. Neue Sammlung München (Ch. Beutler) 461 (1).

Neumeister, Werner, München 472.

Noseda, Irma, Zürich 570 (2, 4), 571 (4).

Oliva (Hg.): Le stanze (Centro di Genazzano) 22 (1).

de Palol, Hirmer: Spanien, München (Hirmer) 142 (2), 358 (1), 595 (3).

Paolucci: Die Kirchen von Florenz, Florenz (Becocci) 426 (3).

Paulsson: Scandinavian Architecture, London (Hill) 581 (1, 2, 3), 582 (4, 5), 583 (2, 3, 5), 584 (1, 2, 3, 4).

Pearse: Eighteenth Century Architecture in South Africa, Kapstadt/Rotterdam (Balkema) 612 (1, 2), 613 (1, 2, 3).

Pedretti: Leonardo da Vinci, Stuttgart/Zürich (Belser) 424 (3).

Pehnt: Das Ende der Zuversicht, Berlin (Siedler) 25 (3, 6) 29 (4), 32 (2), 47 (1), 48 (2), 52 (Jofan, Melnikoff, Speer), 54 (1), 56 (2), 78 (3), 93 (2), 110 (1), 112 (3), 148 (2), 154 (4), 169 (3, 5), 170 (3, 7), 182 (2), 197 (5), 202 (1), 220 (3), 221 (2), 244 (3), 265 (4), 297 (3), 280 (3), 329 (3), 330 (6), 371 (6), 428 (5), 454 (4, 5), 455 (5), 515 (5), 552 (1, 4), 558 (4), 604 (5), 628 (7), 629 (6), 633 (3), 635 (1), 663 (4).

The Pelican History of Art, Harmondsworth (Penguin) 13 (4), 22 (3), 33 (3), 69 (2), 70 (1), 73 (1), 92 (2, 3, 5), 105 (3), 116 (1, 4), 117 (2, 4), 126 (4), 129 (1), 132 (3), 134 (3), 142 (1), 143 (1), 154 (1, 2), 158 (5), 174 (1), 176 (2, 3, 4), 177 (2), 192 (1, 6), 194 (1), 198 (1), 200 (4), 201 (2, 3), 219 (2), 224 (3), 239 (4), 268 (4), 318 (5), 320 (1, 3), 331 (3, 4), 333 (1), 334 (1), 348 (2, 3),

374 (4), 375 (1, 2, 4), 379 (3), 380 (5), 384 (2, 4), 385 (1, 3), 386 (2), 397 (3, 6), 398 (1, 2, 4), 399 (2, 4), 404 (1, 3, 5, 6), 485 (3), 500 (3), 501 (1), 513 (2), 548 (4), 549 (4), 550 (1, 4), 627 (1), 651 (4), 679 (4), 680 (6), 682 (2), 686 (1).

Pevsner: Some Architectural Writers in the Nineteenth Century, Oxford (Claredon Press) 515 (1), 530 (2, 4), 573 (1, 2), 673 (1, 2).

Pevsner: A History of Building Types, Princeton (Princeton University Press) 572 (3), 681 (3), 690 (2, 3).

Pevsner: Pioneers of Modern Design, Harmondsworth (Penguin) 51 (3).

Pica: Architettura moderna in Italia, Mailand (Hoepli) 196 (1), 322 (6), 434 (2), 487 (3), 533 (1), 632 (3).

Pidemski (Hg.): Leningrad, Leningrad (Aurora Art) 523 (6), 532 (3), 540 (4, 6), 546 (1), 665 (1).

Pignatti, Pullan: Le Scuole di Venezia, Mailand (Electa) 384 (6).

Pinder: Die Kunst der deutschen Kaiserzeit bis zum Ende der Staufischen Klassik, Leipzig (Seemann) 346 (1).

Pollack: The Picture History of Photography, New York (Abrams) 660 (6).

Pope-Hennessy: Italian Renaissance Sculpture, London (Phaidon) 320 (3).

Popper: Die Kinetische Kunst, Köln (Du Mont) 39 (1), 54 (3).

Portoghesi (Hg.): Dizionario enciclopedico di architettura e urbanistica, Rom (Istituto Editoriale Romano) 22 (4), 221 (1), 272 (1, 2, 3, 4), 424 (5), 426 (5), 445 (2), 446 (2, 5), 459 (1), 476 (5, 6), 485 (2), 498 (3), 501 (2), 531 (3, 4), 552 (3), 659 (2).

Portoghesi: Postmodern, New York (Rizzoli) 36 (4), 55 (2), 238 (3), 323 (1, 2), 345 (1), 433 (1, 5), 502 (6), 505 (4), 508 (4), 525 (1), 638 (1).

Pozzo: Perspectivae, Augsburg 344 (1, 2, 3, 4).

Propyläen Kunstgeschichte, Berlin (Propyläen) 31 (5), 32 (5), 38 (1), 64 (2), 77 (1), 90 (1), 105 (4), 106 (2), 119 (1), 126 (1, 2), 133 (4), 135 (3), 140 (4), 147 (3), 155 (1), 183 (1), 201 (1), 203 (3, 7), 207 (2), 209 (3), 216 (5), 229 (5, 6), 242 (1), 264 (3, 5), 265 (3), 266 (3), 271 (3), 278 (4), 284 (1), 298 (4), 336 (2), 339 (2), 344 (7), 346 (2), 349 (2), 356 (2, 4, 5), 357 (2), 368, 372 (1), 382 (3), 383 (6), 388 (3), 400 (4), 429 (2), 434 (4), 436 (2), 454 (3), 456 (3), 457 (2), 461 (5), 464 (1), 494 (1), 509 (2), 512 (5), 513 (1, 4), 515 (2, 3, 4), 522 (3), 529 (2, 3), 536 (3), 542 (3, 4, 6), 548 (2), 559 (5), 560 (2), 561 (1, 4), 562 (2), 563 (3, 4), 572 (4), 603 (5), 605 (4), 608 (1), 611 (3), 634 (2), 637 (3), 639 (4), 667 (5), 678 (2), 682 (2), 684 (3), 690 (1, 4), 703 (3).

Pühringer-Zwanowetz: Matthias Steinl, Wien/München (Herold) 607 (1, 2, 4).

Puppi: Andrea Palladio, München (dtv) 475 (2).

Raack: Das Reichstagsgebäude in Berlin, Berlin (Gebr. Mann) 678 (1).

Regamey: Kirche und Kunst im xx. Jahrhundert, Graz/Wien/Köln (Styria) 212 (4).

Reich: Spanien, München (Reich) 602 (6).

Reidy: Affonso Eduardo Reidy – Bauten und Projekte, Stuttgart (Hatje) 104 (1).

Remmer, Julius, München 542 (1).

Reps: Monumental Washington, Princeton (Princeton University Press) 278 (3), 429 (1), 637 (4).

Richards: 800 Years of Finnish Architecture, London (David & Charles) 184 (1).

Richards: An Introduction to Modern Architecture, Harmondsworth (Penguin) 248 (1).

Roggero: Il contributo di Mendelsohn all'evoluzione dell'architettura moderna, Mailand 408 (4, 5).

Rosenau: The Ideal City, London (Studio Vista) 603 (1).

Roubier, Jean 207 (3).

Rubens: William Richard Lethaby, His Life and Work, 1857-1931, London (The Architect Press) 380 (4).

Rudofsky: Architecture without Architects, Kat. Ausst. The Museum of Modern Art, New York 602 (1, 3), 687 (5).

Rukschcio, Schachel: Adolf Loos, Leben und Werk, Salzburg/Wien (Residenz) 385 (5), 386 (1, 3, 4).

Russel: Architektur des Jugendstils, Stuttgart (Deutsche Verlagsanstalt) 72 (1, 5), 73 (1), 174 (2), 211 (1), 244 (5), 260 (1, 2), 334 (4), 335 (6), 336 (1), 363 (5), 462 (1), 469 (5), 675 (3), 677 (3), 692 (4).

Saint: Richard Norman Shaw, London (Yale University Press) 576 (3), 577.

Die St. Ludwigskirche Darmstadt, München (Schnell & Steiner) 433 (1).

Salokorpi: Finnische Architektur, Frankfurt/Berlin (Ullstein) 197 (6).

Sartoris: Gli elementi dell'architettura funzionale, Mailand (Hoepli) 56 (3), 212 (1), 218 (3), 263, 301 (2), 399 (1, 5), 556 (6), 558 (1), 648 (3).

von Sartory, Kohlmaier: Bürohaus und Ökologie am Beispiel des Neubaus der Mathematik an der Technischen Universität Berlin, Berlin (Hildebrand) 419 (5), 573 (4).

Savio, Oscar, Rom 443 (3)

Scala, Istituto Fotografico Editoriale S. p. A., Antella 521.

Scamozzi: Dell'idea dell'Architettura universale, Ridgewood, New Jersey (The Gregg Press Inc.) 555 (3).

von Scheffer: Die Kultur der Griechen, Wien (Phaidon) 77 (2), 78 (1).

Karl Friedrich Schinkel, 1781-1841, Kat. Ausst. Staatl. Museen Berlin (Ost), 1981/82 559 (1, 4, 7), 560 (1, 2, 3).

Schnitzler: Der Dom zu Aachen, Düsseldorf (Schwann) 346 (2).

Schönberger, Soehner: Die Welt des Rokoko, München (Callwey) 156 (1), 445 (3, 5).

Schultheiss: China, Zürich/Stuttgart (Artemis) 137 (1).

Siegel: Strukturformen der modernen Architektur, München (Callwey) 545 (2).

Siegler: Stuttgart, München/Berlin (Deutscher Kunstverlag) 528 (1).

Sinclair: Scotstyle, Edinburgh (The Royal Incorporation of Architects in Scotland) 566 (3, 4).

Smith, Grigson: England, London (Thames & Hudson) 190, 440, 680 (5).

Speer: Architektur, Arbeiten 1933-1942, Frankfurt (Propyläen) 600 (3, 4), 601 (4).

Speidel (Hg.): Japanische Architektur, Geschichte und Gegenwart, Stuttgart (Hatje) 312 (5), 330 (4, 7), 326 (3, 4), 394 (4), 547 (4, 5), 628 (3).

Spiecker: Totalitäre Architektur, Stuttgart (Krämer) 287 (1).

Gottfried Semper, 1803-1879, Ein deutscher Baumeister zwischen Revolution und Klassizismus, (Hg.) Staatliche Kunstsammlungen Dresden, Institut für Denkmalpflege, Arbeitsstelle Dresden, München (Callwey) 574 (2, 3, 4), 575 (1, 2, 3, 4).

Steiner: Bauformen als Kultur- und Weltempfindungsgedanken, Dornach (Goetheanum) 31 (1).

Steiner: Der Baugedanke des Goetheanum, Dornach (Goetheanum) 30 (3, 4, 5).

Steinmann 570 (3).

Stepan: Die Deutschen Museen, Braunschweig (Westermann) 140 (1).

Stepan, Peter, München 47 (3), 166 (5), 205 (2), 213 (2, 4), 352 (1), 354 (4), 358 (2), 534 (5), 661 (3), 680 (5).

Stern: Les Monuments Khmers du Style du Bàyonet Jayavarman VII, Paris (Presses Univèrsitaires de France) 617 (2), 618 (3), 619 (1, 2, 3), 620 (3, 4, 5).

Stierlin: Comprendre l'Architecture universelle, Fribourg (Office du Livre) 517 (4).

Stirling: James Stirling, Stuttgart (Hatje) 609 (4).

Stone: The Evolution of an Architect, New York (Horizon Press) 609 (5).

Stournaras, Athen 288 (1).

Süddeutsche Zeitung, Bildarchiv, München 89 (3), 135 (2), 213 (5), 220 (2), 279 (3), 361 (2, 3, 4, 5), 362 (1, 2, 4), 428 (6, 7), 486 (1), 634 (3), 660 (2), 661 (1).

Suzuki, Banham, Kobayashi: Contemporary Architecture of Japan 1958-1984, New York (Rizzoli) 628 (3, 8).

Temko: Eero Saarinen, Ravensburg (Otto Maier) 544, 545 (1, 3).

Thorndike jr.: Three Centuries of notable American Architects, London (Orbis) 660 (5), 661 (6), 684 (1).

Tisné: Spanien, Bildatlas der spanischen Kunst, Köln (Du Mont) 94 (Hufeisenb.), 95 (1), 146 (6), 147 (1), 529 (1).

Torroja: The Structures of Eduardo Torroja, New York (F. W. Dodge) 638 (4).

Touring Club Italiano (Hg.), Ville d'Italia, Mailand 49 (5).

Touring Club Italiano (Hg.), Piazze d'Italia, Mailand 488 (2, 5).

Trachtenberg, Hyman: Architecture from Prehistory to Postmodernism, New York (Abrams) 32 (2), 122 (3), 270 (2), 284 (2), 288 (2), 298 (6), 299 (2), 322 (2), 343 (1), 348 (1), 351 (4), 367 (2), 373 (3), 375 (3), 387 (2), 389 (3), 406 (1), 475 (4), 506 (4), 522 (4), 528 (3), 534 (3), 548 (3, 5), 552 (2), 561 (7), 572 (1), 575 (5).

576 (1), 580 (2), 587 (1), 589 (6), 590 (3, 4), 592 (4), 610 (3), 622 (3), 623 (1, 4), 631 (3, 7), 632 (1), 663 (1), 671 (5), 673 (4), 678 (3), 681 (2), 687 (3, 4), 693 (1).
Trautz: Japan, Korea und Formosa, Berlin (Atlantis) 282 (5), 362 (3), 638 (3).

Valdenaire: Friedrich Weinbrenner, Karlsruhe (C. F. Müller) 683 (4).
Vogt, Jehle-Schulte Strathaus, Reichlin: Architektur 1940-1980, (Propyläen) 505 (2, 6), 556 (1), 567 (3).
Volbach, Hirmer: Frühchristliche Kunst, München (Hirmer) 242 (4), 435 (4), 462 (2).
de Vries: Variae architecturae formae …, Amsterdam (Van Hoeve) 668 (3).

Wachsmann: Wendepunkt im Bauen, Wiesbaden (Krausskopf) 298 (3), 677 (2).
Wagner: Von Ädikula bis Zwerggalerie, München (Thiemig) 271 (4), 490 (6).
Wagner-Rieger (Hg.): Die Wiener Ringstraße – Bild einer Epoche, Wien (Hermann Böhlaus Nachf.) 532 (2), 563 (5).

Waissenberger (Hg.): Wien 1890-1920, Wien/Heidelberg (Ueberreuther) 279 (4).
Watkin: Athenian Stuart, London (G. Allen & Unwin) 610 (1, 4).
Watkin: English Architecture, London (Thames & Hudson) 118 (1, 3), 268 (1, 2), 481 (4), 491 (1), 693 (3).
Weiermair: Frederick Kiesler, Architekt, Maler …, Innsbruck (Allerheiligen Presse) 349 (3), 350 (2).
Werkstatt 4, 5 Architekten für Berlin, Berlin (Abakon) 245 (4).
Wessel, Heiner, Frankfurt 213 (6).
Wheeler: Michael Graves, Buildings and Projects 1966-1981, New York (Rizzoli) 243 (6), 244 (1, 4), 245 (1).
Whiffen, Koeper: American Architecture 1607-1667, London (Rontledge), Henley (Kegan Paul) 679 (1).
Whitehill: Palladio in America, Mailand (Electa) 475 (1), 476 (7).
Wiesinger, Achim, München 341 (2, 3, 6).
Wilson, G. R.: McKim, Mead & White, Architects, New York (Rizzoli) 404 (2, 4).

Wilson, M.: Die Nationalgalerie London, London/Edinburgh/München/New York (Ch. Letts) 685 (2).
Wittkower: Bernini, London (Phaidon) 83 (3), 84 (2), 321 (2).
50 Jahre Bauhaus, Kat. Ausst. Württembergischer Kunstverein Stuttgart, 1982 73 (5).

Young: Old London Churches, London (Faber & Faber) 301 (3), 474 (4), 690 (6, 7).

Zachwatowicz: Polnische Architektur, Leipzig (Seemann), Warschau (Arkady) 495 (3), 497 (5), 499 (1, 3, 4, 6).
Zehnhoff: Portugal, Köln (Du Mont) 669 (5).
Zevi: Architectura in nuce, Venedig/Rom (Istituto per la collaborazione culturale) 117 (1), 425 (4), 484 (4), 522 (5), 555 (1), 700 (5).
Zevi: Saper vedere l'archittetura, Turin (Einaudi) 396 (3).
Zevi: Storia dell'architettura moderna, Turin (Einaudi) 483 (3), 658 (4), 677 (1).
Zedniček: Otto Wagner, Wien (Tusch) 335 (5).

Bildnachweis
für die Nachträge

Adam, J. A.: Wohn- und Siedlungsformen im Süden Marokkos, München (Callwey) 769 (5).
Adam, P.: Eileen Gray, Schaffhausen (Edition Stemmle) 739 (2).
The Aga Khan Award for Architecture 1983, Genf (Aga Khan Award for Architecture) 770 (3).
The Aga Khan Award for Architecture 1986, Genf (Aga Khan Award for Architecture) 771 (1).
The Aga Khan Award for Architecture 1989, Genf (Aga Khan Trust for Culture) 716 (3).
Aicher/Drepper: Robert Vorhoelzer – Ein Architektenleben, München (Callwey) 736 (2), 801 (2, 5).
Aloi: Mercati e Negozi, Mailand (Hoepli) 758 (2), 760 (1).
Arango, S.: La arquitectura en Colombia, Bogotá (Escala) 751 (2-5), 752 (1-5).
Architectural Design 59: Reconstruction Deconstruction, London (Academy Group Ltd.) 771 (2).
Architectural Record 3/92, New York (Architectural Record) 719 (2).
Der Architekt 10/1990, Stuttgart (Forum) 713 (1).
Architettura nel paese dei Soviet 1917-1933, Kat. Ausst. Palazzo delle Esposizioni, Rom 1982-83, Mailand (Electa) 739 (4), 784 (1).
Archiv für Genossenschaftskultur, Bielefeld 722 (2).
Arnell/Bickford: Robert A. M. Stern 1965-1980, New York (Rizzoli) 790 (3).
Aubert/Müller: Nordafrika, München (Bruckmann) 769 (4).

Banham: A Concrete Atlantis, Cambridge (MIT Press) 775 (3).
Bauakademie der DDR (Hg.): Architektur von Ludwig Hoffmann (1852-1932) in Berlin, Berlin (Bauinformation) 743 (1, 3).
Bayerische Verwaltung der Staatlichen Schlösser, Gärten u. Seen: Schloß Linderhof. Amtlicher Führer, München 725 (1).
Bayerischer Architekten- und Ingenieur-Verband e. V. (Hg.): München und seine Bauten nach 1912, München (Bruckmann) 804 (2).
Béguin: Les arts du Népal et du Tibet, Paris (Desclée de Brouwer) 767 (1).
Behnisch/Hartung: Eisenkonstruktionen des 19. Jahrhunderts, München (Schirmer/Mosel) 733 (2, 3).
Belser Verlag, Stuttgart/Zürich (Foto: Scala) 794 (3).
Benevolo: Die Geschichte der Stadt, Frankfurt a. M./New York (Campus) 799 (2).
Berliner Gesellschaft für Anthropologie, Ethnologie und Urgeschichte (Hg.): Ztsch. f. Ethnologie, 1934, H. 1/3 723 (1).

Berton: Moscow: an Architectural History, London (I. B. Tauris & Co.) 788 (4), 789 (2).
Blaser (Hg.): Santiago Calatrava, Ingenieur-Architektur, Basel (Birkhäuser) 727 (1).
Bode: Kinos, München (Callwey) 735 (1).
Boeminghaus: Zeit-Räume der Architektin Lucy Hillebrand, Stuttgart (Karl Krämer) 742 (3).
Bourgeois/Pelos/Davidson: Spectacular Vernacular, New York (Aperture) 706 (1), 710 (4, 5), 741 (1).
Boutelle: Julia Morgan, Architect, New York (Cross River Press) 764 (1).
Bußmann (Hg.): Bernd & Hilla Becher. Typologien, München (Schirmer/Mosel) 716 (1).
Buxton, David, Grantchester 720 (1, 3, 4), 721 (2, 3).

Cahiers du Musée National d'Art Moderne 2/79, Paris (Centre Georges Pompidou) 758 (1).
Mario Campi, Franco Pessina, Architects, New York (Rizzoli) 727 (2).
Casciato: La Scuola di Amsterdam, Bologna (Zanichelli) 750 (2).
Cavadini: Il razionalismo lariano, Mailand (Electa) 776 (4).
Chan-Magomedow: Pioniere der sowjetischen Architektur, Dresden (Verlag der Kunst) 739 (3), 753 (3), 782 (2), 788 (2), 802 (2, 3).
Cháo/Abramson: Kohn Pedersen Fox, Buildings and Projects 1976-86, New York (Rizzoli) 751 (1).
Chile. Reiseland zwischen Pazifik und Kordillere, Bergwang (Steiger) 728 (4).
Henri Ciriani, Paris (Electa Moniteur) 729 (3).
Continenza: Architetture di Herman Hertzberger, Rom (Gangemi) 790 (1, 4).
Cooke/Kazus: Sowjetische Architekturwettbewerbe 1924-1936, Basel (Wiese) 789 (1).
Cuadra, Manuel, Frankfurt a. M. 717 (2), 718 (3, 4), 726 (1-4), 727 (3), 728 (1-3), 732 (1-3, 5), 733 (1), 772 (4), 773 (1-3).
Cumming/Skelton/Quinn: The Discovery of North America, London (Elek) 745 (2).
Curtis: Architektur im 20. Jahrhundert, Stuttgart (DVA) 757 (2).
Czech Functionalism 1918-1938, London (Architectural Association) 736 (3), 754 (4), 778 (3).

Damus: Das Rathaus, Berlin (Gebr. Mann) 775 (5).
De jade et de nacre, Kat. Ausst. Réunion des musées nationaux, Paris 1990-91 792 (3), 793 (1).
De Michelis (Hg.): Case del Popolo, Venedig (Marsilio Editori) 801 (1, 4).
Denyer: African Traditional Architecture, London (Heinemann) 708 (1-3), 709 (2, 3).

Dt. Architekturmuseum, Frankfurt a. M./Lampugnani: Jahrbuch für Architektur 1991, Braunschweig (Vieweg) 753 (2).
di Gennaro: Prison Architecture, London (The Architectural Press Ltd.) 738 (2).

Evans: The Fabrication of Virtue, Cambridge (Cambridge University Press) 737 (1), 738 (1).

Fiedermutz, Annemarie, Hindelang 709 (1), 711 (1, 2).
Franz: Palast, Moschee und Wüstenschloß, Graz (Akad. Druck- und Verlagsanstalt) 713 (5).
Frasheri, Gjergj, Bonn 711 (3), 712 (1, 3, 4), 755 (3).
Functional Architecture, Köln (Taschen) 767 (2).

GA-Architect 5: Zaha M. Hadid, Futagawa (Hg.), Tokio (A. D. A. Edita) 740 (2).
Gardi: Auch im Lehmhaus läßt sich's leben, Graz (Akademische Druck- und Verlagsanstalt) 709 (5, 6), 710 (1), 740 (3).
Gardi: Sepik. Land der sterbenden Geister, Bern/Stuttgart/Wien (Alfred Scherz) 792 (1, 4).
Gerner: Architekturen im Himalaya, Stuttgart (DVA) 756 (2, 3), 766 (2), 798 (3, 6).
Glusberg/Bohigas: Miguel Angel Roca, London (Academy Editions) 777 (4).
Gössel/Leuthäuser: Architektur des 20. Jahrhunderts, Köln (Taschen) 729 (4), 730 (1, 3), 750 (4), 760 (2), 763 (5), 784 (3).
Grasskamp: Unerwünschte Monumente. Moderne Kunst im Stadtraum, München (Silke Schreiber) 755 (2).
Große Bürgerbauten, Königstein/Ts. und Leipzig (Langewiesche) 775 (2).
Gruber: Das deutsche Rathaus, München (Bruckmann) 775 (4).
Güell: Aurelio Galfetti, Berlin (Ernst und Sohn) 796 (3).
Hector Guimard. Architektur in Paris um 1900, Kat. Ausst. Museum Villa Stuck, München 1975 799 (1).
Gutierrez: Arquitectura y Urbanismo in Iberoamerica, Madrid (Ediciones Cátedra) 718 (1).

Hartmann, G.: Xingú, Berlin (Dietrich Reimer) 750 (1).
Hartmann, K.: Deutsche Gartenstadtbewegung. München (Heinz Moos) 786 (2, 3), 787 (2).
Harvey: The Medieval Architect, London (Wayland Publishers) 722 (2).
Hatje (Hg.): Carlo Scarpa Architektur, Stuttgart (Hatje) 782 (1, 4).

Helbig/Iten/Schiltknecht: Yanomami, Innsbruck (Pinguin) 749 (5).
Helfritz: Südamerika, Köln (DuMont) 725 (3), 772 (2).
Henss: Tibet. Die Kulturdenkmäler, Zürich (Atlantis) 797 (3, 4), 798 (1).
Hitchcock: Latin American Architecture since 1945, New York (Museum of Modern Art) 718 (2).
Holzbauer, Wilhelm, Wien 743 (4).
Huse/Wolters: Venedig. Die Kunst der Renaissance, München (Beck) 785 (4).

Ikonnikov: Russian Architecture of the Soviet Period, Moskau (Raduga) 788 (3).
Images et imaginaires d'architecture, Kat. Ausst. Centre Georges Pompidou, Paris 1984 715 (1, 2).
International Review of Criminal Policy 17/18, Oktober 1961, New York (United Nations Edition) 737 (3).

Jaeger: Bauen in Deutschland, Stuttgart (Hatje) 784 (2).
Jencks: Die neuen Modernen: Von der Spät- zur Neo-Moderne, Stuttgart (DVA) 730 (4, 5).
Jencks: Die Postmoderne, Stuttgart (Klett-Cotta) 796 (2).

Keay/Poncar/Schmeißer: Ladakh, Land der Pässe, Köln (Wiegand und Wienand) 756 (1).
Klein: Martin Dülfer, Wegbereiter der deutschen Jugendstilarchitektur, München (Bayer. Landesamt f. Denkmalpflege) 731 (7).
Kloos (Hg.): Amsterdam. An Architectural Lesson, Amsterdam (Thot) 754 (1).
Klotz: Bauen heute. Architektur der Gegenwart in der Bundesrepublik Deutschland, Frankfurt a. M. (DAM) 783 (5).
Klotz: Die Frühwerke Brunelleschis und die mittelalterliche Tradition, Berlin (Gebr. Mann) 717 (1).
Klotz: Moderne und Postmoderne, Braunschweig/Wiesbaden (Vieweg) 789 (5).
Koch: Albanien, Köln (DuMont) 711 (4), 722 (1).
Koller: Die Radikalisierung der Phantasie, Salzburg/Wien (Residenz) 785 (1).
Kriss/Kriss-Heinrich: Volksglaube im Bereich des Islam. Bd. II: Amulette, Zauberformeln und Beschwörungen, Wiesbaden (Harrassowitz) 741 (2).
Kultermann: Baukunst der Gegenwart, Tübingen (Wasmuth) 725 (2).
Kultermann: Neues Bauen in Afrika, Tübingen (Wasmuth) 769 (3), 770 (2).
Kultermann: Zeitgenössische Architektur in Osteuropa, Köln (DuMont) 789 (3).
Kunsthaus Zürich: Borobudur, Kat. Ausst. 1978 795 (3).
Kuran: Sinan. The Grand Old Master of Ottoman Architecture, Washington/Istanbul (Institute of Turkish Studies/AdaPress Publ.) 787 (1, 4), 788 (1).

Lachmayer/Mattl-Wurm/Gargerle: Das Bad, Salzburg und Wien (Residenz) 721 (1).
Lampugnani: Hatje Lexikon der Architektur des 20. Jahrhunderts, Stuttgart (Hatje) 777 (2).
Landesamt für Denkmalpflege, Hessen 734 (1, 3), 783 (1).
Lauber: Paläste und Gehöfte im Grasland von Kamerun, Stuttgart (Karl Krämer Verlag) 709 (7).
Lesnikowski: The new French Architecture, New York (Rizzoli) 772 (1).
Lichtenstein (Hg.): Ferdinand Kramer. Der Charme des Systematischen, Gießen (Anabas) 753 (4), 757 (3, 4).
Lieb: Die Fugger und die Kunst, München (Schnell & Steiner) 786 (4).
Lieb: München. Die Geschichte seiner Kunst, München (Callwey) 768 (2).
Lindig, Wolfgang, Frankfurt a. M. 745 (4-6), 746 (1, 2, 5), 747 (1-7), 749 (2).

Littmann: Die deutsche Aksum-Expedition Bd. 1. Reisebericht der Expedition. Typographie und Geschichte Aksums, Berlin (Generalverwaltung d. kgl. Museen zu Berlin) 719 (1, 3, 4).
Lucan: OMA, Rem Koolhaas, Zürich/München (Verlag für Architektur, Artemis & Winkler) 771 (3).
Lüchinger: Herman Hertzberger, Bauten und Projekte, 1959-1986, Den Haag (Arch-Edition) 742 (1), 790 (2).

Mackay: Modern Architecture in Barcelona 1854-1939, Berlin (Ernst und Sohn) 759 (1).
Merian: Inkastaaten: Peru, Ecuador, Bolivien, Hamburg (Hoffmann und Campe) 732 (4).
Möller: Peru und Bolivien, Köln (DuMont) 772 (5).
Montagne: Un Magasin Collectif de l'Anti-Atlas. L'Agadir des Ikounka, Paris (Librairie Larose) 770 (1).
Moravánszky: Die Erneuerung der Baukunst. Wege zur Moderne in Mitteleuropa 1900-1940, Salzburg (Residenz) 754 (2, 3).
Mortari Vergara/Béguin: Demeures des hommes, sanctuaire des dieux, Rom (Univ. La Sapienza) 757 (1).
Müller, Wolfgang, Neu-Anspach 748 (1, 3).

Nabokov/Easton: Native American Architecture, New York und Oxford (Oxford University Press) 744 (3, 4).
Nerdinger: Theodor Fischer, Berlin (Ernst und Sohn) 801 (3).
Neumann: Das Zeughaus, Koblenz (Bernard & Graefe) 805 (1-3).
Newhall: The History of Photography, New York (The Museum of Modern Art) 716 (2).
Nippa, Annegret, Berlin 714 (3, 5).

Pander, Klaus, Trier 761 (4), 762 (1-4), 763 (1-4).
Pander: Sowjetischer Orient, Köln (DuMont) 761 (1-3).
Pehnt: Die Architektur des Expressionismus, Stuttgart (Hatje) 742 (4), 743 (2).
Pehnt: Das Ende der Zuversicht, Berlin (Siedler) 757 (5).
Pehnt: Karljosef Schattner. Ein Architekt aus Eichstätt, Stuttgart (Hatje) 782 (3).
Peter: Aluminium in Modern Architecture, Bd. 1, Louisville (Reynolds Metals Company) 712 (2).
Pevsner: A History of Building Types, Princeton N.J. (Princeton University Press) 759 (2, 3).
Pevsner: The Sources of Modern Architecture and Design, London (Thames and Hudson) 739 (1).
Pica: Architettura moderna in Italia, Mailand (Hoepli) 776 (2).
Preusler: Walter Schwagenscheidt 1886-1968, Stuttgart (DVA) 785 (2).
Progressive Architecture, Okt. 1960, Stamford (Penton Publ.) 802 (1).

Rawson, Ph.: Tantra, London (Thames & Hudson) 795 (1).
Ribbe/Schäche: Baumeister Architekten Stadtplaner, Berlin (Stapp) 741 (3).
Rudolph: Esslingen am Neckar. Porträt der alten Reichsstadt, Esslingen (Bechtle) 775 (1).

Sarnitz: Lois Welzenbacher, Architekt, 1889-1955, Salzburg (Residenz) 802 (5).
Sartoris: Gli elementi dell' architettura funzionale, Mailand (Hoepli) 767 (3), 776 (1, 3), 783 (4), 785 (3).
Scarpa: Martin Wagner und Berlin, Braunschweig/Wiesbaden (Vieweg) 802 (1).
Adolf G. Schneck 1883-1971, Kat. Ausst. Institut für Innenarchitektur und Möbeldesign Stuttgart 1983 783 (3).
Schomann: Das Frankfurter Bahnhofsviertel und die Kaiserstraße, Stuttgart (DVA) 744 (1).
Schurtz: Urgeschichte der Kultur, Leipzig/Wien (Bibliographisches Institut) 723 (2), 748 (2), 758 (3), 791 (3), 804 (1).

Schweinfurth: Im Herzen von Afrika, Leipzig (Brockhaus) 707 (1, 2).
Siry: Carson Pririe Scott, Chicago (University of Chicago Press) 774 (3).
Šlapeta: Die Brünner Funktionalisten, Innsbruck (Inst. f. Raumgestaltung d. Techn. Fakultät d. Universität Innsbruck) 750 (3), 803 (4).
Slusser: Nepal Mandala: A Cultural Study of the Kathmandu Valley, Princeton (University Press) 766 (1, 3).
Smithsonian Institution, National Anthropological Archives, Washington 745 (3, 7), 746 (3, 4).
Spalt/Czech: Josef Frank 1885-1967, Wien (Hochschule für angewandte Kunst, Wien) 736 (1).
Specht/Fields: Frank Hurley in Papua, Bathurst (Robert Brown and Associates) 791 (1, 2, 4).
Speer: Architektur, Frankfurt a. M. (Ullstein) 764 (2).
Speidel (Hg.): Team Zoo, Stuttgart (Hatje) 796 (1).
Staatliche Museen Preußischer Kulturbesitz, Museum für Völkerkunde, Berlin 714 (1).
Stadtarchiv Frankfurt 787 (3), 804 (3).
Stierlin: Architektur des Islam vom Atlantik zum Ganges, Zürich/Freiburg im Breisgau (Atlantis) 713 (3, 4).
Stingl: Kunst der Südsee, München (List) 792 (2), 793 (2-4), 794 (2).
Stommer: Die inszenierte Volksgemeinschaft, Marburg (Jonas) 797 (1, 2).

Trupp: Die letzten Indianer, Wörgl (Perlinger) 749 (1, 4).

Uhl, Ottokar, Karlsruhe 768 (1, 3).
Uhl: Moderne Architektur in Wien, Wien/München (Schroll) 736 (1).
UIA, Union Internationale des Architectes, Journal of Architectural Theory and Criticism: Bd. 1/1 – Vision of the Modern, London (Academy Editions) 799 (2).
Underhill: Red Man's America, Chicago (University of Chicago Press) 745 (1).

Vanlaethem: Gaetano Pesce, New York (Rizzoli) 774 (1).
Vergessene Städte am Indus, Mainz (Philipp von Zabern) 714 (2).
Vitali: Early Temples of Central Tibet, London (Serindia Publications) 798 (4).
Vogt (Hg.): Die Architektin Lux Guyer 1894-1955, Zürich (Inst. f. Geschichte und Theorie d. Architektur) 740 (1).
Vogt: Russische u. Französische Revolutionsarchitektur, Köln (DuMont) 753 (1).

Wasmuth (Hg.): Lexikon der Baukunst, Tübingen (Wasmuth) 731 (1-6).
Wen Wu, 1961 Heft 1, Beijing 798 (2).
Weyres/Bartning: Kirchen. Handbuch für den Kirchenbau, München (Callwey) 789 (4).
Wichmann (Hg.): Architektur der Vergänglichkeit. Lehmbauten der Dritten Welt, Basel/Boston/Stuttgart (Birkhäuser) 710 (2).
Winkler: Nepal, Stuttgart (Kohlhammer) 765 (3).
Witzgall 755 (3).
Wurster: Die Schatzgräber, Hamburg (Gruner und Jahr) 749 (3).

Zeitler: Die Kunst des 19. Jahrhunderts, Berlin (Propyläen Verlag) 738 (3).
Zevi: Erich Mendelsohn, Zürich und München (Verlag für Architektur Artemis) 735 (3).
Zhong/Chen: History and Development of Ancient Chinese Architecture, Beijing (Science Press) 798 (5).
Zucker/Stindt: Lichtspielhäuser, Tonfilmtheater, Berlin (Wasmuth) 735 (2).
Zukowsky (Hg.): Chicago Architektur 1872-1922, München (Prestel) 744 (2).